〔清〕阮元 校刻

十三經注疏

（清嘉慶刊本）

三

禮記

中華書局

目録

六　禮記正義

重栞宋本禮記注疏附挍勘記

嘉慶二十年江西南昌府學開雕

太子少保江西巡撫兼提督揚州阮元審定武寧縣貢生盧宣旬校

欽定四庫全書總目禮記正義六十三卷

漢鄭元注唐孔穎達疏隋書經籍志曰漢初河間獻王得仲尼弟子及後學者所記一百三十一篇獻之時無傳之者至劉向考校經籍檢得一百三十篇第而敘之又得明堂陰陽記三十三篇孔子三朝記七篇王史氏記二十一篇樂記二十三篇凡五種合二百十四篇戴德刪其煩重合而記之爲八十五篇謂之大戴記而戴聖又刪大戴之書爲四十六篇謂之小戴記漢末馬融遂傳小戴之學

融又益月令一篇明堂位一篇樂記一篇合四十九篇云云其說不知所本今考後漢書橋元傳云七世祖仁著禮記章句四十九篇號曰橋君學仁即班固所謂小戴授梁人橋季卿者成帝時嘗官大鴻臚其時已稱四十九篇無四十六篇之說又孔疏稱別錄禮記四十九篇樂記第十九四十九篇之首疏皆引鄭目錄鄭目錄之末必云此於劉向別錄屬某門月令目錄云此於別錄屬明堂陰陽記明堂位目錄云此於別錄屬明堂陰陽記樂記目錄云此於別錄屬樂記蓋十一篇今爲一篇則三篇皆劉向別錄所有安得以爲馬融所增疏又引元六藝論曰戴德傳記八十五篇則大戴禮是也戴聖傳禮四十九篇則此禮記是也元爲馬融弟子使三篇果融所增元不容不知豈有以四十九篇屬於戴聖之理況融所傳者乃周禮若小戴之學一授橋仁一授楊榮後傳其學者有劉祐高誘鄭元盧植融絶不預其授受又何從而增三篇乎知今四十九篇實戴聖之原書隋志誤

也元延祐中行科舉法定禮記用鄭元注故元儒說禮率有根據自明永樂中敕修禮記大全始廢鄭注改用陳澔集說禮學遂荒然研思古義之事好之者終不絶也爲之疏義者唐初尚存皇侃熊安生二家（案明北監本以皇侃爲皇甫侃以熊安生爲熊安二人姓名並誤足徵校刊之疎謹附訂於此）貞觀中敕孔穎達等修正義乃以皇氏爲本以熊氏補所未備穎達序稱熊則違背本經多引外義猶之楚而北行馬雖疾而去愈遠又欲釋經文惟聚難義猶治絲而棼之手雖繁而絲益

亂也皇氏雖章句詳正微稍繁廣又既遵鄭氏乃時乖鄭義此是木落不歸其本狐死不首其邱此皆二家之弊未爲得也故其書務伸鄭注未免有附會之處然採摭舊文詞富理博說禮之家鑽研莫盡譬諸依山鑄銅煮海爲鹽即衞湜之書尚不能窺其涯涘陳澔之流益如莛與楹矣

禮記正義序

國子祭酒上護軍曲阜縣開國子臣孔穎達等奉

勑撰

夫禮者經天緯地本之則大一之初原始要終體之乃人情之欲夫人上資六氣下乘四序賦清濁以醇醨感陰陽而遷變故曰人生而靜天之性也感物而動性之欲也喜怒哀樂之志於是乎生動靜愛惡之心於是乎在精粹者雖復

凝然不動浮躁者實亦無所不爲是以古先聖王鑒其若此欲保之以正直納之於德義猶襄陵之浸修隄防以制之覂（方用切）駕之馬設銜策以驅之故乃上法圓象下參方載道之以德齊之以禮然飛走之倫皆有懷於嗜慾則鴻荒之世非無心於性情燔黍則大享之濫觴土鼓乃雲門之拳石冠冕飾於軒初玉帛朝於虞始夏商革命損益可知文武重光典章斯備洎乎姬旦負扆臨朝述曲禮以節威儀制周禮而經邦國禮者體也履也郁郁乎文哉三百三千於斯爲盛綱紀萬事彫琢六情非彼日月照大明於寰宇類此松筠負貞心於霜雪順之則宗祏固社稷寧君臣序朝廷正逆之則紀綱廢政教煩陰陽錯於上人神怨於下故曰人之所生禮爲大也非禮無以事天地之神辯君臣長幼之位

是禮之時義大矣哉暨周昭王南征之後彝倫漸壞彗星東出之際憲章遂泯夫子雖定禮正樂頹綱暫理而國異家殊異端並作畫蛇之說文擅於縱橫非馬之談辨離於堅白暨乎道喪兩楹義乖四術上自游夏之初下終秦漢之際其間歧塗詭說雖紛然競起而餘風曩烈亦時或獨存於是博物通人知今溫古考前代之憲章參當時之得失俱以

所見各記舊聞錯總鳩聚以類相附禮記之目於是乎在去聖逾遠異端漸扇故大小二戴共氏而分門王鄭兩家同經而異注爰從晉宋逮于周隋其傳禮業者江左尤盛其爲義疏者南人有賀循賀瑒庾蔚崔靈恩沈重宣皇甫侃等北人有徐道明李業興李寶鼎侯聰熊安等其見於世者唯皇熊二家而已熊則違背本經多引外義猶之楚而北行

馬雖疾而去逾遠矣又欲釋經文唯聚難義猶治絲而棼之手雖繁而絲益亂也皇氏雖章句詳正微稍繁廣又既遵鄭氏乃時乖鄭義此是木落不歸其本狐死不首其丘此皆二家之弊未爲得也然以熊比皇皇氏勝矣雖體例既別不可因循今奉

勑刪理仍據皇氏以爲本其有不備以熊氏補焉必取文證詳悉義理精審翦其繁蕪撮其機要恐獨見膚淺不敢自專謹與中散大夫守國子司業臣朱子奢國子助教臣李善信守太學博士臣賈公彥行太常博士臣柳士宣魏王東閤祭酒臣范義頵魏王參軍事臣張權等對共量定至十六年又奉

勑與前修疏人及儒林郎守太學助教雲騎尉臣周玄達儒林郎守四門助教雲騎尉臣趙君贊儒林郎守四門助教

雲騎尉臣王士雄等對　勑使趙弘智覆更詳審爲之正義凡成七十卷庶能光贊大猷垂法後進故敘其意義列之云爾

禮記正義

夫禮者經天地理人倫本其所起在天地未分之前故禮運云夫禮必本於大一是天地未分之前已有禮也禮者理也其用以治則與天地俱興故昭二十六年左傳稱晏子云禮之可以爲國也久矣與天地並但于時質略物生則自然而有尊卑若羊羔跪乳鴻鴈飛有行列豈由教之者哉是三才既判尊卑自然而有但天地初分之後即應有君臣治國但年代緜遠無文

以言案易緯通卦驗云天皇之先與乾曜合元君有五期輔有三名注云君之用事五行王亦有五期輔有三名公卿大夫也又云遂皇始出握機矩注云遂皇謂遂人在伏犧前始王天下也矩法也言遂皇持斗機運轉之法指天以施政教既云始王天下是尊卑之禮起於遂皇也持斗星以施政教者即禮緯斗威儀云宮主君商主臣角主父徵主子羽主夫少宮主婦少商主政是法北斗而爲七政七政之立是禮

迹所興也鄭康成六藝論云易者陰陽之象天地之所變化政教之所生自人皇初起人皇即遂皇也既政教所生初起於遂皇則七政是也六藝論又云遂皇之後歷六紀九十一代至伏犧始作十二言之教然則伏犧之時易道既彰則禮事彌著案譙周古史考云有聖人以火德王造作鑽燧出火教民熟食人民大悅號曰遂人次有三姓乃至伏犧制嫁娶以儷皮爲禮作琴瑟以爲樂又帝王世紀云燧人氏没包

羲氏代之以此言之則嫁娶嘉禮始於伏犧也但古史考遂皇至于伏犧唯經三姓六藝論云歷六紀九十一代其又不同未知孰是或於三姓而爲九十一代也案廣雅云一紀二十七萬六千年方叔機注六藝論云六紀者九頭紀五龍紀攝提紀合洛紀連通紀序命紀凡六紀也九十一代者九頭一五龍五攝提七十二合洛三連通六序命四凡九十一代也但伏犧之前及伏犧之後年代參差所說不一緯候紛

紘各相乖背且復煩而無用今並略之唯據六藝論之文及帝王世紀以爲說也案易繫辭云包犧氏没神農氏作案帝王世紀云伏犧之後女媧氏亦風姓也女媧氏没次有大庭氏柏皇氏中央氏栗陸氏驪連氏赫胥氏尊盧氏渾沌氏昊英氏有巢氏朱襄氏葛天氏陰康氏無懷氏凡十五代皆襲伏犧之號然鄭玄以大庭氏是神農之别號案封禪書無懷氏在伏犧之前今在伏犧之後則世紀之文未可信用世

紀又云神農始教天下種穀故人號曰神農案禮運云夫禮之初始諸飲食燔黍捭豚蕢桴而土鼓又明堂位云土鼓葦籥伊耆氏之樂又郊特牲云伊耆氏始爲蜡蜡即田祭與種穀相協土鼓葦籥又與蕢桴土鼓相當故熊氏云伊耆氏即神農也既云始諸飲食致敬鬼神則祭祀吉禮起於神農也又史記云黄帝與蚩尤戰於涿鹿則有軍禮也易繫辭黄帝九事章云古者葬諸中野則有凶禮也又論語撰考云軒

知地利九牧倡教既有九州之牧當有朝聘是賓禮也若然自伏犧以後至黄帝吉凶賓軍嘉五禮始具皇氏云禮有三起禮理起於大一禮事起於遂皇禮名起於黄帝其禮理起於大一其義通也其禮事起於遂皇禮名起於黄帝其義乖也且遂皇在伏犧之前禮運燔黍捭豚在伏犧之後何得以祭祀在遂皇之時其唐堯則舜典云修五禮鄭康成以爲公侯伯子男之禮又云命伯夷典朕三禮五禮其文亦見經

也案舜典云類于上帝則吉禮也百姓如喪考妣則凶禮也羣后四朝則賓禮也舜征有苗則軍禮也嬪于虞則嘉禮也是舜時五禮具備直云典朕三禮者據事天地與人爲三禮其實事天地唯吉禮也其餘四禮並人事兼之也案論語云殷因於夏禮周因於殷禮則禮記揔陳虞夏商周則是虞夏商周各有當代之禮則夏商亦有五禮鄭康成注大宗伯唯云唐虞有三禮至周分爲五禮不言夏商者但書篇散亡

夏商之禮絶滅無文，以言故據周禮有文者而言耳。武王没後，成王幼弱，周公代之攝政，六年致大平，述文武之德而制禮也。故洛誥云「考朕昭子刑，乃單文祖德」。又禮記明堂位云「周公攝政六年，制禮作樂，頒度量於天下」。但所制之禮，則周官、儀禮也。鄭作序云：「禮者，體也，履也。統之於心曰體，踐而行之曰履。」鄭知然者，禮器云「禮者體也」，祭義云「禮者履此者也」，禮記既有此釋，故鄭依而用之。禮雖合訓體、履，則周官爲

體，儀禮爲履。故鄭序又云：「然則三百、三千雖混同爲禮，至於並立俱陳，則曰此經禮也，此曲禮也。或云此經文也，此威儀也。」是周禮、儀禮有體、履之别也。所以周禮爲體者，周禮是立治之本，統之心體，以齊正於物，故爲禮。賀瑒云：「其體有二：一是物體，言萬物貴賤、高下、小大、文質各有其體；二曰禮體，言聖人制法，體此萬物，使高下貴賤各得其宜也。其儀禮但明體之所行踐履之事，物雖萬體，皆同一履，履無兩義也。」于

周之禮，其文大備，故論語云「周監於二代，郁郁乎文哉，吾從周」也。然周既禮道大用，何以老子云「失道而後德，失德而後仁，失仁而後義，失義而後禮。禮者，忠信之薄，道德之華，爭愚之始」？故先師準緯候之文，以爲三皇行道，五帝行德，三王行仁，五霸行義。若失義而後禮，豈周之成康在五霸之後？所以不同者，老子盛言道德質素之事，無爲靜默之教，故云此也。禮爲浮薄而施，所以抑浮薄，故云「忠信之薄」。且聖人之王

天下，道德仁義及禮並藴于心，但量時設教，道德仁義及禮須用則行，豈可三皇五帝之時全無仁義禮也？殷周之時全無道德也？老子意有所主，不可據之以難經也。既周禮爲體，其周禮見於經籍，其名異者，見有七處。案孝經説云「禮經三百」，一也；禮器云「經禮三百」，二也；中庸云「禮儀三百」，三也；春秋説云「禮經三百」，四也；禮説云「有正經三百」，五也；周官外題謂爲周禮，六也；漢書藝文志云「周官經六篇」，七也。七者皆云

三百故知俱是周官周官三百六十舉其大數而云三百也其儀禮之别亦有七處而有五名一則孝經説春秋及中庸並云威儀三千二則禮器云曲禮三千三則禮説云動儀三千四則謂爲儀禮五則漢書藝文志謂儀禮爲古禮經凡此七處五名稱謂並承三百之下故知即儀禮也所以三千者其履行周官五禮之别其事委曲條數繁廣故有三千也非謂篇有三千但事之殊别有三千條耳或一篇一卷則有

數條之事今行於世者唯十七篇而已故漢書藝文志云漢初高堂生傳禮十七篇是也至武帝時河間獻王得古禮五十六篇獻王獻之又六藝論云後得孔子壁中古文禮凡五十六篇其十七篇與高堂生所傳同而字多異其十七篇外則逸禮是也周禮爲本則聖人體之儀禮爲末賢人履之故鄭序云體之謂聖履之爲賢是也既周禮爲本則重者在前故宗伯序五禮以吉禮爲上儀禮爲末故輕者在前故儀

禮先冠昬後喪祭故鄭序云二者或施而上或循而下其周禮六藝論云周官壁中所得六篇漢書説河間獻王開獻書之路得周官有五篇失其冬官一篇乃購千金不得取考工記以補其闕漢書云得五篇六藝論云得其六篇其文不同未知孰是其禮記之作出自孔氏但正禮殘缺無復能明故范武子不識殽烝趙鞅及魯君謂儀爲禮至孔子没後七十二之徒共撰所聞以爲此記或録舊禮之義或録變禮所

由或兼記體履或雜序得失故編而録之以爲記也中庸是子思伋所作緇衣公孫尼子所撰鄭康成云月令吕不韋所修盧植云王制謂漢文時博士所録其餘衆篇皆如此例但未能盡知所記之人也其周禮儀禮是禮記之書自漢以後各有傳授鄭君六藝論云案漢書藝文志儒林傳云傳禮者十三家唯高堂生及五傳弟子戴德戴聖名在也又案儒林傳云漢興高堂生傳禮十七篇而魯徐生善爲容孝文時

徐生以容爲禮官大夫瑕丘蕭奮以禮至淮陽太守孟卿東海人事蕭奮以授戴德戴聖六藝論云五傳弟子者熊氏云則高堂生蕭奮孟卿后倉及戴德戴聖爲五也此所傳皆儀禮也六藝論云今禮行於世者戴德戴聖之學也又云戴德傳記八十五篇則大戴禮是也戴聖傳禮四十九篇則此禮記是也儒林傳云大戴授瑯邪徐氏小戴授梁人橋仁字季卿楊榮字子孫仁爲大鴻臚家世傳業其周官者始皇深

惡之至孝武帝時始開獻書之路既出於山巖屋壁復入祕府五家之儒莫得見焉至孝成時通人劉歆校理祕書始得列序著于録略爲衆儒排棄歆獨識之知是周公致太平之道河南緱氏杜子春永平時初能通其讀鄭衆賈逵往授業焉其後馬融鄭玄之等各有傳授不復繁言也

附釋音禮記注疏卷第一

國子祭酒上護軍曲阜縣開國子臣孔穎達等撰

國子博士兼太子中允贈齊州刺史吳縣開國男臣陸德明釋文

禮記 ○陸德明音義曰此記二禮之遺闕故名禮記【疏】正義曰夫禮者經天地理人倫本其所起在天地未分之前故禮運云夫禮必本於大一是天地未分之前已有禮也禮者理也其用以治則與天地俱興故昭二十六年左傳稱晏子云禮之可以爲國也久矣與天地並但于時質略物生則自然而有尊卑若羊羔跪乳鴻鴈飛有行列豈由教之者哉是三才既判尊卑自然而有但天地初分之後即應有君臣治國但年代緜遠無文以言案易緯通卦驗云天皇之先與乾曜合元君有五期輔有三名注云君之用事五行王亦有五期輔有三名公卿大夫也又云遂皇始出握機矩注云遂皇謂遂人在伏犧前始王天下也矩法也言遂皇持斗機運轉之法指天以施政教既云始王天下是尊卑之禮起於遂皇也持斗星以施政教者即禮緯斗威儀云宮主君商主臣角主父徵主子羽主夫少宮主婦少商主政是

法北斗而爲七政七政之立是禮迹所興也鄭康成六藝論云易者陰陽之象天地之所變化政教之所生自人皇初起人皇即遂皇也既政教所生初起於遂皇則七政是也六藝論又云遂皇之後歷六紀九十一代至伏犧始作十二言之教然則伏犧之時易道既彰則禮事彌著案譙周古史考云有聖人以火德王造作鑽燧出火教民熟食人民大悅號曰遂人次有三姓乃至伏犧制嫁娶以儷皮爲禮作琴瑟以爲樂又帝王世紀云燧人氏沒包犧氏代之以此言之則嫁娶嘉禮始於伏犧也但古史考遂皇至于伏犧唯經三姓六藝論云歷六紀九十一代其文不同未知孰是或於三姓而爲九十一代也案廣雅云一紀二十七萬六千年方叔機注六藝論云六紀者九頭紀五龍紀攝提紀合洛紀連通紀序命紀凡六紀也九十一代者九頭一五龍五攝提七十二合洛三連通六序命四凡九十一代也但伏犧之前及伏犧之後年代參差所說不一緯候紛紜各相乖背且復煩而無用今並略之唯據六藝論之文及帝王世紀以爲說也案易繫辭云包犧氏沒神農氏作案帝王世紀云伏犧之後女媧氏亦風姓也女媧氏沒次有大庭氏柏皇氏中央氏栗陸氏驪連氏赫胥氏尊盧氏渾沌氏昊英氏有巢氏朱襄氏葛天氏陰康氏無懷氏凡十五代皆襲伏犧之號然鄭玄以大庭氏是

神農之別號案封禪云無懷氏在伏犧之前今在伏犧之後則世紀之文未可信用世紀又云神農始教天下種穀故人號曰神農案禮運云夫禮之初始諸飲食燔黍捭豚蕢桴而土鼓又明堂位云土鼓葦籥伊耆氏之樂又郊特牲云伊耆氏始爲蜡蜡即田祭與種穀相協土鼓葦籥又與蕢桴土鼓相當故熊氏云伊耆氏即神農也既云始諸飲食致敬鬼神則祭祀吉禮起於神農也又史記云黃帝與蚩尤戰於涿鹿則有軍禮也易繫辭黃帝九事章云古者葬諸中野則有凶禮也又論語撰考云軒知地利九牧倡教既有九州之牧當有朝聘是賓禮也若然自伏犧以後至黃帝吉凶賓軍嘉五禮始具皇氏云禮有三起禮理起於太一禮事起於遂皇禮名起於黃帝其禮理起於太一其義通也其禮事起於遂皇禮名起於黃帝其義乖也且遂皇在伏犧之前禮運燔黍捭豚在伏犧之後何得以祭祀在遂皇之時其唐堯則舜典云修五禮鄭康成以爲公侯伯子男之禮又云命伯夷典朕三禮五禮其文亦見經也案舜典云類于上帝則吉禮也百姓如喪考妣則凶禮也羣后四朝則賓禮也舜征有苗則軍禮也嬪于虞則嘉禮也是舜時五禮具備直云典朕三禮者據事天地與人爲三禮其實事天地唯吉禮也其餘四禮並人事兼之也案論語云殷因於夏禮周因於殷禮則禮記揔陳

虞夏商周則是虞夏商周各有當代之禮則夏商亦有五禮鄭康成注大宗伯唯云唐虞有三禮至周分爲五禮不言夏商者但書篇散亡夏商之禮絕滅無文以言故據周禮有文者而言耳武王沒後成王幼弱周公代之攝政六年致太平述文武之德而制禮也故洛誥云考朕昭子刑乃單文祖德又禮記明堂位云周公攝政六年制禮作樂頒度量於天下但所制之禮則周官儀禮也鄭作序云禮者體也履也統之於心曰體踐而行之曰履鄭知然者禮器云禮者體也祭義云禮者履此者也禮記既有此釋故鄭依而用之禮雖合訓體履則周官爲體儀禮爲履故鄭序又云然則三百三千雖混同爲禮至於並立俱陳則曰此經禮也此曲禮也或云此經文也此威儀也是周禮儀禮有體履之別也所以周禮爲體者周禮是立治之本統之心體以齊正於物故爲體賀瑒云其體有二一是物體言萬物貴賤高下小大文質各有其體二曰禮體言聖人制法體此萬物使高下貴賤各得其宜也其儀禮但明體之所行踐履之事物雖萬體皆同一履履無兩義也于周之禮其文大備故論語云周監於二代郁郁乎文哉吾從周也然周既禮道大用何以老子云失道而後德失德而後仁失仁而後義失義而後禮禮者忠信之薄道德之華爭愚之始故先師準緯候之文以爲三皇行道五帝

行德三王行仁五霸行義若失義而後禮豈周之成康在五霸之後所以不同者老子盛言道德質素之事無爲靜默之教故云此也禮爲浮薄而施所以抑浮薄故云忠信之薄且聖人之王天下道德仁義及禮並蘊于心但量時設教道德仁義及禮須用則行豈可三皇五帝之時全無仁義禮也殷周之時全無道德也老子意有所主不可據之以難經也既周禮爲體其周禮見於經籍其名異者見有七處案孝經說云經禮三百一也禮器云經禮三百二也中庸云禮儀三百三也春秋說云禮經三百四也禮說云有正經三百五也周官外題謂爲周禮六也漢書藝文志云周官經六篇七也七者皆云三百故知俱是周官周官三百六十舉其大數而云三百也其儀禮之别亦有七處而有五名一則孝經說春秋及中庸並云威儀三千二則禮器云曲禮三千三則禮說云動儀三千四則謂爲儀禮五則漢書藝文志謂儀禮爲古禮經凡此七處五名稱謂並承三百之下故知即儀禮也所以三千者其履行周官五禮之别其事委曲條數繁廣故有三千也非謂篇有三千但事之殊别有三千條耳或一篇一卷則有數條之事今行於世者唯十七篇而已故漢書藝文志云漢初高堂生傳禮十七篇是也至武帝時河間獻王得古禮五十六篇獻王獻之又六藝論云後得孔子壁中古文禮

凡五十六篇其十七篇與高堂生所傳同而字多異其十七篇外則逸禮是也周禮爲本則聖人體之儀禮爲末賢人履之故鄭序云體之謂聖履之爲賢是也既周禮爲本則重者在前故宗伯序五禮以吉禮爲上儀禮爲末故輕者在前故儀禮先冠昏後喪祭故鄭序云二者或施而上或循而下其周禮六藝論云周官壁中所得六篇漢書說河間獻王開獻書之路得周官有五篇失其冬官一篇乃購千金不得取考工記以補其闕漢書云得五篇六藝論云得其六篇其文不同未知孰是其禮記之作出自孔氏但正禮殘缺無復能明故范武子不識殽烝趙鞅及魯君謂儀爲禮至孔子没後七十二之徒共撰所聞以爲此記或録舊禮之義或録變禮所由或兼記體履或雜序得失故編而録之以爲記也中庸是子思伋所作緇衣公孫尼子所撰鄭康成云月令吕不韋所修盧植云王制謂漢文時博士所録其餘衆篇皆如此例但未能盡知所記之人也其周禮儀禮是禮記之書自漢以後各有傳授鄭君六藝論云案漢書藝文志儒林傳云傳禮者十三家唯高堂生及五傳弟子戴德戴聖名在也又案儒林傳云漢興高堂生傳禮十七篇而魯徐生善爲容孝文時徐生以容爲禮官大夫瑕丘蕭奮以禮至淮陽太守孟卿東海人事蕭奮以授戴德戴聖六藝論云五傳弟子者熊氏云則

高堂生蕭奮孟卿后倉及戴德戴聖爲五也此所傳皆儀禮也六藝論云今禮行於世者戴德戴聖之學也又云戴德傳記八十五篇則大戴禮是也戴聖傳禮四十九篇則此禮記是也儒林傳云大戴授琅邪徐氏小戴授梁人橋仁字季卿楊榮字子孫仁爲大鴻臚家世傳業其周官者始皇深惡之至孝武帝時始開獻書之路既出於山巖屋壁復入祕府五家之儒莫得見焉至孝成時通人劉歆校理祕書始得列序著于録略爲衆儒排棄歆獨識之知是周公致太平之道河南緱氏杜子春永平時初能通其讀鄭衆賈逵往授業焉其後馬融鄭玄之等各有傳授不復繁言也

曲禮上第一

○陸曰本或作曲禮上者後人加也檀弓雜記放此曲禮者是儀禮之舊名委曲説禮之事

【疏】正義曰案鄭目録云名曰曲禮者以其篇記五禮之事祭祀之説吉禮也喪荒去國之説凶禮也致貢朝會之説賓禮也兵車旌鴻之説軍禮也事長敬老執贄納女之説嘉禮也此於别録屬制度案鄭此説則此曲禮篇中有含五禮之義是以經云禱祠祭祀之説當吉禮也送喪不由徑歲凶年穀不登又云大夫士去國如此之類是喪荒去國之説當凶禮也五官致貢曰享天子當宁而立曰朝相見於郤地曰會如此之類是致貢朝會之説當賓禮也兵車

不式前有水則載青旌如此之類是兵車旌鴻之説當軍禮也侍坐於長者故君子式黃髮婦人之贄椇榛棗栗納女於天子如此之類是事長敬老執贄納女之説當嘉禮也必知執贄當婦人之贄者以其士相見鄭目録以士執贄爲賓禮故也此篇既含五禮故其篇名爲曲禮曲禮之與儀禮其事是一以其屈曲行事則曰曲禮見於威儀則曰儀禮但曲之與儀相對周禮統心爲號若揔而言之則周禮亦有曲名故藝文志云帝王爲政世有損益至周曲爲之防事爲之制故曰經禮三百威儀三千是二禮互而相通皆有曲稱也云上者對下生名本以語多簡策重大分爲上下更無義也第一者小爾雅云第次也吕靖云一者數之始禮記者一部之大名曲禮者當篇之小目既題曲禮於上故著禮記於下以配注耳鄭氏者姓鄭名玄字康成北海高密縣人前漢僕射鄭崇八世之孫也後漢徵爲大司農年七十四乃卒然鄭亦附盧馬之本而爲之注注者即解書之名但釋義之人多稱爲傳傳謂傳述爲義或親承聖旨或師儒相傳故云傳今謂之注者謙也不敢傳授直注己意而已若然則傳之與注各出己情皇氏以爲自漢以前爲傳自漢以後爲注然王肅在鄭之後何以亦謂之傳其義非也

曲禮曰毋不敬 禮主於敬。陸曰毋音無說文云止之詞其字從女內有一畫象有姦之形禁止之勿令姦古人云毋猶今人言莫也案毋字與父母字不同俗本多亂讀者皆朱點毋字以作無音非也後放此疑者特復音之 **儼若思** 儼矜莊貌人之坐思貌必儼然。嚴魚檢反本亦作儼同矜莊貌思如字徐息嗣反矜君冰反 **安定辭** 審言語也易曰言語者君子之樞機。樞昌朱反 **安民哉** 此上三句可以安民說曲禮者美之云耳【疏】正義曰此一節明人君立治之本先當肅心謹身慎口之事。曲禮曰者案下文安民哉是爲君上所行故記人引儀禮正經毋不敬以下三句而爲實驗也。毋不敬者人君行禮無有不敬行五禮皆須敬也儼若思者儼矜莊貌也若如也思計慮也夫人計慮狀必端愨今明人君矜莊之貌如人之思也。安定辭者安定審也辭言語也人君出言必當慮之於心然後宣之於口是詳審於言語也。安民哉者但人君發舉不離口與身心既能肅敬身乃矜莊口復審慎三者依於德義則政教可以安民也云哉者記人美此三句者也。注禮主於敬。正義曰孝經云禮者敬而已矣是也又案鄭目錄云曲禮之中體含五禮今云曲禮曰毋不敬則五禮皆須敬故鄭云禮主於敬然五禮皆以拜爲敬禮則祭極敬主人拜尸之類是吉禮須敬也拜而後稽顙之類是凶禮須敬也主人拜迎賓之類是賓禮須敬也軍中之拜肅拜之類是軍禮須敬也冠昏飲酒皆有賓主拜荅之類是嘉禮須敬也兵車不式乘玉路不式鄭云大事不崇曲敬者謂敬天神及軍之大事故不崇曲小之敬熊氏以爲唯此不敬者恐義不然也既云曲禮曰是引儀禮正經若引春秋曰詩曰之類所引者若冠禮戒辭云壽考惟祺介爾景福之等今不見者或在三千散亡之中也。注儼矜至儼然。正義曰經唯云儼若思不云坐鄭必知坐思者案大學云定而後能靜靜而後能安安而後能慮慮卽思故知思必當坐也。注審言至樞機。正義曰論語云駟不及舌故審言語也易曰者易繫辭之文也故彼云君子出其言善則千里之外應之況其邇者乎出其言不善則千里之外違之況其邇者乎言行者君子之樞機鄭注樞謂戶樞機謂弩牙戶樞之發或明或闇弩牙之發或中或否以喻君子之言或榮或辱引之者證審言語之事彼爲言行鄭云言語者旣證經辭無取於行故變文爲語也

〇**敖不可長欲不可從志不可滿樂不可極** 四者慢遊之道桀紂所以自禍。敖五報反慢也王肅五高反遨遊也長丁丈反盧植馬融王肅並直良反欲如字一音喻從足用反放縱也樂音洛皇侃音岳極如字皇紀力反桀其列反夏之末主名癸紂直丑反殷之末主名辛【疏】敖不至可極。正義曰此一節承上人君敬慎之道此亦據人君恭謹節儉之事故鄭引桀紂以證之。敖不可長者敖者矜慢在心之名長者行敖著迹之稱夫矜我慢物中人不免若有心而無迹則於物無傷若迹著而行用則侵虐爲甚傾國亡家必由乎此故戒不可長。欲不可從者心所貪愛爲欲則飲食男女人之大欲存焉是也人皆有欲但不得從之也。志不可滿者六情徧覩在心未見爲志凡人各有志意但不得自滿故六韜云器滿則傾志滿則覆。樂不可極者樂者天子宮縣以下皆得有樂但主歡心人情所不能已當自抑止不可極爲故樂記云樂盈而反以反爲文。注四者至自禍。正義曰案尚書史記說紂惡甚多不可具載皇氏云斮朝涉之脛剖賢人之心是長敖也糟丘酒池之等是從欲也玉杯象箸之等是志滿也靡靡之樂是樂極也桀之爲惡唯有民隊塗炭淫於妹嬉之事雖史傳不言四事亦應俱有四者之惡故紂焚宣室桀放南巢但天作孽猶可違自作孽不可逭桀紂皆自身爲惡以致滅亡故云自禍也

〇**賢者狎而敬之** 狎習也近也謂附而近之習其所行也月令曰雖有貴戚近習。狎戶甲反近附近之近下注內不出者皆同戚音戚本亦作戚 **畏而愛之** 心服曰畏曾子曰吾先子之所畏 **愛而知其惡憎而知其善** 謂凡與人交不可以己心之愛憎誣人之善惡。誣音無後並同 **積而能散** 謂己有蓄積見貧窮者則當能散以賙救之若宋樂氏。蓄勅六反賙音周樂音岳謂宋司城樂喜 **安安而能遷** 謂己今安此之安圖後有害則當能遷晉咎犯與姜氏醉重耳而行近之。害如字本亦作難乃旦反咎其九反重直龍反 **臨財毋苟得** 爲傷廉也。爲于僞反下爲傷爲近皆同 **臨難毋苟免** 爲傷義也。難乃旦反 **很毋求勝分毋求多** 爲傷平也很鬩也謂爭訟也詩云兄弟鬩於牆。很胡懇反勝舒證反分扶問反鬩呼歷反猶鬭也爭爭鬭之爭下文皆同 **疑事毋質** 質成也彼已俱疑而已成言之終不然則傷知。知音智 **直而勿有** 直正也已若不疑則當稱師友而正之謙也【疏】賢者至勿有。正義曰此一節揔明愛敬安危忠信之事各隨文解之。賢者狎而敬之者賢是有德成之稱狎謂近也

習也賢者身有道藝朋類見賢思齊焉必須附而近之習其德藝儕倫易相褻慢故戒令相敬也○注狎習至近習○正義曰引月令者案月令仲冬之月禁戒婦功不得奢慢貴戚謂王之姑姊妹近習謂王之所親幸嬪御之屬言近習者王附而近之習其色引之者證賢者附而近之習其藝連引貴戚於義無所當也○畏而愛之○正義曰賢者有其德行人皆心服畏之既有所畏必當愛其德義不可疏之○注心服至所畏○正義曰引曾子曰吾先子之所畏者孟子云或問曾西曰吾子與子路孰賢曾西蹴然曰吾先子之所畏也先子謂祖曾參不在四科○子路入四科故曾參心服子路引之者證經畏是心服之義○愛而知其惡憎而知其善○正義曰愛謂己所親幸憎謂己所嫌慢○人多愛而不知其惡憎而不知其善故記人戒之云凡人雖愛必當知其心懷惡行崔氏云若石碏知子厚是也心雖憎疾亦當知其善能若祁奚知其解狐是也若然乃可審知人之賢愚○積而能散○正義曰凡人貪畜皆好積而不好散○今謂己有畜積能賑乏賙無則是仁惠也○注謂已至樂氏○正義曰引宋樂氏者案襄二十九年左傳云鄭國飢子皮貸民粟戶一鍾樂氏宋司城官姓樂名喜字子罕宋亦飢樂喜請於平公云鄰於善民之望請貸民粟并使諸大夫亦貸之今不引鄭罕氏而

引宋樂氏者鄭罕氏施而斂之宋樂氏施而不斂故晉叔向聞之曰鄭之罕宋之樂施而不德樂氏加焉熊氏云禮家施不及國大夫不收公利二家皆非也今鄭爲能散者直取一邊能散之義是同不據家施非禮之事鄭不言是而言若者但禮與諸經事實是一惟文字不同則言是若檀弓云諸侯伐秦曹桓公卒於會鄭注引春秋傳云曹伯廬卒於師是也以其一事故云是也此禮本不爲樂氏而作但事類相似引以爲證故云若也○安安而能遷○正義曰上安據心下安據處凡人多居危如安故記人戒之云謂已心安於此所處之安當圖謀於後有害以否若後當有害必須早遷則離害也○注謂已至近之○正義曰晉舅犯者案左傳僖二十三年晉重耳自翟之齊齊桓公妻之有馬二十乘重耳心安於齊不欲歸從者重耳之舅字子犯謀於桑下蠶妾在其上以告姜氏姜氏殺之而謂公子曰子有四方之志其聞者吾殺之矣公子曰無之姜曰行也懷與安實敗名公子不可姜氏與子犯謀醉而遣之醒以戈逐子犯至秦秦伯納之卒爲霸主是安安而能遷之事鄭不云是又不云若而言近之者安安能遷亦不爲重耳而作不得云是遷又非重耳之意不得云若故云近之也○臨財毋苟得○正義曰財則人所貪非義而取謂之苟得故記人戒之今有財利元非

兩人之物兩人俱臨而求之若苟得入已則傷廉隅故鄭云爲傷廉也○臨難毋苟免○正義曰難謂有寇仇謀害君父爲人臣子當致身授命以救之故記人戒之云若君父有難臣子若苟且免身而不鬬則陷君父於危亡故云毋苟免見義不爲無勇也故鄭云爲傷義也○很毋求勝分毋求多○正義曰很謂小小鬩很凡人所爭皆欲求勝故記人戒之云而有小小鬩很當引過歸已不可求勝○分毋求多者此元是衆人之物當共分之人皆貪欲望多入已故記人戒之云所分之物毋得求多也○注爲傷至於牆○正義曰所引詩者是小雅常棣閔管蔡失道之詩也彼云兄弟鬩於牆外禦其侮引之者證經很亦是小小鬩很之事若大很則當報之故論語孔子云以直報怨是也○疑事毋質○正義曰人多專固未知而爲已知故戒之云彼已俱疑而來問已質成也若已亦疑則無得成言之若成言疑事後爲賢人所譏則傷已智也故孔子戒子路云不知爲不知也○直而勿有○正義曰此謂彼疑已不疑者仍須謙退直正也彼有疑事而來問已已若不疑而荅之則當稱師友所說以正之勿爲已有此義也

○若夫言若欲爲丈夫也春秋傳曰是謂我非夫○夫方于反丈夫也**坐如尸**視貌正**立如齊**磬且聽也齊謂祭祀時○齊側皆反

本亦作齋音同注同**禮從宜**事不可常也晉士匄帥師侵齊聞齊侯卒乃還春秋善之○丐本亦作匄音蓋還音旋後放此**使從俗**亦事不可常也牲幣之屬則當從俗所出禮器曰天不生地不養君子不以爲禮鬼神不饗○使色吏反幣徐扶世反饗許兩反

疏若夫至從俗○正義曰此一節論爲丈夫之法當坐如尸以下四行並備乃可立身各依文解之○若夫者凡人若爲丈夫之法必當如下所陳故目丈夫於上下乃論其行以結之○注言若至非夫○正義曰案左傳宣十二年邲之戰楚侵鄭晉救之及河聞鄭既及楚平中軍將荀林父欲還不濟上軍將士會曰善中軍佐先縠曰不可成師以出聞敵彊而退非夫也又哀十一年齊伐魯魯武叔初不欲戰爲冉求所非武叔曰是謂我不成丈夫也退而蒐乘二傳之言當是先縠之辭也彼無是謂我鄭君足之也○坐如尸者尸居神位坐必矜莊言人雖不爲尸若所在坐法必當如尸之坐故鄭云視貌正也○立如齊者人之倚立多慢不恭故戒之云倚立之時雖不齊亦當如祭前之齊必須磬折屈身○注磬且至祀時○正義曰磬且聽案士虞禮云無尸者主人哭出復位祝闔牖戶如食間是祭時主人有聽法云磬者謂屈身如磬之折殺案考工記云磬氏爲磬倨句一矩有半鄭云必先度一

矩爲句一矩爲股而求其弦既而以一矩有半觸其弦則磬之倨句也是磬之折殺其形必曲人之倚立亦當然也又云齊謂祭祀時者凡齊皆在祭前自整齊之名並於適寢之中坐而無立今云立如齊者齊有立者但祭前有齊所以自整齊也則祭日神前亦當齊則齋者是先後通稱此言立如齋非祭前坐齋故鄭云齋謂祭祀時也若然此立謂侍尊者之時故玉藻云凡侍於君紳垂足如履齊視下聽上是也。禮從宜者皇氏云上二事丈夫爲儼恪之儀此下二事丈夫爲君出使之法義或然也禮從宜者謂人臣奉命出使征伐之禮雖奉命出征閫外之事將軍裁之知可而進知難而退前事不可準定貴從當時之宜也。注事不至善之。正義曰案春秋襄十九年齊侯還卒晉士匄帥師侵齊至穀聞齊侯卒乃還公羊云還者何善辭也何善爾大其不伐喪也此受命於君而伐齊則何大其不伐喪大夫以君命出使進退在大夫也。使從俗者使謂臣爲君出聘之法皆出土俗牲幣以爲享禮土俗若無不可境外求物故云使從俗也皇氏云上禮從宜與此使從俗互而相通皆是以禮而使義或然也。注亦事至不饗。正義曰牲幣之屬當從俗所出者謂若郊特牲及聘禮朝聘皆有皮馬龜金竹箭璧帛之等有則致之無則已故云不可常也禮器曰天不生者謂天不以四時而生若李梅冬實地不養者謂居山以魚鼈居澤以鹿豕君子不以爲禮者謂天不生地不養之等君子不將爲饗禮鬼神不饗者言君子不以爲禮者祇由鬼神不歆饗此非常之物明鬼神依人也

○夫禮者所以定親疏決嫌疑別同異明是非也禮不妄說人

爲近佞媚也君子說之不以其道則不說也。○夫音扶凡發語之端皆然後放此疏所居反或作踈決徐古穴反嫌戶恬反別彼列反下注下文同說音悅又始悅反注同佞乃定反口才曰佞媚眉忌反意向曰媚

不辭費

爲傷信君子先行其言而後從之。○辭本又作詞同說文以詞爲言詞之字辭不受也後皆放此費芳味反言而不行爲辭費

禮不踰節不侵侮不好狎

爲傷敬也人則習近爲好狎。○侮徐云撫反輕慢也好呼報反注同

脩身踐言謂之善行

踐履也言履而行之○行下孟反下行脩同

行脩言道禮之質也

言道言合於道質猶本也禮爲之文飾耳

禮聞取於人不聞取人

謂君人者取於人謂高尚其道取人謂制服其身。取於眚七樹反謂趣就師求道也皇如字謂取師之道取人如字謂制師使從已

禮聞來學不聞往教

尊道藝

【疏】夫禮至往教。正義曰此一節揔明治身立行交接得否皆由於禮故以禮爲目各隨文解之。夫禮者所以定親疏者五服之內大功已上服麤者爲親小功已下服精者爲疏故周禮小史掌定繫世辨昭穆也。決嫌疑者若妾爲女君期女君爲妾若報之則太重降之則有舅姑爲婦之嫌故全不服是決嫌疑者孔子之喪門人疑所服子貢曰昔者夫子喪顏回若喪子而無服喪子路亦然請喪夫子若喪父而無服是決疑也。別同異者賀瑒云本同今異姑姊妹是也本異今同世母叔母及子婦是也。明是非者得禮爲是失禮爲非若主人未斂子游裼裘而弔得禮是也曾子襲裘而弔失禮非也但嫌疑同異是非之屬在禮甚衆各舉一事爲證而皇氏具引今亦略之。禮不妄說人者禮動不虛若說人之德則爵之問人之寒則衣之若無爵無衣則爲妄說近於佞媚也。注君子至說他。正義曰此論語文孔子曰君子說之不以其道則不說也不以其道說之是妄說故君子不說也引證經禮不妄說人之事。不辭費者正義曰凡爲人之道當言行相副今直有言而無行爲辭費。禮不至好狎。禮者所以辨尊卑別等級使上不逼下下不僭上故云禮不踰越節度也不侵侮者禮主於敬自卑而尊人故戒之不得侵犯侮慢於人也。不好狎者賢者當狎而敬之若直近而習之不加於敬則是好狎故鄭云習近爲好狎也。行脩至質也。凡爲禮之法皆以忠信仁義爲本禮以文飾行脩者忠信之行脩言道者言合於仁義之道質本也則可與禮爲本也。禮聞取於人不聞取人者熊氏以爲此謂人君在上招賢之禮當用賢人德行不得虛致其身禮聞取於人者謂禮之所聞既招致有賢之人當於身上取於德行用爲政教不聞直取賢人授之以位制服而已故鄭云謂君人者皇氏以爲人君取師受學之法取於人謂自到師門取其道藝。禮聞來學不聞往教。禮聞來學者凡學之法當就其師處北面伏膺不聞往教者不可以屈師親來就己故鄭云尊道藝也

○道德仁義非禮不成教訓正俗非禮不備分爭辨訟非禮不決君臣上下父子兄弟非禮不定宦學事師非禮不親班朝治軍涖官行法非禮威嚴不行禱祠

祭祀供給鬼神，非禮不誠不莊。分辨皆別也。宦仕也。班次也。涖臨也。莊敬也。學或爲御。○辨，皮勉反，徐方勉反。上下，上謂公卿，下謂大夫士。宦音患。朝，直遥反。涖本亦作莅，徐音利，沈力二反。禱，丁老反。鄭云：求福曰禱。祠音詞，求得曰祠。共音恭，本或作供。莊，側良反，徐側亮反。學或爲御，鄭此注爲見他本也，後放此。

是以君子恭敬撙節退讓以明禮。撙猶趨也。○撙，祖本反。趨，七俱反，就也，向也。

鸚鵡能言，不離飛鳥；猩猩能言，不離禽獸。今人而無禮，雖能言，不亦禽獸之心乎？夫唯禽獸無禮，故父子聚麀。聚猶共也。鹿牝曰麀。○嬰本或作鸚，厄耕反。母本或作鵡，同音武，諸葛恪茂后反。離，力智反，下同。狌本又作猩，音生。禽獸，盧本作走獸。麀音憂，牝鹿也。牝，頻忍反，徐扶盡反，舊扶允反。

是故聖人作爲禮以教人，使人以有禮，知自別於禽獸。

【疏】道德至禽獸○正義曰：此一節明禮爲諸事之本，言人能有禮，然可異於禽獸也。○道德仁義非禮不成者，道者通物之名，德者得理之稱，仁是施恩及物，義是裁斷合宜，言人欲行四事，不用禮無由得成，故云非禮不成也。道德爲萬事之本，仁義爲羣行之大，故擧此四者爲用禮之主，則餘行須禮可知也。道是通物，德是理物，理物由於開通，是德從道生，故道在德上。此經道謂才藝，德謂善行，故鄭注周禮云道多才藝，德能躬行，非是老子之道德也。熊氏云此是老子失道而後德，失德而後仁，失仁而後義。今謂道德，大而言之則包羅萬事，小而言之則人之才藝善行，無問大小，皆須禮以行之，是禮爲道德之具，故云非禮不成。然人之才藝善行得爲道德者，以身有才藝，事得開通，身有美善，於理爲得，故稱道德也。○教訓正俗非禮不備者，熊氏云教謂教人師法，訓謂訓說義理，以此教訓正其風俗，非得其禮不能備具，故云非禮不備。但教之與訓，小異大同。分爭辨訟非禮不決者，周禮司寇以兩造禁民訟，又云以兩劑禁民獄，故鄭云爭罪曰獄，爭財曰訟，則萬事通名。故左傳云凡有血氣，皆有爭心，又云錐刀之末，將盡爭之，是也。此爭財曰訟，對文異耳，散則通名，故左傳云衛侯與元咺訟，是爭罪亦曰訟也。○君臣上下父子兄弟非禮不定者，上謂公卿大夫，下謂士也。君父南面，臣子北面，公卿大夫則列位於上，士則列位於下，兄前

弟後，唯禮能定也。白虎通云：君，羣也，羣下之所歸心也。臣，堅也，厲志自堅也。父，矩也，以法度教子也。子，孳也，孳孳無已也。兄，況也，況父法也。弟，悌也，心順行篤也。宦學事師非禮不親者，熊氏云宦謂學仕官之事，學謂習學六藝，此二者俱是事師，非禮不親。左傳宣二年趙盾見靈輒餓，問之，云宦三年矣。服虔云宦，學也，是學職事爲官也。○班朝治軍涖官行法非禮威嚴不行者，班，次也。朝，朝廷也。次謂司士正朝儀之位次也。治軍謂師旅卒伍各正其部分也。涖，臨也。官謂卿大夫士各有職掌。行法謂司寇士師明刑法也。皆用禮威嚴乃行也。禱祠祭祀供給鬼神非禮不誠不莊者，周禮都宗人云國有大故則令禱祠，鄭注云祠謂報塞。又小宗伯注云求福曰禱，得求曰祠。熊氏云祭祀者，國家常禮，牲幣之屬，以供給鬼神，唯有禮乃能誠敬。○是以君子恭敬撙節退讓以明禮者，君子是有德有爵之通稱。王肅云君上位，子下民。又康成注少儀云君子，卿大夫若有異德者。凡禮有深疑則擧君子以正之。恭敬者，何胤云在貌爲恭，在心爲敬，何之所說，從多擧也。夫貌多心少爲恭，心多貌少爲敬。所以知者，書云奉先思孝，接下思恭。又云貌曰恭。又少儀云賓客主恭，祭祀主敬。論語云巧言令色足恭。又云至於犬馬皆能有養，不敬何以別乎。又孝經說君父同敬，爲母不同敬。以此諸文言之，凡稱敬多爲尊，故知貌多爲恭，心多爲敬也。又通而言之，則恭敬是一。左傳云敬恭父命，士昏禮云敬恭聽宗父母之言，孝經云恭敬安親，此並恭敬連言，明是一也。撙者，趨也。節，法度也。言恒趨於法度。退讓以明禮者，應進而遷曰退，應受而推曰讓。以明禮者，既道德仁義已下並須禮以成，故君子之身行恭敬，趨法度及退讓之事，以明禮也。○猩猩至禽獸○正義曰：爾雅云猩猩小而好啼，郭注山海經云人面豕身，能言語，今交阯封谿縣出猩猩，狀如貛㹠，聲似小兒啼。今案禽獸之名，經記不同。爾雅云二足而羽謂之禽，四足而毛謂之獸。今鸚鵡是羽，曰禽；猩猩四足而毛，正可是獸。今並云禽獸者，凡語有通別，別而言之，羽則曰禽，毛則曰獸。所以然者，禽者擒也，言鳥力小，可擒捉而取之；獸者守也，言其力多，不易可擒，先須圍守，然後乃獲，故曰獸也。通而爲說，鳥不可曰獸，獸亦可曰禽，故鸚鵡不曰獸，而猩猩通曰禽也。故易云王用三驅，失前禽，則驅走者亦曰禽也。又周禮司馬職云大獸公之，小禽私之，以此而言，則禽未必皆鳥也。又康成注周禮云凡鳥獸未孕曰禽。周禮又云以禽作六摯，卿羔，大夫鴈。白虎通云禽者，鳥獸之揔名。以此諸經，證禽名通獸者，以其小獸可擒，故得通名禽也。

○太上貴德，太上，帝皇之世，其民施而不惟報。○大音泰，注同。大上謂三皇五帝之世

施始豉反下同其次務施報三王之世禮始興焉禮尚往來往而不來非禮也來而不往亦非禮也人有禮則安無禮則危故曰禮者不可不學也夫禮者自卑而尊人雖負販者必有尊也而況富貴乎負販者尤輕恌志利宜若無禮然○販方萬反恌吐彫反富貴而知好禮則不驕不淫貧賤而知好禮則志不懾懾猶怯惑○好呼報反下同懾之涉反怯丘劫反何胤云憚所行爲怯

【疏】大上至不懾○正義曰此一節明世變道殊所貴有異雖負販者必須有禮各隨文解之○大上貴德者大上謂三皇五帝之世也其時猶淳厚其德不尚往來之禮所貴者在於有德故曰貴德也德主務施其事但施而不希其反也皇是三皇帝是五帝不云皇帝者恐是一事不分故鄭升帝於皇上以殊異代矣然五帝雖有三禮五玉陟方朝會而猶是揖讓故上同三皇是以禮運注謂五帝爲大道之時也熊氏云三皇稱皇者皆行合天皇之星故詩緯含神務○宋均注云北極天皇大帝其精生人然則稱皇者皆得天皇之氣也鄭玄意則以伏犧女媧神農爲三皇故注中候勑省圖引運斗樞伏犧女媧神農爲三皇也然宋均注援神契引甄耀度數燧人伏犧神農爲三皇譙周古史考亦然白虎通取伏犧神農祝融爲三皇孔安國則以伏犧神農黃帝爲三皇並與鄭不同此皆無所據其言非也鄭數伏犧女媧神農非謂其人身自相接其間代之王多矣六藝論云燧人至伏犧一百八十七代宋均注文耀鉤云女媧以下至神農七十二姓譙周以爲伏犧以次有三姓始至女媧女媧之後五十姓至神農神農至炎帝一百三十三姓是不當身相接譙周以神農炎帝爲別人又以神農爲木德女媧爲水德皆非鄭義也其五帝者鄭注中候勑省圖云德合五帝坐星者稱帝則黃帝金天氏高陽氏高辛氏陶唐氏有虞氏是也實六人而稱五者以其俱合五帝坐星也五帝所以稱帝者坤靈圖云德配天地在正不在私稱之曰帝三王稱王者莊三年穀梁傳曰其曰王者人所歸往也散而言之則三皇亦稱帝則月令云其帝太昊是也五帝亦稱皇則呂刑云皇帝清問下民是也至三王德劣不得上同於天唯稱王而已此云太上貴德鄭云帝皇之世則帝皇以上皆行德也所以中候握河紀云皇道帝德非朕所事是

三皇行道五帝行德不同者但德由道生道爲其本故道優於德散而言之德亦是道故揔云貴德既三皇行道五帝行德以次推之則三王行仁五霸行義五帝雖行德亦能有仁故大學云堯舜率天下以仁是也案老子云道常無名河上公云能生天地人則當大易之氣也道德經云上德不德其德稍劣於常道則三皇之世法大易之道行之也然則可行之道則伏犧畫八卦之屬是也三皇所行者也下德不失德河上公云下德謂號謚之君則五帝所行者也但三皇則道多德少五帝則道少德多此皆熊氏之說也今謂道者開通濟物之名萬物由之而有生之不爲功有之不自伐虛無寂莫隨物推移則天地所生微妙不測聖人能同天地之性其愛養如此謂之爲道此則常道人行大道也其如此善行爲心於己爲得雖不矜伐意恒爲善謂之爲德此則劣於道也既能推恩濟養惻隱矜恤於物謂之爲仁又劣於德若其以仁招物物不從己征伐刑戮使人服從謂之爲義又劣於仁以義服從恐其叛散以禮制約苟相羈縻是之謂禮又劣於義此是人情小禮非大禮也聖人之身俱包五事遇可道行道可德行德可仁行仁可義行義皆隨時應物其實諸事並有非是有道德之時無仁義有仁義之時無道德也此道德以大言之則天地聖人之功也以小言之則凡人之行也故鄭注同禮云道多才藝德能躬行謂於一人之上亦能開通亦於己爲德以此言之則周禮三德六德及皐陶九德及洪範三德諸經傳道德皆有分域小大殊名不足怪也○注其民施而不惟報○正義曰惟思也世既貴德但有施惠而不思求報也○其次務施報○正義曰其次謂三王之世也務猶事也三王之世獨親其親獨子其子貨力爲己施則望報以爲恒事故云務施報○禮尚往來者言三王之世其禮主尚往來○貧賤而知好禮則志不懾者懾怯也惑也貧者之容好怯惑畏人使心志不遂若知禮者則持禮而行之故志不懾怯是以於負販之中必有所尊也○注懾猶怯惑○正義曰何胤云憚所行爲怯迷於事爲惑義或當然

○人生十年曰幼學名曰幼時始可學也內則曰十年出就外傅居宿於外學書計二十曰弱冠三十曰壯有室有室有妻也妻稱室○冠古亂反四十曰強而仕五十曰艾服官政艾老也○艾五蓋反謂蒼艾色也一音刈治也六十曰耆指使指事使人也六十不與服戎不親學○耆渠夷反賀瑒云至也至老境也與音預七十曰老而傳傳家

事任子孫，是謂宗子之父。○傳，直專反，沈直戀反。八十、九十曰耄，耄，惛忘也。春秋傳曰「謂老將知耄又及之」。○旄本又作耄，同亡報反，注同。本或作「八十曰耋，九十曰旄」，後人妄加之。惛音昏，一音呼困反。忘，亡亮反。又如字。知音智。七年曰悼，悼，憐愛也。○悼，徒報反。悼與耄雖有罪，不加刑焉。愛幼而尊老。百年曰期頤。期，猶要也。頤，養也。不知衣服食味，孝子要盡養道而已。○頤，羊時反。要，於遙反，又如字，下同。養道，羊尚反，又如字。大夫七十而致事，致其所掌之事於君而告老。若不得謝，謝，猶聽也。君必有命勞苦辭謝之，其有德尚壯則不聽耳。○聽，吐丁反，後可以意求，皆不音。勞，如字，又力報反。則必賜之几杖，行役以婦人，適四方，乘安車，自稱曰老夫，几杖、婦人、安車，所以養其身體也。安車，坐乘，若今小車也。老夫，老人稱也，亦明君貪賢。春秋傳曰「老夫耄矣」。於其國則稱名。君雖尊異之，自稱猶若臣。越國而問焉，必告之以其制。鄰國來問，必問於老者以答之。制，法度。

【疏】「人生」至「其制」。○正義曰：此一節明人幼而從學，至於成德，終始之行，皆遵禮制，各隨文解之。○「人生十年曰幼，學」者，謂初生之時至十歲。依內則，子生八年始教之讓，九年教之數目，十年出就外傅，居宿於外，學書計，故以十年爲節也。幼者自始生至十九時，故檀弓云「幼名」者，三月爲名，稱幼。冠禮云「棄爾幼志」，是十九以前爲幼。喪服傳云「子幼」，鄭康成云「十五已下」，皆別有義。今云「十年曰幼，學」，是十歲而就業也。○「二十曰弱，冠」者，二十成人，初加冠，體猶未壯，故曰弱也。至二十九，通得名弱。冠以其血氣未定故也。不曰人生，並承上可知也。今謂庶人及士之子。若卿大夫十五以上則冠，故喪服云「大夫爲昆弟之長殤」是也。其冠儀與士同，故郊特牲云「無大夫冠禮」是也。其大夫之子亦二十而冠，其諸侯之子亦二十而冠，天子之子則十二而冠。若天子、諸侯之身，則皆十二而冠，其釋在冠義。○「三十曰壯，有室」者，三十而立，血氣已定，故曰壯也。壯有妻，妻居室中，故呼妻爲室。若通而言之，則宮室通名，故爾雅云「宮謂之室，室謂之宮」。別而言之，論其四面穹隆則曰宮，因其貯物充實則曰室。室之言實也。今不云有妻而云有室者，妻者齊也，齊爲狹局，云室者含妾媵，事類爲廣。案媒氏云「男三十，女二十」，鄭康成云：「二三者，天地相承覆之數也。易曰『參天兩地而奇數焉』。

白虎通云：「男三十筋骨堅強，任爲人父；女二十肌膚充盛，任爲人母。合爲五十，應大衍之數，生萬物也。」○「四十曰強，而仕」者，三十九以前通曰壯，壯久則強，故四十曰強。強有二義：一則四十不惑，是智慮強；二則氣力強也。○「五十曰艾，服官政」者，四十九以前通曰強，年至五十，氣力已衰，髮蒼白色如艾也。五十是知天命之年，堪爲大夫，服事也。大夫得專事其官政，故曰「服官政」也。鄭康成注孝經云「張官設府謂之卿大夫」，即此之謂也。熊氏云：案中候運衡云「年者既艾」，注云：「七十曰艾。」言七十者，以時堯年七十，故以七十言之。又中候準讖哲云「仲父年艾，誰將逮政」，注云「七十曰艾」者，云誰將逮政，是告老致政，致政當七十之時，故以七十曰艾。○「六十曰耆，指使」者，賀瑒云：「耆，至也，至老之境也。六十耳順，不得執事，但指事使人也。」鄭注射義云：「耆、耋皆老也。」○注「六十」至「不親學」。○正義曰：此王制文，引之者，證不自使也。○「七十曰老，而傳」者，六十至老境而未全老，七十其老已至，故言老也。既年已老，則傳徙家事，付委子孫，不復指使也。○注「傳家」至「之父」。○正義曰：然庶子年老，亦得傳付子孫，而鄭唯云謂宗子者，爲喪服有宗子孤爲殤，鄭云「言孤，有不孤者，謂父有廢疾，若七十而老，子代主宗事者也」。鄭今欲會成喪服義，故引宗子之父也。又一云宗子並謂五宗也。五宗之子並是傳祭之身，故指之也。庶子乃授家事於子，非相傳之事，此既云傳，故鄭知非庶子也。必爲宗子父者，以經言傳，傳者上受父祖之事，下傳子孫，子孫之所傳，家事祭事爲重，若非宗子，無由傳之。但七十之時，祭祀之事猶親爲之，其視濯溉則子孫，故序卦注云「謂父退居田里，不能備祭宗廟，長子當親視滌濯鼎俎」是也。若至八十，祭亦不爲，故王制云「八十齊喪之事不及也」，注云「不齊則不祭也」。○「八十、九十曰耄」者，惛忘也。人或八十而耄，或九十而耄，故並言二時也。○注「耄惛」至「及之」。○正義曰：「耄，惛忘也」者，惛忘即僻謬也。所引春秋，案左傳昭元年，周景王使劉定公勞晉趙孟，定公勸趙孟纂禹之績，廣樹之功。趙孟對云「老夫罪戾，朝不謀夕」。劉子歸，語王曰：「諺所謂老將知而耄及之者，其趙孟之謂乎！」引之者，證老爲耄。○「七年曰悼」者，悼，憐愛也，未有識慮，甚可憐愛也。年七歲而在九十後者，以其同不加刑，故退而次之也。○「悼與耄雖有罪，不加刑焉」者，幼無識慮則可憐愛，老已耄而可尊敬，雖有罪而不加其刑辟也。周禮司刺有三赦：一曰幼弱，二曰老耄，三曰惷愚。鄭注云：「若今時律令，未滿八歲，八十以上，非手殺人，他皆不坐。」故司刺有三赦，皆放免不坐也。○「百年曰期頤」者，期，要也；頤，養也。人年百歲，不復知衣服飲食寒煖氣味，故人子用心要求親之意而盡養道也。頤，養也，易序卦文。○「大夫七十而致事者七十曰老在家則傳家事於子孫在官致所掌職事還君退還田里也不云置而云致者置是廢絶致是與人明朝廷必有賢代已也白虎通云臣年七十懸車致仕者臣以執事趨走爲職七十耳目不聰明是以退老去避賢也所以長廉遠恥懸車示不用也致事致職於君君不使退而自去者尊賢也○若不得謝者謝猶聽許也君若許其罷職必辭謝云在朝日久劬勞歲積是許其致事也今不得聽是其有德尚壯猶堪掌事不聽去也則必賜之几杖者熊氏云既不聽致事則祭義云七十杖於朝是也聽致事則王制云七十杖於國八十杖於朝是也案書傳云七十杖於朝鄭注云朝當爲國者以其下有八十杖於朝故以朝當爲國也與王制同並謂聽致事也○行役以婦人者行役謂本國巡行役事婦人能養人故許自隨也○適四方乘安車者適四方謂遠聘異國時乘安車安車小車也亦老人所宜然此養老之具在國及出皆得用之今言行役婦人四方安車則相互也從語便故離言之耳○自稱曰老夫者若此老臣行役及適四方應與人語其自稱爲老夫言已是老大夫也必稱老者明君貪賢之故而臣老猶在其朝也○注几杖至耄矣○正義曰安車坐乘若今小車者古者乘四馬之車立乘此臣既老故乘一馬小車坐乘也庾蔚云漢世駕一馬而坐乘也熊氏

云案書傳略說云致仕者以朝乘車輲輪鄭云乘車安車言輲輪明其小也春秋傳曰老夫耄矣者引左傳證老臣對他國人自稱老夫也此是春秋隱四年衞石碏辭也石碏子厚與衞州吁遊吁弑其異毋兄完而自立未能和民欲結強援時陳侯有寵於周桓王州吁與石厚往陳欲因陳自達於周而石碏遣人告陳曰衞國褊小老夫耄矣無能爲也此二人者實弑寡君敢即圖之○於其國則稱名者於其國謂自與其君言也雖老猶自稱名也○注君雖尊異之自稱猶若臣者案玉藻云上大夫曰下臣士相見禮云士大夫於他邦之君曰外臣是上大夫於已君自稱爲下臣於他國君自稱爲外臣又玉藻云下大夫自名又鄭注玉藻云下大夫自名於他國則曰外臣某是下大夫於已君稱名於他國曰外臣某此既自稱老夫宜是上大夫而稱名從下大夫者既被君尊異故臣亦謙退從下大夫之例而稱名也且玉藻所云是其從下大夫例然臣於君單稱名無嫌也○越國而問焉必告之以其制者越國猶他國也若他國來問已國君之政君雖已達其事猶宜問於老賢老賢則稱國之舊制以對他國之問也

○謀於長者必操几杖以從之　從猶就也○長丁丈反下皆同操七刀反

長者問不辭讓而對非禮也　當謙不敏若曾子之爲○

疏　謀於至從之○正義曰此一節明有事取謀議於長者各依文解之○操几杖以從之者操執持也杖可以策身几可以扶己俱是養尊者之物故於謀議之時將就也○

凡爲人子之禮冬溫而夏凊昏定而晨省　安定其牀衽也省問其安否何如○夏遲嫁反凊七性反字從冫冰冷也本或作水旁非也衽而審反徐而鴆反席也○

在醜夷不爭　醜衆也夷猶儕也四皓曰陛下之等夷○儕仕皆反等也沈才詣反皓元老反四皓園公綺季夏黃公角里先生

疏　凡爲至不爭○正義曰此一節明人子事親奉養之禮又去爭訟今各隨文解之○昏定而晨省者上云冬溫夏凊是四時之法今說一日之法定安也晨旦也應臥當齊整牀衽使親體安定之後退至明旦既隔夜早來視親之安否何如先昏後晨兼示經宿之禮熊氏云晨省者案內則云同宮則雞初鳴異宮則昧爽而朝○在醜夷不爭者此一句明朋儕禮也醜衆也夷猶儕也皆等類之名風俗語不同故兼言之夫貴賤相臨則存畏憚朋儕等輩喜爭勝負亡身及親故宜誡之以不爭○注醜衆至等夷○正義曰醜衆也釋語文謂在衆不忿爭也云四皓曰

陛下之等夷者證夷是等類也四皓漢時隱人高士也其四人一東園公二綺里季三夏黃公四角里先生皆老髮白皓素因呼爲四皓隱商山不仕高祖數召不出後爲高祖欲廢呂后之子盈而立戚夫人之子趙王如意爲太子張良使太子卑辭安車遣辯士以請四皓四皓果來舍建城侯所至漢十一年黥布反高祖令太子將兵擊之四皓自相謂曰凡來欲以安太子太子將兵事危矣乃說建城侯曰太子將兵有功則位不益無功則從此受禍且太子所與諸將皆嘗與上定天下驍將也今使太子將之此無異使羊將狼皆不肯爲用其無功必矣臣聞毋愛者子抱之今戚夫人日夜侍御趙王常居前上終不使不肖子居愛子之上明乎其代太子之位必矣君何不急請呂后承間爲上泣言黥布天下猛將善用兵諸將皆陛下之等夷今令太子將此屬莫肯爲用於是呂后如四皓言以請高祖高祖時疾自行十二年破黥布還而疾益甚愈欲易太子及燕置酒太子侍四皓從太子高祖驚曰吾召公數歲公逃我今反從我兒乎四皓曰陛下輕士善罵臣等義不受辱故恐而亡匿

○夫爲人子者三賜不及車馬　三賜三命也凡仕者一命而受爵再命而受衣服三命而受車馬車馬而身所以尊者備矣卿大夫士之子不受不敢以

成尊比踰於父天子諸侯之子不受自卑遠於君。遠于萬反**故州閭鄉黨稱其孝也兄弟親戚稱其慈也僚友稱其弟也執友稱其仁也交遊稱其信也**不敢重受賜者心也如此而五者備有焉周禮二十五家爲閭四閭爲族五族爲黨五黨爲州五州爲鄉僚友官同者執友志同者。僚本又作寮了彫反同官者弟大計反下注同**見父之執不謂之進不敢進不謂之退不敢退不問不敢對**敬父同志如事父**此孝子之行也**

【疏】夫爲至行也。正義曰此一節明人子謙卑行著於外所敬又廣今各隨文解之言夫者貴賤悉然也三賜三命也言爲人子雖受三命之尊終不敢受車馬車馬則身有成尊便比踰於父故不受所以許受三命而不許受車馬者命是榮美光顯祖父故受也車馬是安身身安不關先祖故不受也不云不受而云不及者受是已到之日明人子非唯外迹不受抑亦心所不及於此賜也。注三賜至於君。正義曰云三賜不及者受命即受賜故三賜三命故公羊云命者何加我服錫者何賜也是其命賜將相也云凡仕者一命受爵再命受衣服三命受車馬者皆約周禮大宗伯之文案大宗伯一命受職職則爵也又宗伯三命受位鄭康成云始有列位於王朝今言受車馬者但三命受位即受車馬以經云車馬故以車馬言之云卿大夫士之子不受不敢以成尊比踰於父者以公侯伯卿三命其子不受不敢比於父公侯伯大夫子男卿再命公侯伯士一命子男之士不命其子三命不受車馬者皆是不敢踰於父不言天子諸侯之子不敢受者以其父位既尊不得言不敢比踰故云自卑遠於君案周禮九儀一命受職再命受服三命受位四命受器五命賜則六命賜官七命賜國八命作牧九命作伯案含文嘉九賜一曰車馬二曰衣服三曰樂則四曰朱戸五曰納陛六曰虎賁七曰斧鉞八曰弓矢九曰秬鬯宋均注云進退有節行以步有度賜以車馬以代其勞言成文章行成法則賜以衣服以表其德動作有禮賜以納陛以安其體長於教誨内懷至仁賜以樂則以化其民居處修理房内不泄賜以朱戸以明其別勇猛勁疾執義堅強賜之虎賁以備非常抗揚威武志在宿衞賜以斧鉞使得專殺内懷仁德執義不傾賜以弓矢使其專行慈孝父母賜以秬鬯以歸祭祀鄭司農以周禮九命與九賜是一也然則此三賜鄭康成知非九賜之第三而云

三命之賜者康成以九命與九賜不同九賜謂八命作牧九命作伯之後始加九賜知者王制云三公一命卷若有加則賜二曰衣服之屬是也又宗伯八命作牧注云侯伯有功德加命得專征伐王制云賜弓矢然後征詩云瑟彼玉瓚黄流在中傳曰九命然後賜以圭瓚又尚書文侯仇受弓矢秬鬯左傳晉文公受大路戎路弓矢秬鬯虎賁此皆九命之外始有衣服弓矢秬鬯等之賜故知九賜不與九命同也且此云三賜不及車馬其九賜一曰車馬何由三賜不及車馬乎故知此三賜非九賜之三賜也若是九賜之三賜即是身入命九命之尊禮絶凡庶何得下文云州閭鄉黨僚友交遊也故康成以爲諸侯及卿大夫之子三命者其公羊説九賜之次與含文嘉不同一曰加服二曰朱戸三曰納陛四曰輿馬五曰樂則六曰虎賁七曰斧鉞八曰弓矢九曰秬鬯異人之説故文有參差大略同也異義許慎説九賜九命鄭康成以爲不同具如前説其大夫賜樂鄉飲酒注云大夫若君賜樂及左傳魏絳有金石之樂非九賜之正法也車馬之賜進退由於君命今言不受者君子仕辭位不辭禄其物終必受之故鄭注下文不敢受重賜者心也。故州閭至稱其信也。周禮司徒去王城百。置遠郊遠郊之内爲六鄉六鄉之民五家爲比使之相保五比爲閭使之相受四閭爲族使之相葬五族爲黨使之相救五黨爲州使之相賙五州爲鄉使之相賓又遂人職主六遂六遂之民在遠郊之外五家爲鄰五鄰爲里四里爲酇五酇爲鄙五鄙爲縣五縣爲遂今不言六遂者舉近耳若六遂之中有此孝者則亦稱之也。兄弟親戚稱其慈也親指族内戚言族外慈者篤愛之名兄弟外内通稱親疎交接並見其慈而稱之。僚友稱其弟也僚友同官者也弟者事長次弟之名孝子能接同官有所次序不敢踰越等級故同官之友稱之。執友稱其仁也執友執志同者也同師之友意趣相得綢繆切瑳故其見仁恩之心而稱之。交遊稱其信也交遊汎交也結交遊往本資信合故稱信也熊氏云然此五句上始州閭下及交遊亦其次也前孝後信又爲差序略舉五者餘行可知不敢受賜者心也不受由心故有五稱也。見父之執者此亦承爲人子之事也明非唯見交遊爲善乃徧至父友也自上詣下曰見自下朝上曰見父之執謂執友與父同志者也或故往見或路中相見也

○**夫爲人子者出必告反必面**告面同耳反言面者從外來宜知親之顏色安否。行音下孟反告古毒反。**所遊必有常所習必有業**緣親之意欲知之**恒言不稱老**廣敬**年**

長以倍則父事之 謂年二十於四十者人年二十弱冠成人有爲人父之端今四十於二十者有子道內則曰年二十惇行孝弟。冠工喚反惇都温反 十年以長則兄事之五年以長則肩隨之 肩隨者與之並行差退。差初佳反徐初宜反 羣居五人則長者必異席 席以四人爲節因宜有所尊

疏 夫爲至異席。正義曰此一節亦明人子事親之法遊方習業及汎交之禮亦各隨文解之。恒言不稱老者老是尊稱若其稱老乃是已自尊大非是孝子卑退之情故注云廣敬言廣者非但敬親因敬親廣敬他人或云子若自稱老父母則甚老則感動其親故舜年五十而慕是也。年長以倍則父事之者此謂鄉里之中非親非友但二十以後年長倍已則以父道事之即父黨隨行也。注謂年至孝弟。正義曰人年三十而娶於後乃有子則三十於六十乃是倍年今鄭言二十於四十者但二十加冠成人責以爲人父爲人子之禮雖未有妻子有爲人父之端又內則云二十乃能敦行孝弟可責以孝子之行故二十於四十約之爲倍年也以二十未合有子故鄭云爲人父之端有子道也。十年以長則兄事之者謂年二十於三十者全倍者父事之半倍故兄事之也凡事之則正差退而鴈行也。五年以長則肩隨之者謂並行而差退若未二十童子則無此禮以其不能惇行孝弟論語云與先生並行王制云父之齒隨行兄之齒鴈行者舉成人有此禮也童子禮則無也此謂二十於二十五者肩隨則齊於鴈行也然則以此肩隨而推之上云父兄事之豈是溫凊如親正言其或行來坐席推前相類耳。羣居五人則長者必異席者謂朋友居處法也羣朋友也子夏曰吾離羣是也古者地敷横席而容四人四人則推長者居席端若有五人會應一人別席因推長者一人於異席也。注席以至所尊。正義曰熊氏云知四人爲節者以此云羣居五人則長者必異席既長者一人異席餘則四人矣案公食大夫禮云蒲筵常加萑席尋此以蒲席者故得容四人此羣居之法若賓主禮席皆無同坐之法故鄉飲酒賓介異席又云衆賓之席皆不屬焉不相連屬也鄉射衆賓之席繼而西謂相連屬也燕禮及大射公三重大夫再重是皆異席也。

爲人子者居不主奥坐不中席行不中道立不中門 謂與父同宮者也不敢當其尊處室中西南隅謂之奥道有左右中門謂棖闑之中央內則曰由命士以上父子皆異宮。奥烏報反沈於六反處昌慮反下同棖宜衡反闑也闑魚列五結二反上時掌反凡言以上皆放此 食饗不爲槩 槩量也不制待賓客饌具之所有。食音嗣饗本又作享香兩反槩古愛反饌士戀反 祭祀不爲尸 尊者之處爲其失子之道然則尸卜筮無父者。爲其音于僞反下注除不爲孤皆同 聽於無聲視於無形 恒若親之將有教使然 不登高不臨深不苟呰不苟笑 爲其近危辱也人之性不欲見毁呰不欲見笑君子樂然後笑。呰音紫毁也沈又將知反樂音洛

疏 爲人至苟笑。正義曰此一節明孝子居處及行立待賓祭祀敬慎之事各隨文解之。此明孝子居處閨門之內不言凡者或異居禮則不然。居不主奥者主猶坐也奥者室內西南隅也室嚮南戶近東南角則西南隅隱奥無事故呼其名爲奥常推尊者于閑樂無事之處故尊者居必主奥也既是尊者所居則人子不宜處之也。坐不中席者一席四人則席端爲上今不云上席而言中者舊通有二一云敬無餘席非唯不可上亦不可中也一云共坐則席端爲上獨坐則席中爲尊尊者宜獨不與人共則坐常居中故卑者坐不得居中也。行不中道者尊者常正路而行卑者故不得也男女各路路各有中也。立不中門者中央有闑闑傍有棖棖謂之門梐今云不中門者謂棖闑之中是尊者所行故人子不得當之而行也。注謂與至異宮。正義曰凡上四事皆謂與父同宮者爾若命士以上則父子異宮則不禁所以爾者有命既尊各有臣僕子孫應敬已故也云不敢當其尊處者四事皆尊者之處室中西南隅謂之奥者爾雅釋宮文郭璞注云隱奥之處西北隅謂之屋漏孫氏云日光所漏入東北隅謂之宧孫氏云日側之明是宧明也東隅謂之窔郭氏云隱闇也云內則曰由命士以上父子皆異宮者證有異居之道也。食饗不爲槩者熊氏云謂傳家事任子孫若不傳家事則子孫無待賓之事大夫士或相往來設於饗食槩量也不制設待賓饌其事由尊者所裁而子不得輒豫限量多少也。祭祀不爲尸者尸代尊者之處故人子不爲也。聽於無聲者謂聽而不聞父母之聲此明人子常禮也。視於無形者謂視而不見父母之形雖無聲無形恒常於心想像似見形聞聲謂父母將有教使已然也。不苟呰不苟笑者苟且也相毁曰呰不樂而笑爲苟笑彼雖有是非而已苟譏毁呰笑之皆非彼所欲必反見毁辱故孝子不爲也。注爲其至後笑。正義曰危解不登高不臨深辱釋不呰不笑也云君子樂然後笑

者引論語證不苟笑之事也此是公明賈荅孔子云夫子樂然後笑人不厭其笑也。孝子不服闇，不登危，懼辱親也。服事也闇冥也不於闇冥之中從事爲卒有非常且嫌失禮也。男女夜行以燭。瞑本亦作冥莫定反下同卒才忽反。父母存，不許友以死。爲忘親也死爲報仇讎。不有私財。【疏】孝子至私財。正義曰此一節明孝子自謹慎其身不許友以死及不得有私財之事各隨文解之。不服闇者服事也謂不行事於闇中也一則爲卒有非常一則闇中行事好生物嫌故孝子深戒之。父母存不許友以死者謂不許爲其友報仇讎親存存須供養則孝子不可死也若父母存許友報仇怨而死是忘親也親亡則得許友報仇故周禮有主友之讎視從父兄弟白虎通云親友之道。不得行者亦不許友以死耳。〇不有私財者家事統於尊財關尊者故無私財。〇爲人子者，父母存，冠衣不純素。爲其有喪象也純緣也玉藻曰縞冠玄武子姓之冠也高冠素紕既祥之冠也深衣曰具父母衣純以青。純諸允反又之閏反下及注皆同緣悅絹反縞古老反沈又古到反紕婢支反徐補移反。【疏】爲人至純

素。正義曰此一節明爲人子父母存及孤子衣冠純飾不同之事各隨文解之不言凡者若仕者或遇凶荒雖親存亦須素服非要在親没故不言凡。父母存冠衣不純素者冠純謂冠飾也衣純謂深衣領緣也禮具父母太父母存衣純以績若有父母無太父母則純以青若少而并無則乃純素也故親存者不得純素也。注爲其至以青。正義曰引玉藻縞冠玄武子姓之冠證冠純有吉凶之別也縞冠者薄絹爲之玄武者以黑繒爲冠卷也子姓者姓生也孫是子所生故謂孫爲子姓父有服未畢子雖已除猶未全吉也故縞冠玄武玄武是吉縞冠爲凶明吉凶兼服也何胤云縉裹卷武也云縞冠素紕既祥之冠也又證有素爲凶也當祥之日朝服縞冠祥祭之後則縞冠素紕何胤云素紕謂緣冠兩邊云深衣曰具父母衣純以青者引證不純以素之事。孤子當室，冠衣不純采。早喪親雖除喪不忘哀也謂年未三十者三十壯有室有代親之端不爲孤也當室適子也深衣曰孤子衣純以素。此喪息浪反適下歷反。【疏】孤子至純采。正義曰上言有親而不素此言無親而素者也孤子謂二十九以下而無父者當室謂適子也既少孤故雖除服猶自素也然深衣云孤子衣純以素則嫡庶悉然今云當室則似庶子不同所以

爾者通者有二云凡子皆然豈唯當室但嫡子內理蒸嘗外交宗族代親既備嫌或不同故特明之所以鄭引深衣爲注會證凡孤子悉同也崔靈恩云指謂當室不當室則純采所以然者當室之孤內理蒸嘗外交宗族所履之事莫不傷心故特純素示哀也深衣不云當室者文略耳。注早喪至以素。正義曰三十以外遭喪者除服後即得純采今所言雖是除喪未三十不得純采若至三十則亦采也故云當室適子也深衣曰孤子衣純以素也然注前解適子後引深衣似崔解也深衣不言冠者從可知也。〇幼子常視毋誑。視今之示字小未有所知常示以正物以正教之無誑欺。視音示誑本或作迋注同九況反欺也。童子不衣裘裳。裘大温消陰氣使不堪苦不衣裘裳便易。衣於既反下同大音泰徐他佐反便婢面反易以豉反。立必正方，不傾聽。習其自端正。長者與之提攜，則兩手奉長者之手。習其扶持尊者提攜謂牽將行。提大兮反攜戶圭反奉芳勇反又扶恭反下及注奉扃奉席奉箕皆同。負劍辟咡詔之，負謂置之於背劍謂挾之於旁辟咡詔之謂傾頭與語口旁曰咡。辟匹亦反

側也徐芳益反沈扶赤反注同咡徐如志反何云口耳之間曰咡挾音協。則掩口而對。習其鄉尊者屏氣也。掩於檢反鄉許亮反本又作嚮後文注皆同屏必領反。【疏】幼子至裘裳。正義曰此一節明父母教子及衣裘裳之法也各隨文解之。小兒恒習效長者長者常示以正事不宜示以欺誑恐即學之故曾子兒啼妻云兒莫啼吾當與汝殺豕兒聞輒止妻後向曾子說之曾子曰勿教兒欺即殺豕食兒是不誑也。注視今之示字。正義曰古者觀視於物及以物視人則皆作示傍著見後世已來觀視於物作示傍著見以物示人單作示字故鄭注經中視字者是今之以物示人之示也是舉今以辨古昬禮視諸衿鞶注云視乃正字今文視作示俗誤行之言視正字也言古之以物示人作視字爲正故云視乃正字今文儀禮應爲古視字乃作今示字故言俗誤也。童子不衣裘裳者童子未成人之名也衣猶著也童子體熱不宜著裘裘大温傷陰氣也又應給役若著裳則不便故並不著也故童子並緇布襦袴也。注裘大至便易。正義曰使不堪苦者熱消陰氣則不堪苦使也此童子不衣裘裳二十則可故內則云二十可以衣裘帛國君十二冠則裘裳早矣女子十五許嫁者則亦衣帛詩云乃生男子載衣之裳是初生暫行此禮。立必至而

對。立必正方立宜正鄉一方不得傾頭屬聽左右也張逸云此説其威儀常然。長者與之提攜則兩手奉長者之手者非唯教之聽立至於行步亦宜教之提攜謂牽將行時因牽行之又教之爲節也奉長者之手爲兒長大方當供養扶持長者故先使學之令習便也張逸云説其見與行之法也○負劒辟咡詔之者豈但在行須教正在抱時亦令習也負謂致兒背上也劒謂挾於脇下如帶劒也辟傾也咡口旁也詔告也長者或若負兒之時而與之語當傾頭以告之也不正鄉之令氣不觸兒也亦令兒長者所爲而復習之也張逸云辟咡詔之傾頭以告教之也此長者之爲也此負謂兒在人背上曰負兒在懷中亦稱負謂兒負之故內則云三日始負子注云負之謂抱之。注口旁曰咡。正義曰案管子書弟子職云食已循咡覆手謂弟子食訖以手循覆於咡故知是口旁也。則掩口而對者鄉長者告語之此是童子荅長者童子雖未能掩口而對長者亦教其爲之其禮以爲後法掩口恐氣觸人張逸云謂令小者如是所習鄉尊者屏氣也

附釋音禮記注疏卷第一

江西南昌府學栞

禮記注疏校勘記序

小戴禮記隋唐志並二十卷唐石經所分是也貞觀中孔穎達等爲正義舊新唐志皆云七十卷晁氏讀書志陳氏書錄解題皆同案古人義疏皆不附於經注而單行猶古春秋三傳詩毛傳不附於經而單行也單行之疏北宋皆有鐫本今厪有存者儀禮穀梁爾雅閒存藏書家而他經多亡正義多附載經注之下其始謂之兼義其後直謂之某經注疏其始本無釋文其後又附以釋文謂之附釋音某經注疏最後又去附釋音三字蓋皆紹興以後所爲而北宋無此也有在兼義之先爲之者今所見吳中藏本有春秋禮記二種春秋曰

春秋正義卷第幾禮記曰禮記正義卷第幾皆不標爲某經注疏其卷數則春秋三十六卷禮記七十卷皆與唐志正義卷數合蓋以單行正義爲主而以經注分置之此紹興初年所爲非如兼義注疏之以經注爲主而以疏附之既不用經注之卷數又不用正義之卷數春秋爲六十卷禮記爲六十三卷遂使唐人正義之卷次不可知蓋古今之遷變如此禮記七十卷之本出於吳中吳泰來家乾隆閒惠棟用以校汲古閣本識之云譌字四千七百有四脫字一千一百四十有五闕文二千二百一十有七文字異者二千六百二十有五羨文九百七十有一點勘是正四百年來闕誤之書犂然備

具爲之稱快今記中所云惠棟挍宋本者是也其眞本今藏曲阜孔氏近年有巧僞之書賈取六十三卷舊刻添注塗改綴以惠棟跋語鬻於人鏤板京師者乃鴈本耳今屬臨海生員洪震煊以惠棟本爲主並合元舊挍本及新得各本考其異同元復定其是非爲挍勘記六十有三卷釋文則別爲四卷後之爲小戴學者庶幾有取於是阮元記

引據各本目錄

經本

石經 唐開成二年刻石所謂唐國子學石經是其中虎淵世民豫誦純恒湛等字及偏傍涉者皆缺末一筆惟月令經明皇更定與本經乖違不足據

南宋石經 宋高宗御書禮記止中庸一篇今又止存一碑自必自邇譬如登高起至篇末止

經注本

岳本 宋岳珂刻本　武英殿翻刻仿宋本

嘉靖本 此本不著刊板人姓氏書分二十卷每卷後記經若干字注若干字段玉裁定爲嘉靖時仿宋刻本但中如曲禮上情不正之言五字羼入正義檀弓下曹桓公依注音宣一條羼入釋文即宋本當亦在附音本之後

注疏本

附釋音本 此即所謂十行本據十行本以挍各本故又稱十行本爲此本此本爲南宋時原刻中有明正德時補頁山井鼎即據以爲正德本是也

閩本 明嘉靖時閩中李元陽刻每頁中縫著記疏字尚沿十行本舊式七經孟子考文補遺所稱嘉靖本是也

監本 明神廟時國子監刻本每卷首有監臣田一儁吳士元等挍刊重脩字樣

毛本 即汲古閣本書末有明崇禎十二年歲在屠維單閼古虞毛氏鐫題字一行

衞氏集說 宋衞湜禮記集說通志堂刻本其中載注疏不全亦間有删節改次不可盡據惟當其未經删節改次之處所據之本究係眞宋本

挍本

惠棟挍宋本 宋刊本禮記正義七十卷不附釋音惠棟據以挍汲古閣本

盧文弨挍本

孫志祖挍本 挍汲古閣本

段玉裁挍本 挍監本

考文宋板 日本山井鼎物觀七經孟子考文補遺所載宋板禮記正義與惠棟挍所據宋本是一書間有不合處不及千分之一亦傳寫之譌非二書有不同也茲既據惠棟挍宋本凡惠棟挍所有者不復載入必惠棟挍所無者始采之

浦鏜挍本 浦鏜十三經正誤禮記正誤十五卷其以各本挍者仍歸各本錄其以意挍爲各本所無而不誤者稱浦鏜挍

釋文

通志堂本 經典釋文禮記音義

葉本 明葉林宗影寫宋本

撫州公使庫本 宋淳熙四年刊本

禮記注疏卷一挍勘記

阮元撰盧宣旬摘録

禮記正義序

國子祭酒上護軍曲阜縣開國子臣孔穎達等奉勅撰 此本序題如此與七經孟子考文所記宋板題式同勅字提行閩本同監本改題唐孔穎達撰五字毛本因之非舊式也

燔黍則大享之濫觴 閩監毛本同嘉善浦鏜正誤云享當烹字誤按大享見書盤庚享與饗通大饗見本經者多矣浦鏜非是

而國異家殊 閩監毛本同惠棟挍宋本而作然○凡惠棟挍宋本與監本同者不載

俱以所見 惠棟挍宋本作俱閩監毛本作是此本俱字闕

各記舊聞 閩本同監毛本聞誤門

南人有賀循賀瑒庾蔚崔靈恩沈重宣皇甫侃等北人有徐道明李業興李寶鼎侯聰熊安等 閩監毛本同盧文弨挍本蔚下補之字浦鏜從衛氏集說宜上補范字安下補生字皆是也○按道明當作遵明

恐獨見膚淺 閩監毛本作膚此本膚誤虜

禮記正義 此本於禮記正義序之後別出此篇目閩本脫監毛本無

夫禮者經天地 至 不復繁言也 案此篇即曲禮二字下正義考文於曲禮二字下正義云正德嘉靖二本以此一段別題禮記正義四字以在正義序後亦爲重複也指此篇

附釋音禮記注疏卷第一 惠棟挍宋本作禮記正義卷第一

國子祭酒上護軍曲阜縣開國子臣孔穎達等撰 惠棟挍宋板撰上有奉勅二字勅字提行

國子博士兼太子中允贈齊州刺史吳縣開國男臣陸德明釋文 案七十卷正義不附音釋無此行題名此本附釋音故兼題之如此閩本始變此本題式於首行去附釋音三字又削去二臣署銜改題曰漢鄭氏注唐孔穎達疏陸德明釋文監本又削去陸德明釋文五字毛本因之又改卷第一爲卷之一皆不如此本原題之善

禮記 閩監毛本同考文云宋板無禮記二字案此禮記二字不當冠此節正義上當次在曲禮上第一下如此本二卷以後題式庶爲得之

正義曰夫禮者 閩監毛本同考文引宋板無正義曰三字

故禮運云夫禮必本於大一 惠棟挍宋本同閩監毛本大作太案禮運作大經典太字多作大荀子禮論以歸大一楊倞注云大讀爲太

天皇之先與乾曜合元 閩監毛本同浦鏜云元釋史作德大皇下有氏字案今本通卦

驗天皇作太皇元亦作元鄭注謂皇君也元天之始也不當如繹史所引

君之用事五行王亦有五期 閩監毛本同浦鏜云君疑天字誤王當皇字誤案今本通卦驗鄭注作君字與此同又王上有代字然則王當讀爲生王之王浦鏜說非也

遂皇謂遂人 閩監毛本同浦鏜從周禮序挍遂人改人皇案通卦驗又云燧人之皇故可稱遂皇可稱遂人可稱人皇其實一也疏下文云自人皇初起人皇即遂皇也使此處已作遂皇謂人皇下又何必申言人皇即遂皇也

至伏犧始作十二言之教 閩監毛本同案左氏定四年傳正義引虙羲作十言之教曰乾坤震巽坎離艮兌消息此疏二字誤衍段玉裁挍本云二字衍是也

一紀二十七萬六千年 七六二字誤倒段玉裁云禮運正義可證也

方叔機注六藝論云 閩監毛本同惠棟挍宋本機作璣

案封禪云閩監毛本同惠棟挍宋本云作書

禮理起於太一閩監毛本同惠棟挍宋本太作大下其禮理起於太一同按作大是

統之心體以齊正於物故爲體惠棟挍宋本作爲體此本爲體誤爲禮閩監毛本同

然周旣禮道大用閩監毛本同浦鏜挍云用疑備字誤

案孝經說云經禮三百閩監毛本同惠棟挍宋本經禮作禮經

或一篇一卷閩監毛本同惠棟挍宋本或作故

七十二子之徒共撰所聞惠棟挍宋本有子字此本子字脫閩監毛本同衞氏集說亦作七十二子之徒

其周禮儀禮是禮記之書閩監毛本同案此是禮記之是猶下則此禮記是也之此非謂周禮儀禮皆爲禮記也浦鏜從衞氏集說挍於是上補亦字大誤

楊榮字子孫仁爲大鴻臚閩監毛本同惠棟挍宋本孫仁二字剗山井鼎云漢書儒林傳注子孫楊榮字宋板爲非仁即橋仁○按宋刻漢書作楊子榮子孫師古曰子孫子榮之字也

其周官者始皇深惡之閩監毛本同惠棟挍宋本皇誤星之字脫

鄭衆賈逵往授業焉閩監毛本同衞氏集說授改受杜佑通典亦云鄭衆賈逵皆往受業

曲禮上第一閩監毛本同按此下當有禮記鄭氏注五字石經嘉靖本皆有正義本亦當有觀此節正義云禮記者一部之大名曲禮者當篇之小目既題曲禮於上故著禮記於下以配注耳是解曲禮二字又鄭氏者姓鄭名元云云是解鄭氏二字注者即解書之名云云是解注字皆隨文詮解也此本二卷以後題當篇小目下多有禮記鄭氏注五字亦刪除之不盡者釋文出曲禮云本或作曲禮上者後人加也正義本從作曲禮上所謂上者對下生名本以語多簡策重大分爲上下是也

然鄭亦附盧馬之本而爲之注閩監本同毛本鄭誤後案考文引宋板亦作鄭

曲禮曰節

儼若思閩監毛本同石經同岳本同嘉靖本同釋文出儼云本亦作儼正義本作儼○按儼正字嚴假借字

乘玉路不式閩監毛本同浦鏜挍玉改王

敖不可長節

敖不可長欲不可從閩監毛本同石經同岳本同嘉靖本同考文引古本敖作傲從作縱案古傲縱多止作敖從釋文出敖字並引王肅遨遊訓遨遊決不作傲字出可從云放縱也以縱訓從知亦不作縱也

敖不至可極閩監毛本同惠棟挍宋本無此五字

必由乎此閩監毛本同惠棟挍宋本乎作於

玉杯象箸之等閩本同監毛本箸作著案作箸是也

唯有民隊塗炭淫於妹嬉之事惠棟挍宋本同閩本隊作墜監毛本隊作墜嬉作喜

賢者狎而敬之節

雖有貴戚近習閩監毛本同岳本同嘉靖本同案釋文出貴慼云音戚本亦作戚正義本作慼

晉咎犯閩監毛本同岳本同惠棟挍宋本咎作舅嘉靖本同宋監本同案作咎者釋文本也作舅者正義本也今正義本亦作咎則後人依釋文改之疏中舅字尚仍其舊衞氏集說亦作晉舅犯○凡宋監本與監本同者不載

彼己俱疑而己成言之閩監毛本同嘉靖本同惠棟挍宋本己作已宋監本同岳本同案己已二字不同惟唐石經及宋本不誤此本以下率混作之此當作己下己若不疑同後可意會者不出

賢者至勿有惠棟挍宋本無此五字

賢是有德成之稱　閩監毛本同浦鏜謂成字衍從衛氏集說也

不在四科而子路入四科　監毛本如此此本而上誤間一○閩本同

憎謂已所嫌慢　閩監毛本同惠棟挍宋本已作巳考文云宋板慢作悵

若祁奚知其解狐是也　惠棟挍宋本同閩監毛本其下有仇字

令謂已有畜積　惠棟挍宋本畜同已作巳閩監毛本畜作蓄案古蓄多作畜

鄭國飢子皮貸民粟戶一鐘　閩監毛本同浦鏜挍飢改饑鐘改鍾案五經文字云饑穀不熟飢餓也經典或借用飢字是飢饑二字通也

有害以否　惠棟挍宋本同閩監本以作與毛本作於案以與於一聲之轉詩擊鼓不我以歸鄭箋以猶與也儀禮鄉射各以其耦進鄭注今文以爲與以古文與今文於誤字○按唐人正義多作以否

而有小小鬩很　閩本同惠棟挍宋本同監毛本而作如案而如一聲之轉古通用

不知爲不知也　閩監毛本同惠棟挍宋本也上有是知二字考文引宋板不知也下有是知也三字

若夫節

晉士匄　閩監毛本同岳本同嘉靖本同釋文出士丐云本亦作匄正義本亦作匄是也丐別爲一字音彌兗切

若夫至從俗　惠棟挍宋本無此五字

退而蒐乘　此本乘字模糊監毛本作乘閩本作集非

齊侯還卒　閩本同監毛本還作環是也

故云不可常也　惠棟挍宋本作也此本也誤云閩監毛本同

夫禮者節

夫禮至往教　惠棟挍宋本無此五字

女君爲妾若報之則太重　惠棟挍宋本同閩監毛本報誤服案喪服有報程瑤田云報者同服相爲之名是故以期報期以大小功報大小功以緦報緦無此重彼輕之殊故謂之報三本不知報義妄改爲服誤甚

是決嫌疑者孔子之喪　閩監毛本同惠棟挍宋本嫌下有也字無疑者二字是也衛氏集說同

若主人未斂　閩監毛本同考文引宋板斂上有小字○按檀弓有小字

不辭費者　閩監毛本同惠棟挍宋本無者字

禮以文飾　閩監毛本同考文引宋板以下有爲字○按當作文下有爲字考文誤

禮聞來學不聞往教　惠棟挍宋本此節以上爲第一卷卷末標禮記正義卷第一終案各本俱六十三卷故無此標題惠棟又記云凡十三頁

道德仁義節　惠棟挍宋本自此節起至幼子常視毋誑節止爲第二卷卷首題禮記正義卷第二

分爭辨訟　石經同嘉靖本同閩監毛本辨作辯岳本同釋文出辯訟衛氏集說亦作辯案五經文字云辯理也辨別也經典或通用之此注辨訓別固當以辨爲本字也

涖官行法　石經同宋監本同岳本同嘉靖本同閩監毛本法作灋衛氏集說同案釋文不爲灋字作音是亦作法不作灋盧文弨挍云此書不應用周官字俱當作法爲是

供給鬼神　閩監毛本同石經同岳本同嘉靖本同釋文出共給云本或作供正義本作供賈誼新書禮篇亦作供給○按供給字古亦借共字爲之

是以君子恭敬撙節退讓以明禮　各本同案說文無撙字錢大昕云撙當爲剸說文剸

滅也又荀子不苟篇恭敬繜屈仲尼篇尊貴之則恭敬而僔其義皆與撙同○按劕撙古今字

撙猶趨也　段玉裁云案趨同趣疾也當音促非趨走之趨

鸚鵡能言　閩監毛本同石經同岳本同嘉靖本同釋文出嬰母云本或作鸚鵡正義本作鸚鵡○按說文作鸚鴞

不離禽獸　閩監毛本同石經同岳本同釋文出禽獸云盧本作走獸案正義云鸚鵡不曰獸而猩猩通曰禽是正義本從作禽之證

是故聖人作　閩監毛本同岳本同嘉靖本同衞氏集說同石經故作以考文引古本足利本同

道德至禽獸　惠棟挍宋本無此五字

不用禮無由得成　惠棟挍宋本作禮此本禮誤理閩監毛本同

小異大同分爭辨訟　閩監本同惠棟挍宋本同毛本分上有○

爭則萬事通名　惠棟挍宋本有爭字此本脫爭字閩監毛本同

是學職事爲官也　閩監毛本同惠棟挍宋本官作宦案此本注疏中宦字皆作官即經文宦字亦爲有修改疑初是官字後改作宦若閩監毛本則皆作宦唯此一字尚仍作宮也

祠謂報塞　惠棟挍宋本同閩監毛本塞作賽案文選勸晉王牋云西塞江源李善注塞謂報神恩也是後漢書曹節傳云詔大官給塞具李賢注塞報祠也是古報賽通作邊塞字○按周禮注正作塞塞賽古今字

旣道德仁義已下　閩監毛本同浦鏜挍旣作自

今交阯封谿縣　閩監本同毛本阯作趾案交阯古通作交阯說文無趾字爾雅釋木注交阯釋文云本亦作趾

以禽作六摯　閩監毛本作摯此本摯誤鷙考文引宋板作贄五經文字云摯握持也經典通以爲執摯之摯與贄同○按依說文當作墊假借作摯

禽者鳥獸之總名　按白虎通是也王用三驅失前禽則驅者亦曰禽矣

太上貴德節

太上貴德　衞氏集說亦作太閩監毛本太作大石經同岳本同嘉靖本同案釋文出大云音泰五經文字大爲太假借字經典通用○按大太古今字

負販者尤輕恌志利　閩監毛本作恌岳本同嘉靖本同此本恌誤悱釋文作佻

宜若無禮然　惠棟挍宋本同宋監本同岳本同嘉靖本同衞氏集說同閩監毛本然誤焉考文引古本足利本亦作然

大上至不懾　惠棟挍宋本無此五字

故詩緯含神務　閩監毛本同惠棟挍宋本務作霧不誤

皇道帝德非朕所事　惠棟挍宋本作事此本事誤專閩監毛本同

人生十年曰幼節

二十曰弱冠三十曰壯有室　閩監毛本同岳本同嘉靖本同石經二十作廿三十作卅案說文廿二十并也卅三十并也古文省○按段玉裁云廿讀如入卅讀如颯秦刻石文如是并爲一字則不讀爲兩字也

六十曰耆　石經作耆岳本嘉靖本監毛本並同此本耆誤耆閩本同五經文字云耆從老省從旨今或作老下日非則知作耆者俗字其來已久衞氏集說亦作耆

八十九十曰耄　閩監毛本同岳本嘉靖本同石經耄作耄衞氏集說同釋文出八十九十曰旄云本又作耄注同案耄正字耄俗字旄假借字正義本當從作耄釋文又云本或作八十曰耋九十曰旄後人妄加之錢大昕云曲禮有曰耋二字者當是古本而陸氏以爲後人妄加蓋失之矣臧琳經義雜記鄭注本則無曰耋二字故曲禮注不解耋字或又益之鄭本陸氏所以斥爲妄加也案疏云人或八十而耄或九十而耄故並言二時是正義本無曰耋二字○按宋監本作耄後同依說文當作薹從老蒿省聲

耄惛忘也　監毛本同岳本同閩本惛作昏案衛氏集說亦作耄惛忘也嘉靖本惛作惛

亦明君貪賢　閩監毛本同岳本同惠棟挍宋本貪作尊嘉靖本同儀禮經傳通解同案考文引古本足利本亦作尊

人生至其制　惠棟挍宋本無此五字

九年教之數日　惠棟挍宋本作日此本日誤曰閩監毛本同

冠禮云棄爾幼志　閩監毛本同衛氏集說同惠棟挍宋本禮作義案棄爾幼志四字見儀禮士冠禮禮記冠義無之宋本非也

十五巳下　閩監毛本同惠棟挍宋本巳作以案以與巳字本同見檀弓下注詩文王傳帝乙巳上

論其四面穹隆則宮　案則下脫曰字

參天兩地而倚數焉　閩監毛本如此此本地下誤衍而地二字倚誤奇案易說卦釋文蜀才本作奇此非用別本但偏旁省耳

年耆既艾　閩監毛本同浦鏜云北史作堯年耆艾

賀瑒云　閩監毛本作瑒此本瑒誤場

故引宗子之父也　閩監毛本同浦鏜挍云引當云字誤

廣樹之功　閩監毛本如此此本樹上誤隔一〇考文云宋板作廣遠樹之功

老巳耄而可尊敬　閩監毛本同衛氏集說而作則

人年百歲　閩監毛本同考文引宋板年作生

安車坐乘若今小車者　閩監本同毛本安誤坐考文引宋板作安

謀於長者節　惠棟云宋本此節經長者問至凡爲人子者節疏不敢以成尊比踰於父止闕

凡可以扙己　閩本同監毛本扙作扶衛氏集說同

故於謀議之特將就也　閩監毛本將作持考文引宋板持作將正德本同

凡爲人子之禮節

安定其牀衽也　閩監毛本作衽此本衽誤在岳本安定作定安嘉靖本同考文引宋板同通典六十八同案以安其牀衽訓定字與以問其安否何如訓省字文法同岳本爲是正義亦云定安也

四角里先生　閩本同監毛本角作甪盧文弨禮記音義攷證云甪係俗字宋本作角李匡乂資暇錄云漢四皓其一角里先生角音祿今多以覺音呼誤也至於改角里爲甪里則益謬矣案今所刻隸釋有四老神坐机作甪里乃俗俗誤寫非必本來如此

四皓果來舍建城侯所　閩本同監毛本城作成下乃說建城侯同案建成侯呂澤也今史記漢書成字俱無土旁

夫爲人子者三賜不及車馬節

車馬而身所以尊者備矣　閩監毛本同岳本同嘉靖本同考文引古本足利本車馬上有受字衛氏集說同

不敢重受賜者心也如此　閩監毛本亦誤作重受此本賜誤賜此誤北考文引宋板古本足利本作受重岳本嘉靖本同案受重與疏合

執友志同者　閩監毛本同岳本同嘉靖本同考文引古本足利本志上有執字案執志同者與疏合

見父之執　閩監毛本同石經同岳本同考文引古本足利本執下有友字案疏云父之執謂執友是正義本執下亦無友字

夫爲至行也　惠棟挍宋本無此五字

受是巳到之日　閩監毛本同考文引宋板日作目

云三賜不及者　閩監毛本同考文引宋板不及作三命

是其命賜相將也監毛本作相將此本相將二字倒閩本同

以代其勞公羊莊元年疏引作以代其步

內懷仁德公羊疏引作內懷至仁

使其專行閩監毛本行作征公羊疏引作使得專征

以歸祭祀公羊疏引作使之祭祀

鄭司農以周禮九命與九賜是一也閩監本同毛本周誤九

而云三命之賜者閩監毛本云誤亡惠棟挍宋本作云考文引宋板作云並與此本同毛本三字闕上二畫似一字

其物終必受之閩監毛本同惠棟挍宋本物作賜

去王城百里置遠郊惠棟挍宋本作百里置此本里字脫閩監毛本脫置字毛本去誤云

事長次弟之名閩監毛本弟作第案說文次弟字本作弟

綢繆切瑳閩監毛本瑳作磋案磋字說文所無陸氏大學釋文亦作如瑳然大學經疏自作磋此處正義或從瑳二字亦通用也

故稱信也熊氏云閩監毛本熊氏上誤隔一○考文引宋板與此本同

夫爲人子者出必告節

恒言不稱老恒字闕筆閩本同監本作恒毛本作恆岳本作恆石經此恒字漶滅以他處定之此恒字亦當作恆顧炎武謂避穆宗諱是也此本尚沿其缺筆耳

以二十未合有子閩監毛本作合此本合誤今

則正差退而鴈行也閩監本同毛本鴈作雁下鴈行同案依說文當從雁段玉裁云許意隹部雁爲鴻雁鳥部鴈爲鵝

爲人子者居不主奧節

道有左右此本左字闕閩監毛本作左通典六十八左誤宅

爲其失子之道閩監毛本同岳本同衞氏集說無之字嘉靖本同宋監本同

不臨深閩監本同石經同岳本同毛本深作湥五經文字云湥說文深經典相承隸省○按依說文當作罙罙湥古今字說詳段玉裁說文注

不苟笑閩監毛本同岳本作笑石經作笑案說文竹部笑解闕五經文字笑從竹下犬九經字樣謂笑本字笑經典相承

人之性不欲見毀呰閩監本同岳本嘉靖本同衞氏集說同毛本欲誤敢考文引宋板古本足利本亦作欲通典六十八同

爲人至苟笑惠棟挍宋本無此五字

常推尊者于閑樂無事之處閩監本同毛本閑作間案閑間古通用顏氏家訓書證篇云古無二字又多假借以中爲仲以閒爲閑如此之類亦不勞改是也

故尊者居必主奧也閩監毛本同考文引宋板主作至按至字非

東北隅謂之宧惠棟挍宋本同閩監毛本宧誤宦

東南隅謂之窔惠棟挍宋本有南字此本南字脫閩監毛本同

大夫士或相往來閩監毛本同考文引宋本來作者

孝子不服闇節

闇冥也閩監毛本同岳本嘉靖本同釋文出瞑云本亦作冥正義本從作冥通典六十八亦作冥也

男女夜行以燭閩監毛本同岳本同衞氏集說同考文引古本足利本男上有禮字通典六十八禮字亦無

死爲報仇讎　閩監毛本如此岳本嘉靖本同衞氏集說同此本讎誤有考文引古本爲作謂

孝子至私財　惠棟挍宋本無此五字

自謹愼其身不許友以死　閩監本同毛本死誤私考文引宋板作死是也

爲其友報仇讎親存存須供養　閩監毛本親上有也字存字不重是也

白虎通云親友之道不得行者　閩監毛本同浦鏜挍謂親爲朋誤道下脫親在二字

爲人子者父母存節

冠衣不純素　閩監毛本同岳本同石經純字缺筆作紃後同顧炎武云避憲宗諱

爲人至純素　惠棟挍宋本無此五字

具父母大父母存冠衣純以繢　閩監毛本作績此本繢作貴省去糸旁非也浦鏜云存字衍○按浦鏜是也否則與深衣不合

孤子當室節

孤子至純采　惠棟挍宋本無此五字

指謂當室　閩監毛本同考文引宋板當室下有者字

幼子常視母誑節

幼子至袞裳　惠棟挍宋本無此五字

故曾子兒啼妻云　監毛本作妻此本妻誤箋閩本同衞氏集說不誤

以物示人單作示字　閩監本同毛本以誤於

所習嚮尊者屏氣也　惠棟挍宋本此下另行標禮記正義卷第二終又記云凡十九頁

禮記注疏卷一挍勘記

附釋音禮記注疏卷第二

曲禮上

禮記　鄭氏注　孔穎達疏

從於先生不越路而與人言尊不二也先生老人教學者○從才用反下皆同

遭先生於道趨而進正立拱手為有教使○拱俱勇反

先生與之言則對不與之言則趨而退為其不欲與己並行

從長者而上丘陵則必鄉長者所視為遠視不察有所問○上時掌反下同

【疏】從於至所視○正義曰此一節明事師長之禮并自恭謹之法今各隨文解之○從於先生者謂從行時先生師也謂師為先生者言彼先已而生其德多厚也自稱為弟子者言已自處如弟子則尊師如父兄也故公西華子夏之徒荅孔子皆自稱弟子也雷次宗以為師如父兄故自稱弟子也今明若從師行不得輒往路傍與他人言也而論語云有酒食先生饌則先生之號亦通父兄崔靈恩云凡言先生謂年德俱高又教道於物者凡云長者直以年為稱也凡言君子者皆為有德尊之不據年之長幼故所稱不同也○遭先生至拱手者此明道路與師長相逢之法遭逢也趨疾也拱手見師而起敬故疾趨而進就之也又不敢斥問先生所為故正立拱手而聽先生之教○注先生老人教學者○正義曰案書傳略說云大夫士七十而致仕大夫為父師士為少師教於州里鄉射注云先生鄉大夫致仕者此云老人教學者則通凡老而教學者是未必皆致仕者○與之言則對者此謂問時事之言則對若問已大事則辭讓然後對故前文云長者問不辭讓而對非禮也○則必鄉長者所視者長者東視則東視長者西視則西視從先生君子亦然

登城不指城上不呼為惑人○呼火故反號叫也

將適舍求毋固謂行而就人館固猶常也求主人物不可以舊常致時乏無周禮土訓辨地物原其生以詔地求其類

將上堂聲必揚警內人也○警京領反

【疏】將適舍求毋固○正義曰自此以下雖從師長兼明為賓客禮也適猶往也舍主人家也固猶常也凡往人家不可責求於主人覓常舊有之物故曰求毋固也○注周禮至其類○正義曰案地官土訓職云辨地物鄭注云別其所有所無原其生有時以告王之求也若地所無及物未生則不求與此相類也故引之證求毋固也

戶外有二屨言聞則入言不聞則不入將入戶視必下入戶奉扃視瞻毋回不干掩人之私也奉扃敬也○屨紀具反單下曰屨聞音問又如字下同視常止反下同徐音示沈又市志反扃古螢反何云關也一云門扇上鐶鈕瞻毋徐音如字

戶開亦開戶闔亦闔○下以後來變先○闔胡臘反

有後入者闔而勿遂示不拒人○拒其許反

毋踐屨毋踖席摳衣趨隅必慎唯諾趨隅升席必由下也慎唯諾者不先舉見問乃應○踖在亦反一音席躐也摳苦侯反提也下及注同趨七俱反向也注同本又作走徐音奏又如字唯于癸反應辭也注同徐于比反沈以水反諾乃各反應應對之應

【疏】戶外至唯諾○正義曰此一節明謂室有兩人故戶外有二屨此謂兩人體敵故二屨在外知者以鄉飲酒無筭爵賓主皆降脫屨於堂下以體敵故也若尊卑不同則長者一人脫屨於戶內故少儀云排闔脫屨於戶內者一人而已矣是也案屨人注云複下曰舄禪下曰屨古人言屨以通於複今世言屨以通於禪如鄭此言古人之言無問禪之與複皆名為屨今人言屨正謂禪者也○言聞則入言不聞則不入者若一屨有一人一人無非法之私事則外人可即入若有二屨是有二人二人或清閑密事若內人語聞於戶外則外人乃可入也熊氏以為一人之屨在戶內其戶外有二屨則三人也下文云離坐離立無往參焉則知戶內二人不得參之故知戶外有二屨者當有三人義亦通也○將入戶視必下者雖聞言而入亦不得舉目而視恐覩人私故必下○入戶奉扃者奉扃之說事有多家今謂禮有鼎扃所以關鼎今關戶之木與關鼎相似亦得稱扃凡常奉扃之時必兩手向心而奉之今入戶雖不奉扃木其手若奉扃然以其手對戶若奉扃言恭敬故言奉扃也是以注云奉扃敬也○視瞻毋回者初將入時視必下而竟不得迴轉廣有瞻視也○戶開亦開者既入戶不以後來變先若戶本開則今入者不須闔也○戶闔亦闔者戶若本闔則今入者不須開也○有後入者闔而勿遂者有後入者謂已於先入後猶有人又應入者也雖已應還闔當徐徐欲作闔勢以待後入不得遂闔以成拒後人故注云示不

拒人。毋踐屨者踐躡也既並脫屨戶外其人或多若後進者不得躡先入者屨。毋踖席者踖猶躐也席既地鋪當有上下將就坐當從下而升當己位上不發初從上從上爲踖席也玉藻云升席不由前爲躐席也熊氏以爲踖席猶逆席逆席謂從上升故鄭云必由下玉藻所云者自是不由席前升與此別。摳衣趨隅者摳提也衣裳也趨猶向也隅猶角也既不踖席當兩手提裳之前徐徐向席之下角從下而升當己位而就坐也。必慎唯諾者唯唯也諾應對也既坐定又慎於應對。注趨隅至乃應。正義曰案鄉飲酒云賓升席自西方注云升由下也升必中席彼謂近主人爲上故以主西爲之下凡席皆升由下降由前云慎唯諾者不先舉見問乃應者舉猶問也謂不先問也

大夫士出入君門由闑右 臣統於君闑門橛也。闑魚列反橛求月反門中木 不踐閾 閾門限也。閾于逼反一音況域反 【疏】大夫至踐閾。正義曰此一節明大夫士出入君門之法門以向堂爲正右在東故盧注禮弓下云門以向堂爲正主人位在門東客位在門西今此大夫士是臣臣皆統於君不敢自由賓故出入君門恒從闑東也其士之朝位雖在西方東面入時仍依闑東其大射注云左則由闑西者汎解賓客入門之法也。不踐閾者踐履也閾門限也出入不得踐履門限所以爾者一則自高二則不淨並爲不敬

。凡與客入者每門讓於客 下賓也敵者迎於大門外聘禮曰君迎賓於大門內。下遐嫁反 客至於寢門則主人請入爲席 爲猶敷也雖君亦然。敷芳夫反 然後出迎客客固辭 又讓先入 主人肅客而入 肅進也進客謂道之。道音導 主人入門而右客入門而左 右就其右左就其左 主人就東階客就西階客若降等則就主人之階 降下也謂大夫於君士於大夫也不敢輒由其階卑統於尊不敢自專 主人固辭然後客復就西階 復其正。復音服後此音更不重出 主人與客讓登主人先登客從之拾級聚足 拾當爲涉聲之誤也級等也涉等聚足謂前足躡一等後足從之併。拾依注音涉級音急階等躡女攝反併步頂反 連

步以上 重蹉跌也連步謂足相隨不相過也。上時掌反下皆同重直勇反徐治恭反蹉本亦作差同七何反跌大結反過古臥反後不音者放此 上於東階則先右足上於西階則先左足 近於相鄉敬 【疏】凡與至左足。正義曰此一節明賓與主人送迎相讓及升堂行步之法各隨文解之。言凡者通貴賤也每門者天子五門諸侯三門大夫二門客敵者主人出門外迎客主人輒先讓不先入故曰每門讓於客也貴賤禮不並存且諸侯自相爲賓之禮凡賓主各有副賓副曰介主副曰擯及行人若諸侯自行則介各從其命數至主國大門外主人及擯出門相接若主君是公則擯者五人侯伯則擯者四人子男則擯者三人所以不隨命。者謙也故並用強半之數也賓若是公來至門外直當闑西去門九十步而下車當軹北嚮而立鄭注考工記云軹轂末也其侯伯立當前疾。胡下此子男立當衡注衡謂車轅其君當軫而九介立在公之北邐迤西北並東嚮而列主公出直闑東南西嚮立擯在主人之南邐迤東南立並西嚮也使末擯與末介相對中間傍相去三丈六尺列擯介既竟則主君就賓求辭所以須求辭者不敢自許人來詣己恐爲他事而至故就求辭自謙之道也求辭之法

主人先傳求辭之言與上擯上擯傳以至次擯次擯繼傳以至末擯末擯傳與賓末介末介以次繼傳上至於賓賓荅辭隨其來意又從上介而傳下至末介末介又傳與末擯末擯傳相次而上至於主人傳辭既竟而後進迎賓至門知擯介朝位如此者大行人職文又知傳辭拜迎賓前至門者司儀職文其傳辭司儀之交擯也其列擯介傳辭委曲約聘禮文若諸侯使卿大夫相聘其介與主位則大行人云卿大夫之禮各下其君二等鄭注云介與朝位是也主君待之擯數如待其君其有異者主君至大門而不出限南面而立也若公之使亦直闑西北嚮七介而去門七十步侯伯使列五介而去門五十步子男使三介而去門三十步上擯出閾外闑東南西嚮陳介西北東面邐迤如君自相見也而末介末擯相對亦相去三丈六尺陳擯介竟則不傳命而上擯進至末擯間南揖賓賓亦進至末介間上擯與賓相去亦三丈六尺而上擯揖而請事入告君君在限內後乃相與入也知者約聘禮文不傳辭司儀及聘禮謂之旅擯君自來所以必傳命者聘義云君子於其所尊弗敢質敬之至也又若天子春夏受朝宗則無迎法受享則有之故大行人云廟中將幣三享鄭云朝先享不言朝者朝正禮不嫌有等也若秋冬覲遇一受之於廟則亦無迎法故郊特牲云覲禮天子不下堂而見諸

侯明冬遇依秋也此云凡與客入者謂燕也故下文云至寢門謂燕在寢也若相朝饗食皆在廟○每門讓於客者每門讓於客自謙下敬於賓也○注迎於至門內○正義曰迎於大門外證敵者則主人自出聘禮云君迎賓於大門內者謂不敵者主人不出門也使者是彼臣故主君迎至門內而不出也客至於寢門則主人請入爲席寢門最內門也謂客與主人入至主人內門也主人請入爲席者爲猶敷也客至於內門而主人請先獨入敷席也然主人鄕已應正席今客至門方請先入敷席者其意有二一則自謙示不敢逆設席以招賢也二則重愼更宜視之○注雖君亦然○正義曰知君迎臣君亦先入者案聘禮云及廟門公揖入于中庭是也若敵者則更出迎其不敵則不出迎故聘禮云立於中庭注不復出如此得君行一臣行二是也聘禮君使卿歸饔餼於賓賓迎於門外及廟門賓揖俱入是敵禮不重出迎者尊主君之命不敢當也聘禮賓見主國大夫及廟門大夫揖入不出迎者尊聘君之命不敢當也○然後出迎客者入鋪席竟後更出迎客也○客固辭者固如故也禮有三辭初曰禮辭再曰固辭三曰終辭主人入鋪席竟出而迎客再辭不先入也○主人肅客而入者肅進也謂先導之也客以再辭故主人進道客也故公食大夫禮云公揖入賓從是也○客若降等

則就主人之階者降等卑下之客也不敢亢禮故就主人階是繼屬於主人○注降下至自事○正義曰謂大夫於君士於大夫者此大夫於君大夫謂他國大夫也案聘禮云公迎賓賓不就主人階公食大夫禮公迎賓賓入門左注云左西方此皆是降等不就主人階者以聘禮及公食大夫禮並奉己君之命不可苟下主人故從客禮也若君燕於臣命宰夫爲主人則主人與賓皆從西階升與此異也案聘禮賓面主國大夫他國大夫是敵禮賓亦入門右鄭注見私事雖敵賓猶謙入門右爲若降等然○主人與客讓登者客主至其階又各讓不先升也○主人先登者讓必以三三竟而客不從故主人先登亦肅客之義不言三者略可知也○客從之者言主人前升至第二級客乃升中較一級故云從之也公食禮云公升二等賓升是也案燕禮大射賓先升者公以宰夫爲主人賓尊也故下注云賓每先升尊也案聘禮君使卿歸饔餼於賓館卿升一等賓從於時賓爲主人不先升者卿銜主君之命尊故先升也至於賓設禮擯卿賓升一等大夫從升者以賓作主人故也拾級聚足者此上階法也拾涉也級等也聚足謂每階先舉一足而後足併之不得後過前也涉等聚足謂前足躡一等後足從而併之也○連步以上者上上堂也在級未在堂後足不相過故云連步也涉而升堂故

云以也○帷薄之外不趨不見尊者行自由不爲容也入則容行而張足曰趨○帷位悲反帷幔也薄平博反簾也堂上不趨爲其迫也堂下則趨○爲于僞反下並同迫音伯執玉不趨志重玉也聘禮曰上介授賓玉於廟門外○介音界堂上接武武迹也迹相接謂每移足半躡之中人之迹尺二寸堂下布武武謂每移足各自成迹不相躡室中不翔又爲其迫也行而張拱曰翔並坐不橫肱爲害旁人○並如字又步頂反後放此肱古弘反授立不跪授坐不立爲煩尊者俛仰受之○跪求委反本又作危授坐本又作俛仰

〔疏〕帷薄至不立○正義曰此一節言趨步授受之儀帷幔也薄簾也趨謂行而張足疾趨而行敬也貴賤各有臣吏故其敬處亦各有遠近也禮天子外屏諸侯內屏卿大夫以簾士以帷外屏門外爲之內屏門內爲之邦君樹塞門是也臣來朝君至屏而加肅敬屏外不敬故不趨也今言帷薄謂大夫士也其外不趨則內可趨爲敬也此帷薄外不趨謂平常法也若祭祀之禮爾雅云室中謂之時堂上謂之行堂下謂之步門外謂之趨中庭謂之走大路謂之奔

知爾雅是祭祀者以召誥云王朝步自周則至于豐注云告文王廟告文王則告武王可知出廟入廟不以遠爲文是也若迎賓則樂師云行以肆夏趨以采齊○行謂大寢之庭至路門趨謂路門至應門○堂上不趨者亦謂不疾趨堂上迫狹故也下階則趨故論語云沒階趨進翼如也然論語云是孔子見於君也執玉不趨者執玉須愼不論堂之上下皆不疾趨也若張足疾趨則或蹉跌失玉故不趨注云聘禮曰上介授賓玉於廟門外者引證賓有執玉執玉於堂下時也賓當進聘故上介授賓玉於主人廟門外賓執玉進人門內不疾趨而爲徐趨徐趨者則玉藻云圈豚行不舉足齊如流注云孔子執主則然也又云執龜玉舉前曳踵蹜蹜如也注云著徐趨之事疾趨者則玉藻云疾趨則欲發而手足毋移注云疾趨謂直行也疏數自若毋移欲其直且正也堂上接武者武跡也既不欲疾趨故跡相接也鄭云每移足半躡之王云足相接也庾云謂接則足連非半也武跡相接謂每移足半躡之也中人跡一尺二寸半躡之是每進六寸也○堂下布武者鄭謂每移足各自成跡不半相躡王云謂跡間容足若間容足則中武王說非也○授立不跪者謂尊者立之時卑者以物授尊者不得跪煩尊者俯俛若尊者形短雖卑者得跪以授之故少儀云受立授立不坐性之直者則有之也注云尊

者短則跪不敢以長臨之是也。○凡爲長者糞之禮，必加帚於箕上，如是得兩手奉箕，恭也。謂初執而往時也。弟子職曰：執箕膺擖，厥中有帚。○爲，于僞反。攘，本又作糞，徐音奮，掃席前曰攘。帚，之手反。箕音基。膺，於陵反。葉，如字，箕舌。以袂拘而退，其塵不及長者，謂埽時也。以袂擁帚之前，埽而卻行之。○袂，武世反，衣袖末。拘，古侯反，徐音俱。謂埽，先報反，又先早反。擁，於勇反。以箕自鄉而扱之。扱讀曰吸，謂收糞時也。箕去弃物，以鄉尊者則不恭。○扱，依注音吸，許急反，斂也。去，上呂反，下注同。奉席如橋衡，橫奉之，令左昂右低，如有首尾然。橋，井上桿槔，衡上低昂。○橋，居廟反。令，力呈反。卬，本又作昂，又作仰，同五剛反，又魚丈反，下同。槔，本又作契，又作絜，同音結。槔，古毫反。絜皐，依字作桔槔，見莊子。請席何鄉，請衽何趾。順尊者所安也。衽，臥席也。坐問鄉，臥問趾，因於陰陽。○衽，而審反。趾音止。席南鄉北鄉，以西方爲上；東鄉西鄉，以南方爲上。布席無常，此其順之也。上謂席端也。坐在陽則上左，坐在陰則上右。

○坐，才臥反，又如字。

【疏】凡爲至爲上。○正義曰：此一節明爲尊者埽除布席之儀，各隨文解之。必加帚於箕上者，謂初持箕往時也，以帚加置箕上，兩手舉箕也。○注弟子職曰執箕膺擖厥中有帚。○正義曰：證加帚箕上。弟子職者，管子之書篇名也，其書述爲弟子職也。膺，胷前也。擖，箕舌也。厥，其也。言執箕之禮，以箕舌鄉胷，而帚置於箕中。箕是棄物之器，故不持鄉尊也。○以袂拘而退者，謂埽時也。袂，衣袂也。退，遷也。當埽時，卻遷以一手捉帚，又舉一手衣袂以拘障於帚前，且埽且遷，故云拘而退。○以箕自鄉而扱之者，扱，斂取也。謂以箕自鄉斂取糞穢，亦不以箕鄉尊也。○注扱讀曰吸。○正義曰：必讀扱爲吸者，以其穢物少，吸然則盡，不得爲一扱再扱，故讀從吸也。○奉席如橋衡者，所奉席頭令左昂右低，如橋之衡。衡，橫也。左尊故昂，右卑故垂也。但席舒則有首尾，卷則無首尾，此謂卷席奉之法，故注云如有首尾然。言如有，則實無首尾，至於舒席之時則有首尾，故公食禮云莞席尋，卷自末，注云：末，終也。終則尾也。○請席何鄉，請衽何趾者，既奉席來，當隨尊者所欲眠坐也。席，坐席也。鄉，面也。衽，臥席也。趾，足也。坐爲陽，面亦陽也，坐故問面欲何所鄉也。臥是陰，足亦陰也，臥故問足欲何所趾也。皆從尊者所安也。○注衽臥席也。○正義曰：案昏禮同牢禮畢，將臥云御衽於奧，媵衽良席，有枕北趾，此是衽爲臥席也。○席南鄉北鄉，以西方爲上者，謂東西設席，南鄉北鄉，則以西方爲上頭也。所以然者，凡坐隨於陰陽，若坐在陽則貴左，坐在陰則貴右。南坐是陽，其左在西；北坐是陰，其右亦在西也，俱以西方爲上。○東鄉西鄉以南方爲上者，謂南北設席，皆以南方爲上者。坐在東方西鄉，是在陽，以南方爲上；坐若在西方東鄉，是在陰，亦以南方爲上。亦是坐在陽則上左，坐在陰則上右。此據平常布席如此，若禮席則不然。案鄉飲酒禮注云：賓席牖前南面，主人席阼階上西面，介席西階上東面。與此不同是也。

若非飲食之客，則布席，席間函丈。謂講問之客也。函猶容也。講問宜相對，容丈足以指畫也。飲食之客，布席於牖前。丈或爲杖。○函，胡南反。丈，如字，丈尺之丈，王肅作杖。畫，胡麥反。牖，羊九反。○主人跪正席，雖來講問，猶以客禮待之，異於弟子。客跪撫席而辭。撫之者，荅主人之親正。客徹重席，主人固辭。徹，去也。去重席，謙也。再辭曰固。○重，直龍反，注同。再辭曰固，一本作曰固辭。客踐席乃坐。客安，主人乃敢安也。講問宜坐。主人不問，客不先舉。客自外來，宜問其安否無恙及所爲來故。○恙，羊尚反，爾雅云：憂也。爲，于僞反，下同。

將即席，容毋怍，怍，顏色變也。○怍，才洛反，慙也。兩手摳衣去齊尺。齊謂裳下緝也。○齊音咨，注同，本又作齋。緝，七立反。衣毋撥，撥，發揚貌。○撥，半末反。發揚。足毋蹶。蹶，行遽貌。○蹶，本又作蹷，居衛反，又求月反。行急遽貌。遽，其據反。

【疏】若非至毋蹶。○正義曰：此一節明客主之禮儀。云若非飲食之客者，飲食之客謂來共飲食者，非飲食客謂來講問者。布席謂舒之，令相對。若飲食之客不須相對，若講問之客布席相對，須講說指畫使相見也。○席間函丈者，函，容也。既來講說，則所布兩席中間相去使容一丈之地，足以指畫也。文王世子云：侍坐於大司成，遠近間三席。席之制，三尺三寸三分寸之一，則三席是一丈，故鄭云容丈也。○注講問至爲杖。○正義曰：凡飲食燕饗，則賓位在室外牖前，列筵南鄉，不得布席相對。相對者，唯講說之客耳，不在牖前，或在於室。云丈或爲杖者，王肅以爲杖，言古人講說用杖指畫，故使容杖也。然二家可會。○主人跪正席者，客雖來講問，而主人宜敬，故跪而正席，示親客之來也。雖來講問，猶以客禮待之，異於弟子也。○客跪撫席而辭者，撫謂以手按止之也。客跪以手按止於席而辭不聽主人之正席也○撫之者荅主人之親正席也○公客徹重席者禮器云諸侯三重大夫再重又鄉飲酒之禮公三重大夫再重是尊者多卑者少故主人爲客設多重席客謙而自徹也○主人固辭者固辭再辭止客之徹也然尊卑有數而客必徹之者既言講說本以德義相接不以尊卑爲用故雖尊猶自徹也客踐席者猶履也客起徹重席主人止之故客遂履席將坐○乃坐者主人待客坐乃坐也○主人不問客不先舉者舉亦問也客從外來宜問路中寒熱無恙若主人未問則客不可先問也爾雅釋詁云恙憂也○將即席容無怍者此明弟子請問初來之法即就也怍顏色變也初將來就席顏色宜莊不得變動顏色○兩手摳衣去齊尺者摳提挈也衣謂裳也齊是裳下緝也亦謂將就席之時以兩手當裳前提挈裳使起令裳下緝去地一尺恐衣長轉足躡履之足毋蹶者蹶行急遽貌也亦謂客初至之時勿得以爲行遽恐有蹶躓之貌也

先生書策琴瑟在前坐而遷之戒勿越廣敬也在前謂當行之前○筴本又作策初革反編簡也虛坐盡後謙也○盡津忍反後放此食坐盡前爲汙席○汙汙辱之汙又一故反後放此坐必安執爾

顏執猶守也長者不及毋儳言儳猶暫也非類雜○儳徐仕鑒反又蒼鑒反又蒼陷反正爾容聽必恭聽先生之言既說又敬○說音悅毋勦說勦猶擥也謂取人之說以爲己說○勦初交反一音初教反擥取說如字注同徐舒銳反擥徐力敢反毋雷同雷之發聲物無不同時應者人之言當各由己不當然也孟子曰人無是非之心非人也○悳應對之應下同必則古昔稱先王言必依據侍坐於先生先生問焉終則對不敢錯亂尊者之言○坐才臥反後放此請業則起請益則起尊師重道也起若今摳衣前請也業謂篇卷也益謂受說不了欲師更明說之子路問政子曰先之勞之請益曰無倦○卷音眷徐久戀反父召無諾先生召無諾唯而起應辭唯恭於諾○唯于癸反徐于比反注同侍坐於所尊敬毋餘席必盡其所近尊者之端爲有後來者○爲于僞反下爲饌同見同等不起不爲私敬燭至起異晝夜

食至起爲饌變上客起敬尊者燭不見跋跋本也燭盡則去之嫌若燼多有厭倦○見賢遍反跋半末反去起呂反下風去免去同燼才信反厭於盡反下同尊客之前不叱狗主人於尊客之前不敢倦嫌若風去之○叱尺質反狗古口反風音芳鳳反讓食不唾嫌有穢惡○唾吐臥反穢紆廢反徐烏外反惡烏路反

【疏】先生至不唾○正義曰此一節明弟子事師子事父之禮各隨文解之○先生書策者策篇簡也坐亦跪也坐通名跪跪名不通坐也越踰也弟子將行若遇師諸物或當己前則跪而遷移之戒慎勿得踰越廣敬也○虛坐盡後者凡坐各有其法虛空也空謂非飲食坐也盡後不敢近前以爲謙也玉藻云徒坐不盡席尺是也食坐盡前者謂飲食坐也古者地鋪席而俎豆皆陳於席前之地若坐近後則濺汙席故盡前也玉藻云讀書食則齊豆去席尺是也○坐必安者凡坐好自搖動故戒之令必安坐執爾顏者執守也久坐好異故必戒之宜如嚮者無作顏容也故注云執猶守也○長者不及毋儳言者長者猶先生也互言耳及謂所及之事也儳暫也長者正論甲事未及乙事少者不得輒以乙事雜甲事暫然雜錯師長之說○正爾容者正謂矜莊也

方受先生之道當正己矜莊也顏容通語耳○聽必恭者聽師長之說宜恭敬也○毋勦說者語當稱師友而言無得擥取人之說以爲己語○毋雷同者凡爲人之法當自立己心斷其是非不得聞他人之語輒附而同之若聞而輒同則似萬物之生聞雷聲而應故云毋雷同但雷之發聲物無不同時而應者人之言當各由己不當然也○必則古昔者則法也雖不雷同又不得專輒故當必法於古昔之正○稱先王者既法古昔而所言之事必稱先王先王聖人爲天子者也如孔子說孝經稱先王有至德也言必有所依據○注人之至人也○正義曰人之言評議是非須自出己情不當然者然謂如此也謂不當如此隨附他意孟子云人無惻隱之心非人也人無是非之心非人也引之者明是非由己不可一同餘人請益則起者益謂已受說而不了更諮問審之也○尊師重道也起若今摳衣前請也漢時受學有摳衣前請之法故鄭引證之也○注子路至無倦○正義曰子路受師說不了故就孔子請益也案論語云子路問爲政之道孔子荅云爲政先行恩惠後乃可使人爲勞役子路嫌少更就孔子請益孔子荅云但勤行前恩惠之事無倦息則自足爲政引之者證請益也○唯而起者唯恭於諾○正義曰父與先生呼召稱唯唯吟也不得稱諾其稱諾則似寬緩驕慢但今人稱諾猶

古之稱唯則其意急也今之稱吥猶古之稱諾其意緩也是今古異也○侍坐於所尊敬毋餘席者謂先生坐一席己坐一席己必坐於近尊者之端勿得使近尊者之端更有空餘之席所以然者欲得親近先生似若扶持然備擬先生顧問不可遥遠且擬後人之來故闕其在下空處以待之○見同等不起者雖見己之同等後來不爲之起任其坐在下空處所以然者尊敬先生不敢曲爲私敬也○上客起者上客謂尊者之上客也尊者見之則起故侍者宜從之而起然食與燭至起則尊者不起○燭不見跋者小爾雅云跋本也本把處也古者未有蠟燭唯呼火炬爲燭也火炬照夜易盡盡則藏所然殘本所以爾者若積聚殘本客見之則知夜深慮主人厭倦或欲辭退也故不見殘本恒如然未盡也○尊客之前不叱狗者若有尊客至而主人叱罵於狗則似厭倦其客欲去之也卑客亦當然舉尊爲甚○**侍坐於君子君子欠伸撰杖屨視日蚤莫侍坐者請出矣**以君子有倦意也撰猶持也○欠丘劒反伸音身撰仕轉反屨紀具反下同蚤音早莫音暮**侍坐於君子君子問更端則起而對**離席對敬異事也君子必

令復坐○離力智反令力呈反**侍坐於君子若有告者曰少間願有復也則左右屏而待**復白也言欲須少空間有所白也屏猶退也隱也○間音閑注同○**毋側聽**嫌探人之私也側聽耳屬於垣○探音貪屬之玉反垣音袁**毋噭應毋淫視毋怠荒遊毋倨立毋跛坐毋箕寢毋伏斂髮毋髢冠毋免勞毋袒暑毋褰裳**皆爲其不敬噭號呼之聲也淫視睇眄也怠荒放散身體也跛偏任也伏覆也髢髲也毋垂餘如髲也免去也褰袪也髢或爲肆○噭古弔反視如字徐市志反倨音據跛彼義反又波我反徐方寄反髢徒細反髲垂如髲袒徒旱反露也褰起連反爲于僞反下爲妨爲于皆爲其爲後同號戶高反本又作啼字呼火故反又如字睇大計反眄莫遍反覆芳伏反髲皮義反袪丘魚反肆以二反餘也

【疏】侍坐至褰裳○正義曰此一節明卑者事君子之禮○君子欠伸者君子志疲則欠體疲則伸撰杖屨者則君子自執杖在坐著屨升堂脫之在側若倦則自撰持之也○視日蚤莫者君子或瞻視其庭影望日蚤晚也○侍坐者請出矣者禮卑者賤者請進不請退退由尊者是以論語云杖者出斯出矣不敢自專今若見尊者爲上諸事皆是欲起之漸故侍坐者得請出矣○侍坐於君子者此又明卑侍尊事異於上故又言侍坐也○君子問更端者更端別事也謂鄉語已畢更問他事則起而對者事異宜新更敬又起對也○侍坐於君子者此亦卑事於尊所明既異故更言侍坐○若有告者曰少間願有復也者間謂淸閑也復白也卑者正侍坐於君子而忽有一人來告君子云欲得君子少時無事淸閑已願有所白也○則左右屏而待者屏退也侍者聞告欲有所白則當各自屏退左右避之不得遠也○毋側聽者此已下亦是侍君子之法凡人宜當正立不得傾欹側聽人之語嫌探人之私故注云側聽耳屬於垣若側聽則耳屬於垣壁聽旁人私言也○毋噭應者噭謂聲響高急如叫之號呼也應荅宜徐徐而和不得高急也○毋淫視者淫謂流移也目當直瞻視不得流動邪眄也○毋怠荒者謂身體放縱不自拘斂也○遊毋倨者遊行也倨慢也身當恭謹不得倨慢也○立毋跛者跛偏也謂挈舉一足一足蹋地立宜如齊雙足並立不得偏也○坐毋箕者箕謂舒展兩足狀如箕舌也○寢毋伏者寢臥也伏覆也臥當或側或仰而不覆也○斂髮毋髢者髢髲也垂如髲也

古人重髮以纚韜之不使垂也○冠毋免者免脫也常著在首不可脫也○勞毋袒者袒露也雖有疲勞之事厭患其衣而不得袒露身體○暑毋褰裳者暑雖炎熱而不得褰袪取涼也然上諸事條目誡侍者左右屏隱之人也既屏隱好生上事或私覘清閑或隔尊自恣故宜兼戒亦可通戒爲人之法也○**侍坐於長者屨不上於堂**屨賤空則不陳於尊者之側○上時掌反**解屨不敢當階**爲妨後升者○妨音芳**就屨跪而舉之屏於側**謂獨退也就猶著也屏亦不當階○著丁畧反**鄉長者而屨跪而遷屨俯而納屨**謂長者送之也不得屏遷之而已俯俛也納內也遷或爲遷

【疏】侍坐至納屨○正義曰此一節明解屨著屨之法事異於上故別言侍坐也屨不上於堂者長者在堂而侍者屨賤故脫於階下不著上堂若長者在室則侍者得著屨上堂而不得入室戶外有二屨是也或云悉不得上也戶外有二屨是狎客非須擯通也○解屨不敢當階者解脫也屨既不上於堂故解之於階下也謂脫爲解者案內則云屨著綦鄭云綦屨繫也又冠禮云黑屨靑絇鄭云絇之言拘也以爲行戒狀如刀衣鼻

在屨頭案内則注有屨繫之文冠禮有絇如刀衣鼻在屨頭及行戒之閒故師說云用物穿屨頭爲絇相連爲行戒也今云解屨是解繫也故隱義云古者屨頭鼻綦繩相連結之將升堂解之也不敢當階者謂人與屨並不當階側就階邊而解若留屨置階道爲妨後升也就屨跪而舉之者此侍者或獨暫退時取屨法也就猶著也初升時解置階側今下著之先往階側跪舉取之故云就屨跪而舉之○屏於側者屏退也退不當階也○鄉長者而屨者此明少者禮畢退去爲長者所送之法也既爲長者所送則於階側跪取屨稍移之面鄉長者而著之故云鄉長者而屨○跪而遷屨者遷徙也就階側跪取稍移近前○俯而納屨者納内也既取因俯身向長者而内足著之不跪者若跪則足向後不便故俯也雖不並跪亦坐左納右坐右納左耳

○離坐離立，毋往參焉。離立者不出中間。爲干人私也。離，兩也。

○男女不雜坐，不同椸枷，不同巾櫛，不親授，嫂叔不通問，諸母不漱裳，外言不入於梱，内言不出於梱，女子許嫁，纓，非有大故不入其門，姑姊妹女子子已嫁而反，兄弟弗與同席而坐，弗與同器而食。皆爲重別防淫亂不雜坐謂男子在堂女子在房也椸可以枷衣者通問謂相稱謝也諸母庶母也漱澣也庶母賤可使漱衣不可使漱裳裳賤尊之者亦所以遠別外言内言男女之職也不出入者不以相問也梱門限也女子許嫁系纓有從人之端也大故宮中有災變若疾病乃後入也女子有宫者亦謂由命士以上也春秋傳曰羣公子之舍則已卑矣女子十年而不出嫁及成人可以出矣猶不與男子共席而坐亦遠別也○椸羊支反衣架也枷本又作架徐音稼古本無此字櫛側乙反嫂字又作㛮素早反漱悉侯反梱本又作閫苦本反別彼列反下及注同澣戸管反

○父子不同席。異尊卑也

男女非有行媒，不相知名。見媒往來傳昏姻之言乃相知姓名○媒音梅不相知本或作不相知名名衍字耳傳直專反 非受幣，不交不親。重別有禮乃相纓固 故日月以告君，周禮凡取判妻入子者媒氏書之以告君謂此也○判普叛反 齊戒以告鬼神，昏禮凡受女之禮皆於廟爲神席以告鬼神謂此也○齊側皆反 爲酒食以召鄉黨僚友，會賓客也 以厚其別也。厚重愼也 取妻不取同姓，故買妾不知其姓則卜之。爲其近禽獸也妾賤或時非媵取之於賤者世無本繫○取七住反本亦作娶下賀取妻同媵羊證反又繩證反繫音計又音戸計反 寡婦之子，非有見焉，弗與爲友。辟嫌也有見謂有奇才卓然衆人所知○見賢遍反辟音避本亦作避下同餘皆放此

【疏】離坐至爲友○正義曰此一節揔明不干人私并遠嫌之法今各隨文解之○離坐離立離兩也若見彼或二人併坐或兩人併立既唯二人恐密有所論則已不得輒往參預也○離立者不出中間者又若見有二人併立當已行路則避之不得輒當其中間出也不云離坐者道路中非安坐之地故不云坐也識與不識通如此也○注離兩也○正義曰案易象云明兩作離是離爲兩也○男女至而食○不親授者男女有物不親相授也内則云非祭非喪不相授器其相授則女授以篚無篚則皆坐奠之而后取之○諸母不漱裳者諸母謂父之諸妾有子者漱浣也諸母賤乃可使漱浣盛服而不可使漱裳裳卑褻也欲尊崇於兄弟之母故不可使漱裳耳又欲遠别也○外言不入於梱者外言男職也梱門限也男職在於官政各有其限域不得令婦人預之故云外言不入於梱也○内言不出於梱者内言女職也女職謂織紝男子不得濫預故云不出梱也○女子許嫁纓者女子婦人通稱也不要對文故不重云子也婦人質弱不能自固必有繫屬故恒繫纓纓有二時一是少時常佩香纓二是許嫁時繫纓此則爲許嫁時繫纓何以知然者内則云男女未冠笄紟纓鄭以爲佩香纓不云纓之形制此云許嫁有從人之端也又昏禮主人入親説婦纓鄭注云婦人十五許嫁笄而禮之因著纓明有繫也蓋以五采爲之其制未聞又内則云婦事舅姑紟纓鄭云婦人有纓示繫屬也以此而言故知有二纓也但婦人之紟纓即是五采者故鄭云示繫屬也今此許嫁謂十五時○非有大故不入其門者大故謂喪病之屬也女子已許嫁則有宫門列爲成人唯有喪病等乃可入其門非大故則不入門也○女子子者謂已嫁女子子是已之女不直云女子而云女子子者凡男子女子皆是父生同爲父之子男子則單稱子女子則重言子者案鄭注喪服云重言女子子是别於男子故云女子子○兄弟弗與同席而

坐者雖已嫁及成人，猶宜别席。不云姪及父，雖云兄弟者，姪父尊卑禮殊，不嫌也。○弗與同器而食者，熊氏以爲不得傳同器，未嫁亦然，今嫌嫁或有異於未出，故明之，皆爲重别防淫亂也。○注不雜至别也○正義曰：謂男子在堂，女子在房也。○熊氏云：謂若大宗收族，宗子燕食族人於堂，宗子之婦燕食族婦於房也。○注春秋傳曰羣公子之舍則已卑矣，引公羊傳證女子有别宫也。莊元年秋，築王姬之館於外，公羊傳曰：路寢則不可，小寢則嫌，羣公子之舍則以卑矣。何休云：路寢是君聽事之處，不可嫁他女。小寢是夫人所居，天王女宜遠别，不可住也。羣公子之舍則以卑矣者，羣公子是魯侯之諸女也，魯侯女宫爲卑，不可處王女也。何休又云：當築夫人宫下，羣公子宫上。○公羊以爲築宫於外非禮也，左氏以爲築宫於外禮也，鄭康成亦以爲築宫當於宫外是也。○男女非有行媒不相知名者，相知男女名者，先須媒氏行傳昏姻之意，後乃知名。見媒往來傳昏姻之言，乃相知姓名也。故昏禮有六禮，二曰問名。○非受幣不交不親者，幣謂聘之玄纁束帛也，先須禮幣，然後可交親也。○故日月以告君者，既男女須辨，故婦來則書取婦之年月日時以告國君也。注周禮凡取判妻入子者，媒氏書之以告君，謂此也。引媒氏職證必書告君也。妻是判合，故云判也。入子者，鄭康成注云：入子者謂容媵及姪娣不聘者也。妾既非判合，但廣其子胤而已，故云入子。○齊戒以告鬼神者，並厚重遠别也。齊戒謂嫁女之家受於六禮，並在於廟布席告先祖也。明女是先祖之遺體，不可專輒許人。而取婦之家，父命子親迎，乃並自齊絜，但在已寢，不在廟也。所以爾者，白虎通云：娶妻不告廟者，示不必人女也。然夫家若無父母，則三月廟見，亦是告鬼神，故云齊戒以告鬼神。○注昏禮至此也○正義曰：昏禮納采，主人筵於戸西，西上右几。注：爲神布席，將以先祖之遺體許人，不敢不告。昏禮又云：受諸禮於廟而設几筵也。○故買妾不知其姓則卜之○熊氏云：卜者卜吉凶，既不知其姓，但卜吉則取之，義或然也。○注爲其至本繫○正義曰：郊特牲云：無别無義，禽獸之道。此不取同姓，爲其近禽獸故也。云妾賤，或時非媵，取之於賤者，如諸侯取一國之女，則二國同姓以姪娣媵，媵送也。妾送嫡行，則明知姓氏。大夫士取亦各有妻媵，或時非此媵類，取於賤者，不知何姓之後，則世無本繫，但卜得吉者取之。○寡婦之子非有見焉弗與爲友者，明避嫌也。見謂奇才卓異可見也。寡婦無夫，若其子有奇才異行者，則已可與之爲友。若此子凡庸而已，與其往來，則於寡婦有嫌也。是以鄭注有見謂奇才卓然衆人所知也。

○賀取妻者，曰：某子使某聞子有客，使某羞。謂不在賓客之中，使人往者。羞，進也，言進於客。古者謂候爲進。其禮蓋壺酒、束脩，若犬也。不斥主人，昏禮不賀。

〔疏〕賀取至羞○正義曰：謂親朋友有昏，已有事碍，不得自往，而遣人往也。案郊特牲云：昏禮不賀，人之序也。此云賀者，聞彼昏而送筐篚，將奉淳意，身實不在，爲賀，故云賀。而其辭則不稱賀，曰某子使某者，此使者辭也。某子者，賀者名。使某者，使自稱名也。言彼使我來也。○聞子有客者，聞子呼娶妻者爲子也。昏禮既不稱賀，故云聞子有客也。客者，鄉黨僚友之屬也。○使某羞者，某是使者名也。羞，進也。子既召賓客，或須飲食，故使我將此酒食以與子進賓客。○注謂不至不賀○正義曰：羞，進也，言進於客也。古者謂候爲進者，證呼送禮爲進，候猶進也。古時謂迎客爲進，漢時謂迎客爲候。此記是古法，故飲食與彼迎接呼爲進也。鄭注周禮候人云：候候迎賓客之來是也。云其禮蓋壺酒束脩若犬也者，言於禮物用壺酒及束脩，束脩，十脡脯也。若無脯，則壺酒及一犬，故云若犬也。少儀云：其以乘壺酒、束脩、一犬賜人，若獻人，則陳酒執脩以將命。是酒脩獻人之法也。此賀用酒，或亦四壺也。云不斥主人昏禮不賀者，解所以不云賀主人昏而云有客之義，主人有嗣代之序，故不斥云賀也。

○貧者不以貨財爲禮，老者不以筋力爲禮。禮許儉，不非無也。年五十始杖，八十拜君命，一坐再至。○筋音斤。

○名子者不以國，不以日月，不以隱疾，不以山川。此在常語之中，爲後難諱也。春秋傳曰：名終將諱之。隱疾，衣中之疾也，謂若黑臀、黑肱矣。疾在外者，雖不得言，尚可指擿，此則無時可辟。俗語云：隱疾難爲醫。○臀，徒孫反。擿，徐吐歷反，或音的。醫，於其反。

〔疏〕名子至山川○正義曰：此一節明與子造名字之法，各依文解之。○名子者不以國者，不以本國爲名，故杜氏注春秋桓六年傳云：不以本國爲名，如是他國，即得爲名，故桓十二年衛侯晉卒，襄十五年晉侯周卒是也。○不以日月者，不以甲乙丙丁爲名。殷家得以爲名者，殷質不諱名故也。然案春秋魯僖公名申，蔡莊公名甲午者，周末亂世，不能如禮，或以爲不以日月二字爲名也。○不以隱疾者，謂不以體上幽隱之處疾病爲名。○注謂若黑臀黑肱矣○正義曰：案宣二年，晉使趙穿迎公子黑臀於周而立之。周語單子云：吾聞晉成公之生，夢神規其臀以黑，使有晉國。此天所命也，有由而得爲名。昭元年楚公子黑肱，昭三十一年邾黑肱，得爲名，或亦有由，或亂世而不能如禮。云名終將諱之者，案桓六年九月丁卯子同生公問名於申繻申繻對曰名有五有信有義有象有假有類以名生爲信杜注云若唐叔虞魯公子友以德命爲義若文王名昌武王名發以類命爲象若仲尼首象尼丘取於物爲假若伯魚生人有饋之魚因名之曰鯉取於父爲類若魯莊公與桓公同日生名之曰同也按傳文云不以官不以畜牲不以器幣此記文畧耳傳云以官則廢職以山川則廢主以畜牲則廢祀以器幣則廢禮晉以僖侯廢司徒宋以武公廢司空先君獻武廢二山杜注云司徒改爲中軍司空改爲司城魯獻公名具武公名敖按國語范獻子聘魯問具敖之山魯人以鄉名對獻子云何不云具敖乎對曰先君獻武之所諱也此等所以皆爲名者以其不能如禮故申繻言之周人以諱事神者謂周人諱神之名而事神其名終没爲神之後將須諱之故不可以爲名也○男女異長各自爲伯季也男子二十冠而字成人矣敬其名○冠古亂反父前子名君前臣名對至尊無大小皆相名女子許嫁笄而字以許嫁爲成人○笄古兮反

【疏】男女至而字○正義曰此一節明男女冠笄名字之法各依文解之○男女異長者按冠禮加字之時伯某甫

仲叔季唯其所當又檀弓云幼名冠字五十以伯仲知女子亦各自爲叔季者春秋隱公二年伯姬歸于紀隱七年叔姬歸于紀是也禮緯含文嘉云文家稱叔質家稱仲以此言之則周有管叔蔡叔之屬是文家故稱叔也禮緯又云嫡長稱伯庶長稱孟○君前臣名者成十六年鄢陵之戰公陷于淖欒書欲載晉侯鍼曰書退鍼是書之子對晉侯而稱書是於君前臣名其父也○凡進食之禮左殽右胾食居人之左羹居人之右皆便食也殽骨體也胾切肉也食飯屬也居人左右明其近也殽在俎胾在豆○殽戶交反熟肉有骨曰殽胾側吏反大臠食音嗣飯也注食飯屬同徐音自羹古衡反舊音衡便音婢面反下同近如字膾炙處外醯醬處內殽胾之外內也近醯醬者食之主膾炙皆在豆○膾古外反炙章夜反注同醢徐音海本又作醯呼兮反醬子匠反葱渫處末渫烝葱也處醯醬之左言末者殊加也渫在豆○渫以制反烝之承反酒漿處右處羹之右此言若酒若漿耳兩有之則左酒右漿此大夫士與賓客燕食之禮其禮食則宜放公食大夫禮云○漿子羊反字亦作將燕本亦作宴於遍反放方兩反公食音

嗣此儀禮篇名也後放此下文及注執食同以脯脩置者左朐右末亦便食也屈中曰朐○朐其俱反客若降等執食興辭辭者辭主人之臨己食若欲食於堂下然主人興辭於客然後客坐復坐主人延客祭延道也祭祭先也君子有事不忘本也客若降等則先祭○客祭禮飲食必祭示有所先也干寶注周禮云祭五行六陰之神與人起居道音導祭食祭所先進主人所先進先祭之所後進後祭之如其次殽之序徧祭之謂胾炙膾也以其本出於牲體也公食大夫禮魚腊湆醬不祭也○徧音遍下注同腊音昔湆音泣三飯主人延客食胾然後辯殽先食胾後食殽殽尊也凡食殽辯於肩食肩則飽也○飯扶晚反下注禮飯以手同依字書食旁作卞扶萬反食旁作反符晚反二字不同今則混之故隨俗而音此字辯音遍下同主人未辯客不虛口侯主人也虛口謂酳也客自敵以上其酳不待主人飽主人不先飽也○酳音胤又士覲反漱口也以酒曰酳以水曰漱

【疏】凡進至虛口○正義曰此一節推明飲食之法也各隨文解之今此明卿大夫與客燕食之禮○左殽右胾者熟肉帶骨而臠曰殽純肉切之曰胾骨是陽故在左肉是陰故在右○食居人之左羹居人之右者食飯燥爲陽故居左羹濕是陰故右設之並在殽胾之內○注皆便至在豆○正義曰皆便食也者此中有三便一則純肉在右先取爲便也二則羹飯並近人之食先取羹飯亦便三則飯在左羹在右右手取羹羹重於右亦便故云皆便食云食飯屬者知食是飯者春秋左氏傳云粢食不鑿論語云一簞食玉藻云子卯稷食皆飯也言屬者諸飯悉然故云屬也云居人左右明其近也者以其繫人言之故云近也云殽在俎者春秋宣十六年王享士會殽烝下云宴有折俎又昏禮及特牲少牢皆骨體在俎是殽在俎知胾在豆者公食大夫禮庶羞十六豆有牛胾羊胾是胾在豆○注殽胾至在豆○正義曰知在殽胾之外內者以此饌之設羹食最近人羹食之外乃有殽胾今云膾炙處外醯醬處內明其不得在羹食之內故知在殽胾之外內此醯醬徐音作海則醢之與醬兩物各別依昏禮及公食大夫禮醬在右醢在左此醢醬處內亦當醬在右醢在左也按公食大夫禮宰夫自東房授醯醬公設之鄭注云以醯和醬也又周禮醯人祭祀共虀菹醯物則醯醬共爲一物

也今此經文若作醢字則是一物也醢之與醯其義皆通未知孰是但鄭注葱渫云處醯醬之左則醯醬一物爲勝云膾炙皆在豆者以公食下大夫十六豆有牛炙羊炙及芥醬魚膾故知在豆○注處醯至在豆○正義曰知處醯醬之左者地道尊右既云處末則末在左上繼醯醬文承其下故云在醯醬之左知葱渫殊加也以儀禮正饌唯有菹醢無葱渫故知葱渫爲殊加也以其菹類故知在豆也○注若酒至禮云正義曰卑客則或酒或漿若尊客則有酒有漿案公食大夫禮云設酒於豆東是酒在左也公食大夫禮又云賓三飯設漿飲於稻西鄭注云酒在東漿在西所謂左酒右漿是也云此大夫與賓客燕食之禮其禮食則宜放公食大夫禮云者從上進食之禮至此所陳饌具皆是卿大夫燕食也其禮食則似公食大夫禮所陳是也案公食大夫禮醯醬陳於席前豆六設於醬東西上韭菹以東醓醢昌本南麋臡以西菁菹鹿臡士設俎於豆南牛俎在西牛俎東羊俎羊俎東豕俎又牛俎南魚俎魚俎東腊俎腊俎東有腸胃俎又有膚俎在兩行俎之東縮設之黍稷六簋設於俎西黍簋當牛俎西其西稷稷西黍黍南稷稷東黍黍東稷屈爲兩行大羹在醬西鉶四設於豆西牛鉶在東牛西羊羊南豕豕東牛飲酒設於豆東粱飯設於湆西稻于粱西庶羞十六豆設於稻南屈折而

陳凡爲四行膷東臐臐東膮膮東牛炙炙南醢醢西牛胾胾西醢醢西牛膾膾南羊炙炙東羊胾胾東醢醢東豕炙炙南醢醢西豕胾胾西芥醬醬西魚膾此是公食下大夫禮云若上大夫八豆八簋六鉶九俎庶羞二十也○以脯脩置者設食竟所須也脯訓始始作即成也脩亦脯也脩訓治治之乃成鄭注腊人云薄析曰脯棰而施薑桂曰鍛脩今明置設脯脩與客之法故云以脯脩置者○左朐右末者朐謂中屈也屈脯朐然也左朐置左也右末末邊際置右右手取際擘之便也脯脩則處酒左以燥爲陽也脯脩皆左之也注亦便至便也○客若降等者降下等也謂大夫爲卿之客其品等卑下也○執食興辭者執捉也食飯也興起也客既卑故未食必先捉飯而起以辭謝主人之臨己也又若欲往堂下食然也堂下是卑者食處飯爲食主故特執之也公食大夫禮云賓北面自間坐左擁簠粱右執湆以降是也鄭云自間坐由兩饌之間也辭主人臨己食若欲食於堂下然此降等謂大夫於卿故欲降而不降若臣於君則降也故公食云賓擁簠粱以降是也若敵者全無欲降之禮故公食禮云大夫相食賓執粱與湆之西序端無降法也○主人興辭於客然後客坐者主人見客執飯起故主人亦起辭止之則客從辭而止乃坐食復坐也○主人延客祭者延道也祭者君子不

忘本有德必酬之故得食而種種出少許置在豆間之地以報先代造食之人也若敵客則得自祭不須主人之延道令此卑客聽主人先祭道之已乃從之故云延客祭也○祭食祭所先進凡祭食之法隨主人所設前後次第種種而次祭之故主人所先進先祭之所後進後祭之所從如其次也○殽之序徧祭之者序次序也謂膾炙胾之屬也徧匝也炙胾之屬雖同出於牲今祭之故種種次序徧匝祭之○注謂胾至祭也○正義曰案公食大夫禮云三牲之肺不離贊者辯取之壹以授賓賓興受坐祭捝手又云魚腊醬湆不祭也○三飯主人延客食胾者三飯謂三食也禮食三飧而告飽須勸乃更食三飯竟而主人乃道客食胾也公食大夫禮云賓三飯以湆醬鄭云每飯歠湆以殽擩醬食正饌也案彼文是三飯但食醬及他饌而未食胾故三飧竟而主人道客使之食胾也所以至三飧後乃食胾者公食禮亦以胾爲加故客三飧前未食之故鄭注云以殽擩醬食正饌正饌則非胾也然公食禮三飧竟捝手起受漿漱口受束帛之物升降拜禮畢方是升還坐食取飽飽又三漱不云三飯延客食胾者與此異也○然後辯殽者然後謂食胾竟後也辯匝也主人告道客令食至飽食殽得匝也○汁先食至飽也○正義曰純肉爲陰陰卑也帶骨爲陽陽尊也尊故後食之也云凡食殽

辯於肩食肩則飽者案特牲少牢云初食骰次食脊次食骼後食肩是辯於肩也故云食肩則飽也鄭云舉前正脊後肩自上而卻下絳而前終始之次也案鄭云是先食脇脊次食骼食骼竟又屈食脇脊竟乃食肩○主人未辯客不虛口者虛口謂食竟飲酒蕩口使清絜及安食也用漿曰漱令口以絜清爲義用酒曰酳酳訓演言食畢以酒演養其氣主人若食殽未辯則客雖已辯而不得輒酳漱也主人恒讓客不自先飽故客待主人辯乃得爲酳也此謂卑客耳敵客以上則不待主人也音義隱云飯畢蕩口也○注俟主至酳也○正義曰案公食禮云賓卒食會飯三飲鄭云三漱漿也明是食竟漱也又初三飯竟設漿稻西賓坐祭遂飲鄭云飲漱也案此漱是三飧竟又有事故用漿漱口若如斯則公食之禮雖設酒爲優賓不得用酳故鄭注彼云設而不舉明但以漿漱口而已也此是私客故用酒以酳所以異於公食禮也故鄭此云謂酳也云客自敵已上其酳不待主人飽者客不敵故待主人主人不先飽者緣主人不先飽故待之也

侍食於長者主人親饋則拜而食 勸長者食耳雖賤不得執食與辭拜而已示敬也○**主人不親饋則不拜而食** 以其禮於已不隆饋徐其類反

【疏】侍食至而食○正義曰觿是自爲客法此明侍從尊長爲客禮也主人親饋則拜而食者饋謂進饌也己雖侍尊長而主人若自親饋與己己則拜謝之而後食也○注勸長至敬也○正義曰言己今侍食雖賤不得執食興辭故但拜之以示敬也　**共食不飽**謙也謂共羹飯之大器也　**共飯不澤手**爲汗手不絜也澤謂挼莎也禮飯以手澤或爲擇○爲于僞反汗下半反本或作汗挼乃禾反沈耳佳反莎息禾反沈又息隨反○【疏】共食至澤手○正義曰共食謂同事聚居非禮食則有同器食法共食宜謙不厭厭飫爲飽也共飯不澤手者亦是共器盛飯也澤謂光澤也古之禮飯不用箸但用手既與人共飯手宜絜淨不得臨食始挼莎手乃食恐爲人穢也○注爲汗手不絜○正義曰絜淨也若澤手手必汗生則不絜淨○一本汗生不圭圭絜也言手澤汗飯也　**毋摶飯**爲欲致飽不謙○摶徒端反爲于僞反下皆同【疏】毋摶飯○正義曰共器若取飯作摶則易得多是欲爭飽非謙也故注云爲欲致飽不謙也　**毋放飯**去手餘飯於器中人所穢○去起呂反　**毋流歠**大歠嫌欲疾○歠川悅反　**毋咤食**嫌薄之○咤陟嫁反叱咤也　**毋齧骨**爲有聲響

不敬○齧五結反　**毋反魚肉**爲已歷口人所穢　**毋投與狗骨**爲其賤飮食之物　**毋固獲**爲其不廉也欲專之曰固爭取曰獲○固獲並如字徐云鄭橫霸反一音護　**毋揚飯飯黍毋以箸毋嚃羹**亦嫌欲疾也嚃爲不嚼菜○飯扶晚反箸直慮反說文云飯欹也嚃他荅反一音吐計反又音退嚼疾略反又戶略反　**毋絮羹**爲其詳於味也絮猶調也○絮勑慮反謂加以鹽梅也　**毋刺齒**爲其弄口也口容止○刺七亦反弄魯凍反　**毋歠醢**亦嫌詳於味也歠者爲其淡故○淡徒敢反　**客絮羹主人辭不能亨客歠醢主人辭以窶**優賓○亨普彭反煑也窶其禹反貧也　**濡肉齒決**決猶斷也○濡音儒字亦作濡斷音短　**乾肉不齒決**堅宜用手　**毋嘬炙**爲其貪食甚也嘬謂一舉盡臠特牲少牢嚌之加于俎○嘬初怪反炙章夜反臠力轉反少徐式照反凡少牢皆同嚌音才細反【疏】毋放至嘬炙○正義曰放飯者手就器中取飯飯若黏著手不得拂放本器中也去手餘飯於器中人所穢者

當棄餘於篚無篚棄餘於會會謂簋蓋也○毋流歠者謂開口大歠汁入口如水流則欲多而速是傷廉也故鄭云大歠嫌欲疾○毋咤食者咤謂以舌口中作聲也似若嫌主人之食也○毋齧骨者一則有聲二則嫌主人食不足以骨致飽故庾云爲無肉之嫌三則齧之口聲可憎故不齧也爲有聲響不敬鄭舉一隅也毋反魚肉者謂與人同器也已齧殘不可反還器中爲人穢之也故鄭云謂已歷口人所穢崔靈恩云不可反於故處是以少牢禮尸所食之餘肉皆別致於肵俎不反本處也○毋投與狗骨者投致也狗犬也言爲客之禮無得食主肉後棄其骨與犬故鄭云爲其賤飮食之物○毋固獲者專取曰固爭取曰獲與人共食不可專固獨得及爭取也盧植云固獲取之爲其不廉也○毋揚飯者飯熱當待冷若揚去熱氣則爲貪快傷廉也○飯黍毋以箸者飯黍無用箸當用匕故少牢云廩人溉匕與敦注云匕所以匕黍稷是也○毋嚃羹者人若不嚼菜含而歠吞之其欲速而多又有聲不敬傷廉也故鄭云亦嫌欲疾也嚃爲不嚼菜羹有菜者用梜故不得歠當梜嚼也○毋絮羹者絮謂就食器中調和鹽梅也若得主人羹更於器中調和是嫌主人食味惡也○注爲其詳於味也絮猶調也詳審也謂更詳審嫌淡也○毋刺齒者口容止不得刺弄之爲不敬也謂其弄口少儀

曰口容止容儀欲靜止也毋歠醢者醢肉醬也醬宜鹹客若歠之則是醬淡也○客絮羹主人辭不能亨者亨煑也若客失禮而絮羹則主人宜有優賓之辭謝之云已家不能亨煑故羹味不調適也○客歠醢主人辭以窶者窶無禮也若客失禮而歠醢則主人亦致謝云主人作醢淡而無鹽故可歠也詩云終窶且貧毛云窶無禮也箋云君於已祿薄終不足以爲禮也兩辭皆優饒於賓也濡肉齒決者濡濕也濕輭不可用手擘故用齒斷決而食之決猶斷也○乾肉不齒決者乾肉脯屬也堅肕不可齒決斷之故須用手擘而食之鄭注腊人云大物解肆乾之謂之乾肉也毋嘬炙者火灼曰炙炙肉濡若食炙先當以齒嚌而反置俎上不一舉而併食併食之曰嘬是貪食也○注爲其至于俎○正義曰不細齧之是一舉盡臠也特牲少牢嚌之加于俎者嚌至齒也特牲少牢饋食禮尸及祝佐食主人之徒得肉皆嚌之嚌之竟而加置于俎上也但此所嚌取彼嚌至齒反置于俎則同然前云無反魚肉此得反于俎者上文謂共人同器而食者故鄭云爲其已歷口人所穢特牲少牢獨食故得反也　**卒食客自前跪徹飯齊以授相者**謙也自從也齊醬屬也相者主人贊饌者公食大夫禮賓卒食北面取粱與醬以降也○卒子恤反

後更不音者同蘆本又作齊將今反相息亮反注同**主人興辭於客然後客坐**不聽親徹【疏】卒食至相者○正義曰卒食食已也自從也食坐在前而嚮候客食竟加于俎起從坐前北面當以坐而跪自徹已所食飯與齊飯齊食主故荅主人初所親饌者也此是卑者侍食之客耳若敵者則否以授相者相者謂主人所使進食者賓以所徹飯齊以授之○注謙也至降也正義曰齊醬屬也齊醬通名耳公食大夫禮賓卒食北面取粱與醬以降者引證自徹是卑客也大夫卑於公所爲客故食竟親取飯及醬以降下當知敵者否○主人至客坐者主人起辭不聽自徹則客亦止而坐也

侍飲於長者酒進則起拜受於尊所降席拜受敬也燕飲之禮鄉尊○鄉音嚮**長者辭少者反席而飲長者舉未釂少者不敢飲**不敢先尊者盡爵曰釂燕禮曰公卒爵而後飲也○少式召反下皆同釂子妙反盡也先悉薦反又如字【疏】侍飲至敢飲○正義曰明侍尊長飲酒法也食竟宜飲酒故次之○酒進則起者謂長者賜侍者酒進至侍者前則起侍者見酒至不敢即飲故起也○拜受於尊所者

尊所者以陳尊之處也侍者起而往尊處拜受之也陳尊之所貴賤不同若諸侯燕禮大射設尊在東楹之西自北嚮南陳之酌者在尊東西嚮以酌者之左爲上尊尊面有鼻鼻向君示君專有此惠也若鄉飲酒及鄉大夫燕則設尊陳於房戶之間賓主共之尊面嚮南酌者嚮北以西爲上尊時主人在阼西嚮賓在戶西牖前南嚮使賓主得夾尊示不敢專惠也今云拜受於尊所者當是燕禮而燕禮不云拜受於尊所鄉飲酒亦無此語正是文不具耳近尊嚮長者故往於尊所嚮長者而拜○注降席至鄉尊○正義曰何胤云尊者主人也拜者在尊所對主人也降席下奠爵再拜稽首嚮尊謂主人尊也崔靈恩云卿大夫燕飲主人面亦嚮尊若鄉飲酒皆主人與賓夾尊也今案何崔並是解此拜受尊若所嚮長者之證也○長者辭少者反席而飲者長者辭止少者之起長者既止故少者復反還其席而飲賜也○長者舉未釂少者不敢飲者舉猶飲也釂盡也飲酒尊卑異爵故燕禮公執膳爵受賜爵者執散爵今少者雖反席而飲要須待長者盡爵後少者乃得飲也若長者飲未盡則少者不敢飲也○注不敢至飲也○正義曰證長者未盡少者不敢飲也燕禮曰受賜爵者以爵就席坐公卒爵然後飲鄭注云不敢先虛爵明此勸惠從尊者來也然此與燕禮及注合而與士相見及玉藻違案士相見禮云若君賜之爵則下席再拜稽首受爵升席祭卒爵而俟君卒爵然後授虛爵鄭云受爵者於尊所至於授爵坐授人耳必俟君卒爵者若欲其釂然也玉藻云君若賜之爵則越席再拜稽首受登席祭之飲卒爵而俟君卒爵然後授虛爵注云不敢先君盡爵案二文皆先君卒爵而此云後飲者此據燕飲正禮故引燕禮以証之玉藻及士相見禮謂私燕之禮故不同也

長者賜少者賤者不敢辭不敢亢禮也賤者僮僕之屬○亢苦浪反僮音同【疏】長者至敢辭○正義曰此明凡受賜禮也少謂幼稚賤謂僮僕之屬也若少者及賤者被尊長之賜則不敢辭謙宜即受也不敢亢禮也敵者亢而有辭少者賤者故不敢也

賜果於君前其有核者懷其核嫌棄尊者物也木實曰果○核戶革反

御食於君君賜餘器之溉者不寫其餘皆寫重汙辱君之器也溉謂陶梓之器不溉謂萑竹之器也寫者傳已器中乃食之也勸侑曰御○溉古愛反重直勇反徐治龍反陶音桃瓦器也沈音遥萑音丸葦也傳直專反侑音又○【疏】御食至皆寫○正義曰御者非侍者但是勸侑君食也○君賜餘者

謂君食竟以食殘餘賜御者也○器之溉者不寫者溉滌也寫謂倒傳之也若所賜食之器可滌溉者不畏汙則不須倒寫仍於器中食之食訖乃澡絜以還君也○其餘皆寫者其餘謂不可滌溉之器也若不倒寫久則浸汙其器又不可澡絜則褻尊者物也故皆倒寫之○注重汙至曰御○正義曰溉謂陶梓之器者陶是瓦甒之屬梓是杯杅之屬並可滌絜之者何胤云梓漆也不溉謂萑竹之器者萑葦也是織萑爲之器竹是織竹爲之器並謂筐筥之屬並不可澡絜者鄭注司几筵職云萑如葦而細云勸侑曰御者何胤云勸侑謂卑者勸美尊者之食也

餕餘不祭父不祭子夫不祭妻食人之餘曰餕餕而不祭唯此類也食尊者之餘則祭盛之○餕子閏反【疏】餕餘至祭妻○正義曰餕者食餘之名祭謂祭先也因前有賜餘故明食人之餘不祭者也凡食人之餘及日晚食饌之餘皆云餕故玉藻云日中而餕鄭云餕食朝之餘也今此明凡食餘悉祭若不祭者唯此下二條也父不祭子夫不祭妻者若父得子餘夫得妻餘不須祭者言其卑故也非此二條悉祭也父得有子餘者熊氏云謂年老致仕傳家事於子孫子孫有賓客之事故父得餕其子餘夫餕其妻餘者謂宗婦與族人婦燕飲有餘夫得食之○

御

同於長者雖貳不辭謂侍食於長者饌具與之同也貳謂重殽膳也辭之爲長者嫌○重直龍反【疏】御同至不辭○正義曰御謂侍也同謂侍食而與長者同饌也貳謂重也侍者雖獲殽膳重而已不須辭其多也所以然者此饌本爲長者設耳若辭之則嫌當長者何胤云禮當盛饌宜辭以賤不能當之此侍食於長者盛饌不在己故鄭云貳謂重殽膳也辭之爲長者嫌也

偶坐不辭盛饌不爲己，偶五口反配也一曰副貳也坐才臥反又如字【疏】偶坐不辭○正義曰偶媲也或彼爲客設饌而召己往媲偶於客共食此饌本不爲己設故己不辭之也又一云偶二也若唯獨有己主人設饌己當辭謝若與他人俱坐則己不假辭以主人意不必在己也故鄭云盛饌不爲己並會兩通也

羹之有菜者用梜其無菜者不用梜梜猶箸也今人或謂箸爲梜提○梜古協反沈又音甲字林作筴云箸也公治反箸直慮反【疏】羹之至用梜○正義曰有菜者爲鉶羹是也以其有菜交橫非梜不可無菜者謂大羹湆也直歠之而已其有肉調者犬羹兎羹之屬或當用匕也

爲天子削瓜者副之巾以絺副析也既削又四析之乃橫斷之而巾覆焉○爲于僞反下同削息略反瓜古華反副普逼反絺勑宜反細葛析星歷反下同斷音短下同【疏】爲天至以絺○正義曰此爲人君削瓜禮也削刊也副析也絺細葛也謂先刊其皮而析爲四解又橫切之既破又橫解而細葛爲巾覆上而進之也

爲國君者華之巾以綌華中裂之不四析也○華胡瓜反綌去逆反麤葛

爲大夫累之累倮也謂不巾覆也○累力果反一音如字倮力果反沈胡瓦反

士疐之不中裂橫斷去疐而已○疐音帝去丘呂反

庶人齕之不橫斷○齕恨沒反徐胡切反【疏】爲國至齕之○正義曰爲國君者華之巾以綌者華謂半破也綌麤葛也諸侯禮降故破而不四析也亦橫斷之雖與天子俱無文推理亦橫斷而巾用麤葛覆而進之爾雅云瓜曰華之郭璞云食啖治擇之名○爲大夫累之者累倮也不巾覆也大夫降於諸侯直削而中裂橫斷而已不巾覆而進之知對破而橫斷之者鄭云士不中裂橫斷去疐而已則知大夫猶中裂而橫斷倮而已○士疐之者疐謂脫華處士不半破但除疐而橫斷亦不覆也下注庶人云不橫斷則知士橫斷也故鄭云士不中裂橫斷去疐而已○庶人齕之者庶人府史之屬也齕齧也既注云不橫斷故知去疐而齧之也然此削瓜等級不同非謂平常之日當是公庭大會之時也

父母有疾冠者不櫛行不翔憂不爲容也○冠如字徐古亂反爲如字徐于僞反

言不惰憂不在私好惰不正之言○惰徒禾反一音徒臥反好音呼報反

琴瑟不御憂不在樂

食肉不至變味飲酒不至變貌憂不在味

笑不至矧怒不至詈憂在心難變也齒本曰矧大笑則見○矧本又作哂失忍反又詩忍反詈力智反罵詈則見賢遍反

疾止復故自若常也

有憂者側席而坐側猶特也憂不在接人不布他面席

有喪者專席而坐降居處也專猶單也【疏】父母至而坐○正義曰此已下明親疾人子之禮及除喪後之儀各隨文解之○言不惰者惰訛不正之言○注憂不在私好者○正義曰好謂華好言語戲劇華飾文辭故云不在私好○食肉不至變味○正義曰猶許食肉但不許多耳變味者少食則味不變多食則口味變也○有憂者側席而坐者憂亦謂親有病也側猶獨也獨席謂獨坐不舒他面席也明憂不在接人故也平常則舒他面席也○注側猶特也○正義曰案聘禮云公禮賓公側受醴是側猶特也○有喪者專席而坐○正義曰專猶單也吉時貴賤有重席之禮若父母始喪寢苫無席卒哭後乃有芐翦不納自齊衰以下始喪而有席並不重降居處也

○水潦降不獻魚鼈不饒多也○潦音老雨水謂之潦

獻鳥者佛其首爲其喙害人也佛戾也蓋爲小竹籠以冒之○拂本又作佛扶弗反下同爲于僞反下爲其同喙吁廢反又陟遘反又知胄反又丁角反戾力計反籠力東反冒莫報反

畜鳥者則勿佛也畜養也養則馴○畜許六反徐況又反馴似遵反狎也徐食倫反沈養純反

獻車馬者執策綏獻甲者執胄獻杖者執末獻民虜者操右袂獻粟者執右契獻米者操量鼓獻孰食者操醬齊獻田宅者操書致凡操執者謂手所舉以告者也設其大者舉其小者便也甲鎧也胄兜鍪也民虜軍所獲也操其右袂制之契券要也右爲尊量鼓量器

名○綏音雖執以登車者胄直又反操七刀反持也下及注皆同契苦計反量音亮又音良升斛鼓隱義云樂浪人呼容十二石者爲鼓齊本又作齏同子兮反便婢面反鐙苦愛反挖下侯反鍪莫侯反券字又作劵音勸

凡遺人弓者張弓尚筋弛弓尚角弓有往來體皆欲令其下曲隤然順也遺人無時已定體則張之未定體則弛之○遺于季反與也注同弛本又作施同式是反謂不張也注同隤本又作頹徒回反順貌

右手執簫左手承弣簫弭頭也謂之簫簫邪也弣把中○弣音撫徐音甫下同弭亡婢反弓末也邪似嗟反把音霸手執處也

尊卑垂帨帨佩巾也磬折則佩垂授受之儀尊卑一○帨徐始銳反磬徐苦定反折徐時列反又之列反沈云舊音逝

若主人拜拜受也

則客還辟辟拜辟拜謙不敢當○辟辟上扶亦反下辟音避注同

主人自受由客之左接下承弣由從也從客之左右客尊之接下接客手下也承弣卻手則簫覆手與○覆芳服反與音餘

鄉與客並然後受於堂上則俱南面禮敵者並授

進

劒者左首左首尊也

進戈者前其鐏後其刃進矛戟者前其鐓後刃敬也三兵鐏鐓雖在下猶爲首銳底曰鐏取其鐏地平底曰鐓取其鐓地○鐏在困反舊子困反注同一讀注音作管反矛本又作鉾音謀兵器鐓本又作錞徒對反注同一讀注丁亂反

疏

水潦至其鐓○正義曰此一節明獻遺人物及授受之儀今各隨文解之○水潦降不獻魚鼈者案定四年左傳云水潦方降今謂水潦降者天降下水潦魚鼈難得故注云不饒多也盧植庾蔚之等並以爲然或解鄭云不饒多者以爲水潦降下魚鼈豐足不饒益其多○獻鳥者佛其首者王云佛謂取首戾轉之恐其喙害人也鄭云佛戾也蓋爲小竹籠以冒之案王鄭義同而加籠籠之爲其喙害人也○畜鳥者則勿佛也者畜養也養則馴也馴善也鳥經人養則不喙害人故獻之不用籠冒及戾之○獻車馬者執策綏者策是馬杖綏是上車之繩車馬不上於堂不可投進尊者之前但執策綏易呈之則知有車馬○獻甲者執胄者甲鎧也謂鎧爲甲者言如龜鼈之有甲也胄兜鍪也鎧大兜鍪小小者易舉執以呈之耳○獻杖者執末者末柱地頭也柱地不淨不可嚮人故執以自嚮持淨頭授與人獻民虜者操右袂者民虜謂征伐所獲彼民以爲外虜故云民虜也右袂者右邊袖也獻之以左手操于四之右邊袂右邊袂右邊有力故此用右手以防其異心凡言執操互言耳○獻粟者執右契者粟粱稻之屬也契謂兩書一札同而別之鄭注此云契券要也右爲尊以先書爲尊故也○獻米者操量鼓者米六米之等量是知斗斛之數鼓是量器名也隱義云東海樂浪人呼容十二斛者爲鼓以量米故云量鼓獻米者執器以呈之米云量則粟亦量粟云契則米亦書但米可即食爲急故言量粟可久儲爲緩故云書書此量爲緩也○獻孰食者操醬齊者孰食葱渫之屬醬齊爲食之主執主來則食可知若見芥醬必知獻魚膾之屬也○獻田宅者操書致者書致謂圖書於板丈尺委曲書之而致之於尊者也以上諸物可動故不云致而田宅著土故板圖書畫以致之故言書又言致也然古者田宅悉爲官所賦本不屬民今得此田宅獻者是或有重勳爲君王所賜可爲已有故得有獻凡遺人弓者此謂敵體故稱遺者也張弓尚筋者弓之爲體以木爲身以角爲面筋在外面張之時曲來嚮內故遺人之時使筋在上弓身曲嚮其下其弛弓之時反張嚮外筋在曲內角在曲外今遺人之時角嚮其上弓形亦曲嚮下故鄭注皆欲令其下曲隤然順也○注遺人至弛之○正義曰案稾人云春獻素秋獻成注云矢

箙春作秋成矢箙既獻素明知弓亦獻素素形朴也故士喪禮注云形法定爲素又弓人云秋合三材冬定體則合三材之時可以獻人故此注云未定體則弛之是也○右手執簫者簫弓頭頭稍剡差邪似簫故謂爲簫也謂弓頭爲鞘鞘簫之言亦相似也然執簫謂捉下頭客覆右手執弓下頭也○左手承弣者弣謂弓把也授在地地道貴右主人推客居右客覆右手執弓下頭又卻下左手以承弓把把當中央而高兩頭頹下以授主人主人在左所以知是執於弓下頭者下頭拄地不淨不可與人故自執之而以上頭授人所以爲敬也尊卑垂帨者尊卑謂賓主俱是大夫則爲尊若俱是士則爲卑帨佩巾也若主人拜者主人將受應當賓前而拜受所遺也○則客還辟辟拜者還辟猶逡巡也客謙不欲當主人之拜已故少逡巡遷延辟之也不云客答拜者執弓不得拜也何胤云執弓者迴還見主人拜而辟之也○主人自受由客之左者由從也主人既敵故自受也拜客既竟從客左而受之○接下承弣者主人既還在客左與客並以卻左手接客左手之下而承弣又覆右手捉弓下頭○注由從至下○正義曰客在右故云右客也是尊客故使客在右也云接下接客手下也者客卻左手承弣今主人卻左手接客左手之下而取弓必知其客主俱卻左手承弣右手覆簫者若主

人用右手承弣，便是主人倒執弓，故知然也。云「承弣卻手則簫覆手與」者，簫謂弓下頭也。客以弓上頭授與主人，主人以左手卻之接客手下，故又覆右手捉弓下頭也。是客主授受皆卻左手承弣，覆右手執簫也。○鄉與客並然後受者，前注云由左，恐人或相對而左右也。今明既拜客竟，則還前立處與客俱嚮南而立，乃後受弓，故云鄉與客並然後受也。○注於堂至並授○正義曰：俱南面，解鄉與客並也。言於堂上俱南面，是嚮明故也。若不於堂上，則未必南面，當隨時便而俱嚮明。云禮敵者並授者，若不敵則不並授，此又證遺人是敵者也。然敵者並授，案聘禮賓問主國之卿，卿北面受幣，聘賓南面授幣，卿與聘賓是敵，不並授者，以聘賓銜聘君之命問卿，故卿北面受之，敬聘君之命也。○進劒者左首者○正義曰：進亦謂遺也，言進授與人時也。首，劒拊環也。少儀曰「澤劒首」，鄭云「澤，弄也」。推尋劒刃利，不容可弄，正是劒環也。又云「刀卻刃授穎」，鄭云「穎，鐶也」。案少儀而言首則鐶也，不以刃授人，敬也。春秋魯定公十年，叔孫之圉人欲殺公若，僞不解禮而授劒末，杜云「以劒鋒末授之」。案解鋒爲末，則鐶是首也。然劒有匣，又有衣也，故少儀云「劒則啓櫝蓋襲之，加夫襓」是也。鄭云「左首尊」者，客在右，主人在左，劒首首爲尊，以尊處與主人也。假令對授，則亦左首，首尊左亦尊爲宜也。○進戈者前其鐏後其刃○正義曰：戈，鉤孑戟也，如戟而横安刃，但頭不嚮上爲鉤也。直刃長八寸，横刃長六寸，刃下接柄處長四寸，並廣二寸，用以鉤害人也。刃當頭而利者也，利故不持嚮人也。鐏在尾而鈍，鈍嚮人爲敬，所以前鐏後刃也。○進矛戟者前其鐓者，矛如鋋而三廉也，戟今之戟也，古作戟兩邊皆安横刃，長六寸，中刃長七寸半，横刃下接柄處又長四寸半，並廣寸半。鐓爲矛戟柄尾平底如鐓，柄下也，以平嚮人，敬也。亦應並授，不云左右而云前後者，互文也。若相對則前後也，若並授則左右也。○

進几杖者拂之　尊者所馮依，拂去塵，敬。○拂如字，馮皮冰反，去起呂反。○

效馬效羊者右牽之　用右手便。效，猶呈見。○效胡教反，下同。便婢面反。見賢遍反。○

效犬者左牽之　犬齧人，右手當禁備之。○齧五結反，本亦作噬，常世反。

執禽者左首　左首尊。

飾羔鴈者以繢　繢，畫也。諸侯大夫以布，天子大夫以畫。○繢胡對反。

受珠玉者以掬　慎也。掬，手中。○掬九六反，兩手曰掬。

受弓劒者以袂　敬也。

飲玉爵者弗揮　爲其寶而脆。○揮音輝，何云振去餘酒曰揮。脆七歲反。

凡以弓劒苞苴簞笥問人者　問，猶遺也。苞苴，裹魚肉，或以葦，或以茅。簞笥，盛飯食者，圜曰簞，方曰笥。○苞苴子餘反，苞裹也，苴藉也。簞音單。笥思嗣反，字林先自反，沈息里反，簞笥竹器也。裹音果。葦韋鬼反。盛音成。圜音員。○

操以受命如使之容　謂使者。○使色吏反，注及下使者使也並同。

疏　進几至之容○正義曰：此一節皆謂相獻遺及呈見之儀，各依文解之。○進几杖者拂之，謂拂去塵埃，爲當馮執故也。前云獻杖執末，與此互文也。此兼言几者，凡雖無首末亦拂之。或云進几者以彎外授人，亦得順也。○效馬效羊者右牽之者，效，呈見也。此亦是遺人而言效，亦互文也。馬羊多力，人右手亦有力，故用右手牽掣之也。○效犬者左牽之者，犬好齧齧人，故左牽之而右手防禦也。案少儀云「獻犬則右牽之」者，彼是田犬畜犬，不齧人，不須防。今此是充食之犬，故防禦之也。然通而言之，狗犬通名；若分而言之，則大者爲犬，小者爲狗。故月令皆爲犬，而周禮有犬人職，無狗人職也。故爾雅云「未成毫狗」是也。但燕禮亨狗，或是小者，或通語耳。○執禽者左首者，禽，鳥也。左，陽也；首亦陽也。左首，謂横捧之也。凡鳥皆然。若並授，則主人在左，故客以鳥首授之也。不牽故執之也。○飾羔鴈者以繢者，飾，覆也。

羔，羊也。繢，畫也。畫布爲雲氣，以覆羔鴈爲飾，以相見也。士相見禮云「下大夫以鴈，上大夫以羔，飾之以布」，並不言繢。此言繢者，鄭云彼是諸侯之卿大夫，卑，但用布；此天子之卿大夫，尊，故畫之也。受珠玉者以掬者，掬謂手中也。珠玉寶重，宜慎，若受之，開匣而出，置在手中，下用袂承之，恐墜落也。○受弓劒者以袂者，不露手取之，故用衣袂承接之，以爲敬也。○飲玉爵者弗揮者，玉爵，玉杯也。揮，振去餘也。春秋左氏傳云「奉匜沃盥，既而揮之」，是振去餘也。○凡以弓劒苞苴簞笥問人者，凡謂凡此數事皆同然。苞者，以草苞裹魚肉之屬也，故尚書云「厥苞橘柚」，是其類也。苴者，亦以草藉器而貯物也。簞圓笥方，俱是竹器，亦以葦爲之。問人者，問謂因問有物遺之也。問者或自有事問人，或謂聞彼有事而問之，問之悉有物表其意，故自弓劒以下皆是也。○注苞苴至以茅○正義曰：知裹魚肉者，詩云「野有死麕，白茅苞之」，内則云「炮取豚，編萑以苴之」，既夕禮云「葦苞長三尺」，是其裹魚肉用茅用葦也。○操以受命如使之容者，言使之容者，言使者操持此上諸物以進受尊者之命，如臣爲君聘使，受君命，先習其威儀進退，令如其至所使之國時之儀容，故云如使之容也。○

附釋音禮記注疏卷第二

禮記注疏卷二挍勘記

阮元撰盧宣旬摘錄

附釋音禮記注疏卷第二　惠棟挍宋本禮記正義卷第三

曲禮上　三字在禮記鄭氏注之前閩監毛本移置鄭氏注孔穎達疏之後失其舊式

禮記　鄭氏注　孔穎達疏　此本自二卷以後至六十三卷多如此作題禮記鄭氏注五字閩監毛本無禮記二字改題曰漢鄭氏注唐孔穎達疏皆非其舊

從於先生節　惠棟云從於先生節登城不指節戶外有二屨節宋本合爲一節

先生老人教學者　閩監毛本作老岳本嘉靖本同衞氏集說同此本老誤者

則必鄉長者所視　閩監毛本同石經同岳本嘉靖本同衞氏集說同考文引古本鄉作嚮通典六十八作向○按鄉向古今字嚮俗鄉字

從於至所視　惠棟按宋本無此五字

又教道於物者　閩監毛本同衞氏集說物作幼

遺先生至拱手者　閩監毛本同惠棟挍宋本無者字

教於州里儀禮鄉射注云　監毛本如此此本作教於周禮鄉射注云字有脫誤也閩本同考文引宋板無儀禮二字盧文弨挍本云儀禮鄉射無此注惟鄉飲酒注云先生鄉中致仕者

登城不指節

不可以舊常致時乏無　閩監本同毛本致作或岳本嘉靖本同

戶外有二屨節

升席必由下也　閩監本同岳本嘉靖本同衞氏集說同考文引宋板古本足利本同毛本必誤也

以鄉飲酒無筭爵　閩本同監毛本筭作算○按段玉裁云說文算數也筭爲算之器算爲筭之用監毛不誤

禪下曰屨　惠棟挍宋本同閩監毛本禪作單下以通於禪無問禪之與複正謂禪者皆同

或清閒寄事　惠棟挍宋本作閒此本閒作閧閩監本作問毛本清閒作請問

若內人語聞於戶外則外人乃可入也　閩監毛本同衞氏集說則下有非私事三字恐以意添也

奉扃之說事有多家　閩本同毛本事誤奉監本奉誤本事字不誤考文引宋板作事

從上爲躐席也　閩監毛本同惠棟挍宋本躐作躐下躐席同是也躐爲躐之或體說詳下

大夫士出入君門節

大夫至踐閾　惠棟挍宋本無此五字

右在東　閩監毛本同惠棟挍宋本東下有也字衞氏集說同

凡與客入者節

謂前足躡一等　閩監毛本同嘉靖本同衞氏集說同岳本躡作躐釋文亦作躐

凡與至左足　惠棟挍宋本無此五字

所以不隨命者謙也　閩監毛本同浦鏜挍命下補數字

其侯伯立當前疾　惠棟云詩疏及論語刑疏皆作前侯獨此作前疾非也

下此子男立當衡地　閩本同惠棟挍宋本同監毛本此誤地

則主君就賓求辭　閩監毛本同惠棟挍宋本辭作辤下主人先傳求辭之言同五經文字辭辤辞上說文中古文下籀文經典相承通用上字

各下其君二等　閩監本同毛本二誤一考文引宋板作二不誤

二則重慎更宜視之　閩監本同考文引宋板同毛本視誤親

然後出迎客者　閩監毛本同惠棟挍宋本無者字

禮有二辭　閩本同監毛本二作三○按當作三

帷薄之外不趨節

武謂每移足各自成迹不相躡　閩監毛本同嘉靖本同岳本武上有布字毛居正云注武字當作布蓋上句注巳云武迹也此注釋布字義不當又云武按此武上脫布字當從岳本衛氏集說亦作布武

帷薄至不立　惠棟校宋本無此五字

趨以采齊　閩監毛本同惠棟校宋本齊作薺案此引周禮樂師當作薺

而爲徐趨徐趨者　監本同毛本徐趨二字不

疾趨則欲授而手足毋移　毛本同閩監本授作發考文引宋板同案玉藻正作發注云發謂起履也

凡爲長者糞之禮節

凡爲長者糞之禮　閩監毛本同石經同岳本嘉靖本同釋文出擹云本又作糞正義本從作糞考文引古本作擹

執箕膺擖　閩監毛本同岳本同嘉靖本同衛氏集說同釋文擖作葉考文引古本亦作葉山井鼎云古本作葉管子作楪而今此注作擖者蓋涉少儀篇誤耳當以古本及釋文爲證也案山井鼎說非也正義本自作擖故疏中皆作擖字○按段玉裁云凡柶之盛物箕之底皆謂之葉或作楪譌作擖葉亦謂之欇少儀作擖乃欇之誤古音聶聲葛聲相近故從聶字或多作葛也

以箕自鄉而扱之　閩監毛本同石經同岳本嘉靖本同衛氏集說同考文引古本鄉作嚮案釋文於上出鄉尊云本又作嚮後文注皆同知此鄉字釋文亦作嚮正義本作鄉與釋文本同考文引古本作嚮與釋文又本同○按作嚮非也

扱讀曰吸　閩監毛本同岳本嘉靖本同衛氏集說同惠棟校宋本扱作扳

箕去弃物　宋監本同後並同岳本同閩監毛本弃作棄嘉靖本同衛氏集說同案此因正義作棄改注弃字亦作棄也

令左昂右低　閩監毛本同岳本嘉靖本同衛氏集說同釋文出卬云本又作昂又作仰正義本作昂考文引古本作仰

凡爲至爲上　惠棟校宋本無此五字

袂衣袂也退遷也　閩監毛本同通解衣袂也下有拘障也三字案衛氏集說亦無此三字

謂南北設席皆以南方爲上者　閩監毛本同浦鏜校云者疑若字誤

若非飲食之客節

荅主人之親正　閩監毛本同岳本嘉靖本同衛氏集說同通解正下有席字

再辭曰固　閩監毛本同岳本嘉靖本同衛氏集說同釋文云一本作曰固辭考文引古本固下有辭也二字

客踐席乃坐　閩監毛本同石經同岳本同考文引古本作客踐席主人乃坐案疏云乃坐者主人待客坐乃坐也經無主人字故正義申言之考文據以補入非也

宜問其安否無恙　閩監毛本同岳本嘉靖本同衛氏集說同釋文否作不考文引古本無安否二字

作顏色變也　閩監毛本同岳本嘉靖本同衛氏集說同宋監本作下補謂字

蹶行遽貌　閩監毛本同岳本嘉靖本同衛氏集說同惠棟校宋本遽作遂案釋文出行遽音其據反正義亦云行急遽貌也作遂者誤字

若飲食之客　閩監本同考文引宋板同毛本誤若飲之客客

席之制三尺三寸三分寸之一 閩監毛本同衛氏集說同浦鏜校制下補廣字嚴杰云補廣字與今本文王世子注同釋文云一本作廣三尺三寸三分是陸氏所據之注本無廣字正義正與之合

故使容杖也 閩本同惠棟挍宋本同監毛本使作或衛氏集說同

○乃坐者 閩監本同考文引宋板同毛本無○乃誤入

不得變動顏色 閩監毛本同衛氏集說同惠棟挍宋本色下有也字

先生書策琴瑟在前節

先生書策琴瑟在前 閩監毛本同石經同岳本嘉靖本同衛氏集說同釋文出書筴云本又作策正義本作策考文引古本作筴○按依說文當作冊策者冊之假借字筴者又策之俗字也

毋勦說 閩監毛本同石經同嘉靖本同衛氏集說同岳本勦作剿案剿說之剿曹憲讀當從刀與左傳勦民字從力者不同錢大昕云說文勦訓勞鄭訓爲擊取勞之轉聲而借其義非有異文也說文刀部無剿字曹憲俗儒未達六書之旨故多妄說案五經文字力部勦字云楚交反見禮記當指此文是張參亦不從曹憲說也岳本全改從刀非

不敢倦嫌若風去之 閩監毛本同岳本嘉靖本同考文引古本倦上有厭字風作諷案釋文於上注出有厭云於豔反下同知釋文本此處有厭字正義云則似厭倦其客欲去之也知正義本此處亦有厭字古諷字多作風釋文本亦作風通典六十八引嫌若諷去之古諷風字通

嫌有穢惡 閩監毛本同岳本嘉靖本同衛氏集說同考文引古本作嫌有惡穢釋文出有穢惡也二字亦不倒惡下有也字各本所無

先生至不唾 惠棟挍宋本無此五字

既法古昔 閩監毛本同惠棟挍宋本昔作者

古者未有蠇燭 惠棟挍宋本蠇作蠟

侍坐於君子節

少間願有復也 閩監毛本同嘉靖本同石經間作閒岳本同衛氏集說同釋文出少閒云音閑注同五經文字云閒從月經典閑暇字用之則字當作閒爲是然此閒並從日後放此

暑毋褰裳 閩監本同石經同岳本嘉靖本同衛氏集說同考文引宋板古本足利本同毛本褰誤騫釋文出毋騫○按騫正字褰假借字

此又明卑侍尊 閩毛本同惠棟挍宋本尊下有也字監本卑誤異

閒謂清閑也 閩監本同毛本閑作閒下無事清閑同

不得遠也 閩本同考文引宋板同監本作不得迫也毛本作不得近也並誤

不得流動邪盼也 閩本同監毛本盼作眄衛氏集說作不得斜盼

常著在首 閩本同惠棟挍宋本同衛氏集說同監毛本在作於

故宜兼戒亦可通戒爲人之法也 閩監毛本二戒字作誡衛氏集說同案此作戒者省文耳

侍坐於長者節

不得屏遷之而已 閩監毛本同岳本同嘉靖本同衛氏集說同通解遷之作遷就近

侍坐至納屨 惠棟挍宋本無此五字

此侍者或獨暫退時 閩監毛本作侍此本侍誤待今正

離坐離立節

不同椸枷 閩本監本毛本同石經同岳本嘉靖本同衛氏集說同釋文出同椸又出枷云本又作架徐音稼古本無此字正義此句闕疏其本無可考臧琳經義雜記云案注云椸可以枷衣者然則經無枷字矣今內則亦有枷字疑誤衍鄭箋鵲巢云鵲之作巢冬至架之至春乃成記注枷字與詩箋同意並是運動之言非實指器物之名也釋器竿謂

之籥亦單稱籥鄭注云衣架與鄭合據徐音知此字習以宋已衍古本無此字陸當據徐本云然耳

女子許嫁系纓　閩監毛本系作繫岳本同衞氏集説同嘉靖本同

女子有宮者　閩毛本同岳本嘉靖本同衞氏集説同監本宮誤官

猶不與男子共席而坐　閩監本同岳本同衞氏集説同考文引宋板古本足利本同毛本共誤同

不相知名　閩監毛本同石經同岳本嘉靖本同衞氏集説同釋文出不相知云本或作不相知名名衍字耳正義本作不相知名經義雜記云案注云見媒往來傳昏姻之言乃相知姓名經如本有名字鄭可無庸注矣案臧説非也注正解經名字爲姓名耳當以正義本爲長

辟嫌也　閩監毛本同岳本嘉靖本同衞氏集説同考文引古本辟作避釋文出避嫌云本亦作避正義云明避嫌也字亦作避○按避正字辟假借字

離坐至爲友　惠棟挍宋本無此五字

當築夫人宮下羣公子宮上○按今公羊注無二宮字

白虎通云娶妻不告廟者示不必人女也　閩本同考文引宋板同監毛本告上有先字人女二字并作安字與今白虎通同

朋與爲友者明避嫌也　閩監毛本作者此本者誤○

賀取妻者節

賀取妻者　閩監本同石經同岳本嘉靖本同衞氏集説同毛本取作娶釋文於上出取妻云本亦作娶下賀取妻同則作娶者釋文之又本也正義本從作取

古者謂候爲進　閩毛本同岳本嘉靖本同衞氏集説同監本候誤侯

昏禮不賀　閩監本同岳本嘉靖本同衞氏集説同考文引宋板同毛本禮誤賓

碍不得自往　閩監毛本碍作礙衞氏集説同

將奉淳意　閩監毛本奉淳作表厚是也衞氏集説同

以與子進賓客　閩監毛本同惠棟挍宋本客下有也字

貧者節　惠棟云貧者節經注之下接上節賀取至羞疏文

名子者節　惠棟云常語之中至後頁注無大小皆相名相字止宋本闕

迎公子黒臀於周　閩監毛本同惠棟挍宋本迎作逆○按作迎與宣二年傳合

男女異長節

男子二十冠而字　閩監毛本同岳本嘉靖本同衞氏集説同釋文出二十冠石經二十合作廿後並同不復出

男女至而字　惠棟挍宋本無此五字

凡進食之禮節　惠棟挍宋本凡進至虛口疏合下疏十四節在庶人齔之經注之下

醯醬處內　閩監毛本同石經同岳本嘉靖本同衞氏集説同釋文出醢云徐音海本又作醯呼兮反正義云此醢醬徐音作海則醢之與醬兩物各別又云今此經文若作醯字則是一物也又云則醯醬一物爲勝據此正義本從作醯

蔥渫處末　閩監毛本同石經同岳本嘉靖本同衞氏集説同釋文出蔥渫案渫本字渫唐人避諱字石經中凡偏旁涉世字者多改從云如棄作弃勩作勩葉作菓此渫及棣緤媟諜堞偞皆是也廣韻蔥渫字作藻

言末者殊加也　閩監本同岳本嘉靖本同衞氏集説同考文引宋板同毛本加誤如

酒漿處右　閩本同石經同宋監本同岳本嘉靖本同衞氏集説同惠棟挍宋本同監毛本又誤內石經考文提要云案鄭注云處羹之右王制殷人以食禮疏引此經亦作處右宋大字本宋本九經南宋巾箱本余仁仲本宋劉叔剛本至善堂九經本並作右

客若降等則先祭閩監毛本同岳本同衛氏集說同惠棟校宋本若作不嘉靖本同宋監本同考文引古本足利本同是也

如其次閩監本同岳本嘉靖本同衛氏集說同考文引宋板同毛本如誤所

魚腊湆醬不祭也閩監毛本同岳本嘉靖本同衛氏集說同浦鏜挍云湆誤湆後同湆醬儀禮作醬湆案五經文字云湆湆並邱及反上從泣下月大羹也上從泣下日幽深也今禮經大羹相承多作大字或傳寫久訛不敢便改此唐人所不敢改者浦鏜輒欲改之非也○按段玉裁云湆字不見於說文則未知張說何本儀禮音義引字林云湆羹汁玉篇廣韻同然則本無異字也

主人延客食胾各本同此本胾誤誠今正

然後辯殽惠棟挍宋本同石經同宋監本同岳本嘉靖本同衛氏集說同閩監毛本辯作辨下主人未辯同案五經文字云辯辨並皮勉反上理也下別也經典或通用之禮記亦借辯爲偏字

禮記注疏卷二挍勘記　九

凡食殽辯於肩閩監毛本同岳本辨作辯嘉靖本同考文引宋板同

凡進至虛口惠棟挍宋本無此五字

此一節推明飲食之法也閩監毛本同惠棟挍宋本推作雜衛氏集說同

但鄭注葱渫云處醯醬之左閩監本同毛本醯誤醢衛氏集說亦作醯

此皆是公食下大夫禮云惠棟挍宋本有皆字此本皆字脫閩監毛本同

捶而施薑桂曰鍛脩閩本同監毛本捶作棰鍛作腶考文引宋板亦作捶作鍛周禮腊人注棰從木旁鍛從金旁衛氏集說作棰腶

末邊際置右右惠棟校宋本作左右是也

左擁簠粱監毛本同閩本粱作粱

炙胾之屬雖同出於牲閩監毛本同衛氏集說雖作本

壹以授賓惠棟挍宋本同閩監毛本壹作一

自上而御下閩監本同毛本自誤是考文引宋板亦作自

音義隱云飯畢蕩口也惠棟挍宋本同閩本同監本音義隱三字闕毛本作酳隱義案疏中屢稱音義隱亦或稱隱義

侍食於長者節

正義曰鄉是自爲客法閩監毛本同惠棟挍宋本無正義曰三字

以示敬也惠棟挍宋本此下另行標禮記正義卷第三終記云凡二十七頁

共食不飽節惠棟挍宋本以下首題禮記正義卷第四惠棟又云宋本共食節毋摶飯節卒食節侍飲節長者節賜果節御食節餕餘節御同於長者節偶坐節羹之有菜節爲天子削瓜節爲國君節凡十二節經注俱在三卷則不拜而食經注之下盧文弨云案自此至爲國君節凡十三節經注俱倘在三卷則不拜而食經注之下截此疏爲四卷起首不可從

禮記注疏卷二挍勘記　十

爲汗手不絜也閩監毛本同惠棟挍宋本手作生是也宋監本同岳本作爲汙生不潔也衛氏集說作謂汗手不潔也案疏言汗生知此處當作生古書潔多作絜嘉靖本作爲汗手不潔也○按正義云一本汗生不圭圭絜也

則不絜淨閩監毛本同惠棟挍宋本淨下有也字

言手澤汙飯也閩監本作汙此本汙誤汗毛本同今正

毋摶飯節

去手餘飯於器中閩監毛本同岳本同嘉靖本同衛氏集說同考文引宋板於作放

主人辭不能亨石經同岳本嘉靖本同閩監毛本同釋文亨作烹考文引古本同

不得拂放本器中也惠棟挍宋本作也此本也改者閩監毛本同

去手餘飯於器中人所穢者惠棟挍宋本作者是也此本者改也閩監毛本同

羹有菜者用梜閩監毛本作梜此本梜作挾下當梜嚼也同

云已家不能亨煑閩監毛本同惠棟挍宋本巳作以衞氏集說同

特牲少牢饋食禮惠棟挍宋本作饋此本誤館閩監毛本同今正

卒食節

徹飯齊以授相者閩監毛本同石經同岳本嘉靖本同釋文出齍云本又作齊正義本作齊

北面取粱與醬以降也監本同閩毛本粱作梁是也岳本同嘉靖本亦作粱

當已坐而跪惠棟挍宋本作巳衞氏集說同此本巳作以閩監毛本同

侍飲於長者節

侍飲於長者惠棟挍宋本如此此本於長者作至敢飲誤監毛本同閩本作至而食

進至侍者前則起惠棟挍宋本同閩監毛本則起作於是非也

尊所者以陳尊之處也閩監毛本同惠棟挍宋本無者字以作謂

侍者起而往尊處拜受之也惠棟挍宋本作之也此本之也作酒謂非閩監毛本同

卿大夫燕飲閩監毛本作卿此本卿誤鄉今正

長者賜節

所若所嚮長者之證也閩監毛本同惠棟挍宋本若字上無所字

不敢亢禮也各本同通典六十八亢作抗

賜果於君前節

嫌棄尊者物也閩監毛本同岳本棄作弃嘉靖本同通典六十八作嫌弃尊者之物

御食於君節

寫者傳已器中閩監毛本同岳本同惠棟挍宋本已作己衞氏集說同

御食於君惠棟挍宋本如此此本作御食至皆寫誤也閩監毛本同

餕餘不祭節

及日晚食朝饌之餘惠棟挍宋本有朝字此本朝字脫閩監毛本同

御同於長者節

父母有疾節

惰不正之言閩監毛本同嘉靖本同惠棟挍宋本無此五字宋監本同衞氏集說同考文引古本足利本同通典六十八引同岳本有此五字而別入於釋文按釋文亦無此五字當因正義誤入

父母至而坐惠棟挍宋本無此五字

憂亦謂親有病也閩監毛本同惠棟挍宋本病作疾衞氏集說同是也

水潦降節惠棟云水潦降節進几杖節宋本合爲一節

獻鳥者佛其首閩監毛本同石經同岳本嘉靖本同釋文出拂其云本又作佛扶拂反下同正義本作佛考文引古本佛作拂

獻車馬者執策綏閩監毛本同石經同岳本嘉靖本同釋文出筴綏與正義異考文引古本策作筴與釋文合

契券要也監本作券岳本同此本券誤劵閩毛本同嘉靖本同

鋭底曰鐏取其鐏地平底曰鐓取其鐓地惠棟挍宋本作鐏地鐓地嘉靖本同宋監本同此本鐏地字不誤鐓地誤鐓也閩監毛本二地字俱誤也岳本同

水潦至其鐓惠棟挍宋本無此五字

但執策綏易呈　閩監毛本同惠棟校宋本策綏下重策綏二字是也

柱地頭也柱地不淨　閩監毛本柱作拄

持淨頭投與人　閩本同惠棟校宋本同監毛本投作授

獻之以左手　閩監毛本同惠棟校宋本以上有而字

操于囙之右邊袂右邊袂　閩監毛本同惠棟校宋本右邊袂三字不重是也

弓形亦曲蠲下　閩監毛本同惠棟校宋本亦作示

由從至手與　閩監毛本如此此本誤作由從至下

客卻左手承坿　閩監毛本如此此本左上衍○

主人以左手卻之接客手下　惠棟校宋本作手下此本手下二字倒閩監毛本同

進劒者左首者　閩監毛本同惠棟校宋本無者字是也

進几杖者節

尊者所馮依　閩監本同岳本嘉靖本同毛本依誤侑

爲其寶而脆　閩監毛本同嘉靖本同惠棟校宋本脆作脃宋監本同岳本同釋文同五經文字云脃從刀從卪作脆訛

知褁魚肉者　閩本同監毛本知作苞惠棟校宋本作知苞褁魚肉者

言使之容者　閩監毛本同惠棟校宋本無此五字

禮記注疏卷二校勘記

附釋音禮記注疏卷第三

曲禮上

禮記　鄭氏注　孔穎達疏

凡爲君使者已受命君言不宿於家　急君使也言謂有故所問也聘禮曰君有言則以束帛如饗禮○爲于僞反下注爲哀樂爲其廢喪事並同○　君言至則主人出拜君言之辱使者歸則必拜送于門外　敬君命也此謂國君問事於其臣○　若使人於君所則必朝服而命之使者反則必下堂而受命　此臣有所告請於其君○朝直遥反　疏　凡爲至受命○正義曰此一節論相聘問及君臣命爲聘使也君言謂受君言宜急去不得停留宿於家也故聘禮既受命遂行舍於郊是也○注言謂至享禮○正義曰

解君言也君之所言謂有事故所問也或問其臣或問他人鄭注聘禮記有故謂灾患及時事相告也云聘禮曰若有言則以束帛如享禮者又證有言必有物將之也此謂行享禮畢而又有此言而又加束帛也鄭注彼云有言有所告請若有所問也記曰有故則束帛加書以將命春秋臧孫辰告糴於齊公子遂如楚乞師晉侯使韓穿來言汶陽之田是其類也○君言至則主人出拜君言之辱○正義曰此謂君使人問其臣臣對使禮也出出門也君使初至則主人出門拜迎君命也辱者言屈辱尊者之命來也使者歸則必拜送于門外者君之使去而又出拜送門外也去既送出門則知初至迎亦出門也此謂國君問事於其臣也若臣遣人往君所及問他人則送迎亦然○若使人於君所則必朝服而命之者此謂臣有故而遣使告君法也亦有物以將之敬君故朝服命使也然命使者言朝服則君言至亦朝服受之互言也使者反則必下堂而受命者謂已使者從君處反還至也去不下送反而下迎者尊君命也不出門者已使卑於君使也亦當拜之不言從上可知也○博聞强識而讓敦善行而不怠謂之君子　敦厚○識如字又式異反行下孟反皇如字怠音代　君子不盡人之歡

不竭人之忠以全交也　歡謂飲食忠謂衣服之物　疏　君子至交也○正義曰此明君子所行之事也○鄭云歡謂飲食忠謂衣服飲食是會樂之具承歡爲易衣服比飲食爲難必關忠誠籌度故名忠各有所以也明與人交者不宜事事悉受若使彼罄盡則交結之道不全若不竭盡交乃全也　禮曰君子抱孫不抱子此言孫可以爲王父尸子不可以爲父尸　以孫與祖昭穆同○昭時招反　爲君尸者大夫士見之則下之君知所以爲尸者則自下之　尊尸也下下車也國君或時幼少不能盡識羣臣有以告者乃下之○少式召反○　尸必式　禮之　乘必以几　尊者慎也○乘繩證反下注二處乘車同　齊者不樂不弔　爲哀樂則失正散其思也○齊側皆反樂音洛下無容樂非樂所同思絲嗣反又如字○　疏　禮曰至不弔○正義曰此一節論立尸用人相尊敬之法各依文解之○抱孫不抱子者此以明昭穆之例凡稱禮曰者皆舊禮語也爲下事難明故引舊禮

爲證案此篇之首作記之人引舊禮而言曲禮曰此直言禮曰不言曲者從略可知也抱孫不抱子者謂祭祀之禮必須尸尸必以孫今子孫行並皆幼弱則必抱孫爲尸不得抱子爲尸所以然者作記之者既引其禮又自解云此言孫可以爲王父尸子不可以爲父尸故也曾子問云祭成喪者必有尸尸必以孫孫幼則使人抱之無孫則取於同姓可也是有抱孫之法也言無孫取於同姓可者謂無服內之孫取服外同姓也天子至士皆有尸特牲是士禮少牢是大夫禮並皆有尸又祭統云君執圭瓚裸尸是諸侯有尸也又守祧職云若將祭祀則各以其服授尸是天子有尸也天子以下宗廟之祭皆用同姓之嫡故祭統云祭之道孫爲王父尸所使爲尸者於祭者爲子行父北面而事之法云子行猶子列也祭祖則用孫列皆取於同姓之適孫也天子諸侯之祭朝事延尸於戶外是以有北面事尸之禮也雖取孫列用卿大夫爲之故既醉注云天子以卿鄭箋云諸侯入爲天子卿大夫故云公尸天子既然明諸侯亦爾故大夫士亦用同姓嫡者曾子問云無孫取於同姓可也又鄭注特牲禮大夫士以孫之倫爲尸是也言倫明非已孫皇侃用崔靈恩義以大夫用已孫爲尸恐非也天子祭天地社稷山川四方百物及七祀之屬皆有尸也故鳧鷖並云公尸推此而言諸侯祭社稷竟內

山川及大夫有菜地祭五祀皆有尸也外神之屬不問同姓異姓但卜吉則可爲尸案曾子問祭成人必有尸則祭殤無尸若新喪虞祭之時男女各立尸故士虞禮云男男尸女女尸至祔祭之後正用男之一尸以其祔祭漸吉故也凡吉祭祇用一尸故祭統云設同几是也若祭勝國之社稷則士師爲尸知者士師職文用士師者略之故異義公羊說祭天無尸左氏說晉祀夏郊以董伯爲尸虞夏傳云舜入唐郊以丹朱爲尸是祭天有尸也許愼引魯郊祀曰祝延帝尸從左氏之說也○爲君尸者大夫士見之則下之○正義曰此臣爲君作尸者已被卜吉君許用者也下謂下車也古者致齊各於其家散齊亦猶出在路及至祭日之旦俱來入廟故羣臣得於路見君之尸皆下車而敬之○君知所以爲尸者則自下之者此亦謂散齊之時君若在路見尸亦自下車敬之不直云君見尸而云君知者言知則初有不知不知謂君年或幼少不能並識羣臣故於路或不識而臣告君君乃知之所以下也所以知是散齊者君致齊不復出行若祭日君先入廟後乃尸至也○尸必式者廟門之外尸尊未伸不敢亢禮不可下車故式爲敬以荅君也式謂俯下頭也古者車箱長四尺四寸而三分前一後二横一木下去車牀三尺三寸謂之爲式又於式上二尺二寸横一木謂之爲較較去車牀凡

五尺五寸於時立乘若平常則馮較故詩云倚重較兮是也又若應爲敬則落手隱下式而頭得俯俛故後云式視馬尾是也鄭注考工記云兵車之式高三尺三寸較兩輢上出式者也兵車自較而下凡五尺五寸然尸在廟中尊伸尚荅主人之拜今在路其尊猶屈君下而已式者以其在路尊未伸故未敢亢禮至於廟中禮伸則亢故荅之○乘必以几者几案在式之上尊者有所敬事以手據之几上有冪君以羔皮以虎緣之也

○居喪之禮毀瘠不形視聽不衰爲其廢喪事形謂骨見○瘠音在昔反瘦也見賢遍反升降不由阼階出入不當門隧常若親存隧道也阼才故反遂音遂○居喪之禮頭有創則沐身有瘍則浴有疾則飲酒食肉疾止復初不勝喪乃比於不慈不孝勝任也○創初良反又初亮反瘍音羊本或作痒勝音升任而金反五十不致毀六十不毀七十唯衰麻在身飲酒食肉處於內所以養衰老人五十始衰也○衰七雷反

疏居喪至於內○正義曰此一節明孝子居喪此先明居喪平常之法也毀瘠不形者毀瘠羸瘦也形骨露也骨爲人形之主故謂骨爲形也居喪乃許羸瘦不許骨露見也○升降不由阼階者阼階主人之階也孝子事死如事生故在喪思慕猶若父在不忍從父阼階上下也若祔祭以後即得升阼階知者案士虞禮云卒哭以後稱哀子祔祭稱孝子祔祭如饋食之禮既同於吉則孝子得升阼階也然雜記云弔者入主人升堂西面下云既葬蒲席則升堂西面未葬也既言西面則是升自阼階此未葬得升阼階者敬異國之賓也○不勝喪乃比於不慈不孝者結所以沐浴酒肉之義也不勝喪謂疾不食酒肉創瘍不沐浴毀而滅性者也不留身繼世是不慈也滅性又是違親生時之意故云不孝不云同而云比者此滅性本心實非爲不孝故言比也○五十不致毀者致極也五十始衰居喪乃許有毀而不得極羸瘦○六十不毀者轉更衰甚都不許毀也魯襄公三十一年經書九月癸巳子野卒傳云毀也是也○

生與來日死與往日與猶數也生數來日謂成服杖以死明日數也死數往日謂殯斂以死日數也此士禮貶於大夫者大夫以上皆以來日數士喪禮曰死日而襲厥明而小斂又厥明大斂而殯則死三

日而更言三日成服杖似異日矣喪大記曰士之喪二日而殯三日之朝主人杖二者相推其然明矣與或爲予○數所主反下皆同殯必刃反下同斂力驗反下同貶彼檢反字林方犯反

疏生與至往日○正義曰生與來日者此謂士禮與數也謂生人成服杖數來日爲三日死與往日者謂死者殯斂數死日爲三日○注與數至爲予○正義曰貶猶屈也士卑屈故降不如大夫所以厭其殯日然士惟屈殯日不屈成服杖日者成服必在殯後故也云大夫以上皆以來日數者大夫尊則成服及殯皆不數死日也大夫云三日殯不數死日則天子諸侯亦悉不數死日也故鄭云大夫以上云士喪禮曰死日而襲者注引士喪禮者證殯與成服不同日以其未審故云似異日又引喪大記者更證明士殯與成服不同日故云二者相推其然明矣謂以士喪禮喪大記二者相推校然猶是也殯與成服是異日明矣無所復疑言與或爲予者謂諸本禮記有作予字者故云與或爲予

知生者弔知死者傷知生而不知死弔而不傷知死而不知生傷而不弔人恩各施於所知也弔傷皆謂致命辭也雜記曰諸侯使人弔辭曰寡君聞君之喪寡君使某如何不淑此施

於生者傷辭未聞也說者有弔辭云皇天降災子遭罹之如何不淑此施於死者蓋本傷辭辭畢退皆哭○傷如字下同舊式亮反

疏　知生至不弔○正義曰此一節論弔傷之法若存不識亡則唯遺設弔辭而無傷辭○知死而不知生傷而不弔者若但識亡唯施傷辭而無弔辭也然生弔死傷其文可悉但記者丁寧言之故其文詳也○注弔傷至皆哭○正義曰皆不自往而遣使致己之命也雜記曰諸侯使人弔辭曰寡君聞君之喪寡君使某如何不淑此施於生者也引雜記者證諸侯有鄰國之喪不得自往遣使往弔致命弔辭之法也然弔辭唯使者口傳之於主國孤而已云傷辭未聞者經典散亡故未聞也說者有弔辭云皇天降災子遭罹之如何不淑者既未聞傷辭有舊說者云有弔辭如此也施於此者蓋本傷辭也鄭此云舊說疑其非弔辭正是傷辭耳所以然者一則不與雜記弔辭同二則既言皇天降災子遭罹之明是傷於亡者自身非關弔于孝子也云辭畢退皆哭者然弔辭乃使口致命若傷辭當書之於板使者讀之而奠致殯前也知辭畢皆退而哭者案雜記行弔之後致含襚賵畢乃臨若不致含隧賵則弔訖乃臨也故鄭云弔傷辭畢皆哭

弔喪弗能賻不問其所費問疾弗能遺不問其所欲見人弗能館不問其所舍賜人者不曰來取與人者不問其所欲皆爲傷恩也見人見行人館舍也與人不問其所欲己物或時非其所欲將不與也○賻音附公羊傳曰錢財曰賻穀梁傳曰歸生者曰賻不問其所費芳味反一本作有所費下句放此遺于季反與也皆爲于僞反下爲其皆同○適墓不登壟爲其不敬壟冢也墓塋域○壟力勇反塋音營助葬必執紼葬喪之大事紼引車索○紼音弗引棺本亦作引車索悉各反臨喪不笑臨喪宜有哀色揖人必違其位禮以變爲敬望柩不歌入臨不翔哀傷之無容樂○柩求又反臨如字舊力鳩反當食不歎食或以樂非歎所鄰有喪舂不相里有殯不巷歌助哀也相謂送杵聲○舂束容反相息亮反注同杵昌呂反適墓不歌非樂所哭日不歌哀未忘也送喪不由徑送葬不辟塗潦所哀在此○徑經定反邪路也辟音避本亦作避下注同臨喪則必有哀色執紼不笑臨樂不歎介冑則有不可犯之色貌與事宜相配介甲也故君子戒慎不失色於人色厲而內荏貌恭心很非情者也○荏而審反柔弱貌很胡懇反國君撫式大夫下之大夫撫式士下之撫猶據也據式小俛崇敬也乘車必正立○俛音免禮不下庶人爲其遽於事且不能備物○下遐嫁反又如字遽其庶反刑不上大夫不與賢者犯法其犯法則在八議輕重不在刑書○上時掌反與音預刑人不在君側爲怨恨爲害也春秋傳曰近刑人則輕死之道

疏　助葬至君側○正義曰此一節記人雜記吉凶舉動威儀之事各依文解之○助葬必執紼者助葬本非爲客正是助事耳故宜必執紼也○注葬喪至車索○正義曰葬喪之大事解所以必執紼之義云紼引車索者繩屬棺曰紼屬車曰引引紼亦通名故鄭云紼引車索

也○揖人必違其位者位謂己之位也於位而見前人已所宜敬者當離己位而嚮彼送揖禮以變爲敬是以燕禮君降階爾卿大夫鄭注云爾近也揖而移近之明雖君臣皆須違位而揖也○入臨不翔者謂入臨人之喪不得趍翔爲容不翔故不歌歌則猶翔也○當食不歎者吉食奏樂既樂故不宜歎也又若助喪事而食使充飢不令廢事亦不宜歎歎則不飽也○注食或以樂非歎所○正義曰人君吉食則有樂賤者則無故云或也○哭日不歌者哭日謂弔人日也哭歌不可共日也○注哀未忘也○正義曰論語云子於是日哭則不歌而鄭此云哀未忘也則弔日之朝亦得歌樂但弔以還其日晚不歌耳亦得會是日哭則不歌是先哭後乃不歌也○送葬不辟塗潦者前文送喪此云送葬上下文勢皆據他人知者以上適墓不登壟入臨不翔及哭日不歌以文類之故知此等皆據他人也而本亦有云送喪不辟塗潦者義亦通也○介冑則有不可犯之色者亦內外宜相稱也戎容暨暨若身被甲首冠冑則使形勢高岸有不可干犯之色以稱其服也○故君子戒慎不失色於人者并結前義也故承上起下之辭上既言內外宜稱故君子接人凡所行用並使心色如一不得色違於心故云不失色於人也○注色厲而內荏貌恭心很非情者也○正義曰此舉失色之事也小人

顏色嚴厲而心内荏弱爲佞又外乃象恭而心實敖很此並情不副色也故論語云色厲而内荏譬諸小人其猶穿窬之盜也與又云巧言令色足恭書云象恭滔天○國君撫式大夫下之者撫謂手據之謂君臣俱行君式宗廟則臣宜下車此獨云大夫則士可知也大夫撫式士下之者士爲大夫之臣亦如大夫於君也○注乘車必正立○正義曰證所式義也乘車駟馬之車也既並立乘故爲敬時則俯俛據式○禮不下庶人者謂庶人貧無物爲禮又分地是務不服燕飲故此禮不下與庶人行也白虎通云禮爲有知制刑爲無知設禮謂酬酢之禮不及庶人勉民使至於士也故士相見禮云庶人見於君不爲容進退走是也張逸云非是都不行禮也但以其遽務不能備之故不著於經文三百威儀三千耳其有事則假士禮行之○刑不上大夫者制五刑三千之科條不設大夫犯罪之目也所以然者大夫必用有德若逆設其刑則是君不知賢也張逸云謂所犯之罪不在夏三千周二千五百之科不使賢者犯法也非謂都不刑其身也其有罪則以八議議其輕重耳○注不與至刑書○正義曰與猶許也不許賢者犯法若許之則非進賢之道也大夫無刑科而周禮有犯罪致殺放者鄭恐人疑故出其事雖不制刑書不與賢者犯法其犯法則在八議輕重不在刑書若脫或犯法

則在八議議有八條事在周禮一曰議親之辟謂是王宗室有罪也二曰議故之辟謂與王故舊也三曰議賢之辟謂有德行者也四曰議能之辟謂有道藝者也五曰議功之辟謂有大勳立功者也六曰議貴之辟謂貴者犯罪即大夫以上也鄭司農云若今之吏墨綬有罪先請者案漢時墨綬者是貴人也七曰議勤之辟謂憔悴憂國也八曰議賓之辟謂所不臣者三恪二代之後也異義禮戴說刑不上大夫古周禮說士尸肆諸市大夫尸肆諸朝是大夫有刑許慎謹案易曰鼎折足覆公餗其刑渥凶無刑不上大夫之事從周禮之說鄭康成駮之云凡有爵者與王同族大夫以上適甸師氏令人不見是以云刑不上大夫如鄭之言則於戴禮及周禮二說俱合但大夫罪未定之前則皆在八議此經注是也若罪已定將刑殺則適甸師氏是也凡王朝大夫以上及王之同姓皆刑之於甸師氏故掌戮云凡有爵者及王之同族有罪則死刑焉是也若王之庶姓之士及諸侯大夫則戮於朝故襄二十二年楚殺令尹子南尸諸朝是大夫於朝也列國大夫入天子之國曰某士明天子之士亦在朝也諸侯大夫既在朝則諸侯之士在市故檀弓云君之臣不免於罪則將肆諸市朝鄭云大夫於朝士於市是也○刑人不在君側者彼刑殘者不得令近君爲其怨恨也白虎通云古者刑殘之人

公家不畜大夫不養士遇之路不與語放諸境埆不毛之地與禽獸爲伍○注春秋傳曰近刑人則輕死之道○正義曰此引公羊傳證刑人在君側之失者也春秋魯襄公二十九年閽弒吳子餘祭公羊云閽者何刑人也○君子不近刑人近刑人則輕死之道也又左傳云吳伐越獲俘焉以爲閽使守舟吳子餘祭觀舟閽以刀弒之○**兵車不式**尚威武不崇敬**武車綏旌**盡飾也綏謂垂舒之也武車亦兵車○綏耳佳反**德車結旌**不盡飾也結謂收斂之也德車乘車

疏　兵車至結旌○正義曰此一節明德車兵車旌旗之異○兵車革路也兵車尚武猛宜無推讓故不爲式敬也○武車綏旌者武車亦革路也取其建戈刃即云兵車取其威猛即云武車也綏謂舒垂散之也旌謂車上旗幡也尚威武故舒散旗幡垂綏然何胤云垂放旌旗之旒以見於美也○德車結旌者德車謂玉路金路象路木路四路不用兵故曰德車德美在内不尚赫奕故結纏其旒著於竿也何胤云以德爲美故略於飾此坐乘之車也鄭前云乘車必正立此云是乘車則非坐乘也○**史載筆士載言**謂從於會同各持其職以待事也筆謂書具之屬言謂會同盟要之辭**前有水則載**

青旌前有塵埃則載鳴鳶前有車騎則載飛鴻前有士師則載虎皮前有摯獸則載貔貅載謂舉於旌首以警衆也禮君行師從卿行旅從前驅舉此則士衆知所有所舉各以其類象○青青雀水鳥鳶鳴則將風鴻取飛有行列也士師謂兵衆虎取其有威勇也貔貅亦摯獸也書曰如虎如貔士或爲仕○載音戴本亦作戴下及注同埃烏來反鳶悅專反鴟也騎其寄反摯音至貔婢支反徐扶夷反孔安國云貔執夷反虎屬皆猛健貅本亦作貅許求反又虛虯反貔貅摯獸警音景從才用反下同行戶剛反**行前朱鳥而後玄武左青龍而右白虎招搖在上急繕其怒**以此四獸爲軍陳象天也急猶堅也繕讀曰勁又畫招搖星於旌旗上以起居堅勁軍之威怒象天帝也招搖星在北斗杓端主指者○招搖並如字北斗第七星繕依注音勁吉政反陳直覲反杓數招反徐必遥反**進退有度**度謂伐與步數**左右有局各司其局**局部分也分扶問反

疏　史載至其局○正義曰此一節

明君以軍行之禮各隨文解之○史謂國史書録王事者王若舉動史必書之王若行往則史載書具而從之也不言簡牘而云筆者筆是書之主則餘載可知爾雅云不律謂之筆郛云書筆名四方之異言也○士載言者士謂司盟之士言謂盟會之辭舊事也崔靈恩云必載盟會之辭者或尋舊盟或用舊會之禮應須知之故載自隨也○前有水則載青旌者王行宜警衛惡善必先知之故備設軍陳行止之法也軍陳卒伍行則並銜枚無諠聲若有非常不能傳道且人衆廣遠難可周徧故前有變異則舉類示之故宣十二年左傳云前茅慮無是也青旌者青雀旌謂旌旗軍行若前值水則畫爲青雀旌旗幡上舉示之所以然者青雀是水鳥軍士望見則咸知前必值水而各防也○前有塵埃則載鳴鳶者鳶今時鴟也鴟鳴則風生風生則塵埃起前有塵埃起則畫鴟於旌首而載之衆見咸知以爲備也不直言鳶而云鳴者鳶不鳴則風不生故畫作開口如鳴時也不言旌從可知也○前有車騎則載飛鴻者車騎彼人之車騎也鴻鴻鴈也鴈飛有行列與車騎相似若軍前忽遥見彼人有多車騎則畫鴻於旌首而載之使衆見而爲防也然古人不騎馬故但經記正典無言騎者今言騎者當是周末時禮○前有士師則載虎皮者士師兵衆也虎是威猛亦兵衆之象若見前有兵衆則舉虎皮於竿首使兵衆見以爲防也○前有摯獸則載貔貅者摯獸猛而能擊謂虎狼之屬也貔貅是一獸亦有威猛也若前有猛獸則舉此貔貅使衆知爲備也但不知爲載其皮爲畫其形耳通有二家一云與虎皮並畫作皮於旌也一云並載其皮○注載謂至如貔○正義曰載謂舉於旌首以警衆也文並爲載而鄭今云舉於旌首是明諸物並在旌旗首也云禮君行師從卿行旅從此是定四年祝佗之辭此嘉好之事若爲其出軍征伐則隨軍多少與此不同云書曰如虎如貔者此尚書牧誓引證虎貔同是猛獸也此武王伐紂時於牧野作誓誡士卒爲戰之辭也令士衆皆如虎貔然也鄭注尚書云其威當如獸之將攫搏也貔一名曰豹虎類也爾雅云貔白狐也行前朱鳥而後玄武左青龍而右白虎者前明軍行逢値之禮也此明軍行象天文而作陳法也前南後北左東右西朱鳥玄武青龍白虎四方宿名也軍前宜捷故用鳥軍後須殿捍故用玄武玄武龜也龜有甲能禦侮用也左爲陽陽能發生象其龍變生也右爲陰陰沈能殺虎沈殺也軍之左右生殺變應威猛如龍虎也何胤云如鳥之翔如蛇之毒龍騰虎奮無能敵此四物鄭注四獸爲軍陳則是軍陳之法也但不知何以爲之耳今之軍行畫此四獸於旌旗以標左右前後之軍陳○招摇在上者招摇北斗七星也北

斗居四方宿之中以斗末從十二月建而指之則四方宿不差今軍行法之亦作此北斗星在軍中舉之於上以指正四方使四方之陳不差故云招摇在上也然並作七星而獨云招摇者舉指者爲主餘從可知也○急繕其怒者嚮明軍陳之法此舉士卒之用也急堅也勁利也其怒士卒之怒也軍行既張四宿於四方標招摇於中上象天之行故軍旅士卒起居舉動堅勁奮勇如天帝之威怒也然若類前而論四宿之陳畫旌爲勝且鄭云又畫招摇於旌上則知四物是畫故星約言云又畫也崔靈恩云此謂軍行所置旌旗於四方以法天此旌之旒數皆放其星龍旗則九旒雀則七旒虎則六旒龜蛇則四旒皆放星數以法天也皆畫招摇於此四旗之上案崔並畫四旗皆爲北斗星於義不安何者天唯一斗以指四方何用四斗乎○注以此至指者○正義曰此朱雀是禽而揔言獸者通言耳言爲君陳者則四獸各有軍陳之法故昭二十一年宋人與華亥戰云鄭翩願爲鸛其御願爲鵞又兵書云善用兵者似率然率然者常山蛇擊其首則尾至擊其尾則首至擊其中則首尾俱至是其各有陳法也知招摇在北斗杓端者春秋運斗樞云北斗七星第一天樞第二旋第三機第四權第五衡第六開陽第七摇光第一至第四爲魁第五至第七爲標案此摇光則招摇也在下云端者明魁以上爲首標則以下爲端也○注度謂伐與步數○正義曰牧誓武王誓衆云今日之事不愆于六步七步乃止齊焉四伐五伐乃止齊焉一擊一刺爲一伐鄭注尚書云伐謂擊刺也始前既敵六步七步當止齊正行列及兵相接少者四伐多者五伐又當止齊正行列也○左右有局者局部分也軍之在左右各有部分不相濫也○各司其局者軍行須監領故主帥部分各有所司部分也

爾雅云局分也鄭云謂分部也

○**父之讎弗與共戴天**父者子之天殺己之天與共戴天非孝子也行求殺之乃止○讎常由反**兄弟之讎不反兵**恒執殺之備○**交遊之讎不同國**讎不吾辟則殺之交遊或爲朋友

【疏】父之至同國○正義曰此一節論親疏復讎之法今各依文解之○父之讎弗與共戴天者父是子之天彼殺己父是殺己之天故必報殺之不可與共處於天下也天在上故曰戴又檀弓云父母之仇寢苫枕干不仕弗與共天下也遇諸市朝不反兵而鬬並是不共天下也而調人云父之讎辟諸海外則得與共戴天此不共戴天者謂孝子之心不許共讎人戴天必殺之乃止調人謂逢遇赦宥王法辟諸海外孝子雖欲往殺力所不能故鄭荅趙商云讐若在九夷之東八蠻之南六

戎之西五狄之北雖有至孝之心能往討之乎是也○兄弟之讎不反兵者兄弟謂親兄弟也有兄弟之讎乃得仕而報之不反兵者謂帶兵自隨也若行逢讎身不帶兵方反家取之比來則讎已逃辟終不可得故恒帶兵見即殺之也檀弓云父母之讎不反兵兄弟之仇仕弗與共國而此云兄弟不反兵者父母不反兵於普天之下也兄弟不共國謂不同中國也而亦不反兵者父母仇讎則不仕不辟市朝兄弟仇讎則猶仕而辟市朝也而亦同不反兵則同體重之也而調人云兄弟之讎辟諸千里之外二文不同者調人亦謂會遇恩赦之法辟諸千里之外檀弓又云銜君命而使雖遇之不鬭雖同不反兵與父母讎異也○交遊之讎不同國者交遊朋友也爲朋友亦報仇也故前云父母存不許友以死則知父母没得爲朋友報也此云不同國者謂不共五等一國之中也而調人云從父母兄弟之讎不同國與此同又調人云主友之讎視從父兄弟是主友亦同此與調人皆謂會赦故不同國雖不同國國外百里二百里則可其兄弟仕不與共國者必須相去千里之外故調人云兄弟之讎辟諸千里之外是也但從父兄弟及交遊主友報讎之時不自爲首故檀弓云從父兄弟之仇不爲魁主人能則執兵而陪其後也其君之讎調人云視父師長之讎視兄弟則姑姊妹伯叔皆視兄

弟異義公羊說復百世之讎古周禮說復讎之義不過五世許慎謹案魯桓公爲齊襄公所殺其子莊公與齊桓公會春秋不譏又定公是魯桓公九世孫孔子相定公與齊會於夾谷是不復百世之讎也從周禮說鄭康成不駁即與許慎同凡君非理殺臣公羊說子可復讎故子胥伐楚春秋賢之左氏說君命天也是不可復讎鄭駁異義稱子思云今之君子退人若將隊諸淵無爲戎首不亦善乎子胥父兄之誅隊淵不足喻伐楚○使吳首兵合於子思之言也是鄭善子胥同公羊之義也○**四郊多壘此卿大夫之辱也**辱其謀人之國不能安也壘軍壁也數見侵伐則多壘○壘徐力軌反又力水反辟本又作壁布狄反數色角反**地廣大荒而不治此亦士之辱也**辱其親民不能安荒穢也【疏】四郊至辱也○正義曰此明食祿所宜任其事也四郊者王城四面並有郊近郊五十里遠郊百里諸侯亦各有四面之郊里數隨地廣狹故云四郊也壘軍壁也言卿大夫尊高任當軍帥若有威德則無敢見侵若尸祿素餐則寇戎充斥數戰郊坰故多軍壘罪各有所歸故爲卿大夫之恥辱也○地廣大荒而不治此亦士之辱也者地采地也荒廢穢也士邑宰也士爲君邑宰必宜地民相得若使土地廣大而荒廢民散而流移亦邑宰之恥辱也而云亦者今謂非但大夫之辱亦是士之辱言四郊多壘獨爲大夫之辱士則職卑位下爲君邑宰勸課耕稼故地荒爲士之辱也○**臨祭不惰**爲無神也○爲于僞反下爲不爲其爲有皆同**祭服敝則焚之祭器敝則埋之龜筴敝則埋之牲死則埋之**此皆不欲人褻之也焚之必已不用埋之不知鬼神之所爲○埋徐武乖反褻息列反慢也○**凡祭於公者必自徹其俎**臣不敢煩君使也大夫以下或使人歸之祭於公助祭於君也○使色吏反○【疏】臨祭至其俎○正義曰此一節明接神及歸俎之禮○臨祭不惰者祭如在故臨祭須敬不得怠惰故鄭注云爲無神也鬼神享德祭若怠惰則神不歆是無神也既謂其不敬亦是無神之心也○注此皆不欲人褻之○正義曰若不焚埋人或用之爲褻慢鬼神之物所以焚之埋之異者服是身著之物故焚之牲器之類並爲鬼神之用雖敗不知鬼神用與不用故埋之猶在焚之則消故焚埋異也○注臣不至君也○正義曰此謂士助君祭也若大夫以上則君使人歸之於俎而禮本並云大夫以

下或人歸之是鄭因君以明臣言大夫以下自祭其廟則使人歸賓俎故曾子問云攝主不歸俎明正主則歸也○**卒哭乃諱**敬鬼神之名也諱辟也生者不相辟名衞侯名惡大夫有名惡君臣同名春秋不非○辟音避下皆同○**禮不諱嫌名二名不偏諱**爲其難辟也嫌名謂音聲相近若禹與雨丘與區也偏謂二名不一一諱也孔子之母名徵在言在不稱徵言徵不稱在○禹與雨並于矩反一讀雨音于許反丘與區並去求反一讀區音羌蚪反又上于反案漢和帝名肇不改京兆郡魏武帝名操陳思王詩云脩阪造雲日是不諱嫌名**逮事父母則諱王父母不逮事父母則不諱王父母**逮及也謂幼孤不及識父母恩不至於祖名孝子聞名心瞿諱之由心此謂庶人適士以上廟事祖雖不逮事父母猶諱祖○逮音代一音大計反瞿本又作懼同俱附反邑丁歷反○**君所無私諱**謂臣言於君前不辟家諱尊無二○**大夫之所有公諱**辟君諱也**詩書不諱臨文不諱**爲其失事正**廟中不諱**爲有事於高祖則不

諱曾祖以下尊無二也於下則諱上夫人之諱雖質君之前臣不諱也臣於夫人之家恩遠也質猶對也○婦諱不出門婦親遠於宮中言辟之○大功小功不諱入竟而問禁入國而問俗入門而問諱皆爲敬主人也禁謂政教俗謂常所行與所惡也國城中也○竟音境惡烏路反

【疏】卒哭至問諱○正義曰此一節論諱與不諱之事各依文解之○古人生不諱故卒哭前猶以生事之則未諱至卒哭後服已受變神靈遷廟乃神事之敬鬼神之名故諱之諱避也生不相避名名以名質故言之不諱死則質藏言之則感動孝子故諱之也○注衛侯至不非○正義曰證生不相諱也時君臣同名春秋不譏案魯襄公二十八年衛石惡出奔晉二十九年衛侯衎卒衛侯惡乃即位與石惡不相干熊氏云石字誤當云大夫有名惡知者昭七年衛侯惡卒穀梁傳云昭元年有衛齊惡今衛侯惡何謂君臣同名也君子不奪人親所名也是衛齊惡不得爲石惡也○禮不諱嫌名注若禹與雨丘與區○正義曰今謂禹與雨音同而義異丘與區音異而義同此二者各有嫌疑禹與雨有同音嫌疑丘與區有同義嫌疑如此者不諱若其音異義異全是無嫌不涉諱限必其音同義同乃始諱也○二名不偏諱注孔子之母名徵在言在不稱徵言徵不稱在○正義曰不偏諱者謂兩字作名不一一諱之也孔子言徵不言在言在不言徵者案論語云足則吾能徵之矣是言徵也又云某在斯是言在也案異義公羊說譏二名謂二字作名若魏曼多也左氏說二名者楚公子弃疾弑其君即位之後改爲熊居是爲二名許慎謹案云文武賢臣有散宜生蘇忿生則公羊之說非也從左氏義也○逮事父母則諱王父母者逮及也王父母謂祖父母也若及事父母則諱祖也何以然孝子聞名心瞿祖是父之所諱則子不敢言既已終不言若父母已亡而已言便心瞿憶父母故諱之也○不逮事父母則不諱王父母者孝子若幼少孤不及識父母便得言之故不諱祖父母庾云諱王父母之恩正應由父所以連言母者婦事舅姑同事父母且配夫爲體諱敬不殊故幼無父而識母者則可以諱王父母也○注此謂至諱祖○正義曰適士已上廟事祖者祭法云適士二廟祖之與禰各一廟其中士下士亦廟事祖但祖禰共廟則既夕禮是也熊氏云此適士者包中下士對庶人府史亦稱適也○大夫之所有公諱者今謂人於大夫之所正得避公家之諱不得避大夫諱所以然者尊君諱也君諱也若兼爲大夫諱則不

君諱不尊也不言士之所諱者士卑人不爲之諱故也或可大夫所有公諱者君及大夫諱耳亦無已之私諱玉藻云於大夫所有公諱無私諱但此文上承君所有私諱之下唯云大夫之所有公諱故略之不云無私諱耳○詩書不諱何胤云詩書謂教學時也臨文謂禮執文行事時也案論語云詩書執禮是教學時也臨文謂禮有誦禮則不誦惟臨文行事若有所諱則並失事正故不諱也○廟中不諱者謂有事於高祖廟祝嘏辭說不爲曾祖已下諱也爲尊無二上也於下則諱上也若有事於禰則諱祖已上也○夫人之諱雖質君之前臣不諱也者夫人君之妻質對也夫人本家所諱臣雖對君前而言語不爲諱也臣於夫人之家恩遠故不諱也○婦諱不出門者門謂婦宮門婦家之諱但於婦宮中不言耳若於宮外則不諱也故臣對君不諱也○注婦親遠於宮中言辟之陳鏗問云雜記母之諱宮中諱妻之諱不舉諸其側也此則與母諱同何也田瓊荅曰雜記方分尊卑故詳言之曲禮據不出門大略言之耳母諱遠妻諱近則亦宜言也但所辟者狹耳○大功小功不諱者古者期親則爲諱陳鏗問曰亦爲父乎自已親乎田瓊荅曰雜記云卒哭而諱王父母兄弟世父叔父姑姊妹子與父同諱父諱齊衰親也然則大功小功不諱矣熊氏云大功亦諱小功不諱若小功與父同諱則亦諱之知者雜記云王父母兄弟世父叔父姑姊妹子與父同諱是父之世叔父及姑姊妹以下皆爲之小功父爲諱故已從父爲之諱○入境而問禁者此以下並爲敬主人也竟界首也禁謂國中政教所忌凡至竟界當先訪問主國何所禁也入國而問俗者○國城中城中如今國門內也俗謂常所行也入主人之城內亦先問風俗常行也○入門而問諱者門主人之門也諱主人祖先君名宜先知之欲爲避之也問諱而以門爲限者主人出至大門外迎客客入門方應交接故於門爲限也故注云皆爲敬主人也○外事以剛日順其出爲陽也出郊爲外事春秋傳曰甲午祠兵○內事以柔日順其居內爲陰凡卜筮日旬之外曰遠某日旬之內曰近某日旬十日也○筮市制反○喪事先遠日吉事先近日孝子之心喪事葬與練祥也吉事祭祀冠取之屬也○冠古亂反○曰爲日假爾泰龜有常假爾泰筮有常命龜筮辭龜筮於吉凶有常大事卜小事筮○假古雅反下同卜筮不過三求吉不過三魯四卜郊春

秋譏之。卜筮不相襲。卜不吉則又筮，筮不吉則又卜，是瀆龜筴也。晉獻公卜取驪姬不吉，公曰筮之，是也。瀆，徒木反。驪，力知反。

【疏】外事至相襲。正義曰：此一節明卜筮及用日之法，各依文解之。外事以剛日者，外事，郊外之事也。剛，奇日也。十日有五奇五偶，甲丙戊庚壬五奇爲剛也。外事剛義，故用剛日也。注順其至祠兵。正義曰：以出在郊外，故順用剛日也。公羊莊公八年正月，師次於郎，以俟陳人、蔡人。甲午，祠兵。傳云：祠兵者何？出曰祠兵。何休云：禮，兵不徒使，故將出兵必祠於近郊。此鄭所引，直取甲午證用剛日耳。其祠兵之文，鄭所不用，故異義公羊說以爲甲午祠兵，左氏說甲午治兵。鄭駁之云：公羊字誤也，以治爲祠，因爲作說。引周禮四時田獵治兵振旅之法，是從左氏之說，不用公羊也。內事以柔日者，內事，郊內之事也。乙丁己辛癸五偶爲柔也。然則郊天是國外之事，應用剛日，而郊特牲云郊之用辛，非剛也。又社稷是郊內，應用柔日，而郊特牲云祀社日用甲，非柔也。所以然者，郊社尊，不敢同外內之義故也。此言外剛內柔，自謂郊社之外他禮，則皆隨外內而用之。崔靈恩云：外事指用兵之事，內事指宗廟之祭者，以郊用辛、社用甲，非順其居外內剛柔故也。祭社用甲，所以召誥用戊者，召誥是告祭，非常禮也。郊之用辛者，唯夏正郊天及雩、大享明堂耳。若圜丘自用冬至日，五時迎氣各用其初朔之日，不皆用辛。凡卜筮日者，凡先聖王之所以立卜筮者，下云所以使民信時日、敬鬼神、決嫌疑、定猶與也。卜筮必用龜蓍者，案劉向云：蓍之言耆，龜之言久。龜千歲而靈，蓍百年而神，以其長久，故能辯吉凶也。說文云：蓍，蒿屬也。生千歲三百莖。易以爲數，天子九尺，諸侯七尺，大夫五尺，士三尺。陸機草木疏云：似藾蕭，青色，科生。洪範五行傳曰：蓍生百年，一本生百莖。論衡云：七十年生一莖，七百年十莖，神靈之物，故生遲也。史記曰：滿百莖者，其下必有神龜守之，其上常有雲氣覆之。淮南子云：上有藂蓍，下有伏龜。卜筮實問於神，龜筮能傳神命以告人，故金縢告大王、王季、文王云：爾之許我，乃卜三龜，一襲吉。是能傳神命也。又鄭注天府云：卜筮實問於鬼神，龜筮能出其卦兆之占耳。案白虎通稱禮三正記：天子龜一尺二寸，諸侯一尺，大夫八寸，士六寸。龜陰也，故其數偶。筮者，案少牢大夫立筮，鄭云：大夫蓍長五尺。推此而言，天子九尺，諸侯七尺，士三尺。蓍陽也，故其數奇。所以謂之卜筮者，師說云：卜，覆也，以覆審吉凶；筮，決也，以決定其惑。劉氏以爲卜，赴也，赴來者之心；筮，問也，問筮者之事。赴問互言之。案易繫辭云：定天下之吉凶，成天下之亹亹者，莫大乎蓍龜。又云：蓍之德圓而神，卦之德方以知，神以知來，知以藏往。又說卦云：昔者聖人幽贊於神明而生蓍。據此諸文，蓍龜知靈相似，無長短也。所以僖四年左傳云筮短龜長，不如從長者，時晉獻公卜娶驪姬不吉，更欲筮之，故太史史蘇欲止公之意，託云筮短龜長耳，實無優劣也。若杜預、鄭玄因筮短龜長之言，以爲實有長短，故杜預注傳云：物生而後有象，象而後有滋，滋而後有數。龜象筮數，故象長數短。是也。象所以長者，以物初生則有象，去初既近，且包羅萬形，故爲長。數短者，數是終末，去初既遠，推尋事數，始能求象，故以爲短也。又鄭康成注占人云：占人亦占筮，言掌占龜者，筮短龜長，主於長者。是鄭及杜預皆以爲龜長筮短。凡卜筮，天子諸侯若大事則卜筮並用，皆先筮後卜，故筮人云：凡國之大事，先筮而後卜。即事之漸。大事者，則大卜云國大貞，卜立君，卜大封，大祭祀，凡出軍旅、喪事，及龜之八命：一曰征，二曰象，三曰與，四曰謀，五曰果，六曰至，七曰雨，八曰瘳。此等皆爲大事。故鄭注占人云：將卜八事，皆先以筮筮之。是也。若次事則唯卜不筮也。故表記云天子無筮，鄭注云：謂征伐出師，若巡守。天子至尊，大事皆用卜也。是天子出行唯卜無筮是也。小事無卜唯筮，筮人掌九筮之名：一曰筮更，謂遷都邑也；二曰筮咸，咸猶僉也，謂筮衆心歡不也；三曰筮式，謂制作法式也；四曰筮目，謂事衆筮其要所當也；五曰筮易，謂民衆不說，筮所改易也；六曰筮比，謂與民和比也；七曰筮祠，謂筮牲與日也；八曰筮參，謂筮御與右也；九曰筮環，謂筮可致師不。鄭注占人，不卜而徒筮者，則用九筮是也。天子既爾，諸侯亦然。故春秋僖二十五年，晉卜納襄王，得黃帝戰於阪泉之兆，又筮之，得大有之睽。哀九年，晉卜伐宋，亦卜而後筮，是大事卜筮並用也。但春秋亂世，皆先卜後筮，不能如禮。其禮既先筮後卜，尚書先云龜從者，以尊卑言之，故先言龜也。鄭注周禮云：筮凶則止，不卜。所以洪範有筮逆龜從者，崔靈恩云：凡卜筮，天子皆用三代蓍龜，若三筮並凶則止而不卜。鄭[illegible]若一吉一凶，雖筮逆猶得卜之也。則洪範所云者是也。其大夫則大事卜，小事筮。大事則葬地及葬日，爲事之大，則卜。故雜記云大夫卜宅與葬日是也。其小事用筮，則少牢常祀筮日是也。士亦大事卜，小事筮，故士喪禮卜葬日，以喪葬爲重，須定吉凶，故用卜也。其尋常吉祭比葬爲輕，故筮日也。葬既卜日得吉，餘事皆吉可知，故唯筮葬地，不復用卜也。旬之外曰遠某日者，案少牢大夫禮，今月下旬筮來月上旬，是旬之外日也。主人告筮者云欲用遠某日，故少牢云日用丁巳，筮旬有一日，吉乃官戒。既云旬有一日，是旬外一日，此謂大夫禮。旬之內日近某日者，案特牲士禮云不諏日，注云：士賤職褻，時至事暇可以祭，則筮其日，不如少牢大夫先與有司於廟門諏丁巳之日是士於旬初即筮旬內之日是旬之內日也主人告筮者云用近某日此據大夫士故有旬內旬外之日也若天子諸侯其有雜祭或用旬內或用旬外其辭皆與此同案少牢特牲其辭皆云來日丁亥不云遠某日近某日者彼文不具也○喪事先遠日者喪事謂葬與二祥是奪哀之義也非孝子之所欲但制不獲已故卜先從遠日而起示不宜急微伸孝心也故宣八年左傳云禮卜葬先遠日辟不懷杜云懷思也辟不思親也此尊卑俱然雖士亦應今月下旬先卜來月下旬不吉卜中旬不吉卜上旬○吉事先近日者吉事謂祭祀冠婚之屬故少牢云若不吉則及遠日又筮日如初是先近日也○曰爲至有常者曰命龜筮辭也卜擇吉日故云曰爲日○假爾泰龜有常假爾泰筮有常○假因也爾汝也爾謂指蓍龜也泰大中之大也欲褒美此龜筮故謂爲泰龜泰筮也有常者言汝泰龜泰筮決判吉凶分明有常也故云假爾泰龜泰筮有常凡卜筮大夫以上命龜有三命筮有二其一爲事命龜涖卜之官以主人卜事命卜史是一也二卜史既得所卜之命更序述涖卜所陳之辭名曰述命二也卜人即席西面命龜云假爾泰龜有常三也命筮二者一爲事命筮則主人以所爲之事命筮史是一也二則筮史得主人之命遂述之爲述命是二也士則命龜有二命筮有一知士命筮有

一者士喪禮云命筮人哀子某爲其父筮宅筮人許諾不述命注云不述者士禮畧是士命筮一也知士命龜二者士喪禮涖卜命曰哀子某卜葬其父無有近悔許諾不述命乃云即席西面坐命龜既云不述命是士命龜三也知大夫命筮二者以士云命筮不述命則知大夫以上述命也故少牢云主人曰孝孫某來日丁亥用薦歲事於皇祖伯某又云史遂述命曰假爾泰筮有常孝孫某來日丁亥云是大夫命筮二但冠即席所命于述命之上也知大夫命龜三者以士喪禮涖卜爲事命龜又有即席西面命龜云不述命明大夫有述命故知大夫命龜三也○注大事卜小事筮○正義曰此大事者謂小事之中爲大事非周禮大貞大封及八事之等故得用卜而已或云大事卜者摠兼大貞大封及八事等雖卜筮並用摠皆用卜故云大事卜但大事則先筮後卜卜筮俱有若小事筮徒有筮而無卜也○卜筮不過三者王肅云禮以三爲成也上旬中旬下旬三卜筮不吉則不舉也鄭意不過三者謂一卜不吉而凶又卜以至於三三若不吉則止若筮亦然也故魯有四卜之譏崔靈恩云謂不過三用若大事龜筮並用者先用三王筮次用三王龜始是一也三如是乃爲三也若初始之時三筮三龜皆凶則止或逆多從少或從多逆少如此者皆至於三也單卜單筮其法惟一用而已

不吉則擇遠日不至於三也前以用三王之龜筮者有逆有從故至三也此唯用一故不至三也案崔解亦有三王龜筮也○注魯四卜郊春秋譏之○正義曰卜郊之事或三或四或五襄七年夏四月三卜郊不從乃免牲僖三十一年及襄十一年夏四月四卜郊不從成十年夏四月五卜郊不從三傳之說參差不同若左氏之說魯郊常祀不須卜可郊與否俱卜牲與日唯周之三月爲之不可在四月雖三卜亦爲非禮故僖三十一年左傳云禮不卜常祀是常祀不卜也襄七年左傳云啓蟄而郊郊而後耕今既耕而卜郊宜其不從也是用周之三月不可至四月也若公羊之義所云卜者皆爲卜日故僖三十一年公羊傳云三卜禮也四卜非禮也又成十七年公羊傳云郊用正月上辛何休云魯郊搏卜三正三王之郊一用夏正又定十五年禮三卜之運也何休云運轉也已卜春三正不吉復轉卜夏三月周五月得一吉故五月郊如休之意魯郊轉卜三正假令春正月卜不吉又卜殷正殷正不吉則用夏正郊天若此三正之內有凶不從則得卜夏三月但滿三吉日則得爲郊此公羊及何休之意也穀梁之說春秋卜者皆卜日也哀元年穀梁傳云郊自正月至三月郊之時也或以十二月下辛卜正月上辛如不從則以正月下辛卜二月上辛如不從則以二月下辛卜三月上辛

如不從則不郊如是穀梁三正正月卜吉則爲四月五月則不可與公羊之說同與何休意異休以四月五月卜滿三吉則可郊也若鄭玄意禮不當卜常祀與左氏同故鄭箴膏肓云當卜祀日月爾不當卜可祀與否鄭又云以魯之郊天惟用周正建子之月牲數有災不吉改卜後月故或用周之二月三月故有啓蟄而郊四月則不可故駮異義引明堂云孟春正月乘大路祀帝於郊又云魯用孟春建子之月則與天子不同明矣魯數失禮牲數有災不吉則改卜後月如鄭之言則與公羊穀梁傳卜三正不同也此云魯四卜郊春秋譏之用公羊穀梁傳三卜正四卜非正也是四卜爲譏三卜得正與左氏意違左氏三卜亦非故也○卜筮不相襲者襲因也前卜不吉則止不得因更筮若前筮不吉則止不得因更卜是不相襲也若相因不止是瀆龜筮則神不告也王云三筮及三卜不相襲三者初各專其心也○注卜不至是也○正義曰晉獻公初卜不吉故公云更筮之是因襲也表記云卜筮不相襲鄭云襲因也大事則卜小事則筮然與此注不同者明襲有二義故兩注各舉其一一則大事小事各有所施不得因龜卜小事因蓍筮大事也二則筮不吉不可復卜卜不吉不可復筮也

龜爲卜，筴爲筮。卜筮者，先聖王之所

以使民信時日敬鬼神畏法令也所以使民決嫌疑定猶與也故曰疑而筮之則弗非也日而行事則必踐之弗非無非之者日所卜筮之吉日也踐讀曰善聲之誤也筴或爲蓍○與音預本亦作豫踐依注音善王如字云履也蓍音尸

疏 龜爲至踐之○正義曰解卜筮所用也龜處筮後龜覆於筮筴爲筮者筮在龜前爲決也謂蓍爲筴者筴以謀筴爲義言用此物以謀於前事也○卜筮者先聖王之所以使民信時日者解所以須卜筮之義也先聖王伏羲以來聖人爲天子者不直云先王又加聖字者夫王未必聖古來非一聖不必王孔子是也明造制卜筮必須聖位兼并時者四時及一日十二時也日者甲乙之屬聖王制此卜筮使民擇慎而信時日與吉凶也○敬鬼神者乃擇吉而祭祀是敬鬼神也畏法令者法典則也令教訓也君行法令若依卜筮而爲之則民敬而畏之也○所以使民決嫌疑者事既異故更云所以有嫌疑而卜筮決斷之也○定猶與也者説文云猶獸名玃屬與亦是獸名象屬此二獸皆進退多疑人多疑惑者似之故謂之猶與○故曰疑而筮之則弗非也者引舊

語以結之卜筮所以定是非也若有疑而筮之則人無非之也不言卜者從可知也○日而行事則必踐之者踐善也言卜得吉而行事必善也王云卜得可行之日必履而行之踐履也弗非無非之者也○君車將駕則僕執策立於馬前監駕且爲馬行○監古銜反爲于僞反○已駕僕展軨展軨具視○軨歷丁反一音領盧云車轄頭靼也舊云車闌也效駕白已駕○奮衣由右上取貳綏奮振去塵也貳副也○上時掌反下犬馬不上下注而上車同去羌呂反跪乘未敢立敬也○乘繩證反下除乘君不乘奇車乘路馬皆同○執策分轡驅之五步而立調試之○轡悲位反四馬八轡故云分○君出就車則僕并轡授綏車上僕所主○并必政反左右攘辟謂羣臣陪位侍駕者攘郤也或者攘古讓字○攘如羊反郤也又音讓辟音避徐扶亦反本或作避字非也○車驅而騶至于大門君撫僕之手而顧命車右就車門閭溝渠必步車右勇力之士備制非常者君行則陪乘君式則下步行○驅起俱反徐起遇反騶仕救反又七須反徐仕遘反○凡僕人之禮必授人綏若僕者降等則受不然則否若僕者降等則撫僕之手不然則自下拘之撫小止之謙也自下拘之由僕手下取之也僕與己同爵則不受○拘古侯反又音俱○客車不入大門謙也婦人不立乘異於男子犬馬不上於堂非摯幣也○贄本亦作摯音至

疏 君車至於堂○正義曰此以下揔明乘車顧式僕御謹敬之事各依文解之○君車將駕者爲君僕御之禮君車君所乘之車也將駕謂始欲駕行時者也○則僕執策立於馬前者僕即御車者也古者僕用好人爲之故孔子曰吾執御矣又云子適衛冉有僕及周禮諸僕皆用大夫士也策馬杖也別有人牽馬駕車而此僕既知車事故監駕也又恐馬奔走故自執馬杖立當馬前也執策是監駕立馬前恐馬行也○已駕僕展軨者已駕駕竟展視也舊解云軨車闌也駕竟僕則從車軨左右四面看視之上至於闌也盧氏云軨轄頭靼也皇

氏謂軨是轄頭盧言是也一則車行由轄二則闌之苓字不作車邊爲之鄭云展軨具視謂偏視之○效駕者効白也僕監視駕竟而入白君道駕畢故鄭云白已駕也○奮衣由右上者奮振也由從也從右邊上升也僕入白駕竟先出就車於車後自振其衣去塵從右邊升上必從右者君位在左故辟君空位○取貳綏者二副也綏登車索綏有二一是正綏擬君之升一是副綏擬僕右之升故僕振衣畢取副二綏而升也詩云淑旂綏章箋云綏所引登車也○跪乘者謂僕先試車時君既未出不敢依常而立所以跪而乘之爲敬也然此是暫試空左不嫌也○執策分轡者策馬杖也轡御馬索也車有一轅而四馬駕之中央兩馬夾轅者名服馬兩邊名騑馬亦曰驂馬故詩云兩服上驤兩驂鴈行鄭云兩服中央夾轅者也鴈行者言與中服相次序是也然每一馬有兩轡四馬八轡以驂馬内轡繫於軾前其驂馬外轡并夾轅兩服馬各二轡六轡在手分置兩手是各得三轡故詩云六轡在手是也今言執策分轡謂一手執杖又六轡以三置空手中以三置杖手中故云執策分轡也○驅之者分轡既竟而試驅行之也○五步而立者僕向跪而驅令馬行之得五步止而僕倚立待君出也何胤云跪以見敬則立調試之也○君出就車者謂君始出上車時也○則僕并轡授綏者君初來

欲上而僕并六轡及策置一手中所餘一空手取正綏授與君令登車也當右手并轡左手授綏轉身向後引君上也○左右攘辟者左右謂侍衛陪位諸臣也攘卻也辟遠也君已上車車欲進行故左右侍者悉遷卻以辟車使不妨車行也○車驅而騶者左右已辟故驅車而進則左右從者疾趨從車行也○至於大門者君至外門謂車行至外門時也○君撫僕之手者撫按止也僕手執轡車行由僕君欲令駐車故君抑止僕手也○而顧命車右就車者顧回頭也鄭箋詩云迴首曰顧也車右勇力之士也就車謂君命勇力士令上車也車行則有三人君在左僕人中央勇士在右也初在門內未顧勇士勇士故從趨在車後今車行既至大門方出履險阻恐有非常故迴頭命車右上車也○門閭溝渠必步者是車右勇士之禮也門閭謂凡所過門閭處也溝廣深四尺者渠亦溝也步謂下車也勇士雖即上車車若至門閭溝渠而勇士必下車所以然者一則君子不誣十室過門閭必式君式則臣當下也二則溝渠是險阻恐有傾覆故勇士亦須下扶持之也而僕不下者車行由僕僕下則車無御故不下也凡僕人之禮必授人綏者凡僕人謂爲一切僕非但爲君僕時也車上既僕爲主故爲人僕必授綏與所升之人也○若僕者降等則受者謂士與大夫大夫與卿御也若御者卑降

則主人不須謙故受取綏也不然則否者不然謂僕者敵體雖御其主人宜謙不受其綏也○若僕者降等則撫僕之手者僕者雖卑而受其綏不謙猶當撫止僕手若不聽自授然後乃受也○不然則自下而拘之者不然不降等者既敵不受而僕者必授則主人當卻手從僕手下自拘取之○注撫小至不受○正義曰由從也此時主人初欲上而僕在車上轉身向主人以授綏主人不就僕手外取之而以手從僕手下進拘取僕手裏上邊示不用僕授也僕與己同爵則不受謂不降等者○客車不入大門者案公食大夫禮云賓之乘車在大門外西方注云賓車不入門廣敬也與此同覲禮云偏駕不入王門謂同姓金路異姓象路之等舍之於賓館謂不得入王門又云墨車龍旂以朝墨車得入大門但不得入廟門耳○婦人不立乘者立倚也婦人質弱不倚乘異男子也男子倚乘婦人坐乘所以異也○犬馬不上於堂者賓主相見之禮也犬馬將爲禮而賤不牽上堂也犬則執紲馬則執勒以呈之耳非贄幣故也贄謂羔鴈雉玉之屬乃上堂也犬馬用充庭實而已非物贄幣故不上堂也 **故君子式黃髮** 敬老也發句言故明此衆篇雜辭也 **下卿位** 尊賢也卿位卿之朝位也君出過之而上車入未至而下車○朝直遙反下同 **入**

國不馳 愛人也馳善藺人也○藺力刃反○ **入里必式** 不誣十室 **君命召雖賤人大夫士必自御之** 御當爲訝訝迎也君雖使賤人來必自出迎之尊君命也春秋傳曰跛者御跛者眇者御眇者皆訝也世人亂之○御依注音訝五嫁反跛波我反眇名小反 **介者不拜爲其拜而蓌拜** 蓌則失容節蓌猶詐也○爲其于僞反下注爲蓌爲掩同蓌子臥反又側嫁反挫也沈租稼反又子猥反慮本作蹲 **祥車曠左** 空神位也祥車葬之乘車 **乘君之乘車不敢曠左左必式** 君存惡空其位○惡烏路反○ **僕御婦人則進左手後右手** 遠嫌○遠于萬反○ **御國君則進右手後左手而俯** 敬也 **國君不乘奇車** 出入必正也奇車獵衣之屬○奇車居宜反奇邪不正之車何云不如法之車 **車上不廣欬** 爲若自矜廣猶弘也○欬開代反 **不妄指** 爲惑衆○ **立視五巂** 立平視也巂猶規也謂輪轉之度巂或爲槷○巂本又作巂惠圭反車輪轉一周爲巂一周丈九尺八寸也槷本又作槷如捶反徐而媿反 **式視馬尾** 小俛 **顧不過轂** 爲掩在後 **國中以策彗卹勿驅塵不出軌** 入國不馳彗竹帚卹勿搔摩也○彗音遂徐雖醉反又四歲反卹蘇役反注同勿音沒注同塵如字又羌遇反搔素刀反摩莫何反 **國君下齊牛式宗廟大夫士下公門式路馬乘路馬必朝服載鞭策不敢授綏左必式步路馬必中道以足蹙路馬芻有誅齒路馬有誅** 皆廣敬也路馬君之馬載鞭策不敢執也齒欲年也誅罰也○齊側皆反鞭必綿反蹙本又作蹴徐采六反又子六反芻初俱反○

【疏】故君至有誅○正義曰此以下明雜敬禮也君子謂人君也黃髮太老人也人初老則髮白太老則髮黃黃彌老宜敬之故人君見而式敬也人君尚爾則大夫士可知也若與君同行君式則臣下若異行則式而已詩云黃髮兒齒皆謂老人也○注發句言故明此衆篇雜辭也○正義曰謂

他篇上舊禮雜辭連上至下所以有故今作曲禮記者引此他篇雜辭而來爲此篇發首有故也○下卿位者卿位路門之內門東北面位故論語鄉黨云入公門又云過位色勃如也注過位謂入門右北面君揖之位故燕禮大射卿大夫門右北面公降阼階南嚮爾卿是也今謂尋常出入故出則過卿位而上車入則未到卿位而下車若迎賓客則案樂師注云登車於大寢西階之前反降於阼階之前或可下卿位是諸侯禮樂師據天子禮○入國不馳者國中人多若馳車則害人故不馳注云愛人也馳善藺人也○善猶好也藺雷刺也若車馳則好行刺人也何胤云藺躐也○入里必式者二十五家爲里里巷首有門十室不誣故入里則必式而禮之爲敬也里必式則門閭亦式故門閭必步不誣十室也論語云十室之邑必有忠信如丘者焉是不誣十室也○君命召者謂有君命呼召臣也○雖賤人者君之使者假令是賤人爲之來○大夫士必自御之者御迎也使者雖賤而君命可尊故雖大夫士貴亦自出迎之也○注御當至亂之○正義曰鄭引春秋證御者迓也成二年季孫行父臧孫許會晉郤克衞孫良夫曹公子首及齊侯戰于鞌公羊傳云前此者晉郤克與臧孫許同時而聘於齊蕭同姪子者齊君之母也窺客或跛或眇於是使跛者迓跛者眇者迓眇者二大夫歸相與

率師爲鞌之戰穀梁傳云曹公子手僂同時聘齊齊頃公使跛者御跛者眇者御眇者秃者御秃者僂者御僂者齊頃公母蕭同姪子處臺上而笑之也鄭言彼既以爲譏此御故宜是譏而世人亂之讀云御耳○介者不拜者介甲鎧也著鎧者不爲式敬故宜無所拜之也爲其拜而蓌拜者解所以不拜蓌挫也戎容暨暨著甲而屈拜則坐損其戎戚之容也一云蓌詐也言著鎧而拜形儀不足似詐也虛作嬌蓌則失容節是蓌猶詐也○祥車曠左者此以下又明僕御之禮祥猶吉也吉車爲平生時所乘也死葬時因爲魂車鬼神尚吉故葬魂乘吉車也曠空也車上貴左故僕在右空左以擬神也○注空神至乘車○知葬之乘車者以其大小二祥生人所乘之車無空左之法言空左唯據葬時魂車故知也○乘君之乘車不敢曠左者乘車謂君之次路也王者五路玉象木金革各一路王自乘一所餘四路皆從行臣若乘此車不敢空左故典路云凡會同軍旅弔于四方以路從鄭云王出於事無常王乘一路典路以其餘路從行亦以華國又戎右職云會同充革車鄭云會同王雖乘金路猶以革路行充之者謂居左也曲禮曰乘君之乘車不敢曠左若曠左則似祥車近於凶時故乘者自居左也○左必式者雖處左而不敢自安故恒馮式云乘車則君皆在左若兵戎革路則君在中央御

者居左故成二年韓厥代御居中杜云自非元帥御者皆在中將在左以此而言則元帥及君宜在中也又詩云左旋右抽鄭箋云左左人謂御者右車右也中軍謂將也兵車之法將居鼓下故御者在左君存惡空其位也太僕云王出入則自左馭而前驅注云前驅如今道引也道而居左自馭不參乘辟王也亦有車右焉○僕御婦人則進左手者僕在中央婦人在左僕御之時進左手持轡所以爾者形微相背也○後右手者若進右手則近相轡相轡則生嫌故後右手遠嫌也○御國君則進右手後左手者禮以相嚮爲敬故進右手非男女無所嫌也而俯者既御不得恒式故但俯俛而爲敬也并兩御也○國君不乘奇車者國君出入宜正不可乘奇邪不正之車盧氏云不如御者之車也○注出入至之屬○正義曰隱義曰獵車之形今之鉤車是也衣車如鼈而長也漢桓帝之時禁臣下乘之○車上不廣欬者廣弘大也欬聲欬也車已高若在上而聲大欬似自驕矜又驚衆也○不妄指者妄虛也在車上高若無事忽虛以手指麾於四方並爲惑衆也○立視五嶲車上依禮嶲規也車輪一周爲一規乘車之輪高六尺六寸徑一圍三三六十八得一丈八尺又六寸爲一尺八寸摠一規爲一丈九尺八寸三規爲九十九尺六尺爲步摠爲十六步半在車上所視則前十六步半地○注嶲猶規

也○正義曰知嶲爲規者以嶲規聲相近故爲規規是圓故讀從規言或爲縈他本禮記有作縈字者○式視馬尾者馬引車其尾近在車欄前故車上嶲式下頭時不得遠矚而令瞻視馬尾○顧不過轂者車轂也若轉頭不得過轂則掩後人私也論語云車中不內顧是也○國中以策彗卹勿驅者前云入國不馳此爲不馳故爲遲行法也策馬杖彗竹帚也○注卹勿搔摩也入國不馳故不用策但取竹帚帶葉者爲杖形如掃帚故云策彗云卹勿者以策微近馬體不欲令疾也但僕搔摩之時其形狀卹勿然○塵不出軌者軌車轍也車行遲故塵埃不起不飛揚出轍外也○國君下齊牛式宗廟者案齊右職云凡有牲事則前馬注云王見牲則拱而式又引曲禮曰國君下宗朝式齊牛鄭注周官與此文異者熊氏云此文誤當以周禮注爲正宜云下宗朝式齊牛○大夫士下公門式路馬者公門謂君之門也路馬君之馬也敬君至門下車重君物故見君馬而式之也馬比門輕故有下式之異○乘路馬必朝服者謂臣行儀習禮獨行時也路馬君之車馬臣雖得乘之猶不可慢故必朝服而自御乘之也○載鞭策者又不敢執杖杖馬故但載杖以行也○不敢授綏者君在則僕人授綏今習儀者身既居左自馭而乘雖有車右而不敢授綏與己也○左必式者既不空左故亦

居左式而敬之此言不敢授綏與前不敢曠左文互也。步路馬必中道者此謂單牽君馬行時步獨行也若牽行君之馬必在中道正路爲敬也。以足蹙路馬芻有誅。芻食馬草也誅罰也此草擬爲供馬所食若以足蹴蹋之者則有責罰也。齒路馬有誅者齒年也若論量君馬歲數亦爲不敬亦被責罰皆廣敬也

附釋音禮記注疏卷第三

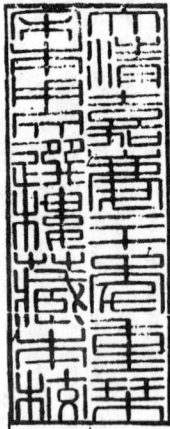

江西南昌府學栞

禮記注疏卷三挍勘記　阮元撰盧宣旬摘錄

曲禮上

凡爲君使者節

君有言則以束帛如饗禮　閩監毛本同岳本嘉靖本同衞氏集說同惠棟挍宋本饗作享案享饗古通用宋監本亦作享浦堂挍云若誤君齊召南云君有言當作若有言玩疏則知注引聘禮原文不誤而刊本傳寫以若與君字形相近而訛也案浦挍齊挍皆是也考文引宋板君正作若

此謂國君問事於其臣　閩毛本同岳本嘉靖本同衞氏集說同監本問誤間

凡爲至受命　惠棟挍宋本無此五字

博聞强識而讓節

君子至交也　惠棟挍宋本無此五字

禮曰節

禮曰至不弔　惠棟挍宋本無此五字

作記之者既引其禮　閩本同監毛本者作人衞氏集說無之字作作記者是也

皇偘用崔靈恩義　各本同案偘即侃字五經文字云侃相承作偘訛據此可證正義序皇甫侃衍一甫字

及七祀之屬　閩本同惠棟挍宋本同監毛本祀誤祖

及大夫有菜地　惠棟挍宋本同閩監毛本菜作采案菜地以采取爲義字當從菜匡謬正俗云古之經史采菜相通今之學者見謂之采地字上或加艸

君致齊不復出行　閩監毛本同惠棟挍宋本君作若

居喪之禮節

所以養衰老人五十始衰也　閩監毛本同岳本嘉靖本同惠棟按宋本養下無衰字人字重衛氏集說亦無人字不重

居喪至於內　惠棟按宋本無此五字

生與來日節

生與至往日　惠棟按宋本無此五字

死與往日者　閩監毛本同惠棟按宋本與作數是也

知生者弔節

知生至不弔　惠棟按宋本無此五字

二則旣言皇天降災子遭罹之　閩毛本同監本罹誤懼

弔喪弗能賻節

皆爲傷恩也　閩監毛本同岳本嘉靖本同衛氏集說爲作謂考文引宋板古本作謂釋文出皆爲

適墓不登壟節　惠棟按宋本適墓不登壟一句經注合上知生節弔喪節爲一節助葬必執紼以下另爲一節

引車索　閩監毛本同岳本嘉靖本同釋文出引棺云本亦作引車正義不作引車考文引古本車索下有也字衛氏集說亦作引車索也

助葬至君側　惠棟按宋本無此五字

介冑則有不可犯之色者　閩監毛本同惠棟按宋本無者字

不服燕飲　閩監本同毛本服作暇衛氏集說同

不與賢者犯法其犯法則在八議輕重不在刑書　閩監毛本同考文引宋板無此十九字

鄭司農云若今之　周禮注之作時

謂憔悴憂國也　閩監本同毛本憔悴作顦顇○按周禮注作憔悴

大夫以上適甸師氏　閩監本同毛本上誤下考文引宋本作上

注春秋傳曰近刑人則輕死之道　閩監毛本同惠棟挍宋本作注春秋至之道

閽弒吳子餘祭　毛本弒作殺按作弒與襄二十九年經合

刑人也君子不近刑人　毛本如此此本刑人也下誤隔一○閩監本同

兵車不式節

兵車至結旌　惠棟按宋本無此五字

綏謂舒垂散之也　閩本同惠棟按宋本同監毛本舒垂二字倒

史載筆節

前有摯獸　各本同石經摯初刻作鷙改刻從手釋文出有摯案儒行正義云獸摯從執下著手鳥鷙從執下著鳥此摯獸正義本當亦從執下手

所舉各以其類象　各本同通典七十六象下有之字

鳶鳴則將風　各本同通典七十六作鳶鳴則天將風風生埃起

史載至其局　惠棟按宋本無此五字

難可周徧　閩監毛本作徧此本徧誤偏今正

猛而能擊　閩監毛本作擊衛氏集說同此本擊誤摯今正

左東右西　閩監毛本同惠棟按宋本西下有也字

朱鳥元武　惠棟按宋本同閩監毛本鳥作雀衛氏集說同下故用鳥同

以標左右前後之軍陳　閩監毛本同惠棟按宋本左右前後作前後左右衞氏集說同

故星約言云又畫也　閩監本同毛本星作皇

第三機　閩監本同毛本機作璣衞氏集說亦作機

明魁以上爲首　閩監本同惠棟按宋本同毛本上誤此

始前旣敵　閩監毛本同惠棟按宋本旣作戴是也衞氏集說同

軍之在左右各有部分　閩監毛本作部此本部誤步今正

父之讎節

父之至同國　惠棟按宋本無此五字

寢苫枕干不仕　閩監毛本同衞氏集說同是也惠棟按宋本干作土誤

伐楚使與首兵　惠棟按宋本如此此本楚下誤隔○閩監毛本同

同公羊之義也　惠棟按宋本此下標禮記正義卷第四終又記云凡二十四頁

四郊多壘節　惠棟按宋本自此節起至去國三世爵祿無列於朝節止爲卷五首題禮記正義卷第五

壘軍壁也　閩監毛本同岳本嘉靖本同釋文出軍辟云本又作壁正義本作壁

四郊至辱也　惠棟按宋本無此五字

此亦士之辱也者　閩監毛本如此此本也者二字誤倒

獨爲大夫之辱不云士辱者但大夫官尊入則與君同謀出則身爲將帥故多壘爲大夫之辱　惠棟按宋本如此此本不云至之辱三十字脫閩監毛本同

臨祭不惰節

臨祭至其祖　惠棟按宋本無此五字

或人歸之　閩監毛本同惠棟按宋本人上有使字

卒哭乃諱節

大夫有名惡　各本同通典一百四作大夫有石惡按疏引熊氏云石字誤當云大夫有名惡據此是注本作石惡

二名不偏諱　各本同毛居正云偏本作徧與遍同作偏誤正義云不偏諱者謂兩字不一一諱之也此義謂二字爲名同用則諱之若兩字各隨處用之不於彼於此一一皆諱之所謂不徧諱也按舊杭本柳文載柳宗元新除監察御史以祖名察躬入狀奏奉勅新除監察御史以祖名察躬準禮二名不遍諱不合辭遜據此作遍字是舊禮作徧字明矣今本作偏非也若謂二字不獨諱一字亦通但與鄭康成所注文意不合可見傳寫之誤然仍習旣久不敢改也

偏謂二名　各本同通典一百四作偏諱二名

言在不稱徵言徵不稱在　閩監毛本同岳本同嘉靖本同考文引古本上稱字作言案二稱字俱當作言方與疏合通典一百四引言徵不言在句

孝子聞名心瞿　各本同嘉靖本瞿作懼通典一百四引亦作懼釋文出心瞿云本又作懼

不辟家諱尊無二　惠棟按宋本同宋監本同岳本嘉靖本同閩監毛本二下有也字通典一百四引無也字

卒哭至問諱　惠棟按宋本無此五字

改爲熊居　惠棟按宋本同閩監毛本居誤君○按惠棟云熊居謂熊姓居名

從左氏義也逮事王父母者　閩監本同毛本逮上有壘丁惠棟按宋本無者字此本王誤至今正

正得避公家之諱　閩本同監毛本正作止衞氏集說同

尊君諱也君諱也　毛本同閩監本君諱也三字不重

或可大夫所有公諱者　惠棟挍宋本作可閩本同此本可誤何監毛本誤云

言辟之之陳鏗問云　閩監毛本下之字作○

問諱而以門爲限者　惠棟挍宋本作限此本限誤卽閩監毛本誤節今正

外事以剛日節　惠棟云外事節龜爲卜節宋本合爲一節

外事至相襲　惠棟挍宋本無此五字

陸機草木疏云　閩監本同毛本機作璣孫志祖云經典釋文敘錄云陸璣草木鳥獸蟲魚疏二卷璣字元恪吳郡人吳太子中庶子烏程令此與士衡名之從木旁者不同梁元帝作同姓名錄兼收名之音義通用者有兩陸機一吳人字士衡一名璣字元恪注本艸者最分明而元恪又嘗注本艸則僅見於此也李濟翁謂元恪名當從玉旁本不誤宋槧爾雅疏引草木疏作陸機或疑傳寫偶譌近錢大昕據以定元恪之名亦從木旁謂邢叔明諸人識字勝於李濟翁此二字殆古人通借用之

七百年十莛也　閩監毛本同惠棟挍宋本年下有生字是

鄭注占人不卜而徒筮者　惠棟挍宋本作占此本占誤古閩監毛本同案不卜而徒筮者則用九筮是占人注

假爾泰筮有常假因也　閩監毛本同惠棟挍宋本常下有者字此本因字亦漶滅不全

知士命龜二者士喪禮涖卜　閩監毛本如此此本二者士三字誤作者二七今正

是士命龜三也　閩本同監本三字僅留下畫毛本遂作一非也

何休云魯郊博卜三正　惠棟挍宋本博作博閩監毛本博作轉案公羊傳注云魯郊博卜春三月作博爲是

周五月得一吉　閩監毛本同考文引宋板一作二與公羊注合

龜爲卜節

定猶與也　石經同岳本嘉靖本同釋文出猶與云本亦作豫案正義本當亦作豫觀正義引說文云豫亦是獸名象屬可證後人以釋文本與改正義本豫并改正義中引說文之豫亦作與○按與爲豫之假借字

龜爲至踐之○正義曰　閩監毛本同惠棟挍宋本無正義曰三字

是敬鬼神也　閩監毛本同惠棟挍宋本無也字

君車將駕節　惠棟云君車將駕節故君子節宋本合爲一節

謂羣臣倍位侍駕者　閩監本同岳本嘉靖本同毛本位誤臣

非摯幣也　閩監毛本同岳本嘉靖本同釋文出非贄云本亦作摯正義本作贄衛氏集說同

謂爲君僕御之禮　閩監毛本如此此本脫謂字

謂始欲駕行時也　閩監毛本如此此本時下衍者字

必從右者君位在左　閩本同惠棟挍宋本同監毛本從誤欲此本在誤也

取二綏者二副也　閩監本同毛本二作貳下取副二綏同

言與中服相次序是也　閩監毛本同惠棟挍宋本無是字

車驅而騶者　閩監毛本同惠棟挍宋本騶作驟○按依說文當作驟經文作騶假借字

不然則自下而拘之者　閩監毛本同惠棟挍宋本無而字是也

非贄幣故也　閩本同惠棟挍宋本同監毛本贄誤執

故君子式黃髮節

馳善藺人也　惠棟挍宋本同宋監本同岳本嘉靖本同閩監毛本藺作躙疏同衛氏集說作躪案釋文本亦作藺○按依說文當作蹸从足粦聲藺假借字

御當爲訝訝迎也　惠棟挍宋本同宋監本岳本嘉靖本同閩監毛本訝訝作迓迓非釋文出自御

之云依注音訏五嫁反迎也是釋文本亦作訏也下皆訏也同○按依説文當作訝

爲其拜而蓌拜石經同岳本嘉靖本同釋文出蓌拜云盧本作蹲公羊僖卅三年傳何休注云胄介冑不拜爲其拜如蹲蓋引此文與盧本同而如古通蹲下無拜然正義本自作而蓌拜

𡤇猶規也閩監毛本同岳本嘉靖本同宋監本猶改謂

塵不出軌石經同岳本同閩監毛本同惠棟挍宋本軌作軓嘉靖本同

正義曰此以下閩監毛本同惠棟挍宋本無正義曰三字

注發句言故閩監毛本作句此本句誤向今正

發首有故也閩監毛本作有此本有誤育今正

公降阼階南鄉爾卿閩監毛本作爾此本爾誤以今正

若馳車則害人閩監毛本作若此本若誤君今正

死葬時因爲魂車惠棟挍宋本同閩監毛本因作用

空神至乘車惠棟挍宋本至字作位也祥車葬之六字

乘君之乘車不敢曠左者閩監毛本同惠棟挍宋本無不敢曠左者五字

僕御婦人則進左手者閩監毛本同惠棟挍宋本作僕御婦人則進左手正義曰

則前十六步半地惠棟挍宋本同閩監毛本地誤也

言或爲槃閩監毛本作縈此本槃誤𣗥

不飛揚出轍外也閩本同監毛本揚作楊

則有責罰也閩監毛本同惠棟挍宋本有作被

禮記注疏卷三挍勘記

附釋音禮記注疏卷第四

曲禮下第二

疏 正義曰案鄭目錄云義與前篇同簡策重多分爲上下

禮記　鄭氏注　孔穎達疏

凡奉者當心提者當帶　高下之節○奉本亦作捧同芳勇反提徒兮反

疏 凡奉至當帶○正義曰此一節論臣所奉持及俛仰裼襲之節各依文解之○凡奉者當心提者當帶物有宜奉持之者有宜提挈之者各因其宜奉之者謂仰手當心奉持其物提之者謂屈臂當帶而提挈其物帶有二處朝服之屬其帶則高於心深衣之類其帶則下於脇何以知然玉藻說大帶云三分帶下紳居二焉紳長三尺而居帶之下三分之二則帶之下去地四尺五寸矣人長八尺爲限若帶下四尺五寸則帶上所餘正三尺五寸故知朝服等帶則高也而深衣云帶下毋厭髀上毋厭脇當無骨者故知深衣之帶則下也今云提者當帶謂深衣之帶且古人恒著深衣此明平常提奉故益可知也

執天子之器則上衡　謂高於心彌敬也此衡謂與心平○上時掌反

國君則平衡大夫則綏之士則提之　綏讀曰妥妥之謂下於心○綏依注音妥湯果反又他回反

疏 執天至提之○正義曰明常法此以下明臣各爲其君上提奉之禮也執持也上猶高也衡平也平謂人之拱手正當心平故謂心爲衡天子至尊器不宜下故臣爲擎奉皆高於心彌敬也此衡謂與心平也凡言衡有二處若大夫衡視則面爲衡此爲天子執器則上衡謂高心也既有二處不同故鄭云此衡與心平明他衡者不與心平也○國君則平衡者國君諸侯也降於天子故其臣爲奉持器與心齊平也○大夫則綏之者綏下也又降於諸侯故其臣爲奉器下於心也○士則提之者上云大夫綏之已下於心今爲士提之又在綏之下即上提者當帶然凡常提物尚得當帶今爲士提物更在帶下者士臣爲士卑遠於君故厭降在下故禮云大夫之臣不稽首以辟君其義同也

凡執主器執輕如不克　重慎之也主君也克勝也○勝音升

疏 凡執至不克○正義曰嚮明持奉高下之節此辨持奉之容儀也主亦君也禮大夫稱主今此言主上通天子諸侯下含大夫爲君者故并曰主士則不然克勝也尊者之器不論輕重其臣執之唯宜重慎器雖輕小而執之恒如實重如不勝之容也故論語云孔子執圭鞠躬如也如不勝聘禮曰上介執玉如重是也

執主器操幣圭璧則尚左手行不舉足車輪曳踵　重慎也尚左手尊左也車輪謂行不絕也○操七刀反曳以制反踵支勇反

疏 執圭至曳踵○正義曰又明提舉用手足之儀也圭璧瑞玉也尚上也謂執持君器及幣玉也若擎奉此物則右手在下左手在上左尊故云尚左手○行不舉足車輪曳踵者曳拽也踵腳後也若執器行時則不得舉足但起前拽後使踵如車輪曳地而行故云車輪曳踵

立則磬折垂佩主佩倚則臣佩垂主佩垂則臣佩委　君臣俛仰之節倚謂附於身小俛則垂大俛則委於地○折之列反一音逝佩步內反本或作珮非倚於綺反徐其綺反

執玉其有藉者則裼無藉者則襲　藉藻也裼襲文質相等耳有藻爲文裼見美亦文無藻爲質襲充美亦質圭璋特而襲璧琮加束帛而裼亦是也○藉在夜反下同裼星歷反藻音早本又作繅琮才冬反

疏 立則至則襲○正義曰嚮明奉持及手足之儀此明授受時禮也立倚也佩謂玉佩也帶佩於兩邊臣則身宜僂折如磬之背故云磬折也身既僂折則所著之佩從兩邊出縣垂於前也○主佩倚者主謂君也倚猶附也君宜直立則佩直附倚身而縣垂不出前○則臣佩垂者君若直立佩倚於身則臣宜曲折曲折則佩不得倚身故縣垂於前也○主佩垂則臣佩委者主君也言君若重慎折身而佩垂則臣彌曲故佩歷委於地然臣不發初太曲必待君僂而後方曲者亦授立不跪之義也○執玉其有藉者則裼無藉者則襲○凡執玉之時必有其藻以承於玉若盡飾見美之時必垂藻於兩端令垂向於下謂之有藉當時所執之人則去體上外服以見在內裼衣故云有藉者則裼也其事質充美之時承玉之藻不使下垂屈而在手謂之無藉當時所執之人則掩其上服襲蓋裼衣謂之無藉者則襲此謂執玉之人朝聘行禮或有裼時或有襲時○注圭璋至是也○正義曰鄭云此者以經云裼襲者人之裼襲欲明玉亦有裼襲云圭璋特而襲者上公享王圭以馬享后璋以皮皮馬既不上於堂其上唯特有圭璋圭璋既是寶物不可露見必以物覆襲之故云圭璋特而襲也云璧琮加束帛而裼者謂侯伯子男享天子璧以帛享后琮以錦既有帛錦承玉上唯用輕細之物蒙覆以裼之故云璧琮加束帛而裼也云亦是者非但人有裼襲其玉亦有裼襲之義此皇氏之說熊

氏以爲上明賓介二人爲裼襲圭璋特以下又明賓主各自爲裼襲謂朝時用圭璋特賓主俱襲行享時用璧琮加束帛賓主俱裼亦是也凡執玉天子執冒四寸以朝諸侯注云德能覆蓋天下四寸者方以尊接卑以小爲貴又孔安國注顧命云方四寸邪刻之用之以冒諸侯之圭以爲瑞信子男執璧蓋亦刻驗覆之但無以言焉又執鎮圭以朝日及祭天地宗廟知者典瑞云王執鎮圭以朝日又鄭志云祭天地宗廟亦執之是朝日既執鎮圭則夕月亦當然也大宗伯云王執鎮圭注以四鎮之山爲繅飾圭長尺有二寸故玉人云鎮圭尺有二寸天子守之是也其五等諸侯大宗伯又云公執桓圭注云雙植謂之桓桓宮室之象所以安其上也圭長九寸故玉人云命圭九寸公守之是也宗伯又云侯執信圭伯執躬圭注云蓋皆象以人形爲琢飾文有麤縟耳欲其慎行以保身圭皆長七寸故玉人云命圭七寸謂之信圭侯守之命圭七寸謂之躬圭伯守之江南儒者解云直者爲信其文縟細曲者爲躬其文麤略義或然也宗伯又云子執穀璧男執蒲璧注云穀所以養人蒲爲席所以安人不執圭者未成國也言以爲穀稼及蒲葦之文蓋皆徑五寸故大行人云子執穀璧男執蒲璧五寸是也凡圭廣三寸厚半寸剡上左右各寸半知者是聘禮記文其璧則內有孔外有玉其孔謂之好

故爾雅釋器云肉倍好謂之璧好倍肉謂之瑗肉好若一謂之環此謂諸侯所執圭璧皆朝於王及相朝所用也故典瑞前既陳玉則云朝覲宗遇會同於王諸侯相見亦如之是也其公侯伯朝后皆用璋知者以聘禮聘君用圭聘夫人以璋則知於天子及后亦然也其子男既朝王用璧朝后宜用琮以璧琮相對故也鄭注小行人云其上公及二王之后享天子圭以馬享后璋以皮其侯伯子男享天子璧以帛享后以琮以錦其玉小大各如其命數知者玉人云璧琮九寸諸侯以享天子是也其諸侯相朝所執之玉與朝天子同其享玉皆以璧享君以琮享夫人知者聘禮璧以享君琮以享夫人明相朝禮亦當然子男相享則降用琥以繡璜以黼故鄭注小行人云其於諸侯亦用璧琮耳子男於諸侯則享用琥璜下其瑞是也其諸侯之臣聘天子及聘諸侯其聘玉及享玉降其君瑞一等故玉人云瑑圭璋八寸璧琮八寸以覜聘是也其繅藻之藻鄭注周禮云繅所以藉玉以韋衣木廣袤各如其玉之大小天子則以五采畫之諸侯則三采子男二采其卿大夫亦二采故典瑞云王五采五就公侯伯三采三就子男二采二就又云瑑圭璋璧琮繅皆二采一就是也熊氏云五采五就者采別二行爲一就故五就也三采三就者亦采別二行爲一就故三就也二采二就者亦采別二行爲一就故再就也二采一就者以卿大夫卑二采采則別唯一行共爲一就知然者雜記及聘禮記三采六等則知天子諸侯采別爲二等也此是周法其殷以上則禮說含文嘉云天子三公諸侯皆以三帛以薦玉宋均注云其殷禮三帛謂朱白倉象三正其五帝之禮薦玉用一色之帛故鄭注虞書三帛高陽氏之後用赤繒高辛氏之後用黑繒其餘用白繒其餘謂堯舜之諸侯既以采色畫韋衣於板上前後垂之又有五采組繩以爲繫其組上以玄爲天下以黃爲地長尺無事則以繫玉有事則垂爲飾故聘禮記皆玄纁繫長尺絢組注云采成文曰絢繫無事則以繫玉因以爲飾皆用五采組上以玄下以絳爲地是也其裼襲之義者藻藉有二種一者以韋衣木畫之也二者絢組垂之若板之藻藉則常有今言無者據垂之也其垂藻之時則須裼屈藻之時則須襲案聘禮賓至主人廟門之外賈人東面坐啓櫝取圭垂繅不起而授上介注云不言裼襲者賤不裼以賈賤故不言裼明貴者垂藻當裼也又云上介不襲執圭屈繅授賓注上介不襲者以盛禮不在於已明屈藻合襲也又云賓襲執圭又云公襲受玉於時圭皆屈藻故賓與公執玉皆襲是屈藻之時皆襲則所謂無藉者襲是也聘禮又云賓出公授宰玉裼降立是授玉之後乃裼也又云賓裼奉束帛加璧享是有藉者裼凡朝之與

聘賓與主君行禮皆屈而襲至于行享之時皆裼也知者以聘禮行聘則襲受享則裼凡享時其玉皆無藉藻故崔靈恩云初享圭璋特故有藻其餘則束帛加璧既有束帛不須藻凡諸侯朝天子皆行三享之禮故大行人云公侯伯子男並云廟中將幣三享覲禮云四享者鄭注云四當爲三初享或用虎豹之皮其次享三牲魚腊龜金丹漆唯國所有分爲三享皆以璧帛致之若其臣出聘唯行一享故聘禮致夫人聘享唯一享也裼所以異於襲者凡衣近體有袍襗之屬其外有裘夏月則衣葛其上有裼衣裼衣上有襲衣襲衣之上有常著之服則皮弁之屬也掩而不開則謂之爲襲若開此皮弁及中衣左袒出其裼衣謂之爲裼故鄭注聘禮云裼者左袒也一玉之上若垂藻之時其人則裼屈藻之時其人則襲則裼襲不相因表記云裼襲不相因者彼謂各執其物執龜玉者則襲受享者則裼與此同也○**國君不名卿老世婦大夫不名世臣姪娣士不名家相長妾**雖貴於其國家猶有所尊也卿老上卿也世臣父時老臣○姪大節反字林丈一反娣大計反相息亮反長丁丈反下注長老同

【疏】國君至長妾○正義曰此一節摠明稱謂之事各依文解之○國君不名卿老

者人君雖有國家之貴猶宜有所敬不得呼其名者也卿老謂上卿上卿貴故曰卿老世婦者謂兩媵也次於夫人而貴於諸妾也言諸侯雖貴不得呼其名也。大夫不名世臣姪娣者世臣父在時老臣也姪是妻之兄女娣是妻之妹從妻來爲妾也大夫不得呼世臣及貴妾名也。然王制云大夫不世爵此有世臣者子賢謂襲父爵者也。士不名家相長妾者家相謂助知家事者也長妾之有子者也士不得呼此二等人名也不名長妾者熊氏云士有一妻二妾言長妾者當謂娣也故鄭注昬禮云娣尊姪卑義或然也

君大夫之子不敢自稱曰余小子辟天子之子未除喪之名君大夫天子大夫有土地者。辟音避本又作避下同**大夫士之子不敢自稱曰嗣子某**亦辟其君之子未除喪之名**不敢與世子同名**辟僭傚也其先之生則亦不改世或爲大。僭作念反傚胡孝反

疏 君大至同名。此以下明孝子在喪擯者接對賓客之辭也君大夫謂天子大夫有地者大夫有地者則亦稱曰君故云君大夫也天子未除喪自稱曰余小子今大夫有地雖同曰君而其子在喪不敢同天子稱余小子也。大夫士之子不敢自稱曰嗣子某者此諸侯稱大夫士之子也諸侯在喪之嗣子某臣之子避之也。不敢與世子同名者世子謂諸侯之適子也諸侯之臣爲其子作名不得與君適子名同也白虎通云子生在稱世子何繫於君也。注辟僭至爲大。正義曰若名子與君世子同則嫌其自比擬於君故云避僭傚之世也世子貴不得同則與庶子同不嫌又若其子生在君之世子前已爲名而君來同之此是君來同已不須易也故穀梁昭七年傳云何爲君臣同名君子不奪人親之所名重其所由來也是臣先名君後名同之不改也又案雜記云與君之諱同則稱字若先生與世子同名亦當然也諸侯之子不可同天子之子故宜不也異義公羊說臣子先死君父猶名之孔子云鯉也死是已死而稱名左氏說既沒稱字而不名桓二年宋督弑其君與夷及其大夫孔父先君死故稱其字穀梁同左氏說許慎謹案同左氏穀梁說以爲論語稱鯉也死時實未死假言死耳鄭康成亦同左氏穀梁之義以論語云鯉也死有棺而無椁是實死未葬已前也故鄭駁許慎云設言死凡人於恩猶不然況賢聖乎然鯉也死未滿五十鯉死稱伯魚者案冠禮二十已稱伯某甫未必要五十也但五十直稱伯耳焦氏問案春秋君在稱世子君薨稱子某既葬稱子無言嗣子某者也又大夫之子當何稱張逸荅曰此避子某耳大夫之子稱未聞案稱嗣子某或殷禮也

○君使士射不能則辭以疾言曰某有負薪之憂射者所以觀德唯有疾可以辭也使士射謂以備耦也憂或爲疾。使音史射市夜反則辭以疾如字本又作有疾爲疾如字本又作疢音救

疏 君使至之憂。正義曰射法每兩人相對以決勝負名之曰耦耦貴賤必對故卿與卿耦大夫與大夫耦或奇餘不足則使士備耦案大射君與賓耦卿大夫自相耦又有士御於大夫又司射誓耦卑者與尊者爲耦不異侯是言士得備預爲耦故此有使士射之禮也。不能則辭以疾者士若不能不得云不能但當自稱有疾也所以然者夫射以表德士既升朝必宜有德若不能則是素餐之辱兼辱君不知人誤用已也。言曰某有負薪之憂者此稱疾之辭也某士名也負擔也薪樵也大樵曰薪詩云析薪如之何匪斧不克是大故用斧也憂勞也言已有擔樵之餘勞不堪射也不直云疾而云負薪者若直云疾則似傲慢故陳疾之所由明非假也然士祿代耕且後問庶人子云能負薪而今云士負薪者亦謙辭也兼言昔未爲士時經擔樵今猶發動昔日之勞也白虎通云天子病曰不豫言不復豫政也諸侯曰負子子民也言憂民不復子之也桓十六年衛侯朔出奔齊公羊云有疾曰負茲諸侯之疾所以名不同者蓋子茲聲相近其字相亂未知孰是音義隱云天子曰不豫諸侯曰不茲大夫曰犬馬士曰負薪。注使士射謂以備耦也憂或爲疾。正義曰知非士自射而云備耦者熊氏云若其自射不須云使又不應辭以其言使言辭故云備耦

侍於君子不顧望而對非禮也禮尚謙也不顧望若子路帥爾而對

疏 侍於至禮也。正義曰謂多人侍而君子有問若指問一人則一人直對若問多人則侍者當先顧望坐中或有勝已者宜前而已不得率爾先對先對非禮也。注禮尚至而對。正義曰此證問多人而不顧望對者論語云子路曾晳冉有公西華侍於孔子孔子問四人各言其志而子路率爾先對云願治千乘之國而孔子哂之云爲國以禮其言不讓是故哂之

○君子行禮不求變俗求猶務也不務變其故俗重本也謂去先祖之國居他國**祭祀之禮居喪之服哭泣之位皆如其國之故謹脩其法而審行之**其法謂其先祖之制度若夏殷

疏 君子至行之。正義曰此一節論臣去本國行禮之事各依文

解之○君子行禮者謂去先祖之國居他國者也求猶務也俗者本國禮法所行也明雖居他國猶宜重本行故國法不務變之從新也如杞宋之臣入於齊魯齊魯之臣入於杞宋各宜行己本國禮法也此云不變俗謂大夫出在他國不變已本國之俗案鄭荅趙商以爲衛武公居殷墟故用殷禮即引此云君子行禮不求變俗如鄭之意不變所往之國舊時風俗與此不同者熊氏云君人臣出居他國亦不忘本故云不變本國風俗人君務在化民因其舊俗往之新國不須改也然則不求變俗其文雖一但人君人臣兩義不同熊氏云必知人君不易舊俗者王制云脩其教不易其俗又左傳定四年封魯因商奄之人封康叔於殷虛啓以商政封唐叔於夏虛啓以夏政皆因其舊俗也案有列於朝有詔於國三代之內喪服爲舊君齊衰三月傳曰三諫不從待放未絕者爵禄尚有列於朝出入尚有詔於國處喪服所云大夫待放之時名爲有列有詔不至三世者熊氏云彼據爲舊君著服故以未去之時名爲有列有詔此據去國之後但有列有詔仍行舊國之禮斷章取證故彼此不同○祭祀之禮者此陳不變之事若祭祀之禮不變即夏立尸殷坐尸周旅酬六尸及先求陰陽犧牲騂黑之屬也居喪之服者殷雖尊貴猶服傍親周則以尊降服○哭位之位者殷不重適以班髙處上周世貴正嗣孫居其首○皆如其國之故者謂故俗也凡上諸事悉不改革行之如本國俗也然上既舉三條餘冠昏之屬從可知也○謹脩其法而審行之者并結前事各令分明謹脩本國之法審慎以行之其法謂其先祖之制度若夏殷子孫在周者悉行其先世之禮是不變俗也

去國三世爵禄有列於朝出入有詔於國三世自祖至孫踰久可以忘故俗而猶不變者爵禄有列於朝謂君不絕其祖祀復立其族若臧紇奔邾立臧爲矣詔告也謂與卿大夫吉凶往來相赴告○三世盧王云世歲也萬物以歲爲世朝直遥反下皆同復扶又反下復還同紇恨發反徐胡切反沈胡謁反**若兄弟宗族猶存則反告於宗後**謂無列無詔者反告亦謂吉凶也宗後宗子也【疏】去國至宗後○正義曰此以下明在他國而得變俗者也將明得變改上先明未得者也○去國三世謂三諫不從及他事礙被黜出入新國已經三世者則鄭注云三世自祖至孫也○爵禄有列於朝者謂本國君不絕其祖祀復立族爲後有朝者也○出入有詔於國者出入猶吉凶之事更相往來也詔告也去已三世而本國之君猶爲立後不絕則若有吉凶之事當與本國卿大夫往來出入共相赴告故云出入有詔於國○注若臧至爲矣○正義曰引之者證有列位也臧紇武仲也時爲季氏廢長立少故與孟氏相惡遂出奔邾魯人以臧紇有功復立其異母兄臧爲以守先祀是有列也故魯襄二十三年左傳云臧紇奔邾使告臧賈且致大蔡焉曰紇不佞失守宗祧敢告不弔紇之罪不及不祀子以大蔡納請其可賈曰是家之禍非子之過賈聞命矣再拜受龜使爲以納請遂自爲也魯立臧爲紇致防而奔齊是其事也○若兄弟至宗後○此是出已三世而爵禄無列於朝吉凶不相詔告而不仕新國者宗族兄弟謂本國之親宗後大宗之後也已本國不列不告若宗族猶存兄弟尚在已有吉凶當反還告宗適不忘本故也前告國者亦告兄弟耳然既未仕新國猶用本國禮也音義隱云雖無列於朝有吉凶猶反告於宗後其都無親在故國不復來往也**去國三世爵禄無列於朝出入無詔於國唯興之日從新國之法**以故國與已無恩興謂起爲卿大夫【疏】去國三世爵禄無列於朝出入無詔至之法○正義曰此猶是論無列無詔而反告宗後者今得仕新國者也但仕新國有異故重言三世也○唯興之日從新國之法者唯興謂已始

仕也雖有宗族相告已仕新國而本國無列無詔故所行禮俗悉改從新也然推此而言若本國猶有列詔者雖仕新國猶行故俗何以知然既云無列而從新明有列理不從也又若無詔而不仕新者不得從新何以知然既云唯興明不興則不從無列無詔唯興之日三世即從新國之制孔子去宋既久父爲大夫尚冠章甫之冠送葬皆從殷制者熊氏云案命決云丘爲制法之主黑綠不伐蒼黃聖人特爲制法不與常禮同也○注興謂起爲卿大夫○正義曰鄭注云起爲卿大夫者則若爲士猶卑不得變本也○**君子已孤不更名**亦重本**已孤暴貴不爲父作謚**子事父無貴賤○爲于僞反謚音示【疏】君子至作謚○正義曰此一節論父没不可輒改爲名謚之事已孤不更名者不復改易更作新名所以然者名是父之所作父今已死若其更名似遺棄其父故鄭注云亦重本也言亦者亦上行本國之俗上是重本故云亦也已孤暴貴不爲父作謚者此孤不辨老少唯無父則是也暴貴本爲士庶今起爲諸侯非一等之位故云暴貴也謚者列平生德行而爲作美號若父昔賤本無謚而已今暴貴升爲諸侯乃得制謚而不得爲父作謚所以爾者父賤無謚子今雖貴而忽爲造之如似鄙薄父賤

不宜爲貴人之父也或舉武王爲難鄭荅趙商曰周道之基隆於二王功德由之王迹興焉凡爲人父豈能賢乎若夏禹殷湯則不然矣○注子事父無貴賤○正義曰子不得言已昔賤今貴父賤不宜爲貴人之父也

居喪未葬讀喪禮既葬讀祭禮喪復常讀樂章爲禮各於其時居喪不言樂祭事不言凶公庭不言婦女非其時也【疏】居喪至婦女○正義曰此一節明行禮各有時之事各隨文解之○居喪者居父母之喪也喪禮謂朝夕奠下室朔望奠殯宮及葬等禮也此禮皆未葬以前○既葬讀祭禮者祭禮虞卒哭祔小祥大祥之禮也○喪復常讀樂章者復常謂大祥除服之後也樂章謂樂書之篇章謂詩也禫而後吉祭故知禫後宜讀之此上三節事須預習故皆許讀之

○振書端書於君前有誅倒筴側龜於君前有誅臣不豫事不敬也振去塵也端正也倒顛倒也側反側也皆謂甫省視之○倒多老反去羌呂反下徹猶去去琴瑟同顛丁田反【疏】振書至有誅○正義曰此一節揔明臣當預事并明臣入公門當謹敬之禮也

各依文解之○振書者拂去塵也書簿領也端正也誅責也臣不豫慎若將文書簿領於君前臨時乃拂整則宜誅責也○倒筴側龜於君前有誅者倒顛倒也側反側也龜筴君之卜筮所須也不預周正而來在君前方顛倒反側齊正則有責罰也○注臣不至視之○正義曰甫者始也謂不豫整理今於君前始正之

龜筴几杖席蓋重素袗絺綌不入公門龜筴嫌問國家吉凶几杖嫌自長老席蓋載喪車也雜記曰士輤葦席以爲屋蒲席以爲裳帷重素衣裳皆素喪服也袗單也孔子曰當暑袗絺綌必表而出之爲其形褻○重素直龍反注同重素衣裳皆素袗之忍反輤于見反葦于鬼反爲其于僞反

苞屨扱衽厭冠不入公門此皆凶服也苞藨也齊衰藨蒯之菲也問喪曰親始死扱上衽厭猶伏也喪冠厭伏苞或爲菲○苞白表反草也扱初洽反衽而審反厭於涉反藨白表反一音扶苗反齊衰本又作齋音咨下七雷反下文同蒯苦怪反菲扶味反屨也

書方衰凶器不以告不入公門此謂喪在內不得不入當先告君耳方板也士喪禮下篇曰書賵於方若九若七若五凶器明器也○板字又作版音同賵芳仲反車馬曰賵

公事不私議嫌若姦也【疏】龜筴至公門○正義曰此以下明臣物不得入君門者也○龜筴者謂臣之龜筴也將入嫌問國家吉凶○几杖者臣之几杖也若將入謂欲驕矜嫌自長老○席蓋者喪車蓋也臣有死於公宮可許將柩出門不得將喪車凶物入也車比棺爲緩宜停外也○重素者衣裳皆以素謂遭喪之服也亦不宜著入也○袗絺綌者袗單也絺綌葛也上無衣表則肉露見爲不敬故不著入也○不入公門者并結上諸條事皆不得入也若尸乘以几至廟門及入十杖於朝則几杖得入公門也○注龜筴至形褻○正義曰引雜記證席蓋是喪車也輤喪車邊牆也在上曰屋在邊曰裳帷士喪車用葦席爲上屋蒲席以爲邊牆也然大子諸侯染布爲褚色大夫但布而不染士用席而亦言輤者因天子輤通名也今言席蓋謂士耳舉士爲例卿大夫喪車亦不得入云重素衣裳皆素喪服也者若臣之待放衣裳皆素既是待放本無得入公門之理此云重素不入公門者謂私服又文王世子公族有死罪公親素服唯若得素服入臣則不可引論語證入公門不單也形褻謂肉露見也○苞屨至公門○苞屨謂藨蒯之草爲齊衰喪屨○扱衽者親始死孝子徒跣扱上衽也○厭冠者喪冠也厭帖無者彊爲五服喪所著也○不入公門者

此并五服之內喪服差次不合入不得著入公門也苞謂杖齊衰之屨故喪服杖齊衰章云疏屨者藨蒯之菲也此云苞屨扱衽不入公門服問云唯公門有稅齊○注云不杖齊衰也於公門有免齊衰則大功有免絰也如鄭之言五服入公門與否各有差降熊氏云父之喪唯扱上衽不入公門冠絰衰屨皆得入也杖齊衰則屨不得入不杖齊衰衰又不得入其大功絰又不得入其小功以下冠又不得入此厭冠者謂小功以下之冠故云不入公門凡喪冠皆厭大功以上厭冠宜得入公門也凡喪屨案喪服斬衰用菅屨杖齊衰用苞不杖齊衰用麻大功用繩故小記云齊衰三月與大功同者繩屨其小功以下鄭引舊說云小功以下吉屨無絇○書方者此謂臣有死於公宮應須凶具此下諸物並宜告而後入者也書謂條録送死者物件數目多少如今死人移書也方板也百字以上用方板書之故云書方也○衰者孝子喪服也○凶器者棺材及棺中服器也○不以告不入公門者臣在公宮而死營凶器所須而不得輒將入公門故須告也然衰之屬今厭冠苞屨尚不入云衰告乃入者熊氏云上不入謂公宮庫雉路之門今此不入公門者國城之門謂卿大夫之喪從外來書方衰凶器須告乃入今謂既同稱公門又國城之內百姓民衆所居方衰凶器須告乃入事恐非也蓋公門非

一或是公之外門及百官治事之處君許其在内殯及將葬之禮故有明器書方須告乃入○注「上喪至器也」○正義曰證喪禮書方也送死者車馬曰賵衣服曰襚亦通曰賵若九若七等謂書送物於板行列之數多少物多則九行少則七行五行也○

君子將營宮室宗廟爲先廄庫爲次居室爲後重先祖及國之用○廄九又反○凡家造祭器爲先犧賦爲次養器爲後大夫稱家謂家始造事犧賦以稅出牲○凡家造才早反一本作凡家造器衍字犧許宜反養羊尚反一如字無田祿者不設祭器有田祿者先爲祭服祭器可假祭服宜自有君子雖貧不粥祭器雖寒不衣祭服爲宮室不斬於丘木廣敬鬼神也粥賣也丘壟也○粥音育衣於既反

疏凡家至丘木○正義曰此一節揔論大夫所造祭器衣服并明祭器所寄之事各依文解之○凡家造謂大夫始造家事也大夫爲家○祭器爲先者崇敬祖禰故在先犧賦爲次者諸侯大夫少牢此言犧謂牛即是天子之大夫祭祀賦斂邑民供出牲牢故曰犧賦○養器爲後者養器供養人之飲食器也自贍爲私宜後造然諸侯言宗廟大夫言祭器諸侯言廟庫居室大夫言犧賦養器者互言也此據有地大夫故得造祭器若無田祿者但爲祭服耳其有地大夫祭器祭服俱造則先造祭服乃造祭器此言祭器爲先者對犧賦養器爲先其實在祭服之後○無田至祭服○鄉明得造祭器此明不得造者下民也若大夫及士有田祿者乃得造器猶不具唯天子大夫四命以上者得備具若諸侯大夫非四命無田祿則不得造故禮運云大夫聲樂皆具祭器不假非禮也據諸侯大夫言之也熊氏以禮運據天子大夫得造不得具非也○有田祿者先爲祭服者若有田祿雖得造器而先爲祭服後爲祭器耳所以然者緣人形參差衣服有大小不可假借故宜先造而祭器之品量同官可叫以共有以其制同既可暫假故營之在後○

大夫士去國祭器不踰竟此用君祿所作取以出竟恐辱親也○去國祭器不踰竟音境注及下同一本作大夫士去國下去國踰竟亦然大夫寓祭器於大夫士寓祭器於士寓寄也與得用者言寄覬已後還○寓魚具反覬音冀

疏大夫至於士○正義曰此以下明人臣三諫不從去國之禮○祭器不踰竟者既明出禮先從重物爲始也踰越也此祭器是君祿所造今既放出故不得自隨越竟也注云此用至親也無德而出若猶濫用其器是辱親也隱義云嫌見奪故云恐辱親也大夫寓祭器於大夫士寓祭器於士者寓猶寄也既不將去故留寄其同僚必寄之者冀其復還得用也魯季友奔陳國人復之傳曰季子來歸是也○注寓寄至後還○正義曰此解言寄之義也夫物不被用則生蟲蠹故寄於同官令彼得用不使毀敗冀還復用大夫士義皆然也

大夫士去國踰竟爲壇位鄉國而哭素衣素裳素冠徹緣鞮屨素簚乘髦馬不蚤鬋不祭食不說人以無罪婦人不當御三月而復服言以喪禮自處也臣無君猶無天也壇位除地爲位也徹猶去也鞮屨無絇之菲也簚覆笭也髦馬不鬄落也蚤讀爲爪鬋鬋鬢也不自說於人以無罪嫌惡其君也御接見也三月一時天氣變可以遂去也簚或爲幕○壇徐音善注同鄉許亮反緣悅絹反鞮都兮反又徒兮反鞮屨屨綬絇簚本又作幭莫歷反注同白狗皮覆笭髦音毛蚤依注音爪謂除爪也鬋子淺反絇求俱反笭力丁反車闌鬄吐歷反又他計反說亦劣反又如字惡烏路反見賢遍反下文見國君注謂見同幕莫歷反又音莫

疏大夫至復服○正義曰此大夫士三諫而不從出在竟上大夫則待放三年聽於君命若與環則還與玦便去隱義去去國當待於也若士不待放臨去皆行此禮也○爲壇位鄉國而哭者壇者除地不爲壇臣之無君猶人無天也嫌去父母之邦有桑梓之戀故爲壇鄉國而哭以喪禮自變處也所以待放必三年者三年一閏天道一變因天道變望君自改也然在竟未去聽君環玦不謂待歸而謂待放者既已在竟不敢必放言唯待君見放乃去也○素衣素裳素冠者今既離君故其衣裳冠皆素爲凶飾也○徹緣者緣中衣緣也素服裏亦有中衣若吉時中衣用采緣此既凶喪故徹緣而純素○鞮屨者謂無絇繶屨也屨以絇爲飾凶故無絇也士冠禮云玄冠黑屨青絇博寸鄭云絇之言拘也以爲行戒狀如刀衣鼻在屨頭故解者云古屨以物繫之爲行戒故用繒一寸屈之爲絇絇爲綊著屨頭以容受繫穿貫也其屈之形似漢時刀衣鼻也其色或青或黑不同而冠禮屨夏用葛冬用皮又各隨裳色今素裳則屨白色也○素簚者素白狗皮也簚車覆蘭也禮人君羔幦虎犆大

夫鹿幦豹犆今此喪禮故用白狗皮也既夕禮云主人乘惡車白狗幦是也然吉凶覆笭不必用皮者象始服牛馬初當用皮爲覆○乘髦馬者吉則翦剔馬毛爲飾凶則無飾不翦而乘之也○不蚤鬋者以治手足爪也鬋剔治鬚髮也吉則治翦爲飾凶故不翦也士虞禮曰蚤翦謂爪翦鬚也○不祭食者祭祭先也夫食盛饌則祭食之先喪凶故不祭也○不說人以無罪者善則稱君過則稱已今雖放逐猶不得嚮人自說道已無罪而君惡故見放退也○婦人不當御者御接見也吉時婦人以次侍御寢宿今喪禮自貶故不也○三月而復服者自貶三月然後事事反還如吉禮而遂去也所以三月者爲一時天氣一變故三月人情亦宜易也○注鞮屨無絇之菲也○正義曰知鞮是無絇之屨者案周禮屨人屨舄皆有絇繶純案鞮屨氏無絇繶之文故知是無絇之菲也云髦馬不鬄落也者以其稱髦馬與童子垂髦同故知不鬄落鬣鬣案大戴禮王度記云大夫俟放於郊三年得環乃還得玦乃去此踰國三月乃行不同者得玦之後從郊至竟三月之内而行此禮也

大夫士見於國君君若勞之則還辟再拜稽首 謂見君既拜矣而後見勞也聘禮曰君勞使者及介君皆荅拜○勞力報反注及下君勞同辟婢亦反下同還辟逡巡也使色吏反

君若迎拜則還辟不敢荅拜 嫌與君亢賓主之禮迎拜謂君迎而先拜之聘禮曰大夫入門再拜君拜其辱

疏 大夫至荅拜○正義曰此一節論君臣男女相荅拜之法各依文解之○大夫士見於國君者謂大夫士出聘他國君之禮君若勞之則還辟再拜稽首者勞慰勞也還辟逡巡也初至行聘享私覿禮畢而主君又別慰勞已在道路之勤故已逡巡而退者辟君之荅已之意也○案聘禮行聘享及私覿訖賓出主君送至大門内主君問聘君問大夫竟乃云公勞賓賓再拜稽首公荅拜公勞介介再拜稽首公荅拜即此大夫出聘他國君勞之是也聘禮無還辟之文者文不備也○注謂見至荅拜○正義曰案聘禮勞賓之前不見賓先拜此云賓既拜矣謂賓初行私覿之時已拜主君矣在後始主君勞故曰既拜矣而後見勞引聘禮者證君勞賓再拜之事熊氏以爲唯云大夫士謂小聘大夫爲賓士爲介故也今謂大聘小聘皆然故鄭引聘禮以證之此大夫之中則含卿也知者以此經皆揔云大夫不別言卿故知大夫含卿也君若迎拜則還辟不敢荅拜者君若迎先拜賓賓是使臣不敢當禮則還辟逡巡不敢荅主君之拜○注嫌與至其辱○正義曰此主君迎拜者謂聘賓初至主國大門外主君迎而拜之故聘禮云賓入門左公再拜賓辟不荅拜是也故鄭引聘禮大夫入門再拜君拜其辱者初入門主君再拜其辱也

大夫士相見雖貴賤不敵主人敬客則先拜客客敬主人則先拜主人 尊賢

疏 大夫士相見至則先拜主人○正義曰此謂使臣行禮受勞已竟矣見彼國卿大夫也唯賢是敬不計賓主貴賤雖爲大夫而德劣亦先拜有德之士也謂異國則爾同國則否又士相見禮若先生異爵者請士則先拜之此則不必同國也

凡非弔喪非見國君無不荅拜者 禮尚往來喪賓不荅拜不自賓客也國君見士不荅其拜士賤○非見賢遍反下大夫見士見下注拜見同

疏 凡非至拜者○正義曰此明禮尚往來也已雖賢德而必皆相荅拜也凡拜而不荅拜者唯有弔喪也士見已君此二條耳弔所以賓不荅拜者已本來爲助執於喪事非行賓主之禮故主人雖拜已已不荅也故士喪禮有賓則拜之賓不荅拜是也君不荅士者謂士見已君君尊不荅也○注國君至拜士賤○正義曰案聘禮士介四人君皆荅拜者以其他國之士故也

大夫見於國君國君拜其辱士見於大夫大夫拜其辱同國始相見主人拜其辱 自外來而拜拜見也自内來而拜拜辱也 君於士不荅拜也非其臣則荅拜之 不臣人之臣 大夫於其臣雖賤必荅拜之 辟正君○辟音避 男女相荅拜也 嫌遠別不相荅拜以明之○相荅拜一本作不相荅拜皇云後人加不字耳別彼列反

疏 大夫至相荅拜也○正義曰辱謂見他國君也故聘禮云公在門左拜是拜其辱也○上見於大夫大夫拜其辱者謂平常相荅拜非加敬也故聘禮賓朝服問卿卿迎於廟門外再拜是主人必拜辱也士相見禮士見大夫大夫於其人也主人一拜賓退送又再拜熊氏以爲同國大夫見已君君拜其辱者以初爲大夫敬之故也若尋常則不拜也○同國始相見主人拜其辱者前是異國此明同國同國則主人必先拜辱不論有德也○君於士不荅拜也非其臣則荅拜之君於已士以其賤故不荅拜然聘禮云聘使還士介四人君旅荅拜者敬其奉使而還士相見禮士見國君君荅拜者以其初爲士敬之

故也。非其臣則荅拜之者以其他國之士非己尊所加故荅之也。大夫於其臣雖賤必荅拜之者大夫爲君宜辟正君故不辨己臣貴賤皆荅拜也。男女相荅拜也者男女宜別或嫌其不相荅故明雖別必宜荅也俗本云男女不相荅拜禮男女拜悉相荅拜則有不梁爲非故鄭云嫌遠別不相荅拜以明之。

國君春田不圍澤大夫不掩羣士不取麛卵生乳之時重傷其類。麛音迷卵力管反乳如注反（疏）國君至麛卵。正義曰此明貴賤田獵不同國君諸侯也春時萬物產孕不欲多傷殺故不合圍繞取也夏亦當然。大夫不掩羣者羣謂禽獸共聚也羣聚則多不可掩取之。士不取麛卵者麛乃是鹿子之稱而凡獸子亦得通名也卵鳥卵也春方乳長故不得取也然國君春田不圍也則天子春圍大夫春不掩則國君春掩也士春不取麛卵則大夫春取也而王制云天子不合圍諸侯不掩羣則與此異者彼上云天子諸侯無事則歲三田鄭云三田者謂夏不田謂夏時也案周禮四時田而云三田者下因云不合圍則知彼亦夏禮也又史記湯立三面網而天下歸仁亦是不合圍也此間所明周制矣。

歲凶年穀不登登成也君膳不祭

肺馬不食穀馳道不除祭事不縣大夫不食粱士飲酒不樂皆自爲貶損憂民也禮食殺牲則祭先有虞氏以首夏后氏以心殷人以肝周人以肺不祭肺則不殺也天子食日少牢朔月大牢諸侯食日特牲朔月少牢除治也不治道爲妨民取蔬食也縣樂器鍾磬之屬也粱加食也不樂去琴瑟。肺音芳廢縣音玄下同爲如字舊音于僞反下爲妨音于僞反（疏）歲凶至飲酒不樂。正義曰此下明凶荒人君憂民自貶退禮也歲凶者謂水旱災害也年穀不登者歲既凶荒而年中穀稼不登登成也然年歲雖通其亦有異鄭注太史職中數曰歲朔數曰年釋者云年是據有氣之初歲是舉年中之稱故云朔數曰年中數曰歲也。君膳不祭肺者膳美食名禮天子食日少牢朔月太牢諸侯食日特牲朔月少牢夫盛食必祭周人重肺故食先祭肺歲既凶饑故不祭肺則不殺牲也。馬不食穀者年豐則馬食穀今凶年故不食也。馳道不除者馳道正道如今御路也是君馳走車馬之處故曰馳道也除治也不治謂不除於草萊也所以不除者凶年人各應採蔬食今若使人治路則廢取蔬食故不除也祭事不縣者樂有縣鍾磬因曰縣也凶年雖祭而不作樂也自貶損故先言膳後言祭。大夫不食粱者大夫食黍稷以粱爲加故凶年去之也。士飲酒不樂者士平常飲酒奏樂今凶年猶許飲酒但不奏樂也。君膳不祭肺以下及士飲酒不樂各舉一邊而言其實互而相通但君尊故舉不殺牲及不縣之等大者而言大夫士卑直舉飲酒之小者言耳。注有虞至琴瑟。正義曰此明堂位文引之者證不祭肺天子食日少牢朔月大牢諸侯食日特牲朔月少牢此玉藻文引之者證天子諸侯非凶年常食殺牲之事案周禮膳夫云王日一舉太牢不引膳夫而引玉藻者以膳夫秪有王禮玉藻兼載天子諸侯此經云君膳不祭肺又連言大夫士是其文既廣故引玉藻天子諸侯爲證也玉藻所以異膳夫者膳夫是周之正禮玉藻是衰世之法故鄭志云作記之時或諸侯同天子或天子與諸侯同作記者亂之耳云粱加食也者以其公食大夫禮設正饌之後乃設稻粱以其是加也此歲凶者案襄二十四年冬大饑穀粱傳曰五穀不升爲大饑一穀不升謂之嗛二穀不升謂之饑三穀不升謂之饉四穀不升謂之康五穀不升謂之大侵大侵之禮君食不兼味臺榭不塗弛侯廷道不除百官布而不制鬼神禱而不祀此云歲凶與彼大侵同也此膳而不祭肺則食不兼味也此祭事不縣謂祈禱之祭則與大侵禱而不祀一也白虎通云一穀不升徹鶉鷃二

穀不升徹鳧鴈三穀不升徹雉兔四穀不升損囿獸五穀不升不備三牲其不備三牲與此君膳不祭肺同也

君無故玉不去身大夫無故不徹縣士無故不徹琴瑟憂樂不相干也故謂災患喪病。樂音洛（疏）君無至琴瑟。正義曰此明無災者也君諸侯也玉謂佩也君子於玉比德故恒佩玉明身恒有德也且以玉爲容飾無故則有容飾故佩玉也。大夫無故不徹縣者徹亦去也無災變則不去樂也。士無故不徹琴瑟者此無災則亦不去也故鄭前注士不樂去琴瑟取此文琴瑟此是不命之士爾若其命士則特縣也自士以上皆有玉佩上云君無故不去玉則知下通於士也下言士不去琴瑟亦上通於君也但比德爲重故君上明之也又大夫言縣士言琴瑟亦互言耳但縣勝故大夫言之也。注憂樂至喪病。正義曰災水火也熊氏云案春秋說題辭樂無大夫士制鄭玄箴膏肓從題辭之義大夫士無樂小胥大夫判縣士特縣者小胥所云娛身之樂及治人之樂則有之也故鄉飲酒有工歌之樂是也縣題辭云無樂者謂無祭祀之樂故特牲少牢無樂若然此云大夫不徹縣士不徹琴瑟者謂娛身及治民之樂也

士有獻於國君他日

君問之曰安取彼再拜稽首而后對起敬也。【疏】士有至后對。正義曰此一節論大夫士饋獻之事各依文解之。士有獻者謂士有物奉貢於君也。他日君問之曰安取彼者他日謂別日也非是獻物之日安取彼猶何處取彼物別日君問士云何處得前所獻之物所以須問者士卑德薄嫌其無有也不即問而待他日者士有貢獻當日乃自致於外而不敢容易見恐君荅已拜故別日乃見君君得問之也。再拜稽首而后對者士聞君問故先拜稽首而後起對得物所由

大夫私行出疆必請反必有獻士私行出疆必請反必告臣不敢自專也私行謂以已事也士言告者不必有其獻也告反而已。疆居良反下同君勞之則拜問其行拜而后對亦起敬也問行謂道中無恙及所經過。恙音羊尚反【疏】大夫私行至拜而后對。正義曰私行謂非爲君行也疆界也既非公事故宜必請也然大夫無外交而此有私行出界或是新來大夫姻婭猶在本國故有私行往來但不得執交於外耳。反必有獻者大夫有德必能招人餉遺故還必有獻有獻由

德亦示君知賢無異志。士私行出疆必請者出與大夫同也。反必告者還與大夫異也士德劣故不必有獻但必知還而已。君勞之則拜者大夫士通如此謂行還而君若慰勞己之勞苦則己拜之也或本云士有獻字非也。問其行拜而後對者君若問其行道中無恙及遊涉所至則又拜拜竟而起對也先拜後荅急謝見問之恩也。

國君去其國止之曰奈何去社稷也大夫曰奈何去宗廟也士曰奈何去墳墓也皆民臣殷勤之言國君死社稷死其所受於天子也謂見侵伐也春秋傳曰國滅君死之正也大夫死眾士死制死其所受於君眾謂君師制謂君教令所使爲之【疏】國君至死制。正義曰此一節論國君以下去國臣民止留之辭及死其所守之事各依文解之。國君去其國者謂諸侯去國而其臣民止留殷勤之辭也奈何猶言如何也國主社稷君去故云社稷異義公羊說國滅君死正也故禮運云君死社稷無去國之義左傳說昔大王居豳狄人攻之乃踰梁山邑於岐山故知有去國之義也許慎謹案易曰係遯有疾厲畜臣妾吉知諸侯無去國之義也鄭不駮之明從許君用公羊義也然則公羊之說正禮左氏之說權法義皆通也。大夫曰奈何去宗廟也者大夫去國謂三諫不從或以罪見黜者亦臣民止留之辭也大夫無社稷故云宗廟也故孝經云諸侯保其社稷大夫守其宗廟也。士曰奈何去墳墓也士亦謂三諫不從及或以罪見黜雖無臣民而屬吏止之也士亦有廟辟大夫言墳墓亦與大夫互也然孝經云士保其祿位而守其祭祀今不云祭祀者明雖去此之彼而猶得祭祀但墳墓不隨耳。國君至死制。國君體國國以社稷爲主若有寇難則以死衛之故不可去也注云死其所受於天子也謂見侵伐也鄭又引公羊襄六年傳云國滅君死之正也以證之是也。大夫死眾者大夫職主領眾將軍若四郊多壘則爲己辱故有寇難當保國必率眾禦之以死爲度士死制者制謂君教命所使也雖不得率師若君命使之則唯致死熊氏云上云國君去社稷此云死社稷上云大夫去宗廟士去墳墓此不云大夫死宗廟士死墳墓而云死眾死制者以宗廟墳墓已私有之大夫士爲臣事君不可爲私事而死秪得死君之師眾及君政令然君言死社稷則宗廟墳墓亦死可知也但社稷受於天子故特舉言焉

○君天下曰天子朝諸侯分職授政任功曰予一人皆擯者辭也天下謂外及四海也今漢於蠻夷稱天子於王侯稱皇帝覲禮曰伯父實來余一人嘉之余予古今字。分方云反徐扶問反擯必刃反予一人依字音羊汝反鄭云余予古今字則同音餘【疏】君天至一人。正義曰此一節論天子稱謂之事各依文解之。君天下者天下謂七千里外也天子若接七千里外四海之諸侯則擯者稱天子以對之也所以然者四海難伏宜尊名以威臨之也不言王者以父天母地是上天之子又爲天所命子養下民此尊名也崔靈恩云夷狄不識王化無有歸往之義故不稱王臨之也不云皇者戎狄不識尊極之理皇號尊大也夷狄唯知畏天故舉天子威之也。朝諸侯者此謂接七千里以內諸侯也。授政者謂所縣象魏之法授於諸侯也。任功者謂使人專掌委任之功若五侯九伯汝實征之也。曰予一人者予我也自朝諸侯以下皆是內事故不假以威稱但自謂予一人者言我是人中之一人與物不殊故自謙損白虎通云王自謂一人者謙也欲言己才能當一人耳故論語云百姓有過在予一人臣下謂之一人者所以尊王者也以天下之大四海之內所共尊者一人耳。注皆擯至天子。正義曰知擯者之辭者以覲禮云擯者曰伯父實來予一人嘉之此經亦稱予一人故知擯者辭引漢

禮於夷狄稱天子者，證此經君天下謂夷狄之内也。異義天子有爵不，易孟京説易有周人五號，帝天稱一也，王美稱二也，天子爵號三也，大君者興盛行異四也，大人者聖人德備五也，是天子有爵。古周禮説天子無爵，同號於天，何爵之有。許慎謹案：春秋左氏云施於夷狄稱天子，施於諸夏稱天王，施於京師稱王，知天子非爵稱，同古周禮義。鄭駁云：案士冠禮云古者生無爵，死無謚。自周及漢天子有謚，此有爵甚明，云無爵失之矣。若杜預之義，天子王者之通稱，故成公八年天子使召伯來賜公命，魯非夷狄稱天子；莊元年冬王使榮叔來錫桓公命，魯非京師而單稱王，是無義例。其許慎、服虔等依京師曰王，夷狄曰天子，與此不同，具有别説。

踐阼，臨祭祀，内事曰孝王某，外事曰嗣王某。皆祝辭也。唯宗廟稱孝，天地社稷祭之郊内而曰嗣王，不敢同外内。○皆祝辭，本或作皆祝祝辭也。卜祝字之又反，又之六反。疏「踐阼」至「王某」。○正義曰：踐，履也。阼，主人階也。天子祭祀升阼階。天子吉凶之稱，凡自稱及擯者之辭曰予一人，故玉藻云凡自稱天子曰予一人是也。在喪未葬自稱曰小童，故僖九年在喪未葬王曰小童是也。若既葬之後未踰年則稱名稱予，故昭二十二年六月葬景王，冬十月王子猛卒是也。若踰年之後三年之内稱予小子，故下文云天子未除喪曰予小子是也。若三年除喪稱王，故公羊文九年傳云天子三年然後稱王是也。或稱予或稱我，故泰誓文予克受，又曰我友邦冢君是也。或稱朕，故湯誥云朕躬有罪是也。其祝告神之辭，則下文云内事曰孝王某，外事曰嗣王某，又曰天王某甫是也。其史書策辭，下文云天王崩。其招魂之辭，其下文云天子復矣是也。其謙虚卑退或稱小子，湯誓云非予小子是也。或曰不穀，僖二十四年左傳云不穀不德，得罪于母弟之寵子帶是也。或曰寡人，故中候洛予命湯東觀於洛云寡人愼機是也。踰年則稱王者，據臣子稱也。若王自稱，必待三年。顧命成王殯未能踰年稱予一人者，熊氏云天下不可一日無王故也。今謂予一人者，以麻冕黼裳即位受顧命，從吉，故暫稱一人也。履主階行事，故云踐阼也。○臨祭祀者，謂天子臨郊廟之祭祀也。○内事曰孝王某者，内事宗廟，是事親，事親宜言孝，故升阼階祭廟則祝辭云孝王某。某爲天子名也。外事曰嗣王某者，外事郊社也，天地尊遠，不敢同親云孝，故云嗣王某，言此王繼嗣前王而立也。○注「皆祝」至「内外」。○正義曰：天子以四郊爲外，圜丘、方澤、明堂、社稷皆在郊内，應稱孝而猶同外辭曰嗣王者，尊天地，雖祭之郊内，猶從外辭。崔靈恩云天地社稷是外神，而祭之郊内，不敢外之。今案鄭注云而曰嗣王不敢同外内，則是唯於嗣王之稱有外内，不關祭祀之處，崔所云天地祭之在内不敢外，恐非鄭義。謂不敢外内者，若宗廟之祭從内事之例而祭辭稱孝，若凡常山川并岳瀆之神祭之在外之例而辭稱嗣，是在内從内辭，在外從外辭。今天地社稷既尊，不敢同外内之例，雖祭之在内而用外辭，天地是尊，不敢同外内之常例也。

臨諸侯，眕於鬼神曰：有天王某甫。眕，致也。祝告致于鬼神辭也。曰有天王某甫，某甫，且字也。不名者，不親往也。周禮大會同過山川，則大祝用事焉。鬼神謂百辟卿士也。眕或爲祗。○眕，之忍反。父音甫，注同。大祝音泰，下文注除太宗皆同。辟，必亦反。○疏「臨諸」至「某甫」。○正義曰：此謂天子巡守，祝告神辭也。巡守徧於方岳，臨視諸侯，故曰臨諸侯也。鄭云以尊適卑曰臨。○眕於鬼神者，眕，致也。王往方岳，凡所過山川，悉使祝往致辭告於山川鬼神也。○曰有天王某甫者，既不自往，故祝辭不稱名而云某甫者，鄭云且字也。解且字者，云某是天子之字，甫是男子美稱也。祝稱天子字而下云甫，是尼父之類也，故穀梁傳云父猶傅也，男子美稱也。士冠禮注曰甫，丈夫美稱。而雜記附於殤稱陽童某甫，鄭注云尊神不名，爲之造字。以此而言，某者是字，甫者丈夫美稱，而鄭所以謂爲且字者，舊説云未斥其人，且以美稱配成其字。音義隱云且假借此字也。○注「眕致至事」。○正義曰：致鬼神，謂天子所行過諸侯之國，則止於諸侯之廟，而使太祝告鬼神云有天王某甫。鬼神謂百辟卿士者，謂昔爲諸侯卿士者。若過山川，亦使太祝用事往告曰有某甫，故引太祝職以證之。○

崩曰天王崩。史書策辭。復曰天子復矣。始死時呼魂辭也。不呼名，臣不名君也。諸侯呼字。○疏「崩曰」至「復矣」。○正義曰：此謂告王者升假而史書載於方策之辭。崩者自而墜下曰崩，王者死如從天墜下，故曰崩也。然崩遍於壞敗之稱，則防墓崩及春秋沙鹿崩是也。復曰天子復矣者，復，招魂復魄也。夫精氣爲魂，身形爲魄，人若命至終畢，必是精氣離形，而臣子罔極之至，猶望應生，故使人升屋北面招呼死者之魂，令還復身中，故曰復也。若漫招呼則無指的，故男子呼名，婦人呼字，令魂識知其名字而還。王者不呼名字者，一則臣子不可名君，二則普天率土，王者一人而已，故呼天子復，而王者必知呼己而返也。以例而言之，則王后死亦呼王后復也。崔靈恩云：復所以呼天子者，凡王者皆感五精之帝而生，是天之子，今天王崩，是其精氣還復於上，呼稱天子，望更生之義。

告喪曰天王登假。告，赴也。登，上也。假，已也。上已者若僊去云耳。假音遐，注同。登上時掌反，下同。僊音仙。**措之廟立之主曰帝**同之天神。春秋傳曰：凡君卒哭而祔，祔而作主。○措，七故反，置也。祔音附。**天子未除喪曰予小子**謙未敢稱一人。春秋傳曰：以諸侯之踰年即位，亦知天子之踰年即位。以天子三年然後稱王，亦知諸侯於其封內三年稱子。**生名之死亦名之**生名之曰小子王，死亦曰小子王也。晉有小子侯，是僭取於天子號也。【疏】告喪至名之。正義曰：此謂天王崩而遣使告天下萬國之辭也。登，上也。假，已也。言天子上升已矣，若僊去然也。而史策書云天王崩，復曰天子復，赴云天王登假，三稱不同者，爲義然也。王是歸往，而策及赴告是有存亡往來之義，故崩赴並言之也。○措之廟立之主者，措，置也。王葬後卒哭竟而祔，置於廟，立主使神依之也。白虎通云：所以有主者，神無依據，孝子以繼心也。主用木，木有始終，又與人相似也。蓋記之。爲題欲令后可知也。方尺或曰尺二寸。鄭云周以栗。漢書前方後圓。五經異義云：主狀正方，穿中央達四方，天子長尺二寸，諸侯長一尺。○曰帝者，天神曰帝，今號此主同於天神，故題稱帝，云文帝、武帝之類也。崔靈恩云：古者帝王生死同稱，生稱帝者，死亦稱帝；生稱王者，死

亦稱王。今云措之廟立之主曰帝者，蓋是爲記時有主入廟稱帝之義，記者錄以爲法也。○注同之至作主。正義曰：此是左傳僖三十三年之言也。天子七月而葬，九月而卒哭；諸侯五月而葬，七月而卒哭；大夫三月而葬，五月而卒哭；士三月而葬，是月而卒哭。卒哭者，是葬竟虞數畢后之祭名也。孝子親始死，哭晝夜無時，葬後虞竟，乃行神事，故卒其無時之哭，猶朝夕各一哭，故謂其祭爲卒哭。卒哭明日而立主祔於廟，隨其昭穆從祖父食。卒哭主暫時祖廟，畢更還殯宮，至小祥作栗主入廟，乃埋桑主於祖廟門左埋重處。故鄭云虞而作主，至祔奉以祔祖廟，既事畢，反之殯宮。然大夫士亦卒哭而祔，而左傳唯據人君有主者言之，故云凡君。鄭注祭法云：大夫士無主也。此言凡君，明不關大夫士也。崔靈恩云：大夫士無主，以幣帛祔，祔竟並還殯宮，至小祥而入廟也。又檀弓云：重，主道也。鄭注引公羊傳云：虞主用桑，練主用栗。則似虞已有主，而左傳云祔而作主，二傳不同者，案說公羊者，朝葬日中則作虞主。若鄭君以二傳之文雖異，其意則同，皆是虞祭總了然後作主，以作主去虞實近，故公羊上係之於虞，作主謂之虞主；又作主爲祔所須，故知左氏據祔而言，故云祔而作主。故異義云：古春秋左氏說，既葬反虞，天子九虞，九虞者，以柔日九虞，十六日也；諸侯七虞，十二日也；大夫五虞，八

日也；士三虞，四日也。既虞，然後祔死者於先死者，祔而作主，謂桑主也。期年然後作栗主。許慎謹案：左氏說與禮記同。鄭君不駁，明同許意。故注檀弓云：重既虞而埋之，乃後作主。是總行虞祭竟，乃埋重作主耳。下檀弓云：虞而立尸，有几筵；卒哭而諱，生事畢而鬼事始已。既卒哭，宰夫執木鐸以命於宮中曰：舍故而諱新。鄭云：故謂高祖之父當遷者。據檀弓文句相連，鄭以爲人君之禮，明虞唯立尸，未作主也。○天子未除喪曰予小子者，夫適嗣於初喪，但人子當未忍即受天王之稱，故不曰予一人，而稱予小子者，言我德狹小也。○注春秋至稱子。正義曰：鄭所引者，文九年公羊傳文。案公羊傳說文八年八月天王崩，九年毛伯來求金，公羊云：踰年矣，何以不言王使？未稱君也。以諸侯踰年即位，亦知天子之踰年即位也；以天子三年然後稱王，亦知諸侯於其封內三年稱子也。若然，天子踰年即位無文，約魯十二公諸侯三年內稱子，亦無文，約天子踰年不稱使也，是天子諸侯互相明也。引之者，證天子三年之內稱予小子也。又準左傳之義，諸侯薨而嗣子即位，凡有三時：一是始喪，即適子之位；二是踰年正月，即一國正君臣之位；三是除喪而見於天子，天子命之，嗣列爲諸侯之位。今此公羊踰年即位，是遭喪明年爲元年正月即位。白虎通云：父没稱子某，屈於尸柩也；既葬稱子者，即

尊之漸也；踰年稱公者，緣民臣之心不可一日無君，終始之義不可一年二君，故踰年即位，係民臣之心也；三年後受爵者，緣孝子之思未忍安吉。故僖三十二年十二月乙巳，公薨於小寢；文公元年正月，公即位；四月丁巳，葬。韓詩內傳曰：諸侯世子三年喪畢，上受爵命於天子，乃歸即位。何明爵天子有也？臣無自爵之義，是也。童子亦當受爵命，使大夫就其國命之，不與童子爲禮也。○生名之死亦名之者，嗣王既呼爲小子，若於喪中而死，亦謚爲小子王，喪質故不變稱也。○注生名至號也。正義曰：以晉爲證也。晉有小子侯，哀侯之子也。魯桓公七年左傳：曲沃伯誘晉小子侯殺之。是在喪而死，猶呼爲小子侯也。其應稱嗣子某，不得同天子稱小子，是僭取之耳。○**天子有后，有夫人，有世婦，有嬪，有妻，有妾。**妻，八十一御妻，周禮謂之女御，以其御序於王之燕寢。妾，賤者。○嬪音頻。【疏】天子至有妻。正義曰：此一節總論立男官女官之事，各隨文解之。○天子有后者，天子立官則先從后妃爲始，所以然者，爲治之法，刑於寡妻，始於家邦，終於四海，故刪詩則以后妃爲首。若論氣，先陰後陽，故此言天子有后也。謂之爲后者，后，後也，言其後於天子，亦以廣後胤也。○有夫人者，夫，扶也，言扶持於王也。○有世婦者

婦服也言其進以服事君子也以其猶貴故加以世言之亦廣世屑也○有嬪者嬪婦人之美稱可賓敬也○有妻者鄭注內則云妻之言齊也以禮見問得與夫敵體也○案彼是判合齊體者今此言齊者以進御於王之時暫有齊同之義○所有妾者鄭注內則云妾之言接也聞彼有禮走而往焉以得接見於君子也周禮則嬪在世婦上又無妾之文也今此所陳與周禮雜而不次者記者之言不可一依周禮或可雜夏殷而言之鄭注檀弓云舜不告而娶不立正配但三夫人夏則因而廣之增九女則十二人所增九女者則九嬪也故鄭云春秋說云天子娶十二人夏制鄭又云殷增三九二十七人摠三十九人所增二十七世婦也周又三二十七人因爲八十一人則女御也○注周禮至賤者○正義曰解周一名爲女御之義以其御於王之燕寢御法案周禮王有六寢一正寢餘五寢在後通名燕寢其一在東北王春居之一在西北王冬居之一在西南王秋居之一在東南王夏居之一在中央六月居之凡后妃以下更以次序而上御王於五寢之中也故鄭注周禮九嬪云凡御見之法月與后妃其象也卑者宜先尊者宜後女御八十一人當九夕世婦二十七人當三夕九嬪九人當一夕三夫人當一夕后當一夕亦十五日而徧云自望後反之孔子云日者天之明月者地之理陰陽

契制故月上屬爲天使婦從夫放月紀月紀是星也而婦人上御必有女史彤管以差次之毛詩傳貽我彤管云古者后夫人必有女史彤管之法史不記過其罪殺之后妃羣妾以禮御於君所女史書其日月授之環以進退之生子月辰則以金環退之當御者以銀環進之著左手既御著於右手事無小大記以成法

天子建天官先六大曰大宰大宗大史大祝大士大卜典司六典典法也此蓋殷時制也周則大宰爲天官大宗曰宗伯宗伯爲春官大史以下屬焉大士以神仕者

天子之五官曰司徒司馬司空司士司寇典司五衆衆謂羣臣也此亦殷時制也周則司士屬司馬大宰司徒宗伯司馬司寇司空爲六官○

天子之六府曰司土司木司水司草司器司貨典司六職府主藏六物之稅者此亦殷時制也周則皆屬司徒司土土均也司木山虞也司水川衡也司草稻人也司器角人也司貨丱人也○丱華猛反又音虢猛反徐故孟反丱人掌金玉錫石未成器者

天子之六工曰土工金工石工木工獸工草工典制六材此亦殷時制也周則皆屬司空土工陶旊也金工築冶鳧栗鍛桃也石工玉人磬人也木工輪輿弓廬匠車梓也獸工函鮑韗韋裘也唯草工職亡蓋謂作萑葦之器○陶音桃陶人爲瓦器也旊方往反旊人爲簋甗之屬築音竹築氏爲書刀冶音也冶氏爲箭金鳧音符鳧氏爲鍾也段本又作鍛多亂反段氏爲錢鎛函音含函人爲甲鎧韗況萬反一音運一音況運反韗人爲鼓萑音丸

五官致貢曰享貢功也享獻也致其歲終之功於王謂之獻也周禮大宰歲終則令百官府各正其治受其會聽其致事而詔王廢置○享許兩反舊許亮反後皆放此不復重出治音直吏反會古外反

【疏】天子建天官至致貢曰享○正義曰此以下是殷禮所明異於周法案甘誓云六事之人鄭云周禮六軍皆命卿則三代同矣案甘誓及鄭注則三王同有六卿又鄭注大傳夏書云所謂六卿者后稷司徒秩宗司馬作士共工也而不說殷家六卿之名今此記所言上非夏法下異周典鄭唯指爲殷禮也然天官以下殷家六卿何者大宰司徒司馬司空司士司寇是也但周立六卿放天地四時而殷六卿所法則有異也殷以大宰爲

一卿以象天時司徒以下五卿法於地事故鄭志崇精問焦氏云鄭云三王同六卿殷應六卿此云五官何也焦氏荅曰殷立天官與五行其取象異耳是司徒以下法五行并此大宰即爲六官也但大宰既尊故先列大宰并顯大宰之下叅屬大宰之官既法於天故同受大名故云先六大大宰一大宗二大史三大祝四大士五大卜六也典司六典者結上也上典是守典下典是典則之典言立此六官以守主於六事之法○注此蓋至仕者○正義曰知殷制者以其上與夏官不同下與周禮有異故疑殷制也知大士非司士及士師卿士之等者以其下別有司士司寇故知非士師卿士也與大祝大卜相連皆主神之士故知神仕也○天子之五官者嚮立六官以法天之六氣此又置五官以象地之五行也天地五行踐立故復云天子不云建從天官也又天官尊陽故一卿以攝衆地官卑陰故五卿俱陳也不云地者與前互也天尊故沒其數地卑故明言其五也司徒一司馬二司空三司士四司寇五也○典司五衆者結上也言用此上五官使各守其所掌上之羣衆也然此五官亦各有所領羣衆如大宰領大宗以下也而不條出其人者略也天言六典地言五衆者互言也但天尊故云典地卑故云衆也○注衆謂至六官正義曰知此非是天下衆人而爲羣臣也者以經云五衆明

官各有所衆如周六官之屬也周禮大宰揔主六官之職司徒主教教其徒衆宗伯者伯長也宗尊也以主鬼神故以尊爲名司馬主征伐馬是征伐所用司寇主除賊寇司空主土居民司士主公卿以下版藉爵禄之等特以司士爲名者士是官之揔首故詩云濟濟多士是也諸官皆云司而大宰宗伯不云司者司主也大宰揔主六官不偏有所司故不言司也宗伯之官不言司者以主天地鬼神之事天地鬼神旣尊非人所司故不云司也○天子至六職○殷六卿外復别立此六官也府者藏物之處也旣法天地立官天地應生萬物故爲萬物立府也○曰司土一也於周爲土均也均平地稅之政令也土生萬物故爲均也○司木二也於周則爲山虞也虞度也主量度山之大小所生之物○司水三也於周則爲川衡衡平也掌巡行川澤平其禁令○司草四也於周爲稻人也掌稼種下地及除草萊○司器五也於周爲角人也掌以時徵齒角於山澤之農供爲器用也○司貨六也於周爲丱人言鑛器未成者也掌金玉錫石之地而爲之守禁以時取之以供器物金玉曰貨故稱貨人典司六職者結上立此六官使各主其所掌職也○注府主至人也○正義曰此皆與周不同故云亦殷制也司土土均也案周禮土均上士二人司木山虞每大山中士四人中山下士六人小山下士二人不言林衡者略舉山虞耳司水於周爲川衡川衡每大川下士十有二人中川下士六人小川下士二人不言澤虞者亦略舉川衡耳司草稻人者上士二人周禮亦有草人今以司草爲稻人者二官俱主殺草鄭舉稱人欲見司草兼有二官也司器角人者下士二人司貨丱人者中士二人○天子至六材○工能也言能作器物者也前旣有六府之物宜立六工以作之爲器物故爲次也亦有六者依府以用事也○曰土工金工木工石工獸工草工者此六官於周禮並屬司空而司空職散亡漢購千金不得今唯有考工記以代之○典制六材者材謂材物結上立此六工使典制六府之材物○注土工至之器○正義曰考工記陶人爲甗實二鬴又甑實二鬴七穿旊人爲簋旊是放法陶是陶冶互文耳但簋是祭器故取放法之名也云金工謂築氏掌爲削削書刀也冶謂煎金石者冶鑄爲之冶氏掌爲戈戟故因呼煎金爲冶鳧氏世能爲鍾以供樂器故因呼作鍾爲鳧氏也㮚氏爲量器爲豆區鬴鍾之屬也㮚氏世能爲之段氏主作錢鑄田器桃氏爲刃刃謂刀劍之屬云石工玉人磬人者玉人謂作圭璧者磬人作磬也玉及磬同出於石故謂石工也云木工輪輿弓廬匠車梓也者此七物並用木故曰木工也輪車輪也輿車牀也車難不能一人獨成各有所善故輪輿不同也弓能作弓者也廬能作戈戟柲者也匠能作宮室之屬者車謂能作大車及羊車也梓謂杯勺爲筍簴之屬也獸工函鮑韗韋裘者此物並用獸皮故曰獸工函謂能作甲鎧者鮑謂能治皮供作甲者韗謂考工記韗人爲皐陶鼓木謂能以皮冒鼓者韋熟皮爲衣及韍韐者裘謂帶毛狐裘之屬者考工記韋裘二職存唯草工職亡考工無蓋謂作萑葦之器盛食之器及葦席之屬也或言氏或言人者鄭注考工記云其曰某人者以其事名官也其曰某氏者官有世功若族有世業者也于寶云凡言司者揔其領也凡言師者訓其徒也凡言職者主其業也凡言衡者平其政也凡言掌者主其事也凡言氏者世其官也凡言人者終其身也不氏不人權其材也通權其才者旣云不世又不終身隨其材而權暫用也然案周禮建官列職有司會之屬是言司者也有甸師之屬是言師者也有職內之屬是言職者也有川衡之屬是言衡者也有掌舍之屬是言掌者也有師氏之屬是言師者也有庖人之屬是言人者也有宮正膳夫外饔內饔之屬皆不氏不人者也○五官致貢曰享者五官即前自后以下之五官后一天官二地官三六府四六工五貢功也享獻也歲終則此五官各考其屬一年之功以獻於天子故云致貢曰享也王后之屬致蠶織之功天官以下各獻其職之功○注貢功至廢置○正義曰引周禮證歲終百官各獻其功以禮詔告也周則冢宰至歲終受於百官之簿書所會之最而考一年之功多少以告天子也若功少則廢黜其人功多則遷置其職也今謂五官則上天子五官司徒以下故下云五官之長曰伯與此五官一也但太宰揔攝羣職揔受五官之貢故不入其數也若以五官爲后以下則下云五官之長豈有長於后乎熊氏以爲五等諸侯亦非也

附釋音禮記注疏卷第四

禮記注疏卷四挍勘記　阮元撰盧宣旬摘錄

曲禮下第二

凡奉者當心節　惠棟云凡奉節執天子之器節凡執主器節立則磬折節宋本合爲一節

凡奉至當帶　惠棟挍宋本無此五字

此一節論臣所奉持及俛仰裼襲之節　閩監毛本同浦鏜挍云此一節當作自此至則襲五字案宋本本連五節爲一節故云此一節云云衛氏集說作自此至則襲一節蓋以意增損之

執天子之器節

正義曰衢明常法　惠棟挍宋本無正義曰三字

凡執主器節

正義曰衢明持奉高下之節　惠棟挍宋本無正義曰三字

執主器節

行不舉足　石經同岳本嘉靖本同正義亦作行不舉足釋文出行舉足云一本作行不舉足

車輪謂行不絶也　閩監毛本同岳本也作地嘉靖本同宋監本同案經傳通解亦作地考文引古本也上有地字正義云如車輪曳地而行注有地字爲是

立則磬折垂佩節

裼襲文質相等耳　閩監毛本等作變岳本嘉靖本同衛氏集說同

正義曰衢明奉持　惠棟挍宋本無正義曰三字

用之以冒諸侯之圭以爲瑞信　惠棟挍宋本閩監毛本並作圭是也此本誤至

注以四鎮之山爲綵飾　惠棟挍宋本綵作瑑閩監毛本作琢案作綵非也作琢亦誤當作瑑浦鏜挍云瑑誤琢下瑑飾瑑同是也

蓋皆象以人形爲琢飾　閩監毛本同惠棟挍宋本琢作瑑

其文縟細　閩監毛本作縟此本縟誤褥

言以爲穀稼及蒲葦之文　閩監本以作琢惠棟挍宋本言以作蓋琢是也

男執蒲璧五寸是也　閩監毛本同惠棟挍宋本是作長此本五誤三

不言裼襲者賤不裼　閩監毛本同惠棟挍宋本不裼下有也字

國君不名卿老世婦節　惠棟云國君節君大夫之子節宋本合爲一節

君大夫之子節

世或爲大　岳本同嘉靖本同閩監毛本大作太考文引宋板古本足利本作大疏標起止注辟僭至爲大同

此諸侯稱大夫士之子也　閩本同監毛本稱作之案之字是也此稱字與下之嗣子某之字蓋互易

故云避僭傚也　閩監毛本作倣此本誤傚

世子欲不得同　閩監毛本同惠棟挍宋本欲作貴不誤

臣不改也　閩監毛本作改此本誤故

君使士射節

君使至之憂　惠棟挍宋本無此五字

負檐也　閩監本同毛本檐作擔下檐檐同○按依說文當作儋古書多假檐爲之擔俗字也

侍於君子節

若子路帥爾而對　宋監本同嘉靖本同閩監毛本帥作率岳本同考文引宋板作帥足利本作帥爾先對帥字是也先字非也正義標起止云禮俯至而對是正義本不作先

君子行禮節　惠棟云君子行禮節去國三世節去國三世節宋本合爲一節

君子至行之　惠棟挍宋本無此五字

謹脩其法而審行之　閩監本同石經同岳本嘉靖本同毛本脩作修疏同

封魯因商奄之人　閩監毛本同惠棟挍宋本魯下有公字與定四年傳合

封康叔於殷虛　閩監毛本虛作墟惠棟挍宋本亦作虛下封唐叔於夏虛同

去國三世爵祿有列於朝節

將明得變改　閩監毛本同惠棟挍宋本改作故續通解同

出入猶吉凶之事　閩監本同毛本猶作有續通解同

時爲季氏家廢長立少　閩監毛本作家此本家誤冢

魯立臧爲　閩監毛本魯作乃○按作乃與襄廿三年傳合

其都無親在故國　閩監毛本作都此本誤郡

去國三世爵祿無列於朝節

正義曰此猶是論無列無詔而反告宗後者　閩監毛本作論此本誤之惠棟挍宋本無正義曰三字

明有列理不從也　閩本同惠棟挍宋本同監毛本理作則

案句命決云　閩本同監毛本句作鉤是也

黑緣不伐蒼黃　閩監毛本同惠棟挍宋本伐作代

鄭注云起爲卿大夫者　閩監本注作意考文引宋板同毛本注字無

不得變本也　惠棟挍宋本此下標禮記正義卷第五終又記云凡二十七頁

君子已孤節　惠棟挍宋本自此節起至庶方小侯節止爲卷六首題禮記正義卷第六

已孤暴貴　閩監本同石經同岳本嘉靖本同毛本暴作㬥疏同

不爲父作諡　閩監本同石經同嘉靖本同毛本諡作謚岳本同疏放此○按當作謚

君子至作諡　惠棟挍宋本無此五字

居喪未葬節

喪復常　各本同石經同通典一百五作喪止復常考文云足利本作喪畢復常陳澔注本亦或有畢字

居喪至婦女　惠棟挍宋本無此五字

振書端書於君前節　惠棟云振書節龜筴節君子將營宮室節宋本合爲一節

振書至有誅　惠棟挍宋本無此五字

龜筴節

方板也　閩監本同岳本嘉靖本同毛本板作版釋文出方板云字又作版正義本作板毛本改從釋文又本非

正義曰此以下明臣物不得入君門者也　惠棟挍宋本無正義曰三字餘同閩監毛本君作公

厭帖無者彊　閩本同惠棟挍宋本彊字同者作耆監毛本者彊作梁纚衞氏集說同案當作耆彊宋本是也古訓耆爲彊逸周書謚法云耆強也左氏昭廿三年傳不懦不耆杜預注亦云耆彊也疏意蓋謂無耆彊之謂厭帖而已耆作者形近之誤也

唯公門有稅齊　閩監毛本同惠棟挍宋本齊下有衰字○按服問有衰字

及棺中服器也　閩監毛本同惠棟挍宋本服作明

君子將營宮室節

廄庫爲次閩毛本同監本廄作廐嘉靖本同石經作廄岳本同

凡家造節惠棟云凡家造節大夫士去國節宋本合爲一節

凡家至邱木惠棟挍宋本無此五字

此明不得造者下民也閩監毛本下民作不同

得造不得具閩監毛本作具此本具誤其

同官可可以共有閩本同考文引宋板可字不重衞氏集說同監毛本上可字作同案可字不重是也

大夫士去國節

大夫士去國祭器不踰竟石經同岳本嘉靖本同釋文出去國祭器不踰竟云一本作大夫士去國下去國踰竟亦然

夫物不被用監毛本作被衞氏集說同此本誤彼閩本被作常

大夫士去國踰竟節

鬋鬋鬢也閩監毛本同岳本嘉靖本同考文云古本鬢作鬚釋文出鬋字又云鄭云謂鬋鬢也○按段玉裁云喪大記爪手翦須可證此亦當鬋須非鬋鬢也釋文引鄭注作翦乃鬋之假借字

大夫至復服惠棟挍宋本無此五字

去國當待於也閩監毛本於作玦按此本於當放字之誤

有桑梓之變閩監毛本變作戀衞氏集說同是也

以喪禮自變處也閩監毛本同考文引宋板變作戀非也

不謂待歸而謂待放者閩監毛本作放此本誤於

元冠黑屨儀禮士冠禮冠作端

古屨以物繫之爲行戒惠棟挍宋本同閩本屨誤絇監毛本屨誤絇

絇爲絇著屨頭閩監毛本絇著作拘著

簚車復藺也惠棟挍宋本同閩監毛本藺作闌

不蚤鬋者閩監毛本同惠棟挍宋本鬋作翦假借字

以治手足爪也閩監毛本同惠棟挍宋本以作蚤衞氏集說同

大夫士見於國君節惠棟云大夫士節大夫士相見節凡非弔喪節宋本合爲一節盧文弨云案疏有男女在內則當并合大夫見於國君節或惠本誤記耳

大夫至荅拜惠棟挍宋本無此五字

君若迎先拜賓閩監毛本作君若此本君若誤君君

凡非弔喪節

唯有弔喪也士見己君惠棟挍宋本同閩本同監毛本也作與

大夫見於國君節

正義曰辱惠棟挍宋本無正義曰三字

俗本云男女不相荅拜也閩監毛本同惠棟挍宋本拜作也

則有不梁爲非也惠棟挍宋本閩本同監毛本梁作字非

國君春田不圍澤節

國君至麛卵惠棟挍宋本無此五字

不欲多傷殺監毛本作欲衞氏集說同此本欲誤殺閩本同

歲凶節

大夫不食粱　石經作粱閩毛本同岳本嘉靖本同此本誤粱監本同疏放此

皆自爲貶損憂民也　閩監毛本同岳本同嘉靖本同考文引宋板自爲作爲自古本足利本同案衛氏集說作皆爲歲凶自貶損憂民也歲凶二字是衛氏所增成自字在爲字下則與宋板合正義亦言自貶損

鍾磬之屬也　宋監本同嘉靖本同閩監毛本鍾作鐘岳本同疏放此案衛氏集說亦作鍾五經文字云鍾樂器鍾量名又聚也今經典通用鍾爲樂器

歲凶至飲酒不樂　惠棟挍宋本無此七字

此膳而不祭肺　閩監毛本同惠棟挍宋本無而字

君無故玉不去身節

君無至琴瑟　惠棟挍宋本無此五字

故鄭前注士不樂去琴瑟　惠棟挍宋本作注是也此本注誤央閩監毛本作云

則知下通於士也　惠棟挍宋本同閩監毛本士誤上

故鄉飲酒有工歌之樂是地縣題辭云　閩本同監毛本地作也是也考文引宋板縣作説

士有獻於國君節　惠棟云士有獻節大夫私行節宋本合爲一節

士有至后對　惠棟挍宋本無此五字

大夫私行節

私行謂以巳事也　閩監毛本同惠棟挍宋本巳作已宋監本同岳本同挍作己是也

謂道中無恙　閩監毛本同岳本同嘉靖本同釋文出不恙與正義本異

但必知還而已　閩本同監毛本知作告

或有本云士有獻字非也　閩監毛本同浦鏜挍云十字當在上反必告疏之下

問其行拜而後對者　閩監毛本同惠棟挍宋本後作后按古書多假后爲後

國君去其國節

奈何去社稷也　閩監毛本同石經同岳本奈作柰嘉靖本同衛氏集說同後放此案此本疏中亦皆作柰字○按作奈俗字也

衆謂君師　閩監毛本同岳本嘉靖本同衛氏集說同惠棟挍宋本君作軍

國君至死制　惠棟挍宋本無此五字

昔大王居豳　惠棟挍宋本作大是也閩監毛本作太乃後出之字

君天下曰天子節　惠棟云君天下節踐阼節臨諸侯節崩曰節告喪節宋本合爲一節

天下謂外及四海也　閩監本同岳本嘉靖本同毛本下誤子

以天下之大　閩監毛本同考文引宋板大作人

天子爵號三也　監毛本作天此本天誤太閩本同

踐阼節

正義曰踐履也　惠棟挍宋本無正義曰三字

内事曰孝王某　惠棟挍宋本作内事此本内事誤天子閩監毛本同

其下文云　閩監毛本同惠棟挍宋本無其字

得罪于毋弟之寵子帶　監毛本作于此本于誤子閩本同

成王殯未能踰年　閩監毛本同惠棟挍宋本殯下有後字未下無能字

愛顧命從吉　閩監本同毛本吉誤古考文引宋板作吉

注皆祝至外内　閩監毛本作外内此本外内二字誤倒

恐非辭義　閩監毛本同考文引宋板辭作鄭是也

臨諸侯節

曰有天王某甫　石經同岳本嘉靖本同案釋文出某父云音甫注同正義本作甫與釋文不同本也○按甫正字父同音假借字

祝告致於鬼神辭也　閩監毛本同岳本同嘉靖本亦作致正義同惠棟挍宋本作至宋監本於作于

眕或爲祇　閩監本同岳本嘉靖本同毛本祇作祇案玉篇耳部眂云之忍切埤蒼曰告也禮記曰眂於鬼神亦作眕

正義曰此謂天子巡守　惠棟挍宋本無正義曰三字

祝稱天子字而下云甫　閩監毛本如此此本祝誤既下誤不

是尼父之類也　閩監毛本同惠棟挍宋本是作猶衞氏集說作猶尼父類也

稱陽童某甫　閩監毛本作童此本誤章今正

正義曰致鬼神　閩監毛本同惠棟挍宋本致下有於字

而使太祝告鬼神　閩監毛本太作大下太祝放此

崩曰節

始死時呼魄辭也　閩本同岳本嘉靖本同監毛本魄作魂衞氏集說同通典八十三亦作魄

正義曰此謂告王者　惠棟挍宋本無正義曰三字

自而墜下曰崩　閩本同監毛本而作天考文引宋板天作上案上是也衞氏集說亦作自上墜下曰崩

猶望應生　閩本同惠棟挍宋本同監毛本應作復

告喪節

告喪至名之　惠棟挍宋本作告喪曰天王登假無下正義曰三字

蓋記之爲題　閩監毛本同惠棟挍宋本爲上有以字

鄭人以爲人君之禮　閩監毛本同考文引宋板上人字闕盧文弨云人疑當爲又○按宋本是也

天子未除喪曰余小子者　閩監毛本同惠棟挍宋本作天子至小子

既葬稱子者　閩監本同此本既誤郎

未忍安吉故僖三十三年　閩監毛本如此此本吉誤葬下三字誤二

天子有后節　惠棟云天子有后節天子見天官節宋本合爲一節

不立正配　閩監毛本配作妃案古妃讀如配故經典釋文中妃本或作配不一而足檀弓注作妃本字此作配假借字

增九女則十二人　閩監毛本作則此本則字闕浦鏜挍云合誤則案檀弓注作合

周又三二十七人　閩監毛本同惠棟挍宋本無人字案依檀弓注無人字是

更以次序　閩監毛本作更以此本更以二字闕惠棟挍宋本以作與

陰陽契制　閩監毛本同浦鏜挍云衍陽字案考文引宋板陽字黑圍無字山井鼎云鄭九嬪注無陽字宋板爲是○按賈景伯云月乃爲天契制故云陰契制是賈疏亦無陽字也

天子建天官節

司草　閩監本同石經同岳本嘉靖本同毛本草改艸後凡草字放此廣韻云說文作艸經典相承作草是不必改

卝人也　惠棟挍宋本作卝岳本嘉靖本同此本卝誤井閩監毛本作丱亦誤此本正義中作卝不誤○按依說文當作磺从石黃聲假借作卝周禮有卝人鄭注云卝之言磺也賈景伯疏云經所云卝是總角之卝字此官取金玉於卝字無所用故轉從石邊廣之字卝之言磺卝卽磺字也

築冶鳬栗鍛桃也惠棟挍宋本同宋監本同岳本嘉靖本同閩監毛本栗鍛作㮚段衞氏集說同考文引古本足利本亦作栗鍛釋文出段云本又作鍛正義本作段段玉裁云義疏單行無經注宋人或以分附經注之下不知始於何人亦不知其所附者爲何本故疏與經注時有牛頭馬脯此類是巳○按作段是也說文金部鍛訓小冶也别是一字

天子建天官至致貢曰享惠棟挍宋本作天子至六典無下正義曰三字

故詩云濟濟多士是也惠棟挍宋本亦有是字閩監毛本脱又於也下誤衍一○

以上天地鬼神之事閩監毛本上作主

石工木工閩監毛本如此此本倒作木工石工

今唯有考工記以代之閩監毛本同惠棟挍宋本無以字

陶人爲甗實二鬴閩監毛本如此此本甗實誤甑賓

冶謂煎金石者冶鑄爲之閩監毛本同浦鏜挍云石疑錫字誤

爲豆區鬴鍾之屬也閩監毛本作鬴此本鬴字闕又閩監毛本爲作謂鍾作鐘

段氏主作錢鑄田器閩監毛本鑄作鎛

能作戈戟柲者也閩監毛本作柲此本柲誤秘

爲筍虡之屬也閩監本作虡此本誤虞宋本毛本作簴是也

于寶云閩毛本同惠棟挍宋本于作干監本同是也

有師氏之屬是言師者也閩監毛本同惠棟挍宋本下師作氏非也

致蠶職之功閩監毛本作蠶此本誤品浦鏜挍云織誤職

禮記注疏卷四挍勘記

附釋音禮記注疏卷第五

曲禮下

鄭氏注　孔穎達疏

五官之長曰伯謂為三公者周禮九命作伯。長丁丈反後皆同**是職方**職主也是伯分主東西者春秋傳曰自陝以東周公主之自陝以西召公主之一相處乎內是或為氏。陝式冉反依字當作陝何休注公羊傳云弘農陝縣是也一云當作郟古洽反謂王城郟鄏也召時照反又作邵音同相息亮反。【疏】五官至職方。正義曰此一節總論二伯及州牧諸侯等稱謂今各依文解之。五官之長曰伯畿外之大莫大於二伯故此先言之也五官者即司徒以下五官也云長者謂三公無職故不在五官之中即三公加一命出為分陝二伯者也伯長也謂朝廷之長言此二伯為內外官之長是職方者言二伯於是職主當方之事也。注職主至乎內。正義曰引公羊傳證周家二伯所主之事隱五年公羊傳云天子三公者何天子之相也則何以三自陝而東者周公主之自陝而

西者召公主之一相處乎內又案三公八命者堯時為四伯故詩崧高注云當堯時姜氏為四伯至堯之末分置八伯故虞書傳云元祀巡守四岳八伯舜之元祀有八伯明堯末又置之夏則無文殷則改置二伯與周同故王制云八州八伯又云天子之老二人曰二伯是也**其擯於天子也曰天子之吏**擯者辭也春秋傳曰王命委之三吏謂三公也。擯本又作儐必刃反**天子同姓謂之伯父異姓謂之伯舅自稱於諸侯曰天子之老於外曰公於其國曰君**稱之以父與舅親親之辭也外自其私土之外天子畿內。天子謂之伯父本或有同姓二字衍文【疏】其擯至之吏。正義曰此是二伯也擯謂天子接賓之人也若擯者傳辭於天子則稱此二伯為天子之吏也亦當言名也記者略可知也然擯呼在朝三公亦為天子之吏若然玉藻云伯曰天子之力臣者謂介傳命稱天子力臣擯者受辭傳於天子則曰天子之吏。注擯者至公也。正義曰引證呼三公並為三吏之意也此左傳成二年晉使鞏朔獻齊捷于王王命委之三吏杜預注云三吏三公也於時王不見鞏朔王命委付三公接對之故云委之三吏。天子同姓謂之伯父者此三公與王同姓者王呼為伯父伯者長大之名父乃同姓重親之稱也。異姓謂之伯舅者異族重親之名也異族無父稱故呼為伯舅亦親之故也案晉文公為二伯左傳僖二十八年云王曰叔父不稱伯者以州牧之禮命之故稱叔也然晉既稱叔父所以昭九年云伯父惠公歸自秦而誘以來又云我在伯父猶衣服之有冠冕晉稱伯父者以晉既稱伯父又以晉為州牧又為二伯若以州牧為禮稱之則曰叔父若以二伯之禮稱之則曰伯父故晉或稱伯或稱叔也周公分陝為二伯詩稱王曰叔父者成王以之親命之晉文侯仇為伯尚書直云父義和不云伯者親親之也又二伯不稱天子之老自敵以下曰寡人僖四年齊桓公對楚屈完稱不穀者謙也凡常諸侯皆稱寡人莊十一年宋災魯往弔之宋閔公稱孤者傳云列國有凶稱孤禮也以有凶災故降名稱孤。自稱於諸侯曰天子之老者二伯若與九州及四夷之諸侯言已自謂天子之老係於天子言之以威遠國也。於外曰公者外者其私土采地之外也而猶在王畿之內如周公食邑於周嚮國外之人其自稱則曰公也。於其國曰君者其國采地內也若與采地內臣民言則自稱曰君其既主分陝又在王朝嫌不正為采地君故明之也不稱云自稱承上可知也。注稱之至畿內。正義曰自稱為公正在畿內耳畿外則曰天子之老也

九州之長入天子之國曰牧每一州之中天子選諸侯之賢者以為之牧也周禮曰乃施典於邦國而建其牧。牧牧養之牧徐音目**天子同姓謂之叔父異姓謂之叔舅於外曰侯於其國曰君**牧尊於大國之君而謂之叔父辟二伯也亦以此為尊禮或損之而益謂此類也外自其國之外九州之中曰侯者本爵也二王之後不為牧。辟音避下同【疏】九州至曰君。正義曰殷曰伯周曰牧此云牧據周禮也天子於每州之中選取賢侯一人加一命使主一州為牧若入天子國則自稱曰牧牧養也言其養一州之人故周禮入命作牧是也然伯不云入天子國者伯不出故不言入耳州長云入曰牧出則否也崔靈恩云州長自稱也白虎通云往來牧視諸侯也。天子同姓謂之叔父異姓謂之叔舅者牧劣於二伯故天子謂之叔叔小也父舅義如前一本云天下同姓然則二伯云其擯於天子曰天子之吏此不云擯於天子是記者略之也故下云諸侯見天子鄭云為州牧則曰天子之老臣某侯某是也。於外曰侯者外謂其所封外九州內也自

稱曰侯侯是本爵不云牧自稱承前可知也。於其國曰君者若與國內臣民言猶自稱爲君也。注牧尊至爲牧。正義曰大國之君是侯使稱伯今選侯之賢者加一命爲牧則是尊貴於不牧之侯而不謂爲伯降呼爲叔父者分陝已稱伯今牧若又呼爲伯則亂於分陝若猶呼本稱則不見其異故呼爲叔叔亦異常也云禮或損之而益謂此類也者崔云覲禮大國之君同姓謂之伯父異姓謂之伯舅此小者同姓謂之叔父異姓謂之叔舅此谷當一國不嫌二伯州牧雖爲侯封皆是大國之君本自稱伯牧今摠攝衆國嫌其敵義故更稱叔此是損也叔名雖損即是明其爲牧故謂之爲益故云損之而益謂此類也熊氏云三夫人致飲有醴清醫酏糟不體王故申得二飲后致飲醫酏糟以體王故屈二飲亦是損之而益之類也云二王之後不爲牧知不爲牧者以二王之後其爵稱公今此經云九州之長曰牧於外曰侯不言於外曰公故知二王之後不爲牧牧用侯以下二王之後所以不爲牧者以其先祖嘗爲天子統領海內若更遣爲牧恐有專權之心故也。

其在東夷北狄西戎南蠻雖大曰子謂九州之外長也天子亦選其諸侯之賢者以爲之子子猶牧也入天子之國曰子天子亦謂之子雖有侯伯之地本爵亦無過子是以同名曰子**疏**其在至曰子。正義曰此天子亦選其中賢者爲之牧也但不知幾國立一人耳卑不得名爲牧又不得謂爲父舅其本爵不過子男若其本爵子者今朝天子擯辭曰子若本爵是男亦謂爲子也所以爾者舉其高者言之亦尊異故也不云入天子國及不云擯者略可知也故爾雅云九夷八狄七戎六蠻謂之四海李巡注四海遠於四荒晦冥無形不可教誨故云四海也海者晦也言其晦暗無知案爾雅所列與此同但數異爾。注謂九至曰子。正義曰其或有多功益土雖加侯伯之地而爵不得進終守子男以卑遠故也今雖別爲牧長而同呼爲子不得過本爵也

於內自稱曰不穀與民言之謙稱穀善也。謙稱尺澄反

於外自稱曰王老威遠國也外亦其戎狄之中**疏**於內至王老。正義曰謂其國之外夷狄之中也以爲牧長恐夷狄難服須尊名威之故與一切言自稱曰我是天子之老臣也崔云方伯牧稱天子之老四夷之長稱曰王老方伯之職帶三公之任猶謂之內臣化同天子無有歸往之義故云天子之老四夷之君去王遠由有歸往之義賢始得爲長故以王老爲稱也

庶方小侯入天子之國曰某人

於外曰子自稱曰孤謂戎狄子男君也男者於外亦曰男舉尊言之**疏**庶方至曰孤。正義曰庶衆也小侯謂四夷之君非爲牧者也以其賤故曰衆方也若入王國自稱曰某人若牟人介人也六服之內但舉伯之與牧不顯其餘諸侯九州之外既舉大國之子又舉其餘小國者以六服諸侯下文別更具顯故於此略之。於外曰子者此君在其本國外四夷之中自稱依其本爵或子或男今言子是舉其尊稱耳若男亦稱男也。自稱曰孤者若自與臣民言則曰孤孤者特立無德能也凡二伯自稱及介傳命曰天子之力臣故玉藻云伯曰天子之力臣是也若擯者傳命於天子則曰天子之吏故此云擯於天子則曰天子之吏是也於諸侯及朝廷則曰天子之老則此文及昭公十三年劉獻公對晉叔向云天子之老是也九州之長及介傳命則曰某土之守臣某知者玉藻云若其擯者傳命於天子則曰天子之老臣某侯某知者約此文天子之老及下文云某侯某其餘諸侯介傳命云某土之守臣某知者亦約玉藻文也擯者傳命云某侯某知者約下文也凡九州之外大國之子介傳命某屏之守臣某故玉藻又云其在邊邑曰某屏之守臣某是也擯者告天子稱某子某與中國諸侯同庶方小侯介傳命云某土之孤某知者玉藻云小國之君曰孤是也擯者告天子亦應云某孤某知者約尋常諸侯稱某侯某但稱孤爲異耳其一伯以下對天子皆稱名也

天子當依而立諸侯北面而見天子曰覲天子當宁而立諸公東面諸侯西面曰朝諸侯春見曰朝受摯於朝受享於廟生氣文也秋見曰覲一受之於廟殺氣質也朝者位於內朝而序進覲者位於廟門外而序入王南面立於依宁而受焉夏宗依春冬遇依秋春秋時齊侯唁魯昭公以遇禮相見取易略也覲禮今存朝宗遇禮今亡。依本又作扆同於豈反注同狀如屏風畫爲黼文高八尺見賢遍反下文注除相見皆同覲其靳反宁徐珍吕反又音儲門屏之間曰宁夏戸嫁反唁音彥穀梁傳云弔失國曰唁易以豉反。**疏**天子至曰朝。正義曰此二節論諸侯四時朝覲宗遇之法各隨文解之。天子當依而立者依狀如屏風以絳爲質高八尺東西當戸牖之間繡爲斧文也亦曰斧依故覲禮云天子設斧依於戸牖之間左右凡天子衮冕負斧依鄭注云依如今綈素屏風也有繡斧文所以示威也爾雅云牖戸之間謂之扆郭注云窻東戸西也依此諸解是設依於廟堂戸牖之間天子見諸侯則依而立負之而南面

以對諸侯也凡諸侯朝王一年四時案宗伯春曰朝夏曰宗秋曰覲冬曰遇鄭注朝猶朝也欲其來之早宗尊也欲其尊王覲之言勤也欲其勤王之事遇猶偶也欲其若不期而俱至若通而言之恐曰朝從初受名覲禮云諸侯前朝皆受舍于朝又云乘墨車載龍旂弧韣乃朝又春秋僖二十八年夏五月經曰公朝于王所知朝通名也但朝覲宗遇禮異耳案大行人云侯服歲壹見甸服二歲壹見男服三歲壹見采服四歲壹見衛服五歲壹見要服六歲壹見隨服更來周而復始然而六服分來又每方服別分爲四分一分朝春一分宗夏一分覲秋一分遇冬四方並然故鄭注云其朝貢之歲四方各四分趨四時而來或朝春或宗夏或覲秋或遇冬要服之外有夷鎮藩三服案大行人云九州之外謂之藩國世壹見鄭注云世謂父死子立及嗣王卽位乃一來耳六服之中服數朝外又有四名一是時見曰會者若諸侯有不服者王將有征討之事若東方諸侯不服則與東方諸侯共討之若南方諸侯不服則與南方諸侯共討之諸方皆然朝竟王乃爲壇於國外與之會盟春於國東夏南秋西冬北會則隨事無有定期有時而然故曰時見曰會也二曰殷見曰同者天子十二年一巡守或應巡守之歲而天下未平或王有他故不獲自行則四方諸侯並朝京師朝竟亦於國外爲壇以命

記疏卷五　五

之政事殷衆也其來旣衆故曰殷見曰同也三曰時聘曰問者謂王有事諸侯非朝王之歲不得自來遣大夫來聘因而問王起居此亦無常期故曰時聘曰問也四曰殷覜曰視者謂元年七年十一年唯有侯服來朝朝者旣少諸侯遣卿大夫以大禮來聘者旣衆故曰殷也覜亦見也爲來見王起居故曰覜也殷頫亦並依時春東夏南秋西冬北各隨方逐時但不每方分爲四耳故鄭注大行人云其殷同四方四時分來如平時也鄭旣云四時分來如平時而前六服初時唯云四時雖不言四方後又云四方各分趨四時明其同也然所以殷覜不須分四見四時者小禮不須更見四時法也天子當依而立是秋於廟受覲禮也諸侯來朝至於近郊王使大行人皮弁用璧以迎勞之諸侯亦皮弁從使者以入天子賜舍諸侯受舍聽天子之命其朝日未出之前諸侯上介受舍于廟門外同姓西面北上異姓東面北上至朝日質明諸侯裨冕釋幣於其齊車之上行主天子袞冕在廟當依前南面而立不迎賓諸侯自廟門外位天子使上擯進諸侯諸侯入廟門右坐奠圭玉而再拜所以奠圭玉者卑見於尊奠贄不授也擯者命升西階親授諸侯於是坐取圭玉升堂王受玉是當依而立之時也○諸侯北面而見天子曰覲者王旣受玉而諸侯降階北面再拜稽首擯者延之使升成拜是北

面曰覲時所以同北面者覲遇秋冬陰氣質斂故不布散○天子當宁而立者此爲春夏受朝時也宁者爾雅云門屏之間謂之宁郭注云人君視朝所宁立處李巡云正門內兩塾間曰宁謂天子受朝於路門外之朝於門外而宁立以待諸侯之至故云當宁而立也然路門外有屏者卽樹塞門是也爾雅云正門謂之應門又云屏謂之樹李巡云恆當門自蔽名曰樹郭云小牆當門中今案李郭二注以推驗禮文諸侯內屏在路門之內天子外屏在路門之外而近應門者矣○諸公東面諸侯西面曰朝者王旣立宁諸侯次第而進諸在西諸侯在東而朝王陽氣文也故因文而分布也崔云地道貴右公故在西也然此是春朝也先受朝竟然後入廟受享也○注諸侯至今亡○正義曰庭實受之於廟生氣文也蕩生之時其氣舒而布散故分於兩處受之也云秋見曰覲一受之於廟一并朝享皆廟受之殺氣質也此陰殺之時其氣質斂故并於一處受之也云朝者位於內朝而序進者此內朝卽路門外朝也對皋門內三槐九棘之外朝故稱內也若對路寢庭朝又爲外故文王世子云朝於外朝則以官是也崔云諸侯春夏來朝各乘其命車至皋門外陳介也天子車時在大門內傳辭旣訖則乘車出大門下車若升朝之時王但迎公自諸侯以下則隨之而入更不別迎也入至文王廟

記疏卷五　六

門天子還服朝服立於路門之外諸侯更易服朝服執贄而入應門而行禮故王當宁以待諸侯次第而進故云序進謂入應門諸公東面諸侯西面若熊氏之義則朝無迎法唯享有迎諸侯之禮案覲禮諸侯乘墨車而入朝鄭云墨車者大夫制也入天子之國車服不可盡同也云覲者位於廟門外而序入者其宿受位次在廟門外至朝之旦秋冬王不出迎其尊卑各在其次中未得相見聽上擯進之乃於位次第而入故云序入也云王南面立於依宁而受焉者二處皆南面也云夏宗依春冬遇依秋者陰陽同各相依也云春秋時齊侯唁魯昭公以遇禮相見取易略也者此引證宗依朝遇依覲非唯並受爲異其禮有難易繁省之殊也穀梁傳曰弔失國曰唁魯昭公伐季氏不勝而出故春秋昭二十五年九月公孫於齊次于陽州齊侯唁公於野井公羊云以人爲菑以幣爲席以鞌爲几以遇禮相見是也分六服隨服而朝則六一年一遍此鄭康成之義尚書六年五服一朝而孔注云五服一朝侯甸男采衛六年一朝會京師孔鄭不同孔以昭十三年左傳云歲聘以志業間朝以講禮再朝而會以示威再會而盟以顯昭明以爲諸侯三年一朝六年一會十二年一盟是周之正朝法也其大行人依服數見者是諸侯遣使貢獻而見耳知覲在廟者此云當依而立覲禮又有負斧依及侯

氏入廟門告聽事鄭注云告王以國所用爲罪之事大行人云廟中將幣三享故也知在文王廟者聘禮云不腆先君之祧明天子受覲於廟之祧可知也又案覲禮同姓西面異姓東面鄭注分別同姓異姓者受之將有先後也則是覲禮之法先同姓後異姓若然案檀弓注云朝覲爵同同位則爵尊先見覲禮見不同者二文雖異其意則同就爵同之中先受同姓之朝周之盟會亦先同姓也故定四年祝佗稱踐土之盟載書云晉重魯申蔡甲午鄭捷齊潘鄭雖小國而在齊上故隱十一年傳云周之宗盟異姓爲後若其餘盟分國大小爲次故襄二十七年宋之盟晉楚爭先楚人先歃是也必知然者案杜預釋例云若王官之伯主盟異姓爲後其餘則否也凡天子三朝其一在路門内謂之燕朝大僕掌之故大僕云王眡燕朝則正其位文王世子云公族朝於内朝親之也此則王與宗人圖其嘉事及王退侯大夫之朝也其二是路門外之朝謂之治朝司士掌之故司士云正朝儀之位王南鄉三公北面東上孤東面北上卿大夫西面北上王族故士虎士在路門之右南面東上大僕大右大僕從者在路門之左南面西上上此是每日視朝之位其王與諸侯賓射亦與治朝同故射人云三公北面孤東面卿大夫西面諸侯在朝則皆北面不云王族故士虎士大僕大右者文不具耳不云士者鄭注云此與諸侯射士不與案諸侯大射士立於西方東面是天子大射士亦預禮也其三是皐門之内庫門之外謂之外朝朝士掌之故朝士云左九棘孤卿大夫位焉右九棘公侯伯子男位焉面三槐三公位焉此是詢衆庶之朝也凡朝三公北面者以其貴臣答王之義也孤及諸侯東面者尊之故從賓位卿大夫西面者君之臣子統於君也士門西東面者以其卑賤故外之其外朝孤與士辟諸侯故就東方西面同其位案燕禮云卿西面大夫北面士門西東面大射亦然知諸侯有路門外朝者案玉藻云君朝服日出而視朝退適路寢是也其外詢衆庶之所經雖無文亦當與天子同其位無三公及諸侯當同燕禮大射之位若然周禮天子有射朝燕儀禮諸侯有燕朝也射雖無正朝當與天子同則天子諸侯皆三朝也○

諸侯未及期相見曰遇，相見於郤地曰會，諸侯使大夫問於諸侯曰聘，約信曰誓，涖牲曰盟。及至也郤閒也涖臨也坎用牲臨而讀其盟書聘禮今存遇會誓盟禮亡誓之辭尚書見有六篇○郤丘逆反涖音利徐力二反又音類盟音明徐音亡幸反郤閒如字又音閑坎苦感反徐又苦敢反後同【疏】諸侯

至曰盟○正義曰今若未至前所期之日及非所期之地而忽相見則並用遇禮相接故曰遇也所以爾者此遇禮易略既期未至故用簡易禮也○相見於郤地曰會者此謂及期之禮郤間也既及期又至所期之地則其禮閒暇○諸侯使大夫問於諸侯曰聘者聘問也謂遣大夫往相存問○約信曰誓者亦諸侯事也約信以其不能自和好故用言辭共相約束以爲信也若用言相約束以相見則用誓禮故曰誓也鄭注司寇云約言語之約束也○涖牲曰盟者亦諸侯事也涖臨也臨牲者盟所用也盟者殺牲歃血誓於神也若約束而臨牲則用盟禮故云涖牲曰盟也然天下太平之時則諸侯不得擅相與盟唯天子巡守至方嶽之下會畢然後乃與諸侯相盟同好惡獎王室以昭事神訓民事君凡國有疑則盟詛其不信者及殷見曰同並用此禮後至於五霸之道卑於三王有事而會不協而盟盟之爲法先鑿地爲方坎殺牲於坎上割牲左耳盛以珠盤又取血盛以玉敦用血爲盟書成乃歃血而讀書知坎血加書者案僖二十五年左傳云宵坎血加書又襄二十六年左傳云歃用牲加書是也知用牛耳者戎右職云贊牛耳知用左者以鹹者用左耳故也知珠槃玉敦者戎右職云以玉敦辟盟又玉府云則共珠槃玉敦知口歃血者隱七年左傳云陳五父及鄭伯盟歃如忘又襄九年云新與楚盟口血未乾是也異義云禮約盟不令春秋公羊說古者不盟結言而退故穀梁傳云詰誓不及五帝盟詛不及三王交質子不及二伯且盟非禮故春秋左氏云周禮有司盟之官殺牲歃血所以盟事神明又云凡國有疑盟詛其不信者是知於禮得盟許君謹案從左氏說以太平之時有盟詛之禮鄭氏不駮從許慎義也盟詛不及三王非鄭所用然盟牲所用許慎據韓詩云天子諸侯以牛豕大夫以犬庶人以雞又云毛詩說君以豕臣以犬民以雞又左傳云鄭伯使卒出豭行出犬雞以詛射潁考叔者又云衛伯姬盟孔悝以豭鄭云詩說及鄭伯皆謂詛小於盟周禮戎右職云盟則以玉敦辟盟遂役之鄭注云役之者傳敦血授當歃者下云贊牛耳桃茢又左傳云孟武伯問於高柴曰諸侯盟誰執牛耳然則盟者人君以牛伯姬盟孔悝以豭下人君也皇氏以爲春秋時盟乃割心取血故定四年鑪金云王割子期之心以與隨人盟杜云當心前割取血以盟示其至心是也○注及至至六篇○正義曰鄭注司盟云盟者書其辭於策殺牲取血坎其牲加書於上而埋之謂之載書云聘禮今存遇會誓盟禮亡誓之辭尚書見有六篇者一曰甘誓夏啓伐有扈氏誓羣衆二曰湯誓謂湯伐桀誓羣臣也三曰泰誓武王伐紂度孟津誓勑士衆之辭也四曰牧誓武王伐紂於牧野時所作

五曰費誓徐戎作難魯侯伯禽誓羣臣興兵伐之也六曰秦誓秦穆公襲鄭不從蹇叔之謀果敗諸崤後穆公悔過與羣臣自誓也○**諸侯見天子曰臣某侯某**謂嗇夫承命告天子辭也其爲州牧則曰天子之老臣某侯某奉珪請覲○嗇音色**其與民言自稱曰寡人**謙也於臣亦然○自謂一本作自稱**其在凶服曰適子孤**凶服亦謂未除喪○適音的**臨祭祀内事曰孝子某侯某外事曰曾孫某侯某**稱國者遠辟天子**死曰薨**亦史書策辭**復曰某甫復矣**某甫且字**既葬見天子曰類見**代父受國類猶象也執皮帛象諸侯之禮見也其禮亡**言謚曰類**使大夫行象聘問之禮也言謚者序其行及謚所宜其禮亡○其行下孟反**諸侯使人使於諸侯使者自稱曰寡君之老**繫於君以爲尊也此謂諸侯之卿上大夫○使於色吏反下同

【疏】「諸侯至之老」○正義曰此一節明諸侯及臣稱謂之法各隨文解之○諸侯謂五等諸侯見天子而擯者將命之辭也同得稱臣故曰臣也○某侯某者若言齊侯衛侯下某是名若伯子男則云曹伯許男某也○注謂嗇至請覲○正義曰嗇夫承命告天子辭也此注並覲禮之文也鄭云嗇夫蓋司空屬也爲末擯承命於侯氏末介傳而上上擯以告於天子也音義隱云嗇夫主諸侯所齋幣帛皮圭之禮奉以白於天子也云其爲州牧則曰天子之老臣某侯某者若爲州牧既尊若來見故擯者加此四字也前州牧闕此故鄭補言之也云奉珪請覲是鄭意衍擯者之辭文無所出也○其與民言自稱曰寡人此亦自與民言法也寡人者言已是寡德之人○其在凶服曰適子孤者謂擯者告賓之辭知者雜記云相者告曰孤某須矣但彼文不云適子文不備此直云適子孤不云名亦文不具也稱孤稱名者皆謂父死未葬之前也故雜記云孤某須矣下則云既葬蒲席明孤某是未葬也凡諸侯在喪之稱公羊未葬稱子某者莊三十二年子般卒襄三十一年子野卒皆是君薨未葬稱子某也既葬稱子則文公十八年子惡卒經書子卒是也踰年稱君者則僖公十年里克殺其君卓及文公元年公即位是踰年稱君也謂臣子稱君也若其君自稱猶曰子故公羊傳文九年諸侯於其封內三年稱子是也案昭十一年楚滅蔡執世子有其時蔡

君已死其子仍稱世子者何休云稱世子者不許楚之滅蔡也猶若君存然故猶稱世子文十四年九月齊商人弒其君舍舍爲君商人之弒也襄二十九年吳子使季札來聘先君未踰年吳稱子者賢季子故録之桓十一年鄭忽出奔衛先君既葬而尚稱名者公羊云何以名伯子男一也辭無所貶何休云直以喪降稱名無餘罪致貶凡以王事出會未踰年皆稱子僖九年會於葵丘宋襄公稱子僖二十八年會於踐土陳共公稱子定四年會召陵陳懷公稱子皆未踰年會王事而稱子也若未踰年非王事而稱爵者皆譏耳成四年鄭伯伐許是也從上以來皆公羊之義也其左氏之義君薨未葬未行即位之禮前稱子某子般子野是也其出會諸侯未葬之前稱子故僖九年左氏傳云凡在喪王曰小童公侯曰子葵丘之會宋襄公稱子踐土之會陳共公稱子是也葬雖未踰年則稱君則晉里克弒其君卓齊商人弒其君舍是也文十八年子惡卒先君葬後稱子者杜預云時史畏襄仲不敢稱君故云子也其王事出會則稱爵成四年鄭伯伐許是也案桓十三年經書衛惠公稱侯成十三年經書宋公衛侯此並先君未葬而稱爵者賈服注譏其不稱子杜預云非禮也僖二十五年會衛子莒慶盟於洮時先君已葬衛成公猶稱子者杜預云善其成父之志故上繫於父而稱子服虔亦云明不失子道成十年晉侯伐鄭時厲公父景公患未薨而厲公出會稱爵譏其生代父位不子也此皆左氏之義公羊以奚齊僖九年死卓子十年死以卓子踰年故稱君左氏卓子亦九年死但赴告在十年以葬後故稱君左氏公羊二傳不同也公羊以成四年鄭伯伐許非王事未踰年而稱爵譏之也左氏則以鄭伯伐許爲王事雖未踰年得稱爵當與公羊異鄭駁異義從公羊義以鄭伯伐許爲非禮及公羊未踰年爲王事皆稱子即宋襄公稱子陳共公稱子是也左氏未踰年爲王事皆稱爵鄭駁異義引宋襄公稱子從公羊說以爲稱子禮也○外事曰曾孫某侯某○外事謂社稷山川在封内者也天子外事言嗣王某諸侯不得稱嗣侯但稱曾孫所以然者天子尊謂能繼天德而立也諸侯無德不繼嗣爲侯故不云嗣但是父祖重孫故言曾孫也○死曰薨者此謂諸侯死而國史策辭也若異國史書之則但云卒也在四夷不言亦賤略也自此以下皆然○注亦史書策辭○正義曰上又云天王崩書策辭今諸侯云薨故亦史策辭若告於諸侯則辭當謙退故雜記云赴於諸侯曰寡君不祿○復曰某甫復矣天子復則曰天子諸侯不可復云諸侯復故呼其字言某甫故鄭注前文諸侯呼字是也○既葬見天子曰類見○此諸侯世子父死葬畢而見於天子禮也類象也言葬後

未執玉而執皮帛以象諸侯見故曰類見然春秋之義三年除喪之後乃見而今云既葬者謂天子或巡守至竟故得見也若未葬未正君臣故雖天子巡守亦不見也○言諡曰類○言諡謂將葬就君請諡也凡諡既是表德故由尊者所裁故將葬之前親使人請之於天子若檀弓云其子戌請諡於君曰日月有時將葬矣請所以易其名者是言諡於君也而曰類者王肅云請諡於天子必以其實爲諡類於平生之行也何胤云類其德而稱之如經天緯地曰文也鄭云使大夫行象聘問之禮也今案鄭旨謂吉時遣大夫行則曰聘今請諡使大夫不得曰聘而名曰類言類象聘而行此禮也故云言諡曰類也○注使大至禮亡○正義曰言象聘問之禮者解經中類字言比類聘問之禮請諡於天子○諸侯至之老案玉藻云上大夫曰下臣擯者曰寡君之老下大夫自名擯者曰寡大夫此云自稱曰寡君之老則上大夫擯者傳辭及自稱於他國亦曰寡君之老若於已君則玉藻云下臣某

天子穆穆諸侯皇皇大夫濟濟士蹌蹌庶人僬僬皆行容止之貌也聘禮曰賓入門皇又曰皇且行又曰衆介北面鏘鏘焉凡行容尊者體盤卑者體蹙○濟子禮反蹌本又作鶬或作鏘同七羊反僬子妙反盤步丹反蹙子六反

【疏】天子至僬僬○正義曰此一節論天子至庶人行容之貌云天子穆穆者威儀多貌也天子尊重故行止威儀多也○諸侯皇皇者自莊盛也諸侯不及穆穆而猶有莊盛鄭注聘禮云皇皇莊盛也○大夫濟濟者濟濟徐行有節大夫降於諸侯不得自莊盛但徐行而已也○士蹌蹌者鄭注聘禮云容貌舒揚也案鄭意則不得濟濟也但舒揚而已○庶人僬僬者卑盡之貌也庶人卑賤都無容儀並自直行而已崔云凡形容下不得兼上上得兼下故詩有濟濟文王穆穆魯侯者詩人頌美舉盛以言非對例也○注聘禮至體蹙○正義曰引聘禮證皇皇是容儀也此是入門時容也又曰皇且行者又證行時容也然皇是諸侯之容聘禮人臣而云皇者執玉入廟門得進其容亦如其君行禮宜已申也若在本國則濟濟然云又曰衆介北面蹌焉亦聘禮文也衆介士也卑故不得進容猶蹌蹌而已云凡行容尊者體盤卑者體蹙尊者體盤穆穆皇皇卑者體蹙蹌蹌僬僬是也○

天子之妃曰后后之言後也○妃芳非反諸侯曰夫人夫之言扶大夫曰孺人孺之言屬○孺而樹反士曰婦人婦之言服庶人曰妻妻之言齊公侯有夫人

有世婦有妻有妾貶於天子也無后與嬪去上中○貶皮檢反去羌呂反○夫人自稱於天子曰老婦自稱於天子謂畿內諸侯之夫人助祭若時事見自稱於諸侯曰寡小君謂饗來朝諸侯之時自稱於其君曰小童自世婦以下自稱曰婢子小童若云未成人也婢之言卑也於其君稱此以接見禮敵嫌其當○童本或作僮子於父母則自名也名父母所爲也言子者通男女列國之大夫入天子之國曰某士亦謂諸侯之卿也三命以下於天子爲士曰某士者如晉韓起聘於周擯者曰晉士起○自稱曰陪臣某陪重也○重直恭反於外曰子子有德之稱魯春秋曰齊高子來盟○稱尺證反○於其國曰寡君之老使者自稱曰某使謂使人於諸侯也某名也○使自稱色吏反注使謂同本或作使者自稱○

【疏】天子至曰某○正義曰此一節論天子以下妃妾及臣子稱謂之法各隨文解之○天子之妃曰后諸侯曰夫人大夫曰孺人士曰婦人庶人曰妻者皆敵其夫如王之后故以后居前耳妃配也君之合配王諸侯以下通有妃義故以妃字冠之以特牲少牢是大夫士之禮皆云某妃配某氏尊卑通稱也白虎通云后君也明配至尊爲海內小君天下尊之故繼其王言之曰王后也○諸侯曰夫人者夫人之名唯諸侯得稱論語云邦君之妻邦人稱之曰君夫人是也○大夫曰孺人者孺屬也言其爲親屬○注孺之言屬也○正義曰案爾雅云孺屬也○士曰婦人者婦之言服也服事其夫也其婦號亦上下通名故春秋逆婦姜於齊是諸侯亦呼婦也穀梁傳云言婦有姑之辭言服事舅姑知通名也○庶人曰妻者妻之言齊也庶人賤無別稱判合齊體而已尊卑如此若通而言之則貴賤悉曰妻故詩曰刑於寡妻是天子曰妻也周家大夫妻曰內子趙姬以叔隗爲內子是也○公侯至有妾○正義曰獨言諸侯舉其上者餘從可知也既下於天子不得立后故以敵體一人正者爲夫人○有世婦者謂夫人之姪娣故公羊云夫人無子立姪娣子也質家先立姪之子文家先立娣之子左氏亦夫人姪娣貴於二媵則此世婦者謂夫人姪娣也其數二人○有妻者謂二媵及姪娣也凡六人有妾者謂九女之外別有其數知者以上文云天子八十一御妻之外

更有妾鄭注云妾賤者不入百二十人數故知此妾不在九女之數也○夫人至婢子此夫人謂畿內諸侯之妻也其助祭於后得接見天子故得自稱也言老而服事也以畿外諸侯夫人無見天子之禮此云自稱於天子故注云畿內諸侯之夫人助祭若時事見謂若獻繭之屬○自稱於諸侯曰寡小君者此諸侯謂他國君也古者諸侯相饗夫人亦出故得自稱也知者坊記云陽侯殺繆侯竊其夫人故大饗廢夫人之禮於此之前有夫人饗法故注云謂饗來朝諸侯之時也君之妻曰小君而云寡者亦從君爲謙也○自稱於其君曰小童者小童未成人之稱也其與夫言自謙稱爲小童若未成人言無知也○自世婦以下自稱曰婢子者降於夫人故並自稱婢子賤故也婢之言卑也嚮其夫自稱言已卑故春秋晉懷嬴謂公曰寡君使婢子侍執巾櫛是也注云接見體敵嫌其當者爲其接見之時暫有體敵嫌若當夫人然也○列國之大夫入天子之國曰某士○謂擯者辭也列國五等諸侯也天子上士三命中士再命下士一命而五等之臣唯公國一孤四命耳自卿大夫從三命而下其命等於王之士故入天子之國則擯者稱爲某國之士也故注引春秋襄二十六年晉韓起聘於周擯者曰晉士起言晉國之士起以證之也○自稱曰陪臣某陪重也某名也其君已爲王臣已今

又爲已君之臣故自稱對王曰重臣也若襄二十一年晉欒盈辭於行人曰天子陪臣盈是也○於外曰子者亦擯者辭外謂在他國時也擯者則稱其姓而曰子子是有德之稱故注引閔公二年冬齊高子來盟證於外曰子也高子高傒是也○於其國曰寡君之老者其國自國中也其君與民言自稱曰寡人故此卿若與國中人語自稱曰寡君之老也○使者自稱曰某者某名也若此卿爲使在他國與彼君語則稱名也若與彼臣民言則自稱寡君之老也○注使謂至名也正義曰知者以玉藻云上大夫於他國擯者曰寡君之老下大夫於他國擯者曰寡大夫皆無稱名之事玉藻又云大夫私事使私人擯則稱名注云私事使謂以君命私行非聘也若晉韓穿來言汶陽之田彼以私事使稱名此文使自稱曰某稱名與彼相當故知使謂使人於諸侯也

○天子不言出諸侯不生名君子不親惡天子之言出諸侯之生名皆有大惡君子所遠出名以絕之春秋傳曰天王出居於鄭衛侯朔入於衛是也○遠于萬反諸侯失地名滅同姓名絕之〔疏〕天子至姓名○正義曰此一節論天子諸侯有罪書出名之事各隨文解之○天子不言出者天子以天下爲家策書不得言出所在稱君○諸侯不生名者諸侯南面之尊名者質賤之稱諸侯相見祇可稱爵不可稱名○君子不親惡者謂策書君子謂孔子書經若見天子大惡書出以絕之諸侯大惡書名以絕之君子不親此惡人故書出名以罪之也○注天至是也○正義曰案僖二十四年天王出居於鄭公羊云王者無外此其言出何不能乎母也謂不能以孝事於母此鄭注天子言出大惡用公羊義也案春秋莊六年衛侯朔入於衛朔未爲君之時與其母譖構世子伋及爲君被逐出奔齊王立公子黔牟朔自齊而入衛以逐黔牟公羊云朔何以名絕曷爲絕之犯命也謂犯王命鄭注以朔爲大惡亦用公羊義也○諸侯失地名滅同姓名○春秋莊十年荆敗蔡師於莘以蔡侯獻舞歸公羊云何以名絕曷爲絕之獲也此失地名也僖二十五年衛侯燬滅邢公羊云何以名絕曷爲絕之滅同姓也此滅同姓名也故鄭揔言絕之

爲人臣之禮不顯諫爲奪美也顯明也謂明言其君惡不幾微○爲奪于僞反三諫而不聽則逃之逃去也君臣有義則合無義則離〔疏〕爲人至逃之○正義曰案莊二十四年曹羈出奔陳公羊傳云戎將侵曹曹羈諫曰戎衆以無義君請勿自敵也曹伯曰不可三諫不從遂去之何休云諫有五一

曰諷諫者案定十二年公羊傳云孔子以季氏之强謂季孫曰家不藏甲邑無百雉之城季孫聞之墮費邑是諷諫也何休又云二曰順諫曹羈是也即上諫曹君無以戎敵三諫不從遂出奔陳所謂以道事君不可則止此是順諫也何休又云三曰直諫子家駒是也案昭二十五年公羊傳云昭公將弒季氏子家駒諫曰諸侯僭於天子大夫僭於諸侯久矣是不辟君僭而言之是直諫也何休又云四曰爭諫子反請歸是也案宣十五年公羊云楚莊王圍宋子反華元乘堙相對語華元謂子反云易子而食之析骸而炊之子反謂華元吾軍有七日之糧子反勸楚王赦宋而歸楚王不可子反頻諫不聽乃引師去楚王亦歸是爭諫也何休又云五曰贛諫百里子蹇叔子是也案僖三十三年公羊云秦穆公將襲鄭百里子與蹇叔子諫穆公不從百里子蹇叔子從其子而哭之是贛諫也凡諫諷諫爲上贛諫爲下事君雖主諫爭亦當依微納進善言耳不得顯然明言君惡以奪君之美也○三諫不聽則逃之者聽猶從也逃猶去也君臣有離合之義有義則合無義則離若三諫不聽則待放而去也

子之事親也三諫而不聽則號泣而隨之至親無去志在感動之○號戶刀反〔疏〕子之至隨之○正義曰父子天

然理不可逃雖不從則當號泣而隨之冀有悟而改之然論語云事父母幾諫此不云者以其略耳檀弓云事親無犯相互耳又云事君有犯故此論其微檀弓言事親無犯此論其犯亦互言耳故注云至親無去志在感動之○君有疾飲藥臣先嘗之親有疾飲藥子先嘗之嘗度其所堪○度待各反○醫不三世不服其藥慎物齊也○齊才細反○〖疏〗君有疾飲藥至醫不三世不服其藥○正義曰凡人病疾蓋以筋血不調故服藥以治之其藥不慎於物必無其徵故宜戒之擇其父子相承至三世也是慎物調齊也又說云三世者一曰黃帝針灸二曰神農本草三曰素女脈訣又云夫子脈訣若不習此三世之書不得服食其藥然鄭云慎物齊也則非謂本草針經脈訣於理不當其義非也儗人必於其倫儗猶比也倫猶類也比大夫當於大夫比士當於士不以其類則有所褻○儗魚起反注同褻息列反〖疏〗儗人至其倫○儗人必於其倫○正義曰儗比也倫匹類也凡欲比方於人當以類相並不得以貴比賤則爲不敬也○問天子之年對曰聞之始服衣若干尺矣旣不敢言年又不敢斥至尊所能問國君之年長曰能從宗廟社稷之事矣幼曰未能從宗廟社稷之事也問大夫之子長曰能御矣幼曰未能御也問士之子長曰能典謁矣幼曰未能典謁也問庶人之子長曰能負薪矣幼曰未能負薪也皆言其能則長幼可知御猶主也書曰越乃御事謂主事者謁請也謂能擯贊出入以事請告也禮四十強而仕五十命爲大夫○〖疏〗問天至負薪也○正義曰此謂幼少新立之王或有遠方異域人來不知王年大小問朝廷之臣○對曰聞之始服衣若干尺矣者臣爲荅之必有法則禮齒路馬有誅而至尊體貴故臣不可輕言君年及形長短與才技所堪故依違而對也但云聞之謙不敢言見也云始服衣若干尺旣不敢指斥即云服衣若干尺謂或五尺或六尺隨長短而言之也幼則衣短長則衣長問者聞之則知王之長幼也古者謂數爲若干故儀禮鄉射大射數射筭云

若干純若干奇若如也干求也言事本不定常如此求之也故云若干也○問國君之年者亦謂幼少新立爲君而他人問其臣也○長曰能從宗廟社稷之事矣幼曰未能從宗廟社稷之事也不言聞之及衣而言所能主國者辟天子也國保宗廟社稷故以所保荅之也人君十五有養子之禮長則能主國聞其能主國則知十五以上爲長也若聞未能主國則知十四以下是爲幼也○問大夫之子者亦他國人問此大夫之子長幼於大夫之臣也天子諸侯繼世象賢其年不定故問其年而大夫五十乃爵故不問大夫而問其子○長曰能御矣幼曰未能御也御謂主事也官有世功子學父業故有御事之因也舉其所能則長幼可知也大夫子早長幼當以二十爲限也○問士之子者亦謂他國人來問此士之屬吏也四十強而仕故問其子也○長曰能典謁矣幼曰未能典謁也謁請也士之子年數長則言能主賓客告請之事幼則言未能也士賤無臣但以子自典告也○問庶人之子者庶人謂府史之屬亦有同僚或他國人問其同僚府史熊氏云庶人年無長幼亦問其子者順上大夫士而言之○長曰能負薪矣幼曰未能負薪也者少儀云問士之子長幼長則曰能耕矣幼則曰能負薪未能負薪謂士祿薄子猶以能農事爲業也與此不同者亦當有田無田之異此所言之士者是有田者故子免耕負薪而典謁○注書曰越乃御事謂主事者○正義曰引大誥證御事是大夫禮四十強而仕五十命爲大夫曲禮文引之釋所以不問大夫士庶人之身而問其子之義也以大夫士其年旣定故不假問其年而問其子也○問國君之富數地以對山澤之所出問大夫之富曰有宰食力祭器衣服不假問士之富以車數對問庶人之富數畜以對皆在其所制以多少對宰邑士也食力謂民之賦稅○數色主反下數畜同畜許又反鄭注周禮云始養曰畜〖疏〗問國至以對○正義曰謂問諸侯之臣求知其君封內土地所出也云富者非問其多金帛正是問最所優饒者也不問天子者率土之物莫非王有天下共見故不須問而諸侯止一國故致問也○數地以對者數土地廣狹對之也山澤之所出者又以魚鹽蜃蛤金銀錫石之屬隨有而對也晉文公謂楚成王曰羽毛齒革君地生焉是也○問大夫之富者亦他國人問其臣也○曰有宰食力者荅之也宰邑宰也有宰明有采地即公山弗擾爲季氏宰是也食力謂食民下賦稅之力也○祭器衣服

不假者，謂四命大夫也衣服祭服也若四命大夫得自造祭器衣服故云不假若三命以下有田者造而不備則假借也祭○問士之富以車數對者士有地不多亦無邑宰故其屬吏但以其車數對也○上士三命則得賜車馬也副車隨命中士乘棧車無副車也○問庶人之富數畜以對者謂雞豚之屬閭師云凡庶民不畜者祭無牲不耕者祭無盛不樹者無椁不蠶者不帛不績者不衰故以畜數對鄭注周禮云始養曰畜將用之曰牲引春秋云卜日曰牲

○天子祭天地祭四方祭山川祭五祀歲徧諸侯方祀祭山川祭五祀歲徧大夫祭五祀歲徧士祭其先

祭四方謂祭五官之神於四郊也句芒在東祝融后土在南蓐收在西玄冥在北詩云來方禋祀方祀者各祭其方之官而已五祀戶竈中霤門行也此蓋殷時制也祭法曰天子立七祀諸侯立五祀大夫立三祀士立二祀謂周制也○徧音遍本亦作遍下同句古侯反芒音亡蓐音辱冥亡丁反禋音因霤力救反

【疏】天子至其先○正義曰此一節論天子以下祭祀尊卑不同幷論神有廢置之事各隨文解之○天子祭天地者祭天謂四時迎氣祭五天帝

於四郊各以當方人帝配之月令春曰其帝太皞夏曰其帝炎帝季夏曰其帝黃帝秋曰其帝少皞冬曰其帝顓頊明爲配天及告朔而言之其雩祭亦然故月令孟夏云大雩帝爲命祀百辟卿士既云祀百辟卿士明五方人帝天子亦雩祀之其夏正郊感生之帝周以后稷配之其於明堂總享五帝以文王武王配之故孝經說云后稷爲天地之主文王爲五帝之宗是也周人祭明堂時又兼以武王配之故祭法云周人宗武王是也知方岳之神是崑崙者案地統書括地象云地中央曰崑崙又云其東南方五千里曰神州以此言之崑崙在西北別統四方九州其神州者是崑崙東南一州耳於一州中更分爲九州則禹貢之九州是也其配地之神孝經緯既云后稷爲天地之主則后稷配天南郊又配地北郊則周人以嚳配圜丘亦當配方澤也○祭四方者周禮兆五帝於四郊四望四類亦如之也○祭五祀者春祭戶夏祭竈季夏祭中霤秋祭門冬祭行也○歲徧者謂五方之帝迎氣雩祀明堂及郊雖有重者諸神摠徧故云歲徧○諸侯方祀者諸侯既不得祭天地又不得摠祭五方之神唯祀當方故云方祀○祭山川者王制云在其地則祭之亡其地則不祭是也○大夫祭五祀者大夫不得方祀及山川直祭五祀而已○士祭其先不云歲徧者以士祭先祖歲有四時更無餘神故也天子祭天地者天地有覆載大功天子王有四海故得總祭天地以報其功其天有六祭之一歲有九昊天上帝冬至祭之一也蒼帝靈威仰立春之日祭之於東郊二也赤帝赤熛怒立夏之日祭之於南郊三也黃帝含樞紐季夏六月土王之日亦祭之於南郊四也白帝白招拒立秋之日祭之於西郊五也黑帝汁光紀立冬之日祭之於北郊六也王者各稟五帝之精氣而王天下於夏正之月祭於南郊七也四月龍星見而雩總祭五帝於南郊八也季秋大饗五帝於明堂九也地神有二歲有二祭夏至之日祭崑崙之神於方澤一也夏正之月祭神州地祇於北郊二也或云建申之月祭之與郊天相對冬至祭昊天上帝者春秋緯云紫微爲天帝北極耀魄寶是也其配之人以帝嚳配之故祭法云周人禘嚳是也其五帝則春秋緯文耀鉤云蒼帝曰靈威仰赤帝曰赤熛怒黃帝曰含樞紐白帝曰白招拒黑帝曰汁光紀○注祭四至制也○正義曰此經直言祭四方知非祭五天帝於四方者以上云祭天地則五帝在其中矣故知非天帝也案宗伯云疈辜祭四方百物知此方祀非四方百物者以此文在山川五祀之上與大宗伯血祭社稷五祀五嶽五祀在五嶽之上此四方亦在山川之上故知是五官之神云祝融后土在南者鄭意以爲黎兼爲后土土位在南方故知祝融后

土在南引詩云來方禋祀者是小雅大田之詩以刺幽王之無道追論成王之時太平時和年豐至秋報祭招來四方之神禋絜祭祀引之者證四方之義也云五祀戶竈中霤門行者此月令文大宗伯五祀以爲五官者以其在五嶽之上此五祀在山川之下又與大夫同祭故知是戶竈等云此蓋殷時制也者以天子諸侯大夫同云祭五祀既無差等故疑殷時制也案王制云大夫祭五祀文與此同而鄭云五祀謂司命也中霤也門也行也厲也與此不同者王制之文上云天子祭天地諸侯祭社稷大夫祭五祀既有尊卑等級疑是周禮故引祭法五祀以解之與此不同是有地大夫祭五祀無地大夫祭三祀

○凡祭有其廢之莫敢舉也有其舉之莫敢廢也

爲其瀆神也廢舉謂若殷廢農祀棄後不可復廢棄祀農也後有德者繼之不嫌也○爲于僞反復扶又反

非其所祭而祭之名曰淫祀淫祀無福

妄祭神不饗○妄祭本亦作無福

【疏】凡祭至無福○正義曰此明祭有常典不可輒擅廢興如殷時廢柱祀棄則後人不得復舉柱而祭之也○有其舉之莫敢廢也者若已舉棄祀之後人不得復廢棄也○注爲其至嫌也○正義曰農

即社也，有農功故曰農也。棄即后稷也，爲稷官，故曰稷也。尚書云「棄，黎民阻飢，汝后稷」是也。云「後有德者繼之，不嫌也」者，鄭恐人疑之，昔以舉柱，何意廢柱祀稷乎？故此解之者，若後有德者繼之，則不在今所言之例也。

天子以犧牛，諸侯以肥牛，大夫以索牛，士以羊豕。犧，純毛也。肥，養於滌也。索，求得而用之。○索，所百反，注同，求也。牷音全，一本作純。滌，直的反，養牲官也，徐又同弔反。

【疏】「天子」至「羊豕」。○正義曰：此天子以犧牛，諸侯以肥牛，大夫以索牛，皆上得兼下，下不得僭上。故左傳云「聖王先成民而後致力於神，故奉牲以告曰博碩肥腯」，是天子亦得以肥也。又公羊云「帝牲必在滌三月，稷牛惟具，稷有災，故臨時得別求之」，是天子諸侯得有索牛。「大夫以索牛，士以羊豕」者，天子大夫士也。若諸侯大夫即用少牢，士則用特牲。其喪祭，大夫亦得用牛，士亦用羊豕，故雜記云「上大夫之虞也少牢，卒哭成事附皆大牢；下大夫之虞也特牲，卒哭成事附皆少牢」是也。據此，諸侯不得用犧牛。祭義云「天子諸侯必有養獸之官」，下云「犧牷祭牲必於是取之」，諸侯有犧牲大牢者，諸侯對卿大夫亦得云犧，若對天子則稱肥耳。其大夫牲體完全，亦有犧牲之稱，故上云「大夫犧賦爲次」，但不毛色純耳。○注「肥養於滌也」。○正義曰：案楚語觀射父云「大者牛羊必在滌三月，小者犬豕不過十日」。然者，即此大夫索牛、士羊豕，既不在滌三月，當十日以上，但不知其日數耳。

支子不祭，祭必告于宗子。不敢自專，謂宗子有故，支子當攝而祭者也。五宗皆然。

【疏】「支子」至「宗子」。○正義曰：支子，庶子也。祖禰廟在適子之家，而庶子賤，不敢輒祭之也。若濫祭，亦是淫祀。○「祭必告於宗子」者，支子雖不得祭，若宗子有疾，不堪當祭，則庶子代攝可也，猶宜告宗子然後祭，故鄭云「不敢自專」。○

凡祭宗廟之禮，牛曰一元大武，豕曰剛鬣，豚曰腯肥，羊曰柔毛，雞曰翰音，犬曰羹獻，雉曰疏趾，兔曰明視，脯曰尹祭，槀魚曰商祭，鮮魚曰脡祭，水曰清滌，酒曰清酌，黍曰薌合，粱曰薌萁，稷曰明粢，稻曰嘉蔬，韭曰豐本，鹽曰鹹鹺，玉曰嘉玉，幣曰量幣。號牲物者，異於人用也。元，頭也。武，迹也。腯亦肥也，春秋傳作腯，腯，充貌也。翰猶長也。羹獻，食人之餘也。尹，正也。商猶量也。脡，直也。其辭也。嘉，善也。稻，菰蔬之屬也。豐，茂也。大鹹曰鹺，今河東云。幣，帛也。○大武如字，一音泰。鬣，力輒反。豚，徒門反。腯，徒忽反，注同，本亦作豚。翰，戶旦反。羹，古衡反，徐又音衡。槀，苦老反，乾魚。鮮音仙。脡，他頂反，徐唐頂反。薌音香。合如字，或音閤。其字又作萁，同音姬，語辭也，王音期，期，時也。稷曰明粢，音咨，一本作明粱，古本無此句。疏，本又作蔬，色魚反。韭音久。鹹，本又作醎，音咸。鹺，才何反。量音亮，又音良。作腯，徒忽反。翰長如字。菰音孤，本又作苽，音同。

【疏】「凡祭」至「量幣」。○正義曰：此一節論祭廟牲幣告神之法。凡祭者，爲貴賤悉然。○「牛曰一元大武」者，元，頭也；武，迹也。牛若肥則脚大，脚大則迹痕大，故云一元大武也。○「豕曰剛鬣」者，豕肥則毛鬣剛大也，王云「剛鬣，言肥大也」。○「豚曰腯肥」者，腯即充滿貌也。○「羊曰柔毛」者，若羊肥則毛細而柔弱，故王云「柔毛，言肥澤也」。○「雞曰翰音」者，翰，長也，雞肥則其鳴聲長也。○「犬曰羹獻」者，人將所食羹餘以與犬，犬得食之肥，肥可以獻祭於鬼神，故曰羹獻也。○「雉曰疏趾」者，趾，足也，雉肥則兩足開張，趾相去疏也。音義隱云：「雉之肥則足疏。」故王云「足間疏也」。○「兔曰明視」者，兔肥則目開而視明也，故王云「目精明，皆肥貌也」。然自牛至兔，凡有八物，唯有牛云一頭，而豕以下不云數者，皆從其所用而言數也，則並宜云若干也。雞雉爲腊，及腊則不數也。○「脯曰尹祭」者，尹，正也，裁截方正而用之祭。一通云：正謂自作之也，脯自作則知肉之所用也。論語云「沽酒市脯不食」，言其不正也。○「槀魚曰商祭」者，槀，乾也；商，量也。祭用乾魚，量度燥溼得中而用之也。○「鮮魚曰脡祭」者，脡，直也。祭有鮮魚，必須鮮者，煮熟則脡直，若餒則敗碎不直。○「水曰清滌」者，古祭用水當酒，謂之玄酒也。而云清滌，言其甚清皎絜也。樂記云「尚玄酒」是也。○「酒曰清酌」者，酌，斟酌也，言此酒甚清澈，可斟酌，當爲三酒，未必爲五齊。○「黍曰薌合」者，夫穀秫者曰黍，秫既軟而相合，氣息又香，故曰薌合也。○「粱曰薌萁」者，粱謂白粱、黃粱也，其，語助也。○「稷曰明粢」者，稷，粟也；明，白也，言此祭祀明白粢也。鄭注甸師云：「粢，稷也。」爾雅云：「粢，稷也。」注：「今江東人呼粟爲粢。」隋祕書監王劭勘晉宋古本，皆無「稷曰明粢」一句，立八疑十二證，以爲無此一句爲是。今尚書云「黍稷非馨」，詩云「我黍與與，我稷翼翼」，「爲酒爲食，以享以祀」，然則黍稷爲五穀之主，是粢盛之貴。黍既別有異號，稷何因獨無美名？爾雅又以粢爲稷，此又云「稷曰明粢」，正與爾雅相合。又士虞禮云「明齊溲酒」，鄭注云：「或曰明齊當爲明視，謂兔腊也。今文曰明粢，粢，稷也。皆非其次。」如鄭言云「皆非其次」，由曲禮有明粢之文，故注儀禮云「非其次」。

王劭既背爾雅之說，又不見鄭玄之言，苟信錯書，妄生同異，改亂經籍，深可哀哉！○注「號牲至幣帛」。○正義曰：元，頭也。案釋古文「元首首則頭也」。武，迹也，釋訓文。春秋傳作「腯」者，桓六年左傳云「博碩肥腯」是也。云「羹獻食人之餘也」者，周禮槀人云「掌豢祭祀之犬」是也。尹，正也。嘉，善也。釋言文。此等諸號，若一祭並有，則舉其大者，牲牢酒齊而言，不應諸事皆道。故少牢禮稱「敢用柔毛剛鬣嘉薦普淖」是也。或唯有雞犬，或唯魚兎及水酒韭鹽之祭，則各舉其美號，故此經備載其名。必知然者，案士虞禮祝辭云「尹祭」，鄭注云：「尹，脯也。大夫士祭無云脯者，今不言牲號而云尹祭，亦記者誤矣。」如鄭此言，明單用脯者稱尹祭，以此推之，餘亦可知也。○

天子死曰崩，諸侯曰薨，大夫曰卒，士曰不祿，庶人曰死。異死名者，爲人褻其無知，若猶不同然也。自上顛壞曰崩。薨，顛壞之聲。卒，終也。不祿，不終其祿。死之言澌也，精神斯盡也。○傎音顛。澌本又作𣩠，同音賜。在牀曰尸，尸，陳也，言形體在。在棺曰柩。柩之言究也。○柩音舊。白虎通云：久也。〔疏〕「天子至曰柩」。○正義曰：此一節論死後稱謂尊卑不同之事，各隨文解之。但生時尊卑著見可識，而死蔭爲野土，嫌若可棄，而稱輕褻之，故爲制尊卑之名，則明其猶有貴賤之異也。○「崩」者，墜壞之名，譬若天形墜壓，然則四海必覩。古之王者登假也，則率土咸知，故曰崩。○「諸侯曰薨」者，薨者，崩之餘聲也。而詩云「蟲飛薨薨」是聲也。諸侯卑，死不得效崩之形，但如崩後之餘聲，遠劣於形壓，諸侯之死，知者亦局也。○「大夫曰卒」者，卒，畢竟也。大夫是有德之位，仕能至此，亦是畢了平生，故曰卒也。○「士曰不祿」者，士祿以代耕，而今遂死，是不終其祿。○「庶人曰死」者，死者，澌也。澌是消盡無餘之目。庶人極賤，生無令譽，死絕餘芳，精氣一去，身名俱盡，故曰死。今俗呼盡爲澌，即舊語有存者也。云「崩薨異號，至葬同」者，以臣子藏其君父，安厝貴賤同也。○「在牀曰尸」者，尸，陳也。古人病困，氣未絕之時，下置在地，氣絕之後，更還牀上。所以如此者，凡人初生在地，既病將死，故下復其初生，冀脫得死重生也。若其不生，復反本牀，既未殯斂，陳列在牀，故曰尸也。白虎通云：「失氣亡神，形體獨陳。」是也。言形體在也。○「在棺曰柩」者，柩，究也。三日不生，斂之在棺，死事究竟於此也。白虎通云：「柩，究也，久也，不復變色。」然尸柩亦通名也。案曾子問云「如小斂，則子免而從柩」，此謂小斂舉尸在爲柩也。春秋左氏傳「贈死不及尸」，是呼未葬之柩爲尸。

羽鳥曰降，四足曰漬。異於人也。降，落也。漬謂相瀸汙而死也。春秋傳曰：「大災者何？大漬也。」○降，戶江反，又音絳，注同。漬，辭賜反。瀸，子廉反。汙，穢汙之汙，一作汙，戶旦反。〔疏〕「羽鳥至曰漬」。○鳥獸死異名也。降，落也。羽鳥飛翔之物，今云其降落，是知死也。○「四足曰漬」者，牛馬之屬也。若一箇死，則餘者更相染漬而死，今云其漬，則知死也。異於人耳。春秋傳曰：「大災者何？大漬也。」公羊莊二十年「夏，齊大災」，「大災者何？大瘠也。大瘠者何？痢也」。注云：「痢者，民疾疫也。」然此云漬，彼云瘠，字異而意同也者。

死寇曰兵。異於凡人，當饗祿其後。祭王父曰皇祖考，王母曰皇祖妣，父曰皇考，母曰皇妣，夫曰皇辟。更設稱號，尊神異於人也。皇，君也。考，成也，言其德行之成也。妣之言媲也，媲於考也。辟，法也，妻所取法也。○妣，必履反。辟，婢亦反，徐扶亦反。稱，尺證反，下之稱皆同。行，下孟反，下同。媲，普計反。〔疏〕「死寇至皇辟」。○「死寇曰兵」，○謂父祖死君之寇，而子孫爲名也。言人能爲國家捍難禦侮，爲寇所殺者，謂爲兵。兵，器仗之名，言其爲器仗之用也。故君恒祿恤其子孫，異於凡人也。故鄭云「當饗祿其後，春饗孤子」是也。○「祭王至皇辟」。○此更爲神設尊號，亦廣其義也。○王父，祖父也。皇，君也。考，成也。此言祖有君德，已成之也。○「王母曰皇祖妣」者，王母，祖母也。妣，媲也，言得媲匹於祖也。○「父曰皇考，母曰皇妣」者，義如上祖父母也。○「夫曰皇辟」者，辟，法也。夫是妻所取法，如君，故言君法也。○注「皇君至法也」。○正義曰：皇，君也。考，成也。辟，法也。皆釋古文也。

生曰父，曰母，曰妻；死曰考，曰妣，曰嬪。嬪，婦人有法度者之稱也。周禮九嬪掌婦學之法，教九御婦德、婦言、婦容、婦功。〔疏〕「生曰至曰嬪」。○生時所稱也。不言祖及夫者，以生號無別稱也。○「死曰考，曰妣，曰嬪」者，嬪，婦人有法度之名也。前是宗廟之祭，加其尊稱，故父母並曰皇也。此謂非祭時所稱也。○注「嬪婦至婦功」。○正義曰：周禮九嬪掌婦學之法，教九御者，此證嬪有德之名。周禮以九嬪教官內之婦人學四德也。謂九御者，自世婦以下九九而御者也。嬪所教，不教后夫人及世婦，唯教九御而已。云「婦德、婦言、婦容、婦功」者，此九嬪所教之事也。婦德謂貞順也，婦言謂辭令也，婦容謂婉娩也，婦功謂絲枲也。○此生死異稱，出爾雅文，言其別於生時耳。若通而言之，亦通也。尚書云「大傷其考心」，又云「聰聽祖考之彝訓」，倉頡篇云「考妣延年」，又云「嬪于虞」，詩大明云「曰嬪于京」，周禮九嬪之官，並非生死異稱矣。

壽考曰卒，短折曰不祿。不祿謂有德行任爲大夫士而不爲者，老而死，從大夫之稱少而死從士之稱○折市設反任音壬又如字【疏】壽考至不祿○此並是有德未經仕而死者之稱也壽考老也短折少也若有德不仕老而死者從大夫之稱故曰卒也若少而死者則從士之稱故曰不祿○注有德至之稱○正義曰鄭知有德行任爲大夫士而不爲者若實是大夫士前文已顯今更別云卒與不祿同大夫士之稱故知堪爲大夫士而不爲者檀弓云君子曰終小人曰死與此不同者此據年之老者從大夫之稱少者從士之稱檀弓不據年之老少但據君子取終其成功小人精神盡澌與此別也○**天子視不上於袷不下於帶**袷交領也天子至尊臣視之目不過此○上時掌反下及注同袷音劫○**國君綏視**視國君彌高綏讀爲妥妥視謂視上於袷○綏依注音妥他果反**大夫衡視**視大夫又彌高也衡平也平視謂視面也**士視五步**士視得旁遊目五步之中也視大夫以上上下遊目不得旁○遊如字徐音流**凡視上於面則敖**敖則仰○敖五報反**下於帶則憂**憂則低○**傾則姦**辟頭旁視心不正也傾或爲側○辟本或作僻匹亦反○【疏】天子至則姦○正義曰此一節論天子以下其臣視君尊卑有異之事○天子視不上於袷者袷謂朝祭服之曲領也天子至尊臣之所視不得上過於袷過袷則慢供奉至尊須承候顏色又不得下過於帶若下過於帶則似有憂戚不供其事○國君綏視者國君諸侯也妥下也若臣視君目不得取看於面當視面下袷上既卑稍得上視也庾氏云妥頹下之貌前執器以心爲平故以下爲妥此視以面爲平故妥下於面則上於袷也○大夫衡視者衡平也人相看以面爲平若大夫之臣視大夫平看其面也故前云綏視形大夫爲言士視五步者若視大夫以上唯直瞻上下並不得旁視若士之屬吏視士亦不得高面下帶而得旁視左右五步也○凡視上於面則敖者此解所以觀視有界限之義也視人過高則是敖慢定十五年邾子執玉高其容仰高仰敖也○下於帶則憂者若視過下則似有憂有憂頭低垂定十五年魯公受玉卑其容俯卑俯替也又昭十一年秋會於厥慭單子視不登帶是也○傾則姦者傾欹側也若視尊者而欹側旁視流目東西則似有姦惡之意也○**君命大夫與士肄**肄習也君有命大夫則與士展習其事謂欲有所發爲也○君命絕句肄本又作肆同以二反**在官言官在府言府在庫言庫**

在朝言朝唯君命所在就展習之也官謂板圖文書之處府謂寶藏貨賄之處也庫謂車馬兵甲之處也朝謂君臣謀政事之處也○處昌慮反下皆同藏才浪反賄呼罪反字林音悔**朝言不及犬馬**非公議也**輟朝而顧不有異事必有異慮**心不正志不在君輟猶止也○輟丁劣反**故輟朝而顧君子謂之固**固謂不達於禮也○**在朝言禮問禮對以禮**於朝廷言無所不用禮【疏】君命至以禮○正義曰此一節論臣事君所在皆當謹習其事各隨文解之○君命謂君有教命有所營爲也其大夫則與士先習學所爲之事備擬君之所使○在官言官者此是君命所使之事言猶議也若君命之在官則臣當展習言議在官之事○在府言府者命之在府亦當習議在府之事也○在庫言庫者命之在庫亦隨而習議在庫之事也○在朝言朝者朝亦隨而習議在朝之事也○注唯君至處也○正義曰知官謂板圖文書者與府相對周禮內府之屬皆主財貨故知官謂板圖文書故周禮八法治官府○朝言至以禮○此以下明在朝言朝之事朝既如此則官及府庫可知也朝是謀於政教之處也不宜私褻辯論以及犬馬也○輟朝而顧不有異事必有異慮者輟止也異事非常之事異慮非常之慮也臣於朝矜莊儼恪視不流目若忽止朝而迴顧此若非見異事則心有異慮也此由不先習也○故輟朝而顧君子謂之固者固陋也若身無異事心無異慮忽止朝而顧君子謂此爲固陋不達禮意也魯哀公荅孔子云寡人固不固是也固謂不達禮也○在朝言禮問禮對以禮者朝事既重謀政不輕殷勤誡之言及問對則宜每事稱禮也故鄭注於朝廷言無所不用禮故論語云孔子謂顏回曰非禮勿動非禮勿言非禮勿視非禮勿聽是也**大饗不問卜**祭五帝於明堂莫適卜也郊特牲曰郊血大饗腥○適丁歷反腥音星**不饒富**富之言備也備而已勿多於禮也【疏】大饗至饒富○正義曰此大饗摠祭五帝其神非一若卜其牲日五帝摠卜而已不得每帝問卜若其一一問卜神有多種恐吉凶不同故鄭云莫適卜摠一卜而已○不饒富者富之言備也雖曰大饗諸帝配以文武然禮數有常取備而已不得以其大饗豐饒其物使之過禮此經直云大饗鄭知祭五帝於明堂者以其上文云不問卜又與月令季秋大饗帝同諸帝皆在不得每帝問卜若其祫之大饗則周禮宗伯享大鬼皆卜不得云不問卜知

非大祫也鄭引郊特牲云郊血大饗腥者取大饗二字以證
此大饗之文其實彼大饗文在郊下謂祫祭也然此祭五帝
莫適卜而雩摠祭五帝得每帝問卜者以雩祭爲百穀祈雨
非一帝之功故每帝適卜至於大饗之時歳功摠畢配以文
武祭報其功不須每帝皆卜故唯一卜而巳
○凡摯天子鬯諸侯圭卿羔
大夫鴈士雉庶人之摯匹童子委摯而退
摯之言至也天子無客禮以鬯爲摯者所以唯用告神爲至也童
子委摯而退不與成人爲禮也說者以匹爲鶩○摯音至徐
之二反本又作贄同鬯勑亮反香酒摯匹依注作鶩音木鴨也
野外軍中無摯以纓拾矢可也
非爲禮之處用時物相禮而已纓馬繁纓也
拾謂射韝○樊本又作繁步丹反韝徐音溝
又古侯反一音古豆反
婦人之摯椇榛脯脩棗栗
婦人無外事見以羞
物也椇榛木名椇枳。也有實今邳郯之東食之榛實似栗而
小○椇俱羽反榛側巾反字林云仕巾反木叢也古本又作
亲音壯巾反云似梓實如小栗也見賢遍反枳
居紙反邳被悲反下邳也郯音談東海縣名
【疏】凡摯至棗栗○

正義曰天子鬯者釀黑黍爲酒其氣芬芳調暢故因謂爲鬯
也天子無客禮必用鬯爲摯者天子弔臨適諸侯必舍其祖
廟既至諸侯祖廟仍以鬯禮於廟神以表天子之至故鄭注
鬯人亦然也○諸侯圭者謂公侯伯也公侯伯用圭子男用
璧以朝王及相朝聘享於至也此唯云圭不言璧者略可知
也○卿羔者鄭注宗伯云羔小羊取其羣而不失類也白虎
通云羔取其羣而不黨卿職在盡忠率下不黨也周禮云公
之孤以皮帛若諸侯適子被王命者各下其君一等公之子
如侯伯執圭侯伯之子如子男執璧子男之子與未命者
皆以皮帛繼子男也○大夫鴈者鄭注宗伯云鴈取其候時
而行也白虎通云鴈取飛則行列也大夫職在奉命適四方
動則當以正道事君也○士雉者雉取性耿介唯敵是赴士
始升朝宜爲赴敵故用雉也羔鴈生執雉則死持亦表見危
致命書云二生一死是也故鄭注宗伯云雉取其守介而死
不失其節也然白虎通云雉取其不可誘之以食撓之則威
死不可畜也士行威介守節死義不當移士摯冬雉夏腒也
○庶人之摯匹者匹鶩也野鴨曰鳧家鴨曰鶩鶩不能飛騰
如庶人但守耕稼而已故鄭注宗伯云鶩取其不飛遷爾雅
釋鳥云舒鳧鶩郭景純云鶩音木舍人及李巡云鳧野鴨名鶩家鴨
名某氏云在野舒飛遠者爲鳧○童子委摯而退者童子見先

生或尋朋友既未成人不敢與主人相授受拜伉之儀但奠
委其摯於地而自退辟之然童子之摯悉用束脩也故論語
云孔子自行束脩以上則吾未嘗無誨焉是謂童子也然凡
用牲爲摯主人皆食之故司士云掌擯士者膳其摯鄭司農
云王食其所執羔鴈之摯玄謂膳者入於王之膳人○注摯
之至至也○正義曰鄭知然者以上文云天子臨諸侯眕於
鬼神又鬯人云供介鬯是天子於諸侯有告神之義○野外
軍中無摯以纓拾矢可也○謂人在野外軍旅之中或應相
見而無物可持爲摯者則不以舊禮當隨時所用纓謂馬繁
纓即馬鞅也拾射韝也矢猶箭也軍在野無物故用此爲摯
可也不直云軍中而云野外者若軍在都邑中則宜依舊禮
不可用軍物也云若非軍中而在野外亦曰時物或纓拾之
徒隨所有也舉一隅耳觸類而長之則若土地無正幣則時
物皆可也○婦人之摯椇榛脯脩棗栗○婦人無外事唯初
嫁用摯以見舅姑故用此六物爲摯也椇即今之白石李也
形如珊瑚味甜美榛似栗而小也脯摶肉無骨而曝之脩取
肉鍛治而加薑桂乾之如脯者所以用此六物者椇訓法也
榛訓至也脯始也脩治也棗早也栗肅也婦人有法始至脩
身早起肅敬也故后夫人以下皆以棗栗爲摯取其早起戰
栗自正也必知以名爲義者案莊二十四年左傳云女贄不

過榛栗棗脩以告虔也見榛是虔義之名明諸物皆取名爲
義案昏禮婦見舅以棗栗見姑以服脩其榛椇所用無文
○納女於天子曰備百姓於國君曰備酒漿於
大夫曰備埽灑
納女猶致女也壻不親迎則女之家遣人致之此其辭也姓之言生也天子皇
后以下百二十人廣子姓也酒漿埽灑賤婦人之職○埽悉
報反灑所買反又山寄反迎魚敬反賤婦人之職本又有無
埽字者
【疏】納女至埽灑○正義曰納猶致也致者壻不親迎
則女之家三月廟見使人致之而爲此辭姓生也
言致此女備王之后妃以下百二十人以生廣子孫故云姓
也○於國君曰備酒漿者致女於諸侯也酒漿是婦人之職
也故送女而持此爲辭轉卑不敢言百姓也詩云無非無儀
唯酒食是議是也○於大夫曰備埽灑彌賤也不敢同諸侯
故不得言酒漿也唯及大夫不及士者士卑故也諸侯功成
得備八妾重國廣嗣也○注納女至之職○正義曰成九年
夏季孫行父如宋致女此云納女故云納女猶致女也知壻
不親迎嫁女之家使人致女者以成九年二月伯姬歸於宋
時宋公不親迎故魯季孫行父如宋致女是也而天子亦有
親迎以否者異義云禮戴說天子親迎左氏說天子不親迎

使上卿迎之諸侯亦不親迎使上大夫迎鄭駮異義云文王迎大姒親迎於渭又引孔子荅哀公合二姓之好以繼先聖之後以爲天地宗廟社稷之主冕而親迎君何謂已重乎此天子諸侯有親迎也若不親迎則宜致女云備百姓也

附釋音禮記注疏卷第五

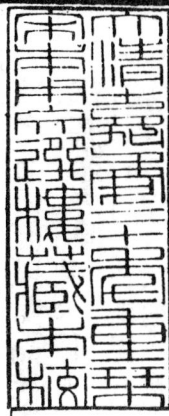

江西南昌府學栞

禮記注疏卷五挍勘記

阮元撰盧宣旬摘錄

曲禮下

五官之長曰伯節　惠棟挍云五官之長節其擯節九州之長節其在東夷節於內自稱節庶方小侯節宋本合爲一節

五官至職方　惠棟挍宋本無此五字

故詩箚高注云當堯時　監毛本作時此本時誤氏閩本同

明堯末置之　閩監本作末此本誤未毛本同

其擯於天子也節

天子同姓謂之伯父　閩監毛本同石經同岳本嘉靖本同釋文出天子謂之伯父云本或有同姓二字衍文正義本有同姓二字

正義曰此是二伯也　惠棟挍宋本無上三字

九州之長節

正義曰殷曰伯　惠棟挍宋本無上三字

一本云天下同姓　閩本同監毛本下作亍

其在東夷節

雖有侯伯之地　惠棟挍宋本同宋監本同閩本同岳本嘉靖本同監毛本侯誤諸

正義曰此天子亦選其中賢者　惠棟挍宋本無上三字

庶方小侯節

正義曰庶衆也　惠棟挍宋本無上三字

曰天子之力臣　閩監毛本同惠棟挍宋本曰上有則字

對天子皆稱名也　惠棟挍宋本此下標禮記正義卷第六終又記云凡二十七頁

天子當依而立節　惠棟挍宋本自此節起至納女於天子節止爲卷七首題禮記正義卷第七

天子至曰朝　惠棟挍宋本無此五字

左右几　監毛本作几此本几誤凡閩本同

負之而南面以對諸侯也　閩本同惠棟挍宋本同監毛本面誤而

欲其來之早　閩本同惠棟挍宋本同監毛本來誤求

殷頫亦並依時　閩監毛本作覜此本誤頫下然所以殷頫不須分四時者同

恆當門自蔽名曰樹　閩監本同考文引宋板同毛本恆誤字衞氏集說恆作垣是也

而近應門者矣　閩本同惠棟挍宋本同監毛本矣誤也

諸公在西　閩監毛本有公字此本脫

公族朝於内朝　閩本同監毛本族作侯與文王世子不合考文引宋板作族

及王退俟大夫之朝也　閩本同監毛本俟誤侯考文引宋板亦作俟

南面西上上　補毛本無重上字此本重疑傳寫之誤

此是每日視朝之位　閩本同監本此字上空闕毛本脫上字並非

諸侯未及期相見節

郤間也　閩本同嘉靖本同監毛本間作閒岳本同

諸侯至曰盟　惠棟挍宋本無此五字

許君謹案　閩監本同毛本君作慎

以詛射穎考叔者　監毛本同閩本穎誤頴○按廣韻於从禾之穎字下云又姓左傳穎考叔亦非說詳左傳挍勘記

不入君也　閩監毛本同惠棟挍宋本不作下是也

故定四年鑪金云　閩監毛本同案鑪金二字不可解準以正義引左傳之例如本節疏所稱僖二十五年左傳云襄二十六年左傳云隱七年左傳云則此當作故定四年左傳云鑪金二字當爲左傳二字但形聲絕不相涉不知何以誤寫至此浦鏜云鑪金云三字當爲衍文

諸侯見天子節

果敗諸崤　監毛本作崤此本崤誤峭閩本同

奉珪請覲　閩監毛本同惠棟挍宋本珪作圭宋監本同岳本嘉靖本同考文云古本足利本作圭

自稱曰寡人　閩監毛本同石經同岳本嘉靖本同釋文出自謂云一本作自稱正義本亦作自

遠辟天子　嘉靖本辟作避○按避正字辟假借字

某甫且字　閩監毛本同岳本嘉靖本同衞氏集說且作舉謬

諸侯至之老　惠棟挍宋本無此五字

是鄭意術擯者之辭　閩本同監毛本術作述○按作術用假借字監本初亦作術後改述

不許楚之滅蔡也　閩監毛本作滅此本誤濟今正

舍爲君商人之弒也　閩監毛本同盧文弨挍本舍上增成字商上增惡字

言葬後未執玉而執皮帛　惠棟挍宋本作未執玉衞氏集說同此本未執二字闕玉誤王閩本同監毛本未執玉作見於王非

故得見也若未葬　惠棟挍宋本作也若衞氏集說同此本也若二字闕閩監毛本作天子非

言謚曰類○言謚謂將葬　閩監毛本如此此本○言二字闕惠棟挍宋本○作者字衞氏集說亦作言謚謂將葬

故將葬之前惠棟校宋本作故將衛氏集說同此本故將二字闕閩本同監毛本作當未非

使大夫行象聘問之禮也惠棟校宋本作行象此本行象二字闕閩監毛本行象作

來行與注不合

今請謚使大夫閩監毛本作謚使此本謚使二字闕惠棟校宋本使作遣

言類象聘而行此禮也閩本同惠棟校宋本同監毛本象誤相

解經中類字惠棟校宋本作解經此本解經二字闕閩監毛本同

案玉藻云惠棟校宋本作案玉此本案玉二字闕閩監毛本案作○非

若於已君惠棟校宋本作若於此本若於二字闕閩監毛本若作稱衛氏集說同

天子穆穆節

皇且行又曰惠棟校宋本作行又岳本同嘉靖本同衛氏集說同此本行又二字闕閩監毛本又作者

非

衆介北面鏘鏘焉閩監毛本同岳本同嘉靖本同衛氏集說同惠棟校宋本鏘鏘焉三字作蹌焉

二字宋監本同齊召南考證云按鄭用聘禮記文當作衆介北面蹌焉此下疏亦作蹌焉則鏘鏘二字並誤也○按段玉裁云依說文當作蹩蹩爲行兒蹌蹌訓動也然則禮言行容者皆蹩爲正字蹌爲假借字

天子至僬僬○惠棟校宋本無此五字一○

故行止威儀多也惠棟校宋本作行止此本行止二字闕閩監毛本行止作穆穆非

而猶有莊盛惠棟校宋本作猶有此本猶有二字闕閩監毛本猶有作皇皇非

皇皇莊盛也閩監毛本同惠棟校宋本下皇字作自山井鼎曰聘禮注作皇自莊盛也宋板爲是

並自直行而已惠棟校宋本作自直衛氏集說同此本自直二字闕閩監毛本同

故詩有濟濟文王閩監毛本同惠棟校宋本文作辟是也衛氏集說同

聘禮人臣閩監毛本同惠棟校宋本人作是是也

宜已申也惠棟校宋本作申此本申字闕閩監毛本同

亦聘禮文也惠棟校宋本作也此本也字闕閩監毛本同

天子之妃節

於其君稱此毛本如此岳本嘉靖本同衛氏集說同此本其君稱三字闕閩監本同

以接見禮敵閩監本同毛本禮作體岳本嘉靖本同衛氏集說同案依正義作體是也

嫌其當毛本如此岳本嘉靖本同衛氏集說同此本三字闕閩監本同

言子者通男女毛本如此岳本嘉靖本同衛氏集說無者字此本六字闕閩本闕五字監本同案考

文古本亦無者字

亦謂諸侯之卿也毛本如此岳本嘉靖本同衛氏集說同此本之卿也三字闕閩監本同

曰某士者如晉韓起聘於周閩監毛本如此岳本如作若嘉靖本同宋監本同衛氏集

說同此本者如晉三字闕

陪重也毛本如此岳本嘉靖本同衛氏集說同此本三字闕閩監本同

天子至曰某惠棟校宋本無此五字

妃邦君之合配王閩監毛本同惠棟校宋本邦君之作配也判是也

以特牲少牢是大夫士之禮惠棟校宋本作少牢是是也衛氏集說同此本少牢

是三字闕閩監毛本同

故繼其王言之曰王后也惠棟校宋本作曰王后是也此本曰王后三字闕閩監毛

本同

孺屬也言其爲親屬惠棟校宋本作也言其閩本言其作與之非監毛本作與人亦非此

本也言其三字闕衞氏集說亦作言其

孺屬也○士曰婦人者毛本如此閩本○士誤大夫監本○闕此本也○士三字闕

其婦號亦上下通名故春秋惠棟按宋本作通名故閩監毛本名故作稱按非此本通名故三字闕衞氏集說三字作通稱故

言婦有姑之辭惠棟按宋本作有姑之衞氏集說同閩監毛本有姑作通稱非此本有姑之三字闕

則貴賤悉曰妻惠棟按宋本作貴賤悉此本貴賤悉三字闕閩監毛本貴賤悉作上下通衞氏集說同

獨言諸侯閩監毛本作獨言諸惠棟按宋本獨作今此本獨言諸三字闕考文引宋板獨作今諸作公衞氏集說同

故以敵體一人正者爲夫人惠棟按宋本作以敵體衞氏集說同閩監毛本以敵體作但得以此本三字闕

故公羊云夫人無子惠棟按宋本作羊云夫閩監毛本羊云作侯之此本羊云夫三字闕

文家先立娣之子左氏亦夫人姪娣惠棟按宋本作之子左此本之子左三字闕閩監毛本左字闕

謂夫人姪娣也其數二人惠棟按宋本作也其數此本也其數三字闕閩監毛本同

有妾者謂九女之外惠棟按宋本作九女是也衞氏集說同閩監毛本九女作六人非此本九女之三字闕

自稱曰陪臣某閩監本同毛本某下有者字

天子不言出節

天子至姓名惠棟按宋本無此五字

所在稱君閩監毛本同浦鏜挍云居誤君

君子不親比惡人閩監毛本比作此衞氏集說同

注天至是也閩監本同毛本天下有子字

故鄭捴言絕之閩本同惠棟按宋本同監毛本絕字脫之下有也字

爲人臣之禮節

爲人至逃之惠棟按宋本無此五字

五曰戇諫閩監本同毛本戇作戅下同

若三諫不聽閩監毛本同惠棟按宋本聽作從衞氏集說同

子之事親也節

子之至隨之惠棟按宋本無此五字

冀有悟而改之閩監毛本同惠棟按宋本之作也衞氏集說同

君有疾節

君有疾飲藥至醫不三世不服其藥惠棟按宋本無此十四字

儗人必於其倫節

儗人必於其倫○惠棟按宋本無此七字

問天子之年節

問天至負薪也惠棟按宋本無此六字

謙不敢言見也監毛本作見衞氏集說同此本見誤用閩本同

數射筭閩監本同毛本筭作算是正字

但以子自典告也閩監毛本作告衛氏集說同此本告誤吉

謂主事者閩本同監毛本主誤王

問國君之富節

問國至以對惠棟挍宋本無此五字

天子祭天地節惠棟挍云天子祭天地節凡祭節天子以犧牛節支子節宋本合爲一節

天子至其先惠棟挍宋本無此五字

周人宗武王是也閩監毛本同補鏜挍云下當脫祭地者謂祭崑崙之神及神州地祇也一十五字

於一州中更分爲九州惠棟挍宋本作一是也此本誤○閩監毛本作神亦非衛氏集說同

紫微爲天帝北極耀魄寶閩監毛本耀作燿

以刺幽王之無道閩監毛本同作王是也

既無等差惠棟挍宋本同閩監毛本等差二字倒

天子以犧牛節

犧純毛也閩監毛本同岳本嘉靖本同釋文出牷云音全一本作純考文引古本作牷

卒哭成事附皆太牢閩本同惠棟挍宋本同監毛本附作祔下同

凡祭宗廟之禮節

豚曰腯肥石經同岳本嘉靖本同釋文出豚曰腯肥云腯徒忽反注同本或作豚案此經文腯字及注腯亦肥也並當從釋文或作豚本盧文弨挍云觀注云春秋傳作腞則此不作腯明矣釋文下又有作腯徒忽反一音若腯字上先見當云注同不必更出矣

槀魚曰商祭閩監毛本作魚石經同岳本同此本魚誤兎嘉靖本商誤商

稷曰明粢石經同岳本同各本同程瑤田九穀考云蔡邕獨斷無稷曰明粢句釋文明粢一本作明粱古本無此句案隋王劭勘晉宋古本皆無稷曰明粢句立八疑十二證孔疏非之引鄭氏士虞禮注以斥其妄然考鄭氏注曲禮於稷曰明粢句無解說其注士虞禮曰明齊新水也又曰或曰當爲明視謂兎腊也今文曰明粢粢稷也皆非其次尋其語氣鄭於明視意中有曲禮兎曰明視之說故直斥之曰謂兎腊也於明粢意中無曲禮稷曰明粢之說故必申言粢字据爾雅粢稷之云以斥今文之非由是言之鄭注曲禮時或實無稷曰明粢句而晉宋以後人誤讀士虞禮注而加之亦未可知耳王劭所見古本恐未可遽斷其非漢代流傳眞本

稻曰嘉蔬石經同岳本嘉靖本同釋文出嘉疏云本又作蔬通典四十八引稻曰嘉蔬

號牲物者異於人用也毛本如此岳本嘉靖本同宋監本同衛氏集說同此本者用二字闕閩監本同

翰猶長也惠棟挍宋本作猶長宋監本同岳本嘉靖本同閩監毛本猶長作長聲衛氏集說同此本猶長二字闕釋文出翰長通典四十八引翰長也無猶字

其辭也嘉善也毛本作嘉善岳本嘉靖本宋監本同此本嘉善二字闕閩監本同通典引其辭也嘉善也

凡祭至量幣惠棟挍宋本無此五字

裁截方正而用之祭閩本同惠棟挍宋本同監毛本而誤也

量度燥滋得中閩監毛本滋作濕衛氏集說同

案釋古文閩監毛本古作詁

鄭注云尹脯也閩監毛本同考文引宋板尹下有祭字

今不言牲號閩監毛本作今此本誤令

天子死曰崩節　惠棟挍云天子節羽鳥節死寇節生曰節壽考節宋本合爲一節

自上顛壞曰崩　閩監毛本岳本嘉靖本同釋文本顛作傎

言形體在　岳本嘉靖本宋監本同閩監毛本在下有也字考文引宋板足利本無也字

天子至曰柩　惠棟挍宋本無此五字

但如崩後之餘聲遠劣於形壓　閩監毛本同考文引宋板餘聲下又有聲字衞氏集說亦有

亦是畢了卒生　閩監毛本作了此本誤子

不復變色　閩監毛本同惠棟挍宋本色作也

羽鳥曰降節

漬謂相瀸汙而死也　閩監本同岳本同毛本汙誤汙嘉靖本瀸誤纖

令云其降落　閩監毛本作今此本誤令

字異而意同也者　閩監毛本作者也惠棟挍宋本無者字

死寇曰兵節

兵器仗之名　監毛本作仗衞氏集說同此本仗誤伏閩本同下倣此

生曰父節

大傷其考心　閩本同惠棟挍宋本同監毛本其作厥衞氏集說同

壽考曰卒節

祿謂有德行任爲大夫士而不爲者　閩監毛本同岳本嘉靖本同浦鏜挍云祿當衍字衞氏集說無祿字

天子視不上於袷節

謂視上於袷　閩監本同岳本嘉靖本同衞氏集說同毛本上誤止

天子至則姦　惠棟挍宋本無此五字

目不得取看於面　閩本取看作平看惠棟挍宋本同衞氏集說同監毛本取看作不視

既畢稍得上視也　閩監本同毛本畢作畢

君命節

謂欲有所發爲也　惠棟挍宋本同岳本嘉靖本宋監本同衞氏集說同閩本有誤肂監毛本誤肆

謂板圖文書之處　閩本同惠棟挍宋本同宋監本同嘉靖本同監毛本板作版岳本同疏倣此

君命至以禮　惠棟挍宋本無此五字

大饗不問卜節

大饗至饒富　惠棟挍宋本無此五字

凡摯節

所以唯用告神爲至也　各本同通典七十五作所以灌用告神

馬繁纓也　閩監毛本同岳本嘉靖本同釋文出樊纓云本又作繁正義本作繁

椇枳也　閩監毛本同岳本嘉靖本同段玉裁云釋文作枳椇内則注亦有椇枳椇也盧文弨云足利古本作椇枳椇也與釋文合按通典七十五作椇枳根也根當爲椇字之訛

凡摯至棗栗　惠棟挍宋本無此五字

子男用璧　閩監毛本同惠棟挍宋本用上有則字衞氏集說同

鴈取飛則行列也　閩監毛本則作有

亦曰時物　閩監毛本同惠棟挍宋本曰作申衞氏集說同

納女於天子節

賤婦人之職　閩監毛本同，岳本、嘉靖本同，釋文同，衞氏集說同。考文引宋板無賤字，是也。

故云姓也　閩監毛本同。惠棟挍宋本姓上有百字。衞氏集說同。

親迎於渭　閩監毛本作渭，此本誤謂。

附釋音禮記注疏卷第五　惠棟挍宋本此行題禮記正義卷第七終，記云凡二十九頁。又宋監本題禮記卷第一，經五千七百二十二字，注八千三百二十七字。嘉靖本題禮記卷第一，經五千六百九十字，注八千四百一字。案嘉靖本每卷尾有此題識，作雙行細注，與宋監本所記字數不合，各附著之，以存舊式。

禮記注疏卷五挍勘記

附釋音禮記注疏卷第六

檀弓上第三○陸曰檀弓魯人檀大丹反姓也弓名以其善於禮故以名篇 疏 正義曰案鄭目録云名曰檀弓者以其記人善於禮故著姓名以顯之姓檀名弓今山陽有檀氏此於別録屬通論此檀弓在六國之時知者以仲梁子是六國時人此篇載仲梁子故知也案子游譏司寇惠子廢適立庶又檀弓亦譏仲子舍適孫而立庶子其事同不以子游名篇而以檀弓爲首者子游是孔門習禮之人未足可嘉檀弓非是門徒而能達禮故善之以爲篇目

禮記　鄭氏注　孔穎達疏

公儀仲子之喪檀弓免焉 故爲非禮以非仲子也禮朋友皆在他邦乃袒免○公儀仲子公儀氏仲子字魯之同姓也其名未聞免音問注同以布廣一寸從項中而前交於額上又郤向後繞於髻袒音但 仲子舍其孫而立其子 此其所立非也公儀蓋魯同姓周禮適子死立適孫爲後○舍音捨下皆同適多歷反下皆同 檀弓曰何居我未之前聞也 居讀爲姬姓之姬齊魯之間語助也前猶故也○居音姬下同 趨而就子服伯子於門右曰仲子舍其孫而立其子何也 去賓位就主人兄弟之賢者而問之子服伯子蓋仲孫蔑之玄孫子服景伯蔑魯大夫○蔑音芒結反○ 伯子曰仲子亦猶行古之道也昔者文王舍伯邑考而立武王微子舍其孫腯而立衍也夫仲子亦猶行古之道也 伯子爲親者隱耳立子非也文之立武王權也微子適子死立其弟衍殷禮也○腯徐本作遁徒本反又徒遜反衍以善反爲于僞反下爲晉禮爲爲師同○ 子游問諸孔子孔子曰否立孫 據周禮○孔子曰否絶句 疏 公儀至立孫 正義曰此一節論仲子廢適立庶爲檀弓所譏之事公儀仲子而身今喪亡檀弓與之爲友又非處他邦爲之著免故爲重服譏其失禮所以譏者仲子適子旣死舍其適孫而立其庶子檀弓居在賓位而言曰何居居是語辭言仲子舍適孫立庶子是何道理乎我未之前聞前猶故也言我未聞故昔有此事旣言之後乃從賓位趨而就子服伯子於門右問之曰仲子舍其適孫而立庶子是何禮也伯子爲仲子隱諱乃言曰仲子雖生周世猶上行古之道也言亦者餘人有行古之道仲子亦如餘人故云亦也即引文王微子之事爲古之道也更繼之云仲子亦猶行古之道與文王微子無異子游以此爲疑問諸孔子孔子以仲子之道人當從周禮不得立庶子當立孫也○注禮朋友至袒免○正義曰知者喪服記云若他邦來還家而無主猶爲之免故鄭注云歸有主人乃已明無主猶袒免也若朋友俱在家則弔服加麻加麻者素弁上加緦之環絰若一在一否亦然知者以云皆在他邦乃袒免明不皆在者則否○注公儀蓋魯同姓○正義曰知者案史記魯相公儀休此云子服伯子是魯人故疑魯同姓也知同姓者以春秋有公鳥公若公儀同稱公故知同姓也○注去賓至大夫○正義曰案賓位之法隨主人而變小斂之前主人未忍在主位有事在西階下則賓亦入門西弔於西階下故士喪禮君使人弔襚主人拜送拜賓即位西階下東面鄭云未忍即主人位也小斂之後尸則出堂廉然後有飾主人位則在阼階下西面賓弔者入門東於東階下弔也故士喪禮小斂訖故士舉男女奉尸侇於堂主人降自西階即位踊襲絰于序東鄭云即位踊東方位也則衆主人不接賓發初在東耳而檀弓之來者當在小斂之前初于西階行譏弔而主人未覺後乃趨嚮門右問伯子焉必知小斂前者以仲子初喪即正適庶之位故也未小斂而著免者故爲非禮之弔亦異常也然則子游之弔惠子是小斂後也故服衰而在門東故鄭云大夫家臣位在賓後又云在門内北面云子服伯子蓋仲孫蔑之玄孫子服景伯者案世本獻子蔑生孝伯孝伯生惠伯惠伯生昭伯昭伯生景伯云蓋者彼云子服景伯此云子服伯子不同故云蓋景是謚伯是字也○注文王之立武王權也○正義曰案文王在殷之世殷禮自得舍伯邑考而立武王而言權者殷禮若適子死得立弟也今伯邑考見在而立武王故云權也故中候云發行誅紂且弘道也是七百年之基驗也○

事親有隱而無犯 隱謂不稱揚其過失也無犯不犯顔而諫論語曰事父母幾諫 左右就養無方 左右謂扶持之方猶常也子則然無常人○左右徐上音佐下音佑今並如字下同養以尚反下同 服勤至死致喪三年 勤勞辱之事也致謂戚容稱其服也凡此以恩爲制○稱尺證反 事君有犯而無隱 旣諫人有問其國政者可以語其得

失若齊晏子爲晉叔向言之○語魚據反又如字向香亮反叔向羊舌肸**左右就養有方**不可侵官**服勤至死方喪三年**方喪資於事父凡此以義爲制**事師無犯無隱左右就養無方服勤至死心喪三年**心喪戚容如父而無服也凡此以恩義之間爲制○〔疏〕事親至三年○正義曰此一節論事親事君及事師之法臣子著服之義各依文解之○注無犯至幾諫○正義曰據親有尋常之過故無犯若有大惡亦當犯顏故孝經云父有爭子則身不陷於不義是也論語曰事父母幾諫是尋常之諫也○注左右至常人○正義曰凡言左右者據僕從之臣故立有左右僕從之官位此左右言扶持之謂子在親左相右相而奉持之云子則然無常人然猶如是也但是子則須如是或左右奉持不常遣一人在左一人在右故云無常人○注勤勞至爲制○正義曰言服勤者謂服持勤苦勞辱之事故云致謂戚容稱其服也者致之言至也謂哀情至極而居喪禮故云致謂戚容稱其服也上曲禮云五十不致毀與此同云凡此以恩爲制者凡上三事對下君與師故云以恩爲制○注既諫至言之○正義曰知既諫而後人有問其國政可以語其得失者昭三年左傳云晏子謂景公曰小人近市朝夕得所求景公曰子近市何貴何賤於是景公繁於刑有鬻踊者故對曰踊貴屨賤諫景公重刑後及其聘晉與叔向言齊國之政將歸陳氏景公厚斂焉陳氏厚施焉是既諫得言君之過若其未諫而言君過則不可故昭三年子大叔如晉張趯與子大叔言云火星中而寒暑退此其極也能無退乎未曾諫君輒言君德之退故傳云張趯有知其由在君子之後乎是其被譏也魯昭公取同姓孔子不仕昭公既先諫所以論語稱孔子爲昭公諱而稱上也過者聖人含弘勸獎擘過歸己非實事也若史策書理則不一若其良史直筆不隱君過董狐書趙盾弒君及丹楹刻桷之屬是也若忠順臣則諱君親之惡者春秋辟諱皆是故僖元年左傳云諱國惡禮也○注不可侵官○正義曰案成十六年左傳云晉楚戰于鄢陵時欒書將中軍欒鍼爲晉侯車右晉侯陷於淖欒書將載晉侯鍼曰書退侵官冒也失官慢也離局姦也時欒書弃元帥之任欲載晉侯是侵官也故云不可侵官此謂君有平常小事若有危難當致死故論語云事君能致其身○注方喪資於事父○正義曰方謂比方也謂比方父喪禮以喪君故云資於事父資取也取事父之喪禮以喪君但居處飲食同耳不能戚容稱其服○注心喪至爲制○正義曰凡親有冥造之功又有生育之惠故懷哀戚之痛同君哀服之限君則徒有榮身顯親之事而無冥造生育之功故唯服麤衰表盡哀戚師則以恩愛成己有同於親故不爲制服故云心喪戚容如喪父爲恩愛成己故也云而無服者既無親之冥造又無君之榮顯故無服也云以恩義之間爲制者無犯是同親之恩無隱是同君之義兼有親恩君義故言恩義之間爲制但子之事親本主恩愛不欲聞親有過惡故有隱不欲違親顏色故無犯臣之事君利在功義若有惡不諫社稷傾亡故有犯君之過惡象所同知故云無隱也○**季武子成寢**武子魯公子季友之曾孫季孫夙**杜氏之葬在西階之下請合葬焉許之入宮而不敢哭武子曰合葬非古也自周公以來未之有改也**自見夷人冢墓以爲寢欲文過之○葬徐才浪反又如字合如字徐音閤後合葬皆同文如字徐音問**吾許其大而不許其細何居命之哭**記此者善其不奪人之恩〔疏〕季武至之哭○正義曰此一節明不奪人之恩兼論夷人冢墓爲寢欲文過之事各隨文解之○注武子至孫夙○正義曰案世本公子友生齊仲齊仲生無逸無逸生行父行父生夙夙是公子友曾孫也○注自見至文過○正義曰言文過者武子自云合葬之禮非古昔之法從周公以來始有合葬至今未改我成寢之時謂此冢墓是周公以前之事不須合葬故我夷平之以爲寢不肯服理是文飾其過先儒皆以杜氏喪從外來就武子之寢合葬與孔子合葬於防同又案晏子春秋景公成路寢之臺逢於阿盆成逆後喪並得附葬景公寢中與此同也○吾許至何居○吾許其大者聽之將喪而入葬是許其大不許其細哭是細也何居居語辭既許其大而不許其細是何道理故云何居○**子上之母死而不喪**子上孔子曾孫子思伋之子名白其母出○不喪如字下同徐息浪反下放此伋音急子思名也孔子之孫**門人問諸子思曰昔者子之先君子喪出母乎曰然**禮爲出母期父卒爲父後者不服耳○期居宜反本又作朞後放此**子之不使白也喪之何也子思曰昔者吾先君子無所失道道隆則從而**

隆道汙則從而汙（汙猶殺也有隆有殺進退如禮○隆力中反盛也汙音烏下同殺所戒反又所例反下同）伋則安能（自弖不能及○弖羊許反許也一云我也又音餘）爲伋也妻者是爲白也母不爲伋也妻者是不爲白也母故孔氏之不喪出母自子思始也（記禮所由廢非之）

【疏】子上至始也○正義曰此一節論子上不喪出母之事各隨文解之○注禮爲至服耳○正義曰案喪服齊衰杖期章出妻之子爲母又云出妻之子爲父後者則爲出母無服傳云與尊者爲一體不敢服其私親是也子思旣在子上當爲出母有服故門人疑而問之云子之先君子謂孔子也令子喪出母乎子思曰然然猶如是也言是喪出母故也伯魚之母被出死期而猶哭是喪出母也○子思至而汙○道猶禮也言吾之先君子無所失道道有可隆則從而隆謂父在爲出母宜加隆厚爲之著服道汙者汙猶殺也若禮可殺則從而殺謂父卒子爲父後上繼至尊不敢私爲出母禮當減殺則不爲之著服伋則安能者子思自以才能淺薄不及聖祖故云伋則何能鄭云自弖不能及弖猶許也自許不能及也○

孔子曰拜而后稽顙頹乎其順也（此殷之喪拜也頹順也先拜賓順於事也○顙素黨反稽顙觸地無容頹徒回反）稽顙而后拜頎乎其至也○（此周之喪拜也頎至也先觸地無容哀之至頎音懇惻隱之貌又音纖觸音昌欲反）三年之喪吾從其至者（重者尚哀戚自期如殷可）

【疏】孔子至至者○正義曰此一節論殷周喪拜之異也拜者主人孝子拜賓也稽顙者觸地無容也頹然不逆之意也拜是爲賓稽顙爲己前賓後己各以爲頹然而順序也○稽顙而后拜頎乎其至也者頎惻隱貌也先觸地無容後乃拜賓也是爲親痛深貌惻隱之至也○三年之喪吾從其至者孔子許二代所拜也至者謂先稽顙後拜也重喪主貌惻隱故三年喪則從其頎至者也○注重者至殷可○正義曰三年之喪尚哀戚則從周自期以下如殷可此經直云拜而后稽顙稽顙而后拜鄭知拜而後稽顙是殷之喪拜稽顙而后拜是周之喪拜者於孔子所論每以二代相對故下檀弓云殷人旣封而弔周人反哭而弔殷以慤吾從周又云殷朝而殯於祖周朝而遂葬皆以殷周相對故知此亦殷周相對也知並是殷周喪拜者此云三年之喪吾從其至明非三年喪者則從其順故知並是喪拜但殷之喪拜自斬衰以下緦麻以上皆拜而后稽顙以其質故也周則杖期以上皆先稽顙而后拜不杖期以下乃作殷之喪拜鄭知殷先拜而後稽顙周先稽顙而後拜者以孔子所論皆先殷而後周今拜而后稽顙文在其上故爲殷也稽顙而后拜文在其下故爲周也且下檀弓云秦穆公使人弔公子重耳重耳稽顙而不拜示不爲後也若爲後當稽顙而後拜也重耳旣在周時明知先稽顙而後拜者若然士喪禮旣是周禮所以主人拜稽顙似亦先拜而後稽顙者士喪禮云拜稽顙者謂爲拜之時先稽顙其喪大記每拜稽顙者與士喪禮同案晉語云秦穆公弔重耳重耳再拜不稽顙與下篇重耳稽顙不拜文異者國語之文不可用此稽顙而後拜即大祝凶拜之下鄭注稽顙而後拜謂三年服者此拜而後稽顙即大祝吉拜鄭注云謂齊衰不杖以下者鄭知凶拜是三年服者以雜記云三年之喪以其喪拜喪拜即凶拜鄭又云吉拜齊衰不杖以下則齊衰杖者亦用凶拜者知齊衰杖用凶拜者以雜記云父母在爲妻不杖不稽顙明父母歿爲妻杖得稽顙也是知杖齊衰得爲凶拜若然雜記云三年之喪以其喪拜非三年之喪以吉拜則杖期以下皆用吉拜今此杖期得用凶拜者雜記所云大判而言雖有杖期摠屬

三年之內熊氏以爲雜記所論是拜問拜賜故杖期亦屬吉拜必知然者以鄭注大祝凶拜云三年服者是用雜記之文解以凶拜之義則拜賓拜問拜賜不得殊也且雜記問與賜與於拜文上下不相接次不可用也周禮大祝一曰稽首鄭云頭至地案中候我應云王再拜稽首鄭云稽首頭至手也此即臣拜君之拜故左傳云天子在寡君無所稽首大夫於諸侯亦稽首故下曲禮云大夫之臣不稽首則大夫於君得稽首二曰頓首鄭曰頭叩地不停留也此平敵以下拜也諸侯相拜則然以其不稽首唯頓首也三曰空首鄭云頭至手所謂拜手也以其與拜手是一故爲頭至手也此荅臣下之拜其敵者旣用頓首故知不敵者用空首四曰振動鄭云戰栗變動之拜謂有敬懼故爲振動故尚書泰誓火流爲烏王動色變是也五曰吉拜者謂先作頓首拜後作稽顙故鄭康成注與頓首相近六曰凶拜者旣重於吉拜當先作稽顙而後稽首七曰奇拜鄭大夫云奇拜謂一拜也鄭康成云一拜荅臣下然燕禮大射公荅再拜者爲初敬之爲賓尊之故再拜燕末無筭爵之後唯止一拜而已八曰褒拜者鄭大夫云褒讀爲報拜再拜也鄭康成云再拜拜神與尸九曰肅拜者鄭司農云但俯下手今時撎是也介者不拜引成十六年爲事故敢肅使者此禮拜體爲空首一拜而已其餘皆再拜也

其薾拜或至再故成十六年晉郤至三薾使此薾又謂婦人之拜故少儀云婦人吉事雖有君賜薾拜是也。孔子既得合葬於防言既得者少孤不知其墓。少詩召反下文同曰吾聞之古也墓而不墳墓謂兆域今之封塋也古謂殷時也土之高者曰墳。墳扶云反今丘也東西南北之人也不可以弗識也於是封之崇四尺東西南北言居無常處也聚土曰封封之周禮也周禮曰以爵等爲丘封之度崇高也高四尺蓋周之士制。識式志反又如字處昌慮反之度本又作之數孔子先反當脩虞事門人後雨甚至後待封也孔子問焉曰爾來何遲也曰防墓崩言所以遲者脩之而來。防墓防地之墓也庾云防衞墓崩孔子不應以其非禮。應應對之應三三言之以孔子不聞。三息暫反又如字孔子泫然流涕曰吾聞之古不脩墓脩猶治也。泫胡犬反涕音體

【疏】孔子至脩墓。正義曰此一節論古者不脩墓之事各依文解之。天子之墓一丈諸侯八尺其次降差以兩。今丘也東西南北之人也不可以弗識也。今既東西南北不但在鄉若久乃歸還不知葬之處所故云不可以不作封墳記識其處。注周禮至士制。正義曰引周禮冢人云高四尺蓋周之士制者其父梁紇雖爲大夫周禮公侯伯之大夫再命與天子中士同云周之士制者謂天子之士也。曰防墓崩。防地之墓新始積土遇甚雨而崩庾蔚云防守其墓備擬其崩若如庾之言墓實不崩鄭何以言修之而來孔子何以言古不修墓違經背注妄說異同非也。孔子泫然流涕。自傷修墓違古致令今崩弟子重脩故流涕也。孔子哭子路於中庭寢中庭也與哭師同親之有人弔者而夫子拜之爲之主也既哭進使者而問故使者自衞來赴者故謂死之意狀。使色吏反下及注同使者曰醢之矣時衞世子蒯聵篡輒而立子路死之醢之者示欲啗食以怖衆。醢音海蒯苦怪反聵五怪反蒯聵衞靈公之太子出公輒之父莊公也篡初患反輒出公名也啗本又作啖待敢反怖普故反遂命覆醢覆弃之不忍食。覆芳服

反注同

【疏】孔子至覆醢。正義曰此一節論師資之恩兼明子路死之意狀。注寢中至親之。正義曰下文云師吾哭諸寢今哭子路於中庭故云與哭師同親之若其不親當哭於寢門外與朋友同故下云朋友哭諸寢門外案奔喪云師於廟門外者謂周禮也下文據殷法也。注故謂死之意狀。正義曰案哀十五年左傳云孔子聞衞亂曰柴也其來由也其死矣則是預知所以進使者問故者以子路忠而好勇必知其死難但不知其死之委曲更問之也。注時衞至怖衆。正義曰案哀十五年左傳云蒯聵潛入孔悝之家與伯姬迫孔悝於廁強盟之遂劫以登臺子路入逐之至臺下且曰大子無勇若燔臺半必舍孔叔大子聞之懼下石乞盂黶敵子路以戈擊之斷纓子路曰君子死冠不免。注云不使冠在地遂結纓而死。曾子曰朋友之墓有宿草而不哭焉宿草謂陳根也爲師心喪三年於朋友期可。期音碁

【疏】曾子至哭焉。正義曰曾子孔子弟子姓曾名參字子輿魯人也宿草陳根也草經一年陳根也朋友相爲哭一期草根陳乃不哭也所以然者朋友雖無親而有同道之恩言朋友期而猶哭者非謂在家立哭位以終期年張敷云謂於一成之內如聞朋友之喪或經過朋友之墓及事故須哭如此則哭焉若。期之外則不哭也。子思曰喪三日而殯凡附於身者必誠必信勿之有悔焉耳矣三月而葬凡附於棺者必誠必信勿之有悔焉耳矣言其日月欲以盡心脩備之附於身謂衣衾附於棺謂明器之屬。衾音欽喪三年以爲極亡去已久遠而除其喪。以爲極亡並如字極亡去徐紀力反王以極字絕句亡作忘向下讀孫依鄭作亡而如王分句則弗之忘矣則之言曾故君子有終身之憂念其親而無一朝之患毀不滅性故忌日不樂謂死日言忌日不用舉吉事。樂如字又音岳

【疏】子思至不樂。正義曰此一節論喪之初死及葬送終之具須盡孝子之情及思念父母不忘之事今各隨文解之三日而殯者據大夫士禮故云三日也。凡附於身者謂衣衾也夫祀必求仁者之粟故送終之物悉用誠信必令合禮不使少有非法後追悔咎焉耳矣者助句之辭。三月而葬凡附於棺者必誠

必信勿之有悔焉耳矣者三月而葬亦大夫士禮也附謂明器之屬亦當必誠信不追悔也○注言其至之屬○正義曰此言其日月欲以盡心修備之鄭意但言凡附身附棺自足又更云三日三月言棺中物少者三日之期家計可使量度則必中棺外物多三月之賖思付必就故言日月欲見宜慎也云謂明器之屬者案既夕禮除明器之外有用器弓矢耒耜兩敦兩杅盤匜燕樂器甲冑干笮杖笠翣等故云之屬也○喪三年以爲極亡○此亦子思語辭也言服親之喪以經三年以爲極亡可以弃忘而孝子有終身之痛曾不暫忘於心也○注云則之言曾故君子有終身恒慘念親此則是不忘之事雖終身念親而不得有一朝之間有滅性禍患恐其常毀故唯忌日不爲樂事他日則可防其滅性故也所以不滅性者父母生已欲其存寧若滅性傷親之志又身已絕滅無可祭祀故也○注謂死至吉事○正義曰下篇子卯爲人君忌日恐此忌日亦爲子卯故云謂死日也言忌者以其親亡忌難吉事不擧之○**孔子少孤**

不知其墓孔子之父郰叔梁紇與顏氏之女徵在野合而生孔子徵在恥焉不告○郰側留反又作鄹紇恨發反徐胡切反又胡没反○**殯於五父之衢**欲有所就而問之孔子亦爲隱焉殯於家則知之者無由怪已欲發問端五父衢名蓋郰曼父之鄰○父音甫注及下同衢求于反焉如字又于僞反曼音萬**人之見之者皆以爲葬也**見柩行於路○**其慎也蓋殯也**慎當爲引禮家讀然聲之誤也殯引飾棺以輴葬引飾棺以柳翣孔子是時以殯引不以葬引時人見者謂不知禮○慎依注作引羊刃反輴七見反翣所甲反○**問於郰曼父之母然後得合葬於防**曼父之母與徵在爲鄰相善○**鄰有喪舂不相里有殯不巷歌**皆所以助哀也相謂以音聲相勸○相息亮反注同**喪冠不緌**去飾○緌本又作綏同耳佳反去起呂反

【疏】孔子至於防○正義曰此一節論孔子訪父墓之事云孔子既少孤失父其母不告父墓之處今母既死欲將合葬不知父墓所在意欲問人故若殯母於家則禮之常事他人無由怪已故殯於五父之衢欲使他人怪而致問於已外人見柩行路皆以爲葬但葬引柩之時飾棺以柳翣其殯引之禮飾棺以輴當夫子飾其所引之棺以輴故云其引也蓋殯也殯不應在外故稱蓋爲不定之辭於時郰曼父之母素與孔子母相善見孔子殯母於外怪問孔子孔子因其所怪遂問郰曼父之母始知父墓所在然後得以父母尸柩合葬於防○注孔子至不告○正義曰按史記孔子世家云叔梁紇與顏氏女野合而生孔子鄭用世家之文故注言野合不備於禮也若論語云先進於禮樂野人也及野哉由也非謂草野而合也但徵在恥其與夫不備禮爲妻見孔子知禮故不告言不知其墓者謂不委曲適知柩之所在不是全不知墓之去處其或出辭入告揔望本處而拜今將欲合葬須正知處所故云不知其墓今古不知墓處於事大有而講者諠諠競爲異說恐非經記之旨案家語云叔梁紇年餘七十無妻顏父有三女顏父謂其三女曰鄹大夫身長七尺武力絕倫年餘七十誰能與之爲妻二女莫對徵在進曰從父所制將何問焉父曰即爾能矣遂以妻之爲妻而生孔子三歲而叔梁紇卒王肅據家語之文以爲禮記之妄又論語緯撰考云叔梁紇與徵在禱尼丘山感黑龍之精以生仲尼今鄭云叔梁紇與顏氏之女徵在野合於家語文義亦無殊何者七十之男始取徵在灼然不能備禮亦名野合又徵在幼少之女而嫁七十之夫是以羞慙不能告子又叔梁紇生子三歲而後卒是孔子少孤又與撰考之文符尼丘山而生孔子於野合之說亦義理無妨鄭與家語史記並悉符同王肅妄生疑難於義非也○注慎當至知禮○正義曰挽柩爲引無名慎者以慎引聲相近故云慎當爲引云禮家讀然者然猶如是也言禮家讀如是引字故大司徒云大喪屬其六引是讀引也云殯引飾棺以輴者案雜記云諸侯行而死於道其輴有裧緇布裳帷輴爲赤色大夫布裳帷士葦席以爲屋蒲席以爲裳帷大夫以下雖無輴取諸侯輴同名故飾棺以輴云引葬飾棺以柳翣者案喪大記云君龍帷黼荒黼翣二黻翣二畫翣二大夫畫帷畫荒黻翣二畫翣二士布帷布荒畫翣二在上曰荒在旁曰帷揔謂之柳故云飾棺以柳翣○**有虞氏瓦棺**始不用薪也有虞氏上陶○陶大刀反○**夏后氏堲周**火熟曰堲燒土冶以周於棺也或謂之土周由是也弟子職曰右手折堲○即周本又作堲同子栗反又音稷注下同何云冶土爲甎四周於棺燒杸招反折之設反管子云左手執燭右手折即即燭頭燼也弟子職其篇名○**殷人棺槨**槨大也以木爲之言槨大於棺也殷人上梓○棺音官槨音郭梓音子○**周人牆置翣**牆柳衣也凡此言後王之制文○牆在良反○**周人以殷人之棺槨葬長殤以夏后氏之堲周葬中殤下殤以**

有虞氏之瓦棺，葬無服之殤。略未成人。○長殤丁丈反，下式羊反。十六至十九爲長殤，十二至十五爲中殤，八歲至十一爲下殤，七歲已下爲無服之殤，生未三月不爲殤。

疏「有虞」至「之殤」。○正義曰：此一節論棺椁所起及用棺椁之事，各隨文解之。○注「始不」至「上陶」。○正義曰：案易下繫辭云「古之葬者，厚衣之以薪，葬之中野，不封不樹，喪期無數。後世聖人易之以棺椁，蓋取諸大過」。大過者，巽下兌上之卦，初六在巽體，巽爲木；上六位在巳，巳當巽位，巽又爲木。二木在外，以夾四陽，四陽互體爲二乾，乾爲君，爲父，二木夾君父，是棺椁之象。今虞氏既造瓦棺，故云始不用薪。然虞氏瓦棺則未有椁也。繫辭何以云「後世聖人易之以棺椁」？連言椁者，以後世聖人其文闊廣，遠探殷周而言。喪期有虞氏則然，故尚書云「三載，四海遏密八音」。云「有虞氏上陶」者，案考工記「陶人造瓬器」，故引之證瓦棺。○注「火熟」至「折堲」。○正義曰：火熟者，以弟子職云「折燭之炎燼，名之曰堲」，故知堲是火熟者。云「燒土冶以周於棺也」者，謂鑿土爲陶冶之形，大小得容棺，故云「燒土冶以周於棺也」。云「或謂之土周，由是也」者，曾子問云「下殤土周，葬於園」，云由是者，燒土周棺，得與作土周。引弟子職者，證火熟曰堲之意。案管子書有弟子職篇，云「左手秉燭，右手正堲」。鄭云折堲者，即是正除之義。○注「椁大」至「上梓」。○正義曰：椁聲與寬廓相近，故云大於棺也。「殷人上梓」，亦考工記文，引之以證椁也。考工記又云「夏后氏上匠」，於堲周不引之者，以匠無所不爲，非獨堲周而已，故不引也。考工記又云「周人上輿」，輿非牆之事，故於周人牆置翣亦不引之也。○注「牆柳」至「制文」。○正義曰：案喪大記注云「在旁曰帷，在上曰荒」，帷荒所以衣柳，則以帷荒之內木材爲柳。其實帷荒及木材等揔名曰柳，故縫人云「衣翣柳之材」，注云「柳之言聚，諸飾之所聚」，是帷荒揔稱柳也。云「凡此言後王之制文」者，凡謂虞夏殷周。有虞氏唯有瓦棺，夏后氏瓦棺之外加堲周，殷則梓棺替瓦棺，又有木爲椁替堲周，周人棺椁又更於椁傍置柳置翣扇，是後王之制以漸加文也。夏言后者，白虎通云以揖讓受於君，故稱后；殷周稱人者，以行仁義，人所歸往，故稱人。夏對殷周稱人，故言后見受之於君。虞則不對殷周，自五帝之內雖受於君，不須稱后也。

○夏后氏尚黑，以建寅之月爲正，物生色黑。○正音征，下同，又如字。大事斂用昏，昏時亦黑。此大事謂喪事也。○斂力驗反，下皆同。戎事乘驪，戎，兵也。馬黑色曰驪。爾雅曰「駵牝驪牡玄」。○驪力知反，徐郎志反，純黑色馬。騋音來，馬七尺已上爲騋。牲用玄。玄，黑類也。

殷人尚白，以建丑之月爲正，物牙色白。大事斂用日中，日中時亦白。戎事乘翰，翰，白色馬也。易曰「白馬翰如」。○翰字又作鶾，胡旦反，又音寒。牲用白。周人尚赤，以建子之月爲正，物萌色赤。○萌亡耕反。大事斂用日出，日出時亦赤。戎事乘騵，騵，騮馬白腹。○騵音原。騮力求反，赤馬黑鬣鬛。牲用騂。騂，赤類。○騂息營反，徐呼營反，純赤色也。一云赤黃色。

疏「夏后」至「用騂」。○正義曰：此一節論三代正朔所尚色不同，各依文解之。○夏尚黑，殷尚白，周尚赤，此之謂三統。故書傳略說云：「天有三統，物有三變，故正色有三；天有三生三死，故土有三王，王特一生死。」又春秋緯元命苞及樂緯稽耀嘉云：「夏以十三月爲正，息卦受泰」，注云「物之始，其色尚黑，以寅爲朔」；「殷以十二月爲正，息卦受臨」，注云「物之牙，其色尚白，以雞鳴爲朔」；「周以十一月爲正，息卦受復，其色尚赤，以夜半爲朔」。又三正記云：「正朔三而改，文質再而復。」以此推之，自夏以上皆正朔三而改也。鄭注尚書「三帛，高陽氏之後用赤繒，高辛氏之後用黑繒，其餘諸侯用白繒」。如鄭此意，卻而推之，舜以十一月爲正，尚赤；堯以十二月爲正，尚白，故曰其餘諸侯用白繒；高辛氏以十三月爲正，尚黑，故云高辛氏之後用黑繒；高陽氏以十一月爲正，尚赤，故云高陽氏之後用赤繒；少皞以十二月爲正，尚白；黃帝以十三月爲正，尚黑；神農以十一月爲正，尚赤；女媧以十二月爲正，尚白；伏犧以上未有聞焉。易說卦云「帝出乎震」，則伏犧也，建寅之月，又木之始。其三正當從伏犧以下。文質再而復者，文質法天地，文法天，質法地。周文法地而爲天正，殷質法天而爲地正者，正朔文質不相須，正朔以三而改，文質以二而復，各自爲義，不相須也。建子之月爲正者，謂之天統，以天之陽氣始生，爲百物得陽氣微稍動變，故爲天統。建丑之月爲地統者，以其物已吐牙，不爲天氣始動，物又未出，不得爲人所施功，唯在地中含養萌牙，故爲地統。建寅之月爲人統者，以其物出於地，人功當須修理，故謂之人統。統者，本也，謂天地人之本也。然王者必以此三月爲正者，以其此月物生細微，又是歲之始生，王者繼天理物，含養微細，又取其歲初爲正朔之始。既天地人之三者所繼不同，故各改正朔，不相襲也。所尚既異，符命亦隨所尚而來，故禮緯稽命徵云：「其天命以黑，故夏有玄珪；天命以赤，故周有赤雀銜書；天命以白，故殷有白狼銜鉤。」是天之所命，亦各隨人所尚。符命雖逐所尚，不必皆然，故天命禹觀河，見白面長人。洛予命云：「湯觀於洛，沈璧而黑龜與之書，黃魚雙躍。」泰誓言武王伐紂而白魚入於王舟是符命不皆逐正色也鄭康成之義自古以來皆改正朔若孔安國則改正朔殷周二代故注尚書湯承堯舜禪代之後革命創制改正易服是從湯始改正朔也○注昬時至事也○正義曰知大事是喪事者以其與斂文連故知大事是喪事也○注爾雅曰騋牝驪牡玄○正義曰引爾雅釋畜文騋牝驪牡玄謂七尺曰騋牝者色驪壯者色玄引之者證驪是玄之類也案廋人云八尺以上爲龍七尺以上爲騋六尺以上爲馬凡馬皆有驪牡玄獨言騋者舉中以見上下明其諸馬皆然或爾雅釋詩云騋牝郭璞注玄駒小馬稍異鄭也○注玄黑類也○正義曰案周禮考工記七入爲緇鄭云玄則六入者與是玄黑類○注翰白至翰如○正義曰所引易者易賁卦六四賁如皤如白馬翰如賁離下艮上鄭注云六四巽爻也有應於初九欲自飾以適初既進退未定故皤如也白馬翰如謂九三位在辰得巽氣爲白馬翰猶幹也見六四適初未定欲幹而有之引此者證翰爲白色案彼以幹爲翰者以翰如白馬連文故以翰爲幹望經爲義以此不同○注物萌色赤○正義曰案上殷尚白之下注云物牙色白此萌色赤不同者萌是牙之微細故建子云萌建丑云牙若散而言之萌即牙也故書傳略説云周以至動殷以萌夏以牙此皆據一種之草大汎而言故建子

始動建寅乃出至如薺麥以秋而生月令仲冬荔挺出不在此例也此文質雖異殷質周文大汎言之乃前代質後代文也故表記云虞夏之質殷周之文是也○注騵駵馬白腹○正義曰爾雅釋畜文武王伐紂所乘也故詩云駟騵彭彭毛傳云上周下殷故周人戎事乘之若其餘事則明堂位云周人黃馬蕃鬣是也

○穆公之母卒穆公魯哀公之曾孫使人問於曾子曰如之何問居喪之禮曾子曾參之子名申○參所金反一音七南反後同○對曰申也聞諸申之父曰哭泣之哀齊斬之情饘粥之食自天子達子喪父母尊卑同○齊音咨本亦作齋齋衰之字後皆放此饘本又作飦之然反説文云糜也周謂之饘宋衛謂之䬳粥之六反徐又音弃字林云綽糜也○布幕衞也縿幕魯也幕所以覆棺上也縿縑也縿讀如綃衞諸侯禮魯天子禮兩言之者僭已久矣幕或爲幦○幕本又作冪音莫徐音覓下同縿音綃徐又音蕭縑古謙反綃音消徐本又作綃桑堯反僣子念反幦莫歷反○

【疏】穆公至魯也○正義曰此一節論尊卑之喪有同有異之事各依文解之○注穆公至曾孫○正義曰案世本傳記哀公蔣生悼公寧寧生元公嘉嘉生穆公不衍是曾孫也○曰哭至子達者曾申對穆公使人云哭泣之哀謂有聲之哭無聲之泣並爲哀然故曰哭泣之哀也齊斬之情者齊是爲母斬是爲父父母情同故荅云之情也饘粥之食者厚曰饘希曰粥朝夕食米一溢孝子以此爲食故曰食也自天子達者父母之喪貴賤不殊哭泣以下自天子至庶人如一故云自天子達○布幕衞也縿幕魯也者既言齊斬饘粥同又言覆棺之幕天子諸侯各別以布爲幕者衞是諸侯之禮以縿爲幕者魯是天子之制幕者謂覆殯棺者也下文云加斧於椁上鄭云以刺繡於縿幕加椁以覆棺已乃屋其上盡塗之如鄭此言繡幕加斧文塗之內以覆棺椁也周公一人得用天子禮而後代僭用之故曾申舉衞與魯俱是諸侯則後代不宜異謂魯之諸公不宜與衞異也崔靈恩云當時諸侯僭効天子也恐魯穆公不能辨故兩言以明顯魯與諸侯之別也今案崔言雖異而是曾申爲穆公説則同也然周禮幕人掌帷幕幄帟注云在傍曰帷在上曰幕幕或在地展陳於上帷幕皆以布爲之四合象宮室曰幄王所居之帳也帟小幕幕若幄中坐上承塵也幄帟皆以繒爲之而今云天子用綃幕者崔靈恩云周禮所陳祇謂幄帟之帷幕不論襯棺自用縿也天子別

加斧于椁上畢塗屋此所陳祇謂襯棺幕在於畢塗之內者也若其塗上之帟則大夫以上有之故掌次云凡喪王則張帟三重諸侯再重孤卿大夫不重下云君於士有賜帟然士無覆棺之幕下云子張之喪褚幕丹質者彼謂將葬啓殯以覆棺故鄭注彼云葬覆棺別也

○晉獻公將殺其世子申生信驪姬之譖○孋本又作麗亦作驪同力知反公子重耳謂之曰子蓋言子之志於公乎蓋皆當爲盍盍何不也志意也重耳欲使言見譖之意重耳申生異母弟後立爲文公○重直龍反注皆同子蓋依注音盍戶臘反下同世子曰不可君安驪姬是我傷公之心也言其意則驪姬必誅也驪姬獻公伐驪戎所獲女也申生之母蚤卒驪姬嬖焉○蚤音早嬖必計反曰然則蓋行乎行猶去也世子曰不可君謂我欲弒君也天下豈有無父之國哉吾何行如之言人有父則皆惡欲弒父者○弒本又作煞音試注同徐云字又作嗣音同惡烏路反○使

人辭於狐突曰：申生有罪，不念伯氏之言也，以至于死。申生不敢愛其死。辭猶告也。狐突，申生之傅，舅犯之父也。前此者，獻公使申生伐東山皋落氏，狐突謂申生欲使之行，今言此者，謝之。伯氏，狐突別氏。○突，徒忽反。傅音富。咎，其九反。皋，古刀反。雖然，吾君老矣，子少，國家多難，子，驪姬之子奚齊。○少，詩召反。難，乃旦反。伯氏不出而圖吾君。圖猶謀也。不出爲君謀國家之政。然則自皋落氏反後，狐突懼，乃稱疾。○爲，于僞反，下爲時同。伯氏苟出而圖吾君，申生受賜而死。則猶惠也。再拜稽首乃卒。既告狐突，乃雉經。○雉經，如字，徐古定反，如雉之自經也。是以爲恭世子也。言行如此，可以爲恭，於孝則未之有。○共音恭，本亦作恭，注同。行，下孟反。

【疏】「晉獻」至「子也」。○正義曰：此一節論獻公殺申生之事，各依文解之。○注「信驪姬之譖」。

正義曰：案僖四年左傳云：姬謂大子曰：君夢齊姜，必速祭之。大子祭於曲沃，歸胙於公，公獵，姬寘諸宮六日，毒而獻之。公

祭之地，地墳；與犬，犬斃；與小臣，小臣亦斃。姬泣曰：賊由大子。又晉語云：姬寘鴆於酒，寘堇於肉。堇謂烏頭。是驪姬譖申生之事也。○注「蓋皆」至「文公」。○正義曰：此云「蓋言子志」，及下「蓋行乎」，以蓋非一，故云「皆當爲盍」。盍言，重耳欲使言見譖之意者，重耳欲使申生言見驪姬所譖之意。左傳云：或謂太子曰：子辭，君必辨焉。杜預云：以六日之狀自理，謂毒酒經宿輒敗，若申生初則置罪，經六日其酒必壞，何以經六日其酒尚好，明臨至加藥焉。云「重耳，申生異母弟」者，案莊二十八年左傳云：晉獻公烝於齊姜，生太子申生；大戎狐姬生公子重耳，是異母弟也。○注「言其」至「變焉」。○正義曰：案僖四年左傳云：大子曰：君非姬氏，居不安，食不飽，君老矣，吾又不樂。謂我若自理，驪姬必誅，姬死之後，公無復歡樂，故此云「是我傷公之心」。云「驪姬，獻公伐驪戎所獲女也」者，莊二十八年左傳云：初，晉獻公滅驪戎，驪戎男女以驪姬，驪姬嬖，生奚齊，其娣生卓子。是驪姬嬖也。云「申生之母蚤卒」者，以左傳云姬命大子祭齊姜，是蚤死也。○「使人至而死」。○時狐突謝病在晉都，大子出奔曲沃，於是狐突欲令大子出奔，大子不用其言，故今臨死，使人辭謝，言於狐突曰：申生有愚短之罪，不念伯氏之言出奔避禍，今日被譖，以至於死，申生不敢愛惜其身命之死。言死不受命。雖然不惜身命，猶有所憂，吾君已老，子又幼少，又國

家多有危難，伯氏又謝病不出圖吾君之事，吾以爲憂。伯氏誠能出外而圖謀吾君國家之事，申生受伯氏恩賜，甘心以死。○注「前此」至「別氏」。○正義曰：案左傳閔二年獻公使申生伐東山皋落氏，狐突欲令申生行，云：雖欲勉之，狄可盡乎。下又云狐突欲行，是狐突欲使行之事。言「前此」者，謂僖四年申生將死之時，前謂閔二年伐皋落氏之時，在前五年，故云前。皋落氏在晉都之東，居在山內，皋落氏，杜預云是赤狄別種，故云東山皋落氏。云「伯氏，狐突別氏」者，既言辭狐突，又云伯氏，故云狐突別氏。狐是揔氏，伯仲者是兄弟之字，字伯者謂之伯氏，字仲者謂之仲氏，故傳云：叔氏其忘諸乎。又下云：叔氏專以禮許人。是一人身字，則別爲氏也。○注「圖猶」至「稱疾」。○正義曰：圖，謀，釋詁文。自皋落氏反後，狐突懼，乃稱疾者，以經云伯氏不出而圖吾君，故知稱疾。必有所因，反自皋落，去此不遠，知自皋落反而稱疾也。○注「既告」至「雉經」。○正義曰：雉，牛鼻繩也。申生以牛繩自縊而死也。故鄭注封人云：緣著牛鼻繩，所以牽牛者也。今時人謂之雉，或爲雉鼻耿介，被人所獲，必自屈折其頭而死。漢書載趙人貫高自絕亢而死，申生當亦然也。傳云申生縊死，晉語申生使猛足辭於狐突，乃雉於新成廟。○注「言行」至「之有」。○正義曰：春秋左傳云晉侯殺其世子申生，父不義也。孝子不陷親於不義，而申生不

能自理，遂陷父有殺子之惡，雖心存孝，而於理終非，故不曰孝。但謚爲恭，以其順於父事而已。謚法曰：敬順事上曰恭。○

○魯人有朝祥而莫歌者，子路笑之。笑其爲樂速。○莫音暮。樂音洛，又音岳。○夫子曰：由，爾責於人，終無已夫？三年之喪，亦已久矣夫。爲時如此，人行三年喪者希，抑子路以善彼。○已夫音扶，絕句，本或作已矣夫。子路出，夫子曰：又多乎哉，踰月則其善也。又，復也。○復，扶又反。

【疏】「魯人」至「善也」。○正義曰：此一節論大祥除衰杖之日，不得即歌之事，今各依文解之。○「魯人有朝祥莫歌者」，魯人不辨其姓名。祥謂二十五月大祥，歌哭不同日，故仲由笑之也。故鄭注「笑其爲樂速」，然祥日得鼓素琴。○「夫子至善也」。○夫子抑子路，呼其名云：由，若人治喪不備三年，各有可責，今此人既滿三年，爾尚責之，女罪於人，終無休已之時。夫是助語也。三年之喪，計其日月已過，亦已久矣，人人皆廢，此獨能行，其人既美，何須笑之。時孔子抑子路，善彼人，既不當實禮，恐學者致惑，待子路出後，更以正禮言之。夫子曰：魯人可歌之時節，豈有多經日月哉？但踰越後月

即其善言歌合於禮案喪服四制祥之日鼓素琴不議彈琴而議歌者下注云琴以手坐歌以氣手在外而遠氣在內而近也○魯莊公及宋人戰于乘丘十年夏○乘繩證反夏戶嫁反縣賁父御卜國爲右縣卜皆氏也凡車右勇力者爲之○縣音玄卷內皆同賁父上音奔下音甫人名字皆同馬驚敗績驚奔失列○馬驚敗一本無驚字公隊佐車授綏戎車之貳曰佐授綏乘公○隊宜類反綏息佳反公曰末之卜也末之猶微哉言卜國無勇縣賁父曰他日不敗績而今敗績是無勇也公他日戰其御馬未嘗驚奔遂死之二人赴敵而死圉人浴馬有流矢在白肉圉人掌養馬者白肉股裏肉○圉魚呂反股裏上音古下音里公曰非其罪也流矢中馬非御與右之罪○中丁仲反遂誄之誄其赴敵之功以爲謚○誄力軌反謚也士之有誄自此始也記禮失所由來也周雖以士爲爵猶無謚也殷大夫以上爲爵○上時掌反

【疏】魯莊至始也○正義曰此一節論魯莊公與士爲謚失禮之事各依文解之○戰於乘丘者乘丘魯地莊公十年夏六月齊師宋師次于郎公子偃曰宋師不整可敗也宋敗齊必還請擊之大敗宋師于乘丘齊師乃還○注縣卜皆氏也○正義曰知縣卜皆氏者此有縣賁父下有縣子瑣七十二弟子傳有卜商故知皆氏也○注戎車之貳曰佐○正義曰案周禮戎僕掌倅車之政道僕掌貳車之政田僕掌佐車之政則戎車之貳曰倅此云佐者周禮相對爲文有異若散而言之則田獵兵戎俱是武事故同稱佐車少儀注戎獵之副曰佐是也熊氏以爲此皆諸侯法公曰末之卜也者末微也之哉也言微弱哉此卜國也以其微弱無勇致使我馬敗績也○注二人赴敵而死○正義曰知二人者以卜國被責縣賁父職掌馬事自稱無勇既序兩人於上即陳遂死於下明兩人俱死也○注圉人至裏肉○正義曰圉人掌養馬者案昭七年左傳云牛有牧馬有圉是圉人掌馬也云白肉股裏肉者以股裏白故謂之白肉非謂肉色白也○注周雖至爲爵○正義曰知周以士爲爵者案掌客云凡介行人宰史皆有飧饔餼以其爵等爲之牢禮之數陳凡介行人皆爲士而云爵等是士有爵也故鄭注大行人云命者五公侯伯子男爵者四孤卿大夫士云猶無謚也者以此云士之有誄自此始故知周士無謚也云殷大夫以上爲爵者案士冠禮云古者生無爵死無謚於士冠之下而爲此記又不云諸侯大夫明生無爵死無謚據士也士冠禮是周禮而云古者故知是殷以上

○曾子寢疾病病謂疾困樂正子春坐於牀下子春曾參弟子曾元曾申坐於足元申曾參之子童子隅坐而執燭隅坐不與成人並○成人並音並絕句童子曰華而睆大夫之簀與華畫也簀謂牀笫也說者以睆爲刮節目字或爲刮○睆華板反明貌孫炎云睆漆也徐又音刮簀音責與音餘下同畫衡賣反牀笫上音床下側吏反刮古滑反子春曰止以病困不可動曾子聞之瞿然曰呼呼虛憊之聲○瞿紀具反下同曰呼音虛注同吹氣聲也一音況于反憊皮拜反羸困也曰華而睆大夫之簀與曾子曰然斯季孫之賜也我未之能易也元起易簀未之能易已病故也曾元曰夫子之病革矣不可以變幸而至於旦請敬易之言夫子者曾子親沒之後齊嘗聘以爲卿而不爲也革急也變動也幸覬也○革紀力反并又音極注同請七領反覬音冀曾子曰爾之愛我也不如彼彼童子也君子之愛人也以德成已之德細人之愛人也以姑息息猶安也言苟容取安也吾何求哉吾得正而斃焉斯已矣斃仆也○斃音弊仆蒲北反又音赴舉扶而易之反席未安而沒言病雖困猶勤於禮○沒音歿

【疏】曾子至而沒○正義曰此一節論曾子臨死守禮不變之事各依文解之○注華畫至爲刮○正義曰凡繪畫五色必有光華故云華畫也云簀謂牀笫者爾雅釋器云簀謂之笫云說者以睆爲刮節目者說者謂在鄭之前解說禮者說此睆爲刮削木之節目使其睆睆然好故詩云睍睆黃鳥傳云睍睆好貌是也云字或爲刮者謂禮記之本有以睆字爲刮云華而刮者故云字或爲刮○注未之能易已病故也○正義曰言此未病之時猶得寢臥既病之後當須改

正以已今病氣力虛弱故時復一時未能改易聞童子之言乃便驚駭。注曾子至覬也。正義曰知齊嘗聘以爲卿者韓詩外傳云曾子仕於莒得粟三秉方是之時曾子重其身而輕其祿親没之後齊迎以相楚迎以令尹晉迎以上卿方是之時曾子重其身而輕其祿既言輕其祿是不爲也但齊以相楚以令尹晉以上卿而鄭言齊嘗聘爲卿者以三國文連含帶爲注耳且相即是上卿革急也釋言文。曾子至已矣。曾參謂曾元曰爾之愛我也不如彼童子何者君子之愛人也必以善事成已之德則童子是也細小之人愛人也不顧道理且相寧息即汝是也吾今更何求焉唯求正道易換其簀而即仆焉斯已矣者斯此也已猶了也此則正一世事了不陷於惡故君子愼終如始禮云男子不死於婦人之手婦人不死於男子之手故春秋魯僖公薨于小寢譏即安也成公薨于路寢傳曰言道也他人名已得呼爲大夫之稱而言夫子若已不爲大夫則已所爲當須依禮不得寢大夫之牀也

○始死充充如有窮既殯瞿瞿如有求而弗得既葬皇皇如有望而弗至練而慨然祥而廓然皆憂悼在心之貌也求猶索物。慨苦愛反廓苦郭反何云闕也索所白反

疏 始死至廓然。正義曰此記人因前有死事遂廣說孝子形節也事盡理屈爲窮言親始死孝子匍匐而哭之心形充屈如急行道極無所復去窮急之容也。既殯瞿瞿如有求而弗得者殯斂後心形稍緩也瞿瞿眼目速瞻之貌求猶覓也貌恒瞿瞿如有所失而求覓之不得然也既葬皇皇如有望而弗至者又漸緩也皇皇猶栖栖也至葬後親歸草土孝子心形栖栖皇皇無所依託如有望彼人來而彼人不至也。練而慨然者轉緩也至小祥但歎慨日月若馳之速也。祥而廓然者至大祥而寥廓情意不樂而已

○邾婁復之以矢蓋自戰於升陘始也戰於升陘魯僖二十二年秋也時師雖勝死傷亦甚無衣可以招魂。邾音誅婁力俱反或如字邾人呼邾聲曰婁故曰邾婁公羊傳與此記同左氏穀梁但作邾陘音形僖許宜反

魯婦人之髽而弔也自敗於臺鮐始也敗於臺鮐魯襄四年秋也臺當爲壺字之誤也春秋傳作狐鮐時家家有喪髽而相弔去纚而紒曰髽禮婦人弔服大夫之妻錫衰士之妻則疑衰與皆吉笄無首素總。髽側瓜反臺鮐上音胡下音臺去羌呂反纚所買反又所綺反黑繒韜紒音計錫衰上悉歷反下七雷反與音餘笄音雞總音揔

疏 邾婁至始也。正義曰此一節論二國失禮之事。注戰於至招魂。正義曰魯僖公二十二年春伐邾取須句秋八月及邾人戰于升陘左傳云邾人以須句故出師公卑邾不設備而禦之臧文仲曰國無小不可易也無備雖衆不可恃也先王之明德無不懼也況我小國乎君其無謂邾小蜂蠆有毒而況國乎不聽公及邾師戰于升陘是也。注時師雖勝死傷亦甚者則傳云我師敗績邾人獲公胄縣諸魚門是也鄭云此者解復之以矢之意以其死傷者多無衣可以招魂故用矢招之也必用矢者時邾人志在勝敵矢是心之所好故用所好招魂冀其復反然招魂唯據死者而鄭兼云傷者以其雖勝故連言死傷以狹句耳若因兵而死身首斷絶不生者應無復法若身首不殊因傷致死復有可生之理者則用矢招魂左氏直言邾公羊云邾婁者何休云夷言婁聲相近也。注敗於至素總。正義曰案左傳魯襄公四年冬十月邾人伐鄫臧紇救鄫侵邾敗於狐鮐魯人怨而歌之魯襄四年冬也此云秋鄭舉其初也云臺當爲壺字之誤也春秋傳作狐鮐左傳云臧之狐裘敗我於狐鮐我君小子朱儒是使侏儒侏儒使我敗於邾臧紇武仲也言狐裘武仲所服也是時襄公年七歲微弱故云我君小子也侏儒短人也臧武仲短小故云侏儒云去纚而紒曰髽者案士冠禮纚廣終幅長六尺所以韜髮今以凶事故去之但露紒而已云禮婦人弔服大夫之妻錫衰者喪服傳云大夫弔於命婦錫衰命婦弔於大夫亦錫衰是大夫之妻弔服錫衰也云士之妻則疑衰與者以士妻弔服之文故云疑衰與必以疑衰者案周禮司服有錫衰緦衰疑衰錫衰爲上緦衰次之疑衰爲下案喪服大夫弔服錫衰喪服小記云諸侯弔必皮弁錫衰則君弔大夫大夫相弔皆錫衰其服同也錫衰之下但有緦衰疑衰天子弔諸侯皆以緦衰弔大夫士以疑衰若諸侯弔大夫以錫衰弔同姓之士緦衰弔異姓之士疑衰故鄭注文王世子云同姓士緦衰異姓士疑衰以其士自相弔如一皆疑衰故鄭注司服云舊說士弔服素委貌冠朝服此士不以緦衰爲弔服者以緦衰是士弔喪服不以弔也故注喪服云士以緦衰爲喪服其弔服則疑衰也改其裳以素辟諸侯近庶人弔服而衣猶非也疑衰變其裳以素耳以此言之是士弔服疑衰素裳也故以爲士妻弔服疑衰必知弔服夫妻同者以喪服大夫命婦俱以錫衰弔故也云皆吉笄無首素總者大戴禮文也

○南宮縚之妻之姑之喪南宮縚孟僖子之子南宮閱也字子容其妻孔子兄女。縚吐刀反閱音悅。

夫子誨之髽曰爾毋從從爾爾毋扈扈爾誨，教。爾，女也。從從，謂大高。扈扈，謂大廣。爾，語助。○毋音無，後同。從從，音揔，高也。一音崇，又仕江反。扈音戸，廣也，大也。女音汝。大音泰，一音勑佐反，下「大廣」、「已猶大」、「夫」重同。蓋榛以爲笄長尺而總八寸總，束髮垂爲飾，齊衰之總八寸。○榛，側巾反，木名，又士鄰反。長，直亮反，凡度長短曰長，皆同此音。【疏】南宮至八寸○正義曰此一節論婦人爲舅姑服髽與笄總之法○南宮縚之妻之姑之喪者之並是語辭也南宮縚妻姑喪謂夫之母也以是夫子兄之女故夫子誨之作髽法○曰爾毋從從爾爾毋扈扈爾者上爾爲女下爾語辭辭言期之髽稍輕自有常法女造髽時無得從從而大高又無得扈扈而大廣既教以作髽又教以笄總之法其笄用木無定故教之云蓋用榛木爲笄其長尺而束髮垂餘之總垂八寸○注南宮至兄女○正義曰知孟僖子之子南宮閱者案左氏昭七年傳云孟僖子將卒召其大夫云屬說與何忌於夫子以事仲尼以南宮爲氏故世本云仲孫玃生南宮縚是也云字子容其妻孔子兄女者論語云以其兄之子妻之是也○注從從至大廣○正義曰從從是高之貌狀故楚辭招隱云山氣巃嵸今石嵯峨則巃嵸是高也扈扈猶廣也爾雅釋山云卑而大扈郭云扈是廣貌也此云無得高廣者謂無得如斬衰高廣也○注總束至八寸○正義曰案喪服傳云總六升長六寸謂斬衰也故此齊衰長八寸也以二寸爲差也以下亦當然無文以言之喪服箭笄長一尺吉笄長尺二寸榛笄長尺斬衰齊衰笄同二尺降於吉笄二寸也但惡笄或用櫛或用榛故喪服有櫛笄故夫子稱蓋以疑之

○孟獻子禫縣而不樂比御而不入可以御婦人矣，尚不復寢。孟獻子，魯大夫仲孫蔑。○禫，大感反。比，必利反，下「比及」同。蔑，迷結反。夫子曰獻子加於人一等矣加猶踰也。【疏】孟獻至等矣○正義曰此一節論獻子除喪作樂得禮之宜也依禮禫祭暫縣省樂而不恒作也至二十八月乃始作樂又依禮禫後吉祭乃始復寢當時人禫祭之後則恒作樂未至吉祭而復寢今孟獻子既禫暫縣省樂而不恒作比可以御婦人而不入寢雖於禮是常而特異餘人故夫子善之云獻子加於人一等矣不謂加於禮一等其祥禫之月先儒不同王肅以二十五月大祥其月爲禫二十六月作樂所以然者以下云祥而縞是月禫徙月樂又與上文魯人朝祥而莫歌孔子云踰月則其善是皆祥之後月作樂也又間傳云三年之喪二十五月而畢又士虞禮中月而禫是祥月之中也與尚書文王中身享國謂身之中間同又文公二年冬公子遂如齊納幣是僖公之喪至此二十六月左氏云納幣禮也故王肅以二十五月禫除喪畢而鄭康成則二十五月大祥二十七月而禫二十八月而作樂復平常鄭必以爲二十七月禫者以雜記云父在爲母爲妻十三月大祥十五月禫爲母爲妻尚祥禫異月豈容三年之喪乃祥禫同月若以父在爲母屈而不伸故延禫月其爲妻當亦不申祥禫異月乎若以中月而禫爲月之中間應云月中而禫何以言中月乎案喪服小記云妾祔於妾祖姑亡則中一以上而祔又學記云中年考校皆以中爲間謂間隔一年故以中月爲間隔一月也下云祥而縞是月禫徙月樂是也謂大祥者縞冠是月禫謂是此禫月而禫二者各自爲義事不相干故論語云子於是日哭則不歌文無所繼亦云是日文公二年公子遂如齊納幣者鄭箴膏肓僖公母成風主婚得權時之禮若公羊猶談其喪娶其魯人朝祥而莫歌及喪服四制云祥之日鼓素琴及夫子五日彈琴不成聲十日成笙歌并此獻子禫縣之屬皆據省樂忘哀非正樂也其八音之樂工人所奏必待二十八月也即此下文是月禫徙月樂是也其朝祥莫歌非正樂歌是樂之細別亦得稱樂故鄭云笑其爲樂速也其三年問云三年之喪二十五月而畢據喪事終除衰去杖其餘哀未盡故更延兩月非喪之正也王肅難鄭云若以二十七月禫其歲未遭喪則出入四年喪服小記何以云再期之喪三年如王肅此難則爲母十五月而禫出入三年小記何以云期之喪二年明小記所云據喪之大斷也又肅以月中而禫案曲禮喪事先遠日則大祥當在下旬禫祭又在祥後何得云中月而禫又禫後何以容吉祭故鄭云二十七月也戴德喪服變除禮二十五月大祥二十七月而禫故鄭依而用焉鄭以二十八月樂作喪大記何以云禫而內無哭者樂作矣以禫後許作樂者大記所謂禫後方將作樂釋其內無哭者之意非謂即作樂大記又云禫而從御吉祭而復寢間傳何以云大祥居復寢間傳所云者去堊室復殯宮之寢大記云禫而從御謂禫後得御婦人必待吉祭然後復寢其吉祭者是禫月值四時而吉祭外而爲之其祝辭猶不稱以某妃配故士虞禮云吉祭猶未配○注孟獻子魯大夫仲孫蔑○正義曰知者案襄五年經書仲孫蔑會吳于善道傳云孟獻子會吳于善道是孟獻子爲仲孫蔑也仲稱孟者是慶父之後鄭注論語云慶父輔稱死時人爲之諱故云孟氏杜預以爲慶父是莊公長庶兄庶長故稱孟

○孔子既祥五日

彈琴而不成聲哀未忘彈徒丹反。十日而成笙歌踰月且異旬也祥亦凶事用遠日五日彈琴十日笙歌除由外也琴以手笙歌以氣。笙音生【疏】孔子至笙歌。正義曰此一節論孔子除喪作樂之根。十日而成笙歌者上云彈琴而不成聲此云十日而成笙歌之聲音曲諧和也。注五日至以氣。正義曰此者解先彈琴後笙歌之意由彈以手手是形之外故曰除由外也祥是凶事用遠日故十日得踰月若其卜遠不吉則用近日雖祥後十日亦不成笙歌以其未踰月也。有子蓋既祥而絲屨組纓譏其早也禮既祥白屨無絇縞冠素紕有子孔子弟子有若。屨音句組音祖絇其俱反縞古老反又古報反【疏】有子至組纓。正義曰此一節明除喪失禮之事有子孔子弟子有若也蓋是疑辭録記之人傳聞有子既祥而絲屨未知審否意以爲實故云蓋既祥而絲屨以組爲纓也。注譏其至有若。正義曰此絲屨組纓禫後之服今既祥而著故云譏其早也云禮既祥白屨無絇戴德喪服變除禮文云縞冠素紕者玉藻文素紕當用素爲纓未用組今用素組爲纓故譏之案玉藻云云玄冠綦組纓知此非綦組纓者若其綦組爲纓則當以玄色爲冠若既祥玄冠則失禮之甚不應直譏組纓也案士冠禮冬皮屨夏用葛無云絲屨者此絲屨以絲爲飾絇繶純之屬故士冠禮云白屨緇絇繶純纁屨黑絇繶純鄭注屨人云絇屨頭飾繶是縫中紃純緣也此有子蓋亦白屨以素絲爲繶純也。死而不弔者三謂輕身忘孝也畏人或時以非罪攻已不能有以說之死之者孔子畏於匡厭行止危險之下。厭于甲反溺不乘橋舡。溺奴狄反【疏】死而至厭溺。正義曰此一節論非理横死不合弔哭之事。畏謂有人以非罪攻已已若不有以解說之而死者則不弔鄭玄注引論語以證之明須解說也案世家云陽虎嘗侵暴於匡時又孔子弟子顏刻爲陽虎御車後孔子亦使刻御車從匡過孔子與陽虎相似故匡人謂孔子爲陽虎因圍欲殺之孔子自說故匡又解圍也自說者謂卑辭遜禮論語注云微服而去謂身著微服潛行而去不敢與匡人鬭以媚悅之也。厭謂行止危險之下爲崩墜所厭殺也。溺謂不乘橋舡而入水死者何胤云馮河潛泳不爲弔也除此三事之外其有死不得禮亦不弔故昭二十年衛齊豹欲攻孟縶宗魯事孟縶是時齊豹欲攻孟縶宗魯許齊豹攻之不告孟縶及孟縶被殺而死宗魯亦死之孔子弟子琴張欲往弔之孔子止之曰齊豹之盜而孟縶之賊女何弔焉杜預云言齊豹所以爲盜孟縶所以見賊皆由宗魯是失禮者亦不弔也。子路有姊之喪可以除之矣而弗除也孔子曰何弗除也子路曰吾寡兄弟而弗忍也孔子曰先王制禮行道之人皆弗忍也行道猶行仁義。弗除如字徐治慮反子路聞之遂除之【疏】子路至除之。正義曰庾蔚云子路緣姊妹無主後猶可得反服推已寡兄弟亦有申其本服之理故於降制已遠而猶不除非在室之姊妹欲申服過期也是子路已事仲尼始服姊喪明姊已出嫁非在室也

附釋音禮記注疏卷第六

嘉慶二十年重栞宋本禮記注疏附挍勘記

禮記注疏卷六挍勘記　阮元撰盧宣旬摘録

附釋音禮記注疏卷第六惠棟挍宋本題禮記正義卷第八

檀弓上第三

公儀仲子之喪節

居讀爲姬姓之姬閩監毛本同岳本嘉靖本同衛氏集説同考文引古本足利本爲作如

文之立武王權也閩監毛本同惠棟挍宋本文下有王字宋監本岳本嘉靖本同考文引古本足利本同

公儀仲子而身今喪亡閩監毛本同考文引宋板無而字

案賔位之法閩本同惠棟挍宋本同監毛本法作位非衛氏集説同

事親節

故云致謂戚容稱其服也者閩監毛本同惠棟挍宋本無故字

其由在君子之後乎惠棟挍宋本閩監毛本由作猶與昭三年傳合

春秋辟諱皆是閩監毛本作辟此本誤辭

云而無服者閩本同惠棟挍宋本同監毛本而誤葬

季武子成寢節

自見夷人冢墓以爲寢欲文過之閩監毛本同嘉靖本寢作宅惠棟挍宋本亦作宅無之字岳本同宋監本同衛氏集説亦無之字宅作寢。按疏標起訖無之字

逢於阿閩本同惠棟挍宋本同衛氏集説同監毛本阿誤何。按晏子春秋作逢於阿

盆成逆閩本同惠棟挍宋本同監本逆誤造毛本誤逌衛氏集説同

孔子曰節

自期如殷可閩監毛本作可岳本嘉靖本同此本可誤何

殷以慇惠棟挍宋本同閩監毛本以作已。按以已多通用

以其質故也惠棟挍宋本作以其此本以其二字闕閩監毛本作殷尚

不期杖以下閩本如此此本期字闕監毛本不期杖作不杖期

稽首頭至手也惠棟挍宋本閩本同監毛本手作地

不停留地閩監毛本同惠棟挍宋本地作也是也

裦讀爲報拜閩監毛本同惠棟挍宋本報字重

今時撎是也惠棟挍宋本同閩監毛本撎作揖

晉郤至三肅使閩監毛本同考文引宋板使下有者字

孔子既得合葬於防節

言居無常處也閩監毛本同岳本嘉靖本同衛氏集説同宋監本無處字考文引宋板同案通典一百三引言居無常也亦無處字

爾來何遲也岳本嘉靖本同石經遲作遟閩監毛本同注倣此通典引爾來何遟

古不脩墓閩監本同石經同岳本同毛本脩作修嘉靖本同注倣此。按古修治字多假脩字爲之

不但在鄉閩監毛本同惠棟挍宋本但作伹衛氏集説同

孔子哭子路於中庭節

覆弃之不忍食岳本同閩監毛本弃作棄衛氏集説同嘉靖本同

由也其死哭閩本同監毛本哭作矣。按作矣是也否則與哀十五年傳不合

曾子曰節

草經一年陳根陳也閩監毛本同惠棟挍宋本上陳作則

謂於一歲之內　閩監毛本作歲此本誤成考文引宋板歲作期。按作期是也猶上云一期草根陳乃不哭也下云若一期之外乃不哭也

如聞朋友之喪　閩監毛本作聞此本誤聞

若期之外則不哭也　閩監毛本同考文引宋板若下有一字

子思曰節

悉用誠信　閩監毛本作信此本誤偣

不使少有非法　監毛本作有衞氏集説同此本有誤多閩本同

三月之晬　惠棟挍宋本同閩監毛本晬誤餘

孔子少孤節　惠棟挍云孔子少孤節鄰有喪節宋本合爲一節案此本亦二節合爲一節閩本以下始分

徵在恥焉　徵字上通典引有後叔梁紇七五字疑杜佑以意增耳

然後得以父母尸柩　閩監毛本同惠棟挍宋本然作而衞氏集説同

云引葬飾棺以柳翣者　閩監毛本同惠棟挍宋本引葬作葬引與注合

夏后氏堲周　石經同岳本嘉靖本同釋文出即周云本又作堲注下同正義本作堲

火熟曰堲　閩監毛本同衞氏集説同惠棟挍宋本熟作孰宋監本岳本同嘉靖本同。按熟乃後出之字

牆柳衣也　閩監毛本同岳本嘉靖本衞氏集説同浦鏜云案七卷飾棺牆疏則此注本無衣字

及用棺椁之事　閩監毛本事作差衞氏集説同

其文開廣　閩監毛本同惠棟挍宋本開作既

謂鑿土爲陶冶之形　閩本同監毛本鑿作堲衞氏集説同考文引宋板亦作鑿

右手正堲　閩本同惠棟挍宋本同監毛本正作折

夏后氏尚黑節

大事斂用昏　閩監本同石經同岳本嘉靖本同毛本昏作昬注倣此。按段玉裁云昏古音同文與眞臻韻有斂後之别説文字从氏省爲會意絶非從民聲爲形聲也蓋隷書淆亂乃有從民作昬者俗皆遵用之

又春秋緯元命苞　閩監毛本作包非也衞氏集説同惠棟挍宋本包作苞

高辛氏以十二月爲正尚黑　閩監毛本同浦鏜云三誤二

伏犧以上　惠棟挍宋本同閩監毛本犧作羲案此本惟此字作犧下二字皆作羲

文法天質法地　閩本同考文引宋板同監毛本作文質二字誤倒

爲下物得陽氣　閩監毛本同浦鏜從論語疏挍云百誤下是也

湯觀於洛沉璧　閩本同惠棟挍宋本亦作璧沈作沉監毛本璧誤壁。按沉又沈之俗字依説文當作湛

案庾人云　閩監毛本庾誤庾考文引宋板作庾

凡馬皆有驪牡元　閩監毛本同孫志祖云驪上疑脱一牝字

穆公之母卒節

曰哭至子達者　閩監毛本同惠棟挍宋本哭下有泣字無者字

元言齊斬饘粥同　惠棟挍宋本元作既是也閩監毛本元作先

晉獻公節

信驪姬之譖　閩監毛本作譖岳本嘉靖本同衞氏集説同此本譖誤讃下同釋文出孋姬云本又作麗亦作驪正義作驪

子蓋言子之志於公乎　閩監毛本同岳本嘉靖本同釋文出子蓋云依注音盍下同石經初刻作盍後加艹作蓋下同注云蓋皆當爲盍是本作蓋

公獵姬寘諸宮　閩監毛本同惠棟挍宋本獵作田衛氏集說同○按作田與僖四年左氏傳合

若申生初則置罪　閩監毛本罪作𢍏衛氏集說同惠棟挍宋本𢍏作橥

初晉獻公滅驪戎　閩監毛本滅作伐與莊二十八年左氏傳合

於是狐突欲令大子出奔　閩監毛本同浦鏜挍云於當先字誤

故今臨死使人辭謝　閩監毛本作今此本今誤合

不念用氏之言　閩監毛本用作伯是也

今月被譖　閩監毛本月作日是也

言死不受命　閩監毛本同惠棟挍宋本受作愛

或爲雉鼻耿介　閩本同監毛本鼻作鳥惠棟挍宋本鼻作性是也衛氏集說作或謂雉性耿介

乃雉於新成廟　閩監毛本同浦鏜挍作乃雉經於新成之廟云脫經之二字

以其順於父事而已　閩監毛本同考文引宋板順上有恭字衛氏集說亦作恭順於父事

魯人有朝祥節

夫是助語也　閩監毛本同惠棟挍宋本助語作語助衛氏集說同

氣在內而近也　惠棟挍宋本此下另行題禮記正義卷第八終記云凡二十七頁

魯莊公節　惠棟挍宋本自此節起至孔子蚤作節止爲第九卷首題禮記正義卷第九

公隊　閩監毛本同岳本嘉靖本同衛氏集說同釋文同石經隊作墜宋監本同考文引古本同

殷大夫以上爲爵　閩監毛本作上岳本嘉靖本同此本上誤士

皆有飧饔餼　監毛本如此衛氏集說同此本飧誤食餼誤飲閩本飧亦誤食餼字剜補

爲之牢禮之數陳　閩本同監毛本數陳作陳數衛氏集說無之陳數三字

又不云諸侯大夫　閩監毛本同惠棟挍宋本無不字

曾子寢疾病節

隅坐不與成人並　閩監毛本並作竝嘉靖本同釋文亦作竝衛氏集說並下有也字此本並下脫一○

簀謂牀第也　諸本作第此本誤策今改正

瞿然曰呼　閩監毛本同石經同岳本嘉靖本同衛氏集說同釋文出曰吁云音虛注同

乃便驚駭　閩監毛本同考文引宋板便作更

曾子重其郭而輕其祿　閩監毛本郭作身是也

已猶了也　閩監毛本作了此本了誤子

他人名巳　閩監毛本同惠棟挍宋本巳作己下若巳則巳同

邾婁復之以矢節

國無少　閩監毛本同惠棟挍宋本少作小與僖二十二年左氏傳合

蜂蠆有毒　惠棟挍宋本蜂作蠭與左氏傳同

春秋傳作狐鮐　閩監本同毛本鮐下有者字

朱儒是使　監毛本同閩本朱作侏案閩本此侏字幷下侏儒字皆作侏監毛本幷下皆作朱此本惟此作朱下皆作侏

以士妻弔服之文　惠棟挍宋本之作無衛氏集說同閩監毛本弔上有無字

以緦衰是士弔喪服　閩監本同毛本弔作之

南宮縚節

南宮閱也　閩監毛本同岳本嘉靖本同釋文閱音悅考文云古本閱作潤案潤非也南宮閱即下南宮敬叔反注之仲孫閱同閱字下注不作潤而此注作潤亦其滲漏處之顯然者

諱教閩監毛本同衛氏集說同惠棟挍宋本教下有也字岳本同嘉靖本同宋監本同

下爾語辭辭補案辭字誤重

則寵從是高也閩監毛本寵從作寵從

孟獻子禫節

僖公母成風主婚閩本同監本主誤王

其三年問云閩監本作問此本誤間毛本同

其歲末遭喪監毛本作末此本末誤未閩本同

故鄭云二十六月也閩監毛本同惠棟挍宋本六作七是也

以禫後許作樂者閩監毛本同考文云宋板以作似續通解同

慶父輔稱死閩監毛本同浦鏜挍云稱疑經字誤

孔子既祥節

若其十遠不吉閩監本同毛本十作卜是也衛氏集說同

有子蓋既祥節

案玉藻云云閩監毛本上云作文惠棟挍宋本云字不重

死而不弔者節

不乘橋舡閩本同監毛本舡作船岳本嘉靖本同衛氏集說同疏同

鄭元注引論語以證之閩本同惠棟挍宋本同監毛本元誤云

故匡又解匱也閩本同監毛本又作人

馮河潛泳惠棟挍宋本如此此本誤馬何潛水閩本上三字不誤惟泳字仍誤氷監毛本誤水

禮記注疏卷六挍勘記

附釋音禮記注疏卷第七

檀弓上

禮記　鄭氏注　孔穎達疏

大公封於營丘比及五世皆反葬於周齊大公受封留爲大師死葬於周子孫生焉不忍離也五世之後乃葬於齊齊曰營丘○大音泰注及下注大史公皆同離力智反下相離同君子曰樂樂其所自生禮不忘其本言其似禮樂之義○樂樂並音岳一讀下五教反又音洛古之人有言曰狐死正丘首仁也正丘首正首丘也仁恩也○首手又反注同【疏】大公至仁也○正義曰此一節論忠臣不欲離王室之事太公封於營丘者周之大師大公封於營丘及其死也反葬於鎬京陪文武之墓其大公子孫比及五世雖死於齊以大公在周其子孫皆反葬於周也言反葬者旣從周嚮齊今又從齊反往歸周君子善其反葬似禮樂之意故云

先王制禮樂者樂其所自生謂愛樂已之王業所由生以制樂名若舜愛樂其王業所由能紹堯之德即樂名大韶禹愛樂其王業所謂由治水廣大中國則樂名大夏○禮不忘其本者謂先王制禮其王業根本由質而興則制禮不忘其本而尚質也若王業根本由文而興制禮尚文也是不忘其本也禮之與樂皆是重本今反葬於周亦是重本故引禮樂以美之君子旣引禮樂又引古之人有遺言云狐死正丘首而嚮丘所以正首而嚮上者丘是狐窟穴根本之處雖狼狽而死意猶嚮此丘是有仁恩之心也今五世反葬亦仁恩之心也但樂之與禮兩文相互樂云樂其所自生則禮當云反其所自本禮云不忘其本則樂當云不忘其生也樂云樂其所自生者初生王業因民之所樂而得天下今王者制樂自愛樂已之所由得天下樂者是王者自樂不據民之所樂也○注齊大公受封至齊曰營丘○正義曰知留爲大師者案詩大雅云維師尚父毛傳云師大師也史記齊世家云大公望呂尚者東海上人也四嶽之後尚佐武王伐紂爲大師云死葬於周子孫是大公所生爲故不忍離其先祖非謂子孫生在於周子孫生爲者不忍離其生處必五世者五世之外則服盡也然觀經及注則太公之外爲五世便是玄孫之子服盡亦反者其實反葬正四世知者案世本大公望生丁公伋伋生乙公得得生癸公慈母慈母生哀公不臣案齊世家哀公荒淫被紀侯譖之周周夷王烹哀公亦葬周也哀公是大公玄孫哀公死弟胡公靖立靖死獻公山立山死武公壽立若以始生爲五世則武公以上皆反葬於周若以爲君五世則獻公以上反葬周二者未知孰是云齊曰營丘者地理志云臨淄縣齊大公所封案釋丘云水出其前而左曰營丘以水營遶故曰營丘然周公封魯其子孫不反葬於周者以其有次子在周世守其采地則春秋周公是也故鄭康成作詩譜云元子伯禽封魯次子君陳世守采地下云延陵季子葬於嬴博之間者古禮也故舜葬蒼梧周則族葬故冢人云先王之葬居中以昭穆爲左右凡諸侯居左右以前卿大夫士居後各以其族是也

○伯魚之母死期而猶哭伯魚孔子子也名鯉猶尚也○期音基鯉音里夫子聞之曰誰與哭者門人曰鯉也夫子曰嘻其甚也嘻悲恨之聲○與音餘下餘闍也與同嘻許其反又於其反伯魚聞之遂除之【疏】伯魚至除之○正義曰此一節論過哀之事○注嘻悲恨之聲○正義曰悲恨之聲者謂非責伯魚悲恨之聲也時伯魚母出父在

爲出母亦應十三月祥十五月禫言期而猶哭則是祥後禫前祥外無哭于時伯魚在外哭故夫子怪之恨其甚也或曰爲出母無禫期後全不合哭

○舜葬於蒼梧之野舜征有苗而死因留葬焉書說舜曰陟方乃死蒼梧於周南越之地今爲郡○梧音吾陟知力反升也一蓋三妃未之從也古者不合葬帝嚳而立四妃矣象后妃四星其一明者爲正妃餘三小者爲次妃帝堯因焉至舜不告而取不立正妃但三妃而已謂之三夫人離騷所歌湘夫人舜妃也夏后氏增以三三而九合十二人春秋說云天子取十二即夏制也以虞夏及周制差之則殷人又增以三九二十七合三十九人周人上法帝嚳立正妃又三二十七爲八十一人以增之合百二十一人其位后也夫人也嬪也世婦也女御也五者相參以定尊卑○嚳苦毒反高辛氏帝也騷素刀反一音蕭湘差初佳反又初宜反嬪婢人反季武子曰周公蓋祔祔謂合葬合葬自周公以來○祔音父【疏】舜葬至蓋祔○正義曰此一節論古者不合葬之事舜葬於蒼梧之野者舜南巡守因征有苗而死以古代不合葬且天下爲家故遂葬於蒼梧之野○蓋三妃未之從也者從猶就也古不合葬故舜之三妃不就蒼

梧與舜合葬也云蓋者錄記之人傳云舜時如此未知審也故云蓋未之從者記人以周公始附舜時未有此禮故云未之從也記者既論古不合葬與周不同引季武子之言云周公以來蓋始附葬附即合也言將後喪合前喪武子去周公不遠無可疑亦云蓋者意有謙退不敢指斥事雖不疑亦云蓋也故孝經夫子云蓋天子之孝也蓋諸侯之孝也非是不知謙爲疑辭○注舜征至爲郡○正義曰鄭案淮南子云舜征三苗而遂死蒼梧史記云舜踐帝位三十九年南巡守崩于蒼梧之野葬于九疑山是爲零陵案尚書竄三苗于三危在西裔今舜征有苗乃死於蒼梧者張逸荅焦氏問云初竄西裔後分之在南野漢書地理志有蒼梧郡是今爲郡名也○注古者至尊卑○正義曰知帝嚳立四妃者案大戴禮帝繫篇云帝嚳卜四妃之子皆有天下長妃有邰氏之女曰姜嫄生稷次妃有娀氏之女曰簡狄生契次妃陳豐氏之女曰慶都生堯次妃陬氏之女曰常宜生帝摯帝嚳崩帝摯即位摯崩而堯立鄭此注用帝繫之文稷爲堯之異母弟也及注詩生民之篇與此異也以爲姜嫄是高辛之世妃謂高辛後世子孫之妃用命厤序之文以爲帝嚳傳十世姜嫄是帝嚳十世以後子孫之妃云象后妃四星案援神契云辰極橫后妃四星從曲相扶案祭法云帝嚳能序星辰以著衆明象星立妃也云帝堯因焉者以此經云舜三妃未之從明堯亦四妃也云舜不告而取者案孟子萬章問孟子云舜不告而取何也孟子曰告則不得取父母終不爲取妻是絕其後也云但三妃而已者案帝王世紀云長妃娥皇無子次妃女英生商均次妃癸比生二女宵明燭光是也云離騷所歌湘夫人者案楚辭九歌第三曰湘夫人云帝子降兮北渚目眇眇兮愁予是也王逸注離騷云娥皇女英墮湘水溺焉又秦紹云死而葬焉非溺也山海經以爲二女此云三者當以記爲正山海經不可用云周人上法帝嚳立正妃者案昏義后一夫人三是也若然案鄭注尚書帝乙妾生微子後立爲正妃生紂殷已有后者謂三妃嚢之正仍無后也云夫人也者即舜之三妃也嬪也者即夏所增九女也世婦也者即殷所增二十七人也女御也者即周所增八十一人也自夏以下節級三倍加之

曾子之喪浴於爨室見曾元之辭易簀矯之以謙儉也禮死浴於適室○爨七亂反矯居表反儉其檢反適丁厤反 疏 曾子至爨室○正義曰此一節論曾子故爲非禮以正其子也○注見曾至適室○正義曰案上易簀之後反席未安而沒焉得有浴爨室遺語者以反席之前欲易之後兄可有言但記文不備必知謂曾元之辭易簀故矯之者曾子達禮之人應須浴於正寢今乃浴於爨室明知意有所爲故云矯之也云禮死浴於適室者士喪禮死於適室下云甸人掘坎于階間爲垼於西牆下新盆槃瓶造于西階下乃浴於適室也於爨室爲謙無甸人掘坎爲垼之事是儉也

○大功廢業或曰大功誦可也許其口習故也 疏 ○大功至可也○正義曰此一節論遭喪廢業之事大功廢業者業謂所學習業則身有外營思慮他事恐其忘哀故廢業也誦則在身所爲其事稍靜不慮忘哀故許其口習言或曰者以其事疑故稱或曰然録記之人必當明禮應事無疑使後世作法今檢禮記多有不定之辭仲尼門徒親承聖旨子游裼裘而弔曾子襲裘而弔又小斂之奠或云東方或云西方同母異父昆弟魯人或云爲之齊衰或云大功其作記之人多云蓋多云或曰皆無指的並設疑辭者以周公制禮永世作法時經幽厲之亂又遇齊晉之強國異家殊樂崩禮壞諸侯奢僭典法訛舛是以普天率土不閑禮教故子思聖人之胄不喪出母隨武子晉之賢相不識殺烝作記之人隨後撰録善惡兼載得失備書但初制禮之時文已不具略其細事舉其大綱況乃時經離亂日月縣遠數百年後何能曉達記人所以不定止爲失禮者多推此而論未爲怪也亦兼有或人之言也

○子張病召申祥而語之曰君子曰終小人曰死申祥子張子欲使執喪成己志也死之言澌也事卒爲終消盡爲澌太史公傳曰子張姓顓孫今曰申祥周秦之聲二者相近未聞孰是○語魚據反澌本又作斯音賜下同顓音專近附近之近吾今日其庶幾乎言易成也○易以豉反 疏 子張至幾乎○正義曰此一節論子張將終戒勗其子之事子張病困召子申祥而語之曰若君子之死謂之爲終言但身終功名尚在若小人之死但謂之爲死無功名可録但形骸澌盡也子張言此欲令子執治其喪每事從禮使我得成君子○吾今日其庶幾乎者庶幸也幾冀也言吾若平生爲惡不可幸冀爲君子之人吾即平生以善自修今日將死其幸冀爲君子乎汝但執喪成禮以助我意則功名得存但身終而已○注申祥至孰是○正義曰知申祥子張子者以病而召之與曾子召申元同故知子張子也云大史公傳曰子張姓顓孫者案史記大史公姓司馬名談前漢人作太史官修史未成而卒其子遷續成史記作仲尼七十二弟子傳云子張姓顓孫今曰申祥者謂今禮記作申祥云周秦之聲二者相近者謂周國秦國之人言申與顓聲音相近今不知顓是不知申是

故云未闇執是也○曾子曰始死之奠其餘閣也與不容改新閣庋藏食物○奠田練反閣音各庋字又作庋同九毁反又居僞反〔疏〕曾子至也與○正義曰此一節論初死奠之所用之事○始死之奠者鬼神所依於飲食故必有祭酹但始死未容改異故以生時庋閣上所餘脯醢以爲奠也士喪禮復魄畢以脯醢升自阼階奠于尸東此之謂也○注不容至食物○正義曰閣架橙之屬人老及病飲食不離寢恐忽須無當故並將近置室裏閣上也若死仍用閣之餘奠者爲時期切促急令奠酹不容方始改新也

曾子曰小功不爲位也者是委巷之禮也譏之也位謂以親疏敘列哭也委巷猶街里委曲所爲也○街音佳子思之哭嫂也爲位善之也禮嫂叔無服○嫂悉早反注同婦人倡踊有服者娣姒婦小功倡先也○倡昌尚反注同踊音勇娣姒大計反下音似申祥之哭言思也亦然說者云言思子游之子申祥妻之昆弟亦無服過此以往獨哭不爲位〔疏〕曾子至亦然○正義曰此一節論無服爲位哭之禮○小功不爲位也者

曾子以爲哭小功之喪當須爲位時有哭小功不爲位者故曾子非之云若哭小功不爲位者是委細屈曲街巷之禮言禮之末略非典儀正法既言其失乃引得禮之人子思之哭嫂爲親疏之位於時子思婦與子思之嫂有小功之服故子思之婦先踊子思乃隨之而哭非直子思如此其申祥哭妻之兄弟言思亦然是亦如子思也○注位謂至爲也○正義曰知位謂親疏敘列者以其子思哭嫂爲位下云婦人倡踊婦人既在先明知爲位也云委巷猶街里委曲所爲也者謂庶人微賤在街巷里邑委細屈曲所爲不能方正也此子思哭嫂是孔子之孫以兄先死故有嫂也皇氏以爲原憲字子思若然鄭無容不注鄭既不注皇氏非也孔氏連叢云一子相承以至九世及史記所說亦同者不妨雖有二子相承者唯存一人或其兄早死故得有嫂且雜說不與經合非一也○注娣姒婦小功倡先也○正義曰案喪服小功章娣姒婦報傳云弟長也鄭注娣姒婦者兄弟之妻相名也長婦謂穉婦爲娣婦娣婦謂長婦爲姒婦謂據婦年之長幼則不據夫年之大小故成十一年左傳云聲伯之母不聘穆姜曰吾不以妾爲姒穆姜魯宣公夫人聲伯之母魯宣公弟叔肸之妻是弟妻爲姒又昭二十八年左傳云子容之母走謁諸姑曰長叔姒生男子容之母伯華之妻也長叔姒是伯華之弟叔肸之妻是亦謂弟妻爲姒也皆不繫夫身長幼云倡先也者案詩云倡予和女是倡爲先○注言思子游之子申詳妻之昆弟者謂妻之親昆弟也自此以外皆不爲位故奔喪禮哭妻之黨於寢鄭引逸奔喪禮云一哭而已不爲位矣○

古者冠縮縫今也衡縫縮從也今禮制衡讀爲橫今冠橫縫以其辟積多○縮所六反縫音逢又扶用反下同衡依注音橫華彭反從子容反故喪冠之反吉非古也解時人之惑喪冠縮縫古冠耳○解佳買反〔疏〕古者至古也○正義曰此一節論記者解時人之惑也古者自殷以上也縮直也殷以上質吉凶冠皆直縫直縫者辟積攝少故一一前後直縫之○今也衡縫者今周也衡橫也周世文冠多辟積不復一一直縫但多作攝而并橫縫之○故喪冠之反吉非古也者周吉冠文故多積攝而橫縫也若喪冠質猶疏辟而直縫是喪冠與吉冠相反故云喪冠之反吉也而時人因謂古時亦喪冠與吉冠反故記者釋云非古也正是周世如此耳古則吉凶冠同從縫

曾子謂子思曰伋吾執親之喪也水漿不入於口者七日言已以疾時禮而不如○

伋音急漿子良反子思曰先王之制禮也過之者俯而就之不至焉者跂而及之故君子之執親之喪也水漿不入於口者三日杖而后能起爲曾子言難繼以禮抑之○俯音甫跂丘豉反爲于僞反〔疏〕曾子至能起○正義曰此一節論曾子疾時居喪不能以禮子思以正禮抑之之事○曾子謂子思伋誇已居親之喪能行於禮故云吾水漿不入於口七日意疾時人行禮不如已也故子思以正禮抑之云古昔先代聖王制其禮法使後人依而行之故賢者俯而就之不肖者跂而及之以水漿不入於口三日尚以杖扶病若曾子之言即後人難爲繼也

○曾子曰小功不稅據禮而言也日月已過乃聞喪而服曰稅大功以上然小功輕不服○稅徐他外反注同上時掌反則是遠兄弟終無服也言相離遠者聞之恒晚而可乎以已思怪之〔疏〕曾子至可乎○正義曰此一節論曾子怪於禮小功不著稅服之事曾子以爲依禮小功之喪日月已過不更稅而追服則是遠處

兄弟聞喪恒晚終無服而可乎言其不可也曾子仁厚禮雖如此猶以爲薄故怪之此據正服小功也故喪服小記云降而在緦小功者則稅之其餘則否鄭康成義若限内聞喪則追全服若王肅義限内聞喪但服殘日若限滿即止假令如王肅之義限内祇少一日乃始聞喪若其成服服未得成即除也若其不服又何名追服進退無禮王義非也○伯高之喪伯高死時在衛未聞何國人孔氏之使者未至謂賻賵者○使色吏反賻音附賵芳用反冉子攝束帛乘馬而將之冉子孔子弟子冉有攝猶貸也○乘繩證反四馬曰乘貸他代反孔子曰異哉徒使我不誠於伯高徒猶空也禮所以副忠信也忠信而無禮何傳乎○副音仆傳直專反一本作傳音附【疏】伯高至伯高○正義曰此一節論禮所以副忠信之事各依文解之○注冉子至貸也○正義曰案仲尼弟子傳冉有名求魯人也攝猶貸也謂冉子見孔子使人未至貸之以束帛乘馬而行禮○孔子至伯高○孔子既聞冉有貸之行禮故怪恨之云空使我不得誠信行禮於伯高○注徒猶至傳乎○正義曰忠信由心禮在外貌若内無忠信禮何所施故云忠信

記疏卷七　七

而無禮謂無忠信也既無忠信禮何傳乎言不可傳行也冉有代孔子行弔非孔子本意是非孔子忠信虛有弔禮若孔子重遣人更弔即彌爲不可故云空使我不得誠信行禮於伯高伯高死於衛赴於孔子赴告也凡有舊恩者則使人告之孔子曰吾惡乎哭諸以其交會尚新○惡音烏惡乎猶於何也兄弟吾哭諸廟父之友吾哭諸廟門之外別親疏也○別彼列反下同師吾哭諸寢朋友吾哭諸寢門之外所知吾哭諸野別輕重也於野則已疏於寢則已重已猶大也夫由賜也見我吾哭諸賜氏本於恩哭於子貢寢門之外○夫音扶皇如字謂丈夫即伯高見如字皇賢遍反遂命子貢爲之主明恩所由曰爲爾哭也來者拜之知伯高而來者勿拜也異於正主○爲于僞反下注爲其疾爲褻爲我我爲皆同來者一本作爲爾哭也來者【疏】伯高至拜也○正義曰此一節論親疏所哭之處各依文解之○注別親疏也○正義曰兄弟親父友疏必哭諸廟及廟門外者兄弟是先祖子孫則哭之於廟此殷禮周則哭於寢故雜記云有殯聞遠兄弟之喪哭之側室若無殯當哭諸正寢父之友與父同志故哭諸廟門外非先祖之親故在門外也○注別輕重也○正義曰師友爲重所知爲輕所以哭師於寢寢是已之所居師又成就于已故哭之在正寢此謂殷禮若周禮則奔喪云師哭諸廟門外故鄭荅趙商之問亦以爲然孫炎云奔喪師哭諸廟門外是周禮也依禮而哭諸野若不依此禮則不可故下云惡野哭者以違禮爲野哭也○曰爲至拜也○夫子既命子貢爲主又教子貢拜與不拜之法若與女相知之人爲爾哭伯高之故而來弔爾者則爾拜之若與伯高相知而來哭者女則勿拜也凡喪之正主知生知死來者悉拜今與伯高相知而來不拜故鄭云異於正主○曾子曰喪有疾食肉飲酒必有草木之滋焉增以香味爲其疾不嗜食○滋音咨嗜市志反以爲薑桂之謂也爲記者正曾子所云草木滋者謂薑桂○薑居良反【疏】曾子至謂也○正義曰此一節論居喪有疾得食美味之事○

記疏卷七　八

注爲記至薑桂○正義曰知非曾子之言而云爲記者以上云草木之滋焉下云以爲薑桂之謂也是解上草木之滋豈可曾子自言還自解乎故以爲記者正曾子之言○子夏喪其子而喪其明明目精○而喪息浪反下喪明喪爾明同曾子弔之曰吾聞之也朋友喪明則哭之痛之曾子哭子夏亦哭曰天乎予之無罪也怨天罰無罪曾子怒曰商女何無罪也吾與女事夫子於洙泗之間言其有師也洙泗魯水名○女音汝下同洙音殊泗音四洙泗二水名退而老於西河之上西河龍門至華陰之地○華徐胡化反使西河之民疑女於夫子爾罪一也言其不稱師也喪爾親使民未有聞焉爾罪二也言居親喪無異稱○稱尺證反喪爾子喪爾明爾罪三也言隆於妻子而曰女何

無罪與子夏投其杖而拜曰吾過矣吾過矣謝之且服罪也○與音餘吾離羣而索居亦已久矣羣謂同門朋友也索猶散也○離羣羣朋友也上音詈索悉各反猶散也下注索居同疏子夏至久矣○正義曰此一節論子夏恩隆於子之事案仲尼弟子傳云子夏姓卜名商魏人也哀喪其子而哭喪失其明曾子是子夏之友故云朋友喪明則哭之子夏喪子之時曾子已弔今爲喪明更弔故曾子先哭子夏始哭云疑女於夫子者既不稱其師自爲談說辨慧聰睿絕異於人使西河之民疑女道德與夫子相似皇氏言疑子夏是夫子之身然子夏魏人居在西河之上姓卜名商西河之民無容不識而言是魯國孔丘不近人情皇氏非也○夫晝居於內問其疾可也似有疾○晝知又反夜居於外弔之可也似有喪是故君子非有大故不宿於外大故謂喪憂非致齊也非疾也不晝夜居於內內正寢之中○齊側皆反疏夫晝至於內○正義曰此一節

論君子居處當合於禮各依文解之○注大故謂喪憂○正義曰上文云夜居於外弔之可也○鄭云似有喪此注兼云憂者以其文云大故語意既寬非獨喪也故周禮每云國有大故皆據兵戎災禍故此兼云憂也身既有憂而夜在於外者既憂禍難不暇入內或與臣下外人夜裏在外圖謀禍患此謂中門外也故禮斬衰及期喪皆中門外爲廬堊室是有喪夜居中門外也○非致齊也至於內○平常無事之時或出或人雖晝居於外亦有入內雖夜居於內亦有出外時唯致齊與疾無問晝夜恒居於內故云非致齊也非疾也不晝夜居於內○注內正寢之中○正義曰恐內是燕寢故云正寢之中必知正寢者以其經云非致齊不居於內致齊在正寢疾則或容在內寢若危篤亦在正寢上文云晝居於內問其疾可也不問齊者齊是爲祭之事衆所共知不須問也此齊在內祭統云君致齊於外夫人致齊於內對夫人之寢爲外內耳○高子皐之執親之喪也子皐孔子弟子名柴泣血三年言泣無聲如血出未嘗見齒言笑之微○見賢遍反君子以爲難言人不能然疏高子至爲難○正義曰此一節論高柴居喪過禮之事各依文解之○注子皐孔子弟子名柴○正義曰案史記孔子弟子傳高柴鄭人字子皐○注言泣無聲如血出○正義曰凡人涕淚必因悲聲而出若血出則不由聲也今子皐悲無聲其涕亦出如血之出故云泣血○注言笑之微○正義曰既云泣血三年得有微笑者凡人之情有哀有樂哀至則泣血樂至則微笑凡人大笑則露齒本中笑則露齒微笑則不見齒○君子以爲難○君子以高柴所爲凡人難可爲之何者凡人發聲始涕出樂至爲大笑今高柴恒能如此餘人不能故爲難也○哀與其不當物也寧無衰惡其亂禮不當物謂精麤廣狹不應法制○衰七雷反下同後五服之衰皆放此不復音當丁浪反注同惡烏路反麄本又作麤七奴反狹音洽應應對之應齊衰不以邊坐大功不以服勤爲褻喪服邊偏倚也○褻息列反倚於彼反又於寄反疏衰與至服勤○正義曰此一節論衰裳升數形制必須依禮及著服不得爲褻之事各依文解之○衰與其不當物也者此語乃通於五服而初發斬衰也衰喪服也當猶應也物謂升縷及法制長短幅數也衰以表情故制有法度若精麤不應廣狹乖法便爲失禮故云寧無衰也是雖有不如無也○齊衰不以邊坐者因上寧無衰以廣其事也邊坐謂偏倚也喪服宜敬

坐起必正不可著衰而偏倚也齊衰輕既不倚斬重不言亦可知也○大功不以服勤者大功雖輕亦不可著衰服以爲勤勞事也齊衰言不邊坐則大功可也大功不勤則齊衰固不可而小功可也○孔子之衛遇舊館人之喪前日君所使舍已入而哭之哀出使子貢說驂而賻之賻助喪用也騑馬曰驂○稅本又作說同他活反徐又始銳反下及注同驂七南反夾服馬也騑芳非反子貢曰於門人之喪未有所說驂說驂於舊館無乃已重乎言說驂大重比於門人恩爲偏頗○頗破多反夫子曰予鄉者入而哭之遇於一哀而出涕遇見也舊館人恩雖輕我入哭見主人爲我盡一哀是以厚恩待我我爲出涕恩重宜有施惠○鄉本又作嚮許亮反出如字徐尺遂反涕音體施始豉反予惡夫涕之無從也小子行之客行無他物可以易之者使遂以往○惡烏路反夫音扶疏孔子至行之○正義曰此一節論孔子欲示人行禮副忠

信之事各依文解之。注前日君所使舍已。正義曰知非舊所經過主人必以爲君所使舍已者若是經過主人當云遇舊主人之喪故禮稱皆云主人是以左傳云以爲東道主又云昔吾主於趙氏皆主人爲主今此云館人明置館舍於已故以爲君所使舍已者。注賻助至曰驂。正義曰謂助生者喪家使用故既夕禮知死者贈知生者賻是賻爲助生也熊氏以此賻助喪用謂助死者因云賻得生死兩施熊氏非也案隱元年穀梁傳云錢財曰賻此用馬者即財也故少儀云賻馬不入廟門云騑馬曰驂者說文云騑旁馬是在服馬之旁又詩云騏騑是中騧驪是驂驂在外也孔子得有驂馬者案王度記云天子駕六馬諸侯四大夫三士二古毛詩云天子至大夫皆駕四孔子既身爲大夫若依王度記則有一驂馬也若依毛詩說則有二驂馬也。子貢至行之以予貢不欲說驂故夫子語其說驂之意云我所說驂者我鄉者入而哭之遇值主人盡於一哀是厚恩待我我爲之出涕既爲出涕當有厚施惠予惡夫涕之無從者謂我感舊館人恩深涕淚交下豈得虛然客行更無他物易換此馬女小子但將驂馬以行之副此涕淚然論語云顔回之喪子哭之慟但比出涕慟則爲甚矣又舊館之恩不得比顔回之極而說驂於舊館惜車於顔回者但舊館情疏厚恩待我須有賵賻故說驂賻之顔回則師徒之恩親乃是常事則顔回之死必當以物與之顔路無厭更請賣車爲椁以其不知止足故夫子抑之。

孔子在衛有送葬者而夫子觀之曰善哉爲喪乎足以爲法矣小子識之子貢曰夫子何善爾也曰其往也如慕其反也如疑慕謂小兒隨父母啼呼疑者哀親之在彼如不欲還然。識式志反又音式下及注章識皆同呼火故反子貢曰豈若速反而虞乎速疾子曰小子識之我未之能行也哀戚本也祭祀末也

疏孔子至行也。正義曰此一節論喪禮以哀戚爲本之事各依文解之。注慕謂至還然。正義曰言慕如小兒啼呼者謂父母在前嬰兒在後恐不及之故在後啼呼而隨之今親喪在前孝子在後恐不逮及如嬰兒之慕疑者謂凡人意有所疑在傍偟不進今孝子哀親在外不知神之來否如不欲還然故如疑問喪云其反也如疑鄭注云疑者不知神之來否與此相兼乃足。子貢曰豈若速反而虞乎。子貢之意葬既已竟神靈須安豈如速反虞祭安神乎但哀親在彼是痛切之本情反而安神是祭祀之末禮故下文夫子不許。

顔淵之喪饋祥肉饋遺也。饋其位反遺于季反孔子出受之入彈琴而后食之彈琴以散哀也。孔子與門人立拱而尚右二三子亦皆尚右效孔子也。拱恭勇反效本又作效胡教反下同孔子曰二三子之嗜學也嗜貪。嗜市志反注同我則有姊之喪故也二三子皆尚左復正也喪尚右右陰也吉尚左左陽也

疏孔子至尚左。正義曰此一節論拱手之禮。注喪尚至陽也。正義曰此既凶事尚右吉事尚左案特牲少牢吉祭皆載右胖士虞禮是凶事載左胖者取義不同吉祭載右胖者從地道尊右士虞禮凶祭載左胖者取其反吉故士虞禮設洗于西階西南鄭注反吉是也。

孔子蚤作作起。蚤音早負手曳杖消搖於門欲人之怪已。曳羊世反消本又作逍搖本又作遙歌曰泰山其頹乎泰山衆山所仰。頹徒回反梁木其壞乎梁木衆木所放。放方兩反哲人其萎乎哲人亦衆人所仰放也以上二句喻之萎病也詩云無木不萎。萎本又作萎同紆危反注同既歌而入當戶而坐蚤坐急見人也子貢聞之曰泰山其頹則吾將安仰梁木其壞哲人其萎則吾將安放夫子殆將病也覺孔子歌意殆幾也。幾音祈又音機遂趨而入夫子曰賜爾來何遲也坐則望之夏后氏殯於東階之上則猶在阼也殷人殯於兩楹之間則與賓主夾之也周人殯於西階之上則猶賓之也以三王之禮占已夢。阼才故反楹音盈夾本又作俠古洽反下注同而丘也殷人也予疇昔之夜夢坐奠於兩楹之

間是夢坐兩楹之間而見饋食也言奠者以爲凶象疇發聲也昔猶前也○食如字又音嗣疇直留反夫明王不興而天下其孰能宗予予殆將死也孰誰也宗尊也兩楹之間南面鄉明人君聽治正坐之處今無明王誰能尊我以爲人君乎是我殷家奠殯之象以此自知將死○鄉本又作嚮同許亮反治直吏反坐才卧反又如字處昌慮反蓋寢疾七日而沒明聖人知命

疏孔子至而沒○正義曰此一節論孔子自說死之意狀各依文解之○注欲人之怪已○正義曰杖以扶身恒在前面用今乃反手卻後以曳其杖示不復杖也又夫子禮度自守貌恒矜莊今乃消搖放蕩以自寬縱皆是特異尋常陵且如此故云欲人之怪已杖曳於後示不復用消搖寬縱示不能以禮自持並將死之意狀○注梁木衆木所放○正義曰衆木榱桷之屬依放橫梁乃存立放則依也故論語云放於利而行孔曰放依也○注以上至不萎○正義曰泰山梁木並指他物哲人其萎指夫子之身以二物比己故云以上二句喻之云詩云無木不萎者此小雅谷風刺幽王之詩言天下俗薄朋友道絕其詩云無草不死無木不萎證萎病○注蚤坐急見人也○正義曰君子尋常不自當戶已歌而入即當戶而坐故云蚤坐坐不在隱處是急欲見人○泰山至安放者上既云泰山梁木皆人三句今子貢所云泰山其頹云吾將安仰梁木哲人萎云言將安放者以泰山梁木共喻哲人子貢意在忽遽不暇句句別言故直引梁木哲人相喻而足揔云吾將安放○夏后至之也者夏后氏殯於東階則猶在阼周人殯於西階則猶賓之夏與周並言猶者以其既死無所知識孝子不忍以生禮待之猶尚阼階以爲主猶尚西階以爲賓客故言猶也殷人殯於兩楹之間不云猶者庾蔚云東階西階平生賓主所行禮之處故云猶兩楹之間生無此禮故不云猶然禮賓主敵者授受於兩楹之間又是南面聽朝之處庾云生無此禮於義疑也蓋以夫子夢在兩楹而見饋食知是凶象無聽朝之事不得云則猶尊之以有賓主二事故云與也鄭注考工記宗廟路寢制如明堂周之明堂東西九筵南北七筵則五室每室二筵則五室之外堂上窄狹得容殯者以路寢廣大故得容之其上圓下方五室之屬如明堂日至明堂具解○注言奠者以爲凶象○正義曰時夫子夢見饋食不夢凶奠也但奠禮既死之後未葬之前柩仍在地未立尸主唯奠停飲食故云奠也○注孰誰至將死○正義曰孰誰也釋詁文禮有大宗小宗故云宗尊也知兩楹之間人君聽治正坐之處者

案覲禮天子負斧依南面又顧命云牖間南嚮是天子兩楹治事之處也每日視朝雖在路門外退坐當路寢兩楹也其諸侯視朝亦南面知者以諸侯一國之尊故論語云雍也可使南面鄭注言任諸侯治也則在路寢南面聽政若其燕饗則在阼階西面燕禮大射是也案莊子聖人無夢莊子意在無爲欲令靜寂無事不有思慮故云聖人无夢但聖人雖異人者神明同人者五情五情既同爲得無夢故禮記文王世子有九齡之夢尚書有武王夢協之言

孔子之喪門人疑所服無喪師之禮子貢曰昔者夫子之喪顏淵若喪子而無服喪子路亦然請喪夫子若喪父而無服無服不爲衰弔服而加麻心喪三年

疏孔子至無服○正義曰此一節論弟子爲師喪制之禮各依文解之○門人疑所服者依禮喪師無服其事分明今夫子之喪門人疑者以夫子聖人與凡師不等當應特加喪禮故疑所服○注弔服至三年○正義曰知爲師弔服加麻者案喪服朋友麻其師與朋友同故知亦加麻也必知喪師與朋友同者案下云孔子之喪二三子皆絰而出羣居則絰出則否是弟子相爲與爲夫子同但絰出與不出有異明其服同也云弔服而加麻麻謂絰與帶也皆以麻爲之故云加麻也又喪服緦麻章云朋友麻鄭云朋友雖無親而有同道之恩相爲服緦之絰帶是也鄭知服緦之絰帶者緦爲五服之輕又與錫衰等同爲弔服之限故知緦之絰帶也論云爲師及朋友皆既葬除之案司服云王爲三公六卿錫衰爲諸侯緦衰爲大夫士疑衰其首服皆弁絰鄭司農云錫者十五升去其半有事其布無事其縷鄭康成云無事其縷哀在內以服稍重故但治事其布不治事其縷鄭司農又云緦十五升布去其半有事其縷無事其布鄭康成云無事其布哀在外以其稍輕故得治縷也司農又云疑衰十四升康成云疑之言擬也擬於吉服謂比擬吉服十五升也首服弁絰者鄭注司服云弁絰如爵弁而素加環絰鄭知如爵弁者見下文云殷人冔而葬又云弁絰葛而葬與神交之道冔是祭冠也故知弁絰是爵弁也知加環絰者以雜記云小斂環絰云大夫士一也天子弔諸臣之服無問當事與不當事皆弁絰也諸侯以錫衰爲弔服但首服有異弔他國皆首服皮弁故喪服小記云諸侯弔必皮弁錫衰是也若弔已臣當事則弁絰故服問云公弔當事則弁絰於士雖當事亦皮弁諸侯雖以錫衰爲常弔之服其弔士亦有緦衰疑衰故鄭注文王世子云同姓之士則緦衰異姓之士則疑衰卿

大夫亦以錫衰爲弔服，當事亦弁絰，故鄭注喪服云：「諸侯及卿大夫亦以錫衰爲弔服，當事乃弁絰，否則皮弁，辟天子也。」其士之弔服則疑衰，故鄭注喪服云：「士以緦衰爲喪服，其弔服則疑衰也。」舊說以爲士弔服布上素下，鄭注云：「此實疑衰也，改其裳以素，辟諸侯也。」當事亦弁絰，故鄭注喪服云「士弁絰皮弁之時如卿大夫」。凡弔服惟有弁絰，皆無帶也。知無帶者，周禮司服及服問但云弁絰，不云帶，故知然也。其朋友之服，諸侯及大夫等則皆疑衰，故鄭注喪服云「朋友之相爲服則士弔服也」。既特云士弔服，明諸侯大夫等皆用士之弔服，唯加緦之絰帶爲異耳。是以喪服朋友麻，鄭注云「服緦之絰帶」。又下文云「子游襲裘帶絰而入」，鄭注云「所弔者朋友」，是朋友相爲加帶。凡朋友相爲者，雖不當事亦弁絰，故下文云「羣居則絰」是也。其庶人，鄭注喪服云「庶人不爵弁，則其弔服素冠委貌」。鄭注不顯所著之服，文承疑衰素裳之下，則庶人亦用疑衰。或者庶人布深衣當服布深衣，冠素委貌也。

○**孔子之喪，公西赤爲志焉。**公西赤，孔子弟子，字子華。志謂章識。**飾棺牆，**牆之障柩，猶垣牆障家。**置翣，**牆，柳衣。翣以布衣木，如攝與。○置，知吏反。翣，所甲反。衣，於既反。攝，所甲反，又所治反。與音餘。**設披，周也。設崇，殷也。綢練設旐，夏也。**夫子雖殷人，兼用三王之禮，尊之。披，柩行夾引棺者。崇，牙旌旗飾也。綢練，以練綢旌之杠。此旌，葬乘車所建也。旌之旒，緇布廣充幅長尋曰旐。爾雅說旌旗曰「素錦綢杠」。○披，彼義反。綢，吐刀反，韜也，徐直留反，注同。旐，直小反。杠音江，竿也。乘，繩證反。廣，光浪反，凡度廣狹曰廣，他皆放此。幅，方木反。

［疏］「孔子」至「夏也」。○正義曰：此一節論孔子之喪送葬用三王之禮，各依文解之。○注「公西」至「子華」。○正義曰：案仲尼弟子傳云「公西赤字子華，少孔子四十二歲」，鄭云魯人也。○「飾棺」至「夏也」。○孔子之喪，公西赤以飾棺榮夫子，故爲盛禮，備三王之法，以章明志識焉。於是以素爲褚，褚外加牆，車邊置翣，恐柩車傾虧，而以繩左右維持之，此皆周之法也。其送葬乘車所建旌旗，刻繒爲崇牙之飾，此則殷法。又韜盛旌旗之竿以素錦，於杠首設長尋之旐，此則夏禮也。既尊崇夫子，故兼用三代之飾也。○注「牆柳」至「攝與」。○正義曰：牆之障柩，猶垣牆障家，故謂障柩之物爲牆。障柩之物即柳也，外旁帷荒，中央材木，總而言之，皆謂之爲柳也。縫人注云：「柳，聚也，諸飾所聚。」前文注云「牆，柳」者，以經直云「周人牆置翣」，文無所對，故注直云「牆，柳也」。此文爲下對設披、設崇、設旐之事，皆委曲備言，故亦委曲解之，故注云「牆，柳衣也」。其實牆則柳也。雖

記喪從外來，雖非葬飾，以裳帷障棺，亦與垣牆相似，故鄭注不毀牆之下云「牆，裳帷也」。皆望經爲義，故三注不同。云「翣以布衣木」者，鄭注喪大記云：「漢禮，翣以木爲筐，廣三尺，高二尺四寸，方兩角高，衣以白布，畫雲氣，柄長五尺。」云「如攝與」者，攝與，漢時之扇。與，疑辭。鄭恐人不識翣體，故云如今攝與。○注「披柩」至「綢杠」。○正義曰：案喪大記「國君纁披六」，鄭云「設之於旁，所以備傾虧也」，故此云「披，柩行夾引棺者」。云「崇，牙旌旗飾也」者，對下綢練設旐，故爲旌旗飾也，謂旌旗之旁刻繒爲崇牙。殷必以崇牙爲飾者，殷湯以武受命，恒以牙爲飾。云「此旌，葬乘車所建也」者，案既夕禮陳車門內右，北面，乘車載旜，道車載朝服，稾車載簑笠，故知此旌乘車所建也。凡送葬之旌，經文不具。案既夕士禮而有二旌：一是銘旌，是初死書名於上，則士喪禮「爲銘，各以其物，書名於末，曰某氏某之柩，置於西階上」，葬則在柩車之前，至壙與茵同入於壙也。二是乘車之旌，則既夕禮乘車載旜，亦在柩之前，至壙，柩既入壙，乃斂乘車所載之旌，載於柩車而還。故鄭注既夕禮云：「柩車至壙，祝脫載除飾，乃斂乘車、道車、稾車之服載之而還，不空以歸，送形而往，迎精而反。」此是士之二旌也。其大夫諸侯則無文。其天子亦有銘旌，與士禮同，故司常云「大喪共銘旌」，鄭注云「王則大常也」。士喪禮曰「爲銘，各以其物」，初死亦置於西階，將葬移置於茵，從遣車之後，亦入於壙也，是其一旌也。司常又云「建廞車之旌」，廞謂興作之，則明器之車也，其旌則明器之旌，止則陳之於遣車之上，行則執之以從遣車，至壙從明器而納之壙中，此二旌也。案士禮既有乘車載旜，攝孤卿之旜，則天子亦當有乘車載大常，謂以金路載之，至壙載之而歸，但禮文不具耳，此其三旌也。然則天子三旌也。士以禮無遣車，故無廞車之旌，但二旌耳。諸侯及大夫無文，熊氏以爲大夫以上有遣車，即有廞旌，並有三旌也。云「旌之旒，緇布廣充幅長尋曰旐」者，爾雅釋天文，引之者，證經中設旐夏也。案鄭注明堂位云「有虞氏當言緌，夏后氏當言旂」，以此差之，古代尚質，有虞氏但注旄竿首，未有繒帛，故云緌也。夏后漸文，故有素錦綢杠，又垂八尺之旐，故夏云旂也。旂是大古名，非交龍之旂。周則文物大備，旂有九等，垂之以縿，繫之以旂，又有交龍之旂、龜蛇之旐，與夏不同。夏雖八尺之旐，更無餘飾。又引爾雅「素錦綢杠」者，亦爾雅釋天文，引之者，證經文綢練，練則素錦，用以爲綢杠也。

○**子張之喪，公明儀爲志焉。**志亦謂章識。**褚幕丹質，**以丹布幕爲褚，葬覆棺，不牆不翣。○褚，張呂反。幕音莫。褚幕覆棺者。**蟻結于四隅。**畫褚之四角，其文如蟻行往來相交錯。蟻，蚍蜉也。殷

之蟻結似今蛇文畫。蟻魚綺反又作蛾蚍避尸反徐扶夷反蜉音浮殷士也學於孔子效殷禮【疏】子張至士也。正義曰此一節論孔子弟子送葬車飾學孔子行殷禮之事各隨文解之。子張之喪公明儀爲志焉公明儀是其弟子亦如公西赤爲章識焉此公明儀又爲曾子弟子故祭義云公明儀問於曾子曰夫子可以爲孝乎是也○褚幕丹質者褚謂覆棺之物若大夫以上其形似幄士則無褚今公明儀尊敬其師故特爲褚不得爲幄但似幕形故云褚幕以丹質之布而爲之也。蟻結者蟻蚍蜉也又於褚之四角畫蚍蜉之形交結往來故云蟻結於四隅所以不牆不翣者用殷禮也所以畫蟻者殷禮士葬之飾也棺蓋亦或取蚍蜉夫子聖人雖行殷禮弟子尊之故葬兼三代之禮今公明儀雖尊其師秖用殷法不牆不翣唯特加褚幕而已上葬夫子用三代之飾案士喪禮既非聖人亦用夏祝商祝彼謂祝習夏禮商禮總是周祝也故鄭注士喪禮云夏祝祝習夏禮者也夏人教以忠其於養宜故主饋食商祝祝習商禮者商人教之以敬於接神宜故主衣服襲斂商人之喪皆有夏商二祝與夫子用三代之禮其義不同夫子用三代之禮不爲僭者用其大夫之禮耳必用三代者夫子聖人德備三代文物故也

○子夏問於孔子曰居父母之仇如之何夫子曰寢苫枕干不仕雖除喪居處猶若喪也干盾也。仇音求讎也苫始占反草也枕之鴆反楯本又作盾食允反又音允弗與共天下也不可以並生遇諸市朝不反兵而鬬言雖適市朝不擇兵。朝直遥反注同曰請問居昆弟之仇如之何曰仕弗與共國銜君命而使雖遇之不鬬爲負而廢君命。銜音咸使色吏反爲于僞反下爲其負相爲同曰請問居從父昆弟之仇如之何曰不爲魁魁猶首也天文北斗魁爲首杓爲末。從如字徐才用反魁苦回反杓必遥反又匹遥反主人能則執兵而陪其後爲其負當成之。陪步回反【疏】子夏至其後。正義曰此一節論親疏報仇之法各依文解之。遇諸市朝者上既云不仕得有遇諸朝者身雖不仕或有事須入朝故得有遇諸朝也不反兵而鬬者言執殺之備是常帶兵雖在市朝不待反還取兵即當鬬也然

朝在公門之內兵器不入公門身得持兵入朝者案閽人掌中門之禁但兵器不得入中門耳其大詢衆庶在皐門之內則得入也凡朝文既廣設朝或在野外或在縣鄙鄉遂但有公事之處皆謂之朝兵者亦謂佩刀已上不必要是矛戟皇氏以爲市朝正謂市也市有行肆似朝故謂市朝此解非也上曲禮雖云不與共戴天文不備也上曲禮云兄弟之讎不反兵此父母之仇云不反兵又此昆弟之仇不云不反兵者父母與昆弟之仇皆不反兵上曲禮昆弟之讎云不反兵者謂非公事或不仕者故恒執持殺之備此文昆弟之仇據身仕爲君命出使遇之不鬬故不得云不反兵也二文相互乃足。注爲負而廢君命。正義曰負猶不勝也爲其鬬而不勝廢君命也下注云爲其負當成之負亦謂不勝也。注天文北斗魁爲首杓爲末。正義曰案春秋運斗樞云北斗七星第一天樞第二旋第三機第四權第五衡第六開陽第七搖光第一至第四爲魁第五至第七爲杓是魁爲首杓爲末。主人能則執兵而陪其後。謂從父昆弟之仇既不爲報仇魁首若主人能自報之則執兵陪助其後

○孔子之喪二三子皆絰而出尊師也出謂有所之適然則凡弔服加麻者出則變服。絰大結反羣居則絰出則否羣謂七十二弟子相爲朋友服子夏曰吾離羣而索居○易墓非古也易謂芟治草木不易者丘陵也。易以豉反注同芟所銜反【疏】易墓非古也。正義曰此一節論墓內不合芟治之事。易謂至陵也。正義曰墓謂冢旁之地易謂芟治草木不使荒穢不易者使有草木如丘陵然言易墓非古也則古者殷以前墓而不墳是不治易也、

○子路曰吾聞諸夫子喪禮與其哀不足而禮有餘也不若禮不足而哀有餘也喪主哀祭禮與其敬不足而禮有餘也不若禮不足而敬有餘也祭主敬。【疏】子路至餘也。正義曰此一節論喪主哀祭主敬之事。吾聞諸夫子者諸之也據所聞事於孔子也。喪禮與其哀不足而禮有餘也此所聞事喪禮居喪之禮也與及也禮有餘明器衣衾之屬。也言居喪及其哀少而禮物多也不若禮不足而哀有餘也者若物多而哀少則不如物少而哀多也。祭禮與其敬不足而禮有餘也者祭禮謂祭祀之禮也而禮有餘謂俎豆牲牢之屬多也言敬少而牢

多也不若禮不足而敬有餘也者若牲器多而敬少則不如牲器少而敬多也。○曾子弔於負夏負夏衛地主人既祖填池祖謂移柩車去載處爲行始也填池當爲奠徹聲之誤也奠徹謂徹遣奠設祖奠。填池依注音奠徐盧王並如字處昌慮反下同遣奠弃戰反本或作遷奠非推柩而反之反於載處榮曾子弔欲更始。推昌佳反又吐回反柩其久反降婦人而后行禮禮既祖而婦人降今反柩婦人辟之復升堂矣柩無反而反之而又降婦人蓋欲矜賓於此婦人皆非。辟音避下辟賢辟不褱並同復扶又反從者曰禮與怪之。從音才用反下同與音餘下同曾子曰夫祖者且也且未定之辭。夫音扶且胡爲其不可以反宿也給說從者又問諸子游曰禮與疑曾子言非子游曰飯於牖下小斂於戶內大斂於阼殯於客位祖於庭葬於墓所以即遠也故喪事有進而無退明反柩非。飯煩晚反牖羊久反斂力驗反禮家凡小斂大斂之字皆同不重出阼才故反曾子聞之曰多矣乎予出祖者善子游言且服。且服本或作且服過

【疏】曾子至祖者。正義曰此一節論負夏氏葬禮所失之事。既祖填池者案既夕禮啓殯之後柩遷于祖重先奠從柩從升自西階正柩于兩楹間用夷床鄭注云是時柩北首設奠于柩西此奠謂啓殯之奠也質明徹去啓奠乃設遷祖之奠于柩西至日側乃卻下柩載於階間乘蜃車載訖降下遷祖之奠設於柩車西當前束時柩猶北首前束近北前束者謂棺於車束有前後故云前束乃飾柩設披屬引徹去遷祖之奠遷柩鄉外而爲行始謂之祖也婦人降即位于階間乃設祖奠于柩西至厥明徹祖奠又設遣奠於柩車之西然後徹之苞牲取下體以載之遂行此是啓殯之後至柩車出之節也曾子弔於負夏氏正當主人祖祭之明旦既徹祖奠之後設遣奠之時而來弔主人榮曾子之來乃徹去遣奠更設祖奠又推柩少退而返之鄉北又遣婦人升堂至明旦婦人從堂更降而後乃行遣車禮從曾子者意以爲疑問曾子云此是禮與曾子既見主人榮已不欲指其錯失爲之隱諱云夫祖者且也且

是未定之辭祖是行始未是實行且去住二者皆得既得且住何爲不可以反宿明日乃去。注祖謂至祖奠。正義曰祖謂移柩車去載處爲行始者爲既夕禮注云束棺於柩車賓出遂匠納車於階間柩從兩楹卻下載於車乃迴車南出是爲祖也祖始也謂將行之始也云奠徹謂徹遣奠設祖奠者案既夕禮祖日明旦徹祖奠設遣奠曾子正當設遣奠時來主人乃徹去遣奠還設祖奠似若不爲遣奠然經云主人既祖祖之明日既徹祖奠之時故謂之既祖鄭云祖謂移柩車去載處者解正祖之名也皇氏熊氏皆云曾子雖今日來弔遥指昨日爲既祖於文賖緩其義非也。注禮既祖而婦人降。正義曰既夕禮文以既祖柩車南出階間既空故婦人得降立階間今柩車反還階間故婦人辟之升堂婦人既已升堂柩車未迴南出則婦人未合降也今乃降之者以曾子賢人欲矜誇賓於此婦人也言皆非者柩無反而反之是一非既反之未迴車南出不合降婦人而降之是二非也。注給說。正義曰論語云禦人以口給謂不顧道理以捷給說於人也。曾子至祖者。多猶勝也曾子自知己說之非聞子游之荅是故善服子游也故言子游所說出祖之事勝於我所說出祖也

○曾子襲裘而弔子游裼裘而弔曾子指子游而示人曰夫夫也爲習於禮者如之何其裼裘而弔也曾子蓋知臨喪無飾夫夫猶言此丈夫也子游於時名爲習禮。裼星厤反夫夫上音扶下如字一讀並如字注及下同主人既小斂袒括髮子游趨而出襲裘帶絰而入於主人變乃變也所弔者朋友。袒徒旱反下古活反曾子曰我過矣我過矣夫夫是也服是善子游。

【疏】曾子至是也。正義曰此一節論弔禮得失之事各依文解之。子游趨而出襲裘帶絰而入凡弔喪之禮主人未變之前弔者吉服而弔吉服謂羔裘玄冠緇衣素裳又袒去上服以露裼衣則此裼裘而弔是也主人既變之後雖著朝服而加武以絰又掩其上服若是朋友又加帶則此襲裘帶絰而入是也案喪大記云弔者襲裘加武帶絰注云始死弔者朝服裼裘如吉時也小斂則改襲裘而加武與帶絰矣武吉冠之卷也加武者明不改冠但加絰於武喪大記所云亦據朋友故云帶絰帶既在要鄭注加武與帶絰似帶亦加武者其實加武唯絰連言帶耳主人成服之後弔者大夫

則錫衰士則疑衰當事皆首服弁絰此子游之弔未知主人小斂以否何因出則有帶絰服之而入但子游既及弔喪豫備其事故將帶絰行也

○子夏既除喪而見見於孔子○見賢遍反注及下同予之琴和之不和彈之而不成聲樂由人心○予羊汝反下同和音禾或胡臥反下同樂音岳又音洛作而曰哀未忘也先王制禮而弗敢過也作起○忘音亡○子張既除喪而見予之琴和之而和彈之而成聲作而曰先王制禮不敢不至焉雖情異善其俱順禮

【疏】子夏至至焉○正義曰此一節論子夏子張居喪順禮之事此言子夏子張者案家語及詩傳皆言子夏喪畢夫子與琴援琴而絃衎衎而樂閔子騫喪畢夫子與琴援琴而絃切切而哀與此不同者當以家語及詩傳為正知者以子夏喪親無異聞焉能彈琴而不成聲而閔子騫至孝之人故孔子善之云孝哉閔子騫然家語詩傳云援琴而絃切切。以為正也熊氏以為子夏居父母之喪異故不同也

○司寇惠子之喪惠子衛將軍文子彌牟之弟惠叔蘭也生虎者○彌亡卑反牟莫侯反子游為之麻衰牡麻絰惠子廢適立庶為之重服以譏之麻衰以吉服之布為衰○為之于偽反注為之重服下為之服皆同適丁歷反下文及注同文子辭曰子辱與彌牟之弟游謝其存時又辱為之服敢辭止之服也子游曰禮也子游名習禮文子亦以為當然未覺其所譏文子退反哭子游趨而就諸臣之位深譏之大夫之家臣位在賓後文子又辭曰子辱與彌牟之弟游又辱為之服又辱臨其喪敢辭止之在臣位子游曰固以請再不從命文子退扶適子南面而立曰子辱與彌牟之弟游又辱為之服又辱臨其喪虎也敢不復位覺所譏也虎適子名文子親扶而辭敬子游也南面而立則諸臣位在門內北面明矣子游趨而就客位所譏行

【疏】司寇至客位○正義曰此一節論子游譏司寇惠子廢適立庶得行之事各依文解之○注惠子至虎者○正義曰案世本靈公生昭子郢郢生文子木及惠叔蘭蘭生虎為司寇氏文子生簡子瑕瑕生衛將軍文氏然則彌牟是木之字○注為之至為衰○正義曰子游既與惠子為朋友應著弔服加緦麻帶絰今乃著麻衰牡麻絰故云重服譏之云麻衰以吉服之布為衰者案詩云麻衣如雪又閒傳云大祥素縞麻衣皆吉服之布稱麻故知此麻衰亦吉服之布也案喪服云公子為其母麻衣鄭注云小功布深衣者以大夫之子為其母厭降大功則公子為其母厭降宜小功布衰與此別也案弔服錫衰十五升去其半疑衰十四升今子游麻衰乃吉服十五升輕於弔服而云重服以譏之者據牡麻絰為重弔服弁絰大如緦之絰一股而環之今乃用牡麻絞絰與齊衰絰同故云重也○注深譏至賓後○正義曰大夫之賓位在門東近北大夫之家臣位亦在門東而南近門並皆北嚮故在賓後也故盧云喪賓後主人同在門東家臣賓後則近南也○注南面至明矣○正義曰然鄭亦不知臣定位今以此為證故云明矣子游弔在臣位適子既嚮南面對子游故知臣位在門內北面也案鄭注之意前既云大夫家臣位在賓後則此又云臣位在門內北面則凡賓位在門東亦得與盧合也而前檀弓云越而就伯子於門右注云去賓位就主人之兄弟賢者若案彼注云則未越時賓位應在門左者以檀弓之弔當在小斂前同國并異國並在門左若諸侯禮大國賓辟寄公故在門右耳或云檀弓為異國禮譏於仲子故自處異國之賓故在門西也

○將軍文子之喪既除喪而后越人來弔主人深衣練冠待于廟垂涕洟主人文子之子簡子瑕也深衣練冠凶服變也待于廟受弔不迎賓也○涕音他計反洟音夷自目曰涕自鼻曰洟瑕音遐本又作椵音古雅反子游觀之曰將軍文氏之子其庶幾乎亡於禮者之禮也其動也中中禮之變○中丁仲反注及下注禮中之中同

【疏】將軍文子之喪至其動也中○正義曰此一節論居喪得中禮之變各依文解之○將軍文子其身終亡既除喪大祥祭之後越人來弔謂遠國之人始弔其喪主人文子之子身著深衣是既祥之麻衣也首著

練冠謂未祥之練冠也待賓於廟目垂於涕鼻垂於洟子游觀之曰將軍文氏之子其庶幾乎亡於禮者之禮也者亡無也其始死至練祥來弔是有文之禮祥後來弔是無文之禮言文氏之子庶幾堪行乎無於禮文之禮也所以堪行者以其舉動也中當於禮之變節也○注主人至賓也○正義曰文子之子簡子瑕也知者世本云○深衣練冠凶服變也者深衣即閒傳麻衣也但制如深衣緣之以布曰麻衣緣之以素曰長衣緣之以采曰深衣○練冠者謂祭前之冠若祥祭則縞冠也此謂由來未弔者故練冠若曾來已弔祥後爲喪事更來雖不及祥祭之日主人必服祥日之服以受之故雜記云既祥雖不當縞者必縞然後反服注云謂有以喪事贈賵來者雖不及時猶變服服祥祭之服以受之重其禮也其於此時始弔者則衞將軍文子之子爲之雜記經文本爲重來者故縞冠衞將軍之子始來者故練冠故雜記注引此文者證祥後來弔之事一邊耳推此而言禫後始來弔者則著祥冠若禫後更來有事主人則著禫服其吉祭已後或來弔者其服無文除喪之後亦有弔法故春秋文九年秦人來歸僖公成風之襚是也云待于廟受弔不迎賓也者以其死者遷入於廟故今待弔於廟就死者案士喪禮始死爲君命出小斂以後爲大夫出是有受弔迎賓今以除服受弔故不迎賓也或曰此非己君之命以敵禮待之故不迎也或云此是禫後吉時來也故不在寢而待於廟也禮論亦同

幼名冠字五十以伯仲死諡周道也絰也者實也所以表哀戚○冠古亂反

掘中霤而浴毀竈以綴足及葬毀宗躐行出于大門殷道也明不復有事於此周人浴不掘中霤葬不毀宗躐行毀宗毀廟門之西而出行神之位在廟門之外○掘求月反又求勿反霤力救反綴丁劣反又丁衞反躐良輒反復扶又反

學者行之學於孔子者行之傚殷禮

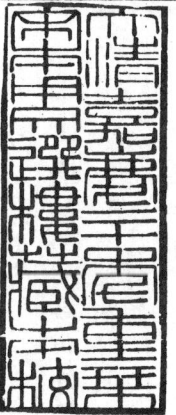

疏幼名至行之○正義曰此一節論殷周禮異之事各依文解之○幼名冠字者名以名質生若無名不可分別故始生三月而加名故云幼名也○冠字者人年二十有爲人父之道朋友等類不可復呼其名故冠而加字年至五十耆艾轉尊又捨其二十之字直以伯仲別之至死而加諡凡此之事皆周道也然則自殷以前爲字不在冠時伯仲不當五十以殷尚質不諱名故也又殷以上有生號仍爲死後之稱更無別諡堯舜禹湯之例是也周則死後別立諡故總云周道也士冠禮二十已有伯某甫仲叔季此云五十以伯仲者二十之時雖云伯仲皆配某甫而言五十之時直呼伯仲耳禮緯含文嘉云質家稱仲文家稱叔周代是文故有管叔蔡叔霍叔康叔聃季等末者稱季是也○掘中至道也○此以下三句明殷禮也每一條義兼二事也中霤室中也死而掘室中之地作坎所以然者一則言此室於死者無用二則以牀架坎上尸於牀上浴令浴汁入坎故云掘中霤而浴也○毀竈以綴足者亦義兼二事一則死而毀竈示死無復飲食之事故毀竈也二則恐死人冷強足辟戾不可著屨故用毀竈之甓連綴死人足令直可著屨也○及葬毀宗躐行出于大門者亦義兼三事也毀宗毀廟也殷人殯於廟至葬柩出毀廟門西邊牆而出于大門所以然者一則明此廟於死者無事故毀之也二則行神之位在廟門西邊當所毀宗之外若生時出行則爲壇幣告行神告竟車躐行壇上而出使道中安穩如在壇今喪毀宗處出仍得躐此行壇如生時之出也故云毀宗躐行出于大門也○殷道也者道禮也上三句皆是殷禮也○注明不至之外○正義曰此謂中霤竈宗所以掘中霤毀竈及宗是明不復有事於此處也云周人浴不掘中霤者用盤承浴汁也是以喪大記浴水用盆沃水用枓沐用瓦盤鄭注云浴沃用枓沐於盤中文相變也案鄭旨則知浴用盤也云葬不毀宗躐行者周殯於正寢至葬而朝廟從正門出不毀宗也故士喪禮不云躐行也然周家亦不毀竈綴足而鄭注不云者以周綴足用燕几其文可見故此不言耳至於毀宗躐行掘中霤周雖不爲而經文無云不掘不毀故鄭注言之也但舉首末言之則中從可知也云毀宗毀廟門之西而出者廟門西邊牆也云行神之位在廟門之外者以其毀宗故云躐行故知行神在廟門之外當毀處之外也行神於後更說

附釋音禮記注疏卷第七

江西南昌府學栞

禮記注疏卷七挍勘記　阮元撰盧宣旬摘錄

檀弓上

大公封於營邱節

故云先王制禮樂者 閩監毛本同惠棟挍宋本無禮字制上有所字續通解同

若舜愛樂其王業所由 閩監毛本作舜此本舜誤爲

禹愛樂其王業所謂 閩監毛本同惠棟挍宋本謂作由續通解同

狐死正邱首而嚮邱 閩監毛本同惠棟挍宋本作狐死正邱首謂狐之死正邱而嚮邱續通解同

雖狼狽而死 閩監本同毛本狽作狽衛氏集說同續通解同

注齊大公受封至齊曰營邱 閩監毛本同惠棟挍宋本無受封齊曰四字

大公望生丁公伋 監毛本作丁此本誤下閩本同

舜葬於蒼梧之野

五者相參 閩監毛本同嘉靖本同惠棟挍宋本參作三宋監本同岳本同通典五十八引作五者相參

周公蓋祔 閩監毛本同岳本嘉靖本同衛氏集說同惠棟挍宋本祔作附石經同注放此

且天下爲家 閩本同惠棟挍宋本同監毛本且誤目

未知審也 閩監毛本也作悉衛氏集說作未之審悉

記人以周公始附 閩監毛本附作祔下蓋始附葬附即合也同

南巡守 閩監本同毛本守作狩

次妃娵氏之女曰常宜 閩監毛本同浦鏜云娵下脫訾字從大戴禮挍也

云舜不告而取者 閩監本同毛本取作娶下而取何也不得取取妻皆同

次妃癸比 閩監毛本作比此本誤北

大功廢業節

謂所學習業則身有外營 閩監毛本同惠棟挍宋本習業下重習業二字

今檢禮記 閩監本同毛本檢作撿。按作撿避所諱全書皆然

子張病節

吾卽平生以善自脩 閩監毛本同浦鏜挍云即當既字誤

與曾子召申元同 閩本同監毛本申元作元申

始死之奠節

恐忽須無當 閩監毛本同惠棟挍宋本當作常衛氏集說同

小功不爲位也者節

言禮之末略 閩監毛本作末此本末誤未

鄭注娣姒婦者 閩監毛本同惠棟挍宋本注下有云字

故奔喪禮哭妻之黨於寢 閩監毛本如此此本禮誤重

古也冠縮縫節

解時人之惑 閩監毛本作惑岳本嘉靖本同此本惑誤感

辟積攝少 閩監毛本攝作襵衛氏集說同下但多作攝同

曾子謂子思曰節

言已以疾時禮而不如 閩監毛本同岳本嘉靖本同浦鏜挍從衛氏集說改禮而不如作人之不然非也正義云意疾時人行禮不如已也是正疏禮而不如

小功不稅節

若限滿卽止　閩監毛本作卽此本誤節

進退無禮　閩監毛本同惠棟挍宋本禮作理

伯高死於衛節

夫由賜也見我　惠棟挍宋本同石經同宋監本岳本嘉靖本同衛氏集說同釋文出夫由閩監毛本誤猶石經考文提要云宋大字本宋本九經南宋巾箱本余仁仲本劉叔剛本禮記纂言至善堂九經本皆作由

爲爾哭也來者　閩監毛本同石經同岳本嘉靖本同正義同釋文出爲爾來者云一本作爲爾哭也來者

依禮而哭諸野　惠棟挍宋本作諸此本諸誤謂閩監毛本同

子夏喪其子節

而曰女何無罪與　閩監毛本同石經同岳本嘉靖本同衛氏集說同釋文於上出女何云音汝下同坊本女作爾石經考文提要云案上文女何無罪也此作爾歧出宋大字本宋本九經南宋巾箱本余仁仲本劉叔剛本禮

記纂言皆作女

夫晝居於內節

無間晝夜　閩監毛本同惠棟挍宋本閒作間衛氏集說同

高子皐節

言人不能然　閩監毛本作能然岳本同此本能誤禮衛氏集說作言人不能然也嘉靖本作言人不能也惠棟挍宋本同

衰與其不當物也節

宋史記孔子弟子傳　閩監毛本同惠棟挍宋本孔子作仲尼

謂精麤廣狹　閩監毛本同嘉靖本同惠棟挍宋本麤作麤宋監本岳本同衛氏集說作粗釋文出精麤云本又作麤。按段玉裁云篇韵麤訓不精俗作麁今人概用作粗粗行而麤廢矣

孔子之衛節

使子貢說驂而賻之　閩監毛本同石經同岳本嘉靖本同衛氏集說本同正義同釋文出稅驂云本又作說下及注同

予鄉者入而哭之　閩監毛本同石經同岳本嘉靖本同衛氏集說同正義同釋文出正予鄉皆是也云本又作嚮非考文引古本作嚮

故既夕禮知死者贈　閩監毛本作贈此本贈誤賻

惜車於顔回者　閩監毛本作惜此本誤措

須有賵賻　閩監毛本同衛氏集說同考文引宋板賵作贈是也

孔子在衛節　惠棟挍云孔子在衛節顔淵之喪節宋本合爲一節

在傍徨不進　閩本同惠棟挍宋本監毛本在作則衛氏集說同

孔子蚤作節

負手曳杖　閩監毛本同石經同岳本嘉靖本同衛氏集說本同正義同釋文出栧云亦作曳

消搖於門　閩監毛本同石經同岳本嘉靖本同衛氏集說本同正義同釋文出消搖云本又作逍遙考文引古本作逍遙

欲人之怪已　閩監毛本同岳本嘉靖本同惠棟挍宋本已作己宋監本同衛氏集說同

泰山其頽乎　閩監毛本同岳本同衛氏集說同嘉靖本頽作頹釋文出頹石經頽作頹下其頹同

哲人其萎乎　閩監毛本同正義同石經同岳本嘉靖本衛氏集說同釋文出委乎云本又作萎注同

梁木其壞哲人其萎則吾將安放　閩監毛本同石經同岳本嘉靖本同衛氏集說同困學紀聞曰家語終記云泰山其頽則吾將安仰梁木其壞吾將安杖哲人其萎吾將安放檀弓無吾將安杖四字或謂廬陵劉美中家古本禮記梁木其壞之下有則吾將安仗五字蓋與家語合齊召南曰案古本以無此五字故孔疏云子貢

意在怨遠不暇別言是也或所見別本必好事者爲之

南面鄉明　閩監毛本同岳本嘉靖本同釋文出嚮明云本又作鄉衛氏集說作嚮考文引古本同

陵且如此　監毛本同閩本且作旦續通解同

子貢意在怨遠　閩監本同惠棟挍宋本怨作忩毛本作怱

如明堂日至明堂具解　惠棟挍宋本日作耳至字同閩監毛本日至作月令

尙書有武王夢協之言　毛本同閩監本協作恊○惠棟挍宋本此下另行標禮記正義卷第九終記云凡二十五頁

孔子之喪門人疑所服節　惠棟挍宋本自此節起至孔子曰之死而致死之節止爲第十卷卷首題禮記正義卷第十

孔子至無服　惠棟挍宋本無此五字

與神交之道　監毛本同閩本交誤父

卿大夫亦以錫衰爲弔服　閩監毛本作卿此本卿誤鄉

孔子之喪公西赤爲志焉節

牆之障柩猶垣牆障家　閩監毛本同岳本嘉靖本同衛氏集說亦有考文古本無此九字盧文弨云牆下注九字古本無乃疏中語也山井鼎云下注牆柳衣此注爲衍文明矣

如攝與　閩本同岳本嘉靖本同監毛本攝作䙰衛氏集說同惠棟挍宋本亦作攝宋監本同釋文同

崇牙旌旗飾也　閩監毛本同衛氏集說同岳本崇字重宋監本同考文引古本足利本同又云宋板崇牙上闕字似脫一崇字嘉靖本亦作崇崇牙

此旌葬乘車所建也　閩監毛本同岳本嘉靖本同衛氏集說同惠棟挍宋本此作是

孔子至夏也　惠棟挍宋本無此五字

注牆柳至攝與　閩本同監毛本攝作䙰下皆同

攝與漢時之扇　閩監毛本同浦鏜挍云與當衍字考文引宋板與作是

國君熏披六　閩監毛本熏作纁與喪大記合

彙車載簑笠　閩本同惠棟挍宋本監毛本簑作蓑與宋本儀禮合衛氏集說同

大喪共銘旌　惠棟挍宋本閩監本同毛本共誤其

攝孤卿之旜　惠棟挍宋本閩本同監毛本攝誤䙰

夏后漸文　閩監毛本作漸此本漸誤斬考文引宋板后作家

旂是大古名　閩監毛本同浦鏜云古疑共字誤

子張之喪節

似今蛇文畫　閩監毛本同岳本嘉靖本同衛氏集說同惠棟挍宋本蛇作虵宋監本同

倣殷禮　續通解倣作做

子張至士也　惠棟挍宋本無此五字

皆有夏商二祝　閩監本同毛本二誤三考文云宋板作二

子夏問於孔子曰節　惠棟挍云子夏問節孔子之喪節宋本合爲一節

干盾也　閩監毛本同岳本嘉靖本同衛氏集說同釋文出干楯云本又作盾考文引古本作楯

不反兵而鬬　石經作鬭衛氏集說同閩本作鬭監本作鬬毛本作鬭岳本同

子夏至其後　惠棟挍宋本無此五字

此一節論親疏報仇之法　閩監本同衛氏集說同毛本報誤執

是常帶兵　閩監毛本同惠棟挍宋本是作身是也衛氏集說同

不與共戴天　閩監毛本載作戴

既不爲報仇魁首　閩監本同衛氏集說同毛本報誤執

易墓節

是不治易也　閩監毛本同衛氏集說治易作易治孫志祖云集說是也

子路曰節

子路至餘也　惠棟挍宋本無此五字

明器衣衾之屬也　閩監毛本同衛氏集說作謂明器衣衾之屬多也

言居喪及其哀少而禮物多也　閩本同監毛本及作與

曾子弔於負夏節

善子游言且服　閩監毛本同嘉靖本同岳本服下有也字釋文出且服也云本或作且服過考文引古本作且服過也足利本無也字案正義云故善服子游也服亦屬子游則服善非服過也

〈禮記注疏卷七挍勘記〉　七

曾子至祖者　惠棟挍宋本無此五字

賓出遂又納車於階間　閩監毛本如此此本出誤仕又誤文按又字亦誤惠棟挍宋本作匠○按作匠是也遂匠指遂人匠人而言

祖曰明且徹祖奠設遣奠　閩監毛本同浦鏜挍云之誤曰

曾子襲裘而弔節

服是善子游　此本游下空闕閩監毛本游下有言字衛氏集說同惠棟挍宋本無言字是作且宋監本同岳本嘉靖本同考文引古本足利本同

曾子至是也　惠棟挍宋本無此五字

小斂則改襲裘而加武與帶經矣　閩監毛本同考文引宋板無裘字○按無裘是也否則與喪大記不合

帶既在署　閩監毛本署作要考文引宋板作署

子夏既除喪而見節

先王制禮而弗敢過也　石經同岳本嘉靖本同衛氏集說同閩監毛本王誤生

先王制禮不敢不至焉　石經同岳本嘉靖本同衛氏集說同毛本同閩監本王誤生

善其俱順禮　惠棟挍宋本作其宋監本同嘉靖本考文引古本足利本同此本其誤○閩監毛本作同岳本同衛氏集說同

子夏至至焉　惠棟挍宋本無此五字

援琴而紘衎衎而樂　閩本同惠棟挍宋本同監毛本紘作弦衛氏集說同下而紘字同

援琴而紘切切以爲正也　閩監毛本同浦鏜挍云切切下脱而哀二字

司寇惠子之喪節

〈禮記注疏卷七挍勘記〉　八

止之服也　閩本同岳本嘉靖本同衛氏集說同監本止字殘闕不全毛本止誤上

司寇至客位　惠棟挍宋本無此五字

今以此爲證　閩監毛本作今此本誤合

將軍文子之喪節

將軍文子之喪至其動也中　惠棟挍宋本無此十一字

知者世本云　閩監毛本同惠棟挍宋本云上有文字

則衛將軍文子之子爲之　閩本同衛氏集說同監毛本文子作文氏是也

而待於寢也　閩監毛本同惠棟挍宋本寢作廟是也

幼名節

明不復有事於此　閩監本同岳本嘉靖本同衛氏集說同考文引宋板同毛本此誤北

學於孔子者行之倣殷禮閩監毛本同岳本嘉靖本同衛氏集說作學於孔子行之倣殷禮也續通解倣作做

㓜名至行之惠棟挍宋本無此五字

年至五十者艾轉尊閩監毛本同惠棟挍宋本者作耆衛氏集說同

末者稱季是也監毛本作稱此本誤舞閩本同

以其毀宗故云躐行閩監毛本如此此本毀故二字實闕惠棟挍宋本故作卽

禮記注疏卷七校勘記

附釋音禮記注疏卷第八

盧宣旬校

檀弓上

禮記　鄭氏注　孔穎達疏

子柳之母死子碩請具具葬之器用子柳魯叔仲皮之子子碩兄○碩音石子柳曰何以哉言無其財子碩曰請粥庶弟之母粥謂嫁之也妾賤取之曰買○鬻本又作粥音育賣也注同子柳曰如之何其粥人之母以葬其母也不可忠恕既葬子碩欲以賻布之餘具祭器古者謂錢爲泉布所以通布貨財子柳曰不可吾聞之也君子不家於喪惡因死者以爲利○惡烏路反請班諸兄弟之貧者以分死者所矜也禄多則與鄰里鄉黨

疏子柳至貧者○正義曰此一節論不粥人之母及因死爲利之事各依文解之○注子柳至碩兄正義曰案下檀弓云叔仲皮學子柳故知子柳是叔仲皮之子知子碩兄者以此云子碩曰請粥庶弟之母故知子碩兄也○注古者至貨財○正義曰解布名也言古者謂錢爲泉布所以然者言其通流有如水泉而徧布貨買天下貨財也而鄭注周禮云藏曰泉其行曰布取名於水泉其流行無不徧也鄭又云泉始蓋一品周景王鑄大泉而有二品後數變易不復識本制至漢唯有五銖久行案鄭此者云五銖者其重五銖凡十黍爲一參十參爲一銖二十四銖爲一兩故錢邊作五銖字也鄭又云王莽改貨而異作泉布多至十品今存於民間多者有貨布大泉貨泉貨布長二寸五分廣寸首長八分有奇廣八分其圜好徑二分半足枝長八分其右文曰貨左文曰布重二十五銖直貨泉二十五大泉徑一寸二分重十二銖文曰大泉直十五貨泉貨泉徑一寸重五銖右文曰貨左曰泉直一也案食貨志云今世謂之笮錢是也邊猶爲貨泉之字大泉即今大四文錢也四邊並有文也貨布之形今世雜識世人或耕地猶有得者古時一餠準二十五錢也然古又有刀刀有二種一是契刀一是錯刀也契刀直五百錯刀直一千契刀無縷而錯刀用金縷之刀形如錢而邊作刀字形也故世猶呼錢爲錢刀也○君子曰謀人之軍師敗則死之謀人之邦邑危則亡之利己亡衆非忠也言亡之者雖辟賢非義退○公叔文子升於瑕丘蘧伯玉從二子衛大夫文子獻公之孫名拔○蘧本又作璩其魚反從才用反又如字拔皮八反徐蒲末反文子曰樂哉斯丘也死則我欲葬焉蘧伯玉曰吾子樂之則瑗請前刺其欲害人良田瑗伯玉名○樂音洛下同一讀下樂五教反瑗于卷反又於願反刺七賜反

疏公叔至請前○正義曰此一節論蘧伯玉仁者刺文子欲害人良田之事○注文子獻公之孫名拔○正義曰案世本云獻公生成子當當生文子拔拔生朱爲公叔氏○弁人有其母死而孺子泣者言聲無節○弁皮彥反孺而注反孔子曰哀則哀矣此誠哀○而難爲繼也失禮中夫禮爲可傳也爲可繼也故哭踊有節○傳直專反

疏弁人至有節○正義曰此一節論孔子譏弁人哀過之事○而難爲繼也者此哀之深後人無能繼學之者也○夫禮爲可傳也爲可繼也故哭踊有節者又廣述其難繼爲失也夫聖人禮制使後人可傳可繼故制爲哭踊之節以中爲度耳豈可過甚皆使後人不可傳繼乎然雜記曾申問於曾子曰哭父母有常聲乎曰中路嬰兒失其母何常聲之有則與此違者云曾子所言是始死之時悲哀志懣未可爲節此之所言在襲斂之後可以禮制故哭踊有節也所以知然者曾申之問泛問於哭時故知擧重時荅也此之所言哭踊有節節哭之時在於後也○叔孫武叔之母死武叔公子牙之六世孫名州仇毀孔子者既小斂擧者出戶出戶袒且投其冠括髮尸出戶乃變服失哀節冠素委貌○括古活反子游曰知禮嗤之○嗤昌之反

疏叔孫至知禮○正義曰此一節論武叔失禮之事各依文解之○注武叔至子者○正義曰案世本桓公生僖叔牙牙生戴伯茲茲生莊叔得臣臣生穆叔豹豹生昭子婼婼生成子不敢不敢生武叔州仇仇是公子牙六世孫故云公子牙六世孫也云毀孔子者論語云叔孫武叔毀仲尼是也○注尸出至委貌○正義曰案士喪禮

卒斂徹帷主人西面馮尸踊無筭主婦東面馮亦如之主人髻髮袒衆主人免下云士舉男女奉尸夷于堂喪大記亦云卒小斂主人袒說髦括髮以麻下云奉尸夷于堂是括髮在小斂之後奉尸夷于堂之前主人爲欲奉尸故袒而括髮在前今武叔奉尸夷堂之後乃投冠括髮故云尸出戶乃變服失哀節云冠素委貌者案雜記云小斂環絰公大夫士一也注云士素委貌大夫以上素爵弁而加此絰焉鄭知然者以喪大記云君將大斂子弁絰大夫大斂無文明亦弁絰大斂既爾明小斂亦然故云大夫以上弁絰案武叔投冠武叔是諸侯大夫當天子之士故云士素委貌若然案士喪禮主人括髮鄭注云始死將斬衰者雞斯將括髮者去笄纚而紒無素委貌者熊氏云士喪禮謂諸侯之士故無素冠也崔氏云將小斂之時已括髮括髮後大夫以上加素弁士加素委貌至小斂訖乃投去其冠而見括髮今案士喪禮及大記皆小斂卒乃括髮無小斂之前爲括髮者崔氏之言非也案士喪禮小斂括髮鄭注喪服變除云襲而括髮者彼據大夫以上之禮死之明日而襲與士小斂同日俱是死後二日也鄭注士喪禮一括髮之後比至大斂自若所以大記云小斂主人祖說髦括髮是諸侯小斂之時更括髮者崔氏云謂說去其髦更正括髮非重爲括髮也○子游曰知禮○子游是習禮之人見武叔失禮反謂之知禮故知嗤之也

○扶君卜人師扶右射人師扶左謂君疾時也卜當爲僕聲之誤也僕人射人皆平生時贊正君服位者○卜人師依注音僕師長也謂大僕也本或無師字者非也前儒如字卜人及醫師也君薨以是舉不忍變也周禮射人大喪與僕人遷尸

〔疏〕扶君至是舉○正義曰此一節論君薨所舉遷尸之人○注謂君至位者○正義曰知是君疾時者以下云君薨以是舉故知君疾時也知卜當爲僕者以卜人無正君之事案周禮大僕職掌正王之服位射人職掌國之三公孤卿大夫之位及王舉動悉隨王故知也

○從母之夫舅之妻二夫人相爲服君子未之言也二夫人猶言此二人也時有此二人同居死相爲服者甥居外家而非之○從才用反夫人音扶注同爲于僞反注及下注夫爲妻同或曰同爨緦以同居生緦之親可○爨七亂反下音思

〔疏〕從母至爨緦○正義曰此一節論失禮之事各依文解之○注時有至非之○正義曰知同居者以下云同爨緦故知同居也云甥居外家而非之者以言從母及舅皆是外甥稱謂之

辭故知甥也若他人之言應云妻之兄弟婦夫之姊妹夫相爲服不得云從母之夫舅之妻也言甥居外家而非之者謂甥來居在外姓舅氏之家見有此事而非之或云外家者以二人同住甥居外旁之家遥譏之○或曰同爨緦者甥既將爲非禮或人以爲於禮可許既同爨而食合有緦麻之親此皆據緦麻正衰非弔服也故云相爲服若是弔服疏人皆可何怪此二人何屑以爲弔服加麻絰如朋友然非也凡弔服不得稱服故上云請喪夫子若喪父而無服時朋友弔服而稱無服故知此相爲服非弔服也

○喪事欲其縱縱爾趨事貌縱讀如摠領之摠○縱依注音摠急遽貌吉事欲其折折爾安舒貌詩云好人提提○折大兮反注同故喪事雖遽不陵節吉事雖止不怠陵躐也止立俟事時也怠惰也○躐力輒反惰徒臥反故騷騷爾則野謂大疾○騷素刀反急疾貌大音泰一音他佐反下注同鼎鼎爾則小人謂大舒君子蓋猶猶爾疾舒之中

〔疏〕喪事至猶爾○正義曰此一節論吉凶趨容之事各依文解之○注詩云好人提提○正義曰所引者魏風葛屨之詩也魏俗褊薄遣新來婦人縫作衣裳故述而刺之云美好婦人初來之時提提然引之者證安舒之意○故喪至猶爾○正義曰以上喪事欲疾吉事欲舒因上生下故云喪事雖須促遽亦當有常不得陵越喪禮之節吉事雖有行止住之時不得怠墮寬慢故喪事騷騷爾過爲急疾則如田野之人急切無禮若吉事鼎鼎爾不自嚴敬則如小人然形體寬慢也若君子之人於喪事之内得疾之中於吉事之内得舒之中蓋行禮之時明閑法則志意猶猶然猶猶是曉達之貌

○喪具君子恥具辟不懷也喪具棺衣之屬一日二日而可爲也者君子弗爲也謂絞紟衾冒○絞戶交反後同紟其蔭反冒莫報反

〔疏〕喪具至弗爲也○正義曰此一節論孝子備喪具之事各依文解之○注辟不至之屬○正義曰此辟不懷宣八年左傳云禮卜葬先遠日辟不懷也懷思也葬用遠日則是不思念其親今送死百物皆具是速棄其親今未即辦具是辟不思親之事也云喪具棺衣之屬者棺即預造衣亦漸制但不一時頓具故王制云六十歲制七十時制八十月制九十日脩唯絞紟衾冒死而后制是也

○喪服兄弟之子猶子也蓋引而

進之也嫂叔之無服也蓋推而遠之也或引或推重親遠別。遠，于萬反。別，彼列反。姑姊妹之薄也蓋有受我而厚之者也欲其一心於厚之者。姑姊妹嫁大功，夫爲妻期。○期音基。

疏 喪服至者也。○正義曰：喪服是儀禮正經，記者錄喪服中有下三事，各以釋之。其兄弟之子期，姑姊妹出適大功，皆喪服經文。嫂叔無服，喪服傳文。所以嫂叔無服，進在姑姊妹之上者，取或引或推二者相對。其子服重，是引而進之；其嫂無服，是推而遠之。並云蓋者，記人雖解其義，猶若不審然，故謙而言蓋。○注或引至遠別。○正義曰：己子服期，今昆弟之子亦服期，牽引進之，同於己子。案喪服傳昆弟之子期，報之也。此云引者，喪服有世父母、叔父母期，又云昆弟之子何以亦期也，有相報荅之義，故云報也。己子服期，昆弟之子應降一等服大功，今乃服期，故云引也。二文相兼乃備。或推者，昆弟相爲服期，其妻應降一等服大功，今乃使之無服，是推使疏而斥遠之也。言重親解或引，言遠別解或推。遠別者，何平叔云：「夫男女相爲服，不有骨肉之親，則有尊卑之異也。嫂叔親非骨肉，不異尊卑，恐有混交之失，推使無服也。」○姑姊妹之薄也者，未嫁之時爲之厚，今姑姊妹出嫁之後爲之薄，蓋有夫壻受我之厚，而重親之，欲一心事於厚重，故我爲之薄。

○食於有喪者之側，未嘗飽也。助哀戚也。

○曾子與客立於門側，其徒趨而出。徒謂客之旅。曾子曰：「爾將何之？」曰：「吾父死，將出哭於巷。」以爲不可發凶於人之館。曰：「反哭於爾次。」次，舍也。禮，館人使專之，若其自有然。曾子北面而弔焉。

疏 曾子至弔焉。○正義曰：此一節論館客使如其己有之事。○曰反哭於爾次者，於時立曾子之門，故曾子許其反哭於汝次舍之處。依禮，喪主西面，曾子所以北面弔者，案士喪禮主人西面，其賓亦在東門北面，謂同國之賓。曾子既許其哭於次，故以同國賓禮北面弔焉。

○孔子曰：「之死而致死之，不仁而不可爲也；之死而致生之，不知而不可爲也。之，往也。死之、生之，謂無知與有知也。爲猶行也。○知音智。是故竹不成用，瓦不成味，木不成斲，成猶善也。竹不可善用，謂邊無縢。味當作沬。沬，靧也。○沬依注音沬，亡曷反。斲，陟角反。縢本又作縢，徒登反。靧音悔，洗面。琴瑟張而不平，竽笙備而不和，無宮商之調。○竽笙，音于，下音生。和，胡卧反。調，直弔反。有鐘磬而無簨虡。不縣之也。橫曰簨，植曰虡。○簨，息允反。虡音巨。植，時力反，又音值。其曰明器，神明之也。言神明死者也。神明者，非人所知，故其器如此。

疏 孔子至之也。○正義曰：此一節論生人於死者不可致死致生之事。○之死而致死之者，之，往也，謂生者以物往送葬於死者，而致死之意，謂之無復有知，是不仁之事也，而不可爲也。○之死而致生之者，謂以物往送葬者，而雖死猶致生之意，是不知之事，而不可爲也。○注之往至知也。○正義曰：謂生者以物往送死者，故何胤云：「言往死者處而致此死之者之意，謂死如草木無知，如此用情則不仁，不可行於世也。往死者處而致此死者於全生之物，則不知而不可行也。捨此二塗，不仁不知之間，聖人之所難言，付之不測之竟，言無知與有知者。」即下云夏后氏用明器，示民無知；殷人用祭器，示民有知也。○是故竹不成用者，聖人爲教，使人子不死於亡者，不便謂無知；不生於死者，不便謂有知。故制明

器以神明求之，不死不生，不可測也。成，善也。故爲器用，並不精善也。竹不善用，謂竹器邊無縢緣也。何胤云：「若全無知，則不應用；若全有知，則亦不應不成。故有器不成，是不死不生也。」○瓦不成味者，味猶黑光也，今世亦呼黑爲沬也。瓦不善沬，謂瓦器無光澤也。○木不成斲者，斲，雕飾也。木不斲。鄭注云味當作沬，沬，靧也。靧謂靧面，證沬爲光澤也。○琴瑟張而不平者，亦張弦而不調平也。○竽笙備而不和者，亦備而無宮商之調和也。○有鐘磬而無簨虡者，簨虡，縣鐘磬格也。亦有鐘磬而不用格縣掛之。鄭云不縣之也者，案典庸器云：「大喪廞筍虡。」明知有而不縣之也。云橫曰簨，植曰虡者，虡，距也，以用力，故曰虡也。○注言神至所知。○正義曰：神明微妙無方，不可測度，故云非人所知也。

○有子問於曾子曰：「問喪於夫子乎？」有子，孔子弟子有若也。夫子卒後，問此，庶有異聞也。喪謂仕失位也。魯昭公孫於齊，曰：「喪人其何稱。」○問喪，問或作聞。喪，息浪反，注及下皆同。孫音遜。曰：「聞之矣：『喪欲速貧，死欲速朽。』」有子曰：「是非君子之言也。」貧朽非人所欲。○朽，許久反。曾子曰：「參也聞諸夫子也。」有

子又曰是非君子之言也曾子曰參也與子游聞之有子曰然然則夫子有爲言之也曾子以斯言告於子游子游曰甚哉有子之言似夫子也昔者夫子居於宋見桓司馬自爲石椁三年而不成桓司馬宋向戌之孫名魋。有爲于僞反下爲桓司馬爲敬叔則爲之注爲民作爲嫁毋皆同向式上反戌音恤魋大回反夫子曰若是其靡也死不如速朽之愈也死之欲速朽爲桓司馬言之也靡侈。侈昌氏反又申氏反南宮敬叔反必載寶而朝敬叔魯孟僖子之子仲孫閱蓋嘗失位去魯得反載其寶來朝於君。朝直遥反注同僖許宜反閱音悦夫子曰若是其貨也喪不如速貧之愈也喪之欲速貧爲敬叔言之也曾子以子游之言告於有子有子曰然吾固曰非夫子之言也曾子曰子何以知之有子曰夫子制於中都四寸之棺五寸之椁以斯知不欲速朽也中都魯邑名也孔子嘗爲之宰爲民作制孔子由中都宰爲司空由司空爲司寇昔者夫子失魯司寇將之荆將應聘於楚。應應對之應蓋先之以子夏又申之以冉有以斯知不欲速貧也言汲汲於仕得祿。汲音急

【疏】有子至貧也。正義曰此一節論喪不欲速貧死不欲速朽之事各隨文解之。有子問於曾子者此孔子卒後弟子相問莫有所異聞也問喪謂問失本位居他國禮也有子問於曾子云汝曾聞失位在他國之禮於孔子否乎。注有子至何稱。正義曰案仲尼弟子傳有若少孔子四十三歲彼注云魯人也曾參南武城人字子輿少孔子四十六歲云魯昭公孫於

齊曰喪人其何稱者引公羊證失位者稱喪也昭公孫于齊次于楊州齊侯唁公于野井昭公曰喪人其何稱。有子至言也。以曾子云喪欲速貧死欲速朽有子云如是之語非君子之言也夫子既是君子必不爲此言時有子唯問喪不問死曾子以喪死二事報有子者以喪死俱爲惡事貧朽又事類相似既言喪欲速貧遂言死欲速朽案此速貧在前速朽在後而下子游之對先云死欲速朽後言喪欲速貧隨孔子所見言之先後也且孔子爲中都宰之時制其棺椁不用速朽其事在前夫子失魯司寇使子夏冉有先適楚不欲速貧其事在後故子游先言速朽後言速貧亦隨夫子之事前後。注桓司至名魋。正義曰案世本向戌生東鄰叔子超超生左師眇眇即向巢也魋是巢之弟故云向戌孫也。注孔子至司寇。正義曰孔子世家定公九年孔子年五十定公以孔子爲中都宰一年四方皆則之由中都宰爲司空由司空爲司寇定公十年會于夾谷攝相事此云司寇者崔靈恩云諸侯三卿司徒兼冢宰司馬兼宗伯司空兼司寇三卿之下則五小卿爲五大夫故周禮太宰職云諸侯立三卿五大夫也五大夫者司徒之下立二人小宰小司徒司馬之下以其事省立一人爲小司馬兼宗伯之事司空之下立二人小司寇小司空今夫子爲司空者爲小司空也從小司空爲小司寇也崔所以知然者魯有孟叔季三卿爲政又有臧氏爲司寇故知孔子爲小司寇崔解可依。昔夫至之荆。案世家定十四年齊人歸女樂孔子去魯適衞從衞之陳過匡邑匡人圍之又復去過蒲又反於衞又去衞過曹適宋時定公卒宋桓魋欲殺孔子伐夫子所過之樹削夫子所過之跡去宋適鄭去鄭適陳居三歲又適衞既不見用將西見趙簡子至河而聞殺竇鳴犢與舜華也又反於衞復行如陳時哀公三年孔子年六十明年孔子自陳遷于蔡三歲孔子在陳蔡之間楚使人聘孔子陳蔡乃圍孔子絶糧乏食七日於是使子貢至楚楚昭王興師迎孔子將書社七百里封孔子楚令尹子西諫而止之是歲楚昭王卒孔子自楚反于衞孔子年六十三是魯哀公六年以此言之失司寇在定十四年之楚在哀公六年其間年月甚遠且失司寇之後嚮宋不嚮楚而云失魯司寇將之荆者謂失魯司寇之後將往之荆則哀公六年之荆亦是失司寇之後非謂失司寇之年即之荆也。

○陳莊子死赴於魯魯人欲勿哭君無哭鄰國大夫之禮陳莊子齊大夫陳恒之孫名伯繆公召縣子而問焉縣子曰古之大夫束脩之問不出

竟雖欲哭之安得而哭之以其不外交。繆音木，竟音境。今之大夫交政於中國雖欲勿哭焉得而弗哭言時君弱臣強政在大夫專盟會以交接。焉於虔反且臣聞之哭有二道有愛而哭之有畏而哭之以權微勸之公曰然然則如之何而可縣子曰請哭諸異姓之廟明不當哭於是與哭諸縣氏【疏】陳莊至縣氏。正義曰此一節論哭鄰國臣之法。注陳莊至名伯。正義曰案世本成子當生襄子班班生莊子伯鄭依世本知也○仲憲言於曾子曰夏后氏用明器示民無知也所謂致死之仲憲孔子弟子原憲殷人用祭器示民有知也所謂致生之周人兼用之示民疑也言使民疑於無知與有知曾子曰其不然乎其不然乎非其說之非也夫明器鬼器也祭器人器也夫古之人胡爲而死其親乎言仲憲之言三者皆非此或用鬼器或用人器【疏】仲憲至親乎。正義曰此一節論不可致意於死人爲死爲生之事各隨文解之。注仲憲孔子弟子原憲。正義曰案仲尼弟子傳云原憲字子思彼注云魯人也其時與曾子評論三代送終器具之義也。曰夏后至親乎。此以下是原憲所說並非也其言夏后氏所以別作明器送亡人者言亡人無知故以不堪用之器送之表示其無知也。殷人用祭器示民有知也者憲又言殷家不別作明器而即用祭祀之器送亡人者祭器堪爲人用以言亡者有知與人同故以有用之器送之表示其有知也。周人兼用之示民疑也者憲又言周世并用夏殷二代之器送亡者不知定無知如夏爲當定有知如殷周人爲之致惑不可定者故并用送之是示於民疑惑不定也。曾子曰其不然乎其不然乎者曾子聞憲所說不是故重稱不然深鄙之也。夫明器鬼器也祭器人器也者曾子鄙憲言畢而自更說其義也言二代用此器送亡者非是爲有知與無知也正是質文異耳夏代文言鬼與人異故純用鬼器送之非言爲無知也殷世質言雖復鬼與人有異

記疏卷八　九

亦應恭敬是同故用恭敬之器仍貯食送之非言爲有知也說二代既了則周兼用之非爲疑可知故不重說壽周家極文言亡者亦宜鬼事亦宜敬事故并用鬼敬二器非爲示民言疑惑也然周唯大夫以上兼用耳士唯用鬼器不用人器崔靈恩云此王者質文相變耳。夫古之人胡爲而死其親乎者曾子說義既竟又更鄙於仲憲所言也古謂夏時也言古人雖質何容死其親乎若是無知則是死之義也然憲子言三事皆非而曾子此獨譏無知者以夏后氏尤古故也譏一則餘從可知也○公叔木有同母異父之昆弟死問於子游木當爲朱春秋作戍衞公叔文子之子定公十四年奔魯。木音式樹反又音朱徐之樹反子游曰其大功乎疑所服也親者屬大功是狄儀有同母異父之昆弟死問於子夏子夏曰我未之前聞也魯人則爲之齊衰狄儀行齊衰今之齊衰狄儀之問也【疏】公叔木有同母異父之昆弟死問於子游至狄儀之問也。正義曰此一節論爲同母異父昆弟死著服得失之事各依文解之。注木當爲朱至十四年奔魯。正義曰案世本衞獻公生成子當當生文子拔拔生朱故知木當爲朱也言春秋作戍者定十四年衞公叔戍來奔是也。注疑所服也親者屬大功是正義曰同母異父昆弟之服喪服無文故子游疑之其大功乎乎是疑辭也云親者屬大功是者鄭意以爲同母兄弟母之親屬服大功是也所以是者以同父同母則服期今但同母而以母是我親生其兄弟是親者血屬故降一等而服大功案聖證論王肅難鄭禮稱親者血屬謂出母之身不謂出母之子服也若出母之子服大功則出母之父母服應更重何以爲出母之父母無服王肅云同母異父兄弟服大功者謂繼父服齊衰其子降一等故服大功馬昭難王肅云異父昆弟恩繼於母不繼於父肅以爲從繼父而服非也張融以爲繼父同居有子正服齊衰三月乃爲其子大功非服之差互說是也。今之齊衰狄儀之問也。不云自狄儀始者。庾蔚云狄儀之前魯人先已行之故不云自狄儀始也子思之母死於衞子思孔子孫伯魚之子伯魚卒其妻嫁於衞柳若謂子思曰子聖人之後也四方於子乎觀禮子

記疏卷八　十

蓋慎諸柳若衛人也見子思欲爲嫁母服恐其失禮戒之嫁母齊衰期子思曰吾何慎哉吾聞之有其禮無其財君子弗行也謂時可行而財不足以備禮有其禮有其財無其時君子弗行也謂財足以備禮而時不得行者吾何慎哉時所止則止時所行則行無所疑也喪之禮如子贈襚之屬不踰主人○襚音遂〔疏〕子思至慎哉○正義曰此一節論爲出嫁母之喪行禮之事○注子思孔子孫伯魚之子○正義曰孔子世家文鄭言之者以下云子聖人之後故具言之○注柳若至衰期○正義曰云嫁母齊衰期者嫁母之服喪服無文案喪服杖期章云父卒繼母嫁從爲之服報則親母可知故鄭約云齊衰期也又鄭止言齊衰期不言嫡庶故譙周袁準並云父卒母嫁非父所絕嫡子雖主祭猶宜服期而喪服爲出母期嫁母與出母俱是絕族故知與出母同也張逸問舊儒世本皆以孔子後數世皆一子禮適子爲父後爲嫁母無服檀弓說子思從於嫁母服何鄭荅云子思哭嫂爲位必非適子或者兄若早死無繼故云數世皆一子○注謂財至行者○正義曰謂若嫁母之家主

人貧乏斂手足形還葬已雖有財不得過於主人故下注喪之禮如子贈襚之屬不踰主人是也○縣子瑣曰吾聞之古者不降上下各以其親古謂殷時也上不降遠下不降卑○瑣息果反依字作瑣滕伯文爲孟虎齊衰其叔父也爲孟皮齊衰其叔父也伯文殷時滕君也爵爲伯名文○滕徒登反爲于僞反下及下注爲人同〔疏〕縣子至父也○正義曰此一節論古者著服上不降遠下不降卑之事各依文解之○瑣縣子名據所聞而言也古者不降所聞之事也古者殷時也周禮以貴降賤以適降庶唯不降正耳而殷世以上雖貴不降賤也上下各以其親不降之事也上謂旁親族曾祖從祖及伯叔之班族下謂從子從孫之流彼雖賤不以己尊降之猶各隨本屬之親輕重而服之故云上下各以其親庾蔚云上下猶尊卑也正尊周禮猶不降則知所明者旁尊也鄭恐尊名亂於正尊故變文言遠也○滕伯至父也○謂滕國之伯名文爲叔父孟虎著齊衰之服其虎是滕伯文叔父也爲孟皮齊衰其叔父也謂滕伯爲兄弟之子孟皮著齊衰之服其滕伯是皮之叔父也言滕伯上爲叔父下爲兄弟之子皆著齊衰是上不降遠下不降卑也○后木曰喪吾聞諸縣子曰夫喪不可不深長思也后木魯孝公子惠伯鞏之後○鞏恭勇反買棺外內易我死則亦然此孝子之事非所託○易以豉反○〔疏〕后木至亦然○正義曰此一節論屬子以死事非禮之事各依文解之○后木云孝子居喪之禮吾聞之於縣子云夫居喪不可不深思長慮也孝子既深思長慮故買棺之時當令精好斷削外內使之平易后木既述縣子之言以語其子又云在後我身若死則亦當然然猶如是我死亦當如是縣子之言買棺外內易也○注后木至之後○正義曰案世本孝公生惠伯革其後爲厚氏世本云革此云鞏世本云厚此云后其字異耳則惠伯之子孫無名木者故鄭直云其後○注此孝至所託○正義曰言買棺外內滑易者此是孝子所爲之事非是父母豫所屬託譏后木也○曾子曰尸未設飾故帷堂小斂而徹帷仲梁子曰夫婦方亂故帷堂小斂而徹帷斂者動搖尸帷堂爲人褻之言方亂非也仲梁子魯

人也○帷意悲反○小斂之奠子游曰於東方曾子曰於西方斂斯席矣曾子以俗說非又大斂奠於堂乃有席小斂之奠在西方魯禮之末失也末世失禮之爲〔疏〕曾子至失也○正義曰此一節論小斂失禮之事各依文解之○注言方至人也○正義曰知方亂非者以小斂之後豈無夫婦方亂之事何故徹帷乃云方亂明爲動搖尸柩故帷堂案春秋定五年魯有仲梁懷是仲梁魯人之姓故知仲梁子魯人也○曾子至西方○依禮小斂之奠設於東方奠又無席魯之衰末奠於西方而又有席曾子見時如是謂將爲禮故云小斂於西方斯此也其斂之時於此席上而設奠矣曾子之言失禮故記者正之云小斂奠所以在西方是魯人行禮末世失其法也○注曾子至有席○正義曰知曾子所言非者案士喪禮小斂之奠設於尸東今曾子言西方故爲非也云大斂奠於堂乃有席者案士喪禮大斂之奠設於室今云堂者後人轉寫之誤當云奠於室故鄭荅趙商堂當爲室也○縣子曰綌衰繐裳非古也非時尚輕涼慢禮○綌衰去逆反麤葛也下七回反繐音歲布細而疏曰繐涼

音良。疏縣子至古也○正義曰此以下論縣子非當時人尚輕涼慢禮之事紿葛也緦布疏者漢時南陽鄧縣能作之當○記時失禮多尚輕細故有喪者不服麤衰但疏葛爲衰緦布爲裳故云非古也古謂周初制禮時也○子蒲卒哭者呼滅滅蓋子蒲名子皐曰若是野哉非之也唯復呼名子皐孔子弟子高柴○皐音高哭者改之疏子蒲至改之○正義曰此一節論哭者呼名非禮之事滅子蒲名子蒲卒哭者呼其名故子皐曰若是野哉野不達禮也唯復呼名冀其聞名而反哭則敬鬼神不復呼其名而此家哭獨呼滅子皐深譏之故云野哉也非之乃改也○杜橋之母之喪宮中無相以爲沽也沽猶略也○相息亮反沽音古疏杜橋至沽也○正義曰此一節論喪須立相導之事沽麤略也禮孝子喪親悲迷不復自知禮節事儀皆須人相導而杜橋家母死宮中不立相侍故時人謂其於禮爲麤略○夫子曰始死羔裘玄冠者易之而已羔裘玄冠夫子不以弔不以吉服弔喪○易音亦徐以豉反

疏夫子至以弔○正義曰此一節論始死易服小斂後不得吉服弔之事但養疾者朝服羔裘玄冠即朝服也始死則易去朝服著深衣故云易之而已記時有不易者又有小斂後羔裘弔者記人引論語鄉黨孔子身自行事之禮以譏當時之事故曰羔裘玄冠夫子不以弔時多失禮唯孔子獨能行之故言之也○子游問喪具夫子曰稱家之有亡子游曰有無惡乎齊惡乎齊問豐省之比○稱尺證反有亡皇如字無也一音無下同惡音烏注同齊才細反又如字注同省所領反比必利反夫子曰有毋過禮苟亡矣斂首足形形體○毋音無還葬還之言便也言已斂即葬不待三月○還音旋斂力驗反縣棺而封不設碑繂不備禮封當爲窆窆下棺也春秋傳作堋○縣音玄封依注作窆彼驗反徐又甫鄧反碑彼皮反繂音律堋比鄧反人豈有非之者哉不責於人所不能疏子游至者哉○正義曰此一節論問送終所須當稱具也夫子曰稱家之有亡稱猶隨也亡無也言各隨其家計豐薄有無也子游曰有無惡乎齊惡乎猶於何也子游言若必隨家之有無貧富於何可齊故子游疑而問之○夫子曰有毋過禮此荅是稱富家也毋猶不也禮有節限設若家富有正禮可依而不得過禮○苟亡矣斂首足形此荅貧家也亡無也家無財也但使衣衾斂於首足形體不令露見而已還葬還便也禮雖衆多葬日有數若貧者斂竟便葬不須停殯待其月數足也還之言便也言已斂即葬不待三月也○縣棺而封封即窆窆下棺也貴者則用碑繂若貧而即葬者但手縣棺而下之同於庶人不待碑繂不設碑繂不設碑繂不備禮○注封當至作堋○正義曰春秋傳作堋者案左傳昭十二年鄭簡公卒將爲葬除司墓之室有當道者毀之則朝而堋弗毀則日中而堋杜注云司墓之室鄭之掌公墓大夫徒屬之家堋下棺也○司士賁告於子游曰請襲於牀時失之也禮唯始死廢牀○賁音奔人名子游曰諾縣子聞之曰汏哉叔氏專以禮許人當言禮然言諾非也叔氏子游字○汏本又作大音泰自矜大疏司士至許人○正義曰此一節論不可以禮許人之事案喪大記始死廢牀至遷尸及襲皆在於牀當時失禮襲在於地故司士賁告子游子游曰諾者子游知襲在牀

爲是故以許諾之縣子聞之曰汏哉叔氏專以禮許人汏自矜大也叔氏子游別字也言凡有來諮禮事當據禮以荅之今子游不據前禮以荅之專輒許諾如似禮出於己是自矜大故縣子聞而譏之曰汏哉當言禮也言諾非禮也○宋襄公葬其夫人醯醢百甕曾子曰既曰明器矣而又實之言名之爲明器而與祭器皆實之是亂鬼器與人器○醯呼兮反醢音海甕烏弄反疏宋襄至實之○正義曰此一節論宋襄公失禮之事案春秋宋襄公卒在僖二十三年案文十六年傳云宋昭公將田孟諸未至襄夫人周襄王之姊使甸師攻而殺之則宋襄公夫人卒在襄公後其年極多此得云宋襄公葬其夫人者蓋襄公初取夫人死在襄公之時故得葬之其後取夫人是襄王之姊死在襄公之後義不相妨○曾子曰既曰明器而又實之者曾子不譏器之多但譏其實爲非也言既曰神明之器當虛也故譏云而又實之也言名之爲明器而與祭器皆實之是亂鬼器與人器也案既夕禮陳明器後云無祭器鄭云士禮略也大夫以上兼用鬼器與人器若此大夫諸侯並得人鬼兼用則空鬼而實人故鄭云與祭器皆實之是亂鬼器與人器也士既無人器則亦實明器故既夕

禮云醬三醯醢屑，又云甒二醴酒也。若夏后氏專用明器，則分半以實之；殷人全用祭器，則亦分半以虛之；周人兼用明器人器，人器實之，明器虛之。○孟獻子之喪，獻子，魯大夫仲孫蔑。司徒旅歸四布。旅，下士也。司徒使下士歸四方之賻布。夫子曰：「可也。」時人皆貪，善其能廉。○讀賵，曾子曰：「非古也，是再告也。」曾子言非禮。祖而讀賵，賓致命，將行，主人之吏又讀賵，所以存録之。疏孟獻至可也○正義曰：此一節論喪不貪利之事。孟獻子之喪，送終既具，賻布有餘。其家臣司徒敬子稟承主人之意，使旅下士歸還四方賻主人之泉布也。謂四方賻者泉布本助喪用，今既有餘，故歸還之也。時人皆貪，獻子之家獨能如此，故夫子曰可也，善其能廉。皇氏以爲獻子有餘布歸之於君，君令國之司徒歸賻於四方。案春秋魯上卿季氏也，仲孫蔑之卒，季氏無謚曰敬子者，皇氏之言非也。熊氏以爲獻子家臣爲司徒，故左傳叔孫氏之司馬鬷戾，是家臣亦有司徒司馬也。○成子高寢疾，成子高，齊大夫國成伯高父也。慶遺入請曰：「子之病革矣，如至乎大病，則如之何？」觀其意。革，急也。遺，慶封之族。遺，于季反，又如字。革，紀力反。○子高曰：「吾聞之也：生有益於人，死不害於人。吾縱生無益於人，吾可以死害於人乎哉？我死，則擇不食之地而葬我焉。」不食，謂不墾耕。○墾，苦很反。疏成子至我焉○正義曰：此一節論臨死不忘儉之事。○注成子至父也○正義曰：知者，以其有慶遺入請，齊有慶氏，故知是齊大夫。齊有國子高，故知姓國。又見齊世本：懿伯生貞孟，貞孟生成伯高父，國氏以此知也。○子夏問諸夫子曰：「居君之母與妻之喪，居處、言語、飲食衎爾。」衎爾，自得貌。爲小君惻隱不能至。○衎，苦旦反，注同。爲，于僞反，下「爲之服」、「爲其久爲君服」同。○「賓客至，無所館。夫子曰：生於我乎館，死於我乎殯。」仁者不厄人。疏子夏至衎爾○正義曰：此一節論臣服小君儀容之事。上子夏問居君之母與妻之喪，此居處言語是夫子荅辭，不云子曰者，

記人略也。○國子高曰：「葬也者，藏也；藏也者，欲人之弗得見也。是故衣足以飾身，棺周於衣，椁周於棺，土周於椁，言皆所以爲深邃，難人發見之也。國子高，成子高也，成，謚也。○邃，先遂反。難，乃旦反。見，如字，又賢遍反。反壤樹之哉！」反，覆也。怪不如大古也，而反封樹之，意在於儉，非周禮。○壤，而丈反。復，扶又反。舊音服，非。大音泰。疏國子至之哉○正義曰：此一節論重古非今之事。子高之意，人死可惡，故備以衣衾棺椁，欲其深邃，不使人知。今乃反更封壤爲墳而種樹以標之哉！言不可封壤種樹也。國子意在於儉，非周禮之法。○注怪不至周禮○正義曰：唐虞以上謂之大古。易繫辭云「古之葬者，厚衣之以薪，不封不樹」，今既封樹，故云怪不如大古也。○孔子之喪，有自燕來觀者，舍於子夏氏。子夏曰：「聖人之葬人與？人之葬聖人也，子何觀焉？與，及也。○燕，烏田反。昔者夫子言之曰：吾見封之若堂者矣，封，築土爲壟。堂形四方而高。○壟，力勇反。見若坊者矣，坊形旁殺，平上而長。○坊音防。殺，色戒反，下同。見若覆夏屋者矣，覆謂茨瓦也。夏屋，今之門廡也，其形旁廣而卑。○茨，徐在私反，茅覆屋。廡音武。卑，如字，又音婢。見若斧者矣，斧形旁殺，刃上而長。從若斧者焉。孔子以爲刃上難登，狹又易爲功。○狹，戶甲反。易，以豉反。馬鬣封之謂也。俗間名。○鬣，力輒反。○今一日而三斬板而已封，板蓋廣二尺，長六尺。斬板謂斷其縮也。三斷止之，旁殺，蓋高四尺，其廣袤未聞也。詩云「縮板以載」。○斷音短，下同。上，時掌反，下「以上」同。廣袤，古曠反，下音茂，徐又亡侯反。尚行夫子之志乎哉！」尚，庶幾也。疏孔子至乎哉○正義曰：此一節論葬夫子封墳之法。○燕國人聞葬聖人，恐有異禮，故從燕來魯觀之，舍於子夏氏。舍，住也。燕人來住子夏家也。子夏曰「聖人之葬人與？人之葬聖人也，子何觀焉」，與，及也。子夏謂燕人云：若聖人葬人及人葬聖人，皆用一禮，而子遠來何所觀乎？王肅云：「聖人葬人與」爲上句，以言若聖人葬人與，則人庶有異，聞得來觀者；若人之葬聖人，與凡人何異而

子何觀之然公西赤爲志偏用三王禮子夏謂葬聖人與凡人不異者今謂聖凡相葬禮儀不殊而孔子葬異此是賢葬聖師別自表義不施世爲法而子夏恐燕人學斅此禮故懸而拒之云其禮本應如一也而下又述昔聞夫子見四封之異者此處可共是許燕人學之故備陳其教以赴遠觀之意○昔者夫子言之曰吾見封之若堂者矣既已語燕人無觀又此歷述孔子之言者欲以此語與燕人爲法封謂墳之也若如堂基四方而高○見若坊者矣坊提也堤坊水上平而兩旁殺其南北長也言又見有築墳形如坊者也見若覆夏屋者矣殷人以來始屋四阿夏家之屋唯兩下而已無四阿如漢之門廡又言見其封墳如覆夏屋唯兩下而殺卑而寬廣又見封如斧之形其刃嚮上長而高也既言四墳之異夫子之意從若斧者焉以爲刃上難登狹又易爲功力子夏既道從若斧形恐燕人不識故舉俗稱馬鬣封之謂也以語燕人馬鬣之上其肉薄封形似之○今一日而三斬板子夏前述明夫子語又引今會古竟更述其今葬孔子既是從斧之墳今一日者謂今作孔子墳正用一日之功儉約不假多時於一日之中而三斬板者謂作墳法也築墳之法所安板側於兩邊而用繩約板令立後復內土於板之上中央築之令土與板平則斬所約板繩斷而更置於見築土上又載土

其中三徧如此其墳乃成故云今一日而三斬板也而已封者爲三徧設板築土而止已其封也故鄭注板蓋廣二尺長六尺板廣二尺疊側三板應高六尺而云四尺者但形旁表漸斂上狹下舒如斧刃之形使三板取高四尺以合周制也○尚行夫子之志乎哉者尚庶幾也言今一日三斬板是庶幾慕行於孔子平生所志也以示燕人○注板蓋至以載○正義曰知板蓋廣二尺案祭義曰築宮仞有三尺是牆高一丈公羊傳云五板爲堵則板廣二尺故五板高一丈也知板長六尺者以春秋左氏說雉長三丈高一丈公羊傳云五板爲堵五堵爲雉按五堵而爲雉則堵長六尺故詩箋云雉長三丈則板六尺知蓋高四尺者以上合葬於防崇四尺今葬夫子不可過之又板廣二尺三板斜殺唯高四尺耳其東西之廣南北之袤則未聞也引詩縮板以載是大雅緜之篇也引之者證縮爲約板之繩孫毓難云孔子墓魯城北門外西墳四方前高後下形似卧斧高八九尺今無馬鬣封之形不止于三板記似誤者孫毓云據當時所見其墳或後人增益不與元葬墳同無足怪也

○**婦人不葛帶**　婦人質不變重者至期除之卒哭變絰而已

【疏】婦人不葛帶○正義曰此論齊斬婦人帶要絰也葬後卒哭變麻易葛而婦人重要而質不變所重故不葛帶至期除之卒哭直變絰而已大功以下輕至卒哭並變爲葛與男子同絰首絰也婦人輕首重要故也

○**有薦新如朔奠**　重新物爲之殷奠

【疏】有薦新如朔奠○正義曰薦新謂未葬中間得新味而薦亡者如朔奠者謂未葬前月朔大奠於殯宮者大奠則牲饌豐也朔禮視大斂士則特豚三鼎今若有新物及五穀始熟薦於亡者則其禮牲物如朔之奠也大夫以上則朔望大奠若士但朔而不望

○**既葬各以其服除**　卒哭當變衰麻者變之或有除者不視主人

【疏】既葬至服除○正義曰既葬謂三月葬竟後至卒哭重親各隨所受而變服若三月之親至三月數滿應除者葬竟各自除不待主人卒哭之變故云各以其服除也

○**池視重霤**　如堂之有承霤也承霤以木爲之用行水亦宮之飾也柳宮象也以竹爲池衣以青布縣銅魚焉今宮中有承霤云以銅爲之○重直容反衣于既反

【疏】池視重霤○正義曰池者柳車之池也重霤者屋承霤也以木爲之承於屋霤入此木中又從木中而霤於地故謂此木爲重霤也天子則四注四面爲重霤諸侯四注重霤則差降去後餘三大夫唯餘前後二士則唯一在前而生時既屋有重霤以行水死時柳車亦象宮室而在車覆鼈甲之下牆帷之

上織竹爲之形如籠衣以青布以承鼈甲名之爲池以象重霤方面之數各視生時重霤

○**君即位而爲椑**　椑謂杝棺親尸者椑堅著之言也言天子椑內又有水兕革棺○椑蒲厤反徐扶益反櫬尸棺杝音移著直略反兕徐里反

歲壹漆之○若未成然漆音七**藏焉**虛之不合○令力政反本又作合

【疏】君即至藏焉○正義曰此一節論人君尊即位得爲棺之事君諸侯也言諸侯則王可知也椑杝棺也漆之堅强甓甓然也人君無論少長而體尊備物故亦即位而造爲此棺也椑謂杝棺親尸者也古者天子椑內有水兕而諸侯無但用杝在內以親尸也○歲一漆之者雖爲尊得造交未供用故不欲即成但每年一漆示如未成也唯云漆杝則知不漆杝棺外屬等藏焉者棺中不欲空虛如急有待也虛之不令也令善也言若虛空便爲不善故藏物於其中一本爲虛之不合者謂不以蓋合覆其上既不合覆不欲令人見故藏焉

○**復楔齒綴足飯設飾帷堂並作**　設飾謂遷尸又加新衣○楔悉節反綴丁劣反又音丁衞反飯煩晚反唅也

父兄命赴者　謂大夫以上也士主人親命之

【疏】復楔至赴者○正義曰此一節論始死之

事復招魂也楔柱也招魂之後用角柶柱亡人之齒令開使含時不閉也○綴足者復用燕几綴亡人之足令直使著屨時不辟戾也○飯者飯食也設飾者謂襲斂遷尸之時及又加著新衣也○帷堂者謂小斂時○並作者作起爲也自復以下諸事並起以帷堂故云並作○父兄命赴者亦復後之事赴謂死者生時於他人有恩識者今死則其家宜使人往相赴告也士喪禮則孝子自命赴者若大夫以上則父兄命之也何以然尊許其病深故使人代命之也雖代命之猶稱孝子名也○**君復於小寢大寢小祖大祖庫門四郊**尊者求之備也亦他日所嘗有事○【疏】君復至四郊○正義曰此一節論人君禮備復處又多自小寢以下明招魂處所也君王侯也於小寢者前曰廟後曰寢爾雅云室有東西廂曰廟無東西廂有室曰寢此小寢者所謂高祖以下寢也王侯同大寢謂天子始祖諸侯大祖也小祖高祖以下廟也王侯同大祖天子始祖諸侯大祖廟也兩言於廟求神備也周禮夏采以冕服復於大祖廟是也其小廟則祭僕復之其小寢大寢則隸僕復之故祭僕云復于小廟鄭注云小廟高祖以下也隸僕云復于小寢大寢注云小寢高祖以下廟之寢也始祖曰大寢四郊則夏采復之故夏采云乘車建綏復於四郊此天子之事也其諸侯復則小臣故喪大記云小臣復案周禮內小臣職小臣上士四人案雜記云復西上注各如其命數上公九命侯伯七命則小臣不足明更有餘官又復人雖依命數復處既多則復人不足當於此復了更轉嚮他處○**喪不剝奠也與祭肉也與**剝猶倮也有牲肉則巾之爲其久設塵埃加也脯醢之奠不巾○剝邦角反與音餘下同倮力果反謂不巾覆也埃音哀【疏】喪不至也與○正義曰此一節論祭肉不可露見之事剝猶倮倮露也言喪奠脯醢不復設巾可得倮露與是語辭謂喪不倮露奠者爲有祭肉也無祭肉即得倮露○注有牲至不巾○正義曰案士喪禮小斂陳一鼎小斂既奠于尸東祝受巾巾之是有牲肉則巾之也士喪禮又云始死脯醢醴酒奠于尸東無巾又殯後朝夕乃奠醴酒脯醢如初設不巾是脯醢醴酒不巾也案既夕禮柩朝廟重先奠從奠設如初巾之此亦脯醢之奠巾之者爲其在堂恐埃塵故雖脯醢亦巾之此文脯醢之奠不巾者據室內也**既殯旬而布材與明器**木工宜乾腊且豫成材椁材也○腊音昔【疏】既殯至明器○正義曰此一節論葬禮須豫備之事○既殯旬謂殯後十日也○而布材與明器者布班也材

謂椁材也殯後十日而班布告下覓椁材及送葬明器之材或云布其木宜乾腊故豫須暴之也士喪禮筮宅左還椁獻明器之材于殯門外是也**朝奠日出夕奠逮日**陰陽交接庶幾遇之○逮音代或大計反**父母之喪哭無時使必知其反也**謂既練或時爲君服金革之事反必有祭【疏】父母至反也○正義曰禮哭無時有三種一是初喪未殯之前哭不絕聲二是殯後除朝夕之外廬中思憶則哭三是小祥之後哀至而哭或一日二日而無復朝夕之時也此云哭無時謂小祥之後也何以知然下云使必知其反是其可使之時也○使必知其反也者使謂君使之也既小祥無哭時其時可爲君所使服金革之事也反還也若爲使還家當必設祭告親之神令知其反亦出必告反必面之義也○注謂既練或時爲君服金革之事反必有祭者禮運云三年之喪期不使公羊傳亦期不使是知期內不使則期外可使也而曾子問云卒哭服金革之事無辟此魯侯有爲爲之也喪大記云卒哭而服金革之事鄭云權禮也是知卒哭而使非正禮也○**練練衣黃裏縓緣**小祥練冠練中衣以黃爲內縓爲飾黃之色卑於纁縓纁之類明外除○縓七絹反淺赤色今之紅也緣悅絹反下注同薰本又作纁許云反**葛要絰繩屨無絇角瑱**瑱充耳也吉時以玉人君有瑱○要絰一遙反下注小要同下大結反絇其俱反屨頭飾瑱吐練反**鹿裘衡長袪**衡當爲橫字之誤也袪謂褎緣袂口也練而爲裘橫廣之又長之又爲袪則先時狹短無袪可知吉時麛裘○衡依注作橫華彭反下衡三同袪起魚反一音丘據反褎本又作袖音徐秀反袂面世反**袪裼之可也**裼表裘也有袪而裼之備飾也玉藻曰麛裘青豻褎絞衣以裼之鹿裘亦用絞乎○裼音昔麛音迷本又作麑同鹿子也豻音岸胡地野犬絞戶交反【疏】練練至可也○正義曰練小祥也小祥而著練冠練中衣故曰練也練衣者練爲中衣黃裏者黃爲中衣裏也正服不可變中衣非正服但承衰而已故小祥而爲之黃袷裏也縓緣者縓爲淺絳色也緣謂中衣領及褎緣也裏用黃而領緣用縓者領緣外也明其外除故飾見外也葛要絰者亦小祥後事也小祥男子去首絰唯餘要葛也○繩屨者謂父母喪菅屨卒哭受齊衰蒯藨屨至小祥受大功繩麻屨也無絇屨頭飾也吉有喪無角瑱者瑱充耳也人君平常吉用玉爲之以掩於耳在初喪亦無至小祥微飾以角爲之○鹿裘者亦小祥後也

爲冬時吉凶衣裏皆有裘吉時則貴賤有異喪時則同用大鹿皮爲之鹿色近白與喪相宜也○衡長袪者衡横也袪褏緣口也小祥之前裘狹而短袂又無袪至小祥稍飾則更易作横廣大者也又長之又設其袪也練而爲裘者爲猶作也前時已有裘但短小至小祥更作大長者横廣之又長之爲袪更新造之又加此三法也○袪裼之可也者裼謂裘上又加衣也吉時裘上皆有裼衣喪已後旣凶質雖有裘裘上未有裼衣至小祥裘旣横長又有袪爲吉轉文故加裼之可也案如此文明小祥時外有衰衰内有練中衣中衣内有裼衣裼衣内有鹿裘鹿裘内自有常著襦衣○注黄之至外除○正義曰纁是赤色也其色華美黄雖是正色質卑於纁爾雅釋器云一染謂之縓三染謂之纁故言纁類也華者在外故云明外除○注吉時以玉人君有瑱○正義曰案吉時君大夫士皆有瑱此唯云人君有瑱者以經云角瑱故鄭云吉時以玉據人君吉時又云人君有瑱故知人臣凶時無瑱○注玉藻至絞乎○正義曰引玉藻者以此經鹿裘直云裼之可不知裼用何衣大者曰鹿小者曰麛同類之物麛裘旣用絞爲裼則鹿裘亦用絞乎乎者疑辭然麛裘用青豻爲襃則鹿裘之褏亦用青豻也○

有殯聞遠兄弟之喪雖緦必往 親骨肉也

非兄弟雖鄰不往 疏無親也

所識其兄弟不同居者皆弔 就其家弔之成恩舊也

【疏】有殯至皆弔○正義曰此一節論哭弔之事○所識其兄弟不同居者皆弔者此文連上有殯之下若其骨血兄弟雖緦必往若其非兄弟骨血疏外之人雖鄰不往今有旣非兄弟又非疏外平生所共知識往來同恩好今若身死者兄弟雖不同居亦就往弔之成其死者之恩舊也其死者兄弟不同居尚往弔之則死者子孫就弔可知舉疏以見親也已有殯得弔之者以其死者與我有恩舊也皇氏以爲别更起文不連有殯之事所識者謂識其死者之兄弟是小功以下之親○旣識兄弟雖不同居皆一一就弔之未知然否故兩存焉○

天子之棺四重 尚深邃也諸公三重諸侯再重大夫一重士不重○重直龍反注皆同邃雖遂反

水兕革棺被之其厚三寸 以水牛兕牛之革以爲棺被革各厚三寸合六寸也此爲一重○被皮寄反注同厚胡豆反度厚薄曰厚皆同北音

杝棺一 所謂椑棺也爾雅曰椴杝○杝羊支反木名椴徒亂反、

梓棺二 所謂屬與大棺○梓音子屬音燭

四者皆周 周市也凡棺因能濕之物○市本又作匝同子荅反能濕乃代反

棺束縮二衡三衽每束一 衡亦當爲横衽今小要衽或作漆或作髹○衽而審反又而鴆反髹又作髤許求反

柏椁以端長六尺 以端題湊也其方蓋一尺○題徒低反頭也湊七豆反聚也

【疏】天子至六尺○正義曰此一節論天子諸侯以下棺椁厚薄長短之事○天子之棺四重者尊者尚深邃也四重者水牛兕牛皮二物爲一重也又杝爲第二重也又屬爲第三重也又大棺爲第四重也四重凡五物也以次而差之上公三重則去水牛餘兕杝屬大棺也侯伯子男再重又去兕餘杝屬大棺大夫一重又去杝餘屬大棺也士不重又去屬唯單用大棺也天子大棺厚八寸屬六寸椑四寸又二皮六寸合二尺四寸也上公去水牛之三寸餘兕椑屬大棺則合二尺一寸諸侯又去兕之三寸餘合一尺八寸也列國上卿又除椑四寸餘合一尺四寸也大夫大棺六寸屬四寸合一尺士則不重但大棺六寸耳故庶人四寸矣而天子卿大夫文不見有通者云天子卿大夫並與列國君同若天子之士與諸侯大夫同也喪質不得依吉時祭服也若吉時祭服則天子臣與諸侯同然春秋時多僭趙簡子言罰乃不設屬椑非也水兕二皮並不能厚三寸故合被之令各厚三寸也二皮能溼故最在裏近尸也○杝棺一者椴也材亦能溼故次皮也杝唯一種故云一也諸侯無革則杝親尸也所謂椑棺也即前言君即位爲椑是也杝即椴木鄭引爾雅曰椴杝一物二名名椴又名杝也○梓棺二者杝棺之外又有屬棺屬棺之外又有大棺大棺與屬棺並用梓故云二也則喪大記云屬六寸大棺八寸也○四者皆周者四四重也周市也謂四重之棺上下四方悉周市也唯椁不周下有茵上有抗席故也○棺束者古棺木無釘故用皮束合之○縮二者縮縱也縱束者用二行也○衡三者横束者三行也○衽每束一者衽小要也其形兩頭廣中央小也旣不用釘棺但先鑿棺邊及兩頭合際處作坎形則以小要連之令固棺並相對每束之處以一行之衽連之若豎束之處則豎著其衽以連棺蓋及底之木使與棺頭尾之材相固漢時呼衽爲小要也○柏椁者謂爲椁用柏也天子柏諸侯松大夫柏士雜木也鄭注方相職云天子椁柏黄腸爲裏而表以石焉○以端者端猶頭也積柏材作椁並葺材頭也故云以端○長六尺者天子椁材每段長六尺而方一尺天子以下庶人以上鄭注喪大記具之○注衽或作漆或作髹○正義曰經之衽字諸禮記本或有作漆字者或有作髹字者○注以端至一尺○正義曰以此木之端首題

湊鄉內知其方蓋一尺者以庶人四寸之棺五寸之椁椁厚於棺一寸案喪大記君大棺八寸君謂諸侯則天子之大棺或當九寸其椁厚一尺故云其方蓋一尺則椁之厚也如鄭此言椁材並皆從下壘至上始爲題湊湊鄉也言木之頭相鄉而作四阿也如此乃得椁之厚薄與棺相準皇氏以爲壘椁材從下即題湊郭六尺與椁全不相應又鄭何云其方蓋一尺皇氏之義非也。○天子之哭諸侯也，爵弁紂衣。服士之祭服以哭之明爲變也天子至尊不見尸柩不弔服麻不加於采此言經衍字也時人間有弁經因云之耳周禮王弔諸侯弁經緦衰也○紂本又作緇又作純同側其反爲于僞反下文及注爲其變皆同衍以善反或曰使有司哭之。非也哀戚之事不可虛爲之不以樂食。蓋謂殯斂之間【疏】天子至樂食○正義曰此一節論天子哭諸侯之事○注服士至哀也○正義曰天子至尊不見尸柩不弔服者薨在本國天子遥哭之不親見尸柩不服緦衰弔而服爵弁紂衣紂衣絲衣也則諸侯以下雖不見尸柩仍弔服也○或曰使有司哭之者或人云天子不自哭但令有司哭之耳非也○爲之不以樂食此是記者之言非復或人之説也天子食有樂今哭諸侯故食不復奏樂也此不以樂食者蓋謂殯斂之間鄭以意斷不用樂之期也諸侯五日殯也然諸侯爲其臣或至葬不食肉卒哭不舉樂蓋臣少而已畢不得同王也。○天子之殯也，菆塗龍輴以椁，菆木以周龍輴加椁而塗之天子殯以輴車畫轅爲龍○菆才官反輴勑倫反轅音表加斧于椁上，畢塗屋，斧謂之黼白黑文也以刺繡於緣幕加椁以覆棺已乃屋其上盡塗之○黼音甫刺七亦反緣音消幕音莫天子之禮也。【疏】天子至禮也○正義曰此一節論菆塗爲古天子殯法也菆叢也謂用木菆棺而四面塗之故云菆塗也○龍輴者殯時輴車載柩而畫轅爲龍故云龍輴也○以椁者亦題湊菆木象椁之形故云以椁○加斧于椁上者斧謂繡覆棺之衣爲斧文也先菆四面爲椁使上與棺齊而上猶開也以棺衣從椁上入覆於棺故云加斧于椁上也○畢塗屋者畢盡也斧覆既竟又四注爲屋覆上而下四面盡塗之也故云畢塗屋鄭云菆木以周龍輴者謂叢衆木直壘周龍輴至上乃題湊則諸侯至上不題湊也。○唯天子之喪有別姓而哭。使諸侯同姓異姓庶姓相從而爲位別於朝覲來時朝覲爵同同位○別彼列反注同朝直遥反下同【疏】唯天至而哭○正義曰此一節論哭天子之事各依文解之○注使諸至同位○正義曰異姓者鄭注周禮云王昏姻甥舅庶姓者謂與王無親者此言朝覲爵同同位則不分別同姓異姓然覲禮諸侯受舍於朝同姓西面異姓東面鄭注云分別同姓異姓受之將有先後也與此不同者覲禮先公而後侯先侯而後伯是亦爵同同位位就同姓之中先爵尊耳與此無別。○魯哀公誄孔丘曰：天不遺耆老，莫相予位焉，嗚呼哀哉尼父！誄其行以爲謚也莫無也相佐也言孔子死無佐助我處位者尼父因其字以爲之謚○誄力軌反耆巨支反相息亮反注同父音甫行下孟反【疏】魯哀至尼父○正義曰此一節論哀公誄孔子之事孔子以哀公十六年夏四月己丑日卒哀公欲爲作謚作謚宜先列其生時行狀謂之爲誄○曰天不遺耆老莫相予位焉者作誄辭也遺置也耆老謂孔子也莫無也相佐也言上天不置孔子故無復佐助我處於位也○嗚呼哀哉傷痛之辭也○尼父尼則謚也父且字甫[illegible]丈夫之美稱稱字而呼之尼父也。○國亡大縣邑，公卿大夫士皆厭冠哭於大廟三日，君不舉。軍敗失地以喪歸也厭冠今喪冠其服未聞○大縣郡縣之縣厭于葉反注同大音泰或曰君舉而哭於后土。后土社也【疏】國亡至后土○正義曰此一節論人君爲國致憂之事○國亡大縣邑者亡失也國之軍敗亡土邑也○公卿大夫士皆厭冠哭於大廟三日者公孤也士喪禮云公卿大夫繼主人鄭云公大國之孤四命者也厭冠喪冠也國既失地是諸侯無德所招故諸臣皆著喪冠而哭於君之大廟三日也失地爲先祖所哀故在廟也○君不舉者舉謂舉樂也臣八廟三日哭故君亦三日不舉樂也或曰君舉而哭於后土者后土社也又有或者言亦舉樂而自於社中哭之社主土故也然二處之哭鄭皆不非未知孰是庾蔚云舉者謂舉饌引周禮膳夫王日一舉又王齊日三舉注云殺牲盛饌曰舉案庾蔚及前通合而爲用也。○孔子惡野哭者。爲其變衆周禮銜枚氏掌禁野叫呼歎呼於國中者行歌哭於國中之道者○惡烏路反銜枚上音咸下木杯反呼火故火胡二反【疏】孔子惡野哭者○正義曰哭非其地謂之野爲變衆故惡之也。○未仕者不敢稅人，如稅

人則以父兄之命 不專家財也稅謂遺于人○稅始銳反謂以物遺人也遺維季反 疏 未仕至之命○正義曰此論人子之法也稅人謂以物遺人也未仕未尊則亦不敢專家財餉人也如稅人謂已仕者也雖得遺人亦當必稱父兄以將遺之○士備入而后朝夕踊 備猶盡也國君之喪嫌主人哭入則踊 疏 士備至夕踊○正義曰此一節論君喪羣臣朝夕哭踊之事備盡也國君喪羣臣則朝夕即位哭踊嗣君孝子雖先入即位哭必待諸臣皆入列位畢後乃俱踊者也士卑最後故舉士入爲畢也所入有前後而相待踊者孝子哀深故前入○也踊須相視爲節故俟齊也○祥而縞 縞冠素紕也○縞古老反注同紕避支反 是月禫徙月樂 言禫明月可以用樂○禫大感反樂音岳 疏 祥而至月樂○正義曰祥大祥也縞謂縞冠大祥日著之故小記除成喪者其祭朝服縞冠是也○是月禫徙月樂者鄭志曰既禫徙月而樂作禮之正也孔子五日彈琴自省樂哀未忘耳踰月可以歌皆自身踰月所爲也此非當月所受樂名既禫始得備樂而在心猶未忘能歡徙月之樂極歡也哀殺有漸是以樂亦隨之也○君於士有賜帟 帟幕之小者所以承塵賜之則張於殯上大夫以上幕人職供焉○帟音亦共音恭本亦作供 疏 君於士有賜帟○正義曰賜惠賜也帟者幕之小者也大夫以上喪則幕人職供之也士唯有君恩賜之乃得有帟也

附釋音禮記注疏卷第八

嘉慶二十年重刊宋本禮記注疏附校勘記

江西南昌府學栞

禮記注疏卷八挍勘記　阮元撰盧宣旬摘錄

檀弓上

子柳之母死節

請粥庶弟之母 閩監毛本同石經同岳本嘉靖本同衞氏集說同釋文出請鬻云本又作粥注同正義本作粥

子柳至貧者 惠棟挍宋本無此五字

而鄭注周禮云 閩監毛本同惠棟挍宋本無而字

案鄭此者 閩監毛本同惠棟挍宋本者作旨

足枝長八分 閩監毛本作足此本足誤兄盧文弨云足枝長八分下志有閒廣二分四字

文曰大泉直十五貨泉 閩監毛本同浦鏜云五十字誤倒

今世謂之筰錢是也 閩監毛本同惠棟挍宋本筰作笮

契刀無縷而錯刀用金縷之 閩監毛本縷作鏤

君子曰謀人之軍師節

利己亡衆 閩監毛本同岳本嘉靖本同衞氏集說亡作忘考文引古本同

弁人有其母死節

此誠哀 閩監毛本同岳本嘉靖本同衞氏集說作謂誠哀也

夫禮爲可傳也 閩監毛本同石經同岳本同嘉靖本同衞氏集說同考文引古本無也字正義本有

夫聖人禮制 閩監毛本同惠棟挍宋本禮制作制禮衞氏集說亦作聖人制禮

可以制禮 閩監毛本同惠棟挍宋本制禮作禮制衞氏集說亦作可以禮制也

叔孫武叔之母死節

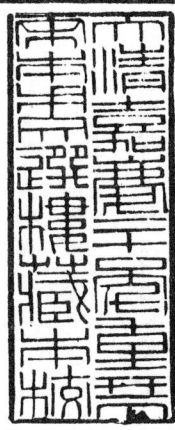

舉者出戶出戶袒　石經同宋監本岳本嘉靖本同衞氏集說同閩監毛本上戶字作尸誤石經考文提要云上出戶謂舉尸者下出戶謂武叔斂者舉尸出戶而武叔猶冠隨以出戶急思括髮乃投其冠忽遽失節之甚宋大字本南宋巾箱本余仁仲本劉叔剛本俱作舉者出戶出戶袒

婼生戌子不敢　閩本同監毛本戌作成

踊無筭　閩監毛本筭作算○按士喪禮正作算是正字

男女奉尸夷于堂　閩監毛本夷作侇衞氏集說同○按作侇與士喪禮合

將斬衰者雞斯將括髮者去笄　閩監毛本同許宗彥校本依鄭注括髮上增齊衰者素冠五字

扶君節

皆平生時貲正君服位者　閩監毛本同岳本嘉靖本同衞氏集說同浦鏜云生字衍從續通解挍

從母之夫節

以同居生緦之親可　閩監毛本同岳本嘉靖本同考文引古本足利本緦下有麻字

此皆據緦麻正衰　閩監毛本同浦鏜從續通解作此皆據緦麻之正者

喪事節

縱讀如揔領之揔　宋監本閩本岳本嘉靖本同監本揔作摠毛本作總衞氏集說作總釋文云依注作揔案九經字樣云揔說文作總經典相承通用

吉事欲其折折爾　閩監毛本同石經同岳本嘉靖本同衞氏集說同釋文出折折考文云古本折折作提提案廣韻十二齊折字下引禮記亦作折折

安舒貌詩云好人提提　閩監毛本同岳本嘉靖本同考文引古本足利本安舒貌上有提提爾三字衞氏集說安舒上有折折二字是衞氏增成非本書所有釋文於經出折折云大兮反注同則知注當作折折字引詩作好人折折後人以詩本提提易之遂致釋文注同二字懸而無薄正義標起止作提提又云初來之時提提然從詩本作也

謂大疾　閩監毛本同岳本嘉靖本同衞氏集說同惠棟挍宋本大作太下大舒同釋文出謂大云音泰一音他佐反案大兼有他佐音則字不當作太也

吉事雖有行止住之時　閩監毛本同衞氏集說無行字續通解同○按無行是也

喪具節

衣亦漸制　閩監毛本作漸衞氏集說同此本漸誤斬

喪服節　惠棟挍云喪服節食於有喪節宋本合爲一節

蓋有夫壻受我之厚而重親之　閩監毛本同衞氏集說同浦鏜云重而字誤倒從續通解挍非也下云欲一心事於厚重是約此句義非此句本如此

曾子與客立於門側節

以爲不可發凶於人之館　閩監毛本同岳本嘉靖本同衞氏集說無之字考文引宋板古本同

曾子至弔焉　惠棟挍宋本無此五字

曰反哭於爾次者　閩監毛本同惠棟挍宋本無者字

故曾許其反哭於汝次舍之處　閩監毛本同惠棟挍宋本曾下有子字

其賓亦在東門北面　閩監毛本同衞氏集說東門作門東考文引宋板同

孔子曰之死而致死之節

木不成斲　閩監本同嘉靖本同衞氏集說同毛本斲作斵釋文同岳本作斵石經闕

有鐘磬而無簨虡監本同岳本嘉靖本同石經鐘字同簨虡字闕閩本亦作虡鐘作鍾衛氏集說同毛本鐘字同虡作簴注放此疏同○按依說文當作虡从虍異象形其下足隸省作虡从竹者非

是不知之事閩監毛本如此此本之事二字倒

而致此死之者之意閩監毛本同惠棟挍宋本死下無之字

非人所知也惠棟挍宋本此下另行標禮記正義卷第十終記云凡二十一頁

有子問於曾子節惠棟挍宋本自此節起至君於士節止爲第十一卷卷首題禮記正義卷第十一

問喪於夫子乎閩監毛本同石經同岳本嘉靖本同衛氏集說同釋文出問喪云問或作聞考文云古本問作聞案正義云冀有所異聞也又云汝曾聞失位在他國之禮於孔子否乎據此則正義經文本作聞喪正義又云問喪謂問失本位居他國禮也此二問字皆當作聞否則岐出

有子至貧也惠棟挍宋本無此五字

次于楊州閩本同惠棟挍宋本監毛本楊作陽

亦隨夫子之事前後閩監本如此此本前字重毛本前作先

鄉宋不鄉楚閩監毛本同孫志祖云宋應作衛

陳莊子死節

繆公召縣子而問焉閩監毛本同石經同岳本嘉靖本同衛氏集說同考文引古本縣作懸下同

束脩之問不出竟閩監毛本同石經同岳本同衛氏集說同釋文竟音境考文引古本竟作境○按竟正字境俗字

焉得而弗哭閩監本同石經同岳本嘉靖本同衛氏集說同足利本同考文引古本無而字毛本同弗作勿並非

論哭鄰國臣之法閩監毛本同衛氏集說同惠棟挍宋本論作記

成子當生襄子班閩監毛本同惠棟挍宋本當作常

仲憲言於曾子節

或用人器閩監毛本作或岳本嘉靖本同衛氏集說同此本或誤成

仲憲至親乎惠棟挍宋本無此五字

此以下是原憲所說閩監毛本同惠棟挍宋本無原字

周人爲之致惑閩監毛本作惑此本誤感

故用恭敬之器仍貯食送之惠棟挍宋本作仍貯食此本仍貯食三字闕閩監毛本同

說二代既子閩監毛本作了此本誤子

尋周家極文惠棟挍宋本作尋此本尋字闕閩監毛本同

若是無知閩監毛本同衛氏集說是作示

以夏后氏尤古故也監毛本作古此本古誤苦閩本同

公叔木節

春秋作戉閩本同岳本同衛氏集說同監毛本戉誤戊疏同考文引古本春秋下有傳字非也正義引春秋經不引傳可知無傳字

公叔木有同母異父之昆弟死問於子游至狄儀之問也閩監毛本同惠棟挍宋本無此廿二字

注木當爲朱至十四年奔魯閩監毛本同惠棟挍宋本無爲朱十四年五字

注疑所服也親者屬大功是閩監毛本同惠棟挍宋本作注疑所至功是

同母異父昆弟之服閩監毛本同惠棟挍宋本同上有爲字衞氏集說同

互說是也閩監毛本同惠棟挍宋本互作元

子思之母節

子思至愼哉惠棟挍宋本無此五字

論爲出嫁母之喪閩監毛本同惠棟挍宋本無嫁字衞氏集說同

縣子瑣曰節

縣子瑣曰閩本同嘉靖本同監本作瑣石經同岳本同衞氏集說同毛本誤項釋文出子璅云息果反依字作瑣考文云古本作璅

縣子至父也惠棟校宋本無此五字

后木曰節

后木至亦然惠棟挍宋本無此五字

曾子曰節

曾子至失也惠棟挍宋本無此五字

依禮小斂之奠設於東方閩監毛本同惠棟挍宋本依作用盧文弨云用疑周

小斂奠所以在西方閩監毛本惠棟挍宋本奠上有之字衞氏集說同

縣子曰節

縣子至古也惠棟挍宋本無此五字

當記時失禮多尚輕細閩監本同毛本當記作記當

子蒲卒節

子蒲至攺之惠棟挍宋本無此五字

杜橋之母之喪節

宮中無相以爲沽也閩監毛本同石經同岳本嘉靖本同衞氏集說同考文引古本足利本相下有君子二字案正義云故時人謂其於禮爲麄略使經文有君子二字正義安得僅以時人申說之是孔氏所見本亦無君子二字也

杜橋至沽也惠棟挍宋本無此五字

宮中不立相侍閩監毛本同衞氏集說同浦鏜挍侍改導

夫子曰節

夫子至以弔惠棟挍宋本無此五字

子游問喪具節

有無惡乎齊石經同岳本同嘉靖本同考文引宋板同閩監毛本無作亡衞氏集說同釋文出有亡云皇如字無也一音無下同知此處亦作亡字也石經考文提要曰坊本作有無案上稱家之有亡下苟亡矣俱作亡此作無歧出

斂首足形閩監毛本同石經同岳本嘉靖本同衞氏集說同考文引古本首作手正義本作首石經考文提要宋大字本余仁仲本劉叔剛本至善堂九經本皆作首

還葬閩監毛本同石經同岳本嘉靖本同衞氏集說同考文引古本足利本葬下有而無槨三字案正義本無

子游至者哉惠棟挍宋本無此五字

不設碑繂不設碑繂不備禮閩監毛本同考文引宋板無下不設碑繂四字

司士賁節

汏哉叔氏閩監毛本同岳本嘉靖本同石經作汱衞氏集說同釋文出汱哉此本疏中亦作汱

司士至許人閩監本同毛本作司士賁至禮許人惠棟挍宋本無此五字

宋襄公節

宋襄至實之　惠棟挍宋本無此五字

若夏后氏專用明器　惠棟挍宋本作若衞氏集說同此本若誤則閩監毛本同

周人兼用明器人器　閩監毛本作明此本明誤閔

孟獻子之喪節　案此本此節讀賵上有一○閩本同是另爲一節監毛本去○故渾爲一節惠棟挍云孟獻子節宋本分讀賵下另爲一節齊召南云讀賵下當自爲一節注下應有疏而無之刊本遂接孟獻子節而誤録其疏於下

司徒旅歸四布　閩監毛本同石經同岳本嘉靖本同衞氏集說同考文引古本足利本作司徒敬子使旅歸四方布案正義中屢言敬子猶是皇侃熊安生舊語設經中無此則疏豈空言讀書脞録續編云經注並無敬子字正義何爲反覆申辨向疑經文有脫譌而未能決今讀古本爲之釋然考文如此類亦所謂披沙揀金也

旅下士也　閩監毛本作下岳本嘉靖本同衞氏集說同此本下誤卜

司徒使下士歸四方之賻布　閩監毛本同岳本嘉靖本同衞氏集說同考文引古本之賻布作之賻賻者布也足利本同但無也字

曾子言非禮祖而讀賵　惠棟挍宋本如此宋監本同此本言非二字闕祖字同閩監毛本非作喪祖作祖岳本作非禮祖嘉靖本同衞氏集說二句倒置惟非字不誤祖亦作祖考文云古本作曾子言非也禮祖而讀賵宋板足利本同但無也字案考文之宋板卽惠棟所挍之宋本今惠挍作祖考文作祖疑祖誤也

主人之吏　考文引宋板同嘉靖本同岳本閩本監毛本吏作史衞氏集說同

論喪不貪利之事　閩監毛本同惠棟挍宋本喪上有因字衞氏集說同

故歸還之也　閩監毛本同惠棟挍宋本無也字衞氏集說同

成子高寢疾節

觀其意　閩監毛本同岳本嘉靖本同衞氏集說意下有也字考文引古本同

遺慶封之族　閩監毛本同岳本嘉靖本同衞氏集說同考文引古本遺上有慶字族下有也字

謂不墾耕　閩監毛本同岳本嘉靖本同衞氏集說同考文引古本足利本不下有可字釋文出不墾是陸氏所見本亦無可字也

成子至我爲　惠棟挍宋本無此五字

子夏問諸夫子曰節　案此本此節賓客至上有一○閩本同是另爲一節也監毛本去○故渾爲一節齊召南云賓客至以下當亦自爲一節刊本因無疏誤接上節盧文弨云賓客至一段當另起在疏後自爲一節

子夏至衎爾　惠棟挍宋本無此五字

國子高節

反覆也　閩監毛本同嘉靖本同衞氏集說同惠棟挍宋本覆作復宋監本岳本同考文引古本同釋文出反復

非周禮　閩監毛本同岳本嘉靖本同衞氏集說禮下有也字考文引古本同

國子至之哉　惠棟挍宋本無此五字

欲其深邃　閩監毛本作深衞氏集說同此本深誤經

言不可封壤種樹也　惠棟挍宋本作可衞氏集說同此本可字闕閩監毛本作當非

孔子之喪節

封築土爲壟　閩監毛本作封岳本嘉靖本同此本封誤北

坊形旁殺平上而長　閩監毛本作上岳本嘉靖本同衞氏集說同此本上字闕

其形旁廣而卑　閩監毛本同岳本嘉靖本同衞氏集說同考文引古本足利本旁下有殺字

斬板謂斷其縮也惠棟挍宋本作其宋監本岳本嘉靖本同衛氏集說同考文引古本足利本同釋文出斷其此本其誤莫閩監毛本同

三斷止之旁殺閩監毛本同岳本同衛氏集說同嘉靖本止誤正惠棟挍宋本止作上考文引古本足利本同釋文出上之云時掌反下以上同

孔子至乎哉惠棟挍宋本無此五字

徧用三王禮子夏謂葬聖人閩監毛本同惠棟挍宋本禮下有而字考文引宋本禮作而下屬與惠棟挍不同

而下又述昔聞夫子見四封之異者閩監毛本作異此本異誤其

以赴遠觀之意閩監毛本同許宗彥挍赴作副

馬騣鬣之上閩監毛本同惠棟挍宋本騣作騣衛氏集說同盧文弨云騣是說文新附字疑本借

騣字不當改

正用一日之功按正疑止字之譌

但形旁表漸斂閩監毛本同惠棟挍宋本表作袠是也續通解同

不與元葬墳同無足怪也惠棟挍宋本如此此本元誤示也誤同閩監毛本元作原也作者

婦人不葛帶節

婦人不葛帶惠棟挍宋本無此五字

不變所重閩監毛本作重衛氏集說同此本重字闕

有薦新節

有薦新如朔奠惠棟挍宋本無此六字

若士但朔而不望閩監毛本作士此本誤王衛氏集說亦作士

既葬各以節

既葬至服除惠棟挍宋本無此五字

池視重霤節

如堂之有承霤也惠棟挍宋本同岳本嘉靖本同考文引古本足利本同閩監毛本堂作屋

池視重霤惠棟挍宋本無此四字

而生時既屋有重霤以行水閩監毛本同衛氏集說無而字浦鏜挍云而衍字

而在車覆鼈甲之下閩監毛本同惠棟挍宋本在作於衛氏集說同

君卽位節

歲壹漆之惠棟挍宋本同石經同宋監本岳本同嘉靖本同衛氏集說同儀禮經傳通解同考文引古本足利

本同閩監毛本壹作一石經考文提要宋大字本余仁仲本劉叔剛本至善堂九經本皆作壹○按經傳因壹與一同音假借爲一字學者遂分別一二字作一書專壹字作壹說文从壺吉聲壹乃俗作字也

虛之不合閩監本同岳本嘉靖本同毛本合作令衛氏集說同考文引古本同釋文出不合云力政反本又作合正義云虛之不合也合善也一本爲虛之不合者謂不以蓋合覆其上然則正義本當亦作令與釋文同今作合注與疏不相謀當由附合注疏時所據注本不同毛本改從令是也衛氏集說令下有也字考文引古本同案正義則也字亦當有

君卽至藏焉惠棟挍宋本無此五字

復楔齒節

復楔至赴者惠棟挍宋本無此五字

用楅栖柱卬人之齒令開閩監毛本作柶衛氏集說同此本柶誤栖

不辟戾也　閩監毛本作辟衞氏集說同此本辟字闕

飯者飯食也　閩監毛本同惠棟挍宋本食作含衞氏集說同案作含是也

謂襲斂遷尸之時　閩監毛本作尸衞氏集說此本尸誤戾

及又加著新衣也　閩本同惠棟挍宋本同監毛本及作乃非衞氏集說刪乃字亦非

猶稱孝子名也　惠棟挍宋本作稱續通解同此本稱字闕閩監毛本作書非

君復於小寢節

君復至四郊　惠棟挍宋本無此五字

喪不剝奠也與節

喪不至也與　惠棟挍宋本無此五字

爲有祭肉也　閩監毛本作肉衞氏集說同此本肉誤也

小斂既奠于尸東　閩監毛本同衞氏集說作既斂奠于尸東○按集說是也

祝受巾巾之　閩監毛本作祝衞氏集說同此本祝誤況

設如初巾之　閩監毛本作誤此本設投

既殯旬節　惠棟挍云既殯節宋本合下朝奠日出二旬爲一節

木工宜乾腊且豫成　毛本作豫成岳本嘉靖本同衞氏集說同此本豫成二字闕閩監本同考文引古本且豫成作且以豫成也

材椁材也　閩監毛本作椁岳本嘉靖本同此本椁誤祖考文引古本作材椁椑材也正義本無椑字

既殯至明器　惠棟挍宋本無此五字

此一節論葬禮　惠棟挍宋本同衞氏集說同續通解同閩監毛本葬誤喪

須豫備之事　惠棟挍宋本作備衞氏集說同此本備字闕閩監毛本誤暴

朝奠日出節　惠棟挍宋本父母之喪以下爲一節

父母至及也　惠棟挍宋本無此五字

練練衣節

黃之色卑於纁　閩監毛本同岳本嘉靖本同衞氏集說同釋文出於董云本又作纁正義作纁

麛裘青豻褎　閩監毛本同岳本嘉靖本同衞氏集說同惠棟挍宋本豻作犴

練練至可也　惠棟挍宋本無此五字

黃拾裏也　閩本同監毛本拾作袷是也衞氏集說同

裏用黃而領緣用縓者　閩監本同衞氏集說同毛本緣下用誤中惠棟挍宋本無下用字

小祥男子去葛絰　閩監毛本同惠棟挍宋本葛作首衞氏集說同案首字是也

謂父母喪菅屨　閩監毛本同衞氏集說同惠棟挍宋本無母字續通解同案儀禮喪服爲父菅屨父卒爲母與父在爲母皆疏屨此言菅屨當無母字爲是

無絇屨頭飾也　閩監毛本同惠棟挍宋本無絇下有絇者二字考文引宋板無絇下有者絇二字此亦與惠挍不同

鹿色近白　惠棟挍宋本作色近續通解同此本色近二字闕閩監毛本作鹿皮色白非

裘上未有裼衣　閩監毛本作未此本誤夫

二染謂之縓　閩監毛本同衞氏集說同惠棟挍宋本二作一與爾雅合

然麛裘用青豻爲褎　閩監毛本作褎此本誤裦

有殯節

有殯至皆弔　惠棟挍宋本無此五字

天子之棺節

凡棺因能溼之物　閩監毛本同岳本因作用嘉靖本同衛氏集說同考文引古本足利本同案集說是也

論天子諸侯以下　閩監毛本同衛氏集說無諸侯二字

屬六寸大棺八寸也　閩監毛本如此此本上寸誤中下寸誤十

唯椁不周　閩監本同衛氏集說同惠棟按宋本唯作惟毛本唯誤雖考文引宋板作唯

上有杭席故也　閩監毛本杭作抗惠棟按宋本衛氏集說同○按作抗是也

縱束者用二行也　閩監毛本作也衛氏集說同此本也誤之

或有作縣字者　惠棟按宋本作作此本作誤惟閩監毛本同

案喪大記君大棺八寸　閩監毛本作案此本案誤宰

則椁之厚也　閩監毛本作厚此本厚誤斿

天子之哭諸侯也節

時人間有弁絰　閩監毛本同衛氏集說同惠棟按宋本間作聞岳本嘉靖本同考文引古本足利本同續通解間有作聞者

天子至樂食　惠棟按宋本無此五字

今哭諸侯　閩監毛本同衛氏集說同惠棟按宋本哭作容

天子之殯也節

故本以周龍輴加椁而塗之　閩監毛本同嘉靖本同衛氏集說同惠棟按宋本加作如宋監本岳本同續通解同案作如是也正義云象椁之形正申此如字之義○按穀梁傳九年疏引作如

天子至禮也　惠棟按宋本無此五字

謂用木菆棺而四面塗之　此本用誤困閩監毛本不誤惠棟按宋本菆作欑下亦題湊菆木同

畢塗屋者　閩監毛本作畢此本畢誤塗

四面盡塗之也　閩監毛本作塗此本塗誤畢

唯天子之喪節

唯天至而哭　惠棟按宋本無此五字

位就同姓之中　閩監毛三本同惠棟按宋本位作但是也衛氏集說同

誄其行以爲謚也　閩監毛本同岳本嘉靖本同衛氏集說同考文引古本足利本重誄字宋監本作誄累其行以爲謚也按左傳哀十六年正義引禮記注誄累也累列生時行迹讀之以作謚

尼父因其字以爲之謚　閩監毛本同嘉靖本同衛氏集說同惠棟按宋本其作且一岳本亦作且無一字宋監本同考文引古本與宋本同足利本與岳本同段玉裁云且字見儀禮者四見禮記者三見公羊傳者三疏家多不得其解今案說文且薦也凡承藉於下曰且凡冠而字祇有一字耳必五十而後以伯仲故下一字所以承藉伯仲也言伯某仲某是稱其字單言某甫是稱其且字若韓非子於孔子單言尼蓋五十以前事也此注家且字之說也其說甚詳不可備錄又云檀弓注且字俗本譌作其字今本左傳哀十六年疏引譌作目字宋本禮記注疏譌作且一字三字惟南宋禮記監本及慶元本左傳哀十六年疏作且字不誤

魯哀至尼父　惠棟按宋本無此五字

稱字而呼之尼父也　惠棟按宋本作呼此本呼字闕閩本同監毛本作謚非

國亾大縣邑節

哭於大廟三日　閩監本同石經同岳本嘉靖本同衛氏集說本同毛本大作太非疏同釋文亦作大

以喪歸也閩監毛本同岳本嘉靖本同衞氏集說同考文引古本足利本喪下有禮字

國亡至后土惠棟按宋本無此五字

亡失也監毛本作亡此本亡誤云閩本同

亡失土邑也閩監毛本作土此本誤士

孔子惡野哭者節

周禮銜枚氏監毛本作銜岳本嘉靖本同此本銜誤御閩本同

掌禁野叫呼歎呼於國中者閩監毛本同惠棟按宋本下呼作嗚宋監本岳本嘉靖本同考文引古本足利本同衞氏集說作掌䛘呼歎嗚於國中者無野字作䛘嗚字與周官經合釋文出叫呼

孔子惡野哭者惠棟按宋本無此六字

未仕者節

稅謂遺于人閩監毛本同嘉靖本同衞氏集說于作於惠棟按宋本于作予宋監本同岳本同考文引古本足利本亦作予是人下有物字非正義皆云謂以物遺人也是足利本所據補也

未仕未尊閩監毛本如此此本未仕誤夫任

亦當必稱父兄以將遺之閩監毛本作稱此本誤類

士備入節

嫌主人哭毛本作嫌岳本嘉靖本同衞氏集說同此本嫌字闕閩監本同

士備至夕踊惠棟按宋本無此五字

雖先入卽位哭閩監毛本作位衞氏集說同此本位誤布

而相待踊者惠棟按宋本作而此本而字闕閩監毛本作必非

祥而縞節

祥而至月樂惠棟按宋本無此五字

其祭朝服縞冠是也閩監毛本同惠棟按宋本祭下有也字衞氏集說同

君於士節

幕人職供焉閩監毛本同嘉靖本同衞氏集說同岳本供作共釋文出共焉云本亦作供○按供正字共假借字

君於士有賜帟惠棟按宋本無此六字

賜惠賜也惠棟按宋本作惠此本惠字闕閩監毛本惠作恩衞氏集說同

附釋音禮記注疏卷第八終惠棟按宋本此行題禮記正義卷第十一終宋監本題禮記卷第二經五千四百二十二字注五千三百二十字嘉靖本題卷終經五千二百一十九字注五千三百六十五字

禮記注疏卷八校勘記

附釋音禮記注疏卷第九

檀弓下第四〔疏〕正義曰案鄭目錄云義同前篇以簡策繁多故分爲上下二卷

鄭氏注　孔穎達疏

君之適長殤車三乘，公之庶長殤車一乘，大夫之適長殤車一乘。皆下成人也自上而下降殺以兩成人遣車五乘長殤三乘下殤一乘尊卑以此差之庶子言公卑遠之傳曰大功之殤中從上○適丁麻反下及下適室同長殤丁丈反下及注同下式羊反乘繩證反下及注同皆下戶嫁反殺色戒反遣棄戰反差初佳反又初宜反遠于萬反〔疏〕君之至一乘○正義曰此一節論諸侯及卿大夫之子送葬遣車之數○君者五等諸侯也今此謂諸侯適子在長殤而死故云君之適長殤也車三乘者遣車也葬柩朝廟畢將行設遣奠竟取遣奠牲體臂臑折之爲段用此車載之以遣送亡者故謂之遣車然遣車之形甚小周禮巾車云大喪飾遣車鄭云使人以次舉之以如墓也又雜記遣車視牢具置于四隅鄭云四隅郭中之四隅以此而推故知小也所以必須遣車者雜記云大饗既饗卷三牲之俎歸于賓館父母而賓客之所以爲哀也是言父母方將遠去亦如賓客之義所以載牲體送之也但遣車之數貴賤不同若生有爵命車馬之賜則死有遣車送之諸侯七乘大夫五乘此後有明文鄭惟諸侯既七乘降殺宜兩則國王宜九乘士三乘也今此所明並是殤未成人未有爵命車馬之賜而得遣車者言其父有之得與子也王九乘若適子成人則應七乘在長殤而死則五乘中殤從上亦五乘下殤三乘也若有國王庶子成人則應五乘長殤中殤三乘下殤一乘也諸侯既自得七乘其適子成人五乘長殤三乘故君之適長殤車三乘也中則從上若下殤則一乘也○公之庶長殤車一乘者公亦諸侯也適長殤既三乘庶子若成人乃三乘而長殤則一乘故云車一乘也中殤亦從上若下殤則無大夫之適長殤車一乘者大夫自得五乘適子成人三乘長殤降二故一乘也中殤從上亦一乘若下殤及庶殤並不得也案下注云人臣賜車馬乃得有遣車禮三命始賜車馬然諸侯大夫再命而下則不合有遣車今大夫適子長殤得有遣車一乘者以其身爲大夫德位既重雖未三命得有遣車約鄭注雜記云則士無遣車禮天子上士三命得有車馬之賜而云士無遣車者謂諸侯之士及天子中士下士也但喪禮質略天子之臣與諸侯之臣命數雖殊喪禮不異故鄭云大夫以上乃有遣車文主天子大夫其實兼諸侯大夫也鄭以士無遣車者文主諸侯之士其實亦兼天子中下士也諸侯及大夫之子熊氏云人臣得車馬賜者遣車得及子若不得車馬賜者雖爲大夫遣車不得及子案此經云大夫之適長殤車一乘則大夫之身五乘下云大夫五个遣車五乘二文正同但此揔爲殤而言之故言其子下文爲晏子大儉故舉國君及大夫之身本無及子不及子之義横生異意無所證據熊氏非也雜記云遣車視牢具則遣車一乘當苞一个士無遣車既夕禮苞三个者亦是豐小殺大禮之義若服虔之意視牢具者視饔餼牢具故襄二十五年崔杼葬莊公下車七乘服注云上公饔餼九牢遣車九乘與此異也○注庶子至從上○正義曰君是對臣之名有地大夫以上皆有君號公則五等之上又同三公之尊今庶子言公就其尊號是卑遠於庶子也此有公君相對故爲此解若文無所對嫡與稱公故喪服云公子嫡子是也又鄭引喪服傳云大功之殤中從上者證此遣車亦中從上也必知然者服是生人所著哀念死者車亦生者所有被及亡人車服雖殊皆緣生者之事故車馬與服同中從上若其瓦棺堲周之屬本爲死者中殤年實童幼故從於下盧植以爲遣車亦中從下非其宜

○公之喪，諸達官之長杖。謂君所命雖有官職不達於君則不服斬〔疏〕公之至長杖○正義曰此一節論臣爲君杖法公者五等諸侯也諸者非一之辭達官謂國之卿大夫士被君命者也既被君命故稱達官也既達於官而貴有其職此對不達者爲長故云長也若遭君喪則備服衰杖故云諸達官之長杖也不云衰從可知也○注謂君至服斬○正義曰不達於君謂府史之屬也賤不被命是不達於君也不服斬衰但服齊衰三月耳故喪服齊衰三月章有庶人爲國君鄭云不言民而言庶人庶人或有在官者案彼注即是不達者也皆是凡謂庶人在官者若其近臣閽寺之屬雖無爵命但嗣君服斬則亦服斬與此異也故喪服斬衰章云公士大夫之衆臣爲其君布帶繩屨傳曰近臣君服斯服矣鄭注云近臣閽寺之屬若大夫之臣雖不被命於諸侯得爲大夫之君服斬與杖但衆臣降其帶屨用布帶繩屨耳

○君於大夫將葬，弔於宮，及出，命引之，三步則止。以義奪孝子宮殯宮出謂柩已在路如是者三，君退。退去也三命引之凡移九步朝亦如之，哀次亦如之。君弔

不必於宮。朝，喪朝廟也。次，他日賓客所受大門外舍也。孝子至此而哀，君或於是弔焉。○朝，直遙反，注同。〔疏〕「君於」至「如之」。○正義曰：此一節論君弔臣之禮。君於大夫之喪，將至葬時，君必親往弔於殯宮，謂就殯宮以弔孝子。弔禮既畢，及其柩出殯宮之門，孝子號慕，攀轅，柩車不動，君奪孝子之情，命遣引之。引者三步則止，所以止者，引者不忍頓奪孝子之情，故且止柩住。君又命引之，引之者三步而止。君又命引之，引之者三步而止。故如是者三。君又命引之，柩車遂行，君便退去。君或來弔，參差早晚，不必恒在殯宮，或當朝廟明日將發之時，亦如柩出殯宮命引之三步，如是者三之事，故云「朝亦如之」。君弔或晚，不及朝廟之時，朝廟已畢，柩出大門，至平生待賓客次舍之處，孝子哀其平生次舍之處，停柩不行，君於是始弔。弔畢，君命引之使行，如上來之事，故云「哀次亦如之」。○注「宮殯」至「在路」。○正義曰：知此是殯宮者，以下云朝及哀次，以朝廟及出大門哀次之事，此文在其前，以事前後文知是殯宮也。云「出謂柩已在路」者，對宮中未行，今已出殯門，將往嚮廟，謂之在路。賀瑒以路謂載柩之車，義亦通也。○注「退去」至「九步」。○正義曰：鄭嫌退謂逡巡且退，故云「退去也」。云「三命引之，移九步」者，以禮成於三，故知凡爲九步。鄭必分明言九步者，以經上云「引之三步則止」，下云「如是者三」，恐別更爲三通，前爲四，卜存二步之嫌，故明言九步也。九步既停，君又須命引之，則當四命也。或可君既三命，柩雖三步暫停，孝子更須有事，君即退。○注「君弔」至「弔焉」。○正義曰：君於大夫恩義或有厚薄，或弔有早晚，故云「君弔不必於宮」。宮謂殯宮也，從上可知也。知朝是喪朝廟者，朝與哀次相對，故知朝廟也。柩之朝廟，今日至廟，明日乃去，此弔謂明日將去之時，故有命引之。云「次，他日賓客所受大門外舍也」者，以《覲禮》諸侯受次舍于廟門外，明大夫大門外亦有賓次也。然主位在門東，孝子必哀門西賓次者，以平生門東待賓客無次，孝子見門西張次之處而哀，故云「哀次」。云「君或於是弔焉」者，以君弔正禮當於殯宮，或於朝祖廟，無門外君弔之禮，君來弔或晚，有邂逅於是弔焉，故云「或」。或是不定之辭。

○五十無車者不越疆而弔人。氣力始衰。○疆，居良反，本又作彊，下越疆同。

〔疏〕「五十」至「弔人」。○正義曰：此一節論哀老不許徒行遠弔之事。所以時不許越疆而弔人者，五十既衰，越疆則道路遙遠，弔人又悲感哀戚，恐傷哀，恐故不許也。

○季武子寢疾，蟜固不說齊衰而入見，曰：「斯道也，將亡矣。士唯公門說齊衰。」季武子，魯大夫季孫夙也。世爲上卿，強且專政，國人事之如君。蟜固能守禮，不畏之，矯失俗也。道，猶禮也。○蟜，居表反。蟜固，人姓名。說，他活反，本亦作稅，徐又音申銳反，下同。見，賢遍反。矯，居表反。武子曰：「不亦善乎，君子表微。」時無如之何，佯若善之。表，猶明也。及其喪也，曾點倚其門而歌。明己不與也。點，字晳，曾參父。○點，多忝反。倚，于綺反，徐其綺反。晳，星厤反。

〔疏〕「季武」至「而歌」。○正義曰：此一節論季武子無禮，蟜固正之事。武子，魯之執政上卿，時人畏之，事之如君，入其門皆說衰，唯蟜固不說齊衰而入見武子，謂武子曰：我所以著齊衰而入者，以此著齊衰之道將亡絕矣。以時人畏爾，入門者皆說齊衰，故此著齊衰入大夫之門，其道將絕。又語武子：若依正禮，士唯入公門乃說齊衰，而入大夫之門不合說也。言將亡者，其時嚮餘大夫之門猶有著齊衰者，故云將亡。亡者，未絕之辭。武子既得蟜固之言，心雖恚恨，身既寢疾，無奈之何，乃佯言若美之：汝之所言，不亦善乎！所以善者，若失禮顯著，凡人皆知；若失禮微細，唯君子乃能表明之。今說齊衰，失禮之微，汝能知之，是君子之人，故云「君子表微」。及武子之喪，曾點慕蟜固之直，乃倚武子之門而歌，明己不與武子，故無哀戚。○注「季武」至「禮也」。○正義曰：知是上卿專政者，《左傳》文。云「國人事之如君」者，入君門說齊衰，今入武子之門亦說齊衰，是與君同也。此謂不杖齊衰，若杖齊衰，雖入公門，亦不說之，具在下《曲禮》疏。云「蟜固能守禮，不畏之，矯失俗也」者，謂失禮風俗，矯而正之。據鄭此言，則蟜固人之姓名，其字從虫；若矯正之字從矢。熊氏云：或有人矯武子，固陋對文，不知何甚也。○注「時無」至「善之」。○正義曰：知非實善，云佯善者，其實善則尋常不合說齊衰，故知佯若善蟜固也。心實不善而佯善之，是無如之何。凡外貌爲陽，內心爲陰，實無內心，但有外貌者，謂之爲陽。故《史記·韓非·說難》云「陽收其身而實疏之，陰用其言而顯棄之」是也。此陽或言佯者，字相假借，義亦通也。○注「點字晳，曾參父」。正義曰：此《史記·仲尼弟子傳》文，彼文點字作箴。

○大夫弔，當事而至，則辭焉。辭，猶告也。擯者以主人有事告也。主人無事，則爲大夫出。○擯，必刃反，本又作儐，同。後放此。爲，于僞反，下亦爲、爲之變同。弔於人，是日不樂。君子哀樂不同日。子於是日哭，則不歌。○日人一反。樂音岳，又音洛，注同。婦人不越疆而弔人。不通於外。行弔之日，不飲酒食肉焉。以全哀也。弔於葬者必執引，若從柩及壙，皆執紼。示助之以力。車曰引，棺曰紼。從柩贏者。○引音胤，注同。車索。壙，苦晃反，又音曠，後同。紼音弗，棺索。贏音盈。○喪，公弔之，必有拜者，往謝之。雖朋友、州里、舍人可也。謂無主後。弔曰：「寡君承事。」示亦爲執事來。主人曰：「臨。」君辱臨其臣之喪。○臨，如字，徐力鴆反。君遇柩於路，必使人弔之。君於民臣有父母之恩。大夫之喪，庶子不受弔。不以賤者爲有爵者主。

疏 「大夫」至「受弔」。○正義曰：此一節論弔哭之禮，各依文解之。○「大夫弔」者，謂大夫弔士也。「當事」，當主人有大小斂殯之事也。大夫尊，來弔士，則孝子應出下堂迎之。若正有事而至，則孝子遣人辭告之道有事，不得出也。○注「辭猶」至「夫出」。○正義曰：此出者，正謂出之於庭，不得出門外，以男子之事自堂及門故也。若未小斂以前，唯君命出，故士喪禮云「唯君命出」，鄭注云「大夫以下時來弔襚，不出，始喪哀戚甚，在室」，是小斂以前不爲大夫出也。正當小斂之節，大夫來弔，則辭之以有事，斂畢當踊之時，延大夫而入，絕踊而拜之。或大夫正當斂後踊時始來，則亦絕踊拜之，故雜記云「當袒，大夫至，雖當踊，絕踊而拜之」，注云「尊大夫，來至則拜之，不待事已也」。若士來弔，雖當斂，不告以有事，事畢踊後，引士入，然後拜之，故雜記云「於士，既事成踊，襲而后拜之」是也。此云不當事則爲大夫出，於士雖不當事，則不爲之出。然士喪禮既小斂以後，主人降自西階，遂拜賓，大夫特拜，士旅之，得出拜士者，以主人將襲絰於序東，因降階而拜之，非故爲士而出拜之。不當事，爲大夫出，謂出迎至庭，若大夫退，則出送于門外，故士喪禮「賓出，主人拜送于門外」，鄭注云「廟門外也」。廟門，謂殯宮門也。○「婦人不越疆而弔人」，此是凡弔之法，婦人無外事，故不越疆而弔人。○「弔於葬者必執引」，引，柩車索也。弔葬本爲助執事，故必相助引柩車也。○「若從柩及壙，皆執紼」者，及，至也。紼，引棺索也。凡執引用人，貴賤有數，若其數足，則餘人不得遙行，皆散而從柩也。至壙，下棺窆時，則不限人數，皆悉執紼，是助力也。○注「示助」至「贏者」。○正義曰：引者，長遠之名，故在車，車行遠也。紼是撥舉之義，故在棺，棺唯撥舉，不長遠也。云「從柩贏者」，贏，餘也。從柩者，是執引所餘贏長者也。何東山云：「天子千人，諸侯五百人，大夫三百人，士五十人，贏數外也。」○「喪，公弔之，必有拜者」，喪謂諸侯臣之喪。公來親弔，或遣人來弔，喪家雖無主後，必有以次疏親而往拜之，以謝其恩。疏親亦無，雖死者朋友及同州、同里及喪家典舍之人而往拜之可也。此以無後，故許他人拜謝，若其有後，主人故自當親拜，是以既夕禮云「主人乘惡車」，鄭注云「拜君命」是也。○「弔曰寡君承事」者，此是君來語擯者，使傳君來之辭也。弔爲助事，故雖君之尊，亦稱承事也。○「主人曰臨」者，主人辭謝之曰：君屈辱降臨某之喪。文稱寡君，應是弔他國之臣，上承公弔之下，則是己國之臣，稱寡君者，以其示欲供承喪家之事，故謙言寡君。此謂大夫之喪也，若弔士，直稱君，故士喪禮「君使某弔，如何不淑」是也。○「君遇柩於路」者，君於其臣，當特弔於家，故喪大記於大夫及士皆親弔之，又禮議賁尚受弔，及杞梁之妻不受野弔是也。其或卑小之臣及庶人之等，君不豫知其喪，造次遇柩於路，既有民臣之恩，以此使人弔，故鄭荅張逸謂「行而遇之，謂凡民也」。雖以民爲主，亦兼微小臣，君不豫知其喪，故此云兼臣也。○「大夫之喪，庶子不受弔」者，不受弔者，謂不爲主人也。適子主喪，受弔拜賓，若適子或有他故不在，則雖庶子不敢受弔，明已卑辟適也。言大夫庶子不受弔，則士之庶子得受弔也。言不受弔，不可以賤者爲有爵者喪主也。

○妻之昆弟爲父後者死，哭之適室，以其正也。子爲主，袒免哭踊，親者主之。○免音問。夫入門右，北面辟正主。○辟音避，下辟難同。使人立于門外，告來者，狎則入哭。狎，相習知者。○使，色吏反，又如字。狎，戶甲反。父在，哭於妻之室，不以私喪干尊。非爲父後者，哭諸異室。○有殯，聞遠兄弟之喪，哭于側室，嫌哭殯。無側室，哭于門內之右。近南者爲之變位。○近，附近之近。同國則往哭之。喪無外事。

疏 「妻之」至「哭之」。○正義曰：此一節論哭無服者之事。適室，正寢也。禮，女子適人者，爲昆弟爲父後者不降，以其正故也。故姊妹之夫爲之哭於適室之中庭也。○「子爲主」者，子，己子也，甥服舅緦，故命己子爲主，受弔拜賓也。○「袒免哭踊」者，冠尊，不居肉袒上，必先免，故凡哭哀則踊，踊必先袒，袒必先免，故袒免哭踊也。○「夫入門右」者，夫謂此子之父，即哭妻兄弟者也。言夫者，據妻之爲喪也。子既爲主，位在東階之下，西嚮，父入門右，近南而北嚮哭也。鄭注知此北面者，鄭推子既爲主，在阼階下西嚮，父不爲主，若又西嚮，便似二主，故入門右而北面，示辟爲主之處也。鄭又所以知父必北面者曾子問云衛靈公弔季康子魯哀公爲主康子立於門右北面辟主人之位故鄭知此當北面辟主人之位也而禮本多將鄭注北面爲經文者非也案古舊本及盧王禮亦無北面字唯鄭注云北面耳庾蔚亦謂非經文也○使人立于門外告來者者以門內有哭則鄉里聞之必來相弔故主人所使人出門外告語來弔者述所哭之由明爲主在子不關已也○狎則入哭者若弔人與此亡者曾經相識狎習當進入共哭父在哭於妻之室者此夫若父在則適室由父故但於妻室之前而哭之亦子爲主使人立於門外也故鄭注云不以私喪于尊○非爲父後者哭諸異室者案奔喪禮妻之黨哭諸寢此哭於適室及異室者寢是大名雖適室及妻室異室揔皆曰寢此云子爲主袒免哭踊則夫入門右亦哭踊知者以其上文申祥之哭言思婦人倡踊故知夫入門右亦踊但文不備耳○注近南者爲之變位○正義曰此哭於門內之右謂庶人無側室者故內則云庶人無側室者言近南爲之變位以其尋常爲主當在阼階東西面今稱門內之右故知近南爲之變位也必變之者以哭於大門內之右既非常哭之處故繼門而近於南也鄭云近南則猶西面但近南耳必知西面者案士喪禮朝夕哭衆主人衆兄弟繼婦人南皆西面明此哭兄弟亦西面也下云同國則往哭之上云聞遠

兄弟之喪謂異國也所以同國則往哭異國則否○子張者以其已有喪殯不得彎他國故鄭云喪無外事

死曾子有母之喪齊衰而往哭之或曰齊衰不以弔以其無服非之曾子曰我弔也與哉於朋友哀痛甚而往哭之非若凡弔○與音餘〔疏〕子張至與哉○正義曰此一節論哭朋友失禮之事○注以其至非之○正義曰言曾子與子張無服不應往哭故或人非之也若有服者雖緦亦往也

○有若之喪悼公弔焉悼公魯哀公之子○悼音道子游擯由左擯相侑喪禮者喪禮廢亡時人以爲此儀當如詔辭而皆由右相是善子游正之孝經說曰以身擯侑○擯必忍反注同相息亮反下同詔音照侑音又〔疏〕有若至由左○正義曰此一節論擯相之法在主人曰擯在客曰介○注擯相至擯侑○正義曰庾蔚云相主人以禮接賓皆謂之擯亦無當於吉凶鄭以爲相侑喪禮據此事而言之大宗伯注出接賓曰擯入詔禮曰相云喪禮廢亡時人以爲此儀當如詔辭而皆由右相是善子游正之者少儀云詔辭自右鄭云爲君出命也立者尊右案立者尊右若已傳君之詔辭詔辭爲尊則宜處右今擯者宜右也若於喪事則惟賓主居右而已自居左而當時禮廢言相喪亦如傳君詔辭已自居右子游知禮故揹賓居右己居左也云孝經說曰以身擯侑者引孝經說證擯是相侑也孔子身爲君作擯侑故論語云君召使擯是也

○齊穀王姬之喪穀當爲告聲之誤也王姬周女齊襄公之夫人○穀音告又古毒反魯莊公爲之大功或曰由魯嫁故爲之服姊妹之服或曰外祖母也故爲之服春秋周女由魯嫁卒服之如內女服姊妹是也天子爲之無服嫁於王者之後乃服之莊公齊襄公女弟文姜之子當爲舅之妻非外祖母也外祖母又小功也○爲之于僞反下及注同王如字徐于況反〔疏〕齊穀至之服○正義曰此一節論諸侯爲王姬著服之事案莊二年秋齊王姬卒齊來告魯云王姬之喪魯莊公爲之大功或人解之云王姬周女也命魯爲主由魯嫁比之魯女故爲之服出嫁姊妹之服更有或人解云王姬爲莊公外祖母故爲之著大功之服此或人之言乃爲二非也王姬是莊公舅妻不得爲外祖母是一非假令爲外祖母正合小功不服大功是二非也○注王姬至夫

人○正義曰案莊公十一年王女共姬爲齊桓公夫人知此王姬非齊桓公夫人者以桓公夫人經無卒文是不告於魯襄公夫人莊二年經書王姬卒是來告魯此言齊告王姬之喪故知是襄公夫人○注春秋至服之○正義曰春秋莊二年齊王姬卒穀梁傳云爲之主者卒之也案莊元年秋築王姬之館于外下云王姬歸于齊是由魯嫁也喪服大功章君爲姑姊妹女子子嫁於國君者著大功之服王姬既比之內女故服大功也云天子爲之無服者以尊卑不敵故也若嫁於王者之後天子以賓禮待之則亦大功也其女反爲兄弟爲諸侯者亦大功以喪服女子出嫁爲兄弟大功故也案喪服云女子子爲父後者期謂大夫士之妻有往來歸宗之義故喪服傳云婦人雖在外必有歸宗曰小宗鄭荅趙商云自其家之宗言宗及小宗故知是大夫士也諸侯夫人父母卒無復歸寧之理故知諸侯夫人爲兄弟爲諸侯者但大功耳不得服期熊氏以爲服期非也案服小記云與諸侯爲兄弟者服斬卑賤降等雖不爲臣猶服斬衰與此別也

○晉獻公之喪秦穆公使人弔公子重耳獻公殺其世子申生重耳辟難出奔是時在翟就弔之○重直龍反注及下皆同難乃旦反翟音迪本又作狄且曰寡人

聞之亡國恒於斯得國恒於斯言在喪代之際雖吾子儼然在憂服之中喪亦不可久也時亦不可失也孺子其圖之勸其反國意欲納之喪謂亡失位孺稺也○儼魚檢反本亦作儼同喪息浪反注及下皆同孺如樹反後同稺直吏反本又作稚同以告舅犯舅犯重耳之舅狐偃也字子犯舅犯曰孺子其辭焉喪人無寶仁親以爲寶寶謂善道可守者仁親親行仁義父死之謂何又因以爲利欲反國求爲後是利父死而天下其孰能說之孺子其辭焉說猶解也公子重耳對客曰君惠弔亡臣重耳身喪父死不得與於哭泣之哀以爲君憂謝之○與音預父死之謂何或敢有他志以辱君義【疏】晉獻至君義○正義曰此一節論公子重耳不因父喪以取國之事各依文解之○且曰至圖之○使者弔重耳重耳受弔禮已畢使者出門則應遂還賓館使者方須致穆公之命以勸重耳故言且曰言且者非特弔耳且者兼有餘事使者且更言曰稱穆公之命言寡人聞前古以來失亡其國恒於此喪禍交代之時得其國家亦恒在於此交代之時言此喪禍交代之際是得國失國之機求之則得不求則失雖吾子儼然端靜在憂戚喪服之中無求國之意然身喪在外亦不可久爲言辛苦也得國之時亦不可失言當求也欲使重耳從其言故云孺子其圖之○父死至君義○言父身死亡謂是何事正是凶禍之事既是凶禍豈得又因此凶禍以有爲已利欲求反國必其如此而天下聞之其誰解說我以爲無罪公子重耳用舅犯之言出而對客既叙其弔意又謝其欲納之言君惠弔亡臣重耳此一句是叙其弔意言身喪父死不得在國與於哭泣之哀以爲君之憂慮欲納於我既謝其恩又道不可之意言以父死謂是何事豈復敢悲哀之外別有他志以屈辱君之義事乎言已無他志不敢受君勸以反國之義言義者宜也穆公之意以重耳反國爲宜故云義也稽顙而不拜哭而起起而不私他志謂私心○稽音啓顙桑黨反子

顯以致命於穆公使者公子縶也盧氏云古者名字相配顯當作韅○顯依注音韅呼遍反徐苦見反使色吏反縶陟立反後同穆公曰仁夫公子重耳夫稽顙而不拜則未爲後也故不成拜哭而起則愛父也起而不私則遠利也○夫音符遠于萬反【疏】稽顙至遠利也○正義曰此穆公本意勸重耳反國重耳若其爲後則當拜謝其恩今不受其勸故不拜謝穆公以其不拜故云未爲後也所以稽顙者自爲父喪哀號也凡喪禮先稽顙而後拜乃成今直稽顙而不拜故云不成拜也今既聞父死勸其反國之義哀慟而起若欲攀轅然故云哭而起則愛父也以其愛父故起若欲攀轅既哭而起不私與使者言必無心反國是遠利也鄭注知在翟弔之及使者公子縶者並國語文云縶弔重耳而退弔公子夷吾於梁如弔重耳之命夷吾見使者再拜稽首起而不哭退而私於公子縶曰里克與我矣吾命之以汾陽之田百萬丕鄭與我矣吾命之以負蔡之田七十萬亡人苟入埽除宗廟定社稷且入河外列城五言亡人之所懷案國語之說夷吾則穆公美重耳之言皆是形夷吾而起○帷殯非古也自敬姜之哭穆伯始也穆伯魯大夫季悼子之子公甫靖也敬姜穆伯妻文伯歜之母也禮朝夕哭不帷○歜昌燭反【疏】帷殯至始也○正義曰此一節論哭殯不合帷殯之事○注穆伯至不帷○正義曰知穆伯是季悼子之子公甫靖者世本文知敬姜是文伯歜之母者下文云文伯之喪敬姜晝夜哭又國語云敬姜自績文伯諫之是也朝夕哭不帷是雜記文以孝子思念其親故朝夕哭時乃褰徹其帷也今敬姜之哭穆伯以辟嫌之故遂朝夕哭不復徹帷故下文云穆伯之喪敬姜晝哭與此同也案春秋文十五年公孫敖之喪聲已不視帷堂而哭公孫敖亦是穆伯此不云聲已之哭穆伯始者聲已是帷堂非帷殯也聲已哭在堂下怨恨穆伯不欲見其堂故帷堂敬姜哭於堂上遠嫌不欲見夫之殯故帷殯案張逸荅陳鏗云敬姜早寡晝哭以辟嫌帷殯或亦辟嫌表夫之遠色也○喪禮哀戚之至也節哀順變也君子念始之者也始猶生也念父母生已不欲傷其性【疏】喪禮至者也○正義曰此一節記人總論孝子遭喪所爲哭踊復魄飯含重主殯葬反哭之事各依文解之○喪禮哀戚

之至也者言人或有禍災雖或悲哀未是哀之至極唯居父母喪禮是哀戚之至極也既爲至極若無節文恐其傷性故辟踊有節筭裁節其哀也故下文辟踊哀之至有筭爲之節文也所以節哀者欲順孝子悲哀使之漸變也故下文云慍哀之變也所以必此順變者君子思念父母之生已恐其傷性故順變也 復盡愛之道也 有禱祠之心焉 復謂招魂且分禱五祀庶幾其精氣之反○禱丁老反一音丁報反祠音詞 望反諸幽求諸鬼神之道也 鬼神處幽闇望其從鬼神所來 北面求諸幽之義也 鄉其所從來也禮復者升屋北面○鄉本又作嚮同許亮反

【疏】復盡至義也○正義曰始死招魂復魄者盡此孝子愛親之道也非直招魂又分禱五祀冀精氣之復反故云有禱祠之心焉言招魂之時於平生館舍求魂欲反又於五祀禱請求之復與五祀揔是祈禱故云禱祀之心焉以揔結之又解復魄之時冀望魂神於幽處而來所以望諸幽者求諸鬼神之道也言鬼神處在幽闇故望幽以求之又解望幽所在北方是幽闇復者北面求鬼神之義○注復謂至之反○正義曰招魂者是六國以來之言故楚辭有招魂之篇禮則云復冀精氣反復於身形分禱五祀者既夕禮文直言乃行禱者謂非直招魂兼有分禱俱是求神之義言分遣其人以禱五祀五祀博言之耳士唯二祀 拜稽顙哀戚之至隱也稽顙隱之甚也 隱痛也稽顙者觸地無容

【疏】拜稽至甚也○正義曰孝子拜賓之時先爲稽顙而後拜者哀戚之至痛就拜與稽顙二事之中稽顙爲痛之甚此拜稽顙拜文在上以周禮言之將拜稽顙或可下文殷周並陳此云拜稽顙或舉殷禮故先言拜也○注隱痛○正義曰釋詁文也 飯用米貝弗忍虛也不以食道用美焉爾 尊之也食道褻米貝美○飯扶晚反褻息列反

【疏】飯用至焉爾○正義曰死者既無所知所以飯用米貝不忍虛其口既不忍虛其口所以不用飯食之道以實之必用米貝者以食道褻米貝美尊之不敢用褻故用米○美善焉爾飯食人所造作細碎不絜故爲褻也米貝天性自然爲美凡含用米貝案喪大記云君沐粱大夫沐稷士沐粱又以所沐之米以飯之故士喪禮祝淅米于堂又云祝受米奠于貝北主人左扱米實于右是飯用沐米也則是諸侯用粱大夫用稷大用粱士用粱者謂天子之士諸侯之士用稻故士喪禮云稻米一豆實於筐是也以次差之天子當沐黍與是天子飯用黍也其含案周禮典瑞云大喪共飯玉含玉鄭注云含玉如璧形而小耳是天子用璧也又飯玉碎玉以雜米也故云共飯玉雜記云含者執璧將命是諸侯亦含以璧也卿大夫無文案成十七年公孫嬰齊夢贈瓊瑰注云食珠玉含象則卿大夫蓋用珠也案士喪禮貝三實于筭注云貝水物古者以爲貨江水出焉筭竹器名是士用貝三依雜記則大夫當五諸侯七天子九何休注云公羊天子以珠諸侯以玉大夫以碧士以貝又禮緯稽命徵天子飯以珠含以玉諸侯飯以珠含以璧卿大夫飯以珠含以貝此等或是異代禮非周法也

銘明旌也 神明之精○銘音名旌音精 以死者爲不可別已故以其旗識之 不可別形貌不見○別彼列反注同本或無己字非識式至反皇如字 愛之斯錄之矣敬之斯盡其道焉耳 謂重與奠○重與奠也與音如字一本作重與奠與二與並音餘 重主道也 始死未作主以重主其神也重既虞而埋之乃後作主春秋傳曰虞主用桑練主用栗 殷主綴重焉 綴猶聯也殷人作主而聯其重縣諸廟也去顯考乃埋之○綴丁劣反又丁衛反聯音連縣音玄 周主重徹焉 周人作主徹重埋之

【疏】銘明至徹焉○正義曰案士喪禮爲銘各以其物又司常云大喪共銘旌注云王則大常案司常云王建大常諸侯建旂孤卿建旜大夫士建物則銘旌亦然但以尺寸易之案士喪禮士長三尺大夫五尺諸侯七尺天子九尺從遣車之差以喪事略故也若不命之士則士喪禮云以緇長半幅長一尺經末長終幅長二尺揔長三尺○愛之斯錄之矣○愛之斯錄之者謂孝子思念其親追愛之道斯此也故於此爲重以存錄其神也○敬之斯盡其道焉耳者謂於此設奠盡其孝養之道焉耳鄭以下文有重及奠故以此一經爲下張本故云重與奠也此愛之斯錄之矣及敬之斯盡其道焉耳亦得揔焉於明旌之義故士喪禮爲銘之下鄭注引此愛之敬之二事以解節旌以義得兩通故鄭彼此二解○重主至徹焉○言始死作重猶若吉祭木主之道主者吉祭所以依神在喪重亦所以依神故云重主道也○殷主綴重焉者謂殷人始殯置重于廟庭作虞主訖則綴重縣於新死者所殯之廟也○周主重徹焉者謂周人虞而作主而重則徹去而埋之故云周主重徹焉但殷人綴而不即埋周人即埋不縣於廟爲異也○注始死未作至練主用栗○

正義曰案士喪禮云士有重無主而此云重主道者此據天子諸侯有主者言之卿大夫以下無主春秋孔悝爲祏主鄭駁異義云孔悝祭所出君故有主云重既虞而埋之乃後作主者謂既虞之後乃始埋重埋重之後乃始作主案天子九虞九虞之後乃埋重重與柎相近故公羊云虞主用桑謂虞祭之末也左傳云祔而作主謂用主之初俱是喪主其義不異故異義公羊說虞而作主左氏說天子九虞十六日祔而作主謂喪主許慎謹案左氏說與禮同鄭氏不駁則是從左氏之義非是虞祭之日即作主也故此注云埋重之後乃作主也其卒哭之祭已用主也必知然者以卒哭日成事以吉祭易喪祭故知與虞異也○注殷人至埋之○正義曰知縣之廟者周主重徹焉明殷之作主重不徹焉主之與重本爲死者入廟重既不徹故知重隨死者縣於廟云去顯考乃埋之者謂今死者廿廿遞遷至爲顯考其重恒在死者去離顯考乃埋其重及主以其既遷無復有廟故顯考謂高祖也其遷早晚左氏以爲三年喪畢乃遷廟故僖三十三年左氏傳云烝嘗禘於廟杜服皆以爲三年禘祭乃遷此廟鄭則以爲練時則不禘而遷廟主故鄭注士虞禮以其班祔之下云練而遷廟又注卽人廟用卣謂始禘時鄭必謂以練者以文二年作僖公主穀梁傳云於練焉壞廟壞廟之道易檐可也改

記疏卷九　十三

塗可也范甯云親過高祖則毁其廟以次而遷將納新神故示有所加是鄭之所據其主之狀范人云正方穿中央達四方天子長尺二寸諸侯長一尺○注周人至埋之○正義曰案既夕禮將葬甸人抗重出自道道左倚之鄭注云重既虞將埋之是鄭埋重於門外之道左也若虞主亦埋之於祖廟門外之道左案異義戴禮及公羊說虞主埋於壁兩楹之間一說埋之於廟北牖下左氏說虞主所藏無明文鄭駁之云案士喪禮重與柩相隨之禮柩將出則重倚於道左柩將入於廟則重止於門西虞主與神相隨之禮亦當然練時既特作栗主則入廟之時祝奉虞主於道左練祭訖乃出就虞主而埋之如既虞埋重於道左是鄭既練埋虞主於廟門之道左也

奠以素器以生者有哀素之心也哀素言哀痛無飾也凡物無飾曰素**唯祭祀之禮主人自盡焉爾豈知神之所饗亦以主人有齊敬之心也**哀則以素敬則以飾禮由人心而已○齊側皆反

〔疏〕奠以至心也○正義曰奠謂始死至葬之時祭名以其時無尸奠置於地故謂之奠也悉用素器者表主人有哀素之心既因用素表孝子哀素遂論虞祭之後及卒哭練祥之祭故云此等祭祀之禮既見親終於主人自盡致孝養之道焉爾豈知神之所饗須設此祭所以設之者亦以主人有齊敬之心若親存然故設祭亦如生存之有齊敬今死亦齊敬故云亦也○注哀則至以飾○正義曰哀則以素謂葬前敬則以飾謂虞後故士虞禮不用素器也知經中祭祀非尋常吉祭者以上下所論皆是喪事不應吉祭厠在其間其實吉祭主人亦有齊敬之心也

辟踊哀之至也有筭爲之節文也筭數也○辟踊婢亦反下音勇筭桑亂反

〔疏〕辟踊至文也○正義曰撫心爲辟跳躍爲踊孝子喪親哀慕至懣男踊女辟是哀痛之至極也若不裁限恐傷其性故辟踊有筭爲準節文章準節之數其事不一每一踊三跳三踊九跳都爲一節士舍死日三日而殯凡有三踊初死日襲襲而踊明日小斂小斂而踊又明日大斂大斂又踊凡三日爲三踊也大夫五踊舍死日四日而殯初死日一踊明日襲又一踊至三日小斂朝一踊至小斂時又一踊至四日大斂朝不踊當大斂時又一踊凡四日爲五踊諸侯七踊舍死日六日而殯初死日一明日襲又一至三日小斂朝一當小斂時又一四日無事一五日又一至六日朝不踊亦當大斂時又一凡六日七踊周禮王九踊舍死日

記疏卷九　十四

八日而殯死日一明日襲一其間二日爲二至五日小斂爲二其間二日又二至八日大斂則其朝不踊也大斂時又一凡八日九踊故云爲之節文也故雜記云公七踊大夫五踊士三踊鄭注云士小斂之朝不踊君大夫大斂之朝乃不踊是也

袒括髮變也慍哀之變也去飾去美也袒括髮去飾之甚也有所袒有所襲哀之節也

〔疏〕袒括至節也○正義曰言袒衣括髮者是孝子形貌之變也悲哀慍恚者是孝子哀情之變也去其尋常吉時服飾也者是去其華美也孝子去飾雖有多塗袒括髮者就去飾之中最爲甚也孝子悲哀理應常袒何以有所袒有所襲時者表明哀之限節哀甚則袒哀輕則襲

弁絰葛而葬與神交之道也接神之道不可以純凶天子諸侯變服而葬冠素弁以葛爲環絰既虞卒哭乃服受服也雜記曰凡弁絰其衰侈袂○括觀闊反慍廁皇紆粉反積也又紆運反怨又音鬱○去羌呂反下及注去樂去桃茢並同衰七雷反侈昌氏反下袂彌世反

〔疏〕注接神至侈袂○正義曰葬時居喪冠

〔疏〕麻絰身服衰裳是純凶也又尋常弁絰以麻

爲環絰。今乃去喪冠，著素弁，又加環絰，用葛不以麻，故云交神之道不可以純凶。云「天子諸侯變服而葬」者，以下云「有敬心焉」，以日月踰時，故敬心乃生。大夫與士三月而葬，敬心未生，故知天子諸侯也。云「冠素弁，以葛爲環絰」者，素謂素弁，爲弁，故鄭注周禮司服云「弁如爵弁而素」，不云麻，是用素絹也。以葛以弁絰連文，故云葛環絰。然則要帶猶用麻也。云「卒哭乃服受服也」者，以受服者無文，故鄭解不定。喪服注天子諸侯既虞，大夫士卒哭乃受服。此云卒哭乃受服，是不定。喪服以大夫以上卒哭與虞其月不同，士虞與卒哭同在一月，故解爲大夫以上既虞，士卒哭受服。皇氏云檀弓足本當言既虞，與喪服注會，云卒哭者誤也。引雜記「其衰侈袂」者，證既服弁絰，其衰亦改。案喪服衰袂二尺二寸，袪尺二寸，則葬時更制其衰，袂三尺三寸，袪尺八寸，是改喪服之衰也。熊氏、皇氏等並爲錫衰，皇氏又引鄭說稱鄭沖云：小記曰「諸侯弔必皮弁錫衰」，則此弁絰之衰亦是弔服也。案喪服改葬尚服緦麻，今葬服錫衰，其義疑也。**有敬心焉**踰時，哀衰而敬生，敬則服有飾。大夫士三月而葬，未踰時。衰，所追反。〔疏〕注「大夫」至「踰時」。正義曰：案鄭箴膏肓云：人君殯數來日，葬數往月；大夫以上殯皆以來日數，則大夫并死月四月而葬。云「未踰時」者，謂未踰一時，假令四月而死，

七月而葬，是未踰越夏之一時也，非如春秋之踰年也。若以爲踰年言之，則三月死至四月，是亦踰時。穀梁傳云「古者行役不踰時」，豈三月行不至四月即須反？故知不然也。**周人弁而葬，殷人冔而葬。**周弁、殷冔，俱象祭冠而素，禮同也。冔，況甫反。〔疏〕注「周弁」至「同也」。正義曰：士冠禮「周弁，殷冔，夏收」。王制云「夏后氏收而祭，殷人冔而祭，周人弁而祭」。此弁既對冔，故知俱象祭冠。**歠主人、主婦、室老，爲其病也，君命食之也。**尊者奪人易也。歠，歠粥也。歠，徐昌悅反，一音常悅反。爲其，于僞反，下注「爲父母」、「爲有凶」、「爲人甚」同。食音嗣。易，以豉反。粥，之六反，後同。〔疏〕「歠主」至「之也」。正義曰：此一節論尊者奪孝子情之法。歠者，親喪三日之後，歠粥之時。主人，亡者之子；主婦，亡者之妻；室老，家之長相。此三者並是大夫之家貴者，爲其歠粥病困之故，君必有命食此也。若非三者，雖復歠粥致疾病，君不命食之，以其賤故也。其士之主人主婦，君不命也。喪大記主婦食疏食，謂既殯之後。此主婦歠者，謂未殯前，故問喪云「鄰里爲之糜粥以飲食之」。**反哭升堂，反諸其所作也。**親所行禮之處。處，昌慮反，下同。

主婦入于室，反諸其所養也。親所饋食之處。養，徐羊尚反。〔疏〕「反哭」至「養也」。正義曰：謂葬窆訖，反哭升於廟。所以升堂者，反復於親所行禮之處。行禮者，謂平生祭祀冠昏在於堂也。主婦反哭，所以入於室，反復於親所饋食供養之處。此皆謂在廟也。故既夕禮：主人反哭，入升自西階東面。鄭注云「反諸其所作也」。又云：主婦入于室。注云「反諸其所養也」。下始云遂適殯宮，故知初反哭在廟也。下云「反哭之弔也」，亦謂在廟也。**反哭之弔也，哀之至也。反而亡焉，失之矣，於是爲甚。**哀痛甚。**殷既封而弔，周反哭而弔。**封當爲窆。窆，下棺也。封，依注音窆，彼驗反，下同。〔疏〕注「封當」至「棺也」。正義曰：知非既封土爲壙者，以既夕禮實土三，主人拜鄉人，乃反哭。周既如此，明殷亦然。且殷既不爲壙，故知封當爲窆。**孔子曰：「殷已慤，吾從周。」**慤者，得哀之始，未見其甚。慤，本又作殼，苦角反，注及後同。〔疏〕注「慤者」至「其甚」。正義曰：廟是親之平生行禮之處，今反哭於廟，思想其親而不見，故悲哀爲甚。壙者，非親存所在之處，今柩暫來至此，始有悲哀，未是

甚極。今弔者於此而來，哀情質慤，故云慤也。**葬於北方，北首，三代之達禮也，之幽之故也。**北方，國北也。首，手又反。〔疏〕「之幽之故也」。正義曰：上之訓往，下之語助。言葬於國北及北首者，鬼神尚幽闇，往詣幽冥故也。殯時仍南首者，孝子猶若其生，不忍以神待之。**既封，主人贈，而祝宿虞尸。**贈以幣送死者於壙也。於主人贈，祝先歸。〔疏〕「既封」至「虞尸」。正義曰：既封，謂葬已下棺。鄭不破窆字者，從上可知也。云「主人贈而祝宿虞尸」者，謂主人以幣贈死者於壙之時，祝先歸，宿戒虞尸。案既夕禮，主人贈用制幣玄纁束帛也。案士虞禮記云「男，男尸；女，女尸」，是虞有尸也。**既反哭，主人與有司視虞牲。**日中將虞，省其牲。**有司以几筵舍奠於墓左，反，日中而虞。**所使奠墓有司來歸，乃虞也。舍奠墓左，爲父母形體在此，禮其神也。周禮冢人：「凡祭墓爲尸。」舍奠音釋，注同。〔疏〕「有司」至「而虞」。正義曰：此謂既窆之後事也。有司，脩虞之有司也。几，依神也。筵，坐神席也。席敷陳曰筵。舍，釋也。奠，置也。墓道鄉南，以東爲左。孝子先反脩虞，故有司以几

筵及祭饌置於墓左，禮地神也。言以父母形體所託，故禮其地神以安之也。反日中而虞者，反謂所使奠墓左有司歸也。虞者，葬日還殯宮安神之祭名，必用日中者，是日時之正也。士虞禮云「日中而行事」，注云「朝葬，日中而虞，君子舉事必用辰正也。再虞、三虞皆用質明」。案周人尚赤，大事用日出，故朝葬也。○注「所使至爲尸」。○正義曰：鄭恐奠墓有司未歸，即非虞祭，故云奠墓有司來歸乃虞也。必知歸始虞者，以經云奠於墓左，反日中而虞，是奠墓者迴反日中而虞。引周禮冢人凡祭墓爲尸者，證葬畢奠墓。案周禮冢人爲尸，謂祈禱，不同者，以言凡祭墓，凡者非一，諸祭皆是。**葬日虞，弗忍一日離也。**弗忍其無所歸。離，力智反，下同。**是月也，以虞易奠。**虞，喪祭也。**卒哭曰成事。**既虞之後，卒哭而祭，其辭蓋曰「哀薦成事」，成祭事也。祭以吉爲成。〔疏〕注「既虞至爲成」。○正義曰：既虞祭之後，至於卒哭，其卒哭祭辭蓋曰「成事」，所以稱「蓋」者，以其士虞禮無文，唯雜記及此有卒哭成事，故鄭約之爲解，又稱「蓋」以疑之。以虞祭之時，以其尚凶，祭禮未成，今既卒無時之哭，唯有朝夕二哭，漸就於吉，故云成事。祭以吉爲成，故也。其虞與卒哭尊卑不同，案雜記士三月而葬，是月而卒哭；大夫三月而葬，五月而卒哭；諸侯五月而葬，七月而卒哭。又雜記云內此天子七月而葬，九月而卒哭。雜記又云「諸侯七虞，大夫五，士三」。謂之虞者，鄭注士虞禮云：「虞，安也，所以安神。」虞皆用柔日，柔日者，鄭注士虞禮云：「柔日陰，陰取其靜。」最後一虞用剛日，故士虞記云「三虞、卒哭，他用剛日」。鄭注云：「用剛日，剛日陽也，陽取其動。」謂動而將祔廟也。雜記云「諸侯七虞」，然則天子九虞也。士三虞卒哭同在一月，初虞已葬日而用柔，第二虞亦用柔日，假令丁日葬，葬日而虞，則己日二虞，後虞改用剛，則庚日三虞也。故鄭注士虞禮云「士則庚日三虞」，三虞與卒哭相接，則壬日卒哭也。士虞禮云「明日祔於祖父」，則祭明日祔也。士之三虞用四日，則大夫五虞當八日，諸侯七虞當十二日，天子九虞當十六日。最後一虞與卒哭例同用剛日。大夫以上卒哭者，去虞相校兩月，則虞祭既終，不得與卒哭相接，崔氏解既正禮得終，其虞後卒哭之前，剛日雖多，不須設祭，以正禮成也。故此下云「不忍一日末有所歸也」，謂不成正禮，赴葬赴虞是也。崔又一解，虞後卒哭之前不可無祭，亦以剛日接之，恐此解非也。**是日也，以吉祭易喪祭，**卒哭吉祭。易，以豉反，徐音亦。**明日祔于祖父。**祭告於其祖之廟。祔音附。**其變而之吉祭**

也。比至於祔，必於是日也接，不忍一日末有所歸也。末，無也。日有所用接之。虞禮所謂他用剛日也。其祭祝曰「哀薦曰成事」。比，必利反。〔疏〕其安至也。○正義曰：上云虞、卒哭及祔，皆據得常正禮。此經所云，謂不得正禮，故謂之變，以其變常禮也。所以有變者，或時有迫促，或事有忌諱，未及葬期，死而即葬者，即喪服小記所云「赴葬者，赴虞者，三月而后卒哭」，彼據士禮而言。速葬速虞之後，卒哭之前，其日尚賒，不可無祭，謂之爲變。其既虞之後，變禮而以吉祭也。之，往也。既虞往至吉祭，其禮如何？既虞比至於祔以來，必於是日接，謂於是三虞卒哭之間，剛日而連接其祭，謂恒用剛日。所以恒用剛日接之者，孝子不忍使親每一日之間無所歸依。○注「末無至成事」。○正義曰：虞禮所謂他用剛日者，此經所云變者，虞禮謂之他也。案士虞禮云「三虞、卒哭，他用剛日，哀薦曰成事」，鄭注云：「他，謂不及時而葬者。喪服小記曰：赴葬者，赴虞者，三月而后卒哭。則虞與卒哭之間有祭事者，亦用剛日，其祭無名，謂之他者，假設言之耳。」如鄭此言，虞禮謂之他，此經謂之變，其義一也，皆據速葬速虞者而言之。云「其祭祝曰哀薦曰成事」，雖所行三事，虞、卒哭及他之下，鄭意惟屬於他，故引來爲注。其依時葬及虞者，後去卒哭雖遠，其間不復祭。崔氏一解云：雖依時葬虞，後至卒哭，仍以剛日接其義，恐非也。喪服小記云「赴葬者」，據士，故云「三月而卒哭」。此經亦據士，故云「比至於祔，必於是日也接」，若大夫以上赴葬赴虞之後，爲接祭至常葬之月，終虞之祭日乃止。其祝亦稱「哀薦」，云「成事」焉。**殷練而祔，周卒哭而祔，孔子善殷。**期而神之，人情。○期音基。**○君臨臣喪，以巫祝桃茢執戈，惡之也。**爲有凶邪之氣在側。君聞大夫之喪，去樂卒事而往，未襲也。其已襲，則止巫，去桃茢。桃，鬼所惡。茢，萑苕，可埽不祥。○茢音列，徐音例。杜預云：黍穰也。鄭注周禮云：苕帚。惡，烏路反。注及下注同。凶邪，似嗟反，下注同。萑音完。苕，大彫反。**所以異於生也。**生人無凶邪。〔疏〕「君臨至生也」。○正義曰：此一節論君臨臣喪之禮。君謂天子，臣喪未襲之前，君往臨弔，則以巫執桃，祝執茢，又使小臣執戈，所以然者，惡其凶邪之氣，必惡之者，所以異於生人也。若往臨生者，但有執戈，無巫祝執桃茢之事，今有巫祝，故云異於生也。○注「君聞至桃茢」。○正義曰：君聞大夫之喪，去樂卒事者，昭十五年公羊傳文。言而往，往未襲也，是鄭意所加之言也。公羊直云去樂卒事，鄭必知往者，以下云柳莊之卒衛侯不脫祭服而往明其王有大臣之喪亦當然也以聞喪即往故知未襲也云已襲則止巫去桃茢者襲謂死之明日則止巫門外去桃茢祝代巫而入又小臣執戈鄭知然者案喪大記大夫之喪將大斂君往巫止于門外祝先入又云士喪禮亦如此又士喪禮大斂而往巫止于廟門外祝代之小臣二人執戈先二人後此皆大斂之時小斂及殯更無文明與大斂同直言巫止無桃茢之文喪大記雖記諸侯之禮明天子亦然故云已襲則止巫去桃茢也此經所云謂天子禮故鄭注士喪禮引檀弓云君臨臣喪以巫祝桃茢執戈以惡之所以異於生也皆天子禮也諸侯臨臣之喪則使祝代巫執茢居前下天子也以此言之知此文據天子禮也鄭注士喪禮云諸侯臨臣之喪則使祝代巫執茢亦謂未襲以前也若已襲之後茢亦去之與天子同是天子未襲之前臨臣之喪巫祝桃茢執戈三者並具諸侯臨臣喪未襲之前巫止祝執茢小臣執戈若既襲之後斂殯以來天子與諸侯同並巫止祝代之無桃茢案士喪禮君弔之時當大斂之節而鄭注云巫祝桃茢執戈天子禮也使祝代巫執茢諸侯禮也以當大斂之時而解爲未襲前者以士喪禮未襲之前君無親弔今大斂君來巫止門外故鄭以未襲之前解天子諸侯之異必知襲後無桃茢者案喪大記大斂唯有巫止之文

無桃茢之事故注云此已襲則止巫去桃茢下云荆人使公親襚巫先拂柩時荆王以襄二十八年十二月死至明年正月則殯來已久得有始行襲禮巫先拂柩者彼云襲者謂加衣於殯非爲尸加衣故下云拂柩及左傳云祓殯而襚是旣殯也公以楚人無禮於已故公用天子未襲之前君臨臣喪之法以巫祝桃茢也

○喪有死之道焉，言人之死有如鳥獸之死人賤之先王之所難言也。聖人不明說爲人甚惡之○難乃旦反

【疏】喪有至言也○正義曰此一節論先王恐生者惡死者之事言人之喪也有如鳥獸死散之道焉先王之所難言死散之義若言其死散則人之所惡故難言也

○喪之朝也，順死者之孝心也。朝謂遷柩於廟○朝直遙反注及下皆同其哀離其室也，故至於祖考之廟而后行。殷朝而殯於祖，周朝而遂葬。

【疏】喪之至遂葬○正義曰此一節論殷周死者朝廟之事喪之朝也者謂將葬前以柩朝廟者夫爲人子之禮出必告反必面以盡孝子之情今此所以車載柩而朝是順死者之孝心也然朝廟之禮每廟皆朝故既夕禮云其二廟則饌於禰廟下云降柩如初適祖則天子諸侯以下每廟皆一日至遠祖之廟當日朝畢則爲祖祭至明日設遣奠而行○其哀離其室也者謂死者神靈悲哀棄離其室故至於祖考之廟辭而後行殷人尚質敬鬼神而遠之死則爲神故云朝而殯於祖廟周則尚文親雖亡殁故猶若存在不忍便以神事之故殯於路寢及朝廟遂葬夫子不論二代得失皆合當代之禮無所是非以此言之則周人不殯於廟按僖八年致哀姜左傳云不殯于廟則弗致也則正禮當殯於廟者服氏云不薨於寢寢謂小寢不殯於廟廟謂殯宮鬼神所在謂之廟鄭康成以爲春秋變周之文從殷之質故殯於廟杜預以爲不以殯朝廟未詳孰是

○孔子謂爲明器者，知喪道矣，備物而不可用也。神與人異道則不相傷哀哉！死者而用生者之器也，不殆於用殉乎哉？殆幾也殺人以衛死者曰殉用其器者漸幾於用人○殉辭俊反以人從死曰殉幾音祈又音機下同其曰明器，神明之也。神明死者異於生人塗車芻靈，自古

有之，芻靈束茅爲人馬謂之靈者神之類○芻初拘反明器之道也。言與明器同孔子謂爲芻靈者善，謂爲俑者不仁，殆於用人乎哉？俑偶人也有面目機發有似於生人孔子善古而非周○俑音勇

【疏】孔子至乎哉○正義曰此一節皆記者錄孔子之言善古非殷周之事故云孔子謂夏家爲明器者知死喪之道焉以孝子之事親不可闕故備其器物若似生存以鬼神異於人故物不可用孔子既論夏家之事是又言殷代之非故云可哀哉殷之送死者而用生者之祭器不殆於用生人爲殉乎哉殆近也謂近於用乎生人爲殉所以近者以生人食器而供死者似若用生人而殉死人故云近也既言殷代之事將言周代用俑人爲非禮故先言明器芻靈後論偶人之事故言其曰明器神明之也死者之物還可用塗車芻靈即明器之物一類自古帝王所制而有之此則豈不可爲用故云明器之道也記者記錄孔子之言又說孔子臧否古今得失以其語更端故重言孔子謂古之爲芻靈者善謂周家爲俑者不仁不近於用生人乎哉言近於用生人所以近者謂刻木爲人而自發動與生人無異但無性靈智識故云近此云用人前言用殉

殉是已死之人形貌不動與器物相似故言用殉此云用人者謂用生人入壙今偶者形貌發動有類生人故云用人與文云塗車芻靈此不言塗車直云芻靈者以其束茅爲人與偶者相對故不取塗作車也○注偶偶至非周○正義曰謂造作形體偶類人形故史記有土偶人木偶人是也云孔子善古而非周者古謂周以前虞以後故上云虞氏瓦棺始不用薪明虞氏以來始有塗車芻靈言非周者謂周爲偶人如鄭康成之意則周初即用偶人故冢人職言鸞車象人司農注云象人謂以芻爲人康成注引此謂爲偶者不仁是象人即偶人也其餘車馬器物猶爲塗車芻靈故校人大喪飾遺車之馬及葬埋之鄭注云言埋之則是馬塗車之芻靈是偶人之外猶有塗車芻靈之制雖或用木無機識發動偶人謂之偶者皇氏云機識發動踊躍故謂之偶也

○穆公問於子思曰爲舊君反服古與仕焉而已者穆公魯哀公之曾孫○爲于僞反下爲君爲使人皆同與音餘下同子思曰古之君子進人以禮退人以禮故有舊君反服之禮也今之君子進人若將加諸膝退人若將隊諸淵毋爲戎首不亦善乎又何反服之有言放逐之臣不服舊君也爲兵主來攻伐曰戎首○膝音悉隊本又作墜直媿反

〔疏〕穆公至之有○正義曰此一節論不爲舊君著服之事○注仕焉至曾孫○正義曰案喪服齊衰三月章爲舊君凡有三條其一云爲舊君君之母妻傳云仕焉而已者也注云謂老若有廢疾而致仕者兼服其母妻其二大夫在外其妻長子爲舊國君注云在外待放已去者傳云妻言與民同也長子言未去也注云妻雖從夫而出古者大夫不外娶婦人歸宗往來猶民也長子去可以無服此則大夫身不爲服唯妻與長子爲舊君耳其三爲舊君注云大夫待放未去者傳曰大夫去君埽其宗廟言其以道去君而猶未絕也注云以道去君爲三諫不從待放於郊未絕者言爵祿尚有列於朝出入有詔於國若已絕則不服也以此言之凡舊君若年老致仕退歸在國不仕者身爲之服齊衰三月并各服其母妻也若三諫不從待放已去而絕者唯妻與長子服之已則無服若待放未去爵位未絕身及妻子皆爲之服然則去仕他國已絕之後不服舊君而雜記云違諸侯之大夫不反服則違諸侯之諸侯反服得爲舊君服者雜記所云謂不便其居或辟仇讎有故不得在國者故孟子齊宣王問孟子云禮爲舊君有服何如斯可爲服矣孟子對曰諫行言聽膏澤下於民有故而去則君使人導之出疆送至彼國明其無罪其所往三年不反然後收其田里此之謂三有禮焉如此者得爲舊君反服矣與雜記同鄭注此云仕焉而已者取喪服第一條謂年老致仕在國者鄭必以第一條解之者以穆公所問爲舊君之反服宜問喪服正禮故以第一條致仕者解之其實亦兼三諫未絕及有故出在他國者故下子思云古之君子進人以禮退人以禮是也云穆公魯哀公之曾孫者案世本云哀公生悼公悼公生元公元公嘉嘉生穆公不衍是也○注言放逐之臣不服舊君也○正義曰言放逐之臣者解經中今之君子進人退人不能以禮也如此者不服舊君謂三諫不從去而已絕及不能三諫辟罪逃亡言放者則宣元年晉放其大夫胥甲父于衛是也言逐者則春秋諸侯大夫言出奔是也

○悼公之喪季昭子問於孟敬子曰爲君何食悼公魯哀公之子昭子康子之曾孫名強敬子武伯之子名捷○捷在接反敬子曰食粥天下之達禮也吾三臣者之不能居公室也四方莫不聞矣言鄰國皆知吾等不能居公室以臣禮事君也三臣仲孫叔孫季孫也勉而爲瘠則吾能毋乃使人疑夫不以情居瘠者乎哉我則食食存時不盡忠喪又不盡禮非也孔子曰喪事不敢不勉○瘠徐在益反夫音扶食食上如字下音嗣

○衞司徒敬子死司徒官氏公子許之後子夏弔焉主人未小斂絰而往子游弔焉主人既小斂子游出絰反哭皆以朋友之禮往而二人異子夏曰聞之也與曰聞諸夫子主人未改服則不絰

〔疏〕衞司至不絰○正義曰此一節論弔者主人改服乃改服之事○注皆以至人異○正義曰此唯云絰鄭知是朋友者凡弔者主人成服則客乃服弔絰今此隨主人主人始小斂未成服而已便出著絰故知有緦之恩隨主人變如五服親也又至小斂出絰反哭與子游前裼裘弔朋友同也而子游云帶絰故知是

朋友此下不云帶知是朋友者凡弔則應弁絰環絰之屬也此雖不云帶凡單云絰則知有帶猶如喪服云苴絰檀弓爲師二三子皆絰而出及朋友壆居則絰皆是包帶之文也。○曾子曰：晏子可謂知禮也巳，恭敬之有焉。言禮者敬而巳矣。有若曰：晏子一狐裘三十年，遣車一乘，及墓而反。國君七个，遣車七乘；大夫五个，遣車五乘。晏子焉知禮？言其大儉偪下非之及墓而反言其既窆則歸不留賓客有事也人臣賜車馬者乃得有遣車遣車之差大夫五諸侯七則天子九諸侯不以命數喪數略也个謂所包遣奠牲體之數也雜記曰遣車視牢具。遣弃戰反乘繩證反个古賀反焉於虔反大音泰或他佐反偪音逼本或作逼包伯交反曾子曰：國無道，君子恥盈禮焉。國奢則示之以儉，國儉則示之以禮。時齊方奢矯之是也

【疏】曾子至以禮。○正義曰：此一節論晏子故爲非禮以矯齊之事。○有子者，孔子弟子有若也。聞曾子說晏子知禮，故舉晏子不知禮之事以拒曾子也。狐裘貴在輕新，而晏子一狐裘三十年，是儉不知禮也。遣車一乘者，其父晏桓子是大夫，大夫遣車五乘，其葬父唯用一乘，又是儉失禮也。○及墓而反者，及墓謂葬時也。禮窆後孝子贈幣辭親，辭親畢而親情賓客應是送別，別竟乃反。于時晏子窆竟則反，賓客並去，又是儉失禮也。○國君七个，遣車七乘，大夫五个，遣車五乘者，此更舉正禮以證晏子失禮也。个謂所包遣奠牲體臂臑也，折爲七段五段，以七乘五乘遣車載之。今晏子略不從禮數，是不知也。○晏子焉知禮者，條失事已竟，故此并結晏子焉知禮也。○注言其至非之。○正義曰：大儉解三十年一狐裘并及墓而反也。偪下解一乘也。下謂其子及凡在巳下者也。大夫五乘，適子三乘，今其父自用一乘，則其子更無，是偪下也。○注及墓至牢具。○正義曰：經唯云及墓而反，鄭知不以及墓而反，而云既窆則歸者，晏子雖爲儉約，不應柩未入壙則歸，故云既窆也。云不留賓客有事也者，案既夕禮乃窆，主人哭踊無筭，襲贈用制幣玄纁束，拜稽顙，踊如初，卒袒，拜賓，主婦亦拜賓，賓出則拜送，藏器於旁，加見，藏苞筲於旁。加抗席覆之，加抗木，實土三，主人拜鄉人，乃反哭。今晏子既窆贈幣，拜稽顙踊訖則還，不復拜賓及送賓之事，故云不留賓客有事也。云人臣賜車馬者乃得有遣車者，案士喪禮無遣車，諸侯之士一命，曲禮云三賜不及車馬，故諸侯之士無遣車也。若諸侯大夫雖未三命，以其位尊，故得有遣車。知天子遣車九乘者，案雜記諸侯七月而卒哭，天子則九月而卒哭，今諸侯七乘，故知天子九乘也。云諸侯不以命數喪數略也者，案大行人上公九乘，侯伯七乘，子男五乘，今揔云七乘，是不以命數，喪事略也。引雜記云遣車視牢具者，以證經个與遣車數同，故云个是牢具也。故雜記注云天子大牢包九个，諸侯亦大牢包七个，大夫亦大牢包五个，士少牢包三个。案既夕禮苞牲取下體，鄭注前脛折取臂臑，後脛折取骼，是一牲取三體。士少牢二牲則六體也，分爲三个，一个有二體。然大夫以上皆用大牢，牲有三體，凡九體，大夫九體分爲十五段，三段爲一包，凡爲五包；諸侯分爲二十一段，凡七包；天子分爲二十七段，凡九包。蓋尊者所取三體其肉多，卑者雖取三體其肉少。鄭又云天子遣奠用馬牲，其取个未詳也。此遣奠所包皆用左胖，以其喪禮反吉，士虞禮載左胖也。

○國昭子之母死，問於子張曰：葬及墓，男子、婦人安位？國昭子齊大夫子張曰：司徒敬子之喪，夫子相，男子西鄉，婦人東鄉。夾羨道爲位夫子孔子也。相息亮反下注同鄉許亮反下皆同俠古洽反一音頰羨徐音賤音義隱云羨車道曰：噫！毋。噫不寤之聲毋禁止之辭。噫本又作意同于其反毋音無曰：我喪也斯沾。斯盡也沾讀曰覘覘視也國昭子自謂齊之大家有事人盡視之欲人觀之法其所爲。斯音賜沾依注音覘勑廉反爾專之，賓爲賓焉，主爲主焉。專猶司也時子張相婦人從男子皆西鄉。非也

【疏】國昭至西鄉。○正義曰：此一節論葬之在壙男女面位之事。○曰噫毋者，止子張也。子張既相，以男子西鄉，婦人東鄉，而昭子不悟禮意，乃曰噫，毋得如是男子西鄉婦人東鄉，既止子張，又自言我居喪也，既是齊之大家，斯盡也，人盡來覘視於我，當須更爲別禮，豈得以依舊禮。專猶同也，爾當同此婦人與男子一處，若婦女之賓爲賓位焉，與男子之賓同處，婦女之主爲主位焉，與男子之主同處。於是昭子家婦人從男子皆西鄉，同在主位，賓之男子及賓之婦人皆西廂東鄉，言非也。○穆伯之喪，敬姜晝哭；文伯之喪，晝夜哭。孔子

曰知禮矣喪夫不夜哭嫌思情性也文伯之喪敬姜據其牀而不哭曰昔者吾有斯子也吾以將爲賢人也蓋見其有才藝吾未嘗以就公室未嘗與到公室觀其行也季氏魯之宗卿敬姜有會見之禮。行下孟反見賢遍反下文不敢見同今及其死也朋友諸臣未有出涕者而內人皆行哭失聲斯子也必多曠於禮矣夫內人妻妾。夫音扶下同本亦有無夫字者〔疏〕穆伯至矣夫。正義曰此一節論喪夫不夜哭并母知子賢愚之事。斯子也必多曠於禮矣夫。正義曰斯此也曠猶疏薄也言此子平生爲行必疏薄於賓客朋友之禮故賓客朋友未有感戀爲之出涕者此不哭者謂暫時不哭故上云晝夜哭是也案家語云文伯歜卒其妻妾皆行哭失聲敬姜戒之曰吾聞好外者士死之好內者女死之今吾子早夭吾惡其好內聞也二三婦共祭祀者無加服孔子聞之曰女智莫若公父氏之婦知禮矣與此不同者彼戒婦人而成子之德此論子之惡各舉一邊相包乃具○季康子之母死陳褻衣褻衣非上服陳之將以斂敬姜曰婦人不飾不敢見舅姑將有四方之賓來褻衣何爲陳於斯命徹之言四方之賓嚴於舅姑敬姜者康子從祖母。從才用反〔疏〕注敬姜者康子從祖母。正義曰案世本悼子紀生平子意如意如生桓子斯斯生康子肥世本又云悼子紇生穆伯靖靖與意如是親兄弟意如是康子祖穆伯是康子祖之兄弟敬姜是穆伯之妻故云康子從祖母也○有子與子游立見孺子慕者有子謂子游曰予壹不知夫喪之踊也予欲去之久矣情在於斯其是也夫喪之踊猶孺子之號慕。去羌呂反號戶刀反子游曰禮有微情者節哭踊有以故興物者衰經之制有直情而徑行者戎狄之道也哭踊無節衣服無制。徑古定

反禮道則不然與戎狄異人喜則斯陶陶鬱陶也。陶徒刀反陶斯咏咏謳也。咏音詠謳本亦作嘔烏侯反咏斯猶猶當爲搖聲之誤也搖謂身動搖也秦人猶搖聲相近。猶依注作搖音遙近附近之近猶斯舞手舞之舞斯慍慍猶怒也慍斯戚戚憤恚。慍斯戚紆運反此喜怒哀樂相對本或於此句上有舞斯慍一句并注皆衍文憤扶粉反恚一瑞反戚斯歎歎吟息。吟本或作唫魚金反歎斯辟辟拊心。辟婢亦反撫心也辟斯踊矣踊躍。躍羊灼反品節斯斯之謂禮舞踊皆有節乃成禮人死斯惡之矣無能也斯倍之矣無能心謂之無所復能。惡烏路反倍音佩下同復扶又反是故制絞衾設蔞翣爲使人勿惡也絞衾尸之飾蔞翣棺之牆飾周禮蔞作柳。絞戶交反下音飾蔞音柳翣所甲反始死脯醢之奠將行遣而行之既葬而食之將行將葬也葬有遣奠食反虞之祭。食音嗣注同謂虞祭也未有見其饗之者也自上世以來未之有舍也爲使人勿倍也舍猶廢也。舍音捨注同故子之所刺於禮者亦非禮之訾也訾病也。訾似斯反〔疏〕有子至訾也。正義曰此一節論子游言制禮有節之事。有子與子游同立見孺子號慕者有子謂子游曰予壹不知夫喪之踊也言我專壹不知夫喪之踊也何須有節直似孺子慕者其事足矣予欲去此踊節其意久矣斯此也言孝子之情在於此小兒直號慕而已其是也夫但如小兒其事即是何須爲哭踊之節子游乃對之曰禮有微情者微殺也言若賢者喪親必致滅性故制使三日而食哭踊有數以殺其內情使之俯就也何胤云哭踊之情必發於內謂之微微者不見也。有以故興物者興起也物謂衰經也若不肖之屬本無哀情故爲衰經使其覩服思哀起情企及也引由外來故云興物也然衰經之用一則爲孝子至痛之飾二則使不肖之人企及今止說興物以對微情之故有直情而徑行者戎狄之道也謂直肆已情而徑行之也無哭踊節制乃是戎狄之道。禮道則不然者然猶如是也言中

國禮道則不如是夷狄也○人喜則斯陶者爲明踊以節而踊由心哀故此以下極言哀樂之本也喜者外竟會心之謂也斯語助也陶者鬱陶鬱陶者心初悦而未暢之意也言人若外竟會心則懷抱欣悦但始發俄爾則鬱陶未暢故云斯陶也爾雅云鬱陶繇喜也何胤云陶懷喜未暢意也孟子曰鬱陶以思君○陶斯咏者咏歌也鬱陶情轉暢暢故口歌咏之也○咏斯猶者猶摇動身也咏歌不足漸至自摇動身體猶斯舞者舞起舞也摇身不足乃至起舞足蹈手揚樂之極也○舞斯愠者愠怒也外竟違心之謂也凡喜怒相對哀樂相生故若舞而無節形疲厭倦事與心違故所以怒生怒生由於舞極故云舞斯愠也故曲禮云樂不可極即此謂也何胤云樂終則愠起非始之愠相連繫也○愠斯戚戚者憤恚也怒來戚心故憤恚起也此句對喜斯陶也○戚斯歎歎者吟息也憤恚轉深故因發吟息也此句對陶斯咏○歎斯辟辟者撫心也歎息不泄故至撫心也此句對咏斯猶○辟斯踊矣者撫心不泄乃至跳踊奮擊亦哀之極也此句對猶斯舞也○品節斯斯之謂禮者品階格也節制斷也斯此也此之謂於哀樂也若喜而不節自陶至舞俄傾不愠生若怒而不節從戚至踊極則笑故夷狄無禮朝殞夕歌童兒任情倏啼欻笑今若品節此二塗使踊舞有數有數則久長故云此之謂禮如鄭此禮本云舞斯愠者凡有九句首末各四正明哀樂相對中央舞斯愠一句是哀樂相生故一句之中有舞及愠也而鄭諸本亦有無舞斯愠一句者取義不同而鄭又一本云舞斯蹈蹈斯愠益於一句凡有十句當是後人所加耳亦不得對而盧禮本亦有舞斯愠之一句而王禮本又長云人喜則斯循循斯陶既與盧鄭不同亦當新足耳○人死斯惡之矣者以上明辟踊之節以下明飾喪以奠祭之事人死斯惡之者以人身既死形體腐敗故惡之故倍之以其恐惡之故制絞紟衾設蔞翣以飾之故○使人勿惡也以其恐倍之故始死設脯醢之奠以至於葬將行之又設遣奠而行○送之既葬反哭設虞祭以食之雖設奠祭未曾見其死者而饗食之也既不饗食自上世以來未之有舍此奠祭而不爲者也所以設奠祭者爲使人勿倍其親故也禮意既然不可無節故子之所識刺於禮有踊節者亦非禮之病害也言哭踊有節正是禮之所宜非禮之病上有若見孺子之慕雅識哭踊有節不識絞衾奠祭之事子游祇應荅以辟踊即止今更陳絞衾脯醢之事者以有若之意欲直同孺子生者不節其哀死者不加其飾故子游既言生○節哀遂説死者加飾備言禮之節制與夷狄不同也

○吳侵陳斬祀殺厲祀神位有屋樹者厲疫病吳侵陳以魯哀元年秋○疫音役師還出竟陳大宰嚭使於師夫差謂行人儀曰是夫也多言盍嘗問焉師必有名人之稱斯師也者則謂之何大宰行人官名也夫差吳子光之子盍何不也嘗猶試也夫差修舊怨庶幾其師有善名○還音旋竟音境大音泰注及下文注大宰大師大史大廟大傅皆同嚭普彼反使色吏反夫差音扶下初佳反吳王名闔盧子盍戶臘反大宰嚭曰古之侵伐者不斬祀不殺厲不獲二毛獲謂係虜之二毛鬢髮斑白○斑伯山反本又作頒音同今斯師也殺厲與其不謂之殺厲之師與欲微切之故其言似若不審然○正言殺厲重人○與音餘下及注有此與同曰反爾地歸爾子則謂之何子謂所獲民臣曰君王討敝邑之罪又矜而赦之師與有無名乎又微勸之終其意吳楚僭號稱王

疏吳侵至名乎○正義曰此一節明征伐不合斬祀殺厲之事各依文解之○注吳侵至年秋○正義曰知者案左傳吳伐楚使召陳懷公懷公朝國人而問焉曰欲與楚者右欲與吳者左陳人有田從田無田從黨逢滑當公而進曰楚未可棄吳未可從陳懷公遂不從吳子光之召至今夫差克越乃脩先君之怨秋八月吳侵陳脩舊怨是其事案哀六年吳伐陳鄭知非六年者稱伐不云侵哀元年經雖不見傳云吳侵陳與此文同俱云侵故爲哀元年○夫差至之何○夫差既見陳大宰嚭來謂行人之官名儀曰是夫也多言夫謂大宰嚭言是大宰嚭也博聞強識多有所言盍何不也嘗試也何不試就問焉我脩先君之怨而興此師必有善名在外衆人稱此師也則謂之何欲令行人儀以此辭而問大宰嚭也○注大宰至之子○正義曰據周禮有大宰卿一人又有大小行人故知大宰及行人皆官名此大宰嚭與吳大宰嚭名號同而人異也云夫差吳子光之子者世本及吳世家文也○古之侵伐者不斬祀不殺厲不獲二毛○此謂以至勝攻至暴用兵如此若兩軍相敵則不然左傳云雖及胡耇獲則取之大宰嚭特舉古之善以駭吳師之惡○注正言殺厲重人○正義曰以其殺人故重於斬祀若其不殺直拘囚人而已則輕也故穀梁傳云苞人民歐牛馬曰侵斬樹木壞宮室曰伐

是侵輕而伐重也。師與有無名乎者，既反地歸予其事，既善師豈有無善名乎？言必有善名也。與是語辭。注「又微勸之終其意」。正義曰：上以微切之，謂譏斬祀殺厲，今復勸之反地歸予，故言「又」也。因吳王反地歸予，則云「師有善名」，是微勸之也。「終其意」者，上譏切斬祀及殺厲，是初有其意，欲吳哀矜，既得吳哀矜，則云師有善名，是終竟其欲哀矜之意。○

顏丁善居喪，顏丁，魯人。始死，皇皇焉如有求而弗得；及殯，望望焉如有從而弗及；既葬，慨焉如不及其反而息。從，隨也。既，憊貌。慨皆愛反，憊皮拜反。

【疏】「顏丁」至「而息」。正義曰：此一節論孝子居喪哀殺有漸之事。「始死皇皇焉如有求而弗得」者，皇皇猶彷徨，如所求物不得。上檀弓云「始死充充如有窮」，謂形貌窮屈，亦彷徨求而不得之心，彼此各舉其一。「及殯望望焉如有從而弗及」者，謂殯後容貌望望焉，如有從逐人，後行而不及之。上檀弓云「既殯瞿瞿如有求而不得」，與此亦同也。但始死據內心所求，殯後據外貌所求，故此經始死求而不得，據內心也；上檀弓云「既殯求而不得」，據外貌也。「既葬慨焉如不及」者，謂既葬之後，中心悲慨然，如不復所及，既不可及。「其反而息」者，上殯後云「從而不及」，似有可及之理，既葬慨焉如不及，謂不復可及，所以文異也。上檀弓云「既葬皇皇如有望而不至」，此謂「既葬慨焉如不及」，亦同也。此始死皇皇者，是皇皇之甚，故云「如有求而弗得」；上檀弓云「既葬皇皇」，是輕，故云「望而不至」。此既葬則止，不說練祥，故葬後則慨然；上檀弓葬後更說練祥，故云「練而慨然，祥而廓然」。但親之死亡，哀悼在心，初則為甚，已後漸輕，皆有求而不得，望而不及，但所據有淺深耳。殯後雖據外貌，亦猶哀在內心，但稍輕耳，故鄭注上檀弓云「皆哀悼在心之貌」。○

子張問曰：「書云：『高宗三年不言，言乃讙。』有諸？」時人君無行三年之喪禮者，問有此與，怪之也。讙，喜說也。言乃喜說，則民臣望其言久。讙音歡，說音悅，下同。仲尼曰：「胡為其不然也？古者天子崩，王世子聽於冢宰三年。」冢宰，天官卿，貳王事者。三年之喪，使之聽朝。

【疏】「子張」至「三年」。正義曰：此一節論世子遭喪，冢宰聽政之事。「言乃讙」者，尚書無逸云「言乃雍」，雍、讙字相近，義得兩通，故鄭隨而解之。○

知悼子卒，未葬，悼子，晉大夫菏盈，魯昭九年卒。知音智，下同。平公飲酒，與群臣燕。平公，晉侯彪。彪，彼虯反。師曠、李調侍，侍與君飲也。燕禮記曰「請旅侍臣」。○李調，如字，左傳作外嬖嬖叔。鼓鐘。樂作也。燕禮「賓入門，奏肆夏；既獻而樂闋」，獻君亦如之。闋，古穴反，止也。杜蕢自外來，聞鐘聲，曰：「安在？」怪之也。杜蕢或作屠蒯。蕢，古怪反，注蒯同。屠音徒。曰：「在寢。」燕於寢。杜蕢入寢，歷階而升，酌，曰：「曠飲斯。」又酌，曰：「調飲斯。」又酌，堂上北面坐飲之，降，趨而出。三酌皆罰。曠飲，於鴻反，下「飲斯」、「飲之」、「曠飲」、「調飲」、「寡人」皆同。平公呼而進之，曰：「蕢，曩者爾心或開予，是以不與爾言。曩，曏也。謂始來入時，開謂諫爭有所發起。曩，乃黨反。曏，本又作嚮，同，許亮反。爭，爭鬬之爭。爾飲曠，何也？」曰：「子卯不樂。紂以甲子死，桀以乙卯亡，王者謂之疾日，不以舉樂為吉事，所以自戒懼。子卯不樂，如字。賈逵云「桀以乙卯日死，受以甲子日亡」，故以為戒。鄭同。漢書翼奉說則不然，張晏云「子刑卯，卯刑子，相刑之日，故以為忌」，而云夏、殷亡日，不推湯、武以興乎？疾日，人一反。知悼子在堂，斯其為子卯也大矣。言大臣喪重於疾日也。雜記曰：「君於卿大夫，比葬不食肉，比卒哭不舉樂。」比，必利反，下同。曠也，大師也，不以詔，是以飲之也。」詔，告也。大師典奏樂。「爾飲調，何也？」曰：「調也，君之褻臣也，為一飲一食亡君之疾，是以飲之也。」言調貪酒食，褻，嬖也。近臣亦當規君疾憂。為，于偽反。嬖，必計反。「爾飲何也？」曰：「蕢也，宰夫也，非刀匕是共，又敢與知防，是以飲之也。」防，禁放溢。匕，必李反。共音供。與音預。防音房，又扶放反。平公曰：「寡人亦有過焉。酌而飲寡人。」聞義則服。杜蕢洗而揚觶。舉爵於君也。禮揚作騰，揚，舉也；騰，送也。揚近得之。觶，之豉反，字林音支，又云酒器。近，附近之近，下「聲相近」同。公謂侍

者曰如我死則必無廢斯爵也欲後世以爲戒至于今既畢獻斯揚觶謂之杜舉此爵遂因杜蕢爲名畢獻獻賓與君

疏知悼至杜舉。正義曰此一節論君有大臣之喪不得有作樂飲酒之事各依文解之。注悼子至年卒。正義曰並左傳文下注云平公晉侯彪亦春秋文。注燕禮記曰請旅侍臣。正義曰案燕禮記云凡公所酬既拜請旅侍臣謂公既酬臣臣受酬者既拜謝公恩請行旅酬於侍臣引之者證師曠李調是侍飲之臣也鼓鍾猶奏也謂燕奏鍾樂也。注燕禮至如之。正義曰案燕禮記云若以樂納賓則賓及庭奏肆夏賓拜酒主人荅拜而樂闋是賓入門奏肆夏既獻而樂闋燕禮記又云公拜受爵而奏肆夏公卒爵主人升受爵以下而樂闋是獻君亦如之經唯云鼓鍾燕禮云若舞則勺知非工入升歌下管間歌合樂之後無時奏鍾必以爲賓初入門奏肆夏者以鍾師云以鍾鼓奏九夏故知聞鍾是初奏肆夏也。注杜蕢或作屠蒯。正義曰春秋作屠蒯故云或作屠蒯杜蕢屠蒯聲相近故禮傳不同也。注燕於寢。正義曰燕禮記云燕朝服於寢故知燕於寢也。曰蕢至爾言褻褻也平公呼蕢而進之呼其名曰蕢褻者汝酌三酌是汝之心或開發於予予望汝有諫是以不與汝言。注紂以甲子死桀以乙卯亡。正義曰案尚書時甲子昧爽武王朝至于商郊又史記云兵敗紂自焚而死是紂甲子死也案昭十八年二月乙卯周毛得殺毛伯過而代之萇弘曰毛得必亡是昆吾稔之日也詩云韋顧既伐昆吾夏桀同誅昆吾既乙卯而亡明桀亦以乙卯破放也。鄭司農注春秋以爲五行子卯自刑非鄭義也今所不用也。斯其爲子卯也大矣者言悼子喪在堂此其爲子卯之忌大矣言悼子之喪大於子卯。爲一飲一食忘君之疾是以飲之也者調是君之變褻之臣臣當規正君過唯欲行燕會貪求一飲一食忘君違禮之疾而不諫是以飲之。非刀匕是供又敢與知防者蕢言調是君之變褻臣也當規正君憂疾言已身是宰夫亦當規正於君若非因刀匕是共又敢與知防諫之事皇氏云非不也杜蕢言各憂其事宰夫不以刀匕是共乃又敢與諫爭越官侵職是以飲也。注舉爵至得之。正義曰知揚觶是舉爵於君以上云平公曰寡人亦有過焉酌而飲寡人即云杜蕢洗而揚觶故知舉爵於君案燕禮獻君之後行酬之初媵爵者洗象觶升實之序進坐奠于薦南是舉爵於君也揚作媵者謂燕禮大射凡舉爵皆爲媵此云揚觶鄭云揚舉也燕禮云媵故鄭云媵送也揚媵義得兩通但此云杜舉揚訓爲舉故揚近得之此謂舉爲得也。公謂至杜舉。公謂侍者云我死之後則必無廢棄此爵恒當留之爲後。鑒戒當時在未獻之前故又語侍者云至于今既畢獻之後此所揚之觶是謂之杜舉表明此爵實杜蕢所舉。注畢獻獻賓與君。正義曰知獻君與賓者與杜蕢此事舉爵在燕禮之初賓主既入得杜蕢之言不可即廢唯獻君與賓燕事則止皇氏以爲至於今謂記録之人至於今爲記之時謂之杜舉春秋云晉侯飲酒樂膳宰屠蒯趨入請佐公使尊許之而遂酌以飲工曰女爲君耳將司聰也辰在子卯謂之疾日君徹宴樂學人舍業爲疾故也君之卿佐是謂股肱股肱或虧何痛如之女弗聞而樂是不聰也又飲外嬖嬖叔曰女爲君目將司明也服以旌禮禮以行事事有其物物有其容今君之容非其物也而女不見是不明也亦自飲曰味以行氣氣以實志志以定言言以出令臣實司味二御失官而君弗命臣之罪也案春秋與此小異亦所聞不同或二文互相足也

附釋音禮記注疏卷第九

禮記注疏卷九挍勘記　阮元撰盧宣旬摘録

附釋音禮記注疏卷第九惠棟挍宋本禮記正義卷第十二

檀弓下第四

君之適長殤節

大功之殤小從上閩監毛本同惠棟挍宋本小作中宋監本岳本嘉靖本同考文引古本足利本同案作中是也正義可證

君之至一乘惠棟挍宋本無此五字

及天子中士下士也閩監毛本作天此本天誤大

文主天子大夫監毛本作主衛氏集説同此本主誤王閩本同下文主諸侯之士同

上公饔餼九牢閩監毛本作牢此本誤年

嫡與稱公閩監毛本同惠棟挍宋本與作亦

公之喪節

公之至長杖惠棟挍宋本無此五字

君於大夫節

君於至如之惠棟挍宋本無此五字

至平生待賓客次舍之處閩監毛本作賓此本賓誤殯

十有二步之嫌閩監毛本同考文引宋板十有作有十

五十無車者節

五十至弔人惠棟挍宋本無此五字

所以時不許越疆而弔人者閩監毛本同惠棟挍宋本時作特

恐增衰恐閩監毛本同惠棟挍宋本下恐作惡衛氏集説同

季武子寢疾節

明已不與也閩監毛本同岳本同嘉靖本同惠棟挍宋本已作己是也衛氏集説同宋監本亦作己

季武至而歌惠棟挍宋本無此五字

論季武子無禮驕固正之事閩監毛本同衛氏集説無禮作强僭

故此著齊衰入大夫之門閩監毛本同考文引宋板無齊字衛氏集説作著衰入大夫之門亦無齊字

彼文點字作箴閩本同監本作葴毛本誤葳

大夫弔節

辭猶告也閩本同岳本同嘉靖本同衛氏集説同惠棟挍宋本同宋監本同考文引古本足利本同監毛

本告誤去

大夫至受弔惠棟挍宋本無此五字

時來弔襚不出閩監本同毛本時誤待與儀禮士喪禮注不合考文引宋板作時

及喪家典含之人閩本同惠棟挍宋本同衛氏集説同監毛本含誤舍

當特弔於家閩本同惠棟挍宋本同衛氏集説同監毛本特誤時

妻之昆弟節

妻之至哭之惠棟挍宋本無此五字

禮女子適人者惠棟挍宋本同衛氏集説同閩監毛本子字重○按重子字是也

爲昆弟爲父後者不降衛氏集説同閩監毛本弟下有之字與儀禮喪服合

冠尊不居肉袒上衛氏集説同宋本亦同閩監毛本袒下有之字考文云宋板肉作内誤

必先免故凡哭哀則踊惠棟挍宋本同閩監毛本必先免作必先去冠而加免非

述所哭之由惠棟挍宋本作由衞氏集說同此本由誤市閩監毛本作事非也

申祥之哭言思閩監本同衞氏集說同毛本祥作詳

子張死節

子張至與哉惠棟挍宋本無此五字

以其至非之閩監毛本同惠棟挍宋本作以其無服非之

有若之喪節

有若至由左惠棟挍宋本無此五字

則惟賓主居右閩監毛本同考文引宋板惟作推衞氏集說作則推賓居右續通解同

齊穀王姬之喪節

禮記注疏卷九挍勘記　三

齊穀至之服惠棟挍宋本無此五字

爲齊桓公夫人閩監毛本作桓此本桓作相下非桓桓公夫人者同

喪服大功章閩監毛本同惠棟挍宋本喪上有案字

案服小記云閩本同惠棟挍宋本案下有喪字此本喪字脫耳監毛本改案作喪非也

晉獻公之喪節

亡國恒於斯得國恒於斯閩毛本同石經同監本作恒岳本作恒嘉靖本作恒衞氏集說同

雖吾子儼然在憂服之中閩監毛本同岳本同嘉靖本同衞氏集說同石經儼字闕釋文出嚴然云本亦作儼正義本作儼

孺稺也岳本同嘉靖本同閩監毛本稺作稚衞氏集說同釋文出稺也云本又作稚考文引古本作孺猶稺也○按稺稚古今字

疏晉獻至君義此節疏在以辱君義之下閩監毛本同惠棟挍宋本無此五字云晉獻至君義疏文一則在下節則遠利也之下

他志謂私心此五字在起而不私之下惠棟挍宋本同岳本同嘉靖本同閩監毛本移置上以辱君義之下又私字惠棟挍宋本作利宋監本同岳本同考文引古本足利本同續通解同

稽顙至遠利也惠棟挍宋本無此六字

埽除宗廟定社稷惠棟挍宋本作埽除此本埽除誤婦祭閩監毛本誤歸祭按考文但云宋板歸作埽不云祭作除非

帷殯節

帷殯至始也惠棟挍宋本無此五字

案張逸荅陳鏗云閩本同惠棟挍宋本同監毛本鏗誤鑑

禮記注疏卷九挍勘記　四

喪禮節惠棟挍云喪禮節復盡愛節拜稽顙節飯用節銘明旌節奠以節辟踊節袒括節弁絰節有敬節歠主人節反哭節反哭之弔節孔子節葬於節既封節既反哭節葬日節是日節殷練節宋本合爲一節

喪禮至者也惠棟挍宋本無此五字

復盡愛之道也節

禮復者升屋北面此本此下與釋文相接處脫一○

復盡至義也惠棟挍宋本無此五字

拜稽顙節

稽顙者觸地無容閩監毛本同岳本同衞氏集說同嘉靖本者作首考文引古本容作答下有也字按答字非也

正義曰孝子拜賓之時 惠棟挍宋本無正義曰三字

飯用米貝節

飯用米貝 閩監毛本作貝石經同岳本同嘉靖本同衛氏集說同此本貝誤具注疏同

正義曰死者既無所知 惠棟挍宋本無正義曰三字

故用米美善焉爾 閩監毛本同浦鏜挍米下補貝字

祝淅米于堂 閩監毛本作淅此本淅誤淅

祝受米奠于貝北 閩監毛本作貝北此本貝北誤具此

故士喪禮云稻米一豆 閩監毛本作云此本誤元

大喪共飯玉含玉 閩監毛本如此衛氏集說同此本上玉誤王

何休注公羊云 閩監毛本如此此本云字誤在公上盧文弨挍删云字疑依北宋本

大夫以碧 閩監毛本碧作璧盧文弨云本書作大夫以碧

又禮緯稽命徵 閩本同考文引宋板同監本徵誤徵毛本同脱緯字

含以貝 閩監毛本作以貝此本以貝誤此具

銘明旌也節

神明之精 閩監毛本同嘉靖本同惠棟挍宋本精作旌宋監本岳本同衛氏集說同考文引足利本同

不可别形貌不見 惠棟挍宋本岳本宋監本嘉靖本同閩監毛本可誤見衛氏集說作不可别謂形貌不見也考文引古本足利本亦作不可别

謂重與奠 閩監毛本岳本同嘉靖本同衛氏集說同釋文出重與奠也云本作重與奠與考文引古本謂重與奠下有也字正義云故云重與奠也疑正義本與釋文本本同無謂字有也字

虞主用桑 閩監毛本作用岳本同嘉靖本同衛氏集說同此本用誤羽

周主重徹焉 閩監毛本同石經同岳本同嘉靖本同衛氏集說同石經考文提要云坊本重徹二字倒置案陳澔集說本作徹重誤也宋大字本宋本九經南宋巾箱本余仁仲劉叔剛本俱作重徹

銘明至徹焉 閩監毛本同惠棟挍宋本作銘明旌也

正義曰按士喪禮 惠棟挍宋本無上三字

愛之斯録之矣 閩監毛本同惠棟挍宋本無此六字

亦得緫焉於明旌之義 閩監毛本同衛氏集說作亦得緫爲明旌之義

以解節旌 閩監毛本同惠棟挍宋本節作銘是也

猶若吉祭木主之道 閩監本同毛本木誤本衛氏集說亦作木考文引宋板同

春秋孔悝爲祏主 監毛本如此此本悝誤理祏誤祐閩本祏亦誤祐

重與祔相近 閩監毛本祔作祔

謂虞祭之末也 閩監毛本作祭此本誤際

俱是喪主 閩監毛本同惠棟挍宋本喪作桑

祔而作主謂喪主 閩監毛本同惠棟挍宋本喪作桑

以卒哭日成事 閩監毛本同考文引宋板日作曰

故顯考謂高祖也 閩監毛本同浦鏜云故衍字

其主之狀范人云 閩監毛本同惠棟挍宋本人作甯

奠以素器節

正義曰奠謂始死至葬之時 惠棟挍宋本無正義曰三字

遂論虞祭之後 閩監毛本同惠棟挍宋本論上有虞字衛氏集說同

於主人自盡致孝養之道焉爾 閩監毛本同惠棟挍宋本無於字

哀則至以飾閩監毛本同惠棟挍宋本作哀則以素敬則以飾

辟踊節

有筭閩監本同石經同岳本同嘉靖本衞氏集說同毛本筭作算注同疏同

正義曰撫心爲辟惠棟挍宋本無正義曰三字

袒括髮節

正義曰言袒衣括髮者惠棟挍宋本無正義曰三字

弁絰葛而葬節

天子諸侯變服而葬冠素弁閩監毛本同岳本同嘉靖本同考文引古本足利本天上有故字衞氏集說冠上有故字皆以意增正義云云天子諸侯變服而葬者是天上無故字也云冠素弁以葛爲環絰者是冠上無故字也

正義曰葬時居喪惠棟挍宋本無正義曰三字

故云交神之道閩監毛本同惠棟挍宋本交作接與注合

檀弓定本閩監毛本作定此本定作足

歠主人主婦室老節

正義曰此一節惠棟挍宋本無正義曰三字

反哭升堂節

正義曰謂葬窆訖惠棟挍宋本無正義曰三字

反哭之弔也節也

封當至棺也閩監毛本同惠棟挍宋本作封當爲窆窆下棺也

知非既封土爲墳者閩監毛本作土此本土誤士下實土三同

葬於北方節

正義曰上之訓往惠棟挍宋本無正義曰三字

既封節

贈以幣送死者於壙也閩監毛本同岳本同嘉靖本同衞氏集說同考文引古本幣下有帛字

既封至虞尸閩監毛本同惠棟挍宋本作既封主人贈無下正義曰三字

主人贈用制幣元纁束帛也閩監毛本同浦鏜云帛衍文按浦鏜云衍文與既夕禮合然疏家正不必拘也

既反哭節

正義曰此謂既窆之後事也惠棟挍宋本無正義曰三字

言以父母形體所託惠棟挍宋本作託此本誤註閩監毛本作在亦非

案周人尚赤閩監毛本同衞氏集說案作蓋

葬日虞節

其辝蓋曰閩監毛本辝作辭岳本同嘉靖本同衞氏集說同

又雜記云內此天子七月而葬閩監毛本同惠棟挍宋本無又雜記云四字內作約衞氏集說同

則大夫五虞當八日閩監本同毛本大誤六考文引宋板作大

大夫以上卒哭者去虞相校兩月閩監本同毛本校作挍非衞氏集說亦作校無者相二字○按毛本全書皆作挍避所諱也

崔又一解虞後卒之前閩監毛本同惠棟挍宋本卒下有哭字是也

是日也節

虞禮所謂他用剛日也　閩監毛本同岳本同惠棟挍宋本也作者嘉靖本同考文引足利本同

其變至歸也。　閩監毛本如此此本變誤安也上脫歸字無○惠棟挍宋本無下正義曰三字

即喪服小記所云赴葬者　惠棟挍宋本作所云衞氏集說同此本所云二字闕閩監毛本作篇云按篇字非也

哀薦曰成事　閩監毛本曰作曰下哀薦曰成事同

他謂不及時而葬者　惠棟挍宋本作謂衞氏集說同此本謂誤用閩監毛本同

至常葬之月　閩監毛本同衞氏集說常作當

其祝亦稱哀薦云成事焉　閩監毛本同惠棟挍宋本云作曰衞氏集說云焉二字無

期而神之人情　惠棟挍宋本此下標禮記正義卷第十二終記云凡二十三頁

君臨臣喪節　惠棟挍宋本自此節起至季康子之母死節止爲第十三卷首題禮記正義卷第十三

爲有凶邪之氣在側　閩監毛本同岳本同嘉靖本同衞氏集說同釋文出凶耶云下注同

則止巫去桃茢　閩監毛本同岳本同嘉靖本同盧文弨云足利古本巫下有祝字非案正義云祝代巫而入又云巫止于門外祝先入是巫止而祝不止也足利本非盧挍是

君臨至生也　惠棟挍宋本無此字

無巫祝執桃茢之事　閩監毛本作事此本事字闕

又云士喪禮亦如此　閩監毛本同考文引宋板無士字盧文弨云或是無云字下又士喪禮大斂而往似當作又大夫士既殯而君往焉

荆人使公親襚　監毛本作荆此本荆誤荊閩本同

喪有死之道焉節

喪有至言也　惠棟挍宋本無此五字

喪之朝也節

喪之至遂葬　惠棟挍宋本無此五字

孔子謂爲明器者節

束茅爲人馬　閩監毛本同岳本同嘉靖本同衞氏集說同惠棟挍宋本馬作焉宋監本同考文引古本馬下有焉字釋文亦云束茅爲人馬曰芻靈

謂爲俑者不仁　石經惠棟挍宋本岳本宋監本嘉靖本閩本同衞氏集說亦作仁監毛本仁誤二

殆於用人乎哉　閩本同監毛本殆上有不字石經同岳本同嘉靖本同衞氏集說同

有似於生人　閩本同宋監本同岳本同嘉靖本同衞氏集說同監毛本有字脫惠棟挍宋本亦有有字考文引古本足利本同

孔子至乎哉　惠棟挍宋本無此五字

記者記錄孔子之言　閩監毛本下記作既考文引宋板作記衞氏集說無此記字按集說是也

謂刻木爲人而自發動　惠棟挍宋本亦作而自閩監毛本而自改面目非

穆公問於子思節　惠棟挍云穆公節悼公節宋本合爲一節

退人若將隊諸淵　閩監毛本同岳本同嘉靖本同衞氏集說同石經隊作墜考文引古本同釋文出將隊云本又作墜

穆公至之有　惠棟挍宋本無此五字

以道去君爲三諫不從　閩監毛本同衛氏集說爲作謂與儀禮喪服注合

未絶者言爵祿尚有列於朝　閩監毛本作未此本未字闕

或辟仇讎　惠棟挍宋本作讎此本讎誤雔閩監毛本作雔亦非衛氏集說作或辟寇讎

案者案世本云　惠棟挍宋本閩監毛本無案者二字是也

謂三諫不從去而已絶　閩監毛本作謂此本誤諫

悼公之喪節

毋乃使人疑夫不以情居瘠者乎哉　閩本同石經同岳本同衛氏集說同監毛本毋誤母嘉靖本同

衛司徒敬子死節

衛司至不經　惠棟挍宋本無此五字

此雖不云帶凡單云經　閩監毛本同惠棟挍宋本無帶凡單云四字盧文弨云宋本脫四字非也

曾子曰晏子節

晏子一狐裘三十年　閩監毛本同岳本同嘉靖本同衛氏集說同石經三十合作卅

喪數略也　閩監毛本同岳本同嘉靖本同衛氏集說同考文引古本喪數作喪禮足利本作喪數禮

曾子至以禮　惠棟挍宋本無此五字

大斂解三十年一狐裘　閩本同監毛本年一二字誤倒考文引宋板作年一

下謂其子及凡在已下者也　閩監本同毛本及誤反考文引宋板作及

藏苞筲於旁加杭席覆之　閩監本同毛本旁下有加折抑之四字盧文弨云宋本無此四字毛有之是也又閩監毛本杭皆作抗亦是也衛氏集說同下加杭木實土同

乃得有遣車者　閩監毛本同惠棟挍宋本無者字

一个有二體　閩監毛本同考文引宋板二下有个字

國昭子之母死節

夾羨道爲位　閩監毛本同岳本同嘉靖本同衛氏集說同釋文本夾作俠

專猶司也　惠棟挍宋本同嘉靖本同衛氏集說同閩監毛本司誤同岳本同浦鏜云司誤同疏內亦誤同從六經正誤挍

國昭至西鄉　惠棟挍宋本無此五字

專猶同也　監毛本同閩本猶字闕惠棟挍宋本同作司盧文弨云下爾當同此同亦當作同

穆伯之喪節　惠棟挍云穆伯節季康子節宋本合爲一節

嫌思情性也　閩監毛本同岳本同嘉靖本同衛氏集說思作私性作勝

內人妻妾　閩監毛本同岳本同嘉靖本同衛氏集說同妾下有也字惠棟挍宋本妾作室盧文弨云宋板古本俱作妻室不必從

穆伯至矣夫　惠棟挍宋本無此五字

女智莫若　閩監毛本同衛氏集說同惠棟挍宋本若下有婦字案今家語本亦作女智莫若婦

季康子之母死節

褻衣非上服　閩監毛本同岳本同嘉靖本同衛氏集說同考文足利本上作正

悼子紀生平子意如　閩監毛本同惠棟挍宋本紀作紇

有子與子游立節

陶鬱陶也　閩本同監毛本鬰作鬱岳本同嘉靖本同衛氏集說同疏同

舞斯慍慍斯戚　閩監毛本同石經同岳本同嘉靖本同衛氏集說同釋文出慍斯戚云此喜怒哀樂相對

本或於此句上有舞斯慍一句并注皆衍文正義本有舞斯慍一句并注其所稱鄭此禮本鄭諸本鄭又一本盧禮本王禮本綜論最爲詳覈惠棟九經古義但据釋文而不及正義疏矣

哭踊之情必發於內 閩監毛本同惠棟挍宋本必作心續通解同

慍來戚心故憤恚起也 惠棟挍宋本亦作戚閩監毛本戚作慼

此之謂於哀樂也 閩監毛本同惠棟挍宋本謂下有禮生二字續通解同

俄傾不慍生 閩本同監毛本不作而衞氏集說傾不作頃而是也考文引宋板同

朝殯夕歌 惠棟挍宋本同閩監毛本殯作殯衞氏集說同

明飾喪以奠祭之事 閩監毛本同惠棟挍宋本以作及衞氏集說同

故使人勿惡也 閩監毛本同惠棟挍宋本故作欲衞氏集說同

又設遣奠而行送之 閩本同惠棟挍宋本同監毛本遣誤遺衞氏集說無行字

故子游既言生節哀 閩監毛本同惠棟挍宋本生下有者字衞氏集說同

吳侵陳節

陳大宰嚭使於師 閩監毛本同岳本同嘉靖本同衞氏集說同石經嚭作噽下同

盍嘗問焉 閩監本同嘉靖本嘗作甞衞氏集說同毛本作嘗石經作甞岳本同注同

獲謂係虜之 閩監毛本同岳本同嘉靖本同衞氏集說係作繫

正言殺厲重人 閩監毛本同岳本同嘉靖本同衞氏集說正作止人下有也字

吳侵至名乎 惠棟挍宋本無此五字

雖及胡耇獲則取之 閩本作耇衞氏集說同考文引宋板同此本耇誤者字閩毛本同

直拘囚人而已則輕也 惠棟挍宋本作則此本則字闕閩本同監毛本作故非

苞人民歐牛馬曰侵 閩監毛本同衞氏集說歐作毆

顏丁善居喪節

既僨貌 閩本同監毛本既作慨岳本同嘉靖本同衞氏集說同

顏丁至而息 惠棟挍宋本無此五字

如所求物不得 閩監毛本同考文引宋板如下有有字

亦彷徨求而不得之心 閩監毛本同惠棟挍宋本心作意

行而不及之 閩監毛本同惠棟挍宋本之下有貌字

子張問曰節

則民臣望其言久 惠棟挍宋本宋監本岳本嘉靖本同衞氏集說亦作言閩監毛本言誤長

仲尼曰 閩監毛本作尼石經同岳本同嘉靖本同衞氏集說同此本尼作𡰥案上尼父字不作𡰥此歧出

子張至三年 惠棟挍宋本無此五字

知悼子卒節

禮揚作騰 宋監本岳本嘉靖本惠棟挍宋本同閩監毛本騰作滕衞氏集說同下騰送也同段玉裁云說文𠈁送也𠈁即滕字騰非是

知悼至杜舉 惠棟挍宋本無此五字

揚作騰者 考文引宋板同閩監毛本騰作滕是也下揚騰義得兩通同餘俱不作騰

爲後鑒戒 閩監毛本同惠棟挍宋本後下有世字續通解同

與杜蕢此事 閩監毛本同惠棟挍宋本與作以

春秋云晉侯飲酒樂 閩監毛本同惠棟挍宋本秋下有傳字

服以旌禮禮以行事 閩監毛本如此此本脫一禮字

禮記注疏卷九挍勘記

附釋音禮記注疏卷第十

檀弓下

禮記　鄭氏注　孔穎達疏

公叔文子卒文子衛獻公之孫名拔或作發○拔蒲八反其子戍請謚於君曰日月有時將葬矣請所以易其名者謚者行之迹有時猶言有數也大夫士三月而葬○行下孟反君曰昔者衛國凶饑夫子爲粥與國之餓者是不亦惠乎君靈公也○粥音祝昔者衛國有難夫子以其死衛寡人不亦貞乎難謂魯昭公二十年盜殺衛侯之兄縶也時齊豹作亂公如死鳥○難乃旦反注同夫子聽衛國之政脩其班制以與四鄰交衛國之社稷

不辱不亦文乎班制謂尊卑之差故謂夫子貞惠文子後不言貞惠者文足以兼之〔疏〕公叔至文子○正義曰此一節論請君誄臣之謚法各依文解之○注文子至作發○正義曰案世本衛獻公生成子當當生文子拔拔是獻公孫也或作發者以春秋左氏傳作發故云或作發○請所以易其名者生存之日君呼其名今既死將葬故請所以誄行爲之作謚易代其名者○注難謂至死鳥○正義曰案昭二十年左傳云衛公孟縶狎齊豹奪之司寇與鄄公孟惡北宮喜褚師圃欲去之公子朝通于襄夫人宣姜懼而欲以作亂故齊豹北宮喜褚師圃公子朝作亂丙辰衛侯在平壽公孟有事於蓋獲之門外又云齊氏用戈擊公孟宗魯以背薇之斷肱以中公孟之肩皆殺之公聞亂乘驅自閱門入載寶以出又云公如死鳥注云死鳥衛地○故謂至文子者案謚法愛民好與曰惠外內用情曰貞道德博聞曰文既有道德則能惠能貞故鄭云後不言貞惠者文足以兼之案文次先惠後貞此先云貞者以其致死衛君事重故在前上先言惠者據事先後言之○石駘仲卒駘仲衛大夫石碏之族○駘大來反碏七略反無適子有庶子六人卜所以爲後者莫適立也○適下歷反注同曰沐浴佩玉則兆言齊絜則得吉兆○齊側皆反五人者皆沐浴佩玉石祁子曰孰有執親之喪而沐浴佩玉者乎不沐浴佩玉心正且知禮石祁子兆衛人以龜爲有知也〔疏〕石駘至知也○正義曰此一節論龜兆知賢知之事各依文解之○卜所至則兆○既有庶子六人莫適立也故卜所以堪爲後者其掌卜之人謂之曰若沐浴佩玉則得吉兆所以須有卜者春秋左氏之義故昭三十六年云年鈞以德德鈞以卜王不立愛公卿無私若公羊隱元年云立適以長不以賢立子以貴不以長何休云適夫人無子立右媵右媵無子立左媵左媵無子立嫡姪娣嫡姪娣無子立右媵姪娣右媵姪娣無子立左媵姪娣質家親親先立娣文家尊尊先立姪嫡子有孫而死質家親親先立弟文家尊尊先立孫其雙生也質家據見立先生文家据本意立後生何休作膏肓難左氏云若其以卜隱桓以禍皆由此作乃曰古制固亦謬矣鄭箴之云立長以嫡不以賢固立長矣立子以貴不以長固立貴矣若長均貴

均何以別之故須卜禮有詢立君卜立君是有卜也是從左氏之義○孰有至者乎○居親之喪必衰絰憔悴安有居親之喪而沐浴佩玉者乎言不可鄭云心正且知禮者不信邪言是心正居喪不沐浴佩玉是知禮也○陳子車死於衛其妻與其家大夫謀以殉葬子車齊大夫定而后陳子亢至以告曰夫子疾莫養於下請以殉葬子亢子車弟孔子弟子下地下○亢音剛又苦浪反養羊尚反下皆同子亢曰以殉葬非禮也雖然則彼疾當養者孰若妻與宰得已則吾欲已不得已則吾欲以二子者之爲之也度諫之不能正以斯言拒之已猶止也○度大洛反於是弗果用果決〔疏〕陳子至果用○正義曰此一節論殉葬非禮之事各依文解之○注子亢至弟子○正義曰知孔子弟子者以論語陳亢問於伯魚與伯魚相問故知孔子弟子又知子車齊大夫者昭二十六年左傳齊師圍成

魯師及齊師戰于炊鼻魯人將繫子車子車射之殪鄭蓋據此謂齊大夫知亢是子車弟者以子車之妻謀欲殉葬子車子亢不能止之若是子車之兄當處分由己故知是子車弟也子亢至之也○子亢既見兄家謀殉葬非禮之事自度不能止故云殉葬非禮也又云雖非禮彼疾當養者彼死者疾病當須養侍於下者以外人疏誰若妻之與宰言妻宰最親當須侍養若得休已不須侍養吾意欲休已若其不止必須爲殉葬則吾欲以妻之與宰二子爲之

○子路曰傷哉貧也生無以爲養死無以爲禮也孔子曰啜菽飲水盡其歡斯之謂孝歛手足形還葬而無椁稱其財斯之謂禮還猶疾也謂不及其日月○啜昌劣反叔或作菽音同大豆也王云熬豆而食曰啜菽歛力檢反還音旋後同稱尺證反下注之稱同

【疏】子路至謂禮○正義曰此一節論孝子事親稱家之有無之事孔子至謂禮○孔子以子路傷貧故荅之云啜菽飲水以菽爲粥以常啜之飲水更無餘物以水而已雖使親啜菽飲水盡其歡樂之情謂使親盡其歡樂此之謂孝荅上生無以爲養○歛手足形者親亡但以衣棺歛其頭首及足形體不露還速葬而無椁材稱其家之財物所有以送終此之謂禮荅上死無以爲禮

○衛獻公出奔反於衛及郊將班邑於從者而后入欲賞從者以懼居者獻公以魯襄十四年出奔齊二十六年復歸於衛○從才用反注下同柳莊曰如皆守社稷則孰執羈靮而從如皆從則孰守社稷言從守若一靮紲也○羈音基靮丁歷反紲陳忍反君反其國而有私也毋乃不可乎言有私則生怨弗果班

【疏】衛獻至果班○正義曰此一節論衛君歸國不合私賞從者之事○注欲賞至於衛○正義曰經直云班邑於從者鄭知以懼居者見下柳莊云如皆從則孰守社稷爲居者而言明知獻公欲懼居者也故左傳云獻公反國使人責大叔儀是也知獻公以魯襄公十四年出奔齊者案襄十四年左傳云衛獻公戒孫文子甯惠子食二子皆朝服而朝日旰不召公射鴻於囿二子從之公不釋皮冠而與之言二子怒故攻公公出奔齊二十六年傳云甯惠子之子甯喜以父言攻孫氏而納衛侯二十六年復歸于衛是獻公以魯襄公十四年出奔二十六年復歸于衛也

○衛有大史曰柳莊寢疾公曰若疾革雖當祭必告革急也○革本又作亟居力反注同公再拜稽首請於尸曰有臣柳莊也者非寡人之臣社稷之臣也聞之死請往急弔賢者不釋服而往遂以襚之脫君祭服以襚臣親賢也所以此襚之者以其不用襲也凡襚以斂○襚音遂脫本亦作說又作稅同他活反與之邑裘氏與縣潘氏書而納諸棺曰世世萬子孫無變也所以厚賢也裘縣潘邑名○縣音玄注同潘普干反

【疏】衛有至變也○正義曰此一節論君急弔臣之事柳莊爲衛大史今寢疾其家自告公報之曰若疾急困雖當我祭必須告也其後柳莊果當公祭之時卒而來告公公祭事雖了與尸爲禮未畢○公再拜稽首請於尸曰有臣柳莊也者才能賢異非唯寡人之臣乃是社稷之臣今聞之身死請往赴之又不釋祭服即往哭遂以所著祭服脫而襚之又與之采邑曰裘氏及縣潘氏與二邑又書錄其賞辭而納之棺云世世恒受此邑至萬世子孫無有改變案禮君入廟門全爲臣請尸得言寡人者是後人作記者之言也○注脫君至以斂○正義曰案士喪禮君使人襚不云祭服襚臣今君以祭服襚故云親賢也得以祭服襚之者禮諸侯玄冕祭廟大夫自玄冕而下以其俱是玄冕故得襚也祭服既尊得以襚臣者以其臣卑不敢用君襚衣而襲之也所以不用襲者襲是近尸形體事褻惡故不敢用君之襚衣也案士喪禮云君襚衣及親者及庶兄弟之襚皆不用襲故士喪禮云庶襚繼陳不用注云不用不用襲也至小斂則得用庶襚故士喪禮小斂凡有十九稱陳衣繼之不必盡用鄭云陳衣庶襚也既云不必盡用明有用者至大斂得用君襚故士喪禮大斂君襚祭服散衣庶襚凡三十稱又云君襚不倒是大斂得用襚也云凡襚以斂者謂庶襚以小斂君襚以大斂也鄭言此者明襚衣不用襲也

○陳乾昔寢疾屬其兄弟而命其子尊己曰如我死則必大爲我棺使吾二婢子夾我婢子妾也○乾音干屬之玉反夾古洽反陳乾昔死其

子曰：以殉葬，非禮也，況又同棺乎？弗果殺。善尊已不陷父於不義。疏陳乾至果殺。○正義曰：此一節論人病時失禮也。○屬其兄弟而命其子尊已者，尊已，乾昔子名也。兄弟言屬，子云命，輕重之義也。○曰如我死者，此所屬命辭也，欲言其死後事也。○則必大爲我棺，使吾二婢子夾我者，婢子，妾也。屬命云令大爲已棺，又使二婢夾已於棺中也。○陳乾昔死者，陳乾昔既屬兄弟之後而死。且言陳乾昔者，謂亦久纓疾病，或陳乾昔捴是人名，但先儒無說，未知孰是。案春秋魏顆父病困，命使殺妾以殉，又晉趙孟、孝伯並將死，其語偷，又晉程鄭問降階之道，鄭然明以將死而有或疾。此等並是將死之時，其言皆變常，而論語曾子曰「人之將死，其言也善」，但人之疾患有深有淺，淺則神正，深則神亂。故魏顆父初欲嫁妾，是其神正之時；曾子云「其言也善」，是其未困之日。且曾子賢人，至困猶善，其中庸已下，未有疾病，○天奪之魂魄，苟欲偷生，則趙孟、孝伯、程鄭之徒，不足怪也。

仲遂卒于垂，壬午猶繹，萬入去籥。春秋經在宣八年。仲遂，魯莊公之子東門襄仲。先日辛巳有事於太廟，而仲遂卒，明日而繹，非也。萬，干舞也。籥，籥舞也。傳曰：「去其有聲者，廢其無聲者。」○繹音亦。去，羗吕反，注同。籥，羊勺反。

仲尼曰：非禮也，卿卒不繹。疏仲遂至不繹。○正義曰：此一節論卿卒重于繹祭之事。○注「春秋至聲者」。○正義曰：此經所云者，春秋經文。案宣八年六月辛巳，有事於大廟，仲遂卒於垂是也。云「仲遂，魯莊公之子東門襄仲」者，世本及左傳文也。云「萬，干舞也。籥，籥舞也」者，案宣八年公羊傳云：「萬者何？干舞也。籥者何？籥舞也。」萬是執干而舞，武舞也，即文王世子云「春夏學干戈」是也。籥舞執羽吹籥而舞，文舞也，文王世子云「秋冬學羽籥」是也。云「傳曰：去其有聲者，廢其無聲者」，亦宣八年公羊傳文。云「去其有聲」，謂去籥舞，以吹籥有聲故也。「廢其無聲」，謂廢留萬舞而不去，以萬舞無聲故也。鄭志荅張逸云：「廢，置也。」於去聲者爲廢，謂廢留不去也。然鄭引「萬，干舞」、「籥，籥舞」，雖是傳文，鄭翦略其事，不全寫傳文，故於後始稱「傳曰：去其有聲，廢其無聲」，以二句全是傳文也。

○季康子之母死，公輸若方小，公輸若，匠師。方小，言年尚幼，未知禮也。斂，般請以機封，斂，下棺於椁。般，若之族，多技巧者，見若掌斂事而年尚幼，請代之，而欲嘗其技巧。○般音班，注及下同。封，彼驗反。技，其綺反，下同。將從之，時人服般之巧。公肩假曰：不可。夫魯有初，初，謂故事。公室視豐碑，言視者，時僭天子也。豐碑，斲大木爲之，形如石碑，於槨前後四角樹之，穿中，於間爲鹿盧，下棺以繂繞。天子六繂四碑，前後各重鹿盧也。○碑，彼皮反。僭，子念反，後皆同。斲，丁角反。繂音律。繞，而沼反。重，直龍反。三家視桓楹。時僭諸侯。諸侯下天子也。斲之，形如大楹耳。四植謂之桓。諸侯四繂二碑，碑如桓矣。大夫二繂二碑，士二繂無碑。○下，戶嫁反。植，時力反。般，爾以人之母嘗巧，則豈不得以？以，己字。言寧有強使女者與？僭於禮有似作機巧，非也。以與己字本同。○爾旨古以字。強，其丈反。女音汝。與音餘，下若與同。其母以嘗巧者乎？則病者乎？毋，無也。於女寧有病苦與？止之。○毋音無。噫！不寤之聲。○噫，於其反。弗果從。疏季康至果從。○正義曰：此一節論非禮嘗巧不從之事。○季康子母死，公輸若爲匠師之官，年方幼小，主掌窆事，欲下棺斂於壙中。其若之族人公輸般，性有技巧，請爲以轉動機關窆而下棺。時人服般之巧。○將從之時，有公肩假止而不許，曰：不可爲機窆之事。夫魯有初始舊禮，公室之喪，視豐碑。豐，大也，謂

用大木爲碑。三家之葬，視桓楹也。桓，大也；楹，柱也。其用之碑，如大楹柱。言之舊事，其法如此。遂呼般之名：般，女得以人之母而嘗巧乎？嘗，試也。欲以人母試己巧事，誰有強偪於女而爲此乎？豈不得休已者哉？又語之云：其無以人母嘗試己巧，則於女病者乎？言不得嘗巧，豈於女有病？公肩假既告般爲此言，乃更噫而傷歎，於是衆人遂止，不果從般之事。○注「公輸若，匠師」。○正義曰：以匠師主窆，故鄉師云「及窆，執斧以涖匠師」是也。○注「言視至盧也」。○正義曰：凡言視者，不正相當，比擬之辭也。故王制云「天子之三公視公侯，卿視伯，大夫視子男」是也。故云「言視，僭天子也」。云「斲大木爲之，形如石碑」者，以禮廟庭有碑，故祭義云「牲入麗于碑」，儀禮每云「當碑揖」，此云豐碑，故知斲大木爲碑也。云「於椁前後四角樹之」者，謂椁前後及兩旁樹之，角落相望，故云四角，非謂正當椁四角也。云「穿中，於間爲鹿盧」，所謂穿鑿去碑中之木，令使空，於此空間著鹿盧，鹿盧兩頭各入碑木。云「下棺以繂繞」者，繂即紼也，以紼之一頭繫棺緘，以一頭繞鹿盧，既訖而人各背碑負紼末頭，聽鼓聲以漸卻行而下之。云「天子六繂四碑」者，案周禮「大喪屬其六引」，故知天子六繂也。喪大記云「君四繂二碑」，諸侯既二碑，故知天子四也。云「前後各重鹿盧也」者，以六繂四碑，明有一碑兩紼者，故知一碑上下重著鹿盧。知雖前後碑

重鹿盧者以棺之入椁南北豎長前後用力深也案春秋天子有隧以羨道下棺所以用碑者凡天子之葬掘地以爲方壙漢書謂之方中又方中之內先累椁於其方中南畔爲羨道以蜃車載柩至壙說而載以龍輴從羨道而入至方中乃屬紼於棺之緘從上而下棺入於椁之中於此之時用碑繂也○注諸侯下天子也斲之形如大楹耳○正義曰以言視桓楹不云碑知不似碑形故云如大楹耳通而言之亦謂之碑也故喪大記云諸侯大夫二碑是也云四植謂之桓者案說文桓亭郵表也謂亭郵之所而立表木謂之桓即今之橋旁表柱也今諸侯二碑兩柱爲一碑而施鹿盧故云四植謂之桓也周禮桓圭而爲雙植者以一圭之上不應四柱但瑑爲二柱象道旁二木又宮室兩楹故雙植謂之桓也大夫亦二碑但柱形不得麤大所以異於諸侯也○注以已至本同正義曰言經中以用之以義是休已之字所以用之以得爲休已之字者以其本同謂古昔之本用字本同乃得通用謂用謂其兩字本昔是同故得假借而用後世始以已義異也云僭於禮有似作機巧非也者皇氏解云僭濫之事於禮猶有所似作機巧之事全非也○注毋無至止之○正義曰依說文止毋是禁辭故說文毋字從女有人從中欲干犯故禁約之故鄭注論語云毋止其辭讓也故曲禮上篇多言毋毋

猶勿也謂勿得如此下無是無有之無此經中之義是有無之無故轉毋作無也○注不寤之聲○正義曰公肩假唱噫是歎公輸般不能寤於禮故傷之而爲此聲也○**戰于郎**郎魯近邑也哀十一年齊國書帥師伐我是也

公叔禺人遇負杖入保者息遇見也見走辟齊師將入保罷倦加其杖頸上兩手掖之休息者保縣邑小城禺人昭公之子春秋傳曰公叔務人○禺音遇又音務注同辟音避罷音皮倦其卷反頸吉領反掖音亦**曰使之雖病也**謂時繇役○繇本亦作徭音遥**任之雖重也**謂時賦稅**君子不能爲謀也士弗能死也不可**君子謂卿大夫也魯政既惡復無謀臣士又不能死難禺人恥之○弗能弗亦作不爲于僞反下注國爲下爲謚同復扶又反下復射謂不復同難乃旦反**我則既言矣**欲敵齊師踐其言**與其鄰重汪踦往皆死焉**奔敵死齊寇鄰鄰里也重皆當爲童童未冠者之稱姓汪名踦鄰或爲談春秋傳曰童汪踦○重依注音童下同汪烏黃反踦魚綺反冠古亂反**魯人欲勿殤重汪踦**見其死君事有士行欲以成人之喪治之言魯人者死君事國爲斂葬○行下孟反**問於仲尼仲尼曰能執干戈以衛社稷雖欲勿殤也不亦可乎**善之

疏 戰于至可乎○正義曰此節論童子死難之事○戰于郎哀十一年齊伐魯魯與齊師戰于郎郎者魯之近邑也案哀十一年魯人公叔禺人逢遇國人走辟齊師兩手負杖於頸走入城保困而止息禺人見而言曰國以徭役使此人雖復病困國以賦稅責任人民雖復煩重若上能竭心盡力憂恤在下則無以負愧今君子卿大夫不能爲謀士又不能致死是自全其身不愛民庶於理不可既嫌他不死欲自爲致死之事故云我則既言矣既已也云我則已言之矣乃踐其言於是與隣之童子姓汪名踦往赴齊師而死焉依禮童子爲殤魯人見其死寇欲勿殤童汪踦意以爲疑問於仲尼仲尼報之云汪踦能執干戈以衛社稷勿猶不也雖欲不以爲殤不亦可乎言其可爲不殤也○注郎魯至是也○正義曰案桓十年齊侯衛侯鄭伯來戰于郎公羊傳云郎者何吾近邑也哀十一年齊國書帥師伐我戰于郊是郊頭郎邑故知近也案春秋直云戰于郊知與此戰于郎爲一事者以其俱有童汪踦之事故爲一也○

注禺人至務人○正義曰案哀十一年傳云公叔務人僮汪錡死昭公傳云昭公子公爲逐季氏公曰務人爲此禍務人即公爲也故云昭公子此作禺人者禺務聲相近聲轉字異也○注重皆當爲童○正義曰此云重汪踦下云重汪踦以重字有二故云皆當爲童以言魯人欲勿殤故從春秋爲童也注見其至斂葬○正義曰案喪服小功章大夫爲昆弟之長殤注云謂爲士者若不仕者也以此言之雖見爲士猶以殤服服之何以此云死君事有士行欲以成人之喪治之者喪服所論據尋常死者雖見爲士猶以殤服服之注踦能致死於敵故以成人之喪治之云國爲斂葬者以其經稱魯人但指衆辭汪踦非是家無親屬但國家哀其死難爲斂葬之

○**子路去魯謂顏淵曰何以贈我**贈送**曰吾聞之也去國則哭于墓而后行反其國不哭展墓而入**無君事主於孝哭哀去也展省視之**謂子路曰何以處我**處猶安也**子路曰吾聞之也過墓則式過祀則下**居者主於敬

疏 子路至則下○正義曰此一節論禮

敬祀墓之事各依文解之。注無事君主於孝。正義曰若有君事去國則不得哭墓故上曲禮云已受命君言不宿於家是不哭於墓。過墓則式過祀則下曰墓謂他家墳壟祀謂神位有屋樹者居無事主於恭敬故或式或下也他墳尚式則已先祖墳墓當下也。○工尹商陽與陳弃疾追吳師及之工尹楚官名弃疾楚公子弃疾也以魯昭八年帥師滅陳縣之楚人善之因號焉至十二年楚子狩於州來使蕩侯潘子司馬督囂尹午陵尹喜圍徐以懼吳於時有吳師陳或作陵楚人聲。馬督音篤本亦作督。陳弃疾謂工尹商陽曰王事也子手弓而可手弓子射諸商陽仁不忍傷人以王事勸之。射食亦反下同。射之斃一人韔弓不忍復射斃仆也韔韜也。斃本亦作獘婢世反下同韔勑亮反仆蒲北反又音赴韜吐刀反又及謂之又斃二人每斃一人揜其目揜其目不忍視之。又及本或作又及一人又一人後人妄加耳止其御曰朝不坐燕不與殺三人亦足以反命矣朝燕於寢大夫坐於上士立於下然則商陽與御者皆士也兵車參乘射者在左戈盾在右御在中央。朝直遥反與音預乘繩證反盾食允反又音允孔子曰殺人之中又有禮焉善之。

〔疏〕工尹至禮焉。正義曰此一節論殺人有禮之事各依文解之。注工尹至人聲。正義曰案春秋傳楚皆以尹爲官名也故知工尹楚官名也云弃疾楚公子弃疾也者左傳文是楚恭王之子後立爲平王云楚人善之因號焉者案昭十三年左傳晉叔向云弃疾君陳蔡苛慝不作今此云陳棄疾故楚人善之因號爲陳弃疾也云十二年楚子狩于州來者是昭十二年左傳文楚子謂靈王名虔弃疾之兄也使蕩侯一潘子二司馬督三囂尹午四陵尹喜五也五大夫圍徐以偪懼於吳也案左傳直有圍徐不見有吳師之事也又弃疾不與圍徐鄭必知有吳師及弃疾追之者以弃疾昭八年縣陳十三年自立爲王於此之間無與吳師相涉今弃疾追吳師復有圍徐懼吳之事故鄭引以明之云陳或作陵楚人聲者謂陳弃疾餘本有作陵弃疾者故云陳或作陵楚人呼陳及陵聲相似故云楚人聲子手弓而可手弓者弃疾謂商陽射吳之奔者云子是手弓之人謂是能弓之手而可手弓者謂其堪可稱此能弓之手謂宜須射也又家語云楚伐吳工尹商陽與弃疾追吳師及之弃疾曰王事也子手弓而可商陽手弓弃疾曰子射諸射之斃一人韔其弓則此分句爲異解義亦別言手弓者令其彀弓而射之未知孰是故兩存焉附之以廣聞見也。注朝燕至中央。正義曰朝之與燕皆在於寢若路門外正朝則大夫以下皆立若其燕朝在於路寢如孔子攝齊升堂又詩傳云不脫屨升堂謂之飫明脫屨升堂則坐也是大夫坐於上燕亦在寢故燕禮云燕朝服於寢案燕禮獻卿大夫及樂作之後西階上獻士士既得獻者立於東階下西面無升堂之文是士立於下云兵車參乘射者在左戈盾在右御在中央者謂兵車參乘之法其事如此若非兵車參乘則尊者在左故曲禮乘君之乘車不敢曠左鄭注云君存惡空其位又月令載耒耜於御與車右之間君在左也知兵車參乘射者在左戈盾在右者案宣十二年左傳云楚許伯御樂伯攝叔爲右於時樂伯主射樂伯云左射以菆是射者在左攝叔云右入壘折馘執俘而還是戈盾勇力在右自然御者在中央此謂凡常戰士也若是元帥則在中央鼓下御者在左戈盾亦在右故成二年鞌之戰於時郤克爲中軍將時流血及屨未絶鼓音是將居鼓下也解張御郤克解張云矢貫余手及肘余折以御左輪朱殷是御者在左自然戈盾在右若天子諸侯親爲將亦居鼓下故戎右云贊王鼓成二年齊侯圍龍齊侯親鼓之是也若非元帥則皆在左御者在中故成二年韓厥自其車左居中代御而逐齊侯故杜預云其車自非元帥御者皆在中故熊氏以爲雖非元帥上軍下軍之將亦居鼓下故成十六年鄢陵之戰子重將左而云子重鼓之也故爲將皆在鼓下也以其親鼓故以爲鼓下案周禮諸侯執賁鼓軍將執晉鼓師帥執提旅帥執鼙豈皆居鼓下也其義恐非也孔子曰殺人之中又有禮焉者言其既殺人之中又有禮則韔弓揜目等是也案左氏傳戎昭果毅則殺之商陽行仁而孔子善之傳之所云人謂彼勍敵與我決戰雖是胡耇獲則殺之此謂吳師既走而後逐之。故云又及一人則是不逐奔之義故以爲有禮也。○諸侯伐秦曹桓公卒于會魯成十三年曹伯廬卒於師是也。廬謚宣言桓聲之誤也。桓依注音宣。諸侯請含以朋友有相啖食之道。含胡闇反啖徒暫反食音嗣徐音自使之襲非也襲賤者之事。○襄公朝于荊康王卒在魯襄二十八年康王楚子昭也楚言荊者州言之荊人曰必請襲欲使襄公衣之。衣於既反魯人曰非禮也荆人強之（欲尊康王○強 其丈反下注同）巫先拂柩荆人悔之（巫祝桃茢君臨臣喪之禮○ 拂芳勿反柩其又反茢音列）【疏】（諸侯至悔之○ 正義曰此一節）論諸侯失禮之事○注在魯至言之○正義曰不言楚而言荆者楚屬荆故荆言之也春秋莊十年荆敗蔡師于莘公羊傳曰荆者何州名也州不若國國不若氏氏不若人人不若名名不若字字不若子而左氏無此義荆蓋楚之本號魯莊之世告命皆稱荆至僖元年始稱楚故杜預云荆始改號曰楚其巫祝桃茢之事已具于上

○滕成公之喪（魯昭 三年）使子叔敬叔弔進書（子叔敬叔魯宣公 弟叔肸之曾孫叔弓也進書奉君弔 書○肸許乙反）子服惠伯爲介（惠伯慶父玄孫之子 名椒介副也○介音界注及 後同）及郊爲懿伯之忌不入（郊滕之近郊也懿伯 惠伯之叔父忌怨也敬叔有怨於懿伯難惠伯也春 秋傳曰敬叔不入○難乃旦反）惠伯曰政也不可以叔父之私不將公事（政君命所爲敬叔於昭穆以 懿伯爲叔父○昭常遥反）遂

入（惠伯強 之乃入）【疏】（滕成至遂入○正義曰此一節論不可以 私廢公之事各依文解之○注子叔至弓）也○正義曰案世本叔肸生聲伯嬰齊齊生叔老老生叔弓是叔弓爲叔肸曾孫也叔是其氏此記云子叔者子是男子通稱故以子冠叔也○注惠伯至副也○正義曰案世本慶父生穆伯敖敖生文伯穀穀生獻子蔑蔑爲慶父曾孫惠伯是蔑之孫是慶父玄孫之子也案春秋傳曰子服椒故知名椒也○及郊至公事○敬叔爲使惠伯爲介至滕之近郊懿伯是惠伯叔父敬叔於先有怨於懿伯今至滕郊爲有懿伯之怨故畏難惠伯不敢入惠伯知其難已遂開釋之今既奉君命政令奉使滕國不可以叔父私怨遂欲報讎不行公事也○注郊滕至不入○正義曰經直云郊知是滕之近郊者下云不入謂不入國城則郊與國城相近故知郊是近郊也知懿伯是惠伯叔父者以下文惠伯云不可以叔父之私故知懿伯是惠伯叔父也云敬叔有怨於懿伯難惠伯也者謂敬叔殺懿伯被懿伯家所怨恐惠伯殺已故難惠伯不敢入也然敬叔惠伯同在君朝又奉使滕國相隨在路不相畏難入滕始難者雖有怨讎恒爲防備今入滕國是由主人其防備之事不復在已故難之引春秋傳敬叔不入者昭三年左傳文引之者以經直云不入恐是惠伯不入故引以明之○注政君至叔父○正義曰案論語注君之教令爲政臣之教令爲事也故云其事也如有政云敬叔於昭穆以懿伯爲叔父者此後人轉寫鄭注之誤當云敬叔於昭穆以惠伯爲叔父撿勘世本敬叔是桓公七世孫惠伯是桓公六世孫則惠伯是敬叔之父六從兄弟則敬叔呼惠伯爲叔父敬叔呼懿伯爲五從祖此注乃云敬叔於昭穆以懿伯爲叔父故知誤也

○哀公使人弔蕢尚遇諸道辟於路畫宮而受弔焉（哀公魯君也畫宮畫地爲宮象○蕢苦 怪反辟音避又婢亦反畫音獲注同）曾子曰蕢尚不如杞梁之妻之知禮也（行弔禮 於野非）齊莊公襲莒于奪杞梁死焉（魯襄二十二年齊侯襲 莒是也春秋傳曰杞殖華還載甲夜入且于之隧隧奪聲相近或爲兌梁即殖也○ 于奪徒外反注並兌同杞音豈殖時職反華胡化反且子餘反）其妻迎其柩於路而哭之哀莊公使人弔之對曰君之臣不免於罪則將肆諸市朝而

妻妾執（肆陳尸也大夫以上於朝士以下於市執拘也○ 肆殺三日陳尸音四朝直遥反上詩掌反拘音俱）君之臣免於罪則有先人之敝廬在君無所辱命（無所辱命辭不受也春秋傳曰 齊侯弔諸其室○廬力居反○）【疏】（哀公至辱命○ 正義曰此一節）論蕢尚不如婦人得禮之事○注肆陳至拘也○正義曰案周禮鄉士職云協日刑殺肆之三日是陳尸曰肆也云大夫以上於朝士以下於市者謂諸侯大夫士也故襄二十二年楚殺令尹子南尸諸朝三日大夫既於朝士則於市也其天子臣則有爵者皆適甸師氏不在朝故周禮掌囚職云凡有爵者奉而適甸師氏以待刑殺掌戮云有爵者殺之于甸師氏是也天子士宜在 朝與諸侯大夫同

○孺子䵍之喪（魯哀公之少子 ○䵍吐孫反）哀公欲設撥（撥可撥引輴車所謂紼 ○撥半末反輴勑倫反）問於有若有若曰其可也君之三臣猶設之（猶尚也以臣況子也 三臣仲孫叔孫季孫氏）顔柳曰天子龍輴而椁幬（輴殯車也畫轅爲龍 幬覆也殯以椁覆棺）

而塗之所謂菆塗龍輴以椁○椁音郭幬大報反攢才丸反下音徒**諸侯輴而設幬**輴不畫龍**爲榆沈故設撥**以水澆榆白皮之汁有急以播地於引輴車滑○沈本又作瀋同昌審反澆古堯反汁之十反滑于八反**三臣者廢輴而設撥竊禮之不中者也而君何學焉**止其學非禮也廢去也綍繫於輴三臣於禮去輴今有綍是用輴僭禮也殯禮大夫菆置西序士掘肂見衽○中丁仲反又如字學如字或音戶教反非注同去羌呂反下同掘求勿反又求月反又戶忽反肂本又作肂以二反棺坎也見賢遍反衽而審反【疏】孺子至學焉○正義曰此論諫哀公不得學僭禮之事○顏柳至學焉○顏柳以有若對非其實恐哀公從之以其正禮而言天子之殯則以龍輴謂畫輴車轅爲龍載柩於上累材作椁而題湊其木幬覆棺上而後塗之其諸侯則以輴載柩不畫爲龍亦累木爲椁設木於上以幬之不爲題湊直橫木復之亦泥塗其上以其有輴須設榆沈備擬牽引爲有榆沈故須設撥撥謂綍也今三臣者依禮廢輴不合用殯今乃設撥用輴是盜竊於禮不中法式而君何得學焉○注畫轅至以椁○正義曰經直云龍輴知畫轅爲龍者以輴之形狀庳下而寬廣無似龍形唯轅與龍爲形相類故知畫轅也云所謂菆塗龍輴以椁者以其上篇有其文故此言所謂上篇也輴外邊從累其木上與椁齊乃菆木爲題湊爲四阿椁制而塗之○注轅不畫龍○正義曰以上云龍輴此直云輴故云不畫龍其木亦不題湊故鄭注喪大記云諸侯不題湊○注三臣至見衽○正義曰喪大記大夫二綍二碑是大夫有綍綍即紼也又注既夕禮云大夫以上始有四周謂之輴是大夫有輴也此云三臣於禮去輴用輴僭禮不同者大夫以柩朝廟之時用輴綷惟殯時用輁軸不得用輴紼此文據殯時大記及既夕禮謂朝廟及下棺也云大夫菆置西序士掘肂見衽者是喪大記文謂菆叢其木以鄭三面倚於西序肂謂穿地爲坎深淺見其棺蓋上小要之衽言棺上小要之衽出於平地**○悼公之母死**母哀公之妾**哀公爲之齊衰有若曰爲妾齊衰禮與**譏而問之妾之貴者爲之緦耳○爲于僞反下爲妾注爲之下弗爲服皆同與音餘**公曰吾得已乎哉魯人以妻我**言國人皆名之爲我妻重服嬖妾文過非也○嬖必計反【疏】悼公至妻我○正義曰此一節論哀公爲

妾著服非禮之事○注妾之貴者爲之緦耳○正義曰天子諸侯絕旁期於妾無服唯大夫貴妾緦以哀公爲妾著齊衰服故舉大夫貴妾緦以對之耳○公曰吾得已乎哉魯人以妻我者公以有若之譏遂文其過云吾豈得休已而不服之乎所以不得休已者雖是其妾魯人以我無夫人皆以爲我妻故不得不服**○季子皐葬其妻犯人之禾**季子皐孔子弟子高柴孟氏之邑成宰或氏季犯躐也○躐力輒反**申祥以告曰請庚之**申祥子張子庚償也○庚古衡反償徐音尚**○子皐曰孟氏不以是罪予**時僭侈○僭子念反侈昌氏反又赤氏反**朋友不以是弃予**言非大故**以吾爲邑長於斯也買道而葬後難繼也**恃寵虐民非也○長丁丈反【疏】季子皐葬其妻至繼也○正義曰此一節論高柴非禮之事各依文解之○注季子至成宰○正義曰案史記仲尼弟子傳云高柴字子皐少孔子三十歲鄭人也知爲成宰者下文云子皐爲成宰云季者高是其正氏今言季子皐故鄭云或氏季以身處季少故以字爲氏而稱季也猶若子游稱叔氏仲由稱季路皆其例也弟子傳及論語作子羔與此文子皐字不同者古字通用○子皐至繼也○子皐見申祥請償故拒之云孟氏不以是犯禾之事罪責於我以孟氏自爲奢暴之故也朋友不以是犯禾之事離弃於我以其小失非大故也斯此也以吾爲邑長於此成邑乃買道而葬淸儉大過在後世之人難可繼續也以孟氏不罪於已故鄭云恃寵不肯償禾故云虐民**○仕而未有祿者君有饋焉曰獻使焉曰寡君**見在臣位與有祿同也君有饋有饋於君○餽本又作饋其位反遺也使色吏反見賢遍反**違而君薨弗爲服也**以其恩輕也違去也【疏】仕而至服也○正義曰此一節論臣之仕未得祿者與得祿之臣有同有不同之事也故王制云位定然後祿之是先位定而後祿也○君有饋焉曰獻者饋餉也君有饋謂臣有物饋獻於君既奉餉君上故曰獻○使焉曰寡君者使焉謂爲君使往他國此臣若出使則自稱已君爲寡君也言臣雖仕未得祿而有物饋君及出使他國所稱則並與得祿者同也嫌其或異故明之也○違而君薨弗爲服也者此一條則異也違而君薨者違去也謂三諫不從以禮去者若已有祿恩重者雖放出仕他國而所仕

者敵則猶反服今此未得禄之臣唯在朝時乃服若放出他邦而故君薨所仕雖敵亦不反服也以其本無禄恩輕故也

○虞而立尸有几筵卒哭而諱諱辟其名○辟音避生事畢而鬼事始已謂不復饋食於下室而鬼神祭之已辭也既卒哭宰夫執木鐸以命于宮曰舍故而諱新故謂高祖之父當遷者也易説帝乙曰易之帝乙爲成湯書之帝乙六世王天之錫命疏可同名○鐸大各反舍音捨自寢門至于庫門百官所在庫門宮外門明堂位曰庫門天子皋門

疏虞而立尸有几筵卒哭而諱至自寢門至于庫門○正義曰此一節論葬後當以鬼神事之禮未葬由生事之故未有尸既葬親形已藏故立尸以係孝子之心也前所云既窆而祝宿虞尸是也○有几筵者未葬之前殯宮雖有脯醢之奠不立几筵其大斂之奠雖在殯宮但有席而已亦無几也此席素席故前云奠以素器其下室之内有吉几筵今葬訖既設虞祭有素几筵筵雖大斂之時已有至於虞祭更立筵與几相配故云有几筵故士虞禮云祝免澡葛絰帶布席于室中東面右几是也然此虞祭而有几謂士大夫禮若天子諸侯則葬前有几故周禮司几筵云喪事素几鄭注云謂凡奠時天子既爾諸侯南面之君其事亦然○卒哭而諱者諱謂神名也古者生不相諱卒哭之前猶生事之故不諱至卒哭乃有神諱也○生事畢而鬼事始已者并解所以虞立尸卒哭而爲神諱義也○既虞卒哭則生事畢鬼神之義方爲始也○注謂不至辭也○正義曰合釋有尸有几筵及諱也下室謂内寢生時飲食有事處也未葬猶生事當以脯醢奠殯又於下室饋設黍稷謝兹云下室之饋器物几杖如平生鄭君荅張逸云未葬以脯醢奠於殯又於下室設黍稷曰饋下室内寢也至朔月月半而殷奠殷奠有黍稷而下室不設也既虞祭遂用祭禮下室遂無事也然不復饋食於下室文承卒哭之下卒哭之時乃不復饋食於下室皇氏以爲虞則不復饋食於下室於理有疑○注政謂至同名○正義曰高祖之父謂孝子高祖之父也於死者高祖也卒哭猶未遷故云當遷也至小祥乃遷毁也易説帝乙曰易之帝乙爲成湯者鄭引易證六世不諱故卒哭而舍高祖之父也易説者鄭引云易緯也凡鄭云説者皆緯候也時禁緯候故轉緯爲説也故鄭志張逸問禮注曰書説書説何書也荅曰尚書緯也當爲注時時在文網中嫌引秘書故諸所牽圖讖皆謂之説云案易云帝乙歸妹易乾鑿度説易之帝乙謂是殷湯也書之帝乙六世王者亦易緯言也書酒誥有帝乙而乾鑿度説云乙是殷六世王也先儒注皆以酒誥帝乙紂父紂父去湯多世不啻於六世也然史記殷本紀云王名乙者甚衆上皆有配字惟紂父稱帝乙耳而湯名乙其六世孫名祖乙即是六世王也既並爲帝故皆得曰帝乙也祖乙是湯六世孫與湯同名是六世得同名云天之錫命疏可同名者此注湯緯語也言帝生之名由天所錫則世疏可同故舉六世以爲證也謂天所錫者殷以生日甲乙爲名則生日是天之命曰爲名也白虎通云殷質以生日名子也故殷大甲帝乙武丁○自寢門至于庫門前既執木鐸以命宮中又出宮從寢門至于庫門寢門路門庫門是魯之外門也百官及宗廟所在之次至庫門咸使知之也魯三門故至庫門耳若天子五門則至皋門也故鄭引明堂位云庫門天子皋門也若凡諸侯則皋應路也

○二名不偏諱夫子之母名徵在言在不稱徵言徵不稱在稱舉也雜記曰妻之諱不舉諸其側

疏二名至稱在○正義曰此一節論不偏諱之事○注稱舉至其側○正義曰引雜記者證稱是舉之義

○軍有憂則素服哭於庫門之外憂謂爲敵所敗也素服者縞冠也○敗必邁反赴車不載櫜韔兵不戢示當報也以告喪之辭言之謂還告於國櫜甲衣韔弓衣○櫜音羔韔衣亦作韔勑亮反戢側立反

疏軍有至櫜韔○正義曰此一節論軍敗當報之事○赴軍不載櫜韔者軍既有憂從軍赴國之車但露載其甲及弓示有報敵之意故甲則不以櫜戢之弓則不以韔戢之故注云兵不戢示當報也○注以告至弓衣○正義曰案春秋左氏傳禍福稱告崩薨稱赴今軍敗應稱告而稱赴故云以告喪之辭言之案詩云載櫜弓矢春秋傳云右屬櫜鞬皆以櫜爲韜弓此注爲甲衣者以下韔文韔既是弓衣故以櫜爲甲衣

○有焚其先人之室則三日哭謂人燒其宗廟哭者哀精神之有虧傷故曰新宮火亦三日哭火人火也新宮火在魯成三年

疏有焚至日哭○正義曰此一節論哀先人宗廟傷之事○注火人至三年○正義曰案宣十六年左傳云人火曰火天火曰災新宮者魯宣公廟故成三年公羊傳云新宮者何宣公之宮也○

孔子過泰山側有婦人哭於墓者而哀夫子

式而聽之怪其哀甚使子路問之曰子之哭也壹似重有憂者而曰然昔者吾舅死於虎吾夫又死焉今吾子又死焉而猶乃也夫之父曰舅○重直用反夫子曰何爲不去也曰無苛政夫子曰小子識之苛政猛於虎也苛音何本亦作荷識申吉反又如字【疏】孔子至虎也○正義曰此一節論苛政嚴於猛虎之事○子之哭也壹似重有憂者○言子之哭也壹似重疊有憂喪者也壹者決定之辭也○而曰然者而乃也婦人哭畢乃荅之曰然然猶如是是重疊有憂也

○魯人有周豐也者哀公執摯請見之下賢也摯禽摯也諸侯而用禽摯降尊就卑之義○摯音志下戶嫁反而曰不可辭君以尊見卑士禮先生異爵者請見之則辭公曰我其已夫已止也重強變賢○夫音符強其丈反使人問焉曰有虞氏未施信於民而民信之夏后氏未施敬於民而民敬之何施而得斯於民也時公與三桓始有惡懼將不安對曰墟墓之間未施哀於民而民哀社稷宗廟之中未施敬於民而民敬言民見悲哀之處則悲哀見莊敬之處則莊敬非必有使之者墟毀滅無後之地○虛本亦作墟同魚起反注同處昌慮反下同殷人作誓而民始畔周人作會而民始疑會謂盟也盟誓所以結眾以信其後外詐眾而信不由中則民畔疑之孔子曰其身正不令而行其身不正雖令不從苟無禮義忠信誠慤之心以涖之雖固結之民其不解乎涖臨○涖音利又音類解佳買反舊胡買反【疏】魯人至解乎○正義曰此一節論君之臨臣民當以禮義忠信爲本之事各依文解之○何施而得斯於民也者○有虞氏未施信於民而民信之夏后氏未施敬於民而民敬之言虞之與夏施何政教以化民斯此

也而得如此敬信於民也○對曰至民敬○周豐之意以虞之與夏由行敬信於民民見其敬信民自學之不須設言號令故云古昔巳墟及墳墓之間是所悲哀之處也人在其所未須施設教化令民使哀而民自哀也社稷宗廟之中嚴疑之處人在其中未須施設教化而民自敬言民之從君在君身所行不在言也若身之不行言亦無益故殷人作誓由身不自行徒有言誓而民始畔也周人作會爲身無誠信而民始疑苟誠也人君之身誠無禮義忠信誠實質慤之心以臨化之雖以言辭誓令堅固結之民其不解散離貳乎言當解散離貳也周豐此言欲令哀公身行敬信不當唯以言辭率下而已○注墟毀滅無後之地○正義曰凡舊居皆曰墟故左傳有莘氏之墟有昆吾之墟故知毀滅無後者以可悲哀故爲無後也○注會謂至疑之○正義曰案昭三年左傳云有事而會不協而盟則盟會別也知此會謂盟者以云而民始疑司盟云邦國有疑則盟詛之故以會爲盟也案尚書夏啓作甘誓此言殷人作誓左傳云夏啓有塗山之會又禹會塗山此云周人作會者此據身無誠信徒作誓盟民因誓因盟而始疑畔非謂殷人始作誓周人始作會若夏啓作甘誓禹會塗山皆身有誠信於事善也穀梁傳云告誓不及五帝盟詛不及三王者五帝三王身行德義不專用誥誓盟詛故云不及與此不同云信不由中則民畔疑之者隱三年左傳云信不由中質無益也紂爲苛政而作誓命民乃畔之亦是畔疑之事也

○喪不慮居謂賣舍宅以奉喪毀不危身謂憔悴將滅性○憔在遙反悴注醉反喪不慮居爲無廟也毀不危身爲無後也

○延陵季子適齊於其反也其長子死葬於嬴博之間季子名札魯昭二十七年吳公子札聘於上國是也季子讓國居延陵因號焉春秋傳謂延陵延州來嬴博齊地今泰山縣是也○爲于僞反下同長丁丈反下官長并注同嬴音盈札側八反孔子曰延陵季子吳之習於禮者也往而觀其葬焉往弔之其坎深不至於泉以生恕死○深式鴆反其斂以時服以時行之服不改制節既葬而封廣輪揜坎其高可隱也示節也輪從也隱據也封可手據謂高四尺○廣古曠反揜本又作掩於斂反隱於

及反注同從子容反 疏 延陵至隱也。正義曰此一節論仲尼云季子。得禮之事。各依文解之。注季子至是也。
正義曰知季子名札者案襄二十九年吳公子札來聘是名
札也又案襄二十九年季札來聘于魯遂往齊衞及晉知
非此時子死而云昭二十七年聘上國者此云孔子往
而觀其葬焉若襄二十九年孔子纔年九歲焉得觀其葬而
善之故爲昭二十七年也云讓國居延陵者春秋襄二十九
年吳公子札來聘公羊云吳無君無大夫此何以有君有大
夫賢季子也何賢乎季子讓國也謁也餘祭也夷眛也與季
子同母者四季子弱而才兄弟皆愛之同欲立之以爲君兄
弟迭爲君而致國乎季子皆曰諾故諸爲君者皆輕死爲勇
飲食必祝曰天苟有吳國尚速有悔於予身及闔廬使專諸
刺僚而致國乎季子季子不受去之延陵終身不入吳國此
即季子本封延陵後讓國又居之鄭舉後事言耳延陵一名
延州來故左傳云延州來季子聘於上國所以鄭又引以會
之云春秋傳謂延陵延州來即此經延陵即左傳延州來明
是一也。注以生怨死。正義曰言坎以深不至泉以生時
不欲近泉故死亦不至於泉以生時之意以怨於死者。注
亦節至尺所。正義曰以上斂以行時之服不更制造是其
節也今封墳廣輪揜坎其高可隱又是有其節制故云亦節

也云謂高四尺所者言墳之高可四尺之所以人長八尺低
而據之半爲四尺且約上墳崇四尺故云四尺所所是不定
之辭 既封左袒右還其封且號者三曰骨肉歸
復于土命也若魂氣則無不之也無不之也
還圍也號哭且言也命猶性也。號戶高反注同 而遂行 行去也 孔子曰延陵
季子之於禮也其合矣乎 疏 既封至矣乎。正義曰既封墳已竟
季子乃左袒其衣案鄭注覲禮云凡以禮事者左袒若請罪
待刑則右袒故覲禮云乃右肉袒于廟門之東在喪亦是禮
事故喪禮直云袒不云左右今季子長子之喪而左袒者季
子達死生之命云骨肉歸復于土不須哀戚以自寬慰故從
吉禮也左袒訖乃右而圍遶其封兼且號哭而遶墳三帀也
號哭且言曰骨肉歸復于土此是命也命性也言自然之性
當歸復于土言歸復者言人之骨肉由食土物而生今還入
土故云歸復若神魂之氣則遊於地上故云則無不之適也
言無所不之適上或適於天旁適四方不可更及再言之者慇傷離決之意○ 邾婁考公之

喪 考公隱公益之曾孫考或爲定。婁力俱反下同 徐君使容居來弔含
弔且含。含胡闇反注及下同 曰寡君使容居坐含進侯玉其
使容居以含 欲親含非也含不使賤者君行則親含大夫歸含耳言侯玉者時徐僭稱王自比天
子。僭子念反 有司曰諸侯之來辱敝邑者易則易于
則于易于雜者未之有也 易謂臣禮于謂君禮雜者容居以臣欲行君禮
徐自比天子使大夫敵諸侯有司拒之。易則易並以豉反下及注同拒本又作距 容居對曰容
居聞之事君不敢忘其君亦不敢遺其祖昔
我先君駒王西討濟於河無所不用斯言也
容居魯人也不敢忘其祖 言我祖與今君於諸侯初如是不聞義則服駒
王徐先君僭號容居其子孫也濟渡也言西討渡於河廣大其國魯魯鈍也言魯鈍者欲自明不妄。頓徒困反本亦作

鈍 疏 邾婁至其祖。正義曰此一節論徐之僭禮之事。
邾婁考公之喪徐君使大夫容居來弔且含容居致
其君命云寡君使容居親坐行含進侯玉於邾君此是使致
之辭也。其使容居以含者此是記人錄語云其使容居奉
玉以行含禮邾人有司乃拒之曰諸侯之來屈辱臨於敝邑
者若是臣來其禮簡易者則行臣之簡易之禮于謂廣大君
君來其禮廣大者則行君之廣大之禮易于雜者謂應簡易
而爲廣大實是臣而行君禮是君臣雜亂者未之有也謂由
來未有此禮容居乃對邾之有司云容居聞之謂聞於舊日
之言云臣之事君奉命出使不敢忘其君之言子孫事祖當
光揚先祖亦不敢遺棄其先祖言即不遺先祖之事也。昔
我先君駒王西討濟於河言國土廣大。無所不用斯言也
者所謂處所斯此也謂我從先君駒王以來於諸侯無一處
不用此稱王之言也言我對諸侯恒稱王也容居恐邾人謂
其虛誕故云魯鈍之人不解虛詐惟知不敢忘其先祖容居
云此者先祖實有此事不虛也上云不敢忘其君不敢遺其
江下直云不敢遺其祖者祖是久遠猶尚不遺忘君見存是
不忘可悉故不言也其言先祖即是不忘君。注君行至天
子。正義曰知君行則親含者上云曹桓公卒于會諸侯請
含是也言大夫歸含者上雜記諸侯之喪君使人弔含賵襚

是也云言侯玉者徐自比於天子以邾君爲已之諸侯言進侯氏以玉故云進侯玉案春秋昭三十年吳滅徐此云徐僭稱王者滅而復興至春秋之後僭號強大稱王猶楚滅陳蔡後更興○注易謂至拒之○正義曰易是簡易故爲臣禮易既爲臣禮以對於于故知于爲君禮也君禮謂之于者于音近迂迂是廣大之義故論語云子之迂也與此同也徐自比天子使大夫敵諸侯者若諸侯使大夫親含諸侯則不可若天子使大夫敵諸侯則得親含徐欲自比天子故有司拒之○注言我至不妄○正義曰言我之先祖駒王與今日徐君稱謂于諸侯自初以來如是稱王非始今日云容居其子孫也者以經云不敢遺其祖即云我先君駒王故知容居是駒王子孫云自明不妄者我若是曉利之人或妄稱先祖之善自言魯鈍似若無識知言語朴實故言欲自明不妄凡實行含禮未斂之前以玉實口士則主人親含大夫以上即使人含若既斂已後至殯葬其有含者親自致璧於柩及殯上者謂之親含若但致命以璧授主人主人受之謂之不親含

子思之母死於衛嫁母也姓庶氏赴於子思子思哭於廟門人至曰庶氏之母死何爲哭於孔氏之廟乎門人弟子也嫁母與廟絕族子思曰吾過矣吾過矣遂哭於他室

○天子崩三日祝先服祝佐含斂先病○祝之六反五日官長服官長大夫士七日國中男女服庶人三日天下服諸侯之大夫虞人致百祀之木可以爲棺椁者斬之虞人掌山澤之官百祀畿內百縣之祀也以爲棺。椁作棺椁也斬伐也○畿音祈不至者廢其祀刎其人○刎勿粉反徐亡粉反〔疏〕○天子至其人○正義曰此一節論天子崩尊卑服杖及葬備椁材之事天子崩三日祝先服者祝大祝商祝也服服杖也是喪服之數故呼杖爲服祝佐含斂先病故先杖也然云祝服故子亦三日而杖也○五日官長服者大夫士也亦服杖也病在祝後故五日也○七日國中男女服者謂畿內民及庶人在官者服謂齊衰三月而除之必待七日者天子七日而殯殯後嗣王成服故民得成服也○三月天下服者謂諸侯之大夫爲王緦衰既葬而除之也近者亦不待三月今據遠者爲言耳然四條皆云服何以知其或杖服或衰服案喪大記云君之喪三日大子夫人杖五日既殯授大夫世婦杖又喪服四制云三日授子杖五日授大夫杖七日授士杖案如大記及四制則知今云三日五日是服杖明矣其七日及三月者唯服而已無杖四制云七日授士杖此云五日士杖者士若有地德深者則五日若無地德薄則七日崔氏云此據朝廷之士四制是邑宰之士也○虞人致百祀之木可以爲棺椁者斬之謂王殯後事也虞人者主山澤之官也百祀者王畿內諸臣采地之祀也言百者舉其全數也既殯旬而布材故虞人斬百祀之木可以爲周棺之椁者送之也必取祀木者賀瑒云君者德著幽顯若存則人神均其慶没則靈祇等其哀傷也

○齊大饑黔敖爲食於路以待餓者而食之有餓者蒙袂輯屨貿貿然來蒙袂不欲見人也輯斂也斂屨力憊不能屨也貿貿目不明之貌○饑居宜反字林九依反本又作飢同黔黔其廉反徐渠嚴反而食音嗣下奉食同袂彌世反輯側立反貿徐亡救反又音茂一音牟斂力檢反下同敖左奉食右執飲曰嗟來食揚其目而視之

曰予唯不食嗟來之食以至於斯也嗟來食雖閔而呼之非敬辭○奉芳勇反從而謝焉終不食而死從猶就也曾子聞之曰微與其嗟也可去其謝也可食微猶無也無與止其狂狷之辭○與音餘注同狷音絹〔疏〕○齊大至可食○正義曰此一節論饑者狂狷之事○黔敖既見餓者而來乃左奉其飯右執其飲見其餓者困咨嗟愍之故曰嗟乎來食餓者聞其嗟已無敬已之心於是發怒揚舉其目而視之曰予唯不食嗟來無禮之食以至於斯斯此也以至於此病困怒而遂去黔敖從逐其後辭謝焉餓者終不食而死曾子聞之曰微與者微無也與語助言餓者無得如是與初時無禮之嗟也可怒之而去其終有禮之謝也可反迴而食曾子嫌其狂狷故爲此辭狂者進取一槩之善仰法夷齊耿介狷者直申已意不從無禮之爲而餓者有此二性故止之

○邾婁定公之時有弒其父者定公貜且也魯文十四年即位○有殺本又作弒同式志反下臣殺子殺同貜俱縛反且子餘反有司以告公瞿然失席

曰是寡人之罪也民之無禮教之罪。瞿本又作懼，紀具反。○曰寡人嘗學斷斯獄矣：臣弒君，凡在官者殺無赦；子弒父，凡在宮者殺無赦。言諸臣子孫無尊卑皆得殺之，其罪無赦。○斷，丁亂反。殺其人，壞其室，洿其宮而豬焉。明其大逆，不欲人復處之。豬，都也。南方謂都爲豬。○殺如字。壞音怪。洿音損。豬音誅。復扶又反。蓋君踰月而后舉爵。自貶損。

【疏】邾婁至舉爵。○正義曰：此一節論誅弒父之事。○曰寡至無赦。○定公既見有司告以人弒其父，乃言曰：寡人嘗試學斷此弒父之獄矣。臣之弒君，凡在官之人無問貴賤，皆得殺此弒君之人，無得縱赦之也。子之弒父，凡在宮者無問尊卑，皆得殺此弒父之人，不得縱赦之。此在宮字，諸本或爲在官，恐與上在官相涉而誤也。○注言諸至無赦。○正義曰：言諸臣解在官者，言子孫解在宮者，言此等之人若見弒君弒父之人，無問尊卑皆得殺之。謂理合得殺，若力所不能，亦不責也。故春秋崔杼弒莊公，而晏子不討崔杼，而不責晏子。若力能討而不討則責之，春秋董狐書趙盾云「子爲正卿，亡不出竟，反不討賊」，書以弒君是也。鄭此云子孫無問尊卑皆得殺之，則似父之弒祖，子得殺父。然子之於父，天性也，父雖不孝於祖，子不可不孝於父。今云子者，因孫而連言之，或容兄弟之子耳。除子以外，皆得殺其弒父之人。異義：衛輒拒父，公羊以爲孝子不以父命辭王父之命，許拒其父；左氏以爲子而拒父，悖德逆倫，大惡也。鄭駮異義云：以父子私恩言之，則傷仁恩。則鄭意以公羊所云公義也，左氏所云是私恩也。故知今子之報殺其父，是傷仁恩也。若妻則得殺其弒父之夫，故異義云：妻甲，夫乙歐母，甲見乙歐母而殺乙。公羊説甲爲姑討夫，猶武王爲天誅紂。鄭駮之云：乙雖不孝，但歐之耳，殺之太甚。凡在宮者，未得殺之，殺之者士官也。如鄭此言，歐母，妻不得殺之；若其殺母，妻得殺之。○注豬都至爲豬。○正義曰：案孔注尚書云：都謂所聚也。此經云洿其宮而豬焉，謂掘洿其宮，使水之聚積焉，故云豬，都也。鄭恐豬不得爲都，故引南方之人謂都爲豬，則彭蠡既豬，豬是水聚之名也。

○晉獻文子成室，晉大夫發焉。文子，趙武也。作室成，晉君獻之，謂賀也。諸大夫亦發禮以往。張老曰：美哉輪焉！美哉奐焉！心譏其奢也。輪，輪囷，言高大。奐，言衆多。○奐音渙，本亦作煥。奐，爛，言衆多也。囷，起倫反。歌於斯，哭於斯，聚國族於斯。祭祀死喪燕會於此足矣。言此者，欲防其後復爲。文子曰：武也得歌於斯，哭於斯，聚國族於斯，是全要領以從先大夫於九京也。北面再拜稽首。全要領者，免於刑誅也。晉卿大夫之墓地在九原。京，蓋字之誤，當爲原。○要，一遥反，注及下注要君同。京音原，下同，下亦作原字。君子謂之善頌善禱。善頌，謂張老之言；善禱，謂文子之言。禱，求也。○禱，丁老反，祈也。

【疏】晉獻至善禱。○正義曰：此一節論文子成室相禱頌之事，各隨文解之。○晉獻子成室者，獻謂慶賀也。文子，晉卿趙武也。成室，謂文子作宮室成也。文子宮室成，晉君往賀也。○晉大夫發焉者，發禮也。晉君既賀，則朝廷大夫並發禮同從君往賀之。張老曰美哉輪焉者，張老亦往慶之一大夫也。心譏文子宮室飾麗，故佯而美之也。輪謂輪囷高大也。春秋外傳曰：趙文子爲室，斲其椽而礱之，張老諫之，是也。○美哉奐焉者，奐謂其室奐爛衆多也。既高又多文飾，故重美之。王云：奐，言其文章之貌也。○歌於斯者，歌謂祭祀時奏樂也。斯，此也。張老前美其飾麗，後又防更造也。言此室可以祭祀歌樂也。然大夫祭無樂，而春秋時或有之也。○哭於斯者，又言此室亦足居喪哭泣位也。○聚國族於斯者，又言此室可以燕聚國賓及會宗族也。終始永足，切勿復更造作。○文子曰武也得歌於斯哭於斯聚國族於斯者，武，文子名也。文子覺譏，故稱名自陳，將自陳數前譏，具領述張老之言也。○是全要領以從先大夫於九京也者，領，頸也。古者罪重要斬，罪輕頸刑也。先大夫謂文子父祖，以其世爲大夫，故稱父祖爲先大夫也。九原，文子家世舊葬地也。文子述張老語竟，故説此自陳也。言若得保此宅，以歌哭終於餘年，不被罪討，是完全要領，壽終而卒，以從先大夫葬於九原也。○北面再拜稽首者，辭畢乃稽首，謝過受諫也。北面者，在堂禮也，故鄉飲酒禮賓主皆北面拜。○君子謂之善頌善禱者，君子者，知禮之人也。見張老與文子皆能中禮，故善之也。頌者，美盛德之形容；禱者，求福以自輔也。張老因美而譏之，故爲善頌；文子聞過即服而拜，故爲善禱也。○注晉卿至爲原。○正義曰：案墓大夫云「令國民族葬」，注云「族葬，各從其親」，是卿大夫墓地得同在一處。知京當爲原者，案韓詩外傳云「晉趙武與叔向觀於九原」，又爾雅云「絕高爲京，廣平曰原」。原非葬之處，原是墳墓之所，故爲原也。

○仲尼之畜狗死，畜狗

馴守○畜許六反又許又反馴守上音巡下如字又手又反使子貢埋之曰吾聞之也敝帷不弃爲埋馬也敝蓋不弃爲埋狗也丘也貧無蓋於其封也亦予之席毋使其首陷焉封當爲窆陷謂没於土○貢本亦作贛音同爲埋于僞反下亡皆反下並同狗古口反封彼斂反出注路馬死埋之以帷路馬君所乘者其他狗馬不能以帷蓋○季孫之母死哀公弔焉曾子與子貢弔焉閽人爲君在弗内也閽人守門者○閽音昏弗内上如字下音昏曾子與子貢入於其廐而脩容焉更莊飾○廐久又反子貢先入閽人曰鄉者已告矣既不敢止以言下之○鄉許亮反下戶蘺反○曾子後入閽人辟之見兩賢相隨彌益恭也○辟音避下同涉内霤卿大夫皆

辟位公降一等而揖之禮之○霤力又反君子言之曰盡飾之道斯其行者遠矣【疏】季孫至遠矣○正義曰此一節論君子加服人乃敬之事○卿大至遠矣○二子既入涉至内霤卿與大夫皆逡巡辟位公於堂上降階一等揖而禮之於時君子以二子盛飾備禮遂美之云凡人盡其容飾則彼崇禮其盡飾道理斯此此其施行可久遠矣所以可久遠者以二子初時不具衣服則閽人拒之二子退而脩容閽人雖是愚鄙猶知敬畏明其不愚之人則敬畏可知是其盡飾之道行之可長遠矣案喪大禮君臨大夫之喪君即位於序端卿大夫即位于堂廉楹西北面東上是辟位者蓋少西逡巡而東面不當北面之位然君在大夫得斯爲二子辟位者卿大夫等見公將降故先辟位或可此公始入升堂之後卿大夫猶庭中北面辟位者謂鄉中庭之位少近東耳又弔有常服而得特爲盡飾者謂更服新衣也○陽門之介夫死陽門宋國門名介夫甲衛士司城子罕入而哭之哀宋以武公諱司空爲司城子罕戴公子樂甫術之後樂喜也○罕呼旱反晉人之覘宋者反

報於晉侯曰陽門之介夫死而子罕哭之哀而民說殆不可伐也覘闚視也○覘勑廉反下同說音悅下注同闚去規反孔子聞之曰善哉覘國乎善其知微詩云凡民有喪扶服救之救猶助也○扶服並如字又上音蒲下音蒲北反本又作匍匐音同雖微晉而已天下其孰能當之微猶非也○當丁郎反【疏】陽門至當之○正義曰此一節論善覘國之事各依文解之○注宋以至喜也○正義曰宋以武公諱司空者桓六年左傳申繻之辭也知有司城者以春秋之時唯宋有司城無司空又冬官考工記匠人營國是司空主營城郭故知廢司空爲司城服虔杜預注傳皆以爲然云子罕戴公子樂甫術之後者案世本戴公生樂甫術術生石甫願繹繹生夷甫傾傾生東鄉克克生西鄉士曹曹生子罕喜是子罕爲術之五世孫也○殆不可伐也者言介夫匹庶之賤人而子罕是國之卿相以貴哭賤感動民心皆喜悅與上共同死生若有人伐民必致死故云殆不可伐也殆近也不能正執故云殆不可伐爲疑辭也○詩云

至當之○引詩邶谷風之篇也時有愛其新昏弃其舊室舊室恨之我初來之時爲女盡力所以盡力者以凡人家死喪鄰里尚扶服盡力往救助之況我於女夫家而何得不盡力今此引詩斷章云凡民有喪則陽門之介夫死是也在上扶服而救助之則子罕哭之哀是也○雖微晉而已者微非也言晉之強盛猶不能當宋雖非晉之強天下更有強於晉者誰能當之言縱有強者不能當宋而已是助語句也○魯莊公之喪既葬而絰不入庫門時子般弑慶父作亂閔公不敢居喪葬已吉服而反正君臣欲以防遏之微弱之至○般音班弑音試遏於葛反士大夫既卒哭麻不入麻猶絰也羣臣畢虞卒哭亦除喪也閔公既吉服不與虞卒哭○與音預【疏】魯莊至不入○正義曰此一節論禮變所由也莊公閔公父也絰葛絰也諸侯弁絰葛而葬也魯之庫門天子之皐門也莊公以三十二年薨大子般立十月已未共仲使圉人犖賊子般於黨氏立閔公慶父作亂閔公時年八歲不敢居喪三年既葬竟除凶服於外吉服反以正君臣故絰不入庫門也所以至庫門而去絰○注時子至而反○正義曰案春秋左氏傳慶父使圉人犖賊子般於黨氏是子般殺慶父作亂之事也云閔公

不敢居喪者閔公是莊公之子夫人哀姜之娣叔姜所生以葬畢即除服故云不敢居喪經云經不入者謂葛經故前文云天子諸侯葛經帶而葬所以云不入庫門者以魯有三門庫雉路庫門最在外以從外來故經不入庫門經既不入寢亦不入可知也○注麻猶至卒哭○正義曰經云大夫既卒哭麻不入上云經不入故云麻猶經也其實上是君身經用葛士大夫是臣故經用麻也云羣臣卒哭亦除喪也者以閔亦閔公也閔公葬而除喪今羣臣卒哭乃除喪者以閔公既葬須即位正君臣故既葬而除羣臣須行虞卒哭之際故卒哭乃除之云閔公既吉服不與虞卒哭者按論語云羔裘玄冠不以弔虞卒哭並是凶事閔公既服吉服故不與也此云麻不入者承上庫門亦謂不入庫門也謂卒哭已麻後不復入按喪服注卿大夫既虞士卒哭而受服則既虞服葛此卒哭之麻不入者皇氏云時禍亂迫蹙君既服吉服故士大夫既虞不復受服至卒哭揔除○

孔子之故人曰原壤其母死夫子助之沐椁沐治也○壞如丈反原壤登木曰久矣予之不託於音也木椁材也託寄也謂叩木以作音○材音才歌曰貍首之班然執女手之卷然說人辭也○貍力知反女如字徐音汝卷音權本又作拳夫子爲弗聞也者而過之佯不知○佯音羊從者曰子未可以已乎已猶止也○從才用反以已並音以夫子曰丘聞之親者毋失其爲親也故者毋失其爲故也【疏】孔子至故也○正義曰此一節論孔子無大故不遺故舊之事○原壤登椁材而言曰久矣予之不託於音也託寄也謂我遭喪母以來日月久矣我不得託寄此木以爲音聲於是乎叩木作音口爲歌曰貍首之班然者言斲椁材文采似貍之首○執女手之卷然者孔子手執斤斧如女子之手卷卷然而柔弱以此歡說仲尼故注云說人辭也然在喪而歌非禮之甚夫子爲若不聞也者而過去之從者見其無禮謂夫子曰彼既無禮子未可休已乎言應可休已不須爲治椁也夫子對從者曰朋友無大故不相遺弃丘聞之與我骨肉親者雖有非禮無失其爲親之道尚得與之和睦故舊者雖有非禮無失其爲故之道尚得往來原壤有非禮既是故舊身無殺父害君之故何以絕之按論語云主忠信無友不如已者左傳吳季札譏叔孫穆子好善而不能擇人原壤母死登木而歌夫子聖人與之爲友者論語云無友不如已者謂方始爲交遊須擇賢友左傳云好善而不能擇人者謂不善之人不可委之以政今原壤是夫子故舊爲日已久或平生舊交或親屬恩好苟無大惡不可輒離故論語云故舊無大故則不相遺弃彼注云大故謂惡逆之事殺父害君乃爲大故雖登木之歌未至於此且夫子聖人誨人不倦宰我請喪親一期終助陳桓之亂互鄉童子許其求進之情故志在攜獎不簡善惡原壤爲舊何足怪也而皇氏云原壤是上聖之人或云是方外之士離文弃本不拘禮節妄爲流宕非但敗於名教亦是誤於學者義不可用其云原壤中庸下愚義實得矣

○趙文子與叔譽觀乎九原叔譽叔向也晉羊舌大夫之孫名○譽音預向許亮反肹許乙反文子曰死者如可作也吾誰與歸作起也叔譽曰其陽處父乎陽處父襄公之大傅父音甫注同傅音賦○文子曰行并植於晉國不沒其身其知不足稱也并猶專也謂剛而專已爲狐射姑所殺沒終也植或爲特○行舊下孟反皇如字并必正反注同植直吏反又時力反注同知音智射音亦又音夜其舅犯乎文子曰見利不顧其君其仁不足稱也謂久與文公辟難至將反國無安君之心及河授璧詐請亡要君以利是也○難乃旦反要一遙反我則隨武子乎利其君不忘其身謀其身不遺其友武子士會也食邑於隨范字季晉人謂文子知人見其所善於前則知其來所舉文子其中退然如不勝衣中身也退柔和貌鄉射記曰居二寸以爲侯中退或爲妥○追然音退本亦作退勝音升妥他果反其言吶吶然如不出其口吶吶小貌○舒吶如悅反徐似劣反所舉於晉國管庫之士七十有餘家管庫之士府史以下官長所置也舉之於君以爲大夫士也管鍵也庫物所藏○長丁丈反鍵其展反徐其偃反籥也生不交利廉也死不屬其子焉潔也○屬音燭【疏】趙文至子焉○正義

曰此一節論趙文子知人之事各依文解之。注叔譽至名肸。正義曰知叔譽是叔向者案韓詩外傳云趙文子與叔向觀於九原故知叔譽是叔向也云晉羊舌大夫之孫名肸者案左氏羊舌是邑名晉大夫公族爲羊舌大夫也故閔二年左傳云羊舌大夫爲尉羊舌大夫生羊舌職職生叔向是羊舌大夫之孫也又昭三年左傳叔向與齊晏子語云肸又無子是名肸死者如可作也吾誰與歸者。文子云此處先世大夫死者既衆假令生而可作起吾於衆大夫之内而誰最賢可以與歸。文子至稱也者并猶專也植謂剛也文子曰言處父唯行專權剛強於晉國自招殺害不得以理終没其身是不能防身遠害以其無知故也故云其知不足稱也。注并猶至爲特。正義曰并者謂并他事以爲己有是專權之事故云并猶專也云謂剛而專已者剛經中植也文五年甯嬴從陽處父及温而還其妻問之嬴曰夫子剛又文六年晉蒐于夷使狐射姑將中軍趙盾佐之陽處父至自温改蒐于董易中軍以趙盾爲將狐射姑郤爲佐狐射姑恨之使續鞫居殺陽處父故傳云賈季怨陽子之易其班也賈季即狐射姑也賈是采邑季則其字也。見利至稱也者。文子云舅犯見君反國恐不與已利禄遂不顧其君詐欲奔去唯求財利無心念君無仁愛之心其仁不足稱也。注謂久至利

是。正義曰案左傳僖五年辟驪姬之難至僖二十四年反國是久與文公辟難也又案僖二十四年左傳云及河子犯以璧授公子曰臣負羈紲從君巡於天下臣之罪甚多矣臣猶知之而況君乎請由此亡公子曰所反國不與舅氏同心者有如白水是要君求利之事也。利其至其友者文子稱隨武子之德凡人利君者多性行偏特不顧其身今武子既能利君又能不忘其身利其君者謂進思盡忠不忘其身者保全父母謀其身不遺其友者凡人謀身多獨善於已遺弃故舊今武子既能謀身又能不遺其朋友此二句言武子德行弘廣外内周備故襄二十七年左傳論范武子之德云文子之家事治言於晉國無隱情無隱情則利君也家事治則不忘其身處父舅犯其事顯於春秋故鄭具言之隨武子之事春秋文無指的故鄭亦不言也文七年士會與先蔑俱迎公子雍在秦三年不見先蔑及士會還晉遂不見蔑而歸是遺其友而云不遺者彼謂共先蔑俱迎公子雍懼其同罪禍及於已故不見之非是無故相遺也。文子至其口者作記者美文子知人既美隨士會於前知其所舉還如隨會之比此論文子之貌文子身形退然柔和似不勝其衣言形貌之卑退也其發言舒小似呐呐然如不出諸口謂言語卑下也。注鄉射至侯中。正義曰引之者證中爲身也故儀禮

鄉射記曰鄉侯五十弓弓長六尺謂鄉射去射處五十步一步料二寸以爲侯中則侯中方一丈中謂身也。注擧之至鍵也。正義曰知爲大夫士者以經稱家家是大夫士之總號案月令注管籥搏鍵器鍵謂鑰之入内者俗謂之鎖須管謂夾取鍵今謂之鑰匙則是管鍵爲别物而云管鍵者對則細别散則大同爲鍵而有故云管鍵。生不交利者謂文子生存之日不交涉爲利是謂不與利交涉也。死不屬其子者謂臨死時不私屬其子於君及朝廷也案禮記文子成室被張老所譏樂奏肆夏從趙文子始禮記顯其奢僭者晉爲霸主總領諸侯武爲晉相光顯威德此乃事勢須然無廢德行之善且仲尼之門尚有柴愚參魯管仲相齊亦有三歸反坫亦何怪也

○叔仲皮學子柳叔仲皮魯叔孫氏之族學教也子柳仲皮之子。學戶教反注同**叔仲皮死其妻魯人也衣衰而繆絰**衣當爲齊壞字也繆當爲不樛垂之樛士妻爲舅姑之服也言雖魯鈍其於禮勝學。衣衰依注衣作齊音咨繆依注讀曰樛音居虯反爲舅于僞反下爲舅爲天子不爲兄不爲蠶同魯鈍徒困反亦作頓**叔仲衍以告**告子柳言此非也衍蓋皮之弟衍或爲皮。衍以善反注同**請**

繐衰而環絰繐衰小功之縷而四升半之衰環絰弔服之絰時婦人好輕細而多服者衍既不知禮之本子柳亦以爲然而請於衍使其妻爲舅服之。繐衰上音歲下七雷反縷力主反好呼報反**曰昔者吾喪姑姊妹亦如斯末吾禁也**衍荅子柳也姑姊妹在室齊衰與婦爲舅姑同末無也言無禁我欲其言行。喪如字末莫曷反**退使其妻繐衰而環絰**婦以請侯之大夫爲天子之衰弔服之絰服其舅非

【疏】叔仲至環絰。正義曰此一節論子柳失禮之事。叔仲氏也皮是名言叔仲皮教訓其子子柳雖受父教猶不知禮在後叔仲皮死其妻魯人也其子柳之妻是魯鈍婦人雖曰魯鈍猶知爲舅姑而身著齊衰而首服繆絰也謂絞麻爲絰。叔仲衍以告者衍是皮之弟子柳之叔既見當時婦人好尚輕細見子柳之妻身著齊衰以告子柳汝妻何以著非禮之服子柳見時皆爾亦以爲然以妻非禮遂請於衍欲令其妻身著繐衰首服環絰衍答子柳云昔者吾喪姑姊妹亦如斯斯此也謂如此繐衰環絰。末吾禁也者末無也我著繐衰環絰無人於吾而相禁者既無禁明其得著繐衰衍告子柳如此子柳得衍言乃退使其妻著繐衰而環絰

○注叔仲至之族。○正義曰：知者，案世本桓公生僖叔牙，叔牙生武仲休，休生惠伯彭，彭生皮，爲叔仲氏，故云叔孫氏之族。○注衣當至勝學。○正義曰：喪服婦爲舅姑齊衰，無衣衰之文，故知衣是齊字，但齊字壞滅而有衣在。云繆讀爲不樛垂之樛者，讀從喪服傳不樛垂之樛，樛謂兩股相交也。五服之經皆然，唯弔服環經不樛耳。云士妻爲舅姑之服也者，以子柳以仲叔爲氏，則非庶人也；又春秋叔仲皮等經傳無文，則非卿大夫也，故以爲士妻。其實大夫妻爲舅姑亦齊衰。○注衍蓋皮之弟。○正義曰：知者，以叔仲衍、叔仲皮皆以單字爲名，故疑是兄弟也。又子柳請衍，則衍尊於子柳，是子柳叔也。○總衰至服之。○正義曰：知總衰小功之縷而四升半者，約喪服傳文。云環經弔服之經者，約周禮司服首服弁經，鄭注云弁經者如爵弁而素加環經。又鄭注雜記云環經者，一股所謂纓經也，纓而不樛，是環經不樛也。云聞婦人好輕細而多服此者，若時人不服此服，則衍與子柳應知總衰爲非。今子柳既受學於父，不肯粥庶弟之母，非是下愚而不知其非禮，明當時皆著輕細故也。○注婦以至舅非。○正義曰：以諸侯之大夫爲天子之衰，據喪服謂總衰也。云弔服之經者，謂環經。既以此服服舅，故云非也。

○成人有其兄死而不爲衰者，聞子皐將爲成宰，遂爲衰。成人曰：蠶則績而蟹有匡，范則冠而蟬有緌，兄則死而子皐爲之衰。蚩兄死者，言其衰之不爲兄死，如蟹有匡、蟬有緌，不爲蠶之績、范之冠也。范，蜂也。蟬，蜩也。緌謂蜩喙長在腹下。○成，本或作郕，音丞。蠶，七南反。蟹，戶買反。緌，耳佳反。蚩，昌之反。蜂，子逢反。蜩，音條。喙，呼惠反，又丁角反。

【疏】成人至之衰。○正義曰：此一節論成人無禮之事。成，孟氏所食采地也，即前犯禾之邑也。此邑中民有兄死而弟不爲兄制服者也。聞子皐將爲成宰遂爲衰者，此不服兄者聞孔子弟子子皐其性至孝，來爲成之宰，必當治前不孝之人，恐罪及已，故懼之，遂制衰服也。○正義曰：蠶則績而蟹有匡者，成人謂成邑中識禮之人也，譏笑不服兄衰，仍爲設二譬也。蠶則績絲作繭，蟹有匡者，蟹背殼似匡，仍謂蟹背作匡。○范則冠而蟬有緌者，范，蜂也，蜂頭上有物似冠也。蟬，蜩也。緌謂蟬喙長在口下，似冠之緌也。○兄則死而子皐爲之衰者，以是合譬也。蠶則須匡以貯繭，而今無匡，蟹背有匡，匡自著蟹，則非爲蠶設。蜂冠無緌，而蟬口有緌，緌自著蟬，非爲蜂設。亦如成人兄死，初不作衰，後畏於子皐，方爲制服，服是子皐爲之，非爲兄施，亦如蟹匡、蟬緌各不關於蠶、蜂也。

○樂正子春之母死，五日而不食，曰：吾悔之。勉強過禮。子春，曾子弟子。○強，其兩反。自吾母而不得吾情，吾惡乎用吾情。惡乎，猶於何也。○惡音烏，注同。

【疏】樂正至吾情。○正義曰：此一節論孝子遭喪哀過之事。樂正子春即曾子弟子坐於牀下者是也。此其母死五日而不食者，禮三日，其五日過二日。○曰吾悔之者，悔其不以實情勉強而至五日。○自吾母而不得吾情吾惡乎用吾情者，自吾母死而不得吾之實情，而矯詐勉強爲之，更於何處用吾之實情乎。

○歲旱，穆公召縣子而問然。然之言焉也。凡穆或作繆。○旱音汗。縣音懸。繆音穆。曰：天久不雨，吾欲暴尪而奚若？奚若，何如也。尪者面鄉天，覬天哀而雨之。○雨，于付反，注及下同。暴，步卜反，下同。尪，烏光反。鄉，許亮反。覬音冀，本又作幾，音同。曰：天久不雨，而暴人之疾子，虐，毋乃不可與？錮疾人之所哀，暴之是虐。○暴人之疾子，一讀以子字向下。與音餘。錮音固。然則吾欲暴巫而奚若？曰：天則不雨，而望之愚婦人，於以求之，毋乃已疏乎？已猶甚也。巫主接神，亦覬天哀而雨之。春秋傳說巫曰：在女曰巫，在男曰覡。周禮女巫旱暵則舞雩。○覡，胡狄反。暵，呼旦反。雩音于。徙市則奚若？曰：天子崩，巷市七日；諸侯薨，巷市三日。爲之徙市，不亦可乎？徙市者，庶人之喪禮。今徙市，是憂戚於旱若喪。○徙市，上音死，下音是。爲，于僞反。不亦可乎，可或作善。

【疏】歲旱至可乎。○正義曰：此一節論歲旱變之事。○望之愚婦人於以求之毋乃已疏乎。縣子云：天道遠，人道近，天則不雨而望於愚鄙之婦人，欲以暴之以求其雨，已甚也，無乃甚疏遠於求雨道理乎？言甚疏遠於道理矣。○注春秋至曰覡。○正義曰：所引春秋傳者，外傳楚語昭王問觀射父絕地通天之事，觀射父對云：民之精爽不攜貳者，明神降之，在男曰覡，在女曰巫。然案楚語精爽不攜貳者始得爲巫，此經而云愚婦人者，據末世之巫，非復是精爽不攜貳之巫也。○注徙市者庶人之喪禮。正義曰：今徙市是憂戚於旱，若居天子諸侯之喪，必巷市者

以庶人憂戚無復求覔財利要有急須之。孔子曰衛人
物不得不求故於邑里之内而爲巷市
之祔也離之祔謂合葬也離之有以閒其椁中。祔音附下同合音閤下同閒閒廁之閒魯
人之祔也合之善夫善夫善魯人也祔葬當合也。善夫音扶〔疏〕孔子至善
夫。正義曰此一節論魯衛得失各依文解之。魯衛兄弟
應同周法故並之也祔謂合葬也離之謂以一物隔二棺之
閒於椁中也所以然者明合葬猶生時男女須隔居處也。
魯人之祔也合之善夫者。魯人則合並兩棺置椁中無別
物隔之言異生不須復隔。穀則
異室死則同穴故善魯之祔也

附釋音禮記注疏卷第十

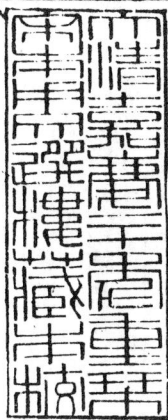

江西南昌府學栞

禮記注疏卷十校勘記　阮元撰盧宣旬摘錄

檀弓下

公叔文子卒節

其子戍石經同嘉靖本同閩監毛本戍作戌岳本同衛氏集說同浦鏜挍云戍誤戌

公叔至文子惠棟挍宋本無此五字

此一節論謂君誄臣之謚法閩監毛本同惠棟挍宋本謂作請是也衛氏集說同

若呼其名閩監毛本同惠棟挍宋本若作君衛氏集說同

故謂至文子者閩監毛本同惠棟挍宋本無者字

道德博聞曰文閩監本同衛氏集說同毛本聞誤文

石駘仲卒節

有庶子六人閩監本同石經同岳本同嘉靖本同衛氏集說同考文引宋板同毛本子誤人

石駘至知也惠棟挍宋本無此五字

此一節論龜兆知賢知之事閩監毛本同衛氏集說脫下知字

禮有詢立君惠棟挍宋本作詢此本詢誤諵閩監毛本同

陳子車死於衛節

度諫之不能正閩監毛本同惠棟挍宋本正作止宋監本岳本嘉靖本同衛氏集說同考文引古本足利本同案正義云子亢不能止之又云自度不能止據此則作止者爲是

陳子至果用惠棟挍宋本無此五字

子路曰傷哉貧也節

啜菽飲水盡其歡閩監毛本同石經同岳本同嘉靖本同衛氏集說同正義亦作菽釋文出啜叔云叔

或作菽

斂手足形　閩監毛本同石經同岳本同嘉靖本同衛氏集說同釋文出斂手案正義云斂其頭首及足形體不露是正義本經文當作首今作手與疏標經句合與疏說經義不合盧文弨云首足見上篇此疏內亦以頭首爲言知手字誤桼板作首是也

子路至謂禮　惠棟挍宋本無此五字

斂手足形者　閩監毛本同盧文弨挍手改首

衛獻公出奔節

獻公以魯襄十四年出奔齊　閩監毛本同岳本同嘉靖本同衛氏集說襄下有公字考文引古本足利本同案正義云知獻公以魯襄公十四年出奔齊者又云是獻公以魯襄公十四年出奔據是正義本當有公字

衛獻至果班　惠棟挍宋本無此五字

日旰不召　惠棟挍宋本作旰監本同此本旰誤肝閩毛本同

衛有大史曰柳莊節

所以此襚之者　閩監毛本同岳本同嘉靖本同衛氏集說以下又有以字考文引古本足利本作所以可以此襚之者

衛有至變也　惠棟挍宋本無此五字

其家自告　閩監毛本同衛氏集說自作以

爲禮未畢公再拜稽首　監毛本如此此本畢下衍一〇閩本同

是大斂得用襚也　閩監毛本同惠棟挍宋本襚上有君字

陳乾昔寢疾節

陳乾至果殺　惠棟挍宋本無此五字

且言陳乾昔者謂亦久纏疾病　閩本同監毛本纏作纓餘同惠棟挍宋本且作上謂亦作亦謂

又晉趙孟孝伯並將死其語偷　閩監毛本同齊召南云按此引晉趙文子及魯孟孝伯兩事也孝伯上脫魯孟二字

仲遂卒于垂節

有事於太廟　閩監毛本同惠棟挍宋本太作大宋監本岳本同嘉靖本同廟作庿衛氏集說作有事于大廟

仲遂至不繹　惠棟挍宋本無此五字

故於後始稱傳曰　閩監毛本作始此本始誤如

季康子之母死節

斂下棺於槨　閩本同衛氏集說亦作槨監毛本槨作椁岳本同嘉靖本同下同〇按依說文當作椁從木𩫖亦聲

多技巧者　閩監毛本作技岳本同嘉靖本同衛氏集說同此本技誤枝下嘗其技巧同釋文出多技云下同

般爾以人之母嘗巧　閩監毛本同石經同岳本同嘉靖本同衛氏集說同釋文出爾㠯云古以字

言寧有強使女者與　惠棟挍宋本作寧宋監本岳本嘉靖本同此本寧誤強閩監毛本作誰亦非考文云古本足利本作寧

其毋以嘗巧者乎　惠棟挍宋本宋監本閩本石經岳本同衛氏集說同監毛本毋誤母嘉靖本同釋文出其毋云音無汴亦云毋無也則經不作母明甚盧文弨挍云依注當作毋下放此又禮記音義考證云近人所讀則嘗

不得以其母以嘗巧者乎爲一句改母爲毋與鄭注不合失之矣○按當作毋故陸德明音無今釋文作毋亦非

季康至果從　惠棟挍宋本無此五字

時人服般之巧將從之　閩監毛本同此本將上衍一○

執斧以涖匠師是也　閩監毛本作涖此本涖字闕

不正相當比擬之辭也　閩監毛本作比擬衞氏集說同此本比擬二字闕

以禮廟庭有碑　惠棟挍宋本作以禮續通解同此本以禮二字闕閩監毛本作儀禮按儀字非也

牲入麗于碑　各本如是此本牲作性誤也

云穿中於間爲鹿盧所　閩監毛本作者此本作所屬下讀

鹿盧兩頭各入碑木　閩監毛本作各衞氏集說同此本各誤名

聽鼓聲以漸卻行而下之　閩監毛本作漸衞氏集說同此本漸誤斬

故云四植謂之桓也　監毛本作植衞氏集說同此本植誤桓閩本同

大夫亦二碑　閩監毛本作二此本二誤三

所以用之以得爲休已之字者　閩監毛本同惠棟挍宋本所以下又有以字

乃得通用謂用　閩監毛本同惠棟挍宋本無謂用二字

依說文止母是禁辭　閩監毛本同惠棟挍宋本止作上

毋止其辭讓也　惠棟挍宋本閩監毛本讓作議

故傷之而爲此聲也　惠棟挍宋本此下標禮記正義卷第十三終

戰于郎節　惠棟挍宋本自此節起至孔子曰節止爲第十四卷卷首題禮記正義卷第十四

戰于至可乎　惠棟挍宋本無此五字

此節論童子死難之事　閩監毛本同考文引宋板節上有一字衞氏集說同

郎者魯之近邑也　閩監毛本同惠棟挍宋本無之字

案桓十年齊魯衞侯鄭伯來戰于郎　閩監毛本同惠棟挍宋本魯作侯是也

以其俱有童汪踦之事　閩監毛本同惠棟挍宋本踦作錡○按此引左氏傳作錡不作踦也

子路去魯節

去國則哭于墓而后行　閩監毛本作國石經同岳本同嘉靖本同衞氏集說同此本國誤同

子路至則下　惠棟挍宋本無此五字

注無君事主於孝　閩監毛本作君事此本君事二字倒

曰墓謂他家墳壟　閩監毛本同考文引宋板曰字闕盧文弨挍云宋板無曰字有空疑當作圈浦鏜挍云曰當者誤

工尹商陽節

與陳弃疾　閩監本同石經同岳本嘉靖本同衞氏集說同毛本弃作棄下經注及疏同

工尹楚官名　閩監毛本同岳本同嘉靖本同衞氏集說同惠棟挍宋本楚作是盧文弨挍云宋本作是不可從○按盧文弨是也疏云楚皆以尹爲官名故知工尹楚官名也

司馬督　閩監毛本同岳本同嘉靖本同衞氏集說同釋文出馬裻云本亦作督正義本作督○按依說文當作裻亦作𧛔督假借字

子手弓而可手弓　閩監毛本同岳本同嘉靖本同衞氏集說同石經此處闕考文云古本可下有也字案正義作一句讀則可下不得有也字其讀至可字絕句者家語分句之異也正義所謂附之以廣見聞是也

商陽仁不忍傷人 閩本同惠棟挍宋本宋監本岳本嘉靖本同衞氏集說同足利本同監毛本商誤謂傷作殺

以王事勸之 閩毛本同岳本同嘉靖本同衞氏集說同監本王誤至考文引足利本王作君

又及 閩監毛本同石經同岳本同嘉靖本同衞氏集說同釋文出又及云本或作又及一人又一人後人妄加耳考文引足利本作又及一人案正義云此謂吳師既走而後逐之故云又及一人則是不逐奔之義据是疑正義本及下有一人二字

工尹至禮焉 惠棟挍宋本無此五字

苛慝不作今此云陳棄疾 惠棟挍宋本如此此本作今字不闕闕今此云陳四字監本同毛本今此云陳四字闕補盜賊伏隱四字非

云十二年楚子狩于州來者 惠棟挍宋本如此此本州來者三字闕閩監毛本補州來使三字按使字非也

工尹商陽與棄疾追吳師 閩監毛本如此此本與疾二字闕

商陽手弓棄疾曰 閩監毛本作疾此本疾字闕

傳之所云人 閩監毛本同惠棟挍宋本無人字是也衞氏集說同

而後逐之 惠棟挍宋本逐之下有義字是也

諸侯伐秦節

聲之誤也 此本也下脫一○與釋文接嘉靖本不附釋音而也下有桓依注音宣五字蓋誤以釋文羼入也閩監毛本不誤岳本衞氏集說注亦也字止

襄公朝于荆 此本襄上有一○嘉靖本同閩監毛本無

諸侯至悔之○ 閩監毛本作○此本○誤自下注在魯至言之○同惠棟挍宋本無此五字

故荆言之也 閩監毛本同盧文弨挍云當依注改荆爲州

滕成公之喪節

滕成至遂入 惠棟挍宋本無此五字

謂敬叔殺懿伯 閩監毛本作殺衞氏集說同此本殺字闕

哀公使人弔蕢尙節

行弔禮於野非 閩監毛本作非岳本同嘉靖本同此本非誤升衞氏集說非下有也字考文引古本同

魯襄二十二年齊侯襲莒 閩本同嘉靖本同監毛本二作三岳本同衞氏集說同案依春秋當作三

哀公至辱命 惠棟挍宋本無此五字

謂諸侯大夫士也 閩監毛本同惠棟挍宋本無謂字

故襄二十二年楚殺令尹子南 閩監本如此此本上二誤一毛本下二誤一

孺子䵢之喪節

孺子䵢之喪 各本同毛本孺字闕

殯以椁覆棺而塗之 惠棟挍宋本作而宋監本岳本嘉靖本同衞氏集說同此本而字闕閩監毛本而作上非

所謂菆塗龍輴以椁 閩監毛本同岳本同嘉靖本同衞氏集說同釋文出欑塗○按喪大記云君殯欑至於上注云欑猶菆也

爲榆沈 閩監毛本作榆石經同岳本同嘉靖本同衞氏集說同此本榆誤揄注同

孺子至學焉 惠棟挍宋本無此五字

以其正禮而言　閩監毛本同衛氏集說以其作故以

注輴不畫龍　閩本同監毛本輴作輴是也

大夫以柩朝廟之時用輴綍　閩監毛本同惠棟挍宋本綍作紼衛氏集說同

悼公之母節

悼公至妻我　惠棟挍宋本無此五字

季子皐葬其妻節

孟氏之邑成宰　閩監毛本同岳本同嘉靖本同衛氏集說邑成作成邑

朋友不以是弃予　石經同岳本同嘉靖本同閩監毛本弃作棄衛氏集說同疏倣此

恃寵虐民　閩監毛本作恃岳本同嘉靖本同衛氏集說同此本恃誤侍

季子皐葬其妻至繼也　惠棟挍宋本無此九字

以孟氏自爲奢暴之故也　閩監本同考文引宋本同毛本自誤白衛氏集說無之字

仕而未有祿者節

君有饋焉曰獻　閩監毛本同石經同岳本同嘉靖本同衛氏集說同釋文出有餽云本又作饋正義本作饋

仕而至服也　惠棟挍宋本無此五字

則自稱已君爲寡君也　閩監本同毛本爲誤謂考文引宋板亦作爲

虞而立尸節

故爲高祖之父當遷者也　閩監毛本同嘉靖本同惠棟挍宋本爲作謂宋監本岳本同衛氏集說同考文引古本足利本同

易說帝乙曰　閩監毛本同岳本同嘉靖本同考文云古本說下又有說字

虞而立尸有几筵卒哭而諱至自寢門至于庫門　惠棟挍宋本無此十九字

故未有尸　閩監毛本作有此本誤冇

筵雖大斂之時已有　閩監毛本作筵此本誤莚

喪事素几　閩監毛本作素此本素誤案

鄭注云謂殯奠時　閩監毛本同衛氏集說同浦鏜挍殯改几○按浦鏜是也賈景伯云言几非一之義

天子旣祔　閩監毛本作天此本天誤夭

生時飲食有事處也　閩監毛本作事衛氏集說同此本事誤重

然不復饋食於下室文承卒哭之下　閩監毛本如此此本不誤下承誤丞

正義曰高祖之父　閩監毛本作父此本父誤事

嫌引祕書　閩監毛本作祕此本祕誤必

則生日是天之命曰爲名也　閩監毛本同惠棟挍宋本日作曰

二名不偏諱節

言在不稱徵言徵不稱在　閩監毛本同石經同岳本同嘉靖本同衛氏集說同考文引古本作言徵不稱在言在不稱徵

軍有憂節

赴車不載櫜韔　閩監毛本同石經同岳本同嘉靖本同衛氏集說同釋文出櫜韔云本亦作韔正義本作韔

軍有至櫜韔　惠棟挍宋本無此五字

但露載其甲及弓　閩監毛本同考文引宋板但作袒衛氏集說亦作但露段玉裁訂說文袒字說云人部曰但裼也故衣部云裼但也嬴但也袒但也今本衣部作袒也袒訓衣縫解爲今綻裂字而失其義矣案依段義則但即袒露之本字宋本袒從俗作也

以下韔文　閩監毛本同惠棟挍宋本韔上有有字

有焚其先人之室節

謂人燒其宗廟　閩監毛本同岳本同嘉靖本同惠棟挍宋本人作火是也宋監本衛氏集說同

有焚至日哭　惠棟挍宋本無此五字

論哀先人宗廟毁傷之事　惠棟挍宋本作毁衛氏集說同此本毁字脫閩本毁字闕監毛本毁作廟非

孔子過泰山側節

使子路問之　閩監毛本同嘉靖本同衛氏集說同惠棟挍宋本路作貢石經宋監本岳本同石經考文提要云案九經三傳沿革例云賓使子貢而興國本及建諸本皆作子路疏亦不明言何人及考石本舊監本蜀大字本越上注疏本皆作子貢以文選李善注及藝文類聚白孔六帖太平御覽孔子家語所引證之則作子貢是也

孔子至虎也　惠棟挍宋本無此五字

魯人有周豐也者節　惠棟云魯人節喪不慮居節宋本合爲一節

哀公執摯請見之　閩監毛本同岳本同嘉靖本同衛氏集說同石經闕釋文出執贄

墟墓之間　閩監毛本同嘉靖本同岳本同衛氏集說同惠棟挍宋本墟作虛注同釋文出虛墓云本亦作墟注同正義本作墟○按虛墟古今字

苟無禮義忠信誠慤之心以涖之　閩監毛本同石經同岳本同嘉靖本同衛氏集說同釋文出以莅

魯人至解乎　惠棟挍宋本無此五字

徒作誓盟　監本作誓盟惠棟挍宋本作盟誓

穀梁傳云告誓不及五帝　閩監毛本同衛氏集說穀上有又字

喪不慮居節

謂賣舍宅以奉喪　閩監毛本同嘉靖本同衛氏集說同岳本舍宅作宅舍

延陵季子適齊節　惠棟云宋本延陵至隱也下疏文一則在後其合矣乎經文之下

示節也　閩監毛本同衛氏集說同惠棟挍宋本示作亦宋監本岳本嘉靖本同續通解同考文引古本足利本同案依正義作亦字是也

謂高四尺所　閩監毛本有所字岳本同衛氏集說同此本所字脫嘉靖本同

延陵至隱也　惠棟挍宋本無此五字

論仲尼云季子得禮之事　閩監毛本同衛氏集說云作言得上有葬子二字

及閭廬使專諸刺僚　監毛本作及此本及誤乃閩本同

後讓國又居之　閩監毛本作居此本居誤君

亦節至尺所　惠棟挍宋本同閩監毛本亦誤示下故云亦節也同

命猶性也　惠棟挍宋本作猶宋監本岳本嘉靖本同衛氏集說同此本猶誤須閩監毛本同

既封至矣乎　閩監毛本同惠棟挍宋本作既封至之也無下正義曰三字

案鄭注覲禮云　惠棟挍宋本作覲衛氏集說同此本覲誤覿閩監毛本覲誤覿下故覲禮云同

而遶墳三帀也　閩監本同考文引宋板同衛氏集說帀作匝毛本誤市

邾婁考公之喪節

魯魯鈍也　閩監毛本同岳本同嘉靖本同衛氏集說同釋文出頓也云本亦作鈍正義本作鈍

邾婁至其祖　惠棟挍宋本無此五字

此是使致之辭也　惠棟挍宋本如此衛氏集說無之字此本是使誤居養辭誤音閩監毛本同

諸侯之來屈辱臨於敝邑者　惠棟挍宋本作於敝此本於敝誤益弊閩監毛本同

謂應簡易而爲廣大　惠棟挍宋本如此此本應簡誤惡雜閩本同監毛本作惡簡亦非

君見有是不忘可惡　閩監毛本同惠棟挍宋本有作存是也

案春秋昭三十年　閩監本同毛本三誤二考文引宋板作三

故論語云子之迂也　閩監毛本同段玉裁挍本迂改于依鄭本

親自致璧於柩及殯上者謂之親含　惠棟挍宋本作者衛氏集說同此本者字模糊閩監毛本誤若

天子崩節

祝佐含斂先病　宋監本岳本嘉靖本同惠棟挍宋本亦作病閩監毛本病誤服

以爲棺椁作棺椁也　閩監毛本同岳本同嘉靖本同衛氏集說無以字考文引古本足利本棺下有之字案正義云可以爲周棺之椁者疑正義本注文亦有之字

天子至其八　惠棟挍宋本無此五字

祝佐含斂先病故先杖也　考文引宋板同續通解同閩監毛本病誤服下病在祝後同

三日子大夫人杖　閩監毛本子大作太子衛氏集說同惠棟挍宋本無大字

案如大記及四制　惠棟挍宋本同閩監毛本如作喪○按如者如上喪大記及喪服四制也嚴杰云

此據朝廷之士　閩監本作士此本誤七

若存則人神均其慶　閩監毛本作存衛氏集說同此本存誤有

齊大饑節

齊大至可食　惠棟挍宋本無此五字

邾婁定公之時節

有弒其父者　閩監毛本同石經同岳本同嘉靖本同衛氏集說同釋文出有殺云本又作弒同式志反下臣弒子殺同正義本作弒

子弒父凡在宮者殺無赦　閩監毛本同石經同衛氏集說同岳本宮作官嘉靖本同考文引古本足利本同正義云此在宮字諸本或爲在官恐與上在官相涉而誤也據此則作在官者亦孔氏所見之本而非正義所用之本也

邾婁至舉爵　惠棟挍宋本無此五字

晉獻文子成室節　惠棟挍云晉獻文子節仲尼節宋本合爲一節

禱求也　閩監毛本同岳本同嘉靖本同衛氏集說同考文引古本足利本求下有福字

晉獻至善禱　惠棟挍宋本無此五字

晉獻文子成室者　閩監毛本有文字此本脫

九原文子家世舊葬地也　閩監毛本同惠棟挍宋本原作京

令國民族葬　閩監本同衛氏集說同考文引宋板亦作民毛本民誤名

仲尼之畜狗死節

畜狗馴守　閩監毛本同岳本同嘉靖本同衛氏集說同考文引宋板狗作利盧文弨云觀釋文音狗在後似宋本利字是豈釋文正文無狗字耶

其他狗馬　閩監毛本同岳本同嘉靖本同衞氏集説同考文引古本足利本馬下有死字

季孫之母死節

既不敢止　閩監毛本作止岳本同嘉靖本同衞氏集説同此本止誤主

見兩賢相隨彌益恭也　惠棟挍宋本作彌益恭宋監本岳本嘉靖本同衞氏集説同閩監毛本作彌敬此本作禮益雷雷字涉下靁字誤也

季孫至遠矣　惠棟挍宋本無此五字

斯此此其施行可久遠矣　惠棟挍宋本同閩監毛本下此誤也

然君在大夫得斯爲二子辟位者　閩監毛本同惠棟挍宋本斯作私案私是也衞氏集説同得上衍不字

陽門之介夫死節

覘闚視也　閩監毛本同岳本同嘉靖本同衞氏集説闚作窺釋文本同

陽門至當之　惠棟挍宋本無此五字

而已是助語句也　閩監毛本同考文引宋板語句作句語衞氏集説同

魯莊公之喪節　此節疏閩公是莊公之子是字起至下節疏左傳吳季札傳字止計失一頁

時子般弒　閩監毛本同岳本同嘉靖本同衞氏集説同釋文本弒作殺考文引古本同宋監本作殺

魯莊至不入　惠棟挍宋本無此五字

既葬竟除凶服於外　閩監毛本同惠棟挍宋本既上有故字

哀亦不入可知也　閩監毛本如此衞氏集説同惠棟挍宋本無亦字

孔子之故人曰原壤節

孔子至故也　惠棟挍宋本無此五字

許其求進之情　惠棟挍宋本作來此本來作求閩監毛本同

妄爲流宕　閩監毛本作宕此本宕誤岩

趙文子節

晉羊舌大夫之孫名肸　閩監毛本有肸字岳本同嘉靖本同衞氏集説同此本肸字脱釋文出名肸

陽處父襄之大傅　閩監毛本襄下有公字大作太衞氏集説同岳本嘉靖本同惟大不作太釋文出大傅考文引古本足利本襄公上有晉字

要君以利是也　閩監毛本同岳本同惠棟挍宋本無也字宋監本嘉靖本同考文引足利本同案此本疏標起止亦無也字

文子其中退然如不勝衣　閩監毛本同石經同岳本同嘉靖本同衞氏集説同釋文出追然云音退本亦作退正義本作退韋昭注國語楚語引禮亦作其中退然

其言吶吶然如不出諸其口　惠棟挍宋本有諸字石經宋監本岳本嘉靖本同衞氏集説同此本諸字脱閩監毛本同石經考文提要云宋大字本宋本九經南宋巾箱本余仁仲本禮記纂言至善堂九經本俱有諸字

官長所置也　閩監毛本作官岳本同嘉靖本同衞氏集説同此本官誤宫

潔也　惠棟挍宋本潔作絜按絜潔正俗字

趙文至子焉　惠棟挍宋本無此五字

文子云此處　閩監毛本同惠棟挍宋本云作言

文子曰言處父唯行專權　惠棟挍宋本作權此本權誤植閩監毛本同盧文弨云曰

字衍

不得以理終沒其身　惠棟挍宋本作理此本理誤至閩監毛本同衛氏集說作不能以理終沒其身

云謂剛而專已者　閩監毛本同惠棟挍宋本云下有楕字

及溫而還　閩監毛本作還此本還誤邀

見利至稱也者　閩監毛本同惠棟挍宋本無者字

故鄭其言之　閩監毛本其作具

文子至其口者　閩監毛本同惠棟挍宋本無者字

如不出諸口　閩監毛本同衛氏集說同惠棟挍宋本諸作於

謂鄉射去射處五十步　惠棟挍宋本作去此本去誤大閩監毛本同

一步料二寸　閩監毛本同浦鏜云料當科字誤

死不屬其子者　閩監毛本同惠棟挍宋本者作焉

從趙文子始　閩監毛本同惠棟挍宋本無趙字

叔仲皮學子柳節

衣當爲齊壞字也　惠棟挍宋本宋監本嘉靖本同閩監毛本齊作齋岳本同衛氏集說同五經文字云齋說文齋經典相承隸省今經文多借齊字代之案疏中齊字閩監毛本亦皆作齊無作齋者

繆讀爲木樛垂之樛　惠棟挍宋本如此疏同宋監本岳本嘉靖本同此本讀誤當閩監毛本同木作不衛氏集說作讀爲不樛垂之樛段玉裁云不樛是也木樛誤岳本禮記考證云案喪服傳作不樛垂孔氏云樛謂兩股相交也五服之絰皆然唯弔服環絰不樛又雜記云繩而不樛是環絰不樛也据此則原本木字乃不字之訛

總衰小功之縷而四升半之衰　閩監毛本同岳本同嘉靖本同衛氏集說同釋文出之縷宋此縷字不誤喪服傳云總衰者何以小功之總也其之縷誤之總當據此正之

而多服此者　惠棟挍宋本有此字宋監本衛氏集說岳本嘉靖本並同此本此字脫閩監毛本同

婦以諸侯之大夫爲天子之衰　閩監毛本同岳本同嘉靖本同衛氏集說同惠棟挍宋本婦下有人字考文引古本婦以作使婦人以○按疏標起訖無人字

叔仲至環絰　惠棟挍宋本無此五字

欲令其妻身著總衰　閩監毛本如此此本令誤今總誤總

云繆讀爲不樛垂之樛者　閩監毛本如此此本樛垂誤言圭惠棟挍宋本不誤木下同

知者以叔仲衍　閩監毛本作衍此本衍誤族

如爵弁而素　閩監毛本作衍此本爵字闕

成人有其兄死節

綏爲蝸蝝長在腹下　閩監毛本同嘉靖本同岳本爲作謂衛氏集說同考文引宋板古本足利本同

成人至之衰　惠棟挍宋本無此五字

聞孔子弟子子皐　閩監毛本如此此本孔誤且

綏謂蟬蝝長在口下　閩監毛本作謂此本謂字闕

匡自著蟹　閩監毛本作著衛氏集說同此本著誤若

非爲蜂設亦如成人　閩監毛本作設亦此本設亦二字闕衛氏集說作設考文引宋板同

服是子臯爲之　閩監毛本如此衛氏集說同此本臯爲二字闕

樂正子春之母死節

樂正至吾情　惠棟挍宋本無此五字

歲旱節

覬天哀而雨之　閩監毛本同岳本同嘉靖本同衛氏集說同釋文出庶覬云本又作幾是釋文本覬上有庶字

毋乃不可與　閩監本同石經同岳本同衛氏集說同毛本毋誤母嘉靖本同下毋乃已疏乎同

歲旱至可乎　惠棟挍宋本無此五字

孔子曰節

孔子至善夫　惠棟挍宋本無此五字

穀則異室　閩監毛本同衛氏集說穀上有詩云二字

故善嚐之祔也　惠棟挍宋本作祔衛氏集說同此本祔誤夫閩監毛本同

附釋音禮記注疏卷第十終　惠棟挍宋本禮記正義卷第十四終記云凡三十三頁宋監本禮記卷第三經五千八十一字注四千九百三十六字嘉靖本禮記卷第三經五千七百四字注四千八百九十八字

禮記注疏卷十挍勘記

附釋音禮記注疏卷第十一

鄭氏注　孔穎達疏

王制第五

○陸曰如字徐于況反盧云漢文帝令博士諸生作此篇【疏】正義曰案鄭目錄云名曰王制者以其記先王班爵授祿祭祀養老之法度此於別錄屬制度王制之作蓋在秦漢之際知者案下文云有正聽之鄭云漢有正平承秦所置又有古者以周尺之言今以周尺之語則知是周亡之後也秦昭王亡周故鄭荅臨碩云孟子當赧王之際王制之作復在其後盧植云漢孝文皇帝令博士諸生作此王制之書

王者之制祿爵公侯伯子男凡五等諸侯之上大夫卿下大夫上士中士下士凡五等

二五象五行剛柔十日祿所受食爵秩次也上大夫曰卿○王者如字徐于況反十日人一反【疏】王者至五等○正義曰此一經論爲王者之制祿爵公侯卿大夫以下及士之法凡王者之制度祿爵爲重其食祿受爵之人有公侯伯子男

並南面之君凡五等也其諸侯之下北面之臣有上大夫卿有下大夫有上士有中士有下士凡五等也南面之君五者法五行之剛日北面之臣五者法五行之柔日不以五朝之臣而以諸侯臣者王朝之臣本是事王今王制統天下故不自在其數謂制統天下之君及天下之臣取君臣自相對故不取王臣也此作記者雖記虞氏皇而祭之文大都揔記三王制度故言王者之制不云帝皇制也不云天子制者白虎通云王是天子爵號穀梁傳曰王者仁義歸往曰王以其身有仁義衆所歸往謂之王王者制統海內故云王制不云天子制也凡王者不得稱官故學記云大德不官而得稱職故詩云衮職有闕考工記云國有六職坐而論道謂之王公是也此並五文以見義既天子不官亦當不主一職若以主之下爲職亦得管天下爲官矣祿者穀也故鄭注司錄云祿之言穀年穀豐乃後制祿援神契云祿者錄也白虎通云祿者錄也上以收錄接下下以名錄謹以事上是也爵者盡也熊氏云縣盡其才而用之故白虎通云爵者盡也所以盡人才是也按下文云位定然後祿之又大司徒云十有一曰以賢制爵十有二曰以庸制祿並祿在爵後此祿在爵前者祿是田財之物班布在下最是國之重事須戴節得所王者制度重之故在於先故此經下文先云天子之田乃云諸侯之田次云制農田又云下士視上農夫祿又云君十卿祿並先言祿下始云次國上卿當大國中卿是後云爵也熊氏皇氏以爲試功之祿故在爵前按此王者制度必當舉其正禮何得唯明試功之祿下云君十卿祿豈試功乎熊氏皇氏之說於義疑也公者按元命包云公之爲言公也公平正直侯者候也侯王順逆伯者伯之爲言白也明白於德也子者奉恩宣德男者任功立業此五等者謂虞夏及周制殷則三等公侯伯也此公侯伯子男獨以侯爲名而稱諸侯者舉中而言又爾雅侯爲君故以侯言之伯亦居中不言諸伯者嫌是東西二伯及九州之伯故也上大夫卿者見下文云下大夫倍上士卿四大夫祿是下大夫之上則有卿故知上大夫即卿也此上大夫卿外惟有下大夫所以下文除卿之外更有上大夫下大夫者謂就下大夫之中更分爲上下耳卿者白虎通云卿之言嚮也爲人所歸嚮大夫者達人謂扶達於人士者事也皇氏熊氏皆爲任職事其大夫之稱亦得兼三公故詩云三事大夫謂三公也上大夫卿亦兼孤也故春秋陽處父爲大傅經云晉殺其大夫陽處父是也孤亦稱公故鄉飲酒禮云公三重是孤也卿亦得稱公故春秋襄三十年傳云鄭伯有之臣稱伯有曰吾公在壑谷士既命同而分爲三等者言士職卑德薄義取漸進故細分爲三卿與大夫德高位顯

各有別命不復細分其諸侯以下及三公至士揔而言之皆謂之官官者管也以管領爲名若指其所主則謂之職故周禮云設官分職通卿大夫士也知諸侯亦爲官者尚書周官云唐虞稽古建官惟百下云外有州牧侯伯是州牧侯伯亦爲官也若細而言之諸侯非偏有所主則非官也故學記云大德不官注云天子諸侯是也諸侯亦稱職故左傳云小有述職大有巡功述職謂諸侯朝天子是諸侯稱職也其爵則殷以前大夫以上有爵故士冠禮云古者生無爵死無謚謂士也周則士亦有爵故鄭注周制以士爲爵死猶不爲謚耳是也○注二五至十日○正義曰知象陰陽者按元命包云周爵五等法五精注云五精是其揔法五行分之則法五剛甲丙戊庚壬其諸侯之臣法五柔乙丁已辛癸是也

天子之田方千里

象日月之大亦取晷同也此謂縣內以祿公卿大夫元士○晷音軌日影

公侯田方百里伯七十里子男五十里不能五十里者不合於天子附於諸侯曰附庸天子之三公之田視公侯天子之卿視伯天子之

大夫視子男天子之元士視附庸皆象星辰之大小也不合謂不朝會也小城曰附庸附庸者以國事附於大國未能以其名通也視猶比也元善也善士謂命士也此地殷所因夏爵三等之制也殷有鬼侯梅伯春秋變周之文從殷之質合伯子男以爲一則殷爵三等者公侯伯也異畿内謂之子周武王初定天下更立五等之爵增以子男而猶因殷之地以九州之界尚狹也周公攝政致大平斥大九州之界制禮成武王之意封王者之後爲公及有功之諸侯大者地方五百里其次侯四百里其次伯三百里其次子二百里其次男百里所因殷之諸侯亦以功黜陟之其不合者皆益之地爲百里焉是以周世有爵尊而國小爵卑而國大者唯天子畿内不增以祿羣臣不主爲治民○朝直遥反卷内皆同畿求衣反狹音洽後文同大音泰斥昌石反黜陟上丑律反下竹力反主爲于僞反下爲有亦爲有同

【疏】天子至附庸○正義曰此一節論天子畿内之田及畿外五等諸侯及畿内公卿受地多少之法各隨文解之○注象日至元士○正義曰按元命包云日圓望之廣尺以應千里故云象日月之大亦取晷同也者按考靈耀云地與星辰四遊升降於三萬里之中夏至之景尺有五寸是半三萬里得萬五千里故鄭注司徒云凡日景於地千里而差一寸是千里同一寸也細而言之就千里之内亦漸漸分數不同此云同一寸者大畧而言之非但象日月大小又取畧同故云亦云以祿公卿大夫元士者即下文三公之田視公侯天子之卿視伯以下是也按下注云待封王之子弟此唯言公卿大夫元士者舉正者言之耳○注皆象至治民○正義曰皆象星辰之大小也者按元命包云王者封之上應列宿之位注云若角亢爲鄭房心爲宋之比又云其餘小國不中星辰者以爲附庸是象星辰大小也非但象星辰其百里者又象雷故援神契云王者之後稱公大國稱侯皆千乘象雷震百里是取法於雷也其七十里者倍減於百里五十里者倍減於七十里故孝經云德不倍者不異其爵功不倍者不異其土故轉相半別優劣云不合謂不朝會也者謂不得與諸侯集合朝會天子也云小城曰附庸者庸城也謂小國之城不能自通以其國事附於大國故曰附庸此不能五十里故爲小國之城若詩崇墉言言及易公用射隼于高墉之上是大國之城亦名庸也云元善也善士謂命士也者按易文言云元者善之長也故元爲善也按周禮注天子上士三命中士再命下士一命故云善士謂命士則上中下之士皆稱元士也天子之士所以稱元者異於諸侯之士也周禮公侯伯之士雖一命不得稱元士

其夏殷以上諸侯之士皆不命也故下文云小國之卿與下大夫一命是士不得命也云此地殷所因夏爵三等之制也者以夏會諸侯於塗山執玉帛者萬國若不百里七十里五十里則不得爲萬國也故知夏爵三等之制如此經文不直舉夏時而云殷所因者若經指夏時則下當云萬國不得云凡九州千七百七十三國故以爲殷所因夏爵三等之制也其國則少於夏也云殷有鬼侯梅伯按明堂位云脯鬼侯又呂氏春秋云昔紂爲無道殺梅伯而醢之殺鬼侯而脯之以禮諸侯於廟楚辭云梅伯菹醢是殷有鬼侯梅伯也鄭引此者證殷有侯有伯二王之後稱公則殷亦有公可知也云春秋變周之文從殷之質合伯子男以爲一者按公羊傳桓十一年九月鄭忽出奔衛忽何以名春秋伯子男一也辭無所貶何休云春秋改周之文從殷之質合伯子男爲一一辭無所貶皆從子春秋之時伯亦得稱子子亦得稱伯今鄭是伯爵忽若稱子與成君無異則不見在喪之降貶故在喪降而稱名非爲貶責稱名故云辭無所貶何休之意合伯子男爲一皆從稱子也鄭康成此注之意合伯子男以爲一皆稱伯也與何休不同故鄭云殷爵三等者公侯伯也若殷家夷狄之君大者亦稱伯故書序云巢伯來朝注云伯爵也南方遠國云則殷爵三等者公侯伯也者則公百里侯七十里伯五十里也云異畿内謂之子者畿外既有公侯伯標異畿内特謂之子爵雖爲子若作三公則受百里之地若作卿則受七十里之地若作大夫則受五十里之地殷家雖因於夏畿内之制與夏不同夏之畿内國皆方五十里故鄭注尚書萬國之數云四百國在畿内是皆五十里殷之畿内據下文有百里之國九七十里之國二十有一五十里之國六十有三凡九十三國是與夏不同也張逸問殷爵三等公侯伯尚書有微子箕子何鄭荅云微子箕子實是畿内采地之爵非畿外治民之君故云子也云周武王初定天下更立五等之爵增以子男者按尚書武成云列爵惟五分土惟三既云列爵惟五故知增以子男也云而猶因殷之地以九州之界尚狹也者解所以列爵既五則應五等之土上公五百里以下猶因殷之地公侯百里伯七十里子男五十里爲三等以雖伐紂九州之地尚險狹未得五等之封故也云周公攝政致太平斥大九州之界制禮成武王之意者斥大謂開斥廣大於先中國方三千里今方七千是斥大九州之界也武王既列爵惟五是意欲爲五等之封但爲界狹今周公爲五等之封是成武王之意云諸侯大者地方五百里以下皆大司徒職文云所因殷之諸侯亦以功黜陟之者謂周之諸侯既以有功封建其國所因殷之諸侯既無大罪不可以絶滅亦如周之

諸侯以勳多少黜退之升陟之般之諸侯大者百里今日有功則升陟或二百里或三百里是陟之也云黜者謂於周家有過諸侯黨紂爲惡者皆黜退之不復得爲諸侯或黜咸至七十五十里或有罪黜爲附庸也云其不合者皆益之地爲百里焉謂其不以功過黜陟者謂平常諸侯皆益之地使滿百里焉云周世有爵尊而國小爵卑而國大者張逸疑而不解以問於鄭鄭荅之云設今有五十里之國於此無功可進無過可退亦就益其地爲百里之國爵尊而國小者若虞虢之君爵爲公地方百里爵卑而國大者侯四百里伯三百里子男二百里皆大於虞虢鄭通言男亦二百里者據男有功得附庸者言之耳大於虞虢百里之意云惟天子畿內不增以祿羣臣不主爲治民者解畿內之地公侯伯子男皆增其地今畿內公卿大夫采地不增益之者本以祿賜羣臣不須增益其地以其不主爲治民者也外土諸侯本爲治民須使民利國故須增益其封周之畿內有百里之國有五十里之國有二十五里之國鄭注小司徒云百里之國凡四都五十里之國凡四縣二十五里之國凡四甸故崔氏云畿內有百里之國有五十里之國有二十五里之國元命包云周爵五等法五精春秋三等象三光說者因此以爲文家爵五等質家爵三等若然夏家文應五等虞家質應三等按虞書輯五瑞修五禮五玉豈復三等乎又禮緯含文嘉云殷爵三等殷正尚白白者兼正中故三等夏尚黑亦從三等按孝經夏制而云公侯伯子男是不爲三等也含文嘉之文又不可用也

○制農田百畝百畝之分上農夫食九人其次食八人其次食七人其次食六人下農夫食五人庶人在官者其祿以是爲差也農夫皆受田於公。田肥墽有五等收入不同也庶人在官謂府史之屬官長所除不命於天子國君者分或爲糞。○分扶問反食音嗣下同徐音自差初佳反徐初宜反下注同墝本又作墽苦交反長丁丈反下文及注皆同糞方運反

諸侯之下士視上農夫祿足以代其耕也中士倍下士上士倍中士下大夫倍上士卿四大夫祿君十卿祿次國之卿三大夫祿君十卿祿小國之卿倍大夫祿君

十卿祿此班祿尊卑之差

［疏］制農至卿祿。○正義曰此一節論制農田有上中下以祿庶人在官及士大夫并卿及君之祿各隨文解之。○注農夫至爲糞。正義曰農夫皆受田於公者以經云制農田是王者制度授農以田是農夫受田於公也云肥墽有五等收入不同也者按周禮地有九等故司徒上地家七人中地家六人下地家五人注云有夫有婦然後爲家自二人以至於十人爲九等一家男女七人以上則授之以上地所養者衆也男女五人以下則授之以下地所養者寡也正以七人六人五人爲率者舉中而言如鄭此言上地家七人者爲中地之上家六人者謂中地之中家五人者謂中地之下以此推之下地之上家四人下地之中家三人下地之下家二人則上地之上家十人上地之中家九人上地之下家八人是有九等從十人而以至於二人此經地惟五等自九人而下至五人不同者大司徒所云農夫授田實有九等此據準庶人在官之祿最下者猶五人故從上農夫至五人而已司徒上地家十人此云上農夫食九人者謂上中之地亦爲上地即上農夫不言上上者欲取九人當下士祿亦與司徒不異也既有九等按大司徒不易之地家百晦一易之地家二百晦再易之地家三百晦地惟有三等者大司徒言其大綱其實不易一易再易各爲三等則九等也按異義左氏說山林之地九夫爲度九度而當一井藪澤之地九夫爲鳩八鳩當一井京陵之地九夫爲辨七辨而當一井淳鹵之地九夫爲表六表而當一井疆潦之地九夫爲數五數而當一井偃豬之地九夫爲規四規而當一井原防之地九夫爲町三町而當一井隰皋之地九夫爲牧二牧而當一井衍沃之地九夫爲井賦法積四十五除山川坑岸三十六井定出賦者九井則千里之畿地方百萬井除山川坑岸三十六萬井定出賦者六十四萬井長轂萬乘如異義此說則方十里凡百井三十六井爲山川坑岸六十四井爲平地出稅按鄭注小司徒成方十里緣邊一里治爲溝洫則三十六井其餘方八里爲甸六十四井出田稅與異義不同者異義所云通山林藪澤九等而言之鄭注小司徒者據衍沃平地而言之所以不同也異義九等者據大略國中有山林至衍沃之等言之周禮九等者據授民地肥瘠有九等與異義不同也尚書禹貢注云一井上上出九夫稅上中出八夫稅上下出七夫稅中上出六夫稅中中出五夫稅中下出四夫稅下上出三夫稅下中出二夫稅下下出一夫稅所以又有此九等者以禹貢九州有上中下九等出沒不同故以井田計之以一州當一井假令冀州上上出九百萬夫之稅兖州下下出一百萬夫之稅是九州大較

相比如此非謂冀州之民皆出上上兖州之民皆出下下與
周禮九等又不同也所以上農夫得食九人者以史記云上
地畝一鍾。鍾六斛四斗百畝百鍾則六百四十斛按食貨志
又云上孰其收自四斛則百畝四百斛也按禀人中歲人食
三䰞其九人之内老幼相通不皆人食三䰞故食九人也其
民之常税不過什一又庶民喪祭費用又少且年有豐儉不
恒上孰崔氏以爲畝皆一鍾人恒食四䰞又爲什二而税又
云祭用數之仂者苟欲計筭使合其義非也云庶人在官謂
府史之屬者則周禮大宰云府六人史十有二人云之屬謂
工人賈人及胥徒也云官長所除不命於天子國君者官長
謂冢宰爲天官之長司徒爲地官之長自所命或若大府爲
府藏官之長大司樂爲樂官之長是也言所除者謂所命之
官除去其舊名籍周禮注云凡府史以下官長所自辟除以
其非九命之内故知不命於天子國君也若子男之士雖無
命亦當命於國君也以其稱士故也。注此班至之差。正
義曰經云下士視上農夫禄足以代其耕也則庶人在官者
雖食八人以下不得代耕故載師有官田謂庶人在官之田
大夫以下位卑禄少故大小國不殊卿與君禄重位尊故禄
隨國之大小爲節按周禮天子卿大夫士與諸侯之臣執贄
同則禄亦同也此自下士至小國之卿倍大夫禄皆據無采

地者言之故鄭荅臨碩云王畿方千里者凡九百萬夫之地
三分去一定受田者三百萬夫出都家之田以其餘地之税
禄無田者下士食九人中士食十八人上士三十六人下
大夫七十二人中大夫百四十四人卿二百八十八人〇

次國之上卿位當大國之中中當其下下當其上大夫小國之上卿位當大國之下卿中當其上大夫下當其下大夫此諸侯使卿大夫覜聘並會之序也其爵位同小國在下爵異固在上耳。覜吐弔反

〔疏〕次國至大夫。正義曰此一節論諸侯使卿大夫士覜聘班序
行列之法各隨文解之。注此諸至上耳。正義曰經文既
稱大國小國大小並在則非是特來故知使卿大夫覜聘並
會也云其位爵同小國在下者爵同謂同作卿也據經史小
國平於大國故知小國之卿在大國之卿下云爵異固在上
耳者謂大國是大夫小國是卿則經云小國之卿位當大國
之上大夫是小國之卿爵異於大國之大夫其爵既異固當
在大夫之上必知爵異小國在上者以其卿執羔大夫執鴈
使。卿絺冕大夫玄冕故知小國之卿不得在大國大夫之下

也其有中士下士者數各居其上之三分謂其爲介若特行而並會也居猶當也此據大國而言大國之士
爲上次國之士爲中小國之士爲下士之數國皆二十七人
各三分之上九中九下九以位相當則次國之上士當大國
之中中當其下小國之上士當大國之下凡非命數亦無出
會之事春秋傳謂士爲微。三分如字爲界音界

〔疏〕其有至三分。正義曰中士者謂次國之士下士者謂小
國之士大國之士既分爲三分次國小國之士亦分爲三分
今大國之士既定在朝會若其有中國之士小國之士者其
行位之數各居其上國之三分之二謂次國以大國爲上而
次國上九當大國中九次國中九當大國下九是當其大國
之三分之二小國以次國爲上小國上九當次國中九小國
中九當次國下九亦是居上三分之二也是各居上之三分
〇注謂其至爲微。正義曰言謂其爲介者若聘禮士介四
人是也若特行則隱元年及宋人盟於宿是也本國出使其
行至他國與諸國並會也云此據大國而言者以經必云中
士下士不云上士是文以大國爲主以中國下國來當之故
知據大國而言云大國之士爲上次國之士爲中小國之士
爲下者解經之中士爲中國之士下士爲下國之士經雖無

上士之文以中士下士類之則上士爲大國之士也就上士
中士下士之内各分爲上九中九下九言大國之士爲上不
解經之上字者自謂次國以大國爲上小國以次國爲上耳
云凡非命士亦無出會之事者即祭法庶士是也云春秋傳
謂士爲微者隱元年及宋人盟於宿公羊
傳云孰及之内之微者也是謂士爲微也

〇凡四海之内九州州方千里州建百里之國三十七十里之國六十五十里之國百有二十凡二百一十國名山大澤不以封其餘以爲附庸間田八州州二百一十國建立也立大國三十十三公也立次國六十十六卿也立小國
百二十。二十小卿也名山大澤不以封者其民同財不得障
管亦賦税之而已此大界方三千里三三而九方千里者九
也其一爲縣内餘八各立一州此殷制也周公制禮九州大
界方七千里七七四十九方千里者四十有九也其一爲畿
内餘四十八八州各有方千里者六設法一州封地方五百
里者不過四謂之大國又封方四百里者不過六又封方三

百里者不過十一謂之次國又封方二百里者不過二十五及餘方百里者謂之小國盈上四等之數并四十九一州二百一十國則餘方百里者六十四也凡處地方千里者五方百里者五十九其餘方百里者四十一附庸地也○閒音閑章之尙反【疏】凡四至十國○正義曰此一節論四海之内九州州别建國多少及附庸閒田之法如鄭所注此經云是殷法也周禮則九服夷鎮蕃三服謂之四海四海之内謂要服以内殷則服數無文則必不與周同按爾雅釋地云九夷八狄七戎六蠻謂之四海孫炎云海之言晦晦闇於禮義此言四海之内謂夷狄之内也地方三千里以開方計之三三如九方千里者有九其一爲天子縣内下文具之以外八州州别方千里者有一州建百里之國三十是公國也七十里之國六十是侯國也五十里之國百有二十是伯國也是一州凡二百一十國必二百一十國者按元命包云陽成於三列於七三七二十一故二百一十國也其餘以爲附庸閒田謂置二百一十國外之餘地爲附庸閒田也若封人附於大國謂之附庸若未封人謂之閒田每州二百一十國所餘之地者則下文云方百里者十方十里者六十是也○注建立至地也○正義曰建是樹立之義故建爲立也云立大國三十十三公也者鄭以天子縣内三公之國亦百里今畿外大國亦百里是準擬畿内三公之地故云十三公也每十箇國則準一公是三十國準於三公也云立次國六十十六卿也者亦以畿内六卿之地方七十里今畿外次國亦七十里故知準擬六卿言十於六卿六十也遍三孤則謂之九卿據有職事者言之故爲六卿也云立小國百二十十二小卿也者小卿則天子畿内大夫國方五十里今畿外小國亦五十里是準擬大夫當十於十二小卿也定本云十十二小卿重有十字俗本直云十二小卿俗本誤也云名山大澤不以封者與民同財者若封諸侯則諸侯爲主若不得取其財物故不封諸侯使民共取故山虞職云令萬民時斬材有期日是也云不得障管亦賦稅之而已者既不封諸侯其諸侯不得障塞管領禁民取物民既取物隨其所取賦稅而已故澤虞云使其地之人守其財物以時入之于王府是也定本云不得不管亦賦稅而已謂雖不封諸侯諸侯不得不管若如此解則於而已二字爲妨恐定本誤也云此殷制也者以夏時萬國則地餘三千里周又中國方七千里今大界三千非夏非周故云殷制也其實夏之末年亦與殷同方三千里故下云天子之縣内鄭注云縣内夏時天子所居州界名也又云夏末既衰夷狄内侵土地減國數少是也云周公制禮九州大界方七千里者按大行人邦畿方千里其外方五百里謂之侯服甸服男服采服衛服要服服五百里逼王畿四面相距爲七千里大行人要服已外即云九州之外謂之蕃國是要服以内爲中國也云設法一州封地方五百里者不過四者言設法謂假設爲法非實封也故職方云千里封公以方五百里則四公注云每事言則者設法也是不實封必知不實封者以每州有四公八州則三十二公周之上公則惟杞宋耳故知非實封也一州有千里之方六則一箇千里之方爲方百里者百一箇五百里之國爲方百里者二十五四箇二十五用千里之方一是方五百里者不過四也云又封方四百里者不過六者以一箇四百里之國爲方百里者一十六六箇一十六爲九十六是用百里之方九十六爲六箇四百里之國故云方四百里者不過六用千里之方一猶餘百里之方四云又封方三百里者不過十一者以一箇三百里之國爲方百里者九十一箇九爲九十九是用百里之方九十九故云封方三百里者不過十一用千里之方一猶餘百里之方一云又封方二百里者不過二十五者以一箇二百里之國爲方百里者四二十五箇二百里國用千里之方一故云封方二百里者不過二十五云盈上四等之數者謂將此百里小國一百六十四添盈公侯伯子四等之數四十六則爲一州二百一十國也云則餘方百里者百六十四也者以其上惟云餘方百里者謂之小國不顯其數多少直言盈上四等之數四等既有四十六若添滿二百一十必須百六十四故云方百里者百六十四也云凡處地方千里者五方百里者五十九者封公則四是用千里之方一封侯則六又用千里之方一封伯十一又用千里之方一封子二十五又用千里之方一封男百又用千里之方一是處地方千里者五男國更須六十四則應須百里之方六十四但千里之方六封侯之外猶餘百里之方四千里之方封伯十一之外猶餘百里之方一是五箇千里之方内總餘百里之方五得爲五箇男國則五箇千里之方更得五十九外箇百里之方是滿六十四也云其餘方百里者四十一附庸地也者以百里之方百去其五十九故餘四十一也按鄭注大司徒云侯附庸九同伯附庸七同子附庸五同男附庸三同今一州惟有方百里者四十一得備侯伯子男一百一十國附庸者鄭注司徒云凡諸侯爲牧正帥長及有德者乃有附庸非國國皆有且此云州別二百一十國及侯附庸九同皆設法而言非實事也注侯附庸九同者諸侯有功可進爲公爲四百里之上加九同得進爲五百里也伯於三百之上加七同得爲四百里進爲侯也子於二百里之上加五同得爲二百里進爲伯也男於百里之上加三同得爲二百里進爲子也言同

者謂積累衆附庸而滿同也非謂一附庸居一同也鄭注司徒云公無附庸以其尊極故也故鄭云魯以周公之故得兼四等加二十四附庸方七百里也　○天子之縣內方百里之國九七十里之國二十有一五十里之國六十有三凡九十三國名山大澤不以盼其餘以祿士以爲閒田縣內夏時天子所居州界名也殷曰畿詩殷頌曰邦畿千里維民所止周亦曰畿畿內大國九者三公之田三爲有致仕者副之爲六也其餘三待封王之子弟次國二十一者卿之田六亦爲有致仕者副之爲十二又三爲三孤之田其餘六亦待封王之子弟小國六十三大夫之田二十七亦爲有致仕者副之爲五十四其餘九亦以待封王之子弟三孤之田不副者以其無職佐公論道耳雖有致仕猶可即而謀焉盼讀爲班○盼音班賦也

【疏】天子至閒田○正義曰此經明天子縣內之國數多少及祿士之法按殷之與周稱畿唐虞稱服無云縣者今此特云縣內故鄭云夏時天子所居州界名也按鄭注益稷云禹會諸侯於塗山執玉帛者萬國四百國在畿內今此畿內惟有九十三國者蓋夏之一代畿內稱縣當夏禹之初有四百國至夏之末土地既減故與禹世不同未知於時縣內國數多少湯承夏末之後制爲九十三國記者言縣明其承夏之餘國數是殷湯之制故與四百國不同也名山大澤不以盼者畿外列土諸侯有封建之義故云不以封畿內之臣既不世位有盼賜之義故云不以盼所以不盼者亦爲與民共財不障管也雖不障民取其財物亦入之王府即周禮山虞澤虞所掌是也其餘以祿士以爲閒田者謂九十三國之餘則下文云其餘方百里者六十四方十里者九十六是也以九十三國以封公卿大夫故特云以祿士其實公卿之子父死之後既不世爵得食父祿故下文云大夫不世爵未賜爵視天子之元士以君其國是九十三國之外既云視元士則此祿士包之也其不封公卿大夫及祿士之外並爲閒田則周禮云公邑也不云附庸者以縣內無附庸也所以畿外州建二百一十國之外則閒田少畿內立九十三國之外閒田多者以畿外諸侯有大功德始有附庸故閒田少畿內每須盼賜故閒田多依周禮閒田自二百里之外以至五百里其大夫則於三百里爲采地卿則於四百里爲采地公則於五百里爲采地故載師云以公邑之田任甸地以家邑之田任稍地以小都之田任縣地以大都之田任畺地是也未知殷制如何其周之畿內采邑大小未聞則鄭注小司徒云百里之國凡四都五十里之國凡四縣二十五里之國凡四甸是謂畿內大國百里次國五十里小國二十五里又注大司徒云畿內之制未聞是知疑而不定此云祿士謂無地之士給之以地而當其祿不得爲采邑耳其實春秋之時公卿亦有無地者故春秋經劉子單子是有地者稱爵王子虎卒是無地者不稱爵也○注詩殷至謀焉○正義曰引詩殷頌者是玄鳥祀高宗之篇證殷稱畿也云周亦曰畿者周禮職方云千里曰王畿是也云爲有致仕者副之者以三公在朝既有正田今身既致仕不可仍食三公采邑身又見存不可全無其地故公卿大夫皆有正職之田又有致仕副邑云其餘三待封王之子弟者禮運云天子有田以處其子孫又周禮有都宗人家宗人祭祀皆致福於王是有封王之子弟也但王之子弟有同母異母有親疏之異親寵者封之與三公同平常者與六卿同疏遠者與大夫同故有三等之差也云三孤之田不副者自上差之三公之外其餘有三卿之外其餘有六大夫之外其餘有九皆以次相三若三孤有致仕之副則卿與公同其餘三非差次也云以其無職佐公論道耳雖其致仕猶可即而謀焉者按周禮三公雖無正職猶列於官參六卿之事故司徒云卿老二卿則公一人三孤則不列於官故云無職但佐公論道在朝在家其事一等雖退致仕猶可就而謀事不須致仕之後朝上更別立官故知不有致仕之副　○凡九州千七百七十三國天子之元士諸侯之附庸不與不與不在數中也春秋傳云禹會諸侯於塗山執玉帛者萬國言執玉帛則是惟謂中國耳中國而言萬國則是諸侯之地有方百里有方七十里有方五十里者禹承堯舜而然矣要服之內地方七千里乃能容之夏末既衰夷狄內侵諸侯相幷土地減國數少殷湯承之更制中國方三千里之界亦分爲九州而建此千七百七十三國焉周公復唐虞之舊域分其五服爲九其要服之內亦方七千里而因殷諸侯之數廣其土增其爵耳孝經說曰周千八百諸侯布列五千里內此文改周之法關盛衰之中三七之間以爲說也終此說之意五五二十五方千里者二十五。其一爲畿內餘二十四州各有方千里者三其餘諸侯之地大小則未得而聞○與音預注及下注不與同塗音徒要一遙反下要服皆同幷必政反又如字減古斬反關盛衰並讀如字

【疏】凡九至不與○正義曰此一節揔明殷之畿內畿外國數之法前文云凡四海之內明殷之畿外諸侯次經明天子縣內殷之畿內國數此經揔明殷

之畿内畿外故云凡九州千七百七十三國天子之元士諸侯之附庸不在數中故云不與商王大計地方三千里畿外八州每一州二百一十國封爵三等八州一千六百八十國并王畿内九十三國計千七百七十三國天子之元士則下云方百里者六十四方十里者九十六是天子之元士又下云其餘方百里者十方十里者六十是諸侯附庸不在千七百七十三之數○注春秋至而聞○正義曰引春秋傳者哀七年左傳文時魯欲伐邾孟孫不欲諸大夫荅孟孫云禹會諸侯於塗山執玉帛者萬國今其存者無數十焉又襄二十五年傳云若無侵小何以至焉杜預云塗山在壽春東北與會稽別也若鄭康成之意塗山則會稽也故注尚書云禹朝羣臣於會稽執玉帛者萬國是以張逸疑而問鄭按左傳禹會諸侯於塗山執玉帛者萬國外傳云禹朝羣臣於會稽防風氏後至不與注相應何鄭荅云欲明諸侯守土之祀故兼用外傳内傳語者鄭意以塗山會稽爲一以諸侯爲守土之祀故云禹朝羣臣羣臣則諸侯也鄭云兼用外傳内傳語者禹朝羣臣於會稽是外傳語執玉帛者萬國是内傳左氏語云言執玉帛則是惟謂中國耳者按覲禮諸侯享王璧以帛是執玉帛也按大行人侯甸男采衛要各以其服貢物下云九州之外謂之蕃國各以其所貴寶爲摯鄭注貴寶若白狼

白鹿夷狄不執玉帛故云執玉帛惟謂中國耳云中國而言萬國則是諸侯之地有方百里有方七十里有方五十里者鄭言此者以周之大國方五百里而下則不得有萬國故云然也按萬國之數鄭注皋陶謨堯初制五服更五百里禹所弼每服五百里故始有百里之封焉猶用要服之内爲九州州立十二人爲諸侯師蓋百國一師則州十有二師則每州千二百國也八州九千六百國其餘四百國在畿内鄭又云百里者三封國七有奇所以百里三封國七者以百里之方一爲公侯之國一又以百里之方一爲伯七十里之國二又以百里之方一爲子男五十里之國四是百里之方三封國七也言有奇者謂百里之方一封七十里之國二有奇者以百里之方一爲十里之方百七十里之國一用十里之方四十九七十里之國二用十里之方九十八餘有十里之方二故云有奇以此計之州有千里之方六以千里之方二爲公侯之國二百又以千里之方二爲伯七十里之國四百有奇又以千里之方二爲子男五十里之國八百摠爲一千四百國以二百國及奇餘爲附庸山澤故州有千二百國鄭云四百國在畿内者以大略據子男爲言非實法也趙商不達鄭旨而問鄭云以王制論之畿内之國有百里有七十里有五十里今率以下等計之又有王城闗遂郊郭卿大夫之采地

數不在中今就四百似頗不合鄭荅之云三代異物王制之法唐虞或不盡然堯舜之德守在四彊鄉遂有無無以言也公卿大夫有田祿者其四百國非采地爲何王城之大郊闗之處幾何而子責急也此鄭亦隨問而荅非事實也必知非實者以地形不可方平如圖又有山澤不封之地何有同積棊無空缺之處故知略計地爲四百國耳云禹承堯舜而然矣者以堯末遭洪水之前帝德寬廣不制以法故中國五千禹因治水之後德化漸大故中國更廣而有萬國云要服之内地方七千里乃能容之者王畿内五百里又五百里外侯服去城外五百里是一千里又五百里甸服是一千五百里又五百里男服是二千里又五百里采服是二千五百里又五百里衛服是三千里又五百里爲要服是三千五百里要服去王畿三千五百里四面相距爲七千里是九州之内此云要服之内地方七千里也按尚書咎繇注禹弼成五服去王城五百里曰甸服其弼當侯服去王城千里其外五百里爲侯服當甸服去王城一千五百里其弼當男服去王城二千里又其外五百里爲綏服當采服去王城二千五百里其弼當衛服去王城三千里又其外五百里爲要服與周要服相當去王城三千五百里四面相距爲七千里是九州之内也故此云要服之内地方七千里咎繇注又云要服之弼當

其夷服去王城當四千里又其外五百里曰荒服當鎮服其弼當蕃服去王城五千里四面相距爲方萬里也云夏末既衰夷狄内侵諸侯相并土地減國數少者以湯承於夏末中國惟方三千里明所因有漸承夏末之地上云天子縣内是夏末殷初其界相似也必知此王制之文以爲殷制者正以百里七十里五十里之國與周不同又千七百七十三國與禹萬國數復異又虞夏及周皆曰牧此經稱伯故知大略皆據殷而言也其天子七廟及下雜論虞夏商周四代之制亦兼載焉云周公復唐虞之舊域分其五服爲九其要服之内亦方七千里者言復唐虞舊域謂治水之後舊域也按周禮職方云方千里曰王畿其外方五百里曰侯服又其外方五百里曰甸服又其外方五百里曰男服又其外方五百里曰采服又其外方五百里曰衛服又其外方五百里曰蠻服又其外方五百里曰夷服又其外方五百里曰鎮服又其外方五百里曰藩服蠻服則要服是分其五服爲九以要服之内方七千里也云因殷諸侯之數廣其土增其爵耳者按洛誥傳云天下諸侯之來進受命於周退見文武尸者千七百七十三諸侯其數與此同是周因殷諸侯之數也按大司徒公五百里侯四百里與此公侯百里不同是廣其土也殷爵三等周爵五等是增其爵耳云孝經説曰周千八百諸侯布列

五千里內者此孝經緯文云千八百者舉成數其實亦千七百七十三諸侯也布列在中國五千里之內云此文改周之法關盛衰之中三七之間以爲說也者此文謂此孝經緯文改周之法謂改周公盛時之法盛謂地方七千里衰謂地方三千里故云關盛衰之中三七之間若指文言之盛謂周公制禮太平時也衰謂夏末殷初之時也盛衰之中謂武王時也若以當代言之衰謂周末幽厲之時與夏末同盛衰之中謂昭王恭王之時與武王同云終此說之意者謂終竟此孝經緯所說之意云其餘諸侯之地大小則未得而聞者謂一州之內千里之方有三而一州建二百一十國但未知國之大小及封建制度故云未聞異義公羊說殷三千諸侯周千八百諸侯古春秋左氏傳說禹會諸侯於塗山執玉帛者萬國唐虞之地萬里容百里地萬國其侯伯七十里子男五十里餘爲天子閒田許慎謹按易曰萬國咸寧尚書云協和萬邦從左氏說鄭駁之云而諸侯多少異世不同萬國者謂唐虞之制也武王伐紂三分有二八百諸侯則殷末諸侯千二二百也至周公制禮之後準王制千七百七十三國而言周千八百者舉其全數又異義今尚書歐陽夏侯說中國方五千里古尚書說五服旁五千里相距萬里許慎謹按以今漢地考之自黑水至東海衡山之陽至於朔方經略萬里從古尚書說鄭氏無駮與許同按易下繫云一君二民君子之道二君一民小人之道鄭注一君二民謂黃帝堯舜謂地方萬里爲方千里者百中國之民居七千里七七四十九方千里者四十九夷狄之民居千里者五十一是中國夷狄二民共事一君二君一民謂三代之末以地方五千里一君有五千里之土五五二十五更足以一君二十五始滿千里之方五十乃當堯舜一民之地故云二君一民實無此二君一民假之以地廣狹爲優劣也

○天子百里之內以共官千里之內以爲御　謂此地之田稅所給也官謂其文書財用也御謂衣食○共音恭

〔疏〕天子至爲御○正義曰此一節論畿內千里之地田稅所共給之事○注謂此至衣食○正義曰經云百里之內者謂去王城百里四面相距則二百里經云千里之內以爲御者謂四面相距爲千里去王城四面五百里二者相互云此地之田稅所給也者依周禮有口率出泉恐此是口率之泉故云此地之田稅所給也知非口率出泉所給者按周禮大府九賦之泉各有所給故其職云關市之賦以待王之膳服邦中之賦以待賓客四郊之賦以待稍秣家削之賦以待匪頒邦甸之賦以待工事邦縣之賦以待幣帛邦都之賦以待祭祀山澤之賦以待喪紀幣餘之賦以待賜予是口率出泉各有所用也知官謂其文書財用也者以其稱官是官府所須故爲文書財用御是進御所須故爲衣食但官是卑褻故用近物御爲尊重故用遠物此爲殷法也但未知有口率出泉以否

○千里之外設方伯五國以爲屬屬有長十國以爲連連有帥三十國以爲卒卒有正二百一十國以爲州州有伯　屬連卒州猶聚也伯帥正亦長也凡長皆因賢侯爲之殷之州長曰伯虞夏及周皆曰牧○帥色類反注及下同卒子忽反下及注同牧音木

八州八伯五十六正百六十八帥三百三十六長八伯各以其屬屬於天子之老二人分天下以爲左右曰二伯　老謂上公周禮曰九命作伯春秋傳曰自陝以東周公主之自陝以西召公主之○陝失冉反一音古洽反召詩照反

〔疏〕千里至二伯○正義曰此一節論千里之外設方伯及連帥卒正兼二伯之事各隨文解之○注屬連至曰牧○正義曰屬是繫屬連是連接卒是卒伍州是聚居故云屬連卒州猶聚也伯帥正俱是長但異其名云凡長皆因賢侯爲之者既長諸侯非賢不可故知賢侯爲之言因者因其州內賢侯非州外別取州牧則知以賢侯爲之故下曲禮以侯爲牧周制牧亦有二伯則侯伯皆得爲之故詩旄丘責衛伯也衛是侯爵而爲州伯張逸疑而問鄭鄭荅云侯德適任之謂衛侯之德適可任州伯也然則伯之賢者亦可進爲牧故周禮宗伯八命作牧注云謂侯伯有功德者加命得專征伐是伯得爲牧也鄭必知州牧之下更有二伯者以左傳云五侯九伯服杜皆爲五等諸侯九州之伯鄭荅志云若征五等諸侯九州之伯何夾輔之有大公爲王官伯分主自陝以東不可分爲四侯半故稱五侯四州有八伯畿內有一伯故爲九伯也按鄭志注尚書爲八伯張逸問云九州而八伯者何鄭荅云畿內之州不置伯有鄉遂之吏主之伯即牧也故周禮大宰云施典于邦國建其牧立其監是畿外邦國有牧畿內不置也畿內既不置牧則應無牧下之伯而立五侯九伯畿內有一伯者但比擬畿外應有而言之其實無也州長既用賢侯爲之則卒正連帥屬長節級用伯子男賢者而爲之鄭注曲禮云二王之後不爲牧則殷亦當然殷既亦有連屬卒等則周亦然也故詩旄丘責衛伯不

能修方伯連率之職是也云虞夏及周皆曰牧者按尚書舜典云覲四岳羣牧又云咨十有二牧是虞稱牧也虞雖稱牧亦稱伯故書傳云惟元祀巡此四岳八伯按左傳宣三年云夏之方有德也貢金九牧是夏稱牧也大宰云建其牧是周稱牧也故云虞夏及周皆曰牧○注周禮至主之○正義曰九命作伯大宗伯職文春秋傳曰以下春秋隱五年公羊傳文故傳云三公者何天子之相也自陝而東者周公主之自陝而西者召公主之一相處乎內是也○千里之內曰甸服治田出穀稅。甸大薦反千里之外曰采九州之內地取其美物以當穀稅。采菩改反當丁浪反又如字曰流謂九州之外也夷狄流移或貢或不禹貢荒服之外三百里蠻二百里流○蠻莫還反【疏】千里至曰流○正義曰此一節摠論畿內畿外九州治田及采取美物并九州之外戎貢或否之事各隨文解之○注服治至穀稅○正義曰定本直云服治田出穀稅無甸字知甸是服治田出穀稅者按禹貢五百里曰甸服下又云百里賦納總二百里納銍及秸粟米之等是甸爲治田也○注九州至穀稅○正義曰經云千里之外曰采謂規方千里之外若於王城五百里之外以殷制言之中國方三千里而面別去王城千五百里今

五百里以爲畿內千里之外惟千里耳采取美物故言曰采周則王畿之外面別三千里采取美物則大行人侯服其貢祀物甸服其貢嬪物男服其貢器物采服其貢服物衛服其貢材物要服其貢貨物是也○注謂九至里流○正義曰流謂九州之外或貢或否流移不定殷則面別千五百里之外二千五百里之內謂之爲流周三千五百里之外五千里之內爲流也○天子三公九卿二十七大夫八十一元士此夏制也明堂位曰夏后氏之官百舉成數也【疏】天子至元士○正義曰此一經論夏天子設公卿大夫元士之數○注此夏至數也○正義曰以周禮其官三百六十此官百二十故云夏制以夏制不明更引明堂位夏后氏之官百以證之直云百不云百二十故云舉成數也王制之文鄭皆以爲殷法此獨云夏制者以明堂。殷官二百與此百二十數不相當故不得云殷制也記者故雜記而言之或舉夏或舉殷也○大國三卿皆命於天子下大夫五人上士二十七人○次國三卿二卿命於天子一卿命於其君下大夫五人上士二十七人○小國二卿皆命於其君下大夫五人上士二十七人命於天子者天子選用之如今詔書除吏矣小國亦三卿一卿命於天子二卿命於其君此文似誤脫耳或者欲見畿內之國二卿與○選宣戀反見賢遍反與音餘○【疏】大國至七人○正義曰此一節論夏家天子命諸侯之國卿大夫及士之數前既云夏官此亦夏禮卿大夫士數五等之國悉同但大國三卿並受命於天子也夏之大國謂公與侯也殷周大國並公也崔氏云三卿者依周制而言謂立司徒兼冢宰之事立司馬兼宗伯之事立司空兼司寇之事故春秋左傳云季孫爲司徒叔孫爲司馬孟孫爲司空此是三卿也以此推之故知諸侯不立冢宰宗伯司寇之官也下大夫五人者崔氏云三卿命於天子則大夫以下皆其君自命之也三卿則上中下三品而含上下今云下大夫五人者取卿爲言耳知大夫有上下者按前云次國之下卿位當大國之上大夫是也何以五人者謂司徒之下置小卿二人一是小宰一是小司徒司空之下亦置二小卿一是小司寇一是小司空也司馬之下惟置一小卿小司馬也故公羊襄十一年作三軍三軍者何三卿也古者上卿下卿上士下

士何休云古者諸侯有司徒司空上卿各一下卿各二司馬事省上下卿各一若有軍事上士相上卿下士相下卿足以爲治今襄公乃益司馬故云作三軍踰王制故譏之下卿即大夫也故此云下大夫五上士二十七人者云上士者對府史之屬也周禮五等國悉三卿五大夫二十七士皆與此同但公國長有四命孤一人故典命云公之孤四命以皮帛眡小國之君其卿三命其大夫再命其士一命侯伯之卿大夫士亦如之子男之卿再命其大夫壹命其士不命而鄭注再引王制以成彼義當恐周之人數與王制同也且曾子問是明當時周法而云國家五官則五大夫大夫若五則知餘亦不異也且冢宰云施典於邦國設其參傅其伍鄭云參謂卿三人伍謂大夫五人次國三卿二卿命於天子一卿命於其君下大夫五人上士二十七人者次國者夏則伯殷則侯也周則侯伯也而卿大夫士之命及人之數與大國同但一卿其君自命爲異也下文備也小國二卿皆命於其君下大夫五人上士二十七人者小國者殷謂伯夏周同子男也按鄭注言小國亦三卿差次而言應一卿命於天子二卿命於其君此惟言二卿則似誤也鄭何以得知應三卿按前云小國又有上中下三卿位當大國之下大夫若無三卿何上中下之有乎故知有三卿也按周禮三命受位鄭云謂此列國之

卿始有列位於王，爲王之臣也。若三命卿始得列位於王，則子男之卿再命，不應得一卿命於王。而鄭今云一卿命於王者，謂子男之卿亦得王命。而彼注三命下云列國卿三命者，此自據侯伯爲言，以會彼三命受位者耳。○注「或者」至「卿與」。正義曰：鄭又爲一說，畿内之國雖置二卿，並是其君自命之。今記者或欲因子男此文以見畿内之法，故捨去子男一卿命於王者而不言也。

○**天子使其大夫爲三監，監於方伯之國，國三人。**使佐方伯領諸侯。○監，古覽反，監於，古銜反，卷末同。

疏「天子使其」至「三人」。○正義曰：此一節論天子遣大夫往監方伯之國，州別各置三人之事。天子使其大夫者，謂使在朝之大夫往監於方伯，每一州輒三人，三八二十四人。崔氏云：此謂殷之方伯皆有三人以輔之，佐其伯，謂監所領之諸侯也。周則於牧下置二伯，亦或因殷使大夫爲三監，故燕禮云「設諸公之坐」，鄭云：「公，孤也。大國孤公一人，而云諸公者，容牧有三監。」然則天子於州牧之國則置三大夫以輔之，其尊卑之差，則下文「其祿視諸侯之卿，其爵視次國之君，其祿視諸侯之卿」者，謂公之孤也，故燕禮謂之諸公，與公孤同也。尚書使管叔、蔡叔、霍叔爲三監者，爲武庚也，與此別也。

天子之縣内諸侯，祿也；選賢置之於位，其國之祿如諸侯，不得位。

疏「天子」至「祿也」。○正義曰：此一節論天子縣内食采邑諸侯得祿不得繼世之事。此言縣内，則夏法也。言諸侯祿者，得采國爲祿，而不繼世，故云祿也。故下云「大夫不世爵」是也。此謂畿内公卿大夫之子，父死之後，得食父之故國采邑之地，不得繼父爲公卿大夫也，故經直云祿也。則子孫恒得食之，有罪乃奪之。此云諸侯，下云大夫不世爵，則諸侯摠據大夫以上。而司裘「諸侯則共熊侯、豹侯」，鄭注云：「諸侯謂三公及王子弟。」鄭惟據三公及王子弟者，以下別云「卿大夫則共麋侯」，故諸侯惟止三公及王子弟而已。此父死子祿者，不在九十三國之數。此雖論夏法，殷周亦然。畿内諸侯父死視元士，若有賢德，乃復父位。若畿外諸侯父死，未賜爵亦視元士，除服則得襲父故位。故下文云「未賜爵，視天子元士，以君其國」，注云「列國及縣内之國也」。必知列國未賜爵亦視元士者，以詩云「韎韐有奭，以作六師」，是諸侯世子未爵命，服士之韎韐之服是也。

○**外諸侯，嗣也。**有功乃封之，使之世也。冠禮記曰：「繼世以立諸侯，象賢也。」○冠，古亂反。

疏「外諸侯嗣也」。○正義曰：此一節論外諸侯父死子得嗣位之事。此畿外諸侯世世象賢，傳嗣其國也。故下云「諸侯世子世國」。所以畿内諸侯不世爵而畿外得世者，以畿内諸侯則公卿大夫輔佐於王，非賢不可，故不世也；畿外諸侯嘗有大功，報其勞効，又在外少事，故得世也。異義：按公羊、穀梁說云：卿大夫世，則權并一姓，妨塞賢路，經譏尹氏、崔氏是也。古春秋左氏說：卿大夫得世祿，不世位，父爲大夫死，子得食其故采地，如有賢才，則復父故位。許愼謹按：易爻位三爲三公，食舊德，謂食父故祿。尚書云「世選爾勞」，論語云「興滅國，繼絶世」，詩云「凡周之士，不顯亦世」，孟子云「文王之治岐也，仕者世祿」，知周世祿也，從左氏義。鄭氏無駁，與許同。殷之大夫亦世祿，故祭義云「殷人貴富而尚齒」，注云「臣能世祿曰富」是也。其諸侯之大夫，則下文云「不世爵祿」，謂殷禮也。若周制，諸侯之大夫有功者亦得世祿，故隱公八年無駭卒，左傳云「官有世功，則有官族」。論語云「管氏奪伯氏駢邑三百」，以無功而奪之，若有功則不奪也。

○**制：三公一命卷，若有加，則賜也，不過九命。次國之君不過七命，小國之君不過五命。**卷，俗讀也，其通則曰袞。三公八命矣，復加一命，則服龍袞，與王者之後同，多於此，則賜非命服也。虞夏之制，天子服有日月星辰。周禮曰：「諸公之服，自袞冕而下如王之服。」○命卷，音袞，古本反。復，扶又反。冕，音勉。

疏「制三」至「五命」。○正義曰：此一經論王制三公已下次國小國之君爵命之數。制，謂王者制度，言王者制度三公八命，身著鷩冕，若加一命，則爲上公，與王者之後齊同，而著袞冕，故云「一命卷」。「若有加，則賜也」者，謂九命卷龍之外，依制不合有其服，若有加益者，則是君之特賜，非禮法之常也，則雜記謂之襃衣也。此則禮緯九賜之衣服也，與宗伯再命受服不同。此篇之作，皆是王者之制，而於此特言制者，以三公位尊，又加一命，其事極重，記者以其重，故特云制也。「不過九命，不過七命，不過五命」者，此謂夏殷之制也，亦與周同。○注「卷俗」至「之服」。○正義曰：禮記文皆作卷字，是記者承俗人之言，故云「卷，俗讀也」。云「其通則曰袞」者，謂以通理正法言之則曰袞，故周禮司服及覲禮皆作袞，是禮之正經也，故云「其通則曰袞」。云「虞夏之制，天子服有日月星辰」者，以此經雖以殷爲主，亦雜記虞夏之事，故鄭引虞夏之制言之。按「有虞氏皇而祭」之下注云「夏殷未聞」，此云虞夏之制天子服有日月星辰者，此云特謂虞舜與禹相接，事相關穿，故尚書堯舜禹之書謂之虞夏書，伏生書傳有虞夏傳，以臯陶謨云「予欲觀古人之象」，臯陶謨是虞夏之書，故云虞夏之制，其實虞也。下文有虞夏殷周四代並陳，故云「夏殷未聞」也。云「周禮曰諸公之服自袞冕而下如王之服」者，是司服文，引之者證三公一命衮然則此經三公一命衮謂周制也故以周制解之若周以前則山在衮上不得云一命衮也衣服之制歷代不同按易繫辭云黄帝堯舜垂衣裳而天下治蓋取諸乾坤玄衣法天黄裳法地故易坤六五黄裳元吉是也衣裳從黄帝以來而有也虞氏以來其裳用纁故下文歷陳虞夏殷周注云其服皆玄上纁下裳用纁者鄭注易下繫辭云土記位南方南方色赤黄而兼赤故爲纁也按禮祭地牲玉用黄以放地色裳既法地而用纁者凡衣服著其身有章采文物以黄色太質故用纁也衣爲天色玄禮天牲玉用蒼者以天色晝則蒼夜則玄衣不用蒼亦以其太質故也然祭天亦有牲用玄者尚書及論語云敢用玄牡敢昭告于皇皇后帝是也虞夏之制天子祭服自日月而下十有二章故尚書臯陶云予欲觀古人之象日月星辰山龍華蟲作會宗彝藻火粉米黼黻絺繡是也日一也月二也星辰三也山四也龍五也華蟲六也此六者皆畫於衣故言作會以法於天其數六者法天之陽氣六律也宗彝七也藻八也火九也粉米十也黼十一也黻十二也此六者皆繡於裳故云絺繡絺紩也謂紩刺以爲繡文以法地之陰氣六吕也按鄭注司服云至周登龍於山登火於宗彝尊其神明也龍取其神火取其明然則諸物各有所象故説日月星辰取其明山者安静養物畫山者必兼畫山物故考工記云山以章龍者取其神化龍是水物畫龍必兼畫水故考工記云水以龍華蟲者謂雉也取其文采又性能耿介必知華蟲是雉者以周禮差之而當鷩冕故爲雉也雉是鳥類其頸毛及尾似蛇兼有細毛似獸故考工記云鳥獸蛇此六者以高遠在上故畫於衣宗彝者謂宗廟彝尊之飾有虎蜼二獸虎有猛蜼能辟害故象之不言虎蜼而謂之宗彝者取其美名按周禮有六彝有雞彝鳥彝斝彝黄彝虎彝蜼彝此直云宗彝知非雞彝鳥彝斝黄必爲虎蜼者按明堂位云夏后氏雞彝殷以斝周以黄目又周禮陳六尊六彝皆遠代者在後故六尊之次犧象著壺大山大是虞氏之尊山是夏后之尊六彝之次亦虎彝蜼彝在後故知虎蜼虞夏已飾於尊但舜時已稱宗彝不得有雞彝斝之等以周禮差之而當毳冕故知虎蜼有毛之物也虎蜼淺毛細毳故也藻者取其絜清有文火者取其明照烹飪粉米取其絜白生養黼謂斧也取其決斷之義黻謂兩已相背取其善惡分辨大意取象如此而皇氏乃繁文曲説横生義例恐非本旨此是天子之服其諸侯以下未得而聞按臯陶謨云五服五章哉鄭注云五服十二也九也七也五也三也如鄭之意九者謂公侯之服自山而下七也是伯之服自華蟲而下五也謂子男之服自藻而下三也卿大夫之服自粉米而下與孝經注不同者孝經舉其大綱或云孝經非鄭注以上所云虞舜之制而夏殷注云未聞至周則日月星辰畫於旌旗又登龍於山登火於宗彝故注司服云王者相變至周而以日月星辰畫於旌旗所謂三辰旂旗昭其明也而冕服九章初一曰龍次二曰山次三曰華蟲次四曰火次五曰宗彝皆畫以爲繢六曰藻次七曰粉米次八曰黼次九曰黻皆希以爲繡則衮之衣五章裳四章凡九也鷩之衣三章裳四章凡七也毳之衣三章裳二章凡五也希之衣一章裳二章凡三也玄者衣無文裳刺黻而已是以謂玄焉鄭必知日月星辰畫於旌旗者以司服王自衮冕而下則衮服最尊尚無日月星辰故知日月星辰不在衣服畫於旌旗也知登龍於山者依舊山在龍上若不登龍則衮冕不爲最尊故知登龍於山也知登火於宗彝者若不登火則五章之服自藻而下不得稱爲毳冕若登火於宗彝之上則五章自宗彝而下與毳冕相當然宗彝之下有藻火兩章知不登藻而必登火者火有光明之盛春秋傳云火龍黼黻禮記殷火周龍章是火貴於藻也故知登火不登藻自九章而下以次相差故知衮之衣五章鷩衣毳衣者三章絺衣一章衣法天故章數奇裳法地章數偶以下其數漸少則裳上之章漸勝於衣事勢須然非有義意皇氏每事曲爲其説恐理非也衣章並畫絺冕之衣獨繡者以粉米地物養人服之以祭社稷又地祇並是陰類故衣章亦繡也周之衣服既無日月而郊特牲云衮冕日月之章者謂魯禮也魯以周公之故衮冕亦日月之章其周之天子所用祭服則司服云王祀昊天上帝則服大裘而冕祀五帝亦如之享先王則衮冕享先公饗射則鷩冕祀四望山川則毳冕祭社稷五祀則希冕祭羣小祀則玄冕鄭司農云大裘羔裘也知羔裘者以祭天至質故知羔裘以天色玄謂黑羔裘其六冕所祀依冕之先後祭神之尊卑以衮冕之服華故祭先王以絺冕陰類故祭社稷五祀以玄冕質素故祭羣小祀日月雖尊以天神從質故亦玄冕故玉藻云天子玄端以朝日鄭注云端當爲冕其祭地之服無文按詩昊天有成命郊祀天地也天地相對則祭地亦用大裘故孝經援神契云祭地之禮與祭天同亦據衣服同也又有皮弁以日視朝韋弁以即戎冠弁以田獵故司服云凡兵事韋弁服注云韋弁以韎韋爲弁又以爲衣裳詩采芑注云韋弁服朱衣裳則韎韋也其事同鄭志又以韋弁爲素裳未知孰是司服又云眡朝則皮弁服鄭注云視朝視内外朝之事皮弁之服十五升白布衣積素以爲裳王受諸侯朝覲於廟則衮冕其皮弁又以燕諸公故詩云有頍者弁注云弁皮弁詩人責王不以皮弁燕諸公此冠朝服緇也又以食故玉藻云皮弁以日視朝

遂以食又郊祭之前服之以聽祭報故郊特牲云皮弁以聽祭報又著以舞大夏故明堂位云皮弁素積以舞大夏雖是魯禮王所同之其賓射燕射時亦皮弁也知者按射人職賓射在朝故知用朝服也燕禮記云燕朝服於寢明天子燕亦以朝服故知賓射燕射亦皮弁也司服又云凡甸冠弁服注云甸田獵也冠弁委貌其服緇布衣亦積素以爲裳王卒食而居則玄端此玄端亦緇衣朱裳故玉藻注云天子諸侯玄端朱裳謂之端者已外之服其袂三尺三寸其袪尺八寸其玄端則二尺二寸袂尺二寸端正也以幅廣二尺二寸袂廣二尺二寸與之正方故云玄端也哭諸侯則爵弁故檀弓云天子之哭諸侯也爵弁紂衣爵弁者加爵頭色又有素服凶荒則服之故司服云大札大荒大裁素服其衣服首飾大裘之冕其冕無旒故注弁師云冕服有六而言五冕者大裘之冕蓋無旒不聯數也凡冕之制皆玄上纁下故注弁師云皆玄覆朱裏師說以木版爲中以三十升玄布衣之於上謂之延也以朱爲裏但不知用布繒耳當應以繒爲之以其前後旒用絲故也按漢禮器制度廣八寸長尺六寸也又董巴輿服志云廣七寸長尺二寸皇氏謂此爲諸侯之冕應劭漢官儀廣七寸長八寸皇氏以爲卿大夫之冕服也若如皇氏言豈董巴專記諸侯應劭專記卿大夫蓋冕隨代變異大小不

同今依漢禮器制度爲定也今天子五冕之旒皆用五采之絲爲旒垂五采之玉故弁師云掌王之五冕五采繅十有二就皆五采玉十有二鄭注云每就間蓋一寸旒別有五采玉十有二衮冕故前後各十二旒用玉二百八十八鷩冕九旒用玉二百一十六毳冕七旒用玉一百六十八絺冕五旒用玉百二十玄冕三旒用玉七十二皮弁縫中亦五采玉十二故弁師云王之皮弁會五采玉璂鄭注云會縫中也璂中每貫結五采玉十二以爲飾韋弁亦然故弁師云諸侯及孤卿大夫之冕韋弁皮弁弁絰各以其等爲之則知天子韋弁與皮弁同也其冠弁亦與皮弁同故注弁師云不言冠弁冠弁兼於韋弁皮弁矣自此以前皆王者之服祭服則以衣名冕象上古先有衣後有冕皮弁以下則以弁名衣餘服既輕舉爲重故也其諸侯以下則司服云公之服自衮冕而下侯伯之服自鷩冕而下子男之服自毳冕而下孤之服自希冕而下卿大夫之服自玄冕而下士之服自皮弁而下公之衮冕數與王同其就數則異故鄭注覲禮云上公衮無升龍其旒則九不十二也其三公司服無文按射人三公執璧與子男同則服毳冕也凡此諸侯所著之服皆爲助祭於王若助王祭天地及祭先王大祀之等皆服已上之服若其從王祭祀小祀雖有應著上服皆遂王所著之服不得踰王也自在國

祭其先君則皆玄冕故玉藻云諸侯玄端以祭鄭云端當爲冕其二王之後祭受命之王各服已上之服其自祭餘廟與諸侯同有孤之國其孤則絺冕卿大夫玄冕士爵弁此皆謂助君祭服也無孤之國卿絺冕大夫玄冕以注玉藻云諸侯之臣皆分爲三等其夫卿也則服鞠衣其夫大夫則服禮衣其夫士則服褖衣以此言之君絺冕大夫玄冕士爵弁也此服皆謂助祭君也若其自祭則皆降焉諸侯士則玄端大夫則朝服故儀禮特牲士祭玄端少牢上大夫祭朝服公之孤爵弁以自祭故雜記云大夫冕而祭於公弁而祭於已士弁而祭於公冠而祭於已鄭注云爵弁而祭於已唯孤爾其天子卿大夫則無文諸侯當玄冕以祭其孤卿之等當爵弁也大夫則皮弁知者以諸侯大夫朝服自祭故知天子大夫亦用朝服自祭朝服則皮弁故鄭注玉藻云四命以上齊祭異冠按玉藻云玄冠丹組纓諸侯之齊冠也諸侯既用玄冠而齊則孤卿大夫以下並用玄冠齊也諸侯玄冕而祭天子孤卿及公之孤卿爵弁而祭天子大夫皮弁而祭之皆與齊時玄冠不同故云四命以上齊祭異冠其三命以下玄冠齊玄冠祭是齊祭同冠其諸侯則皮弁以視朔朝服以視朝韋弁以即戎與天子同諸侯田獵亦用韋弁故左傳衛獻公射鴻於閫不釋皮冠而與孫林父言又昭十二年楚子狩於州來

皮冠豹舄諸侯又以皮弁受聘享故聘禮公皮弁天子諸侯亦以玄端燕居故玉藻注云天子諸侯玄端朱裳是也諸侯亦以朝服食夕則深衣故玉藻云朝服以食夕深衣祭牢肉又大祥之祭服朝服故喪服小記除成喪者其祭也朝服縞冠大祥以後則麻衣麻衣則白布深衣也但緣之以布耳又有長衣遭喪權時所服故聘禮云主國之喪主人長衣待賓是也其長衣制與深衣同但緣之以素長衣之袂稍長故玉藻注云長衣中衣繼揜尺深衣則緣而已其中衣制如長衣在上服之自天子以下皆有若祭服中衣用素故詩云素衣朱襮其他服中衣用布故玉藻云以帛裏布非禮也其天子卿大夫士以皮弁爲朝服諸侯卿大夫士以玄冠緇衣素裳爲朝服凡在朝君臣上下同服但士服則謂之玄端袂廣二尺二寸故也其大夫以上則皆侈袂袂三尺三寸故也其大夫以上所論玄端者皆其制與士同其大夫士按玉藻云朝玄端夕深衣其大祥朝服及既祥麻衣並與諸侯同天子祥禫其服無文或亦與諸侯無異其首飾諸侯皆以三采爲藻垂三采之玉公衮冕九旒鷩冕七旒毳冕五旒絺冕三旒玄冕蓋無旒旒皆九玉侯伯鷩冕七旒以下與公同旒皆七玉子男毳冕五旒以下與公同旒皆五玉若熊氏之義公以下諸冕其旒並依命數不減其韋弁皮弁冠弁縫中之玉各依

命數玉皆三采朱白蒼也孤絺冕而下其旒及玉皆二采朱綠各依命數其皮弁韋弁冠弁玉亦二采各依其命數其一命大夫玄冕及士則爵弁皆無旒知諸侯以下首飾藻旒玉數如此者按弁師云諸侯及孤卿大夫之冕韋皮弁各以其等爲之故鄭注云繅斿玉瑧如其命數也冕則侯伯繅七就用玉九十八子男繅五就用玉五十繅玉皆三采孤繅四就用玉三十二命之卿繅三就用玉十八再命之大夫繅再就用玉八藻玉皆朱綠韋弁皮弁則侯伯瑧飾七子男瑧飾五玉亦三采孤則瑧飾四三命之卿瑧飾三再命之大夫瑧飾二玉亦二采一命之大夫冕而無斿士變冕爲爵弁其韋弁皮弁之會無結飾不言冠弁冠弁兼於韋弁皮弁矣是也

○**大國之卿不過三命下卿再命小國之卿與下大夫一命**不著次國之卿者以大國之下互明之此卿命則異大夫皆同周禮公侯伯之卿三命其大夫再命子男之卿再命其大夫一命

【疏】大國至一命○正義曰此一節論大國小國卿大夫命數多少不同之事○注不著至一命○正義曰經直云大國之卿及小國之卿不云次國故云不著次國之卿云以大國之下互明之者以大國之卿不過三命則知次國之卿不過再命大國下卿再命則知次國下卿一命故云互明之云此卿命則異者以大國上卿三命下卿再命次國上卿再命下卿一命小國上下卿並皆一命故云卿命則異云大夫皆同者謂大國次國小國大夫皆同一命今經云小國之卿與下大夫一命既與小國連文知非直據小國下大夫一命者以經云大國下卿再命以次差之明大夫一命自然次國大夫亦一命故云大夫皆同此夏殷制也按周禮云公國之孤四命與餘卿不同則知此大國之卿不過三命亦謂孤也大國下卿再命者謂除孤以外之卿就再命之中分爲中卿下卿也故前文云次國之上卿位當大國之中是也次國之卿再命亦謂上卿執政者若魯之季孫下卿一命亦分爲中下二等故前文云中當其下下當其上大夫是也小國之卿雖同一命亦分爲三等故前文云小國之上卿位當大國之下卿中當其上大夫下當其下大夫其次國小國大夫雖同一命當皆分爲上下二等文已具於上今總云下大夫者對卿言之云周禮公侯伯之卿三命以下者皆周禮典命文以經云大國之卿不過三命故引公侯伯之卿三命以對之周禮公之孤四命不與三命相當故不引之也

○**凡官民材必先論之**論謂考其德行道藝○行下孟反**論辨然後使之**辨謂考問得其定也易曰問以辨之**任事然後爵之**爵謂正其秩次○任而鴆反**位定然後祿之**與之以常食○與如字又音預

【疏】凡官至祿之○正義曰此一節論擇賢材任以爵祿之事各隨文解之○注辨謂至辨之○正義曰辨謂考問得其定也者謂官其人必先論量德行道藝今論量考問事已分辨得其定實故云辨謂考問得其定也引易曰問以辨之是易文言文○任事然後爵之○正義曰爵謂正其秩次言雖考問知其實有德行道藝未明其幹能故試任以事事又幹了然後正其秩次除授位定然後與之以祿○

○**爵人於朝與士共之刑人於市與眾棄之**必共之者所以審慎之也書曰克明德慎罰**是故公家不畜刑人大夫弗養士遇之塗弗與言也屏之四方唯其所之不及以政亦弗故生也**屏猶放去也已施刑則放之棄之役賦不與亦不授之以田困乏又無賙餼也虞書曰五流有宅五宅三居是也周則墨者使守門劓者使守關宮者使守內刖者使守囿髡者使守積○畜許六反徐音徒本又作塗屏必政反去羌吕反賙音周餼許既反有宅王肅注尚書如字鄭音知嫁反懲艾也下同劓魚氣反刖五刮反又音月囿音又髡五忽反本又作完音同徐戶官反積子智反

【疏】爵人至生也○正義曰此一節論爵人及刑人之事各依文解之此云爵人於朝謂殷法也周則天子特假祖廟而拜授之故洛誥云烝祭歲文王騂牛一武王騂牛一時王命周公故特祭文武若諸侯爵人因嘗祭之日故祭統云祭之日一獻君降立于阼階之南南鄉所命北面是也刑人於市與眾棄之者亦謂殷法謂貴賤皆刑於市周則有爵者刑於甸師氏也是故公家不畜刑人者既與眾棄之以是之故天子諸侯之家不畜刑人也大夫不得育養士遇刑人於塗弗與言也謂逢遇於塗不與之言屏之四方惟其所之者屏猶放去也謂已施刑暴故放逐棄去使鄉四方量其罪之輕重合所之適處而居之既是罪人被放不干及以政教之事謂不以王政賦役驅使非但不使意在亦不欲使生困乏又無賙餼直放之化外任其自死自生也○注役賦至守積○正義曰役賦不與謂役賦之事不干與於刑人解經不及以政云亦不授之以田困乏之又無賙餼也者解經亦弗故生也田里所以安其身賙餼所以養其命皆是爲生之具今並不與是不故欲使其生也云

虞書曰五流有宅五宅三居是也者證經屏之四方此云虞書者舜典文鄭注云宅讀曰咤懲刈之器謂五刑之流皆有器懲刈五咤者是五種之器謂桎一梏二拳二三居謂周之夷服鎮服蕃服云周則墨者使守門以下是周禮掌戮文按掌戮墨者使守門注云黥者無妨於禁御云劓者使守關注云截鼻亦無妨以貌醜遠之云宮者使守內注云以人道絕也云刖者使守囿注云斷足驅衛禽獸無急行云髡者使守積注云王之同族不宮之者髡頭而已守積積在隱者宜也引之者欲明周家畜刑人異於夏殷法也

○**諸侯之於天子也比年一小聘三年一大聘五年一朝**比年每歲也小聘使大夫大聘使卿朝則君自行然此大聘與朝晉文霸時所制也虞夏之制諸侯歲朝周之制侯甸男采衛要服六者各以其服數來朝○一朝直遙反數色角反又所具反

○**天子五年一巡守**天子以海內爲家時一巡省之五年者虞夏之制也周則十二歲一巡守○守手又反本又作狩後巡守皆同省色景反

【疏】諸侯至一朝○正義曰此一經論諸侯遣卿大夫聘問及自親朝之事○注小聘至來朝○正義曰知小聘使大夫者按聘禮記云小聘曰問三介大聘使卿爲介有五人其小聘唯三介故知小聘使大夫云此大聘與朝晉文霸時所制也者按昭三年左傳鄭子大叔曰文襄之霸也其務不煩諸侯令諸侯三歲而聘五歲而朝故云晉文霸時所制而晉文霸時亦應有比年大夫之聘但子大叔畧而不言此亦據傳文直云大聘與朝不云比年小聘按左傳文三年聘五年朝諸侯相朝之法今此經文云諸侯之於天子三年一大聘五年一朝則文襄之制諸侯朝天子與自相朝同也如鄭此注唯據文襄故鄭云此晉文霸時所制又鄭駮異義云公羊說比年一小聘三年一大聘五年一朝以爲文襄之制録王制者記文襄之制耳非虞夏及殷法也熊氏或以此爲虞夏法或以爲殷法文義雜亂不復相當曲爲解說其義非也云虞夏之制諸侯歲朝者按尚書堯典云五載一巡守羣后四朝鄭注云巡守之年諸侯朝於方岳之下其間四年四方諸侯分來朝於京師歲徧是也按孝經注諸侯五年一朝天子天子亦五年一巡守熊氏以爲虞夏制法諸侯歲朝分爲四部四年又徧總是五年一朝天子乃巡守故云諸侯五年一朝天子天子亦五年一巡守按鄭注尚書四方諸侯分來朝於京師歲徧則非五年乃徧又孝經之注多與鄭義乖違儒者疑非鄭注今所不取熊氏之說非也虞夏之制但有歲朝之文其諸侯自相朝聘及天子之事則

無文不可知也鄭此注虞夏之制即云周之制不云殷者虞夏及周經有明文故指而言之殷則經籍不見故不言也按春秋文十五年左傳云諸侯五年再相朝以脩王制古之制也按鄭志孫皓問云諸侯五年再相朝不知所合典禮鄭荅云古者據時而道前代之言唐虞之禮五載一巡守夏殷之時天子蓋六年一巡守諸侯間而朝天子其不朝者朝罷朝五年再朝似如此制禮典不可得而詳如鄭志之言則夏殷天子六年一巡守其間諸侯分爲五部每年一部來朝天子朝罷還國其不朝者朝罷朝諸侯至後年不朝者往朝天子而還前年朝者今既不朝又朝罷朝諸侯是再相朝也故鄭云朝罷朝也如鄭之意此爲夏殷之禮而鄭又云虞夏之制諸侯歲朝以夏與虞同與鄭志乖者以羣后四朝文在堯典堯典是虞夏之書故連言夏其實虞也故鄭志云唐虞之禮五載一巡守今知諸侯歲朝唯指唐虞也其夏殷朝天子及自相朝其禮則然其聘天子及自相聘則無文也云周之制以下周禮大行人文故大行人云侯服歲壹見甸服二歲壹見男服三歲壹見采服四歲壹見衛服五歲壹見要服六歲壹見是六者各以其服數來朝皆當方分爲四部分隨四時而來鄭注大行人云朝貢之歲四方各四分趨四時而來是方別各爲四分也近東者朝春近南者宗夏近西者覲秋近北者遇冬故韓侯是北方諸侯而近於西故稱韓侯入覲鄭云秋見天子曰覲又鄭注明堂位云魯在東方朝必以春魯於東方近東故也以此言之則侯服朝者東方以秋南方以冬西方以春北方以夏以其近京師舉此一隅自外可知悉按大宗伯云春見曰朝注云朝猶朝也欲其來之早夏見曰宗注云宗尊也欲其尊王秋見曰覲注云覲之言勤也欲其勤王之事冬見曰遇注云遇偶也欲其若不期而俱至時見曰會注云時見者言無常期諸侯有不順服者王將有征討之事即春秋左傳云有事而會也殷見曰同注云殷衆也十二歲王如不巡守則六服盡朝四方四時分來歲終則徧每當一時一方摠來不四分也此六者諸侯朝王之禮又諸侯有聘問王之禮故宗伯云時聘曰問注云時聘者亦無常期天子有事乃聘之焉殷覜曰視注云殷覜謂一服朝之歲以朝者少諸侯乃使卿以大禮衆聘焉一服朝在元年七年十一年其諸侯自相朝則大行人云凡諸侯之邦交歲相問也殷相聘也世相朝也注云小聘曰問殷中也久無事又於殷朝者及而相聘也父死子立曰世凡君即位大國朝焉小國聘焉鄭知久無事而相聘者按昭九年左傳稱孟僖子如齊殷聘禮也知凡君即位大國朝焉小國聘焉者以襄元年邾子來朝衞子叔晉知武子來聘左傳云凡諸侯即位小國朝

之大國聘焉。邾是小國，故稱朝；衛、晉是大國，故稱聘。君俱是敵國，亦得來聘朝，故司儀云「諸侯相爲賓」是也。若已初即位，亦朝聘大國，故文公元年「公孫敖如齊」，左傳云「凡君即位，卿出並聘」。若已是小國，則往朝大國，故文十一年「曹伯來朝」，左傳云「即位而來見也」。其天子亦有使大夫聘諸侯之禮，故大行人云「間問以諭諸侯之志，歲徧存，三歲徧覜，五歲徧省」。間年一聘，以至十一歲。按昭十三年左傳云「歲聘以志業，間朝以講禮，再朝而會以示威，再會而盟以顯昭明」。賈逵、服虔皆以爲朝天子之法，崔氏以爲朝霸主之法，鄭康成以爲不知何代之禮。故異義云：「公羊說諸侯比年一小聘，三年一大聘，五年一朝天子。左氏說十二年之間八聘四朝，再會一盟。許慎謹按：公羊說虞夏制，左氏說周禮。傳曰『三代不同物』，明古今異說。」鄭駮之云：「三年聘，五年朝，文襄之霸制。周禮大行人諸侯各以服數來朝，其諸侯歲聘間朝之屬，說無所出。晉文公強盛諸侯耳，非所謂三代異物也。」是鄭以歲聘間聘朝文無所出，不用其義也。言晉文公但強盛諸侯耳，何能制禮，而云三代異物乎？是難許慎之辭也。異義「朝名，公羊說諸侯四時見天子及相聘皆曰朝，以朝時行禮，卒而相逢於路曰遇。古周禮說春曰朝，夏曰宗，秋曰覲，冬曰遇。許慎按：禮有覲經，詩曰『韓侯入覲』，書曰『江漢朝宗于海』，知有朝覲宗遇之禮，從周禮說」。鄭駮之云：「此皆有似不爲古昔。按覲禮曰『諸侯前朝皆受舍于朝』，朝通名。」如鄭此言，公羊言其揔號，周禮指其別名。異義：「天子聘諸侯，公羊說天子無下聘義，周禮說間問以諭諸侯之志。許慎謹按：禮，臣疾，君親問之，天子有下聘之義，從周禮說。」鄭無駮，與許慎同也。○注「五年」至「巡守」。○正義曰：知五年是虞夏之制者，堯典云「五載一巡守」，此正謂虞也。以虞夏同科，連言夏耳。若夏與殷，依鄭志當六年一巡守也。云「周則十二歲一巡守」者，大行人云「十有二歲，王巡守殷國」，故知周制十二年也。按白虎通云：「所以巡守者何？巡者，循也；守者，收也。爲天子循行守土，收民道德，大平恐遠近不同化，幽隱不得其所者，故必親自行之，謙敬重民之至也。所以不歲巡守何？爲大煩。過五年，爲其大疏。因天道三歲一閏，天道小備；五歲再閏，天道大備，故五年一巡守。」以此言之，夏殷六歲者，取半一歲之律呂也；周十二歲者，象歲星一周也。○

歲二月，東巡守，至于岱宗，岱宗，東嶽。○岱音代。柴而望祀山川，柴，祭天告至也。○柴，仕佳反，依字作祡。覲諸侯，覲，見也。○覲見，如字，舊賢遍反。問百年者就見之，就見老人。命大師陳詩，以觀民風，陳詩，謂采其詩而視之。○大音泰，後大學、大祖、大子、大樂正、大史皆同。命市納賈，以觀民之所好惡，志淫好辟，市，典市者。賈，謂物貴賤厚薄也。質則用物貴，淫則侈物貴。民之志淫邪，則其所好者不正。○賈音嫁，注同。好，呼報反，下及注同。惡，烏路反。辟，匹亦反，徐芳亦反。侈，昌氏反，又式氏反。邪，似嗟反。命典禮考時月，定日，同律，禮樂、制度、衣服正之，同，陰律也。山川神祇有不舉者爲不敬，不敬者君削以地，舉，猶祭也。削，息約反。○宗廟有不順者爲不孝，不孝者君絀以爵，不順者，謂若逆昭穆。○絀，丑律反，退也。昭，常遥反，凡言昭穆放此。變禮易樂者爲不從，不從者君流，流，放也。○樂音岳。革制度衣服者爲畔，畔者君討，討，誅也。○有功德於民者加地進律。律，法也。五月，南巡守，至于南嶽，如東巡守之禮。八月，西巡守，至于西嶽，如南巡守之禮。十有一月，北巡守，至于北嶽，如西巡守之禮。歸，假于祖禰，用特。假，至也。特，特牛也。祖下及禰皆一牛。○嶽音岳，下同。假音格。禰，乃禮反，父廟也。

【疏】「歲二」至「用特」。○正義曰：此一經論王者巡守四嶽柴望及絀陟之事，各依文解之。○「歲二月東巡守」者，皆以夏之仲月。以夏時仲月者，律厤常得其中也。二月、八月又晝夜分，五月、十一月者陰陽終，故取四仲月也。○注「岱宗，東嶽」。○正義曰：嶽者何？嶽之爲言桷也，桷功德也。必先於此岱山者，言萬物皆相代於東方，故歲二月東巡守至于岱宗。宗者，尊也。岱爲五嶽之首，故爲尊也。○注「柴祭天告至也」。○正義曰：柴祭天告至，謂燔柴以祭上天而告至。其祭天之後，乃望祀山川。所祭之天，則蒼帝靈威仰。○「覲諸侯」。○覲，見也，謂見東方諸侯。其見之禮，按覲禮云「諸侯覲於天子，爲宮方三百步，四門，壇十有二尋，深四尺」。鄭注云「王巡守至于方嶽之下，諸侯會之，亦爲此宮以見之」是也。覲禮又云：「天子乘龍，載大旂，拜日於東門之外，反祀方明。」鄭注引朝事儀曰：「天子冕而執鎮圭尺有二寸云帥諸侯而朝日於東郊所以教尊尊也退而朝諸侯由此二者言之已祀方明乃以會同之禮見諸侯也凡會同者不協而盟盟時設方明於壇上乃以載辭告焉如覲禮及鄭注所云既告至之後爲宮加方明於壇天子出宮東門外拜日反祀方明祀方明之後乃徹去方明故鄭云由此二者言之已祀方明乃以會同之禮見諸侯云二者謂覲禮經文朝日東門反祀方明朝事儀云朝日東郊退而朝諸侯故云由此二者言之已祀方明乃以會同之禮見諸侯也今於覲之前已見諸侯非也其祀方明之後見諸侯之事皇氏以爲未祀方明之前已見諸侯非也其祀方明之後見諸

侯之盟祭也故注云升沈必就祭者也就祭則是謂王巡守及諸侯之盟祭也祭天柴謂祭日也祭地瘞謂祭月也王巡守之盟其神主日諸侯之盟其神主山川王官之伯會諸侯而盟其神主月與今此王制所云巡守至于岱宗柴而覲禮注引王制云王巡守至于岱宗柴是王巡守之盟其神主日又以柴爲盟之所用不同者告至與盟非一事意證巡守盟時有柴故引岱宗以證之其實別也覲禮云鄭注云王巡守至於方嶽之下宮即言加方明經文相連鄭注云侯會之亦爲此宮則亦有方明但文不具耳故巡守祭注云柴祭地瘞埋皆是祭方明也故鄭於方明設六玉之下祭天上宜以蒼璧下宜以黃琮而不以者則上下之神非天地至貴者也以此言之明天子巡守之祭有無方明皇氏下見諸侯來就王會同有方明王巡守之見諸侯無方明也而皇氏用爲說其義非也○問百年者就見之○此謂到方明之下諸侯之後問百年者就見之若未至方嶽於道路之上有百年者則亦王先見之故祭義云天子巡守諸侯待於竟上天先見百年者下云八十九十者東行西行者弗敢過道經之則見之則知百年者道雖不經所在就見之與此少別○命大師陳詩以觀民風○此謂王巡守見諸侯畢乃命其方諸侯大師是掌樂之官各陳其國風之詩以觀其政令之善惡

若政善詩辭亦善政惡則詩辭亦惡觀其詩則知君政善惡故天保詩云民之質矣日用飲食是其政和若其政惡則十月之交徹我牆屋田卒汙萊是也○命市至好辟○命典市之官進納物賈之書以觀民之所有愛好所有嫌惡若民志淫邪則愛好邪辟之物民志所以淫邪由在上教之不正此陳詩納賈所以觀民風俗是欲知君上善惡也○命典至正之○典禮之官於周則大史也考校四時及十二月之大小時有節氣早晚月有弦望晦朔考之使各當其節又正定甲乙之日陰管之同陽管之律玉帛之禮鍾鼓之樂及制度衣服各有等差當正之使正堯典云協時月正日同律度量衡文雖各異大意與此同也○注同陰律也○正義曰鄭以先儒以聲爲齊同此律故辨之云同陰律也故大師云執同律以聽軍聲又典同注云同陰律也不以陽律名管者因其先言耳所以先言者以同爲平聲平爲發語之本今古悉然故先言耳○山川至以爵○山川是外神故云不舉不舉不敬也山川在其國竟故削以地宗廟是內神故云不順不順不孝也宗廟可以表明爵等故紬以爵○注不順至昭穆○正義曰按文二年秋八月丁卯大事于大廟躋僖公逆祀也左傳曰夏父弗忌爲宗伯曰吾見新鬼大故鬼小先大後小順也於是躋僖公於閔公之上是逆昭穆也○變禮至君討○

禮樂雖爲大事非是切急所須故以爲不從君惟流放制度衣服便是政治之急故以爲畔君須誅討此四罪先輕後重○注律法也○正義曰律法釋詁文法謂法度諸事皆是即大行人上公九命繅藉九寸冕服九章建常九斿之等是也五月至用特○言五月南巡至于南嶽者孔注尚書云自東岳南巡守五月至則是從東嶽而去故鄭注尚書云每歸格于祖既言每歸似是嶽別一歸若嶽別一歸而更去便是路遠無由可至尚書既云巡守四嶽即云五載一巡守鄭云每歸者謂每五年巡守而歸也其南嶽西嶽北嶽者按爾雅釋山云泰山爲東嶽郭景純注云泰山爲東嶽在奉高縣西北霍山爲南嶽郭注山在衡陽湘南縣南郭又云今在盧江潛縣西漢武帝以衡山遼曠因讖緯皆以霍山爲南嶽故移其神於此其土俗人皆呼爲南嶽南嶽本自兩山爲名非從近也如郭此言則南嶽衡山自有兩名一名衡山一名霍山自漢武帝以來始從南嶽之神於盧江霍山耳華山爲西嶽郭注云在弘農華陰縣西南恒山爲北嶽郭注云在常山上曲陽縣西北○注假至至一牛○正義曰假至也釋詁文也云祖下及禰皆一牛者謂從始祖下及於禰廟別皆一牛鄭以經云祖禰用特恐同用一牛必知每廟皆一牛者以尚書堯典云歸格于藝祖用特祖既用特明知各用特也唐虞及

夏五廟則用五特也殷用六周用七也又尚書洛誥云文王騂牛一武王騂牛一是各用一牛也自此以上皆是巡守之禮雖未大平得爲之故詩時邁巡守告祭柴望也時邁是武王詩邁行也時未大平而巡守也故大司馬云及師大合軍以行禁令以救無辜伐有罪鄭注云師所謂王巡守若會同不言大者未有敵不尚武又注云大師王出征伐也以此故知未大平得巡守皇氏以爲未大平不巡守非也其封禪者必因巡守大平乃始爲之故中候準讖哲云桓公欲封禪管仲曰昔聖王功成道洽符出乃封泰山今皆不至鳳皇不臻麒麟遁未可以封又禮器云升中於天鳳皇降龜龍假又鉤命決云刑罰藏頌聲作鳳皇至麒麟應封泰山禪梁甫管子又云封禪者須北里禾鄗上黍江淮之間三脊茅以爲藉乃得封禪是大平祥瑞總至乃得封禪也然武王之時未大平而時邁巡守之下注云天子巡行邦國至于方嶽之下而封禪也似武王得封禪者鄭因巡行連言封禪耳不謂當時封禪也白虎通云封禪所以必於泰山何萬物之始交代之處必於其上何因高告高順其類也故升封者增高也下禪梁甫之基廣厚也天以高爲尊故增泰山之高以報天地以厚爲德附梁甫之基以報地刻石紀號者著已之功跡或曰封以金泥銀繩或曰石泥金繩封之印璽孝經緯云封於泰山考績燔燎禪於梁甫刻石紀號又管子云昔古封禪七十二家夷吾所識十有二焉無懷氏封太山伏犧神農少皞黃帝顓頊帝嚳帝堯帝舜禹湯周成王皆封泰山惟禹禪會稽成王禪社首爲異自外皆禪云云白虎通云三皇禪於繹繹之山明已成功而去有德者居之繹繹者無窮之意五帝禪於亭亭之山亭亭者制度審諦道德著明也三王禪於梁甫之山梁者信也甫者輔也信輔天地之道而行之所禪之山與管子不同者異人之說未知孰是云云亭亭繹繹梁甫並泰山旁小山名也

附釋音禮記注疏卷第十一

江西南昌府學栞

禮記注疏卷十一挍勘記　阮元撰盧宣旬摘録

附釋音禮記注疏卷第十一　惠棟挍宋本禮記正義卷第十五

王制第五

王者之制祿爵節

王者至五等　惠棟挍宋本無此五字

南面之君五者　閩監毛本同考文云宋板者作等盧文弨挍本云按下者字亦當作等而考文不著

故不自在其數　惠棟挍宋本同閩監毛本自誤目

熊氏云醮盡其才而用之　惠棟挍宋本作云醮此本云醮二字模糊閩監毛本作以爵

公者爲言平也　閩監毛本同衞氏集說者作之

天子之田方千里節

附庸者　閩監毛本同岳本同嘉靖本同衞氏集說同考文引古本足利本者上有城字非也困學紀聞云庸古墉字王莽曰附城蓋以庸爲城也

唯天子畿內不增　閩監毛本同岳本同嘉靖本同衞氏集說同續通解畿內下有千里二字宋監本同考文引古本同案正義無千里二字

天子至附庸　惠棟挍宋本無此五字

舉正者言之耳　閩本同惠棟挍宋本同監毛本正誤止衞氏集說作舉正者言之爾

按元命包云王者封之　考文引宋本同閩監毛本之作國衞氏集說同盧文弨云封之非

故轉相半別優劣閩監毛本如此此本轉相半三字模糊衞氏集說半下有以字

如此經文不直舉夏時閩監毛本同惠棟按宋本如作知是也

云春秋改周之文從殷之質閩監本同毛本改作變之誤子考文引宋板作之質

或黜減至七十五十里閩監毛本作減此本減作咸衞氏集說亦作減七十下有里字。按史漢多假咸爲減

須使民利國閩監毛本同惠棟按宋本使作便

若然夏家文應五篇閩監毛本篇作等是也

制農田百畝節

田肥墽有五等收入不同也閩監毛本如此岳本同嘉靖本同衞氏集說同此本田誤曰墽誤墽收誤候釋文出肥墝云本又作墽考文引古本作墝

制農至卿祿惠棟按宋本無此五

正以七人六人五人爲率者考文引宋板同閩監毛本正作止衞氏集說同

是有九等閩監毛本同衞氏集說同惠棟按宋本是下有則字

此據準庶人在官之祿惠棟按宋本作準此本準字闕閩監毛本準作制非衞氏集說亦作準據上有經字

司徒上地家十人閩監毛本同衞氏集說十作七是也浦鏜按云七誤十齊召南云司徒上脫小字上大司徒所云農夫授田實有九等大字乃小字之誤也

再易之地家三百晦閩監毛本作再此本再誤至

八鳩當一井閩監毛本同浦鏜按當上補而字

九夫爲數五數而當一井閩監毛本同惠棟按宋本數作藪是也

賦法積四十五閩監毛本同惠棟按宋本五下有井字

上地畝一鍾鍾六斛四斗監毛本同閩本鍾作鍾惠棟按宋本同下同

故載師有官田閩監毛本作載此本載字闕

次國之上卿節惠棟按云次國節其有中士節宋本合爲一節

此諸侯使卿大夫覜聘並會之序也閩本同岳本同嘉靖本同考文引宋板古本足利本同監毛本覜作頫衞氏集說同釋文出覜聘疏做此。按爾雅覜視也覜訓視故從見

其爵位同閩監毛本同嘉靖本同衞氏集說同惠棟按宋本爵位作位爵宋監本岳本同考文引古本同

爵異固在上耳閩監本同岳本同嘉靖本同衞氏集說同考文引宋板古本足利本同正義亦作固毛本誤故

使卿絺冕閩監毛本同惠棟按宋本使作又

其有中士下士者節

正義曰中士者惠棟按宋本無正義曰三字

既定在朝會閩監毛本同惠棟按宋本無定字衞氏集說同

本國出使其行至他國閩監毛本其作是

是文以大國爲主閩監毛本作主此本主誤王衞氏集說是作此

凡四海之內九州節

州建百里之國三十閩監毛本同岳本同嘉靖本同衞氏集說同石經三十合作卅後凡三十字放此

五十里之國百有二十閩監毛本同岳本同嘉靖本同衞氏集說同石經二十合作廿後凡二十字放此

立小國百二十十二小卿也　閩監毛本同岳本同嘉靖本同衞氏集說同惠棟校宋本十十二字下又重十字○按正義云當十於十二小卿也是正義本十字當重又云定本云十十二小卿重有十字俗本直云十二小卿俗本誤也今各本脫一十字反同於正義所譏之俗本大謬也

不得障管　閩監毛本同岳本同嘉靖本同衞氏集說同釋文出章管云本亦作障正義引定本云不得不管亦賦稅而已

盈上四等之數并四十九　閩監毛本同衞氏集說同惠棟校宋本九作六岳本同嘉靖本同考文引古本足利本同岳本禮記考證云案盈上四等之數謂添上公侯伯子四等數也上既云方五百里者四百里者六三百里者十一二百里者二十五綜四六十一二十五計之共應四十六并小國一百六十四是爲一州二百一十國則非四十九明矣諸本六作九非

凡四至十國　惠棟校宋本無此五字

故知準擬六卿言十於六卿六十也　閩監毛本同考文引宋板無言十於六卿五字衞氏集說同

定本云十十二小卿　閩監毛本作本此本本字闕

若不得取其財物　閩監毛本同惠棟校宋本若作民衞氏集說同

以時入之于王府是也　閩本同監毛本王作玉是也衞氏集說同無之字

則五箇千里之方　閩監毛本同惠棟校宋本方下有外字衞氏集說同

更得五十九箇百里之方　閩監毛本如此衞氏集說同此本九下衍外字

伯於三百里之上　閩監毛本有里字此本里字脫考文引宋板同

以其尊極故也　閩監毛本同惠棟宋本無也字

天子之縣內節

雖有致仕猶可卽而謀焉　閩監毛本同嘉靖本同衞氏集說同惠棟校宋本有作其宋監本岳本同案依正義作其

天子至閒田　惠棟校宋本無此五字

惟有九十三國者　閩監毛本作者此本者字闕

土地既減　閩監毛本作減此本減作咸

亦入之王府　閩監毛本同衞氏集說王作玉考文引宋板同

以大都之田任畺地是也　惠棟校宋本作畺衞氏集說同此本畺誤量閩監毛本同

凡九州節　閩本此節疏十九二十兩頁上下截互易蓋板斷後聯之者誤也

不與不在數中也　閩監本同考文引宋板同岳本同嘉靖本同衞氏集說同毛本數誤數

春秋傳云　閩監毛本同惠棟校宋本云作曰宋監本岳本同嘉靖本同衞氏集說同考文引古本足利本同

方千里者二十五　閩監毛本同嘉靖本同惠棟校宋本五下有也字宋監本岳本同

凡九至不與　惠棟校宋本無此五字

次經明天子縣內殷之畿內國畿　閩監毛本同惠棟校宋本下畿作數衞氏集說作次經云天子縣內明殷之畿內國數

引春秋傳者哀七年左傳文　閩監毛本作七衞氏集說同此本七字漶滅

與會稽別也　閩監毛本作會稽此本會稽二字漶滅

按萬國之數鄭注皐陶謨　惠棟校宋本如此衞氏集說同此本數鄭注三字漶滅閩監毛本作數注在脫鄭字衍在字

堯初制五服更五百里　閩監毛本同浦鏜依書疏改更作各

封國七有奇　閩監毛本如此此本七有奇三字漶滅

以千里之方二爲公侯之國　閩監毛本同惠棟挍宋本二作三

又以千里之方二爲伯七十里之國　閩監本同毛本二作三

又以千里之方二爲子男五十之國　此本二爲子三字漶滅

以二百國及奇餘爲附庸山澤　惠棟挍宋本亦作二閩監毛本二作三

以地形不可方平如圖又有山澤不封之地　閩監毛本同考文引宋板無方字澤字非也

帝德寬廣　閩監毛本同惠棟挍宋本廣作遠

要服去王畿三千五百里　閩監毛本同惠棟挍宋本畿作城

與周要服相當　閩監毛本同衛氏集說同盧文弨云要當作蠻

又其外方五百里曰藩服　閩本同惠棟挍宋本亦作藩是也衛氏集說同監毛本藩作蕃

鄭駮之云而諸侯多少　閩監毛本同盧文弨云而字衍

則殷末諸侯千二百也　惠棟挍宋本同閩監毛本二作八又此本二字誤重

天子百里之內以共官節

天子至爲御　惠棟挍宋本無此五字

四面相距則二百里　惠棟挍宋本同閩監毛本二作五衛氏集說同

千里之外設方伯節

千里至二伯　惠棟校宋本無此五字

鄭荅志云　閩監毛本同浦鏜云當鄭志荅某云之誤盧文弨云荅字衍

大公爲王官伯　惠棟挍宋本作王此本王誤三閩監毛本作五亦非

而立五侯九伯　閩本同惠棟挍宋本同監毛本立作云盧文弨云立字非

其寔無也　閩監毛本同惠棟挍宋本寔作實

千里之內曰甸節

服治田出穀稅　閩監毛本同岳本同嘉靖本服誤使衛氏集說作甸謂服治田出穀稅甸謂二字衛氏以意增成之耳考文云古本服上有甸字稅下有者也二字足利本作甸服能治田出穀稅者皆非正義云直云服治田出穀稅無甸字可見當時本不一而正義則定從定本也疏中標起止亦無甸字可證

千里至曰流　惠棟挍宋本無此五字

服治至穀稅　閩監毛本同惠棟挍宋本作服治田出穀稅

經云千里之外曰采　閩監毛本云作文非也考文引宋板亦作云

注謂九至里流　閩監毛本同惠棟挍宋本作曰流盧文弨云宋本此段標曰流二字乃是釋經文非釋注也

天子三公節

天子至元士　惠棟挍宋本無此五字

以明堂殷官二百　閩本同惠棟挍宋本同監毛本二誤三衛氏集說亦作二堂下有位字

或舉殷也　惠棟挍宋本此下標禮記正義卷第十五終記云凡二十二頁

大國三卿節　此本經次國上小國上皆有○嘉靖本同非也閩監毛本去○是○惠棟挍宋本自此節起至歲二月止爲第十六卷卷首題禮記正義卷第十六

如今詔書除吏矣　惠棟挍宋本監本岳本嘉靖本同衛氏集說同閩監毛本矣上衍是字

大國至七八　惠棟挍宋本無此五字

但大國三卿並受命於天子也 閩監毛本同衛氏集說也作耳

故此云下大夫五上士二十七人 閩監毛本同惠棟挍宋本五下有人字是也考文引宋板上作人山井鼎云或作上或作人俱脫一字當作下大夫五人上士二十七人按此考文與惠挍不同

天子使其大夫爲三監節

天子使其至三人 惠棟挍宋本無此七字

天子之縣內諸侯節

不得位 閩監毛本同衛氏集說同惠棟挍宋本位作世宋監本岳本嘉靖本同○按正義云不得繼世之事則作世是也

天子至祿也 惠棟挍宋本無此五字

外諸侯節

外諸侯嗣也 惠棟挍宋本無此五字

制三公一命衮節

制三至五命 惠棟挍宋本無此五字

又覲禮皆作衮 閩監毛本同惠棟挍宋本又作及是也衛氏集說同

按有虞氏皇而祭之下 閩監毛本同考文引宋板皇作望

土記位南方 閩監本同毛本記作託按玉海集鄭易注作土無正位託于南方是亦作託字

故知虎蜼虞夏已飾於尊 閩本同惠棟挍宋本同監毛本蜼誤彝

藻者取其絜清有文 閩監毛本絜作潔俗絜字下絜白同

黻謂兩已相背 閩監毛本同浦鏜挍云爲誤謂已當亞誤

皆希以爲繡 惠棟挍宋本同閩監毛本希作絺衛氏集說同按周禮注作希釋文云本又作絺○按依說文當作黹

希之衣一章 監本同衛氏集說亦作希是也閩毛本希作絺

絺衣一章 閩本同惠棟挍宋本同監毛本絺作希

裳法地章數偶 閩監毛本同惠棟挍宋本章上有故字衛氏集說同

絺冕之衣獨繡者 閩本同監毛本絺作希山井鼎云此疏中希冕之希正嘉二本共作絺宋板或作絺又作希參差不同今不復一一記之但從糸者近是按山井鼎說非也此本疏中凡引經注成文作希者皆仍作希其非引經注成文則皆作絺宋本當同此例閩本一槩改從絺監毛本又一槩改從希皆未知孔氏之意也

其元端則二尺二寸 閩監毛本同浦鏜挍則下補袂字

絺冕五旒 閩本同監毛本絺作希

舉首爲重故也 惠棟挍宋本有首字此本首字脫閩監毛本同

孤之服自希冕而下 監毛本同閩本希作絺

公之衮冕章數與王同 惠棟挍宋本有章字此本章字脫閩監毛本同

其孤則絺冕 閩本同監毛本絺作希下無孤之國卿絺冕以此言之卿絺冕絺冕三旒孤絺冕而下並同

故聘禮云主國之喪 閩監毛本同惠棟挍宋本云作王非

諸侯及孤卿大夫之冕韋皮弁 閩監毛本同惠棟挍宋本韋下有弁字與周禮弁師合

繅玉皆三采 閩監毛本同惠棟挍宋本繅作藻

用玉三十二命之卿繅三就 閩監毛本同惠棟挍宋本命上有三字考文記宋板命上復有二字亦與惠挍小異○按二卿三字之誤檢周禮注自得也

冠弁兼於韋弁皮弁矣是也 閩監毛本矣改弁惠棟挍宋本矣上有弁字是

大國之卿節

與下大夫一命 閩監毛本同岳本同嘉靖本同衞氏集說同石經闕考文云古本一作壹

大國至一命 惠棟挍宋本無此五字

凡官民材節

凡官至祿之 惠棟挍宋本無此五字

正義曰爵謂正其秩次 惠棟挍宋本無正義曰三字

爵人於朝節

與衆弃之 石經同岳本同嘉靖本同閩監毛本弃作棄衞氏集說同

士遇之塗 閩監毛本同石經同岳本同嘉靖本同衞氏集說同釋文出之涂云本又作塗正義本作塗○按古道塗字多作涂

亦弗故生也 石經岳本嘉靖本宋監本同惠棟挍宋本亦作亦閩監毛本亦誤示衞氏集說同按正義云非但不使意在亦不欲使生正䟽經文亦字義石經考文提要云宋大字本余仁仲本劉叔剛本禮記纂言皆作亦

困乏又無賙餼也 閩本惠棟挍宋本岳本宋監本嘉靖本同衞氏集說同監毛本又誤及

爵人至生也 惠棟挍宋本無此五字

合所之適處而居之 閩監毛本同衞氏集說之適作適之

解經亦弗故生 考文引宋板同閩監毛本亦誤示

謂桎一梏二拲二 考文引宋板同閩監毛本二作三盧文弨云按梏二拲二與桎一是五種

從宋本是

以人道絕也 惠棟校宋本作人此本人字殘闕閩監毛本人作夫非

諸侯之於天子也節

諸侯至一朝 惠棟挍宋本無此五字

四年又徧 閩監毛本同考文引宋板又作乃

按鄭注尚書曰方諸侯 閩監毛本同惠棟挍宋本曰作四是也

是鄭以歲聘閒聘朝文無所出 閩監毛本同惠棟校宋本無閒下聘字

守者收也爲天子循行守土收民 閩監毛本同浦鏜云牧誤收○按浦鏜是也作牧字與通典及初學記所引合又孫志祖云李善注東都賦引禮記逸禮曰巡狩者何巡者循也狩牧也謂天子巡行守牧也亦作牧之一證

道德大平 閩監毛本大作太下大煩大䟽同

謙敬重民之至也 閩監毛本同浦鏜從禮器䟽挍謙改謹

歲二月節

舉猶祭也 閩本同惠棟挍宋本同岳本同嘉靖本同衞氏集說同監毛本祭誤宗

歲二至用特 惠棟挍宋本無此五字

嶽之爲言桷也桷功德也 惠棟挍宋本作桷此本桷誤桶閩監毛本改桶作誦亦非也山井鼎云白虎通作桶恐桷字誤風俗通作角盧文弨改從桷云桷與角同浦鏜改作捔

其祭天之後乃望祀山川 閩監毛本山誤三惠棟挍宋本亦作山衞氏集說作而後望祀山川

故云由此云二者言之 閩監毛本同惠棟挍宋本無下云字

今此王制所主岱宗柴者閩監毛本同惠棟挍宋本主作注是也

則亦王先見之考文引宋板同閩監毛本亦王作王亦衞氏集說同

鍾鼓之樂閩監毛本鍾作鐘衞氏集說作鼓鍾之樂

宗庿是內神閩監毛本庿作廟衞氏集說同下宗庿可以表明爵等大事于大庿同

郭注山在衡陽相南縣南閩監本同相作湘毛本亦作湘山誤云

今在廬江潛縣西閩監毛本同浦鏜挍潛改灊按爾雅釋山郭注作灊

自魏武帝以來閩監毛本同齊召南云按魏字誤徙衡之祀於霍自漢武帝始也尚書疏作漢字是

管子又云封禪者惠棟挍宋本作子此本子誤中閩監毛本因作仲非也

鄭因巡行連言封禪耳閩監毛本同惠棟挍宋本行作守

孝經緯云惠棟挍宋本同閩監毛本緯誤諱考文云宋板云字闕

昔古封禪七十二家閩監毛本同惠棟挍宋本昔作自

附釋音禮記注疏卷第十一終惠棟挍宋本標禮記正義卷第十六終記云凡二十一頁

禮記注疏卷十一挍勘記

附釋音禮記注疏卷第十二

王制　鄭氏注　孔穎達疏

天子將出，類乎上帝，宜乎社，造乎禰。諸侯將出，宜乎社，造乎禰。帝謂五德之帝所祭於南郊者。類、宜、造，皆祭名，其禮亡。○禷音類，造七報反，下及注同。

疏 天子至乎禰。○正義曰：此一經論天子巡守之禮也。將出，謂初出時也。知此是巡守者，以下別云「天子將出征，類乎上帝」，故知此是巡守也。類乎上帝者，謂祭告天也。宜乎社者，此巡行方事，誅殺封割，應載社主也。云宜者，令誅伐得宜，亦隨其宜而告也。社主於地，又爲陰，而誅殺亦陰，故於社也。故書云「弗用命，戮于社」是也。○造乎禰者，造，至也，謂至父祖之廟也。然此出歷至七廟，知者，前歸假既云祖禰，明出亦告祖禰也。今惟云禰者，白虎通云：「獨見禰何？辭從卑，不敢留尊者之命，至禰不嫌不至祖也。」皇氏申之云：行必有主，無則主命，載于齊車。書云「用命賞于祖」是也。今出辭別，先從卑起，最後至祖，仍取遷主則行也。若前至祖，後至禰，是留尊者之命，爲不敬也。故曲禮曰「已受命，君言不宿於家」，亦其類也。若還則先祖後禰，如前所言也。所以然者，先應反。主祖廟故也。然出告天地及廟，還惟告廟不告天地者，白虎通云：還不復告天者，天道無外內，故不復告也。○諸侯將出者，謂朝王及自相朝、盟會、征伐之事也。○宜乎社者，不得告天，故從社始也，亦載社主也。○造乎禰者，亦告祖及載主也。惟言出告，則歸亦告也。曾子問曰「出反必親告于祖禰」是也。天子用特牲，諸侯卑則否也。曾子問注云「皆奠幣以告」之是也。○注帝謂至禮亡。○正義曰：證天子類帝是祭五德帝也。鄭注月令「祈穀於上帝」爲大微之帝，注此上帝爲五德，五德似如大皞五人之帝，二文不同。庾蔚云：謂大微五帝應於五行，五行各有德，故謂五德之帝。木神仁，金神義，火神禮，水神知，土神信，是五德也。云所祭於南郊者，按五德之帝應祭四郊，此獨云祭於南郊者，謂王者將行，各一祭所出之帝於南郊，猶周人祭靈威仰於南郊，是五帝之中一帝，故上惣云帝謂五德之帝，此據特祭所出之帝，故云祭於南郊。云類、宜、造皆祭名者，按小宗伯云「凡天地之大烖，類社稷宗廟，則爲位」，鄭注云：「禱祈禮輕，類者，於其正禮而爲之。」是類爲祭名也。按爾雅釋天云：「起大事，動大衆，必先有事乎社而後出，謂之宜。」孫炎注云：「求便宜也。」是宜爲祭名也。按大祝六祈，一曰類，二曰造，是造爲祭名也。但天道懸遠，以事類告之。社主殺戮，

故求其便宜。廟爲親近，故以奉至言之。各隨義立名也。

○天子無事，與諸侯相見曰朝。事謂征伐。○與如字，朝直遥反。考禮正刑一德，以尊于天子。天子賜諸侯樂，則以柷將之；賜伯子男樂，則以鼗將之。將謂執以致命。柷鼗皆所以節樂。○柷昌六反，樂音岳，鼗音桃。

○諸侯賜弓矢，然後征；賜鈇鉞，然後殺；賜圭瓚，然後爲鬯。未賜圭瓚，則資鬯於天子。得其器，乃敢爲其事。圭瓚，鬯爵也。鬯，秬酒也。○鈇方于反，又音斧。鉞音越。圭字又作珪。按說文珪古字，圭今字。瓚才旦反。鬯勑亮反。秬音巨，黑黍也。

疏 天子至天子。○正義曰：此一節論諸侯朝天子、天子賜之事，各隨文解之。○注事謂征伐。○正義曰：知事非喪故而爲征伐者，若王室有喪，則朝赴不廢，故傳云天子七月而葬，同軌畢至。此朝謂常朝，雖四時而來，朝朝是揔名也。若時會之禮有征伐之事，則此常朝別也。○考禮正刑一德以尊于天子者，考禮謂諸侯相與朝王之時，考校禮儀，正定刑法，專一道德以尊崇天子。不言樂者，禮中兼之。禮、刑是施用於人，故先言之；道德是己之所行，故後言之。○注將謂至節樂。○正義曰：凡與人之物，置其所與大者於地，執其小者以致命於人。將，行也，謂執以行命。云柷鼗皆所以節樂者，按漢禮器制度，柷狀如漆筩，中有椎，將作樂，先擊之。鼗如小鼓，長柄，旁有耳，搖之使自擊。柷之節樂，節一曲之始，其事寬，故以將諸侯之命。鼗所以節一唱之終，其事狹，故以將伯子男之命。○諸侯至天子。○賜弓矢者，謂八命作牧者。若不作牧，則不得賜弓矢。故宗伯云「八命作牧」，注云：「謂諸侯有功德者，加一命得專征伐。」此謂征伐當州之內。若九命爲二伯，則得專征一方五侯九伯也。若七命以下，不得弓矢賜者，尚書大傳云以兵屬於得專征伐者。此弓矢則尚書彤弓一、彤矢百、盧弓十、盧矢千，於周禮則當唐弓、大弓，合七而成規者，故司弓矢云「唐弓、大弓以授使者勞者」，注云：「若晉文侯、文公受王弓矢之賜者。」賜鈇鉞者，謂上公九命得賜鈇鉞，然後鄰國臣弑君、子弑父者得專討之。晉文侯雖受弓矢，不受鈇鉞，崔氏云以不得鈇鉞，不得專殺，故執衛侯歸之於京師。○賜圭瓚者，亦謂上公九命者。若未賜圭瓚者，則用璋瓚。故周禮小宗伯注云「天子圭瓚，諸侯璋瓚」。既不得鬯，則用薰。故王度記云「天子以鬯，諸侯以薰」。圭瓚之制，按玉人職，大璋、中璋之下云「黃金勺，青金外，

朱中鼻寸衡四寸鄭注云鼻勺流也凡流皆爲龍口也○璋之勺形如圭瓚又典瑞注瓚槃大五升口徑八寸下有槃口徑一尺又明堂位注云以大圭爲柄玉人注又云有流前注此是圭瓚之形也鬯者釀秬黍爲酒和以鬱金之草謂之鬱鬯不以鬱和直謂之鬯此鬯者謂鬯也此弓矢鈇鉞圭瓚等八命九命而加九賜也晉文侯雖以州牧之禮命之所賜者皆九賜之物但無鈇鉞之賜其前文賜樂者非九賜之樂故伯子男亦得受之魯無弓矢之賜陳恒弒君孔子請討之者春秋之時見鄰國簒逆亦得專征伐若鄰國無罪而輒征之則不可故哀公八年魯伐邾吳子討之是也○天子命之教然後爲學小學在公宮南之左大學在郊學所以學士之宮尚書傳曰百里之國二十里之郊七十里之國九里之郊五十里之國三里之郊此小學大學殷之制天子曰辟廱諸侯曰頖宮尊卑學異名辟明也廱和也所以明和天下頖之言班也所以班政教也○辟音壁注同頖音泮疏天子至頖宮○正義曰此一節論天子命諸侯立學及學名之事各依文解之○注尚書至之制正義曰所引書傳者伏生多士傳文假令百里之國國城居

中面有五十里二十里置郊郊外仍有三十里七十里之國國城居中面有三十五里九里置郊郊外仍有二十六里五十里之國國城居中面有二十五里三里置郊郊外仍有二十二里此皆以四里爲差此經小學在公宮南之左大學在郊既是殷制故引書傳郊之所在以明之若周制則司馬法云百里郊天子畿內方千里百里爲郊則諸侯之郊皆計竟大小故聘禮注云遠郊上公五十里侯伯三十里子男十里也近郊各半之鄭必知近郊半遠郊者按書序云命君陳分正東郊成周注云東郊周之近郊也蓋五十里今河南洛陽相去則然以天子近郊半遠郊則知諸侯近郊皆半遠郊也以經文承上諸侯之下故直云天子命之教不云命諸侯從可知云此小學大學殷之制者以下文云殷人養國老於右學養庶老於左學則左學小右學大此經云小學在公宮南之左故知殷制也周則大學在國小學在四郊下文具也○注辟明至教也○正義曰釋詁云辟君也君則尊明廱和也釋訓文云所以明和天下者謂於此學中習學道藝欲使天下之人悉皆明達諧和故云明和天下云頖之言班也所以班政教也者頖是分判之義故爲班於此學中施化使人觀之故云所以班政教也按詩注云土雝水之外圓如璧注又云頖之言泮以南通水北無也二注不同者此注解其義詩

注解其形於此必解其義者以上云天子命之教是政教治理之事故以義解之詩云王在在靈沼於牣魚躍又云思樂泮水薄采其芹皆論水之形狀故詩注以形言之○天子將出征類乎上帝宜乎社造乎禰禡於所征之地禡師祭也爲兵禱其禮亦亡○禡馬怕反又音百注同爲于僞反下爲盡物同禱丁老反受命於祖告祖也受成於學定兵謀也出征執有罪反釋奠于學以訊馘告釋菜奠幣禮先師也訊馘所生獲斷耳者詩曰執訊獲醜又曰在頖獻馘馘或爲國○訊本又作誶音信注同馘古獲反截耳斷音短下斷殺同疏天子至馘告○正義曰此一經論天子出征所祭之事各依文解之○注禡師至亦亡○正義曰按釋奠云是類是禡師祭也故知禡爲師祭也謂之禡者按肆師注云貉讀如十百之百爲師祭造軍法者禱氣勢之增倍也其神蓋蚩蚘或曰黃帝鄭既云祭造軍法者則是不祭地熊氏以禡爲祭地非師祭皆稱類爾雅類既爲師祭所以上文云天子將出巡守類乎上帝及舜之攝位亦類乎上帝並非師祭皆稱類者但爾雅所釋多爲釋詩以皇矣云是

類是禡止釋皇矣類禡爲師祭不謂餘文類皆爲師祭但類者以事類告天若以攝位事類告天亦謂之爲類若以巡守事類告天亦謂之爲類故異義夏侯歐陽說以類祭天者以事類祭之古尚書說非時祭天謂之類許慎謹按周禮郊天無言類者知類非常祭從古尚書說鄭氏無駁與許同也然今尚書及古尚書二說其文雖異其意同也以事類告祭則是非常故孔注尚書亦云以攝位事類告天鄭又以類雖非常祭亦比類正禮而爲之故小宗伯注云類者依其正禮而爲之是也○受命至馘告○受命於祖謂出時告祖是不敢自專有所稟承故言受命祖禰皆告以祖爲尊故特言祖此受命於祖則前文造乎禰也但前文據告行故云造乎禰此據以征伐之事故云受命於祖所以重起其文也然則受命於祖在造乎禰之前但前文類帝宜社禡於所征之地總說出行之時然後卻本初時受命於祖受成於學之事所以文倒也受成於學者謂在學謀論兵事好惡可否其謀成定受此成定之謀在於學裏故云受成於學○出征執有罪者謂出師征伐執此有罪之人還反而歸釋菜奠幣在於學以可言問之訊截左耳之馘告先聖先師也○注釋菜至獻馘○正義曰按大胥職云春入學舍采合舞文王世子亦云釋菜鄭注云釋菜禮輕也則釋菜惟釋蘋藻而已無牲牢無幣帛文

王世子又云始立學者既興器用幣注云禮樂之器成則釁之又用幣告先聖先師以器成此則徒用幣而無菜亦無牲牢也文王世子又云凡始立學者必釋奠於先聖先師及行事必以幣是釋奠有牲牢又有幣帛無用菜之文熊氏以此爲釋菜奠幣者謂釋奠之禮以獻俘馘故云釋菜奠幣言釋奠之時既有牲牢菜幣兩有今按注云釋菜解經中釋字奠幣解經中奠字又云禮先師不云祭先師則以訊馘告之時但有菜幣而已未必爲釋奠有牲牢也於事有疑未知孰是故備存焉然則釋菜奠幣皆告先聖先師此直云先師文不具耳云訊馘所生獲斷耳者以生獲解訊以斷耳解馘按釋言云訊言也故詩注云執其可言問者釋詁云馘獲也訊是生者馘是死而截耳者云詩曰執訊獲醜者詩小雅出車篇也云又曰在頖獻馘者魯頌泮水篇文也按周禮宗伯師還獻愷於祖司馬職云愷樂獻于社此記不云祖及社者文不具周禮不云獻愷於學者亦文不具

○天子諸侯無事則歲三田一爲乾豆二爲賓客三爲充君之庖三田者夏不田蓋夏時也周禮春曰蒐夏曰苗秋曰獮冬曰狩乾豆謂腊之以爲祭祀豆實也庖今之廚也○乾音干庖步交反蒐所交反獮

記疏卷十二　五

息淺反腊音昔無事而不田曰不敬田不以禮曰暴天物不敬者簡祭祀略賓客天子不合圍諸侯不掩羣爲盡物也○合如字徐音閤揜音掩本又作掩天子殺則下大綏諸侯殺則下小綏綏當爲緌緌有虞氏之旌旗也下謂弊之○綏依注音緌耳佳反下注同大夫殺則止佐車佐車止則百姓田獵佐車驅逆之車○獵力輒反驅巨于反又巨遇反獺祭魚然後虞人入澤梁豺祭獸然後田獵鳩化爲鷹然後設罻羅草木零落然後入山林昆蟲未蟄不以火田取物必順時候也梁絕水取魚者罻小網也昆明也明蟲者得陽而生得陰而藏○獺徐他達反又他瞎反豺仕皆反罻音尉一音鬱零本又作苓音同說文云草曰苓木曰落蟲直隆反下同蟄直立反不麛不卵不殺胎不殀夭重傷

未成物殀斷殺少長曰夭○麛本又作麑音迷同卵力管反胎吐來反殀夭上於表反下烏老反斷丁亂反又音段少長上詩召反下丁丈反不覆巢覆敗也○覆芳服反注同【疏】天子至覆巢○正義曰此一節論天子以下田獵之事各隨文解之○天子諸侯無事者謂無征伐出行喪凶之事則一歲三時田獵獵在田中又爲田除害故稱田也○一爲乾豆者謂乾之以爲豆實豆實非脯而云乾者謂作醢及臡先乾其肉故云乾豆是上殺者也○二爲賓客中殺者也○三爲充君之庖下殺者也故穀梁淵聖御名四年范甯云上殺中心死速乾之以爲豆實次殺射髀骼死差遲故爲賓客下殺中腸污泡死最遲故充庖廚又車攻毛傳云自左膘而射之達於右腢爲上殺射右耳本次之射左髀達於右䯚爲下殺是亦有三等之殺先宗廟次賓客者尊神敬賓之義○注三田至曰狩○正義曰夏不田蓋夏時也者以夏是生養之時夏禹以仁讓得天下又觸其夏名故夏不田鄭之此注取春秋緯運斗樞之文故以爲夏不田若何休稍異於此故穀梁傳淵聖御名四年公狩于郎傳曰春曰田夏曰苗秋曰蒐冬曰狩何休云運斗樞曰夏不田穀梁有夏田於義爲短鄭玄釋之云四時皆田夏殷之禮詩云之子于苗選徒囂囂夏田明矣孔子雖有聖德不敢顯然改先王

記疏卷十二　六

之法以教授於世若其所欲改其陰書於緯藏之以傳後王穀梁四時田者近孔子故也公羊正當六國之亡讖緯見讀而傳爲三時田作傳有先後雖異不足以斷穀梁也如鄭此言三時之田不敢顯露陰書於緯四時之田顯然在春秋之經穀梁爲傳之時去孔子既近不見所藏之緯唯覩春秋見經故以爲四時田也公羊當六國之時去孔子既遠緯書見行於世公羊既見緯文故以爲三時又鄭釋廢疾云歲三田謂以三事爲田即上一曰乾豆之等是深塞何休之言當以○注爲正云周禮春曰蒐以下周禮大司馬職文彼注云夏田爲苗擇取不孕任者若治苗去不秀實者秋田爲獮獮殺也中殺者多也冬田爲狩言守取之無所擇也鄭不釋蒐者蒐擇也亦謂擇取不孕者以義可知故不解也然春秋四時田獵皆曰蒐者以春蒐之禮行之故也田不以禮曰暴天物者若田獵不以其禮殺傷過多是暴害天之所生之物以禮田者則下文天子不合圍以下至不覆巢皆是也○天子至掩羣○天子四時田獵皆得圍但圍而不合若諸侯惟春田不得圍○其夏秋冬皆得圍圍亦不合故下曲禮云國君春田不圍澤○諸侯不掩羣者是畿內諸侯爲天子大夫故下曲禮云大夫不掩羣此皆是熊氏之說若皇氏以此爲夏殷禮下曲禮爲周禮義或然也○注綏當至弊之○正義曰綏字

是糸旁妥是登車之索綏字是糸旁委是旌旗之名經作綏字故云綏當爲緌云有虞氏之旌旗也者按明堂位云有虞氏之旂夏后氏之綏鄭注云有虞氏當言緌旗旗無旒者周謂之大麾於周則春夏田用綏故鄭荅趙商云春夏用大麾秋冬用大常云下謂弊之者謂弊仆於地也若初殺時則抗之巳殺獵止之時則弊之故詩傳云天子發抗大綏諸侯發抗小綏此抗綏以表天子諸侯之獲周禮大司馬以旗致民注云小旗者立旗期民於其下也山虞云植虞旗澤虞云植虞旌謂田獵罷致禽旌旗也並與此綏不同也。大夫至田獵。大夫殺則止佐車則天子諸侯殺未止佐車也云佐車止則百姓田獵以此推之則天子殺然後諸侯殺諸侯殺然後大夫殺故詩傳云天子發然後諸侯發諸侯發然後大夫士發是也此云佐車止則百姓田獵謂冬獵之時然則大綏小綏者是夏殷之法秋冬皆用綏異於周也。注佐車驅逆之車。正義曰按大司馬云乃設驅逆之車注云驅驅出禽獸使趍田者也逆逆要不得令走凡四時田獵欲止之時各不同也按大司馬春火弊謂春時田獵殺獲禽獸將畢揔放火焚萊而後止春用火者鄭注因焚萊除陳草皆殺而火止大司馬又云夏苗弊注云車弊驅獸之車止也謂獵人殺禽既畢布列車乘揔驅禽獸而後止息鄭云夏田主用車示所

取物希皆殺而車止鄭即引王制云大夫殺則止佐車佐車止則百姓田獵是殺禽既畢佐車休止但夏時佐車止百姓未得田獵鄭云百姓田獵者因引王制之成文大司馬又云秋羅弊注云秋田主用罔中殺者多也皆殺而罔止大司馬又云冬徒弊注云冬田主用衆物多衆得取也。獺祭至火田。按月令正月獺祭魚孝經緯云獸蟄伏獺祭魚則十月中也是獺一歲再祭魚此下文鳩化爲鷹草木零落文相接則獺祭魚然後虞人入澤梁謂十月時按魯語李革云鳥獸孕水蟲成於是乎禁罝罜羅網又云獸長麛䴠鳥翼鷇卵注云謂季春時然則正月雖獺祭魚虞人不得入澤梁。豺祭獸然後田獵者按月令九月豺乃祭獸夏小正十月豺祭獸則是九月末十月之初豺祭獸之後百姓可以田獵鳩化爲鷹然後設罻羅者謂八月時但鳩化有漸故月令季夏云鷹乃學習孟秋云鷹乃祭鳥其鳩化爲鷹則入月時也以月令二月時鷹化爲鳩則八月鳩化爲鷹也故周禮司裘云中秋獻良裘鄭司農注云中秋鳩化爲鷹是也設罻羅者按説文云罻捕鳥網也又爾雅云鳥罟謂之羅罻羅揔是捕鳥之網。草木零落然後入山林者謂十月時按月令季秋草木黃落其零落芟折則在十月也故毛詩傳云草木不折不操斧斤不入山林此謂官民揔取林木若依時取者則山虞云

仲冬斬陽木仲夏斬陰木不在零落之時昆蟲未蟄不以火田者謂未十月之時十月則得火田故羅氏云蜡則作羅襦注云今俗放火張羅從十月以後至仲春皆得火田故司馬職云春火弊是也若陶鑄之火則季春出火季秋內火按司爟云季春出火季秋內火知是陶鑄之火者按春秋昭六年左傳云三月鄭人鑄刑鼎士文伯曰火未出而作火鄭其有災乎刑鼎則陶鑄也。注昆明也。正義曰按說文曰昆同也今云明者以字從日故爲明不麛至殀夭。不麛不卵據春時特甚不殀夭之等亦然故國語云獸長麛天鳥翼鷇卵是春九甚此注云重傷未成物則四時皆然也國語既云獸長麛天天與麛相連故鄭云少長曰天

○冢宰制國用必於歲之杪五穀皆入然後制國用制國用如今度支經用杪末也。○杪亡小反度支大各反下音之用地小大視年之豐耗小國大國豐凶之年各以歲之收入制其用多少多不過禮少有所殺。耗呼報反殺色戒反又色別反以三十年之通制國用量入以爲出通三十年之率當有九年之蓄出謂所當給爲。量音亮率音律又音類本又作繂

之畜勑六反後皆同祭用數之仂筭今年一歲經用之數用其什一。仂音勒又音力什音十喪三年不祭唯祭天地社稷爲越紼而行事不敢以卑廢尊越猶躐也紼輴車索。紼音弗躐力輒反輴勑倫反索悉各反喪用三年之仂喪大事用三歲之什一喪祭用不足曰暴有餘曰浩暴猶耗也浩猶饒也。浩胡老反祭豐年不奢凶年不儉常用數之仂國無九年之畜曰不足無六年之畜曰急無三年之畜曰國非其國也三年耕必有一年之食九年耕必有三年之食以三十年之通雖有凶旱水溢民無菜色然後天子食日舉以樂菜色食菜之色民無食菜之飢色天子乃日舉以樂以食。日人一反下同

〔疏〕冢宰至以樂。正義曰此一節論冢宰制

國用及年之豐耗并喪祭及所蓄積之法各隨文解之。用地小大視年之豐耗者。用謂制國之用凡制國用多少必計地小大又視年之豐耗若地大年豐則制用多若地小年耗則制用少故鄭云多不過禮少有所殺。以三十年之通制國用量入以爲出者言欲制國用之時先以三十年通融之法留九年蓄外計見在之物以制國用假令一年有四萬斛以一萬斛擬三十年通融積聚爲九年之蓄以見在三萬斛制國之來歲一年之用量其今年入之多少以爲來年出用之數。注通三至給爲。正義曰通三十年之率者每年之率入物分爲四分一分擬爲儲積三分而當年所用二年又留一分三年又留一分是三年揔得三分爲一年之蓄三十年之率當有十年之蓄此云當有九年之蓄者崔氏云三十年之間大略有閏月十二足爲一年故爲有九年之蓄是王肅以爲二十七年有九年之蓄而言三十者舉全數兩義皆通未知孰是也云出謂所當給爲者給謂給百官賓客及民人也爲謂爲造國家器物也。注筭今至什一。正義曰知用今年一歲經用者以下文云喪用三年之仂此直云數之仂故知是一歲之仂也又知仂爲什一者以仂是分散之名故考工記云石有時以泐考工記又云以其圍之阞捎其藪彼注阞謂三分之一此云什一者以民稅一歲之十一則

國祭所用亦什一也此謂當年經用之內用其什一并是通計擬三年儲積之蓄也故鄭云一歲經用之數。注不敢至車索。正義曰私喪者是其卑天地社稷是其尊今雖遭私喪既殯已後若有天地社稷之祭即行之故云不敢以卑廢尊也越是踐躐之義故云越猶躐也但未葬之前屬紼於輴以備火災今既祭天地社稷須越躐此紼而往祭之故云越紼云紼輴車索者以停住之時指其繩體則謂之紼若在塗人挽而行之則謂之引故鄭注雜記云廟中曰紼在塗曰引天地社稷故有越紼之禮六宗及山川之等卑於天地社稷待喪終乃祭故鄭志答田瓊云天地郊社至尊不可廢故越紼祭之六宗山川之神則否其宮中五祀在喪內則亦祭之故曾子問云君薨五祀之祭不行既殯而祭之自啓至於反哭五祀之祭不行既葬而祭之但祭時須人既少衆官不皆使盡去不須越紼故鄭荅田瓊云五祀宮中之神喪時朝夕出入所祭不爲越紼也天地社稷之祭豫卜時日今忽有喪故既殯越紼行事若遭喪之後當天地郊社常祭之日其啓殯至於反哭則避此郊社祭日而爲之按禮卒哭而祔練而禘於廟此等爲新死者而爲之則非常祭也其常祭法必待三年喪畢也其春秋之時未至三年而爲吉祭者皆非禮也若杜預之意以爲既祔以後宗廟得四時常祭三年大禘乃同於吉故僖公三十三年凡君薨卒哭而祔祔而作主特祀於主烝嘗禘於廟杜注云新主既特祀於寢則宗廟四時當祀三年禮畢又大禘乃皆同於吉如杜之意與三年不祭違者按釋例云禮記後儒所作不正與春秋同是杜不盡用禮記也。注暴猶至饒也。正義曰暴是殘暴物被殘暴則虛耗故云暴猶耗也浩浩是多大之義故堯典云浩浩滔天故云浩猶饒也。雖有凶旱水溢民無菜色者凶旱謂凶荒遭旱也水溢謂水之汎溢凡水旱之歲厤運有常按律厤志云十九歲爲一章四章爲一部二十部爲一統三統爲一元則一元有四千五百六十歲初入元一百六歲有陽九謂旱九年次三百七十四歲陰九謂水九年以一百六歲并三百七十四歲爲四百八十歲注云六乘八之數次四百八十歲有陽九謂旱九年次七百二十歲陰七謂水七年次七百二十歲陽七謂旱七年又注云七百二十者九乘八之數次六百歲陰三謂水三年次六百歲陽五謂旱五年注云六百歲者以八乘八八八六十四又以七乘八七八五十六相乘爲一千二百歲於易七八不變氣不通故合而數之各得六百歲次四百八十歲陰三次四百八十歲陽三從入元至陽三除去災歲總有四千五百六十年其災歲兩个陽九年一个陰九年一个陰陽各七年一箇陰陽各五年一个陰陽各三年

災歲總有五十七年并前四千五百六十年通爲四千六百一十七歲此一元之氣終矣如律厤之言此是陰陽水旱之大數也所以正用七八九六相乘者以水數六火數七木數八金數九故以此交互相乘也以七八九六陰陽之數自然故有九年七年五年三年之災須三年六年九年之蓄也然災歲有陽七陰七陽五陰五此記直云三年六年九年之蓄不云七五者此各以其三相因故不言七五也舉六年則七年五年之蓄可知若貯積滿九年之後則腐壞當隨時給用也

天子七日而殯七月而葬諸侯五日而殯五月而葬大夫士庶人三日而殯三月而葬

尊者舒卑者速春秋傳曰天子七月而葬同軌畢至諸侯五月同盟至大夫三月同位至士踰月外姻至

三年之喪自天子達

下通庶人於父母同天子諸侯降期。期居宜反

庶人縣封葬不爲雨止不封不樹喪不貳事

縣封當爲縣窆縣窆者至卑不得引紼下棺雖雨猶葬以其禮儀少封謂聚土爲墳不封之不樹之又爲至卑無飾也周禮曰以爵等爲丘封之度

與其樹數則士以上乃皆封樹貳之言二也庶人終喪無二事不使從政也喪大記曰大夫士既葬公政入於家既卒哭弁絰帶金革之事無辟也。縣封上音玄下音窆彼念反不爲于僞反注又爲同綍音弗上時掌反下大夫以上同辟音避

自天子達於庶人喪從死者祭從生者支子不祭從死者謂衣衾棺椁從生者謂奠祭之牲器

【疏】天子至不祭。正義曰此一節明天子以下殯葬日月不同及衣衾牲器之數各依文解之。注尊者至姻至。正義曰天子諸侯位既尊重送終禮物其數既多身在於喪許其申遂故日月緩也大夫及士禮數既卑送終之物其數簡少又職雖促遽義許奪情故日月促也必至三日者冀其更生三日不生亦不生矣所引春秋傳以下隱元年左氏文同軌者杜預云言同軌以別四夷之國謂中國諸侯車同軌轍畢皆來至同盟者杜預云同在方嶽之盟同位者杜預云古者行役不踰時諸侯以下不言畢至者有來有否不必盡來故不云畢按左傳大夫言三月士言踰月此總云大夫士三月而葬者此記者許以降二爲差故總云三月左傳細言其別故云大夫三月士踰月其實大夫三月者除死月爲三月士三月者數死月爲三月正是踰越一月故言

踰月耳按膏肓休以爲士禮三月而葬今左氏云踰月於義左氏爲短玄箴之曰禮人君之喪殯葬皆數來月來日士殯葬皆數往月往日尊卑相下之差數故大夫士俱三月其實不同士之三月及大夫之踰月也鄭箴膏肓以正禮而言故云人君殯葬數來月來日若春秋之時天子諸侯之葬皆數死月故文八年八月天王崩九年二月葬襄王又成十八年八月公薨十二月葬傳云書順也是皆數死月也故鄭又云人君殯數來日葬數往月據春秋爲説其殯日之義已具在上曲禮疏其諸侯奔喪按異義公羊説天王喪赴者至諸侯哭雖有父母之喪越紼而行事葬畢乃還左氏説王喪赴者至諸侯既哭問故遂服斬衰使上卿弔上卿會葬經書叔孫得臣如京師葬襄王以爲得禮許愼謹按易下邳傳甘容説諸侯在千里内皆奔喪千里外不奔喪若同姓千里外猶奔喪親親也容説爲近禮鄭駁之云天子於諸侯無服諸侯爲天子斬衰三年尊卑有差按魯夫人成風薨王使榮叔歸含且賵召伯來會葬傳曰禮也襄王崩叔孫得臣如周葬襄王天子於魯既含且賵又會葬爲得禮則是魯於天子一大夫會爲不得禮可知又左傳云鄭游吉云靈王之喪我先君簡公在楚我先大夫印段實往敝邑之少卿也王吏不討恤所無也豈非左氏諸侯奔天子之喪及會葬之明文説左氏者

云諸侯不得棄其所守奔喪自違其傳同姓雖千里外猶奔喪又與禮乖鄭之所駁從公羊之義又以左氏傳諸侯亦奔喪但説左氏者自違其傳云不奔喪又難許愼云千里外同姓猶奔喪與禮乖也此是鄭氏之意其諸侯自相奔喪禮按公羊説遣大夫弔君會其葬左氏説諸侯之喪士弔大夫會葬文襄之霸令大夫弔卿共葬事許愼謹按周禮無諸侯會葬義知不相會葬從左氏義鄭氏無駁與許同其諸侯夫人喪公羊説卿弔君自會葬左氏説諸侯夫人喪士弔士會葬文襄霸士弔大夫會葬叔弓如宋葬宋共姬上卿行過厚非禮許愼謹按公羊説同盟諸侯薨君會葬其夫人薨君又會葬是其不違國政而常在路公羊左氏説俱不別同姓異姓公羊言當會許以爲同姓也左氏云不當會據異姓也鄭駁之云按禮君與夫人尊同故聘禮卿聘君因聘夫人凶時會弔主於相哀愍略於相尊敬故使可降一等士弔大夫會葬禮之正也周禮諸侯之邦交歲相問也殷相聘也世相朝也無異姓同姓親疏之數云夫人喪士會葬説者致之非傳辭者鄭氏意引周禮無同姓異姓之別者破許愼云同姓則會異姓則不會鄭又云夫人喪士會葬説者致之非傳辭破異義左氏説夫人喪士弔士會葬之文也按左氏昭三年傳云君薨大夫弔夫人士弔無士會葬之文故云説者致之言士

會葬實非本傳之辭也則鄭氏以爲古者君薨士弔大夫會葬文襄之霸君薨大夫弔卿會葬其夫人之喪則古及文襄之時皆士弔大夫會葬故鄭云士弔大夫會葬禮之正。庶人至貳。○庶人之喪賤無碑綍窆謂下棺縣繩下棺故云縣窆之威儀既少日又促遽將葬之時不爲雨而止庶人既卑小不須顯異不積土爲封不標墓以樹若士以上負國恩重雖在喪中金革無辟庶人既無爵命更無殊禮三年之内許其終喪餘居喪之外不供他事故下云父母之喪三年不從政。注縣封至辟也。正義曰知縣封當爲縣窆者若封是封土無縣繫之理不得與縣相連故知爲窆也不直云封當爲窆而與縣相連者以經有兩封若不連縣言之恐與不封相涉故連縣言之也云不得引綍下棺者士雖無碑猶有二綍今庶人無綍唯以繩縣棺故云不得引綍下棺云雖雨猶葬以其禮儀少者按異義公羊説雨不克葬謂天子諸侯也卿大夫臣賤不能以雨止穀梁説葬既有日不爲雨止左氏説卜葬先遠日辟不懷吾不汲汲葬其親不可行事廢禮不行庶人不爲雨止許愼謹按論語云死葬之以禮以雨而葬是不行禮穀梁説非也從公羊左氏之説鄭氏無駁與許同按穉廢疾云雖庶人葬爲雨止公羊説卿大夫臣賤不能以雨止此等之説則在廟未發之時庶人及卿大夫亦得爲雨止

若其已發在路及葬則不爲雨止其人君在廟及在路及葬皆爲雨止云封謂聚土爲墳者以對上封爲窆故明之云封謂聚土爲墳云周禮曰以爵等爲丘封之度者是周禮冢人文既云爵等明有爵者乃有丘封周以士爲爵故云則士以上乃皆封樹是庶人不封樹彼注云王公曰丘諸臣曰封又引漢律曰列侯墳高四丈關内侯以下至庶人各有差又禮記云孔子合葬於防崇四尺鄭云蓋周之士制其樹數則無文按白虎通云天子松諸侯栢大夫栗士槐云貳之言二也者上貳是副貳之貳下二是二三之二喪不貳事者謂不爲兩事故讀從二三之二也引喪大記以下者證大夫士在喪有二事也。注從死至牲器。正義曰盧植解云從生者謂除服之後吉祭之時以子孫官禄祭其父祖故云從生者若喪中之祭虞祔練祥仍從死者之爵故小記云士祔於大夫則易牲又云其妻爲大夫而卒而后其夫不爲大夫而祔於其妻則不易牲又雜記云上大夫之虞也少牢卒哭成事祔皆大牢下大夫之虞也犆牲卒哭成事祔皆少牢是喪中之祭仍從死者之禮而鄭云謂奠祭之牲器云奠則是喪中之祭得從生者之爵與小記雜記違者小記雜記據死者子孫身無官爵生者又無可祭享故喪中之祭皆用死者之禮若其生者有爵則祭從生者之法喪祭尚爾喪後吉祭可知奠謂葬前祭謂葬後包喪終吉祭也鄭必知祭兼喪祭與盧植別者以此云祭從生者喪從死者相對又中庸云父爲大夫子爲士葬以大夫祭以士又云父爲士子爲大夫葬以士祭以大夫祭又與葬相對皆祭與喪葬連文是一時之言故祭中兼爲喪奠也或云在喪中祭尚從死者爵至吉祭乃用生者禄耳故知盧解鄭言奠者自吉祭之奠及非時祭耳○

天子七廟三昭三穆與大祖之廟而七 此周制七者大祖及文王武王之祧與親廟四大祖后稷殷則六廟契及湯與二昭二穆夏則五廟無大祖禹與二昭二穆而已○祧他彫反契息列反 諸侯五廟二昭二穆與大祖之廟而五 大祖始封之君王者之後不爲始封之君廟 大夫三廟一昭一穆與大祖之廟而三 太祖別子始爵者大傳曰別子爲祖謂此雖非別子始爵者亦然 士一廟 謂諸侯之中士下士名曰官師者上士二廟 庶人祭於寢 寢適寢也適丁歷反○

疏 天子至於寢。正義曰此一節明天子以下立廟多少不同之事各隨文解之。注此周至而已。正義曰鄭氏之意天子立七廟唯謂周也鄭必知然者按禮緯稽命徵云唐虞五廟親廟四始祖廟一夏四廟至子孫五殷五廟至子孫六鉤命決云唐堯五廟親廟四與始祖五禹四廟至子孫五殷五廟至子孫六周六廟至子孫七鄭據此爲說故謂七廟周制也周所以七者以文王武王受命其廟不毁以爲二祧并始祖后稷及高祖以下親廟四故爲七也若王肅則以爲天子七廟者謂高祖之父及高祖之祖廟爲二祧并始祖及親廟四爲七故聖證論肅難鄭云周之文武受命之王不遷之廟權禮所施非常廟之數殷之三宗宗其德而存其廟亦不以爲數凡七廟者皆不稱周室禮器云有以多爲貴者天子七廟孫卿云有天下者事七世又云自上以下降殺以兩今使天子諸侯立廟並親廟四而止則君臣同制尊卑不別禮名位不同禮亦異數況其君臣乎又祭法云王下祭殤五及五世來孫則下及無親之孫而祭上不及無親之祖不亦詭哉穀梁傳云天子七廟諸侯五家語云子羔問尊卑立廟制孔子云禮天子立七廟諸侯立五廟大夫立三廟又云遠廟爲祧有二祧焉又儒者難鄭云祭法遠廟爲祧鄭注周禮云遷主所藏曰祧違經正文鄭又云先公之遷主藏於后稷之廟先王之遷主藏於文武之廟便有三祧何得祭法云有二祧難鄭之義凡有數條大略如此不能具載鄭必爲天子七廟唯周制者馬昭難王義云按喪服小記王者立四廟又引禮緯夏無大祖宗禹而已則五廟殷人祖契而宗湯則六廟周尊后稷宗文王武王則七廟自夏及周少不減五多不過七禮器云周旅酬六尸一人發爵則周七尸七廟明矣今使文武不在七數既不同祭又不享嘗豈禮也哉故漢侍中盧植說文云二祧謂文武曾子問當七廟無虛主禮器天子七廟堂七尺王制七廟盧植云皆據周言也穀梁傳天子七廟尹更始說天子七廟據周也漢書韋玄成四十八人議皆云周以后稷始封文武受命石渠論白虎通云周以后稷文武特七廟又張融謹按周禮守祧職奄八人女祧每廟二人自太祖以下與文武及親廟四用七人姜嫄用一人適盡若除文武則奄少二人曾子問孔子說周事而云七廟無虛主若王肅數高祖之父高祖之祖廟與文武而九主當有九孔子何云七廟無虛主乎故云以周禮孔子之言爲本穀梁說及小記爲枝葉韋玄成石渠論白虎通爲證驗七廟斥言玄說爲長是融申鄭之意且天子七廟者有其人則七無其人則五若諸侯廟制雖有其人不得過五則此天子諸侯七五之異也王肅云君臣同制尊卑不別其義非也又王下祭殤五者非是別立殤廟七廟外親盡之祖禘祫猶當祀之而王肅云下祭無親之孫上不及無親之祖又非通論且家語云先儒以爲肅之所作未足可依按周禮惟存后稷之廟不毀按昭七年傳云余敢忘高圉亞圉注云周人不毀其廟報祭之似高圉亞圉廟亦不毀者此是不合鄭說故馬融說云周人所報而不立廟。注大祖至君廟。正義曰凡始封之君謂王之子弟封爲諸侯爲後世之大祖當此君之身不得立出王之廟則全無廟也故諸侯不敢祖天子若有大功德王特命立之則可若魯有文王之廟鄭祖厲王是也魯非但得立文王之廟又立姜嫄之廟及魯公文公之廟幷周公及親廟除文王廟外猶八廟也此皆有功德特賜非禮之正此始封君之子得立一廟始封六世之孫始五廟備也若異姓始封如大公之屬初封則得立五廟從諸侯禮也云王者之後不爲始封之君廟者以其始封之君非有功德惟因先代之後以封之不得爲後世之大祖得立此君所出王者之廟必知然者以經傳無文云微子爲宋之始祖故也而左傳云宋祖帝乙是也若二王之後郊天之時則得以遠代之祖配天而祭故禮運云杞之郊也禹也宋之郊也契也。注大祖至亦然。正義曰此據諸侯之子始爲卿大夫謂之別子者也是嫡夫人之次子或衆妾之子別異於正君繼父言之故云別子引大傳者證此大祖是別子也云雖非別子始爵者亦然者此事凡有數條一是別子初雖身爲大夫中間廢

退至其遠世子孫始得爵命者則以爲大祖別子不得爲大祖也二是別子及子孫不得爵命者後世始得爵命自得爲大祖三是全非諸侯子孫異姓爲大夫者及它國之臣初來任爲大夫者亦得爲大祖故云雖非別子始爵者亦然此摠包上三事如鄭志答趙商此王制所論皆殷制故云雖非別子亦得立大祖之廟若其周制別子始爵其後得立別子爲大祖若非別子之後雖爲大夫但立父祖曾祖三廟而已隨時而遷不得立始爵者爲大祖故鄭答趙商問祭法云大夫立三廟曰考廟曰王考廟曰皇考廟注非別子故知祖考無廟商按王制大夫三廟一昭一穆與大祖之廟而三注云大祖別子始爵者雖非別子始爵者亦然二者不知所定鄭答云祭法周禮王制之云或以夏殷雜不合周制是鄭以爲殷周之別也鄭必知周制別子之後得立別子爲大祖者以大傳云別子爲祖繫之以姓而弗別綴之以食而弗殊雖百世而昏姻不通者周道然也故知別子百世不遷爲大祖也周既如此明殷不繫姓不綴食大傳又云其庶姓別於上而戚單於下五世而昏姻可以通明五世之後不復繼以別子但始爵者則得爲大祖也此大夫三廟者天子諸侯之大夫皆同知者以此及祭法歷陳天子諸侯即云大夫更不別云諸侯之大夫故知與天子大夫同也卿即大夫摠號故春秋殺卿經皆摠

號大夫其三公即與諸侯同若附庸之君亦五廟故莊三年公羊傳云紀季以酅入于齊傳曰請後五廟以存姑姊妹又附庸得稱朝是與諸侯同。廟謂諸至二廟。正義曰按祭法云適士二廟今此云士一廟故知是諸侯之中士下士祭法云官師一廟故云名曰官師者鄭既云諸侯之中士下士一廟則天子之中士下士皆二廟也必知皆二廟者以其摠稱元士故昬義云八十一元士是不分別上下也鄭又知諸侯中士與下士同一廟者以祭法云適士二廟言適士則不得兼中下也。注寢適寢也。正義曰此庶人祭寢謂是庶人在官府史之屬及尋常庶人此祭謂薦物以其無廟故惟薦而已薦獻不可褻處故知適寢也

○天子諸侯宗廟之祭春曰礿夏曰禘秋曰嘗冬曰烝 此蓋夏殷之祭名周則改之春曰祠夏曰礿以禘爲殷祭詩小雅曰礿祠烝嘗于公先王此周四時祭宗廟之名。礿余若反夏曰戶嫁反注夏曰礿夏祭曰下云夏薦同禘大計反烝之承反祠音詞

天子祭天地諸侯祭社稷大夫祭五祀 五祀謂司命也中霤也門也行也厲也此祭謂大夫有地者其無地祭三耳。霤力救反

天子祭天下名山大川五嶽視三公四瀆視諸侯 視視其牲器之數 諸侯祭名山大川之在其地者 魯人祭泰山晉人祭河是也

【疏】天子至地者。正義曰此一節論夏殷天子諸侯大夫四時祭宗廟及祭天地山川之事各隨文解之。春曰礿者皇氏云礿薄也春物未成其祭品鮮薄也孫炎云礿者新菜可礿。夏曰禘者皇氏云禘者次第也夏時物雖未成宜依時次第而祭之。秋曰嘗者白虎通云嘗者新穀熟而嘗之。冬曰烝者烝者衆也冬之時物成者衆孫炎云烝進也進品物也。注此蓋至之名。正義曰疑爲夏殷祭名者以其祭名與周不同故以爲夏殷祭名其夏殷之祭又無文故稱蓋以疑之此云春礿而郊特牲云春禘者鄭彼注云禘當爲禴從此爲正祭義曰春禘鄭注直云夏殷禮不改禘字者以郊特牲已改禘爲禴故於祭義略之從可知也云周則改之春曰祠夏曰礿者按宗伯云以祠春享先王以禴夏享先王又知周以禘爲殷祭者按公羊傳曰五年而再殷祭又春秋經僖八年秋七月禘于大廟是禘爲殷祭殷猶大也謂五年一大祭引詩小雅者是文王之詩天保之篇謂文王受命已改殷之祭名以夏祭之禘

改名曰礿而詩先言礿後禴者從便文嘗在烝下以韻句也于公諸盩至不窋也先王謂后稷大王王季也○注五祀至三耳○正義曰知五祀是司命中霤門行厲者按祭法云王立七祀曰司命曰中霤曰國門曰國行曰泰厲曰戶曰竈諸侯五祀無戶竈自外與天子同明大夫五祀與諸侯同明知是司命中霤門行厲也云此祭謂大夫有地者以其祭五祀與諸侯同故知大夫有采地者云其無地祭三耳者以祭法云大夫立三祀曰族厲曰門曰行也鄭意以此及祭法俱是周禮有地者祭五無地者祭三按下曲禮大夫祭五祀謂戶竈中霤門行以爲殷禮此大夫五祀爲有地大夫五祀之神又別者以曲禮天子諸侯大夫皆祭五祀更無等差故以月令五祀當之揔爲殷禮此文天子云祭天地諸侯云祭社稷大夫云祭五祀既別爲尊卑之差故以周法解之○注視視至之數○正義曰按夏傳云五嶽視三公四瀆視諸侯其餘山川視伯小者視子男鄭注云謂其牲幣粢盛籩豆爵獻之數非謂尊卑按周禮上公饔餼九牢飧五牢饔禮九獻豆四十侯伯饔餼七牢飧四牢饔禮七獻豆三十有二子男饔餼五牢飧三牢饔禮五獻豆二十有四又五等諸侯膳皆大牢祭亦大牢籩皆十有二祭四望山川用毳冕鄭注禮器五獻察謂祭四望山川也又侯伯無別三公與子男同今此王制

記疏卷十二　七

云五嶽視三公四瀆視諸侯則三公尊於諸侯夏傳云四瀆視諸侯其餘山川視伯小者視子男是伯與侯別今鄭注此視視其牲器又注夏傳謂其牲幣粢盛籩豆爵獻之數參驗上下並與周禮不同不可強解合之爲一此王制所陳多論夏殷之制夏傳所說又非周代之禮鄭之所注者當據異代法也此經云四瀆視諸侯夏傳視諸侯之下云其餘山川視伯小者視子男則此諸侯謂是侯爵者不得揔爲五等諸侯○注魯人至是也○正義曰知魯人祭泰山者以論語云季氏旅於泰山明魯君祭泰山季氏僭之也又公羊云三望祭泰山河海是魯祭泰山但泰山是齊魯之界故齊亦祭之是以禮器云齊人將有事於泰山必先有事於配林禮器又云晉人將有事於河必先有事於惡池是晉人祭河也○天子諸侯祭因國之在其地而無主後者謂所因之國先王先公有功德宜享世祀今絕無後爲之祭主者昔夏后氏郊鯀至杞爲夏後而更郊禹晉侯夢黃熊入國而祀夏郊此其禮也○鯀古本反能乃登反一本又作熊音雄〔疏〕天子至後者○正義曰此一節論天子置都之所及諸侯所封之內皆因古昔先王先公所居之地今其地子孫絕滅而無主後者則天子諸侯祭此先王先公故云祭因國之在其地而無主後者若天子因先公之後亦祭先公若諸侯因先王之後亦祭先王先王先公皆謂有德宜世祀者○注昔夏至禮也○正義曰按祭法夏后氏亦禘黃帝而郊鯀是夏郊鯀至杞爲夏後而更郊禹者按禮運云杞之郊也禹也是杞郊禹也殷滅夏之時殷則不應郊鯀必應封夏之後但不知名杞以否至周封夏後於杞據禮運成文故云杞更郊禹也不廢殷時夏後已郊禹也云晉侯夢黃熊入國而祀夏郊者按昭七年晉侯有疾夢黃熊入於寢門時子產聘晉韓宣子問子產其何厲鬼子產曰昔堯殛鯀于羽山其神化爲黃熊以入于羽淵實爲夏郊三代祀之晉爲盟主其或者未之祀也韓子祀夏郊晉侯有間如傳所云夏后之時郊祭鯀以配天至殷周之時鯀雖不配天以其有功列於羣祀故云三代祀之但春秋之時周衰禮廢不能祀鯀晉既爲盟主當代天子祭羣神羣祀傳之意義謂晉當代天子攝羣神之祀不謂因此國在地無主後者今鄭引之以證祭無主後則謂鯀是夏家之先晉居夏之舊地鯀無主後故晉祀之禮之與傳意少異然夏後有杞而云無主後者以杞不祭鯀故云無主後也其黃熊之言稱入羽淵按爾雅鼈三足能先師或以爲黃熊義或然也○天子犆礿祫禘祫嘗祫烝犆猶一也

記疏卷十二　十八

祫合也天子諸侯之喪畢合先君之主於祖廟而祭之謂之祫後因以爲常天子先祫而後時祭諸侯先時祭而後祫凡祫之歲春一礿而已不祫以物無成者不殷祭周改夏祭曰礿以禘爲殷祭也魯禮三年喪畢而祫於大祖明年春禘於羣廟自爾之後五年而再殷祭一祫一禘○犆音特祫音合諸侯礿則不禘禘則不嘗嘗則不烝烝則不礿虞夏之制諸侯歲朝廢一時祭○朝直遥反諸侯礿犆互明犆礿文○互音戶又戶故反禘一犆一祫下天子也祫歲不禘○下戶嫁反嘗祫烝祫〔疏〕天子至烝祫○正義曰此一節論夏殷天子諸侯大祭及時祭之事各隨文解之○天子之祭當祫之歲以春物未成不爲祫祭惟犆爲時祭之礿故云犆礿下秋冬之時先爲祫祭後爲時祭故云祫禘祫嘗祫烝○注天子至一禘○正義曰按文二年八月丁卯大事于大廟公羊傳云大事者何大祫也按僖公三十三年十二月薨至文二年八月二十一月於禮少四月未得喪畢是喪畢當祫諸侯既爾明天子亦然故云天子諸侯之喪畢合先君之主於祖廟而祭之謂之祫云後用以爲常者按禮緯三年一祫五年一禘故如每三年爲一

祫祭是後因以爲常云天子先祫而後時祭者以經云祫禘祫嘗祫烝天子位尊故先爲大禮也云諸侯先時祭而後祫者以下文云諸侯嘗祫烝祫諸侯位卑取其漸備故先小禮後大禮此等皆因已前之制但不知幾年一祫禮緯云三年一祫五年一禘鄭因云百王通義則虞夏及殷皆與周同亦三年爲一也皇氏取先儒之義以爲虞夏祫祭每年皆爲又云三時祫者謂是秋冬或一時得祫則爲之不三時俱然按鄭云三年一祫五年一禘百王通義鄭又注此云春一礿而已不祫以物無成者不殷祭又禘祫志云王制記先王之法祫爲大祭祫於秋於夏於冬周公制禮祭不欲數如鄭此言則夏殷三時俱殷祭皇氏之說也○云魯禮三年喪畢而祫於大祖者僖公以三十三年十二月薨文二年八月大事于大廟於禮少四月文公應合二年十二月而祫大祖廟也是新君即位之二年而云三年喪畢者通死君之年爲三年云明年春禘於羣廟者以僖公八年禘于大廟宣八年辛巳有事于大廟有事禘也爲仲遂卒略言有事僖也宣也皆八年禘既五年一禘則後禘去前禘五年也前禘當三年今二年而祫故云明年春禘於羣廟按閔二年五月吉禘于莊公昭十五年禘于武宮昭二十五年將禘於襄公禘皆各就廟爲之故云羣廟云自爾之後五年而再殷祭者公羊傳文云

自爾者謂自三年禘羣廟之後每五年之內再爲殷祭故鄭禘祫志云閔公之喪僖三年禘僖六年祫僖八年禘凡三年喪畢新君二年爲祫新君三年爲禘皆祫在禘前閔公二年五月吉禘于莊公則祫當在吉禘之前故禘祫志云四月祫五月禘不譏祫者慶父作亂國家多難故莊公既葬經不入庫門閔公早厭其亂故四月祫不譏五月即禘比月而爲大祭又於禮少四月故書譏其速也鄭禘祫志云魯莊公三十二年八月公薨閔二年五月吉禘時慶父殺子般之後公懼於難不得時葬葬則去首經於門外乃人務自尊成以厭其禍若已練然免喪又速二年四月夏則祫既祫又即以五月禘於其廟此月大祭故譏其速也閔公之服凡二十一月於禮少四月又不禫云吉禘譏其無恩也閔公以二年八月薨僖二年除喪始祫大廟明年禘於羣廟自此而後五年再殷祭六年祫故八年禘僖公以三十三年十二月薨至文二年七月間有閏積二十一月明月即祫經云八月丁卯大事于大廟躋僖公於文公之服亦少四月以其逆祀故特譏之文公十八年二月薨宣二年除喪而祫三年禘於羣廟自此之後亦五年再殷祭與僖同六年祫故八年禘昭十一年五月夫人齊歸薨十三年平丘之會歸不及祫冬公如晉昭十四年春歸乃祫故十五年春乃禘經云二月癸酉有事于武宮至

十八年祫二十年禘二十三年祫昭二十五年禘于襄公也此是鄭論魯之禘祫鄭又云明堂位曰魯王禮也以此相推兄可知是鄭以天子之禮與魯同也按穀梁傳以年數者不數閏而鄭數莊公及僖公之喪皆云通閏二十一月者鄭欲盛言日月闕少假令通閏止有二十一月耳鄭於禘祫志除莊公之喪少四月而答趙商云於禮少六月者通禫月言之也哀姜之喪僖三年乃除僖二年得除閔公喪而祫者以是喪祭雖在前喪之內亦得爲後喪之祭故雜記云三年之喪則既頳其練祥皆行是也此云三年喪畢祫於太祖廟明年春禘於羣廟按玄鳥箋云三年既畢禘於其廟而後祫祭於太祖更有禘於其廟之文不同者謂練時遷主遞廟新死者當禘祭於其廟以安之故鬯人云廟用脩注云謂始禘時左氏說禘謂既期之後然則禘於其廟在於練時而玄鳥箋云喪三年既畢禘於其廟者鄭將練禘總就喪畢祫於太祖而言之其實禘廟在練時也熊氏一說謂三年除喪特禘新死者於廟未知然否其禘祫大小鄭以公羊傳云大事者何大祫也毁廟之主陳于太祖未毁廟之主皆升合食于太祖故爲大事若王肅張融孔晁皆以禘爲大祫爲小故王肅論引賈逵說吉禘於莊公禘者遞也審遞昭穆遷主遞位孫居王父之處又引禘於太廟逸禮其昭尸穆尸其祝辭總稱孝子

孝孫則是父子並列逸禮又云皆升合於其祖所以劉歆賈逵鄭衆馬融等皆以爲然鄭不從者以公羊傳爲正逸禮不可用也又曾子問云七廟五廟無虛主虛主者惟天子崩與祫祭祝取羣廟之主明禘祭不取羣廟之主可知爾雅云禘大祭也謂比四時爲大也故孫炎等注爾雅云皆以禘爲五年一大祭若左氏說及杜元凱皆以禘爲三年一大祭在大祖之廟傳無祫文然則祫即禘也取其序昭穆謂之禘取其合集羣祖謂之祫鄭康成祫禘及四時祭所以異者此祫謂祭於始祖之廟毁廟之主及未毁廟之主皆在始祖廟中始祖之主於西方東面始祖之子爲昭北方南面始祖之孫爲穆南方北面自此以下皆然從西爲上禘則太王王季以上遷主祭於后稷之廟其坐位乃與祫相似其文武以下遷主若穆之遷主祭於文王之廟文王東面穆主皆北面無昭主若昭之遷主祭於武王之廟武王東面其昭主皆南面無穆主又祭親廟四其四時之祭惟后稷文武及親四廟也○諸侯至不礿○礿則不禘禘者虞夏之制歲朝皆闕一時之祭也此從南方始也南方諸侯有礿祭竟夏來朝故闕夏禘故云礿則不禘也○禘則不嘗此西方諸侯秋來朝也行夏祭竟而秋來朝故不嘗也○嘗則不烝此北方諸侯冬來朝者也行秋祭竟而冬來朝故廢烝也烝則不礿此東方諸侯春來

朝者也。行冬祭竟而春來朝，故廢礿也。然各廢一時耳，餘三時皆祭也。今不從東方始而從南方始者，欲舉春礿得祭者爲始故也。○注虞夏至祭時○正義曰：此云虞夏之制者，雜明諸代，不專殷。又此春礿而注云夏殷，則知夏殷春祭俱名礿也。○諸侯至烝祫○諸侯降於天子，故礿在禘上也。欲見先時祭，故礿在禘上。○禘一禘一祫者，言諸侯當在夏祭一禘之時，不爲禘祭，惟禘一祫而已，闕時祭也。不云一禘而云禘一者，禘在礿前，與礿在禘前，其義同，皆見先時祭也。○嘗祫烝祫者，謂諸侯先作時祭烝嘗，然後爲大祭之祫，故云嘗祫烝祫。鄭既云諸侯祫歲不禘，是諸侯當祫之歲，法不作禘。而皇氏云諸侯夏時若祫則不禘，若禘則不祫，故違鄭注，其義非也。○天子社稷皆大牢，諸侯社稷皆少牢。大夫士宗廟之祭，有田則祭，無田則薦。有田者既祭又薦新。祭以首時，薦以仲月。士薦牲用特豚，大夫以上用羔，所謂羔豚而祭，百官皆足。詩曰：四之日其早，獻羔祭韭。○大牢如字，又音泰。少，詩照反。日，人一反。庶人春薦韭，夏薦麥，秋薦黍，冬薦稻。韭以卵，麥以魚，黍

以豚，稻以鴈。庶人無常牲，取與新物相宜而已。○稻音盜。卵，力管反。祭天地之牛角繭栗，宗廟之牛角握，賓客之牛角尺。握謂長不出膚。○繭字又作蠒，公典反。握，厄角反。長，丁丈反。膚，方于反。諸侯無故不殺牛，大夫無故不殺羊，士無故不殺犬豕，庶人無故不食珍。故謂祭饗。【疏】天子至食珍○正義曰：此一節論天子諸侯祭用牲牢及庶人所薦之物，各隨文解之。○注有田者既祭至祭韭○正義曰：知有田既祭又薦新者，以月令天子祭廟，又有薦新，故月令四月以彘嘗麥，先薦寢廟。又士喪禮有薦新如朔奠，謂有地之士大斂小斂以特牲，而云薦新，故知既祭又薦新也。云祭以首時，薦以仲月者，晏子春秋云天子以下至士皆祭以首時，故禮記明堂注云季夏六月以禘禮祀周公於大廟，周六月是夏四月也。又雜記云七月而禘，獻子爲之也，譏其用七月，明當用六月是也。魯以孟月爲祭，魯，王禮也，則天子亦然。大夫士無文，從可知也。其周禮四仲祭者，因田獵而獻禽，非正祭也。服虔注桓公五年傳云：魯祭天以孟月，祭宗廟以仲月。非鄭云

也。此爲以仲月，謂大夫士也。既以首時祭，故薦用仲月。若天子諸侯禮尊，物熟則薦之，不限孟仲季，故月令孟夏薦麥，孟秋薦黍，季秋薦稻是也。大夫既薦以仲月，而服虔注昭元年傳祭人君用孟月，人臣用仲月，不同者，非鄭義也。南師解云：祭以首時者，謂大夫士也。若得祭天者，祭天以孟月，祭宗廟以仲月，其禘祭祫祭時祭亦用孟月。其餘諸侯不得祭天者，大祭及時祭皆用孟月。既無明據，未知孰是，義得兩通，故並存焉。按春秋淵聖御名八年正月己卯烝，夏五月丁丑烝，書者，左氏見其瀆。淵聖御名十四年八月乙亥嘗，書以御廩災，左氏公羊以爲不應嘗。僖八年七月禘，鄭以爲公會王人于洮，故踰七月乃禘。昭十五年二月禘于武公者，鄭禘祫志以十一年齊歸薨，十五年喪終之禘，不擇月。定公八年冬十月順祀先公，以陽虎作亂，求福先公，特爲此祭，故不用常月。此等皆不用孟月者，以春秋亂世，不能如禮，故參差不一，難以禮論也。云士薦牲用特豚者，按儀禮特牲是有地之士用特牲，今無地之士薦，宜貶降，不用成牲，故用特豚。云大夫以上用羔者，以諸侯大夫有地祭者用少牢，其無地薦者則用羔也。言以上，則包天子皆用羔也。雖用羔，天子諸侯亦用餘牲，不皆用羔，故月令以彘嘗麥，以犬嘗麻。云所謂羔豚而祭，百官皆足者，所謂是禮器文。士薦而云百官者，舉大夫以上而

言。士之屬吏以衆言之，亦曰百官，故任厥問云：天官司裘注云士不大射，士無臣，祭無所擇，此云百官皆足，則有臣矣。祀問荅曰：此上下兼說之耳，士雖無臣，猶有屬官佐祭。特牲饋食云公有司私臣皆殺脀，百官皆足，抑謂此也。引詩曰者，是豳風七月之篇也。云四之日，謂周之四月，夏之二月，其朔旦之時，獻羔祭用韭薦於廟。引之者，證薦用羔之義。○注新物相宜○正義曰：言相宜者，謂四時之間有此牲穀兩物俱有，故云相宜，非謂氣味相宜。其相宜者，若牛宜稌、羊宜黍之屬是也。○注握謂長不出膚○正義曰：公羊傳曰膚寸而合，鄭注投壺禮云四指曰扶，扶則膚也。○注故謂祭饗○正義曰：按膳夫王月一舉，鼎十有二物，謂大牢也。是周公制禮，天子日食大牢，則諸侯日食少牢，大夫日食特牲，士日食特豚。至後世衰亂，玉藻云天子食日少牢，朔月大牢；諸侯食日特牲，朔月少牢；則知大夫食日特豚，朔月特牲；士日食無文，朔月特豚。故內則曰見子具視朔食，注云天子大牢，諸侯少牢，大夫特豕，士特豚，是常食有限，不得踰越，故知謂祭也。謂諸侯祭以大牢得殺牛，諸侯之大夫祭以少牢得殺羊，天子大夫祭亦得殺牛。其諸侯及大夫饗食賓得用牛也，故大行人掌客諸侯待賓皆用牛也，公食大夫禮大夫食賓禮亦用牛也，故云謂祭饗也。○庶羞不踰牲

祭以羊則不以牛肉爲羞。**燕衣不踰祭服，寢不踰廟。**【疏】注祭以至爲羞○正義曰按有司徹是少牢之祭云宰夫羞房中之羞注酏食糝食內則云糝取牛羊豕之肉得用牛者祭既用少牢則糝亦不用牛肉以羊肉爲羞。**○古者公田藉而不稅。**藉之言借也借民力治公田美惡取於此不稅民之所自治也孟子曰夏后氏五十而貢殷人七十而助周人百畝而徹則所云古者謂殷時○燕伊見反藉在亦反稅式贅反借子夜反。**市廛而不稅。**廛市物邸舍稅其舍不稅其物○廛直連反邸丁禮反。**關譏而不征。**譏譏異服識異言征亦稅也周禮國凶札則無門關之征猶譏也○譏居宜反征本又作正音同注下皆同札側八反又音截。**林麓川澤以時入而不禁。**麓山足也○麓音鹿。**夫圭田無征。**夫猶治也征稅也孟子曰卿以下必有圭田治圭田者不稅所以厚賢也此則周禮之士田以任近郊之地稅什一○圭音珪【疏】古者至無征○正義曰此一節論古者公田不稅及關市圭田無征之事各隨文解之○自古者以下至夫圭田無征並非周法故云古者其藉而不稅正謂殷時市廛而不稅以下或兼虞夏殷以言之○公田藉而不稅者謂民田之外別作公田一井之中凡有九夫中央一夫以爲公田藉之言借也惟借八家之力以治此公田美惡取於此而不稅民之私田○市廛而不稅者廛謂公家邸舍使商人停物於中直稅其所舍之處價不稅其在市所賣之物市內空地曰廛城內空地曰肆○關譏而不征者征稅也關竟上門也譏謂呵察公家但呵察非違不稅行人之物此夏殷法周則有關門之征但不知稅之輕重若凶年則無稅也猶須譏禁禁謂防遏○林麓川澤以時入而不禁者以時入者獺祭魚然後虞人入澤梁謂民庶須有采取不隨時而入官不限禁之○夫圭田無征者夫猶治也畿內無公田故有圭田卿大夫士皆以治此圭田公家不稅其物故云無征必云圭者圭絜白也言卿大夫德行絜白乃與之田此殷禮也殷政寬緩厚重賢人故不稅之周則兼通士稅之故注云周官之士田以任近郊之地稅什一○注藉之至殷時○正義曰治公田美惡取於此不稅民之所自治也者按宣十五年初稅畝傳云非禮謂稅民所自治爲非禮明依禮惟取公田之物故云美惡取於此引孟子者證三代稅法不同按孟子滕文公問爲國於孟子孟子對曰夏后氏五十而貢殷人七十而助周人百畝而徹其實皆什一劉氏及皇氏皆云夏

時民多家得五十畝而貢五畝殷時民稍稀家得七十畝而助七畝周時其民至稀家得百畝而徹十畝故云其實皆什一而云夏時人衆殷世人稀又十口之家惟得五十畝之地皆不近人情未知可否熊氏一說以爲夏政寬簡一夫之地惟稅五十畝殷政稍急一夫之地稅七十畝周政極煩一夫之地稅皆通稅所稅之中皆十而稅一故云其實皆什一此則計田雖不得什一理稍可通既古意難知故彼此俱載又鄭注匠人云貢者自治其所受田貢其稅穀助者借民之力以治公田又使收斂焉夏則有貢無助殷則有助無貢鄭注匠人又云以載師職及司馬法論之周制畿內用夏之貢法稅夫無公田以詩春秋論語孟子論之周制邦國用殷之助法制公田不稅夫此三代所以別也云古者謂殷時者以春秋宣十五年云穀出不過藉藉謂借民力也此經亦云藉故謂借民力也助官治田與殷七十而助相當故云古謂殷時鄭知周之畿內用夏貢法者按載師云以廛里任國中之地以場圃任園地以宅田土田賈田任近郊之地以官田牛田賈田牧田任遠郊之地以公邑之田任甸地以家邑之田任稍地以小都之田任縣地以大都之田任畺地鄭注云廛里邑居里矣廛民居之區域也宅田致仕者之家所受田也仕田自卿以下所受圭田也賈田在市賈人其家所受田也官田庶人在官者其家所受田也牛田牧田畜牧者之家所受田賞田者賞賜之田公邑謂六遂餘地天子使大夫治之家邑大夫之采地小都卿之采地大都公之采地載師又云園廛二十而一近郊十一遠郊二十而三甸稍縣都皆無過十二又司馬云井十爲通通爲匹馬三十家士一人徒二人通十爲成成百井三百家革車一乘士十人徒二十人計一成百井井有九家百井即九百家而云一成三百家者以此田上中下除宮室塗巷三分之一自餘通率一家受二夫故一成爲三百家是一井九家爲定無公田也故鄭云以載師職及司馬法論之周制畿內用夏之貢法不稅夫者謂鄉遂及公邑若采地即爲井田稅夫與畿外同知畿外用助法者按詩小雅雨我公田遂及我私春秋宣十五年云初稅畝傳云穀出不過藉論語云盍徹乎孟子云方里而井井九百畝其中爲公田八家皆私百畝是皆論公田之事故鄭云以詩春秋論語孟子論之周制邦國用殷之助法制公田不稅夫然畿外諸侯雖立公田其實諸侯郊外亦用貢法故孟子云野九夫之田而稅一即九一而助國中什一使自賦故鄭云邦國亦異外內耳但郊內地少郊外地多從多言之故云畿外制公田不稅夫也凡賦法無過十一故孟子云輕於十一大貉小貉重於十一大桀小桀十一而稅堯舜之道但周之畿

內有參差，皆不同而言之十一。若畿外，先儒約孟子、樂緯，皆九夫為井，八家共治公田八十畝，已外二十畝以為八家井竈廬舍，是百畝之外別助，是十外稅一。郊外既十外稅一，郊內亦十外稅一一。假令治一夫之田，得百一十頃粟，而貢十一頃，是亦十外稅一也。劉氏以為匠人注引孟子野九夫而稅一，國中什一，諸侯謂之徹者，通其率以十一為正，則謂野九夫之田而稅一，國中十一夫之田而稅一，是二十夫之田中而稅二。計地言之，是十中稅一；若計夫實稅，猶十外稅一，與先儒同也。但不知諸侯郊內十夫受十一夫之地，若為周制耳，或畿外地寬也，一夫受百一十畝之地，與畿內異也。○注周禮至譏也。○正義曰：引周禮者，證凶荒之時雖無征稅，猶須譏禁。禁謂防遏，為重其殷，則雖無凶荒，縱不賦稅，猶須譏禁，與周凶荒時同，則門關有稅，但不知稅之輕重。○注麓山足。○正義曰：按僖十四年沙鹿崩，穀梁傳云：林屬於山為鹿。鹿，山足也。按鄭注大司徒云：竹木曰林，注瀆曰川，水鍾曰澤，林麓山澤之異也。○注征稅至什一。○正義曰：載師云漆林之征二十而五，又云凡任地國宅無征，是正謂稅也。引孟子書者，證卿以下有圭田。謂之圭者，圭，絜也，言德行絜白也，而與之田。殷所不稅者，殷政寬厚，重賢人，周則稅之，故鄭云此即周禮之士田以任近郊之地，稅什一者，載師文也。○用

民之力歲不過三日。治宮室城郭道渠。〔疏〕正義曰：此一經前明以殷法，此則兼通周禮。三日，謂使民治城郭道渠，年歲雖豐，不得過三日。自下皆然。按周禮均人云：豐年旬用三日，中年旬用二日，無年旬用一日。年歲不同，雖豐不得過三日。○田里不粥，墓地不請。皆受於公，民不得私也。粥，賣也。請，求也。〔疏〕田里至不請。○正義曰：田地里邑既受之於公，民不得粥賣。冢墓之地，公家所給，族葬有常，不得輒請求餘處。○司空執度度地，司空，冬官卿，掌邦事者。度，丈尺也。○度度，上如字，下大洛反，量也。居民山川沮澤，時四時。觀寒煖燥濕。沮謂萊沛。○沮，將慮反，沮沮如也。煖，乃管反，又況袁反，下文同。萊音來。何胤云：草所生曰萊。庾云：草也。沛，蒲具反。何胤云：水所生曰沛。何休注公羊傳云：草棘曰沛。量地遠近，制邑井之處。○處，昌慮反。興事任力。事謂築邑、廬宿、市也。○任，而鴆反。築音竹。凡使民任老者之事，食壯者之食。寬其力，饒其食。○食壯音嗣，只如字，下側狀反。〔疏〕司空至之食。○正義曰：此一節論司空居民并任以事食之事。言司空執度度地者，謂司空執丈尺之度，以量度於地，居處於民，觀山川高下之宜，沮澤浸潤之處，又必以時候此四時，知其寒煖。○注觀寒至萊沛。○正義曰：言觀寒煖，解四時；燥濕，解山川沮澤。燥謂山也，濕謂川與沮澤。謂萊沛者，何胤云：沮澤，下濕地也。草所生為萊，水所生為沛。言沮地是有水草之處也。○注制邑井之處。○正義曰：按小司徒云：九夫為井，四井為邑。為邑之處，謂平原之地衍沃之所，堪造邑井，即左傳所謂井衍沃也。若山林藪澤，則不堪邑井也。○注事謂至市也。○正義曰：上云用民之力惟三日而已，故注云治宮室城郭道渠。此言興事，言興則用力難重，故云事謂築邑。築邑則築城也。又築廬之與宿及市。按遺人云：凡國野之道，十里有廬，三十里有宿，五十里有市，是也。○凡使民任老者之事，食壯者之食者。○凡國家為役之法，老少功程不同，老則功少，壯則功多。今使民之時，雖役壯者，限以老者之功程，故曰任老者之事。凡廩餼牲體，壯者食多，老者食少，雖老者給以壯者之料，故食壯者之食。壯者從老者之功，故注云寬其力；老給壯糧，故云饒其食。○凡居民材，必因天地寒煖燥濕，使其材藝堪地氣也。○燥，素老反。廣谷大川異制，謂其形象。民生

其間者異俗，謂其所好惡。○好惡，上呼報反，下烏路反。剛柔輕重遲速異齊，謂其情性緩急。○齊，才細反。緩，戶管反。五味異和，謂香臭與鹹苦。○和，胡臥反，下同。臭，尺救反。器械異制，謂作務之用。○械，戶戒反。何休注公羊云：攻守之器曰械。鄭注大傳云：禮樂之器及兵甲也。郭璞三蒼解詁云：械，器之揔名。衣服異宜。謂旃裘與絺綌。○旃裘，上之然反，下音求。絺，初宜反。綌，去逆反。脩其教，不易其俗；齊其政，不易其宜。教謂禮義，政謂刑禁。中國戎夷，五方之民，皆有性也，不可推移。地氣使之然。東方曰夷，被髮文身，有不火食者矣。南方曰蠻，雕題交趾，有不火食者矣。雕文謂刻其肌，以丹青涅之。交趾，足相鄉然。浴則同川，臥則僢。不火食，地氣煖，不為病。○被，皮義反，下同。雕本又作彫，同。彫，刻鏤也。題，大兮反。趾音止。刻音克。肌音飢。涅，乃結反。相鄉，許亮反。僢，昌戀反。西方曰戎，

被髮衣皮有不粒食者矣北方曰狄衣羽毛穴居有不粒食者矣不粒食地氣寒少五穀。衣於既反下同粒音立。中國夷蠻戎狄皆有安居和味宜服利用備器其事雖異各自足五方之民言語不通嗜欲不同達其志通其欲東方曰寄南方曰象西方曰狄鞮北方曰譯皆俗間之名依其事類耳鞮之言知也今冀部有言狄鞮者。嗜欲市志反寄京義反鞮丁兮反譯音亦閒如字又閒廁之閒

【疏】凡居至曰譯。正義曰此一節論中國及四夷居處言語衣服飲食不同之事各隨文解之。凡居民材必因天地寒煖燥濕者材謂氣性材藝言五方之人其能各殊五者居處各須順其性氣材藝使堪其地氣故盧植云能寒者使居寒能暑者使居暑即其義也。注情性緩急。正義曰性謂稟性自然故孝經說云性者生之質若木性則仁金性則義火性則禮水性則信土性則知中庸云天命之謂性是賦命自然情者既有識知心有好惡當逐物而遷故有喜怒哀樂好惡此經云剛柔輕重遲速天生自然是性也而連言情者情是性之小別因性連言情者耳若指而言之則上文異俗是情也故注云謂其所好惡今經有剛柔輕重遲速六事而注惟云緩急者細別則有六大揔惟二剛輕速揔是急也柔重遲揔是緩也此大略而言人性不同亦有柔而躁者剛而遲者故尚書云皐陶行有九德是也。注謂作務之用。正義曰作務之用者謂民之作務所用五方不同故考工記若粵之用鎛胡之用弓車故云器械異制器謂揔用之器械謂兵器故公羊傳何休云攻守之器曰械。脩其至其宜。俗謂民之風俗宜謂土地器物所宜教謂禮義教化政謂政令施爲言脩此教化之時當隨其風俗故云不易其俗。齊其政者謂齊其政令之事當逐物之所宜故云不易其宜。教主教化故注云教謂禮義政主政令故注云政謂刑禁也。中國至曰譯。正義曰從此以下至北方曰譯揔論四夷中國之異。中國戎夷五方之民者舉戎夷則蠻狄可知五方之民者謂中國與四夷也。文身者謂以丹青文飾其身。有不火食者以其地氣多煖雖不火食不爲害也言有不火食者亦有火食者。彫題交趾者彫謂刻也題謂額也謂以丹青彫刻其額非惟彫額亦文身也故仲雍居吳越左傳云斷髮文身趾足也言蠻臥時頭鄉外而足在內而相交故云交趾不云被髮者髮斷故也。衣皮有不粒食者矣者以無絲麻惟食禽獸故衣皮地氣寒少五穀故有不粒食者。衣羽毛穴居者東北方多鳥故衣羽正北多羊故衣毛凝寒至盛林木又少故穴居其有不粒食者與西戎同。中國夷蠻戎狄皆有安居者言中國與四夷雖異各有所安之居。和味宜服利用備器者言中國與四夷皆有所和之味所宜之服所利之用所備之器其事雖異各自充足。五方之民言語不通嗜欲不同者以水土各異故言語不通好惡殊別故嗜欲不同。達其志通其欲者謂帝王立此傳語之人曉達五方之志通傳五方之欲使相領解其通傳東方之語官謂之曰寄言傳寄外內言語通傳南方語官謂之曰象者言放象外內之言其通傳西方語官謂之狄鞮者鞮知也謂通傳夷狄之語與中國相知其通傳北方語官謂之曰譯者譯陳也謂陳說外內之言東方謂之夷者風俗通云東方人好生萬物觝觸地而出夷者觝也其類有九依東夷傳九種一曰玄菟二曰樂浪三曰高驪四曰滿飾五曰鳧臾六曰索家七曰東屠八曰倭人九曰天鄙南方曰蠻者風俗通云君臣同川而浴極爲簡慢蠻者慢也其類有八李巡注爾雅云一曰天竺二曰咳首三曰僬僥四曰跛踵五曰穿胷六曰儋耳七曰狗軹八曰旁春西方曰戎者風俗通云斬伐殺生不得其中戎者兇也其類有六李巡注爾雅云一曰僥夷二曰戎央三曰老白四曰耆羌五曰鼻息六曰天剛北方曰狄者風俗通云父子嫂叔同穴無別狄者辟也其行邪辟其類有五李巡注爾雅云一曰月支二曰穢貊三曰匈奴四曰單于五曰白屋。注彫文至爲病。正義曰按漢書地理志文越俗斷髮文身以辟蛟龍之害故刻其肌以丹青涅之以東方南方皆近於海故俱文身云浴則同川臥則僢者言首在外而足相鄉內故典瑞注云僢而同邸正本直云臥則僢無同字俗本有同字誤也。注皆俗至鞮者。正義曰言寄象狄鞮譯皆是四夷與中國皆俗間之名也云依其事類耳者。中國通傳之人各依其當方事之比類而言謂之即寄者寄付東方之言象者象似南方之言是依其事類者也云今冀部有言狄鞮者。今日之言必有從於古欲證古有狄鞮之言鞮與知聲相近故鞮爲知也

○凡居民量地以制邑度地以居民地邑民居必參相得也得猶足也。度大洛反參七南反無曠土無游民食節事時民咸安其居樂事勸功尊君

親上然後興學立小學大學。○咸行緘反，樂音岳，又音洛。【疏】凡居至興學。○正義曰：此一節論居民與地相得及食節事時勸功尊君立學之事。○食節謂食得其節，事時謂事得其時，樂事謂民樂悅事務，勸功謂勉勵立功，尊君謂臣民尊君，親上謂在下親愛長上，民富而可教謂民事既得如此，然後可得興學也。

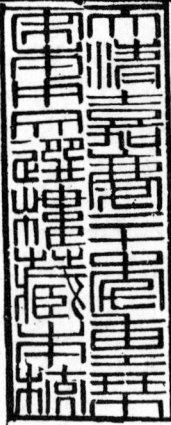

附釋音禮記注疏卷第十二

江西南昌府學栞

禮記注疏卷十二挍勘記

阮元撰盧宣旬摘録

附釋音禮記注疏卷第十二 惠棟挍宋本禮記正義卷第十七

王制

天子將出節

類乎上帝 閩監毛本同，石經同，岳本同，嘉靖本同，衛氏集說同，釋文本類作禷。

天子至乎禰 惠棟挍宋本無此五字。

先應反主祖廟故也 閩監毛本同，惠棟挍宋本反下有行字，案行字考文引宋板反上有行字。

惠棟挍不誤。

類者於其正禮而爲之 閩監毛本同，惠棟挍宋本於作依，齊召南云小宗伯注類者依其正禮而爲之，依字訛於，遂不可解。

是宜爲祭名也 閩監本同，毛本名誤義，衛氏集說亦作是宜爲祭名。

天子無事與諸侯相見節

天子至天子 惠棟挍宋本無此五字。

此一節論諸侯朝天子 閩監本同，衛氏集說同，毛本一節誤天子。

朱中鼻寸 閩監毛本作朱，此本朱誤未。

三璋之勺形如圭瓚 考文引宋板同，閩監毛本三作二。案二字按作二與考工記注不合。

天子命之教節

天子曰辟廱 閩監毛本同，石經同，岳本同，嘉靖本同，衛氏集說同，陳澔集說作辟雍，考文引古本同，石經考文提要云宋大字本、宋本九經、南宋巾箱本、余仁仲本、劉叔剛本、禮記纂言俱作廱。

天子至頖宮 惠棟挍宋本無此五字。

遠郊上公五十里　閩監毛本作上此本上誤止

小學在四郊下文具也　閩監毛本四改西衛氏集說同

土雝水之外圓如璧　惠棟挍宋本土上有築字衛氏集說同雝作廱閩監毛本土誤王無築字雝作廱

是政教治理之事　閩監毛本作政此本政誤故

王在靈沼　閩監毛本如此此本在字重誤也

天子將出征節

定兵謀也　閩監毛本作也岳本同嘉靖本同衛氏集說同此本也誤反

以訊馘告　閩監毛本同岳本同嘉靖本同衛氏集說同石經訊作訐釋文出以訐云本又作誶音信注同案作訐始與誶字形相涉而譌

天子至馘告　惠棟挍宋本無此五字

按釋天云　惠棟挍宋本作天衛氏集說同此本天誤奠閩監毛本同

及舜之攝位亦類于上帝　閩監毛本同惠棟挍宋本于作乎是也

亦比類正禮而爲之　閩監毛本作比此本比誤此

春入學舍采合舞　閩本亦作采與周禮大胥合此本采誤來監毛本作菜衛氏集說同

天子諸侯無事節

諸侯不掩羣　閩監毛本同石經同岳本同嘉靖本同衛氏集說同正義同釋文出不揜云本又作掩考文引古本亦作揜

下謂弊之　閩監毛本作弊嘉靖本同岳本同衛氏集說同此本弊作獘

天子至覆巢　惠棟挍宋本無此五字

故穀梁淵聖御名四年　閩本同惟故字作按考文作故監本毛本作穀梁桓四年衛氏集說同下同

次殺射髀髂　惠棟挍宋本同閩監毛本髂作骼衛氏集說同○按穀梁注作髂髂字見埤蒼說文作骼从骨各聲乃髂之本字

射左髀達於右髃　閩監毛本同衛氏集說同蒲鏜云髃詩傳作髃釋文云餘繞反疏謂水膁也。有說詳公羊桓四年挍勘記

當以注爲正　閩監毛本同惠棟挍宋本注上有此字

言守取之無所擇也　閩監毛本同惠棟挍宋本所作強○按周禮注作所賈景伯疏同

天子四時田獵皆得圍　閩監毛本如此此本皆得圍三字模糊

下謂弊之者　閩監毛本作弊此本弊誤幣下則弊之同

注云以旗者　閩監毛本作以此本以誤小

注佐車駈逆之車　閩監毛本駈作驅下同

時名不同也　閩監毛本同衛氏集說同惠棟挍宋本名作各是也

按說文曰昆同也　閩監毛本同惠棟挍宋本昆作蚰

冢宰制國用節

用地小大　閩本惠棟挍宋本石經宋監本岳本嘉靖本同衛氏集說同監毛本小大二字倒石經考文提要云宋大字本宋本九經南宋巾箱本余仁仲本劉叔剛本至善堂九經本皆作小大

視年之豐耗　閩監毛本同岳本同嘉靖本同衛氏集說同石經耗作秏宋監本同釋文同石經考文提要引宋大字本同。按作秏是也秏者乏無之謂

當有九年之蓄　閩監毛本同岳本同嘉靖本同衛氏集說同釋文出之畜云後皆同

筭今年一歲經用之數　閩監本同岳本同嘉靖本衞氏集說同毛本筭作算

民無食菜之飢色　閩監毛本同岳本同衞氏集說同嘉靖本飢作饑

天子乃日舉以樂以食　惠棟挍宋本無上以字岳本宋監本嘉靖本同考文引足利本同閩監毛本下以改侑衞氏集說同

冢宰至以樂　惠棟挍宋本無此五字

每年之率入物分爲四分　惠棟挍宋本同閩監毛本物作均

三分而當年所用　閩監毛本而作爲衞氏集說同

大略有閏月十三　閩監毛本同惠棟挍宋本三作二是也衞氏集說同

故惟有九年之蓄是　閩監毛本同惠棟挍宋本是作也衞氏集說同

捎其數　閩監毛本數作藪衞氏集說同○按作藪與考工記同

指其繩體則謂之紼　惠棟挍宋本同閩監毛本指誤絙續通解作指其成體其成字亦誤也

則宗廟四時常祀　惠棟挍宋本同閩監毛本常誤當衞氏集說亦作常

次六百歲陰五謂水五年　惠棟挍宋本同閩監毛本二五字皆作三是也

其災歲兩个　閩監本个作箇毛本作個下同

天子七日而殯節

喪不貳事　閩監本同石經同岳本同嘉靖本同衞氏集說同毛本事誤車考文引宋板古本足利本作事

天子至不祭　惠棟挍宋本無此五字

此記者許以降二爲差　閩監毛本同惠棟挍宋本許作皆

今左氏云踰月於義左氏爲短　閩監本同毛本今誤會於誤爲考文引宋板作今

皆數往月往日　惠棟挍宋本作往監本作死非

及大夫之踰月也　閩監毛本同盧文弨云及當是乃

易下邳傳其容說　監毛本同惠棟挍宋本傳其作傅甘閩本其字闕盧文弨云傳其當作侍其複姓也宋板作甘更誤

我先君簡公在楚　閩監毛本作先此本先誤死

庶人至貳事　閩監毛本有事字此本事字脫

不須顯異　閩監毛本作不此本不誤本

餘居喪之外不供他事　閩監毛本同惠棟挍宋本餘作除

知縣封當爲縣窆者　惠棟挍宋本閩監毛本作窆此本窆誤穿

吾不汲汲葬其親　閩監毛本吾作言是也

不可行事　閩監毛本同惠棟挍宋本不上有兩字

則在廟未發之時　閩監毛本作廟衞氏集說同此本廟字闕

是周禮冢人文　毛本作冢閩監本冢作塚此本冢誤處

上貳是副二之貳　閩監毛本同衞氏集說同惠棟挍宋本二作貳

謂除服之後吉祭之時　閩監毛本如此衞氏集說同此本除誤隙吉誤告

卒哭成事祔　閩監毛本同衞氏集說同惠棟挍宋本祔作附下卒哭成事祔皆少牢同

喪祭尚爾　監毛本作尚衞氏集說同此本尚作向閩本同

是一時之言　閩監毛本同衞氏集說同惠棟挍宋本言作事

天子七廟節

天子至於寢　惠棟挍宋本無此五字

故漢侍中盧植說文云　閩監毛本同惠棟挍宋本無文字

禮器天子七廟堂七尺　閩監毛本同惠棟挍宋本下七作九與禮器合

故莊三年公羊傳云　監毛本作傳此本傳誤傅閩本傳字闕盧文弨云傳當作經

天子諸侯宗廟之祭節

天子至地者　惠棟挍宋本無此五字

論夏殷天子諸侯大夫四時祭宗廟　閩監毛本作時此本時誤命

是禘爲殷祭　惠棟挍宋本同衛氏集說同閩監毛本祭誤制

今鄭注此視視其牲器　閩監毛本同惠棟挍宋本此下有云字續通解同

以韵句也　監毛本同惠棟挍宋本作以韻衛氏集說同閩本韵字闕

是晉人祭河也　惠棟挍宋本此下標禮記正義卷第十七終記云凡二十二頁

天子諸侯祭因國節　惠棟挍宋本自此節起至凡居民量地節止爲第十八卷卷首題禮記正義卷第十八

昔夏后氏郊鯀　閩監毛本同岳本同嘉靖本同衛氏集說同惠棟挍宋本鯀作鮌釋文同○按廣韻云禹父鯀尚書本作鮌段玉裁云鯀乃鯀之譌字

晉侯夢黃熊入國　監本同岳本同嘉靖本同衛氏集說同毛本熊作能閩本熊字闕釋文出黃能云本又作熊○按段玉裁云凡左傳國語中黃能字後人皆改爲黃熊非也

天子至後者　惠棟挍宋本無此五字

夏后氏亦禘黃帝而郊鯀是夏郊鮌　監毛本鮌作鯀閩本鮌字模糊按五經文字鯀或作鮌是鯀鮌本一字此注字既作鮌故疏用注文亦作鮌其非用注文則作鯀故疏中惟此一字作鮌諸本不達此旨凡疏中皆改作鯀并注中之鮌亦改從鯀失其意矣

但不知名杞以否　閩監毛本同惠棟挍宋本以作與衛氏集說同

鼈三足能　毛本同惠棟挍宋本能字同而能上又有爲字閩監本能誤熊無爲字是也

天子犆礿節

天子至烝祫　惠棟挍宋本無此五字

禘一犆一祫　閩監毛本作祫石經同岳本同嘉靖本同衛氏集說同此本祫誤洽

故云祫禘祫嘗祫烝　閩監毛本作嘗衛氏集說同此本嘗誤禘

丁卯大事于大廟　閩監毛本作大廟此本誤天廟

皇氏之說也　閩監毛本同惠棟挍宋本說下有非字衛氏集說同

云魯禮三年喪畢　閩毛本同監本畢誤畢

以此相推兄可知　閩監毛本作況此本況作兄○按段玉裁云古矧兄比兄字皆用兄後乃用況字又其後改作况非也

是鄭以天子之禮與魯同也　惠棟挍宋本作同此本同誤國閩監毛本同

哀姜之喪僖二年乃除　惠棟挍宋本作姜此本姜誤公閩監本同毛本哀姜作閔公尤誤

三年之喪則既頴　惠棟挍宋本同閩監毛本頴誤穎

故王肅論引賈逵說　閩監毛本作逵此本逵誤逹

審遞昭穆　閩監毛本同惠棟挍宋本遞作諦

皆升合於其祖　閩監毛本同惠棟挍宋本其作大

南方諸侯春礿祭竟　閩監毛本作春此本春誤有

欲見先時祭 惠棟校宋本作欲此本欲字模糊閩監毛本欲作此

法不作禘 惠棟校宋本作禘此本作禘二字模糊閩監毛本作重禘按重字非也

天子社稷皆大牢節 惠棟校云天子節庶羞節宋本合爲一節

所謂羔豚而祭 閩監毛本作豚岳本同嘉靖本同衞氏集說同此本豚字闕

四之日其早 閩監毛本同岳本同嘉靖本同衞氏集說早作蚤

稻以鴈 閩監本同石經同岳本同嘉靖本同衞氏集說同毛本鴈作雁

庶人無故不食珍 閩監毛本作珍石經同岳本同嘉靖本同衞氏集說同此本珍誤殄

故謂祭饗 閩監毛本同岳本同嘉靖本同衞氏集說饗作享

天子至食珍 惠棟校宋本無此五字

注有田者既祭至祭韭 閩監毛本同惠棟校宋本無者既祭三字

故禮記明堂位云 惠棟校宋本作位此本位誤泣閩監毛本改泣爲注亦非

譏其用七月 閩監毛本同惠棟校宋本譏作議

非鄭云也 閩監毛本同惠棟校宋本云作義是也

按春秋桓八年 監毛本作桓此本桓作淵聖御名閩本同下桓十四年同

汜閣荅曰 惠棟校宋本作汜此本汜誤記閩監毛本同考文引宋板閣作閤浦鏜從月令疏校亦改記作汜○按浦鏜是也通典引亦作汜閣

公有司私臣皆殽脅 閩監毛本作殽此本殽誤殺

故知謂祭也 閩監毛本同衞氏集說祭下有享字

其諸侯及大夫饗食賓得用牛也 閩監本同毛本賓作賔考文引宋板作賔

庶羞不踰牲節

庶羞不踰牲 閩監本同石經同岳本同嘉靖本同衞氏集說同毛本踰誤用考文引宋板作踰

酏食糝食 閩本同惠棟校宋本同衞氏集說同監毛本酏誤馳考文引宋板馳作配與惠校不同此考文之誤也

古者公田節

古者至無征 惠棟校宋本無此五字

並非周法 惠棟校宋本作並衞氏集說同此本並誤若閩監毛本同

或兼虞夏以言之 惠棟校宋本同閩監毛本無作殷衞氏集說作或兼虞夏殷言之無以字

關竟上門也 惠棟校宋本同閩監毛本竟作境衞氏集說同

此夏殷法 閩監毛本作殷衞氏集說同此本殷誤於

猶須譏禁 閩監毛本作猶此本猶誤酒

獺祭魚 閩監毛本作獺此本獺誤稅

圭絜白也 惠棟校宋本同閩監毛本絜作潔衞氏集說同下同

故注云周官之士田 閩監毛本官作禮

治公田美惡取於此 閩監毛本作美此本美字模糊

此則計田雖不得什一 惠棟校宋本同閩監毛本計誤井考文引宋板井作圭非也

又鄭注匠人云 惠棟校宋本作鄭注此本鄭注誤葬匠閩監毛本同衞氏集說作案鄭注匠人云

稅夫無公田 惠棟校宋本作夫衞氏集說同此本夫字殘闕閩本同監毛本夫作去誤

制公田不稅夫 惠棟校宋本同閩監毛本制誤惟衞氏集說同

以春秋宜十五年云　閩監毛本作宜衞氏集說同此本宜誤亭

以大都之田任疊地　惠棟按宋本同是也閩監毛本疊作疆衞氏集說同

廛邑居里矣　閩本同惠棟按宋本同監毛本居里二字倒衞氏集說同盧文弨云宋本周禮注亦作邑居里

又司馬云　閩監毛本同浦鏜云司馬下當脫法字

通爲匹馬　惠棟按宋本作匹此本匹誤四閩監毛本同衞氏集說同

以此田上中下　閩監毛本作此衞氏集說同此本此誤世

然畿外諸侯雖立公田　惠棟按宋本作畿衞氏集說同此本畿誤郊閩監毛本同

其實諸侯郊外亦用貢法　閩監毛本同衞氏集說同惠棟按宋本外作內

九夫之田而稅一　閩本同惠棟按宋本同衞氏集說同監毛本九誤大

邦國亦異外內耳　閩監毛本如此衞氏集說同此本國亦誤卭齊

大輅小輅　閩監本如此此本二輅字模糊毛本誤大輅小輅

皆九夫爲井八家共治公田八十畝　閩監本同考文引宋板同毛本夫誤家共誤其

但不知諸侯郊內十夫　閩監毛本作夫此本夫誤大

若爲周制耳　監毛本作周此本周誤伱閩本此字闕考文引宋板周作作

注麓山足　閩監毛本足下有也字

水鍾曰澤　惠棟按宋本作鍾與周禮大司徒注合衞氏集說同此本鍾作鐘閩監毛本同

林麓川澤之異也　惠棟按宋本作川衞氏集說同此本川誤山閩監毛本同

是征謂稅也　惠棟按宋本作征此本征誤正閩監毛本同

殷政寬厚　閩監毛本作厚此本厚誤辱

用民之力節

年歲雖豐　閩監毛本作豐此本豐誤豊下同

田里不粥節

田里至不請　惠棟按宋本無此五字

司空執度度地節

沮謂萊沛　閩監毛本同岳本同嘉靖本同衞氏集說同釋文出沛也是釋文本沛下有也字考文引古本同

司空至之食　惠棟按宋本無此五字

論司空居民幷任以事食之事　閩監毛本同衞氏集說同惠棟按宋本幷作井

言沮地　閩監毛本如此此本沮地誤祖也

堪造邑井　惠棟按宋本作造此本造誤達閩監毛本同衞氏集說同

則用力難重　閩監毛本作難此本難誤雖

按遺人云　閩監毛本作遺此本遺誤貴

凡國野之道　惠棟按宋本作野衞氏集說同此本野誤則閩監毛本野誤家

老者食少　閩監毛本作者衞氏集說同此本者誤之

老給壯糧　惠棟按宋本作糧此本糧誤者閩監毛本同

凡居民財節

必因天地寒煖燥濕　閩本同石經同岳本同嘉靖本同衞氏集說同監毛本濕作溼○按依說文當作溼漢隸多以濕爲燥溼字

使其材埶堪地氣也　閩監毛本同岳本同嘉靖本同衞氏集說同惠棟挍宋本藝作埶宋監本同

謂共情性緩急　惠棟挍宋本宋監本岳本嘉靖本同閩監毛本情性二字倒衞氏集說同

謂旃裘與絺綌　閩監毛本同岳本同嘉靖本同衞氏集說同釋文同惠棟挍宋本旃作氈宋監本同

○按氈正字旃假借字

卧則僢　閩監毛本同岳本同嘉靖本同衞氏集說同考文引古本足利本僢上有同字正義云正本直云卧則僢足無同字俗本有同字誤也

衣羽毛　閩監毛本同石經同岳本同嘉靖本同衞氏集說同惠棟挍宋本羽毛二字倒

凡居至曰譯　惠棟挍宋本無此五字

此一節論中國及四夷　閩監毛本如此此本中字誤移入下行此下六行行末一字遞移至七行水性則信則誤經而止閩監毛本不誤

各須順其性氣材藝　閩監毛本作藝衞氏集說同此本藝作埶

從此以下至北方曰譯　惠棟挍宋本作從此本從誤後閩監毛本後改自

雖不火食　閩監毛本作雖此本雖誤如

非惟彫額　閩監本同毛本額誤刻考文引宋本作額

衣羽毛穴居者　惠棟挍宋本如此此本毛下衍於字閩監毛本同

林木又少　閩監毛本作木此本木誤本

依東夷傳九種　閩監毛本同衞氏集說同段玉裁據後漢書九種下補曰畎夷于夷方夷黃夷白夷赤夷元夷風夷陽夷李巡注爾雅云共二十五字而後接一曰元菟句盧文弨依爾雅疏增作依東夷傳夷有九種曰畎夷于夷方夷黃夷白夷赤夷元夷風夷陽夷又共增二十二字

三曰高驪　閩監毛本同衞氏集說同惠棟挍宋本驪作麗

一曰天竺　閩本同監毛本竺作笁是也衞氏集說同

二曰咳首　閩監毛本同衞氏集說同惠棟挍宋本首作者

四曰跛踵　閩本同惠棟挍宋本同監毛本跛作跂衞氏集說同

八曰旁春　閩監毛本同衞氏集說同惠棟挍宋本旁作韋盧文弨云韋亦譌皇侃論語疏作旁脊

戎者兇也　閩監毛本同衞氏集說同惠棟挍宋本也作戎

二曰戎央　閩本同考文引宋板同監毛本央作夷衞氏集說同盧文弨云戎夷紺珠作戎夫皇疏作依貊爾雅疏作戎夷

四曰單于　段玉裁挍本單作箄

正本直云　閩監毛本同浦鏜挍云正疑定字誤

卧則僢無同字　閩監毛本同惠棟挍宋本僢下有足字

是依其事類者也　閩監毛本同惠棟挍宋本無者字

凡居民量地節

凡居至興學　惠棟挍宋本無此五字

附釋音禮記注疏卷第十二終　惠棟挍宋本禮記正義卷第十八終記云凡十五頁

禮記注疏卷十二校勘記

附釋音禮記注疏卷第十三

王制　　鄭氏注　　孔穎達疏

司徒脩六禮以節民性，明七教以興民德，齊八政以防淫，一道德以同俗，養耆老以致孝，恤孤獨以逮不足，上賢以崇德，簡不肖以絀惡，司徒地官卿掌邦教者逮及也簡差擇也○防本又作坊音同恤辛律反逮音代又大計反肖音笑絀勑律反命鄉簡不帥教者以告，帥循也不循教謂敖很不孝弟者司徒使鄉簡擇以告者鄉屬司徒○帥音率循音巡敖本又作傲同五報反很胡墾反弟大計反本又作悌耆老皆朝于庠，元日習射上功，習鄉上齒，大司徒帥國之俊士與執事焉。將習禮以化之使之觀焉耆老致仕及鄉中老賢者朝猶會也此庠謂鄉學也鄉謂飲酒也鄉禮春秋射國蜡而飲酒養老○朝直遥反庠音祥與音預蜡仕詐反

不變，命國之右鄉簡不帥教者移之左，命國之左鄉簡不帥教者移之右，如初禮。中年考校而又不變使轉徙其居覬其見新人有所化也亦復習禮於鄉學使之觀焉○覬音冀復扶又反下又復復移復與同○不變，移之郊，如初禮。郊鄉界之外者也稍出遠之後中年又爲之習禮於郊學○爲于僞反下爲親爲爲其大亦爲皆同不變，移之遂，如初禮。遠郊之外曰遂遂大夫掌之又中年復移之使居遂又爲習禮於遂之學不變，屏之遠方，終身不齒。遠方九州之外齒猶錄也命鄉論秀士，升之司徒，曰選士。移名於司徒也秀士鄉大夫所考有德行道藝者○選宣戀反下皆同行下孟反○司徒論選士之秀者而升之學，曰俊士。可使習禮者學大學升於司徒者不征於鄉，升於學者不征於司徒，曰造士。不征不給其繇役造成也能習禮則爲成士○給音急繇本又作徭音遥樂正崇四術，立四教，樂正樂官之長掌國子之教虞書曰夔命汝典樂教胄子崇高也高尚其術以作教也幼者教之於小學長者教之於大學尚書傳曰年十五始入小學十八入大學○樂音岳長丁丈反下同夔求龜反命女音汝○順先王詩書禮樂以造士。順此四術而教以成是士也○春秋教以禮樂，冬夏教以詩書。春夏陽也詩樂者聲聲亦陽也秋冬陰也書禮者事事亦陰也互言之者皆以其術相成○夏戶嫁反注及下注夏官同王大子、王子、羣后之大子、卿大夫元士之適子、國之俊選，皆造焉。皆以四術成之王子王之庶子也羣后公及諸侯○適丁歷反下注同造才早反徐七到反○凡入學以齒。皆以長幼受學不用尊卑將出學，小胥、大胥、小樂正簡不帥教者，以告于大樂正，大樂正以告于王。此所簡者謂王大子王子羣后之大子卿大夫元士之適子大胥小胥皆樂官屬也出學謂九年大成學止也○胥息餘反又息呂反下同○

王命三公、九卿、大夫、元士皆入學。不變，王親視學。亦謂使習禮以化之不變王又親爲之臨視重棄賢者子孫此習禮皆於大學也○不變，王三日不舉，去食樂重弃人○去丘呂反○屏之遠方，西方曰棘，東方曰寄，終身不齒。棘當爲僰僰之言偪使之偪寄於夷戎不屏於南北爲其大遠○屏必郢反棘依注音僰又作僰蒲北反偪也偪彼力反大音太舊他佐反大樂正論造士之秀者以告于王，而升諸司馬，曰進士。移名於司馬司馬夏官卿掌邦政者進士可進受爵祿也

〔疏〕司徒至進士○正義曰：此一節論司徒脩禮明教，上賢絀惡，教學升進之事，各隨文解之。○脩六禮以節民性者，六禮謂冠一、昏二、喪三、祭四、鄉五、相見六。性稟性自然，剛柔輕重遲速之屬，恐其失中，故以六禮而節

其性也。○明七教以興民德者，七教即父子一、兄弟二、夫婦三、君臣四、長幼五、朋友六、賓客七也。德者得也，恐人不得其所，故以七教以興舉其民，使之皆得其所也。此六禮、七教並是殷禮，周則五禮十二教也。齊八政以防淫者，八政：一曰飲食，二曰衣服，三曰事爲，四曰異別，五曰度，六曰量，七曰數，八曰制。淫謂過奢侈，故以八政禁令之事以防淫。淫過之失，齊賤同有，故不云民淫。○一道德以同俗者，道履蹈而行，謂一所行之道，以同國之風俗。敬養耆老所以致恭孝之心，哀恤孤獨所以逮及不足，謂以恩惠逮及之。不足則孤獨者也。尊上賢人所以崇獎有德，簡去不肖所以絀退惡人。從司徒以下至升諸司馬曰進士，皆是司徒所掌教之事。既云上賢崇德，簡不肖絀惡，揔之於此。從命鄉簡不帥教者，至終身不齒，論絀惡之事，謂鄉人入學不帥師教，屏退絀除也。自命鄉論至曰造士，論崇德之事，謂鄉人入學德業有成，升名進於司徒。又鄉人所學須有經術，自樂正崇四術至詩書明所習業之事。非惟鄉人所教如此，王子、公卿之子亦當須教，其不肖者亦當退之。自王大子以下至終身不齒，論教王子等屏退之事，但鄉人既卑，節級升之，故爲選士、俊士至於造士。若王子與公卿之子本位既尊，不須積漸，學業既成即爲造士。於是大樂正之官揔論鄉人造士及王子等造士，以告於王。

升諸司馬，故云大樂正論造士之秀者以告於王而升諸司馬曰進士，是揔包鄉人及王子及公卿之子學業成者。○注「帥循」至「司徒」。○正義曰：帥，循也，爾雅釋詁文。云「鄉屬司徒」者，六鄉大夫皆司徒統領，周禮鄉皆屬地官，是鄉屬司徒也。○「耆老」至「事焉」。○司徒命此鄉學簡擇不帥教者，以告司徒。司徒乃命鄉內耆老皆聚會於鄉學之庠，乃擇善日於鄉學內爲此不帥教之人習其射禮，中者在上，故云上功。又於鄉學習此鄉飲酒之禮，令老者居上，故云上齒。欲使不帥教之人觀其上功自勵爲功，觀其上齒則知尊敬長老。大司徒帥領國之英俊之士與在鄉射飲酒執行事焉，使俊士與之，以爲榮，惡者慕之而自勵。此言國之俊士，則非惟鄉內之人。○注「耆老」至「養老」。○正義曰：揔言耆老，其數則衆，故知致仕及鄉中老賢致仕，則書傳略說云大夫爲父師、士爲少師是也。鄉中老賢謂鄉人不仕，年老有德行者，故鄉飲酒云「以告于先生君子可也」，注云「先生，鄉中致仕者；君子，國中有盛德者」。云「朝猶會也」者，恐有朝廷之嫌，故云朝猶會也。云「此庠謂鄉學也」者，以習射上功在州學，習鄉上齒在黨學。恐此是州黨之學，故云庠，鄉學也，謂初時耆老聚會於庠學，乃擇元日就州學習射，就黨學上齒。習射習鄉各在一處，則不得同日也。云「鄉謂飲酒也」者，言經中習鄉謂飲酒者，此鄉既有上齒之文，

故知謂鄉飲酒也。云「鄉禮春秋射」者，按州長職云「春秋而射于州序」，然則射在州序，而云鄉射禮者，州屬於鄉，雖在州序，亦得謂之鄉，或可鄉居此州，便不立州學，若州之有事，則就鄉學，是鄉學得爲射也。云「鄉禮春秋射」者，解習射之處也。云「國蜡而飲酒養老」者，周之十二月國家蜡祭之時，黨正鄉飲酒而養老，按黨正云「國索鬼神而祭祀，則以禮屬民而飲酒于序，以正齒位」，知此經習鄉非正月鄉學飲酒者，以鄉飲酒無正齒位之事。此云上齒，按黨正職云「壹命齒于鄉里，再命齒于父族，三命而不齒」，又禮記鄉飲酒義云「六十者坐，五十者立侍」，故解此鄉爲黨正飲酒，謂之鄉者，黨，鄉之屬，故云鄉也。或鄉之所居之黨，不別立黨學，黨之正齒位就鄉學爲之，亦謂之飲酒。○注「中年」至「觀焉」。○正義曰：按學記「一年視離經辨志，三年視敬業樂羣，五年視博習親師，七年視論學取友，謂之小成，九年知類通達」，上云「命鄉簡不帥教」者，謂初入學一年之終，簡不帥教敖很之人，爲之習射習鄉。此注云「中年考校而又不變」，中猶間也，謂間一年而考校之時不變者，右鄉者移左，左鄉者移右。下云不變移之郊者，謂五年之時更簡不帥教者，故注云「中年又爲之習禮」，間四年之下一年也。下云不變移之遂者，謂七年之時，故注云「又中年」移之，遂間六年之下一年也。下云不變屏之遠方者，謂九年之時

鄭注不云間年者，以九年限極，不須云間年也。云「亦復習禮」於鄉學者，習禮謂習射上功、習鄉上齒，故經云「如初」。○注「郊鄉」至「郊學」。○正義曰：此郊謂近郊也，以遠郊之內六鄉居之，若鄉民近國城及國內之人，其學在國中，或在公官之右，或在公官之左，故前云右鄉若鄉。人遠國城在近郊之外者，則學在近郊，其習禮亦鄉大夫臨之。○注「遠郊」至「之學」。○正義曰：按司馬法曰「百里郊，二百里野」，遂人云「掌邦之野」，既二百里爲野，遂之所居，故知遠郊之外。云「遂大夫掌之」者，謂遂大夫掌所職二百里中也。且此不帥教者移之在遂，不應大夫臨之，故亦遂大夫掌之，遂大夫亦帥國之俊選於遂而行禮也。但六鄉州學主射，黨學主正齒位，遂則縣與州同，鄙與黨同，未知縣正主射、鄙師主正齒位以否，亦應與鄉不異，但周禮不備耳。但縣鄙皆屬於遂，雖各立學，總曰遂學，或遂之所居縣鄙之學，有事則在遂學，與鄉同。○注「遠方」至「錄也」。○正義曰：九州之外，於周則夷鎮蕃也。蓋隨罪之輕重而爲遠近之差。若王子、公卿之子，雖屏夷狄，但居夷狄之內畔，故下注云「不屏於南北，爲其大遠」，明鄉人則屏於南北也。「齒猶錄也」者，按文王世子云「古者謂年齡，齒亦齡也」，以年相次，是錄其長幼，故云齒猶錄也。○注「移名」至「藝者」。○正義曰：大司徒之官命鄉大夫論選考校此鄉學之人有秀異之

士者升於司徒先名惟在鄉今移名於司徒謂録名進在司徒其身猶在鄉學云秀士鄉大夫所考有德行道藝者謂鄉大夫考此鄉學之人有德行道藝者德行謂孝友之徒道藝謂多才藝此惟升名司徒未即貢舉入官也按鄉大夫云三年則大比攷其德行道藝而興賢者能者謂鄉人有能有賢者以鄉飲酒之禮興之獻賢能之書於王名則升於天府身則任以官爵則下文云大樂正論造士之秀者以告於王而升諸司馬曰進士彼據鄉人故三年一舉此據學者故中年考試殷周同也熊氏以爲此中年舉者爲殷禮鄉大夫三年舉者周法其義非也○注可使至大學○正義曰按内則云二十而冠始學禮此升於大學曰俊士之人年以二十故可使習禮云學大學者按尚書周傳云王子公卿大夫元士之適子十三入小學二十入大學又書傳略説餘子十五入小學十八入大學其鄉人當與餘子同故知二十習禮之時在大學也此升於學者謂身升於大學非惟升名而已○注不征至成士○正義曰征謂力役故云不給繇役此繇役者供學及司徒細碎之繇役也上文命鄉論秀士升之司徒曰選士者雖升名司徒猶給鄉之繇役以藝業未成亦云司徒論選士之秀者而升之學曰俊士者身雖升學亦以學未成猶給司徒繇役若其學業既成免其繇役定本云升之學無大

字升諸司徒則不征於鄉升之於學則不征於司徒皆免其繇役者是爲造成之士云能習禮則爲成士者以二十習禮禮以立身故爲成士然習禮必年二十按書傳適子二十入大學餘子十八入大學然則升名司徒未入大學已能習禮爲造士者二十習禮舉其大綱若其性識聰明則亦早能習之○注樂正至大學○正義曰樂正掌國子之教者按周禮大司樂掌成均之法以教國子引虞書命汝典樂教胄子者證以樂官教胄子之義孔注尚書云胄長也謂王子公卿大夫元士之子云高尚其術以作教也者謂樂正之官當光揚尊崇此四術以爲教謂敷暢義理賛明旨趣使學者知之引尚書傳曰以下書傳略説文順先王詩書禮樂以造士樂正之官依順此古昔先王之道則詩書禮樂之等教之造成此士術者是道路之名詩書禮樂是先王之道路謂之術○注春夏至相成○正義曰鄭以經云春秋教以禮樂則秋教禮春教樂冬夏教以詩書則冬教書夏教詩故云春夏陽也詩樂者聲聲亦陽也所以詩得爲聲者詩是樂章詩之文義以樂聲播之故爲聲若以聲對舞則聲爲安靜舞爲鼓動舞爲陽聲爲陰故大胥云春釋采合舞秋頒學合聲是也就舞之中奮動甚者屬陽奮動靜者屬陰故文王世子云春夏學干戈秋冬學羽籥是也云秋冬陰也書禮者事事亦陰也者書

者言事之經禮者行事之法事爲安靜故云書禮者事事亦陰也文王世子云秋學禮冬讀書與此同也云互言之者皆以其術相成者若不互言當云春夏教以樂詩秋冬教以禮書則是春夏但教以樂詩不教禮書秋冬但教以禮書不教以樂詩言其四術不可暫時而闕今交互言之云春教樂明兼有禮秋教禮兼有樂夏教詩兼有書冬教書兼有詩故云皆以其術相成但遂其陰陽以爲偏主耳○注皆以至諸侯○正義曰皆以四術成之解經皆造焉謂王太子公卿大夫元士之子國之俊選皆以四術造焉云王子王之庶子也者以經云王太子乃云王子故知是庶子也云羣后公及諸侯者以經羣后之下即云鄉大夫士無諸侯之文故知羣后之中是三公及諸侯也○注皆以長幼受學○正義曰長幼受學雖王大子亦然故文王世子云將君我而與我齒讓何也是其事也○注此所至上也○正義曰此所簡者謂王大子以下者承上鄉之學下恐所簡兼有鄉人故明之也云大胥小胥皆樂官屬也者按周禮大司樂中大夫二人大胥中士四人小胥下士八人皆屬大司樂故云樂官屬也云出學謂九年大成學止也者以上文鄉人中年考校恐此亦中年故明之也知九年者以下即云王親視學不變王三日不舉無移左鄉右鄉及移郊遂之事故知是九年學止也○注書禮皆

於大學也○正義曰若殷人習禮在於大學即明堂位云瞽宗殷學文王世子云禮在瞽宗殷之大學也若周則大學曰東膠瞽宗不得爲周之大學也故鄭注儀禮鄉射云周立四代之學於國而又以有虞氏之庠爲鄉學則周之尋常習禮於殷學之中至九年爲王子不變其習禮當於東膠大學然則餘子十八入太學嫡子二十入太學者皆是殷法也若周法立當代大學在公宫左太學即東膠也又立小學於西郊小學即有虞氏之庠其習書於虞氏之學習禮樂於殷之學習舞於夏后氏之學故文王世子云春夏學干戈秋冬學羽籥皆於東序春誦夏弦大師詔之瞽宗又云禮在瞽宗書在上庠詩則無文鄭注云弦謂以絲播詩則習詩亦在瞽宗然詩與禮樂雖各在其學習之至二十入大學之時仍於大學之中兼習四術故此注云習禮皆於大學是周之大學亦習禮也禮既在瞽宗又在大學則其餘亦可知也○注棘當至太遠○正義曰僰之言偪者按漢書云西南有僰東知非彼夷而讀爲偪者以與寄文相對寄非東方夷名是寄旅之意則僰亦非西方夷名故以爲偪迫於夷狄也云不屏於南北爲其大遠者按漢書地理志云南北萬三千里東西九千里又帝王世紀南北萬三千三百六十八里東西九千三百二里漢地既然則古亦應爾皆南北長東西短故鄭此注云不

屏於南北爲其大遠。大樂至進士。此大樂正之官論造士之中最秀異者以告於王而升名於司馬論之曰進士言進受爵祿也此文承王子公卿大夫之子下似專據王子等其實鄉人入學爲造士者亦同於此其鄉人不在學者及邦國所貢之士所貢於王亦當升諸司馬以司馬掌爵祿故有司士屬焉其職云以德詔爵以功詔祿即知凡入仕者皆司馬主之下文更不見鄉人及邦國所貢之士故知此中兼之但文不具耳司馬辨論官材辨其論官其材觀其所長。其論如字舊力困反論進士之賢者以告於王而定其論各署其所長論定然後官之使之試守任官然後爵之命之。任而金反下注同位定然後祿之大夫廢其事終身不仕死以士禮葬之以不任大夫也有發則命大司徒教士以車甲乘兵車衣甲之儀有發謂有軍師發卒。衣於既反卒子忽反凡執技論力適四方贏股肱決射御謂擐衣出其臂脛使之射御決勝負見勇力。技其綺反本或伎後同贏本又作羸力果反肱古弘反擐舊音患今讀宜音宣依字作擐字林云擐擐臂也先全反脛胡定反見賢遍反凡執技以事上者祝史射御醫卜及百工言技謂此七者凡執技以事上者不貳事不移官欲專其事亦爲不德出鄉不與士齒賤也於其鄉中則齒親親也仕於家者出鄉不與士齒亦賤【疏】司馬至士齒。正義曰此一節主論司馬之官用其八及發兵論射御及居官黜退之事司馬辨論官材大樂正論造士之秀者以告於王王必以樂正所論之狀授與司馬司馬得此所論之狀乃更論辨之觀其材能高下知其堪任何官是準擬其官以其材故云官材也。論進士之賢者謂司馬辨論之後不堪者屏退論量進士賢者以告於王告王之時而正定其論各署其所長若長於禮者署擬於禮官長於樂者署擬於樂官論定然後官之者謂既論擬定然後試之以所能之官。任官然後爵之者謂堪任此官然後爵命之。位定然後祿之者謂既受爵命使有職位然後與之以祿。注以不任大夫也。正義曰以經云大夫廢

其事故知不堪任大夫也致仕而退死得以大夫禮葬故論語注云大夫退死葬以士禮致仕以大夫禮葬是也。有發至車甲。有發謂國有軍旅以發士卒是司馬之事王則命大司徒教此士卒以車甲之事謂教以乘兵車及衣甲之儀容必司徒者以司徒主衆又主教故與司馬相參也。注有發至發卒。正義曰知發是發卒者以經云教士以車甲故知發謂軍師發卒也。凡執至士齒。執技之事凡有三條上條論課試武夫技藝之事中條論執技之人并射御之外祝史醫卜之等下條論執技之人不得更爲二事以其賤故出鄉不與士齒。凡執技論力適四方贏股肱決射御者言此既無道藝惟論力以事上故適往四方境界之外則使之擐露臂脛角材力決射御勝負見勇武。注言技謂此七者正義曰七者謂祝一史二射三御四醫五卜六百工七射御前經以顯此重云者上論所試之時此論與祝史醫卜並列見其色目。注欲專其事亦爲不德。正義曰所以不貳事不移官者欲使專一其所有之事非但欲使專事亦爲技藝賤薄不是道德之事故不許之○司寇正刑明辟以聽獄訟司寇秋官卿掌刑者辟罪也。辟婢亦反注同必三刺以求民情斷其獄訟之中一曰訊羣臣二曰訊羣吏三曰訊萬民。制七智反殺也斷丁亂反下制斷斷計同中如字又丁仲反。有旨無簡不聽簡誠也有其意無其誠者不論以爲罪。附從輕附施刑也求出之使從輕赦從重雖是罪可重猶赦之。凡制五刑必即天論制斷也即就也必即天論言與天意合閔子曰古之道不即人心即或爲則論或爲倫。論音倫理也注同郵罰麗於事郵過也麗附也過人罰人當各附於其事不可假他以喜怒。郵音尤俗作郵麗郎計反當丁郎反假古雅反凡聽五刑之訟必原父子之親立君臣之義以權之權平也。意論輕重之序慎測淺深之量以別之意思念也淺深謂俱有罪本心有善惡。量徐音亮後皆同別彼列反。悉其聰明致其忠愛以盡之盡其情○疑獄汜與衆共之衆疑赦之必察小大之比以成之小大猶輕重已行故事曰比。汜本又作汎乎劒反比必利反注同例也成獄

辭史以獄成告於正，正聽之。史司寇吏也正於周鄉師之屬今漢有平正丞秦所置○平彼命反正以獄成告于大司寇，大司寇聽之棘木之下。周禮鄉師之屬辨其獄訟異其死刑之罪而要之職聽於朝司寇聽之朝王之外朝也左九棘孤卿大夫位焉右九棘公侯伯子男位焉面三槐三公位焉○棘紀力反要之於妙反謂要最舊一遥反槐回懷二音○大司寇以獄之成告於王，王命三公參聽之。王使三公復與司寇及正共平之重刑也周禮王欲免之乃命公會其期三公以獄之成告於王，王三又，然後制刑。又當作宥宥寬也一宥曰不識再宥曰過失三宥曰遺忘○又義作宥忘音妄凡作刑罰，輕無赦。法雖輕不赦之爲人易犯○爲于僞反易以豉反後易犯同○刑者侀也，侀者成也，一成而不可變，故君子盡心焉。變更也侀音刑析言破律，亂名改作，

執左道以亂政，殺。析言破律巧賣法令者也亂名改作謂變易官與物之名更造法度左道若巫蠱及俗禁○析思歷反亂名如字王肅作循名巧起教反又如字蠱音古作淫聲、異服、奇技、奇器以疑衆，殺。淫聲鄭衞之屬也異服若聚鷸冠瓊弁也奇技奇器若公輸般請以機窆○鷸伊必反徐音述弁皮變反般百問反行僞而堅，言僞而辯，學非而博，順非而澤，以疑衆，殺。皆謂虛華捷給無誠者也○行下孟反華戶瓜反又如字假於鬼神、時日、卜筮以疑衆，殺。今時持喪葬築蓋嫁取卜數文書使民倍禮違制○日人一反此四誅者，不以聽。爲其爲害大而辭不可習○凡執禁以齊衆，不赦過。亦爲人將易犯有圭璧金璋，不粥於市；命服命車，不粥於市；宗廟之器，不粥於市；犧牲，不粥於市；戎器，不粥於市。尊物非民所宜有戎器軍器也粥賣也○璋之羊反用器不中度，不粥於市；兵車不中度，不粥於市；布帛精麤不中數，幅廣狹不中量，不粥於市；姦色亂正色，不粥於市；凡以其不可用也用器弓矢耒耜飲食器也度丈尺也數升縷多少中丁仲反下皆同幅方服反耒耜上力對反下音似錦文珠玉成器，不粥於市；衣服飲食，不粥於市；不示民以奢與貪也成猶善也五穀不時，果實未孰，不粥於市；物未成不利人木不中伐，不粥於市；伐之非時不中用周禮仲冬斬陽木仲夏斬陰木○夏戶嫁反下春夏反禽獸魚鼈不中殺，不粥於市。殺之非時不中用月令季冬始漁周禮春獻鼈蜃○蜃常忍反雉化爲之關執禁以譏，禁異服，識異言。關竟上門譏呵察○竟音境苛音何又呼河反本亦作呵

（疏）司寇至異言○正義曰：此一節摠明論司寇聽訟刑罰禁止之事，各隨文解之。從此至"赦從重"，論司寇正刑明辟之法。○"正刑明辟"者，謂司寇當正定刑書，明斷罪法，使刑不差二，法不傾邪，以聽天下獄訟。○"必三刺"者，言正刑明辟聽訟之時，刑法宜慎，不可專制，故必須三刺，以求民情。"有旨無簡不聽"，求民情既得其所犯之罪，雖有旨意，無誠實之狀，則不聽之，不論以爲罪也。○"附從輕"者，附謂施刑，施刑之時，此人所犯之罪在輕重之間，可輕可重，則當求可輕之刑而附之，則"罪疑惟輕"是也。○"赦從重"者，謂所犯之罪本非意故爲，而入重罪，今放赦之時，從重罪之上而赦之，其意輕故也，即尚書云"眚災肆赦"是也。○注"一曰"至"萬民"○正義曰：按周禮司刺云"壹刺曰訊羣臣，再刺曰訊羣吏，三刺曰訊萬民"。刺，殺也，謂欲殺犯罪之人，其一問可殺與否於羣臣，羣臣謂公卿大夫士；其二問可殺與否於羣吏，羣吏謂庶人在官者；其三問可殺與否於庶人，庶人謂萬姓衆來觀者。此三刺雖以殺爲本，其被刑不殺者亦當問之。○注"簡誠"至"爲罪"○正義曰：旨，意也；簡，誠也。言犯罪者雖有其意而無誠實者，則不論之以爲罪也。○注"雖是罪可重猶赦之"○正義曰：此赦從重與上附從輕，皆是從重入輕，所以再見其文者，附從輕謂施刑從輕，赦從重謂放赦從重，所以異也。○"凡制"至"於事"○此一條論造制五刑，須合天意，輕重施於刑罰，必

附本情。必即天論者即就也論謂論議言制五刑之時必就上天之意論議輕重天意好生又有時以生有時以殺言論議刑時亦當好生又就天道使生殺得中論或爲倫倫理也謂就天之倫理即是好生及好殺得中之理故鄭云言與天意合。鄭罰麗於事者鄭過也謂斷人所過罰謂責罰其身麗附也言斷其罪過及責罰其身皆依附於所犯之事不可離其本事假他別事而爲喜怒也。注制斷至爲倫。正義曰經云制五刑必論古人造制五刑下云必即天論及鄭罰麗於事皆論斷罪之法故以制爲斷非言初制五刑制是裁制故爲斷也引閔子曰古之道不即人心者證經即爲即就之義按宣元年公羊傳云古者臣有大喪則君三年不呼其門已練可以弁冕服金革之事君使之非也臣行之禮也閔子要經而服事既而曰若此乎古之道不即人心退而致仕孔子蓋善之也閔子性孝以爲在喪從戎不即人情爲制此禮是古之所制故閔子嫌之言論或爲倫者諸本或有作倫者故云或爲倫也。凡聽至成之。原本也權平也凡犯罪之人或子爲父隱臣爲國諱雖觸刑禁而非其本惡故聽訟者本其宥情立其恩義爲平量之恕而免放意論輕重之序者意謂思念也聽訟者以盡意思念論量罪之輕重次序不有越濫也。慎測淺深之量以別之者謂謹慎測度罪人意之善惡淺深之量以別之謂分別善惡使不相亂。悉其聰明致其忠愛以盡之者謂聽獄之人盡悉己之聰明尋其事之根本又致其忠恕仁愛不使嚴酷枉濫以盡犯罪人情不有抑屈。疑獄汜與衆共之者疑獄謂事可疑難斷者也汜廣也已若疑彼罪而不能斷決當廣與衆庶共論決之也衆疑赦之者若衆人疑惑則當放赦之故書云與其殺不辜寧失不經。必察小大之比以成之者小大猶輕重也比例也已行故事曰比此言雖疑而赦之不可直爾而放當必察按舊法輕重之例以成於事。成獄至制刑。成獄辭者謂獄吏初責覈罪人之辭已成定也史以獄成告於正者史司寇吏也正獄之正也吏以成辭告於正也。正聽之者正得吏告罪成之辭而又聽察也。正以獄成告於大司寇者正聽已竟又列獄成之辭告於大司寇也。大司寇聽之棘木之下者大司寇得正之告而又聽察於棘木之下謂王之外朝也。大司寇聽獄之成告於王者大司寇與公卿在朝槐棘之下聽獄訟成以告於王也。王命三公參聽之王既得司寇之告成辭而刑辟不可謬妄故王又命三公與司寇及正吏共參準聽之也。三公以獄之成告于王者三公參聽得其情實以獄成辭以告於王也。王三又者三三事也又當爲宥宥寬也王得三公之告則以三事命寛之也。注正所至所置。正義曰按周禮鄉師屬地官不掌獄訟而云鄉師者鄉謂鄉士也師謂士師也云之屬者謂遂士縣士方士之等云今漢有正平丞秦所置者按漢書百官公卿表廷尉秦官掌刑辟有正左右監宣帝地節三年初置左右平鄭見古有正連言平耳此王制多是殷法秦則放殷置之。注周禮至位焉。正義曰周禮鄉師之屬至職聽於朝是鄉士及遂士縣士職文云異其死刑之罪者鄭云異謂殊其文書謂殊異其應死刑之罪別爲簿書而要之鄭云要之爲其罪法之要辭如今劾矣即是囚之狀辭。爲要狀云司寇聽之朝王之外朝也者按朝士職掌外朝之法云左嘉石平罷民焉右肺石達窮民焉罷民則是犯罪之人故知聽於外朝也云左九棘至三公位焉皆朝士職文故其職云左九棘孤卿大夫位焉羣士在其後右九棘公侯伯子男位焉羣吏在其後面三槐三公位焉州長衆庶在其後鄭云棘取赤心而外刺槐之言懷也懷來人於此鄭康成以爲此外朝位在皐門內庫門之外。注王使至其期。正義曰經直云王命三公參聽之得知三公復與司寇及正共平之者以參聽之是三公之外共人相參而聽之上既有正與司寇故知司寇及正在焉云周禮王欲免之乃命三公會其期者按周禮鄉士掌六鄉之獄若欲免之則王會其期遂士掌六遂之獄若欲免之則王令三公會其期縣士掌野獄若欲免之則王命六卿會其期此遂士職文也獨舉遂士公會其期者以經云王命三公故舉遂士言之舉中以見上下則六鄉王自會之縣野之獄王命六卿會之六卿以獄告于王也。注一宥至遺忘。正義曰此一宥以下是周禮司刺文鄭康成云識審也不審若仇讎當報甲見乙誠以爲甲而殺之者過失者若舉刃欲斫伐而軼中人者遺忘若閒帷薄忘有在焉而以兵矢投射之王恐有此三事致罪故令以三事宥之若不當三事故造罪者然後制刑。凡作刑罰輕無赦此文起例故云凡作刑罰也此并疑獄故雖輕不赦也若輕者輒赦則犯者衆也故書云刑故無小雖輕不赦之爲人易犯也。刑者至心焉。此論刑之不可變改故云刑者侀也上刑是刑罰之刑下侀是侀體之侀訓此刑罰之刑以爲侀體之侀言刑罰之刑加人侀體又云侀者成也言侀體之侀是人之成就容貌容貌一成之後若以刀鋸鑿之斷者不可續死者不可生故云不可變故君子盡心以聽刑焉則上悉其聰明致其忠愛是也。注左道至俗禁。正義曰盧云左道謂邪道地道尊右右爲貴故漢書云右賢左愚右貴左賤故正道爲右不正道爲左若巫蠱及俗禁者按漢書武帝時江充埋桐人於太子宮是也初江充曾犯太子後王將老欲立太子太子立必誅充充遂謀大子爲桐人六枚埋在大子宫中乃譖大子於帝曰臣覩大子宫有巫氣王遂令江充檢之果掘得桐人六枚盡以鍼刺之太子以自無此事意不服遂殺充武帝故怒遂遣丞相劉屈氂將兵伐太子大子急竄於湖縣民家而藏後事發大子遂自殺而死於其處湖關老人訟太子無罪帝乃悔之因立園陵於湖縣故思子望子歸來蠱者損壞之名故左傳云皿蟲爲蠱是蠱食器皿巫行邪術損壞於人俗禁者若前漢張竦行辟反支後漢書郭躬傳有陳伯子者出辟往亡入辟歸忌是也○注淫聲至機窔○正義曰淫聲鄭衛之屬者以鄭衛多淫風故鄭衛爲淫聲云之屬者則桑間濮上之音故樂記云鄭衛之音亂世之音桑間濮上之音亡國之音是也云異服若聚鷸冠瑱弁者按僖二十四年左傳云鄭子臧好聚鷸冠鄭伯聞而惡之使盜殺之于陳宋之間瑱弁者僖二十八年左傳云初楚子玉自爲瓊弁玉纓服虔注云謂馬飾云若公輸般請以機窔者指其人巧謂之奇技指其機窔謂之奇器故奇技奇器揔謂般也○行僞至衆殺○行僞而堅者行此詐僞而守之堅固不肯變改言僞而辯者謂言談僞事辭理明辯不可屈止學非而博者謂習學非違之書而又廣博順非而澤者謂順從非違之事而能光澤文飾以疑於衆如此者殺按史記孔子爲魯司寇七日而誅少正卯之類

是也○注皆謂至者也○正義曰習僞習非是虛華辯博而澤是捷給不可依用是無誠也○假於至衆殺○妄陳邪術恐懼於人假託吉凶以求財利假於鬼神時日卜筮者謂假託鬼神假託時日假託卜筮以疑於衆鬼神時日卜筮共有假文○注今時至違制○正義曰謂今時之人持執此喪葬築蓋嫁娶卜數之文書以惑於衆妄陳禍福浪說妖祥築謂坏牆蓋謂舍宇○注尊物至賣也○正義曰言圭璧金璋及犧牲戎器皆是尊貴所合蓄之物非民所宜有防民之僭僞也軍器防民之賊亂也○注凡以至多少○正義曰此經之物若其合法度則得粥之其不合法度者則不得粥也○布帛精麤者若朝服之布十五升斬衰三升齊衰四升之類是也○廣狹者布廣二尺二寸帛則未聞鄭注周禮引逸巡守禮幅廣四尺八寸爲尺○鄭注四當爲三則帛廣三尺四寸用器弓矢耒耜飲食器者既夕禮文既夕敦杅之屬即飲食器也○注不示至貪也○正義曰錦文珠玉成器衣服等不粥者不示民以奢飲食不粥者不示民以貪此衣服飲食與珠玉連文據華美者不得粥之恐民貪若尋常飲食則得粥之不得羣聚耳故周禮司虣云禁屬遊飲食于市者是也前經圭璧金璋之等是貴者之器故注云非民所宜有謂全不合有以其名位卑故也此錦文珠玉等是華麗之物富人合有

但不得聚之過多故云不粥於市不示民以奢也前文圭璧金璋各是一物即考工記金飾璋也皇氏以爲用金爲印璋按定本璋字從玉圭璧之類也且周時稱印曰璽未有稱璋皇氏之義非也○注周禮至陰木○正義曰此周禮山虞文鄭注云陽木生山南者陰木生山北者冬斬陽夏斬陰堅濡調○關執禁以譏禁異服識異言司關之官執此戒禁之書以譏察出入之人故云執禁以譏禁此身著異服之人又記識口爲異言之人防姦僞察非違○**大史典禮執簡記奉諱惡**簡記策書也諱先王名惡忌日若子卯○惡烏路反注同策書側八反○【疏】大史至諱惡○正義曰此一經論大史之官典掌禮事國之得失是其所掌執此簡記策書奉其諱惡之事奉謂進也諱謂先王之名惡謂子卯忌日謂奉進於王以所諱所惡○注諱先王名○正義曰下文云天子齊戒受諫傳云名終將諱之故以諱爲先王之名其實餘諱亦大史奉之故禮運云天子適諸侯必舍其祖廟不以禮籍入是謂天子壞法亂紀鄭注云以禮籍入謂大史典禮執簡記奉諱惡是亦諱諸侯之祖父也云惡忌日若子卯者忌日謂先王之亡日及子卯故云若子卯紂以甲子日死桀以乙卯日亡已具下檀弓疏此惡亦兼餘事故誦訓云掌道方慝以詔辟忌

鄭注云方慝四方言語所惡是也○**天子齊戒受諫**歲終羣臣奏歲事諫王當所改爲也○齊側皆反本亦齊下皆同○**司會以歲之成質於天子**司會冢宰之屬掌計要者成計要也質平也平其計要○會古外反注同**冢宰齊戒受質**質王受之**大樂正大司寇市三官以其成從質於天子**大樂正於周宗伯之屬市司市也於周司徒之屬從從於司會也○**大司徒大司馬大司空齊戒受質百官各以其成質於三官大司徒大司馬大司空以百官之成質於天子**百官此三官之屬○**百官齊戒受質**受平報也**然後休老勞農**饗養之○勞力報反**成歲事**斷計要也**制國用**【疏】天子至國用○正義曰此下至制國用論歲終天子受質及百官質於天子休老勞農制國用之事也○齊戒受諫者以其歲終舊來所施之事或有不便須有改爲百官以此上

諫於王，天子以其事重，故先齊戒而後受於諫也。司會以歲之成質於天子，司會摠主羣官治要，故以一歲治要之成質於天子。質，平也，謂奏上文簿，聽天子平量之。○冢宰齊戒受質者，冢宰是貳王治事，故亦齊戒贊王受羣官所平之事，謂共王論定也。大樂正、大司寇、市三官以其成從質於天子者，謂此三官各以其當司成要，隨從司會平於天子。以周法言之，司會摠主羣官簿書，則司徒、司馬、司空簿書亦司會掌之。質於天子所以下文司徒、司馬、司空各質於天子，不由司會，惟大樂正、大司寇、市三官從司會質於天子者，司會摠主治要，先質於王，若今時先申帳目。樂正、司寇、司市當司事少，即從司會以質於王。其司徒、司馬、司空摠主萬民，其事既大，雖司會進其治要，仍須各受質屬官，親自質於天子。百官齊戒受質，以司徒、司馬、司空質於天子，天子平斷畢，當須報於下，故在下百官齊戒，受天子所平之要。○然後休老勞農者，即十月蜡祭之時，飲酒勞農也。○成歲事者，斷定計要，一歲事成，乃制來歲之國用，故云制國用也。○注「歲終」至「爲也」。○正義曰：知齊戒受諫是歲終者，以下云休老勞農，文相連接，故知是歲終也。以其歲終受質，故知諫王當所改爲，謂改其舊事更爲新事，故用歲終。襄十四年左傳師曠云「正月孟春，於是乎有之」，諫失常也。彼諫王過惡，故用正月，與此別也。○

注「司會」至「計要」。○正義曰：按天官司會中大夫二人，屬冢宰，故云冢宰之屬。云「成計要也」者，按周禮注歲計曰會，月計曰要，日計曰成，彼對文耳，此則摠而言之，故云成計要也，謂一歲薄書摠要成就。○注「大樂」至「會也」。○正義曰：按上文司會直云冢宰之屬，不云於周，此大樂正及市皆云於周者，以此文司會與周禮正同，故不須云於周。此大樂正於周是大司樂，此市亦於周爲司市，與周禮不同，故以周禮明之。云「從，從於司會也」者，以文承上司會質於天子，故知從質者從司會也。然此大樂正、大司寇及市亦當受屬官之質，以其事少，文不見耳。○注「百官，此三官之屬」。○正義曰：司徒、司馬、司空受百官質，故云三官之屬。若以殷法言之，按曲禮云司徒、司馬、司空、司寇、司士；若以周法言之，按夏傳司徒、司馬、司空三官分主九卿，則兼羣官焉。但大樂正、大司寇、司市特自質於天子也。○

凡養老，有虞氏以燕禮，夏后氏以饗禮，殷人以食禮，周人脩而兼用之。兼用之，備陰陽也。凡飲養陽氣，凡食養陰氣，陽用春夏，陰用秋冬。○食音嗣，注及下注并下文食之並同。養如字，徐以上反，下同。○

五十養於鄉，六十養於國，七十養於學，達於諸侯。天子諸侯養老同也。國，國中小學，在王宮之左。學，大學也，在郊。小學在國中，大學在郊，此殷制明矣。

【疏】「凡養」至「諸侯」。○正義曰：此一節論虞、夏、殷、周養老不同之事，各依文解之。○凡養老者，皇氏云：人君養老有四種：一是養三老五更，二是子孫爲國難而死，王養死者父祖，三是養致仕之老，四是引戶校年，養庶人之老。熊氏云：天子視學之年，養老一歲有七，謂四時皆養老，故鄭此注「凡飲養陽氣，凡食養陰氣，陽用春夏，陰用秋冬」，是四時凡四也。按文王世子云「凡大合樂，必遂養老」，注云「大合樂，謂春入學舍菜合舞，秋頒學合聲」，通前爲六。又季春大合樂，天子視學，亦養老。世子云「凡視學，必遂養老」，是摠爲七也。○有虞氏以燕禮者，虞氏云燕禮脫屨升堂。崔氏云：燕者，殽烝於俎，行一獻之禮，坐而飲酒，以至於醉。以虞氏帝道弘大，故養老以燕禮。○夏后氏以饗禮者，崔氏云：饗則體薦而不食，爵盈而不飲，依尊卑而爲獻，取數畢而已。夏既受禪於虞，是三王之首，貴尚於禮，故養老以饗禮，相養敬也。○殷人以食禮者，崔氏云：不飲酒，享大牢，以禮食之。殷人質素，威儀簡少，故養老以養禮。○周人脩而兼用之者，謂周人脩三代之禮而兼用之，以養老。春夏養老之時，用虞氏燕禮、夏后氏饗禮之法；若秋冬養老之時，用殷人食禮之法。以

周極文，故兼用三代之法也。皇氏云：享有四種：一是諸侯來朝，天子饗之，則周禮大行人職云上公之禮，其享禮九獻是也。其牲則體薦，體薦則房烝，故春秋宣十六年左傳云「享有體薦」。又國語云「王公立飫，則有房烝」，其所云飫即謂饗也，立而成禮謂之爲飫也。其禮亦有飫食，故舂人云「凡饗食，共其食米」，鄭云「享有食米，則饗禮兼燕與食」是也。二是王親戚及諸侯之臣來聘，王饗之，禮亦有飯食及酒者，親戚及賤臣不須禮隆，但示慈惠，故並得飲食之也。其酌數亦當依命。其牲折俎，亦曰殽烝也。故國語云「親戚宴饗，則有餚烝」，謂以燕禮而饗則有之也。又左傳宣十六年云「享有體薦，宴有折俎。公當享，卿當宴，王室之禮也」。時定王享士會而用折俎，以國語及左傳，故知王親戚及諸侯之大夫來聘，皆折俎饗也。其饗朝廷之臣亦當然也。三是戎狄之君使來，王享之，其禮則委饗也。其來聘賤，故王不親饗之，但以牲全體委與之也。故國語云「戎翟貪而不讓，坐諸門外，而體委與之」是也。此謂戎狄使臣賤之，故委饗。若夷狄君來，則當與中國子男同，故小行人職掌小賓小客所陳牲牢當不異也。四是享宿衛及耆老孤子，則以醉爲度，故酒正云「凡饗士庶子，享耆老孤子，皆共其酒，無酌數」，鄭云「要以醉爲度」。食禮者，有飯有殽，雖設酒而不飲，其禮以飯爲主，故曰食也。其禮有二種：一是禮食，故大

行人云諸公三食之禮有九舉及公食大夫禮之屬是也二是燕食者謂臣下自與賓客旦夕共食是也按鄭注燕禮酒漿處右云此大夫士與賓客燕食之禮燕禮者凡正享食在廟燕則於寢燕以示慈惠故在於寢也燕禮則折俎有酒而無飯也其牲用狗謂爲燕者詩毛傳云燕安也其禮最輕升堂行一獻禮畢而說屨升堂坐飲以至醉也儀禮猶有諸侯燕禮一篇也然凡燕禮亦有二種一是燕同姓二是燕異姓若燕同姓夜則飲之其於異姓讓之而止故詩湛露天子燕諸侯篇鄭箋云夜飲之禮同姓則成之其庶姓讓之則止其此燕饗食致仕之老皇氏云則當用正饗正食正燕之禮以其有賢德者不可以褻禮待之其饗死事之老不必有德又是老人不宜久立當用折俎之饗燕食之食老人不合夜飲當用異姓之燕禮○注兼用至秋冬○正義曰兼用之備陰陽者以燕之與饗是飲酒之禮是陽陽而無陰食是飯是陰陰陰而無陽周兼用之故云備陰陽也云凡飲養陽氣凡食養陰氣者郊特牲文所以飲養陽者飲是清虛陽氣之象食是形質陰體之義云陽用春夏陰用秋冬者按郊特牲云饗禘有樂而食嘗無樂是故春禘而秋嘗享與禘連文故知饗在春食與嘗連文故知食在秋彼不云冬夏者彼是殷禮此言冬夏者據周法也或鄭因春而言夏因秋而見冬雖周冬

夏不養老也就如熊義去冬夏則一年有五養老也又春合舞秋合聲即是春秋養老之事冬夏更無養老通季春大合樂有三養老也熊氏以爲春秋各再養老故爲一年七養老也去冬夏猶爲五義實可疑皇氏云春夏雖以飲爲主亦有食先行饗次燕次食秋冬以食爲主亦有饗先行食次燕次享一日之中三事行畢義或然也○五十至諸侯○此謂子孫爲國死難而王養其父祖也五十始衰故養於鄉學○六十養於國者六十漸衰養禮彌厚故養之於小學小學在國中也○七十養於學者七十大衰養禮轉重故養於大學○達於諸侯者言此養老之事非惟天子之法乃通達於諸侯盧王等以爲養於鄉云不爲力政養於國云不與服戎皆謂養庶人之老也非鄭義故鄭注云國中小學也○注國至謂明矣○正義曰養於國與養於學文相對故知國亦是學也六十少於七十者六十者宜養於小學七十者宜養於大學故云國國中小學云在王宮之左者據上文而知云小學在國中大學在郊此殷制明矣者以上文云小學在公宮南之左大學在郊下文云殷人養國老於右學養庶老於左學貴右而賤左小學在國中左也大學在郊右也與殷同也故云此殷制明矣以此篇從上以來雖解爲殷制無正據可馮因此小學大學是殷制不疑故云明矣

○八十拜君命一坐再至瞽亦如之九十使人受命謂君不親饗食必以其禮致之○瞽音古五十異粻六十宿肉七十貳膳八十常珍九十飲食不離寢膳飲從於遊可也粻糧也貳副也遊謂出入止觀○粻涉良反離力智反觀古亂反六十歲制七十時制八十月制九十日脩唯絞紟衾冒死而后制絞紟衾冒一日二日而可爲者○絞戸交反紟其鴆反冒亡報反五十始衰六十非肉不飽七十非帛不煖八十非人不煖九十雖得人不煖矣煖温○煖乃管反下同五十杖於家六十杖於鄉七十杖於國八十杖於朝九十者天子欲有問焉則就其室以珍從尊養之○從才用反

又如字○七十不俟朝大夫士之老者揖君則退八十月告存每月致膳九十日有秩秩常也有常膳五十不從力政六十不與服戎七十不與賓客之事八十齊喪之事弗及也力稍衰也力政城道之役也與及也八十不齊則不祭也子代之祭是謂宗子不孤○與音預下及注同五十而爵賢者命爲大夫六十不親學不能備弟子禮七十致政唯衰麻爲喪致政還君事○【疏】八十至爲喪○正義曰此一節論老人力衰與少不同之事各隨文解之○七十養於大學至於八十年漸衰弱不堪來學受養君以饗食之禮使人就家致之其受君命之時理須再拜不堪爲勞一坐於地而首再至於地瞽人無目恐其傾倒拜君命之時亦當如此故云亦如之○五十至可也○自此以下雜記卿大夫士及庶人年老節制在家自養之法隨年爲品也○五十異粻者粻糧也五十始衰糧宜自異不可與少壯者同也○六十宿肉者轉老故恒宿肉在帳下不使求而不得也○七十貳膳者貳副也膳善

食也恒令善食有儲副不使有闕也○八十常珍者珍謂常食之皆珍奇美食尋常使有○九十飲食不離寢者謂老人飲食無時或急求須得故不離於寢○膳飲從於遊可也者謂美善之膳水漿之飲從於老人所遊之處其理可也○六十至后制○六十歲制者明老而預爲送終之具也年既衰老故逆辨之也歲制謂棺也不易可成故歲制然此謂大夫以下耳人君即位爲椑不待六十也其椑則死後爲之以其葬尚賖故檀弓云旬而布材是也○七十時制者時制謂一時可辨是衣物之難得者是年轉老所須辨轉切也○八十月制者月制謂一月可辨衣物易得者也漸老彌切也○九十日脩者至九十棺衣皆畢但日日脩理之爲近於終故也惟絞紟衾冒死而后制者此四物易成故生不逆爲須亡乃制也故檀弓云一日二日而可爲也者君子弗爲也○七十至有秩○此謂大夫士老年而聽致仕者則七十杖於國朝君之時入門至朝位君出揖之即退不待朝事畢也若不聽致仕則祭義云七十杖於朝八十不俟朝○八十月告存者告謂問也君每月使人致膳告問存否○九十日有秩者以至年老方極秩常也君則日使人以常膳致之故云日有秩○注大夫至則退○正義曰按儀禮大射卿大夫皆入門右北面公降立于阼階之東南南鄉揖大夫大夫皆少進彼鄭

注云變爾言揖使近北者爾揖君則退謂就位君揖之時七十老者則退故祭義注云君揖之即退不待朝事畢其少壯者則待朝事之終也○注每月致膳○正義曰經直云月告存知非直遣人告問存否必知致膳者以下云九十日有秩上文云天子欲有問焉則就其室以珍從明八十每月告存之時必當致膳也○注力稍至不孤○正義曰以上文歲制及杖於家之屬兼含大夫士及庶人之老此五十不從力政及不與服戎惟據庶人之事故云力政城道之役也謂築城垣治道也其大夫士六十未致仕若爲軍將當與服戎故知此據庶人也按異義禮戴說王制云五十不從力政六十不與服戎易孟氏韓詩說年二十行役三十受兵六十還兵古周禮說國中自七尺以及六十野自六尺以及六十有五皆征之許慎謹按云五經說皆不同是無明文所據漢承百王而制二十三而役五十六而免六十五已老而周復征之非用民意是許以周禮爲非鄭駁之云周禮是周公之制王制是孔子之後大賢所記先王之事周禮所謂皆征之者使爲胥徒給公家之事如今之正衛耳六十而不與服戎胥徒事暇坐息之間多其五歲又何太違之云徒給公家之事云非用民意取王制所云力政挽引築作之事所謂服戎謂從軍爲士卒也二者皆勞於胥徒故早舍之如鄭此言力政田役爲重故云五十免之故此五十不從力政祭義云五十不爲甸徒也戎事差輕六十不與服戎及孟氏說六十還兵是也胥徒又輕故野外六十五猶征之若四郊之内以其多役其胥徒之事六十則免初受役之時始年二十也其野王城之外力役又少胥徒之事十五則征之至六十五其力政之事皆二十受之兵革之事則三十受之故易孟氏詩韓氏皆云二十行役三十受兵也云是謂宗子不孤者以父是宗子年已八十子則代之而祭若父不爲宗子則不主祭祀無祭可代今已是父嫡子代父而祭之是有父之宗子按喪服云宗子孤爲殤以無父則稱孤明有父則不孤故云是謂宗子不孤也○注賢者命爲大夫○正義曰經文云五十而爵鄭知非命爲士而云大夫者以王制殷法殷則士無爵此經云而爵故知是大夫也此謂凡常之人有賢德故五十始爲大夫若其有德不必五十則喪服小功章云大夫爲昆弟之長殤是幼爲大夫爲兄之長殤

○有虞氏養國老於上庠養庶老於下庠夏后氏養國老於東序養庶老於西序殷人養國老於右學養庶老於左學周人

養國老於東膠養庶老於虞庠虞庠在國之西郊皆學名也異者四代相變耳或上西或上東或貴在國或貴在郊上庠右學大學也在西郊下庠左學小學也在國中王宮之東東序東膠亦大學在國中王宮之東西序虞庠亦小學也西序在西郊周立小學於西郊膠之言糾也庠之言養也周之小學爲有虞氏之庠制是以名庠云其立鄉學亦如之膠或作練○糾居黝反徐居酉反絿音求又音蚪

有虞氏皇而祭深衣而養老夏后氏收而祭燕衣而養老殷人冔而祭縞衣而養老周人冕而祭玄衣而養老玄冕屬也畫羽飾焉凡冕屬其服皆玄上纁下有虞氏十二章周九章夏殷未聞凡養老之服皆其時與羣臣燕之服有虞氏質深衣而已夏而改之尚黑而黑衣裳殷尚白而縞衣裳周則兼用之玄衣素裳其冠則弁追章甫委貌也諸侯以天子之燕服爲朝服燕禮曰燕朝服服是服也王者之後亦以燕服爲之魯季康子朝服以縞僭宋之禮也天子皮弁以日視朝也○皇音皇本又作皐冔況甫反縞古

老反，又古報反。繐，許云反。牟，不侯反，又追丁雷反。凡三王養老皆引年，已而引戶校年，當行復除也。老人衆多，非賢者不可皆養。○復除，去音福，下如字，又直慮反。八十者一子不從政，九十者其家不從政，廢疾非人不養者一人不從政，廢，廢於人事。養，如字，又以尚反。父母之喪三年不從政，齊衰大功之喪三月不從政，將徙於諸侯三月不從政，自諸侯來徙家期不從政。自，從也。期音基。〔疏〕有虞至從政。○正義曰：此一節明養致仕老及庶人老給賜之事，各依文解之。○注皆學至如之。○正義曰：此四代養老之處，雖其名不同，以殷人云右學左學，虞氏云上庠下庠，學記云黨有庠，文王世子云學干戈羽籥於東序，以此約之，故知皆學名也。養老必在學者，以學教孝悌之處，故於中養老。熊氏云：國老謂卿大夫致仕者，庶老謂士也。皇氏云：庶老兼庶人在官者，其致仕之老，大夫以上當養從國老之法，士養從庶老之法。故外饔云邦饗耆老，掌其割亨。鄭注引此周人養國老於東膠，養庶老於虞庠是也。虞殷尚質，貴取物成，故大學在西，小學在東；夏周貴文，取積漸長養，故大學在東，小學在西。故云上庠右學，大學也，在西郊；下庠左學，小學也，在國中王宮之東。以虞殷質，俱貴於西，故併言之。夏周爲文，皆上東，故亦併言之。云東序東膠亦大學，在國中王宮之東；西序虞庠亦小學也，西序在西郊。周立小學於西郊，是也。云周之小學爲有虞氏之庠制者，庠則後有室，前有堂，若夏后氏之序及周之學，所在序者，皆與庠制同。其州黨之序則歇前而已。序則豫也，故鄉射云豫則鈎楹內，堂則由楹外。彼鄭注豫讀如成周宣謝災之謝，是也。云其立鄉學亦如之者，言鄉學亦爲庠制，故上文云耆老皆朝于庠是也。周大學在國之西郊，鄭駁異義云三靈一雍在郊者，熊氏云文王之時猶從殷禮，故辟廱大學在郊。劉氏以爲周之小學爲辟廱在郊。○注皇冕至朝也。○正義曰：以皇與下冕相對，故爲冕屬。按周禮有設皇邸，又云有皇舞，皆爲鳳皇之字，鳳羽五采，故云畫羽飾之。按上注云虞夏之制，天子服有日月星辰，此云夏殷未聞者，以皐陶謨謂之虞夏書，因彼之成文，故云虞夏之制，其實惟謂虞也。云凡養老之服，皆其時與羣臣燕之服，鄭知然者，以經云夏后氏燕衣而養老，周人玄衣而養老，周人燕用玄衣，故知養老燕羣臣之服也。云有虞氏質，深衣而已者，深衣謂白布衣，以質用白布而已。其冠未聞，皇氏云以爲養老首還服皇冠，崔氏云以爲與夏同。同未知然否。按郊特牲云大古冠布，齊則緇之，大古則虞氏，或用白布冠也。云夏而改之，尚黑而黑衣裳者，以殷人尚白，用縞衣，夏既尚黑，燕衣黑衣也。云殷尚白而縞衣裳者，縞，白色生絹，亦名爲素，此縞衣謂白布深衣也。云周則兼用之，玄衣素裳者，以經云玄衣而養老，若衣裳俱玄，則與夏不異。又儀禮朝服緇布衣素裳，緇則玄，故爲玄衣素裳。上養老云周人脩而兼用之，故養老之衣亦脩而兼用之。云其冠則牟追、章甫、委貌也者，按儀禮朝服首著玄冠，玄冠即委貌，以此推之，則殷之朝服則皆著章甫之冠，夏之朝服著牟追。云諸侯以天子之燕服爲朝服者，以燕禮諸侯燕臣子用朝服，明天子之燕亦朝服也。引燕禮曰燕朝服者，證朝燕同云服是服也者，言燕時服是玄衣素裳之服。崔氏云天子燕畿內諸侯以緇衣，燕畿外諸侯以玄冠，諸侯各以爲朝服，事無明文，不可依也。云王者之後亦以燕服爲之者，玉藻云魯季康子朝服以縞，若當時無朝服以縞，康子不應服之，明是宋人所著，故康子借效之。宋既朝服以縞，杞當朝服以玄。云天子皮弁以日視朝也者，玉藻文，引之者，證天子以諸侯朝服之別。按詩頍弁注云：禮，天子諸侯朝服以燕，天子之朝服以皮弁服，以皮弁服燕，不用玄衣者，詩所謂燕同姓，諸父及異姓甥舅等，故用皮弁，尚質故也。若燕其諸侯，則用玄衣。明諸侯則朝服以日視朝，服則玄冕素裳也。冠禮注云周弁、殷冔、夏收，鄭云弁名出於槃，槃，大也，言所以自光大也。冔名出於幠，幠，覆也，所以自覆飾也。收，言所以收斂髮也。其制之異亦未聞。冠禮記又云委貌，周道也；章甫，殷道也；毋追，夏后氏之道也。鄭注云：委猶安也，言所以安正容貌；章，明也，殷質，言以表明丈夫也；毋，發聲也，追猶堆也，夏后氏質，以其形名之。其制之異同未聞。○將從至從政。○此謂大夫采地之民，從於諸侯爲民，以其新從，當須復除。但諸侯地寬役少，爲人所欲，故惟三月不從政。○自諸侯來從於家者，謂諸侯之民來從於大夫之邑，以大夫役多地狹，欲令人貪之，故期不從政。按旅師云新甿之治皆聽之，使無征役。鄭注引此文以證之，是據民之遷徙。王肅及庾氏等以爲據仕者，從大夫家出仕諸侯，從諸侯退仕大夫，非鄭義也。○少而無父者謂之孤，老而無子者謂之獨，老而無妻者謂之矜，老而無夫者謂之寡。此四者，天民之窮而無告者也，皆有常餼餼，廩也。少，詩照反，下注少者同。矜，本又作鰥，同古頑反。稟，兵品反。[疏]少而至常餼。正義曰：此一節論矜恤鰥寡孤獨之事。無妻無夫謂之矜寡者，按孝經云男子六十無妻曰鰥，婦人五十無夫曰寡。舜年三十而尚書謂之鰥者，以其父頑母嚚，無爲娶之端，故雖三十而亦稱鰥。詩云「何草不黃，何人不矜」，據役在外，嫁娶失時，亦謂之爲矜，矜與鰥同。其男子無妻亦謂之寡，左傳云崔杼生成及彊而寡。按劉熙釋名云：無妻曰鰥，愁悒不能寐，目恒鰥鰥然，其字從魚，魚目恒不閉。無夫曰寡，寡，倮也，倮然單獨也。無父曰孤，孤，顧也，顧望無所瞻見也。無子曰獨，獨，鹿也，鹿鹿無所依也。

○瘖聾跛躃斷者侏儒百工各以其器食之斷謂支節絕也。侏儒，短人也。器，能也。瘖，於金反，啞也。聾，力東反。跛，彼我反。躃，必亦反，兩足不能行也。侏音朱。[疏]瘖聾至食之。正義曰：此一節論矜恤疾民之事。瘖謂口不能言，聾謂耳不聞聲，跛躃謂足不能行，斷者謂支節解絕，侏儒謂容貌短小，百工謂有雜技藝。此等既非老無告，不可特與常餼，既有疾病，不可不養，以其病尚輕，不可虛費官物，故各以其器食之。器，能也，因其各有所能，供官役使，以廩餼食之。按晉語云文公問八疾，胥臣對云：戚施權。鎛注云：使擊鍾。蘧除蒙璆，注云：璆是玉磬，使擊之。侏儒扶盧，注云：扶，持也；盧，戟柄也。矇瞍脩聲，注云：歌詠琴瑟。聾聵司火，注云：使主然火。其童昏嚚瘖僬僥，官師所不材，宜於掌土。是各以器食之。外傳不云跛躃，此不云蘧蒢戚施，設文不具。外傳瘖與僬僥置於掌土，此瘖與侏儒其器食之者，今古法異也。

○道路男子由右，婦人由左，車從中央道中三塗遠別也。別，彼別反，下文并注同。父之齒隨行，兄之齒鴈行，朋友不相踰廣敬也，謂於塗中。行，如字，一音戶剛反，下鴈行同。輕任并，重任分，班白不提挈皆謂以與少者。雜色曰班。并，必性反，本又作併。提音啼。挈，本亦作挈，苦結反。[疏]輕任并重任分。正義曰：父齒者也。任謂有擔負者，俱應擔負，老少並輕，則併與少者擔之也。重任分者，老少並重，不可併與少者一人，則分爲輕重，重與少者，輕與老者。君子耆老不徒行，庶人耆老不徒食徒猶空也。○大夫祭器不假，祭器未成，不造燕器造，爲也。[疏]大夫祭器不假。正義曰：

皇氏云：此謂有地大夫，故祭器不假，若無地大夫，則當假之。故禮運云大夫祭器不假，聲樂皆具，非禮也，謂無地大夫也。

○方一里者爲田九百畝一里方三百步。方十里者爲方一里者百，爲田九萬畝。方百里者爲方十里者百，爲田九十億畝億今十萬。億，於力反。方千里者爲方百里者百，爲田九萬億畝萬億今萬萬也。[疏]方一至億萬。正義曰：此一節論開方之法，總計天子畿外內諸侯之地大小，各依文解之。方一里者爲田九百畝，按論語云步百爲畝，是長一百步，闊一步；畝百爲夫，是一頃也，長闊一百步；夫三爲屋，是三頃也，闊二百步，長一百步；屋三爲井，是九百畝也，長闊一里。注億今十萬。正義曰：方十里爲田九萬畝，方百里者爲方十里者百，一箇十里之方既爲田九萬畝，則十箇十里之方爲田九十萬畝，一百箇十里之方爲田九百萬畝，今云九十億畝，是一億有十萬，十億有一百萬，九十億爲九百萬畝，故云億今十萬。尹文子云：百姓千品，萬官億醜，皆以數相十，此謂小億也，此鄭氏所用。毛詩傳云：數萬至萬曰億，是大億也，非鄭義。注萬億今萬萬也。正義曰：計千里之方爲方百里者百，一箇百里之方既爲九十億畝，則十箇百里方爲九百億畝，百箇百里方爲九千億畝，今乃云九萬億畝，與數不同者，若以億言之，當云九千億畝；若以萬言之，當云九萬萬畝。但書經戰國及秦之世，經籍錯亂，此經上下或億或萬，字相交涉，遂誤爲萬億。鄭未注之前，書本既爾，鄭更不顯言其錯，因此錯本萬億之言，即云此經萬億者，即今之萬萬。皇氏以爲億數不定，或以十萬爲億，或以萬萬爲億，或以一萬爲億，此云萬億者，秖是萬萬也。六國時或將萬爲億，故云萬億。但古事難委，未知孰是，故備存焉。

○自恒山至於南河，千里而近冀州域。自南河至於江，千里而近豫州域。自江至於衡山，千里而遙荊州域。自東河至於東海，千里而遙徐州域。自東河至於西河，千里而近亦冀州域。自西河至於流沙，千里而遙雍州域。於而反。西不盡流沙，南不盡衡山，東不近東海北不盡恒山凡四海之內斷長補短方三千里爲田八十萬億一萬億畝九州之大計。斷音短方百里者爲田九十億畝山陵林麓川澤溝瀆城郭宮室塗巷三分去一其餘六十億畝以一大國爲率其餘所以授民也山足曰麓。去羌呂反率音律又音想【疏】自恒至億畝。正義曰此一節論四海之內地遠近里數也言千里而近者皇氏云此恒山至南河以千里言之其地稍近言不滿千里下云自江至於衡山千里而遥謂以千里言之其地稍遠言不啻千里熊氏以爲近者謂過千里遥者謂不滿千里其義似非也其餘遥近皆放此也。爲田八十萬億一萬億畝以一州方千里九州方三千里三三如九爲方千里者有九一箇千里有九萬億畝九箇千里九九八十一故有八十一萬億畝但記文詳具於八十整數之下云萬億是八十箇萬億又云一萬億言是詳也以前文誤爲萬億此則因前文之誤更以萬億言之○古者以周尺八尺爲步今以周尺六尺四寸爲步古者百畝當今東田百四十六畝三十步古者百里當今百一十一里六十步四尺二寸二分周尺之數未詳聞也按禮制周猶以十寸爲尺蓋六國時多變亂法度或言周尺八寸則步更爲八八六十四寸以此計之古者百畝當今百五十六畝二十五步古者百里當今百二十五里。【疏】古者至二分。正義曰古者八寸爲尺今以周尺八尺爲步則一步有六尺四寸今以周尺六尺四寸爲步則一步有五十二寸是今步比古步每步剩出一十二寸以此計之則古者百畝當今東田百五十二畝七十一步者。餘與此百四十六畝三十步不相應也又今步每步剩古步十二寸以此計之則古之百里當今百二十三里一百一十五步二十寸與此經百二十一里六十步四尺二寸二分又不相應故鄭云六國時多變亂法度經云錯亂不可用也。注按禮至五里。正義曰王人職云鎮圭尺有二寸又云桓圭九寸是周猶以十寸爲尺也今經云以周尺六尺四寸爲步乃是六十四寸則謂周八寸爲尺也故云蓋六國時多變亂法度或言周尺八寸也鄭即以古周尺十寸爲尺八尺爲步則步八十寸鄭又以今周尺八寸爲尺八尺爲步則今步皆少於古步一十六寸也是今步別剩十六寸云以此計之者謂以古步又以今周尺八寸八尺爲步外剩十六寸而計之則古之四步剩出今之一步古之四十步爲今之五十步古之八十步爲今之一百步計古之一畝之田長百步得爲今田一百二十五步是今田每一畝之上剩出二十五步則方百畝之田從北嚮南每畝剩二十五步總爲二千五百步從東嚮西每畝二十五步亦總爲二千五百步相併爲五千步是總爲五十畝又西南一角南北長二十五步應西畔所剩之度東西亦長二十五步應南畔所剩之度計方二十五步開方乘之總積得六百二十五步六百步則爲六畝餘有二十五步故云古者百畝當今百五十六畝二十五步也又古四步剩今一步則古者四里剩今一里爲五里則古者四十里剩今十里爲五十里則古者八十里剩今二十里總爲百里是古者八十里爲今百里今之百里之外猶有古之二十里四里剩一里其古二十里爲今之二十五里故云古者百里當今百二十五里○方千里者爲方百里者百封方百里者三十國其餘方百里者七十又封方七十里者六十爲方百里者二十九方十里者四十其餘方百里者四十方十里者六十又封方五十里者百二十爲方百里者三十其餘方百里者十方十里者六十名山大澤不以封其餘以爲附庸閒田諸侯之有功者取於閒田以祿之其有削地者歸之閒田【疏】方千至閒田。正義曰此一經論畿外九州建國之法九州州別方千里凡千里之方以開方計之爲方百里者凡有一百故云爲方百里者百封方百里者三十國者前文云立大國三十故此云封方百里者三十國謂公也以百中去三十故其餘方百里者有七十又封方七十里者六十爲方百里者二十九方十里者四十謂侯國也凡百里之方開方計之爲十里之方百其七十里之國一用十里之方四十九七十里之國二則用十里之方九十八則一箇百里爲七十里之國二剩十里之方二然則二十箇七十里之國用百里之方十剩十里方有二十七十里之國六十用百里之方三十剩十里之方六十今就百里之方三十里之中抽去十里之方六十是用百里之方二十九方十里者四十故其餘方百里者四十方十里者六十又封方五十里者百二十者上云小國百二十謂伯國也凡百里之方一封五十里之國四則十箇百里之方封五十里之里四十今小國百二十故用百里之方三十則其餘方百里者十方十里者六十以爲附庸閒田。天子之縣内方千里者爲方百里者百封方百里者九其餘方百里者九十一又封方七十里者二十一爲方百里者十方十里者二十九其餘方百里者八十方十里者七十一又封方五十里者六十三爲方百里者十五方十里者七十五其餘方百里者六十四方十里者九十六〖疏〗天子至十六。正義曰天子縣内地方千里爲方百里者百既用九箇擬封百里之國故其餘方百里者九十一也。又封方七十者二十一者凡百里之方十爲七十里之國二十剩十里之方二十今以十里之方二十又更取其外十里之方二十九添前二十爲四十九爲七十里之國一是次國二十一也摠用百里之方十十里之方二十九是其餘方百里者八十方十里者七十一又封方五十里者六十三者謂小國也凡百里之方一爲五十里之國四則百里之方十爲五十里之國四十又百里之方五爲五十里之國二十摠爲五十里之國六十更有五十里之國三凡一箇五十里之國用十里之方二十五則三箇五十里國摠用十里之方七十五是用地方百里者十五方十里者七十五是其餘方百里者六十四方十里里者九十六然畿外千里封國之外所餘地少其畿内千里所餘地多者以畿外之土本擬封建諸侯故國數多餘地少畿内本供天子又有郊關鄉遂準擬公卿王子弟采邑故建國數少餘地多。諸侯之下士祿食九人中士食十八人上士食三十六人下大夫食七十二人卿食二百八十八人君食二千八百八十八人次國之卿食二百一十六人君食二千一百六十人小國之卿食百四十四人君食千四百四十人次國之卿命於其君者如小國之卿天子之大夫爲三監監於諸侯之國者其祿視諸侯之卿其爵視次國之君其祿取之於方伯之地方伯爲朝天子皆有湯沐之邑於天子之縣内視元士給齊戒自絜清之用浴用湯沐用潘。閒田音閑下同祿食音嗣又如字下皆同爲朝于僞反清如字徐才性反潘芳袁反米汁也諸侯世子世國象賢也大夫不世爵使以德爵以功謂縣内及列國諸侯爲天子大夫者不世爵而世祿辟賢也。辟音避。未賜爵視天子之元士以君其國列國及縣内之國也諸侯之大夫不世爵祿。六禮冠昏喪祭鄉相見鄉鄉飲酒鄉射。冠古亂反。七教父子兄弟夫婦君臣長幼朋友賓客八政飲食衣服事爲異別度量數制飲食爲上衣服次之事爲謂百工技藝也異別五方用器不同也度丈尺也量斗斛也數百十也制布帛幅廣狹也。長丁丈反斛洪谷反福芳服反狹戶甲反。〖疏〗諸侯至數制。正義曰此一節論士大夫及諸侯等食祿之數兼明臣之世與不世之事今各隨文解之。前以有諸侯之下士以上及大夫卿君故此依前而釋也諸侯之士既明則天子士同之可知故此文發畿外之卿也前云諸侯下士視上農夫故有九人也前云上士倍中士故三十六也前云下大夫倍上士則食七十二人前云卿四大夫祿則二百八十八人。君食二千至之卿。君謂大國之君也前云君十卿祿故二千八百八十人次國之卿食二百一十六人者謂夏伯殷侯周則侯伯國也此大夫以下亦如大國大夫而卿惟得三大夫祿耳故特言卿也○君食二千一百六十人者君亦十卿祿也○小國之卿食百四十四人者小國謂夏周子男殷之伯國也大夫以下亦如大國大夫而卿則二大夫祿耳○君食千四百四十人者君亦食卿祿也○次國之卿命於其君○大國三卿皆命於天子則其祿各食二百八十八人若次國三卿二卿命於天子祿各食二百一十六人而一卿命於其君爲賤則祿不可等命天子者故視小國卿小國卿食一百四十四人也其君子男一卿命於天子二卿命於其君則祿猶如此其命天子卿無以異也其國小故不復差降也或云視大夫也其天子之士卿大夫無文宜準大國之卿以大夫士也○注給齊至用湆○正義曰以方伯朝天子故給以湯沐之邑按前文云不能五十里曰附庸又云天子元士視附庸以湯沐之邑視元士亦五十里以下異義公羊說諸侯朝天子天子之郊皆有朝宿之邑從泰山之下皆有湯沐之邑左氏說諸侯有功德於王室京師有朝宿之邑泰山有湯沐之邑魯周公之後鄭宣王母弟此皆有湯沐邑其餘則否許愼謹按京師之地皆有朝宿邑周千八百諸侯盡京師地不能容之不合事理之宜是許愼不從公羊之說鄭元駮富

從許說○注謂縣至賢也○正義曰知此大夫是天子大夫者以下云諸侯之大夫不世爵祿此直云大夫不世爵與諸侯大夫異故知是天子大夫也知是縣內及列國諸侯入爲天子大夫者按禮運云天子有田以處其子孫則周召畢原之等是縣內諸侯也詩衞武公入相於周又尙書顧命齊侯爲虎賁衞侯爲司寇是列國諸侯也並入爲天子大夫按司裘諸侯則共熊侯豹侯是畿內亦曰諸侯此不云諸侯而云大夫者辟上諸侯世子之文故云大夫然畿內諸侯有爲三公則周召是也若列國諸侯入爲六卿則鄭武公是也今云爲天子大夫者若言公卿大夫於文爲煩故摠言大夫以包之詩云三事大夫謂三公也春秋諸侯殺大夫謂卿也是大夫爲摠號○未賜爵視天子之元士以君其國○未賜爵謂列國諸侯及縣內諸侯其身既死其子未得爵賜其衣服禮制視天子元士若畿外者君其本國畿內者亦君畿內之國故鄭注云列國及縣內之國鄭必知兼畿外列國者以詩小雅韎韐有奭謂諸侯世子未遇爵命服士服而來此云視天子之元士以君其國故知兼列國也其畿內諸侯有大功德元子出封畿外則王命次子守其采邑若其賢才則世爲公卿則春秋周公召伯之屬是也○諸侯之大夫不世爵祿諸侯降於天子故大夫不世爵祿若有大功德亦得世之故隱八年官有世功則有官族邑亦如之是據諸侯卿大夫也

附釋音禮記注疏卷第十三

江西南昌府學栞

禮記注疏卷十三校勘記　阮元撰盧宣旬摘録

附釋音禮記注疏卷第十三　惠棟挍宋本禮記正義卷第十九

王制

司徒脩六禮節

司徒脩六禮　閩監本同石經同岳本同嘉靖本同衛氏集說同毛本脩作修

司徒使鄉簡擇以告者　閩監本同岳本同嘉靖本同衛氏集說同毛本鄉誤卿

使轉徙其居　閩監本同岳本同嘉靖本同衛氏集說同毛本轉誤專惠棟挍宋本居作序轉字同通典五十三引亦作轉徙其序居

移居於司徒也　閩監毛本作名岳本同嘉靖本同衛氏集說同此本名誤居

不給其繇後　閩監毛本同岳本同嘉靖本同衛氏集說同釋文出徭役云本又作繇正義作繇○按依說文當作傜从人䚻聲隸變而爲傜或假而爲繇作徭者俗字

輮當爲輭　惠棟挍宋本有爲字宋監本岳本嘉靖本同衛氏集說同此本爲字脫閩監毛本同

夏官卿掌邦政者　惠棟挍宋本作主宋監本岳本嘉靖本同此本主誤王閩監毛本作掌衛氏集說同案上注司空云冬官卿掌邦事者司徒云地官卿掌邦教者下注司寇云秋官卿掌刑者與此文法正同此亦當以作掌邦政者爲是

司徒至進士　惠棟挍宋本無此五字

謂以恩惠遂及之　閩本同監毛本遂作逮衛氏集說作謂以恩意逮及之

尊上賢人　閩監毛本作賢衛氏集說同此本賢誤貴

簡去不肖　監毛本作去衛氏集說同此本去誤法閩本同

皆司徒統領　閩監本作領考文引宋板同此本領誤須毛本誤埋

夫司徒帥領國之英俊之士　閩監毛本作領此本領誤須惠棟挍宋本夫作大是也衛氏集說同

致仕則書傳略說云　監毛本作傳衛氏集說同此本傳誤德閩本同

就黨學上齒　惠棟挍宋本同閩監本上齒作習鄉毛本亦作習鄉就誤即

各在一處　監毛本作各此本各誤名閩本同

則不得同日也　閩監毛本作日此本日誤曰

言經中習鄉謂飲酒者　惠棟挍宋本作鄉此本鄉誤射閩監毛本同

云鄉禮春秋射者解習射之處也　考文引宋板同閩監本同毛本上射誤弟

不別立黨學　閩監本同考文引宋板同衛氏集說同毛本別誤必

既二百里爲野　閩監本同考文引宋板亦作二毛本二誤一

鄙師主正齒位以否　閩本同惠棟挍宋本同監毛本以作與

遠方至録也　閩監毛本同惠棟挍宋本作遠方九州之外齒猶錄也

但居夷狄之內畔　惠棟挍宋本作畔此本畔字闕閩本畔作也監毛本畔作地衛氏集說同

曰俊士之人　惠棟挍宋本作俊士此本俊下士字闕閩監本作俊選非毛本俊選作選俊尤非

十三入小學二十入大學　惠棟挍宋本同閩監毛本三誤作五衛氏集說同

餘子十五入小學　惠棟挍宋本同閩本同監毛本五誤三衛氏集說同

供學及司徒細碎之繇役也　惠棟挍宋本同閩本同衛氏集說監毛本供誤俱

舉其大網　補各本網作綱案作網誤

教冑子者　閩監毛本作冑此本冑誤胄下冑子冑長同

春釋采合舞　閩監毛本采作菜衛氏集說同○按作采與周禮合

但遂其陰陽以爲偏主耳閩監毛本衛氏集說同惠棟按宋本遂作逐浦鏜按云逐誤遂

皆以四術造焉閩監毛本作焉此本焉誤馬

云大胥小胥皆樂官屬也者閩監毛本如此此本胥皆誤有相

故以爲偏迫於夷狄也考文引宋板同閩本迫字闕監毛本迫作寄非

又帝王世紀南北萬三千三百六十八里惠棟按宋本同衛氏集說同閩監毛三本闕帝王紀南北萬三千三百六十八十三字

漢地既然則古亦應爾惠棟按宋本同衛氏集說古作周閩監毛本然則古亦四字闕

大樂至進士閩監毛本如此此本至進二字倒

即知但入仕者閩監毛本同衛氏集說但作凡是也

司馬辨論官材節

司馬至士齒惠棟按宋本無此五字

故論語注云閩監本同毛本注誤語考文引宋板作注

有發至發卒閩監毛本同惠棟按宋本作有發謂有軍師發卒

執技之事凡有三條閩監本同衛氏集說同毛本事誤士條字殘闕

司寇正刑明辟節

左九棘閩監本同岳本同嘉靖本同衛氏集說同毛本九誤右

假於鬼神時日卜筮閩監本同石經同岳本同嘉靖本同衛氏集說同毛本卜誤不

今時持喪葬築蓋閩監毛本如此岳本嘉靖本同衛氏集說同此本持誤特築誤葬今訂正

而辭不可習惠棟按宋本作明宋監本岳本嘉靖本同考文引足利本同此本明誤習閩監毛本同衛氏集說同

譏呵察閩監毛本同岳本同嘉靖本同衛氏集說同釋文出苛察云本亦作呵

司寇至異言惠棟按宋本無此五字

言斷其罪過閩監毛本同惠棟按宋本其作人衛氏集說作謂斷人罪過

可以弁冕服金革之事閩監毛本作革此本革誤華

閔子性孝惠棟按宋本作孝此本孝誤善閩監毛本同蓋涉上孔子蓋善之也善字而譌

正以獄成告於大司寇者閩監毛本作以此本以誤於

又列獄成之辭閩監毛本同惠棟按宋本列作以衛氏集說同

大司寇得正之告閩監毛本作正此本正誤壬

聽獄訟成以告於王也惠棟按宋本作聽衛氏集說同此本聽誤一閩監毛本一改以亦非

如今劾矣惠棟按宋本亦作矣與周禮鄉士注合閩監毛本矣誤奏

即是囚之狀辯爲要狀閩監毛本同惠棟按宋本上狀作伏辯下有錄字衛氏集說錄字亦有狀字同

槐之言懷也閩監毛本作槐此本槐誤棍

故知司寇及正在焉閩監毛本作正此本正誤王

則王令三公會其期閩本同惠棟按宋本同監毛本令誤命

左道至俗禁閩監毛本同惠棟按宋本作左道若巫蠱及俗禁

右貴左賤閩監毛本作貴此本貴誤賢

初江充曾犯大子閩監毛本作子此本子誤人

後王將老欲立大子　閩本同惠棟按宋本同監毛本後王將作見上年

湖關老人　閩監本同毛本湖作壺盧文弨云壺字是

故思子望子歸來　閩監毛本同齊召南云當作築思子宮刊本相沿誤脫築字宮字耳

鄭子臧好聚鷸冠　監毛本作鄭此本鄭誤辨閩本此字闕

○行僞至衆殺○　閩本如此此本下○脫監本下○有上○脫毛本作下行僞至衆殺上改二○作下上字大誤

學非而博者　閩監毛本作博此本博誤傳下而又廣博辨博而澤同

皆是尊貴所合蓄之物　惠棟按宋本作所衞氏集說同此本所誤於閩監毛本同

幅廣四尺八寸爲尺　閩監毛本同惠棟按本二尺字皆作咫是也

不得羣聚耳　閩監本同毛本耳誤者衞氏集說不上有但字耳字同

大史典禮節

簡記策書也　閩監毛本同岳本同嘉靖本同衞氏集說同釋文策書作札書

大史至諱惡　惠棟按宋本無此五字

天子齊戒受諫　閩監毛本作戒此本戒誤成

天子適諸侯必舍其祖廟　閩監毛本如此此本侯誤俟必誤甲

是亦諱諸侯之祖父也　惠棟按宋本同衞氏集說同閩監毛本祖父誤禮籍

紂以甲子日死　閩監毛本作紂此本紂誤純

此惡亦兼餘事　惠棟按宋本同衞氏集說同閩本兼字闕監毛本兼誤謂

天子齊戒受諫節　惠棟按云天子齊戒受諫戒字起至疏知齊戒受諫是歲終者是字此宋本闕

質平也　閩監毛本同岳本同嘉靖本同惠棟按宋本宋監本平上有猶字衞氏集說同

質王受之　閩監毛本同嘉靖本同岳本質作贄衞氏集說同考文引宋板古本足利本同宋監本亦作贄

天子至國用　惠棟按宋本無此五字

司會總主羣官治要　閩毛本作主衞氏集說同此本主誤王監本同

若以周法言之　閩監毛本同衞氏集說同盧文弨云周法當作夏法

按夏傳司徒司馬司空三官　惠棟按宋本作夏傳衞氏集說同此本夏傳誤曲禮閩監毛本同

特自質於天子也　惠棟按宋本此下標禮記正義卷第十九終記云凡十九頁

凡養老節　惠棟按宋本自此至諸侯之下士節止爲第二十卷卷首題禮記正義卷第二十

凡養至諸侯　惠棟按宋無此五字

論虞夏殷周　閩監毛本作周衞氏集說同此本周誤同

殺烝於俎行一獻之禮　閩監毛本同衞氏集說同浦鏜按於改折

以虞氏帝道宏大　按以乃有字之誤

享大牢以禮食之　惠棟按宋本同衞氏集說同閩監毛本享作饗按此本此號享饗二字前後錯出閩監毛本則通作饗

體薦則房烝　閩監毛本作房衞氏集說同此本房誤戾

其禮亦有飦食　閩監毛本同惠棟按宋本飦作飯衞氏集說同

故春人云　監毛本作舂衞氏集說同此本舂誤春閩本舂字闕

禮亦有飯食及酒者　惠棟按宋本作飯衞氏集說同此本飯誤飲閩監毛本同

親戚宴饗則有餚烝　監本作餚此本餚誤饎閩本同毛本作殽衞氏集說同

食與嘗連文故知食在秋惠棟校宋本作與衞氏集說同此本與誤而閩監毛本同

六十者宜養於小學閩監毛本作者此本者字闕

八十拜君命節

遊謂出入止觀閩本同惠棟校宋本同岳本同嘉靖本同衞氏集說同宋監本同釋文亦作止觀監毛本止誤上

九十日脩閩監本同石經同岳本同嘉靖本同衞氏集說同毛本脩作修

大夫士之老者揖君則退閩監毛本同岳本同嘉靖本同衞氏集說同惠棟校宋本揖君作君揖案正義云君出揖之是君揖老者非老者揖君也朱子云注揖君當作君揖是南宋人所見本已誤倒也

八十至爲與惠棟按宋本無此五字

一坐於地而首再至於地惠棟按宋本作至衞氏集說同此本至誤拜閩監毛本同

雜記卿大夫士閩監毛本作卿此本卿誤鄕

節制在家自養之法惠棟按宋本同監毛本自作食衞氏集說同閩本自字闕

故逆辨之也閩監毛本辨作辦下可辦須辦同

故歲制閩監毛本作歲此本歲誤威

漸老彌切也惠棟按宋本作漸此本漸誤斬閩監毛本漸作轉

故云力政城道之役也閩監毛本作城此本城誤故

及孟氏說六十還兵是也閩本同惠棟按宋本同監毛本及誤又衞氏集說及作如

其野王城之外力役又少惠棟按宋本作役衞氏集說同此本役誤徒閩監毛本同

故易孟氏詩韓氏皆云惠棟按宋本作詩此本詩誤說閩監毛本同

經文云五十而爵惠棟按宋本作文此本文誤在閩監毛本文作直

則喪服小功章云閩監毛本同衞氏集說則作故

有虞氏養國老於上庠節

虞庠在國之西郊閩監毛本同石經同岳本同嘉靖本同衞氏集說同讀書脞錄續編云據北史劉芳傳引作四郊蓋西字誤也四郊小學即東西南北之四學豈憩偏置於西郊祭義又云天子設四學當入學而太子齒注云四學謂周四郊之虞庠也正義引皇氏云四郊虞庠以四郊皆有虞庠其爲四郊之說無疑又云文王世子凡語于郊者正義云郊西郊也周以虞庠爲小學在西郊以西方成就之地故也是孔氏所據本已誤○按孫志祖是也上大學在郊正義云周則大學在國小學在四郊下文具也即據此文而言作四郊不作西郊此正文之僅存者文王世子凡語于郊正義既說西爲西方成就又云或徧在四郊亦兩存其義也

有虞氏皇而祭閩監毛本同石經同岳本同嘉靖本同衞氏集說同正義本亦作皇釋文出堭云音皇本又作皇

縞衣而養老閩監本同岳本同嘉靖本同衞氏集說同毛本縞誤鎬石經縞字闕

皇冕屬也閩監毛本作皇岳本同嘉靖本同衞氏集說同此本皇誤元

其冠則牟追閩監毛本作牟岳本同嘉靖本同衞氏集說同此本牟誤弁釋文出則牟追

將徙於諸侯閩監本同石經同岳本同嘉靖本同衞氏集說同考文引宋板同毛本徙誤徒

有虞至從政惠棟按宋本無此五字

此四代養老之處閩監本同衞氏集說同毛本四誤三考文引宋板作四

大夫以上當養從國老之法毛本作當此本誤堂正德本同閩本當字闕監本當誤○衞氏集說無當字

鄭注引此周人養國老於東膠惠棟按宋本同衞氏集說同閩本引此二字闕監本誤作○注毛本改作工制二字亦非

貴取物成惠棟挍宋本同閩監毛本物誤有衛氏集說同

讀如成周宣謝災之謝閩本同考文引宋本同監毛本謝作榭災作火衛氏集說同鄭射注作如成周宣榭災之榭案說文無榭字經傳通作謝荀子王霸篇臺謝甚高楊倞注云謝與榭同左氏穀梁宣十六年傳成周宣榭火釋文皆云榭本作謝

以皐陶謨謂之虞夏書惠棟挍宋本同衛氏集說之字同閩毛本之字闕監本之誤○

周人燕用元衣惠棟挍宋本作用衛氏集說同此本用誤月閩監毛本用誤服

其冠未聞惠棟挍宋本作共冠衛氏集說同此本其冠誤質衣閩監毛本同

以爲與夏周同閩監毛本同衛氏集說惠棟挍宋本無周字同下有冠字續通解同

追猶堆也監本同衛氏集說同毛本堆誤推閩本堆字漶滅

新甿之治皆聽之惠棟挍宋本作甿衛氏集說同此本甿誤而閩監毛本同

少而無父者謂之孤節

少而至常餼惠棟挍宋本無此五字

崔杼生成及彊而寡閩監本同衛氏集說同毛本彊作疆

瘖聾節惠棟挍云瘖聾節道路節宋本分朋友不相踰以上合瘖聾節爲一節

瘖聾至食之惠棟挍宋本無此五字

戚施植鎛惠棟挍宋本作植毛本植作直此本植誤權閩監本同衛氏集說同通解亦作植○按作直與國語合

蘧除蒙璆毛本同閩監本蘧除作籧篨衛氏集說同下蘧篨放此案國語晉語籧篨字從艸補音從竹

廬戟柄也毛本作戟衛氏集說同此本戟誤戰閩監本同○按韋昭國語注柄作柲

矇瞍循聲閩監本同衛氏集說同毛本循作修○按作修與國語合韋注云無目於音聲審故使修之

官師所不材閩監毛本作材衛氏集說同此本材誤林

宜於掌土閩監毛本同衛氏集說同通解同盧文弨挍掌改裔下置於掌土同○按盧文弨是也晉語作以實裔土注云裔荒裔

設文不具閩監本作具考文引宋板同此本具誤其毛本同衛氏集說作說文不具

道路節惠棟挍云輕任并以下宋本合下節君子耆老二句爲一節

道中三塗閩監毛本同惠棟挍宋本中作有宋監本同岳本作道有三塗嘉靖本同衛氏集說同

兄之齒鴈行閩監本同石經同岳本同嘉靖本同衛氏集說同毛本鴈作雁

斑白者不提挈石經如此岳本同嘉靖本同衛氏集說同惠棟挍宋本亦有者字此本斑作班者字脫閩監毛本斑字同者字亦脫釋文出提挈云本亦作挈

雜色曰斑閩監本作斑岳本同嘉靖本同衛氏集說同此本斑作班毛本同

輕任并重任分惠棟挍宋本無此六字

父齒老也監本作老衛氏集說同此本老誤者閩毛本同

君子耆老節

徒猶空也閩監本同岳本同嘉靖本同衛氏集說同毛本空誤黨

大夫祭器不假節陳澔集說移此一節在上文燕衣不踰祭服寢不踰廟下

大夫祭器不假惠棟挍宋本無此六字

方一里者節

方一至億畝惠棟挍宋本無此五字

總計天子畿外內諸侯之地大小　閩監本作大小衛氏集說同此本大小誤大大毛本誤大夫惠棟挍宋本作小大

經籍錯亂　閩監本作籍衛氏集說同此本籍誤藉毛本同

字相交涉　閩監毛本作涉衛氏集說同此本涉誤步

鄭未注之前　閩監本作未考文引宋板同此本未誤朱

自恒山至於南河節

山陵林麓　閩監毛本作陵石經同岳本同嘉靖本同衛氏集說同此本陵誤陽

自恒至億畝　惠棟挍宋本無此五字

九州方三千里　閩監本同衛氏集說同毛本三誤一考文云宋板作三

古者以周尺八尺爲步節

周尺之數　閩監毛本作尺岳本同嘉靖本同衛氏集說同此本尺誤又

古者至二分　惠棟挍宋本無此五字

當今東田百五十二畝　閩監本同考文引宋板同衛氏集說同毛本五十二作二十五

七十一步有餘　惠棟挍宋本作有衛氏集說同此本有誤者閩監毛本同

經文錯亂　閩監毛本作文衛氏集說同此本文誤云

鎭圭尺有二寸　閩監毛本作圭此本圭誤吉

乃是六十四寸　閩監毛本作乃此本乃誤刀

則今步皆少於古步　閩監毛本作少此本少誤步

是今步別剩寸六寸　閩監毛本上寸作十衛氏集說同考文引宋板十六寸作六十寸

外剩十六寸而計之　惠棟挍宋本作外衛氏集說同此本外誤小閩監毛本同

計古之一畝之田　閩監毛本如此衛氏集說同此本一誤今田誤王

是今田每一畝之上　閩監毛本作田此本田誤曰下則方百畝之田同

從北嚮南　閩監毛本作北衛氏集說同此本北誤此

相併爲五千步　惠棟挍宋本作併衛氏集說同此本併誤伊閩監毛本同

方千里者節

方千里者　閩毛本同石經同岳本同嘉靖本同衛氏集說同監本方字闕

封方百里者三十國　閩監毛本作三岳本同嘉靖本同衛氏集說同此本三誤二石經三十作卅

方千至間田　惠棟挍宋本無此五字

凡千里之方　閩監毛本作千衛氏集說同此本千誤十

前文云立大國三十　惠棟挍宋本同衛氏集說同閩本立字闕監毛本立誤○

剩十里方有二十　閩監毛本如此此本下十誤一衛氏集說作剩十里之方二十

則其餘方百里者十　閩監毛本作十衛氏集說同此本十誤一

天子之縣內節

天子至十六　惠棟挍宋本無此五字

畿內本供天子又有郊關鄉遂　惠棟挍宋本如此此本供字闕又誤之閩監毛本之字同供誤爲衛氏集說同

王子弟采邑　閩監毛本作采衛氏集說同此本采誤木

諸侯之下士節　惠棟挍云諸侯之下士節宋本分諸侯之大夫不世爵祿以上爲一節六禮以下宋本另爲一節

卿食二百八十八人　閩監本同石經同岳本同嘉靖本同衛氏集說同考文引宋板同毛本下八誤

人下八政同

方伯爲朝天子　閩本同石經同岳本同嘉靖本同宋監本同衛氏集說同監毛本朝誤明釋文作爲朝考文引宋板亦作朝

給齊戒自潔清之用　閩監毛本同嘉靖本同衛氏集說同惠棟挍宋本潔作絜岳本同釋文同宋監本同

鄉鄉飲酒　閩本同岳本同嘉靖本同衛氏集說同惠棟挍宋本同宋監本同監毛本脫一鄉字

諸侯至數制　惠棟挍宋本無此五字

前云諸侯下士視上農夫　閩監毛本作上衛氏集說同此本上誤下

前文下大夫倍上士　考文引宋板同閩監毛本文作云衛氏集說同

君食二千至之卿〇　閩監毛本同考文引宋板作君食二千八百八十人者

君食千四百四十人者　惠棟挍宋本同衛氏集說同閩監毛本君上衍故字緣此本及宋板君上有空闕誤補也

按司裘諸侯則共熊侯豹侯　閩監毛本如此衛氏集說同此本裘誤表熊作能

鄭必知兼畿外列國者　惠棟挍宋本作者衛氏集說同此本者誤賢閩監毛本同

謂諸侯世子未遇爵命　惠棟挍宋本作爵此本爵誤豹閩本同監毛本爵作錫衛氏集說同

則王命次子守其采邑　惠棟挍宋本如此衛氏集說同此本守誤行采作秩閩監毛本同

不世爵祿諸侯降於天子　閩監毛本同惠棟挍宋本祿下有者字

附釋音禮記注疏卷第十三終　惠棟挍宋本禮記正義卷第二十終記云九十九頁宋監本禮記卷第四經四千三百三十九字注五千一百六十一字嘉靖本禮記卷第四經四千四百三十字注五千一百五十八字

禮記注疏卷十三挍勘記

附釋音禮記注疏卷第十四

月令第六

○陸曰此是呂氏春秋十二紀之首後人删合爲此記蔡伯喈王肅云周公所作

鄭氏注　孔穎達疏

疏 正義曰按鄭目錄云名曰月令者以其記十二月政之所行也本呂氏春秋十二月紀之首章也以禮家好事抄合之後人因題之名曰禮記言周公所作其中官名時事多不合周法此於別録屬明堂陰陽記此卷所出解者不同今且申鄭旨釋之按呂不韋集諸儒士著爲十二月紀合十餘萬言名爲呂氏春秋篇首皆有月令與此文同是一證也又周無大尉秦官有大尉而此月令云乃命大尉此是官名不合周法二證也又秦以十月建亥爲歲首而月令云爲來歲授朔日即是九月爲歲終十月爲授朔此是時不合周法三證也又周有六冕郊天迎氣則用大裘乘玉輅建大常日月之章而月令服飾車旗並依時色此是事不合周法四證也故鄭云其中官名時事多不合周法然按秦始皇十二年呂不韋死十六年并天下然後以十月爲歲首歲首用十月時不韋已死十五年而不韋不得以十月爲正又云周書先有月令

何得云不韋所造又秦并天下立郡何得云諸侯又秦以好兵殺害毒被天下何能布德施惠春不興兵既如此不同鄭必謂不韋作者以呂氏春秋十二月紀正與此同不過三五字別且不韋集諸儒所作爲一代大典亦采擇善言之事遵立舊章但秦自不能依行何怪不韋所作也又秦爲水位其來已久秦文公獲黑龍以爲水瑞何怪未平天下前不以十月爲歲首乎是鄭以月令不韋所作月令者包天地陰陽之事然天地有上下之形陰陽有生成之理日月有運行之度星辰有次舍之常今既贊釋其文不得不略言其趣按老子云道生一一生二二生三三生萬物易云易有大極是生兩儀禮運云禮必本於大一分而爲天地易乾鑿度云大易者未見其氣大初者氣之始大始者形之始大素者質之始此四者同論天地之前及天地之始老子云道生一道與大易自然虛無之氣無象不可以形求不可以類取強名曰道強謂之大易也道生一者一則混元之氣與大初大始大素同又與易之大極禮之大一其義不殊皆爲氣形之始也一生二者謂混元之氣分爲二二則天地也與易之兩儀又與禮之大一分而爲天地同也二生三者謂參之以人爲三才也三生萬物者謂天地人既定萬物備生其間分爲天地說有多家形狀之殊凡有六等一曰蓋天文見周髀如蓋在上二曰渾天形如彈丸地在其中天包其外猶如雞卵白之繞黃楊雄桓譚張衡蔡邕陸績王肅鄭玄之徒並所依用三曰宣夜舊說云殷代之制其形體事義無所出以言之四曰昕天昕讀爲軒言天北高南下若車之軒是吳時姚信所說五曰穹天云穹隆在上虞氏所說不知其名也六曰安天是晉時虞喜所論注考靈耀用渾天之法今禮記是鄭氏所注當用鄭義以渾天爲說按鄭注考靈耀云天者純陽清明無形聖人則之制璿璣玉衡以度其象如鄭此言則天是大虛本無形體但指諸星運轉以爲天耳但諸星之轉從東而西必三百六十五日四分日之一星復舊處星既左轉日則右行亦三百六十五日四分日之一至舊星之處即以一日之行而爲一度計二十八宿一周天凡三百六十五度四分度之一是天之一周之數也天如彈丸圍圜三百六十五度四分度之一按考靈耀云一度二千九百三十二里千四百六十一分里之三百四十八周天百七萬一千里者是天圓周之里數也以圍三徑一言之則直徑三十五萬七千里此爲二十八宿周回直徑之數也然二十八宿之外上下東西各有萬五千里是爲四遊之極謂之四表據四表之內并星宿內摠有三十八萬七千里然則天之中央上下正半之處則一十九萬三千五百里地在其中是地去天之數也鄭注考靈耀

云地蓋厚三萬里春分之時地正當中自此地漸漸而下至夏至之時地下遊萬五千里地之上畔與天中平夏至之後地漸漸向上至秋分地正當天之中央自此地漸漸而上至冬至上遊萬五千里地之下畔與天中平自冬至後地漸漸而下此是地之升降於三萬里之中但渾天之體雖繞於地地則中央正平天則北高南下北極高於地三十六度南極下於地三十六度然則北極之下三十六度常見不沒南極之上三十六度常沒不見南極去北極一百二十一度餘若逐曲計之則一百八十一度餘若以南北中半言之謂之赤道去南極九十一度餘去北極亦九十一度餘此是春秋分之日道也赤道之北二十四度爲夏至之日道去北極六十七度也赤道之南二十四度爲冬至之日道去南極亦六十七度地有升降星辰有四遊又鄭注考靈耀云天旁行四表之終冬南夏北春西秋東皆薄四表而止地亦升降於天之中冬至而下夏至而上二至上下蓋極地厚也地與星辰俱有四遊升降四遊者自立春地與星辰西遊春分西遊之極地雖西極升降正中從此漸漸而東至春末復正自立夏之後北遊夏至北遊之極地則升降極下至夏季復正立秋之後東遊秋分東遊之極地則升降正中至秋季復正立冬之後南遊冬至南遊之極地則升降極上冬季復正此是地及

星辰四遊之義也星辰亦隨地升降故鄭注考靈耀云夏日道上與四表平下去東井十二度爲三萬里則是夏至之日上極萬五千里星辰下極萬五千里故夏至之日下至東井三萬里也日有九道故考靈耀云萬世不失九道謀鄭注引河圖帝覽嬉云黄道一青道二出黄道東赤道二出黄道南白道二出黄道西黑道二出黄道北日春東從青道夏南從赤道秋西從白道冬北從黑道立春星辰西遊日則東遊春分星辰西遊之極日東遊之極日與星辰相去三萬里夏則星辰北遊日則南遊夏至星辰北遊之極日南遊之極日與星辰相去三萬里以此推之秋冬放此可知計夏至之日日在井星正當嵩高之上以其南遊之極故在嵩高之南萬五千里所以夏至有尺五寸之景也於時日又上極星辰下極故日下去東井三萬里也然鄭四遊之極元出周髀之文但日與星辰四遊相反春分日在婁則婁星極西日體在婁星之東去婁三萬里以度言之十二度也則日没之時去昏中之星近校十度旦時日極於東去旦中之星遠校十度若秋分日在角則角星極東日體在角星之西去角三萬里則日没之時去昏中之星遠校十度旦時日極於西去旦中之星近校十度此皆厤乖違。於數不合鄭無指解其事有疑但禮是鄭學故具言之耳賢者裁焉但二十八宿從東而左行日從西而右行一度逆泝二十八宿按漢書律厤志云冬至之時日在牽牛初度春分之時日在婁四度夏至之時日在東井三十一度秋分之時日在角十度若日在東井則極長八尺之表尺五寸之景若春分在婁秋分在角晝夜等八尺之表七尺五寸之景冬至日在斗則晝極短八尺之表一丈三尺之景一丈三尺之中去其一尺五寸則餘有一丈一尺五寸之景是冬夏往來之景也凡於地千里而差一寸則夏至去冬至體漸南漸下相去一十萬五千里又考靈耀云正日假上八萬里假下一十萬四千里所以有假上假下者鄭注考靈耀之意以天去地十五萬三千五百里正月雨水之時日在上假於天八萬里下至地一十一萬三千五百里夏至之時日上極與天表平也後日漸向下故鄭注考靈耀云夏至日與表平冬至之時日下至於地八萬里上至於天十一萬三千五百里也委曲俱見考靈耀注凡二十八宿及諸星皆循天左行一日一夜一周天一周天之外更行一度計一年三百六十五周天四分度之一日月五星則右行日一日一度月一日一十三度十九分度之七此相通之數也今厤象之説則月一日至於四日行最疾日行十四度餘自五日至八日行次疾日行十三度餘自九日至十九日行則遲日行十二度餘自二十日至二十三日又小疾日行十三度餘自二十四日至於晦行又最疾日行一十四度餘此是月行之大率也二十七日月行一周天至二十九日强半月及於日與日相會乃爲一月故考靈耀云九百四十分爲一日二十九日與四百九十九分爲月是一月二十九日之外至第三十日分至四百九十九分月及於日計九百四十分則四百七十爲半今四百九十九分是過半二十九分也但月是陰精日爲陽精故周髀云日猶火月猶水火則外光水則含景故月光生於日所照魄生於日所蔽當日則光盈就日則明盡京房云月與星辰陰者也有形無光日照之乃有光先師以爲日似彈丸月似鏡體或以爲月亦似彈丸日照處則明不照處則闇按律厤志云二十八宿之度角一十二度亢九氐十五房五心五尾十八箕十一東方七十五度斗二十六牛八女十二虚十危十七營室十六壁九北方九十八度奎十六婁十二胃十四昴十一畢十六觜二參九西方八十度井三十三鬼四柳十五星七張十八翼十八軫十七南方一百一十二度丑爲星紀初斗十二度終婺女七度子爲玄枵初婺女八度終於危十五度亥爲娵訾初危十六。終於奎四度戌爲降婁初奎五度終於胃六度酉爲大梁初胃七度終於畢十一度申爲實沈初畢十二度終於井十五度未爲鶉首初井十六度終於柳八度午爲鶉火初柳九度終。張十六度巳爲鶉尾初張十八度終於軫十一度辰爲壽星初軫十二度終於氐四度卯爲大火初氐五度終於尾九度寅爲析木初尾十度終於斗十一度五星者東方歲星南方熒惑西方太白北方辰星中央鎮星其行之遲速俱在律厤志不更煩説春秋説題辭云天之爲言顛也説文云天顛也劉熙釋名云。顯也又云坦也地底也其體底下載萬物又云地諦也五土所生莫不信諦元命包云日之爲言實也月闕也劉熙釋名云日實也大明盛實月闕也滿則缺也説題辭云星精。陽之榮也陽精爲日日分爲星故其字日下生也釋名云星散也布散於天又云陰蔭也氣在内奥蔭也陽揚也陽氣在外發揚此等是天地陰陽日月之名也。祭法黄帝正名百物其名蓋黄帝而有也或後人更有增是。其天高地下日盈月闕觜星度少斗度多日月右行星辰左轉四遊升降之差二儀運動之法非由人事所作皆是造化自然先儒因其自然遂以人事爲義或據理是實或構虚不經既無正文可馮今皆畧而不録

孟春之月日在營室昏參中旦尾中孟長也日月之行一歲十二會聖王因其會而分之以爲大數焉觀斗所建命其四時此云孟春者日月會於諏訾而斗建寅之辰也凡記昏

明中星者爲人君南面而聽天下視時候以授民事○參析林反中如字徐丁仲反後放此長丁丈反疏足俱反又足候反本又作娵同訾子斯反爲人于僞反

疏 孟春至尾中○正義曰此言孟春者夏正建寅之月也呂不韋在於秦世秦以十月爲歲首不用秦正而用夏時者以夏數得天正故用之也周禮雖以建子爲正其祭祀田獵亦用夏正也日在營室者按三統厤立春日在危十六度正月中日在室十四度元嘉厤立春日在危三度正月中日在室一度○昏參中者按三統厤立春昏畢十度中去日九十一度正月中昏井二度中去日九十三度元嘉厤立春昏昴九度中月半昏觜觿一度中皆不昏參中者月令昏明中星皆大略而言不與厤正同但有一月之內有中者即得載之計正月昏參中依三統厤在立春之後六日參星初度昏得中也但二十八宿其星體有廣狹相去遠近或月節月中之日昏明之時前星以過於午後星未至正南又星有明暗見有早晚明者昬早見而旦晚沒暗者則昏晚見而旦早沒所以昏明之星不可正依厤法但舉大略耳餘月昏明從此可知○注孟長至民事○正義曰禮緯謂庶長稱孟故云孟長也若於人言之庶謂孟若於物言之直謂長也不取庶長之義先儒以孟春亦謂之庶長按尚書康誥云孟侯書傳天子之子十八稱

孟侯並皆稱孟豈亦庶長乎先儒以孟春稱庶長者非也云日月之行一歲十二會者日行遲一月行二十九度半餘月行疾一月行天一帀三百六十五度四分度之一過帀更行二十九度半餘逐及於日而與日會所會之處謂之爲辰鄭注周禮大師職云十一月辰在星紀十二月辰在玄枵正月辰在娵訾二月辰在降婁三月辰在大梁四月辰在實沈五月辰在鶉首六月辰在鶉火七月辰在鶉尾八月辰在壽星九月辰在大火十月辰在析木此是一歲十二會也云聖王因其會而分之以爲大數焉者聖王因其日月自然之會而分爲十二分以爲大略之數焉所以爲大略之數者以二十九日過半月及於日月不可分兩月各有二十九日又兩月各有強半之日合兩半而成一日是一月有三十日一月二十九日一大一小之外仍有餘分一年十二月六大六小惣有三百五十四日是歲十二會之實數也仍少十一日四分日之一未得周天聖王惣以三百六十五日四分日之一爲十二會之大數一會即一辰也是一辰有三十度十二辰惣有三百六十度餘有五度四分度之一度別爲九十六分惣五度有四百八十分又四分度之一爲二十四分并之爲五百四分十二辰分之各得四十二分則是每辰有三十度九十六分度之四十二計之日月實行一會唯二十九分過半若通均一歲會數則每會有三十度九十六分度之四十二是以分之爲大數也此云孟春者日月會於娵訾而斗建寅之辰者娵訾是亥次之號立春之時日在危十六度月半雨水之時日在營室十四度營室號娵訾但星次西流日行東轉東西相逆若月初之時則日在星分之初月半之時則在星分之半月終之時在星分之末凡十二月日之所在或舉月初或舉月末皆據其大略不細與厤數齊同其昏明中星亦皆如此斗謂北斗循天而轉行建一月一辰辰三十度九十六分度之四十二正月建寅二月建卯三月建辰四月建巳五月建午六月建未七月建申八月建酉九月建戌十月建亥十一月建子十二月建丑也其十二辰之名按律厤志云孳萌於子則子孳也又云紐牙於丑則丑紐也又云引達於寅則寅引也又云冒茆於卯則卯冒也又云振美於辰則辰振也又云巳盛於巳則巳已也又云蕚布於午則午蕚也又云昧薆於未則未昧也又云申堅於申則申堅也又云留孰於酉則酉留也又云畢入於戌則戌畢也又云該閡於亥則亥該也律厤志又云北伏也陽氣伏於下於時爲冬冬終也萬物終藏南任也陽氣任養萬物於時爲夏夏假也假大也西遷也陰氣遷落萬物於時爲秋秋者揫也物揫斂也東者動也陽氣動物於時爲春春蠢也物蠢生也云凡記昏明

中星者爲人君南面而聽天下視時候授民事者按書緯考靈耀云主春者鳥星昏中可以種稷主夏者心星昏中可以種黍主秋者虛星昏中可以種麥主冬者昴星昏中則入山可以斬伐具器械王者南面而坐視四星之中者而知民之緩急急則不賦力役故敬授民時是觀時候授民事也

其日甲乙　乙之言軋也日之行春東從青道發生萬物月爲之佐時萬物皆解孚甲自抽軋而出因以爲日名焉乙不爲月名者君統臣功也○軋乙八反孚音敷

疏 其日甲乙○正義曰其當孟春仲春季春之時日之生養之功謂爲甲乙○注乙之至功也○正義曰乙軋聲相近故云乙之言軋也云日之行春東從青道者以星辰之次謂之黃道春時星辰西遊黃道近西黃道之東謂之青道日體不移依舊而行當青道之上故云東從青道云月爲之佐者以日月皆經天而行月亦從青道陰佐於陽故云月爲之佐知月亦從青道者以緯云月行九道九道者並與日同而青道二黃道東赤道二黃道南白道二黃道西黑道二黃道北六黃道而爲九道也並與日同也云萬物皆解孚甲自抽軋而出因以爲日名焉者以日能生養萬物萬物皆抽軋而生因其抽軋以爲日功之名也孚甲在前抽軋在後則應孟春甲季春爲乙今三春惣云甲乙者孚甲抽軋相去不遠

早生者即孟春孚甲而抽軋也晚生者即季春孚甲而抽軋也律厤志云出甲於甲則甲是孚甲也又云奮軋於乙則乙軋也又云明炳於丙則丙炳也又云大成於丁則丁成也又云豐茂於戊則戊茂也又云理紀於已則已理也理謂正紀綱也又云改更於庚則庚更也謂物改更也又云悉新於辛則辛新也又云懷任於壬則壬任也又云陳揆於癸則癸揆也謂物之陳列可揆度也云乙不爲月名者君統臣功也者月既佐日同有甲乙之功今獨以甲乙爲日名不以乙爲月名故云君統臣功君謂日也日統領月之功猶若君統領臣之功以爲已功俗本云君統臣功定本云君統功無臣字義俱通也

其帝大皞。其神句芒。此蒼。精之君木官之臣自古以來著德立功者也大皞宓戲氏句芒少皞氏之子曰重爲木官。○大皞上音太後文及注大族太史大寢大室大微大廟大祝大尉大宰皆同皞亦作昊胡老反大皞宓戲也句芒古候反下音亡句芒木正也少皞之子曰重爲之後句芒皆放此宓戲音密又音服戲又作虧亦作犧又作羲同許宜反重直龍反

【疏】其帝至句芒。○正義曰：自孟春之月訖其日甲乙，明於天道，其事略竟。從此以下至鴻鴈來，明聖人奉天時及萬物節候也。故蔡邕云法象莫大乎天地變通莫大乎四時縣象著明莫大乎日月故先建春以奉天奉天然後立帝立帝然後言佐言佐然後列昆蟲之列物有形可見然後音聲可聞故陳音有音然後清濁可聽故言鍾律音聲可以彰故陳酸羶之屬也羣品以著五行爲用於人然後宗而祀之故陳五祀此以上者聖人記事之次也東風以下者效初氣之序也二者既立然後人君承天時行庶政故言帝者居處之宜衣服之制布政之節所明欽若昊天然後奉天時也○其帝大皞者謂自古以來木德之君其帝大皞也謂之皞者按異義古尚書説元氣廣大謂之皞天則皞皞廣大之意以伏犧德能同天故稱皞以東方生養元氣盛大西方收斂元氣便小故東方之帝謂之大皞西方之帝謂之少皞○其神句芒者謂自古以來主春立功之臣其祀以爲神是句芒者生木之官木初生之時句屈而有芒角故云句芒言大皞句芒者以此二人生時木王主春立德立功及其死後春祀之時則祀此大皞句芒故言也此之言據死後享祭之時不論生存之日故云其神句芒句芒言其神則大皞亦神也大皞言帝則句芒當云臣也互而相通大皞在前句芒在後相去縣遠非是一時大皞木王句芒有主木之功故取以相配也○注此蒼至木官○正義曰蒼是東方之色故下云駕蒼龍服蒼玉此是蒼精之君也則東方當木行之君也云著德立功者著德謂大

皞立功謂句芒也云大皞宓戲氏者以東方立德則謂之大皞德能執伏犧牲謂之伏犧即宓戲也律厤志云大皞作罔罟以田漁取犧牲故天下號曰庖犧氏又帝王世紀云取犧牲以供庖廚食天下故號曰庖犧氏或作密戲氏者密字誤也當宀下著必是古之伏字按帝王世紀云大皞帝庖犧氏風姓也母曰華胥遂人之世有大人之迹出於雷澤之中華胥履之生庖犧於成紀蛇身人首有聖德爲百王先帝出於震未有所因故位在東主春象日之明是以稱大皞一號黄熊氏云少皞氏之子曰重爲木官者按昭二十九年左傳蔡墨云少皞氏有四叔曰重曰該曰脩曰熙重爲句芒該爲蓐收脩及熙爲玄冥顓頊氏有子曰犂爲祝融共工氏有子曰句龍爲后土是重爲句芒若然按楚語云重爲南正司天犂爲火正司地所以又爲南正火正不同者蓋重爲木正兼爲南正司天犂爲火正兼爲北正司地故韋昭注國語云火當爲北重旣顓頊時爲南正按楚世家高辛氏誅重犂依帝繫顓頊高辛各有一人爲帝則重既事顓頊又事高辛鄭則依命厤序以顓頊傳九世帝嚳傳十世則重何得事顓頊又事高辛者師解重人號雖子孫皆號曰重猶若羿爲堯時射官至夏后相之時猶有羿也自古以來紀君臣之號按昭十七年左傳云顓頊以來不能紀遠乃紀於近命以民事服注云自少皞以上天子之號以其德百官之號以其徵自顓頊以來天子之號以其地百官之號以其事則伏犧神農黄帝少皞皆以德爲號也高陽高辛唐虞皆以地爲號也雖以。地爲號兼有德號則帝嚳顓頊堯舜是其德號

其蟲鱗，象物孚甲將解鱗龍蛇之屬

其音角，謂樂器之聲也三分羽益一以生角角數六十四屬木者以其清濁中民象也春氣和則角聲調樂記曰角亂則憂其民怨凡聲尊卑取象五行數多者濁數少者清大不過宫細不過羽

【疏】其音角。○正義曰：其春時之音爲當於角，取象木之聲。不云其聲角而云其音者，單出曰聲，雜比曰音，音則樂曲也。以春時調和，樂以角爲主，故云其音角。○注謂樂至過羽○正義曰恐是他物之聲故云樂器也但角是扣木之聲但作樂器之體象此扣木之聲云三分羽益一以生角角數六十四者以天地人謂之三才又陽數極於九故律厤志云五聲之本生黄鍾律之九寸爲宫於管則九寸於弦則九九八十一絲也律厤志又云或損或益以定宫商角徵羽宫三分去一下生徵徵數五十四徵三分益一上生商商數七十二商三分去一下生羽羽數四十八羽三分益一上生角角數六十四是其損益相生之數也律厤志云商之爲言章也物成熟可章度也角觸也觸地而出戴芒角也宫

中也居中央暢四方唱始施生爲四聲綱也徵祉也物盛大而蕃祉也羽聚也聚藏宇覆之也云屬木者以其清濁中民象也者木之聲清於土金之聲濁於水火之聲今角聲亦清於宮商濁於徵羽故角聲屬木所以清濁中凡數多者濁數少者清今宮數八十一商數七十二徵數五十四羽數四十八角數六十四少於宮商多於徵羽故云清濁中既尊者爲濁卑者爲清民則卑於君臣尊於事物亦是尊卑之中故云民之象也按樂記及律麻志云宮爲君商爲臣角爲民徵爲事羽爲物羽屬北方其數少所以黄鍾在子其數多者冬時凝寒之氣在於地上水又清輕羽既稟其寒氣又象水聲故其數少冬至陽氣伏於地下温積土中黄鍾含藏陽氣又象土聲故其數多各自爲義不相須也引樂記曰角亂則憂其民怨者證明角主於人云凡聲尊卑取象五行者宮主土土聲濁其數多故主君商主金金聲稍重其數稍多故爲臣角主木木聲清濁中其數多少中故爲民徵主火火聲稍輕其數稍少故爲事事謂人之所營事務也羽爲水水聲極輕其數最少故爲物物也謂人之所用財物指其所營謂之事論其所用之體謂之物人是萬物之靈事物是人營作故卑於人也云大不過宮細不過羽者按國語景王欲鑄無射伶州鳩諫云大不踰宮細不踰羽踰即過也

律中大蔟

律候氣之管以銅爲之中猶應也孟春氣至則大蔟之律應應謂吹灰也大蔟者林鍾之所生三分益一律長八寸凡律空圍九分周語曰大蔟所以金奏贊陽出滯○律中丁仲反後放此凡如此之例十二月文注皆可以類求之蔟七豆反又奏也應應對之應下皆放此長直亮反又如字後皆放此律空徐音孔

其數八

數者五行佐天地生物成物之次也易曰天一地二天三地四天五地六天七地八天九地十而五行自水始火次之木次之金次之土爲後木生數三成數八但言八者舉其成數

其味酸其臭羶

木之臭味也凡酸羶者皆屬焉○羶失然反

其祀戶祭先脾

春陽氣出祀之於戶內陽也祀之先祭脾者春爲陽中於藏直脾脾爲尊凡祭五祀於廟用特牲有主有尸皆先設席于奧祀戶之禮南面設主于戶內之西乃制脾及腎爲俎奠于主北又設盛于俎西祭黍稷祭肉祭醴皆三祭肉脾一腎再既祭徹之更陳鼎俎設饌于筵前迎尸略如祭宗廟之儀○脾脾支反藏才浪反後放此直丈吏反又如字下宿直同後放此奧烏報反腎時忍反

［疏］律中大蔟○正義曰上從其日甲乙下終其祀戶皆搃主三月一時之事此律中大蔟惟主正月之氣宜與東風解凍文次相連必在於其此者角是春時之音律審正月之氣音由氣成以其音氣相須故律角同處言正月之時候氣之管中於大蔟中猶應也謂候氣飛灰應於大蔟其大蔟夾鍾六律六呂之等皆是候氣管名言正月之時律之候氣應於大蔟之管又計大蔟管數倍而更半鑄之爲鍾名曰大蔟之鍾是大蔟之鍾元生於大蔟之律是律在於前鍾生於後故律麻志云黄帝使伶人氏自大夏之西崑崙之陰取竹之解谷斷兩節間而吹之以爲黄鍾之宮制十二筩以聽鳳凰之鳴其雄鳴則爲六律雌鳴則爲六呂是律生在前蔡氏以爲大蔟鍾名先有其鍾後有其律言律中此大蔟之鍾其義非也陽管爲律律法也言陽氣與陰氣爲法鄭云律述也述氣之管陰管爲呂律麻志云呂助也言助陽宣氣又云呂拒也言與陽相承更迭而至又陰律稱同言與陽同也搃而言之陰陽皆稱律故十二月皆云律中是也按律麻志云黄鍾黄者中之色君之服也鍾者種也陽氣施種於黄泉孳萌萬物爲六氣元也變動不居周流六虛位於子在十一月大呂呂旅也言陰氣大旅助黄鍾宣氣而牙物也位於丑在十二月大蔟蔟湊也言陽氣大湊地而達物也位在於寅在正月夾鍾鍾也夾助也言陰夾助大蔟宣四方之氣而出鍾物也位於卯在二月姑洗洗之言絜也言陽氣洗物姑絜之也位於長在三月仲呂言微陰

始起未成著於其中旅助姑洗宣氣齊物也位於巳在四月蕤賓蕤繼也賓道也言陽氣始道陰氣使繼養物也位於午在五月林鍾林君也言陰氣受任助蕤賓君主種物使長大茂盛也位於未在六月夷則則法也言陽正法度而使陰氣夷當傷之物也位於申在七月南呂南任也言陰氣旅助夷則任成萬物也位於酉在八月無射射厭也言陽氣究物而使陰氣畢剥落之終而復始無厭已也位於戌在九月應鍾言陰氣應無射該藏萬物而雜陽閡種也位於亥在十月其十二律則有上生下生同位異位長短分寸之別故鄭注周禮大師職云其相生則以陰陽六體爲。黄鍾初九也下生林鍾之初六林鍾又上生大蔟之九二大蔟又下生南呂之六二南呂又上生姑洗之九三姑洗又下生應鍾之六三應鍾又上生蕤賓之九四蕤賓又上生大呂之六四大呂又下生夷則之九五夷則又上生夾鍾之六五夾鍾又下生無射之上九無射又上生中呂之上六同位者象夫妻異位者象子母所謂律取妻而呂生子也黄鍾長九寸其實一籥下生者三分去一。生者三分益一五下六上乃一終矣大呂長八寸二百四十三分寸之一百四大蔟長八寸夾鍾長七寸一千一百八十七分寸之千七十五姑洗長七寸九分寸之一中呂長六寸萬九千六百八十三分寸之萬二千九百七十四蕤賓長六寸八十一分寸之二十六林鍾長六寸夷則長五寸七百二十九分寸之四百五十一南呂長五寸三分寸之一無射長四寸六千五百六十一分寸之六千五百二十四應鍾長四寸二十七分寸之二十一是也同位象夫妻者則黄鍾之初九下生林鍾之初六同是初位故爲夫婦又是律娶妻也異位爲子母者謂林鍾上生大蔟林鍾是初位大蔟是二位故云異位爲子母又是吕生子也云五下六上者謂林鍾夷則南吕無射應鍾皆被子午已東之管三分減一而下生之六上者謂大吕大蔟夾鍾姑洗中吕蕤賓皆被子午已西之管三分益一而上生之于午皆屬上生應云七上而云六上者以黄鍾爲諸律之首物莫之先似若無所禀生故不數黄鍾也其實十二律終於仲吕還反歸黄鍾生於仲吕三分益一大略得應黄鍾九寸之數也律麻志云黄鍾爲天統林鍾爲地統大蔟爲人統故數整餘律則各有分數○注律候至出滯○正義曰按司農注周禮云陽律以竹爲管陰律以銅爲管鄭康成則以皆用銅爲之知者按律麻志量者龠合升斗斛本起黄鍾之龠而五量如之其法皆用銅聲中黄鍾以此準之故知用銅也司農云陽律以竹陰律以銅非也云應謂吹灰也者蔡邕云以法爲室三重戸閉塗釁必周密布緹縵室中以木爲案每律各一案内庫外高從其方位加律其

上以葭灰實其端其月氣至則灰飛而管通如蔡所云則是爲十二月律則布室内十二辰若其月氣至則其辰之管灰飛而管空也然則十二律各當其辰邪埋地下入地處庫出地處高故云内庫外高黄鍾之管埋於子位上頭嚮南以外諸管推之可悉知又律云以河内葭莩爲灰宜陽金門山竹爲管熊氏云按吹灰者謂作十二律管於室中四時位上埋之取蘆莩燒之作灰而實之律管中以羅縠覆之氣至則吹灰動縠矣小動爲氣和大動爲君弱臣强專政之應不動縠爲君嚴猛之應云凡律空圍九分者以黄鍾爲諸律之首諸律雖長短有差其圍皆以九分爲限孟康云林鍾長六寸圍六分則圍之大小遂管長短然則分寸之數不可定也故鄭皆爲圍九分也引周語曰以下者按周語景王欲鑄無射伶州鳩對以此辭按彼注云大蔟正聲商故爲金奏所以助陽出滯物也○注數者至成數○正義曰五行佐天地生成萬物之次者五行謂金木水火土謂之五行者按白虎通云行者言欲爲天行氣也謂之水者白虎通云水訓準是平均法則之稱也言水在黄泉養物平均有準則也木觸也陽氣動躍觸地而出也火之爲言化也陽氣用事萬物變化也金訓禁也言秋時萬物陰氣所禁止也土訓吐也言土居中總吐萬物也生物者謂木火七八之數也成物者謂金水九六之

數也則春夏生物也秋冬成物也故易繫辭云精氣爲物遊魂爲變也注云精氣謂七八遊魂謂九六則是七八生物九六終物是也引易曰以下者易下繫文也天陽地陰陽數奇陰數耦陽所以奇者陽爲氣氣則渾沌爲一無分別之象又爲日日體常明無虧盈之異故其數奇其陰數所以耦者陰爲形形則有彼此之殊又爲月月則有晦朔之別故其數耦按律麻志云天數二十五所以二十五者天一天三天五天七天九總爲二十五律麻志又云地數三十者地二地四地六地八地十故三十也以天地之數相合則易之大衍之數五十五也云五行自水始火次之木次之金次之土爲後者天一生水於北地二生火於南天三生木於東地四生金於西天五生土於中以益五行生之本按尚書洪範云一曰水二曰火三曰木四曰金五曰土故其次如是也所以一曰水者乾貞於十一月子十一月一陽生故水數一也又天地之内水體最微故水爲始也二曰火者坤貞於六月未六月兩陰生陰不敢當午火比於水嚴厲著見故次火也三曰木者正月三陽生是建寅之月故三曰木木比火象有體質故次木也四曰金者八月四陰生是建酉之月故四曰金金比木其體堅剛故次金也五曰土者三月五陽生三月建辰之月辰爲土是四季之首土王四季故五曰土載四行又廣大

故次土也水所以在北方者從盛陰之氣所以潤下者下從陰也火所以在南方者從盛陽之氣炎上者從陽也木所以在東者東是半陰半陽曲直以陰陽俱有體質尚柔故可曲可直也金所以在西方者西方亦半陰半陽但物既成就體性堅剛雖可改革猶須火柔之土所以在中者以其包載四行含養萬物爲萬物之主稼穡者所以養萬物也云木生數三成數八者鄭注易繫辭云天一生水於北地二生火於南天三生木於東地四生金於西天五生土於中陽無耦陰無配未得相成地六成水於北與天一并天七成火於南與地二并地八成木於東與天三并天九成金於西與地四并地十成土於中與天五并也大衍之數五十有五五行各氣并氣并而減五惟有五十以五十之數不可以爲七八九六卜筮之占以用之故更減其一故四十有九也是鄭注之意水數一成數六火數二成數七木數三成數八金數四成數九土數五成數十故此云木生數三成數八但言八者舉其成數者金木水火以成數爲功皇氏用先儒之義以爲金木水火得土而成以水數一得土數五故六也火數二得土數五爲成數七木數三得土數五爲成數八又金數四得土數五爲成數九此非鄭義今所不取○注木之至屬焉○正義曰通於鼻者謂之臭在口者謂之味臭則氣也所以木

味酸。尚書孔傳云木實之性然則木實酸凡草木所生其氣羶也夏其味苦其臭焦者尚書孔傳云焦之氣味火燒物焦焦則味苦中央云其味甘其臭香孔傳云甘味生於百穀味甘則氣香秋其味辛其臭腥者孔傳云金之氣味言金臭之氣則腥在口則辛冬云其味鹹其臭朽者孔傳云水鹵所生故味鹹又水受惡穢故有朽腐之氣○注春陽至之儀○正義曰春陽氣出祀之於戶者戶在內從外向內戶又在內故云內陽也戶是人之出入戶則有神故祭法注七祀云小神居人之間司察小過作譴詰者爾此戶神則陽氣在戶內之神故云祀之於戶內陽也由位在戶內又秋其祀門注云秋陰氣出祀之於門者門在外從內向外門又在外故云外陰也則門神陰氣之神是陰陽別氣在門戶者與人作神也又云春爲陽中於藏值脾脾爲尊者以祭戶之時脾腎俱有先用脾以祭之者以春爲陽中於藏值脾脾既春時最尊故先祭之脾爲尊也所以春位當脾者牲立南首肺祭在前而當夏也腎最在後而當冬也從冬稍前而當春從腎稍前而當脾故春位當脾從肺稍却而當心故中央主心從心稍却而當肝故秋位主肝此等直據牲之五藏所在而當春夏秋冬之位耳若其五行所生主五藏則不然矣故異義云今文尚書歐陽說肝木也心火也脾土也肺金也腎水也古尚書說

脾木也肺火也心土也肝金也腎水也許慎按月令春祭脾夏祭肺季夏祭心秋祭肝冬祭腎與古尚書同鄭駁之云月令祭四時之位及其五藏之上下次之耳冬位在後而腎在下夏位在前而肺在上春位小前故祭先脾秋位小却故祭先肝腎也脾也俱在鬲下肺也心也肝也俱在鬲上祭者必三故有先後焉不得同五行之氣今醫疾之法以肝爲木心爲火脾爲土肺爲金腎爲水則有瘳也若反其術不死爲劇如鄭此言五行所主則從今文尚書之說不同許慎之義云凡祭五祀於廟用特牲之下皆中霤禮文云祭五祀於廟者設祭戶祭中霤在於廟室之中先設席於廟堂之奧若祀竈祀門祀行皆在廟門外先設席於廟門之奧雖廟室廟門有別摠而言之皆謂之廟故云凡祭五祀於廟此謂殷禮也若周則七祀加司命與厲也不審祀之處所亦當與竈門行等俱在廟門之外祀也若周摠在宮內故宮正法云祭社稷七祀於宮中此特牲謂特牛故小司徒云小祭祀奉牛牲注云小祭祀王玄冕所祭若諸侯或亦當然其大夫所祭或特羊也云有主有尸者謂天子諸侯若卿大夫廟無主則五祀無主也云祀之禮設主於戶內西者先設席於奧乃更設席於廟戶西夾北嚮置主位設主之人南面設主於戶西位上使主北面云乃制脾及腎爲俎奠於主北者謂設主之後以割

制脾之與腎爲俎實奠于主北主既北面奠於主前云又設盛於俎西者盛於黍稷俎在主前稍東故黍稷之簋在主前稍西云祭黍稷祭肉祭醴皆三者當時惟始設主未有迎尸則是祀。官祭簋中黍稷祭俎中脾腎之肉祭薦之禮皆三度祭之黍亦三祭醴亦三祭肉亦三祭故云皆三祭云肉脾一腎再者申明祭肉三度之事其祭肉三者脾尊故一祭腎脾故再祭云既祭徹之更陳鼎俎設饌于筵前者謂既祭黍稷祭肉醴之後徹去俎之與盛更陳列鼎俎設其饌食於初設奧之筵前其時主已移於筵上主人出戶迎尸尸入即筵而坐但宗廟之祭尸入之後始祭籩豆及黍稷醴其祭戶之時已於西祭黍祭肉祭醴今迎尸而入則應坐而饌食不更祭黍稷祭肉祭醴故云略如祭宗廟之儀祭戶所以先設席於奧乃設饌筵迎尸皆在奧者就尊之處也中閒設主祭黍○祭肉。○戶西者就戶處也其餘五祀所祭設主皆就其處也

東風解凍蟄蟲始振魚上冰獺祭魚鴻鴈來

皆記時候也振動也夏小正正月啓蟄魚陟負冰漢始亦以驚蟄爲正月中此時魚肥美獺將食之先以祭也鴈自南方來將北反其居今月令鴻皆爲候

〔疏〕東風至鴈來○正義曰此記正月之時候然十二月之時候體例不一而正月七月記時候凡有五句自餘皆四句多少不同者時候多則五句少則四句無義例也其二至二分之月皆再記於時候者以二至是陰陽之始終二分是陰陽之交會是節之大者故再記之季春亦記時候者蠶將生故記其蠶候也故季春鳴鳩拂其羽戴勝降于桑注蠶將生之候是也凡記時候先言者則氣候在前後言者則氣候在後言蟄蟲始振者謂正月中氣之時蟄蟲得陽氣初始振動至二月乃大驚而出對二月故云始振云魚上冰者魚當盛寒之時伏於水下逐其溫暖至正月陽氣既上魚游於水上近於冰故云魚上冰也○注夏小至爲候○正義曰夏小正大戴禮之篇名云正月啓蟄者證經中蟄蟲始振始振則啓蟄也云魚陟負冰者此升也謂魚從水下升於冰上而負冰證經中魚上冰云漢始亦以驚蟄爲正月中者以漢之時立春爲正月節驚蟄爲正月中雨水爲二月節春分爲二月中氣至前漢之末以雨水爲正月中驚蟄爲二月節故律麻志云正月立春節雨水中二月驚蟄節春分中是前漢之末劉歆作三統麻改驚蟄爲二月節鄭以舊麻正月啓蟄。即驚也故云漢始亦以驚蟄爲正月中但蟄蟲正月始驚二月大驚故在後移驚蟄爲二月節雨水爲正月中凡二十四氣按三統麻正月節立春雨水中二月節驚蟄春分中三月節穀雨清明中四月

節立夏小滿中五月節芒種夏至中六月節小暑大暑中七月節立秋處暑中八月節白露秋分中九月節寒露霜降中十月節立冬小雪中十一月節大雪冬至中十二月節小寒大寒中按通卦驗及今麻以清明爲三月節穀雨爲三月中餘皆與律麻志並同謂之雨水者言雪散爲雨水也謂之驚蟄者蟄蟲驚而走出謂之穀雨者言雨以生百穀謂之清明者謂物生清淨明絜謂之小滿者言物長於此小得盈滿謂之芒種者言有芒之穀可稼種謂之小暑大暑者就極熱之中分爲小大月初爲小月半爲大謂之處暑者謂暑既將退伏而潛處謂之白露者陰氣漸重露濃色白謂之寒露言露氣寒將欲凝結謂之小雪大雪者以霜雨凝結而雪十月猶小十一月轉大謂之小寒大寒者十二月極寒之時相對爲大小月初寒爲小月半寒爲大凡二十四氣氣有十五日有餘每氣中半分之爲四十八氣氣有七日半有餘故鄭注周禮云有四十八箭是一氣易一箭也凡二十四氣每三分之七十二氣氣間五日有餘故一年有七十二候也故通卦驗冬至之前五日商賈不行兵甲伏匿人主與羣臣左右從東爾五日以五日一候也按通卦驗云立春雨水降條風至雉雊雞乳冰解條風即東風也冰解即解凍也與月令同雨水者謂節氣早月初雨水也雉雊雞乳於月令在季冬若節氣晚亦得退在正月通卦驗云正月中猛風至注云猛風動摇樹木有聲者猛風即東風之甚也獺祭魚與此同按下季冬鴈北鄉據其從南始北正月來至中國故此云鴈來但來有先後後者二月始來故通卦驗二月節云候鴈北云今月令鴻皆爲候者但月令出有先後入禮記者爲古不入禮記者爲今則吕氏春秋是也鴻字皆爲候也

○天子居青陽左个乘鸞路駕倉龍載青旂衣青衣服倉玉食麥與羊其器疏以達皆所以順時氣也青陽左个大寢東堂北偏鸞路有虞氏之車有鸞和之節而飾之以青取其名耳春言鸞冬夏言色互文馬八尺以上爲龍凡所服玉謂冠飾及所珮者之衡璜也麥實有孚甲屬木羊火畜也時尚寒食之以安性也器疏者刻鏤之象物當貫土而出也凡此車馬衣服皆所取於殷時而有變焉非周制也周禮朝祀戎獵車服各以其事不以四時爲異又玉藻曰天子龍衮以祭玄端而朝日皮弁以日視朝與此皆殊○个古賀反後放此鸞力官反路本又作輅載音戴後放此旂巨機反後放此衣青於旣反後放此下注衣甲保猶衣同器本又作噐同冬夏此卷内可以意求之璜音黄竒謀又反貫古亂反朝直遥反下文注同卷本又作衮古本反玄端音冕

【疏】天子至以達○正義曰此巳前明天時氣候早晚此明天子每時居處及所乘車馬所建旌旂所服衣玉所食牲穀及器物之屬龍與玉言蒼者蒼亦青也遠望則蒼旂與衣云青者欲見人功所爲故以近色言之○注皆所至皆殊○正義曰色則順時食與器則順氣也云青陽左个大寢東堂北偏者北偏近北也然則此是明堂北偏而云大寢者欲明明堂與大廟大寢制同故兼明於明堂聽朔竟次還大廟次還大寢也然云東堂則知聽朔皆堂不於五角之室中也云鸞路有虞氏之車者明堂位云鸞車有虞氏之路也今既云鸞路故知是有虞氏之車也用有虞氏則知非周也云有鸞和之節而飾之以青取其名耳者因其有鸞故不言青而云鸞也云春言鸞冬夏言色互文者春言鸞則夏秋冬並鸞也夏云朱冬云玄則春青秋白可知也云馬八尺以上爲龍者出庾人職云凡所服玉謂冠飾及所佩者之衡璜者冠飾即冕之旒及笄也衡璜即是所佩玉之名也佩玉之制按韓詩外傳云佩玉上有葱衡下有雙璜牙蠙珠以納其間則古之佩玉上以葱爲衡横置於上以貫珠之繩三條縣於衡上垂之而下以雙璜縣於兩畔繩之下端又以牙懸於中繩下端使前後觸璜以爲聲衡之下璜之上皆貫蠙珠故云蠙珠以納其間謂納於衡璜之間也云麥實有孚甲屬木者鄭云黍秀舒散屬火麻實有文理屬金菽實孚甲堅合屬水稷五穀之長屬土是五穀所配之方也云羊火畜也者按尚書五行傳曰貌之不恭則有雞禍注雞畜之有冠翼者屬貌言之不從則有犬禍注犬畜之以口吠守者屬言視之不明則有羊禍注羊畜之遠視者屬視聽之不聰則有豕禍注豕畜之居閑衛而聽者屬聽思之不睿則有牛禍注地厚德載物牛畜之任重者屬思王之不極則有馬禍注天行健馬畜之疾行者屬王極是雞爲木畜羊爲火畜牛爲土畜犬爲金畜豕爲水畜但陰陽取象多塗故午爲馬酉爲雞不可一定也云時尚寒食之以安性也者羊是火畜而春時食之明其有意食以安性也春時尚寒故食火畜以助之夏食菽與雞者以氣九熱水能尅火木必折土故食北方之聲與東方之性滅其熱氣亦以安性秋食麻與犬者秋氣既涼又將嚮寒不有其害故食當方之穀牲也冬食黍與彘者冬氣極寒故食火穀以減寒寒勝於熱故食當方之牲云器疏者刻鏤之象物當貫土而出也諸刻鏤爲文使文理麤疏直而通達也云凡此車馬衣服皆所取於殷時而有變焉非周制也者以虞夏之制有日月星辰十二章之服周之制朝祀戎獵車服各有殊今此下與周禮不同上與虞夏又異故云取殷時也殷乘木路此乘

鸞路不純用殷故云而有變焉謂變殷而乘虞路也云周禮朝祀戎獵車服各以其事不以四時爲異者按周禮朝則皮弁服祀則六冕服戎則韋弁服田獵冠弁服又周祀朝乘象路祀乘玉路戎乘革路獵乘木路是車服各以其事不以四時爲異也又引玉藻天子龍衮以祭者證四時皆龍衮玄衣纁裳不隨時而別又引玉藻玄端而朝日者證此朝日不玄端而著青衣又引皮弁以日視朝者皮弁白布衣四時皆然不隨時而變是與此皆殊明月令所云非周法也○**是月也以立春先立春三日大史謁之天子曰某日立春盛德在木天子乃齊**太史禮官之屬掌正歲年以序事謁告也○先悉薦反齊側皆反本亦作齋卷內放此○**立春之日天子親帥三公九卿諸侯大夫以迎春於東郊還反賞公卿諸侯大夫於朝**迎春祭倉帝靈威仰於東郊之兆也王居明堂禮曰出十五里迎歲蓋殷禮也周近郊五十里賞謂有功德者有以顯賜之也朝大寢門外○還音旋後放此

【疏】○正義曰此一節論立春天子迎春氣及行賞之事各依文解之○是月也以立春者十二月節氣有早晚若節氣晚則月之節氣在當月之內若節氣早月之節氣在前月之中故立春爲正月之節有在十二月之時但至立春之時雖在十二月即行立春之事云是月者謂是月之氣不謂是月之日也凡四立之月天子車服之下皆云是月以其爲下立春立夏立秋立冬事重故云是月其非四立之月仲夏即云養壯佼季夏云命漁師十一月云飭死事十二月云命有司大難皆不云是月者或是事爲細小或是事通他月故不云是月季冬難事雖大惟此月爲之亦不云是月者以年事既終惟難而已故不須云是月或作記之人辭有詳略不爲義例也凡言是月者是月之後若是事相連接辭有首尾則因前是月不別起是月之文若別事異端則更云是月也他皆倣此此云是月下至以初爲常是皆立春之時告命之事故不更云是月次云祈穀於上帝至命曰勞酒論祈穀耕藉反迴勞飲是其一事故不更云是月次云是月也命樂正入學習舞至埋胔論習舞修祭毋用牝牲是含養之事故毋覆巢及掩骼埋胔中間小異事亦相連故不別云是月次云是月也不可以稱兵與上事別又論天地人之大道故別云是月舉此爲例其餘月或云是月或不云是月就文可知○先立春三日者周法四時迎氣皆前期十日而齋散齋七日致齋三日今秦法簡省故三日也蓋散齋二日致齋一日○盛德在木者天以覆蓋生民爲德四時各有盛時春則爲生天之生育盛德在於木位故云盛德在木○注大史至謁告也○正義曰按周禮大史屬春官春官主禮故云大史禮官之屬云掌正歲年以序事者大史職文鄭注云中數曰歲朔數曰年中數者謂十二月中氣一周揔三百六十五日四分之一謂之一歲朔數者朔十二月之朔一周謂三百五十四日謂之爲年此是歲年相對故有朔數中數之別若散而言之歲亦年也故爾雅釋天云唐虞曰載夏曰歲商曰祀周曰年是也按釋言云告謁請也同訓爲請是謁爲告也○立春至於朝○此立春立秋云天子親帥三公九卿諸侯大夫立夏立冬云親帥三公九卿大夫不云諸侯文不備當亦有諸侯故立夏下云乃封諸侯於夏既然明冬諸侯亦然在孟春云賞公卿諸侯大夫於朝孟夏云還乃行賞封諸侯慶賜遂行無不欣說孟秋云還乃賞軍帥武人於朝孟冬云還乃賞死事恤孤寡四時所賞不同者庾云順時氣也春陽氣始著仁澤之時故順其時而賞朝臣及諸侯也至夏陽氣尤盛萬物增長故用是時慶賜轉廣是以無不欣說也秋陰氣始著嚴凝之時故從其時而賞軍帥及武人也至冬陰氣尤盛萬物衰殺故用是時賞死事

者及其妻子也○注迎春至門外○正義曰按賈馬蔡邕皆爲迎春祭大皞及句芒以上云其帝大皞其神句芒故也今鄭獨以爲蒼帝靈威仰者以春秋文耀鉤云蒼帝靈威仰禮器云饗帝於郊而風雨寒暑時是人帝何能使風雨寒暑得時又詩及尚書云上帝皆爲天也周禮司服云王祀昊天上帝則服大裘而冕祀五帝亦如之五帝若是人帝何得與天帝同服故以爲靈威仰上云盛德在木者盛德則靈威仰之盛德也云王居明堂禮者逸禮之篇名引之者證十五里迎春與周不同故云蓋殷禮也云周近郊五十里者鄭注尚書君陳序云天子近郊五十里今河南洛陽相去則然是也云朝大寢門外者大寢則路寢天子有三朝一是燕朝在路寢也二是治朝則此路寢門外應門之內以其賞賜公卿大夫宜在治事之朝故云大寢門外三是外朝在庫門之外皋門之內大詢衆庶聽斷罪人之處也○**命相布德和令行慶施惠下及兆民**相謂三公相王之事也德謂善教也令謂時禁也慶謂休其善也惠謂恤其不足也天子曰兆民○相息亮反注同下善相并注放此施如字又始豉反休許收許虯二反美也○**慶賜遂行毋有不當**遂猶達也言使當得者皆得得者無非其人○

毋音無本亦作無下同當下浪反○【疏】命相至不當○正義曰此一經因上天子迎春反國命三公布教施惠之事各依文解之○注相謂至兆民○正義曰按公羊隱五年傳云三公者何天子之相也自陝而東者周公主之自陝而西者召公主之一相處乎内是三公相王之事也至六國時一人知事者特謂之相故史記稱穰侯范雎蔡澤皆爲秦相後又爲丞相也云天子曰兆民者左傳閔元年晉卜偃之辭也○注遂猶至其人○正義曰遂是申遂故尚書云顯忠遂良商頌云莫遂莫達是遂爲達言慶賜之事通達施行使之周徧云使當得者皆得無非其人也者謂當慶賜之人皆是有功可慶賜無此不合得慶之人非人謂無功無德之徒

○乃命大史守典奉法，司天日月星辰之行，宿離不貸，毋失經紀，以初爲常。典六典法八法也離讀如儷偶之儷宿儷謂其屬馮相氏保章氏掌天文者相與宿偶當審候伺不得過差也經紀謂天文進退度數○宿息六反徐音秀離依注音儷呂計反偶也貸吐得反徐音二馮音憑相息亮反又如字伺音司又息嗣反○【疏】乃命至爲常○正義曰迎春既還行賞以畢乃命大史之官令守其六典奉其八法司主天文及日月星辰之行天則左還一日一度一年三百六十五度四分度之一又至周一度日月五星並逆行天右行各有多少辰有二十八宿亦隨天左行大史令其屬官在其候處止宿配偶相與審候不得貸變過差若應候不候應知不知則是候過差無失經紀者經紀謂天文進退度數言當推勘考校使得其中應進則言進應退則言退若其推步不明算厤失所遲疾不依其度進退或失其常是失經紀○以初爲常者初謂舊來所法恒須遵奉以爲常行故云以初爲常○注典六至度數○正義曰六典者則太宰云天官治典地官教典春官禮典夏官政典秋官刑典冬官事典八法者一曰官屬二曰官職三曰官聯四曰官常五曰官成六曰官法七曰官刑八曰官計云離讀爲儷偶之儷者按成十一年左傳云鳥獸猶不失儷禮有儷皮儷是配偶故云讀如儷偶之儷云馮相氏保章氏掌天文者馮相保章皆中士二人馮相者鄭注馮乘也相視也世登高臺以視天文之次序保章者鄭注保守也世守天文之變雖俱掌天文其事不同爲相氏主日月五星年氣節候推步遲疾審知所在之處若今之司厤主其筭術也保章者謂守天之文章謂天文違變度數失其恒次妖孽所在吉凶所生若今之天文家惟主變異也此其所掌別也云相與宿偶當審候伺不得過差者言大

史之官使其僚屬馮相保章恒在候處相與止宿配偶共審察伺候不得怠慢不覺天之變異也

○是月也，天子乃以元日祈穀于上帝。謂以上辛郊祭天也春秋傳曰夫郊祀后稷以祈農事是故啓蟄而郊郊而後耕上帝大微之帝也乃擇元辰，天子親載耒耜，措之于參保介之御間，帥三公九卿諸侯大夫躬耕帝藉。天子三推，三公五推，卿諸侯九推。元辰蓋郊後吉辰也耒耜之上曲也保介車右也置耒於車右與御者之間明已勸農非農者也人君之車必使勇士衣甲居右而參乘備非常也保猶衣也介甲也帝藉爲天神借民力所治之田也○耒力對反字林云耕曲木垂所作力佳反又力水反耜音似措七故反置也介音界注同藉在亦反說文作耤云帝耤千畝推出佳反又吐回反下同推謂伐也乘繩證反爲于僞反下爲神春爲傷爲死氣皆同反，執爵于大寢，三公九卿諸侯大夫皆御，命曰勞酒。既耕而宴飲以勞羣

臣也大寢路寢御侍也○勞力報反注同【疏】是月至勞酒○正義曰此一節論迎春既反春事已起當祈穀親耕燕勞之事各依文解之○注謂以至之帝○正義曰按郊特牲云郊之用辛鄭注凡爲人君當齋戒自新又云郊之祭也迎長日之至鄭注引易說云三王之郊一用夏正春分而日迎長故云迎長日之至郊特牲云郊不言祈穀此經言祈穀不言郊鄭以爲二祭是一故此注謂以上辛郊祭天也鄭既以二祭爲一恐人爲疑故引春秋傳以明之按襄七年左傳云孟獻子曰郊祀后稷以祈農事也是故啓蟄而郊郊而後耕彼祈農事者則此祈穀也彼云郊而後耕此是祈穀之後即躬耕帝藉是祈穀與郊一也云上帝大微之帝者春秋緯文紫微宮爲大帝大微爲天庭中有五帝座是即靈威仰赤熛怒白招拒汁光紀含樞紐祈穀郊天之時各祭所感之帝殷人則祭汁光紀周人則祭靈威仰以其不定故揔云大微之帝若迎春之時前帝後王皆祭靈威仰故前注云迎春祭蒼帝靈威仰特指一帝也此郊雖祈穀亦是報天故郊特牲云郊之祭也大報天而主日也○乃擇元辰至九推甲乙丙丁等謂之日郊之用辛上云元日子丑寅卯之等謂之爲辰耕用亥日故云元辰○天子親載耒耜者謂天子所乘車上親載耕田之耒耜措之於參保介御之間者措置也保介車

右也御者御車之人車右及御人皆是主參乘於時天子在左御者在中車右在右言置此耒器於參乘保介及御者之間然後帥三公九卿而往南郊躬耕藉田也○注元辰至之田○正義曰知用亥者以陰陽式法正月亥爲天倉以其耕事故用天倉也盧植蔡邕並云郊天是陽故用日耕藉是陰故用辰元者善也郊雖用日亦有辰但日爲吉主耕之用辰亦有日但辰爲主皇氏云正月建寅日月會辰在亥故耕用亥也未知然否云置耒耜於車右與御者之間明已勸農非農者也王既親載耒器置耒應須近王今置耒乃於參御二人之間不近王者明王之已身但是勸農故載耒耜非實農人故不近耒器也所以車右衣甲者以人君尊重故使勇士衣甲居右備非常也云保猶衣者保即襁保保謂小被所以衣覆小兒故云保猶衣也云帝藉爲天神借民力所治之田者耕藉所以爲帝藉者舉尊言之故祭義云天子爲藉千畝以共齊盛又國語云宣王即位不藉千畝虢文公諫曰夫民之大事在農上帝之粢盛於是乎出是藉田共上帝故云爲天神借民力所治之田也按此立春後始郊郊之後始耕按國語先時九日大史告以耕事注先先立春日也謂先立春之前以耕與此不同者國語告耕在立春之前其實耕時在立春之後故國語下云先時五日王即齋宮注先耕時也是耕前五日王即齋宮而齋是知親耕在立春之後也此言天子三推公五推卿諸侯九推按國語王耕一發班三之賈逵注班次也謂公卿大夫也王之下各三其上也王一發公三發卿九發大夫二十七發天子三推公五推卿諸侯九推此是貴賤耕發相三之數也不云士者士賤不與耕也故國語云庶人終於千畝又周禮甸師是下士云帥其屬而耕耨王藉鄭注云庶人謂徒三百人○注既耕至路寢○正義曰按國語耕後宰夫陳饗膳夫贊王王歆大牢是耕後設饗而此云既耕而燕飲者饗禮在廟燕禮在寢此云執爵于大寢故知燕也國語云饗者蓋用饗之饌具而行燕禮以勞羣臣按上迎春而反賞公卿大夫於路寢門外正朝此耕藉而反勞羣臣在於路寢不同者爵賞公事與衆共之故在正朝燕勞私禮主於歡心故在路寢

○是月也天氣下降地氣上騰天地和同草木萌動此陽氣蒸達可耕之候也農書曰土長冒橛陳根可拔耕者急發○上時掌反注土上同萌莫耕反烝音證又之烝反冒莫報反覆也橛求月反王命布農事命田舍東郊皆脩封疆審端經術田謂田畯主農之官也舍東郊順時氣而居以命其事也封疆田首之分職術周禮作遂夫間有遂遂上有徑遂小溝也步道曰徑今尚書曰分命羲仲宅嵎夷也○疆居良反注皆同徑術古定反注同術依注音遂畯音俊分扶問反嵎音愚善相丘陵阪險原隰土地所宜五穀所殖以教道民必躬親之相視也○阪險上音反又蒲版反下許檢反道音導田事既飭先定準直農乃不惑說所以命國舍東郊之意也準直謂封疆徑遂也夏小正曰農率均田○飭音勑率所類反謂田正

【疏】天氣至不惑○正義曰此一節論少陽之月務其始生故既耕之後當勸農事各依文解之○天氣下降者天地之氣謂之陰陽一年之中或升或降故聖人作象各分爲六爻以象十二月陽氣之升從十一月爲始陽氣漸升陰氣漸下至四月六陽皆升六陰皆伏至五月一陰初升陰氣漸升陽氣漸伏至十月六陰盡升六陽盡伏然則天氣下降地氣上騰五月至十月也地氣下降天氣上騰十一月至四月也今正月云天氣下降地氣上騰者陽氣五月之時爲陰從下起上嚮排陽氣第六陽氣上極反退至十月之時六陽退盡皆伏於下至十一月陽之一爻始動地中至十二月陽漸升陽尚微未能生物之極正月三陽既上成爲乾卦乾體在下三陰爲坤坤體在上乾爲天坤爲地今天居地下故云天氣下降地在天上故云地氣上騰是陽氣五月初降至正月爲天體而在坤下也十一月一陽初生而上排陰陰之上六漸退反歸於下至四月陰爻伏盡六陽在上五月一陰生六月二陰生陰氣尚微成物未具七月三陰生而成坤體坤體在下三陽爲乾而體在上則是地氣在下天氣在上故正月爲泰泰通也天地交通七月爲否否塞也言天地隔塞所以十月云地氣下降天氣上騰者以十月之時純陰用事地體凝凍寒氣逼物地又在下故云地氣下降於時六陽從上退盡無復用事天體在上不近於物似若陽歸於天故云天氣上騰其實十月天氣反歸地下若審察於此不足可疑而劉洽沁閣皇侃之徒既不審知其理又不能定其旨趣譩譩撓撓亦無取焉○注此陽至急發○正義曰經云天氣下降注陽氣蒸達又似陽氣上升者以陽氣從五月下降至十一月從下初升至正月始成乾體而在三陰之下故云天氣下降其實於時陽從地中升也引農書曰下者按漢書藝文志農書有九家百一十四篇神農二十篇野老十七篇宰氏十七篇董安國十六尹都尉十四趙氏五篇鄭所引農書勝之十八篇王氏六篇蔡癸一篇鄭所引農書先

師以爲氾勝之書也。漢書注氾氾音成帝時爲議郎，使教田三輔也。土長冒橛者，謂置橛以候土，土長冒橛，陳根可拔，而去之。耕者急速開發其地也。○王命至徑術。○於是春氣既和，王命萃官分布，檢校農之事，命遣田畯官舍於郊之上，令農夫皆脩理地之封疆，審正田之徑路及田之溝洫，故云審端徑術。○注田謂至嵎夷。○正義曰：知田謂田畯者，以經云命田。田是受之人，詩云田畯至喜，故知田謂田畯。云舍東郊，順時氣而居者，以其耕作歲時之氣起於東方，爲始故令田畯舍國之東郊，以命其事。其諸侯都邑田畯各舍國邑之東郊也。云封疆田首之分職者，封疆則九夫爲井，四井爲邑，各有封境界域，部分職掌也。云術周禮作遂，以田農之事無稱術者，術遂聲相近，故疑術爲遂。學記云術有序，義同於此。云夫間有遂，遂上有徑者，遂人職文。按匠人云廣二尺深二尺謂之遂，小溝也；步道曰徑。遂人職云徑容牛馬。云今尚書曰分命羲仲宅嵎夷者，證命田畯舍東郊之事。云今尚書者，尚書有古有今。壁內所得，膠東庸生所傳者，謂之古文尚書。晁錯所受伏生二十九篇，夏侯歐陽所傳者，謂之今文尚書。鄭據而引之，故云今尚書。○田事至不惑。○作記之人解說天子所以命田畯舍於東郊者，欲明其政理田事，若田事既能正，又先定其封疆徑遂，以勸農夫，農夫知田事先後，審疆界畔

域，乃不有疑惑。○注準直至均田。○正義曰：準謂輕重平均，直謂繩墨得中也。封疆有界限，徑遂有闊狹，皆先平均正直之，故云準直，謂封疆徑遂。云夏小正曰農率均田者，夏小正是大戴禮篇也。農率則田畯也。均田則審端徑遂也。○是月也，命樂正入學習舞。爲仲春將釋菜。乃脩祭典。重祭禮，歲始省錄。命祀山林川澤，犧牲毋用牝。爲傷妊生之類。○牝頻忍反，妊而林、而鴆二反。禁止伐木。盛德所在。毋覆巢，毋殺孩蟲胎夭飛鳥，毋麛毋卵。爲傷萌幼之類。○覆芳服反，孩戶哀反，胎吐來反，夭烏老反，麛音迷，卵力管反。毋聚大衆，毋置城郭。爲妨農之始。掩骼埋胔。謂死氣逆生也。骨枯曰骼，肉腐曰胔。○骼江百反，胔才賜反，蔡云露骨曰骼，有肉曰胔。胔亦作骴，胔扶矩反。○是月也，不可以稱兵，稱兵必天殃。逆生氣。兵戎不起，不可從我始。爲客不利，主人則可。毋變天之道，以陰政犯陽。毋絕地之理，易剛柔之宜。毋亂人之紀。仁之時而舉義事。

【疏】是月至用牝。○正義曰：此一節論此春爲四時之首，當脩祀典，及祭山川之事，各依文解之。犧牲毋用牝者，以山林川澤其祀既卑，餘月之時，牲皆用牝，唯此月不用，故注爲傷妊生之類。若天地宗廟大祭之時，雖非正月，皆不用牝。○注禁止至之紀。○正義曰：此一節論時氣之事，各依文解之。○禁止伐木者，謂禁其欲伐，止謂止其已伐者。此伐木在山中，或在禁障之處，十月許人採取，至正月之時禁令止息，故王制云草木零落，然後入山林；詩魚麗傳云草木不折不操斧斤，不入山林是也。若國家隨時所須以爲材用者，雖非冬月，亦得取之，故山虞有仲冬斬陽木，仲夏斬陰木，又云邦工入山林而掄材不禁是也。其非是所禁之處，春秋亦得取之，故周禮云春秋之斬木不入禁。鄭注斬四野之木可若於正月皆禁之。○毋覆至毋卵。○此一節論禮法，餘月皆無覆巢，因初春施生之時，故設戒也。巢若其夭鳥之巢，則覆之，故若蔟氏云掌覆夭鳥之巢。此月亦禁之。胎謂在腹中未出，夭爲生而已出者，故魯語云獸長麑夭。此飛鳥謂初飛之鳥，故注云爲傷萌幼之類。麛卵四時皆禁，但於此月尤甚，若須薦獻亦得取之，故王制云韭以卵，庖人秋行犢麛是也。掩骼埋胔者，蜡氏云掌除骴，司農

云：胔，骨之尚有肉者也，及禽獸之骨皆是。康成不注，從司農義也。骼言掩，胔言埋，互言耳。○注爲客至可也。○正義曰：起兵伐人者謂之客，敵來禦捍者謂之主。此經云兵戎不合興起之時，不可從我而始，我爲主人也。主人既不先起兵，彼來伐我，我不得不應，故云主則可。客既先興兵，故云爲客不利。毋變至之紀。○天有陰陽之道，路恐人改變，故云無變天之道。地有剛柔之理，恐人斷絕，故云毋絕地之理。人有禮義綱紀，恐其迷亂，故云毋亂人之紀。按易說卦云立天之道曰陰與陽，故鄭此注以陰政亂陽。說卦云立地之道曰柔與剛，故注地理云易剛柔之宜。說卦云立人之道曰仁與義，春爲仁，故注仁之時而舉義事。天云道，地云理，人云紀，互辭也。○孟春行夏令，則雨水不時，巳之氣乘之也。四月於消息爲乾。草木蚤落，生日促。○蚤音早。國時有恐。以火訛相驚。○恐丘勇反。行秋令，則其民大疫，申之氣乘之也。七月始殺。○疫音役。猋風暴雨總至，正月宿直尾箕，箕好風，其氣逆也。回風爲猋。○猋必遥反，徐芳遥反，本又作飄。宿音秀，好呼報反。藜莠蓬蒿並興。生氣亂，惡物茂。○藜力兮反，莠

音酉**行冬令則水潦爲敗雪霜大摯首種不入**亥之氣乘之也舊說首種謂稷○潦音老摯音至蔡云傷折種章勇反蔡云宿麥

【疏】孟春至不入○正義曰從上以來論當月施令之事若施之順時則氣序調釋若施令失所則災害滋興故自此而下論政失致災之事上既云毋變天之道毋絕地之理毋亂人之紀今若施之不失則三才相應以人與天地共相感動故也施令有失三才俱應者則此孟春行夏令雨水不時天也草木早落地也國時有恐人也十二月之節內三才俱應者多就三才俱應之中論天地及人亦先後不建或先言天者則此孟春行夏令雨水不時是也或先言民者則孟春行秋令其民大疫是也或先言地者則孟春行冬令水潦爲敗是也所以然者爲害重者則在先言之爲害輕者後言之大略於文可以意得次第其輕重無義例也皇氏曲爲別說非經之旨施令失所亦惟有二才應者故仲春行夏令則國乃大旱煖氣早來蟲螟爲害大旱煖氣並爲天災如此之類是也以施令失所惟二才應就二才之中或有天有人無地或有地有人無天隨應則書不爲義例也行令失之於前氣則應之於後至如春夏及秋施令有失氣來爲應惟在當年則孟春行夏令雨水不時草木早落之類是也若其冬時失令則氣應在於後年故仲冬行秋令則天時雨汁瓜瓠不成行春令蝗蟲爲敗仲冬非瓜瓠不成之時又非蝗蟲爲敗之日是據來年又錄記之人序行令之事各次第先後則有夏有秋有冬孟春舉夏爲始仲春舉秋爲始季春舉冬爲始至於夏時之下則有秋有冬次有來年之春孟夏則舉秋爲始仲夏舉冬爲始季夏舉春爲始以此推例秋冬亦然不能備說也○注巳之至爲乾也○正義曰此風雨不時者謂風雨少不得應時所以風雨不應時者以孟春建寅其宿直箕星箕星好風孟春行夏令寅氣不足故風少巳來乘之四月純陽用事純陽來乘故雨少云四月於消息爲乾者陽生爲息陰死爲消十一月至四月爲息言萬物得陽氣蕃息五月至十月爲消言萬物得陰氣消盡凡孟月失令則三時孟月之氣乘之仲月失令則仲月之氣乘之季月失令則季月之氣乘之所以然者以同爲孟仲季氣情相通如其不和則迭相乘入鄭之所注例亦不同或一句之下則云某之氣乘之即此風雨不時一句之下云巳之氣乘之或兩句之下則云某之氣乘之故仲春行秋令則其國大水寒氣揔至注酉之氣乘之以二句俱當酉氣故也或有三句之下始云某之氣乘之者故孟春行冬令則水潦爲敗雪霜大摯首種不入注云亥之氣乘之以三句共當亥氣也氣當則言無義例也凡一句爲一事亦有兩句共爲一事者則孟夏行冬令云後乃大水敗其城郭是也○注火訛相驚○正義曰以巳來乘寅巳爲火故火來也寅爲天漢之津火雖欲來而畏水終竟不來但訛言道火相恐動也注云申之氣乘之七月始殺○正義曰七月建申陰氣始殺殺氣乘寅故人多大疫○注正月至爲猋○正義曰按鄭注洪範中央土氣爲風東方木氣爲雨箕屬東方木木尅土土爲妃尚妃之所好故箕星好風也西方金氣爲陰尅東方木木爲妃畢屬西方尚妃之所好故好雨也今申氣乘寅兩相衝破申來逆寅寅爲風風之被逆故爲猋風寅往破申申爲雨雨之被逆故爲暴雨也按爾雅扶搖謂之猋謂風之迴轉也故云迴風爲猋○注生氣亂惡物茂○正義曰惡物所以害生氣今生氣既亂惡物乘之故惡物茂○注首種謂稷○正義曰按考靈耀云日中星鳥可以種稷則百穀之內稷先種故云首種首即先也種在百穀之先也

附釋音禮記注疏卷第十二

江西南昌府學栞

禮記注疏卷十四挍勘記　阮元撰盧宣旬摘錄

附釋音禮記注疏卷第十四　惠棟挍宋本禮記正義卷第二十一

月令第六　案此本卷首標題如第一卷首標題之失移鄭氏注三字在前又脫去禮記二字十五卷至十九卷盡然石經月令以御刪定升爲卷第一削去禮記鄭氏注五字而別標李林甫等銜名與序不可爲典要也

以其記十二月政之所行也　閩監毛本記作紀衞氏集說同

以禮家好事抄合之　惠棟挍宋本同閩監毛本禮家二字倒衞氏集說亦作禮家

集諸儒士著爲十二月紀　惠棟挍宋本同閩監毛本士誤所衞氏集說同

十月爲授朔　惠棟挍宋本同衞氏集說同閩監毛本授誤受

皆爲氣形之始也　閩監本同考文引宋板同毛本始誤氣

楊雄桓譚　閩監本同毛本楊作揚。按當作楊从木不从扌

天如彈丸圍圜　閩監毛本作圜衞氏集說同此本圜誤圍

此爲二十八宿周回直徑之數也　閩監本同毛本爲誤圜惠棟挍宋本回作迴衞氏集說同

秋冬放此可知　閩監毛本作放此本放誤故

日體在角星之西　閩監毛本作星此本星誤犀

此皆厤乖違　閩監毛本作違此本違誤遠

鄭無指解　閩監毛本作指衞氏集說同此本指誤栺

故其言之耳　惠棟挍宋本作具衞氏集說同此本具誤其閩監毛本同

正月假上八萬里　閩監毛本作月衞氏集說同此本月誤日

以天去地十五萬三千五百里　惠棟挍宋本作九此本九作五閩監毛本同衞氏集說同

委曲俱見考靈耀注　惠棟挍宋本作見衞氏集說同此本見誤其閩本同監毛本見作具

自五日至八日　閩監毛本作自此本自誤日

行次疾日行十三度餘　惠棟挍宋本作三衞氏集說同此本三誤二閩監毛本同

今四百九十九分　閩監毛本如此衞氏集說同此本上九字誤女

初危十六度　惠棟挍宋本有度字衞氏集說同此本度字脫閩監毛本同

終於張十六度　惠棟挍宋本有於字衞氏集說同此本於字脫閩監毛本同

天顯也　惠棟挍宋本有天字此本天字闕閩監毛本同

星精陽之榮也　閩監毛本同浦鏜挍云陽精字誤倒案爾雅疏亦作陽精

或後人更有增是　閩監毛本同浦鏜從爾雅疏挍是改足

孟春之月節

日月會於諏訾　閩監毛本同岳本同嘉靖本同衞氏集說諏作娵釋文出於陬云本又作娵案正義皆作娵

孟春至尾中　惠棟挍宋本無此五字

但有一月之內　閩監毛本同衞氏集說有作在

前星以過於午　惠棟挍宋本同閩監毛本以作已衞氏集說同

明者昏早見而旦晚沒　閩監本同衞氏集說同毛本晚誤暗

禮緯爲庶長稱孟　閩監毛本同盧文弨挍云爲當作謂下亦爲之庶長同

月不可分日　閩監毛本同衞氏集說同惠棟挍宋本月作日

合兩半而成一日　閩監毛本作一衞氏集說同此本一誤二

則是每辰有三十度　惠棟挍宋本作三衞氏集說同此本三誤二閩監毛本同

斗謂北斗　閩監毛本作北此本誤此

昧稷於未　閩本同監毛本稷作稷惠棟挍宋本稷作薆　按漢書作薆

其日甲乙節

君統臣功也　閩監毛本同岳本同嘉靖本同衞氏集說同　正義曰君統臣功也者又曰俗本云君統臣功定本云君統功無臣字義俱通也是正義本從俗本也

其日甲乙　惠棟挍宋本無此四字

云月爲之佐者　惠棟挍宋本作爲之衞氏集說同此本爲之二字倒閩監毛本同

則應孟春爲甲　惠棟挍宋本有爲字此本爲字脫閩監毛本同

今三春總云甲乙者　閩本同惠棟挍宋本同監本三字殘缺毛本三字闕

義俱通也　閩監毛本作俱此本俱誤其

其帝大皞節

其帝大皞　衞氏集說同石經皞作暤岳本同閩監毛本作皡嘉靖本同注疏放此

此蒼精之君　閩監毛本同岳本同嘉靖本同衞氏集說同惠棟挍宋本宋監本蒼作倉

自古以來　閩監毛本作自岳本同嘉靖本同衞氏集說同此本自誤官

其帝至句芒　惠棟挍宋本無此五字

然後列昆蟲之别　惠棟挍宋本作别衞氏集說同此本别誤列閩監毛本同

音聲可以彰　閩監毛本同惠棟挍宋本音作均彰作章衞氏集說章字同

木德之君　閩監毛本作木此本木誤不

大皞言帝　閩監毛本作帝此本帝誤宿

句芒有主木之功　閩本同考文引宋板同監毛本主作生衞氏集說同案上云句芒者主木之官此作主字不誤

故天下號曰庖犧氏　閩監毛本作天此本天誤夫

又帝王世紀云　惠棟挍宋本作王此本王誤主閩監毛本同

或作宻戲氏者　惠棟挍宋本作宻此本宻誤宓閩監毛本同

當宀下者必　惠棟挍宋本作宀此本宀誤山閩監毛本同衞氏集說同

該爲蓐收　閩監毛本作蓐衞氏集說同此本蓐誤犂

自顓頊以來天下之號　閩監毛本同考文引宋板下作子是也

雖以地爲號　閩監毛本同惠棟挍宋本地上有其字

其蟲鱗節　惠棟挍云其蟲節宋本分本句爲一節其音角另爲一節

春氣和則角聲調　閩監毛本作調岳本同嘉靖本同衞氏集說同此本調誤謂

其音角　惠棟挍宋本無此三字

生於黃鍾律之九寸爲宮　惠棟挍宋本有於字衞氏集說同此本於字脫閩毛本同監本鍾作鐘

於弦則九九八十一絲也　監毛本作弦衞氏集說同閩本作絃此本弦誤管

物成熟可章度也　閩監毛本同衞氏集說同惠棟挍宋本熟作孰浦鏜云漢志作孰古熟字。按曹憲云玉篇始有熟字

所以黃鍾在子　閩本同衞氏集說同監毛本鍾作鐘下黃鍾含藏陽氣同

律中大蔟節

林鍾之所生　閩本同岳本同嘉靖本同衞氏集說同監毛本鍾作鐘疏中鍾字放此

木之臭味也惠棟挍宋本同宋監本同岳本同嘉靖本同閩監毛本臭味二字倒衞氏集說同

奠于主北閩監毛本作北岳本同衞氏集說同此本北誤比嘉靖本同

略如祭宗廟之儀惠棟挍宋本同岳本同嘉靖本同衞氏集說同閩監毛本如誤于宋監本祭作察非

律中大蔟惠棟挍宋本無此四字

必在於其此者閩監毛本並同衞氏集說無其字

以聽鳳凰之鳴閩監毛本同衞氏集說同惠棟挍宋本凰作皇。按皇凰正俗字

姑洗洗之言絜也閩監毛本作姑此本姑誤沽下洗物姑絜旅助姑洗上生姑洗姑洗又下生姑洗長七寸皆同

著於其中閩監毛本作著此本著作署非也

位在午。按在當作於與上下文同上文位在於丑在字亦誤衍

使長大茂盛也閩本同惠棟挍宋本同監毛本茂作楙按漢志作楙

則以陰陽六體爲黃鍾初九也閩監毛本同衞氏集說爲下有之字

其實一籥閩監毛本同惠棟挍宋本籥作龠衞氏集說同。按作龠是也从竹者非管龠字

上生者三分益一監毛本有上字衞氏集說同此本上字脫閩本同

量者籥合升斗斛閩本同惠棟挍宋本監毛本籥作龠下黃鍾之籥同

而五量如之閩監毛本如作加按漢志作而五量嘉矣

戶閉塗豐必周密閩監毛本作閉此本閉誤閇浦鏜挍豐改釁是也

以木爲按閩監毛本按作案是也下一按同

於室中四時位上埋之地惠棟挍宋本作地此本地作取屬下讀閩監毛本同衞氏集說同

形則有彼此之殊又爲月閩監毛本作月此本月誤日

所以二十五者閩監毛本如此此本五下誤空

所以木味酸閩監毛本同考文引宋板酸下有者字衞氏集說同

焦之氣味閩監本同毛本焦作火考文引宋板亦作焦衞氏集說同

在口則辛閩監毛本作口此本口誤日

作譴誥者爾惠棟挍宋本誥作告閩監毛本誥作詰。按作告與祭法注合

所以春位當牌者惠棟挍宋本同衞氏集說同閩監毛本春位作立春非

牲立南首閩本同惠棟挍宋本同監毛本立誤位衞氏集說同

今文尙書歐陽說閩監本同毛本歐誤毆按惠棟云歐陽之說本諸內經

許愼按月令閩監毛本同惠棟挍宋本按上有謹字

雖廟室廟門有別閩監毛本同衞氏集說同浦鏜從續通解挍廟室下補廟堂二字

故宮正注云惠棟挍宋本作注衞氏集說同此本注誤法閩監毛本同

則是祀官閩監毛本祀作祝衞氏集說同

祭戶所以先設席於奧閩監毛本作於衞氏集說同此本於誤度

中閒設主祭黍祭肉閩監毛本同衞氏集說同浦鏜挍祭肉下增祭醴二字盧文弨挍云祭醴按注當有

東風解凍節

魚上冰毛本同石經同岳本同嘉靖本同衞氏集說同閩監本冰作氷注疏放此

記時候凡有五句惠棟挍宋本作凡此本凡誤大閩監毛本同

正月啓蟄卽驚也　閩監毛本同惠棟按宋本蟄下又有啓字

穀雨爲三月中　閩監毛本作三此本三誤二

言雪散爲雨水也　閩監毛本作水此本水誤東

謂暑既將退伏而潛處　惠棟按宋本同衞氏集說潛字同無既字閩監毛本潛誤漸

謂之寒露　惠棟按宋本閩監毛本露下有者字

每氣中半分之爲四十八氣　惠棟按宋本毛本衞氏集說並同閩監本四誤二下四十八箭同

氣間五日有餘　閩監毛本作日此本日誤尺

條風卽東風也　閩監毛本如此衞氏集說同此本條風誤也凋

月初雨水也　閩監毛本如此此本水誤於

鴻宇皆爲候也　惠棟按宋本此下標禮記正義卷第二十一終記云凡二十頁

天子居青陽左个節　惠棟按宋本自此節起至仲春行秋令節止爲第二十二卷卷首題禮記正義卷第二十二

駕倉龍　閩監毛本同岳本同嘉靖本同衞氏集說同石經倉作蒼下倉玉同

其器疏以達　閩監毛本同石經同岳本同嘉靖本同衞氏集說同釋文出其器云本又作器同案玉篇引作其器処以達

有鸞和之節而飾之以青　閩監毛本如此宋監本同岳本同嘉靖本同衞氏集說同此本鸞誤故飾誤節

凡所服玉　閩監毛本作玉岳本同嘉靖本同衞氏集說同此本玉誤王

及所珮者之衡璜也　岳本同嘉靖本同宋監本閩監毛本珮作佩衞氏集說同案此本正義亦皆作佩○按佩正字珮俗作字

天子龍袞以祭　閩監毛本同岳本同嘉靖本同衞氏集說同釋文出龍卷云本又作袞○按作卷與王藻合

與此皆殊　閩監本同岳本同嘉靖本同衞氏集說同考文引宋板同毛本與誤於

天子至以達　惠棟按宋本無此五字

所建旂旗　閩監毛本如此此本旂誤族衞氏集說旟作旂

則知聽朔皆堂　閩監毛本作聽衞氏集說同此本聽誤襲

佩玉上有葱衡　閩監毛本作上衞氏集說同此本上誤正

以雙璜懸於兩畔繩之下端　惠棟按宋本同閩監毛本璜誤衡衞氏集說同

又以牙懸於中繩下端　閩監毛本如此衞氏集說同此本牙誤无繩誤緺

稷五穀之長屬土　閩監毛本作稷此本稷誤授

王之不極則有馬禍　閩本同監毛本王作皇衞氏集說同下屬王極同

冬食黍與彘者　閩監毛本如此此本冬誤多彘誤適

明月令所云　惠棟按宋本作所此本所誤故閩監毛本同

是月也以立春節

天子乃齊　閩監毛本同岳本同嘉靖本同衞氏集說同石經齊作齋釋文出乃齊云本亦作齋卷內放此案正義亦作齋

天子親帥三公九卿　閩監毛本同岳本同嘉靖本同衞氏集說同石經作天子親率公卿案石經此類皆經删改非原刻如此後月令中如此類不出

還反賞公卿諸侯大夫於朝　閩監毛本同岳本同嘉靖本同衞氏集說同石經反作乃釋文

出還乃陳潞集説本脫諸侯二字石經考文提要云案正義月孟夏云還乃行賞封諸侯孟秋云還乃賞軍帥武人於朝孟冬云還乃賞死事恤孤寡是四時皆作還乃也後漢書郎顗傳章懷注禮記正月迎春於東還乃賞公卿諸侯大夫於朝是唐初本如此九經古義云吕覽反作乃案穆天子傳云天子還返還返連文月令是也

祭倉帝靈威仰　監本同岳本同嘉靖本同閩毛本倉作蒼衞氏集説同案此本正義亦作蒼

是月至於朝　惠棟挍宋本無此五字

但至立春之時　閩監毛本同惠棟挍宋本時作節

中間小異　閩監本同毛本小誤水考文引宋板作小

周法四時迎氣　閩監毛本同衞氏集説同考文引宋板四作五盧文弨挍云通考祀五帝篇引此亦作五

揔三百六十五日四分之一　閩監毛本同惠棟挍宋本分下有日字

饗帝於郊而風雨寒暑時　閩監毛本同惠棟挍宋本雨下有節字衞氏集説同案此句下申云是人帝何能使風雨寒暑得時但申時不申節是此句中無節字也

則靈威仰之盛德也　惠棟挍宋本同閩監毛本盛誤靈衞氏集説亦作盛

命相布德和令節

毋有不當　閩監毛本同岳本同嘉靖本同衞氏集説同石經毋作無釋文出毋有云本亦作無○按石經作無是據釋文亦作之本也

命相至不當　惠棟挍宋本無此五字

乃命大史節

乃命至爲常　惠棟挍宋本無此五字

日月五星竝逆行天右行　閩監本同考文引宋板同毛本右誤左盧文弨挍云逆下行字當誤衍

若其推步不明算厤失所　惠棟挍宋本作筭衞氏集説同此本算誤等閩監毛本同

是月也天子乃以元日節

大微之帝也　岳本同嘉靖本同惠棟挍宋本同閩監毛本大作太衞氏集説同

措之于參保介之御間　閩監毛本同岳本同嘉靖本同衞氏集説同段玉裁挍依正義本作御之是也吕覽于參作參于

躬耕帝藉　宋監本同岳本同嘉靖本同惠棟挍宋本同衞氏集説同閩監毛本藉誤籍釋文出帝藉云在亦反石經字亦作藉注放此

蓋郊後吉辰也　閩監毛本同嘉靖本同衞氏集説同惠棟挍宋本辰作亥岳本同考文引古本同岳本禮記考證云吉亥猶詩云吉日維戊皷以陰陽式法亥爲天倉故耕用亥日皇氏云正月建寅日月會辰在亥故耕用亥其明證也本改作吉辰反失其義

耒耜之上曲也　閩毛本同監本同嘉靖本同衞氏集説同段玉裁挍本云蜀大字本耜作耕是也監本誤作耜之上曲也

是月至勞酒　惠棟挍宋本無此五字

含樞紐　惠棟挍宋本作紐衞氏集説同此本紐誤紀閩監毛本同

皆是主參乘　閩監本同毛本主誤王衞氏集説亦作主無是字

王之下各三其上也　監毛本作王衞氏集説同此本王誤三閩本同

是月也天氣下降節

土長冒橛　閩監毛本同岳本同嘉靖本同衞氏集説同釋文出氣上云時掌反注土上同是釋文本作土上正義本作土長也考文引古本足利本長作上同釋文本也

審端經術　閩監毛本經作術岳本同嘉靖本同衞氏集說同釋文出經術云古定反注同呂覽亦作經此本注疏俱作經

相視也　惠棟挍宋本作也岳本同嘉靖本同衞氏集說同此本也誤之閩監毛本同

說所以命田舍東郊之意也　惠棟挍宋本作田宋監本同岳本同嘉靖本同衞氏集說同此本田誤國閩監毛本同

天氣至不惑　惠棟挍宋本無此五字

而劉洽汜閣皇侃之徒　閩監毛本作洽此本洽誤佮案汜當作氾惟監本不誤

以陽氣從五月下降　惠棟挍宋本如此此本陽下誤衍一○閩監毛本○改之亦非

鄭所引農書勝之十八篇　閩監毛本同浦鏜挍云鄭所引農書五字當衍文勝之上當脫汜字○挍浦鏜是也

漢書注氾音汎　監毛本如此此本音汎細書作汜𤃩閩本同考文引宋板同

成帝時爲侍郎　閩監毛本同浦鏜挍侍改議○按浦鏜是也作侍與漢書注不合

謂置橛以候土　監毛本作土此本土誤上閩本同

可拔而去之　閩監毛本作去此本去誤云

命遣田畯官舍於郊之上　閩監毛本同惠棟挍宋本官上有之字是也

審正田之徑路　閩監毛本作審此本審誤容

以田農之事無稱術者　閩監毛本作田此本誤肉

膠東庸生所傳者　閩監本同考文引宋板同毛本傳誤復

欲明其政理田事　惠棟挍宋本作理此本理誤謂閩監毛本同

是月也命樂正節　惠棟挍云是月節宋本分禁止伐木以下另爲一節案此本禁止伐木上有○是月也不可以稱兵上有○嘉靖本同閩監毛本去二○

乃脩祭典　閩監本同岳本同衞氏集說同毛本脩作修嘉靖本同石經同

茂始省錄也　惠棟挍宋本有也字宋監本同岳本同衞氏集說同此本也字脫閩監毛本同嘉靖本同考文云古本也作之

盛德所在　閩監毛本同岳本同嘉靖本同衞氏集說同考文引宋板盛作威盧文弨挍云威字非

掩骼埋胔　閩監毛本同岳本同嘉靖本同衞氏集說同石經同釋文出埋胔云胔本亦作骴洪頤煊云按說文云鳥獸殘骨曰骴從骨此聲明堂月令曰掩骼埋骴周禮蜡氏注引此亦作骴呂氏春秋作髊高誘注云髊讀如水漬物之漬白骨曰骼有肉曰骴髊骴古同聲通用○按胔髊皆骴字之或體釋文云本亦作骴是正字說詳段玉裁說文注

謂死氣逆生也　閩監毛本同嘉靖本同岳本謂作爲衞氏集說同考文引宋板古本足利本同

稱兵必天殃　閩監毛本同岳本同嘉靖本同衞氏集說同石經必下有有字考文引古本足利本同呂覽同

主人則可　閩監毛本作主岳本同嘉靖本同衞氏集說同此本主誤至

是月至用牝　惠棟挍宋本無此五字

若天地宗廟　惠棟挍宋本作若此本若誤者閩監毛本同衞氏集說亦作若

禁止至之紀　閩監毛本同盧文弨挍云疏當分屬禁止五字例不標

若國家隨時所須　監毛本作家衞氏集說同此本家誤寧閩本同

巢若其天鳥之巢則覆之　閩監毛本作若此本若誤居

天爲生而已出者　惠棟挍宋本作出衞氏集說同此本出誤生閩監毛本同

故魯語云　閩監毛本作語此本語誤桓

故云無變天之道　閩監毛本作云此本云誤四

春爲仁　閩監毛本作春此本春誤者

孟春行夏令節

則雨水不時　閩監毛本同岳本同嘉靖本同衛氏集說同石經同案呂覽雨水作風雨此正義前既云雨水不時後又云此風雨不時者亦岐出

四月於消息爲乾　閩監毛本作消岳本同嘉靖本同衛氏集說同此本消誤時

孟春至不入　惠棟挍宋本無此五字

並爲天灾　惠棟挍宋本作灾閩監毛本灾作災此本灾誤炎

巳之至爲乾也　閩本同監毛本無也字與注合

寅爲天漢之津　毛本如此衛氏集說同此本津誤律閩本同監本天津誤大律

正月至爲猋　閩監毛本猋作焱是也下猋風謂之猋爲猋皆同

尙妃之所好故好雨也　惠棟挍宋本作妃此本妃誤妻閩監毛本同衛氏集說同又監本故字滅

惡物乘之　閩監本同考文引宋板同毛本乘誤成

禮記注疏卷十四挍勘記

附釋音禮記注疏卷之十五

鄭氏注　孔穎達疏

月令

仲春之月，日在奎，昏弧中，旦建星中。仲中也仲春者日月會於降婁而斗建卯之辰也弧在輿鬼南建星在斗上○奎苦圭反弧音胡降戶江反

疏　仲春至星中○正義曰按三統厤云二月節日在奎五度昏井二十二度中去日九十七度旦斗五度中春分日在婁四度昏柳五度中去日一百二度旦斗十六度中按元嘉厤二月節日在壁一度昏井十度中旦箕四度中春分日在奎七度昏東井三十度中旦斗四度中餘月昏旦中星皆舉二十八宿此昏云弧中旦云建星中獨非二十八宿者以弧星近井建星近斗以井斗度多其星體廣不可的指昏旦之中故舉弧建定其昏旦之中也○注日月至之辰○正義曰從奎五度至胃六度在戌總曰降婁降降也婁斂也言萬物降落而收斂而斗建卯之辰者斗星隨天而轉一日一夜過轉一周而行一度故正月建寅二月建卯也云弧在輿鬼南建星在斗上者熊氏說云石氏星經文弧與建星非二十八宿而昏明舉之者由弧星近井建星近斗井有三十三度斗有二十六度其度既寬若舉井斗不知何日的至井斗之中故舉弧星建星也然春分之時日夜中計春分昏中之星去日九十一度今日在奎五度奎與鬼之初乃一百九度所以不同者鄭雖云弧在鬼南其實仍當井之分域故皇氏云從奎第五度爲二月節數至井第十五度得九十一度是弧星當井之十六度也若從井星十六度至斗之初一百七十二度計昏中星與明中之星春秋分時相去分天之半應一百八十二度餘但日入以後二刻半始昏不盡二刻半爲明昏明相去少晝五刻一刻有三度半強五刻有十七度餘則昏之中星去明之中星一百六十五度餘則建星不得在斗初在斗十度也此仲春之月昏弧中按尚書云日中星鳥不同者如鄭康成之意南方七宿總爲鳥星井星則鳥星之分故云星鳥與此同也按仲夏昏亢中尚書云日永星火不同者按鄭荅孫顥云星火非謂心星也卯之三十度總爲大火其曰大火之次有星者月令舉其月初尚書總舉一月故不同也按仲秋之月昏牽牛中尚書云宵中星虛其仲冬之月云東壁中尚書云日短星昴不同者亦是月令舉其初朔尚書總舉一月之中理亦不異孔安國注尚書與此則別尚書所舉星者自取畢見之義不謂南方之中

其日甲乙，其帝大皞，其神句芒，其蟲鱗，其音角，律中夾鍾，其數八，其味酸，其臭羶，其祀戶，祭先脾。夾鍾者夷則之所生三分益一律長七寸三千一百八十七分寸之千七十五仲春氣至則夾鍾之律應周語曰夾鍾出四隙之細○夾古洽反一音頰隙去逆反

疏　注夾鍾至之細○正義曰夷則長五寸七百二十九分寸之四百五十一今上生夾鍾當三分益一就夷則五寸之中取三寸更益一寸爲四寸餘有整二寸又於七百二十九分寸之中有細分四百五十一此細分各三分之於是一寸分爲二千一百八十七分有四百五十一者爲一千三百五十三則是二千一百八十七分寸之一千三百五十三也以整二寸各二千一百八十七分則二寸總有四千三百七十四分益前一千三百五十三總爲五千七百二十七爲實數但上生者三分益一以實數更三分之各有一千九百九分以三分益一則益一分一千九百九併前五千七百二十七總爲七千六百三十六爲積分總數也然後除之爲寸一寸用二千一百八十七則三寸總用六千五百六十一以三寸益前四寸爲七寸餘有一千七十五分不成寸是爲夾鍾長七寸二千一百八十七分寸之千七十五也云周語曰夾鍾出四隙之細者周語注夾鍾云夾助陽四隙謂黃鍾大呂大蔟夾鍾凡助出四隙之微氣令不滯伏於下也○

始雨水，桃始華，倉庚鳴，鷹化爲鳩。皆記時候也倉庚驪黃也鳩搏穀也漢始以雨水爲二月節○倉庚並如字本或加鳥非驪力知反搏音博

疏　始雨至爲鳩○正義曰此一經記候○注皆記至月節○正義曰言皆記時候者謂經中四事言之先後逐氣之早晚故周書時訓驚蟄之日桃始華又五日倉庚鳴又五日鷹化爲鳩至秋則鳩化爲鷹故王制云鳩化爲鷹然後設罻羅司裘注中秋鳩化爲鷹夏小正云正月鷹化爲鳩五月鳩化爲鷹鄭無所言則不信用也按通卦驗云倉庚爲正月中與此不同者蓋是國土各異氣有早晚云倉庚驪黃者按釋鳥云倉庚商庚郭景純云即鶯黃也釋鳥又云鵹黃楚雀某氏云鵹黃一名倉庚又云商庚李巡云一名楚雀方言云齊人謂之搏黍云鳩搏穀者釋鳥云鳴鳩鴶鵴郭景純云今之布穀也謝氏云布穀者近之彼云布此云搏者布搏聲相近謂之搏穀以聲呼之或以爲此鳥鳴布種其穀云漢始以雨水爲二月節

者證此雨水爲二月節也但雨水驚蟄據其早作在正月若其晚在二月故漢初驚蟄爲正月中雨水爲二月節至在後以來事稍變改故律厤志云雨水爲正月中驚蟄爲二月節由氣有參差故也。○天子居青陽大廟乘鸞路駕倉龍載青旂衣青衣服倉玉食麥與羊其器疏以達青陽大廟東堂當大室。是月也安萌牙養幼少存諸孤助生氣也。少詩召反擇元日命民社社后土也使民祀焉神其農業也祀社日用甲命有司省囹圄去桎梏毋肆掠止獄訟順陽寬也省減也囹圄所以禁守繫者若今別獄矣桎梏今械也在手曰梏在足曰桎肆謂死刑暴尸也周禮曰肆之三日掠謂捶治人。省所景反注同徐所幸反囹音零圄魚呂反囹圄今之獄去羌呂反桎音質今之械也梏古毒反今之扭也掠音亮考捶械戶戒反暴步卜反捶之橤反。疏是月至獄訟。○正義曰此一節論助其生氣止其獄刑自玄鳥至之日至高禖之前論天子親祭高禖妃嬪從行之事故更云是月也自

日夜分至正權概論日夜既分雷聲將發婦人須戒其容止度量須齊正平均故更云是月自耕者少舍至以妨農事論耕者少舍脩理門閭無爲大事以致妨農故更云是月自毋竭川澤云順陽養物至開冰釋菜習舞入學習樂揔是助陽鼓動其物故更云是月自祀不用犧牲以下論季春犧牲騰合與上事殊故別云是月各依文解之。○注社后至用甲。○正義曰后土者五官之后土即社神也與左傳僖十五年云君履后土者別也但句龍爲配社之人又爲后土之官也云祀社日用甲者解經元日也按郊特牲云祀社日用甲用日之始也召誥戊午乃社于新邑用戊者周公告營洛邑位成非常祭也。○注囹圄至治人。○正義曰云囹圄所以禁守繫者若今別獄矣者蔡云囹牢也圄止也所以止出入皆罪人所舍也崇精問曰獄周曰圜土殷曰羑里夏曰均臺囹圄何代之獄焦氏荅曰月令秦書則秦獄名也漢曰若盧魏曰司空是也云在手曰梏在足曰桎者按掌囚云上罪梏拲而桎拲爲在手梏與拲連文故知梏亦在手則桎在足也易大畜六四童牛之梏。劉問云牛四足何以稱梏鄭荅云牛無手故前足施梏也云肆謂死刑暴尸者肆陳也謂陳尸而暴之故周禮鄉士縣士皆肆之三日然春陽既動理無殺人何得更有死尸而禁其陳肆者蓋是大逆不孝罪甚之徒容得春時殺之殺則埋之故禁其陳肆。○是月也玄鳥至至之日以大牢祠于高禖天子親往玄鳥燕也燕以施生時來巢人堂宇而孚乳嫁娶之象也媒氏之官以爲候高辛氏之出玄鳥遺卵娀簡吞之而生契後王以爲媒官嘉祥而立其祠焉變媒言禖神之也。○禖音梅施始豉反孚乳上如字一音芳付反下而樹反季春同娀簡夙中反簡狄有戎氏女契息列反。○疏注高辛至神之。○正義曰知玄鳥遺卵娀簡吞之而生契者按殷本紀云簡狄行浴見玄鳥墮其卵簡狄取吞之因孕生契又中候契握云玄鳥翔水遺卵娀簡狄吞之生契娀者簡狄之國名故大戴禮云有娀氏之女曰簡狄故娀簡狄也云後王以爲禖官嘉祥而立其祠焉者謂高辛氏之世有此吞鳥之異是爲媒官嘉祥後代之王立此高辛而爲禖神故也蔡邕以爲禖神是高辛已前舊有高者尊也謂尊高之禖不由高辛氏而始有高禖又生民及玄鳥毛詩傳云姜嫄從帝而祠于郊禖又云簡狄從帝而祈于郊禖則是姜嫄簡狄之前先有禖神矣而此注立高辛氏爲禖神是高辛氏已前未有禖神參差不同者鄭志焦喬荅王權云先契之時必自有禖氏祓除之祀位在於南郊蓋以玄鳥至之日祀之矣然其禋祀乃於上帝也

娀簡狄吞鳦子之後後王爲媒官嘉祥祀之以配帝謂之高禖據此言之則郊禖之祭契已前祭天南郊以先媒配之故謂之郊禖至高辛氏之時既簡狄之異後王以是爲媒官之嘉祥即以高辛之君立爲禖神以配天其古昔先媒則廢之矣高辛氏配之後謂之高禖鄭義稷契當堯時按命厤序云帝嚳傳十世則稷契不得爲帝嚳之子是帝嚳後世子孫之子故鄭注生民云姜嫄高辛氏之世妃則簡狄亦高辛氏之後世之妃此立爲禖神者是簡狄之夫不得爲帝嚳此祭高禖氏祭天故生民傳云從於帝而見于天高禖爲配祭之人祭天特牲此用大牢者此謂配祭之人也云變媒言禖神之者按周禮媒氏職注媒之言謀也謀合異類使和成者但不知初爲媒者其人是誰按世本及譙周古史伏犧制以儷皮嫁娶之禮既用之配天其尊貴先媒當是伏犧也媒字從女今從示旁爲之示是神明告示之義故云變媒言禖神之也后妃帥九嬪御御謂從往侍祠周禮天子有夫人有嬪有世婦有女御獨云帥九嬪舉中言也乃禮天子所御帶以弓韣授以弓矢于高禖之前天子所御謂今有娠者於祠大祝酌酒飲於高禖之庭以神惠顯之也帶以弓韣授以弓矢求男之祥也

王居明堂禮曰帶以弓韣禮之禖下其子必得天材○韣大木反弓衣娠音身一音震謂懷妊【疏】乃禮至之前○正義曰祭高禖既畢祝官乃禮接天子所御幸有娠之人謂酌酒以飲之飲酒既畢乃屬帶此所御之人以弓韣又授之以弓矢於高禖之前而北面也○注天子至天材○正義曰天子所御謂今有娠者若摠論幸御則羣妃皆是何得直云乃禮天子所御故知有娠者漢書音義娠音身也云王居明堂禮者逸禮篇名也云禮之禖下其子必得天材者謂禮此所御之人於禖神之前禖在壇上御者在下故云禖下以祭神必福降故云其子必得天材

○是月也日夜分雷乃發聲始電蟄蟲咸動啓戶始出又記時候發猶出也○電大練反

先雷三日奮木鐸以令兆民曰雷將發聲有不戒其容止者生子不備必有凶災上戒婦人有娠者也容止猶動靜○先悉薦反奮方問反鐸大各反

日夜分則同度量鈞衡石角斗甬正權概因晝夜等而平當平也同角正皆謂平之也丈尺曰度斗斛曰量三十斤曰鈞稱上曰衡百二十斤曰石甬今斛也稱錘曰權概平斗斛者○度量上音杜下音亮注同甬音勇權概古代反稱尺證反下同錘丈僞反又丈爲反【疏】日夜至始出○正義曰日夜分謂晝夜漏刻馬融云晝有五十刻夜有五十刻據日出日入爲限蔡邕以爲星見爲夜日入後三刻日出前三刻皆屬晝晝有五十六刻夜有四十四刻鄭康成注尚書云日中星以爲日見之漏五十五刻不見之漏四十五刻與蔡校一刻也大略亦同雷乃發聲者雷是陽氣之聲將上與陰相衡蔡邕云季冬雷在地下則雉應而雊孟春動於地之上則蟄蟲應而振出至此升而動於天之下其聲發揚也以雷出有漸故言乃云始電者電是陽光陽微則光不見此月陽氣漸盛以擊於陰其光乃見故云始電○蟄蟲咸動啓戶始出者戶謂穴也謂發所蟄之穴蟄蟲早者孟春乃出則左傳啓蟄而郊是也蟄蟲晚者則二月始出故此云蟄蟲咸動則正月未皆動重記時候者庾蔚云謂蓋先記時候以明應節後言時候以應二分二至所應不同故重記之也○注主戒至動靜○正義曰以其生子不備必有凶災故知主戒婦人也云容止猶動靜者蔡云迅雷風烈孔子必變玉藻云迅雷甚雨則必變雖夜必興衣服冠而坐所以畏天威也小人不畏天威懈慢褻瀆或至

夫婦交接君子制法不可指斥言之故曰有不戒其容止者言此時夫婦交接生子支節性情必不備其父母必有災也注因晝至斛者○正義曰平當平者謂度量鈞衡之等人之所用當須平均人君於晝夜分等之時而平正此當平之物云同角正皆謂平之者經中度量鈞衡石五者摠蒙同文云丈尺曰度斗斛曰量三十斤曰鈞稱上曰衡百二十斤爲石皆漢書律厤志文按志文云黑秬一黍爲一分十分爲一寸十寸爲一尺十尺爲一丈十丈爲一引五度審矣又云黃鍾之管長九寸圍九寸其實一籥合籥爲合十合爲升十升爲斗十斗爲斛五量加矣志又云黃鍾之管一籥容千二百黍重十二銖二十四銖爲兩十六兩爲斤三十斤爲鈞百二十斤爲石志又云權與物鈞而生衡衡運生規規圓生矩矩方生繩繩直生準注權錘也與物正等則衡平是權爲稱錘稱上曰衡甬與斗連文律厤志十斗爲斛故知甬則斛也云槩平斗斛者今之猶然

○是月也耕者少舍乃脩闔扇寢廟畢備舍猶止也因蟄蟲啓戶耕事少間而治門戶也用木曰闔用竹葦曰扇畢猶皆也凡廟前曰廟後曰寢○闔戶臘反間音閑○

毋作大事以妨農之事大事兵役之屬【疏】注用木至曰寢○正義曰按襄十八年左傳云晉州綽以枚數闔闔是齊城門而云闔是闔用木也此扇與闔相對文又此耕者少舍謂庶人庶人蓽門故以爲竹葦曰扇云凡廟前曰廟後曰寢者廟是接神之處其處尊故在前寢衣冠所藏之處對廟爲卑故在後但廟制有東西廂有序牆寢制惟室而已故釋宮云室有東西廂曰廟无東西廂有室曰寢是也

是月也毋竭川澤毋漉陂池毋焚山林順陽養物也畜水曰陂穿地通水曰池○漉音鹿竭也陂池彼宜反尚書傳云澤障曰陂停水曰池畜勑六反

○天子乃鮮羔開冰先薦寢廟鮮當爲獻聲之誤也獻羔謂祭司寒也祭司寒而出冰薦於宗廟乃後賦之春秋傳曰古者日在北陸而藏冰西陸朝覿而出之其藏冰也深山窮谷固陰沍寒於是乎取之其出之也朝之祿位賓食喪祭於是乎用之其藏之也黑牲秬黍以饗司寒其出之也桃弧棘矢以除其災其出入也時食肉之祿冰皆與焉大夫命婦喪浴用冰祭寒而藏之獻羔而啓之公始用之火出而畢賦自命夫命婦至于老疾無不受冰○鮮依注音獻覿大歷反沍戶故反朝直遥反秬音巨與音預祭寒本或作祭司寒按左氏傳無司字○【疏】注鮮當至受冰

正義曰：鮮當爲獻者，按詩豳風七月云「四之日其蚤，獻羔祭韭」，故知鮮爲獻也。云獻羔謂祭司寒者，以經云獻羔啓冰，先薦寢廟，恐是獻羔寢廟，故云祭司寒。左傳直云獻羔而啓之，知祭司寒者，以傳云祭寒而藏之，既祭司寒，明啓時亦祭之。云薦於宗廟乃後賦之者，薦於宗廟謂仲春也，乃後賦之謂孟夏也，故凌人云「夏頒冰」，左傳云「火出而畢賦」是也。引春秋傳曰者，昭四年左傳申豐之辭也。從古者以至無不受冰，皆左傳文也。按昭四年春大雨雹，季武子問於申豐，申豐對以此辭。云日在北陸者，北陸虛也，謂十二月日在虛之時而藏冰。云西陸朝覿而出之者，西陸昴也，鄭康成以爲四月之時日在昴畢之星，朝見東方，於時出冰，以頒賜百官，若其初出薦廟時在二月是也。云固陰沍寒者，杜預注：沍，閉也，謂堅固之陰，閉塞不通陽之處，於是取之。云朝之祿位賓食喪祭於是乎用之者，朝之祿位謂大夫已上，故下云命夫命婦無不受冰是也。賓謂接迎賓客，食謂尋常飲食，喪謂死喪，祭謂祭祀。云黑牡秬黍者，以其祭水神，色尚黑。云桃弧棘矢者，桃去不祥，棘則刺梨惡。云祭寒而藏之者，寒謂司寒之神，則玄冥水神也，所用黑牡秬黍，黑牡則黑羔。云獻羔而啓之者，獻羔則黑牡也，亦用秬黍啓之，謂二月時也，故云公始用之。云火出而畢賦者，畢，盡也，謂應是得冰之人，無問尊卑，盡賦與之。

按左傳云火出，於夏爲三月，於商爲四月，於周爲五月，則火出季春建辰之月，以周禮夏頒冰，乃建巳之月，不同者，但建辰火星在卯，火星始出，至建巳火星漸高，摠而言之，亦得稱火出。早則三月之末，晚則四月之初，不甚相遠。又三月內有得四月節時，故據夏而言之。按月令季冬藏冰，詩豳風「三之日納于淩陰」，三之日是建寅之月，不同者，鄭注豳地晚寒，所以校。一月也。

○上丁，命樂正習舞，釋菜。樂正，樂官之長也。命習舞者，順萬物始出地鼓舞也。將舞，必釋菜於先師以禮之。夏小正曰：「丁亥，萬舞入學。」○長，丁丈反。天子乃帥三公、九卿、諸侯、大夫親往視之。順時達物也。仲丁又命樂正入學習舞。爲季春將習合樂也。習樂者，習歌與八音。○中丁音仲，本亦作仲。爲，于僞反，下同。

注【疏】注「命習舞」至「入學」。○正義曰：以春陽既動，萬物出地，故王者習舞所以應之。故孟春命樂正入學習舞，此仲春又云習舞釋菜，皆以陽氣動故。此仲春習舞則大胥春入學舍采合舞一也。據人所學謂之習舞，節奏齊同謂之合舞，此亦謂之大合樂，故文王世子云「凡大合樂」，注「春舍菜合舞，秋頒學合聲」。孟春習之，至仲春習而合之，自是春秋常所合樂也，非爲季春而習舞也。故大胥春合舞，秋合聲，自是春秋之常事也。孟春習舞及仲春習舞及仲丁習樂并季春合樂，皆在大學。仲春釋菜合舞，季春大合樂，皆天子親往，餘則不也。孟夏乃命樂師習合禮樂，爲當月飲酎也。命樂師者，以仲春習舞習樂之時既命樂正，此則稍輕，故惟命樂師。此習禮樂在學也，其事既輕，天子不親往。孟夏又云「天子飲酎用禮樂」，鄭注「飲之於朝，正尊卑」，是飲酎在朝，天子親在。不云樂正者，文不備也。飲酎大禮，必樂正在焉。熊氏禮本云飲之於廟，以爲漢禮獻酎在廟故也。若是獻酎祭廟，當云天子獻酎，不得云飲酎。且夏月時祭已用酎也，何須別云飲酎？故知天子飲酎在朝。仲夏云樂師脩鞀鞞，爲大雩帝用盛樂故也。命樂師者，預脩習其事輕，其雩帝用樂之時，則命樂正，天子親往。其季夏、孟秋、仲秋，以季夏土王，秋又陰始，國无大事，不用樂也。季秋亦得習吹者，爲將大享帝也，其習吹之時，在於學中，亦樂師習之，但文不備也。所以習吹者，鄭云春夏重舞，秋冬重吹，但以重爲主，其實春亦有吹，秋亦有舞。季秋習吹之時，天子不親往也。按大胥秋頒學合聲，周禮也；月令仲秋無合聲者，殷法也，故不同。或可秋合聲者，即此季秋習吹是也。孟冬大飲蒸者，亦用禮樂也，故鄭飲酎之下注云「季冬云大飲蒸」，此言用禮樂，互其文，明飲蒸亦有禮樂也。此飲蒸在天

學也，天子親往，故鄭引詩云「十月滌場，躋彼公堂」以證之。公堂則學校也。季冬命樂師大合吹而罷者，歲終王與族人燕於大寢，其事輕，故命樂師。知與族人燕者，鄭注引王居明堂孔云「季冬命國爲酒，以合三族」，故知之也。云將舞必釋菜於先師者，以經文習舞釋菜，文在於後，恐習舞釋菜共是一事，故云將欲習舞，必先釋菜。必知然者，以釋菜之時不爲舞也，故文王世子云「釋菜不舞，不受器」，是知釋菜无舞也。此云習舞在前，釋菜在後，向知不先習舞乃後釋菜，必知先有釋菜者，以大胥云「舍菜合舞」，舍即釋，故知釋菜在合舞之前。云夏小正曰丁亥萬用入學者，引之證習舞之意，謂用此萬舞以入學。丁舞稱萬者，何休注公羊云「周武王以萬人服天下，商頌萬舞有奕，蓋殷湯亦以萬人得天下」，此夏小正是夏時之書，亦云萬者，其義未聞。或以爲禹以萬人爲上治水，故樂亦稱萬。○注「爲季」至「八音」。○正義曰：此習者爲季春合樂預習之，故鄭云然。上習舞釋菜，鄭不云爲季春合樂，則仲春合舞自當爲之，不爲季春合樂而習也。熊氏以爲仲春習舞爲季春合樂者，若然，鄭何以不言之？又大胥無季春合樂，何以亦云春舍菜合舞？熊氏說非也。云習歌與八音者，以仲春習舞雖不爲季春而發，但孟春、仲春習舞以久，不須更習，故知爲習歌與八音。歌謂合聲也，八音謂樂器繹音。○是

月也祀不用犧牲用圭璧更皮幣爲季春將選而合騰之也更猶易也當祀者古以玉帛而已。〔疏〕祀不至皮幣。正義曰以季春將騰合牝牲不用殺其犧牲其應祀之時圭璧更易此犧牲非但用圭璧更易又用皮幣以更之故在圭璧皮幣之中上下有也蔡氏云此祀不用犧牲者祈不用犧牲謂祈禱小祀也不用犧牲若大祀則依常法故上云以大牢祠高禖是也。仲春行秋令則其國大水寒氣揔至酉之氣乘之也八月宿直昴畢畢好雨。好乎報反寇戎來征金氣動也畢又爲邊兵。行冬令則陽氣不勝麥乃不熟。子之氣乘之也十一月爲大陰。大音泰民多相掠陰姦衆也行夏令則國乃大旱煖氣早來午之氣乘之也。煖乃緩反又音暄蟲螟爲害暑氣所生爲災害也。螟亡丁反又爾雅云食苗心螟。〔疏〕其國至來征。正義曰其國大水則地災也寒氣揔至則天災也寇戎來征則人災也。注畢又爲邊兵。正義曰按元命包云畢七星十六度主邊兵。陽氣至相掠。正義曰陽氣不勝天災麥乃不熟地災民多相掠人災也。國乃爲害。正義曰國乃大旱煖氣早來天災蟲螟爲害地災行令失所人災之應故無其災也

季春之月日在胃昏七星中旦牽牛中季少也季春者日月會於大梁而斗建辰之辰。胃音謂少詩召反〔疏〕季春至牛中。正義曰按三統厤云三月之節日在胃七度昏張二度中去日一百七度旦斗二十六度中清明日在昴八度昏翼四度中去日一百一十一度旦女三度中按元嘉厤三月節日在婁六度昏柳十二度中旦斗十四度中。三月中日在胃九度。凡三十度日月行一會凡三十度故三月日在胃七度律厤志又云大梁初日在胃七度是也昏七星中者按律厤志云胃十四度昴十一度畢十六度觜二度參九度井三十三度鬼四度柳十五度七星七度從胃七度至七星之初度有九十九度以日漸長日没之時稍在酉北去七星之初九十八度故昏時七星在南方之中旦牽牛中者從十星之初至牽牛之初其日甲乙其帝大皞其神句芒其蟲鱗其音角律中姑洗其數八其味酸其臭羶其祀戶祭先脾姑洗者南吕之所生也三分益一律長七寸九分寸之一季春氣至則姑洗之律應周語曰姑洗所以脩絜百物考神納賓。洗蘇典反〔疏〕注姑洗至納賓。正義曰南吕六二上生姑洗之九三南吕長五寸三分寸之一就南吕三分益一取三寸益一寸爲四寸餘有整二寸三分寸之一整二寸者各九分之二九爲十八分寸之一者爲三分揔二十一分三七二十一三分益一更益七分揔二十八分以九分爲一寸二十七分爲三寸益前四寸爲七寸餘有一分在故云律長七寸九分寸之一云周語曰至納賓證姑洗之義云脩絜百物考神納賓者按國語注云是月之物脩絜故用之宗廟致神納賓。桐始華田鼠化爲鴽虹始見萍始生皆記時候也鴽毋無螮蝀謂之虹蓱萍也其大者曰蘋。鴽音如毋無也蔡云鶉鴾之屬虹音紅又音絳螮蝀也見賢遍反蓱步丁反水上浮萍也毋無上音牟又如字蝃本又作螮丁計反亦作蝃同蝀本亦作東同丁孔反萍音平蘋毗人反〔疏〕注皆記至曰蘋。正義曰鴽毋無爾雅釋鳥文某氏云謂鶉也李巡云鴽鴾一名牟毋郭景純云鶉也青州呼鴾毋舍人

云毋作無今此注毋無毋當作牟謂牟無也聲轉字誤牟字作毋云螮蝀謂之虹者爾雅釋天文郭氏云雄者曰虹雌者曰蜺雄謂明盛者雌謂闇微者虹是陰陽交會之氣純陰純陽則虹不見若雲薄漏日日照雨滴則虹生云蓱萍其大者曰蘋爾雅釋草文郭景純云水中浮蓱也江東謂之薸舍人云蓱一名萍大者名蘋凡云化者若鼠化爲鴽鴽還化爲鼠皇氏云反歸舊形謂之化按易乾道變化謂先有舊形漸漸改者謂之變雖有舊形忽改者謂之化及本無舊形非類而改亦謂之化故鄭注周禮云能生非類曰化也。天子居青陽右个乘鸞路駕倉龍載青旂衣青衣服倉玉食麥與羊其器疏以達青陽右个東堂南偏。是月也天子乃薦鞠衣于先帝爲將蠶求福祥之助也鞠衣黃桑之服先帝大皞之屬。鞠居六反如菊華也又去六反如麴塵爲于僞反下文乃爲注爲鳥同。命舟牧覆舟五覆五反乃告舟備具于天子焉舟牧主舟之官也覆反舟者備傾側也。覆芳服反下及注同天

子始乘舟薦鮪于寢廟進時美物鮪于軌反○乃爲麥祈實於含秀求其成也不言所祈承寢廟可知疏是月至先帝○正義曰從此以下至爲麥祈實論薦衣告帝薦鮪於寢廟舟牧告舟論所告之事故言是月從生氣方盛至禮賢者論陽氣將盛振恤貧窮勉勸諸侯禮聘賢者皆是助陽宣發之事故云是月也自命司空以下論時雨將降道達溝瀆又禁斷羅罻以助時生乳之事事別於上故更云是月自命野虞至無有敢惰論養蠶之事事別於上故云是月也自命工師以下至以蕩上心論工師之官不得爲淫巧之作事異於上故更云是月自擇吉日至親往視之論天子合樂之事事異於上故更言是月也以其月末爲之故變云是月之末自乃合累牛騰馬至以畢春氣論牛馬犧牲合育之事并磔攘九門事雖異於牛馬難事既輕不可別言是月也故繫之牛馬犧牲總異於上故更云是月也○注爲將至之屬○正義曰依禮祭五帝自服大裘今薦鞠衣與桑同色蓋薦於神坐故知爲蠶求福云鞠衣黃桑之服者鄭注内司服云鞠衣黃桑服也色如鞠塵象桑葉始生菊者草名花色黃故季秋之月云菊有黃華是鞠衣黃也與桑同色又當桑生之時故云黃桑之服也云先帝大皞之屬者以其言先不言上故知非天唯大皞之屬春時惟祭大皞云之屬者以蠶功既大非獨祭大皞故何胤云總祭五方之帝其所祭之處王權賀瑒熊氏等並以爲在明堂以大皞祭在明堂故也○薦鮪於寢廟○正義曰按爾雅釋魚云鮥鮛鮪郭景純云似鱣而小建平人呼鮥子一本云王鮪似鱣口在頷下音義云大者爲王鮪小者爲鮛鮪似鱣長鼻體無鱗甲○是月也生氣方盛陽氣發泄句者畢出萌者盡達不可以内時可宣出不可收斂也句屈生者芒而直曰萌○泄息列反句古侯反○天子布德行惠命有司發倉廩賜貧窮振乏絕振猶救也廩力甚反○開府庫出幣帛周天下勉諸侯聘名士禮賢者周謂給不足也勉猶勸也聘問也名士不仕者疏不可以内○正義曰以物遂散之時當順天散物不可積聚納之在内也○發倉至乏絕○正義曰蔡氏云穀藏曰倉米藏曰廩無財曰貧無親曰窮暫無曰乏不續曰絕皇氏云長無謂之貧窮暫無謂之乏絕○勉諸至賢者○正義曰謂王者勉勸此諸侯令聘問有

名之士禮接德行之賢蔡氏云名士者謂其德行貞絕道術通明王者不得臣而隱居不在位者也賢者名士之次亦隱者也名士優故加束帛賢者禮之而已○是月也命司空曰時雨將降下水上騰循行國邑周視原野修利隄防道達溝瀆開通道路毋有障塞廣平曰原國也邑也平野也溝瀆與道路皆不得不通所以除水潦便民事也古者溝上有路○上時掌反下注以上同行下孟反隄丁兮反防音房道音導障之亮反又音章便婢面反田獵罝罘羅罔畢翳餧獸之藥毋出九門爲鳥獸方孚乳傷之逆天時也獸罟曰罝罘鳥罟曰羅罔小而柄長謂之畢翳射者所以自隱也凡諸罟及毒藥禁其出九門明其常有時不得用耳天子九門者路門也應門也雉門也庫門也皋門也城門也近郊門也遠郊門也關門也今月令無罘翳爲弋○罝子斜反罘音浮翳於計反餧於僞反罟音古弋羊職反疏注廣平至有路○正義曰廣平曰原爾雅釋地文云國也邑也平野也溝瀆與道路皆不得不通者言國也解經中國邑也解經中邑平野也解經中原野以其各是一物故每以也結之溝瀆道路各兩事共爲一句故云溝瀆與道路總結之不云隄防者以云不得不通隄防非可通之物故鄭不言之云古者溝上有路者此既爲兩決水而云開通道路恐不道路非決之物故云溝上有路言道達溝瀆之時須脩此溝上道路按周禮遂人職云溝上有畛川上有路此言溝上有路者是道路之總名與彼別也○毋出九門○正義曰謂此月非田獵之時其罝罘羅網畢翳之器及餧獸之藥毋得出於九門若路門内有者不得出路門應門内有者不得出應門舉此可知城門内有者不得出城門既不得出城門則近郊之内無所用也若近郊之内先有者不得出近郊之門近郊之門術不得出則近郊之内雖有亦不得用也舉此而言遠郊關門亦可知是此月之時所在之處遠近皆不得用故云毋出九門○注獸罟至爲弋○正義曰按爾雅云兔罟謂之罝郭景純云罝猶遮也是罝爲獸罟知罘亦獸罟者按釋器云罬謂之罦罦覆車也孫炎云覆車是兩轅網既是兩轅可以網鳥非但網鳥亦可以網獸廣雅云網謂之罟罘兔罟也是獸罟曰罝罘也此罘與罦一也鳥罟曰羅釋器文云網小而柄長謂之畢者以其似天上畢星毛詩傳云畢所以掩兔是也明其常有時不得用耳謂此等之物四時常有於此季春之時不

得用之捘同禮迹人云禁毒矢射者乃謂四時也云九門路門應門之等者自路門皐門已内皆宮室所在非田獵之處亦禁羅網毒藥不得出者此等門内雖是宮室所在亦有林苑及空間之處得有羅網及毒藥所施云今月令無罘翳爲弋者以今月令之本云田獵罝羅網畢弋與此經不同○**是月也命野虞無伐桑柘**愛蠶食也野虞謂主田及山林之官○柘之夜反○**鳴鳩拂其羽戴勝降于桑**蠶將生之候也鳴鳩飛且翼相擊趨○農急也戴勝織紝之鳥是時恒在桑言降者若時始自天來重之也○戴音帶注同本亦作載戴勝鳥名紝女今反**具曲植籧筐**時所以養蠶器也曲薄也植槌也○植直吏反籧筐居呂反亦作筥下丘狂反方曰筐圓曰筥槌直追反又直類反又丈僞反**后妃齊戒親東鄉躬桑禁婦女毋觀省婦使以勸蠶事**后妃親採桑示帥先天下也東鄉者鄉時氣也是明其不常留養蠶也留養者所卜夫人與世婦婦謂世婦及諸臣之妻也内宰職曰仲春詔后帥外内命婦始蠶于北郊女外内子女也夏小正曰妾子始蠶執養宮事毋觀去容飾也婦使縫線組紃之事曰鄉許亮反注同觀古喚反注同省所景反去起呂反線息賤反組音祖紃音旬

蠶事既登分繭稱絲效功以共郊廟之服無有敢惰登成也敕往蠶者蠶畢將課功以勸戒之○繭古典反效戶教反共音恭惰徒臥反【疏】注鳴鳩飛至之鳥○正義曰鳩鳴且翼相擊者按釋鳥云鶌鳩鶻鵃郭景純云鶌音九物反鵃音嘲鶻鵃似山鵲而小青黑色短尾多聲孫炎云鶻鳩一名鳴鳩月令云鳴鳩拂其羽是也云戴勝織紝之鳥者按釋鳥云鵖鴔戴鵀郭景純云鵀即頭上勝今亦呼爲戴勝李巡云戴勝一名鵖鴔孫炎云鳴鳩自關而東謂之戴鵀非也○注曲薄也植槌也○正義曰按方言云宋魏陳江淮之間謂之曲或謂之麴自關而西謂之薄故云曲薄方言注槌縣蠶薄柱也宋魏陳楚江淮之間謂之植自關而西謂之槌齊謂之胖○注東鄉至之事○正義曰若尋常留養蠶或東西南北面無所在今后惟東而採桑明知不常留養蠶也暫示法而已留養者所卜夫人與世婦者按祭義云卜三宮之夫人世婦之吉者使蠶是常留養蠶也祭義又云夫人副褘而受之言副褘則據王后言三宮夫人則似據諸侯不同者祭義所云雜明天子諸侯之法副褘據王后上公夫人亦副褘也三宮夫人據諸侯亦得通王之三夫人也云婦謂世婦及諸臣之妻者釋經中婦字知不兼三夫人九嬪者以經云禁婦女無觀則尊者不應在禁限故知無夫人與嬪也及女御亦當在焉特云世婦者以祭義云世婦之吉者故特言之引内宰職蠶于北郊者證躬桑之事按此經是季春躬桑内宰云仲春者以仲春既帥命婦躬桑浴種至季春又更躬桑浴蠶也故熊氏云案馬質注云蠶爲龍精月直大火則浴其種是二月浴種也祭義云大昕之朝奉種浴于川注云大昕季春朔日是三月又浴蠶也皇氏云二月浴之三月乃躬其義非也云女外内子女者解經中女字外子女謂王外姓甥之女者内子女者王之同姓子女則周禮之外宗内宗皆以嫁有爵者故内宰云帥外内命婦言内命則未出嫁者不在焉鄭注周禮士妻亦爲命婦則士妻亦在云夏小正曰妾子始蠶執養宮事者引之證明子女養蠶之事皇氏云妾謂外内命婦子謂外内子女執養宮事執操也養長也謂操持養長蠶官之事云無觀去容飾者以其祭先蠶又志在採桑養蠶無暇爲飾之事故禁之以示法○注登成至戒之○正義曰登成釋詁文以分繭稱絲是謂效其功故云以勸戒之○**是月也命工師令百工審五庫之量金**

鐵皮革筋角齒羽箭幹脂膠丹漆毋或不良工師司空之屬官也五庫藏此諸物之舍也量謂物善惡之舊法也幹器之木也凡輮幹有當用脂良善也○量音亮注同筋音斤幹古旦反輮如九反【疏】注工師至善也○正義曰周禮考工記無工師知是司空屬官者以司空掌工巧此稱工巧師長故知司空之屬云量謂物善惡之舊法者言此等之物善惡先有舊法當審察之故云審五庫之量五庫者熊氏云各以類相從金鐵爲一庫皮革筋爲一庫角齒爲一庫羽箭幹爲一庫脂膠丹漆爲一庫義或然云幹器之木者按周禮弓人掌作弓云凡折幹故知幹弓幹此則摠論材幹不獨指弓但器之材樸摠謂之幹故云幹器之木○**百工咸理監工日號毋悖于時毋或作爲淫巧以蕩上心**咸皆也於百工皆理治其事之時工師則監之日號令之戒之以此二事也悖猶逆也百工作器物各有時逆之則不善時者若弓人春液角夏治筋秋合三材冬定體之屬也淫巧謂僞飾不如法也蕩謂動之使生奢泰也今月令無干時作爲爲詐僞○監古銜反注同悖必内反巧如字又苦孝反注同液音亦○【疏】百工

至蕩上心○正義曰：言於此之時天氣和適百工造作器物當依百工皆治理其事之時監工之官日日號令之言造作器物當依氣序無得悖逆於時使物不牢故又所作器物當依舊常無得有作淫過巧妙以蕩動在上使生奢泰之心者○注若弓至詐僞○正義曰按考工記弓人云春液角言春時先浸液其角豫和濡筋柔於角故於夏暑濕之時始治筋秋合三材者秋時陰陽氣調合膠漆絲之三材角在内面筋在外面幹在中冬定體者謂往來之體冬氣凝寒物皆牢實故内之檠中使弓體堅强云之屬者用時非一故云之屬考工記石有時以泐水有時以凝又云材美工巧然而不良則不時是也

○是月之末擇吉日大合樂天子乃率三公九卿諸侯大夫親往視之大合樂者所以助陽達物風化天下也其禮亡今天子以大射郡國以鄉射禮代之

○是月也乃合累牛騰馬遊牝于牧累騰皆乘匹之名是月所合牛馬謂繫在廄者其牝欲遊則就牧之牡而合之○累力追反注同騰大登反牝毗忍反徐扶死反乘繩證反廄居又反○犧牲駒犢舉書其數以在牧而校數書之明出時無他故至秋當録内且以知生息之多少也○數所主反○【疏】乃合至其數○正義曰累牛謂相累之牛騰馬相騰逐之馬以季春陽將盛物皆産乳故合此所累之牛相騰之馬故遊此繫牧之牝於牧田之中就牡而合之其在廄牝馬須擬乘用者則不放之○犧牲駒犢舉書其數者既遊牝於牧之後畜皆在野所有犧牲及小馬之駒小牛之犢皆書其見在之數所以然者至秋畜産入時知其舊數不欠少以否又舊數之外知其生息多少

命國難九門磔攘以畢春氣此難難陰氣也陰寒至此不止害將及人所以及人者陰氣右行此月之中日行歷昴昴有大陵積尸之氣氣佚則厲鬼隨而出行命方相氏帥百隸索室毆疫以逐之又磔牲以攘於四方之神所以畢止其災也王居明堂禮曰季春出疫于郊以攘春氣○難乃多反後及注同磔竹伯反本又作攘如羊反佚音逸後同索所白反毆疫乜于反○【疏】注此難至春氣○正義曰以季春恐有難陽氣之嫌故云難難陰氣也云陰氣右行此月之中日行歷昴昴有大陵積尸之氣者天氣左轉故斗建左行謂之陽氣日月右行日月北天爲陰故云陰氣右行以此月之初日在於胃此月之中從胃歷昴云有大陵積尸者元命包云大陵主尸熊氏引石氏星經大陵八星在胃北主死喪云方相氏帥百隸索室毆疫以逐之者按方相氏云帥百隸而時難以索室毆疫鄭注云時難謂四時難引月令季冬命國難故知於時命方相氏也引王居明堂禮曰以下者證季春國難之事○

○季春行冬令則寒氣時發草木皆肅丑之氣乘之也肅謂枝葉縮栗國有大恐以水訛相驚○恐丘勇反【疏】季春至大恐○正義曰寒氣時發天災也草木皆肅地災也國有大恐人災也○注肅謂枝葉縮栗○正義曰按詩九月肅霜肅謂嚴肅故云肅縮栗言枝葉減縮而急栗○注以水訛相驚○正義曰按孟春國時有恐注云以火訛相驚知此是水者以上孟春行夏令故爲火訛此季春行冬令故云水訛雖初訛言相驚水竟不至所以然者以冬氣來乘水欲來至以季春是土上能制水故知水不來○行夏令則民多疾疫時雨不降未之氣乘之也六月宿直鬼鬼爲天尸時又有暑也山林不收高者暵於熱也○暵呼旱反又呼旦反○【疏】民多至不收○正義曰民多疾疫人災也時雨不降天災也山陵不收地災也行秋令則天多沈陰淫雨蚤降戌之氣乘之也九月多陰淫霖也雨三日以上爲霖今月令曰衆雨○蚤音早兵革並起陰氣勝也【疏】天多至並起○正義曰天多沈陰淫雨早降並天災也兵革並起人災也○注淫霖至爲霖○正義曰雨三日以上爲霖隱公九年左傳文○

孟夏之月日在畢昏翼中旦婺女中孟夏者日月會於實沈而斗建巳之辰○婺音婺○【疏】孟夏至女中○正義曰三統麻四月節日在畢十二度昏軫四度中去日二百一十四度旦虚三度中四月中日在井初度昏角六度中去日一百一十七度旦危六度中按元嘉麻四月節日在昴十一度昏翼十度中旦女三度中四月中日在畢十五度昏軫十度中旦虚九度中畢者按律麻志立夏日在畢十二度昏翼中者日既在畢十二度畢有十六度而終則中取五度觜二度參九度井三十三度鬼四度柳十五度七星七度張十八度計從畢十三度至翼初總九十三度言昏三月之時昏中之星九十八度四月日漸長校三月三刻則昏中之星去日多校一刻半餘以度言之則校五度則四月昏中之星去日合有一百二度計翼星中之時當在翼十二度也其

日丙丁丙之言炳也。日之行夏南從赤道長育萬物月爲之佐時萬物皆炳然著見而強大又因以爲日名焉易曰齊乎巽相見乎離。炳音丙長丁丈反此月內除律長長大繼長皆同著見賢遍反其帝炎帝其神祝融此赤精之君火官之臣自古以來著德立功者也炎帝大庭氏也祝融顓頊氏之子曰黎爲火官。炎丁廉反炎帝神農也顓頊上音專下音勗其蟲羽象物從風鼓葉飛鳥之屬其音徵三分宮去一以生徵徵數五十四屬火者以其徵清事之象也夏氣和則徵聲調樂記曰徵亂則哀其事勤。徵張里反後放此去記呂反律中中呂孟夏氣至則中呂之律應中呂者無射之所生三分益一律長六寸萬九千六百八十三分寸之萬二千九百七十四周語曰中呂宣中氣。中呂音仲又如字射音亦其數七火生數二成數七但言七者亦舉其成數其味苦其臭焦火之臭味也凡苦焦者皆屬焉。焦子遙反其祀竈祭先肺。夏陽氣盛熱於外祀之於竈從熱類也祀之先祭肺者陽位在上肺亦在上肺爲尊也竈在廟門外之東祀竈之禮先席於門之奧東面設主于竈陘乃制肺及心肝爲俎奠

于主西又設盛于俎南亦祭黍三祭肺心肝各一祭醴三亦既祭徹之更陳鼎俎設饌于筵前迎尸如祀戶之禮。肺芳廢反陘音刑。【疏】注易曰至乎離。正義曰引易者證丙丁是著明之義此易說卦文。注炎帝至火官。正義曰何胤云春秋說云炎帝號大庭氏下爲地皇作耒耜播百穀曰神農也云黎爲火官者按昭二十九年左傳云顓頊氏有子曰黎爲祝融杜注云祝融明貌。注三分至事勤。正義曰三分宮去一以生徵者宮數八十一三分分之各二十七去二十七餘有五十四故徵數五十四也云屬火者以其徵清事之象者清者數少爲清羽數最少爲極清徵數次少爲徵清徵於清濁爲第四事於尊卑亦爲第四故云事之象引樂記者證爲事也。注中呂至中氣。正義曰無射之律長四寸六千五百六十一分寸之六千五百二十四三分益一以生中呂於無射四寸之內取三寸益一寸爲四寸餘有一寸又有六千五百六十一分寸之六千五百二十四以整寸一又有六千五百六十一各三分之則一寸分爲一萬九千六百八十三分也六千五百二十四分各三分之則爲一萬九千五百七十二又整一寸分爲一萬九千六百八十三併之摠爲三萬九千二百五十五也更三分之一分有一萬三千八十五上生者三分益一以一萬三千八十五益上之數摠爲五萬二千三百四十爲積分之數然後除之爲寸一寸除一萬九千六百八十三則二寸除二萬九千三百六十六爲二寸通前爲六寸餘有一萬二千九百七十四不成寸是中呂長六十萬九千六百八十三分寸之萬二千九百七十四也。注竈在至之禮。正義曰知竈在廟門外之東者按少牢及特牲禮皆竈在廟門外之東西面北上云祀竈之禮以下皆逸中霤禮文云先席於門之奧謂廟門外西室之奧以神位在西故知在西室之奧以祀戶在戶內故祭在廟室之奧祀竈在門外故設主在門室之奧各從其義云東面設主於竈陘者謂設主人東面也竈陘謂竈邊承器之物以土爲之云乃制肺及心肝爲俎奠於主西者制謂截割心肝皆爲上之物故從肺類俱置俎上奠此俎於主之西此主位西嚮故置俎在西而對主也云又設盛于俎南者盛謂黍稷盛之於簋皇氏以爲此祭老婦盛於盆非其義也云亦祭黍三祭肺心肝各一祭醴三者亦上祀戶之禮祭必三者以禮成於三故也上祀戶云祭肉三肺一腎再此云祭肺心肝各一亦爲肉祭三也此醴實於尊祭三者始扱一祭又扱再祭云既祭徹之更陳鼎俎設饌于筵前者筵前謂初設廟室奧之筵前准特牲少牢鼎當陳於廟門室之前稍東西向執俎者以俎就鼎載肉入設於筵前在菹醢之東其黍稷等設於俎南北唯云

祭黍或無稷也此配竈神而祭者是先炊之人禮器云竈者是老婦之祭螻蟈鳴蚯蚓出王瓜生苦菜秀皆記時候也螻蟈蛙也王瓜萆挈也今月令云王萯生夏小正云王萯秀未聞孰是。螻音樓蟈古獲反螻蟈蛙也蔡云螻蟈蛞蟈蛙也蛙烏蝸反即蝦蟇也蚓以忍反萆挈上反入反下起入反萯房九反。【疏】注螻蟈至孰是。正義曰按周禮蟈氏鄭司農注云蟈蝦蟇玄謂蟈今御所食蛙也李巡注爾雅蟾諸蝦蟇也王瓜萆挈者本草文今月令王萯生者此云王瓜生今月令王萯生疑王萯則王瓜也云夏小正云王萯秀未聞孰是者今月令既云王萯生小正又云王萯秀故鄭以爲疑云未聞孰是未聞孰是凡有二意一疑王瓜是王萯以否二疑生之與秀其文不一故云未聞孰是此物記時先生者在月初後者在月末以次相配餘皆倣此。天子居明堂左个乘朱路駕赤騮載赤旂衣朱衣服赤玉食菽與雞其器高以粗明堂左个大寢南堂東偏也菽實孚甲堅合屬水雞木畜時熱食之亦以安性也粗猶大也器高大者象物盛長。騮音留本又作駵菽本又作叔音同粗七

奴反畜許又反丁水畜同疏乘朱路駕赤騮○正義曰路與服言朱騮與旂及玉言赤者色淺曰赤色深曰朱路與衣服人功所爲染必色深故云朱玉與騮馬自然之性皆不可色深故云赤旌旂雖人功所爲染之不須色深故亦云赤按詩傳天子純朱諸侯黃朱又鄭注儀禮云朱則四入與是朱深於赤也○是月也以立夏先立夏三日大史謁之天子曰某日立夏盛德在火天子乃齊謁告也○齊先悉薦反立夏之日天子親帥三公九卿大夫以迎夏於南郊還反行賞封諸侯慶賜遂行無不欣說迎夏祭赤帝赤熛怒於南郊之兆也不言帥諸侯而云封諸侯諸侯時或無在京師者空其文也祭統曰古者於禘也發爵賜服順陽義也於嘗也出田邑發秋政順陰義也今此行賞可也而封諸侯則違於古封諸侯出土地之事於時未可似失之○欣說上許斤反下音悅熛怒必遙反下奴故反疏注不言至失之○正義曰按上迎春云帥三公九卿諸侯大夫今此直云三公九卿大夫故云不言帥諸侯既不帥諸侯而云封諸侯故鄭解其意云諸侯當迎夏之時或無在京師者故空其諸侯之文諸侯既無而得封者鄭云或無在京師者言或則容有在者故得封也或可諸侯身雖不在遙封之皇氏以爲迎時不在至還時諸侯或來故得封也然迎夏往反暫時之事不應迎時未到還時則來非其義也引祭統以下證夏時未可封諸侯故云今此行賞可也而封諸侯則違於古也○乃命樂師習合禮樂爲將飲酎○爲于僞反下爲逆爲妨爲傷下文爲天子皆同酎直又反重釀之酒○命太尉贊桀俊遂賢良舉長大助長氣也贊猶出也桀俊能者也遂猶進也三王之官有司馬無大尉秦官則有大尉今俗人皆云周公作月令未通於古○長大如字下繼長同或丁丈反非也行爵出祿必當其位使順之也○當丁浪反○是月也繼長增高謂草木盛蕃廡○蕃音煩下亡甫反下同毋有壞墮亦爲逆時氣○壞音怪注同墮許規反又作隳下注同毋起土功毋發大衆爲妨蠶農之事毋伐大樹亦爲逆時氣是

月也天子始絺初服暑服絺勑其反○命野虞出行田原爲天子勞農勸民毋或失時重敕之○行下孟反下同勞力報反○命司徒巡行縣鄙命農勉作毋休于都急趍於農也縣鄙鄉遂之屬主民者也王居明堂禮曰毋宿于國今月令休爲伏是月也驅獸毋害五穀毋大田獵爲傷蕃廡之氣農乃登麥天子乃以彘嘗麥先薦寢廟登進也麥之新氣尤盛以彘食之散其熱也彘水畜是月也聚畜百藥蕃廡之時毒氣盛○畜丑六反又許六反靡草死麥秋至斷薄刑決小罪舊說云靡草薺亭歷之屬祭統曰草艾則墨謂立秋後也刑無輕於墨者今以出輕繫純陽之月斷刑決罪與毋有壞墮自相違似非崇寬○斷丁亂反注同薺才禮反艾魚廢反後皆同疏乃命樂師習合禮樂○正義曰不云是月者以承上是月立夏之文也至行爵出祿必當其位皆立夏之日處分之所爲猶如立春之後云命相布德施惠皆同時之事故不云是月也○自繼長增高至毋伐大樹論順時生養不違逆時氣事異於上故言是月也○自天子始絺至毋休於都論天子初服暑服爲勞農之時亦事異於前故復言是月○自驅獸至寢廟論生長五穀麥成薦寢廟其事相類是事異於上故更言是月○自聚畜百藥至出輕繫論熱毒方盛可以聚蓄百藥斷決小罪因斷之時崇尚寬恕事異於前故言是月蠶事既畢不言是月者以季春養蠶孟夏始了非一月之事故不言是月天子飲酎事之大者又異於前故言是月○注贊出至於古○正義曰贊是贊佐之義故云出桀俊或未仕沉滯者故云出賢良或職卑位下故云遂賢良謂有德行桀俊謂多才藝故鄭注鄉大夫職云賢者有德行者能者有道藝者蔡氏辯名記曰十人曰選倍選曰俊萬人曰傑尹文子及毛詩傳皆云萬人爲英異人之說故不同云三王之官有司馬無大尉者按書傳有司馬公司徒公司空公領三卿此夏制也按曲禮下云司徒司馬司空司士司寇此殷制也周禮則有夏官司馬是三王有司馬無大尉按中候握河紀云舜爲太尉此堯時置之三王不置也云秦官則有大尉者按漢書百官表云大尉秦官是也云今俗人皆云周公作月令未通於古者俗人謂賈逵馬融之徒皆云月令周

公所作故王肅用焉此等未通識於古古謂秦已前不知三王無大尉是未通於古經云舉長大者謂用長大之人故王肅云舉形貌壯大者○繼長增高○正義曰是月草木蕃廡王者施化當繼續長養之道謂勸民長養增益高大之物謂勸其種殖○注縣鄙鄉遂之屬主民者○正義曰按地官遂人職云五家爲鄰五鄰爲里四里爲酇五酇爲鄙五鄙爲縣縣二千五百家鄙五百家是遂之屬今云鄉遂之屬今直云遂屬舉遂以包鄉故鄭兼云鄉也○注舊說至似非○正義曰靡草無文故引舊說以明之葶藶之屬以其枝葉靡細故云靡草引祭統以下者證此月不當斷薄刑決小罪

蠶事畢后妃獻繭乃收繭稅以桑爲均貴賤長幼如一以給郊廟之服后妃獻繭者內命婦獻繭於后妃收繭稅者收於外命婦外命婦雖就公桑蠶室而蠶其夫亦當有祭服以助祭收以近郊之稅耳貴賤長幼如一國服同○疏蠶事至之服○正義曰天子春養蠶此時畢了故云蠶事畢后妃獻繭者謂后妃受內命婦之獻繭乃收繭稅者謂既受內命婦獻繭乃收郊命婦繭之賦稅以桑爲均者言收稅之時以受桑多少爲賦之均齊桑多則賦多桑少則賦少貴賤長幼如一者貴謂公卿大夫之妻賤謂士之妻長幼謂婦老幼無問貴賤長少出之時齊同如一皆以近郊之稅十而稅一也所稅之物以供給天子郊廟之服○注后妃至服同○正義曰內命婦獻繭于后妃者以其經云后妃獻繭恐后妃獻繭於王故明之也知非后妃獻繭於王者祭義曰世婦卒蠶奉繭以示於君遂以獻於夫人是夫人不獻繭也云收繭稅者收於外命婦者內命婦既以獻繭更別云收繭稅故知於外命婦也雖就公桑蠶室而蠶其夫亦有祭服以助祭也皇氏云外命婦既就公家之桑而養蠶則繭當悉輸於公所以惟皆稅其繭餘得自入者以其夫當有祭服以助王祭故令繭得自入以供造也今謂夫助祭之服當公家所爲故禮再命受服言外命婦雖就公桑蠶室而蠶既是官家之桑繭應全入於己所以有稅者以其夫亦當有祭服官家所給故輸繭稅以供造之但稅寡少故云收以近郊稅耳知收以近郊稅者載師云近郊十一公桑在國北近郊故知收以近郊云貴賤長幼如一國服同者按泉府云凡賒者以國服爲之息國服謂國家貢賦服事在上各有等限謂之國服言貴賤長幼出繭稅俱以十一等限齊同故云國服同其受桑則貴賤異也貴者桑多賤者桑少爲皆計繭爲稅十一之稅○

是月也天子飲酎用禮樂酎之言醇也謂重釀之酒也春酒至此始成與羣臣以禮樂飲之於朝正尊卑也孟冬云大飲烝此言用禮樂互其文○酎音紂重直龍反或直用反釀女亮反朝直遙反烝之承反後皆同○疏注酎之至其文○正義曰酎音近稠稠醲厚故爲醇也詩豳風云爲此春酒至此始成以用禮樂故飲之於朝正尊卑故左傳云朝以帥長幼之序若漢嘗酎及春秋見於嘗酎皆謂在廟祭而獻酎與此別也孟冬○云大飲烝此言用禮樂明孟冬亦用禮樂故云互其文

孟夏行秋令則苦雨數來五穀不滋申之氣乘之也苦雨白露之類時物得雨傷○數所角反四鄙入保金氣爲害也鄙界上邑小城曰保○疏孟夏至入保○正義曰苦雨數來天災五穀不滋地災四鄙入保人災也行冬令則草木蚤枯長日促○後乃大水敗其城郭亥之氣乘之也○疏行冬至城郭○正義曰草木蚤枯地災後乃大水敗其城郭天災此二句共爲一事也行春令則蝗蟲爲災暴風來格寅之氣乘之也必以蝗蟲爲災者寅有啓蟄之氣行於初暑則當蟄者大出矣格至也○蝗徐華孟反范音橫字林音黃秀草不實氣更生之不得成也○疏行春至不實○正義曰蝗蟲爲災及秀草不實地災暴風來格天災也○

附釋音禮記注疏卷之十五

江西南昌府學栞

禮記注疏卷十五挍勘記　阮元撰盧宣旬摘錄

月令

仲春之月節　惠棟挍云仲春節其日節始雨節天子節宋本分其器疏以逹之上合前三節爲一節

仲春至星中　惠棟挍宋本無此五字

言萬物降落而收斂　閩監毛本同惠棟挍宋本無萬字衞氏集說同

應一百八十二度餘　閩監毛本作二衞氏集說同此本二誤一

其日甲乙節

律中夾鍾　岳本同嘉靖本同衞氏集說同閩監毛本鍾作鐘石經同釋文出夾鍾注疏放此

是於一寸分爲二千一百八十七分　惠棟挍宋本作是於此本是於二字

倒閩監毛本同衞氏集說同

始雨水節

釋鳥云鳴鳩鴶鵴　閩監毛本同衞氏集說同浦鏜挍鳴改鳩按浦鏜是也

天子居青陽大廟節　惠棟挍宋本是月也安萌牙以下合下元鳥節后妃節爲一節

安萌牙　惠棟挍宋本同宋監本同岳本同石經同閩監毛本牙作芽嘉靖本同衞氏集說同案呂覽亦作牙。按依說文萌芽字作芽从艸牙聲古多以牙爲芽

是月至獄訟　惠棟挍宋本無此五字

自日夜分至正權概　閩監毛本作正此本正誤平惠棟挍宋本同

后土者五官之后土　閩監毛本同考文引宋板者下有謂字衞氏集說同

上罪梏拲而桎拲爲在手　閩監毛本如此此本上拲誤拲下拲誤恭爲誤雷

泠剛問云　閩本同惠棟挍宋本同監毛本泠作冷盧文弨挍云作冷剛非

是月也元鳥至節

以太牢祠于高禖　監毛本同岳本太作大嘉靖本同衞氏集說同石經同石經考文提要宋大字本宋本九經余仁仲本俱作大

嫁娶之象也　惠棟挍宋本作嫁娶宋監本同岳本同嘉靖本同衞氏集說同此本嫁娶二字倒閩監毛本同

故娀簡狄也　監毛本同考文引宋板故下有云字

云後王以爲禖官嘉祥　惠棟挍宋本同監毛本禖作媒

是爲媒官嘉祥　監毛本同惠棟挍宋本媒作禖衞氏集說同。按依注文當作媒不作禖故下云變媒言禖

是高辛已前舊有　監毛本同考文引宋板無是字

高者尊也　監毛本同衞氏集說同惠棟挍宋本高誤爲

又生民及元鳥毛詩傳云　監毛本同惠棟挍宋本無詩字衞氏集說亦作毛傳云

簡狄從帝而祈于郊禖　監毛本同惠棟挍宋本祈作祠衞氏集說亦作祈無而字

必自有禖氏　惠棟挍宋本作媒此本作禖監毛本同

娀簡狄吞鳳子之後　監毛本同段玉裁挍本鳳改鳦

後王爲媒官嘉祥　監毛本媒作禖下以先媒配之後王以是爲媒官之嘉祥其古昔先媒此立爲媒神者同。按段玉裁挍本王下有以字

后妃帥九嬪御節

天子有夫人有嬪　監毛本同岳本同嘉靖本同衞氏集說同惠棟挍宋本嬪上有九字

禮之禖下其子必得天材　監毛本如此岳本同衞氏集說同此本材誤林嘉靖本下誤卜

是月也日夜分節　惠棟挍云是月也日夜分節耕者少舍節毋竭川澤節宋本合爲一節

則同度量鈞衡石　監本同岳本同衞氏集說嘉靖本同石經同釋文同考文引宋板作度量毛本度量二字倒

角斗甬　閩監毛本作甬岳本同嘉靖本同衞氏集說同此本甬誤角釋文出斗甬呂覽甬作桶盧文弨挍云廣疋方斛謂之桶桶與甬同

正義曰日夜分　惠棟挍宋本同閩本日上誤有空闕監毛本補此字非也

鄭康成注尚書云日中星　閩監毛本同齊召南云星下當有鳥字

則正月耒皆動　監本作未惠棟挍宋本作末

其實一籥　閩本同監毛本籥作龠下合籥一籥容同

五量加矣　閩本同惠棟挍宋本同監毛本加作嘉

是月也耕者少舍節

乃脩闔扇　閩監本同岳本同嘉靖本同衞氏集說同毛本脩作修石經同

用竹葦曰扇　閩本同岳本同嘉靖本同監毛本葦作葦

是月也毋竭川澤節

以饗司寒　閩監毛本同岳本同嘉靖本同衞氏集說同惠棟挍宋本饗作享考文引古本同

但建辰火星在卯　惠棟挍宋本作卯此本卯誤夘閩監毛本同

所以校一月也　按挍下疑脫遲字

上丁節

萬舞入學　閩監毛本同嘉靖本同衞氏集說同惠棟挍宋本舞作用正義同宋監本同岳本同考文引古本足利本同○按大戴記正作用

仲丁　閩監毛本同岳本同嘉靖本同衞氏集說同釋文出中丁云音仲本亦作仲正義本作仲

入學習舞　閩監毛本舞作樂岳本同嘉靖本同衞氏集說同此本誤

爲季春將習合樂也　閩監毛本同嘉靖本同惠棟挍宋本無習字宋監本同岳本同衞氏集說同考文引古本足利本同案習字衍

則大胥春入學舍采合舞一也　閩監毛本采作菜衞氏集說則作即采作菜

天子親在不云樂正者　惠棟挍宋本同閩監毛本在作往衞氏集說同

樂師脩鞀鞞　閩監毛本作鞀此本鞀字闕

向知不先習舞　惠棟挍宋本作何此本誤作向閩監毛本同

舍采合舞舍卽釋　惠棟挍宋本作采此本采作菜閩監毛本同下何以亦云春舍采同

萬用入學者　考文引宋板同閩監毛本用作舞案作用是也

于舞稱萬者　毛本于作干考文引宋板同監本同閩本作於九誤

不須與習　考文引宋板與作更衞氏集說同此本誤臾閩監毛本同

是月也祀不用犧牲節　惠棟挍云是月節仲春節宋本合爲一節

當祀者古以玉帛而已　閩監毛本同岳本同嘉靖本同衞氏集說同考文引古本足利本古作告

祀不至皮幣　惠棟挍宋本無此五字

仲春行秋令節

麥乃不熟　閩監毛本同衞氏集說同石經同惠棟挍宋本熟作孰岳本同嘉靖本同宋監本同

其國至來征 閩監毛本同惠棟挍宋本國下有大水二字

國乃至爲害 毛本如此此本脱至字閩監本同

故無其災也 惠棟挍宋本下標禮記正義卷第二十二終又記云凡二十四頁

季春之月節 惠棟挍云季春節其日節桐始華節天子節宋本分其器疏以達之上合前三節爲一節○惠棟挍宋本自此節起至仲夏行秋令節止爲第二十三卷卷首題禮記正義卷第二十三

季春至牛中 惠棟挍宋本無此五字

旦女三度中 閩本同監毛本三作二衛氏集說同

日在胃九度凡三十度 閩監毛本同衛氏集說同盧文弨挍云九度下有缺文當云昏張十度中旦斗二十五度中三統麻二月之節日在奎五度自奎五度至胃七度共補三十二字然後接以凡三十度云云差爲脗合

其日甲乙節

姑洗所以脩絜百物 閩監毛本作姑岳本同嘉靖本同衛氏集說同此本姑誤如

揔二寸八分 閩監本同衛氏集說同考文引宋板寸作十

桐始華節

田鼠化爲鴽 閩監毛本同岳本同嘉靖本同衛氏集說同石經同釋文出爲鴽云音如孫星衍夏小正經文正字云鴽當爲鴑說文鴽牟母也或作鴑今從如誤

萍始生 惠棟挍宋本萍作蓱岳本同嘉靖本同衛氏集說同石經同此本作苹誤閩監毛本同釋文出蓱始石經考文提要云按鄭注蓱萍也則經文非萍明甚宋大字本亦作蓱

鴽母無 閩本同岳本同嘉靖本同考文引古本同足利本同正德本同惠棟挍宋本宋監本母作母釋文本作母無監毛本母無改鴽母衛氏集說同正義云今此注作母無母當作牟讀牟無也可證注文本作母無不作鴽

母

螮蝀謂之虹 閩監毛本同岳本同嘉靖本同衛氏集說同釋文出蝃云本又作螮亦作蝃正義作螮

正義曰鴽母無 閩本同惠棟挍宋本同監毛本母無作鴽母

某氏云謂鴾也 閩本同惠棟挍宋本同監毛本某誤郭

一名牟母 閩本同惠棟挍宋本同監毛本牟改鴾

舍人云毋作無 閩監毛本同段玉裁挍本云改本是也

按易乾道變化 閩監毛本同惠棟挍宋本易下有云字

天子居青陽右个節 惠棟挍云是月也天子乃薦鞠衣于先帝以下半節宋本合下是月也生氣方盛至不可以內爲一節案此本是月也上作○嘉靖本同閩監毛本去○

舟牧主舟之官也 監毛本作主岳本同嘉靖本同衛氏集說同此本主誤王閩本同

備傾側也 惠棟挍宋本側作漏宋監本同岳本同嘉靖本同考文引古本足利本同此本漏誤側閩監毛本及衛氏集說並作側

是月至先帝 惠棟挍宋本無此五字

王權賀瑒熊氏等 惠棟挍宋本作瑒此本瑒誤場閩監毛本同

案爾雅釋魚云鮥鮛鮪 惠棟挍宋本有鮪字衛氏集說同此本鮪字脫閩監毛本同

王鮪似鱣口在頷下 閩監毛本如此此本似誤以頷作領

是月也生氣方盛節 惠棟挍宋本天子布德行惠以下合下命司空節命野虞節命工師節爲一節盧文弨挍云案百工咸理節似亦當併入上節

陽氣發泄 閩監毛本同岳本同嘉靖本同衛氏集說同石經泄作洩釋文出發泄

以物遂散之時 閩監毛本遂作宣衛氏集說同惠棟挍宋本亦作宣

納之在內也　閩監毛本同惠棟挍宋本無也字衛氏集說同

發倉至乏絶　閩監毛本同惠棟挍宋本無此五字

謂其德行貞絶　惠棟挍宋本作純衛氏集說同此本誤作絶閩監毛本同

是月也命司空曰節

羅罔畢翳　惠棟挍宋本同宋監本同岳本同嘉靖本同石經此處殘缺閩監毛本罔作網衛氏集說同注同

是月也命野虞無伐桑柘節

趍農急也　嘉靖本同閩監毛本趍作趨岳本同衛氏集說同考文引古本趍作趣

曲薄也　閩監本同岳本同嘉靖本同衛氏集說同毛本薄誤簿

縫線組紃之事　閩監毛本作線岳本同嘉靖本同衛氏集說同此本線誤綿釋文出線云息賤反

戴勝一名鴡鳩　惠棟挍宋本作鵖鴔此本誤鴡鳩閩監毛本同衛氏集說同

齊謂之牂　閩監毛本同盧文弨挍牂改牂

若尋常留養蠶　閩監毛本同惠棟挍宋本無留字

及諸臣之妻者　閩監毛本作臣此本臣字闕。按注妻下有也字

是謂效其功　閩監毛本同惠棟挍宋本謂效作課効衛氏集說亦作課

是月也命工師節

幹器之木也　閩監本同岳本同嘉靖本同衛氏集說同毛本幹作榦下及疏同。按當作榦从木倝聲作幹者俗字也

百工咸理節

百工至蕩上心　惠棟挍宋本無此六字

當依氣序　惠棟挍宋本作氣是也衛氏集說同此本氣誤器閩監毛本同

是月之末節　惠棟挍云是月之末節命國難節宋本合爲一節

天子乃率三公九卿諸侯大夫　惠棟挍宋本同岳本同嘉靖本同閩監毛本率作帥衛氏集說同案呂覽亦作率

則就牧之牡而合之　惠棟挍宋本宋監本並作牡岳本同衛氏集說同此本牡誤牝閩監毛本同嘉靖本同疏就牡而合之放此

乃合至其數　惠棟挍宋本無此五字

皆書其見在之數　閩監本同衛氏集說同毛本見誤先考文引宋板作見

命國難節

命國難九門磔攘　閩監毛本同岳本同嘉靖本同衛氏集說同石經攘字同難作儺考文引古本同釋文出國難出禳云本又作攘

昴有大陵積尸之氣　閩監毛本如此岳本同嘉靖本同衛氏集說同此本大字闕尸誤尺

索室敺疫以逐之　閩監毛本如此岳本同衛氏集說同此本索誤素敺誤毆嘉靖本索字同敺誤毆釋文出索室敺疫。按依說文當作敺

大陵八星在胃北　閩監本作北此本北誤此毛本同惠棟挍宋本亦作北

季春行冬令節

季春至大恐　惠棟挍宋本無此五字

寒氣時發天災也　閩監毛本作天此本天誤云

行夏令節

民多至不收　惠棟挍宋本無此五字

民多疾疫　閩監毛本同考文引宋板疾作病

行秋令節

陰氣勝也　閩監毛本同岳本同嘉靖本衛氏集說勝作盛考文引古本陰作金

淫雨早降　閩監毛本早作蚤案石經文蚤作早

孟夏之月節　惠棟挍云孟夏節其日節螻蟈節天子節是月節以立夏節宋本合爲一節

孟夏至女中　惠棟挍宋本無此五字

四月節日在畢十二度　毛本作十衛氏集說同此本十誤止閩監本十誤上

去日二百一十四度　閩監毛本同衛氏集說同惠棟挍宋本二作一

日在昴十一度　惠棟挍宋本作昴此本昴誤品閩監毛本昴誤畢衛氏集說同

旦虛九度中　閩監毛本同衛氏集說同盧文弨挍云宋書旦虛二度中當從之

七星七度　惠棟挍宋本如此衛氏集說同此本誤土星十度閩監毛本同

其日丙丁節

丙之言炳也日之行　閩監毛本同岳本同嘉靖本同衛氏集說同段玉裁云炳也下當補丁之言强也五字

著德立功者也　閩監本同岳本同嘉靖本同衛氏集說同毛本立誤旨考文引宋板亦作立

顓頊氏之子曰黎　惠棟挍宋本宋監本並同岳本同嘉靖本同考文引足利本同閩監毛本黎作犂衛氏集說同

以其微清　閩監毛本作徵岳本同嘉靖本同衛氏集說同此本徵誤微疏同

祭先肺　惠棟挍宋本同嘉靖本同閩監毛本肺作胏岳本同衛氏集說同石經同注放此岳本禮記考證曰胏當改肺案說文肺金藏也从肉市聲無作胏者蓋市與𠂔同加肉成胏乃乾胏之胏非肺肝之肺也

乃制肺及心肝爲俎　毛本同岳本同嘉靖本衛氏集說同正義亦作制閩監本制誤祭

祭醴三　惠棟挍宋本作三岳本同考文引足利本同此本三誤二閩監毛本同嘉靖本同衛氏集說同

徵清者數少爲清　惠棟挍宋本有徵字此本徵字脫閩監毛本同

則二寸除二萬九千三百六十六爲二寸　閩監毛本同衛氏集說同浦鏜挍云二萬當三萬誤按浦挍是也

此主位西鄉　閩監毛本作位此本位作値

祭醴三者　閩監本同毛本三誤二

上祀戶云祭肉三肺一脊再　惠棟挍宋本作胛此本作肺衛氏集說同○按作胛是也

祭三者始扱一祭　閩監毛本三作二衛氏集說同

准特牲少牢　惠棟挍宋本同閩監毛本准誤唯衛氏集說同

稍東西向　閩監毛本同衛氏集說同惠棟挍宋本向作面

螻蟈鳴節

蚯蚓出　閩監毛本同嘉靖本同衛氏集說同石經同惠棟挍宋本蚯作邱岳本同釋文出邱蚓

王瓜萆挈也　閩毛本同岳本同嘉靖本同正義同監本挈誤絜衛氏集說同考文引宋本挈作挈釋文出萆挈

王萯秀　閩監本同岳本同嘉靖本同衛氏集說同考文引宋板同毛本秀作莠○按夏小正亦作王萯秀段玉裁云豳風四月秀葽疑葽即王萯也

天子居明堂左个節

其器高以粗　閩監本同岳本同嘉靖本同衛氏集說同石經同毛本粗作麤注同釋文出以粗

菽實孚甲堅合屬水　惠棟挍宋本宋監本亦作水閩監毛本同岳本同嘉靖本同衛氏集說冰

作木考文引宋板同○按作木非也鄭注麥屬木黍屬火麻屬金菽屬水稷屬土五穀所配之方如是

亦以安性也　閩監毛本作性岳本同嘉靖本同衛氏集說同此本性字闕

是月也以立夏節

大史謁之天子曰　惠棟按宋本宋監本並作大閩本同岳本同嘉靖本同衛氏集說同監毛本大作太注同石經同

乃命樂師節

命太尉　閩監毛本同惠棟按宋本太作大宋監本同岳本同嘉靖本同衛氏集說同注放此

贊桀俊　宋監本亦作桀惠棟按宋本同岳本同嘉靖本同正義同閩監毛本桀作傑衛氏集說同石經同注放此○按傑正字桀假借字

贊猶出也　惠棟按宋本標起訖作贊出

爲妨蠶農之事　閩監毛本同岳本同嘉靖本同衛氏集說蠶農二字倒

命司徒巡行縣鄙　宋監本亦作巡惠棟按宋本同岳本同嘉靖本同閩監毛本巡作循衛氏集說同

急趍於農也　閩監毛本趍作趨岳本同嘉靖本同衛氏集說同考文引古本作急趨農也

靡草薺亭歷之屬　惠棟按宋本同宋監本同岳本同嘉靖本同考文引足利本同閩監毛本亭歷作葶藶衛氏集說同盧文弨按云初學記皆從艸

乃命樂師習合禮樂○正義曰　閩監毛本同惠棟按宋本乃命樂師習合禮樂在正義曰下又監毛本乃誤及

事異於上故言是月也　閩監毛本同惠棟按宋本無也字

注贊出至於古　惠棟按宋本同閩監毛本出作猶

故鄭注鄉大夫職云　惠棟按宋本作鄉此本誤卿閩監毛本同

蔡氏辨名記曰　閩監毛本同衛氏集說同段玉裁挍本云蔡氏之下當有引字

此等未通識於古　惠棟按宋本作識此本誤職閩監毛本同

今直云遂屬　惠棟按宋本作直衛氏集說同此本直誤有閩監毛本同

蠶事畢節　惠棟按云蠶事畢節是月也天子飲酎節宋本合爲一節

蠶事至之服　惠棟按宋本無此五字

是月也天子飲酎節

孟冬云大飲蒸　閩監毛本同嘉靖本同岳本蒸作烝衛氏集說同釋文出飲蒸

稠醴厚故爲醇也　閩監毛本同衛氏集說同山井鼎云醴恐醲誤

孟夏行秋令節

申之氣乘之也　閩監毛本作申岳本同衛氏集說同此本申誤中嘉靖本同

行冬令節

孟夏至入保　惠棟按宋本無此五字

行冬至城郭　惠棟按宋本無此五字

行春令節

不得成也　閩監毛本同岳本同嘉靖本同衛氏集說同考文引宋板成作訟非

行春至不實　惠棟按宋本無此五字

禮記注疏卷十五挍勘記

附釋音禮記注疏卷之十六

鄭氏注　孔穎達疏

月令

仲夏之月日在東井昏亢中旦危中仲夏者日月會於鶉首而斗建午之辰也。亢音剛又苦浪反〔疏〕仲夏至危中。正義曰按三統厤五月節日在井十六度昏氐二度中去日一百一十九度旦室三度中五月中日在井三十一度昏房二度中去日一百一十九度旦奎十一度中元嘉厤五月節日在井三度昏角十度中旦危九度中五月中日在井十八度昏氐五度中旦室五度中

其日丙丁其帝炎帝其神祝融其蟲羽其音徵律中蕤賓其數七其味苦其臭焦其祀竈祭先肺蕤賓者應鍾之所生三分益一律長六寸八十一分寸之二十六仲夏氣至則蕤賓之律應周語曰蕤賓所以安靜神人

獻酬交酢。蕤人誰反應應對之應酢才各反〔疏〕注蕤賓至交酢。正義曰應鍾律長四寸二十七分寸之二十上生蕤賓三分益一取應鍾三寸更益一寸爲四寸其二十七分寸之二十各三分之則一寸分爲八十一分也二十七分寸之二十則爲八十一分寸之六十其整寸一爲八十一分又以六十分益之揔爲一百四十一分更三分益一一分有四十七更以四十七益前一百四十一分揔爲一百八十八分是爲積分之數除之爲寸除八十一分則一百六十二分爲二寸益前四寸爲六寸餘有二十六分不成寸故云蕤賓長六寸八十一分寸之二十六也引周語曰以下者證蕤賓之律何胤云乾九四是月陽反於下爲復陰陰生陽中爲姤各應其時所以安靜是安靜神人也陰生爲主陽謝爲賓賓主之象獻酬之禮獻酢又酬之陰陽代謝之義也

○小暑至螳蜋生鵙始鳴反舌無聲皆記時候也螳蜋螵蛸母也鵙博勞也反舌百舌鳥。螳音堂蜋音郎鵙古闃反字林工役反反舌蔡伯皆云蝦蟇螵匹遙反蛸音消搏音博又作伯〔疏〕注螳蜋至舌鳥。正義曰按釋蟲云不蝸螳蠰其子蜱蛸舍人云不蝸名蟷蠰今之螳蜋也孫炎云蟷蠰螳蜋一名不蝸李巡云其子名蜱蛸則螵蛸故云螵蛸母方言云譚魯以南謂之蟷蠰三河之域謂之螳蜋燕趙之際謂之食厖齊杞以東謂之馬穀然名其子同云螵蜋也云搏勞者詩云七月鳴鵙箋云伯勞鳴將寒之候五月則鳴豳地晚寒鳥物之候從其氣焉云百舌鳥者蔡云蟲名蟈也今謂之蝦蟇其舌本前著口側而末嚮內故謂之反舌通卦驗曰搏勞鳴蝦蟇無聲又庾信云昔於長安中與書生數十共往城北水中取蝦蟇屠割視之其舌反嚮後如此鄭君得不通乎蟜凤問曰誠如緯與子言爲蝦蟇五月中始得水適當聒人耳何反無聲此者著時候今猶昔也是以知蝦蟇非反舌反舌鳥春始鳴至五月稍止其聲數轉故名反舌時候言之今人識之故不從緯與俗儒也或蝦蟇舌性自然不必爲反舌也

○天子居明堂太廟乘朱路駕赤駵載赤旂衣朱衣服赤玉食菽與雞其器高以粗明堂太廟南堂當太室也養壯佼助長氣也。佼古卯反長丁丈反下長氣同〔疏〕養壯佼。正義曰壯謂容體盛大佼謂形容佼好以盛夏長養之時故養壯佼之人助長氣也

○是月也命樂師脩鞀鞞鼓均琴瑟管簫執

干戚戈羽調竽笙箎簧飭鐘磬柷敔爲將大雩帝習樂也脩均執調飭者治其器物習其事之言。鞀大刀反本亦作鞉同鞞步西反竽音于箎音池本又作篪同簧音黃飭音敕柷昌六反敔魚呂反本又作圉爲于僞反下文爲民注爲傷爲其皆同雩音于〔疏〕是月至柷敔。正義曰鞀字或從兆下鼓按周禮小師注云鼗如鼓而小持其柄搖之旁耳還自擊鄭注詩云小鼓在大鼓旁應鞞之屬也鞞鼓者則周禮鼓人職掌六鼓雷鼓鼓神祀之屬是也劉熙釋名云鞀導也所以導樂作鞞裨也裨助鼓節鼓廓也張皮以冒之其中空廓琴者釋樂云大琴謂之離孫炎云聲留離廣雅云琴長三尺六寸六分五絃劉熙釋名云施絃張之瑟者釋樂云大瑟謂之灑孫炎云音之布告如歸灑郭景純云瑟長八尺一寸二十七絃管者釋樂云大管謂之簥音驕郭景純云管長尺圍寸併漆之有底賈氏以爲如篪六孔鄭注周禮云管如篴而小併兩而吹之簫者釋樂云大簫謂之言郭景純云編二十二管長尺四寸鄭注周禮簫編小竹管如今賣飴餳所吹者劉熙釋名簫肅也干盾也戚斧也戈鉤孑戟羽鳥羽周禮羽舞皇舞之屬是也竽者鄭注周禮云竽三十六簧釋名云竽汙也其中汙空笙者鄭注周禮云十三簧釋樂云大笙

謂之巢郭景純云列管瓠中施簧管端大者十九簧釋名云笙生也象物出地所生篪者釋樂云大篪謂之沂郭景純云篪以竹爲之長尺四寸圍三寸一孔上出寸三分名翹横吹之廣雅云八孔鄭司農注周禮云篪七空釋名云篪啼也聲如嬰兒啼簧者笙之名也氣鼓之而爲聲釋名云簧横也於管頭横施之鍾者按釋樂云大鍾謂之鏞釋名云鍾空也内空受氣多磬者釋樂云大磬謂之毊音囂以玉石爲之釋名云磬罄也聲堅罄罄然柷者釋樂云所以鼓柷謂之止郭景純云柷如漆桶方二尺四寸深一尺八寸中有椎柄連底桐之令左右擊止者其椎名敔者釋樂云所以鼓敔謂之籈郭景純云敔如伏虎背上有二十七鉏鋙刻以木長尺櫟之○注脩均至之言○正義曰脩者脩理舊物均者均平其聲執者操持管爲調者調和音曲飭者整頓器物故云治其器物習其事之言也

○命有司爲民祈祀山川百源大雩帝用盛樂乃命百縣雩祀百辟卿士有益於民者以祈穀實陽氣盛而常旱山川百源能興雲雨者也衆水始所出爲百源必先祭其本乃雩雩吁嗟求雨之祭也雩帝謂爲壇南郊之旁雩五精之帝配以先帝也自鞀鞞至柷敔皆作曰盛樂凡他雩用歌舞而已百辟卿士古者上公若句龍后稷之類也春秋傳曰龍見而雩雩之正常以四月凡周之秋三月之中而旱亦脩雩禮以求雨因著正雩此月失之矣天子雩上帝諸侯以下雩上公周冬及春夏雖旱禮有禱無雩○辟必亦反注同句古侯同見賢遍反下御見同

【疏】○命有至穀實○正義曰正以將欲雩祭故先命有司爲祈祀山川百源爲將雩之漸重民之義也故先爲民大雩帝用盛樂者爲民祈穀後天子乃大雩天帝用上鞀鞞之等故云用盛樂乃命百縣雩祀百辟卿士者謂天子既雩之後百縣謂諸侯也命此諸侯以雩祀古之百辟及卿士等生存之日能立功有益於人者○注陽氣至無雩○正義曰以四月純陽用事故云陽氣盛而恒旱故制禮此月爲雩縱令雩祭時不旱亦爲雩祭云雩吁嗟求雨之祭者以雩音近吁又女巫職云凡邦之大烖歌哭而請歌哭則吁嗟之類旱又是大烖故須吁嗟求雨注春秋者以雩爲遠謂遠爲百穀求雨非鄭義也云雩帝謂爲壇南郊之旁雩五精之帝者以雩是祭天當從陽位以五天摠祭不可偏在四方故知在南郊也以春夏秋冬共成歲功不可偏祭一天故雩五精之帝以自外至者無主不止當以人帝配之大暤配靈威仰炎帝配赤熛怒黄帝配含樞紐少暤配白招拒顓頊配汁光紀故云配以先帝也云凡他雩用歌舞而已者按女巫云旱暵則舞雩是用歌舞正雩則非唯歌舞兼有餘樂故論語云舞雩詠而歸是也云百辟卿士古者上公句龍后稷之類也者百辟則古之上公則國語鯀爲崇伯而禮記祭法有祀之文社稷五祀雖爲工朝卿士兼帶上公之官故左氏云封爲上公祀爲貴神是身爲百辟又爲卿士按左傳有社稷五官今直云若句龍后稷不云句芒蓐收之等舉有益於民功之顯者言之引春秋傳曰龍見而雩者欲明正雩在四月不在五月也云凡周之秋三月之中旱亦脩雩禮以求雨者釋此經大雩在五月之中爲五月不雨脩雩祭作記者言五月之雩是常雩故記之於五月也云天子雩上帝者以此云大雩帝也云諸侯以下雩上公者此云乃命百縣雩祀百辟卿士是也云周冬及春夏雖旱禮有禱無雩者按春秋周七月八月九月皆書雩穀梁不譏成七年冬大雩穀梁云無爲雩是譏其冬雩是冬無雩也春秋周之春及周之四月五月皆無雩文春夏不雩雖旱不爲脩雩之祭其周季夏當有正雩則龍見而雩是也按春秋桓五年秋大雩傳云書不時服注云雩遠也遠爲百穀祈膏雨言大別山川之雩也僖十一年秋八月大雩十三年秋九月大雩成公三年秋大雩七年冬大雩襄五年秋大雩傳曰旱八年九月大雩傳曰旱十六年秋大雩十七年秋九月大雩二十八年秋八月大雩傳曰旱昭三年秋八月大雩傳曰旱六年九月大雩傳曰旱八年秋大雩十六年秋九月大雩傳曰旱二十四年秋八月大雩傳曰旱二十五年秋七月上辛大雩季辛又雩傳曰秋書再雩旱甚定元年秋九月大雩七年秋大雩九月大雩十二年秋大雩僖二十一年夏大旱宣七年秋大旱莊三十一年冬不雨僖二年冬十月不雨三年正月不雨夏四月不雨六月雨傳曰自十月不雨至于五月不曰旱不爲災文二年自十有二月不雨至于秋七月十年云自正月不雨至于秋七月十三年云自正月不雨至于秋七月是春秋之中不雨有七大旱有二大雩有二十一都并有三十莊三十一年冬不雨以冬時旱氣以過故不數僖二十一年夏大旱宣七年秋大旱二旱災成故不數昭二十五年一月再雩祇是一旱之事爲再雩一雩不數定七年秋大雩亦一時之事而爲二雩一雩不數成七年冬大雩穀梁云冬無爲雩明亦不數三十之中去此六事不數唯有二十四在就二十四之中分爲四部桓五年秋大雩譏雩禮是一部也僖二年冬十月不雨僖三年正月不雨夏四月不雨譏禱禮是二部也文二年文十年文十三年皆云正月不雨至于秋七月譏旱而不爲災是三部也此三部揔有七條於二十四去七條餘有十七

條說旱氣所由故鄭釋廢疾云春秋凡書二十四旱考異郵說云分爲四部各有義焉是其事也凡正雩在周之六月常事不書書秋大雩傳不云旱者皆過雩也傳言旱者皆爲旱脩雩也雩書月者爲脩旱雩得禮故定元年穀梁傳曰雩月雩之正也秋大雩非正也按玉藻云至于八月不雨君不舉注云建子之月不雨盡建未乃始成災而僖二十一年夏大旱未至建未而爲災者若霧露霑濡壟中有苗雖麻時不爲災也文二年十年十三年自十二月正月不雨至秋七月是也至八月不雨乃爲災若無霧露霑濡壟中無苗雖未至八月則爲災故僖十一年夏大旱是也穀梁說云得雨曰雩不得雨曰旱公羊說言雩則旱見言旱則雩不見此二家之說不同鄭釋廢疾從穀梁之義雩之與禱所以異者考異郵說云天子禱九州山川諸侯禱封內大夫禱所食邑又僖公三時不雨帥羣臣禱山川以過自讓凡雩必先禱故此經云乃命百縣祈祀山川百源始大雩帝是也禱者不雩僖公二年冬十月及三年春正月夏四月直爲禱祭不爲雩以非雩月故不雩○**農乃登黍**登進也**是月也天子乃以雛嘗黍羞以含桃先薦寢廟**此嘗雛也而云以嘗黍不以牲主穀也必以黍者黍火穀

氣之主也含桃櫻桃也○雛仕于反又仕俱反雛也爾雅云生豕雛含桃本又作函湖南反含桃櫻桃也櫻於耕反【疏】注必以至櫻桃○正義曰黍是火穀於夏時與雛同薦之如鄭此言則黍非新成直取舊黍故下孟秋云農乃登穀注云黍稷於是始熟明仲夏未熟也蔡氏以爲此時黍新熟令蟬鳴黍是也非鄭義也按月令諸月無薦果之文此獨羞含桃者以此果先成異於餘物故特記之其實諸果亦時薦○**令民毋艾藍以染**爲傷長氣也此月藍始可別夏小正曰五月啟灌藍蓼○藍力甘反別彼列反下文別羣同【疏】注此月至藍蓼○正義曰別種藍之體初必叢生若及早栽移則有所傷損此月藍既長大始可分移布散引小正啟灌藍蓼者證此月養藍熊氏云灌謂叢生也言開闢此叢生藍蓼分移使之稀散○**毋燒灰**爲傷火氣也火之氣於是爲盛火之滅者爲灰**毋暴布**不以陰功干大陽之事○暴步卜反大音太**門閭毋閉關市毋索**順陽敷縱不難物○索所白反難乃旦反又如字【疏】門閭至毋索○正義曰蔡云門謂城門閭謂二十五家爲閭關市無索者關市停物之所商旅或隱蔽其物以避征稅是月從長之時故不搜索其物**挺重**

囚益其食挺猶寬也【疏】益其食○正義曰益其食挺重囚連文鄭又無注皇氏以爲增益囚之飲食義當然也熊氏以爲益羣臣祿食其義非也○**游牝別羣**孕妊之欲止也**則縶騰駒**爲其牡氣有餘相蹄齧也○執如字蔡本作縶蹄大計反踶也本或作踶音同**班馬政**馬政謂養馬之政教也廋人職曰掌十有二閑之政教以阜馬佚特教騑攻駒此之謂也○廋所留反騑音兆又音道字林音祧【疏】注馬政至政駒○正義曰廋人職曰掌十有二閑之政教按校人職云天子十有二閑諸侯六閑大夫四閑每閑馬有二百一十六匹又阜馬佚特教騑攻駒注云阜盛壯也鄭司農云二歲曰駒三歲曰騑玄謂逸者用之不使甚勞安其血氣也教騑始乘習之攻駒騬其蹄齧者○**是月也日長至陰陽爭死生分**爭者陽方盛陰欲起也分猶半也○爭爭鬪之爭注同【疏】是月至生分○正義曰長至者謂此月之時日長之至極大史漏刻夏至晝漏六十五刻夜漏三十五刻是日長至也死生分者分半也陰氣既起故物半死半生蔡云感陽氣長者生感陰氣成者死故於夏至日相與分也**君子齊戒處必掩**

身毋躁掩猶隱翳也躁猶動也今月令毋躁爲欲靜**止聲色毋或進**進猶御見也聲謂樂也易及樂春秋說夏至人主與羣臣從八能之士作樂五日今止之非其道也○從子用反【疏】君子至或進○正義曰蔡氏云君子謂人君以下至在位士也齊戒所以敬道萌陰也處必掩身處猶居也掩隱翳也陰既始萌故君子居處不顯露恐干陰也毋躁者躁動也既不顯露又不得躁動宜靜以安萌陰也鄭引今月令無躁爲欲靜欲靜則無躁之義止聲色者歌樂華麗之事爲助陰靜故止之無或進者進御見也既止聲色故嬪房不得進御侍夕也亦爲微陰始動不可動於陰事也蔡云方齊戒故止色內御之屬勿或有所進也○注易及至其道○正義曰按易緯通卦驗云夏至人主從八能之士或調黃鍾或調六律或調五音或調五聲或調五行或調律曆或調陰陽或調正德所行注從八能之士謂選於天下人衆之中取其習曉者而使之調黃鍾者縣黃鍾於子其以大小之差展其聲調六律者六律管陽也又有六呂爲之合管有長短吹之以調樂器之聲調五音者金爲鍾革爲鼓石爲磬竹爲管絲爲絃皆有聲變舒疾也匏也木也土也不言調者聲少變故不調調五聲者宮商角徵羽聲弘殺緩急凡黃鍾六律之聲五音之動與神靈

之氣通人君聽之可以察已之得失而知羣臣賢否調五行者五行謂五英調律厤者律厤謂六莖也調陰陽者謂雲門咸池調正德所行者謂之大韶大夏大濩大武此鄭云五英謂顓頊樂名云六莖者帝嚳樂名云從八能之士注云從就也謂人主就八能之士於習樂之處而觀之作樂五日者謂日至之前豫前五日令八能之士習作其樂以迎日至樂緯協圖徵亦云從八能之士今月令於日至止聲色與諸緯文違。故云非其道必知其緯文作樂爲是者以周禮大司樂冬至祭祭圜丘夏至祭地方澤皆有作樂之文不得云止樂故知月令非也。薄滋味毋致和，爲其氣異此時傷人。和戸卧反 疏 注爲其至傷人。正義曰滋味和調氣味殊異他時可食此時傷人。節耆欲定心氣，微陰扶精不可散也。耆市志反 百官靜事毋刑，罪罰之事不可以聞。今月令刑爲徑 以定晏陰之所成。晏安也陰稱安。晏伊見反 疏 以定晏陰之所成。正義曰上從君子齊戒以下至無刑以上皆是清靜止息之事以正定身中安陰之所成就謂初感安陰若不清靜則微陰與人爲病故須定之王肅及蔡氏皆云晏爲以安定陰陽之所成非鄭旨也。○鹿角

解，蟬始鳴，半夏生，木堇榮。又記時候也半夏藥草木堇王蒸也。解戸買反始市志反夏戸嫁反堇音謹一名舜華蒸之承反 疏 注木堇至蒸也。正義曰釋草云椴木槿櫬木槿某氏云別三名可食或呼爲日及亦云王蒸其花朝生暮落 ○是月也，毋用火南方，陽氣盛又用火於其方害微陰也 可以居高明，可以遠眺望，可以升山陵，可以處臺榭。順陽在上也高明謂樓觀也闍者謂之臺有木者謂之榭。榭音謝觀古喚反闍音都 疏 注闍者至之榭。正義曰按釋宮云闍謂之臺李巡云積土爲之所以觀望郭景純云積土四方又云無室日榭李巡云但有大殿無室名日榭郭景純云榭今之堂堭 ○仲夏行冬令，則雹凍傷穀，子之氣乘之也陽爲雨陰起脅之凝爲雹。雹步角反凍丁貢反 道路不通，暴兵來至，盜賊攻劫亦雹之類 疏 仲夏至來至。正義曰雹凍傷穀天災道路不通暴兵來至人災也 行春令，則五穀晚熟，卯之氣乘之也生日長 百螣時

起，其國乃饑，螣蝗之屬言百者明衆類並爲害。螣音特食苗葉虫饑居疑反又音機 疏 行春至乃饑。正義曰五穀晚熟天災百螣時起地災其國乃饑人災也 行秋令，則草木零落，酉之氣乘之也八月宿直昴畢爲天獄主殺。零本又作苓音同 果實早成，生日短 民殃於疫。大陵之氣來爲害也。殃於良反疫音役 疏 行秋至於疫。正義曰草木零落果實早成地災民殃於疫人災也

季夏之月，日在柳，昏火中，旦奎中。季夏者日月會於鶉火而斗建未之辰也 疏 季夏至奎中。正義曰按三統厤六月節日在柳九度昏尾七度中去日一百一十九度旦婁八度中六月中日在張三度昏箕三度中去日一百一十七度旦胃十四度中元嘉厤六月節日在井三十二度昏房四度中旦東壁八度中六月中日在柳十二度昏尾八度中旦奎十二度中 其日丙丁，其帝炎帝，其神祝融，其蟲羽，其音徵，律中林鍾，其數

七，其味苦，其臭焦，其祀竈，祭先肺。林鍾者黃鍾之所生三分去一律長六寸季夏氣至則林鍾之律應周語曰林鍾和展百物俾莫不任肅純恪。去起呂反後放此任音壬又如字恪苦各反 疏 注林鍾至純恪。正義曰按律厤志黃鍾長九寸三分去一下生林鍾故林鍾長六寸引周語曰下者證林鍾之義故周語云林鍾和展百物俾莫不任肅純恪按注云坤初六也林衆鍾聚肅速純大恪敬言時務和審百事無有詭詐使莫不任其職事速其功佈大敬其職 溫風始至，蟋蟀居壁，鷹乃學習，腐草爲螢。皆記時候也鷹學習謂攫搏也夏小正曰六月鷹始摯螢飛蟲螢火也。蟋蟀上音悉下音率腐扶矩反熒本又作螢戸扃反或作腐草化爲螢者非也攫俱縛反一音九碧反搏音博摯音至本亦作鷙同 疏 溫風至爲螢。正義曰蟋蟀居壁者此物生在於土中至季夏羽翼稍成未能遠飛但居其壁至七月則能遠飛在野按爾雅釋蟲云蟋蟀蛬也孫炎曰蜻蛚也梁國謂蛬郭景純云今促織蔡以爲蟋蟀斯螽非也。鷹乃學習者於時二陰既起鷹感陰氣乃有殺心學習搏擊之事按鄭志焦氏問云仲秋乃鳩化爲鷹仲春鷹化爲鳩此六月何言

有鷹學習，子張逸荅曰：鷹雖爲鳩，亦自有真鷹可習矣。○腐草爲螢者，腐草此時得暑濕之氣，故爲螢。不云化者，蔡氏云：鳩化爲鷹，鷹還化爲鳩，故稱化。今腐草爲螢，螢不復爲腐草，故不稱化。○注謂攫至螢火。○正義曰：攫謂以足取物，搏謂以翼擊物。云「螢飛蟲」者，按釋蟲云「螢火，即炤」，李巡云「螢火夜飛，腹下如火光，故曰即炤」。

○**天子居明堂右个，乘朱路，駕赤騮，載赤旂，衣朱衣，服赤玉，食菽與雞，其器高以粗。**明堂右个，南堂西偏也。

○**命漁師伐蛟取鼉，登龜取黿。**四者甲類，秋乃堅成。周禮曰：「秋獻龜魚。」又曰：「凡取龜用秋時。」是夏之秋也。作月令者以爲此秋，據周之時也。周之八月，夏之六月，因書於此，似誤也。蛟言伐者，以其有兵衛也。龜言登者，尊之也。鼉言取，羞物賤也。鼉皮又可以冒鼓。今月令漁師爲榜人。○蛟音交。鼉，大多反，又徒丹反。黿音元。冒，亡報反。榜，必孟反。

［疏］命漁至取黿。○正義曰：此命漁師及仲夏養壯佼之等，皆是煩細之事，或非止一月所爲，故不言是月也。故注云「四者甲類，秋乃堅成」，明非獨季夏而取。○注周禮至榜人。○正義曰：引周禮「秋獻龜魚」，是獻人職文。又云「凡取龜用秋時，是夏之秋也」者，是龜人職文。引之者，證作記之人謂此禮是周之秋八月，當夏之六月，故誤書於此。言記之者非也。

命澤人納材葦。蒲葦之屬，此時柔刃，可取作器物也。○葦，于鬼反。刃，而慎反。

○**是月也，命四監大合百縣之秩芻，以養犧牲，令民無不咸出其力，**四監，主山林川澤之官也。百縣，鄉遂之屬，地有山林川澤者也。秩，常也。百縣給國養犧牲之芻，多少有常，民皆當出力爲艾之。今月令四爲田。○爲艾，于僞反，下文「爲民」注「爲求福」、「爲其」同。**以共皇天上帝、名山大川、四方之神，以祠宗廟社稷之靈，以爲民祈福。**牲以供祠神，靈爲民求福，明使民艾芻，是不虛取也。皇天，北辰耀魄寶，冬至所祭於圜丘也。上帝，大微五帝。○共音恭。

［疏］命四至祈福。○正義曰：以四監合其秩芻，以共皇天上帝，共事既大，又異於上，故言是月。自命婦官至等給之度，論黼黻文章給郊廟祭祀之服，事異於上帝養犧牲，故言是月。自樹木方盛至則有天殃，論禁斷餘事，助時生養，亦事異於上，故言是月。自土潤溽暑至土彊，論上著下潤養地爲宜，事異於上，故復言是月。○注四監至爲田。○正義曰：按周禮有山虞、澤虞、林衡、川衡之官，秩芻出於山林。又季冬云「乃命四監收秩薪柴」，薪柴亦出於山林川澤。云「百縣，鄉遂之屬，地有山林川澤者」，知百縣非諸侯，而云鄉遂之屬，以其取芻養牲，不可大遠，故知是畿內鄉遂。仲夏云「乃命百縣雩祀百辟卿士」者，兼外內諸侯也。此云鄉遂之屬者，不兼公卿大夫之采邑。「秩，常」，釋詁文。云「今月令四爲田」者，令田監大合秩芻，義亦通也。○注爲民至五帝。○正義曰：爲民求福者，雖是尋常事神，因事神之時，爲民祈福。云「是不虛取」者，若不爲祈福，浪使民艾芻，是在上虛取民力。今還祈福與民，民皆蒙福，是不虛取民力役使之也。云「上帝，大微五帝」者，按周禮司服云「昊天上帝」，鄭以爲昊天上帝祇是一神，北極耀魄寶也。知此皇天上帝不祇是耀魄寶之上帝爲大微者，以周禮司服云「祀昊天上帝，大裘而冕，祀五帝亦如之」，既別云五帝，故知昊天上帝亦唯一神。此月令皇天上帝之下，更無別五帝之文，故分爲二。

○**是月也，命婦官染采，黼黻文章，必以法故，無或差貸，**婦官，染人也。采，五色。○黼音甫。黻音弗。差貸音二，又他得反。

［疏］命婦至差貸。○正義曰：於此月之時，命掌婦功之官，謂染人也，染此五色之采。白與黑謂之黼，黑與青謂之黻，青與赤謂之文，赤與白謂之章。染此等之物，必以舊法故事，無得有參差貸變。必以此月染之者，以其盛暑溼，染帛爲宜，此是秦法也。若周則於夏豫浸治染纁玄之石，至秋乃擣染五色，故染人云「夏纁玄，秋染夏」是也。蓋從夏至秋，皆得染物，周秦各用一時也。此云黼黻文章，下云黑黃蒼赤，互相備也。○注婦官至五色。○正義曰：按周禮婦官有典婦功、典枲、染人等，此據染采，故爲染人。「采，五色」者，鄭注皋陶謨曰「采施曰色」，未用謂之采，已用謂之色，此對文耳，散則通。

黑黃倉赤，莫不質良，毋敢詐僞，質，正也。良，善也。所用染者，當得真采正善也。**以給郊廟祭祀之服，以爲旗章，以別貴賤等給之度。**旗章，旌旗及章識也。○別，彼列反。旗音其。識，申志反，又如字。

［疏］注旗章至章識。○正義曰：旗，旌旗者，則周禮司常九旗是也。章識者，則周禮事名號，故司常云「官府象其事，州里象其名，家象其號」，鄭注引士喪禮以緇廣三寸，長半幅，赬末長終幅，詩「織文鳥章」是也。

○**是月也，樹木方盛，乃命虞人入山行木，毋有斬伐，**

爲其未堅刃也○行下孟反不可以興土功，不可以合諸侯，不可以起兵動衆。土將用事，氣欲靜。【疏】注土將用事氣欲靜○正義曰：土雖寄王四季，但南方火生中央土，土生西方金，金火之間，位當建未之月，故云土將用事氣欲靜也。毋舉大事，以搖養氣。大事興徭役以有爲○徭役音遙毋發令而待，以妨神農之事也。發令而待謂出繇役之令以預驚民也民驚則心動是害土神之氣土神稱曰神農者以其主於稼穡。【疏】毋發至之事○正義曰：發令者，發動徵名之令也。而待者，謂時未順而豫動名以待後時乃使也。以妨神農之事者，解所以不豫發令也。神農者，土神也。爾時土神用事，若逆令名民，民驚心動，是妨土神之氣事也。○注土神至稼穡○正義曰：土神能吐生萬物，成其農事，故曰神農。知土主稼穡者，尚書洪範云「土爰稼穡」，孔傳曰：「種曰稼，斂曰穡。」蔡氏云神農則炎帝，非鄭義也。水潦盛昌，神農將持功，舉大事則有天殃。言土以受天雨澤安靜養物爲功動之則致害也孝經說曰地順受澤謙虛開張含泉任萌滋物歸中。【疏】水潦至天殃○正義曰：六月主未，未有東井，東井是水，故六月而水潦盛昌也。神農將持功者，神農猶土神也。土地本受天雨澤水潦以爲生養之功，此月多水，故土神方得將持功也。○舉大事則有天殃者，神農方持功，若人君有舉大事于養氣者，非唯神農罪之，則天亦殃罰之也。犯土而天罰之者，地受天澤得以含養，今若干地，則是干天也。○注言土至歸中○正義曰：解所以犯天殃之義也。云動之則致災害者，若動地則致天災，言是地功由天也。云孝經說曰地順受澤謙虛開張者，引孝經說證地受天澤爲成已功也。地體卑順，故受天之雨澤而體得謙虛開張也。云含泉任萌滋物歸中者，亦孝經說也。既謙虛開張，故能含於水泉，任萌一切之物，並滋繁而歸地中也。○是月也，土潤溽暑，潤溽謂塗溼也○溽如字本或作溽音同溼也大雨時行，燒薙行水，利以殺草，如以熱湯。薙謂迫地芟草也此謂欲稼萊地先薙其草草乾燒之至此月大雨流水潦畜於其中則草死不復生而地美可稼也薙人掌殺草職曰夏日至而薙之又曰如欲其化也則以水火變之○薙他計反又直履反大芟所銜反萊音來畜勑六反復扶又反夏日人一反【疏】大雨

至熱湯○正義曰：六月建未，未值井，井主水，大雨時行，土既潤溽，又大雨應時行也。不云降止是下耳，故言其流義，故云行。行猶通徧也。蔡云大雨時行，行降也，從土潤以下皆爲下句。燒薙，謂迫地芟除草名也。周禮立其官，使除田草也。五月夏至芟殺暴之，至六月合燒之，故云燒薙也。行水者，其時也大雨時行，行於所燒田中，仍壅遏蓄之以漬燒薙，故云行水也。○利以殺草者，利益也。先芟後燒，又蓄水漬之，即草根爛死，是利益得殺田中之草也。如以熱湯者，日暴水於爛草田中，水熱而沸，沸如熱湯漬之也。○注薙人至變之○正義曰：引薙人證芟草時節。按薙氏云：「春始生而萌之，夏日至而夷之，秋繩而芟之，冬日至而耜之。」杜子春云：「萌謂耕反其萌牙。」康成云：「萌之者，以茲其斫其生者。夷之，以鉤鎌迫地芟之也，若今取茭矣。含實曰繩，芟其繩則實不成孰。耜之，以耜測凍土剗之。」按皇氏云：夷音薙，繩音孕。云又曰如欲其化則以水火變之者，謂先以火焚燒其草，在後以水浸漬之，變此瘠地爲肥，故云水火變之。先火後水而云水火者，便言也。可以糞田疇，可以美土彊。土潤溽膏澤易行也糞美互文耳土彊強檃之地○糞方問反彊其丈反注同易以豉反強其兩反檃好覽反【疏】可以至土彊○正義曰：於此月之中又可行以下二事也。糞壅苗之根也。蔡云：穀田曰田，麻田曰疇，言爛草可以糞田使肥也。可以美土彊者，彊者彊檃磊磈難耕之地，此月亦可止水漬之，乃壅糞之，使田美也。○注土潤至之地○正義曰：土潤溽則土之膏澤易行，故可糞美之使肥易也。蔡前云從土潤以下皆爲下句，是與鄭相合也。云糞美互文耳者，亦可以美田疇，可以糞土彊，故言互文也。云土彊強檃之地者，強是不軟，檃是鹻鹵也，並謂磥礰磊磈之地也。草人職云「彊檃用蕡」，彊檃，強堅者也。○季夏行春令，則穀實鮮落，國多風欬，辰之氣乘之也未屬巽辰又在巽位二氣相亂爲害○鮮音仙又仙典反欬苦代反民乃遷徙。象風轉移物也【疏】季夏至遷徙○正義曰：穀實鮮落，謂鮮少墮落，由風多故也。或云以夏名春，氣初鮮絜而逢秋氣肅殺，故穀鮮絜而墮落也。此地災也。國多風欬，此是天災也。民乃遷徙，是人災也。○注未屬巽○正義曰：按易林云：「震主庚子午，巽主辛丑未，坎主戊寅申，離主己卯酉，艮主丙辰戌，兌主丁巳亥。」是未屬巽也。行秋令則丘隰水潦，戌之氣乘之也九月宿直奎奎爲溝瀆溝瀆與此月大雨并而高下皆水禾稼不熟，傷於水也乃多女災，含任

之類敗也〔疏〕㠯隰至女災○正義曰㠯隰水潦及禾稼不熟此地災也以其水氣多故也乃多女災人災也亦爲水傷含任也**行冬令則風寒不時**丑之氣乘之也**鷹隼蚤鷙**得疾厲之氣也○隼息允反蚤鷙上音早下音至亦作鷙摯也**四鄙入保**象鳥雀之走竄也都邑之城曰保○竄七亂反〔疏〕風寒至入保○正義曰以丑不屬巽十二月建丑得巽之氣故爲風又建丑之月大寒中故多風寒此天災也○鷹隼蚤鷙季夏地氣殺害之象地災也

中央土火休而盛德在土也○央於相反〔疏〕中央土○正義曰夫四時五行同是天地所生而四時是氣五行是物氣是輕虛所以麗天物體質礙所以屬地四時係天年有三百六十日則春夏秋冬各分居九十日五行分配四時布於三百六十日間以木配春以火配夏以金配秋以水配冬以土則每時輒寄王十八日也雖每分寄而位本未宜處於季夏之末金火之間故在此陳之也**其日戊己**戊之言茂也己之言起也日之行四時之間從黃道月爲之佐至此萬物皆枝葉茂盛其含秀者抑屈而起故因以爲日名焉〔疏〕其日戊己○正義曰雖處

於夏末而實爲四行之主不可沒其生用之功故因亦爲日名也○注日之至之佐○正義曰按考靈耀春則星辰西遊謂星辰在黃道之西遊也日依常行在黃道之東至季春之月星辰入黃道復其正處日依黃道而行是春夏之間日從黃道夏則星辰北遊謂星辰在黃道之北遊也日依常行在黃道之南至季夏星辰入黃道復正位日依常行黃道至夏秋之間日從黃道也秋則星辰東遊謂星辰在黃道東遊日依常行在黃道之西至季秋星辰入黃道還復正位日依黃道而行至秋冬之間日從黃道也冬則星辰南遊謂星辰在黃道南遊日依常行在黃道之北至季冬星辰入黃道還正位日依常行黃道至冬春之間日從黃道也鄭注洪範云四時之間合於黃道也月之行道與日同故云月爲之佐也

其帝黃帝其神后土此黃精之君土官之神自古以來著德立功者也黃帝軒轅氏也后土亦顓頊氏之子曰黎兼爲土官〔疏〕注后土至土官○正義曰按昭二十九年左傳云顓頊氏有子曰犂爲祝融共工氏有子曰句龍爲后土后土爲土官知此經后土非句龍而爲犂者以句龍初爲后土後轉爲社后土官闕犂則兼之故鄭注大宗伯云犂食於火土以宗伯別云社後又云五祀句龍爲社神則不得又爲五祀故云犂兼也**其**

蟲倮象物露見不隱藏虎豹之屬恒淺毛○倮力果反又乎瓦反見賢遍反〔疏〕注象物至淺毛○正義曰大戴禮及樂緯云鱗蟲三百六十龍爲之長羽蟲三百六十鳳爲之長毛蟲三百六十麟爲之長介蟲三百六十龜爲之長倮蟲三百六十聖人爲之長云象物露見不隱藏者案仲夏云可以居高明可以處臺榭至六月土王之時物轉盛大露見不隱藏也云虎豹之屬恒淺毛者諸鄭之所云皆象四時之物與鱗羽毛介相似者言之不取五靈之長故中央不言人西云狐貉之屬東方兼言此北方兼言龜是不取五靈也**其音宮**聲始於宮宮數八十一屬土者以其最濁君之象也季夏之氣和則宮聲調樂記曰宮亂則荒其君驕〔疏〕注聲始至之象○正義曰按律麻志五聲始於宮陽數極於九九九相乘故數八十一以五聲中最尊故云以其最濁君之象也**律中黃鍾之宮**黃鍾之宮最長也十二律轉相生五聲具終於六十焉季夏之氣至則黃鍾之宮應禮運曰五聲六律十二管還相爲宮〔疏〕注律中至之宮○正義曰黃鍾之宮於諸宮爲長季夏土王其聲最重謂土之聲氣應此黃鍾之宮聲非黃鍾一聲也故特云律中者黃鍾之宮也黃鍾候氣之管本位在子此是黃鍾宮聲與中央土聲相應但土

無候氣之法取黃鍾宮聲以應土耳非候氣也故賀瑒云黃鍾是十一月管何緣復應此月正以土義居中故虛設律於其月實不用候氣也十二律互相爲宮據律主言之也崔靈恩云凡陰陽之管合有十二律律各爲一調迭相爲宮而生五聲合而成樂黃鍾宮最長爲聲調之始十二宮之主宮音者是五音之長故與黃鍾之調宮聲相應此論宮聲相應非論候此月氣之相應是以注云季夏氣至則黃鍾之宮應不直云黃鍾之律應也然則直言律應不言宮者明主爲所候之氣應也直言律中黃鍾之宮不言律應者明謂中央土聲與黃鍾爲宮音相應非爲氣應也故鄭引禮運云迭相爲宮以證之也四時之律皆取氣應而土王之律獨取聲應者一者欲與四行爲互二者爲無別候土氣之管故也土無候氣之管者以寄王四季之末故從四時之管而不別候也唯以四行末十八日爲土之氣也蔡氏及熊氏以爲黃鍾之宮謂黃鍾少宮也半黃鍾九寸之數管長四寸五分六月用爲候氣按六月林鍾之律長六寸七月夷則長五寸三分有餘何以四寸五分之律於六月候之乎又土聲最濁何得以黃鍾平聲相應乎蔡熊之說非也○注黃鍾至爲宮○正義曰不云黃鍾律最長而云黃鍾之宮最長者唯黃鍾宮聲於諸宮最長故云之宮也云十二律轉相生五聲具終於六十者故

黃鍾之調均則黃鍾爲宫黃鍾生林鍾爲徵林鍾生大蔟爲商大蔟生南呂爲羽南呂生姑洗爲角此是黃鍾一調之五聲凡十二律律各有五聲則摠有六十聲故云終於六十聲至禮運更具詳之云季夏氣至則黃鍾之宫應者謂季夏土聲與黃鍾之宫聲相應以其非實候氣故不云黃鍾之律應或本云律應者誤也引禮運還相爲宫者證所明十二律循環爲宫聲調則具而此經得黃鍾之宫

其數五土生數五成數十但言五者土以生爲本**其味甘其臭香**土之臭味也凡甘香者皆屬之**其祀中霤祭先心**中霤猶中室也土主中央而神在室古者復穴是以名室爲霤云祀之先祭心者五藏之次心次肺至此心爲尊也祀中霤之禮設主於牖下乃制心及肺肝爲俎其祭肉心肺肝各一他皆如祀戶之禮。霤力又反複方服反藏才浪反

疏注中霤至之禮。正義曰鄭意言中霤猶中室乃是開牖象中霤之取明則其地不當棟而在室之中央故喪禮云浴於中霤飯於牖下明中霤不關牖下也主中央而神在室者所以必在室中祭土神之義也土五行之王故其神在室之中央也是明中霤所祭則土神也故杜注春秋云在家則祀中霤在野則爲社也又郊特牲云家主中霤而國主社社神亦

中霤神也云古者復穴是以名室爲霤云者解所以謂室中爲中霤之由也古者謂未有宫室之時也複穴者謂窟居也古者窟居隨地而造若平地則不鑿但累土爲之謂之爲複言於地上重複爲之也若高地則鑿爲坎謂之爲穴其形皆如陶竈故詩云陶復陶穴是也故毛云陶其土而復之陶其壤而穴之鄭云復者復於土上鑿地曰穴皆如陶然故庾蔚云復謂地上累土謂之穴則穿地也復穴皆開其上取明故雨霤之是以後因名室爲中霤也云祀之先祭心者五藏之次心次肺至此心爲尊也云祀中霤之禮設主於牖下者開牖象霤故設主於牖下也五祀皆先席於室之奥此不言者前祀戶注已備言也此別設主當廟室牖內之下而北嚮也云乃制心及肺肝爲俎其祭肉心肺肝各一他皆如祀戶之禮者亦祭竟徹之更陳鼎俎迎尸如祭戶也

天子居大廟大室乘大路駕黃駵載黃旂衣黃衣服黃玉食稷與牛其器圜以閎大廟大室中央室也大路殷路也車如殷路之制而飾之以黃稷五穀之長牛土畜也器圜者象土周帀於四時閎讀如紘紘謂中寬象土含物。圜音于權反閎音宏長丁丈反畜呼又反下金畜同

疏注大廟至含物。正義曰按考工記云周人明堂東西九筵南北七筵凡室二筵則五室並皆二筵無大小也今中央室稱大室者以中央是土室土爲五行之主尊之故稱大以夏之世室則四旁之室皆南北三步東西三步三尺中央土室南北四步東西四步四尺則周之明堂亦應土室在中央大於四角之室也但文不具耳云大路殷路者明堂位文也形制似殷之路者但服色尚黃飾之黃耳四時用鸞路此用大路者以土五行之主故取尊大之名乘殷之大路又尚質之義春有青蒼兩色夏有朱赤二色此及秋惟有黃白不更加他色者黃與白更無餘色相涉故不言之耳牛土畜者按易乾爲馬坤爲牛又五行傳云思之不睿則有牛禍是牛屬土也云器圜者象土周帀於四時者方則有所不足圜則無所不覆故云象土周帀於四時云閎讀如紘紘謂中寬者祭義云天子冕而朱紘故讀從此紘紘謂紐上屬於冕屈從頤下度而還上屬於冕以中央寬緩象土之含物也故云中寬象土含物也

孟秋之月日在翼昏建星中旦畢中孟秋者日月會於鶉尾而斗建申之辰也

疏孟秋至畢中。正義曰按三統麻七月節日在張十八度昏斗四度中去日一百一十四

度旦畢八度中七月中日在翼十五度昏斗十六度中去日一百一十一度旦井初度中元嘉麻七月節日在張五度昏箕二度中旦胃二度中七月中日在翼十度昏斗三度中旦昴七度中

其日庚辛庚之言更也辛之言新也日之行秋西從白道成熟萬物月爲之佐萬物皆肅然改更秀實新成又因以爲日名焉**其帝少皞其神蓐收**此白精之君金官之臣自古以來著德立功者也少皞金天氏蓐收少皞氏之子曰該爲金官。少詩召反注下放此少皞黃帝之子蓐音辱

疏注少皞至金官。正義曰案此秋云其帝少皞在西方金位左傳昭元年云昔金天氏有裔子曰昧爲玄冥師生允格臺駘稱金天氏與少皞金位相當故少昊則金天氏也又帝王世紀少皞帝號曰金天氏云少皞氏之子曰該爲金官者按左傳昭二十九年蔡墨云少昊氏之子該又云該爲蓐收是爲金神佐少皞於秋蓐收者言秋時萬物摧蓐而收斂

其蟲毛象物應涼氣而備寒狐貉之屬生旃毛也。應應對之應貉戶各反依字作貊旃之然反**其音商**三分徵益一以生商商數七十二屬金者以其濁次宫臣之象也秋氣和則商聲調樂記曰商亂則陂其宫壞。陂彼義反

疏注三分至官壞。正義曰按律麻志

云徵數五十四三分之則一分有十八今於徵數五十有四更加十八是商數七十二也凡五聲濁者尊清者卑爲商聲之濁次於宮宮既爲君商則爲臣故云以其濁次宮臣之象也引樂記云者證商爲臣之義云商亂則陂者謂商聲雜亂感動人心令情性傾陂情既不正是以官司敗壞也

律中夷則孟秋氣至則夷則之律應夷則者大呂之所生也三分去一律長五寸七百二十九分寸之四百五十一周語曰夷則所以詠歌九則平民無貳

疏注夷則至無貳○正義曰大呂長八寸二百四十三分寸之一百四三分去一下生夷則故夷則律長五寸七百二十九分寸之四百五十一也六寸去二寸餘有四寸在又大呂十一寸爲二百四十三分分每寸更三分之則一寸爲七百二十九分兩个整寸摠有一千四百五十八分其大呂二百四十三分寸之一百四每又三分之此一百四爲三百一十二分益前一千四百五十八則摠爲一千七百七十分下生三分去一分作三分則每一分得五百九十去其一分五百九十餘有一千一百八十在是其積分以七百二十九分爲一寸益前四。爲五寸餘有四百五十一分在故云夷則律長五寸七百二十九分寸之四百五十一也引周語以下者證夷則之義按周語注云乾九五用事夷平則法也言法度平故可則詠歌九功之法平民使不貸也

其數九金生數四成數九但言九者亦舉其成數其味辛其臭腥金之臭味也凡辛腥者皆屬焉其祀門祭先肝秋陰氣出祀之於門外陰也祀之先祭肝者秋爲陰中於藏直肝肝爲尊也祀前之禮北面設主於門左樞乃制肝及肺心爲俎奠于主南又設盛于俎東其他皆如祭竈之禮

疏注祀之至之禮○正義曰云祀之先祭肝者秋爲陰中於藏值肝者以陰氣始於五月終於十月其七月八月爲陰之中故云秋爲陰中其陽氣始於十一月終於四月正月二月爲陽中故正月云春爲陽中然陰中之時兼有陽陽中之時兼有陰亦是陰陽之中也今五藏肺最在前心次之肝次之脾次之腎爲後肝在心肺之下脾腎之上故云於藏值肝然脾在肺心肝之下腎之上則是上有肺心肝下唯有腎不當其中而云春爲陽中於藏值脾者但五行相次水則次木故春繼於冬腎後則次脾其火後則次土土後乃次金故秋不得繼夏由隔於土由此脾不得繼肺隔於心也爲此肝之上有肺有心脾之下唯有腎但得爲藏之中也云北面設主於門左樞者謂廟門外左樞北面以在門外故主得南嚮而北面設之云乃制肝及肺心爲俎奠于主南設盛於組東者皆約中霤禮文也其他皆如祭竈之禮也。謂祭心肺肝各二及祭醴三并設席於奧迎尸之屬也

○涼風至白露降寒蟬鳴鷹乃祭鳥用始行戮皆記時候也寒蟬寒蜩謂蜺也鷹祭鳥者將食之示有先也既祭之後不必盡食若人君行刑戮之而已○戮音六蜩大彫反蜺五兮反寒螿

疏注寒蟬至而已○正義曰按釋蟲云蜺寒蜩郭景純云寒螿也似蟬而小青赤云鷹祭鳥者將食之示有先者謂鷹欲食鳥之時先殺鳥而不食與人之祭食相似猶若供祀先神不敢即食故云示有先也云既祭之後不必盡食若人君行刑戮之而已者以經用始行戮不據事以經唯記時候謂鷹祭鳥之後殺鳥不必盡食猶若人君行刑但戮之而已以人君行戮明鷹之殺言鷹於此時始行戮鳥之事

○天子居總章左个乘戎路駕白駱載白旂衣白衣服白玉食麻與犬其器廉以深總章左个大寢西堂南偏戎路兵車也制如周革路而飾之以白白馬黑鬣曰駱麻實有文理屬金犬金畜也器廉以深象金傷害物入藏○總子孔反輅音洛鬣音獵本亦作髦音毛又一本作旄毛也

○是月也以立秋先立秋三日大史謁之天子曰某日立秋盛德在金謁告○先悉薦反天子乃齊立秋之日天子親帥三公九卿諸侯大夫以迎秋於西郊還反賞軍帥武人於朝迎秋者祭白帝白招拒於西郊之兆也軍帥諸將也武人謂環人之屬有勇力者○帥所類反下同本或作帥注放此朝直遙反拒音矩將子匠反下同天子乃命將帥選士厲兵簡練桀俊專任有功以征不義征之言正也伐也詰誅暴慢以明好惡順彼遠方詰謂問其罪窮治之也順猶服也○詰去吉反好惡並如字上呼報反下烏路反

是月也命有司脩法制繕囹圄具桎梏禁止姦慎罪邪務搏執順秋氣政尚嚴○繕市戰反邪似嗟反搏音博命理瞻傷察創視

折理治獄官也有虞氏曰士夏曰大理周曰大司寇劊之淺者曰傷○劊初良反注同審斷決獄訟必端平端猶正也○審斷決丁亂反下同蔡徒管反一讀絕句決字下屬戮有罪嚴斷刑天地始肅不可以贏肅嚴急之言也贏猶解也○贏音盈注同解古賣反是月也農乃登穀天子嘗新先薦寢廟。黍稷之屬於是始孰〔疏〕是月至寢廟○正義曰按仲秋云以犬嘗麻今不云牲者皇氏云不云牲記文畧也命百官始收斂順秋氣收斂物完隄坊謹壅塞以備水潦備者備八月也八月宿直畢畢好雨○完胡官反隄本又作堤丁兮反防本又作坊音房壅於勇反好呼報反脩宮室坏牆垣補城郭象秋收斂物當藏也○坏步回反垣音袁是月也毋以封諸侯立大官毋以割地行大使出大幣古者於嘗出田邑此其月也而禁封諸侯割地失其義○使疎吏反〔疏〕注古者至其義○正

義曰按祭統古者於嘗也出田邑嘗謂秋祭於此嘗祭之時王者割出田邑以與諸侯今正是嘗祭之月而禁封諸侯及割地之事故云失其義也鄭唯偏云不封諸侯及割地失其義則毋立大官毋行大使毋出大幣爲得禮以其收斂之月故也○孟秋行冬令則陰氣大勝亥之氣乘之也介蟲敗穀介甲也甲蟲屬冬敗穀者稻蟹之屬○介音界注同蟹胡買反戎兵乃來十月宿直營室營室之氣爲害也營室主武事〔疏〕孟秋至乃來○正義曰陰氣大勝天災介蟲敗穀地災戎兵乃來人災也○注介甲至之屬○正義曰按越語云越伐吳吳王使王孫雄請成於越越王欲許之范蠡不許王孫雄謂范蠡曰先人有言曰無助天爲虐助天爲虐者不祥今吳稻蟹無遺種子將助天爲虐乎注稻蟹謂蟹食稻也○注營室至武士○正義曰按元命包云營室星十六度主軍之糧是主武事也行春令則其國乃旱寅之氣乘之也雲雨以風除也陽氣復還五穀無實陽氣能生而不能成○復還扶又反下音環又音旋〔疏〕其國至無實○正義曰其國乃旱陽氣復還天災也五穀無實地災也行夏令則

國多火災巳之氣乘之也寒熱不節民多瘧疾瘧疾寒熱所爲也今月令瘧疾爲疾疫○瘧魚略反〔疏〕國多至瘧疾○正義曰國多火災寒熱不節天災也民多瘧疾人災也仲秋之月日在角昏牽牛中旦觜觿中仲秋者日月會于壽星而斗建酉之辰也○觜子斯反又子髓反觿戶圭反又戶規反〔疏〕仲秋至觿中○正義曰三統厤八月即日在軫十二度昏斗二十六度中去日一百六度旦井二度中八月中日在角十度昏女三度中去日一百六度旦井二十一度中按元嘉厤八月節日在翼十七度昏斗十四度中旦畢十六度中八月中日在軫十五度昏斗二十四度中旦井九度中其日庚辛其帝少皞其神蓐收其蟲毛其音商律中南呂其數九其味辛其臭腥其祀門祭先肝南呂者大蔟之所生三分去一律長五寸三分寸之一仲秋氣至則南呂之律應周語曰南呂者贊陽秀物〔疏〕注南呂至秀物○正義曰大蔟長八寸三分去一下生南呂三寸去一寸六寸去二

寸得四寸又有整二寸在分一寸作三分二寸爲六分更三分去一餘有四分在以三分爲一寸益前四寸爲五寸仍有一分在故云南呂律長五寸三分寸之一也引周語曰以下者證南呂之義按周語注坤六二也南任也陰任陽事助成萬物贊佐也陰佐陽秀成物也○盲風至鴻鴈來玄鳥歸羣鳥養羞皆記時候也盲風疾風也玄鳥燕也歸謂去蟄也凡鳥隨陰陽者不以中國爲居羞謂所食也夏小正曰九月丹鳥羞白鳥說曰丹鳥也者謂丹良也白鳥也者謂閩蚋也其謂之鳥者重其養者也有翼爲鳥養也者不盡食也二者文異羣鳥丹良未聞孰是○盲亡庚反閩音文依字作蟁又作蚊蚋人銳反又如悅反養餘亮反下同〔疏〕注盲風至孰是○正義曰盲風疾風者皇氏云秦人謂疾風爲盲風玄鳥驚者釋鳥文玄鳥歸爲仲秋之候玄鳥至不爲仲春之候由別與郊禖爲候或可仲春時候非一故記時候之中不載玄鳥云凡鳥隨陰陽者不以中國爲居者凡鳥鴻鴈之屬也故季秋云鴻鴈來賓言來賓是不以中國爲居皇氏之說即兼云玄鳥以其稱歸故也然玄鳥之蟄不遠在四夷而云不以中國爲居者他物之蟄近在本處今玄鳥之蟄雖不遠在四夷必於幽僻之處非中國之所常見故云不以中國

爲居也云羞謂所食者按夏小正云羞者進也若食之珍羞相似故云羞謂所食者也云夏小正曰九月丹鳥羞白鳥者今按大戴禮八月丹鳥羞白鳥今云九月者鄭所見本異也丹鳥以白鳥爲珍羞故云丹鳥羞白鳥云說曰丹鳥也者以下至不盡食皆小正文白鳥也者謂閩蚋也其謂之鳥者重其所養者丹良是蟲乃謂之鳥是重其所養之物不盡食之雖蟲而爲鳥也但未知丹良竟是何物皇氏以爲丹良是螢火今按爾雅釋蟲郭氏等諸釋皆不云螢火是丹良未聞皇氏何所依據云二者文異羣鳥丹良未聞孰是者月令云羣鳥養羞夏小正云丹鳥羞白鳥是二者文異月令云羣鳥夏小正說者云丹良故云羣鳥丹良未聞孰是

○天子居總章大廟乘戎路駕白駱載白旂衣白衣服白玉食麻與犬其器廉以深總章大廟西堂當大室也○是月也養衰老授几杖行糜粥飲食助老氣也行猶賜也○糜亡皮反粥之六反字林羊六反○乃命司服具飭衣裳文繡有恒制有小大度有長短此謂祭服也文謂畫也祭服之制畫衣而繡裳○飭丑力反後放此衣服有量必循其故此謂朝燕及他服凡此爲寒益至也詩云七月流火九月授衣於是作之可也○量音量下度量同朝直遥反爲于僞反下爲民同冠帶有常因制衣服而作之也○乃命有司申嚴百刑斬殺必當毋或枉橈枉橈不當反受其殃申重也當謂值其罪○當丁浪反下不當及注同枉紆往反橈女教反又乃絞反字林作撓非重直用反

〔疏〕是月至其殃○正義曰此論養老及制衣服之事皆此月所爲故言是月所命有司斬殺必當雖異衣服養老但此事起孟秋此月申嚴而已故附於養老衣服之下不更別言是月也自乃命祝宰至先薦寢廟論循行犧牲享祭上帝并難以達秋氣犬以嘗麻總是祠祀之事事異於上故言是月自可以築城郭至行罪無疑論築造城邑收斂積聚勸課種麥爲農爲民亦事異於上故云是月自日夜分至角斗甬論晝夜既等齊平度量又事異於前故言是月自易關市至愼因其類論秋物新成使民財豐備無逆于天有順於時亦事異於前故言是月○注此謂至繡裳○正義曰此云文繡又下文別云衣服有量故鄭知此經謂祭服也經云具飭衣裳飭謂正也言備具正理衣裳云文謂畫也者以經文與繡相對祭服裳繡而衣畫故以文爲畫也云祭服之制畫衣而繡裳者按尚書咎繇謨云予欲觀古人之象日月星辰山龍華蟲作會是衣畫也宗彝藻火粉米黼黻絺繡是裳繡也畫色輕故在衣以法天繡色重故在裳以法地也○衣服有量必循其故○正義曰此朝燕等之衣服小大長短及制度采色皆有度量必因循故法也不得別更改造此云循其故上云文繡有恒恒則故也但上是祭服委曲言之○注此謂至之可○正義曰上是祭服故知此是朝燕也及他服者謂戰伐田獵等之服引詩七月流火者證寒之益至故作衣服此詩是豳風周公所作周公因管蔡流言遂陳先公居豳施化之事言七月之時火星西流九月之時當授民以衣服○注申重至其罪○正義曰申重也釋詁文云當謂值其罪者言斷決罪人之時必須當值所犯之罪經云枉橈不當枉謂違法曲斷橈謂有理不申應重乃輕應輕更重是其不當也

○是月也乃命宰祝循行犧牲視全具案芻豢瞻肥瘠察物色必比類量小大視長短皆中度五者備當上帝其饗於鳥獸肥充之時宜省羣牲也宰祝太宰大祝主祭祀之官也養牛羊曰芻犬豕曰豢五者謂所視也所按也所瞻也所察也所量也此皆得其正則上帝饗之上帝饗之而無神不饗也○行下孟反芻初俱反草也豢音患養也以所食得名瞻音占瘠在亦反中丁仲反

〔疏〕乃命至其饗○正義曰此月鳥獸肥充因宜省視故命之循行犧牲以下之事也○視全具者亦宰祝所視也下皆然王肅云純色曰犧體完曰全○按芻豢者食草曰芻食穀曰豢皆按行之也瞻肥瘠者瞻亦視也肥充也瘠瘦也○察物色者物色騂黝之別也周禮陽祀用騂陰祀用黝望祀各以其方之色也○必比類者已行故事曰比品物相隨曰類五方異其色是比也大皞配東亦用青是其類也○量小大者大謂牛羊豕成牲者小謂羔豚之屬也○視長短者謂天地之牛角繭栗宗廟之牛角握之屬也○五者備當上帝其饗○正義曰按周禮大宰職祀五帝則掌百官之誓戒及執事眡滌濯及納享贊王牲事故鄭知此視牲由大宰云養牛羊曰芻犬豕曰豢者按充人云祀五帝繫於牢芻之三月是牛羊曰芻按樂記云豢豕爲酒周禮犬人云掌豢祭祀之犬是犬豕

曰參〇天子乃難以達秋氣此難難陽氣也陽暑至此不衰害亦將及人所以及人者陽氣左行此月宿直昴畢昴畢亦得大陵積尸之氣氣佚則厲鬼亦隨而出行於是亦命方相氏帥百隸而難之王居明堂禮曰仲秋九門磔禳以發陳氣禦止疾疫〇難乃多反注同【疏】注此難至疾疫〇正義曰季冬及季春難皆難陰氣也恐此亦難陰氣故云難陽氣言陽氣至此不衰害亦將及人也秋涼之後陽氣應退至此不退是涼反熱故害及於人云亦將及人者亦謂對季春言季春之時陰氣右行日在昴畢之間得大陵積尸之氣故爲災今此月陽氣左行至於昴畢亦得大陵積尸之氣故云亦將及人云陽氣左行此月宿直昴畢者以天左旋星辰與斗建循天而行此月斗建在酉酉是昴畢本位故云宿直昴畢也其八月合昏之時斗柄建指昴畢本位其昴畢之星於時在寅云氣佚則厲鬼隨而出行者大陵既爲積尸秋時又得陽氣增益疾病應氣相感故厲鬼隨而出行云亦命方相氏者亦季冬以周禮季冬命方相氏故云亦也引王居明堂禮者證仲秋難義云以發陳氣者謂秋時涼氣新至發去陽之陳氣防禦禁止疾疫之事也既引明堂禮仲秋九門磔禳則此亦磔禳也但文不備耳季冬云大難明九門磔禳季冬稱大則貴賤皆爲也

季春云國難熊氏云唯天子諸侯有國爲難此云天子乃難唯天子得難以其難陽氣陽是君象則諸侯以下不得難陽氣也按陰氣陽氣至大陵俱致積尸疫氣按十一月陽氣至于危虛而不難十二月陰氣至于虛危而爲難者以十一月陽氣初起未能與陰相競故無疫疾可難六月宿直柳鬼陰氣至微陰始動未能與陽相競故無疫害可難也季冬亦陽初起而爲難者以陰氣在虛危又是一歲之終總除疫氣故爲難也其磔禳之牲按小司徒職云小祭祀奉牛牲又牧人凡毀事用駹可也是則用牛也羊人云凡沈辜侯禳共其牲犬人云凡幾珥沈辜用駹可也雞人云面禳共其雞牲則用羊用犬用雞也蓋大難用牛其餘雜犬者用羊用犬小者用雞此皆熊氏之說也〇以犬嘗麻先薦寢廟麻始熟也〇是月也可以築城郭建都邑穿竇窖脩囷倉爲民將入物當藏也穿竇窖者入地隋曰竇方曰窖王居明堂禮曰仲秋命庶民畢入于室曰時殺將至毋罹其災〇竇音豆窖古孝反囷丘倫反隋他果反謂狹而長【疏】注隋曰至其災〇正義曰隋者似方非方似圓非圓以其名竇與窖相似故云隋曰竇方曰窖者竇既爲隋圓故以窖爲方也引王居明堂禮證此月築城郭建都邑之意云殺氣將至無罹其災者於此仲秋之時戒勅於民曰此時殺害氣將欲至民當入室無在田野罹被其災按豳詩十月之後云嗟我婦子曰爲改歲入此室處此仲秋已入室者但仲秋之時耘鋤既了暫時入室以避陰災未盡成熟須出野收斂至十月之後又入室避寒所以不同〇乃命有司趣民收斂務畜菜多積聚始爲禦冬之備〇趣七住反本又作趨又七錄反務畜丑六反乃勸種麥毋或失時其有失時行罪無疑麥者接絕續乏之穀尤重之【疏】注麥者至重之〇正義曰前年秋穀至夏絕盡後年秋穀夏時未登是其絕也夏時人民糧食闕短是其乏也麥乃夏時而熟是接其絕續其乏也尤重之者以黍稷百穀不云勸種於麥獨勸之是尤重故也蔡氏云陽氣初胎於酉故八月種麥應時而生也〇是月也日夜分雷始收聲蟄蟲坏戶殺氣浸盛陽氣日衰水始涸又記時候也雷始收聲在地中動內物也坏益也蟄蟲益戶謂稍小之也涸竭也此甫八月中雨氣未止

而云水竭非也周語曰辰角見而雨畢天根見而水涸又曰雨畢而除道水涸而成梁辰角見九月本也天根見九月末也王居明堂禮曰季秋除道致梁以利農也〇坏音陪浸子鴆反涸戶各反見賢遍反下同【疏】注雷始至利農正義曰知動內物者以雷是陽氣主於動不惟地中潛伏而已至十一月一陽初生震下坤上復卦用事震爲動坤爲地是動於地下是從此月爲始故云動內物也云蟄蟲益戶稍小之者戶謂穴也以土增益穴之四畔使通明處稍小所以然者以陰氣將至此以坏之稍小以時氣尚溫猶須出入故十月寒甚乃閉之也云此甫八月中雨氣未止而云水竭非也者甫始也以雨畢在九月之初今此始八月之中對九月爲始八月宿直昴畢畢星主雨故云雨氣未止今言水竭非也引周語以下者證九月水始涸不得在八月也云辰角見而雨畢注云辰角大辰蒼龍之角角星名見者朝見東方殺氣日盛雨氣盡也云天根見而水涸者注云天根亢氐之間謂寒露雨畢之後五日天根朝見水潦盡竭又云雨畢而除道水涸而成梁者以國語上文既云水涸下又云水畢除道故云又曰所以除道治梁者國語注治道所以便行旅通也成梁所以使民不涉皆國語文云辰角見九月本天根見九月末此鄭之言也九月本謂九月之初也按律麻志角十二

度亢九度天根在亢之後辰角與天根相去二十一度餘日校一度則九月本與九月末相去二十一日有餘也而韋昭注國語辰角見雨畢之後五日天根見不同者蓋辰角見後雨以漸而畢畢後五日始天根見中間亦校二十餘日也非謂辰角見後五日則天根見也國語皆謂朝見以今曆驗之亦然而皇氏云九月之時辰角天根昏見東方未聞也不知何意如此之說此周語所云單襄公聘宋假道於陳見靈公與孔寧儀行父如夏氏單襄公歸告周定王之辭也鄭又引王居明堂禮以下者證雨畢水涸在季秋也云除道致梁以利農者農既收刈當運輦故法地治道水上爲梁便利民之轉運故云以利農也。

〇日夜分則同度量平權衡正鈞石角斗甬是月也易關市來商旅納貨賄以便民事四方來集遠鄉皆至則財不匱上無乏用百事乃遂易關市謂輕其稅使民利之商旅賈客也匱亦乏也遂猶成也〇易以豉反注同便婢面反匱其位反注同賈音古又古雅反

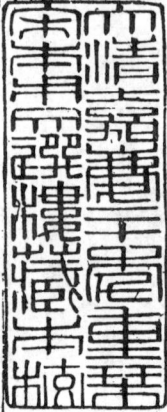

〇凡舉大事毋逆大數必順其時愼因其類事謂興土功合諸侯舉兵衆也季夏禁之孟秋始征伐此月築城郭季秋教田獵是以於中爲之戒焉（疏）是月至其類〇正義曰關市之處輕其賦稅不爲節礙是易關市也關市既易則商旅自來是來商旅也商旅既來則貨賄自入是納貨賄也以此之故便利民人之事四方摠來聚集遠鄉於是皆至貨賄既多則庫財不匱所須皆供故國無乏之用上下豐足故百事乃遂遂成也百事皆成於此之時興舉其事無逆天之大數必須順其陰陽之時謹愼因其事類不可煩亂妄爲〇注事謂至戒焉〇正義曰以此月云築城郭故云事謂興土功孟秋云始征伐季秋云教田獵故云合諸侯舉兵衆也但此月上有孟秋始征伐下以季秋教田獵故云是以於中爲之戒焉

〇仲秋行春令則秋雨不降卯之氣乘之也卯宿直房心心爲天火草木生榮應陽動也〇應應對之應國乃有恐以火訛相驚〇恐丘勇反（疏）仲秋至有恐〇正義曰秋雨不降天災草木生榮地災國乃有恐人災〇注宿直房心心爲大火〇正義曰鄭云此者解仲秋行春令時雨不降之意仲秋是應雨之時今行春之令位當卯致大火之氣火是積陽故時雨不降〇注以火訛相驚〇正義曰以仲秋致仲春火氣故有火但仲秋爲金仲春爲木金能尅木又仲秋雨水水又尅火火竟不能爲害但以訛僞言語相驚故云以火訛相驚

行夏令則其國乃旱蟄蟲不藏五穀復生午之氣乘之也〇復扶又反（疏）其國至復生〇正義曰其國乃旱天災也蟄蟲不藏五穀復生地災也

行冬令則風災數起子之氣乘之也北風殺物〇數所角反收雷先行先猶蚤也冬主閉藏草木蚤死寒氣盛也（疏）風災至蚤死〇正義曰風災數起收雷先行天災草木蚤死地災也

附釋音禮記注疏卷之十六

江西南昌府學栞

禮記注疏卷十六挍勘記　阮元撰盧宣旬摘錄

月令

仲夏之月節　惠棟挍云仲夏節其日節小暑節天子節宋本合爲一節

仲夏至危中　惠棟挍宋本無此五字

五月節日在井十六度　惠棟挍宋本作節此本節誤五閩監毛本同衛氏集說同下五月節日在井三度同

旦危九度中　閩監毛本同衛氏集說同盧文弨挍云宋書作危七度是

其日丙丁節

小暑至節

鵙始鳴　惠棟挍宋本作鶪岳本同石經同釋文同此本鶪誤鵙閩監毛本同嘉靖本同衛氏集說同

鵙博勞也　閩監本同衛氏集說同考文引宋板同惠棟挍宋本鵙作鶪毛本鵙字同博作搏嘉靖本同岳本作鶪搏釋文出搏勞云音博又音伯○按博搏皆雙聲假借

反舌百舌鳥　閩監毛本同岳本同衛氏集說同嘉靖本鳥作也

方言云　閩監毛本同盧文弨挍云據藝文類聚非方言乃鄭志也段玉裁挍本亦云方言二字當作鄭志

譚魯以南　閩本同監毛本譚誤潭盧文弨挍潭改譚

謂之食厖　閩監毛本同盧文弨挍云食厖疑食疣

齊杞以東　閩監毛本同盧文弨挍本杞改濟

然名其子同云螵蜋也　閩本同監毛本蜋作蛸

云搏勞者　閩毛本同監本搏作博

百勞鳴將寒之候　閩監毛本同衛氏集說同惠棟挍宋本百作伯與詩箋同

蔡云蟲名蠹也　惠棟挍宋本作名此本名誤鳴閩監毛本同

又靡信云　閩本同考文引宋板同監毛本靡作縻是也

天子居明堂大廟節

天子居明堂太廟　閩監毛本同岳本太作大嘉靖本同衛氏集說同石經同注太廟太室同

是月也命樂師節

脩鞀鞞鼓　閩監本同岳本同衛氏集說同毛本脩作修嘉靖本同注放此

飭鐘磬柷敔　閩本同嘉靖本同衛氏集說同監毛本鐘作鍾岳本同釋文同

是月至柷敔　惠棟挍宋本無此五字

音之布告如歸灑　閩本同惠棟挍宋本歸作埽按埽字是也監毛本作音之變布如灑出盧

文弨挍云本作音多變布如灑出也宋本亦誤

戈鉤孑戟　惠棟挍宋本如此此本鉤孑誤鈎子閩監本鉤字同孑誤子衛氏集說同毛本亦作鈎孑

列管瓠中　閩監毛本同盧文弨云瓠當作匏

聲如鶯兒啼　閩本同監毛本鶯作嬰

簧者竽笙之名也　閩監毛本同衛氏集說同段玉裁挍本云名當作舌

釋名磬罄也　閩監毛本同考文引宋板名下有云字是也

中有椎柄連底桐之　惠棟挍宋本桐作挏閩監毛本同作撞衛氏集說同浦鏜挍云撞爾雅注作挏大孔切

命有司爲民祈祀節　惠棟挍云命有司節農乃登節令民節毋燒節挺重節游牝節宋本合爲一節

古者上公　惠棟挍宋本宋監本作公岳本同衞氏集說同此本公誤古閩監毛本同嘉靖本同浦鏜從假樂雩漢詩疏挍作古者上公以下考文引古本亦作古者上公以下

雩之正常以四月　閩本同監毛本常作當岳本同嘉靖本同衞氏集說同

命有至穀實　惠棟挍宋本無此五字

故制禮此月爲雩　閩監毛本同衞氏集說同惠棟挍宋本月作時

不可偏祭一天　惠棟挍宋本作一是也衞氏集說同此本一誤之閩監毛本同

以自外至者無主不正　惠棟挍宋本作止此本作正閩監毛本同衞氏集說同

則龍見而雩是也　閩監毛本同考文引宋板龍見作能國誤也

服注云雩遠也　閩監毛本同考文引宋板云字闕

故僖十一年夏大旱是也　惠棟挍宋本同閩監毛本十上有二字案有二字是也

農乃登黍節

含桃櫻桃也　閩監毛本同岳本同嘉靖本同衞氏集說同惠棟挍宋本櫻下衍汝字又此本櫻字誤作攖疏同各本皆作櫻釋文亦出櫻

黍稷於是始孰　閩監毛本孰作熟下未孰新孰同

毋燒灰節

毋燒灰　閩監毛本同岳本同嘉靖本同衞氏集說同案呂覽灰作炭

毋暴布　閩監本同岳本同嘉靖本同衞氏集說同毛本暴作㬥釋文出暴布

不以陰功干大陽之事　閩本同岳本同嘉靖本同衞氏集說同監毛本大作太釋文出大陽

挺重囚節

益其食　閩監本同岳本同嘉靖本同衞氏集說同毛本食誤長考文引宋板作食

皇氏以爲增益囚之飲食　惠棟挍宋本同閩監毛本飲作飯

游牝別羣節

則縶騰駒　閩監毛本同岳本同嘉靖本同衞氏集說同石經同釋文出則執云蔡本作縶考文引古本縶作執

爲其牡氣有餘相蹄齧也　惠棟挍宋本牡作壯考文引古本足利本同岳本同嘉靖本同閩監毛本誤牝衞氏集說同

每閑馬有二百一十六匹　閩監毛本同衞氏集說同惠棟挍宋本匹作疋

是月也日長至節　惠棟挍云是月也日長至節君子節薄滋味節嗜欲節鹿角解節是月也毋用火節宋本合爲一節

是月至生分　惠棟挍宋本無此五字

君子齊戒節

進猶御見也　閩監毛本同衞氏集說同考文引古本猶作謂

或調律磿　閩本磿作厤監毛本作歷衞氏集說同○按磿乃厤字之誤古多假磿爲厤戰國策厤室字史記樂毅傳作磿可證也

絲爲絃　閩本同惠棟挍宋本同監毛本絃作弦

冬至祭祭圜丘　閩本同監毛本祭字不重空闕一字衞氏集說作冬至祭天是也考文引宋本同

薄滋味節

注爲其至傷人　閩監毛本同惠棟挍宋本作注爲其氣異此時傷人

節耆欲節

節耆欲　閩監毛本同岳本同衞氏集說同嘉靖本初作耆後改嗜釋文出嗜欲石經作節嗜欲考文引古本足利

本耆亦作嗜盧文弨挍云耆惠棟本改作嗜疑宋本亦作嗜也。按嗜正字耆假借字

鹿角解節

木堇榮　閩監毛本同岳本同嘉靖本同衛氏集說同釋文出木堇考文引古本堇作槿案正義標起止作槿

木槿至蒸也　閩監毛本同惠棟挍宋本蒸也作王蒸

椵木槿　閩監毛本同盧文弨挍云椵當作椴

某氏云別三名　閩本同惠棟挍宋本同監毛本某誤郭三誤二

仲夏行冬令節

行春令節

則五穀晚熟　閩監毛本同衛氏集說同石經同岳本熟作孰嘉靖本同。按孰熟古今字

行秋令節

八月宿直昴畢爲天獄　閩監毛本同岳本同嘉靖本同衛氏集說同考文引古本爲上有昴字山井鼎云宋板八月宿直昴畢下後人補寫昴字不知據何本也嚴杰云考文所云古本多不足據開元占經云黃帝曰昴天牢獄也又云巫咸曰畢爲天獄是昴畢並爲天獄之證注文必不舍畢而言昴古本爲上有昴字非也

行秋至於疫　惠棟挍宋本無此五字

民殃於疫人災也　惠棟挍宋本此下標禮記正義卷第二十三終又記云凡二十五頁

季夏之月節　惠棟挍云季夏節其日節宋本合爲一節。惠棟挍宋本自此節起至合諸侯制百縣節止爲第二十四卷首題

季夏至奎中　惠棟挍宋本無此五字

日在井三十二度　閩監毛本同衛氏集說同盧文弨挍云宋書六月節日在鬼一度弱此井三十二度當作井三十三差只一度

旦東壁八度中　閩監毛本同衛氏集說同盧文弨挍云宋書作壁六度是

其日丙丁節

温風始至節　惠棟挍云温風節天子節命澤人節宋本分澤人納材葦一句合上二節爲一節

腐草爲螢　閩監毛本同岳本同嘉靖本同衛氏集說同石經同釋文出腐草爲熒云本又作螢或作腐草化爲螢者非也洪頤煊九經古義補云按呂氏春秋淮南子周書時訓解皆有化字藝文類聚三引月令亦有化字。按有化字非也正義引蔡氏云鳩化爲鷹鷹還化爲鳩故偁化今腐草爲螢螢不復爲腐草故不偁化

鷹學習謂攫搏也　閩監毛本同岳本同嘉靖本同衛氏集說同惠棟挍宋本無謂字

但居其壁　閩監毛本同衛氏集說其作在

此六月何言有鷹學習乎　惠棟挍宋本作有此本有字闕閩監毛本有誤曰

腹下如火光　閩監毛本同衛氏集說同惠棟挍宋本無光字

天子居明堂右个節

又云凡取龜用秋時是夏之秋也者　閩監毛本如此此本云字空闕是夏之秋也者六字亦闕惠棟挍宋本無是夏之秋也者六字

言記之者非也　閩監毛本同惠棟挍宋本作言記者之非無也字

命澤人納材葦節　惠棟挍宋本是月也命四監以下爲一節案此本命澤人上不作。是連上爲一節是月也上作。是自爲節嘉靖本同衛氏集說命澤人納材葦句經注亦屬上節

北辰耀魄寶　閩監毛本作寶此本寶字闕

冬至所祭於圜丘也上帝大微五帝　閩監毛本同衛氏集說同惠棟挍宋本圜作圓大作太嘉靖本同岳本圓字同太亦作大

命四至祈福　惠棟挍宋本無此五字

白命婦官至等給之度　閩監毛本同惠棟挍宋本給作級

論禁斷餘事　閩監毛本如此此本論斷餘三字闕

自土潤溽暑　閩監毛本同惠棟挍宋本溽作辱

知百縣非諸侯　閩監毛本作知此本知字闕

更無別五帝之文　閩監毛本作無此本無字闕

是月也命婦官節　惠棟挍云是月也命婦官節黑黃節宋本合爲一節

命婦至差貸　惠棟挍宋本無此五字

若周則於夏豫浸治染纁元之石　閩監毛本如此此本豫字闕治作始衛氏集說作周則於夏豫浸治染纁元之色也

已用謂之色此對文耳　閩監毛本如此此本巳用作色周耳誤章

黑黃倉赤節

黑黃倉赤　惠棟挍宋本同岳本同嘉靖本同閩監毛本倉作蒼衛氏集說同石經同石經考文提要云宋大字本九經南宋巾箱本余仁仲本劉叔剛本至善堂九經本皆作倉

以別貴賤等給之度　閩監毛本同嘉靖本同衛氏集說同岳本給作級石經同案石經作級蓋依呂覽

旌旗及章識也　閩監毛本作及岳本同嘉靖本同衛氏集說同此本及誤文

績末長終幅　閩監本作績末衛氏集說同考文引宋板同與司常注合此本績字闕毛本績末誤質末

是月也樹木方盛節　惠棟挍云是月也樹木方盛節毋舉大事節水潦節宋本合爲一節

乃命虞人　閩監毛本同岳本同嘉靖本同衛氏集說同陳澔集說本脫乃字石經考文提要云宋大字本宋本九經南宋巾箱本余仁仲本劉叔剛本皆有乃字

爲其未堅刃也　閩監毛本作刃岳本同嘉靖本同此本刃字闕衛氏集說同刃作韌

土雖寄王四季　閩監毛本同衛氏集說同惠棟挍宋本四上有於字

毋舉大事節

大事興徭役以有爲　閩監毛本同岳本同惠棟挍宋本宋監本徭作繇嘉靖本同衛氏集說同又興上有謂字釋文出徭役考文引古本事下有謂字

謂出繇役之令以預驚民也　惠棟挍宋本同宋監本同岳本同嘉靖本同閩監毛本繇作徭預作豫衛氏集說繇字同預亦作豫○按說文有豫無預

水潦盛昌節

動之則致害也　閩監毛本同岳本同嘉靖本同衛氏集說同考文引古本害上有災字盧文弨挍云災字挍疏亦有

未有東井　惠棟挍宋本同閩監毛本有作偵衛氏集說同

干養氣者　惠棟挍宋本作干此本干誤于閩監毛本同

若動地則致天災害　閩監毛本同惠棟挍宋本天作干衛氏集說同

是月也土潤溽暑節　惠棟挍云是月也土潤節可以糞田疇節宋本合爲一節

土潤溽暑　閩監毛本同岳本同嘉靖本同衛氏集說同石經同惠棟挍宋本溽作辱宋監本同考文引古本同釋文出辱暑云本或作溽注此本作潤辱與惠棟挍宋本同各本俱作溽

謂塗溼也　監毛本作溼岳本作濕嘉靖本同衛氏集說同此本溼誤溫閩本同○按溼正字濕假借字

大雨至熱湯　惠棟挍宋本無此五字

土既潤辱　閩監毛本辱作溽

行猶通彼也　閩監毛本同衞氏集說同惠棟挍宋本彼作被

又蓄水漬之　閩監本同毛本又誤文衞氏集說作又畜水浸漬之

水熱而沫沸　閩監本作沫衞氏集說同此本沫誤洙閩本同

以茲其斫其生者　惠棟挍宋本亦作茲其與周禮注合閩本同監毛本茲其誤鎡具

夷之以鉤鐮　閩監毛本同惠棟挍宋本鐮作鎌

若今取茭矣　閩監毛本作茭此本茭作菱

以耜測凍土剗之　閩監毛本同惠棟挍宋本凍作凍滸鐙挍測改側○按段玉裁云以畟畟良耜傳箋證之則當作測滸鐙非也

可以糞田疇節

可以美土彊　惠棟挍宋本宋監本並作彊岳本同嘉靖本同石經同此本彊誤疆閩監毛本同衞氏集說同注放此釋文出土彊云注同此本疏中皆作彊不誤

土潤溽　閩監毛本同岳本同嘉靖本同衞氏集說同考文引宋板溽作辱古本同

土潤辱　閩監毛本辱作溽

季夏節

季夏至遷徙　惠棟挍宋本無此五字

行秋令節

邱隰至女災　惠棟挍宋本無此五字

及禾稼不熟此地災也　閩監毛本同惠棟挍宋本無此字衞氏集說同

行冬令節

風寒至入保　惠棟挍宋本無此五字

中央土節　惠棟挍云中央節其日節其蟲節其音節律中節其數節天子節宋本合爲一節

物體質碍　閩監毛本同惠棟挍宋本碍作礙衞氏集說作物體窒礙

輒寄王十八日也　惠棟挍宋本作王此本王誤五閩監毛本王誤一

其日戊巳節

其帝黃帝節

后土亦顓頊氏之子曰黎　毛本土誤氏黎作犂閩本監本衞氏集說本亦作犂考文引古本作藜餘本並作黎○按依說文當作黎假借作黎誤作藜俗省作犂

其蟲倮節

恒淺毛　閩監毛本作恒岳本同嘉靖本同衞氏集說同此本恒誤淺

案仲夏云　惠棟挍宋本作案閩本同此本案誤以監毛本同衞氏集說同

至六月土王之時　閩監本同衞氏集說同毛本時誤非考文引宋板作時

西云狐貉之屬　閩監毛本同衞氏集說同惠棟挍宋本貉作狢

律中黃鍾之宮節

律中黃鍾之宮　閩本同岳本同嘉靖本同衞氏集說同監毛本鍾作鐘石經同餘放此

案黃鍾之均調　惠棟挍宋本作案此本案誤故閩監毛本同

其數五節

是以名室爲霤云者　惠棟挍宋本作以此本以誤所閩監毛本同

故毛云陶其土而復之　閩監本同毛本云誤詩考文引宋板作云

鄭云復者復於土上　惠棟挍宋本作復此本復誤複閩監毛本同

故庚蔚云　段玉裁挍本云上有之字

復謂地上累土謂之穴　閩監毛本同段玉裁挍本下謂改爲盧文弨挍本亦云當作爲

天子居大廟大室節

器圜者象土周帀於四時　惠棟挍宋本作帀岳本作匝此本帀誤布閩監毛本同嘉靖本同衛氏集說同考文引古本帀作迊

閩讀如紘　閩監毛本同岳本同嘉靖本同衛氏集說同段玉裁挍本如改爲

象土周匝於四時者　惠棟挍宋本匝作帀閩監毛本匝誤布下周匝同

孟秋之月節

孟秋至畢中　惠棟挍宋本無此五字

昏箕二度中　閩監毛本同衛氏集說同盧文弨挍本云宋書箕三度非是下翼二度是

其日庚辛節

該爲蓐收　閩監毛本同衛氏集說同惠棟挍宋本蓐作辱下蓐收者同

言秋時萬物摧辱而收斂　閩本同監毛本辱作蓐衛氏集說同

其蟲毛節

今於徵數五十四上更加十八　惠棟挍宋本如此衛氏集說同此本四上誤有四閩監毛本同

爲商聲之濁次於宮　惠棟挍宋本如此衛氏集說無爲字聲字同此本無爲字聲誤音之字誤重閩監毛本無爲字聲誤音之字不重

謂商聲雜亂感動人心　惠棟挍宋本作雜亂此本雜亂誤足以閩監毛本同

律中夷則節

益前四寸爲五寸　惠棟挍宋本如此衛氏集說同此本上寸字脫閩監毛本同

其數九節

於藏直肝　惠棟挍宋本同宋監本同岳本同嘉靖本同考文引古本足利本同閩監毛本直作值○按古多以直爲值

其他皆如祭竈之禮也　閩監毛本同惠棟挍宋本也作者

及祭醴三　惠棟挍宋本作醴此本醴誤體閩監毛本及衛氏集說同

天子居總章左个節　惠棟挍云天子節宋本分其氣廉以深之上合孟秋節其日節其蟲節律中節其數節涼風節爲一節

駕白駱　閩監毛本作駱岳本同嘉靖本同衛氏集說同石經同此本駱誤輅釋文出白駱

是月也以立秋節　惠棟挍云是月也以立秋節命百官節宋本合爲一節

順彼遠方　閩監毛本作遠岳本同嘉靖本同衛氏集說同石經同此本遠誤還

察創視折　閩監毛本作折岳本同嘉靖本同衛氏集說同此本折誤析

是月至寢廟　惠棟挍宋本無此五字

完隄坊　閩監毛本同衛氏集說同岳本坊作防嘉靖本同釋文出防云本又作坊石經考文提要云宋本九經南宋巾箱本皆作防

八月宿直畢　閩監毛本作直岳本同嘉靖本同衛氏集說同此本直誤在

坏牆垣　閩監毛本同岳本同嘉靖本同衛氏集說同釋文同石經牆垣二字倒石經考文提要云坊本作垣牆此沿唐石經之誤宋大字本宋本九經南宋巾箱本余仁仲本劉叔剛本皆作墻垣

此其月也而禁封諸侯割地　惠棟挍宋本如此岳本同嘉靖本同衛氏集說同考文引

古本足利本同此本月也而禁四字闕閩監毛本補嘗並秋而禁五字其嘗並秋三字誤也宋監本亦作此其月也無秋字

孟秋行冬令節

營室主武事　閩監毛本同嘉靖本同衞氏集說同惠棟挍宋本事作士岳本同考文引古本同案此本疏標起止作士下又作事蓋出下孟冬天子乃命將帥講武注亦有此五字而各本皆作武士是此亦當定作士也

孟秋至乃來　惠棟挍宋本無此五字

行春令節

其國至無實　惠棟挍宋本無此五字

行夏令節

寒熱所爲也　惠棟挍宋本作也宋監本同岳本同嘉靖本同衞氏集說同考文引古本足利本同此本也字闕閩監毛本誤者

今月令藿疾爲疾疫　惠棟挍宋本如此宋監本同岳本同嘉靖本同考文引古本足利本同此本下疾字闕閩監毛本疾作厲

仲秋之月節

日月會于壽星　閩監毛本同岳本于作於嘉靖本同衞氏集說同考文引古本足利本同盧文弨挍云作於與前一例

仲秋至觽中　惠棟挍宋本無此五字

去日一百二度且井二度中　惠棟挍宋本作一百二度此本作一百六度其六字誤也閩監毛本同衞氏集說同

昏斗二十四度中　閩監毛本同衞氏集說同盧文弨挍云宋書斗二十五度少强

其日庚辛節

盲風至節

九月丹鳥羞白鳥　閩本監本毛本同岳本同嘉靖本同衞氏集說同惠棟挍宋本九作八又云八月作九月傳寫之誤按惠棟說非也正義明言大戴禮八月丹鳥羞白鳥今云九月者鄭所見本異也可見孔氏所依用本作九月

元鳥鷰者　閩監毛本鷰作燕○按燕正字鷰俗字

而云不以中國爲居　惠棟挍宋本作云此本云誤亦閩監毛本同

天子居總章大廟　惠棟挍云天子節宋本分其器以深之上合前仲秋節其日節盲風節爲一節是月也養衰老以下爲一節

行糜粥飲食　閩監毛本同岳本同衞氏集說同嘉靖本糜誤靡釋文出糜粥

是月至其殃　惠棟挍宋本無此五字

自乃命祝宰　閩本同惠棟挍宋本同監毛本祝宰二字倒○按監本毛本是鄭注謂宰祝大宰大祝也

故言是月自可以築城郭　閩監毛本如此此本是月自三字誤在末行而以下行課種麥三字移入此行此行以下三行首三字俱移上一行

勸課種麥爲農爲民　惠棟挍宋本如此此本課種麥三字誤在上行而以下行甫論晝三字移入此行閩監毛本課種麥作種逼論非也

引詩七月流火者　惠棟挍宋本作引此本引誤別閩監毛本同

是月也乃命宰祝節

量小大　惠棟挍宋本同宋監本同岳本同嘉靖本同石經同閩監毛本小大二字倒衞氏集說同石經考文提要

云宋大字本宋本九經南宋巾箱本余仁仲本劉叔剛本至善堂九經本皆作小大

大宰大祝主祭祀之官也　閩監毛本同岳本同嘉靖本同衞氏集說同惠棟挍宋本祀作祝

所察也　閩監本同岳本同嘉靖本同衞氏集說同毛本察誤祭考文引宋本作察

乃命至其饗　惠棟挍宋本無此五字

天子乃難節

則諸侯以下不得難陽氣也　閩監毛本同衞氏集說同考文引宋板無陽字

又牧人云　惠棟挍宋本有云字衞氏集說同此本云字脫閩監毛本同

凡毀事用駹可也　閩監毛本同衞氏集說同惠棟挍宋本駹作尨下用駹同○按周禮葦作尨

凡沈辜侯禳共其羊牲　惠棟挍宋本有羊字此本羊字脫閩監毛本同衞氏集說同

是則用羊用犬用雞也　惠棟挍宋本有是字衞氏集說同此本是字脫閩監毛本同

其餘雜禳大者用羊　惠棟挍宋本有禳字此本脫閩監毛本同毛本大誤犬

以犬嘗麻節

麻始熟也　閩監毛本同衞氏集說同岳本熟作孰惠棟挍宋本同嘉靖本同

入地隋曰竇　毛本作隋岳本同衞氏集說隋誤惰釋文出隋曰云他果反謂狹而長此本隋誤圜閩監本同嘉靖本同

仲秋命庶民畢入于室　惠棟挍宋本如此宋監本同岳本同嘉靖本同考文引古本足利本同此本仲秋命庶四字闕閩本同監毛本命庶誤農隙衞氏集說同

注隋曰至其災　惠棟挍宋本作其災此本其災二字闕閩本同監毛本其災誤而長

正義曰隋者似方非方　監毛本如此衞氏集說同此本正義曰隋四字闕閩本同

以其名竇與窖相似故云隋曰竇方曰窖者　惠棟挍宋本如此此本似故云隋曰竇方七字闕閩本同監毛本似故云隋四字闕曰竇誤而謂

無罹其災者於此仲秋之時　惠棟挍宋本如此此本其災者於此五字闕閩本者於此三字闕監毛本於此誤言當

民當入室無在田野　惠棟挍宋本如此衞氏集說同此本入室無在四字闕閩本同監毛本在誤處無監本作毋

曰爲改歲入此室處　閩監毛本如此此本爲改歲入四字闕

暫時入室　惠棟挍宋本作暫此本暫字闕閩本同監毛本暫作乘衞氏集說同

須出野收斂　閩監毛本作斂此本斂字闕

是月也日夜分節

雷始收聲　唐石經始作乃王引之云本作雷乃始收初學記周禮韗人疏可證淮南時則篇同說詳經義述聞

此甫八月中雨氣未止　閩監本同岳本同衞氏集說同考文引宋板古本足利本同毛本雨氣作氣雨嘉靖本同按正義云畢星主雨故云雨氣未止雨氣非氣雨

季秋除道致梁　閩監毛本同岳本同嘉靖本同衞氏集說同正義亦作致考文引古本致作置

云此甫八月中雨氣未止　監毛本作雨氣此本雨氣二字誤倒

水畢除道　按國語周語作雨畢

治道所以便行旅通也　閩監毛本如此此本旅通二字闕○按治當作除韋注無通也二字

成梁所以使民不涉　按韋注作所以便民使不涉也

皆國語文　按文字上當有注字

日夜分則同度量節　惠棟挍云宋本分角斗甬之上合前是月也乃命宰祝節天子節以犬節乃命有司節日夜分節爲一節

是月至其類　惠棟挍宋本無此五字

仲秋行春令節

仲秋至有恐　惠棟挍宋本無此五字

行夏令節

其國至復生　惠棟挍宋本無此五字

行冬令節

冬主閉藏　閩監毛本同岳本同嘉靖本同衞氏集說同惠棟挍宋本無藏字

風災至蚤死　惠棟挍宋本無此五字

草木蚤死地災也　閩監毛本同衞氏集說同惠棟挍宋本無也字

禮記注疏卷十六挍勘記

附釋音禮記注疏卷之十七

月令　鄭氏注　孔穎達疏

季秋之月，日在房，昏虛中，旦柳中。季秋者，日月會於大火，而斗建戌之辰也。〔疏〕季秋至柳中。正義曰：三統厤九月節日在氐五度，昏虛二度中，去日九十七度，旦張初度中。九月中日在房五度，昏危三度中，去日九十三度，旦張十八度中。按元嘉厤九月節日在亢一度，昏牛八度中，旦井二十九度中。九月中日在氐七度，昏女十一度中，旦柳十。度中。

其日庚辛，其帝少皞，其神蓐收，其蟲毛，其音商，律中無射，其數九，其味辛，其臭腥，其祀門，祭先肝。無射者，夾鍾之所生，三分去一，律長四寸六千五百六十一分寸之六千五百二十四。季秋氣至，則無射之律應。周語曰：無射所以宣布哲人之令德，示小。民軌儀。射音亦，喆貞列反。〔疏〕注無射至軌儀。正義曰：按夾鍾之律長七寸二千一百八十七分寸之千七十五。下生者三分去一，今夾鍾七寸，取六寸三分去一，有四寸在。夾鍾以一寸爲三千一百八十七分，今更三分之，則一寸者分爲六千五百六十一分。夾鍾二千一百八十七分寸之千七十五者，又三分之，則爲三千二百二十五。其夾鍾整十有六千五百六十一，又以三千二百二十五益之，總爲九千七百八十六分，三分去一，則去三千二百六十二，餘有六千五百二十四在，故云無射律長四寸六千五百六十一分寸之六千五百二十四也。引周語曰以下者，證無射之義。云宣布哲人之令德示民軌儀者，按周語注云：乾上九用事，無射陽氣上升，陰氣收藏，萬物無射者也。哲人后稷布其德教，示以法儀，當及時銍穫而收藏也。

○鴻鴈來賓，爵入大水爲蛤，鞠有黃華，豺乃祭獸戮禽。皆記時候也。來賓，言其客止未去也。大水，海也。戮猶殺也。○來賓，高誘注呂氏春秋則云賓雀，與鄭異。蛤，古荅反。鞠，本又作蘜，九六反。豺，音柴。儏，音六，本或作戮。〔疏〕注來賓至殺也。正義曰：上仲秋直云鴻鴈來，今季秋云來賓，以仲秋初來則過去，故不云賓。今季秋鴻鴈來賓者，客止未去也，猶如賓客，故云客止未去也。大水，海也者，按國語云：雀入于海爲蛤，故知大水是海也。云戮猶殺也者，以繼祭獸，戮禽禽獸皆殺之。但殺獸而又陳，戮禽則殺之而已，不以爲祭，故直云戮禽。此亦互文也。禽獸初得皆殺而祭之，後得者殺而不祭也。

○天子居總章右个，乘戎路，駕白駱，載白旂，衣白衣，服白玉，食麻與犬，其器廉以深。總章右个，西堂北偏。○是月也，申嚴號令。申，重。○重，直用反。命百官貴賤無不務內，以會天地之藏，無有宣出。內謂收斂入之也。會猶聚也。〔疏〕注內至宣出。正義曰：於此月之時，勑命百官貴之與賤無不務內。內謂收斂其物，言貴之與賤無有一人不勤務收斂內物，以會天地之藏者，會猶趣也，言心皆趣嚮天地所藏之事，謂心順天地以深閉藏也。無有宣出者，以物皆收斂，時又閉藏，無得有宣露出散其物，以逆時氣。

○乃命冢宰農事備收，備猶盡也。舉五穀之要，定其租稅之簿。○簿，步古反，徐步各反。藏帝藉之收於神倉，祗敬必飭。重粢盛之委也。帝藉所耕千畝也。藏祭祀之穀爲神倉。祗亦敬也。○收，如字，又守久反。委，紆僞反。〔疏〕藏帝至必飭。正義曰：帝藉者，供上帝之藉田也。神倉者，貯祀鬼神之倉也。言天子於此月命冢宰藏此帝藉所收禾穀於此神倉之中，當須敬而復敬，必使飭正。○注重粢至亦敬。正義曰：委謂委積之物，重此粢盛委積之物，故內於神倉。公羊傳桓十四年：御廩災。御廩者何？粢盛委之所藏也。皇氏云委謂輸也，其義非。云帝藉所耕千畝者，鄭康成云：藉之言借也，借民力所治之田也。祭義云：天子爲藉千畝，冕而朱紘，躬秉耒。祭統云：天子親耕於南郊。是藉田在南郊也。云藏祭祀之穀爲神倉者，以其供神之物，故曰神倉。祗亦敬者，經有敬字，祗又訓爲敬，故云祗亦敬。言敬者，恒以敬敬爲心，不有怠慢也。

是月也，霜始降，則百工休。寒而膠漆之作不堅好也。〔疏〕是月也霜始降。正義曰：上文自申嚴號令至祗敬必飭，論務內必須敬慎。從此霜始降至習吹，論霜降寒來，人皆入室。又爲饗帝當習吹，順時氣。習吹雖與入室不同，但饗帝大事，則須更去。是月，故習吹之事附於入室之下。自大饗帝至無有所私，論大饗明堂及嘗犧牲告備，并諸侯來歲之制，稅民輕重貢賦之數，皆大事相連，事異於上，故言是月。天子乃教田獵及祭禽于四方，論順時田獵以習兵戎，事異於前，故

言是月草木黄落至供養之不宜論草木黄落蟄蟲閉戶斷決獄刑收減祿秩事異於前故又言是月天子以犬嘗稻先薦寢廟事重故特言是月也

○乃命有司曰：寒氣總至，民力不堪，其皆入室。總猶猥卒。猥卒，溫罪反，下七忽反。○上丁，命樂正入學習吹。爲將饗帝也。春夏重舞，秋冬重吹也。○吹，昌睡反，注同。爲，于僞反，下文「縣爲」、注「王爲」、又爲同。

【疏】注爲將至重也。○正義曰：以下有饗帝之文，此有言吹之事，故云爲將饗帝。其習舞吹，必用丁者，取其丁壯成就之義，欲使學者藝業成故也。

○是月也，大饗帝。言大饗者，遍祭五帝也。曲禮曰大饗不問卜，謂此也。

【疏】注言大至謂此。○正義曰：若祭一帝之時，則禮器謂之饗帝。今云大饗，故知徧祭五帝也。此大饗與帝連文，故謂祭天。禮器大饗，其王事與？彼下云三牲魚腊，九州之美味，故是四方助祭之物，故以大饗爲祫也，與此不同。引曲禮云大饗不問卜謂此者，以曲禮大饗不云帝，此云大饗帝，不云不問卜，恐是別事，諸儒多以爲疑，故鄭執之，云曲禮所云謂此也。鄭必知曲禮大饗非指祫祭，必是此大饗帝者，以周禮祀大神、享大鬼，帥執事而卜日。若祫祭，不得云不問卜也。此謂五帝皆饗，莫適卜可從，故知不問卜謂此也。

嘗犧牲，告備于天子。嘗者，謂嘗羣神也。天子親嘗帝，使有司祭于羣神，禮畢而告焉。

【疏】嘗犧牲告備于天子。○正義曰：嘗犧牲者，謂嘗祭羣神以犧牲，於時有司常祭，其事既畢，告祭備具於天子也。○注嘗者至禮畢而告焉。○正義曰：此犧牲之文，繼饗帝之下，知非欲饗帝之時，使有司展犧牲告其備具，而云嘗謂嘗羣神者，以四月大雩以祈穀實，雩上帝之後，云雩祀百辟卿士，是雩帝以外別雩羣神。九月大饗以報功，明饗帝之外亦饗羣神，故知此嘗嘗羣神。云使有司祭於羣神者，以其經云告備于天子，故知是有司。帝是尊神，故知天子親祭。經云饗帝，鄭云天子親嘗者，嘗是秋祭之名，因經有嘗犧牲之文，雖天子亦曰嘗，以秋物新成故也。

○合諸侯，制百縣，爲來歲受朔日，與諸侯所稅於民輕重之法，貢職之數，以遠近土地所宜爲度，以給郊廟之事，無有所私。秦以建亥之月爲歲首，於是歲終，使諸侯及鄉遂之官受此法焉。合諸侯制者，定其國家宮室車旗衣服禮儀也。諸侯言合制，百縣言受朔日，互文也。貢職，所入天子。凡周之法，以正月和之，正歲而縣於象魏。○合諸侯制，絶句。縣音玄。

【疏】合諸至所私。○正義曰：合諸侯制者，秦十月爲歲首，此月歲之終也，當入新歲，故合此諸侯之法制，又命百縣爲來歲受朔日之政令，并授諸侯所稅於民輕重之法、貢職之數。天子有朔日之政令，諸侯所稅民輕重之法、貢職之數，皆天子制之，百縣此來受處分，故云受朔與諸侯所稅於民輕重之法、貢職之數，皆天子之制。言與者，兼事之辭。以遠近土地所宜爲度者，言定稅輕重、入貢多少，皆以去京遠近之差、土地所宜之物爲節度。無有所私者，言既給郊廟重事，百縣等物無得有所偏私，不如法制也。○注秦以至象魏。○正義曰：按史記秦文公獲黑龍，自爲水瑞，命河爲德水，以十月爲歲首。云定其國家宮室車旗衣服禮儀者，此皆周禮與命文也。彼注云國家，國之所居，謂成方也。云互文者，諸侯言合制，則百縣亦合制；百縣言來歲受朔日，則諸侯亦來歲受朔日也，故云互文。諸侯謂畿外國，百縣謂鄉遂。云貢職謂所入天子者，以經云稅於民輕重之法，又云貢職之數，其文既重，故知稅於民者是積貯本國，貢職之數者是輸納天子。云周之法以正月和之者，按大宰職正月之吉，始和布治于邦國都鄙。云正歲而縣於象魏者，小宰職云正歲縣治象之法于象魏是也。

○是月也，天子乃教於田獵，以習五戎，班馬政。教於田獵，因田獵之禮，教民以戰法也。五戎，謂五兵：弓矢、殳、矛、戈、戟也。馬政，謂齊其色，度其力，使同乘也。校人職曰：凡軍事物馬而頒之。○殳音殊。矛，亡侯反。度，大各反。乘，繩證反。校，戶教反。頒音班。

【疏】是月至馬政。○正義曰：天子乃教於田獵者，天子於此陰殺之時，乃教人以戰法於田獵之事，謂因田獵而教之也。以習五戎者，謂於田獵之時，令人習用五種兵戎之器。班馬政者，謂班布乘馬之政令。○注五戎至須之。○正義曰：知五戎是五兵者，以別云班馬政，則五戎非馬也。下文云七騶咸駕，則知五戎非五戎車也，且車不須更習，故知五戎五矢也。按周禮司兵掌五兵，鄭司農注五兵者，戈、殳、戟、酋矛、夷矛。後鄭又注云步卒之五兵，則無夷矛而有弓矢。如鄭所云，則此注據步卒五兵。弓矢一也，殳長丈二二也，矛長二丈三也，戈長六尺六寸四也，戟長一丈六尺五也。此隨便而言，不依周禮長短之次也。云馬政謂齊其色度其力者，按毛詩傳云：宗廟齊豪，尚純也；戎事齊力，尚強也；田獵齊足，尚疾也。此對文言之，則戎事齊力，故校人職云凡軍事物馬而頒之，注云物馬齊其力，但戎事以弓爲主耳，亦須齊色，故詩云駟驂彭彭，是齊色也。

命

僕及七騶咸駕，載旌旐，授車以級，整設于屏外。僕，戎僕及御夫也。七騶，謂趣馬，主爲諸官駕說者也。既駕之，又爲之載旌旗。司馬職曰：「仲秋教治兵，如振旅之陳。辨旗物之用，王載大常，諸侯載旂，軍吏載旗，師都載旜，鄉遂載物，郊野載旐，百官載旟。」是也。級，等次也。整，正列也。設，陳也。屏，所田之地門外之蔽。○騶，側求反。載，丁代反，又如字，注同。旐音兆。級，九立反。趣，七住反，又七走反。說，始銳反。陳，直覲反。大音太。旟音餘。○【疏】命僕至屏外○正義曰：前既班馬政，乃命戎僕、御夫及七騶等皆以馬駕車，又載旌旐。既畢，授此七戎之車，以其尊卑等級，正其行列，設於軍門屏之外東西廂，以爲行陳。於是司徒在兩行之間，北面誓之。或者屏之外左右六軍嚮南而陳，司徒於陳前北面誓之也。○注「僕戎」至「之蔽」○正義曰：按周禮戎僕掌馭戎車，故知僕是戎僕也。以其教戰，故不用田僕。云「及御夫」者，按周禮馭夫掌馭從車、使車。注云：「從車，戎路、田路之副也。使車，驅逆之車。」故知及御夫也。云「七騶謂趣馬，主爲諸官駕說」者，按周禮趣馬職云：「掌駕說之頒。」謂第次也，是貴賤等列，故云「爲諸官駕說」也。七騶者，皇氏云：「天子馬有六種，種別有騶，則六騶也。又有揔主之人，并六騶爲七，故爲七騶。」引司馬職以下者，證九旗之異也。

載旌旐者，課舉以言之。按周禮司常云：「日月爲常，交龍爲旂，通帛爲旜，雜帛爲物，熊虎爲旗，鳥隼爲旟，龜蛇爲旐，全羽爲旞，析羽爲旌。及國之大閱，贊司馬頒旗物，王建大常，諸侯建旂，孤卿建旜，大夫士建物，師都建旗，州里建旟，縣鄙建旐，道車載旞，斿車載旌。」注云：「師都，六鄉六遂大夫也。州里、縣鄙，鄉遂之官，互約言之。」則州里謂鄉中之州長、黨正、族師，遂中里宰、鄰長也。縣鄙者，遂中縣正、鄙師、酇長及鄉之閭胥、比長也。道車，象路也，視朝、行道。斿車，木路也，王以田以鄙。此是仲冬大閱之時，各象治民之事，空習其事，故所建旌旗不如仲秋治兵實出軍之事。故鄭注大司馬云：「空辟實也。」言大閱是空，治兵是實，故云空辟實。實者，則此所引司馬職仲秋治兵是也。按司馬職云：「王載大常，諸侯載旂，軍吏載旗，師都載旜，鄉遂載物，郊野載旐，百官載旟。」注：「軍吏，諸師也。師都，遂大夫也。鄉遂，鄉大夫也。或載旜，或載物，衆屬軍吏，無所將也。郊，謂鄉遂之州長、縣正以下也。野，謂公邑大夫。載旐者，以其將羨卒也。百官，卿大夫也。載旟者，以其屬衛王也。」按周禮云鄉遂，今此注師遂載物者，轉寫誤也。既以師都爲遂大夫載旜，無容故違周禮云鄉遂載物。然王侯所載與仲冬大閱同，尊故不變也。其餘則異，隨時事也。以其出兵教戰，故無道車、斿車也。其王建大常，皆乘戎路，異於在國也。故司常注云：「玉路、金路

不出。春教振旅者，以陽氣方長，兵宜止息也。夏茇舍者，以草木茂盛，故教以草舍。秋教治兵者，以殺氣方盛，則匿邪惡，故教兵。冬教大閱者，以冬閉無事，備習威儀，故因其田獵教以備閑。云「屏，所田之地門外之蔽」者，按詩傳云：「揭纏旃以爲門，驅而入，擊則不得入。」既門外驅車，則不得有屏。此門外之屏者，蓋車入之時則去屏，無事之時則設屏也。

司徒搢扑，北面誓之。誓衆以軍法也。○搢，如字，又音箭。扑，普卜反。○【疏】司徒至誓之○正義曰：司徒，地官，掌邦教，誓者也。故司徒職云：「施十有二教，八曰以誓教恤，則民不怠。」司馬職云：「遂以蒐田，有司表貉，誓民。」鄭云：「有司，大司徒也。掌大田役治徒庶之政令。誓民，誓以犯田法之罰也。誓曰：『無干車，無自後射。』」按於經注，則司徒主誓。今田獵出軍，亦於所獵之地而搢扑北面誓之也。搢，插也。○注「誓衆以軍法也」○正義曰：軍法之誓，有異田獵之誓，則云「無干車」，如蒐田之法也。今此大閱之誓，以依軍法，故司馬中冬大閱云：「羣吏聽誓于陳前，斬牲以左右徇陳，曰：『不用命者斬之。』」鄭注云：「凡誓之大略，甘誓、湯誓之屬是也。」今又按經注，則軍法之誓必斬殺也。其誓，尚書甘誓云：「左不攻于左，右不攻于右，予則孥戮汝」之屬是也。然鄭注司馬中冬大閱，引此九月季秋之令，將爲大閱之誓，而云「作月令者，說季秋之政於周爲中冬，失之矣」。而今在此不非之者，緣已非於彼，不復重言於此也。而注旌旐不作冬法而依秋禮言之者，此文記者雖誤，將作周中冬，而文既在夏秋，故因言秋禮也。熊氏以爲此文載旌旐，故解爲中秋治兵。大司馬有羣吏聽誓，故引此司徒北面以誓，證爲中冬。兩解其義，俱得通也。

天子乃厲飾，執弓挾矢以獵。厲飾，謂戎服，尚威武也。今月令獵爲射。○挾，子協反，又音協。○【疏】注厲飾至爲射○正義曰：厲飾，謂嚴厲武猛容飾，冠本飾謂容飾也。俗本作飭，非也。熊氏云：「謂戎服者，韋弁服也。以秋冬之田，故韋弁服。若春夏則冠弁服，故司服云：『凡甸，冠弁服。』」義或然也。

命主祠祭禽于四方。以所獲禽祀四方之神也。司馬職曰：「羅弊致禽以祀祊。」○祊，鄭注周禮音方。○【疏】命主至四方○正義曰：謂獵竟也。主祠，謂典祭祀者也。禽者，獸之通名也。四方，四方有功於方之神也。四時田獵皆祭宗廟，而分時各以爲主也。春時四方施生，獵則祭社爲主也。夏時陰氣始起，象神之在內，獵則祭宗廟爲主也。秋時萬物以成，獵則以報祭社及四方爲主也。冬時萬物衆多，獵則主用衆物以祭宗廟，而亦報於物有功之神於四方也。此天子獵既畢，田命典祀之官取田獵所獲之禽，還祭於郊，以報四方之

神也冬獵亦何以知然按鄭注秋獮祀方云秋田主祭四方報成萬物詩曰以社以方下云方迎四方氣於郊也鄭又云秋祭社與四方爲五穀成熟報其功也又司馬冬狩云致禽饁獸于郊入獻禽以享烝鄭云冬田主用祭物多衆得取也致禽饁獸于郊聚所獲禽因以祭四方神於郊也月令季秋天子既田命主祠祭禽四方是也入又以禽祭宗廟按於經注更相引證如可見矣其祭四方但用此禽又用別牲故甫田云與我犧羊以社以方是也此祀四方者謂四方五行之神也〇。是月也草木黃落乃伐薪爲炭伐木必因殺氣〇炭吐旦反〇蟄蟲咸俯在內皆墐其戶〇墐爲塗閉之辟殺氣墐其靳反辟音避〔疏〕蟄蟲至其戶〇正義曰俯垂頭也墐塗也前月但藏而坏土至此月既寒故垂頭嚮下以隨陽氣陽氣稍沈在下也而又塗塞其戶穴以避地上陰殺之氣也乃趣獄刑毋留有罪殺氣已至有罪者即決也〇趣音促又七住反收祿秩之不當供養之不宜者天氣殺而萬物咸藏可以去之也祿秩之不當恩所增加也供養之不宜欲所貪者熊蹯之屬非常食〇當丁浪反注同供養

九用反下餘亮反注同去起呂反著市志反熊乎弓反蹯音煩〔疏〕收祿至宜者〇正義曰春夏陽氣寬施許人主從時雜祿秩不當亦所權許今秋陰氣急斂禁罰必當是春夏所權置者今悉收倂之也祿秩不當謂彼不應得祿而王恩私與之者供養不宜謂非常之膳求不可得者也〇〇是月也天子乃以犬嘗稻先薦寢廟稻始孰也〇季秋行夏令則其國大水冬藏殃敗民多鼽嚏未之氣乘之也六月宿直東井氣多暑雨〇鼽音求說文云病塞鼻窒嚏丁計反〇〔疏〕季秋至鼽嚏〇正義曰其國大水天災冬藏殃敗地災民多鼽嚏人災行冬令則國多盜賊邊竟不寧土地分裂丑之氣乘之也極陰爲外邊竟之象也大寒之時地隆坼也〇竟音境注及後同隆六中反坼丑白反〇〔疏〕行冬至分裂正義曰國多盜賊邊竟不寧人災土地分裂地災〇注極陰至之象〇正義曰以十一月一陽生十二月二陽生陽在內伏於地下四陰在地上故云極陰爲外也〇行春令則煖風來至民氣解惰辰之

氣乘之也巽爲風〇煖乃管反又許元反解古買反惰徒臥反師興不居辰宿直角角主兵不居象風行不休止也〔疏〕行春至不居〇正義曰煖風來至天災民氣解惰師興不居人災〇

孟冬之月日在尾昏危中旦七星中孟冬者日月會於析木之津而斗建亥之辰也〇析思厤反〇〔疏〕孟冬至星中〇正義曰按三統厤十月節日在尾十度昏危十四度中去日八十九度旦翼初度中十月中日在箕七度昏室十度中去日八十六度旦軫五度中按元嘉厤十月節日在心二度昏危一度中旦張八度中十月中日在尾十二度昏危十三度中旦翼八度中其日壬癸壬之言任也癸之言揆也日之行東北從黑道閉藏萬物月爲之佐時萬物懷任於下揆然萌牙又因以爲日名焉其帝顓頊其神玄冥此黑精之君水官之臣自古以來著德立功者也顓頊高陽氏也玄冥少皥氏之子曰脩曰熙爲水官〇顓音專頊音許玉反冥亡丁反〔疏〕注顓頊至水官〇正義曰按五帝德云顓頊高陽氏姬姓也又帝王世紀云生十年而佐少皥十二年而冠二十年而登帝位在位七十八年而崩以水承金也云玄冥少皥

氏之子曰脩曰熙者按昭二十九年左傳云少皥氏有子曰脩曰熙又云脩及熙爲玄冥是相代爲水官也〇其蟲介介甲也象物閉藏地中龜鼈之屬〇鼈必滅反其音羽三分商去一以生羽羽數四十八屬水者以爲最清物之象也冬氣和則羽聲調樂記曰羽亂則危其財匱〇匱其位反〇〔疏〕注三分至十八〇正義曰商數七十二三分之每一分有二十四去其二十四餘有四十八故羽數四十八也其數既少故爲最清清者最賤物比於人亦爲賤故云物之象也〇律中應鍾孟冬氣至則應鍾之律應應鍾者姑洗之所生三分去一律長四寸二十七分寸之二十周語曰應鍾均利器用俾應復〇應應對之應注同〔疏〕注應鍾至應復〇正義曰姑洗之律長六寸九分寸之一三分去一則六寸去二寸有四寸在餘有整一寸九分寸之一更三分一寸爲二十七分九分寸之一爲三分并二十七分摠爲三十分三分去一去其十分餘有二十分在故云應鍾律長四寸二十七分寸之二十也引周語以下者證應鍾之義按春秋說云應其鍾注云應鍾應其種類律厤志應鍾言陰氣應無射該藏萬物而雜陽閡種注閡藏塞也陰雜陽氣藏塞爲萬物作種晉灼曰外閉曰閡以此言之云應其種類正謂應無射也云均

利器用俾應復者按周語注坤六三用事應當也言陰當代陽用事百物可鍾藏則均利百工之器俾應復者陰陽用事終而復始也○**其數六**水生數一成數六但言六者亦舉其成數**其味鹹其臭朽**水之臭味也凡鹹朽者皆屬焉氣若有若無為朽○朽許九反本亦作殏字林云殏腐也說文云殏或為朽字**其祀行祭先腎**冬陰盛寒於水祀之於行從辟除之類也祀之先祭腎者陰位在下腎亦在下腎為尊也行在廟門外之西為軷壤厚二寸廣五尺輪四尺祀行之禮北面設主于軷上乃制腎及脾為俎奠于主南又設盛于俎東祭肉腎一脾再其他皆如祀門之禮○辟必亦反又婢亦反軷步曷反壤如丈反厚戶豆反廣古曠反〔疏〕注行在至之禮○正義曰知行在廟門外之西者約檀弓云毀宗躐行自此以下皆中霤禮文廣五尺輪四尺者謂軷壇東西為廣南北為輪常祀行神之壇則然若於國外祖道軷祭其壇隨路所鄉而為廣輪尺數同也按鄭注聘禮云禮畢乘車轢而遂行唯車之一輪轢耳所以然者以兩輪相去八尺今軷唯廣五尺故知不兩輪俱轢云北面設主軷上者以主須南鄉故人北面設之其主則鄭注大馭云蓋以菩芻棘柏為神主也**○水始冰地始凍**

禮記疏卷十七　九

雉入大水為蜃虹藏不見皆記時候也大水淮也大蛤曰蜃○蜃常忍反見賢遍反下注錄見同○〔疏〕注大水淮也○正義曰知大水淮者晉語云雉入于淮為蜃○**天子居玄堂左个乘玄路駕鐵驪載玄旂衣黑衣服玄玉食黍與彘其器閎以奄**玄堂左个北堂西偏也鐵驪色如鐵黍秀舒散屬火寒時食之亦以安性也彘水畜也器閎而奄象物閉藏也今月令曰乘軫路似當為袗字之誤也○驪力知反鐵他結反軫之忍反袗之刃反〔疏〕載玄至玄玉○正義曰春云載青旂衣青衣服蒼玉青深而蒼淺旂與衣雖人功所為不可淺深異色故同用青也玉是自然之色不可純青故用蒼之淺色夏云載赤旂衣朱衣服赤玉與春不類者亦以朱深而赤淺旂可用淺衣必用深故衣旂異色赤玉與蒼玉同俱是其色淺也冬云載玄旂衣黑衣服玄玉者亦以黑深而玄淺旂用淺色故其色玄衣用深色故其色黑與夏同也服玄玉者玉從自然之色故其色淺而用玄玉也猶如夏云赤玉春云蒼玉相似也○注今月至誤也○正義曰鄭以此月乘軫路軫是車之後材路皆有軫何得云乘軫路此軫字當玄旁著㐱袗是玄色故以今月令軫字似當為袗字錯誤以車旁為之必知袗字為色者以此經云乘玄路玄袗義同故昏禮云女從者畢袗玄鄭雖以袗為同要袗是玄之類**○是月也以立冬先立冬三日太史謁之天子曰某日立冬盛德在水天子乃齊**謁告○先悉薦反○**立冬之日天子親帥三公九卿大夫以迎冬於北郊還反賞死事恤孤寡**迎冬者祭黑帝叶光紀於北郊之兆也死事謂以國事死者若公叔禺人顏涿聚者也孤寡其妻子也有以惠賜之大功加賞○叶本又作汁音協禺音遇椓丁角反又作涿同○〔疏〕天子至孤寡○正義曰亦率羣臣至北郊迎黑帝叶光紀而顓頊玄冥配之不言諸侯亦如夏空其文也○還反賞死事者還於郊反亦反於朝也賞死事謂巨人有為國事死者北郊還因殺氣之盛而賞其家後也恤孤寡者恤供給也孤寡即死事者妻子也財祿供給之也○注死事至加賞○正義曰舉死事之人證之也春秋左傳魯哀十一年魯師與齊戰公叔務人曰上不能謀士不能

禮記疏卷十七　十

死何以治民吾既言之矣敢不勉乎乃與其嬖僮汪錡赴敵皆死雖無賞賜之文而亦死事之義故以證之哀二十三年晉知伯親禽顏庚注云齊大夫顏涿聚二十七年齊師將興屬孤子三日朝設乘車兩馬繫五邑焉召顏涿聚之子晉曰隰之役而父死焉今君命女以是邑也服車而朝是其加賞也兼平常惠賜養幼少恤孤寡亦是也**○是月也命大史釁龜筴占兆審卦吉凶**筴蓍也占兆龜之繇文也周禮龜人上春釁龜謂建寅之月也秦以其歲首使大史釁龜筴與周異矣卦吉凶謂易也審省錄之而不釁筮筮短賤於兆也今月令曰釁祠祠衍字○釁許靳反筴初格反蓍音尸繇直又反〔疏〕是月至凶○正義曰從命大史至無有掩蔽論釁祠龜筴察阿黨事異於上立冬之日故別言是月也從天子始裘至貴賤之等級論天子身事及命飭百官著藏之事及喪紀棺槨等級以事異於上故言是月也自命工師至以窮其情論飭工匠營造盡情事異於前故言是月自大飲烝至射御角力論祭祀之事勞農講武亦事異於前故更言是月自乃命水虞至行罪無赦論收斂藪澤之賦必須得所勿侵削下民亦事異於前故言是月也○命大至吉凶正義曰是月大史之官釁龜筴謂殺牲以血塗釁其龜及筴

策謂蓍也亦以血塗之占兆者龜之繇文非但釁此龜策又釁此占兆繇文此占兆之語蒙上釁文也審卦吉凶者卦吉凶謂易也易有六十四卦或吉或凶故云卦吉凶卦之吉凶但是筮耳筮短賤於龜兆不得塗釁但省視録之而已故云審卦吉凶卦既云吉凶明兆亦有吉凶但占兆與龜策連文故畧而不言吉凶也。注策蓍至衍字。正義曰曲禮云策爲筮知是蓍也云占兆龜之繇文者上與龜策不同下與卦吉凶又別故言龜之繇文則占兆之書也則周禮大卜云其經皆百有二十其頌皆千有二百是也引周禮龜人上春釁龜謂建寅之月秦以孟冬爲歲首謂建亥月釁龜策故云與周異也鄭之此注與周禮不同周禮云上春釁龜注引月令孟冬釁祠龜策相互矣者周禮云上春釁龜明秦亦以上春釁龜秦以孟冬釁龜策明周亦孟冬釁龜策故云相互也注周禮又云月令秦世之書亦或從以歲首釁龜耳則與此同也而秦十月爲歲首一釁而已周禮上春者亦謂夏之建寅之月但歲首一釁而已無一年兩釁之事此鄭氏注周禮別解其義也今此月令之注與周禮上春釁龜以爲建寅之月則此與周禮不同彼此鄭爲兩解也云審省録之而不釁筮短賤於兆者以卦吉凶謂易也直言審不云釁故言審省録之而不釁所以不釁者易是筮卦之書賤於龜之書故龜繇云釁之筮書則省録而已觀鄭注占兆釁之分明而皇氏云云唯釁龜策命大史唯占視兆書不釁與鄭注違其義非也云筮短者左傳僖四年晉獻公卜驪姬不吉筮之吉公曰從筮卜人曰筮短龜長不如從長杜元凱注云筮以數告故短龜以象示故長是筮短龜長之事也。是察阿黨則罪無有掩蔽阿黨謂治獄吏以私恩曲橈相爲也。爲于僞反下爲仲冬爲天子皆同〈疏〉是察至掩蔽。正義曰是察阿黨者謂當是正審察獄吏阿黨之事則在下犯罪之人獄吏不能掩蔽故云無有掩蔽〇是月也天子始裘九月授衣至此可以加裘〇命有司曰天氣上騰地氣下降天地不通閉塞而成冬使有司助閉藏之氣門戶可閉閉之窻牖可塞塞之。上時掌反又如字下上世同命百官謹蓋藏謂府庫囷倉有藏物。藏才浪反又如字命司徒循行積聚無有不斂謂芻禾薪蒸之屬。行下孟反積聚子賜反或七柱反又才屢反仲冬同〈疏〉天氣至下降。正義曰若以易卦言之七月三陽在上則天氣上騰三陰在下則地氣下降也今十月乃云天氣上騰地氣下降者易含萬象言非一槩周流六虛事無定體若以爻象言之則七月爲天氣上騰地氣下降若氣應言之則從五月地氣上騰至十月地氣六陰俱升天氣六陽並謝天體在上陽歸於虛無故云上騰地氣六陰用事地體在下陰氣下連於地故云地氣下降各取其義不相妨也。坏城郭戒門閭脩鍵閉慎管籥固封疆備邊竟完要塞謹關梁塞徯徑坏益也鍵牡閉牝也管籥搏鍵器也固封疆謂使有司循其溝樹及其衆庶之守法也要塞邊城要害處也梁橋橫也徯徑禽獸之道也今月令疆或爲壐。鍵其輦反又其偃反籥羊灼反疆居良反注及下注同塞先代反注同塞徯上先則反下音奚徑古定反牡亡古反又茂后反搏音博一本作傳直專反處尺慮反壐音徙。〈疏〉坏城至徯徑。正義曰城郭當須牢厚故言坏門閭備擬非常故云戒鍵閉或有破壞故云脩管籥不可妄開故云審封疆理當險阻故云固邊竟防擬盜賊故云備要塞理宜牢固故云完關梁禁禦姦非故云謹徯徑細小狹路故須塞皆隨事戒約故設文不同也。注坏益至爲壐。正義曰鍵牡閉牝者凡鎖器入者謂之牡受者謂之牝若禽獸牝牡然管籥與鍵閉別文則非鍵閉之物故云搏鍵器。以鐵爲之似樂器之管籥搢於鎖內以搏取其鍵也按檀弓注云管鍵也則管鍵一物此爲別者熊氏云管是鍵之件類仍非鍵也注稱管鍵者以類言之若云鄭里然也管籥云搏鍵器則管籥一物義或然也而何亂云鍵是門扇之後樹兩木穿上端爲孔閉者謂將扃關門以內孔中按漢書五行志每云牡飛及牝亡謂失其鎖須須則牡也何亂云兩邊樹木非其義也云固封疆謂使有司循其溝樹及其衆庶之守法者溝樹謂掘溝壍而種樹木也令使衆庶可守之〇飭喪紀辨衣裳審棺椁之薄厚塋丘壟之大小高卑厚薄之度貴賤之等級此亦閉藏之具順時飭正之也辨衣裳謂襲斂尊卑所用也所用又有多少。塋音營壟力勇反襲音習斂力驗反又力檢反〈疏〉注衣裳至多少。正義曰其衣裳襲斂多少及棺椁厚薄具在喪大記丘壟小大按鄭注冢人云漢律列侯墳高四丈關內侯以下各有等差又注檀弓云墳高四尺蓋周之士制外無文。〇是月也命工師效功陳祭器按度程毋或作爲淫巧以蕩上心必功致爲上霜降而百工休至此物皆成也工師工官之長也效功錄見百工所作器物也主於祭器祭器尊也度謂制大小也程謂器所容也淫巧謂奢僞怪好也蕩謂搖動生其奢淫○效戶教反巧如字又若孝反注同致直吏反下注同長丁丈反物勒工名以考其誠勒刻也刻工姓名於其器以察其信知其不功致功有不當必行其罪以窮其情功不當者取材美而器不堅也○當丁浪反注同〔疏〕命工至其情○正義曰於是之時冬閑無事百工造作器物恐爲淫巧故命工師之官長也命此工官之長效實百工所造之物陳列祭器善惡○按度程者謂於按此器舊來制度大小及容受程限多少○毋或作爲淫巧者或有也勿得有作過制之巧以搖動在上生奢侈之心必功致爲上者言作器不須靡麗華侈必功力密致爲上又每物之上刻勒所造工匠之名於後以考其誠信與不若其用材精美而器不堅固則功有不當必行其罪罰以窮其詐僞之情○注主於至所容○正義曰百工造作器物則諸器皆營今經直主於祭故云主於祭器祭器尊云度謂制大小程謂器所容者以經度程文別度是制度大小除制度之外唯有容受多少故以程爲器所容也○

是月也大飲烝十月農功畢天子諸侯與其羣臣飲酒於太學以正齒位謂之大飲別之於他其禮亡今天子以蜡禮郡國以鄉飲酒禮代之烝謂有牲體爲俎也黨正職曰國索鬼神而祭祀則以禮屬民而飲酒于序以正齒位亦謂此時也詩云十月滌場朋酒斯饗日殺羔羊躋彼公堂稱彼兕觥受福無疆是頌大飲之詩○別彼列反索所百反屬之玉反下同滌大歷反場直良反躋子兮反兕徐履反觵古宏反〔疏〕大飲烝○正義曰言於是月之時天子諸侯與羣臣大行飲酒爲饗禮以正齒位烝升也升此牲體於俎之上故云大飲烝○注十月至之詩○正義曰天子諸侯與其羣臣飲酒於太學者按此大飲烝是天子之禮詩豳風躋彼公堂序諸侯之事是諸侯禮故云天子諸侯與羣臣也豳詩云躋彼公堂毛傳云公堂學校也黨正以禮屬民飲酒于序故云此飲酒於太學也云以正齒位者約黨正文必約黨正者以此是孟冬黨正云國索鬼神謂蜡祭也與此同月故鄭下注引黨正文亦謂此時也云烝謂有牲體爲俎者按國語云王公立飫則有房烝此既大飲饗禮當用房烝半體之俎若黨正飲酒雖饗而用餚烝故宣十六年左氏云王享有體薦宴有折俎公當享卿當宴是也鄭又引黨正及詩者證大飲是十月正齒位飲羣臣之事云十月滌場者謂場功畢入滌掃其場朋酒斯饗者毛傳云兩樽曰朋鄭云饗謂饗禮而殺羔羊行禮之時升彼公之學校之堂○舉彼兕觥之爵以罰失禮臣下慶君命受福無疆也

天子乃祈來年于天宗大割祠于公社及門閭臘先祖五祀此周禮所謂蜡祭也天宗謂日月星辰也大割大殺羣牲割之也臘謂以田獵所得禽祭也五祀門戶中霤竈行也或言祈年或言大割或言臘互文○臘力合反蜡仕詐反字林作措〔疏〕天子至五祀○正義曰祈來年于天宗者謂祭日月星辰也大割祠于公社者謂大割牲以祠公社以上公配祭故云公社及門閭者非但祭社又祭門閭但先祭社後祭門閭故云及臘先祖五祀者臘獵也謂獵取禽獸以祭先祖五祀也此等之祭總謂之蜡若細別言之天宗公社門閭謂之蜡其祭則皮弁素服葛帶榛杖其臘先祖五祀謂之息民之祭其服則黃衣黃冠鄭注郊特牲云息民與蜡異也按黨正云國索鬼神而祭祀則以禮屬民而飲酒于序以正齒位則飲酒在蜡祭之後此大飲在蜡祭之前者若黨正屬民飲酒在蜡之後故下云勞農以休息之注黨正飲酒是也若天子諸侯羣臣大飲在蜡祭之前故以大飲叙在祈年之前然鄭爲大飲之下注引黨正飲酒者證其正齒位同在此月不謂大飲即黨正飲酒也而熊氏以爲大飲烝在蜡之後非其義也凡蜡皆在建亥之月而皇氏以爲夏殷蜡各在已之歲終若如此夏家季冬則計耦耕事也脩耒耜具田器不得方始勞農以休息皇氏之義非也○注此周至互文○正義曰知此周禮所謂蜡者以郊特牲蜡者索也索萬物而饗之按籥章云國祭蜡龡豳頌以息老物蜡而後息老此經亦先祭衆神乃後勞農休息文與籥章相當故經廣祭衆神是周禮籥章所謂蜡祭也而熊氏皇氏皆爲周禮六樂一變而致羽物以致六變而蜡祭此亦廣祭衆神故指彼一變二變而爲之蜡也然彼樂一變二變鄭自解爲蜡耳非周禮正文言蜡何得云周禮所謂蜡也云天宗謂日月星者以蜡祭雖公社不祭地故知祭天宗者不祭天若是祭天何須稱宗下季冬云天之神是天之衆神有司中司命不稱宗明稱宗者謂日月星也按異義天六宗賈逵等以爲天宗三謂日月星地宗三謂泰山河海鄭玄六宗以爲星也辰也司中也司命也風師也雨師也不同賈逵之義今此云天宗謂日月星者尚書六宗文承肆類上帝之下凡郊天之時日月從祀故祭以日月配日月在類上帝之中故六宗不得復有日月此不云六宗而云天宗與彼別也

蔡邕云日爲陽宗月爲陰宗北辰爲星宗也云臘謂田獵所得禽祭者以欲臘祭之時暫出田獵以取禽非仲冬大閱之獵也左傳云唯君用鮮則天子諸侯祭用鮮獸皇氏云仲秋獵得禽獸以爲乾豆至臘用之其義非也云五祀門戸中霤竈行者月令殷禮言之若周則七祀云或言祈年或言大割或言臘互文者天宗公社門閭先祖五祀等皆祈年大割臘祭之事故云互也皇氏云天宗故云祈社是報功故云大割先祖已之親故臘祭也勞農以休息之黨正屬民飲酒正齒位是也○勞力報反〔疏〕注黨正至是也○正義曰按黨正職國索鬼神而祭祀則以禮屬民此亦祭衆神之後勞農休息文正相當故云是此等休息是正齒位按雜記子貢觀蜡云一國之人皆若狂者按鄉飲酒初立賓行禮至禮終說屨升堂而燕行無算爵然則初時正齒位後則皆狂蜡祭蔡邕云夏曰清祀殷曰嘉平周曰蜡秦曰臘按左傳云虞不臘矣是周亦有臘名也○天子乃命將帥講武習射御角力爲仲冬將大閱簡習之亦因營室主武士也凡田之禮唯狩最備夏小正十一月王狩○將帥上子匠反下色類反閱音悅狩手又反〔疏〕注營室至最備○正義曰春秋說云營室主軍士之衆云此田

之禮唯狩最備者解此經孟冬云乃命將帥講武習射御言習是未正用也備擬仲冬教戰之事所須故言唯狩最備謂狩禮大也故仲冬教大閱禮儀備○是月也乃命水虞漁師收水泉池澤之賦毋或敢侵削衆庶兆民以爲天子取怨于下其有若此者行罪無赦因盛德在水收其稅○孟冬行春令則凍閉不密地氣上泄寅之氣乘之也○泄息列反下同○民多流亡象蟄蟲動〔疏〕孟冬至流亡○正義曰凍閉不密地氣上泄地災也民多流亡人災也○行夏令則國多暴風方冬不寒蟄蟲復出已之氣乘之也立夏巽用事巽爲風○復扶又反○〔疏〕國多至復出○正義曰國多暴風方冬不寒天災也蟄蟲復出地災也○行秋令則雪霜不時申之氣乘之也小兵時起土地侵削申陰氣尚微申宿直參伐參伐爲兵○參所林反下同○〔疏〕雪霜至侵削○正義曰雪霜不時天災也○小兵時起土地侵削人災也○注申宿直參伐參伐爲兵○正義曰按春秋說云參伐主斬刈示威行伐也

仲冬之月日在斗昏東壁中旦軫中仲冬者日月會於星紀而斗建子之辰也○辟必亦反又必狄反○〔疏〕仲冬至軫中○正義曰按律厤志云仲冬之初日在斗十二度故云日在斗也三統歷大雪日在斗十二度昏壁五度中夫日八十四度旦角三度中冬至日在牛初度昏奎十度中去日八十二度旦亢七度中元嘉厤云大雪日在箕十度昏氐九度中旦軫八度中冬至日在斗十四度昏東壁八度中晝漏四十五刻旦角七度中其日壬癸其帝顓頊其神玄冥其蟲介其音羽律中黄鍾其數六其味鹹其臭朽其祀行祭先腎黄鍾者律之始也九寸仲冬氣至則黄鍾之律應周語曰黄鍾所以宣養六氣九德〔疏〕注周語至九德○正義曰按元命包黄鍾者始黄注云始萌黄泉中律厤志云黄者中之色君之服

鍾種也又云黄五色莫盛焉故陽氣始種於泉孳萌萬物爲六氣元也周語曰黄鍾所以宣養六氣九德者按彼注十一月建子陽氣在中六氣陰陽風雨晦明九德金木水火土穀正德利用厚生作事宣徧黄鍾象氣伏地物始萌所以徧養六氣九功之德此養之者若施於人六情正德天德利用地德厚生人德六府者金木水火土穀也○冰益壯地始坼鶡旦不鳴虎始交皆記時候也鶡旦求旦之鳥也交猶合也○壯壯亮反鶡本亦作鶡同戸割反鶡旦鳥名○天子居玄堂大廟乘玄路駕鐵驪載玄旂衣黑衣服玄玉食黍與彘其器閎以奄玄堂大廟北堂當大室○飭死事飭軍士戰必有死志〔疏〕飭死事○正義曰事異前也因殺氣之盛以飭軍士使戰者必有死志故曰飭死事也○命有司曰土事毋作愼毋發蓋毋發室屋及起大衆以固而閉地氣沮泄是謂發天地之房諸蟄則

死民必疾疫又隨以喪命之曰暢月而猶女也暢猶充也大陰用事尤重閉藏○暢勑亮反女音汝大音太○〔疏〕命有至暢月○正義曰此不云是月者總是冬月閉藏之事從十月爲漸非惟仲冬一月之事故不言是月自命奄尹至淵澤井泉論命奄尹之官謹慎房室命酒正之職以爲酒醴命掌祠之官祈祀四海井泉事雖各別同是命告羣官事異於上故揔言是月自農有不收藏積聚至罪之不赦論收斂尤急之時務須積聚之事事異於上故云是月自日短至至取竹箭論日至之時須有所爲之事事異於收斂積聚故云是月自可以罷官之無事至閉藏論去間務助時寧靜亦事異於前故言是月云土事毋作慎毋發蓋者於此之時土地之事毋得興作又須謹慎毋得開發掩蓋之物則孟冬云謹蓋藏是也非惟仲冬一月之事故不言是月良爲此也爲陰氣凝冱陽須閉藏若起土功開蓋物發室屋起大衆開泄陽氣故下云諸蟄則死人則疾疫也以固而閉者而汝也命此有司云於此之時以堅固汝閉塞之事勿令開動地氣沮泄是謂發天地之房者約束有司若其不固汝所閉之事令地沮泄謂泄漏地之陽氣是發徹天地之房房是人次舍之處擁蔽於此之時天地亦擁蔽萬物不使宣露與房舍相似令地氣泄漏是開發天地之房也如此則諸蟄則死人必疾疫非但蟄死人疾又隨以喪者國有大喪隨逐其後命之曰暢月者告有司云所以須閉藏以其命此月曰暢月暢充也言名此月爲充實之月當使萬物充實不發動故也皇氏云又隨以喪者謂逃亡人爲疾疫皆逃亡故云又隨以喪

○是月也命奄尹申宫令審門閭謹房室必重閉奄尹主領奄豎之官也於周則爲內宰掌治王之內政宫令幾出入及開閉之屬重閉外內閉也○重直龍反注同省婦事毋得淫雖有貴戚近習毋有不禁省婦事所以靜陰類也淫謂女功奢僞怪好物也貴戚謂姑姊妹之屬近習天子所親幸者○省所景反注同〔疏〕命奄至不禁○正義曰命奄尹者謂正也謂命奄官正長申重之政令常察門閭之事謹慎房室之處必重閉者謂門閭房室必外內重閉之此月陰氣既靜故減省婦人之事順陰類也婦人須事者務所質素無得過爲淫巧其所禁婦人無限貴戚姑姊妹之徒及王親近愛習孌寵之類無有不禁言禁之無得淫巧也○注於周至之屬○正義曰此奄尹奄官之尹於周則內宰但是主領奄官身非奄人故云於周爲內宰內宰非奄也云掌治王之內政者皆解經中申宫令也宫令則內政也云識出入及開閉之屬者解經審門閭謹房室也

○乃命大酋秫稻必齊麴蘗必時湛熾必絜水泉必香陶器必良火齊必得兼用六物大酋監之毋有差貸酒熟曰酋大酋者酒官之長也於周則爲酒人秫稻必齊謂孰成也湛漬也熾炊也火齊腥孰之調也物猶事也差貸謂失誤有善有惡也古者穫稻而漬米麴至春而爲酒詩云十月穫稻爲此春酒以介眉壽○酋子由反又在由反秫音述麴丘六反蘗魚列反湛于廉反熾尺志反齊才計反注火齊同監古銜反貸音二又他得反注同長丁丈反穫戶郭反○〔疏〕乃命至差貸○釋義曰大酋者酒官之長於此之時始爲春酒先須治擇秫稻故云秫稻必齊齊得成孰又須以時料理麴蘗故云必時湛熾必絜者湛漬也熾炊也謂炊漬米麴之時必須清絜水泉必香陶器必良者謂所用水泉必須香美所盛陶器必須良善火齊必得者謂炊米和酒之時用火齊生孰必得中也兼用六物者秫稻一麴蘗二湛熾三水泉四陶器五火齊六也物事也謂作酒之人用此六事作酒大酋監督之無使有參差貸變使酒誤其善惡○注酒孰至眉壽○正義曰酒孰曰酋然則酋者酒孰之名也云於周則爲酒人者周禮酒正引此大酋爲酒正也此注大酋爲酒人不同者以酒正掌作酒法式及酒材之事故引大酋證之其實酒正掌酒之政令及酒出入之事不親監作此大酋監作故爲酒人也以酒人盖作酒故也云古者穫稻而漬米麴至春而爲酒者證此十一月命大酋作酒之事以十月穫稻於此月漬米麴至春而爲酒者謂春成也非春始釀故毛詩傳云春酒凍醪又注酒正云清酒今中山冬釀接夏而成是於仲冬季冬以釀也引詩者豳風七月之詩以證穫稻作酒之事

○天子命有司祈祀四海大川名源淵澤井泉順其德盛之時祭之也今月令淵爲深○

○是月也農有不收藏積聚者馬牛畜獸有放佚者取之不詰此收斂尤急之時人有取者不罪所以警懼其主也玉居明堂禮曰孟冬之月命農畢積聚繫收牛馬○畜許六反詰起吉反〔疏〕注明堂至牛馬○正義曰引之者證若不積聚收牛馬他人取之不詰俗本作

牧定本作收。山林藪澤有能取蔬食田獵禽獸者，野虞教道之。其有相侵奪者，罪之不赦。務收斂野物也。大澤曰藪。草木之實爲蔬食。○藪，素口反。道音導。〔疏〕注「大澤」至「蔬食」。○正義曰：按鄭注周禮「水鍾曰澤，水希曰藪」。今言大澤曰藪者，以有水之處謂之澤，旁無水之處謂之藪。「草木之實爲蔬食」者，爾雅云「蔬不孰爲饉」，蔬謂菜蔬，以其麄蔬。經言蔬食，故爲草木實也。山林蔬食，榛栗之屬；藪澤蔬食，菱芡之屬。是月也，日短至，陰陽爭，諸生蕩。爭者，陰方盛，陽欲起也。蕩謂物動萌牙也。○爭，爭鬭之爭，注同。君子齊戒，處必掩身，身欲寧，去聲色，禁耆慾，安形性，事欲靜，以待陰陽之所定。寧，安也。聲謂樂也。易及樂、春秋說云：冬至，人注與羣臣從八能之士作樂五日。此言去聲色，又相反。○去，起呂反，注及下同。耆，市志反。從，子用反。〔疏〕注「易及」至「相違」。○正義曰：此易乾鑿度文。及樂緯、春秋緯其語同也。其八能之士，以具在仲夏疏。文又相違者，以夏已違令，此復違，故言又也。○芸始生，荔挺出，蚯蚓結，麋角解，水泉動。又記時候也。芸，香草也。荔挺，馬䪥也。水泉動，潤上行。○芸音云。荔，力計反。挺，大頂反。麋，亡悲反。解音蟹。䪥，戶介反。上，時丈反。〔疏〕「芸始」至「泉動」。○正義曰：「芸始生，荔挺出」者，皇氏云：以其俱香草，故應陽氣而出。「而蚯蚓結」者，蔡云：結猶屈也。蚯蚓在穴，屈首下嚮，陽氣氣動則宛而上首，故其結而屈也。「麋角解」者，說者多家，皆無明據。熊氏云：鹿是山獸，夏至得陰氣而解角；麋是澤獸，故冬至得陽氣而解角。今以麋爲陰獸，情淫而遊澤，冬至陰方退，故解角，從陰退之象；鹿是陽獸，情淫而遊山，夏至得陰而解角，從陽退之象。既無明據，故畧論焉。若節氣早，則麋角十一月解，故夏小正云「十一月麋角隕墜」是也。若節氣晚，則十二月麋角解，故小正云「十二月隕麋角」。○日短至，則伐木取竹箭。此其堅成之極時。是月也，可以罷官之無事、去器之無用者，謂先時權所建作者也。天地閉藏而萬物休，可以去之。○塗闕廷門閭，築囹圄，此。以助天地之閉藏也。順時氣也。

○仲冬行夏令，則其國乃旱，午之氣乘之也。氛霧冥冥，霜露之氣散相亂也。○氛，芳云反。雷乃發聲。震氣動也。午屬震。〔疏〕「其國」至「發聲」。○正義曰：「其國乃旱，氛霧冥冥，雷乃發聲」，皆天災也。行秋令，則天時雨汁，瓜瓠不成，酉之氣乘之也。酉宿直昴畢，畢好雨。雨汁者，水雪雜下也。子宿直虛危，虛危內有瓜瓠。○雨汁，于付反，下音執，注同。瓠，戶故反。好，呼報反。國有大兵。兵亦軍之氣。〔疏〕「天時」至「大兵」。○正義曰：「天時雨汁」，天災也。「瓜瓠不成」，地災也。「國有大兵」，人災也。○注「虛危內有瓜瓠」。○正義曰：按天文志，瓜瓠四星在危東。行春令，則蝗蟲爲敗，當蟄者出，卯之氣乘之也。水泉咸竭，大火爲旱。民多疥癘。疥癘之病，孚甲之象。○疥音介。〔疏〕「蝗蟲」至「疥癘」。○正義曰：蟲蝗爲敗，水泉咸竭，地災也。民多疥癘，人災也。

季冬之月，日在婺女，昏婁中，旦氐中。季冬者，日月會於玄枵，而斗建丑之辰也。○婺，無付反。婁，力候反。氐，丁兮反，又音丁計反。枵，許驕反。〔疏〕「季冬」至「氐中」。○正義曰：按律厤志，季冬初日在婺女八度。三統厤：小寒日在婺女八度，昏婁十一度中，去日八十四度，旦氐十二度中；大寒日在危初度，昏昴二度中，去日八十度，旦心五度中。元嘉厤：日在牛三度，昏奎十五度中，晝漏四十五刻六分，旦九九度中；大寒日在女十度，昏胃四度中，晝漏四十六刻七分，旦氐十三度中。其日壬癸，其帝顓頊，其神玄冥，其蟲介。其音羽，律中大呂，其數六，其味鹹，其臭朽，其祀行，祭先腎。大呂者，蕤賓之所生也。三分益一，律長八寸二百四十三分寸之百四。季冬氣至，則大呂之律應。周語曰：大呂助陽宣物。〔疏〕注「大呂」至「宣物」。○正義曰：按蕤賓長六寸八十一分寸之二十六，上生大呂，三分益一，三寸益一寸，六寸益二寸，故爲八寸。其八十一分寸之二十六，各三分之，則爲七十八分，三分益一，更益一箇二十六，則。一百四，故云律長八寸二百四十三分寸之一百四也。引周語「大呂助陽宣物」者，證大呂之義也。按律歷志云：大呂，呂旅也，言陰大旅助黃鍾宣氣而聚物。○鴈北鄉，鵲始巢雉雊雞乳皆記時候也雊雉鳴也詩云雉之朝雊尚求其雌○鄉音向雊音豆反乳如住反〔疏〕鴈北至雞乳○正義曰鴈北鄉有早有晚早者則此月北鄉晚者二月乃北鄉故易說云二月驚蟄候鴈北鄉鵲始巢者此據晚者若早者十一月始巢故詩緯推度災云復之日鵲始巢是也雉雊雞乳者易通卦驗云雉雊雞乳在立春節與此同以立春在此月也通卦驗又云小寒虎始交豺祭獸此季冬不言者文不具也若節氣晚則季冬虎交若節氣早則在仲冬故仲冬虎始交按月令九月豺祭獸通卦驗季冬豺祭獸者熊氏云再祭也一曰易說誤也無此文○天子居玄堂右个乘玄路駕鐵驪載玄旂衣黑衣服玄玉食黍與彘其器閎以奄玄堂右个北堂東偏○命有司大難旁磔出土牛以送寒氣此難難陰氣也難陰始於此者陰氣右行此月之中日歷虛危虛危有墳墓四司之氣爲厲鬼將隨強陰出害人也旁磔於四方之門磔禳也出猶作也作土牛者丑爲牛牛可牽止也送猶畢也○難乃多反下注同磔竹百反爲厲于僞反〔疏〕命有至寒氣○正義曰此月之時命有司之官大爲難祭令難去陰氣言大者以季春唯國家之難仲秋唯天子之難此則下及庶人故云大難旁磔者旁謂四方之門皆披磔其牲以禳除陰氣出土牛以送寒氣者出猶作也此時強陰既盛年歲已終陰若不去凶邪恐來歲更爲人害其時月建丑又土能刻水持水之陰氣故特作土牛以畢送寒氣也○注此月至畢也○正義曰此月之中者中猶內也謂此月之內也皇氏以爲此月中氣非也云日歷虛危虛危有墳墓四司之氣者熊氏引石氏星經云司命二星在虛北司祿二星在司命北司危二星在司祿北司中二星在司危北史遷云四司鬼官之長又云墳四星在危東南是危虛有墳墓四司之氣也皇氏以爲北方蓋藏故爲墳墓北方歲終以主四時故云四司其義皆非也皇氏又云以季春國難下及於民以此季冬大難爲不及民也然皇氏解禮違鄭解義也今鄭注論語鄉人難云十二月命方相氏索室中驅疫鬼鄭既分明云十二月鄉人難而皇氏解季冬難云不及鄉人不知何意如此云送猶畢者此時寒實未畢而言畢者但意欲全畢耳○征鳥厲疾殺氣當極也征鳥題肩也齊人謂之擊征或名曰鷹仲春化爲鳩○題本兮反〔疏〕征鳥厲疾○正義曰亦命有司辭也征鳥謂鷹隼之屬也

謂爲征鳥如征厲嚴猛疾捷速也時殺氣盛極故鷹隼之屬取鳥捷疾嚴猛也蔡云太陰殺氣將盡故猛疾與時競也○注殺氣至爲鳩○正義曰按釋鳥云鷹鶆鳩某氏云鶆鳩鶆鳩月令云鷹化爲鳩左傳曰爽鳩氏司寇也郭景純云鶆當爲鷞即鷞鳩也此征鳥者則鷞鳩之謂也乃畢山川之祀及帝之大臣天之神祇四時之功成於冬孟月祭其宗至此可以祭其佐也帝之大臣句芒之屬天之神祇司中司命風師雨師○祇音祁〔疏〕注四時至雨師○正義曰按上孟冬祈來年于天宗大割祠於公社臘先祖五祀是謂蜡祭則百神皆祭則一變而致羽物山林之祇再變而致鱗物川澤之祇是蜡祭並祭山川也是嶽瀆及衆山川也孟冬不見者文不具孟冬祭嶽瀆因及衆山川至此又更祭衆山川山川少於嶽瀆是孟月祭其宗此月祭其佐前孟冬是祭先嗇神農并祭五帝但孟月其文不具則五帝爲宗大臣句芒等爲佐是孟月祭其宗此月祭其佐也孟冬祭司中等是孟月祭宗此月祭佐則天神人鬼山川等皆有宗有佐也故鄭先云孟月祭宗至此祭佐後解帝之大臣天神地祇若然山川卑於帝之大臣在先言故以爲尊卑之序無義例也熊氏云孟冬祭宗至此祭佐唯天恐非也○是月也命漁師始漁天子親往乃嘗魚先薦寢廟天子必親往視漁明漁非常事重之也此時魚絜美〔疏〕注天子至絜美○正義曰按仲秋以犬嘗麻季秋以犬嘗稻皆不云天子親往今此天子親往特云嘗魚故云明漁非常事重之也以四時薦新是其常事魚則非常祭之物故云重之也○冰方盛水澤腹堅命取冰腹厚也此月日在北陸冰堅厚之時也北陸謂虛也今月令無堅○腹本又作複又方服反〔疏〕冰方至取冰○正義曰言此月冰既方盛於時極寒冰實至盛而云方盛者此謂月半以前小寒之節冰猶未盛故云方也至於月半以後大寒乃盛水澤腹堅者腹厚也謂水濕潤澤厚實堅固冰既堅固故命取冰○注腹厚至無堅正義曰腹者形體腹長故爲厚也云此月日在北陸者當此月之時日在玄枵之次其星當女虛危也陸道也言女虛危是北方七宿之道故釋天云北陸虛也舉中央星以言之○冰以入令告民出五種冰既入而令出官告民出五種明大寒氣過農事將起也○種章勇反注同命農計耦耕事脩耒耜具田器耜者耒之

金也廣五寸田器鎡錤之屬。鎡音兹錤音基〔疏〕冰以至五種。正義曰冰以藏人之後大寒以過暖氣方來故令此典農之官出五種之物以擬種之。注耜者至之屬。正義曰耒者以木爲之長六尺六寸底長尺有一寸中央直者三尺有三寸勾者二尺有二寸底謂耒下嚮前曲接耜者頭而著耜耜金鐵爲之故云耜者耒之金云田器鎡錤之屬者何胤云鎡今之鋤類孟子云齊人曰雖有鎡錤不如待時云之屬者以田器非一也。○命樂師大合吹而罷 歲將終與族人大飲作樂於大寢以綴恩也言罷者此用禮樂於族人最盛後年若時乃復然也凡用樂必有禮用禮則有不用樂者王居明堂禮季冬命國爲酒以合三族君子說小人樂。合古荅反吹昌睡反罷如字又音皮復扶又反子說音悅人樂音洛。〔疏〕命樂至而罷。正義曰於此歲終必族人燕飲樂師之官大合諸樂管籥之吹以綴恩慈之心而遂休罷至來年季冬乃更爲之。注歲將至人樂。正義曰與族人大飲者以王居明堂禮云季冬命國爲酒以合三族故知與族人飲也云作樂於大寢者以其命樂師合吹故知作樂也大寢則路寢也與宗人圖事之處既飲族人故知於大寢云以綴恩者綴謂連綴恩謂恩親大傳云繫之以姓而弗別綴之以食而弗殊云罷者此用禮樂於族人最盛後年若時乃復然者謂後年季冬乃復如此作樂以一年頓停故云罷云凡用樂必有禮而用禮則有不用樂者以大合吹必當有禮與族人燕飲今唯云命樂師作樂故云用樂必有禮而食嘗無樂故云禮有不用樂也引明堂禮以合三族者三族父子及身則小記云親親以三爲五以五爲九是也君子說謂卿大夫士小人樂謂凡庶也。○乃命四監收秩薪柴以共郊廟及百祀之薪燎 四監主山林川澤之官也大者可析謂之薪小者合束謂之柴薪施炊爨柴以給燎春秋傳曰其父析薪今月令無及百祀之薪燎。共音恭下文以共皆同燎力召反析思歷反下同爨七亂反〔疏〕注四監至薪燎。正義曰以薪柴出於山林川澤故四監爲山林川澤之官也薪施炊爨柴以給燎者以薪柴並文故知各有所用上云薪柴下云薪燎故知柴以給燎引春秋傳曰其父析薪者此昭七年左傳辭也其父析薪其子弗克負荷引之者證薪是麤大可析之物云今月令無及百祀之薪燎者謂無此句之文也。是月也日窮于次月窮于紀星回于天數將幾終 言日月星辰運行于此月皆周匝於故處也次舍也紀會也。幾音祈又音機處昌慮反〔疏〕日窮至幾終。正義曰日窮于次者謂去年季冬日次於玄枵從此以來每月移次他辰至此月窮盡還次玄枵故云日窮于次月窮于紀者紀猶會也去年季冬月與日相會於玄枵自此以來月與日相會在於他辰至此月窮盡還復會於玄枵故云月窮于紀星回于天者謂二十八宿隨天而行每日雖周天一匝早晚不同至於此月復其故處與去年季冬早晚相似故云星回于天數將幾終者幾近也以去年季冬至今年季冬二百五十四日未滿三百六十五日未得正終雖近於終故云數將幾終歲且更始專而農民毋有所使 而猶女也言專一女農民之心令之豫有志於耕稼之事不可徭役徭役之則志散失業也。女音汝令力呈反〔疏〕歲且至所使。正義曰此脩月令之人爲國家戒令之法此月既終歲且更始而女也言在上專一女農之事無得興起造作有所使役也此是制禮者揔爲約戒之辭此月令之內不云乃命某官之屬者皆是禮家揔禁也他皆倣此。○天子乃與公卿大夫共飭國典論時令以待來歲之宜 飭國典者和六典之法也周禮以正月爲之建寅而縣之今用此月則所因於夏殷也。縣音玄。〔疏〕注飭國至殷也。正義曰經云共飭國典謂和飭正之故云和六典之法六典者則治典教典禮典政典刑典事典是也云周禮以正月爲之建寅而縣之者按大宰職云正月之吉始和布治小宰云正歲而觀治象之法是也云今月此月則所因於夏殷者不用周法故知因於夏殷以王者損益不出三代故也。○乃命太史次諸侯之列賦之犧牲以共皇天上帝社稷之饗 此所與諸侯共者也列國有大小也賦之犧牲大者出多小者出少饗獻也。〔疏〕乃命至之饗。正義曰此至之饗皆命大史也列次也來歲方祭方祭祀須犧牲犧牲出諸侯之國國有大小故命大史書列之以共賦也諸侯同王南面專王之土故命之出牲以與王共事天地也既言諸侯則異姓同姓俱然也賦之犧牲者賦稅出也次之隨國大小而出之也以共皇天者賦牲所共也皇天天皇大帝也上帝者靈威仰五帝也社稷者王之社稷也諸侯乃自有社稷而始封亦割王社土與之故賦牲共王社稷也亨獻也出牲以共獻於上帝諸神也。乃命同姓之邦共寢廟之芻豢此所以與同姓共也芻豢猶犧牲。〔疏〕乃命至芻豢。正義曰芻豢猶犧牲也皇天社稷與天下共之故遍賦天下國家也寢廟先王與同姓國共之故別又命同姓國共之也言芻乃是牛羊而又云豢則是犬豕也天地不用犬豕社稷大牢乃有豕而不用犬故沒其芻豢而徒云天地犧牲也宗廟備六牲故云芻豢也

命宰歷卿大夫至于庶民土田之數而賦犧牲以共山林名川之祀此所與卿大夫庶民共者也歷猶次也卿大夫采地亦有大小其非采地以其邑之民多少賦之。〔疏〕命宰至之祀。正義曰宰小宰也歷亦次也卿大夫謂畿內有采地者歲終又小宰列次畿內之地大小并至於庶民受田準土田多少之數賦之犧牲以共山林名川之祀不云士者上舉卿大夫下舉庶民則士在其中省文耳注云此所與卿大夫庶人共之則各賦稅之卿大夫出其采地賦稅無采地出其邑之賦稅庶人無邑出其賦稅以與邑宰邑宰以共上是庶人亦出賦也故下云凡在天下九州之人無不咸獻其力是也

凡在天下九州之民者無不咸獻其力以共皇天上帝社稷寢廟山林名川之祀民非神之福不生雖有其邦國采地此賦要由民出。〔疏〕注民非至民出。正義曰雖有其邦國采地此賦要由民出者有邦國諸侯有采地謂卿大夫賦稅所來皆由民出必由民者以經中云天下九州之民不云諸侯卿大夫獨云民故鄭云此也

○季冬行秋令則白露蚤降介蟲爲妖戌之氣乘之也九月初尚有白露月中乃爲霜丑爲鼈蟹四鄙入保畏兵辟寒象。辟毗異反〔疏〕白露至入保。正義曰白露早降天災介蟲爲妖地災四鄙入保人災。注丑爲鼈蟹。正義曰按陰陽式法丑魚鼈蟹季冬建丑而行秋令丑氣失故云介蟲爲妖。行春令則胎夭多傷辰之氣乘之也天少長也此月物甫萌牙季春乃句者畢出萌者盡達胎夭多傷者生氣早至不充其性。胎吐來反夭烏老反注同少長上詩召反下丁丈反句古侯反國多固疾生不充性有久疾也命之曰逆衆害莫大於此〔疏〕胎夭至曰逆。正義曰胎夭多傷國多固疾命之曰逆皆人災也。注辰之至其性。正義曰云此月物甫萌牙季春乃句者畢出萌者盡達者甫始也此十二月萌者始牙至三月乃出達地上也云胎夭多傷者生氣蚤至不充其性者三月之氣在十二月內至故胎萌而蟄長出既性不得充滿所以多傷也。注衆害莫大於此正義曰以胎夭既傷國多固疾衆種之害莫大於此故經云命之曰逆命猶名也言名此日時逆之事謂惡之甚也。行夏令則水潦敗國時雪不降冰凍消釋未之氣乘之也季夏大雨時行。消釋如字一本作液音亦〔疏〕水潦至消釋。正義曰水潦敗國時雪不降天災也冰凍消釋地災也

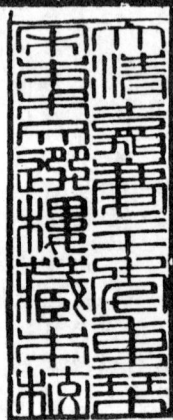

附釋音禮記注疏卷第十七

江西南昌府學栞

禮記注疏卷十七挍勘記　阮元撰盧宣旬摘錄

月令

季秋之月節　惠棟挍云季秋節其日節鴻雁節宋本合下天子節其氣廉以深之上爲一節

而斗建戌之辰也　閩毛本同岳本同嘉靖本同衛氏集說同監本戌誤戊

季秋至柳中　惠棟挍宋本無此五字

旦柳十二度中　毛本同閩監本二作一衛氏集說同

其日庚辛節

示民軌儀　惠棟挍宋本如此宋監本同岳本同此本民上衍小字閩監毛本同嘉靖本同衛氏集說同

今夾鍾七寸取六寸　閩監本同衛氏集說同毛本鍾誤中考文引宋板亦作鍾

鴻雁來賓節

鞠有黃華　閩監毛本同岳本同嘉靖本同衛氏集說同考文引古本鞠作菊石經同釋文出鞠云本又作菊○按依說文當作蘜从艸𥷚省聲

豺乃祭獸戮禽　閩監毛本同岳本同嘉靖本同衛氏集說同釋文出僇禽云本或作戮○按依說文作戮是也

天子居總章右个節

駕白駱　閩監本同岳本同嘉靖本同衛氏集說同毛本駱誤輅考文引宋板作駱

是月也申嚴號令節　惠棟挍云是月也申嚴號令節乃命冢宰節宋本合爲一節

命百至宣出　惠棟挍宋本無此五字

乃命冢宰節

藏帝藉之收於神倉　惠棟挍宋本同岳本同嘉靖本同衛氏集說同閩監毛本藉作籍注及疏同○按依說文當作耤从耒昔聲

其義非　惠棟挍宋本如此此本非誤亦閩監本同毛本其義亦改義亦同大謬

是月也霜始降節　惠棟挍云是月也霜始降節乃命有司節大饗帝節嘗犧牲告備節合諸侯節宋本合爲一節

是月也霜始降　惠棟挍宋本無此六字

蟄蟲閉戶　閩監本同考文引宋板同毛本蟄作蜇

先薦寢廟事重　閩監毛本如此此本廟事二字倒

是月也大饗帝節

遍祭五帝也　閩監毛本同嘉靖本同惠棟挍宋本遍作徧岳本同衛氏集說同釋文出徧祭云音遍○按徧正字遍俗字

此謂五帝皆饗　閩監毛本同惠棟挍宋本謂作既衛氏集說同

嘗犧牲節

使有司祭于羣神　閩監毛本同衛氏集說同岳本于作乎嘉靖本同考文引足利本同惠棟挍宋本亦作乎疏中仍作于

於時有司常祭　閩監本同毛本時誤神惠棟挍宋本時字同常作嘗

注嘗者至禮畢而告焉　閩監毛本同惠棟挍宋本無禮畢而三字

別雩羣神　閩監本同毛本神誤祀衛氏集說亦作神

合諸侯制百縣節

無有所私　閩監本同岳本同嘉靖本同衛氏集說同考文引宋板古本足利本同毛本私誤司

使諸侯及鄉遂之官　閩監本同岳本同嘉靖本同衛氏集說同考文引宋板同毛本官誤國

貢職謂所入天子惠棟按宋本有謂字宋監本同岳本同考文引古本足利本同此本謂字脫閩監毛本同嘉靖本同衛氏集說同續通解亦有謂字

言既給郊廟重事事百縣等物閩監毛本同衛氏集說下事作其

謂成方也閩監毛本成作城○按作城與周禮典命合

正歲縣治象之法于象魏惠棟按宋本此下標禮記正義卷第二十四終又記云凡二十七頁

是月也天子乃教於田獵節惠棟按宋本自此節起至月令終爲第二十五卷卷首題禮記正義卷第二十五

弓矢殳矛戈戟也馬政閩監毛本如此岳本同嘉靖本同衛氏集說同此本也誤班政誤故

校人職曰閩監本同岳本同嘉靖本同衛氏集說同毛本校作按餘放此

是月至馬政惠棟按宋本無此五字

命僕節惠棟按云命僕節司徒節天子節命主祠節宋本合爲一節

鄉遂載物閩監毛本同岳本同嘉靖本同衛氏集說同浦鏜按云依疏文當本作師遂此係後人按正○按浦鏜是也

課舉以言之也閩監毛本同衛氏集說課作雜宋本雜字是

析羽爲旌閩本同衛氏集說同考文引宋板同監毛本析誤折

百官卿大夫也惠棟按宋本同監毛本卿誤鄉閩本卿字模糊

按周禮云鄉遂閩監本同毛本禮誤里考文引宋板亦作禮

以冬閉無事閩監毛本同浦鏜按云閉當閑字誤與閑同

褐纏旃以爲門惠棟按宋本同閩監毛本褐作揭

司徒搢扑節

而注旌旂不作冬法惠棟按宋本同閩監毛本旂誤旗

熊氏以爲此文載旌旐閩監本同毛本旐誤旆考文引宋板亦作旐

天子乃厲飾節

俗本作餝非也閩監本餝誤飾毛本作飭案唐人書寫飾餝兩字混而爲一並食傍作芳見顏師古匡謬正俗

命主祠節

四方四方有功於方之神也閩監毛本同衛氏集說作四方有功於四方之神也

如可見矣閩監毛本同衛氏集說如作始

是月也草木黃落節惠棟按云是月節至行春令節宋本合爲一節

蟄蟲咸俯在內王念孫云內當作穴下言皆墐其戶戶即穴之戶也穴內二字篆隸相似故穴多譌作內

墐爲塗閉之閩監毛本同嘉靖本同岳本爲作謂衛氏集說同考文引古本足利本同

乃趣獄刑節

許人主從時閩監本同衛氏集說同考文引宋板同毛本人主二字倒

行冬令節

土地分裂閩監本同岳本同嘉靖本同衛氏集說同石經同考文引宋板古本足利本同毛本地誤多

行春令節

則煖風來至閩監本同岳本同嘉靖本同衛氏集說同石經同毛本煖作暖疏同

孟冬之月節惠棟按云孟冬節其日節其蟲節律中節其數節水始節天子節宋本合爲一節

其日壬癸節

日之行東北從黑道　閩監毛本同嘉靖本同衛氏集說同岳本東作冬考文引古本同岳本考證云案日有九道河圖帝覽嬉云黑道二出黃道北後漢書云青白黑赤各一道其交必于黃道故爲九博雅釋天月行九道立冬冬至北從黑道二蓋立冬星辰南遊日則北遊冬至星辰南遊之極日北遊之極以此推之青白赤黑俱在四正而非四隅此不得云東北從黑道矣觀上孟春注云春東從青道是其句法一例諸本疑冬爲東誤而改之謬矣

擐然萌牙　惠棟校宋本同岳本同嘉靖本同閩監毛本牙作芽

顓頊高陽氏也　閩監毛本同嘉靖本同衛氏集說同岳本也字脫

其蟲介節

冬氣和則羽聲調　惠棟校宋本如此宋監本同岳本同嘉靖本同衛氏集說同此本調字誤重閩監毛本同

律中應鍾節

律中應鍾　閩本同岳本同嘉靖本同衛氏集說同監毛本鍾作鐘石經同

注云閡藏塞也　惠棟校宋本有云字衛氏集說同此本云字脫閩監毛本同

百物可鍾藏　惠棟校宋本同閩本同監毛本鍾誤種衛氏集說同

其數六節

爲軷壤　閩監毛本同岳本同嘉靖本同衛氏集說同釋文出壤云如丈反齊召南校云按壤字當作壇周禮大馭疏引此注作爲軷壇是也又本節疏可證案齊校是也曾子問諸侯適天子節疏引此注亦作壇

天子居元堂左个節

旂與衣雖人功所爲　惠棟校宋本如此衛氏集說同此本功所爲三字闕閩監毛本功所爲誤所常用

不可純青故用蒼之淺色　閩監毛本如此此本青故二字闕

亦以朱深而赤淺　惠棟校宋本如此此本亦以二字闕閩監毛本亦誤蓋

赤玉與蒼玉同　閩監毛本如此此本蒼玉二字闕

亦以黑深而元淺　閩監毛本如此此本黑深二字闕

與夏同也　惠棟校宋本如此此本同也二字闕閩監毛本同也誤亦同考文引宋板作亦同也

猶如夏云赤玉　閩監毛本如此此本夏云二字闕

今月至誤也　惠棟校宋本無也字至下有之字

鄭以此月乘軫路　惠棟校宋本如此此本以此月三字闕閩監毛本以此月誤注云二字

以車旁爲之　惠棟校宋本作之此本之字闕閩監毛本之誤軫

是月也以立冬節

顏涿聚　閩監毛本同岳本同嘉靖本同衛氏集說同正義亦作涿釋文出椓聚云又作涿聚云又作涿

魯哀十一年　閩監毛本同惠棟校宋本哀下有公字

是月也命大史節　惠棟校云是月也節是察節宋本合爲一節

是月也至吉凶　惠棟校宋本有吉字此本吉字脫閩監毛本同

自大飲蒸　閩本同惠棟校宋本同監毛本蒸作烝後倣此

正義曰是月大史之官　閩監毛本同惠棟校宋本無正義曰三字

而秦十月爲歲首　閩監毛本而作謂

與周與上春釁龜　按次與字當作禮

是察阿黨節

是察阿黨 閩監毛本同岳本同嘉靖本同衛氏集說同考文引古本足利本作是月也阿黨

是察至掩蔽 閩監毛本同考文引宋板察作月山井鼎云謹按作察者正合于經文矣而宋板作月者蓋經文本作是月也察阿黨而宋板以下諸本皆脫月也二字明矣是亦足證古本之可據也按山井鼎非也上節正義云從命大史至無有掩蔽論覆祠龜筴察阿黨事異於上立冬之日故別言是月也可見唐人據以作正義本此節合爲上節不重出是月也三字宋板疏標起止是察作是月字偶誤耳而考文引古本足利本即據是改經文是察阿黨作是月也察阿黨亦足見其作僞之端委矣

是月也天子始裘節 惠棟挍云是月也天子始裘節命有司曰節坏城郭節飭喪紀節宋本合爲一節按此節命有司曰上此本有○是別爲一節閩監毛本去○是混爲一節

命司徒循行積聚 閩監毛本同岳本同嘉靖本同衛氏集說同陳澔集說本司徒誤有司石經考文提要云宋大字本宋本九經南宋巾箱本余仁仲本劉叔剛本皆作司徒

易舍萬象 惠棟挍宋本作象此本象字模糊閩監毛本象誤物

陽歸於虛無 閩監毛本同衛氏集說同惠棟挍宋本無作无

坏城郭節

脩鍵閉 閩監本同岳本同嘉靖本同衛氏集說同毛本脩作修石經同

鍵牡閉牝也 閩監毛本如此岳本同嘉靖本同衛氏集說同釋文同此本牝誤牡

今月令疆或爲壐 閩監本同岳本同嘉靖本同考文引宋板同毛本爲誤謂

此物以鐵爲之 惠棟挍宋本如此衛氏集說同此本此物二字脫閩監毛本同

每云牝飛及牝亡 閩監毛本同惠棟挍宋本下牝作牡盧文弨挍云上牝亦當作牡

謂失其鏁須須則牡也 閩監本同考文引宋板同毛本鏁誤獵牡識者

謂掘溝壍 閩本同惠棟挍宋本同監毛本壍作塹衛氏集說同

飭喪紀節

塋丘壟之大小 閩監毛本同岳本同嘉靖本同衛氏集說同考文引古本大小作小大石經同

高卑厚薄之度 閩監毛本同岳本同嘉靖本同衛氏集說同惠棟挍宋本厚薄作薄厚石經同

漢律列侯墳高四丈 閩本同惠棟挍宋本同監毛本丈作尺衛氏集說同○按作尺與鄭注冢人合

又注檀弓云 閩本同惠棟挍宋本同監毛本作又檀弓注云衛氏集說同

是月也命工師節

按度程 閩監毛本同岳本按作案嘉靖本同衛氏集說同石經同石經考文提要云宋大字本宋本九經南宋巾箱本余仁仲本皆作案

以察其信 閩監毛本同岳本同衛氏集說同嘉靖本察誤祭

冬閉無事 閩監本作閉考文引宋板同衛氏集說同此本閉誤閑毛本作閉

謂於按此器舊來制度大小 閩監毛本同蒲鏜挍本於改考

是月也大飲烝節 惠棟挍云是月節天子節勞農節天子乃命將帥節宋本合爲一節

天子諸侯與其羣臣飲酒於大學 閩監本同岳本同嘉靖本同衛氏集說同考文引宋板古本足利本同毛本諸侯與其誤倒作與其諸侯

別之於他 閩監毛本同岳本同嘉靖本同衛氏集說同盧文弨挍本據豳風疏他改燕

郡國以鄉飲酒禮代之 惠棟挍宋本同宋監本同岳本同嘉靖本同考文引足利本同閩監毛本郡誤羣衛氏集說同

烝謂有牲體爲俎也 惠棟挍宋本作烝考文引古本同此本烝誤燕閩監毛本同岳本同嘉靖本同衛氏集說同○按正義亦作烝

是頌大飲之詩閩監毛本同岳本同嘉靖本同衛氏集說同盧文弨挍本据幽風疏頌上增幽字

故宜十六年左氏云閩監毛本同惠棟挍宋本氏作傳

臣下慶君命受福無疆也閩監毛本同浦鏜挍命改會

天子乃祈來年于天宗節

謂大割牲以祠公社閩監毛本同惠棟挍宋本祠作祀

以至六變而蜡祭惠棟挍宋本作至此本至作致閩監毛本同

孟冬行春令節惠棟挍云孟冬節行夏令節行秋令節宋本合爲一節

則凍閉不密監毛本同岳本同嘉靖本同衛氏集說同閩本凍誤涷疏同石經凍字殘闕

行秋令節

天災也小兵時起惠棟挍宋本如此此本小上衍○閩監毛本同

仲冬之月節惠棟挍云仲冬節其日節冰益壯節命有司節宋本合爲一節

昏氏九度中閩監毛本同衛氏集說同盧文弨挍本云氏本作室是下有晝漏則此亦當有晝漏四十五刻六分八字然他月無之

其日壬癸節

律中黃鍾閩本同岳本同嘉靖本同衛氏集說同監毛本鍾作鐘石經同餘放此注疏放此

故陽氣始種於泉閩監本同衛氏集說同考文引宋板同毛本泉誤前○按漢志始作施泉上有黃字

冰益壯節

鶡旦不鳴閩監毛本同岳本同嘉靖本同衛氏集說同釋文出曷旦云本亦作鶡考文引古本鶡作曷石經作鶡鳥不鳴○按說文鶡下云山雉鴠下云渴鴠段玉裁云渴鴠當依月令作曷旦淺人改之也

命有司曰節

地氣沮泄閩監毛本同岳本同嘉靖本同衛氏集說同石經作地氣且洩考文引古本亦作且山井鼎曰謹按足利本字作沮泄而其訓與方將字同由此觀之則後誤作水旁且明矣石經考文提要曰按呂氏春秋作且泄蓋一陽初生方將萌動亦承上孟冬行春令則陽氣上泄也

則孟冬云謹蓋藏是也閩監毛本同衛氏集說云作之

以堅固汝閉塞之事閩監毛本同衛氏集說同惠棟挍宋本閉作所

令地沮泄閩監毛本同衛氏集說地下有氣字

是月也命奄尹節惠棟挍云是月節乃命大酋節天子節山林節是月節芸始生節日短節行秋節行春節宋本合爲一節

審門閭閩監毛本同岳本同嘉靖本同衛氏集說同石經同浦鏜挍云按蔡氏邕云宮中之門曰闈閹尹之職也閭里門非閹主所主當作闈

幾出入及開閉之屬惠棟挍宋本同岳本同閩監毛本幾作譏嘉靖本同衛氏集說同

命奄尹者謂正也閩監毛本同浦鏜挍云者下當脫尹字

申重之政令閩監毛本同衛氏集說之作其

務所質素閩監毛本同衛氏集說所作在

乃命大酋節

麴蘖必時惠棟挍宋本作糱岳本同嘉靖本同衛氏集說同此本糱誤蘗閩監毛本同

火齊腥孰之調也閩監毛本同岳本同嘉靖本同衛氏集說同考文引宋板調作謂非

至春而爲酒者惠棟挍宋本如此此本春下衍事字閩監毛本事作時

天子命有司節

此收斂尤急之時閩監毛本同岳本同嘉靖本同衞氏集說同惠棟按宋本無之字

人有取者不罪閩監毛本同岳本同嘉靖本同衞氏集說同惠棟按宋本不作公非

䋷收牛馬閩監毛本同岳本同嘉靖本同衞氏集說同考文引足利本收作牧按正義云俗本作收定本作收

山林藪澤節

藪澤蔬食蔆芡之屬閩本蔆作菱芡誤茨監本菱字同芡字殘闕毛本亦作菱蔬誤疏

是月也日短至節

蕩謂物動將萌牙也惠棟按宋本有將字宋監本同岳本同考文引古本足利本同此本將字脫閩監毛本同嘉靖本同衞氏集說同盧文弨按云初學記作謂物將萌牙者亦有將字也

此言去聲色又相反惠棟按宋本同宋監本同岳本同嘉靖本同考文引足利本同閩監毛本

反作違衞氏集說同

此易乾鑿度文閩監毛本同浦鏜按乾鑿度改通卦驗惠棟按云當是通卦驗

芸始生節

水泉動潤上行閩監本同岳本同嘉靖本同衞氏集說考文引宋板同釋文出作行毛本行誤下

十一月麋角隕墜是也閩監毛本同衞氏集說同惠棟按宋本墜作墮

日短至節

此所以助天地之閉藏也惠棟按宋本有所字宋監本同岳本同考文引古本足利本同此本所字脫閩監毛本同嘉靖本同衞氏集說同

霜露之氣散相亂也惠棟按宋本作露宋監本同岳本同衞氏集說同考文引足利本同此本露誤降閩監毛本同嘉靖本同

行秋令節

酉宿直昴畢惠棟按宋本亦作直岳本同嘉靖本同考文引古本足利本同閩監毛本直作值衞氏集說同下直虛危同

虛危內有瓜瓠閩監毛本同岳本同嘉靖本同衞氏集說同惠棟按宋本無虛危二字

兵亦軍之氣閩監毛本同岳本同嘉靖本同衞氏集說軍作金考文引古本軍作畢。按集說是也

行春令節

孚甲之象閩監毛本同惠棟按宋本宋監本並作孚甲象也岳本同嘉靖本同衞氏集說作孚甲之象也考文古本同

季冬之月節惠棟按云季冬節其日節鴈北鄉節天子節征鳥節乃畢山川節是月節冰方盛節冰以入節命樂師節乃命節宋本合爲一節

日在牛三度閩監毛本同衞氏集說同盧文弨按從本書日上增小寒二字

其日壬癸節

則爲一百四惠棟按宋本有爲字衞氏集說同此本爲字脫閩監毛本同

宣氣而聚物閩監毛本同浦鏜按聚改牙。按浦鏜是也作聚與漢志不合

鴈北鄉節

鴈北鄉閩監本同岳本同嘉靖本同衞氏集說同石經同毛本鴈作雁疏放此

鵲始巢閩監毛本作巢岳本同嘉靖本同衞氏集說同石經同此本巢誤其

雉雊雞乳在立春節閩監本同考文引宋板同毛本雉誤帷

天子居元堂右个節

出土牛以送寒氣閩監本同岳本同嘉靖本同衞氏集說同毛本牛誤地

今難去陰氣　閩監毛本同考文引宋板今作令

又土能刻水　考文引宋板同閩監毛本刻作克衞氏集說同

墳四星在危東南　閩監毛本同衞氏集說同盧文弨挍云墳下當有墓字

以此季冬大難爲不及民也　閩監毛本同惠棟挍宋本此作比

今鄭注論語鄉人難云　惠棟挍宋本亦作難閩本同監毛本難作儺

征鳥厲疾節

某氏云　閩監本同惠棟挍宋本作某氏曰監毛本作樊云衞氏集說同

乃畢山川之祀節

司中司命風師雨師　閩監毛本同岳本同嘉靖本同衞氏集說同考文引古本足利本雨師下有之屬是三字

故鄭先云孟月祭宗　閩監本同毛本鄭先二字倒

冰方盛節

腹厚至無堅　閩監毛本同惠棟挍宋本無堅作謂虛

冰以入節

脩耒耜　閩監本同岳本衞氏集說同毛本脩作修嘉靖本同石經同

乃命四監節

雖有鎡錤　閩監毛本同惠棟挍宋本錤作基衞氏集說同

薪施炊爨　閩監毛本作爨岳本同衞氏集說同此本爨誤爨嘉靖本同釋文出炊爨

是月也日窮于次節　惠棟挍云是月也節歲且節天子節乃命大史節乃命同姓節命宰節凡在節季冬節行春節行夏節宋本合爲一節

月窮于紀　閩監本同岳本同嘉靖本同衞氏集說同石經同毛本紀誤幾

皆周匝於故處也　閩監毛本同岳本同嘉靖本同衞氏集說同惠棟挍宋本匝作帀宋監本同又各本俱作處此本處誤度

紀會也　閩監毛本同岳本同嘉靖本同衞氏集說同考文引古本會上有猶字盧文弨挍云初學記同○按考文所據古本非取諸正義卽取諸唐宋人類書此其一也

每日雖周天一匝　閩監毛本作匝衞氏集說同惠棟挍宋本作帀此本匝誤而

歲且更始節

此月令之內　閩監毛本作此衞氏集說此誤凡此本此誤曰

天子乃與公卿大夫節

飭國至殷也　閩監毛本同惠棟挍宋本殷也作夏殷

以王者損益　閩監本同衞氏集說同毛本王字發闕

乃命大史節

乃命太史　閩本同嘉靖本同監毛本太作大岳本同衞氏集說同

此所與諸侯共者也　閩監本同岳本同嘉靖本同衞氏集說同毛本者誤之考文引宋板亦作者

乃命至之饗　閩監毛本同惠棟挍宋本饗作享

來歲方祭祀須犧牲　惠棟挍宋本如此此本方祭下誤重方祭二字閩監毛本同衞氏集說作來歲祭祀所須犧牲

命宰歷卿大夫節

土田之數　閩監本同岳本同嘉靖本同衞氏集說同毛本土誤士

准土田多少之數　閩本同，惠棟校宋本同，監毛本准作準，衛氏集說同。

凡在天下九州之民者節

凡在天下九州之民者　各本同，坊本州作川。

行春令節

此月物甫萌牙　閩監本同，岳本同，嘉靖本衛氏集說同，毛本牙作芽，疏放此。

謂惡之甚也　閩監本同，衛氏集說同，考文引宋板同，毛本甚誤盛。

附釋音禮記注疏卷第十七終　惠棟按：宋本禮記正義卷第二十五終，記云凡二十七頁。宋監本禮記卷第五經四千三百三十九字，注五千三百六十一字。嘉靖本禮記卷第五經五千九十一字，注九千六百六十三字。

禮記注疏卷十七校勘記

附釋音禮記注疏卷第十八

鄭氏注　孔穎達疏

曾子問第七。陸曰曾子孔子弟子曾參也以其所問多明於禮故著姓名以顯之。疏正義曰按鄭目錄云名爲曾子問者以其記所問多明於禮故著姓名以顯之曾子孔子弟子曾參此於別錄屬喪服

曾子問曰君薨而世子生如之何孔子曰卿大夫士從攝主北面於西階南變於朝夕哭位也攝主上卿代君聽國政大祝裨冕執束帛升自西階盡等不升堂命毋哭將有事宜淸靜也裨冕者接神則祭服也諸侯之卿大夫所服裨冕絺冕也玄冕也士服爵弁服大祝裨冕則大夫。大祝音泰下文注大祝大宰大宗大廟大史皆同此音祝之六反說文云祝祭主贊詞者裨婢支反毋音無本亦作無絺知里反本又作希徐張履反祝聲三告曰某之子生敢告聲噫歆警神也某夫人之氏也。祝之六反下同徐之又反三息暫反又如字下聲三及三者三皆放此噫於其反歆許金反警居領反升奠幣于殯東几上哭降几筵於殯東明繼體也衆主人卿大夫士房中皆哭不踊衆主人君之親也房中婦人。盡一哀反位遂朝奠反朝夕哭位。小宰升舉幣所主也舉而下埋之階間

疏曾子至舉幣。正義曰此一節論君薨而世子生告殯之事各隨文解之。君薨而世子生者按聘禮云子即位不哭公羊云君存稱世子君薨稱子某此既君薨仍稱世子者以其別於庶子又用世子之禮告殯故雖君薨猶稱世子異於春秋之例按左傳桓六年子同生賈杜注云不稱大子者書始生此亦始生而稱世子者彼爲父在始生未命故直云子此是君薨初生則舉以世子之禮故云世子也熊氏云下稱奠幣于殯東則此告世子生謂既殯以後若未殯之前則世子生亦不告凡天子諸侯稱世子春秋經稱王世子曹世子是也卿大夫以下謂之適子喪服云大夫之適子是也若在喪諸侯之子亦稱適子檀弓云君之適長殤是也天子諸侯亦謂之大子則王制云王大子及檀弓云大子申生是也冢子則上下通名故內則云其非冢子則皆降一等注則言天子以下至庶人是其通名也其春秋三傳出子之例煩而不要今所不用也。孔子至北面。此論卿大夫士等皆衣衰服也攝主上卿代國政者卿大夫士等皆衣衰服北面文不言者以下文云大祝裨冕明卿大夫等不裨冕也。於西階南注變於朝夕哭位也。正義曰按喪大記云君之喪既正尸卿大夫父兄子姓立于東方又士喪禮朝夕哭丈夫即位于門外西面北上外兄弟在其南南上賓繼之北上若其門內位主人堂下直東序西面兄弟皆即位如外位卿大夫在主人之南是朝夕內外哭位皆在東方也今乃從攝主北面於西階南故云變於朝夕哭位也必於西階南者以將告殯近殯位故也若君喪大斂喪大記云卿大夫即位于堂廉楹西北面者彼斂故升堂非朝夕哭位此爲告世子生故在堂下。大祝至毋哭。大祝以大夫爲之祝主接神故服裨冕裨冕祭服也以其將告神故執束帛執持也束帛十端也端則二丈鬼神質故用偶數也鬼神以丈八尺爲端鬼神之道陰陽不測故用陰陽之數求之一丈象陽八尺法陰十端六玄四纁五兩三玄二纁纁是地色玄是天色也欲往告殯故升自西階若於堂下告則大遠堂上告則大近殯故升階盡等級即不升堂將有告事宜靜故命毋哭。注裨冕至大夫。正義曰卿大夫所服裨冕絺冕也按覲禮侯氏裨冕鄭注云裨冕者衣裨衣而冠冕也裨之爲言埤也天子六服大裘爲上其餘爲裨以事尊卑服之而諸侯亦服焉又注云玄衣者裨之上也則裨唯據衣也言服裨衣而著冕故云裨冕言裨者取其續繡云諸侯之卿大夫所服裨冕絺冕也玄冕也者此言五等諸侯孤卿大夫唯絺冕而下以上諸侯薨兼五等故總解其臣服此卿兼公孤卿也若孤卿則絺冕若三命再命卿大夫服玄冕故周禮司服云孤自絺冕而下卿大夫自玄冕而下又大宗伯云再命受服鄭注云受玄冕之服列國之大夫於子男爲卿卿大夫自玄冕而下如孤之服也是孤則絺冕卿與大夫皆玄冕周禮謂三孤六卿爲九卿總云謂卿四命是卿名通於孤也云士服爵弁服者以天子大祝是大夫諸侯則無文若是士則爵弁今經云大祝裨冕故云則大夫。祝聲至敢告。聲謂噫歆之聲三所出警神也言若夫人某氏之子生以告殯之辭也。注聲噫歆警神也。正義曰直云祝聲不知作何聲按論語云顏淵死子曰噫天喪予檀弓云公肩假曰噫是古人發聲多云噫故知此聲亦謂噫也凡祭祀神之所享謂之歆今作聲欲令神歆享故云歆警神也。升奠幣于殯東几上哭降者謂告殯竟執束帛者升堂奠置所執之幣于

殯東几筵上畢遂哭哭竟而降階也○注几筵至體也○正義曰按阮諶禮圖云几長五尺高尺二寸廣二尺皇氏云周禮天子下室喪奠有素几不云殯宮有几而諸侯雖無文當與天子同而大夫士葬前下室並無几降於人君也並葬後殯宮皆有几人君未葬前而於下室有素几其殯宮無几今世子生既告權移下室之几於殯東告於繼體異常日庾氏云未虞施几筵常於下室然殯宮几筵爲朝夕之奠常在不去今更特設几筵於殯宮東者特異其事以爲世子之生故鄭云几筵於殯東明繼體也今按既夕禮燕養饋羞如他日則下室所供之物如平常皆用吉物即今之告靈不得有素几又司几筵云凡喪事右素几注云喪事謂凡奠也又云凶事仍几注云凶事謂凡奠凡朝夕相因喪禮畧以此推之即素几是殯宮朝夕設奠之几不在下室而庾皇等以爲素几設於下室未審何以知之其義非也熊氏以爲天子諸侯在殯宮則有几筵大夫士大斂有席虞始有几然殯宮几筵爲朝夕之奠常在不去今更特設几於殯東當明世子是繼體之貴故於常几筵之外別特設之考三家之說熊以爲是皇庾以爲非○注衆主至婦人○正義曰知者按喪大記云君將大斂父兄堂下北面父兄即君之親又云外宗房中南面故云房中婦人○注反朝夕哭位○正義曰按士喪禮每日

之旦於朝夕哭位先哭而後行朝奠朝奠了又哭今因西階前哭畢反此朝夕哭位於位不更哭即行朝奠禮謂一時兼哭兩事故云遂朝奠按士喪禮尋常朝奠皆先哭後奠皇氏云尋常先奠後哭此謂告世子生故先哭後奠其義非也○注所主至階間○正義曰所以小宰舉幣幣是小宰所主故云所主也故周禮小宰職云凡祭祀贊王幣爵之事喪竟受其含襚幣玉之事是也必知埋之階間者下文云師行主命反必告設奠卒斂幣玉藏諸兩階之間故知此幣亦埋之階間也

三日衆主人卿大夫士如初位北面三日負子日也初告生時大宰大宗大祝皆裨冕少師奉子以衰祝先子從宰宗人從入門哭者止宰宗人詔贊君事者○少升召反下少喪并注同奉方勇反下注奉者同衰七雷反下同從才用反下同子升自西階殯前北面祝立于殯東南隅祝聲三曰某之子某從執事敢見子拜稽顙哭奉子者拜哭○見賢遍反下而見伯父廟見旅見同祝宰宗人衆主人卿大夫士哭踊三者三降東反位皆袒子踊房中亦踊三者三襲衰杖踊襲衰杖成子禮也奠出亦謂朝奠大宰命祝史以名徧告于五祀山川因負子名之喪於禮畧也○徧音遍下同

【疏】三日至山川○正義曰云此一節論世子生已三日名之以名見於殯之禮各依文解之○三日之朝自衆主人以下悉列西階下列位如初日子生之義也以子自爲主故不云從攝主也○注三日至生時○正義曰按內則云國君世子生告于君三日卜士負之此亦生則告君三日負之但告時直負之而已子未見君至三月爲名之時則始見之也今既在喪禮畧於負子之時則見也此不用束帛者初告生已用今既禮殺故不用也云初告生時者以經云如初恐初是朝夕哭位故以初爲告生時也必知告生時者以告生時北面於西階南此亦云北面故知是告生時也○大宰大宗大祝皆裨冕○大宰是敎令之官大宗是主宗廟之官初不裨冕今得裨冕者以爲奉子接神故服祭服此大宰大宗等亦從子升堂故下文云祝宰宗人降東

反位既言降明其時當在堂此經不云升堂者文不具耳○少師奉子以衰者少師主養子之官又奉子故與子皆著衰也皇氏及王肅云謂以衰衣而奉之崔氏云諸侯五日而殯殯而成服此三日而衰者喪已在殯異於未殯也○祝先子從者祝主接神故先進也少師奉子次從祝也○宰宗人從者大宰大宗爲詔告贊君事故次從在後也○入門哭者止者入門是入殯宮門也衆主人及諸臣並已先列位而哭今祝宰宗三人將子入門見故命門內在位者止哭也前告是初生日哀甚故祝升階乃命止哭今三日哀已微殺故子入門而哭則止也○注宰宗至事者○正義曰上云大宰大宗此直云宰宗人者皇氏云宰則大宰宗人則大宗也此祝先子從者同吉祭之禮故特牲少牢皆祝前主人後若凶祭則主人前祝在主人後士虞禮是也今此亦凶祭而祝在先者以其告神故也○子升至顙哭○子升自西階者謂世子不忍從先君之階升故由西階升於時太宰大宗及祝亦升不言從者以子爲主故畧而不言也殯前北面者殯以東爲前謂當殯之東稍南北面也○祝立於殯東南隅者祝在子之西而北面當殯之東南故云殯東南隅也其宰及宗人皇氏云以次立於子之東階北面若其須詔相之時或就子前而西面也○祝聲三者亦謂警神也前告生哀甚故盡階不升

堂此見子須近殯故進立於殯東南隅既譽神之後祝乃告曰夫人某氏之子某從執事宰宗人等敢見告訖奉子之人拜而稽顙乃哭不歸者未即位故也皇氏云於時未立子名不得云某氏之子某從執事下有某字者誤也今校定本子及諸本皆有某字子升堂之時大宰即位立名告殯云某之子某○祝宰至衰杖○祝宰宗人卿大夫士哭踊三者三此等以子稽顙哭故亦祝宰宗人在堂上皆曰哭衆主人卿大夫士俱在西階下北面哭爲踊每踊三度爲一節如此者三故云三者三○降東反位者堂上皆降反東在下者皆東反朝夕哭位降者謂降自西階也皆袒者以初堂上堂下之哭非正位故不袒今反朝夕哭位故皆袒○子踊房中亦踊者以上文子不踊房中亦不踊至此乃踊故云子踊房中亦踊明祝宰宗人衆主人及卿大夫士反位亦皆踊也當子踊之時亦袒也故下注云踊襲衰杖成子禮也既云襲明初時袒也皇氏云子踊不袒若然子初不袒何得後有襲乎皇氏説非也○注亦謂朝奠○正義曰恐是見子故爲奠祭故云亦謂朝奠以告生之時遂朝奠故云亦謂朝奠知非特奠者在殯無特告奠之法故也○注因負至畧也○正義曰按內則及左傳桓六年皆三月乃名之今此因負子三日即名之以喪事促遽於禮簡畧不暇待三月也上見殯之時既以名告故

云某之子某鄭於此乃解名者以經有名文而遂解之非謂告山川之時始作名也若依皇氏以見殯後乃作名故鄭於此解之

○曾子問曰：如已葬而世子生，則如之何？孔子曰：大宰大宗從大祝而告于禰。告生也。○禰本又作祢，乃禮反。三月乃名于禰，以名徧告及社稷宗廟山川。

【疏】曾子至山川○正義曰此一節因前論問君未葬而世子生今更問已葬後世子生之禮○大宰大宗從大祝而告于禰者禰父殯宮之主也既葬訖殯無尸柩惟有主在故告於主漸神事之故也同廟主之名故曰禰也然直云三人告禰不云攝主者葬時攝主已弁絰葛以交神明葬竟又服受服喪之大節更畢攝主亦無復有此事故子生則攝主不復與羣臣列位西階下故自還依大宰之禮與大宰大宗從大祝裨冕而告殯宮中主也不云裨冕者未葬尚裨冕葬後不言自顯也不云束帛者凡告必制幣從之可知也不言盡階不升者三人例是升者非不升也不言某之子生敢告者亦自可知也三月乃名于禰者葬後神事之故依平常之禮三日不見也三月乃見因見乃名故云乃名于禰也從見之人與告生不異故不重言也雖三日不見其成服衰絰自依常禮也○以名徧告及社稷宗廟山川者名於禰既畢宰亦命祝史徧告也不言宰命祝史從可知也又前不云社稷宗廟此不云五祀相互明也王肅云前三日名之云未葬當稱子某故三日因名之此經既葬稱子不稱名故三月乃名也鄭云稱世子生在殯告五祀山川耳五祀殯宮之五祀山川國鎮之重不可不告故越社稷告之既葬而世子生三月而名葬後三月於禮已祔廟故告可及廟廟與社稷相連不得不告社稷

○孔子曰：諸侯適天子，必告于祖，奠于禰。皆奠幣以告之，互文也。冕而出視朝，聽國事也。諸侯朝天子，必裨冕爲將廟受也。裨冕者，公袞，侯伯鷩，子男毳。○朝，直遥反，注及下同。爲，于僞反，下爲事同。袞，古本反。鷩，必列反。毳，昌銳反。命祝史告于社稷宗廟山川，臨行又徧告宗廟，孝敬之心也。乃命國家五官而後行，五官，五大夫典事者。命者，勑之以其職。道而出。祖道也。聘禮。出祖釋軷，祭酒脯也。○軷，步末反。告者五日而徧，過是非禮也。

既告不敢久留。凡告用牲幣，反亦如之。牲當爲制，字之誤也。制幣一丈八尺。○牲依注音制。諸侯相見，必告于禰。道近或可以不親告祖。朝服而出視朝，朝服爲事故也。命祝史告于五廟所過山川，山川所不過則不告，貶於適天子也。亦命國家五官，道而出，反必親告于祖禰，乃命祝史告至于前所告者，而后聽朝而入。反必親告祖禰，同出入禮。

【疏】孔子至如之○正義曰此一節論諸侯朝天子將出之禮不云曾子問直云孔子曰者以此與上事連文上既云以名徧告社稷宗廟因論出朝告祖禰之事此乃因上起文也此篇之內時有如此故下曾子問云除喪則不復昏禮乎孔子曰祭過時不祭禮也又何反於初又云孔子曰嫁女之家三夜不息燭與此相類云告于祖亦告于禰也言奠于禰亦奠于祖也○冕而出視朝○裨冕謂裨衣而冕裨衣者公袞侯伯鷩子男毳視朝部聽事也○注聽國至受也○正義曰聽國事解經視朝之事云諸侯朝天子必裨

冕爲將廟受也。諸侯視朝當用玄冠緇衣素裳，今視朝而服裨冕之服者，按覲禮侯氏裨冕，天子受之於廟，故鄭云「諸侯朝天子必裨冕，爲將廟受也」，言天子於廟受巳之禮。今諸侯往朝天子，爲天子將欲於廟中受巳之禮，故諸侯豫敬之，以冕服視朝也。命祝史告于社稷宗廟山川。注「臨行又徧告宗廟，孝敬之心也」。正義曰：按上文云諸侯適天子必告于祖，奠于禰，此又命祝史告于宗廟山川，是臨行一告宗廟，則知後冉告，故云「臨行又徧告宗廟，孝敬之心也」。言徧告宗廟，則五廟皆告也。前云告于祖者，亦祖禰皆告也。乃命國家五官而后行。注「五官」至「其職」。正義曰：按大宰云「建其牧，立其監，設其參，傳其伍」，是諸侯有三卿五大夫。經云五官，故云五大夫。以屬官大夫其數衆多，直云五者，據與國事者言之。不云命卿者，或從君出行，或雖在國留守，摠主羣吏，如二公然，不專主一事，且尊之。既命五大夫，則卿亦命之可知，故不顯言命卿也。命者，謂戒勑以所掌之事也。注「祖道」至「脯也」。正義曰：經言道而出，明諸侯將行，爲祖祭道神而後出行。引聘禮者，證祖道之義。按聘禮記云「出祖釋軷，祭酒脯」，彼注云「祖，始也。行出國門，止陳車騎，釋酒脯之奠於軷，爲行始也。春秋傳曰『軷涉山川』。然則軷，止行之名也。道路以險阻爲難，是以委土爲山，或伏牲其上，使者爲軷，祭酒脯，祈告也。

禮畢，然後乘車轢之而遂行。其有牲，犬羊可也」。此城外之軷祭也。其五祀行神，則在宮内，故鄭注聘禮云「行，謂行者之先，其古人之名未聞。天子諸侯有常祀，在冬也」。喪禮有「毀宗躐行，出于大門」，則行神之位在廟門外西方。又鄭注月令「軷壇厚二寸，廣五尺，輪四尺」。周禮注云「以菩芻棘柏爲神主」，此鄭釋爲軷祭之義。此軷亦有尸，故詩生民云「取羝以軷」，注「燔烈其肉爲尸羞」是也。其牲，天子軷用犬，故犬人云「伏瘞亦如之」，注云「伏，謂伏犬於軷上」。諸侯用羊，詩云「取羝以軷」，謂諸侯也。卿大夫以酒脯。既行祭軷竟，御者以酒祭車軾前及車左右轂末，故周禮大馭云「及犯軷，王自左馭，馭下祝，登受轡，犯軷遂驅之」。又云「及祭，酌僕，僕左執轡，右祭兩軹，祭軓，乃飲」。軓即轂末，軌謂車軾前是也。其祭宮內行神之軷及城外祖祭之軷，其制不殊。崔氏云：「宮內之軷，祭古之行神；城外之軷，祭山川與道路之神。」義或然也。壇名山，其神曰纍。告者五日而徧，過是非禮也。前命祝史告山川，而諸侯猶待告徧乃行也。以五日爲期，若近者乃可就彼告，若遠者則當望告，故以五日爲限也。所以爾者，爲先以告廟，載遷主，若久留不去，則爲非禮，故云「過是非禮也」。曲禮云「凡爲君使者，已受命，君言不宿於家」是也。注「牲當爲制字之誤也」。正義曰：皇氏、熊氏以此爲諸侯禮，不應用牲，故牲當爲制。其天子則當用牲，故熊氏云鄭注周禮大祝職引此文云「告用牲幣」，不破牲字，是天子用牲幣也。必知天子用牲者，校人云「王所過山川，則飾黃駒」，是用牲也。必知諸侯不用牲者，約下文云「幣帛皮圭以告」，故知不用牲也。或天子諸侯出入有告有祭，故告用制幣一丈八尺。其卿大夫唯入祭而巳，故聘禮既使而反，祭用牲也。注「道近」至「告祖」。正義曰：以直云告于禰，是據其道近，故云或可以不親告祖。知諸侯不直告禰者，下文云「反必親告于祖禰」，明出時亦告祖禰，爲道近唯告禰耳。注「朝服爲事故也」。正義曰：朝服爲事故者，或會或弔之事。諸侯朝服玄冠緇衣素裳。以上文諸侯朝天子，冕而出視朝，爲將廟受，尊敬天子，習其禮，故著冕服。諸侯視朝亦雖在廟受，降下天子，不敢冕服，唯著臨朝聽事之服，故云「朝服爲事故也」。熊氏又云：此朝服謂皮弁服，以天子用以視朝，故謂之朝服。論語云「吉月必朝服而朝」，注云「朝服，皮弁服」是也。必知朝服皮弁服者，聘禮諸侯相聘皮弁服，明相朝亦皮弁服，此義爲勝也。注「反必親告祖禰，同出入禮」。正義曰：庾蔚云：鄭當謂出入所告，理不容殊，而諸侯祖見出不云告祖者，或道近變其常禮耳，故反必親告祖禰，以明出入之告其禮不殊也。

○曾子問曰：「並有喪，如之何？何先何後？」並謂父母若親同者同月死。孔子曰：「葬，先輕而後重；其奠也，先重而後輕，禮也。自啓及葬不奠，不奠務於當葬者。行葬不哀次，不哀次輕於在殯者。反葬奠，而後辭於殯，遂脩葬事。殯當爲賓，聲之誤也。辭於賓，謂告將葬啓期也。○殯音賓，出注。其虞也，先重而後輕，禮也。」○孔子曰：「宗子雖七十，無無主婦；族人之婦不可無紀。非宗子，雖無主婦可也。」【疏】「曾子」至「禮也」。○正義曰：此一節論並有喪葬之事，各隨文解之。○注「並謂至月死」。○正義曰：並謂父母也。親同者，祖父母及世叔兄弟。云同月死，不云同日者，畀可知也。○「自啓至葬事」。○既父喪在殯，先葬母之時，自從啓母殯之後，及至葬柩欲出之前，唯設母之啓殯之奠、朝廟之奠及祖奠、遣奠而巳，不於殯宮爲父設奠，故云「自啓及葬不奠」，謂不奠父也。不奠者，不朝夕更改新奠，仍有舊奠存也。「行葬不哀次」者，次謂大門外之右，平生待賓之處。葬柩車出門至此，孝子悲哀，柩車暫停。今爲父喪在殯，故行葬母之時出門。孝子不得爲母伸哀於所次之處遂行而去所以不敢若此悲哀恐輕於在殯也反葬奠者謂葬母還反于父殯然後設奠也。而后辭於殯遂脩葬事者辭猶告也謂奠父之役孝子告語於賓以明日啓父殯期節既告賓賓出之後遂修營葬父之事所以葬則先輕奠則先重者皇氏云葬是奪情故從輕者爲首奠是奉養故令重者居先也。注不奠務於當葬者。正義曰不奠謂不奠父及餘喪也重喪所以不奠者若營奠父事恐葬事遲晚務欲輕喪在先當葬者使其逮畢故也知此不奠不據先葬者葬是喪之大事永離宮室不可以不奠也。注不哀次輕於在殯者。正義曰解經不哀次之義以父喪在殯爲重今爲母至次處而哀爲輕於在殯者今爲在殯者所壓不敢爲母伸哀故云不哀次輕於在殯者上注云君親同者則除父母之外餘喪其重喪在殯皆爲輕喪不哀次。注殯當至期也。正義曰此經辭於殯知非告殯以將葬而云殯當爲賓爲告賓者按既夕禮云主人請啓期告于賓之後即陳葬事設盥陳鼎饌東牀之屬下乃云祝聲三是告殯之事今先云辭於殯乃云遂脩葬事故云殯當爲賓謂詔告賓也與既夕禮同。其虞也先重而後輕禮也。以虞是奠之類故亦先重後輕以禮結之故云禮也按崇精問曰葬母亦朝廟否其虞父與母同日異日乎焦氏荅曰婦未廟見不朝廟耳内豎職云王后之喪朝廟則爲之蹕也是母喪亦朝廟明也虞當異日也。孔子至可也。正義曰此一節論宗子立後之事凡無問而稱孔子曰者皆記者失問也亦此卷之通例矣宗子大宗子也凡人年六十無妻者不復娶以陽氣絶故也而宗子領宗男於外宗婦領宗女於内昭穆事重不可廢闕故雖年七十亦猶娶也故云無無主婦言必須有也然此謂無子孫及有子而年幼小者〇若有子孫則傳家事於子孫故曲禮七十老而傳是也

曾子問曰：將冠子，冠者至，揖讓而入，聞齊衰大功之喪，如之何？冠者賓及贊者。冠古亂反下及注皆同 孔子曰：内喪則廢，外喪則冠而不醴，徹饌而埽，即位而哭。如冠者未至，則廢。内喪同門也不醴不醴子也其廢者喪成服因喪而冠。饌仕戀反埽悉報反 如將冠子而未及期日，而有齊衰、大功、小功之喪，則因喪服而冠。廢吉禮而因喪冠俱成人之服及至也 除喪不改冠乎？孔子曰：天子賜諸侯大夫冕弁服於大廟，歸設奠，服賜服，於斯乎有冠醮，無冠醴。酒爲醮冠禮醴重而醮輕此服賜服酌用酒尊賜也不醴明不爲改冠改冠當醴之。醮子妙反酌而無獻酬曰醮 父没而冠，則已冠埽地而祭於禰。已祭，而見伯父、叔父，而后饗冠者。饗謂禮之

【疏】曾子至冠者。正義曰此一節論冠子逢喪之事將冠子冠者至揖讓而入者曾子問將欲冠子冠者謂賓及贊者至主人之門而與主人揖讓而入主人忽聞齊衰大功之喪如之何孔子荅之云若是大門内之喪則廢以加冠在廟喪則在大門之内吉凶不可同處故云内喪則廢。外喪則冠而不醴者外喪謂大門外之喪喪在他處猶可以加冠也但平常吉時三加之後設醴以禮冠者之身今既有喪故直三加而已不醴之。徹饌而埽者以初欲迎賓之時未知有喪醴及饌具既已陳設今忽聞喪故徹去醴與饌具又埽除冠之舊位令使清絜更新乃即位而哭如賓及贊者未至則廢而不冠也。如將至而冠

既荅曾子之問遂言未及期日有喪之禮期云未及期日而有齊衰大功小功之喪。則因喪服而冠者孔子言冠日尚遠不可以吉加冠故廢其吉禮則因著喪之成服而加喪冠也除喪不改冠乎者曾子既得夫子引類以荅之仍疑而發問云此人因喪服。而冠除喪之後不更改易而行吉冠之禮乎。孔子至賜服。此一經孔子引類荅曾子除喪不台改冠之事所以然者謂諸侯幼弱未冠總角從事至當冠之年因朝天子天子而賜諸侯大夫或弁或冕之服於天子大廟之中榮君之賜歸設奠祭於已宗廟此時身服所賜之服更不改冠也。於斯乎有冠醮無冠醴斯此也於此之時唯有冠之醮法行醮以相燕飲無有冠之醴法謂不用醴以禮受服者之身所以然者凡改冠則當用醴今既受服於天子不可歸還更改爲初冠禮法然則既因喪而冠不可除喪更改爲吉冠也。父没至冠者。孔子既荅其問又釋父没加冠之禮故云父没而冠則加冠已冠之後埽地而祭於禰廟已祭之而見伯父叔父見伯叔之後乃饗冠者。注内喪至而冠。正義曰内喪同門者皇氏云謂同大門之内云不醴不醴子也者按士冠禮醴子之後始醴賓恐此經云不醴是不醴賓故云不醴子也必知不醴子者以經云冠者未至則廢廢謂子身冠廢明不醴是不醴子也云其廢者喪成服因喪

而冠者以下文云未及期日因喪服而冠是也熊氏以即位而哭謂在冠家即位以文承徹饌而歸之下皇氏以爲即喪家之位非也。注廢吉至之服。正義曰吉冠是吉時成人之服喪冠是喪時成人之服今既有凶廢吉禮而因喪冠故云俱成人之服也。注酒爲至醴之。正義曰按士冠禮云若不醴則醮用酒是酌酒爲醮謂之醮者鄭注云酌而無酬酢曰醮皇氏云醴亦無酬酢而云酒無酬酢者以酒有酬酢爲常禮故無酬酢乃謂之爲醮云冠禮醴重而醮輕者按士冠禮適子三加於阼乃醴於客位醴是古之酒故爲重士冠禮又云若庶子則冠於房外南面遂醮焉醮既用酒酒是後代之法故爲輕也按士冠禮若不醴則醮用酒注云若不醴謂國有舊俗可行聖人用焉不改者也如鄭此言則行周禮者適子用醴庶子用醮若用先王舊俗者雖適子與庶子同用醮先王是夏殷也雖在周前因而用也醮之所以異於醴者醴則三加之後揔一醴之醮則每一加而行一醮凡三醮也云酌用酒尊賜也者謂諸侯大夫既受賜服而歸祭告之後使人酌酒以飲已榮上之賜不酬酢也云不醴明不爲改冠者受賜服而來若其改而更冠應從適子之尊冠必酌醴以醴之今既不醴明不改冠也皇氏云謂諸侯及大夫幼弱未冠總角從事當冠之年因朝天子而賜之服故歸還不改冠也義或然也。注饗謂禮之。正義曰按士冠禮醴賓以壹獻之禮此云饗冠者前注云冠者賓及贊者此即是饗賓及贊者此父沒而冠按士冠禮云若孤子則父兄戒宿冠之日主人紒而迎賓拜揖讓立于序端則冠身自迎賓皇氏云冠者諸父迎賓非禮也。

○曾子問曰：祭如之何則不行旅酬之事矣？孔子曰：聞之，小祥者，主人練祭而不旅，奠酬於賓，賓弗舉，禮也。奠無尸，虞不致爵，小祥不旅酬，大祥無無筭爵，彌吉。昔者魯昭公練而舉酬行旅，非禮也；孝公大祥，奠酬弗舉，亦非禮也。孝公，隱公之祖父。

【疏】曾子至禮也。正義曰此一節論喪祭簡畧之事。孔子至舉禮也練小祥祭也旅謂旅酬故奠無尸虞不致爵至小祥彌吉但得致爵於賓而不得行旅酬之事大祥乃得行旅酬而不得行無筭爵之事也此皆謂喪畢簡畧於禮未備故也。注奠無至彌吉。正義曰按士虞禮云男男尸女女尸檀弓云虞而立尸是虞時始立尸故云奠無尸奠所以無尸者奠是未葬之前

形體尚在未忍立尸異於生故未立尸虞是既葬之後形體已去鬼神事之故立尸以象神也又按特牲云祝延尸於奧尸即席坐主人拜妥尸尸荅拜尸左執觶右取菹揳于醢祭于豆間佐食取黍稷肺祭授尸尸祭之祭酒啐酒祭鉶乃食九飯主人洗角升酌酳尸尸卒爵祝酌授尸尸以醋主人主人卒爵筵祝南面主人酌獻祝祝受卒爵主人酌獻佐食佐食受卒爵此是主人之獻也特牲又云主婦洗爵獻尸尸卒爵尸酢主婦主婦卒爵主婦酌獻祝祝卒爵酌獻佐食佐食卒爵此是主婦之獻也賓三獻獻于尸尸三爵止注云尸止爵者三獻禮成欲神惠之均於室中云虞不致爵者按士虞禮賓三獻尸尸卒爵禮畢無致爵以下之事所謂虞不致爵也按特牲又云尸止爵之後席于戶內主婦洗爵酌致爵于主人主人拜受爵主婦拜送爵主人坐卒爵拜主婦荅拜受爵酌酢左執爵拜主人荅拜主人降洗酌致爵于主婦席于房中南面主婦拜受爵主人西面荅拜主婦卒爵拜主人荅拜主人更爵酢卒爵拜主婦荅拜所謂致爵也三獻之賓作尸所止爵尸飲卒爵酢賓賓飲卒爵獻祝及佐食致爵于主人主婦畢主人降阼階升酌西階上獻賓及衆賓訖主人洗觶于西階前北面酬賓酬賓訖主人洗爵于阼階上獻長兄弟及衆兄弟及內兄弟于房中獻畢賓乃坐取主人所酬之觶於阼階前酬長兄弟長兄弟受觶於西階前酬衆賓衆賓酬衆兄弟所謂旅酬也云小祥不旅酬衆賓不舉主人所酬之觶不行旅酬之事所謂小祥不旅酬謂奠酬於主人主人酬於賓賓不舉也旅酬之後賓弟子兄弟弟子各酌于其尊舉觶各於其長賓取觶酬兄弟之黨長兄弟取觶酬賓之黨所謂無筭爵也云大祥無無筭爵彌吉者大祥乃得行旅酬而不得行此無筭爵之事故云大祥無無筭爵以其漸漸備禮故云彌吉仍未純吉也。昔者魯昭公練而舉酬行旅非禮也者練祭但得致爵於賓賓不合舉此爵而行旅酬今昭公行之故曰非禮也大祥彌吉得行旅酬今孝公不然亦曰非禮。注孝公隱公之祖父。正義曰按世本孝公生惠公弗皇弗皇生隱公是隱公之祖父也。

○曾子問曰：大功之喪，可以與於饋奠之事乎？饋奠在殯時也。與音預，下至說衰與奠皆同。孔子曰：豈大功耳？自斬衰以下皆可，禮也。曾子曰：不以輕服而重相爲乎？怪以重服而爲人執事。爲，于僞反，注爲人其所爲服爲君爲其皆同。孔子曰：非此之謂也。非謂

爲人謂於其所爲服也 天子諸侯之喪斬衰者奠爲君服者皆斬衰唯主人不奠 大夫齊衰者奠服斬衰者不奠辟正君也齊衰者其兄弟。辟音避下同 士則朋友奠不足則取於大功以下者不足則反之服齊衰者不奠辟大夫也言不足者謂殷奠時。士則朋友一本作士則朋友奠 曾子問曰小功可以與於祭乎祭謂虞卒哭時 孔子曰何必小功耳自斬衰以下與祭禮也曾子曰不以輕喪而重祭乎怪使重者執事 孔子曰天子諸侯之喪祭也不斬衰者不與祭大夫齊衰者與祭士祭不足則取於兄弟大功以下者〇曾子問曰相識有喪服可以與於祭乎問已有喪服可以助所識者祭否。

孔子曰緦不祭又何助於人〔疏〕曾子至反之。正義曰此一節論爲死者服還得爲死者饋奠之事曾子之意云已有大功之喪可以與於他人饋奠之事乎孔子不解曾子問旨謂言曾子所問已有大功之喪得爲大功者饋奠以否故荅云豈大功乎言已有大功豈但爲大功者饋奠自斬衰以下皆可禮也言身有斬衰所爲者斬衰身有齊衰所爲者齊衰皆可與於饋奠故云禮也。曾子曰不以輕服而重相爲乎孔子所論據所服者言之曾子又不解孔子之旨謂言爲他人故更問云若爲他人不以輕已喪服而重他人相爲饋奠乎。孔子曰非此之謂也孔子乃荅云我之所言據所爲服者饋奠非此爲他人之謂也故注云非謂爲人謂於其所爲服也以下乃論所爲饋奠之事也天子諸侯之喪斬衰者奠大夫之喪齊衰者奠士則朋友奠若朋友不足則取於大功以下小功緦麻者奠若其不足則反之謂奠大執事其人不足則反取前人執事者充之。注饋奠在殯時也。正義曰以其稱奠又下云天子諸侯之喪祭也喪祭謂虞卒哭故知此饋奠謂在殯時也。注爲君至不奠。正義曰知主人不奠者按士喪禮主人不親奠又此文云士則朋友奠故知主人不親奠也主人必不親奠者以主人悲號思慕不暇執事故也。注服斬至兄弟。正義曰大夫之喪子服斬衰者不親奠此服斬衰謂大夫家臣雖服斬衰不得饋奠辟天子諸侯之正君云齊衰者其兄弟者以大夫之喪子及屬臣皆服斬衰今服齊衰唯兄弟耳故云其兄弟也。注言不至奠時。正義曰殷奠謂月朔之奠以其有牲牢黍稷用人多也殷盛也以月朔之奠盛於常奠非月半之殷奠也以士月半不殷奠故也以次差之天子斬衰者奠大夫用齊衰士則應先取大功今先取朋友者以天子諸侯皆使臣爲奠大夫辟正君故遣兄弟奠士則位卑不嫌敵君故遣僚屬奠僚屬則朋友也按士虞禮祝免澡葛絰帶鄭云治葛以爲首絰及帶接神宜變也然則士之屬官爲其長弔服加麻矣祝則僚屬也加麻則朋友也。注祭謂虞卒哭時。正義曰知者以下文孔子荅云諸侯之喪祭也故知此祭謂虞卒哭時也知非練祥者以士練祥之祭大功之服已除不得云取於兄弟大功以下者其天子諸侯則得兼練祥也以其練祥時猶斬衰與祭也。曾子至於人。正義曰此一節論身有喪服不得助他人祭事。緦不祭又何助於人者言身有緦服尚不得自祭已家宗廟何得助於他人祭乎而熊氏云謂身有緦服則不得自爲父母虞祔卒哭祭此謂同宮緦則士爲妾有子及大夫爲貴妾是同宮緦者若大夫士有齊衰大功小功緦麻同宮則

亦不祭若異宮則殯後得祭故雜記云父母之喪將祭而兄弟死既殯而祭若同宮則雖臣妾葬而后祭虞祔亦然天子諸侯臣妾死於宮中雖無服亦不得爲父母虞祔卒哭祭也天子諸侯適子死斬衰既練乃祭天子諸侯爲適孫適婦則既殯乃祭以異宮故也〇曾子問曰廢喪服可以與於饋奠之事乎謂新除喪服也 孔子曰說衰與奠非禮也執事於人之神爲其忘哀疾也。說湯活反。 以擯相可也〔疏〕曾子至可也。正義曰此一節論大祥除服不得與他人饋奠之事廢猶除也言已新說喪服可以與他人在殯饋奠之事乎不問可以與於吉祭而問可與饋奠者以已新說喪服吉祭禮輕吉凶不相干涉其不可饋奠是他人之重者已又新始說衰凶事相因疑得助奠故問之也〇曾子問曰昏禮既納幣有吉日女之父母死則如之何吉日取女之吉日。相息亮反取七住反本亦作娶下文取婦取女同。 孔子曰壻使人弔如壻之父母死則女之家亦

使人弔必使人弔者未成兄弟父喪稱父母喪稱母禮宜各以其敵者也父使人弔之辭云某子聞某之喪某子使某如何不淑母則若云宋蕩伯姬聞姜氏之喪伯姬使某如何不淑凡弔辭耳父母不在則稱伯父世母弔禮不可廢也伯父母又不在則稱叔父母

壻已葬壻之伯父致命女氏曰某之子有父母之喪不得嗣爲兄弟使某致命女氏許諾而弗敢嫁禮也必致命者不敢以累年之喪使人失嘉會之時。累力弭反。壻免喪女之父母使人請壻弗取而后嫁之禮也請請成昏女之父母死壻亦如之女免喪壻之父母亦使人請其已葬時亦致命

〔疏〕曾子至如之。正義曰此一節論昏娶遭喪之事各隨文解之。注必使至兄弟。正義曰以夫婦有兄弟之義故下云不得嗣爲兄弟或據壻於妻之父母有緦服故得謂之爲兄弟也。父喪稱父母喪稱母禮各宜以敵若

彼家父死則此家遺使弔當稱此家父遺使弔也若彼家母死則此家亦稱母遺使弔也。注某子至一耳。正義曰某子謂此父姓位某之喪者謂若彼家死者之身某子使某如何不淑者某子還指此父姓位使某某是使者之名淑善也致辭云如何不善云母則若云宋蕩伯姬聞姜氏之喪者鄭假說爲文故云若宋蕩伯姬據此壻家之母姜氏之喪據彼女家之母伯姬使某如何不淑者某謂使者之名按傳二十五年經云宋蕩伯姬來逆婦是宋國公子蕩之妻元是魯女既嫁與蕩氏爲妻故云宋蕩伯姬也今爲其子來迎魯公之女而爲婦魯之夫人多是齊女故稱姜氏姜氏若蕩伯姬遣使來弔則云聞姜氏之喪云凡弔辭一耳者謂男弔女家女弔男家皆云使某如何不淑是弔辭一也。父母不在則稱伯父世母此家父不在彼家父亡則稱伯父某子使某伯父某亦不在則稱叔父某子使某若此家母不在彼家母亡則稱伯母某氏叔母某氏使某直云父母不在不云沒亡則兼沒亡及餘不在也。壻已葬壻之伯父致命女氏。必待已葬者葬後哀情稍殺始兼他事不待踰年者不可曠年廢人昏嫁也不得嗣爲兄弟者夫婦有兄弟之義或據壻爲妻父母有緦麻之服故謂之兄弟。○壻免喪女之父母使人請壻免喪之後則應迎婦必須女之父母請者以壻家既葬致命於已壻既免喪所以須請也女之父母死壻亦如之女之父母死已葬之後女之伯父致命於男氏曰某之子有父母之喪不得嗣爲兄弟使某致命男氏許諾而不敢娶女免喪壻之父母使人請女家不許壻而後別娶禮也陽唱陰和壻之父母使人請昏而女家得有不許者亦以彼初葬訖致命於已故也

○曾子問曰親迎女在塗而壻之父母死如之何孔子曰女改服布深衣縞總以趨喪布深衣縞總婦人始喪未成服之服。○迎魚敬反下同縞古老反總音揔

〔疏〕曾子至趨喪。正義曰女改服者謂女在塗聞舅姑喪即改嫁時之衣服嫁服者士妻褖衣大夫妻展衣卿妻則鞠衣故士昏禮云女次純衣純衣即褖衣也。注布深至之服。正義曰深衣謂衣裳相連前後深邃故曰深衣縞白絹也總束髮也長八寸女在塗以其聞喪即改嫁服故云未成服之服也士喪禮注始死婦人將斬衰者去笄而纚將齊衰者骨笄而纚至將斂時則婦人亦去笄纚而髽皆不云縞總文或畧也

女在塗而女之父母死則女反奔喪服期。期居宜反下同

如壻親迎女未

至而有齊衰大功之喪則如之何〔疏〕注奔喪服期。正義曰經云女反故知奔喪喪服期云女子子在室爲父箭笄髽衰三年今既在塗非復在室故知服期但在室之女父卒爲母亦三年今既在塗故爲父母同皆期也於時女亦改服布深衣縞總反而奔喪

孔子曰男不入改服於外次女入改服於内次然後即位而哭不聞喪即改服者昏禮重於齊衰以下

曾子問曰除喪則不復昏禮乎。復猶償也。償音嘗

孔子曰祭過時不祭禮也又何反於初重喻輕也同牢及饋饗相飲食之道。○過古臥反飲於鴆反食音嗣

○孔子曰嫁女之家三夜不息燭思相離也親骨肉也。離力智反取婦之家三日不舉樂思嗣親也重世變也

〔疏〕孔子至而哭。正義曰女既未至聞壻家有齊衰大功之喪則廢其昏禮男女變服就位哭男謂壻也不入大門改其親迎之服服深衣於門

外之次女謂婦也入大門改其嫁服亦深衣於門內之次男女俱改服畢然後就喪位而哭謂於壻家爲位也皇氏以爲就喪家爲位哭也然曾子唯問齊衰大功不問小功者以小功輕不廢昏禮待昏禮畢乃哭耳故雜記云小功可以冠子取婦明與大功及期異也此文據壻家齊衰大功之喪若女家齊衰大功之喪皇氏云女不反歸其改服即位與男家親同也此不見喪而改服奔喪禮注云不見喪不改服者崔氏云奔喪不見喪不改服謂不改素冠而著免其改吉服著布深衣素冠聞喪即改之○注不聞喪至以下○正義曰上文云女聞壻之父母喪在塗即改服今女聞壻齊衰大功之喪入門始改服故云不聞喪即改服者昏禮重於齊衰以下者按禮運云三年之喪與新有昏者期不使又王制云齊衰大功三月不從政是昏禮重於齊衰以下也此謂在塗聞齊衰大功廢昏禮若婦已揖讓入門內喪則廢外喪則行昏禮約上冠禮之文此熊氏之說然昏禮重於冠故雜記云大功之末可以冠子小功之末可以取妻也○注復猶償也○正義曰復是反覆之義故爲償也曾子以初昏遭喪不得成禮除喪之後豈不酬償更爲昏禮乎○孔子曰祭過時不祭禮也又何反於初過時不祭謂四時常祭也謂祭重而昏輕重者過時尚廢輕者不復可知熊氏云若喪祭及禘祫祭雖過時猶

追而祭之故禘祫志云昭十一年齊歸薨十三年會于平丘冬公如晉不得祫至十四年乃追而祫之十五年乃禘也又僖公八年春當禘以正月會王人于洮故七月而禘故雜記云三年之喪既顈其練祥皆行是追行前練祥祭也○注重喻至之道○正義曰祭祀是奉事鬼神故爲重昏禮是生人燕飲故爲輕喻明也據重者尚廢以明輕者廢可知也故云重喻輕也○注重世變也○正義曰所以不舉樂者思念已之取妻嗣續其親則是親之代謝所以悲哀感傷重世之改變也

三月而廟見稱來婦也擇日而祭於禰成婦之義也謂舅姑沒者也必祭成婦義者婦有供養之禮猶舅姑存時盥饋特豚於室○供九用反養羊尚反盥饋音管下其位反

○曾子問曰女未廟見而死則如之何孔子曰不遷於祖不祔於皇姑壻不杖不菲不次歸葬于女氏之黨示未成婦也遷朝廟也壻雖不備喪禮猶爲之服齊衰也○非一本作屝扶畏反草屨朝直遙反爲于僞反下爲庶母爲其下文君爲皆同

○曾子問曰取女有吉日而女死如之何孔子曰壻齊衰而弔既葬而除之夫死亦如之未有期三年之恩也女服斬衰

〔疏〕三月至義也○正義曰此謂舅姑亡者婦入三月之後而於廟中以禮見於舅姑其祝辭告神稱來婦也謂選擇吉日婦親自執饌以祭於禰廟以成就婦人盥饋之義○注謂舅至於室○正義曰若舅姑存者於當夕同牢之後明日婦執棗栗腶脩見於舅姑見訖舅姑醴婦醴婦訖婦以特豚盥饋舅姑盥饋訖舅姑饗婦更無三月廟見之事此是士昏禮之文若舅姑既没雖昏夕同牢禮畢明日無見舅姑盥饋之事至三月乃奠菜於舅姑之廟故昏禮云舅姑既没則婦入三月乃奠菜是也昏禮奠菜之後更無祭舅姑之事此云祭於禰者正謂奠菜也則廟見奠菜祭禰是一事也熊氏云如鄭義則從天子以下至於士皆當夕成昏舅姑没者三月廟見故成九年季文子如宋致女鄭云致之使孝非是始致於夫婦也又隱八年鄭公子忽先配而後祖鄭以祖爲祖道之祭應先爲祖道然後配合今乃先爲配合而後乃爲祖道之祭如鄭此言是皆當夕成昏也若賈服之義大夫以上無問舅姑在否皆三月見祖

廟之後乃始成昏故譏鄭公子忽先爲配匹乃見祖廟故服虔注云季文子如宋致女謂成昏是三月始成昏與鄭義異也若舅姑偏有没者庾氏云昏夕厥明即見其存者以行盥饋之禮至三月不須廟見亡者崔氏云厥明婦盥饋於其存者三月廟見於其亡者未知孰是此盥饋廟見皆謂適婦其庶婦按士昏禮庶婦則使人醮之婦不饋注云使人醮之不饗也不饋者共養統於適也以此言之則庶婦不饋舅姑舅姑不饗也使人醮之以酒而已既不饋亦不廟見也昏禮唯云不饋不云不見則庶婦亦以棗栗腶脩見舅姑也三月廟見之禮必待三月一時天氣改變乃可以事神也○不遷至婦也○婦既死於已寢將反葬於女氏之黨故其柩不遷移朝於壻之祖廟言祔祭之時又不得祔於皇姑廟也皇大也君也稱皇者尊之也凡人爲妻齊衰杖而菲屨今壻爲之不杖不菲不次菲草屨也不次謂不別處止哀次也壻爲妻合服齊衰杖而菲屨及止哀次今未廟見而死其壻唯服齊衰而已其柩還歸葬於女氏之黨以其未廟見不得舅姑之命示若未成婦然其實已成婦但示之未成婦禮欲見其不敢自專也○注猶爲之服齊衰也○正義曰此經但云不杖不菲不云不服故知服齊衰其女之父母則爲之降服大功以其非在家壻爲之服齊衰期非無主也○注未有至斬衰○

正義曰所以既葬除者婿於女未有期之恩女於婿未有三年之恩以婿服齊衰故知女服斬衰

曾子問曰喪有二孤廟有二主禮與怪時有之。與音餘下禮與同孔子曰天無二日土無二王嘗禘郊社尊無二上未知其爲禮也尊喻卑也神雖多猶一一祭之昔者齊桓公亟舉兵作僞主以行及反藏諸祖廟廟有二主自桓公始也僞猶假也舉兵以遷廟主行無則主命爲假主非也。亟徐起吏反喪之二孤則昔者衛靈公適魯遭季桓子之喪衛君請弔哀公辭不得命公爲主客入弔康子立於門右北面公揖讓升自東階西鄉客升自西階弔公拜興哭康子拜稽顙於位有司

弗辯也今之二孤自季康子之過也辯猶正也若康子者君弔其臣之禮也鄰國之君弔君爲之主主人拜稽顙非也當哭踊而已靈公先桓子以魯哀公二年夏卒桓子以三年秋卒是出公也。鄉許亮反先悉薦反夏戶嫁反

【疏】曾子至過也。正義曰此一節論喪不得有二孤廟不得有二主之事各隨文解之。孔子曰天無二日土無二王者天有二日則草木枯萎土有二王則征伐不息老子云天得一以清地得一以寧是也。注尊喻卑也者尊謂天無二日土無二王嘗禘郊社尊無二上卑謂喪有二孤廟有二主喻明也尊者尚不可二明卑者不二可知也舉尊以明卑故云尊喻卑也云神雖多猶一一祭之者解嘗禘郊社尊無二上之意以嘗禘之時雖衆神並在猶先尊後卑一一祭之不一時摠祭故云尊無二上也。昔者齊桓公亟舉兵作僞主以行者此論二主之由桓公名小白作霸主亟數也僞假也言作假主以行而反藏於祖廟故有二主也舉兵爲南伐楚北伐山戎西伐白狄故云數舉兵也。今之二孤自季康子之過也。上云自桓公始此不云自季康子始而云康子之過者此孔子荅曾子之時上去桓公已遠二主行來又久故云自桓公始也康子之過者正當孔子之時未知後代行之以否不得云自季康子始但見當時失禮故云今之二孤自季康子之過也。注辯猶至公也。正義曰若康子者經云若康有司謂當時執事之有司畏季子之威不敢辯正故云若康子者若順也云君弔其臣之禮也者按士喪禮君使人弔主人進中庭哭拜稽顙成踊喪大記云大夫既殯君弔主人門右北面哭拜稽顙今季康子與之同故云君弔其臣之禮也云鄰國之君弔君爲之主者以賓主尊卑宜敵故君爲主主則拜賓康子又拜故云非也當哭踊而已但唯君荅拜耳出公來弔春秋不見經者蓋爲弔而來非有國之大事故畧而不書於經也出公輒是靈公孫也曾子所問皆前孤後主今荅前主後孤者謂齊桓公之時事在前衛君之事在後

○曾子問曰古者師行必以遷廟主行乎孔子曰天子巡守以遷廟主行載于齊車言必有尊也今也取七廟之主以行則失之矣齊車金路。守手又反本亦作狩齊側皆反本亦作齋注及下同齊車祭祀所乘金輅也當七廟五廟無虛主虛主者唯天子

崩諸侯薨與去其國與祫祭於祖爲無主耳吾聞諸老聃曰天子崩國君薨則祝取羣廟之主而藏諸祖廟禮也卒哭成事而后主各反其廟老聃古壽考者之號也與孔子同時藏諸主於祖廟象有凶事者聚也卒哭成事先祔之祭名也。祫音洽聃他甘反老聃即老子也祔音附君去其國大宰取羣廟之主以從禮也鬼神依人者也。從才用反下禋從而從同祫祭於祖則祝迎四廟之主祝接神者也主出廟入廟必蹕蹕止行也。蹕音畢老聃

○曾子問曰古者師行無遷主則何主孔子曰主命問曰何謂也孔子曰天子諸侯將出必以幣帛皮圭告于祖禰遂奉以出

載于齊車以行每舍奠焉而后就舍以脯醢禮神乃敢即安也所告而不以出即埋之反必告設奠卒斂幣玉藏諸兩階之間乃出蓋貴命也疏曾子至命也。正義曰此一節論師出當取遷廟主及幣帛皮圭以行廟無虛主之事各隨文解之。注齊車金路。正義曰按齊僕云掌馭金路大馭掌馭玉路凡祭祀皆乘玉路齊車則降一等乘金路也遷廟主行者皇氏云謂載新遷廟之主義或然也。注老聃至名也。正義曰按下文助葬於巷黨老聃曰丘止柩又莊子稱孔子與老聃對言是與孔子同時也按史記云老聃陳國苦縣賴鄉曲仁里也爲周柱下史或爲守藏史鄭注論語云老聃周之大史未知所出云象有凶事者聚也者此實凶事而云象以凶事生人自聚今主亦集聚似生人之聚故云象也云卒哭成事先祔之祭名也者檀弓云卒哭曰成事謂漸成吉事檀弓又曰明日祔于祖是卒哭之事在祔祭之前鄭必云先祔之祭名者以卒哭主各反其廟者爲明日祔時須以新死者祔祭於祖故祖主先反廟也。注祝接神者也。正義曰以其祫祭於祖是祝之所掌之事故祝迎四廟之主若去其國非祭祀

之事故大宰取羣廟之主以從鬼神依人故也祫祭於祖則迎四廟之主祝主接神故迎之也祫合祭大祖大祖三年一祫謂當祫之年則祝迎高曾祖禰四廟而於大祖廟祭之天子祫祭則迎六廟之主今言迎四廟者舉諸侯言也主出廟入廟必蹕主謂木主羣廟之主也主天子一尺二寸諸侯一尺出廟者謂出已廟而往大祖廟入廟謂從大祖廟而反還入已廟若在廟院之外當主出入之時必須蹕止行人若主入大祖廟中則不可須蹕也似壓於尊者也若有喪及去國無蹕禮也。老聃云從上天子崩以下至出廟入廟必蹕以上皆是老聃所云結上義也。孔子曰主命者孔子言天子諸侯將出既無遷主乃以幣帛及皮圭告于祖禰之廟遂奉以出行載于齊車以象受命故云主命。將出至命也。以曾子不解主命之意故孔子荅以主命之義云天子諸侯將出必以幣帛皮圭告于祖禰之廟告訖遂奉此幣帛皮圭以出於廟載于齊車金路以行每至停舍之處先以脯醢奠此幣帛皮圭而後始就停舍之處行還反後必陳此幣帛皮圭於祖禰主前以告神又設奠祭既卒斂此幣帛皮圭埋諸兩階之間乃後而出蓋貴此主命故也。注以脯至埋之。正義曰經云每舍奠焉以其在路不可恒設牲牢故知以脯醢與殯奠同謂之奠以其無尸故也云所告而不以出即埋之也

者皇氏云謂有遷主者直以幣帛告神而不將幣帛以出行即埋之兩階之間無遷主者加之以皮圭告於祖禰遂奉以出熊氏以爲每告一廟以一幣玉告畢若將所告遠祖幣玉行者即載之而去若近祖幣玉不以出者即埋之以其反還之時以此載行幣玉告於遠祖事畢則埋於遠祖兩階間其近祖以下直告祭而已不陳幣玉也○子游問曰喪慈母如母禮與如母謂父卒三年也子游意以爲國君亦當然禮所云者乃大夫以下父所使妾養妾子孔子曰非禮也古者男子外有傅內有慈母君命所使教子也何服之有言無服也此指謂國君之子也大夫士之子爲庶母慈已者服小功父卒乃不服昔者魯昭公少喪其母有慈母良及其死也公弗忍也欲喪之有司以聞曰古之禮慈母無服據國君也良善也謂之慈母固爲其善國君之妾子於禮不服也昭公年三十乃喪齊歸猶無戚容是不少又安能不忍於慈母此非昭公明矣未知何公也

。少喪如字下及注皆同讀者亦息浪反今也君爲之服是逆古之禮而亂國法也若終行之則有司將書之以遺後世無乃不可乎公曰古者天子練冠以燕居公弗忍也遂練冠以喪慈母喪慈母自魯昭公始也公之言又非也天子練冠以燕居蓋謂庶子王爲其母。遺如字猶垂反又于季反疏子游至始也。正義曰此一節論諸侯之子喪慈母無服之事喪慈母母者子游之意以喪服大夫以下所使妾無子者養妾子之無母者謂之慈母喪此慈母如已之母今國君喪其慈母還如已母是禮與。注如母至妾子。正義曰如母謂父卒三年也知者以喪服慈母如母在父卒三年章中故云謂父卒三年若父在之時則期也鄭注喪服大夫妾子父在爲母大功士之妾子父在爲母期則父在爲慈母亦當與已母同也云子游意以爲國君亦當然者鄭知國君者以下孔子荅云君命所使教子也又引魯昭公之事皆以國君荅子游明子游本問國君也云禮所云者乃大夫以下父所使妾

養妾子者禮所云謂喪服所云慈母如母也按喪服傳云慈母者何也妾之無子者妾子之無母者父命妾曰女以爲子命子曰女以爲母若是則生養之終其身如母死則喪之三年必知大夫以下者以天子諸侯不服庶母故此云君命所使何服之有故知此慈母如母謂大夫以下也天子諸侯則絶之也。注此指至不服。正義曰鄭知經指國君之子者以經云君命所使教子故知謂國君之子也國君之子尚不服庶母則國君身不服庶母可知也云大夫士之子爲庶母慈已者服小功者按喪服小功章云君子子爲庶母慈已者傳云君子子者貴人之子也爲庶母何以小功也以慈已加也云父卒乃不服者按喪服云士爲庶母緦則大夫之子父没爲庶母慈已亦緦此云父卒乃不服者謂不服小功仍服緦耳若大夫之子庶母不慈已者雖父在亦服緦故鄭注喪服云其不慈已則緦可也喪服注又云士之妻自養其子則不得有庶母慈已此云大夫士者因大夫連言士耳其實士無庶母慈已者皇氏云有士誤也熊氏云士之適子無母乃命妾慈已亦爲之小功知者以士爲庶母緦明士子亦緦以慈已加小功故此連言大夫士也凡諸侯之子適庶皆三母故内則云必求其寬裕慈惠溫良恭敬慎而寡言者爲子師其次爲慈母其次爲保母内則據諸侯也其大夫及公子適妻子亦三母故喪服云君子子爲庶母慈已小功注云君子子者大夫及公子之適妻子又注引内則三母是大夫及公子適妻之子爲三母故彼注不云師保慈母居中服之可知也言君之庶子内有慈母又大夫公子適妻子爲慈母小功則大夫公子之庶子無三母也但有慈母如母也。注據國至公也。正義曰前經指國君之子此經引魯昭公故云據國君也是國君與其子同也云謂之慈母固爲其善者内則既云擇於諸母寬裕慈惠溫良者以爲子師其次爲慈母此云慈母良固當是性行善者云國君之妾子於禮不服也者以喪服公子爲其母練冠麻衣故云於禮不服親母尚不服庶母不服可知若父卒得爲已母大功也云昭公年三十乃喪齊歸者按襄三十一年襄公薨左傳云昭公十九猶有童心是即位時年十九也昭公十一年其母齊歸薨而無感容是年三十非少孤也按家語云孝公有慈母良今鄭云未知何公者鄭不見家語故也或家語王肅所足故鄭不見也。注公之至其母。正義曰公之言又非者以上云公弗忍欲喪慈母既爲非今公言古者天子練冠以燕居是公言又非也云天子練冠以燕居蓋謂庶子王爲其母者按鄭注服問云庶子爲後爲其母緦春秋有以小君服之者故春秋母以子貴其服皆伸而天子服練冠者是氏云若適小君没則得伸若小君猶在則其母厭屈故練冠也所以不同大夫士爲後著緦服必練冠者以大夫士爲母本應三年以爲後壓屈故降服緦麻王侯庶子爲母本練冠故今應練冠此乃異代之法按喪服緦麻章云庶子爲後爲其母緦鄭注服問云庶子爲後爲其母緦則是周法天子諸侯大夫士一也凡言古者皆據今而道前代此經既云古者天子爲其母則是前代可知也以經無明文故鄭注云蓋謂庶子上爲其母蓋是疑辭也

〇曾子問曰諸侯旅見天子入門不得終禮廢者幾旅，衆。幾，居豈反，下同。孔子曰四請問之曰大廟火日食后之喪雨霑服失容則廢大廟始祖廟宗廟皆然主於始祖耳。霑，竹廉反。如諸侯皆在而日食則從天子救日各以其方色與其兵示奉時事有所討也方色者東方衣青南方衣赤西方衣白北方衣黑兵未聞也。衣，於既反。大廟火則從天子救火不以方色與兵

〇曾子問曰諸侯相見揖讓入門不得終禮廢者幾孔子曰六請問之曰天子崩大廟火日食后夫人之喪雨霑服失容則廢夫人，君之夫人。

〇曾子問曰天子嘗禘郊社五祀之祭簠簋既陳天子崩后之喪如之何孔子曰廢既陳，謂夙興陳饌牲器時也天子七祀言五者闕中言之。禘，大計反。簠音甫，徐方于反，又音蒲。簋音軌。饌，仕戀反，又仕轉反，下同。

〇曾子問曰當祭而日食大廟火其祭也如之何孔子曰接祭而已矣如牲至未殺則廢接祭而已，不迎尸也。

【疏】曾子至則廢。正義曰此一節論行禮有故不得終之事各依文解之。注大廟至祖耳。正義曰公羊傳云周公稱太廟魯之始祖也明諸國皆然餘廟有火亦廢朝故云宗廟皆然特云大廟火是主於始祖而言耳。注示奉至闕也。正義曰示奉時事解各

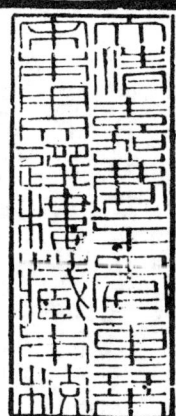

以其方色有所討解與其兵也故諸侯皆在京師者則從天子救日爲陰侵陽是君弱臣强之象方色者東方衣青南方衣赤西方衣白北方衣黑兵未聞者隱義云東方用戟南方用矛西方用弩北方用楯中央用鼓所以有所討者以日食陰侵陽示欲助天子討陰也亦備非常以攻非正經故不取也穀梁云天子救日置五麾陳五兵五鼓諸侯置三麾陳三鼓三兵大夫擊門士擊柝言充其陽也范甯云凡聲陽也擊鼓爲聲所以助陽壓陰也春秋傳曰日有食之天子伐鼓於社責上公也諸侯伐鼓於朝退自責也夏書曰辰不集于房瞽奏鼓嗇夫馳庶人走孔傳曰辰日月所會集合也房日月所舍而不合其所舍食可知也馳走者救日之備也奏猶擊也周禮有救日之弓但不知兵之細別故云未聞○大廟火則從天子救火不以方色與兵○以日食是陰之災故象五方之色以兵討陰救火無此義故不用五方色及兵也○注夫人君之夫人○正義曰此經曰后夫人之喪恐是天子之三夫人故云天子之夫人此大廟火者亦謂君之大廟非天子大廟也知非者既云揖讓入門無容天子大廟之火赴告即至故知非王之大廟假令在後堂朝方聞火時過已久又不可廢朝故知非王之大廟也○注既陳至言之○正義曰知既陳謂夙興陳饌牲器時也者以下文云當祭而日食則此簠簋既陳不當祭也既不當祭時明是祭前陳饌牲器也前文云天子崩后之喪與日食大廟火其禮皆同則此簠簋既陳日食大廟火亦同也故下云如牲至未殺則廢是也牲至已殺則行接祭其天子崩后之喪牲入雖殺不可行接祭以其喪事重故也云天子七祀言五者闕中言之者鄭此注以周禮言之祭法周天子七祀諸侯五祀大夫三祀此居其中言是諸侯之法舉五而言則上兼七下通三欲見天子及大夫其祭皆然故云闕中言之闕通也謂通取中央而言之經云嘗禘者謂宗廟之祭也郊社謂天地之祭舉天地宗廟則五祀以上之祭皆在其中孔子曰接祭而已矣者○謂牲至之後則接祭之也接捷也捷速也速而祭之○注接祭而已不迎尸也○正義曰經云如牲至未殺則廢此云接祭則牲至已殺之後也按郊特牲云既灌然後迎牲則此迎尸於奧在未殺牲之前此經殺牲後云不迎尸者凡迎尸之禮其節有二一是祭初迎尸於奧而行灌禮灌畢而後出迎牲於時延尸於戶外殺牲薦血毛行朝踐之禮設腥爓之俎於尸前是一也然後退而合亨更迎尸入坐於奧行饋孰之禮是二也此云不迎牲者直於堂上行朝踐禮畢則止不更迎尸而入此謂宗廟之祭郊社之祭無文不迎尸亦謂此時也熊氏云郊社五祀祭初未迎尸之前已殺牲也以其無灌故也故大宰云祀五帝納亨○注云納亨謂祭之時又中霤禮皆爲祭奠於主乃始迎尸是郊及五祀殺牲在迎尸之前也則此不迎尸亦得爲祭初不迎尸也

附釋音禮記注疏卷第十八

禮記注疏卷十八挍勘記　阮元撰盧宣旬摘録

附釋音禮記注疏卷第十八 惠棟挍宋本禮記正義卷第二十六

曾子問第七 此本第七二字脱各本有

曾子問曰君薨而世子生節

命母哭 閩監本同石經同岳本同衞氏集説同毛本母誤毋

几筵於殯東 閩監毛本同岳本同衞氏集説嘉靖本殯誤賓

明卿大夫等不裨冕也 閩監毛本同惠棟挍宋本夫下有士字

於西階南注 閩本同惠棟挍宋本同監毛本注作○

丈夫卽位于門外 惠棟挍宋本同閩監毛本丈誤大

若君喪大斂 閩本同惠棟挍宋本同監毛本喪誤哭

衮衣者裨之上也 惠棟挍宋本同閩監毛本也誤者

謂噫歆之聲三所出誓神也 閩監毛本同浦鏜挍出改以

升奠幣于殯東几上哭降者 閩監本東誤事毛本几誤凡

父兄堂下北面 閩監本同毛本北誤比

故先哭後奠 惠棟挍宋本作故此本故誤設閩監毛本同

所以小宰舉幣 閩本同監毛本以誤主

凡祭祀贊王幣爵之事 惠棟挍宋本作王此本王誤玉閩監毛本同○按作王是也詳周禮挍勘記

三日衆主人節

宰宗人詔贊君事者 閩監毛本作詔岳本同嘉靖本同此本詔誤語衞氏集説詔字無通典六十八亦作宰宗人詔贊君事者

祝聲三曰 閩監毛本同岳本同嘉靖本同衞氏集説同石經同考文引宋板古本足利本曰上有告字通典引無告字

正義曰此一節 惠棟挍宋本如此此本此上衍云字閩監毛本同

此大宰大宗等 閩監本同考文引宋板同毛本誤倒作大宗大宰

明其時當在堂 毛本同閩監本明誤名

於時大宰大宗 閩監本同考文引宋板同毛本時作是

祝在子之西而北面當殯之東南 閩監本同衞氏集説同毛本而北二字誤倒

若其須詔相之時 閩監本同毛本詔誤召考文引宋板亦作詔

前告主哀甚 閩監毛本同考文引宋板主作生○按卽指前某之子生敢告是也

故亦祝宰宗人在堂上皆曰哭 閩監毛本皆曰作北面此本誤也

曾子問曰如已葬而世子生節

告生也 閩監毛本同岳本同嘉靖本同衞氏集説同考文引古本生作主據正義當作主

以交神明葬竟又服受服 惠棟挍宋本作明衞氏集説同此本明誤用閩監毛本同

喪之大節更畢 閩監本節更作事便毛本節作事更字同衞氏集説節更作事既

亦無復有此事 按此字衍文

則攝主不復與羣臣列位西階下 惠棟挍宋本作復此本復誤服閩監毛本同衞氏集説同

不云束帛者 閩監本作束考文引宋板同此本束誤執毛本同

葬後神事之閩監本同衞氏集說同此本神事二字倒毛本同

三日不見也惠棟挍宋本作日此本日誤月閩監毛本同

其成服衰經閩監毛本如此此本成字闕

故三日因名之閩監毛本同惠棟挍宋本之下有也字

孔子曰諸侯適天子節

聘禮曰出祖釋軷閩監毛本有曰字岳本同嘉靖本同衞氏集說同此本曰字脫

論諸侯朝覲天子將出之禮閩監毛本有覲字衞氏集說同此本覲字脫

喪禮有毁宗躐行閩監毛本如此此本毁字闕宗誤注

燔烈其肉爲尸羞監毛本作燔此本燔誤燔閩本誤燔

故犬人云閩監本同毛本犬誤大

既行祭軷竟閩監毛本如此此本軷字闕

馭下祀監本誤祀惠棟挍宋本祀作祝與周禮合

及登酌僕閩監毛本作酌此本酌字闕閩監本登字同考文引宋板亦作登毛本登字作祭依周禮改

祭軓乃飲惠棟挍宋本作軓此本軓誤議閩監毛本軓誤軹

軓謂車軾前是也閩監本同毛本軓誤軏又閩監毛本作軾此本軾誤軔

義或然也壇名山閩監毛本如此此本或山二字闕

此義爲勝也閩監毛本如此此本此誤注勝誤新

理不客殊閩監本同惠棟挍宋本客作容毛本同理作禮

曾子問曰並有喪節

遂脩葬事閩監本同岳本同衞氏集說同毛本脩作修嘉靖本同石經同

其虞也先重而後輕閩監本同石經同嘉靖本同岳本同衞氏集說同考文引宋板古本足利本同毛本虞誤處

先葬母之時惠棟挍宋本作葬此本葬誤喪閩監毛本同衞氏集說亦作先葬母

不於殯宮爲父設奠閩監本同衞氏集說同毛本設誤喪

不朝夕更改新奠閩監本同衞氏集說同毛本朝夕作哀次

孝子悲哀閩監本作悲衞氏集說同考文引宋板同此本悲字闕毛本悲誤告

故行葬母之時出門外惠棟挍宋本如此此本出字闕外字脫閩監毛本外字亦脫又毛本外誤行

曾子問曰將冠子節

徹饌而埽毛本同石經同岳本同嘉靖本同衞氏集說同閩監本埽誤歸釋文出徹饌埽

令使清絜更新閩監本同毛本亦作令絜作潔衞氏集說同惠棟挍宋本令作今

又釋父沒加冠之禮閩監本作加毛本加誤既此本加字闕

醴子之後始醴賓閩監本作之考文引宋板同此本之字闕毛本之誤者

廢謂子身冠廢惠棟挍宋板作廢閩監毛本廢誤發此本闕

雖適子與庶子同用醮惠棟挍宋本作同此本同誤可閩監毛本同

雖在周前因而用也惠棟挍宋本作因續通解同此本因誤同閩監毛本同

曾子問曰祭如之何節

尸既席坐閩監本同毛本既作卽○按作卽與特牲饋食禮合

尸以酢主人按儀禮酢作醋注云醋報也古文醋作酢是經文作醋不作酢也下同

北面酬賓酬賓訖　閩監毛本同惠棟挍宋本酬賓二字不重

曾子問曰大功之喪節　惠棟挍云曾子問曰相識有喪服以下宋本另爲一節按此本以下者曾子問曰上有○閩監毛本無

士則朋友奠　閩監毛本同石經同岳本同嘉靖本同衛氏集說同釋文出士則朋友云一本作士則朋友奠正義有奠字

非月半之殷奠也　考文引宋板同閩監毛本月半二字倒

曾子問曰廢喪服節

爲其忘哀疾也　閩監毛本同岳本同嘉靖本同衛氏集說同續通解疾作戚

曾子至可也　惠棟挍宋本無此五字

不得即與他人饋奠之事　惠棟挍宋本有即字衛氏集說同此本即字脱閩監毛本同

曾子問曰昏禮既納幣節

女氏許諾而弗敢嫁　閩本同惠棟挍宋本同石經同岳本同嘉靖本同衛氏集說同監毛本弗誤不石經考文提要云宋大字本宋本九經南宋巾箱本余仁仲本劉叔剛本三禮放注九經誤字皆作弗

謂若彼家死者之身　惠棟挍宋本作若此本若誤名閩監毛本同

來迎曾公之女而爲婦　惠棟挍宋本作婦此本婦誤歸閩監毛本同

此家父不在　閩本同惠棟挍宋本在作存監毛本在誤亡

亦以彼初葬訖　閩本同惠棟挍宋本同監毛本彼作被

女在塗節

喪服期云女子子在室爲父箭笄　閩監本同毛本期誤記父下衍母字

孔子曰男不入節

重世變也　閩本同惠棟挍宋本同岳本同嘉靖本同衛氏集說同監毛本世誤時

改其親迎之服　閩本同監毛本作迎衛氏集說同此本迎誤近

三月而廟見節

婦有供養之禮　閩監毛本同岳本同嘉靖本同釋文同惠棟挍宋本供作共宋監本亦作共衛氏集說同

歸葬于女氏之黨　閩監本同石經同岳本同嘉靖本同衛氏集說同毛本于誤於

取女有吉日而女死如之何　閩監毛本同石經同岳本同嘉靖本同衛氏集說同考文引宋板古本足利本如上有則字

正義曰此謂舅姑亡者　惠棟挍宋本無正義曰三字

至三月乃奠菜於舅姑之廟　惠棟挍宋本同閩監毛本至字脱

將反葬於女氏之黨　閩監本同衛氏集說同考文引宋板同毛本反誤及

壻於女未有期之恩　閩監本同毛本於誤以考文引宋板亦作於

曾子問曰喪有二孤節

及反藏諸祖廟　惠棟挍宋本作藏宋監本同石經同岳本同衛氏集說同考文引古本足利本同此本藏誤葬閩監毛本同嘉靖本同石經考文提要云宋大字本劉叔剛本至善堂九經本皆作藏

舉兵爲南伐楚　按爲當作謂

此孔子荅曾子之時　閩監毛本此作以

行之以以否　補案兩以字誤重

畏季子之威　閩監毛本同考文引宋板季作康衛氏集說亦作畏康子

曾子問曰古者師行節

齊車金路 閩監本同岳本同嘉靖本同衞氏集說同毛本路作輅按釋文云齊車祭祀所乘金輅也毛本依釋文改○按作路是也輅者車之一名耳

蹕止行也 閩監毛本同嘉靖本同衞氏集說同惠棟挍宋本也作者岳本同考文引古本同足利本作者也

告于祖禰 閩監本同石經同岳本同嘉靖本同衞氏集說同毛本于誤於下載于齊車同

曾子至命也 惠棟挍宋本無此五字

陳國苦縣賴鄉曲仁里也 閩監毛本同浦鏜挍云里下脫人字

此實凶事而云象者 惠棟挍宋本有者字此本者字脫閩監毛本同

若王人大祖廟中 閩監毛本同衞氏集說王作主

似歷於尊者也 閩監毛本同衞氏集說似作以

即埋之兩階之間 閩監毛本同惠棟挍宋本無下之字

若將所告遠祖幣玉行者 惠棟挍宋本作若衞氏集說同此本若誤告閩監毛本同

不陳幣玉也 惠棟挍宋本同衞氏集說同監本玉誤王毛本玉字闕

子游問曰喪慈母節

猶無戚容 閩監本同衞氏集說同考文引宋板古本同毛本猶作乂岳本亦作猶戚作慼嘉靖本同考文引足利本同○按依說文當作慽从小戚聲戚爲慽之假借字也

大夫以下所使妾無子者 閩監本同惠棟挍宋本所上有父字毛本同

故知此慈母如母 惠棟挍宋本作知此本知誤乃閩監毛本同

得爲已母大功也 閩監毛本同惠棟挍宋本已作己是也

則其母厭屈 閩監毛本厭作壓衞氏集說同

故今還練冠 惠棟挍宋本作還此本還誤應閩監毛本同衞氏集說同

益謂庶子上爲其母 閩監本同毛本上作王

曾子問曰諸侯旅見天子節

既陳謂夙興 閩監本同岳本同嘉靖本同衞氏集說同考文引宋板同毛本陳誤成

曾子至則廢 惠棟挍宋本無此五字

言充其陽也 惠棟挍宋本作充此本充字闕閩監毛本充作助衞氏集說同浦鏜挍云穀梁傳作充

食可知也 惠棟挍宋本作也此本也字闕閩監毛本也作矣

馳走者救日之備也 惠棟挍宋本作日此本日誤者閩監毛本同

此經曰后夫人之喪 閩監毛本同惠棟挍宋本曰作云

故云天子之夫人 監毛本作君之夫人惠棟挍宋本同此本君作天子非也天子閩本亦誤

假令在後堂朝 閩監毛本同考文引宋板堂作當

在未殺牲之前 惠棟挍宋本作在衞氏集說同此本在字闕閩監毛本在作是

更迎尸入坐於奧 惠棟挍宋本作更衞氏集說同此本更字闕閩監毛本更誤及

祀五帝納享 惠棟挍宋本作享衞氏集說同此本享誤亨閩監毛本同下納享同

附釋音禮記注疏卷第十八終 惠棟挍宋本禮記正義卷第二十六終記云凡三十三頁

禮記注疏卷十八挍勘記

附釋音禮記注疏卷第十九

鄭氏注　孔穎達疏

曾子問

天子崩未殯五祀之祭不行既殯而祭其。尸入三飯不侑酳不酢而已矣自啓至于反哭五祀之祭不行已葬而祭祝畢獻而已既葬彌吉。畢獻。祝而後止郊社亦然惟嘗禘宗廟俟吉也。飯扶晚反下同不侑音又絶句下皆放此酳音胤又仕覲反酢才各反○曾子問曰諸侯之祭社稷俎豆既陳聞天子崩后之喪君薨夫人之喪如之何孔子曰廢亦謂夙興陳饌牲器時也自薨比至于殯自啓至于反哭奉帥天子帥循也所奉循如天子者謂五祀之祭也社稷亦然。比必利反

〔疏〕天子至天子。○正義曰天子諸侯祭禮既亡今儀禮唯有大夫士祭禮以言之按特牲饋食禮祝延尸于奥迎尸而入即延坐三飯告飽祝侑尸又飯至於九飯畢若大夫少牢饋食尸食十一飯而畢鄭注少牢云士九飯大夫十一飯其餘有十三飯十五飯也按此說則諸侯十三飯天子十五飯又按特牲禮尸九飯畢主人酌酒酳尸尸飲卒爵酢主人主人受酢飲畢酌獻祝祝飲畢主人又酌獻佐食此是士之祭禮也今約此而說天子五祀之祭也。天子崩未殯五祀之祭不行者。以初崩哀慼未遑祭祀雖當五祀祭時不得行祭也。既殯而祭者但五祀外神不可以已私喪久廢其祭故既殯哀情稍殺而後祭也。其祭也尸入三飯不侑酳不酢而已矣者今喪既殯不得純如吉禮理須宜降殺侑勸也故迎尸入奥之後尸三飯告飽則止祝更不勸侑其食使滿常數也又熊氏云三飯不。酳不酢而已矣謂迎尸入奥之後尸三飯即止祝不勸侑至十五飯於時冢宰攝主酌酒酳尸尸受卒爵不酢攝主故云三飯不侑酳不酢而已者謂唯行此而已不爲在後餘事也。自啓至于反哭五祀之祭不行者。謂欲葬之時從啓殯以後葬畢反哭以前靈柩既見哀摧更甚

故云五祀之祭不行已葬而祭祝畢獻而已已葬而祭者謂已葬反哭殯宮畢而行其祭但既葬彌吉尸入三飯之後祝乃侑尸尸食十五飯攝主酳尸尸飲卒爵而酢攝主攝主飲畢酌而獻祝祝受飲畢則止無獻佐食以下之事所以然者以葬後未甚吉唯行此禮而已而已是語辭也皇氏云已止也。注既葬至吉也。正義曰經云祝畢獻止謂祝受獻祭禮遂畢止不獻佐食以下云郊社亦然者王制云天地社稷爲越紼而行事是與五祀同也趙商問云自啓至反哭五祀之祭不行注云郊社亦然者按王制云唯。天地社稷爲越紼而行事何趙商之意葬時郊社之祭不行何得有越紼而行事鄭荅越紼行事喪無事時天地郊社有常日自啓及至反哭自當辟之鄭言無事者謂未殯以前是有事既殯以後未啓以前是無事得行祭禮故有越紼行事鄭云郊社有常日自啓至反哭自當辟之者郊社既有常日自啓。反哭當辟此郊社之日郊社尊故辟其日不使相妨五祀既卑若與啓反哭日相逢則五祀辟其日也鄭言天地社稷去殯處遠祭時踰越此紼而往赴之五祀在殯處近暫往則還故不爲越紼也云唯嘗禘宗廟俟吉也者謂爲嘗禘之禮以祭宗廟俟待於吉故王制云喪三年不祭是也其在喪祭郊社之時其喪所朝夕仍奠知者雜記云國禁哭則止朝夕之奠即位自因也大臣尚爾明天子得也。注帥循至亦然。正義曰帥循也此釋詁文以經云奉循天子按上天子有祭五祀之文今云奉循如天子謂諸侯五祀亦如天子故云謂五祀之祭是諸侯五祀如天子五祀也今此諸侯祭社稷其遭喪節制與五祀同故云社稷亦然按天子崩后喪諸侯當奔赴得奉循天子之禮者諸侯或不自親奔而身在國者或唯據君薨及夫人之喪其嗣子所祭得奉循天子者也

○曾子問曰大夫之祭鼎俎既陳籩豆既設不得成禮廢者幾孔子曰九請問之曰天子崩后之喪君薨夫人之喪君之大廟火日食三年之喪齊衰大功皆廢外喪自齊衰以下行也齊衰異門則祭其齊衰之祭也尸入三飯不侑酳不酢而已矣大功酢而已矣小功緦室中之事而已矣室中之事謂賓長獻。長知丈反下文謀長同士

之所以異者緦不祭然則士不得成禮者十一所祭於死者無服則祭謂若舅舅之子從母昆弟〔疏〕曾子至行也○正義曰不直云大功以上皆廢而歷序三年之喪齊衰大功者以曾子問廢者有幾孔子對云廢者有九遂歷序九種之事一一備言此大夫祭者謂祭宗廟故下文云所祭於死者無服則祭是據宗廟也○注齊衰異門則祭○正義曰今遭異門其齊衰之喪祭也○尸入三飯不侑酳不酢而已矣○若遭異門齊衰之喪其祭迎尸入室但三飯則止祝更不勸侑使至十一但三飯耳則主人酌酒酳尸尸不酢主人唯此而已○大功酢而已矣○大功服輕祭禮稍備尸三飯祝侑至十一飯而止主人酌酒酳尸尸酢主人主人乃停故云大功酢而已矣○小功緦室中之事而已矣○小功與緦麻其服轉輕祭禮轉備其祭尸○十一飯訖主人酳尸尸卒爵酢主人主人獻祝及佐食畢次主婦獻尸尸酢主婦主婦又獻祝及佐食次賓長獻尸○若平常之祭尸得賓長獻爵則止不舉待致爵之後尸乃舉爵今既喪殺賓長獻尸尸飲以酢賓賓又獻祝及佐食而祭畢止凡尸在室之奧祝在室中北廂南面佐食在室中尸西北面但主人主婦及賓獻尸及祝佐食等三人畢則止故云室中之事而已矣若致爵之時主婦在房中南面主人獻賓堂上北面皆不在室中其室中者獻尸祝佐食耳故此注云室中之事謂賓長獻此小功緦麻兼內外知者以前文云內喪大功以上廢則知內喪小功以下不廢也按雜記云臣妾死於宮中三月而後祭之此內喪緦麻不廢祭者此謂鼎俎既陳臨祭之時故不廢也若不當祭時有臣妾死於宮中及大夫爲貴妾緦庶子爲父後者爲其母緦之屬皆不祭○士之所以異者緦不祭○孔子見曾參歷問至大夫必應及士故因廣舉士以語之大夫唯至大功爲九而士又加緦小功二等合爲十一此亦謂祭宗廟鼎俎既陳而值喪也大夫祭值緦小功不辨內外皆不廢祭而禮則小異耳士值緦小功不辨外內一切皆廢祭士輕故爲輕親伸情也○所祭於死者無服則祭所祭謂士祭祖禰而死者已雖爲緦祖禰於死者無服鼎俎既陳則亦祭也○注謂若至昆弟○正義曰此等於已雖服緦而於祖禰則無服然此皆母親而得云無服者祭祀以祖禰爲主母親於已服緦於祖禰無服然此皆母親以父爲主也其從母父雖無服已爲小功熊氏云亦廢祭也皇氏云以從母於父無服不廢祭也按經云緦不祭所祭於死者無服則祭據緦爲文似不關小功故鄭以緦服解之皇氏橫加小功其義非也○曾子問曰三年

之喪弔乎孔子曰三年之喪練不羣立不旅行爲其苟語忘哀也○爲于僞反下爲彼爲親妻爲婦爲爲巳病皆同君子禮以飾情三年之喪而弔哭不亦虛乎爲彼哀則不專於親也爲親哀則是妄弔〔疏〕曾子至虛乎○正義曰此一節論身有重服不得弔人之事○君子禮以飾情凡行吉凶之禮必使外內相副用外之物以飾內情故云哀以飾在內之情故冠冕文彩以飾至敬之情麤衰以飾哀痛之情所以三年問云衰服爲至痛飾也故云君子禮以飾情也○三年之喪而弔哭不亦虛乎者若身有重服而弔他人則非飾情所以爲虛也言虛者弔與服並虛也何者若已有喪弔彼而哭哀彼則忘已本哀是已服爲虛也若心存於已哀忘彼而哭彼則是於弔爲虛也故注云爲彼哀則不專於親也爲親哀則是妄弔曾子問曰大夫士有私喪可以除之矣而有君服焉其除之也如之何孔子曰有君喪服於身不敢私服又何除焉重喻輕也私喪家之喪也喪服四制曰門外之治義斷恩○治直吏反斷丁亂反於是乎有過時而弗除也君之喪服除而后殷祭禮也謂主人也支子則否○除如字徐直慮反〔疏〕曾子至禮也○正義曰此一節論臣有君親之喪當隆於君之事各依文解之○孔子曰有君喪服於身不敢私服又何除焉者荅以重喻輕也門外之治義斷恩若身有君服後遭親喪則不敢爲親制服也又何除焉者謂成喪服爲重始除服爲輕未在親始重之日尚不獲伸況輕末之時而可行乎故云又何除焉君之喪服除而后殷祭禮也者殷祭謂小大二祥祭也以其禮大故曰殷也言初乃爲身有君服不敢爲親私除若君服除後乃可爲親行私喪二祥之祭以伸孝心也故盧氏云殷祭盛也君服除乃行釋私服之禮庾蔚云今月除君服明月可小祥又明月可大祥猶若久喪不葬者也若未有君服之前私服已小祥者除君服後但大祥而可已有君服之時已私服或未小祥是以摠謂之殷祭而不得云再祭殷大也小大二祥變除之大祭故謂之殷祭也禘祫者祭之大故亦謂之殷祭但此論大夫士則不應有禘祫此殷是釋除之祭也有殷事則之君所鄭以爲朔月月半薦新

之奠此又此朝夕爲大也各有所指不嫌殷名同也。注謂主人也支子則否。正義曰主人謂適子仕官者適子主祭祀故二祥待除君服而後行也若支子仕官雖不得除私服而其家適子已行祥祭庶子於後無所復追祭故云否也

〇曾子曰父母之喪弗除可乎以其有終身之憂〔疏〕曾子至可乎。正義曰曾子又疑云聖人制變受之期情禮之殺使送死有已復生有節是不許人子有不除之喪若適子除君服後乃有殷祭之事如喪久不葬者此則可解若庶子除君服後無復殷祭之事便是其爲父母之服一生不有除說之事此於禮許得可乎

孔子曰先王制禮過時弗舉禮也非弗能勿除也患其過於制也故君子過時不祭禮也言制禮以爲民中過其時則不成禮。中如字又丁仲反〔疏〕孔子至禮也。據制以荅此所以不除意也。孔子言先王制禮各有時節若過則不追舉是禮之意也。非弗至制也。勿猶不也言今日不追除服者非是不能除改也爲此不除正是患其過於聖人之禮制也。故君子過時不祭禮也。又引君子過時不舉之事以證之過時不祭謂春雨露既濡君子履之怵惕思親思親故設祭若春時或有事故不得行祭至夏乃行夏祭不復追補春祭是過時不祭以爲禮也若過時不祭如適子仕者除君服後猶得行殷祭其四時之祭過時所以不追者假令春夏祭本爲感春夏而祭至秋非時故不追也且今年春夏雖過時至明年會應復有春夏故當時則祭過時不補前祭祥非爲感時正是孝子爲存親存親則前後無異故除君服已伸孝心也

〇曾子問曰君薨既殯而臣有父母之喪則如之何孔子曰歸居于家有殷事則之君所朝夕否居家者因其哀後隆於父母殷事朔月月半薦新之奠也〔疏〕孔子至夕否。殷大也孔子荅云君殯既訖君所無事父母新喪故歸於家以治父母之喪若君喪有朔月月半薦新大事則臣之適君所以哭君若凡常朝夕則不往哭君唯在家爲父母治喪故云朝夕否若臣有父母之喪既殯而後有君喪則歸君所若父母之喪有殷事之時則來歸家平常朝夕則不來恒在君處。注居家至父母。正義曰君薨既殯是君喪在前殯後親死是父母喪在後親喪褊甚恒居於家是隆於父母也

曰君既啓而臣有父母之喪則如之何孔子曰歸哭而反送君言送君則既葬而歸也歸哭者服君服而歸不敢私服也〔疏〕曰君至送君。正義曰曾子上問既殯今問既啓故云君既啓而臣有父母之喪則如之何孔子荅曰歸哭父母而反往送君既葬畢還來歸家而治父母之喪以此言之父母之喪既啓而有君之喪則亦往哭於君所而反送父母父母葬畢而居君所。注言送至服也。正義曰知既葬而歸者以言送君則葬罷而歸則不待君之虞祭也其君喪祔與卒哭未知臣往君所與否云歸哭者服君服而歸不敢私服也者謂歸哭父母猶服君服不私服也知不私服者上文云有君喪服於身不敢私服故知不私服也

曰君未殯而臣有父母之喪則如之何孔子曰歸殯反于君所有殷事則歸朝夕否其哀雜主於君大夫室老行事士則子孫行事大夫士其在君所之時則攝其事大夫內子有殷事亦之君所朝夕否謂夫之君既殯而有舅姑之喪者內子大夫妻也妻爲夫之君如婦爲舅姑服齊衰。適丁歷反〔疏〕曰君至夕否。正義曰前問君既殯及既啓而有父母之喪今問君未殯而臣有父母之喪如之何孔子荅曰歸殯父母訖反于君所以殯君恒在君所家有殷事之時則暫歸於家若尋常朝夕則不得歸也故云朝夕否盧氏云歸殯反于君所者人君五日而殯故可以歸殯父母而往殯君也若其臨君之殯日盧云歸哭父母而來殯君則殯君訖乃還殯父母也以此言之臣有父母之喪未殯而有君喪去君殯日雖遠祗得待殯君訖而還殯父母以其君尊故也。注其哀雜主於君。正義曰以君未殯則君哀重而父母又喪是親哀亦重君與親哀既半相雜君爲尊故主意於君故尋常恒在君所。大夫至行事。以大夫士有殷事在君所之時則在家之朝夕之奠有闕若朝夕恒在君所之時則在家朝夕之奠亦闕奠不可廢其大夫尊故遣室老攝行其事士卑則子孫攝行其事。注云大夫至其事。正義曰大夫內子有殷事亦之君所朝夕否上文明大夫禮節此明婦人之進止君既殯而婦有舅姑之喪大夫者卿之摠號內子者卿之適妻以前問君薨既殯有父母之喪此明君既殯後而婦有舅姑之喪歸居於家君有殷事之時亦之君所云亦者謂亦同其夫

也非但夫往君所妻亦往君所也若尋常朝夕則不往君所舉此一條婦同於夫則君既啓及君未殯而有舅姑之喪其禮悉同夫也○注內子至齊衰○正義曰按僖二十四年左傳云晉趙姬請以叔隗爲內子而已下之叔隗爲趙衰妻是大夫適妻也若對而言之則卿妻曰內子大夫妻曰命婦若散而言之則大夫是卿之揔號其妻亦揔名爲內子云妻爲夫之君如婦爲舅姑服齊衰者此喪服文也○賤不誄貴幼不誄長禮也誄累也累列生時行迹讀之以作謚謚當由尊者成○誄力水反謂謚也行下孟反謚音示徐又以二反唯天子稱天以誄之以其無尊焉春秋公羊說以爲讀誄制謚於南郊若云受之於天然諸侯相誄非禮也禮當言誄於天子也天子乃使大史賜之謚○【疏】賤不至禮也○正義曰此一節論謚由尊者出之事賤不誄貴誄累也謂賤不得累列貴者之行而爲謚幼不得累列長者之行而作謚如此是其禮也所以然者凡謚如此是其禮也所以然者凡謚表其實行當由尊者所爲若使幼賤者爲之則各欲光揚在上之美有乖實事故不爲也○唯天子稱天以誄之者諸侯及大夫其上猶有尊者爲之作謚其天子則更無尊於天子者故唯爲天子作謚之時於南郊告天示若有天命然不敢自尊也○諸侯相誄非禮也者非但賤不誄貴平敵相誄亦爲不可故云諸侯相誄非禮也既賤不誄貴按襄十三年左傳楚子囊爲共王作謚者春秋亂世不能知禮此不言君臣兄弟而言貴賤長幼者廣包餘人非唯君臣兄弟而已○注以其至南郊○正義曰按鄭之時說公羊者而爲此言故白虎通云天子崩大臣之於南郊稱天以謚之者爲人臣子莫不欲襃大其君掩惡揚善故至南郊明不得欺天也○注禮當至之謚○正義曰按白虎通云君薨請謚世子赴告於天子天子唯遣大夫會葬而謚之又檀弓云公叔文子卒其子戍請謚於君曰日月有時將葬矣請所以易其名者大夫當請謚於君則諸侯理當言誄於天子云天子乃使大史賜之謚者按大史職云小喪賜謚鄭云小喪卿大夫也即大夫言賜之謚明謚明諸侯之喪亦然○曾子問曰君出疆以三年之戒以椑從君薨其入如之何其出有喪備疑喪入必異也戒猶備也謂衣衾也親身棺曰椑其餘可死乃具也○疆居良反椑蒲歷反親身棺謂杝棺也孔子曰共殯服此謂君已大斂殯服謂布深衣苴絰散帶垂殯時主人所服共

之以待其來也共其餘殯事亦皆具焉○共殯音恭注同下必刃反苴絰七餘反下大結反散息但反則子麻弁絰疏衰菲杖棺柩未安不忍成服於外也麻弁絰者布弁而加環絰也布弁如爵弁而用布杖者爲已病○弁皮彥反柩其又反如爵如或作加誤也爲已音以入自闕升自西階闕謂毀宗也柩毀宗而入異於生也升自西階亦異生也所毀宗殯宮門西也於此正棺而服殯服既塗而成服殷柩出毀宗周柩入毀宗禮相變也如小斂則子免而從柩謂君已小斂也主人布深衣不括髮者行遠不可無飾○免音問入自門升自阼階親未在棺不忍異入使如生來反○君大夫士一節也【疏】曾子至節也○正義曰此論諸侯出外死以喪歸之事○曾子問夫子云諸侯之君或出疆朝會其出之時以三年之戒以椑從戒備也謂以三年喪備衣衾之屬幷以椑棺而從出既有備今其入也如之何○注其出至具也○正義曰按王制云絞紟衾冒死而后制此云戒備謂衣衾者熊氏云此言三年之戒謂衣衾之屬若其造作死後乃爲之○云親身棺曰椑按喪大記云大棺八寸屬六寸椑四寸從外鄉內親身也檀弓注云椑堅著之言也謂椑雖親身天子椑內猶有水兕諸侯公椑內猶有兕諸侯以椑爲親身也云其餘可死乃具也謂除椑之外大棺與屬若在家年老亦死前爲之今出疆椑從年未老故大棺等死後乃具也○孔子曰共殯服者於時大斂之後主人從柩而歸則其家豫共主人殯時所著之服謂布深衣苴絰散帶垂也於時主人從柩在路以棺柩未安未忍成服於外唯著麻弁麻布也謂布弁布弁之上而加環絰○注此謂至具焉○正義曰知此謂大斂者以下文云如小斂故知此謂已大斂也云殯服謂布深衣苴絰散帶垂按士喪禮云小斂苴絰大鬲散帶垂又禮親始死布深衣至成服以來其服不改故知殯服布深衣苴絰散帶垂其首服崔氏云小斂之前大夫士皆素冠小斂括髮之後士則加素冠大夫加素弁云其餘殯事亦皆具焉以殯不可闕故知具焉絰特云共殯服者舉主人服爲重○則子麻弁絰疏衰菲杖○身著疏衰疏衰是齊衰也○足著菲菲謂藨屨也其身已病者杖杖故云疏衰菲杖也○注棺柩至已病○正義曰按士喪禮云三日成服今君喪在外仍著麻弁疏衰故知不忍成服於外也云麻弁絰者布弁而加環絰也者布弁謂吉布十五升與子游麻衰及詩云麻衣如雪同知加環絰者雜記云小斂環絰是也云布弁如爵弁而用布者按檀弓云周

人弁而葬殷人冔而葬冔是殷之祭冠明弁絰周之祭冠故知爵弁也云杖者爲已病者以士喪禮服杖同時今服未成而已杖故云爲已病也○入自闕升自西階謂柩入宮之時毁殯宮門西邊牆從柩而入其升堂之時自西階而升必西階者以柩從外來如似賓客故就西而升階就客位也○注闕謂至變也○正義曰鄭恐是門闕故云毁宗也謂毁此宗廟之牆其處空闕故謂之闕云柩毁宗而入異於生也公羊定元年癸亥公之喪至自乾侯戊辰公即位正棺於兩楹之間然後即位注云正棺者象既小斂夷於堂也○此云時服殯服也云既塗而成服者謂菆塗既畢而成服也○云殷柩出毁宗周柩入毁宗禮相變也檀弓云毁宗躐行殷道也既云毁宗始云躐行是先毁宗後躐行也是從内而出故云殷柩出毁宗如小斂則子免而從柩上之所言謂大斂之後此所謂未大斂當小斂以後之節則子首不著麻弁身不服疏衰唯首著免身著布深衣而從柩也○注謂君至無飾正義曰按士喪禮從死至成服主人皆著深衣故知小斂主人布深衣也士喪禮云小斂主人髻髮今著免者以在外遠行不可無飾故著免也○入自門升自阼階○其柩入之時人自門不自闕也升自阼階不由西階也故注云親未在棺猶如生也○君大夫士一節也○言上來從柩之儀更無尊卑之異非但君死於道路亦。然諸侯與大夫士一等也

曾子問曰君之喪既引聞父母之喪如之何孔子曰遂既封而歸不俟子遂遂君也封當爲窆子嗣君也。引以刃反下皆同封音窆彼驗反

曾子問曰父母之喪既引及塗聞君薨如之何孔子曰遂既封改服而往封亦當爲窆改服括髮徒跣布深衣扱上衽不以私喪包至尊○既封依注音窆彼驗反徐音徒扱初洽反衽而審反又而鴆反【疏】曾子至而往○正義曰此一節論君葬在路遭父母喪或父母葬聞君喪之事○注遂遂至君也○正義曰以經云遂既封而歸今君喪既引在塗而言遂故知遂送君也又云不俟子是不待子而先還若待封墳既畢必在子還之後今經云既封而歸非封墳也故知封當爲窆窆下棺也○注封亦至至尊○正義曰禮親始死笄纚小斂始括髮今臣聞君喪即括髮不笄纚者若尋常是吉今忽聞君喪故去冠而笄纚今臣有父母之喪葬在於塗首先服免忽聞君喪若著其笄纚則與尋常吉同以首不可無飾故括髮也知葬時著免者以雜記云非從柩與反哭無免於堩故知葬時著免也

○曾子問曰宗子爲士庶子爲大夫其祭也如之何孔子曰以上牲祭於宗子之家貴禄重宗也上牲大夫少牢祝曰孝子某爲介子某薦其常事介副也不言庶使若可以祭然○祝皇之六反舊之又反下同爲于僞反下注爲有異居爲無日同介音界副也下同○【疏】曾子至常事○正義曰此一節論宗子祭用大夫牲之事○以上至之家○上牲謂大夫少牢也宗子是士合用特牲今庶子身爲大夫若祭祖禰當用少牢之牲就宗子之家而祭也以廟在宗子家故也○注貴禄至少牢○正義曰用大夫之牲是貴禄也宗廟在宗子之家是重宗也此宗子謂小宗也若大宗子爲士得有祖禰二廟也若庶子是宗子親弟則與宗子同祖禰得以上牲於宗子之家而祭祖禰也但庶子爲大夫得祭曾祖廟已是庶子不合自立曾祖之廟崔氏云當寄曾祖廟於宗子之家亦得以上牲宗子爲祭也若已是宗子從父庶子兄弟父之適子則於其家自立禰廟其祖及曾祖亦於宗子之家寄立之亦以上牲宗子爲祭若已是宗子從祖庶兄弟父祖之適則立祖禰廟於已家則亦寄立曾祖之廟於宗子之家已亦供上牲宗子爲祭此大夫者謂諸侯大夫故少牢知此是諸侯大夫者以下文云宗子有罪居于他國言他國則是據諸侯也以文相連接故知此大夫是諸侯大夫也○祝曰至常事○宗子祭時祝告神辭云孝子某孝子謂宗子也某是宗子之名介子某介子謂庶子爲大夫者介副也某是庶子名也薦其歲之常事告神止稱宗子其時庶子身在祭位必知庶子在者以經云祭於宗子之家是大夫就宗子家而祭也○注介副至祭然○正義曰上云庶子爲大夫此亦當云爲庶子某今云介子某者庶子卑賤之稱介是副二之義介副則可祭。故云使若可以祭然故稱介子

若宗子有罪居于他國庶子爲大夫其祭也祝曰孝子某使介子某執其常事此之謂宗子攝大夫○其祭也本或此下有如之何三字非也攝主不厭祭不旅不假不綏祭不配皆辟正主厭厭飫神也厭有陰有陽迎尸之前祝酌奠奠之且饗是陰厭也尸謖之後徹薦俎敦設於西北隅是陽厭也此不厭者不陽厭也不旅不旅酬也假讀爲嘏

不嘏不嘏主人也不綏祭謂今主人也綏周禮作墮不配者祝辭不言以其妃配某氏○厭本或作懕於豔反注下皆同綏注作墮同許垂反徐又況垂反注同辟音避下同飫於去反謖色六反起也敦音對又東論反嘏古雅反○**布奠於賓賓奠而不舉**布奠謂主人酬賓奠觶於薦北賓奠謂取觶奠於薦南也此酬之始也奠之不舉止旅○觶之豉反字林音支**不歸肉**肉俎也謂與祭者留之共燕○歸如字徐其位反與音預**其辭於賓曰宗兄宗弟宗子在他國使某辭**辭猶告也宿賓之辭與宗子爲列則曰宗兄若宗弟昭穆異者曰宗子而已其辭若云宗兄某在他國使某執其常事使某告○其辭如字告也下及注同昭穆常遙反下音木後放此

〔疏〕若宗至其辭○正義曰此一節以曾子前問宗子爲士庶子爲大夫孔子荅畢更爲曾子廣陳宗子有罪出居他國庶子爲大夫在家法其祭之禮按少牢饋食司宮筵于奧設饌畢祝酌奠于鉶南主人西面再拜稽首祝曰孝孫某敢用柔毛剛鬣嘉薦普淖用薦歲事于皇祖伯某以某妃配某氏尚饗此所謂配也今攝主則不配少牢又云祝出迎尸尸入即席坐而執祝前之觶而祝命尸挼○

尸取菹擩于醢祭于豆間及祭黍稷肺等是謂尸綏祭也尸飯十一飯訖主人洗爵酳尸尸酢主人主人拜受爵上佐食取黍稷肺授主人所謂綏祭也今攝主不綏祭少牢又云主人左執爵祝與二佐食取黍以授尸尸執以命祝祝受以東北面嘏于主人曰皇尸命工祝承致多福無疆于女孝孫所謂嘏也今攝主則不嘏也按特牲主人受嘏之後獻祝及佐食訖主婦獻尸及祝佐食訖乃賓長獻尸尸爵止未飲主人主婦交相致爵訖尸乃飲止爵以酢賓賓飲訖賓獻祝及佐食洗酌致于主人主婦訖主人獻賓賓酢主人主人又獻衆賓訖尊兩壺于阼階東西方亦如之主人酌西方之尊以酬賓主人尊爵于賓之薦北賓取爵東面奠于薦南所謂布奠於賓也今攝主主人奠於薦北賓取奠于薦南而不舉也主人獻長兄弟又獻衆兄弟訖長兄弟加爵於尸衆賓長又加爵於尸訖嗣子舉奠舉奠訖賓坐取薦南之爵酬長兄弟長兄弟酬衆賓衆賓酬衆兄弟所謂旅酬今攝主不旅酬也特牲云旅酬之後無算爵無算爵之後祝告既成尸起主人降佐食徹尸薦俎設於西北隅所謂陽厭今攝主不爲此陽厭也○注此之至大夫○正義曰喪服小記士不攝大夫士攝大夫唯宗子也○攝主不厭祭○正義曰此宗子有罪出在他國庶子既爲攝主不敢備禮故於祭末不爲陽厭之際也

所以不爲陽厭者陽是神之厭飫今攝主謙退似若神未厭飫然也○不旅者謂所將祭旅酬之時賓奠不舉不爲旅酬也旅酬是賓主交歡之始今攝主不敢當正主故不旅也○不嘏不綏祭者嘏是主人受福綏是將欲受福先爲綏祭今辟正主故不敢受嘏以其不嘏故不綏祭也○不配者以攝初尸未入之時祝告神辭曰以某妃配某氏備告考妣今攝主不敢備禮畧言皇祖而已此經所陳從祭末然後以次至祭初逆陳之必逆陳之者皇氏云以其攝主非正故逆陳以見義○注皆辟至某氏○正義曰以其無尸設饌欲神之歆饗而厭飫是也○云厭有陰有陽謂一祭之中有此兩厭下文有陰厭有陽厭是也○云迎尸至陰厭也約少牢特牲禮文祝酌奠者謂祝酌奠於鉶南且饗者祝奠訖且復以辭饗告神也是室奧陰靜之處故云陰厭尸謖之後佐食徹尸之薦俎設於西北隅得戶明白之處故曰陽厭今攝主不厭謂不陽厭也所以然者厭是厭飫凡厭是神之歆饗○云尸謖至陽厭也其上大夫當自賓尸故少牢禮無陽厭也下大夫不賓尸有陽厭也其天子諸侯明日乃爲繹祭亦有陽厭也故詩云相在爾室尚不愧于屋漏謂天子之禮天子既爾諸侯亦然此謂下大夫攝也禮有陽厭以其攝主故闕陽厭若上大夫本無陽厭可闕知此不厭者不陽厭此皆逆陳於祭

末者先言故知不陽厭也云假讀爲嘏至主人也以古旁之嘏是福慶之辭少牢云嘏于主人嘏字古旁爲之祭禮唯主人受嘏故知不嘏不嘏主人也云不綏祭謂今主人者謂欲食之時先減黍稷牢肉而祭之於豆間故曰綏祭尸與主人俱有綏祭今攝主則不綏也所以然者凡將受福先爲綏祭今辟正主不敢受福故不綏也若綏少牢禮云祝出迎尸尸入即席坐而祝命尸綏祭尸取菹及黍稷肺祭于豆間是謂之綏祭綏是減毀之名尸與主人俱有綏祭也云今主人者謂今攝主人也云綏周禮作墮者以綏是綏安之義墮是減毀之名故從於周禮墮爲正守祧云既祭則藏其隋是也○云不配者至某氏某氏○謂祝辭直言薦歲事於皇祖伯某不云以某妃配某氏某氏者其妃之姓也若云某妃姜氏子氏之類也○布奠至不舉○謂主人酬賓之時賓在西廂東面主人布此奠爵於賓之北○賓奠而不舉者賓坐取薦北之爵奠於薦南而不舉用以酬兄弟此則不旅酬之事而更別言者以上文摠云祭祀是主人之事自此以下更別論賓禮有闕故重言之○注布奠至止旅○正義曰此皆特牲禮文云此酬之始也者按特牲禮云賓奠之後主人獻衆兄弟內兄弟訖乃行旅酬故云此酬之始也云奠之不舉止旅者謂止旅酬之事而不爲也○不歸肉者歸饋也謂不歸俎肉於賓

也○注肉俎至共燕○正義曰賓客正祭諸助祭之賓客各使歸俎今攝主不敢饋俎肉於賓故注云諸與祭者留之共燕○其辭至某辭○正義曰非但祭不備禮其將祭之初辭告於賓與常禮亦別云宗兄宗弟宗子在他國不得親祭故使某執其常事使某告也故云使某辭○注辭猶至之辭○正義曰云宿賓之辭按特牲云乃宿尸注云宿讀爲肅肅進也進者使知祭日當來下云宿賓故云宿賓之辭○云與宗子爲列至而已○若同列者云宗兄若宗弟其昭穆異者宗子雖祖父及子孫之行但謂之宗子故云而已○曾子問曰宗子去在他國庶子無爵而居者可以祭乎孔子曰祭哉有子孫存不可以乏先祖之祀請問其祭如之何孔子曰望墓而爲壇以時祭不祭于廟無爵者賤遠辟正主○壇大丹反下注同注或作墠音善遠徐于萬反若宗子死告於墓而后祭於家言祭於家容無廟也宗子死稱名不言孝孝宗子之稱不敢與之同其辭但言子某薦其常事○稱尺證反身

沒而已至子可以稱孝子游之徒有庶子祭者以此以用也用此禮祭也若義也若順今之祭者不首其義故誣於祭也首本也誣猶妄也〔疏〕曾子至祭也○正義曰此一節論庶子代宗子祭之事各依文解之○曾子問至以祭乎○論曾子以孔子上文云宗子有罪居在他國庶子爲大夫得在本國攝祭未知庶子無爵在國居者可祭以否故問之○孔子曰祭哉者孔子既許其祭以無正文得祭故云祭哉○哉者疑而量度之辭故注云有子孫存不可以乏先祖之祀○請問其祭如之何孔子曰望墓而爲壇以時祭者宗子雖有廟在宗子之家庶子無爵不得就宗子之廟而祭惟可望近所祭者之墓而爲壇以四時致祭也○注不祭至正主○正義曰所以不祭于宗子廟者以庶子無爵卑賤遠辟正主正主謂宗子也據鄭此言宗子去在他國謂有爵者若其無爵在家本自無廟何須云不祭廟辟正主也鄭必知是有爵者以經云宗子去在他國庶子無爵而居庶子云無爵明宗子是有爵此宗子去他國謂有罪者若其無罪則以廟從本國不得有廟故喪服小記注云宗子去國乃以廟從謂無罪也○若宗至於家○孔子上爲曾子說宗子

身在外此又說宗子身沒謂告於所祭之墓而后祭於庶子無爵者之家也注言祭於家容無廟也○正義曰從上以來雖據宗子有爵而言其廟在家今宗子既死庶子無所可辟當云告於墓而后祭於宗子之家今直云祭於家是祭於庶子之家是容宗子之家無廟故也宗子所以無廟者宗子無爵不合立廟或云祭於家者是祭於宗子之家容庶子之家無廟也庶子所以無廟者一是庶子無爵不合立廟二是宗子無罪居他國以廟從本家不復有廟故也○宗子死稱名不言孝○宗子既死庶子其祭之時告神但稱其名不得稱孝辟宗子也○注孝宗至常事○正義曰上文孝子某使介子某孝子是宗子之稱今直言名不言介若宗子在得言介子某今宗子既死身又無爵復稱名不得稱介故但言子某薦其常事身沒而已者其不稱孝者惟已身終沒而已至其子則稱孝也○注至子可以稱孝○正義曰以庶子合稱孝者庶子身死其子則是庶子適子祭庶子之時可以稱孝○子游之徒有庶子祭者以此○以其禮無正文故孔子引子游之徒黨有庶子祭者而用此禮而祭○若義也者若順也謂順於古義故云若義也○今之祭者不首其義故誣於祭也○注首本也誣猶妄也○正義曰謂今日世俗庶子祭者不尋本義之道理爲此祭故云誣於祭謂妄爲祭之法不依

典禮○曾子問曰祭必有尸乎言無益無用爲若厭祭亦可乎厭時無尸孔子曰祭成喪者必有尸尸必以孫孫幼則使人抱之無孫則取於同姓可也人以有子孫爲成人子不殤父義由此也祭殤必厭蓋弗成也厭飫而已不成其爲人祭成喪而無尸是殤之也與不成人同孔子曰有陰厭有陽厭言祭殤之禮有於陰厭之者有於陽厭之者曾子問曰殤不祔祭何謂陰厭陽厭祔當爲備聲之誤也言殤乃不成人祭之不備禮而云陰厭陽厭乎此失孔子指也祭成人始設奠於奧迎尸之前謂之陰厭尸謖之後改饌於西北隅謂之陽厭殤則不備○附依注音備本或作祔亦同奧於報反〔疏〕曾子至陽厭○正義曰此一節論祭有尸有陽厭陰厭之事各依文解之○祭必有尸乎曾子之意以祭神神本虛無無形無象何須以生人象之故云祭必有尸乎○注言無益無用爲○正義曰祭是祭神不

祭生人今祭生人無益死者故云無益云無用爲者無用爲此尸一解云無用爲者無用此之爲爲是助語○若厭祭亦可乎○若如厭祭之時亦應可乎謂祭初尸未入之前祭末尸既起之後並皆無尸直設饌食以厭飫鬼神如此之時其理亦可注云厭時無尸○孔子曰祭成喪者必有尸○孔子荅祭以成人之喪者必須有尸以成人之喪威儀具備必須有尸以象神之威儀也尸必以孫若其孫幼則使人抱之若無孫則取同姓昭穆孫行適者可也以其成人威儀既備有爲人父之道不可無尸○祭殤必厭蓋弗成也○年若幼在殤人道未備威儀簡畧不足可象不須立尸故祭殤必厭蓋弗成也者蓋以不成人故不立尸也今祭成人喪但厭飫而已是將成人與殤同也○孔子曰有陰厭有陽厭○孔子荅問已了更起別端辯祭殤之禮其處有異故記者又言孔子曰其祭殤有於陰厭者謂適殤也有於陽厭者謂庶殤也○曾子至陽厭○正義曰曾子既聞孔子云有陰厭有陽厭不解孔子之旨謂言祭殤始末一宗之中有此兩厭故問云祭成人之時有此二厭殤不祔祭祔備也謂祭殤簡畧何謂備有陰厭有陽厭也○注祔當至不備○正義曰知祔當爲備者按喪服小記云殤與無後者從祖祔食今云殤不祔祭與小記文乖故知祔當爲備備祔聲相近故云聲之誤也○云

吉殤至陰厭約特牲少牢禮文當設饌於西南奧尸未入之前也云尸謖之後改饌於西北隅謂之陽厭者當祭末謖起也謂尸起之後也

孔子曰宗子爲殤而死庶子弗爲後也族人以其倫代之明不序昭穆立之廟其祭之就其祖而已代之者主其禮

【疏】孔子至後也○正義曰孔子更爲辯云若宗子爲殤而死以其未成人庶子不得代爲之後○注族人至其禮○正義曰以經云庶子既不爲後宗子理不可闕明族人以其倫代之倫謂輩也謂與宗子昭穆同者則代之凡宗子爲殤而死庶子既不得爲後不以父服服之鄭注喪服云若與宗子期親者其長殤大功衰九月中殤大功衰七月下殤小功衰五月有大功之親者成人服之齊衰三月卒哭受以大功衰九月其長殤中殤大功衰五月下殤小功衰三月有小功之親者成人服之齊衰三月卒哭受以小功衰五月其殤與絕屬者同有緦麻之親者成人及殤皆與絕屬者同故喪服記云宗子孤爲殤而死者大功衰小功衰皆三月據與宗子小功以下及無服者長中殤則大功下殤則小功又云親則月算如邦人則鄭注是也此是族人以其倫代之者各以本服服之○云明不序昭穆立之廟以宗子殤死無爲人父之道故不序昭穆不得與代之者爲父

也云代之者主其禮者以宗子存時族人凡殤死者宗子主其祭祀今宗子殤死明代爲宗子者主其禮也此宗子是大宗族人但是宗子兄弟行無限親疏皆得代之○

其吉祭特牲尊宗子從成人也凡殤則特豚自卒哭成事之後爲吉祭

祭殤不舉無肵俎無玄酒不告利成此其無尸及所降也其他如成人舉肺脊肵俎利成禮之施於尸者○肵音其又忌依反敬也

是謂陰厭是宗子而殤祭之於奧之禮小宗爲殤其祭禮亦如之

【疏】其吉祭特牲○正義曰其卒哭成事之後祭之以特牲○注尊宗至吉祭○正義曰士祭成人特牲今宗子祭亦特牲故云尊宗子從成人之禮也云凡殤則特豚者以凡殤降宗子之殤故用特豚云自卒哭成事之後爲吉祭者檀弓云卒哭曰成事是日也以吉祭易喪祭熊氏云殤與無後者唯祔與除服二祭則止此言吉祭者唯據附與除服也庾云吉祭通四時常祭若如庾言殤與無後者之祭不知何時休止未有聞焉經云吉祭特牲則喪祭之時以其未成人降用特豚也○祭殤至利成○謂祭此殤時不舉肺以其無尸故不舉肺脊○無肵俎者肵是尸之所食歸餘之俎以其無尸故無肵俎○無玄酒者若祭成人則有玄酒重古

之義今祭殤既畧故無玄酒也不告利成者謂祭畢今既無所可告故不告利成利猶養也不告供養之禮成也○注此其至尸者○正義曰以經云不舉肺無肵俎不告利成此三事本主於尸今以無尸故不爲故云此其無尸也玄酒之設本不爲尸所有祭殤畧無玄酒是降也故云及所降也云舉肺脊肵俎利成禮之施於尸者按特牲少牢尸將食舉肺脊又云上佐食設肵俎初載心舌肵者敬也主人敬尸之俎又云無算爵祝東面告利成舉肺脊肵俎利成之禮並施於尸也○是謂陰厭○此宗子殤死祭於祖廟之奧陰闇之處是謂陰厭也○注是宗至如之○正義曰鄭既云小宗爲殤祭禮如大宗者以前經云宗子爲殤而死不顯大小故知凡宗子殤祭之禮皆然是以小宗爲殤祭禮亦如之必知此經指大宗者以何休公羊注云小宗無子則絕大宗無子則不絕重適之本上文庶子不爲後謂大宗子在殤而死不得爲後若非殤則得爲後故知是大宗也凡宗子成人而死則得立子孫爲後若立兄弟爲後則不可故成十五年公羊傳譏仲嬰齊是公孫歸父之弟當云公孫嬰齊而云仲嬰齊者爲歸父之後譏其亂昭穆故云仲是也

凡殤與無後者祭於宗子之家當室之白尊于東房

是謂陽厭凡殤謂庶子之適也或昆弟之子或從父昆弟無後者如有昆弟及諸父此則今死者皆宗子大功之內親共祖禰者言祭於宗子之家者爲有異居之道也無廟者爲墠祭之親者共其牲物宗子皆主其禮當室之白尊於東房異於宗子之爲殤當室之白謂西北隅得戶明者也明者曰陽凡祖廟在小宗之家小宗祭之亦然宗子之適亦爲凡殤過此以往則不祭也祭適者天子下祭五諸侯下祭三大夫下祭二士以下祭子而止○適丁歷反下同如有昆弟一本作加有共其音恭

【疏】凡殤至陽厭○正義曰凡殤謂非宗子之殤故云凡殤無後者謂庶子之身無子孫爲後此二者皆宗子大功內親祭於宗子之家祖廟之內不敢在成人之處故於當室之明白顯露之處爲之設尊於東房以其明是陽故爲陽厭也○注凡殤至而止○正義曰謂庶子之適子爲殤而死此庶子之適一句與下文爲揔即是昆弟之子從父昆弟是也云或昆弟之子者謂宗子親昆弟所生之子是適其昆弟是庶子昆弟所生者是適故云庶子之適云或從父昆弟者亦謂宗子之從父兄弟宗子之父身是適諸父是庶諸父所生之適子亦是庶子之適故云或從父昆弟云無後者如有昆弟及諸父者如而也而有昆弟謂宗子之親庶兄弟與宗子同祖今既無後祭之當於宗子祖廟及諸父謂宗子諸父身並是庶子與宗子同○曾祖祭之當於宗子曾祖之廟凡殤有二一昆弟之子祭之當於宗子父廟二是從父昆弟祭之當於宗子祖廟其無後者亦有二一是昆弟無後祭之當於宗子祖廟二是諸父無後祭之當於宗子曾祖之廟凡殤得祭者以其身是適故也無後者成人無後則祭若在殤而死則不祭以其身是庶故也按小記云庶子不祭殤與無後者殤與無後者從祖祔食注云不祭殤者父之庶不祭無後者祖之庶但此經據死者之身小記注據生者設祭之人宗子昆弟是庶不得自祭適子故云父之庶宗子之諸父自是庶不得祭所生適子適子即是宗子從父兄弟故云父之庶不示無後祖之庶者宗子昆弟無後而死其餘兄弟應祭之以兄弟並是祖庶不合立廟故云祖之庶宗子諸父無後其餘諸父親者亦應合祭之以諸父並是庶子不合立祖廟故云祖之庶義與此不異也云此則今死至其禰者從父兄弟是宗子大功親昆弟諸父是宗子期親諸父及從兄弟共祖者昆弟及昆弟之子共禰者鄭必限以大功內親共祖禰者以上文云吉祭特牲唯據士禮適士二廟有祖有禰下士祖禰共廟故鄭限以祖禰同者唯大功之內親也云言祭於宗子之家者爲有異居之道也禮大功以上同居命士以上則父子異宮故云有異居

之道云無廟者爲墠祭之者士立二廟若祭諸父當宗子曾祖之廟宗子是士但有二廟無曾祖廟故云無廟者爲墠祭之推此而言大夫立三廟無太祖者其祭諸父得於曾祖廟也其立太祖廟者其祭諸父當於曾祖廟曾祖無廟亦爲墠祭之云親者共其牲物宗子皆主其禮大功雖有同財之義其經營祭事牲牢之屬親者主爲之又牲牢視親者之品命故云親者共其牲物就宗子之家祭其祖禰故云宗子皆主其禮云當室之白尊於東房以宗子之殤祭於室奧今祭凡殤乃於西北隅又特牲云尊於戶東注云室戶東按上文宗子之殤但不舉肺無肵俎無玄酒不告利成其餘皆與祭成人同則其尊亦設於室戶東今祭凡殤乃尊於東房故云當室之白尊於東房異於宗子之殤也云宗子之適亦爲凡殤者以上經云宗子爲殤而死據宗子身殤不論宗子適子也此明宗子適子父雖是適其子殤死亦爲凡殤以其更無別文故知與凡殤同云過此以往則不祭也者此謂宗子身殤及宗子昆弟之子及從父昆弟并宗子適子等唯此等殤死祭之過此以往皆不祭也云祭適者天子下祭五以下並祭法文彼注云祭適殤於廟之奧謂之陰厭是天子諸侯祭適殤於其廟奧彼注又云王子公子祭其適殤於其黨之廟大夫以下庶子祭其適殤於宗子之家皆當室之白謂之陽厭是王子以下及大夫等祭其適殤皆爲凡殤也彼注又云凡庶殤不祭以其身是庶若其成人無後則祭之則上文無後昆弟及諸父是也

○曾子問曰葬引至于堩日有食之則有變乎且不乎堩道也變謂異禮○堩古鄧反且如字徐子餘反○**孔子曰昔者吾從老聃助葬於巷黨及堩日有食之老聃曰丘止柩就道右止哭以聽變既明反而后行曰禮也**巷黨黨名也就道右者行相左也變日食也反復也○從才用反又如字既明反絕句**反葬而丘問之曰夫柩不可以反者也日有食之不知其巳之遲數則豈如行哉**巳止也數讀爲速**老聃曰諸侯朝天子見日而行逮日而舍奠大夫使見日而行逮日而舍**舍奠每將舍奠行主

○朝直遥反使色吏反下君使所使同夫柩不蚤出不莫宿慮晨夜則近姦寇。蚤音早莫音暮近附近之近見星而行者唯罪人與奔父母之喪者乎日有食之安知其不見星也爲無日而慝作豫止也。慝他得反惡也且君子行禮不以人之親痁患痁病也以人之父母行禮而恐懼其有患害不爲也。痁始占反病也恐丘勇反。吾聞諸老聃云

【疏】曾子至聃云。○正義曰此一節論葬在道逢日食之事各依文解之。○曾子至不乎曾子以葬引至塗值日有食之則有變常禮而停住乎且不變常禮而遂行乎不審其事而問孔子也。○孔子至禮也。○孔子荅以巳從老聃助葬於巷黨遭日食之事老聃令止柩就道右止哭以聽日食變動既待日食光明反迴而後引柩行老聃稱曰禮也。○注巷黨至復也。○正義曰就道右者行相左也者就道右者以道東爲右也按儀禮云吉事交相左凶事交相右此既柩行而交相左者以其遭日食之變止哭停柩而不行凶禮故從吉禮行相左或可行相左者云此據北出停柩在道東北嚮對南嚮行人爲交相左。○反葬至行哉。○正反問老聃云夫柩務於速葬不可以迴反今日有食之令止柩就道右不行不知其日食休巳之遲速既不知其遲速設若遲晚遂至於夜莫則豈如行哉言豈如早行爲勝哉言當疾行以至於墓赴其吉辰也。○夫柩至痁患。○唯罪人及奔父母之喪見星而行今若令柩見星而行使是輕薄人親與罪人同非但輕薄人親且君子行禮之時當尊人後巳不可以人之親痁患痁病也病於危也言不可使人之親病於危亡之患也故注云以人之父母行禮而恐懼其有患害不爲也意者言若日食而務速葬以赴吉辰即慮有患害而遂停柩待明反而行禮也。

○曾子問曰爲君使而卒於舍禮曰公館復私館不復凡所使之國有司所授舍則公館巳何謂私館不復也復始死招魂。○爲君于僞反又如字孔子曰善乎問之也善其問難明也自卿大夫之家曰私館公館與公所爲曰公館公館復此之謂也公館若今縣官官也公所爲君所命使舍已者

【疏】曾子至謂也。○正義曰此一節論人臣死招魂復魄之事。○自卿大夫士之家曰私館。○孔子又爲曾子釋私館公館之義私館者謂非君命所使私相停舍謂之私館公館謂公家所造之館與公所爲者與及也謂公之所使爲命停舍之處亦謂之公館君所命停客之處即是卿大夫之館也但有公命故謂之公館也注公館若今縣官官也鮑遺問曰注此云公所爲君所命使舍巳者注雜記云公所爲若今離宮別館也是二說與何張逸荅曰公館若今停待者也離宮是也聘禮曰卿館於大夫大夫館於士公命人使館客亦公所爲也

○曾子問曰下殤土周葬于園遂輿機而往塗邇故也土周堲周也周人以夏后氏之堲周葬下殤於園中以其去成人遠不就墓也機輿尸之牀也以繩組其中央又以繩從兩旁鉤之禮以機舉尸輿之以就園而斂葬焉塗近故耳輿機或爲餘機。○邇音爾近也即本又作堲子栗反下同組本又作組古鄧反一音古恒反鉤本又作拘古侯反斂力驗反下同。今墓遠則其葬也如之何今人斂下殤於宮中而葬於墓與成人同墓塗乃遠其葬當輿其棺乎載之也問禮之變也孔子曰吾聞諸老聃曰昔者史佚有子而死下殤也墓遠蓋欲葬墓如長殤從成人也長殤有送葬車者則棺載之矣史佚成王時賢史也賢猶有所不知。○佚音逸長丁丈反下同則棺古患反下文棺斂衣棺注棺謂皆同。召公謂之曰何以不棺斂於宮中欲其斂於宮中如成人也斂於宮中則葬當載之。○召本又作邵同上照反下同史佚曰吾敢乎哉畏知禮也召公言於周公爲史佚問。○爲于僞反下爲辟下文有爲並同周公曰豈不可言是豈於禮不可不許也。○周公曰豈絶句言是豈絶句於禮不可絶句史佚行之失指以爲許也遂用召公之言下殤用棺衣棺自史佚始也棺謂斂於棺。

【疏】曾子至始也。○正義曰此一節論葬下殤之事。曾子問曰下殤土周。○曾子既見時所行與古禮異故舉事而問也下殤謂八歲至十一也土周檀弓所云夏后氏之堲周是也周人用特葬下殤之喪故云下殤土周也。○葬于園者園圃也下殤去成人遠不可葬於成人之墓故用土周而

葬於園中也。遂輿機而往者，輿猶抗也。機者以木爲之，狀如牀，無腳及䡊簀也。先用一繩直於中央，係著兩頭之橛，又別取一繩，係一邊材，橫鉤中央直繩，報還鉤材，往還取帀，兩邊悉然，而後以尸置於繩上，抗舉以往園中。臨斂時，當壁周之上，先縮除直繩，則兩邊交鉤之繩悉各離解，而尸從機中央零落，入於壁周中，故曰輿機而往也。塗邇故也者，塗，路也；邇，近也。若成人墓遠，則以棺衣棺於宮中。此下殤葬於園，是路去家甚近，故先用機舉尸往園中，而後棺斂，故曰塗邇故也。注土周至輿機。正義曰：按檀弓云「夏后氏之壁周葬中殤下殤」，故知土周是壁周也。云周人以夏后氏之壁周葬下殤於園中者，檀弓云中殤下殤，此直云葬下殤土周葬於園者，以經云下殤，故指下殤爲言。檀弓所云據士及庶人也。若諸侯長中殤適者車三乘，下殤車一乘，既有遣車，即不得壁周輿機而葬也。諸侯庶長殤中殤車一乘，則宗子亦不用壁周輿機而葬，其下殤則輿機。其大夫之適長殤中殤遣車一乘，亦不輿機，下殤無遣則輿機也。然則王之適庶長中下殤皆有遣車，並不輿機。士及庶人適庶皆無遣車，則中下殤並皆輿機，故熊氏云若無遣車，中從下殤；其長殤既無遣車，年又長大，不可與下殤同，蓋棺斂於宮中，載棺而往之墓，從成人也。今墓遠，則其葬也如之何。今謂曾子見時世

禮記疏卷十九

禮變，皆棺斂下殤於宮中而葬之於墓，與成人同隆。今既遠，不復用輿機，於尸爲當用人抗舉棺而往墓，爲當用車載棺而往墓邪？問其葬儀，故云如之何。昔者史佚有子而死，下殤也，墓遠。此舉失禮所由之人。史佚，周初良史，武王、周公、成王時臣也。有子下殤而死。墓遠者，史佚欲不葬於國而載尸往墓，及棺而葬之，其墓稍遠，猶豫未定。注史佚武王時賢史也。正義曰：史佚，文王、武王時臣，故國語稱訪於辛尹，尚書稱逸祝册是也。但下殤之喪非成人之要，故史佚猶有不知。召公謂至宮中。召公名奭，見史佚欲依下殤禮而不棺斂於宮中，而欲車載往墓，猶豫未定，故勸之令棺斂於宮中如成人也。史佚曰：吾敢乎哉者，言吾雖欲如此，猶不敢，恐違禮者所譏。注畏知禮也者，是畏周公也。不欲直指召公，言於周公者，言猶問也。史佚既畏周公，故召公爲諮問於周公，述其事狀以決之者。周公曰豈不可者，周公聞召公之問，故荅云豈。豈者，怪拒之辭，先怪拒之，又云不可。不可是不許之辭。史佚行之者，召公述周公曰豈不可之辭以語史佚，史佚不達其指，猶言周公豈不可，是許之辭，故行棺衣宮中之禮也。下殤用棺衣棺，自史佚始也。更據失禮所由也。然此云棺衣棺於宮中自史佚爲始，明昔非帷宮中不棺，亦不衣也，而不言於宮中者，畧從可知也。○曾

子問曰：卿大夫將爲尸於公，受宿矣，而有齊衰內喪，則如之何？孔子曰：出舍於公館以待事，禮也。吉凶不可以同處。孔子曰：尸弁冕而出，爲君尸或弁者，先祖或有爲大夫士者。卿大夫士皆下之，見而下車。尸必式，小俛禮之。必有前驅。爲辟道。辟，婢亦反。〔疏〕曾子至前驅。正義曰：此一節論卿大夫與君爲尸之事。曾子至之何。曾子言卿大夫或爲尸，而已受宿齊戒，而門內有齊衰之喪，其禮如何，故云則如之何。孔子曰出舍於公館以待事禮也者，此荅曾子云且舍公館，待事畢，然後歸哭也。所以出於公館者，以祭是吉，吉凶不可同處也。孔子曰尸弁冕而出，此孔子因曾子上問爲尸之事，遂爲曾子廣說事尸之法，故此直言孔子曰，無曾子問辭。此篇之內時有如此，皇氏以爲無曾子問者，後寫脫漏，非也。注爲君至士者。正義曰：按士虞禮云「尸服卒者之上服」，以君之先祖有爲士者，當著爵弁以助君祭，故子孫祭之，尸得服爵弁者。若以助君祭服言之，大夫著冕，此云大夫者，因士連言大夫耳。按儀禮特

禮記疏卷十九

牲尸服玄端，少牢又云尸服朝服，尸皆服在家自祭之服，不服爵弁及冕者，大夫士卑，屈於人君，故尸服父祖自祭之上服；人君禮伸，故尸服助祭之上服也。卿大夫士皆下之者，謂尸或出於道路，其卿大夫乘車見尸，則下車也。尸必式者，而尸當馮式小俛以敬之。必有前驅者，謂尸出行則有前驅辟道之人也。○子夏問曰：三年之喪卒哭，金革之事無辟也者，禮與？初有司與？疑有司初使之然。辟音避，下同。與音餘，下皆同。孔子曰：夏后氏三年之喪既殯而致事，殷人既葬而致事。致事，還其職位於君。周卒哭而致事。記曰：君子不奪人之親，亦不可奪親也。此之謂乎？二者，恕也，孝也。子夏曰：金革之事無辟也者，非與？疑禮當有然。孔子曰：吾聞諸老聃曰：昔者魯公伯禽有爲爲之也。伯禽，周公子，封於魯，有徐戎作難，喪卒哭而征之，急王事也。征

之作費誓○難乃旦反費音祕**今以三年之喪從其利者吾弗知也**時多攻取之兵言非禮也〔疏〕子夏至知也○正義曰此一節論君不奪孝子情之事各依文解之○子夏問曰三年之喪至初有司與者子夏以人遭父母三年之喪卒哭之後國有金革戰伐之事君使則行無敢辭辟爲是禮當然與爲當初時有司强逼遣之與○注致事至致事○正義曰皇氏云夏后氏尙質孝子喪親恍惚君事不敢久留故既殯致事還君殷人漸文思親彌深故既葬畢始致事還君周人極文悲哀至甚故卒哭而致事知周卒哭致事者以喪之大事有三殯也葬也卒哭也夏既殯殷既葬後代漸遠以此推之故知周卒哭也○記曰至謂乎○解人臣喪親在上君子許之致事君子謂人君也人臣有親之喪在上君子許其致事是不奪人喪親之心此謂恕也以己情恕彼也據君許於下也亦不可奪親者謂人臣遭親之喪若不致事是自奪思親之心也故遭喪須致事是不奪情以求利祿此謂孝也此據孝子之身也言孝子居喪不可以不致事人君不可以不許舊記先有此文故孔子引之故云此之謂乎○注二者恕也孝也者恕也解不奪人之親已既思親以己方人何可奪人之親是君恕也孝也解亦不可奪親是孝子思親今

不致事不能念親今既致事是不奪思親之情是其孝也○子夏曰金革之事無辟也者非與孔子既前荅周人卒哭而致事則無從金革之理子夏既見周代行金革無辟之事謂其禮當然故問孔子云金革之事無辟也者豈非禮也與疑其於禮當然又意謂見魯君居喪有金革之事是禮也與疑其非禮也故問之○孔子曰吾聞諸老聃曰昔者魯公伯禽有爲爲之也者孔子對云金革之事無辟也者當亦有之吾聞諸老聃曰昔者魯君伯禽卒哭而從金革時有徐戎作亂東郊不開故征之有爲爲之也○注伯禽至費誓○正義曰言伯禽周公之子封於魯按史記魯世家文云徐戎作難尙書序又云卒哭而征之急王事也以此上經云卒哭金革之事無辟此云魯公伯禽有爲爲之故知征之然周公致政之後成王即位之時周公猶在則此云伯禽卒哭者爲母喪也今以三年之喪至弗知也○今以三年之喪卒哭而從金革之事更無所爲蓋直貪從於利攻取於人者吾不知也言不知是不得此禮也

附釋音禮記注疏卷之十九

江西南昌府學栞

禮記注疏卷十九校勘記　阮元撰盧宣旬摘錄

附釋音禮記注疏卷第十九　惠棟校宋本禮記正義卷第二十七

曾子問

天子崩未殯節

自啓至于反哭　閩監本同岳本同嘉靖本同石經同毛本于誤於衛氏集說同疏倣此

畢獻祝而後止　閩監本同岳本同嘉靖本同衛氏集說同毛本畢獻祝作祝畢獻

俎豆既陳　閩監本同石經同岳本同嘉靖本同衛氏集說同考文引宋板古本足利本同毛本既誤及

自薨比至于殯　閩監本同石經同岳本同嘉靖本同衛氏集說同毛本于誤於下至于反哭同後凡于字倣此

天子至天子　監本作至天子惠棟校宋本作至而已

祝延尸于奧　惠棟校宋本作祝衛氏集說同此本祝誤祀閩監毛本同

以初崩哀慼　惠棟校宋本作慼衛氏集說同此本慼誤感閩監毛本同通典五十二引作以初崩哀戚

三飯不侑酳　惠棟校宋本有侑字此本侑字無閩監毛本同

唯祭天地社稷爲越紼而行事　考文引宋板有祭字此本祭字脫與王制不合閩監毛本同

何趙商之意葬時郊社之祭不行　閩監毛本同惠棟按宋本何趙商之意五字作既云二字

曾子問曰大夫之祭節

主人酌酒酳尸　閩本作酳惠棟按宋本同衛氏集說同此本酳字闕監本毛本酳誤獻

其祭尸十一飯訖 監毛本如此此本十上誤衍一○閩本同

曾子問曰大夫有私喪節

曾子至禮也 惠棟按宋本無此五字

主人謂適子仕官者 閩監毛本同衛氏集説官作宦下支子仕官同

曾子問曰父母之喪節 惠棟云曾子問曰父母節孔子曰先王節宋本合爲一節

曾子問曰 惠棟按宋本有問字石經同岳本同嘉靖本衛氏集説同考文引古本足利本同此本問字脱閩監毛本同石經考文提要云宋大字本宋本九經南宋巾箱本余仁仲本至善堂九經本皆有問字

曾子至可乎 惠棟按宋本無此五字

曰君既啟節

曰君至送君 惠棟按宋本無此五字

曰君未殯節 惠棟云曰君未殯節宋本分大夫室老以下另爲一節

內子大夫適妻也 惠棟按宋本有適字岳本同嘉靖本同毛本同衛氏集説同此本適字脱閩監本同釋文出適妻

曰君至夕否 惠棟按宋本無此五字

若其臨君之殯日 閩監本同惠棟按宋本作殯之毛本同

注云大夫至其事 閩監本同毛本夫誤士惠棟按宋本無注云二字作大夫至朝夕否

君既殯而婦有舅姑之喪 惠棟按宋本作婦衛氏集説同此本婦誤歸閩監毛本同

賤不誄貴節

讀之以作謚 惠棟按宋本作讀岳本同嘉靖本同考文引足利本同此本讀誤誄閩監毛本同衛氏集説同

禮當言誄於天子也 閩監毛本同岳本同嘉靖本同衛氏集説同浦鏜按云言當請字誤按正義作請

所以然者凡謚如此是其禮也所以然者凡謚表其實行 閩本同監毛本無如此是其禮也所以然者凡謚十二字案此十二字蓋涉上文誤衍監毛本刪之是也或以細行則受細名大行則受大名十二字易之非按惠棟按宋本無此十二字

則諸侯理當言誄於天子 閩本同惠棟按宋本同監毛本言作請案上云大夫當請誄於君則此亦宜作請也

明諸侯之喪亦然 監毛本如此衛氏集説同此本明下誤衍謚明二字閩本同

曾子問曰君出疆節

共之以待其來也 閩監毛本同嘉靖本同衛氏集説同岳本待誤侍

曾子至節也 惠棟按宋本無此五字

此論諸侯出外死以喪歸之事 考文引宋板作在衛氏集説同此本在作出閩監毛本同

諸公椑內猶有兕 惠棟按宋本如此衛氏集説同此本公上衍侯字閩監毛本同

散帶垂按士喪禮 閩監本同毛本垂下有者字

唯首著免 閩監本同衛氏集説同毛本免作冕

曾子問曰君之喪節

既引及塗 閩監毛本同石經同岳本同嘉靖本同衛氏集説同釋文出及涂字按古道塗字多作涂

布深衣扱上衽 宋監本亦作扱閩本同岳本同嘉靖本同考文引宋板古本足利本同監本扱誤扳衛氏集説同毛本扱誤扳上誤止釋文出扱上衽

曾子至而往　惠棟挍宋本無此五字

或父母葬聞君喪之事　閩監毛本作聞衛氏集說同此本聞誤間下今忽聞君同

今君喪既引在塗　惠棟挍宋本閩監毛本今誤矣

若待封墳既畢　考文引宋本作若閩監毛本若誤君衛氏集說作若葬封墳既畢

必在予還之後　閩監本同衛氏集說同毛本在作待

無免於堩　惠棟挍宋本同閩監毛本堩誤恒衛氏集說同

曾子問曰宗子為士節

曾子至常事　惠棟挍宋本無此五字

介是副二之義　閩本同監毛本二作貳衛氏集說同

若宗子有罪節　惠棟挍云若宗子節宋本分攝主以下為一節布奠於賓之下為一節不歸肉之下為一節

迎尸之前　惠棟挍宋本作尸岳本同嘉靖本同衛氏集說同此本尸誤王閩監毛本誤主通典五十一引亦作迎尸

謂與祭者留之共燕　閩監毛本同岳本同嘉靖本同衛氏集說同考文云宋板古本足利本謂作諸釋文出諸與通典五十一引亦作諸與祭者按正義作諸

其辭于賓曰　閩監毛本同石經同岳本同嘉靖本同衛氏集說同通典亦作辭釋文出其詞云下及注同

若宗至其辭　惠棟挍宋本無此五字

而祝命尸挼　閩本同惠棟挍宋本亦作挼監毛本作綏浦鏜云挼下脫祭字

長兄弟酬衆賓衆賓酬衆兄弟　閩監毛本同惠棟挍宋本衆賓二字不重

不敢備禮　閩監毛本同考文引宋板敢作故非也

陽是神之厭飫　閩監毛本同衛氏集說陽作厭

不旅者　閩監毛本同惠棟挍宋本無者字

謂所將祭旅酬之時　閩監毛本同許宗彥所改於祭改行

不嘏不綏祭者　閩監毛本惠棟挍宋本無者字

先為綏祭　閩監毛本同惠棟挍宋本為作受案下文有此句仍作為

以某妃配某氏　閩監本同惠棟挍宋本同毛本妃誤姓

此則不旅酬之事　閩監毛本同衛氏集說則作即

曾子問曰宗子去在他國節

曾子至祭也　惠棟挍宋本無此五字

論曾子以孔子上文云　閩監毛本同浦鏜挍云論字當衍文

復稱名不得稱介　閩監毛本同許宗彥復改徒

注首本也誣猶妄也　閩監毛本同浦鏜挍云入字當衍文

曾子問曰祭必有尸乎節　惠棟挍云祭必有尸節宋本分殤不備祭以下另為一節

殤不祔祭　閩監毛本同岳本同嘉靖本同衛氏集說同釋文出不附祭云本亦作祔石經初刻是附後改作祔正義作祔

尸謖之後　閩監毛本同岳本同嘉靖本同衛氏集說同考文引宋板謖作餧云古本作起通典五十二亦作謖

曾子至陽厭　惠棟挍宋本無此五字

其理亦可　惠棟挍宋本如此此本可誤耳閩本同監本耳作爾毛本作其禮亦爾

其吉祭特牲節

祭殤不舉　閩本同石經同岳本同嘉靖本同衞氏集說同考文引宋板古本足利本同監毛本舉下衍肺字石經考文提要云宋大字本宋本九經南宋巾箱本余仁仲本劉叔剛本至善堂九經本皆無肺字按正義云以經云不舉肺無所俎是孔氏所據本有肺字也監本蓋據此補

其吉祭特牲○正義曰　惠棟按宋本無此八字

凡殤與無後者節

爲有異居之道也　閩監毛本同岳本同嘉靖本同惠棟按宋本無也字衞氏集說同通典五十二也字有

凡殤至陽厭○正義曰　惠棟按宋本無此八字

曾子問曰葬引至于堩節

不知其己之遲數　閩監毛本同石經同岳本同衞氏集說同嘉靖本知誤如

吾聞諸老聃云　閩監本同石經同岳本同嘉靖本同衞氏集說同毛本諸誤之

曾子至聃云　惠棟按宋本無此五字

曾子問曰爲君使節

自卿大夫之家曰私館　岳本同嘉靖本同惠棟按宋本宋監本及閩監毛本夫下有士字石經同衞氏集說同案疏士字當有

公館若今縣官宮也　閩本同惠棟按宋本同疏同岳本同嘉靖本同考文引古本同監毛本宮作舍衞氏集說同

曾子至謂也　惠棟按宋本無此五字

君所命停客之處　閩監毛本同衞氏集說客作舍

曾子問曰下殤土周節

土周堲周也　閩監毛本同岳本同嘉靖本同衞氏集說同釋文出卽周云又作堲下同

周人以夏后氏之堲周葬下殤　閩監本同岳本同嘉靖本同考文引宋板同衞氏集說同毛本下誤夏惠棟按宋本堲作卽下同

曾子至始也　惠棟按宋本無此五字

周人用特葬下殤之喪　惠棟按宋本同閩監毛本葬誤喪

故用土周而　惠棟按宋本作故此本故誤所閩監毛本同此本第二十頁止此共二十一頁全脫閩監毛本同因共空白二十三行今據惠棟按宋本補

葬於園中也　補此本此葉缺明監毛本同據挍勘記補采記云惠棟按宋本如此考文所録同而有一二處異夏后氏之堲周葬中殤下殤無下殤二字檀弓所言據士及庶人也言作云下殤無遣車無車字與成人同隆隆作路爲當用人抗轝棺轝作與述其事狀以決之之下有者字是許之之辭之字不重又注史佚上注畏知禮上皆有空闕浦鏜按從儀禮經傳通解續補入亦有少不同往還取市市上有一字爲當用人抗轝棺轝作與夏后氏之堲周葬中殤下殤下殤二字有檀弓所言言亦作云下殤無遣車亦無車字與成人同隆隆亦作路屬下讀

曾子問曰卿大夫節

曾子至前驅　惠棟按宋本無此五字

且舍公館待事畢　閩監毛本同惠棟按宋本待上有以字

孔子曰尸冕而出　閩監毛本同浦鏜按冕上增弁字

遂爲曾子廣說事尸之法　閩監毛本同考文引宋板爲作與

子夏問曰三年之喪節

殷人既葬而致事　閩監毛本同石經同岳本同嘉靖本同衛氏集說同宋監本下有周人卒哭而致事七字考文引古本足利本同段玉裁云公羊宣元年注有周人卒哭而致事一句疏統謂曾子問文岳氏云興國本禮記有周人卒哭而致事一句大書爲經文按此同公羊注疏而與本疏不合

周卒哭而致事　惠棟挍宋本作周岳本同考文引足利本同此本周誤則閩監毛本同嘉靖本同衛氏集說同浦鏜挍云按皇氏疏則周人卒哭致事是鄭君從夏殷推而知之當是注文而孔氏云孔子既荅周人卒哭而致事則又似屬經文而誤入注耳

征之作費誓　閩監毛本同岳本同嘉靖本同宋監本同衛氏集說同釋文費作粊

子夏至知也　閩監本同毛本知誤之惠棟挍宋本無此五字

謂人臣遭親之喪　閩監毛本同惠棟挍宋本無人字衛氏集說同

是不奪情以求利祿　惠棟挍宋本作從衛氏集說同此本從作求閩監毛本同

是君忠恕也孝也　監本毛本如此○按忠字乃衍文

疑其於禮當然　閩監本同考文引宋板同毛本疑作以

然周公致政之後　惠棟挍宋本作政此本政誤仕閩監毛本同

是不得此禮也　惠棟挍宋本此下標禮記正義卷第二十七終記云凡三十頁

禮記注疏卷十九挍勘記

附釋音禮記注疏卷第二十

文王世子第八

○陸曰：文王周文王昌也。鄭云以其善爲世子之禮，故著謚號標篇，言可法也。〔疏〕正義曰：案鄭目錄云名曰文王世子者，以其記文王爲世子時之法。此於別錄屬世子法。此篇之內凡有五節。從「文王之爲世子」下終「文王之爲世子也」爲第一節，論文王武王爲世子之禮，下之事上之法。從「凡學世子」至「周公踐阼」爲第二節，論在上教下，說庠序釋奠先聖先師養老東序，并明三王教世子，又更論周公踐阼抗世子法於伯禽之事。自「庶子之正於公族」至「不翦其類」爲第三節，明庶子正理族人燕飲及刑罰之事殊於異姓，又更覆說殊於異姓之義。自「天子視學」至「典于學」爲第四節，論天子視學養三老五更，并明公侯伯子男反歸養老於國。自「世子之記」以終篇末爲第五節。以其文王爲世子，聖人之法，非凡人所行，故更明尋常世子法，各隨文解之。

鄭氏注　孔穎達疏

文王之爲世子，朝於王季日三。三皆曰朝，以其禮同。○朝，直遥反。三，如字，又息暫反。雞初鳴而衣服，至於寢門外，問內豎之御者曰：「今日安否何如？」內豎，小臣之屬，掌外內之通命者。御，如今小史直日矣。○衣，徐於既反，又如字。豎，上主反。內豎曰：「安。」文王乃喜。孝子恒兢兢。○及日中，又至，亦如之。又，復也。○復，扶又反。及莫，又至，亦如之。莫，夕也。○莫音暮，注及篇末皆同。其有不安節，則內豎以告文王，文王色憂，行不能正履。節謂居處故事。履，蹈地也。○蹈，徒報反。王季復膳，飲食安也。然後亦復初。憂解。○解，胡買反。〔疏〕「文王」至「復初」。○正義曰：案緯候之說，文王年九十六始稱王，崩後謚之曰文，則爲世子之時未得爲文王也，記者於後追而書之。下記世子朝父母每日唯二，又內則云「命士以上昧爽而朝，日入而夕」者，朝禮具，夕禮簡，故言夕。今三皆曰朝者，以其禮同，故通言朝。凡常世子朝父母每日唯二，今文王朝於王季日三者，增一時，又三者皆稱朝，並是聖人之法也。○食上，必

在視寒煖之節，在，察也。○上，時掌反。煖，乃管反，徐況煩反。食下，問所膳。問所食者。命膳宰曰：「末有原。」應曰：「諾。」然後退。末，猶勿也。原，再也。勿有所再進，爲其失飪臭味惡也。退，反其寢。○末，亡曷反。應，應對之應。爲，于僞反。飪，而審反，生孰之節。武王帥而行之，不敢有加焉。庶幾程式之。帥，循也。文王有疾，武王不說冠帶而養。言常在側。○稅，本亦作脫，又作說，同，音他活反。養，羊尚反。文王一飯，亦一飯；文王再飯，亦再飯。欲知氣力箴藥所勝。○壹，本亦作一。飯，扶晚反，下及篇末皆同。箴，本亦作鍼，之林反。勝音升。旬有二日乃間。間猶瘳也。○瘳，丑由反，差也。〔疏〕「食上必在視寒煖之節，食下問所膳」至「乃間」。○正義曰：食上，謂獻饌；食下，謂食畢徹饌。而下文王問進食之人，其父所膳何食，膳宰荅畢，文王又命戒膳宰云「末有原」。末，無也；原，再也。言在後進食之時，皆須新好，無得使前進之物而有再進。膳宰應曰諾，然後文王乃退反其寢也。○注「末猶」至「其寢」。○正義曰：末，微末，故爲勿也。原，再也，釋言文。云「爲其失飪臭味惡也」者，食若再進，必熟爛過節，故爲失飪。臭，謂氣也。言氣之與味皆惡也，故云臭味惡。云「退反其寢」者，以來至王季寢門外，今云退，故知退反其寢，謂文王私寢也。○注「庶幾程式之。帥，循也」。○正義曰：案爾雅釋言云：「庶幾，尚也。」是庶幾爲慕尚之義。程式之者，程是程限也，式是法式，言武王慕尚文王以爲程限法式。帥，循也，釋詁文。經云「不敢有加焉」者，以武王伐紂，功業既成，恐有踰越文王之嫌，故記者云不敢有加焉。○注「間猶瘳也」。○正義曰：若病重之時，病恒在身，無少間空隙；病今既損，不恒在身，其間有空隙，病故云間猶瘳也。瘳是疾減損也。文王謂武王曰：「女何夢矣？」問後容臥。○女音汝，後同。武王對曰：「夢帝與我九齡。」帝，天也。○聆音零，本或作齡。文王曰：「女以爲何也？」武王曰：「西方有九國焉，君王其終撫諸。」撫猶有也。言君王則此受命之後也。文王曰：「非也。古者謂年齡，齒亦齡也。我百，爾九十，吾與爾三焉。」年，天氣也。齒，人壽之數也。九齡，九十年之

祥也文王以勤憂損壽武王以安樂延年言與爾三者明傳業於女女受而成之。壽音受後同樂音洛予爾羊汝反傳直專反。**文王九十七乃終武王九十三而終**君子曰終終其成功〔疏〕文王至而終。正義曰文王疾瘳武王得安睡文王問爾其何夢武王對曰夢見天帝與我九齡之言而與我也文王語武王云天既與女九齡之言女以九齡爲何事也武王曰齡善也是福善之事西方有九國未賓旣夢得九種齡善君王其終撫諸撫有也諸之也言王終久有之文王曰女之所言非也古者謂年齡謂稱年爲齡古者稱齒亦爲齡天旣與女九齡女得九十年之祥是我爲百歲爾爲九十吾與爾三焉言我於百年中與爾以三年焉皇氏云以九齡謂鈴鐸謂天以九箇鈴鐸而與武王徧驗書本齡皆從齒解爲鈴鐸於理有疑亦得爲一義今謂天直以九齡之言而與武王武王不知齡是何事故文王不審云女以爲何。注撫猶至後也。正義曰撫爲存撫故爲有也言君王則此受命之後者文王繼王季爲西伯是殷之諸侯不合稱王今武王謂之君王故知受命之後也案書傳云文王受命一年質虞芮之訟二年伐鬼方三年伐密須四年伐犬夷五年伐耆六年伐崇七年而崩書序云殷始咎周鄭注云紂聞文王三

伐皆勝而始畏惡之囚於羑里三伐者謂二年伐鬼方三年伐密須四年伐犬夷則被囚在四年之末五年之初於時必未稱王若其稱王反叛已露紂何肯四復釋之是知於時必未稱王也書傳云五年伐耆殷傳云五年之初得散宜生等獻寶而釋文王文王出則尅黎六年伐崇則稱王故詩皇矣論伐崇是類是禡行天子禮此云稱王在受命之後者謂受命六年之後也受命者謂受赤雀丹書之命故中候我應云赤雀入鄷止於昌戶受命之時已三分有二今云西方有九國於時未賓則非有二分諸侯也或以爲庸蜀羌髳微盧彭濮之徒未知定是何國也。注年天氣也至成之。正義曰爾雅釋天云周曰年年稔也稔孰謂歲穀一孰是年爲天氣也大戴禮云男八月生齒八歲而齓齒是人壽之數也又年穀一孰而零落人之年老齒亦零落是年之與齒俱有零落之義云文王以勤憂損壽者以文王當紂暴虐之時故知勤憂損壽也無逸篇云文王自朝至于日中昃不遑暇食是勤憂也云武王以安樂延年者以武王承文王之業故安樂延年詩魚麗美萬物盛多始於憂勤終於逸樂也年壽之數賦命自然不可延之寸陰不可減之晷刻文王九十七武王九十三天定之數今文王云吾與女三者示其傳基業於武王欲使武王承其所傳之業此乃教戒之義訓非自然之理。王

成王幼不能涖阼。涖視也不能視阼階行人君之事。涖音吏又音類下同莅視本或作莅臨也**周公相踐阼而治**踐履也代成王履阼階攝王位治天下也。相息亮反治徐直吏反下注治定同一音如字**抗世子法於伯禽欲令成王之知父子君臣長幼之道也**抗猶舉也謂舉以世子之法使與成王居而學之。抗苦浪反長丁丈反後皆同。**成王有過則撻伯禽所以示成王世子之道也**以成王之過擊伯禽則足以感喻焉。撻他達反擊也。**文王之爲世子也**顯上事。〔疏〕成王幼不能至子也。正義曰武王既終成王幼弱不能涖阼階行人君之事周公乃輔相成王令成王且在學學世子之道周公代成王踐履阼階攝王位而臨天下乃興舉世子之法於伯禽伯禽舉行世子之法以示成王欲令成王觀而法之使知父子君臣長幼之道。成王有過則撻伯禽者若成王法效伯禽不能備具而有過失周公則笞撻伯禽責其不能以世子之禮教成王也必如此者所以示成王世子之道。文

王之爲世子也者從篇首以至於此是文王之爲世子及武王成王之法其武王成王爲世子之禮皆上法文王故以文王之爲世子摠結之也。注涖視至之事。正義曰案鄭注金縢云文王崩後明年生成王則武王崩時成王年十歲服喪三年畢成王年十二明年將踐阼周公欲代之攝政羣叔流言周公辟之居東都時成王年十三也居東二年成王收捕周公之屬黨時成王年十四也明年秋大熟遭雷風之變時周公居東三年成王年十五迎周公反而居攝之元年也居攝四年封康叔作康誥是成王年十八也故書傳云天子大子十八稱孟侯居攝七年成王年二十一也明年成王即政年二十二也此是鄭義推成王幼不能踐阼之事也。注踐履至下也。正義曰經云周公相踐阼而治知非周公輔相成王今云踐阼而治必知周公代成王履阼階者以明堂位云天子負斧依南鄉而立又云周公踐天子之位是代居位也。**凡學世子及學士必時**四時各有宜學士謂司徒論俊選所升於學者。學戶孝反教也下小樂正學干籥師學戈學舞干戚同選息戀反後同**春夏學干戈秋冬學羽籥皆於東序**干盾也戈句孑戟也干戈萬舞象武也用動作之時學之羽籥

籥舞象文也用安靜之時學之詩云左手執籥右手秉翟〇夏戶嫁反下放此籥羊灼反楯食準反又音尹句古侯反翟大厤反〇

小樂正學干，大胥贊之。籥師學戈，籥師丞贊之。四人皆樂官之屬也通職秋冬亦學以羽籥小樂正樂師也周禮樂師掌國學之政教國子小舞大胥掌學士之版以待致諸子春入學舍菜合舞秋頒學合聲籥師掌教國子舞羽吹籥〇大如字又音太胥息余反又息呂反注皆放此版音板本又作板舍菜音釋後舍菜同頒音班

胥鼓南。南南夷之樂也胥掌以六樂之會正舞位旄人教夷樂則以鼓節之詩云以雅以南以籥不僭〇旄音毛僭七尋反又子念反

春誦夏弦，大師詔之瞽宗。秋學禮，執禮者詔之。冬讀書，典書者詔之。禮在瞽宗，書在上庠。誦謂歌樂也弦謂以絲播詩〇陽用事則學之以聲陰用事則學之以事因時順氣於功易成也周立三代之學學書於有虞氏之學典謨之教所興也學舞於夏后氏之學文武中也學禮樂於殷之學功成治定與已同也〇大音太下文注大樂正大學大傅大祖大寢皆同瞽音古瞽宗殷學名庠音詳上庠虞學名播波我反易以豉反

〔疏〕「凡學」至「上庠」。〇正義曰：此一節是第二節中教世子及學士時節，兼明所教之官及所教之處。凡學世子及學士必時者，學謂教也，言三王教世子及學士等必各逐四時所宜，則下文之類是也。〇注「四時」至「學者」。〇正義曰：四時各有所宜學者，即下云春夏學干戈及春誦夏弦之類是也。云「學士謂司徒論俊選所升於學者」，則王制云王子卿大夫元士之適子及國之俊選等升於學，謂大學也，故下云於東序是大學也。〇注「干盾」至「秉翟」。〇正義曰：干，盾也。春時萬物有孚甲，故象干也。盾，捍也，盾所以捍難，故以干爲盾也。云「戈，句孑戟也」者，夏氣茂盛，萬物體壯，枝葉似戟，有句孑也。案考工記戈廣二寸，內倍之，胡三之，援四之，以其形句曲有孑刃，鄭云若今雞鳴戟也。云「干戈，萬舞，象武也」者，宣八年公羊傳「萬者何？干舞也」，以其用干，故知象武。若其大武，則以干配戚，則明堂位云「朱干玉戚，冕而舞大武」。若其小舞，則以干配戈，則周禮樂師教小舞干舞是也。春夏陽氣發動，故云用動作之時學之。秋冬學羽籥，羽，翟羽也，秋則體成文章也。籥，笛也，籥聲出於中，冬則萬物藏於中。云「羽籥，籥舞，象文也」，宣八年公羊傳云「籥者何？籥舞也」，以其不用兵器，故象文也。引詩者，邶風簡兮之篇也，證羽籥之義。以秋冬凝寒漸靜，故云用安靜之時學之。盧植以爲春教干，夏教戈，秋教羽，冬教籥。但干與戈、羽與籥，舞時相對之物。皇氏云：鄭引詩「左手執籥，右手秉翟」，則秋冬羽籥同教，春夏亦同教干戈，義或然也。皆據年二十升大學者也。〇注「四人」至「吹籥」。〇正義曰：云「通職，秋冬亦學以羽籥」者，此籥師云教戈，周禮籥師掌教國子舞羽歙籥，是籥師既教戈又教籥；此小樂正教干，周禮樂師教小舞，則六舞皆教，故知通職至秋冬之時亦教羽籥也。云「小樂正，樂師也」者，諸侯謂之小樂正，天子謂之樂師，此有大樂正及小樂正，周禮有大司樂，有樂師，故知小樂正當樂師也。但此經雜，多有諸侯之禮，故謂之大樂正也、小樂正也。云「周禮樂師掌國學之政，教國子小舞」者，證樂師有教舞之事。小舞者，謂年幼小時教之舞，其舞即帗舞、羽舞、皇舞、旄舞、干舞、人舞也。云「大胥掌學士之版，以待致諸子，春入學舍菜合舞，秋頒學合聲」者，證大胥有教樂之事。大胥掌教學士版籍，以待眾致諸子，諸子則學士也。春時入學，釋蘋藻之菜，禮先聖先師，合六舞，節奏令之得所；秋時頒布學者才藝，和合音聲，使應曲折。云「籥師掌教國子舞羽吹籥」者，證籥師有教樂之事。周禮唯有籥師，此云籥師丞者，或諸侯之禮，或異代之法。〇「胥鼓南」。〇胥謂大胥，南謂南夷之樂。旄人教國子南夷樂之時，大胥則擊鼓以節南樂，故云胥鼓南。〇注「南南」至「不僭」。

〇正義曰：鉤命決云：「東夷之樂曰昧，南夷之樂曰南，西夷之樂曰朱離，北夷之樂曰禁。」南一名任，明堂位云「任，南蠻之樂也」。云「胥掌以六樂之會正舞位」者，證大胥所以鼓節南由正舞位，故鼓之也。云「旄人教夷樂」者，證教南樂之人是旄人也。引詩「以雅以南」者，是小雅鼓鍾之詩，刺幽王用樂不與德比，故陳先王正樂以刺之。教夷蠻者，明王德化率來四夷，言先王以萬舞之雅樂、以四夷之南樂、以籥舞之文樂，進旅退旅，則知三舞各得其所，不有僭差。引之者，證此經之南，舉南樂則四夷之樂皆教之也。〇注「誦謂」至「同也」。〇正義曰：誦謂歌樂者，謂口誦歌樂之篇章，不以琴瑟歌也。云「紘謂以絲播詩」者，謂以琴瑟播彼詩之音節，詩音則樂章也。若學舞之時，春夏學干戈而用動，秋冬學羽籥而用靜，皆據年二十升於大學者。若其未升大學之時，則春誦夏弦在殷之瞽宗也。云「陽用事則學之以聲」，春夏是陽，陽主輕清，故學聲，聲亦輕清。云「陰用事則學之以事」，秋冬屬陰，陰主體質，故學事，事亦體質。因四時所宜，順動靜之氣，於學功業易成也。云「周立三代之學」者，謂立虞、夏、殷學也。其虞之學制在國兼在西郊，郊則周之小學也。夏殷之學亦在國，而鄭注儀禮云周立四代之學於國者，合周家爲言耳，故與此注不同。夏后氏之學在上庠，即周之大學，爲夏之制也。云「學書於虞氏之學，典謨之教所

興也者虞書有典有謨故就其學中而教之則周之小學也云學舞於夏后氏之學文武中也夏后氏上受舜禪是文下有湯伐是武以此二者之間故云文武中以兼有文舞武舞故也云學禮樂於殷之學功成治定與已同也者以湯伐桀武王伐紂殷周革命事類相似故云功成治定與已同也先師以爲三代學皆立大學小學今案下養老於東序是周之大學夏之東序也又王制云養老於虞庠是周之小學爲虞庠也又此學虞學也學舞於夏學學禮於殷學若周別有大學小學更何所教也

○凡祭與養老乞言合語之禮皆小樂正詔之於東序學以三老之威儀也養老乞言養老人之賢者因從乞善言可行者也合語謂鄉射鄉飲酒大射燕射之屬也鄉射記曰古者於旅也語。合如字徐音閤注同下大合樂放此。大樂正學舞干戚語說命乞言皆大樂正授數學以三者之舞也戚斧也語說合語之說也數篇數。說如字徐始銳反注語說同大司成論說在東序論說課其義之深淺才能優劣此云樂正司業父師司成則大司成司徒之屬師氏也師氏掌以美

詔王教國子以三德三行及國中失之事也。論力門反徐力頓反注同行下孟反下文德行同。【疏】凡祭與養老至在東序。正義曰此一節還是第二節中教世子及學士祭與養老合語之威儀又教世子等祭與養老合語之義理兼明所教之官及所教之處又明司成之官考課才藝深淺也。凡祭與養老乞言合語之禮者此之一凡摠包三事也一是祭二是養老乞言三是合語之禮皆小樂正詔之於東序謂祭與養老乞言及合語之禮皆小樂正之官詔告世子及學士於東序之中謂小樂正以此祭及養老合語三者之威儀學以教世子及學士等。注學以至也語。正義曰學以三者學教也教以三者威儀容貌言祭與養老乞言及合語行禮之時皆有容貌故小樂正教之云合語謂鄉射鄉飲酒大射燕射之屬也者此經先云祭與養老乞言別云合語則合語非祭與養老也故知是鄉射鄉飲酒大射燕射之等指儀禮成文而言之以其此等至旅酬之時皆合語也其實祭未及養老亦皆合語也故詩楚茨論祭祀之事云笑語卒獲箋云古者於旅也語是祭有合語也養老既乞言自然合語也引鄉射記者證旅酬之時得言說先王之法故云古者於旅也語言合語者謂合會義理而語說也。大樂至授之數。前文小樂正既教三者之威儀今大樂正又教三者之

義理故大樂正學舞干戚干戚則前經祭祀也祭祀之時舞其干戚之樂不云祭祀而云舞干戚者容祭祀之外餘干戚皆教之語說謂合語之說則前經合語也亦大樂正教以語說義理命乞言者大樂正命此世子及學士於老者而乞言則前經養老乞言但前經云祭故養老乞言與祭相連故尊之序在合語之上此經不云祭故略其養老在語說之下皆大樂正授數者謂干戚語說乞言三者皆大樂正之官授世子及學士等篇章之數爲之講說使知義理。注學以至篇數。正義曰此經與前經重序其事文勢相似前經小樂正乃教威儀事淺故云詔之東序此大樂正所教義理既深故大樂正授數知者文承東序之下大樂正授數之時亦在東序大司成論說在東序。小樂正既詔以三者威儀大樂正又教以三者義理於是大司成之官論量課說此世子學士等義理之深淺才能之優劣於東序之中。注司成至事也正義曰鄭以下文云樂正司業父師司成父師與樂正相連此大司成亦與大樂正相次故知司成則大司成也以其掌教故知是司徒之屬以其父師司成又掌教國子故知當師氏也引師氏以美詔王以下者皆師氏職文案書傳大夫爲父師周禮師氏中大夫云教國子以三德三行三德一曰至德以爲道本二曰敏德以爲行本三曰孝德以知逆惡教三行

一曰孝行以親父母二曰友行以尊賢良三曰順行以事師長云及國中失之事者中謂中禮失謂失禮掌國家中禮失禮之事也。

○凡侍坐於大司成者遠近間三席可以問間猶容也容三席則得指畫相分別也席之制廣三尺三寸三分則是所謂函丈也。坐才臥反又如字遠近間並如字間猶容也注同徐古辨反同畫乎麥反別彼列反廣古曠反又如字三寸一本作廣三尺三寸三分函胡南反終則負牆卻就後席相辟。辟音避下辟君同。列事未盡不問錯尊者之語不敬也。【疏】凡侍至不問。正義曰此一節論國子侍坐於大司成之儀故云侍坐於大司成。遠近間三席可以問者去大司成遠近中間可容三席之地席制廣三尺三寸三分寸之一三席則函一丈可以指畫而問也。終則負牆者問終則起卻就後席負牆而坐辟後來問者列事未盡不問者問其問事之時必待尊者言終如有不曉然後更問若尊者序列其事未得終盡則不可錯亂尊者之語而輒有咨問則爲不敬也。

○凡學春官釋奠于其先師秋冬亦如之官謂禮樂詩書之官周禮曰凡有道者有德者

使教焉死則以爲樂祖祭於瞽宗此之謂先師之類也若漢禮有高堂生樂有制氏詩有毛公書有伏生億可以爲之也不言夏夏從春可知也釋奠者設薦饌酌奠而已無迎尸以下之事○億本又作噫音抑

〔疏〕凡學至如之○正義曰此論四時在學釋奠之事凡學者謂禮樂詩書之學於春夏之時所教之官各釋奠於其先師秋冬之時所教之官亦各釋奠於其先師故云秋冬亦如之猶若教書之官春時於虞庠之中釋奠於先代明書之師四時皆然教禮之官秋時於瞽宗之中釋奠於其先代明禮之師如此之類是也○注官謂至之事○正義曰官謂禮樂詩書之官者謂所教之官也若春誦夏弦則大師釋奠也教干戈則小樂正樂師等釋奠也教禮者則執禮之官釋奠也皇氏云其教雖各有時其釋奠則四時各有其學備而行之引周禮曰凡有道者有德者使教焉死則以爲樂祖祭於瞽宗者此周禮大司樂文引之者證樂之先師也後世釋奠祭之然則禮及詩書之官有道有德者亦使教焉死則以爲書禮之祖後世則亦各祭於其學也故云此之謂先師之類也以大司樂掌樂故特云樂祖其餘不見者周禮文不具也云若漢禮有高堂生樂有制氏詩有毛公書有伏生者皆漢書儒林傳文案書傳伏生濟南人故爲秦時博士孝文帝時以書教於齊魯之間詩有毛公者毛公趙人治詩爲河間獻王博士高堂生者魯人漢興爲博士傳禮十七篇藝文志漢興制氏以雅樂聲律世爲樂官頗能記其鏗鎗鼓舞不能言其義是其事也其儒林傳詩書及禮多矣而不言者以其非後異也又有傳易及春秋不引者以此經唯有詩書禮樂故不引易與春秋云億可以爲之也者億是發語之聲言此等之人後世亦可爲先師也疑而不定故發聲爲億以三時釋奠獨不言夏故言夏從春可知也以其釋奠直奠置於物無食飲酬酢之事故云設薦饌酌奠而已無迎尸以下之事釋奠所以無尸者以其主於行禮非報功也

凡始立學者必釋奠于先聖先師及行事必以幣謂天子命之教始立學官者也先聖周公若孔子○

〔疏〕凡始至以幣○正義曰此明諸侯之國天子命之使立學者必釋奠於先聖先師及行事之時必用幣而行禮諸侯言始立學必釋奠於先聖先師則天子始立學亦釋奠於先聖先師也天子云四時釋奠於先師不及於先聖者則諸侯四時釋奠亦不及先聖也始立學云必用幣則四時常奠不用幣也皇氏云行事必用幣謂禮樂器成及出軍之事其告用幣而已○案釁器用幣下別具其文此行事必用幣繫於釋奠之下皇氏乃離文析句其義非也○注謂天至孔子○正義曰此謂諸侯新建國天子命之始立學也故王制云天子命之教然後爲學是也知非天子始立學者以此下文云有國故則否是廣記諸侯之國故知此始立學者據諸侯也但天子立虞夏殷周四代之學若諸侯正立時王一代之學有大學小學耳其所習經業皆於時王學中其鄉學爲庠故鄉飲酒義曰迎賓于庠門之外注云庠鄉學也若州黨與鄉同處共在鄉學故學記云黨有庠是鄉之所居黨也州及遂以下皆謂之序故州長春秋射于序學記云術有序鄭云術當爲遂是州遂爲序也云先聖周公若孔子者以周公孔子皆爲先聖近周公處祭周公近孔子處祭孔子故云若若是不定之辭立學爲重故及先聖常奠爲輕故唯祭先師此經始立學故奠先聖先師○

凡釋奠者必有合也國無先聖先師則所釋奠者當與鄰國合也○**有國故則否**若唐虞有夔伯夷周有周公魯有孔子則各自奠之不合也○夔求龜反○**凡大合樂必遂養老**大合樂謂春入學舍菜合舞秋頒學合聲於是時也天子則視學焉遂養老者謂用其明日也鄉飲酒鄉射之禮明日乃息司正徵唯所欲以告於先生君子可也是養老之象類

〔疏〕凡釋至養老○正義曰此謂諸侯之國釋奠之時若已國無先聖先師則合祭鄰國先聖先師謂彼此二國共祭此先聖先師故云合也非謂就他國而祭之當遥合祭耳若魯有孔子顏回餘國祭之不必於魯若已國有先聖先師則不須與鄰國合也當各自祭故云有國故則否是唐虞有夔龍伯夷周有周公魯有孔子是國故有此人則不與鄰國合祭也○凡大合樂必遂養老○正義曰此明合樂之時天子視學於其明日必遂養老○注大合至象類○正義曰經云凡大合樂者凡者非一之辭鄭以大合樂謂春入學釋菜合舞秋頒學合聲者其月令季春大合樂則亦在其中以季春大合樂其文自明故鄭不引之耳○云於是時也天子則視學焉者周禮大胥春合舞秋合聲雖無天子視學之文又月令季春大合樂天子親往則明春合舞秋合聲之時天子亦親視學也云遂養老者謂用其明日也者案鄉飲酒鄉射禮明日乃息司正云徵唯所欲以告於先生君子可也先生謂致仕者君子謂鄉中有德行者此皆老人也故云是養老之象類○

凡語于郊者語謂論說於郊學○**必取賢斂才焉或以德進或以事舉或以言揚**大樂正論造士之秀者升諸司馬曰進士謂此矣○**曲藝皆誓**

之曲藝爲小技能也誓謹也皆使謹習其事○技其彼反○以待又語又語爲後復論說也○復扶又反○三而一有焉三說之中有一善則取之以有曲藝不必盡善乃進其等進於衆學者○以其序又以其藝爲次謂之郊人遠之俟事官之缺者以代之遠之者不曰俊選曰郊人賤技藝○遠于萬反注同○於成均以及取爵於上尊也董仲舒曰五帝名大學曰成均則虞庠近是也天子飲酒于虞庠則郊人亦得酌于上尊以相旅○近附近之近○疏凡語至尊也○正義曰此以下明官爵於學士已成者○注語謂論說於郊學○正義曰語謂論課學士才能也郊西郊也則以虞庠爲小學在西郊今天子親視學於其西郊考課論說於西郊之學以西方成就之地故也或徧在四郊○必取賢斂才焉者謂在於西郊學中論說取賢斂其才能者以爵之也○或以德進者○謂人能不同各隨才用也德謂有道德者進謂用爵之也德最爲上故進之宜先也○或以事舉者事次德者雖無德而解世事或吏治之屬亦舉用之也○或以言揚者次事也揚亦進舉之類互言之雖無德無事而能言語應對堪爲使命亦舉用之○曲藝皆誓之者曲藝謂小小技術若醫卜之屬也誓謹也若學士中雖無前三事而有小小技術欲授試考課皆且卻之令謹習○以待又語者又語謂後復論說之日令待後時若春待秋時也○三而一有焉者謂小技藝者所說三事之中而一事有善者○乃進其等者等輩類也若說三事有一善者則進於大衆輩中也以其序者序次也雖得進衆而不得與衆爲一猶使與其輩中自爲高下之次序也○謂之郊人者雖有次序而待職缺當擬補之若國子學士未官之前俱爲俊選而以小才技藝者未官之前而不得同爲俊選但名曰郊人言其猶在郊學也○遠之者所以謂爲郊人者是疏遠之故也○於成均以及取爵於上尊也者成均則虞庠也上尊堂上之酒尊天子於成均之內飲酒以恩澤被及於此郊人其郊人雖賤亦得取爵於堂上之尊以相旅也所以榮之○注董仲至相旅○正義曰董仲舒爲春秋繁露云成均爲五帝之學虞庠是舜學則成均五帝學也以無正文故云近是也言虞庠近是成均凡飲酒之禮尊者酌於堂上之尊卑者酌於堂下之尊故特牲禮三人獻賓及獻衆賓及長兄弟等及次賓及次兄弟等皆酌於堂下之尊以相旅是也今郊人雖賤亦得酌於堂上尊故云取爵於上尊○始立學者既興器用

幣興當爲釁字之誤也禮樂之器成則釁之又用幣告先聖先師以器成○興依注爲釁音虛覲反○然後釋菜告先聖先師以器成有時將用也○不舞不授器釋菜禮輕也釋奠則舞舞則授器司馬之屬司兵司戈司盾祭祀授舞者兵也乃退儐于東序一獻無介語可也言乃退者謂得立三代之學者釋菜于虞庠則儐賓于東序魯之學有米廩東序瞽宗也○儐必刃反本亦作儐注同介如字下注同副也廩力甚反○疏始立學者既興器用幣至可也○正義曰此一節明禮樂之器初成用幣告先聖先師又釋菜告器成將用乃退儐之事也○始立學者亦謂天子命諸侯始立教學又造禮樂之器新成釁之既畢乃用幣告先聖先師以器成也然後釋菜既以幣告後又更釋菜告先聖先師以器成將用也故前用幣告其器成後釋菜告其將用也不舞不授器凡釋奠禮重故作樂時須舞乃授舞者所執干戈之器今其釋菜之時雖作樂不爲舞也亦既不舞故不授舞者之器乃退儐于東序釋菜虞庠既畢乃從虞庠而退乃儐禮其賓於東序之中其禮既殺唯行一獻無介無語如此於禮可也○注興當至器成○正義曰案雜記宗廟之器其名者成則釁之以豭豚是器成當釁之故知興當爲釁經言用幣故知告先聖先師以器成也○注告先至用也○正義曰前用幣直云告器成此釋菜云告器成將用則兩告不同也熊氏云用幣則無菜用菜則無幣皇氏云用幣釋菜秪是一告其義恐非也案四時釋奠不及先聖知此用幣及釋菜及先聖者以注文始立學釋奠先聖先師此文亦云始立學既釁器用幣釋菜亦及先聖也以其始立學及器新成事重於四時常奠也故學記云皮弁祭菜鄭注禮先聖先師知及先聖者以彼云未卜禘不視學則祭菜與視學爲一也此下文云天子視學祭先聖先師故知學記祭菜及先聖也熊氏云月令釋菜不及先聖者以其四時入學釋菜故不及先聖也王制釋奠于學注以爲釋菜奠幣知非釋奠者彼是告祭之禮初天子出師受成於學告之無牲明反告亦無牲也故謂釋奠時亦不及先聖也凡釋奠有六始立學釋奠一也四時釋奠有四通前五也王制師還釋奠于學六也釋菜有三春入學釋菜合舞一也此釁器釋菜二也學記皮弁祭菜三也秋頒學合聲無釋菜之文則不釋菜也釋幣唯一也即此釁器用幣是也以前皆熊氏之說義或當然也○注釋菜禮輕也○正義曰此既釋菜禮輕不可爲舞所以大胥云春舍菜合舞似釋菜爲舞者彼謂春欲合舞之時先行釋菜之禮不謂釋菜之時則合舞也

○注言乃至宗也○正義曰從敎器以來皆據諸侯之禮故云始立學若其諸侯唯立時王之學何得云乃退儐于東序故云乃退者得立三代之學得有夏之東序謂諸侯有功德者得立三代之學若魯國之比東序與虞庠相對東序在東虞庠在西既退儐于東序明釋菜在於虞庠云亦魯之學有米廩東序瞽宗也者明堂位文也

教世子題上事

疏教世子○正義曰從上凡學世子至此皆是教世子之法其間雖有王子公卿大夫元士之子及國之俊選諸侯之事及釋奠養老之事雖非一也以世子爲三故云教世子以摠之○注亦題上事○正義曰題謂題目前文王之爲世子文在於下題目以上之事今教世子之文又在於下亦是題目以上所設諸事故云亦題上事也

○凡三王教世子必以禮樂樂所以脩內也禮所以脩外也禮樂交錯於中發形於外是故其成也懌恭敬而溫文中心中也懌說懌○懌音亦○立大傅少傅以養之欲其知父子君臣之道也養猶教也言養者積

浸成長之○少傅詩召反下音賦後同浸子鴆反○大傅審父子君臣之道以示之謂爲之行其禮○爲于僞反下爲說其爲君皆同○少傅奉世子以觀大傅之德行而審喻之爲說其義大傅在前少傅在後謂其在學時○入則有保出則有師謂燕居出入時是以教喻而德成也以有四人維持之○師也者教之以事而喻諸德者也保也者慎其身以輔翼之而歸諸道者也慎其身者謹安護之記曰虞夏商周有師保有疑丞記所云謂天子也取以成說○

疏凡三至疑丞○正義曰此一節是第三節中論三王教世子禮樂及立師傅教以道德既成教尊官正國治之事○樂所以脩內者樂是喜樂之事喜樂從內而生和諧性情故云所以脩內也○禮所以脩外也者禮是恭敬之事恭敬是正其容體容體在表故所以脩外也○禮樂交錯於中發形於外者樂雖由中從中而見外禮雖由外從外而入中是中之與外皆有禮樂故云禮樂交錯於中謂交間錯雜於其情性之中發形於外謂宣發形見於身外也謂威儀和美也○是故其成也懌者謂內外有樂心既喜悅外貌和美故其成也懌懌說也○恭敬而溫文者謂內外有禮貌恭心敬而溫潤文章故云恭敬而溫文也○注謂燕居出入時○正義曰上云在前在後謂行步動止之節此文言入言出故以爲燕居出入也○是以教至者也○以世子外有傅相內有師保是以世子於師教曉喻其德業成就師也者教之以事而喻諸德者也作記者更明師保之德故云師也者教之以事而喻諸德者謂教世子以所行之事喻曉也諸於也而每事之上使世子曉喻於德義也○保也者慎其身以輔翼之而歸諸道者也保是護也輔相也翼助也謂護慎世子之身輔相翼助使世子而歸於道案老子先道後德則道尊德卑此師喻諸德保歸諸道先德後道者以道德無定據各有大小老子謂無爲自然之道故在先德謂人所法行故在後皆謂大道大德也此謂教世子之身先須於事得理若身之有德乃可通達流行故德先道後謂小道小德也已具上曲禮疏○記曰虞夏商周有師保有疑丞注記所云謂天子也取以成說○正義曰此作記之人更言記曰則是古有此記作記者引之耳注

記所云據天子也必知據天子者以有師保疑丞下則云四輔三公故知天子也後人作記者取此古記天子之事以成世子之記耳○設四輔及三公不必備唯其人語使能也語言也得能則用之無則已不必備其官也小人處其位不如且闕君子曰德德成而教尊教尊而官正官正而國治君之謂也

疏設四至能也○正義曰設四輔及三公不必備唯其人此皆古記之文語使能一句是後作記者解前記之人所言以四輔三公不必須備惟擇好人者語使能也語言也言古記如此言四輔三公必使能也其四輔者案尚書大傳云古者天子必有四鄰前曰疑後曰丞左曰輔右曰弼天子有問无以對責之疑可志而不志責之丞可正而不正責之輔可揚而不揚責之弼其爵視卿其祿視次國之君也

仲尼曰昔者周公攝政踐阼而治抗世子法於伯禽所以善成王也聞之曰爲人臣者殺其身有益於君則爲之

況于其身以善其君乎周公優爲之聞之者聞之於古也于讀爲迂迂猶廣也大也○治直吏反下而治國治並同于依注作迂音同又音紆〖疏〗仲尼至爲之○正義曰此一節是第三節中覆說周公教成王爲世子之事及在學行一物而有三善之事故云抗世子法於伯禽所以善成王也○況于其身以善其君乎周公優爲之者仲尼聞古之言爲人臣者殺其身有益於君不辟殺害猶尚爲之況周公于其身于廣大也今乃廣大其身謂其身得廣大以善其君乎周公優爲之其周公比殺身之人則優饒爲之言周公自優饒光益也所以光益者古人益君則身處危亡周公益君身居尊顯又古人益君則勤苦周公益君則逸樂是於身有優饒於德又廣大也○注于讀至大也○正義曰于是語辭迂爲迴遠故讀于爲迂從廣大之義也○是故知爲人子然後可以爲人父知爲人臣然後可以爲人君知事人然後能使人成王幼不能涖阼以爲世子則無爲也以爲世子若爲世子時○〖疏〗是故至爲也○正義

曰凡教世子之法必須對父成王既幼未能涖阼爲人君應須教以世子之法然後能爲人君成王既無父今若以成王爲世子時則無爲世子之處故抗世子法於伯禽使伯禽與成王居令成王學之知父子君臣之義也○注以爲至子時正義曰武王既崩則成王非復是世子今經云以爲世子則是周公全用世子禮教之故云若爲世子時言雖爲君未能涖阼與世子時無異故云以爲世子則無爲也以實則不爲世子也是故抗世子法於伯禽使之與成王居亦學此禮於成王側欲令成王之知父子君臣長幼之義也君之於世子也親則父也尊則君也有父之親有君之尊然後兼天下而有之是故養世子不可不慎也處君父之位覽海內之士而近不能教其子則其餘不足觀矣○令力呈反○行一物而三善皆得者唯世子而已其齒於學之謂也物猶事也故

世子齒於學國人觀之曰將君我而與我齒讓何也曰有父在則禮然然而衆知父子之道矣其二曰將君我而與我齒讓何也曰有君在則禮然然而衆著於君臣之義也其三曰將君我而與我齒讓何也曰長長也然而衆知長幼之節矣故父在斯爲子君在斯謂之臣居子與臣之節所以尊君親親也故學之爲父子焉學之爲君臣焉學之爲長幼焉學教○學音效下及注同父子君臣長幼之道得而國治語曰樂正司業父師司成一有元良萬國以貞世子之謂也司主也一一人也元大也良善也貞正也周公踐阼亦題上事

〖疏〗行一至踐阼○正義曰物猶事也謂與國人齒讓之一事而三善者謂衆知父子衆知君臣衆知長幼是其三善則下經所云者是也俗本皆云著於君臣之義而定本無著字義亦通云父在則禮然君在則禮然直云長長不云兄在則禮然者於世子無兄故不云兄在也故世子齒於學國人觀之曰將君我而與我齒讓何也者國人謂不知禮者疑而發問○曰有父在則禮然者是知禮曉其意而荅之言父在則禮然者父在之時恒須謙退不敢居人之前故云父在則禮當如此○然而衆知父子之道矣者國人見世子雖貴尚屈降於人則知父尊彌甚故云衆知父子之道父子天性自然故云道君臣以義相合故云義長幼有等級上下故云節以幼時事父成人事君故先父子後君臣長幼輕於君臣故在下父子長幼親屬易明故云知君臣以義和合於後始顯故云著也此世子齒於學者唯在學受業時與國人齒若朝會飲食則各以位之尊卑諸子職云辨其等正其位注云位朝位是也○故父在斯爲子君在斯謂之臣○國人聞世子爲君父之在而居臣子之禮不敢自尊於是各知尊其君父故世子所以父在爲子禮君在爲臣禮也斯語辭也然父

子天性故云爲子也君臣以義相合不云爲臣而云謂之臣者世子於君雖曰君臣異於義合故云謂之臣也○注司主至正也○正義曰司是職司故爲主謂樂正主大子詩書之業父師主大子成就其德行也云一一人也一人謂世子也元大也良善也貞正也言世子有大善則萬國以正此經謂世子也何直云一一人者恐爲一時之事故云一人謂世子也釋詁文元是首故爲大也論語云温良恭儉讓有賢良方正故良爲善易文言云貞固足以幹事故貞爲正也○周公踐阼○從上三王教世子至此皆周公踐阼之事故注云亦題上事也

庶子之正於公族者教之以孝弟睦友子愛明父子之義長幼之序正者政也庶子司馬之屬掌國子之倅爲政於公族者○弟大計反倅音七對反副也其朝于公內朝則東面北上臣有貴者以齒內朝路寢庭○朝直遥反後不出者並同其在外朝則以官司士爲之外朝路寢門之外庭司士亦司馬之屬也掌羣臣之班正朝儀之位也其在宗廟之中則

如外朝之位宗人授事以爵以官宗人掌禮及宗廟也以爵貴賤異位也以官官各有所掌也若司徒奉牛司馬奉羊司空奉豕

疏庶子至以官○正義曰此一節是第四節中之上節也論庶子之官治理公族朝祭燕食吉凶刑罰之事各隨文解之○注正者至族者○正義曰以經之正字乃是正定之正今案在下皆論公之接待族人及犯罪公之赦宥刑殺皆君之所爲非庶子所正故知庶子唯主其政令而已故讀爲政也庶子司馬之屬掌國子之倅者案周禮諸子下大夫二人屬夏官司馬諸侯謂之庶子職掌與諸子同故周禮序官鄭注云或曰庶子掌國子之倅者倅副也鄭注諸子云國子是公卿大夫士之副貳也言副貳於父也○其朝至以齒○此公族之等若朝於公之內朝內朝謂路寢庭朝也公族內朝則西方東面北上○臣有貴者以齒者皆同姓文臣不得踰越父兄皆以昭穆長幼爲齒謂父兄雖賤而在上子弟雖貴而處下○注內朝至寢庭○正義曰知路寢庭者以下云其在外朝司士爲之案周禮司士掌路寢門外之朝則知此內朝是路寢庭朝也○其在外至爲之○外朝謂路寢門外之朝也若公族在於外朝與異姓同處位次之時則以官之上下不復以年齒也○司士爲之者謂司士之官

主爲朝位之次外朝位既司士主之則內朝庶子主之也上文內朝不云庶子爲之者以文承庶子之下主之可知故不言也○注外朝至位也○正義曰以言司士亦司馬之屬也掌羣臣之班正朝儀之位也案周禮司士掌正朝儀之位王族故士虎士在路門之右南面大僕從者在路門之左南面是在路門外也故知此外朝路門外之朝也此對路寢庭朝爲外朝若對庫門外朝朝士所掌三槐九棘之朝則此路門外朝亦爲內朝也故玉藻云朝於內朝朝辨色始入君日出而視之退適路寢是也其朝位天子之朝三公北面東上孤東面北上卿大夫西面北上其士門西東面北上若諸侯之朝案大射卿西面北上大夫北面東上士門西東面北上與天子不同周禮司士屬司馬故云亦司馬之屬○司馬掌羣臣之班正朝儀之位皆司士職文○其在至以官○此論同姓公族在宗廟之禮故云其在宗廟之中則如外朝之位也言立位所在如外朝之位也○宗人授事以爵以官者宗人掌禮之官及宗廟授百官之事以爵者隨爵之尊卑貴者在前賤者在後又以官之職掌各供其事○注宗人至奉豕○正義曰言宗人掌禮及宗廟者別言及宗廟則掌禮謂宗廟之外諸禮皆掌也云若司徒奉牛司馬奉羊司空奉豕者以經云以官謂祭祀之時官官各司其事更無正文故引司徒奉

牛以下證之案周禮司徒奉牛牲司馬奉羊牲其司空奉豕無文此云知奉豕者案周禮雞人屬宗伯羊人屬司馬故此云司馬奉羊犬人屬司寇案五行傳云牛屬土雞屬木羊屬火犬屬金豕屬水司空冬官其位當水故鄭注周禮司空奉豕與案五行傳馬屬火而周禮司馬羞馬牲者以其主馬故特使供之此注直云奉牛奉羊奉豕者據諸侯三卿以言之故不云雞犬及馬

其登餕獻受爵則以上嗣。上嗣君之適長子以特牲饋食禮言之受爵謂上嗣舉奠也獻謂舉奠洗爵酌入也餕謂宗人遣舉奠盥祝命之餕也大夫之嗣無此禮辟君也○餕音俊適丁歷反盥音管

疏○正義曰此亦公族廟中之禮論貴適子之事案特牲禮尸食之後主人主婦賓長等獻尸三獻禮畢主人獻賓及獻衆賓畢主人酬賓賓奠不舉主人獻長兄弟及獻衆兄弟內兄弟等訖長兄弟洗觚酌尸爲加爵衆賓長又爲加爵畢嗣子乃舉奠奠者初尸未入之前祝酌奠于鉶南尸入祭奠不飲至此乃嗣子舉之必嗣子舉奠者鄭注特牲云將傳重累之者又云大夫之嗣子不舉奠則此舉奠者天子諸侯及士之子禮特牲云嗣舉奠盥入北面再拜稽首尸執奠嗣子進受復位再拜稽首尸荅拜嗣子卒觶拜尸尸荅拜則此經所謂受爵也特牲又云嗣舉奠

先酌入尸拜受嗣子荅拜則此經所謂獻也特牲又云無筭爵之後禮畢尸謖而出宗人遣嗣子及長兄弟相對而餕所謂餕也以特牲言之則先受爵而後獻獻而後餕今此經先云餕者以餕爲重舉重者從後以嚮先逆言之故云其登餕獻受爵也登謂登堂無事之時嗣子在堂下餕時登堂獻時亦登堂受爵之時亦登堂此一登之文包此三事以經文連於上宗廟之中宗人授事以爵以官謂衆官皆爲其事○則以上嗣○其登餕獻不用衆官唯用上嗣故云則以上嗣案特牲餕時雖有長兄弟以上嗣爲主○注上嗣至君也○正義曰言適長子者是適子之中長也凡適皆可以嗣今云上嗣是嗣中最上云受爵謂上嗣舉奠者以特牲無受爵之文唯有嗣子舉尸之奠爵受而飲之故此經謂之受爵也云獻謂舉奠洗爵酌入也者亦以特牲無嗣獻之文故將此爲獻也舉奠謂嗣子也名此嗣子爲舉奠嗣子既飲尸前爵畢乃更洗爵酌入以進尸此謂士禮若天子諸侯除此酌入之數外子孫别有獻尸故鄭注小雅云天子則有子孫獻尸之禮云大夫之嗣無此禮辟君也者案少牢饋食無嗣子舉奠大夫尊於士而不舉奠故知辟正君也

庶子治之雖有三命不踰父兄治之治公族之禮也唯於內朝則然其餘會聚之事則與

庶姓同一命齒于鄉里再命齒于父族三命不齒不齒者特爲位不在父兄行列中○行戶剛反**其公大事則以其喪服之精麤爲序雖於公族之喪亦如之以次主人**大事謂死喪也其爲君雖皆斬衰序之必以本親也主人主喪者次主人者主人恒在上主人雖有父兄猶不得下齒**若公與族燕則異姓爲賓**同宗無相賓客之道**膳宰爲主人**君尊不獻酒**公與父兄齒**親親也**族食世降一等**親者稠疏者希○稠直由反密也

〔疏〕庶子至父兄○正義曰庶子治之謂治此公族朝於內朝之時也既不計官之大小故雖有三命之貴而列位不得踰越在無爵父兄之上也然此句應承第二條前臣有貴者以齒之下其外朝既云司士爲之則內朝自然庶子治之也所以在此者當是簡札遺脫故在此也鄭不言者略耳○注治之至行列中○正義曰治之治公族之禮也唯於內朝則然者鄭恐外朝亦爾故云唯於內朝則然云其餘會聚之事則與庶姓同者其餘謂非內朝則皆並計官也云一命齒于鄉里者引黨正文解三命不踰父兄之事也一命尚卑若與鄉里長宿燕食則猶計年也云再命齒于公族者再命漸尊不復與鄉里計年唯官高在上但父族爲重而猶與之計年爲列也云三命不齒者三命大貴則不復與父族計年若應有燕會則别席獨坐在賓之東也○其公至主人○此謂君喪而庶子官掌之事也大事謂君喪其臣雖皆斬衰其庶子列次之時則以其本服之精麤爲序衰麤者在前衰精者在後○雖於公族之喪亦如之者言非但公喪如此雖於公族之內有死喪之事相爲亦如之爲死者服麤者居前服精者居後故云亦如之○以次主人者謂雖有庶長父兄尊於主人仍次於主人之下使主人在上居喪主也○注大事至下齒○正義曰以其經云則以其喪服之精麤故知大事謂死喪也云序之必以本親也者案喪服臣爲君斬衰今言服之精麤爲序故知必以本親服之精麤謂衰服縷布精麤也皇氏云以爲喪服以麤爲精故鄭注雜記云臣爲君三升半微細焉則屬於麤是知斬爲精齊爲麤若如皇氏說緦麻小功爲極麤斬衰爲極精也書傳何處謂斬衰爲精乎但斬衰於麤之外别更稱斬見其哀痛之甚故於齊衰而稱麤也云微細焉則屬於麤者謂得入齊衰之限不復稱斬耳豈謂斬衰細乎皇氏之說非也云主人雖有父兄猶不得下齒者言主喪之人當在於上以爲喪主雖族人

父兄尊則主人猶不得在父兄之下而齒列焉○若公至一等○正義曰此明公與族人燕食之禮庶子掌之也則異姓爲賓燕飲必須禮儀獻酬交酢故直立賓以行禮也但公欲與族人相親若使族人爲賓賓禮疏隔故用異姓爲賓也膳宰爲主人者既有其賓賓必對主人而君尊不宜敵賓故使供膳之宰以爲主人對於賓使得抗禮酬酢也若與異姓燕飲則燕禮云宰夫爲獻主故注云君尊不獻酒○公與父兄齒者公既不爲主族人又不爲賓故列位在父兄之坐上與族人相齒見親親也○族食世降一等者族食謂與族人燕食也族人既有親疏燕食亦隨世降殺也○注親者至者希○正義曰假令本是齊衰一年四會食若大功則一年三會食小功則一年二會食緦麻則一年一會食是世降一等也

○**其在軍則守於公禰**謂從軍者公禰行主也所以遷主言禰在外親也**若有出疆之政**謂朝覲會同也○疆居良反○**庶子以公族之無事者守於公宮正室守大廟**正室適子也大廟大祖之廟○守如字又手又反下同○**諸父守貴宮貴室**謂守路寢○守貴室本或作守貴宮貴室**諸**

子諸孫守下宮下室下宮親廟也下室燕寢或言宮或言廟通異語疏其在軍至下宮下室○正義曰此一節明庶子從行在軍及公行庶子留守之事則守於公禰者公禰謂遷主載在齊車隨公行者也庶子官既從在軍故守於公齊車之行主也行主是遷主而呼爲禰者既在國外欲依親親之辭○注謂朝覲會同也○正義曰上云在軍謂庶子之官從公出行此云公若出疆庶子不從公行在國掌其留守對上在軍故知此出疆是朝覲會同非出軍也其庶子之官公有朝覲會同不從公行既掌留守公宮若征伐出軍庶子不從公行亦是所掌留守之事○注正室至之廟○正義曰經云庶子以公族之無事者守於公宮者與下文爲揔正室守大廟以下文各言其別無事謂不從行及無職事者正室適子也者謂公卿大夫之適子也案公羊傳云周公稱大廟周公是魯之始祖故知其餘諸侯大廟皆大祖之廟也○注謂守路寢○正義曰以下云下宮上云大廟此貴宮貴室既非大廟又非下宮下室唯當路寢也指其院宇謂之宮指其所居之處謂之室爾雅云宮謂之室室謂之宮此貴宮貴室揔據路寢皇氏云或俗本無貴宮者定本有貴宮○注下宮至異語○正義曰上云大廟此云下宮除大廟之外唯有親廟高祖以下故云下宮親廟也上云貴室此又云下室故知燕寢也云或言宮則下宮也或言廟則大廟也故春秋云立武宮明堂位云武公之廟武世室也是通異語也此云諸父及諸子諸孫者未審爲是君之諸父及諸子孫之行爲當是見任卿大夫者之諸父子孫也然鄭解正室適子不云世子則卿大夫之適子則諸父子孫亦謂卿大夫之諸父子孫也不云諸兄諸弟者蓋諸兄從諸父諸弟從子孫也○

五廟之孫祖廟未毀雖爲庶人冠取妻必告死必赴練祥則告越告於君也實四廟孫而言五廟者容顯考爲始封子也○冠古亂反取七喻反後放此族之相爲也宜弔不弔宜免不免有司罰之弔謂六世以往免謂五世○爲于僞反下爲君同免音問下及注同至于賵賻承含皆有正焉承讀爲贈聲之誤也正正禮也○賵芳鳳切下同賻音附承音贈出注含胡暗反本又作唅賵賻唅襚皆贈喪之物也車馬曰賵布帛曰賻珠玉曰唅衣服曰襚揔謂之賵贈猶送也疏五廟至有正焉○正義曰此論族人雖或至賤吉凶必須相告弔賵含贈皆當有正禮庶子寧其正焉○皆有正焉者正謂正禮庶子之官治之使賵賻贈含隨其親疏各有正禮○注實四至子也○正義曰經云祖廟未毀謂同高祖若高祖以下唯有四廟今云五廟故云容顯考爲始封子是高祖爲四世也其五世祖是始封之君自五世以下其廟不毀故爲五廟也○注弔謂至五世○正義曰六世以往者從六世以至百世但有弔禮故言以往四世同高祖有緦麻之親五世則親盡但有袒免故云免謂五世也○注承讀至禮也○正義曰承文在賻含之間則贈含之類故以承爲贈云正正禮也者謂庶子之官正之以禮非訓正爲禮也庶子之官治之使賵賻隨其親疏各有正禮賵賻含襚皆贈喪之物賵車馬賻財帛含珠玉襚衣服揔謂之贈賵送也

公族其有死罪則磬于甸人不於市朝者隱之也甸人掌郊野之官縣縊殺之曰磬○甸大遍反縣音玄縊一智反○其刑罪則纖剸亦告于甸人纖讀爲殲殲刺也剸割也宮割臏墨劓刖皆以刀鋸刺割人體也告讀爲鞠讀書用法曰鞠○纖依注音殲之林反徐子廉反注本或作殲讀爲殲者是依徐音而改也剸之免反告依注作鞠久六反刺七以反又七智反下同擯頻忍反徐扶忍反鋸徐音據公族無宮刑宮割淫刑獄成有司讞于公其死罪則曰某之罪在大辟其刑罪則曰某之罪在小辟成平也讞之言白也辟亦罪也○讞徐魚列反言也辟婢亦反後不音者放此公曰宥之宥寬也欲寬其罪出於刑也○宥音又有司又曰在辟公又曰宥之又復也○復扶又反下不復復自行皆同有司又曰在辟及三宥不對走出致刑于甸人對荅也先者君每言宥則荅之以將更寬之至於三罪定不復荅走往刑之爲君之恩無已公又使人追之曰雖然必赦之有司對曰無及也罪既正不可宥乃欲赦之重刑殺其類也反命于公白已刑殺公素服不舉爲之變如其倫之喪無服素服於凶事爲吉於吉事爲凶非喪服也君雖不服臣卿大夫死則皮弁錫衰以居往弔當事則弁絰於士蓋疑衰同姓則緦衰以弔之今無服者

不往弔也倫謂親疏之比也素服亦皮弁矣○爲之于僞反下不爲服爲位爲袒注非爲又爲之竝同比必利反親哭之不往弔爲位哭之而已君於臣使有司哭之○疏公族至哭之○正義曰此一節論公之同族有死刑之罪有司行法之事及公爲之貶降之禮○公族其有死罪則磬于甸人者甸人掌郊野之官又云磬盡也磬謂縣縊殺于甸人之官令其性命磬盡也○其刑至甸人○謂族人犯刑罪者欲纖刺劓割之時亦鞫讀刑法之書於甸人之官也○公族無宮刑者雖犯宮刑不得行宮刑○獄成有司讞于公者成平也讞言白也謂獄斷既平定其罪狀有司以此成辭言白於公若其所犯死罪白公之時則曰某之罪在大辟其犯刑罪則曰某之罪在小辟公曰宥之○公既得有司之白此公族之親則公更言曰寬宥之以法商量使從其寬也有司又曰在辟○有司既得公言更往平審理無可出也有司又更白公言罪在大辟公又曰宥之有司又曰在大辟○及三宥○有司執法又曰在大辟公又曰宥之凡三宥也初有司白公公令寬宥則荅公將更寬宥及公遣三宥之後爲公意無已有司不復對公則走出致此刑死之事於甸人也○公又使人追之○謂追止行刑殺之人云雖然必赦之然猶如是雖罪重如是必更寬宥赦其刑殺也有司對曰

無及也言其追之不可及也公素服不舉爲之變如其倫之喪無服者謂公身著素服衣裳皆素不舉饌食爲之變其常禮如其親疏倫輩之喪身不往弔無弔服也乃親自哭之於異姓之廟○注縣縊殺之曰磬○正義曰磬謂磬盡也左傳云室如縣罄杜預云罄盡也皇氏云如縣樂器之磬也○注纖讀至曰鞫○正義曰案魯語云小刑用鑽鑿次刑用刀鋸案墨刑刻其面是用鑽鑿也其宮劓之屬則剸割也故云宮割臏墨劓刖皆以刀鋸刺割人體也云告讀爲鞫讀書用法曰鞫者以刑之殺人皆於甸師氏何得唯告而已故以爲鞫漢書每云鞫獄是也讀書讀囚人之所犯罪狀之書用法謂其法律平斷其罪鞫盡也謂推審其罪狀令盡也今言公族雖無宮刑但髡去其髮也○注罪既至類也○正義曰罪既正定不可宥謂罪當正條無可赦宥之理君今乃更欲赦之者是重慎刑殺其族類也○注白至刑殺○正義曰公不遣刑而云反命于公者祗謂行刑者反廻而來告已刑殺之命言於公○注素服至弁矣○正義曰案下曲禮重素鄭云重素衣裳皆素謂之重素素爲衣裳也此素服亦然也於凶事爲吉者人以凶事用布今乃用素是比於凶事爲吉也於吉事爲凶者吉時皮弁服白布深衣素積裳以采爲領緣今唯素服衣裳是比吉事爲凶也非如五服之限故云非喪服也

云君雖不服至弁絰者並服問文也云於士蓋疑衰同姓則緦衰以弔之者案司服云王爲三公六卿錫衰爲諸侯緦衰爲大夫士疑衰是疑衰輕於錫衰諸侯爲卿大夫既錫衰士宜卑降故疑衰但士有同姓異姓故以同姓爲緦衰異姓爲疑衰知諸侯亦有三衰者以司服王有三衰又云上公如王之服轉次相加故知諸侯亦有三衰也此云君弔士疑衰案士喪禮公視斂注云主人成服之後往則錫衰者彼謂士有候選於君有師友之恩與常士不同故錫衰也或於諸侯弔士無文因諸侯弔必錫衰無明文故注士喪禮爲錫衰也云素服亦皮弁矣者諸侯亦爲卿大夫弔服皮弁錫衰今此但云素服不言素冠故云亦皮弁也譙周云此素服著素冠非鄭義也○注君於至哭之○正義曰案檀弓云天子之哭諸侯爵弁絰紂衣或曰使有司哭之是也○公族朝于內朝內親也雖有貴者以齒明父子也謂以宗族事會外朝以官體異姓也體猶連結也宗廟之中以爵爲位崇德也崇高也○宗人授事以官尊賢也官各有能登餕受爵以

上嗣尊祖之道也上嗣祖之正統喪紀以服之輕重爲序不奪人親也紀猶事也公與族燕則以齒而孝弟之道達矣以至尊不自異於親之列其族食世降一等親親之殺也殺差也○殺色戒反徐所例反差初佳反徐初宜反戰則守於公禰孝愛之深也行主君父之象正室守大廟尊宗室而君臣之道著矣以其不敢以庶守君所重諸父諸兄守貴室子弟守下室而讓道達矣以其貴者守貴賤者守賤上言父子孫此言兄弟互相備也○疏公族至達矣○正義曰此謂第三節中之下節覆明在上公族九條之義○公族朝于內朝內親也此覆釋前第一條言公族所以朝于內朝者其內親也欲使親在其內故於內朝也○雖有貴者以齒明父子也者此覆釋在上第二條言宗族在內朝雖貴猶與賤者計年以爲齒列者欲明父子昭穆之本恩故也○外朝以

官體異姓也者，此覆釋在上第三條也。若族人在外朝，則不復計年，各隨官爲次者，外朝主尊別，不得以私恩爲異，故雖族人悉以計爵爲位，是欲與異姓相連結以爲體也。宗廟之中以爵爲位崇德也者，覆釋上第四條也。所以在廟中行禮時不計年而以官爵列位者，爵以德序，而廟中行禮時是先祖尊嚴之所，所主在德，不可私恩，故列爵爲位，是崇高於有德也。○宗人授事以官尊賢也者，此覆釋廟中所以授事必隨官序，司徒奉牛之屬者，官由賢能而興，今欲尊崇此賢，故授事以表之也。○登餕受爵以上嗣尊祖之道也者，此覆釋所以登餕受爵用適子者，夫祭祀是尊嚴於祖也，適子是先祖之正體，故使受爵於尸及升餕尸餕，是尊祖之道理也。喪紀以服之輕重爲序不奪人親也者，此覆釋前第五條臣服君皆斬而已，又以本輕者爲下，本重者爲上，不計爵尊卑爲次序者，是不奪人本親之恩，故輕重爲序也。○公與族燕則以齒而孝弟之道達矣者，此覆釋前第六條公所以降已尊而與族人燕會齒列，是欲使孝弟之道通達於下也。君上存親而與族人燕，則民有親屬者豈得相責棄，此孝弟之道達於下也。○其族至殺也者，此覆釋族食之事，近者食稠，遠者食希，每世降一等，是親親之殺也。○戰則守於公禰孝愛之深也者，此覆釋前第七條公在軍戰伐之事，而載遷主將行，又使庶子官主守之者，是爲孝愛情深故也。載主將行，示不自專，是孝也；使守而尊之，是愛也：乃是孝愛之深也。○正室守大廟尊宗室者，此覆釋所以遣適子守大廟，適子是宗室之正，大廟是祖之正，用適子守大廟，是尊於宗及廟之室故也。○而君臣之道著矣者，臣下不敢以庶賤之人守君所重，是君臣之道著明也。○諸父諸兄守貴室子弟守下室而讓道達矣者，此覆釋前諸父諸子諸孫守貴宮下室之事，而貴者守貴，賤者守賤，賤者讓於貴，貴者不相陵犯，是讓道達也。

○五廟之孫，祖廟未毀，雖及庶人，冠、取妻必告，死必赴，不忘親也。親未絕而列於庶人，賤無能也。敬弔臨賻賵，睦友之道也。古者庶子之官治，而邦國有倫；邦國有倫，而衆鄉方矣。鄉方，言知所鄉。○臨，如字，徐力鴆反。治，直吏反。鄉，許亮反，注同。公族之罪雖親，不以犯有司，正術也，所以體百姓也。犯猶干也。術，法也。○百姓本或作異姓，非。刑于隱者，不與國人慮兄弟也。弗弔，弗爲服，哭于異姓之廟，爲忝祖，遠之也。素服居外，不聽樂，私喪之也，骨肉之親無絕也。公族無宮刑，不翦其類也。翦，割截也。○遠，于萬反。

疏　五廟至類也○正義曰：此覆釋前第八條祖廟未毀，雖及庶人，冠取妻必告，死必赴之事。所以告必赴者，君不以貴仍統於親，故族人有事告赴，是不忘親也。○親未絕而列於庶人賤無能也○此解既與君有親，何得爲庶人者，賤其無能也。○敬弔臨賻賵睦友之道也者，此覆釋前宜弔不弔，宜免不免，及賵賻必有正焉之事，言君敬重弔臨賵賻，不使闕失者，是君親睦和友之道也。○古者庶子之官治而邦國有倫者，此合結須庶子官義也。不待於第九條覆而先在第八結者，第九是罪惡之事，今結邦國之功，不宜與罪惡相連，故於此結也。倫，理也。言庶子官治，則邦國治理也。○邦國有倫而衆鄉方矣者，若邦國治理，則天下之人衆皆知其所鄉之方矣。○公族之罪雖親不以犯有司正術也者，此釋前第九條也。犯，干也。有司，獄官也。術，法也。公族之親有罪，公應宜放赦之，而猶在五刑者，國立有司之官，以法齊治一切，今不可以私親之罪而干壞有司之正法也。○所以體百姓也者，此解公所以不干有司正法義也。法無二制，故雖公族之親，猶治之與百姓爲一體，不得獨有私也。○刑于隱者不與國人慮兄弟也者，此覆釋上致刑于甸人之事。若異姓則刑之於市，此同姓刑於甸師隱僻之處者，不與國人謀慮兄弟也。○弗弔弗爲服哭于異姓之廟爲忝祖遠之也者，此覆釋上無服及公親哭之事。所以不弔无服，哭於異姓之廟者，爲其犯罪忝辱先祖，於公法合疏遠之也。素服居外不聽樂私喪之也骨肉之親無絕也者，覆釋上君爲之素服、爲之變之事。所以素服居在外寢，不在內，又不聽樂，爲之變常者，以其實是已親，私心喪之也。所以私喪之者，骨肉之親雖犯刑戮，無斷絕之理故也。○公族無宮刑不翦其類也者，覆釋上公族無宮刑，所以無宮刑者，不可翦其同類也。上公族無宮刑在哭與素服之前，此在哭與素服之後，此覆說刑殺之後，君則哭之及素服，文相連接，待其事終，然後別釋公族無宮刑，故在後也。○注翦割截也○正義曰：公族既無宮刑，當髡去其髮，故掌戮云"髡者使守積"，鄭康成注《法》云"謂同族不宮者"是也。

○天子視學，大昕鼓徵，所以警衆也。

早昧爽擊鼓以召衆也警猶起也周禮凡用樂大胥以鼓衆徵學士○昕音欣說文云旦明日將出也讀若希警音景至然後天子至乃命有司行事興秩節祭先師先聖焉典猶舉也秩常也節猶禮也使有司攝其事舉常禮祭先師先聖不親祭之者視學觀禮耳非爲彼報也有司卒事反命告祭畢也祭畢天子乃入始之養也又之養老之處凡大合樂必遂養老是以往焉言始始立學也○養如字徐主尚反後皆依徐音處昌慮反下同○適東序釋奠於先老親奠之者已所有事也養老東序則是視學於上庠遂設三老五更羣老之席位焉三老五更各一人也皆年老更事致仕者也天子以父兄養之示天下之孝悌也名以三五者取象三辰五星天所因以照明天下者羣老無數其禮亡以鄉飲酒禮言之帝位之處則三老如賓五更如介羣老如衆賓必也○更江衡反注同蔡作叟音系口反○適饌省醴養老之珍具親視其所有○遂發咏焉退脩之以孝養也發咏謂以樂納之退脩之謂既迎而入獻之以醴獻畢而樂闋反登歌清廟反謂獻羣老畢皆升就席也反就席乃席正於西階上歌清廟以樂之○既歌而語以成之也言父子君臣長幼之道合德音之致禮之大者也既歌謂樂正告正歌備也語談說也歌備而旅旅而說父子君臣長幼之道說合樂之所美以成其意鄉射記曰古者於旅也語下管象舞大武大合衆以事達有神興有德也象周武王伐紂之樂也以管播其聲又爲之舞皆於堂下衆謂所合學士也達有神明天授命周家之有神也興有德美文王武王有德師樂爲用前歌後舞正君臣之位貴賤之等焉而上下之義行矣由清廟與武也有司告以樂闋闋終也告君以歌舞之樂終此所告者謂無筭樂○王乃命公侯伯子男及羣吏曰反養老幼于東序終之以仁也

羣吏鄉遂之官王於燕之末而命諸侯時朝會在此者各反養老如此禮是終於其仁心孝經說所謂諸侯歸各帥於國大夫勤於朝州里駿於邑是也○駿皇音冀冀反也本又作愷又作駿駿亦作駿〔疏〕天子視學大昕鼓所以警衆也至之以仁也○正義曰此一節是第四節中之上節論天子視學必遂養老之法則養老既畢乃命諸侯羣吏令養老之事天子視學者謂仲春合舞季春合樂仲秋合聲於此之時天子親往視學也大昕鼓徵者謂視學之晨大猶初也昕猶明也徵猶召也謂初始昕明擊鼓以召學士所以警衆者初昕擊鼓警動衆人令早起也○衆至然後天子至者衆人既聞鼓聲而起先至會衆之處然後天子始至尊者體盤故也○乃命有司行事興秩節者天子既至乃命遣有司行此釋奠之事興舉也秩常也節禮也謂興舉尋常舊禮以祭先師先聖焉有司則詩書禮樂之教官也○有司卒事反命者卒事謂終卒釋奠之事行事畢而反命於天子于時天子視學在虞庠之中有司釋奠既畢天子乃從虞庠入反於國明日乃之東序而養老故云始之養也○適東序釋奠於先老者若其尋常視學則於東膠中唯行養老之禮若始立學既視學畢則適之養老之處東序之中天子親自釋奠於先世之老祀先老既畢遂設三老五更羣老之席位焉○禮先老畢遂之於東序中設三老五更羣老之席位焉若非始立學則不釋奠於先老也○適饌省醴養老之珍具者布席既畢天子親適陳饌之處省視醴酒幷省視養老之珍具遂發咏焉者省具既畢出迎三老五更將入門之時遂作樂聲發其歌咏以樂納之也○退脩之以孝養也謂三老五更入而即位於西階下天子乃退酌醴獻之以脩行孝養之道也○反登歌清廟者反謂反席三老五更羣老初受獻畢皆立於西階下東面今皆反升就席乃使工登堂上西階北面歌清廟之詩以樂之也既歌而語以成之也者謂既歌清廟之後則至旅酬之節語謂談說善道以成就天子養老之義也言父子君臣長幼之道者所談說善言論父子君臣長幼尊卑上下之道理也○合德音之致者德音謂歌清廟之詩文王道德之音致謂致極也言說父子君臣長幼之道理合會清廟文王道德音聲理之至極也○禮之大者也言登歌清廟語說父子君臣之道是禮之大者也○下管象舞大武者謂登歌之後笙入立於堂下象謂象武士伐紂之樂堂下管中奏此象武之曲庭中舞此大武之舞大武即象也變文耳○大合衆以事者衆謂大會聚學士以登歌下管之事○達有神者謂歌舞其樂明達上天授命周家之有神也興有德者興謂發起文王武王之有德使衆前歌後舞也○正君臣之位貴

賤之等焉者登歌清廟文王詩也君詩在上下管象是武王詩臣詩在下是正君臣之位貴賤之等也○而上下之義行矣者既以此教上下衆知之是上下之義行於衆庶也○有司告以樂闋者闋終也謂養老之末無筭樂之終也有司告王以樂終○王乃命公侯伯子男及羣吏者於時諸侯及鄉遂之吏在此席王燕末乃告之令其養老幼也○曰反養老幼于東序者此則王所告諸侯之辭也令其各反其國養老幼如我於東序之禮也○終之以仁也者謂仁恩王家恒自養老是仁恩也又令諸侯州里而行養老是終之以仁謂仁恩之心也○注早昧至學士○正義曰經云大昕昕明也恐是盛明之時故云早昧爽之前凡物以初爲大以末爲小必知早昧爽者以云鼓徵衆至然後天子至若其盛明始召學士則晚矣○注興猶至報也○正義曰秩常也釋詁文也云舉常禮祭先師先聖者此謂因大合樂之時在虞庠之中祭先師先聖也若四時常奠各於其學之中又不祭先聖也云視學觀禮耳非爲彼報也者解天子不親釋奠之意所以視學者觀看有司行禮耳非是爲彼學士而報先聖先師也○注凡大至學也○正義曰言凡大合樂必遂養老者爲其養老是以往焉大合樂者鄭前注春合舞秋合聲爲大合樂其實月令季春合樂亦是也云言始始立學也者以上文稱云始立

學故以此始爲始立學若然始立學則之養老而尋常視學則不養老何得云凡大合樂必遂養老者然此云始之養也爲下釋奠於先老之學故云始立學也若非始立學之後則視學凡養老於東膠不釋奠於先老也皇氏云若尋常視學則養老於東膠若始立學則養老於東序以爲周立三代之學又立周之大學於東謂之東膠立小學於西郊謂之虞庠故以東膠別也○注三老至必也○正義曰三老五更各一人蔡邕以爲更字爲叟叟老稱又以三老爲三人五更爲五人非鄭義也今所不取云皆年老更事致仕者三老亦有更名五更亦有老稱但尊此老名特屬三老耳以其天子父兄所事故知致仕者知天子以父兄養之者以天子冕而總干而舞執醬而饋是父兄事也云取象三辰五星者三辰謂日月星五星謂東方歲星南方熒惑西方大白北方辰星中央鎮星其三辰之星者二十八宿及諸星也云三老如賓五更如介者案鄉飲酒注敷席賓席牖前南面介席西階上東面是也云羣老如衆賓必也者三老既如賓五更既如介故羣老如衆賓以其無文故云必也案鄉飲酒注席衆賓於賓之西南面各特焉是也○注發咏至樂闋○正義曰此文承設席省醴之後也云發咏以大射之禮約之當納賓之節案大射賓入及庭奏肆夏此養老既尊故用兩君敵禮人門即奏肆

夏故仲尼燕居云入門而縣興是也云退脩之謂既迎而入獻之以醴者謂迎老更就位主人乃退酌醴獻之也○注反就至樂之○正義曰知反就席乃席工於西階上者約鄉飲酒禮文知之也○注既歌至也語○正義曰案鄉飲酒登歌之後乃下管間歌合樂之後樂正告云正歌備定本云正歌云工歌備誤也工當爲正也云歌備而旅者案鄉飲酒之禮告正歌備後作相爲司正賓取觶酬主人主人酬衆賓是歌備而旅酬也旅酬之時則語說合於樂之所美以成其意者解經合德音之致樂之所美謂清廟之詩所美文王有君臣父子長幼之德今於旅之時論說君臣父子之道合會清廟所美之事以成就其升歌清廟之意○注象周至後舞○正義曰案詩維清奏象舞是武王作樂稱象也故左傳云見舞象箾南籥必知此是武王伐紂樂者以上文云登歌清廟此云下管象下云正君臣之位上下之義故知此象爲武王樂在堂下也云師樂爲用前歌後舞者今文是泰誓之文也○注由清廟與武也○正義曰登歌清廟下管象父詩在上子詩在下故得正君臣之位貴賤之等也○注此所告者謂無筭樂○正義曰以上云登歌清廟次下管象此云告以樂闋下即云王乃命諸侯反養老是燕末之事故知樂闋者謂無筭樂也○注羣吏至是也○正義曰經云乃命公侯伯子男

又云及羣吏諸侯既爲畿外故知羣吏謂畿內鄉遂之官也云各反養老如此禮是終其仁心者此是王命諸侯羣吏使之養老如此禮謂如王家於東序之禮是終竟其仁心也云孝經說以下者孝經援神契文云諸侯歸各帥於國者諸侯還歸帥行於國云大夫勤於朝者大夫勤力行之於朝云州里驗於邑者州長里宰之官希驥慕仰行之於邑是也謂此在下奉行在上之事也○

是故聖人之記事也，慮之以大，謂先本於孝弟之道。愛之以敬，謂省其所以養老之具。○行之以禮，謂親迎之。如見父兄。脩之以孝養，謂親獻之薦之。紀之以義，謂既歌而語之。終之以仁。謂又以命諸侯歸於國復自行之。○

【疏】是故至以仁○正義曰此一節是第四節中之下節中說視學養老之義是故聖人之記事也者方釋養老之義記事謂聖人親行養老之禮記序前代之事也慮之以大者先解初將謀慮養老之時也慮謀也大謂孝弟也言謀慮於養老之事是本於孝弟故也故云慮之以大也○愛之以敬者解適饌省醴是愛而又敬之也○行之以禮者解迎發咏焉而自迎之如見父兄之禮也○脩之以孝養者解既迎又

親獻醴薦饌是備於孝養故也○紀之以義者解既歌而語是紀錄德音之義亦存天下之大義也○終之以仁者解樂闋而又命諸臣令歸國各行此禮是終之以仁心也○是故古之人一舉事而衆皆知其德之備也古之君子舉大事必愼其終始而衆安得不喻焉言其爲之本末露見盡可得而知也喻猶曉也兌命曰念終始典于學兌當爲説説命書篇名殷高宗之臣傅説之所作典常也念事之終始常於學學禮義之府○兌注作説同音悅○

【疏】是故至于學○正義曰此亦是第四節中之下節覆説養老而在下衆庶知道德之備其在學乎一舉事而衆皆知其德之備者謂一舉養老之事以示於下而衆皆知其在上道德備具其備具者則上慮之以大愛之以敬行之以禮之屬是也○古之君子舉大事必愼其終始者大事謂養老初則慮之以大是愼其始末則終之以仁是愼其終也而衆安得不喻焉聖人養老既愼其本末終始一一露見盡以示衆庶而衆何得不曉喻焉言衆皆曉喻養老之德也○兌命曰念終始典于學者兌命尚書篇名殷高宗之臣傅説所作錄記者既美養老終始而衆得曉喻是由學而來故引兌命學爲可重之事以結之云念終始者言人君念錄事之終始常在於學中念之以學爲禮義之府故聖人於中而行養老之禮是念終始常於學也○注兌當至之府○正義曰案尚書序云高宗夢傅説得諸傅岩作説命三篇故知兌當爲説也典常也釋詁文

世子之記曰朝夕至于大寢之門外問於内豎曰今日安否何如朝夕朝朝暮夕也日中又朝文王之爲世子非禮之制世子之禮亡言此存其記○朝夕至于直遥反旦曰朝暮曰夕舊如字朝朝上如字下文朝夕之食上同下直遥反○内豎曰今日安世子乃有喜色其有不安節則内豎以告世子世子色憂不滿容色憂憂淺也不及文王行不能正履内豎言復初然後亦復初朝夕之食上世子必在視寒煖之節食下問所膳羞必知所進以命膳宰然後退羞必知所進必知親所食○上時掌反○若内豎言疾則世子親齊玄而養親猶自也養疾者齊玄玄冠玄端也○齊側皆反注同○膳宰之饌必敬視之疾者之食齊和所欲或異○齊才細反和胡卧反○疾之藥必親嘗之試毒味也嘗饌善則世子亦能食善謂多於前○嘗饌寡世子亦不能飽又不及武王一飯再飯以至于復初然後亦復初復常所服

【疏】世子至復初○正義曰此第三節也以文王爲世子是聖人之法也不可以爲常行故此記尋常世子之禮也○則世子親齊玄而養者内豎既言有疾則世子親自齊戒衣玄冠玄端而養也○注親猶至玄端也○正義曰經云親齊恐是世子親視齊戒之事非身自爲故云親猶自也以其玄冠而養是世子自養故知齊是世子自齊也云齊玄玄冠玄端也以經直云齊玄故知冠衣皆玄也是以爲玄冠玄端此則齊服故玉藻云玄冠丹組纓諸侯之齊冠也玄冠綦組纓士之齊冠也玄端其衣則緇布衣也謂之端者端正也其制正幅袂二尺二寸袪尺二寸鄭注玉藻云天子諸侯玄端朱裳大夫素裳士冠禮上士玄端玄裳中士玄端黄裳下士玄端雜裳齊必用玄者玄是陰之色陰氣靜齊亦靜故用玄也

附釋音禮記注疏卷第二十

江西南昌府學栞

禮記注疏卷二十挍勘記

阮元撰盧宣旬摘録

附釋音禮記注疏卷第二十　惠棟挍宋本禮記正義卷第二十八

文王世子第八

論在上敎下説庠序　閩監毛本同浦鏜挍説改設

文王之爲世子節　惠棟挍云文王節食上節宋本合爲一節

文王至復初　閩監毛本同惠棟挍宋本復初作日三

食上節

食上必在視寒煖之節　閩監本同石經同岳本同嘉靖本同衛氏集説同毛本煖作暖

武王不説冠帶而養　閩監毛本同石經同岳本同嘉靖本同衛氏集説同釋文出不稅云本亦作脱又作説正義本作説。按依説文當作挩从才兊聲

食上必在視寒煖之節食下問所膳至乃間　閩監毛本同惠棟挍宋本作食上至後退五字

是庶幾爲慕尙之義　閩監本同毛本是誤尙考文云宋板是字同惠棟挍宋本慕作尊

其間有空隙故云　惠棟挍宋本如此衛氏集説同此本隙下衍病字閩監毛本同

文王謂武王曰節

夢帝與我九齡　閩監毛本同石經同岳本同嘉靖本同衛氏集説同釋文出九聆云本亦作齡正義以皇氏解九齡爲鈴鐸而云徧驗書本齡皆從齒

言與爾三者　閩監毛本同岳本同嘉靖本同衛氏集説同釋文出予爾

文王至而終　惠棟挍宋本無此五字

注言天氣也至成之　閩監毛本同惠棟挍宋本無氣也二字

俱有零落之義　監毛本作零是也此本齡誤齒惠棟挍宋本作齡閩本同

成王幼節

不能涖阼　閩監毛本同石經同岳本同嘉靖本同衛氏集説同釋文涖作莅注同

成王幼不能至子也　惠棟挍宋本無此八字

凡學世子節　惠棟挍云此節疏則四夷之樂皆敎之也四字起至下節疏養老乞言及合語之禮語字止宋本闕

四時各有宜學　岳本同嘉靖本同考文引宋板古本足利本同閩監毛本宜上有所字衛氏集説同盧文弨云所字當有宜字絕句否則學字當重

干盾也　閩監毛本同岳本同嘉靖本同衛氏集説同釋文出干楯考文引古本盾作楯

戈句矛戟也　閩監毛本作孑岳本同衛氏集説同此本孑誤矛嘉靖本同釋文出句孑

小樂正學干　惠棟挍宋本同石經同岳本同嘉靖本同衛氏集説同閩監毛本樂誤學

舍菜合舞　閩監毛本同岳本同嘉靖本同衛氏集説同釋文出舍采云後舍采同

於功易成也　閩監毛本同岳本同嘉靖本同衛氏集説同惠棟挍宋本無成字

凡學至上庠　惠棟挍宋本無此五字

此一節是第二節　閩監毛本同惠棟挍宋本是上有還字

謂大學也　閩監毛本同衛氏集説同惠棟挍宋本大作入按入字非

鄭引詩左手執籥　考文引宋板如此此本鄭引二字倒閩監毛本同

故謂之大樂正也小樂正也　閩監毛本同惠棟挍宋本無小樂正也四字衛氏集説同

是小雅鼓鍾之詩　考文引宋板同衛氏集説同閩監本鍾作鐘毛本鐘誤樂

播彼詩之音節　考文引宋板同閩監毛本彼作被

以湯伐桀　閩本同監毛本伐作放

又此學虞學也　閩監毛本同許宗彥挍改作又此學書於虞學

凡祭與養老乞言節　惠棟挍云宋本分大樂正以下另爲一節

師氏掌以美詔王　岳本同嘉靖本同考文引古本足利本同閩監毛本美作媺與周禮合衛氏集說同疏同

云合語謂鄉射鄉飲酒大射燕射之屬也者　閩監毛本同惠棟挍宋本也作三

大樂至授數　閩監毛本同惠棟挍宋本無此五字

大司成論說在東序　閩監毛本同惠棟挍宋本無此八字

凡侍坐於大司成者節

凡侍至不問　惠棟挍宋本無此五字

辟後來問者列事未盡不問者　閩監毛本列上有○

凡學節

春官釋奠于其先師　閩監本同石經同岳本同嘉靖本同衛氏集說本同毛本于作於下必釋奠於先聖先師儐于東序同杜氏通典亦並作于

凡學至如之　惠棟挍宋本無此五字

頗能記其鏗鎗鼓舞　閩本同惠棟挍宋本同監毛本鎗作鏘

凡始立學者節

凡始至以幣　惠棟挍宋本無此五字

天子命之使立學者　惠棟挍宋本同閩監毛本使作始衛氏集說同

按釁器用幣　閩監毛本同惠棟挍宋本按上有今字續通解同

若諸侯正立時王一代之學　閩監毛本同衛氏集說正作止

凡釋奠者節　惠棟挍云凡釋奠節宋本分大合樂以下另爲一節

若唐虞有夔伯夷　岳本同嘉靖本同惠棟挍宋本同考文引古本足利本同閩監毛本夔下衍龍字衛氏集說同正義有龍字盩亦衍文通典五十三引亦作夔伯夷無龍字

明日乃息司正徵唯所欲　閩監毛本同嘉靖本同衛氏集說同岳本同正下衍云字

凡釋至養老　惠棟挍宋本無此五字

凡大合樂必遂養老　惠棟挍宋本無此五字

凡語于郊者節

曲藝爲小技能也　閩監毛本同岳本同嘉靖本同衛氏集說爲作謂

謂小小技術　閩監毛本同惠棟挍宋本術下有也字

始立學者節　惠棟挍云始立學節教世子節宋本合爲一節

始立學者既興器用幣至可也　惠棟挍宋本無此十二字

凡三王教世子節　惠棟挍云凡三王節設四輔節昔者周公節知爲人子節抗世子法節行一物節宋本合爲一節盧文弨挍云按疏只當合設四輔爲一節其仲尼曰至行一物另爲一節

樂所以脩內也　閩監本同石經同岳本同衛氏集說同毛本脩作修嘉靖本同下脩外同

立大傅少傅以養之　惠棟挍宋本同石經同宋監本同岳本同嘉靖本同衛氏集說同閩監毛本大作太釋文上出大師云音泰下大學大傅大祖大寢皆同石經考文提要云宋大字本宋本九經南宋巾箱本余仁仲本劉叔剛本皆作大下大傅並同

以有四人維持之　閩監毛本同岳本同嘉靖本同衛氏集説同考文引宋板有作其

凡三至疑丞　惠棟挍宋本無此五字

此一節是第三節中　閩監毛本同盧文弨挍三改二云卷首疏分析甚明此尚是第二節按盧文弨挍是也下仲尼曰節疏當同此

設四輔節

正義曰設四輔及三公　惠棟挍宋本無正義曰三字

行一物節

然而衆知父子之道矣　閩監本同石經同岳本同嘉靖本同衛氏集説同毛本之誤知

然而衆著於君臣之義也　各本同正義云俗本皆云著於君臣之義而定本無著字義亦通

行一至踐阼　閩監毛本同惠棟挍宋本踐阼作謂也

庶子之正節　惠棟挍云庶子節其登餕節庶子治之節其在軍節五廟節宋本合爲一節

庶子至以官　惠棟挍宋本無此五字

此一節是第四節中之上節也　閩監毛本同浦鏜挍四改三盧文弨挍云四當作三

内朝至寢庭　閩監毛本同惠棟挍宋本至作路是也

王族故士虎士　惠棟挍宋本亦作故按鄭注司士云故士王族故士也晚退留宿衛者閩監本故誤旅衛氏集説同毛本誤族

故云亦司馬之屬司馬　閩監毛本同浦鏜挍云下司馬二字當衍文

官官各司其事　閩監毛本同惠棟挍宋本其作故

其登餕節

其登至上嗣○　閩監毛本有此五字一○此本脱按○下諸本有正義曰三字惠棟挍宋本無

庶子治之節

以次主人　宋監本惠棟挍宋本亦並作次閩監本同石經同岳本同嘉靖本同衛氏集説同考文引宋板古本足利本同毛本次誤侯

正義曰庶子治之　惠棟挍宋本無上三字

治之至行列中　閩監毛本同惠棟挍宋本無行字

使主人在上居喪主也　閩監本同毛本上主誤王嚴杰按居疑爲字之誤

故於齊衰而稱鱻也　惠棟挍宋本作齊此本齊誤斬閩監毛本同

則主人猶不得在父兄之下而齒列焉　閩監毛本同浦鏜挍作然主人亦不得下而與之序齒列

親者至者希　閩監毛本同惠棟挍宋本作親者稠疏者希

其在軍節

正室守大廟　閩監毛本同岳本同嘉靖本同衛氏集説同石經大作太

諸父守貴宫貴室　閩監毛本同石經同岳本同嘉靖本同衛氏集説同正義同釋文出諸父守貴室云本或作守貴宫貴室正義云皇氏云或俗本無貴宫者定本有貴宫

及諸子孫之行　閩監毛本同衛氏集説同惠棟挍宋本行作後

五廟之孫節

冠取妻必告　閩監毛本同石經同岳本同嘉靖本同衛氏集説同惠棟挍宋本妻下有者字考文引古本足利本取作娶無者字

贈送也　惠棟挍宋本此下標禮記正義卷第二十八終記云凡二十七頁

公族其有死罪節惠棟挍宋本自此節起至言偁復問曰如此乎禮之急也節止爲第二十九卷卷首題禮記正義卷第二十九

纖讀爲殲殲刺也閩監毛本同岳本同嘉靖本同衞氏集說同惠棟挍宋本上殲作鍼案釋文上出則纖云依注音鍼之林反刺也徐子廉反注本或作纖讀爲殲者是依徐音而改也下出鍼刺九經古義云案釋文則當云纖讀爲鍼故下注訓爲刺今本皆從徐音誤爲殲盧文弨挍云兩殲字俱當從釋文作鍼

宮割臏墨劓刖閩監毛本同岳本同嘉靖本同衞氏集說同盧文弨挍云通考作刺劓此宮字誤公族無宮刑也疏作官

欲寬其罪出於刑也閩監毛本同岳本同嘉靖本同衞氏集說同考文引宋板欲作欽

公族至哭之惠棟挍宋本無此五字

又云磬盡也閩監本同考文引宋板同毛本盡字闕

左傳云室如縣磬惠棟挍宋本同閩監毛本磬作罄下杜預云罄盡也同

用法謂其法律平斷其罪閩監毛本同衞氏集說謂下有用字

公族雖無宮刑閩監毛本同浦鏜挍無改犯

公族朝于內朝節惠棟挍云公族節五廟之孫節宋本合爲一節

公族至遠矣惠棟挍宋本無此五字

外朝主尊別閩監毛本同衞氏集說同許宗彥別改卑

豈得相遺棄惠棟挍宋本作遺此本遺誤責閩本同監毛本遺誤背衞氏集說云不相遺棄

五廟之孫節

五廟至類也閩監毛本同惠棟挍宋本類作親○按諸本此下有○及正義曰三字惠棟挍宋本無

所以必告必赴者惠棟挍宋本如此此本上必字脫閩監毛本同

鄭康成注云惠棟挍宋本如此此本注下衍法字閩監毛本同

天子視學節

示天下之孝悌也閩監毛本同岳本同嘉靖本同惠棟挍宋本悌作弟衞氏集說同考文云古本之作以通典六十七亦作示天下之孝悌也

退脩之閩監本同石經同岳本同衞氏集說同毛本脩作修嘉靖本同注同通典引經文亦並作脩

乃席正於西階上閩監毛本作工岳本同衞氏集說同此本工誤正嘉靖本同考文引古本足利本同通典亦作席工

旣歌謂樂正告正歌備也閩監毛本同岳本同嘉靖本同衞氏集說同正義云定本云正歌云工歌備誤也工當爲正也

反養老幼于東序閩監本同石經同岳本同嘉靖本同衞氏集說同毛本于作於陳澔集說引馮氏曰石梁先生於此經槩去幼字今按疏有其義而鄭注無養幼之文疑是訛本竄入一字按此挍是也通典六十七正作反養老于東序無幼字

王於燕之末閩監毛本同岳本同衞氏集說同嘉靖本末誤未

天子視學大昕鼓所以警衆也至之以仁也閩本同監毛本作天子視學至終之以仁也惠棟挍宋本無此十七字

遂作樂發其歌咏惠棟挍宋本如此衞氏集說同此本樂下衍聲字閩監毛本同

退脩之以孝養也閩監毛本同惠棟挍宋本也作者

興謂發起文王武王之有德閩監毛本同惠棟挍宋本謂發起下有謂起發三字

無筭樂之終也閩監毛本同衞氏集說同惠棟挍宋本之作已

王家但自養老　惠棟挍宋本作但此本但作恒閩監毛本同

是没兄事也　閩監毛本同衛氏集說事下有之字

云取象三辰五星者三辰謂日月星　閩監毛本同考文引宋板無五星者三辰五字

今文是泰誓之文也　閩監毛本同浦鏜挍云是字當在今文上

是故聖人之記事也節

是故至以仁　惠棟挍宋本無此五字

是故聖人之記事也者　閩監本同毛本也者二字倒

是故古之人節

是故至于學　惠棟挍宋本無此五字

世子之記曰節

又不及武王一飯再飯　閩監毛本同岳本同嘉靖本同衛氏集說同考文引古本武王作文王盧文弨挍云作文王是疏只言文王

世子至復初　惠棟挍宋本無此五字

故知冠衣皆元也　閩監毛本同惠棟挍宋本皆作俱

附釋音禮記注疏卷第二十終　惠棟挍宋本禮記正義卷第二十九宋監本禮記卷第六嘉靖本禮記卷第六經五千七百六十四字注五千五百字

經五千七百七十二字注五千五百二十五字

禮記注疏卷二十挍勘記

附釋音禮記注疏卷第二十一

禮運第九

○陸曰鄭云禮運者以其記五帝三王相變易及陰陽轉旋之道。［疏］正義曰按鄭目錄云名曰禮運者以其記五帝三王相變易陰陽轉旋之道此於別錄屬通論不以子游爲篇目者以曾子所問事類既煩雜不可以一理目篇子游所問唯論禮之運轉之事故以禮運爲標目耳

鄭氏注　孔穎達疏

昔者仲尼與於蜡賓蜡者索也歲十二月合聚萬物而索饗之亦祭宗廟時孔子仕魯在助祭之中。與音預蜡仕嫁反祭名夏曰清祀殷曰嘉平周曰蜡秦曰蠟字林作䄍索所百反事畢出遊於觀之上喟然而嘆觀闕也孔子見魯君於祭禮有不備於此又覩象魏舊章之處感而嘆之。觀古亂反注同喟去位反又苦怪反說文云大息處昌慮反下同處同仲尼之嘆蓋嘆魯也言偃在側曰君子何嘆言偃孔子弟子子游孔子曰大道之行也與三代之英丘未之逮也而有志焉大道謂五帝時也英俊選之尤者逮及也言不及見志謂識古文。不言魯事爲其大切廣言之。逮音代一音代計反選宣面反下文皆同爲于僞反下文爲巳皆同。［疏］昔者至而嘆。○正義曰皇氏云從昔者仲尼以下至於篇末此爲四段自初至是謂小康爲第一明孔子爲禮不行而致發嘆發嘆所以最初者凡說事必須因漸故先發嘆後使弟子因而怪問則因問以荅也又自言偃復問曰如此乎禮之急至天下國家可得而正也爲第二明須禮之急前所嘆之意正在禮急故以禮急次之也又自言偃復問曰夫子之極言禮也至此禮之大成也爲第三明禮之所起前既言禮急急則宜知所起之義也又自孔子曰嗚呼哀哉訖篇末爲第四更正明孔子嘆意也以前始發未得自言嘆意而言偃有問即隨問而荅荅事既畢故更備述所懷也今此第一段明孔子發嘆遂論五帝三王道德優劣之事各隨文解之。昔者仲尼與於蜡賓者謂於蜡祭之賓也事畢者謂蜡祭畢了。出遊於觀之上者謂出廟門往雉門雉門有兩觀皇氏云登遊於觀之上熊氏云謂遊目看於觀之上喟然而嘆者喟是嘆之形貌言口輔喟

然而爲嘆也。注蜡者至之中。○正義曰蜡者索也歲十二月者據周言之若以夏正言之則十月以殷言之則十一月謂建亥之月也以萬物功成報之云亦祭宗廟者以月令孟冬云祈來年于天宗大割祠于公社及門閭臘先祖五祀以臘先祖故云亦祭宗廟摠而言之謂之爲蜡若析而言之祭百神曰蜡祭宗廟曰息民故鄭注郊特牲云息民與蜡異此據摠而言之故祭宗廟而云與於蜡賓也廣雅云夏曰清祀以清絜祭祀殷曰嘉平嘉善也平成也以歲終萬物善成就而報功其蜡與臘名已具於上知此蜡是祭宗廟者以下云出遊於觀之上故知是祭宗廟也云時孔子仕魯在助祭之中者以其與蜡祭故知仕魯也魯臣而稱賓者以祭祀欲以賓客爲榮故雖臣亦稱賓也。注觀闕至嘆之。○正義曰爾雅釋宫云觀謂之闕孫炎云宫門雙闕者舊縣法象使民觀之處因謂之闕熊氏云當門闕處以通行路既言雙闕明是門之兩旁相對爲雙熊氏得焉白虎通云闕是闕疑義亦相兼案何休注公羊天子兩觀外闕諸侯臺門則諸侯不得有闕魯有闕者魯以天子之禮故得有之也公羊傳云設兩觀乘大路此皆天子之禮是也案定二年雉門災及兩觀魯之宗廟在雉門外左孔子出廟門而來至雉門遊於觀此觀又名象魏以其縣法象魏魏也其處巍巍高大故哀三年桓宫災季桓子至御公立于象魏之外命藏象魏曰舊章不可亡也熊氏云天子藏舊章於明堂諸侯藏於祖廟知者以天子視朔于明堂諸侯於祖廟故也穀梁傳云天子班告朔于諸侯諸侯受乎禰廟非鄭義也云感而嘆之者一感魯君之失禮二感舊章廢棄故爲嘆也。仲尼至何嘆。○作記者言其所嘆之由又言其所嘆之事故云仲尼之嘆蓋嘆魯也言蓋者謙爲疑辭不即指正也於時言偃在側而問之曰君子何嘆言嘆恨何事不云孔子而云君子者以論語云君子坦蕩蕩不應有嘆也故云君子何嘆。○注言偃至子游。○正義曰案仲尼弟子傳云姓言名偃字子游魯人也。○孔子至志焉。○孔子既見子游所問若指言魯失禮恐其大切故廣言五帝以下及三王盛衰之事此一經孔子自序雖不及見前代而有志記之書披覽可知自大道之行至是謂大同論五帝之善自大道既隱至是謂小康論三王之後今此經云大道之行五帝時也。與三代之英者英謂英異并與夏殷周三代英異之主若禹湯文武等。丘未之逮也者未猶不也逮及也言生於周衰身不及見上代不能備知雖然不見大道三代之事而有志記之書焉披覽此書尚可知於前代也。○注大道至言之。○正義曰以下云禹湯文武成王周公此

大道在禹湯之前，故爲五帝時也。云「英俊選之尤」者，案辨名記云：「倍人曰茂，十人曰選，倍選曰俊，千人曰英，倍英曰賢，萬人曰傑，倍傑曰聖。」毛詩傳又云「萬人爲英」，是英皆多於俊選，是俊選之尤異者，即禹湯文武三王之中俊異者。云「志謂識古文」者，志是記識之名，古文是古代之文籍，故周禮云「掌四方之志」，春秋云「其善志」，皆志記之書也。大道之行也，天下爲公，選賢與能，講信脩睦。公猶共也。禪位授聖，不家之。睦，親也。○禪，善面反。○故人不獨親其親，不獨子其子，孝慈之道廣也。使老有所終，壯有所用，幼有所長，矜寡孤獨廢疾者皆有所養，無匱乏也。○長，丁丈反。矜，古頑反。匱，其魏反。男有分，分猶職也。○分，扶問反，注同。女有歸。皆得良奥之家。○奥，烏報反。貨惡其弃於地也，不必藏於己；力惡其不出於身也，不必爲己。勞事不憚，施無吝心，仁厚之教也。○惡，烏故反，下同。憚，大旦反。吝，力刃反，又力覲反。是故

謀閉而不興，盜竊亂賊而不作，尚辭讓之故也。故外戶而不閉，禦風氣而已。○是謂大同。同猶和也，平也。【疏】「大道」至「同」。○正義曰：既云見其遺記，此以下說記中之事，故此先明五帝時也。○「天下爲公」，謂天子位也，爲公謂揖讓而授聖德，不私傳子孫，即廢朱均而用舜禹是也。○「選賢與能」者，鄉明不私傳天位，此明不世諸侯也，國不傳世，唯選賢與能也，黜四凶，舉十六相之類是也。鄭注鄉大夫云：「賢者，有德行者；能者，有道藝者。」四凶，共工、驩兜、鯀、三苗。十六相，八元謂伯奮、仲堪、叔獻、季仲、伯虎、仲熊、叔豹、季貍；八愷謂蒼舒、隤敳、檮戭、大臨、尨降、庭堅、仲容、叔達也。○「講信脩睦」者，講，談說也；信，不欺也；脩，習；睦，親也。世淳無欺，談說輒有信也。故哀公問周豐云「有虞氏未施信於民而民信之」是也。又凡所行習，皆親睦也，故孝經云「民用和睦」是也。○「故人不獨親其親，不獨子其子」者，君既無私，言信行睦，故人法之，而不獨親己親，不獨子己子。「使老有所終」者，既四海如一，無所獨親，故天下之老者皆得贍養，終其餘年也。○「壯有所用」者，壯謂年齒盛壯者也。所用謂不愛其力，以奉老幼也。亦重任分，輕任并，班白者不提挈是也。○「幼有所長」者，無所獨子，故天下之幼皆獲養長，以成人也。○「矜寡孤獨廢疾者皆有所養」者，壯不愛力，故四者無告及有疾者皆獲恤養也。○「男有分」者，分，職也，無才者耕，有能者仕，各當其職，無失分也。○「女有歸」者，女謂嫁爲歸，君上有道，不爲失時，故有歸也。若失時者，則詩衛女淫奔「期我乎桑中，要我乎上宮」，是失時也。故注云「皆得良奥之家」。○「貨惡其弃於地也，不必藏於己」者，貨謂財貨也。既天下共之，不獨藏府庫，但若人不收錄，弃擲山林，則物壞世窮，無所資用，故各收寶而藏之，是惡棄地耳，非是藏之爲己，有乏者便與也。○「力惡其不出於身也，不必爲己」者，力謂爲事用力，言凡所事，不憚劬勞而各竭筋力者，正是惡於相欺，惜力不出於身耳，非是欲自營贍，故云「不必爲己」也。○「是故謀閉而不興」者，興，起也。夫謀之所起，本爲鄙詐，今既天下一心，如親如子，故圖謀之事，閉塞而不起也。「盜竊亂賊而不作」者，有乏輒與，則盜竊焉施？有能必位，則亂賊何起作也？○「故外戶而不閉」者，扉從外闔也。不閉者，不用關閉之也。重門擊柝，本禦暴客，既無盜竊亂賊，則戶無俟於閉也，但爲風塵入寢，故設扉耳，無所捍拒，故從外而掩也。○「是謂大同」者，率土皆然，故曰大同。○注「禪位」至「親也」。○正義曰：禪位授聖，謂堯授舜也。「不家之」者，謂不以天位爲己家之有，授子也。天位尚不爲己有，諸侯公卿大夫之位灼然與天下共之，故選賢與能也。己子不才，可捨子立他人之子，

則廢朱均而禪舜禹是也。然己親不賢，豈可廢己親而事他人之親？但位是天位，子是卑下，可以捨子立他人之子；親是尊高，未必有位，無容廢己之親而事他親。但事他親有德，與己親同也。案祭法「有虞氏禘黃帝而郊嚳，祖顓頊而宗堯」，配天事重，不以瞽叟爲祖宗，此亦不獨親之義也。○注「勞事」至「教也」。○正義曰：以經云「力惡其不出於身」，欲得身出氣力，是勞事無憚也。憚，難也，謂不難勞事。云「施無吝心」者，經云「不必藏於己」，財貨欲得施散，是無吝留之心。先釋力，然後釋財，便文無義例也。○今大道既隱，隱猶去也。天下爲家，傳位於子。○傳，丈專反。各親其親，各子其子，貨力爲己，俗狹嗇。○狹音洽。嗇音色。大人世及以爲禮，城郭溝池以爲固，亂賊繁多，爲此以服之也。大人，諸侯也。禮義以爲紀，以正君臣，以篤父子，以睦兄弟，以和夫婦，以設制度，以立田里，以賢勇知，以功爲己，故謀用是作，而兵由此起。以其違大道敦朴之

本也教令之稠其弊則然老子曰法令滋章盜賊多有。知音智朴普角反稠直由反。禹湯文武成王周公由此其選也由用也能用禮義以成治。治直吏反。此六君子者未有不謹於禮者也以著其義以考其信著有過刑仁講讓示民有常考成也刑猶則也。如有不由此者在執者去衆以爲殃執執位也去罪退之也殃猶禍惡也。執音卅本亦作勢去羌呂反注同是謂小康康安也大道之人以禮於忠信爲薄言小安者失之則賊亂將作矣〔疏〕今大至小康。正義曰前明五帝已竟此明三代俊英之事。孔子生及三代之末故稱今也隱去也干戈攻伐各私其親是大道去也。天下爲家者父傳天位與子是用天下爲家也禹爲其始也。各親其親各子其子者君以天位爲家故四海各親親而子子也。貨力爲已者藏貨爲身出力贍已。大人世及以爲禮者大人謂諸侯也世及諸侯傳位自與家也父子曰世兄弟曰及謂父傳與子無子則兄傳與弟也以此爲禮也然五帝猶行德

不以爲禮三王行爲禮之禮故五帝不言禮而三王云以爲禮也城郭溝池以爲固者城内城郭外。也溝池城之塹既私位獨傳則更相爭奪所以爲此城郭溝池以自衛固也。禮義以爲紀者紀綱紀也五帝以大道爲紀而三王則用禮義爲紀也。以正君臣以篤父子以睦兄弟以和夫婦者緣此諸事有失故並用禮義爲此以下諸事之紀也君臣義合故曰正父子天然故云篤篤厚也。兄弟同氣故言睦夫婦異姓故言和謂親迎合巹之事。以設制度者又用禮義設爲宫室衣服車旗飲食上下貴賤各有多少之制度也。以立田里者田種穀稼之所里居宅之地貴賤異品。以賢勇知者賢猶崇重也既盜賊並作故須勇也。更相欺妄故須知也所以勇知之士皆被崇重也。以功爲已者立功起事不爲他人也。故謀用是作而兵由此起者故姦詐之謀用是貨力爲已而興作而戰爭之兵由此貨力爲已而發起禹湯文武成王周公由此其選也者以其時謀作兵起遞相爭戰禹湯等能以禮義成治故云由此其選由用也此謂禮義也用此禮義教化其爲三王中之英選也此六君子者未有不謹於禮者也言此聖賢六人皆謹慎於禮以行下五事也。以著其義者此以下皆謹禮之事也著明也義宜也民有失所則用禮義裁斷之使得其宜也。以考其信者考成也民有相欺則用禮成之使信也著有過者著亦明也過罪也民有罪則用禮以照明之也。刑仁者刑則也民有仁者用禮賞之以爲則也。講讓者民有爭奪者用禮與民講說之使推讓也。示民有常者以禮行上五德是示見民下爲常法也然此五德即仁義禮知信也能明有罪是知也能講推讓即是禮也。如有不由此者在執者去衆以爲殃者由用也去罪退之殃禍惡也若爲君而不用上謹於禮以下五事者雖在富貴執位而衆人必以爲禍惡共以罪黜退之。是謂小康者康安也行禮自衛乃得不去執位及不爲衆所殃而比大道爲劣故曰小安也。注大人諸侯也。正義曰上既云天下爲家是天子之治天下也以大人世及而爲禮明大人非天子又云世及復非卿大夫故以爲諸侯凡文各有所對易革卦大人虎變君子豹變故大人爲天子士相見禮云與大人言言事君對士交云事君故以大人爲卿大夫。注教令之稠其弊則然。正義曰以三王之時教令稠數徵責繁多在下不堪其弊則致如此然謂謀作兵起也案史記黃帝與蚩尤戰于涿鹿之野尚書舜征有苗則五帝有兵今此三王之時而云兵由此起者兵設久矣但上代之時用之希少時有所用故雖用而不言也三王之時每事須兵兵起頻數故云兵猶此起也。○言偃復問曰如

此乎禮之急也孔子曰夫禮先王以承天之道以治人之情故失之者死得之者生詩曰相鼠有體人而無禮人而無禮胡不遄死相視也遄疾也言鼠之有身體如人而無禮者矣人之無禮可憎賤如鼠不如疾死之愈。復扶又反下復問同相息亮反注同遄市專反。是故夫禮必本於天殽於地列於鬼神聖人則天之明因地之利取法度於鬼神以制禮下教令也既又祀之盡其敬也教民嚴上也鬼者精魂所歸神者引物而出謂祖廟山川五祀之屬也。殽戶教反法也徐戶交反。達於喪祭射御冠昏朝聘民知嚴上則此禮達於下也。冠古亂反朝直遙反故聖人以禮示之故天下國家可得而正也民知禮則易教。易以豉反。〔疏〕言偃至正也。正義曰言偃既見夫子所云三王得禮則興失禮則亡故云禮之急也故孔子乃答以禮所用既上以承天之道下

以治民之情不云承地者承天則承地可知。故失之者死者言失禮則死若桀紂也。得之者生者若禹湯也引詩鄘風者證人若。禮不如速死此詩衛文公以禮化其臣子臣子無禮之人相視也視鼠有其形體人亦有其形體鼠無禮故賤人有禮故貴若人而無禮何異於鼠鼠之無禮不能損害人之無禮傷害更多故云胡不遄死胡何也遄疾也何不疾死無所侵害既言無禮則死又言禮之所起其本尊大故云夫禮必本於天言聖人制禮必則於天禮從天出故云必本於天非但本於天又殽於地殽效也言聖人制禮又效於地天遠故言本地近故言效。列於鬼神。言聖人制禮布列效法於鬼神謂法於鬼神以制禮聖人既法天地鬼神以制禮本謂制禮以教民故祀天禮地享宗廟祭山川一則報其禮之所來之功二則教民報上之義。達於喪祭射御冠昏朝聘者民既知嚴上之義曉達喪禮喪有君親知嚴上則哀其君親是曉達喪禮也祭是享祀君親既知嚴上則達於祭也射御是防御供御尊者人知嚴上則達於射御冠有著代之義昏有代親之感人知嚴上則達冠昏矣朝是君之敬上聘是臣之事君民知嚴上則達於朝聘在下既曉於此八者之禮無教不從故聖人以禮示之故天下國家可得而正也者天下謂天子國謂諸侯家謂卿大夫下既從教不復爲邪故得

而正也。注聖人至屬也。正義曰則天之明因地之利昭二十五年左傳文則天之明者彼傳云爲昏媾姻亞杜預云若衆星之共辰極也猶昏媾姻亞繫於家人云因地之利者彼傳云爲君臣上下以則地義是也云取法度於鬼神者下文云降于祖廟之謂仁義謂教令由於祖廟出者謂取仁於禰取義於祖是取仁義法度於祖禰之鬼神下文云降於山川之謂興作謂教令由山川下者山川有草木鳥獸可以興作器物是取興作於山川之鬼神也下也文又云降於五祀之謂制度謂教令由於五祀下者此五祀之神始謂中霤門戶竈行之法后王制禮取之以爲制度是取法度於五祀之鬼神也下文又云必本於天殽於地之後乃云祖廟山川五祀此交本天殽地之下總云列於鬼神則鬼神之文包此三事故鄭注云謂祖廟山川五祀之屬也云以制禮下教令也者謂法天地鬼神以制禮既畢下此禮之教令以教民故下文云殽以降命又云命降于社又云降于祖廟又云降于山川又云降于五祀降則下也謂法此等之神以下教令又祀此等之神教民嚴上故鄭此云既又祀之盡其敬也教民嚴上也云鬼者精魂所歸神引物而出者謂之宗廟山川五祀據其精魂歸藏不知其所則謂之鬼宗廟能引出仁義山川能引出興作五祀能引出制度又俱能引出福慶謂之神也三者皆爲鬼神故下文云聖人參於天地並於鬼神又云山川所以儐鬼神是山川稱鬼神也皇氏以此鬼神謂宗廟山川五祀其義非也。**言偃復問曰夫子之極言禮也可得而聞與**欲知禮終始所成。極如字徐紀力反與音餘**孔子曰我欲觀夏道**欲行其禮觀其所成**是故之杞**杞夏后氏之後也。**而不足徵也**徵成也無賢君不足與成也。**吾得夏時焉**得夏四時之書也其書存者有小正。有小正音征本或作有夏小正。**我欲觀殷道是故之宋而不足徵也**宋殷人之後也。**吾得坤乾焉**得殷陰陽之書也其書存者有歸藏。坤苦門反乾其連反。**坤乾之義夏時之等吾以是觀之**觀於二書之意。〔疏〕言偃至觀之。正義曰言偃既見孔子極言禮故問其禮之終始可得聞不。孔子曰我欲觀夏道以下至禮之大成荅以所成之事但語意既廣非一言可了所荅之辭凡有數節今略言之前云大道之行三代之英丘未之逮也而有志焉此我欲觀夏道至

以是觀之論披撿二記之書乃知上代之禮運轉之事自夫禮之初至皆從其初論中古祭祀之事及死喪之禮今時所法於前取以行者自昔者先王至皆從其朔論昔者未有宮室火化後聖有作始制宮室炮燔醴酪之事今世取而行之故云皆從其朔但今世一祭之中凡有兩節上節是薦上古中古下節是薦今世之食自玄酒在室至承天之祜摠論今世祭祀饌具所因於古及其事義摠論兩節祭祀獲福之義自作其祝號至是謂合莫別論祭之上節薦上古中古之食併所用之物自然後退而合亨至是謂大祥論祭之下節薦今世之食此禮之大成一句總結上所陳之言也。我欲觀夏道者我欲行夏禮故觀其夏道可成以不是故之適於杞欲觀夏禮而與之成。而不足徵者徵成也謂杞君闇弱不堪足與成其夏禮然因往適杞而得夏家四時之書焉夏禮既不可成我又欲觀殷道可成與不是故適宋亦以宋君闇弱不堪足與成其禮吾得殷之坤乾之書謂得殷家陰陽之書也其殷之坤乾之書并夏四時之書吾以二書觀之知上代以來至於今世時代運轉禮之變通即下云夫禮之初以下是也。注欲行至所成。正義曰言我欲行夏禮觀此夏禮堪成與不知非直觀其禮而云觀其所成者以下云而不足徵。注杞夏后氏之後。正義曰案樂記云武王下車而

封夏后氏之後於杞又史記云武王伐紂求夏后之後而得東樓公封之於杞是也○注徵成至成也○正義曰徵者徵驗之義故爲成若有賢君則自然成之當不須孔子而云無賢君不足與成者以杞是夏後雖有賢君欲成夏禮必須聖人贊佐若其君之不賢假令孔子欲往贊助終不能舉行夏禮雖助無益故論語云夏禮吾能言之杞不足徵則說之在孔子行之在杞君以杞君不能行故不足與成所以不能行者論語云文獻不足故也○注得陰陽之書○正義曰先言坤者熊氏。殷易以坤爲首故先坤後乾○注觀於二書之意正義曰案孔子以大聖之姿無所不覽故脩春秋贊易道定禮樂明舊章今古墳典無所不載而獨觀此二書始知禮之運轉者以詩書禮樂多是周代之書皇帝墳典又不論陰陽轉運之事而夏之四時之書殷之坤乾之說並載前王損益陰陽盛衰故觀此二書以知其上代也

○夫禮之初始諸飲食其燔黍捭豚汙尊而抔飲蕢桴而土鼓猶若可以致其敬於鬼神言其物雖質畧有齊敬之心則可以薦羞於鬼神鬼神饗德不饗味也中古未有釜甑釋米捭肉加於燒石之上而食之耳今北狄猶然汙尊鑿地爲尊也抔飲手掬之也蕢讀爲凷聲之誤也凷堛也謂摶土爲桴也土鼓築土爲鼓也○燔音煩捭卜麥反注作擗又作擘皆同汙烏華反注同一音作烏抔步侯反蕢依注音凷苦對反又苦怪反土塊也桴音浮鼓槌齊側皆反釜本又作鬴音父甑即孕反燒如字又舒照反鑿在洛反掬九六反本亦作臼音蒲侯反堛普逼反摶徒端反築徐音竹

及其死也升屋而號告曰皋某復招之於天○號音戶毛反皋音羔○然後飯腥而苴孰飯以稻米上古未有火化苴孰取遣奠有火利也苴或爲俎○飯扶晚反注同腥音星苴子餘反苞也徐爭初反遣弃戰反○故天望而地藏也體魄則降知氣在上地藏謂葬○知音智故死者北首首陰也○首手又反注同生者南鄉鄉陽也○鄉許亮反注同皆從其初謂今行之然也

疏夫禮至飲食○正義曰此一節論上代物雖質畧以其齊敬可以致祭神明夫禮之初始諸飲食者從此以下至禮之大成皆是二書所見之事夫者發語之端禮謂吉禮此吉禮元初始諸飲食諸於也始於飲食者欲行吉禮先以飲食爲本

但中古之時飲食質畧雖有火化其時未有釜甑也其燔黍捭豚者燔黍者以水洮釋黍米加於燒石之上以燔之故云燔黍或捭析豚肉加於燒石之上而孰之故云捭豚○汙尊而抔飲者謂鑿地汙下而盛酒故云汙尊以手掬之而飲故云抔飲○蕢桴者又摶土凷爲桴皇氏云桴謂擊鼓之物故云蕢桴○土鼓築土爲鼓故云土鼓○猶若可以致其敬於鬼神者言上來之物非但可以事生若如也言猶如此亦可以致其恭敬於鬼神以鬼神享德不享味也○注中古至鼓也正義曰伏犧爲上古神農爲中古五帝爲下古若易歷三古則伏犧爲上古文王爲中古孔子爲下古故易緯云蒼牙通靈昌之成運孔演命明道經蒼牙則伏犧也昌則文王也孔則孔子也故易繫辭云易之興也其於中古乎謂文王也若三王對五帝則五帝亦爲上古故士冠禮云大古冠布下云三王共皮弁則大古五帝時大古亦上古也不同者以其文各有所對故上古中古不同也此云中古者謂神農也知者以明堂位云土鼓葦籥伊耆氏之樂又郊特牲云伊耆氏始爲蜡蜡是報田之祭伊耆氏始爲蜡則於時始爲田也今此云蕢桴土鼓故知此謂神農也蕢讀爲凷者以經中蕢字乃是草名不可爲桴桴與土鼓相連由是土之流類故讀爲凷凷堛也廣雅文土鼓築土爲鼓者以與汙尊抔飲相連貴尚質素故知築土爲鼓周代極文而不爾也故杜注周禮籥章云以瓦爲匡不須築土或以爲桴則摶拊也謂拊土爲摶拊以手擊之而爲樂其築土爲鼓先儒未詳蓋築地以當鼓節不云築地鼓者以經稱土鼓故言築土順經文也經云禮之初始諸飲食謂祭祀之禮故始諸飲食其人情之禮起則遠矣故昭二十六年左傳云禮之可以爲國也久矣與天地並是也○及其至其初○正義曰上言古代質素此言後世漸文謂五帝以下至於三王及其身之死也升上屋而號呼告曰皋某復者謂北面告天曰皋皋引聲之言某謂死者名令其反復魄復魄不復然後浴尸而行含禮於含之時飯用生稻之米故云飯腥用上古未有火化之法苴孰者至欲葬設遣奠之時而用苞裹孰肉以遣送尸法中古脩火化之利也熊氏云升屋而號爲五帝時或爲三王時皇氏云中古也中古未有宮室皇說非也○故天望而地藏也者○天望謂始死望天而招魂地藏謂葬地以藏尸也○體魄則降知氣在上者覆釋所以天望地藏之意所以地藏者由體魄則降故也○故以天望招之於天由知氣在上故也○故死者北首生者南鄉者體魄降入於地爲陰故死者北首歸陰之義死者既歸陰則生者南鄉歸陽也○皆從其初者謂今世飯腥苴孰與死者北首生者南鄉之等非是今時始爲此事皆取法於

上古中古而來故云皆從其初前文云燔黍捭豚謂中古之時次云及其死也似還論中古之死但中古神農未有宮室上棟下宇乃在五帝以來此及其死也而云升屋則非神農時也故熊氏云及其死也以爲五帝時或爲三王時皇氏以爲及其死也還論中古時飯腥苴孰謂五帝時故云然後其義非也。○昔者先王未有宮室，冬則居營窟，夏則居橧巢。寒則累土，暑則聚薪柴居其上。○窟，苦忽反。橧本又作增，又作曾，同，則登反。樔本又作巢，助交反。未有火化，食腥也。食草木之實、鳥獸之肉，飲其血，茹其毛。未有麻絲，衣其羽皮。此上古之時也。○茹音汝。衣，於既反。○後聖有作，作，起。然後脩火之利，孰治萬物。范金，鑄作器用。○鑄，之樹反。合土，瓦瓬甓及甒大。○合如字，徐音閤。瓬音令，甓，步歷反。甒音武。大音泰。甒大皆樽名。以爲臺榭、宮室、牖戶，榭器之所藏也。○榭音謝，本亦作謝。牖音酉。以炮，褁燒之也。○炮，薄交反，徐扶交反。褁音果。以燔，加於火上。○燔音煩。以亨，煑之鑊也。○亨，普伻反，煑也，下合亨同。鑊，戶郭反。以炙，貫之火上。○炙，之石反。貫，古亂反。以爲醴酪，烝釀之也。酪，酢截。○醴音禮。酪音洛。烝，之承反。釀，女亮反。酢，七故反。截，才再反，徐祖冀反。治其麻絲，以爲布帛，以養生送死，以事鬼神上帝，皆從其朔。朔亦初也，亦謂今行之然。【疏】昔者先王至其朔。○正義曰：此一節更論上古之事。昔者先王既云未有宮室，則捴是五帝之前；云未有火化之事，則唯爲伏犧之前，以上文中古神農有火故也。○冬則居營窟者，營累其土而爲窟，地高則穴於地，地下則窟於地上，謂於地上累土而爲窟。○夏則居橧巢者，謂橧聚其薪以爲巢。○飲其血茹其毛者，雖食鳥獸之肉，若不能飽者，則茹食其毛以助飽也。若漢時蘇武以雪雜羊毛而食之，是其類也。○後聖至其朔。○正義曰：此一節論中古神農及五帝并三王之事，各隨文解之。○後聖有作者，謂上古之後聖人作起。○然後脩火之利者，謂神農也。火利言脩者，火利先有，用之簡少，至神農更脩益使多，故云脩。知者，以世本云燧人出火。案鄭六藝論云燧人在伏犧之前，凡六紀九十一代。廣雅云一紀二十六萬七千年，六紀計一百六

十萬二千年也。○范金合土者，范金者謂爲形范以鑄金器，合土者謂和合其土燒之以作器物。○以爲臺榭宮室牖戶者，謂五帝時也。○以炮以燔以爲醴酪及治其麻絲以爲布帛之屬，亦五帝時也。○皆從其朔者，謂今世所爲范金合土燒炙醴酪之屬，非始造之，皆倣法中古以來，故云皆從其朔。○注孰治萬物。○正義曰：孰謂亨煑，治謂陶鑄也。○注瓦瓬甓及甒大。○正義曰：檀弓云有虞氏之瓦棺。釋器云瓴甋謂之甓，郭注云塼也。禮器云君尊瓦甒。又明堂云泰，有虞氏之尊。此等皆燒土爲之。○注榭器之所藏也。○正義曰：知者，案宣十六年成周宣榭火，公羊云樂器藏焉爾，穀梁云樂器之所藏是也。○故玄酒在室，醴醆在戶，粢醍在堂，澄酒在下。陳其犧牲，備其鼎俎，列其琴瑟管磬鍾鼓，脩其祝嘏，以降上神與其先祖，以正君臣，以篤父子，以睦兄弟，以齊上下，夫婦有所，是謂承天之祜。此言今禮饌具所因於古及其事義也。粢讀爲齊，聲之誤也。周禮五齊，一曰泛齊，二曰醴齊，三曰盎齊，四曰醍齊，五曰沈齊。字雖異，醆與盎，澄與沈，蓋同物也。奠之不同處，重古畧近也。祝，祝爲主人饗神辭也。嘏，祝爲尸致福於主人之辭也。祜，福也，福之言備也。○醆，側眼反。粢依注爲齊，才細反，注五齊皆同。醍音體。嘏本或作假，古雅反。祜音戶。粢讀音咨。泛，芳斂反，徐音汎。盎，烏浪反。【疏】故玄至之祜。○正義曰：此一節明祭祀因於古昔所供之物，并酒之所陳之處。○玄酒在室者，玄酒謂水也，以其色黑謂之玄，而大古無酒，此水當酒所用，故謂之玄酒。以今雖有五齊三酒，貴重古物，故陳設之時在於室內而近北。醴醆在戶，醴謂醴齊，醆謂盎齊，以其後世所爲，賤之，陳雖在室內，稍南近戶，故云醴醆在戶。皇氏云醴在戶內，醆在戶外，義或然也。其泛齊所陳，當在玄酒南，醴齊北，雖無文，約之可知也。以熊氏、崔氏並云此據禘祭用四齊，不用泛齊也。○粢醍在堂者，以卑之，故陳列又南近戶而在堂。澄酒在下者，澄謂沈齊也，酒謂三酒，事酒、昔酒、清酒之等，稍卑之，故陳在堂下也。○陳其犧牲者，謂將祭之夕省牲之時，及祭日之旦迎牲而入，麗於碑。案特牲禮，陳鼎于門外，北面，獸在鼎南，東首；牲在獸西，西上，北首。其天子諸侯夕省牲之時，亦陳於廟門外，橫行西上。○備其鼎俎者，以牲煑於鑊，鑊在廟門之外，鼎隨鑊設，各陳於鑊西，取牲體以實其鼎，舉鼎而入，設於

阼階下南北陳之俎設於鼎西以次載於俎也故云備其鼎俎案少牢陳鼎于廟門之外東方北面北上又云鼎入陳于東方當序西面北上俎皆設于鼎西是也○列其琴瑟者琴瑟在堂而登歌故書云搏拊琴瑟以咏是也○管磬鐘鼓者堂下之樂則書云下管鞀鼓笙鏞以間是也其歌鐘歌磬亦在堂下○脩其祝嘏者祝謂以主人之辭饗神嘏謂祝以尸之辭致福而嘏主人也謂以降上神與其先祖者上神謂在上精魂之神即先祖也指其精氣謂之上神指其亡親謂之先祖協句而言之分而爲二耳皇氏熊氏等云上神謂天神也○以正君臣者祭統云君在廟門外則疑於君入廟門則全於臣是以正君臣也○以篤父子者祭統云尸南面父北面而事之是以篤父子也○睦兄弟者祭統云昭與昭齒穆與穆齒特牲云主人洗爵獻長兄弟衆兄弟是以睦兄弟也○以齊上下者祭統云尸飲五君洗玉爵獻卿尸飲七以瑶爵獻大夫是也○夫婦有所者禮器云君在阼夫人在房及特牲夫婦交相致爵是也○是謂承天之祜者言行上事得所則承受天之祜福也○注此言至備也○正義曰今禮饌具所因於古者此玄酒在室及下作其祝號并然後退而合亨皆是今世祭祀之禮醴醆犧牲之屬是饌具也用古玄酒醴醆是所以因於古故言今禮饌具所因於古也云及其事義者

從玄酒以下至其先祖以上是事也以正君臣以下至承天天之祜是義也云粢讀爲齊者案爾雅云粢稷也作酒用黍不用稷故知粢當爲齊聲相近而致誤引周禮五齊者是酒正文也鄭注云泛者盛而滓浮泛泛然如今宜成醪矣醴猶體也成而汁滓相將如今恬酒矣盎猶翁也成而翁翁然葱白色如今酇白矣緹者成而紅赤如今下酒矣沈者成而滓沈如今造青矣云醆與盎澄與沈蓋同物者以酒正文醴緹之間有盎此醴醍之間有醆又周禮緹齊之下有沈齊此醍齊之下有澄齊故云醆與盎澄與沈蓋同物也案此注澄是沈齊案酒正注澄酒是三酒二注不同故趙商疑而致問鄭荅之云此本不誤轉寫益澄字耳如鄭所荅是轉寫酒正之文誤益澄字當云酒三酒也則是與禮運注同然案坊記云醴酒在室醍酒在堂澄酒在下示民不淫也注云淫猶貪也又以澄爲清酒田瓊疑而致問鄭荅之云禮運云醴醆澄各是一物皆不言酒故推其意澄爲沈齊酒爲三酒坊記云醴也醍也澄也皆言酒故因注云澄酒清酒也其實沈齊也如鄭此言坊記所云醴酒醆酒五齊亦言酒則澄酒是沈齊也是五者最濁故云澄酒非爲三酒之中清酒也是與禮運不異也云奠之不同處重古略近者奠之或在室或在堂或在下是不同處古酒奠於室近酒奠於堂或奠於下是重古

畧近云祝祝爲主人饗神辭者案特牲少牢禮云祝稱孝孫某用薦歲事于皇祖伯某尚饗是祝爲主人饗神辭云嘏祝爲尸致福於主人之辭者此下云嘏以慈告詩小雅云錫爾純嘏子孫其湛是致福於主人之辭也云祜福也者釋詁文福之言備郊特牲又言富慶備具福之道也其用酒之法崔氏云周禮大祫於大廟則備五齊三酒朝踐王酌泛齊后酌醴齊饋食王酌盎齊后酌醍齊朝獻王酌泛齊因朝踐之尊再獻后酌醍齊因饋食之尊諸侯爲賓則酌沈齊尸酢王與后皆還用所獻之齊賓長酳尸酢用清酒加爵亦用三酒大祫則用四齊三酒者醴齊以下悉用之故禮運云玄酒在室醴醆在戶粢醍在堂澄酒在下用四齊者朝踐王酌醴齊后酌盎齊饋食王酌醍齊后酌沈齊朝獻王酌醴齊再獻后還酌沈齊亦尊相因也諸侯爲賓亦酌沈齊用三酒之法如祫禮也四時之祭唯二齊三酒則自祫禘以下至四時祭皆通用也二齊醴盎也故鄭注司尊彝四時祭法但云醴盎而已用二齊者朝踐王酌醴齊后亦酌醴齊饋食王酌盎齊后亦用盎齊朝獻王還用醴齊再獻后還用盎齊亦尊相因也諸侯爲賓亦酌盎齊三酒同於祫三酒所常同不差者三酒本爲王以下飲故尊卑自有常依尊卑之常不得有降祫禘時祭本明所用揔有多少故正祭之齊有差降也魯及王者之

後大祫所用與王禘之禮同若禘與王四時同用三酒亦同於王侯伯子男祫禘皆用二齊醴盎而已三酒則並用用二齊之法朝踐君夫人酌醴齊饋食君夫人酌盎齊朝獻君還酌醴齊再獻夫人還酌盎齊諸臣爲賓酌盎齊尸酢君夫人用昔酒酢諸臣用清酒加爵皆清酒時祭之法用一齊故禮器云君親制祭夫人薦盎鄭云謂朝事時也又云君親割牲夫人薦酒鄭云謂進孰時也其行之法朝踐君制祭則夫人薦盎爲獻進孰時君親割夫人薦酒朝獻時君酌盎齊以酳尸再獻時夫人還酌酒以終祭也賓獻皆酒加爵如禘祫之禮天子諸侯酌奠皆用齊酒卿大夫之祭酌奠皆用酒其祫祭之法既備五齊三酒以實八尊祫祭在秋案司尊彝秋嘗冬烝朝獻用兩著尊饋獻用兩壺尊則泛齊醴齊各以著尊盛之盎齊醍齊沈齊各以壺尊盛之凡五尊也又五齊各有明水之尊凡十尊也三酒三尊各加玄酒凡六尊也通斝彝盛明水黃彝盛鬱鬯凡有十八尊故崔氏云大祫祭凡十八尊其明水鬱鬯陳之各在五齊三酒之上祭日之旦王服袞冕而入尸亦袞冕祝在後侑之王不出迎尸故祭統云君不迎尸所以別嫌也尸入室乃作樂降神故大司樂云凡樂圜鍾爲宮九變而降人鬼是也乃灌故書云王入大室祼當灌之時衆尸皆同在太廟中依次而灌所灌鬱鬯小宰注云尸

祭之晬之奠之是爲一獻也王乃出迎牲后從灌二獻也迎牲而入至於庭故禮器云納牲詔於庭王親執鸞刀啓其毛而祝以血毛告於室故禮器云血毛詔於室凡牲則廟各別牢故公羊傳云周公白牡魯公騂犅案逸禮云毁廟之主昭共一牢穆共一牢於是行朝踐之事尸出於室太祖之尸坐於尸西南面其主在右昭在東穆在西相對坐主各在其右故鄭注祭統云天子諸侯之祭朝事延尸於戶外是以有北面事尸之禮祝乃取牲膟膋燎于爐炭入以詔神於室又出以墮于主前郊特牲云詔祝於室坐尸於堂是也王乃洗肝於鬱鬯而燔之以制於主前所謂制祭次乃升牲首於室中置於北墉下后薦朝事之豆籩乃薦腥於尸主之前謂之朝踐即此禮運薦其血毛腥其俎是也王乃以玉爵酌著尊泛齊以獻尸三獻也后又以玉爵酌著尊醴齊以亞獻四獻也乃退而合亨至薦孰之時陳於堂故禮器云設饌於堂乃後延主入室大祖東面昭在南面穆在北面徙堂上之饌於室内坐前祝以斝爵酌奠於饌南故郊特牲注云天子奠斝諸侯奠角即此之謂也既奠之後又取腸間脂焫蕭合馨薌郊特牲注云奠謂薦孰時當此大合樂也自此以前謂之接祭乃迎尸人室舉此奠斝主人拜以妥尸故郊特牲云舉斝角拜妥尸是也后薦饌獻之豆籩王乃以玉爵酌壺尊盎齊以

獻尸爲五獻也后又以玉爵酌壺尊醴齊以獻尸是六獻也於是尸食十五飯訖王以玉爵因朝踐之尊泛齊以酳尸爲七獻也故鄭云變朝踐云朝獻尊相因也朝獻謂此王酳尸因朝踐之尊也后乃薦加豆籩尸酌酢主人主人受嘏王可以獻諸侯於是后以瑤爵因酌饋食壺尊醍齊以酳尸爲八獻也鄭注司尊彝云變再獻爲饋獻者亦尊相因也再獻后酳尸獻謂饋食時后之獻也於時王可以瑤爵獻卿也諸侯爲賓者以瑤爵酌壺尊醍齊以獻尸爲九獻九獻之後謂之加爵案特牲有三加則天子以下加爵之數依尊卑不秖三加也故特牲三加爵別有嗣子舉奠文王世子諸侯謂之上嗣舉奠亦當然崔氏以爲后獻皆用爵又以九獻之外加爵用璧角璧散今案内宰云后祼獻則贊瑤爵亦如之鄭注云瑤爵謂尸卒食王既酳尸后亞獻之始用瑤爵則后未酳尸以前不用也又鄭注司尊彝云王酳尸用玉爵而再獻者用璧角璧散可知此璧角璧散則瑤爵也崔氏乃云正獻之外諸臣加爵用璧角璧散其義非也其禘祭所用四齊者禘祭在夏醴齊盎齊盛以犧尊醍齊沈齊盛以象尊王朝踐獻用醴齊后亞獻用盎齊王饋獻用醍齊后亞獻用沈齊尸卒食王酳尸因朝踐醴齊后酳尸因饋食沈齊諸臣爲賓獻亦用沈齊禘祭無降神之樂熊氏以爲大祭皆有三始有降神之

樂又未毁廟者皆就其廟祭之其餘皆如祫祭之禮天子時祭用二齊者春夏用犧尊盛醍齊用象尊盛沈齊秋冬用著尊盛醴齊用壺尊盛盎齊是一齊用一尊司尊彝皆云兩者以一尊盛明水故皆云兩若禘祫之祭其齊既多不得唯兩而已前已備釋也時祭唯用二齊其諸侯用齊及酒皆視天子其如前說其魯及王者之後皆九獻其行之法與天子同侯伯七獻朝踐及饋獻時君皆不獻於九獻之中減二故爲七獻也禮器云君親制祭夫人薦盎君親割牲夫人薦酒是也子男五獻者亦以薦腥饋孰二君皆不獻酳尸之時君但一獻而已九獻之中去其四故爲五此皆崔氏之說今案特牲少牢尸食之後主人主婦及賓備行三獻主婦因獻而得受酢今子男尸食之後但得一獻夫人不得受酢不如卿大夫理亦不通蓋子男饋孰以前君與夫人並無獻也食後行三獻通二灌爲五也禮器所云自據侯伯七獻之制也一曰尸酢侯伯子男亦用所獻之齊也。

○作其祝號玄酒以祭薦其血毛腥其俎孰其殽與其越席疏布以冪。衣其澣帛醴醆以獻薦其燔炙君與夫人交獻以

嘉魂魄是謂合莫此謂薦上古中古之食也周禮祝號有六一曰神號二曰鬼號三曰祇號四曰牲號五曰齍號六曰幣號號者所以尊神顯物也腥其俎謂豚解而腥之及血毛皆所以法於大古也孰其殽謂體解而爓之此以下皆所法於中古也越席翦蒲也冪覆尊也澣帛練染以爲祭服嘉樂也莫虛無也孝經說曰上通無莫。祝之六反徐之又反注同殽本或作肴戶交反越席音活注同字書作趏杜元凱云結草羃本又作冪同莫歷反衣其於既反澣戶管反示號音祇本又作祇齍音咨皇云黍稷大音大下大史同爓似廉反染如豔反又如琰反樂也音洛

○然後退而合亨體其犬豕牛羊實其簠簋籩豆鉶羹祝以孝告嘏以慈告是謂大祥此謂薦今世之食也體其犬豕牛羊謂分別骨肉之貴賤以爲衆俎也祝以孝告嘏以慈告各首其義也祥善也今世之食於人道爲善也。銒本又作鉶音刑盛和羹器形如小鼎羹音庚舊音衡別彼列反下文同

此禮之大成也解子游以禮所成也

〔疏〕作其祝號至是謂合莫。正義曰此一節明祭祀用上古中古之法也玄酒以

祭薦其血毛腥其俎此是用上古也孰其殽以下用中古也作其祝號者謂造其鬼神及牲玉美號之辭史祝稱之以告鬼神故云作其祝號○玄酒以祭者謂朝踐之時設此玄酒於五齊之上以致祭鬼神此重古設之其實不用以祭也薦其血毛者亦朝踐時延尸在堂祝以血毛告於室也○腥其俎者亦謂朝踐時既殺牲以俎盛肉進於尸前也○孰其殽骨體也孰謂以湯爓之以其所爓骨體進於尸前也○與其越席至澣帛皆謂祭初之時越席謂蒲席疏布謂䴏布若依周禮越席疏布是祭天之物此經云君與夫人則宗廟之禮也此蓋記者雜陳夏殷諸侯之禮故雖宗廟而用越席疏布也○衣其澣帛者謂祭服練帛染而爲之醴醆以獻者朝踐之時用醴饋食之時用醆○薦其燔炙者謂燔肉炙肝案特牲禮主人獻尸賓長以肝從主婦獻尸賓長以燔從則此君薦之用炙也夫人薦用燔是也皇氏云燔謂薦孰之時爇蕭合馨薌知不然者案詩楚茨云或燔或炙鄭云燔燔肉也炙肝炙也則知此燔炙亦然皇說非也君與夫人交獻第一君獻第二夫人獻第三君獻第四夫人獻是君與夫人交錯而獻也○以嘉魂魄者謂設此在上祭祀之禮所以嘉善於死者之魂魄是謂合莫莫謂虛無寂寞言死者精神虛無寂寞得生者嘉善而神來歆饗是生者和合於寂寞但禮運之作

因魯之失禮孔子乃爲廣陳天子諸侯之事及五帝三王之道其言雜亂或先或後其文不次舉其大綱不可以一代定其法制不可以一槩正其先後若審此理則無所疑惑○注周禮至無莫○正義曰案周禮大祝辨六號一曰神號注若皇天上帝二曰鬼號注若皇祖伯某三曰祇號若后土地祇四曰牲號若卜曰一元大武五曰齍號若稷曰明粢六曰幣號若幣曰量幣是也云號者所以尊神顯物者其神號鬼號祇號是尊神也牲號齍號幣號是顯物也云腥其俎謂豚解而腥之者案士喪禮小斂之奠載牲體兩髀兩肩兩胉并脊凡七體也士虞禮主人不視豚解注云豚解解前後脛脊脅而已是豚解七體也案特牲少牢以薦孰爲始之時皆體解無豚解以無朝踐薦腥故也其天子諸侯既有朝踐薦腥故知腥其俎之時豚解云孰其殽謂體解而爓之者體解則特牲少牢所升於俎以進神者是也案特牲九體肩一臂二臑三肫四胳五正脊六橫脊七長脅八短脅九少牢則十一體加以脡脊代脅爲十一體也是分豚爲體解此孰其殽謂體解訖以湯爓之不全孰次於腥而薦之堂故祭義曰爓祭祭腥而退是也此則腥以法上古爓法中古也云澣帛練染以爲祭服者此亦異代禮也周禮則先染絲乃織成而爲衣故玉藻云士不衣織云孝經說曰上通無莫者孝經緯文言人之精靈所感上通元氣寂寞引之者證莫爲虛無正本元字作無謂虛無寂寞義或然也○然後至大祥○正義曰論祭饋之節供事鬼神及祭末獻賓并祭竟燕飲饗食賓客兄弟然後退而合亨者前明薦爓既未孰今至饋食乃退取爓肉更合亨之今孰擬更薦尸又尸俎唯載右體其餘不載者及左體等亦於鑊中亨煑之故云合亨體其犬豕牛羊者亨之既孰乃體別骨之貴賤以爲衆俎供尸及待賓客兄弟等體其犬豕牛羊謂分別骨之貴賤以爲衆俎知非尸前正俎者以此經所陳多是祭末之事若是尸前正俎當云是謂合莫不得云是謂大祥既是人之祥善故爲祭末饗燕之衆俎也實其簠簋籩豆鉶羹者此舉事尸之時所供設也若籩豆亦兼據賓客及兄弟之等故特牲少牢賓及衆賓兄弟之等皆有籩豆及俎是也○祝以孝告嘏以慈告者此論祭祀祝嘏之辭案少牢祝曰孝孫某敢用柔毛剛鬣嘉薦普淖用薦歲事于皇祖伯某以某妃配某氏尚饗是祝以孝告少牢又云主人獻尸祝嘏主人云皇尸命工祝承致多福無疆于女孝孫來女孝孫使女受祿于天宜稼于田眉壽萬年勿替引之是嘏以慈告言祝嘏於時以神之恩慈而告主人○是謂大祥者祥善也謂饋食之時薦今世之食於人道爲善故爲大祥○注各首其義者○正義曰首猶本也孝子告神以孝

爲首神告孝子以慈爲首各本祝嘏之義也○孔子曰於呼哀哉我觀周道幽厲傷之吾舍魯何適矣政亂禮失以爲魯尚愈○於音烏呼好奴反舍音捨下舍禮皆同○魯之郊禘非禮也周公其衰矣非猶失也魯之郊牛口傷鼷鼠食其角又有四卜郊不從是周公之道衰矣言子孫不能奉行興之○禘大計反鼷音兮

疏

孔子至適矣○正義曰此明孔子歎意前始發歎未言自歎之意子游有問即隨問而荅荅事既畢故更述其所懷於呼哀哉是傷歎之辭言觀周家文武之道以經幽厲之亂傷此禮儀法則無可觀瞻唯魯國稍可吾捨此魯國更何之適而觀禮乎言魯國尚愈愈勝也言尚勝於餘國故韓宣子適魯云周禮盡在魯矣○魯之郊禘至其衰矣○魯合郊禘也非是非禮但郊失禮則牛口傷禘失禮躋僖公○注非猶至與之○正義曰郊牛口傷宜三年經文鼷鼠食其角成七年經文四卜郊不從僖三十一年經文言子孫不能承奉典行周公之道故致使郊牛有害卜郊不從○杞之郊也禹也宋之郊也契也是天子之事守也先祖法度

子孫所當守○契息列反故天子祭天地諸侯祭社稷○祝嘏莫敢易其常古是謂大假假亦大也不敢改其常古之法度是謂大大也將言今不然○疏杞之至守也○正義曰杞郊禹宋郊契蓋是夏殷天子之事杞宋是其子孫當所保守勿使有失案祭法云夏郊鯀殷郊冥今杞郊禹宋郊契者以鯀冥之德薄故更郊禹契蓋時王所命也○祝嘏至大假○正義曰言天子諸侯所祭之時祝以主人之辭而告神神以嘏福而與主人二者皆依舊禮無敢易其常事古法是謂大假假大也既不敢易法是於禮法大中之大謂大大之極也○注假亦至不然○正義曰假大也釋詁文以經既有大字故云假亦大也從此以前皆論法於古道則爲善故上文承天之祜次文是謂合莫又次云是謂大祥又次文是謂大假皆論其善也所以論其善者將欲論其惡故也○鄭云將言今不然今謂孔子之時也禮廢政壞不如大祥大祥假之等自此以下皆論今時之惡故下云是謂幽國是謂僭君是也○祝嘏辭說藏於宗祝巫史非禮也是謂幽國藏於宗祝巫史言君不知有也幽也國闇者君與大夫俱不明也疏祝嘏至國○正義曰謂主人之辭告神嘏謂尸之辭致福告於主人皆從古法依舊禮辭說當須以法用之於國今乃棄去不用藏於宗祝巫史之家乃更改易古禮自爲辭說非禮也而國之君臣秖聞今日祝嘏之辭不知古禮舊說當是君臣俱闇故云是謂幽國○醆斝及尸君非禮也是謂僭君僭禮之君也醆斝先王之爵也唯魯與王者之後得用之耳其餘諸侯用時王之器而已醆斝古雅反又音嫁爵名也夏曰醆殷曰斝周曰爵疏醆斝至僭君○正義曰醆是夏爵斝是殷爵若是夏殷之後祭祀之時得以醆斝及於尸君其餘諸侯於禮不合今者諸侯等祭祀之時乃以醆斝及於尸君非禮也此諸侯乃是僭禮之君○注醆斝至用之○正義曰案明堂位云夏曰醆殷曰斝是先王之爵也天子有六代之樂王者之後得用郊天故知唯天子王者之後得用之其餘諸侯用時王之器而已此醆斝謂祭祀尸未入之時祝酌奠於鉶南者也故郊特牲云舉斝角是也若尋常獻尸則用王爵耳○冕弁兵革藏於私家非禮也是謂脅君劫脅之君也冕弁君之尊服兵革君之武衛及軍器也○脅許劫反疏冕弁至脅君○正義曰冕弁兵革藏於私家非禮者私家

大夫以下稱家冕是袞冕弁是皮弁冕弁是朝廷之尊服兵革是國家防衛之器而大夫私家藏之故云非禮也○是謂脅君脅劫脅也私藏公物則見此君恒被臣之劫脅○大夫具官祭器不假聲樂皆具非禮也是謂亂國臣之奢富僭於國君敗亂之國也孔子謂管仲官事不攝焉得儉○疑音擬焉於虔反○疏大夫至亂國○正義曰大夫具官者天子六卿諸侯三卿大夫若有地者則置官一人用兼攝羣職不得官官各須具是如君也故孔子譏管仲云官事不攝焉得儉是也○祭器不假者凡大夫無地則不得造祭器有地雖造而不得具足並須假借若不假者唯公孤以上得備造故周禮四命受器鄭云此公之孤始得有祭器者也又云王之下大夫亦四命○聲樂皆具者大夫自有判縣之樂而不得如三桓舞八佾一日大夫祭不得用樂者故少牢饋食無奏樂之文唯君賜乃有之非禮也者若大夫並爲上事則爲非禮也○是謂亂國者大夫爲此上諸事與君相敵乃是敗亂之國也○故仕於公曰臣仕於家曰僕三年之喪與新有昏者期不使以衰裳入朝與家僕雜居齊齒非禮也是謂君與臣同國臣有喪昏之事而不歸反服其衰裳以入朝或與僕相等輩而處是謂君臣共國無尊卑也有喪昏不歸唯君耳臣有喪昏當致事而歸僕又不可與士齒○期居其反朝直遥反注同或與僕相息亮反一讀如字則連下爲句等輩卜內反○疏故仕至同國○正義曰仕於公曰臣者公是諸侯之號臣是至賤之稱今若仕於諸侯其自稱以至賤之辭而曰臣臣自貶退也○仕於家曰僕者謂卿大夫之僕又賤於臣若仕於大夫之家即自稱曰僕僕彌更卑賤也三年之喪與新有昏者期不使者若君有喪昏則恒在於國不歸臣有喪昏則歸鄉家一期之間不復使役也故云期不使○以衰裳入朝與家僕雜居齊齒非禮也者今臣之有喪乃不致事身著衰裳而入君朝或與家臣之僕錯雜而居齊齒等輩是爲非禮也○是謂君與臣同國者君之喪昏而在國臣有喪昏而不歸家亦在國是君與臣同國又臣是卿大夫與僕雜居且臣是君之臣僕是臣之僕今卿大夫與僕雜居尊卑無別亦是君臣共國也○故天子有田以處其子孫諸侯有國以處其子孫大夫

有采。以處其子孫是謂制度言今不然也春秋昭元年秦伯之弟鍼出奔晉刺其有千乘之國不能容其母弟。鍼其廉反又祇廉反乘時證反故天子適諸侯必舍其祖廟而不以禮籍入是謂天子壞法亂紀以禮籍入謂大史典禮執簡記奉諱惡也天子雖尊舍人宗廟猶有敬焉自拱勑也。壞音怪惡烏路反拱徐居勇反後拱持同。諸侯非問疾弔喪而入諸臣之家是謂君臣爲謔無故而相之是戲謔也陳靈公與孔甯儀行父數如夏氏以取弒焉。謔許約反甯本又作寧案左傳作寧公羊作甯各依字讀父音甫數邑角反取弒申志反又如字〔疏〕故天子至爲謔。正義曰天子有田以處其子孫者案王制云天子之田方千里是也以處其子孫者謂子孫若有功德者封爲諸侯無功德直食邑於畿內也。諸侯有國以處其子孫者謂諸侯子孫封爲卿大夫若有大功德其子孫亦有采地故左傳云官有世功則有官族邑亦如之是處其子孫。大夫有采地以處其子孫者大夫位卑不合割其采地以處子孫但大夫以采地

之祿養其子孫故云以處其子孫然從是謂幽國以下皆論其臣惡今此云是謂制度而論善者此論古之制度如此今日則不然謂今惡起文故云是謂制度非論今日之好故注云言今不然也。注昭元至母弟。正義曰此所引春秋昭元年公羊傳文引之者証諸侯有國處子孫之義譏秦伯不然也。注陳靈至殺焉。正義曰此宣十年左傳文陳靈公與孔寧儀行父通於夏徵舒之母夏姬公謂孔寧儀行父曰徵舒似女行父對曰亦似君徵舒病之公出自其廄射而殺之二子奔楚後楚殺徵舒立成公是取弒也○。是故禮者君之大柄也所以別嫌明微儐鬼神考制度別仁義所以治政安君也疾今失禮如此爲言禮之大義也柄所操以治事。柄兵命反儐必刃反治政皇如字徐直吏反下文注以治事同爲于僞反下又爲遂爲皆同操士刀反。故政不正則君位危君位危則大臣倍小臣竊刑肅而俗敝則法無常法無常而禮無列禮無列則士不事

也刑肅而俗敝則民弗歸也是謂疵國又爲言政失君危之禍敗也肅駿也疵病也。倍步內反。敝音弊本亦作弊疵才斯反峻恤俊反。〔疏〕是故至君也正義曰此一經疾時失禮致此在上禍敗之事故言禮之大義禮者君之大柄者言人君治國須禮如巧匠治物執斤斧之柄。所以別嫌明微者此以下亦並明用禮爲柄之事使寡婦不夜哭是別嫌君子表微是明微也。儐鬼神者以接賓以禮曰儐以郊天祀地及一切神明是儐鬼神也。考制度者考成也制度爲廣狹丈尺以禮成之也。別仁義者仁生義殺各使中禮有分別也。所以治政安君也者用禮爲柄如前諸事故治國得政君獲安存故孝經云安上治民莫善於禮。大臣至俗敝。正義曰大臣謂大夫以上倍謂倍君行私也或有屢諫不聽皆越關倍君而去。小臣竊者小臣士以下竊者盜也職閭位卑但爲竊盜府庫之事。刑肅而俗敝則法無常者肅駿急也敝凋殘也君位已危大臣又倍小臣盜竊愚君無奈此何唯知暴怒急行刑罰故云刑肅上下乖離故云俗敝俗敝刑肅故法教無常。注肅駿也疵病也。正義曰案釋詁文云肅駿俱訓爲疾是肅爲駿也釋詁文又云疵病也疵國者君既危於上臣又叛於下刑[illegible]嚴重風俗凋敝

皆國之病故云疵國○故政者君之所以藏身也於此又遂爲之言政也藏謂輝光於外而形體不見若日月星辰之神。輝音暉見賢遍反。是故夫政必本於天殽以降命降下也殽天之氣以下教令天有運移之期陰陽之節也。殽戶教反注及下同。命降于社之謂殽地謂教令由社下者也社土地之主也周禮土會之法有五地之物生。會古外反。降于祖廟之謂仁義謂教令由祖下者大傳曰自禰率而上至于祖遠者輕仁也自祖率而下至于禰高者重義也。上時掌反下上配上生皆同降於山川之謂興作謂教令由山川下者也山川有草木禽獸可作器物共國事。共音恭。降於五祀之謂制度謂教令由五祀下者五祀有中霤門戶竈行之神此始爲宮室制度此聖人所以藏身之固也政之行如此何用城郭溝池之爲。〔疏〕故政至固也正義曰此一節以上文云政之不正則國亂君危此則廣言政之大理本於天地及宗廟山川五祀而來所來既重故君用之得藏身

安固也。故政者君之所以藏身也者故因上起下之辭人君身在於中施政於外人但見其政不見其身若政之美盛則君身安靜故云政者所以藏身也鄭云藏謂輝光於外而形體不見若日月星辰之神是也。是故夫政必本於天是故謂政是藏身之固其事既重所施教令必本於天而來天有運移若星辰圍遶北極氣有陰陽若冬夏之有寒暑。殽以降命者殽效也言人君法效天氣以降下政教之命效星辰運轉於北極爲昏媾姻亞效天之陰陽寒暑爲刑獄賞罰是殽以降命。命降于社之謂殽地者上云政本於天此論政降於地上既云必本於天殽以降命此亦當云必本於地殽以降命但上文既具故此畧而變文直云命降于社之謂殽地命者政令之命降下於社謂從社而來以降民也社即地也指其神謂之社指其形謂之地法社以下教令故云謂殽地地有五土生物不同人君法地亦養物不一也。降于祖廟者此亦政教之命降下於民由祖廟而來謂法祖廟以下政令。之謂仁義者父親仁也祖尊義也言法此父祖施仁義於民也上云命降于社之謂殽地此亦當云命降于祖之謂殽廟以上文既具故此又畧而變文與上不同自下皆然也。降於山川者謂所施政令之命下於民者從山川而來謂法效山川以爲教令也之謂興作者山川有草木鳥獸可作器物人君法山川以興作其物也降於五祀者所施政令降於民者從五祀而來謂法此五祀之神以施政令也。之謂制度者初造五祀之人既立中霤門戶竈行大小形制各有法度後王所以取爲制度等級也此聖人所以藏身之固也者政既法天地法祖廟山川五祀所重若此謹慎行之所以藏其身而堅固。注殽天至之節。正義曰案昭二十五年左傳云禮者天之經地之義爲父子兄弟昏媾姻亞以象天明爲温慈惠和以效天之生殖長育爲刑罰威獄以類其震曜殺戮此注云天有運移之期陰陽之節揔包之也皆法天之所爲以下教令也。注社土至物生。正義曰下云社者神地之道此云土地之主主則神也土會之法有五地之物生者此大司徒文五地則山林川澤丘陵墳衍原隰各有所生五地揔生萬物人君法之施政令亦揔養萬民也。注大傳至義也。正義曰引此者證祖禰廟有仁義云自禰率而上至于祖遠者輕仁也自用也率循也言用禰之仁依循而上以至於祖遠者恩愛漸輕是據仁恩也自祖率而下至於禰高者尊重義也言用祖之義依循而下以至于禰遠者尊重是義事也祖廟之中自然有此仁義人君法之施此仁義教令以教下民也。注五祀至制度。正義曰此五祀鄭云有中霤門戶竈行之神此始爲宮室制度者如鄭此言則五祀神者謂初造五祀之神此人造五祀有其制度後王法此人之神更爲制度此人造五祀非五祀本神也其五祀亦自然有其虛無之神非後王所取法也故此不言之。注政之至之爲。正義曰言政之行若能如此法天陰陽使賞罰得所法地高下令尊卑有序法之祖廟而行仁義法之山川五祀而爲興作制度若能如此則民懷其德禍害不來何所防禦故云何用城郭溝池之爲言不用城郭溝池也

附釋音禮記注疏卷第二十一

江西南昌府學栞

禮記注疏卷二十一挍勘記　阮元撰盧宣旬摘録

禮運第九

以曾子所問事類既煩雜　惠棟挍宋本同閩本所誤問事二字闕監毛本所問事誤問篇之

昔者仲尼與於蜡賓節　惠棟挍云昔者節大道節今大道節宋本合爲一節

志謂識古文　閩監毛本同岳本同嘉靖本同衞氏集說同考文引古本足利本古下有之字

昔者至而嘆　惠棟挍宋本無此五字

舊縣法象使民觀之處　閩本同惠棟挍宋本同監本象下衍魏字衞氏集說同毛本衍魏字舊誤二

以其縣法象魏魏巍也　監毛本如此此本一魏字脫閩本同考文引宋板同

字子游魯人也　閩監毛本同齊召南云魯人當作吳人今常熟縣即子游故里

謂廣大道德之行五帝時也　惠棟挍宋本同閩監毛本大道德三字闕

并與夏殷周三代英異之主　考文引宋板同監毛本殷作商閩本殷周三三字闕

未猶不也逮猶及也　監毛本同閩本不也逮三字闕

雖然不見大道　惠棟挍宋本同閩監毛本不見大三字闕

尙可知於前代也　惠棟挍宋本同閩監毛本前代也三字闕

周公此大道在禹湯之前　惠棟挍宋本同閩監毛本周公此大道五字闕

案辨名記云　惠棟挍宋本同閩監毛本記云二字闕

萬人曰傑　監毛本同考文引宋板同閩本人曰二字闕

是俊選之尤異者　惠棟挍宋本同閩本是字闕監毛本是誤而

大道之行也節

矜寡孤獨廢疾者　閩監毛本同岳本同嘉靖本同石經廢作癈衞氏集說同○按癈爲正字廢爲假借字

不必藏於己　閩監毛本同嘉靖本同惠棟挍宋本己作已宋監本同石經同岳本同衞氏集說同下爲己並同

大道至大同　閩監毛本如此此本下大字脫

脩習睦親也　閩監毛本同惠棟挍宋本習下有也字

禪位授聖謂堯授舜也　閩監本同毛本謂作是

謂不以天位爲己家之有而授子也　惠棟挍宋本有而字此本而字脫閩監毛本同

不以瞽叟爲祖宗　閩監本同毛本祖宗二字倒

是無吝嗇之心　閩毛本嗇作惜監本亦作惜吝誤客

今大道既隱節

敦朴之本也敎令之稠　宋監本同毛本同岳本同嘉靖本同考文引宋板同衞氏集說同閩本本也敎三字闕監本闕本也二字

盜賊多有　監毛本同岳本同嘉靖本同衞氏集說同閩本盜賊多三字闕

正義曰前明五帝已竟　惠棟挍宋本無正義三字

此明三代俊英之事　閩監毛本同衞氏集說同惠棟挍宋本事下有也字

城內城郭外城也　監毛本如此衞氏集說同無也字此本外下城字脫閩本同考文引宋板外城作城外

溝池城之塹　閩監本同衛氏集說同毛本塹作壍

雖在富貴埶位　閩監本同毛本埶作勢

對士文云事君　閩本同監毛本文作又

故云兵由此起也　監毛本作由此本由誤猶閩本同

言偃復問曰如此乎禮之急也節

言偃至正也　惠棟按宋本無此五字

證人若無禮　惠棟按宋本如此此本脫無字閩監毛本有無字脫若字

臣子無禮之人　閩監毛本同許宗彥按子下增刺字

列於鬼神　閩監毛本神下有者字

言聖人制禮　閩監毛本人作王下聖人既法同

布列法於鬼神　惠棟按宋本如此此本列下有空闕閩監毛本補效字

謂法於鬼神以制禮　閩監毛本無於字

教民報上之義　補閩監毛本報作嚴

曉達喪禮　惠棟按宋本如此衛氏集說同此本脫喪字閩監毛本喪誤於

聘是臣之事君　閩監毛本有君字衛氏集說同此本君字闕

昭二十五年左傳文　惠棟按宋本如此此本文誤云閩監毛本文下增云字衛氏集說同

是取與作於山川鬼神也　閩監毛本與作下有法度二字

下文云降於五祀之謂制度　閩監毛本如此此本文上衍也字云上衍又字

始謂中霤門戶竈行之法　閩監毛本同浦鏜校謂改爲

下文又云必本於天　監毛本如此此本又云作云又惠棟按宋本作又有閩本同

此文本天效地之下　毛本同閩監本效作殽惠棟按宋本文作又

以制禮既畢　惠棟按宋本同閩監本畢作畢衛氏集說同毛本畢作降

故鄭解此云　惠棟按宋本有解字此本解字脫閩監毛本同

聖聖人參於天地　補案聖聖誤重

其義非也　惠棟按宋本此下標禮記正義卷第二十九終記云凡二十三頁

言偃復問曰夫子之極言禮也節　惠棟按云言偃節夫禮節昔者先王節故元酒節作其祝號節宋本合爲一節○惠棟按宋本自此節起至故人者其天地之德節止爲第三十卷卷首題禮記正義卷第三十

言偃至觀之　惠棟按宋本無此五字

故觀其夏道可成以不　閩本同監毛本以作與

即下云夫禮之初以下是也　惠棟按宋本同閩監本下是也三字闕毛本三字亦闕又禮誤節初誤所

觀此夏禮堪成與不　惠棟按宋本同閩監毛本禮堪成與不四字闕

以下云而不足徵○注杞　監毛本同考文引宋板同閩本足徵○注四字闕

武王下車而封夏后氏之後　監毛本同考文引宋板同閩本封夏后氏四字闕

求夏后之後　監毛本如此惠棟按宋本后下有氏字

而得東樓公封之於杞　惠棟按宋本同閩監毛本東樓公封四字闕

徵驗之義故爲成　惠棟按宋本同閩監毛本驗之義故四字闕

而云無賢君不足與成者　監毛本同考文引宋板同閩本賢君不足四字闕

先言坤者熊氏去　惠棟按宋本有云字此本脫閩監毛本同

黃帝墳典閩監毛本同齊召南按黃改皇按齊校是也孔安國尚書序云三皇之書謂之三墳五帝之書謂之五典

夫禮之初節

以水桃釋黍米閩監毛本桃作洮衞氏集說同

以鬼神享德不享味也閩監毛本享作饗衞氏集說同

凷堛也廣雅文閩監毛本同惠棟按宋本文作云非也

釋所以天望地藏之意閩監本同毛本意作義

故以天望招之於天閩監本同毛本招誤拓考文引宋本故作所

與死者北首閩監毛本同惠棟按宋本與作及

前文云燔黍捭豚謂中古之時惠棟按宋本同閩監毛本燔黍捭豚謂中古之八字闕

但中古神農未有宮室上棟下宇惠棟按宋本同閩監毛本中古神農未有宮室八字闕

及在五帝以來閩監毛本同浦鏜按及改乃

以爲五帝時或爲三王時皇氏以爲惠棟按宋本同閩監毛本時或爲三王時皇氏以九字闕

昔者先王節

夏則居橧巢閩監毛本同石經同岳本同嘉靖本同衞氏集說同釋文出居橧云本又作增又作曾同則登反出樔云本又作巢考文引古本足利本橧作橧洪頤煊九經古義補云按大平御覽五十五引作橧家語問禮篇亦作橧劉熙釋名云橧露也露上無屋覆也左傳楚子登巢車以望晉軍杜注云巢車車上加櫓孔氏正義引說文云轈兵高車加巢以望敵也櫓澤中守草樓也巢與櫓皆樓之別名今本作橧傳寫之誤

寒則累土暑則聚薪柴居其上毛本同岳本同嘉靖本同衞氏集說本同閩監本十二字闕按此節閩監本經注多闕合土以下至節末全闕毛本已完補

然後脩火之利閩監本同石經同岳本同嘉靖本同衞氏集說同毛本脩作修

執治萬物閩監毛本同嘉靖本同衞氏集說同考文引古本足利本治作治按治非也此本疏亦作治字之誤也

瓦瓴甓及甒大毛本同岳本同嘉靖本同釋文出令甓及甒大也考文云甒大下有也字

以爲臺榭宮室牖戶石經同岳本同嘉靖本同衞氏集說同毛本牖誤牗

榭器之所藏也此以爲臺榭宮室牖戶注文監本空闕

以炮諸本同監本空闕

裹燒之也此以炮注文諸本同監本空闕

以燔諸本同監本空闕

加於火上此以燔注文諸本同監本空闕

以亨諸本同監本空闕

煑之鑊也此以亨注文諸本同監本空闕

以炙諸本同監本空闕

貫之火上此以炙注文諸本同監本空闕

以爲醴酪諸本同監本空闕

烝釀之也酪酢胾此以爲醴酪注文諸本同監本空闕

治其麻絲以爲布帛以養生送死以事鬼神上帝皆從其朔

諸本同監本空闕

朔亦初也亦謂今行之然 此皆從其朔注文諸本同監本空闕

疏 閩監毛本此節疏文多闕此疏字亦闕惟此本及惠棟按宋本完善浦鏜按從儀禮經傳通解續補入亦同

故元酒在室節

管磬鍾鼓 岳本同嘉靖本同衛氏集說同閩監毛本鍾作鐘石經同

與其先祖 閩本同石經同岳本同嘉靖本同衛氏集說同考文引宋板古本足利本同監毛本與誤舉

南北陳之俎設於鼎西 惠棟按宋本同衛氏集說同閩監毛本北誤其設誤豆

當序西面北上俎皆設於鼎西 惠棟按宋本同衛氏集說同閩監毛本當誤堂俎誤此

則承受天之祜福也 考文引宋板同衛氏集說同閩監毛本承誤特

非爲三酒之中清酒也 閩監毛本同盧文弨按云爲當作謂

與五禘之禮同 閩監本同毛本與誤於惠棟按宋本五作王續通解同

朝踐君夫人酌醴齊 閩監毛本同浦鏜按云夫人二字當衍

酢諸臣用事酒 惠棟按宋本作事此本事誤昔閩監毛本同

故禮器云君親制祭 閩監本同考文引宋板同毛本制誤致下君制祭同

圜鐘爲宮 閩監毛本同惠棟按宋本圜作圓按周禮作圜

九變而致人鬼 惠棟按宋本作致續通解同此本致作降閩監毛本同

衆尸皆同在太廟中 惠棟按宋本如此此本同在大誤在太太閩本脫同字太字上空闕監毛本脫同字

置於北墉下 閩監本同毛本墉誤牖

至薦孰之時陳於堂 惠棟按宋本同閩監毛本陳於堂三字闕

乃後延主入室 惠棟按宋本作主續通解同此本主誤人閩監毛本主作尸

酌奠於饌南故郊特牲 惠棟按宋本同此本奠於饌南故五字闕閩監毛本同

既奠之後又取腸間脂 惠棟按宋本同閩監毛本既奠之後又五字闕

謂薦孰時當此大合樂也 惠棟按宋本同閩監毛本時當此大合五字闕

主人拜以妥尸 惠棟按宋本同閩監毛本主人拜三字闕

崔氏以爲后獻皆用爵 閩監毛本同盧文弨按云用下當有瑤字

瑤爵謂尸卒食 監毛本同閩本尸卒二字闕

則后未酳尸以前不用也 惠棟按宋本同閩監毛本以前不用也五字闕

用璧角璧散可知 監毛本同考文引宋板同閩本璧角璧散可五字闕

諸臣加爵用璧角璧散 惠棟按宋本同閩監毛本諸臣加爵用五字闕

禘祭在夏醴齊盎齊 惠棟按宋本同閩監毛本在夏醴齊盎五字闕

王朝踐獻用醴齊后亞獻用盎齊 惠棟按宋本同閩監毛本醴齊后亞獻五字闕

王酳尸因朝踐醴齊 惠棟按宋本同閩監毛本王酳尸因朝五字闕又毛本踐誤醆

天子時祭用二齊者 惠棟按宋本同閩監毛本祭用二齊者五字闕

秋冬用著尊盛醴齊用壺尊盛盎齊 惠棟按宋本同閩監毛本尊盛醴齊用五字闕

皆云兩者以一尊盛明水 惠棟按宋本同閩監毛本以一尊盛明五字闕又毛本者

作著。按作著與周禮司尊彝合

作其祝號節

疏布以冪石經作幂岳本同釋文同此本冪誤羃閩監毛本同嘉靖本同衛氏集說同注疏放此。按依說文當作幎从巾冥聲其字亦作冪誤作冪俗作羃

三曰祇號閩監本同岳本同衛氏集說同毛本祇誤祗嘉靖本同釋文出示號與周禮大祝合云本又作祇

五曰齋號嘉靖本同閩監毛本齋作齍岳本同衛氏集說同釋文出齍號按周禮作齍

剪蒲蓆也惠棟按宋本有席字宋監本同岳本同嘉靖本同考文引古本同此本席字脫閩監毛本同衛氏集說同

上通無莫閩監毛本同岳本同嘉靖本同衛氏集說同段玉裁按無改元盧文弨按云按疏此本作元莫

正本元作无按作元是也正義云上通元氣寂寞是注當作元莫之明證又云定本元字作无謂虛無寂寞義或然也謂之義或然者是正義本不從定本作无莫也

籩豆鉶羹閩監毛本同石經同岳本同嘉靖本同衛氏集說同釋文出鈃云本作鉶

史祝稱之以告鬼神惠棟按宋本同閩監毛本史祝作祝史衛氏集說同

孰其殽骨體也閩監毛本殽下有者殽二字惠棟按宋本同

上通無莫者閩監毛本同段玉裁按本無改元

諡莫爲虛無閩監本同毛本無誤无惠棟按宋本無下有也字

正本元字作無閩監毛本同惠棟按宋本無作无段玉裁按本云正當作定

此論祭饋之節惠棟按宋本有此字衛氏集說同此本此字脫閩監毛本同

饗食賓客兄弟也惠棟按宋本有也字衛氏集說同此本也字脫閩監毛本同

承致多福無疆閩監毛本作承衛氏集說同此本承作丞

孔子曰於呼哀哉節惠棟按云孔子節宋本分魯之郊禘另爲一節

孔子至適矣惠棟按宋本無此五字

杞之郊也節閩監毛本分祝嘏以下另爲一節

杞之至守也惠棟按宋本無此五字

祝嘏莫敢易其常節

祝嘏至大假惠棟按宋本無此五字

言天子諸侯所祭之時閩監本同毛本諸侯二字誤在所祭下

故上文承天之祜閩監毛本文作云下次文是謂合莫又次文是謂大假並同

鄭云將言今不然閩監毛本同考文云宋板鄭上有故字

不如大祥大假之等閩監本如此此本假上衍祥字毛本如作知

祝嘏辭說節

祝嘏至幽國惠棟宋本無此五字

幽闇也閩監毛本有闇字岳本同嘉靖本同衛氏集說同此本闇字脫

國闇者閩監毛本同岳本同嘉靖本同衛氏集說同考文古本作闇國者

醆斝及尸節

醆斝至僭君惠棟按宋本無此五字

冕弁兵革節

冕弁至脅君惠棟按宋本無此五字

脅劫脅也閩監毛本同惠棟按宋本無下脅字

故仕於公曰臣節

故仕至同國　惠棟挍宋本無此五字

卽自稱曰僕　閩監本同毛本卽作則

故天子有田節

大夫有采以處其子孫　惠棟挍宋本宋監本同閩監毛本同石經同岳本同嘉靖本同衛氏集說同考文引古本足利本采下有地字案地字正義亦有

自拱勑也　閩監本同岳本同嘉靖本同衛氏集說同毛本勑作敕

陳靈公與孔甯　閩監毛本同岳本同嘉靖本同惠棟挍宋本甯作寧宋監本同衛氏集說同釋文出孔甯云本又作寧案左傳作寧公羊作甯各依字讀

以取弒焉　閩監毛本同嘉靖本同衛氏集說同岳本脫焉字釋文出取殺

故天子至爲謔　惠棟挍宋本無此六字

若有其大功德　惠棟挍宋本同閩監毛本有其作其有是也

謂令惡起文　閩監毛本同浦鏜挍云謂疑爲字誤

故注云言今不言然也　補案不下言字誤衍

是故禮者節　惠棟挍云是故節宋本分政不正以下另爲一節

肅駿也　閩監毛本同岳本同嘉靖本同衛氏集說同釋文駿作峻

是故至君也　惠棟挍宋本無此五字

大臣至俗敝　惠棟挍宋本無此五字

按釋詁文云　惠棟挍宋本作詁此本詁誤古閩監毛本同下釋詁文又云同

故政者節

謂輝光於外　閩監毛本同衛氏集說同岳本輝作煇嘉靖本同釋文出煇光○按煇輝正俗字

故政至固也　惠棟挍宋本無此五字

施政於外　惠棟挍宋本如此衛氏集說同監本毛本施誤則此本施政誤則故

若政之美盛　閩監本同毛本美誤本衛氏集說亦作美

此亦當云必本於地　閩監毛本同惠棟挍宋本無必字

故云之謂殺地　惠棟挍宋本有之字此本之字脫閩監毛本同

所以藏其身而堅固　惠棟挍宋本同閩監毛本所以藏三字闕

案昭二十五年左傳云　監毛本同考文引宋板同閩本五年左三字闕

以象天明　監毛本同考文引宋板同閩本象天明三字闕

以類其震曜殺戮　監毛本同考文引宋板同閩本其震曜三字闕

皆法天之所爲　惠棟挍宋本同閩監毛本法天之三字闕

下云社者神地之道　惠棟挍宋本同閩監毛本社者神三字闕

有五地之物生者　監毛本同考文引宋板同閩本之物生三字闕

各有所生五地總生萬物　惠棟挍宋本同閩監毛本有所生三字闕

注大傳至義也　考文引宋板同閩本大傳二字闕監毛本大傳誤自禰

言用禰之仁依循而上　監毛本同考文引宋板同閩本仁依循三字闕

以至于禰高者尊重　考文引宋板同衛氏集說同閩本高者二字闕監毛本高誤遠

人君法之施此仁義敎令　惠棟挍宋本同閩監毛本施此仁義四字闕

此五祀鄭云有中霤　惠棟挍宋本同閩監毛本五祀鄭云四字闕

禮記注疏卷二十一挍勘記

附釋音禮記注疏卷第二十二

禮運第九

鄭氏注　孔穎達疏

故聖人參於天地並於鬼神以治政也處其並并也謂比方之也所存禮之序也玩其所樂民之治也存察也治所以樂其事居也。所樂音岳又音洛又五孝反好也注同治直吏反注同下以自治注身治成治皆放此併步頂反故天生時而地生財人其父生而師教之四者君以正用之故君者立於無過之地也順時以養財尊師以教民而以治政則無過差矣易曰何以守位曰仁何以聚人曰財。差初佳反一音初買反曰仁本亦作人

疏故聖至地也。正義曰此一節結上政令之命降于天地宗廟之等使禮儀有序民之治理。故聖人參於天地者政是聖人藏身之固所以聖人參擬於天地則法于天地是也。並於鬼神者並謂比方鬼神則祖廟山川五祀也言比方祖廟山川五祀而爲事以治政者治謂脩治也言參擬天地比並鬼神以脩治政教也。處其所存禮之序也者存謂觀察也天有運移寒暑地有五土生殖廟有祖禰仁義皆是人之所觀察言聖王能處其人所觀察之事以爲政則禮得次序也。玩其所樂民之治也者謂興作器物宮室制度皆是人之所樂聖人能愛玩民之所樂以教於民則民所治理各樂其事業居處也。故君者立於無過之地也者。正義曰若天不生時地不生財父不生子師不教訓直欲令人君教之不可教誨則君多有過今人君順天時以養財尊師傅以教民因自然之性其功易成故人君得立於無過之地言其功易成無過差也

○故君者所明也非明人者也君者所養也非養人者也君者所事也非事人者也故君明人則有過養人則不足事人則失位明猶尊也。養羊向反又如字下同故百姓則君以自治也

養君以自安也事君以自顯也故禮達而分則當爲明人之道身治居安名顯則不苟定故人皆愛其死而患其生生也不義而死舍義而生是不愛死患生也。則君則音明出注分扶問反後文注除三分去一三分益一皆同舍音捨

疏故君至其生。正義曰此一節論政之大體皆下之事上非上之事下也上下分定人皆以死事上。君者所明也者明猶尊也謂在下百姓所尊奉君使之光顯尊明人君非明人者也者非謂遣君尊明在下之人下云君者所養也非養人者也君者所事也非事人者也並與此義同以所明與所養所事文同相類故鄭以明爲尊也。故君明人則有過者君位既尊乃自下綱尊人於理不順故云則有過養人則不足者君唯一身若養百姓力不能周贍故云養人則不足也事人則失位者君尊在上而屈事於在下之人是失位也。故禮達而分定者達謂曉達分謂尊卑之分以下之事上於禮當然人皆知之是禮之曉達尊者居上卑者處下是上下分定也。故人皆愛其死而患其生者愛謂貪愛患謂恥患人皆知禮上下分定君有危難皆欲救之故人皆貪愛其以義而死競欲致死救之恥患其不義而生不欲苟且生也。注則當爲明。正義曰以此則君以自治覆述上文故知則當爲明

○故用人之知去其詐用人之勇去其怒用人之仁去其貪用知者之謀勇者之斷仁者之施足以成治矣詐者害民信怒者害民命貪者害民財三者亂之原。知音智注同去羌呂反後皆同斷丁亂反施始豉反下施生同○故國有患君死社稷謂之義大夫死宗廟謂之變變當爲辯聲之誤也辯猶正也君守社稷臣衛君宗廟者患謂見圍入。之變音辯出注

疏故用至之變。正義曰上既達禮分定患其不義而生因上生下故云故也此論去不義之事。用人之知去其詐者知謂謀計曉達前事詐者不敢爲之故云去其詐用人之勇去其怒者勇謂果敢決斷能除惡人凶暴怒者不敢爲之故云去其怒也。用人之仁去其貪者仁者好施不苟求其財貪者見之心慚止息也故云去其貪也。注用知至之原。正義曰言用此三者足以成治如鄭此言但得知者勇者仁者則足以成治矣何須用詐怒貪者乎故云去之如鄭此言則解之當云選用人知者退去其姦詐者不須用之爲其害民信也用

人之勇者去其忿怒不須用之爲其害民命也用人之仁者去其貪殘不須用之爲其害民財也如注之意指當如此先師既爲前解故備載之任後哲擇焉。注變當至圍入。正義曰變與義相對是正禮明變是惡事故讀爲辯辯即正也以聲相近故致字誤云臣衛君宗廟者恐是臣之宗廟故云衛君宗廟致死按孝經云守其宗廟謂大夫家之宗廟此所以爲君宗廟者以人臣義則進不則退不可致死於已宗廟故爲君宗廟也孝經謂不被黜削恒得守之故爲已宗廟所據意異也。

○故聖人耐以天下爲一家以中國爲一人者非意之也必知其情辟於其義明於其利達於其患然後能爲之耐古能字傳書世異古字時有存者則亦有今誤矣意心所無慮也辟開也。耐音能辟婢亦反徐芳益反傳丈專反。疏 故聖至爲之。正義曰此承上君死社稷以統於下然後能治其國因上生下故云故也聖人耐以天下爲一家以中國爲一人者此孔子說聖人所能以天下和合共爲一家能以中國共爲一人者問其所能致之意。非意之也者釋其能致之理所以能致者非是以意測度謀慮而已須知其諸事謂以下之事。必知其情者謂必知民之情也則下文七情是也。辟於其義者謂開其義以教之則下文父慈子孝十者之類是也。明於其利者謂顯明利事以安之則下文講信脩睦是也。達於其患者謂曉達其禍患而防護之則下文爭奪相殺是也。然後能爲之者聖人必知此情義利患然後能使天下爲一家中國爲一人皆感義懷德而歸之。注耐古至開也。正義曰按說文云耐者鬚也鬚謂頤下之毛象形字也古者犯罪以髡其鬚謂之耐罪故字從寸寸爲法也以不虧形體猶堪其事故謂之耐漢書惠帝紀中具有其事古之能字爲此耐字取堪能之義故古之能字皆作耐字後來能字乃假借鼈三足爲能是後世傳書世人殊異耐字悉作能也故云傳書世異今書雖悉作能或有作耐字者則此耐以天下爲一家及樂記云人不耐無樂仍作耐字是古字時有存者云則亦有今誤矣者今書雖存古字爲耐亦有誤不安寸直作而字則易屯彖云利建侯而不寧及劉向說苑能字皆爲而也是亦有今誤矣按鄭注樂記耐古能字後世變之此獨存焉古以能爲三台字兩注雖異其意同矣彼云後世變之即此傳書世異也彼云此獨存焉即此云古字時有存者云古以能爲三台字者謂今世以能字爲堪能之能古者以能字爲三台字是古

今異也云意心所無慮者謂於無形之處用心思慮無慮節慮無也宣十二年左傳云前茅慮無是備慮無形之處謂聖人以德義而感天下非是以意豫前無時以惻度思慮故云非意也一云心所無慮謂心無所思慮但知其情等而已。

○何謂人情喜怒哀懼愛惡欲七者弗學而能何謂人義父慈子孝兄良弟弟夫義婦聽長惠幼順君仁臣忠十者謂之人義講信脩睦謂之人利爭奪相殺謂之人患極言人事。惡烏路反下皆同弟弟上如字下音悌長丁丈反爭爭鬭之爭。故聖人之所以治人七情脩十義講信脩睦尚辭讓去爭奪舍禮何以治之唯禮可耳飲食男女人之大欲存焉死亡貧苦人之大惡存焉故欲惡者心之大端也人藏其心不可測度也美惡皆在其心不見其色也欲一以窮之舍禮何以哉言人情之難知明禮之重。度大洛反見賢遍反。疏 何謂至以哉。正義曰此一節以上經情義利患四者聖人皆知之能有天下故此覆釋情義利患必須禮以治之又明人之欲惡在心難知若其舍禮無由可也。喜怒哀懼愛惡欲者案昭二十五年左傳云天有六氣在人爲六情謂喜怒哀樂好惡此之喜怒及哀惡與彼同也此云欲則彼云樂也此云愛則彼好也謂六情之外增一懼而爲七熊氏云懼則怒中之小別以見怒而怖懼耳六氣謂陰陽風雨晦明也按彼傳云喜生於風怒生於雨哀生於晦樂生於明好生於陽惡生於陰其義可知也。何謂人義父慈子孝兄良弟弟夫義婦聽長惠幼順君仁臣忠者此文先從親者爲始以漸至疏故長幼在後君臣處末按昭二十六年左傳云君令臣共父慈子孝兄愛弟敬夫和妻柔姑慈婦聽與此大同兄愛即此兄良也弟敬即此弟弟也夫和即此夫義也故彼云夫和而義妻柔即此婦聽也君令即此君仁也以仁恩而號令臣共即此臣忠也又隱三年左傳云君義臣行父慈子孝兄愛弟敬義亦同但傳之二

文皆以國家之事言之故先君臣後父子但異人之說既有多少不皆同也○治人七情脩十義講信脩睦者七情好惡不定故云治十義俱是義事故云脩信是深隱故須講睦恐乖離故云脩各隨事立文也○欲惡者心之大端也者端謂頭緒飲食男女是人心所欲之大端緒也死亡貧苦是人心所惡之大端緒也○人藏其心不可測度者言人深心厚貌內外乖違包藏欲惡之心既無形體不可測度而知故美惡皆在其心外邊不見其色欲一窮之舍禮何以哉者一謂專一窮謂窮盡言人君欲誠慤專一窮盡人美惡之情若舍去其禮更將何事以知之哉禮所以知人心者有事於中心貌必見於外若七情美善十義流行則舉動無不合禮若七情違辟十義虧損則動作皆失其法故云舍禮何以哉○

故人者其天地之德陰陽之交鬼神之會五行之秀氣也言人兼此氣性純也【疏】故人至氣也○正義曰上既言禮知人情從此以下言人感天地鬼神而生聖王還因天地鬼神作其法則以化人所以人情萬物可知也○故人者天地之德者天以覆爲德地以載爲德人感覆載而生是天地之德也○陰陽之交者陰陽則天地也據其氣謂之陰陽據其形謂之天地獨陽不生獨陰不成二氣相交乃生故云陰陽之交也○鬼神之會者鬼謂形體神謂精靈祭義云氣也者神之盛也魄也者鬼之盛也必形體精靈相會然後物生故云鬼神之會○五行之秀氣也者秀謂秀異言人感五行秀異之氣故有仁義禮知信是五行之秀氣也故人者天地之德陰陽之交是其氣也鬼神之會五行之秀是其性也故注云兼此氣性純也今按下文云鬼神以爲徒覆說此經鬼神不云陰陽鬼神者陰陽鬼神天地中物故不重陳鄭下注鬼神謂山川也此義未知孰是故兩存焉○**故天秉陽垂日星**秉猶持也言天持陽氣施生照臨下也○**地秉陰竅於山川播五行於四時和而后月生也是以三五而盈三五而闕**竅孔也言地持陰氣出內於山川以舒五行於四時此氣和乃后月生而上配日若臣功成進爵位也一盈一闕屈伸之義也必三五者播五行於四時也一曰水二曰火三曰木四曰金五曰土合爲十五之成數也○竅除苦弔反播彼佐反舒也五行四時絕句本亦作播五行於四時伸音升**五行之動迭相竭也五行四時十二月還相爲本也五聲六律十二管還相爲宮也五味六和十二食還相爲質也五色六章十二衣還相爲質也**竭猶負戴也言五行運轉更相爲始也五聲宮商角徵羽也其管陽曰律陰曰呂布十二辰始於黃鍾管長九寸下生者三分去一上生者三分益一終於南呂更相爲宮凡六十也五味酸苦辛鹹甘也和之者春多酸夏多苦秋多辛冬多鹹皆有滑甘是謂六和五色六章畫繢事也周禮考工記曰土以黃其象方天時變火以圜山以章水以龍鳥獸蛇雜四時五色之位以章之謂之巧也○迭大計反又田結反竭義作揭其列反負擔也還音旋下同六和戶臥反注同更古衡反下同徵張里反南事律各京房律始於執始終於南事凡六十繢戶對反圜音環又音圓【疏】故天至質也○正義曰此一節以上經人稟天地陰陽鬼神五行而生此又述明天地之德及五行之氣也以陰陽鬼神是天地中物故不重陳但陳天地與五行耳○故天秉陽垂日星此論大德言天秉持陽氣垂懸日星以施生照臨於下也○地秉陰竅於山川此一經揔論地之德也謂地秉持於陰氣竅孔也爲孔於山川以出納其氣也播五行於四時者播謂播散五行金木水火土之氣於春夏秋冬之四時也○和而后月生也者若四時不和日月乖度寒燠失所則月不得依時而生若五行四時調和道度不失而后月依時而生也是以三五而盈三五而闕者以其依時得節是以三五十五日而得盈滿又三五十五日而虧闕也日無虧闕之理故前經天德直言垂日星地既播五行之氣月有虧盈之理故須備言之故畧於天德而詳於地德也○五行之動迭相竭也前經論天地既畢故此更論五行之動動謂運轉竭謂負載言五行運轉迭相負竭猶若春時木王則水爲終謝迭往王者爲負竭夏火王則負竭於木也○五行四時十二月還相爲本也猶若孟春則建寅之月爲諸月之本仲春則以建卯之月爲諸月之本是還迴迭相爲本也○五聲六律十二管還相爲宮也五聲謂宮商角徵羽六律謂陽律也舉陽律則陰呂從之可知故十二管也十一月黃鍾爲宮十二月大呂爲宮是還迴迭相爲宮也○五味六和十二食還相爲質也五味爲酸苦辛鹹加之以滑與甘爲六和也每月之首各以其物爲質是十二月之食還相爲質也五色六章十二衣還相爲質也五色謂青赤黃白黑據五方也六章者兼天玄也以玄黑爲同色則五中通玄績以對五方則爲六色爲六章也爲十二月之衣各

以色爲質故云還相爲質也○注竅孔至數也○正義曰地持陰氣出納於山川氣有陰氣陽氣皆出於地地體是陰故雖陽氣亦摠謂之陰氣也云以舒五行於四時者謂氣在地中含藏聚斂出於地則舒散故云舒五行於四時也定本無於字直云播五行四時謂宣播五行及四時也五行四時者以金木水火各爲一行土無正位分寄四時故云播五行於四時也云此氣和乃后月生而上配日若臣功成進爵位也者此氣謂此五行之氣凡月體之生稟於日光若氣之不和日月行度差錯失於次序則月生不依其時若其五行氣和則月依其時而生上配日也猶若治理得所臣之功成進受爵位上配君也云一盈一闕屈伸之義也者盈謂月光圓滿若臣之進受高位是其伸也闕謂月光虧損若臣之退就下位是其屈也云一日水二日火以下是尚書洪範文也積一二三四五摠爲十五也○注竭猶至巧也○正義曰竭是擔竭之名故爲負戴負爲背負戴謂頭戴也云言五行運轉更相爲始也者解負戴之義也物之在人上謂之爲負戴氣之過去在上者其在下者亦負戴也春爲木王負戴於水夏爲火王負戴於木秋爲金王負戴於火冬爲水王負戴於金是也更相爲始負戴前氣也云其管陽曰律陰曰呂布十二辰始於黃鍾管長九寸下生者三分去一上生者三分益一皆

律厤志文云終於南呂更相爲宮凡六十也者以十二管更相爲宮以黃鍾爲始當其爲宮備有五聲言黃鍾下生林鍾林鍾上生大蔟大蔟下生南呂南呂上生姑洗姑洗下生應鍾應鍾上生蕤賓蕤賓上生大呂大呂下生夷則夷則上生夾鍾夾鍾下生無射無射上生中呂此則相生之次也隨其相生之次每辰各自爲宮各有五聲十二管相生之次至中呂而帀黃鍾爲第一宮下生林鍾爲徵上生大蔟爲商下生南呂爲羽上生姑洗爲角林鍾爲第二宮上生大蔟爲徵下生南呂爲商上生姑洗爲羽下生應鍾爲角大蔟爲第三宮下生南呂爲徵上生姑洗爲商下生應鍾爲羽上生蕤賓爲角南呂爲第四宮上生姑洗爲徵下生應鍾爲商上生蕤賓爲羽上生大呂爲角姑洗爲第五宮下生應鍾爲徵上生蕤賓爲商上生大呂爲羽下生夷則爲角應鍾爲第六宮上生蕤賓爲徵上生大呂爲商下生夷則爲羽上生夾鍾爲角蕤賓爲第七宮上生大呂爲徵下生夷則爲商上生夾鍾爲羽下生無射爲角大呂爲第八宮下生夷則爲徵上生夾鍾爲商下生無射爲羽上生中呂爲角夷則爲第九宮上生夾鍾爲徵下生無射爲商上生中呂爲羽上生黃鍾爲角夾鍾爲第十宮下生無射爲徵上生中呂爲商上生黃鍾爲羽下生林鍾爲角無射爲第十一宮上生中呂爲徵上生黃鍾爲

商下生林鍾爲羽上生大蔟爲角中呂爲第十二宮上生黃鍾爲徵下生林鍾爲商上生大蔟爲羽下生南呂爲角是十二宮各有五聲凡六十聲南呂最處於末故云終於南呂以此言之則南呂爲是然諸本及定本多作終於南事則是京房律法按漢元帝時郎中京房知五音十二律之數上使大子大傅韋玄成等親試問房於樂府房對受學故小黃令焦延壽等六十律相生之法以上生下皆三生二以下生上皆三生四陽下生陰陰上生陽終於中呂而十二律畢矣中呂上生執始執始下生去滅上下相生終於南事六十律畢矣夫十二律之變至於六十猶八卦之變至於六十四也宓犧作易紀陽氣之初以爲律法建日冬至之聲以黃鍾爲宮大蔟爲商姑洗爲角林鍾爲徵南呂爲羽應鍾爲變宮蕤賓爲變徵此聲氣之元五音之正也故各統一日其餘以次運行當月者各自爲宮而商徵以類定焉禮運篇曰五聲六律十二管還相爲宮此之謂也以六十律分一期之日黃鍾自冬至始及冬至而後陰陽寒燠風雨之占生焉於以檢攝羣音考以其高下黃鍾下生林鍾黃鍾爲宮大蔟爲商林鍾爲徵一日律九寸色育下生謙待色育爲宮未知商謙待徵六日律八寸九分分微強執始下生去滅執始爲宮時息商去滅徵六日律八寸八分小分八弱丙盛下生安度丙盛爲宮屈

齊商安度徵六日律八寸七分小分六微弱分動下生歸嘉分動爲宮隨期商歸嘉徵六日律八寸六分小分四強質未下生否與質未爲宮刑晉商否與徵六日律八寸五分小分二強大呂下生夷則大呂爲宮夾鍾商夷則徵八日律八寸四分小分三弱分否下生解刑分否爲宮開時商解刑徵八日律八寸三分小分一強陵陰下生去南陵陰爲宮侯嘉商去南徵八日律八寸二分一少弱少出下生分積少出爲宮爭南商分積徵六日律八寸小分九強大蔟下生南呂大蔟爲宮姑洗商南呂徵一日律八寸未知下生白呂未知爲宮南授商白呂徵六日律十寸九分小分八強時息下生結躬時息爲宮變虞商結躬徵二日律七寸八分小分九強屈齊下生歸期屈齊爲宮路時商歸期徵七日律七寸七分小分九強隨期下生未卯隨期爲宮刑始商未卯徵六日律七寸六分小分八強刑晉下生夷汗刑晉爲宮依行商夷汗徵六日律七寸五分小分八弱夾鍾下生無射夾鍾爲宮中呂商無射徵六日律七寸四分小分九強開時下生閉掩開時爲宮南中商閉掩徵七日律七寸三分小分九微強侯嘉下生鄰齊侯嘉爲宮內負商鄰齊徵七日律七寸一分小分九微強爭南下生期保爭南爲宮摠應商期保徵七日律七寸一分小分九強姑洗下生應鍾姑洗爲宮蕤賓商應鍾徵一日

律七寸一分小分一徵强南授下生分烏南授爲宮南事商分烏徵六日律七寸小分九大强變虞下生遲內變虞爲宮盛變商遲內徵六日律七寸小分一。强路時下生未育路時爲宮離躬商未育徵六日律六寸九分小分二徵强刑始下生遲時刑始爲宮制時商遲時徵五日律六寸八分小分三弱依行上生色育依行爲宮嫌待商色育徵七日律六寸七分小分三大强中呂上生執始中呂爲宮去滅商執始徵八日律六寸六分小分六弱南中上生丙盛南中爲宮安度商丙盛徵七日律六寸五分小分七徵弱內負上生分動內負爲宮歸嘉商分動徵八日律六寸四分小分八。强揔應上生質未揔應爲宮否與商質未徵七日律六寸三分小分九。强蕤賓上生大呂蕤賓爲宮夷則商大呂徵一日律六寸三分小分二徵强南事下生南事窮無商徵不爲宮七日律六寸三分小分一弱盛變上生分否盛變爲宮解刑商分否徵七日律六寸二分小分三大强離躬上生陵陰離躬爲宮去南商陵陰徵七日律六寸一分小分五徵强制時上生少出制時爲宮分積商少出徵八日律六寸小分七。弱林鍾上生大蔟林鍾爲宮南呂商大蔟徵一日律六寸謙待上生未知謙待爲宮白呂商未知徵五日律五寸九分小分九弱去滅上生時息去滅爲宮結躬商時息徵七日律五寸九分小分三

弱安度上生屈齊安度爲宮歸期商屈齊徵六日律五寸八分小分四。弱歸嘉上生隨期歸嘉爲宮未卯商隨期徵六日律五寸七分小分六徵强否與上生刑晉否與爲宮夷汗商刑晉徵五日律五寸六分小分八。强夷則上生夾鍾夷則爲宮無射商夾鍾徵八日律五寸六分小分二弱解刑上生開時解刑爲宮閉掩商開時徵八日律五寸五分小分四强去南上生侯嘉去南爲宮鄰齊商侯嘉徵八日律五寸四分小分六大强分積上生爭南分積爲宮期保商爭南徵七日律五寸三分小分九。强南呂上生姑洗南呂爲宮應鍾。姑洗徵一日律五寸二分小分三强白呂上生南授白呂爲宮分烏商南授徵五日律五寸三分小分二强結躬上生變虞結躬爲宮遲內商變虞徵七日律五寸二分小分六强歸期上生路時歸期爲宮未育商路時徵六日律五寸一分小分九徵强未卯上生刑始未卯爲宮遲時商刑始徵六日律五寸一分小分二徵强夷汗上生依行夷汗爲宮色育商依行徵五日律五寸小分五强無射上生中呂無射爲宮執始商中呂徵八日律四寸九分小分九强掩閉上生南中掩閉爲宮丙盛商南中徵八日律四寸九分小分二弱鄰齊上生內負鄰齊爲宮分動商內負徵七日律四寸八分小分六徵强期保上生揔應期保爲宮質未商揔應徵八日律四寸七分小分九徵强應鍾上生蕤賓應鍾爲宮大呂商蕤賓徵一日律四寸九分小分四徵强分烏上生南事分烏窮夾無徵不爲宮七日律四寸七分小分三徵强遲內上生盛變遲內爲宮分否商盛變徵八日律四寸六分小分八弱未育上生離躬未育爲宮陵陰商離躬徵八日律四寸六分小分一少强遲時上生制時遲時爲宮少出商制時徵六日律四寸五分小分五弱又京房易云十二律得位者生五子失位者生三子不失不得生四子五律得位各生五子謂黃鍾大蔟姑洗林鍾南呂也五五二十五并本五凡三十也失位者生三子亦五律謂大呂夾鍾中呂夷則無射三五十五并本五凡二十二十就三十合成五十也不得不失者生四子謂蕤賓應鍾也二四爲八并本二爲十也十就五十合爲六十也言其得位者謂以陽居陽以陰居陰失位者謂以陽居陰以陰居陽不失不得者處陰陽交際之間也又黃鍾大蔟等七律各統一日自爲宮其餘五十三律隨所生日六七等爲其日之宮則周一期日數如京房所述然其所生者則黃鍾生也育執始大呂生分否陵陰之類是也其上生三分益一下生三分損一皆漢書律厤志文云春多酸夏多苦秋多辛冬多鹹皆有滑甘周禮食醫之文以四時有四味皆有滑有甘益之爲六也是爲六和也云五色六章畫繢事也者繢猶畫也然初畫

曰畫成文曰繢鄭注司服云畫以爲繢是也云周禮考工記日至謂之巧也證繢畫有五色六章也上以黃其象方者言若畫作土必黃而四方之象地之黃而方鄭注古人之象無天地也爲此記者見時有之耳云天時變者畫作天則無定色是隨四時色而爲之也鄭司農云畫天隨四時色云火以圜者鄭司農云爲圜形似火鄭康成云形如半環然云山以章者鄭康成云獐山物也云水以龍者鄭云龍水物云鳥獸蛇者鄭康成云所謂華蟲也蟲之毛鱗有文采者云雜四時五色之位以章之謂之巧者鄭康成云章明也繢繡皆用五采鮮明之是爲巧庾云鄭注考工記以六章爲當時行非古人之象而引之以曾此者明亦周制也其十二管每月各一得有還相爲宮其事可明其食與衣服唯有四時之異故周禮春多酸謂月令食麥與羊春三月其食皆同夏秋冬亦然無月別之異故月令云春衣青衣夏衣赤衣三月俱同亦無每月之異此云十二食十二衣似月別各別衣食者熊氏云此是異代之法故與周禮月令不同或則每時三月衣食雖同大揔言之一歲之中有十二月之異故揔云十二也

○故人者天地之心也，五行之端也，食味別聲被色而生者也。此言兼氣

生之效也。別彼列反被皮義反徐法義反

故聖人作則必以天地爲本以陰陽爲端以四時爲柄以日星爲紀月以爲量鬼神以爲徒五行以爲質禮義以爲器人情以爲田四靈以爲畜

天地以至於五行其制作所取象也禮義人情其政治也四靈者其徵報也此則春秋始於元終於麟包之矣呂氏說月令而謂之春秋事類相近焉量猶分也鬼神謂山川也山川助地通氣之象也器所以操事田人所捊治也禮之位賓主象天地介僎象陰陽四面之位象四時三賓象三光夫婦象日月亦是也。柄本又作枋兵命反量音亮下同畜許又反下同治直吏反麟良人反近附近之近操七刀反捊薄侯反徐音普溝反介僎上音界下音遵

【疏】故人至爲畜。正義曰此一節以前文論人稟天地五行氣性而生此以下論稟氣性之有效驗各依文解之。故人者天地之心也者天地高遠在上臨下四方人居其中央動靜應天地天地有人如人腹內有心動靜應人也故云天地之心也王肅云人於天地之間如五藏之有心矣人乃生之最靈其心五藏之最聖也。五行之端也者端猶首也萬物悉由五行而生而人最得其妙氣明仁義禮智信爲五行之首也王云端始用五行者也。食味者人既是天地之心五行之端故有此下之事也五行各有味人則並食之別聲者五行各有聲人則含之皆有分別也。被色者五行各有色人則被之以生也被色謂人含帶五色而生者也五行有此三種最爲彰著而人皆稟之以生故爲五行之端者也然味言食聲言別色言被各別隨義爲言也。注此言兼氣性之効也。正義曰此並是五行彰著之事而人氣性有之故云兼氣性之効也然前注五行秀氣亦言兼此氣性純而此云氣性効者前明之始此明之末以末故云効効猶驗實也即五味五聲五色是其効也。故聖至爲畜。故聖人作則必以天地爲本則法也本根本也人既是天地之心又帶五色五行五味故聖人作法必用天地爲根本也祭帝於郊祭社於國是用天地爲本也然則自此至四靈以爲畜凡十句分爲三重此至五行以爲質七句明聖人制教所法象也又自禮義人情二句明聖人爲治政之時事也又四靈一句明徵報之功也。以陰陽爲端者端猶首也用天地爲根本又自陰陽爲端首也猶如劒戟以近柄處爲根本以鋒杪爲端首也聖人制法左右法陰陽及賞以春夏刑以秋冬是法陰陽爲端首也。以四時爲柄者春生夏長秋歛冬藏是法四時爲柄也劒戟須柄而用之聖人爲教象須法四時而通也。以日星爲紀者紀綱紀也日行有次度星有四方列宿分部昏明敬授民時是法日星爲綱紀也。月以爲量者量猶分限也天之運行每三十日爲一月而聖人制教亦隨人之才分是法月爲教之限量也。鬼神以爲徒者鬼神謂山川鬼神助地以通氣是以爲地之徒屬聖王象之樹立羣臣助已以施教爲已徒屬也。五行以爲質者質體也五行循迴不停周而復始聖人爲教亦循還復始是法五行爲體也。禮義以爲器者此以下二句明聖人爲治政時事也上既有法象爲先故可執禮義爲器用如農夫之執耒耜也。人情以爲田者禮義以爲器可耕於人情人情得禮義之耕如田得耒耜之耕也。四靈以爲畜者此一句明徵報也聖人既法象天地用禮義耕人情故獲天地應以徵報也四靈並至聖人畜之如人養牛馬爲畜然自天地爲本至此凡十句上四句皆以以字在於事上從月以爲量以下六句以字置於事下者上明天道事遠故以字在事上連於天也後明地道之事近故以字居下欲連於人按前經云人者天地之德陰陽之交鬼神之會五行之秀氣備論四者此經云天秉陽覆說天有日星次經云地秉陰地有四時并有月也次經云五行之動覆說五行也於前天地陰陽鬼神五行之中唯說天地與五行舉其大者此經揔覆前事故云以天地爲本以陰陽爲端以四時爲柄以日星爲紀月以爲量鬼神以爲徒五行以爲質皆覆說前事禮義以爲器覆說上舍禮何以哉。人情以爲田覆說上人情也四靈以爲畜一句論若行以前諸事施之得所則四靈報應也。注天地至是也。正義曰天地以至於五行制作所取象也者天地陰陽四時日星月量鬼神五行等皆外物非人所行故云所取象也謂聖人所法象以爲教也云禮義人情其政治也者此是人親自行故云其政治謂聖人行之爲政以治天下也云此則春秋始於元終於麟包之矣者言此一經初以天地爲本終以四靈爲畜是當春秋始於元年終於獲麟也包之者謂春秋元年以後獲麟以前包籠此天地陰陽四時星辰日月之等按春秋書元年春王正月公即位爲五始元者氣之始則天地也春者四時之始則四時也王者政教之始則禮義也正月者十二月之始則月以爲量也公即位者即一國之始亦禮義也熊氏云春秋書郊祭天是天也書地震是地也書冬無冰是陽也書大雨雹是陰也書春夏秋冬是四時也又四時陰陽也隱元年公子益師卒公不與小歛故不書日春秋記事皆書日是日也莊七年恒星不見是星也春秋記事皆有月是月也

僖十四年沙鹿崩成五年梁山崩是土也桓二年取郜大
鼎是金也成十六年雨木冰是木也桓元年秋大水是水也
宣十六年成周宣榭火是火也莊二十九年城諸及防是土
也金木水火土即五行也春秋得禮則褒失禮則貶是禮義
也桓元年公即位先君被弑而行即位安忍其喪其情惡也
莊元年不書即位文姜出不忍行即位之禮其情善也此是
人情也哀十四年西狩獲麟是四靈爲畜也云呂氏說月令
而謂之春秋事類相近焉者呂氏謂呂不韋也說十二月之
令謂爲呂氏春秋事之倫類與孔子所脩春秋相附近焉月
令亦載天地陰陽四時日月星辰五行禮義之屬故云相近
也云器所以操事者操執也謂操執所爲之事若手秉耒耜
耕田之事手操執之云田人所捊治也者捊謂以手捊聚即
耕種耘鋤也即上汙尊而抔飲之類也云禮之位至三光是
鄉飲酒義文賓於西北象天主於東南象地介是賓副坐於
西南象天嚴凝之氣始於西南僎是主人之輔禮者坐於東
北象陽氣之始是介僎象陰陽主人在阼階西面賓在戶西
南面介在西階東面僎在房戶之間南面以四者位殊故爲
四面之位象四時云三賓者衆賓三人在正賓西南面是爲
三賓也禮器云君在阼夫人在房象日月也云亦是也者以
禮之取象其數非一以無正文故取此義而明之故云亦是

言亦是法象之義也以天地爲本故物可舉也物天地所養生以
陰陽爲端故情可睹也情以陰陽通也○睹丁古反以四時爲
柄故事可勸也事以四時成○以日星爲紀故事可列
也事以日與星爲候興作有次第月以爲量故功有藝也藝猶才也十二月各有分猶人之才各有所長也藝或爲倪○倪五計反覰也鬼神以爲徒故事有守
也山川守職不移五行以爲質故事可復也事下竟復由上始也禮
義以爲器故事行有考也考成也器利則事成人情以爲
田故人以爲奧也奧猶主也田無主則荒○四靈以爲畜故
飲食有由也由用也四靈與羞物爲羣疏以天至由也○正義曰此一節覆明前經諸事
若行諸事治理皆應則萬事得成也以天地爲本故萬物可
舉也天地生養萬物今本天地而爲政教故萬物可舉而興

也○以陰陽爲端故人情可睹也人情與陰陽相通今法陰
陽爲教故人情無隱所以可睹見也○以四時爲柄故事可
勸也生長收藏隨時無失故民不假督斷而事自勸成也○
以日星爲紀故事可列也列猶次第也日中星鳥敬授民時
無失早晚故民事有次第也○月以爲量故功有藝也藝猶
才也十二月限分猶人才各有所長聖人隨人才而教之則
人竭其才之所長而爲功故云功有藝也○鬼神以爲徒故
事有守也山川鬼神各有分職不移今爲教引鬼神爲徒屬
則事無失業故云事有守也○五行以爲質故事可復也五
行周而復始週迴無窮爲教法則此則事必不絕故云可復
反也○禮義以爲器故事行有考也考成也工欲善其事
必先利其器若治國用禮義爲器是器之利者故所治之事
行必有成也○人情以爲田故人以爲奧也上人是民下
人是聖人奧主也田無主則荒廢故用人爲主今以人情爲
田用聖人以爲田主則人情不荒廢也○四靈以爲畜故飲
食有由也由用也靈是衆物之長長既至爲聖人所畜則其
屬並隨其長而至得以充庖廚是飲食有用也○注情以陰
陽通也○正義曰按易文言云同聲相應同氣相求水流濕
火就燥是萬物之情因陰陽而通也○注事下竟復由上始
也○正義曰五行相次終而復始凡所營爲之事亦終而復

始故云事下竟復由上始也謂事於下終未竟了更復從上
而始也○注考成至事成○正義曰考成也釋詁文論語云
工欲善其事必先利其
器是器利則事成也何謂四靈麟鳳龜龍謂之
四靈故龍以爲畜故魚鮪不淰鳳以爲畜故
鳥不獝麟以爲畜故獸不狘龜以爲畜故人
情不失淰之言閃也獝狘飛走之貌也失猶去也龜北方之靈信則至矣○鮪于軌反魚名淰音審徐舒冉
反獝字又作獝泥必反狘泥越反閃失冉反疏何謂至不失○正義曰此一經以上有四靈之文更復解四靈
之事故記人假問荅以明四靈也何謂四靈麟鳳龜龍謂之
四靈者問荅四靈名也謂之靈者謂神靈以此四獸皆有神
靈異於他物故謂之靈○故龍以爲畜故魚鮪不淰解飲食
有由之義也淰水中驚走也魚鮪從龍者龍既來爲人之畜
故其屬見人不淰然驚走也○鳳以爲畜故鳥不獝獝驚飛
也鳥從鳳鳳既來爲人之畜故其屬見人不獝然驚飛也
○麟以爲畜故獸不狘狘驚走也獸從麟者麟既來爲人之
畜故其屬見人不狘然驚走也龜以爲畜故人情不失以龜

知人情龜既來應人知人情善惡故人各守其行其情不失也然上三靈皆言其長來而族至則此應云龜以爲畜而甲族馴狎今獨云其感信而至者與上三族相互也此言感信則上亦感仁義禮而至也但因龜是知人情之易見者故就龜而言耳又初陳四靈麟在初者孔子獲麟記者隨時所見爲先也後列以龍爲首依四方之舊次也○注淰之至至矣正義曰巳讀淰爲閃者淰是水中之形狀故字從水閃是忽有忽無故字從門中人也人在閃中或見或不見猶見飛而猶起狘是狘然驚走故云獝狘飛走之貌也云龜北方之靈信則至矣者按月令冬云其蟲介注云龜鼈之屬則龜爲水蟲水主信故信則至知水生信者易乾鑿度云陽氣合閉信之類故北方水爲信水既爲信信則土爲知也故乾鑿度云四時之義皆法中央中央土者可以兼四方之行知之決也是土爲知但水土二行俱有信知故樂緯云宮致鳳皇身信羽致鹵昌身知又中庸注云水神則信土神則知是土水俱有信知龜屬北方水大戴禮及樂緯云介蟲三百六十龜爲長鱗蟲三百六十龍爲長羽蟲三百六十鳳爲長毛蟲三百六十麟爲長按月令春其蟲鱗則龍屬東方木也夏其蟲羽則鳳屬南方火也秋其蟲毛則麟屬西方金也按異義說左氏者以昭二十九年傳云水官不脩故龍不至以水生木故爲脩母

致子之說故服虔注獲麟云麟中央土獸土爲信信禮之子脩其母致其子視明禮脩而麟至思睿信立而白虎優言從父成而神龜在沼聽聰知正則名川出龍貌恭性仁則鳳皇來儀又毛詩傳云麟信而應禮又云騶虞義獸有至信之德則應之皆爲以脩母致子之義也若鄭康成之說則異於此脩當方之事則當方之物來應故異義公羊說哀十四年獲麟此受命之端周亡失天下之異左氏說麟是中央軒轅大角獸孔子脩春秋者札脩以致其子故麟來爲孔子瑞陳欽說麟西方毛蟲孔子作春秋有立言西方兌兌爲口故麟來許慎謹按公議郎尹更始待詔劉更生等議石渠以爲吉凶不並瑞災不兼今麟爲周亡天下之異則不得爲瑞以應孔子至玄之聞也洪範五事二曰言言作從從作乂乂治也言於五行屬金孔子時周道衰亡已有聖德無所施用作春秋以見志其言少從以爲天下法故應以金獸性仁之瑞賤者獲之則知將有庶人受命而行之受命之徵已見則於周將亡事勢然也與者爲瑞亡者爲災其道則然何吉凶不並瑞災不兼之有乎如此脩母致子不若立言之說密也如鄭此說從陳欽之義以孔子有立言之教故致其方毛蟲熊氏申鄭義云若人臣官脩則脩母致子之應左氏之說是也君人君脩其方則當方來應孔子脩春秋爲素王法以立言故西

方毛蟲來應未知然否且具錄焉或以脩母致子康成所以不用也故異義公羊說麟木精左氏說麟中央軒轅大角之獸陳欽說麟是西方毛蟲許慎謹按禮運云麟鳳龜龍謂之四靈龍東方也虎西方也鳳南方也龜北方也麟中央也鄭駮云古者聖賢言事亦有効三者取象天地人四者取象四時五者取象五行今云麟鳳龜龍謂之四靈是則當四時明矣虎不在靈中空言西方虎者麟中央得則無近誣乎如鄭此言是麟非土精無脩母致子之義也四靈配四方如上所說若其取象理有多途虎雖屬西方以其淺毛得屬中央土也故月令中央土其蟲倮注云虎豹之屬恒淺毛又於陰陽虎屬寅是也麟屬東方取其性仁則屬木也故公羊說麟者木精鄭云金九以木八爲妻金性義木性仁得陽氣性似父得陰氣性似母麟毛蟲得木八之氣而性仁鶡冠子云麟北方玄枵之獸是取象不一也鳳屬南方亦屬中央故樂緯云官致鳳皇是也龜屬北方亦屬天五行傳云一曰貌時有龜孽是也龍屬東方亦屬天五行傳云皇之不極則有龍蛇之孽是也五行傳又云二曰言時則有介蟲之孽三曰視時則有倮蟲之孽是取象既多理非一概今以煩而無用故不備言其數也釋獸云麐麕身牛尾一角京房易傳云麟麕身牛尾馬蹄有五采腹下黃高丈二廣雅云麒麟狼頭肉角含

仁懷義音中鍾呂行中規矩遊必擇地詳而後處不履生蟲不折生草不羣居不侶行不入檻穽不入羅網文章斌斌故呼爲大角之獸也○

○故先王秉蓍龜列祭祀瘞繒宣祝嘏辭說設制度故國有禮官有御事有職禮有序皆卜筮所造置也埋牲曰瘞幣帛曰繒宣猶揚也繒或作贈○蓍音尸瘞於例反一音於器反繒本又作增同似仍反又則登反又似登反

○故先王患禮之不達於下也患下不信也○

【疏】故先至有序○正義曰此一節論上既言龜知人情故此言卜筮所造置之事故先王有事秉蓍龜既知人情因美龜德也先王聖人將有大事必秉執蓍龜而問吉凶言蓍者凡卜皆先筮故兼言之也○列祭祀自此至禮有序皆秉蓍龜事也陳列祭祀謂郊廟以下皆用卜筮也瘞繒者瘞埋也謂祀地埋牲也祭法云瘞埋於泰折祭地也幣帛曰繒繒之言贈也謂埋告又贈神也○宣祝嘏辭說宣揚也祝嘏有舊辭更宣揚告神也○設制度謂造宮室城隍車旗之屬也○故國有禮上諸事既並用卜筮故國家必有其禮也○官有御國既有禮故百官各御其事也○

事有職官既有御故百事各有職主也。禮有序者凡所行禮皆有次序也。故先王患禮之不達於下也。正義曰此一經爲下生文雖並用卜筮而民下猶未見信先王患之更爲下諸事使達下也 〇故祭帝於郊所以定天位也祀社於國所以列地利也祖廟所以本仁也山川所以儐鬼神也五祀所以本事也故宗祝在廟三公在朝三老在學王前巫而後史卜筮瞽侑皆在左右王中心無爲也以守至正此所以達禮於下也教民尊神愼居處也宗宗人也瞽樂人也有四輔也。儐皇音賓敬也舊必信反朝直遙反下同筮市制反瞽音古侑音又。〔疏〕故宗至至正 〇正義曰此一節論上云禮有序故記人因說禮須達下之事。〇故祭帝於郊所以定天位也者天子至尊而猶祭於郊以行臣禮而事天也是欲使嚴上之禮達於下天高在上故云定天位也亦即是必本於天也。〇祀社於國所以列地利也者天子至尊

而猶自祭社欲使報恩之禮達於下也地出財故云列地利也亦即是命降于社之謂殽地也。〇祖廟所以本仁也者王在宗廟以子禮事尸是欲使仁義之教達於下也亦即降于祖廟之謂仁義。〇山川所以儐鬼神也者王自祭山川是欲使儐敬鬼神之教達於下也儐敬也亦即是降於山川之謂興作也。〇五祀所以本事也者王自祭五祀是欲使本事之教達於下也五祀是制度故云本事也亦即是降於五祀之謂制度也。〇故宗祝在廟者前明因事鬼神使禮達於下此明因委於人使禮達於下也宗宗伯也祝大祝也王在宗廟則委於宗祝示不自專以達下也。〇三公在朝者在朝職事則委在三公也。〇三老在學乞言則受之三老。〇王前巫者若王弔臨則前委於巫也而後史者動則左史書之言則右史書之不敢爲非也既言前巫故云後史也卜筮瞽侑皆在左右者卜筮主決疑瞽是樂人主和也侑是四輔與於規諫者也示不自專故並置左右也。〇王中心無爲也以守至正者既祭祀尊神及委任得人故中心無爲以守至正之道也〇注此所至輔也。〇正義曰自祭帝於郊至五祀所以本事是祭祀尊神也自宗祝在廟至皆在左右是愼居處也左輔右弼前疑後承皆侑勸人君爲善故以侑爲輔其四輔之義已具於文王世子 〇故禮行於郊

而百神受職焉禮行於社而百貨可極焉禮行於祖廟而孝慈服焉禮行於五祀而正法則焉言信得其禮則神物與人皆應之百神列宿也百貨金玉之屬。應應對之應宿音秀 故自郊社祖廟山川五祀義之脩而禮之藏也脩猶節也藏若其城郭然。藏如字徐才浪反〔疏〕故禮至藏也。〇正義曰此一節論上文禮既達於下有功而見徵應。〇故禮行於郊而百神受職焉者百神天之羣神也王郊天備禮則星辰不忒故云受職。〇禮行於社而百貨可極焉者王祀社盡禮則五穀豐稔金玉露形盡爲國家之用故云可極焉。〇禮行於祖廟而孝慈服焉者王祭廟盡禮而天下皆服行孝慈也詩云無思不服是也王云孝慈之道爲遠近所服也。〇禮行於五祀而正法則焉王祭五祀以禮而天下法則各得其正也然前有山川與作此不言者法則之事包之也故自郊社祖廟山川五祀義之脩而禮之藏也此經覆說祭在上諸神是義之脩飾禮之府藏也。〇是故夫禮必本於大一分而

爲天地轉而爲陰陽變而爲四時列而爲鬼神其降曰命聖人象此下之以爲教令。大音泰下注同。其官於天也官猶法也此聖人所以法於天也。〔疏〕是故至天也。〇正義曰此一節論上言禮既藏於郊社天地之中是故制禮必本於天以爲教也。〇必本於大一者謂天地未分混沌之元氣也極大曰天未分曰一其氣既極大而未分故曰大一也禮理既與大一而齊故制禮者用至善之大理以爲教本是本於大一也。〇分而爲天地者混沌元氣既分輕清爲天在上重濁爲地在下而制禮者法之以立尊卑之位也。〇轉而爲陰陽者天地二形既分而天之氣運轉爲陽地之氣運轉爲陰而制禮者貴左以象陽貴右以法陰又因陽時而行賞因陰時而行罰也。〇變而爲四時者陽氣則變爲春夏陰氣則變爲秋冬而制禮者吉禮則有四面之坐凶時有恩理節權是法四時也。〇列而爲鬼神者鬼神謂生成萬物鬼神也四時變化生成萬物皆是鬼神之功聖人制禮則陳列鬼神之功以爲教也。〇其降曰命者降下也言聖人制禮皆仰法太一以下之事而下之以爲教命也。〇其官於天也者結之也官猶法也言聖人所以下爲教命者皆是取法於天也

○夫禮必本於天本於大一與天之義動而之地後法地也列而之事後法五祀五祀所以本事也○變而從時後法四時協於分藝協合也言禮合於月之分猶人之才也○合於月之分本或作日月之分日衍字其居人也曰養養當爲義字之誤也下之則爲教令居人身爲義孝經說曰義由人出○養音義出注○其行之以貨力辭讓飲食冠昏喪祭射御朝聘貨摯幣庭實也力筋骸强者也不則偃罷○冠台亂反摯本又作贄音至罷音皮〔疏〕夫禮至朝聘○正義曰此一節論上本說禮從天地四時五行而生也而教於人故此以下論人用之以行刑罰冠昏朝聘之等皆得其宜也○夫禮必本於天謂本於大一與上天也謂行至誠大道是本大一效天降命是本於天也○動而之地祀社於國是也○列而之事謂五祀即五祀所以本事是也○變而從時時四時也則四時以爲柄是也○協於分藝協合也是日月之量也藝人之才也言制禮以月爲量合人才之長短也○其居人也曰養者養宜也言制度以上諸事之禮居人中身則人得其宜

也○其行至朝聘此皆居人身曰義之禮也謂諸禮皆須義行故云行也貨庭實也力筋力拜伏也辭賓主三辭三讓飲食饗食之屬也冠二十成人而冠昏三十而取射五射御五馭朝五年朝及諸侯自相朝相見之禮聘謂比年一小聘三年一大聘言人若有義在身則能行此諸禮也○注養當至人出○正義曰知養當爲義者以上云義之脩禮之藏下云聖人陳義以種之又云義者藝之分仁之節故知養當爲義也按聖證論王肅以下云獲而弗食食而弗肥字宜曰養家語曰其居人曰養鄭必破爲義者馬昭云立人之道曰仁與義又此云禮義者人之大端下每云義故知養當爲義也張融謹案亦從鄭說云下之則爲教令居人身爲義者鄭爲此注欲明改養爲義之意言法天地山川下教於民者則爲教令法天地山川居在人身之中者則爲義事是不得爲養也引孝經說曰義由人出者證義從人身而出也○故禮義也者人之大端也所以講信脩睦而固人之。肌膚之會筋骸之束也所以養生送死事鬼神之大端也所以達天道順人情之大

竇也竇孔穴也○竇音豆○故唯聖人爲知禮之不可以已也故壞國喪家亡人必先去其禮言愚者之反聖人也○壞音怪又呼怪反喪息浪反〔疏〕故禮至其禮○正義曰此一節論上文說禮爲治理之本故今說禮不可去之事○注竇孔穴也○正義曰按哀元年左傳云逃出自竇又篳門閨竇是竇孔穴也孔穴開通人之出入禮義者亦是人之所出入故云達天道順人情之大竇也故禮之於人也猶酒之有糵也君子以厚小人以薄皆得以爲美味性善者醇耳○糵魚列反醇市春反〔疏〕故禮至以薄○正義曰此一節論上云禮不可去故次云禮之在人有厚薄之事○禮之於人也猶酒之有糵也者禮不可以已之故在人譬如釀酒須用麴糵則成酒無麴糵則酒不成人無禮則敗壞也○君子以厚小人以薄者君子譬精米嘉器也小人譬麁米弊器言譬如釀酒共用一麴分半持釀精美嘉器則其味醇和一半釀麤米弊器則其味醨薄亦猶如禮自是一耳行之自有厚薄若君子性識純深得禮而彌深厚小人智慮淺薄得禮自虛薄者也○故聖

王脩義之柄禮之序以治人情治者瑕穢養菁華也○菁子丁反故人情者聖王之田也脩禮以耕之和其剛柔陳義以種之樹以善道講學以耨之存是去非類也耨奴豆反鉏也本仁以聚之合其所盛○盛市正反又音成播樂以安之感動使之堅固故禮也者義之實也協諸義而協協合也合禮於義則與義合不乖剌○剌力達反本或作制○則禮雖先王未之有可以義起也以其合於義可以義起作義者藝之分仁之節也藝猶才也協於藝講於仁得之者强有義則人服之也仁者義之本也順之體也得之者尊有人則人仰之也〔疏〕故聖至者尊○正義曰此一節論因上君子小人厚薄不同故此論聖人脩禮義治人情以至大順也各依文解之○故聖王脩義之柄者柄操也謂

執持而用者，謂脩理義之要柄脩理禮之次序以治正人情，使去其瑕穢之惡，養其善華之善也○故人情者聖王之田也者土地是農夫之田人情者亦是聖王之田也○脩禮以耕之者農夫之田用耒耜以耕之和其剛柔聖人以禮耕人情正其上下○陳義以種之者農夫耕田既畢以美善種子而種之聖王以禮正人情既畢用此善道而教之○講學以耨之者農夫種苗既畢勤力耘鋤去草養苗則苗善矣聖王以善道教民既畢又須講說學習以勸課之存是去非則善也○本仁以聚之者農夫既勤耘耨苗稼成孰當本此仁恩愛惜之心以聚集所收勿令浪爲費散聖王勸課行善既畢本此仁恩和親聚集善道使不廢棄也○播樂以安之者播布也農夫收穫既畢布其歡樂之心共相飲食以安美之聖王既勸民善道備足又說樂感動使其勤行善道保寧堅固也○故禮也者義之實也前既明禮耕義種仁聚之今此以下廣明上三者相須也此明禮義相須禮是造物爲實義以脩飾爲禮之華故云禮也者義之實也○協諸義而協者協合也諸之也今將此禮合會於義謂以禮比方於義而協謂禮與義相協會也○則禮雖先王未之有可以義起也者起作也禮既與義合若應行禮而先王未有舊禮之制則便可以義作之如將軍文子之子是也先王無其禮臨時以義斷之垂涕洟待賓于廟是其以義而作禮也庾云謂先王制禮雖所未有而此事亦合於義則可行之以義與禮合也義者藝之分仁之節也者此明仁須義也義者裁斷合宜也藝才也仁施也人有才能又有仁施若非義裁斷則過失故用義乃得分節也此唯明仁須義而云才者因明一切皆須義斷庾云藝者審其分仁者宜得節皆須義以斷之是義爲藝之分仁之節明義之貴也○協於藝者斷才得分即是義能合藝也講於仁者講猶明也使仁得節是義能明於仁也○得之者强者若能得才分仁節之理則是豪强爲衆所畏服也○仁者義之本也者上云義者藝之分仁之節明義能與仁爲節此言仁者義之本謂仁能與義作本順之體也者仁施生故爲順之體也○得之者尊既能施生又爲順體故爲人所尊仰也但義主斷割能服於人故得義者强仁是恩施衆所敬仰故得仁者尊也○注協合至乖剌○正義曰合禮於義解經協諸義則與義合者解經而協也云合禮於義者謂將禮比方於義云則與義合者言禮與義相合不乖剌也禮所以與義合者禮者體也統之於心行之合道謂之禮也義者宜也行之於事各得其宜謂之義也是禮據其心義據其事但表裏之異意不相違故禮與義合也○注以其至起作正義曰云以其合於義者謂此禮以其合會於義故雖當無禮臨事制宜而行禮是可以義起作也衞將軍文子之子既除喪而后越人來弔於時無除喪後受弔之禮主人乃量事制宜練冠垂涕洟待於廟而受弔是以義而起作此禮也

故治國不以禮，猶無耜而耕也。無以入也○耜音似

爲禮不本於義，猶耕而弗種也。嘉穀無由生也○種之用反不亦作弗何休注公羊云弗者不之深也下皆放此

爲義而不講之以學，猶種而弗耨也。苗不殖草不除

講之於學而不合之以仁，猶耨而弗穫也。無以知收之豐荒也穫戶郭反收如字又手又反

合之以仁而不安之以樂，猶穫而弗肥也。不知味之甘苦

安之以樂而不達於順，猶食而弗食也。功不見也○見賢遍反

四體既正，膚革充盈，人之肥也。父子篤，兄弟睦，夫婦和，家之肥也。大臣法，小臣廉，官職相序，君臣相正，國之肥也。天子以德爲車，以樂爲御，諸侯以禮相與，大夫以法相序，士以信相考，百姓以睦相守，天下之肥也。是謂大順。大順者，所以養生送死事鬼神之常也。常謂皆有禮用無匱乏也車或爲居

故事大積焉而不苑，並行而不繆，細行而不失，深而通，茂而有間，連而不相及也，動而不相害也，此順之至也。言人皆明於禮無有蓄亂滯合者各得其分理順其職也○苑于粉反積也繆音謬畜丑六反

故明於順，然後能守危也。能守自危之道也君子居安如危小人居危如安易曰危者安其位

疏故治至危也○正義曰此以下顯前譬也人君治人情若無禮猶農夫耕而無耜也○爲禮不本於義猶耕而弗種也治

雖用禮不本其所宜如農夫徒耕而不下種子也○爲義而不講之以學猶種而弗耨也者治國雖用善道所宜而不更爲講學使民知其理道如農夫雖種嘉穀而不耘耔則苗不滋茂厚實也講之以學而不合之以仁猶耨而弗穫也者治國雖講之以學而不聚其仁行者如農夫雖耘耔成熟而不收穫取之也今之以仁而不安之以樂猶穫而弗食也者治國雖聚仁若不奏樂和之則仁心不堅如農夫雖聚穀而不食則甘穀空失也○安之以樂而不達於順猶食而弗肥也者前陳聖人禮耕以至安樂今顯譬農夫耒耜以至食之其事相似今更欲設譬以人身之肥譬家國禮足聖人爲教反覆相明正在此矣言雖奏樂於仁人而不使知達至順之理亦爲未善猶如人雖食五味而調和溫凊不順則雖食不肥也○四體至常也○此一節明人及國家天下等皆悉肥盛所以養生送死常事鬼神○膚革充盈者膚是革外之薄皮革是膚內之厚皮革也○天子以德爲車以樂爲御率土皆達順故合天下之肥也天子以德爲車謂用孝悌以自載也德孝悌也以樂爲御謂用要道以行之樂要道也行孝悌之事須禮樂如車行之須人御也○大順者所以養生送死事鬼神之常也者前雖明國家之順而皆局有條目而順理廣被無所不在此更摠說其事也一切生死鬼神無不用順爲常也故孔子荅孟武伯問無違之言云生事之以禮死葬之以禮是也養生送死事鬼神無違道之常也○故事至危也皇氏云事大積焉而不苑者既用順爲常事無苑滯事大者天子事也雖復萬機輻湊而應之有次序不使苑積也○並行而不繆者並行謂諸侯來朝也既四方隨時貢賦有序雖並列俱陳而不錯繆也○細行而不失者謂大夫士出聘者也天子不遺小國之臣是不失也○深而通者深爲九州之外也雖地在遠荒而皆通貢王庭越常是也○茂而有閒者謂萬國貢賦庭實密茂而國朝之閒自不廁雜以國之相次小則讓大不相及人也萬乘龍趨千乘雷動不相妨害自四禮既正至此皆由王者順之至也熊氏云此普據天下萬事有大有細有深有淺有連有動言人皆明禮順政事無蓄亂滯之合各得其分理順於有所以大小深淺並合得其宜此順之至結自四體既正以下至此並是順之至極也故明於順然後能守危也上言順之至此明順有益明於順然後能守危者既明順道不敢爲非則能守自危之道謂以危戒慎而自守保也○注易曰危者安其位○正義曰此易上繫文也按易繫乃云危者安其位者也亡者保其存者也危者安其位謂所以今日危亡者正爲不知畏懼偷安其位故致危也引之者證人之所居恒須危懼也○故禮之不同也不豐也不殺也所以持情而合危也豐殺謂天子及士名位不同禮亦異數所以持其情合安其危○殺所戒反徐所戒反注同故聖王所以順山者不使居川不使渚者居中原而弗敝也小洲曰渚廣平曰原山者利其禽獸渚者利其魚鹽中原利其五穀使各居其所安不易其利勢敝之也民失其業則窮窮則濫○渚之汝反用水火金木飲食必時用水謂漁人以時漁爲梁春獻鼈蜃秋獻龜魚也用火謂司爟四時變國火以救時疾及季春出火季秋納火也用金謂丱人以時取金玉錫石也用木謂山虞仲冬斬陽木仲夏斬陰木飲食謂食齊視春時羹齊視夏時醬齊視秋時飲齊視冬時○漁音魚鼈必列反蜃市忍反爟古亂反丱華猛反又瓜猛反徐古猛反夏戶嫁反下同謂食音嗣齊才細反下皆同○合男女頒爵位必當年德謂媒氏令男三十而娶女二十而嫁司士稽士任進退其爵祿也○頒音班當丁浪反媒音梅取音娶本又作娶稽古兮反○用民必順不奪農時故無水旱昆蟲之災民無凶饑妖孽之疾言大順之時陰陽和也昆蟲之災螟螽之屬也○栽音災妖孽又作蠥魚列反妖又作祅說文云衣服歌謠草木之怪謂之祅禽獸蟲蝗之怪謂之蠥螟亡丁反螽徐音終○故天不愛其道地不愛其寶人不愛其情言嘉瑞出人情至也故天降膏露地出醴泉山出器車河出馬圖鳳皇麒麟皆在郊棷龜龍在宮沼其餘鳥獸之卵胎皆可俯而闚也膏猶甘也器謂若銀甕丹甑也馬圖龍馬負圖而出也棷聚草也沼池也○醴本又作醴音禮麒麟音其下音栗人反棷素口反徐摠會反澤也本或作藪沼之紹反卵力管反胎士才反俯音府闚本又作闚去規反甕本又作罋烏弄反徐於弄反則是無故非有他事使之然也先王能脩禮以達義體信以達順故此順之實也實猶誠也盡也

【疏】故禮至實也○正義

曰此一節論上既得明順乃安位此以下說行順以致大平之事各依文解之○故禮之不同也者天子至士貴賤宜順故禮不得同也○不豐也者禮應須少不可求多也○不殺也者禮應須多不可殺少也○所以持情而合危也者能順序如上故使扶持其情合安其危不使危也○故聖王所以順山者不使居川既使天下皆肥由於至順此更廣說順也既欲其順本居山者所利便於禽獸本居川者利在舟檝故聖人隨而安之不奪宿習不使居山之人居川也不使渚者居中原小洲曰渚渚利魚鹽廣平曰原原利五穀既順安之故不使渚者徙中原○而弗敝也者必各保其業故恒豐而不敝困也○用水火金木飲食必時者舉動皆順故必時也水時者謂虞人入澤梁及出入水之屬也火時者鄭注司爟引司農說以鄹子曰春取榆柳之火夏取棗杏之火季夏取桑柘之火秋取柞楢之火冬取槐檀之火釋者曰榆柳青故春用之棗杏赤故夏用之桑柘黃故季夏用之柞楢白故秋用之槐檀黑故冬用之金謂金錫石丱也木謂仲冬斬陽木仲夏斬陰木也飲酒必時者謂食齊視春之屬也○合男女者媒氏仲春令男三十而取女二十而嫁○頒爵位者須分也謂司士稽士任而進退其爵祿也○必當年德者合男女使當其年須爵位必當其德年謂男三十女二十也當德謂君十卿祿下士食九人等是也○用民必順者使之以時不奪農務也○故無水旱昆蟲之災此論聖王用大順之道故致陰陽和調羣瑞並至正由順之誠實故至於此也○故天不愛其道者此以下明天地為至順之主下瑞應也四時和甘露降是天不愛其道也○地不愛其寶者謂五穀豐醴泉生器車出也○人不愛其情者皆盡孝悌及越常至也○山出器車按禮緯斗威儀云其政大平山車垂鉤注云山車自然之車垂鉤不揉治而自圓曲○河出馬圖按中候握河紀堯時受河圖龍銜赤文綠色注云龍而形象馬故云馬圖是龍馬負圖而出又云伏羲氏有天下龍馬負圖出於河遂法之畫八卦又龜書洛出之也鳳皇麒麟皆在郊棷按中候握河紀云鳳皇巢阿閣今云在郊棷者言鳳皇之來或郊棷或阿閣也○其餘鳥獸之卵胎皆可俯而闚也者此飲食有由也各隨其長而至既不獝狘故生乳而衆多也俯下頭也鳥不畏人作巢在下故下頭可闚其巢卵也手撫獸背則知有胎也○則是無故者言致此上事則是更無他故由先王能脩禮達義體信達順之誠盡故致此也○注器謂若銀甕丹甑也○正義曰此銀甕丹甑援神契文按援神契德及於天斗極明日月光甘露降德及於地嘉禾生蓂莢起秬鬯出德至八極則景星見德至草木則朱草生木連理德至鳥獸則鳳皇來鸞鳥舞麒麟臻白虎動狐九尾雉白首德至山陵則景雲出德至深泉則黃龍見醴泉涌河出龍圖洛出龜書其所致羣瑞非一不可盡也故畧記之而已

附釋音禮記注疏卷第二十二

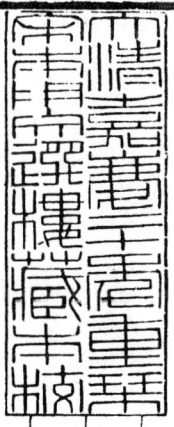

江西南昌府學栞

禮記注疏卷二十二挍勘記　阮元撰盧宣旬摘錄

禮運

故聖人參於天地節

竝於鬼神　閩監本同石經同嘉靖本同衞氏集說同毛本竝作並岳本同注疏倣此

竝并也　閩監毛本同嘉靖本同衞氏集說同岳本并作併釋文出竝併

故聖至治也　閩監毛本治作地不誤惠棟挍宋本無此五字

無過差也　閩監毛本同考文云宋板也作矣

故君者所明也節

故君至其生　惠棟挍宋本無此五字

故用人之知節

故用至之變　惠棟挍宋本無此五字

退去其姧詐者　閩監本姧作姦衞氏集說作奸

故聖人耐以天下爲一家節

故聖至爲之　惠棟挍宋本無此五字

按說文云耐者鬚也　閩監毛本同浦鏜挍耐改而是也○按鬚當作須須鬚正俗字

其意同矣　閩監毛本同考文云宋板矣作也

何謂人情節

講信脩睦　閩監本同石經同岳本同嘉靖本同毛本脩作修衞氏集說同下同

何謂至以哉　惠棟挍宋本無此五字

及哀惡與彼同也　閩監毛本同考文云宋板惡作樂

按彼傳云喜生於風　閩監毛本同浦鏜挍云按此出賈逵注傳當注字誤

故人者其天地之德節

故人至氣也　惠棟挍宋本無此五字

故人者其天地之德者　惠棟挍宋本有其字此本其字脫閩監毛本同

故兩存焉　惠棟挍宋本著此下標禮記正義卷第三十終記云凡二十六頁

故天秉陽節　惠棟挍宋本自此節起至故禮之不同節止爲第三十一卷卷首題禮記正義卷第三十一

播五行於四時　閩監毛本同石經同岳本同嘉靖本同衞氏集說同釋文出播於五行四時云本亦作播五行於四時正義云定本無於字直云播五行四時

言地持陰氣　閩監毛本同岳本同嘉靖本無持字地下空闕二字

五味六和十二食還相爲質也　閩監毛本同石經同岳本同嘉靖本同衞氏集說同五經筭術下引作五味六和十二食還相爲滑戴震云按鄭注五味酸苦辛鹹甘也和之者春多酸夏多苦秋多辛冬多鹹皆有滑甘是爲六和蓋五味加滑而六內則滫瀡以滑之疏云滫瀡之令柔滑也食味言還相爲滑衣色言還相爲質質如凡畫者丹質之質食味衣色二者語而有別此五經筭術所引在唐以前應是古本

竭猶負載也　閩監本同毛本載作戴岳本同嘉靖本同衞氏集說同五經筭術下引亦作載按戴載古多通同

布十二辰　閩監毛本同岳本同嘉靖本同衞氏集說同五經筭術布下有在字

終於南呂　閩監毛本同岳本同嘉靖本同衞氏集說同惠棟挍宋本呂作事釋文出南事云京房律始於執始終於南事凡六十正義本作南呂故疏說終於南呂之義極詳云以此言之則南呂爲是又云諸本及定本多作終於南事則是京房律法五經筭術下引亦作終于南呂後又云甄鸞按禮記注一本乃有云始于黃鍾終于南

事者

畫續事也 閩監本同岳本同嘉靖本同衞氏集說同毛本續作繪釋文出畫續

故天至質也 惠棟挍宋本無此五字

播謂播散 閩本同監毛本謂作爲

中通元續以對五方 閩監毛本同衞氏集說同惠棟挍宋本以作次

至中呂而帀 閩本同惠棟挍宋本同衞氏集說帀作匝監毛本帀誤布

上生夾鍾爲商 閩監毛本如此此本爲字誤重

房對受學故小黃令焦延壽等 閩本監本毛本同齊召南云按後漢志無等字此等字衍

故各統一日 閩監毛本同盧文弨挍日改月云算術作各統一月下亦作當月戴震云按後漢書

今本訛作各終一日下當月者訛作當日者攷律法十二律分十二月各自爲宮而商徵以類從是一律統一月也疏引作各統一日下仍作當月者爲五經筭術所引無舛誤可據以訂正

而商徵以類定焉 閩監毛本定作從五經筭術引亦作類從

考其高下 惠棟挍宋本如此五經筭術同此本考下衍以字閩監毛本同

謙待徵六日律八寸九分分徵强 閩監毛本同惠棟挍宋本作八寸九分小分八微强按宋本與後漢志合惟九分後漢志作八分

去滅徵六日律八寸八分小分八弱 閩監毛本同盧文弨挍從續志八弱改七大强

分動下生歸嘉分動爲宮 閩本同惠棟挍宋本同監毛本動作動考文引宋板下生下有屈齊商安度徵六日律八寸七分小分六微弱分動下生二十二字然後接以歸嘉分動爲宮

刑晉商 閩本同惠棟挍宋本同監毛本刑作形下刑晉並同盧文弨挍云隋志作形晉

否與徵六日律八寸五分小分二强 閩監毛本同盧文弨挍云五經筭術强上有半字是也

分否下生解刑 閩本同惠棟挍宋本同監毛本刑作形下解刑徵同

解刑徵八日律八寸三分小分一强 閩監毛本同盧文弨挍云當作小分一少强

侯嘉商 閩本同惠棟挍宋本同監毛本侯作族下侯嘉並同

去南徵八日律八寸二分一少弱 閩本同監毛本作八寸二分小分一弱

結躬徵二日律七寸八分小分九强 閩本同監毛本二作六强上有少字盧文弨挍云少字衍

歸期徵七日律七寸七分小分九强 閩本同監毛本七日作六日强作弱惠棟挍宋本作强

刑始商 閩本同惠棟挍宋本同監毛本刑作形下刑始並同

掩閉徵七日律七寸三分小分九微强 惠棟挍宋本同閩本同監毛本七日作八日强作弱盧文弨挍云五經筭術作微强是也

鄰齊徵七日律七寸一分小分九微强 閩本同監毛本七日作八日一作二

㧾應商 閩本同惠棟挍宋本同監毛本㧾作物

期保徵七日 惠棟挍宋本亦作七閩本同監毛本七作八

分烏徵六日律七寸小分九大强 閩監毛本同盧文弨挍云大當作半

遲內徵六日律七寸小分一强閩本同，考文引宋板同，監毛本强上有半字

未育徵六日律六寸九分小分二微强考文引宋板同，閩監毛本二作一。齊召南按云：依後漢志當作二。

嫌待商閩本同，監毛本嫌作謙。

色育徵七日律六寸七分小分三大强閩監毛本同。盧文弨按云：五經筭術大强作半强，是也。

分動徵八日律六寸四分小分八强閩監毛本同。盧文弨按云：五經筭術作小分八微强，是。

質未徵七日律六寸三分小分九强閩監毛本同。盧文弨按云：强上當有少字。

南事下生南事窮閩監毛本同。盧文弨按云：筭術下生作不生，是。孫志祖按云：五經筭術作不生，六十律終於南事，故不生也。續志亦誤。

分否徵七日律六寸二分小分三大强閩監毛本同。盧文弨按云：五經筭術大强作半强，是。

離躬上生陵陰閩本同，惠棟按宋本同，監毛本躬作宮，下離躬並同。盧文弨按云：續志作宮。

陵陰徵七日律六寸一分小分五微强閩監毛本同。盧文弨按云：微字衍。

少出徵八日律六寸小分七弱閩監毛本同。盧文弨按云：弱上當有微字。

屈齊徵六日律五寸八分小分四弱閩監毛本同。盧文弨按云：五經筭術弱上微字，是。

刑晉徵五日律五寸六分小分八强閩監毛本同。盧文弨按云：强上當有少字。

爭南徵七日律五寸三分小分九强閩本同，監毛本强上有半字。盧文弨按云：半當作少。

應鍾商姑洗徵閩監毛本如此，此本商字脫。

變虞徵七日律五寸二分小分六强閩本同，監毛本七作六，强上有少字。盧文弨按云：少字衍。五經筭術作微字，亦衍。

依行徵五日閩本同，監毛本五作七。

中呂徵八日律四寸九分小分九强閩監毛本同。盧文弨按云：强上當有少字。

南中徵八日律四寸九分小分二弱閩監毛本二作三。

物應徵八日律四寸七分小分九微强閩監毛本同。盧文弨按云：五經筭術微作半，是也。

分烏窮次無徵不爲宮閩監毛本同，考文引宋板次作內。孫志祖按云：續志作次。

制時徵六日律四寸五分小分五弱閩本同，惠棟按宋本同，監毛本弱作强。

以四時有四味惠棟按宋本作時，此本時誤肆，閩監毛本同。衛氏集說亦作四時。

似月别各别衣食者考文引宋板如此，此本上别誤刑，閩本上别字闕，監毛本無上别字，衛氏集說同。

大摠言之閩本同，惠棟按宋本同，監毛本言作攻，衛氏集說亦作言。

故人者天地之心也節　惠棟挍云故人節宋本分故聖人作則以下另爲一節

同

此言兼氣性之效也　閩監毛本同岳本同嘉靖本同衛氏集說同惠棟挍宋本效作効宋監本

以四時爲柄　閩監本同石經同岳本同嘉靖本同考文引宋板同衛氏集說毛本柄誤端

故人至爲畜　惠棟挍宋本無此五字

論稟氣性之有効驗　閩監毛本効作效衛氏集說同下氣性之効氣性効故云効効是其

効並同

故聖至爲畜　惠棟挍宋本無此五字

用禮義以爲器　惠棟挍宋本有用字此本用字脫閩監毛本同

覆說上舍禮何以哉　閩監毛本同考文引宋板哉下有也字

故情可睹也　閩監毛本同石經同岳本同嘉靖本同衛氏集說同考文古本情上有人字

故事有守也　惠棟挍宋本作有石經同宋監本同岳本同嘉靖本同衛氏集說同考文引古本足利本同此

本有誤可閩監毛本同石經考文提要云宋大字本余仁仲本皆作有

以天至由也〇正義曰　惠棟挍宋本無此八字

長既至爲聖人所畜　閩監毛本同考文引宋板人所畜下又衍人所畜三字

何謂四靈節

故鳥不獝　閩監毛本同石經同岳本同嘉靖本同衛氏集說同釋文出矞云字又作獝正義本亦作獝錢大昕

云獝爲鳥飛不應從犬旁釋文獝本作矞周禮大司樂注引此文亦作矞俗本從犬者誤也說文走部有趫字訓狂走即鳥不矞之矞張衡東京賦捎魑魅斮獝狂薛綜注獝狂惡厲之鬼名埤蒼云獝狂無頭鬼也矞本有狂義因矞狂連文并矞字亦加犬旁猶展轉之展作輾鈇質之質作鑕也

何謂至不失　惠棟挍宋本無此五字

讀淰爲閃者　惠棟挍宋本如此此本讀上衍己字閩監毛本同

皆法中央　閩監毛本同考文引宋板央作之非

其言少從　閩監毛本同段玉裁挍本從詩周南正義少改可盧文弨挍云少當作乂

其性義木性仁　惠棟挍宋本同閩監毛本其作金

馬蹄有五釆　閩監本同毛本釆作彩〇按彩俗釆字

不入檻穽　閩監本同毛本檻作陷

故先王秉蓍龜節　閩監毛本分故先王患禮以下另爲一節

故先至有序　惠棟挍宋本無此五字

故先王患禮節

故先王患禮之不達於下也　惠棟挍宋本無此十一字

故祭帝於郊節

卜筮瞽侑　閩監毛本同岳本同嘉靖本同衛氏集說同石經卜誤十

故祭至至正　惠棟挍宋本無此五字

三老在學　閩監毛本同考文引宋板學下有者字

故禮行於郊節

故自郊社祖廟　閩監本同石經同岳本同嘉靖本同衛氏集說同毛本祖誤宗

義之脩　閩監本同石經同岳本同嘉靖本同衛氏集說同毛本脩作修注疏倣此後凡脩字同

故禮至藏也　惠棟挍宋本無此五字

而百貨可極焉　閩監毛本同考文云宋板焉下有者字下而孝慈服焉而正法則焉並同

是故夫禮節

是故至天也　惠棟挍宋本無此五字

凶時有恩理節權　閩本同惠棟挍宋本同監毛本時作禮

夫禮必本於天節

協於分藝　閩監本同毛本協作協石經同岳本同嘉靖本同衛氏集說同注疏倣此

猶人之才也　此本也下脫一○閩監毛本遂誤以釋文合於月之分本或作日月之分日衍字十五字爲注文岳本嘉靖本衛氏集說考文皆無此十五字

夫禮至朝聘　惠棟挍宋本無此五字

辭讓賔主三辭三讓　惠棟挍宋本如此衛氏集說同此本上讓字脫閩監毛本同

張融謹案亦從鄭說　惠棟挍宋本同閩監毛本融謹案三字闕

鄭爲此注欲明改養爲義之意　惠棟挍宋本同閩監毛本注欲明三字闕

則爲教令法天地山川　惠棟挍宋本同閩監毛本令法二字闕

是不得爲養也引孝經說　惠棟挍宋本同閩監毛本養也引三字闕

故禮義也者節

而固人之肌膚之會　石經同惠棟挍宋本同岳本同嘉靖本同閩監毛本上之字脫衛氏集說同石經考文提要云宋大字本宋本九經南宋巾箱本余仁仲本劉叔剛本九經誤字皆有上之字

順人情之大竇也　閩監毛本同石經同岳本同嘉靖本同衛氏集說同考文云宋板無也字古本同案上之東也之大端也句末皆有也字此句文法一例無也字非

禮不可去之事○注竇孔穴也　惠棟挍宋本同閩監毛本事○注三字闕

又篳門閨竇　考文引宋板同惠棟挍宋本閨作圭衛氏集說同閩監毛本篳門閨三字闕

故禮之於人也節

猶酒之有櫱也　閩監毛本作蘖岳本同嘉靖本同衛氏集說同此本櫱誤蘖疏同石經櫱下截米字闕釋文出有櫱

人無禮則敗壞也　閩監毛本同惠棟挍宋本敗壞作壞敗

分半持釀精米嘉器　閩監毛本作米衛氏集說同此本米作美

得禮自虛薄者也　閩監毛本同惠棟挍宋本無者字衛氏集說同

故聖王脩義之柄節　惠棟挍云故聖王節故治國節宋本合爲一節

治者去瑕穢養菁華也　閩監毛本如此岳本同嘉靖本同衛氏集說同此本誤脫去字重養字

協諸義而協　閩毛本作協石經同岳本同嘉靖本同衛氏集說同此本協作協監本同案說文協訓同心之和協訓衆之同和義不相遠五經文字云案古文作叶則從十者義長今改從十餘放此

故聖至者尊　惠棟挍宋本無此五字

如將軍文子之子是也　惠棟挍宋本同閩監毛本上子作氏衛氏集說同

即是義能合藝也　閩監本同毛本義藝字互誤衛氏集說亦作義能合藝

故雖當無禮臨事制宜而行禮是可以義起作也衛將軍文子之子既除喪而后越人來弔於時無除喪後受弔之禮主人乃量事制宜練冠垂涕洟待于廟而受弔是以義而起作此禮也　惠棟挍宋本同閩監毛本禮臨以下多闕文

故治國不以禮節

嘉穀無由生也　惠棟挍宋本同宋監本同岳本同嘉靖本同衛氏集說穀作禾閩監毛本嘉穀二字

闕

無有蓄亂滯合者　各本同釋文出有畜

故治至危也　監本毛本作危惠棟按宋本作肥

正義曰此以下　惠棟按宋本無正義曰三字

猶耕而弗種也者治國雖用禮　惠棟按宋本如此此本者國二字脫閩監毛本同

膚是革外之薄皮　閩監本同惠棟按宋本皮下有膚字

越常是也　閩監毛本同惠棟按宋本常作裳盧文弨按云常裳俱可通○按說文常下帬也从巾尙聲又云裳常或從衣

然後能守危也　監本毛本作危也惠棟按宋本下有者字

而自守保也　閩監毛本同惠棟按宋本守保作保守

按易繫乃云　閩監毛本乃作辭案疏意以易繫是就既危者言鄭此引是就安不忘危者言斷章取義故說按易繫乃云乃者明易繫不如鄭所引義也三本改乃爲辭失疏意矣

故禮之不同也節

窮則濫　閩監毛本同岳本同惠棟按宋本則作斯嘉靖本同衞氏集說作窮斯濫矣考文古本作窮斯濫矣也足利本作窮則斯濫宋監本作窮斯溢

謂廾人　監本作廾岳本同衞氏集說同釋文出廾人此本廾誤卅閩本同嘉靖本同毛本廾誤廾○按說文則作磺廾假借字說詳前

男三十而娶　閩監毛本同岳本同衞氏集說同惠棟按宋本娶作取嘉靖本同釋文出而取云本又作娶正義引亦作取則宋本取字是也

司士稽士任　閩監毛本同岳本嘉靖本同衞氏集說同考文引古本任作位非也

地不愛其寶　王引之云不愛謂不隱藏也愛之爲隱古人常訓廣雅寶字注作地不藏其寶說詳經義述聞

地出醴泉　閩監毛本同石經同岳本同嘉靖本同衞氏集說同釋文出澧云本又作醴

皆可俯而闚也　閩監毛本同石經同岳本同嘉靖本同衞氏集說同釋文出而窺云本又作闚○按依說文當作窺从穴規聲

故禮至寶也　惠棟按宋本無此五字

釋者曰　閩監毛本同惠棟按宋本曰作云

及越常至也　閩監毛本同惠棟按宋本常作裳

伏義氏有天下　監毛本同閩本義作犧

德至八極　閩監毛本同惠棟按宋本極作表

附釋音禮記注疏卷第二十二終　惠棟按宋本禮記正義卷第三十一終記云凡二十六頁

禮記注疏卷二十二校勘記

附釋音禮記注疏卷第二十三

禮器第十。陸曰鄭云以其記禮使人成器孔子謂子貢瑚璉之器是也〔疏〕正義曰案鄭目錄云名爲禮器者以其記禮使人成器之義也故孔子謂子貢汝器也曰何器也曰瑚璉也此於別錄屬制度

鄭氏注　孔穎達疏

禮器是故大備大備盛德也禮器言禮使人成器如耒耜之爲用也人情以爲田脩禮以耕之此是也大備自耕至於食之而肥禮釋回增美質措則正施則行釋猶去也回邪辟也質猶性也措置也。錯七路反本又作措又厝音同去起呂反邪似嗟反辟四亦反其在人也如竹箭之有筠也如松柏之有心也二者居天下之大端矣故貫四時而不改柯易葉箭篠也端本也四物於天下最得氣之本或柔刃於外或和澤於內用此不變傷也人之得禮亦猶然也。箭節見反筠于貧反鄭云竹之青皮也貫古亂反柯古何反篠西了反徐音小刃而慎反。故君子有禮則外諧而內無怨人協服也故物無不懷仁鬼神饗德也。懷歸〔疏〕禮器至饗德。正義曰此一節論禮能使人成器則於外物無不備各依文解之。禮器至德也。言禮能使人成器故云禮器也既得成器則於事無不足故云是故大備也身既成器又能備足則是盛德也此大備者則上禮運所云自人情以爲田脩禮以耕之至食而弗肥是也。禮釋至則行禮釋回此以下用禮爲器以耕人情之事釋去也回邪也用禮爲器能除去人之邪惡也增美質者增益也質性也禮非唯去邪而已人有美性者禮又能益之也措則正者措置也言置禮在身則身正也施則行者施用也若以禮用事事皆行也。其在至易葉。其在人也如竹箭之有筠也禮道既深此爲設譬也竹大竹也箭篠也言人情備德由於禮禮譬如竹箭四時葱翠由於外有筠也筠是竹外青皮顧命云敷重筍席鄭云筍析竹青皮也禮記曰如竹箭之有筠按鄭引禮記之筠以爲青皮是知呼竹爲筠如松柏之有心也者又設譬也人經夷險不變其德由禮使然譬如松栢陵寒而鬱茂由其內心貞和故也。二者居天下之大端矣者二者竹松也端猶本也松竹居於天下比於衆物最得氣之本也故貫四時不改柯易葉貫經也既得氣之本故經四時柯葉無凋改也改易互言也。故君至無怨。解外諧內無怨者謂於外疏遠之處與人諧和於內親近之處無相怨恨以其有禮接人故內外協服也爲譬既畢此合之也前并舉筠心二事正欲譬於君子內外俱美外柔刃如筠故能與一切物相諧內和澤如松心故能與人無怨經云二者據譬也鄭云四物者析別言之。故物至饗德。故物無不懷仁者懷歸也由外內協服故悉歸仁故云物無不懷仁。鬼神饗德者鬼神聰明正直依人而行物既懷仁故神亦饗德也

○先王之立禮也有本有文忠信禮之本也義理禮之文也無本不立無文不行言必外內具也○禮也者合於天時設於地財順於鬼神合於人心理萬物者也鬼神所祀事有德也是故天時有生也地理有宜也人官有能也物曲有利也言皆有異故天不生地不養君子不以爲禮鬼神弗饗也天不生謂非其時物也地不養謂非此地所生居山以魚鼈爲禮居澤以鹿豕爲禮君子謂之不知禮不順其鄉之所有也故必舉其定國之數以爲禮之大經定國之數謂地物所出多少。禮之大倫以地廣狹狹謂貢賦之常差。狹音洽又戶夾反差初佳反徐初宜反禮之薄厚與年之上下用年之豐凶也。上時掌反是故年雖大殺衆不匡懼則上之制禮也節矣。言用之有節也殺謂穀不熟也匡猶恐也匡往反恐丘勇反。〔疏〕先王至節矣。正義曰此一節論因上禮則人外內諧和遂云禮須信義兼說行禮之事各依文解之。忠信禮之本也者禮之爲本即忠信是也忠者內盡於心也信者外不欺於物也內盡於心故與物無怨

外不欺物，故與物相諧也。義理，禮之文也，禮雖用忠信爲本，而又須義理爲文飾也。得理合宜，是其文也。無本不立，解須本也，無忠信則禮不立也。無文不行，解須文也，行禮若不合宜得理，則禮不行也。○禮也至知禮○此一節論禮者合於天地，協於鬼神，合於人心，而行其禮。若不得天時，不得地財，而行其禮，則不知禮也。禮也者合於天時者，前云忠信爲本易見，而義理爲文難覩，故此以下廣說義理爲文之事也。夫君子行禮，必須使仰合天時，俯會地理，中趣人事，則其禮乃行也。仰合天時，即依於四時及豐儉隨時也。○設於地財者，俯會地理也。財，物也。所設用物爲禮，各是其土地之物也。○順於鬼神者，鬼神助天地爲化之鬼神也，祀之必順，不濫逆也。○合於人心者，中趣人事也，雖合天會地，順於鬼神，又須與人心符合，其禮乃行也。是以書云謀及卿士，謀及庶人，謀及卜筮是也。○理萬物者也，若能使事事如上，則行葦言得所，豚魚戴賴，是萬物各得其埋也。○是故天時有生也者，言天四時自然各有所生，若春薦韭卵，夏薦麥魚是也。○地理有宜也者，地之分埋，自然各有所宜，若高田宜黍稷，下田宜稻麥是也。人官有能也者，人居其官，各有所能，若司徒奉牛，司馬奉羊，及庖人治庖，祝治尊俎是也。○物曲有利也者，謂萬物委曲各有所利，若麴蘖利爲酒醴，絲竹利爲琴笙，皆自然有其性，各異也。皇氏云：有聖人制禮得宜，故致天時有生，地理有宜之等，非其義也。○故天不生者，既得時財而爲天地人物美功，故君子行禮，不爲失時非財之事，故此以下明之也。此是不合天時也。天不生，謂非時之物，若寒瓜夏橘及李梅冬實之屬也。○地不養者，此是不設地財也。地不養，若山之魚鼈，澤之鹿豕也。○君子不以爲禮者，此是不合人心也。○鬼神弗饗者，此是不順鬼神也。○居山以魚鼈爲禮，居澤以鹿豕爲禮，君子謂之不知禮者，此翻廣設地財也。鹿豕是山養，魚鼈是澤物，今若非其地所養而設爲禮，此是謂爲不知禮也。○注鬼神至德也○正義曰：以經云順於鬼神，先王制禮所以能順鬼神者，以鬼神是有德之人，死乃祀爲鬼神，禮既合於人心，故得順於鬼神也。○故必至節矣○此一節以上文制禮因合天時地宜，故此論隨地之所有以制禮也。舉其定國之數，以爲禮之大經。禮物必鄉之所有，故有國者必書其國內所生物多少定數，以爲國之大法也。經，法也。○禮之大倫以地廣狹者，倫猶例也，制禮之大例，又宜隨地廣狹爲法，謂貢賦之常差也。禮之薄厚與年之上下者，此廣順天時，上猶豐也，下猶荒也。雖以地廣狹爲制，而又皆須隨於天時也，多少隨年豐荒也。○是故年雖大殺，衆不匡懼者，此言得時之美也。大殺謂五穀不孰也。匡猶恐也。雖大凶殺之年，則人主隨而省歛狹用，故天下之衆不恐懼也，則上之制禮也節矣，合結地財天時也。廣狹隨地而賦，豐凶逐時而歛，衆之不恐，並由君上制禮有節故也。

○禮，時爲大，順次之，體次之，宜次之，稱次之。言聖人制禮所先後也。○稱，尺證反，後皆同。

堯授舜，舜授禹，湯放桀，武王伐紂，時也。言受命改制度。

詩云：「匪革其猶，聿追來孝。」革，急也。猶，道也。聿，述也。言文王改作者，非必欲急行已之道，乃追述先祖之業，來居此爲孝。○革，紀力反，注同。

○天地之祭，宗廟之事，父子之道，君臣之義，倫也。倫之言順也。

○社稷山川之事，鬼神之祭，體也。天地人之別體也。

○喪祭之用，賓客之交，義也。義之言宜也，人道之宜。

○羔豚而祭，百官皆足，大牢而祭，不必有餘，此之謂稱也。足猶得也。稱，稱牲之大小而爲俎，此指謂助祭者耳，而云百官，喻衆也。○

疏　禮時至稱也○正義曰：此一節明亦因上制禮得節，故以下諸事皆由禮洽天時，今各依文解之。○禮時爲大者，揖讓干戈之時，於禮中最大，故云時爲大也。○順次之者，雖合天時，又須順序，故順次之也。○體次之者，有時有順，又須小大各有體別也。○宜次之者，大小雖有體，行之又須各當其宜也。○稱次之者，稱猶足也，行禮又須各自足也。○堯舜至來孝○此釋時爲大也。堯舜所以相授者，堯舜知子不賢，自能遜退而授人，此時使之然也。桀紂凶虐，不能傳立與人，湯武救民之災，不可不伐，亦時使之然也。○詩云匪革其猶，聿追來孝，此大雅文王有聲之篇。革，急也。猶，道也。聿，述也。言文王改作豐邑，非是急行已之道，能述追先祖之業，來行孝道於此豐邑，時使之然，不得不爾，釋時之義也。今詩本革作棘，猶作欲，聿作遹字。不同者，鄭荅炅模云：爲記注之時，依循舊本，此文是也。後得毛詩傳而爲詩注，吏從毛本，故與記不同。革、棘，聿、遹，字異義同。詩注：來，勤也。言作豐邑，非急成巳之欲，乃追述王季勤行孝之道也。○注革急至述也○正義曰：革急、聿述，並釋言文。猶道也，釋詁文。○天地至倫也○此事皆是下之事上，以敬順爲本，故云倫也。以前經云時爲大，順次之，故以倫爲順也。○社稷至體也○以前經云體次之，此覆說體也。社稷山川爲天地之別體鬼神是人之別體名有軀體也○注天地至體也○正義曰神是天之別體社稷山川是地之別體鬼是人之別體兼云天者社稷山川雖形屬於地精靈上連於天也此經鬼神之祭則上宗廟之事而別屬體者宗廟至尊事之須順故屬順也體是人死所爲故後屬體也故云天地人之別體也○喪祭至義也○此釋宜次之也宜義也主人有喪祭之事應須費用而賓客有賻賵之交是人道之宜也故後云喪禮忠之至賓客用幣義之至也○羔豚至稱也○此釋稱次之羔豚而祭百官皆足猶得也夫臣助祭則各有俎祭竟播及胞翟雖復羔豚之小而百官一切皆悉得也大牢而祭不必有餘者假令大牢亦不至有餘也此之謂稱也者小而皆得大而不餘是各稱在體也○注此指至衆也○正義曰按儀禮士祭用特牲大夫祭用少牢皆以成牲不用羔豚此得有羔豚祭者按王制云大夫士有田則祭無田則薦則無地大夫士薦羔豚也無地則無臣助祭故云百官喻衆也○諸侯以龜爲寶以圭爲瑞家不寶龜不藏圭不臺門言有稱也古者貨貝寶龜大夫以下有貨耳易曰十朋之龜瑞信也諸侯執瑞孤卿以下執摯闍者謂之臺○堵本又作闍音都又丁古反徐音常邪反

【疏】諸侯至稱也○正義曰此一節還明上經稱次之事也但禮主威儀以尊卑大小多少質文各有所宜其稱非一故從此以下更廣明爲稱之事各依文解之○諸侯以龜爲寶者諸侯有保土之重宜須占詳吉凶故得以龜爲寶也○以圭爲瑞者圭兼五等玉也諸侯之於天子如天子之於天也天子得天之物謂之瑞故諸侯受封於天子天子與之玉亦謂爲瑞也書云輯五瑞又云班瑞于羣后是也此云圭不云璧從可知也○家不寶龜者家卿大夫也大夫卑輕不得寶龜故臧文仲居蔡爲僭也○不藏圭者卿大夫不得執玉故不得藏圭○不臺門者兩邊築闍爲基基上起屋曰臺門諸侯有保捍之重故爲臺門而大夫輕故不得也言有稱者結上得與不得各有所稱○注古者至之臺○正義曰言古者貨貝以貝爲貨若今之用錢爲貨也貝有五種按食貨志王莽作金銀龜貝錢布之品名曰寶貨大貝四寸八分以上二枚爲一朋直二百一十六文壯貝三寸六分以上二枚爲一朋直五十文幺貝二寸四分以上二枚爲一朋直三十文也小貝一寸二分以上二枚爲一朋直十文也○不盈寸二分漏度不得爲朋率枚直錢三文是爲貨貝五品又以龜爲寶故云古者貨貝寶龜云易曰十朋之龜者按損卦六五爻云或益之十朋之龜鄭注引爾

雅云一曰神龜郭注此當龜以爲畜在宮沼者二曰靈龜注云今江東所用卜龜黃靈黑靈者此蓋與天龜靈屬一也三曰攝龜注云以腹甲翁然攝斂頭閉藏之卽當周禮地與四方之龜知者以皆有奄斂之義故也四曰寶龜卽遺我大寶龜及樂記曰青黑緣者天子之寶龜及公羊定公八年龜青純皆是也五曰文龜注甲有文采者河圖云靈龜負書丹甲青文是也言靈者直是神龜之義非天龜也六曰筮龜注云常在蓍叢下者七曰山龜八曰澤龜九曰水龜十曰火龜注此皆說龜所生處也大凡神靈寶文攝唯五體而已家語臧氏家有守龜名曰蔡文仲三年爲一兆武仲三年而爲二兆孺子容三年而爲三兆此云家不寶龜按三正記白虎通天子之龜尺二寸諸侯一尺大夫八寸者彼謂卜龜士亦有龜故士喪禮卜宅是也龜出於蔡故得以爲名也臣瓚注漢書云蔡龜名非也臧氏又有僂句故左氏昭二十五年傳云僂句不余欺是也食貨志云元龜尺二寸直二千一百六十爲大貝十朋公龜九寸以上直五百爲壯貝十朋侯龜七寸以上直三百爲幺貝十朋子龜五寸以上直百爲小貝十朋此等皆爲一貝有十朋與十朋之龜義同也云闍者謂之臺爾雅釋宮文○禮有以多爲貴者天子七廟諸侯五大夫三士一天子之豆二十有六諸公十有六諸侯十有二上大夫八下大夫六諸侯七介七牢大夫五介五牢天子之席五重諸侯之席三重大夫再重天子崩七月而葬五重八翣諸侯五月而葬三重六翣大夫三月而葬再重四翣此以多爲貴也豆之數謂天子朔食諸侯相食及食大夫公食大夫禮曰宰夫自東房薦豆六設于醬東此食下大夫而豆六則其餘著矣聘禮致饔餼於上大夫堂上八豆設于戶西則凡致饔餼堂上之豆數亦如此周禮公之豆四十其東西夾各十有二侯伯之豆三十有二其東西夾各十子男之豆二十有四其東西夾各六諸侯七介七牢者周之侯伯也大夫五介五牢者侯伯之卿使聘者也周禮上公九介九牢侯伯七介七牢子男五介五牢聘儀所云上公七介侯伯五介子男三介乃謂其使者也天子葬五重者謂杭木與茵

也葬者杭木在上茵在下士喪禮下篇陳器曰杭木橫三縮二加杭席三加茵用疏布緇翦有幅亦縮二橫三此士之禮一重者以此差之上公四重。介音介副也後皆同俗讀古賀反幷也重直龍反下及注皆同翣所甲反相食音嗣下同飯許既反夾古洽反又古協反使色吏反杭木苦浪反又音剛又戶剛反茵音因縮所六反。

疏禮有至爲貴也

正義曰天子七廟尊者誠深孝篤故立廟乃多世爲稱也諸侯五大夫三士一者德轉薄故廟少爲稱也士一廟者據下士爲言若適士則二廟也。天子之豆二十有六者謂天子朔食也尊者宜備味多乃稱之故多致豆二十有六也。諸公十有六上公也謂更相朝時堂上之豆數也。諸侯十有二者侯伯子男也亦謂相朝時堂上之豆數也。上大夫八下大夫六者皆謂主國食使臣堂上之豆數。諸侯七介七牢者介副也牢大牢也謂諸侯朝天子天子以大牢禮賜之也周禮公九介九牢侯伯七子男五今言七舉中言之也。大夫五介五牢者臣爲君使各降其君二等此五介五牢謂侯伯之卿亦舉中言之。諸侯之席三重者謂相朝時賓主皆然也尊者須溫厚故多重乃稱也三重則四席也熊氏云二重則三席也。大夫再重者卑於人君故也。天子崩七月而葬五重者五重謂杭木與茵也尊者宜堅固故多重也

入翣者尊宜多鄭蔽以稱之也。三重六翣者五等同也卑於王故鄭蔽少也然前介及牢不云天子者天子無介牢禮無等及爲賓客之事。再重四翣者諸侯大夫又卑故從而少飾也此以多爲貴也者都結上之文也。注豆之至四重

正義曰豆之數謂天子朔食諸侯相食者以文連下大夫六豆上大夫八豆皆食饗大禮明天子諸侯之豆數亦是大禮故爲天子朔食諸侯相食也其天子齊則無文亦當與朔食同也皇氏云天子之豆二十有六者天子庶羞百二十品籩豆各六十今云二十六者謂堂上數也堂下東西夾各十七兩十七合三十四三十四就二十六故合六十也今按禮有正羞庶羞故公食大夫禮設韭菹醓醢六豆設于醬東是正羞也將食士羞庶羞設于稻南膷臐膮牛炙之等十六豆謂之庶羞又掌客云公豆四十又云食四十則豆盛正羞食謂庶羞也故鄭注掌客云食者其庶羞美可食者是庶羞與正羞別此上大夫八豆下大夫六豆皆爲正羞而天子二十六豆亦爲正羞故熊氏以爲正羞醓醢百二十甕之等但不知堂夾若爲陳列皇氏以爲庶羞其義非也云公食大夫禮曰宰夫自東房薦豆六設于醬東者鄭引以證下大夫六豆之義云此食下大夫而豆六則其餘著矣者下大夫六豆設于堂下則天子之豆二十有六諸公十有六諸侯十有二亦設于堂上顯著可知故云其餘著矣云聘禮致饔餼於上大夫堂上八豆設于戶西者證明此經上大夫八豆之義也按公食大夫禮亦有上大夫八豆之文必引聘禮上大夫者此以公食大夫是食禮聘禮上大夫是致饔餼禮欲見食與饔餼堂上豆數同故鄭此云凡致饔餼堂上豆數亦如此謂亦如此食下大夫之禮云周禮公之豆四十其東西夾各十有二侯伯之豆三十有二其東西夾各十子男之豆二十有四其東西夾各六此豆數皆周禮掌客文其陳于堂上以東西夾此鄭以意量之按聘禮致饔餼於上大夫堂上八豆西夾六豆東方亦如之此是堂上東西夾各設其豆東西夾又減於堂上之數上公堂上十六豆故知東西夾各十二侯伯堂上十二故知東西夾各十也子男堂上亦十二故知東西夾各六也云諸侯七介七牢者周之侯伯也者大行人云上公介九人禮九牢侯伯介七人禮七牢子男介五人禮五牢此獨言侯伯者舉中言也云大夫五介五牢者侯伯之卿使聘者也者按大行人云凡卿大夫士之禮各下其君二等侯伯七介七牢其臣既降二等故卿大夫五介五牢其介數得各下其君二等君牢則以爵等五等之卿同牢今言五牢者雖據侯伯之卿降君二等也其餘牢禮則否云天子葬五重者謂杭木與茵也者明五重之義云葬者杭木在上茵在下者古

者爲椁累木於其四邊上下不周致茵於椁下所以藉棺從上下棺之後又置杭木於椁之上所以杭載於土引士喪禮下篇陳器曰杭木橫三縮二加杭席三加茵用疏布緇翦有幅亦縮二橫三此士之禮一重者引之者證此經葬五重三重之義也皇氏云下棺之後先加折於壙上以承杭席折猶庪也方鑿連木爲之蓋如牀縮者三橫者五無簀於上加杭木杭木之上加杭席三此爲一重如是者五則爲五重茵者藉棺外下縪用淺色緇布爲之每將一幅輒合縫爲囊將茅秀及香草着其中如今有絮縪也而縮二橫三每爲一重也杭木上橫三下縮二以其在上象天天數奇故上三也下象地地數偶故下二也茵則上直二下橫三茵既在下法地也上數二象地下數三象天以天三合地二人中央也故鄭注士喪禮下篇云謂天三合地二人藏其中焉此皆皇氏之說也今按既夕禮杭木橫三縮二茵縮二橫三鄭注云其用之木三在上茵二在下象天三合地二人藏其中如鄭此注則茵縮二在下皇氏云茵縮二在上橫三在下象天褻於人與鄭注違其義非也云以此差之上公四重者按天子既五諸侯乃三按豆數及棺之重數上公與諸侯不同今諸侯既三明上公四重也熊氏於此明筵之例既是禮之通義今暑載焉熊氏云天子祫祭席五重此文是也禘則宜四重也時

祭三重司几筵職是也受神酢席亦然大朝覲大饗食封國命諸侯皆然知者司几筵職文其平常朝覲及燕蓋亦三重席知者以諸侯燕禮有加席故也其卧席則亦下莞上簟則詩斯干所云是也天子待諸侯則莞筵紛純加繅席畫純待諸侯之孤亦然故公食大夫禮注云孤爲賓則莞筵紛純加繅席畫純是也待諸侯之卿大夫則公食云上下大夫蒲筵常緇布純加萑席尋玄帛純注云謂三命大夫是也公食大夫雖是諸侯之法然天子待之亦然也天子於已臣子孤卿以下蓋亦然若其燕此上等之人皆單席故燕禮賓無加席注云燕私禮臣屈也然天子燕臣亦然也祭天則蒲越藁鞂郊特牲云是也自天地以外日月山川五祀則郊特牲鬼神之祭單席是也及司几筵云甸役則設熊席注表貉所設席亦是也顧命席鄭注不用生時席新鬼神之事故也諸侯則司几筵云祭祀席蒲筵繢純加莞席酢席紛純加繅席是祭祀二重也諸侯相朝亦二重也相饗此經二重及郊特牲云大饗君三重席而酢焉於燕則兩重以介爲賓或可賓亦單席也待聘卿大夫諸侯自坐蓋亦兩重也其聘者身則禮時及饗食孤則莞筵藻席卿大夫則蒲筵萑席故聘禮之賓改筵注引公食大夫禮曰蒲筵萑席公燕則以介爲賓故郊特牲云三獻之介君尊席而酢焉此降尊以就卑是也於已臣

子則燕禮賓無加席卿辭重席則司宮徹之諸公亦無加席大射則賓有加席以射辯尊卑故也然則饗食已卿大夫亦重席其祭社稷山川亦單席大夫士祭祀止一席也故特牲少牢無異席也其卿大夫依法再重席燕禮賓及卿一席屈也聘賓爲苟敬席屈大射賓雖加席餘卿一席亦屈也然則孤卿大夫再重正也故鄉射注大夫再重席正也然則鄉飲酒諸公三重席者鄉人特尊之也故諸公升如賓禮辭一席使人去之注謙自同於大夫是也大夫再重有諸公則辭加席委于席端主人不徹無諸公則大夫辭加席主人對不去加席注云大夫席再重也鄉大夫爲主人正一重席者以賓鄉人之賢者故下之也公食賓坐遂卷加席公不辭者注云贊者以告公公聽之重來優賓也凡儀禮之例一種席皆稱重故燕禮注云重席重蒲筵是也所以鄉射大夫辭加席亦稱是一種稱加者以上已云公三重大夫再重故變云加耳若餘經雖異席亦稱重則此經是也凡席有兩則稱二重有一則稱一重與棺重別也

○有以少爲貴者天子無介祭天特牲天子適諸侯諸侯膳以犢諸侯相朝灌用鬱鬯無籩豆之薦大夫聘禮以脯醢天子一食諸侯再大夫士三食力無數大路繁纓一就次路繁纓七就圭璋特琥璜爵鬼神之祭單席諸侯視朝大夫特士旅之此以少爲貴也

天子無介無客禮也灌獻也一食再食三食謂告飽也食力謂工商農也大路繁纓一就殷祭天之車也周禮王之五路玉路繁纓十有二就金路九就象路七就革路五就木路翦繁鵠纓圭璋特朝聘以爲瑞無幣帛也琥璜爵者天子酬諸侯諸侯相酬以此玉將幣也大夫特士旅之謂君揖之○犢音獨本亦作特朝直遥反下及注同灌古亂反注同鬯丑亮反脯音甫醢音海繁步干反下及注同琥音虎一文作虎璜音黃單音丹翦子淺反一音牋鵠胡毒反

【疏】有以至貴也○正義曰此一節明以少爲貴亦是稱之義也○天子無介者爲賓用介而天子以天下爲家既不爲賓客故無介也○祭天特牲者特一也天神尊尊質故止一特也○天子適諸侯諸侯膳以犢者諸侯事天子如天子事天天子事天既用一牛故天子巡守過諸侯境土諸侯奉膳亦

止一牛而已也○諸侯相朝灌用鬱鬯者轉卑須味轉多也諸侯相朝謂五等自相朝也灌獻也天子祭天不用鬱鬯諸侯膳天子亦無鬱鬯而自相朝朝享禮畢未饗食之前主君酌鬱鬯之酒以獻賓示相接以芬芳之德不在殽味也何以知朝享畢而灌按司儀職云凡諸公相爲賓將幣畢云賓亦如之鄭云儐謂以鬱鬯禮賓也上於下曰禮敵者曰儐而引禮器諸侯相朝灌用鬱鬯無籩豆之薦謂此朝禮畢儐賓也按大行人云上公五禮再祼而酢則諸侯朝天子天子灌用鬱鬯此特云諸侯相朝者此經據以少爲貴諸侯於天子無鬱鬯諸侯相朝則設鬱鬯欲見卑者禮多故特舉諸侯相朝也無籩豆之薦者義在少而不在味故唯有鬯而無殽也○大夫聘禮以脯醢者大夫出使行聘禮畢主國禮之酌以酒而又有脯醢無芬芳之德故須味稍多也○天子一食者食猶殯也尊者常以德爲飽不在食味故每一殯輒告飽而待勸之乃更殯故云一食也○諸侯再者德降天子故至再殯而告飽須勸乃又食○大夫士三者德轉少告轉疏也故少牢特牲禮皆三飯而告飽也○食力無數者食力謂工商農應人之屬也以其無德不仕無祿代耕故但陳力就業乃得食故呼食力也此等無德以飽爲度不須告勸故殯無數也庾云食力力作以得食也○大路繁纓一就者大路殷祭天

之車也殷猶質以木爲車無别雕飾乘以祭天謂之大路也繁謂馬腹帶也纓鞅也染絲而織之曰罽五色一帀曰就就成也言五色帀一成車既樸素故馬亦少飾止一就也○次路繁纓七就者次路殷之第三路也供卑用故就多也然郊特牲云大路一就先路三就次路五就而此云次路七就鄭注郊特牲以此云七爲誤圭璋特者圭璋玉中之貴也特謂不用他物媲之也諸侯朝王以圭朝后執璋表德特達不加物也○琥璜爵者琥璜是玉劣於圭璋者也天子饗諸侯或諸侯自相饗行禮至酬時則有幣將送酬爵又有琥璜之玉將幣故云琥璜爵也琥璜既賤不能特達故附爵乃通也崔氏云諸侯貴者以琥賤者以璜則公侯以琥伯子男以璜也○鬼神之祭單席者神道異人不假多重自温故單席也○諸侯視朝大夫特士旅之者視朝謂日出視諸臣之朝者也特猶獨也旅衆也君行日出路門視諸臣之朝若大夫則君人人揖之若士則不問多少而君衆共一揖之也是大夫貴故人人得揖士賤故衆共得一揖是以少爲貴也此諸侯所尊者少故大夫特士旅之若天子之朝所尊者多故司士云孤卿特揖大夫以其等旅揖士旁三揖是也○注天子至揖之○正義曰此云天子無介謂無以客禮陳擯介也其實餘事亦有介副故覲禮人共介覲是天子臨鬼神使介執覲也云

一食再食三食謂告飽也者按儀禮特牲有九飯少牢十一飯鄭云諸侯十三飯天子十五飯此云一食再食與彼不同此據食畢更加飯告飽之數也云食力謂工商農也者以經既云大夫士别云食力大夫士之下唯有工商農故知食力是工商農也若對文言之則庶人食力故晉語云士食田庶人食力工商食官也云周禮王之五路玉路繁纓十有二就金路九就象路七就革路五就木路翦樊鵠纓者皆周禮巾車文按巾車云一曰玉路錫樊纓十有再就建大常十有二斿以祀二曰金路鉤樊纓九就建大旂以賓三曰象路朱樊纓七就建大赤以朝四曰革路龍勒條纓五就建大白以即戎五曰木路前樊鵠纓建大麾以田云圭璋特朝聘以爲瑞無幣帛也者聘禮曰聘君以圭聘夫人以璋是聘也典瑞云公執桓圭侯執信圭伯執躬圭諸侯以相見及朝天子亦無束帛是圭璋朝聘以爲瑞無幣帛按聘禮行享之時則璧以帛琮以錦是加束帛又小行人云以玉合六幣圭以馬璋以二王之後享天子琮以皮注云二王之後享后皮馬不上堂唯圭璋特升堂亦是圭璋特義也云琥璜爵者天子酬諸侯諸侯相酬以此玉將幣也者琥璜非爵名經云琥璜爵故知琥璜送爵也按聘禮禮賓之幣束帛乘馬又致饗以酬幣又致食以侑幣鄭云禮束帛乘馬亦不是過也則諸侯於聘賓雖用束帛乘馬皆不用玉今琥璜送爵故知是天子酬諸侯及諸侯自相酬也

○有以大爲貴者宫室之量器皿之度棺椁之厚丘封之大此以大爲貴也○有以小爲貴者宗廟之祭貴者獻以爵賤者獻以散尊者舉觶卑者舉角五獻之尊門外缶門内壺君尊瓦甒此以小爲貴也

凡觴一升曰爵二升曰觚三升曰觶四升曰角五升曰散五獻子男之饗禮也壺大一石瓦甒五斗缶大小未聞也易曰尊酒簋貳用缶○量音亮皿命景反字林音猛散悉旦反注同觶文豉反缶方有反甒音武觚音孤○

【疏】有以至貴也○正義曰貴者獻以爵賤者獻以散特牲注云主人獻尸用角角受四升其器小佐食洗散以獻尸散受五升其器大是尊者小卑者大按天子諸侯及大夫皆獻尸以爵無賤者獻以散之文禮文散亡畧不具也特牲主人獻尸用角者下大夫也尊者舉觶卑者舉角者崔氏云按特牲少牢禮尸入舉奠觶是尊者舉觶特

牲主人受尸酢受角飲者是卑者舉角此是士禮耳天子諸侯祭禮亡失不具也○五獻之尊者五獻子男之饗禮也凡王饗臣及其自相饗行禮獻數各隨其命子男五命知五獻是子男其饗有酒列尊之法故云尊也○門外缶者缶尊名也列尊之法缶盛酒在門外門内壺者壺亦尊也盛酒陳尊在門内○君尊瓦甒者君尊子男尊也子男用瓦甒爲尊故云君尊瓦甒云君尊則壺缶但飲諸臣也不云内外則陳之在堂人君面尊專惠也○此以小爲貴也者小尊近君大尊在門是不重味故以小爲貴爵也○注凡觴至用缶○正義曰○一升曰爵二升曰觚三升曰觶四升曰角五升曰散者皆韓詩說文按異義今韓詩說一升曰爵爵盡也足也二升曰觚觚寡也飲當寡少三升曰觶觶適也飲當自適也四升曰角角觸也不能自適觸罪過也五升曰散散訕也飲不能自節爲人所謗訕也總名曰爵其實曰觴觴者餉也觥亦五升所以罰不敬觥廓也所以著明之貌君子有過廓然明著非所以餉不得名觴古周禮說爵一升觚二升獻以爵而酬以觚一獻而三酬則一豆矣食一豆肉飲一豆酒中人之食毛詩說觥大七升許慎謹按周禮云一獻三酬當一豆若觚二升不滿一豆又觥罰不過一一飲而七升爲過多即駁之云周禮獻以爵而酬以觚觚寡也觶字角旁著氏是與觚相涉

誤爲觚也南郡太守馬季長說一獻三酬則一豆豆當爲斗
與一爵三觶相應如鄭此言是周禮與韓詩說同一也此周
禮一獻三酬按燕禮獻以觚又燕禮四舉酬熊氏云此一獻
三酬是士之饗禮也若是君燕禮則行無筭爵非唯三酬而
已若是大夫以上饗禮則獻數又多不唯一獻也故知士之
饗禮也云壺大一石瓦甒五斗者漢禮器制度文也此瓦甒
即燕禮公尊瓦大也云缶大小未聞也者今以小爲貴近者
小則遠者大缶在門外則大於壺矣按禮圖瓦大受五斗口
徑尺頸高二寸徑尺大中身銳下平瓦甒與瓦大同引易曰
尊酒簋貳用缶易坎卦六四爻辭按六四尊酒簋貳用缶納
約自牖終無咎鄭云六四上承九五又五體在震上天
子大臣以王命出會諸侯尊於簋副設玄酒而用缶也〇有
以高爲貴者天子之堂九尺諸侯七尺大夫
五尺士三尺天子諸侯臺門此以高爲貴也
〇有以下爲貴者至敬不壇埽地而祭天子
諸侯之尊廢禁大夫士棜禁此以下爲貴也

廢猶去也棜斯禁也謂之棜者無足有似於棜或因名云耳
大夫用斯禁士用棜禁如今方案隋長局足高三寸〇壇大
丹反棜於據反去起呂反斯禁如字劉[疏]有以至貴也〇
昌宗音賜隋他果反高如字又古根反正義曰天子之
堂九尺此周法也按考工記殷人重屋堂崇三尺鄭差之云
夏高一尺故知此九尺者周法也〇至敬不壇埽地而祭者
此謂祭五方之天初則燔柴於大壇燔柴訖於壇下埽地而
設正祭此周法也〇天子諸侯之尊廢禁者謂廢去其禁司
尊彝彝之尊用舟以承之其犧象等六尊皆無用舟又燕
禮諸侯之法瓦大兩有豐是無禁也是天子諸侯廢禁大夫
士棜禁者謂大夫用棜士用禁〇注棜斯至高三寸〇正義
曰棜斯禁此文謂之棜按鄉飲酒是大夫禮謂之斯禁也棜
長四尺廣二尺四寸深五寸無足赤中畫青雲氣菱苕華爲
飾禁長四尺廣二尺四寸通局足高三寸漆赤中青雲氣菱
苕華爲飾刻其足爲褰帷之形也云謂之棜者無足有似於
棜或因名云耳者棜是轝名故既夕禮云設棜於東堂下注
云棜今之轝也又注特牲云棜之制如今大木轝矣上有四
周下無足今大夫斯禁亦無足似木轝之棜故周公制禮或
因名此斯禁云棜耳故少牢司宮尊兩甒于房戶之間同棜
是周公時已名斯禁爲棜也今定本無世人二字熊氏以爲
後世人因名云耳謂後世作記之人始名爲棜其義非也云
大夫用斯禁者按玉藻云大夫側尊用棜則斯禁也按鄉飲
酒兩壺斯禁是大夫用斯禁也玉藻云士用禁又士冠禮士
昏禮承尊皆用禁是士用禁也謂之禁者鄭注士冠禮云名
之禁者因爲酒戒也按鄉射是士禮而用斯禁者以禮樂賢
從大夫也按特牲是士禮而云棜禁在東序士亦言棜者鄭
注云棜禁者祭尚厭飫故得與大夫同也云禁如今方案隋
長局足高三寸者按漢禮器制度而知今按鄭注儀禮棜今
無足轝皇氏以爲棜一頭足一頭無足未知
有何馮據且高下不等何以承尊其義非也〇禮有以文
爲貴者天子龍袞諸侯黼大夫黻士玄衣纁
裳天子之冕朱綠藻十有二旒諸侯九上大
夫七下大夫五士三此以文爲貴也此祭冕服也朱綠似
夏殷禮也周禮天子五采藻〇袞本又作衮同古本反黼音
甫黻音弗藻字又作繅詳云反繅本又作璪亦作藻同子老
反注同〇有以素爲貴者至敬無文父黨無容大

圭不琢大羹不和大路素而越席犧尊疏布
鼏樿杓此以素爲貴也大圭長三尺杼上終葵首琢當爲篆字之誤也明堂位曰
大路殷路也鼏或作幕樿木白理也〇琢字又作瑑文轉反
徐又依字丁角反大羹音泰和胡臥反越席音活犧尊鄭素
何反王如字慎本又作幕又作鼏莫歷反樿章善反
又市戰反杓市幼反長直亮反杼直呂反幕音莫〇孔子
曰禮不可不省也禮不同不豐不殺此之謂
也蓋言稱也省察也不同言異也〇殺所戒反又所例反下而殺注妾殺皆同〇[疏]禮有
至稱也〇正義曰天子龍袞諸侯黼大夫黻士玄衣纁裳人
君因天之文章以表於德德多則文備故天子龍袞諸侯以
下文稍少也然周禮上公亦袞侯伯鷩子男毳孤卿絺大夫
玄士爵弁玄衣纁裳今言諸侯黼大夫黻雜明夏殷禮也但
夏殷衣有日月星辰山龍今云龍袞者舉多文爲首耳日月
之文不及僕也崔云然也〇天子之冕朱綠藻十有二旒者
亦是夏殷也周藻五采也十二謂旒數也〇諸侯九上大夫
七下大夫五士三者亦夏殷也周家旒數隨命數又士但爵

弁無旒也。○此以文爲貴也者是其稱也。○注此祭至采藻。正義曰：此祭冕服也。既漫云龍衮黼黻，故鄭云此是祭祀冕服也。云朱綠似夏殷禮也周禮天子五采藻者，鄭據經非周法也，而云似夏殷者，夏殷無服禮文，今此文非周制，故云似也。熊氏云朱綠以下是夏殷禮，其天子龍衮、諸侯黼、大夫黻等皆周法，無嫌諸侯雖九章七章以下，其中有黼也；孤絺冕而下，其中有黻，特舉黼黻而言耳。故詩采菽云玄衮及黼，是特言黼也；詩終南美秦襄公黻衣繡裳，是特言黻也。熊氏之義踰於皇氏耳。○有以素至貴也。○至敬無文，至敬謂敬之至極，謂祭天服用大裘，是無文也。父黨無容者，謂父之族黨是親，質素，故事之無有折旋揖讓之容。○大圭不琢者，大圭天子朝日月之圭也，尚質之義，但杼上終葵首而無琢桓蒲之文也。○大羹不和者，大羹肉汁也，不和無鹽梅也。大古初變腥，但煑肉而飲其汁，未知調和，後人祭也既重古，故但盛肉汁，謂之大羹不和。○大路素而越席者，大路殷家祭天車也，越席蒲席也，祭天本質素，故素車蒲席也。犧尊者，先儒云刻尊爲犧牛之形，用以爲尊；鄭云畫尊作鳳羽婆娑然，故謂娑尊也。祭天既用陶匏，蓋以瓦爲尊，畫犧羽於上；或可用犧爲尊，是夏殷禮也，用陶也。皇氏以爲犧尊即周禮犧象也，而祭天用陶匏者，謂盛牲牢及酌酒器，其義非也，具在特牲疏。

疏布鼏者，疏麤也，鼏覆也，謂郊天時以麤布爲巾以覆尊也。故冪人云祭祀以疏布巾冪八尊，注云以疏布者，天地之神尚質也。○樿杓者，樿白理木也，貴素，故用白理木爲杓，而鄭注周禮亦云祭天爵不用玉也。○注大圭至葵首。○正義曰：杼殺也，長三尺，下頭方而殺其上，故云杼上。終葵首者，椎名也，於杼上之頭又爲方椎，故云終葵首也。○孔子至稱也。○禮不可不省，記者引孔子語証上諸事也。省察也，禮既有諸事，所趣不同，不可不察，不察則禮道無由可知也。禮不同者，此是可省之事也，不同謂或高下大小文素之異也。○不豐者，應少不可多，是不豐也。○不殺者，應多不可少也，是不殺也。此之謂也，蓋言稱也者，此之謂上諸事也，上事各異，蓋是各言其有稱故也。此經揔說在人稱之事也。

○禮之以多爲貴者，以其外心者也。外心用心於外，其德在表也。○德發揚詡萬物，詡猶普也，徧也。○詡況矩反，徧音遍。大理物博，如此則得不以多爲貴乎？故君子樂其發也。發猶見也。樂多其外見也。○樂五孝反，注同。見賢遍反，下外見、告見皆同。

【疏】禮之至發也。○正義曰：此一節以上言稱，作記之人因廣明稱之事。○禮之以多爲貴者，此說禮之所以須多爲貴之意，以其外心者也，謂其用心於外也。用心於外，謂起自朝廷，廣及九州四海也。王者居四海之上，宜爲四海所畏服，故禮須自多厚，顯德於外，於外亦以接物也，故云以其外心者也。隱義云萬物在人外，非已所有，故以多爲貴也。○德發揚詡萬物者，此以下解心在外義也。詡普也，徧也，言王者撫有四海，宜發揚其德，普徧萬物也。○大理物博者，言王者大領理萬物之事，廣博如此，則得不以多爲貴乎者，結上也。既有德發於外，徧萬物，理博事條如此，則豈得不貴多乎，故貴之也。○故君子樂其發也者，君子則天子也，發見也，既須外接，故所行事樂得其禮迹發見於外也。一云君子謂禮民下識禮道者也。庾云王功被於物，君子樂其外見也。

禮之以少爲貴者，以其內心者也。內心用心於內，其德在內。德產之致也精微，致致密也。○致直置反，注皆同。觀天下之物，無可以稱其德者，萬物皆天所生，孰可奉薦以稱也。如此則得不以少爲貴乎？是故君子慎其獨也。少其牲物，致誠愨。○愨字又作愨，苦角反，下文同。

【疏】禮之至獨也。○正義曰：此一節亦覆說禮之以少爲貴之意，以其內心者也。內心謂用心於內也，用心於內謂行禮不使外迹彰著也。○德產之致也精微者，此以下解心在內義也。德，天地之德也；產，生也；致，密也。言天地之德生於萬物，深密唯精唯微，無所遺忘也。盧云天地之德所生，至精至微也。○觀天下之物無可以稱其德者，觀猶覽視也，言視天下萬物皆是天地所生，若待彼所生以報於彼，終非報義，故云無可以稱其德者也。如此則得不以少爲貴乎者，既無物可稱，則宜少外多內也，是其外迹豈得不貴少乎。王云欲徧取萬物以祭天，終不能稱其德報其功，故以特犢貴誠愨之義也。○是故君子慎其獨也者，獨少也，既外迹應少，故君子用少而極敬慎也。前云故，此云是故者，慎之情深，故加是也。

○古之聖人，內之爲尊，外之爲樂，少之爲貴，多之爲美。是故先王之制禮也，不可多也，不可寡也，唯其稱也。

【疏】古之至稱也。○正義曰：此一節覆說聖人制禮，或內或外，或少或多，然後爲稱也。古之聖人內之爲尊者，解內心也。天不可外報，所以內極敬慎，而其理爲尊也。○外之爲樂者，緣外心校物須廣大，故外極繁富而其事可樂也。隱義云：樂多其外見者，謂衣服萬物悉外見物也，已有功德，故得使有此物以光輝祀先人爲樂也。○少之爲貴者，極心於內，故外以少爲貴也。○多之爲美者，極禮迹於表，故以外多爲美也。是故先王之制禮也不可多也，不可寡也，唯其稱也者，合結多少乃異，而以有稱爲禮也。○

是故君子大牢而祭謂之禮，匹士大牢而祭謂之攘。君子謂大夫以上。攘，盜竊也。○樂音洛。匹士本或作正士。攘，如羊反。上，時掌反。

疏是故至之攘。○正義曰：此一節說禮既須稱，中則得禮，僭則盜竊。○君子大牢而祭謂之禮者，君子，大夫以上。大夫常祭少牢，遣奠及卒哭祔用大牢，故祭用大牢而謂之禮也。○匹士大牢而祭謂之攘者，匹士，士也。攘，盜也。士常祭特豚，遣奠、卒哭祔加一等少牢，若用大牢，則是盜竊用君子之禮也。然不直言士而言匹士者，更云士言其微賤，不得特使，爲介乃行，故謂之匹也。白虎通云：庶人稱匹夫者，匹，偶也，與其妻偶，陰陽相成之義也。故論語云匹夫匹婦。檢於禮本，時有匹字作正字者，有通者云：天子大夫常祭亦大牢，故此文云大夫大牢謂之禮，正也。若諸侯大夫自常祭少牢，加一等乃大牢耳。少牢饋食是諸侯大夫禮也。崔氏亦用此義。然盧、王禮本並作匹字矣，今定本及諸本並作正字，熊氏依此本而爲正字，恐誤也。

管仲鏤簋朱紘，山節藻梲，君子以爲濫矣。濫亦盜竊也。鏤簋謂刻而飾之，大夫刻爲龜耳，諸侯飾以象，天子飾以玉。朱紘，天子冕之紘也，諸侯青組紘，大夫士當緇組紘纁邊。栭謂之節，梁上楹謂之梲。宮室之飾，士首本，大夫達棱，諸侯斲而礱之，天子加密石焉，無畫山藻之禮也。○鏤簋，力豆反，下音軌。紘音宏。藻梲，章悅反，依字當作棳，梁上朱儒柱。栭音而。棱，力登反。斲，陟角反。礱，力工反。

疏管仲至濫矣。○正義曰：此一節明奢而失禮之事。管仲鏤簋朱紘者，此是不稱之人也。管仲，齊大夫也。簋，黍稷器也。紘，冕之飾，用組爲之，以其組從下屈而上屬之於兩旁，垂餘爲纓。此鏤簋朱紘是天子之飾，而管仲僭濫爲之也。山節者，山節謂刻柱頭爲斗栱，形如山也。藻梲者，謂畫梁上短柱爲藻文也。此是天子廟飾，而管仲僭爲之也。鄭注明堂云：山節，刻欂盧爲山也；藻梲，畫侏儒柱爲藻文也。○君子以爲濫矣者，君子識禮者也，謂管仲行此事是爲竊濫也。○注鏤簋至禮也。○正義曰：鏤簋謂刻而飾之，鏤謂刻鏤，故知刻而飾之。云大夫刻爲龜耳者，按少牢敦皆南首，鄭注云：敦有首者，尊者器飾也。飾蓋象龜，周之禮，飾器各以其類，龜有上下甲也。龜簋聲相近，故知爲龜形也。○云諸侯飾以象者，按燕禮有象觚，故知飾以象也。云天子飾以玉者，按周禮九嬪云贊玉齍，玉府云共玉敦是也。云朱紘，天子冕之紘也，諸侯青組紘，皆祭義文也。○云大夫士當緇組紘纁邊者，按士冠禮緇組紘纁邊，是士也。天子諸侯用純，大夫當雜，故宜與士同也。云栭謂之節，梁上楹謂之梲者，釋宮文。其梁上楹謂之梲，孫炎云：梁上侏儒柱也。又云：栭謂之節。李巡本節作楶，謂薄盧，一名節，皆謂斗栱也。熊氏云：栭上著木顛欂，謂之欂盧，即今之梧木也。以欂盧與栭異物，其說非也。云宮室之飾，士首本，大夫達棱，諸侯斲而礱之，天子加密石焉者，此莊二十四年穀梁傳文。彼云大夫斲之，士斲本，與此異。按禮緯含文嘉云：大夫達棱，謂斲爲四棱以達兩端。士首本者，士斲去木之首本，令細與尾頭相應。晉語及含文嘉并穀梁傳雖其文小異，大意畧同也。此管仲所僭皆天子之禮，知者，明堂位云山節藻梲，天子之廟飾故也。○

晏平仲祀其先人，豚肩不揜豆，澣衣濯冠以朝，君子以爲隘矣。隘猶狹陋也。祀不以少牢，與無田者同，不盈禮也。大夫士有田則祭，無田則薦。澣衣濯冠，儉不務新。○澣又作浣，戶管反。濯，直角反。朝，直遥反。隘，本又作阨，於賣反。○是故君子之行禮也，不可不慎也，衆之紀也，紀散而衆亂。言二大夫皆非也。紀，絲縷之數有紀者。

疏晏平至衆亂。○正義曰：此一節論儉而不中禮，非稱之事。○豚肩不揜豆者，晏平仲，齊大夫也。大夫祭用少牢，士用特豚，而平仲今用豚，豚又過小，併豚兩肩不揜豆也。必言肩者，周人貴肩也。肩在俎，今云豆，喻其小，假豆言之，其實在俎不在豆也。澣衣濯冠以朝者，大夫須鮮華之美，而晏氏澣衣濯冠以朝君，是不華也。○君子以爲隘矣者，隘，狹也。識禮君子評其太儉褊狹。○注祀不至者同。○正義曰：與無田者，謂與無田之士同，不關大夫也。無田大夫猶用羔羊也。○

孔子曰：我戰則克，祭則受福，蓋得其道矣。我知禮者也。我，克勝也。○

疏孔子至道矣。○此一節論孔子述知禮之人自稱戰克祭受福之事。我戰則克，祭則受福者，又引郊特牲語結禱也。我謂知禮者，克，勝也，言知禮之人戰必勝，祭必受福。蓋得其道矣者，謂所以戰勝而祭受福也。戰勝祭受福，是所爲得道，不多不少，隨而稱當也。祇爲二大夫之不稱也。然此無戰事，祇應云祭受福，而此連言戰者，彼爲二句相連故合引之也且彼因祭之田獵而教戰選兵祭有戰事○注我我知禮者也○正義曰知非孔子自我者君子務在謙光不應自言祭祀受福之事故知述知禮者而言我也

君子曰祭祀不祈祈求也祭祀不爲求福也詩云自求多福福由己耳○爲于僞反下爲母爲父母皆同不麾蚤麾之言快也祭有時不以先之爲快也齊人所善曰麾○摩本又作麾毁皮反齊人謂快爲麾蚤音早不樂葆大謂器幣也葆之言褒也○葆音保又保毛反本又作保不善嘉事嘉事之祭致夫人是也禮宜告見於先祖耳不善之而祭牲不及肥大薦不美多品以禮之義有以小少爲貴也

〔疏〕君子至多品○正義曰此一節論祭祀之事依禮而行不樂華美祭祀不祈者祈求也凡祭祀之禮本爲感蹴霜露思親而宜設祭以存親耳非爲就親祈福報也○不麾蚤者麾快也蚤謂先時也孝子感霜露應心而思親思親而宜祭不以霜露未至而先時早設爲快也○不樂葆大者葆者褒也褒崇高之稱也祭之器幣大小長短自有常宜幣通丈八尺豆盛四升不以貴者貪高大爲之也○不善嘉者嘉事冠昏也人年二十成人自宜冠三十嗣世自宜昏若無親者昏三月祭以告廟冠畢掃地而祭稱並是有爲而然非謂善之而設祭牲不及肥大者謂郊牛繭栗宗廟角握社稷尺各有所宜不必須並及肥大也○薦不美多品者薦祭品味宜有其定不以多爲美故郊特牲而社稷大牢是也○注祈求至己耳○正義曰按鄭志荅趙商問祭祀不祈商按周禮設六祈之科禱禳而祭無不祈故敢問禮記者何義也鄭荅云祭祀常禮以序孝敬之心當專一其志而已禱祈有爲言之主於求福豈禮之常也又鄭發墨守云孝子祭祀雖致其誠信與其忠敬而已不求其爲而祝尸嘏主人曰皇尸命工祝承致多福無疆于女孝孫來女孝孫使女受祿于天宜稼于田眉壽萬年勿替引之若此祭祀內盡己心外亦有祈福之義也○注嘉事至是也○正義曰按桓三年齊侯使仲年來聘致夫人于時公取文姜三月廟見故仲年來致夫人于時無祭而云嘉事之祭者當致夫人之時必告廟也故曾子問卿大夫取妻三月有廟見之禮

○孔子曰臧文仲安知禮夏父弗綦逆祀而弗止也燔柴於奧文仲魯公子彄之曾孫臧孫辰也莊文之閒爲大夫於時爲賢是以非之不正禮也文二年八月丁卯大事于大廟躋僖公始逆祀是夏父弗

綦爲宗人之爲也奧當爲爨字之誤也或作竈禮尸卒事而祭饎爨饔爨也時人以爲祭火神乃燔柴○父音甫不綦音忌不亦作弗燔音煩又芳云反奧依注作爨七亂反下同彄苦侯反大廟音太下注太平下文太廟並同躋子西反升也本又作躋饎爨昌志反下七亂反夫奧者老婦之祭也盛於盆尊於瓶老婦先炊者也盆瓶炊器也明此祭先炊非祭火神燔柴似失之○盛音成瓶步丁反

〔疏〕孔子至於瓶○正義曰此以下引仲尼証不得所宜之人也文仲魯大夫也事莊閔僖文四君時人衆尊爲知禮故孔子證其不知禮之事以譏時人也○夏父弗綦逆祀而弗止也者此非禮之一事也魯閔公僖公俱是莊公之子閔適而小僖庶而大莊公死而立閔爲君僖爲臣閔少而死後乃立僖爲君僖死僖公子文公立文二年八月丁卯大事于大廟是時夏父弗綦爲宗伯典禮佞文公云吾見新鬼大故鬼小使列昭穆以閔置僖下是臣在君上爲逆亂昭穆時臧文仲爲卿大夫見有此逆祀之事而不諫使止故云安知禮也○燔柴於奧者此又非禮之事奧音爨爨以爨爲義也禮祭至尸食竟而祭爨神言其有功於人人得飲食故祭報之而夏父弗綦爲禮官請爨神是火神而遂燔柴祭之此是失禮而文仲又不能諫止之又爲不知禮也○夫奧者老婦之祭也者既譏燔柴於爨又明祭爨不可以燔柴之義爨者是老婦之祭其祭卑唯盛食於盆盛酒於瓶卑賤若此何得燔柴祭之也○注文仲至燔柴○正義曰云文仲魯公子彄之曾孫臧孫辰也者按世本孝公生僖伯彄彄生哀伯達達生伯氏瓶瓶生文仲辰是公子彄曾孫也云莊文之閒爲大夫者按莊二十八年臧孫辰告糴于齊文二年縱逆祀是莊文之閒爲大夫云於時爲賢者襄二十四年左傳云先大夫曰臧文仲既没其言立於後世死猶不朽是於時爲賢也云文二年八月丁卯大事于大廟躋僖公始逆祀者按文二年公羊傳云大事者何大祫也逆祀奈何先禰而後祖也何休云近取法春秋惠公與莊公當同南面西上隱桓與閔僖亦當同北面西上閔僖爲兄弟以繼代言之有父子君臣之道此恩義逆順故云先禰後祖此公羊之義也按外傳云躋僖公弗綦云明爲昭其次爲穆以此言之終文公至惠公七世惠公爲昭隱公爲穆桓公爲昭莊公爲穆閔公爲昭僖公爲穆今躋僖公爲昭閔公爲穆自此以下昭穆皆逆故定公八年順祀先公服氏云自躋僖公以來昭穆皆逆是同國語之說與何休義異公羊董仲舒說躋僖云逆祀小惡也左氏說爲大惡也許君謹按同左氏說鄭駁之云兄弟無相後之道登僖

公主於閔公上，不順爲小惡也。如鄭此意，正以僖在閔上謂之爲昭，非昭穆也。云「奧當爲爨字之誤也」者，下文云「老婦之祭，盛於盆，尊於瓶」，故知非奧也。奧者，夏祀竈神，其禮尊，以老婦配之耳，故中霤禮「祭竈，先薦於奧，有主有尸，用特牲，迎尸以下畧如祭宗廟之禮」，是其事大也。爨者，宗廟祭祀，尸卒食之後，特祭老婦，盛於盆，尊於瓶，是其事小也。云「或作竈」者，諸禮記本有作竈字，故云或也。云「禮，尸卒食而祭饎爨、饔爨也」者，特牲記注舊說云：「宗婦祭饎爨，亨者祭饔爨，用黍肉而已，無籩豆俎。」云「時人以爲祭火神乃燔柴」者，依尸卒食而祭饎爨、饔爨，當時失禮，又以此爲祭火神，遂乃燔柴，故文云燔柴於奧，明失禮也。皇氏云：「弗綦既以逆祀爲是，又以燔柴祭爨爲是。」云「祭火神乃燔柴」者，熊氏云：「宗伯以實柴祀日月星辰，此燔柴盆瓶之事，古周禮說顓頊氏有子曰黎，爲祝融，祀以爲竈神。許君謹按：同周禮。鄭駮之云：祝融乃古火官之長，猶后稷爲堯司馬，其尊如是，王者祭之，但就竈陘，一何陋也。祝融乃是五祀之神，祀於四郊，而祭火神於竈陘，於禮乖也。」如鄭此言，則祝融是五祀之神，祀於郊，奧者正是竈之神，常祀在夏，以老婦配之，有俎及籩豆，設於竈陘，又延尸入奧。爨者，宗廟祭後，直祭先炊老婦之神，在於爨竈。此祝融并奧及爨三者所以不同也。

○禮也者，猶體也。若人身體。體不備，君子謂之不成人。設之不當，猶不備也。禮有大有小，有顯有微。大者不可損，小者不可益，顯者不可揜，微者不可大也。故經禮三百，曲禮三千，其致一也。致之言至也。一謂誠也。經禮謂周禮也。周禮六篇，其官有三百六十。曲猶事也。事禮謂今禮也。禮篇多亡，本數未聞，其中事儀三千。○當，丁浪反。未有入室而不由戶者。三百三千，皆猶誠也。

【疏】禮也至戶者。○正義曰：此一節論因上禮之有稱，故此以下廣明三代之禮皆由誠信，乃合，亦各依文解之。○「禮也者，猶體也」者，猶若人身體也。「體不備，君子謂之不成人」，釋體也。人身體髮膚骨肉筋脉備足，乃爲成人。若片許不備，便不爲成人也。「設之不當，猶不備也」者，合譬也。禮既猶如人之有體，體雖備，但設之不當，則不成人，則設禮不當，亦不成禮，猶人體之不當也。所以已祭天地，復祭山川社稷，已事生人，復祭宗廟，是備祭之義也。禮有大者，謂有大及多爲貴也；有小者，謂有小及少爲貴也；有顯者，謂有高及文爲貴也；有微者，謂有素及下爲貴也。「大者不可損，小者不可益，顯者不可揜，微者不可大也」者，各隨其體而設，禮不得不當也。○「故經禮三百，曲禮三千」者，既設禮大小隨於萬體，不可不備，故周公制禮，遂有三千三百之多也。「其致一也」者，致，至也；一，誠也。雖三千三百之多，而行之者皆須至誠，故云一也。若損大益小，揜顯大微，皆失至誠也。周公攝政七年，制禮作樂，爲設官分職之法，亦名周官，有六卿，每卿下各有屬官六十，凡三百六十，經秦焚燒之後，至漢孝文帝時求得此書，不見冬官一篇，乃使博士作考工記補之，非上之義，唯證周禮三百六十職也。○「未有入室而不由戶」者，室猶禮也，戶猶誠也，入室必由戶，行禮必由誠，故云未有入室而不由戶，行禮不由誠者，言皆由誠也。

君子之於禮也，有所竭情盡慎，致其敬而誠若，謂以少小下素爲貴也。若，順也。有美而文而誠若。謂以多大高文爲貴也。

【疏】君子至誠若。○正義曰：此經覆明上以少小下素之義。有所竭情盡慎，致其敬而誠若者，謂所以少小下素爲貴者，當求諸於内，有所求竭已情，盡其戒慎，致其恭敬而行至誠和順，故以少小下素爲貴也。

○「有美而文而誠若」，此一經明多大高文爲貴之義。有美而文者，謂有威儀之美而文章顯著，而行至誠和順者，章之於外，故須多大高文也。言内行誠順，則以少小下素，求諸内也；外行誠順，則以多大高文，章之外也。

○君子之於禮也，有直而行也，謂若始死哭踊無節也。○有曲而殺也，謂若父在爲母期也。○期音基。有經而等也，謂若天子以下至士庶人爲父母三年。○有順而討也，討猶去也。謂若天子以十二，公以九，侯伯以七，子男以五爲節也。○去，起呂反，下去之同。有撕而播也，撕之言芟也。謂芟殺有所與也。若祭者貴賤皆有所得，不使虛也。○撕，所監反，又所覽反。芟，所咸反。有推而進也，謂若王者之後得用天子之禮。有放而文也，謂若天子之服，服日月以至黼黻。○放，方往反，下有放必放同。有放而不致也，謂若諸侯自山龍以下。○不致，本或作不至。○有順而摭也。謂若君沐粱，大夫沐稷，士沐粱。○摭，之石反。○

【疏】君子至摭也。○正義曰：此經廣明禮意不同。「有直而行也」者，君子於禮一事也。直而行，謂親始死，孝子哀慼，哭踊無節，直任已天性而行也。有曲而殺也者二事也曲殺謂服父斬衰三年爲母齊衰期是曲殺也。有經而等也者三事也經常也常而等謂上自天子下至庶人雖尊卑有異而服其父母則貴賤同等也。有順而討也者四事也順猶順序討猶去也謂天子至尊每十二爲節自此以下轉相降差公九侯伯七子男五順序而稍去之也有摲而播也者五事也摲芟也播布也謂君祭而羣臣助祭得俎而下至胞翟一切悉有所得是芟上貴之分以布徧於下也。有推而進也者六事也謂二王之後已喪天位而天子必推而進之使用王禮也。有放而文也者七事也放法也謂天子畫日月星辰於衣服是法天以爲文。有放而不致也者八事也致極也謂諸侯以下亦有放法而不得極也。有順而摭也者九事也摭猶拾取也謂若君沐粱大夫用稷士用粱士卑不嫌是拾君之禮而用之也

三代之禮一也，民共由之。或素或青，夏造殷因。一也俱趨誠也由用也素尚白黑尚青者也言所尚雖異禮則相因耳孔子曰殷因於夏禮所損益可知也周因於殷禮所損益可知也變白黑言素青者秦二世時趙高欲作亂或以青爲黑黑爲黃民言從之至今語猶存也

〔疏〕三代至殷因。正義曰此一節廣明三代損益不同三代之禮一也者謂三代所行之禮雖各別一皆趨於至誠故云一也民共由之者由用也非唯君行禮用誠如一也民亦共用誠如一也。或素者前明三代雖異而俱用誠是同此述其迹異也或素尚白也尚白殷世之禮也或青者尚黑夏世之禮也然夏先殷後今先云或素者記是周時今欲見周因於殷殷因於夏禮也。夏造者往來之禮雖同而先從夏始故云夏造也。殷因者因於夏禮而用之故云殷因也。注一也至存也。正義曰一也俱趨誠也文承上經禮三百曲禮三千其致一也一謂至誠故知此一亦至誠也云青尚黑者也者夏以十三月爲正於時草之萌牙變白而青也夏正尚黑故也青謂黑也云秦二世時趙高欲作亂或以青爲黑黑爲黃民言從之至今語猶存也者按史記秦二世名胡亥於時丞相趙高欲殺二世未知人從己否乃指鹿爲馬人畏趙高皆稱鹿爲馬是其事也其以青爲黑以黑爲黃即鹿馬之類也鄭去胡亥既近相傳知之此作記之人在胡亥之後故或素或青若王肅之說則異於此故家語云夏后以水德而王色尚黑周以水德王色尚黃舜以土德王色尚白聖證論王肅以爲夏同堯皆尚其紫色舜土德王尚白而尚青者土以生爲功東方生物之始故尚青土既尚青水則辟之青而用白也故殷是水德而尚白王肅此說與檀弓

緯候文恥不可用也

附釋音禮記注疏卷第二十三

江西南昌府學栞

禮記注疏卷二十三挍勘記　阮元撰盧宣旬摘録

附釋音禮記注疏卷第二十三　惠棟挍宋本禮記正義卷第三十二

禮器第十

禮器是故大備節

自耕至於食之而肥　惠棟挍宋本同宋監本同岳本同嘉靖本同考文引古本足利本同閩監毛本而誤弗衛氏集說同

措則正　閩監毛本同石經同岳本同嘉靖本同衛氏集說同釋文出錯則云本又作措又作厝○按措正字厝錯並假借字

而不改柯易葉　岳本同嘉靖本同衛氏集說同閩本葉作葉監本同毛本作葉石經作枼案說文葉从艸枼聲篆文枼亦作枼故唐人避世字諱改葉作葉至毛本作葉非也

用此不變傷也　惠棟挍宋本亦作傷宋監本同閩本同岳本同嘉靖本同考文引古本足利本同監毛本傷作易衛氏集說同

禮器至饗德　惠棟挍宋本無此五字

禮釋至則行　閩監本同毛本禮釋至三字闕

故經四時柯葉無凋改也　惠棟挍宋本作經此本經誤巡閩監毛本同

解外諧內無怨者　閩監毛本同浦鏜挍解改則

由外內協服　閩監毛本同惠棟挍宋本外內作內外

先王之立禮也節

衆不匡懼　閩監毛本同石經同岳本同衛氏集說同惠棟挍宋本匡作恇注仍作匡嘉靖本同釋文出恇懼云音匡○按恇正字匡假借字

先王至節矣　惠棟挍宋本無此五字

兼說行禮之事　惠棟挍宋本同閩毛本事字闕監本事誤○

禮時爲大節　惠棟挍云禮時爲大節諸侯以龜節宋本合爲一節

稱次之　閩監毛本作之石經同岳本同嘉靖本同衛氏集說同此本之誤也

聿追來孝　閩監本同石經同岳本同嘉靖本同考文引宋板同衛氏集說同毛本追誤道

禮時至稱也　惠棟挍宋本無此五字

皆由禮洽天時　閩監毛本同衛氏集說同齊召南挍洽改合

不能傳立與人　閩監毛本同考文云宋板立作位

鄭荅炅模云　閩本同惠棟挍宋本同監本炅誤灵毛本因改作靈大謬

詩注來勤也　毛本作注此本注誤生閩監本注誤主

上以敬順爲本　惠棟挍宋本同閩毛本敬字闕監本敬誤○

社稷山川雖刑屬於地　閩監毛本刑作形

夫臣助祭則各有俎　閩監毛本同衛氏集說無夫字許宗彥挍夫改大

諸侯以龜爲寶節

闍者謂之臺　閩監毛本同岳本同嘉靖本同衛氏集說同釋文出堵者云本又作闍

直三十丈也也　〔補〕毛本同按也也誤重

○不盈寸二分　閩監毛本同衛氏集說○作又○按段玉裁挍食貨志云當作不成貝不盈寸二分詩正義引亦誤此作○非也

禮有以多爲貴者節

設于醫東此食下大夫而豆六　閩監毛本同岳本同嘉靖本同衛氏集說同惠棟挍

宋本此作北盧文弨挍云此惠改爲北非案正義曰云公食大夫禮曰宰夫自東房薦豆六設于醬東者又曰云此食下大夫而豆六則其餘著矣者句讀截然

謂杭木與茵也　宋監本同嘉靖本同閩監毛本杭作抗正義同岳本同衛氏集說同釋文出抗木音苦浪反○按依說文正字當作抗从才亢聲

禮有至爲貴也　惠棟挍宋本至作以多二字也作者字

故立廟乃多世爲稱也　閩監毛本同浦鏜挍從衛氏集說乃改以

下大夫六豆設于堂上　閩監毛本俱作堂上此本堂上誤堂下衛氏集說亦作堂上下大夫上有言字

謂亦如此食下大夫之禮　考文引宋板同閩監毛本下作上是也

君牢則以餼等　閩監毛本同衛氏集說同惠棟挍宋本君作若

於上加抗木　惠棟挍宋本作抗衛氏集說同此本抗誤折閩監毛本同

茵者藉棺外下縟　閩監毛本同衛氏集說同浦鏜挍縟改褥下絮縟同案衛氏集說下絮褥字作褥

地數偶　閩監毛本同惠棟挍宋本偶作耦○按耦字今多借爲偶非也

以天三含地二　考文引宋板同閩監毛本含作合案下兩引士喪禮下篇鄭注謂天三合地二人藏其中焉文皆作合則此亦當作合字爲是

表貉所設席亦是也　閩監毛本同浦鏜挍表貉上補祭字○按浦鏜是也

聘賓爲苟敬席屈　閩本同惠棟挍宋本同監毛本苟敬作敬徹

謙自同於大夫是也　閩監本同毛本於字闕

卿大夫爲主人正一重席者　閩監毛本同盧文弨挍改鄉浦鏜挍云正當止字誤

重來優賓也　考文引宋板同閩監毛本優作擾

有以少爲貴者節

有以至貴也　惠棟挍宋本無此五字

天神尊尊質　閩監毛本同衛氏集說下尊作貴

故止一特也　閩監毛本同齊召南挍特改牲

天子灌亦用鬱鬯　惠棟挍宋本有亦字衛氏集說同此本亦字脫閩監毛本同

言五色帀一成　閩監毛本同衛氏集說帀下有則字

行禮至酬時　惠棟挍宋本同閩監毛本酬下衍酒字衛氏集說同

龍勒條纓五就　惠棟挍宋本作條此本條作絛閩監毛本同○按周禮作條注云條讀爲絛正義中凡引詩禮如注讀爲某者即改爲某字此正義例也

有以大爲貴者節

四升曰曰角　（補）案曰字誤重

有以至貴也　惠棟挍宋本無此五字

尊於籩副　閩監毛本同浦鏜挍尊上補主國二字於改椨

有以高爲貴者節

士用棜禁　閩監毛本同岳本同嘉靖本同衛氏集說同惠棟云棜字衍案惠棟是也

如今方案　閩監毛本同岳本同嘉靖本同衛氏集說如上有禁字宋監本同考文引宋板古本足利本同按正義如上禁字當有

隋長局足　閩監毛本同岳本同衛氏集說同釋文出隋長嘉靖本隋誤惰按此本正義作隨

有以至貴也　惠棟挍宋本無此五字

漆赤中青雲氣菱苕華爲飾　毛本同監本誤重雲字閩本青上有畫字衞氏集說同按有畫字是也

椸一頭足一頭無足　閩監毛本同惠棟挍宋本上足字上有有字

何以承尊　毛本同考文引宋板同閩監本承字闕

禮有以文爲貴者節　惠棟挍云宋本分有以素爲貴下爲一節孔子曰禮不可下爲一節

士元衣纁裳　閩監毛本同石經同岳本同嘉靖本同衞氏集說同釋文出熏裳云字又作纁

朱綠藻十有二旒　閩監毛本同石經同岳本嘉靖本同衞氏集說同釋文出綠繅云本又作璪亦作藻

犧尊疏布鼏　閩監毛本同石經同岳本同嘉靖本同衞氏集說同釋文幎云本又作幂又作鼏

杅上終葵首　閩監毛本同岳本杅作杼嘉靖本同衞氏集說同釋文出杼上案正義亦作杼

鼏或作幕　閩監毛本同岳本同嘉靖本同衞氏集說同釋文出作幕云音莫考文引足利本幕作冪按釋文經鼏本又作冪若注幕作冪將成冪作冪不可讀矣

禮有至稱也　惠棟挍宋本無此五字

士三者亦夏殷也　閩本同考文引宋板同監毛本亦作言

孤絺冕而下　閩本同考文引宋板同監毛本絺作希齊召南挍云孤下脫卿字希當作絺

有以素至貴也　惠棟挍宋本無此六字

後人祭也既重古　閩監毛本同盧文弨挍云也疑衍案衞氏集說無也字

用陶也　閩監毛本同齊召南挍用上增罔字

故冪人云　閩監毛本作冪衞氏集說同此本冪誤幕○按當作冪

孔子至稱也　惠棟挍宋本無此五字

此經總說在人稱之事也　閩監毛本同考文引宋板人作上

禮之以多爲貴者節

禮之至發也　惠棟挍宋本無此五字

理博事條如此　閩本同考文引宋板同監本條作備毛本同又博字誤不

禮之以少爲貴者節

德產之致也精微　閩監毛本同石經同岳本同嘉靖本同衞氏集說同釋文出之致云直置反注皆同孫志祖挍云文選何敬祖雜詩注引禮記曰德產之緻也精微鄭元曰緻密也疑唐初本如此後傳寫誤耳○按致緻正俗字段玉裁云說文糸部緻字乃徐鉉所增

致誠慤　閩監毛本同岳本同嘉靖本同釋文出誠慤云字又作愨下文同○按依說文當作愨从心㱿聲釋文作㱿假借字

古之聖人節

禮之至獨也　惠棟挍宋本無此五字

古之至備也　惠棟挍宋本無此五字

是故君子大牢節

匹士大牢而祭　各本同石經亦同釋文出匹士云本或作正字按正義云盧王禮本並作匹字今定本及諸本並作正字熊氏依此本而爲正字恐誤也

是故至之擾　惠棟挍宋本無此五字

管仲鏤簋節

鏤簋朱紘　閩監本同石經同岳本同嘉靖本同衞氏集說同考文引宋板同毛本紘誤人

大夫達棱閩監毛本同岳本同衛氏集說同釋文出達棱嘉靖本棱誤稜

管仲至濫矣惠棟挍宋本無此五字

飾蓋象龜惠棟挍宋本同閩監毛本蓋作器

故知爲龜形也惠棟挍宋本同閩監毛本作故知刻爲龜也

共玉敦是也云朱紘惠棟挍宋本同毛本敦是也誤之服玉閩監本敦是也云四字闕

天子諸侯用純惠棟挍宋本同閩監毛本天子諸侯四字闕

大夫當雜閩監毛本同惠棟挍宋本雜上有用字

檼謂之欂櫨即今之格木也惠棟挍宋本同閩監本檼誤穩格誤楷毛本格誤楷檼字闕

晏平仲祀其先人節惠棟挍云晏平仲節宋本分是故君子以下合孔子曰我戰則克節爲一節

晏平至衆亂惠棟挍宋本無此五字

與無田者閩監毛本同惠棟挍宋本者下有同字

無田大夫猶用羔羊也閩監毛本同考文引宋板無此羊字

孔子曰我戰則克節

孔子至道矣惠棟挍宋本無此五字

此一節閩監毛本同惠棟挍宋本此上有正義曰三字

君子曰祭祀不祈節

不麾蚤閩監毛本同石經同岳本同嘉靖本同衛氏集說同釋文出不摩云本又作麾○按注疏本引釋文作摩是也麾俗摩字

齊人所善曰麾閩監毛本同岳本同嘉靖本曰作爲

君子至多品惠棟挍宋本無此五字

孝子祭祀雖致其誠信閩監毛本同許宗彥挍雖改維

孔子曰臧文仲節

夏父弗綦各本同石經亦同釋文出不綦云不亦作弗

是夏父弗綦爲宗人之爲也與當爲爨字之誤也或作竈禮尸卒食而祭饎爨饔爨也時人以爲祭火神乃燔柴毛本同岳本同嘉靖本同衛氏集說同惠棟挍宋本同考文引古本同閩監本自爲也以下多闕文

尊於瓶各本同石經同釋文瓶作缾○按缾瓶正俗字

孔子至於瓶惠棟挍宋本無此五字

閔適而小惠棟挍宋本同閩監毛本小作少衛氏集說同

終文公至惠公七世閩監毛本同許宗彥挍終改從

非昭穆也閩監毛本同段玉裁挍本昭改爲

故知非與也閩監毛本同考文引宋板無也字

亨者祭饔爨閩本同監毛本亨作烹

禮也者猶體也節惠棟挍云禮也者節君子節君子之於禮節三代之禮節宋本合爲一節

一謂誠也閩監本同岳本同嘉靖本同衛氏集說同毛本謂字闕

皆猶誠也閩監毛本同岳本同嘉靖本同衛氏集說猶作由考文引足利本同按毛氏居正云由作猶誤

禮也至尸者惠棟挍宋本無此五字

骨肉筋脉　閩監毛本同衛氏集說同惠棟挍宋本肉作血字

猶人體之不當也　閩監毛本同惠棟挍宋本猶下有如字

是備祭之義也　閩監毛本同惠棟挍宋本無祭字

○故經禮三百曲禮三千者　閩本同監毛本○闕

隨於萬體不可不備故周公制禮　惠棟挍宋本同閩監毛本於萬體不可不備七字闕

其致一也者致至也一誠也　惠棟挍宋本同閩監毛本一也者致至也一誠八字闕

皆須至誠故云一也若損大益小揚顯大微　惠棟挍宋本同閩監毛本誠故云一也若損大益小十字闕

周公攝政七年制禮作樂爲設官分職之法　惠棟挍宋本同閩監毛本七年制禮作樂爲設官分十字闕

每卿下各有屬官六十凡三百六十　惠棟挍宋本同閩監毛本各有屬官六十凡三百六十十一字闕

至漢孝文帝時求得此書不見冬官一篇乃使博士　惠棟挍宋本同閩監毛本求得此書不見冬官一篇乃使十二字闕

非上之義唯證周禮三百六十職也○　惠棟挍宋本同閩監毛本義唯證周禮三百六十職也○十二字闕

室猶禮也戶猶誠也入室必由戶行禮必由誠　惠棟挍宋本同閩監毛本禮也戶猶誠也入室必由戶行十二字闕

未有入室而不由戶行禮不由誠者言皆由誠也　惠棟挍宋本同閩本不由戶行禮不由誠者言皆由誠也十四字闕監毛本行誤者禮不由誠以下十字闕

君子之於禮也節

謂以少小下素爲貴也若順也　此注在致其敬而誠若之下惠棟挍宋本同毛本同岳本同嘉靖本同閩監本十二字闕

謂以多大高文爲貴也　此注在有美而文而誠若之下惠棟挍宋本同毛本同岳本同嘉靖本同衛氏集說同閩監本九字闕毛本也下衍墨釘

正義曰此經覆明上以少小下素之義　惠棟挍宋本無正義曰三字閩監毛本覆明上以少小下素之九字闕

而誠若者謂所以少小下素爲貴者　惠棟挍宋本同閩監毛本若者謂所以少小下素爲貴十一字闕

盡其戒慎致其恭敬而行至誠和順　惠棟挍宋本同閩監毛本盡其戒慎致其恭敬而行至十一字闕

○有美而文而誠若此一經　惠棟挍宋本同閩監毛本○有美而文而誠若八字闕

有美而文者謂有威儀之美　惠棟挍宋本同閩監毛本文者謂有威儀之七字闕

章之於外故須多大高文也　惠棟挍宋本同閩本監本毛本外故須多大高文七字闕

下素求諸內也外行誠順　惠棟挍宋本同閩監毛本求諸內也外行誠七字闕

君子之於禮也有直而行也節

服日月以至黼黻 閩監毛本同岳本同嘉靖本同惠棟挍宋本服作象衞氏集說同考文云古本作服足利本作服象

謂若君沐粱 閩監毛本粱作梁岳本同嘉靖本同衞氏集說同下士沐粱放此疏放此

君子至撫也○正義曰 惠棟挍宋本無正義曰三字

君子於禮一事也 閩監毛本於上有之字

直任己天性而行也 惠棟挍宋本同閩監毛本任字闕

子男五 閩監毛本有五字此本五字闕

三代之禮節

三代之禮 各本作三此本三誤王

青尚黑者也 惠棟挍宋本如此宋監本同岳本同嘉靖本同衞氏集說同此本青黑二字互倒閩監毛本同

至今語猶存也 閩監毛本同嘉靖本同衞氏集說同岳本也作焉

三代至殷因○正義曰 惠棟挍宋本無正義曰三字

於時草之萌牙 閩監毛本同衞氏集說同考文引宋板牙作不山井鼎曰不疑不誤說文古文巘从木無頭巘辥同

變白而青也夏正尚黑 惠棟挍宋本同衞氏集說同閩監毛本青也夏三字闕

秦二世名胡亥 閩監毛本同考文引宋板名作謂

人畏趙高 閩監毛本同惠棟挍宋本人作民

即鹿馬之類也 考文引宋板同續通解同閩監毛本即鹿作鹿爲

鄭去胡亥既近 考文引宋板作去衞氏集說同此本去誤云閩監毛本同

在胡亥之後 惠棟挍宋本同閩監毛本胡亥之三字闕

夏后以水德而王 閩監毛本同惠棟挍宋本以水作氏金與家語合

周以木德王色尚黃 閩監毛本同浦鏜挍黃改赤孫志祖云案家語作尚赤又云堯以火德王色尚黃

舜以土德王色尚白 閩監毛本同惠棟挍宋本白作青與家語合

聖證論王肅以爲夏同堯 惠棟挍宋本同閩監毛本聖證二字闕

舜土德王尚白而尚青者土以生爲功 惠棟挍宋本同閩監本而尚青者四字闕毛本而誤闕字餘同

水則辟之青而用白也 惠棟挍宋本同閩監毛本則辟之青四字闕

不可用也 惠棟挍宋本此下標禮記正義卷第三十三終記云凡二十九頁

禮記注疏卷二十三挍勘記

附釋音禮記注疏卷二十四

禮器

鄭氏注　孔穎達疏

周坐尸詔侑武方其禮亦然其道一也言此亦周所因於殷也武當爲無聲之誤也方猶常也告尸行節勸尸飲食無常若孝子之爲也孝子就養無方詔侑或爲詔囿○侑音又本或作宥武音無養羊讓反詔囿音囿下囿丘同本亦作詔圍夏立尸而卒祭夏禮尸有事乃坐殷坐尸無事猶坐周旅酬六尸使之相酌也后稷之尸發爵不受旅曾子曰周禮其猶醵與合錢飲酒爲醵旅酬相酌似之也王居明堂之禮仲秋乃命國醵○醵其庶反又其約反與音餘

【疏】周坐至醵與○正義曰此一節論三代尸不同○周坐尸者此言有周之所因於殷也殷人坐尸周因坐之也○詔侑武方者亦因殷也詔告也侑勸也方常也子事父母就養無方故在宗廟之中禮主於孝凡預助祭者皆得告尸威儀勸尸飲食無常人也其禮亦然者其於周禮侑尸及詔侑無方之禮亦因於殷禮故云亦然也其道一也者其用至誠之道一也○夏立尸而卒祭者此更本殷周所損益相因也夏祭乃有尸但立猶質言尸是人人不可久坐神坐故尸唯飲食暫坐若不飲食時則尸倚立以至祭竟也○殷坐尸者此殷因夏之有立尸而損其不坐之禮益爲恒坐之法也是殷轉文也言尸本象神神宜安坐不辯有事與無事皆坐也○周旅酬六尸者此周之因殷而益之也旅酬六尸謂祫祭時聚羣廟之主於太祖后稷廟中后稷在室西壁東嚮爲發爵之主尊不與子孫爲酬酢餘自文武二尸就親廟中凡六在后稷之東南北對爲昭穆更相次序以酬也殷但坐尸未有旅酬之禮而周益之也然大祫多主而唯云六尸者先儒與王肅並云毀廟無尸但有主也○曾子曰周禮其猶醵與者曾子引世事證周禮旅酬之儀象也醵斂錢共飲酒也凡相敵斂錢飲酒必非忘懷之啓得而遽飲必令平偏不偏頗與周禮次序旅酬相似也其王肅禮作遽注云曾子以爲使六尸旅酬不三獻猶遽而畧○告尸至爲也○正義曰告尸行節解經詔也勸尸飲食解經侑也案特牲少牢延尸及詔侑相尸之禮皆是祝官則是有常而云無常者熊氏云謂就衆祝之中但是祝官皆得爲之不常用一祝也案周禮大祝下大夫二人上士四人小祝中士八人下士十有六人是皆得相侑尸也○君子曰禮之近人情者非其至者也近人情者褻而遠之者敬○近附近之近注同遠于萬反郊血大饗腥三獻爓一獻孰郊祭天也大饗祫祭先王也三獻祭社稷五祀一獻祭羣小祀也爓沉肉於湯也血腥爓孰遠近備古今也尊者先遠差降而下至小祀孰而已○爓似廉反是故君子之於禮也非作而致其情也作起也敬非己情也所以下彼○下戶嫁反此有由始也有所法也是故七介以相見也不然則已慤三辭三讓而至不然則已蹙已猶甚也慤愿貌大愿則辭不見情無由至也○慤本又作愨子六反又音促愿音願大音泰見賢遍反下龍見同故魯人將有事於上帝必先有事於頖宮上帝周所郊祀之帝謂蒼帝靈威仰也魯以周公之故得郊祀上帝與周同先有事於頖宮告后稷也告之者將以配天先仁也頖宮郊之學也詩所謂頖宮也字或爲郊宮○頖本或作泮依注音判晉人將有事於河必先有事於惡池惡當爲呼聲之誤也呼池漚夷并州川○惡依注音呼又音虖好故反池大河反注同嘔夷烏侯反齊人將有事於泰山必先有事於配林配林林名○泰音或作大音同下注放此三月繫七日戒三日宿慎之至也繫繫牲於牢也戒散齊也宿致齊也將有祭祀之事必先敬慎如此不敢忽也○順之至也順當作慎散齊悉旦反下側皆反後放此○故禮有擯詔樂有相步溫之至也皆爲溫藉重禮也擯詔告道賓主者也相步扶工也詔或爲紹○相息亮反注同溫紆運反注同藉徐子夜反道音導

【疏】君子至至也○正義曰此一節論禮以尊遠爲敬近人情爲褻禮之近人情者謂若一獻孰飲食既孰是人情所欲食啗最近人情也○非其至者也既近人情非是敬之至極也○郊血者以近者爲褻遠者爲敬其事非一今此先從鬼神之事而說也郊用犢犢有血有肉肉於人食啗之

事於人情爲近血於人食啗最遠天神尊嚴不可近同人情故薦遠人情者以爲極敬也。大饗腥者大饗祫祭宗廟也腥生肉也宗廟爲私比郊爲劣故薦去人情稍近之腥示爲敬降於天也三獻爓者三獻謂祭社稷五祀也其禮三獻故因名其祭爲三獻也爓沈湯肉去人情漸近而社稷五祀降於宗廟故用爓又明其敬劣也。一獻孰者一獻祭羣小祀小祀卑酒一獻也其用孰肉孰肉是人情所食最爲褻近小祀神爲最輕故以褻近人之食祭之表其敬又劣也。注郊祭至而已。正義曰知郊祭天者郊特牲云於郊故謂之郊是郊爲祭天也云大饗祫祭先王者也案宗伯以肆獻祼饗先王以下宗廟之祭凡有六享此云大饗享中最大故爲祫也此大饗之文在郊血之下故知非大饗帝也云三獻祭社稷五祀一獻祭羣小祀也者以冕服差之案司服祀四望山川則毳冕毳冕子男之服子男五獻以下差之也祭社稷五祀則絺冕宜三獻也祭羣小祀則玄冕宜一獻也云血腥爓孰遠近備古今也者血爲遠腥次之爓稍近孰最近遠者爲古近者爲今一祭之中兼有此事故云備古今也云尊者遠近差降而下至小祀孰而已者郊祭是尊而用血是尊者先遠也案宗伯祭廟以祼鬯爲始祭社稷五祀以血爲始此云郊血大饗腥三獻爓者謂祭祀初始降神之外於正祭之時有此郊血大饗腥之屬也凡郊與大饗三獻之屬正祭之時皆有血有腥有爓有孰此云郊血是郊有血也郊特牲云毛血告幽全是宗廟有血也宗伯云以血祭社稷五祀是三獻有血也周語云禘郊之祀則有全烝是郊祭天有孰也有孰則有腥可知也宗伯云以肆獻祼享先王是大饗有腥有孰也此云三獻爓宗伯云以血祭社稷五祀既有血有爓明有孰有腥可知也然則郊天與大饗三獻並有血腥爓孰今所以各言者皇氏云此據設之先後郊則先設血後設腥與爓孰雖以郊爲主其祭天皆然也大饗之時血與腥同時俱薦當朝事迎尸於戶外薦血腥也雖以大饗爲主其宗廟之祭皆然也其三獻之祭血腥與爓一時同薦凡薦爓之時皆在薦腥之後但社稷五祀初祭降神之時已埋血宗伯之文是也至正祭薦爓之時又薦血此文是也若羣小祀之屬唯有薦孰無血腥爓也以其神卑故耳先薦者設之在先後進者設之居後皆皇氏之說義當然也熊氏云宗廟之祭無血鄭注論語云禘祭之禮自血腥始者謂腥肉有血今案詩小雅論宗廟之祭云執其鸞刀以薦其毛取其血膋則是有用血之明文也熊氏云無血其義非也。是故至至也。此一節論君子行禮當降下於彼積漸擯相敬慎之至。非作而致其情也者作起也君子行禮本意所爲上下前人非

是私自專輒徒起而致其已情也。此有由始也者既非直任我情而凡有所行皆有由以爲始也由謂法天地之道先人後已。是故七介以相見也者行敬既非直起已情皆有所由爲始。故陳七介以相見申賓主之情也此言七介者舉中言之也。不然則已慤者已甚也。慤愿貌若不如是陳擯介相見則甚爲愿慤言愿慤大甚也。三辭三讓而至者依司儀賓至大門外陳擯介交擯三辭畢君迎賓拜辱至大門三讓三讓入大門主君每門讓賓一辭是三辭三讓而情意相至也。不然則已慼者謂慤愿急慼若不爲此三辭三讓則大急慼情無由達也。故魯人將有事於上帝必先有事於頖宮者明相見有積漸之義有事於上帝謂祭天也必先有事於頖宮之中告后稷告以將配天也是先告卑然後祭尊也。晉人將有事於河必先有事於惡池者有事於河謂祭河也必先告惡池小川從小而祭也先告從祀者然後祭河也齊人將有事於泰山必先有事於配林者有事於泰山謂祭泰山也先告配林配林是泰山之從祀者也故先告從祀然後祭泰山此皆積漸從小至大之義也。三月繫七日戒。三日宿愼之至也者上云先小後大此言事神積漸絜敬之義三月繫謂祭前三月繫牲于牢也七日戒謂祭前十日於七日之中散齊戒愼也三日宿者謂祭前三日而嚴宿以致齊也將祭之時以漸如此謹愼至極也禮須積漸不敢切迫也。故禮有賓詔樂有相步温之至也者禮既不可卒迫故賓主相見有擯相詔告也但作樂之人今既無目有扶相行步所以擯詔輔相者温藉之至極也。注上帝至學也。正義曰上帝周所郊祀之帝謂蒼帝靈威仰也者孝經云郊祀后稷以配天喪服小記云王者禘其祖之所自出以其祖配之周人出自靈威仰則后稷配靈威仰也云魯以周公之故得郊祀上帝與周同者明堂位云祀帝于郊配以后稷天子之禮故知也云先有事於頖宮告后稷也者魯人無后稷之廟今將祭天而於頖宮告后稷也云將以配天先仁也者謂將欲以后稷配天先以仁恩存偶之也云頖宮郊之學也者周人立大學於東郊則天子魯侯大學在公宮東也小學在郊詩云斯樂泮水薄采其藻則魯以小學爲頖宮頖宮在郊天子以小學爲辟廱故鄭駮異義云三靈一廱在郊明矣。注呼池嘔夷并州川。正義曰此夏官職方之文。注繫繫至切也。正義曰充人云祀五帝則繫于牢芻之三月是繫於牢也云戒散齊也宿致齊也者祭義曰散齊七日致齊三日謂之宿者鄭注儀禮云宿是又戒宿之言肅肅敬之義也云不敢切也者以積漸敬愼不敢偪切也。注皆爲至爲紹正義曰皇氏云温謂承藉凡玉以物緼裹承藉君子亦以威

儀擯相以自丞藉今定本作温字則當云温潤相丞藉也禮也者反本脩古不忘其初者也故凶事不詔朝事以樂二者反本也哭泣由中非由人也朝廷養賢以樂樂之也醴酒之用玄酒之尚割刀之用鸞刀之貴莞簟之安而稾鞂之設三者脩古穗去實曰鞂禹貢三百里納鞂服○鸞刀端反莞音官一音丸簟徒點反稾字亦作藁古老反鞂江八反是故先王之制禮也必有主也主謂本與古也故可述而多學也以本與古求之而已

〔疏〕禮也至學也○正義曰此一節論禮之所設反本脩古故可述而多學反本謂反其本性脩古謂脩習於古定本及諸本作循字當作脩○不忘其初者也由其反本脩古故不忘其初也○故凶事不詔者此凶事及朝事是反本也本謂心也凶事喪親之事也詔告也孝子親喪痛由心發故啼號哭泣不待外告而哀自至是反本還其孝性之本心也○朝事以樂者朝事謂朝廷之事也以樂奏音樂也朝廷是養老尊賢之地爲賢所樂也故臣入門必縣興奏樂之事是反本還其樂朝廷之本心○醴酒之用玄酒之尚者此下三事是脩古也醴酒五齊第二酒也玄酒是水也尚上也言四時祭祀有醴酒之美而陳尊在玄酒之下以玄酒之尊置在上此是脩古也○割刀之用鸞刀之貴者割刀今之刀也鸞刀古刀也今刀便利可以割物之用古刀遲緩用之爲難而宗廟不用今刀而用古刀亦是脩古故也○莞簟之安而稾鞂之設者莞簟今之席也詩云下莞上簟乃安斯寢言其細精而可安人也稾鞂除穗粒取稈稾爲席郊祭不用莞簟之可安而用設稾鞂之麤席亦脩古也○是故先王之制禮也必有主也者主謂本與古也既初不可忘故先王制禮必有反本脩古之法也○故可述而多學也者禮既反本而脩古若欲述行學習但用本與古以求之則可得也故云可述而多學也○注穗去至鞂服○正義曰案禹貢五百里甸服百里賦納總謂所刈禾也二百里納銍謂刈禾穗也三百里納秸服謂禾去其實唯稾穗也四百里粟五百里米

○君子曰無節於內者觀物弗之察矣節猶驗也欲察物而不由禮弗之得矣故作事不以禮弗之敬矣出言不以禮弗之信矣故曰禮也者物之致也致之言至也極也

〔疏〕君子至致也○正義曰此一節明作事云爲非禮不可無節於內者觀物弗之察矣者節猶驗也內猶心也物萬物也察猶分辯也言若欲外觀察萬物必先內有識驗之明若心內無明則外不能分辯也○欲察物而不由禮弗之得矣者心由內所識是可節是禮也言若外欲觀察萬物而心不由禮則察物不能得也○故曰禮也者物之致也者引舊語結察物必須禮也致猶至極也無禮既不爲民物敬信故禮所爲萬物之至極也

○是故昔先王之制禮也因其財物而致其義焉爾故作大事必順天時大事祭祀也春秋傳曰啓蟄而郊龍見而雩始殺而嘗閉蟄而烝○烝之承反爲朝夕必放於日月日出東方月生西方爲高必因丘陵謂冬至祭天於圜丘之上爲下必因川澤謂夏至祭地於方澤之中是故天時雨澤君子達亹亹焉達猶皆也亹亹勉勉也君子愛物見天雨澤皆勉勉勸樂○亹亡匪反徐音尾樂音洛

〔疏〕是故至亹焉○正義曰此一節論必因其財物之性而事天地○因其財物而致其義焉爾者財物猶云才性也禮既爲一切萬物之至極故聖人制禮因萬物之才性而致其義也故作大事必順天時者自此以下皆因財物之事也但財物大莫過於天故順天時而行也順於天時其事在下○爲朝夕必放於日月者亦順天時也爲朝謂天子春分之日朝日於東門之外爲夕謂天子秋分之夕祀月於西門之外也日是陽故朝旦用事月爲陰故夕晚用事也日旦出自東方故於東方而朝之月初生出自西方故於西方而祀之朝禮有東西之異是放法於日月之始○爲高必因丘陵者爲高謂冬至祭皇天大帝燿魄寶也丘陵謂圜丘天圜而高故祭其天神於圜丘之上也是爲高必因丘陵也○爲下必因川澤者爲下謂夏至祭崑崙之神也川澤方澤也地方而下故祭其神於方澤是爲下必因川澤也○是故天時雨澤君子達亹亹焉者達猶皆也亹亹勉勉勸樂之貌也君子謂天子也天以高圜爲質地以下方爲體天子愛物爲用故天地感祭而降雨澤天子皆愛物生而勉勉勸樂所以與天地合德也○注大事至而烝○正義曰案成十三年左傳云國之大事在祀與戎故知大事謂祭祀也引春秋傳者桓五年左傳文云啓蟄而郊者謂夏正建寅

之月蟄蟲啓戶郊祭天也云龍見而雩者謂建巳之月龍星昏而見雩祭天求雨也云始殺而嘗者謂建酉之月陰氣始殺而嘗祭宗廟也云閉蟄而烝者謂建亥之月烝祭宗廟烝衆也萬物皆成可薦者衆○是故昔先王尚有德尊有道任有能舉賢而置之聚衆而誓之古者將有大事必選賢誓衆重事也是故因天事天天高因高者以事也因地事地地下因下者以事也因名山升中于天名猶大也升上也中猶成也謂巡守至於方嶽燔柴祭天告以諸侯之成功也孝經說曰封乎泰山考績燔燎禪乎梁甫刻石紀號也○上時掌反守手又反燎力妙反又力弔反禪善戰反梁父音甫本亦作甫因吉土以饗帝于郊吉土王者所卜而居之土也饗帝于郊以四時所兆祭於四郊者也今漢亦四時迎氣其禮則簡升中于天而鳳凰降龜龍假功成而太平陰陽氣和而致象物○假音格至也饗帝於郊而風雨節。寒暑時五帝主五行五行之氣和而庶徵得其序也五行木爲雨金爲暘火爲燠水爲寒土爲風○暘音陽燠於六反是故聖人南面而立而天下大治南面立者視朝○治直吏反及下注同

疏是故至大治○正義曰上經論作大事必順天時故此經明舉賢任能敬事天地遂致龜龍降集寒暑順時○尚有德者謂貴尚有德之人尊有道者謂尊崇有道之士○任有能者謂使任有能之衆○舉賢而置之聚衆而誓之者謂至將祭之時選舉賢能置之在於祭位則射以擇士是也而又聚集其衆而誓戒之則其有不恭則服大刑是也○是故因天事天者謂因天體之高以高處以事天則上文爲高必因丘陵是也○因地事地者地體卑下因卑下之處以事地則前文爲下必因川澤是也○因名山升中于天者此還因天事天但事天非在一所此謂封禪之時中成也謂天子巡守至方嶽之下因此有名之大山升進諸侯成功之事以告於天○因吉土以饗帝于郊者此謂祭五方之帝因其所卜吉土以爲都饗祭五方之帝於都之四郊升中于天而鳳凰降龜龍假者假至也此覆說上文升中于天以天下太平故鳳凰隨德而降龜龍感化而至○饗帝於郊而風雨寒暑時者覆說前文因吉土以饗帝以陰陽順序故風雨應節寒暑順時然上因天事天因地事地是圓丘方澤不有感致者以圓丘方澤等未太平之時未能感致故不云升中于天此此是大平之後故致鳳凰與龜龍吉土饗帝雖未太平已行此禮但功成之後陰陽彌更順之故舉以言焉若據太平饗帝則致時和自然圓丘方澤太平之時致祥瑞可知○是故聖人南面而立而天下大治者以其尚德尊賢奉天事地陰陽既合嘉瑞並來以是之故聖人但南面而立朝夕視朝而天下大治○注名猶至號也○正義曰大山謂方嶽也巡守至於方嶽燔柴祭天告以諸侯之成功也此謂封禪也太平乃封禪其封禪必因巡守而爲之若未太平但巡守而已其未太平巡守之時亦燔柴以告至故王制說天子巡守必先柴若太平巡守之時初到方嶽以燔柴告至之後乃考諸侯功績及封土爲壇更燔柴祭天告諸侯之成功也此唯泰山爲之餘嶽則否其巡守則每嶽皆至也而皇氏云太平乃巡守案詩頌時邁巡守告祭柴望時邁武王之詩而有巡守之禮武王未太平何得云太平乃巡守其義非也云孝經說曰至刻石紀號皆孝經緯文也封乎泰山者謂封土爲壇在於泰山之上考績燔燎者謂考諸侯功績燔柴燎牲以告天禪乎梁甫者禪讀爲墠謂除地爲墠在於梁甫以告地也梁甫是泰山之旁小山也刻石紀號也者謂刻石爲文紀錄當代號謚案白虎通云王者易姓而起必升封泰山何報告之義所以必於泰山何萬物之所交代之處也必於其上何因高告高順其類故升封者增高也下禪梁甫之基廣厚也刻石紀號者著已之功迹以自勸也增泰山之高以報天附梁甫之基以報地或曰封者金泥銀繩或曰石泥金繩封之印璽故孔子曰封泰山觀易姓而王可得數者七十有餘三皇禪於繹繹之山五帝禪於亭亭之山三王禪於梁甫之山繹繹無窮之意禪於有德者而居之無窮已亭亭者制度審諦道德著明梁甫者梁信也甫輔也信輔天地之道今案書說禪者除地爲墠而白虎通云以禪讓有德其義非也案史記封禪書齊桓公欲行封禪管仲諫止辭云自古封禪七十二家夷吾所識十有二焉昔有無懷氏封泰山禪云云伏犧氏封泰山禪云云神農炎帝黃帝顓頊帝嚳堯舜禹湯周成王皆封泰山唯禹禪會稽成王禪社首其餘皆禪云云者亦泰山旁小山名也但白虎通與史記禪處不同未知孰是也白虎通又云王所以巡守何巡者循也守者牧也謂循行天下長人道德大平恐遠近不同政化幽隱有不得其所者故必自行之謹敬重民之至也熊氏云大平乃巡守其義非也已難於上○注吉土至則簡○正義曰饗帝于郊以四時所兆祭於四郊者也謂木帝於東郊火帝於南郊金帝於西郊水帝於北郊土帝亦於南郊又王者各祭感生之帝於南郊故

小宗伯云兆五帝於四郊謂此也。○注「五帝至爲風」。○正義曰：五帝主五行者，即蒼帝靈威仰之屬，分主五行，各主七十二日。故坤靈圖云五帝東方木色蒼，七十二日。云云是也。云「庶徵得其序也」者，即尚書洪範「八曰念用庶徵」，庶，衆也；徵，驗也。謂衆行得失之驗。云五行木爲雨，金爲暘，火爲燠，水爲寒，土爲風。案洪範曰「肅時雨若，乂時暘若，哲時燠若，謀時寒若，聖時風若」，是五行之氣各有所主也。鄭義五行所主如此也。

○天道至教，聖人至德。目下事也。廟堂之上，罍尊在阼，犧尊在西。廟堂之下，縣鼓在西，應鼓在東。禮樂之器尊西也。小鼓謂之應。犧，周禮作獻。○罍音雷。犧，素河反，注及下同。縣音玄。應，應對之應。作獻，本又作戲，同，素河反，下同。君在阼，夫人在房。人君尊東也。天子諸侯有左右房。大明生於東，月生於西，此陰陽之分，夫婦之位也。大明，日也。分，扶問反。○君西酌犧象，夫人東酌罍尊。象日出東方而西行也，月出西方而東行也。周禮曰：春祠夏禴，祼用雞彝鳥彝，皆有舟；其朝踐用兩獻尊，其再獻用兩象尊，皆有罍，諸臣之所酢。○夏禴，戶嫁反，下音藥。祼，古亂反。彝，徐音夷。禮交動乎上，樂交應乎下，和之至也。言交乃和。

疏「天道至至也」。○正義曰：此一節明天道用教以示人，聖人則放之以爲德。故君立於阼以象日，夫人在西房以象月。天道至教者，謂天垂日月以示人，以至極而爲之教。○聖人至德者，聖人法天之至極而爲德。○廟堂之上，罍尊在阼，犧尊在西者，罍尊在阼，謂夫人所酢也；犧尊在西，謂君所酌也。○廟堂之下，縣鼓在西，應鼓在東者，縣鼓謂大鼓也，在西方而縣之；應鼓謂小鼓也，在東方而縣之。熊氏云此謂諸侯時祭所用之禮，故罍尊夫人所酌也。若天子之祭，則罍尊在堂下，故禮運云澄酒在下，酒謂三酒，在堂下。司尊彝云皆有罍，諸臣之所酢，則君不酌罍也。案大射禮建鼓在阼階西南，鼓應鼙在其東，一建鼓在南，東鼓朔鼙在其北，一建鼓在西階之東，南面。大射禮是諸侯之法，此亦諸侯之禮，所以大鼓及應所縣不同者，熊氏云大射謂射禮也，此謂祭禮也，是諸侯之法雖同，諸侯祭射有異。案大射注云：應鼙，應朔鼙也。又云便其先擊小，後擊大也。以此言之，則朔鼙應鼙皆大鼓之旁，先擊朔鼙，次擊應鼙，乃擊太鼓。以其相近，故云便也。以其稱朔，朔始也，故知先擊朔鼙。以其稱應，故知應朔鼙也。又大射稱建鼓，此云縣鼓，大射應鼓既在大鼓之旁，此應鼓在東，乃與縣鼓別。縣者，皆謂祭與射別也。○君西酌犧象，夫人東酌罍尊者，案上云罍尊在阼，當阼階堂上而設之，則犧尊在西，當西階堂上而陳之，故君於阼階而嚮酌犧尊，夫人於西房之前東嚮酌罍尊。○禮交動乎上者，謂君與夫人酌獻之禮交相動於堂上也。○樂交應乎下者，謂縣鼓應鼓相應在於堂下。○和之至也者，謂堂上下禮樂交相應會和諧之至極也。○注「禮樂至作獻」。○正義曰：禮樂之器尊西者也，鄭據此經而論犧尊貴於罍尊，而犧尊在西，縣鼓大於應鼓，而縣鼓在西，故云禮樂之器尊西。云犧，周禮作獻者，案周禮司尊彝兩犧尊字作兩獻尊，鄭云獻讀爲犧。○注「人君至右房」。○正義曰：此以經云君在阼，夫人在房，故云「君尊東」。云天子諸侯有左右房者，以卿大夫以下唯有東房，故鄉飲酒、鄉射尊於房戶間，賓主夾之，無西房也。知天子諸侯有左右房者，以士喪禮主婦髽于室，在主人西，喪是記君之喪，婦人髽帶麻于房中，亦當在男子之西，故彼注亦云則西房也。又顧命云天子有左右房，此云夫人在房，又云夫人東酌罍尊，是西房也，故云天子諸侯有左右房。○注「象日至所酢」。○正義曰：引周禮司尊彝者，證罍尊與此經中夫人東酌罍尊不同，故引以明之。見其不同之意。春祠夏禴，祼用雞彝鳥彝之屬，其義具於明堂疏，於此畧之。

○禮也者，反其所自生；自由也。制禮者本己所由得民心也。樂也者，樂其所自成。作樂緣民所樂於己之功。舜之民樂其紹堯而作大部，湯武之民樂其濩伐而作濩武。○護，戶故反，又作濩。是故先王之制禮也以節事，動反本也。脩樂以道志。勸之善也。○道音導。故觀其禮樂而治亂可知也。國亂禮慢而樂淫也。蘧伯玉曰：君子之人達。觀其禮樂則知治亂也。蘧伯玉，衛大夫也，名瑗。○蘧，其居反。瑗，于卷反。故觀其器而知其工之巧，觀其發而知其人之知。禮樂亦猶是也。○知音智。故曰：君子慎其所以與人者。將以是觀。

疏「禮也至人者」。○正義曰：前經明禮樂相交，故此經更論先王制禮樂以節事道志，化民治下也。○禮也者，反其所自生者，自由也，言王者制禮，各反其本。王業所由生，以制禮也，猶若殷周爲民除害，以得民心，初生王業，其制禮還以得民心之事而爲禮本○樂也者樂其所自成者自亦由也言王者制樂樂已所由成者以制樂若殷周之等民樂其用武除殘討惡以成王業故作樂以尚其威武也但禮之與樂俱是象其王業所由但禮據王業之初樂據王業之末但太平功成治定之後制禮本論其初故云反其所自生作樂論其末故云樂其所自成○是故先王之制禮也以節事者以禮爲反本故用禮以節萬事動皆反本以初生王業用此禮以得民心故用民心之義以節事宜○脩樂以道志者王者脩治所作之樂以道達已志由已用此樂以成王業故脩正其樂以勸道已志使行之不倦○故觀其禮樂而治亂可知也者若能以禮節事以樂道志則國治也若不以禮節事不以樂道志則國亂也故云治亂可知也○蘧伯玉曰君子之人達者達謂通達言有德君子自達義理觀其禮樂則知治亂蘧伯玉先有此言故記者引之結成治亂可知之事○故觀其器而知其工之巧者此又工匠之事譬喻禮樂觀其器之善惡而知工匠巧拙器善則工巧器惡則工拙○觀其發而知其人之知者此又以人事譬喻禮樂觀其人之發動所爲而知其人之有知若發而皆中則知有知若發而不中則知無知禮樂亦猶是也若禮正而樂和則知其國治若禮慢而樂淫則知其國亂也○故曰君子慎其所以與

人者禮樂既爲人之所觀以此之故君子治國以謹慎其所以與人相接者謂禮樂之事此禮樂者謂與人交接之具故慎之言將以兒觀之○注自由至心也○正義曰制禮者本已所由得民心者若舜元由能紹堯之功得民心而初王業全制禮之時還基本初時得民心之事而制禮若舜質素初則陶於河濱後制禮則尚質素故考工記云有虞氏尚陶是也禹則治水始立溝洫後制禮則尚其工匠之事夏后氏尚匠是也湯則以桀荒淫器物失所湯以制禮樂之器而得民心殷人尚梓是也周武王以紂昏淫尊卑無敍故尚文物車服之屬而得民心周人尚輿是也此皆本其所以得民心是也○湯作樂至濩武○正義曰作樂者緣民所樂於已之功作樂章功成之事已之功成人之所樂故云所樂於已之功也舜之民樂舜紹堯而作大韶湯武之民樂其濩伐而作濩武者此亦因其所由與禮不異但禮雖治定乃作則本其初始得民心之時樂以成功乃爲即歌當時喜樂之事所以與禮異也但禮是初始得民心而已樂是樂其末故其民心樂其紹堯樂其濩伐○注動反本也○正義曰王者治國動皆反本萬事皆以禮節之○注勸之善也○正義曰經云脩樂以道志樂是功成之極故王者作樂之後恒脩治此樂以勸道已志行善不忘故云勸之善也○**太廟之**

內敬矣君親牽牲大夫贊幣而從納牲於庭時也當用幣告神而殺牲○從才用反下同**君親制祭夫人薦盎**親制祭謂朝事進血膋時所制者制肝洗於鬱鬯以祭於室及主○盎烏浪反膋了彫反**君親割牲夫人薦酒**親割謂進牲孰體時**卿大夫從君命婦從夫人洞洞乎其敬也屬屬乎其忠也勿勿乎其欲其饗之也**勿勿猶勉勉也○洞音動屬之玉反**納牲詔於庭血毛詔於室羹定詔於堂三詔皆不同位蓋道求而未之得也**肉謂之羹道猶言也○定徐丁甯反一音如字**設祭于堂**設祭之饌於堂人君禮焉**爲祊乎外**祊祭明日之繹祭也謂之祊者於廟門之旁因名焉其祭之禮既設祭於室而事尸於堂孝子求神非一處也周禮曰夏后氏世室門堂三之二室三之一詩頌絲衣曰自堂徂基○祊百彭反繹音亦處昌慮反**故曰於彼乎**

於此乎不知神之所在也〔疏〕太廟至此乎○正義曰此一節論祭宗廟之事○太廟之內敬矣者舉大祫之祭故云大廟其實諸廟亦皆敬矣此章所論謂侯伯子男祭廟之禮○君親牽牲大夫贊幣而從者此謂祼鬯既訖君出廟門以迎牲牽牲而入納於庭之時也於時須告神以殺牲大夫則贊佐執幣而從君君乃用幣以告神○君親制祭夫人薦盎者此謂殺牲已畢進血腥之時斷制牲肝洗以鬱鬯入以祭神於室於此之時夫人薦盎齊以獻之侯伯子男之君朝踐君不獻故夫人薦盎○君親割牲夫人薦酒者謂薦孰時君親割牲體於時君亦不獻故夫人薦酒○卿大夫從君命婦從夫人者謂制祭割牲之時則卿大夫從君也薦盎酒之時命婦從夫人也○洞洞其敬也者洞洞質愨之貌言君與夫人卿大夫之等皆容貌洞洞然其爲恭敬也○屬屬乎其忠也者屬屬專一之貌其心則屬屬然專一盡其忠誠也○勿勿乎其欲其饗之也者勿勿猶勉勉也言中心勉勉乎欲望神之歆饗○納牲詔於庭者詔告也謂牲入在庭以幣告神故云詔於庭○血毛詔於室者謂殺牲取血及毛入以告神於室○羹定詔於堂者羹肉湆也定孰肉也謂煑既孰將欲迎尸主入室乃先以俎盛之告神於堂是薦孰未食之前也三詔皆不同位蓋道求而未之得也者道

言也所以三詔皆不同位者蓋言求而未之得也故於三處告之。所設祭於堂者謂薦腥爓之時設此所薦饌在於堂。爲祊乎外者祊謂明日繹祭在廟門之旁謂之祊言爲此祊祭在於廟門外之西也。故曰於彼乎於此乎者以其不知神之所在或祭之於堂或祭之於外不知此於彼堂乎於彼室乎於此祊乎以古語有此故記者引以結之。注納牲至殺牲。正義曰下云納牲詔於庭此有大夫贊幣故知納牲謂於庭時用幣以告神。注親制至及主。正義曰親制祭謂朝事進血膋時者案郊特牲云取膟膋燔燎升首報陽也又祭義取膟膋之後又爓祭祭腥則膟膋所用在腥爓之前故知血膋是朝事時也云所制者制肝洗於鬱鬯者約漢禮而知也知祭於室及主者郊特牲云詔祝於室是也。注親割至體時。正義曰皇氏以爲謂薦孰之時進牲之孰體也熊氏禮本牲爲腥也謂薦腥體孰體薦腥體謂朝踐薦腥時孰體謂饋食薦孰時案經文君親制祭夫人薦盎君親割牲夫人薦酒薦酒薦盎既不得同時則割牲何得薦腥兼薦孰熊氏之說非也。注肉謂之羹。正義曰爾雅釋器文。注設饌祭至禮焉。正義曰知者特牲少牢皆設饌在奥此言設饌於堂故知人君禮也。注祊祭至祖基。正義曰此云爲祊乎外稱外故知明日繹祭也郊特牲云索祭祝于祊不云外故鄭彼注不云明日繹祭也云謂之祊者於廟門外之旁因名焉者以釋宮云廟門謂之祊今日繹祭於廟門外之西旁因以廟門爲稱故云因名焉云其祭之禮既設祭於室而事尸於堂者以正祭設饌在室故知繹祭亦設饌在室案有司徹上大夫賓尸坐尸侑於堂酌而獻尸故知人君繹祭亦事尸於堂也但卿大夫賓尸禮畧不設祭於室又不在廟門異於君也云夏后氏世室門堂三之二室三之一者證廟門之旁有室有堂也又引詩頌絲衣之篇者證繹祭在堂事尸也絲衣之篇論繹祭之時從堂上往於堂下之基故云自堂徂基。注不知至在也。正義曰案郊特牲云不知神之所在於彼乎於此乎此文唯云於彼乎於此乎故鄭引彼上文爲注以會此文明是一也。

○**一獻質**謂祭羣小祀也**三獻文**謂祭社稷五祀**五獻察**察明也謂祭四望山川也**七獻神**謂祭先公

【疏】一獻至獻神。○正義曰此一節明祭諸神獻數之差取義各別。○一獻質者謂祭羣小祀最卑但一獻而已其禮質畧。○三獻文者謂祭社稷五祀其神稍尊比羣小祀禮儀爲文飾也。○五獻察者謂祭四望山川其神既尊神靈明察。○七獻神者謂祭先公之廟禮又轉尊神靈尊重也。○注謂祭先公。○正義曰鄭知然者案周禮司服職玄冕一章祭

羣小祀故知一獻當祭羣小祀絺冕三章祭社稷五祀故知三獻祭社稷五祀也毳冕五章祀四望山川故知五獻祭四望山川也鷩冕七章享先公故知七獻祭先公也案此社稷三獻卑於四望山川而大宗伯職云以血祭祭社稷五嶽又大司樂祭社稷奏大簇祀四望奏姑洗又禮緯云社稷牛角握五岳四瀆角尺以此言之則社稷尊於四望山川而獻與衣服卑者熊氏云獻與衣服從神之尊卑其餘處尊者以其有功與地同類故進之在上從國中之神莫貴於社稷之類直以功見尊其實卑也以是地別神故不爲尊也

○**大饗其王事與**盛其饌與貢謂祫祭先王。○事與音餘**三牲魚腊四海九州之美味也籩豆之薦四時之和氣也**此饌諸侯所獻。○腊音昔**內金示和也**此所貢也內之庭實先設之金從革性和荆揚二州貢金三品。○內音納**束帛加璧尊德也**貢享所執致命者君子於玉比德焉**龜爲前列先知也**龜知事情者陳於庭在前荆州納錫大龜**金次之見情也**金炤物金有兩義先入後設。○見賢遍反下注世一見同炤音照本亦作照

丹漆絲纊竹箭與衆共財也萬民皆有此物荆州貢丹兗州貢漆絲豫州貢纊揚州貢篠簜。○纊音曠綿也劉昌宗古曠反簜大黨反**其餘無常貨各以其國之所有則致遠物也**其餘謂九州之外夷服鎮服蕃服之國周禮九州之外謂之蕃國世一見各以其所貢寶爲摯周穆王征犬戎得白狼白鹿近之。○蕃本亦作藩方煩反下同近附近之近**其出也肆夏而送之蓋重禮也**出謂諸侯之賓也禮畢而出作樂以節之肆夏當爲陔夏。○肆依注作陔古來反注又作械音同

【疏】大饗至禮也。○正義曰此一節明天子大饗之事諸侯各貢其方物奉助祭之禮。○大饗其王事與者饗謂饗祭先王饗中之大謂祫也其王家之事與與是語辭也諸侯雖有祫祭不可致有九州之物唯王者乃然故云其王事與也。三牲魚腊四海九州之美味也者言此等是諸侯所貢故云九州之美味也。○籩豆之薦四時之和氣也者此亦諸侯所貢實於籩豆是四時和氣所生故云四時和氣也。○內金示和也者謂諸侯所貢納金以爲庭實示其柔和也以金能從革故也。○束帛加璧尊德也者謂朝而行享之時以束帛加璧

於上尊崇其德也以君子之德與玉相似故尊之也龜爲前列先知也者此謂布庭實之時龜在衆物之前而爲列先其有知也以龜有靈知故云先知也。金次之見情也者陳列此金次在龜後所以次在龜後者以金能炤物露見其情。丹漆絲纊竹箭與衆共財也者龜金之後布陳丹之與漆也絲也纊也竹也箭也與天下衆人共有此財也故諸侯之朝來而貢之陳列在下其餘無常貨各以其國之所有則致遠物也者知以上所陳謂九州之內諸侯此言其餘者謂九州之外其於四海之國無常貢之貨各於其國之當時所有而貢之則招致遠物也其出也肆夏而送之蓋重禮也者肆夏當爲陔夏其諸侯之賓禮畢而出去則奏陔夏之樂而送之蓋貴重於禮雖禮畢而出猶陔夏而戒之使不失禮。注盛其至先王。正義曰盛其饌者即三牲魚腊籩豆是也貢者則內金示和。龜爲先列之屬是也謂祫祭先王者以有三牲魚腊則非祭天以內金布庭實又非饗賓饗賓時無此庭實故也知非朝而貢物謂之大饗者以朝而貢物不名大饗孝經云四海之內各以其職來助祭故知此大饗是祫祭也以饗中最大故稱大饗。注此所至三品。正義曰知爲庭實者左傳云庭實旅百奉之以玉帛故知金爲庭實今先設金者發首先云內金故知先設金云荊揚二州貢金三品者禹貢文鄭注以爲金銀銅三品者三色也。注貢饗至德焉。正義曰知束帛加璧行享之時所執致命者覲禮文也。云君子於玉比德焉者謂諸侯執玉來貢欲自勗勵以玉比德又示敬王以玉比王。注龜知至大龜。正義曰龜能豫知吉凶故云知事情云陳於庭在前者據與所陳衆物最在前仍在馬之後故覲禮匹馬卓上九馬隨之鄭注云初享以馬若皮然後乃陳龜金竹箭之等是也。注金炤至後設。正義曰金炤物者解經見情金有兩義者一示和二是見情故云兩義云先入後設者此經先云內金示和是先入陳在龜後是後設。注萬民至篠簜。正義曰荊州貢丹兖州貢漆絲豫州貢纊揚州貢篠簜皆禹貢文也。注其餘至近之。正義曰其餘謂九州之外夷服鎮服蕃服之國者案周禮大行人陳六服之貢乃云九州之外謂之蕃國各以其所貴寶爲摯其六服之外於九州言之唯有夷鎮蕃三服是九州之外也云周穆王征犬戎得白狼白鹿近之者案周語穆王征犬戎祭公謀父諫不從遂往征之得四白狼四白鹿言近之者彼因征而得非因貢而來故云近之近者謂近其貢寶也。注出謂至陔夏。正義曰肆夏當爲陔夏者案大司樂云王出入奏王夏尸出入奏肆夏牲出入奏昭夏大饗不入牲其它皆如祭祀今破爲陔夏者以大司樂之文大饗諸侯則諸侯出入奏肆夏此經是助祭之後無算爵禮畢客醉而出宜奏陔夏故燕禮大射賓出奏陔夏明不失禮也。○祀帝於郊敬之至也言就而祭之不敢致也。宗廟之祭仁之至也仁恩也父子主恩也。喪禮忠之至也謂哭踊袒襲也。袒襲音但下音習。備服器仁之至也謂小斂大斂之衣服葬之明器。賓客之用幣義之至也謂來賻賵。故君子欲觀仁義之道禮其本也言禮有節於內可以觀也。【疏】祀帝至本也。正義曰此一節揔明祭祀死喪賓客之等所以禮爲備具人道之至也。祀帝於郊敬之至也者天尊彌遠祭之宜極盡於敬故云敬之至也。宗廟之祭仁之至也者宗廟主親祭之必極盡於仁愛故云仁之至也。喪禮忠之至也者親戚之喪必盡忠心追念故云忠之至也。備服器仁之至也者此亦據喪禮備此小斂大斂之衣服及葬之明器亦是仁愛之親故云仁之至也。賓客之用幣義之至也者此亦喪禮賓客用幣帛以相賻賵於事合宜故云義之至也。故君子欲觀仁義之道禮其本也者言君子欲觀其人行仁義之道必須用禮爲其本若行合於禮則有仁義若不合於禮則無仁義故云禮其本也案前文有仁有義有敬有忠此不言敬與忠者舉仁義則忠敬可知也。君子曰甘受和白受采忠信之人可以學禮苟無忠信之人則禮不虛道是以得其人之爲貴也。道猶由也從也。和戶臥反。【疏】君子至貴也。正義曰前文觀仁義之道禮爲其本此經明學禮之人唯須有忠信。甘受和白受采者記者舉此二物喻忠信之人可得學禮甘爲衆味之本不偏主一味故得受五味之和白是五色之本不偏主一色故得受五色之采以其質素故能包受衆味及衆采也。忠信之人可以學禮者必致忠誠言又信實質素爲本不有雜行故可以學禮也。苟無忠信之人則禮不虛道者苟猶誠也道猶從也言人若誠無忠信爲本則禮亦不虛空而從人也言雖學禮而不得也。是以得其人之爲貴也者其人卽忠信之人也學禮得忠信之人則是禮道爲貴也。○孔子曰誦詩三百不足以一獻一獻之禮不足以大饗大饗之禮不足以大旅大旅具矣不足以饗帝誦詩三百喻習多言而不學禮也大旅祭五帝也饗帝祭天毋輕議禮謂若誦詩者不可以強言禮○強其丈反疏孔子至議禮○正義曰此一節明禮之爲貴貴於衆事○誦詩三百不足以一獻者假令習誦此詩雖至三百篇之多若不學禮此誦詩之人不足堪爲一獻之祭言一獻祭羣小祀不學禮則不能行也○一獻之禮不足以大饗者言雖習一獻小祀其禮既小不堪足以行大饗之禮大饗謂祫祭宗廟也大饗之禮不足以大旅者大饗其禮雖繁仍是去人不遠其禮可知大旅是揔祭五帝天與人道隔其禮轉難故雖能行大饗之禮不堪足以行大旅事天○大旅具矣不足以饗帝者大旅雖揔祭五帝是有故而祭其禮簡畧不如饗帝正祭之備故云大旅具矣不堪足以正饗天帝謂郊祭天也故典瑞云四圭有邸以祀天旅上帝是祀天重於旅帝又郊特牲云郊之祭大報天而主日是郊爲祭天之重○毋輕議禮者若不學於禮無得輕脱論議于禮猶如誦詩三百篇不能行小祀禮也○注大旅至祭天○正義曰知大旅五帝者案典瑞云兩圭有邸以祀地旅四望與上四圭有邸以祀天旅上帝其文相對祀地云旅四望則知上云旅上帝是旅五帝

也云饗帝祭天者經既云大旅又云饗帝是饗帝與大旅不同故知此饗帝是常祀祭天也鄭直云祭天則感生之帝與圓丘俱包之也○子路爲季氏宰宰治邑吏也季氏祭逮闇而祭日不足繼之以燭謂昏時也雖有強力之容肅敬之心皆倦怠矣以其久也有司跛倚以臨祭其爲不敬大矣偏任爲跛依物爲倚○跛彼義反注同倚於綺反注同他日祭子路與室事交乎戶堂事交乎階質明而始行事晏朝而退室事祭時堂事儐尸○與音豫朝直遙反又張遙反孔子聞之曰誰謂由也而不知禮乎多其知禮疏子路至禮乎○正義曰前經既明禮爲其重故記者引子路能行禮之事○季氏祭逮闇而祭者逮及也言季氏祭於宗廟逮至日闇而行祭禮○日不足繼之以燭者謂祭祀未終日已昏沒故云日不足祀事未畢故繼日明而以燭也○有司跛倚以臨祭者以其事久有司倦怠故皆偏跛邪倚於物臨於祭祀其爲不敬甚大矣○他日祭子路與者言往舊以來所祭之時恒皆如此他日謂別日其後別日而祭子路與在行禮之中○室事交乎戶者室事謂正祭之時事尸在室故云室事交乎戶外人將饌至戶內人於戶受饌設於尸前相交承接在於戶也○堂事交乎階者謂正祭之後儐尸之時尸於堂故云堂事交乎階謂堂下之人送饌至階堂上之人於階受取是交乎階○質明而始行事晏朝而退者質正也晏晚也謂正明之時而始行事朝正嚮晚禮畢而退言敬而能速也○孔子聞之曰誰謂由也而不知禮乎者子路好勇時人多不尚其所爲故孔子以此明之誰謂由也而不能知禮乎言其知禮也

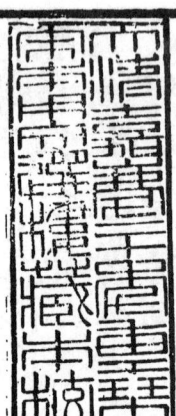

以其禮從宜寧可禮畧而敬不可禮煩而怠也

附釋音禮記注疏卷第二十四

江西南昌府學栞

禮記注疏卷二十四挍勘記

阮元撰盧宣旬摘録

附釋音禮記注疏卷第二十四 惠棟挍宋本禮記正義卷第三十三此卷至四十卷考文云宋板闕所校係補本

禮器

周坐尸節

勸尸飲食無常 惠棟挍宋本亦作無岳本同嘉靖本同衞氏集說同毛本同考文引古本足利本同此本無誤若閩監本無誤者通典四十八引亦作勸尸飲食無常

詔侑或爲韶囿 岳本同嘉靖本同閩監毛本韶作詔釋文作詔囿云本亦作詔囿考文云古本足利本囿作圃按段玉裁云韻會二蕭引亦作韶囿

夏禮尸有事乃坐 惠棟挍宋本作乃宋監本同岳本同嘉靖本同衞氏集說同考文引古本足利本同此本乃誤則閩監毛本同通典四十八引亦作夏禮尸有事乃坐

周坐至醵與 惠棟挍宋本無此五字

論三代尸禮不同 閩監毛本有禮字衞氏集說同此本禮字脫

此言有周之所因於殷也 閩監毛本無有之二字惠棟挍宋本作此言周所因於殷也續通解同

其於周禮侑尸 惠棟挍宋本同閩監毛本侑作坐

爲發爵之主 閩監毛本作主衞氏集說同此本主誤至考文云補本發作祭

必令平偏不偏頗 閩監毛本同惠棟挍宋本偏上有使字

君子曰禮之近人情者節 惠棟云君子節宋本分是故孔子之於禮下爲一節

頖郊之學也 惠棟挍宋本頖下有宫字宋監本同岳本同嘉靖本同衞氏集說同考文引古本足利本同此本宫字脫閩監毛本同

呼池漚夷 岳本同嘉靖本同閩監毛本漚作嘔衞氏集說同釋文作嘔夷

必先有事於配林 各本同石經同惠棟九經古義云何休注公羊引作蜚林蜚聲近妃古配字作妃聲之誤也

愼之至也 各本同石經同釋文出順之至也云順亦作愼

溫之至也 各本同石經同釋文出溫之云紆運反注同考文云古本溫作蘊按正義云今定本作溫字則當云溫潤相承藉是正義本亦不作蘊也內則釋文云溫本又作蘊

君子至至也 惠棟挍宋本無此五字

按宗伯以肆獻祼饗先王 閩監毛本同衞氏集說同惠棟挍宋本饗作享

凡有大享此此云大饗 惠棟挍宋本不重此字上大作六衞氏集說同此本誤重此字六誤大閩本六字不誤上此改者字監毛本六享此云誤作大饗者此云

以冕服差之 閩監毛本同衞氏集說同惠棟挍宋本冕作祭考文引補本同

以薦其毛 閩監毛本薦作啓

是故至至也 惠棟挍宋本無此五字

此一節 惠棟挍宋本此字上有正義曰三字

所爲上下前人 閩監毛本同惠棟挍宋本上作中考文引補本同

皆有所由以爲始也 惠棟挍宋本有所字衞氏集說同此本所字脫閩監毛本同

此言七介者 閩監毛本同孫志祖云按集說引此上有周禮上公九介侯伯七介子男五介十四字諸本俱脫

三月繫七日戒 閩本監本毛本同惠棟挍宋本戒字下有者字

謂祭前十日於七日之中　惠棟挍宋本同閩監毛本十誤七於誤齊衛氏集說十誤七於字不誤

斯樂泮水　補案詩斯當作思

天子以小學爲辟廱　閩監毛本同惠棟挍宋本以上有亦字

溫謂丞藉　閩監毛本丞作承衛氏集說同下丞藉皆同盧文弨挍溫改縕

禮也者反本脩古節

反本脩古　各本同石經同正義云定本及諸本作循字當作脩

而槀秸之設　閩監毛本作稾石經同岳本同衛氏集說同此本稾誤槀嘉靖本同

禮也至學也　惠棟挍宋本無此五字

不忘其初者也　惠棟挍宋本也下有者字

君子曰無節於內者節

君子至致也　惠棟挍宋本無此五字

言若欲外觀察先萬物　閩監毛本同惠棟挍宋本無先字是也

故禮所爲萬物之至極也　惠棟挍宋本同閩監毛本所下有以字

是故昔先王之制禮也節

月生西方　宋監本生改出

祭天於圜丘之上　閩監本同岳本同嘉靖本同衛氏集說同毛本圜作圓

是故至壹焉　惠棟挍宋本無此五字

但財物大莫過於天　閩監本同毛本財作萬

天子愛物爲用　閩監毛本同惠棟挍宋本愛上有以字

龍星昏而見雩　閩監毛本同惠棟挍宋本而見作見而

是故昔先王尚有德節

而鳳凰降　石經凰作皇宋監本同岳本同嘉靖本同衛氏集說同此作凰俗字閩監毛本同

而風雨節寒暑時　閩監毛本同岳本同嘉靖本同衛氏集說同石經無節字按月令正義引禮器饗帝於郊而風雨寒暑時郊特牲下兩引皆無節字

是故至大治　惠棟挍宋本無此五字

饗帝於郊而風雨寒暑時者　閩監毛本雨下有節字

故舉以言焉　閩監毛本同惠棟挍宋本舉作奉盧文弨云宋本作奉非也

陰陽既合　閩本同惠棟挍宋本同監毛本既作相

以燔柴告至之後　閩監毛本同惠棟挍宋本以作亦

及封土爲壇　閩監本同毛本及誤乃惠棟挍宋本及作又

土爲風　閩監毛本同惠棟挍宋本風下有者字

天道至教節

目下事也　閩本作目惠棟挍宋本同宋監本同岳本同衛氏集說同此本目誤日監毛本同嘉靖本誤自

天道至至也　惠棟挍宋本無此五字

皆在大鼓之旁　惠棟挍宋本有在字此本在字脫閩監毛本同

謂堂上下　閩監毛本同惠棟挍宋本堂下有之字衛氏集說同

禮樂之器尊西者也　按者也當作也者

縣鼓大於於應鼓　閩監本於字不重此本誤衍毛本大誤木

故云八君尊東　惠棟挍宋本有人字此本人字脫閩監毛本同

喪是記君之喪　閩監毛本同衛氏集說是作大

禮也者反其所自生節

作樂者緣民所樂於己之功　惠棟挍宋本有者字宋監本同岳本同嘉靖本同考文引古本足利本同此本者字脫閩監毛本同

而作濩武　各本同釋文出作護古本亦作濩

禮樂亦猶是也　閩監毛本同岳本同嘉靖本猶作由

禮也至人者　惠棟挍宋本無此五字

言將以是觀之　惠棟挍宋本同閩監毛本亦作是此本作見非也考文引古本足利本亦作見

萬事皆以禮節之　惠棟挍宋本同閩監毛本萬事皆誤脩古而

脩樂以道志樂是功成之極　惠棟挍宋本同閩監毛本樂是誤者言

恒脩治此樂以勸道己志　惠棟挍宋本同閩監毛本以勸誤章以

太廟之內敬矣節

太廟之內　監毛本同石經太作大閩本同岳本同嘉靖本同衛氏集說同

謂進牲孰體時　各本同正義云熊氏禮本牲爲腥也

於廟門之旁因名焉　閩監毛本同岳本同嘉靖本同衛氏集說同浦鏜挍從疏門下補外字

太廟至此乎　惠棟挍宋本無此五字

斷制牲肝　閩監毛本同浦鏜從衛氏集說斷上補君字

洞洞乎其敬也者　閩監毛本有乎字此本乎字脫

謂煮既孰　惠棟挍宋本煮下有肉字衛氏集說同此本誤脫閩監毛本同

不知此於彼堂乎　惠棟挍宋本此下有神字衛氏集說同此本誤脫閩監毛本同

以釋宮云廟門謂之祊　閩監毛本同浦鏜云廟衍字孫志祖云按今本爾雅作閍謂之門疑誤也當以此疏所引爲正兼有郊特牲疏足相證明

今日繹祭於廟門外之西旁　惠棟挍宋本亦作日作西於作在閩監毛本日作曰閩本西字不誤監毛本誤兩

一獻質節

一獻至獻神　惠棟挍宋本無此五字

謂祭先公之廟　閩監毛本同惠棟挍宋本先上有至字

以血祭社稷五嶽　閩監毛本同衛氏集說重祭字與周禮大宗伯合

大饗其王事與節

荊楊二州　閩監本同嘉靖本同衛氏集說同毛本楊作揚岳本同按下注楊州貢篠簜毛本亦作楊疏放此

各以其所貢寶爲摯　惠棟挍宋本同宋監本同岳本同嘉靖本同考文引古本足利本同閩監毛本貢作貴衛氏集說同正義引注亦足貴○按作貴與周禮大行人同

大饗至禮也　惠棟挍宋本無此五字

鄭注以爲金銀銅　閩監毛本同段玉裁挍本銀改者字是也以三品爲金銀銅乃書孔傳及王肅說耳非鄭義也

祀帝於郊節

祀帝至本也　惠棟挍宋本無此五字

此亦謂喪禮賓客　惠棟挍宋本有謂字此本謂字脫閩監毛本同

君子曰甘受和節

君子至貴也　惠棟校宋本無此五字

唯須有忠信　閩監毛本同惠棟校宋本須下有必字

孔子曰誦詩三百節

孔子至議禮　惠棟校宋本無此五字

知大旅祭五帝者　惠棟校宋本有祭字此本祭字脫閩監毛本同

子路爲季氏宰節

子路至禮乎　惠棟校宋本無此五字

尸於堂　惠棟校宋本尸上有事字衛氏集說同此本事字脫閩監毛本同

謂堂下之人　惠棟校宋本謂下有在字此誤脫閩監毛本同

附釋音禮記注疏卷第二十四終　惠棟校宋本此下標禮記正義卷第三十三終又記云凡二十二頁宋監本禮記卷第七經四千九百二十一字注五千七百四十字嘉靖本禮記卷第七經五千一百九十一字注五千六百九十五字

禮記注疏卷二十四校勘記

附釋音禮記注疏卷第二十五

郊特牲第十一

○陸曰鄭云以其記祭天用騂犢之義也郊者祭天之名用一牛故曰特牲

【疏】正義曰案鄭目錄云名郊特牲者以其記郊天用騂犢之義此於別錄屬祭祀

鄭氏注　孔穎達疏

郊特牲而社稷大牢天子適諸侯諸侯膳用犢諸侯適天子天子賜之禮大牢貴誠之義也故天子牲孕弗食也祭帝弗用也犢者誠慤未有牝牡之情是以小爲貴也孕任子也易曰婦孕不育○膳而戰反犢音獨孕餘證反慤苦角反大路繁纓一就先路三就次路五就此因小說以少爲貴者禮器言次路七就與此乖字之誤也○繁步干反郊血大饗腥三獻爓一獻孰至敬不饗味而貴氣臭也血腥爓祭用氣○爓本又作膶夕廉反諸侯爲賓灌用鬱鬯灌用臭也大饗尚腶脩而已矣亦不饗味也此大饗饗諸侯也○灌本又作祼古喚反腶丁喚反鍛脯加薑桂曰腶脩

【疏】郊特至已矣○正義曰此一節論少小及薄味爲貴各依文解之既以郊祭名篇先儒說郊其義有二案聖證論以天體無二郊卽圜丘圜丘卽郊鄭氏以爲天有六天丘郊各異今具載鄭義兼以王氏難鄭氏謂天有六天天爲至極之尊其體秖應是一而鄭氏以爲六者指其尊極淸虛之體其實是一論其五時生育之功其別有五以五配一故爲六天據其在上之體謂之天天爲體稱故說文云天顚也因其生育之功謂之帝帝爲德稱也故毛詩傳云審諦如帝故周禮司服云王祀昊天上帝則大裘而冕祀五帝亦如之五帝若非天何爲同服大裘又小宗伯云兆五帝於四郊禮器云饗帝于郊而風雨寒暑時帝若非天焉能令風雨寒暑時又春秋緯紫微宮爲大帝又云北極耀魄寶又云大微宮有五帝坐星靑帝曰靈威仰赤帝曰赤熛怒白帝曰白招拒黑帝曰汁光紀黃帝曰含樞紐是五帝與大帝六也又五帝亦稱上帝故孝經曰嚴父莫大於配天則周公其人也下卽云宗祀文王於明堂以配上帝帝若非天何得云嚴父配天也而賈逵馬融王肅之等以五帝非天唯用家語之文謂大皥炎帝黃帝五人帝之屬其義非也又先儒以家語之文王肅私定非孔子正旨又王肅以郊丘是一而鄭氏以爲二者案大宗伯云蒼璧禮天典瑞又云四圭有邸以祀天是玉不同宗伯又云牲幣各放其器之色則牲用蒼也祭法又云燔柴於泰壇用騂犢是牲不同也又大司樂云凡樂圜鍾爲宮黃鍾爲角大蔟爲徵姑洗爲羽冬日至於地上之圜丘奏之若樂六變則天神皆降上文云乃奏黃鍾歌大呂舞雲門以祀天神是樂不同也故鄭以云蒼璧蒼犢圜鍾之等爲祭圜丘所用以四圭有邸騂犢及奏黃鍾之等以爲祭五帝及郊天所用王肅以郊特牲周之始郊日以至與圜丘同配以后稷鄭必以爲異圜丘又以帝嚳配者鄭以周郊日以至自是魯禮故注郊特牲云周衰禮廢儒者見周禮盡在魯因推魯禮以言周事鄭必知是魯禮非周郊者以宣三年正月郊牛之口傷是魯郊用日至之月案周郊祭天大裘而冕郊特牲云王被袞戴冕璪十有二旒故知是魯禮非周郊也又知圜丘配以帝嚳者案祭法云周人禘嚳而郊稷禘嚳在郊稷之上稷卑於嚳以明禘大於郊又爾雅云禘大祭也大祭莫過於圜丘故以圜丘爲禘也圜丘比郊則圜丘爲大祭法云禘嚳是也若以郊對五時之迎氣則郊爲大故大傳云王者禘其祖之所自出故郊亦稱禘其宗廟五年一祭比每歲常祭爲大故亦稱禘也以爾雅唯云禘爲大祭是文各有所對也后稷配天見於周頌故思文云思文后稷克配彼天周若以嚳配圜丘詩頌不載者后稷周之近祖王業所基故配感生之帝有勤功用故詩人頌之嚳是周之遠祖爲周無功徒以遠祖之尊以配遠尊天帝故詩無歌頌或可詩本亦有也但後來遺落故正考甫得商之遺頌十二篇至孔子之時唯五篇而已以此言之明詩有遺落也皇氏云天有六天歲有六祭冬至圜丘一也夏正郊天二也五時迎氣五也通前爲七也九月大饗八也雩與郊禖爲祈祭不入數崔氏以雩爲常祭九也凡祭天其服皆大裘周禮司服文其尸服亦大裘故節服氏云郊祀裘冕送逆尸是也其樂除圜丘所用圜鍾爲宮之外皆奏黃鍾歌大呂舞雲門故大司樂云乃奏黃鍾歌大呂以祀天神注云天神謂五帝及日月星辰也王者又各以夏正月祀其所受命之帝於南郊是也冬至圜丘用蒼璧夏正郊天用四圭有邸其五時迎氣東方用靑圭南方用赤璋西方用白琥北方用玄璜其中央無文先師以爲亦用黃琮熊氏以爲亦用赤璋鄭注宗伯云璧圜象天琮八方象地圭銳象春物初生半圭曰璋象夏物半

死璣猛象秋嚴半璧曰璜象冬月閉藏地上無物唯天半見其牲幣各放其玉之色案天色玄而用蒼犢者但天色雖玄遠望則蒼取其遠色故用蒼也其祭天之器則用陶匏陶瓦器以薦菹醢之屬故詩生民之篇述后稷郊天云于豆于登注云木曰豆瓦曰登是用薦物也匏酌獻酒故詩大雅美公劉云酌之用匏注云儉以質祭天尚質故酌亦用匏爲尊皇氏云祭天用宗廟犧尊皇氏又云祭天既用犧尊其陶匏者是盛牲牢之器今案陶匏所用如上所陳而皇氏以匏爲盛牲之器義無此理其說非也其祭天之處冬至則祭於圜丘圓丘所在雖無正文應從陽位當在國南故魏氏之有天下營委粟山爲圓丘在洛陽南二十里然則周家亦在國南但不知遠近者其五時迎氣則在四郊故小宗伯云兆五帝於四郊鄭云春迎青帝於東郊夏迎赤帝於南郊季夏迎黃帝亦於南郊秋迎白帝於西郊冬迎黑帝於北郊司馬法百里遠郊鄭注書序云近郊半遠郊去國五十里謂今河南洛陽相去則然是天之郊去國皆五十里也其夏正祭感生之帝亦於南郊知者孝經緯云祭帝於南郊就陽位是也其雩祭五天帝亦於國城南故鄭注論語云沂水在魯城南雩壇在其上是也其九月大饗五帝則在明堂鄭駮異義云明堂在國之南丙巳之地三里之外七里之內其圓丘之祭崔氏云

其初先燔柴及牲玉於丘訖次乃掃丘下而設正祭若夏正及五郊初則燔柴及牲玉於壇故祭法云燔柴於泰壇祭天也次則於壇下掃地而設正祭故禮器云至敬不壇掃地而祭是也其所配之人虞夏商周用人各異文具祭法圓丘之祭用人則以嚳配之祭法禘嚳是也其感生之帝則以后稷配之五時迎氣及雩祭則以五方人帝配之九月大饗五帝則以五人帝及文武配之以文王配五天帝則謂之祖以武王配五人神則謂之宗崔氏云皆在明堂之上祖宗通言故祭法云祖文王文王稱祖孝經云宗祀文王於明堂是文王稱宗文王既爾則武王亦有祖宗之號故云祖宗通言其祭天之樂皆用雷鼓故鼓人云以雷鼓鼓神祀是也其圓丘之祭皇氏云祭日之旦王立丘之東南西嚮燔柴及牲玉於丘上升壇以降其神故韓氏內傳云天子奉玉升柴加於牲上詩又云圭璧既卒是燔牲玉也次乃奏圜鍾之樂六變以降其神天皇之神爲尊故有再降之禮次則埽地而設正祭置蒼璧於神坐以禮之其在先燔者亦蒼璧也次則以豆薦血腥祭天無祼故鄭注小宰云唯人道宗廟有祼天地大神至尊不祼莫稱焉然則祭天唯七獻也故鄭注周禮云大事于大廟備五齊三酒則圓丘之祭與宗廟祫同朝踐王酌泛齊以獻是一獻也后無祭天之事大宗伯次酌醴齊以獻是爲

三獻也王進爵之時皆奏樂但不皆六變次薦孰王酌盎齊以獻是爲三獻也宗伯次酌醍齊以獻是爲四獻也次尸食之訖王酌朝踐之泛齊是爲五獻也又次宗伯酌饋食之醍齊以獻是爲六獻也次諸臣爲賓長酌泛齊以獻是爲七獻也以外皆加爵非正獻之數其尸酢王以清酒酢宗伯以昔酒酢諸臣以事酒其祭感生之帝則當與宗廟禘祭同唯有四齊無泛齊又無降神之樂惟燔柴升煙一降神而已王朝踐獻以醴齊宗伯亞獻以盎齊次饋孰王獻以醍齊宗伯又獻以沈齊尸食訖王獻以朝踐之醴齊宗伯獻以饋孰之沈齊諸臣爲賓長亦獻以沈齊不入正數其五時迎氣與宗廟時祭同其燔柴以降神及獻尸與祭感生之帝同但二齊醴盎而已諸臣終獻亦用盎齊從上至此皆皇氏所說皇氏以圓丘之祭賓長終獻不取沈齊而取泛者以禮運約之沈齊當在堂丘下不可用之故更上取泛齊案禮運沈齊在廟堂之下尚得酌之升堂以獻又皇氏祭感生帝及五時迎氣沈齊亦在壇下賓長皆得用之升堂以獻何爲圓丘沈齊獨不可用乎若以圓丘高遠不可下取沈齊凡齊泛醴爲尊盎醍爲卑賓長終獻祇可以次用醍齊何得反用泛齊乎今謂圓丘賓長之獻用沈齊也以其賓長是臣助祭終獻遠下於君故從丘下酌沈齊又崔氏云以清酌酢王昔酒酢后案司尊

彝云皆有罍諸臣之所酢也鄭注云酌罍以自酢不敢。王之神靈共尊罍盛三酒唯云諸臣所酢不云酢王酢后崔氏所說於義疑也皇氏於此經之首廣解天地百神用樂委曲及諸雜禮制繁而不要非此經所須又隨事曲解無所憑據今皆略而不載其必有所須者皆於本經所須處各隨而解之他皆倣此熊氏云四時迎氣及諸神小祀等並有降神之樂則大司樂分樂而序之以下降神正祭同用其樂亦是一義也然此郊特牲以下至降尊以就卑文承禮器之下覆說以少爲貴之事郊所以用特牲者郊謂於南郊祭感生之帝但天神至尊無物可稱故用特牲郊與配坐皆特牲故下文云養牲必養二帝牛不吉以爲稷牛又召誥云用牲於郊牛二是也然祭天初有燔燎後有正祭皆須有牲故大宗伯云實柴祀日月星辰鄭司農云實牛柴上也鄭康成云實牲體焉郊唯特牲得供燔燎正祭二處所用者熊氏皇氏等以爲分牲體供二處所用其實一特牲也而月令郊禖用大牢者彼是求子之祭不與常祭同故不用犢我將祀文王於明堂經云維羊維牛者據文武配祭得用大牢也若孔安國之義后稷配天亦用大牢故召誥云后稷貶於天有羊豕案羊人云釁積共其羊牲注云積積柴則祭天用羊者熊氏云謂祭日月以下故燔燎用羊也祭日月以下既用羊小司徒云凡小祭祀奉牛牲。鄭注云小祭祀王玄冕所祭，然則王者之祭無不用牛。又禮緯云六宗五嶽四瀆之牛角尺，則日月以下之祀皆用牛者，蓋日月以下常祀則用羊，王親祭則用牛，故小司徒注云玄冕所祭，據王親祭也。此郊特牲指用而言，故下文云用騂犢，故牧人云陽祀用騂牲毛之。注云陽祀，祭天於南郊及宗廟。以此約之，夏殷以上祭感生之帝各用其正之色，其迎五方之帝，其牲上已備陳，帝牛稷牛，其牲雖異，其色宜同。凡配祭之人，牲與天同色也。其四月大雩，九月大饗，其天及配人，其牲各依當方之色，其文武汎配，則用大牢，其牲色無文。周人尚赤，當用騂也。論語云敢用玄牡，敢昭告於皇皇后帝。注云帝謂大微五帝，用玄牡者，彼謂告祭也。其四鎮五岳之等，各用當方之色，故牧人云望祀各以其方之色牲毛之。若尋常山川時祭以下，則用純物，不隨四方之色。若國外表貉磔禳之等，則用雜色，故牧人云凡特祀之牲則用牷物，凡外祭毁事，用尨可也。其常祀之牲皆用。○祈禱之祭，或用牝，唯孟冬禁之，故月令孟春犧牲無用牝。其日月以下及五祀之等常祀用羊，王親祭則用牛，其如前說。○而社稷大牢者，社五土摠神，稷是原隰之神，功及於人，人賴其功，故以大牢報祭。其牲則黝色，牧人云陰祀用黝牲，注云陰祀祭地北郊及社稷也，則神州亦用黝牲也。其崑崙地祇用黃犢，故大宗伯黃琮禮地，牲幣各放其器之色是也。其社稷與神州，其樂用大蔟與應鍾，故大司樂云乃奏大蔟，歌應鍾，以祭地祇。注云謂神州之神及社稷。其玉，神州則用兩圭有邸，其社稷無文。崔氏云玉當神州同用兩圭有邸，以四望亦用兩圭故也。其服，社稷則絺冕，神州與崑崙服無明文，崔氏云用大裘。爲崑崙之神，玉則用黃琮，鄭注宗伯琮八方象地。其樂則用函鍾爲宫，故大司樂云凡樂函鍾爲宫，大蔟爲角，姑洗爲徵，南呂爲羽，夏日至於澤中之方丘奏之，若樂八變，則地示皆出，可得而禮矣，是也。其夏至祭方澤之禮，齊酒獻數與圜丘同。其神州獻數與夏正郊天同，而社稷之祭尊用大瓦罍三獻。文具崔氏義宗，於此煩而不録也。○天子適諸侯，諸侯膳用犢。○謂天子巡守至諸侯之國，諸侯致膳於天子則用犢也。○諸侯適天子，天子賜之禮大牢。○謂諸侯朝天子，天子賜之禮用大牢。熊氏云大牢者，則掌客云殷膳大牢，非是飧積饔餼之等。皇氏云此直云大牢，則摠包饔餼飧積之等，雖牢數多少有異，皆用大牢。○今謂此經説以小爲貴，天子少而諸侯多。○又膳文與殷膳同，則熊氏、皇氏未知孰是也。○貴誠之義也。○釋郊所以用特牲，天子所以膳用犢之意。郊之特牲亦是犢也，貴此犢未有牝牡之情，貴其誠慤之心，故云貴誠之義也。然社稷及諸侯大牢，非是貴誠而載之者，言社稷大牢以明郊用特牲，言諸侯大牢以明天子用犢，顯其貴誠也，不取大牢之意。○故天子牲孕弗食也，祭帝弗用也。○天子尊極，貴其誠慤之心，故因上起下之辭，是以云故。○注易曰婦孕不育。○正義曰：此易漸卦九三爻辭云夫征不復，婦孕不育。案漸卦艮下巽上，九三上與九五互體爲離，離爲大腹孕之象也。又互體爲坎，坎爲丈夫，坎爲水，水流而去，是夫征不復也。夫既不復，則婦人之道顛覆，故孕而不育。引之者，證經孕是懷任之意也。○大路至五就。○因貴誠重小，故説以少爲貴也。大路，殷祭天車也。用以祭天，故曰大路。五采一成曰就。天質慤，故止一就也。故明堂位云大路殷路是也。先路三就者，先路亦殷路也。殷則有三路，其世猶質，故以少飾爲先。先相次爲言，對次故稱先也。每加以兩，大路一，先路三也，次路故五就也。○注禮器至誤也。○正義曰：今此經大路一就，先路三就，次路五就，是飾綴相降以二。案禮器大路一就，次路七就，無先路之文。若以先路爲三，則於次路七就非加兩之差；若以先爲五，則於大路一就又非加兩之差，故知此經次路五就爲是，禮器云次路七就爲誤也。○郊血至臭也。○因貴少更説不貴味也。所進血腥，如禮器中説。崔氏云周禮之法，郊天燔柴爲始，宗廟以祼地爲始，社稷以血爲始，小祀疈辜爲始。此云郊血、大饗腥、三獻爓、一獻孰者，謂正祭之時薦於尸坐之前也。○至敬不饗味而貴氣臭也者，此解郊血義。血，氣也。夫孰食有味，味者爲人道，人道卑近，而天神尊貴，事宜極敬，極敬不褻近，故用血也。用血是貴氣而不重味，故云貴氣臭也。而宗廟敬降於天，故用腥，腥稍近味。社又降於宗廟，故用爓，爓又稍近味。○諸侯至已矣。○此一經亦明貴氣義也。○諸侯爲賓灌用鬱鬯者，灌猶獻也。謂諸侯來朝，在廟中行三享竟，然後天子以鬱鬯酒灌之也。故大行人云上公之禮，廟中將幣三享，王禮再祼而酢；侯伯之禮，廟中將幣三享，王禮壹祼而酢；諸子諸男之禮，廟中將幣三享，王禮壹祼不酢。鄭注云王禮，王以鬱鬯禮賓也。禮者，使宗伯攝酌圭瓚而祼，王既拜送爵，又攝酌璋瓚而祼，后又拜送爵，是謂再祼，再祼賓乃酢王也。禮侯伯一祼而酢者，祼賓，賓酢王而已，后不祼也。禮子男一祼不酢者，祼賓而已，不酢王也。○灌用臭也者，覆説諸侯爲賓灌用鬱鬯之意，鬱鬯是臭，故云灌用臭也。此亦明貴氣之禮。○大饗尚腶脩而已矣者，謂諸侯行朝享及灌以後，而天子饗燕食之也。若上公則三饗三食三燕，若侯伯則再饗再食再燕，若子男則壹饗壹食壹燕也。南本或云侯伯亦三饗，誤也。其行饗之時，雖設大牢之禮，于時先薦腶脩於筵前，然後始設餚饌，故云尚腶脩而已矣。此亦明不饗味之義也。○注此大至侯也。○正義曰：以文承上大饗腥之下上大饗謂祫祭恐此大饗者亦是祫祭故云饗諸侯也必知饗諸侯者以此經前云諸侯爲賓下云大饗君三重席而酢然皆論待諸侯之事故以爲饗諸侯也○**大饗君三重席而酢焉**言諸侯相饗獻酢禮敵也。重直龍反下注同酢才各反。○**三獻之介君專席而酢焉此降尊以就卑也**三獻卿大夫來聘主君饗燕之以介爲賓賓爲苟敬則徹重席而受酢也專猶單也。介音界注同單音丹下文注同【疏】大饗至酢焉。正義曰此一節論尊卑之席各依文解之。此大饗謂諸侯相朝主君饗賓賓主禮敵故主君設三重之席而受酢焉。注言諸至敵也。正義曰知非諸侯朝天子天子饗之而云諸侯相饗者以經云君三重席而酢三重席是諸侯之禮而又稱君故知諸侯相饗也案周禮司几筵諸侯莞筵紛純加繅席畫純上有二席得爲三重者皇氏云三重者有四席爲三重謂鋪莞筵三上加繅席一熊氏以爲席之重數異於棺也三重止三席也云獻酢禮敵也者以賓與主人俱是諸侯並有三重之席無所降下對下三獻之介君專席而酢降尊就卑之義是尊卑不敵也以故此云獻酢禮敵也。三獻之介君尊專席而酢焉至此以

就卑也。此謂諸侯遣卿來聘卿禮三獻其副既是大夫與卿爲介謂之三獻之介此介是大夫大夫席雖再重今爲介降一席秖合專席主君若受此介之酢爵雖是諸侯合三重之席必徹去重席單席而受此介之酢爵焉所以然者降諸侯之尊以就介之卑故也。注三獻至單也。正義曰三獻卿大夫者以五等諸侯有九獻七獻五獻故五等諸侯之卿皆三獻也大夫卿之揔號若春秋之時則與此禮有異若大國之卿則禮同子男之制故昭元年鄭人饗趙孟具五獻籩豆杜元凱注云朝聘之制大國之卿五獻其侯伯次國其卿與大國大夫同故昭六年季武子如晉晉人享之武子辭云下臣得既不過三獻杜云大夫三獻是也云以來聘主君饗燕之以介爲賓賓爲苟敬者○案燕禮記云若以四方之賓燕賓爲苟敬席於阼階之西北面其介爲賓注云主國君饗時親進醴于賓今燕又宜獻焉人臣不敢褻煩尊者至此升堂而辭讓欲以臣禮燕爲恭敬也於是席之如獻諸公之位言苟敬者賓實主國所宜敬如鄭此言則燕時賓爲苟敬饗時則否今此注云饗燕之賓爲苟敬連言饗者因燕而連言饗其實饗時賓自爲賓不爲苟敬也案燕禮注介門西北面西上公降迎上介以爲賓揖讓升乃命宰夫爲主人獻賓於西階上其有媵爵辟臣入即位如燕禮案禮主人與賓俱升自西階主

人酌於賓筵前獻賓賓西階上拜筵前受爵反位主人賓右拜送爵賓就筵祭酒西階上卒爵賓酢主人主人於賓右北面受酢此是使宰夫爲主人與賓客相獻之禮據燕禮之文唯有賓酢主人無賓酢主君之禮今此主君專席而受賓酢者案燕禮無賓酢公禮至於說屨升堂坐之後賓降洗升媵觚于公公受賓爵飲以賜下此云受酢蓋謂此也或可燕已臣子賓不酢公若與鄰國賓燕以介爲賓賓得酢公也但禮不具耳皇氏以介爲賓宰夫爲主人賓與主人席於西階上主人在東賓在西俱北面又席主君於堂中南面今案鄭注燕禮主君迎上介爲賓宰夫爲主人獻賓之後如燕禮如是則事事如燕禮○案燕禮筵賓于戶西南面席公于阼階上西面胥薦主人于洗北西面燕禮席位分明如此而皇氏乃云主人與賓俱席西階上北面主君堂中南面未審何所馮據以知之。○**饗禘有樂而食嘗無樂陰陽之義也凡飲養陽氣也凡食養陰氣也故春禘而秋嘗春饗孤子秋食耆老其義一也而食嘗無樂**言義同而或用樂或不用樂也此禘當爲禴字之誤也王

制曰春禴夏禘。○饗禘音藥下春禘同食音嗣夏戶嫁反**飲養陽氣也故有樂食養陰氣也故無聲凡聲陽也**【疏】饗禘至陽也。○正義曰此一節論饗禘食嘗有樂無樂之異饗禘有樂者饗謂春饗孤子禘謂春祭宗廟也以其在陽時故有樂。而食嘗無樂者食謂秋食耆老嘗謂秋祭宗廟以其在陰時故無樂。陰陽之義也者無樂爲陰有樂爲陽故云陰陽之義也。凡飲養陽氣也凡食養陰氣也者此覆釋上文饗有樂而食無樂之義以飲是清虛養陽氣故有樂而食是體質養陰氣故無樂。故春禘而秋嘗春饗孤子秋食耆老者此明饗禘在春爲陽食嘗在秋爲陰也。其義一也者禘之與嘗俱是追慕饗之與食同是賞功其事無殊故云一也。而食嘗無樂者文承秋食耆老之下以秋是陰時故云食嘗無樂重結之也舉食嘗無樂亦應重結饗禘有樂不言者畧可知也。飲養陽氣也故有樂者更覆釋上文飲養陽氣饗有樂也。食養陰氣也故無聲者覆釋上文食養陰氣故無樂也。凡聲陽也者釋所以饗有樂食無樂凡聲是陽也陽時爲饗故有樂陰時爲食故無樂也。注禘至夏禘。正義曰依禮三代無春禘之文周則春曰祠王制夏殷之禮云春曰禴今云春曰禘故知

禘嘗爲禴此經所論謂夏殷禮也熊氏云此夏殷禮秋嘗無樂而下文云殷人先求諸陽則秋嘗亦有樂者謂殷人春夏祭時有樂秋冬即無也舉春見夏舉秋見冬也若周則四時祭皆有樂故祭統云內祭則大嘗禘升歌清廟下管象是秋嘗有樂也案王制夏后氏養老以饗禮則夏家養老用春時有樂無秋食之禮殷人養老以食禮而秋時不作樂無春饗之禮周人脩而兼用之則周人養老春夏用饗禮秋冬用食禮四時皆用樂故文王世子云凡大合樂必遂養老注云春合舞秋合聲下云養老之禮遂發咏焉登歌清廟是秋時養老亦用樂也皇氏云春是生養之時故饗孤子取長養之義秋是成熟之時故食耆老取老成之義熊氏云春饗孤子亦饗耆老。食耆老亦食孤子而皇氏云此既破禘爲禴故於祭統春禘秋嘗不復更破從此可知也○**鼎俎奇而籩豆偶陰陽之義也籩豆之實水土之品也**水土之品言非人常所食。○奇居宜反下鼎俎奇同**不敢用褻味而貴多品所以交於旦明之義也**旦當爲神篆字之誤也○褻息列反旦音神出注篆直轉反○

〔疏〕鼎俎至義也○正義曰此一節論鼎俎籩豆所法陰陽之事○鼎俎奇者以其盛牲體牲體動物動物屬陽故其數奇○籩豆偶者其實兼有植物植物爲陰故其數偶故云陰陽之義也○籩豆之實水土之品也者謂籩豆所充實之物皆是水土所生品類非人所常食也○不敢用褻味而貴多品者覆釋籩豆所以用水土品族之意言不敢用褻美食味而貴重衆多品族也何意如此所以交接神明之義也神道與人既異故不敢用人之食味神以多大爲功故貴多品鼎俎奇者案聘禮牛一羊二豕三魚四腊五腸胃六膚七鮮魚八鮮腊九也是鼎九其數奇也又有陪鼎膷一也臐二也膮三也亦其數奇也正鼎九鼎别一俎俎亦九也又少牢陳五鼎羊一豕二膚三魚四腊五其腸胃從羊五鼎五俎又所俎一非是正俎也特牲三鼎牲鼎一魚鼎二腊鼎三亦有三俎所俎一非正俎不在數是皆鼎俎奇也有司徹陳六俎者尸及侑俎主人主婦各一俎其餘二俎者司馬以一俎羞羊肉湆其一俎司士羞豕肉湆此二者益肉之俎也此云鼎俎奇者謂一處並陳又籩豆偶者案掌客云上公豆四十侯伯三十二子男二十四又禮器云天子之豆二十有六諸公十有六諸侯十有二上大夫八下大夫六案禮籩與豆同是籩豆偶也鄉飲酒義六十者三豆七十者四豆八十者五豆而奇數者彼是年齒相次非正豆也士喪禮注小斂一豆一籩者降於大斂又不同於吉故也籩人饋食之籩棗栗桃乾䕩榛實凡有五物似五籩者熊氏云乾䕩之中有桃諸梅諸則爲六物實六籩也○**賓入大門而奏肆夏示易以敬也**賓朝聘者易和說也○易以豉反注同朝直遥反下注朝覲朝服同**卒爵而樂闋孔子屢歎之**美此禮也○闋苦穴反止也屢力住反本又作屢**奠酬而工升歌發德也**以詩之義發明賓主之德**歌者在上匏竹在下貴人聲也**匏笙也○匏步交反竹箎笛也**樂由陽來者也禮由陰作者也陰陽和而萬物得**得得其所

〔疏〕賓入至物得○正義曰此一節論朝聘之賓及己之臣子有王事勞者設燕饗之禮奏樂之節各依文解之饗禮既亡無可憑據今約大射及燕禮解其奏樂及樂闋之節案大射禮主人納賓是己之臣子又無王事之勞故賓入不奏肆夏賓入及庭公升即席乃奏肆夏於是主人引賓升主人酌獻賓賓拜受爵坐啐酒拜告旨樂闋賓飲卒爵酢主人主人受酢畢主人盥洗獻于公公拜受爵

乃奏肆夏公飲卒爵拜主人荅拜樂闋主人洗爵受酢於公主人受酢畢主人又盥洗媵觚于賓所謂酬也主人飲畢爵以酬賓賓筵前受酬奠于薦東不舉下大夫二人於阼階下媵爵于公公取一大夫所媵爵以立飲卒爵酬賓賓受爵請於大夫公許賓以旅大夫于西階上大夫受旅爵畢主人洗獻卿于西階上獻卿徧又二大夫媵爵于公公又行一爵若賓若長唯公所賜以旅于西階上大夫受旅畢主人又洗升獻大夫于西階上大夫受獻畢乃席工升歌鹿鳴三終主人獻工乃管新宮此是大射賓入門至工升歌之節也燕禮記云若以樂納賓則賓及庭奏肆夏賓拜酒主人荅拜而樂闋公拜受爵而奏肆夏公卒爵而樂闋鄭注云卿大夫有王事之勞則奏此樂此是己之臣子有王事之勞賓及庭而奏肆夏也其餘與大射禮同以大射禮燕禮而言此云賓入大門謂朝聘之賓行朝聘既畢。燕享之時燕則大門是寢門也饗則大門是廟門也○而奏肆夏示易以教也者樂上和易今奏此肆夏大饗道奏主人和易嚴敬於賓也○卒爵而樂闋者賓至庭樂作乃至主人獻賓賓受爵啐酒拜告旨而樂止賓飲訖酢主人主人受酢畢主人獻公而樂作公飲卒爵而樂止是卒爵而樂闋也此卒爵謂兼賓及主君也依大射禮主人受酢不作樂若其享時主君親獻賓賓親酢主君賓主俱作樂也。孔子屢歎之者，孔子見禮入門而縣興卒爵而樂闋屢數也。數數歎美此禮善其和易恭敬之義。奠酬而工升歌者，據大射禮獻卿之後大夫賤辯於公所謂酬也公奠置此酬而未舉於時工升歌也或可饗時主君親酬賓賓初奠酬薦東於時即工升歌也大射與燕禮異也。發德也者所以奠酬升歌詠其詩發明賓主之德案燕禮記賓○及庭奏肆夏此入大門即奏肆夏者熊氏云燕禮燕已之臣子此謂朝聘之賓故入即奏肆夏也皇氏云鍾師奏九夏一曰王夏大司樂云王出入所奏二曰肆夏大司樂云尸出入所奏三曰昭夏大司樂云牲出入所奏也四曰納夏注云四方賓來所奏也五曰章夏注云臣有功所奏也六曰齊夏注云夫人祭所奏也七曰族夏注云族人侍所奏也八曰陔夏注云客醉出所奏也九曰鰲夏注云公出入所奏也皇氏又云襄四年左氏傳云三夏天子所以享元侯文王大明緜兩君相見之樂也燕禮歌鹿鳴合鄉樂凡合樂降於升歌一等王享燕元臣升歌三夏三夏即頌合樂降一等即合大雅也元侯自相享亦歌頌合大雅故仲尼燕居兩君相見歌清廟是也侯伯子男相見既歌文王合鹿鳴也準約元侯則天子享燕侯伯子男亦歌文王合鹿鳴也諸侯燕臣子歌鹿鳴合鄉樂燕禮是也其天子燕在朝臣子工歌鹿鳴合鄉樂故鄭作詩譜云天子諸侯燕羣臣及聘問之賓皆歌鹿鳴合鄉是也升歌合樂所以異者案鄉酒禮及燕禮工升自西階歌鹿鳴四牡皇皇者華歌訖笙入立於堂下奏南陔白華華黍奏訖乃間歌魚麗笙由庚歌南有嘉魚笙崇丘歌南山有臺笙由儀間歌訖乃合鄉樂周南關雎葛覃卷耳召南鵲巢采蘩采蘋間者謂堂上堂下一歌一吹更遞而作合者上下之樂並作此其所以異也皇氏云此經卒爵樂闋之義主人受酢之時作樂今案大射禮宰夫為主人受酢之時不作樂皇氏說非也皇氏又云卒爵而樂闋凡樂三闋也一是賓飲畢樂闋也二是主人受酢飲畢樂闋也三是賓奠酬之後工升歌畢將於酢之時樂闋也今案此經初云入門而奏肆夏次云卒爵而樂闋下云奠酬而工升歌所陳之事依先後次第則樂闋之中不得并數奠酬升歌樂闋也且工升歌之後則有笙入奏南陔之等及間歌合樂無樂闋之文何得卒爵樂闋之中數之為三闋皇氏非也案鍾師九夏皆夏文在下而南本納夏獨夏文在上其義疑也皇氏云天子燕享已之臣子與燕饗諸侯同歌文王合鹿鳴今案詩譜云天子諸侯燕羣臣及聘問之賓歌鹿鳴合鄉樂皇說非也。歌者在上匏竹在下貴人聲也者，解所以不升笙之義也匏笙也竹篪笛也歌是人聲人聲可貴故升之在堂匏竹可賤故在下然瑟

亦升堂者瑟工隨歌工故也。樂由至物得。此因上有賓主禮樂之事遂說禮樂之義樂由陽來者也者此明樂也陽天也天氣化故作樂象之樂以氣為化是樂由陽來者也陽化謂五聲八音也。禮由陰作者也者陰地也地以形生故制禮象之禮以形為教是禮由陰作也形教謂尊卑大小拜伏之事也。陰陽和而萬物得者和猶合也得謂各得其所也若禮樂由於天地天地與之和合則萬物得其所也

○旅幣無方，所以別土地之宜而節遠邇之期也。旅衆也。邇近也。○別彼別反，下注無別同。龜為前列，先知也。以鍾次之，以和居參之也。鍾，金也。獻金為作器，鍾其大者。以金參居庭實之問，示和也。○為作于偽反，下文為君同。虎豹之皮，示服猛也。束帛加璧，往德也。

〔疏〕旅幣至德也。○正義曰：此一節明朝聘貨賄庭實之物。旅幣無方者旅衆也幣庭實也衆國貢獻幣物非止一方故云無方。所以別土地之宜者五方各殊所出有異所以分別土地所生之宜。而節遠邇之期也者邇近也六服有遠近或嬪或貨所貢之屬各有期也。龜為前列先知也者此即旅幣無方之事也龜是靈知之物陳之於庭則列龜最在前故云先知也。以鍾次之者鍾金也陳金則次於龜後也不謂之為金而謂之為鍾者貴金以供王之鑄器器之大者莫大於鍾故言以鍾次之也。以和居參之也者解以金次龜義也金性柔和從時變革也金列庭實前龜後皮帛以金參廁居龜帛之中間故云以和居參之也。虎豹之皮示服猛也者釋庭實有皮義也虎豹是威猛之獸今得其皮來列在王庭是表示君臣之德能服四方之威猛者也。束帛加璧往德也者解享用束帛帛上又加璧之義也玉以表德今將玉加於束帛或錦繡黼黻之上是以表往歸於德故也謂主君有德而往歸之南本及定本皆作往德北本為任德熊氏云任用德恐非也

○庭燎之百，由齊桓公始也。僭天子也。庭燎之差，公蓋五十，侯伯子男皆三十。○往皇如字，徐于況反。燎力妙反，徐力弔反。僭子念反，後同。大夫之奏肆夏也，由趙文子始也。僭諸侯。趙文子，晉大夫名武。

〔疏〕庭燎至始也。○正義曰：自此以下至夷王以下，揔論朝聘失禮之事，各隨文解之。○庭燎之百者，謂於庭中設火以照燎來朝之臣夜入者，因名火為庭燎也。禮天子百燎，上公五十，侯伯子男三十，齊

桓公是諸侯而僭用百後世襲之是失禮從齊桓公爲始。注僭天至三十。正義曰此數出大戴禮也但崇鄉問引大戴禮也何以言蓋沈闞對曰言蓋無别意猶如禮運云仲尼之歎蓋歎魯也亦無别意百者皇氏云作百炬列於庭也或云百炬共一束也。注僭諸至名武。正義曰案大射禮公升即席奏肆夏燕禮云若以樂納賓則賓及庭奏肆夏是諸侯之禮今文子亦奏之故云僭諸侯此謂納賓樂也若登歌下管正樂則天子用三夏以饗元侯元侯相與亦得用之周禮九夏王夏者天子所用其餘八夏諸侯皆得用之其陔夏鄉大夫亦得用之故鄉飲酒客醉而出奏陔夏但非堂上正樂所用也

○朝覲大夫之私覿非禮也大夫執圭而使所以申信也其君親來其臣不敢私見於主國君也以君命聘則有私見。覿大力反下同不敢私覿所以致敬也使色吏反見賢遍反下同而庭實私覿何爲乎諸侯之庭非其與君無别爲人臣者無外交不敢貳君也私覿是外交也

〔疏〕朝覲至君也。正義曰此一節論大夫從君朝覲行私覿非禮之事。○朝覲大夫之私覿非禮也者朝覲謂君親往鄰國行朝覲之禮大夫從君而行輒行私覿是非禮也。大夫執圭而使所以申信也者既從君而行不可私覿若專使而出則可爲之故云大夫執圭而使謂受命執圭專使鄰國得行私覿所以申己之誠信也。不敢私覿所以致敬也者覆明從君而行不敢行私覿所以致敬於己君也。而庭實私覿何爲乎諸侯之庭者當周衰之後有臣從君而行設庭實私覿於主國之庭作記者譏之庭實私覿何得爲乎諸侯之庭譏其與君無别也。爲人臣者無外交不敢貳君也者一解所以從君而行不敢私覿之意爲人之臣既無外交唯專一事君既從君而行不敢貳心於他君所以不行私覿之禮。注其君至私見。正義曰案聘禮臣出使有私覿今云私覿非禮也故知從君行也且經朝覲是君親行之事云以君命聘則有私見者解經文執圭而使所以申信也約聘禮有私覿故云以君命聘則有私見也

○大夫而饗君非禮也其饗君由強且富也大夫強而君殺之義也由三桓始也三桓魯桓公之子公之弟公子慶父公子牙公子友慶父與牙通於夫人以脅公季友以君命鴆牙後慶父弒二君又死也。慶父音甫鴆直蔭反弒音試。

天子無客禮莫敢爲主焉君適其臣升自阼階不敢有其室也明饗君非禮也。升自阼才路反本又作升自阼階覲禮天子不下堂而見諸侯正君臣也下堂而見諸侯天子之失禮也由夷王以下夷王周康王之玄孫之子也時微弱不敢自尊於諸侯。

〔疏〕大夫至始也。正義曰大夫富強專制於君召君而饗之非禮也大夫強而君殺之義者大夫強盛則干國亂紀而君能殺之是銷絶惡源得其義也。由三桓始也者從三桓以後有能誅殺強臣由三桓而來故云由三桓始也。注三桓至死也。正義曰案春秋公子慶父公子牙公子友皆莊公弟是桓公子也云慶父與牙通於夫人以脅公者案莊公二十七年公子友如陳葬原仲公羊云辟内難内難者何公子慶父公子牙通乎夫人以脅公何休云公病問後於牙牙對曰魯一生一及君已知之牙欲立慶父是脅公也云季友以君命鴆牙者案莊三十二年左傳云公疾問後於叔牙對曰慶父材問於季友對曰臣以死奉般公曰鄉者牙曰慶父材成季使以君命命僖叔待于鍼巫氏使鍼季酖之是也後慶父弒二君者莊公三十二年左氏云八月癸亥公薨于路寢子般即位冬十月己未共仲使圉人犖賊子般于黨氏閔二年秋八月辛丑共仲使卜齮賊公于武闈是弒二君也云又死也者案左氏云成季以僖公適邾共仲奔莒乃入立之以賂求共仲于莒莒人歸之及密使公子魚請不許哭而往共仲曰奚斯之聲也乃縊是慶父又死也案三桓之前齊有公孫無知作亂衛有州吁宋有長萬皆以強盛被殺而云由三桓始者熊氏云據魯而言猶如論語云十世五世希不失矣三桓之後若襄仲季孫意如雖強君不能殺據時有能殺者言之然此經注並公羊文以左氏傳爲解耳。注明饗君非禮也。正義曰天子無客禮莫敢爲主焉君適其臣升自阼階臣不敢有其室臣既不敢爲主明饗君非禮結上文也春秋之時則有諸侯饗天子故莊二十一年鄭伯享王于闕西辟樂備亂世非正法也。覲禮至以下。案覲禮天子負斧依南面侯氏執玉入是不下堂見諸侯也若春朝夏宗則以客禮待諸侯以車出迎熊氏云春夏受三饗之時乃有迎法義或然也故齊僕云各以其等爲車送逆之節注云節謂王乘車迎賓客及送相去遠近之數是也。由夷王以以下者夷王下堂而見諸侯自此以後或有然故云以下。注夷王至子也。正義曰案世本康王生昭王昭王生穆王

穆王生恭王恭王生懿王懿王崩弟孝王立孝王崩懿王大子燮立是爲夷王懿王是康王之玄孫夷王是懿王之子故云玄孫之子也〇諸侯之宫縣而祭以白牡擊玉磬朱干設錫冕而舞大武乘大路諸侯之僭禮也言此皆天子之禮也宫縣四面縣也干盾也錫傅其背如龜也武萬舞也白牡大路殷天子禮也。縣音玄注及下同錫音陽注同盾本亦作楯純尹反又音尹傅音附背補佩反臺門而旅樹反坫繡黼丹朱中衣大夫之僭禮也言此皆諸侯之禮也旅道也屏謂之樹樹所以蔽行道管氏樹塞門塞猶蔽也禮天子外屏諸侯内屏大夫以簾士以帷反坫反爵之坫也蓋在尊南兩君相見主君既獻於反爵焉繡黼丹朱以爲中衣領緣也繡讀爲綃綃繒名也詩云素衣朱綃又云素衣朱襮襮黼領也。坫丁念反繡依注作綃音消注或作綃亦同黼音甫簾音廉於反爵焉本或作賓反爵焉領緣移絹反繒似陵反襮音博。故天子微諸侯僭大夫強諸侯脅於此相貴以等相

覿以貨相賂以利而天下之禮亂矣言僭所由諸侯不敢祖天子大夫不敢祖諸侯而公廟之設於私家非禮也由三桓始也言仲孫叔孫季孫氏皆立桓公廟魯以周公之故立文王廟三家見而僭焉〔疏〕諸侯至始也。正義曰此一節揔論諸侯及大夫奢僭強盛之事各依文解之。諸侯之宫縣者諸侯唯合軒縣今乃有宫縣又諸侯祭用時王牲今用白牡又諸侯擊石磬今擊玉磬又諸侯得舞大武故詩云方將萬舞宣八年萬入去籥是也但不得朱干設錫冕而舞今朱干設錫冕而舞大武諸侯合乘時王之車今乃乘殷之大路並是諸侯僭禮也。注言此至禮也。正義曰案小胥天子宫縣案文十三年公羊傳云周公用白牡又明堂位云祀周公於太廟牲用白牡擊玉磬則皐陶謨云鳴球是也祭統云朱干玉戚冕而舞大武明堂云魯君孟春乘大路其祭統明堂所云皆天子禮樂特賜周公故云皆天子之禮魯唯文王周公廟得而用之若用於他廟則爲僭也若他國諸侯非二王之後祀受命之君而用之皆爲僭也云錫傅其背如龜也者詩云鏤錫謂以金飾之則此錫亦以金飾也謂用金琢傅其盾背盾背外高龜背亦外高故云如龜也蓋見漢禮然也白牡是殷之正色大路與白牡同文故知白牡大路是殷天子之禮也。臺門至禮也。此一經明大夫僭諸侯禮臺門者兩邊起土爲臺臺上架屋曰臺門。而旅樹者旅道也樹立也人君當門道立屏蔽內外爲蔽也。反坫者反爵之坫也若兩君相享則設尊兩楹間坫在其南坫以土爲之。繡黼丹朱中衣者綃繒也黼刺繒爲黼文也丹朱赤色謂染繒爲赤色也中衣謂以素爲冕服之裏衣猶今中衣單也。大夫之僭禮也者自臺門以下於時大夫皆有此事故言僭禮也。注言禮至領也。正義曰旅道也所行處故以爲道也云屏謂之樹釋宮文引管氏樹塞門者據經旅樹之義云禮天子外屏諸侯內屏大夫以簾士以帷者禮緯文南本云及定本皆然或云大夫以帷士以象誤也云反坫反爵之坫也者以明堂云反坫出尊則坫爲尊而設故知反坫反爵也以言出尊故云蓋在尊南也鄉飲酒是鄉大夫之禮尊於房戶間燕禮是燕已之臣子故尊於東楹之西若兩君相敵則尊於兩楹間故其坫在兩楹間云兩君相見主君既獻於反爵焉者案論語云邦君爲兩君之好有反坫故知兩君相見也故注云其獻酬之禮更酌畢則各反爵於坫上故云主君既獻於反爵焉謂於此坫上

而反爵焉熊氏云主君獻賓賓筵前受爵飲畢反此虛爵於坫上於西階上拜主人於阼階上荅拜賓於坫取爵洗爵酌以酢主人主人受爵飲畢反此虛爵於坫上主人阼階上拜賓荅拜是賓主飲畢反爵於坫上也而論語注酌畢各反爵於坫上者文不具耳其實當云飲畢或可初酌之時則奠於坫與鄉飲酒禮異也義有疑故具存焉云繡黼丹朱以爲中衣領緣也者中衣謂冕及爵弁之中衣以素爲之繡黼爲領丹朱爲緣云繡讀爲綃綃繒名也者案注昏禮引詩云素衣朱綃魯詩亦以爲綃綃綺屬以魯詩既爲綃字又五色備曰繡白與黑曰黼繡黼不得共爲一物故以繡爲綃也謂於綃上而刺黼文也引詩云素衣朱綃者證以繡爲綃又引詩素衣朱襮者證黼領也案釋器黼領謂之襮故云襮黼領也案玉藻云以帛裏布非禮也此素衣是絲當爲冕及爵弁之中衣禮朝燕之服皆以布爲之皇氏云此素爲中衣兼爲朝燕服之中衣非也案禮公之孤四命則爵弁自祭也則天子大夫四命亦當爵弁自祭則中衣得用素但不得用綃黼爲領丹朱爲緣耳熊氏云此云大夫僭謂非四命大夫而著素衣爲僭今爲四命得著素衣但以綃黼丹朱猶爲僭也其大夫士助祭於君服爵弁以上雖中衣用素亦不得用綃黼丹朱以爲領緣以其是諸侯之服故唐詩揚之水刺晉昭公微弱

云素衣朱襮從子于鵠國人欲進此服去從桓叔爲諸侯也○於此相貴以等相覿以貨○謂臣下不畏懼於君而擅相尊貴以等列故庾云擅相封爵也○相覿以貨者大夫私相覿以貨賄不辟君○注魯以至僭焉○正義曰知魯得立文王廟者案襄十二年秋吳子壽夢卒臨於周廟禮也注云周廟謂文王廟也此經云諸侯不敢祖天子而文二年左傳云宋祖帝乙鄭祖厲王大夫不敢祖諸侯而莊二十八年左傳云凡邑有宗廟先君之主曰都與此文不同者此據尋常諸侯大夫彼據有大功德者故異義禮戴引此郊特牲云又匡衡說支庶不敢薦其禰下士諸侯不得專祖於王古春秋左氏說天子之子以上德爲諸侯者得祖所自出魯以周公之故立文王廟左傳宋祖帝乙鄭祖厲王猶上祖也又曰凡邑有宗廟先君之主曰都以其有先君之主公子爲大夫所食采地亦自立所出公廟其立先公廟準禮公子得祖先君公孫不得祖諸侯許慎謹案周公以上德封於魯得郊天兼用四代之禮樂知亦得祖天子諸侯有德祖天子者知大夫亦得祖諸侯鄭氏無駮與許氏同也其王子母弟無大功德不得出封食采畿內賢於餘者亦得采地之中立祖王廟故都宗人家宗人皆爲都家祭所出祖王之廟也

○天子存二代之後猶尊賢也尊賢不過二代過之遠難法也二或爲三○過古臥反○〔疏〕天子至二代○正義曰此一節論王者立二王後尊賢之事○天子存二代者天子繼世而立子孫以不肖滅亡見在子孫又無功德仍須存之所以存二代之後者猶尚尊其往昔之賢所能法象○尊賢不過二代者所以尊賢之事取其法象但代異時移今古不一若皆法象先代今則不可盡行故所尊之賢不過取二代而已若過之遠難爲法也案異義公羊說存二王之後所以通天三統之義引此文古春秋左氏說周家封夏殷二王之後以爲上公封黃帝堯舜之後謂之三恪許慎謹案云治魯詩丞相韋玄成治易施讎等說引外傳曰三王之樂可得觀乎知王者所封三代而已不與左氏說同鄭駮之云所存二王之後者命使郊天以天子之禮祭其始祖受命之王自行其正朔服色恪者敬也敬其先聖而封其後與諸侯無殊異何得比夏殷之後如鄭此言公羊自據二王之後左氏兼論三恪義不乖異也熊氏云周之三恪越少昊高辛遠存黃帝者取其制作之人故易繫辭云神農氏沒黃帝堯舜氏作義當然也

諸侯不臣寓公

故古者寓公不繼世寓寄也寄公之子非賢者世不足尊也寓或爲託○寓音遇○

〔疏〕諸侯至繼世○正義曰此一節論寄公之子爲臣之事○注寓寄至尊也○正義曰案喪服傳云寄公者何也失地之君也或天子削地或被諸侯所逐皆爲失地也諸侯不臣者不敢以寄公爲臣也

○君之南鄉荅陽之義也臣之北面荅君也荅對也○鄉許亮反下君南鄉同

○大夫之臣不稽首非尊家臣以辟君也辟國君也○辟音避注同〔疏〕大夫至君也○正義曰此一節論大夫君辟正君之事諸侯則稽首於天子大夫則稽首於諸侯皆盡其臣禮以事君今大夫家臣於大夫之處拜時不爲稽首非是尊敬此家臣不令稽首所以不稽首者以辟國之正君臣於國君已皆稽首今大夫之臣又稽首於大夫之君便是一國兩君故云以辟君也大夫之臣得稽首於諸侯不辟天子者謂諸侯有大功德出封畿外專有其國故大夫得專盡臣禮事之也

大夫有獻弗親君有賜不面拜爲君之荅己也不面拜者於外告小臣小臣受以入也小臣掌三公孤卿之復逆也〔疏〕大夫至己也○正義曰此經論君尊大夫之事○大夫有獻弗親者謂大夫有物獻君使人獻之不親來獻○君有賜不面拜者謂君有物賜大夫大夫不面自來拜所以然者恐爲君之荅己故不自來不親而去○注小臣至逆也○正義曰案大僕掌諸侯之復逆御僕掌羣吏之逆及庶民之復皆無大夫之文即此小臣所掌孤卿中兼之故鄭云復謂奏事也逆謂受下奏也

○鄉人禓禓強鬼也謂時儺索室毆疫逐強鬼也禓或爲獻或爲儺○禓音傷鬼名也強其丈反難乃多反下同本又作儺索色百反下文注皆同毆又作驅同起居反

孔子朝服立于阼存室神也神依人也〔疏〕鄉人至神○正義曰此一節論孔子存神之事○鄉人禓者庾云禓是強鬼之名謂鄉人驅逐此強鬼孔子則身著朝服立于阼階之上所以然者以時驅逐強鬼恐已廟室之神時有驚恐故著朝服立于廟之阼階存安廟室之神使神依已而安也所以朝服者大夫朝服以祭故用祭服以依神

○孔子曰射之以樂也何以聽何以射多其射容與樂節相應也

孔子曰士使之射不能則辭以疾縣弧之義也男子生而設弧於門左示有射道而未能也女子設帨○弧音胡帨始鋭

反〔疏〕孔子至義也○正義曰此一節論歎美祭廟擇士之射必使容體合樂故云射之以樂○何以聽者言何以能聽此樂節使與射容相應○何以射者言何以能使射與樂節相應故各善其兩事相應故鄭注射義云何以言其難也○孔子曰士使之射不能則辭以疾縣弧之義也者孔子既美射之與樂相應又論身之不可不習爲士之法理合能射今使之射若其不能便是乖於爲士之義則當辭以疾病縣弧之義也者以男子初生縣弧於門左示有射道而未能也今士亦有射道以其疾病而不能與男子初生縣弧相似故云縣弧之義也○注男子至設帨○正義曰案内則云子生男子設弧於門左女子設帨於門右男子所以設弧者示其有射道所以縣之者以其未能也長大不得不能故辭以疾也

孔子曰三日齊一日用之猶恐不敬二日伐鼓何居居讀爲姬語之助也何居怪之也伐猶擊也齊者止樂而二日擊鼓則是成一日齊也○齊本又作齊同側皆反後放此何居音姬〔疏〕孔子至何居○正義曰此一經論祭之失禮之事祭前宜齊而專一不得伐鼓也凡祭必散七日致齊三日不樂不弔致齊三日專其一心用以祭祀猶恐爲敬不足故云猶恐不敬也于時祭者在致齊三日之中而二日伐鼓使祭者情散意逸以違禮故譏而問之二日伐鼓何姬姬是語助之辭也○

孔子曰繹之於庫門内祊之於東方朝市之於西方失之矣祊之禮宜於廟門外之西室繹又於其堂神位在西也此二者同時而大名曰繹其祭禮簡而事尸禮大朝市宜於市之東偏周禮市有三期大市日側而市百族爲主朝市朝時而市商賈爲主夕市夕時而市販夫販婦爲主○繹音亦祊百彭反賈音古販甫萬反〔疏〕孔子至之矣○正義曰此一經論魯失禮之事○繹之於庫門内者繹祭之禮當於廟門外之西堂今乃於庫門内○祊之於東方者祊當在廟門外西室今乃於廟門外東方○朝市之於西方者朝市謂朝時而市當於市内東方謂市内道東也今乃於市内西方○失之矣者言此三事皆違於禮故言失之矣○注祊之至爲主○正義曰祊之禮宜於廟門外之西室者下文索祭祝于祊是爲祭設故當在廟門外又釋宫云閍謂之門孫炎云謂廟門外又引詩云祝祭於祊故知廟門也知廟門外者禮器云爲祊乎外故知在外也以西是鬼神之位室又求神之處故知在廟門外之西室云繹又於其堂者祊是求神之名繹是接尸之稱求神在室接尸在堂故云繹又於其堂云此二者同時而大名曰繹者祊是室内求神繹是堂上接尸一時之事故云二者同時案春秋宣八年壬午猶繹釋者云繹又祭詩絲衣云繹賓尸但有繹名而無祊稱是大名曰繹云其祭禮簡而事尸禮大者案儀禮有司徹是上大夫儐尸也但於堂上獻尸獻侑全無室中之事又絲衣云自堂徂基自羊徂牛是祭神也下云兕觥其觩旨酒其柔是接尸也故知祭神禮簡事尸禮大天子諸侯謂之爲繹其祭之明日於廟門外西室及堂而行禮也上大夫曰儐尸與祭同日於廟堂之上而行禮也下大夫及士雖有獻尸及賓等相酬酢行禮於廟之事不謂之儐尸也引周禮大市日側而市以下皆周禮司市文日中百族爲主者注云百族必容來去商賈爲主謂商賈家在外市城販夫販婦朝資夕賣凡日中朝夕百族商賈及販夫販婦皆言爲主者據其多耳皇氏以爲日側日將中而未中猶在東側故鄭注彼云日昃昳中也○

社祭土而主陰氣也君南鄉於北墉下荅陰之義也牆謂之墉北墉社内北牆○庸本亦作墉音容**日用甲用日之始也**國中之神莫貴於社**天子大社必受霜露風雨**

以達天地之氣也大社王爲羣姓所立○大音太下文注大社大王大廟大古大王皆同爲于僞反下文爲社爲茨皆同**是故喪國之社屋之不受天陽也薄社北牖使陰明也**絶其陽通其陰而已薄社殷之社殷始都薄○喪息浪反薄本又作亳步各反牖音酉○**社所以神地之道也地載萬物天垂象取財於地取法於天是以尊天而親地也故教民美報焉家主中霤而國主社示本也**中霤亦土神也**唯爲社事單出里唯爲社田國人畢作唯社丘乘共粢盛所以報本反始也**單出里皆往祭社於都鄙二十五家爲里畢作人則盡行非徒羨也丘十六井也四丘六十四井曰甸或謂之乘乘者以於車賦出長轂一乘乘或爲鄰○乘時證反注同文徒徧反共音恭粢音資甸徒練反又繩證反〔疏〕社稷至始也○正義曰此

一節總論社神之義兼明所祭之禮○社祭土而主陰氣也者土謂五土山林川澤丘陵墳衍原隰也以時祭之故云社祭土土是陰氣之主故云而主陰氣也○君南鄉於北墉下荅陰之義也者墉牆也社既主陰陰宜在北故祭社時以社在南設主壇上北面而君來在北牆下而南鄉祭之是對陰之義也○日用甲日之始也者社是國中之貴神甲是旬日之初始故用之也○天子大社必受霜露風雨以達天地之氣也者是解社不屋義也達通也風雨至則萬物生霜露降則萬物成故不爲屋以受霜露風雨霜露風雨至是天地氣通也故云達天地之氣也○是故喪國之社屋之不受天陽也者喪國社者謂周立殷社也立以爲戒不生成天是生法其無生義故屋隔之令不受天之陽也白虎通云王者諸侯必有誡社者何示有存亡也明爲善者得之爲惡者失之○薄社北牖使陰明也者即喪國社也殷始都薄故呼其社爲薄社也周立殷社爲戒而屋之塞其三面唯開北牖示絶陽而通陰陰明則物死也○社所以神地之道也者言立社之祭是神明於地之道故也發此句爲下張本也○地載萬物者釋地所得神之由也地之爲德以載萬物爲用故也○天垂象者欲明地之貴故引天爲對也地有其物天上皆垂其象所謂在天成象在地成形也○取財於地者地須産財並在地出爲人所取也○取法於天者人知四時早晚皆倣日月星辰以爲耕作之候是取法於天○是以尊天而親地也者所以法者故尊而祭之天子祭天是也所取財者故親而祭之一切親地而共祭社是也○故教民美報焉者此結祀社也地既爲民所親故與庶民祭之以教民美報故也○家主中霤者中霤謂土神卿大夫之家主祭土神在於中霤○而國主社者謂天子諸侯之國主祭土神於社○示本也者以土神生財以養官之與民故皆主祭土神示其養生之本也○唯爲社事單出里者社事祭社事也單盡也里居也社既爲國之本故君祭社則合里之家並盡出故云單出里此唯每家出一人不人人出也○唯爲社田國人畢作者田獵也畢盡也作行也既人人得社福故若祭社先爲社獵則國中之人皆盡行無得住家也○唯社丘乘共粢盛者嚮論祭社用牲此明祭社用米也丘乘者都鄙井田也九夫爲井四井爲邑四邑爲丘四丘爲乘唯祭社而使丘乘共其粢盛也粢稷也稷曰明粢在器曰盛庾蔚云粢盛所須者少故丘乘共之也皇氏云若天子諸侯祭社則用藉田之穀大夫以下無藉田若祭社則丘乘之民共之示民出力也○所以報本反始也者結美報也皇氏云國人畢作是報本而丘乘共粢盛是反始言粢盛是社所生故云反始也熊氏祭社稷之神爲報本祭所配之人爲反始未知孰是故兩存焉○注大社至所立○正義曰知爲羣姓所立者祭法文但社稷之義先儒所解不同鄭康成之說以社爲五土之神稷爲原隰之神句龍以有平水土之功配社祀之稷播五穀之功配稷祀之鄭必以爲此論者案郊特牲云社祭土而主陰氣又云社所以神地之道又禮運云命降于社之謂殽地又王制云祭天地社稷爲越紼而行事據此諸文故知社即地神稷是社之細別別名曰稷稷乃原隰所生故以稷爲原隰之神故賈逵馬融王肅之徒以社祭句龍稷祭后稷皆人鬼也非地神故聖證論王肅難鄭云禮運云祀帝於郊所以定天位祀社於國所以列地利社若是地應云定地位而言列地利故知社非地也爲鄭學者馬昭之等通之云天體無形故須云定位地有形不須云定位故唯云列地利肅又難鄭云祭天牛角繭栗而用特牲祭社用牛角尺而用大牢又祭天地大裘而冕祭社稷絺冕又唯天子令庶民祭社社若是地神豈庶民得祭地乎爲鄭學者通之云以天神至尊而簡質事之故牛角繭栗而用特牲服著大裘天地至尊天子至貴天子祭社是地之別體有功於人報其載養之功故用大牢貶降於天故角尺也祭用絺冕取其陰類庶人蒙其社功故亦祭之非是方澤神州之地也肅又難鄭云召誥用牲于郊牛二明后稷配天故知二牲也又云社于新邑牛一羊一豕一明知唯祭句龍更無配祭之人爲鄭學者通之云是后稷與天尊卑所別不敢同天牲句龍是上公之神社是地祇之別尊卑不盡懸絶故云配同牲也肅又難鄭云后稷配天孝經言配天明夫后稷不稱天也祭法及昭二十九年傳云句龍能平水土故祀以爲社不云祀以配社明知社即句龍也爲鄭學者通之云后稷非能與天同唯尊祖配之故云不得稱天句龍與天同功故得云祀以爲社而得稱社也肅又難云春秋說伐鼓於社責上公不云責地祇明社是上公也又月令命民社鄭注云社后土也孝經注云社后土也句龍爲后土鄭既云社后土則句龍也是鄭自相違反爲鄭學者通之云伐鼓責上公者以日食臣侵君之象故以責上公言之句龍爲后土之官其地神亦名后土故左傳云君戴皇天而履后土地稱后土與句龍稱后土名同而無異也鄭注云后土者謂土神也非謂句龍也故中庸云郊社之禮注云社祭地神又鼓人云以靈鼓鼓社祭注云社祭祭地祇也是社祭地祇也其社稷制度白虎通云天子之社壇方五丈諸侯半之說者又云天子之社封五色土爲之若諸侯受封者割其方色土與之則東方青南方赤之類是也上皆以黄土也其天子諸侯皆有二社者祭法云王爲羣姓立社曰大社王自爲立社曰

王社，諸侯爲百姓立社曰國社，諸侯自爲立社曰侯社，是各有二社。又各有勝國之社，故此云喪國之社屋之，是天子有之也。案春秋亳社災，公羊云：亡國之社蓋揜之，揜其上而柴其下，是魯有之也。襄三十年左傳云：鳥鳴于亳社，是宋有之也。此是天子諸侯二社之義。其所置之處，小宗伯云：右社稷左宗廟。鄭云：庫門内、雉門外之左右。爲羣姓立社者，在庫門内之西；自爲立者，在藉田之中。其亡國之社，穀梁傳云：亡國之社以爲廟屏戒。或在廟，或在庫門内之東，則亳社在東也。故左傳云：間于兩社，爲公室輔。魯之外朝在庫門之内，東有亳社，西有國社，朝廷執政之處，故云間於兩社也。其卿大夫以下，案祭法云：大夫以下成羣立社曰置社。注云：大夫不得特立社，與民族居，百家以上則共立一社，今時里社是也。如鄭此言，則周之政法，百家以上得立社。其秦漢以來，雖非大夫，民二十五家以上則得立社，故云今之里社。又鄭志云：月令命民社，謂秦社也。自秦以下，民始得立社也。其大夫以下所置社者，皆以土地所宜之木，則論語云：夏后氏以松，殷人以柏，周人以栗。故大司徒云：而樹之田主，各以其野之所宜木，是也。其天子大社之等，案尚書無逸篇曰：大社唯松，東社唯柏，南社唯梓，西社唯栗，北社唯槐。其天子諸侯大夫等皆有社也。故注司徒田主：田神后土、田正之所依也。田正則稷神也。田主尚然，故知天子諸侯社皆有稷。其亡國之社亦有稷，故士師云：若祭勝國之社稷，則爲之尸。是有稷也。但亡國之社稷故略之，用刑官爲尸，則其祭餘社，爲尸不用刑官也。其社之祭，一歲有三：仲春命民社，一也；詩云以社以方，謂秋祭，二也；孟冬云大割祠于公社，是三也。其社主用石，故鄭注宗伯云：社之主蓋用石。案條牒論：稷壇在社壇西，俱北嚮營並壇共門；或曰在社壇北。其用王無文，不可強言。今禮用兩圭有邸。異義：今孝經說曰：社者，土地之主，土地廣博，不可徧敬，封五土以爲社。古左氏說：共工爲后土，后土爲社。許君謹案：亦曰春秋稱公社，今人謂社神爲社公，故知社是上公，非地祇。鄭駁之云：社祭土而主陰氣。又云：社者，神地之道。謂社神但言上公，失之矣。今人亦謂雷曰雷公，天曰天公，豈上公也？異義：稷，今孝經說：稷者，五穀之長，穀衆多，不可徧敬，故立稷而祭之。古左氏說：列山氏之子曰柱，死祀以爲稷，稷是田正。周棄亦爲稷，自商以來祀之。許君謹案：禮緣生及死，故社稷人事之。既祭稷穀，不得但以稷米祭稷，反自食。同左氏義。鄭駁之云：宗伯以血祭祭社稷、五嶽、四瀆。社稷之神若是句龍、柱、棄，不得先五嶽而食。又引司徒五土名，又引大司樂五變而致介物及土示，土示，五土之總神，即謂社也。六樂於五地無原隰而有土祇，則土祇與原隰同用樂也。又引詩信南山云：昀昀原隰。下之黍稷，或云原隰生百穀，黍爲之長，然則稷者原隰之神。若達此義，不得以稷米祭稷爲難。○注「單出」至「一乘」。○正義曰：「單出里皆往祭社於都鄙」者，案周禮都鄙公卿大夫采地，公卿大夫祭社，其里之人皆往就祭。此據采地言之，故云往祭社於都鄙。必知據采地者，以經云唯社丘乘，丘乘是采地井田之制，故舉采地言焉。其公邑之民所屬鄭鄙縣遂，有祭社之事，則亦往鄭鄙中助之。其六鄉之内，於祭酺、黨祭禜，雖滿百家以上，不祭社也，唯其州祭社。其所屬閭民祭社、祭禜、祭酺之時，亦皆往也。但此文主於祭，故特言社耳。云「人則盡行，非徒羨也」者，案周禮小司徒云：凡起徒役，毋過家一人，以其餘爲羨。則家一人之外皆爲羨也。此云人則盡行，非徒羨，似羨外更有人者，若六鄉上劑致民，一人爲正卒，又一人爲羨卒，其餘爲餘夫，則據都鄙及六遂之外，羨卒外有餘夫，故云非徒羨也。云「丘十六井」也以下，皆司馬法文。

○**季春出火，爲焚也。**謂焚萊也。凡出火以火出，建辰之月火始出。○**然後簡其車賦，而歷其卒伍，而君親誓社，以習軍旅。左之右之，坐之起之，以觀其習變也。**簡、歷，謂算具陳列之也。君親誓社，誓吏士以習軍旅，既而遂田以祭社也。言祭社，則此是仲春之禮也。仲春以火田，田止弊火，然後獻禽。至季春火出，而民乃用火。今云季春出火，乃牧誓社，記者誤也。社或爲省。○卒，祖忽反。算，思管反。省，思淺反。○**而流示之禽，而鹽諸利，以觀其不犯命也。**流，猶行也，行田也。鹽，讀爲艷。行田示之以禽，使歆艷之，觀其用命不也。謂禽爲利者，凡田，大獸公之，小禽私也。○鹽，依注音艷。行，行上如字，下及下行田皆下孟反。歆，許金反。○**求服其志，不貪其得，**失伍而獲，猶爲犯命。**故以戰則克，以祭則受福。○天子適四方，先柴。**所到必先燔柴，有事於上帝也。書曰：歲二月，東巡守，至于岱宗，柴。○燔，音煩。守，手又反。岱，音代。

【疏】「季春」至「先柴」。○正義曰：此一節論仲春祭社之前田獵取禽以祭社獲福之事。○「季春出火，爲焚也」者，祭社既用仲春，此出火爲焚，當在仲春之月。今云季春者，記者以季春之時民始出火，記者錯誤，遂以爲天子諸侯用焚亦在季春，故誤爲季春，當爲仲春也。爲焚者，謂焚燒除治宿草。「然後簡其車賦」者，謂既焚之後，簡選車馬及兵賦器械之屬○而歷其卒伍者謂歷其百人之卒五人之伍○而君親誓社者謂君親自誓此士衆以習軍旅既而遂田以所得之禽獸因以祭社故云親誓社左之右之坐之起之者謂戒勅之以習軍旅之事或左或右或坐或起○以觀其習變也者謂君親自觀於習武變動之事○而流示之禽者流行也謂教陳訖而行田禮謂驅禽於陳前以示士卒也○而鹽諸利者鹽者艷也諸於也利則禽也所以驅禽示之而歆艷之以小禽之利○以觀其不犯命也者於此之時觀其士卒犯命與不犯軍命者○求服其志不貪其得者所以觀其犯命與否者求欲服其士卒之志使進退依禮不欲貪其犯命苟得於禽言失伍得禽猶爲犯命不免罰也○故以戰則克以祭則受福者以其所爲得禮戰則克勝祭則受福○注爲焚至始出○正義曰出火以火出者案春秋火出爲夏三月此出火者謂出陶冶之火故左氏昭六年鄭人鑄刑書火未出而用火故晉士文伯譏之若田獵之火則昆蟲蟄後得火田以至仲春也○注歷至利也○正義曰簡歷謂算具陳列之者經云左之右之軍或須左或須右坐之起之謂須坐須起崔氏云謂士卒至前表而坐將行而起崔氏所言是仲冬大閱之禮未知春時亦然以蔡云春祭社則此是仲春之禮也者此經無祭社之文以連前經祭社之事故云此是仲春之禮

云仲春以火田田止弊火者周禮大司馬職文引之者證仲春火弊而田止云至季春出火而民及用火者案司爟云季春出火民咸從之故民乃用火云今云季春出火乃誓社記者誤也者謂作記之人見季春民之出火謂爲焚萊祭社故稱季春○注鹽諸至私之○正義曰鹽艷聲相近歆艷是愛欲之言故讀從艷也云大獸公之小禽私之二者大司馬文

○天子適四方先柴○正義曰此一節明天子巡守祭天之禮○天子適四方先柴者謂巡守至方嶽先燔柴以告天是尊天故也○注書曰至宗柴○正義曰此虞書舜典文案鄭注尚書以爲别有舜典之論將此爲堯典與古文異也此祭上帝謂祭當方帝皇氏云謂祭感生帝義非也

附釋音禮記注疏卷第二十五

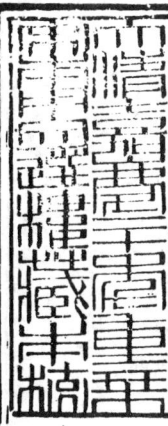

江西南昌府學栞

禮記注疏卷二十五挍勘記　阮元撰盧宣旬摘錄

附釋音禮記注疏卷第二十五　惠棟挍宋本禮記正義卷第三十四

郊特牲第十一

郊特牲而社稷大牢節

次路五就　各本同毛本就誤路

郊特至已矣　惠棟挍宋本無此五字

論小少及薄味爲貴　惠棟挍宋本作小少此本小少二字倒閩監毛本同

是五帝與大帝六也　惠棟挍宋本同閩監毛本大作天

郊祀裘冕送逆尸　閩本同惠棟挍宋本同衞氏集說同監毛本逆作迎

秖可以次用醴齊　閩監毛本醴作醍是也

不敢與王之神靈共尊　惠棟挍宋本有與字此本與字脫閩監毛本同

凡特祀之牲　閩監毛本同惠棟挍宋本特作時

則用牷物　按周禮則作必

其常祀之牲則皆用牡　惠棟挍宋本有牡此本牡字脫閩監毛本同

皆用大牢也　惠棟挍宋本有也字此本也字脫閩監毛本同

殷則有三路　閩監毛本同惠棟挍宋本無有字

君三重席而酢然　惠棟挍宋本然作焉是也閩監毛本並誤

大饗君三重席節

賓爲苟敬　閩本同惠棟挍宋本同正義同宋監本同岳本同嘉靖本同考文引古本足利本同○按儀禮正作賓爲苟敬監毛本苟誤尊衞氏集說同疏中六苟敬字皆放此

大饗至酢焉　惠棟按宋本無此五字

三獻之介君尊專席而酢焉至此以就卑也　閩監毛本無至字尊專上無尊字此下有降尊二字惠棟按宋本作三獻至卑也

席於阼階之西北而其介爲賓　閩監毛本同惠棟按宋本而作面按燕禮記是面字

西階上卒爵賓酢主人　閩監毛本同惠棟按宋本賓作以

與賓客相獻之禮　閩監毛本同惠棟按宋本無客字禮下有也字

饗禘有樂節

饗禘至陽也　惠棟按宋本無此五字

食耆老亦食孤子　惠棟按宋本句上有秋字此誤脫也閩監毛本同

鼎俎奇而籩豆偶節

鼎俎至義也　惠棟按宋本無此五字

賓入大門節

孔子屢歎之　各本同石經同釋文出婁歎云本又作屢○按婁屢古今字

賓入至物得　惠棟按宋本無此五字

主人納賓是已之臣子　惠棟按宋本賓字重此本脫一賓字閩監毛本同衛氏集說同

燕亨之時　惠棟按宋本燕上有受字此本脫閩監毛本同亨作饗

賓初奠酬薦東　閩監毛本同衛氏集說同按東字不誤考文云補本東作東非也

案燕禮記賓○及庭　案及上○誤衍閩監毛本不誤

客辭出所奏也　閩監毛本同惠棟按宋本出上有而字

天子所以享元侯　惠棟按宋本同閩監毛本享作饗下王享燕元臣元侯自相享同

皆歌鹿鳴合鄉是也　惠棟按宋本鄉下有樂字衛氏集說同此本樂字脫閩監毛本同

案鄉酒禮及燕禮　閩監本鄉下有飲字此誤脫也毛本飲誤射

而南本納夏獨夏文在上　閩本同惠棟按宋本同監毛本文誤又惠棟云南本儀禮納夏作夏納

竹箎笛也　閩監毛本同惠棟按宋本箎作篪

匏竹可賤故在下　惠棟按宋本在下有堂字衛氏集說同此本誤脫閩監毛本同

天氣化　閩監毛本同衛氏集說天下有以字

旅幣無方節

以鐘次之　閩監毛本同岳本同嘉靖本同石經鐘字右角壞衛氏集說鐘作鍾陳澔集說同石經考文提要云宋本九經南宋巾箱本至善堂九經本皆作鍾

鐘金也　閩監毛本同岳本同嘉靖本鐘作鍾衛氏集說同下鐘其大者同

往德也　各本同石經同釋文出往德正義云南本及定本皆作往德北本爲任德

旅幣至德也　惠棟按宋本無此五字

貴金以供王之鑄器　閩監毛本同衛氏集說貴作賁

金列庭實　閩監毛本同浦鏜按云金當作今字誤

庭燎之百節

庭燎至始也　惠棟按宋本無此五字

但崇翱問引大戴禮也何以言甚沈闇對曰　閩監毛本同許宗彥云曲禮疏有崇精月令疏有氾閣

朝覲節

朝覲至君也　惠棟挍宋本無此五字

旦經朝覲　惠棟挍宋本作經云此本云字脫閩監毛本同

大夫而饗君節

公之弟　各本作莊公此本莊字脫

後慶父弒二君　各本同釋文弒作殺

升自阼階　閩監毛本同石經同岳本同嘉靖本同衛氏集說同釋文出升自阼云本又作升自阼階

大夫至始也　惠棟挍宋本無此五字

大夫强而君殺之義者　惠棟挍宋本作也者此本也字脫閩監毛本同

是鎖絕惡源　閩監本同毛本源作原

各其以等爲車送逆之節　閩本同惠棟挍宋本同衛氏集說同監毛本逆作迎○按周禮作逆

自此以後或有然　惠棟挍宋本作然者衛氏集說同此本者字脫閩監毛本同

諸侯之宮縣節

朱干設錫　閩監本同石經同岳本同衛氏集說同毛本錫誤鍚嘉靖本同釋文出設錫云音陽注同

諸侯至始也　惠棟挍宋本無此五字

明堂云魯君孟春乘大路　惠棟挍宋本堂下有位字此本位字脫閩監毛本同下其祭統明堂位所云以明堂位云反坫並同

此一經明大夫僭諸侯禮　閩本同惠棟挍宋本同監毛本經作節

坫在其南　閩本同惠棟挍宋本同監毛本其作尊

諸侯有德祖天子者　閩監毛本同盧文弨云德當作得

祖王之廟也　惠棟挍宋本此下摽禮記正義卷第三十四終記云凡二十二頁

天子存二代之後節　惠棟挍宋本自此節起至野夫黃冠節止爲第三十五卷卷首題禮記正義卷第三十五

天子至二代　惠棟挍宋本無此五字

所能法象　閩監毛本能作取

諸侯不臣寓公節

諸侯至繼世　惠棟挍宋本無此五字

大夫之臣節

大夫至君也　惠棟挍宋本無此五字

此一節論大夫君　閩監毛本同惠棟挍宋本節作經衛氏集說同

大夫有獻節

大夫至巳也　惠棟挍宋本無此五字

鄉人禓節

謂時儺　閩監毛本同岳本同嘉靖本同衛氏集說同釋文出時難云下同本又作儺

鄉人至神也　惠棟挍宋本無此五字

謂鄉人駈逐此强鬼　閩本同監毛本駈作驅按五經文字云驅作駈訛可見唐人已有書驅作駈者下駈逐同注索室毆疫釋文出毆疫云字又作驅据疏二驅字是正義本注文當作驅疫

孔子曰射之以樂也節

孔子至義也　惠棟挍宋本無此五字

故各善其兩事相應閩監毛本同考文引補本各作多

孔子曰三日齊節

孔子至何居惠棟挍宋本無此五字

凡祭必散七日閩監毛本散下有齊字此誤脱也

孔子曰繹之於庫門內節

孔子至之矣惠棟挍宋本無此五字

又繹宫云閍謂之門惠棟挍宋本同閩監毛本作門謂之祊衞氏集説同

釋者云繹又祭閩監毛本同衞氏集説同惠棟挍宋本者作天是也

旨酒其柔閩監毛本其作思衞氏集説同其字誤

其祭之明日於廟門外閩監毛本其作在衞氏集説同

社祭土節

君南鄉於北墉下各本同石經同釋文出北庸云本亦作墉惠棟挍宋本作庸注同

薄社北牖閩監本作牖石經同岳本同嘉靖本同此本牖誤墉毛本誤牗衞氏集説同按釋文出北牖云音酉是作牖字是也五經文字云牖作牗非是唐人已有書牖作牗者故此本䟽中牖亦皆作牗

取財於地閩本同惠棟挍宋本同石經同宋監本同岳本同嘉靖本同衞氏集説同監毛本財誤材

邱乘共粢盛閩監毛本同石經同岳本同嘉靖本同衞氏集説同釋文出共粢坊本共作供石經考文提要云宋大字本宋本九經南宋巾箱本余仁仲本劉叔剛本並作共

地須產財並在地出閩監毛本同惠棟挍宋本產作財出作上

熊氏祭社稷之神惠棟挍宋本氏下有云字此本誤脱閩監毛本同

以社爲五土之神閩監毛本之作揔衞氏集説同

稷播五穀之功閩監毛本作稷有播種之功衞氏集説同

禮運云祀帝於郊閩毛本同監本禮運二字闕

地有形惠棟挍宋本地下有體字此誤脱也閩監毛本同

尊卑所別閩監毛本所作既

孝經注云后稷土也閩監毛本同惠棟挍宋本作社后土也

后土者謂土神也監毛本同閩本土作地惠棟挍宋本同

上皆以黃土也閩監毛本同盧文弨挍云皆當作旨

朝廷執政之處惠棟挍宋本同衞氏集説同閩監毛本朝廷誤廟庭

按尚書無逸篇曰閩監毛本同齊召南云按無字衍此尚書逸篇文也見後漢志注

異義稷今孝經説惠棟挍宋本稷下有神字此本誤脱閩監毛本同

下之黍稷或云閩監毛本同浦鏜云當作下云黍稷或或之誤

注單出里皆往祭社於都鄙二十五家爲里畢至戴一乘閩監毛本同惠棟挍宋本無出里至里畢十六字

季春出火節惠棟挍云季春節宋本分天子適四方下另爲一節

至季春火出而民乃用火閩監毛本同岳本同嘉靖本同衞氏集説同惠棟挍宋本火出作出火

季春出火乃牧誓社惠棟挍宋本無牧字岳本同嘉靖本同考文引古本足利本同此本誤衍閩監毛本同衞氏集説作乃親誓社

季春至先柴惠棟挍宋本無此五字

當在仲春也惠棟挍宋本作在此本在誤爲

謂士卒至前表而坐　惠棟挍宋本同閩監毛本表作列

禮記注疏卷二十五挍勘記

附釋音禮記注疏卷第二十六

郊特牲

鄭氏注　孔穎達疏

郊之祭也迎長日之至也易說曰三王之郊一用夏正夏正建寅之月也此言迎長日者建卯而晝夜分分而日長也○正音征下同○〔疏〕郊之至至也○正義曰此一節總明郊祭之義○迎長日之至也者明郊祭用夏正建寅之月意以二月建卯春分後日長今正月建寅郊祭通而迎此長日之將至○注易說至長也○正義曰此易緯乾鑿度文必用夏正彼文云方此之時天地交萬物通所以順四時法天地之道按書傳云迎日謂春分迎日也即引寅賓出日皆謂春分知此迎長日非春分者此云兆於南郊就陽位若是春分朝日當在東郊故知非也又下云帝牛不吉以爲稷牛故知祭天非唯祭日也

大報天而主日也大猶徧也天之神日爲尊○徧音遍**兆於南郊就陽位也**日太陽之精也〔疏〕

大報至位也○正義曰大猶徧也雖特尊所出之帝而又徧報天之一切神而天之諸神唯日爲尊故此祭者日爲諸神之主故云主日也不用所出之帝爲主而主日者所出尊不與諸神爲賓主也猶如君燕羣臣使膳宰爲主人不以君爲主也○注大猶至爲尊○正義曰天之諸神莫大於日祭諸神之時日居諸神之首故云日爲尊也凡祭日月之禮崔氏云一歲有四迎氣之時祭日於東祭月於西故小宗伯云兆五帝於四郊四望四類亦如之是其一也春分朝日秋分夕月是其二也此等二祭日之與月各祭於一處日之與月皆爲壇而祭所謂王宮祭日夜明祭月皆爲燔柴也夏正郊天之時而主日配以月祭義云大報天而主日配以月是其三也孟冬大蜡之時又祭日月故月令孟冬祈來年于天宗是其四也此二祭并祭日月共在一處則祭日於壇祭月於坎壇則實柴坎則瘞埋也其牲皆用犢故小司徒云凡小祭祀奉牛牲鄭云小祭祀王玄冕所祭是也若所祈禱則用少牢故祭法云埋少牢於泰昭祭時及日月等鄭注云凡以此下皆祭用少牢是也皇氏云以爲日月合祭之時用犢分祭之時用少牢其義非也○**掃地而祭於其質也器用陶匏以象天地之性也**觀天下之物無可以稱其德○稱尺證反**於郊故謂之郊牲用騂尚赤也用犢貴誠也**尚赤者周也○騂息營反徐呼營反〔疏〕掃地至誠也○正義曰燔柴在壇正祭於地故云掃地而祭陶謂瓦器謂酒尊及豆籩之屬故周禮旊人爲簋匏謂酒爵此等已具解於上○**郊之用辛也周之始郊日以至**言日以周郊天之月而至陽氣新用事順之而用辛日此說非也郊天之月而日至魯禮也三王之郊一用夏正魯以無冬至祭天於圜丘之事是以建子之月郊天示先有事也用辛日者凡爲人君當齊戒自新耳周衰禮廢儒者見周禮盡在魯因推魯禮以言周事○圜本又作圓音負凡爲如字或於僞反非也〔疏〕郊之至以至○正義曰王肅用董仲舒劉向之說以此爲周郊上文云郊之祭迎長日之至謂周之郊祭於建子之月而迎此冬至長日之至也而用辛者以冬至陽氣新用事故用辛也周之始郊日以至者對建寅之月又祈穀郊祭此言始者對建寅爲始也鄭康成則異於王肅上文云迎長日之至自據周郊此云郊之用辛據魯禮也言郊用辛日者取齋戒自新周之始郊日以至者謂魯之始郊日以冬至之月云始者對建寅之月天子郊祭魯於冬至之

月初始郊祭示先有事故云始也○注言日至周事○正義曰日以周郊天之月而至者謂日體以周郊天建子之月而南至云陽氣新用事順之而用辛日者以冬至一陽之生故云新用事而用辛日云此說非也者謂日以周禮郊天而爲此說日至陽氣新用事此等之說非也不謂董仲舒劉向而云所以非者按周禮冬至祭天圜丘不論郊也又此下云戴冕璪十有二旒周禮祀昊天上帝則大裘而冕是服不同周禮王路以祀天此下云乘素車是車不同也祭法云燔柴於泰壇用騂犢周禮蒼璧禮天牲從玉色是牲不同也爾雅曰非人爲之丘泰壇則人功所作是圜丘與泰壇別也以是知郊與圜丘所祭非一故云此說非也云郊天之月而日至魯禮也者言此經始郊日以至是魯國之禮必知魯禮者以明堂云魯君孟春乘大路載弧韣旂十有二旒日月之章祀帝于郊又雜記云正月日至可以有事於上帝故知冬至郊天魯禮也云三王之郊一用夏正者證明天子之郊必用夏正魯既降下天子不敢郊天與周同月故用建子之月而郊天欲示在天子之先而有事也但魯之郊祭師說不同崔氏皇氏用王肅之說以魯冬至郊天至建寅之月又郊以祈穀故左傳云啓蟄而郊又云郊祀后稷以祈農事是二郊也若依鄭康成之說則異於此也魯唯一郊不與天子郊天同月轉卜

三正故穀梁傳云魯以十二月下辛卜正月上辛若不從則以正月下辛卜二月上辛若不從則以二月下辛卜三月上辛若不從則止故聖證論馬昭引穀梁傳以荅王肅之難是魯一郊則止或用建子之月郊則此云日以至及宣三年正月郊牛之口傷是也或用建寅之月則春秋左傳云郊祀后稷以祈農事是也但春秋魯禮也無建丑之月耳若杜預不信禮記不取公羊穀梁魯唯有建寅郊天及龍見而雩云周衰禮廢儒者見周禮盡在魯者欲見經文實是魯郊而爲周事故云因推魯禮以言周事誤作周也從上說郊是周禮自此以下是魯禮爲此周禮雜亂也按聖證論王肅難鄭云郊特牲曰郊之祭迎長日之至下云周之始郊日以至玄以爲迎長日謂夏正也郊天日以至玄以爲冬至之日說其長日至於上而妄爲之說又從其始郊日以至於下非其義也玄又云周衰禮廢儒者見周禮盡在魯因推魯禮以言周事若儒者愚人也則不能記斯禮也苟其不愚不得亂於周魯也鄭玄以祭法禘黃帝及嚳爲配圜丘之祀祭法說禘無圜丘之名周官圜丘不名爲禘是禘非圜丘之祭也玄既以祭法禘嚳爲圜丘又大傳王者禘其祖之所自出而玄又施之於郊祭后稷是亂禮之名實也按爾雅云禘大祭也繹又祭也皆祭宗廟之名則禘是五年大祭先祖非圜丘及郊也周立

后稷廟而嚳無廟故知周人尊嚳不若后稷之廟重而玄說圜丘祭天祀大者仲尼當稱昔者周公禘祀嚳圜丘以配天今亡此言知禘配圜丘非也又詩思文后稷配天之頌無帝嚳配圜丘之文知郊則圜丘圜丘則郊所在言之則謂之郊所祭言之則謂之圜丘於郊築泰壇象圜丘之形以丘言之本諸天地之性故祭法云燔柴於泰壇則圜丘也郊特牲云周之始郊日以至周禮云冬至祭天於圜丘知圜丘與郊是一也言始郊者冬至陽氣初動天之始也對啓蟄又將郊祀故言始孔子家語云定公問孔子郊祀之事孔子對之與此郊特牲文同皆以爲天子郊祀之事如聖證論之言王肅所據經傳分明鄭必別爲其說者按聖證論馬昭申鄭云易緯云三王之郊一用夏正則周天子不用日至郊也夏正月陽氣始升日者陽氣之主日長而陽氣盛故祭其始升而迎其盛月令天子正月迎春是也若冬至祭天陰氣始盛祭陰迎陽豈爲理乎周禮云冬日至祭天於地上之圜丘不言郊則非祭郊也言凡地上之丘皆可祭焉無常處故不言郊周官之制祭天圜丘其禮王服大裘而冕乘玉路建大常明堂位云魯君以孟春祀帝于郊服衮服乘素車龍旂衣服車旂皆自不同何得以諸侯之郊說天子圓丘言始郊者魯以轉卜三正以建子之月爲始故稱始也又禮記云魯君臣未嘗相弒禮俗未嘗相變而弒三君季氏舞八佾旅於泰山婦人髽而相弔儒者此記豈非亂乎據此諸文故以郊丘爲別冬至之郊特爲魯禮按聖證論王肅與馬昭之徒或云祭天用冬至之日或云用冬至之月據周禮似用冬至之日據禮記郊日用辛則冬至不恒在辛似用冬至之月按張融謹按郊與圜丘是一又引韓詩說三王各正其郊與王肅同又魯以轉卜三正王與鄭玄同周禮圜丘服大裘此及家語服衮冕家語又云臨燔柴脫衮冕著大裘象天臨燔柴輟祭脫衮著大裘象天恭敬之義既自不通是張融以家語及此經郊祭並爲魯禮與鄭玄同融又爲圓丘是祭皇天孟春祈穀於上帝及龍見而雩此五帝之等並是皇天之佐其實天也融又云祀大神率執事而卜日圓丘既卜日則不得正用冬至之日此是張融之說鄭此注云以建子之月郊天用辛日者當齋戒自新如鄭此言是亦不用冬至日也但郊丘大事王鄭不同故略陳二家所據而言之也按聖證論及異義皆同穀梁之義魯轉卜三正之內一郊則止而崔氏皇氏以爲魯冬至郊天夏至又郊凡二郊非鄭義也○**卜郊受命于祖廟作龜于禰宮尊祖親考之義也**受命謂告之退而卜【疏】卜郊至義也○正義曰郊事既尊不

敢專輒故先告祖後乃卜亦如受命也故禮器云魯人將有事於上帝必先有事於頖宮是也○作龜于禰宮者作灼也禰宮禰廟也先告祖受命又至禰廟卜之也○尊祖親考之義也者考亦禰也尊祖故受之命命宜由尊者出親禰故作龜作龜是事事宜就親近者也**卜之日王立于澤親聽誓命受教諫之義也**澤澤宮也所以擇賢之宮也既卜必到澤宮擇可與祭祀者因誓勑之以禮也禮器曰舉賢而置之聚衆而誓之是也○可與如字一音預○【疏】卜之至義也○正義曰澤澤宮也王在於澤宮中於其宮以射擇士故因呼爲澤宮也王卜已吉又至澤宮射以擇賢者爲助祭之人故云王立於澤也禮器云舉賢而置之是也然王者獵在圃而主皮射亦在澤故鄭注鄉射記引尚書傳主皮射陳於澤然後卿大夫相與射也又云嚮之取也於圃中勇力之取也今之取也於澤宮揖讓之取也澤習禮之處○親聽誓命者因以澤宮中又使有司誓勑舊章齋戒之禮王又親聽受命之故禮器云聚衆而誓之是也○受教諫之義也者釋前義也告祖作禰是受教義也又立澤聽誓是受諫義也○**獻命庫門之內戒百官也大廟之命**

戒百姓也王自澤宮而還以誓命重相申勑也庫門在雉門之外入庫門則至廟門外矣大廟者祖廟也百官公卿以下也百姓王之親也入廟戒親親也王自此還齊路寢之室庫或爲廄。還音旋下同重直用反廄九又反祭之日王皮弁以聽祭報示民嚴上也報猶白也夙興朝服以待白祭事者乃後服祭服而行事也周禮祭之日小宗伯逆粢省鑊告時于王告備于王也。鑊戶郭反〔疏〕獻命至上也。正義曰王自澤宮而還至欲致齊之時有司獻王所以命百官之事王乃于庫門之內戒百官大廟之內戒百姓百官疏故在公朝重戒之百姓王之親屬故在大廟而重戒之。注百姓至之室。正義曰以上有百官之文故以百姓爲王之親也王親謂之百姓也者皇氏云姓者生也並是王之先祖所生云王自此還齊路寢之室者卜法必在祭前十日祭義云散齋七日致齋三日又云七日戒三日齋。鄭既云王自此還齋路寢之室則此經戒百官百姓則祭前三日欲致齋之時以誓命重相申勑也。祭之日王皮弁以聽祭報者。報白也郊日之朝天子旦起服弁服以聽之小宗伯告日時早晚及此事之備具也未郊故未服大裘而衣當且服日視朝之服也。示民嚴上也者結早朝著皮弁朝服以聽祭報之義示教人尊嚴其君上之義也。注周禮至王也。正義曰引之者證小宗伯既有告事王皮弁聽之是也喪者不哭不敢凶服氾埽反道鄉爲田燭謂郊道之民爲之也反道剗令新土在上也田燭田首爲燭也。氾芳劒反本亦作汎埽素報反剗初產反徐又初展反令力呈反弗命而民聽上化王嚴上〔疏〕喪者至聽上。正義曰郊祭之旦人之喪者不哭又不敢凶服而出以干王之吉祭也。氾埽反道者氾埽廣埽也反道剗路之土反之令新土在上也郊道之民家家各當界廣埽新道也。鄭氏曰鄉者鄉謂郊內六鄉也六鄉之民各於田首設燭照路恐王祭郊之早。弗命而民聽上者合結喪者不哭以下至此並非王命而民化王嚴上故也然周禮蜡氏云凡國之大祭祀令州里除不蠲禁刑者任人及凶服者以及郊野而此云不命者蜡氏所云有司常事至郊祭之時王不特命故云不命且作記之人盛美民之聽上之義未必實然也蜡氏云除不蠲及刑者任人等此不言者文不盡也祭之日王被衮以象天謂有日月星辰之象此魯禮也周禮王祀昊天上帝則服大裘而冕祀五帝亦如之

魯侯之服自衮冕而下也。被皮義反卷本又作衮同古本反注卷冕同冕亡展反字林亡辨反戴冕璪十有二旒則天數也天之大數不過十二。戴丁代反本亦作戴璪音早過古和反乘素車貴其質也旂十有二旒龍章而設日月以象天也設日月畫於旂上素車殷路也魯公之郊用殷禮也天垂象聖人則之郊所以明天道也則謂則之以示人也〔疏〕祭之至道也。正義曰當祭之日王被衮冕衮冕有日月星辰以象天也首戴冕其璪十二旒法則天數也。乘素車者乘殷之朴素之車貴其象天之質也所建之旂十有二旒畫龍爲章而設日月以象天也者旂十有二旒象天數十二也龍爲陽氣變化日月以光照下皆是象天也。聖人則之郊所以明天道也者總結上王被衮冕以下之事言天垂日月之象各有其數故聖人則之郊天象日月所以光明天之道以示於人故事事則之。注謂有至下也。正義曰此明被衮象天明堂位云日月之章故衮有日月星辰也與周不同故云此魯禮也引周禮以下者證王禮與魯禮不同云魯侯之服自衮冕而下也者證魯侯得著衮冕故經云衮也魯公得稱王者作記之人既以魯禮而爲周郊遂以魯侯而稱王也皇氏云書用王禮故稱王或亦當然也。注天之大數不過十二。正義曰此哀七年左氏傳文。注素車至禮也。正義曰明堂位云大路殷路也乘路周路也又此上文云大路繁纓一就此云乘素車故知殷路也云魯公之郊用殷禮也者公羊傳云周公用白牡魯公用騂犅周公既用殷之白牡故知用殷禮也帝牛不吉以爲稷牛養牲必養二也帝牛必在滌三月稷牛唯具所以別事天神與人鬼也滌牢中所搜除處也唯具遭時選可用也。滌范音迪徐徒嘯反又別彼列反所搜本又作廋所流反處昌慮反下之處同處皆同〔疏〕帝牛至鬼也。正義曰郊天既以后稷爲配故養牲養二以擬祭也若帝牛不吉或死傷以爲稷牛者爲猶用也爲用稷牛而爲帝牛其祭稷之牛臨時別取牛用之。帝牛必在滌三月稷牛唯具者此覆說上文帝牛不吉而取稷牛之事以帝牛既尊必須在滌三月今帝牛不吉故取稷牛己在滌三月也其祀稷之牛臨時別取故云稷牛唯具天神既尊故須在滌人鬼稍卑唯具而已是分別天神與人鬼

不同。注養牲必養二也。正義曰按春秋宣三年正月郊牛之口傷改卜牛牛死乃不郊公羊云曷爲不復卜養牲養二卜帝牲不吉則扳稷牲而卜之何休云先卜帝牲養之有災更引稷牲卜之以祭天牲養之凡當二卜爾復不吉則止不郊。注滌牢至用也。正義曰滌牢中所搜除者搜謂搜埽清除故周禮主掌馬者謂之廋人云唯具遭時又選可用也者遭時謂帝牲遭災之時既取稷牲而用之也祀稷之牲臨時選其可者凡帝牲稷牲尋常初時皆卜取其牲繫於牢芻之三月若臨時有故乃變之也

萬物本乎天人本乎祖此所以配上帝也言俱本可以配郊之祭也大報本反始也

〔疏〕萬物至始也。正義曰此一經論祖配天之義人本於祖物本於天以配本故也郊之祭也大報本反始也。此一經釋所以郊祭天之義天爲物本祖爲王本祭天以祖配此。所以報謝其本反始者反其初始以財言之謂物爲本以終言之謂初爲始謝其財謂之報歸其初謂之反大義同也皇氏云上文社稷不盡云報本反始此文天神尊故加大字義或然也

○天子大蜡八所祭有八神也。蜡八仕詐反蜡祭有八神先嗇一司嗇二農三郵表畷四貓虎五坊六水庸七昆蟲八

伊耆氏始爲蜡伊耆氏古天子號也。耆巨夷反或云即帝堯是也

蜡也者索也謂求索也歲十二月合聚萬物而索饗之也歲十二月周之正數謂建亥之月也饗者祭其神也萬物有功加於民者神使爲之也祭之以報焉造者配之也。

蜡之祭也主先嗇而祭司嗇也先嗇若神農者司嗇后稷是也

祭百種以報嗇也嗇所樹蓺之功使盡饗之。種之勇反下之種也同

〔疏〕天子至嗇也。正義曰此一節論蜡祭之事各依文解之。大蜡八者即鄭注云先嗇一司嗇二農三郵表畷四貓虎五坊六水庸七昆蟲八所祭之神合聚萬物而索饗之但以此八神爲主蜡云大者是天子之蜡對諸侯爲大天子既有八神則諸侯之蜡未必八也謂若先嗇古之天子諸侯未必得祭也知諸侯亦有蜡者禮運云仲尼與於蜡賓是諸侯有蜡也按周禮大司樂云六變而致象物及天神鄭云有象在天所謂日月此神不數象物及日月者先嗇司嗇並是人神有益於人水庸之屬在地益其稼穡故索而祭之急其近者故也天神象物去人縣遠雖祭不爲八神之數。注伊耆氏古天子號也。正義曰明堂云土鼓葦籥伊耆氏之樂禮運云夫禮之初始諸飲食蕢桴而土鼓俱稱土鼓則伊耆氏神農也以其初爲田事故爲蜡祭以報天也下云主先嗇神農即爲始蜡豈自祭其身以爲先嗇乎皇氏云神農伊耆一代摠號其子孫爲天子者始爲蜡祭祭其先祖造田者故有先嗇也。注歲十至之也。正義曰知是周十二月者下云既蜡而收民息已收謂收斂則詩所謂十月納禾稼又月令孟冬祈來年于天宗定知蜡周建亥之月三代皆然此經文據周故爲十二月皇氏以爲三代各以十二月爲蜡其義非也已具於月令疏云饗者祭其神也者解經合聚萬物而索饗之萬物非所饗但饗其萬物之神所以饗其神者萬物所以能功加於民者神使爲之故云祭之以報焉云造者配之也者賀瑒云謂造此蜡祭配此八神而祭。注先嗇至是也。正義曰若神農者若是不定之辭以神農比擬故云若司嗇后稷無所疑故不言若直云后稷是也經言主先嗇而祭司嗇者以先嗇爲主司嗇從祭種曰稼斂曰嗇不云稼而云嗇者取其成功收斂愛嗇而祭也○祭百種以報嗇也者○此一經爲下饗農及郵表畷起文百種則農及郵表畷禽獸等所以祭之者報其助嗇之功使盡饗焉

饗農及郵表畷禽獸仁之至義之盡也農田畯也郵表畷謂田畯所以督約百姓於井間之處也詩云爲下國畷郵禽獸服不氏所教擾猛獸也。郵本亦作尤有周反字或作御畷丁劣反又丁衛反畯音俊督約因妙反擾而沼反馴也。

古之君子使之必報之迎貓爲其食田鼠也迎虎爲其食田豕也迎而祭之也迎其神也。貓字又作貓音苗爲于僞反下同

祭坊與水庸事也水庸溝也。坊音房後注同

〔疏〕饗農至事也。正義曰此一經摠明祭百種之事農謂古之田畯有功於民郵表畷者是田畯於井間所舍之處郵若郵亭屋宇處所表田畔畷者謂井畔相連畷於此田畔相連畷之所造此郵舍田畯處焉禽獸者即下文云貓虎之屬言禽獸者貓虎之外但有助田除害者皆悉包之下特云貓虎舉其除害甚者。仁之至義之盡也者不忘恩而報之是仁有功必報之是義也蜡祭有仁義之至盡也。注詩云至獸也正義曰所引詩者齊魯韓詩也郵謂民之郵舍言成湯施布仁政爲下國諸侯任畷民之處所使不離散今毛詩作綴旒在商頌長發之篇云禽獸服不氏所教擾猛獸也者若非猛

獸不能殺害於物以助天故也○注迎其神也○正義曰恐迎貓虎之身故云迎其神而祭之○祭坊與水庸事也者是營爲所須之事故云事也坊者所以畜水亦以鄣水庸者所以受水亦以泄水謂祭此坊與水庸之神○

曰土反其宅水歸其壑昆蟲毋作草木歸其澤此蜡祝辭也若辭同則祭同處可知矣壑猶坑也昆蟲暑生寒死蝡螽之屬爲害者也○壑火各反祝之六反又之又反坑若衡反蝡莫經反螽音終又作蝶皮弁素服而祭素服以送終也葛帶榛杖喪殺也〔疏〕曰土至殺也○正義曰此以下皆蜡祭之祝辭土即坊也反歸也宅安也土歸其安則得不崩○水歸其壑者水即水庸也壑坑坎也水歸其壑謂不汎溢昆蟲毋作者昆蟲蝡螽之屬也得陰而死得陽而生故曰昆蟲毋作謂不爲災○草木歸其澤者草苔稗木榛梗之屬也當各歸生藪澤之中不得生於良田害嘉穀也蜡祭乃是報功故亦因祈禱有此辭也一云祝辭言此神由有此功故今得報非祈禱也○注此蜡至可知矣○正義曰蜡有八神恐祭處各別故言則祭同處可知也陳辭有水土昆蟲草木者以其無知故特有辭也而

先嗇之屬有知故不假辭也據此祭草木有辭則草木當有神八蜡不數之者以草木徧地皆是不如坊與水庸之屬各指一物故不數蜡之祭仁之至義之盡也送終喪殺所謂老物也素服衣裳皆素○榛杖側巾反以榛木爲杖也殺所界反徐所例反注及下德之殺並同黃衣黃冠而祭息田夫也祭謂既蜡臘先祖五祀也於是勞農以休息之論語曰黃衣狐裘○臘力合反勞力報反〔疏〕蜡之至夫也○正義曰素服送終是仁恩也故云仁之至葛帶榛杖示陰氣喪殺斷割其理是義也故云義之盡也○注送終至皆素○正義曰送終喪殺所謂老物者按周禮籥章云國祭蜡則龡豳頌擊土鼓息老物以物老故素服物老將終故葛帶榛杖素服衣裳皆素者謂白素衣積素裳經直云素服以送終不云皮弁者從上省文也○注祭謂至狐裘○正義曰上云蜡此云祭故知既蜡臘先祖五祀對文蜡臘有別摠其俱名蜡也故月令孟冬祈來年于天宗大割祠于公社及門閭臘先祖五祀鄭注云此周禮所謂蜡是也公於是勞農以休息之者即經文息田夫是也勞農王制文○野夫黃冠黃冠草服也言祭以息民服象其時物之色季秋而草木黃落○〔疏〕野夫至服也○正義曰此解上息田夫用黃衣黃冠之意田夫則野夫也野夫著黃冠黃冠是季秋之後草色之服故息田夫而服之也○大羅氏天子之掌鳥獸者也諸侯貢屬焉草笠而至尊野服也諸侯於蜡使使者戴草笠貢鳥獸也詩云彼都人士臺笠緇撮又曰其餉伊黍其笠伊糾皆言野人之服也○笠音立使使上音史下及下使者皆色吏反撮七活反又七括反餉始尚反糾居黝反羅氏致鹿與女而詔客告也以戒諸侯曰好田好女者亡其國詔使者使歸以此告其君所以戒之○好呼報反下好女可好皆同天子樹瓜華不斂藏之種也華果蓏也又詔以天子樹瓜蓏而已戒諸侯以蓄藏蘊財利也○蓏力果反蓄丑六反又許六反蘊於粉反○〔疏〕大羅至種也○正義曰此一節因上蜡祭廣釋歲終蜡時之事天子掌鳥獸之官謂大羅也謂爲大羅者鄭云能以羅捕鳥獸者也周禮羅氏掌羅烏鳥蜡則作羅襦鄭司農云襦細密之羅也解者云順秋冬殺物故羅氏用細

密之羅網以捕禽鳥矣然周禮不云掌獸此云獸者以其受貢獸故也○諸侯貢屬焉者大羅氏既以羅爲名能張羅得鳥獸故四方諸侯有貢獻鳥獸於王者皆入屬大羅氏也○草笠而至者草笠以草爲笠也此諸侯所使貢獻鳥獸之使者著草笠而至王庭也○尊野服也者草笠是野人之服今歲終功成是由野人而得故重其事而尊其服○羅氏致鹿與女而詔客告也者詔亦告也客謂貢鳥獸之使者羅氏先受貢畢使者臨去羅氏又以鹿及女子致與使者而宣天子之詔於使者令使者反還其國以告戒其君故云詔客告也○以戒諸侯曰好田好女者亡其國者此宣詔所告之言也令使者還其國以如此告汝君曰不得好田獵及女色使國亡也言鹿是田獵所得之物女是亡國之女而王所以獲者也故與之鹿女明以此爲戒也一云豈每國輒與女鹿邪正當羅氏以鹿與女示使者爾○天子樹瓜華不斂藏之種也者爪今之爪華果蓏也言天子唯樹瓜與果蓏所以唯樹植此爪華者是供一時之食不是收斂久藏之種若其可久藏之物則不樹之不務畜藏與民爭利令使者歸告其君亦當如此不得畜藏與民爭利○注詩云至伊糾○正義曰彼都人士臺笠緇撮是小雅都人士篇也毛詩箋云臺夫須都人以臺夫須爲笠緇布爲冠云又曰其餉伊黍其笠伊糾者此

周頌良耜之篇也引此三詩者證笠是野人所著之服。注戒諸至利也。正義曰天子可畜聚斂藏之物既不種殖戒諸侯不可畜藏蘊積財利也。八蜡以記四方四方方有祭也四方年不順成八蜡不通以謹民財也其方穀不熟則不通於蜡焉使民謹於用財蜡有八者先嗇一也司嗇二也農三也郵表啜四也貓虎五也坊六也水庸七也昆蟲八也順成之方其蜡乃通以移民也移之言羨也詩頌豐年曰爲酒爲醴烝畀祖妣以洽百禮此其羨之與。移以豉反注同羨才箭反又辭見反烝之承反畀必利反妣必履反與音餘。既蜡而收民息已故既蜡君子不興功收謂收斂積聚也息民與蜡異則黃衣黃冠而祭爲臘必矣。既蜡而收絕句積聚並如字徐上音茲賜反下方樹反。【疏】八蜡至興功。正義曰此一節論天子蜡祭四方不同豐荒有異兼記臘祭宗廟息民之事各依文解之。八蜡以記四方者言蜡祭八神因以明記四方之國記其有豐稔有凶荒之異也。四方年不順成八蜡不通者謂四方之内年穀不得和順成熟則當方八蜡之神不得與諸方通祭所以然者以謹慎民財欲使不熟之方萬民謹慎財物也。順成之方其蜡乃通者因四方之内有順成之方其蜡之八神乃與諸方通祭所以然者以蜡祭豐饒皆醉飽酒食使民歆羨也皇氏以此一節皆據諸侯之國而爲蜡祭以記其功當國不成則不爲蜡成則爲蜡義亦通也。注蜡有至八也。正義曰鄭數八神約上文也王肅分貓虎爲二無昆蟲鄭數昆蟲合貓虎者昆蟲不爲物害亦是其功貓虎俱是除田中之害不得分爲二不言與故合爲一也。注詩頌至百禮。正義曰所引詩者周頌豐年之篇烝進也畀與也言豐年多黍多稌故爲酒醴進與祖妣謂烝嘗於廟之祭也。注息民至必矣。正義曰上文雖云黃衣黃冠而祭不云臘之與蜡似爲一此文云既蜡而收民息已先蜡後息民是息民爲臘與蜡異也前黃衣黃冠在蜡祭之下故知是臘也是以云爲臘必矣故月令臘在祈天宗之下但不知臘與蜡祭相去幾日唯隋禮及今禮皆蜡之後日經云既蜡不興功者謂不興農功若其土功則左氏傳云龍見而畢務戒事也火見而致用水昏正而栽日至而畢土功建亥之月起日至而畢也。恒豆之菹水草之和氣也其醢陸產之物也加豆陸產也

其醢水物也此謂諸侯也天子朝事之豆有昌本麋臡茆菹麕臡饋食之豆有葵菹蠃醢豚拍魚醢其餘則有雜錯云也。菹爭居反醢音海麋音眉臡字又作㮠乃兮反字林作腝人兮反茆音卯又力首反麕九倫反蠃力戈反拍音博籩豆之薦水土之品也不敢用常褻味而貴多品所以交於神明之義也非食味之道也言禮以異爲敬。薦即見反又作薦同或作廌非。先王之薦可食也而不可耆也卷冕路車可陳也而不可好也武壯而不可樂也宗廟之威而不可安也宗廟之器可用也而不可便其利也所以交於神明者不可以同於所安樂之義也武萬舞也。耆市志反路本亦作輅音同樂皇音洛下同徐五孝反便婢面反徐比綿反酒醴之美玄酒明水之尚貴五味之本也黼黻文繡之美疏布之尚反女功之始也莞簟之安而蒲越稾鞂之尚明之也大羹不和貴其質也大圭不琢美其質也丹漆雕幾之美素車之乘尊其樸也貴其質而已矣所以交於神明者不可同於所安褻之甚也如是而后宜尚質貴本其至如是乃得交於神明之宜也明水司烜以陰鑑所取於月之水也蒲越稾鞂藉神席也明之者神明之也琢當爲篆字之誤也幾謂漆飾沂鄂也。莞音官徐音丸簟徒點反越音活注同稾又作藁古老反鞂簡八反徐古八反和胡臥反琢依注爲丈轉反雕多調反又作彫幾巨依反注同乘時證反樸普角反烜音毀鑑古暫反藉字夜反沂魚斤反鄂五各反。鼎俎奇而籩豆偶陰陽之義也牲陽也庶物陰也。奇居宜反黃目

鬱氣之上尊也。黃者中也，目者氣之清明者也，言酌於中而清明於外也。黃目，黃彝也。周所重，於諸侯爲上也。祭天埽地而祭焉，於其質而已矣。醓醢之美，而煎鹽之尚，貴天產也。割刀之用，而鸞刀之貴，貴其義也，聲和而后斷也。疏恒豆至斷也○正義曰：此一節揔明祭祀籩豆酒醴莞簟尊彝醓醢鸞刀之屬，明其尚質所用之宜，自恒豆之菹至之道也，徧明諸侯祭祀之禮○恒豆之菹者，謂朝事恒常所薦之豆，所盛之菹是水草和羹之氣，若昌本茆菹是也。其所盛之醢陸地所產之物也○加豆陸產也者，謂祭末酳尸之後，其菹陸地產生之物而爲之，若葵菹豚拍之屬是也○其醢水物也者，加豆所盛之醢用水中之物，若蠃醢魚醢是也○籩豆之薦水土之品也者，其籩豆所薦之物，或水或土所生品類也。前文唯云豆，此連言籩者，籩是配豆之物，所盛亦有水土所生也。而周禮籩人云天子朝事之籩，其實有麷蕡白黑，則土所生也，鮑魚則水物也。但籩之所盛陸產甚多也○不敢用常褻味而貴多品者，言所薦之物不敢用常褻美味，貴其多有品類，言物多而味不美也○所以交於神明之義也，非食味之道也者，解所以物多不美之意，所以交接神明之義，取恭敬質素，非如人事飲食美味之道也○注此謂至云也○正義曰：知此謂諸侯者，以其與周禮天子豆物不同，故知是諸侯也。按醢人加豆謂尸食訖酳尸所加之豆，則此恒豆者，謂朝事及饋食俱爲恒豆也。諸侯以菹悉用水物，醢悉用陸產，與天子不同，故引天子朝事之豆以下不同之事以明之。天子朝事之豆有昌本麋臡茆菹麕臡，與此經同；其菁菹鹿臡，其菁菹非水物，與此無異也。天子饋食之豆有葵菹蠃醢豚拍魚醢，與諸侯加豆不同。其天子加豆有芹菹兔醢深蒲醓醢箈菹鴈醢筍菹魚醢，芹菹與深蒲及箈菹等非陸產也，鹿與醓醢非水物也，與此經異也。又天子饋食有蠃蚳醢蜃爲水物，亦與此經不同，故鄭總云其餘則有雜錯，是天子與諸侯異也○先王至義也○此以下揔明祭祀之物不可同於尋常安樂之義○而不可嗜者，祭祀薦羞質而無味，不可歆嗜○而不可好也者，袞冕路車尊嚴，不可尋常乘服以爲褻好也○武壯而不可樂也者，武是萬舞大武也，以示壯勇之容，不可常爲娛樂○宗廟之威而不可安也者，言宗廟尊嚴肅敬，不可寢處其中以自安也○而不可便其利也者，宗廟之器供事神明之道，不可過便以爲私利也○所以交於神明者，不可以同於所安樂之義也，是揔結上文○酒醴至后宜○此明祭祀所用之物不尚繁華，皆取尚質貴本。玄酒明水之尚者，玄酒謂水也，明水謂取於月中水也。陳列酒尊之時，明水在五齊之上，玄酒在三酒之上，是玄酒明水之尚，謂尊尚其古，故設尊在前也○疏布之尚者，羃人云疏布羃八尊，禮器云犧尊疏布羃是也○蒲越槀鞂之尚者，凡常而居下莞上簟，祭天則蒲越槀鞂之上也○明之也者，釋所以祭天用蒲越槀鞂之意，是神明矣。此祭天不敢用褻美味，故用質也○丹漆雕幾之美，素車之乘，尊其樸也者，雕謂刻鏤，幾謂沂鄂，言尋常車以丹漆雕飾之以爲沂鄂，而祭天以素車之乘者，尊其樸素○貴其質而已矣者，此一句包上酒醴以下諸事，言祭祀之時不重華飾，唯質素而已，故用玄水疏布槀鞂之屬○所以交於神明者，不可同於所安褻之甚也者，解所以諸事貴質者，以其交接神明，不可同於尋常身所安褻之甚極也。若其安褻之不甚者，亦得同之○如是而后宜者，言尚質尚儉如是，而后得交神明之義也○注尚質至鄂也○正義曰：尚質則大羹不和，大圭不琢，素車之乘是也。貴本則玄酒明水之尚及疏布之尚是也。云明水司烜以陰鑑所取於月之水也者，周禮秋官司烜氏文也。云蒲越槀鞂藉神席也者，今禮及隋禮槀鞂爲祭天席，蒲越爲配帝席，俱藉神也。云幾謂漆飾沂鄂也者，幾與畿字相涉，畿是畿限之所，故以幾爲沂鄂也○注牲陽也庶物陰也○正義曰：按宗伯云以天產作陽德，注云天產者動物，謂六牲之屬也。動物故爲陽也。庶物陰也者，庶物雖出於牲體，雜以植物相和，非復牲之全體，故爲陰也。然聘禮陳醢醯醢在碑東，醢在碑西，鄭云醯穀陽也，醢肉陰也，與此不同者，醯是穀物所爲，其體清輕，故爲陽也；醢是肉物所爲，肉有形質，故爲陰也。文各有所對，故不同也○黃目至外也○黃目，黃彝也，以黃金鏤其外以爲目，因取名也。因將貯鬱鬯酒，故云鬱氣也。祭祀時列之最在諸尊之上，故云上也。故鄭注司尊彝云黃目以黃金爲目是也○黃者中也，目者氣之清明者也，解用黃目之義也。黃是中方色，目是氣之清明者也○言酌於中而清明於外也者，又解必用中及清明義也。言酒清明在尊中而可斟酌，示人君慮於祭事必斟酌盡於中也；目在尊外而有清明，示人君行祭必外盡清明絜淨也○注黃目至上也○正義曰：按明堂位云夏后氏有雞彝，殷以以斝，周以黃目，是周所造也。天子則黃彝之上有雞彝鳥彝，備前代之器；諸侯但有黃彝，故云於諸侯爲上也○祭天至斷也○此所論亦尚質及貴天產及聲和之義○貴天產也者餘物皆人功和合爲之鹽則天產自然故云貴天產也言煎者煎此自然之鹽鍊治之也言煎鹽之尚者皇氏云設之於醢醢之上故云尚熊氏云煎鹽祭天所用故云尚義俱通也。貴其義也者言割刀之用必用鸞刀貴其聲和之義。聲和而后斷也者必用鸞刀取其鸞鈴之聲宮商調和而後斷割其肉也。○冠義始冠之緇布之冠也始冠三加先加緇布冠也。醢呼兮反本又作醯同斷丁亂反冠義古亂反下文注始冠冠而敝之而冠冠於阼冠而字之冠禮士禮冠皆同大古冠布齊則緇之其緌也孔子曰吾未之聞也太古無飾非時人緌也雜記曰大白緇布之冠不緌大白即太古白布冠今喪冠也齊則緇之者鬼神尚幽闇也唐虞以上曰太古也。齊側皆反緌耳隹反上時掌反後以上皆同。冠而敝之可也此重古而冠之耳三代改制齊冠不復用也以白布冠質以爲喪冠也。敝本亦作弊婢世反徐又房列反弃也復扶又反。適子冠於阼以著代也東序少北近主位也。適丁歷反近附近之近醮於客位加有成也每加而有成人

之道也成人則益尊醮於客位尊之也。醮子妙反三加彌尊喻其志也始加緇布冠次皮弁次爵弁冠益尊則志益大也。冠而字之敬其名也重以未成人之時呼之。○委貌周道也章甫殷道也毋追夏后氏之道也常所服以行道之冠也或謂委貌爲玄冠也。毋追上音牟下多雷反。周弁殷冔夏收齊所服而祭也。冔況甫反字林作冔火于反三王共皮弁素積所不易於先代無大夫冠禮而有其昏禮古者五十而后爵何大夫冠禮之有言年五十乃爵爲大夫也其有昏禮或改取也諸侯之有冠禮夏之末造也言夏初以上諸侯雖有幼而即位者猶以士禮冠之亦五十乃爵命也至其衰末未成人者多見篡弒乃更即位則爵命之以正君臣而有諸侯之冠禮。篡初患反弒音試天子之元子士也天下無生而貴者也儲君

副主猶云士也明人有賢行著德乃得貴也。行下孟反下德行同繼世以立諸侯象賢也賢者子孫恒能法其先父德行以官爵人德之殺也言德益厚官益尊也死而謚今也古者生無爵死無謚古謂殷以前也大夫以上乃謂之爵死有謚也周制爵及命士雖及之猶不謚耳今記時死則謚之非禮也。禮之所尊尊其義也言禮所以尊其有義也失其義陳其數祝史之事也故其數可陳也其義難知也知其義而敬守之天子之所以治天下也言政之要盡於禮之義。〔疏〕冠義至下也。正義曰此一節揔明尊卑加冠因明官爵及禮義之意各依文解之。冠義者一節揔論初冠之義以儀禮有士冠禮正篇此說其義故云冠義如下篇有燕義昏義與此同皇氏云冠義既明用緇布重古之義其說非也。始冠緇布之冠也者謂人之加冠必三加初始所加之冠緇布之冠也大古冠布齊則緇之者此釋有緇布冠之由大古之

時其冠唯用白布常所冠也若其齊戒則染之爲緇今始冠重古先冠之也。其緌也孔子曰吾未之聞也者以緇布之冠古禮不合有緌而後世加緌故記者云其今世加緌非禮故引孔子之言云我未之聞也言未聞緇布冠有緌之事。冠而敝之可也者言緇布之冠初加暫用冠之罷冠則敝棄之可也以其古之齊冠後世不復用也。注始冠至冠也。正義曰鄭云此者解經始冠之義始冠者謂三加之時以緇布冠爲始故云先加緇布冠先加即始也。注大古至古也正義曰大古無飾緇布冠無緌也云雜記曰大白緇布之冠不緌者孔子云吾未之聞是非駁時人加緌也引雜記文者證緇布冠無緌而玉藻云緇布冠繢緌則緇布冠有緌者皇氏云此經所論謂大夫士故緇布冠無緌諸侯則位尊盡飾故有緌也云大白即大古白布冠今喪冠也禮運云後世有絲麻雖絲麻同出尚質故用白布也云齊則緇之者鬼神尚幽闇也者謂祭前齊時著緇布冠正祭則著祭服有虞氏皇而祭是也云唐虞以上曰大古也者以下云三王共皮弁素積三王之前云大古故云唐虞以上曰大古與易之大古別也。注三代改制齊冠不復用也。正義曰唐虞既用之爲齊冠三代改唐虞之制齊冠不復用之以委貌章甫牟追三代去緇布冠其唐虞白布冠三代用之爲喪冠緇布冠既棄

而不用所以詩彼都人士臺笠緇撮注云緇撮緇布冠者彼謂儉且質故著古冠耳○注東序至位也○正義曰按士冠禮冠者在主人之少北是近主位也其庶子則冠於房戶外南面○注醮於至之也○正義曰客位謂戶牖之間南面此謂適子也若夏殷醮用酒冠一加則一醮於客位○周則用醴三加畢乃一醴○於客位其庶子則皆醮於房戶外○三加彌尊喻其志也○言三加者初加緇布冠次加皮弁是益尊至三加爵弁是彌尊所以尊者曉喻其冠者之志意令其志意益大初加緇布冠欲其尚質重古次加皮弁欲其行三王之德後加爵弁欲其行敬事神明是志益大也○注始加緇布冠次皮弁次爵弁○正義曰此皆約士冠禮文按士冠禮三加者謂冠時三徧加冠也至冠日賓至而主人設冠身之席于阼階上近主人之北又設笄纚櫛具于席南冠身立于東房賓揖冠身出就位佐冠爲冠身梳頭著纚畢賓洗手爲正髻正髻畢往西階至第一等受取緇布冠還至冠席前跪爲冠身著冠○畢冠身起入東房著玄端玄裳士子皆隨其父朝夕之服朝用玄衣素裳夕用上士玄裳中士黃裳下士雜裳雜裳前黃後玄若大夫以上至天子當同上士玄裳也畢又揖冠身出就位就位畢賓又下西階至第三等受皮弁冠還爲冠身著冠然後又著爵弁其儀皆如緇布冠也○注重以

至呼之○正義曰賀氏云重難也難未成人之時呼其名故以字代之○按冠禮冠身既冠見母畢立于西階東南面賓東面字之曰伯某甫是也○委貌至素積○此下三代恒所服行道之冠然三代乃俱用緇布而其形自殊周爲委貌之形殷則爲章甫之形夏則爲毋追之形故云委貌周道也鄭注士冠禮委安也言所以安正容貌章明也殷質言所以表明丈夫毋發聲追猶推也夏后氏質以其形名之○周弁殷冔夏收者鄭注冠禮記云弁名出於槃槃大也言所以自光大冔名出於幠幠覆也言所以自覆飾也收言所以收斂髮也其制之異亦未聞○三王共皮弁素積者以其質素故三王同服無所改易也○注常所至冠也○正義曰行道謂養老燕飲燕居之服若視朝行道則皮弁也此云委貌而儀禮記稱玄冠故云或謂委貌爲玄冠○注齊所服而祭也○正義言齊及祭時所服也若三命以下齊祭同冠四命以上齊祭則異冠委貌一條論三加始加之冠周弁一條論第三所加之冠皮弁一條論第二所加之冠在後言皮弁者以其三王共同故在後言之○無大至之有○前所明悉士禮故無大夫冠禮也所以然者二十而冠五十爵爲大夫故無大夫冠禮也然四十強而仕亦應無士冠禮而云士有冠禮者士是有識之目故立禮悉用士爲正所以五等並依士禮冠子也

若試爲大夫者亦用士禮故鄭注冠禮記云周之初禮年未五十而有賢才者試以大夫之事猶服士服行士禮○而有其昏禮者言有大夫昏禮也然禮三十而昏五十乃爲大夫亦應無大夫昏禮而云有者是改取也○古者五十而后爵何大夫冠禮之有者記者覆解無大夫冠禮所由也○注言夏至冠禮○正義曰諸侯雖有幼而即位者猶以士禮冠之知用士禮者以儀禮冠禮是士之正禮於冠禮之末云公侯之有冠禮夏之末造也者明夏初以前諸侯未有冠禮與士冠同其夏末以來諸侯有冠禮與士禮異故大戴禮有公冠篇加玄冕爲四加也皇氏云諸侯亦三加與大戴禮違其義非也此經直明諸侯不云天子又下云天子之元子猶與士同則天子與士異也然則天子冠禮其亦已久但無文以言之玉藻云玄冠朱組纓天子之冠也鄭注云始冠之冠也是天子別有冠禮○注儲君至貴也○正義曰此文繫冠禮之下皇氏云天子元子唯冠同於士其餘則與士不同也故喪服諸侯之兄弟得行大夫之禮也○其繼世以立諸侯象賢也者○此釋夏末以來有諸侯冠禮之意也○以官爵人德之殺也者○此明所以無大夫冠義也言官爵之授隨德隆殺也大夫以上雖以德授爵猶無冠禮兼明士又德薄而無爵也○死而至無謚○此一經明士禮此是士冠禮記之文也

以士爲主故此論士死而加謚是爲記之時加謚故云今也○古者生無爵死無謚者古謂殷以前士生時無爵謂爵不及也死時無謚謂不制謚也○注周制至謚耳○正義曰按典命云小國之君其卿三命其大夫再命其士一命士既有命命即爵也故知爵及命士猶不謚者檀弓云士之有誄自此始也既從縣賁父卜國爲始明以前無誄也無誄無謚也○禮之至下也○此經所論因上論冠義下論昏義故記人因上起下於中說重禮之義也禮之所尊尊其義也者言禮之所以可尊重者尊其有義理也○失其義陳其數祝史之事也者若不解禮之義理是失其義惟知布列籩豆是陳其數其事輕故云祝史之事也○故其數可陳其義難知也者謂籩豆事物之數可布陳以其淺易故也其禮之義理難以委知以其深遠故也○知其義而敬守之天子所以治天下也者言聖人能知其義理而恭敬守之是天子所以治天下也

○**天地合而后萬物興焉**自禮之義**夫昏禮萬世之始也取於異姓所以附遠厚別也**同姓或則多相褻也○取音娶本又作娶遠皇于萬反別兵列反下及注皆同**幣必誠辭無不腆**誠信也腆猶善

也○腆大典反告之以直信直猶正也此二者所以教婦正直信也信事人也信婦德也事猶立也○信事側吏反又如字注同壹與之齊終身不改故夫死不嫁齊謂共牢而食同尊卑也齊或爲醮男子親迎男先於女剛柔之義也天先乎地君先乎臣其義一也先謂倡道也○迎魚敬反先悉薦反下及注同倡昌亮反道音導○執摯以相見敬章別也言不敢相褻也摯所奠鴈也○摯音至本亦作贄○男女有別然後父子親父子親然後義生義生然後禮作禮作然後萬物安言人倫有別則氣性醇也無別無義禽獸之道也言聚麀之亂類也○麀音憂○壻親御授綏親之也親之也者親之也言己親之所以使之親己敬而親之先王之

所以得天下也先王若太王文王○出乎大門而先男帥女女從男夫婦之義由此始也先者車居前也○出乎大門而先如字絕句又悉遍反○婦人從人者也幼從父兄嫁從夫夫死從子從謂順其教令夫也者夫也夫也者以知帥人者也夫之言丈夫也夫或爲傅○知音智玄冕齊戒鬼神陰陽也將以爲社稷主爲先祖後而可以不致敬乎玄冕祭服也陰陽謂夫婦也共牢而食同尊卑也故婦人無爵從夫之爵坐以夫之齒爵謂夫命爲大夫則妻爲命婦器用陶匏尚禮然也此謂大古之禮器也三王作牢用陶匏言大古無共牢之禮三王之世作之而用太古之器重夫婦之始也厥明婦盥饋舅姑卒食

婦餕餘私之也私之猶言恩也○盥音管饋其位反一本無婦盥饋三字餕音俊○舅姑降自西階婦降自阼階授之室也明當爲家事之主也昏禮不用樂幽陰之義也樂陽氣也幽深也欲使婦深思其義不以陽散之也昏禮不賀人之序也序猶代也

【疏】天地至序也○正義曰此一節論聖人重昏禮之事各依文解之○天地合而后萬物興焉者言天氣下降地氣上騰天地合配則萬物生焉若夫婦合配則子胤生焉此與下昏禮爲目故鄭云目禮之義也皇氏云禮之所尊尊其義也以下結上爵德之事其義非也○所以附遠厚別也者取異姓者所以依附相疏遠之道厚重分別之義不欲相褻故不取同姓也○幣必至德也幣必誠者誠謂誠信幣帛必須誠信使可裁制勿令虛濫○辭無不腆者腆善也謂之傳辭無自謙退云幣不善不許飾也告之以直信者所以幣必信辭必直欲告戒婦人以正直誠信也○信事人也者事立也言婦人立身之道非信不立信婦德也者言貞信是婦人之德○注此二至信也○正義曰二者謂辭也幣也辭不虛飾是正也幣不濫惡是信也故

昏禮記云辭無不腆皮帛必可制鄭注云賓不稱幣不善此二者正也信也下唯云信事人信婦德不云正者正是信之小別信則兼之○執摯以相見敬章別也者摯鴈也章明也壻親迎入門而先奠鴈然後乃與婦相見是先行敬以明夫婦禮有分別不妄交親○壻親至之也○按昏禮婦降自西階壻親御婦車授綏是壻親御授綏也○親之也者謂壻御婦車授綏欲親愛於婦也故云親之也○言壻所以親其婦者欲令婦之親已也故云親之也者親之也○玄冕至敬乎玄冕齊戒廣陳敬事也玄冕謂助祭服也五冕通玄故合爲玄冕也今用助祭之服以親迎也齊戒者齊戒自整勑也○鬼神陰陽也者陰陽謂夫婦也著祭服而齊戒親迎是敬此夫婦之道如事鬼神故云鬼神陰陽也將以爲社稷主爲先祖後而可以不致敬乎者釋所爲者重故宜用敬所以冕而親迎也妻爲內主故有國者是爲社稷內主也始此嗣廣後世故云先祖後也明如此之重可以不致敬乎言宜敬也○注玄冕祭服也○正義曰按昏禮上昏用上服以爵弁爵弁是士服之上者則天子以下皆用上服以五冕色俱玄故揔稱玄冕也器用陶匏尚禮然也者謂共牢之時俎以外其器但用陶匏而已此乃貴尚古之禮自然也陶是無飾之物匏非人功所爲皆是天質而自然也○厥明至席也○厥其也

其明謂共牢之明日也舅姑卒食謂明日婦見舅姑訖婦乃盥饋特豚舅姑食特豚之禮竟也食餘曰餕婦餕餘謂舅姑食竟以餘食與之也而禮本亦有云厥明婦盥饋者也○私之也者解婦餕餘義也私猶恩也所以食竟以餘食賜婦者此示舅姑相恩私之義也○舅姑降自西階婦降自阼階授之室也者謂適婦也婦見餕餘之禮畢舅姑從賓階而下婦從主階而降是示授室與婦之義也按昏禮旣昏之後夙興贊見婦于舅姑席于阼舅卽席席于房外南面姑卽席婦執笲棗栗奠于舅席又執腶脩奠于姑席訖贊者醴婦席于戶牖間贊者酌醴以醴婦薦脯醢婦受醴畢取脯醢降出授人于門外舅姑入于室共席于奧婦盥饋特豚無魚腊無稷卒食一酳席于北墉下婦徹設於席前婦卽席餕姑之餘卒食姑酳之此士禮也其大夫以上牲牢則異也○昏禮不用樂幽陰之義也樂陽氣也昏禮所以不用樂者幽深也姑使其婦深思陰靜之義以脩婦道樂陽氣也者陽是動散若其用樂則令婦人志意動散故不用樂也

○有虞氏之祭也尚用氣血腥爓祭用氣也尚謂先薦之爓或爲腤○腤直輒反○殷人尚聲臭味未成滌蕩其聲樂三闋然後出迎牲聲音之號所以詔告於天地之間也滌蕩猶搖動也○滌音狄徐又同弔反三如字徐息暫反周人尚臭灌用鬯臭鬱合鬯臭陰達於淵泉灌以圭璋用玉氣也旣灌然後迎牲致陰氣也蕭合黍稷臭陽達於牆屋故旣奠然後焫蕭合羶薌灌謂以圭瓚酌鬯始獻神也已乃迎牲於庭殺之天子諸侯之禮也奠謂薦孰時也特牲饋食所云祝酌奠于鉶南是也蕭薌蒿也染以脂合黍稷燒之詩云取蕭祭脂羶當爲馨聲之誤也奠或爲薦○灌用鬯臭絕句何庾以鬯字絕句鬱字又作鬱同合鬯絕句焫蕭如悅反下音蕭合如字徐音閤羶依注同馨許經反薌音香瓚在旦反鉶音刑蒿呼毛反染如琰反羶當失然反凡祭慎諸此魂氣歸于天形魄歸于地故祭求諸陰陽之義也殷人先求諸陽周人先求諸陰此其所以先後異也詔祝於室坐尸於堂謂朝事時也朝事延尸于戶西南面布主席東面取牲膟膋燎于爐炭先肝于鬱鬯而燔之入以詔神於室又出以墮于主主人親制其肝所謂制祭也時尸薦以籩豆至薦孰乃更延主于室之奧尸來升席自北方坐于主北焉○祝之六反下及注並同又之又反膟音律膋力彫反燎力炒反又力弔反下文同爐音盧墮許恚反或許垂反奧鳥報反用牲於庭謂殺之時升首於室制祭之後升牲首於北墉下尊首尚氣也○墉音容直祭祝于主謂薦孰時也如特牲少牢饋食之爲也直正也祭以孰爲正則血腥之屬盡敬心耳索祭祝于祊索求神也廟門曰祊謂之祊者以於繹祭名也不知神之所在於彼乎於此乎室與堂與○室與堂與並音餘下遠者與同本作室與堂也與則如字讀或諸遠人乎祭于祊尚曰求諸遠者與尚庶幾也○遠人徐于萬反○祊之爲言倞也倞猶索也倞或爲諒○倞音諒肵之爲言敬也爲尸有肵俎此訓也○肵音祈爲尸于僞反富也者福也人君嘏辭有富此訓之也或曰福也者備也○嘏古雅反首也者直也訓所以升首祭也直或爲犆也○犆徒得反○相饗之也相謂詔侑尸也詔侑尸者欲使饗此饌也特牲饋食禮曰主人拜妥尸尸荅拜執奠祝饗○相息亮反注及下之相並注同侑音又妥他果反○嘏長也大也主人受祭福曰嘏此訓也○長直良反徐知兩反○尸陳也尸或詁爲主此尸神象富從主訓之言陳非也○詁音古毛血告幽全之物也幽謂血也告幽全之物者貴純之道也純謂中外皆善血祭盛氣也祭肺肝心貴氣主也氣主氣之所舍也周祭肺殷祭肝夏祭心祭黍稷加肺祭齊加明水報陰也祭黍稷加肺謂綏祭也明水司烜所取於月之水也齊五齊也五齊加明水則三酒加玄酒也○齊才細反注及下注齊并注同綏許恚反取膟膋燔燎升首報陽也膟膋腸間脂也與蕭合燒

之亦有黍稷也明水涚齊貴新也涚猶淸也五齊濁泲之使淸謂之涚齊及取明水皆貴新也周禮帨氏以涚水漚絲涚齊或爲汎齊○說齊姑銳反字又作涚泲子禮反下同帨莫剛反漚烏豆反汎本又作泛同凡涚新之也新之者敬也其謂之明水也由主人之絜著此水也著猶成也齊主人齊絜此水乃成可得也○齊側皆反篇末文注同君再拜稽首肉袒親割敬之至也敬之至也服也拜服也稽首服之甚也肉袒服之盡也割解牲體祭稱孝孫孝子以其義稱也謂事祖禰稱曾孫某謂國家也謂諸侯事五廟也於曾祖以上稱曾孫而已祭祀之相主人自致其敬盡其嘉而無與讓也相謂詔侑尸也嘉善也腥肆爓腍祭豈知神之所饗也主人自盡其敬而已矣治肉曰肆腍熟也爓或爲膶○肆勑歷反注同腍而審反膶直輒反舉斝角詔妥尸古者尸無事則立有事而后坐也尸神象也祝將命也妥安坐也尸始入舉奠斝若奠角將祭之祝則詔主人拜妥尸使之坐尸即至尊之坐或時不自安則以拜妥之也天子奠斝諸侯奠角古謂夏時也○斝古雅反坐才臥反縮酌用茅明酌也謂泲醴齊以明酌也周禮曰醴齊縮酌五齊醴尢濁和之以明酌泲之以茅縮去滓也明酌者事酒之上也名曰明者事酒今之醳酒皆新成也春秋傳曰爾貢包茅不入王祭不共泲以酌酒酌猶斟也酒已泲則斟之以實尊彝昏禮曰酌玄酒三注于尊凡行酒亦爲酌也○縮所六反注同齊才細反下皆同去起呂反醳音亦共音恭斟章金反彝音夷注之樹反醆酒涚于淸謂泲醆酒以淸酒也醆酒盎齊盎齊差淸和之以淸酒泲之而已泲盎齊必和以淸酒者皆久味相得○醆側產反盎烏浪反差初賣反又初佳反汁獻涚于醆酒謂泲秬鬯以醆酒也獻讀當爲莎齊語聲之誤也秬鬯者中有煮鬱和以盎齊摩莎泲之出其香汁

因謂之汁莎不以三酒泲秬鬯者秬鬯尊也○汁之十反獻依注爲莎素何反下注同猶明淸與醆酒于舊澤之酒也猶若也澤讀爲醳舊醳之酒謂昔酒也泲醴齊以明酌泲醆酒以淸酒泲汁獻以醆酒天子諸侯之禮也天子諸侯禮廢時人或聞此而不審知云若今明酌淸酒與醆酒以舊醳之酒泲之矣就其所知以曉之也泲淸酒以舊醳之酒者爲其味厚腊毒也○澤依注讀爲醳音亦徐詩石反爲其于僞反腊毒上音昔隱義云腊久也久酒有毒祭有祈焉祈猶求也謂祈福祥求永貞也有報焉謂若穫禾報社有由辟焉由用也辟讀爲弭謂弭災兵遠罪疾也○辟依注作弭亡婢反遠于萬反齊之玄也以陰幽思也故君子三日齊必見其所祭者齊三日者思其居處思其笑語思其志意思其所樂則見之也〔疏〕有虞至祭者○正義曰此一節總論祭祀之事各依文解之○有虞氏之祭也尚用氣者尚謂貴尚其祭祀之時先薦用氣物也○血腥爓祭用氣也者此解用氣之意血謂祭物以血詔神於室腥謂朝踐薦腥肉於堂爓謂沈肉於湯次腥亦薦於堂祭義云爓祭祭腥而退是也今於堂以血腥爓三者而祭是用氣也以其並未熟故云用氣也○注尚謂先薦之○正義云言先薦者對合亨饋熟爲先也此虞氏尚氣殷人尚聲周人尚臭皆謂四時常祭也若其大祭祫周人仍先用樂也故大司樂云若樂九變則人鬼可得而禮矣鄭云先奏六樂以致其神而後祼焉推此言之虞氏大祭亦先作樂也故鄭注大司樂引虞書云戛擊鳴球搏拊琴瑟以詠祖考來格簫韶九成鳳凰來儀此宗廟九奏之效此虞氏人祭與周同樂九奏夏殷大祭雖無文或當與周同熊氏以爲殷人先求諸陽謂合樂在灌前周人先求諸陰謂合樂在灌後與降神之樂別熊氏又云凡大祭並有三始祭天以樂爲致神始以煙爲歆神始以血爲陳饌始祭地以樂爲致神始以腥爲歆神始以血爲陳饌始祭宗廟亦以樂爲致神始以灌爲歆神始以腥爲陳饌始義或然也按禮宗廟之祭先薦血後薦腥熊云宗廟腥爲陳饌始於義未安也熊氏又云社稷以下之祭皆有三始於義非也○殷人至聞也○殷人尚聲者帝王革異殷不尚氣而尚聲謂先奏樂也不言夏或從虞也○臭味未成滌蕩其聲者臭味未成謂未殺牲也滌蕩猶搖動也殷尚聲故未殺牲而先搖動樂聲以求神也樂三闋然後出迎牲者闋止也奏樂三徧止乃迎牲入殺之○聲音之號所以詔告於天

地之間也者解以先奏樂之義言天地之間虛豁亦陽也言鬼神在天地之間聲是陽故用樂之音聲號呼告於天地之間庶神明聞之而來是先求陽之義也○周人至羶薌○周人尚臭者周禮變於殷故先求陰尚臭也○灌用鬯臭者臭謂鬯氣也未殺牲先酌鬯酒灌地以求神是尚臭也○鬱合鬯者鬱鬱金草也鬯謂鬯酒煮鬱金草和之其氣芬芳調鬯也又以擣鬱汁和合鬯酒使香氣滋甚故云鬱合鬯也鄭注鬱人云鬱鬱金香草宜以和鬯盧云言取草芬芳香者與秬黍鬱合釀之成必爲鬯也馬氏說鬱草名如鬱金香草合爲鬯也庾氏讀句則云臭鬱合鬯○臭陰達於淵泉者用鬱鬯灌地是用臭氣求陰達於淵泉也○灌以圭璋用玉氣也者王肅云以圭璋爲瓚之柄也瓚所以㪺鬯也玉氣絜潤灌用玉瓚亦求神之宜也玉氣亦是尚臭也周言用玉則殷不用圭瓚○既灌然後迎牲者先求神後迎牲也○致陰氣也者解所以先灌是先求陰也先致氣於陰故云致陰氣也蕭合黍稷者周人後求陽也取蕭草及牲脂膋合黍稷燒之也此謂饋食時也○臭陽達於牆屋者謂以蕭合黍稷之臭氣求陽達於牆屋也○故既奠然後焫蕭合羶薌者明上焫蕭之時節也既奠謂薦熟時也堂上事尸竟延尸戶內更從此始也於薦熟時祝先酌酒奠於鉶羹之南訖尸未入於是又取

香蒿染以腸間脂合黍稷燒之於宮中此又求諸陽之義也馨香謂黍稷○注天子至燒之○正義曰知此經所云天子諸侯禮也以儀禮少牢特牲是大夫士之禮無臭鬱灌鬯之事故也云奠謂薦熟時也特牲饋食禮所云祝酌奠于鉶南是也者尸未入之前當饋孰之始饋孰有黍稷此云蕭合黍稷既奠然後焫蕭故知當饋孰之時也云染以脂合黍稷燒之者此云蕭合黍稷是蕭與黍稷合詩云取蕭祭脂是蕭與脂合也故知有蕭及脂黍稷合馨香也○詔祝至於室○詔祝於室謂朝事時也詔告也祝呪也天子諸侯朝事之時坐尸於堂戶西南面坐主在西方東面尸主之前則薦用籩豆也祝乃取牲膟膋燎於爐炭入告神於室又出墮於主當此時王乃親洗肝於鬱鬯而燔之以制於主前今云詔祝於室是燎於爐炭入告於室也○坐尸於堂者既灌鬯之後尸出堂坐戶西而南面也○注謂朝至北焉○正義曰謂朝事時者以下云用牲於庭升首於室此云詔祝於室當殺牲之初故知當朝事時也云朝事延尸于戶西南面布主席東面取牲膟膋燎於爐炭洗肝于鬱鬯而燔之者此等並於堂上而燔燎之故始云入以詔神明以前在堂也云入以詔神於室又出以墮於主前者墮謂墮祭也謂分減肝膋以祭主前也云主人親制其肝所謂制祭也者制割也謂割其肝而不相

離按禮器云君親制祭夫人薦盎此云詔祝於堂下云用牲於庭故知制祭當此節也云時尸薦以籩豆者即是朝事籩豆也云至薦熟乃更延主于室之奧者約少牢特牲饋食在奧室也云尸來升席自北方坐于主北焉者以在奧東面以南爲尊主尊故在南主既居南故尸來升席自北方也尸主各席故朝事延尸於戶外尸南面主席于東面是也鄭之此注雖參禮記及少牢特牲而言之亦約漢時祭宗廟之禮言也故其事委曲也○注制祭至氣也○正義曰知在制祭後者熊氏云見下文升首在燔燎下故知在制祭後也又知在北牖下者見下云升首以報陽明是當尸北牖可知此升首非謂有虞氏祭以首者故羊人云祭祀割羊牲登其首則三牲之首皆升也○直祭祝于主○直正也祭以薦熟爲正言薦熟正祭之時祝官以祝辭告于主若儀禮少牢敢用柔毛剛鬣用薦歲事于皇祖伯某是也○注謂薦至心耳○正義曰知薦熟時者以上文云詔祝於室次云用牲於庭升首於室下云索祭祝于祊以文次之知此當薦熟之節也○索祭祝于祊○索求也廣博求神非但在廟又爲求祭祝官行祭在於祊也祊謂廟門祭于廟門凡祊有二種一是正祭之時既設祭於廟又求神於廟門之內詩楚茨云祝祭于祊注云祊門內平生待賓客之處與祭同日也二是明日繹祭之時

設饌於廟門外西室亦謂之祊即上文云祊之于東方注云祊之禮宜于廟門外之西室是也今此索祭于祊當是正祭日之祊矣知者禮器云爲祊乎外以其稱外故注云祊祭明日之繹祭鄭又注上祊之于東方云祊之禮宜於廟門外之西室此經直云祊不云外又注直云廟門曰祊亦不云外是據正祭日祊也故下云肵之爲言敬也相饗之也假大也血毛告幽全之物是皆據正祭之日明此祊亦正祭日○注廟門至名也○正義曰廟門曰祊爾雅釋宮文云謂之祊者以於繹祭名也者此既正祭日於廟門內求神應摠稱云廟而謂之祊者以祊是廟門明日繹祭稱祊雖今日之正祭假以明日繹祭祊名同稱之曰祊也○不知神之所在於彼乎於此乎者○此解正祭在廟之時或設饌在室或設饌在堂不知神之所在之處爲於彼室乎爲於此堂乎故兩處設饌也○或設至者與○此解索祭爲祊之時或諸遠人乎者諸是語辭其神靈或遠離於人不在廟乎○祭于祊尚曰求諸遠者與者尚是庶幾也言正祭之時祭於廟門祊者庶幾求於遠處者與言於遠處求神也○祊之至陳也○此皆訓祭祀所爲之事○注爲尸有肵組○正義曰按特牲少牢設饌之後尸祭饌訖祝取牢心舌載于肵組設于饌北尸每食牲體反置于肵組是主人敬尸之組也○注人君至備也○正義

曰少牢云皇尸命工祝承致多福無疆于女孝孫使女受祿于天宜稼于田眉壽萬年勿替引之此是大夫嘏辭也人君則福慶之辭更多故詩楚茨云永錫爾極時萬時億卜爾百福如幾如式是也○注訓所至犆也○正義曰經云首者直也直正也言首爲一體之正○相饗之也相謂詔侑所以立祝詔侑尸者欲尸歆饗此饌○注特牲至祝饗○正義曰引特牲者證饗尸時節延尸初入主人拜妥尸尸答拜訖執此鉶南之奠祝則設辭以饗之欲尸饗此奠也尸遂祭與啐之嘏長也大也○尸嘏主人欲使長久廣大也○注尸或至非也○正義曰此經尸爲陳諸本尸爲主尸是神象當從主主是人所主事陳是器物陳列今訓之爲陳故云非也○毛血至道也○此謂祝初薦血毛於室時也血是告幽之物毛是告全之物告幽者言牲體肉裏美善告全者牲體外色完具所以備此告幽全之物者貴其牲之純善之道也故鄭云純謂中外皆善言中善則血好外善則毛好也○血祭至主也此是堂上制祭後又薦血腥時也○祭肺肝心貴氣主也此三者並爲氣之宅故祭時先用之是貴於氣之主故也血是氣之所舍故云盛器也三者非即氣故云氣之主也○祭黍至水也○祭黍稷加肺者謂尸既坐綏祭之時祭黍稷加之以肺言兼肺而祭故云加肺也○祭齊加明水者謂於正祭

之時陳列五齊之尊上又加明水之尊故云祭齊加明水也○報陰也者解加肺加明水之意肺是五臟在內水又屬北方皆是陰類又親形魄歸地是陰以陰物祭之故云報陰也○取膟膋燔燎升首者此謂朝踐時祝取膟膋燎于爐炭入以告神於室出以綏於主前又升首於室至薦孰之時祝更取膟膋及蕭以黍稷合燒之是臭陽達於牆屋也○報陽也者言膟膋黍稷並是陽氣之物首又是牲體亦是陽親之魂氣在天爲陽今以陽物祭之故云報陽也○明水涚齊貴新也者明水謂以陰鑑取月中之水也涚猶清也謂泲五齊使清故云涚齊所以設明水及涚齊者貴其新潔之義也○凡涚新之也者釋涚齊之意言所以涚此齊者以敬於鬼神故新潔之也○其謂之明水也由主人之潔著此水也者此釋明水之意所以謂之清明之水者著成也由主人清潔成就此水乃成可得而用也○注祭黍至酒也○正義曰祭黍稷加肺謂綏祭者按特牲禮云祝命綏祭尸左執觶右取菹擩于醢祭于豆閒佐食取黍稷肺祭授尸尸祭之是尸綏祭之時有黍稷肺也少牢亦然皇氏以爲尸綏祭之時無黍稷至主人綏祭之時乃有黍稷解此祭爲主人綏祭也違背儀禮正文其義非也云五齊加明水則三酒加玄酒也者崔氏云五齊尊上加明水之尊五齊重明水亦重故加明水三酒輕

玄酒亦輕故云三酒加玄酒也此云玄酒對明水直謂水也若總而言之明水亦名玄酒故禮運云玄酒在室及司烜注云明水以爲玄酒是也此經祭齊加明水之文謂總據祭時而用五齊非謂綏祭之時也故鄭云祭黍稷加肺謂綏祭不云祭齊也按儀禮綏祭之後亦祭酒必知此祭齊非綏祭者以鄭云三酒加玄酒三酒本非綏祭之用故也○注與蕭至稷也○正義曰凡祭血腥之時已有膟膋燔燎故前文詔祝於室鄭注云取牲膟膋燎於爐炭洗肝于鬱鬯而燔之是也至薦熟之時又取膟膋而燔之故上經云蕭合黍稷故既奠然後焫蕭合馨香故鄭此注云與蕭合燒之謂饋熟時也云亦有黍稷也者非但有蕭與膟膋兼有黍稷故云亦也○徹之至盡也○徹之至也服也者言君所以再拜稽首肉袒者是恭敬之至極恭敬之至極乃是服順於親也此摠結上再拜稽首肉袒之文下又各釋拜稽首肉袒之事○拜服也者釋再拜之文拜者是服順於親也○稽首服之甚也者釋稽首之文拜既是服而稽首頭至於地是服之甚極也肉袒服之盡也者釋肉袒之文言心雖內服外貌不盡今肉袒去飾是服之竭盡也○祭稱至家也熊氏云祭稱孝孫對祖爲言稱孝子對禰爲言○以其義稱也者義宜也事祖禰宜行孝道是以義而稱孝也○稱曾孫某謂國家也者國謂諸侯家謂

卿大夫既有國家之尊不但祭祖禰而已更祭曾祖以上但自曾祖以上唯稱曾孫而已言已是曾重之孫○注謂諸至而已○正義曰熊氏云經既稱國家則兼諸侯及大夫今注直云諸侯者注文略也大夫三廟亦事曾祖而得稱曾孫也其諸侯大夫事祖禰之時亦稱孝子孝孫事曾祖以上雖是內事則同於外稱故下曲禮云諸侯內事曰孝子某侯某外事曰曾孫某侯某是也此記不云某侯者略也上士二廟祖禰各一廟中下士一廟祖禰共廟前經注云謂祖禰據上士也○祭祀至讓也○解爲相之法也相謂詔侑也嘉善也庾氏云賓主之禮相告以揖讓之儀祭祀之禮則是主人自致其敬盡其善故詔侑尸者不告尸以讓是其無所與讓也○腥肆至已矣腥肆爓腍祭者肆剔也腍熟也言祭或進腥體或薦解剔或進湯沈或薦煑熟故云腥肆爓腍祭也○豈知神之所饗也主人自盡其敬而已矣者四種之薦豈知神適所饗邪正是主人自盡敬心而求索之心不一耳○舉斝至命也○斝角爵名也天子曰斝諸侯曰角若依此則饋食薦熟之時尸未入祝先奠爵於鉶南尸入即席而舉之如特牲禮陰厭後尸入舉奠焉也但云舉斝角恐非周禮耳崔云是周也○詔妥尸者詔告也妥安也尸始即席舉奠斝角之時既始即席至尊之坐未敢自安而祝當告主人拜尸使尸安

坐也。古者尸無事則立有事而后坐也者古夏時也夏立尸唯有飲食之事時乃坐若無事則倚立也由世質故耳。尸神象也者尸是神象故無事則立有事而后坐也。祝將命也者祝以傳達主人及神之辭令也。縮酌至酒也。正義曰此一節記人揔繹周禮司尊彝泲二齊及鬱鬯之事。縮酌用茅明酌也者縮泲也酌是斟酌謂醴齊既濁泲而後可斟酌故云縮酌也用茅者謂泲醴齊之時而用茅也明酌也者謂事酒之上酒色清明謂之明酌言欲泲醴齊時先用明酌和此醴齊然後用茅泲之不云泛齊者與醴齊同。注謂泲至酌也。正義曰謂泲醴齊以明酌者言泲醴齊之時以明酌和之引周禮醴齊縮酌者證此經縮酌是醴齊也云五齊醴尤濁者以醴比盎齊醍齊沈齊以次漸清故云尤濁其實泛齊亦濁也云明酌者事酒之上也者周禮三酒一曰事酒二曰昔酒三曰清酒三酒之中事酒尤濁三齊之內醴齊尤濁醆酒清於醴齊清酒又清於事酒故知以事酒泲醴齊也明謂清明故知是事酒之上清明者也云事酒今之醳酒皆新成也者言古之事酒正是漢之醳酒事酒與醳酒皆是新作而成故鄭注周禮云事酒酌有事者之酒謂爲事而新作者醳是和醳醞釀之名即今卒造之酒也引春秋傳者僖四年左傳文證此用茅是縮酒也云酒已泲則斟之以實尊彝者以別器泲之泲訖取之以實尊彝也言彝者通鬱鬯而言也引昏禮曰酌玄酒三注于尊者證實尊稱酌之意云凡行酒亦爲酌也者言非但實尊爲酌凡以爵行酒亦爲酌故儀禮鄉飲酒燕禮賓爵與人皆稱爲酌也。醆酒涗于清。醆酒盎齊也涗泲也謂泲之以清酒盎齊差清先和以清酒而後泲之泲謂泲漉也以其差清不用茅其醍齊沈齊泲之與醆酒同鄭注司尊彝云泛從醴緹沈從盎此記不言五齊獨舉醴盎二齊者以司尊彝涗時祭二齊三酒與鬱故此言記者釋之天子時祭所用尤多故特言之。注醆酒至相得正義曰醆酒盎齊者周禮云盎齊涗酌此云醆酒涗于清涗又是同又周禮醴齊之後有盎齊禮運醴後有醆故知醆謂盎齊也云皆久味相得者盎齊既清作之必久清酒又冬釀接夏而成故云皆久味相得也。汁獻涗于醆酒。獻謂摩莎涗謂泲也秬鬯之中有煑鬱又和以盎齊摩莎泲之出其香汁是汁莎泲之以醆酒也。注不以至尊也。正義曰旣以事酒泲醴齊清酒泲盎齊則泲秬鬯應亦用三酒今泲秬鬯乃用盎齊故曰不以三酒泲秬鬯者秬鬯尊以其尊故用五齊泲之五齊卑故用三酒泲之事相宜也。猶明清與醆酒于舊醳之酒也。猶若也明謂明酌清謂清酒醆酒謂盎齊作記之時呼明酌及清酒與醆酒等皆泲於舊醳之酒謂以舊醳昔酒和此明酌清酒等三者而泲之作記之時其道如此古禮廢亡恐人不知泲醴齊以明酌泲醆酒以清酒泲汁莎以醆酒之意故記者云泲此醴齊之等猶若今時明清醆酒泲於舊醳之酒也。就其今日所知以曉古者難知之事。注天子至毒也。正義曰天子諸侯禮廢者謂祭禮廢則今日見存此經所云泲酒皆天子諸侯之事以其禮廢其事難知故舉今事以譬曉之云泲清酒以舊醳之酒者爲其味厚腊毒也者舊醳之酒謂昔酒作雖久成比清酒爲薄故用薄酒泲此清酒爲其清酒是冬釀夏成其味厚久腊毒害故以薄酒泲之故國語云高位實疾顛厚味實腊毒鄭之此注解記時清酒泲於舊醳之酒。祭有至辟焉。正義曰有求者謂求福祥也有報焉者謂獲福而報之有由辟焉者由用也辟弭也謂用此祭之以弭止災兵罪戾之事。辟王讀至疾也。正義曰祭既有祈有報除祈福之外唯有攘除凶惡故解爲弭災兵遠罪疾取周禮小祝之文也。齊之至祭者。正義曰解齊服所以用玄冠之衣義也玄陰色鬼神幽陰故齊者玄服以表心思幽陰之理故云陰幽思也。故君子三日齊必見其所祭者解思陰義也三日謂致齊時也所祭者謂親也爲親而祭故云所祭者也鬼神居陰故三日齊思其親之居處笑語故祭時如見其所祭之親也

附釋音禮記注疏卷第二十六

江西南昌府學栞

禮記注疏卷二十六挍勘記　阮元撰盧宣旬摘錄

郊特牲

郊之祭也節

郊之至至也　惠棟挍宋本無此五字

大報天而主日也節

大猶徧也　閩監毛本同岳本同衛氏集說同嘉靖本徧誤偏

大報至位也　惠棟挍宋本無此五字

掃地而祭節

掃地而祭　閩監本同岳本同嘉靖本同毛本掃作埽石經同衛氏集說同䟽放此

掃地至誠也　惠棟挍宋本無此五字

郊之用辛也節

魯以無冬至祭天於圓丘之事　閩監本同岳本同嘉靖本同毛本圓作圜衛氏集說同考文引足利本同釋文出圜丘云本又作圓

郊之至以至　惠棟挍宋本無此五字

當齊戒自新耳　惠棟挍宋本亦作齊宋監本同岳本同嘉靖本同衛氏集說同閩監毛本齊作齋

實是魯郊而爲周字　惠棟挍宋本同閩監毛本字作事

融又云祀大神　惠棟挍宋本同閩監毛本大作天

卜之日節

因誓勑之以禮也　閩監本同岳本同嘉靖本同毛本勑作勅衛氏集說同他放此

卜之至義也　惠棟挍宋本無此五字

喪者不哭節

喪者至聽上　惠棟挍宋本無此五字

鄭氏曰鄉者　閩監毛本作鄉爲田燭者是也

以及野郊　惠棟挍宋本野郊作郊野與周禮蜡氏合衛氏集說同此本誤倒閩監毛本同

祭之日節

王被袞以象天　各本同石經同釋文出卷云本又作袞注卷冕同

戴冕璪　各本同石經同釋文出載云本亦作戴

祭之至道也　惠棟挍宋本無此五字

萬物本乎天節

萬物至始也　惠棟挍宋本無此五字

祭天以祖配此所以報謝其本　閩監毛本此作之衛氏集說同

謝其財謂之報　閩監毛本財作恩衛氏集說同

天子大蜡八節

周之正數　閩監毛本同岳本同嘉靖本同衛氏集說數作朔

嗇所樹蓺之功　各本同岳本蓺作藝○按依說文當作埶唐人樹埶字作蓺六埶字作藝說見經典釋文

天子至嗇也　惠棟挍宋本無此五字

先嗇司嗇並是一神　惠棟挍宋本一作人衛氏集說同

足知蜡周建亥之月　閩監毛本同惠棟挍宋本足作是續通解同

饗農及郵表畷節

饗農至事也　惠棟挍宋本無此五字

揔明祭百種之事　惠棟挍宋本作種此本種作穀閩監毛本同

曰土反其宅節

曰土至殺也　惠棟挍宋本無此五字

土歸其安則得不崩　閩本同惠棟挍宋本同監毛本安作宅衞氏集說同

蜡之祭節

送終喪殺　閩監毛本同按此注十五字當在上皮弁節下岳本嘉靖本此蜡之祭一節與上皮弁一節本連故注在此疏放此

蜡之至夫也　惠棟挍宋本無此五字

揔其俱名蜡也　閩監毛本同浦鏜挍云其下脫義字

公於是勞農以休息之者　惠棟挍宋本同閩監毛本公誤云

野夫黃冠節

服象其時物之色　閩監本同岳本同嘉靖本同衞氏集說同毛本服誤物

故息田夫而服之也　惠棟挍宋本此下標禮記正義卷第三十五終記云凡二十二頁

大羅氏節　惠棟挍宋本自此節起至有虞氏之祭也節止爲第三十六卷卷首題禮記正義卷第三十六

大羅至種也　惠棟挍宋本無此五字

不務畜藏　惠棟挍宋本同閩監毛本畜作蓄下畜藏與並同

八蜡以記四方節

八蜡以記四方　各本同石經同齊召南挍云按鄭引此文以解大宗伯而誤云祀四方賈疏云祀字誤也孫志祖挍云按祀字亦可通觀注云四方方有祭也疑鄭所據本爲祀字與唐初疏家所據本有不同賈氏不達乃以爲誤耳

其方穀不熟　閩監毛本同衞氏集說同岳本熟作孰嘉靖本同惠棟挍宋本宋監本並同

八蜡至興功　惠棟挍宋本無此五字

水昏正而栽　閩監本作栽毛本栽作裁衞氏集說同

恒豆之菹節

豚拍　閩監毛本同岳本同衞氏集說同嘉靖本豚作䐁釋文出䐁拍

籩豆之薦　閩監本同石經同岳本同嘉靖本同衞氏集說同毛本薦作藨釋文出藨云又作薦同按正義作薦

而不可耆也　閩監毛本同岳本同宋監本同衞氏集說同石經耆作嗜惠棟挍宋本同嘉靖本同釋文出可耆疏並作嗜

丹漆雕幾之美　各本同石經同釋文出彫云又作雕字○按依說文當作琱段玉裁云凡琱琢之成文則曰彫假借字

是水草和羹之氣　閩本作美惠棟挍宋本同衞氏集說同此本美作羹監毛本同

其菁菹麏臡　閩監毛本麏作鹿是也

供事神明之道　閩監毛本供作共衞氏集說同

不可迴便以爲私利也　閩監毛本同惠棟挍宋本迴作回衞氏集說回作因

不可同於尋常身所安褻之甚極也者　閩監毛本也者作者也惠棟挍宋本無也字

般以以斝　補案以字誤重

冠義節

毋追 石經同岳本同釋文同閩監毛本毋作母嘉靖本同衛氏集說同

而有其昏禮 閩監本同石經同岳本同嘉靖本同毛本昏作昬衛氏集說同餘放此○按依說文當作婚

官益尊也 閩監毛本同岳本同嘉靖本同衛氏集說官作爵

死而謚 閩監本同石經同嘉靖本同毛本謚作諡岳本同衛氏集說同餘放此

冠義至下也 惠棟挍宋本無此五字

乃一醴於客位 閩本同惠棟挍宋本同監毛本醴作醮衛氏集說同

爲冠身著冠畢冠身起入東房 閩監毛本同惠棟挍宋本著冠二字重

追猶推也 惠棟挍宋本同閩本推作椎監毛本推作堆衛氏集說同

天地合而后萬物興焉節

執摯以相見 各本同釋文出執贄云本亦作摯石經贄字闕

婦盥饋 各本有此三字石經同釋文出婦盥饋云一本無婦盥饋三字按正義云而禮本亦有云厥明婦盥饋者也云禮本亦有是正義本本無也盧文弨亦云婦盥饋三字注疏本無

天地至序也 惠棟挍宋本無此五字

勿令虛濫 毛本同衛氏集說同閩監本勿誤初通解虛濫作濫惡

謂之傳辭無自謙退 閩監毛本同考文引補本謂作賓衛氏集說同

厥明至序也 閩本監本毛本如此惠棟挍宋本序也二字作餕餘者

有虞氏之祭也節

爓或爲腒 閩監毛本同岳本同嘉靖本同衛氏集說同釋文出爲腒云直輒反段玉裁挍本云有司徹疏引此注爓或爲燖

染以脂含黍稷燒之 監毛本含作合岳本同嘉靖本同衛氏集說同此本誤閩本同

先肝于鬱鬯而燔之 閩監毛本同嘉靖本同岳本先作洗宋監本同衛氏集說同考文引古本足利本同按正義本亦作洗

又出以墮于主 各本同宋監本主下有人字盧文弨云他書所引主下有前字按正義則前字當有

尊首尚氣也 閩本同惠棟挍宋本同岳本同嘉靖本同衛氏集說同監毛本尚作上

此訓之也 閩監本同岳本同嘉靖本同衛氏集說同毛本此誤比

明水涗齊 各本同石經同釋文出說齊云字又作涗

泲之以茅 惠棟挍宋本作泲宋監本同岳本同嘉靖本同續通解同考文引古本足利本同此本泲誤藉閩監毛本同衛氏集說同浦鏜挍云論語譎正章疏引作泲

名曰明者 閩監毛本同岳本同嘉靖本同衛氏集說同考文引古本足利本下有神明之也四字

泲以酌酒 監毛本同閩本泲作無酌作縮惠棟挍宋本同宋監本同岳本同嘉靖本同衛氏集說同

有虞至祭者 惠棟挍宋本無此五字

先奏六樂以致其神 惠棟挍宋本六作是是也閩監毛本並誤

此宗廟九奏之郊 續通解郊作效○按作效與周禮大司樂注合此本效誤郊閩本郊字闕毛本郊作節

殷人至間也 閩監毛本同惠棟挍宋本無此五字

殷尚聲故未殺牲 監毛本同衛氏集說同閩本殷作旣惠棟挍宋本同

如鬱金香草合爲鬯也 閩監毛本同考文云補本草作矣

玉氣絜潤 惠棟挍宋本亦作絜閩本同監毛本絜作潔衛氏集說同

延尸戶內更從此始也 監毛本同衛氏集說同閩本此作孰惠棟挍宋本同

詔祝至於堂 監本祝誤室惠棟挍宋本無此五字

王乃親洗肝於鬱鬯而燔之 閩監本同衛氏集說同毛本王誤主續通解王作主人

坐尸於堂者既灌鬯之後 惠棟挍宋本無鬯字衛氏集說同此誤衍也閩監毛本同

祝取牢心舌載于肵俎 閩本同惠棟挍宋本同監毛本肵誤肝

祭黍至水也 閩監毛本同惠棟挍宋本此五字無

敬之至盡也 惠棟挍宋本無此五字

是恭敬之至極 閩監毛本同衛氏集說同惠棟挍宋本無極字

腥肆至已矣 惠棟挍宋本無此五字

舉斝至命也 監本毛本如此惠棟挍宋本至命也三字作角者

醆酒涚于清 監本毛本如此惠棟挍宋本清下有者字

泲於舊醳之酒也 惠棟挍宋本醳作澤也下有者字此本澤誤醳者字脱閩監毛本同

所祭之親也 惠棟挍宋本此下標禮記正義卷第三十六終記云凡二十六頁

禮記注疏卷二十六挍勘記

附釋音禮記注疏卷第二十七

内則第十二

○陸曰鄭云以其記男女居室事父母舅姑之法〔疏〕正義曰按鄭目録云名曰内則者以其記男女居室事父母舅姑之法此於别録屬子法以閨門之内軌儀可則故曰内則

鄭氏注　孔穎達疏

后王命冢宰降德于衆兆民后君也德猶教也萬億曰兆天子曰兆民諸侯曰萬民周禮冢宰掌飲食司徒掌十二教今一云冢宰記者據諸侯也諸侯并六卿爲三或兼職焉○后王鄭云后君也謂諸侯也王天子也盧云后王后也王天子也孫炎王肅云后王君王也并必政反兼如字一音古念反〔疏〕后王至兆民○正義曰此一經論子事父母由此后王之教使之然故先云施教之法○后王者后君也君謂諸侯王謂諸侯王謂天子不先云王者辟天子妃后之嫌故言后王也○命冢宰者若天子則天官爲冢宰若諸侯則司徒爲冢宰今記者據諸侯爲文命此司徒之冢宰○降德于衆兆民者降下也德教也諸侯命冢宰降下教令於羣衆兆民也既據諸侯當云萬民而云兆民者此經雖以諸侯爲主雜以天子言之故又稱王又稱兆民也○注后君至職焉○正義曰后君也釋詁文云萬億曰兆者依如算法億之數有大小二法其小數以十爲等十萬爲億十億爲兆也其大數以萬爲等萬至萬是萬萬爲億又從億而數至萬億曰兆故詩頌毛傳云數萬至萬曰億數億至億曰秭兆在億秭之間是大數之法鄭以此據天子天下之民故以大數言之詩魏風刺在位貪殘魏國褊小不應過多故以小數言之故云十萬曰億云天子曰兆民諸侯曰萬民者閔元年左傳文周禮是天子之法每云萬民者據畿内言之或可通稱也鄭引此者明天子諸侯之異經云兆民互明天子也云周禮冢宰掌飲食司徒掌十二教者欲明飲食教令所掌各有别官不得獨云冢宰云今一云冢宰記者據諸侯也者今此内則之篇既有飲食又有教令則經文當云命冢宰司徒兩官備言之今唯一云冢宰不兼言司徒者是司徒兼冢宰之事故云記者據諸侯而言之云諸侯并六卿爲三或兼職焉者此明司徒兼冢宰之事意疑而不定故稱或焉盧氏云后謂天子之妃者不定后妃唯主内事不得降德于衆兆民孫炎王肅皆云后王君王謂天子也此經論教訓法則是司徒所掌不可獨據冢宰盧與孫王之説其義皆非故鄭以爲據諸侯言也但雜陳王事耳

○子事父母雞初鳴咸盥漱櫛縰笄總拂髦冠緌纓端韠紳搢笏咸皆也縰韜髮者也總束髮也垂後爲飾拂髦振去塵著之髦用髮爲之象幼時鬌其制未聞也緌纓之飾也端玄端士服也庶人深衣紳大帶所以自紳約也搢猶扱也扱笏於紳笏所以記事也○盥音管洗手漱所救反徐素遘反漱漱口也下同櫛側乙反梳也縰所買反徐所綺反黑繒韜髮笄古兮反總子孔反髦音毛緌耳佳反韠音必紳音申搢徐音箭又如字音晉插也笏音忽韜吐刀反去起呂反著丁略反下文及注同鬌多果反扱本又作捷又作插初洽反徐采協反**左右佩用**自佩也必佩者備尊者使令也○令力呈反○**左佩紛帨刀礪小觿金燧**紛帨拭物之佩巾也今齊人有言紛者刀礪小刀及礪礱也小觿解小結也觿貌如錐以象骨爲之金燧可取火於日○紛芳云反或作帉同帨始銳反佩巾也觿許規反本或作鐫音同解結錐燧音遂火鏡拭音式礱力工反**右佩玦捍管遰大觿木燧**捍謂拾也言可以捍弦也管筆彄也遰刀鞞也木燧鑽火也○捍戶旦反謂射捍遰時世反徐作滯彄苦侯反鞞必頂反鑽子官反**偪**偪行縢○偪本又作幅彼力反縢徒登反**屨著綦**綦屨繫也○屨九具反綦其記反注及下同〔疏〕子事至著綦○正義曰自此以下至不敢私祭以上摠論在内法則子事父母婦事舅姑男女出入之禮長幼相事之法其文既多各隨事節而解之自子至著綦以上還論子事父母之法也此子謂男子知者以經云端韠紳搢笏故也或盥漱者盥謂洗手漱謂漱口此據年稍長者若其孺子則晏起而不能雞初鳴也笄者著縰既畢以笄插之熊氏云此笄謂安髮之笄以縰韜髮作髻既訖横施此笄於髻中以固髻也故士喪禮云笄用桑長四寸纋中是也纋中謂殺其中使細非固冠之笄故文在冠上且玄冠有纓約士冠禮有纓者無笄問喪云親始死雞斯之時去玄冠而有笄縰是知笄縰不得爲冠總者裂練繒爲之束髮之本垂餘於髻後故以爲飾也此經所陳皆依事先後櫛訖加縰縰訖加笄笄訖加總總然後加髦著冠冠畢然後服玄端著韠又加大帶也○左佩紛帨刀礪小觿金燧者皇氏云左旁用力不便故佩小物○右佩玦捍管遰大觿木燧者皇氏云以右廂用力爲便故佩大物○注縰韜至事也○正義曰縰韜髮者也士冠禮云緇纚長六尺鄭云纚一幅長六尺足以韜髮而結之矣盧

云所以爽髻承冠以全幅疊而用之未知孰是盧說爲優云緌纓之飾也者結纓頷下以固冠結之餘者散而下垂謂之緌云端玄端士服也者特牲禮士祭服玄端故云士服也云庶人深衣者以深衣是服之最下者庶人是人之賤者故知服深衣也云紳大帶者其制備於玉藻云笏所以記事也者玉藻文其制亦備於玉藻○注紛帨至於日○正義曰鄭恐人不識佩巾當鄭之時齊人呼佩巾爲紛故鄭指而言之云今齊人有言紛者是也云刀礪小刀及礪礱也者鄭恐刀礪是一物故明之云小刀及礪礱也知小刀者與小觿連文故知也○注捍謂至火也○正義曰拾斂也故鄉射大射將射謂之斂射罷謂之拾拾是收斂之意也云遰刀鞞也者此刀大於左廂刀也云木燧鑽火也者皇氏云晴則以金燧取火於日陰則以木燧鑽火也○注綦屨繫也○正義曰皇氏云屨頭施繫以爲行戒未知然否或可著屨之時屨上自有繫以結於足也故鄭注士冠禮黑屨青絇云絇之言拘也以爲行戒○

○婦事舅姑如事父母雞初鳴咸盥漱櫛縰笄總衣紳笄今簪也衣紳衣而著紳○如父母一本作如事父母衣紳如字又於既反注同簪徐側林反又作南反左佩紛帨刀礪

小觿金燧右佩箴管線纊施縏袠大觿木燧縏小囊也縏袠言施明爲箴管線纊有之○箴之林反線本又作綫息賤反纊音曠縏字又作鞶同步干反袠陳乙反又作帙囊奴郎反又作橐徐音託明爲于僞反○衿纓綦屨衿猶結也婦人有纓示繫屬也○衿嬰本又作紟其鴆反注同嬰又作纓〔疏〕婦事至綦屨○正義曰此一節論女事父母婦事舅姑所服之衣所佩之物皆異於男子之事各依文解之○注笄今至著紳○正義曰云笄今簪也者謂婦人之笄異於上男子笄縰故於此始云笄今簪也則與士冠禮男子爵弁笄皮弁笄同故鄭注冠禮亦云笄今之簪也則喪服女子吉笄尺二寸也云衣紳衣而著紳者鄭恐經云衣紳謂衣著此紳故云衣而著紳謂加玄端綃衣而後著紳帶此異於男子故不有冠緌端韠紳搢笏之屬○注縏小至有之○正義曰熊氏云袠刺也以鍼刺袠而爲縏囊故云縏袠也餘物皆不言施獨於箴管線纊之下而言施縏袠明爲四物而施矣○注衿猶至屬也○正義曰按鄭注昏禮云婦人十五許嫁笄而醴之因著纓明有繫蓋以五采爲之其制未聞鄭注昏禮既云笄而著纓則未笄無纓也下男女未冠笄亦云衿纓者彼未冠笄之纓用之以佩容臭故下注云容臭香物以纓佩之故童子男女皆有之與此婦人既笄之纓別也以適父母舅姑之所適之及所下氣怡聲問衣燠寒疾痛苛癢而敬抑搔之怡說也苛疥也抑按搔摩也○燠本又作奥同於六反煖也苛音何養本又作癢以想反搔素刀反說音悅疥音界說文云瘙癢也出入則或先或後而敬扶持之先後之隨時便也○便婢面反進盥少者奉槃長者奉水請沃盥盥卒授巾槃承盥水者巾以帨手○少詩召反後皆同奉芳勇反本或作捧下同長丁丈反後皆同帨始鋭反拭手也本又作捝同問所欲而敬進之柔色以溫之溫藉也承尊者必和顏色○溫本又作蘊又作慍同於運反注同藉字夜反○饘酏酒醴芼羹菽麥蕡稻黍粱秫唯所欲酏粥也芼菜也蕡熬枲實○饘之然反厚粥也酏羊皮反薄粥也芼毛報反蕡字又作黂扶云反徐扶畏反大麻子注同粱音良秫音述粥之

六反又羊六反熬五羔反枲思里反棗栗飴蜜以甘之堇荁枌榆免薧滫瀡以滑之脂膏以膏之謂用調和飲食也荁堇類也冬用堇夏用荁榆白曰枌免新生者薧乾也秦人溲曰滫齊人滑曰瀡也○飴羊之反餳也堇音謹菜也荁音丸似堇而葉大也枌扶云反免音問注同薧字又作槀苦老反滫思酒反溲也瀡音髓滑也滑胡八反又于八反諸卷皆同膏之古報反調如字又徒弔反和如字又胡臥反夏用戶嫁反溲所九反父母舅姑必嘗之而后退敬也〔疏〕以適至后退○正義曰此一節論子事父母婦事舅姑至其處所奉扶沃盥之儀奉進酒醴膳羞之事各依文解之○注苛疥也○正義曰苛疥者以其苛與癢共文故知苛疥也○注溫藉也○正義曰藉者所以承藉於物言子事父母當和柔顏色承藉父母若薦藉承玉然○注酏粥至枲實○正義曰酏既爲粥粥是薄者則饘爲厚者故左傳云饘於是注云饘糜也爾雅釋言云餬饘也郭景純謂糜也芼菜者按公食大夫禮三牲皆有芼者牛藿羊苦豕薇也是芼乃爲菜也用菜雜肉爲羹云蕡熬枲實者釋草云黂枲實也此中菽豆以下供尊者所食悉皆須執或

炱或熬故云熬臬實也○棗栗至膏之以甘之者謂以此棗栗飴蜜以和甘飲食○以滑之者謂用堇用荁及枌榆及新生乾薨相和瀡瀡之令柔滑之○脂膏以膏之者凝者爲脂釋者爲膏以膏沃之使之香美此等總謂調和飲食也○注冬用至瀡之○正義曰按士虞禮記夏用葵冬用荁鄭玄云荁堇類也乾則滑夏秋用生葵冬春用乾荁與此不同者此經堇荁相對故冬用堇夏用荁士虞禮葵與荁相對故夏用葵冬用荁也所對不同故注有異云榆白曰枌者釋木云榆白枌孫炎云榆白者名枌郭景純曰枌榆先生葉却著莢皮色白云免新生者薨乾也周禮庖人云共鱻薨之物鱻薨相對此經以免對薨薨既是乾故知免爲新生凡免薨於周禮後用爲言熊氏皇氏皆失之承堇荁枌榆之下據堇荁等爲免薨義或爲然○男女未冠笄者鷄初鳴咸盥漱櫛縰拂髦總角衿纓皆佩容臭纓用雙綏結之容臭香物也以纓佩之爲迫尊者給小使也○冠古亂反爲迫于僞反昧爽而朝後成人也○朝直遥反下而朝同後如字徐胡豆反下同問何食飲矣若已食則退若未食則佐

長者視具也具饌〔疏〕男女至視具○正義曰此一節論未冠笄者事親之禮○注容臭至使也○正義曰臭謂芬芳臭物謂之容者庾氏云以臭物可以脩飾形容故謂之容臭以纓佩之者謂纓上有香物也○凡内外鷄初鳴咸盥漱衣服斂枕簟灑埽室堂及庭布席各從其事斂枕簟者不使人見己褻者簟席之親身也○衣如字又於既反簟徒玷反灑本又作洒所買反又所賣反埽素報反○孺子蚤寢晏起唯所欲食無時又後未成人者孺子小子也○孺如樹反蚤音早〔疏〕凡内至無時○正義曰此一經總論子婦之外卑賤之人爰及僕隸之等故云斂枕簟灑埽室堂及庭布席之屬○由命士以上父子皆異宮昧爽而朝慈以旨甘日出而退各從其事日入而夕慈以旨甘異宮崇敬也慈愛敬進之日出乃從事食祿不免農也○士以上以或作已上時掌反後放此〔疏〕由命至旨甘○正義曰此一經論命士以上事親異於命士以下之禮○父母舅姑將坐奉席請何鄉將衽長者奉席請何趾少者執牀與坐將衽謂更臥處○奉芳勇反下同鄉許亮反衽而鴆反又而甚反臥席也趾本又作止足也處昌慮反御者舉几斂席與簟縣衾篋枕斂簟而襡之須臥乃斂之也襡韜也○縣音玄篋口協反襡音獨〔疏〕父母至襡之○正義曰此一節論父母舅姑將坐將臥奉席之禮及未臥之前旦斂枕簟衾篋舉藏須臥乃鋪御者舉几者謂早旦親起之後侍御之人則奉舉其几以進尊者使馮之○斂席與簟者斂此所臥在下大席與上襯身之簟又縣其所臥之衾以篋貯所臥之枕也○斂簟而襡之者簟既襯身恐其穢汙故斂此細簟以襡韜之言簟則韜藏席則否○父母舅姑之衣衾簟席枕几不傳杖屨祗敬之勿敢近傳移也○傳丈專反注同近附近之近○敦牟卮匜非餕莫敢用餕乃用之牟讀曰堥也卮匜酒漿器敦牟黍稷器也

○敦音對又丁雷反牟木侯反齊人呼土釜爲牟卮音支匜羊支反一音以氏反杜預注左傳云沃盥器也餕音俊堥字又作鍪木侯反與恒食飲非餕莫之敢飲食餕乃食之恒常也旦夕之常食〔疏〕父母至飲食○正義曰此一節論父母舅姑所服用之物子婦不得輒用所恒飲食之饌不得輒食○衣衾簟席枕几不傳者侍御之人停貯常處子婦不得輒更傳移令鄉他處○杖屨祗敬之勿敢近者杖屨是尊者服御之重彌須恭敬故云祗敬之勿敢偪近也○與恒食飲非餕莫之敢飲食者與及也接上敦牟之文非但不敢用及父母恒食飲食非因餕時莫敢飲食○注牟讀至槃器○正義曰敦則周禮有玉敦今之杯盂也隱義曰堥土釜也今以木爲器象土釜之形卮酒器也匜盛酒漿之器故春秋僖二十三年左傳云懷嬴奉匜沃盥是也○父母在朝夕恒食子婦佐餕婦皆與夫餕也既食恒餕每食餕而盡之末有原也父沒母存冢子御食羣子婦佐餕如初御侍也謂長子侍母食也侍食者不餕其婦猶皆餕也○旨甘滑孺子餕〔疏〕父母至子餕○正義

曰此一節論父母之食子婦餕餘之禮也○子婦佐餕者謂長子及長子之婦佐餕者食必須盡以父母食不能盡故子婦佐助餕食之使盡勿使有餘恐再進故注云末有原也末無也原再也無使有餘而再設也羣子婦佐餕如初者冡子既侍母而食羣子婦謂冡子之弟婦及衆弟婦而佐餕如初者如上父母在子婦佐餕之禮故云如初也○注侍食至餕也○正義曰經云冡子御食則云羣子婦佐餕不云冡子故知侍食者不餕冡子無父故得侍母而食冡婦既不侍食故云猶皆餕也○在父母舅姑之所有命之應唯敬對進退周旋慎齊齊中也○唯于癸反徐伊水反齊側皆反升降出入揖遊不敢噦噫嚏咳欠伸跛倚睇視不敢唾洟睇傾視也易曰明夷睇于左股○噦於月反噫於畏反嚏音帝咳苦愛反欠丘劒反伸音申跛彼義反倚於義反又其寄反睇大計反視如字徐市志反唾吐臥反涕本又作洟同吐細反○寒不敢襲癢不敢搔襲謂重衣○重直龍反不有敬事不敢袒裼父黨無容○袒音但裼思歷反不涉不撅撅揭衣也○撅居衞反揭起例反又起列反一音迦言反褻衣衾不見裏爲其可穢○見賢遍反下同爲于僞反穢紆廢反又烏會反○父母唾洟不見輒刷去之○刷色劣反去丘呂反冠帶垢和灰請漱衣裳垢和灰請澣手曰漱足曰澣和漬也○垢古口反漱素侯反後皆同澣本又作浣戶管反漬似賜反○衣裳綻裂紉箴請補綴綻猶解也○綻字或作袒直莧反徐治見反裂本又作列紉女陳反徐而陳反下之林反綴丁劣反又丁衞反解胡賣反又佳買反五日則燂湯請浴三日具沐其間面垢燂潘請靧足垢燂湯請洗潘米瀾也○燂詳廉反溫也潘芳煩反淅米汁靧音悔洗面瀾力旦反少事長賤事貴共帥時共猶皆也帥循也時是也禮皆如此也〔疏〕在父至帥時○正義曰此一節論事父母舅姑在尊者之所畏敬之法并論漱澣沐浴并明少事長賤事貴如事父母舅姑○注睇傾至左股○正義

曰明夷睇于左股者是明夷六二爻辭彼注云旁視爲睇六二辰在酉酉是西方又下體離離爲目九三體在震震東方九三又在辰辰得巽氣爲股此謂六二有明德欲承九三故云睇于左股引之者證睇爲旁視也○注撅揭衣也○正義曰言於尊所不因涉水不敢揭衣○注手曰漱足曰澣○正義曰以冠帶既尊故以手漱之用力淺也衣裳既卑故以足澣之用力深也此據士故冠帶得漱晏子是大夫故譏其澣衣濯冠也此漱澣對文爲例耳散則通也故上曲禮云諸母不漱裳是裳亦漱也詩周南箋云澣謂濯之耳亦是不用足○男不言內女不言外謂事業之次序非祭非喪不相授器祭嚴喪遽不嫌也○遽其據反其相授則女受以篚其無篚則皆坐奠之而后取之奠停地也○篚非鬼反○外內不共井不共湢浴不通寢席不通乞假男女不通衣裳內言不出外言不入湢浴室也○湢彼力反本又作偪○男子入內不嘯不指夜行以燭無燭則止嘯讀爲叱叱嫌有隱使也○嘯依注音叱尺失反○女子出門必擁蔽其面夜行以燭無燭則止擁猶障也○障音章道路男子由右女子由左地道尊右〔疏〕男不至由左○正義曰此經論男子女子殊別之宜○注祭嚴喪遽不嫌也○正義曰以經云非祭非喪不相授器則是祭與喪時得相授器所以得者祭是嚴敬之處喪是促遽之所於此之時不嫌男女有婬邪之意○注嘯讀至使也○正義曰嘯是自嘯叱謂叱人經言不嘯與不指連文而指既指物明嘯是叱人故以嘯爲叱矣云嫌有隱使者若其常事以言語處分是顯使人也如有姦私恐人知聞不以言語但諷叱而已是幽隱而使故云叱嫌有隱使也○子婦孝者敬者父母舅姑之命勿逆勿怠恃其孝敬之愛或則違解○解佳賣反下解倦同○若飲食之雖不耆必嘗而待待後命而去也○飲於鴆反食音嗣耆市志反去起呂反本又作而食之加之衣服雖不欲必服

而待待後命釋藏也加之事人待之已雖弗欲謂難其妨已業○難乃旦反○姑與之而姑使之而後復之遠懟怨於勞事姑猶且也○姑與以渚反下同遠于萬反懟直類反本又作懟子婦有勤勞之事雖甚愛之姑縱之而寧數休之不可愛此而移苦於彼也○縱本又作從足用反數色角反○子婦未孝未敬勿庸疾怨庸之言用也○姑教之若不可教而後怒之怒譴責也○譴弃戰反○不可怒子放婦出而不表禮焉表猶明也猶爲之隱不明其犯禮之過也○爲于僞反

疏子婦至禮焉○正義曰此一節論子婦事父母舅姑受飲食衣服之事并明父母舅姑接待子婦之禮子婦孝者敬者父母舅姑之命勿逆勿怠者子孝於父母婦敬於舅姑或恐倚恃孝敬之心違逆其命意有怠惰其身故戒令勿逆勿怠也○若飲食之雖不耆必嘗而待者謂尊者以飲食與已已雖不嗜愛必且嘗之而待尊者後命令已去之而後去之○加

之衣服雖不欲必服而待者爲尊者加已衣服已雖不欲必且服之而待後命而藏去之加之事人代之已雖弗欲者謂尊者言加已以事業事業欲成尊者又使人代之已此事既嚮成不欲他人代已而難其妨已之業○姑與之而姑使之者姑且也且與代已者之事而且使代已者爲之而后復之者待代已者休解而后復本事業於已身也○子婦有勤勞之事雖甚愛之者從此以下論尊者接待卑者之禮有勤勞之事者謂子婦有辛苦勤勞之事雖甚愛之者謂父母舅姑素來雖甚愛此勤勞之子婦○姑縱之者姑且也所愛子婦既有勤勞且緩縱之○而寧數休之者寧可數數休息此所愛子婦不可移此勤勞於他不愛之子婦也○子婦未孝未敬勿庸疾怨者庸用也子婦既不孝敬勿用憎疾怨惡之○姑教之者姑且也且教誨之○若不可教而后怒之者不可教謂教而不從然後責怒之○不可怒者謂雖責怒之而不從命者○子放婦出而不表禮焉者既不可責怒子被放逐婦被出棄表明也雖被出棄猶爲之隱不顯明言其犯禮之過也

父母有過下氣怡色柔聲以諫諫若不入起敬起孝說則復諫子事父母有隱無犯起猶更也○說音悅下同不說與其得罪於鄉黨州閭寧孰諫子從父之令不可謂孝也周禮曰二十五家爲閭四閭爲族五族爲黨五黨爲州五州爲鄉也父母怒不說而撻之流血不敢疾怨起敬起孝撻擊也○撻吐達反

疏父母至起孝○正義曰此一節論父母有過子諫諍之禮○不說者謂父母有過子犯顏諫諍使父母不說也○與其得罪於鄉黨州閭者謂子恐父母不說不敢孰諫使父母有過得罪於鄉黨州閭謂鄉黨州閭所共罪也○寧孰諫者犯顏而諫使父母不說其罪輕畏懼不諫使父母得罪於鄉黨州閭其罪重二者之間寧可孰諫不可使父母得罪孰諫謂純孰殷勤而諫若物之成孰然

父母有婢子若庶子庶孫甚愛之雖父母沒沒身敬之不衰婢子所通賤人之子子有二妾父母愛一人焉子愛一人焉由衣服飲食由執事毋敢視父母所愛雖父母沒不衰由自也○子甚宜

其妻父母不說出宜猶善也子不宜其妻父母曰是善事我子行夫婦之禮焉沒身不衰

疏父母至不衰○正義曰此一節謂父母有婢子庶子庶孫父母所愛已亦愛之并明已有妻妾被父母之所愛已亦當愛之○由衣服飲食由執事毋敢視父母所愛者由自也爲自已身所愛妾衣服飲食及執事毋敢比於父母所愛者故鄭云由自也子甚宜其妻者宜謂與之相善而寵愛○子不宜其妻者謂不與之相善被疏薄○父母曰是善事我者言此妻汝雖疏薄是善能事我子當行夫婦之禮焉子雖寵愛其妻父母不說出者出謂出去也按大戴禮本命云婦有七出不順父母去無子去淫去妬去有惡疾去口多言去竊盜去不順父母爲逆德也無子爲其絕世也淫爲亂其族也妬爲亂其家也有惡疾爲其不可共粢盛也口多言爲其離親也竊盜爲其反義也大戴禮又云婦有三不去有所受無所歸不去曾經三年喪不去前貧賤後富貴不去何休又云喪婦長女不娶無教戒世有惡疾不娶棄於天世有刑人不娶棄於人亂家女不娶類不正逆家女不娶廢人倫也按周易同人六二鄭注云天子諸侯后夫人無七出則猶有六出也

其天子之后雖失禮亦不出故鼎卦初六鄭注云嫁於天子雖失禮無出道廢遠而已若其無子不廢遠之后尊如其犯六出則廢之。父母雖沒將爲善思貽父母令名必果貽遺也果決也。貽以之反遺以季反。將爲不善思貽父母羞辱必不果【疏】父母至不果。正義曰此一節論子事父母父母雖沒思行善事必果決爲之若爲不善思遺父母羞辱必不得果決爲之○舅沒則姑老謂傳家事於長婦也。傳丈專反冢婦所祭祀賓客每事必請於姑婦雖受傳猶不敢專行也介婦請於冢婦以其代姑之事介婦衆婦。介音界注及下同舅姑使冢婦毋怠雖有勤勞不敢解倦。勌本又作倦其卷反。不友無禮於介婦衆婦無禮冢婦不友之也善兄弟爲友娣姒猶兄弟也舅姑若使介婦毋敢敵耦於冢婦雖有勤勞不敢掉磬。掉磬徒弔反隱義云齊人以相絞訐爲掉磬崔云北海人謂相激事爲掉磬也。不敢並行不敢並命不敢並坐下冢婦也命爲使令。下戶嫁反令力呈反。凡婦不命適私室不敢退婦侍舅姑者也婦將有事大小必請於舅姑不敢專行子婦無私貨無私畜無私器不敢私假不敢私與家事統於尊也。畜許六反又許又反又尺六反。婦或賜之飲食衣服布帛佩帨茝蘭則受而獻諸舅姑舅姑受之則喜如新受賜或賜之謂私親兄弟。茝蘭本又作芷昌改反韋昭注漢書云香草也昌以反又說文云虈也虈火喬反齊人謂之茝昌在反若反賜之則辭不得命如更受賜藏以待乏待舅姑之乏也不得命者不見許也婦若有私親兄弟將與之則必復請其故賜而后與之【疏】父母至與之正義曰此一

節論婦事舅姑之禮并明冢婦介婦相於之節又明婦有私親賜之美物當獻於舅姑也。注謂傳至婦也。正義曰若舅姑未沒年七十以上傳家事於長子其婦亦從夫知家事也若舅沒姑未老則其婦不得專知家事也故經云姑老若其不老則不得知也。注衆婦至弟也。正義曰衆婦無禮冢婦不友之也者以其無禮故。冢婦疏薄之此無禮謂非七出之罪者若其七出自當棄之若冢婦無禮罪非七出衆婦當友之以適婦尊故也。注雖有至掉磬。正義曰庾氏云齊人謂之差許崔氏云北海人謂相激之事爲掉磬隱義云齊人謂相絞訐爲掉磬。注命爲使令。正義曰謂介婦不敢與冢婦並有教令之命下冢婦也。注或賜至兄弟。正義曰以下文云婦若有私親兄弟將賜之此云或賜之獻諸舅姑故知私親兄弟也雖藏之以待舅姑之乏若舅姑不乏私親兄弟既貧將欲以物與之不敢別請其財則必於舅姑處復請其故賜所藏之物舅姑既許然後取而與之○適子庶子祇事宗子宗婦祇敬也宗大宗。復扶又反適丁歷反○雖貴富不敢以貴富入宗子之家雖衆車徒舍于外以寡約入入謂入宗子家子弟猶歸器衣服裘衾車馬則必獻其上而后敢服用其次也猶若也子弟若有功德以物見饋賜當以善者與宗子也若非所獻則不敢以入於宗子之門謂非宗子之爵所當服也不敢以貴富加於父兄宗族加猶高也若富則具二牲獻其賢者於宗子賢猶善也夫婦皆齊而宗敬焉當助祭於宗子之家。○齊側皆反。終事而后敢私祭祭其祖禰【疏】適子至私祭。正義曰此一節論族人敬事宗子之禮。適子庶子祇事宗子宗婦者適子謂父及祖之適子是小宗也庶子謂適子之弟宗子謂大宗子宗婦謂大宗子之婦言小宗及庶子等敬事大宗子及宗婦也。子弟猶歸器衣服裘衾車馬者猶若也歸謂歸遺也子弟若有功德被尊上歸遺衣服裘衾車馬則必獻其善者於宗子。若富則具二牲獻其賢者於宗子者賢猶善也善者獻宗子使祭之不善者私用自祭也。夫婦皆齊而宗敬焉者大宗子將祭之時小宗夫婦皆齊

戒以助祭於大宗以加敬焉謂敬事大宗之祭○終事而后敢私祭者謂大宗終竟祭事而后敢以私祭祖禰也此文雖主事大宗子其大宗之外事小宗子者亦然

○飯目諸飯也黍稷稻粱白黍黄粱稰穛孰穫曰稰生穫曰穛黍黄黍也○稰思呂反穛側角反○膳目諸膳也膷臐膮醢牛炙醢牛胾醢牛膾羊炙羊胾醢豕炙醢豕胾芥醬魚膾雉兔鶉鴽此上大夫之禮庶羞二十豆也以公食大夫禮饌校之則膮牛炙間不得有醢醢衍字也又以鴽爲鴽也○膷音香牛臛也臐許云反羊臛也膮許堯反豕臛也字林云豕羹也火伇反炙章夜反下同胾側吏反膾古外反芥徐姬邁反鶉順倫反鴽音晏食音嗣醢食糁食並同鴽音如下文同

○飲目諸飲也重醴稻醴清糟黍醴清糟粱醴清糟重陪也糟醇也清泲也致飲有醇者有泲者陪設之也○重直龍反注同糟子曹反徐但到反醇常倫反泲子禮反或以酏爲醴釀粥爲醴黍酏酏粥漿酢截○酢七故反截才載反水清醷梅漿○醷本又作臆新於紀反徐於力反濫以諸和水也以周禮六飲挍之則濫涼也紀莒之間名諸爲濫○濫力暫反以諸乾桃乾梅皆曰諸○酒目諸酒也清白白事酒昔酒也○羞目諸羞也糗餌粉酏糗擣熬穀也以爲粉餌與餈此記似脱周禮羞籩之實糗餌粉餈羞豆之實酏食糝食此酏當爲餰以稻米與狼臅膏爲餰是也○糗起九反又昌紹反餌音二下同酏讀曰餈又作餰之然反又之善反擣本又作搗丁老反下同餈本又作粢自私反下同糝西感反臅昌録反徐又音蜀○食目人君燕食所用也○食音嗣飯也下苽食麥食食齊皆同徐如字蝸醢而苽食雉羹麥食脯羹雞羹析稌犬羹兔羹和糝不蓼苽彫胡也稌稻也凡羹齊宜五味之和米屑之糝蓼則不矣此脯所謂析乾牛羊肉也○蝸力戈反苽音孤字又作菰同雉羹絶句麥食脯羹雞羹絶句析之列反稌音杜徐他古反和糝上胡臥反下三敢反注同蓼音了齊才細反下文同析星歷反下同濡豚包苦實蓼濡雞醢醬實蓼濡魚卵醬實蓼濡

鼈醢醬實蓼凡濡謂亨之以汁和也苦苦荼也以包豚殺其氣卵讀爲鯤鯤魚子或作㔍也○濡音而下同苞伯交反醢音海一本作醢呼兮反次下句同卵依注音鯤古門反亨普彭反煮也荼音徒㔍音關本又作捫音門腶脩蚳醢腶脩捶脯施薑桂也蚳蚍蜉子也○腶丁亂反蚳直其反蟻子也捶徐之棨反蜱本又作蚍音毗蜉本又作蚹音浮脯羹兔醢麋膚魚醢魚膾芥醬麋腥醢醬桃諸梅諸卵鹽自蝸醢至此二十六物似皆人君燕所食也其饌則亂膚切肉也膚或爲胖卵鹽大鹽也○卵力管反胖音判

○凡食齊視春時飯宜溫也羹齊視夏時羹宜熱也○夏戶嫁反下放此醬齊視秋時醬宜涼也飲齊視冬時飲宜寒也○凡和春多酸夏多苦秋多辛冬多鹹調以滑甘多其時味以養氣也○牛宜稌羊宜黍豕宜稷犬宜粱鴈宜麥魚宜苽言其氣味相成

○春宜羔豚膳膏薌夏宜腒鱐膳膏臊秋宜犢麛膳膏腥冬宜鮮羽膳膏羶此八物四時肥美也爲其大盛煎以休廢之膏節其氣也牛膏薌犬膏臊雞膏腥羊膏羶腒乾雉也鱐乾魚也鮮生魚也羽鴈也○薌音香腒其居反盧云雉腊説文云北方謂鳥腊曰腒鱐本又作鱐所求反臊素刀反麛音迷鹿子也腥音星雞膏也説文作胜云犬膏臭也羶升然反爲于僞反大盛音太

○牛脩鹿脯田豕脯麋脯麕脯麋鹿田豕麕皆有軒雉兔皆有芼脯皆析乾肉也軒讀爲憲憲謂藿葉切也芼謂菜釀也軒或爲胖○麕九倫反本又作麇又作麏下田豕麕同軒音憲出注後放此爵鷃蜩范蜩蟬也范蜂也○蜩范上音條下音犯范蠭也蠭本又作蜂芳凶反芝栭蔆椇棗栗榛柹瓜桃李梅杏楂梨薑桂蔆芰也椇枳椇也椇藜之不臧者自牛脩至此三十一物皆人君燕食所加庶羞也周禮天子羞用百有二十品記者不能次録○芝音之栭

音而本又作檽蔆音陵椇音矩榛側巾反柹音侯樝側加反芰其寄反枳居氏反

［疏］飯黍至薑桂○正義曰此一節揔論飯飲膳羞調和之宜又明四時膳食所用并明善惡治擇之等又顯貴賤所食之別各依文解之○飯黍至稰穛此飯之所載凡有六種下云白黍則上黍是黃黍也下言黃粱則上粱是白粱也按玉藻諸侯朔食四簋黍稷稻粱此則據諸侯其天子則加以麥苽爲六但記文不載耳○注孰穫至曰穛○正義曰穛是斂縮之名明以生穫故其物縮斂也稰既對穛故爲孰穫○膳腳至鶉鷃此一節論豆上所盛美膳謂羹與胾醢之屬也○注此上至鷃也○正義曰知上大夫之禮庶羞二十豆者按公食大夫禮文云二十豆者腳一謂牛臐也臐二謂羊臛也膮三謂豕臛也牛炙四炙牛肉也此依公食大夫禮所陳設此等四物共爲一行最在於北從西爲始醢五謂肉醬也牛胾六謂切牛肉醢七牛膾八此等四物又爲第二行陳之從東爲始羊炙九羊胾十醢十一豕炙十二此等四物爲第三行陳之從西爲始醢十三豕胾十四芥醬十五魚膾十六此等四物爲第四行陳之從東爲始以上十六豆是下大夫之禮也雉十七兔十八鶉十九鴽二十此等四物爲第五行陳之從西爲始此是上大夫所加二十豆按公食大夫禮膮之下牛炙之上無醢字故云以公食

記疏卷二十七　十五

大夫禮饌按之則膮牛炙間不得有醢醢衍字也又公食大夫禮以鷃爲鴽按釋鳥云鴽鴾母某氏云謂鴾李巡云鴽鴾一云鴾母郭景純云鶉青州呼爲鴾母皇氏用賀氏之說鴽蝙蝠其義未聞熊氏云此經醢文豕牛羊之下則是牛肉羊肉之醢以其庶羞故得用三牲爲醢若其正羞則不得用三牲故醢人職無云牲之醢也○飲重至醷濫此一節明諸飲之物也○注重陪至之也○正義曰此稻黍粱三醴各有清糟以清糟相配重設故云重醴凡致飲之時有清者有糟者按周禮漿人共王之六飲有水漿醴涼醫酏不云糟也共夫人致飲于賓客之禮清醴醫酏糟注云三物有清有糟夫人不體王得備之若后之致飲於賓客有糟無清故酒正共后之致飲于賓客之禮醫酏糟注云后致飲無醴醫酏不清者與王同體屈也○注以諸至爲濫○正義曰按漿人六飲有涼注云涼今寒粥若糗飯雜水也康成以涼與濫是一物矣則此以諸和水謂以諸雜糗飯之屬和水也諸者衆雜之辭按漿人六飲一曰水則此經水一也二曰漿則此經漿一也三曰醴則此經重醴一也但用清耳四曰涼則此經濫一也五曰醫則此經或以酏爲醴一也六曰酏則此經黍酏一物也除六飲之外此經別有醷也若鄭司農之意醷與醫爲一物即以酏爲醴者非康成義也鄭必知醷爲梅漿者見下文云調之以醯醢及若醷醷則醷是醷之類也又云獸用梅故知梅漿也按酒正云一曰清則此醴也二曰醫則此以酏爲醴也三曰漿則此漿也四曰酏則此黍酏也但無水涼二物鄭云無厚薄之齊故酒正不辨矣○酒清白此一節論酒之所用清謂清酒白謂事酒昔酒以二酒俱白故以一白標之配清酒則三酒故鄭云白事酒昔酒也此無五齊者五齊是祭祀獻神所飲非人常用故也○羞糗餌粉酏按周禮羞籩之實糗餌粉餈鄭注云合蒸曰餌餅之曰餈此二物皆粉稻米黍米爲之糗者擣粉熬大豆爲餌餈之黏著故以粉糗擣之據周禮粉下有餈今無者記人脫漏更以酏益之酏者於周禮羞豆之實故周禮云羞豆之實酏食糝食酏謂餈也○注此酏當爲餰○正義曰上以黍酏是粥知此酏當爲餰者按周禮酏食共糝食文連則酏是糝之般類此內則作糝與餰其事相連故云此酏當爲餰若其黍酏非膳羞所用且餰雖雜以狼臅膏亦粥之般類也○食蝸至卵鹽此一節揔明人君燕食所用蝸醢而苽食雉羹者謂以蝸爲醢以苽米爲飯以雉爲羹三者味相宜○麥食脯羹雞羹者謂以麥爲飯析脯爲羹又以雞爲羹此三者亦味相宜也○析稌犬羹兔羹者稌稻也謂細析稻米爲飯以犬兔爲羹此三者亦味相宜也○和糝不蓼者此等之羹宜以五味調和米屑爲糝不須

記疏卷二十七　十六

加蓼也○濡豚包苦實蓼者濡謂亨煑以其汁調和言濡豚之時苞裹豚肉以苦菜殺其惡氣又實之以蓼○濡雞醢醬實蓼者言亨濡此雞加之以醢及醬又實之以蓼○濡魚卵醬實蓼者謂魚子以魚子爲醬濡亨其魚又實之以蓼○濡鼈醢醬實蓼者謂亨其鼈加醢及醬又實之以蓼凡言實蓼者皇氏云謂破開其腹實蓼於其腹中又更縫而合之○腶脩蚳醢者腶脩謂腶脯也言食腶脯之時以蚳醢配之○脯羹兔醢者脯羹即上析脯爲羹以兔醢配之○麋膚魚醢者麋膚謂麋肉外膚食之以魚醢配之○麋腥醢醬者腥謂生肉言食麋生肉之時還以麋醢配之此云麋腥即上麋膚謂孰也○桃諸梅諸卵鹽者言食桃諸梅諸之時以卵鹽和之王肅云諸菹也謂桃菹梅菹即今之藏桃也藏梅也欲藏之時必先稍乾之故周禮謂之乾蕪鄭云桃諸梅諸是也○注卵讀至魚子○正義曰知卵讀爲鯤者以鳥卵非爲醬之物蚳醢是蚍蜉之子今卵醬承濡魚之下宜是魚之般類故讀爲鯤鯤是魚子也○注自蝸至鹽也○正義曰自蝸醢至此二十六物者皇氏云蝸一也苽食二也雉羹三也麥食四也脯羹五也雞羹六也析稌七也犬羹八也兔羹九也濡豚十也濡雞十一也濡魚十二也濡鼈十三也自此以上醢之與醬皆和調濡漬雞豚之屬爲他物而設之故不數矣自此以

下醢及醬各自爲物但相配而食故數之腶脩十四也蚳醢十五也脯羹重出兎醢十六也麋膚十七也魚醢十八也魚膾十九也芥醬二十也麋醢二十一也醢二十二也醬二十三也桃諸二十四也梅諸二十五也卵鹽二十六也諸儒更無所說今依用之云似皆人君燕所食也者按周禮掌客云諸侯相食皆鼎簋十有二其正饌與此不同其食臣下則公食大夫禮具有其文與此又異故疑是人君燕食也云其饌則亂者按上陳庶羞有膷臐膮有牛炙牛胾始云牛炙豕炙而依牲大小先後而陳此則先云雉羹後云脯羹又先云雞羹後云犬羹不依牲之次第又飯食在簋醢羹之屬在豆是上下雜亂故云其饌則亂也云膚切肉也者以其與醢醬相類在豆之物故爲切肉若其正膚則在俎故少牢特牲膚皆在俎也云卵鹽大鹽也者以其鹽形似鳥卵故云大鹽也○注多其至氣也○正義曰依經方春不用食酸夏不用食苦四時各減其時味也此云多其時味以養氣者經方所云謂時氣壯者減其時味以殺盛氣此經所云食以養人恐氣虛羸故多其時味以養氣也○注言其氣味相成○正義曰此云牛宜稌上云析稌用犬羹又云犬宜粱而以犬羹配析稌者此牛宜稌之屬據尊者正食上之所云據人君燕食以滋味爲美故與此不同○春宜至膏羶○上文食齊視春時至

魚宜苽皆周禮食醫之文記者載之於此論調和食飲之法此春宜羔豚一經又記庖人論四時煎和膳食之宜以王相休廢相參其味乃善○春宜羔豚膳膏薌者春爲木王膏薌牛膏也牛中央土畜春春東方木木剋土木盛則土休廢用休廢之膏故用牛膏也○夏宜腒鱐膳膏臊者腒乾雉鱐乾魚膏臊犬膏也犬屬西方金夏南方火火剋金火盛則金休廢故用犬膏也○秋宜犢麛膳膏腥者膏腥謂雞膏也雞屬東方木秋西方金金剋木金盛則木休廢故用雞膏也○冬宜鮮羽膳膏羶者鮮魚羽鴈膏羶謂羊膏也羊屬南方火冬水王水剋火水盛則火休廢故用羊膏也周禮庖人文與此同鄭彼注云羔豚物生而肥犢與麛物成而充腒鱐暵熱而乾魚鴈水涸而性定此八物者得四時之氣尤盛爲人食之弗勝是以用休廢之脂膏煎和膳之義與此同○注牛膏至羶也○正義曰按洪範五行傳云思之不睿則有牛禍牛屬土也言之不從則有犬禍犬屬金也貌之不恭則有雞禍雞屬木也視之不明則有羊禍羊屬火也今四時各有所剋脂膏而和膳食故知牛膏薌犬膏臊雞膏腥羊膏羶也云腒乾雉也者士相見禮云冬執雉夏執腒故知腒爲乾雉云鱐乾魚也者周禮籩人云膴鮑魚鱐鱐與鮑相對鮑爲濕魚故知鱐是乾魚也云鮮生魚也者鱐既爲乾魚故鮮爲生魚也月令云季冬獻魚又王制云獺祭魚然後虞人入澤梁是冬魚成也云羽鴈也者羽族既多而冬來可食者唯鴈故知羽鴈也庖人云春行羔豚行謂行用此云宜謂氣味相宜其事同也○牛脩至薑桂○麋鹿田豕麕皆有軒者言此等非但爲脯又可腥食腥食之時皆以藿葉起之而不細切故云皆有軒不云牛者牛唯可細切爲膾不宜大切爲軒故不言之○雉兎皆有芼者爲雉羹兎羹皆有芼菜以和之○芝栭者庾蔚云無華葉而生者曰芝栭盧氏云芝木芝也王肅云無華而實者名栭皆芝之屬也庾又云自牛脩至薑桂凡三十一物則芝栭應是一物也今春夏生於木可用爲菹其有白者不堪食也賀氏云栭軟棗亦云芝木椹也以芝栭爲二物鄭下注云三十一物則數芝栭爲一物也賀氏說非也○注蔆芰至次錄○正義曰椇棃之不臧者椇是棃屬其味不善故云不臧也○云自牛脩至此三十一物者牛脩一鹿脯二田豕脯三麋脯四麕脯五麋軒六鹿軒七田豕軒八麕軒九雉芼十兎芼十一爵十二鷃十三蜩十四范十五芝栭十六蔆十七椇十八棗十九栗二十榛二十一柹二十二瓜二十三桃二十四李二十五梅二十六杏二十七柤二十八梨二十九薑三十桂三十一云皆人君燕食所加庶羞也者以下文云大夫燕食有膾無脯故知此是人君燕食也按周禮籩人醢

人正羞唯有棗栗榛桃無以外雜物故知所加庶羞也引周禮天子惟用百有二十品以下者證天子庶羞既多不惟三十一物而已云記者不能次錄者謂作記之人不能依次條錄天子之事但錄諸侯燕食三十一物而已亦不能依次也

○大夫燕食有膾無脯有脯無膾士不貳羹胾庶人耆老不徒食尊卑差也

疏 大夫至徒食○正義曰此一經接上人君燕食因明大夫士庶人燕食不同○有脯無膾者言大夫燕食若有脯則不得有膾按鄭志云脯非食殽此燕得食脯者脯非食殽謂食不專用脯以爲食殽若有餘饌兼之則得有脯○士不貳羹胾者謂士燕食也若朝夕常食則不二羹食自諸侯以下至於庶人無等

附釋音禮記注疏卷第二十七

禮記注疏卷二十七挍勘記　阮元撰盧宣旬摘錄

附釋音禮記注疏卷第二十七 惠棟挍宋本禮記正義卷第三十七

內則第十二

后王命冢宰節

后王至兆民 惠棟挍宋本無此五字

君謂諸侯王謂諸侯王謂天子 閩監毛本同案王謂諸侯四字誤衍惠棟挍宋本不誤衛氏集說作后謂諸侯王謂天子亦無王謂諸侯四字

不定后妃唯主內事 閩監毛本不定作若是

子事父母節

笄總 石經同岳本同嘉靖本同衛氏集說同釋文同閩監毛本總作緫石經考文提要云宋大字本宋本九經南宋巾箱本余仁仲本劉叔剛本皆作總注下同

自佩也 閩監毛本同岳本同嘉靖本同衛氏集說同考文引足利本自作目

紛帨拭物之佩巾也 閩監毛本同衛氏集說同惠棟挍宋本本無佩字宋監本同岳本同嘉靖本同考文引古本足利本同

遰刀鞞也 閩毛本同岳本同衛氏集說同監本鞞誤鞞嘉靖本鞞作韗按釋文鞞音必頂反當作鞞

子事至著綦 惠棟挍宋本無此五字

縰韜加笄笄韜加緫 閩監本同毛本縰誤縱下韜誤韜

婦事舅姑節

如事父母 各本同石經亦有事字釋文出如父母云一本作如事父母

衿纓 各本同石經同釋文出衿嬰云嬰又作纓

婦事至綦屨 惠棟挍宋本無此五字

則喪服女子吉笄尺二寸也 閩本同衛氏集說亦作吉監本吉字殘闕毛本吉誤古

而言施鞶袠 惠棟挍宋本作袠衛氏集說同此本袠字模糊閩監毛本袠誤囊

明有鞶也 閩監毛本同衛氏集說同惠棟挍宋本鞶下有也字

以適父母舅姑之所節

疾痛苛癢 各本同石經同釋文出苛養云本又作癢

蕡熬枲實 閩毛本同岳本同嘉靖本同衛氏集說同監本枲誤臬不成字

榆白曰枌 閩毛本同岳本同嘉靖本同衛氏集說同監本枌誤粉

以適至后退 惠棟挍宋本無此五字

至其處所奉扶沃盥之儀 閩監毛本同衛氏集說同惠棟挍宋本扶作持

男女未冠笄者節

男女至視具 惠棟挍宋本無此五字

謂纓上有香物也 閩監毛本同衛氏集說有作著

凡內外節

灑掃室堂 閩監本同嘉靖本同毛本掃作埽石經同岳本同衛氏集說同釋文同

孺子蚤寢晏起 各本同石經同釋文孺作孺

凡內至無時 惠棟挍宋本無此五字

由命士以上節

日入而夕慈以旨甘 各本同毛本旨甘二字誤倒

食祿不免農也　惠棟挍宋本同宋監本同岳本同嘉靖本同衞氏集說同考文引補本足利本同古本免作勉閩監毛本免誤荒

父母舅姑將坐節

長者奉席請何趾　各本同石經同釋文出何止云本又作趾○按說文有止字無趾字

須臥乃敷之也　惠棟挍宋本同宋監本同岳本同嘉靖本同衞氏集說同閩本敷字殘闕監毛本敷誤斂

父母至褐之　惠棟挍宋本無此五字

父母舅姑之衣衾節

牟讀曰堥也　閩監毛本同衞氏集說同正義亦作堥岳本作鍪嘉靖本同釋文出如堥云字又作蝥

父母至飲食　惠棟挍宋本無此五字

父母在朝夕恒食節

肩甘滑　補各本皆作柔滑此誤脫柔字

父母至子餕　惠棟挍宋本無此五字

子婦餕餘之禮也　閩監毛本同惠棟挍宋本無也字衞氏集說同

在父母舅姑之所節

不敢唾洟　閩監毛本洟誤作咦石經同岳本同嘉靖本同衞氏集說同釋文出唾涕云本又作洟通典六十八亦作洟

潘米瀾也　閩監毛本作瀾岳本同嘉靖本同衞氏集說同釋文同此本瀾誤瀾盧文弨挍云瀾說文作灡

在父至帥時　惠棟挍宋本無此五字

男不言內節

男不至由左　惠棟挍宋本無此五字

不嫌男女有婬邪之意　閩監本同毛本婬作淫衞氏集說同

子婦孝者敬者節

或則違解　惠棟挍宋本同岳本同嘉靖本同考文引古本足利本同閩監毛本則誤時衞氏集說同釋文出解也衞氏集說解下亦有也字

雖不耆　閩監毛本同岳本同衞氏集說同釋文出不耆石經耆作嗜嘉靖本同惠棟挍宋本同宋監本同按疏出經文亦作嗜通典六十八引亦作嗜○按古多假耆爲嗜

姑與之而姑使之　各本同石經同釋文與作予○按予與古今字

子婦至禮焉　惠棟挍宋本無此五字

父母有過節

子從父之令　閩監本同岳本同嘉靖本同衞氏集說同毛本令作命通典引亦作令

父母至起孝　惠棟挍宋本無此五字

謂子恐父母不說　閩監毛本作謂此本謂字模糊考文云補本謂作諫

父母有婢子節

父母至不衰　惠棟挍宋本無此五字

喪婦長女不娶　閩本監本同毛本婦作父盧文弨云婦字是父字非

舅沒則姑老節

不敢解倦　各本同釋文出解勸云本又作倦

凡婦不命適私室　石經同岳本同嘉靖本同衞氏集說同閩監毛本凡誤几

藏以待乏　閩本同石經同岳本同嘉靖本同衞氏集說同監毛本乏誤之通典六十八亦作藏以待之

父母至與之　惠棟挍宋本無此五字
并明冢婦介婦相於之節　惠棟挍宋本同閩監毛本於作與衛氏集說同
故○冢婦疏薄之　補故下○誤
析稌　嘉靖本同閩監毛本析作折石經同岳本同衛氏集說同釋文同段玉裁挍本云折當析之誤析同淅汰米也
陸云之列反非
包苦實蓼　各本同石經同釋文包作苞
或作攔也　閩監毛本同岳本同衛氏集說同嘉靖本攔誤攔釋文出作攔云本又作㩟考文引古本攔作
攔
蚳蚍蜉子也　各本同釋文出蜱云本又作蚍
卵鹽　各本同石經同石經考文提要云坊本譌夘醬

自蝸醢至此二十六物　惠棟挍宋本同宋監本同岳本同嘉靖本同衛氏集說同考文引古本足利本同閩監毛本二誤一
麤脯　各本同石經同釋文出麤云本又作麇又作麕下田豕麤同
脯皆析乾肉也　惠棟挍宋本肉上有其字宋監本同岳本同嘉靖本同此本誤脫閩監毛本同衛氏集說同
范蜂也　各本同釋文出蠭云本又作蜂
柹瓜　閩監毛本同嘉靖本同衛氏集說同石經柹作柹宋監本同岳本同釋文同石經考文提要云宋大字本劉叔剛本作柹
楂梨　嘉靖本同閩監毛本同衛氏集說同惠棟挍宋本楂作柤石經同岳本同宋監本同案釋文亦作柤石經考文提要云宋大字本劉叔剛本並作柤

柤棃之不臧者　閩監毛本同嘉靖本棃作梨衛氏集說同岳本柤棃作柤梨宋監本同考文引補本古本足利本作楂梨按柤當作柤困學紀聞引內則注柤棃之不臧是誤字
飯黍至薑桂　惠棟挍宋本無此五字
謂牛臛也　惠棟挍宋本同衛氏集說同閩監毛本臛誤臛下羊臛豕臛同○按依說文當作脽臛俗字
按釋鳥云鴽鴾母某氏云　閩本同惠棟挍宋本同監毛本某誤郭
故以粉糗擣之　閩監毛本同惠棟挍宋本擣作搏衛氏集說同○按依本經注當作擣
析稌七也　監毛本同衛氏集說同閩本析作折惠棟挍宋本同
牛中央土畜春春東方木木尅土　閩本同惠棟挍宋本同惟春字不重衛氏集說同監本畜春春東方木六字闕毛本六字亦脫

犢與麋物成而充　閩監本同毛本充誤克○按周禮注作與麛是也麛鹿子麋乃麋鹿字
柤棃之不臧者　惠棟挍宋本柤作柤此本誤也閩監毛本同下柤是棃屬放此
柤二十八　惠棟挍宋本同閩監毛本柤作楂衛氏集說同
亦不能依次也　惠棟挍宋本此下摽禮記正義卷第三十七終記云凡二十一頁
大夫燕食節　惠棟挍宋本自此節起至女子十年不出節止爲第三十八卷卷首題禮記正義卷第三十八
庶人耆老不徒食　各本同毛本徒誤從
大夫至徒食　閩本同監毛本徒誤從按惠棟挍宋本無此五字

禮記注疏卷二十七挍勘記

附釋音禮記注疏卷第二十八

內則　鄭氏注　孔穎達疏

膾春用葱，秋用芥。豚春用韭，秋用蓼。芥，芥醬也。脂用葱，膏用薤。脂肥凝者，釋者曰膏。○薤，戶界反，俗本多作薤，非也。三牲用藙，藙，煎茱萸也。漢律會稽獻焉，爾雅謂之樧。○藙，魚氣反，會，古外反，稽，古兮反，樧，色八反，似茱萸而實赤小。和用醯，畜與家物自相和也。○和，戶臥反，注皆同，注又如字。醯，呼兮反，酢也。畜，許又反，又許六反。獸用梅。亦野物自相和。鶉羹、雞羹、鴽，釀之蓼。釀謂切雜之也。鴽在羹下，烝之不羹也。○鶉雞羹本又作鶉羹雞羹。魴鱮烝，雛燒，雉，薌無蓼。薌，蘇荏之屬也。燒，烟於火中也。自膾用葱至此，言調和菜釀之所宜也。○魴鱮，上音房，下音敘。烝，皇絕句，之丞反。雛，字又作鶵，仕俱反，又匠俱反。賀讀魴鱮烝雛爲句。燒，如字，一音焦，皇絕句。雉，皇此一句，一讀雉薌爲句。蘇荏，而甚反。調，徒弔反。○不食雛

鼈，狼去腸，狗去腎，狸去正脊，兔去尻，狐去首，豚去腦，魚去乙，鼈去醜。皆爲不利人也。雛，鼈伏乳者。乙，魚體中害人者名也，今東海容魚有骨名乙，在目旁，狀如篆乙，食之鯁人不可出。醜謂鼈竅也。○去，起呂反，下並同。尻，苦刀反。腦，奴老反。爲，于僞反，下皆爲同。伏，扶又反。乳，而樹反。鰫，音容。篆，直轉反。鯁，本又作哽，古猛反，字林云：鯁，魚骨也。又工孟反。竅，苦叫反。○肉曰脫之，魚曰作之，棗曰新之，栗曰撰之，桃曰膽之，柤梨曰攢之。皆治擇之名也。○膽，丁敢反。攢，再官反，本又作鑽。○牛夜鳴則庮，羊泠毛而毳，羶；狗赤股而躁，臊；鳥皫色而沙鳴，鬱；豕望視而交睫，腥；馬黑脊而般臂，漏；雛尾不盈握弗食，舒鴈翠，鵠鴞胖，舒鳧翠，雞肝，鴈腎，鴇奧，鹿胃。亦皆爲不利人也。庮，惡臭也。春秋傳曰：一薰一庮。泠毛，毳毛別聚旃不解者也。赤股，股裏無毛也。皫色，毛變色也。沙猶嘶也。鬱，腐臭也。望視，視遠也。腥當爲星，聲之誤也，星，肉中如米者。般臂，前脛般般然也。漏當爲螻，如螻蛄臭也。舒鴈，鵝也。翠，尾肉也。鵠鴞胖，謂脅側薄肉也。舒鳧，鶩也。鴇奧，脾肶也。鵠或爲鶴也。○庮，音由。泠，音零，冷結毛如氈也。毳，昌銳反。躁，早報反。皫，本又作皫，劉昌宗音普保反，徐芳表反，又普表反。沙，如字，一音所嫁反，注同。睫，音接。腥，依注作星，說文云：腥，星見食豕，令肉中生小息肉也。字林音先定反。般，音班。臂，本又作臂，必避反，徐方避反。漏，依注音螻，力侯反。鵠，胡篤反。鴞，于驕反。胖，音判。鴇，音保。奧，於六反。胃，音謂，字又作腸，同。薰，許云反，或作君，又作葷。解，胡買反。嘶，音西，字又作斯，音同。腐，扶甫反。脛，胡定反。蛄，音姑。鵝，五何反。鶩，音木。脾，扶移反。肶，昌私反。○肉腥，細者爲膾，大者爲軒。言大切細切異名也。膾者必先軒之，所謂聶而切之也。○腥，音星，字林作胜，云不熟也，先丁反。聶，本又作攝，又作牒，皆之涉反，下同。或曰：麋鹿魚爲菹，麕爲辟雞，野豕爲軒，兔爲宛脾，切葱若薤，實諸醯以柔之。此軒、辟雞、宛脾，皆菹類也。釀菜而柔之以醯，殺

腥肉及其氣，今益州有鹿痿者，近由此爲之矣。菹、軒，聶而不切；辟雞、宛脾，聶而切之。軒或爲胖，宛或作鬱。○麕，九倫反。辟，必益反，徐芳益反，注同。宛，于晚反。脾，婢支反。醯，徐呼兮反，本或作醯。痿，於僞反，益州人取鹿殺而埋之地中，令臭乃出食之，名鹿痿是也。近，附近之近。○羹食，自諸侯以下至於庶人無等。羹食，食之主也，庶羞乃異耳。○食，音嗣，注羹食并下文食禮同。大夫無秩膳，謂五十始命，未甚老也。秩，常也。大夫七十而有閣。有秩膳也。閣以板爲之，庋食物也。○庋，又作庪，九委反，或居彼反，本亦作庪。○天子之閣，左達五，右達五，公侯伯於房中五，大夫於閣三，士於坫一。達，夾室。大夫言於閣，與天子同處。天子二五，倍諸侯也。五者，三牲之肉及魚腊也。○坫，丁念反。夾，古洽反，又古協反。處，昌慮反。【疏】膾春至無蓼。○正義曰：此一節論調和飲食之宜。鶉羹雞羹者，謂用鶉用雞爲羹。鴽者，唯烝煮之而已，不以爲羹，故文在羹下。釀之蓼者，釀謂切雜和之，言鶉羹、雞羹及烝之等三者，皆釀之以蓼。○魴鱮烝者，魴鱮二魚皆烝熟之。雛燒者，雛是鳥之小者。

火中燒之然後調和若今之臘也○雉者文在烝燒之下或燒或烝或可爲羹其用無定故直云雉薌無蓼者薌謂蘇荏之屬言鮒魚烝及雛燒幷雉等三者調和唯以蘇荏之屬无用蓼也○注芥芥醬也○正義曰上云魚膾芥醬則謂秋時用芥芥辛於秋宜也○注藙煎至之椒○正義曰賀氏云今蜀郡作之九月九日取茱萸折其枝連其實廣長四五寸一升實可和十升膏名之藙也○不食至攢之○正義曰此一節論治擇肉物惡者及果實之屬○肉曰脫之者皇氏云治肉除其筋膜取好處故李巡注爾雅釋器云肉去其骨曰脫郭云剝其皮也○魚曰作之者皇氏云作謂動搖也凡取魚搖動之視其鮮餒餒者不食李巡注爾雅云作之魚骨小无所去郭氏爾雅今本作斮之注云謂削鱗也○棗曰新之者棗易有塵埃恒治拭之使新○栗曰撰之者栗蟲好食數數布陳撰省視之○桃曰膽之者桃多毛拭治去毛令色青滑如膽也或曰膽謂苦桃有苦如膽者擇去之○柤梨曰攢之者恐有蟲故一一攢看其蟲孔也○牛夜至鹿胃○正義曰此一節論腥臊羶臭及諸物不可食者從牛夜鳴至般臂漏皆與周禮內饔職文同○牛夜鳴則庮者庮是臭惡之氣牛夜鳴則其肉庮臭○經羊泠毛而毳羶者羶謂羶氣泠謂毛本稀泠毳謂毛頭毳結羊若如此其肉羶氣○狗赤股而躁臊者臊謂臊惡赤股股裏無毛躁謂舉動急躁狗若如此其肉臊惡○鳥皫色而沙鳴鬱者鬱謂腐臭也皫色其色變無潤澤沙鳴者沙嘶也謂鳴而聲嘶鳥若如此其肉腐臭○豕望視而交睫腥者腥謂肉結如星望視謂豕視望揚交睫謂目睫毛交豕若如此則其肉似星也○馬黑脊而般臂漏者漏謂螻蛄臭黑謂馬脊黑般臂謂馬之前脛其色般般然馬若如此其肉如螻蛄臭也雛尾不盈握弗食者雛謂小鳥尾盈一握然後堪食若其過小未盈握不堪食也自此以下因廣言不堪食之物○舒鴈翠者舒鴈鵝也翠謂尾肉也言鵝尾之肉不堪食也○鵠鴞胖者胖謂脅側薄肉也謂鵠鳥鴞鳥脅側薄肉不可食○舒鳧翠者舒鳧謂鶩鶩即是鴨其翠不可食雞肝鴈腎亦不可食鴇奧者奧謂脾肶謂藏之深奧處鴇奧及鹿胃亦不可食凡此皆爲不利人也○注庮惡至鴇也○正義曰引春秋傳者僖四年左傳文論晉獻公卜娶驪姬其繇曰一薰一蕕十年尚猶有臭薰謂香草蕕謂臭草薰蕕一時相和十年臭氣尚在言善易銷惡難除也蕕比於驪姬之惡也云沙猶嘶也者嘶謂酸嘶古之嘶字單作斯耳云腥當爲星者謂肉中白點似星也故不得爲腥臊之字也云漏當爲螻者以漏非臭惡氣名故讀爲螻也云舒鴈鵝舒鳧鶩也者爾雅釋鳥文某氏云在野舒翼飛遠者爲鵝李巡云

野曰鴈家曰鵝李巡又云野曰鳧家曰鶩○或曰至柔之○正義曰此一節明齏菹之異用肉不同言或曰者作記之人爲記之時無菹軒辟雞宛脾之制作之未審舊有此言記者承而用之故稱或曰○麋鹿魚爲菹者凡大切者全物爲菹細切者爲齏其牲體大者菹之其牲體小者齏之用此麋鹿魚爲菹及野豕爲軒是菹也麕爲辟雞兔爲宛脾者是齏也故鄭注醢人云細切爲齏全物若牒爲菹少儀曰麋鹿爲菹野豕爲軒皆牒而不切麕爲辟雞兔爲宛脾皆牒而切之是菹大而齏小也按少儀不云魚此云魚者記者異聞也此魚與麋鹿相對是魚之大者故以爲菹其辟雞宛脾及軒之名其義未聞○切葱若薤實諸醯以柔之者此亦少儀文也或用葱或用薤故云切葱若薤肉與葱薤置諸醯中故云實諸醯物置醯中悉皆濡熟故云柔之○注釀菜至切之○正義曰此經云葱薤是釀菜而柔之故鄭注醢人云齏菹之稱菜肉通也云今益州有鹿矮者近由此爲之矣者鄭以今益州人有將鹿肉畜之矮爛謂之鹿矮附近由此名古之菹軒而爲此鹿矮也云菹軒聶而不切辟雞宛脾聶而切之者皆少儀文聶則牒也聲相近耳○羹食至沽一○正義曰此一節論天子諸侯及大夫士等尊卑膳食節級之等差○注羹食至異耳○正義曰食謂飯也言羹之與飯是食之主故諸侯以下無等差也此謂每日常食若非是依常禮食之外或別有牛羊豕之肉隨時得爲羹也其黍稷稻粱之屬依禮正食之外隨等別有稼穡收穫皆得爲飯故云羹食無等若依禮正食天子日食即周禮膳夫王日一舉鼎十有二物皆有俎及天子八簋諸侯六簋大夫四簋此等即尊卑亦有差降也言羹食食之主也者凡人所食羹飯爲主助以雜物醬是衆食所須故曲禮云醯醬處內注云近醯醬者食之主又按公食大夫禮宰夫自東房授醯醬公設之注云以其爲饌本是也又牲與黍稷亦諸食之本故掌客云鼎簋十有二注云合言鼎簋者牲與黍稷俱食之主也雖文各有所施大理不異云庶羞乃異耳者公食大夫禮下大夫十六豆上大夫二十豆又周禮掌客云上公食四十侯伯食三十二子男食二十四鄭注云食謂庶羞羹可食者是庶羞乃異也○注謂五至常也○正義曰知五十始命未甚老也者以下云六十宿肉是有常秩此經云無秩膳故知是五十也秩常釋詁文○注有秩至物也○正義曰此經云七十而有閣故知有秩膳也然則六十者比五十者則有常肉比七十者則有無肉時也○注達夾至腊也○正義曰崔氏云宮室之制中央爲正室正室左右爲房房外有序序外有夾室天子尊庖廚遠故左夾室五閣右夾室五閣諸侯卑庖廚宜稍近故於房中減降

於天子唯在一房之中而五閣也大夫既卑無嫌故亦於夾室而閣三也三者豕魚腊也士卑不得作閣但於室中爲土坫庋食也云五者三牲之肉及魚腊也者以天子腊用六牲今云五閣是不一牲爲一閣以魚腊是常食之物故知三牲及魚腊也○凡養老有虞氏以燕禮夏后氏以饗禮殷人以食禮周人脩而兼用之凡五十養於鄉六十養於國七十養於學達於諸侯八十拜君命一坐再至瞽亦如之九十者使人受五十異粻六十宿肉七十二膳八十常珍九十飲食不違寢膳飲從於遊可也六十歲制七十時制八十月制九十日脩唯絞紟衾冒死而后制五十始衰六十非肉不飽七十

非帛不煖八十非人不煖九十雖得人不煖矣五十杖於家六十杖於鄉七十杖於國八十杖於朝九十者天子欲有問焉則就其室以珍從七十不俟朝八十月告存九十日有秩五十不從力政六十不與服戎七十不與賓客之事八十齊喪之事弗及也五十而爵六十不親學七十致政凡自七十以上唯衰麻爲喪凡三王養老皆引年八十者一子不從政九十者其家不從政瞽亦如之凡父母在子雖老不坐有虞氏養國老於上庠養庶老於下庠夏后氏養國老於東序養庶老於西序殷人養國老於右學養庶老於左學周人養國老於東膠養庶老於虞庠虞庠在國之西郊有虞氏皇而祭深衣而養老夏后氏收而祭燕衣而養老殷人冔而祭縞衣而養老周人冕而祭玄衣而養老記王制有此○粻知良反糧也字林云量也絞古交反紟其鴆反本又作衿同冒亡報反煖乃管反朝直遥反下同珍從才用反又如字與音預下同齊側皆反衰七回反膠音交冔況甫反縞古老反又古報反【疏】凡養至養老○正義曰此一節皆王制文記者重而録之後人雖知其重因而不去慎疑不敢刪易也○

○曾子曰孝子之養老也樂其心不違其志樂其耳目安其寢處以其飲

食忠養之孝子之身終終身也者非終父母之身終其身也是故父母之所愛亦愛之父母之所敬亦敬之至於犬馬盡然而況於人乎賤喻貴也○樂音洛下同養羊亮反【疏】曾子至人乎○正義曰此一節因上陳養老之事遂陳孝子事親之禮孝子之身終者謂安樂其親之心不違其志樂其耳目安其寢處以其飲食中心養之是孝子事親之身終也○終身也者非終父母之身終其身也者作記之人既云孝子之身終恐人不解謂言孝子事親至親身終故解云終身也者非終竟父母之身也終其孝子之身也言父母雖沒終竟是身而行孝道與親在無異至於犬馬盡然而況於人乎者言父母所敬愛犬馬之屬盡須敬愛而況於父母所敬愛人乎凡養老五帝憲憲法也養之爲法其德行三王有乞言有讀爲又又從之求善言可施行也五帝憲養氣體而不乞言有善則記之爲惇史三王亦憲既養老

而后乞言，亦微其禮，皆有惇史。惇史，史惇厚是也。微其禮者，依違言之，求而不切也。○惇音敦。【疏】「凡養」至「惇史」。○正義曰：此一節論五帝三王養老之禮。「五帝憲」者，憲，法也，言五帝養老，法其德行。「三王有乞言」者，言三王其德漸薄，非但法其德行，又從求乞善言。「五帝憲，養氣體而不乞言」者，覆說上五帝憲之法，奉養老人就氣息身體，恐其勢動，故不乞言。有善則記之，為惇史者，惇，厚也，言老人有善德行則記錄之，使衆人法則，為惇厚之史。「亦微其禮，皆有惇史」者，言三王養老既法德行，又從乞言，其乞言之禮亦依違求之，而不偪切。三代皆法其德行善言，為惇厚之史，故云「皆」。皆者，皆三代也。

○淳熬：煎醢加于陸稻上，沃之以膏，曰淳熬。淳，沃也。熬亦煎也。沃煎成之以為名。○淳，之純反，下五羔反，下及注同。淳毋：煎醢加于黍食上，沃之以膏，曰淳毋。毋讀曰模。模，象也。作此象淳熬。○毋依注音模，莫胡反，下同。食音嗣。【疏】「淳熬」至「淳毋」。○正義曰：此一節論養老須飲食如養親之事，明八珍之饌，并明羞豆糝餈之等。「淳熬」者，是八珍之內一珍之膳名也。淳謂沃也，則沃之以膏是也。熬謂煎也，則煎醢是也。「陸稻」者，謂陸地之稻也，謂以陸地稻米熟之為飯，煎醢使熬，加于飯上，恐其味薄，更沃之以膏，使味相湛漬，曰淳熬。○注「毋讀」至「淳熬」。○正義曰：以經云「淳毋」，毋是禁辭，非膳羞之體，故讀為模。模，象也，法象淳熬而為之，但用黍為異耳。經云「黍食」，食，飯也，謂以黍米為飯。不言陸者，黍皆在陸，無在水之嫌，故不言陸。

炮：取豚若將，封之刲之，實棗於其腹中，編萑以苴之，塗之以謹塗，炮之，塗皆乾，擘之，濯手以摩之，去其皽，為稻粉，糔溲之以為酏，以付豚，煎諸膏，膏必滅之，鉅鑊湯以小鼎薌脯於其中，使其湯毋滅鼎，三日三夜毋絕火，而后調之以醯醢。炮者，以塗燒之為名也。將當為牂，牂，牡羊也。封刲，搏異語也。謹當為墐，聲之誤也。墐塗，塗有穰草也。皽謂皮肉之上魄莫也。糔溲亦搏異語也。糔讀與滫瀡之滫同。薌脯，謂煮豚若羊於小鼎中，使之香美也。謂之脯者，既去皽則解析其肉，使薄如為脯然，唯豚全耳。豚羊入鼎三日，乃內醯醢，可食也。○炮，步交反。將依注音牂，子郎反。封，苦圭反。刲，口孤反，又口侯反。編，必縣反，又步典反。萑音丸，蘆也。苴，子餘反，苞裹也。謹依注作墐，音斤，徐如字。炮之絕句。涂皆乾絕句。涂本亦作塗。擘之，必麥反，絕句。濯，直角反。去，起呂反，注同。皽，章善反。糔，息酒反，又相流反，又息了反。溲，所九反。付，徐音賦。鉅音巨，其據反。鑊，戶郭反。使湯，一本作使其湯。穰，如羊反，草也。魄莫，上普伯反，或音博；下亦作膜，武博反。析，星厤反。

○擣珍：取牛羊麋鹿麕之肉必脄，每物與牛若一，捶反側之，去其餌，孰出之，去其皽，柔其肉。脄，脊側肉也。捶，擣之也。餌，筋腱也。柔之為汁和也。汁和亦醯醢與。○脄音每，徐亡代反，夾脊肉。餌音二，本或作皽，下句作餌。筋音斤。腱，徐其偃反，皇紀偃反，一音其言反，《隱義》云「筋之大者」。王逸注《楚詞》云：「筋頭也。」與音餘。

○漬：取牛肉必新殺者，薄切之，必絕其理，湛諸美酒，期朝而食之，以醢若醯醷。湛亦漬也。○湛，子潛反，直蔭反，又將鴆反，一音陟鴆反，注同。期音朞。【疏】「炮取」至「醯醷」。○正義曰：「炮取豚若將」者，言為炮之法，或取豚，或取牂，故云「取豚若將」。「封刲」，其腹實香棗於其腹中。○「編萑以苴之」者，萑是亂草也，苴，裹也，編連亂草以裹而豚牂，裹之既畢，塗之以謹塗，謂穰草相和之塗也，以此墐塗而泥塗之。「炮之，塗皆乾，擘之」者，謂擘去乾塗也。○「濯手以摩之，去其皽」者，手既擘泥不淨，其肉又熱，故濯手摩之，去其皽莫。○「為稻粉，糔溲之以為酏」者，付全豚之外，煎之於膏，若羊則解析肉，以粥和之。○「膏必滅之」者，滅，沒也，小鼎盛膏，以膏煎豚牂，膏必沒此豚牂也。○「鉅鑊湯，以小鼎薌脯於其中」者，謂以大鑊盛湯，以小鼎之香脯實於大鑊湯中。○「使其湯毋滅鼎」者，使鑊中之湯無得沒此小鼎，若湯沒鼎，恐湯入鼎中，令食壞也。○「三日三夜毋絕火」者，欲令用火微熱，勢不絕。○注「將當」至「全耳」。○正義曰：以經云「若將封刲」，將是豚類，故知將當為牂，聲相近，又字體一邊相似。云「封刲，搏異語也」者，按《易》云「士刲羊」，又云「刲木為舟」，意同而語異。云「謹當為墐」者，以謹非泥塗之物，以聲相近，故為墐也。云「墐塗，塗有穰草也」者，用之炮豚，須相黏著，故知塗有穰草也。云「糔溲亦搏異語也」者，亦上封刲既搏異語，故云「糔溲亦搏異語也」。云「唯豚全耳」者，按《周禮·封人》有毛炮之豚，豚形既小，故知全體。《周禮》鄭注云：「毛炮豚者，爛去其毛而炮之豚既毛炮則此牂或亦毛炮既無正文不敢定也○注豚舂至醢與○正義曰知豚是脊側肉者以脊側肉美今擣以爲珍宜取美處故爲脊側肉云餌筋腱也者以經云去其餌又曰去其皽皽既爲皮莫則餌非復是皮莫故以爲筋腱腱即筋之類云汁和亦醯醢與者以上炮豚炮牂調以醯醢下漬亦食之以醢若醯故知擣珍和亦用醯醢○

○爲熬捶之去其皽編萑布牛肉焉屑桂與薑以洒諸上而鹽之乾而食之施羊亦如之施麋施鹿施麕皆如牛羊欲濡肉則釋而煎之以醢欲乾肉則捶而食之熬於火上爲之也今之火脯似矣欲濡欲乾人自由也醢或爲醯此七者周禮八珍其一肝膋是也○洒所買反徐西見反鹽音豔又如字乾而食一本無而食之三字濡音儒下同膋音遼徐音勞〔疏〕爲熬至食之○正義曰此一經論作熬之法○施羊亦如之者爲熬之法於牛如上所陳若施設於羊亦如牛也○欲濡肉則釋而煎之以醢者言食熬之時唯人所欲若欲得濡肉則以水潤釋

而煎之以醢也○注此七至是也○正義曰七者謂第一淳熬也第二淳模也第三第四炮豚若牂也第五擣珍也第六漬也第七熬也云其一肝膋者則此糝下肝膋是也但作記之人文不依次故在糝下陳之○

○糝取牛羊豕之肉三如一小切之與稻米稻米二肉一合以爲餌煎之此周禮糝食也○食音嗣下酏食同○肝膋取狗肝一幪之以其膋濡炙之舉燋其膋不蓼膋腸間脂舉或爲巨○幪音蒙焦字又作燋子消反取稻米舉糔溲之小切狼臅膏以與稻米爲酏狼臅膏臆中膏也以煎稻米則似今膏𩞁矣此周禮酏食也此酏當從餰○酏讀爲餰之然反又之善反注餰糝同臆音憶𩞁本又作餰又作𩞁並同之然反音旃○〔疏〕取糝至煎之○正義曰三如一者謂取牛羊豕之肉等分如一稻米二肉一者謂二分稻米一分肉也○注此周禮糝食也○正義曰按周禮醢人云羞豆之實酏食糝食故云然也此先陳糝食者亦記人不次○注膋腸至爲巨○正義曰舉皆也謂炙膋皆燋也○注以煎至從餰○正義曰則以今膏𩞁矣者似漢時膏𩞁以膏煎稻米鄭舉時事以況之云此酏當從餰者此內則及周禮酏之字當從餰字以酏是粥非是膏煎稻米故改酏從餰也

○禮始於謹夫婦爲宮室辨外內男子居外女子居內深宮固門閽寺守之男不入女不出閽掌守中門之禁也寺掌內人之禁令也○閽音昏男女不同椸枷不敢縣於夫之楎椸不敢藏於夫之篋笥不敢共湢浴竿謂之椸楎杙也○椸本又作箷以支反枷音嫁縣音玄楎音輝笥息吏反竿音干杙音弋夫不在斂枕篋簟席襡器而藏之不敢褻也少事長賤事貴咸如之咸皆也○夫婦之禮唯及七十同藏無間衰老無嫌及猶至也○間徐間廁之間皇如字讀故妾雖老年未滿五十必與五

日之御五十始衰不能孕也妾閉房不復出御矣此御謂侍夜勸息也五日一御諸侯制也諸侯取九女姪娣兩兩而御則三日也次兩媵則四日也次夫人專夜則五日也天子十五日乃一御○年未五十本又作年未滿五十與音預復扶又反下文夫復同姪大結反娣大計反媵羊證反又繩證反將御者齊漱澣慎衣服櫛縰笄總角拂髦衿纓綦屨其往如朝也角衍字也拂髦或爲繆髦也○齊爭皆反下皆同澣音浣朝直遙反下文朝服注朝於君皆同繆居虯反○雖婢妾衣服飲食必後長者人貴賤不可以無禮○後胡豆反○妻不在妾御莫敢當夕辟女君之御日也○辟音避下辟人雖辟皆同〔疏〕禮始至當夕○正義曰此一節論夫婦男女及內外之別又明妾與適妻尊卑相降之等各依文解之○注竿謂之椸楎杙也○正義曰按爾雅釋宮云樴謂之杙郭景純注云樴音杙李巡曰謂橛杙也釋宮又云在牆者謂之楎郭景純引禮云不敢縣於夫之楎椸植曰楎橫曰椸然則楎椸是同類之物橫者曰椸則以竿爲之故云竿謂之椸○唯及七十同藏無間者○間別也夫婦唯至

七十同處居藏無所間别以其衰老無所嫌疑故也夫七十則婦六十以上若夫雖七十婦唯六十以下則猶間居也詩傳云男女不六十不間居據婦人言之若其宗子雖七十無妻猶得更娶故曾子問宗子雖七十無無主婦是必須有主婦也○注五十至御○正義曰此經據妾言之未滿五十必與五日之御五十以上則不御也然則妻雖五十以上猶得與也云姪娣兩兩而御則三日也者以夫人及二媵各有姪娣凡六人故三日也云次兩媵則四日也者如鄭此言夫人姪娣卑於兩媵若望前卑者在前尊者在後望後乃反之知者以天子御法云天子十五日乃一御者按九嬪注云女御八十一人當九夕世婦二十七人當三夕九嬪九人當一夕三夫人當一夕后當一夕亦十五日而徧云自望後反之是也○注女君之御日也○正義曰此謂卿大夫以下故經云妻而注云女君大夫一妻二妾則三日御徧士一妻一妾則二日御徧妾恒辟女君之御日非但不敢當女君之御日縱令自當君之御日猶不敢當夕而往故詩小星云肅肅宵征夙夜在公注引此云凡妾御於君不當夕是也○妻將生子及月辰居側室側室謂夾之室次燕寢也夫使人日再問之作而自問之

妻不敢見使姆衣服而對至于子生夫復使人日再問之作有感動○見賢徧反下及注同姆音茂字林亡又反女師也一音母又音亡久反夫齊則不入側室之門若始時使人問子生男子設弧於門左女子設帨於門右表男女也弧者示有事於武也帨事人之佩巾也○三日始負子男射女否始有事也負之謂抱之而使鄉前也○鄉休亮反下文西鄉皆同○【疏】妻將至女否○正義曰從此以下終篇末論國君以下至庶人生子之禮及適庶差别妻妾異等所生男女養教之法從此妻將生子至男射女否則明大夫以下未生子之前夫問之宜及生子設弧矢之法○注側室至寢也○正義曰夫正寢之室在前燕寢在後側室又次燕寢在燕寢之旁故謂之側室妻既居側室則妾亦當然也故春秋傳云趙有側室曰穿是妾之子也生子不於夫正室及妻之燕寢必於側室者以正室燕寢尊故也經云及月辰謂生月之辰初朔之日也○注若始時使人問○正義曰夫不齊之時未動作之前夫使人日再問之今雖動作之後以其齊

故但使人問之故云若始時使人問之也○國君世子生告于君接以大牢宰掌具接讀爲捷捷勝也謂食其母使補虛強氣也○接依注音捷字妾反下接子同食音嗣下注食子食乳皆同三日卜士負之吉者宿齊朝服寢門外詩負之射人以桑弧蓬矢六射天地四方詩之言承也桑弧蓬矢本太古也天地四方男子所有事也○射食亦反承如字徐音拯救之拯大音泰保受乃負之保保母宰醴負子賜之束帛代士也醴當爲禮聲之誤也禮以一獻之禮酬之以幣也卜士之妻大夫之妾使食子國君食子不使君妾適妾有敵義不相褻以勞辱事也士妻大夫之妾謂時自有子○嫡本亦作適同丁歷反【疏】國君至食子○正義曰此一經論國君世子生及三日負子及食子之法○注接讀至氣也○正義曰王肅杜預並以爲接待夫人以大牢鄭必讀爲捷爲補虛強氣者以婦人初產必困病虛羸當產三日之內必未能以禮相接應待負子之後今在

前爲之故知補虛強氣宜速故也○注詩之至事也○正義曰詩含神霧云詩者持也以手維持則承奉之義謂以手下而抱負之云桑弧蓬矢本太古也者以桑與蓬皆質素之物故知本大古也云天地四方男子所有事也者男子上事天下事地旁禦四方之難故云所有事然射禮唯四矢者謂天地非射事所及唯禦四方故止四矢蓬是禦亂之草桑衆木之本○注禮以至幣也○正義曰此約士昏禮禮賓酬幣之法此士負子故禮之還用士禮○注士妻至有子○正義曰使其食子須有乳汁故知時自有子者皇氏云士之妻大夫之妾者隨課用一人故桓六年左傳云卜士負之士妻食之不云有大夫妾文略也○凡接子擇日雖三日之內尊卑必皆選其吉焉○冢子則大牢天子世子也冢大也冢子猶言長子通於下也庶人特豚士特豕大夫少牢國君世子大牢皆謂長子其非冢子則皆降一等謂冢子之弟及衆妾之子生也天子諸侯少牢大夫特豕士特豚庶人猶特豚也○【疏】凡接至一等○正義曰此一節論國君以下至庶人以上接子牲牢之異并適庶不同○注天子至下也○正義曰此云

冢子大牢下云國君世子大牢既別言國君世子故知此冢子大牢謂天子世子也云冢子猶言長子通於下也者喪服父爲長子是上下通稱長子故云通於下鄭云此者以天子特云冢子則大牢恐冢子之名唯施天子世子故云通於下必知冢子通於下者以下文云庶人特豚士特豕大夫少牢國君大牢下即云其非冢子則皆降一等明冢子之名庶人大夫士等皆有其號○注庶人猶特豚也○正義曰以冢子庶人特豚士特豕大夫少牢國君大牢庶子既降一等天子諸侯少牢大夫特豕士特豚則庶人全應無牲今以禮窮欲與士同故云猶特豚此是三日接子之禮故牲牢如此若三月名子之時則與此異故下文云具視朔食注云朔食天子大牢諸侯少牢大夫特豕士特豚也與此接子適庶參差不同○異爲孺子室於宮中○特掃一處以處之○一處尺御反擇於諸母與可者必求其寬裕慈惠温良恭敬慎而寡言者使爲子師其次爲慈母其次爲保母皆居子室此人君養子之禮也諸母衆妾也可者傳御之屬也子師教示以善道者慈母知其

嗜欲者保母安其居處者士妻食乳之而已○者市志反他人無事不往爲兒精氣微弱將驚動也○爲士僞反下爲改爲大溫皆同○【疏】異爲至不往○正義曰此一節謂三日負子之後三月名子之前諸侯養子選擇諸母及養子之法此文雖據諸侯其實亦兼大夫士也但士不具三母耳大夫以上則具三母故喪服小功章中君子爲庶母慈己者鄭注引此內則三母獨言慈母舉中以見上下是知大夫有三母也爲之服小功若諸侯之子三母則不服也又此雖在三月之前其實三月之後養子亦當然也○注士妻食乳之而已○正義曰既有子師慈母保母各爲其事故知士妻但食乳之而已○三月之末擇日翦髮爲鬌男角女羈否則男左女右鬌所遺髮也夾囟曰角午達曰羈也○鬌丁果反徐大果反囟音信又思忍反是日也妻以子見於父貴人則爲衣服由命士以下皆漱澣貴人大夫以上也由自也男女夙興沐浴衣服具視朔食朔食天子大牢諸侯少牢大夫特豕士特豚也夫入

門升自阼階立于阼西鄉妻抱子出自房當楣立東面入門者入側室之門也大夫以下見子就側室見妾子於內寢辟人君也○楣音眉【疏】三月至東面○正義曰此一節明三月之末卿大夫以下名子之法又書名藏之州府妻遂適寢夫入與妻饌食之事各依文解之○鬌所至羈也○正義曰三月翦髮所留不翦者謂之鬌云夾囟曰角者囟是首腦之上縫故說文云十其字象小兒腦不合也夾囟兩旁當角之處留髮不翦云午達曰羈也者按儀禮云度尺而午注云一從一橫曰午今女翦髮留其頂上縱橫各一相交通達故云午達不如兩角相對但縱橫各一在頂上故曰羈羈者隻也文雖據大夫士天子諸侯之子亦當然也○注入門至君也○正義曰知入側室之門也者上文云妻將生子居側宰至此三月之末未有妻出之文則知但在側室此云夫入門謂入側室之門但側室在燕寢之旁亦南嚮故有阼階西階夫立於阼西嚮但卿大夫之室唯有東房妻抱子出自房者出東房當楣東面立與夫相對云大夫以下見子就側室者見子謂見適妻子就側室則此文是也云見妾子於內寢者則下文云妾將生子三月之末漱澣夙齊見於內寢是也鄭注云內寢適妻寢也大夫

所以見適子於側室見庶子於適妻寢者辟人君也人君則見適子於路寢見庶子於側室故云辟人君也知人君見世子於路寢者下文云世子生則君沐浴朝服夫人亦如之皆立於阼階西鄉世婦抱子升自西階既著朝服又東西階相對故知在路寢也又知人君見庶子在側室者下云公庶子生就側室三月之末其母見於君擯者以其子見是就側室也然大夫見妾子於內寢諸侯見妾子於側室何以下文適子庶子見於外寢注云此適子謂世子弟也庶子妾子也外寢君燕寢也又是人君見妾子於外寢本在側室者但人君世子之弟見於外寢妾子見於側室但庶子撫首咳而名之與世子弟同故連文云見於外寢其實在側室也熊氏皇氏俱爲此說故今從焉○姆先相曰母某敢用時日祗見孺子某妻姓若言姜氏也祗敬也或作振○相息亮反夫對曰欽有帥父執子之右手咳而名之欽敬也帥循也言教之敬使有循也執右手明將授之事也○孩字又作咳户才反妻對曰記有成遂左還授師記猶識也識夫之言使有成也師子師也○還音旋轉也子師辯告

諸婦諸母名後告諸母，若名成於尊。○辯音遍，下同。妻遂適寢。復夫之燕寢。○夫告宰名，宰辯告諸男名，書曰某年某月某日某生而藏之。宰謂屬吏也。春秋書桓六年九月丁卯子同生。宰告閭史，閭史書爲二，其一藏諸閭府，其一獻諸州史，州史獻諸州伯，州伯命藏諸州府。四閭爲族，族百家也，閭胥中士一人，五黨爲州，州二千五百家也，州長中大夫一人也。皆有屬吏。獻猶言也。○夫人食如養禮。夫人已見子入室也。其與妻食如婦始饋舅姑之禮也。○養，羊尚反。【疏】姆先至適寢○正義曰：此一節論母以子見父及父名子，妻遂適寢之事。○姆先相者，妻既抱子當楣東面而立，傅姆在母之前而相佐，其辭曰：母某氏敢用時日祗見孺子。祗，敬也。孺，稚也。謂恭敬奉見稚子。夫對曰欽有帥者，欽，敬也。帥，循也。夫對妻言，當教之令其恭敬，使有循善道。對妻既訖，父遂執子右手咳而名之，謂以一手執子右手，以一手承子之咳而名之。○妻對曰記有成者，當

記識夫言，教之使有成就。○遂左還授師者，妻對既訖，遂左嚮迴還，轉身西南，以子授子師也。○子師辯告諸婦諸母名者，諸婦謂同族卑者之妻，諸母同族尊者之妻。後告諸母，欲名成於尊。○注某妻至敬也○正義曰：祇敬及下注欽敬、帥循，皆釋詁文也。○注宰謂至同生○正義曰：此經所陳，謂卿大夫以下，故以名徧告同宗諸男也。若諸侯既絕宗，則不告諸男也。此舉諸男，舉其卑者，卑者尚告，則告諸父可知。此既據卿大夫以下，而引春秋桓六年子同生者，欲証明子生年月日之事。彼謂諸侯也。直云子同生，不云世子者，杜元凱云：不云世子，書始生，言始生之時未立爲世子也。經云書名而藏之者，謂以簡策書子名而藏之家之書府。○注四閭至屬吏○正義曰：四閭爲族以下，皆周禮地官文。云皆有屬吏者，閭之屬吏則有閭史也，州之屬吏則有州史也。州伯則州長也。州府是州長之府藏。○注夫人至禮也○正義曰：夫人已見子入室也者，夫既就側室而見子，見子既畢，從側室而入正室。云其與妻食如婦始饋舅姑之禮也者，經云如養禮，是如養舅姑之禮。按士昏禮，婦始饋舅姑，特豚合升，側載，右胖載之舅俎，左胖載之姑俎。其大夫以上則无文。必知如婦始饋舅姑者，以下文云妾生子及三月之末見子之禮如始入室，明知此如養禮如始入室養舅姑之禮也。○世子

生，則君沐浴朝服，夫人亦如之，皆立于阼階西鄉，世婦抱子升自西階，君名之，乃降。子升自西階，則人君見世子於路寢也。見妾子就側室。凡子生皆就側室。諸侯夫人朝於君，次而褖衣也。○褖，通亂反。○【疏】世子至乃降○正義曰：此一節明人君見世子及適庶之禮，各依文解之。○注子升至衣也○正義曰：凡子生皆就側室者，按上文妻將生子居側室，是卿大夫生子居側室。此文人君見世子在路寢，經云世婦抱子升自西階，是世婦抱子從外而入。其內寢是君之常居之處，夫人不可於此寢生子，故知亦在側室也。云夫人朝於君次而褖衣也者，按內司服注云：后六服，后從王祭先王則服褘衣，祭先公則服揄翟，祭羣小祀則服闕翟，鞠衣黃桑服也，展衣以禮見王及賓客，褖衣御于王之服。諸侯夫人以下所得之服，各如王后之服，則夫人亦如王后也。此既在路寢，與君同著朝服，則是以禮見君，合服展衣。此云次而褖衣者，此謂見子，又見子若訖，則當進入君寢侍御於君，故服進御之服，異於尋常以禮見君，故不服展衣也。次者，首飾，次第髮爲之，則少牢禮髲鬄是也。鄭注云：古者或剔賤者刑者之髮爲之。其褘衣、揄翟、闕翟首服副，副者

覆首爲飾，鄭注云若今步繇矣。鞠衣、展衣首服編，鄭云編列髮爲之，若今假紒矣。○適子、庶子見於外寢，撫其首咳而名之，禮帥初，無辭。此適子謂世子弟也。庶子，妾子也。外寢，君燕寢也。无辭，辭謂欽有帥、記有成也。○適，丁歷反，注及下同。○【疏】適子至無辭○正義曰：此一節明人君見世子弟及妾子之禮。○適子庶子見於外寢者，適子謂大子之弟，見於外寢。庶子則見側室，但撫首咳名無辭之事與世子之弟同，故與適子連文，同云見於外寢，其實庶子見於側室也。○禮帥初無辭者，禮謂威儀也，帥，循也，初謂前文世子生見於路寢，君夫人皆西鄉。言見適子庶子威儀依循初世子之法，但無勅戒之辭。然夫人所生之子，容可如世子見禮，君與夫人俱西鄉。若妾之見子，則不得與夫人同，當與卿大夫之妻見適子同，但不親抱子耳。○注外寢至成也○正義曰：燕寢當在內而云外寢者，對側室而爲外耳。側室在旁處內，故謂燕寢爲外寢也。云無辭辭謂欽有帥記有成也者，按前世子生，直云世婦抱子升自西階，君名之，乃降，亦無辭也，而云適子庶子無辭者，以前文卿大夫妻見適子之時，既有父執右手咳而名之及戒告之辭，其文既具，於見世子之禮略而不言，其實世子亦執右手

咳而名之及戒告也故鄭引前文卿大夫見子之辭而言之也○凡名子不以日月不以國終使易諱易以豉反○不以隱疾諱衣中之疾難爲醫也大夫士之子不敢與世子同名尊世子也其先世子生亦勿爲改疏「凡名」至同名○正義曰此一節論子之名之法尊卑上下同有諱辟又大夫士之名子辟世子之名○注其先至爲改○正義曰知先世子生亦勿爲改者按春秋衛襄公名惡其大夫有齊惡明齊惡先衛侯生故得與衛侯同名是知先生者不改也

妾將生子及月辰夫使人日一問之子生三月之末漱澣夙齊見於内寢禮之如始入室君已食徹焉使之特餕遂入御内寢適妻寢也禮謂已見子夫食而使獨餕也如始入室始來嫁時妾餕夫婦之餘亦如之既見子可以御此謂大夫士之妾也凡妾稱夫曰君○三月之末一本作子生疏「妾將至入御」○正義曰此一節論大夫妾三月之末生子之禮異於適子之法○君已食徹焉

者君謂夫也以妾賤故謂夫爲君○使之特餕者尋常夫食之後衆妾共餕今以其生子故使之特餕也○注内寢至曰君○正義曰知内寢適妻寢者以其稱内故知是適妻寢也凡宫室之制前有路寢次有君燕寢次夫人正寢卿大夫以下前有適室次有燕寢次有適妻之寢但夫人燕寢對夫人及適妻之寢及側室等其燕寢在外亦名外寢故前注云外寢君燕寢是也云妾餕夫婦之餘亦如之者按昏禮夫婦同牢之後媵餕夫餘御餕婦餘故謂正妻若妾初嫁始來夫婦共食初來之妾特餕其餘今妾已見子之後夫婦共食令生子之妾特餕其餘亦如始來時故云亦如之云既見子可以御此謂大夫士之妾也者以前文大夫之妻見子之後妻遂適夫寢末即進御後婦云夫入食如養禮是夫始入與妻食乃後進御此文云見子遂入御故謂云此大夫士之妾也言其異正妻也○公庶子生就側室三月之末其母沐浴朝服見於君擯者以其子見君所有賜君名之衆子則使有司名之擯者傳辭之爲也人君尊雖妾不抱子有賜於君有恩惠也有司臣有事者也魯桓公名子問於申繻也○繻音須

疏「公庶至名之」○正義曰此一經明君庶子生處及三月見父異於世子之禮前文已云適子庶子見於外寢異於世子今此更重出者以前文庶子與適子連文恐事事皆同適子故以此經特見庶子之法按前注云凡子生皆就側室則世子亦就側室今特云庶子就側室者舉庶子世子可知也○君所有賜君名之者謂生子之妾君所特有恩賜偏所愛幸君則自名其子故云君名之○衆子則使有司名之者衆子謂衆妾之子不特寵御則使有司以名其子也○注人君至繻也○正義曰人君尊雖妾不抱子者以經云其母朝服見於君乃云擯者以其子見於君是擯者抱子也故知妾不抱子引春秋問名於申繻者證有司名之一邊同耳其實異也春秋所云謂世子也○庶人無側室者及月辰夫出居羣室其問之也與子見父之禮無以異也夫雖辟之至問妻及見子禮同也庶人或無妾疏「庶人至異也」○正義曰此一經論庶人之禮○庶人無側室者以無側室妻在夫寢妻將生子故夫出辟之若有側室則妻在側室夫自居正寢不須出居羣室也○其問之也與子見父之禮無以異也者與及也言夫問妻及子見父之禮無以異於卿大夫士言與卿大夫士同也亦夫使人日

再問之作而自問之其見父之時父亦執子之右手咳而名之及有戒告之事一如上矣○凡父在孫見於祖祖亦名之禮如子見父無辭見子於祖家統於尊也父在則無辭有適子者無適孫與見庶子同也父卒而有適孫則有辭與見冢子同父雖卒而庶孫猶無辭也○疏「凡父至無辭」○正義曰此一節論孫見祖之禮卿大夫以下之事故鄭注云家統於尊所以無辭者若父之於子有傳重之事故有戒告之辭今孫見於祖而隔於父故無辭也○注父在至辭也○正義曰所以無辭者適子既在其孫猶爲庶孫無所傳重故云有適子者無適孫與見庶子同若所生適子其父既卒則適孫與長子相似當有辭也故云父卒而有適孫則有辭與見冢子同若庶孫父雖卒見祖亦無辭也○食子者三年而出見於公宫則劬劬勞也士妻大夫之妾食國君之子三年出歸其家君有以勞賜之○食音嗣注及下文食母同勞力報反大夫之子有食母選於傅御之中喪服所謂乳母也○士之妻自養其子賤不敢使

人也〔疏〕食子至其子○正義曰此一節論國君以下及大夫士適妻養子之人尊卑有別○由命士以上及大夫之子旬而見旬當爲均聲之誤也有時適妻同時生子子均而見者以生先後見之既見乃食亦辟人君也易說卦坤爲均今亦或作旬也○旬音均出注冢子未食而見必執其右手適子庶子已食而見必循其首天子諸侯尊別世子雖同母禮則異矣未食已食急正緩庶之義也○別彼列反下其別同〔疏〕由命至其首○正義曰此一節論大夫及命士適妻與妾同時生子見之先後差異之別并明天子諸侯見冢子及適子庶子緩急之儀○旬而見者旬均也謂大夫命士適妾生子皆以未食之前均齊見又先生者先見後生者後見雖見有先後同是未食之前故云均而見冢子未食而見必執其右手者此謂天子諸侯之禮未食謂未與后夫人禮食而先見冢子是急於正也故先見乃食也○適子庶子已食而見者謂先與后夫人禮食之後然後始見適子庶子是緩於庶也○必循其首者言見適子庶子之時必以手撫循其頭首示恩愛之情也○注易說卦坤爲均○正義曰引易說卦者證此經旬爲均義按易說卦以坤爲均象地之均平今易之文或以均爲旬者是均得爲旬也皇氏云母之禮見子象地之生物均平故引易以爲均若然按周禮均人職云上年公旬用三日鄭注亦引易坤爲均豈是母見子之禮皇氏說非也○注天子至世子○正義曰知此經是天子諸侯者以上文命士以上及大夫之子適庶均見此則有食前食後見之不同又前文云世子生其文云適子庶子見於外寢是國君之禮此經亦云適子庶子故知是天子諸侯也○子能食食教以右手能言男唯女俞男鞶革女鞶絲俞然也鞶小囊盛帨巾者男用韋女用繒有飾緣之則是鞶裂與詩云垂帶如厲紀子帛名裂繻字雖今異意實同也○食食上如字下音嗣唯于癸反徐以水反俞以朱反鞶步干反盛音成緣于絹反裂音列或音厲與音預厲音列○〔疏〕子能至鞶絲○正義曰此一節論男女自幼少之時教之言語及鞶革鞶絲之事也○注鞶小至同也○正義曰此鞶是小囊盛帨巾男用韋爲之女用繒帛爲之云有飾緣之則是鞶裂與者言男女鞶囊之外更有繒帛之物飾而緣之則是春秋桓二年所稱鞶裂者與疑而未定故稱與按傳作鞶厲鄭此注云鞶裂厲裂義同也秖謂鞶囊裂帛

爲之飾又引詩云垂帶如厲者證厲是鞶囊裂帛之飾也此詩小雅都人士之篇也按彼注云而如也而厲如鞶厲也鞶必垂厲以爲飾厲字當作裂謂彼都之士垂此紳帶如似鞶囊之裂是以厲爲裂也又引紀子帛名裂繻者雖引毛詩以厲爲裂其義未顯故引紀子帛名裂繻者以證之言帛必分裂也此隱二年經稱紀子帛莒子盟于密又紀裂繻來逆女云字雖今異意實同也者言古時厲裂通爲一字今時厲裂字義俱異大意是同故云字雖今異意實同言同爲分裂之義也此是鄭康成之義若如服虔杜預則以鞶爲大帶厲是大帶之垂者故服氏云鞶大帶杜云紳大帶厲是大帶之垂者詩毛傳亦云厲帶之垂者並與鄭異○六年教之數與方名方名東西七年男女不同席不共食蚤其別也八年出入門戶及即席飲食必後長者始教之讓示以廉恥後胡豆反○九年教之數日朔望與六甲也○數所主反○十年出就外傅居宿於外學書記衣不帛襦袴禮帥初朝夕學幼儀請肄簡諒外傅教學之師也不用帛爲襦袴爲大溫傷陰氣也禮帥初遵習先日所爲也肄習也諒信也請習簡謂所書篇數也請習信謂應對之言也○襦字又作襦音儒袴苦故反肄本又作肄同以二反大音泰勺章略反注同十有三年學樂誦詩舞勺成童舞象學射御先學勺後學象文武之次也成童十五以上○二十而冠始學禮可以衣裘帛舞大夏惇行孝弟博學不教內而不出大夏樂之文武備者也內而不出謂人之謀慮也○冠古亂反衣於既反行如字又下孟反弟音悌三十而有室始理男事博學無方孫友視志室猶妻也男事受田給政役也方猶常也至此學無常在志所好也孫順也順於友視其所志也○孫音遜注同好呼報反○四十始仕方物出謀發慮道合則服從不可則去方猶常也物猶事也○去如字五十命爲大夫服官政

統一官之政也七十致事致其事於君而告老○凡男拜尚左手左陽[疏]六年至左手○正義曰此一節論男子教之從幼及長居官至致事之事衣不帛襦袴者謂不以帛爲襦袴○禮帥初者帥循也行禮動作皆帥循初日所爲○朝夕學幼儀者言從朝至夕學幼少奉事長者之儀請肄簡諒者肄習也簡禮篇章也諒信也○謂言語信實言請長者習學篇章簡禮及應對信實言語也○舞勺者熊氏云勺篇也言十三之時學此舞勺之文舞也○成童舞象者成童謂十五以上舞象謂舞武也熊氏云謂用干戈之小舞也以其年尚幼故習文武之小舞也○可以衣裘帛者二十成人血氣強盛無慮傷損故可以衣裘帛也○舞大夏者大夏是禹樂禪代之後在干戈之前文武俱備故二十習之也博學不教者唯須廣博學問不可爲師教人○内而不出者唯蘊畜其德在内而不得出言爲人謀慮始理男事者三十丁壯受其田土供給征役始理男事故韓詩說三十受兵若口率出泉國中則二十野則十五也孫友視志者言孫順朋友視其志意所尚○四十始仕方物出謀發慮者方常也物事也言年壯仕宦行其常事无謙孫出其謀計發其思慮以爲國也○女子十年不出恒居內也姆教

婉娩聽從婉謂言語也娩之言媚也媚謂容貌也○婉紆晚反徐紆願反娩音晚徐音萬執麻枲治絲繭織紝組紃學女事以共衣服紃條○枲思里反繭古典反紝女金反又如林反組音祖紃音巡共音恭條他刀反觀於祭祀納酒漿籩豆菹醢禮相助奠當及女時而知○相息亮反○十有五年而笄謂應年許嫁者女子許嫁笄而字之其未許嫁二十則笄○應應對之應二十而嫁有故二十三年而嫁故謂父母之喪聘則爲妻聘問也妻之言齊也以禮則問則得與夫敵體奔則爲妾妾之言接也聞彼有禮走而往焉以得接見於君子也奔或爲衒○見賢遍反衒古縣字本又作御字魚據反凡女拜尚右手右陰也○[疏]女子至右手○正義曰此一節論女子自幼及嫁爲女事之禮○注婉謂至貌也○正義曰按九嬪注云婦德貞順婦言辭令婦容婉娩婦功絲枲則婉娩合爲婦容此分婉爲言語娩爲容貌者其意以此上下備其四德以婉爲婦言娩爲婦容聽從爲婦順執麻枲以下爲婦功○注紃條○正義曰組紃俱爲條也紝爲繒帛故杜注左傳紝謂繒帛皇氏云組是綬也然則薄闊爲組似繩者爲紃○注當及女時而知○正義曰下云十有五年而笄此觀於祭祀是未嫁之前故云及女時而知經云納酒漿籩豆菹醢謂於祭祀之時觀看須於廟外納此酒漿籩豆菹醢之等置於神坐一納之文包此六事言之也○聘則爲妻者妻齊也奔則爲妾者妾接也接見於君子也女拜尚右手者右陰也漢時行之也○

附釋音禮記注疏卷第二十八

江西南昌府學栞

禮記注疏卷第二十八挍勘記　阮元撰盧宣旬摘錄

內則

膾春用葱節　惠棟挍云宋本分不食雛鼈以下至柤梨曰攢之爲一節牛夜鳴以下至鹿胃爲一節肉腥以下至柔之爲一節羹食以下爲一節

春用葱　石經同岳本同嘉靖本同衞氏集說同閩監毛本葱作蔥下葱字同

膏用薤　閩監本同石經同岳本同衞氏集說同惠棟挍宋本宋監本毛本薤並作䪥嘉靖本同釋文出用䪥云俗本多作薤非也浦鏜挍云薤當從毛本作䪥

鶉羹雞羹　各本同石經同釋文出鶉雞羹云本又作鶉羹雞羹

狸去正脊　閩監毛本同嘉靖本同衞氏集說同石經狸作貍岳本同惠棟挍宋本同宋監本同

兔去尻　石經同岳本同嘉靖本同釋文亦作尻閩監毛本尻誤尻衞氏集說同

柤梨曰攢之　閩監本同石經同嘉靖本同衞氏集說同毛本梨作棃岳本同

烏皫色而沙鳴　各本同石經同釋文出麃云本又作皫

鴇奧脾肶也　閩監毛本同岳本同嘉靖本同衞氏集說同考文引古本肶作膍釋文亦作肶段玉裁挍云肶作膍者誤

膾春至無蓼　惠棟挍宋本無此五字

數數布陳撰省視之　閩本同惠棟挍宋本同監毛本陳作揀衞氏集說同

牛夜至鹿胃　惠棟挍宋本無此五字

牛好夜鳴　惠棟挍宋本有好字衞氏集說同此本好字脫閩監毛本同

猶比於驪姬之惡也　閩監毛本同惠棟挍宋本猶作猶

在野舒翼飛遠者爲鵝　閩監毛本同段玉裁挍本鵝改雁

或曰至桒之　惠棟挍宋本無此五字

羹食至坫一　惠棟挍宋本無此五字

凡養老有虞氏以燕禮節

凡養至養老　惠棟挍宋本無此五字

曾子曰節

曾子至人乎　惠棟挍宋本無此五字

凡養老五帝憲節

惇史史惇厚是也　閩監毛本同岳本是作者嘉靖本同考文引補本古本足利本同惠棟挍宋本亦作者惇厚作孝厚宋監本同浦鏜從大雅行葦疏挍是亦改者通典六十七引此注作惇史史孝厚者也

凡養至惇史　惠棟挍宋本無此五字

淳熬節　惠棟挍云淳熬節炮取豚節擣珍節爲熬節糝取牛節宋本合爲一節

淳毋　閩本同石經同岳本同嘉靖本同衞氏集說同監毛本毋誤母注疏放此石經考文提要云按正義毋是禁辭非膳羞之體故讀從模宋本九經南宋巾箱本並作毋

淳熬至淳毋　惠棟挍宋本無此五字

使其湯　各本同石經同釋文出使湯云一本作使其湯

將當爲牂牂牡羊也　閩監毛本同岳本同嘉靖本同衞氏集說同惠棟校宋本牂牂牡作牂牂牝宋監本同考文引古本足利本牡亦作牝

汁和亦醯醢與　各本同釋文出醯與是釋文本無醢字

湛諸美酒　各本同釋文亦作湛石經湛闕筆作湛顧炎武云避敬宗諱

正義曰炮取豚若將者　惠棟挍宋本無正義曰三字

或取豚或取牂　閩本同惠棟挍宋本同監毛本牂作牂下豚牂牂聲則此牂並同

小鼎盛膏以膏煎豚牂　閩監毛本同浦鏜從衞氏集說膏煎改煎熬

此周禮糝食也　各本同釋文糝作糁

舉燋其嘗　各本同石經同釋文出舉焦云字又作燋

以與稻米爲酏　各本同石經同釋文出爲酏段玉裁云經文酏字蓴時本作餈周官醢人注引内則正作餈字正義引褉問志云内則餈次糝又云内則有餈無酏周禮有酏無餈明酏餈是一故破酏從餈然則周禮注本作酏當爲餈今脱當爲二字而内則餈字淺人改爲酏字不知注内此酏正謂周禮酏字而誤會也又云糗餌粉酏注云此酏當爲餰以稻米與狼臅膏爲餰是也本篇更可證記文酏字之誤注此酏當從餈此字臆謂周禮之酏當從内則作餈前注云此酏者以别于黍酏也

正義曰三如一者　惠棟挍宋本無正義曰三字

禮始於謹夫婦節

男女不同椸枷　各本同石經同釋文出同椸云本又作椸

年未滿五十　各本同石經同釋文出年未五十云本又作年未滿五十

禮始至當夕　惠棟挍宋本無此五字

妻將生子節

側室謂夾之室次燕寢也　閩監毛本同嘉靖本同衞氏集說同惠棟挍宋本夾作夫岳本同考文引古本同通典六十八亦作夫之室

妻將至女否　惠棟挍宋本無此五字

國君世子生節

國君至食子　惠棟挍宋本無此五字

凡接子擇日節

凡接至一等　惠棟挍宋本無此五字

異爲孺子室於宮中節

必求其寬裕慈惠　閩監本同石經同衞氏集說同毛本裕誤裕岳本同嘉靖本同

異爲至不往　惠棟挍宋本無此五字

三月之末節　惠棟挍云三月之末節姆先相節宋本合爲一節

夾囟曰角　惠棟挍宋本同岳本同嘉靖本同閩監本囟作囟衞氏集說同考文引古本足利本同釋文出夾囟毛本囟誤自盧文弨云作囟是○按依說文當作囟其字象小兒腦不合段玉裁曰說文人部皃下亦云从儿上象小兒頭腦未合也九經字樣云說文作囟隸變作囟今字多譌作囟所謂象小兒腦不合者不可見矣

三月至東面　惠棟挍宋本無此五字

云夾囟曰角者　惠棟挍宋本同閩監毛本囟作囟下囟是首腦夾囟兩旁並同

故說文云十其字象小兒腦不合也　閩監毛本同衞氏集說同段玉裁挍十改兒

姆先相曰節

咳而名之　閩監毛本同石經同岳本同嘉靖本同衞氏集說同惠棟挍宋本咳作孩釋文出孩而云字又作咳讀書脞錄續編云按孝經聖治章疏引内則孩而名之說文云孩小兒笑也謂指其頤下令其笑而爲之名當作孩爲是衆經音義九云咳古文作孩按孫志祖說是也通典六十八引亦作孩而名之

姆先至適寢○正義曰　惠棟挍宋本無正義曰三字

世子生節　惠棟挍云世子生節適子節宋本合爲一節

世子至乃降　惠棟挍宋本無此五字

則少牢禮髮鬄是也　惠棟按宋本髮作髲此本誤閩監毛本同衛氏集說同浦鏜云經文作被錫注云讀爲髲鬄○按段玉裁云髲鬄當作髲鬄

適子庶子節

適子至無辭○正義曰　惠棟按宋本無正義曰三字

凡名子節

諱衣中之疾難爲醫也　閩監毛本同岳本同嘉靖本同衛氏集說同通典六十八引作謂衣巾之疾難以醫也

凡名至同名　惠棟按宋本無此五字

此一節論子名之法子　閩監毛本同衛氏集說子名作名子

妾將生子節

妾將至入御　惠棟按宋本無此五字

但夫人燕寢　閩監毛本同惠棟按宋本人作之衛氏集說亦作之

子能食食節

子能至鞶絲　惠棟按宋本無此五字

謂彼都人之士垂此紳帶　惠棟按宋本有人字此本人字脫閩監毛本同

六年教之數節

學書記　毛本同嘉靖本同閩監本記作計惠棟按宋本同石經同岳本同衛氏集說同考文引古本足利本同記字誤也

請肄簡諒　各本同石經同釋文出請肄云本又作肆

左陽　閩監本同岳本同嘉靖本同考文引古本同毛本陽下衍也字

六年至左手　惠棟按宋本無此五字

熊氏云勺篇也　閩監本篇改籥是也惠棟按宋本同毛本勺籥誤一篇

學此舞籥之文舞也　閩監本作籥考文引宋板同衛氏集說同此本籥字闕毛本籥作勺

舞象謂舞武也　考文引宋板同閩監毛本舞武作武舞衛氏集說同

无謙孫　惠棟按宋本无作無無下有所字衛氏集說同通解同此本誤脫閩監毛本無所誤要字

女子十年不出節

以禮則問　惠棟按宋本則作見宋監本同岳本同嘉靖本同通解同考文引補本古本足利本同閩監毛本作聘衛氏集說同

女子至右手　惠棟按宋本無此五字

附釋音禮記注疏卷第二十八終　惠棟按宋本此下標禮記正義卷第三十八終記云

凡二十七頁宋監本禮記卷第八經六千六百八十三字注七千一百七字嘉靖本禮記卷第八六千七百四十三字注七千三十三字

禮記注疏卷第二十八校勘記

附釋音禮記注疏卷第二十九

玉藻第十三

陸曰鄭云以其記服冕之事也冕之旒以藻糾貫玉爲飾因以名之

〔疏〕正義曰按鄭目録云名曰玉藻者以其記天子服冕之事也冕之旒以藻糾爲之貫玉爲飾此於别録屬通論

鄭氏注　孔穎達疏

天子玉藻十有二旒前後邃延龍卷以祭祭先王之服也雜　曰藻天子以五采藻爲旒旒十有二前後邃延者言皆出冕前後而垂也天子齊肩延冕上覆也玄表纁裏龍卷畫龍於衣字或作袞。藻本又作璪音早旒力求反邃雖醉反深也注同延如字徐餘戰反字林作綖弋善反卷音袞古本反注同。玄端而朝日於東門之外聽朔於南門之外閏月則闔門左扉立于其中端當爲冕字之誤也玄衣而冕冕服之下朝日春分之時也東門南門皆謂國門也天子廟及路寢皆如明堂制明堂在國之陽每月就其時之堂而聽朔焉卒事反宿路寢亦如之閏月非常月也聽其朔於明堂門中還處路寢門終月凡聽朔必以特牲告其帝及神配以文王武王。端音冕出注下諸侯玄端同朝直遥反篇内除下注朝之餘皆同闔胡獵反扉音非一本作則闔門左扉

〔疏〕天子至其中。正義曰從天子玉藻至食無樂此一節揔論天子祭廟朝日及日視朝并饌食牲牢酒醴及動作之事并明凶年貶降之禮。天子玉藻者藻謂雜采之絲繩以貫於玉以玉飾藻故云玉藻也。十有二旒者天子前之與後各有十二旒。前後邃延者言十二旒在前後垂而深邃以延覆冕上故云前後邃延。龍卷以祭者卷謂卷曲畫此龍形卷曲於衣以祭宗廟。注祭先至作袞正義曰知祭先王之服者以司服云享先王則袞冕故也云天子齊肩者以天子之旒十有二就每一就貫以玉就間相去一寸則旒長尺二寸故垂而齊肩也言天子齊肩則諸侯以下各有差降則九玉者九寸七玉者七寸以下皆依旒數垂而長短爲差旒垂五采玉依飾射侯之次從上而下初以朱次白次蒼次黃次玄五采玉既質徧周而復始其三采者先朱次白次蒼二色者先朱後緑皇氏沈氏並爲此說今依用焉後至漢明帝時用曹褒之說皆用白旒珠與古異也云延冕上覆也者用三十升之布染之爲玄覆於冕上出而前後冕謂以板爲之以延覆上故云延冕上覆也但延之與板相著爲一延覆在上故云延冕也故弁師注延冕之覆在上是以名焉與此語異而意同也皇氏以弁師注延冕之覆在上以弁師經有冕文故先云冕延之覆在上此經唯有延文故解云延冕上覆今則定諸本弁師注皆云延冕之覆在上皇氏所讀本不同者如皇氏所讀弁師冕延之覆在上是解冕不解延今按弁師注意云延冕之覆在上是解延不解冕也皇氏說非也云玄表纁裏者纁是朱之小别故周禮鍾氏云三入爲纁鄭注士冠禮云朱則四入與是纁朱同類故注弁師朱裏與此不異云字或作袞者按司服作袞字故云或作袞是字或作袞也但禮記之本或作卷字其正經司服及覲禮皆作袞字故鄭注王制云卷俗讀其通則曰袞是也其六冕玉飾上下貴賤之殊並已具王制疏於此略而不言。注端當至武王。正義曰知端當爲冕者凡衣服皮弁尊次以諸侯之朝服次以玄端按下諸侯皮弁聽朔朝服視朝是視朝之服卑於聽朔今天子皮弁視朝若玄端聽朔則是聽朔之服卑於視朝與諸侯不類且聽朔大視朝小故知端當爲冕謂玄冕也是冕服之下按宗伯實柴祀日月星辰則日月爲中祀而用玄冕者以天神尚質按魯語云大采朝日少采夕月孔晁云大采謂袞冕少采謂黼衣而用玄冕者孔氏之說非也故韋昭云大采謂玄冕也少采夕月則無以言之云朝日春分之時也者以春分日長故朝之然則夕月在秋分也按書傳略說云祀上帝於南郊即春迎日於東郊彼謂孟春與此春分朝日别朝事儀云冕而執鎮圭帥諸侯朝日於東郊此云朝日於東門者東郊在東門之外遥繼門而言之也云東門南門皆謂國門也者以朝事儀云朝日東郊故東門是國城東郊之門也孝經緯云明堂在國之陽又異義淳于登說明堂在三里之外七里之内故知南門亦謂國城南門也云天子廟及路寢皆如明堂制者按考工記云夏后氏世室鄭注云謂宗廟殷人重屋注云謂正寢也周人明堂鄭云三代各舉其一明其制同也又周書亦云宗廟路寢明堂其制同文按明堂位大廟天子明堂魯之大廟如明堂則知天子大廟亦如明堂也然大廟路寢既如明堂則路寢之制上有五室不得有房而顧命有東房西房又鄭注樂記云文王之廟爲明堂制按覲禮朝諸侯在文王廟而記云凡侯于東箱者鄭荅趙商云成王崩時在西都文王遷豐鎬作靈臺辟廱而已其餘猶諸侯制度焉故知此喪禮設衣物有夾有房也周公攝政制禮作樂乃立明堂於王城如鄭此言是成王崩時路寢猶如諸侯之制故有左右房也覲禮在文王之廟而記云凡侯于東箱者是記人之說誤耳或可文王之

廟不如明堂制但有東房西房故魯之大廟如文王廟明堂經云君卷冕立于阼夫人副褘立于房中是也樂記注稱文王之廟如明堂制有制字者誤也然西都宮室既如諸侯制按詩斯于云西南其戶箋云路寢制如明堂是宣王之時在鎬京而云路寢制如明堂則西都宮室如明堂也故張逸疑而致問鄭荅之云周公制于土中洛誥云王入大室祼是顧命成王崩於鎬京承先王宮室耳宣王承亂又不能如周公之制如鄭此言則成王崩時因先王舊宮室至康王已後所營依天子制度至宣王之時承亂之後所營宮室還依天子制度路寢如明堂也不復能如周公之時先王之宮室也若然宣王之後路寢制如明堂按詩王風右招我由房鄭荅張逸云路寢房中所用男子而路寢又有左右房者劉氏云謂路寢下之燕寢故有房也熊氏云平王微弱路寢不復如明堂也異義明堂制今禮戴說禮盛德記曰明堂自古有之凡有九室室有四戶八牖三十六戶七十二牖以草蓋屋上圓下方所以朝諸侯其外名曰辟廱明堂月令書說云明堂高三丈東西九仞南北七筵上圓下方四堂十二室室四戶八牖宮方三百步在近郊近郊三十里講學大夫淳于登說明堂在國之陽丙巳之地三里之外七里之內而祀之就陽位上圓下方八窗四闥布政之宮周公祀文王於明堂以配上帝上帝五精之帝大微之庭中有五帝座星其古周禮孝經說明堂文王之廟夏后氏世室殷人重屋周人明堂東西九筵筵九尺南北七筵堂崇一筵五室凡室二筵蓋之以茅謹按今禮古禮各以其義說說無明文以知之玄之聞也禮戴所云雖出盛德記及其下顯與本異章九室三十六戶七十二牖似秦相呂不韋作春秋時說者所益非古制也四堂十二室字誤本書云九室十二堂淳于登之言取義於援神契援神契說宗祀文王於明堂以配上帝曰明堂者上圓下方八窗四闥布政之宮在國之陽帝者諦也象上可承五精之神五精之神實在大微於辰為巳是以登云然今說立明堂於巳由此為也水木用事交於東北木火用事交於東南火土用事交於中央金土用事交於西南金水用事交於西北周人明堂五室帝一室合於數如鄭此言是明堂用淳于登之說禮戴說而明堂辟廱是一古周禮孝經說以明堂為文王廟又僖五年公既視朔遂登觀臺服氏云人君入大廟視朔告朔天子曰靈臺諸侯曰觀臺在明堂之中又文二年服氏云明堂祖廟並與鄭說不同者按王制云小學在公宮南之左大學在郊又云天子曰辟廱辟廱是學也不得與明堂同為一物又天子宗廟在雉門之外孝經緯云明堂在國之陽又此云聽朔於南門之外是明堂與祖廟別處不得為一也孟子云齊宣王問曰人皆謂我毀明堂孟子對曰夫明堂者王者之堂也王欲行王政則勿毀之矣是王者有明堂諸侯以下皆有廟又知明堂非廟也以此故鄭皆不用具於鄭駁異義也云每月就其時之堂而聽朔焉者月令孟春居青陽左个仲春居青陽大廟季春居青陽右个以下所居各有其處是每月就其時之堂也云卒事反宿路寢亦如之者路寢既與明堂同制故知反居路寢亦如明堂每月異所反居路寢謂視朔之一日也其餘日即在燕寢視朝則恒在路門外也云閏月非常月也者按文六年云閏月不告月猶朝于廟公羊云不告月者何不告朔也曷為不告朔天無是月也閏月矣何以謂之天無是月是月非常月也何休云不言朔者閏月無告朔禮也穀梁之義與公羊同左氏則閏月當告朔按異義公羊說每月告朔朝廟至于閏月不以朝者閏月殘聚餘分之月無政故不以朝經書閏月猶朝廟譏之左氏說閏以正時時以作事事以厚生生民之道於是乎在不告閏朔棄時政也許君謹按從左氏說不顯朝廟告朔之異謂朝廟而因告朔故鄭駁之引堯典以閏月定四時成歲閏月當告朔又云說者不本於經所議者異其是與非皆謂朝廟而因告朔似俱失之朝廟之經在文六年冬閏月不告月猶朝於廟辭與宣三年春郊牛之口傷改卜牛牛死乃不郊猶三望同言猶者告朔然後當朝廟郊然後當三望今廢其大存其細是以加猶譏之論語曰子貢欲去告朔之餼羊周禮有朝享之禮祭然則告朔與朝廟祭異亦明矣如此言從左氏說又以先告朔而後朝廟鄭以公羊閏月不告朔為非以左氏告朔為是二傳皆以先朝廟而因告朔二者皆失故鄭云其是與非皆謂朝廟而因告朔俱失之也鄭必知告朔與朝廟異者按天子告朔於明堂其朝享從祖廟下至考廟故祭法云曰考廟曰王考廟皆月祭之是也又諸侯告朔在太廟而朝享自皇考至考故祭法云諸侯自皇考以下皆月祭之是告朔與朝廟不同又天子告朔以特牛諸侯告朔以羊其朝享各依四時常禮故用大牢故司尊彝朝享之祭用虎彝蜼彝大尊山尊之等是其別也云聽其朔於明堂門中還處路寢門終月者以閏非常月無恒居之處故在明堂門中按太史云閏月詔王居門終月是還處路寢門終月謂終竟一月所聽之事於一月中耳於尋常則居燕寢也故鄭注大史云於文王在門謂之閏是閏月聽朔於明堂門反居路寢門皇氏云明堂有四門即路寢亦有四門閏月各居其時當方之門義或然也云凡聽朔必以特牲告其帝及神配以文王武王者論語云告朔之餼羊注曰天子特牛與以其告朔禮略故用特牛按月令每月云其帝其神故知告帝及神以

其主明堂之中故知配以文王武王之主亦在明堂以汎配五帝或以武王配五神於下其義非也皮弁以日視朝遂以食日中而餕奏而食日少牢朔月大牢餕食朝之餘也奏奏樂也○餕音俊五飲上水漿酒醴酏上水水爲上餘其次之○酏以支反卒食玄端而居天子服玄端燕居也動則左史書之言則右史書之其書春秋尚書其存者御瞽幾聲之上下瞽樂人也幾猶察也察其哀樂○瞽音古上時掌反哀樂音洛年不順成則天子素服乘素車食無樂自貶損也

疏皮弁至無樂○正義曰此一節明天子每日視朝皮弁食之禮遂以食者既著皮弁視朝遂以皮弁而朝食所以敬養身體故著朝服○日中而餕者至日中之時還著皮弁而餕朝之餘食○奏而食者言餕餘之時奏樂而食餕尚奏樂而食餕尚奏樂即朝食奏樂可知也○朔月大牢者以月朔禮大故加用大牢按鄭志趙商問膳夫云三日一舉鼎十有二物皆有俎有三牲備商按玉藻天子之食日少牢朔月大牢禮數不同請問其說鄭荅云禮記後人所集據時而言或諸侯同天子或天子同諸侯等所施不同故鄭據王制之法與周異者多當以經爲正如鄭此言記多錯雜不與經同按王制云諸侯無故不殺牛及楚語云天子舉以大牢祀以會禮晁云四方來會助祭也又云諸侯舉以特牛祀以大牢大夫舉以特牲祀以少牢士食魚炙祀以特牲庶人食菜祀以魚此等與周禮及玉藻或合或否異人之說皆不可以禮論按周禮大司樂云王大食令奏鐘鼓鄭注云大食朔月月半是也周禮云飲此以下五飲亦非周法也○注其書至存者○正義曰經云動則左史書之春秋是動作之事故以春秋當左史所書左陽陽主動故記動經云言則右史書之尚書記言誥之事故以尚書當右史所書右是陰陰主靜故也春秋雖有言因動而言其言少也尚書雖有動因言而稱動亦動爲少也周禮有五史有内史外史大史小史御史無左史右史之名者熊氏云按周禮大史之職云大師抱天時與大師同車又襄二十五年傳曰大史書曰崔杼弑其君是大史記動作之事在君左廂記事則大史爲左史也按周禮内史掌王之八枋其職云凡命諸侯及孤卿大夫則策命之僖二十八年左傳曰王命内史叔興父策命晉侯爲侯伯是皆言誥之事是内史所掌在君之右故

爲右史是以酒誥云矧大史友内史友鄭注大史内史掌記言記行是内史記言大史記行也此論正法若其有闕則得交相攝代故洛誥史逸命周公伯禽服虔注文十五年傳云史佚周成王大史襄三十年鄭使大史命伯石爲卿皆大史主爵命以内史闕故也以此言之若大史有闕則内史亦攝之按覲禮賜諸公奉篋服大史是右者彼亦宣行王命故居右也此論正法若春秋之時則特置左右史官故襄十四年左史謂魏莊子昭十二年楚左史倚相藝文志及六藝論云右史紀事左史記言與此正反於傳記不合其義非也○御瞽幾聲之上下○御者侍也以瞽人侍側故云御瞽幾聲之上下幾察也瞽人審音察樂聲上下哀樂若政和則樂聲樂政酷則樂聲哀察其哀樂防君之失○天子素服乘素車者此由年不順成則天子恒素服素車食無樂也若大札大災則亦素服故司服云大札大荒大災素服此是天子諸侯罪己之義故素服此素服者謂素衣故下文諸侯年不順成君衣布與此互文也若其臣下即不恒素服唯助君禱請之時乃素耳故司服云士服玄端素端注云素端者爲札荒有所禱請也

○諸侯玄端以祭端亦當爲冕字之誤也諸侯祭宗廟之服唯魯與天子同裨冕以朝朝天子也裨冕公衮侯伯鷩子男毳也○裨婢支反鷩必列反毳昌銳反皮弁以聽朔於大廟皮弁下天子也○大音泰後大廟同下戶嫁反朝服以日視朝於内朝朝服冠玄端素裳也此内朝路寢門外之正朝也天子諸侯皆三朝朝辨色始入羣臣也入入應門也辨猶正也別也○辨如字徐扶免反別彼列反君日出而視之退適路寢聽政使人視大夫大夫退然後適小寢釋服小寢燕寢也釋服服玄端又朝服以食特牲三俎祭肺食必復朝服所以敬養身也三俎豕魚腊○復扶又反夕深衣祭牢肉祭牢肉異於始殺也天子言日中諸侯言夕天子言餕諸侯言祭牢肉互相挾○挾戶頰反朔月少牢五俎四簋五俎加羊與其腸胃也朔月四簋則日食粱稻各一簋而已○簋音甫本或作簋腸也音胃子卯稷食菜羹忌日貶也○食音嗣夫人與君同庖不特殺也○庖步交反徐扶交反下同○

疏諸侯至同

庖。正義曰此一節論諸侯自祭宗廟及朝天子自視朝食飲牢饌之禮與天子不同之事。注祭先至子同。正義曰知祭先君者與上天子龍卷以祭其文相類故知祭先君也云端亦當爲冕者以玄端賤於皮弁下文皮弁聽朔於大廟不應玄端以祭先君故知亦當爲玄冕云唯魯與天子同者按明堂位云君卷冕立于阼夫人副褘立于房中是也熊氏云此謂祭文王周公之廟得用天子之禮其祭魯公以下則亦玄冕故公羊云周公白牡魯公騂犅羣公不毛是魯公以下與周公異也二王之後祭其先王亦是用以上之服二王之後不得立始封之君廟則祭微子以下亦玄冕。注朝天至袞也。正義曰知朝天子者按覲禮云侯氏裨冕鄭注裨之爲言埤也天子六服大裘爲上其餘爲裨是以總云裨冕。注皮弁下天子也。正義曰以天子用玄冕諸侯用皮弁故云下天子也此諸侯聽朔於大廟熊氏云周之天子于洛邑立明堂唯大享帝就洛邑耳其每月聽朔當在文王廟也以文王廟爲明堂制故也此聽朔於大廟穀梁傳云諸侯受乎禰廟與禮乖非也凡每月以朔告神謂之告朔即論語云告朔之餼羊是也則于時聽治此月朔之事謂之聽朔此玉藻文是也聽朔又謂之視朔文十六年公四不視朔是也告朔又謂之告月文六年閏月不告月是也行此禮天子於明

堂諸侯於大祖廟訖然後祭於諸廟謂之朝享司尊彝云朝享是也又謂之朝廟文六年云猶朝于廟是也又謂之朝正襄二十九年釋不朝正于廟是也又謂之月祭祭法云皆月祭之是也。注朝服至三朝。正義曰按王制云周人玄衣而養老注云玄衣素裳天子之燕服爲諸侯朝服彼注云玄衣則此玄端也若以素爲裳則是朝服此朝服素裳皆得謂之玄端故論語云端章甫注云端玄端諸侯朝服若上士以玄爲裳中士以黄爲裳下士以雜色爲裳天子諸侯以朱爲裳則皆謂之玄端不得名爲朝服也云此内朝路寢門外之正朝也者以下文云君日出而視之退適路寢故知此路寢門外朝也云天子諸侯皆三朝者大僕云掌燕朝之服位注云燕朝朝於路寢之庭是一也司士云正朝儀之位注云此王日視朝事於路門外是二也朝士云掌外朝之灋注云外朝在庫門之外皐門之内是三也諸侯三朝者文王世子云公族朝於内朝路寢朝是一也世子又云其在外朝司士爲之與此視朝於内朝皆謂路寢門外每日視朝是二也此但云内朝對中門外朝謂爲内也文王世子云外朝者對路寢庭爲外此據路寢門外而稱内朝明知中門之外别更有朝也諸侯三門是中門外大門内又有外朝是三朝也已具於文王世子疏。注羣世至門也。正義曰應門之内則路門之外謂尋常諸侯中門爲應門外有皋門若魯則庫雉路入者則入雉門也。注釋服玄端。正義曰此經文據若故服玄端也若卿大夫釋服服深衣也。注食必至魚腊。正義曰此經云朝服以食謂釋服之後將食之時又者又如朝時服朝服以食然則上天子云遂以食者亦退於小寢釋服至將食之時又朝服互相明也云三俎豕魚腊者約特牲禮故知豕魚腊也。注祭牢至相挾。正義曰早起初殺之時特食先祭肺以周人重肺至夕將食之時切牢肉爲小殺而祭之故云異於始殺也云互相挾者以天子言日中諸侯亦當有日中諸侯言夕則天子亦言夕天子言餕則諸侯亦餕諸侯言祭牢肉則天子亦祭牢肉以諸侯之夕挾天子日中故云互相挾。注五俎至而已。正義曰知五俎加羊與其腸胃者約少牢禮五俎但少牢祭神加羊與膚爲五此皆人君所食無膚而有腸胃也云朔月四簋則日食粱稻各一簋而已者以朔月四簋故知日食二簋以粱稻美物故知各一簋詩云每食四簋注云四簋黍稷稻粱是簋盛稻粱也且此文諸本皆作簋字皇氏以注云稻粱以簠宜盛稻粱故以四簋爲四簠未知然否以此而推天子朔月大牢當六簋黍稷稻粱麥苽各一簋若盛舉則八簋故小雅陳饋八簋當加以稻粱也按公食大夫禮簠盛稻粱此用簋者以其常食異於

禮食又禮食其數更多故公食下大夫黍稷六簋上大夫八簋其稻粱上下大夫俱兩簠又聘禮饔餼上大夫堂上八簋東西夾各六簋是其數多也其諸侯按掌客上公簠十侯伯八子男六簋則俱同十二其祭禮則天子八簋故祭統云八簋之實注云天子之祭八簋然則諸侯六簋祭統諸侯禮云四簋黍稷者見其徧於廟中不云六簋二簋留之厞故也大夫祭則當四敦少牢禮是也士則二敦特牲禮是也其諸侯與大夫食亦四簋故秦詩云每食四簋熊氏更說卿大夫以下日食及朔食牲牢及敦數多少上下差別並無明據今皆略而不言也。注忌日貶也。正義曰紂以甲子死桀以乙卯亡以其無道被誅後王以爲忌日稷食者食飯也以稷穀爲飯以菜爲羹而食之故云忌日貶也。注不特殺也。正義曰諸侯夫人與君同庖則后亦與王同庖舉諸侯天子可知

君無故不殺牛，大夫無故不殺羊，士無故不殺犬豕。故謂祭祀之屬。君子遠庖廚，凡有血氣之類弗身踐也。踐當爲翦，聲之誤也。翦猶殺也。○遠，于萬反。踐音翦，子餞反，出注。至于八月不雨，君不舉。爲旱變也。此謂建子之月

不雨至建未月也春秋之義周之春夏無雨未能成災至其秋秀實之時而無雨則雩雩而得之則書雩喜祀有益也雩而不得則書旱明災成也○爲于僞反下皆爲猶爲明爲爲失皆同夏戶嫁反【疏】君無至不舉○正義曰自此以下終篇末或論天子或論諸侯或論大夫士所爲尊卑之異隨文爲義無復揔科今各隨文解之○注故謂祭祀之屬○正義曰此君非一據作記之時言之此君得兼天子以天子日食少牢若據周禮正法言之此君唯據諸侯以天子日食大牢無故得殺牛也大略此文謂諸侯也○大夫無故不殺羊者亦諸侯大夫也若天子大夫有故得殺牛故知此據諸侯大夫言祭祀之屬者若待賓客饗食亦在其中故云祭祀之屬○注踐當爲翦○正義曰此謂尋常若祭祀之事則身自爲之故楚語云禘郊之事天子自射其牲又封羊擊豕是也○注爲旱至成也○正義曰此謂建子之月至建未月也者按文公十年自正月不雨至于秋七月傳云不曰旱不爲災者據周正言之既言秋七月不雨云不爲災明八月不雨則爲災此據文十年自正月不雨故云謂建子之月也按僖公三年傳云自十月不雨至于五月不曰旱不爲災文十三年自正月不雨至於秋七月此經直云至于八月不雨不云初不雨之月鄭必知自建子之月者以周之歲首陽氣生養之初又文十年有自正月不雨之文故據而爲說云雩而得之則書雩喜祀有益也雩而不得則書旱明災成也者按穀十一年穀梁傳云得雨曰雩不得雨曰旱范甯云喜其有益也則春秋經諸書雩皆是得雨不得雨曰旱者僖二十一年夏大旱宣七年秋大旱是也然傳云至秋七月不雨不爲災僖二十一年夏大旱則是周之夏也建卯建辰建巳之月而書大旱者至秋仍不雨而追書于夏故云夏大旱

年不順成君衣布搢本關梁不租山澤列而不賦土功不興大夫不得造車馬

皆爲凶年變也君衣布者謂若衛文公大布之衣大帛之冠是也搢本去珽荼珽士笏也笏以竹爲笏飾本以象關梁不租此周禮也殷則關恒譏而不征列之言遮列也雖不賦猶爲之禁不得非時取也造謂作新也○衣於既反注君衣布同搢徐音箭又如字去丘呂反下刷去同珽他頂反荼音舒笏音忽遮支奢反【疏】年不至車馬○正義曰前經論天子素服素車此論諸侯及大夫遭凶年之禮君衣布者謂身衣布衣也搢本者本謂士笏以竹爲之以象飾本君遭凶年搢插士笏故云搢本○關梁不租者關謂關門梁謂津梁租謂課稅以其凶年故不課稅此

周禮殷則雖非凶年亦不課稅也山澤列而不賦者列謂遮列但遮列人不得非時而入恐有損傷於物不賦斂也○土功不興者謂人食不得滿二鬴之歲若人食二鬴則猶興土功也故均人云豐年旬用三日中年用二日無年用一日廩人云人食四鬴上三鬴中二鬴下是無年猶有一日之役○注若衛至不征○正義曰按春秋閔二年狄入衛後衛文公大布之衣大帛之冠爲國之破亂與凶年同故引之云殷則關恒譏而不征者按王制云關譏而不征譏謂呵察但呵察其非不征稅王制是殷禮故云殷也

○卜人定龜

謂靈射之屬所當用者○射音亦周禮作繹爾雅作謝

史定墨

視兆坼也○坼勑白反

君定體

視兆所得也周公曰體王其無害

【疏】卜人至定體○正義曰此一經論君卜龜所定之異定龜者按龜人云天龜曰靈屬地龜曰繹屬東龜曰果屬西龜曰雷屬南龜曰獵屬北龜曰若屬各以其方之色與其體辨之鄭云屬言非一也色謂天龜玄地龜黃東青西白南赤北黑也龜俯者靈仰者繹前弇果後弇獵左倪雷右倪若定之者其所當用謂卜祭天用靈祭地用射射則繹也春用果秋用雷之屬也○史定墨者凡卜必以墨畫龜求其吉兆若卜從墨而兆廣謂之下從周禮占人注云墨兆廣也但坼是從墨而裂其旁岐細出謂之爲璺坼故占人云君占體大夫占色史占墨卜人占坼注云體兆象也色兆氣也墨兆廣也坼兆璺也是大坼稱爲兆廣小坼稱爲兆璺也○君定體者謂五行之兆象既得兆體君定其體之吉凶尊者視大卑者視小○注視兆至無害○正義曰此尚書金縢文以武王有疾周公代其請命卜得吉兆周公爲此言也

○君羔幦虎犆

幦覆苓也犆讀皆如直道而行之直直謂緣也此君齋車之飾○幦音覓徐苦狄反犆依注音直下同苓本又作軨音零緣尹絹反後文注皆放此齋側皆反下文注皆同

大夫齊車鹿幦豹犆朝車士齊車鹿幦豹犆

臣之朝車與齊車同飾

【疏】君羔至豹犆○正義曰此一節論君及大夫士等齊車朝車所飾之物尊卑不同○注幦覆至之飾○正義曰苓即式也但車式以苓爲之有豎者有橫者故考工記注云樹式之犆者衡者也此云幦覆苓詩大雅鞹鞃淺幭毛傳云幭覆式幭即幦也又周禮巾車作禝但古字耳三者同也知幦是覆苓者少儀云負良綏申之面拖諸幦是也云犆讀皆如直道而行之直者按論語云三代之所直道而行故讀如之云此君齋車之飾者以大夫及士皆云齋車故知此君齋車之飾此經或

有齊字者若誤也若有齊字鄭不須此注皇氏云君謂天子諸侯也詩云淺幭以虎皮爲幭彼據諸侯與玄衮亦爲連文則亦齊車之飾此用羔幦者當是異代禮或可詩傳據以虎皮飾幦謂之淺幭也。注臣之至同飾。正義曰據此注言之則君之朝車與齊車異飾也但無文以言之○君子之居恒當戶鄉明。鄉許亮反。寢恒東首首生氣也。首手又反注同。若有疾風迅雷甚雨則必變雖夜必興衣服冠而坐敬天之怒。迅音峻又音信衣於既反下衣布同又如字日五盥沐稷而靧粱櫛用樿櫛髮晞用象櫛進禨進羞工乃升歌晞乾也沐靧必進禨作樂盈氣也更言進羞明爲羞籩豆之實。盥音管靧音悔櫛則乙反樿章善反禨其既反浴用二巾上絺下綌刷去垢也。絺丑疑反綌去逆反刷色劣反垢古口反。出杅履蒯席連用湯杅浴器也蒯席澁便於洗足也連猶釋也。杅音雩蒯苦怪反連力旦反猶也注同澁所戢反便婢面反履蒲席衣布晞身乃屨進飲進飲亦盈氣也。屨九具反本又作屨。將適公所宿齊戒居外寢沐浴史進象笏書思對命思所思念將以告君者也對所以對君者也命所受君命者也書之於笏爲失忘也既服習容觀玉聲玉佩乃出揖私朝煇如也登車則有光矣私朝自大夫家之朝也揖其臣乃行。煇音暉〔疏〕君子至光矣。正義曰此一節明卿大夫以下所居處及盥浴并將朝君之義。日五盥者盥洗手也。沐稷而靧粱者沐沐髮也靧洗面也。取稷粱之潘汁用將洗面沐髮並須滑故也然此大夫禮耳又人君沐靧皆粱也。櫛用樿櫛者樿白理木也櫛梳也沐髮爲除垢膩故用白理澁木以爲梳。髮晞用象櫛者晞乾燥也沐已燥則髮澁故用象牙滑櫛以通之也。進禨進羞者禨謂酒也故少儀注云沐而飲酒曰禨是沐畢必進禨酒又進羞羞謂羞籩羞豆之實如非庶羞者庶羞爲食而設今進禨則飲酒之進爲飲設羞故知是羞籩羞豆是以籩人羞籩之下注引少牢主人酬尸宰夫羞房中之羞是酬尸之後而有羞籩羞豆也故知非庶羞是進羞也。工乃升歌者又進羞之後樂工乃升堂以琴瑟而歌所以進禨進羞乃歌者以其新沐體虛補益氣也皇氏云進禨謂飧與少儀注違非其義也。出杅者杅浴之盆也浴時入盆中浴浴竟而出盆也。履蒯席者履踐也蒯菲草席澁出杅而腳踐履澁草席上刮去垢也。連用湯者連猶釋也言釋去足垢而用湯闕也。史進象笏者史謂大夫亦有史官也熊氏云按下大夫不得有象笏有象字者誤也熊氏又解與明山賓同云有地大夫故用象皇氏載諸所解者不同以此爲勝故存之耳。書思對命者思謂意所思念將以告君對謂君有所問以事對君命謂所受君命將以奉行以笏書此三事故云書思對命也。既服習容觀玉聲者既服著朝服已竟也服竟而私習儀容又觀容聽已珮鳴使玉聲與行步相中適玉珮玉也。乃出者習儀竟而出也。揖私朝煇如也者私朝大夫自家之朝也煇光儀也大夫行出至已之私朝揖其屬臣煇如也。登車則有光矣者揖竟出登所乘之車有光煇也而往適君朝矣天子搢珽方正於天下也此亦笏也謂之珽珽之言珽然無所屈也或謂之大圭長三尺杼上終葵首終葵首者於杼上又廣其首方如椎頭是謂無所屈後則恒直相玉書曰珽玉六寸明自炤。長直亮反後放此杼直呂反葵如字終葵椎也椎直追反下同相息亮反珽他頂反本又作珵音呈炤音照諸侯荼前詘後直讓於天子也荼讀爲舒遲之舒舒懦者所畏在前也詘謂圜殺其首不爲椎頭諸侯唯天子詘焉是以謂笏爲荼。荼音舒詘丘勿反後如字徐胡豆反懦乃亂反又奴臥反怯懦也又作懦人于反弱也皇云學士圜音員殺色界反徐所例反篇內皆同。大夫前詘後詘無所不讓也大夫奉君命出入者也上有天子下有已君又殺其下而圜〔疏〕天子至讓也。正義曰此一節論天子以下笏制不同之事。方正於天下也者言珽然無所詘示已之端平正直而布於天下。諸侯荼前詘後直者前詘謂圜殺其首後直下角正方。讓於天子也者降讓於天子故前詘也大夫前詘後詘無所不讓也者大夫上有天子下有已君上下皆須謙退故云無所不讓也。注此亦至自炤。正義曰以下文云笏天子以球玉故知此珽亦笏也云或謂之大圭長三尺杼上終葵首者或者玉人文也玉人注大圭或謂之珽或者或此文也云終葵首者於杼上又廣其首。如椎頭者終葵首謂椎頭也故許慎說文云椎擊也齊人謂之終葵首言所杼之上又廣其首廣於珽身頭頭方如椎頭故云終葵首引相玉書珽玉六寸明自炤者證珽是玉也餘物皆光炤於外此珽玉光自炤於内内含明也。注荼讀至爲荼。正義曰舒懦者所畏在前也者按說文懦柔也所畏在前多舒緩故云舒懦者所畏在前也。注又殺至而圜。正義曰知又殺其下者以經云前後詘故知又殺其下故下注云大夫士文杼其下首廣二寸半是也 ○**侍坐則必退席不退則必引而去君之黨**引卻也黨鄉之細者退謂旁側也辟君之親黨也。黨鄉之細也退謂旁側也一本或作黨鄉之細者謂旁側也避君之親黨**登席不由前爲躐席**。升必由下也爲于僞反未又如字躐力輒反**徒坐不盡席尺**示無所求於前不忘謙也**讀書食則齊豆去席尺**讀書聲當聞尊者食爲汚席也。爲于僞反下爲大有同汙汚穢之汚烏臥反 ○**若賜之食而君客之則命之祭然後祭**雖見賓客猶不敢備禮也侍食則正不祭**先飯辯嘗羞飲而俟**俟君食而後食也君將食臣先嘗之忠孝也。飯扶晚反下至三飯文注皆同辯嘗音遍**若有嘗羞者則俟君之食然後食飯飲而俟**不祭侍食不敢備禮也不嘗羞膳宰存也飯飲利將食也**君命之羞羞近者**辟貪味也。辟音避**命之品嘗之然後唯所欲**必先徧嘗之。徧音遍本又作備。**凡嘗遠食必順近食**從近始也**君未覆手不敢飧**覆手以循咡已食也飧勸食也。覆芳服反注同飧音孫注及下同咡耳侍反**君既食又飯飧**不敢先君飽。先息薦反下同**飯飧者三飯也**日勸君食如是可也**君既徹執飯與醬乃出授從者**食於尊者之前當親徹也。從才用反【疏】侍坐至從者。正義曰自此以下至士側尊用禁此一節廣論臣之侍坐於君之儀并顯君賜食賜酒肉飲之節兼明與凡人飲食之禮。侍坐則必退席者若側旁有別席則退就側席。不退則必引而去君之黨者不退謂旁無別席可退或雖有別席君不命之使退則必引而去君之黨黨是鄉之細者而屬於鄉居

在鄉之旁側今借之爲喻言臣侍君坐若不退席則引而卻去君之旁側也黨謂君之親黨則君命令與君之親黨同席則早讓卻引前去離君之親黨在君之親黨之下而坐故注云辟君之親黨也登席不由前爲躐席者庾云失節而踐爲躐席應從於下升若由前升是躐席也按鄉飲酒禮賓席于戶西以西頭爲下主人席于阼階介席于西階皆北頭爲下賓升席自西方注云升由下也又按鄉飲酒記云主人介凡升席自北方降自南方注云席南上升由下降由上由便則主人升席自北方降席自南方按鄉飲酒禮主人受獻自席前適阼階是主人降席自北方者以其受獻正禮須席末啐酒因從北方降也故注云啐酒席末因從北方降由便也若其尋常無事則升由下而降由上若賓則升降皆由下也。徒坐不盡席尺者徒空也空坐謂非飲食及講問時也不盡席之前畔有餘一尺示無所求於前不忘謙也。讀書食則齊者讀書聲則當聞尊者食爲其汙席坐則近前與席畔齊。豆去席尺者解食所以近前之意以設豆去席一尺不得不前坐就豆或云讀書聲當聞尊者故人頭臨前一尺食爲汙席人頭臨豆與豆齊故云齊豆其豆徑一尺與去席尺亦一也。若賜至從者。正義曰此一節論人君賜食之禮。而君客之則命之祭然後祭者此廣明侍坐法也祭祭先也禮敬者共食則先祭若降等之客則後祭若臣侍君而賜之食則不祭若賜食而君以客禮待之則得祭雖得祭又先須君命之祭後乃敢祭也。先飯辯嘗羞者飯食也謂君未食而臣先食徧嘗羞膳也所以爾者示猶行臣禮爲先嘗食之義也。飲而俟者禮食未飧必前啜飲以利滑喉中不令澁噎君既未飧故臣亦不敢飧而先嘗羞嘗羞畢而歠飲以俟君飧臣乃敢飧。若有嘗羞者此謂臣侍食得賜食而非君所客者也既不得爲客故不得祭亦不得嘗羞則君使膳宰自嘗羞故云有嘗羞者也。則俟君之食然後食者既不祭不嘗則俟君食後已乃食也。飯飲而俟者飯飲者飲之也雖不嘗羞亦先飲飲則利喉以俟君也。君命之羞羞近者猶是君所不客者也雖君已食已乃後食而猶未敢一食羞故又須君命雖得君命又猶未自專嘗先食近其前者一種而止也所以然者若越次前食遠者則爲貪好味也。故君命之品嘗之然後唯所欲者品猶徧也既未敢越次多食故君又命徧嘗而已乃徧嘗之後則隨已所欲不復次第也。凡嘗遠食必順近食者客與不客悉皆如此故云凡也意在嘗遠者且從近始辟貪味也。君未覆手不敢飧者侍食者悉然也覆手者謂食飽必覆手以循口邊恐有殺粒汙著之也飧謂用飲澆飯於器中也禮食竟更作三飧以勸助令飽實使不虛

也。若既食又飯飧者，既循畢竟也，飯飧也。若食畢竟而又飧，則臣乃敢飧，明不先君而飽也。飯飧者三飯也者，三飯並謂飧也，謂三度飧也。君既徹者，既已也，謂君食竟已徹饌也。執飯與醬乃出授從者，謂君饌已徹，則臣乃自徹己饌以授從者。飯醬是食之主，故自執之。此食合己之所得，故授從者。○注「食於」至「徹也」。○正義曰：此經食不容，故君既徹之後，執飯與醬乃出授從者。若君與己禮食，則但親徹之，不敢授己之從者也。故公食大夫禮賓北面坐取粱與醬以降，西面坐奠于階西，注云「不以出者，非所當得」是也。若非君臣，但降等者，則徹以授主人相者，故曲禮云「客若降等」，又云「卒食，客自前跪，徹飯齊以授相者」，注云「謙也。相者，主人贊饌者」。以非己所得，故授主人之相。若賓主敵者，則徹於西序端，故公食大夫禮云「大夫自相食，徹于西序端」，注云「亦親徹」是也。

〇凡侑食不盡食，食於人不飽。謙也。侑音又。唯水漿不祭，若祭爲已偞卑。水漿非盛饌也。已猶大也。祭之爲或有所畏迫，臣於君則祭之。偞，盧涉反，厭也。大音泰，下同，下長大亦同。

[疏]「凡侑」至「偞卑」。○正義曰：此一節以上文明侍君之食，因明凡人相敵爲食之禮。凡侑食不盡食者，此明勸食於尊者之法。食於人不飽者，此通包食於尊者及禮敵之人，所以不盡食不飽者，謙退不敢自足。唯水漿不祭者，言食於禮敵之人所設水漿，不以祭先。若祭爲已偞卑者，已，大也；偞，厭也。此解不祭水漿之意，若祭水漿爲大厭降卑微，有所畏迫也。○注「臣於君則祭之」。○正義曰：所以知者，按公食大夫禮宰夫執觶漿以進，賓受坐祭遂飲，故知之也。

〇君若賜之爵，則越席再拜稽首受，登席祭之，飲卒爵而俟君卒爵，然後授虛爵。不敢先君盡爵。君子之飲酒也，受一爵而色洒如也，洒如，肅敬貌。洒或爲察。洒，先典反，又西禮反。王肅作察，云明貌也。二爵而言言斯。言言，和敬貌。斯猶耳也。言言，魚斤反，注同。禮已三爵而油油，油油，說敬貌。油油音由，本亦作由。王肅本亦作二爵而言，注云飲二爵可以語也。又云言斯禮，注云語必以禮也。三爵而油，注云說敬貌無已，及下油字也。說音悅。以退，禮飲過三爵則敬殺，可以去矣。退則坐取屨，隱辟而后屨，坐左納右，坐右納左。隱辟，俛逡巡而退著屨也。辟，匹亦反，徐房亦反，注同。而后屨，一本作而後屨。俛音免。逡，七巡反。巡著屨，丁略反。

〇凡尊必上玄酒，不忘古也。唯君面尊，面猶鄉也。燕禮曰：「司宮尊于東楹之西，兩方壺，左玄酒，南上。公尊瓦大兩，有豐，在尊南，南上。」鄉，許亮反。唯饗野人皆酒，蜡飲故不備禮。蜡，鉏駕反。大夫側尊用棜，士側尊用禁。棜，斯禁也，無足，有似於棜，是以言棜。棜，於據反，注同。斯如字，又音斯。

[疏]「君若」至「用禁」。○正義曰：此一節論臣於君前受賜爵之禮。飲卒爵而俟君卒爵，然後授虛爵者，俟君飲盡，已乃授虛爵與相者也。必在君前先飲者，亦示其賤者先即事。後授虛爵者，亦不敢先君盡爵。然此謂朝夕侍者始得爵也，若其大禮，則君先飲而臣後飲，故曲禮云「長者舉未釂，少者不敢飲」，燕禮「公卒爵而後飲」是也。此經云「再拜稽首受」，於尊所，曲禮云「拜受於尊所」，此經先再拜稽首而後受，燕禮與受爵降下奠爵再拜稽首，則先受而後再拜，與此不同者，熊氏云「文雖不同，互以相備，皆先受而後再拜」。今刪定以爲燕禮據大飲法，故先受爵而後奠爵再拜；此經據朝夕侍君而得賜爵，故再拜而後受。必知此經非饗燕大飲者，以此下云受一爵以至三爵而退，明非大饗之飲也；若燕禮，非惟三爵而已。受一爵而色洒如也者，言初受一爵而顏色肅敬洒如也。如者，如此義，謂如似洒然，故論語云「申申如也，夭夭如也」，及「踧踖如也」，皆謂容色如此。三爵而言言斯者，此事上恒敬，既受二爵，顏色稍和，故言言斯斯耳。也、耳是助句之辭。皇氏云：讀言爲誾，義亦通也。禮已三爵而油油者，言侍君小燕之禮，唯已止三爵，顏色和說而油油說敬，故春秋左氏傳云「臣侍君宴，過三爵，非禮也」。退則坐取屨隱辟而後屨者，坐，跪也。初跪說屨堂下爲敬，故退而跪取屨，起而逡巡隱辟而著之。坐左納右者，納猶著也，若坐左膝則屨著右足之屨，若坐右膝則著左足之屨。唯君面尊者，面，鄉也。謂人君燕臣子，專其恩惠，故尊鼻鄉君，故引燕禮燕臣子之禮以解之。若兩君相見，則尊鼻於兩楹間，在賓主之間夾之，不得而鄉尊也。唯饗野人皆酒者，饗野人謂蜡祭時也。野人賤，不得比士，又無德，又可飽食，則宜貪味，故唯酒而無水也。大夫側尊用棜，士側尊用禁者，側謂旁側，在賓主兩楹間，旁側夾之，又東西横行，異於君也。若側尊近於君，南北列之，則燕禮所云者是也。大夫士側尊一者，鄉飲酒義云「尊於房戶之間，賓主共之也」。據大夫士旁著一尊，亦曰側尊，故士冠禮云「側尊一甒醴，在服北」，注云「無偶曰側」，與此側別。

注楸斯至言楸。正義曰：按鄉飲酒禮設兩壺于房戶閒有斯禁，彼是大夫禮，此云大夫用楸，故知楸是斯禁也。按特牲禮注云楸今木轝上有四周下無足，今斯禁亦無足，故云有似於楸，是以言楸也。

○始冠緇布冠，自諸侯下達，冠而敝之可也。本太古耳，非時王之法服也。冠古亂反，下冠而注始冠同。敝音弊，本亦作弊。

玄冠朱組纓，天子之冠也。緇布冠繢緌，諸侯之冠也。皆始冠之冠也。玄冠，委貌也。諸侯緇布冠有緌，尊者飾也。繢或作繪，緌或作蕤。繢，戶內反，注繪同。緌，本又作蕤，耳隹反，注及下皆同。

玄冠丹組纓，諸侯之齊冠也。玄冠綦組纓，士之齊冠也。言齊時所服也。四命以上，齊祭異冠。齊，側皆反，下同。綦音其，徐其記反，雜色也。上，時掌反，下而上同，後皆放此。

縞冠玄武，子姓之冠也。謂父有喪服，子爲之不純吉也。武，冠卷也。古者冠卷殊。縞，古老反，又古報反，下同。爲，于僞反。卷，起權反，下同。

縞冠素紕，既祥之冠也。紕，緣邊也。紕讀如埤益之埤。既祥之冠也，已祥祭而服之也。閒傳曰：大祥素縞麻衣。紕音埤，又婢支反。閒，古閑反。傳，直專反。

【疏】始冠至冠也。○正義曰：自此至魯桓公始也，此一節廣論上下及吉凶冠之所用，唯五十不散送及親沒不髦，記者雜錄，廁在其閒。○始冠緇布冠者，言初加冠，大夫士皆三加，諸侯則四加，其初加者是緇布冠。自諸侯下達者，自，從也，從諸侯下達於士，始冠緇布冠。冠而敝之可也者，言緇布冠重古，始冠暫冠之耳，非時王之服，不復恒著，冠而敝去之可也。○注故知至作蕤。○正義曰：知始冠之冠，皆以文承上始冠之下，故知玄冠朱組纓是天子始冠也。云諸侯緇布冠有緌尊者飾也者，按郊特牲及士冠記皆云其緌也，吾未之聞，謂大夫士也。此云繢緌，諸侯之冠，故云緇布冠有緌，尊者飾也。上云始冠緇布冠，自諸侯下達，則諸侯緇布冠可知，更云緇布冠繢緌諸侯之冠者，爲緌起文也。諸侯唯繢緌爲異，其頍項靑組纓等皆與士同。○注言齊至異冠。○正義曰：言齊者，兼祭祀之時，故曲禮云立如齊，謂祭祀時，恐此齊亦兼祭祀，故言齊時所服。其祭，諸侯則玄冕也。云四命以上齊祭異冠者，以諸侯玄冕祭，玄冠齊；孤則爵弁祭，亦玄冠齊，是齊祭異冠也。必知孤亦玄冠齊者，以諸侯尚玄冠齊，明孤亦玄冠齊也。其三命以下，大夫則朝服以祭，士則玄端以祭，皆玄冠也。此云玄冠綦組纓，士之齊冠，是齊祭同冠也。其天子之士與諸侯上大夫同，故深衣目錄云士祭以朝服，謂天子之士也。祭用朝服，與諸侯大夫同。然則天子大夫與諸侯孤同，亦爵弁祭，玄冠齊。此是熊氏之說也。皇氏以爲天子大夫與諸侯大夫同，但朝服以祭，便與鄭注四命以上齊祭異冠於文爲妨，皇氏之說非也。其天子之祭玄冕，祭則玄冠齊；絺冕祭則玄冕齊，以次差之可知也。此亦熊氏說。此云四命齊祭異冠者，謂自祭也。若助祭於君，則齊祭同冠，故鄭志荅趙商問云：以雜記云大夫冕而祭於公，弁而祭於己；士弁而祭於公，冠而祭於己，是爲三命以下齊祭異冠，何但四命以上也？觀注似若但施於己祭，不可通之也。鄭荅云：齊祭謂齊時一冠，祭時亦一冠。四命乃然。大夫冕、士弁而祭於君，齊時服之，祭時服之，何以亦異？如鄭此言，是助祭齊祭同冠，故云何以亦異。若然，士之助祭齊服，應服爵弁，而鄭注旅賁氏云王齊服服袞冕，則士之齊服玄端，不服爵弁者，熊氏云：若士助王祭祀，服爵弁；若助王受朝覲，齊服則服玄端，義或然也。○注謂父至卷殊。○正義曰：姓，生也。孫是子之所生，故云子姓。云不純吉也者，武用玄，玄是吉；冠用縞，縞是凶，吉而雜凶，故云不純吉也。卷用玄而冠用縞，冠卷異色，故云古者冠卷殊。如鄭此言，則漢時冠卷共材。○注紕緣至麻衣。○正義曰：紕，緣邊者，謂緣冠兩邊及冠卷之下畔，其冠與卷身皆用縞，但以素緣耳。縞是生絹而近吉，當祥祭之時，身著朝服，首著縞冠，以其漸吉故也。不言以素爲紕，故喪服小記云除成喪者朝服縞冠，注云縞冠未純吉祭服也。雜記曰：祥，主人之除也，於夕爲期，朝服。鄭云：祭猶縞冠，未純吉。雜記又云：既祥，雖不當縞者必縞。鄭云：縞，祥祭之服。據此兩經二注，皆云祥祭縞冠，若既祥之後，微申孝子哀情，故加以素紕，以素重于縞也。故此文云既祥之冠。閒傳曰：大祥素縞麻衣。檢勘經注，分明如此，而皇氏以爲縞重素輕，祥祭之時以素爲冠，以縞爲紕，紕得冠名，故云縞冠；祥祭之後，以縞爲冠，以素爲紕，亦紕得冠名，而云素冠，文無所出，不知有何憑據也。

垂緌五寸，惰游之士也。惰游，罷民也。亦縞冠素紕，凶服之象也。垂長緌，明非既祥。○惰，徒臥反。罷音皮。

玄冠縞武，不齒之服也。所放不帥教者。

居冠屬武。謂燕居冠也。著冠於武，少威儀。○屬，章欲反。著，皇直略反，徐丁略反。

自天子下達，有事然後緌。燕無事者去飾。○去，丘呂反，下同。

五十不散送。送喪不散麻，始衰不備禮。○散，悉但反，注同。衰，所追反。

親沒不髦。去爲子之飾。

不髦音毛大帛不緌帛當爲白聲之誤也大帛謂白布冠也不緌凶服去飾玄冠紫
緌自魯桓公始也蓋僭宋王者之後服也緌當用繢○繢子念反後同疏垂緌
至士也○正義曰此亦用既祥冠而加垂緌五寸也○注惰
游至既祥○正義曰鄭知惰游罷民者與下不齒相連故知
是周禮圜土之罷民知亦縞冠素紕者以文承上縞冠素
紕之下但垂緌爲異○注謂燕居冠也○正義曰燕居之冠
屬武於冠冠武相連屬燕居率略少威儀故也又不加緌若
非燕居則冠與武別臨著乃合之有儀飾故也○注送喪至
備禮○正義曰始死三日之前要絰散垂三日之後乃絞之
至葬啟殯已後亦散垂既葬乃絞五十既衰不能備禮故不
散垂及親沒不髦不關冠之義紕者雜厠其間○注帛當至
去飾○正義曰知帛當爲白者以雜記云大白冠緇布冠皆
不緌彼大白與緇布連文故知此大帛謂白布冠也左傳閔
二年衛文公大布之衣大帛之冠白繒冠也與大布相對與
此異也○注蓋僭宋王者之後○正義曰知疑僭宋者以祭
周公用白牡乘大路是魯用殷禮故疑魯桓公用紫緌僭宋
王者之後云緌當用繢者以上文云緇布冠繢緌諸侯之冠故知也○朝玄端夕深衣深

衣三祛謂大夫士也三祛者謂要中之數也祛尺二寸圍之爲二尺四寸三之七尺二寸○朝直遥反深衣
三祛起魚反本或無衣字要一遥反下文注同縫齊倍要縫紩也紩下齊倍要中齊丈四尺四寸縫
或爲逢或爲豐○縫音逢齊音咨本又作齊注同紩直乙反徐治栗反○衽當旁衽謂裳幅所交裂也凡衽
者或殺而下或殺而上是以小要取名焉衽屬衣則垂而放之屬裳則縫之以合前後上下相變○衽而審反又而鴆反
屬音燭下同袂可以回肘二尺二寸之節○袂面世反肘竹丑反○長中繼
揜尺其爲長衣中衣則繼袂揜一尺若今褎矣深衣則緣而已○褎音袖下文同袷二寸
曲領也袷音劫○袪尺二寸袪口也緣廣寸半飾邊也○廣徐公曠反後放此
以帛裏布非禮也中外宜相稱也冕服絲衣也中衣用素皮弁服朝服玄端麻衣也中
衣用布○裏音界稱尺證反士不衣織織染絲織之士衣染繒也○衣於既反注及下注同織音志注
織染同繒以綾反無君者不貳采大夫去位宜服玄端玄裳○去如字衣正色

裳間色謂冕服玄上纁下○間間廁之間非列采不入公門列采正服
振絺綌不入公門表裘不入公門振讀爲袗袗禪也表裘外
衣也二者形且褻皆當表之乃出○振依注爲袗之忍反禪音丹下文注同疏朝玄至公門○正義曰自此以
下至弗敢充也一節廣論衣服及襲裼之事○朝玄端夕
深衣者謂大夫士早朝在私朝服玄端夕服深衣在私朝及
家也○深衣三祛者祛謂袂末言深衣之廣三倍於袂末○
縫齊倍要者齊謂裳之下畔要謂裳之上畔言縫下畔之廣
倍於要中之廣謂齊廣一丈四尺四寸要廣七尺二寸○衽
當旁者衽謂裳之交接之處當身之畔○袂可以回肘者袂
上下之廣二尺二寸肘長尺二寸故可以回肘也○長中繼
揜尺者謂長衣中衣繼袂之末揜餘一尺○袷二寸者袷謂
深衣曲領廣二寸○袪尺二寸者袪謂深衣袂口謂口之外
畔上下尺二寸也故注云袪袂口也○緣廣寸半者謂深衣
邊以緣飾之廣寸半也○注謂大至二寸○正義曰上文云
君朝服日出而視朝夕深衣祭牢肉此云朝玄端與君不同
故知是大夫士也以視私朝故服玄端若朝君之時則朝服
也朝服其衣與玄端無異但其裳以素耳若大夫莫夕蓋亦

朝服其士則用玄端故士冠禮注云玄端士莫夕於朝之服
是也其私朝及在家大夫士夕皆深衣也皇氏以爲此玄端
是朝君之服若然朝禮君臣同服上文君朝服夕深衣此文
與君無異鄭何得注云大夫士也恐皇氏之說非也云三之
七尺二寸者按深衣云幅十有二以計之幅廣二尺二寸一
幅破爲二四邊各去一寸餘有一尺八寸每幅交解之闊頭
廣尺二寸狹頭廣六寸比寬頭嚮下狹頭嚮上要中十二幅
廣各六寸故爲七尺二寸下齊十二幅各廣尺二寸故爲一
丈四尺四寸○注衽謂至相變○正義曰衽謂裳幅所交裂
也者裳幅下廣尺二寸上闊六寸狹頭嚮上交裂一幅而爲
之云凡衽者或殺而下或殺而上者皇氏云言凡衽非一之
辭非獨深衣也或殺而下謂喪服之衽廣頭在上狹頭在下
或殺而上謂深衣之衽寬頭在下狹頭在上云是以小要取
名焉者謂深衣與喪服相對爲小要兩旁皆有此衽熊氏大
意與皇氏同或殺而下謂朝祭之服耳云衽屬衣則垂而放
之者謂喪服及熊氏朝祭之衽云屬裳則縫之以合前後者
謂深衣之衽云上下相變者上體是陽陽體舒散故垂而下
下體是陰陰主收斂故縫而合之今刪定深衣之上獨得衽
名不應假他餘服相對爲衽何以知之深衣衣下屬幅而下
裳上屬幅而上相對爲衽鄭注深衣鉤邊今之曲裾則宜兩

邊而用也但此等無文言之且從先儒之義○注其爲至而已○正義曰繼袂揜一尺者幅廣二尺二寸以半幅繼續袂口揜餘一尺云深衣則緣而已者若長衣揜必用素而中衣揜或布或素隨其衣而然長中制同而名異者所施異故也裏中著之則曰中衣若露著之則曰長衣故鄭注深衣目録素紕曰長衣有表謂之中衣○以帛裏布非禮也若朝服用布則中衣不得用帛也皮弁服朝服玄端服麻衣也中衣用布三衣用麻麻即十五升布故中衣並用布也然云朝服又云玄端者朝服指玄衣素裳而玄端裳色多種或朱裳玄黃雜裳之屬廣言之也而小祥衰裹熟帛中衣者吉凶異故也○士不衣織○織者前染絲後織者此服功多色重故士賤不得衣之也大夫以上衣織染絲織之也士衣染繒詩庶人得衣錦者禮不下庶人有經而等也故服錦衣下云居士錦帶者直以錦帶非爲衣也唐傳云古者有命民有飾車駢馬衣錦者非周法大夫以上得衣織衣而禮運云衣其澣帛謂先代禮尚質故也○注大夫至玄裳○正義曰此謂大夫士去國三月之内服素衣素裳三月之後别服此玄端玄裳以經云不貳采是有采色但不貳耳采色之中玄最貴也○注謂冕服玄上纁下○正義曰玄是天色故爲正纁是地色赤黄之雜故爲間色皇氏云正謂青赤黄白黑五方正色也不正謂五方間色也緑紅碧紫駵黄是也青是東方正緑色東方間東爲木木色青木刻土土黄並以所刻爲間或緑也青黄也朱是南方正紅是南方間南爲火火赤刻金金白故紅色赤白也白是西方正碧是西方間西爲金金白刻木故碧色青白也黑是北方正紫是北方間北方水水色黑水刻火火赤故紫色赤黑也黄是中央正駵黄是中央間中央爲土土刻水水黑故駵黄之色黄黑也○注振讀至乃出○正義曰按士昏禮云女從者畢袗玄彼注以袗爲同此云袗禪者以振與袗聲相近袗字從衣故讀從袗蓋袗字得爲同又得爲禪故下曲禮注引論語云當暑袗絺綌是論語本有爲袗字者云形且褻者形解袗絺綌其形露見褻解表裘在衣外可鄙褻二者皆上加表衣乃出也

襲裘不入公門衣裘必當裼也○裼思歷反纊爲繭縕爲袍衣有著之異名也纊謂今之新綿也縕謂今纊及舊絮也○纊音曠繭古典反縕紆粉反又紆郡反袍步羔反絮胥慮反禪爲絅有衣裳而無裏○絅苦迥反徐又音迥帛爲褶有表裏而無著○褶音牒袷也○朝服之以縞也自季康子始也亦僭宋王者之後

疏襲裘至始也○正義曰檀弓云裼裘襲裘謂若子游裼裘而弔曾子襲裘而弔皆謂裘上有裼衣裼衣之上有襲衣襲衣之上有正服但據露裼衣不露裼衣爲異耳若襲裘不得入公門也○注縕謂今纊及舊絮也○正義曰如鄭此言云縕謂今纊者謂好綿也則鄭注之時以好者爲綿惡者爲絮故云縕謂今纊及舊絮也○注亦僭宋王者之後○正義曰云亦者亦上玄冠紫緌是僭宋王者之後知宋朝服以縞者按王制云殷人縞衣而養老燕服則爲朝服宋是殷後故朝服以縞

孔子曰朝服而朝卒朔然後服之謂諸侯與羣臣也諸侯視朝皮弁服曰國家未道則不充其服焉謂若衛文公者未道未合於道

疏孔子至服之○正義曰朝服緇衣素裳而朝謂每日朝君○卒朔然後服之者卒朔謂卒告朔之時服皮弁告朔禮終脱去皮弁而後服朝服也○注謂諸侯與羣臣也○正義曰知非天子之朝服而云諸侯與羣臣者以上文次皆云不入公門下云唯君有黼裘又云君衣狐白裘皆據諸侯之禮故知此亦據諸侯也○

唯君有黼裘以誓省大裘非古也僭天子也天子祭上帝則大裘而冕大裘羔裘也黼裘以羔與狐白雜爲黼文也省當爲獮獮秋田也國君有黼裘誓獮田之禮時大夫又有大裘也○黼音甫省依注作獮息典反秋獮名

疏唯君至古也○正義曰君諸侯也黼裘以黑羊皮雜狐白爲黼文以作裘也誓者告勅也獮秋獮也大裘天子郊服也禮唯許諸侯服黼裘以誓軍旅田獮耳不得用大裘常時有者非但諸侯用大裘又有大夫僭用大裘者故譏之云非古也○注時大夫又有大裘也○正義曰經直云黼裘以誓獮大裘非古而云大夫用大裘者以經云唯君則知時臣亦爲之故言唯君以譏之也冬始裘而秋云裘者爲秋殺始誓衆須威故秋而用黼爲裘也

附釋音禮記注疏卷第二十九

江西南昌府學栞

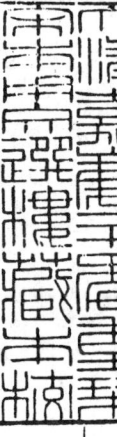

禮記注疏卷二十九挍勘記　阮元撰盧宣旬摘錄

附釋音禮記注疏卷第二十九　惠棟挍宋本禮記正義卷第三十九

玉藻第十三

天子玉藻節

閏月則闔門左扉　各本同石經同釋文出則闔左扉云一本作闔門左扉

東門南門皆謂國門也　宋監本亦作謂惠棟挍宋本同岳本同嘉靖本同考文引補本古本足利本同閩監毛本謂誤爲衞氏集說同

皆用白旒珠　閩毛本同衞氏集說同惠棟挍宋本旒作旈監本亦作旒用誤周

用三十升之布染之　惠棟挍宋本作用衞氏集說同此本用字闕閩監毛本用誤以

但延之與板　閩監本同考文引宋板同毛本與誤於衞氏集說同

是解延不解冕也　惠棟挍宋本同閩監毛本是字脫

其制同文按明堂位　惠棟挍宋本文作又考文引補本同是也閩監毛本並誤

以草蓋屋　閩監毛本同盧文弨據明堂位疏云草當作茅

其外名曰辟廱　閩監毛本同盧文弨據明堂位疏外下增有水二字

謹按今禮古禮各以其義說說無明文以知之　閩監本同毛本以誤有考文引宋板亦作以盧文弨云說字不當重齊召南云說無明文當作經無明文

及其下顯與本異章　閩監毛本同盧文弨挍云本異章疑是本書異

今說立明堂於己由此爲也　閩監毛本同齊召南挍云今漢立明堂於丙已此疏說字係漢字之訛已上又脫丙字

皮弁以日視朝節

餕食朝之餘也奏奏樂也　閩監毛本同岳本同嘉靖本同盧文弨挍云注十字宋本在日少牢下

春秋尚書其存者　惠棟挍宋本同嘉靖本同續通解同考文引補本古本足利本同閩監毛本其作具岳本同衞氏集說同

而食餕尚奏樂卽朝食奏樂可知也　閩本同監毛本無而食餕尚奏樂六字

皆有俎有三牲備　閩監毛本同衞氏集說下有作則

或天子同諸侯等所施不同故鄭據　閩監毛本同按同諸侯之同當作與孫志祖云同周禮縢夫疏作與是也又云禮數不同難以據也此疏故鄭二字疑誤惠棟挍云故鄭據三字衍浦鏜挍作故難據也

尚書記言語之事　閩監毛本同衞氏集說同惠棟挍宋本作言誥考文引補本亦作誥按下是皆言誥之事並作誥則此處語字亦當作誥

內史掌王之八枋　惠棟挍宋本同閩監毛本枋作柄○按周禮以枋爲柄古音方聲丙聲同部字

右史紀事左史記言與此正反　閩監毛本紀作記閩監本與字同毛本與誤於考文引宋本亦作與

諸侯元端以祭節

皮弁以聽朔於太廟　閩監毛本同石經同岳本同嘉靖本同衞氏集說同惠棟挍云皮弁以聽朔於太廟經注十四字宋本皆脫

五俎四簋　各本同石經同釋文出四簋云本或作簋

加羊與其腸胃也　各本同釋文出腸也云音胃

此諸侯聽朔於大廟　閩監毛本同惠棟挍宋本此作故盧文弨云宋作故非

諸侯亦當有日中　閩監毛本同衞氏集說有作言

君無故不殺牛節

無很揔科　惠棟挍宋本同考文引補本同閩監毛本科作别衞氏集說同

饗食亦在其中　惠棟挍宋本同衞氏集說同考文引補本同閩監毛本食誤飯

殷則闕恒議而不征　惠棟挍宋本亦作恒宋監本同岳本同嘉靖本同考文引補本古本足利本同閩監毛本恒誤但衞氏集說同殷字各本不誤監本誤殷

亦不課稅也　閩監毛本如此此本也字闕惠棟挍宋本無也字

卜人定龜節

視兆坼也　惠棟挍宋本宋監本亦皆作坼岳本同衞氏集說同釋文出兆坼閩本坼誤拆監毛本誤圻嘉靖本同

定之者定其所當用　惠棟挍宋本如此衞氏集說同此本下定字脫閩監毛本同

但拆是從璺　閩本同監毛本拆作坼下拆字倣此

小坼稱爲兆璺也　閩毛本同監本璺誤釁

君羔幦虎犆節

此經或有齊字者若誤也　閩監毛本同惠棟挍宋本無若字續通解同○按無若字者是也

則亦齊車之飾　惠棟挍宋本作則衞氏集說同此本則字闕閩監毛本則誤知

君子之居恒當戶節

揃席澀　閩監毛本作澁岳本同衞氏集說同此本澀作澁嘉靖本同疏放此

命所受君命者也　閩監毛本同衞氏集說同惠棟挍宋本無者字考文引古本足利本同宋監本同

爲失忘也　惠棟挍宋本作也宋監本同岳本同嘉靖本同衞氏集說同考文引古本足利本同閩監毛本也誤反

取稷粱之潘汁　惠棟挍宋本同閩監毛本潘作湯衞氏集說同

又人君沐醴皆粱也　閩監毛本同通解又作若惠棟挍宋本皆作者

言釋去足垢而用湯闌也　閩監毛本同衞氏集說同惠棟挍宋本闌作爛

天子搢珽節

珽之言珽然無所屈也　閩監毛本同岳本同嘉靖本同衞氏集說同段玉裁挍本云珽然之珽當作挺

珽玉六寸明自炤　各本同釋文出珽云本又作珵惠棟云王逸引之作珵

終葵首謂椎頭也　閩監毛本同考文引補本首作者

故許慎說文玉椎擊也　閩監毛本同段玉裁挍本玉改云

廣於珽身頭頭方如椎　閩監毛本同盧文弨云頭字不當重浦鏜挍云一頭字疑在廣字上

侍坐則必退席節

大夫七文杼其下首廣二寸半也是　惠棟挍宋本文作又也是作是也閩監本與此同誤毛本亦同惟是也二字不倒

黨鄉之細者退謂旁側也辟君之親黨也○　閩監毛本同岳本同嘉靖

本同衞氏集說同釋文出黨鄉之細也退謂傍側也云一本或作黨鄉之細者謂傍側也僻君之親黨今注疏本與釋文二本並不同此本親黨也下屬○列釋文閩監毛本誤以釋文爲注惠棟挍宋本亦無○下二十八字也

又按鄉飲酒記云 惠棟挍宋本無按字衞氏集說同此誤衍按字閩監毛本同

啐酒席末因從北方降 惠棟挍宋本同閩監毛本因誤自

則君使膳宰自嘗羞 閩監毛本同惠棟挍宋本君下有若字

凡侑食不盡食節

若祭爲已偞卑 閩監毛本同石經同嘉靖本同衞氏集說同岳本偞作僷考文引古本足利本同釋文出已偞石經考文提要云宋本九經南宋巾箱本並作偞

祭之爲或有所畏迫 閩監本同惠棟挍宋本或作大岳本同嘉靖本同衞氏集說同毛本同是也考文引古本足利本大作太亦誤釋文出猶大云下同正謂此大是釋文本亦作大字也

君若賜之爵節

隱辟而后屨 各本同石經同釋文出而屨云一本作而後屨

俛逡巡而退著屨也 各本同釋文出巡作遁云音巡○按遁正字巡假借字

在尊南南上 閩監本作南上岳本同嘉靖本同衞氏集說同毛本南上誤面上此本誤脫

已乃授虛爵與相者也 惠棟挍宋本同考文引補本同閩監毛本授誤受

既受二爵顏色稍和 毛本同衞氏集說亦作二閩監本二誤三

唯已止三爵 閩監毛本同惠棟挍宋本止作上衞氏集說作唯止三爵無已字按止字是

謂蜡祭時也 閩監本如此衞氏集說同考文引宋板同此本時字在謂蜡祭三字闕毛本時誤是

在賓主兩楹間旁側夾之 惠棟挍宋本作間衞氏集說同考文引補本同此本間字脫閩監毛本間誤之

始冠緇布冠節 惠棟挍云始冠節垂緌節宋本合爲一節

故鄭志荅趙商問云 閩監毛本同惠棟挍宋本無荅字

祭時亦一冠 孔廣森云亦疑當作又

故云子姓 閩監毛本同惠棟挍宋本云作曰

垂緌五寸節

親沒不髦 各本同石經同釋文出不旄

紀者雜廁其間 閩監毛本同惠棟挍宋本紀改記

以祭周公用白牡 惠棟挍宋本作白牡衞氏集說同此本白字不誤牡誤牲閩監本同毛本白牡誤八牲

袂口也 閩本同惠棟挍宋本同岳本同嘉靖本同衞氏集說同監本袂誤袂毛本袂誤袪

袂尺二寸者袪謂深衣袂口 惠棟挍宋本作袪尺袪謂毛本同監本袪字並誤作袂

但其裳以素耳 惠棟挍宋本同閩監毛本耳作爾衞氏集說同

比寬頭䊸下 閩監毛本同衞氏集說比作此

故中衣並用布也 惠棟挍宋本同衞氏集說同閩監毛本並誤幷

士衣染繒 此本繒字不誤染誤也閩監毛本染字不誤繒誤繪衞氏集說作染繒惠棟挍宋本同

下云居士錦帶者 惠棟挍宋本如此考文引補本同此本下字闕閩監毛本云誤文

三月之後別服此元端元裳 閩監毛本同衞氏集說別作則

朱是南方正 惠棟挍宋本作朱考文引補本同此本朱誤未閩監毛本朱作赤衞氏集說同

襲裘不入公門節 惠棟挍云襲裘節孔子節宋本合爲一節

衣有著之異名也 閩本如此惠棟挍宋本同宋監本同岳本同嘉靖本同考文引古本同監毛本有誤者衛氏集說同此本有字不誤著誤者

孔子曰朝服而朝節

以上文次皆云 閩監毛本同惠棟挍宋本文作之

唯君有黼裘節

國君有黼裘誓獮田之禮 閩毛本同岳本同嘉靖本同衛氏集說同監本獮誤稱

時大夫又有大裘也 閩監本同岳本同嘉靖本同衛氏集說同毛本又誤猶

而用黼爲裘也 惠棟挍宋本此下標禮記正義卷第三十九終記云凡二十七頁

禮記注疏卷二十九挍勘記

附釋音禮記注疏卷第三十

玉藻

鄭氏注　孔穎達疏

君衣狐白裘，錦衣以裼之。 君衣狐白毛之裘，則以素錦爲衣覆之，使可裼也。袒而有衣曰裼。必覆之者，裘褻也。詩云：「衣錦絅衣，裳錦絅裳。」然則錦衣復有上衣明矣。天子狐白之上衣，皮弁服與？凡裼衣象裘色也。○衣，於既反，下文「不衣」同。復，扶又反。與，音餘。

君之右虎裘，厥左狼裘。 衛尊者宜武猛。

士不衣狐白。 辟君也。狐之白者少，以少爲貴也。○辟，音避。

【疏】君衣至狐白。○正義曰：君謂天子，以狐之白毛皮爲裘，其上用錦衣以裼之。○注「詩云」至「色也」。○正義曰：鄭引詩者，證錦衣之上更有衣覆之。以無正文，故引詩云「然則錦衣復有上衣明矣」。云「天子狐白之上衣皮弁服與」者，亦以無正文，故言皮弁服與，與爲疑辭也。必知狐白上加皮弁服者，以狐白既白，皮弁服亦白，錦衣白，三者相稱，皆爲白也。云「凡裼衣象裘色也」者，狐白裘用錦衣爲裼，狐青裘用玄衣爲裼，羔裘用緇衣爲裼，是裼衣與裘色相近也。天子視朝服皮弁服，則天子皮弁之下有狐白錦衣也。諸侯於天子之朝亦然，故秦詩曰「君子至止，錦衣狐裘」。此經云君，則天子兼諸侯也。凡在朝，君臣同服，然則三公在天子之朝，執璧與子男同，則皮弁之下狐白錦衣與子男同也。其天子卿大夫及諸侯卿大夫在天子之朝，亦狐白裘。以下云「士不衣狐白」，則卿大夫得衣狐白也。其裼則不用錦衣，故下注云「非諸侯則不用錦衣爲裼」。熊氏云當用素衣爲裼。其天子之士及諸侯之士在天子之朝，既不衣狐白，熊氏云用麛裘素裼也。諸侯朝天子，受皮弁之裼，歸來鄉國，則亦錦衣狐裘以告廟，則秦詩云「君子至止，錦衣狐裘」是也。告廟之後，則服之。其在國視朝，則素衣麑裘，卿大夫士亦皆然，故論語注云「素衣麑裘，視朝之服」是也。其受外國聘享，亦素衣麛裘，故聘禮「公裼降立」，注引玉藻云「麛裘青犴褎，絞衣以裼之」，又引論語云「素衣麑裘，皮弁時或素衣」。如鄭此言，則裼衣或絞或素，不定也。熊氏云臣用絞，君用素。皇氏云素衣爲正，記者亂言絞耳。

君子狐青裘豹褎，玄綃衣以裼之。 君子，大夫士也。綃，綺屬也。染之以玄，於狐青裘相宜。狐青裘蓋玄衣之裘。○豹，包教反。綃，音消。麛，音迷。

麛裘青犴褎，絞衣以裼之。 犴，胡犬也。絞，蒼黃之色也。孔子曰：「素衣麛裘。」○犴，音岸，胡地野犬。絞，戶交反。

羔裘豹飾，緇衣以裼之。 飾猶褎也。孔子曰：「緇衣羔裘。」

狐裘，黃衣以裼之。 黃衣，大蜡時臘先祖之服也。孔子曰：「黃衣狐裘。」○蜡，仕嫁反。臘，力合反。

錦衣狐裘，諸侯之服也。 非諸侯則不用錦衣爲裼。

犬羊之裘不裼。 質略，亦庶人無文飾。

【疏】君子至不裼。○正義曰：君子謂大夫士也。以狐青爲裘，豹皮爲褎，用玄綃之衣以覆裼之。○注「君子」至「之裘」。○正義曰：知君子大夫士者，以其上文已云君，此文云君子，故知是大夫士也。云「蓋玄衣之裘」者，皇氏云玄衣謂玄端也。皇氏又云：凡六冕及爵弁無裘，先加明衣，次加中衣，冬則次加袍繭，夏則不袍繭，用葛也，次加祭服。若朝服布衣，亦先以明衣親身，次加中衣，冬則次加裘，裘上加裼衣，裼衣之上加朝服；夏則中衣之上不用裘而加葛，葛上加朝服。此皆皇氏之說。熊氏云六冕皆有裘，此云玄，謂六冕及爵弁也，則天子諸侯皆然，而云大夫士者，君用純狐青，大夫士雜以豹褎。熊氏又以內外諸侯朝服皆緇衣，以羔爲裘，不用狐青也。狐青既是冕服之裘，周禮司裘謂之功裘者，以在冕服之內，人功微麤，不如黼裘、大裘之美，故謂之功耳。劉氏云：凡六冕之裘皆黑羔裘也，故司服云「祭昊天，大裘而冕」，以下冕皆不云裘，是皆用羔裘也。又論語注「緇衣羔裘，皆祭於君之服」，是祭服用羔裘也。劉氏又以此玄衣爲玄端，與皇氏同。今刪定三家之說，雖各有通塗，皆互有長短。皇氏以畿內諸侯緇衣，畿外諸侯玄衣。按王制直云「玄衣而養老」，不辨外內之異。又詩唐風「羔裘豹袪」，卿大夫之服；檜風云「羔裘逍遙」，鄭玄云「朝燕之服也」；論語云「緇衣羔裘」，注云「諸侯之朝服」，羔裘者必緇衣爲裼。唐、檜、魯非畿內之國，何得並云羔裘？若此玄衣爲畿外諸侯，則鄭注此何得云「君子，大夫士也」？又祭服無裘文，無所出，皇氏之說非也。劉氏以六冕皆用大裘，按鄭志，大裘之上有衣，則與玄冕無異，是以小祭與昊天服同，此則劉氏之說非也。今彼此商量，以熊氏之說踰於二家。論語注云「緇衣，祭於君之服」者，謂助君祭，朝服而祭也，亦卿大夫祭於君之服也。○注「犴，胡犬也」。○正義曰：熊氏以犴胡犬謂胡地野犬。一解此胡作狐字，謂狐犬雜，未知孰是也。○注「黃衣」至「狐裘」。○正義曰：按郊特牲云「黃衣黃冠而祭，所以息田夫」者，文在蜡祭之下，又云「既蜡而收民息已」，是蜡祭之後爲息民之祭也此息民謂之臘故月令孟冬云臘先祖五祀是黄衣爲臘先祖之服皇氏用白虎通義云天子狐白諸侯狐黄大夫狐蒼士羔並與經傳不同鄭所不取裘乃各有所施皇氏説非也**不文飾也不裼**裼主於有文飾之事〔疏〕不文飾也不裼○正義曰按聘禮使臣行聘之時主於敬不主於文故襲裘也是不文飾之事不裼裘也至行享之時主於文故裼裘也**裘之裼也見美也**君子於事以見美爲敬○見賢遍反注下注及下文同〔疏〕裘之裼也見美也○正義曰裘之裼者謂裘上加裼衣裼衣上雖加他服猶開露裼衣見裼衣之美以爲敬也**弔則襲不盡飾也**喪非所以見美〔疏〕弔則襲不盡飾也○正義曰凡此弔襲謂主人既小斂之後若未斂之前則裼裘也故檀弓云子游裼裘而弔是也**君在則裼盡飾也**臣於君所〔疏〕君在則裼盡飾也○正義曰凡君在之時則露此裼衣盡其文飾之道以敬於君也**服之襲也充美也**充猶覆也所敬不主於君則襲〔疏〕服之襲也充美也○正義曰此謂君之不在臣所加上服揜襲裼衣充猶覆也謂覆蓋裼衣之美以君不在敬心殺故也○注所敬至則襲○正義曰凡敬有二體一則父也二則君也父是天性至極以質爲敬故子於父母之所不敢袒裼君非血屬以文爲敬故臣於君所則裼若平敵以下則亦襲以其質略故也所襲雖同其意異也聘禮行聘致君命亦襲者彼是聘享相對聘質而享文欲文質相變故裼襲不同也**是故尸襲**尸尊〔疏〕是故尸襲○正義曰尸處尊位無敬於下故襲也**執玉龜襲**重寶瑞也〔疏〕執玉龜襲○正義曰凡執玉得襲故聘禮執圭璋致聘得襲也若執璧琮行享雖玉裼此執玉或容非聘享尋常執玉則亦襲也龜是享禮庭實之物執之亦裼若尋常所執及卜則襲敬其神靈也**無事則裼弗敢充也**謂已致龜玉也〔疏〕無事至充也○正義曰謂行禮已致龜玉之後則裼不敢充覆其美也亦謂在君之前故裼也若不在君所故無事則襲前文云者是也**○笏天子以球玉諸侯以象大夫以魚須文竹士竹本象可也**球美玉也文猶飾也大夫士飾竹以爲笏不敢與君並用純物也○球音求魚須文竹崔云用文竹及魚班也隱義云以魚須飾文竹之邊須音班**見於天子與射無説笏入大廟説笏非古也**言凡吉事無所説笏也大廟之中唯君當事説笏也○説本又作稅同他活反下及注同**小功不説笏當事免則説之**免悲哀哭踊之時不在於記事也小功輕不當事可以搢笏也○免音問注同**既搢必盥雖有執於朝弗有盥矣**搢笏輒盥爲必執事○爲于僞反**凡有指畫於君前用笏造受命於君前則書於笏笏畢用也因飾焉**畢盡也○畫呼麥反造皇七報反舊七刀反**笏度二尺有六寸其中博三寸其殺六分而去一**殺猶杼也天子杼上終葵首諸侯不終葵首大夫士又杼其下首廣二寸半○去起呂反下注去上則去去飾同〔疏〕笏天子至去一○正義曰此一節明天子以下笏之所用之物并明用笏之事及闊狹長短○大夫以魚須文竹者文飾也庾氏云以鮫魚須飾竹以成文士竹本象可也者士以竹爲本質以象牙飾其邊緣飾之可也言可者通許之辭○注球美玉物也○正義曰按釋地云西北之美者有崐崘虛之璆琳琅玕焉李巡孫炎郭璞等並云璆琳美玉此之球字則與璆同故云球是美玉也云文猶飾也謂以魚須文飾其竹盧云以魚須及文竹爲笏非鄭義也云大夫士飾竹以爲笏者大夫以魚須士用象○注言凡至笏也○正義曰經揔云見於天子則諸侯事在其間故云言凡吉事無所説笏凡者非一之辭下文云小功不説則大功以上皆説之故云惟吉事無説笏也云大廟之中唯君當事則説笏也者以臣見君無不執笏明大廟之中雖當事之時亦執笏也君則大廟之中當事之時則説笏時臣驕泰僭儗於君當事之時亦説笏故記者明之云臣入大廟當事説笏非古禮也是當時之僭記者據時而言故鄭云唯君當事説笏也必知當事説者以下文云小功不説笏當事免則説之明君入大廟當事則亦説耳凡臣見君皆執笏笏所以記事射所以正威儀獨云見於天子者以天子尊極恐臣下畏懼不敢執笏故特言見於天子明臣下見於君皆然○既搢至盥矣○言既搢笏必盥者謂有執事於朝須潔淨故既搢笏於帶必盥洗其手於後雖有執事於朝更不須潔不須盥矣以其初盥已畢○造受至飾焉○造受命謂造詣君前而受命則書記於笏○笏畢用也者畢盡也謂事事盡用笏記之○因飾焉者謂因其

記事所須而飾以爲上下等級焉。其中博三寸者，天子諸侯上首廣二寸半，其天子椎頭不殺也；大夫士下首又廣二寸半，唯笏之中央同博三寸，故云「其中博三寸」也。其殺六分而去一者，天子諸侯從中以上稍稍漸殺至上首，六分三寸而去其一分，餘有二寸半在；大夫士又從中以下漸漸殺至下首，亦六分而去一。○注「殺猶」至「寸半」。○正義曰：按玉人云「天子杼上」，此云殺，故知殺猶杼也。云「諸侯不終葵首」者，以玉人云「天子終葵首」，則諸侯不終葵首可知也。云「大夫士又杼其下」者，以經特云「其中博三寸」，明笏上下二首不博三寸，諸侯既南面之君，同殺其上，大夫士北面之臣，宜俱殺其下也。

而素帶終辟，大夫素帶辟垂，士練帶率下辟，居士錦帶，弟子縞帶，并紐約用組。而素帶終辟，謂諸侯也。諸侯不朱裏，合素爲之，如今衣帶爲之，下天子也。大夫亦如之。率，繂也。士以下皆禪，不合而繂積，如今作幓頭爲之也。辟讀如裨冕之裨。裨謂以繒采飾其側。人君充之，大夫裨其紐及末，士裨其末而已。居士，道藝處士也。此自「而素帶」亂脫在是耳，宜承「朱裏終辟」。○帶音戴。辟，依注爲裨，婢支反，下同，徐又音卑，下「繒辟」、「終辟」皆放此。率音律，注及下同。并，必政反。紐，女久反。組音祖，下戶嫁反。繂音律。幓，七綃反，又七曹反。

【疏】「而素帶終辟」。○正義曰：自此以下至「皆從男子」，明帶及韠韍及王后以下衣服等差。其文雜陳，又上下爛脫，今一依鄭注，以爲先後。「天子素帶，朱裏，終辟」，「而素帶終辟」，「大夫素帶辟垂，士練帶率下辟，居士錦帶，弟子縞帶，并紐約用組，三寸，長齊于帶，紳長制，士三尺，有司二尺有五寸」，「子游曰：參分帶下，紳居二焉，紳韠結三齊」，「大夫大帶四寸，雜帶，君朱綠，大夫玄華，士緇辟二寸，再繚四寸，凡帶有率無箴功」。此等總論帶之義也，今依而解之。○「天子素帶朱裏」者，以素爲帶，用朱爲裏。「終辟」，辟則裨也；終，竟也。帶身在要及垂皆裨，故云「終辟」。○「而素帶終辟」者，謂諸侯也。以素爲帶，不以朱爲裏，亦用朱綠終裨。○「大夫素帶辟垂」者，大夫亦用素爲帶，不終裨，但以玄華裨其身之兩旁及屈垂者。○「士練帶率下辟」者，士用熟帛練爲帶，其帶用單帛，兩邊繂而已。繂謂緶緝也。「下裨」者，但士帶至者必反屈嚮上，又垂而下。大夫則總皆裨之，士則用緇唯裨嚮下一垂者。○「居士錦帶」者，用錦爲帶，尚文也。○「弟子縞帶」者，用生縞爲帶，尚質也。○「并紐約用組」者，并，竝也。紐謂帶之交結之處，以屬其紐約者，謂以物穿紐約結其帶。謂天子以下至弟子之等，其所紐約之物竝用組爲之，故云「并紐約用組」。「三寸」者，謂紐約之組闊三寸也。○「長齊于帶」者，言約紐組餘長三尺，與帶垂者齊，故云「長齊於帶」。○「紳長制，士三尺，有司二尺有五寸」者，紳謂帶之垂者，紳，重也，謂重屈而舒申。其制，士長三尺，有司長二尺五寸。○「子游曰：參分帶下，紳居二焉」，記者引子游之言以證紳之長短。人長八尺，大帶之下四尺五寸，分爲三分，紳居二分焉，紳長三尺也。○「紳韠結三齊」者，紳謂紳帶，韠謂蔽膝，結謂約紐餘組，三者俱長三尺，故云「三齊」也。○「大夫大帶四寸」，謂合素爲之，廣四寸。○「雜帶，君朱綠，大夫玄華，士緇辟」者，雜猶飾也，謂飾帶，君用朱綠，大夫用玄華，士用緇也。○「士緇辟二寸，再繚四寸」，謂用單練，廣二寸，繚，繞也，再度繞要，亦四寸也。○「凡帶有率無箴功」者，凡帶，謂有司之帶，有繂，謂其帶既禪，亦以箴緶緝其側，但䌤之而已，無別裨飾之箴功，故云「無箴功」。○注「而素」至「終辟」。○正義曰：以文承「天子素帶，終辟」，故知素帶謂諸侯。以經不云朱裏，故云「諸侯不朱裏，下天子也」。云「率，繂也。士以下皆禪，不合而繂積」者，以率非縫繞之事，故讀爲繂，與禪繂同也。知士以下皆禪者，以經云「士練帶率」，繂是縫䌤之名，以縫旁邊，故知禪也。云「辟讀如裨冕之裨」者，讀如曾子問「大祝裨冕」之裨也。云「人君充之」者，充，滿也。人君謂天子諸侯，飾帶從首及末徧滿皆飾，故云「充之」。云「大夫裨其紐及末」者，大夫卑，但飾其帶紐以下至於末也。云「士裨其末而已」者，士又卑，但裨其一條下垂者，故云「裨末而已」。云「宜承朱裏終辟」者，以下文云「天子素帶，朱裏，終辟」，此文即云「素帶終辟」，次云「大夫」，故知宜承「天子素帶」之下，文相次也。○注「三寸」至「爲衿」。○正義曰：知三寸約帶紐組之廣者，以帶廣四寸，此云「三寸，長齊於帶」，承上「紐約用組」之下，故知是紐廣也。云「言其屈而重也」者，解垂帶名紳之意，申，重也。云「宜承約用組」者，以此經直云「三寸，長齊于帶」，非發語之端，明知有所承次，故以爲宜承「約用組」之下。○注「雜猶」至「三齊」。○正義曰：上云裨，此云雜，故知雜即上之裨也。云「君裨帶，上以朱，下以綠」者，君謂天子諸侯。崔氏、熊氏竝云：據要爲正，飾帶外邊，上畔以朱，朱是正色，故在上也；下畔以綠，綠是間色，故在下也。云「大夫裨垂，外以玄，內以華，華，黃色也」者，熊氏云：近人爲內，遠人爲外，玄是天色，故在外，以華對玄，故以爲黃也，黃是地色，故在內也。云「士裨垂之下，外內皆以緇」者，士既練帶，而士冠禮謂之緇帶，濛裨色言之，故謂之緇帶，以裨之外內皆用緇也。云「宜承紳韠結三齊」者，以下文「三寸，長齊于帶」，合承上「紐約用組」之後，則此「大夫大帶」一經不得厠在其間，故知宜承下「紳韠結三齊」之後也。

韠，君朱，大夫素，士爵韋。此玄端服之韠也。韠之言蔽也。凡韠以韋爲之，必象裳色，則天子諸侯玄端朱裳，大夫素裳，唯士玄裳、黃裳、雜裳也。皮弁服皆素韠○韠音必圜殺直目韠制。圜音圓○天子直四角直無圜殺公侯前後方殺四角使之方變於天子也所殺者去上下各五寸大夫前方後挫角圜其上角變於君也韠以下爲前以上爲後○挫作臥反士前後正士賤與君同不嫌也正直方之間語也天子之士則直諸侯之士則方韠下廣二尺上廣一尺長三尺其頸五寸肩革帶博二寸頸五寸亦謂廣也頸中央肩兩角皆上接革帶以繫之肩與革帶廣同凡佩繫於革帶○頸吉井反又吉成反大夫大帶四寸雜帶君朱綠大夫玄華士緇辟二寸再繚四寸凡帶有率無箴功雜猶飾也即上之裨也君裨帶上以朱下以綠終之大夫裨垂外以玄內以華華黃色也士裨垂之下外內皆以緇是謂緇帶大夫以上以素皆廣四寸士以練廣二寸再繚之凡帶有司之帶也亦綪之如士帶矣無箴功則不裨之士雖綪帶裨亦用箴功凡帶不裨下士也此又亂脫在是宜承紳韠結三齊○繚音

了箴音針下士崔一如字或戶嫁反一命縕韍幽衡再命赤韍幽衡三命赤韍葱衡此玄冕爵弁服之韠尊祭服異其名耳韍之言亦蔽也縕赤黃之間色所謂韎也衡佩玉之衡也幽讀爲黝黑謂之黝青謂之葱周禮公侯伯之卿三命其大夫再命其士一命子男之卿再命其大夫一命其士不命○縕音溫韍音弗幽讀爲黝出注幼糾反黑也下同韎莫拜反又音妹天子素帶朱裏終辟謂大帶也

【疏】韠君至終辟○正義曰此一經揔明韠韍上下尊卑之制唯有大夫大帶一經廁在其間已於帶條說訖○注此玄至素韠○正義曰知此玄端服之韠也者按士冠禮玄端玄裳黃裳雜裳爵韠謂士玄端之韠此云士爵韋故知是玄端之韠也云天子諸侯玄端朱裳者以韠從裳色君既用朱故知裳亦朱色也然天子諸侯祭服玄衣纁裳知此朱韠非祭服韠者若其祭服則君與大夫士無別同是赤色何得云大夫素士爵韋且祭服之韠大夫以上謂之韍士爵弁謂之韎韐不得稱韠也云大夫素裳者大夫玄端以素爲裳故素韠也此則大夫士朝君之服大夫既以素裳爲朝服又以玄端服禮窮則同故也云唯士玄裳黃裳雜裳也者士冠禮謂玄端之裳也士朝服則素裳故鄭注士冠禮朝服則玄端之衣易其裳耳云皮弁服皆素韠者按士冠禮皮弁服素韠云皆者君與大夫士皮弁皆然故云皆也○注目韠制○正義曰經云圜則下文大夫前方後挫角則圜也經云殺則下文公侯前後方則殺也經云直則下文云天子直是目韠制也○注殺四至五寸○正義曰以經云前後方是殺四角也上下各去五寸所去之處以物補飾之使方變於天子也云所殺者去上下各五寸者按雜記云韠會去上五寸是上去五寸又云紕以爵韋六寸不至下五寸是去下五寸鄭注雜記云會謂上領縫也領之所用蓋與紕同如鄭此言即上去五寸是領也以爵韋爲領故云領之所用與紕同下云所去五寸純以素故鄭注雜記云純紕所不至者五寸然則上去五寸是領也下去五寸是純也若然唯去上畔下畔而云殺四角者蓋四角之處別異之使殊於餘邊也其會之下純之上兩邊皆紕以爵韋表裏各二寸故雜記云韠長三尺下廣二尺上廣一尺會去上五寸紕以爵韋六寸不至下五寸純以素紃以五采韠制大略如此但古制難知不可委識或據禮圖天子韠制形如要鼓也以今參驗不附人情故今依附記文參驗情事而爲此說以俟後賢○注圜其至爲後○正義曰以經云後挫角謂殺上角使圜不令方也○注正直方之間語也○正

義曰正謂不衺也直而不衺謂之正方而不衺亦謂之正故云正直方之間語○注頸五至革帶○正義曰云頸五寸亦謂廣者鄭恐上下長五寸故云亦謂廣也其上下及肩與革帶俱二寸也云凡佩繫之革帶者以韠繫於革帶恐佩繫於大帶故云然以大帶用組約其物細小不堪縣韠佩故也○注此玄至不命○正義曰以上經云君朱大夫素士爵韋是玄端服之韠故云此玄冕爵弁服之韠言異於上也此據有孤之國以卿大夫雖三命再命皆著玄冕若無孤之國則三命再命之卿大夫皆絺冕不得唯玄冕也爵弁則士所服云尊祭服異其名耳者他服稱韠祭服稱韍是異其名韍韠皆言爲蔽取蔽鄣之義也知祭服稱韍者按易困卦九二朱紱方來利用享祀是祭祀稱韍也按詩毛傳天子純朱諸侯黃朱黃朱色淺則亦名赤韍也則大夫赤韍色又淺耳有虞氏以前直用皮爲之後王漸加飾焉故明堂位云有虞氏服韍夏后氏山殷火周龍章彼注云天子備焉諸侯火而下卿大夫山士韎韐而已云縕赤黃之間色所謂韎也者按此云一命縕韍一命謂公侯伯之士士冠禮爵弁韎韐此縕韍則當彼韎韐故云所謂韎也毛詩云韎韐茅蒐染齊人謂茅蒐爲韎韐聲也茅蒐則蒨草也以蒨染之其色淺赤則縕爲赤黃之間色若子男大夫但名縕韍不得爲韎韐也以其非士故

耳。云「黑謂之黝，青謂之葱」者，周禮牧人云「陰祀用黝牲」，又孫炎注爾雅云「黝，青黑；葱則青之異色」。三命則公之卿並冕，侯伯之卿絺冕，皆赤韍葱衡。

王后褘衣，夫人揄狄。褘讀如翬，揄讀如搖。翬、搖皆翟雉名也。刻繒而畫之，著於衣以爲飾，因以爲名也。後世作字異耳。夫人，三夫人，亦侯伯之夫人也。王者之後夫人亦褘衣。○褘音暈，許韋反，注及下同。揄音搖，羊消反。爾雅云：「伊洛而南，素質五色皆備成章曰翬。江淮而南，青質五色皆備成章曰鷂。」鷂音搖。謂刻畫此雉形以爲后夫人服也。翟，直歷反。著，直略反，又竹略反。

三寸，長齊于帶。紳長制，士三尺，有司二尺有五寸。子游曰：「參分帶下，紳居二焉。紳、韠、結三齊。」三寸，謂約帶紐組之廣也。長齊于帶，與紳齊也。紳，帶之垂者也。言其屈而重也。論語曰：「子張書諸紳。」有司，府史之屬也。三分帶下而三尺，則帶高於中也。結，約餘也。此又亂脫在是，宜承「約用組」。結或爲衿。○紳音申，本亦作申，下同。重，直龍反。

君命屈狄，再命褘衣，一命襢衣，士褖衣。君，女君也。屈，周禮作闕，謂刻繒爲翟，不畫也。此子男之夫

人及其卿大夫士之妻命服也。褘當爲鞠，字之誤也。禮，天子諸侯命其臣，后夫人亦命其妻以衣服，所謂夫尊於朝，妻榮於室也。子男之卿再命，而妻鞠衣，則鞠衣、襢衣、褖衣者，諸侯之臣皆分爲三等，其妻以次受此服也。公之臣，孤爲上，卿大夫次之，士次之。侯伯子男之臣，卿爲上，大夫次之，士次之。褖或作稅。○闕音屈，注同。褘依注音鞠，居六反，又曲六反。襢，張戰反。褖，吐亂反，注作稅，音同。

唯世婦命於奠繭，其他則皆從男子。奠猶獻也。凡世婦已下，蠶事畢，獻繭，乃命之以其服。天子之后、夫人、九嬪及諸侯之夫人，夫在其位，則妻得服其服矣。自「君命屈狄」至此，亦亂脫在是，宜承「夫人揄狄」。

【疏】「王后」至「男子」。○正義曰：此一節論王后以下命婦之服。唯有「三寸長齊于帶」一經，廁在其間，帶事前文已解訖。○「王后褘衣」者，褘讀如翬，謂畫翬於衣，六服之最尊也。○「夫人揄狄」者，揄，搖；狄讀如翟，謂畫搖翟之雉於衣，謂三夫人及侯伯夫人也。○「君命屈狄」者，君謂女君，子男之妻也，被后所命，故云「君命」。「屈狄」者，屈，闕也；狄亦翟也。直刻雉形，闕其采畫，故云闕翟也。○「再命褘衣」者，再命謂子男之卿。褘當爲鞠，謂子男卿妻服鞠衣也。○「一命襢衣」者，襢，展也。子男大夫一命，其妻服展衣也。○「士褖衣」者，謂子男之士不命，其妻服褖衣。鄭注士喪禮：「褖之言緣，黑衣裳以赤緣之。」○「唯世婦命於奠繭」者，世婦謂天子二十七世婦以下也。奠，獻也。獻繭謂世婦及命婦入助蠶，畢，獻繭也。凡夫尊於朝，妻貴於室，皆得各服其命服。今唯世婦及卿大夫之妻並雖已被命，猶不得即服其命服，必又須經入助蠶，蠶畢獻繭，繭多功大，更須君親命之著服，乃得服耳，故云「命於奠繭」。○「其他則皆從男子」者，其他謂后、夫人、九嬪及五等諸侯之妻也。其夫得命，則其妻得著命服，不須奠繭之命，故云「皆從男子」。○注「褘讀」至「褘衣」。○正義曰：按鄭注內司服引爾雅釋鳥「伊雒而南，素質五色皆備成章曰翬；江淮而南，青質五色皆備成章曰搖」。鄭又云：「王后之服，刻繒爲之形而采畫之，綴於衣以爲文章。褘衣畫翬者，揄翟畫搖者，闕翟刻而不畫。從王祭先王則服褘衣，祭先公則服揄翟，祭羣小祀則服闕翟。鞠衣，黃桑服也，色如鞠衣，服之以告桑。展衣以禮見王及賓客。褖衣御于王之服。闕翟赤，揄翟青，褘衣玄，鞠衣黃，展衣白，褖衣黑。」又鄭志云：「三狄首服副，副，覆也，所以覆首爲之飾，其遺象若今步繇矣。鞠衣首服編，編列髮爲之，其遺象若今假紒矣。展衣、褖衣首服以次，次第髮長短爲之，所謂髲鬄。若燕居之時，則亦褖衣，驪笄總而已。」其六服皆以素紗爲裏，故內司服陳六服之下云「素紗」，鄭注云：「六服皆袍制，以白縳爲裏。」云「夫人，三夫人，亦侯

伯之夫人也」者，以經云「王后褘衣」，則云「夫人揄狄」，其文相次，故以夫人爲三夫人。但三夫人與三公同，對王爲屈，三公執璧與子男同，則三夫人亦當與子男夫人同，故鄭注司服疑而不定，云「三夫人其闕狄以下乎」，爲兩解之也。云「王者之後夫人亦褘衣」者，以禮記每云「君衮冕，夫人副褘」，王者之後自行正朔，與天子同，故祭其先王服上服也；若祭先公，則降焉。魯祭文王、周公，其夫人亦褘衣，故明堂位云「君衮冕立于阼，夫人副褘立于房中」是也。○注「君女」至「作稅」。○正義曰：以禮君命其夫，后命其婦，則子男之妻不得受天子之命，故以爲君謂女君，是子男之妻受后之命。或可女君謂后也，命子男妻，故云「君命」。云「此子男之夫人及其卿大夫士之妻命服也」者，以典命云「子男之卿再命，其大夫一命，其士不命」。此云「再命褘衣，一命襢衣，士褖衣」，又承「闕狄」下，正與子男同，故知據子男夫人及卿大夫士之妻也。褘衣是王后之服，故疑當爲鞠衣。云「子男之卿再命，而妻鞠衣，則鞠衣、襢衣、褖衣者，諸侯之臣皆分爲三等，其妻以次受此服也」者，鄭爲此言，欲明諸侯臣之妻唯有三等之服。云「公之臣，孤爲上，卿大夫次之，士次之」者，以司服云「孤絺冕而下，卿大夫玄冕而下，士皮弁而下」，此謂上公臣爲三等。云「侯伯子男之臣，卿爲上，大夫次之，士次之」者，以此經再命鞠衣、褖衣、襢衣，士褖衣，士與大夫不

同又典命子男之卿再命大夫一命士不命尙分爲三等侯伯之卿三命大夫再命士一命是亦三等可知鄭云然也。注奠猶至褕狄。正義曰凡獻物必先奠於地故云奠猶獻也云凡世婦以下蠶事畢獻繭乃命之者三夫人九嬪其位既尊不須獻繭自然得命也世婦以下位卑因獻繭乃得命言以下則女御亦然經唯云世婦舉其貴者

凡侍於君紳垂足如履齊頤霤垂拱視下而聽上視帶以及袷聽鄉任左紳垂則磬折也齊裳下緝也袷交領也。齊音咨本又作齋注同頤以支反霤力救反袷居業反鄉許亮反折之列反又市列反篇末放此緝七入反

凡君召以三節二節以走一節以趨節所以明信輔君命也使使召臣急則持二緩則持一周禮曰鎮圭以徵守其餘未聞也今漢使者擁節。使使上音史下色吏反鎮珍刃反徐音珍守手又反漢使色吏反

在官不俟屨在外不俟車趨君命也必有執隨授之者官謂朝廷治事處也。處昌慮反

【疏】凡侍至俟車。正義曰此一節論人臣侍君及彼君召之儀。凡侍於君者謂臣侍君法

也凡者臣無貴賤皆然也。紳垂者紳大帶也身直則帶倚磬倚則帶垂足如履齊者齊裳下緝也身折則裳前下緝委地故行則足恒如蹋履裳下也頤霤者霤屋簷身俯故頭臨前垂頤如屋霤。垂拱者拱沓手也身俯則宜手沓而下垂也。視下而聽上者視高則敖故下矚也聽上謂聽尊者語宜諦聽故仰頭而而嚮上以聽之也。視帶以及袷者視尊者之處也袷交領也視君之法下不過帶高不過袷故曲禮云凡視上於面則敖下於帶則憂是也。聽鄉任左者此解聽立也庾云聽上及聽鄉任左皆備君教使也鄭注少儀曰立者尊右則坐者尊左也侍君之時君坐故侍者在右是以聽鄉皆以左爲任也此謂臣以左耳近君故云任左。凡君召以三節二節以走一節以趨者節以玉爲之所以明信輔於君命者也君使使召臣有二節時有一節時故合云三也隨事緩急急則二節臣故走也緩則一節臣故趨也庾氏云君召以三節者謂君召臣急則以二節緩則以一節急緩不出於三耳不謂節盡於三也在官不俟屨在外不俟車者急趨君召也官謂朝廷治事處也外謂其室及官府也在官近不須車故言屨在外遠故云車。注周禮至擁節。正義曰此周禮典瑞文引之者證君召臣之節謂徵召守國諸侯以鎮圭召之云其餘未聞者謂召諸侯之外別召餘臣未聞云今漢使擁節者擁持也漢時使人召臣持節召之也

○士於大夫不敢拜迎而拜送禮不敢始來拜則士辟也。辟音避下亦辟辟先辟德皆同

士於尊者先拜進面荅之拜則走士往見卿大夫卿大夫出迎荅拜亦辟也

【疏】士於至則走。正義曰此一節明士於尊者之法士於大夫不敢拜迎者此謂大夫詣士禮既不敢故士不敢迎而先拜大夫雖拜士則辟之。而拜送者按儀禮鄉射鄉飲酒公食聘禮但是主人送賓者皆主人再拜賓不荅拜鄭注云不荅拜者禮有終故也士於尊者先拜者謂士往詣卿大夫即先於門外拜之也。進面士先於外拜拜竟乃進面親相見也。荅之拜則走者若大夫出迎而荅拜於士則士走辟之也

士於君所言大夫沒矣則稱謚若字名士與大夫言名士字大夫君所大夫存亦名

【疏】士於至大夫。正義曰此一節論士於君及大夫之所言羣臣之法。十於君所言大夫者謂士在君前與君言論及於大夫也。沒矣則稱謚若字者君前臣名若彼大夫生則士呼其名若彼大夫已死沒而士於君前

言則稱彼謚無謚則稱字不呼其名敬貴故也。名士者士賤雖已死而此生士與君言猶呼死士名也。與大夫言名士字大夫者謂士與大夫言次論及他生大夫士之法也士賤故呼之名大夫貴故呼之字也若大夫士卒則字士謚大夫

於大夫所有公諱無私諱公諱若言語所辟先君之名

凡祭不諱廟中不諱謂祝嘏之辭中有先君之名者也凡祭祭羣神廟中上不諱下。嘏古雅反

教學臨文不諱爲或未知者。爲于僞反下爲幼爲起事同

【疏】於大至不諱。正義曰此一節論諱與不諱之法。有公諱无私諱者謂士及大夫言但諱君家不自私諱父母也崔氏云謂伯叔之諱耳若至親則不得言庾云謂士與大夫言有音字同己祖禰名字皆不得諱辟敬大夫故不重敬凡祭不諱廟中不諱者謂祝嘏之辭中有先君名者也凡祭祭羣神也謂社稷山川百神也祝嘏辭中有先君之名不諱之也廟中上不諱下若有事於祖則不諱父也有事於父則諱祖。教學臨文不諱者教學爲師長也教人若諱疑誤後生也臨文謂簡牒及讀法律之事也若諱則失於事正也

○古之君子必佩玉比德焉君子士

已上右徵角左宮羽玉聲所中也徵角在右事也民也可以勞宮羽在左君也物也宜逸。徵張里反注同中丁仲反下文同趨以采齊路門外之樂節也門外謂之趨齊當爲楚薺之薺。趨七須反本又作趨齊依注作薺疾私反采薺詩篇名行以肆夏登堂之樂節周還中規○反行也宜圜。還音旋本亦作旋下同圜音圓折還中矩曲行也宜方。折之設反進則揖之退則揚之然後玉鏘鳴也揖之謂小俛見於前也揚之謂小仰見於後也鏘聲貌。鏘七羊反見賢遍反下同故君子在車則聞鸞和之聲行則鳴佩玉是以非辟之心無自入也鸞在衡和在式自由也。辟本又作僻匹亦反又婢亦反徐芳益反○君在不佩玉左結佩右設佩謂世子也出所處而君在焉則去德佩而設事佩辟德而示即事也結其左者若於事有未能也結者結其綬不使鳴也居則設佩謂所處而君不在焉朝則結佩於朝君亦結左齊則綪結佩而爵韠綪屈也結又屈之思神靈不在事也爵韠者齊服玄端。齊側皆反注同綪側耕反凡帶必有佩玉唯喪否喪主於哀去飾也凡謂天子以至士佩玉有衝牙居中央以前後觸也。衝昌容反君子無故玉不去身君子於玉比德焉故謂喪與災眚。裁音災眚色耿反天子佩白玉而玄組綬公侯佩山玄玉而朱組綬大夫佩水蒼玉而純組綬世子佩瑜玉而綦組綬士佩瓀玟而緼組綬玉有山玄水蒼者視之文色所似也綬者所以貫佩玉相承受者也純當爲緇古文緇字或作絲旁才綦文雜色也緼赤黃。綬音受純讀爲緇側其反瑜羊朱反綦音其瓀而兖反徐又作瑌同玟武巾反字又作砇同緼音溫孔子佩象環五寸而綦組綬謙不比德亦不事也象有文理者也環取可循而無窮

（疏）古之至中矩。正義曰此一節廣明佩玉之事各隨文解之。注比德至已上。正義曰按詩秦風云言念君子溫其如玉是玉以比德按聘義云溫潤而澤仁也縝密以栗知也廉而不劌義也垂之如隊禮也孚尹旁達信也是玉以比德也按下文云天子佩白玉下至士是君子含士以上也。注玉聲至宜逸。正義曰玉聲所中也者謂所佩之玉中此徵角宮羽之聲云事也民也可以勞者按樂記角爲民徵爲事右廂是動作之方而佩徵角事則須作而成民則供上役使故可勞而在右也云君也物也宜逸者按樂記云宮爲君羽爲物今宮羽在左是無事之方君宜靜而無爲物宜積聚故在於左所以逸也。注路門至之薺。正義曰路寢門外至應門謂之趨於此趨時歌采薺爲節云薺當爲楚薺之薺者按詩小雅有楚茨之篇此作薺字故讀爲楚茨之茨音同耳其義則異。注登堂之樂節。正義曰路寢門內至堂謂之行於行之時則歌肆夏之樂按爾雅釋宮云室中謂之時堂上謂之行堂下謂之步門外謂之趨中庭謂之走大路謂之奔此對文耳若揔而言之門內謂之行門外謂之趨鄭注樂師云行謂於大寢之中趨謂於朝廷然則王出既服至堂而肆夏作出路門而采薺作其反入至於應門路門亦如之此謂步迎賓客王如有車出之事登車於大寢西階之前反降於阼階之前尚書傳曰天子將出撞黃鍾之鍾右五鍾皆應入則撞蕤賓之鍾左五鍾皆應是也。注反行也宜圜。正義曰反行謂到行反而行假令從北嚮南或從南嚮北。注曲行也宜方。正義曰曲行謂屈曲而行假令從北嚮南行曲折而東嚮也。進則至鳴也。揖俯也若行前進則身恒小俯俛也。退則揚之者揚仰也卻退遷行則身微仰也。然後玉鏘鳴也者若進俯退仰則然後佩離身而直行搖動佩自擊所以玉聲得鏘鏘而鳴也。注揖之至後也。正義曰見於前者謂佩嚮前垂而見之見於後者謂佩嚮後垂而見也是以非辟之心無自入也。謂君子恒聞鸞和佩玉之正聲自由也是以非類邪辟之心無由入於身也。注鸞在衡和在式。正義曰鸞在衡和在式韓詩外傳文也若鄭康成之意此謂平常所乘之車也若田獵之車則鸞在馬鑣也故注秦詩云置鸞於鑣異於乘車鄭於秦詩既已明言故於毛詩傳云在軾曰和在鑣曰鸞鄭不復易毛也又於商頌箋云鸞在鑣同毛氏之說亦不復具言以秦詩箋已明言故也。君在至設佩。謂世子出所處而與君同在一處則不敢佩玉玉以表德去之示已無德也。左結佩者佩亦玉佩既不佩玉而結左佩也鄭云結者結其綬不使鳴也賀云事佩綬且不鳴今云結綬使不鳴則猶在佩玉也。右設佩者結左邊玉佩而設右邊事佩事佩是木燧

大饗之屬。○注「謂世」至「鳴也」。○正義曰：知謂世子也者，以臣之對君則恒佩玉，故下云「君子無故，玉不去身」。前文云「然後玉鏘鳴也」，是臣之去朝君，備儀盡飾，當佩玉。今云君在不佩玉，故知非臣。下云「世子朝君佩瑜玉」，是以知世子也。云「出所處而君在焉」者，以下文朝則結佩，謂朝時，明此君在非朝處也。云「去德佩」者，謂結玉佩不使鳴，非謂全去也。云「而設事佩」者，大觿木燧之屬也。云「辟德而示即事也」者，以辟德不敢當，故去德佩，而示有勞役之事以奉於上，故設事佩也。自朝則結佩，朝結佩及設佩，亦皆謂世子。○齊則綪結佩，此謂總包凡應佩玉之人，非唯世子。綪結佩，綪，屈也，謂結其綬而又屈上之也。○而爵韠者，謂士玄端齊，故爵韋爲韠也。而熊氏、皇氏並謂諸侯以下皆以玄端齊，而以爵韋爲韠，同士禮，以其齊故不用朱韠、素韠也，義或然也。○佩玉有衝牙，凡佩玉必上繫於衡，下垂三道，穿以蠙珠，下端前後以縣於璜，中央下端縣以衝牙，動則衝牙前後觸璜而爲聲，所觸之玉其形似牙，故曰衝牙。皇氏謂衝居中央，牙是外畔兩邊之璜，以衝牙爲二物。若如皇氏說，鄭何得云牙居中央以爲前後觸也？○注「玉有」至「赤黃」。○正義曰：「玉有山玄、水蒼者，視之文色所似也」者，玉色似山之玄而雜有文，似水之蒼而雜有文，故云文色所似。但尊者玉色純，公侯下玉色漸雜，而世子及士唯論玉貫，不明玉色，則玉色不定也。瑜是玉之美者，故世子佩之。承上天子、諸侯，則世子天子、諸侯之子也。然諸侯之世子雖佩瑜玉，亦應降殺天子世子也。瓀玟，石次玉者，賤，故士佩之。云「純當爲緇」者，以經云玄組、朱組，皆是色，則純亦是色也，故讀純爲緇。鄭讀純爲緇，其例有異。若經文絲帛義分明而色不見者，即讀純爲緇。媒氏云「純帛不過伍兩」，以有帛字，故純爲緇。祭統云「后夫人蠶事以供純服」，以其供蠶絲，義分明，故讀純爲緇。論語云「麻冕禮也，今也純，儉」，稱古用麻，今用純，則絲可知也，以色不見，故讀純爲緇。若色見而絲不見，則不破純字，以義爲絲，昏禮「女次純衣」，注云「純衣，絲衣」，如此之類是也。云「綦，文雜色也」者，顧命「四人綦弁」，云「綦，青黑色」。鄭風「縞衣綦巾」，注云「綦，蒼艾色」，是綦爲雜色。又說文云「綦，蒼艾」，是雜色也。○孔子佩象環五寸而綦組綬。○孔子以象牙爲環，廣五寸，以綦組爲綬也。所以然者，失魯司寇，故謙不復佩德佩及事佩，示己無德事也。佩象環者，象牙有文理，言己有文章也。而爲環者，示己文教所循環無窮也。五寸，法五行也，言文教成人，如五行成物也。

○童子之節也：緇布衣，錦緣，錦紳并紐，錦束髮，皆朱錦也。童子，未冠之稱也。冠禮曰「將冠者采衣紒」也。○并紐，必正反，下女丑反。冠，古亂反，下並同。稱，尺證反。紒音計。

肆束及帶，勤者有事則收之，走則擁之。肆讀爲肆。肆，餘也。餘，束約紐之餘組也。勤，謂執勞辱之事也。此亦亂脫在是，宜承「無緦功」。○肆音肆，以四反。

童子不裘不帛，不屨絇，無緦服，聽事不麻，無事則立主人之北，南面見先生，從人而入。皆爲幼少不備禮也。雖不服緦，猶免，深衣，無麻，往給事也。裘帛溫，傷壯氣也。絇，屨頭飾也。○絇，其俱反。見，賢徧反。少，詩照反，下少儀同。免音問。

【疏】「童子」至「而入」。○正義曰：此一節論童子之儀。唯有「肆束及帶」一經，鄭云爛脫廁在其間，宜承上「無緦功」之下，今先釋之，後論童子之事。○「肆束及帶」者，肆，餘也，謂約束帶之餘組及帶之垂者。若身充勤勞之事，當有事之時，則收斂之，爲其事之切迫身，須趍走則擁抱之。收謂斂持在手，擁謂抱之於懷也。○「童子之節也」者，謂童稚之子未成人之禮節。○「緇布衣」者，謂用緇布爲衣，尚質故也。○「錦緣錦紳并紐」者，謂用錦爲緇布衣之緣，又用錦爲紳帶，并約帶之紐，皆用錦也。○「錦束髮」者，以錦爲總而束髮也。○「皆朱錦也」者，言童子所用之錦皆用朱色之錦。童子尚華，示將成人有文德，故皆用錦，示一文一質之義也。○「童子不裘不帛」者，爲大溫傷壯氣也。○「不屨絇」者，絇，屨之飾也，未成人不盡飾，爲飾也。○「無緦服」者，童子唯當室與族人爲禮，有恩相接之義，故遂服本服之緦耳。若不當室，則情不能至緦，故不服也。○「聽事不麻」者，鄭注云「雖不服緦，猶免，深衣，無麻，往給事也」。然鄭意是言童子雖不緦，猶著免、深衣，無經以往給事緦喪使役也。王云「聽事不麻也」，庾謂此云「無麻」謂不當室也。按問喪及鄭注之意，皆以童子不當室則無免，而此注云「猶免」者，崔氏、熊氏並云不當室而免者，謂未成服而來也。問喪云不當室不免者，謂據成服之後也。○「無事則立主人之北南面」者，主人，喪主也。此童子來聽使，若有事則使之，若無事時在旁，謂在主人之北，南面而立。○「見先生從人而入」者，先生，師也。童子不能獨爲禮，若往見師，則隨成人而入也。○注「雖不服緦，猶免深衣」。○正義曰：知猶深衣者，以經但云「無緦服」，是但不著緦服耳，猶同初著深衣也。知免者，以問喪云「免者，不冠者之服」，故知未成服，童子雖不當室，猶著免也。

○侍食於先生、異爵者，後祭先飯。謙也。○飯，扶晚反。

客祭，主人辭曰：「不足祭也。」祭者，盛主人之饌也。客飧主人辭以疏飧者美主人之食也疏之言麤也。飧音孫注及下同主人自置其醬則客自徹之敬主人也徹莫干序端一室之人非賓客一人徹同事合居者也賓客則各徹其饌也壹食之人一人徹壹猶聚也爲赴事聚食也凡燕食婦人不徹婦人質不備禮疏侍食至不徹。正義曰此一節論侍食及徹饌之節侍食於先生及異爵者此謂凡成人禮異爵謂尊於己也。後祭先飯者此饌不爲己故後祭而先飯者示爲尊者嘗食也。客祭者盛主人之饌具故祭之主人辭曰不足祭也者凡主人於客悉皆然也祭是盛主人之饌也故主人辭云疏食不足備禮也。客飧者若食竟作三飯飧也主人致辭以疏者疏麤也飧是已食飽飽猶食美故主人見客飧而致辭云麤食傷客不足致飽若欲使更食然也。主人自置其醬則客自徹之者主人敬客則自置其醬則客宜報敬故自徹之曲禮曰主人親饋是也一室之人非賓客一人徹者謂同事而合居一室若賓客則各徹其饌今合居既無的賓主故必少者一人徹饌也。壹食之人一人徹者壹猶聚也謂暫爲赴事壹聚共食共食竟則

亦不人人徹亦推一人徹也。凡燕食婦人不徹者婦人質不備禮也緣男子有徹義故明婦人禮也。食棗桃李弗致于核恭也。核行隔反瓜祭上環食中弃所操上環頭忖也。操七刀反忖本又作刌寸本反徐子本反凡食果實者後君子陰陽所成非人事也。後胡豆反火孰者先君子。備火齊不得也先悉薦反齊才細反有慶非君賜不賀唯君賜爲榮也有憂者此下絶亡非其句也勤者有事則收之走則擁之此補脫重。脫音奪重直用反又直龍反疏食棗至擁之。正義曰此一節明食果實及非君賜不賀之事謂其懷核不置於地也。瓜祭上環者食瓜亦祭先也環者橫斷形如環也斷則有上下環也上環是疐閒下環是脫華處也祭時取上環祭之也。食中者用上環將祭而食中也。棄所操者操謂手所持者棄之不食忖切謂切瓜頭切去疐此庶人法也。凡食果實者後君子者果實是陰陽所成非關人事故不得先嘗也。火孰者先君子者人孰和調是人之所爲恐和齊不備故先於君子而嘗之。

有慶非君賜不賀者有慶謂或宗族親戚燕飲聚會雖吉不相賀不足爲榮故也唯受君之賜爲榮故相拜賀故云非君賜不賀也孔子食於季氏不辭不食肉而飧以其待己及饌非禮也疏孔子至而飧。正義曰凡客將食興辭而孔子不辭者必是季氏進食不合禮也。不食肉而飧者凡禮食先食胾次食殽乃至肩至肩則飽乃飧孔子在氏家食不食肉而仍爲飧者是季氏饌失禮故也君賜車馬乘以拜賜衣服服以拜敬君惠也賜君未有命弗敢即乘服也謂卿大夫受賜於天子者歸必致於其君君有命乃服之君賜稽首據掌致諸地致首於地據掌以左手覆按右手也。覆芳服反酒肉之賜弗再拜輕也受重賜者拜受又拜於其室也凡賜君子與小人不同日慎於尊卑。慎一本作順疏君賜至同日。正義曰此一節論受君賜之法。君賜車馬乘以拜賜衣服服以拜者謂受君賜賜至則拜至明日更乘服所賜往至君所又拜敬重君恩故也。賜君未有命弗

敢即乘服也者此使臣雖受賜於王不敢即乘服當歸國獻其君君命與之則臣乃乘服耳若君未有命即不敢乘服也。君賜者明受君賜拜謝之法也。稽首者頭至地也據掌者據按也謂卻右手而覆左手按於右手之上也致諸地者致至也謂頭及手俱至地左手按於右手之上至地也。酒肉之賜弗再拜者亦謂君賜也再猶重也酒肉輕但初賜至時則拜至明日不重往拜也。凡賜君子與小人不同日者凡於君子小人也不同日者慎尊卑之雜也凡獻於君大夫使宰士親皆再拜稽首送之敬也膳於君有葷桃茢於大夫去茢於士去葷皆造於膳宰膳美食也葷桃茢辟凶邪也大夫用葷桃士桃而已葷薑及辛菜也茢菼帚也造於膳宰既致命而授之葷或作焄。葷許云反注焄同茢音列又音例去起呂反下同造七報反注同辟必亦反邪似嗟反菼吐敢反郭璞云烏蓲也取其苗爲帚帚本或作箒之手反大夫不親拜爲君之荅己也不敢變動至尊。爲于僞反下注爲其同疏凡獻至己也。正義曰此一節論臣獻君之物及致膳於尊者

之義。凡獻於君者凡於大夫士也謂大夫士有食獻君法也。大夫使宰者大夫尊恐君拜已之獻故不自往而使已膳宰往獻也。士親者以士賤不嫌君拜故身自親送也。皆再拜稽首送之者雖大夫使人初於家亦自拜送而宰將命及士自送至於君門付小臣之時宰及士皆再拜而送之也。膳於君有葷桃茢者美食曰膳謂天子諸侯之臣獻孰食於君法也恐邪氣干犯故用辟凶邪之物覆之葷謂薑之屬也桃桃枝也茢菼帚也。於大夫去茢者謂大夫之臣以食獻大夫降於君除去茢餘有葷與桃也。於士去葷者謂士之臣吏以食獻士也又去葷唯餘桃耳。皆造於膳宰者皆告於君大夫士也造至也膳宰主飲食官也獻孰食者操醬齊以致命致命竟而以所獻之食悉付主人之食官也。大夫不親拜爲君之荅已也者解大夫所以不自獻義也自獻則屈動君拜荅已也故不親也

大夫拜賜而退士待諾而退又拜弗荅拜小臣受大夫之拜復以入告大夫拜便辟也。復扶又反下不復同辟音避下辟尊者同大夫親賜士士拜受又拜於其室衣服弗服以拜異於君惠也拜受又就拜於其家是所謂再拜也

敵者不在拜於其室謂來賜時不見也見則不復往也。敵本又作適音狄凡於尊者有獻而弗敢以聞此謂獻辭也少儀曰君將適他臣若致金玉貨貝於君則曰致馬資於有司是其類也士於大夫不承賀下大夫於上大夫承賀承受也士有慶事不聽大夫親來賀已不敢變動尊也。聽天丁反親在行禮於人稱父人或賜之則稱父拜之事統於尊

疏大夫至拜之。正義曰此一節明尊卑受賜拜謝之禮各隨文解之。大夫拜賜而退者大夫往拜至於門外告君之小臣小臣受其辭入以白君小臣亦入大夫乃拜之拜竟則退不待白報恐君召進荅已故也士待諾而退者君不拜士士故於外拜拜竟又待小臣傳君之報諾出以退。又拜者小臣傳君諾出則士又拜君之諾報也。弗荅拜者謂君不荅士拜也。大夫親賜士士拜受又拜於其室者初亦即拜受又往彼家拜也。衣服弗服以拜者得君賜服服以拜大夫輕故不服其所賜而往拜之也。注拜受至拜也。正義曰所謂再拜也者前云酒肉之賜弗再拜此非酒肉賜故再拜

也。敵者不在拜於其室。其室獻者之家也敵者相獻若當時主人在則主人拜受不復往彼家拜也若獻時主人不在所留物置家主人還必往彼家拜謝獻也若朋友則論語云朋友之饋非祭肉雖車馬不拜也。凡於尊者有獻而弗敢以聞者。凡謂賤者也謂臣有獻於君士有獻於大夫也不敢以聞者謂有物以獻尊者其辭不敢云獻聞於尊者但當云致馬資於有司及贈從者之屬也。注此謂至類也。正義曰引少儀者證不敢聞也他他國也君或朝天子或往朝諸侯若臣有金玉貨貝物獻君常但云致馬資於有司不敢言獻君也言君尊恒足應無所乏故也。士於大夫不承賀者承受也不受賀者謂士有慶事不聽大夫親來賀已不敢變動尊者故也。下大夫於上大夫承賀者尊相近故受也

○禮不盛服不充禮盛者服充大事不崇曲敬故大裘不裼乘路車不式謂祭天也周禮王祀昊天上帝則服大裘而冕乘玉路或曰乘兵車不式

疏禮不至不式。正義曰此一節明禮盛者不崇小敬。禮不盛服不充者充猶襲也服襲是充美於內唯盛禮乃然也故聘及執玉龜皆襲是爲盛禮故也故大裘不裼者證禮盛服充時也郊禮盛服大裘則無別衣裼之是不見美也。乘路車不式者路車謂玉路郊天車也不式謂乘車從門閭過不式亦是禮盛不爲曲敬之例也

○父命呼唯而不諾手執業則投之食在口則吐之走而不趨至敬。唯于癸反徐以水反親老出不易方復不過時不可以憂父母也易方爲其不信已所處也復反也親癠色容不盛此孝子之疏節也言非至孝也癠病也王季有疾文王色憂行不能正履。癠才細反父沒而不能讀父之書手澤存焉爾母沒而杯圈不能飲焉口澤之氣存焉爾孝子見親之器物哀惻不忍用也圈屈木所爲謂巵匜之屬。圈起權反注同巵音支匜以支反

疏父命至焉爾。正義曰此一節明子事親之禮。父命呼者父召子也命謂遣人呼非謂自喚也亦云爲父命所呼也。唯而不諾者應之以唯而不稱諾唯恭於諾也手執業則投之食在口則吐之者急趨父命故投業吐食也。走而不趨者趨疾趨也但急走往而不暇疾趨也。親老出不易方

者方常也若啓往甲則不得往乙也若覓不見則老人易憂愁也。復不過時者復還也假旦啓云日中還不得過中謂若屢易方親忽須見之則不復信己得往常處也此云老者若親未老子出或有疑則亦許易方過期也而論語云父母在不遠遊遊必有方亦當謂老者耳。親癠者癠病也謂父母病也。色容不盛者謂親之病孝子當憂愁危懼行不能正履也今親病唯色容不充盛而已不能顯顇憂愁危懼此乃是孝子疏簡之節言孝心不篤也。父沒而不能讀父之書手澤存焉爾者此孝子之情父沒之後而不忍讀父之書謂其書有父平生所持手之潤澤存在焉故不忍讀也。母沒而杯圈不能飲焉口澤之氣存焉爾者言孝子母沒之後母之杯圈不忍用之飲焉謂母平生口飲潤澤之氣存在焉故不忍用之經云不能者謂不能忍為此事書是男子之所有故父言書杯圈是婦人所用故母言杯圈也。○君

入門介拂闑大夫中棖與闑之間士介拂棖此謂兩君相見也棖門楔也君入必中門上介夾闑大夫介士介鴈行於後示不相沿也君若迎聘客擯者亦然。介音界下及注同闑魚列反門橛也棖直衡反門楔也謂兩旁木楔徐古八反皇先結反行戶剛反沿悅宣反。○**賓**

入不中門不履閾辟尊者所從也此謂聘客也閾門限。閾音域又況域反**公事自闑西**聘享也**私事自闑東**覿面也

疏 君入至闑東。正義曰此一節論兩君朝聘卿大夫入門之儀各依文解之。○君入門者此一經明朝法也入門謂入大門也君必中門。介拂闑者介謂上介稍近君故拂闑。大夫中棖與闑之間者大夫之介微遠於闑故當棖與闑之間。士介拂棖者士介卑去闑遠故拂棖闑謂門之中央所豎短木也棖謂門之兩旁長木所謂門楔也介者副也。注此謂至亦然。正義曰以經云君入門故知兩君相見也云鴈行於後示不相沿也者鴈行參差節級崔氏皇氏並云君必中門者謂當棖闑之中主君在闑東賓在闑西主君上擯在君之後稍近西而拂闑賓之上介在賓之後稍近東而拂闑大夫擯介各當君後在棖闑之中央義或當然今依用之。賓入不中門不履閾者前經明朝此經明聘賓入者賓謂聘賓也不中門謂不當闑西棖闑之中央也而稍東近闑也。不履閾者閾門限足不履踐門限之上以言賓入不中門故注云謂聘客也。公事自闑西者謂行聘享之禮聘享是奉君命而行故謂之公事自闑西用賓禮也。私事自闑東者謂私覿私面非行君命故謂之私事自闑東者從臣禮示將為主君之臣也○**君與尸行接武**尊者尚徐蹈半迹。蹈呼報反**大夫繼武**迹相及也**士中武**迹間容迹**徐趨皆用是**君大夫士之徐行也皆如與尸行之節也**疾趨則欲發而手足毋移**疾趨謂直行也疏數自若發謂起屨也移之言靡迤也毋移欲其直且正欲或為數。毋移上音無下如字數色角反下同迤羊爾反**圈豚行不舉足齊如流**圈轉也豚之言若有所循不舉足曳踵則反之齊如水之流矣孔子執圭則然此徐趨也。圈起遠反又去阮反注同豚本又作豚同大本反徐徒困反注同齊如音咨本又作齊同踵章勇反**席上亦然**尊處亦尚徐也。處尺慮反**端行頤霤如矢弁行剡剡起屨**此疾趨也端直也頤或為霤也。頤霤上音夷下力救反弁皮彥反急也剡以漸反字林因冉反霤音夷徐音追**執龜玉舉前曳踵蹜蹜如也**著徐趨之事。○蹜蹜色六反本或作蹜同

疏 君與至如也。正義曰此一節明行步徐趨疾趨之儀。君與尸行接武者明貴賤與尸行步廣狹不同也君天子諸侯也武迹也接武者二足相躡每蹈於半未得各自成迹故云接武也尊者舒遲故君及尸並步遲狹。大夫繼武者謂大夫與其尸行時繼武者謂兩足迹相接繼也大夫漸卑故與尸行步稍廣速也。士中武者謂士與其尸行也中猶間也每徙足間容一足地乃躡之也士極卑故及尸行步極廣也徐趨皆用是者徐趨皆遲行也皆於君大夫士也是此也言皆用此與尸行步之節也。既疾趨則欲發者疾趨謂他事須直身速行時也發起也既無所執持而欲屨頭恒起無繼接之異其迹或疏或數自若尋常故注云疏數自若貴賤同然也。而手足毋移者移謂靡迤搖動也雖屨恒欲起而手足猶宜直正不得邪低靡迤搖動也。圈豚行者此釋徐趨之形也圈轉也豚循也言徐趨法曳轉足循地而行也○不舉足者謂足不離地。齊如流者齊謂裳下緝也足既不舉身又俯折則裳下委地曳足如水流狀也。席上亦然者然如是也言在席上未坐其行之時亦如是圈豚行齊如流也。端行頤霤如矢者此一經覆上疾趨之節也端行謂直身而行也頤霤者行既疾身乃小折而頭直俯臨前頤如屋霤之垂也。如矢者矢箭也身趨前進不邪如箭也。弁行者弁急也既是疾趨宜急行也。剡剡起屨者剡剡身起貌

也急行欲遬而身屢恒起也○執龜玉舉前曳踵蹜蹜如也者此一經論徐趨之事言執龜玉之時有此徐趨也○舉前曳踵者踵謂足後跟也謂將行之時初舉足前後曳足跟行不離地蹜蹜如也言舉足狹數蹜蹜如也○○凡行容惕惕惕惕直疾貌也凡行謂道路也○惕音傷又音陽直而疾也○廟中齊齊恭慤貌也○齊才兮反賀在啓反朝廷濟濟翔翔莊敬貌也○濟徐子禮反有威儀也翔本又作洋音詳〔疏〕凡行容惕惕廟中齊齊朝廷濟濟翔翔○正義曰此一節明道路廟中朝廷行步之法○凡行容惕惕者惕惕直而疾貌也道路雖遬疾又不忘於直故其容直而疾也○廟中齊齊者齊齊自收持嚴正之貌也以對神不敢舒散故貌恭慤齊齊然○朝廷濟濟翔翔者濟濟有威儀矜莊也翔翔行而張拱也並朝廷所須也○○君子之容舒遲見所尊者齊遬謙慤貌也遬猶蹙蹙也○齊遬一音咨又則皆反下文音速猶蹙蹙子六反足容重舉欲遲也○手容恭高且正也目容端不睇視也○睇大計反○口容止不妄動也聲容靜不噦欬也○噦於廢反欬苦大反頭容直不傾顧也氣容肅似不息也立容德如有予也○德如字得也徐音置色容莊勃如戰色坐如尸尸居神位敬慎也○燕居告溫溫告謂教使也詩云溫溫恭人〔疏〕君子至溫溫○正義曰此一節明君子動止之儀手足口目之節也○君子之容舒遲者舒遲閑雅也○見所尊者齊遬者君子雖尋常舒遲若見所尊之人則齊遬齊謂齊也遬謂蹙蹙言自斂持迫促不敢自寬奢故注云謙慤貌也是齊遬為謙慤之貌皇氏云齊謂裳不緝遬謂蹙斂見所尊之人自俯下身裳下蹙斂則齊蹙是裳之體注何得云謙慤貌也皇氏說非也目容端者目宜端正不邪睇而視之○立容德者德得也立則磬折如人授物與己己受得之形也賀云德有所施與之名也立時身形小俯嚮前如授物與人時也故注云如有予也會前兩注也○色容莊者欲常矜莊勃如戰色不乍變動也○燕居告溫溫者燕居謂私燕所居也色尚和善教人使人之時唯須溫溫不欲嚴猛○注詩云溫溫恭人○正義曰此詩小雅小宛之篇刺幽王之詩○凡祭容貌顏色如見所祭者如覩其人在此○如覩丁古反〔疏〕凡祭至祭者○正義曰此一節明祭之時也凡祭謂諸祭也容貌顏色如見所祭者容貌恭敬顏色溫和如似見所祭之人謂祭如在也○喪容纍纍羸憊貌也○纍良追反羸力皮反憊皮拜反○色容顛顛憂思貌也○顛字又作顚音田又丁年反思息嗣反○視容瞿瞿梅梅不審貌也○視容又作目容瞿紀具反又紀力反言容繭繭聲氣微也○繭古典反〔疏〕喪容纍至繭繭○正義曰此一節論居喪容貌言語瞻視之儀○喪容纍纍者謂容貌瘦瘠纍纍然○色容顛顛者顏色憂思顛顛然不舒暢也○視容瞿瞿梅梅者瞿瞿驚遽之貌梅梅猶微微謂微昧也孝子在喪所視不審故瞿瞿梅梅然○言容繭繭者繭繭猶緜緜聲氣微細繭繭然○戎容暨暨果毅貌也○暨其記反○言容詻詻教令嚴也○詻五格反色容厲肅儀形貌也視容清明察於事也○視如字徐市志反立容辨卑毋讇辨讀為貶自貶卑謂磬折也讇為傾身以有下也○辨讀為貶彼檢反字林貶音方犯反讇音諂舊又音鹽注同有下戶嫁反頭頸必中頭容直山立不搖動也時行時而後行也詩云威儀孔時盛氣顛實揚休顛讀為闐揚讀為陽聲之誤也盛聲中之氣使之闐滿其息若陽氣之休物也○顛依注讀為闐音田○玉色色不變也〔疏〕戎容至玉色○正義曰此一節明戎容之體暨暨果毅剛強之貌○言容詻詻者謂教令嚴猛也軍旅行教令宜嚴猛也○色容厲肅者厲嚴也肅威也軍中顏色尚威嚴也以義斷割使義形貌故嚴威也視容清明者謂瞻視之容須清察明審○立容辨卑者謂在軍中立之形容常貶損卑退磬折恭敬不得驕敖忽略士卒○毋讇者軍中尚威武雖自貶退當有威可畏無得過為讇曲以屈下於人○頭頸必中者頭容直不低迴也○山立者若住立則嶷如山之固不搖動也樂記云總干而山立不動搖也○時行者觀時而行也盛氣顛實揚休者顛塞也實滿也揚陽也休養也言軍士宜怒其氣塞滿身中使氣息出外咆勃如盛陽之氣生養萬物也玉色者軍尚嚴肅故色不變動常使如玉也○凡自稱天子曰予一人謙自別於人而已○別彼列反又如字伯曰天子之力臣伯上公九命分陝者○陝失冉反諸侯之於天子曰某

士之守臣某其在邊邑曰某屏之臣某其於敵以下曰寡人小國之君曰孤擯者亦曰孤

邊邑謂九州之外大國之君自稱曰寡人擯者曰寡君○守手又反

疏　凡自至曰孤○正義曰此一節明天子以下至士自稱及擯者傳辭之法也各隨文解之○凡自稱天子曰予一人者按曲禮下云天子曰余一人予余不同者鄭注曲禮云余予古今字耳蓋古稱予今稱余其義同此云自稱曲禮注云擯者辭則天子與臣下言及遣擯者接諸侯皆稱予一人言我於天下之内但我是一人而已自謙退言與餘人無異若臣下稱一人則謂率土之内唯有此一人尊之也○伯曰天子之力臣按曲禮云天子之吏不同者此謂自稱謂身自稱於諸侯也言己是天子運力之臣曲禮所云謂二伯擯於天子曰天子之吏鄭注曲禮云擯者辭以此不同也皇氏云所以不同者殷周之異不顧經文繆爲異説其義非也○諸侯至曰孤明諸侯自稱之號○諸侯之於天子曰某土之守臣某者謂諸侯身對天子自稱辭故上文揔以自稱冠之若諸侯上介致辭於天子之擯者亦當然也其天子之擯告天子則曰臣某侯某故曲禮云諸侯之於天子曰臣

某侯某鄭注曲禮謂爵夫承命告天子辭也○其在邊邑曰某屏之臣某者謂在九州之外邊鄙之邑自稱於天子云某屏之臣某若使上介告天子之擯亦當然其天子之擯告天子則曰臣某子某某男某故曲禮云其在東夷北狄西戎南蠻雖大曰子注云入天子之國曰子男者亦曰男是也此與曲禮不同者亦以自稱及擯者不同皇氏皆以爲殷周之異其義非也○其於敵以下曰寡人者謂諸侯於敵以下自稱寡人言以下通及民也謹按曲禮云其與民言自稱曰寡人是也○小國之君曰孤擯者亦曰孤者此謂夷狄子男之君自稱及介傳命云某土之孤某故云小國之君曰孤擯者告天子亦應云某孤云擯者亦曰孤其在國自稱亦曰孤故曲禮云庶方小侯於外曰子自稱曰孤是也○注大國至寡君正義曰按春秋大夫出使之時稱己君爲寡君則知爲君擯者稱己君爲寡君也

上大夫曰下臣擯者曰寡君之老下大夫自名擯者曰寡大夫世子自名擯者曰寡君之適

擯者之辭主謂見於他國君下大夫自名於他國君曰外臣某○適丁歷反見賢遍反

公子曰臣孽

孽當爲枿聲之誤○孽音枿五葛反徐五列反

士曰傳遽之臣於大夫曰外私

傳遽以車馬給使者也士臣於大夫者曰私人○傳陟戀反注同遽其庶反

大夫私事使私人擯則稱名

私事使謂以君命私行非聘也若魯成公時晉侯使韓穿來言汶陽之田歸之于齊之類○使色吏反注同

公士擯則曰寡大夫寡君之老大夫有所往必與公士爲賓也

謂聘也大聘使上大夫小聘使下大夫公士爲賓謂作介也往之也○賓必刃反注同

疏　上大至之適○正義曰此一節明上下大夫世子在己國及出使往他國稱謂之異○上大夫曰下臣者上大夫卿也自於己君之前稱曰下臣君前臣名稱下臣某也○擯者曰寡君之老者謂此上大夫出使他國在於賓館主國致禮上大夫設擯禮待之此擯者稱大夫爲寡君之老雖以擯爲文其實謂介接主君之時辭亦當然擯介通也下大夫自名者謂對己君稱名而已不敢稱下臣卑遠於卿也○擯者曰寡大夫者謂下大夫出使設擯者以待主國此擯者稱下大夫云寡大夫不敢稱寡君之老○世子自名者謂對己國之君稱名○擯者曰

寡君之適謂對他國之辭○注擯者至臣某○正義曰擯者之辭主謂見他國君則是出使之臣在客曰介當云介而云擯者謂出使他國在於賓館主國致禮己爲主人故稱擯也且擯介散文則通也云下大夫自名於它國君曰外臣某者如鄭此言則下大夫自名謂對己君也則經云上大夫曰下臣亦對己君也故熊氏以爲皆對己君而皇氏云對它國君違鄭注意其義非也公子曰臣孽稱臣謂對己君也若對它國當云外臣注從枿者枿是樹生之餘故盤庚云若顛木之有由孽是也○士曰至外私○遽是促遽士位卑給車馬役使故稱傳遽亦謂對己君也皇氏以爲對它國君其義亦通○於大夫曰外私者凡大夫家臣稱私此士既不與大夫爲臣故對大夫稱曰外私○注士臣至私人○正義曰此下文云大夫私事使私人擯則稱名故知大夫之臣曰私人也○大夫至稱名○大夫私事使者謂非正聘之禮謂以君之私事而出使○私人擯則稱名者謂以己之屬臣爲擯相雖是上大夫及下大夫擯者則皆稱大夫之名以其非公事正聘故降而稱名也○注若魯至之類○正義曰按成二年晉及魯衞伐齊使齊人歸魯汶陽之田至成八年齊人服晉晉侯使韓穿來言汶陽之田歸之于齊云之類者若乞師告糴故云之類○公士至賓也○前經明大夫以君之私事出使此

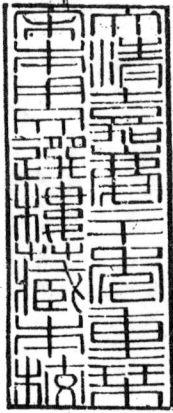

經明大夫以國之公事○出聘及私問也公士擯者謂正聘之時則用公家之士爲擯不用私人也則曰寡大夫寡君之老者若小聘使下大夫擯者則稱下大夫曰寡大夫若大聘使上大夫擯者則稱上大夫曰寡君之老○大夫有所往必與公士爲賓也者覆明上正聘使公士爲擯之事往謂之適也言大夫正聘者有所往之適之時必與公士爲賓介也言使公士作介也○注大聘至大夫○正義曰按聘禮及覲禮張旝周禮孤卿建旝故知大聘使卿聘禮又云小聘曰問其禮如爲介按大聘大夫爲上介今云如其爲介故知小聘是大夫也

附釋音禮記注疏卷第三十

江西南昌府學栞

禮記注疏卷三十挍勘記　阮元撰盧宣旬摘錄

附釋音禮記注疏卷第三十　惠棟挍宋本禮記正義卷第四十

玉藻

君衣狐白裘節

以少爲貴也　閩監毛本同嘉靖本同衞氏集說同惠棟挍宋本貴作尊岳本同宋監本同

錦衣亦白　惠棟挍宋本有亦字衞氏集說同此本亦字脫閩監毛本同

諸侯朝天子受皮弁之裼　閩監毛本同浦鏜云裼當錫字誤

告廟之後則服之　閩監毛本同齊召南云按文義當作告廟之後則不服之刊本相沿誤脫不字耳秦風錦衣狐裘疏曰諸侯在天子之朝乃服狐自歸國則不服之孔子曰天子賜諸侯冕弁服於大廟歸設奠服賜服然則諸侯受天子之賜服歸則服之以告廟而已於後不復服之足以證此文脫不字矣

其在國視朔則素衣麑裘　閩監本同毛本麑誤霓下放此論語注云素衣麑裘同

君子狐青裘節

青豻褎　各本同石經同釋文豻作犴

羔裘豹飾　各本同石經同嘉靖本飾誤餙下文飾經注同

不如褹裘大裘之美故故謂之裼耳　惠棟挍宋本不重故字此本誤重閩監毛本故上衍以字

弔則襲節　惠棟挍云弔則襲節君在節服之襲節宋本合爲一節

不盡飾也　各本同石經同嘉靖本飾誤餙

入大廟說笏非古也　惠棟挍宋本同石經同宋監本同岳本同嘉靖本同考文引補本古本足利本同閩監本古誤禮衞氏集說同毛本非古誤無禮石經考文提要云宋大字本宋本九經南宋巾箱本余仁仲本劉叔剛

本並作非古

而素帶終辟節　石經考文提要云坊本陳澔集說自此以下至孔子食於季氏以上多所倒置案岳珂本玉藻篇後附刻興國于氏改定本澔所用乃于氏所改也蔡沈書集傳考定武成猶附經後澔直沒古文又不言出于氏今從諸本按提要是也正義云其文雜陳又上下爛脫今依鄭注以爲先後云云是孔氏不敢輒改移經文但于正義中整齊其次第申其說耳于此見唐人讀經之愼非宋以後人所可及也

宜承朱裏終辟　閩監本同岳本同嘉靖本同衞氏集說同毛本承誤同

其帶用單帛　閩監本同毛本單誤禪衞氏集說亦作單

但士帶至者必反屈韠上　惠棟按宋本至作垂是也衞氏集說同考文引補本同閩監毛本並誤至

故讀爲繂與裨繂同也　毛本同閩監本上繂誤縩裨誤裨

故知宜承天子素帶之下文相次也○注三寸至爲衿○正義曰　按此本文相次也下尚有注三寸至爲衿及注雜猶至三齊正義二則惠棟按宋本同閩監毛本本節疏文相次也止以注三寸至爲衿正義一則移厠王后褘衣節下注雜猶至三齊正義一則移厠韠君朱節下非孔氏之次也

知三寸約帶紐組之廣者　毛本作紐此本紐誤組閩監本同以下三條閩監毛本在十四頁左

云宜承約用組者　閩監本同惠棟按宋本同毛本組下衍結字

以此經直云三寸長齊于帶　閩本同惠棟按宋本同監本直字空閩毛本直字脫

上云裨此云雜　閩本同惠棟按宋本同監毛本裨作韠下上之裨君裨大夫裨士裨並倣此以下二條閩監毛本在十一頁

韠君朱節

必象裳色則天子諸侯　閩監毛本同岳本同嘉靖本同惠棟按宋本裳色下又有裳色二字宋監本同

衡佩玉之衡也　閩監毛本如此岳本同衞氏集說同嘉靖本上衡誤猶

云凡佩繫之革帶者　閩監毛本同惠棟按宋本之作於是也

故也○注此元至不命　閩監毛本故也下厠注雜猶至三齊正義一則

則公之卿元冕侯伯之卿絺冕　閩監毛本同衞氏集說同惠棟云希冕在元冕上此互易

王后褘衣節

紳居二焉　石經作二而素帶終辟節正義亦作二凡兩見云八長八尺大帶之下四尺五寸分爲三分紳居二分焉紳長三尺也是字當作二之確證也此本二誤一閩監毛本同岳本同嘉靖本同衞氏集說同石經考文提要云宋大字本宋本九經南宋巾箱本儀禮集傳集注禮記纂言至善堂九經本九經誤字並作紳居二焉

結或爲衿　惠棟按宋本同岳本同嘉靖本同考文引古本足利本同閩監毛本衿誤衿衞氏集說同

陳六服之下云素紗　惠棟按宋本同閩本紗誤紕監本紗誤縛毛本誤縛按周禮作素沙

以白縛爲裏　監本同閩毛本縛作縛盧文弨云縛當作縛惠棟云古絹爲縛

立于房中是也　閩監毛本此下有注三寸至爲衿正義曰知三寸約帶紐組之廣者以帶廣四寸此云三寸長齊於帶承上紐約用組之下故知是紐廣也云言其屈而重也者解垂帶名紳之意申重也云宜承約用組結者以此經云三寸長齊於帶非發語之端明知有所承次故以爲宜承約用組之下一段此本誤脫

凡侍於君節

磬倚則帶垂　閩監本同毛本倚作折衞氏集說同

急緩不出於三耳　惠棟挍宋本同衞氏集說同閩監毛本耳誤節

於大夫所節

爲惑未知者　各本同釋文惑作或○按古多假或爲惑

有音字同已祖禰名字　惠棟挍宋本同閩監毛本音作名

教學爲師長也　閩監本同毛本爲作謂衞氏集說同

古之君子必佩玉節

路門外之樂節也門外謂之趨　惠棟挍宋本作也門外守監本同岳本同嘉靖本同衞氏集說同考文引補本古本足利本同此本也誤宅閩本同監毛本也門外誤至應門趨字惟嘉靖本與此本同各本俱作趨

視之文色所似也　閩監毛本同岳本同嘉靖本同衞氏集說之作其通典六十三亦作之

孚筠旁達信也　惠棟挍宋本同閩監毛本筠作尹衞氏集說同

宮中謂之時　閩監毛本同衞氏集說宮作室是也

曲折而東鄉西鄉也　惠棟挍宋本有西鄉二字衞氏集說同此本西鄉二字脫閩監毛本同

是臣之去朝君　閩監本同衞氏集說同毛本臣誤以惠棟挍宋本臣字同去作法

自朝則結佩朝結佩　閩監毛本同盧文弨云宋本無自字疑當有或是闕隔

凡佩玉必上繫於衡　閩監毛本同衞氏集說同考文引補本衡作衞

以義爲絲　惠棟挍宋本作純考文引補本同此本純作義閩監毛本同

又說文云綦蒼文　閩本同惠棟挍宋本同考文引補本同監毛本蒼文作蒼艾盧文弨云說文正云蒼艾色鄭箋詩則云綦綦文

待食於先生異爵者節

主人自置其醬　閩監本同石經同岳本同嘉靖本同衞氏集說同毛本置作致

異爵謂尊於己也　閩監毛本同衞氏集說也作者

飽猶食美　閩監本同考文引補本食美作美食

食棗桃李節

食中弃所操　石經同岳本同嘉靖本同閩監本本弃作棄衞氏集說同

此補脫重　各本同釋文出重也正義本無也字考文云古本重下有者也二字

食瓜亦祭先也　閩監毛本同衞氏集說同浦鏜從通解先下補圃字

人執和調　閩監毛本同衞氏集說人作火

君賜車馬節

以左手覆按右手也　閩毛本同衞氏集說同監本按作案岳本同嘉靖本同釋文出覆案

愼於尊卑　閩監毛本同岳本同嘉靖本同衞氏集說卑下有也字考文引古本同釋文出愼乎尊卑也

卽不敢乘服也　閩監本同毛本卽作則

凡獻於君節

及致膳於尊者之義　閩監毛本同衞氏集說同浦鏜挍義改儀

操醬齊以致命　閩監本同毛本操作造

父命呼節

手執業則投之　各本同毛本投誤受

此孝子之情父沒之後　閩監毛本同惠棟挍宋本此作凡

君入門節

此一節論兩君朝聘惠棟挍宋本同閩監毛本論作明衛氏集說同

君與尸行接武節

皆如與尸行之節也閩監本同岳本同嘉靖本同衛氏集說同考文引古本足利本同毛本行之節誤之行迹

移之言靡匜也惠棟挍宋本作迆正義同岳本同嘉靖本同衛氏集說同釋文出靡迆此本迆作匜閩監毛本同䟽靡迆並放此

圈豚行各本同石經同釋文出腞云本又作豚注同正義本作豚

蹜蹜如也各本同石經同釋文出宿宿云本或作蹜

豚循也惠棟挍宋本同考文引補本同衛氏集說同閩監毛本循誤豬

君子之容舒遲節

見所尊者齊遬石經作遬岳本同此本遬誤從文作遫閩監毛本同嘉靖本同衛氏集說同釋文同

舒遲閑雅也閩監本同毛本閑作閒

凡祭節

如覩其人在此各本同釋文覩作睹

戎容曁曁節

儀形貌也閩監毛本同岳本同嘉靖本同衛氏集說同段玉裁挍本儀改義挍正義云以義斷割使義形貌正䟽此義字之義作義形貌者是也

立容辨卑毋讇各本同石經同釋文出毋讇毛本毋誤無

讇爲傾身以有下也惠棟挍宋本亦作有閩本同岳本同嘉靖本同考文引足利本同釋文出有下宋監本同爲作謂監毛本有誤自衛氏集說同

若陽氣之躰物也閩監毛本躰作體岳本躰作休嘉靖本同衛氏集說同考文引補本古本足利本同段玉裁從九經三傳沿革例删氣字體改休挍正義云休養也躰不可訓養當以作休爲是休躰形近故致誤也

凡自稱節惠棟挍云凡自稱節上大夫節宋本合爲一節

則曰臣某子某某男某惠棟挍宋本同衛氏集說同考文引補本同閩監毛本男上脫一某字

謹按曲禮云其與民言閩監毛本同惠棟挍宋本謹按作故字

云擯者亦曰孤閩監毛本同盧文弨云云上當有故字

上大夫曰下臣節

孽當爲枿聲之誤毛本作枿岳本同嘉靖本同衛氏集說同此本枿誤栫閩監本同按釋文出臣孽云依注音枿是亦作枿字也

若顛木之有由孽是也閩監毛本同衛氏集說孽作蘖

以國之公事〇出聘補案此〇誤衍

是大夫也惠棟挍宋本此下標禮記正義卷第四十終記云凡三十三頁

禮記注疏卷三十挍勘記

附釋音禮記注疏卷第三十一

明堂位第十四

○陸曰鄭云以其記諸侯朝周公於明堂所陳列之位○疏正義曰按鄭目録云名曰明堂者以其記諸侯朝周公於明堂之時所陳列之位也在國之陽其制東西九筵南北七筵堂崇一筵五室凡室二筵此於別録屬明堂陰陽按異義今戴禮說盛德記曰明堂者自古有之凡九室室四戶八牖共三十六戶七十二牖以茅蓋屋上圓下方所以朝諸侯其外有水名曰辟雍明堂月令說明堂高三丈東西九仞南北七筵上圓下方四堂十二室室四戶八牖其宮方三百步在近郊三十里講學大夫淳于登說云明堂在國之陽三里之外七里之內丙巳之地就陽位上圓下方八窻四闥布政之宮故稱明堂明堂盛貌周公祀文王於明堂以配上帝五精之神太微之庭中有五帝坐位古周禮孝經說明堂文王之廟夏后氏曰世室殷人曰重屋周人曰明堂東西九筵南北七筵堂崇一筵五室凡室二筵蓋之以茅周公所以祀文王於明堂以昭事上帝許君謹按今禮古禮各以義說無明文以知之鄭駮之云戴禮所云雖出盛德篇云九室三十六戶七十二牖以秦相呂不韋作春秋時說者蓋非古制也四堂十二室字誤

本書云九堂十二室淳于登之言取義於孝經援神契說宗祀文王於明堂以配上帝曰明堂者上圓下方八窻四闥布政之宮在國之陽帝者諦也象上可承五精之神五精之神實在大微在辰爲巳是以登云然今漢立明堂於丙巳由此爲之如鄭此言用淳于登之說此別録所云依考工記之文然先代諸儒各爲所說不一故蔡邕明堂月令章句明堂者天子大廟所以祭祀夏后氏世室殷人重屋周人明堂饗功養老教學選士皆在其中故言取正室之貌則曰大廟取其正室則曰大室取其堂則曰明堂取其四時之學則曰大學取其圓水則曰辟雍雖名別而實同鄭必以爲各異者表準正論明堂宗廟大學禮之本物也事義不同各有所爲而世之論者合以爲一體取詩書放逸之文經典相似之語推而致之考之人情失之遠矣宗廟之中人所致敬幽隱清淨鬼神所居而使衆學處焉饗射其中人鬼慢黷死生交錯囚俘截耳瘡痍流血以干鬼神非其理也茅茨采椽至質之物建日月乘玉路以處其中非其類也夫宗廟鬼神所居祭天而於人鬼之室非其處也王者五門宗廟在一門之內若射在於廟而張三侯又辟雍在內人物衆多殆非宗廟之中所能容也知準之所論是鄭不同之意然考工記明堂南北七筵每室二筵則南北三室居六筵室外南北唯有一筵宗廟路寢制如明堂既殯在路寢室外得容殯者路寢雖制似明堂其室不敢踰廟其實寬大矣故多士傳云天子堂廣九雉三分其廣以二爲內五分其內以一爲高東房西房北堂各三雉是其闊得容殯也或可殯在中央土室之前近西在金室之東不必要在堂簷之下

鄭氏注　孔穎達疏

昔者周公朝諸侯于明堂之位周公攝王位以明堂之禮儀朝諸侯也不於宗廟辟王也○朝直遥反注及下皆同辟王音避一本作辟正王天子負斧依南鄉而立天子周公也負之言背也斧依爲斧文屏風於戶牖之間周公於前立焉○斧音甫依本又作扆同於豈反注同鄉許亮反借本又作背音倍屏並經反牖音酉三公中階之前北面東上諸侯之位阼階之東西面北上諸伯之國西階之西東面北上諸子之國門東北面東上

諸男之國門西北面東上九夷之國東門之外西面北上八蠻之國南門之外北面東上六戎之國西門之外東面南上五狄之國北門之外南面東上九采之國應門之外北面東上四塞世告至此周公明堂之位也朝之禮不於此周公權用之也朝位之上上近主位尊也九采九州之牧典貢職者也正門謂之應門二伯帥諸侯而入牧居外而糾察之也四塞謂夷服鎭服蕃服在四方爲蔽塞者新君即位則乃朝一周禮侯服歲一見甸服二歲一見男服三歲一見采服四歲一見衞服五歲一見要服六歲一見九州之外謂之蕃國世一見○采七在反塞先代反注同又先則反此周公明堂之位也本或無周公之字近附近之近藩本又作蕃方元反下同壹見壹又作一下賢遍反下同要一遥反疏昔者至位也○正義曰此下節明周公朝諸侯於明堂之儀及諸侯夷狄所立之處各依文解之○注周

公至王也○正義曰周公攝王位者攝代也以成王年幼周公代之居位故云攝王位然周公攝位而死稱薨不云崩魯隱公攝諸侯之位而稱薨同正諸侯者鄭箴膏肓云周公歸政就臣位乃死何得記崩隱公見死於君位不稱薨云何又立發墓守云隱爲攝位周公爲攝政雖俱相幼君攝政與攝位異也云不於宗廟辟王也者按覲禮諸侯受次于廟門外是覲在廟今在明堂故云辟王謂辟成王也○注天子至立焉○正義曰以周公朝諸侯居天子位故云天子周公也故大誥云王若曰鄭云王謂周公居攝命大事則權稱王也王肅以爲稱成王命故稱王與鄭異也王肅以家語之文武王崩成王年十三鄭康成用衛宏之說武王崩時成王年十歲與王肅異也云斧依爲斧文屏風於戶牖之間者釋宮云牖戶之間謂之扆今云斧依故知爲斧文屏風於戶牖間皇氏云在明堂中央大室戶牖間○三公中階之前北面東上此以下一經明朝位之法周公已居天子位餘有二公而云三公者舉國本數言之中階者南面三階故稱中○諸侯之位阼階之東西面北上者侯對伯爲尊故在阼階近主位也按諸伯以下皆云之國此云位者以三公既云中階之前不云位諸侯在諸國之上特舉位言之明以下皆朝位也○九夷之國東門之外西面北上者皇氏云在東門外之南故北上○八蠻之國南門之外北面東上者皇氏云在南門外之西故東上○六戎之國西門之外東面南上者皇氏云在西門外之北故南上○五狄之國北門之外南面東上者皇氏云在北門外之東今按經云東上則宜在北門外之西故東上○九采之國應門之外北面東上皇氏云在應門外之西此是九州之牧謂之采者以采取當州美物而貢天子故王制云千里之外曰采注云取其美物以當穀稅采亦是事言各掌其當州諸侯之事即此注云牧居外而糾察之是也○四塞世告至者此謂九州之外夷鎮蕃三服夷狄爲四方蕃塞每世一來朝告至或新王即位而來朝或已君初即位故云世告至也○注朝位至一見○正義曰上近主位尊也者三公則東上侯尊於伯故在東子尊於男亦在東是上近主位尊也云正門謂之應門者以明堂更無重門非路門外之應門以爾雅釋宮云正門謂之應門李巡云宮中南嚮大門應門也應是當也以當朝正門故謂之應門但天子宮內有路寢故應門之內有路門明堂既無路寢故無路門及以外諸門但有應門耳云二伯帥諸侯而入者按顧命畢公率東方諸侯入應門右召公率西方諸侯入應門左是也云牧居外而糾察之也者伯既領之入應門故牧居應門外糾察諸侯後人不如儀者引周禮侯服歲一見以下是大行人文也引之皆證夷狄世一見則經之四塞世告至是也其夷狄之名此云九夷八蠻六戎五狄按職方云四夷八蠻七閩九貉五戎六狄爾雅釋地文云九夷八狄七戎六蠻謂之四海不同者爾雅釋地所云謂殷代此明堂周公朝諸侯及職方並謂周禮但戎狄之數五六不同故鄭志趙商問曰職方掌四夷八蠻七閩九貉五戎六狄之數注云周之所服國數明堂云朝位服事之國數夷九蠻八戎六狄五禮文事異不達其數故鄭荅云職方四夷謂四方夷狄也九貉即九夷在東方八蠻在南方閩其別也戎狄之數或六或五兩文異爾雅雖有與同皆數爾無別國之名不甚明故不定也如鄭此言夷狄之名既無別國顯其名數或六或五不可知也

明堂也者明諸侯之尊卑也朝於此所以正儀辨等也

疏明堂至卑也○正義曰所以朝諸侯於明堂者欲顯明諸侯之尊卑故就尊嚴之處以朝之○注朝於至等也○正義曰解周公所以朝諸侯在此明堂之意云正儀辨等者大司馬職文彼云設儀辨位以等邦國鄭略言之

昔殷紂亂天下脯鬼侯以饗諸侯以人肉爲薦羞惡之甚也○紂直九反○**是以周公相武王以伐紂武王崩成王幼弱周公踐天子之位以治天下六年朝諸侯於明堂制禮作樂頒度量而天下大服**踐猶履也頒讀爲班度謂丈尺高卑廣狹也量謂豆區斗斛筐筥所容受○相息亮反頒音班量徐音亮注同區烏侯反筐音匡筥紀呂反○**七年致政於成王成王以周公爲有勳勞於天下**致政以王事歸授之王功曰勳事功曰勞

疏昔殷至天下○正義云此一節明周公有勳勞之事以殷紂亂天下周公相武王而伐之成王幼不能涖阼周公踐天子之位以攝之有大勳勞於天下所以封周公於魯行天子之禮樂及四代服器○脯鬼侯者周本紀作九侯故庾氏云史記本紀云九侯有女入於紂侯女不好淫紂怒殺之九與鬼聲相近故有不同也○注武王崩成王幼弱者家語云武王崩成王年十三鄭康成則以爲武王崩成王年十歲是幼弱也○六年朝諸侯於明堂制禮作樂頒度量者周公攝政三年天下太平六年而始制禮作樂書傳云周公將制禮作樂優游三年而不能作將大作恐天下莫我知也將小作則爲

人子不能揚父之功烈德澤然後營洛邑以期天下之心於是四方民大和會周公曰示之以力役且猶至而況導之以禮樂乎其度量六年則須故鄭注尚書康王之誥云攝政六年頒度量制其禮樂成王即位乃始用之故洛誥云王肇稱殷禮祀于新邑是攝政七年冬也鄭云猶用殷禮者至成王即位乃用周禮是也其周公制禮攝政孔鄭不同孔以武王崩成王年十三至明年攝政管叔等流言故金縢云武王既喪管叔及其羣弟乃流言於國曰公將不利於孺子時成王年十四即位攝政之元年周公東征管蔡後二年克之故金縢云周公居東二年則罪人斯得除往年時成王年十六攝政之三年也故詩序云周公東征三年而歸攝政七年營洛邑封康叔而致政時成王年二十故孔注洛誥以時成王年二十是也鄭則以爲武王崩成王年十歲周書以武王十二月崩至成王年十二十二月喪畢成王將即位稱已小求攝周公將代之管蔡等流言周公懼之辟居東都故金縢云武王既喪管叔等流言周公乃告二公曰我之不辟無以告我先王既喪謂喪服除辟謂辟居東都時成王年十三明年成王盡執拘周公屬黨故金縢云周公居東二年則罪人斯得罪人周公屬黨也時成王年十四至明年秋大熟有雷風之異故鄭注金縢云秋大熟謂二年之後明年。迎周公而反反則居攝之元年時成王年十五書傳所謂一年救亂明年誅武庚管蔡等書傳所謂二年克殷明年自奄而還書傳所謂三年踐奄四年封康叔書傳所謂四年建侯衞時成王年十八也故康誥云孟侯書傳云天子天子十八稱孟侯明年營洛邑故書傳云五年營成周六年制禮作樂七年致政於成王年二十一明年乃即政時年二十二也禮既是鄭學故具詳焉。注致政至曰勞。正義曰致政以王事歸授之者按洛誥云朕復子明辟是以王事歸授之也云王功曰勳事功曰勞者是司勳職文彼注云上功輔成王業若周公也事功曰勞者注云以勞定國若禹也周公則勳勞兼有也。

是以封周公於曲阜地方七百里革車千乘曲阜魯地上公之封地方五百里加魯以四等之附庸方百里者二十四并五五二十五積四十九開方之得七百里革車兵車也兵車千乘成國之賦也詩魯頌曰王謂叔父建爾元子俾侯于魯大啓爾宇爲周室輔乃命魯公俾侯于東錫之山川土田附庸又曰公車千乘朱英綠縢。乘繩證反注同畢必爾反本又作俾下同縢大登反

命魯公世世祀周公以天子之禮樂同之於周尊之也魯公謂伯禽

是以魯君孟春乘大路載弧韣旂十有二旒日月之章祀帝于郊配以后稷天子之禮也孟春建子之月魯之始郊日以至大路殷之祭天車也弧旌旗所以張幅也其衣曰韣天子之旌旗畫日月帝謂蒼帝靈威仰也昊天上帝故不祭

【疏】是以至禮也。正義曰自此以下皆爲周公有勳勞之事故成王特賜魯家用天子之禮兼四代服器各隨文解之。注曲阜至綠縢。正義曰云曲阜魯地者按費誓序云魯侯伯禽宅曲阜又按定四年左傳封於少皞之虛臣瓚注漢書云魯城內有曲阜委迤長八九里云加魯以四等之附庸者魯受上公五百里之封又加四等附庸四等謂侯伯子男也按大司徒注云公無附庸侯附庸九同伯附庸七同子附庸五同男附庸三同總爲二十四同謂百里也既受五百里之封五五二十五爲二十五同又加二十四同故云積四十九開方計之得七百里云兵車千乘成國之賦也者按左傳云成國不過半天子之軍按論語千乘之賦居地方三百一十六里有畸諸侯之地三百里而下未成國也公則五百里侯四百里計地餘有千乘故謂之成國引詩魯頌以下者詩頌閟宮文也引之者證魯廣開土宇兵車千乘之事云朱英綠縢者言以朱爲英飾以綠爲縢約也。注同之至伯禽。正義曰同之於周者謂同此周公於周之天子云魯公謂伯禽者尚書費誓云魯侯伯禽宅曲阜時伯禽歸魯周公不之魯故公羊文十三年傳封魯公以爲周公也周公拜乎前魯公拜乎後曰生以養周公死以爲周公主然則周公之魯乎曰不之魯也曷爲不之魯欲天下之一乎周也言若周公之魯恐天下歸心於魯故不之魯使天下一心以事周。注孟春至不祭。正義曰知孟春是建子之月者以下云季夏六月以禘禮祀周公若是夏之季夏非禘祭之月即是周之季夏明此孟春亦周之孟春又雜記孟獻子曰正月日至可以有事於上帝故知此孟春是建子之月也云魯之始郊日以至者郊特牲云周之始郊日以至鄭既破周爲魯故云魯郊日以至云大路殷之祭天車也者以下文云大路殷路知祭天車者以祭天尚質器用陶匏大路一就故知是祭天所用也以尊敬周公故用先代殷禮牲用白牡車乘殷路云弧旌旗所以張幅也者弧以竹爲之其形爲弓以張縿之幅故考工記弧旌枉矢以象弧也注云弧以張縿之幅云其衣曰韣者謂此弓之衣謂之爲韣云天子之旌旗畫日月者周禮日月爲常又云王建大常此云日月之章與天子同也云帝謂蒼帝靈威仰者鄭恐是昊天上帝故明之云靈威仰也知非昊天上帝者以其配后稷后稷唯配靈威仰不配昊天上帝也鄭以此經唯云配以后稷故知昊天上帝魯不祭也

○季夏六月以禘禮祀周公於大廟牲用白牡尊用犧象山罍鬱尊用黃目灌用玉瓚

大圭，薦用玉豆雕篹，爵用玉琖仍雕，加以璧散、璧角，俎用梡嶡。升歌清廟，下管象，朱干玉戚，冕而舞大武；皮弁素積，裼而舞大夏。昧，東夷之樂也；任，南蠻之樂也。納夷蠻之樂於大廟，言廣魯於天下也。

季夏建巳之月也禘大祭也周公曰大廟魯公曰世室羣公稱宮白牡殷牲也尊酒器也犧尊以沙羽爲畫飾象骨飾之。鬱鬯之器也黃彝也灌酌鬱尊以獻也瓚形如槃容五升以大圭爲柄是謂圭瓚篹籩屬也以竹爲之彫刻飾其直者也爵君所進於尸也仍因也因爵之形爲之飾也加加爵也散角皆以璧飾其口也梡始有四足也嶡爲之距清廟周頌也象謂周頌武也以管播之朱干赤大盾也戚斧也冕冠名也諸公之服自袞冕而下如王之服也大武周舞也大夏夏舞也周禮昧師掌教昧樂詩曰以雅以南以籥不僭廣大也

○季夏戶嫁反注及下季夏夏礿皆同禘大計反大廟音泰後大廟皆同犧象素何反注下皆同罍音雷灌古亂反瓚才

旦反圭瓚也彫本亦作雕篹息緩反又祖管反琖側眼反夏爵名用玉飾之散先旦反注同梡苦管反虞俎名嶡居衛反又作橛音同夏俎名裼星歷反昧音妹任而林反或而鴆反沙素何反彝音夷直如字柄也盾字又作楯常準反又音允卷本又作袞同音古本反下文同僭七尋反又則念反

【疏】季夏至下也。正義曰此一節明禘禮祀周公於大廟文物具備之儀。牲用白牡者白牡殷牲尊敬周公不可用己代之牲故用白牡。尊用犧象山罍者魯得用天子之尊也犧犧尊也周禮春夏之祭朝踐堂上薦血腥時用以盛醴齊君及夫人所酌以獻尸也象象尊也周禮春夏之祭堂上薦朝事竟尸入室饋食時用以盛盎齊君及夫人所酌以獻尸也山罍謂夏后氏之尊天子於追享朝享之祭再獻所用今褒崇周公於禘祭之時亦雜用山尊但不知何節所用○鬱尊用黃目者鬱謂鬱鬯酒黃目嘗烝所用今尊崇周公故於夏禘用之。灌用玉瓚大圭者灌謂酌鬱鬯獻尸求神也酌之所用玉瓚以玉飾瓚故曰玉瓚也以大圭爲瓚柄故曰大圭也。薦用玉豆者薦謂祭時所薦菹醢之屬也以玉飾豆故曰玉豆下云殷玉豆是也。彫篹者篹籩也以竹爲之形似筥亦薦時用也彫鏤其柄故曰彫篹也。爵用玉琖仍彫者爵君酌酒獻尸杯也琖夏后氏之爵名也以玉飾之故曰玉琖仍因也因用爵形而爲之飾故曰仍雕。加以璧散璧角者加謂尸入室饋食竟主人酌醴齊酳尸名爲朝獻朝獻竟而夫人酌盎齊亞獻名爲再獻又名爲加於時薦加豆籩也此再獻之時夫人用璧角內宰所謂瑤爵也其璧散者夫人再獻訖諸侯爲賓用之以獻尸雖非正加是夫人加爵之後後總而言之亦得稱加故此總云加以璧散璧角先散後角便文也。俎用梡嶡者梡嶡兩代俎也虞俎名梡梡形四足如案禮圖云梡長二尺四寸廣一尺二寸高一尺諸臣加雲氣天子犧飾之夏俎名嶡嶡亦如梡而橫柱四足中央如距也賀云直有腳曰梡加腳中央橫木曰嶡。升歌清廟者升升堂也清廟周頌文王詩也升樂工於廟堂而歌清廟詩也下管象者下堂下也管匏竹在堂下故云下管也象謂象武詩也堂下吹管以播象武之詩故云下管象也。朱干玉戚者干盾也戚斧也赤盾而玉飾斧也。冕而舞大武者冕袞冕也大武武王樂也王著袞冕執赤盾玉斧而舞武王伐紂之樂也。皮弁素積裼而舞大夏者皮弁三王之服也裼見美也大夏夏禹之樂也王又服皮弁裼而舞夏后氏之樂也六冕是周制故用冕而舞周樂皮弁是三王服故用皮弁舞夏樂也而周樂是武武質故不裼夏家樂文文故裼也若諸侯之祭各服所祭之冕而舞故祭統云諸侯之祭也與竟

內樂之冕而總于卒其羣臣以樂皇尸是知用冕服舞也。昧東夷之樂也任南蠻之樂也者周公德廣非唯用四代之樂亦爲蠻夷所歸故賜奏蠻夷之樂於庭也唯言夷蠻則戎狄從可知也又一通云正樂既不得六代故蠻夷則唯與二方也白虎通云樂元語曰東夷之樂曰朝離萬物微離地而生樂持矛舞助時生也南夷樂曰南南任也任養萬物樂持羽舞助時養也西夷樂曰昧昧昧也萬物衰老取晦昧之義也樂持戟舞助時殺也北夷樂曰禁言萬物禁藏樂持干舞助時藏也又曰唯制夷狄樂聖王也先王推行道德和調陰陽覆被夷狄故制夷狄樂何不制夷禮禮者身當履而行之夷狄不能行禮也此東曰昧西曰株離與白虎通正相反者以春秋二方俱有昧株離之義故白虎通及此各舉其一白虎通云朝離則株離也鉤命決亦云東夷之樂曰昧南夷之樂曰南與此同。納夷蠻之樂於大廟者皆於大廟奏之。言廣魯於天下也者廣魯欲使如天子示於天下故云廣魯於天下也。注季夏至大也。正義曰羣公稱宮此公羊文十三年傳曰周公稱大廟魯公稱世室羣公稱宮此魯公之廟也曷爲謂之世室世室猶世世不毀也左氏經以爲大室屋壞服氏云大廟之室與公羊及鄭違今所不取云犧尊以沙羽爲畫飾者鄭志張逸問曰明堂注犧尊以沙羽爲畫飾

前問曰犧讀如沙沙鳳皇也不解鳳皇何以爲沙荅曰刻畫鳳皇之象於尊其形婆娑然或有作獻字者齊人之聲誤耳又鄭注司尊彝云出罍亦刻而畫之爲山雲之形鄭司農注周禮司尊彝云獻讀爲犧犧尊飾以翡翠象尊以象鳳皇或曰以象骨飾尊王注禮器云爲犧牛及象之形鑿其背以爲尊故謂之犧尊阮諶禮圖云犧尊畫以牛形云簨簴屬也以竹爲之雕刻飾其直者也知簨爲簴屬者與豆連文故知簴屬以字從竹故知以竹爲之直柄也簴既用竹不可刻飾今云彫其直者是刻其柄也云仍因也者釋詁文也云加加爵也者以其非正獻故謂之加云散角皆以璧飾其口也者鄭恐散角以璧爲之故云以璧飾其口內宰謂之瑶爵此處謂之璧角者瑶是玉名爵是揔號璧是玉之形制角是爵之所受之名異其實一物也云梡始有四足也者以虞氏尚質未有餘飾故知始有四足云嶡爲之距者以夏世漸文故知以横木距於足中云清廟周頌也者以文王有清明之德祭之於廟而作頌也云象謂周頌武也以管播之者按詩維清奏象舞襄二十九年見舞象箾南籥知非文王樂必以爲大武武王樂者以經云升歌清廟下管象以父詩在上子詩在下故知爲武王樂也以管播之謂吹管播散詩之聲也云大武周舞也者上云下管象謂吹大武詩此云舞大武謂爲大武之舞云大夏夏舞也者以大夏是禹樂故爲夏舞引周禮昧師者證經之昧樂引詩以雅以南者證經之南夷之樂任即南也則此詩小雅鼓鐘之詩鄭云雅萬舞也萬也南也籥也三舞不僭言進退之旅也周樂尚武故謂萬舞爲雅○

君卷冕立于阼夫人副褘立于房中君肉袒迎牲于門夫人薦豆籩卿大夫贊君命婦贊夫人各揚其職百官廢職服大刑而天下大服

副首飾也今之步摇是也詩云副笄六珈周禮追師掌王后之首服爲副褘王后之上服唯魯及王者之後夫人服之諸侯夫人則自揄翟而下贊佐也命婦於內則世婦也於外則大夫之妻也祭祀世婦以下佐夫人揚擧也大刑重罪也天下大服之周公之德宜饗此也。褘音暉注同袒音誕摇本又作繇同以招反珈音加追丁回反揄羊昭反。

疏 君卷至大服。正義曰前經明祀周公所用器物此經明祀周公之時君與夫人卿大夫命婦行禮之儀。○夫人副褘立于房中者尸初入之時君待之於阼階夫人立於東房中魯之大廟如天子明堂得立房中者房則東南之室也揔稱房耳皇氏云祭姜嫄之廟故有房按此文承上禘祀周公之下下云天下大服鄭注知周公之德宜饗此也則是祀周公於大廟而云姜嫄廟非辭也。○迎牲于門者謂祼鬯之後牲入之時迎於門。○夫人薦豆籩者謂朝踐及饋孰并酳尸之時薦豆籩也。○卿大夫贊君者贊助也卿大夫助君謂初迎牲幣告及終祭以來之屬也。○命婦贊夫人者命婦於內則世婦以下於外則卿大夫妻並助夫人薦豆籩及祭事之屬也。○各揚其職百官廢職服大刑者當祭之時命百官各揚擧其職事如有廢職不供服之以大刑。○而天下大服者以祭周公文物備具禮儀整肅百官供命而天下大服明周公之德宜合如此。○注副首至此也。○正義曰經云副褘副是首飾以其覆被頭首漢之步摇亦覆首故云今之步摇引詩副笄六珈者詩鄘風刺衛宣姜之詩也言宣姜首著副珈而又以笄六玉加於副上引周禮追師者證副者是王后首服言追師掌爲副以供后之首服云褘王后之上服者按周禮云褘衣揄翟闕翟等皆是后之所服但褘衣則是王后服之上者云唯魯及王者之後夫人服之者此經夫人副褘是魯得服之王者之後得行先代天子禮樂是王者之後夫人得服之云諸侯夫人則自揄翟而下者言其餘諸侯夫人不得服褘衣也云命婦於內則世婦也於外則大夫之妻也者按喪服傳云命婦者婦人之爲大夫妻世婦與大夫位同故知內則世婦也不云女御及士妻者以經云卿大夫贊君士賤略而不言明士妻及女御亦略之○

是故夏礿秋嘗冬烝春社秋省而遂大蜡天子之祭也

不言春祠魯在東方主東巡守以春或闕之省讀爲獮獮秋田名也春田祭社秋田祀祊大蜡歲十二月索鬼神而祭之。○礿音藥省讀爲獮仙淺反蜡仕嫁反守手又反祊音方本又作方索所白反

疏 是故至祭也。○正義曰此一經明魯得祭之事。○注不言至祀祊。○正義曰云魯在東方者朝恒用春當朝之年以朝闕祭云王東巡守以春者鄭既明朝時闕春祭又明王巡守之時魯亦闕春祭巡守在於二月不於正月祭者皇氏云諸侯預前待於竟故不得正月祭也云省讀爲獮獮秋田名也者以省獮聲相近大司馬云中秋教治兵遂以獮田故知秋田名也云春田祭社秋田祀祊者大司馬職文彼云秋祀祊鄭云祊當爲方謂四方句芒之屬也○

大廟天子明堂庫門天子皐門雉門天子應門

言廟及門如天子之制也天子五門皐庫雉應路魯有庫雉路則諸侯三門與皐之

言高也詩云乃立皐門皐門有伉乃立應門應門將將。與音餘伉苦浪反將將七良反【疏】大廟至應門。正義曰此一經明魯之門及廟之制。大廟天子明堂者言周公大廟制似天子明堂。庫門天子皐門者言魯之庫門制似天子皐門雉門天子應門者言魯之雉門制似天子應門。注言廟至將將。正義曰言廟及門如天子之制也者謂制度高大如似天子耳不必事事皆同故前文祭天不得祭圜丘又郊特牲祭天服袞冕不服大裘是不得盡如天子記者美之云天子之禮耳是知魯之大廟不可一一似明堂也云天子五門皐庫雉應路者此經云天子皐門天子應門是天子有皐門應門顧命有畢門畢門則路門也是天子有路門此經魯有庫門雉門明天子亦有五門云魯有庫雉路則諸侯三門與者此經有庫門雉門又檀弓云魯莊公之喪既葬而絰不入庫門定二年雉門災是魯有庫雉則又有路門可知魯既有三門則餘諸侯亦有三門故云諸侯三門與但其餘諸侯有皐門應門及路門也引詩乃立皐門應門者證諸侯有皐門應門也所引詩者大雅文王緜之篇也言大王徙居岐周爲殷諸侯立此皐門應門衛亦有庫門故家語云衛莊公反國孔子譏其繹之於庫門內祊之於東方失之矣是衛有庫門也○振木鐸於朝天子之政也天子將發號令必以木鐸警衆。鐸大各反警京領反○山節藻棁復廟重檐刮楹達鄉反坫出尊崇坫康圭疏屏天子之廟飾也山節刻欂盧爲山也藻棁畫侏儒柱爲藻文也復廟重屋也重檐重承壁材也刮刮摩也鄉牖屬謂夾戶窻也每室八窻爲四達反坫反爵之坫也出尊當尊南也唯兩君爲好既獻反爵於其上禮君尊于兩楹之間崇高也康讀爲亢龍之亢又爲高坫亢所受圭奠于上焉屏謂之樹今浮思也刻之爲雲氣蟲獸如今闕上爲之矣。藻本又作繅音早棁專悅反復音福注同重直龍反注同檐以占反刮古八反鄉許亮反注同坫丁念反康音抗苦浪反欂音博又皮麥反一音旁各反徐又薄歷反字林平碧反盧如字本又作櫨音同侏音朱摩莫何反爲好呼報反桴思也音浮【疏】山節至飾也。正義曰此一節論魯之大廟之飾。山節謂欂盧刻爲山形。藻棁者謂侏儒柱畫爲藻文也。復廟者上下重屋也。重檐者皇氏云鄭云重檐重承壁材也謂就外檐下壁復安板檐以辟風雨之灑壁故云重檐重承壁材。刮楹者刮摩也楹柱也以密石摩柱。達鄉者達通也鄉謂窻牖也每

室四戶八窻窻戶皆相對以牖戶通達故曰達鄉也。反坫者兩君相見反爵之坫也築土爲之在兩楹間近南人君飲酒既獻反爵于坫上故爲之反坫也。出尊者尊在兩楹間坫在尊南故云出尊。崇坫康圭者崇高也亢舉也爲高坫受賓之圭舉於其上也。天子之廟飾也者自山節以下皆樹爲雲氣蟲獸也。疏屏者疏刻也屏樹也謂刻於屏廟飾也反坫亦在廟故合言廟飾也。注山節至之矣。正義曰刻欂盧也者節名欂盧釋宮云檽謂之楶李巡云檽今欂盧也則今之斗拱云畫侏儒柱者按釋宮云杗廇謂之梁其上楹謂之棁李巡曰梁上短柱也云鄉牖屬者詩豳風塞向墐戶是牖屬也云出尊當尊南也者以當近南迴嚮外爲出今言出尊故知尊南也云禮君尊于兩楹之間者以燕禮燕臣子列尊于東楹之西今兩君敵體當尊在兩楹之間故鄉飲酒賓主敵體尊于房戶間是也皇氏解此用燕禮之文尊于東楹之西爲兩楹之間失之矣云康讀爲亢龍之亢者按易乾上九亢龍有悔讀從之云屏謂之樹今浮思也者屏謂之樹釋宮文漢時謂屏爲浮思故云今浮思解者以爲天子外屏人臣至屏俯伏思念其事按匠人注云城隅謂角浮思也漢時東闕浮思災以此諸文參之則浮思小樓也故城隅闕上皆有之然則屏上亦爲屋以覆屏牆故稱屏曰浮思或解屏則闕也古詩云雙闕百餘尺則闕於兩旁不得當道與屏別也闕雖在兩旁相對近道大略言之亦謂之當道故讖云代漢者當塗高謂魏闕也云刻之爲雲氣蟲獸如今闕上爲之矣者言古之疏屏似今闕上畫雲氣蟲獸如鄭此言似屏與闕異也○鸞車有虞氏之路也鉤車夏后氏之路也大路殷路也乘路周路也鸞有鸞和也鉤有曲輿者也大路木路也乘路玉路也漢祭天乘殷之路也今謂之桑根車也春秋傳曰大路素鸞或爲欒也。鉤古侯反乘徐食證反注同欒力丸反【疏】鸞車至路也。正義曰此一經明魯有四代之車其制各別。鸞車車有鸞和也路則車也。鉤車夏后氏之路也者鉤曲也輿則車牀曲輿謂曲前闌也虞質未有鉤矣。大路殷路也者大路木路也。乘路周路也者乘路玉路也周王禮故用玉。注春秋傳曰大路素。正義曰按桓二年左氏云大路越席越席是祀天之席則大路亦祭天之車以祭天尚質故鄭云大路素○有虞氏之旂夏后氏之綏殷之大白周之大赤四者旌旗之屬也綏當爲緌讀如冠緌之緌有虞氏當言

綏夏后氏當言旂此蓋錯誤也綏謂注旄牛尾於杠首所謂大麾書云武王左杖黄鉞右秉白旄以麾周禮王建大旂以賓建大赤以朝建大白以卽戎建大麾以田也○綏依注爲緌耳隹反注之樹反旄音毛杠音江麾毁皮反左杖直亮反鉞音越【疏】有虞至大赤○正義曰此一經論魯有四代旌旗有虞氏之旂者旂當爲緌但注旄竿首未有旂緌夏后氏之綏者鄭云綏當爲旂夏后氏漸文既注旄竿首又有旂緌○殷之大白謂白色旗周之大赤者赤色旗此大白大赤各隨代之色無所畫也○注有虞至田也○正義曰知有虞氏當言緌夏后氏當言旂者以虞質於夏故知虞世但注旄夏世始加旂緌知注旄牛尾於杠者爾雅釋天云注旄首曰旌是也云所謂大麾者所謂巾車建大麾以田者是也必知此綏當大麾者彼大麾上有大白大赤此經夏后氏之綏下有大白大赤故知綏當大麾也然巾車注云正色言之大麾夏后氏之旗色黑鄭此注以綏爲有虞氏所建綏則大麾不同者有虞氏但有注旄竿首夏后氏之旗若去旂緌則與虞氏不異同謂之綏也以巾車連大白大赤故以綏麾爲之旗引書曰者牧誓文引之者證白旄以指麾是大麾也引周禮者巾車職文明天子所用然則魯之所用亦當然也

○夏后氏駱馬黑鬣殷人白馬黑首周人黄馬蕃鬣○夏后氏牲尚黑殷白牡周騂剛順正色也白馬黑鬣曰駱殷黑首爲純白凶也騂剛赤色○駱音洛鬣力輒反蕃鬣字又作番音煩郭璞云兩披髮騂息營反又呼營反正音征又如字爲于僞反【疏】夏后至騂剛○正義曰此一經明魯有三代之馬及牲色不同夏后氏駱馬黑鬣者騂白黑相間也此馬白身黑鬣故云駱也夏尚黑故用黑鬣也殷人白馬黑首者殷尚白故白馬也純白似凶故黑頭也頭黑而鬣白從所尚也然獵三代俱以鬣爲所尚也○周人黄馬蕃鬣者蕃赤也周尚赤用黄近赤也而用赤鬣爲所尚也熊氏以爲蕃鬣爲黑色與周所尚乖非也夏后氏牲尚黑殷白牡周騂剛者賜魯用三代牲也騂赤色也剛牡也騂言剛則白亦剛白言牡黑亦牡也故殷告天云敢用玄牡從天色也○泰有虞氏之尊也山罍夏后氏之尊也著殷尊也犧象周尊也泰用瓦著著地無足○大音太本亦作泰著直略反注同【疏】泰有至尊也○正義曰此一經明魯用四代尊也虞尊用瓦名泰也然或用三代或用四代者隨其

禮存者而用之耳無別義也○山罍夏后氏之尊也者罍爲雲雷也畫爲山雲之形也○著殷尊也者無足而底著地故謂爲著也然殷尊無足則其餘泰罍犧並有足也○犧象周尊也者畫沙羽及象骨飾尊也然殷名著周名犧象而禮器云君西酌犧象亦是周禮也○注泰用至無足○正義曰以考工記云有虞氏尚陶檀弓又云有虞氏瓦棺故知泰尊用瓦也○爵夏后氏以琖殷以斝周以爵斝畫禾稼也詩曰洗爵奠斝○斝音嫁又古雅反注同【疏】爵夏至以爵○正義曰此一經明魯有三代爵並以爵爲形故并標名於其上○夏后氏以琖者夏爵名也以玉飾之故前云爵用玉琖仍雕是也○殷以斝者殷亦爵形而畫爲禾稼故名斝斝稼也○周以爵者皇氏云周人但用爵形而不畫飾按周禮太宰贊玉几玉爵然則周爵或以玉爲之或飾之以玉皇氏云周爵無飾失之矣○灌尊夏后氏以雞夷殷以斝周以黄目○其勺夏后氏以龍勺殷以疏勺周以蒲勺夷讀爲彝周禮春祠夏禴祼用雞彝鳥彝秋嘗冬烝祼用斝彝黄彝龍龍頭也疏通刻其頭蒲合蒲如鳧

頭也○勺市灼反下同禴音藥祼古亂反【疏】灌尊至蒲勺○正義曰此一節明魯有三代灌尊及所用之勺○夏后氏以雞夷者夷卽彝彝法也與餘尊爲法故稱彝雞彝者或刻木爲雞形而畫雞於彝○殷以斝者鄭司農云畫爲禾稼周以黄目者以黄金爲目皇氏云夏后氏以瓦泰之上畫以雞彝殷著尊畫爲稼彝然尊彝别作事不相依而皇氏以當代之尊爲彝文無所據假因當代尊爲彝則夏后氏當因山罍不得因虞氏瓦泰皇氏之説其義並非也○夏后氏以龍勺者勺爲龍頭○殷以疏勺者疏謂刻鏤通刻勺頭○周以蒲勺者皇氏云蒲謂合蒲當刻勺爲鳧頭其口微開如蒲草本合而末微開也○注夷讀至頭也○正義曰引周禮春祠夏禴以下司尊彝職之文云春祠夏禴祼用雞彝鳥彝者雞彝盛明水鳥彝盛鬱鬯也秋嘗冬烝祼用斝彝黄彝者義亦然必知一時之祭并用兩彝者以下云朝踐用兩犧尊再獻用兩象尊不可卽爲二時故知兩彝祗當一節皇氏沈氏並云春用雞彝夏用鳥彝秋用斝彝冬用黄彝春屬雞夏屬鳥秋屬收禾稼冬屬土色黄故用其尊皇氏等此言文無所出謂言及於數非實論也種曰稼斂曰穡秋時不得稱稼月令季秋草木黄落冬卽色玄不得用黄彝也下追享朝享用虎彝蜼彝追享謂祈禱也朝享謂月祭也若有所法則

四時不同何以獨用虎蜼又崔氏義宗廟祫祭用十八尊祫在秋禘祭用十六尊禘在夏也是一時皆數兩彝得爲十八十六若每時用唯有一彝秖十七十五是知皇氏等之說其義非也○土鼓蕢桴葦籥伊耆氏之樂也蕢當爲凷聲之誤也籥如笛三孔伊耆氏古天子有天下之號也今有姓伊耆氏者。蕢讀爲凷苦對反桴音浮葦于鬼反籥音藥蕢其位反又苦怪反笛本又作篴音狄疏土鼓至樂也。正義曰此一經明魯用古代之樂土鼓謂築土爲鼓蕢桴以土塊爲桴。葦籥者謂截葦爲籥此等是伊耆氏之樂魯得用也。注蕢當至氏者。正義曰經云蕢者草名與土鼓相對故讀爲凷云伊耆氏古天子有天下之號也者禮運云伊耆氏始爲蜡蜡是報田之祭按易繫辭神農始作耒耜是田起於神農故說者以伊耆氏爲神農也拊搏玉磬揩擊大琴大瑟中琴小瑟四代之樂器也拊搏以韋爲之充之以穅形如小鼓揩擊謂柷敔皆所以節樂者也四代虞夏殷周也。拊芳甫反搏音博揩居八反注同大琴徐本作瑟穅音康柷昌六反敔魚呂反本又作圄疏拊搏至器也。正義曰此一經論魯有四代樂器但四代漸文不如土鼓葦籥之質故別起其文也○魯公之廟文世室也武公之廟武世室也此二廟象周有文王武王之廟也世室者不毀之名也魯公伯禽也武公伯禽之玄孫也名敖疏魯公至室也。正義曰此一經明魯有二廟不毀象周之文武二祧也。文世室者魯公伯禽有文德世世不毀其室故云文世室。武世室者伯禽玄孫武公有武德其廟不毀故云武世室。注武公至名敖。正義曰按成六年立武宮公羊左氏並譏之不宜立也又武公之廟立在武公卒後其廟不毀在成公之時此記所云美成王褒魯崇魯國而已云武公之廟武世室者作記之人因成王褒魯遂盛美魯家之事因武公其廟不毀遂連文而美之非實辭也故下云君臣未嘗相弑禮樂刑法政俗未嘗相變也鄭云亦近誣矣是不實也伯禽玄孫者按世本伯禽生煬公熙熙生弗弗生獻公具具生武公敖是伯禽玄孫名敖○米廩有虞氏之庠也序夏后氏之序也瞽宗殷學也頖宮周學也庠序亦學也庠之言詳也於以考禮詳事也魯謂之米廩虞帝上孝今藏粢盛之委焉序次序王事也瞽宗樂師瞽

朦之所宗也古者有道德者使教焉死則以爲樂祖於此祭之頖之言班也於以班政教也。廩力甚反頖音判委于僞反又作積丁賜反朦音蒙疏米廩至學也。正義曰此一經明魯得立四代之學也。米廩有虞氏之庠也者言魯之米廩是有虞氏之庠魯以虞氏之庠爲廩以藏粢盛。序夏后氏之序也者是夏家之學也。注魯謂至祭之。正義曰虞帝上孝者尚書云烝烝乂禮記云舜其大孝也與是虞帝上孝也云今藏粢盛之委焉者委謂委積言魯家於此學中藏此粢盛委積按桓十四年御廩災公羊云御廩者何粢盛委之所藏也云古者有道德者使教焉死則以爲樂祖者大司樂文云於此祭之者謂於此瞽宗祭之故大司樂云祭於瞽宗是也○崇鼎貫鼎大璜封父龜天子之器也崇貫封父皆國名文王伐崇古者伐國遷其重器以分同姓大璜夏后氏之璜春秋傳曰分魯公以夏后氏之璜。貫古喚反璜音黃父音甫注同分魯扶問反疏注崇貫至之璜。正義曰知皆國名者春秋宣元年晉趙穿侵崇又書傳有崇侯虎貫與崇連文故知崇貫皆國名定四年左氏傳夏后氏之璜封父之繁弱封父與夏后氏相對故知封父亦國名云文王伐崇者詩大雅文云古者伐國遷其重器以分同姓者按昭十五年左傳云密須之鼓闕鞏之甲以賜晉是遷其重器以分同姓也越棘大弓天子之戎器也越國名也棘戟也春秋傳曰子都拔棘疏注越國至拔棘。正義曰以崇鼎貫鼎是崇貫所出之鼎則知越棘是越國所有之棘引春秋傳曰子都拔棘者隱十一年左傳文證棘爲戟棘戟方言文也○夏后氏之鼓足殷楹鼓周縣鼓足謂四足也楹謂之柱貫中上出也縣縣之簨虡也殷頌曰植我鞉鼓周頌曰應朄縣鼓。縣音玄注及下注同簨本又作筍恤尹反虡音巨植而力反又音置徐音徒吏反又徒力反鞉音桃應應對之應朄音胤疏注殷頌至縣鼓。正義曰所引殷頌者那之篇鄭注云置讀曰植植鞉鼓引之者證殷楹鼓引周頌有瞽之篇者按周頌有瞽始作樂合於大祖經云應田縣鼓毛傳云田大鼓鄭云田當爲朄朄小鼓在大鼓之旁引之者證周之縣鼓○垂之和鍾叔之離磬女媧之笙簧垂堯之共工也女媧三皇承宓羲者叔未聞也和離謂次序其聲縣也笙簧笙中之簧也世本作曰垂作鍾無句作磬女媧作笙簧。鍾章凶反說文作鐘以此鍾爲酒器字林之用反

媧徐古蛙反又古華反共音恭宓音密本又作虙音伏戲音羲句其俱反字又作劬〔疏〕垂之至笙簧○正義曰此一經明魯有先代之樂○垂之和鍾者垂之所作調和之鍾○叔之離磬者叔之所作編離之磬○女媧之笙簧者女媧所作笙中之簧言魯皆有之○注垂堯之共工也至女媧作笙簧○正義曰按舜典垂作共工謂舜時也鄭不見古文故以爲堯時云女媧三皇承宓羲者按春秋緯運斗樞差德序命宓羲女媧神農爲三皇是承宓羲者帝王世紀云女媧氏風姓承庖羲制度始作笙簧無所革造故易不載不序於行蛇身人首是也云和離謂次序其聲縣也者聲解和也縣解離也言縣磬之時其磬希疏相離云世本作曰者世本書名有作篇其篇記諸作事云無句作磬者皇氏云無句叔之別名義或然也

〇夏后氏之龍簨虡，殷之崇牙，周之璧翣。

簨虡所以縣鍾磬也橫曰簨飾之以鱗屬植曰虡飾之以蠃屬羽屬簨以大版爲之謂之業殷又於龍上刻畫之爲重牙以挂縣紘也周又畫繒爲翣戴以璧垂五采羽於其下樹於簨之角上飾彌多也周頌曰設業設虡崇牙樹羽○翣所甲反又作翣植市力反徐徒力反蠃力果反重直龍反挂音卦紘徐音宏戴以音戴○〔疏〕夏后至璧翣○正義曰此一經明魯有三代樂縣之飾○夏后氏之龍簨虡者謂簨虡之上以龍飾之○殷之崇牙者謂於簨之上刻畫木爲崇牙之形以挂鍾磬周之璧翣者謂周人於此簨上畫繒爲翣戴之以璧下縣五采羽挂於簨角後王彌文故飾彌多也○注橫曰至樹羽○正義曰橫曰簨飾之以鱗屬植曰虡飾之以蠃屬者按考工記笱飾之以鱗屬鍾虡飾之以蠃屬磬虡飾之以羽屬如考工記之文則笱飾以龍此經并云虡者蓋夏時簨之與虡皆飾之以鱗至周乃別故云龍簨虡或可因簨連言虡也云簨以大版爲之謂之業者詩周頌云設業設虡以業虡相對故知業則簨也其實簨上更加大版刻崇牙謂之業故詩大雅云虡業惟樅注云虡也拘也所以縣鍾鼓也設大版於上刻畫以爲飾是也云周又畫繒爲翣戴以璧者翣扇也言周畫繒爲扇戴小璧於扇之上云垂五采羽於其下樹於虡之角上者按漢禮器制度而知也引周頌者證簨虡及崇牙樹羽之義皇氏云崇牙者崇重也謂刻畫大版重疊爲牙

有虞氏之兩敦，夏后氏之四連，殷之六瑚，周之八簋。

皆黍稷器制之異同未聞○敦音對又都雷反連本又作璉同力展反瑚音胡簋音軌○〔疏〕注皆黍至未聞○正義曰簋是黍稷之器敦與瑚璉共簠簋連文故云黍稷器也按鄭注周禮舍人云方曰簠圓曰簋此云未聞者謂瑚璉之器與簋異同未聞也鄭注論語云夏曰瑚殷曰璉不同者皇氏云鄭注論語誤也此言兩敦四璉六瑚八簋者言魯之所得唯此耳

〇俎有虞氏以梡，夏后氏以嶡，殷以椇，周以房俎。

梡斷木爲四足而已嶡之言蹷也謂中足爲橫距之象周禮謂之距椇之言枳椇也謂曲橈之也房謂足下跗也上下兩間有似於堂房魯頌曰籩豆大房○椇俱甫反斷丁亂反又丁管反嶡俱衛反橫古曠反又音光又華盲反枳吉氏反橈音擾跗方于反〔疏〕注梡斷至大房○正義曰知梡斷木爲四足者以虞氏尚質未有餘飾故知但有四足而已云謂中足爲橫距之象者以言嶡謂足以橫蹷故鄭讀嶡爲蹷謂足橫辟不正也今俎足間有橫似有橫蹷之象故知足中央爲橫距之象言雞有距以距外物今兩足有橫而相距也云周禮謂之距者非周禮正文言周代禮儀謂此俎之橫者爲距故少牢禮腸三胃三長皆及俎距是也云椇之言枳椇也謂曲橈之也者枳椇之樹其枝多曲橈故陸機草木疏云椇曲來巢殷俎似之故云曲橈之也云房謂足下跗也上下兩間有似於堂房者按詩注云其制足間有橫下有跗似乎堂後有房然如鄭此言則俎頭各有兩足足下各別爲柎足間橫者似堂之璧橫下二跗似堂之東西頭各有房也但古制難識不可委知南北諸儒亦無委曲解之今依鄭注略爲此意未知是否

〇夏后氏以楬豆，殷玉豆，周獻豆。

楬無異物之飾也獻疏刻之齊人謂無髮爲禿楬○楬徐苦瞎反注同又苦入反獻素何反禿土木反○〔疏〕注獻疏刻之○正義曰獻音娑娑是希疏之義故爲疏刻之○

〇有虞氏服韍，夏后氏山，殷火，周龍章。

韍冕服之韠也舜始作之以尊祭服禹湯至周增以畫文後王彌飾也山取其仁可仰也火取其明也龍取其變化也天子備焉諸侯火而下卿大夫山士韎韋而已韍或作黻○韍音弗韎莫拜反○〔疏〕有虞至龍章○正義曰此一經論魯有四代韍制○有虞氏服韍者直以韋爲韍未有異飾故云服韍夏后氏畫之以山殷人增之以火周人加龍以爲文章○注韍冕至而已○正義曰易困卦九二爻辭朱紱方來利用享祀是韍爲祭服也云天子備焉諸侯火而下卿大夫山士韎韋而已者按士冠禮士韎韐是士無飾推此即尊者飾多此有四等天子至士亦爲四等故知卿大夫加山諸侯加火天子加龍

〇有虞

氏祭首，夏后氏祭心，殷祭肝，周祭肺。氣主盛也。〇夏后氏尚明水，殷尚醴，周尚酒。此皆其時之用耳，言尚非。〔疏〕注此皆至尚非。〇正義曰：夏后氏尚質，故用水；殷人稍文，故用醴；周人轉文，故用酒，故云此皆其時之用耳。云「言尚非」者，按儀禮設尊尚玄酒，是周家亦尚明水也。按禮運云澄酒在下，是三酒在堂下，則周世不尚酒，故知經言尚者非也。〇有虞氏官五十，夏后氏官百，殷二百，周三百。周之六卿，其屬各六十，則周三百六十官也。此云三百者，記時冬官亡矣。昏義曰：天子立六官，三公、九卿、二十七大夫、八十一元士，凡百二十，蓋謂夏時也。以夏周推前後之差，有虞氏官宜六十，夏后氏宜百二十，殷宜二百四十，不得如此記也。〔疏〕有虞至三百。〇正義曰：此經明魯家兼有四代之官。然魯是諸侯，按大宰職，諸侯唯有三卿五大夫，故公羊傳司徒、司空之下各有二小卿，司馬之下一小卿，是三卿五大夫也。今魯雖彼襃崇，何得備立四代之官而備三百六十職者？當成王之時，襃崇於魯，四代官中雜存官職名號，是使魯有之，非謂魯得盡備其數，但記者盛美於魯，因舉四代官之本數而言之。〇有虞氏官五十者，鄭差之當爲六十。〇夏后氏官百者，鄭差之當爲百二十。〇殷二百者，鄭差之當爲二百四十。〇周三百者，鄭據記時冬官亡矣，故言三百，若兼冬官則三百六十也。〇注周之至記也。〇正義曰：云「周之六卿，其屬各六十」者，小宰職文。云「此云三百者，記時冬官亡矣」者，以此經四代相對，各陳其官，宜舉實數，故云冬官亡矣。若文無所對，即舉其成數，故禮器經禮三百、曲禮三千，鄭禮序云舉大略小，闕其殘者，是與此經不同。引昏義者，欲證明夏官百二十。夏倍於虞，殷倍於夏，殷官既多，周不可倍之，故但加殷百二十耳。按尚書周官云「唐虞稽古，建官惟百，夏商官倍，亦克用乂」，與此數不同者，禮是記事之典，須委曲備言；書是疏通之教，故舉大略小。

有虞氏之綏，夏后氏之綢練，殷之崇牙，周之璧翣。綏亦旌旗之綏也。夏綢其杠以練爲之旒。殷又刻繒爲重牙，以飾其側，亦飾彌多也。湯以武受命，恒以牙爲飾也。此旌旗及翣皆喪葬之飾。周禮大喪葬，巾車執蓋從車，持旌；御僕持翣，旌從遣車，翣夾柩路左右前後。天子八翣，皆戴璧垂羽；諸侯六翣，皆戴圭；大夫四翣，士二翣，皆戴綏。孔子之喪，公西赤爲志，亦用此焉。爾雅說旌旗曰：素錦綢杠，纁帛縿，素升龍於縿，練旒九。〇綏，耳隹反，注旒同。綢，吐刀反，注同，徐音籌。從，才用反，下同。遣，弃戰反。夾，古洽反。柩，其久反。熏字又作纁，香云反。縿，所銜反。〔疏〕有虞至璧翣。〇正義曰：此一經明魯有四代喪葬旌旗之飾。有虞氏之綏者，則前經注旄於竿首。〇夏后氏之綢練者，謂綢杠以練，又爲之旒。〇殷之崇牙者，謂刻繒爲崇牙之形，飾旌旗之側。〇周之璧翣者，謂周代以物爲翣，翣上戴之以璧，陳之而郭柩車。〇注綏亦至旒九。〇正義曰：綏亦旌旗之綏者，以前經云夏后氏之綏，是旌旗之綏，故云綏亦旌旗之綏。綏謂注旄竿首也。云「夏綢其杠，以練爲之旒」者，既綢杠以練，又知以練爲旒者，以爾雅云練旒九也。云「湯以武受命，恒以牙爲飾也」者，前經云簨虡既以崇牙爲飾，此旌旗又飾以崇牙，故云恒也。周亦武取天下，但殷既以牙爲飾，周世尚文，更取他物飾之，不復用牙。云「此旌旗及翣皆喪葬之飾」者，以前文崇牙、璧翣是飾簨虡，此與夏后綢練連文，按檀弓「綢練設旐，夏也」，是喪葬旌旗，故知喪葬之飾。引周禮大喪葬巾車執蓋從車持旌、御僕持翣者，證明葬有旌旗及翣之義。云「天子八翣，皆戴璧」者，天子八翣，禮器文。皆戴璧，即此璧翣，天子之禮也。云「諸侯六翣皆戴圭，大夫四翣，士二翣，皆戴綏」，並喪大記文也。引檀弓孔子之喪及爾雅者，證明此經是喪葬之飾，并明綢練之義。

凡四代之服、器、官，魯兼用之。是故魯，王禮也，天下傳之久矣。君臣未嘗相弑也，禮樂刑法政俗未嘗相變也，天下以爲有道之國，是故天下資禮樂焉。

王禮，天子之禮也。傳，傳世也。資，取也。此蓋盛周公之德耳。春秋時，魯三君弑，又士之有誄由莊公始，婦人髽而弔始於臺駘，云君臣未嘗相弑，政俗未嘗相變，亦近誣矣。資或爲飲。〇傳，丈專反，注同。弑，本又作殺，音試，注同。誄，力軌反。髽，側瓜反。臺音胡。駘，大來反。近，如字，又附近之近。〔疏〕凡四至樂焉。〇正義曰：此一經記者既陳四代服器官於前，此經結之後美大魯國也。然言土鼓、葦籥，伊耆氏之樂，又有女媧氏笙簧，非唯四代而已，今此秪言四代者，據其多者言之，唯舉四代耳，其間亦有但舉三代者。此四代服器，魯家每物之中得有用之，不謂事事盡用。〇天下以爲有道之國者，作記之時是周代之末，唯魯獨存周禮，故以爲有道之國。是故天下資禮樂焉者，左傳襄十年云「諸侯宋魯於是觀禮」，宋爲王者之後，魯是周公之胄，是天下資禮樂焉。〇注春秋至臺駘。〇正義曰：按隱十一年，羽父請殺桓公，將以求大宰，隱公不許。〇羽父使賊弑隱公是弑一君也莊三十二年慶父使圉人犖賊子般是弑二君也閔二年慶父又使卜齮賊公于武闈是弑三君也云士之有誄由莊公始者檀弓文在左傳莊十年乘丘之役也云婦人髽而弔始於臺駘者亦檀弓文左氏襄四年臧武仲與邾人戰於臺駘被邾人所敗是其事也

附釋音禮記注疏卷第三十一

江西南昌府學栞

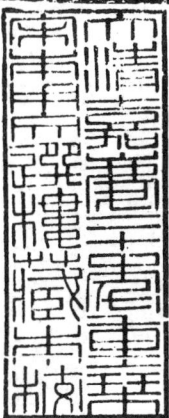

禮記注疏卷三十一挍勘記　阮元撰盧宣旬摘錄

附釋音禮記注疏卷三十一　惠棟挍宋本禮記正義卷第四十一

明堂位第十四

按鄭目錄云名曰明堂者　閩監毛本同衞氏集說堂下有位字

似秦相呂不韋作春秋時說者　閩監毛本作似衞氏集說同此本似誤以按似誤以與玉藻疏同

今漢立明堂於丙巳　閩監毛本同衞氏集說同惠棟挍宋本巳作乙

其室不敢踰廟　閩監毛本室作飾

昔者周公節

不於宗廟辟王也　閩監毛本同岳本同嘉靖本同衞氏集說同釋文出辟王云一本作辟正王考文引古本王上有正字按正義云辟王謂辟成王也是正義無正字於字各本同毛本作于

負之言背也　各本同釋文出偝也云本又作背正義本作背

鎭服蕃服　閩監毛本同嘉靖本同衞氏集說同岳本蕃作藩釋文出藩服云本又作蕃下同正義本作蕃○按藩正字蕃假借字

新君卽位　各本同考文引古本足利本作新王新君卽位按正義云或新王卽位而來朝或巳君初卽位是世告至兼新王新君二義也○按考文所謂古本多本之正義

俟服歲一見　各本同釋文出壹見云壹又作一

昔者至位也　惠棟挍宋本無此五字

正義曰此下節　閩監本同毛本下作一

明堂云朝位服事之國數　閩監本同毛本位作謂

明堂也者節

明堂至甲也　惠棟挍宋本無此五字

昔殷紂亂天下節

昔殷至天下　惠棟挍宋本無此五字

俟女不好淫　惠棟挍宋本俟上有九字此本誤脫閩監毛本同

罪人謂周公屬黨也　惠棟挍宋本有謂字此本謂字脫閩監毛本同

明年秋迎周公而反　惠棟挍宋本有秋字此本秋字脫閩監毛本同

是以封周公於曲阜節　惠棟云是以節季夏節君卷節是故夏礿節大廟節振本鐸節山節節鸞車節有虞節夏后節泰有節爵夏后節灌尊節土鼓節拊搏節魯公節米廩節崇鼎節越棘節夏后節垂之節夏后節有虞節俎有節夏后節有虞節有虞節有虞節有虞節凡四代節宋本合三十節爲一節

俾俟于魯　各本同釋文出卑俟云本又作俾下同○按俾正字卑假借字

是以至禮也　惠棟挍宋本無此五字

揔爲二十四同謂百里也　閩監毛本同惠棟挍宋本重同字衛氏集說同

季夏六月節

雕篹　各本同石經同釋文出雕篹云本亦作雕按正義作彫與釋文本同

朱干玉戚　各本同毛本干誤于

象骨飾之　閩監毛本同岳本同嘉靖本同衛氏集說同考文引古本象骨上有象樽以三字足利本無以字○按段玉裁挍本作象尊象骨飾之作樽俗字

鬱鬯之器也黃彝也　閩監毛本同岳本同嘉靖本同衛氏集說同考文引古本足利本鬱鬯上有鬱尊二字黃彝上有黃目二字

彫刻飾其直者也　惠棟挍宋本作雕岳本同嘉靖本同衛氏集說同此本雕作彫閩監毛本同

周禮昧師掌教昧樂　閩監毛本同岳本同嘉靖本同衛氏集說昧並作韎○按周禮作韎

唯制夷狄樂聖王也　閩監毛本同浦鏜挍唯改誰按白虎通作誰制夷狄之樂以爲先聖王也

云犧尊以沙羽爲畫飾者　惠棟挍宋本同閩監毛本沙作莎下沙羽同

故謂之犧尊　惠棟挍宋本作象此本象作尊閩監毛本同

角是爵之所受之名異　閩監毛本同衛氏集說無下之字孫志祖挍云之疑其

君卷冕立于阼節

百官廢職服大刑　惠棟挍宋本同石經同岳本同嘉靖本同衛氏集說同閩監毛本官作宮

君卷至大服　惠棟挍宋本無此五字

君待之於阼階　毛本同衛氏集說亦作待無之字閩監本待作持

謂朝踐及饋孰并酳尸之時　惠棟挍宋本同衛氏集說同閩監毛本孰作熟并誤拜

命百官各揚舉其職事　閩監毛本同衛氏集說命作令

山節藻梲節

刮刮摩也　各本同釋文摩作劘嘉靖本同

今桴思也　閩監毛本同岳本同嘉靖本同衛氏集說同惠棟挍宋本桴作浮續通解同釋文出桴思云音浮

山節至飾也　惠棟挍宋本無此五字

爲雲氣蟲獸也　閩監毛本蟲誤蠱下爲雲氣蟲獸畫雲氣蟲獸並同

爲兩楹之間失之矣　閩監本同毛本爲誤謂考文引宋本無兩字

今浮思也者　考文引宋板同閩監毛本浮作桴下爲浮思今浮思角浮思闕浮思則浮思曰浮思並同

有虞氏之旂節

武王左杖黃鉞　各本同釋文杖作仗○按杖正字仗俗字

有虞至大赤　惠棟按宋本無此五字

泰有虞氏之尊也節

泰有虞氏之尊也　各本同石經同釋文出大云本又作泰

泰有至尊也　惠棟按宋本無此五字

則其餘泰罍犧　閩監本作餘毛本餘誤虞

爵夏后氏以琖節

爵夏至以爵　惠棟按宋本無此五字

贊玉几玉爵　惠棟按宋本作几閩監毛本几誤凡

灌尊節

灌尊至蒲勺　惠棟按宋本無此五字

冬屬土色黃　閩監毛本如此浦鏜按從續通解土色黃改元黃色

是知皇氏等之說　閩監本同毛本誤作是知皇氏之等

土鼓蕢桴節

土鼓至樂也　惠棟按宋本無此五字

謂截葦爲籥　閩本同考文引宋板同監毛本截誤戳衛氏集說同

以伊耆氏爲神農也　閩監毛本同惠棟按宋本無也字衛氏集說同

拊搏節

中琴小瑟　各本同毛本小誤七

拊搏以韋爲之　宋監本同岳本同嘉靖本同閩監毛本韋誤葦衛氏集說同

拊搏至器也　惠棟按宋本無此五字

垂之和鐘節

垂之和鐘　閩監毛本同石經同岳本同嘉靖本同衛氏集說鐘作鍾石經考文提要云宋本九經南宋巾箱本至善堂九經本並作鍾釋文出和鍾云說文作鐘以此鍾爲酒器按此本疏中和鍾字作鍾閩監毛本仍作鐘

女媧之笙簧　閩監本同石經同岳本同嘉靖本同衛氏集說同毛本媧誤蝸釋文出女媧

承宓羲者　閩監毛本同嘉靖本同衛氏集說羲作犧岳本羲作戲釋文出戲云音羲

垂堯之共工也至女媧作笙簧　惠棟按宋本作垂堯至媧作笙簧

承庖羲制度　閩監毛本同惠棟按宋本羲作犧衛氏集說同庖作包

夏后氏之龍簨虡節

以挂縣紘也　閩監毛本同岳本同嘉靖本同衛氏集說同釋文亦作紘段玉裁校本云詩有瞽疏引作紞爲是釋文作紘非也冠之制紘下垂紞不下垂詩齊風箋正作縣紞

戴以璧　閩本同岳本同嘉靖本同衛氏集說同考文引宋板同監毛本戴作載按釋文出載以云音戴孔陸異本監毛以釋文改正義本非也二本疏中仍作戴

夏后至雙翣　惠棟按宋本無此五字

以挂鍾磬　閩本鍾字同監毛本鍾作鐘下鍾字同閩監本挂作掛○按掛俗挂字

故知業則鑿也　閩監本同毛本業字誤倒在故知上

有虞氏之兩敦節

夏后氏之四連　各本同石經同釋文出四連云本又作璉○按依說文當作槤从木連聲段玉裁云周禮管子多以連爲輦韓勑禮器碑胡輦器用即胡連也

故云黍稷器也　閩監毛本同浦鏜按云黍上補皆字按衞氏集說作故鄭云皆黍稷器疑皆字當有

俎有虞氏以梡節

皆及俎距是也　閩監毛本同惠棟按宋本距作拒

椇曲來巢　閩監毛本同段玉裁按本云椇當作枳云枳椇即宋玉賦之枳句又即說文之迟曲

但古制難識不可委知　惠棟按宋本同閩監毛本委作悉衞氏集說同

有虞氏祭首節

言尚非　閩監毛本同岳本同嘉靖本同衞氏集說同惠棟按宋本非作也考文引足利本作言尚非也

有虞氏官五十節

何得備立四代之官　閩監毛本同惠棟按宋本立作爲衞氏集說無立字

有虞氏之綏節

般又刻繒爲重牙　閩監毛本同嘉靖本同岳本重作崇衞氏集說同考文引古本同盧文弨按云按前注亦作重牙

纁白緌　閩監毛本同岳本同嘉靖本同衞氏集說同釋文出熏云字又作纁浦鏜按白字改帛按浦鏜是也

凡四代之服器官節

貪或爲飲　閩監毛本同岳本同嘉靖本同考文引古本作貪或爲諮也○按飲必誤字而古本不可信

凡四至樂焉　惠棟按宋本無此五字

此經結之於後　惠棟按宋本有於字衞氏集說同此本於字脫閩監毛本同

又有女蝸氏笙簧　閩監毛本同惠棟按宋本氏作之衞氏集說亦作之蝸作媧

使圉人舉賊子般　惠棟按宋本同閩監毛本賊誤弒下卜齮賊公于武闈同

附釋音禮記注疏卷第三十一終　惠棟按宋本此下標禮記正義卷第四十一終宋監本禮記卷第九經三千六百五十一字注六千三百五十五字嘉靖本禮記卷第九經三千六百三十七字注六千三百四十九字

禮記注疏卷三十一挍勘記

附釋音禮記注疏卷第三十二

喪服小記第十五

○陸曰：鄭云以其記喪服之小義。【疏】正義曰：按鄭目録云：喪服小記者，以其記喪服之小義也。此於別録屬喪服。

鄭氏注　孔穎達疏

斬衰括髮以麻，爲母括髮以麻，免而以布。母服輕，至免可以布代麻也。爲母又哭而免。○衰，七雷反，下並同。括，古活反。爲，于僞反，注及下注同。免音汶，篇内同。

齊衰惡笄以終喪。笄所以卷髮，帶所以持身也。婦人質，於喪所以自卷持者，有除無變。○齊音咨，又作齋。笄，古兮反。卷，俱免反，下皆同。

男子冠而婦人笄，男子免而婦人髽。其義爲男子則免，爲婦人則髽。別男女也。○冠，古亂反，下同。髽，側巴反。別，彼列反，下文有別、注不服別、甲別皆同。【疏】斬衰至則髽。○正義曰：此一節論斬衰齊衰之喪男女括髮免髽之異。○斬衰者，主人爲父之服也。括髮者，爲父未成服之前所服也。禮，親始死，子布深衣，去冠而猶有笄纚，徒跣扱上衽。至將小斂，去笄纚，著素冠，視斂，斂訖，投冠而括髮。括髮者，鄭注喪服云：括髮以麻者，自項以前交於額上，卻繞紒，如著幓頭焉。○爲母括髮以麻者，爲母初喪至小斂後括髮，與父禮同，故亦云括髮以麻也。○免而以布者，此謂爲母與父異者也。亦自小斂後而括髮，至尸出堂，子拜賓事之時，猶與爲父不異。至拜賓竟後，子往即堂下之位時，則異也。若爲父，此時猶括髮而踊，襲絰帶以至大斂而成服；若爲母，於此時則不復括髮，乃著布免，踊而襲絰帶以至成服。故云免而以布也。○注「母至而免」。○正義曰：又哭，是小斂拜賓竟後即堂下位哭踊時也。故士喪禮云：「卒小斂，主人髺髮袒。」此是初括髮哭踊之時也。又云：「男女奉尸侇于堂，主人降自西階，東即位，主人拜賓，即位，踊，襲絰于序東，復位。」此是又哭之節，若爲父，於此時猶括髮；若爲母，於此時以免代括髮，故云爲母又哭而免。○齊衰惡笄以終喪。○此一經明齊衰婦人笄帶終喪無變之制。○惡笄者，榛木爲笄也。婦人質，笄以卷髮，帶以持身，於其自卷持者有除無變，故要絰及笄不須更易，至服竟一除，故云惡笄以終喪。○男子至則髽。○此明男子婦人冠笄髽免相對之節。但吉時男子首有吉冠，

則女首有吉笄，是明男女首飾之異，故云男子冠而婦人笄。若親始死，男去冠，女則去笄。若成服，爲父，男則六升布爲冠，女則箭篠爲笄；爲母，男則七升布爲冠，女則榛木爲笄。故云男子冠而婦人笄也。○男子免而婦人髽者，吉時首飾既異，今遭齊衰之喪，首飾亦別，當襲斂之節，男子著免，婦人著髽。故云男子免而婦人髽。免者，鄭注士喪禮云：以布廣一寸，自項中而前，交於額上，卻繞紒也，如著幓頭矣。髽者，形有多種，有麻，有布，有露紒也。其形有異，同謂之髽也。今辨男女並何時應著此免髽之服。男子之免乃有兩時，而唯一種；婦人之髽則有三別，其麻髽之形與括髮如一，其著之以對男子括髮時也。前云斬衰括髮以麻，則婦人于時髽亦用麻也。何以知然？按喪服女子子在室爲父，髽衰三年，鄭玄云：髽，露紒也，猶男子之括髮。斬衰括髮以麻，則髽亦用麻。以麻者，自項而前，交於額上，卻繞紒，如著幓頭焉，依如彼注。既云猶男子括髮，男子括髮先去冠纚用麻，婦人亦去笄纚用麻，故云猶也。又同云用麻，不辨括髮形異，則知其形如一也。以此證據，則知有麻髽以對男括髮時也。又知有布髽者，按此云男子免對婦人髽，男免既用布，則婦人髽不容用麻也，是知男子爲母免時，則婦人布髽也。又若成服後男或對賓必踊免，則婦人理自布髽對之。知有露紒髽者，喪服傳云布總、箭笄、髽、衰三年，明知此服並以三年。三年之内，男不恒免，則婦人不用布髽，故知恒露紒也。故鄭注喪服云：髽，露紒也。且喪服所明，皆是成服後，不論未成服麻布髽也。何以然？喪服既不論男子之括免，則不容說女服之未成義也。既言髽衰三年，益知恒髽是露紒也。又就齊衰輕期髽無麻布，何以知然？按檀弓南宮縚之妻之姑之喪，夫子誨之髽曰：「爾無總總爾，爾無扈扈爾。」是但戒其高大，不云有麻布別物，是知露紒悉名髽也。又按奔喪云：婦人奔喪，東髽。鄭云：謂姑姊妹女子子也。去纚大紒曰髽。若如鄭言，既謂是姑姊妹女子子等，還爲本親父母等，唯云去纚大紒，不言布麻，當知期以下無麻布也。然露紒恒居之髽，則有笄，何以知之？按笄以對冠，男在喪恒冠，婦則恒笄也。故喪服婦爲舅姑惡笄有首以髽，鄭云：言以髽，則髽有著笄者明矣。以兼此經注，又知恒居有二笄，而一露紒，云髽之殊，是皇氏之說。今考校以爲正有二髽：一是斬衰麻髽，二是齊衰布髽，皆名露紒。必知然者，以喪服女子子在室爲父箭笄髽衰，是斬衰之髽用麻，鄭注以爲露紒，明齊衰髽用布，亦謂之露紒髽也。其義爲男子則免，爲婦人則髽者，庾蔚云：喪服往往寄異以明義，或疑免髽亦有其吉，故解之以其義，以上於男子則免，婦人則髽，獨以別男女而已，非別有義也。賀瑒云：男去冠，猶婦人去笄，義盡於此，無復別義，故

云其義也此經既論括髮免髽之異須顯所著之時崔氏云立義既載五服變除今要舉變除之吉凡親始死將三年者皆去冠笄纚如故十五升白布深衣被上衽徒跣交手而哭故禮記問喪云親始死雞斯徒跣被上衽又鄭注士喪禮云始死將斬衰者雞斯是也其婦人則去纚衣與男子同不徒跣不被衽知不徒跣不被衽者問喪文知去纚者鄭注士喪禮云始死婦人將斬衰者去纚知著白布深衣者曾子問云女改服布深衣縞總以趨喪鄭注云婦人始喪未成服之服其齊衰以下男子著素冠齊衰以下婦人骨笄而纚知者鄭注士喪禮文○男子婦人皆吉屨無絇其服皆白布深衣知者鄭注喪服變除文○至死之明日士則死日襲明日小斂故士喪禮云小斂主人髻髮若大夫死之明日襲而括髮故鄭注喪服變除云尸襲去纚括髮在二日小斂之前是據大夫也大夫與士括髮於死者皆俱二日故鄭注問喪云二日去笄纚括髮通明大夫士也始死以後小斂之前大夫與士皆加素冠於笄纚之上故檀弓云叔孫武叔之母死既小斂舉者出尸出户袒且投其冠括髮是素冠也以其始死哀甚未服分别尊卑故大夫與士其冠皆同也至小斂投冠括髮之後大夫加素弁士加素委貌故喪大記云君大夫之喪子弁絰又喪服變除云小斂之後大夫以上冠素弁士則素委貌其素弁素

冠皆加環絰故雜記云小斂環絰君大夫士一也鄭注云大夫以上素爵弁士素委貌是也凡括髮之後至大斂成服以來括髮不改故鄭注云士喪禮云自小斂以至大斂括髮不改但死之三日說髦之時以括髮因而壞損更正其括髮故士喪禮既殯說髦喪大記云小斂說髦括髮是正其故括髮也非更爲之但士之既殯諸侯小斂於死者皆三日說髦同也其齊衰以下男子於主人括髮之時則著免故士喪禮小斂主人髻髮衆主人免是也而喪服變除不杖齊衰條云襲尸之時云括髮者誤也其婦人將斬衰者於男子括髮之時則以麻爲髽故士喪禮云主人髻髮婦人髽于室其齊衰者於男子免時婦人則以布爲髽故此經云男子免而婦人髽是也其大功以下無髽也其服斂畢至成服以來白布深衣不改士死後二日襲散帶絰故士喪禮小斂之前陳苴絰大鬲下本在左要絰小焉散帶垂長三尺牡麻絰亦散垂斂訖主人拜賓乃襲絰于序東既夕禮三日絞垂鄭注云成服日絞要絰之散垂者是主人及衆主皆絞散垂此襲帶絰絞垂日數皆士之禮也其大夫以上成服與士不同其襲帶絰之屬或與士同或與士異無文以言之其斬衰男子括髮齊衰男子免皆謂喪之大事斂殯之時若其不當斂殯則大夫以上加素弁士加素冠皆於括髮之上天子七日成服諸侯五日

成服大夫士三日成服服之精麤及日月多少及葬之時節皆具在喪服及禮文不能繁說其葬之時大夫及士男子散帶婦人髽與未成服時同其服則如喪服故既夕禮云丈夫髽散帶垂鄭注云爲將啓變也此互文以相見耳諸文言髽見婦人也若天子諸侯則首服素弁以葛爲環絰大夫則素弁加環絰士則素委貌加環絰故下檀弓云弁絰葛而葬鄭注云接神不可以純凶天子諸侯變服而葬冠素弁以葛爲環絰是王侯與卿大夫士異也至既虞卒哭之時乃服變服故鄭注喪服云天子諸侯卿大夫既虞士卒哭而受服其受服之時首絰要帶男子皆以葛易之齊斬之婦人則易首絰不易要帶大功小功婦人則易要帶爲葛雖受變麻爲葛卒哭時亦未說麻至祔乃說麻服葛故士虞禮云婦人說首絰不說帶鄭云不說帶齊斬婦人也婦人少變而重帶大功小功者葛帶時亦不說者未可以輕文變於主婦之質也至祔葛帶以即位按文直云婦人不辨輕重故鄭爲此解其斬衰至十三月練而除首絰練冠素纓中衣黄裏縓爲領袖緣布帶繩屨無絇若母三年者小祥亦然斬衰二十五月大祥朝服縞冠故雜記云祥主人之除也於夕爲期朝服又喪服小記云除成喪者其祭也朝服縞冠既祥乃服十五升布深衣領緣皆以布縞冠素紕故間傳云大祥素縞麻衣二十七月

而禫服玄冠玄衣黄裳而祭祭畢服朝服以黑經白緯爲冠所謂纖冠而練纓吉屨踰月服吉間傳所謂禫而纖父沒爲母與父同父在爲母十一月而練十三月而大祥十五月而禫其服變除與父沒爲母同其不杖齊衰及大功以下服畢皆初服朝服素冠踰月服吉也此皆崔氏準約禮經及記而爲此說其有乖僻者今所不取

○**苴杖竹也削杖桐也**　疏　苴杖至桐也○正義曰此一經解喪服苴杖削杖也然杖有苴削異者苴者黯也夫至痛内結必形色外章心如斬斫故貌必蒼苴所以衰裳絰杖俱備苴色也必用竹者以其體圓性貞履四時不改明子爲父禮中痛極自然圓足有終身之痛故也故斷而用之無所厭殺也○削杖者削殺也削奪其貌不使苴也必用桐者明其外雖被削而心本同也且桐隨時凋落此謂母喪示外被削殺服從時除而終身之心當與父同也○

祖父卒而后爲祖母後者三年　如祖父在則其服如父在爲母也　○苴七余反　削思略反　疏　祖父至三年○正義曰此一經論適孫承重之服○祖父卒者謂適孫無父而爲祖後祖父已卒今又遭祖母喪故云爲祖母後也事事得申如父卒爲母故三年若祖父卒時父已先亡亦爲祖父三年若

祖卒時，父在，已雖爲祖期，今父沒，祖母亡時，已亦爲祖母三年也。○注「祖父至沒也」。○正義曰：言「亦」，謂無父者，若父在則不然也。○**爲父母長子稽顙。**喪尊者及正體不敢不盡禮。○爲，于僞反，下「爲大夫」、「爲無後」並同。長，丁丈反，篇內並同。稽音啓。顙，素黨反。**大夫弔之，雖緦必稽顙。**尊大夫，不敢以輕待之。**婦人爲夫與長子稽顙，其餘則否。**恩殺於父母。○殺，所戒反，徐所例反，後文注同。【疏】「爲父」至「則否」。○正義曰：此一節論喪合稽顙之事，各依文解之。○「爲父母長子稽顙」者，謂重服先稽顙而後拜者也。父母長子並重故也。其餘期以下先拜後稽顙也。○「大夫弔之，雖緦必稽顙」。前文爲父母長子稽顙，謂平等來弔，故先稽顙而後拜。若爲不杖齊衰以下，則先拜賓後稽顙。今大夫弔士，雖是緦麻之親，必亦先稽顙而後拜。故皇氏載此稽顙，謂先拜而後稽顙。若平等相弔，小功以下皆不先拜後稽顙。若大夫來弔，雖緦麻必爲之先拜而後稽顙。今刪定云：小功以下不稽顙，文無所出，又此稽顙與上文稽顙是一，何得將此爲先拜後稽顙，其義非也。○「婦人爲夫與長子稽顙，其餘則否」，亦先稽顙而後拜。「其餘否」者，謂父母也。以受重他族，其恩減殺於父母也。○**男主必使同姓，婦主必使異姓。**謂爲無主後者爲主也。異姓，同宗之婦也。婦人外成。【疏】「男主」至「異姓」。○正義曰：此一經論婦人外成之事。庾氏云：喪有男主以接男賓，女主以接女賓，若父母之喪，則適子爲男主，適婦爲女主也。今或無適子適婦爲正主，遣他人攝主，若攝男主，必使喪家同姓之男；若攝婦主，必使喪家異姓之女。○注「謂爲」至「外成」。正義曰：知「謂爲無主後者爲主也」者，以經云「必使同姓」、「必使異姓」，故知先無主後。云「異姓，同宗之婦也」者，同宗謂喪家同宗，其婦必與喪家異姓，故云「異姓，同宗之婦」。云「婦人外成」者，解婦主使異姓之意。今與死者同姓婦人，不得與喪家爲喪主，以其外成適於他族，故不得自與已同宗爲主。此云異姓者，與夫家爲異姓。○**爲父後者爲出母無服。**不敢以已私廢父所傳重之祭祀。○爲出，于僞反，下注「爲其族人」、「爲其兄弟」同。傳，丈專反，下「傳重」皆同。【疏】「爲父」至「無服」。○正義曰：此一經論適子承重不得爲出母著服之事。出母，謂母犯七出，爲父所遣，而母子至親，義不可絕，父若猶在，子皆爲出母期。若父沒後，則適子一人不復爲母服。所以然者，已係嗣烝嘗，不敢以私親廢先祖之祀，故無服。○**親親以**

三爲五，以五爲九，上殺，下殺，旁殺，而親畢矣。已上親父，下親子，三也。以父親祖，以子親孫，五也。以祖親高祖，以孫親玄孫，九也。殺，謂親益疏者，服之則輕。○已音紀。○【疏】「親親」至「畢矣」。○正義曰：此一經廣明五服之輕重，隨人之親疏著服之節。「親親以三」者，以上親父，下親子，并已爲三，故云「親親以三」。「爲五」者，又以父上親祖，以子下親孫婦，者三，今加祖及孫，故言五也。「以五爲九」者，已上祖，下孫，則是五也。又以曾祖故親高祖，以曾孫故親玄孫，上加曾高二祖，下加曾玄兩孫，以四籠五，故爲九也。然已上親父，下親子，合應云以一爲三，而云「以三爲五」者，父子一體，無可分之義，故相親之說，不須分矣。而分祖孫，非已一體，故有可分之義，而親名著也。又以祖親曾祖，以孫親曾孫，應云以五爲七，今言九者，曾祖曾孫爲情已遠，非已一體所親，故略其相親之言也。庾氏云：由祖以親曾高二祖，由孫以親曾玄二孫，服之所同義出於此也。○「上殺」者，據已上服父祖而減殺，故服父三年，服祖減殺至期，以次減之，應曾祖大功，高祖小功，而俱齊衰三月者，但父祖及於已是同體之親，故依次減殺。曾祖高祖非已同體，其恩已疏，故略從齊衰三月，曾高一等。所以喪服注云「重其衰麻，尊尊也；減其日月，恩殺也」。不可以大功小功旁親之服加至尊，故皆服齊衰也。○「下殺」者，謂下於子孫而減殺。子服父三年，父亦宜報服，而父子首足，不宜等衰，故父服子期也。若正適傳重，便得遂情，故喪服云「不敢降」是也。爲服子期，孫卑，理不得祖報，故爲九月。若傳重者，亦服期也。爲孫既大功，則曾孫宜五月，但曾孫服曾祖三月，故曾祖報亦一時也。而曾祖是正尊，自加齊衰服，而曾孫正卑，故正服緦麻。曾孫既緦麻三月，玄孫理不容異。且曾孫非已同體，故服不依次減殺，略同三月。○「旁殺」者，世叔之屬是也。父是至尊，故以三年。若據祖期斷，則世叔宜九月，而世叔是父一體，故加至期也。從世叔既疏，加所不及，據期而殺，是以五月。族世叔又疏一等，故宜緦麻，此外無服也。此是發父而旁漸至輕也。又祖是父一體，故加至期，而祖之兄弟非已一體，故加亦不及，據於期之斷殺，便正五月。族祖又疏一等，故宜緦麻，此外無服，是發祖而旁漸殺也。又曾祖據期，本應五月，曾祖之兄弟，謂族曾祖，既疏一等，故宜三月也。自此以外及高祖之兄弟，悉無服矣。又至親期斷，兄弟至親一體，相爲而期，同堂兄弟疏於一等，故九月。從祖兄弟又疏一等，故小功。族之昆弟又殺一等，故宜三月，此外無服，是發兄弟而旁殺也。又父爲子期，而兄弟之子但宜九月，而今亦期者，父爲於子，本應報以三年，特爲尊是故降至期，而兄弟之子爲世叔本應九月但言世叔與尊者一體而加至期世叔旁尊不得自比彼父祖之重無義相降故報兄弟子期且己與兄弟一體兄弟之子不宜隔異欲見猶子之義與己子等所以至期故檀弓云兄弟之子猶子也蓋引而進之是也又同堂兄弟之子服從伯叔無加則從伯叔亦正報五月也族兄弟之子又疏故宜緦耳此發子而旁殺也又孫服祖期祖尊故爲孫大功兄弟之孫服從祖五月故從祖報之小功也同堂兄弟之孫既疏爲之理自緦麻其外無服矣曾祖爲曾孫三月爲兄弟曾孫以無尊降之故亦爲三月。而親畢矣者結親親之義也始自父母終於族人故云親畢矣且五屬之親若同父則期同祖則大功同曾祖則小功同高祖則緦麻高祖外無服亦是畢也

○王者禘其祖之所自出以其祖配之禘大祭也始祖感天神靈而生祭天則以祖配之自外至者無主不上。王如字又于況反下同禘大計反而立四廟高祖以下與始祖而五。庶子王亦如之世子有廢疾不可立而庶子立其祭天立廟亦如世子之立也春秋時衛侯元有兄縶。兄縶知急反

【疏】王者至如之。正義曰此一節論王者庶子之郊天立廟與適子同之義各依文解之。王者禘其祖之所自出者禘大祭也謂夏正郊天自從也王者以夏正禘祭其先祖所從出之天若周之先祖出自靈威仰也以其祖配之者以其先祖配祭所出之天。而立四廟者既有配天始祖之廟而更立高祖以下四廟與始祖而五也。庶子王亦如之者天位尊重故雖庶子而爲王者則郊天立祀五廟事亦如適子爲王也嫌其不得故特明之。注禘大至不上。正義曰禘大祭也爾雅釋天文云自外至者無主不上公羊宣三年傳文外至者天神也主者人祖也故祭以人祖配天神也。注世子至兄縶。正義曰以其庶子爲主明知世子有廢疾不可立也云春秋時衛侯元有兄縶者按昭七年左傳稱長子孟縶之足不良而立次子元元即衛靈公也

○別子爲祖諸侯之庶子別爲後世爲始祖也謂之別子者公子不得禰先君繼別爲宗別子之世長子爲其族人爲宗所謂百世不遷之宗繼禰者爲小宗別子庶子之長子爲其昆弟爲宗也謂之小宗者以其將遷也。○禰乃禮反有五世而遷之宗其繼高祖者也謂小宗也小宗有四或繼高祖或繼曾祖或繼祖或繼禰皆至五世則遷是故祖遷於上宗

易於下尊祖故敬宗敬宗所以尊祖禰也宗者祖禰之正體庶子不祭祖者明其宗也明其尊宗以爲本也禰則不祭矣言不祭祖者主謂宗子庶子俱爲適士得立祖禰廟者也凡正體在乎上者謂下正猶爲庶也○適丁歷反篇內同○

【疏】別子至宗也○正義曰此一節並論尊祖敬宗之義各依文解之○別子爲祖者謂諸侯適子之弟別於正適故稱別子也爲祖者別與後世爲始祖謂此別子子孫爲卿大夫立此別子爲始祖○注謂之至先君○正義曰鄭云此者決上文庶子王今諸侯庶子乃謂之別子是別爲始祖若稱庶子及公子若世子不立則庶子公子皆得有禰先君之義今言別子明適子在故云謂之別子者公子不得禰先君○繼別爲宗○謂別子之世世長子恒繼別子與族人爲百世不遷之大宗○繼禰者爲小宗○禰謂別子之庶子以庶子所生長子繼此庶子與兄弟爲小宗謂之小宗者以其五世則遷比大宗爲小故云小宗也○有五世而遷之宗其繼高祖者也○五世者謂上從高祖下至玄孫之子此玄孫之子則合遷徙不得與族人爲宗故云有五世則遷之宗其繼高祖者此五世合遷之宗是繼高祖者之子以其繼高祖之身未滿五世而猶爲宗其繼高祖者之子則已滿五世禮合遷徙但記文要略唯云繼高祖其實是繼高祖者之子也○注謂小至則遷○正義曰言或繼高祖或繼曾祖或繼祖或繼禰者以別子之後族人衆多或有繼高祖者與三從兄弟爲宗或有繼曾祖者與再從兄弟爲宗或有繼祖者與同堂兄弟爲宗或有繼禰者與親兄弟爲宗不廢族人一身凡事四宗事親兄弟之適是繼禰小宗也事同堂兄弟之適是繼祖小宗也事再從兄弟之適是繼曾祖小宗也事三從兄弟之適是繼高祖小宗也於族人唯一俱時事四小宗兼大宗爲五也又云皆至五世則遷者繼高祖者至子五世繼曾祖者至孫五世繼祖者至曾孫五世繼禰者至玄孫五世也是皆五世不復與四從兄弟爲宗故云皆至五世則遷各自隨近相宗然則小宗所繼非一前文獨云繼禰者爲小宗雖四初皆繼禰爲始據初爲元故特云繼禰也○是故至禰也○四世之時尚事高祖至五世之時謂高祖之父不爲加服是祖遷於上四世之時仍宗三從族人至五世不復宗四從族人各自隨近爲宗是宗易於下宗是先祖正體所以尊祖故敬宗更覆說云敬宗所以尊祖禰覆結尊祖之文也○庶子不祭祖者明其宗也○此猶尊宗之義也庶子適子俱是人子並宜供養而適子烝嘗庶子獨不祭者正是推本崇適明

有所宗故云明其宗也○注禰則至庶也○正義曰鄭據子名對父此言庶子則是父庶父庶即不得祭父何假言祖故云禰則不祭也而記不應言不祭祖祖是對孫今既云庶子不祭祖故知是宗子庶子俱爲適士適士得立二廟自禰及祖是適宗子得立祖廟祭之而已是祖庶雖俱爲適士得自立禰廟而不得立祖廟祭之故云庶子不祭祖云凡正體在乎上者謂下正猶爲庶也者解所以謂禰適爲庶子之義也正體謂祖之適也下正謂禰之適也雖正爲禰適而於祖猶爲庶故禰適謂之爲庶也五宗悉然

庶子不爲長子斬不繼祖與禰故也尊先祖之正體不二其統也言不繼祖禰則長子不必五世○爲于僞反下注爲君母自爲已同

疏 庶子至故也○正義曰此亦尊宗之義也然此所明與喪服中義同而語異也喪服明父是適爲長子斬此明父是庶子不得爲長子服斬者也是互相明也但經記文混亂不知幾世之適得遂茲極服馬季長注喪服云此爲五世之適父乃爲之斬也而鄭注此云言不繼祖禰則長子不必五世矣庾氏云用恩則禰重用義則祖重父之與祖各有一重故至已承二重而爲長子斬若不繼祖則不爲長子斬也如庾氏此言則父適二世承重則得爲長子三年也而鄭不明言世數

者鄭是馬季長弟子不欲正言相非故依違而言曰不必也然孫系於祖乃爲長子三年而此不云庶孫不得爲長子必云庶子者孫語通遠嫌或多世今欲明此祖非遠故言子以示近既義須繼祖言不繼祖自足又曰與禰者庾氏云若直云不繼祖恐人謂據庶子長子死者之身不繼祖故更言不繼祖與禰欲明死者之父不繼祖與禰非據死者之身鄭注喪服云此言爲父後者然後爲長子三年則是父之適子即得爲長子三年此經云必爲父適祖適乃得爲長子斬者但禮有適子者無適孫雖已是祖正若父猶在則已未成適未成適則不得重長重長必是父沒後者故云爲父後者然後爲長子三年也然已身雖是祖庶而是父適則應立廟立廟則已長子傳重當祭而不爲斬者以是祖庶厭降故不敢服斬且死者其父見在父自供祭然禮爲後者有四條皆不爲斬何者有體而不正有正而不體有傳重非正體有正體而不傳重是也體而不正庶子爲後是也正而不體適孫爲後是也傳重非正體庶孫爲後是也正體不傳重適子有廢疾不立是也四者皆期悉不得斬也唯正體又傳重者乃極服耳

庶子不祭殤與無後者殤與無後者從祖祔食不祭殤者父之庶也不祭無後者祖之庶也此二者當從祖祔食而已不祭祖無所食之也共其牲物而宗子主其禮焉祖庶之殤則自祭之凡所祭殤者唯適子耳無後者謂昆弟諸父也宗子之諸父無後者爲墠祭之○殤音傷祔徐音附所食音嗣共音恭墠音善徐徒丹反○

疏 庶子至祔食○正義曰此事與曾子問中義同而語異也曾子問中是明宗子所得祭就宗子之家宗子主其禮今此所言是庶子不得在當家祭者也○庶子者謂父庶及祖庶也殤者未成人而死者也無後謂成人未昏或已娶無子而死者不得祭殤者謂父庶也不祭無後者謂祖庶也○殤與無後者從祖祔食者解庶所以不自祭義也已不得祭父祖而以此諸親皆各從其祖祔食祖廟在宗子之家故已不得自祭之也○注不祭至祭之○正義曰云不祭殤者父之庶者謂已是父之庶子及餘兄弟亦是父之庶子庶子所生之適子爲殤而死者不得自祭之以其已是父庶不合立父廟故不得自祭其子殤也殤尚不祭成人無後不祭可知云不祭無後者祖之庶也者已是祖庶不合立祖廟故兄弟無後者不得祭之已若是曾祖之庶亦不得祭諸父無後者諸父無後當於曾祖之廟而祭已是曾祖庶不合立曾祖之廟故不祭之此直云祖之庶不云曾祖之庶者言祖兼曾祖也此無後者身並是庶若在殤而死則不合祭也云此二

者當從祖祔食而已不祭祖無所食之也者一是殤二是無後此二者當從死者之祖而附食祖廟在宗子之家故已不得祭祖無所食以私家不合祭祖無處食之也云共其牲物而宗子主其禮焉者謂殤者之親共其牲物而宗子直掌其禮庾氏云此殤與無後者所祭之時非唯一度四時隨宗子之家而祭也但牲牢不得同於宗子祭事之禮故曾子問注云凡殤特豚其義具曾子問疏云祖庶之殤則自祭之者已於祖爲庶故謂已子爲祖庶之殤已是父適得立父廟故自祭子殤在於父廟也云無後者謂昆弟諸父也者昆弟謂已之昆弟已是祖庶祭無後昆弟當就祖廟已無祖廟故不祭無後昆弟云諸父也者已是曾祖之庶祭諸父當於曾祖之廟已無曾祖之廟故不祭無後諸父云宗子之諸父無後者爲墠祭之者宗子合祭諸父諸父當於宗子曾祖之廟宗子是士唯有祖禰二廟無曾祖廟故諸父無後者爲墠祭之若宗子爲大夫得立曾祖廟者則祭之於曾祖廟不於墠也若宗子有太祖者不立曾祖廟亦祭之於墠按祭法云先壇後墠今祭之墠者皇氏云以其無後賤之故於墠也

○**庶子不祭禰者明其宗也**謂宗子庶子俱爲下士得立禰廟也雖庶人亦然

疏 庶子至宗也○正義曰解庶所以不祭殤義也禰適

故得立禰廟故祭禰禰庶不得立禰廟故不得祭其禰明其有所宗既無禰廟故不得祭子殤也○注謂宗至亦然○正義曰前文云不祭祖以有祖廟故注云宗子庶子俱爲適士此文云不祭禰唯有禰廟故注云宗子庶子俱爲下士若庶子是下士宗子是庶人此下士立廟於宗子之家庶子其其牲物宗子主其禮雖庶人是有祭義若宗子爲下士是宗子自祭之庶子不得祭也

○親親尊尊長長男女之有別人道之大者也言服之所以隆殺

疏 親親至者也○正義曰此一經論服之隆殺之義親親謂父母也尊尊謂祖及曾祖高祖也長長謂兄及旁親也不言卑幼舉尊長則卑幼可知也男女之有別者若爲父斬爲母齊衰姑姊妹在室期出嫁大功爲夫斬爲妻期之屬是男女之有別也○人道之大者也言此親親尊尊長長男女有別人間道理最大者皇氏云親親結上以三爲五尊尊結上王者禘其祖之所自出長長結上庶子不祭祖按鄭注云言服之所以降殺爲服發文記者別言其事非是結成上義上文自論尊祖敬宗不論服之降殺皇氏說非也

○從服者所從亡則已謂若爲君母之父母昆弟從母也○已音以屬從者所從雖沒也服謂若自爲己之母黨

妾從女君而出則不爲女君之子服妾爲女君之黨服得與女君同而今俱女君猶爲子期妾於義絕無施服○則不爲于僞反注妾爲猶爲皆同期音朞下文及注不及期皆同施以豉反

疏 從服至子服正義曰此一節論從服之事各依文解之○從服者按服術有六其一是徒從者徒空也與彼非親屬空從此而服彼徒中有四一是妾爲女君之黨二是子從母服於母之君母三是妾子爲君母之黨四是臣從君而服君之黨就此四徒之中而一徒所從雖亡則猶服如女君雖沒妾猶服女君之黨其餘三徒則所從亡則已謂君母死則妾子不復服君母之黨及母亡則子不復服母之君母又君亡則臣不服君黨親也其中又有妾攝女君爲女君黨各有義故也今上云所從亡則已止有也止謂徒從亡則止而不服者○注謂若至母也○正義曰鄭此謂略舉一隅也○屬從者所從雖沒也服此明屬從也屬者骨血連續以爲親也亦有三一是子從母服母之黨二是妻從夫服夫之黨三是夫從妻服妻之黨此三從雖沒猶從之服其親也鄭特云謂若自爲已之母黨者亦舉一隅也○妾從女君而出則不爲女君之子服○妾服女君之子皆與女君同此云從而出謂姪娣也姪娣從女君而入若女君犯七出則姪娣亦從而出母自爲子猶期姪娣不復服出女君之子已義絕故也

○禮不王不禘禘謂祭天

疏 禮不王不禘○正義曰此一節論王者郊天之事王謂天子也禘謂郊天也禮唯天子得郊天諸侯以下否故云禮不王不禘此經上下皆論服制記者亂録不禘之事厠在其間無義例也以承上文王者禘其祖之所自出故知謂郊天也非祭昊天之禘也

○世子不降妻之父母其爲妻也與大夫之適子同世子天子諸侯之適子也不降妻之父母爲妻故親之也爲妻亦齊衰不杖者君爲之主子不得伸也主言與大夫之適子同據服之成文也本所以正見父在爲妻不杖於大夫適子者明大夫以上雖尊猶爲適婦爲主○其爲妻于僞反注爲妻猶爲皆同伸音申正見賢遍反以上時掌反凡以上皆同

○父爲士子爲天子諸侯則祭以天子諸侯其尸服以士服祭以天子諸侯養以子道也尸服士服父本無爵子不敢以己爵加之嫌於卑之○養以尚反

父爲天子諸侯子爲士祭以士其尸服以士服謂父以罪誅尸服以士服不成爲君也天子之子當封爲王者後以祀其受命之祖云爲士則擇其宗之賢者若微子者不必封其子爲王者後及所立爲諸侯者祀其先君以禮卒者尸服天子諸侯之服如遂無所封立則尸也祭也皆如士不敢僭用尊者衣物

疏 世子至士服○正義曰世子不降妻之父母者世子謂天子諸侯之適子與君連體故不降妻之父母親親之故也○其爲妻也與大夫之適子同者世子既不降妻之父母其爲妻也亦不降與大夫之適子爲妻同也○注世子至爲主○正義曰知世子是天子諸侯之適子者以其春秋王與諸侯適子皆稱世子云爲妻亦齊衰不杖者君爲之主子不得伸也者言世子爲妻亦齊衰不杖亦者亦如大夫之適子爲妻知齊衰不杖者以喪服齊衰不杖者稱大夫適子爲妻○故知齊衰不杖所以不杖者父爲主其子不得伸今世子爲妻亦不杖故云君爲主子不得伸也云主言與大夫之適子同據服之成文也者此解經所以言世子與大夫適子同齊衰以大夫適子喪服齊衰不杖有成文故云據服之成文也云本所以正見父在爲妻不杖於大夫適子者明大夫以上雖尊猶爲適婦爲主者言本主謂喪服本文也喪服若舉世子爲妻嫌

大夫以下有降喪服若舉士子爲妻其士既職卑本無降服
大夫是尊降之首恐其爲適婦而降故特顯之○注祭以至
卑之○正義曰云尸服士服者謂尸服玄端若君之先祖爲
士大夫則服助祭之服故曾子問云尸弁冕而出是爲君尸
有著弁者有著冕者若爲先君士尸則著爵弁若爲先君大
夫尸則著玄冕是也若大夫士之尸則服家祭之服故鄭注
士虞記尸服卒者之上服士玄端是也○注謂父至衣物○
正義曰知謂父以罪誅者以其尸服士服故也以其嘗爲天
子諸侯不可以庶人之禮待之士是爵之最卑故服其士服
云若微子者不必封其子者按尚書序云成王既黜殷命殺
武庚命微子啓代殷後是擇其賢者不立封紂子是也云祀
其先君以禮卒者尸服天子諸侯之服者按左傳云宋祖帝
乙帝乙是以禮卒者而宋祀以爲祖
明其服天子之服推此則諸侯亦然○婦當喪而出則
除之爲父母喪未練而出則三年既練而出
則已未練而反則期既練而反則遂之 當喪當舅姑之喪也出除喪絕族也○爲于僞反下文不爲注不相爲同

【疏】婦當至遂之○正義曰此一經明婦人遭喪出入之
節當喪而出者謂正當舅姑之服時被夫遣出者也恩情既
離故出即除服也○爲父母喪未練而出則三年者謂妻自
有父母喪時也女出嫁爲父母期若父母喪未小祥而妻被
夫遣歸值兄弟之小祥則隨兄弟服三年之受既已絕夫族
故其情更隆於父母也故云則三年既練而出則已者已止
也若父母喪已小祥而女被遣其期服已除今歸雖在三年
內則止不更反服也所以然者若反本服須隨兄弟之節兄
弟小祥之後無服變節故女遂止也○未練而反則期者此
謂先有父母喪而爲夫所出今喪猶未小祥而夫命已反則
還夫家至小祥而除是依期服也○既練而反則遂之者若
被遣之還家已隨兄弟小祥服三年之受而
夫反命之則猶遂三年乃除隨兄弟故也

○再期之喪
三年也期之喪二年也九月七月之喪三時
也五月之喪二時也三月之喪一時也 言喪之節應歲時之氣○應應對之應 故期而祭禮也期而除喪道也祭
不爲除喪也 此謂練祭也禮正月存親親亡至今而期期則宜祭期天道一變哀惻之情益衰衰則宜除不相爲也○衰衰並色追反下益衰同

三年而后葬者必再祭其
祭之間不同時而除喪 再祭練祥也間不同時者當異月也既祔明月練而祭又明月祥而祭必異月者以葬與練祥本異歲宜異時也而除喪已祥則除不禫○禫大感反 大功者
主人之喪有三年者則必爲之再祭朋友虞
祔而已 謂死者之從父昆弟來爲喪主有三年者謂妻若子幼少大功爲之再祭則小功緦麻爲之練祭可也○必爲于僞反注爲之下注父爲之下爲君皆同少詩照反 士妾有子而爲之緦
無子則已 士卑妾無男女則不服不別貴賤

【疏】再期至喪也○正義曰此一節揔明遭喪
時節除降之義故期而祭禮也者孝子之喪親應歲時之氣
歲序改易隨時悽感故一期而爲練祭是孝子存親之心故
云禮也言於禮當然○期而除喪道也者言親終一期天道
故變哀情益衰而除說其喪天道當然故云道也○祭不爲
除喪也者言爲此練祭自爲存念其親不爲除喪而設除喪
祭自爲天道感殺不爲存親兩事雖同一時不相爲也故云
祭不爲除喪也此除喪謂練時除喪也男子除首絰女子除
要帶與小祥祭同時不相爲也若至大祥除喪此除喪亦兼
之也大祥祭除喪亦與大祥同日不相爲元意各別也但祭
爲存親除喪爲天道之變庾氏賀氏並云祭爲存親幽隱難
知除喪事顯其理易識恐人疑之祭爲除喪而祭故記者特
明之云祭不爲除喪也然祭雖不爲除喪除喪與祭同時揔
而言之練祭祥祭亦名除喪也故下文云三年而后葬者必
再祭其祭之間不同時而除喪也又云除成喪者朝服縞冠
是練祥之祭揔名除喪○注禮正至爲也○正義曰按莊元
年三月夫人孫于齊公羊傳云其言孫于齊何念母也正月
以存君念母以首事是也○三年至除喪○此謂身有事故
不得及時而葬故三年而後始葬必再祭者謂練祥祭也既
三年未葬尸柩尚存雖當練祥之月不可除親服故三年葬
後必爲此練祥○其祭之間不同時者練之與祥本是別年
別月今雖三年之後不可同一時而祭當前月練後月祥故
云不同時於練祥之時而除喪謂練時男子除首絰婦人除
要帶祥時除衰杖注再祭至不禫○正義曰知再祭練祥者
下云主人之喪有三年者則必爲之再祭朋友虞祔而已再
祭非虞祔又雜記云三年之喪則既顈其練祥皆行故知再
祭謂練祥也云既祔明月練而祭又明月祥而祭者如鄭此

言則虞祔依常禮也必知虞祔依常禮者以經云必再祭恐不爲練祥故特云必再祭明虞祔依常禮可知云已祥則除不禫者以經直云必再祭故知不禫禫者本爲思念情深不忍頓除故有禫也今既三年始葬哀情已極故不禫也○大功至而已○此明爲人主喪法也大功從父兄弟也主人之喪者謂死者無近親而從父昆弟爲之主喪故云主人喪也有三年者謂死者有妻若子妻不可爲主而子猶幼少未能爲主故大功者主之爲之練祥再祭○朋友虞祔而已者朋友疏於大功不能爲之練祥但爲之虞祔而已然則大功尚爲練祥則虞祔亦爲之可知○注大功至可也○正義曰親重者爲之遠祭親輕者爲之近祭故大功爲之祥及練小功緦麻爲之練朋友但爲之虞祔也皇氏云死者有三年之親大功主者爲之練祥若死者有期親則大功主者爲之至練若死者但有大功則大功主者至期小功緦麻至祔若又無期則各依服月數而止故雜記云凡主兄弟之喪雖疏亦虞之謂無三年及期者也○注士卑至貴賤○正義曰云不別貴賤者大夫貴妾雖無子猶服之故喪服云大夫爲貴妾緦是別貴賤也士妾賤士妾無子則不服不殊別妾之貴賤

生不及祖父母諸父昆弟而父稅喪已則否　謂子生於外者也父以他故居異邦而生己己不及此親存時歸見之今其死於喪服年月已過乃聞之父爲之服己則否者不責非時之恩於人所不能也當其時則服稅讀如無禮則稅之稅稅喪者喪與服不相當之言○說喪皇他活反徐他外反注及下同

爲君之父母妻長子君已除喪而后聞喪則不稅　臣之恩輕也謂卿大夫出聘問以他故久留

降而在緦小功者則稅之　謂正親在齊衰大功者○親緦小功不稅矣曾子問曰小功不稅則是遠兄弟終無服也此句爛脫誤在是宜承父稅喪已則否○補稅音奪

近臣君服斯服矣其餘從而服不從而稅　謂君出朝覲不時反而不知喪者近臣閽寺之屬也其餘羣介行人宰史也○朝直遥反閽音昏介音界

君雖未知喪臣服已　從服者所從雖在外自若服也

【疏】生不至不稅○正義曰此一節明稅服之禮○生不及祖父母諸父昆弟者鄭意云謂父先本國有此諸親後或隨宦出遊居於他國更取而生此子此子生則不及歸與本國祖父以下諸親相識故云不及謂不及歸見也而父稅喪已則否者若此諸親死道路既遠喪年限已竟而始方聞父則稅之稅之謂追服也父雖追服而此子否故云已則否也所以否者鄭言不責非時之恩於人所不能也若時年未竟則稅服其全服然已在他國後生得本國有弟者謂假令父後又適他國更取所生之子則爲已弟故有弟也王云以爲計已之生不及此親之存則不稅若此親未亡之前而已生則稅之也又謂昆弟爲諸父之昆弟也劉知蔡謨等解已義與主同而以弟爲昆衍字庾氏以爲已昆弟則謂已生爲弟已不能稅以昆則爲昆亦不能稅已昆弟尚相稅則餘疏者不稅可知也此等並非鄭義今所不取○注當其至之言○正義曰知當其時則服者以稅是不相當之言若服未除則猶是服內故知則服謂服其全服按禮論云有服其喪服者庾氏以爲非也云稅讀如無禮則稅之稅者按左傳僖三十三年秦師襲鄭過周北門超乘者三百人王孫滿尚幼觀之言於王曰秦師輕而無禮必敗輕則寡謀無禮則稅今讀從之也云稅喪者喪與服不相當之言者是輕稅或前後不與正時相當故云稅也○降而在緦小功者則稅之此句廣釋檀弓中曾子所說也曾子所云小功不稅是正小功耳若本大功以上降而在緦小功者則爲稅之本情重故也○注此句至則否○正義曰鄭云此云一則爲此句應連親屬之下不應孤在君服中央也二則若此諸父昆弟在下殤死者則父亦稅之故知宜承父稅喪已則否之下也○爲君至服已○正義曰此一節明臣爲君親不稅與否今各依文解之○爲君之父母者此謂臣出聘不在而君諸親喪而臣後方聞其喪時若君未除則從爲服之若君已除則臣不稅之所以然者恩輕故也○近臣君服斯服矣者此明賤臣從君出朝覲在外或遇險阻不時反國比反而君諸親喪君自稅之而臣之卑近者則從君服之非稅義也其餘爲臣之貴者羣介行人宰史之屬若君親服限未除而君既服之則臣下亦從而服之也若限已竟而君稅之此臣不從君而稅○君雖未知喪臣服已者此謂君出而臣不隨君而君之親於本國內喪君雖未知而在國之臣即服之也嫌從君之未服臣不先服故明得先服也○注從服至服也○正義曰若如也謂自如壽常依限著服也凡從服者悉然也

附釋音禮記注疏卷第三十二

禮記注疏卷三十二挍勘記　阮元撰盧宣旬摘錄

附釋音禮記注疏卷第三十二惠棟挍宋本禮記正義卷第四十二

喪服小記第十五

斬衰括髮節

齊衰惡笄以終喪閩監毛本同石經同岳本同嘉靖本同衛氏集說同考文引古本足利本齊衰下有帶字段玉裁挍本云惡笄下應有帶字按注云笄所以卷髮帶所以持身先釋笄後釋帶是脫帶字不當在惡笄上正義亦云此一經明齊衰婦人笄帶終喪無變之制亦先言笄後言帶是皆惡笄下應有帶字之確證段玉裁是也正義出經文此句二見並脫帶字亦當補。按段玉裁又云儀禮喪服布總箭笄疏引喪服小記云婦人帶惡笄以終喪有帶字而在惡笄之上是各本不同也

斬衰至則髽惠棟挍宋本無此五字

子拜賓事之時閩監毛本同浦鏜挍云事衍文按衛氏集說作子拜賓時無事之二字

注母至而免閩監毛本同考文引宋板母下有服字

則不容說女服之未成義也惠棟挍宋本同續通解同閩監毛本服作子

以上於男子則免閩監毛本同盧文弨挍云以上以字疑衍上當作止按衛氏集說以上作言

知者鄭注士喪禮文男子惠棟挍宋本同閩監毛本文作云下知者鄭注喪服變除文同

舉者出戶出戶袒閩監本同惠棟挍宋本上戶作尸非也毛本亦作尸袒誤祖

故鄭注云士喪禮云閩監毛本同惠棟挍宋本注下無云字

及大功以下服畢惠棟挍宋本作畢衛氏集說同此本畢誤畢閩監毛本同

苴杖竹也節

苴杖至桐也惠棟挍宋本無此五字

故貌必蒼苴惠棟挍宋本作故衛氏集說同此本故誤破閩監毛本同

以其體圓性貞毛本同衛氏集說同惠棟挍宋本同閩監本貞誤真

男主必使同姓節

男主至異姓惠棟挍宋本無此五字

爲父後者節

故知先無主後閩監毛本同浦鏜挍云先當爲字誤

爲父至無服惠棟挍宋本無此五字

故無服閩監毛本同惠棟挍宋本服下有也字

親親以三爲五節

親親至畢矣惠棟挍宋本無此五字

故云親親以三爲五者惠棟挍宋本同毛本三誤二者字閩本監本毛本並誤也

下加曾元兩孫閩監本同毛本兩作二衛氏集說亦作兩

但父祖及於己是同體之親閩監毛本同衛氏集說無及字

若據祖期斷則世叔宜九月惠棟挍宋本同衛氏集說同閩監毛本斷作年

族世叔父疏一等故宜緦麻閩監本同毛本宜誤以疏作疎其餘疏字並同

又父爲子期而兄弟之子但宜九月閩監毛本同浦鏜挍云而當則字誤按衛氏集說而字無

特爲尊是故降至期閩監本尊作首毛本尊是作首足衛氏集說同惠棟挍宋本亦作首

足

以無尊降之故亦爲三月　惠棟挍宋本同衛氏集說同閩監毛本尊作等

終於族人故云親畢矣　閩監毛本同衛氏集說同惠棟挍宋本矣作也

王者禘其祖之所自出節

世子有廢疾　閩監毛本同嘉靖本同衛氏集說同岳本廢作癈○按依說文當作癈假借作廢

王者至如之　惠棟挍宋本無此五字

外至者天神也主者人祖也　閩本同衛氏集說同監本天誤大毛本天誤大祖誤主

別子爲祖節

別子至宗也　惠棟挍宋本無此五字

爲百世不遷之大宗　閩本同惠棟挍宋本同監毛本大誤太通典七十三引此疏亦作大宗

於族人唯一俱時事　閩監毛本俱時作時俱考文引宋板時俱作俱事盧文弨挍云作俱事亦疑有譌

不爲加服是祖遷於上　惠棟挍宋本同閩監毛本上誤三通典七十三引此疏亦作遷於上

庶子不爲長子斬節

庶子至故也　惠棟挍宋本無此五字

如庾氏此言則父適二世　閩監本同毛本如誤故父誤久

庶子不祭殤節

宗子之諸父無後者　閩監毛本同嘉靖本同衛氏集說同岳本之字脫

庶子至祔食　惠棟挍宋本無此五字

云不祭殤者父之庶者　閩監毛本同衛氏集說同浦鏜挍本庶下補也字按浦鏜是也

庶子不祭禰者節

庶子至宗也　惠棟挍宋本無此五字

禰適故得立禰廟　惠棟挍宋本同衛氏集說同閩監毛本並禰適作稱適

禰庶不得立禰廟　閩監本同毛本上禰誤稱

親親尊尊節

言服之所以隆殺　閩監毛本同嘉靖本同衛氏集說同岳本隆作降考文引古本足利本同

親親至者也　惠棟挍宋本無此五字

此一經論服之降殺之義　閩監毛本同衛氏集說降作隆按作隆與注合下文並放此

則早幼可知也　閩監毛本同惠棟挍宋本無也字衛氏集說同

從服者節

而今俱女君　惠棟挍宋本俱下有出字宋監本同岳本同嘉靖本同衛氏集說同考文引古本足利本同此本誤脫閩監毛本同

從服至子服　惠棟挍宋本無此五字

其餘三徒則所從亡而已　惠棟挍宋本而作則衛氏集說同閩監毛本並誤

又君亡則臣不服君黨親也　惠棟挍宋本作臣此本臣誤自閩監毛本臣誤自衛氏集說亦作臣服上有復字

二是妻從夫服夫之黨閩本同惠棟挍宋本同衛氏集說同監毛本妻誤妾

世子不降節

據服之成文也本所以正見父在爲妻不杖閩監毛本同岳本同嘉靖本同浦鏜從續通解挍服上補喪字刪正字疏內同

世子至士服惠棟挍宋本無此五字

云主言與大夫之適子同惠棟挍宋本同閩監毛本云誤如

婦當喪而出節

當舅姑之喪也惠棟挍宋本同岳本同嘉靖本同衛氏集說同閩監毛本舅誤喪

婦當至遂之惠棟挍宋本無此五字

既已絕夫族惠棟挍宋本亦作已閩本同衛氏集說同監毛本作以

而夫反命之閩監毛本同衛氏集說同盧文弨云反命當倒

再期之喪節

哀惻之情益衰閩監本作惻岳本同嘉靖本同衛氏集說同考文引宋板同此本惻誤則毛本惻誤側

而除喪已祥則除惠棟挍宋本作已宋監本同岳本同嘉靖本同衛氏集說同閩監毛本已誤者此本喪已二字闕

爲之練祭可也惠棟挍宋本作練宋監本岳本同嘉靖本同衛氏集說同此本練字闕閩監毛本練誤再

再期至喪也惠棟挍宋本無此五字

隨時悽感惠棟挍宋本作悽衛氏集說同此本悽誤棲閩監毛本悽誤傷

自爲天道感殺閩監毛本同惠棟挍宋本感作減通解同

不相爲元意各別也惠棟挍宋本作元此本元字闕閩本同監毛本元誤○通解元作充亦非

恐人疑之祭爲除喪而祭惠棟挍宋本同閩監毛本之祭二字倒

然祭雖不爲除喪閩監毛本同惠棟挍宋本無然字

祥時除衰杖惠棟挍宋本如此衛氏集說亦作祥時除衰杖也此本誤徉持除衰閩本作祥特除衰監毛本作祥特除喪並誤

大功主者爲之練祥閩監本同毛本者誤人

生不及祖父母節惠棟云生不及祖節宋本分爲君之父母以下爲下卷第一節又云宋本生不至不稅及注謂子至之言疏文二則俱在前注喪與服不相當之言下屬四十二卷又云恩輕

故也下接降而在緦小功者正義一則并注此句至則否正義一則

而父稅喪各本同石經同釋文出說喪云注及下同

故云稅也惠棟挍宋本此下標禮記正義卷第四十二終

爲君之父母節惠棟挍宋本自此節起至適婦不爲舅後者節止爲第四十三卷卷首題禮記正義卷第四十三

親緦小功不稅矣惠棟挍宋本宋監本岳本衛氏集說考文引古本足利本親上並有正字

生不至不說惠棟挍宋本無此五字

此子生則不及歸閩監毛本同考文引宋板無子字按衛氏集說作此子無生字疑宋板亦當無生字非無子字也寫者偶誤耳

按禮論云有服其喪服者閩監毛本同惠棟挍宋本喪作殘

若本大功以上降而在緦小功者閩本同惠棟挍宋本同監毛本在誤若

一則爲此句應連親屬之下惠棟挍宋本同此本應連誤至情閩監毛本作至連考文引宋板至連二字作應字並非

禮記注疏卷三十二校勘記

附釋音禮記注疏卷第三十三

喪服小記

鄭氏注　孔穎達疏

虞杖不入於室祔杖不升於堂（哀益衰敬彌多也虞於寢祔於祖廟）【疏】虞杖至於堂。正義曰此論哀殺去杖之節也。注虞於寢祔於祖廟。正義曰按士虞禮虞於寢又按檀弓云明日祔於祖是祔於祖廟也。

○為君母後者君母卒則不為君母之黨服（徒從也所從亡則已。不為于僞反下妾為君注大夫為庶子同。）【疏】為君至黨服。正義曰此經論徒從所從亡則已之事為君母後者謂無適立庶為後也妾子於君母之黨悉徒從若君母卒則不服君母之黨今既君母沒為後者嫌同於適服君母之黨故特明之徒從也所從亡則已謂與不為後同也。

○絰殺五分而去一杖大如絰（如要絰也。去起呂反下去杖并注同絰大結反要一遙反下文要絰注上至要皆同）【疏】絰殺至如絰。正義曰此一節論杖大如要絰之義絰殺者按喪服傳云苴絰大搹左本在下去五分一以為帶是首尊而要卑卑宜小故五分而去一象服數有五也。杖大如絰者謂如絰也鄭所以知然者以其同在下之物故也

○妾為君之長子與女君同（不敢以恩輕輕服君之正統。）【疏】妾為至君同。正義曰此一經論妾從女君服同女君為長子三年妾亦為女君長子三年故云與女君同也

除喪者先重者（謂練男子除乎首婦人除乎帶）易服者易輕者（謂大喪既虞卒哭而遭小喪也其易喪服男子易乎帶婦人易乎首）【疏】除喪至輕者。正義曰此一節論服之輕重相易及除脫之義重謂男首絰女要絰男重首女重要凡所重者有除無變所以卒哭不受以輕服至小祥各除其重也謂練男子除乎首婦人除乎帶是也。易服者易輕者易謂先遭重喪後遭輕喪變先者輕則謂男子要婦人首也謂先遭斬服虞卒哭已變葛絰大小如齊衰之麻若又遭齊衰之喪齊衰要首皆牡麻牡麻則重於葛服宜從重而男不變首女不易要以其所重故也但以麻易男要女首是所輕故也男子易乎要婦人易乎首若未虞卒哭則後喪不能變也

無事不辟廟門（鬼神尚幽闇也廟殯宮。辟婢亦反徐扶亦反）哭皆於其次（無時哭也有事則入即位）【疏】無事至其次。正義曰此一經論在殯無事之時。無事不辟廟門者辟開也廟門殯宮門也。鬼神尚幽闇若朝夕入即位哭則暫開之若無事則不開也。哭皆於其次者次謂倚廬唯朝夕哭入門內即位耳若晝夜無時之哭則皆於廬次之中也凡葬前哭晝夜無時若有事謂賓來弔之時則入即位若朝夕哭及適子受弔之事並入門即位而哭

○復與書銘自天子達於士其辭一也男子稱名婦人書姓與伯仲如不知姓則書氏（此謂殷禮也殷質不重名復則臣得名君周之禮天子崩復曰皐天子復諸侯薨復曰皐某甫復其餘及書銘則同。如不知姓一本無知姓二字）【疏】復與至書氏。正義曰此一經論復與書銘男女名字之別也書銘謂書亡人名字於旌旗也天子書銘於大常諸侯以下則各書於旌旗也。達於士其辭一也者謂士與天子同也。男子稱名者此並殷禮殷質不重名故復及銘皆書稱名也周世則尚文臣不名君天子復曰皐天子復矣諸侯復曰皐某甫復矣婦人書姓與伯仲者與及也復則婦人稱字此云書姓及伯仲是書銘也姓謂如魯姬齊姜也而伯仲隨其次也此亦殷禮也周之文未必有伯仲當云夫人也。如不知姓則書氏者氏如孟孫三家之屬謂書銘亦殷禮也殷無世繫六世而昏故婦人有不知姓者周則不然有宗伯掌定繫世百世昏姻不通故必知姓也若妾有不知姓者當稱氏矣。注其餘至則同。正義曰若周天子諸侯復與殷異其餘謂卿大夫以下書銘則與殷同矣

○斬衰之葛與齊衰之麻同（經之大俱七寸五分寸之一帶五寸二十五分寸之十九）齊衰之葛與大功之麻同（經之大俱五寸二十五分寸之十九帶四寸百二十五分寸之七十六。）【疏】斬衰至服之。正義曰此一節明前遭重喪後遭輕喪麻葛兼服之義。斬衰之葛與齊衰之麻同者斬衰既虞受服之葛首絰要帶與齊衰初喪麻絰帶同絰則俱七寸五分寸之一帶俱五寸二十五分寸之十九。齊衰之葛與大功之麻同者齊衰變服之葛與大功初死之麻同絰俱五寸二十五分寸之十九帶俱四寸百二十五分寸之七十六。麻同皆兼服之者皆上斬衰齊衰大功麻葛之事

也兼服謂服麻又服葛也斬衰既虞遭齊衰新喪男子則要服齊衰之麻帶首服斬衰之葛經婦人則首服齊衰之麻經要仍服斬衰之麻帶婦人上下皆麻此云麻葛兼服之謂男子也。注經之至十九。正義曰知經帶大小如此者按喪服傳云苴經大搹去五分一以爲帶齊衰之經斬衰之帶也去五分一以爲帶大功之經齊衰之帶也去五分一以爲帶喪服所云謂初喪麻之經帶也至既虞變葛之時經帶漸細降初喪一等斬衰葛經帶與齊衰初死麻之經帶同故云經俱七寸五分寸之一所以然者就苴經九寸之中五分去一以五分分之去一分故七寸五分寸之一其帶又五分去一又就葛經七寸五分寸之一之中五分去一故帶五寸二十五分寸之十九也此即齊衰初死之麻經帶矣齊衰既虞變葛之時又漸細降初喪一等與大功初死麻經帶同大功首經與齊衰初死麻帶同俱五寸二十五分寸之十九其帶五分首經去一就五寸二十五分寸之十九之中去其一分故餘有四寸百二十五分寸之七十六也凡算之法皆以五乘母乘母既訖納子餘分以爲積數然後以寸法除之但其事繁碎故畧舉大綱也。注皆者至男子。正義曰二事謂斬衰葛與齊衰麻同齊衰葛與大功麻同故云皆上二事也云男子則經上服之葛帶下服之麻者以前文云易服者易

輕者間傳篇云男子重首則要輕也是男子易要帶不易首經故云則經上服之葛帶下服之麻也云婦人則經下服之麻同自帶其故帶也者以下服初死故服下服之麻故檀弓篇云婦人不葛帶是也前服受服之時不變葛仍服前麻帶故云帶其故帶也云兼服之文主於男子者言婦人經帶俱麻今經云麻葛兼服之故云主於男子也。○報

葬者報虞三月而後卒哭報讀爲赴疾之赴謂不及期而葬也既葬即虞虞安神也卒哭之祭待哀殺也。○報依注音赴芳付反下同。〔疏〕報葬至卒哭。正義曰此一節論不得依常葬之禮也赴猶急疾也急葬謂貧者或因事故死而即葬不得待三月也急虞謂亦葬竟而急設虞謂是安神故宜急也。三月而后卒哭者雖急即虞而不即卒哭卒哭猶待三月。所以然者卒哭是奪於哀痛故不忍急而待齊哀殺也

父母之喪偕先葬者不虞祔待後事其葬服斬衰偕俱也謂同月若同日死也先葬者母也曾子問曰葬先輕而後重又曰反葬奠而後辭於殯遂備葬事其虞也先重而後輕待後事謂如此也其葬服斬衰者喪之隆衰宜從重也假令父死在前月而同月葬猶服斬衰不葬

不變服也言其葬服斬衰則虞祔各以其服矣及練祥皆然卒事反服重。偕音皆令力呈反。〔疏〕父母至斬衰。正義曰此一節論並遭父母喪虞祔及衣服之制也。父母之喪偕者偕謂同月若同日死也。先葬者不虞祔者雖有同日月死而不得同月葬如曾子問篇中所言葬先輕而後重者謂先葬母也葬母既竟不即虞祔而更脩葬父之禮也所以不即虞祔者虞祔稍飾父喪在殯故未忍爲虞祔也。待後事者後事謂葬父也葬母竟不即虞祔待葬父竟先虞父乃虞母所謂祭先重而後輕也。其葬服斬衰者言父母俱喪而猶服斬者從重也雖葬母亦服斬衰葬之以其父未葬亦不得變服也。注皆俱至服重。正義曰謂同月若同日死者假令父死在前月而同月葬者前月謂母死前之月也或前之一月或二月三月但是未葬之間皆是前月未必唯母死前之一月也以其父死未葬不變服故也云及練祥皆然者以經云其葬服斬衰直以葬爲文明爲母虞祔練祥皆齊衰也云卒事反服重者卒事之後還服父服故云卒事反服重。

○大夫降其庶子其孫不降其父祖不厭孫也大夫爲庶子大功。厭一妾反徐於艷反下文注皆同

大夫不主士之喪士之喪雖無主不敢

攝大夫以爲主〔疏〕大夫至之喪。正義曰此一節論大夫尊降庶子一等兼不爲主之事各依文解之。大夫降其庶子故爲其庶子不爲大夫者服其大功也而喪服條例云父之所不服其子亦不敢服故大夫不服其妾故妾子爲母大功也今嫌既降其子亦厭其孫故此明雖降庶子而不厭降其孫矣庶子之子不降其父猶爲三年也。大夫不主士之喪謂士死無主後其親爵有爲大夫者尊不得主之

○爲慈母之父母無服恩不能及。爲于僞反下其妻爲爲母之爲妻禫爲庶母爲祖庶母皆同〔疏〕爲慈至無服。正義曰此一節論慈母雖如母猶不爲慈母之黨服此慈母即是喪服中慈母者父雖命爲母子而本非骨肉故慈母之子不爲慈母之父母有服者爲恩所不及也

○夫爲人後者其妻爲舅姑大功以不貳降。降一本作隆。〔疏〕夫爲至大功。正義曰此一節論婦人不貳隆之義賀云此謂子出時已昏故此婦還則服本舅姑大功若子出時未昏至所爲後家方昏者不服本舅姑以婦本是路人來又恩義不相接猶臣從君而服不從而稅人生不及祖之徒而皆不責非時之恩也今按夫爲本生父母期故其妻降一等服大功是從夫而服不論識

前舅姑與否假令夫之伯叔在他國而死其婦雖不識豈不從夫服也熊氏云然恐賀義未盡善也**○士祔於大夫則易牲**不敢以卑牲祭尊也大夫少牢也○〔疏〕士祔至易牲○正義曰謂祖爲大夫孫爲士孫死祔祖則用大夫牲不敢用士牲士牲卑不可祭於尊者之前也祭殤與無後者不云易牲而此云易牲者前是宗子家爲祭不得同如宗子之禮故殤及無後者依士人之貴賤禮供之此是士卑許進用大夫牲故曰易牲然又此下云賤不祔貴而此云士祔大夫者謂無士可祔則不得不祔於大夫猶如妾無妾祖姑易牲而祔於女君可也若有士則當祔於士故雜記云士不祔於大夫謂先祖兄弟有爲士者當祔於士不得祔於大夫也**○繼父不同居也者必嘗同居皆無主後同財而祭其祖禰爲同居有主後者爲異居**録恩服深淺也見同財則期同居異財故同居今異居及繼父有子亦爲異居則三月未嘗同居則不服○見賢遍反○〔疏〕繼父至異居○正義曰此一經明繼父同居異居之禮此解喪服經中有繼父同居及不同居之文也○繼父者謂母後嫁之夫也若母

嫁而子不隨則此子與母繼夫同自路人無繼父之名故自無服也今此言謂夫死妻稚子幼子無大功之親隨母適後夫後夫亦無大功之親後以其貨財爲此子同築宮廟四時使之祭祀同其財計如此則是繼父同居故爲服期若經同居而今異居異居之道其理有三一者昔同今異二者今雖共居而財計各別三者繼父更有子便爲異居則服齊衰三月而已今言有主後者爲異居者謂繼父更有子也舉此一條餘亦可知矣然既云皆無主後爲同居則有主後者爲異居則此子有子亦爲異居也**○哭朋友者於門外之右南面**變於有親者也門外寢門外**○祔葬者不筮宅**宅葬地也前人葬既筮之〔疏〕哭朋至南面○正義曰此一經論哭朋友之處也門外寢門外也右西邊也南面嚮南也嚮南爲主以對若弔賓○注變於至門外○正義曰按檀弓云有殯聞遠兄弟之喪哭于側室無側室哭於門內之右今哭門外是變於有親也云門外寢門外者按檀弓云兄弟吾哭諸廟父之友吾哭諸廟門之外師吾哭諸寢朋友吾哭諸寢門之外是也**○士大夫不得祔於諸侯祔於諸祖父之爲士大夫者其妻祔於諸祖姑妾祔於妾祖姑亡則中一以上而祔祔必以其昭穆**士大夫謂公子公孫爲士大夫者不得祔於諸侯卑別也既卒哭各就其先君爲祖者兄弟之廟而祔之中猶間也○亡如字又音無昭常遥反後昭穆皆放此間間廁之間**諸侯不得祔於天子天子諸侯大夫可以祔於士**人莫敢卑其祖也○〔疏〕士大至於士○正義曰此一節論貴賤祔祭之義此謂祔祭也禮孫死祔祖今祖爲諸侯孫爲士大夫而死則不得祔祖謂祖貴宜自卑遠之故也○祔於諸祖父之爲士大夫者諸祖祖之兄弟也既不得祔祖當祔祖之兄弟亦爲大夫士者也○其妻祔於諸祖姑者夫既不得祔祖故妻亦不得祔於祖姑而可以祔於諸祖姑也諸祖姑是夫之諸祖父兄弟爲士大夫者之妻也若祖無兄弟可祔亦祔宗族之疏不爲諸侯者也然上云士易牲祔於大夫而大夫不得易牲祔於諸侯者諸侯之貴絕宗故大夫士不得輕親也○妾祔於妾祖姑者言妾死亦祔夫祖之妾也○亡則中一以上而祔者亡無也中間也若夫祖無妾則又間曾祖而祔高祖之妾也○祔必以

其昭穆者解所以祖無妾不祔曾祖而祔高祖之義也凡祔必使昭穆同曾祖非夫同列也然此下云妾母不世祭於孫否則妾無廟今乃云祔及高祖者當爲壇祔之耳後別釋○諸侯不得祔於天子者亦謂祔祭卑孫不可祔於尊祖也○天子諸侯大夫可以祔於士者祖雖賤而孫雖貴祔之不嫌也若不祔之則是自尊欲卑於祖也**○爲母之君母母卒則不服**母之君母外祖適母徒從也所從亡則已〔疏〕爲母至不服○正義曰此一節論不責恩所不及之事○母之君母者謂母之適母也此親於子爲輕故徒從也已母若在母爲之服已則服之已母若亡則已不服母之君母矣**○宗子母在爲妻禫**宗子之妻尊也〔疏〕宗子至妻禫○正義曰此一節論宗子妻尊得爲妻伸禫之事宗子爲百世不遷之宗賀瑒云父在適子爲妻不杖不杖則不禫若父没母存則爲妻得杖又得禫凡適子皆然嫌畏宗子尊厭其妻故特云宗子母在爲妻禫宗子尚然則其餘適子母在爲妻禫可知賀循云出居廬論稱杖者必廬廬者必禫此明杖章尋常之禮謂杖章之内居廬必禫若別而言之則杖有不禫○禫有不杖者按小記篇云宗子母在爲妻禫則其非宗子其餘適庶母在爲妻並不得禫也小記

又云父在爲妻以杖即位鄭玄云庶子爲妻然父在爲妻猶有其杖則父没母存有杖可知此是杖有不禫者也小記篇云庶子在父之室則爲其母不禫若其不杖則喪服不杖之條應有庶子爲母不杖之文今無其文則猶杖可知也前文云三年而后葬者但有練祥而無禫是有杖無禫此二條是杖而不禫賀循又云婦人尊微不奪正服○並厭其餘哀如賀循此論則母皆厭其適子庶子不得爲妻杖也故宗子妻尊母所不厭故特明得禫也

○爲慈母後者爲庶母可也爲祖庶母可也謂父命之爲子母者也即庶子爲後此皆子也傳重而已不先命之與適妻使爲母子也緣爲慈母後之義父之妾無子者亦可命己庶子爲後○

疏爲慈至可也○正義曰此一節論爲庶母後之事喪服有慈母如母傳曰慈母者何也傳曰妾之無子者妾子之無母者父命爲子母而子服此慈母三年此即爲慈母後之義也記者見喪服既有妾子爲慈母後之例將欲觸類言之則妾子亦可爲庶母後也爲庶母後者謂妾經有子而子已死者餘他妾多子則父命他妾之子爲無子之妾立後與爲慈母後同也故云爲庶母後可也○爲祖庶母可也者又觸類言之此既可爲庶母後則亦可爲祖庶母之後故云爲祖庶母之

後可也祖庶母者謂己父之妾亦經有子子死今無也父妾既無子故己命己之妾子與父妾爲後故呼己父之妾爲祖庶母既爲後亦服之三年如己母矣必知妾經有子者若無子則不得立後故也賀瑒云雖有子道服於慈庶母三年而猶爲己母不異異於後大宗而降本也○注謂父至爲後○正義曰謂父命之爲子母者也皇氏云此鄭注摠解經慈母庶母祖庶母三條也皆是庶子父命之使事妾母也故云父命爲子母也云即庶子爲後此皆子也傳重而已不先命之與適妻使爲母子也者庾氏云鄭注此一經明庶子爲適母後者故云即庶子爲後謂爲適母後此皆子者此庶子皆適母之子今命之爲後但命之傳重而已母道舊定不須假父命之與適妻使爲母子也云緣爲慈母後之義父之妾無子者亦可命己庶子爲後者言緣喪服有妾子爲慈母後義今起此妾爲後之文也然緣喪服慈母而起命二妾之後而注不云命後己妾唯言後父妾者緣己妾既可爲慈亦可爲庶母後易見不言自顯但以己子後父妾於文難明故特言之也

○爲父母妻長子禫目所爲禫者也○爲父母于僞反注目所爲下文則爲其母子爲妻下注恩爲己爲之變爲今死者皆同

疏爲父至子禫○正義曰此一經鄭云自所爲禫者此一人而已

然慈母亦宜禫也而下有庶子在父之室爲其母不禫則在父室爲慈母亦不禫也故不言之妻爲夫亦禫也但記文不具

○慈母與妾母不世祭也以其非正春秋傳曰於子祭於孫止

疏慈母至祭也○正義曰此一經論禮有不合世祭之事慈母即所謂承庶母祖庶母後者也妾母謂庶子自爲其母也既非其正故唯子祭之而孫則否○注以其至孫止○正義曰春秋傳於子祭於孫止者此穀梁傳隱五年謂魯孝公之妾是惠公之母五年傳九月考仲子之宮考成也成之爲夫人也注云仲子本孝公之妾以其子本孝公之妾子則惠公也惠公立爲仲子之後故成之爲夫人也傳又云禮庶子爲君爲其母築宮使公子主其祭注云公子者長子之弟及妾之子也傳又云於子祭於孫止者此經云妾母不世祭也故鄭引爲注此明不得世祭也

○丈夫冠而不爲殤婦人笄而不爲殤言成人也婦人許嫁而笄未許嫁與丈夫同○冠古亂反

○爲殤後者以其服服之言爲後者據承之也殤無爲人父之道以本親之服服之

疏爲殤至服之○正義曰此一節論宗子殤死族人不得以父道爲後之事○爲殤後者謂大宗

子在殤中而死族人爲後大宗而不得後此殤者爲子也以其父無殤義故也既不後殤而宗不可絶今來爲後殤者之人不以殤者之爲父而依兄弟之服服此殤也○注言爲至服之○正義曰言爲後者據承之也者既不與殤爲子則不應云爲後今言爲後是據已承其處爲言也云以本親之服服之者謂既不以父服服殤而今來後其宗事事如子爲彼殤服依其班秩如本列也爲人後者若子於無後之宗既爲殤者父作子則應服以兄弟之服而云以本親之服服者當在未後之前不復追服不責人以非時之恩故推此時本親兄弟亡在未後之前者亦宜終其本服之日月唯爲後及所後如有母亡而猶在三年之内則宜接其餘服不可以吉居凶若出三年則不追服矣

○久而不葬者唯主喪者不除其餘以麻終月數者除喪則已其餘謂旁親也以麻終月數不葬者喪不變也

疏久而至則已○正義曰此一節論久而不葬不變服之事○久而不葬者謂有事礙不得依月葬者則三年服身皆不得祥除也今云唯主喪者亦欲廣說子爲父妻爲夫臣爲君孫爲祖得爲喪主四者悉不除也○其餘以麻終月數者其餘謂期以下至緦也麻終月數者主人既未葬故

諸親不得變葛仍猶服麻各至服限竟而除也。除喪則已者謂月足而除不待主人葬除也然此皆藏之至葬則反服之也故下云及其葬也反服其服是也然雖緦亦藏服以其未經葬故也盧曰其下子孫皆不除也以主喪爲正耳餘親者以麻各終其月數除矣庾云謂昔主要記按服問曰君所主夫人妻大子適婦故。謂此在不除之例定更思詳以尊主卑不得同以卑主尊無緣以卑之未葬而使尊者長服衰經也且前儒說主喪不除無爲下流之義是知主喪不除唯於承重之身爲其祖曾若子之爲父臣之爲君妻之爲夫此之不除也不俟言而明矣盧植云下子孫皆不除蕭望之又云獨謂子皆未善也謂庾言爲是

○箭笄終喪三年 亦於喪所以自卷持者有除無變。

疏 箭笄終喪三年。○正義曰此一經論婦人以箭笄終喪之事前云惡笄以終喪是女子爲母也此云箭笄終喪三年謂女子在室爲父也自卷持者有除無變也。

齊衰三月與大功同者繩屨 雖尊卑異於恩有可同也

疏 齊衰至繩屨。○正義曰此一經論尊卑屨同之事。○大功以上同名重服故大功與齊衰三月可同繩屨謂以麻繩爲屨雖尊卑則異於恩有可同者齊衰爲尊大功爲卑而三月爲恩輕九

月恩稍重制之在尊卑深淺之間禮法有常乘權而降在尊既爲深故宜有異也所以衰服殊而爲恩情處爲淺深矣故有可同也所以同其末屨以表恩而不同也。

○練筮日筮尸視濯皆要經杖繩屨有司告具而后去杖筮日筮尸有司告事畢而后杖拜送賓 臨事去杖敬也濯謂溉祭器也。濯大角反溉故代反。

大祥吉服而筮尸 凡變除者必服其吉服以即祭事不以凶臨吉也間傳曰大祥素縞麻衣。○縞古老反。

疏 練筮至筮尸。○正義曰此一經論練祥筮日筮尸之時所著衣服也練爲小祥也。筮日謂筮占小祥之日筮尸亦筮占小祥之尸。視濯者謂視小祥之祭器祭器須絜而視其洗濯也。皆要經杖繩屨者爲喪至小祥男子除首經唯有要經而病尚深故猶有杖屨是末服又變爲繩麻將欲小祥前日豫筮其日而占於尸及視濯器則豫著小祥之服以臨此三事也所以然者此前三事悉是爲祭祭欲吉故豫服也不言衰與冠者亦同小祥矣。有司告具而后去杖者有司謂執事者鄙者變服猶杖今執事之人既告三事辦具將欲臨事故孝子便去杖亦敬生故也。筮日筮尸有司告事畢而后杖拜送賓者筮日與尸二事皆有賓來鄙當臨事時去杖今若執事之人告筮占之事已畢則孝子更執杖以拜送於賓矣不言視濯者視濯輕而無賓故不言也。大祥吉服而筮尸者吉服朝服也大祥之日縞冠朝服今將欲祥亦於前日豫服大祥之服以臨筮日及筮尸視濯今唯云尸不言日及濯者從小祥可知也大祥則并去經杖繩屨故不云杖經屨。注凡變至麻衣。正義曰凡變除者必服其吉服以即祭事不以凶臨吉也者下云大祥朝服縞冠是祥祭之時唯著朝服此筮尸又在祥祭前已著吉服不以凶臨吉故也引間傳者以大祥之後著素縞麻衣此云吉服則非祥後之服是朝服也故引以證

○庶子在父之室則爲其母不禫 妾子父在厭也 庶子不以杖即位 下適子也位朝夕哭位也。下適戶嫁反適丁歷反

父不主庶子之喪則孫以杖即位可也 祖不厭孫孫得伸也。伸音申

父在庶子爲妻以杖即位可也 舅不主妾之喪子得伸也

疏 庶子至可也。正義曰此一節論庶子父在應杖及不應杖之節庶

子在父之室則爲其母不禫者此謂不命之士父子同宮者也若異宮則禫之如下言則亦猶杖也禫爲服外故微奪之可。庶子不以杖即位者謂適庶俱有父母之喪也適子得執杖進阼階哭位庶子至中門外而去之以下於適子也然此承前而云杖則似庶子不禫亦不杖如賀言也。父不主庶子之喪則孫以杖即位可也者父主適子喪而有杖故適子子不得以杖即位以辟祖故耳非厭也今此父不主庶子喪故庶子子則得杖即位也祖不厭孫孫得伸也父皆厭子故舅主適婦喪而適子不杖大夫不服賤妾妾子亦厭而降服以服其母也至於祖雖尊貴而並不厭孫故大夫降庶子爲其孫不降其父也庾云謂雜記上爲長子杖則其子不以杖即位鄭注辟尊者按祖不厭孫而長子之子不以杖即位者以祖爲其父主故辟尊不敢俱以杖即位耳猶如庶子之子亦非厭也父不爲庶子主故其子以杖即位可也。父在庶子爲妻以杖即位可也者此謂庶子也父不主其妻故其子得爲妻以杖即位也雜記云爲妻父母在不杖亦是庶子而云不杖者亦謂同宮者也又喪服注云爲其妻以杖即位謂庶子也舅主適婦則適子不得杖舅不主庶婦故庶子爲妻可以杖即位謂父主妻喪故主適婦所以適子不杖也明主適婦猶於主妻故也父既不主妾喪故不主庶婦所以庶

子得杖庶子得杖由於父不主妾故也若妻次子既非正嫡故亦同妾子之限也或問者云但以杖自足何須言即位言即位如似適婦之喪長子亦得有杖祇不得即位耳荅曰庶子爲父母厭下於適子雖有杖不得持即位今嫌爲妻亦得杖而不即位故明之也○諸侯弔於異國之臣則其君爲主君爲之主弔臣恩爲已也子不敢當主中庭北面哭不拜○諸侯弔必皮弁錫衰所弔雖已葬主人必免主人未喪服則君亦不錫衰必免者尊人君爲之變也未喪服未成服也既殯成服○[疏]諸侯至錫衰○正義曰此一節明諸侯弔喪衣服之節○弔於異國之臣則其君爲主者君無弔他臣之禮若來在此國遇主國之臣喪時爲彼君之故而弔故主國君代其臣之子爲主諸侯弔必皮弁錫衰者此有二種一云此句因前而發弔必皮弁錫衰謂弔異國臣也若自弔已臣則素弁環絰錫衰也故鄭注國君於其臣弁絰他國之臣皮弁一云此亦爲自弔已臣而未當事則皮弁錫衰至當事乃弁絰耳檀弓已論○所弔雖已葬主人必免者此承上也謂諸侯來弔主人必爲之重禮凡五服

自大功以上爲重重服爲免之節自始死至葬卒哭後乃不復免也小功以下爲輕輕服爲免之節自始死至殯殯後不復免至葬啓殯之後而免以至卒哭如始死今若人君來弔雖非服免時必爲免以尊重人君故也而此云主人必免謂大功以上也小功以下則不然也何以知然下云親者皆免注云大功以上故知之○注君爲至不拜○正義曰云子不敢當主中庭北面哭不拜者按士喪禮君弔主人出迎于門外見馬首入門右北面君升主人中庭拜稽顙成踊彼爲主人爲主故中庭拜今鄭國君弔君爲之主拜賓則主人中庭北面哭不拜曾子問稱季桓子之喪衛君來弔魯君爲主季康子立於門右北面拜而後稽顙故譏其喪有二主當唯哭踊而已是於禮不拜也○注必免至成服○正義曰未喪服未成服也者以經云未喪服嫌謂未括髮未散麻帶絰之屬故云未成服云既殯成服者士喪禮既殯三日成服是殯後乃成服也○養有疾者不喪服遂以主其喪不喪服求生主吉惡其凶也遂以主其喪謂養者有親也死則當爲之主其爲主之服如素無喪服○養羊尚反惡烏路反○非養者入主人之喪則不易已之喪服入猶來也謂養者無親於

死者不得爲主其有親來爲主者素有喪服而來爲主與素無服者異素無服者素有服爲今死者當服則皆三日成也○養尊者必易服養卑者否尊謂父兄卑謂子弟之屬[疏]養有至者否○正義曰此一節論自有喪服親族有疾患者養之法各依文解之○養有疾者謂養此親屬有疾者不喪服爲已先有喪服養疾之時不著已之喪服求生主吉惡其凶故也○遂以主其喪者疾者既死無生後此養者遂以主先來無服之法主其死者之喪也○注不喪至喪服○正義曰云遂以主其喪謂養者有親也者養者若於病者無親疾時雖養死不得爲主今死得爲主故知養者於死者有親也云其爲主之服如素無喪服者身雖先有服養時既去其服今疾者身死已爲之主還與素無服同也○非養至喪服○此謂死者之親屬當死者病時不得來爲養而死時來爲主此主雖身有前喪之服今來爲主則不易已喪服所以然者已既前不養不經變服故今爲新死者不易已之喪服○注入猶至成也○正義曰云謂養者無親於死者不得爲主其有親來爲主者謂養者無親也病者若死而此養者不得爲主既不得爲主故知死者之親來入主喪者也云素有喪服而來爲主者素猶本也本有喪謂有前喪之服也已服前喪之服而

來主之不易服也云與素無服者異者本無服謂若來爲喪主者身本吉無喪服既來爲主則爲此死者服始死之服若本有喪服今來爲喪主仍以先喪之服主之故云異也云素無服素有服爲今死者當服則皆三日成也者謂已身若本有服及本無服若與死者有親則皆至三日成服皆爲死者服其服也若本有服重而新死者輕則爲一成服而反前服也若新死重則仍服死者新服也身本吉而來爲主則計今親而依限服之也庾云謂此無主後親族爲其喪主者鄭云養者無親於死者不得爲主謂親族不得養其病朋友養之者又云有其親來爲主謂親族也前云喪服者及其主喪則與素無服者同此明既死而往主即不易已之喪服故鄭又云與素無服者異也○養尊至者否○此廣結前文養有疾者不喪服之文尊謂父兄也卑謂子弟也前雖云養有疾者不喪服不分明尊卑故此明之養尊者必易已之喪服也若養卑者不變也庾云前云去喪服而養之遂以主喪是必父兄之行也○○妾無妾祖姑者易牲而祔於女君可也女君適祖姑也易牲而祔則凡妾下女君一等○適丁歷反下戶嫁反○[疏]妾無至可也○正義曰此一節明祔祭之法也云妾無妾祖姑者謂妾當祔於妾祖姑若無妾

祖姑當祔於高祖妾祖姑故前文云亡則中一以上今又無高祖妾祖姑則當易妾之牲用女君之牲祔於女君可也。注女君至一等。正義曰鄭恐女君是見在之女君故云女君適祖姑也妾與女君牲牢無文既云易牲故云下女君一等下女君一等者若女君少牢妾則特牲若女君特牲妾則特豚也○婦之喪虞卒哭其夫若子主之祔則舅主之婦謂凡適婦庶婦也虞卒哭祭婦非舅事也祔於祖廟尊者宜主焉士不攝大夫士攝大夫唯宗子士之喪雖無主不敢攝大夫以爲主宗子尊可以攝之。主人未除喪有兄弟自他國至則主人不免而爲主親質不崇敬也疏婦之至爲主。正義曰此一節論喪祭爲主之事各依文解之。婦之喪虞卒哭其夫若子主之者虞與卒哭其在於寢故其夫或子則得主之祔是祔於祖廟其事既重故舅主之婦之所祔者則舅之母也。士不至宗子。此謂士喪無主不敢使大夫兼攝爲主也。士攝大夫唯宗子者謂若宗子爲士而無主後者可使大夫攝主之也士之喪雖無主不敢攝大夫爲主士卑故也宗子尊

則可以攝之也。主人至爲主。主人未除喪者謂在國主人之喪服未除有兄弟自他國至則主人不免而爲主者謂五屬之親從遠歸奔者也夫免必有時若葬後唯君來弔雖非時亦爲之免崇敬欲新其事故也若五屬之親非時而奔則主人不須爲之免也嫌親始奔亦應崇敬爲免如君故明之也。陳器之道多陳之而省納之可也省陳之而盡納之可也多陳之謂賓客之就器也以多爲榮省陳之謂主人之明器也以節爲禮。省所領反下及注同。疏陳器至可也。正義曰此一節論以明器送葬之事。陳器之道多陳之者謂朋友賓客賵遺明器多陳列之以爲榮也。而省納之可也者雖復多陳不可盡納入壙故省少納之可也以納有常數故也。省陳之而盡納之可也者謂主人所作明器依禮有限故省陳之省陳既少而盡納之於壙可也。注多陳至爲禮。正義曰云謂賓客之就器也者而遺死者謂之就者以其可用故也故既夕禮注云就猶善也賵無常唯玩好所有也總而言之亦曰明器故宰夫云凡弔與其幣器注云器所致明器也是賓客致者亦曰明器也云省陳之謂主人之明器也者此正明器主人所作故上檀弓云旬而布材與明器又檀弓云竹不成用瓦不成沫之屬是也○奔兄弟之喪先之墓而後之家爲位而哭所知之喪則哭於宮而后之墓兄弟先之墓骨肉之親不由主人也宮故殯宮也。疏奔兄至之墓。正義曰此一節論奔兄弟之喪之事。注兄弟至宮也。正義曰言骨肉之親不由主人也者解兄弟之喪先之墓之意兄弟骨肉自然相親不由主人故先往之墓若所知之喪由主人乃致哀戚故先哭於宮而後至墓○父不爲衆子次於外於庶子略自若居寢。爲于僞反下注猶來爲下文爲出母爲夫杖同。疏父不至於外。正義曰衆子庶子次謂中門外次也庶子賤略之故父不爲之次自若常居於寢也不爲之處門外爲喪次也長子則次於外爲喪次也與諸侯爲兄弟者服斬謂卿大夫以下也與尊者爲親不敢以輕服服之言諸侯者明雖在異國猶來爲三年也疏與諸至服斬。正義曰熊氏以爲謂諸侯死凡與諸侯有五屬之親者皆服斬也以諸侯體尊不可以本親輕服服之也。注謂卿至年也。正義曰謂卿大夫以下也者經云與諸侯爲兄弟服斬恐彼此

俱作諸侯爲之服斬故云謂卿大夫以下若俱爲諸侯則各依本服然卿大夫與君自應服斬而云兄弟者或服本義之服故明之云服斬也以與尊者爲親不敢以輕服服之云言諸侯者明雖在異國猶來爲三年也者鄭以經不云與君爲兄弟而言與諸侯爲兄弟故知客在異國也然既在異國仕於他君得反爲舊君服斬者以其曾在本國作卿大夫今來他國未仕故得爲舊君反服斬鄭言謂卿大夫者據本國經爲卿大夫者也或可與諸侯爲兄弟雖在他國仕爲卿大夫得爲舊君服斬異於尋常按下雜記云外宗爲君夫人如內宗注云謂嫁於國中者此云異國二注不同者雜記據婦人故云嫁於國中此據男子故得云異國是以鄭注云謂卿大夫以下惟謂男子賀循云以鄭二注不同故著要記以爲男子及婦人皆謂在國內者譙周亦以爲然並非鄭義今所不取也。下殤小功帶澡麻不絕本詘而反以報之報猶合也下殤小功本齊衰之親其絰帶澡率治麻爲之帶不絕其本屈而上至要中合而糾之明親重也凡殤散帶垂。澡麻本又作藻音早一本無麻字不絕本或作子絕本非也詘丘勿反澡率上音早下所律反又音律上時掌反糾居黝反徐居蚪反散先但反下文注並同。疏殤

至報之。○正義曰：謂本期親在下殤降在小功者，服澡麻爲絰帶而斷麻根本，示輕故也。今若下殤在小功者，則但首絰無根而要帶猶有根，示其重故也。故云帶澡麻不絶，不絶謂不斷本也。詘而反以報之者，凡殤不糾要垂，皆散其帶，而此下殤則不散垂，免麻繩下又屈反嚮上，故云屈而反也，屈嚮上合而糾之，故云報也。○注「報猶至帶垂」。○正義曰：謂合糾爲繩。賀瑒云：下殤小功，男子絰牡麻而帶澡，婦人帶牡而絰澡，故小功殤章云「牡麻絰」，若依其次，不應前帶，故知前言男子之帶，後言婦人之絰也。云「澡，率治麻爲之」者，謂戛率其麻使其潔白也。云「帶不絶其本，屈而上至要」者，其帶本垂，今乃屈上至要也。云「中合而糾之，明親重也」者，謂屈所垂散麻上至於要，然後中分麻爲兩股，合而糾之，以垂嚮下也。所以然者，明親重也。云「凡殤散帶垂」者，謂成人大功以下之殤，其殤既輕，唯散麻帶垂而下，不屈而上糾之，異於下殤小功故也。

婦祔於祖姑，祖姑有三人，則祔於親者。謂舅之母死而又有繼母二人也。親者，謂舅所生。○其妻爲大夫而卒，而后其夫不爲大夫，而祔於其妻，則不易牲；妻卒而后夫爲大夫，而祔於其妻，則以大夫牲。妻爲大夫夫爲大夫時卒，不易牲，以士牲也。此謂始來仕無廟者，無廟者不祔宗子，去國乃以廟從。○從，才用反。○爲父後者爲出母無服。無服也者，喪者不祭故也。適子正體於上，當祭祀也。

【疏】「婦祔至故也」。○正義曰：此一節明婦人祔祭之事，各依文解之。○「祖姑有三人則祔於親」者，謂舅之母有三人，親者謂舅之所生者，言婦祔祖姑，則祔於舅之所生者也。○「其妻爲大夫而卒」者，謂夫爲大夫時而妻死者也。○「而后其夫不爲大夫」者，謂妻死後夫或黜退不復爲大夫而死也。「而祔於其妻則不易牲」者，謂夫既不爲大夫死，若祔祭此妻，但依夫今所得用之牲，不得易用昔大夫時牲。○「妻卒而后夫爲大夫而祔於其妻則以大夫牲」者，此謂妻死時夫未得爲大夫也，妻死後夫乃得爲大夫，今既祔祭其妻，則得用大夫牲，妻從夫之禮故也。○注「妻爲至廟從」。正義曰：此謂始來仕無廟者，若其有廟，則死者當祔於祖，不得祔於其妻。今夫死祔於其妻，故知是無廟者。若其宗子去他國乃以廟從，則祔於祖矣。

○婦人不爲主而杖者，姑在爲夫杖。姑不厭婦。母爲長子削杖。嫌服男子當杖竹也。母爲長子服，不可以重於子爲己也。女子子在室爲父母，其主喪者不杖，則子一人杖。女子子在室亦童子也。無男昆弟，使同姓爲攝主，不杖，則子一人杖，謂長女也。許嫁及二十而笄，笄爲成人，成人正杖也。

【疏】「婦人至人杖」。○正義曰：此一節論婦人應杖之節，各隨文解之。○「姑在爲夫杖」者，鄭義唯謂出嫁婦人禮也。若成人婦人在家爲父母，雖不爲主亦杖；若在夫家，唯爲主乃杖，故爲夫與長子雖不爲主亦杖。若餘非爲主則不爲杖，但夫是移天之重，婦雖不爲主而杖。而云姑在者，舅主適婦喪則厭適子，使不杖。今有姑在，姑主子喪，恐姑既爲主則亦厭婦，明今姑雖爲主不厭婦也。所以知鄭意然者，注下經「一人杖」云「女子子在室亦童子也，成人則正杖」。又喪大記云「主之喪三日，婦人皆杖」，注云「婦人皆杖，謂主婦容妾爲君、女子子在室者也」。故喪服傳云「婦人何以不杖？亦不能病也」。是爲鄭學者則謂爲童子婦人不能爲父母杖也。而難鄭者云：鄭以婦人不杖唯謂童子婦人，然童女未嫁，何以得稱婦人？又喪服傳云「童子何以不杖？不能病」，乃云「婦人何以不杖？亦不能病」，明知婦人非童子也。故賀循等以爲婦人不杖，謂出嫁之婦人不爲主則不杖，其不爲主而杖者，唯姑在爲夫杖，故此記特明之。鄭必以爲童子婦人乃不杖者，鄭以此下經云「女子子在室爲父母，其主喪者不杖，則子一人杖」，既云女子子在室，是童女可知。云主喪者不杖，若主喪者杖，則此童女不杖；今由主喪者不杖，則此童女一人杖。鄭據此文，故知婦人謂童子之婦人也。若其成人出嫁婦人爲主皆杖，故喪大記云「三日，子、夫人杖；五日，授大夫、世婦杖」；喪服傳「妻爲夫杖」；小記云「母爲長子杖」，是成人婦人皆杖也。童女得稱婦人者，喪服小功章云「爲姪、庶孫丈夫婦人之長殤」，是殤之童得稱婦人。未嫁而凡婦人者，以其將有適人之端，故得稱婦人也。○注「許嫁至杖也」。○正義曰：知許嫁及二十而笄爲成人正杖者，以其許嫁則已有出適人之理，非復在室。其雖未許嫁，已在二十而笄，猶男子之冠，非復童子，故知成人則正杖也。

○緦小功虞卒哭則免。棺柩已藏，嫌恩輕，可以不免也。言「則」免者，則既殯先啓之間雖有事不免。既葬而不報虞，則雖主人皆冠，及虞則皆免。有故不得疾虞，雖主人皆冠，不可久無飾也。皆免，自主人至緦麻。○報音赴，下同。冠如字，又古亂反，下及注皆同。○爲兄弟既除喪已及其葬也，反服其服，報虞卒哭則免，如不報虞則除之。小功以下。爲于僞反，下注爲人君爲母、下文爲之小功皆同。遠葬者比反哭者皆冠，及郊而后免反哭。墓在四郊之外。比必利反。君弔雖不當免時也，主人必免，不散麻。雖異國之君，免也，親者皆免。不散麻者，自若絞垂。爲人君變貶於大斂之前、既啓之後也。親者，大功以上也。異國之君免，或爲弔。絞古卯反。【疏】「緦小」至「皆免」。正義曰：此一節論著免之節，各隨文解之。「緦小功虞卒哭則免」者，言遭緦小功之喪，棺柩在時則當著免，今至虞卒哭之時，棺柩雖藏已久，至虞卒哭之時亦著免也。注「言則」至「不免」。正義曰：言「則免」者，則既殯先啓之間，雖有事不免者，以經云「虞卒哭則免」，明未虞之前則不免也。虞前有葬，葬是喪之大事，棺柩既啓，著免可知。嫌虞與卒哭棺柩既掩，不復著免，故特言虞卒哭以明之也。注「有故」至「緦麻」。正義曰：前云赴葬者赴虞，於疾葬者疾虞，今依時而葬，不依時而虞，主人以

下則皆冠，不可久無飾也。經云「及虞則皆免」，承上文「緦小功」之下，故知主人及緦麻皆免也。「遠葬」至「反哭」。「遠葬者」，謂葬在四郊外遠處。「比反哭者皆冠」者，既葬在遠處郊野之外，不可無飾，故至葬訖臨欲反哭之時，乃皆著冠。「及郊而后免反哭」者，謂著冠至郊而后去冠著免，反哭於廟。「君弔」至「皆免」。凡大斂之前著免，大功以上散麻，大斂以後著冠，不散麻，糾其垂也。至將葬啟殯之後、已葬之前，亦免，大功以上亦散麻。若君弔，雖不當免時，必爲之著免，不散麻帶，貶於大斂之前及既啓之後。「雖異國之君免也，親者皆免」者，己君之來，其免如此，雖他國君來，與己國君同，主人爲之著免。主人既免，大功以上親者皆從主人之免，敬異國君也。異國之君尚然，己君來弔，主人著免，則親者亦免可知也。注「不散」至「爲弔」。正義曰：「不散麻者，自若絞垂」者，若，如也。大斂以前散麻帶垂，大斂畢後絞其垂者，今人君來弔，自如尋常絞垂，不散麻也。所以然者，爲人君變貶於大斂之前及既啓之後也。云「親者，大功以上也」者，以經云「不散麻」，謂大功以上，今云「親者皆免」，明據應合散麻之人，故云大功以上也。云「異國之君免，或爲弔」者，以經中既免字非一，恐皆或爲弔，故云「異國之君免」一字或爲弔也。除殤之喪者，其祭也必玄。殤無變文，不縞。冠玄

端黃裳而祭，不朝服，未純吉也。於成人爲釋禫之服。朝直遥反，下文同。○除成喪者，其祭也朝服縞冠。成人也。縞冠，未純吉祭服也。既祥祭乃素縞麻衣。【疏】「除殤」至「縞冠」。正義曰：此一節明除殤及成人之喪，各依文解之。「除殤之喪者」，謂除長殤、中殤、下殤之喪，其祭也必玄者，其除喪祭服，必玄冠玄端黃裳，異於成人之喪也。注「殤無」至「之服」。正義曰：殤無變者，無虞卒哭及練之變服。所以然者，文不縟，本服既重者，意在於質，不在繁縟。若成人喪服，初除著朝服，禫祭始從玄端，今除殤之喪即從禫服，是文不繁縟也。故鄭注喪服云：「縟，數也。」「玄冠玄端黃裳而祭，不朝服，未純吉也」者，以經云「必玄」，故知玄冠玄端也。知黃裳者，若其素裳，則與朝服純吉同，故知黃裳也。知不玄裳者，以玄黃相對之色，故知釋禫之服。若云玄裳，即與上士吉服玄端同文，非釋禫服也。「除成喪者，其祭也朝服縞冠」。成喪，謂成人之喪，其祥祭也。衣朝服而縞冠，所以朝服縞冠者，未純吉也。注「縞冠」至「服也」。正義曰：大夫朝服而祭，朝服者玄冠緇衣素裳，是至服也，純吉之祭服也。今用縞冠，是未純吉之祭服也。○奔父之喪，括髮於堂上，袒降踊，襲絰于東方。奔母

之喪，不括髮，袒於堂上，降踊，襲免于東方，絰即位成踊，出門哭止，三日而五哭三袒。凡奔喪，謂道遠已殯乃來也。爲母不括髮，以至成服一而已，貶於父也。即位以下，於父母同也。三日五哭者，始至訖夕反位哭，乃出就次一哭也，與明日、又明日之朝夕而五哭。三袒者，始至袒，與明日、又明日之朝而三也。【疏】「奔父」至「三袒」。正義曰：此一節論奔喪之法。「奔父之喪，括髮於堂上」者，於殯宮堂上，不笄纚者，奔喪異於初死也。「袒降踊，襲絰于東方」者，袒謂堂上去衣，降堂阼階東而踊，爲踊故袒。既畢，襲絰于東方。襲謂掩所袒之衣，帶絰。東方，謂東方既踊畢，升堂，襲帶絰于東序東。「奔母之喪，不括髮」者，初時括髮，至又哭以後至於成服不括髮。「袒於堂上，降踊」者，與父同。「襲免于東方」者，東方亦東序東。父則括髮而加絰，母則不括髮而加免，此是異於父也。此東方，奔喪禮皆爲東序東。「絰即位成踊」者，著免加絰已後，即位於阼階之東而更踊，故云成踊。其即位成踊，父母同。於此之時，賓來弔者則拜之，奔喪禮所謂「反位，拜賓成踊」是也。「出門哭止」者，出殯宮之門，就於廬，故哭者止。初來一哭，與明日、又明日朝夕之哭，爲五哭也。「三袒」者，初至袒

明日朝祖又明日朝祖故爲三祖雖其初死在家之時哭踊無節今聞喪已久奔喪禮殺故三日五哭異於在家也○注凡奔至三也○正義曰此謂已殯而來者若未殯之前而來當與在家同不得減殺也云即位以下於父母同也者約奔喪禮文故知同也三日五哭三祖鄭約初來及明日又明日朝夕之節而知也○適婦不爲舅後者則姑爲之小功謂夫有廢疾他故若死而無子不受重者小功庶婦之服也凡父母於子舅姑於婦將不傳重於適及將所傳重者非適服之皆如庶子庶婦也○【疏】適婦至小功○正義曰適子之婦不爲舅後者則姑爲之服庶婦小功而已○注謂夫至婦也○正義曰夫有廢疾他故若死而無子不受重者鄭知是此者以其經稱適婦明是適子之婦今云不爲舅後明知夫有廢疾及他故死而無子者也云小功庶婦之服也者以父母於子適者正服期則適婦宜大功庶婦故小功也云將不傳重於適者如上所云廢疾他故死而無子之屬是也云及將所傳重非適者爲無適子以庶子傳重及養他子爲後者也

附釋音禮記注疏卷第三十三

江西南昌府學栞

禮記注疏卷三十三挍勘記　阮元撰盧宣旬摘錄

喪服小記

經殺五分而去一節

經殺至如經　惠棟挍宋本無此五字

苴經大搹　考文引宋板同閩監毛本苴誤首衛氏集說同

除喪者先重者節

婦人除乎帶　惠棟挍宋本同宋監本同岳本同嘉靖本同衛氏集說同考文引古本足利本同閩監毛本帶誤要

除喪至輕者　惠棟挍宋本無此五字

及除脫之義　惠棟挍宋本作除衛氏集說同此本除誤餘閩監毛本同

以其所重故也　惠棟挍宋本同衛氏集說同閩監毛本故誤要

但以麻易男要女首　惠棟挍宋本如此衛氏集說同此本男要二字闕閩監毛本男要誤故男

復與書銘節

復與至書氏　惠棟挍宋本無此五字

故復及銘旨書稱名也　閩監毛本同浦鏜挍云書字當在銘字上

若妾有不知姓者當稱氏矣　考文引宋板同衛氏集說同閩監毛本當誤常

斬衰之葛節

麻同皆兼服之　惠棟挍宋本有此一句在齊衰之葛節注七十六之下石經同宋監本同岳本同嘉靖本同衛氏集說同陳澔集說同考文引古本足利本同石經考文提要云宋大字本宋本九經南宋巾箱本余仁仲本劉叔

剛本至善堂九經本並如此毛本亦有惟同字作苟此本六字脫閩監本同岳本考證云永懷堂本脫此句

皆者皆上二事也兼服之謂服麻又服葛也男子則經上服之葛帶下服之麻婦人則經下服之麻固自帶其故帶也所謂易服易輕者也兼服之文主於男子此六十一字係麻同皆兼服之注惠棟挍宋本有宋監本同岳本同嘉靖本同衞氏集說同惟無皆者皆上二事也七字毛本亦有惟固自帶之帶誤當兼服之文文誤又此本全脫閩監本同

斬衰至服之　惠棟挍宋本無此五字

麻同皆兼服之者　惠棟挍宋本同衞氏集說同閩監毛本同誤葛

兼服謂服麻又服葛也　惠棟挍宋本作又此本又字闕閩監毛本又作兼

案喪服傳云苴經大搹　惠棟挍宋本同閩監毛本苴誤首衞氏集說同下就苴絰九寸之中同

凡笄之法　閩監毛本同衞氏集說笄作筭浦鏜挍笄改笄○按笄俗字也笄又笄之誤

納子餘分以爲積數　惠棟挍宋本亦作納衞氏集說同閩監毛本納誤約

但其事繁碎　惠棟挍宋本同衞氏集說同閩監毛本繁誤繫

同自帶其故帶也者　閩監毛本同惠棟挍宋本同作固

報葬者報虞節

報葬至卒哭　惠棟挍宋本無此五字

謂是安神　惠棟挍宋本謂作虞是也閩監毛本並誤謂

而待齊哀殺也　惠棟挍宋本哀上無齊字此誤衍也閩本同監毛本誤作而待齊哀殺也

父母之喪節

喪之隆衰宜從重也　惠棟挍宋本作衰考文引古本同此本衰誤哀閩監毛本同岳本同嘉靖本同衞氏集說同

父母至斬衰　惠棟挍宋本無此五字

卒事之後還服父服　閩監毛本同惠棟挍宋本後還作日反衞氏集說同

大夫降其庶子節

大夫至之喪　惠棟挍宋本無此五字

其子亦不敢服　閩監毛本同惠棟挍宋本無其字

夫爲人後者節

以不貳降　考文引宋板作隆衞氏集說同此本隆作降閩監毛本同岳本同嘉靖本同釋文出不貳降云一本作降盧文弨挍云宋本作隆是也

夫爲至大功　惠棟挍宋本無此五字

人生不及祖之徒　惠棟挍宋本作祖衞氏集說同此本祖誤相閩監本同毛本及祖誤相及

熊氏云然恐賀義未盡善也　閩監本同毛本脫然字惠棟挍宋本也作矣

士祔於大夫節

士祔至易牲　惠棟挍宋本無此五字

依主人之貴賤禮供之　惠棟挍宋本作亡此本亡誤主閩監毛本同

哭朋友者節　閩監毛本祔葬者不筮宅提行別爲一節惠棟云哭朋至南面正義二則宋本接在門外寢門外之下衞氏集說分節同

哭朋至南面　惠棟挍宋本無此五字

以對荅弔賓　閩監毛本同惠棟挍宋本賓作客衞氏集說同

士大夫不得祔於諸侯節

士大至於士　惠棟挍宋本無此五字

諸祖祖之兄弟也　閩本同惠棟挍宋本同衛氏集說同監毛本下祖誤祔

宗子母在節

宗子至妻禫　惠棟挍宋本無此五字

則杖有不禫禫有不杖者　案不禫字下○誤衍監本同

小記篇云庶子在父之室　閩監毛本同惠棟挍宋本篇作又

庶子不得爲妻杖也　惠棟挍宋本作禫此本禫誤杖閩監毛本同

爲慈母後者節

父之妾無子者　閩監本岳本嘉靖本衛氏集說同毛本父誤夫

爲慈至可也　惠棟挍宋本無此五字

母道舊定不假須父命之　考文引宋板同閩監毛本假須作須假

爲父母妻長子禫節

日所爲禫者也　惠棟挍宋本日作目正義同宋監本同嘉靖本同衛氏集說同考文引古本足利本同此本日誤日閩監毛本目作自岳本同

爲父至子禫　惠棟挍宋本無此五字

鄭云自所爲禫者　閩監毛本同惠棟挍宋本自作目衛氏集說同

丈夫冠而不爲殤節

丈夫冠而不爲殤　閩監毛本同石經同岳本同嘉靖本同衛氏集說同浦鏜挍云丈夫冠賈公彥士冠禮疏及楊復齋儀禮圖喪服殤大功九月七月章引此皆作大夫按文與婦人相對似作丈夫爲正但賈楊所見本不應並誤今此節疏義不存無可考挍姑闕所疑以俟達者挍集說載山陰陸氏云不言男子女子言丈夫婦人則以冠宜有丈夫之道笄宜有婦德故也審陸此言是宋所見本亦作丈夫也○按賈氏士冠疏誤耳

未許嫁與丈夫同　閩監毛本同岳本同嘉靖本同惠棟挍宋本同下有也字衛氏集說同考文引古本同

爲殤至服之　惠棟挍宋本無此五字

此一節論宗子殤死　閩監毛本同考文引宋板節作經衛氏集說

以其父無殤義故也　閩監本同衛氏集說同毛本無誤爲

既不與殤爲子　閩本同惠棟挍宋本同衛氏集說同監毛本與誤爲

依其班秩如本列也　閩監本同毛本如誤也

不責人以非時之恩　惠棟挍宋本同衛氏集說同閩監本恩誤思

故推此時本親兄弟　惠棟挍宋本作推衛氏集說同此本推誤折閩監毛本同

久而不葬者節

久而至則已　惠棟挍宋本無此五字

故謂此在不除之例　閩監毛本同續通解無故字

不俟言而明矣　閩監本同毛本矣字脫

謂庾言爲是　閩監本同毛本言字脫

箭笄終喪三年節

箭笄終喪三年　閩監毛本同石經同岳本同嘉靖本同衛氏集說同段玉裁挍云注自卷持蒙齊衰惡笄帶以終喪而言則此箭笄下亦當有帶字

箭笄終喪三年　惠棟挍宋本無此大字

齊衰三月節

齊衰三月 閩監本同石經同岳本同嘉靖本同衛氏集說同考文引宋板同毛本月誤日

齊衰至繩屨 惠棟挍宋本無此五字

大功以上同名重服 惠棟挍宋本作上衛氏集說同此本上誤下閩監毛本同

所以同其末屨以表恩而不同也 考文引宋板同閩監毛本末作麻而作無

練筮日節

練筮至筮尸 惠棟挍宋本無此五字

此一經論練祥筮日筮尸之時 閩監毛本同衛氏集說筮尸下有視濯二字

故孝子便去杖亦敬生故也 閩本同考文引宋板同衛氏集說同監毛本生作賓

則非祥後之服 閩監毛本同衛氏集說同續通解則作明

故引以證之 惠棟挍宋本有之字衛氏集說同此本之字脫閩監毛本同

庶子在父之室節

舅不主妾之喪 閩監毛本同岳本同嘉靖本同衛氏集說同盧文弨挍云足利古本妾作庶妻似當作庶子妻

庶子至可也 惠棟挍宋本無此五字

禫爲服外故微奪之可 惠棟挍宋本同閩監毛本可作耳

按祖不厭孫 惠棟挍宋本同續通解同閩監毛本按誤於

猶如庶子之子亦非厭也 惠棟挍宋本如此閩本子亦二字闕此本子亦誤者非監毛本同

若妻次子既非正嗣 惠棟挍宋本作正衛氏集說同此本正誤丌閩監毛本正誤冢

言卽位如似適婦之喪 惠棟挍宋本同閩監毛本似作依

今嫌爲妻亦得杖 惠棟挍宋本同閩監毛本嫌誤姑

諸侯弔於異國之臣節

諸侯至錫衰 惠棟挍宋本無此五字

若自弔已臣 惠棟挍宋本同衛氏集說同閩監毛本自誤曰

主人必免者此承上也 毛本同閩監本者誤著

今鄰國君弔君爲之主 閩毛本同監本弔誤○

是殯後乃成服也 惠棟挍宋本亦作後監毛本後誤也閩本後誤乃

養有疾者節

則不易己之喪服 惠棟挍宋本同石經同岳本同衛氏集說同閩監毛本己誤巳嘉靖本同

養有至者否 惠棟挍宋本無此五字

親族有疾患者養之法 閩監毛本同衛氏集說同盧文弨本疾改病

疾者既死無生後 閩監本同毛本生作主衛氏集說同

本有喪謂有前喪之服也 惠棟挍宋本同閩監毛本謂誤服

妾無妾祖姑者節

妾無至可也 惠棟挍宋本無此五字

今又無高祖妾祖姑 惠棟挍宋本同閩監毛本又作妾

婦之喪虞卒哭節

婦之至爲主 惠棟挍宋本無此五字

虞與卒哭其在於寢 按其當作具

士不攝大夫惠棟按宋本如此此本作士不至宗子閩監毛本同

陳器之道節

陳器至可也惠棟按宋本無此五字

故旣夕禮注云閩本作夕惠棟按宋本同此本夕誤名監毛本同

奔兄弟之喪節

而後之家閩監毛本同石經同岳本嘉靖本衞氏集說同惠棟按宋本後作后宋監本同○按經傳多借后爲後

而后之墓惠棟按宋本同石經同宋監本同岳本嘉靖本衞氏集說同閩監毛本后作後

奔兄至之墓惠棟按宋本無此五字

與諸侯爲兄弟者節

恐彼此俱作諸侯爲之服斬惠棟按宋本作彼衞氏集說同此本彼誤經閩監毛本同

或服本義之服惠棟按宋本義作親是也閩監毛本並誤義

故知客在異國也閩監毛本同惠棟按宋本客作容衞氏集說同

據本國經爲卿大夫者也閩本同惠棟按宋本同監毛本經作輕

外宗爲君夫人如內宗惠棟按宋本同閩監毛本夫人誤大夫

下殤小功節

帶澡麻不絕本各本同石經同釋文出不絕云本或作不絕本非也按正義云故云帶澡麻不絕不絕謂不斷本也是正義本亦無本字也

澡率治麻爲之惠棟按宋本作之宋監本同岳本同嘉靖本同衞氏集說同此本之誤經閩監毛本同

凡殤散帶垂毛本作帶岳本同嘉靖本同衞氏集說同此本帶誤絕閩監本同釋文出散帶正義同

下殤至報之惠棟按宋本無此五字

服澡麻爲絰帶惠棟按宋本同衞氏集說同閩監毛本絰誤輕

婦祔於祖姑節惠棟云婦祔節宋本分爲父後以下半節合下婦人不爲主節爲一節

謂舅之母死惠棟按宋本作之宋監本同岳本同嘉靖本同衞氏集說同考文引古本足利本同此本之誤姑閩監毛本同

適子正體於上當祭祀也惠棟按宋本作祀岳本同嘉靖本同考文引古本足利本同此本祀誤禮閩監毛本同衞氏集說同

婦祔至故也惠棟按宋本無此五字

婦人不爲主節

母爲長子削杖惠棟按宋本同石經同宋監本同嘉靖本同衞氏集說同閩監毛本杖誤長

母爲長子服各本同釋文無長字

婦人至人杖惠棟按宋本無此五字

但夫是移天之重惠棟按宋本作天衞氏集說同此本天誤夫閩監毛本同山井鼎云宋板爲是唐柳宗元文移天夙喪注女子家則父天嫁則夫天故曰移

又喪大記云主之喪二日閩監本同毛本二作三非考文引宋板主作士是也

童女得稱婦人者惠棟按宋本同閩監毛本女誤子

緦小功節

不可久無飾也惠棟按宋本作飾宋監本同岳本同嘉靖本同衞氏集說同按正義亦作飾此本飾

誤節閩監本同

遂葬者比反哭者 閩監本同石經同岳本同嘉靖本同衛氏集說同毛本哭誤器

不散麻者自若絞垂 毛本同岳本同嘉靖本同衛氏集說同閩監本散誤敢

緦小至皆免 惠棟挍宋本無此五字

除殤之喪者節

文不縞冠元端 閩監毛本同嘉靖本同衛氏集說同岳本縞作縟釋文出不縟段玉裁攷本從九經三傳沿革例作文不縟元冠元端按段是也盧文弨挍亦依疏冠上增元字

除殤至縞冠 惠棟挍宋本無此五字

適婦不爲舅後者節

適婦不爲舅後者 閩監毛本同石經同岳本同嘉靖本同衛氏集說同陳澔集說舅下衍姑字

皆如庶子庶婦也 閩監毛本同嘉靖本同衛氏集說同惠棟挍宋本上庶作衆岳本同考文云足利本下庶作衆

適婦至小功 惠棟挍宋本無此五字

則姑爲之服庶婦小功而已 考文引宋板之上無爲字衛氏集說同此誤衍也閩監毛本同

以父母於子適者正服期 閩監本同毛本子適二字倒

爲後者也 惠棟挍宋本此下標禮記正義卷第四十三終記云凡二十四頁

禮記注疏卷三十三挍勘記

附釋音禮記注疏卷第三十四

鄭氏注　孔穎達疏

大傳第十六

○陸曰鄭云以其記祖宗人親之大義故以大傳爲篇【疏】正義曰案鄭目錄云名曰大傳者以其記祖宗人親之大義此於別録屬通録

禮不王不禘王者禘其祖之所自出以其祖配之凡大祭曰禘自由也大祭其先祖所由生謂郊祀天也王者之先祖皆感大微五帝之精以生蒼則靈威仰赤則赤熛怒黃則含樞紐白則白招拒黑則汁光紀皆用正歲之正月郊祭之蓋特尊焉孝經曰郊祀后稷以配天配靈威仰也宗祀文王於明堂以配上帝汎配五帝也○不王如字又于況反下同禘徒細反下同大微音泰下文注大祖大王皆同熛必遙反樞昌朱反紐女九反拒俱甫反叶本又作汁戶牒反汎配芳劍反諸侯及其大祖大祖受封君也大夫士有大事省於其君干祫及其高祖大事寇戎之事也省善也善於其君謂免於大難也干猶空也空祫謂無廟祫祭之於壇墠○省舊仙善反案爾雅云省即訓善息靖反無煩改字祫徐音洽難乃旦反壇大丹反墠音善【疏】禮不至高祖○正義曰此一節論王及諸侯大夫士祭先祖之義各隨文解之○此禘謂郊祭天也然郊天之祭唯王者得行故云不王不禘也王者禘其祖之所自出以其祖配之者此文具於小記於彼已釋之○注禮大至帝也○正義曰案爾雅釋天云禘大祭也此禘謂祭天云王者之先祖皆感大微五帝之精以生者案師說引河圖云慶都感赤龍而生堯又云堯赤精舜黃禹白湯黑文王蒼又元命包云夏白帝之子殷黑帝之子周蒼帝之子是其王者皆感大微五帝之精而生云蒼則靈威仰至汁光紀者春秋緯文耀鉤文云皆用正歲之正月郊祭之者案易緯乾鑿度云三王之郊一用夏正云蓋特尊焉者就五帝之中特祭所感生之帝是特尊焉注引孝經云郊祀后稷以配天者證禘其祖之所自出以其祖配之又引宗祀文王於明堂以配上帝者證文王不特配感生之帝而汎配五帝矣○諸侯及其大祖大祖始封君也諸侯非王不得郊天配祖於廟及祭大祖耳○大夫士有大事省於其君干祫及其高祖○省善也干空也空祫謂無廟也大夫士知識劣

於諸侯故無始封之祖若此大夫士有勳勞大事爲君所善者則此是識深故君許其祫祭至於高祖但無始祖廟雖得行祫唯至於高祖並在於壇空而祫之故云空祫及其高祖也祭法云大夫二廟二壇顯考無廟雖是無廟而有壇爲祈禱而祭之今唯云及高祖是祫不及始祖以卑故也然此對諸侯爲言言支庶爲大夫士者耳若適爲大夫亦有大祖故王制云大夫三廟一昭一穆與大祖之廟而三是也師說云大夫有始祖者鬼其百世若有善於君得祫則亦祫於大祖廟中徧祫大祖以下也○注祭之於壇墠○正義曰案祭法大夫二壇則大夫無墠而此言墠者通言耳或通云上士二廟一壇下士一廟無壇若有功當爲墠而祫祭之也

牧之野武王之大事也既事而退柴於上帝祈於社設奠於牧室柴祈奠告天地及先祖也牧室牧野之室也古者郊關皆有館焉先祖者行主也○遂率天下諸侯執豆籩逡奔走逡疾也疾奔走言勸事也周頌曰逡奔走在廟○逡息俊反注同追王大王亶父王季歷文王昌不以卑臨尊也不用諸侯之號臨天子也文王稱王早矣於殷猶爲諸侯於是著焉○追王于況反亶丁但反父音甫著知慮反【疏】牧之至尊也○正義曰此一節論武王伐紂率領諸侯以祭祖廟追王大王王季上尊祖禰之事與前相接也○牧之野武王之大事也者言牧野之戰是武王之事大者也○既事而退者既戰罷而退也○柴於上帝者謂燔柴以告天祈於社者陳祭以告社也設奠於牧室者設此奠祭於牧野之館室以告行主也○遂率天下諸侯者上言告祭既訖遂率領天下諸侯執豆籩疾奔走而往在廟祭先祖於此之時乃追王大王大王名亶父者又追王王季歷及文王昌等爲王所以然者不以諸侯之卑號臨天子之尊也○注古者至主也○正義曰知郊關有館者遺人云凡國野十里有廬三十里有宿五十里有市道路尚然明郊關亦有館舍鄭言此者證牧野有室云先祖者行主也者案曾子問篇云古者師行必以遷廟主行故甘誓云用命賞于祖此武王所載行主者也案周本記云載文王木主以其成文王之業故不載遷廟主其社則在野外祭之故不在牧室此社是土地之神故鄭云柴祈告天地也○注周頌至在廟○正義曰周頌所云謂周公攝政六年祭清廟此經逡奔走謂武王伐紂而還告廟其事不同引之者證奔走不異故引之知執豆籩行還告廟者以此經

上云柴祈設奠，下云遂率天下諸侯，是柴祈禮畢，故武成云丁未祀于周廟，駿奔走執豆籩，而皐氏云爲柴祈奠於牧室之時諸侯執豆籩，非此經文之次，又與武成違，其義非也〇注不用至著焉〇正義曰案此武王追王大王亶父王季歷文王昌案合符后云文王立后稷配天追王大王亶甫王季歷與此不同者文王暫追王耳號謚未定至武王時乃定之矣中庸云周公追王大王王季者謂以王禮改葬耳不改葬文王者先以王禮葬故也此大王王季追王者王迹所由興故追王也所以追王者以子爲天子而不以卑臨尊若非王迹所由不必追王也故小記云父爲士子爲天子諸侯祭以天子諸侯其尸服以士服是也周語云先王不窋武成云先王建邦啓土謂后稷皆稱先王者以王者之先祖故通稱先王也契稱玄王與此同矣文王稱王早矣者土無二王殷紂尚存即爲早所以早稱王者案中候我應云我稱非早一民固下注云一民心固臣下雖於時爲早於年爲晚矣故周本記云文王受命六年立靈臺布王號於時稱王九十六也故文王世子云君王其終撫諸是也文王既稱王文王生雖稱王號稱猶未定故武王追王乃定之耳〇

上治祖禰尊尊也下治子孫親親也旁治昆弟合族以食序以昭繆別之以禮義人道竭矣治猶正也繆讀爲穆聲之誤也竭盡也〇禰本或作禰年禮反繆音木別彼列反下至其庶姓別文注並同繆讀莫侯反又音繆【疏】上治至竭矣〇正義曰此一節論武王伐紂之後因治親屬合族之禮敘昭穆之事〇上治祖禰尊尊也者治猶正也上正治祖是尊其尊也〇下治子孫親親也者下正於子孫是親其親也上主尊敬故云尊尊下主恩愛故云親親〇旁治昆弟者謂旁正昆弟遞遠疏也〇合族以食者言旁治昆弟之時合會族人以食之禮又次序族人以昭穆之事所謂旁治昆弟也〇別之以禮義人道竭矣者總結上治祖禰下治子孫旁治昆弟言此三事皆分別之以禮義使人義之道理竭盡於此矣

聖人南面而聽天下所且先者五民不與焉且先言未遑餘事〇聽體寧反與音預〇一曰治親二曰報功三曰舉賢四曰使能五曰存愛功功臣也存察也察有仁愛也五者一得於天下民無不足無不贍者五者一物紕繆民莫得其死物猶事也紕繆猶錯也五事得則民足一事失則民不得其死明政之難〇贍本又作贍食艷反紕匹彌反徐孚夷反又方齊反繆音謬本或作謬聖人南面而治天下必自人道始矣人道謂此五事立權度量考文章改正朔易服色殊徽號異器械別衣服此其所得與民變革者也權秤也度丈尺也量斗斛也文章禮法也服色車馬也徽號旌旗之名也器械禮樂之器及兵甲也衣服吉凶之制也徽或作褘〇量音亮注同正音征徽諱歸反械戶戒反別彼列反稱尺證反褘許歸反其不可得變革者則有矣親親也尊尊也長長也男女有別此其不可得與民變革者也四者人道之常〇長長並丁丈反〇後除注隸者長並同別彼列反〇【疏】聖人至者也〇正義曰此一節廣明聖人受命以臨天下有不可變革及有可變革之事各隨文解之云所且先者五謂聖人即位未遑餘事所且欲先行者而有五種之事也即下云一曰治親之屬是也民不與焉者言此五事皆王者所急行民不得干與焉言民未行也以治報親功之事皆非民所行故不得干與焉〇一曰治親者此治親即鄉者三事三事若正則於家國皆正故急在前〇二曰報功者既已正親故下又報於有所功勞者使爲諸侯之屬是也緩於親親故次治親〇三曰舉賢者雖已報於有功若岩穴有賢德之士未有功者舉而用之報功宜急此又次也〇四曰使能者能謂有道藝既無功德又非賢能而有道藝亦祿之使各當其職也輕於賢德故次之〇五曰存愛者存察也愛仁也治親報功舉賢使能爲政既足又宜察於民下側陋之中者若有雖非賢能而有仁愛之心亦賞異之〇五者一得於天下者謂上五事一皆得行於天下則民無有不足無有不贍者贍是優足之餘也〇五者一物紕繆者謂此五事之中但有一事紕繆則民莫得其死莫無也言無得以理壽終而死也聖人南面而治天下必自人道始矣者人道即治親報功舉賢使能存愛是以理相承順之道聖人先以此爲始故云必自人道始也〇立權度量者此一經至與民變革者也廣明損益之事並輕故可隨民與變改革也權謂稱錘度謂丈尺量謂斗斛也言新制天下必宜造此物也〇考文章者考校也文章國之禮

法也○改正朔者正謂年始朔謂月初言王者得政示從我始改故用新隨寅丑子所損也周子殷丑夏寅是改正也周夜半殷雞鳴夏平旦是易朔也○易服色者服色車馬也易之謂各隨所尚赤白黑也○殊徽號者殊別也徽號旌旗也周大赤殷大白夏大麾各有別也異器械者器爲楬豆房俎禮樂之器也械謂戎路革路兵甲之屬也別衣服者周吉服九章虞以十二章殷凶不厭賤周貴則降卑也○此其所得與民變革者也結權度量以下諸事是末故可變革與民爲新亦示禮從我始也○注文章至制也○正義曰禮法謂夏殷周損益之禮是也云服色車馬也者謂夏尚黑殷尚白周尚赤車之與馬各用從所尚之正色也云徽號旌旗之名也者謂周禮九旗是也然九旗之外又有小旌旗故司常云官府各象其事州里各象其名家各象其號與此同也鄭引士喪禮云爲銘各以其物亡則以緇長半幅赬末長終幅廣三寸是徽號與此同矣

○**同姓從宗合族屬異姓主名治際會名著而男女有別**合合之宗子之家序昭穆也異姓謂來嫁者也主於母與婦之名耳際會昏禮交接之會也著明也母婦之名不明則人倫亂也亂者若衛宣公楚平王爲子取而自納焉○際音祭著知慮反爲于僞反下相爲同

【疏】同姓至有別○正義曰此一節論同姓從宗異姓主名明男女有別之事各隨文解之○同姓從宗者同姓父族也從宗謂從大小宗也○合族屬者謂合聚族人親疏使昭爲一行穆爲一行同時食故曰合族屬也○異姓主名治際會者異姓謂他姓之女來爲己姓之妻繫夫之親主爲母婦之名夫若爲父行則主母名夫若子行則主婦名治正也際會所以主此母婦之名正昏姻交接會合之事人名著而男女有別者若母婦之名著則男女尊卑異等各有分別不相淫亂凡姓族異者所以別異人也猶萬物皆各有名以相分別天子賜姓賜氏諸侯但賜氏不得賜姓降於天子也故隱八年左傳云無駭卒公問族於衆仲衆仲對曰天子建德因生以賜姓胙之土而命之氏諸侯以字爲謚因以爲族官有世功則有官族邑亦如之以此言之天子因諸侯先祖所生賜之曰姓杜預云若舜生嬀汭賜姓曰嬀封舜之後於陳以所封之土命爲氏舜後姓嬀而氏曰陳故鄭駁異義云炎帝姓姜大皞之所賜也黃帝姓姬炎帝之所賜也故堯賜伯夷姓曰姜賜禹姓曰姒賜契姓曰子賜稷姓曰姬著在書傳如鄭此言是天子賜姓也諸侯賜卿大夫以氏若同姓公之子曰公子公子之子曰公孫公孫之子其親已遠不得上連於公故以王父字爲氏若適夫人之子則以五十字伯仲爲氏若魯之仲孫季孫是也若庶子妾子則以二十字爲氏則展氏臧氏是也若男女則以父祖官及所食之邑爲氏以官爲氏者則司馬司城是也以邑爲氏者若韓趙魏是也凡賜氏族者此爲卿乃賜有大功德者生賜以族若叔孫得臣是也雖公子之身若有大功德則以公子之字賜以爲族若仲遂是也其無功德死後乃賜族若無駭是也若子孫不爲卿其君不賜族子孫自以王父字爲族也氏族對之爲別散則通也故左傳云問族於衆仲下云公命以字爲展氏是也其姓與氏散亦得通故春秋有姜氏子氏姜子皆姓而云氏是也○注若衛至納焉○正義曰案春秋左氏傳桓十六年初衛宣公烝於夷姜生急子娶於齊而美公取之生壽及朔又昭十九年左傳楚平王鄖陽封人之女奔之生大子建爲大子建秦女而美平王自納之是其淫亂之事也

其夫屬乎父道者妻皆母道也其夫屬乎子道者妻皆婦道也言母婦無昭穆於此統於夫耳母焉則尊之婦焉則卑之尊之卑之明非己倫以厚別也○屬音燭

謂弟之妻婦者是嫂亦可謂之母乎言不可也謂之婦與嫂者以其在己之列以名遠之耳復謂嫂爲母則令昭穆不明昆弟之妻夫之昆弟不相爲服不成其親也男女無親則遠於相見○嫂本又作嫂悉早反遠于萬反下同復扶又反令力呈反

名者人治之大者也可無慎乎人治所以正人○治直吏反注同

【疏】其夫至道也○正義曰此一經言他姓婦人來嫁己族本無昭穆於己親惟繫夫尊卑而定母婦之號也○其夫屬乎父道者道猶行列也若其夫隨屬於己之父行者其妻皆即己之母行也故云妻皆母道也○其夫屬乎子道者妻皆婦道也者謂其夫隨屬於己之子行者其妻皆婦行也故婦人來嫁己伯父之列即謂之爲母也來嫁於己之子姪之行即謂之爲婦也○注言母至別也○正義曰云母婦無昭穆於此者此謂己之族也言他姓之女或爲婦或爲母先無昭穆於己之親族云統於夫耳者言所以有母婦名者謂繫統於夫始有母婦之名也云尊之卑之明非己倫以厚別也者謂之爲母者則尊敬之謂之爲婦者即卑遠之既尊卑縣絕明知非己之倫位所以厚重相分別之義也凡男女若無尊卑倫類相聚即淫亂易生爲無相分別也○謂弟至母乎○此一經論兄弟之妻相稱謂之義凡子行之妻乃謂之爲婦弟非子行其妻亦謂之婦者以兄弟同倫

嫌相褻瀆弟雖非子行其妻同子行之妻謂之爲婦欲卑遠之弟妻既得爲婦號記者恐兄妻得爲母號故記者明之云是嫂亦可謂之母乎言嫂不可亦謂之爲母也然弟妻既得爲婦兄妻不可亦得爲母者然弟小於已妻必幼稚故可謂之爲婦而嫂不可借子妻之名謂之爲婦嫂雖是兄妻年必與已相類既不甚縣絶何得謂之爲母且弟妻既爲婦兄妻又爲母便是昆弟之倫翻爲父子之例故嫂不可謂之爲母而借嫂老之名以爲兄妻之號也○注言不至相見○正義曰言不可者謂嫂不可爲母也云謂之婦與嫂者以其在已之列以名遠之耳者謂之婦者弟妻謂之嫂者兄妻在已之列謂兄弟之妻作已之倫列恐相褻瀆故弟妻假以同子婦之名兄妻假以嫂老之名殊遠之也云復謂嫂爲母則令昭穆不明者既以子妻之名名弟妻爲婦若又以諸父之妻名名兄妻爲母則上下全亂昭穆不明故不可也鄭注喪服亦云弟之妻爲婦者卑遠之故謂之婦嫂者尊嚴之是嫂亦可謂之母乎言其不可也故言乎以疑之是弟妻可借婦名是兄妻不可借母名與此注正合無相違也而皇氏引諸儒異同煩而不當無所用也云昆弟之妻夫之昆弟不相爲服不成其親也者若男女尊卑隔絶相服成親義無混雜此兄弟之妻已之倫列若其成親爲服則數相聚見姦亂易生故令之無服所以疏遠之云男女無親則遠於相見者以其全同路人恩親不接故云遠以相見○名者人治之大者也可無慎乎○名謂母婦之名言得之則昭穆明失之則上下亂是人治之大者也可得不慎之乎言須慎名也

○四世而緦服之窮也五世袒免殺同姓也六世親屬竭矣四世共高祖五世高祖昆弟六世以外親盡無屬名○免音問殺色界反徐所列反其庶姓別於上而戚單於下昏姻可以通乎問之也玄孫之子姓別於高祖五世而無服姓世所由生○戚千歷反單音丹昏姻如字繫之以姓而弗別綴之以食而弗殊雖百世而昏姻不通者周道然也周之禮所建者長也姓正姓也始祖爲正姓高祖爲庶姓繫之弗別謂若今宗室屬籍也周禮小史掌定繫世辨昭穆○繫音計又戶計反別皇如字舊彼列反注及下同綴丁衛反連合也食音嗣定繫戶計反一音計

【疏】四世至然也○正義曰此一節論殷周統叙宗族之異各依文解之○四世而緦服之窮也者四世謂上至高祖以下至已兄弟同承高祖之後爲族兄弟相報緦麻是服盡於此故緦麻服窮是四世也爲親兄弟期一從兄弟大功再從兄弟小功三從兄弟緦麻共承高祖爲四世而緦服盡也○五世袒免殺同姓也者謂其承高祖之父者也言服袒免而無正服減殺同姓也○六世親屬竭矣者謂其承高祖之祖者也言不服袒免同姓而已故云親屬竭矣○其庶姓別於上者此作記之人以殷人五世以後可以通婚故將殷法以問於周云周家五世以後庶姓別異於上與高祖不同各爲氏族不共高祖別自爲宗是別於上也○而戚單於下者戚親也單盡也謂四從兄弟因親盡於下各自爲宗不相尊敬庶衆也高祖以外人轉廣遠分姓衆多故曰庶姓也高祖以上復爲五宗也○婚姻可以通乎者問者既見姓別親盡雖是周家婚姻應可以通乎問其可通與否○注問之至由生○正義曰問之者是記者以殷法而問周五世後昏姻可以通否云玄孫之子姓別於高祖者玄孫與高祖服屬仍同其姓與高祖不異玄孫之子則四從兄弟承高祖父之後至已五世而無服各事小宗因字因官爲氏不同高祖之父是庶姓別於上庶姓爲衆姓也則氏族之謂也云姓世所由生者據五世無服不相稟承各爲氏姓故云姓世所由生○繫之至然也○前文記者以殷法而問周此經記者以周法而荅問言周法婚姻不可通也○繫之以姓而弗別者周法雖庶姓別於上而有世繫連繫之以本姓而不分別若姬氏姜氏大宗百世不改也○綴之以食而弗殊者連綴族人以飲食之禮而不殊異也○雖百世婚姻不通者言雖相去百世而婚姻不得通○周道然也者言周道如此異於殷也是不許問者之辭也○注姓正至昭穆○正義曰姓正姓者對氏族爲正姓也云始祖爲正姓者若炎帝姓姜黄帝姓姬周姓姬本於黄帝齊姓姜本於炎帝宋姓子本於契是始祖爲正姓也云高祖爲庶姓者若魯之三桓慶父叔牙季友之後及鄭之七穆子游子國之後爲游氏國氏之等云若今宗室屬籍也者以漢之同宗有屬籍則周家繫之以姓是也云小史掌定繫世者周禮小史之官掌定帝繫世本知世代昭穆故云定繫世辨昭穆也

○服術有六一曰親親二曰尊尊三曰名四曰出入五曰長幼六曰從服術猶道也親親父母爲首尊尊君爲首名世母叔母之屬也出入女子子嫁者及在室者長幼成人及殤也從服若夫爲妻之父母妻爲夫之黨服○夫爲妻于僞反下至其義然也注皆同

【疏】服術至從服○正義曰此經明服術之制也一

曰親親者父母爲首次以妻子伯叔二曰尊尊者君爲首次以公卿大夫。三曰名者若伯叔母及子婦并弟婦兄嫂之屬也。四曰出入者若女子子在室爲入適人爲出及出繼爲人後者也。五曰長幼者長謂成人幼謂諸殤。六曰從服者即下從服有六等是也。注從服至黨服正義曰案從服有六畧舉夫妻相爲而言之也。○從服有六有屬從子爲母之黨有徒從臣爲君之黨有從有服而無服公子爲其妻之父母有從無服而有服公子之妻爲公子之外兄弟。有從重而輕夫爲妻之父母有從輕而重公子之妻爲其皇姑【疏】從服至而重。正義曰從服有六者從術之中別有六種有屬從一也屬謂親屬以其親屬爲其友黨鄭云子爲母之黨是也鄭舉一條耳妻從夫夫從妻並是也。有徒從二也徒空也與彼無親空服彼之支黨鄭云臣爲君之黨鄭亦略舉一條妻爲夫之君妾爲女君之黨庶子爲君母之親子爲母之君母並是也。有從有服而無服三也鄭引服問篇云公子爲其妻之父母其妻爲本生父母期而公子爲君所厭不得服從是妻有服而公子無服是從有服而無服嫂叔無服

亦是也。有從無服而有服四也鄭亦引服問篇云公子之妻爲公子之外兄弟也公子被君厭爲已外親無服而妻猶服之是從無服而有服娣姒亦是也。有從重而輕五也鄭引服問篇云夫爲妻之父母妻自爲其父母期爲重夫從妻服之三月爲輕是從重而輕也舅之子亦是也。有從輕而重六也鄭引服問云公子之妻爲其皇姑公子爲君所厭自爲其母練冠是輕其妻猶爲服期是從輕而重也○自仁率親等而上之至于祖名曰輕自義率祖順而下之至于禰名曰重一輕一重其義然也自猶用也率循也用恩則父母重而祖輕用義則祖重而父母輕恩重者爲之三年義重者爲之齊衰然如是也。上時掌反【疏】自仁至然也。正義曰此一經論祖禰仁義之事也。自用也仁恩也率循也親謂父母也等差也子孫若用恩愛依循於親節級而上至於祖遠者恩愛漸輕故云名曰輕也。自義率祖順而下之至於禰名曰重者。義主斷割用義循祖順而下之至於禰其義漸輕祖則義重故云名曰重也。一輕一重其義然也者言恩之與義於祖與父母互有輕重若義則祖重而父母輕若仁則父母重而祖輕一輕一重義宜也然如是也言人情道理宜合如是祖是尊嚴以上漸宜合重父母恩愛漸近宜合重故云其義然也故鄭云恩重者爲之三年義重者爲之齊衰言其事合宜如此矣案喪服條例衰服表恩若高曾之服本應緦麻小功而進以齊衰踰數等之服豈非爲尊重而然也至親以期斷而父母加三年寧不爲恩深故亦然矣○君有合族之道族人不得以其戚戚君位也君恩可以下施而族人皆臣也不得以父兄子弟之親自戚於君位謂齒列也所以尊君別嫌也。別彼列反【疏】君有至位也。正義曰此一經明人君既尊族人不以戚君明君有絕宗之道也。合族者言設族食燕飲有合食族人之道既管領族人族人不得以其戚屬上戚於君位皆不得以父兄子弟之親上親君位也。注所以至嫌也。正義曰不敢計已親戚與君齒列是尊君也兄弟相屬多有篡代之嫌今遠自卑退是別嫌疑也○庶子不祭明其宗也庶子不得爲長子三年不繼祖也明猶尊也一統焉族人上不戚君下又辟宗乃後能相序。爲于爲反下爲其士注死爲之爲其妻爲之大功不相爲皆

同辟音避別子爲祖別子謂公子若始來在此國者後世以爲祖也繼別爲宗別子之世適也族人尊之謂之大宗是宗子也。適丁歷反下文及注皆同繼禰者爲小宗父之適也兄弟尊之謂之小宗有百世不遷之宗有五世則遷之宗百世不遷者別子之後也宗其繼別子之所自出者百世不遷者也宗其繼高祖者五世則遷者也尊祖故敬宗敬宗尊祖之義也遷猶變易也繼別子別子之世適也繼高祖者亦小宗也先言繼禰者據別子子弟之子也以高祖與禰皆有繼者則曾祖亦有也則小宗四與大宗凡五【疏】庶子至義也。正義曰上經論人君絕宗此一節論卿大夫以下繼屬小宗大宗之義各依文解之。庶子不祭明其宗也者案小記云庶子不祭禰此直云不祭者嫌祖禰俱不祭但小記辨明上士下士故有不祭祖不祭禰之文此則摠而言之故直云不祭。庶子不得爲長子三年不繼祖也者

案小記云庶子不爲長子斬不繼祖與禰斬則三年與此一也小記文詳故云不繼祖與禰此文解畧故直云不繼祖也其義具在小記已備釋之○別子爲祖○前既云明其宗故此以下廣陳五宗義也別子謂諸侯之庶子也諸侯之適子適孫繼世爲君而第二子以下悉不得禰先君故云別子並爲其後世之始祖故云爲祖也○注別子至祖也○正義曰別子謂公子者諸侯適子繼世爲君其適子之弟別於正適是諸侯之子故謂之別子也云若始來在此國者此謂非君之戚或是異姓始來在此國者故亦謂之別子以其別於在本國不來者○繼別爲宗○謂別子之適子世繼別子爲大宗也族人與之爲絕宗也五世外皆爲之齊衰三月母妻亦然○繼禰者爲小宗○謂父之適子上繼於禰諸兄弟宗之謂之小宗小宗以本親之服服之○有百世不遷之宗此一經覆說大宗小宗之義并明敬宗所以尊祖也云有百世不遷之宗者謂大宗也云有五世則遷之宗者謂小宗也云百世不遷者別子之後也宗其繼別子之所自出者百世不遷者也此覆明大宗子百世不遷之義也云宗其繼高祖者五世則遷者也此覆明小宗五世則遷之義云尊祖故敬宗敬宗尊祖之義也者此揔結大宗小宗以大宗是遠祖之正體小宗是高祖之正體尊崇其祖故敬宗子所以敬宗子者尊崇先

祖之義也○注遷猶至凡五○正義曰繼別子別子之世適也者解經宗其繼別子之文以是別子適子適孫世世繼別子故云別子之世適經云別子之所自出者自由也謂別子所由出或由此君而出或由他國而來後世子孫恒繼此別子故云繼別子之所自出云繼高祖者亦小宗也者以前文云繼禰者爲小宗是小宗定稱在於繼禰今此經云宗其繼高祖者緣無小宗之文故云繼高祖者亦小宗也云先言繼禰者據別子子弟之子也者鄭以經繼高祖爲小宗何以前文先云繼禰者爲小宗鄭釋此意先云繼禰者又承上繼別爲大宗之下則從別子言之別子子者別子之適子弟之子者別子適子之弟所生子也弟則是禰其長子則是小宗故云繼禰爲小宗因別子而言也云以高祖與禰皆有繼者則曾祖亦有也者鄭以此經文宗其繼高祖者上文云繼禰爲小宗是高祖與禰皆有繼文唯曾祖及祖無繼文故云明曾祖亦有也云小宗四與大宗凡五者小宗四謂一是繼禰與親兄弟爲宗二是繼祖與同堂兄弟爲宗三是繼曾祖與再從兄弟爲宗四是繼高祖與三從兄弟爲宗是小四并繼別子之大宗凡五宗也

○有小宗而無大宗者有大宗而無小宗者有無宗亦莫之宗者公子是也公子有此三事也公子謂先君之子今君昆弟

［疏］有小至是也○正義曰以前經明卿大夫士有大宗有小宗以相繼屬此經明諸侯之子身是公子上不得宗君下未爲後世之宗不可無人主領之義各依文解之○有小宗而無大宗者謂君無適昆弟遣庶兄弟一人爲宗領公子禮如小宗是有小宗而無大宗○有大宗而無小宗者君有適昆弟使之爲宗以領公子更不得立庶昆弟爲宗是有大宗而無小宗也○有無宗亦莫之宗者公子唯一無他公子可爲宗是有無之宗亦無他公子來宗於己是亦莫之宗也公子是也。言公子有此三事他人無唯公子也

公子有宗道公子之公爲其士大夫之庶者宗其士大夫之適者公子之宗道也公子不得宗君君命適昆弟爲之宗使之宗之是公子之宗道也所宗者適則如大宗死爲之齊衰九月其母則小君也爲其妻齊衰三月無適而宗庶則如小宗死爲之大功九月其母妻無服公子唯己而已則無所宗亦莫之宗。○唯己音紀

［疏］公子至道也○正義曰此一節覆說上公子宗道之意云公子有宗道一句爲下起文言公子

有族人來與之爲宗敬之道○公子之公者公君也謂公子之君是適兄弟爲君者○爲其士大夫之庶者則君之庶兄弟爲士大夫所謂公子者也宗其士大夫之適者言君爲此公子士大夫庶者宗其士大夫適者謂立公子適者士大夫之身與庶公子爲宗故云宗其士大夫之適也此適者即君之同母弟適夫人所生之子也○公子之宗道也者言此適公子爲庶公子宗是公子宗道結上公子有宗道文也○注公子至之宗○正義曰云公子不得宗君君尊族人不敢以戚君故不得宗君也云君命適昆弟爲之宗使之宗之者公子既不得宗君其父子宗親之事無人主領故君命適兄弟爲之宗使宗領之也云所宗者適則如大宗死爲之齊衰九月其母則小君也者以經文公子既有小宗大宗故知適者如大宗庶者如小宗云則如大宗者大宗之正本是別子之適今公子爲大宗謂禮如之耳非正大宗故云如也死爲齊衰九月者以君在厭降兄弟降一等故九月以其爲大宗故齊衰與君同母故云其母則小君也云爲其妻齊衰三月者同喪宗子之妻也既立適爲大宗則不復立庶爲小宗前經所謂有大宗而無小宗是也云無適而宗庶則如小宗死爲之大功九月其母妻無服者此則庶子爲宗禮如小宗與尋常兄弟相爲君在厭降一等故死爲之大功九月母則庶母

妻則兄弟之妻故無服也既無適子可立但立庶子爲小宗前文所謂有小宗而無大宗者也云公子唯已而已則無所宗亦無之宗者無所宗則前經云有無宗也亦無之宗者則前經云亦莫之宗鄭於此注遥釋前耳○絶族無移服族昆弟之子不相爲服○移本或作施同以豉反移猶旁也親者屬也有親者服各以其屬親疏【疏】絶族至屬也○正義曰此一節論親盡則無服有親則有服絶族者謂三從兄弟同高祖者族兄弟應麻族兄弟之子及四從兄弟爲族屬既絶故無移服在旁而及曰移言不延移及之○親者屬也者謂有親者各以屬而爲之服故云親者屬也○自仁率親等而上之至于祖自義率祖順而下之至於禰是故人道親親也言先有恩親親故尊祖尊祖故敬宗敬宗故收族收族故宗廟嚴宗廟嚴故重社稷重社稷故愛百姓愛百姓故刑罰中刑罰中故庶民安庶民安故財用足財用足故百志成百志成故禮俗刑禮俗刑然後樂收族序以昭穆也嚴猶尊也孝經曰孝莫大於嚴父百志人之志意所欲也刑猶成也○罰中丁仲反詩云不顯不承無斁於人斯此之謂也斁厭也言文王之德不顯乎不承成先人之業乎言其顯且承之人樂之無厭也○斁音亦厭於豔反下同【疏】自仁至謂也○正義曰此一節論人道親親從親已以至尊祖由尊祖故敬宗以收族之故宗廟嚴社稷重乃至禮俗成天下顯樂而無厭倦各依文解之○自仁率親等而上之至于祖自義率祖順而下之至於禰者前文已具此重說之者前文論服之輕重故云一輕一重此論親親之道故先親親而後尊祖故云親親不言輕重也○親親故尊祖者以已上親於親亦上親於祖以次相親去已高遠故云尊祖○尊祖故敬宗者祖既高遠無由可尊宗是祖之正胤故敬宗○敬宗故收族者族人既敬宗子宗子故收族人故喪服傳云大宗收族者也是其事○收族故宗廟嚴者若族人散則骨肉乖離則宗廟祭享不嚴肅也若收之則親族不散昭穆有倫則宗廟之所以尊嚴也○宗廟嚴故重社稷者此以下並立宗之功也始於家邦終於四海若能先嚴宗廟則後乃社稷保重也○重社稷故愛百姓者百姓百官也既有社稷可重故有百官可愛也愛百姓故刑罰中者百官當職更相匡輔則無淫刑濫罰刑罰所以皆得中也○刑罰中故庶民安者上無淫刑濫罰故庶民安也○庶民安故財用足者民皆手足有所措各安其業故財用得足也○財用足故百志成者百姓足君孰與不足既天下皆足所以君及民人百志悉成是謂倉廩實知禮節衣食足知榮辱也○百志成故禮俗刑者刑亦成也天下既足百志又成則禮節風俗於是而成所以太平告功成也禮俗刑然後樂者樂謂不厭也禮俗既成所以長爲民庶所樂而不厭也○詩云不顯不承無斁於人斯此之謂也者此周頌清廟之篇祀文王之廟美文王之功言文王之德豈不光顯乎言光顯矣文王豈不承先父之業乎言承之矣無斁於人斯斁厭也文王之德既能如此無見厭於人謂人無厭倦之者斯語辭也今尊祖敬宗人皆願樂亦無厭倦故云此之謂也謂與文王相似矣詩箋云周公祭清廟是不光明文王之德與言其光明之也是不承順文王志意與言其承順之也與此注不同者禮注在前詩箋在後故詩有與禮注不同故鄭荅炅模云然也

附釋音禮記注疏卷第三十四

江西南昌府學栞

禮記注疏卷三十四校勘記　阮元撰盧宣旬摘錄

附釋音禮記注疏卷第三十四惠棟校宋本禮記正義卷第四十四

大傳第十六

禮不王不禘節

黒則汁光紀閩監毛本同岳本同嘉靖本同衛氏集說同釋文出叶云本又作汁

汎配五帝也各本同釋文汎作氾

諸侯及其大祖惠棟校宋本同石經同岳本同嘉靖本同閩監毛本大作太衛氏集說同釋文于上出大徵云下文注大祖大王皆同是釋文本亦作大也

禮不至高祖惠棟校宋本無此五字

又元命包云惠棟校宋本同衛氏集說同閩監毛本元誤糸

牧之野節

牧之至尊也惠棟校宋本無此五字

乃追王大王大王名亶父者惠棟校宋本同閩監毛本大王二字不重衛氏集說同

凡國野十里廬惠棟校宋本里下有有字衛氏集說同此本誤脫閩監毛本同

三十里有宿考文引宋板作三是也衛氏集說同此本三誤二閩監毛本同

案周本記云閩監毛本同衛氏集說記作紀浦鏜校云記當作紀下同

謂周公攝政云年祭清廟考文引宋板云作六閩監毛本六誤之

又與武成違其義非也惠棟校宋本同續通解同閩監毛本違誤異

追王大王亶甫王季歷惠棟校宋本同閩監毛本甫作父

文王稱王早矣者閩監毛本同惠棟校宋本文上有云字

於時稱王九十六也閩監毛本同考文引宋板王下有年字

號稱猶未定閩監本同衛氏集說毛本猶誤有

上治祖禰節

上治至竭矣惠棟校宋本無此五字

因治親屬合族之禮閩監毛本作因衛氏集說同此本因誤音考文引宋板因作外

上正治祖禰是尊其尊也惠棟校宋本有禰字此本禰字脫閩監毛本同衛氏集說作上正祖禰是尊其尊

使人義之道理竭盡於此矣閩監毛本同衛氏集說同浦鏜校云義衍字

聖人南面而聽天下節

察有仁愛也惠棟校宋本也作者宋監本同考文引古本足利本同岳本同嘉靖本同此本誤也毛本同閩監本作察存仁愛也衛氏集說作察存仁愛者並誤

無不贍者各本同石經貝字旁摩滅釋文出不贍云本又作儋

紕繆猶錯也閩監毛本同岳本同嘉靖本同衛氏集說同考文引宋板無繆字足利本同宋監本同

徽號旌旗之名也惠棟校宋本作旗宋監本同岳本同嘉靖本同衛氏集說同是也此本旗作旍閩監毛本同

徽或作褘岳本同釋文亦作褘嘉靖本衛氏集說閩監毛本褘誤禕下同

聖人至者也惠棟校宋本無此五字

卽下云一曰治親之屬是也惠棟校宋本同閩監毛本云誤文

是以理相承順之道惠棟校宋本以作人是也閩監毛本並誤以

言新制天下必宜造此物也惠棟挍宋本作新制衞氏集說同此本新制二字闕閩監毛本新制作始有

隨寅丑子所損也閩監毛本同浦鏜挍云損疑建或指誤齊召南挍云損字當作建

器爲楬豆惠棟挍宋本作楬此本楬誤輵閩監毛本同衞氏集說同

則以緇長半幅赬末毛本同閩本赬誤䞓監本赬誤頳

同姓從宗節惠棟云同姓節其夫節宋本合爲一節

同姓至有別惠棟挍宋本無此五字

凡賜氏族者此爲卿乃賜閩監毛本同齊召南挍云此字當作必衞氏集說此字無

氏族對之爲別惠棟挍宋本同閩監毛本之作文衞氏集說同

鄖陽封人之女惠棟挍宋本同閩監本鄖誤郥毛本鄖誤郥

禮記注疏卷三十四挍勘記　三

其夫屬乎父道者節

道猶行列也衞氏集說同閩監毛本猶作由

旣尊卑縣絶惠棟挍宋本同閩監毛本縣作懸下旣不甚縣絶同○按縣正俗字

謂之爲婦惠棟挍宋本同閩監毛本婦誤母

故嫂不可謂之爲母閩監本同毛本謂之誤倒在不可上

兄妻假以嫂老之名閩監本同衞氏集說同毛本嫂誤婦

四世而緦節

昏姻可以通乎各本同石經同釋文昏作婚按正義亦並作婚姻

四世至然也惠棟挍宋本無此五字

謂上至高祖下以至已兄弟惠棟挍宋本下字上無以字衞氏集說同此本誤衍閩監毛本同

婚姻可以通乎者閩監毛本婚作婚是也下婚姻字並同

婚姻應可以通乎閩本同惠棟挍宋本同監毛本應誤無

雖百世婚姻不通者閩監毛本同考文引宋板世下有而字

自仁率親節

自猶用也閩監本同岳本同嘉靖本同衞氏集說同考文引宋板同毛本也誤爲

自仁至然也惠棟挍宋本無此五字

君有合族之道節

君有至位也惠棟挍宋本無此五字

有合食族人之道閩監毛本同惠棟挍宋本食作會衞氏集說同

今遠自卑退考文引宋板同閩監毛本今作令

禮記注疏卷三十四挍勘記　四

宗其繼別子之所自出者閩監毛本同石經同岳本同嘉靖本同衞氏集說同朱子云之所自出四字疑衍注中亦無其文至作疏時方誤耳

庶子不祭節

庶子至義也惠棟挍宋本無此五字

庶子不祭祖下文云不祭禰閩監毛本同衞氏集說同惠棟挍宋本文作又

又承上繼別爲大宗之下閩監毛本同惠棟挍宋本又作文

別子之適子弟之子者惠棟挍宋本同閩監毛本者誤爲

有小宗而無大宗者節

有小至是也惠棟挍宋本無此五字

是有無之宗　惠棟按宋本同閩監毛本之字脫衞氏集說同

公子是也　閩監毛本同惠棟按宋本也下有者字

公子有宗道節

亦莫之宗　閩監毛本同岳本同嘉靖本同衞氏集說宗下有也字盧文弨按云古本注末有者字足利本同惟莫字作無與監本疏合

公子至道也　惠棟按宋本無此五字

此一節覆說上公子　閩監毛本同惠棟按宋本節作經衞氏集說同

士大夫之身　惠棟按宋本亦作身閩監毛本身誤兄衞氏集說同

云公子不得宗君者　惠棟按宋本有者字毛本同監本脫

同喪服宗子之妻也　惠棟按宋本有服字衞氏集說同此本服字脫閩監毛本同各本妻字同毛本妻誤義

則無所宗亦無之宗者　閩監本同毛本下無作莫

絕族無移服節

絕族至屬也　惠棟按宋本無此五字

為族屬既絕故無移服　閩本同惠棟按宋本同監毛本故誤者衞氏集說同

自仁率親節

自仁至謂也　惠棟按宋本無此五字

從親己以至尊祖　閩本同惠棟按宋本同監本親己作親親衞氏集說同毛本己作親至誤下

宗廟嚴故重社稷者　監毛本作者惠棟按宋本者作○

此之謂也者　監毛本作者惠棟按宋本者作○

故鄭荅炅模云然也　閩本同考文引宋板同監毛本炅誤晃模誤摸

禮記注疏卷三十四校勘記

附釋音注疏禮記卷第三十五

少儀第十七

○陸曰少詩照反少猶小也鄭云以其記相見及薦羞之小威儀○【疏】正義曰案鄭目録云名曰少儀者以其記相見及薦羞之少威儀少猶小也此於别録屬制度

禮記　鄭氏注　孔穎達疏

聞始見君子者辭曰某固願聞名於將命者君子卿大夫若有異德者固如故也將猶奉也即君子之門而云願以名聞於奉命者謙遠之也重則云固奉命傳辭出入○始見賢遍反下文注除注二相見並同聞名如字徐音問注皆同謙音謙本又作謙遠于萬反重直用反傳文專反下傳辭同【疏】聞始至命者○正義曰此一經論見君子之法但此一篇雜明細小威儀不復局以科段各隨文解之○聞始見君子者謂作記之人心自謙退不敢自專制其儀而傳聞舊說故云聞始見君子者謂始欲見君子貴勝之人○辭曰某固願聞名於將命者○辭客之辭也某客名也再辭曰固固如故也聞名謂名得通達也將命謂傳辭出入通客主之言語者也客云願以已名使通聞於將命之人也然客實願見君子而云願聞名於傳命者不敢必斥見於君子但願將命者聞之而已不云初辭而云固者欲明主人不即見已已乃再辭故云固也若初辭則不云固當惟云某願聞名於將命者耳○

不得階主階上進者言賓之辭不得指斥主人○上時掌反○【疏】正義曰解上經文云聞名之義也階進也主謂主人也客宜卑退故其辭不得斥進主人也○注階上進者○正義曰階是等故人升階必上進故以階爲上進隱義云階可升上故云上進也

適者曰某固願見敵當也願見願見於將命者謙也○【疏】正義曰此明敵體始相見言敵體不謙故云願見也雖云願見亦應云願見於將命者因上已有故此畧之又云固者義亦如前

罕見曰聞名罕希也希相見雖於敵者相爲尊主之辭如於君子○罕見賢遍反【疏】正義曰前二條明始相見此明已經相見而疏者罕少也若少見尊者辭云願聞名於將命者若少見敵者亦云願聞名於將命者然敵者始來曰願見重來而疏亦曰聞名者亦獎之使不疏也或云始來禮隆故尊卑宜異重來禮殺故宜同也○注罕希至君子○正義曰案爾雅釋詁文罕希也是罕得爲希

云希相見雖於敵者猶爲尊主之辭如於君子者尊而希者故宜同於始來相見敵而希者其辭重於始來故鄭偏解之也

○亟見曰朝夕亟數也於君子則曰某願朝夕聞名於將命者於敵者則曰某願朝夕見於將命者○亟去冀反注及下同數色角反○

瞽曰聞名瞽無目也以無目辭不稱見【疏】亟見至聞名○正義曰此謂數相見者也亟數也若數見尊者則其辭云某願朝夕聞名於將命者若數見敵者則云某願朝夕見於將命者○注亟數也○正義曰爾雅釋詁文○瞽曰聞名者瞽無目也其來不問見貴賤則並通云願聞名於將命者其目無所見故不云願見

○適有喪者曰比適之也曰某願比於將命者比猶比方俱給事【疏】正義曰前明吉禮相見此以下明凶事相見者也適往也此謂往適者喪家也比比方也喪不主相見凡往者皆是助事故云比謂比方其年力以給喪事也君五十從反哭四十拾盈坎皆是比方其事故鄭云比謂比方俱給事故辭云願比於將命者也○

童子曰聽事曰某願聽事於將命者童子未成人不敢當相見之禮○【疏】正義曰童子未成人雖往適它喪不敢以成人爲比方但來聽主人以事見使故云願聽事於將命者也

適公卿之喪則曰聽役於司徒喪憂戚無實主之禮皆爲執事來也○爲于僞反下文爲君喪注雖爲並同○【疏】正義曰前往適喪此敵貴者喪也不敢云相比方而使但聽主人之見役輕重唯命不敢辭也不直云聽役於將命而云於司徒者司徒主國之事故國有大喪謂公卿之喪則司徒皆率其屬掌之故司徒職云大喪帥六鄉之衆庶屬其六引而治其政令鄭云衆庶所致役也又檀弓云孟獻子喪司徒旅歸四布是也隱義云公卿亦有司徒官以掌喪事也

○君將適他臣如致金玉貨貝於君則曰致馬資於有司敵者曰贈從者適他行朝會也資猶用也贈送也○適它音他從才用反朝直遥反【疏】君將至從者○正義曰此一經論臣致物於君及適者之辭前明吉凶相見之禮此以下明吉凶相送遺之禮也此明送吉也君謂已君也適它謂朝會出往它國也○臣如致金玉貨貝於君者如若也君欲往它國而臣若奉獻財物以充君路之資者也金玉貨貝畧舉其梗槩耳○則曰致馬資於有司者臣雖以物贈君君體尊備物不有乏少故臣不敢言將物與君但恐君行有車馬路中或須資給

故云此物以充馬資物不可付馬故云致馬資於有司有司謂主典君物者也。敵者曰賵從者若物送敵者亦不云賵送敵者當言賵於左右從行者也 ○臣致襚於君則曰致廢衣於賈人敵者曰襚言廢衣不敢。必用斂也賈人知物善惡也周禮玉府掌凡王之獻金玉兵器文織良貨賄之物受而藏之有賈八人。襚音遂賈音嫁徐音估注同斂力豔反織音志鄭注周禮云文繡之屬〔疏〕臣致至曰襚。正義曰此因前送言此明送凶襚者以衣送死人之稱禮以衣送敵者死曰襚襚者遂彼生時之意也若臣以衣送君死不得曰襚但云致廢衣廢衣者不敢言必充君斂但充以廢致不用之例故云致廢衣也賈人者識物賈貴賤而主君之衣物者也又不敢云與君故云致賈人也然喪大記云君無襚注云無襚者不陳不以斂敵者曰襚者衣送敵者死既無謙故云襚也。注周禮至八人。正義曰引之者證君有賈人藏獻物也鄭注周禮云文謂物織畫繡之屬也親者兄弟不以襚進不執將命者以即陳而已〔疏〕正義曰此明親者相襚之法進謂執之將命也若非親者相襚則擯者傳辭將進以爲禮節若有親者相襚但直將進即陳之不須執以將命也案士喪禮大功以上同體之親襚不將命即陳於房中小功以下及同姓等皆將命。臣爲君喪納貨貝於君則曰納甸於有司甸謂田野之物。甸大見反。〔疏〕正義曰言臣爲君喪而臣進物納爲獻也納入也甸田也言人此物是自田野之所出合獻入之於君有司也必云田所出者臣皆受君地明地物本由君出也尤是送君故與賈人貨貝但供喪用故付有司也賵馬入廟門以其主於死者。賵考仲反賻馬與其幣大白兵車不入廟門以其主於生人也兵車革路也雖爲死者來陳之於外戰伐田獵之服非盛者也周禮革路建大白以即戎。賻音附。〔疏〕賵馬至廟門。正義曰此一節論賻賵之異。賵馬入廟門者以馬送死曰賵賻副亡者之意也既送死者故將入廟門也庾云禮既祖訖而後賵馬入設於廟庭而入門者欲以供駕廟車也故鄭云主於死者。賻馬與其幣大白兵車不入廟門者以馬助生營喪曰賻馬幣謂以財貨賻助主人喪並用助主人之物故不將入廟也故鄭云以其主於生人也大白兵車革路之旗周路建大白以即戎也兵車即革路也雖並爲送喪之從車而其本是田戰

之具故不可入廟門故鄭云雖爲死者來陳之於外戰伐田獵之服非盛者也然所以得有大白兵車來助主人者此謂諸侯有喪鄰國之君有以大白兵車而賻之者或家國自有也 ○賻者既致命坐委之擯者舉之主人無親受也喪者非尸柩之事則不親也舉之舉以東。柩音舊〔疏〕賻者至受也。正義曰此一經明賻者授物及主人受之禮賻者既致命坐委之者此明來賻者之法坐猶跪也謂賻者跪委物於地。擯者舉之者謂主人擯者舉而取之。主人無親受也者吉時若人饋物主人皆自拜受之若有喪主於哀戚凡有四方使者以物賻已悉不得拜受故使擯者受舉之而已。注舉之舉以東。正義曰知舉以東者雜記云含者入升堂致命坐委于殯東南宰夫朝服即喪屨升自西階西面坐取璧降自西階以東後襚者賻者並然而升堂致命是告擯之辭也若賻生人則致命擯者不告殯而不升堂然車馬不舉以陳而鄭云舉以東者謂幣之屬也 ○受立授立不坐由便。便婢面反。性之直者則有之矣有之有跪者也謂受授於尊者而尊者短則跪不敢以長臨之。跪其委反長直良反〔疏〕受立至之矣。正義曰此一節明相授受之禮前明吉凶相見及送賵。之禮有擯相授受之法故此明之坐亦跪也凡尊卑相授乃以跪爲敬也。受立謂尊者立以物與卑者卑者受此尊者之物授立謂尊者立已以物授尊者之立此二事皆不坐以尊者立故也若坐則尊者屈而低身類。尊者故也。性之直者則有之矣者性謂天性言尊者天性直自如此短小尊者雖立若授受尊者之物則有坐而授受所以然者以尊者短小若立對之則以長臨尊故有坐也。始入而辭曰辭矣即席曰可矣可猶止也謂擯者爲賓主之節也始入則告之辭至就席則止其辭排闔說屨於戶內者一人而已矣雖衆敵猶有所尊者。排薄皆反闔胡臘反又音合說吐活反本又作脫下注同。有尊長在則否在在內也後來之衆皆說屨於戶外。長丁丈反下文注尊長皆同〔疏〕始入至則否。正義曰此一節明賓主之入擯者告之辭讓之節及說屨之儀。始入而辭者謂始入門主人辭謝賓之節曰辭矣者當此之時擯者告主人曰辭謝賓矣謂辭讓賓令賓先入至階之時擯者亦應告主人曰辭讓賓先登矣此不言者始入之文包入門登階矣。即席曰可矣者謂賓

主升堂各自就席而立擯者恐賓主辭謝即席故擯者告之曰可矣可猶止也言既即席之時止此辭讓不須辭矣。排闔說屨於戶內者一人而已矣者謂賓主登席其衆須入戶內者雖尊卑相敵猶推一人爲尊闔謂門扇謂排推門扇說屨於戶內者一人而已矣言止許一人不得並皆如此也。不有尊長在則否者謂先有尊長已在於堂或室衆人後入不得一人說屨於戶內也。

○問品味曰子亟食於某乎問道藝曰子習於某乎子善於某乎不斥人謙也道三德三行也藝六藝。某音母行下孟反〔疏〕問品至某乎。正義曰此一經明賓主相問飲食及道藝之事也問品味曰子亟食於某乎者謂客來賓主相問禮也品味者殽饌也亟數也凡問人若欲問彼人已嘗食某殽饌與否者則不可斥問嘗食否但當問其數食某食乎如言彼已嘗經數食也然彼若不嘗食則自當依事而答之也。問道藝者亦謂賓主先已明知所習道藝及其問之亦不敢指斥故云子習於某道乎子善於某藝乎道難故稱習藝易故稱善也。注不斥至六藝。正義曰不斥人謙也者雖先知其所食所習所善及其問之猶疑而稱乎乎者謙退之辭是以不正指斥人所能此人兼賓

主也甯本云不斥主人非也云道三德三行也者案師氏教國子三德三行者一曰至德二曰敏德三曰孝德三行者一曰孝行二曰友行三曰順行也皆國子所習故知道是三德三行也云藝六藝者案保氏教六藝禮樂射馭書數也。

不疑在躬躬身也不服行所不知使身疑也。不度民械械兵器也不計度民家之器物使已亦有。度大洛反計也注同械戶戒反。不願於大家大謂富之廣也不訾重器訾思也重猶寶也。訾子斯反〔疏〕不疑至重器。正義曰此一節承上賓主相問之事因明賓主之禮賓不得願主人所有之物。不疑在躬者既問主人之道藝則己亦當習學明了不得使疑事在其躬則爲賓爲主皆然也。不度民械者謂爲客至主人之家不得計度民家所有器械使已亦有也。不願於大家者大家謂富貴廣大之家謂大夫之家也謂士往於卿大夫之家見彼富大不可願欲之也非分而願必有亂心也不訾重器者訾思也重器寶珍之物言謂客至主人之家見有重器重器不可思玩之若思玩之則憎疾已貧賤生淫亂濫惡也。

汜埽曰埽埽席前曰拚拚席不以鬛執箕膺擖鬛謂帚也帚恒埽地不潔清也膺親也擖舌也持箕將去糞者以舌自鄉。汜埽上芳劍反下悉報反拚弗運反又作擹鬛力陳反膺於陵反胷前也擖以涉反舌也徐音葉清徐才反又如字去起呂反下權去同鄉許亮反。〔疏〕汜埽至膺擖。正義曰此一經明主人與賓灑埽之事汜埽者汜廣也若遠路大賓來主人宜廣埽之謂外內俱埽謂之汜埽。埽席前曰拚者若近路小賓來則止埽席前不得名埽則但曰拚也所以然者拚是除穢埽是滌蕩。拚席不以鬛者鬛謂埽地帚也若帚席上不得用埽地帚也。執箕膺擖者膺人之胷前擖箕之舌也箕是去物之具賤者執之不可持嚮尊者當持箕舌自鄉胷前。

○不貳問當正己之心以問吉凶於蓍龜不得於正凶則卜筮其權也。蓍音尸。問卜筮曰義與志與義則可問志則否大卜問來卜筮者也義正事也志私意也。與音餘下同大音泰。〔疏〕不貳至則否。正義曰此一節明卜筮之法。不二問者凡卜筮之法當正己心志而來問於蓍龜則得吉兆不得二心不正若二心不正必凶則卜筮權時妄告。問卜筮曰義與志與者謂大卜問來卜筮者爲是道理正義與爲是私意志與。義則可問志則否者若卜筮者是公義則可爲卜筮若所問是私心志意則不爲之卜筮。

○尊長於已踰等不敢問其年踰等父兄黨也問年則已恭孫之心不全。孫音遜本亦作遜同。燕見不將命不自用賓主之正來則若子弟然。見賢遍反下請見同遇於道見則面可以隱則隱不敢煩動也不請所之尊長所之或卑褻。褻息列反喪俟事不犆弔亦不敢故煩動也事朝夕哭時。特本亦作犆音特侍坐弗使不執琴瑟不畫地手無容不翣也端慤所以爲敬也尊長或使彈琴瑟則爲之可。畫胡麥反翣本亦作萋所角反盧云扇也。慤苦角反。寢則坐而將命命有所傳辭也坐者不敢臨之侍射則約矢不敢與之拾取也。射食夜反下注客射同拾其劫反。侍投則擁矢不敢釋於地也投投壺也投壺坐。勝則洗而以請洗爵請行觴不敢直飲之。飲音蔭客亦如之。客射若投壺不勝主人亦洗而請之。勝詩證反。不角角謂觥罰爵也於尊長與客如獻酬之爵

○觥，古橫反。○不擢馬。擢，去也。謂徹也。已徹馬，嫌勝，故薄之。○擢，直角反。○疏「尊長至擢馬」。○正義曰：此一節論卑幼奉命於尊長諸雜之義。○燕見不將命者，謂卑幼私燕而見，不使擯者將傳其命，無賓主之禮。○遇於道見則面者，若於道路遇逢尊者，尊者若見己，己則面見；若尊者不見己，己則隱也。○不請所之者，雖面自見，而不得問尊者何處往也。○喪俟事不犆弔者，謂弔於尊長喪法也。俟事，謂待主人朝夕哭時也。不犆弔者，謂不非時而獨弔也。○侍坐弗使不執琴瑟者，卑侍尊者之法也。侍坐於尊者，若不使己，己則不得執琴瑟而鼓之；若使己，則得執之也。○不畫地者，盧云：不敢無故畫地也。○手無容者，盧云：不弄手也。○不翣也者，盧云：翣，扇也。雖熱，亦不敢搖扇也。此皆端慤所以為敬。○寢則坐而將命者，寢，臥也；坐，跪也。若尊者眠臥，而侍者若傳辭，當跪前，不可以立，恐臨尊者。○侍射則約矢者，矢，箭也。凡射必計耦，先設楅在中庭，楅者，兩頭為龍頭，中央共一身，而倚箭於楅身上。上耦前取一矢，下耦又進取一，如是更進，各得四箭，而升堂插三於要，而手執一隻。若卑者侍射，則不敢更拾進取，但一時并取四矢，故云則約矢也。○侍投則擁矢者，投，投壺也。擁，抱也。矢謂投壺箭也，若柘若棘為之。投壺禮亦賓主各四矢，從委於身前，坐一一取之。若卑者侍投，則不敢釋置於地，但手并抱投之也，故鄭云「不敢釋」。一於地，庾云擁抱己所當投矢也。隱義云：尊者委四矢於地，一一取以投，卑者不敢委於地，悉執之也。○勝則洗而以請者，若射及投壺竟，司射命酌，而勝者當應曰諾，而勝者弟子酌酒，南面以置豐上，豐在西階上兩楹之西，而不勝者下堂揖讓升堂，就西階上北面而就豐上取爵，將飲之而跪之，曰賜灌。灌猶飲也。而勝者立於不勝者東，亦北面跪而曰敬養。若卑者得勝，則不敢直酌，當前洗爵而請行觴，然後乃行也。○客亦如之者，若客若不勝，則主人亦洗而請行，如卑侍之法，所以優賓也。○不角者，角謂行罰爵用角酌之也。詩云「酌彼兕觥」是也。今飲尊者及客，則不敢用角，但如常獻酬之爵也。○不擢馬者，擢，去也，徹也。投壺立籌為馬，馬有威武，射者所尚也。凡投壺每一勝輒立一馬，至三馬而成勝。但頻勝一馬三難得，若一朋得二馬，一朋得一馬，於是二馬之朋徹取一馬者，足以為三馬，以成定勝也。今若卑者朋雖得二馬，亦不敢徹尊者馬足成已勝也。○執君之乘車則坐。執轡，謂守之也。君不在，中坐示不行也。○乘，繩證反。轡，悲媚反。○僕者右帶劒，負良綏，申之面，拖諸幦，面，前也。幦，覆苓也。良綏，君綏也。負之，由左肩上入右腋下，申之於前覆苓上也。○拖，徒可反，引也，又他左反。幦，徐音覓。苓，力丁反。腋音亦。以散綏升，執轡，然後步。步，行也。○散，悉旦反。○疏「執君至後步」。○正義曰：此一節明為君僕御之法。○執君之乘車則坐者，執轡也，謂君不在車，而僕執轡守君車時也。凡御則立，今守空車則坐，示君不在車不行也。○僕者右帶劒者，謂初御法也。僕即御者也。右帶劒者，帶之於腰右邊也。帶劒之法在左，以右手抽之便也。今御者劒右帶者，御人在中，君在左，若左帶劒則妨於君，故右帶也。○負良綏申之面者，良，善也。善綏，君綏也。君猶後升，僕者在車，背君面嚮前，取君綏由左腋下，加左肩上，繞背入右腋下，申綏之末於面前，而拖末於車前幦。拖猶擲也，亦引也。幦，車覆苓也。綏申於面前而拖諸車前幦上也，亦云引之可置車幦上也。○以散綏升者，謂初升時也。散綏，副綏也。僕登車，既不得執君綏，故執副綏而升也。○執轡然後步者，步猶行也。既升車，執策分轡而後行車也。行車五步而立待君，君出上則授良綏而升君也。○注「笭覆苓也」。○正義曰：苓，車前闌也，亦名為式。故詩傳云「幭，覆式」，與此同。知良綏君綏者，以下云散綏，既有二種，明良綏君綏，其散綏則本繫於車，僕者擎之而登車也。○請見不請退，去止不敢自由。○見，賢遍反。朝廷曰退，近君為進。○朝，直遙反，後朝廷皆同。近，附近之近。燕遊曰歸，禮褻，主於家也。師役曰罷。罷之言罷勞也。春秋傳曰：「師還曰疲。」○罷，音皮，注同。還，音旋，下文注皆同。疏「請見至曰罷」。○正義曰：此一節明卑者見尊及朝廷退歸之辭。○於請見不請退者，謂卑者於尊所有請見之理，既見，去必由尊者，故不敢請退。○朝廷曰退者，謂於朝廷之中，若欲散還，則稱曰退，以近君為進，遠君故稱退。論語云「子退朝」，又云「冉子退朝」，並是對進為言也。○燕遊曰歸者，若在燕及遊，退還稱曰歸，以燕遊褻主於歸家。○師役曰罷者，謂於師役之中，欲散退之時稱曰罷勞。○注「春秋至曰疲」。○正義曰：案莊八年夏，魯師及齊師圍郕，郕降於齊師。秋，師還。公羊傳曰：「還者何？善辭也。此滅同姓，何善爾？病之也。」何休云：「慰勞其罷病也。」是鄭用公羊為注也。○侍坐於君子，君子欠伸，運笏，澤劒首，還屨，問日之蚤莫，雖請退可也。以此皆解倦之狀。伸，頻伸也。運澤，謂玩弄也。金器弄之易以汙澤。○欠，起劒反。伸音申。笏音忽。還音旋。蚤音早。莫音暮。解，古賣反。頻本又作嚬，音頻。玩，五亂反。易，以豉反。汙，戶旦反，一音烏。○疏「侍坐至可也○正義曰此明侍坐法也志倦則欠體疲則伸爲君子久坐而自爲之也○運笏者運動也謂君子搖動於笏澤劒首者澤謂光澤玩弄劒首則生光澤○還屨者還轉也謂君子自轉屨也尊者說屨於戶內是屨恒在側故得自還轉之也問日之蚤莫者尊者忽問日之蚤暮○雖請退可也者雖假令也前言侍者不得請退今若見君子有欠伸以下諸事皆是坐久體倦欲起或欲卧息之意故侍者當此時假令請退則可也○**事君者量而后入不入而后量凡乞假於人爲人從事者亦然然故上無怨而下遠罪也**量量其事意合成否○量音亮乞假字又音氣爲于僞反遠于萬反〔疏〕事君至罪也○正義曰此一節明臣事君之法事君者量而后入者凡臣之事君者欲請爲其事先商量事意堪合以否然後入而請之○不入而后量者不得先入請見君然後始商量成否○凡乞假於人爲人從事者亦然者非直事君如此凡乞貸假借於人謂就人乞貸假借爲人從事謂求請事人如此之屬亦須先商量事意成否不可不先商量即當其事故云亦然○然故上無怨而下遠罪也者然猶如此事君若能如此下不責上故上無怨上不責下故下遠罪然唯解上下不結乞假從事者也可略

不窺密嫌伺人之私也密隱曲處也○窺若規反伺音司處昌慮反**不旁狎**妄相服習終或爭訟○爭爭鬬之爭**不道舊故**言知識之過失損友也孔子曰故舊不遺則民不偷○偷他侯反**不戲色**暫變傾顏色爲非常則人不長失敬也○不長丁丈反絶句〔疏〕不窺至戲色○正義曰此一節明在於僚類當自矜持之事不窺密者人當正視不得窺覘隱密之處鄭云嫌伺人之私也○不旁狎旁猶妄也不得妄與人狎習或至忿爭因狎而爭訟也○不道舊故者不道說故舊之罪過○不戲色者不戲弄其顏色○注暫變至敬也○正義曰人當恒自矜持尊其瞻視若暫傾變顏色爲非常褻慢則人不復長久失他人所敬故云則人不長失敬也

○爲人臣下者有諫而無訕有亡而無疾亡去也疾惡也○訕所反徐所姦反惡烏路反○**頌而無讇諫而無驕**頌謂將順其美匡救其惡驕謂恃知而慢也○讇稔變反**怠則張而相之**怠墮也相助也○相息亮反注同惰徒卧反○**廢則埽而更之**廢政教壞亂不可因也○更音庚**謂之社稷之役**役爲也〔疏〕爲人至之役○正義曰此明臣事君之道○有諫而無訕者訕爲道說君之過惡及謗毀也君若惡臣當諫之不得鄉人道說謗毀故論語云惡居下流而訕上者○有亡而無疾者亡猶去也疾猶憎惡也君若有過三諫不從乃出境而去不得强留而而憎惡君也○頌而無讇者頌美盛德之形容也讇謂橫求見容若君有盛德臣當美而頌之也君苟無德則匡而救之不得虛妄以惡爲美橫求見容故孝經云將順其美匡救其惡諫而無驕者君若從己諫則己不得藉己言行謀用恃知而生驕慢○怠則張而相之者怠隋也相助也若君政怠隋則臣當爲張起而助成之也隱義云若怠隋當張設法而助之或張强其志以廣大之也○廢則埽而更之者君政若已廢壞無可復張助者則當埽蕩而更創立爲新政也○謂之社稷之役者役爲謂事君如上者是可謂爲社稷之臣也故衛君云柳莊者是社稷之臣也○注役爲也○正義曰爲謂助爲也社稷之臣謂爲助社稷之臣也

○毋拔來毋報往報讀爲赴疾之赴拔赴皆疾也人來往所之常有宿漸不可卒也○拔蒲末反注同急疾也王本作校古孝反報音赴卒才忽反**毋瀆神**瀆謂數而不敬○數色角反**毋循枉**前日之不正不可復遵行以自伸○循枉上音旬下紆往反邪曲也復扶又反**毋測未至**測意度也○意度如字本又作億音抑下大各反○**士依於德游於藝**德三德也一曰至德二曰敏德三曰孝德藝六藝也一曰五禮二曰六樂三曰五射四曰五御五曰六書六曰九數**工依於法游於說**法謂規矩尺寸之數也說謂鴻殺之意所宜也考工記曰薄厚之所震動清濁之所由出侈弇之所由興有說說或爲伸○於說如字注同又始銳反鴻又作洪殺色戒反侈昌氏反弇於檢反**毋訾衣服成器**訾思也成猶善也思此則疾貪也○訾子斯反**毋身質言語**質成也聞疑則傳疑若成之或有所誤也○傳丈專反〔疏〕毋拔至言語○正義曰此一節廣明爲人之法○毋拔來毋報往者報謂赴也拔赴皆速疾之意凡人所之適必有宿漸毋得疾來毋得疾往○毋瀆神者謂瀆慢也神明正直敬而遠之不可慢○毋循枉者循追述也枉邪曲也人非圓愢不免時或邪曲若前已行之今當改正不得猶追述已之邪事也○毋測未至者未至之事聖人難之凡人故不可豫欲測量之也若終不然則傷知也○士

依於德者士謂進士有德行者當依附於三德游於藝者謂敎游於六藝。工依於法者謂規矩尺寸之法或言工巧皆當依附於法式。游於說者說謂論說規矩法式之辭言游息於規矩法式之文書。毋訾衣服或器者訾思也成善也無得思念衣服善器毋身質言語者凡言語有疑則稱疑無得以身質成言語之疑者其言既疑若必成之或有所誤也。注德三至九數。正義曰案周禮師氏以三德教國子一曰至德二曰敏德三曰孝德彼注云至德中和之德覆燾持載含容者也敏德仁義順時者也孝德尊祖愛親案大司徒職云以鄉三物教萬民一曰六德知仁聖義忠和知此依於德非六德者六德所以教萬民而云三德所以教國子此經云士故知是三德也云一曰五禮至九數者是周禮保氏職文案彼注云五禮吉凶賓軍嘉也六樂雲門大咸大韶大夏大濩大武也五射白矢參連剡注襄尺井儀也五御鳴和鸞逐水曲過君表舞交衢逐禽左六書象形會意轉注處事假借諧聲也九數方田粟米差分少廣商功均輸方程贏不足旁要今有重差句股然五禮六樂之等皆鄭康成所注其五射以下鄭司農所解但九數之名書本多誤儒者所解方田一粟米二差分三少廣四商功五均輸六方程七贏不足八旁要九云今有重差句股者鄭司農指漢時云今世於九數之內有重差句股二篇其重差即與舊數差分一也去舊數旁要而以句股替之爲漢之九數即今之九章也先師馬融干寶等更云今有夕桀各爲二篇未知所出今依司農所注周禮之數餘並不敢。注說至宜也。正義曰此經云依於法游於說法既是規矩法式法外又云說是說與法不同謂說此法式文書論其法式大小鴻殺之意與法大同小異法式據其體論法據其文引考工記者證說是說法度之意彼說鐘鐘形狀言鐘或薄或厚聲之振動其聲清濁由薄厚而出云侈弇之所由興者侈謂鐘口寬大弇謂鐘口內小從此法式所由興有說或大或小或侈或弇皆有所宜之意鐘厚則聲不散薄則聲散大短出聲疾易竭小長聲緩深遠弇則聲不舒揚故云有說。

言語之美穆穆皇皇朝廷之美濟濟翔翔祭祀之美齊齊皇皇車馬之美匪匪翼翼鸞和之美肅肅雍雍 匪讀如四牡騑騑齊齊皇皇讀如歸往之往美皆當爲儀字之誤也周禮教國子六儀一曰祭祀之容二曰賓客之容三曰朝廷之容四曰喪紀之容五曰軍旅之容六曰車馬之容。美音儀出注下同齊子禮反齊齊皇皇齊如字

皇音往徐于況反匪讀爲騑芳非反牡音母。〔疏〕言語至雍雍。正義曰此一節明諸事之宜此美皆當爲儀。言語之美者。謂與賓客言語故鄭注保氏云賓客之容穆穆皇皇者謂言語形狀穆穆皇皇然其天子諸侯行容亦穆穆皇皇故曲禮云天子穆穆諸侯皇皇鄭云皆行容止之貌穆穆皇皇皆美大之狀。濟濟翔翔者據在朝威儀濟濟翔翔者謂威儀厚重寬舒之貌言語則穆穆皇皇威儀則濟濟翔翔齊齊皇皇者皇讀爲歸往之往皇氏云謂心所繫往孝子祭祀威儀嚴正心有繼屬故齊齊皇皇然其言語及威儀皆當如此。匪匪翼翼者匪讀曰騑騑騑翼翼者皆是車馬之形狀故詩云四牡騑騑下又云四牡翼翼皆是馬之行容貌翼翼騑騑皆是馬之嚴止。肅肅雍雍者鸞和聲之形狀肅肅然雍雍然肅肅是敬貌雍雍是和貌。注匪讀至之容。正義曰詩小雅云四牡騑騑周道倭遲述文王聘臣之勞云美皆當爲儀者以保氏云教國子六儀一曰祭祀之容即儀也故知美皆當爲儀鄭彼注祭祀之容朝廷之容車馬之容皆引此文其賓客之容則此言語穆穆皇皇也彼注喪紀之容纍纍顛顛軍旅之容暨暨詻詻是玉藻文也〇問國君之子長幼長則曰能從社稷之事矣幼則曰能御未能御 御謂御事。長丁丈反下及注同。 問大夫之子長幼長則曰能從樂人之事矣幼則曰能正於樂人未能正於樂人 正樂政也周禮大司樂以樂德教國子中和祗庸孝友以樂語教國子興道諷誦言語以樂舞教國子舞雲門大卷大咸大韶大夏大濩大武。樂人音岳與如字又許證反道音導諷福鳳反卷音權濩戶反 問士之子長幼長則曰能耕矣幼則曰能負薪未能負薪 士祿薄子以農事爲業。 〇執玉執龜筴不趨堂上不趨城上不趨 於重器於近尊於迫狹無容也步張足曰趨。筴音策近附近之近狹音洽。 武車不式介者不拜 兵車不以容禮下人也車中之拜肅拜。下戶嫁反 〔疏〕問國君至不拜。正義曰此一節明問國君及大夫士之子長幼之稱。長則曰能從社稷之事矣者謂彼人所問君之子長幼若長則荅之云能從君供社稷之事若幼則曰能御御治也謂已

能治事若大幼則曰未能治事此治事謂尋常細小事也小於社稷事。問大夫之子長幼長則曰能從樂人之事矣者以大夫之子恒習學於樂長則已能習樂故曰能從樂人之事矣。幼則曰能正於樂人未能正於樂人者正謂政令以幼者習樂未成但聽政令於樂人所教幼。則云已能受命令於樂人若大幼則云未能受政令於樂人。注正樂至大武。正義曰鄭恐經正是樂正之官故讀爲政令之政謂年幼受政於樂人也引大司樂者證卿大夫之子習樂之事云以樂德教國子中和祇庸孝友者彼注云中猶忠也和剛柔適也祇敬庸有常也善父母曰孝善兄弟曰友云以樂語教國子興道諷誦言語者彼注云興謂以善物喻善事導者言古以剴今也倍文曰諷以聲節之曰誦發端曰言荅述曰語云教國子舞雲門以下者故注云黄帝曰雲門大卷言其德如雲之所出民得以有族類如鄭此言如雲之所出解雲門也民得以有族類解大卷也言有族類而集聚也彼注大咸咸池堯樂也言其德無所不施大磬舜樂也言有德能紹堯之道大夏禹樂也禹治水言其德能大中國大濩湯樂也言其德能使天下得其所大武武王樂也言其德能成武功也曲禮問其父身此問其子者皇氏云記人之意異耳

婦人吉事雖有君賜肅拜爲尸坐則不手拜肅拜爲喪主則不手拜

肅拜拜低頭也手拜手至地也婦人以肅拜爲正。凶事乃手拜耳爲尸爲祖姑之尸也士虞禮曰男男尸女女尸爲喪主不手拜者爲夫與長子當稽顙也其餘亦手拜而已雖或爲喪或曰喪爲主則不手拜肅拜也。低丁兮反爲夫于僞反〔疏〕婦人至手拜。正義曰此一節論婦人拜儀婦人吉禮不手拜但肅拜肅拜如今婦人拜也吉事及君賜悉然也。爲尸坐者謂虞祭婦人爲祖姑作尸也周禮坐尸嫌婦人或異故明之也若平常祭無婦人之尸示主於夫故設同几而已則不手拜肅拜者手拜手至地婦人爲尸或荅拜時但肅拜而不手拜也。爲喪主則不手拜者婦人若有喪而不爲主則手拜也若爲夫及長子喪主則稽顙不手拜。注肅拜至拜也。正義曰手拜手至地者解手拜之義言手拜之拜但以手至地則周禮空首案鄭注周禮空首頭拜至手此云手至地不同者此手拜之法先以手至地而頭來至手故兩注不同其實一也云婦人以肅拜爲正者言肅拜是婦人之常而昏禮拜扱地以其新來爲婦盡禮於舅姑故也左傳穆嬴頓首於宣子之門者有求於宣子非禮之正也云凶事乃手拜耳者言婦人除爲喪主其餘輕喪凶事乃有手拜耳鄭知然者以經云爲喪主則不手拜明不爲喪主則手拜故云凶事乃有手拜耳云爲尸爲祖姑之尸也者以士虞禮男男尸女女尸故也若平常吉祭則共以男子一人爲尸故祭統云設同几是也云爲夫與長子當稽顙也者小記文以其稽顙故不手拜云其餘亦手拜而已者除夫與長子之外則上云凶事乃手拜是也云或曰喪爲主則不手拜肅拜也者鄭更引或解之辭云爲喪主不作手拜但爲肅拜與前爲稽顙異違小記正文其義非也。

葛絰而麻帶

謂既虞卒哭也帶所以自結束也婦人質少變於喪之帶有除而無變。〔疏〕葛絰而麻帶。正義曰此謂婦人既虞卒哭其絰以葛易麻故云葛絰婦人尚質所貴在要帶有除無變終始是麻故云麻帶也。

取俎進俎不坐

以其有足亦柄尺之類。柄兵命反。

執虛如執盈入虛如有人

重慎〔疏〕取俎進俎不坐。正義曰取俎謂就俎上取肉進俎謂進肉於俎俎既有足立而進取便故不坐。注亦柄尺之類。正義曰案管子書弟子職云進柄尺謂爵豆之屬是也

凡祭於室中堂上無跣燕則有之

祭不跣者主敬也燕則有跣爲歡也天子諸侯祭有坐尸於堂之禮祭所尊在室燕所尊在堂將燕降說屨乃升堂。跣悉典反爲于僞反稅屨本又作脫又作說吐活反。〔疏〕。此祭至有之。正義曰此一經論堂上有跣無跣之事凡祭於室中堂上無跣者凡祭謂天子至士悉然也跣說屨也下大夫及士陰陽二厭及燕尸皆於室中上大夫陰厭及祭在室若儐尸則于堂天子諸侯則有室有堂祭禮主敬故凡祭在室中者非唯室中不說屨堂上亦不敢說屨故云凡祭於室中堂上無跣燕則有之者有之謂堂上有跣也燕禮主歡故得說屨而升堂坐也燕禮云賓及卿大夫皆說屨升就席注云凡燕坐必說屨屨賤不在堂也禮者尚敬敬多則不親燕安坐相親之心。注祭不至升堂。正義曰云祭不跣者主敬也者跣謂說屨坐而相親祭禮主敬不敢私自相親故云祭不跣者主敬也云天子諸侯祭有坐尸於堂之禮者朝事延尸於戶外故坐尸於堂若卿大夫以下祭禮於室無坐尸於堂也云祭所尊在室者以經云凡祭於室中堂上無跣故辨之也此則貴賤通故卿大夫士正祭饋食並在室中而天子諸侯雖朝事延尸於戶外非禮之盛節初入室灌及饋孰之時事神大禮故云祭所尊在室云燕所尊在堂者於燕禮文無在室唯在堂行禮初時立而致敬故云燕所尊在堂云將燕降說屨乃升堂者燕禮文也

未

嘗不食新嘗謂薦新物於寢廟（疏）未嘗不食新。正義曰嘗謂薦新物於寢廟也未嘗則人子不忍前食新也。僕於君子君子升下則授綏始乘則式君子下行然後還立還車而立以俟其去。還音旋注同（疏）僕於至還立。正義曰此一經論僕御之禮必授人綏故君子升及下僕者皆授綏也。始乘則式者謂是僕者始乘君子未至御者則式以待君子升也。君子下行然後還立者僕人之禮若君子將升則僕先升君子下行則僕後下更還車而立待君子去後乃敢自安或云君車將駕則僕執策立於馬前故君子將下車則僕亦下車立於馬前待君子下行乃更還車立以俟君去。乘貳車則式佐車則否貳車佐車皆副車也朝祀之副曰貳戎獵之副曰佐魯莊公敗于乾時公喪戎路傳乘而歸。朝直遙反喪息浪反傳乘上文專反又陟戀反下繩證反下文除乘車同貳車者諸侯七乘上大夫五乘下大夫三乘此蓋殷制也周禮貳車公九乘侯伯七乘子男五乘。卿大夫各如其命之數（疏）乘貳至則

否。正義曰謂僕乘副車法也朝祀副車曰貳戎獵副車曰佐朝祀尚敬乘副車者式戎獵尚武乘副車者不式也。注貳車至而歸。正義曰云朝祀之副曰貳戎獵之副曰佐者以此經佐車貳車相對。車云式主敬故謂朝祀之副曰貳佐車不式主武故云戎獵之副曰佐若戎獵自相對則戎車之副曰倅田車之副曰佐故周禮戎僕馭倅車田僕馭佐車熊氏云此云戎獵之副曰佐者據諸侯禮也故莊九年公及齊師戰于乾時公喪戎路佐車授綏是也。注此蓋至之數。正義曰按周禮大行人云上公貳九乘侯伯七乘又典命云卿六命其大夫四命車服各如其命數並與此經不同故疑為殷制有貳車者之乘馬服車不齒尊有爵之物廣敬也服車所乘車也車有新舊觀君子之衣服服劍乘馬弗賈平尊者之物非敬也。賈音嫁（疏）有貳至弗賈。正義曰此一節明廣敬之義。有二車者之乘馬服車不齒者有二車則謂下大夫二車之乘以下者謂其所乘之馬所服之車不敢齒次論其年歲許其價數高下車所以不得齒者以車有新舊則年歲有多少價數有貴賤以尊者之物故不敢齒也。觀君子之衣服服劍乘馬弗價者觀視也亦不得輕平尊者物堪直多少之價亦為不敬故觀而不平其以乘壺酒束脩一犬賜人若獻人則陳酒執脩以將命亦曰乘壺酒束脩一犬陳重者執輕者便也乘壺四壺也酒謂清也糟也不言陳犬或無脩者牽犬以致命也於卑者曰賜於尊者曰獻。便婢面反下同糟早勞反其以鼎肉則執以將命鼎肉謂牲體已解可升於鼎。已如字又音異解庚買反其禽加於一雙則執一雙以將命委加猶多也其餘犬則執緤守犬田犬則授擯者既受乃問犬名牛則執紖馬則執靮皆右之緤紖靮皆所以繫制之者守犬田犬問名畜養者當呼之名謂若韓盧宋鵲之屬右之者執之宜由便也。緤息列反守手又反又如字注同紖文引反靮丁歷反畜許六反鵲七略反臣則左之異於眾物臣謂囚俘。俘音孚車則說綏執以將命甲若有以前之則執以將命

無以前之則袒櫜奉胄甲鎧也有以前之謂他摯幣也櫜弢鎧衣也胄兜鍪也袒其衣出兜鍪以致命。稅本又作脫又作說同吐活反袒音但櫜音羔甲衣也奉芳勇反胄直又反鎧苦代反弢吐刀反兜丁侯反鍪亡侯反器則執蓋謂有表裹弓則以左手屈韣執拊韣弓衣也左衣屈衣并於拊執之而右手執簫。韣音獨拊芳武反并必政反劍則啟櫝蓋襲之加夫襓與劍焉櫝謂劍函也襲卻合之夫襓劍衣也加劍於衣上夫或為煩皆發聲。櫝音獨夫襓上音扶注同下如遙反函音咸卻去略反下文同笏書脩苞苴弓茵席枕几熲杖琴瑟戈有刃者櫝策籥其執之皆尚左手苞苴謂編束萑葦以裹魚肉也茵著蓐也熲警枕也筴著也籥如笛三孔皆十六物也左手執上上陽也右手執下下陰也。苴子余反茵音因熲京領反注同警沈也又烱迥反編必綿反萑音丸葦于鬼反裹音果著蓐上音佇下音辱刀卻刃授穎削授拊卻用時穎鐶也拊謂

把○穎，役頂反。削，音笑。辟，音避。把，音霸。○

凡有刺刃者，以授人則辟刃。辟刃，不以正鄉人也。○刺，七智反，又七亦反。辟，匹亦反，注同。鄉，許亮反，下鄉國同。

〔疏〕其以乘壺酒束脩一犬問人至凡有刺刃者以授人則辟刃○正義曰此一節廣明以物獻遺人法各隨文解之○其以乘壺酒束脩一犬賜人若獻人者四馬曰乘故知四壺酒亦曰乘壺酒束脩十脡脯也酒脯及犬皆可為禮也與卑者曰賜奉尊者曰獻隨其所與故云賜人若獻人也○則陳酒執脩以將命者陳列也酒重脯輕故陳一列重者於門外而執輕者進以奉命也○亦曰乘壺酒束脩一犬者謂將命之時辭也雖陳酒犬而單執脯致命而其饋亦猶曰有酒脯犬也若二犬亦當言二也○注酒謂至命也○正義曰案內則酒醴有清有糟沛者曰清不沛者曰糟故知此酒或清或糟云不言陳犬或無脩者牽犬以致命也者鄭釋初云有酒脯犬而後唯云陳酒執脯不言陳犬故明之也若言陳犬則嫌無脯時亦猶陳之今欲明若無脯者則陳酒牽犬以將命故不言陳犬也犬馬不上於堂牽之當在下耳○其以鼎肉則執以將命○謂無脯犬而有酒肉者也則亦陳酒而執肉以將命也云鼎肉者謂肉已解剔可升於鼎者解剔則易執也其禽加於一雙則執一雙以將命委其餘者謂以禽獻賜也二隻曰雙加於一雙謂或十或百雙也假令多雙則唯執一雙將命也委其餘者所餘多雙則委陳門外也○犬則至右之緤牽犬繩也若牽犬將命則執緤犬繩也○守犬田犬則受擯者既受乃問犬名者犬有三種一曰守犬守禦宅舍者也二曰田犬田獵所用也三曰食犬充君子庖廚庶羞用也田犬守犬有名食犬無名獻田犬守犬則主人擯者既受之乃問犬名○牛則執紖馬則執靮者紖靮俱牽牛馬之物故執之○皆右之者謂以右手牽之由便故也此謂田犬守犬畜養馴善無可防禦若充食之犬則左手牽之右手防禦故曲禮云效犬者左牽之是也○注謂若至之屬○正義曰戰國策云韓子盧者天下之壯犬也桓譚新論云夫畜生賤也然其尤善者皆見記識故犬道韓盧宋猳又魏文帝說諸方物亦云狗於古則韓盧宋鵲則猳鵲音同字異耳故鄭亦為鵲字○臣則左之者謂征伐所獲民虜者也左之謂左手操其右袂也以其異於衆物衆物犬馬之屬犬馬不生變異故皆右之民虜或起惡慮故以左手操右袂右手當制之是與衆物異也○車則至奉冑○獻車馬者執策綏故知陳車馬而說綏執以將命○甲若有以前之則執以將命者甲鎧也有以前之謂他物也謂獻鎧若復有他物與鎧同獻則陳鎧而執他物輕者以將命也○無以前之則袒囊奉冑者袒開也囊弢鎧衣也冑兜鍪也若無他物唯獻甲而已則開甲出囊冑奉之將命也曲禮云獻甲者執冑是也器則執葢○器凡器若獻則陳底執葢以將命葢輕便也○弓則以左手屆韝執拊○韝弓衣拊弓把也獻弓則左手屆弓衣并於把而執之以其右手執籥以將命曲禮云右手執籥左手承附是也○劍則至劍焉○啓開也櫝劍函也獻劍則先開函也○葢襲之者葢劍函之葢也襲謂郤合也開函而以葢郤合於函下底於葢上加夫襪者襪劍衣也先郤合葢於函下又加劍衣函中也○與劍焉者加衣於函中竟而以劍置衣上也○注襲至發聲○正義曰皇氏云郤仰也謂仰葢於函底之下加函底於上重合之故云襲云夫襪劍衣也者熊氏云依廣雅夫襪木劍衣謂以木為劍衣者若今刀梽云夫或為煩皆是發聲故云皆發聲然則襪之一字是衣之正名襪字從衣當以縉帛為之熊氏用廣雅以木為之其義未善也○笏書至左手○笏也書也脩脯也苞苴也弓也菌也席也枕也几也穎警枕也杖也琴也瑟也戈有刃者櫝也謂戈之有刃者以櫝韜之筴蓍也籥笛也○其執之皆尚左手者言執此諸物皆尊尚左手左手在上而執之右手在下而承之○注苞苴至陰也○正義曰苞苴謂編束萑葦以裹魚肉者案既夕禮云葦苞長三尺內則云炮取豚編萑以苞之是編萑葦以裹魚及肉也亦兼容他物故禹貢云厥包橘柚孔叢子云吾於木瓜之惠見苞苴之禮行是也茵著蓐也者謂茵是以物所著之蓐言有著者謂之曰茵故既夕云茵著用荼謂芽秀也用荼以著茵也云穎警枕也者以經枕外別言穎穎是穎發之義故為警枕云爽著也者曲禮云爽為筮故筴為蓍也云籥如笛三孔者案漢禮器知之詩注或云籥六孔兩不同者葢籥有大小詩箋或云管如遂併而吹之云皆十六物也者前解經以也間之即是其數也○刀御刃授穎○言授人以刃御仰其刃授之以穎穎謂刀鏃也言以刃鏃授之削授拊者削謂曲刀拊謂削把言以削授人則以把授之○注穎鏃也○正義曰穎是穎發之義刀之在手謂之為穎禾之秀穗亦謂之為穎枕之警動亦謂之穎其事雖異大意同也○凡有刺刃者以授人則辟刃謂不以刃正嚮人也

乘兵車，出先刃，入後刃，不以刃鄉國也。軍尚左，左，陽也，陽主生。將軍有廟勝之策，左將軍為上，貴不敗績。卒尚右。右，陰也，陰主殺。卒之行伍，以右為上，示有死志。○卒，子忽反，注同。行伍，戶郎反，下音五。○

〔疏〕乘兵至尚左○正義曰此一節論兵車出入及將士所處之宜○出先刃入後

刃者不欲以刃觸國○軍尚左者軍謂軍將行伍尊尚左方左是陽陽主生欲其生不敗績也○卒尚右者言士卒行伍貴尚於右右爲陰示其有必死之心**賓客主恭祭祀主敬喪事主哀會同主詡**恭在貌也而敬又在心詡謂敏而有勇若齊國佐○詡況矩反【疏】賓客至主詡○正義曰恭在貌敬在心賓客輕故主恭祭祀重故主敬會同主詡者詡謂敏大言語會同之時貴在敏捷勇武自光大○注詡謂至國治○正義曰成二年左傳齊晉戰於鞌齊國佐陳辭以拒晉師是敏而有勇也○**軍旅思險隱情以虞**險阻出奇覆護之處也隱意也思也慮度也當思念己情之所能以度彼之將然否○阻側呂反覆芳富反謂伏兵也徐音赴護況煩反護詐也或云護譁處昌慮反度大各反下同○【疏】軍旅至以虞○正義曰軍旅思險者言軍旅行處思其險阻之地出奇設謀以覆敗前敵○隱情以虞者隱意也思也慮度也謂以意思念彼情豫測度前敵知其所欲爲事記者明軍旅之中當須如此○注險阻至然否○正義曰險阻出奇覆護之處也者鄭解經中險字險是地形險阻護詐也地形既險得出奇謀覆詐故云險阻出奇覆護之處若其平地則不得設奇謀設

詐也虞度也釋言文云當思念己情之所能以度彼之將然否者言在軍旅先須思念己國之情所堪能以測度彼軍將欲如此以否**○燕侍食於君子則先飯而後已**所以勸也○飯煩晚反下小飯同○**毋放飯毋流歠小飯而亟之**亟疾也備嘰噎若見問也○歠昌悅反亟紀力反注同嘰噎上於月反下伊結反○**數嚌毋爲口容**口容弄口○數色角反嚌字又作嚼子笑反又在笑反○**客自徹辭焉則止**主人辭其徹○【疏】燕侍至則止○正義曰此一節明侍食之法○先飯而後已者先飯先君子之飯若嘗食然君子食罷而後已若勸食然○小飯而亟之者小飯謂小口而飯亟謂疾速而咽小飯而備嘰噎也速咽之備見問也○數嚌毋爲口容者數嚌謂數數嚼之無爲口容者無得弄口以爲容也○客自徹辭焉則止者謂食訖客欲自徹其俎主人辭其徹俎客則止而不徹○**客爵居左其飲居右**客爵謂主人所酬賓之爵也以優賓耳賓不舉奠于薦東**介爵酢爵僎爵皆居右**三爵皆飲爵也介賓之輔也酢所以酢主人也古文禮僎作遵遵爲鄉人爲卿大夫來觀禮者酢或爲作僎或爲騶○介音界注同僎音遵騶責留反本又作騶一音巡○【疏】客爵至居右○正義曰此一節明客爵所在客爵依鄉飲酒禮主人酬賓之爵賓受奠觶于薦東是客爵居左也○其飲居右者鄉飲酒禮旅酬之時一人舉觶于賓賓奠觶于薦西至旅酬賓取薦西之觶以酬主人是其飲居右也○介爵酢爵僎爵皆居右者介賓副也酢謂客酌還荅主人也僎謂鄉人來觀禮副主人者也此三人既不被優故爵並居右示爲飲之案鄉飲酒介爵及主人受酢之爵并僎爵皆不明奠置之所故記者於此明之○注客爵至賓耳○正義曰案鄉酒禮主人酬賓奠觶于薦東所以不奠薦西者欲優饒其賓且令閑裕故不奠於薦西賓又不盡主人之歡還奠薦東示不敢飲也○注三爵至禮者○正義曰案鄉飲酒禮主人獻介介飲獻賓賓酢主人主人飲主人獻僎僎飲是三爵皆飲爵云遵謂鄉人爲卿大夫來觀禮者案鄉射禮若有遵者則入門左注云此謂鄉之人爲大夫者也謂之爲遵者方以禮樂化民欲其遵法之也今文遵或爲僎云酢或爲作僎或爲騶者謂他文書本有作此字者故云或他皆倣此**○羞濡魚者進尾**擗之由後鰓肉易離也乾魚進首擗之由前理易析也○濡音儒擗補麥反下同鰓格猛

反易以豉反下同析星歷反○**冬右腴**氣在下腴腹下也○腴以朱反**夏右鰭**氣在上鰭脊也○右鰭音祈脊子昔反**祭膴**膴大臠謂刳魚腹也膴讀如哻○膴舊火吳反依注音哻況甫反徐況紆反臠力轉反刳口胡反又苦侯反○【疏】羞濡至祭膴○正義曰此一節明進魚之禮○羞濡魚者進尾濡溼也謂膳羞有溼魚也進尾者擗溼魚從後來則脇肉易離也○冬右腴者腴謂魚腹冬時陽氣下在魚腹故右腴○夏右鰭者鰭謂魚脊夏時陽氣上在魚脊故右鰭凡陽氣所在之處肥美故進魚使嚮右以右手取之便也此濡魚進尾乾魚進首及右腴右鰭之屬皆謂尋常燕食所進魚體非祭祀及饗食正禮也若祭祀魚在於俎皆縮載俎既橫設魚則隨俎而從於人爲橫無進首進尾之理故少牢魚用鮒而俎縮載其主人正饗亦然公食大夫禮魚七縮俎是也正祭魚既縮載少牢主人獻祝佐食三魚一橫之彼是正祭魚橫者以魚與牲體共俎故特橫之殊於牲體也若天子諸侯繹祭及卿大夫儐尸魚則橫載之於俎俎在人前而橫魚則於人爲從得有進首尾也故有司徹云尸俎五魚橫載之侑主人皆一魚亦橫載之彼注云橫載之者異於牲體如鄭此言正祭之時牲體橫而魚縮載儐尸之時牲體縮而魚橫載之故云橫載之者異

於牲體也正祭則右首進腴故少牢魚右首進腴變於生人若生人右首進鰭故公食大夫云寢右注云右首也寢右進鰭也乾魚近腴多骨鯁案特牲少牢魚皆十有五鄭云從陰類特牲禮魚十有四減一從偶數士喪禮大斂及士虞禮及公食禮魚皆七其天子諸侯魚數未聞。祭膴者膴謂刳魚腹下爲大臠此處肥美故食魚則刳取以祭先也。○凡齊執之以右居之以左齊謂食羹醬飲有齊和者也居於左手之上右手執而正之由便也。齊才細反注及下以齊並同食音嗣和戶卧反下齊和同便婢面反。【疏】凡齊至於左。正義曰此一經明齊和之宜凡齊者謂以鹽梅齊和之法。執之以右者謂執此鹽梅以右手居之於左者謂居處羹食於左手之上以右手所執鹽梅調和正之於事便也○贊幣自左詔辭自右自由也謂爲君授幣爲君出命也立者尊右。爲于僞反下爲君同【疏】贊幣至自右。正義曰此一經論贊幣贊辭之異自由也贊助也謂爲君授幣之時由君左。詔辭自右者詔辭謂爲君傳辭也君辭貴重若傳與人時則由君之右也。○酌尸之僕如君之僕當其爲尸則尊其在車則左執轡右受爵祭左右軌范乃飲周禮大御祭兩軹祭軌乃飲軌與軹於車同謂轄頭也。軌與范聲同謂軾前也。軌媺美反范音犯軹音旨轄音衛軾音式。【疏】酌尸至乃飲。正義曰此一節明爲尸之僕祖道祭軷之宜。酌尸之僕者僕爲尸御車之人將欲祭軷酌酒與尸之僕今爲軷祭如似酌酒與君之僕以其爲尸則尊之似君也。其在車則左執轡右受爵者尸僕受酒法也其在車謂僕在車中時也僕既所主尸車故於車執轡而受爵也。尸位在左僕立於右故左執轡右受爵祭酒也君僕亦然。祭左右軌范者軌謂轂末范謂式前僕受爵將飲則祭之酒於車左右軌及前范也所以祭者爲其神助已不使傾危故也乃飲者祭徧乃自飲也。注周禮至前也。正義曰案周禮大馭祭兩軹祭軌此云祭右右軌范兩文不同則左右軌與兩軹是一故云軌與軹於車同謂轄頭謂車轂小頭也此云范大御云軌兩事是一聲同字異故云聲同謂式前之範與此范俱是式前也但式前之軌車旁著凡或作範字雖作範字聲同而字異即詩邶風濟盈不濡軌亦車旁凡與此同也若轂末之軌則車旁著九此經左右軌是也其車轍亦謂之軌亦車旁著九則考工記經涂九軌是與此字同而事異也○凡羞有俎者

則於俎內祭俎於人爲橫不得祭於閒也。君子不食圂腴周禮圂作豢謂大豕之屬食米穀者也腴有似人穢。圂與豢同音患穢本又作穢紆廢反一音烏外反。小子走而不趨舉爵則坐立飲小子弟子也卑不得與賓介具備禮容也凡洗必盥先盥乃洗爵先自絜也盥有不洗也。盥音管又古亂反牛羊之肺離而不提心提猶絕也刲離之不絕中央少者使提絕以祭耳。不提心丁禮反注同絕句挃苦圭反刲本又作離同力豸反又力知反。凡羞有湆者不以齊齊和也。湆起及反。爲君子擇葱薤則絕其本末爲有萎乾。爲于僞反注同薤戶戒反萎乾上於范反又於僞反下音羊羞首者進喙祭耳耳出見也。喙許穢反見賢遍反。尊者以酌者之左爲上尊尊者設尊者也酌者鄉尊其左則右尊也。遵本又作尊注下皆同鄉許亮反下鄉人同尊壺者面其鼻鼻在面中言鄉人也飲酒者機者醮者有折俎不坐折俎尊徹之乃坐也已沐飲曰機酌始冠曰醮。機其記反醮子笑反折之設反下及注皆同冠古亂反未步爵不嘗羞步行也。○牛與羊魚之腥聶而切之爲膾聶之言牒也先藿葉切之復報切之則成膾。聶之涉反注反下皆同膾古外反牒直輒反復扶又反。麋鹿爲菹野豕爲軒皆聶而不切麕爲辟雞兎爲宛脾皆聶而切之切葱若薤實之醯以柔之此軒辟雞宛脾皆菹類也其作之狀以醯與葷菜淹之殺肉及腥氣也。麋音眉軒音獻注同倶倫反辟音壁又補麥反徐扶益反注同兎他故反宛脾上於阮反下毗支反切葱若薤實之絕句薤莊居反葷許云反淹於廉反又於劫反○其有折俎者取祭肺反之不坐燔亦如之亦爲尺柄之類也燔炙也鄉射曰賓奠爵于薦西興取肺坐絕祭左手嚌之興加于俎坐帨手。燔音煩柄兵命反嚌才細反帨本亦作稅始鋭反。尸則坐尸尊也少

牢饋食禮曰尸左執爵右兼取肝肺擩于俎鹽振祭嚌之加于菹豆○食音嗣○擩本又作撋而專反又而悅反徐耳誰反〔疏〕○凡羞至則坐○正義曰此一節廣明祭俎及羞膳之事○凡羞有俎者則於俎內祭者若羞在豆則祭於豆間若脩在俎則於俎內而祭俎在人前橫設俎內近人之處以俎於人爲橫則不得祭於俎間也俎橫在人前故不得祭於俎外及兩俎間也○君子不食圂腴○圂猪犬也腴猪犬腸也言猪犬亦食米穀其腴與人相似故君子但食他處辟其腴謂腸胃也故鼎闕一也○小子至立飲○小子弟子也趨徐趨也弟子不得與賓主參預禮但給役使故宜驅走不得趨翔爲容也○舉爵則坐祭立飲者謂弟子若得酒舉爵時則先以坐祭祭竟而立飲之也○凡洗必盥○洗洗爵也盥洗手也○凡飲酒必洗爵洗爵必宜先洗手也○牛羊之肺離而不提心○謂祭肺法也提猶絕也取肺刲離之不絕心謂肺中央少許耳○凡羞有湆者不以齊○湆汁也若羞有汁則有鹽梅齊和若食者更調和之則嫌薄主人味故不以齊也賀瑒云凡湆皆謂大羹大羹不和也○爲君至本末○本根也葱薤根不淨末萎乾故擇者必絕其二處爲君子如此則非君子不然○羞首者進喙祭耳羞亦膳羞也首頭也喙口也若膳羞有牲頭者則進口以嚮尊者若祭先

取牲耳祭之也○尊者至嘗羞○此一節論設尊及折俎行爵嘗羞之儀尊者謂設尊人也人君陳尊在東楹之西於南北列之設尊之人在尊東西面以右爲上則尊以南爲上也酌謂酌酒人也酌人在尊東西面以左爲上尊亦上南也二人俱以南爲上也故云以酌者之左爲上尊○注尊者至尊也○正義曰庾云燕禮司宮尊于東楹之西兩方壺左玄酒南上注玉藻云唯君面尊玄酒在南順君之面也下云公席阼階上西鄉下又云執冪者升自西階立于尊南北面東上案左玄酒南上之言是設尊者東鄉酌者西鄉設者之右則酌者之左也○尊壺者面其鼻者尊與壺悉有面面有鼻鼻宜嚮於尊者故言面其鼻也○飲酒者則下文禨者醮者是也揔以飲酒目之禨者謂沐而飲酒醮者謂冠而飲酒者○有折俎不坐者折謂折骨體於俎也禨醮者若折俎爲尊禨醮小事爲卑故不得坐也折俎所以爲尊者賀云折俎則殽饌尊故冠禮庶子冠于房戶之前而冠者受醮不敢坐及禨者並不敢坐也案鄉飲酒燕禮有折俎者皆不坐獨云禨者醮者不坐者以禨者醮者無酒俎之時則得坐嫌畏有折俎亦坐故特明之云有折俎不坐○未步爵不嘗羞者步行也羞殽羞也殽羞本爲酒設若爵未行而先嘗羞是貪食矣故不先爵嘗之也此謂無筭爵之時羞庶羞行爵之後始嘗之若

正羞肺醢折俎未飲酒之前則嘗之故鄉飲酒鄉射燕禮大射獻後乃薦賓皆先祭脯醢嚌肺乃飲卒爵○牛與至柔之此一節明膾及韲菹麤細之異○聶而切之者謂先牒爲大臠而後報切之爲膾也麋鹿爲菹以下已於內則具釋之○其有至則坐○此一節明祭菹之儀折菹謂折骨於俎既有足柄尺之類故就俎取所祭肺立而取之升席坐祭祭訖反此所祭之物加之於俎皆立而爲之故云取祭反之不坐燔祭時坐耳○燔亦如之者燔謂燔肉雖非折骨其肉在俎其取及祭反時皆亦不坐故云燔亦如之○尸則坐者前云不坐者是賓客耳若爲以尸尊雖折俎初取祭反之皆坐也○注尸尊至菹豆○正義曰引少牢饋食禮者證尸坐之義前注引鄉射禮云賓奠爵于薦西興取肺云興則立也此引少牢禮云尸左執爵右兼取肝肺不云興故知尸則坐菹豆盛菹之豆也

○**衣服在躬而不知其名爲罔**　罔猶罔罔無知貌○罔本亦作罔又作網云兩反○〔疏〕衣服至爲罔○正義曰衣服文章所以表人之德亦勸人慕德若著之而不識知其名義者則是罔罔無知之人也

○**其未有燭而後至者則以在者告道瞽亦然**　爲其不見意欲知之

也師冕見及階子曰階也及席子曰席也皆坐子告之曰某在斯某在斯○道音導爲于僞反下爲宵下文爲人爲已同冕見賢遍反○

凡飲酒爲獻主者執燭抱燋客作而辭然後以授人　爲宵言也主人親執燭敬賓示不倦也言獻主者容君使宰夫也未爇曰燋○燋側角反又子約反又音在遙反爇人悅反○

執燭不讓不辭不歌　以燭繼晝禮殺○殺色戒反○〔疏〕其未至不歌○正義曰此一節明有燭無燭之儀爲主人法也在者謂已在於坐者若日已闇而坐中未有燭繼新有人後來至者則主人以在坐中者而告之云某人在此某人在此使後來人知之也○道瞽亦然者瞽無目恆如日闇故道示之亦如無燭時也○凡飲酒爲獻主者獻主主人也謂爲飲酒主人法也凡飲酒主人自獻賓若尊卑不敵則使宰夫爲主人以獻賓故爲獻主也○執燭者謂夜闇執燭○抱燋者燋謂未爇之炬既欲留客又取未然之炬抱之也○客作而辭者作起也客既見主人執燭抱燋故自起辭之也○然後以授人者主人見客起辭故從辭而止以燭乃授已執事之人○執燭不讓不辭不歌者執燭夜時也禮賓主有讓及更相辭謝又各歌詩相顯今既夜莫所

以殺於三事。洗盥執食飲者勿氣，有問焉則辟咡而對。示不敢歆臭也。旁曰咡。○辟，四亦反，徐孚益反。咡，而志反。歆，許金反。臭，許又反。〔疏〕洗盥至而對。○正義曰：洗謂與尊長洗爵也，盥謂與尊長洗手也。若謂尊長洗盥及執尊長飲食，則勿氣，謂不鼻嗅尊長飲食也。○有問焉則辟咡而對者，咡，口旁也。當爲尊者洗盥及執飲食之時，而尊者有事問己，己則辟口而對，不使口氣及尊者。

爲人祭曰致福，爲己祭而致膳於君子曰膳，祔練曰告。此皆致祭祀之餘於君子。攝主言致福，申其辭也。自祭言膳，謙也。祔練言告，不敢以爲福膳也。凡膳告於君子，主人展之以授使者于阼階之南，南面再拜稽首送，反命，主人又再拜稽首。展，省具也。使，色吏反。○其禮，大牢則以牛左肩臂臑折九箇，少牢則以羊左肩七箇，犆豕則以豕左肩五箇。折，斷分之也。皆用左者，右以祭也。羊豕不言臂臑，因牛序之可知。○臂，本亦作辟，以豉反，注同。臑，奴報反，又奴到反。說文云：臂羊犬，讀若儒。字林人於反。箇，古賀反，下同。犆，大得反。斷，丁管反，又大喚反。分，方云反，又扶問反。本又作箇，古賀反。〔疏〕爲人至五箇。○正義曰：此一節明致福及膳於君子及所膳牲體之數。謂爲人攝祭而致飲酢於君子也。其致胙將命之辭，則曰致福也，謂致彼祭祀之福於君子也。○爲己祭而致膳於君子曰膳者，若己自祭而致胙於君子，則不敢云福，而言致膳。膳，善也，言致善味耳。○祔練曰告者，若己祔祥而致胙，又不敢云福膳，但云告，言以祭胙告君子，使知己祔祥而已。故顏回之喪，饋孔子祥肉是也。○凡膳告於君子者，結上也。膳，自祭；及告，祥也。○主人展之以授使者于阼階之南，南面再拜稽首送者，謂初遣使膳告君子之去時也。展，省視，敬君子，故主人自省視飲食多少備具，而阼階南稽首拜送使者。○反命，主人又再拜稽首者，使從君子處還反，則主人亦再拜稽首受命也。亦當在阼階南南面也。曲禮云「使者反，必下堂而受命」是也。○其禮大牢則以牛左肩臂臑折九箇者，明所膳數也。若得大牢祭者，則用牛膳也。周人牲體尚右，右邊已祭，所以獻左也。周貴肩，故用左肩也。九箇者，取肩自上斷折之，至蹄爲九段以獻之也。臂臑謂肩腳也。○少牢則以羊左肩七箇者，若禮得少牢者，則膳羊左肩。○折爲七箇，不云臂臑，從上可知也。然並用上牲，不并備，餘故大牢者唯牛，少牢者唯羊也。○犆豕則以豕左肩五箇者，若祭唯特豕，以用豕左肩，亦用五箇以爲膳也。

○國家靡敝，則車不雕幾，甲不組縢，食器不刻鏤，君子不履絲屨，馬不常秣。靡敝，賦稅亟也。雕畫也。幾，附纏爲沂鄂也。組縢，以組飾之及紟帶也。詩云「公徒三萬，貝胄朱綅」，亦鎧飾也。○靡，亡皮反，注同。幾，其衣反，注同。組音祖。縢，大登反。常，如字，恒也，本亦作嘗。秣音末。穀馬。亟，本又作極，紀力反，急也，一音其力反。沂，魚巾反。鄂，五各反。紟，其蔭反，結也。綅，息廉反，又音侵。鎧，若代反。〔疏〕國家至常秣。○正義曰：此一節明國家靡敝減省之禮。靡謂侈靡，敝謂凋敝。由君造作侈靡，賦稅煩急，則物凋敝，則旼往脩來，或可靡爲糜，謂財物糜散。凋敝，古字通用。○車不雕幾者，幾謂沂鄂，不雕畫漆飾以爲沂鄂。○甲不組縢者，縢謂紟帶，其甲不用組以爲飾及紟帶。君子不履絲屨者，絲屨謂絇繶純之屬，不以絲飾之，故云不履絲屨。○注組縢至飾也。○正義曰：云以組飾者，謂以組飾甲也。云及紟帶也者，謂以組連甲及爲甲帶，言紟帶解經縢字，縢是縛約之名，故秦詩云「竹閉緄縢」，注云：縢，約也。引詩公徒三萬者，魯頌閟宮文。引之者，貝胄朱綅，貝胄謂以貝飾胄，朱綅綴之也，謂以朱繩綴甲，故鄭云亦鎧飾也。

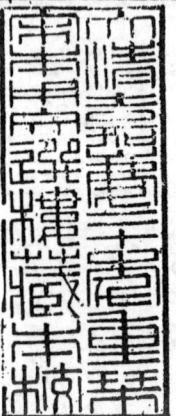

附釋音禮記注疏卷第三十五

江西南昌府學栞

禮記注疏卷三十五挍勘記　阮元撰盧宣旬摘錄

少儀第十七

及薦羞之少威儀　閩監本同毛本少作小衛氏集說同

聞始見君子者節

謙遠之也　各本同釋文出嗛云本又作謙○按謙正字嗛假借字

聞始至命者　惠棟挍宋本無此五字

各隨文解之　閩監毛本同惠棟挍宋本隨作依

不得階主節

解上經文云聞名之義也　閩監毛本同惠棟挍宋本無經字

適者曰節

適者曰　監毛本作敵石經同岳本同嘉靖本同衛氏集說同此本敵誤適閩本同陳澔集說同盧文弨挍云適敵古今字齊召南挍云以鄭注推之古本是作敵者玩下文敵者曰贈從者敵者曰襚可見作適者非也○按敵正字適假借字

罕見曰聞名節

前二條明始相見　惠棟挍宋本作二條衛氏集說同此本二誤三條字不誤閩監本同毛本二條誤三徐

此明已經相見　閩監毛本同衛氏集說作此經明已相見

按爾雅釋詁文罕希也　閩監毛本同孫志祖挍云按爾雅釋詁希寡鮮罕此罕希當作希罕也

亟見曰朝夕節　惠棟云亟見節宋本分暂曰聞名句另爲一節

亟見至聞夕　惠棟挍宋本無此五字

適有喪者曰比節

四十持盈次　閩監毛本同惠棟挍宋本持作待次作坎衛氏集說同

童子曰聽事節

雖往適它喪　閩監毛本它作他衛氏集說同

適公卿之喪節

不直云聽役於將命者　閩監毛本同考文引宋板命下有者字

君將適他節

君將適他　各本同石經同釋文出適它云本亦作他按此本正義並作它

君將至從者　惠棟挍宋本無此五字

論臣致物於君及適者之辭　閩監毛本同衛氏集說適作敵浦鏜挍云當作敵

臣如置金玉貨貝於君者　閩監毛本同惠棟挍宋本置作致

略舉其梗概耳　閩本同監毛本梗作挭

臣致襚於君節

言廢衣不敢必用斂也　惠棟挍宋本作言廢衣不必其以斂也宋監本同岳本同嘉靖本同衛氏集說同閩監毛本作言廢衣不必以其斂也其以二字誤倒

周禮玉府　毛本作玉岳本同嘉靖本同衛氏集說同此本玉誤五閩監本玉誤王

臣致至曰襚　惠棟挍宋本無此五字

但充以廢致不用之例　閩監毛本同衛氏集說無以字例作列下有也字浦鏜挍云廢致疑廢置誤盧文弨挍云致置古多通用

文謂物織畫繡之屬也　惠棟校宋本作物謂文衛氏集說同此本誤倒閩監毛本同

親者兄弟節

不執將命者　惠棟校宋本者作也宋監本同考文引古本足利本同岳本同嘉靖本同衛氏集說同此本也誤者閩監毛本同

大功以上同體之親　監毛本同閩本體作財衛氏集說同考文引宋板同

臣爲君喪節

尤是送君　閩本尤作衣惠棟校宋本同衛氏集說同此誤尤監毛本同

賵馬入廟門節

賻馬與其幣　各本同毛本幣誤弊疏同

賵馬至廟門　閩本同監毛本賵誤賻惠棟校宋本無此五字

禮既祖訖而後賵馬人　考文引宋板祖作祖衛氏集說同此誤祖閩監毛本同

以馬助生人嘗喪曰賻馬　惠棟校宋本有人字衛氏集說同此本人字脫閩監毛本同

周禮革路建大白以即戎也　惠棟校宋本有禮革二字此本禮革二字脫閩監毛本同

有以大白兵車而賵之者　惠棟校宋本賵作賻此本誤閩監毛本同

賻者既致命節

賻者至受也　惠棟校宋本無此五字

坐委于擯東南　閩監毛本同衛氏集說擯作殯下不告擯同按作殯是也

受立授立節

受立至之矣　惠棟校宋本無此五字

及送賵之禮　閩監毛本同惠棟校宋本送賵作賵送

類尊者故也　閩監毛本同惠棟校宋本類作頻

則有坐而授受　考文引宋板作授受衛氏集說同此本作受授閩監毛本同

始入而辭節

始入至則否　惠棟校宋本無此五字

問品味節

問品至某乎　惠棟校宋本無此五字

教國子三德三行者　嚴杰云者字上脫三德二字

禮樂射馭書數也　惠棟校宋本如此此本馭下衍於字閩監毛本同考文無於字又無也字衛氏集說同

不疑在躬節

訾思也重猶寶也　惠棟校宋本如此宋監本同岳本同嘉靖本同衛氏集說同考文引古本足利本同此本作訾思重猶寶也也閩監毛本刪去一也字而思下也字遂脫

不疑至重器　惠棟校宋本無此五字

則爲賓爲主皆然也　閩監毛本同衛校宋本則作而

謂卿大夫之家也　惠棟校宋本有卿字此本卿字脫閩監毛本同衛氏集說同

不可顧數之也　惠棟校宋本同閩監毛本數作效衛氏集說同

淫亂濫惡也　惠棟校宋本此下標禮記正義卷四十四終記云凡二十三頁

汜埽曰埽節　惠棟校宋本自此節起至國家靡敝節止題禮記正義卷第四十五

氾埽曰埽 閩監毛本同石經同岳本同嘉靖本同衛氏集說同釋文氾作氾浦鏜挍云氾誤氾下並同

埽席前曰拚 閩本同石經同岳本同嘉靖本同衛氏集說同監毛本拚誤拚釋文亦作拚下拚及疏並同

帚恒帚地 毛本作埽岳本同嘉靖本同衛氏集說同此本誤作帚閩監本同考文引宋板古本足利本亦作埽

不絜清也 閩本同監毛本絜作潔岳本同嘉靖本絜作絜衛氏集說同釋文同○按漢人祇作絜

氾埽至膺擸 惠棟挍宋本無此五字

明主人與賓洒埽之事 閩監毛本同惠棟挍宋本與作爲衛氏集說同

若帚席上 惠棟挍宋本帚作埽此本埽誤帚閩監毛本同衛氏集說埽作拚

不得持鄉尊者 惠棟挍宋本作得衛氏集說同此本得字漶滅閩監毛本得作可

不貳問節

不貳至則否 惠棟挍宋本無此五字

此一節明問卜筮之法 惠棟挍宋本有問字衛氏集說同此本問字脫閩監本同毛本同法誤卜

不二問者 閩監本同毛本二作貳

不得二心 閩監本同毛本二作貳惠棟挍宋本同下若二心同

尊長於已踰等節

喪俟事不犆弔 各本同石經同釋文出不特云本又作犆○按特正字

端慤所以爲敬也 各本同釋文慤作愨是也

嫌勝故薄之 惠棟挍宋本薄作專宋監本同岳本同嘉靖本同衛氏集說同考文引古本足利本同此本誤閩監毛本並誤

尊長至擢馬 惠棟挍宋本無此五字

奉命於尊長諸雜之儀 閩監毛本命作侍衛氏集說同

若尊者眠臥 閩本同惠棟挍宋本同衛氏集說同監本眠誤服毛本眠誤臨

上耦前取一矢下耦又進 閩監毛本同考文引宋板矢作夫衛氏集說同

但頻勝馬三難得 惠棟挍宋本作三馬衛氏集說同此本三馬二字倒閩監毛本同

足以爲三馬以成定勝也 閩監毛本同衛氏集說定字無

執君之乘車節

拕諸幦 宋監本惠棟挍宋本岳本嘉靖本同閩監毛本拕作拖衛氏集說同石經拕字殘闕釋文亦作拕○按依說文當作拕从手拕聲

執君至後步 惠棟挍宋本無此五字

謂君不在車 惠棟挍宋本有君字此本君字脫閩監毛本同

幦車覆蘭也 惠棟挍宋本同閩監毛本蘭作闌下車前蘭也同

而拖末於車前幦上也 閩監毛本拖作拕衛氏集說同

請見不請退節

罷之言罷勞也春秋傳曰師還曰疲 閩監毛本同岳本同衛氏集說同嘉靖本同言誤吉段玉裁挍本云罷勞之罷當作疲曰疲之疲當作罷二字蓋互譌

請見至曰罷 惠棟挍宋本無此五字

及朝廷歸退之辭 惠棟挍宋本作歸退衛氏集說同此本歸退二字倒閩監毛本同

侍坐於君子節

尊者怨問日之蚤晚 閩本作晚惠棟挍宋本同衛氏集說同此本晚誤暮監毛本晚誤莫

事君者節

事君至罪也　惠棟校宋本無此五字

然猶如此　閩毛本同監本此誤比

不窺密節

不窺至戲色　惠棟校宋無此五字

故鄭云嫌伺人之私也　惠棟校宋本有故字此本故字脫閩監毛本同

爲人臣下者節

怠墮也　惠棟校宋本墮作惰宋監本同岳本同嘉靖本同衛氏集說同此本誤閩監毛本同釋文亦出怠惰各本正義並作惰字不誤

不可因也　閩監毛本同嘉靖本同惠棟校宋本不作無宋監本同岳本同衛氏集說同考文引古本足利本同

爲人至之役　惠棟校宋本無此五字

君若惡臣當諫之　惠棟校宋本若下有有字衛氏集說同此本有字脫閩監毛本同

役爲也謂事君如上者　惠棟校宋本有也字此本也字脫閩監毛本同

柳莊者是社稷之臣也　閩監毛本同考文引宋板無是字

毋拔來節

毋瀆神　閩本同石經同岳本同嘉靖本同衛氏集說同監毛本瀆作瀆

說或爲伸　閩監毛本伸作申岳本同嘉靖本同此本誤也衛氏集說誤作甲

思此則疾貪也　考文引古本同閩監毛本貪作貧岳本同嘉靖本同衛氏集說同

毋拔至言語　惠棟校宋本無此五字

凡人故不可豫欲測量之也　閩監毛本同惠棟校宋本故作固衛氏集說同

謂規矩尺寸之法或言工巧　閩監毛本同浦鏜校或改式按作法式是也

今有夕桀各爲二篇　閩監毛本同惠棟校宋本二作一

餘並不敢　惠棟校宋本敢作取此本誤敢閩監毛本同

注說至宜也　閩監毛本同考文引宋板謂下有謂字

或薄或厚聲之振動　閩監毛本同惠棟校宋本振作震衛氏集說同

言語之美節

讀如歸往之往　閩監毛本同岳本同嘉靖本同衛氏集說同按讀如當依正義作讀爲

言語至雍雍　惠棟校宋本無此五字

心有繼屬　閩監毛本同衛氏集說有下有所字繼字同浦鏜校繼改繫

四牡騑騑　閩監毛本同衛氏集說同惠棟校宋本四作駟下四牡翼翼四牡騑騑並同

皆是馬之嚴止　止作正　閩監毛本同考文引宋板無皆是二字

問國君之子節

車中之拜肅拜　考文引宋板車作軍古本足利本同岳本同嘉靖本同此本誤車閩監毛本同衛氏集說同段玉裁校本云車中當作軍中公羊僖三十二年疏正作軍

問國君至不拜　惠棟校宋本無此六字

幼則云已能受命令於樂人　閩監毛本同衛氏集說命作政

大磬舜樂也　閩本同惠棟校宋本同監毛本磬作韶○按部正字磬假借字周禮作磬磬者籀文鞉字也

婦人吉事節

肅拜拜低頭也　閩監毛本同岳本同嘉靖本同衛氏集說同段玉裁校本云當作肅拜拜不低頭也別有說

婦人以肅拜爲正　各本同考文引古本下有故雖君賜之重亦肅拜而受十一字

婦人至手拜　惠棟校宋本無此五字

此一節論婦人拜儀　閩監毛本同惠棟校宋本節作經衛氏集說同

而昏禮婦拜扱地　惠棟校宋本有婦字衛氏集說同此本婦字脫閩監毛本同

左傳穆嬴　閩監毛本同衛氏集說嬴作羸

葛經而麻帶節

葛經而麻帶　閩監本同毛本而作至惠棟校宋本無此五字

帶有除無變　閩監毛本同衛氏集說同惠棟校宋本帶下有則字

故云麻帶也　閩監毛本同惠棟校宋本無也字云作曰衛氏集說也字亦無

取俎進俎節　惠棟云取俎節宋本分執虛以下另爲一節

取俎進俎不坐　惠棟校宋本無此六字

謂進肉於俎　閩監本同考文引宋板同毛本於誤如

凡祭於室中節

堂上無跣　閩監毛本同石經同岳本同嘉靖本同衛氏集說同釋文出毋跣

爲歡也　各本同釋文歡作懽

說屨乃升堂　各本同釋文出稅屨云本或作脫又作說

凡祭至有之　惠棟校宋本無此五字

若擯尸則于堂　閩監毛本同惠棟校宋本擯作儐衛氏集說同

燕安坐相親之心　閩監毛本同浦鏜校云心下增也字

乘貳車節　惠棟云乘貳車節宋本分貳車者以下合有貳車者節爲一節

卿大夫各如其命之數　閩監毛本同岳本同嘉靖本同惠棟校宋本卿上有及字數下有也字宋監本同考文引古本同衛氏集說卿上亦有及字數下也字無考文引足利本同

乘貳至則否　惠棟校宋本無此五字

貳車云式主敬　惠棟校宋本有貳字此本貳字脫閩監毛本同

上公貳九乘　惠棟校宋本貳下有車字是也閩監毛本作上貳公九乘公貳誤倒車字亦誤脫

有貳車者之乘馬節

尊有爵之物　惠棟校宋本爵下有者字宋監本同岳本同嘉靖本同衛氏集說同考文引古本足利本同此本者字脫閩監毛本同

有貳至弗賈　惠棟校宋本無此五字

有二車者之乘馬服車不齒者　閩監毛本同惠棟校宋本二作貳下同

其以乘壺酒節

束脩　閩監本同石經同岳本同衛氏集說同嘉靖本脩作修毛本束脩誤束修下執脩束脩書脩並同注疏放此

車則說綏　各本同石經同釋文出稅綏云本又作脫又作說

則袒櫜奉胄　各本同監本胄誤胃

櫝謂劍函也　閩監毛本同岳本同嘉靖本同衛氏集說同考文云古本下有蓋者匣之蓋也六字按旣言函又言匣字歧出正義云蓋劍函之蓋也古本蓋依此增入

夫襓劍衣也　各本同考文云古本下有開匣以其蓋卻合於匣之底下乃加襓於匣中而以劍置襓上也二十五字按此亦妄增也下接加劍於衣上於文義不順

熲枕　宋監本亦作熲岳本同閩監毛本熲作穎石經同衞氏集說同嘉靖本熲誤穎注放此石經考文提要云按九經三傳沿革例云疏本作熲釋文及建諸本作熲監本及與國本作穎釋文以警枕之熲其旁下從火又未知監本與國本穎字其旁下从禾者以何本爲據今熲穎二字皆依釋文據此則宋監本已作穎蓋从正義謂穎是穎發之義刃之在手謂之爲穎禾之秀穗亦謂之爲穎枕之警動亦謂之穎故其字从禾然釋文最古且警枕與刃穎字有分別故珂依之宋本九經南宋巾箱本余仁仲本劉叔剛本儀禮經傳通解禮記纂言並作熲按今釋文熲字各本亦不同葉影宋本作熲公庫本作穎通志堂本作熲與唐石經合○按段玉裁云熲蓋與炯同熲之言耿耿也故爲警枕詩言耿耿不寐是也穎誤頴俗

筴籥　閩本同惠棟挍宋本同宋監本同石經同岳本同嘉靖本同衞氏集說同考文引古本足利本同監毛本筴作莢按注筴字閩監毛本俱作莢

謂編束萑葦以裹魚肉也　惠棟挍宋本作萑宋監本同岳本同嘉靖本同衞氏集說同此本隹字模糊閩監毛本萑作萑按正義本作萑釋文本作萑各本裹字不誤惟毛本誤褁○按萑葦之萑當作萑从艸萑聲萑別一物

左手執上　各本同考文引古本下有右手捧下陰陽之義也九字按增此九字於文義亦不順元文當無

刀卻刃授穎　閩監毛本穎作穎石經同釋文同岳本同衞氏集說同嘉靖本穎誤穎注同

其以乘壺酒束脩一犬賜人至凡有刺刃者以授人則辟刃　惠棟挍宋本無此二十三字

其以鼎肉則執以將命○　閩監毛本同惠棟挍宋本○作者毛本同

犬則至右之　閩監本同惠棟挍宋本作犬則執緤者

則執緤犬繩也○　閩監本同毛本犬誤大○脫惠棟挍宋本無○

則猑鵲音同　惠棟挍宋本同閩監毛本猑誤促

則開甲出櫜胄奉之　惠棟挍宋本作櫜出衞氏集說同此本櫜出二字倒閩監毛本同

注襲卻至發聲　惠棟挍宋本有卻字此本卻字脫閩監毛本同

若今刀榼　閩監毛本同惠棟挍宋本榼作㯻

故云夫或爲煩　惠棟挍宋本同閩監毛本或誤作

當以縉帛爲之　惠棟挍宋本作帛此本帛誤線閩監毛本帛誤綿

穎警枕也　閩監毛本穎作穎按疏中此字本作穎九經二傳沿革例所謂疏本作穎是也

筴著也　閩本同監毛本筴作莢

見苞苴之禮行　閩監毛本同惠棟挍宋本苞作包

茵著蓐也者　閩監本同惠棟挍宋本茵上有云字毛本同

管如篴　考文引宋板同閩監毛本篴作篴

乘兵車節

不以刀鄉國也　岳本同嘉靖本同閩監毛本同鄉作嚮衞氏集說同釋文出上注正鄉云下鄉國同是釋文本亦作鄉也○按嚮俗鄉字

乘兵至尚右　惠棟挍宋本無此五字

燕侍食於君子節

毋放飯　閩毛本同石經同岳本同嘉靖本同衞氏集說同監本毋上有同字蓋誤以上句音義下小飯同之同字混入經文

燕侍至則止　惠棟挍宋本無此五字

客爵居左節

僎或爲騶　閩監毛本同岳本同衞氏集說同惠棟挍宋本騶作騶宋監本同嘉靖本同考文引古本同釋

文出爲[illegible]云本又作騶按正義云僎或爲騶者是正義本當作騶也

各爵至居右　惠棟挍宋本無此五字

注云謂此鄉之人　惠棟挍宋本作謂此此本謂此二字倒閩監毛本同

今文遵或爲僎　惠棟挍宋本同閩監毛本文誤云

羞濡魚者節

夏右鰭　各本同石經同釋文鰭作鬐

羞濡至祭膴　惠棟挍宋本無此五字

少牢主人獻祝佐食　惠棟挍宋本作祝與儀禮合此本祝誤俎閩監毛本同

皆十有五　閩本作十有惠棟挍宋本同此本十有二字倒監毛本同下十有四同

贊幣自左節

謂爲君授幣　考文引宋板作授古本足利本同衞氏集說同此本授誤受閩監毛本同岳本同嘉靖本同

贊幣至自右　惠棟挍宋本無此五字

謂爲君授幣之時　惠棟挍宋本作授衞氏集說同此本授誤受閩監毛本同

酌尸之僕節

祭左右軌范　閩監毛本同石經同岳本同嘉靖本同衞氏集說同惠棟挍宋本軌作軓盧文弨挍云軌乃軓之譌而鄭此處但云與軓同釋文又音媿美反不當改軓按盧挍是也軌本爲車轍鄭君此注以當軓軌爲二軾前注意以爲即此范范既爲軓軌軌又改軌是祭左右軓軌必不可通戴震有辨詩禮注軓軌軹軝四字文言之極詳段玉裁曰軌考輿下輪內之㑌高誘注吕氏春秋曰兩輪之閒曰軌毛公詩傳曰由輈以下曰軌合此二語知軌之所在矣上距輿下距地兩旁距輪此之謂軌高誘云兩輪之閒去輪言之則空處也連輪言之則禮記之左右軌也

祭軌乃飲　各本同惠棟挍宋本軌作軓非也

軓與范聲同　閩監毛本同惠棟挍宋本軓作範宋監本同岳本同嘉靖本同考文引足利本同衞氏集說軓作軌考文引古本作范與範聲同盧文弨挍云古本范與範聲同是宋本足利本範與范聲同非按此軓字誤當作軓衞氏集說作軓與范聲同是也戴震考定此注亦如此各本並誤○按段玉裁云當作範與軓聲同

酌尸至乃飲　惠棟挍宋本無此五字

僕立於右　閩監毛本同惠棟挍宋本於作在衞氏集說同續通解同

祭徧乃自飲　閩本作徧惠棟挍宋本同衞氏集說同此本徧字闕監毛本徧誤畢

祭兩軹祭軌　閩監毛本同惠棟挍宋本軌作軓下不濡軌並同按此作軓是作軌誤也下大御云軓但式前之軓不濡軓並同

大御云軌　閩監毛本同惠棟挍宋本御作馭軌作軓是也

謂式前之範　閩監毛本同段玉裁校本範作軓

若轂末之軌則車旁著九　閩監本同衞氏集說同毛本九誤凡下亦車旁著九同

其車轍亦謂之軌　惠棟挍宋本作轍衞氏集說同此本轍誤撤閩本同監毛本轍作徹

凡羞節　惠棟云凡羞節宋本分小子至立飲爲一節凡洗必盥爲一節牛羊之肺至提心爲一節凡羞至以齊爲一節爲君至本末爲一節羞首至祭耳爲一節尊者至嘗羞爲一節牛與至柔之爲一節其有折俎至尸則坐爲一節

腆有似於人穢　惠棟挍宋本有於字宋監本同岳本同嘉靖本同衞氏集說同此本於字脫閩監毛本同釋文出[illegible]云本又作穢○按依說文當作薉从艸歲聲

卑不得與賓介具備禮容也　閩監毛本同考文云宋板具作俱足利本同岳本同嘉靖本同衞氏集說同通解同

先自絜也　惠棟挍宋本亦作絜宋監本同閩本同岳本同嘉靖本同衞氏集說同監毛本絜作潔俗字

刲離之不絕中央少者　閩監本同岳本同嘉靖本同衞氏集說同毛本刲誤到絕字同惠棟挍宋本刲字同絕作終非是

凡羞有湇者　各本同石經同按毛氏居正云湇肉汁也从泣聲也从月義也非从聲音之音也各本俱作湇誤

爲君子擇葱薤　閩監毛本同石經同岳本同嘉靖本同衞氏集說同惠棟挍宋本薤作韰釋文出葱薤下切葱若薤同○按韰正字薤俗字

禨者　閩本同石經同嘉靖本同衞氏集說同監毛本禨誤禨岳本同釋文出禨者

以醢與葷菜淹之　各本同釋文葷作焄

亦爲柄尺之類也　惠棟挍宋本作柄尺岳本同嘉靖本同考文引古本足利本同此本柄尺二字倒閩監毛本同衞氏集說同釋文出柄尺

左手嚌之　惠棟挍宋本同岳本同嘉靖本同衞氏集說同閩監毛本嚌誤齊

凡羞至則坐　閩監本同毛本坐誤祭惠棟挍宋本無此五字

故君子但食他處　閩本同惠棟挍宋本同監毛本但誤俱

凡飲酒必洗爵　閩監毛本同考文引宋板必作是非也

執幕者升自西階　閩監毛本同惠棟挍宋本幕作冪衞氏集說同

折謂折骨體於俎也　惠棟挍宋本謂上有俎字此本脫閩監毛本同衞氏集說作折俎者折骨體於俎也

若折俎爲尊　惠棟挍宋本折上有有字衞氏集說同此本有字脫閩監毛本同

而後報切之爲膾也　閩本同惠棟挍宋本同監毛本報作細衞氏集說後報作復細

其未有燭節

而後至者　惠棟挍宋本而下有有字宋監本同石經同岳本同衞氏集說同考文引古本足利本同此本誤脫閩監毛本同嘉靖本同石經考文提要宋大字本宋本九經南宋巾箱本並有有字

其未至不歌　惠棟挍宋本無此王字

謂已在於坐者　閩監毛本同惠棟挍宋本者下有也字衞氏集說同

故道示之　惠棟挍宋本如此此本示誤亦閩監本同毛本道示誤亦道

故爲獻主也　閩監毛本同惠棟挍宋本故下有云字衞氏集說同

以燭乃授已執事之人　考文引宋板作事此本執事誤執執閩監毛本事作燭衞氏集說作乃以燭授執事之人也

又各歌詩相顯　惠棟挍宋本顯下有德字衞氏集說同此本德字脫閩監毛本同

所以殺於三事　閩監毛本同衞氏集說於作此

洗盥節

示不敢歆臭也　各本同釋文出不歆無敢字又出臭之也作之

洗盥至而對　惠棟挍宋本無此五字

謂不鼻嗅尊長飲食也　惠棟挍宋本不下有以字作嗅此本以字脫嗅誤臭閩監毛本同

爲人祭節

此皆致祭祀之餘於君子　惠棟挍宋本子下有也字宋監本同岳本同嘉靖本同衞氏集說同此本也字脫閩監毛本同

以授使者于阼階之南南面　閩監毛本同石經同岳本同嘉靖本同衞氏集說同陳澔集說

本脫一南字石經考文提要云宋大字本宋本九經南宋巾箱本余仁仲本劉叔剛本並有兩南字

折九箇　惠棟挍宋本箇作个宋監本同石經同釋文同岳本同嘉靖本同衞氏集說同考文引古本足利本同此本个作箇閩監毛本同下七箇五箇及疏並同

爲人至五箇　惠棟挍宋本無此五字

其禮大牢　惠棟挍宋本同閩監毛本大作太下若得大牢同

明所勝數也　惠棟挍宋本勝下有禮字衞氏集說同此本誤脫閩監毛本同

右邊已祭　閩監本同毛本已作以

九箇者　惠棟挍宋本箇作个下七箇五箇並同

則膳羊左肩　閩監毛本同衞氏集說同惠棟挍宋本肩下有也字

亦用五箇以爲膳也　惠棟挍宋本作亦此本亦誤以閩監毛本同

國家靡敝節

則車不雕幾　各本同石經同釋文雕作彫

貝冑朱綅　岳本同嘉靖本同衞氏集說同考文引宋板同閩監毛本貝誤具

國家至常秩　惠棟挍宋本無此五字

云以組飾者　惠棟挍宋本飾下有之字此本之字脫閩監毛本同

附釋音禮記注疏卷第三十五終　惠棟挍宋本卷第四十五終記云凡二十五頁宋監本禮記卷第十經三千七百一十三字注五千四百四十七字嘉靖本禮記卷第十經四千二十字注六千三百八字

禮記注疏卷三十五挍勘記

附釋音禮記注疏卷第三十六

學記第十八 ○陸曰鄭云學記者以其記人學教之義〔疏〕正義曰按鄭目録云名曰學記者以其記人學教之義此於別録屬通論

禮記　鄭氏注　孔穎達疏

發慮憲求善良足以謏聞不足以動衆 憲法也言發計慮當擬度於法式也求謂招來也謏之言小也動衆謂師役之事○憲音獻謏思了反徐所穆反聞音問聲聞度大各反

就賢體遠足以動衆未足以化民 就謂躬下之體猶親也○下戶嫁反

君子如欲化民成俗其必由學乎 所學者聖人之道在方策○策初革反○〔疏〕發慮至學乎○正義曰此一節明雖有餘善欲化民成俗不如學之爲重○發慮憲者發謂起發慮謂謀慮憲謂法式也言有人不學而起發謀慮終不動衆舉動必能擬度於法式故云發慮憲○求善良者良亦善也又能招求善良之士○足以謏聞者謏之言小聞聲聞也言不學之人能有片識謀慮法式求善以自輔此是人身上小善故小有聲聞也○不足以動衆者衆謂師役也雖有以小善恩未被物若御軍動衆則不能故云不足以動衆也○就賢體遠者賢謂德行賢良屈下從就之遠謂才藝廣遠心意能親愛之也○足以動衆者以恩被於外故足以動衆也未足以化民者雖復恩能動衆識見猶淺仁義未備故未足以化民也○君子如欲化民成俗者君謂君於上位子謂子愛下民謂天子諸侯及卿大夫欲教化其民成其美俗非學不可故云其必由學乎學則博識多聞知古知今既身有善行示民軌儀故可以化民成俗也○注憲法也言發計慮當擬度於法式也求謂招來也謏之言小也動衆謂師役之事○正義曰憲法釋詁文謏之言小也言謏音近小故云謏之言小也云動衆謂師役之事者動衆以與化民相對化民事難動衆稍易故知是師役之事○注所學者聖人之道在方策○正義曰鄭恐所學惟小小才藝之事故云所學者聖人之道以其化民成俗非聖人之道不可云在方策者下篇文武之道布在方策是也○

玉不琢不成器人不學不知道是故古之王者建國君民

教學爲先 謂内則設師保以教使國子學焉外則有大學庠序之官○琢丁角反治玉曰琢太音泰後大學皆同○

兌命曰念終始典于學其此之謂乎 典經也言學之不舍業也兌當爲說字之誤也高宗夢傅說求而得之作說命三篇在尚書今亡○兌依注作說音悅下兌命放此舍音捨兌當徒外反〔疏〕玉不至謂乎○正義曰此一節論喩學之爲美故先立學之事○王者建國君民教學爲先者建國謂建立其國君民謂君長其民内則設師保外則設庠序以教之故云教學爲先○兌命曰念終始典于學者記者明教學事重不可暫廢故引兌命以證之言殷相傅說告高宗云意恒思念從始至終習經典於學也○其此之謂乎者言此經所謂教學爲先則兌命念終始典于學也○注典經至今亡○正義曰典經也釋言文學不舍業即經云終始思念經典是不舍業也言高宗夢傅說者書序云高宗夢得說作說命三篇高宗殷王武丁其德高可尊故號高宗其事具尚書篇見在鄭云今亡者鄭不見古文尚書故也

雖有嘉肴弗食不知其旨也雖有至道弗學不知其善也 旨美也○肴戶交反

是故學然後知不足教然後知困 學則睹己行之所短教則見己道之所未達○睹丁古反行下孟反下注德行同

知不足然後能自反也知困然後能自強也故曰教學相長也 自反求諸己也自強脩業不敢倦○強其丈反又其良反下注同長丁兩反下注長稺長者皆同○

兌命曰學學半其此之謂乎 言學人乃益己之學半○學學上胡孝反下如字學人胡孝反又音教○〔疏〕雖有至謂乎○正義曰此一節明教學相益○雖有嘉肴弗食不知其旨也者嘉善也旨美也雖有嘉美之肴兼陳列于前若不食即不知其肴之美也○雖有至道弗學不知其善也者至謂至極雖有至極大道若不學則不知大道之善○是故學然後知不足之者若不學之時諸事蕩然不知已身何長何短若學則知已之所短有不足之處也○教然後知困者不教之時謂已諸事皆通若其教人則知已有不通而事有困弊困則甚於不足矣○知不足然後能自反也者凡人皆欲嚮前相進既知不足然後能自反嚮身而求諸已之困故反學矣○知困然後能自強也者凡人多有解怠既知

困弊然後能自强學其身不復解怠也○故曰教學相長也者謂教能長益於善教學之時然後知己困而乃强之是教能長學善也學則道業成就於教益善是學能相長也但此禮本明教之長學兑命曰學學半者上學爲教音教下學者謂習也謂學習也言教人乃是益己學之半也説命所云其此之謂乎言學習不可暫廢故引説命以證之言恒思念從始至終習禮典于學也○

古之教者家有塾黨有庠術有序國有學術當爲遂聲之誤也古者仕焉而已者歸教於閭里朝夕坐於門門側之堂謂之塾周禮五百家爲黨萬二千五百家爲遂黨屬於鄉遂在遠郊之外○塾音熟一音育術音遂出注○比年入學學者每歲來入也○中年考校中猶間也鄉遂大夫間歲則考學者之德行道藝周禮三歲大比乃考焉○中徐丁仲反注同間間側之間下司比毗志反○一年視離經辨志三年視敬業樂羣五年視博習親師七年視論學取友謂之小成九年知類通達强立而不反謂之

大成離經斷句絶也辨志謂別其心意所趣鄉也知類知事義之比也强立臨事不惑也不反不違失師道○樂五孝反又音嶽下不能樂學同斷句丁亂反別彼列反趣七住反鄉許亮反比必履反一音必利反○夫然後足以化民易俗近者説服而遠者懷之此大學之道也懷來也安也○説音悅記曰蛾子時術之其此之謂乎蛾蚍蜉也蚍蜉之子微蟲耳時術蚍蜉之所爲其功乃復成大垤○蛾魚起反注同本或作蟻蚍音毗蜉音孚爾雅云蚍蜉大蟻復扶又反垤大結反毛詩傳云蟻冢也

【疏】古之至謂乎○正義曰此二節明國家立庠序上下之殊并明入學年歲之差○古之教者謂上代也○家有塾者此明學之所在周禮百里之内二十五家爲閭同共一巷巷首有門門邊有塾謂民在家之時朝夕出入恒受教於塾故云家有塾白虎通云古之教民百里皆有師里中之老有道德者爲里右師其次爲左師教里中之子弟以道藝孝悌仁義也○黨有庠者黨謂周禮五百家也庠學名也於黨中立學教閭中所升者也○術有序者術遂也周禮萬二千五百家爲遂遂有序亦學名於遂中立學教黨學所升者也○國有學者國謂天子所都及諸侯國中也周禮天子立四代學以教世子及羣后之子及鄉中俊選所升之士也而尊魯亦立四代學餘諸侯於國但立時王之學故云國有學也○比年入學者比年謂每年也謂年年恒入學也○中年考校者中猶間也謂每間一歲鄉遂大夫考校其藝也○一年視離經辨志者謂學者初入學一年鄉遂大夫於年終之時考視其業離經謂離析經理使章句斷絶也○辨志謂辨其志意趣鄉習學何經矣○三年視敬業樂羣者謂學者入學三年考校之時視此學者敬業謂藝業長者敬而親之樂羣謂羣居朋友善者願而樂之○五年視博習親師者言五年考校之時視此學者博習謂廣博學習也親師謂親愛其師○七年視論學取友者言七年考校之時視此學者論學謂學問嚮成論説學之是非取友謂選擇好人取之爲友謂之小成者比六年已前其業稍成比九年之學其業小故曰小成○九年知類通達强立而不反者謂九年考校之時視此學者言知義理事類通達無疑强立謂專强獨立不有疑滯而不反謂不違失師教之道謂之大成此大學之道也者言如此所論是大學賢聖之道理非小學技藝耳○記曰蛾子時術之者謂舊人之記先有此語記禮者引舊記之言故云蛾子時術之蟻子小蟲蚍蜉之子時時術學銜土之事而

成大垤猶如學者時時學問而成大道矣記之所云其此學問之謂乎○注術當爲遂聲之誤也古者仕焉而已者歸教於閭里至在遠郊之外○正義曰此云術周禮作遂者此記與黨連文故知術當爲遂以聲相近而錯誤也云古者仕焉而已者歸教於閭里朝夕坐於門者已猶退也謂仕年老而退歸者案書傳説云大夫七十而致仕而退老歸其鄉里大夫爲父師士爲少師新穀已入餘子皆入學距冬至四十五日始出學上老平明坐於右塾庶老坐於左塾餘子畢出然後皆歸夕亦如之云門側之堂謂之塾者爾雅釋宫文引周禮者證黨遂之異案周禮六鄉之内五家爲比五比爲閭四閭爲族五族爲黨爲州五州爲鄉六遂之内五家爲鄰五鄰爲里四里爲酇五酇爲鄙五鄙爲縣五縣爲遂今此經六鄉舉黨六遂舉序則餘閭里以上皆有學可知故此注云歸教於閭里其比與鄰近止五家而已不必皆有學云遂在遠郊之外者案周禮遂人掌野之官百里之外故知遂在遠郊之外鄭注州長職云序州黨之學則黨學曰序此云黨有庠者鄉學曰庠故鄉飲酒之義云主人拜迎賓于庠門之外注云庠鄉學也州黨曰序此云黨有庠者是鄉之所居黨爲鄉學之庠不別立序凡六鄉之内州學以下皆爲庠六遂之内縣學以下皆爲序也皇氏云遂學曰庠與此文違其義非也庾

氏云黨有庠謂夏殷禮非周法義或然也○注中猶閒也鄉遂大夫間歲則考學者之德行道藝周禮三歲大比乃考焉○正義曰間年謂下一年三年五年七年之類是也云鄉遂大夫間歲則考學者計學者入學多少之間歲非是鄉遂大夫間歲三年入學也云周禮三歲大比乃考焉者鄭引周禮三年大比考校則此中年考校非周禮也故周禮鄉大夫職云三年大比而興賢者能者皇氏云此中年考校亦周法非也皇氏又以此中年考校謂鄉遂學也下文云一年視離經辨志以下皆謂國學亦非也但應入大學者自國家考校之耳其未入大學者鄉遂大夫考校也○注蛾蚍蜉也蚍蜉之子按釋蟲云蚍蜉大螘小者螘是蟻爲蚍蜉大者又云蟻子故云蚍蜉之子也○**大學始教皮弁祭菜示敬道也**皮弁天子之朝朝服也祭菜禮先聖先師菜謂芹藻之屬○朝朝直遥反芹音勤藻音早○**宵雅肄三官其始也**宵之言小也肄習也習小雅之三謂鹿鳴四牡皇皇者華也此皆君臣宴樂相勞苦之詩爲始學者習之所以勸之以官且取上下相和厚○宵音消肄本又作肆同以二反注同樂音洛勞力告反又如字爲于僞反**入學鼓篋孫其業也**鼓篋擊鼓警衆乃發篋出所治經業也孫猶恭順也○篋古協反孫音遜注及下皆同警京領反○**夏楚二物收其威也**夏槄也楚荆也二者所以撲撻犯禮者收謂收斂整齊之威威儀也○夏古雅反注同槄吐刀反爾雅云槄山榎撲普卜反尚書云作教刑撻他達反○**未卜禘不視學游其志也**禘大祭也天子諸侯既祭乃視學考校以游暇學者之志意○禘大計反游音由本亦作遊暇戶嫁反舊古雅反○**時觀而弗語存其心也**使之悱悱憤憤然後啓發也○語魚庶反悱芳鬼反憤扶粉反一本直作悱憤**幼者聽而弗問學不躐等也**學教也教之長稺○學胡孝反注同躐音里輙反稺直吏反○**此七者教之大倫也**倫理也自大學始教至此其義七也**記曰凡學官先事士先志其此之謂乎**官居官者也士學士也○【疏】大學至謂乎○正義曰此一節明天子諸侯教學大理凡有七種各依文解之○大學始教者大學謂天子諸侯使學者入大學習先王之道矣熊氏云始教謂始立學教皮弁祭菜者謂天子使有司服皮弁祭先聖

先師以蘋藻之菜也○示敬道也者崔氏云著皮弁祭菜並是質素示學者以謙敬之道矣注祭菜至先師正義曰熊氏云以注禮先聖先師之義解經始教謂始立學也若學士春始入學唯得祭先師故文王世子云春官釋奠于其先師秋冬唯祭先師已不祭先聖故大胥春釋菜合舞鄭云釋菜禮先師是春始入學不祭先聖也皇氏云以爲始教謂春時學始入學也其義恐非○宵雅肄三官其始也宵小也肄習也當祭菜之時便歌小雅習其三篇鹿鳴四牡皇皇者華取其上下之官勸其始學之人使上下順序也故云官其始也亦謂以官勸其始也○注宵之至和厚○正義曰宵音近小故讀從小按鄉飲酒禮燕禮皆歌鹿鳴四牡皇皇者華又襄四年穆叔如晉歌小雅三篇故知鹿鳴四牡皇皇者華也云爲始學者習之所以勸之以官者小雅三篇皆君臣燕樂及相勞苦今爲學者歌之欲使學者得爲官與君臣相燕樂各自勸勵故云所以勸之以官也此云始者謂學者始來入學故云始入學習之也○入學鼓篋孫其業也○入學謂學士入學之時大胥之官先擊鼓以召之學者既至發其篋篋以出其書故云鼓篋也所以然者欲使學者孫其業謂恭順其所持經業○注鼓篋至業也○正義曰鼓謂擊鼓故大胥云用樂者以鼓徵學士文王世子云大昕鼓徵所以警衆也文王世子云謂天子視學之時擊鼓警衆也若是凡常入學用樂及爲祭祀用樂以鼓徵學士是也○夏楚二物收其威也學者不勸其業師則以夏楚二物以笞撻之所以然者欲令學者畏之收斂其威儀也○注夏槄至禮者○正義曰爾雅釋木云槄山榎郭景純云今之山楸盧氏云撲作教刑是撲撻犯禮者○未卜禘不視學游其志也○夏氏云禘大祭在於夏天子諸侯視學之時必在禘祭之後未卜禘謂未爲禘也禘是大祭必先卜故連言之是未爲禘祭不視學所以然者欲游其學者之志謂優游縱暇學者之志不欲急切之故禘祭之後乃視學考校優劣焉○注禘大至考校○正義曰禘大祭爾雅釋天文云天子諸侯既祭乃視學者謂於夏祭之時既爲禘祭之後乃視學考校當祭之年故云未卜禘不視學若不當禘祭之年亦待時祭之後乃視學也此視學謂考試學者經業或君親往或使有司爲之非天子大禮視學也若大禮視學在仲春仲秋及季春故文王世子云凡大合樂必遂養老注云大合樂謂春入學舍菜合舞秋頒學合聲於是時也天子則視學焉月令季春大合樂天子率三公九卿而視學焉與此別也視學既在夏祭之後則天子春秋視學亦應在春秋時祭之後此舉未卜禘不視學則餘可知也熊氏云此禘謂夏正郊天視學謂仲春視學若郊天則不視

學若如熊氏義禮不王不禘鄭注何得云天子諸侯既祭乃視學既連諸侯言之則此禘非祭天熊說非也○時觀而弗語存其心也者時觀謂教者時時觀之而不丁寧告語所以然者欲使學者存其心也既不告語學者則心憤憤口悱悱然後啓之學者則存其心也○幼者聽而弗問○教學之法若有疑滯未曉必須問師則幼者但聽長者解說不得輒問推長者諮問幼者但聽之耳○學不躐等也者學教也躐踰越也言教此學者令其謙退不敢踰越等差若其幼者輒問不推長者則與長者抗行常有驕矜今唯使聽而不問故云學不躐等也○此七者教之大倫也者倫理也言前七等之事是教學大理也○記曰至謂乎引舊記結上七事凡學謂學爲官學爲士者官先事士先志者若學爲官則先教以居官之事若學爲士則先喻教以學士之志故先七事皆是教學居官及學士者○其此之謂乎者記者所云其此在上七事之謂乎

大學之教也時教必有正業退息必有居有居有常居也學不學操縵不能安弦操縵雜弄○操七刀反注同縵末但反雜徂合反不學博依不能安詩博依廣譬喻也依或爲衣○依於豈反注皆同不學雜服不能安禮雜服冕服皮弁之屬雜或爲推不興其藝不能樂學興之言喜也歆也藝謂禮樂射御書數○興虛應反歆許金反故君子之於學也藏焉脩焉息焉遊焉藏謂懷抱之脩習也息謂作勞休止於之息遊謂閒暇無事於之遊○閒音閑夫然故安其學而親其師樂其友而信其道是以雖離師輔而不反兌命曰敬孫務時敏厥脩乃來其此之謂乎敬孫敬道孫業也敏疾也厥其也學者務及時而疾其所脩之業乃來○樂其音嶽又音洛又五孝反離力智反○

〔疏〕大學至謂乎○正義曰此一節論教學之道必當優柔寬緩不假急速遊息孫順其學乃成○大學之教也時者言教學之道當以時習之○教必有正業者正業謂先王正典非諸子百家是教必用正典教之也退息必有居者退息謂學者疲倦而暫休息有居謂學者退息必有常居之處各與其友同居得相諮決不可雜濫也○學不學操縵不能安弦者此以下並正業積漸之事也此教樂也樂主和故在前然後須以積漸故操縵爲前也操縵者雜弄也弦琴瑟之屬學之須漸言人將學琴瑟若不先學調弦雜弄則手指不便手指不便則不能安正其弦先學雜弄然後音曲乃成也○不學博依不能安詩者此教詩法者詩是樂歌故次樂也博廣也依謂依倚也謂依附譬喻也若欲學詩先依倚廣博譬喻若不學廣博譬喻則不能安善其詩以詩譬喻故也○不學雜服不能安禮者此教禮法也前詩後禮亦其次也雜服至皮弁至朝服玄端服屬之類禮謂禮之經也禮經正體在於服章以表貴賤今若欲學禮而不能明雜衣服則心不能安善於禮也不興其藝不能樂學者此總結上三事並先從小起義也興謂歆喜也故爾雅云歆喜興也藝謂操縵博依六藝之等若欲學詩書正典意不歆喜其雜藝則不能歆喜樂於所學之正道○故君子之於學也藏焉脩焉息焉遊焉者故謂因上起下之辭學雖積漸故君子之人爲學之法恒使業不離身藏謂心常懷抱學業也脩謂脩習不能廢也息謂作事倦息之時而亦在學也游謂閒暇無事游行之時亦在於學言君子於學無時暫替也夫然故安其學而親其師者此明親師愛友也然如此也若能藏脩游息無時暫替能如此者乃能安其所學業言安學業既深必知此是深由本師故至於親愛師也○樂其友者師既獲親而同志之友亦被於樂重然前三年樂羣五年親師親師在樂羣之後而此前親後樂友者羣即友也爲義然也前明始學故樂友在前此明學業已成故親師爲首矣○而信其道者其道已道也既親師樂友已道深明心自說信不復虛妄一云信師友之道前安學故乃親師樂友後乃信道也○是以雖離師輔而不反也者輔即友也友主切磋是輔己之道深遠也離猶違也已道深明不復虛妄心自信之若假令違離師友獨在一處而講說不違反於師友昔日之意言此則強立不返也○兌命曰者引尚書合結之○敬孫務時敏者此句結積習也當能敬重其道孫順學業而務習其時疾速行之故云敬孫務時敏敏猶疾速也○厥脩乃來者此句結親師敬道也厥其也若敬孫以時疾行不廢則其所脩之業乃來謂所學得成也所以尊師樂友其此之謂乎者兌命所云其此經之謂乎

○今之教者呻其佔畢多其訊呻吟也佔視也簡謂之畢訊猶問也言今之師自不曉經之義但吟誦其所視簡之文多其難問也呻或爲慕訊或爲訾○呻音申一音親吟也佔勑沾反視也訊字又作誶音信問也呻吟魚金反又作詅同難乃旦反訾才斯反又音紫言及于數其發言出說不首其義動云有所法象而已○數色住反進而

不顧其安，務其所誦多，不惟其未曉。使人不由其誠，由，用也。使學者誦之，而爲之說，不用其誠。教人不盡其材，材，道也。謂師有所隱也。易曰：「兼三材而兩之。」謂天地人之道。○其施之也悖，其求之也佛。教者言非，則學者失問。○施，始移反，下同。悖，布內反。佛，本又作拂，扶弗反。夫然，故隱其學而疾其師，苦其難而不知其益也。隱，不稱揚也。不知其益，若無益然。雖終其業，其去之必速。速，疾也。學不心解，則亡之易。○去，如字，又起呂反。解，胡買反。忘，亡亮反。之易，以豉反。下文注皆同音。教之不刑，其此之由乎！刑，猶成也。

【疏】「今之」至「由乎」。○正義曰：此一節論教者違法，學者所以不成，是今師之失，故云「今之教者」。「呻其佔畢」者，此明師惡也。呻，吟也。佔，視也。畢，簡也。故釋器云「簡謂之畢」。言今之師不曉經義，但詐吟長詠，以視篇簡而已。「多其訊」者，訊，問難也。既自不曉義理，而外不肯默然，故假作問難，詐了多疑，言若已有解之然也。「言及于數」者，數謂法象。既不解義理，若有所言，而輒詐稱有法象也。「進而不顧其安」者，務欲前進誦習，使多而不曾反顧其義理之安，不謂義理危辟而不自知也。「使人不由其誠」者，人謂學者也。由，用也。誠，忠誠。使學者誦文而已，爲之說義，心皆不曉，而猛浪是不用己之忠誠也。「教人不盡其材」者，材，道也。謂已既不曉其義，而縱有所悟者，又不能多，恒恐人勝之，故凡有所知，又爲所隱惜，不盡其道也。「其施之也悖」者，謂教者有上五者之短，故施教於人，違背其理也。「其求之也佛」者，佛，戾也。教者佛戾也，教者既背違其理，學者求之則又違戾。受學者心既不解，求問於師，師又不曉，違戾義意也。「夫然故隱其學而疾其師」者，由師教既悖，而受者又違，故受學者弟子不荷師教之德，乃隱沒其師之學，而憎疾其師也。「苦其難而不知其益也」者，師說既不曉了，故弟子受之苦其難，既難不解，故不自知其有益。「雖終其業，其去之必速」者，學者勉力自強，雖得終竟其業，爲心不曉解，其亡去之必速疾矣。「教之不刑，其此之由乎」者，刑，猶成也。言師教弟子不成，由此在上諸事，故云「其此之由乎」。「其此之由」，在上謂此經文也。以例推之，前文云「其此之謂乎」，則是他書所云，「其此」經之謂乎。○注「其發」至「而已」。○正義曰：「其發言出說，不有其義」者，首猶本也，教者爲弟子發言出說，不本其義理，謂不解此義之言也。云「動云有所法象而已」者，既不解義理，舉動所云，則言此義有所法象，猶若一則稱配大一，二則稱配二儀，但本義不然，浪爲配當。○注「務其」至「未曉」。○正義曰：「務其所誦多」者，謂師務欲得所誦使多。釋經「進」也。云「不惟其未曉」者，惟，思也。不思其誦得未曉解者，釋經「不顧其安」也。○注「使學」至「其誠」。○正義曰：「使學者」，解經「使人」也。「而爲之說」，解經「不用其誠」也。言師爲學者而說，不用其忠誠實之心，以心不解，誑惑學者。○注「材道」至「之道」。○正義曰：鄭恐材是材藝，故以材爲道，道謂道理，言教人道理。引易曰者，易說卦文也。但伏羲書上法天，下法地，中法人，謂之三材。說卦云：「立天之道，曰陰與陽。立地之道，曰柔與剛。立人之道，曰仁與義。」三材各有其兩，故云「兼三材而兩之」，而有六爻也。鄭引之，證材爲道也。○注「教者」至「失問」。○正義曰：教者言非，是其施之也悖。學者失問，是其求之也佛。

大學之法，禁於未發之謂豫，未發，情慾未生，謂年十五時。○禁，居鴆反。欲，音慾。當其可之謂時，可，謂年二十時，成人。不陵節而施之謂孫，不陵節，謂不教長者、才者以小，教幼者、鈍者以大也。施，猶教也。孫，順也。○鈍，徒困反。相觀而善之謂摩。不並問，則教者思專也。摩，相切磋也。○摩，莫波反，徐亡髮反。思，息吏反。磋，七多反。此四者，教之所由興也。興，起也。

【疏】「大學」至「由興也」。○正義曰：此一節論教之得理，則教興也。「禁於未發之謂豫」者，發謂情慾發也。豫，逆也。十五以前，情慾未發，則用意專一，學業易入。爲教之道，當逆防未發之前而教之，故云「禁於未發之謂豫」。「當其可之謂時」者，可謂年二十之時，言人年至二十，德業已成，言受教之端，是時最可也。「不陵節而施之謂孫」者，陵，猶越也。節謂年才所堪。施，猶教也。孫，順也。謂教人之法，當隨其年才，若年長而聰明者，則教以大事而多與之；若年幼又頑鈍者，當教以小事，又與之少，是不越其節分而教之，所謂孫順也，從其人而設教也。「相觀而善之謂摩」者，善猶解也。受學之法，言人人競問，則師思不專，故令弟子共推長者、能者一人諮問，餘小不能者，但觀聽長者之問荅，而各得知解，此朋友琢磨之益，故謂之摩也。「此四者，教之所由興也」者，結上四者，興起也。四事並是教成之所起也。

○發然後禁，則扞格而不勝；教不能勝其情慾。格，讀如凍洛之洛。扞，堅不可入之貌。○扞，胡旦反，注同。格，胡客反，又戶隔反。扞格，不入也。注同。勝，音升，又升證反。洛，胡客反，下同。此二字並從洛，或水旁作，非。一音戶各反。時過然後學，則勤苦而難成；時過，則思放也。過姑卧反。**雜施而不孫則壞亂而不脩**小者不達大者難識學者所惑也。壞音怪徐戶拜反。**獨學而無友則孤陋而寡聞**不相觀也**燕朋逆其師**燕猶褻也褻其朋友。燕音宴褻息列反下同**燕辟廢其學**褻師之譬喻。辟音譬注及下罕辟同。**此六者教之所由廢也**廢滅（疏）發然至廢也。正義曰此一節論學不依理教之廢耳。發然後禁則扞格而不勝者發謂情欲既生也扞謂拒扞也格謂堅強若情欲既發而後乃禁教則扞格於教教之不復入也是教弱而欲強爲教不勝矣。時過然後學則勤苦而難成者。○時過謂學時已過則心情放蕩雖欲追悔欲學精明已散徒勤苦四體終難成也。雜施而不孫則壞亂而不脩者雜施謂教雜亂無次越節則大才輕其小業小才苦其大業並是壞亂之法不可復脩治也。獨學而無友則孤陋而寡聞者獨學謂獨自習學而無朋友言有所疑無可設問則學識孤偏鄙陋寡有所聞也。燕朋逆其師者以前四條皆反上教之所興此燕朋燕譬特加二條不與上相對燕朋謂燕褻朋友不相遵敬則違逆師之教道也。燕譬廢其學者譬譬喻

也謂義理鉤深或直言難曉時須假設譬喻然後可解而墮學之徒好褻慢矣師之譬喻是廢學之道也。此六者教之所由廢也者結上六事是廢學之由前與有四後廢有六者庚云不褻朋友及師之譬喻自是學者之常理若不爲燕朋燕譬則亦不足以致興言若作此燕朋燕譬則學廢替矣。注格讀至之洛。正義曰言格是堅彊譬如地之凍則堅彊難入故云如凍洛之洛但今人謂地堅爲洛也。○**君子既知教之所由興又知教之所由廢然後可以爲人師也故君子之教喻也道而弗牽強而弗抑開而弗達**道示之以道塗也抑猶雜也開爲發頭角。道音導注道示及下同強沈其良反徐其兩反下同爲于僞反下爲學者同**道而弗牽則和強而弗抑則易開而弗達則思和易以思可謂善喻矣**思而得之則深（疏）君子至喻矣。正義曰此一節明君子教人方便善誘之事。故君子之教喻也道而弗牽者喻猶曉也道猶示也牽謂牽偪師教既識學之廢興故教

喻有節使人曉解之法但廣開道示語學理而已若人苟不曉知亦不偪急牽令速曉也。強而弗抑者抑雜也謂師微勸學者使神識堅強師當隨才而與之使學者不甚推抑其義而教之。開而弗達者開謂開發事端但爲學者開發大義頭角而已亦不事事使之通達也。道而弗牽則和者此下三句釋上三事之所由也若人苟不曉而牽偪之則彼心必生忿恚師與弟子不復和親今若但示正道寬柔教之則彼心和而意乃覺悟也。強而弗抑則易者賀氏以爲師但勸強其神識而不抑之令曉則受者和易和易亦易成也。開而弗達則思者但開發義理而不爲通達使學者用意思念思得必深故云則思也。和易以思可謂善喻矣者結上三事之功若師能教弟子如此三事則可謂善教喻矣。**學者有四失教者必知之人之學也或失則多或失則寡或失則易或失則止此四者心之莫同也**失於多謂才少者失於寡謂才多者失於易謂好問不識者失於止謂好思不問者。好呼報反下好思好述同。**知其心然後能救其失也**救其失者多與易則抑之寡與止則

進之**教也者長善而救其失者也**（疏）學者至者也。正義曰此一節明教者識學者之心而救其失也故云學者有四失教者必先知之人之學也或失則多者一失也假若有人才識淺小而所學貪多則終無所成是失於多也或失則寡者二失也或有人才識深大而所學務少徒有器識而終成狹局是失於寡少也或失則易者三失也至道深遠非凡淺所能而人不知思求唯好汎濫外問是失在輕易於妙道故云或失則易此是學而不思則罔。或失則止者四失也人心未曉知而不肯諮問惟但止住而自思之終不能達其實理此失在於自止也此是思而不學則殆。此四者心之莫同也者結前四失是由人心之異故也。知其心然後能救其失也者結救失四事師既前識其四心之不同故後乃能隨失而救之也救也者長善而救其失者也者使學者和易以思是長善使學者無此四者之失是救失唯善教者能知之**善歌者使人繼其聲善教者使人繼其志**言爲之善者則後人樂放傚。長丁丈反下文及注同教如字一本作學胡孝反放方往反傚胡教反。**其言也約而達微而臧罕譬而喻**

可謂繼志矣。師説之明則弟子好述之，其言少而解臧善也。○臧子郎反，解胡買反，下文注同。○

【疏】善歌至志矣○正義曰：此一節論教者若善則能使學者繼其志於其師也。言學者繼師之志，記者以善歌而比喻之，故云善歌者使人繼其聲。善歌謂音聲和美，感動於人心，令使聽者繼續其聲也。○善教者使人繼其志者，設譬既畢，故述其事而言善教者必能使後人繼其志，如善歌之人能以樂繼其聲，如今人傳繼周孔是也。○其言也約而達者，此釋所以可繼之事，言善爲教者出言寡約而義理顯達易解之。○微而臧者，微謂幽微，臧善也，謂義理微妙而説之精善也。○罕譬而喻者，罕少也，喻曉也，其譬罕少而聽者皆曉。○可謂繼志矣者，若能爲教如上，則可使後人繼其志意。不繼聲而繼志者，本爲志設，故不繼聲也。○

○君子知至學之難易而知其美惡，然後能博喻；能博喻然後能爲師；能爲師然後能爲長；能爲長然後能爲君。美惡説之是非也。長達官之長。○惡烏路反，又如字。故師也者，所以學爲君也。弟子學於師，學爲君。

是故擇師不可不慎也。師善則善。記曰：三王四代唯其師，此之謂乎。四代虞夏殷周。

【疏】君子至謂乎○正義曰：此一節明爲師法。君子謂師也，教人至極之美，可以爲君長之事。○君子知至學之難易者，三王四代所以敬師，隨器與之，是至學之易；隨失而救之，是至學之難。○而知其美惡者，罕譬而喻，言約而達，是爲美；反此則爲惡也。○然後能博喻者，博喻廣曉也，若知四事爲主，觸類長之，後乃得爲廣有曉解也。○能博喻然後能爲師者，前能廣解，後乃可爲人作師也。○能爲師然後能爲長者，爲師是學優，學優宜仕，故能爲一官之長也。○能爲長然後能爲君者，既能治一官之長，有功能爲一國之君也。○故師也者所以學爲君也者，宵雅肄三，官其始也，師既有君德，則弟子就師可學爲君之德。故前云君子如欲化民成俗，其必由學乎，即是學能爲君也。○是故擇師不可不慎也者，師善則能教弟子，弟子則能爲君，故弟子必宜慎擇其師，不可取惡師也。○記曰三王四代唯其師者，引舊記結此擇師之重也。三王謂夏殷周，四代則加虞也。言三王四代雖皆聖人，而無不擇師爲慎，故云唯其師。庾云：舉四代以兼包三王，所以重言者，以成其辭耳。言人之從師，自古而然，師善則已善。其此之謂乎者，記者證前云擇師不可不慎，即此唯其師之謂也。○

○凡學之道，嚴師爲難。嚴尊敬也。師嚴然後道尊，道尊然後民知敬學。是故君之所不臣於其臣者二：當其爲尸則弗臣也，當其爲師則弗臣也。尸主也，爲祭主也。○大學之禮，雖詔於天子無北面，所以尊師也。尊師重道焉，不使處臣位也。武王踐阼，召師尚父而問焉，曰：昔黃帝顓頊之道存乎意，亦忽不可得見與？師尚父曰：在丹書，王欲聞之則齊矣。王齊三日，端冕，師尚父亦端冕，奉書而入，負屏而立。王下堂，南面而立。師尚父曰：先王之道不北面。王行西折而南，東面而立，師尚父西面道書之言。○顓音專，項許玉反，與音餘，齊側皆反，下同，奉芳勇反，折之設反。

【疏】凡學至師也○正義曰：此一節論師德至善，雖天子以下必須尊師。○是故君之所不臣於其臣者二者，二謂當其爲尸及師則不臣也。此文義在於師，并言尸者，欲見尊師與尸同。○當其爲尸則弗臣也者，若不當其時則臣之。案鉤命決云：暫所不臣者五，謂師也，三老也，五更也，祭尸也，大將軍也。此五者天子諸侯同之。此唯云尸與師者，此經本意據尊師爲重，與尸相似，故特言之，所以唯舉此二者，餘不言也。又按鉤命決云：天子常所不臣者三，唯二王之後、妻之父母、夷狄之君。不臣二王之後者，爲觀其法度，故尊其子孫也。不臣妻之父母者，親與其妻共事先祖，欲其歡心。不臣夷狄之君者，此政教所不加，謙不臣也。諸侯無此禮。○大學之禮雖詔於天子無北面所以尊師也者，此證尊師之義也。此人既重，故更言大學也。詔告也，雖天子至尊，當告授之時，天子不使師北面，所以尊師故也。○注尊師至之言○正義曰：武王踐阼以下，皆大戴禮武王踐阼篇也。云黃帝顓頊之道存乎意亦忽不可得見與者，武王言黃帝顓頊之道恒在於意，言意恒念之，但其道超忽已遠，亦怳惚不可得見與。與，語辭。今檢大戴禮唯云帝顓頊之道，無黃字，或鄭見古本不與今同，或後人足黃字耳。云丹書者，師説云赤雀所銜丹書也。云端冕者，謂衮冕也，其衣正幅與玄端同，故云端冕。故皇氏云：武王端冕謂衮冕也，樂記魏文侯端冕謂玄冕也。云師尚父亦端冕者，案大戴禮無此文，鄭所加也。云西折而南東面者，案大戴禮唯云折而東面，此西折而南，南字亦鄭所加。云師尚父西面道書之言者，皇氏云：王在賓位，師尚父主位，故西面，而王庭之位，君尋常師徒之教則師東面弟子西面與此異也其丹書之言案大戴禮云其書之言曰敬勝怠者強怠勝敬者亡瑞書云敬勝怠者吉怠勝敬者滅義勝欲者從欲勝義者凶與瑞書同矣凡事不強則枉不敬則不正枉者滅廢敬者萬世以仁得之以仁守之其量百世以仁得之以不仁守之其量十世以不仁得之以不仁守之必傾其世王聞書之言惕然若懼退而爲戒書於席之四端爲銘及几鑑盂盤楹杖帶屨劍矛爲銘銘皆各有語在大戴禮也 **善學者師逸而功倍又從而庸之不善學者師勤而功半又從而怨之** 從隨也庸功也功之受其道有功於己○ **善問者如攻堅木先其易者後其節目及其久也相說以解不善問者反此** 言先易後難以漸入○說音悅 **善待問者如撞鐘叩之以小者則小鳴叩之以大者則大鳴待其從容然後盡其聲不善荅問者反此** 從讀如富父舂戈之舂舂容謂重撞擊也始者一聲而已學者既開其端意進而後問乃極說之如撞鐘之成聲矣從或爲松○撞丈江反叩音口從依注讀爲舂式容反父音甫重直用反復扶又反 **此皆進學之道也** 此皆善問善荅也○疏善學至道也○正義曰此一節明善學及善問并善荅不善荅之事○善學者師逸而功倍者受者聰明易入是爲學之善故師體逸豫而弟子所解又倍於他人也○又從而庸之者庸亦功也所得既倍於他人故恒言我師特加功於我者是從而功之也○不善學者師勤而功半者此明劣者也已既闇鈍故師體勤苦而功裁半於他人也○又從而怨之者已既闇鈍而不自責已不明乃反怨於師獨不盡意於我也○善問者如攻堅木先其易者後其節目者此明能問者問謂論難也攻治也言善問之人如匠善攻治堅木先斫治其濡易之處然後斫其節目其所問師之時亦先問其易後問其難也○及其久也相說以解者言問者順理荅者分明故及其經久師徒共相愛說以解義理○不善問者反此者若闇劣不解問之人則與能問者意反也謂先問其難心且不解則荅問之人不相喜說義又不通也故云反此矣○善待問者如撞鐘叩之以小者則小鳴叩之以大者則大鳴者鄕明問此明荅也以爲設喻譬

善能荅問難者如鐘之應撞撞小則小鳴應之撞大則大鳴應之能荅問者亦隨彼所問事之大小而荅之○待其從容然後盡其聲者又以鐘爲喻也○不善荅問者反此者謂不善荅他所問則反此上來之事或問小而荅大或問大而荅小或暫問而說盡此皆無益於所問故云不善荅問者反此○此皆進學之道也者言上善問善荅此皆進益學者之道也○注從謂至之舂○正義曰舂謂擊也以爲聲之從容言鐘之爲體以待其擊每一舂而爲一容然後盡其聲言善荅者亦待其一問然後一荅乃後盡說義理也按左傳文十一年冬叔孫得臣敗狄於鹹獲長狄僑如富父終甥以戈舂長狄喉而殺之是也 **○記問之學不足以爲人師** 記問謂豫誦雜難雜說至講時爲學者論之此或時師不心解或學者所未能問○難乃旦反 **必也其聽語乎** 必待其問乃說之○ **力不能問然後語之語之而不知雖舍之可也** 舍之須後○語魚據反下同舍音捨又如字下注同 疏記問之至舍之可也○正義曰此一節論教者不可爲記問之學又教人之時不善教學者謂心未解其義而但逆記他人雜問而謂之解至臨時爲人解說則先

述其所記而示人以其不解無益學者故云不足以爲人師○必也其聽語乎者聽語謂聽其問者之語既不可記問遂說教人之時必待學者之問聽受其所問之語然後依問爲說之也○力不能問然後語之者若受業者才力苟不能見問待憤憤悱悱之間則師然後乃示語之矣○語之而不知雖舍之可也者弟子既不能問因而語之語之不能知且舍任待後別更語之可也○ **良冶之子必學爲裘** 仍見其家錮補穿鑿之器也補器者其金柔乃合有似於爲裘○冶音也錮音固穿字又作穿音川鑿在洛反 **良弓之子必學爲箕** 仍見其家橈角幹也橈角幹者其材宜調調乃三體相勝有似於爲楊柳之箕○箕音基注同橈而小反下同曲屈也一音乃孝反幹古旦反勝音升任也一本作稱尺證反 **始駕馬者反之車在馬前** 以言仍見則貫即事易也○始駕者一本作始駕馬者貫古患反習也○ **君子察於此三者可以有志於學矣** 仍讀先王之道則爲來事不惑 疏良冶至於學矣○正義曰此一節論學者數見數習其學則善故三譬之此爲第一譬言良善也冶謂鑄冶也○裘謂衣裘也言積

言。善治之家其子弟見其父兄世業鍮鑄金鐵使之柔合以補治破器皆令全好故此子弟仍能學爲袍裘補續獸皮片片相合以至完全也。良弓之子必學爲箕者此第二譬亦世業者箕柳箕也言善爲弓之家使幹角撓屈調和成其弓故其子弟亦覩其父兄世業仍學取柳和軟撓之成箕也。始駕馬者反之車在馬前者此第三譬明新習者也始駕者謂馬子始學駕車之時反之者駕馬之法大馬本駕在車前今將馬子繫隨車後而行故云反之車在馬前所以然者此駒既未曾駕車若忽駕之必當驚奔今以大馬牽車於前而繫駒於後使此駒日日見車之行其駒慣習而後駕之不復驚也言學者亦須先教小事操縵之屬然後乃示其業則道乃易成也。君子察於此三者可以有志於學矣者結上三事三事皆須積習非一日所成君子察此三事之由則可有志於學矣。

○古之學者比物醜類 以此相況而爲之。醜猶比也醜或爲之計。 鼓無當於五聲五聲弗得不和水無當於五色五色弗得不章學無當於五官五官弗得不治師無當於五服五服弗得不親 當猶主也五服斬衰至緦麻之親。當丁浪反主也下及注皆同治直吏反。

〔疏〕古之至不親。正義曰此一節論弟子當親師之事各依文解之。比物醜類者既明學者仍見舊事又須以時事相比方也物事也言古之學者比方其事以醜類謂以同類之事相比方則事學乃易成既云古學如斯則今學豈不然。鼓無當於五聲五聲弗得不和者。此經論師道之要以餘事譬之此以下四章皆上比物醜類也鼓革也當主也五聲宮商角徵羽言鼓之爲聲不宮不商故言無當於五聲而宮商等之五聲不得鼓則無諧和之節故云弗得不和也所以五聲必鼓者爲俱是聲類也若奏五聲必求鼓以和之而已即是比類也。水無當於五色五色弗得不章者水謂清水也五色青赤黃白黑章明也言清水無色不任五色之限無主青黃而五色畫繢者不得水則不分明故云弗得不章也五色是其水之出也故五色須水亦其類也。學無當於五官五官弗得不治者本學先王之道也五官金木水火土之官也夫學爲官之理本求博聞强識非主於一官而五官不得學則不能治故云弗得不治也故化民成俗必由學乎能爲師然後能爲君長故官是學之類也。師無當於五服五服弗得不親者師教之師也五服斬衰也齊衰也大功也小功也緦麻也師於弟子不當五服之一也而弟子之家若無師教誨則五服之情不相和親也故云弗得不親是師情有在三年之義故亦與親爲類。

○君子大德不官 謂君也。 大道不器 謂聖人之道不如器施於一物 大信不約 謂若胥命于蒲無盟約。約徐於妙反洗手晷反注同。 大時不齊 或時以生或時以死。齊如字 察於此四者可以有志於學矣 本立而道生言以學爲本則其德於民無不化於俗無不成。

○三王之祭川也皆先河而後海或源也或委也此之謂務本 源泉所出也委流所聚也始出一勺卒成不測。源本又作原委於僞反注同勺時酌反

〔疏〕君子曰至務本。正義曰此一節論學爲衆事之本。君子曰者記者引君子之言故云君子曰也大德不官者大德謂聖人之德也官謂分職在位者聖人在上垂拱無爲不治一官故云大德不官也不官而爲諸官之本。大道不器者大道亦謂聖人之道也器謂物堪用者夫器各施其用而聖人之道弘大無所不施故云不器不器而爲諸器之本也論語云君子不器又云孔子博學而無所成名是也。大信不約者大信謂聖人之信也約謂期要也大信不言而信孔子曰予欲無言天何言哉四時行焉不言而信是大信也大信本不爲細言約誓故云不約也不約而爲諸約之本也大時不齊者大時謂天時也齊謂一時同也天生殺不共在一時猶春夏華并自生薺麥自死秋冬草木自死而薺麥自生故云不齊也不齊爲諸齊之本也。察於此四者可以有志於學矣者結之也若能察此在上四者之事則人當志學爲本也庾云四者謂不官爲羣官之本不器爲羣器之本不約爲羣約之本不齊爲羣齊之本言四者莫不有本人亦以學爲本也。三王之祭川也皆先河而後海或源也或委也者言三王祭百川之時皆先祭河而後祭海也或先祭其源或後祭其委河爲海本源爲委本皆曰川也故摠云三王之祭川源委謂河海之外諸大川也。此之謂務本者先祭本是務重其本也本小而後至大是小爲大本先學然後至聖是學爲聖本也。注謂若至盟約。正義曰案桓公三年夏齊侯衛侯胥命于蒲左氏云不盟也杜云不歃血也案彼直以言語相告命非大信之事引之者取其不盟之一邊而與此不約相當故引證。注源泉至不測。正義曰皇氏以爲河海之外源之與委也今依用焉或解云源則河也委則海也申明先河而

後海義亦通矣云始出一勺卒成不測者中庸篇云水一勺之多及其不測鮫龍生焉是其始一勺也後至不測也猶言學初爲積漸後成聖賢也

附釋音禮記注疏卷第三十六

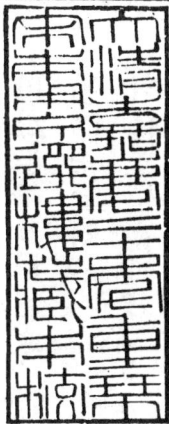

禮記疏卷三十六

江西南昌府學栞

禮記注疏卷三十六挍勘記　阮元撰盧宣旬摘錄

附釋音禮記注疏卷第三十六　惠棟挍宋本卷第四十六

學記第十八

發慮憲節

發慮至學乎　惠棟挍宋本無此五字

注憲法也言發計慮當擬度於法式也求謂招來也謏之言小也動衆謂師役之事　閩監毛本同惠棟挍宋本作注憲法至之事無也言至師役廿七字

言謏音近小　閩監本同毛本音誤者

玉不琢節

教學爲先　閩監本同石經同各本同毛本教誤敎

玉不至謂乎　惠棟挍宋本無此五字

學不舍業即經云　惠棟挍宋本學上有言字此本言字脫閩監毛本同

高宗夢得說作說命　考文引宋板同閩監毛本得誤傳

雖有嘉肴節　惠棟挍此節然後能自強強字起至下節七年視論學取友學字止宋本闕

雖有至謂乎　惠棟挍宋本無此五字

是故學然後知不足之者　惠棟挍宋本者上無之字閩本同監毛本之作也

古之教者節

中年考校　閩監本同石經同岳本同嘉靖本同衛氏集說同毛本校誤挍○按毛本作挍避所諱全書皆然

離經斷句絕也　各本同考文引古本足利本經下有章字　按此以正義云章句斷絕故增章句其實

非也

古之至謂乎　惠棟挍宋本無此五字

朝夕出入恒受教於塾　惠棟挍宋本同衞氏集說同閩監毛本受作就

古之教民百里皆有師　閩監毛本同衞氏集說同盧文弨挍云百乃者字之譌

以教世子及羣后之子　閩監毛本同惠棟挍宋本無及字衞氏集說同

餘諸侯於國　閩監本同毛本諸誤者惠棟挍宋本無餘字衞氏集說同

引舊記之言　閩監本同毛本之誤者

注術當爲遂聲之誤也古者仕焉而已者歸教於閭里至在遠郊之外　閩監毛本同惠棟挍宋本作注術當至之外無爲遂至遠郊二十二字

士爲少師　惠棟挍宋本同衞氏集說同閩監毛本少誤小

五族爲黨爲州　惠棟挍宋本作五黨爲州毛本同衞氏集說同此本五黨二字脫閩監本同

庠州黨之學　惠棟挍宋本同衞氏集說同閩監毛本州誤周

注中猶閒也鄉遂大夫閒歲則考學者之德行道藝周禮三歲大比乃考焉　閩監毛本同惠棟挍宋本作注中猶至考焉

大學始教節

二者所以撲撻　惠棟挍宋本撲作扑岳本同嘉靖本同衞氏集說同釋文亦作扑此本誤撲閩監毛本同按九經字樣云扑說文作撲經典相承通用之段玉裁曰依說文當作攴隸變而爲扑撲與扑義別今人多溷而爲一

游其志也　各本同石經同釋文出斿其云本亦作游○按斿者游之省

以游暇學者之志意　各本同釋文游暇作斿假

大學至謂乎　惠棟挍宋本無此五字

謂春時學始入學也　補案始上當有士字

釋木云榴山榎　惠棟挍宋本同衞氏集說同閩監毛本榎誤擾

盧氏云撲作教刑　閩監毛本同惠棟挍宋本撲作扑按作扑是也下撲撻同

時觀而弗語存其心也者　監本毛本如此惠棟挍宋本無者字

若有疑滯未曉　閩本同監毛本曉作暁盧文弨挍云暁此卷內俱作暁可兩通

大學之教也節

不學博依　閩本同釋文亦作博監毛本博作博是也石經同岳本同嘉靖本同衞氏集說同注疏放此下博喻同

藏焉脩焉　閩監本同石經同岳本同衞氏集說同毛本脩作修嘉靖本同注疏放此下厭脩同壞亂而不脩同

樂其友而信其道　各本同毛本道字誤倒在而字上

是以雖離師輔而不反　惠棟挍宋本有也字宋監本同石經同岳本同嘉靖本同衞氏集說同考文引古本足利本同石經考文提要云宋大字本宋本九經南宋巾箱本余仁仲本並有也字此本也字脫閩監毛本同

大學至謂乎　惠棟挍宋本無此五字

各與其友同居　閩本同惠棟挍宋本同監毛本同字並誤開衞氏集說同

學不學操縵不能弦者　補各本弦上有安字

雜服至皮弁至朝服玄端服屬之類　閩監毛本作雜服自袞而下至皮弁朝服玄端之屬不誤

禮謂禮之經也　惠棟挍宋本無之字此本之字誤衍閩監毛本同

則不能躭翫樂於所學之正道　閩監本同考文引宋板同毛本樂於誤不字學

作習

然如此也　惠棟挍宋本作也此本也誤者閩監毛本同

若能藏脩游息游　補案息上游字誤衍

言安學業既深　閩本同惠棟挍宋本同監毛本學誤樂

必知此是深由本師　閩監毛本無是字

而此前親後樂友者　惠棟挍宋本親下有師字此本師字脫閩監毛本同

當能敬重其道　惠棟挍宋本同閩監毛本當作常

今之教者節

多其訊　各本同石經訊作誶

教人不盡其材　各本同石經初刻作才後改刻作材

今之至由乎　惠棟挍宋本無此五字

但詐吟長詠　惠棟挍宋本吟上有呻字此本呻字脫閩監本同毛本亦脫呻字詐又誤謳

皆不曉而猛浪　惠棟挍宋本同閩監毛本曉誤饒猛誤孟

教者佛戾也　閩監毛本同惠棟挍宋本無此五字

教者既背違其理　閩監毛本同惠棟挍宋本背作悖

注教者至失問　閩本注字闕監毛本注作○

大學之法節　惠棟挍此節疏不越其節分而教之分字起至自是學者之常理自字止宋本闕

未發情慾未生　閩監毛本同岳本同嘉靖本同惠棟挍宋本慾作欲衛氏集說同考文引古本同釋文出情慾云音欲下注情慾同○按欲正字慾俗字

大學至由興也　惠棟挍宋本無此六字

此朋友琢磨之益　閩監毛本同惠棟挍宋本磨作摩○按作摩是也段玉裁云摩擘之功精於礦研凡琢摩字從石作磨者非詳說文注

發然後禁節

教不能勝其情慾　監本毛本作慾宋監本作欲

格讀如凍洛之洛　各本同段玉裁云說文無洛有垎字水乾也玉篇土乾也王逸九思自注垎堨也則此注及疏洛皆當作垎

扞堅不可入之貌　閩監毛本同岳本同嘉靖本同衛氏集說同考文引古本足利本扞下有格字段玉裁挍云堅上當有格字按釋文出經文格云注同則知注有格字當在扞字下也

則孤陋而寡聞　閩毛本同嘉靖本同石經陋作陃岳本同監本同衛氏集說同

燕辟廢其學　閩監毛本同岳本同衛氏集說同石經辟作譬嘉靖本同考文引宋板及古本同○按譬正字辟假借字

廢滅　惠棟挍宋本如此宋監本同岳本同嘉靖本同考文引古本足利本同此本廢滅誤教弛閩本二字闕監毛本作廢弛衛氏集說同

發然至廢也　惠棟挍宋本無此五字

雖欲追悔欲學　閩監毛本同考文引宋板上欲作復

徒勤苦四體終難成也　閩監毛本同惠棟挍宋本終上有而字

獨學謂獨自習學　閩監毛本同惠棟挍宋本習學作學習

則學識孤偏鄙陋　監毛本同衛氏集說同閩本偏作徧惠棟挍宋本同

不相遵敬　閩監毛本同衛氏集說遵作尊

言格是堅彊　閩監毛本同惠棟挍宋本格作洛

故云如凍洛之洛但今人謂地堅爲洛也　閩監毛本同段玉裁云垎从土正義是釋文非也正義本作凍垎俗改爲凍洛

君子既知教之所由興節

開爲發頭角　閩監本同岳本同嘉靖本同考文引宋板古本足利本同毛本爲誤謂衞氏集說同

君子至喻矣　惠棟挍宋本無此五字

善歌者節

則後人樂放傚　宋監本同惠棟挍宋本同閩毛本同岳本同嘉靖本同監本傚誤倣釋文傚下有也字衞氏集說同考文引古本傚下有之也二字

善歌至志矣　惠棟挍宋本無此五字

君子知至學之難易節

三王四代唯其師此之謂乎　石經同岳本同嘉靖本同閩監毛本唯作惟衞氏集說同陳澔集說唯字同此上有其字考文引古本足利本此上其字亦有盧文弨挍云據疏此上有其字石經考文提要宋大字本宋本九經南宋巾箱本余仁仲本並無其字

君子至謂乎　惠棟挍宋本無此五字

凡學之道節

昔黃帝顓頊之道存乎意　閩監本同岳本同嘉靖本同衞氏集說同毛本存誤有通典五十二亦作存

凡學至師也　惠棟挍宋本無此五字

以仁得之以不仁守之其量十世　閩監毛本同盧文弨挍云今大戴作以不仁得之以仁守之其量十世

善學者節

善學至道也　惠棟挍宋本無此五字

故恒言我師特加功於我者　閩毛本同監本特誤持惠棟挍宋本者作也

心且不解則荅問之人　閩監毛本同惠棟挍宋本荅問作問荅

以爲設喻譬善能荅問難者　閩本監本同惠棟挍宋本以作亦毛本喻譬字誤倒

亦待其一問　閩監本亦字同問誤間毛本問字同亦誤以

記問之學節

記問之至舍之可也　閩本同監毛本作記問至可也惠棟挍宋本八字無

良冶之子節

調乃三體相勝　閩本同惠棟挍宋本同宋監本同岳本同嘉靖本同衞氏集說同監毛本調誤謂

始駕馬者反之　閩監毛本同石經同岳本同嘉靖本同衞氏集說同釋文出始駕者云一本作始駕馬者按正義云始駕者謂馬子始學駕車之時出始駕者三字成句其所据經文亦當無馬字

良冶至於學矣　惠棟挍宋本無此六字

言積言善治之家　惠棟挍宋本積言作積世衞氏集說同此本誤閩監本同毛本世誤習

則可有志於學矣　閩監毛本同衞氏集說同惠棟挍宋本矣作也

古之學者節

醜或爲之計　惠棟挍宋本無之字岳本同嘉靖本同衞氏集說同此本誤衍閩監毛本同段玉裁云計當作討古音討與醜同

古之至不親　惠棟挍宋本無此五字

○此經論師道之要　閩監本同毛本○此經作此一經

非主於一官　惠棟按宋本作主衞氏集說同此本主誤言閩監毛本同今正

君子曰節

或源也　各本同石經同釋文出或原云本又作源

源泉所出也　惠棟按宋本作出宋監本同岳本同嘉靖本同衞氏集說同此本出誤求閩監毛本出誤來

君子至務本　惠棟按宋本無此五字

官謂分職在位者　閩監毛本同考文引宋板無者字衞氏集說同

鮫龍生焉　惠棟按宋本同閩監毛本鮫作蛟

初爲積漸後成聖賢也　閩監毛本同惠棟按宋本聖賢作賢聖

附釋音禮記注疏卷第三十六終　惠棟按宋本卷第四十六終記云凡二十三頁

禮記注疏卷三十六挍勘記

附釋音禮記注疏卷第三十七

禮記　鄭氏注　孔穎達疏

樂記第十九

○陸曰鄭云名樂記者以其記樂之義。〔疏〕正義曰按鄭目録云名曰樂記者以其記樂之義此於别録屬樂記蓋十一篇合爲一篇謂有樂本有樂論有樂施有樂言有樂禮有樂情有樂化有樂象有賓牟賈有師乙有魏文侯今雖合此略有分焉案藝文志云黄帝以下至三代各有當代之樂名孔子曰移風易俗莫善於樂也周衰禮壞其樂尤微以音律爲節又爲鄭衛所亂故無遺法矣漢興制氏以雅樂聲律世爲樂官頗能記其鏗鎗鼓舞而已不能言其義理武帝時河間獻王好博古與諸生等共采周官及諸子云樂事者以作樂記事也其内史丞王度傳之以授常山王禹成帝時爲謁者數言其義獻二十四卷樂記劉向校書得樂記二十三篇與禹不同其道浸以益微故劉向所校二十三篇著於别録今樂記所斷取十一篇餘有十二篇其名猶在三十四卷記無所録也其十二篇之名案别録十一篇餘次奏樂第十二樂器第十三樂作第十四意始第十五樂穆第十六説律第十七季札第十八樂道第十九樂義第二十昭本第二十一招頌第二十二竇公第二十三是也案别録禮記四十九篇樂記第十九則樂記十一篇入禮記也在劉向前矣至劉向爲别録時更載所入樂記十一篇又載餘十一篇揔爲二十三篇也其二十三篇之目今揔存焉

凡音之起由人心生也人心之動物使之然也感於物而動故形於聲宮商角徵羽雜比曰音單出曰聲形猶見也○徵張里反後放此比毗志反下文同見賢遍反**聲相應故生變**樂之器彈其宮則衆宮應然不足樂是以變之使雜也易曰同聲相應同氣相求春秋傳曰若以水濟水誰能食之若琴瑟之專一誰能聽之○應應對之應篇内同彈徒丹反樂音嶽又音洛○**變成方謂之音**方猶文章也○**比音而樂之及干戚羽旄謂之樂**干盾也戚斧也武舞所執也羽翟羽也旄旄牛尾也文舞所執周禮舞師樂師掌教舞有兵舞有干舞有羽舞有旄舞詩曰左手執籥右手秉翟○旄音毛盾本又作楯述允反又音允翟音狄籥羊灼反○〔疏〕凡音至之樂○正義曰此一節論樂本之事章句既多各隨文解之名爲樂本者樂以音聲爲本音聲由人心而生此章備論音聲起於人心故名樂本此樂本之中論人心感於物而有聲聲相應而生變變成方而爲之音比音而爲樂展轉相因之勢○凡音之起由人心生也者言凡樂之音曲所起本由人心而生也○人心之動物使之然也者言音之所以起於人心者由人心動則音起人心所以動者外物使之然也○感於物而動故形於聲者人心既感外物而動口以宣心其心形見於聲心若感死喪之物而興動於口則形見於悲戚之聲心若感福慶而興動於口則形見於歡樂之聲也聲相應故生變者既有哀樂之聲自然一高一下或清或濁而相應不同故云生變變謂不恒一聲變動清濁也○變成方謂之音者方謂文章聲既變轉和合次序成就文章謂之音也音則今之歌曲也○比音而樂之及干戚羽旄謂之樂者言以樂器次比音之歌曲而樂器播之并及干戚羽旄鼓而舞之乃謂之樂也是樂之所起由人心而生也○注宮商至曰聲○正義曰言聲者是宮商角徵羽也極濁者爲宮極清者爲羽五聲以清濁相次云雜比曰音者五聲之内唯單有一聲無餘聲相雜和比謂之音云單出曰聲者雜是單出曰聲也然則初發口單者謂之聲衆聲和合成章謂之音金石干戚羽旄謂之樂則聲爲初音爲樂爲末也所以唯舉音者舉中見上下矣○注樂之至聽之○正義曰彈其宮則衆宮應然不足樂者明直唯一聲不足可爲樂故須變之使雜也引易曰同聲相應同氣相求者易文言文證同聲相應之義也同聲雖相應不得爲樂必有異聲相應乃得爲樂耳引春秋傳以下者證同聲不得爲樂也案春秋昭二十年左傳齊景公曰唯據與我和夫晏子對曰據亦同也焉得爲和同者若以水濟水誰能食之琴瑟之專一誰能聽之言琴瑟專一唯有一聲不得成樂故也○注方猶文章也○正義曰凡畫者青黄相雜分布得成文章言音清濁上下分布次序得成音曲也以畫者文章故云方猶文章也○注干盾至秉翟○正義曰干盾也戚斧也武舞所執也者武舞之樂執此盾與斧也云羽翟羽也旄旄牛尾也文舞所執者言文舞執此羽旄也引舞師樂師者證有干戚羽旄舞等案樂師有帗舞有羽舞有皇舞有旄舞有干舞有人舞也無兵舞但有干舞鄭司農彼注云干舞者兵舞又舞師云掌教兵舞帥而舞山川之祭祀无干舞但有兵舞鄭司農彼注干舞兵舞也此引樂師既謂干舞引謂兵舞者兵舞非樂師之文但經云干戚用戚則是大武太武兵舞此引樂師盖以兵舞解經之

干戚也但此經干戚羽旄包含文武之大武鄭引樂師小舞明羽舞也引詩者證羽舞是翟舞也此詩邶風刺衛君不用賢衛之賢者仕於泠官但左手執籥右手秉翟而已樂者音之所由生也其本在人心之感於物也是故其哀心感者其聲噍以殺其樂心感者其聲嘽以緩其喜心感者其聲發以散其怒心感者其聲粗以厲其敬心感者其聲直以廉其愛心感者其聲和以柔六者非性也感於物而后動言人聲在所見非有常也噍踧也嘽寬綽貌發猶揚也粗麤也○噍子遙反徐在堯反沈子堯反踧也謂急也殺色界反徐所列反其樂音洛嘽昌善反寬緩也散思旦反粗采都反又才古反踧子六反綽處約反是故先王慎所以感之者故禮以道其志樂以和其聲政以一其行刑以防其姦禮樂刑政其極一也極至也○道音導行下孟反所以同民心而出治道也此其所謂至也○治直吏反下同

【疏】樂者至道也○正義曰此一節覆明上文感物而動之意結樂聲生起所由也合音乃成樂是樂由比音而生故云音之所由生也○其本在人心之感於物也者欲將明樂隨人心見故更陳此句也本猶初也物外境也言樂初所起在於人心之感外境也○是故其哀心感者其聲噍以殺者心既由於外境而變故有此下六事之不同也噍踧急也若外境痛苦則其心哀哀感在心故其聲必踧急而速殺也○其樂心感者其聲嘽以緩者嘽寬也若外境所善心必歡樂歡樂在心故聲必隨而寬緩也○其喜心感者其聲發以散者若外境會合其心心必喜悅喜悅在心故聲必隨而發揚放散無輒礙但樂是長久之歡喜是一時之悅遇有善事而心喜也昭二十五年左傳云喜生於好是喜與樂別也其怒心感者其聲粗以厲者怒謂忽遇惡事而心志怒恚怒在心則其聲粗以猛厲也○其敬心感者其聲直以廉者直謂不邪也廉廉隅也若外境見其尊高心中嚴敬嚴敬在心則其聲正直而有廉隅不邪曲也○其愛心感者其聲和以柔者和調也柔軟也若外境親屬死亡心起愛情愛情在心則聲和柔也六者非性也感於物而後動者結外感物也人生而靜天之性也性本靜寂無此六事六事之生由應感外物而動故云非性也所以知非性者今設取一人以此六事觸之言此人必隨觸而動故知非本性也庾云隨其所感而應之是知非性也此聲皆據人心感於物而口爲聲知是人聲也故鄭注云言人聲在所見皇氏云樂聲失之矣○是故先王慎所以感之者既六事隨見而動非關其本性故先代聖人在上制於正禮正樂以防之不欲以外境惡事感之故云先王慎所以感之者也○故禮以道其志樂以和其聲政以一其行刑以防其姦者此四事是防慎所感之具矣政法律也既防慎其感故用其正禮教道其志用正樂諧和其聲用法律齊一其行用刑辟防其凶姦則民不復流僻也禮樂刑政其極一也者極至也用其四事齊之使同其一致不爲非也賀云雖有禮樂刑政之殊及其檢情歸正同至理極其道一也○所以同民心而出治道也者結四事之功也言民心所觸有前六事不同故聖人用後四者制之使俱得其所也凡音者生人心者也情動於中故形於聲聲成文謂之音是故治世之音安以樂其政和亂世之音怨以怒其政乖亡國之音哀以思其民困聲音之道與政通矣言八音和否隨政也玉藻曰御瞽幾聲之上下○治世之音絕句安以樂音洛絕句雷讀上至安絕句樂意岳以樂二字爲句其政和崔讀上句依雷下以樂其政和揔爲一句下亂世亡國各放此思息吏反又音笥否音不藻音早瞽音古幾居希反又音祈上下時掌反

【疏】凡音至通矣○正義曰上文云音從人心生乃成爲樂此一節明君上之樂隨人情而動若人情歡樂樂音亦歡樂若人情哀怨樂音亦哀怨○凡音者生人心者也者言君上樂音生於下民心者也○情動於中故形於聲者言在下人心情感君政教善惡動於心中則上文感於物而後動是也既感物動故形見於口口出其聲則上文云故形於聲者是也○聲成文謂之音者謂聲之清濁雜比成文謂之音則上文云變成方謂之音是也上云比音而樂之及干戚羽旄謂之樂此云音不云樂者以下云治世之音亂世之音故云音而不言樂也必言音者樂以音爲本變動由於音也所以特言音也○是故治世之音安以樂者是故謂情動於

中而有音聲之異故言治平之世其樂音安静而歡樂也治世之音民既安静以樂而感其心故樂音亦安以樂由其政和美故也君政和美使人心安樂人心安樂故樂聲亦安以樂也○亂世之音怨以怒其政乖者亂世謂禍亂之世樂音怨恨而恚怒亂世之時其民怨怒故樂聲亦怨怒流亡由其政乖僻故也○亡國之音哀以思其民困者亡國謂將欲滅亡之國樂音悲哀而愁思亡國之時民心哀思故樂音亦哀思由其人困苦故也前治世亂世皆云世亡國不云世者以國將亡無復繼世也其治世亂世皆云政亡國不云政者言國將滅亡無復有政故云其民困也聲音之道與政通矣者若政和則聲音安樂若政乖則聲音怨怒是聲音之道與政通矣

宫爲君商爲臣角爲民徵爲事羽爲物五者不亂則無怗懘之音矣五者君臣民事物也凡聲濁者尊清者卑怗懘敝敗不和貌○怗徐昌廉反懘昌制反又昌紙反敗也敝音弊

宫亂則荒其君驕商亂則陂其官壞角亂則憂其民怨徵亂則哀其事勤羽亂則危其財匱五者皆亂迭相陵謂之慢如此則國之滅亡無日矣君臣民事物其道亂則其音應而亂荒猶散也陂傾也書曰王耄荒易曰無平不陂○陂彼義反注同傾也匱其媿反乏也迭田節反散蘇旦反耄莫報反○

疏宮爲至日矣○正義曰此一節論五聲宮商角徵羽之殊所主之事上下不一得則樂聲和調失則國將滅亡也○宮爲君者宮則主君所以然者鄭注月令云宮屬土土居中央揔四方君之象也又土爲稼穡猶君能滋生萬民也又五音以絲多聲重者爲尊宮絃最大用八十一絲故宮爲君崔氏云五音之次以宮最濁自宮以下則稍清矣君臣民事物亦有尊卑故以次配之○商爲臣者商所以爲臣者何以鄭注月令云商屬金以其濁次宮臣之象也解者云宮八十一絲商七十二絲次宮如臣之得次君之貴重也崔氏云商是金金以決斷爲臣事君亦以義斷爲賢矣角爲民所以爲民者鄭注月令云角屬木以其清濁中民之象也解者云宮濁而羽清角六十四絲聲居宮羽之中半清半濁故云以其清濁中也民比君臣爲劣比事物爲優故云角清濁中民之象矣崔氏云角屬春春時物生衆皆有區別亦象萬民衆多而有區别也○徵爲事所以爲事者鄭注月

令云徵屬火以其徵清事之象也解者云羽最清徵次之故用五十四絲是徵清徵清所以爲事之象也夫事是造爲造爲由民故先事後乃有物也是事勝於物而劣於民故次民居物之前所以徵爲事之象也崔氏云徵屬夏夏時生長萬物皆成形體事亦有體故以徵配事也○羽爲物所以爲物者鄭注月令云羽屬水者以其最清物之象也解者云羽者最清用四十八絲而爲物劣於事故最處末所以羽爲物也崔氏云羽屬冬冬物聚則成財用冬則物皆藏聚與財相類也○五者不亂則無怗懘之音矣者怗敝也懘敗也敝敗謂不和之貌也若君臣民事物五者各得其所用不相壞亂則五聲之響無敝敗矣○宮亂則荒其君驕者前明音聲與政通若五事皆正則音不敝敗是聲與政通故此以下明聲與政通也若五音之敝敗則政亂各有所由也荒猶散也若宮音之亂則其聲放散是知由其君驕溢故也崔氏云宮聲所以散者由君驕也若君驕則萬物荒散也○商亂則陂其官壞者陂不平正也若商音之亂則其聲欹斜而不正也是知由其臣不治於官官壞故也崔氏云商聲所以傾邪者由臣官壞也官若壞則物皆傾邪也○角亂則憂其民怨者若角音之亂則其聲憂愁是知由政虐其民民怨故也崔氏云角聲所以亂者由民不安業有憂愁之心也民無自怨皆君上失政故下民生怨也○徵亂則哀其事勤者若徵音之亂則其聲哀苦是知由繇役不休其民事勤勞故也崔氏云徵所以亂者由民勤於事悲哀之所生○羽亂則危其財匱者匱乏也若羽音之亂則其聲傾危是知由君賦重其民貧乏故也崔氏云危者謂聲不安也羽音所以不安者由君亂於上物散於下故知財乏不能得安故有匱乏也○五者皆亂迭相陵謂之慢者迭互也陵越也若五聲並和則君臣上下不失若五聲不和則君臣上下互相陵越所以爲慢也崔氏云前是偏據一亂以爲義未足以爲滅亡今此以五者皆亂故滅亡無日矣滅者絶也亡叛也無日言無復一日也若君臣互相陵慢如此則國必叛滅旦夕可俟無復一日也○注書曰至不陂○正義曰所引之者尚書呂刑之文也王耄荒者謂穆王享國百年耄荒也引之者證經之荒字矣云易曰無平不陂者易泰卦九三爻辭引之者證經之陂字矣案樂緯動聲儀云宮爲君君者當寛大容衆故聲弘以舒其和情以柔動脾也商爲臣臣者當以發明君之號令其聲散以明其和温以斷動肺也角爲民民者當約儉不奢僭差故其聲防以約其和清以静動肝也徵爲事事者君子之功既當急就之其事當久流亡故其聲貶以疾其和平以功動心也羽爲物物者不有委聚故其聲散以虚其和斷以散動腎也動聲儀又

云若宮唱而商和是謂善太平之樂注云君臣相和又云角從宮是謂哀衰國之樂注云象人自怨訴又云羽從宮往而不反是謂悲亡國之樂也注云悲傷於財竭又云音相生者和注云彈羽角應彈宮徵應是其和樂以此言之相生應即爲和不以相生應則爲亂也。**鄭衛之音亂世之音也比於慢矣**比猶同也。比吡志反注同又如字**桑間濮上之音亡國之音也其政散其民流誣上行私而不可止也**濮水之上地有桑間者亡國之音於此之水出也昔殷紂使師延作靡靡之樂已而自沈於濮水後師涓過焉夜聞而寫之爲晉平公鼓之是之謂也桑間在濮陽南誣附也。濮音卜水名誣音無注同涓古玄反爲于僞反下爲作法度同。【疏】鄭衛至止也。正義曰前經明五者皆亂驕慢滅亡此一節論亂世滅亡之樂比猶同也鄭國之音好濫淫志衛國之樂促速煩志竝是亂世之音也雖亂而未滅亡故云比於慢即同前謂之慢也。桑間濮上之音亡國之音也者於濮水之上桑林之間所得之樂是亡國之音矣故云亡國之音其政散者謂君之政教荒散也。其民流者流謂流亡君既荒散民自流亡也。

誣上行私而不可止也者君既失政在下則誣罔於上行其私意違背公道不可禁止也。注濮水至罔也。正義曰濮水之上也有桑間者言濮水與桑間一處也云昔殷紂使師延作靡靡之樂以下皆史記樂書之文也言衛靈公之時將之晉至於濮水之上舍夜半之時聞鼓琴之聲問左右皆對曰不聞乃召師涓聽而寫之明日即去乃至晉國見平公平公享之靈公曰今者來聞新聲請奏之平公曰可即命師涓坐師曠之旁援琴鼓之未終而師曠撫而止之曰此亡國之聲也不可遂平公曰何師曠曰昔師延所作也與紂爲靡靡之樂武王伐紂師延東走自投濮水之中故聞此聲必於濮水之上而聞之是其事案異義云今論說鄭國之爲俗有溱洧之水男女聚會謳歌相感故云鄭聲淫左傳說煩手淫聲謂之鄭聲者言煩手躑躅之聲使淫過矣許君謹案鄭詩二十一篇說婦人者十九矣故鄭聲淫也今案鄭詩說婦人者唯九篇異義云十九者誤也無十字矣**凡音者生於人心者也樂者通倫理者也**倫猶類也理分也。分扶問反**是故知聲而不知音者禽獸是也知音而不知樂者衆庶是也**

唯君子爲能知樂禽獸知此爲聲耳不知其宮商之變也八音竝作克諧曰樂。諧戶皆反**是故審聲以知音審音以知樂審樂以知政而治道備矣是故不知聲者不可與言音不知音者不可與言樂知樂則幾於禮矣禮樂皆得謂之有德德者得也**幾近也聽樂而知政之得失則能正君臣民事物之禮也。治直吏反下民治行同幾音譏一音巨依反注同**是故樂之隆非極音也食饗之禮非致味也**隆猶盛也極窮也。食音嗣下食饗同**清廟之瑟朱弦而疏越壹倡而三歎有遺音者矣大饗之禮尚玄酒而俎腥魚大羹不和有遺味者矣**清廟謂作樂歌清廟也朱弦練朱弦練則聲濁越瑟底孔也畫疏之使聲遲也倡發歌句

也三歎三人從歎之耳大饗祫祭先王以腥魚爲俎實不臑熟之大羹肉湆不調以鹽菜遺猶餘也。疏音疎下同倡昌諒反注同腥音星和胡卧反底都禮反畫音獲祫音洽臑音而湆去及反**是故先王之制禮樂也非以極口腹耳目之欲也將以教民平好惡而反人道之正也**教之使知好惡也。好惡上呼報反下烏路反又並如字後好惡二字相連者皆放此【疏】凡音至正也。正義曰此一節明音樂之異音易識而樂難知知樂則近於禮又明禮樂隆極之旨先王所以禮樂教人之意。凡音者生於人心者也言音從聲生聲從心生故云生於人心者也。樂者通於倫理者也倫類也理分也比音爲樂有金石絲竹干戚羽旄樂得則陰陽和樂失則羣物亂是樂能經通倫理也陰陽萬物各有倫類分理者也。是故知聲而不知音者禽獸是也者言禽獸知其聲不知五音之和變是聲易識而音難知矣。知音而不知樂者衆庶是也者言衆庶知歌曲之音而不知樂之大理是音猶易而樂極難也。唯君子爲能知樂者君子謂大德聖人能知極樂之理故云爲能知樂。是故審聲以知音審音以知樂審樂以知政而治道備矣者

音由聲生先審識其聲然後可以知音樂由音生先審識其音然後知樂政由樂生先審識其樂可以知政所以審樂知政者樂由音聲相生聲感善惡而起若能審樂則知善惡之理行善不行惡習是不習非知爲政化民而治道備矣者政善樂和音聲皆善人事無邪僻則治道備具矣知樂則幾於禮矣者幾近也知樂則知政之得失知政之得失則能正君臣民事物故云近於禮矣但禮包萬事萬事備具始是禮極今知樂但知正君臣民事物而已於禮未極故云近於禮矣○禮樂皆得謂之有德德者得也者言王者能使禮樂皆得其所謂之有德之君所以名爲德者得禮樂之稱也○是故樂之隆非極音也者隆謂隆盛樂之隆盛本在移風易俗非崇重於鍾鼓之音也故云非極音也案論語云樂云樂云鍾鼓云乎哉是也食饗之禮非致味也者食饗謂宗廟祫祭此禮之隆重在於孝敬也非在於致其美味而已禮云食饗之禮則樂應云祭祀之樂互可知也清廟之瑟朱弦而疏越壹倡而三歎者謂上樂之隆非極音也清廟之瑟謂歌清廟之詩所彈之瑟朱弦謂練朱絲爲弦練則聲濁也越謂瑟底孔也疏通之使聲遲故云疏越弦聲既濁瑟音又遲是質素之聲非要妙之響以其質素初發首一倡之時而唯有三人歎之是人不愛樂雖然有遺餘之音言以其貴在於德所以有

遺餘之音念之不忘也○大饗之禮尚玄酒而俎腥魚大羹不和有遺味者矣者此覆上饗之禮非致味也大饗謂祫祭尚玄酒在五齊之上而俎腥魚腥生也俎雖有三牲而兼載腥魚也大羹謂肉湆也不和謂不以鹽菜和之此皆質素之食而大饗設之人所不欲也雖然有遺餘之味矣以其有德質素其味可重人愛之不忘故云有遺味者矣○是故先王之制禮樂也非以極口腹耳目之欲也者以玄酒腥魚大羹是非極口腹也以朱絃疏越是非極耳目也○將以教民平好惡而反人道之正也者言先王制禮樂不爲口腹耳目而將以教民均平好惡使好者行之惡者避之而反歸人道之正也○注能止至之禮○正義曰以宮爲君商爲臣角爲民徵爲事羽爲物既能知樂則能正此五事五事之外則餘禮未能弘通故經云近於禮未盡禮之用也○注朱弦至餘也○正義曰朱弦練朱弦者案虞書傳云古者帝王升歌清廟之樂大瑟練朱弦此云朱弦者明練之可知也云練則聲濁者不練則體勁而聲清練則絲熟而弦濁云越瑟底孔也者案鄉飲酒禮二人皆左何瑟後首挎越是越瑟底孔也故燕禮注云越瑟下孔也云畫疏之使聲遲也者熊氏云瑟兩頭有孔畫疏之疏通也使兩頭孔相違而通孔小則聲急孔大則聲遲故云使聲遲也云三歎三人從歎之耳者三歎謂擊瑟贊歎美者但有三人歎之耳言歎者少也云大饗祫祭先王者案郊特牲郊血大饗腥此云腥魚故爲宗廟祫祭也云以腥魚爲俎實者謂薦血腥之時以俎薦腥魚熊氏云其牛羊之俎至薦熟之時皆亨之而熟薦腥魚則始末不亨故云而俎腥魚也云大羹肉湆者特牲云大羹湆此云不和故知不調以鹽菜鉶羹則和之云遺猶餘者也樂聲雖質人貴之不忘矣食味雖惡人念之不息矣是有遺音遺味矣熊氏云聲有五聲但有三人歎之餘兩聲未歎是有遺音非其辭也○

人生而靜天之性也感於物而動性之欲也言性不見物則無欲物至知知然後好惡形焉至來也知知每物來則又有知也言見物多則欲益衆形猶見也○見賢遍反好惡無節於內知誘於外不能反躬天理滅矣節法度也知猶欲也誘猶道也引也躬猶已也理猶性也○誘音酉道音導○夫物之感人無窮而人之好惡無節則是物至而人化物也人化物也者滅天理而

窮人欲者也窮人欲言無所不爲於是有悖逆詐僞之心有淫泆作亂之事是故強者脅弱衆者暴寡知者詐愚勇者苦怯疾病不養老幼孤獨不得其所此大亂之道也〔疏〕人生至道也○正義曰此一節論人感物而動故下物有好惡所感不同若其感惡則天理滅爲大亂之道故下文明先王所以制禮樂而齊之○人生而靜天之性也○正義曰言人初生未有情欲是其靜稟於自然是天性也○感於物而動性之欲也者其心本雖靜感於外物而心遂動是性之所貪欲也自然謂之性貪欲謂之情是情別矣○物至知知然後好惡形焉者至猶來也言外物既來知謂每一物來則心知之爲每一物皆知是物至知知也物至既衆會意者則愛好之不會意者則嫌惡之是好惡形焉○好惡無節於內知誘於外者所好惡恣已之情是無節於內知謂欲也所欲之事道誘於外外見所欲心則從之是知誘於外也○不能反躬天理滅矣者躬已也恣已情欲不能自反禁止理性也是天之所生本性滅絶矣○夫物之感人無窮者物既

衆多來感於人無有窮已也。而人之好惡無節者見物之來所好所惡無有法節也則是物至而人化物也者則是外物來至而人化之於物物善則人善物惡則人惡是人化物也。人化物也者滅天理而窮人欲者也若人既化物逐而遷之恣其情欲故滅其天生淸靜之性而窮極人所貪嗜慾也。知者詐愚謂欺詐愚人也勇者苦怯謂困苦怯者。疾病不養謂人所嫌惡不收養也。老幼孤獨不得其所者此並是人之嫌惡無所哀矜故老幼孤獨不得其所也

是故先王之制禮樂人爲之節言爲作法度以遏其欲。悖布內反下同佚音逸強其良反脅許刼反知音智怯起刼反遏於葛反本亦作節**衰麻哭泣所以節喪紀也鐘鼓干戚所以和安樂也昏姻冠笄所以別男女也射鄉食饗所以正交接也**男二十而冠女許嫁而笄成人之禮射鄉大射鄉飲酒也。衰七雷反樂音洛冠古亂反注同笄音雞別彼列反下文注皆同**禮節民心樂和民聲政以行之刑以防之禮樂刑政四達而不悖則王道備矣**

〔疏〕是故至備矣。正義曰此一節以下至樂云廣明禮樂相須之事。是故先王之制禮樂人爲之節者庾云人爲猶爲人也言爲人作法節也。射鄉食饗所以正交接也者射大射也鄉鄉飲酒也食饗饗食賓客也凡此皆是正交接之節不使相陵越也。禮節民心者前經云禮樂人爲之節故此經明其所節之事禮有尊卑上下故裁節民心謂無不敬也。樂和民聲者樂有宮商角徵羽及律呂所以調和民聲也。政以行之者政謂禁令用禁令以行禮樂也。刑以防之者若不行禮樂則以刑罰防止也。禮樂刑政四達而不悖則王道備矣者若此四事通達流行而不悖逆則王道備具矣

樂者爲同禮者爲異同則相親異則相敬同謂協好惡也異謂別貴賤也**樂勝則流禮勝則離**流謂合行不敬也離謂析居不和也。勝治證反析思歷反。**合情飾貌者禮樂之事也**欲其竝行斌斌然。飾音勑本亦作飾音式斌彼貧反本又作彬。**禮義立則貴賤等矣樂文同則上下和矣好惡著則賢不肖別矣刑禁暴爵舉賢則政均矣仁以愛之義以正之如此則民治行矣**等階級也。著張慮反肖音笑〔疏〕樂者至行矣。正義曰皇氏云從王道備矣以上爲樂本從此以下爲樂論今依用焉此十一篇之說事不分明鄭目錄十一篇畧有分別仔細不可委知熊氏云十篇鄭可具詳依別錄十一篇所有賓牟賈有師乙有魏文侯今此樂記有魏文侯乃次賓牟賈師乙爲末則是今之樂記十一篇之次與別錄不同推此而言其樂本以下亦雜亂故鄭畧有分別案熊氏此說不與皇氏同。樂者爲同者此言樂論之事謂上下同聽莫不和說也。禮者爲異者謂尊卑各別恭敬不等也此章凡有四段自此至民治行矣爲第一段論樂與禮同異將欲廣論先論其異同也自樂由中出至天子如此則禮行矣爲第二段論樂與禮之功論同異既辨故次宜有功也自大樂與天地同和至述作之謂也爲第三段論樂與禮唯聖人能識既有其功故宜究識也自樂者天地之和至則此所與民同也爲第四段論樂與禮使上下和合是爲同也禮使父子殊別是爲異。○同則相親無

所間別故相親也異則相敬有所殊別故相敬也。樂勝則流禮勝則離者此明雖有同異而又有相須也勝猶過也若樂過和同而無禮則流慢無復尊卑之敬若禮過殊隔而無和樂則親屬離析無復骨肉之愛唯須禮樂兼有所以爲美故論語云禮之用和爲貴是也。合情飾貌者禮樂之事也者合情謂樂也樂和其內是合情也飾貌謂禮也禮以撿跡於外是飾貌也貌與心半二者無偏則是禮樂之事也。禮義立則貴賤等矣者義宜也等階級也若行禮得其宜則貴賤各有階級矣樂文同則上下和矣者文謂聲成文也若行樂文采諧同則上下各自和好也。好惡著則賢不肖別矣者謂所好得其善所惡得其惡是好惡著則賢與不肖自然分別矣。刑禁暴者謂用刑罰禁止暴慢也。爵舉賢者謂用爵以舉賢良也。則政均矣者刑爵得所政教均平矣刑者則愼罰爵者則明德。仁以愛之者謂王者用仁以愛民也。義以正之者謂王者用義以正惡矣。如此則民治行矣者言用仁用義則民行治也此經凡有五事各以矣結之從禮義立則貴賤等矣是其一也樂文同則上下和矣是其二也好惡著則賢不肖別矣是其三也刑禁暴爵舉賢則政均矣是其四也仁以愛之義以正之如此則民治行矣是其五也

樂由中出和在心也**禮自**

外作敬在貌也樂由中出故靜禮自外作故文文猶動也大樂必易大禮必簡易簡若於清廟大饗然。易以鼓反，注同樂至則無怨禮至則不爭揖讓而治天下者禮樂之謂也。至猶達也行也。爭，爭鬬之爭暴民不作諸侯賓服兵革不試五刑不用百姓無患天子不怒如此則樂達矣合父子之親明長幼之序以敬四海之內天子如此則禮行矣。賓，協也。試，用也。長，丁丈反。【疏】樂由至行矣。正義曰：此一節明禮樂自內自外或易或簡天子行之得所則樂達禮行。樂由中出者謂樂從心起也。禮自外作者謂禮敬在外貌也。樂由中出故靜者行之在心故靜也。禮自外作故文者禮肅人貌貌在外故云動也。庾云樂成在中是和合反自然之靜禮節在貌之前動合文理文猶動也。大樂必易者朱弦而疏越是也。大禮必簡者玄酒腥魚是也。樂至則無怨者至謂達也行也樂行於人由於和故無怨矣。禮至則不爭者禮行於民由於謙敬謙敬則不爭也。揖讓而治天下者禮樂之謂也者民無怨爭則君上無爲但揖讓垂拱而天下自治其功由於禮樂故云禮樂之謂也。暴民不作此下至樂達矣偏舉樂之功前云樂達則無怨故致此以下之功也暴民謂凶暴之民不作謂不動作也。如此則樂達矣者由樂和故至天子不怒以致前事是樂道達矣天子如此則禮行矣者天子若能使海內如此則是禮道與行矣樂云達禮云行者互文也禮云天子如此樂不云天子者樂既云天子不怒故畧其文不復云天子也。○大樂與天地同和大禮與天地同節言順天地之氣與其數。和故百物不失不失其性節故祀天祭地成物有功報焉明則有禮樂教人者幽則有鬼神助天地成物者也。易曰：是故知鬼神之情狀與天地相似。五帝德說黃帝德曰：死而民畏其神者百年。春秋傳曰：若敖氏之鬼。然則聖人之精氣謂之神，賢知之精氣謂之鬼。敖，五羔反。賢知音智。如此則四海之內合敬同愛矣禮者殊事合敬者也樂者異文合愛者也。禮樂之情同故明王以相沿也沿猶因述也。孔子曰：殷因於夏禮所損益可知也，周因於殷禮所損益可知也。沿或作緣。沿，悅專反，因也，述也。故事與時並舉事在其時也。禮器曰：堯授舜，舜授禹，湯放桀，武王伐紂，時也。名與功偕爲名在其功也。偕猶俱也。堯作大章，舜作大韶，禹作大夏，湯作大濩，武王作大武，名因其得天下之大功。偕，古諧反，俱也。濩，戶故反，下同。【疏】大樂至功偕。正義曰：此一節明禮樂與天地合德明王用之相因不改功名顯著。大樂與天地同和者天地氣和而生萬物大樂之體順陰陽律呂生養萬物是大樂與天地同和也。大禮與天地同節者天地之形各有高下大小爲限節大禮辨尊卑貴賤與天地相似是大禮與天地同節也。和故百物不失者以大樂與天地同和能生成百物故不失其性也。節故祀天祭地者以大禮與天地同節有尊卑上下報生成之功故祀天祭地。明則有禮樂者聖王既能使禮樂與天地同和節又於顯明之處尊崇禮樂以教人。幽則有鬼神者幽冥之處尊敬鬼神以成物也。如此則四海之內合敬同愛矣者聖人若能如此上事行禮樂得所以治天下故四海之內合其敬愛以行禮得所故四海會合其敬行樂得所故四海之內齊同其愛矣。禮者殊事合敬者也者尊卑有别是殊事俱行於禮是合敬也。樂者異文合愛者也者宫商别調是異文無不歡愛是合愛也。禮樂之情同故明王以相沿也者禮樂之狀質文雖異樂情主和禮情主敬致治是同以其致治情同故明王所以相因述也言前代後代同禮樂之情因時質文或有損益故云以相沿也沿謂因所增改也。故事與時並者事謂聖人所爲之事與所當之時而並行若堯舜揖讓之事與淳和之時而並行湯武干戈之事與澆薄之時而並行此一句明禮也。名與功偕者名謂樂名偕俱也言聖王制樂之名與所建之功而俱作也若堯之大章舜之大韶堯章明之功舜紹堯之德及禹湯等樂各皆與功俱立也此一句明樂聖王雖同禮樂之情因而循述但時與功不等故禮與樂亦殊。注言順至其數。正義曰：天地與陰陽生養爲氣樂有六律六呂調和生養是順天地之氣解經同和也云與其數謂天有日月星辰地有山川高下其數不同故云與其數解經同節也。注成物有功報焉。正義曰：言天地春夏生物秋冬成物獨云成物者對則生成有異摠而言之生亦成也故云成物有功下注云助天地成物是也。注易曰至之鬼。正義曰引易曰是故知鬼神之情狀與天地相似者易上繫辭云精氣爲物游䰟爲變是故知鬼神之情狀與天地相似。注云精氣謂七八游䰟謂九六遊䰟謂之鬼物終所歸精氣謂之神物生所信也言木火之神生物東南金水之鬼終物西北二者之情其狀與春夏生物秋冬終物相似云五帝德説黄帝德曰死而民畏其神者百年案大戴禮五帝德篇云宰我問孔子曰黄帝三百年請問黄帝人也抑非人也何以至三百年乎孔子曰生而民利其德百年死而民畏其神百年亡而民用其教百年云春秋傳曰若敖氏之鬼引春秋者宣四年左傳楚司馬子良生子越椒初生令尹子文請殺之其父子良不可子文以爲大慼曰鬼猶求食若敖氏之鬼不其餒而云聖人之精氣謂之神者則黄帝是也言聖人氣強能引生萬物故謂之神云賢知之精氣謂之鬼者則若敖氏是也氣劣於聖但歸終而已故謂之鬼熊氏云繫辭鬼神者謂七八九六自然之鬼神又聖人賢人鬼神與自然鬼神俱能助天地而成物故鄭揔引之也又鄭注祭法七祀謂鬼神司察小過引此幽則有鬼神然則有天地自然之鬼神有聖人賢人之鬼神有七祀之鬼神崔氏云明人君及臣生則存禮樂化民死則爲鬼神以成物也唯據聖人賢人之鬼神也與鄭引易繫辭不合其義

并也。注云猶至知也。正義曰五帝三王同用禮樂是因也就而損益是述也故引論語損益之事以解之損益者則下文事與時並名與功偕是也。故鐘鼓管磬羽籥干戚樂之器也。屈伸俯仰綴兆舒疾樂之文也。簠簋俎豆制度文章禮之器也升降上下周還裼襲禮之文也綴謂鄼舞者之位也兆其外營域也。伸音申綴丁劣反徐丁衛反下綴遠綴短皆同簠簋上音甫下居洧反並祭器名上下時掌反還音旋裼思厤反襲音習鄼作管反後同。故知禮樂之情者能作識禮樂之文者能述述謂訓其義也作者之謂聖述者之謂明明聖者述作之謂也【疏】故鍾至謂也。正義曰此一節申明禮樂器之與文并述作之體綴兆疾徐者綴謂舞者行位相連綴也兆謂位外之營兆也。周還裼襲者周謂行禮周曲迴旋也裼謂袒上衣而露裼也襲謂掩上衣也禮盛者尚質故襲不盛者尚文故裼。故知禮樂之情者能作者下文云窮本知變樂之情若能窮極其本識其變通是知樂之情也下文云著誠去僞禮之經也若能顯著誠信棄去浮僞是知禮之情也凡制作者量事制宜既能窮本知變又能著誠去僞所以能制作者識禮樂之文者能述者文謂上經云屈伸俯仰升降上下是也述謂訓說義理既知文章升降辨定是非故能訓說禮樂義理不能制作禮樂也。作者之謂聖聖者通達物理故作者之謂聖則堯舜禹湯是也。述者之謂明明者辨說是非故脩述者之謂明則子游子夏之屬是也。樂者天地之和也禮者天地之序也和故百物皆化序故羣物皆別化猶生也別謂形體異也樂由天作禮以地制言法天地也。過制則亂過作則暴過猶誤也暴失文武之意明於天地然後能興禮樂也【疏】樂者至樂也。正義曰此一節申明禮樂從天地而來王者必明於天地然後能興禮樂樂者調暢陰陽是天地之和也。禮者天地之序也禮明貴賤是天地之序也。樂由天作者樂生於陽是法天而作也。禮以地制者禮主於陰是法

地而制言法天地也。過制則亂者過謂誤也惟聖人識合天地者則制禮作樂不誤若非聖識則必誤誤制禮則尊卑淫亂也猶地體誤則亂於高下也。過作則暴者謂違暴失所若過誤作樂則樂體違暴失文武之意謂文樂武樂雜亂也。論倫無患樂之情也欣喜歡愛樂之官也倫猶類也患害也官猶事也。中正無邪禮之質也莊敬恭順禮之制也質猶本也。邪字又作耶同似嗟反若夫禮樂之施於金石越於聲音用於宗廟社稷事乎山川鬼神則此所與民同也言情官質制先王所專也【疏】論倫至同也。正義曰此一節明禮樂文質不同事爲有異。論倫無患者樂主和同論說等倫無相毀害是樂之情也言樂之本情欲使倫等和同無相損害也。欣喜歡愛樂之官也者官猶事也賀瑒云八音克諧使物歡欣此樂之事迹也在心則倫類無害故爲樂情在貌則欣喜歡愛故爲樂事也。中正無邪禮之質也者謂內心中正無有邪僻是禮之本質也。莊敬恭順禮之制也者外貌莊敬

謙恭謹愼是禮之節制也○若夫禮樂之施於金石越於聲音者此明樂也○用於宗廟社稷事乎山川鬼神者此明禮也若通而言之則禮樂相將矣○則此所與民同也者言施於金石越於聲音用於宗廟社稷事乎山川鬼神此等與民共同有也前經論樂之情樂之官禮之質禮之制是先王所專有也言先王獨能專此四事

○王者功成作樂治定制禮功成治定同時耳功主於王業治主於教民明堂位說周公曰治天下六年朝諸侯於明堂制禮作樂○王如字徐于況反治定直吏反注治定治主下治辯同其功大者其樂備其治辯者其禮具辯偏也○辯本又作辯舊音遍按廣雅辯偏也薄莧反徧音遍干戚之舞非備樂也樂以文德爲備若咸池者孔子曰韶盡美矣又盡善也謂武盡美矣未盡善也孰亨而祀非達禮也達具也郊特牲曰郊血大饗腥三獻爓一獻孰至敬不饗味而貴氣臭也○亨沈普衡反徐許兩反爓在廉反五帝殊時不相沿樂三王異世不相襲禮言其有損益也樂極則憂禮粗則偏矣樂人之所好也害在淫侉禮人之所勤也害在倦略○粗倉都反後皆同偏音篇下同好呼報反侉苦瓜反○及夫敦樂而無憂禮備而不偏者其唯大聖乎敦厚也○夫音扶下皆放此

〔疏〕王者至聖乎○正義曰此章是樂記第三章名曰樂禮章也章中明王者爲治必制禮作樂故名樂禮章也案鄭目錄云第三是樂施第四是樂言第五是樂禮今記者以樂禮爲第三言鄭目錄當是舊次未合之時此今所列或記家別起意意趣不同故也○王者功成作樂治定制禮者功成謂天子功業既成治定謂民得王教尊卑位定也然功成治定俱是一時但所斷義各有異也故分言耳功成作樂者王者先王之功由民所樂故功成命而作樂以應民所樂之心猶如民樂周有干戈而業成故周王成功制干戈之樂也治定制禮者禮以體別爲義今治人得體故制禮應之如周王太平乃制禮也而樂云作禮云制者作是動用制是裁斷禮是形化故言制樂是氣化故言作亦相互也白虎通云樂者陽也動作倡始故言作也禮者陰也繫制於陽故云制也治定謂教民從化若用質教民治定者則制禮省略也若用文教民而治定者則制禮繁多也其法雖殊若大判而論則五帝以上尚樂三王之世貴禮故樂興五帝禮盛三王所以爾者五帝之時尚德故義取於同和三王之代尚禮故義取於儀別是以樂隨王者之功禮隨治世之教也○其功大者其樂備其治辯者其禮具者辯偏也夫禮樂必由其功治功治有大小故禮樂亦應以廣狹也若以一代而言則武王功治尚小故禮樂未得備偏至周公功成治大故禮樂應之而備也若異代言之則堯舜功大治辯樂備禮具若湯武比於堯舜則功小治狹樂不備禮不具也樂備謂文德備具不備謂干戚之舞矣禮具則血腥而祭不具謂孰亨而祀言禮樂之體皆以德爲備具也○干戚之舞非備樂也者言周樂干戚之舞非如舜時文德之備樂也○孰亨而祀非達禮也者言後世孰亨牲體而祭祀非如五帝之時血腥之達禮也○五帝殊時不相沿樂者沿因也五帝既先後殊時不相共同用一樂也三王異世不相襲禮者三王前後異世不相共襲因一禮也若論禮樂之情則聖王同用也故前文云禮樂之情同故明王以相沿是也此論禮樂之迹損益有殊隨時而改云不相襲也○樂極則憂者樂人之所好害在淫侉若極而不止則必至憂荒也○禮粗則偏矣者偏謂倦略禮者人之所勤言人不能勤行於禮好生懈倦則致粗略偏謂不周備也及夫敦樂而無憂者敦厚也厚重於樂知足則止而無至於憂也○禮備而不偏者行禮安靜委曲備具不致勤苦○倦略能如此者其唯大聖乎言大聖之人能行禮樂如此也○注成至作樂○正義曰功成治定同時耳者謂一時之事若周公攝政六年是也云功主於王業者功謂王業之功樂者聖人所樂發揚己之功德故云功成作樂云治主於教民者治定謂治人安定使上下有序禮者主於施下明之教從順故治定制禮也○注樂以至善也○正義曰鄭之此注據異代此經云干戚非備樂明以文德爲備故云若咸池者下文云咸池備矣是也引論語舜以文德爲備故云韶盡美矣謂樂音美也又盡善也謂文德具也虞舜之時雜舞干羽於兩階而文多於武也謂武盡美矣者大武之樂其體美矣下文說大武之樂是也未盡善者文德猶少未致太平○注達具至臭也○正義曰案禮運云薦其血毛謂上古也腥其俎孰其殽謂中古也退而合亨謂三王也是上代質用血腥次代文用亨孰故引郊特牲郊血大饗腥三獻爓一獻孰以結之是卑者爓孰尊者血腥尊者禮具卑者不具然三王之世禮文煩多五帝之時禮文簡略今以上世爲具下世爲不具者禮者之所具在於德上代禮文雖略德備也下代禮文雖煩德不具也故前文云大禮與天地同節故下篇云無體之禮是其具也○注樂人至倦略○正義曰樂人之所好害在淫侉者

樂聲之作人聽而不厭是人之所好好而不止放蕩奢佚故害在淫佚若朋淫於家俾晝作夜物極則反樂去憂來又煩手淫聲慆堙心耳則哀痛生也云禮人之所勤也者一獻之禮賓主百拜是所勤也勞而不堪有司跛倚是害在倦畧也

○天高地下，萬物散殊，而禮制行矣。禮爲異也。流而不息，合同而化，而樂興焉。樂爲同也。春作夏長，仁也；秋斂冬藏，義也。仁近於樂，義近於禮。言樂法陽而生，禮法陰而成。○夏長，上戶嫁反，下丁丈反，下注長養皆同。近，附近之近，又其靳反，下皆同。樂者敦和，率神而從天；禮者別宜，居鬼而從地。敦和，樂貴同也。率，循也。從，順也。別宜，禮尚異也。居鬼，謂居其所爲，亦言循之也。鬼神，謂先聖先賢也。○惇音純，本又作敦。故聖人作樂以應天，制禮以配地。禮樂明備，天地官矣。官猶事也，各得其事。

【疏】天高至官矣○正義曰此一節申明禮樂配於天地若禮樂備具則天地之事各得其宜天高地下萬物散殊而禮制行矣者以天高地下不同故人倫尊卑有異其間萬物各散殊塗禮者別尊卑定萬物是禮之法制行矣○流而不息合同而化而樂興焉者言天地萬物流動不息合會齊同而變化者也樂者調和氣性合德化育是樂興也樂主和同故云樂興禮主異故云行此樂興與禮行相對樂云興禮加制字而云禮制行者禮以裁制爲義故特加制樂以興作爲本故不云制也○仁近於樂義近於禮者仁主仁愛樂主和同故仁近於樂也義主斷割禮爲節限故義近於禮也○樂者敦和率神而從天者率循也言樂之爲體敦重和同因循聖人之神氣而從於天也禮者別宜居鬼而從地者居謂居處也言禮之爲體殊別萬物所宜居處鬼之所爲而順地也樂所以率神者聖人之魂爲神樂者調和其氣故云率神禮所以居鬼者賢人之魂爲鬼禮者裁制形體故云居鬼居者亦率循之義變文爾○禮樂明備天地官矣者官猶事也言聖人能使禮樂顯明備具則天地之事各得其利矣○注敦和至賢也○正義曰敦和樂貴同也者謂敦重於和由其貴同故知敦則貴也和則同也敦和與別宜相對者別宜謂分別其所宜明敦和是敦重其所和也云別宜禮尚異也者樂言敦和樂貴同也禮言別宜是禮尚異也云居鬼謂居其所爲亦言循之也者居鬼謂

居處之所爲居處則依循之義也故云亦言循之也與率神不異故言亦云鬼神謂先聖先賢也者鬼則先賢神即先聖聖人魂強能神通變化樂者淸虛無體亦能變化故云率神也賢人魂弱但歸處居住有形上下之禮亦有體依循鬼之尊卑故云居鬼也賀云以爲居鬼者居其所爲謂若五祀之神各主其所造而受祭不得越其分是不變化也五祀之神造門故祭於門造竈故祭於竈故云居義亦通也○天尊地卑，君臣定矣。卑高已陳，貴賤位矣。動靜有常，小大殊矣。方以類聚，物以羣分，則性命不同矣。在天成象，在地成形。如此，則禮者天地之別也。卑高，謂山澤也。位矣，尊卑之位，象山澤也。動靜，陰陽用事。大小，萬物也。大者常存，小者隨陽出入。方，謂行蟲也。物，謂殖生者也。性之言生也。命，生之長短也。象，光耀也。形，體貌也。○卑如字，又音婢，下同。

【疏】天尊至別也○正義曰自此以下至禮樂云廣明禮樂之功包天地之德各隨文解之此天尊地卑一經明禮爲天地之別也○卑高已陳貴賤位矣者卑謂澤也高謂山也山澤列在天地之中故云已陳也貴賤即公卿以下象山川而有貴賤之位也所以鄭云位矣尊卑之位象山澤故鄭注周易云君臣尊卑之貴賤如山澤之有高卑也○動靜有常小大殊矣者動靜謂雷風也動散有常故云常也小大謂萬物也小謂草木春生秋殺及昆蟲夏生冬伏者大謂常存不隨四時變化變化不等故云殊也鄭注易云動靜雷風也而鄭此云陰陽用事者亦得會通也○方以類聚者方謂走蟲禽獸之屬各以類聚不相雜也○物以羣分者物謂殖生若草木之屬各有區分自殊於藪澤者也鄭注易云類聚羣分謂水火也而此注云方謂行蟲物謂殖生者言二注不同各有以也類聚稱方者行蟲有性識道理故稱方也羣分稱物者謂殖生無心靈但一物而已故云物也○則性命不同矣者性生也各有嗜好謂之爲性也命者長短夭壽也行殖之物既稟大小之殊故性命夭壽不同萬物各有羣類區分性命之別故聖人因此制禮類族綠物各遂性命也○在天成象者馬融王肅注易並云象者日月星鄭注易云成象日月星辰也注此云象光耀也○在地成形者馬融注易云植物動物也王肅注易云山川羣物也鄭注易云謂草木鳥獸也注此云形體貌也揔此三者所注雖異其意皆同如此禮者天地之別也者合結禮者天地有別聖人制禮有殊別是從天地之分別也

地氣上齊天氣下降陰陽相摩天地相蕩鼓
之以雷霆奮之以風雨動之以四時煖之以
日月而百化興焉如此則樂者天地之和也
齊讀爲躋躋升也摩猶迫也蕩猶動也奮訊也百化百物化
生也○上齊時掌反齊注讀爲躋子兮反升也摩本
又作磨末河反迫也蕩本或作盪同大黨反霆音廷又作挺
奮甫問反易作潤之煖徐詩遠反沈況遠反迫音伯訊本又
作迅地氣至和也○地氣上齊者齊升也謂地氣上升
音信〔疏〕天天氣下降者謂降下與地氣交合積氣從下升
在樂象氣故先從地始形以上爲尊故先禮象形從天爲初○
陰陽相摩者摩謂切迫陰陽二氣相切迫也天地相蕩者蕩
動也言天地之氣相感動○鼓之以雷霆者雖以氣生而物
未發故用雷霆以鼓動之○奮之以風雨者萬物得風雨奮
迅而出也○動之以四時者言萬生長隨四時而動也○煖之
以日月者萬物之生必須日月煖煦之自鼓之以雷霆至煖之
以日月皆以天地相蕩之事細別言之耳○而百化興焉者
百化百物也興生也百物由天地齊降以下諸事○如此則

樂者天地之和也者此結樂也言作樂者法象天地之和氣若
作樂和則天地亦和前經云禮者天地之別言制禮者法象
之也若制禮得所亦能使天地別異此經樂者樂
之不和則是法天地之和氣故云樂者天地之和也化不時
則不生男女無辨則亂升天地之情也辨別也
升成也
樂失則害物〔疏〕化不至情也○此一經明天地不時由禮
禮失則亂人樂失所○化不時者謂天地化養不得其
時則不生物也此明樂所以調和變化故也○男女無辨則
亂升者升成也辨別也若男女雜亂無別則亂成也此明禮
之所以別男女故也○天地之情也者樂以法天化得其時則
物生不得其時則物不生是天之情也禮以法地男女有別
則治興男女無別則亂成是地之情也及夫禮樂之極
皇氏云天地無情以人心而謂之耳○
乎天而蟠乎地行乎陰陽而通乎鬼神窮高
極遠而測深厚極至也蟠猶委也高遠三辰也深厚山
川也言禮樂之道上至於天下委於地
則其間無所不之○蟠〔疏〕及夫至深厚○正義曰此一節
步丹反或蒲河反注同盛說禮樂之大○極乎天者極

至也言禮樂上至乎天○而蟠乎地者蟠委也言禮樂下委
於地禮法天地高下是禮至委於天地樂法地氣上升天氣
下降是樂至委於天地天高故言至地下故言委○行乎陰
陽者禮法動靜有常樂法陰陽相摩是禮樂行乎陰陽陰陽
和四時玉燭應於禮樂是禮樂行乎陰陽○而通乎鬼神者
禮樂用之以祭鬼神是通乎鬼神也○窮高極遠者窮盡也
高遠謂天之三光三光應禮樂而明是禮樂盡三光之道也
○而測深厚者測知也深厚謂地之山川山川應禮樂而出
瑞應是測深厚此經盛論禮樂之大厚雖取象於天地功德
又能徧滿於天地之間禮運云天降膏露是極乎天也地出
醴泉是蟠乎地也日月歲時無易百穀用成是行乎陰陽也
作樂一變以至六變百神俱至是通乎鬼神也孝經緯云景
星出是窮高極遠也禮運云山出器車魚
鮪不淰是測深厚也言禮樂無所不至○樂著大始而
禮居成物著之言處也大始百物之始主也○著直畧
反處也注著之言同大音泰注同處昌呂反
著不息者天也著不動者地也著猶明白也息猶
休止也易曰天行
健君子以
自彊不息一動一靜者天地之間也間謂百
物也○故聖

人曰禮樂云言禮樂之法天地也樂靜而禮
動其並用事則亦天地之間耳〔疏〕樂者
至樂
云○正義曰樂著大始而禮居成物者言樂象於天天爲生
物之始著猶處也是樂處大始禮法於地言禮以稟天氣以
成於物故云禮居成物著與居相對故注以著爲處也著不
息者天也著不動者地也者著謂顯著言顯著明白運生不
息者是天也案易乾象云天行健君子以自強不息也顯著
養物不移動者地也故坤卦彖云安貞吉言樂法於天動而
不息禮象於地靜而不動○一動一靜天地之間也者動者
或一物飛走蠢動感天之陽氣也靜者或一物安伏而止靜
感地之陰氣也天地之間也者言此一動一靜在天地之間
所有百物也動則周禮動物及雷風日月之屬是也靜則植
物山陵之屬是也○故聖人曰禮樂云者云言也謂禮樂所
言法天地也記者引聖人語證此一章也言聖人云此一章
是禮樂法天地故言聖人曰禮樂云○注樂靜至間耳○正
義曰言禮樂之法天地也樂靜而禮動其並用事則亦天地
之間耳釋禮樂所以亦是天地之間物義也若離而言之則樂
靜禮動若禮樂合用事則同有動靜故如天地之間物有動靜也

附釋音禮記注疏卷第三十七

禮記注疏卷三十七挍勘記　阮元撰盧宣旬摘錄

附釋音禮記注疏卷第三十七 惠棟挍宋本禮記正義卷第四十七

樂記第十九

其樂尤微 閩本同惠棟挍宋本同監毛本尤誤元挍漢志作樂尤微眇

其內史丞王度傳之 惠棟挍宋本作丞衛氏集說同此誤承閩監毛本同挍漢志度作定

餘次奏樂第十二 閩監毛本同惠棟挍宋本餘作下

昭本第二十一 監毛本同衛氏集說亦作昭本閩本昭作招惠棟挍宋本同

凡音之起節 惠棟云凡音節樂者節凡音節宮爲君節鄭衛節凡音節人生而靜節是故先王節宋本合爲一節

及干戚羽旄 惠棟挍宋本作旄宋監本同石經同岳本同嘉靖本同衛氏集說同陳澔集說同釋文出羽旄

云音毛此本旄誤毛閩監毛本同盧文弨云注釋作旄史記是旄字挍正義出經文亦作旄

凡音至之樂 惠棟挍宋本無此五字

則聲爲初音爲樂爲末也 惠棟挍宋本作音爲中衛氏集說同此本中字脫閩監毛本同

易文言文證同聲相應之義也 惠棟挍宋本同閩監毛本文證誤又謂衛氏集說亦作證

按樂師有帗舞 宋監本亦作帗與周禮樂師合毛本同衛氏集說同閩本帗字模糊監本帗誤恔

包含文武之大武 閩監本同惠棟挍宋本大武作大舞毛本同挍作大舞是也

樂者音之所由生也節

感於物而后動 惠棟挍宋本同石經同岳本同嘉靖本同衛氏集說同閩監毛本后作後石經考文提要云宋大字本宋本九經南宋巾箱本余仁仲本劉叔剛本並作后假借字

言人聲在所見 閩監本同考文引宋板同岳本同嘉靖本同衛氏集說同毛本聲誤生

樂者至道也 惠棟挍宋本無此五字

是樂由比音而生 衛氏集說同閩監毛本比作此是也

而發揚放散無輗礙也 閩監毛本同惠棟挍宋本礙下有也字

感於物而后動者 惠棟挍宋本同閩監毛本后作後

凡音者生人心者也節

凡音至通矣 惠棟挍宋本無此五字

明君上之樂隨人情而動 監本同衛氏集說同閩本情字闕毛本情作心

則上文感於物而后動是也 惠棟挍宋本同閩監毛本后作後

宮爲君節

敝敗不和貌 閩監毛本同岳本同嘉靖本同衛氏集說同惠棟挍宋本貌上有之字○按史記樂書注引有之字

商亂則陂 史記陂作槌徐廣注云槌今禮作陂也

其官壞 閩監毛本同石經同岳本同嘉靖本同衛氏集說同陳澔集說官誤臣考文引足利本同石經考文提要云宋大字本劉叔剛本並作其官

王耄荒 各本同釋文耄作旄○按說文作𦒱今作耄假借作旄俗作耄

宮爲至日矣 惠棟挍宋本無此五字

以其徵淸事之象也 閩監毛本同盧文弨云徵淸當作徵濁下同

則五聲之響無㣙敗矣閩監毛本同惠棟挍宋本聲作音衞氏集說同

則其聲歛斜而不正也監毛本同惠棟挍宋本斜作邪衞氏集說同閩本此處漶滅

由民勤於事悲哀之所生閩監本同毛本生下有也字衞氏集說同

羽音所以不安者閩本音作聲惠棟挍宋本同衞氏集說同此本誤監毛本同

凡音者生於人心者也節

極窮也各本同盧文弨云足利古本窮上有猶字史記集解同

朱弦而疏越石經同岳本同嘉靖本同衞氏集說同宋監本同惠棟挍宋本亦作弦閩本弦作絃監毛本同疏作疏注並同

而不知樂之大理惠棟挍宋本作理此本理誤禮閩監毛本禮作體衞氏集說同

而治道備矣者音由聲生惠棟挍宋本閩毛本並同監本音誤言

樂由音聲相生閩監毛本同惠棟挍宋本相作而

口而治道備矣監本同案而字上○衍

隆謂隆盛樂之隆盛惠棟挍宋本樂上有言字此本脫閩監毛本同

此覆上饗之禮惠棟挍宋本饗上有食字衞氏集說同此本脫閩監毛本同

後有垮越閩監毛本同惠棟挍宋本有作首垮作挎與鄉飲酒禮合

按郊特牲郊血大饗腥閩監毛本同惠棟挍宋本牲下有云字衞氏集說同

云遺猶餘者也惠棟挍宋本作也者此本也者二字倒閩監毛本同

人生而靜節

性之欲也史記欲作頌徐廣曰頌音容今禮作欲

則是物至而人化物也閩監毛本同岳本同嘉靖本同惠棟挍宋本云而人化物也下疏注隨物變化四字盧文弨云惠棟據史記集解增

是情別矣惠棟挍宋本情下有性字此本脫閩監毛本同

而人之好惡而無節者惠棟挍宋本無節上無而字此本誤衍閩監毛本同

是故先王之制禮樂節

言爲作法度以遏其欲各本同盧文弨云足利古本欲下有也字史記集解同按衞氏集說亦有也字

則以刑罰防止也閩監毛本同惠棟挍宋本也作之衞氏集說同

則王道備具矣閩監毛本同衞氏集說同惠棟挍宋本備具作具備

樂者爲同節

合情飾貌者各本同石經同釋文出飭貌云本又作飾

欲其並行斌斌然各本同盧文弨云足利古本作彬彬史記集解同按釋文出斌斌云本又作彬彬○按說文作份又云古文份从彡林斌俗作字

樂者至行矣惠棟挍宋本無此五字

分別仔細不可委知惠棟挍宋本仔作子閩監毛本委作悉

先論其異同也閩監毛本同惠棟挍宋本異同作同異

禮使父子殊別是爲異閩監毛本同惠棟挍宋本異下有也字

則民行治也閩監毛本同惠棟挍宋本行治作治行衞氏集說作則民治行矣

樂由中出節

樂由至行矣惠棟挍宋本無此五字

此一節監本毛本作節惠棟挍宋本作經

大樂與天地同和節

言順天地之氣與其數　各本同盧文弨云足利古本數下有也字史記集解同

故明王以相㳂也　石經同宋監本同惠棟挍宋本同岳本同嘉靖本同釋文亦作㳂閩監毛本㳂作沿衞氏集說同注放此下不相㳂樂同

舉事在其時也　惠棟挍宋本同宋監本同岳本同嘉靖本同考文引足利本同閩本舉字闕監毛本舉作爲衞氏集說同○按史記注引作舉

名因其得天下之功　閩監毛本同岳本名作各嘉靖本同衞氏集說同考文引古本足利本同

大樂至功偕　惠棟挍宋本無此五字

故四海之內合其敬愛　閩監毛本同惠棟挍宋本合作會

○注云精氣謂七八　閩監本同惠棟挍宋本○無毛本同按○不當有

生則有禮樂化民　閩監毛本同惠棟挍宋本有作以

故鐘鼓管磬節

故鐘鼓管磬　監毛本同石經同岳本同嘉靖本同閩本鐘作鍾衞氏集說同

屈伸俯仰　史記作詘信俯仰○按說文作屈申段玉裁云屈亦作詘所謂隨體詰詘也伸古經傳皆作信周易詘信相感而利生焉又尺蠖之詘以求信也

綴兆舒疾　史記綴作綴徐廣曰綴今禮作綴

故鐘至謂也　惠棟挍宋本無此五字

所以能制作者　閩監毛本同惠棟挍宋本者作也

樂者天地之和也節

樂生於陽　閩監毛本同衞氏集說同考文云宋板生作主

禮主於陰　閩本同惠棟挍宋本同監毛本主作生衞氏集說同

論倫無患節

論倫至同也　惠棟挍宋本無此五字

此等與民共同有也　閩監毛本同衞氏集說共作所

王者功成作樂節

其治辯者　閩監毛本同石經同岳本同嘉靖本同衞氏集說同釋文出治辨云本又作辯

辯徧也　各本同釋文辯作辨

孔子曰韶盡美矣　閩監本同岳本同嘉靖本同衞氏集說同毛本韶誤紹

達具也　惠棟挍宋本具上有猶字史記注引同

害在淫侉　閩監毛本同岳本同嘉靖本同衞氏集說同釋文亦作侉史記注同惠棟挍宋本侉作夸

王者至聖乎　惠棟挍宋本無此五字

今記者以樂禮爲第三言　閩監毛本同衞氏集說言作章

而樂云作禮云制者　閩監毛本同惠棟挍宋本無而字衞氏集說同

故義取於同和　閩監毛本同惠棟挍宋本同和作和同

云不相襲也　惠棟挍宋本上有故字此本故字脫閩監毛本同衞氏集說作故不相沿襲也

注成至作樂　補案成上當有功字

禮文雖略德備也　閩監毛本同惠棟挍宋本備下有具字

樂人之所好害在淫侉　惠棟挍宋本好下有也字

天高地下節

樂者敦和　各本同石經同釋文出惇和云本又作敦○按惇正字今多作敦假借非本字也

天高至官矣 惠棟挍宋本無此五字

神卽先聖 惠棟挍宋本同閩監毛本卽作則

上下之禮亦有體 閩監本同毛本禮誤體

天尊地卑節

卑高巳陳 閩監毛本同石經同岳本同嘉靖本同衞氏集說同坊本巳作以石經考文提要云宋大字本宋本九經南宋巾箱本余仁仲本劉叔剛本並作巳

小大萬物也 惠棟挍宋本作小大岳本同衞氏集說同此本小大二字倒閩監毛本同嘉靖本同

小者隨陽出入 閩監毛本同岳本同嘉靖本同衞氏集說同惠棟挍宋本陽上有陰字是也盧文弨云史記集解有陰字

天尊至別也 惠棟挍宋本無此五字

故聖人因此制禮 閩監毛本同惠棟挍宋本無故字衞氏集說同

如此禮者天地之別也者 閩監本同惠棟挍宋本禮上有則字毛本同

地氣上齊節

奮訊也 閩監毛本同嘉靖本同惠棟挍宋本訊作迅岳本同衞氏集說同釋文出奮訊云本又作迅按正義云奮迅而出是正義本當作迅也○按迅正字訊假借字史記集解作迅

地氣至和也 惠棟挍宋本無此五字

天氣下降者 閩監本同毛本下降二字倒

故先禮象形從天爲初 閩監毛本同浦鏜云故先二字疑在象形下按衞氏集說作在禮象形故從天爲初

百物由天地齊降 惠棟挍宋本百物下有化生二字此本脫閩監毛本同

此經樂者樂之不和 惠棟挍宋本和上無不字閩監毛本樂之和作天地之和

化不時節

男女無別則亂升 史記升作登注同

化不至情也 惠棟挍宋本無此五字

及夫禮樂之極乎天節 惠棟云及夫禮樂節樂著大始節宋本合爲一節

及夫至深厚 惠棟挍宋本無此五字

此經盛論禮樂之大厚 閩監毛本厚作原衞氏集說厚字無

樂著大始節

大始百物之始主也 閩監毛本同岳本主作生嘉靖本同衞氏集說同惠棟挍宋本考文引古本足利本同

則亦天地之閒耳 閩監本同岳本同嘉靖本同考文引宋板古本足利本同毛本亦誤下

樂著至樂云○正義曰 惠棟挍宋本無此八字

動則周禮動物 閩本同毛本禮作還監本動誤物

附釋音禮記注疏卷第三十七 惠棟挍宋本禮記正義卷第四十七終記云凡二十八頁

禮記注疏卷三十七挍勘記

附釋音注疏禮記卷第三十八

鄭氏注　孔穎達疏

樂記

昔者舜作五弦之琴以歌南風，夔始制樂以賞諸侯。夔欲舜與天下之君共此樂也。南風，長養之風也，以言父母之長養己。其辭未聞也。夔，舜時典樂者也。書曰：「夔，命女典樂。」○夔，求龜反。舜臣。女音汝。

〔疏〕昔者至諸侯。○正義曰：此一節論樂記第四章，名爲樂施。施者，用於天下。此章中明樂施被之事也。本是第三，前既推禮章爲第三，此爲第四，亦明禮樂既備，後乃施布天下也。自此至「知其行也」，此一節特明聖人制樂以賞諸侯，其功大者其樂備。○「昔者舜作五弦之琴以歌南風」者，五弦謂無文武二弦，唯宮商等之五弦也。南風，詩名，是孝子之詩。南風長養萬物，而孝子歌之，言己得父母生長，如萬物得南風生也。舜有孝行，故以此五弦之琴歌南風之詩，而教天下之孝也。此詩今無，故鄭注云「其辭未聞也」。案世本云神農作琴，今云舜作者，非謂舜始造也，正用此琴特歌南風，始自舜耳。或五弦始舜也。○「夔始制樂以賞諸侯」者，夔是舜典樂之官，名夔，欲天下同行舜道，故歌此南風以賞諸侯，使海內同孝也。然樂之始亦不正在夔也，正是夔始以此詩與諸侯。○注「夔欲」至「典樂」。○正義曰：「夔欲舜與天下之君共此樂」者，舜既獨歌南風，夔爲典樂之官，欲令舜與天下諸侯共歌此南風之樂，故制此南風之樂以賞諸侯。云「其辭未聞也」者，此南風歌辭未得聞也。如鄭此言，則非詩凱風之篇也。熊氏以爲凱風，非矣。案聖證論引尸子及家語難鄭云：「昔者舜彈五弦之琴，其辭曰：『南風之薰兮，可以解吾民之慍兮。南風之時兮，可以阜吾民之財兮。』」鄭云「其辭未聞」，失其義也。今案馬昭云：「家語王肅所增加，非鄭所見。又尸子雜說，不可取證正經，故言未聞也。」

○故天子之爲樂也，以賞諸侯之有德者也。德盛而教尊，五穀時孰，然後賞之以樂。故其治民勞者，其舞行綴遠；其治民逸者，其舞行綴短。民勞則德薄，酇相去遠，舞人少也。民逸則德盛，酇相去近，舞人多也。○行，戶剛反，下同。

〔疏〕故天至綴短。○正義曰：此一經明諸侯德薄樂備，舞具各隨文解之。○「故其治民勞者，其舞行綴遠」者，綴謂酇也。遠是舞者外營域行列之處。若諸侯治理於民，使民勞苦者，由君德薄，賞之以樂，舞人既少，故其舞人相去行綴遠，謂由人少舞處寬也。○「其治民逸者，其舞行綴短」者，此諸侯治理於民，使逸樂，由其君德盛，故賞之以樂，舞人多，故去行綴短也，謂由人多舞處狹也。舞處之綴一種，但人多則去之近，人少則去之遠也。○注「民勞」至「多也」。○正義曰：酇謂酇聚舞人行位之處，立表酇以識之。

故觀其舞，知其德；聞其謚，知其行也。謚者，行之迹也。○行，下孟反，注同。

〔疏〕故觀至行也。○正義曰：此覆結上文。○觀其舞之遠近，則知其德之薄厚，由舞所以表德也。○「聞其謚，知其行也」者，此一句以謚比擬其舞也。聞謚之善否，知其行之所好惡，由謚所以迹行也。

○大章，章之也。堯樂名也。言堯德章明也。周禮闕之，或作大卷。咸池，備矣。黃帝所作樂名也，堯增脩而用之。咸，皆也。池之言施也，言德之無不施也。周禮曰大咸。○大咸，如字，一本作大卷，並音權。韶，繼也。舜樂名也。韶之言紹也，言舜能繼紹堯之德。周禮曰大韶。○韶，上遙反，注同。夏，大也。禹樂名也。言禹能大堯舜之德。周禮曰大夏。殷周之樂盡矣。言盡人事也。周禮曰大濩、大武。○濩音護。

〔疏〕大章至盡矣。○正義曰：此一節論六代之樂也。○「大章，章之也」者，章，明也。堯樂謂之大章者，言堯之德章明於天下也。○「咸池，備矣」者，咸，皆也；池，施也。咸池，皇帝之樂名，言黃帝之德皆施被於天下，無不周徧，是爲備具矣。○「韶，繼也」者，韶，舜樂名，言舜之道德能繼紹於堯也。○「夏，大也」者，夏，禹樂名，言禹能光大堯舜之德。○「殷周之樂盡矣」者，殷樂謂湯之大濩也，周樂謂周之大武也，言於人事盡極矣。但自夏以前，皆以文德王有天下；殷周二代，唯以武功爲民除殘伐暴，民得以生，人事道理盡極矣。○注「堯樂」至「大卷」。○正義曰：知大章堯樂者，案樂緯及禮樂志云「黃帝曰咸池，堯作大章」，故知大章堯樂名也。云「周禮闕」者，言周禮無大章，故云闕也。此本云「大章，周禮曰大卷」，言此大章當周禮大卷也。○注「黃帝」至「大咸」。○正義曰：今知咸池是黃帝所作樂名者，案樂緯及禮樂志云「皇帝曰咸池」，故知咸是黃帝樂名。云「堯增脩而用之」者，此黃帝所作咸池之樂，至堯之時，更增改脩治而用之。周禮大司樂謂之大咸。咸池雖黃帝之樂，若堯既增脩而用之者，則世本名咸池是也。故此文次在大章之下矣。又周禮云咸池以祭地，黃帝之樂，堯不增脩者，則別立其名，則此大章是也其咸池雖黄帝之樂堯增脩者至周謂之大咸其黄帝之樂堯不增脩大章者至周謂之大卷於周之世其黄帝樂堯不增脩謂之大卷當大章者更加以雲門之號是雲門大卷一也熊氏云知大卷當大章者案周禮云雲門大卷大卷在大咸之上此大章在咸池之上故知大卷當大章知周別爲黄帝堯名雲門者以此樂記唯云咸池大章無雲門之名周禮雲門在六代樂之首故知别爲黄帝立雲門之名也知於大卷之上加雲門者以黄帝之樂堯增脩者旣謂之咸池不增脩者别名大卷明周爲黄帝於不增脩之樂别更立名故知於大卷之上别加雲門是雲門大卷一也故周禮雲門大卷鄭注云黄帝曰雲門大卷言黄帝之德如雲之出民得以有族類知黄帝之樂堯增脩曰咸池者以禮樂志云黄帝曰咸池今周禮大咸在雲門之下大韶之上當堯之代故知堯增脩曰咸池增脩者以五帝殊時不相沿樂故知堯增脩也知樂有增脩者禮樂志漢之文始舞者韶舞高帝六年更云改名文始也漢之五行舞者本周舞始皇二十六年更立五行舞是知有增脩之法熊氏又云案五行鉤命決云伏犧樂爲立基神農樂爲下謀祝融樂爲祝續案樂緯云黄帝曰咸池帝嚳曰六英顓頊曰五莖堯作大章舜曰簫韶禹曰大夏商曰大濩周曰大武象禮樂志云顓頊作六莖帝嚳作五英

與樂緯不同其餘無異名曰六英者宋均注云爲六合之英華五龍爲五莖者能爲五行之道立根莖也○注韶之言紹也○正義曰案元命包云舜之時民樂紹堯業故云韶之言紹也○注言禹能大堯舜之德○正義曰案司樂注云禹德能大中國此云大堯舜之德者以廣大中國則是大堯舜德其義然也○注周禮曰大濩大武○正義曰案司樂注云湯德能使天下得其所是其德也元命包曰湯之時民樂其救之於患害故曰濩救世由救之故民得所義亦通也大武武王樂也以武取定天下周公制焉

天地之道寒暑不時則疾風雨不節則饑教者民之寒暑也教不時則傷世事者民之風雨也事不節則無功○教謂樂也饑居祈反　然則先王之爲樂也以法治也善則行象德矣以法治以樂爲治之法行象德民之行順君之德也○治直吏反下同

疏　天地至德矣○正義曰此一節明樂之爲善樂得其所則事有功也○然則先王之爲樂也以法治也者言先王作樂以爲治爲法若樂善則治得其善若樂不善則治乖於法則前文教不時則傷世不節則無功是也○善則行象德矣者言人君爲治得其所教化美善則下民之行法象君之德也○

夫豢豕爲酒非以爲禍也而獄訟益繁則酒之流生禍也以穀食犬豕曰豢爲作也言豢豕作酒本以饗祀養賢而小人飲之善酗以致獄訟○豢音患養也食音嗣酗許具反　是故先生因爲酒禮壹獻之禮賓主百拜終日飲酒而不得醉焉此先王之所以備酒禍也壹獻士飲酒之禮百拜以喻多　故酒食者所以合歡也樂者所以象德也禮者所以綴淫也綴猶止也綴知劣反○　是故先王有大事必有禮以哀之有大福必有禮以樂之哀樂之分皆以禮終大事謂死喪也○樂音洛下所樂哀樂康樂皆同分扶問反　樂也者

聖人之所樂也而可以善民心其感人深其移風易俗故先王著其教焉著猶立也謂立司樂以下使教國子○著知慮反

疏　夫豢至教焉○正義曰此一節明言禮樂之設不得其所則禍亂興故先王節其禮樂以防淫亂也○夫豢豕爲酒非以爲禍也者豢養也言養豕作酒本爲行禮非以爲禍亂而爲也○而獄訟益繁則酒之流生禍也者言由酒至酗鬬爭殺傷而刑獄增益繁多則是酒之流害所以生此獄訟之禍也○是故先王因爲酒禮者由其生禍故先王因此爲飲酒之禮也○壹獻之禮賓主百拜者謂士之饗禮唯有壹獻言所獻酒少也從初至末賓主相荅而有百拜言拜數多也是意在於敬不在酒也○終日飲酒而不得醉焉者謂饗禮也以其恭敬示飲而已故不得醉也○樂者所以象德也者謂君作樂以訓民使民法象其德也禮者所以綴淫也者綴止也言人君制禮以教天下所以綴止淫邪也○樂也者聖人之所樂也者言樂體者聖人心所愛樂也聖人貪愛此樂以樂身化民而可以善民心者言用樂化民調善民心其感人深者言樂本從民心而來乃成於樂故感動人深也○其移風易俗者風謂水土之風氣謂舒疾剛柔

俗謂君上之情欲謂好惡趣捨用樂化之故使惡風移改弊俗變易。○故先王著其教焉者著立也以其樂功如此故先王立樂官以樂教化焉。○注壹獻至喻多。○正義曰凡饗禮案大行人云上公九獻侯伯七獻子男五獻並依命數其臣介則孤同子男卿大夫畧爲一節但三獻則天子諸侯之士同壹獻故昭六年季孫宿如晉晉侯享之有加籩武子退使行人告曰得貺不過三獻是其事也但春秋亂世之法或有大夫五獻者故昭元年鄭伯享趙孟具五獻之籩豆於幕下是亂世之法也或者鄭以公孤之禮享趙孟故五獻也言百拜喻多者案今鄉飲酒之禮是壹獻無百拜今云百拜故喻多也。

○夫民有血氣心知之性而無哀樂喜怒之常應感起物而動然後心術形焉

言在所以感之也術所由也形猶見也。○知音智應於甄反篇內同見賢遍反

是故志微噍殺之音作而民思憂嘽諧慢易繁文簡節之音作而民康樂粗厲猛起奮末廣賁之音作而民剛毅廉直

勁。正莊誠之音作而民肅敬寬裕肉好順成和動之音作而民慈愛流辟邪散狄成滌濫之音作而民淫亂

志微意細也吳公子札聽鄭風而曰其細已甚民弗堪也簡節少易也奮末動使四支也賁讀爲憤憤怒氣充實也春秋傳曰血氣狡憤肉肥也狄滌往來疾貌也濫僭差也此皆民心無常之傚也肉或爲潤。○噍子遥反殺色界反又色例反思息吏反又音斯嘽昌善反諧戶皆反慢本又作慢莫諫反易以豉反注同粗七奴反賁依注讀爲憤扶粉反勁吉正反裕羊樹反肉而救反肥也注同好呼報反辟匹亦反邪似嗟反後皆同狄他歷反注同滌大歷反注同濫力暫反札側八反賁讀音奔又補義反狡本又作交古卯反又音郊僭子念反傚戶教反

〔疏〕夫民至淫亂。○正義曰皇氏以爲自此以下至君子賤之也是樂言之科各隨文解之此一節民有血氣以下至淫亂以上論人心皆不同隨樂而變夫樂聲善惡本由民心而生所感善事則善聲應所感惡事則惡聲起樂之善惡初則從民心而興後乃合成爲樂樂又下感於人善樂感人則人化之爲善惡樂感人則人隨之爲惡是樂出於人而還感人猶如雨出於山而還雨山火出於木而還燔木故此篇之首論人能興樂此章之意論樂能感人也。○故民有血氣心知之性者人由血氣而有心知故血氣心知連言之其性雖一所感不恒故云而無哀樂喜怒之常也應感起物而動者言內心應感起於外物謂物來感已心逐應之念慮興動故云應感起物而動。○然後心術形焉者術謂所由道路也形見也以其感物所動故然後心之所由道路而形見焉心術見者即下文是也。○是故志微噍殺之音作而民思憂者志微謂人君志意微細噍殺謂樂聲噍蹙殺小如此音作而民感之則悲思憂愁也。○嘽諧慢易繁文簡節之音作而民康樂者嘽寬也諧和也慢疏也繁多也簡節易少也康安也言君若道德嘽和疏易則樂音多文采而節奏簡畧則下民所以安樂也。○粗厲猛起奮末廣賁之音作而民剛毅者粗厲謂人君性氣粗疏威厲猛起謂武猛發起奮末謂奮動手足廣賁謂樂聲廣大憤氣充滿如此音作而民感之則性氣剛毅也廉直勁正莊誠之音作而民肅敬者君若廉直勁正則樂音矜莊嚴栗而誠信故民應之而肅敬也。○寬裕肉好順成和動之音作而民慈愛者肉謂厚重者也君上如寬裕厚重則樂音應厚而和諧動作故民皆應之而慈愛也。○流辟邪散狄成滌濫之音作而民淫亂者流辟謂君志流移

不靜邪散謂違辟不正放邪散亂狄成滌濫皆謂往來速疾謂樂之曲折速疾而成疾速而止僭濫止謂樂聲急速如此音作民感之淫亂也此六事所云音者皆據君德及樂音相雜也君德好而樂音亦好君德惡而樂音亦惡皆上句論君德下句論樂音其意易盡者則一句四字以結之志微噍殺是也其狀難盡者則兩句八字以結之嘽諧慢易繁文簡節之類是也意稍可盡者或六字以結之廉直勁正莊誠是也。○注志微至貌也。○正義曰云志微意細也者謂君德也言君意苛細樂聲亦苛細也故鄭引襄二十九年吳公子札聽鄭風云其細已甚是聽鄭風而知君德苛細也云簡節少易也者謂樂聲曲折雖繁多其節簡少謂緩歌而疏節也云奮末動使四支也者以身爲本以手足爲末故云動使四支云賁讀爲憤憤怒氣充實也者以經之賁字於易卦賁爲飾賁又爲大皆非猛厲之類故讀爲憤引春秋傳以證之案僖十五年左傳稱晉侯欲乘鄭之小駟慶鄭諫云小駟鄭之所入也言馬之血氣狡作憤怒也云肉肥也者言人肉多則體肥以喻人之性行敦重也云狄滌往來疾貌也者詩云踧踧周道字雖異與此狄同詩又云滌滌山川皆物之形狀故云往來疾貌謂樂之曲折音聲速疾也。

○是故先王本之情性稽之度數

制之禮義，合生氣之和，道五常之行，使之陽而不散，陰而不密，剛氣不怒，柔氣不懾，四暢交於中而發作於外，皆安其位而不相奪也。生氣陰陽氣也。五常，五行也。密之言閉也。懾猶恐懼也。○稽，古奚反。道音導。行，下孟反。懾，之涉反。暢，勑亮反。恐，曲勇反。然後立之學等，廣其節奏，省其文采，以繩德厚。等，差也，各用其才之差學之。廣謂增習之。省猶審也。文采謂節奏合也。繩猶度也。周禮大司樂以樂語教國子興道諷誦言語，以樂舞教國子舞雲門、大卷、大咸、大韶、大夏、大濩、大武。○省，西領反。度，大各反。興道，上許膺反，下音導。諷，芳鳳反。卷音權。律小大之稱，比終始之序，以象事行，律，六律也。周禮典同以六律六同濟天地四方陰陽之聲，以爲樂器小大，謂高聲正聲之類也。終始謂始於宮，終於羽。宗廟黃鐘爲宮，大呂爲角，大蔟爲徵，應鐘爲羽。以象事行，君爲宮，商爲臣。○稱，尺證反。比，毗志反。大蔟音泰。蔟，七豆反。使親疏貴賤長幼男女之理皆形見於樂，故曰樂觀其深矣。謂同聽之莫不和敬，莫不和順，莫不和親。○長幼，丁丈反，下同。見，賢遍反。

【疏】是故至深矣。○正義曰：上經既明樂之感人，故此節明先王節人情性，使之和其律呂，親疏有序，男女不亂，乃成爲樂也。○本之情性者，人情性者，言自然所感謂之性，因物念慮謂之情。言先王制樂本人情性。稽之度數者，稽之言考也。既得人情，考之使合度數。○制之禮義者，謂裁制人情以禮義。合生氣之和，道五常之行者，言聖人裁制人情，使合生氣之和，道達人情以五常之行，謂依金木水火土之性也。○使之陽而不散者，陽主發動，失在流散，先王教之，感陽氣者不使放散也。○陰而不密者，密，閉也。陰主幽靜，失在閉塞，先王節民情，感陰氣者不有閉塞也。○剛氣不怒，柔氣不懾者，言先王節之，使剛氣者不至暴怒，感柔氣者不至恐懼也。○四暢交於中而發作於外者，四暢謂陰陽剛柔也。四者通暢，交在身中，而發見動作於身外也。○皆安其位而不相奪也者，言陰陽剛柔各得其所，是安其位也；不相侵犯，是不相奪也。○然後立之學等者，先王欲稽之度數，制之禮義，非教不可，故立之學等，使依其才藝等級而教學之。○廣其節奏者，廣謂增習，寬廣其樂之節奏也。○

省其文采者，省謂省審也。文采謂樂之宮商相應，若五色文采。省其音曲文采也。○以繩德厚者，繩，度也，謂準度以道德仁厚也。○律小大之稱者，律謂六律，小之與大以爲樂器，使音聲相稱也。○比終始之序者，五聲始於宮，終於羽，比五聲終始，使有次序也。○以象事行者，謂使人法象五聲是事行也。若宮象君，商象臣，角象民，徵象事，羽象物，是以象事行也。皆形見於樂者，以先王制樂如此，以化於民，由樂聲調和，故親疏之理見於樂聲也。樂聲有淸濁高下，故貴賤長幼見於樂也。以樂聲有陰陽律呂，故男女之理見於樂也。○故曰樂觀其深矣者，皇氏云：古語云「樂觀其深」，言樂爲道，人觀之益大深。古語有此，故記者引古語以結之。○注生氣至行也。○正義曰：云「生氣，陰陽氣也」者，下云「陽而不散，陰而不密」，故爲陰陽。云「五常，五行也」者，此經有陰陽剛柔，皆自天地之氣，故以五常爲五行，非父義母慈之德。謂五常之行者，若木性仁，金性義，火性禮，水性智，土性信，五常之行也。○注等差至國子。○正義曰：經云「立之學等」，是學有等差，隨才高下而爲等。云「廣謂增習之」者，學者習音樂，使其廣大也。云「文采謂節奏合也」者，文謂宮商相應，若畫采成文，即上文「聲成文」是也。云「繩猶度也」，繩是量度之物。經云「以繩德厚」，謂量度之以道德仁厚，故鄭引周禮大司樂以樂語教國子興道諷誦言語，以樂舞教國子之等是也。○注律六至爲臣。○正義曰：引周禮典同者，證樂器形六律六呂也。案典同云「辨天地四方陰陽之聲」，鄭注云「六律六呂布於四方，陽聲屬天，陰聲屬地」，故云天地四方陰陽之聲。陰聲謂六呂，陽聲謂六律。云「以爲樂器小大」者，若黃鐘之律長九寸，應鐘之律長四寸半強，各自倍半爲鐘，是其小大也。云「謂高聲正聲之類也」者，案周禮典同云「高聲混」，鄭注云「玄謂高，鐘形大上，上大也，高則聲上藏，衮然」。「正聲緩」，鄭云「正謂上下直，正則聲緩無所動」。「下聲肆」，鄭云「下謂鐘形大下，下大也，下則聲出去放肆」。「陂聲散」，鄭云「陂謂偏侈，陂則聲離散也」。「險聲斂」，鄭云「險謂偏弇也，險則聲斂不越也」。「達聲贏」，鄭云「達謂其形微大也，達則聲有餘」。「微聲韽」，鄭云「微謂其形微小，韽聲小不成也」。「回聲衍」，鄭云「回謂形微圜也，回則其聲淫衍無鴻殺也」。「侈聲筰」，鄭云「侈謂中央約也，侈則聲迫筰出去疾也」。「弇聲鬱」，鄭云「弇謂中央寬也，弇則聲鬱勃不出也」。「薄聲甄」，鄭云「甄猶掉也，鐘微薄則聲掉」。「厚聲石」，鄭云「大厚則如石叩之無聲」。此等之聲，皆鐘形不得其所。此引之證大小稱者，以作鐘之法須小大稱宜，今鐘不得其所，明其不稱也。云「宗廟黃鐘爲宮，大呂爲角，大蔟爲徵，應鐘爲羽」者，大司樂文，祫祭降神之樂也。案大司樂祭天、祭地皆有降神，獨引宗廟降神者，以經云終始之序，宗廟降神黃鐘爲宮，是律之

最長者應鐘爲羽是律之最短者故特引之證經之終始土敝則草木不長水煩
則魚鼈不大氣衰則生物不遂世亂則禮慝
而樂淫是故其聲哀而不莊樂而不安慢易
以犯節流湎以忘本廣則容姦狹則思欲感
條暢之氣而滅平和之德是以君子賤之也
遂猶成也慝穢也廣謂聲緩也狹謂聲急也感動也動人條暢之善氣使失其所○敝音弊慝吐得反注及下同易以豉反湎緜鮮反狹音洽注同和胡卧反穢字又作薉紆廢反徐烏會反〔疏〕土敝至之也○正義曰此經論聖王作樂不得其所則滅和平之德故君子賤之○土敝則草木不長者土之勞敝故草木不長○水煩則魚鼈不大者水之煩擾故魚鼈不大○氣衰則生物不遂者陰陽之氣衰亂故生物不得遂成○世亂則禮慝而樂淫者慝惡也淫過也世道衰亂上下無序故禮慝男女無節故樂淫以上三事皆喻禮慝樂淫也○是故其聲哀而不莊樂而不安者謂男女相愛涕

泗旁宅是其哀也男女相說歌舞於市井是不莊也俾晝作夜是其樂也終至滅亡是不安也○慢易以犯節流湎以忘本者朋淫於家是慢易以犯禮節也淫酗肆虐是流湎以忘根本也○廣則容姦者廣謂節間疏緩言音聲寬緩多有姦淫之聲也○狹則思欲者狹謂聲急節間迫促樂聲急則動發人心思其情欲而切急○感條暢之氣而滅平和之德者感謂感動也條遠也暢舒也言淫聲感動於人損長遠舒暢之善氣而毀滅平和之善德矣是以君子賤之也者賤謂棄而不用也若師曠聞桑間濮上之聲撫而止之是也○凡姦聲感人而逆氣應
之逆氣成象而淫樂興焉正聲感人而順氣
應之順氣成象而和樂興焉倡和有應回邪
曲直各歸其分而萬物之理各以類相動也
成象者謂人樂習焉○倡昌尚反又音唱下同分扶問反是故君子反情以和其
志比類以成其行姦聲亂色不留聰明淫樂

慝禮不接心術惰慢邪辟之氣不設於身體
使耳目鼻口心知百體皆由順正以行其義
反猶本也術猶道也○行下孟反惰徒卧反辟匹亦反知音智〔疏〕凡姦至其義○正義曰皇氏云自此以下至贈諸侯也爲樂象之科各隨文解之從此至以行其義明樂有姦聲正聲以類相感君子當去淫聲用正聲也凡姦聲感人而逆氣應之者姦聲謂姦邪之聲感動於人逆氣謂違逆之氣即姦邪之氣也人既感姦邪之聲則有姦邪之氣來應也○逆氣成象而淫樂興焉者既感姦邪之聲心又感姦邪之氣二者相合而成象淫樂遂興若人耳初聽姦邪之聲其姦邪未甚心又感姦邪之氣其亂乃成不可救止紂作靡靡之樂是也○正聲感人而順氣應之順氣成象而和樂興焉者正聲感動於人而順氣來應既聞順聲又感順氣二者相合而成象則和樂興若周室太平頌聲作也○倡和有應者初有姦聲正聲感人是倡也後有逆氣順氣是和也善倡則善和惡倡則惡和是倡和有應○回邪曲直各歸其分者回謂乖違邪謂邪辟言乖違邪辟及曲之與直各歸其善惡之分限也言善歸善分惡歸惡分○而萬物之理各以類相動也者

言善惡各歸其分是萬物之情理各以類自相感動也是故君子反情以和其志者反情謂反去淫弱之情理以調和其善志也○比類以成其行者比謂比擬善類以成已身之美行○姦聲亂色不留聰明者謂不使姦聲亂色留停於耳目令耳目不聰明也○淫樂慝禮不接心術者謂不使淫樂慝禮而連接於心術謂心不存念也○惰慢邪辟之氣不設於身體者以耳目心術所爲皆善則怠惰邪辟之氣無由來入也故邪辟之氣不施設於身體○使耳目鼻口心知百體皆由順正以行其義者既邪辟不在於身耳目口鼻想知慮百事之體皆由順正由從也皆從和順以行其正直義理也然
後發以聲音而文以琴瑟動以干戚飾以羽
旄從以簫管奮至德之光動四氣之和以著
萬物之理奮猶動也動至德之光謂降天神出地祇假祖考著猶成也○著張慮反假古迫反是
故清明象天廣大象地終始象四時周還象
風雨五色成文而不亂八風從律而不姦百

度得數而有常，小大相成，終始相生，倡和清濁迭相爲經。清明謂人聲也，廣大謂鐘鼓也，周還謂舞者，五色五行也，八風從律應節至也，百度百刻也，言日月晝夜不失正也。清謂蕤賓至應鐘也，濁謂黃鐘至中呂。還音旋，注同。迭大結反。中音仲。故樂行而倫清，耳目聰明，血氣和平，移風易俗，天下皆寧。言樂用則正人理和陰陽也。倫謂人道也。【疏】然後至皆寧。正義曰：前經明君子去姦聲行正聲，故此一節明正聲之道，論大樂之德可以移風易俗，安天下也。發以聲音者，謂其動發心志以聲音也。而文以琴瑟者，謂文飾聲音以琴瑟也。動以干戚者，謂其振動形體以干戚。飾以羽旄者，其裝飾樂具以羽旄也。從以簫管者，謂其隨從諸樂以簫管。奮至德之光者，謂用上諸樂奮動天地至極之德光明，謂神明來降也。動四氣之和者，謂感動四時之氣序之和平，使陰陽順序也。以著萬物之理者，樂既和平，故能著成萬物之道理，謂風雨順，寒暑時，鬼神降其福，萬物得其所也。是故清明象天者，由樂體如此，故人之歌曲清潔顯明，以象於天也。廣大象地者，謂鐘鼓鏗鏘寬

廣非大，以象於地也。終始象四時者，終於羽，始於宮，象四時之變化，終而復始也。周旋象風雨者，言舞者周匝迴還，象風雨之迴復也。五色成文而不亂者，五色，五行之色也。既有所象，故應達天地五行之色，各依其行色，成就文章而不錯亂。崔氏云：「五色者，五行之音，謂宮商角徵羽之聲和合成文不亂也。」而云五色，因五行之色，別廣以明義也。八風從律而不姦者，八風，八方之風也。律謂十二月之律也。樂音象八風，其樂得其度，故八風十二月律應八節而至，不爲姦慝也。八風者，白虎通云：「距冬至四十五日條風至，條者，生也。四十五日明庶風至，明庶者，迎衆也。四十五日清明風至，清明者，芒也。四十五日景風至，景者，大也，言陽氣長養也。四十五日涼風至，涼，寒也，陰氣行也。四十五日閶闔風至，閶闔者，成收藏也。四十五日不周風至，不周者，不交也，言陰陽未合化矣。四十五日廣莫風至，廣莫者，大莫也，開陽氣也。」八節者，立春、春分、立夏、夏至、立秋、秋分、立冬、冬至。百度得數而有常者，百度謂晝夜百刻，昏明晝夜不失其正，故度數有常也。小大相成者，賀瑒云：「十二月律，互爲宮羽而相成也。」終始相成者，賀瑒云：「五行宮商迭相用爲終始。」倡和清濁者，謂十二月律，先發聲者爲倡，後應聲者爲和。黃鐘至仲呂爲濁，長者濁也；蕤賓至應鐘爲清，短者清也。迭相爲經者，十二月之律更相爲常，即還相爲宮，是樂之常也。故樂行而倫清者，倫，類也。以其正樂如上所爲，故其樂施行而倫類清美矣。人聽之則耳目清明，血氣和平也。樂法既善，變移敝惡風，改革昏亂之俗，人無惡事，故天下皆寧矣。注清明至行也。正義曰：八音氣濁，唯人聲清明，故知清明謂人聲也。云廣大謂鐘鼓也者，下云鐘聲鏗，又云鼓鼙之聲讙，鏗之與讙，皆廣大之意。云五色五行也者，五行之聲宮商角徵羽相應成文，如清黃相雜，故云五色也。〇故曰：樂者，樂也。君子樂得其道，小人樂得其欲。以道制欲，則樂而不亂；以欲忘道，則惑而不樂。道謂仁義也，欲謂邪淫也。【疏】故曰至不樂。正義曰：前經明正樂感人情，此經明君子小人各有所樂，故云樂者樂也。故者，因上起下，所以言故，曰諸例皆然矣。樂者樂也者，謂所名樂者，是人之所歡樂也。君子樂得其道，小人樂得其欲者，道謂仁義，欲謂邪淫。君子所歡樂，在於得仁義之道，得其道則歡樂也。小人所歡樂，在於邪淫，得邪淫則歡樂也。若君子在上，以仁義之道制邪淫之欲，則意得歡樂而不有昏亂也。若小人在上，以淫邪之欲忘仁義之道，則志意迷惑而

不得歡樂也。〇是故君子反情以和其志，廣樂以成其教，樂行而民鄉方，可以觀德矣。方猶道也。鄉，許亮反。德者性之端也，樂者德之華也，金石絲竹樂之器也。詩言其志也，歌詠其聲也，舞動其容也，三者本於心，然後樂器從之。是故情深而文明，氣盛而化神，和順積中而英華發外，唯樂不可以爲僞。三者本志也，聲也，容也，言無此本於內，則不能爲樂也。詩言其志，一本無言字。咏音詠。【疏】是故至爲僞。正義曰：前文明君子小人歡樂不同，此明君子敦行善樂也。反情以和其志者，反已淫欲之情，以諧和德義之志也。廣樂以成其教者，謂寬廣樂之義理，以成就其政教之事也。樂行而民鄉方者，君既如此，正樂興行，方猶道也，而民歸鄉仁義之道也。可以觀德矣者，人君既如此，是樂可以觀其德行矣。德者性之端

也者言德行者是性之端正也。樂者德之華也者德在於內樂在於外樂所以發揚其德故樂爲德之光華也。金石絲竹樂之器也者樂爲德華非器無以成樂故金石絲竹爲樂之器也。詩言其志也者欲見樂之爲體有此三事詩謂言詞也志在內以言詞言說其志也。歌咏其聲也者歌謂音曲所以歌咏其言詞之聲也。舞動其容也者哀樂在內必形見於外故以其舞振動其容也此云詩言其志則詩序云詩者志之所之也歌咏其聲則詩序云言之不足故嗟歎之嗟歎之不足故咏歌之是也舞動其容則詩序云咏歌之不足則不知手之舞之足之蹈之是也。三者本於心然後樂氣從之者三者謂志也聲也容也容從聲生聲從志起志從心發三者相因原本從心而來故云本於心先心而後志先志而後聲先聲而後舞聲須合於宮商舞須應於節奏乃成於樂是故然後樂氣從之也。是故情深而文明者志起於內思慮深遠是情深也言之於外情由言顯是文明也。氣盛而化神者志意蘊積於中故氣盛內志旣盛則外感動於物故變化神通也氣盛謂不知手之舞之足之蹈之是也而化神者謂動天地感鬼神經夫婦成孝敬是也。和順積中而英華發外者謂思念善事日久是和順積於心中言詞聲音發見於外是英華發於身外此據正樂也若其姦聲則悖逆積中淫聲發外也唯樂不可以爲僞者僞謂虛僞若善事積於中則善聲見於外若惡事積於中則惡聲見於外若心惡而望聲之善不可得也故云唯樂不可以爲僞也○樂者心之動也聲者樂之象也文采節奏聲之飾也君子動其本○樂其象然後治其飾是故先鼓以警戒三步以見方再始以著往復亂以飭歸奮疾而不拔極幽而不隱獨樂其志不厭其道備舉其道不私其欲是故情見而義立樂終而德尊君子以好善小人以聽過故曰生民之道樂爲大焉文采樂之威儀也先鼓將奏樂先擊鼓以警戒衆也三步謂將舞必先三舉足以見其舞之漸也再始以著往武王除喪至盟津之上紂未可伐還歸二年乃遂伐之武舞再更始以明伐時再往也復亂以飭歸謂鳴鐃而退明以整歸也奮疾謂舞者也極幽謂歌者也。警音景見方賢遍反下及注皆同著張慮反注同復音伏飭音勑注同拔步葛反又皮八反獨樂皇音洛庾音嶽厭於豔反好呼報反以聽過本或作以聖過如字鐃女交反【疏】樂者至大焉。正義曰前經論志也聲也容也三者相將故此經廣明舞之義理與聲音相應之事。樂者心之動也者心動而見聲聲成而爲樂樂由心動而成故云樂者心之動也。聲者樂之象也者樂本無體由聲而見是聲爲樂之形象也。文采節奏聲之飾也者聲無曲折則太質素故以文采節奏而飾之使美故云文采節奏聲之飾也。君子動其本者則亦心之動也。樂其象者則亦樂之象也。然後治其飾者則亦聲之飾也以此三者結上三事自此以下記者引周之大武之樂以明此三者之義。是故先鼓以警戒者謂作武王伐紂大武之樂欲奏之時先擊打其鼓聲以警戒於衆也。三步以見方者謂欲舞之時必先行三步以見方謂方將欲舞積漸之意也。再始以著往者謂作大武之樂每曲一終而更發始爲之凡再更發始以著明往伐紂之時初發始爲曲象十一年往觀兵於盟津也再度發始爲曲象十三年往伐紂也。復亂以飭歸者亂治也復謂舞曲終舞者復其行位而整治象武王伐紂旣畢整飭師旅而還歸也。奮疾而不拔者拔疾也謂舞者奮迅疾速而不至大疾也故庾云舞者雖貴於疾亦不失節謂不大疾也。極幽而不隱者謂歌者坐歌不動是極幽靜而聲發起是不隱也。獨樂其志不厭其道者樂其志者多違道理言武王今獨能樂其志意不違厭其仁義之道理也恒以道自將。備舉其道不私其欲者武王旣不違厭其道理能備具舉行仁義之道以利天下不私自恣已之情欲也。是故情見而義立者情見謂武王伐紂之情見於樂也義立謂伐紂之義而興立。樂終而德尊者謂觀武王伐紂樂終而知武王道德尊盛也。君子以好善者謂在位尊者旣觀武王之樂德類如此故庶幾好行善道也小人以聽過者小人謂士庶之等旣觀武王樂音以聽伏已之愆過也。故曰生民之道樂爲大焉者記者旣引大武之樂利益如此是生養民人之道樂最爲大此特引武王樂者以武王之樂利益爲深餘樂莫能及故也但前文舞與聲心相應故引武王樂明心見於舞也。注文采至者也○正義曰上文云省其文采謂節奏今此文采謂樂威儀者以經云聲之飾故此以文采爲威儀也云武王除喪至盟津之上紂未可伐還歸二年乃遂伐之者並出今文泰誓鄭據而用之非正文也云復亂以飭歸鳴鐃而退明以整歸也者經云復亂鄭云整歸則亂爲治也謂反復整治而還鳴鐃而退出大司馬職文也云奮疾謂舞者也者以奮迅速疾故爲舞者謂武舞者云極幽謂歌者也者以極幽與奮疾相對歌與舞相次以歌者不動經稱極幽故知是歌者也

○樂也者施也禮也者報也言樂出而不反而禮有往來也○施始豉反樂樂其所自生而禮反其所自始樂章德禮報情反始也自由也〔疏〕樂也至始也○正義曰此明禮樂之別報施不同○樂也者施也者言作樂之時衆庶皆聽之而無反報之意但有恩施而已故云樂也者施也○禮也者報也者禮尚往來受人禮事必當報之也故曲禮云往而不來非禮故云禮也者報也樂樂其所自生者此廣明上樂者施也自由也言王者正樂歡樂其已之所由生似若武王民樂其武德武王由武功而生王業即以武爲樂名以受施處立名無報反之義也○而禮反其所自始者言王者制禮必追反其所由始祖若周由后稷爲始祖即追祭后稷報其王業之由是禮有報也○樂章德者覆說樂者施也言樂但施恩而已不望其報是樂章明其盛德也○禮報情反始也者此覆說上禮者報也言行禮者他人有恩於已已則報其情但先祖既爲始於子孫子孫則反報其初始以人竟言之則謂之報情以父祖子孫言之則謂之反始其實一也

○所謂大輅者天子之車也龍旂九旒天子之旌也青黑緣者天子之寶龜也從之以牛羊之羣則所以贈諸侯也贈諸侯謂來朝將去既之以禮○流本又作旒音流緣悅絹反朝直遥反〔疏〕所謂至侯也○正義曰前經明樂者爲施禮者爲報此明禮報之事諸侯守土奉其土地所有來朝天子故天子以此等之物報之是禮報之事也不覆明樂施者以樂施之恩其事易知記者畧而不言也○大輅者天子之車也者大輅謂金輅也據上公及同姓侯伯故下云龍旂九旒亦上公也若異姓則象輅若四衛則革輅蕃國則木輅受於天子揔謂之大輅也○龍旂九旒天子之旌也者據上公言之侯伯則七旒子男則五旒○青黑緣者天子之寶龜也者寶龜之中並以青黑爲之緣○從之以牛羊之羣者天子既與大輅龍旂及寶龜占兆又隨從以牛羊非一故稱羣將此以與諸侯故云則所以贈諸侯也

○樂也者情之不可變者也禮也者理之不可易者也理猶事也樂統同禮辨異統同同和合也辨異異尊卑也禮樂之說管乎人情矣管猶包也〔疏〕樂也至情矣○正義曰皇氏云自此以下名爲樂情各隨文解之樂也者情之不可變者也樂出於心聽之則歡悅是情之不可變也○禮也者理之不可易者也禮見於貌行之則恭敬理事也言事之不可改易也樂出於心故云情禮在於貌故云理也變易換文也樂統同者統領也言樂主相親是主領其同○禮辨異者辨別也禮殊别貴賤是分别其異也○禮樂之說管乎人情矣者言禮樂所說義理包管於人情樂主和同則遠近皆合禮主恭敬則貴賤有序人情所懷不過於此是管人情也

○窮本知變樂之情也著誠去僞禮之經也禮樂偩天地之情達神明之德降興上下之神而凝是精粗之體領父子君臣之節偩猶依象也降下也興猶出也凝成也精粗謂萬物大小也領猶理治也○去起呂反偩音負粗七奴反〔疏〕窮本至之節○正義曰此一節

更廣明禮樂之義言父子君臣之節○窮本知變樂之情也者以樂本出於人心心哀則哀心樂則樂是可以原窮極本也若心惡不可變惡爲善是知變也則上文云唯樂不可以爲僞是也此言窮人根本知內外改變唯樂能然故云樂之情也○著誠去僞禮之經也者誠謂誠信也僞謂虛詐也經常也言顯著誠信退去詐僞是禮之常也若人內心虛詐則外貌敖很唯禮知之故云禮之經也○禮樂偩天地之情者負猶依象也禮出於地尊卑有序是負依地之情也樂出於天遠近和合是負依天之情也○達神明之德者禮樂出於人心與神明和會故云達神明之德○降興上下之神者興猶出也禮樂既與天地相合用之以祭故能降出上下之神謂降上而出下也○而凝是精粗之體者凝猶成也是謂正也精粗謂萬物大小也言禮樂之能成就正其萬物大小之形體也○領父子君臣之節者領猶理治也言禮樂理治父子君臣之限節而樂主於和聽之則上下相親又宮爲君商爲臣是領能領父子君臣也禮定貴賤長幼是禮能領父子君臣也

○是故大人舉禮樂則天地將爲昭焉言天地將爲之昭焉明也天地訢合陰陽相得煦嫗覆育萬物

然後草木茂，區萌達，羽翼奮，角觡生，蟄蟲昭蘇，羽者嫗伏，毛者孕鬻，胎生者不殰，而卵生者不殈，則樂之道歸焉耳。訢讀爲熹，熹猶蒸也。氣曰煦，體曰嫗。屈生曰區。無鰓曰觡。昭，曉也。蟄蟲以發出爲曉，更息曰蘇。孕，任也。鬻，生也。內敗曰殰。殈，裂也。今齊人語有殈者。○訢依注音熹，許其反，一讀依字音欣。煦，許具反，徐況甫反。嫗，於具反，徐於甫反，下及注同。區依注音句，古侯反，徐巨于反，一音烏侯反。萌，莫耕反。奮，方問反。觡，古伯反。蟄，直力反。伏，扶又反。孕，以證反。鬻音育，生也，徐又扶袁反。胎，他才反。殰音獨，鄭云內敗曰殰，按謂懷任不成也，字林云胎敗。卵，力管反。殈，呼闃反，范音溢，徐況逼反，一音況狄反，卵拆不成曰殈，猶裂也。蒸，之膺反。鰓，息才反。內，乃對反，或作骨肉之字者誤。

【疏】是故至焉耳○正義曰：此一節論大人舉用禮樂，則天地協和而生養萬物，爲之昭著之事，則下文「天地訢合」以下是也。但此經禮樂並論，其天地訢合，唯論樂之所感，不論禮之功用也。記者主在於樂，故特美樂功。樂功既爾，禮亦同也。○天地訢合者，訢猶熹也，熹謂蒸動，言樂感動天地之氣，是使二氣蒸動，則天氣下降，地氣上騰。○陰陽相得者，言體謂之天地，言氣謂之陰陽，天地動作則是陰陽相得也。煦嫗覆育萬物者，天以氣煦之，地以形嫗之，是天煦覆而地嫗育，故言煦嫗覆育萬物也。然後草木茂者，草木據其成體，故云茂。○區萌達者，據其新生，故云達也。○羽翼奮者，謂飛鳥之屬皆得奮動也。○角觡生者，謂走獸之屬悉皆生養也。○蟄蟲昭蘇者，昭，曉也，蘇，息也，言蟄伏之蟲皆得昭曉蘇息也。○羽者嫗伏者，謂飛鳥之屬皆得體伏而生子也。○毛者孕鬻者，言走獸之屬以氣孕鬻而繁息也。○胎生者不殰者，謂不有殰敗也。○卵生者不殈者，言不有殈裂也。○則樂之道歸焉耳者，言所以致此在上諸物各順其性，由此樂道使然，故云樂之道歸焉耳，謂歸功於樂也。樂道所以然者，樂之根本由人心而生，人心調和則樂音純善，協律呂之體，調陰陽之氣，二氣既調，故萬物得所也。○注訢讀至裂也○正義曰：訢、熹聲相近，故讀爲熹。熹，天地氣，故云熹猶蒸也，言天地氣之蒸動，猶若人之喜也。云「氣曰煦」者，謂天體無形而降其氣以養物，故云氣曰煦也。云「體曰嫗」者，言地體有形，故云體曰嫗也。此對文爾，其實地氣矣。云「屈生曰區」者，謂鉤曲而生出，菽豆是也。云「無鰓曰觡」者，鰓謂角外皮滑澤者，鹿角之屬是也。云「蟄蟲以發出爲曉，更息曰蘇」者，言蟄蟲之類，皆理藏其體，近於死，今復得活，似暗而遇曉，死而更息也。云「內敗曰殰」者，以經云胎生，懷胎在內，故云內敗也殰也。云「殈，裂也」者，卵體多裂，又齊語稱裂爲殈，故以殈爲裂也。

○樂者，非謂黃鍾、大呂、弦歌、干揚也，樂之末節也，故童者舞之。鋪筵席，陳尊俎，列籩豆，以升降爲禮者，禮之末節也，故有司掌之。言禮樂之本由人君也。禮本著誠去僞，樂本窮本知變。○鋪，普胡反，又音敷。去，起呂反。樂師辨乎聲詩，故北面而弦；宗祝辨乎宗廟之禮，故後尸；商祝辨乎喪禮，故後主人。辨猶別也，正也。弦謂鼓琴瑟也。後尸，居後贊禮儀。此言知本者尊，知末者卑。是故德成而上，藝成而下，行成而先，事成而後。德，三德也。行，三行也。藝，才技也。先謂位在上也，後謂位在下也。○上，如字，或時掌反。行，下孟反，注同。技，其綺反。是故先王有上有下，有先有後，然後可以有制於天下也。言尊卑備，乃可制作以爲治法。○治，直吏反。

【疏】樂者至下也○正義曰：此一節明禮樂各有根本，本貴而末賤，君子能辨其本末，可以有制於天下。黃鍾大呂弦歌干揚也樂之末節也者，此等之物唯是樂器播揚樂聲，非樂之本，故云樂之末節，其本在於人君之德，窮本知變是也。故云樂之末節也。故童者舞之，皇氏云：揚，舉也，干揚，舉干以舞也。○鋪筵席陳尊俎列籩豆以升降爲禮者禮之末節也者，此等物所以飾禮，故云禮之末節，其本在於人君著誠去僞，恭敬節儉，以末節非貴，故有司掌之。○樂師辨乎聲詩故北面而弦者，此明知禮樂末者其位處卑，即樂師以辨曉聲詩，但知樂之末節，故北面而鼓弦，言其位處卑也。○宗祝辨乎宗廟之禮故後尸者，宗謂宗人，祝謂大祝，但辨曉於宗廟詔相之禮，故在尸後也。○商祝辨乎喪禮故後主人者，商祝謂習商禮而爲祝者，但辨曉死喪擯相之禮，故後主人，謂在主人之後。言此宗祝商祝但知禮之末節，故在尸與主人後，言其位處卑賤也。是故德成而上者，則人君及主人之屬是也，以道德成就，故在上也。○藝成而下者，言樂師商祝之等藝術成就而在下也。○行成而先者，行成則德成矣，言德在內而行在外也。○事成而後者，事成則藝成矣，在身謂之藝，所爲謂之事。是故至天下也者人有多少品類故先王因其先後使尊卑得分然後乃可制禮作樂爲法以班天下如周公六年乃制禮樂也○魏文侯問於子夏曰吾端冕而聽古樂則唯恐臥聽鄭衛之音則不知倦敢問古樂之如彼何也新樂之如此何也魏文侯晉大夫畢萬之後僭諸侯者也端玄衣也（疏）魏文至何也。正義曰自此以下至有所合之也明魏文侯問古樂先王之正樂也古樂今樂之異并子夏之荅辨明古樂今樂之殊各隨文解之。吾端冕而聽古樂則唯恐卧者文侯言身著端冕明其心恭敬而聽古樂唯恐臥聽鄭衛之音則心所愛樂不知休倦也。敢問古樂之如彼何也者言古樂何以朴素之如彼使人不貪至於卧也。新樂之如此何也者新樂何以婉美使人嗜愛志樂不知其倦也。注魏文至衣也。正義曰云魏文侯畢萬之後僭諸侯者也者按春秋閔元年晉獻公滅魏以魏賜畢萬按世本云萬生芒芒生季季生武仲州州生莊子降降生獻子荼荼生簡子取取生襄子多多生桓子駒駒生文侯斯是畢萬之後也云端玄衣也者謂玄冕也凡冕

服皆其制正幅袂二尺二寸袪尺二寸故稱端也子夏對曰今夫古樂進旅退旅和正以廣弦匏笙簧會守拊鼓始奏以文復亂以武治亂以相訊疾以雅君子於是語於是道古脩身及家平均天下此古樂之發也旅猶俱也俱進俱退言其齊一也和正以廣無姦聲也會猶合也皆也言衆皆待擊鼓乃作周禮大師職曰大祭祀帥瞽登歌合奏擊拊下管播樂器合奏鼓朄文謂鼓也武謂金也相即拊也亦以節樂拊者以韋爲表裝之以糠糠一名相因以名焉今齊人或謂糠爲相雅亦樂器名也狀如漆筩中有椎。夫音扶下同廣如字舊古曠反匏白交反笙音生簧音黄拊音撫注同復音伏相息亮反注同即拊也以韋爲之實之以糠王云輔相也徐思章反訊音信大師音泰播彼佐反朄音胤糠音康漆音七筩音勇椎直追反（疏）子夏至發也。正義曰此一經明子夏對文侯古樂之體也古樂謂古者先王正樂也。進旅退旅者旅謂俱齊言古樂進則俱齊退亦俱齊進退如一不參差也和正以廣

者樂音相和正以寬廣無姦聲也。弦匏笙簧會守拊鼓者言弦也匏也笙也簧也其器雖多必會合保守待擊拊鼓然後作也故曰會守拊鼓始奏以文者文謂鼓也言始奏樂之時先擊鼓前文云先鼓以警戒是也。復亂以武者武謂金鐃也言舞畢反復亂理欲退之時擊金鐃而退故云復亂以武也。治亂以相者相即拊也所以輔相於樂故謂拊爲相也亂理也言治理奏樂之時先擊相故云治亂以相。訊疾以雅者雅謂樂器名舞者訊疾奏此雅器以節之故云訊疾以雅君子於是語者謂君子於此之時語說樂之義理也。於是道古者言君子作樂之時亦謂說古樂之道理也。脩身及家平均天下者言君子既聞古樂近脩其身次及其家然後平均天下也。此古樂之發也者言此上來諸事古樂之發動也。注旅猶至有椎。正義曰云旅猶俱也者旅衆也經云進旅退旅是衆俱進退故云俱也云和正以廣無姦聲也者謂邪淫要妙煩手淫聲曲折切急今經云和正以廣故云無姦聲也云言衆皆待擊鼓乃作者衆謂弦匏笙簧衆器皆待擊鼓乃始動作解經會守拊鼓言會守謂器之聲也以待拊鼓也經有拊及鼓鄭直云擊鼓乃作者拊即鼓之類言擊鼓必擊拊也引周禮大師職者證擊拊也故大師職云大祭祀帥瞽登歌謂大師領人登堂而唱歌也云合奏擊拊

者謂大師合奏樂之時則先擊拊而合奏之也云下管播樂器合奏鼓朄者謂大祭祀堂下諸人吹管播揚樂器之聲大師合奏之時先擊朄而合奏言朄謂小鼓在大鼓之下引是大師並歌合奏之時親擊拊而以合下管合奏時親擊朄以奏之云文謂鼓也武謂金也者金屬西方可以爲兵刃故金爲武鼓主發動象春無兵器之用故鼓爲文也云相即拊也者前文既云拊故知相即拊鄭必知相爲拊者按書傳云以韋爲鼓謂之搏拊白虎通引尚書大傳拊革著以糠鄭以此知也今書傳無著糠之文謂齊人以糠爲相故知糠爲相即拊也云雅亦器名也狀如漆筩中有椎者按周禮笙師職云掌舂牘應雅鄭司農云雅狀如漆筩而弇口大二圍長五尺六寸以羊韋鞔之有兩紐疏畫並以漢時制度而知也

附釋音禮記注疏卷第三十八

江西南昌府學栞

禮記注疏卷三十八挍勘記　阮元撰盧宣旬摘録

附釋音禮記注疏卷第三十八惠棟挍宋本禮記正義卷第四十八

樂記

昔者舜作節

昔者至諸侯　惠棟挍宋本無此五字

此南風歌辭未得聞也　閩監本同毛本聞誤見

故天子之爲樂也節

五穀時熟　閩監毛本同石經熟作孰宋監本惠棟挍宋本岳本嘉靖本衛氏集説同石經考文提要云宋大字本宋本九經南宋巾箱本余仁仲本亦並作孰

其舞行綴遠　史記綴作級下綴短同

故天至綴短　惠棟挍宋本無此五字

故觀至行也○正義曰　惠棟挍宋本無此九字

大章章之也節

韶繼也　各本同毛本韶誤紹

周禮曰大濩大武　閩監毛本同岳本同嘉靖本同衛氏集説同惠棟挍本大濩上增殷曰二字大武上增周曰二字盧文弨云惠棟本依史記集解增

大章至盡矣　惠棟挍宋本無此五字

皇帝曰咸池故知咸是黄帝樂名　閩監毛本同惠棟挍宋本皇作黄知咸下有池字

按五行鈎命決云伏犧樂爲立基神農樂爲下謀祝融

樂爲祝續　閩監毛本同齊召南云按鈎命決孝經緯也周禮大司樂疏亦引此作孝經緯云此文五行二字誤也又祝續賈疏作屬讀

案司樂注云　按司字上當有大字

故曰濩救世　閩本同惠棟挍宋本同監毛本世作也

天地之道節

不節則無功是也　惠棟挍宋本不上有事字衛氏集説同此本脱閩監毛本同

夫豢豕爲酒節

百拜以喻多　各本同盧文弨云足利古本多下有也字史記集解同

夫豢至教焉　惠棟挍宋本無此五字

由其生禍　惠棟挍宋本同閩本生字漶滅監毛本生誤主

言樂體者聖人心所愛樂也　閩監本同毛本體誤禮

是壹獻無百拜　閩監毛本同惠棟挍宋本獻下有也字

夫民有血氣節

廉直勁正　史記作經正集解引孫炎云經法也索隱云今禮本作勁嘽寬也諧和也　監本同毛本嘽字闕閩本漶滅

是故先王本之情性節

省猶審也　史記注引審下有習之二字

律小大之稱　史記作類小大索隱云今禮作律

黄鍾爲宫　閩本同岳本同嘉靖本同衛氏集説同監毛本鍾作鐘下應鍾同

君爲宫　閩監本作宫爲君岳本同嘉靖本同衛氏集説同此本誤倒毛本宫誤言

是故至深矣　惠棟挍宋本無此五字

學者胥音樂　閩監毛本同惠棟挍宋本無者字

土敝則草木不長節

而滅平和之德　閩監毛本同石經同岳本同嘉靖本同衞氏集說同惠棟挍宋本無而字陳澔集說同石經考文提要云宋大字本宋本九經南宋巾箱本余仁仲本劉叔剛本並有而字。按史記有而字

土敝至之也　惠棟挍宋本無此五字

凡姦聲感人節　惠棟云凡姦節然後發以聲節故曰樂節是故君子節樂者節樂也者節所謂大略節宋本合爲一節

謂人樂習焉　各本同盧文弨云足利古本焉作也史記集解作之也

凡姦至其義　惠棟挍宋本無此五字

耳目口鼻想知慮百事之體　惠棟挍宋本想上有心字此本脫閩監毛本有心字脫想字

然後發以聲音節

清明者芒也　閩監毛本同浦鏜云芒上脫清字

言陰陽未合化矣　惠棟挍宋本作陰陽此本誤陰陰閩監毛本誤陰氣

百度謂晝夜百刻　閩監毛本同惠棟挍宋本無上百字

即還相爲宮是樂之常也　閩監毛本同考文引宋板無相字

變移敝惡讙風　閩監毛本同考文云宋板讙作之衞氏集說同

故曰樂者節

欲謂邪淫也　閩監本同岳本同嘉靖本同考文引宋本古本足利本同毛本淫誤辟衞氏集說邪淫二字倒

故曰至不樂　惠棟挍宋本無此五字

以邪淫之欲　惠棟挍宋本作邪淫此本邪淫二字倒閩監毛本同

是故君子反情節

廣樂以成其教　閩監毛本同岳本同嘉靖本同衞氏集說同石經成其二字剜刻無其字

歌詠其聲也　閩監毛本同衞氏集說同石經詠作咏宋監本岳本嘉靖本同釋文出歌咏云音詠

然後樂器從之　閩監毛本同惠棟挍宋本器作氣宋監本岳本嘉靖本同衞氏集說同石經氣字剜闕史記亦作氣不誤

唯樂不可以爲僞　閩監毛本同石經同岳本同嘉靖本同衞氏集說同坊本唯作惟石經考文提要云宋大字本宋本九經南宋巾箱本余仁仲本劉叔剛本並作唯

是故至爲僞　惠棟挍宋本無此五字

此明君子敦行善樂也　閩監毛本同惠棟挍宋本明作乃

詩謂言詞也　閩監毛本同考文云宋板詞作辭衞氏集說亦作辭

志在内以言詞言說其志也　閩監本同惠棟挍宋本在下有於字内下有故字詞作辭下同毛本無於字及說上言字

歌咏其聲也者　閩監毛本咏作詠下咏字並同

然後樂氣從之者　惠棟挍宋本同閩監毛本氣誤器下然後樂氣從之也同

故變化神通也　閩監本同衞氏集說同毛本神通作通神

是和順積於心中　閩監毛本同衞氏集說亦作於惠棟挍宋本於作在

樂者心之動也節

君子動其本〇樂其象補案。誤

以明伐時再往也史記集解引伐下有紂字

與聲音相應之事惠棟挍宋本作應衛氏集說同此本應誤續閩監毛本同

謂伐紂之義而與立閩監毛本同浦鏜挍而與立改與立也從衛氏集說

云復亂以飭歸鳴鐃而退閩監毛本同惠棟挍宋本鳴上有謂字

樂也者施也節

樂也至始也閩監毛本同惠棟挍宋本始作報

以人竟言之閩監本同毛本竟作意衛氏集說同惠棟挍宋本亦作意

所謂大輅者節

龍旂九旒各本同石經同釋文出九流云本又作旒。按旒俗流字

既之以禮閩本同惠棟挍宋本既作送宋監本岳本嘉靖本同考文引古本足利本同監毛本送作報衛氏集說同按史記集解引作送

寶龜之中兆以青黑爲之緣閩監毛本同衛氏集說亦作中段玉裁中改甲按公羊定八年傳龜青純何休云謂緣甲䫉也緣在於甲此中字作甲是也

天子既與大輅龍旂閩監毛本同惠棟挍宋本與下有之字衛氏集說同

樂也者節惠棟云樂也者節窮本知變節是故大人節樂者節宋本合爲一節

管乎人情矣史記管作貫張氏正義云貫猶通也與鄭注異

樂也至情矣惠棟挍宋本無此五字

情之不可變者也樂出於心閩監本同惠棟挍宋本毛本者也二字倒

是主領其同閩監毛本同衛氏集說主作統

是分別其異也閩監本同毛本異誤義衛氏集說亦作異

窮本知變節

凝成也各本同盧文弨云足利古本成上有猶字史記集解同按正義亦云凝猶成也

禮樂出於人心閩監毛本同衛氏集說同惠棟挍宋本於作在

是故大人節

言天地將爲之昭焉明也閩監毛本同衛氏集說同惠棟挍宋本焉作然宋監本岳本嘉靖本同考文引古本足利本同

毛者孕鬻各本同石經同釋文鬻作粥〇按鬻爲育之假借字粥又鬻之譌字

熹猶蒸也監本毛本作蒸惠棟挍宋本作烝也正義同

殈裂也各本同盧文弨云足利古本裂上有猶字史記集解同

是使二氣蒸動監本毛本作蒸惠棟挍宋本作烝

天以氣煦之閩監毛本同衛氏集說同惠棟挍宋本氣上有地字

猶若人之喜也閩本同惠棟挍宋本同監毛本喜作熹

樂者非謂節

黃鍾大呂監毛本同石經同岳本同閩本鍾作鐘嘉靖本同衛氏集說同

弦歌干揚也各本同毛本干誤于。按此句之下史記集解有鄭注揚鉞也三字諸本皆脫

後尸居後贊禮儀按此句之上史記集解有商祝習商禮者商人教以敬於接人十四字此恐是取諸士喪禮注中補入者

魏文侯節

明其心恭敬閩監毛本同惠棟挍宋本其作在

子夏對曰節

訊疾以雅　各本同石經訊作訐釋文同

脩身及家　閩監本同石經同岳本同衛氏集說同毛本脩作修嘉靖本同

帥瞽登歌　惠棟挍宋本宋監本岳本嘉靖本並作帥與周禮合衛氏集說同閩監毛本帥誤師

狀如漆筩　各本同釋文筩作甬

子夏至發也　惠棟挍宋本無此五字

以待拊鼓也　惠棟挍宋本同閩本漶滅監毛本拊誤擊

師瞽登歌謂大師　惠棟挍宋本師作帥此本誤閩監毛本同

鼓主發動象春無兵器之用　惠棟挍宋本作象春此本春字同象誤衆閩監毛本象春誤衆音衛氏集說同

禮記注疏卷三十八挍勘記

附釋音禮記注疏卷第三十九

鄭氏注　孔穎達疏

樂記

今夫新樂，進俯退俯，姦聲以濫，溺而不止，及優侏儒，獶雜子女，不知父子。樂終不可以語，不可以道古。此新樂之發也。俯猶曲也，言不齊一也。濫，濫竊也。溺而不止，聲淫亂無以治之。獶，獼猴也，言舞者如獼猴戲也，亂男女之尊卑。獶或作優。○俯本又作府。濫，力暫反。溺，乃狄反。優音憂。侏音朱。儒音儒。獶，乃力反，獼猴也，依字亦作猱。獼音彌，武移反，本亦作彌。猴音侯，本亦作猴。【疏】今夫至發也。○此經明子夏對文侯新樂之禮。新樂者，謂今世所作淫樂也。進俯退俯者，謂俯僂曲折，不能進退齊一，俱曲屈進退而已，行伍雜亂也。○姦聲以濫者，謂濫竊不正，言姦邪之聲濫竊不正，不能和正以廣也。○溺而不止者，聲既淫妙，人所貪溺，不可禁止也，不能始奏以文，復亂以武也。○及優侏儒獶雜子女者，言作樂之時，及有俳優雜戲，侏儒短小之人。優雜謂獼猴也，言舞戲之時，狀如獼猴，間雜男子婦人，言似獼猴男女無別也。○不知父子者，言樂之混雜，不復知有父子尊卑之禮也。○樂終不可以語者，言作樂雖復終畢，盡皆邪辟，不可以語，既與古樂乖違，故不可語道於古也。此皆新樂之爲，故云此新樂之發也。○注獶獼猴也。○正義曰：按詩小雅云「毋教猱升木」，毛傳云：「猱，猨屬也。」是獶，獼猴也。漢書檀長卿爲獼猴舞，是狀如獼猴。

今君之所問者樂也，所好者音也。夫樂者與音相近而不同。言文侯好音而不知樂也。鏗鏘之類皆爲音，應律乃爲樂。○好，呼報反，注同。近，附近之近，徐如字。鏗，苦耕反。鏘，七羊反，又士衡反。

文侯曰：「敢問何如？」欲知音樂異意。【疏】今君至何如。○前兩經子夏既答文侯論古樂新樂之異事畢，此經荅文侯所好古樂今樂之不同也。文侯之意，古樂今樂並皆爲樂；子夏之意，以古樂德正聲和乃爲樂，今樂但淫聲音曲而已，不得爲樂也。故云今君之所問者樂也，謂古今皆名樂；所好者音也，子夏之意，君之所愛者謂音聲也。○夫樂者與音相近而不同者，古樂有音聲律呂，今樂亦有音聲律呂，是樂與音相近也。樂則德正聲和，音則心邪聲亂，是不同也。○文侯曰敢問何如者，文侯既見子夏論樂音不同，不曉不同之狀，故云敢問何如。

子夏對曰：「夫古者天地順而四時當，民有德而五穀昌，疾疢不作而無妖祥，此之謂大當。然後聖人作爲父子君臣，以爲紀綱。紀綱既正，天下大定。天下大定，然後正六律，和五聲，弦歌詩頌，此之謂德音，德音之謂樂。當謂樂不失其所。○當，丁浪反，下及注同。疢，敕覲反。詩云：『莫其德音，其德克明。克明克類，克長克君。王此大邦，克順克俾。俾于文王，其德靡悔。既受帝祉，施于孫子。』此之謂也。此有德之音，所謂樂也。德正應和曰莫，照臨四方曰明，勤施無私曰類，教誨不倦曰長，慶賞刑威曰君，慈和徧服曰順。俾當爲比，聲之誤也。擇善從之曰比。施，延也。言文王之德皆能如此，故受天福，延於後世也。○莫，亡伯反。長，丁丈反，注同。王此，于況反。俾，依注音比，必履反，注同，徐扶志反。祉，敕紀反。施，以豉反，注施延同。和如字，又胡卧反。炤，上音照，本亦作照。臨如字。施，始豉反。徧音遍。【疏】子夏至謂也。○此一節明子夏與文侯明古樂之正，引詩以結之。此之謂大當者，當謂不失其所，如上所謂是大得其所當也。○作爲父子君臣以爲紀綱者，按禮緯含文嘉云：「三綱謂君爲臣綱，父爲子綱，夫爲妻綱矣。六紀謂諸父有善，諸舅有義，族人有敘，昆弟有親，師長有尊，朋友有舊。」是六紀也。○弦歌詩頌者，謂以琴瑟之弦歌此詩頌也。○詩云莫其德音，此大雅皇矣之篇，美王季之德。云維此王季，帝度其心，莫然而靖，定其道德之音，以道德既正，天下應和，所以莫然而靖也。其德克明者，以其莫然而靖，故其德能照臨天下之明也。○克類克明者，類謂勤施無私，施惠勤勞，不私於己，外及等類，以明能然，故云克明克類也。○克長克君者，克長謂教誨不倦，能爲人師長；克君謂慶賞刑威，能與人作君教化，故云克長克君也。○王此大邦克順克俾者，俾當爲比，謂比方善事，擇善而從之，既能慈和徧服，又能擇善從之，故云克順克俾。○俾于文王其德靡悔者，詩美王季之德比擬文王其王季之德無可恥悔言堪比文王也左傳引此詩唯此文王所以爲文王之德言比於文王其德靡悔者謂此校文王之德事事皆美無可悔恨也是左傳與詩文互意别也既受帝祉施於孫子者詩云王季既受天福祉以遺子孫子孫有天下也左傳云文王既受帝祉以遺後世子孫○此之謂也者言詩云德音則此經之所謂也○注德正應和曰莫○正義曰以下皆昭二十八年左傳文也今君之所好者其溺音乎言無文王之德則所好非樂也文侯曰敢問溺音何從出也坑習之久不知所由出也○坑又作沆音五換反〔疏〕今君至出也○上既云君之所好音有善惡故上云治世之音亂世之音今君之所好者非正音是淫溺之音乎不敢指斥故言乎而疑之也○文侯曰敢問溺音何從出也者文侯既聞子夏之言善遂問溺音所出之由子夏對曰鄭音好濫淫志宋音燕女溺志衛音趨數煩志齊音敖辟喬志此四者皆淫於色而害於德是以祭祀弗用

也言四國皆出此溺音濫濫竊姦聲也燕安也春秋傳曰懷與安實敗名趨數讀爲促速聲之誤也煩勞也祭祀者不用淫樂○燕於見反趨音促數音速傲字又作敖同五報反辟匹亦反徐芳益反喬徐音驕本或作驕敗必邁反〔疏〕子夏至用也○此一節子夏爲文侯明溺音所出也○鄭音好濫淫志者濫竊也謂男女相偷竊言鄭國樂音好濫相偷竊是淫邪之志也○宋音燕女溺志者燕安也溺没也言宋音所安唯女子所以使人意志没矣即前溺而不止是也○衞音趨數煩志者言衞音既促且速所以使人意志煩勞也齊音敖辟喬志者言齊音既敖很辟越所以使人意志驕逸也此四者皆淫於色而害於德是以祭祀弗用也者既淫色害德故不用祭祀也○注言四至敗名○正義曰經云鄭音好濫宋音燕女其事是一而爲别音者濫竊非已儔匹别相淫竊燕女謂已之妻妾燕安而已所以别好濫也上云鄭衞之音則鄭衞亦淫聲也又此云四者皆淫於色是衞與齊皆有淫聲也而經唯云衞音趨數煩志齊音敖辟喬志都不云女色者按詩有桑中淇上是淫佚可知則淫佚之外更有促速敖辟推此而言齊詩有哀公荒淫怠慢襄公淫於妹亦女色之外加以傲辟驕志也故總謂之溺音也○注春秋傳曰懷與安實敗名者僖二十三年左氏之文齊女姜氏勸重耳出奔也詩云肅雝和鳴先祖是聽夫肅肅敬也雝雝和也夫敬以和何事不行言古樂敬且和故無事而不用溺音無所施〔疏〕詩云至不行○此一節子夏重爲文侯明正樂敬和之事所以勸勵文侯用古樂也此詩周頌有瞽之篇肅敬也雝和也言樂音敬和而鳴先祖之神聽而從之若能敬和施設於政教何事不行也爲人君者謹其所好惡而已矣君好之則臣爲之上行之則民從之詩云誘民孔易此之謂也誘進也孔甚也言民從君所好惡進之於善無難○易以豉反〔疏〕爲人至謂也○此經明子夏既勸文侯所好古樂又謹慎行之以此化民無不從也引詩云誘民孔易者此厲王大雅板之篇也誘進也孔甚也言在上教道於民甚易也但已行於上則民化之於下詩之所云則此之謂也○注誘進也孔也孔甚也○正義曰誘進也釋詁文孔甚也釋言文也然後聖人作爲鞉鼓椌楬壎篪此六者德音之

音也六者爲本以其聲質也椌楬謂柷敔也壎篪或爲簨虡○鞉音桃椌苦江反柷也楬苦瞎反敔也壎許袁反篪直支反柷昌六反圉本又作敔魚呂反簨恤尹反虡音巨然後鍾磬竽瑟以和之干戚旄狄以舞之此所以祭先王之廟也所以獻酬酳酢也所以官序貴賤各得其宜也所以示後世有尊卑長幼之序也官序貴賤謂尊卑樂器列數有差次○竽音于和如字徐胡卧反酬市由反酳音胤又仕覲反酢音昨長丁丈反〔疏〕然後至序也○正義曰上經言人君謹慎所好惡以誘人故此一節論聖人作爲樂器道德之音以示後世也○此六者德音之音也者言此鞉鼓椌楬壎篪其聲質素是道德之音以尚質故也然後鍾磬竽瑟以和之干戚旄狄以舞之者既用質素爲本然後用此鍾磬竽瑟華美之音以贊和之使文質相雜干楯也戚斧也狄羽也聲既文質備足又用干戚旄羽以舞動之此所以祭先王之廟也者以前云鄭宋齊衛四者爲祭祀之所不用故此云六器爲道德之音四器之和文武之舞並可

在於宗廟之中奏之若樂九變而鬼神格也。所以獻酬酳酢也者又用於宗廟中接納賓客也賓入而奏肆夏及卒爵而樂闋孔子屢歎之是也所以官序貴賤各得其宜也者又用樂體別尊卑於朝廷使各得其宜也天子八佾諸侯六佾是也。所以示後世有尊卑長幼之序也者聞樂知德及施于子孫是示後世又宗族長幼同聽之莫不和順閨門之內父子兄弟同聽之莫不和親是長幼之序也。注椌楬至篪篪。正義曰按鄭注詩有瞽篇云柷形如漆筩中有椎敔狀如伏虎背上有二十四鉏鋙又鄭司農注笙師云篪七空塤六孔鄭云塤燒土爲之大如鴈卵鞉如鼓而小持其柄搖之旁耳自擊鼓革也椌楬木也其聲質素故周語單穆云革木一聲注云一聲無宮商清濁是也　鍾聲鏗鏗以立號號以立橫橫以立武君子聽鍾聲則思武臣　號號令所以警衆也橫充也謂氣作充滿也○鏗古耕反徐苦庚反號胡到反橫古曠反充也下及注同〔疏〕鍾聲至武臣。正義曰此一節論樂器之聲各別君子之聽思其所用之臣各隨文解之。鍾聲鏗者言金鍾之聲鏗鏗然矣○鏗以立號者言鏗是堅剛故可以與立號令也○號以立橫者謂橫氣充滿也若號令威嚴則軍士勇敢而壯氣充滿崔氏云若嚴正立號則其號必充滿於萬物矣○橫以立武者言壯氣充滿所以武事可立也崔氏云若教令充徧則武矣○君子聽鍾聲則思武臣者君子謂識樂之情者所以聞聲達事鍾既含號令立武故聽之而思武臣也　石聲磬磬以立辨辨以致死君子聽磬聲則思死封疆之臣　石聲磬磬當爲罄字之誤也辨謂分明於節義○磬依注音罄口挺反一音口定反聽磬口定反疆居良反下是疆同〔疏〕石聲至之臣。此一經明石聲磬者石磬也磬是樂器故讀聲。音磬然矣其聲能和故次鍾也言磬輕清響矣叩其磬則其聲之磬磬然也○磬以立辨者辨別也崔云能清別於衆物則分明辨別也○辨以致死者既各有部分不相侵濫故能使守節者致死矣若諸侯死社稷大夫死衆士死制之屬也崔云若能明別於節義則不愛其死也○君子聽磬聲則思死封疆之臣者言守分不移即固封疆之義矣磬含守分故聽其聲而思其事也○注石聲至誤也○正義曰讀磬爲罄者其字下著石樂器之磬其下著缶是罄然之罄今經云石聲磬恐是樂器故讀爲罄取聲音罄罄然　絲聲哀哀以立廉廉

以立志君子聽琴瑟之聲則思志義之臣　廉廉隅〔疏〕絲聲至之臣○此一經明絲聲哀者哀謂哀怨也謂聲音之體婉妙故哀怨矣○哀以立廉者廉謂廉隅以哀怨之故能立廉隅不越其分也○廉以立志者既不越分故能自立其志○君子聽琴瑟之聲則思志義之臣者言絲聲含志不可犯故聞絲聲而思其事也　竹聲濫濫以立會會以聚衆君子聽竽笙簫管之聲則思畜聚之臣　濫之意猶擥聚也會猶衆也聚或爲最○濫力敢反下及注皆同會戶外反及古外反下同畜勑六反擥力敢反〔疏〕竹聲至之臣○此一經明竹聲濫者濫猶擥也言竹聲擥然有積聚之意也○濫以立會者以竹聲既擥聚故能立會矣○會以聚衆者以合會而能聚其衆也○君子聽竽笙簫管之聲則思畜聚之臣者亦聞其音而思其事也笙以匏爲之而在竹聲之中者但笙以匏爲體插竹於上匏竹兼有故笙文在竹也　鼓鼙之聲讙讙以立動動以進衆君子聽鼓鼙之聲則思將帥之臣　聞讙囂則人意動作讙或爲歡動或爲勳○鼙步西反讙呼端反又音喧將子亮反下注大將下將帥同帥本又作率用類反下將帥同囂許驕反又五羔反〔疏〕鼓鼙至之臣○此一經明鼓鼙之聲讙者讙謂讙囂也其聲讙雜矣○讙以立動者以其聲讙故使人意動作也○動以進衆者以動作故能進發其衆也○君子聽鼓鼙之聲則思將帥之臣者將帥衆聚也言鼓能進衆故聞其聲而思其事也不云鼓而云鼙者廣其類也○注聞讙囂則人意動作○正義曰是聲能感動於人也如鄭此言則五者之器皆據其聲聲各不同立事有異事隨聲起是聲能立事也皇氏用崔氏之說云鍾聲爲兌石聲爲乾絲聲爲離竹聲爲震鼓鞞爲坎妄取五方之義棄其五器之聲背經違注曲爲雜說言及於數非關義理又無明文今並略而不用也　君子之聽音非聽其鏗鏘而已也彼亦有所合之也　以聲合成己之志○鏘七羊反又吐衡反徐勑庚反〔疏〕君子至合之也○此一經總結上文五者言君子之聽音聲非徒聽其音聲鏗鏘而已彼謂樂聲亦有合成己之志意也崔氏云但釋五音八卦屬四方四維之音所以皆應與四方同所以應同者四維處四方之間四方皆五行相

生水生木匏同竹音木生火木音同絲火生土土不當於方土生金土處金火之間土音屬金金生水石不可屬於水故不同於革而不同者以乾爲君父君父之音不可屬於人故不同於革而磬別有所感乾爲天坤爲地天既不屬人坤所以不別出者爲坤卑故也今按崔氏此說浮虛體例不等上下混雜記人之意不應如此鄭注無文不可附會今略存崔氏之義賢者擇焉今謂入音唯論五者以鍾與武臣相會石與死封疆相將絲與志義是同竹與畜聚相類鼓鼙與將帥同等故五器而有五事其匏與土木不同無此五器之象故記者不言

○賓牟賈侍坐於孔子孔子與之言及樂曰夫武之備戒之已久何也對曰病不得其衆也武謂周舞也備戒擊鼓警衆病猶憂也以不得衆心爲憂憂其難也○牟亡侯反坐才臥反又如字

〔疏〕賓牟至衆也○正義曰此一經別錄是賓牟賈問章自此以下至不亦宜乎總是賓牟賈與夫子相問答之事今各依文解之○賓牟賈侍坐於孔子者姓賓牟名賈侍坐於孔子○孔子與之言及樂者孔子與賓牟賈言說初論他事次及於樂○曰夫武之備戒之已久何也者此是孔子之問凡有五夫是發語之端武謂周之武樂欲作武樂之前先擊鼓備戒其衆備戒之後久始作舞故孔子問之云武樂先擊鼓備戒已久乃始作舞何○對曰病不得其衆也者此賓牟賈所荅亦有五但二荅是二荅非今此荅是也病謂憂也言武王伐紂之時憂病不得士衆之心故先鳴鼓以戒士衆久乃出戰今武樂故令舞者久而不即出是象武王憂不得衆心故也○注武謂至難也○正義曰此以下王事故知周舞也憂其難者憂其不得士衆之難故擊鼓久而不舞

咏歎之淫液之何也對曰恐不逮事也咏歎淫液歌遲之也逮及也事戎事也○咏歎上音詠下音嘆液音亦逮音代又代計反遲直冀反發揚蹈厲之已蚤何也對曰及時事也時至武事當施也○蹈音悼蚤音早武坐致右憲左何也對曰非武坐也言武之事無坐也致謂膝至地也憲讀爲軒聲之誤也○依注音軒聲淫及商何也對曰非武音也言武歌在正其軍不貪商也時人或說其義爲貪商也子曰若非武音則何音

也對曰有司失其傳也若非有司失其傳則武王之志荒矣有司典樂者也傳猶說也荒老耄也言典樂者失其說也而時人妄說也書曰王耄荒○傳直專反下及注同傳猶說也旄莫報反下同子曰唯丘之聞諸萇弘亦若吾子之言是也萇弘周大夫○萇直良反

〔疏〕咏歎至是也咏歎之淫液之何也者此孔子之問欲舞之前其歌聲吟咏之長嘆之其聲淫液是貪羨之貌言欲舞之前其歌聲何意吟咏長嘆歆羨也○對曰恐不逮事也此是賓牟賈荅孔子之詞所以舞前有此咏歎淫液之歌者象武王伐紂恐諸侯不至不逮及戰事故此歌聲吟咏而歆羨此荅是也○注咏歎淫液歌遲之也○正義曰咏歎者謂長聲而歎矣淫液謂音連延而流液不絕之意歌遲之謂作此歌吟思之欲待衆之至也○發揚蹈厲之已蚤何也者此又明是孔子之問初舞之時手足發揚蹈地而猛厲言舞初則然故云已蚤何也意謂舞時發揚蹈厲即大蚤○對曰及時事也者此亦賓牟賈對詞所以舞時蚤爲發揚蹈厲象武王及時伐紂戰事也故發揚象戰此荅非也知非者下云發揚蹈厲是大公之志故知此荅非也

武坐致右憲左何也者此亦孔子問詞坐跪也致志也軒起也問武人何忽有時而跪以右膝至地而左足仰起何故也對曰非武坐也此是賓牟賈荅云致右軒左非是武人之坐言以舞法無坐也此荅亦知非者下云武亂皆坐周召之治也是武法有坐故知此荅非也○聲淫及商何也者此亦孔子問詞淫貪也問奏樂之聲何意有貪商之聲也王氏云聲謂歆羨淫液貪商也○對曰非武音也者此賓牟賈之荅非武音謂非是武樂之音賓牟賈言武王應天從人不得已而伐之何容有貪商之聲故言非武音此荅是○注言武至商也○正義曰言武歌在正其軍不貪商者解經非武音言武歌象武王正其軍事不得有貪商之歌故知貪商者非武樂之音也云時人或說其義爲貪商也者解經中聲淫及商之義言當時人不曉武音謂此歌聲爲貪商故云或說其義爲貪商孔子以時人之意而問賓牟賈然時人之說非也孔子大聖應知其非而問之者孔子雖知其非而問賓牟賈是知非而故問矣○子曰若非武音則何音也者賓牟賈既荅貪商非是武音孔子因而問之云貪商之歌若非武樂之音則何音也○對曰有司失其傳也者此賓牟賈荅云有司謂典樂者失傳說也言武樂之歌有貪商之意者是典樂有司失其傳說謂爲貪商故時人惑之○若非有司失其傳則武王

之志荒矣者賓牟賈又云若非是有司失其傳說將言武王實爲貪商則是武王之志荒耄矣言武王荒耄遂有貪商也然武王大聖伐暴除殘何有貪商之意故知有司妄說爲貪商使時人致惑。注荒老至耄荒。正義曰按大戴禮云文王年十五而生武王發又文王世子篇云文王九十七而崩則武王九十三而終矣文王受命七年而崩十三年伐紂是文王崩後六年伐紂時武王八十九矣年雖老而大聖不荒耄也書曰王耄荒呂刑文也言穆王享國百年而耄荒證荒爲老耄也。子曰唯丘之聞諸萇弘諸者孔子既得賓牟賈之言荅故云聞諸萇弘諸於也聞於萇弘之說。亦若吾子之言是也者謂賓牟賈爲吾子者儀禮注云子男子之美稱言吾子相親之詞

賓牟賈起免席而請曰夫武之備戒之已久則既聞命矣敢問遲之遲而又久何也

遲之遲謂久立於綴。遲之遲並直詩反徐直尼反 疏 賓牟至何也。自此以前孔子問賓牟賈自此以後是賓牟賈問孔子此一經是賓牟賈問詞也。免席而請曰者免席謂避席也言賓牟賈前荅孔子雖被孔子所許於前荅之事猶有不曉而反請問孔子故曰免席而請焉。夫武之備戒之已久則既聞命矣者前經是夫子之問賓牟賈前荅其已久之意被孔子所許不得爲非是既聞命矣。敢問遲之遲而又久何也者此賓牟賈問孔子之詞遲之遲者賀氏云備戒已久是遲久立於綴亦是遲而又久何意如此

子曰居吾語汝夫樂者象成者也總干而山立武王之事也發揚蹈厲大公之志也武亂皆坐周召之治也

居猶安坐也成謂已成之事也總干持盾也山立猶正立也象武王持盾正立待諸侯也發揚蹈厲所以象威武時也武舞象戰鬭也亂謂失行列也失行列則皆坐象周公召公以文止武也。語魚據反女音汝下且女同大音泰召音邵注及下同治直吏反下注及下同盾述尹反又音允行戶剛反下同 疏 子曰至治也。自此以下孔子爲賓牟賈說武樂之意并廣明克殷以後之事此一經爲賓牟賈說其將舞之事。夫樂者象成者也言作樂者放象其成功者也總干而山立者言將舞之時舞人總持干盾以正立似山不動搖象武王持盾以待諸侯之至也。發揚蹈厲大公之志也者言武樂之舞發揚蹈厲象大公威武鷹揚之志也。武亂皆坐周召之治也者亂謂失行列作此武舞迴移轉動亂失行列皆坐所以坐者象周公召公以文德治之以文止武象周召之治也

且夫武始而北出再成而滅商三成而南四成而南國是疆五成而分。周公左召公右六成復綴以崇

成猶奏也每奏武曲一終爲一成始奏象觀兵盟津時也再奏象克殷時也三奏象克殷有餘力而反也四奏象南方荊蠻之國侵畔者服也五奏象周公召公分職而治也六奏象兵還振旅也復綴反位止也崇充也凡六奏以充武樂也。夫音扶綴丁劣反又丁衛反注及下同孟本亦作盟音孟 疏 且夫至以崇。此一經孔子爲賓牟賈說武樂六成之意上說三者之事已訖更別廣說武樂故云且夫武始而北出者謂初舞位最在於南頭從第一位而北出者次及第二位稍北出者熊氏云則前云三步以見方是一成也作樂一成而舞象武王北出觀兵也。再成而滅商者謂作樂再成舞者從第二位至第三位象武王滅商則與前文再始以著往爲一也。三成而南者謂舞者從第三位至第四位極北而南反象武王克紂而南還也。四成而南國是疆者謂武曲四成舞者從北頭第一位却至第二位象武王伐紂之後南方之國於是疆理也。五成而分周公左召公右者從第二位至第三位分爲左右象周公居左召公居右也。六成復綴以崇者綴謂南頭初位舞者從第三位南至本位故言復綴以崇崇充也謂六奏充其武樂象武王之德充滿天下此並熊氏之說也而皇氏不云次位舞者本在舞位之中但到六成而已今舞亦然義亦通也。注成猶至樂也。正義曰成謂曲之終成每一曲終成而更奏故云成猶奏也云復綴反位止也者謂最在南第一位初舞之時從此位入北至六成還反復此位如鄭所注熊氏得之云凡六奏以充武樂也者充謂充備言六奏其曲武樂充備故云六奏以充武樂言武樂充備是功成大平周德充滿於天下也

天子夾振之而駟伐盛威於中國也

夾振之者上與大將夾舞者振鐸以爲節也駟當爲四聲之誤也武舞戰象也每奏四伐一擊一刺爲一伐牧誓曰今日之事不過四伐五伐。夾古洽反注及下同鐸大各反一刺本亦作壹刺七亦反 疏 天子至國也。正義曰天子夾振之者謂武樂之作言天子與大將夾舞者振鐸以節之。而駟伐者駟當爲四四伐謂擊刺作武樂之時每一奏之中而四度擊刺象武王伐紂四伐也。盛威於中

國也者象武王之德盛大威武於中國。注夾振至五伐。正義曰王與大將夾舞者振鐸以爲節也者經云天子夾振是兩邊相夾天子與大將相對明是尊者故知王與大將也經云振之鐸是所振之物故知振鐸以爲舞者之節也武樂在庭天子尊極所以得親夾舞人爲振舞者熊氏按祭統云君執干戚就舞位冕而揔干率其羣臣以樂皇尸又下云食三老五更於大學冕而揔干尚得親舞何以不得親執鐸乎此執鐸爲祭天時也皇氏云武王伐紂之時王與大將親自執鐸以夾軍衆令作武樂之時令二人振舞夾舞者象武王與大將伐紂之時矣皇氏此說稍近人情理通勝於熊氏但注云王與大將夾舞者則似天子親夾舞人則皇氏說不便未知孰是故備存焉王肅讀天子上屬謂作樂六成尊崇天子之德矣以是證論王肅引家語而難鄭云六成而復綴以崇其爲天子此家語之文也馬昭申鄭意云凡樂之作皆所以昭天子之德豈特六成之末而崇之乎孔晁又難馬昭云天子夾振用舞之法在於經典今謂天子夾振此經之正文又親舞總干具如熊氏之說此則經典之證也云駟當爲四聲之誤也者以牧誓有四伐之文故讀爲四也云每奏四伐者武樂六奏每一奏之中舞者以戈矛四度擊刺象伐紂時也引牧誓曰今日之事不過四伐五伐者此武王戒誓士衆云今日戰事前進不得過四伐五伐乃止齊焉今武樂惟用四伐不用五伐者尚其少也分夾而進事蚤濟也分猶部曲也事猶爲也濟成也舞者各有部曲之列又夾振之者象用兵務於早成也。分扶問反注同分部曲久立於綴以待諸侯之至也象武王伐紂待諸侯也且女獨未聞牧野之語乎欲語以作武樂之意。牧野音也徐又以汝反欲語魚據反武王克殷反商未及下車而封黃帝之後於薊封帝堯之後於祝封帝舜之後於陳下車而封夏后氏之後於杞投殷之後於宋封王子比干之墓釋箕子之囚使之行商容而復其位庶民弛政庶士倍祿濟河而西馬散之華山之陽而弗復乘牛散之桃林之

野而弗復服車甲衅而藏之府庫而弗復用倒載干戈包之以虎皮將帥之士使爲諸侯名之曰建櫜然後天下知武王之不復用兵也反商。當爲及字之誤也及商謂至紂都也牧誓曰至于商郊牧野封謂故無土地者也投舉徙之辭也時武王封紂子武庚於殷墟所徙者微子也後周公更封而大之積士爲封封比干墓崇賢也行猶視也使箕子視商禮樂之官賢者所處皆令反其居也弛政去其紂時苛政也倍祿復其紂時薄者也散猶放也桃林在華山旁甲鎧也衅釁字也包干戈以虎皮明能以武服兵也建讀爲鍵字之誤也兵甲之衣曰櫜鍵櫜言閉藏兵甲也詩曰載櫜弓矢春秋傳曰垂櫜而入周禮曰櫜之欲其約也薊或爲續祝或爲鑄。反依注音及封黃帝之後於薊音計今涿郡薊縣是也即燕國之都也孔安國司馬遷及鄭皆云燕國郡邵公與周同姓按黃帝姓姬君奭蓋其後也或黃帝之後封薊者滅絕而更封燕邵乎疑不能明也而皇甫謐以邵公爲文王之庶子記傳更無所出又左傳富辰之言亦無燕也祝之六反杞音起使之行下孟

反注同視也商容如字孔安國云殷之賢人也鄭云商禮樂之官也復音伏弛始氏反注同廢也華如字又戶化反而弗復扶又反下同衅字又作釁同許靳反倒丁老反建依注讀爲鍵其展反徐其偃反櫜音羔注同虛音墟令力呈反去起呂反苛音何本又作荷役也鎧苦代反又開改反鑄止樹反〔疏〕分夾至兵也。正義曰分夾而進事蚤濟也者分謂部分夾謂振鐸夾之言舞者各有部分振鐸夾之而進也事爲也象武王伐紂爲蚤濟成也象爲事之蚤成故前進也。久立於綴以待諸侯之至也者言未舞之前舞者久立於鄭綴象武王待諸侯之至。且女獨未聞牧野之語乎孔子既爲賓牟賈說武樂之體也又欲爲賓牟賈廣論牧野作武樂之意故云且女獨未聞牧野之語乎將欲語以牧野之事畢周道四達之意也。武王克殷反商此孔子爲賓牟賈說牧野克殷後事及商者反當爲及言武王牧野克殷已畢及至商紂之都也。未及下車者言速封諸侯未遑暇及下車即封黃帝堯舜之後也下車而封夏殷之後者以二王之後以其禮大故待下車而封之按周本紀云武王以與戰伐紂兵皆崩畔武王入至紂死之所周公把大鉞畢公把小鉞以夾武王武王既入立於社南召公奭貢兵師尚父牽牲尹逸祝曰殷之末孫季紂殄廢先王明德又云乃封紂子祿父

使其弟管叔蔡叔相祿父命召公釋箕子之囚命畢公釋百姓之囚表商容之閭命南宮适散鹿臺之財發鉅橋之粟命閎夭封比干之墓武王追思先聖乃褒封神農之後於焦及封黄帝之後於薊封帝堯之後於祝封帝舜之後於陳大禹與此同然如武王追思先聖乃封之與此未及下車義反當以禮記爲正此不云封神農者舉三恪二代也○釋箕子之囚使之行商容而復其位者既釋箕子使之行商容者行視也容謂禮樂之官使箕子檢視殷家禮樂之官若有賢者所處皆令復居其故位也○庶民弛政者弛去也庶民被紂虐政者而放去之也○庶士倍祿者謂庶士紂時祿薄者而倍益之車甲衅而藏之府庫者言車甲不復更用故以血衅而藏之○倒載干戈者倒載者刃向京也所以倒之者熊氏云凡載兵之法皆刃向外今倒載者刃向國不與常同故云倒載也○包之以虎皮者虎皮武猛之物也用此虎皮包裹兵器示武王威猛能包制服天下兵戈也或以虎皮有文欲以見文止武也○將帥之士使爲諸侯名之曰建櫜者封爲諸侯者以報勞賞其功也即牧誓云千夫長是也名之曰建櫜者鍵籥牡也櫜兵鎧之櫜也言鎧及兵戈悉櫜韜之置於府庫而鍵閉之故云名之曰建櫜也然後天下知武王之不復用兵也者見其放牛藏器故知之○注反當至約也○正義曰反當爲及者以下文云濟河而西明知此反商是及至商也云投舉徙之詞也者以武王之時封紂子武庚於殷墟初克紂微子復其故位左傳云武王親釋其縛使復其所是也而蹔時復所武王即徙而居宋也故云所徙者微子也云後周公更封而大之者以武庚于周公居攝之時作亂被滅周公因封微子先在於宋更封而大之者按書序云成王既黜殷命命微子啟作微子之命是封而大之其實封爲五百里在制禮之後故發墨守云六年制禮作樂封殷之後稱公於宋是也云使箕子視商禮樂之官者容爲禮樂故云視商禮樂之官知容爲禮樂者漢書儒林傳云孝文時徐生善爲容是善禮樂者謂之容也而武成篇云式商容閭則商容人名鄭不見古文故爲禮樂也云衅釁字也者以禮傳所云以血塗物皆爲釁故從釁也云建讀爲鍵者鍵是管籥閉藏之名故讀爲鍵或以管籥或以櫜衣閉藏兵革故云鍵櫜也引詩曰載櫜弓矢者詩頌時邁篇也論武王伐紂畢載櫜弓矢也引春秋傳垂櫜而入者昭元年左傳文時楚公子圍聘於鄭公孫段云請垂櫜而入示無弓但垂櫜而已引周禮櫜之欲其約也者考工記文言以皮爲甲櫜中盛之欲其約所引此諸文者證櫜是韜盛之物也

散軍而郊射左射貍首右射騶虞而貫革之射息也裨冕搢笏而虎賁之士說劒也祀乎明堂而民知孝朝覲然後諸侯知所以臣耕藉然後諸侯知所以敬五者天下之大教也郊射爲射宮於郊也左東學也右西學也貍首騶虞所以歌爲節也貫革射穿甲革也裨冕衣裨衣而冠冕也裨衣衮之屬也搢猶插也賁憤怒也文王之廟爲明堂制耕藉藉田也○郊射食亦反左射下右射同洗皆食夜反貍力之反騶側由反貫古亂反後同裨婢支反搢音進笏音忽賁音奔注同孔安國云虎賁若虎賁獸言其猛也說吐活反朝直遥反射穿食亦反衣裨衣上於既反下如字而冠古亂反猶捷本亦作插初洽反徐采協反憤扶粉反

食三老五更於大學天子袒而割牲執醬而饋執爵而酳冕而摠干所以教諸侯之弟也三老五更互言之耳皆老人更知三德五事者也冕而摠干親在舞位也周名大學於東膠○食音嗣更古衡反注同大學音泰注大學同饋其媿反酳音胤又仕覲反弟大計反膠音交

〔疏〕散軍至弟也○此一經論克商之後脩文教也○散軍而郊射者還鎬京止武而習文也郊射射於射宮在郊學之中也天子於郊學而射所以擇士簡德也○左射貍首者左東學也亦在於東郊貍首諸侯之所射詩也周立虞庠之學於西郊故知使諸侯習射於東學歌貍首詩也所以歌貍首者皇氏以爲舊解云貍之取物則伏下其頭然後必得言射亦必中如貍之取物矣鄭注大射云貍首逸詩貍之言不來也其詩有射諸侯首不朝者之言因以名篇不取於貍之伏物而皇氏所說違鄭注其義非也右射騶虞者右是西學在西郊也騶虞天子於西學中習射也騶虞白虎黑文義應之獸也故知唯天子射歌之詩其騶虞篇云彼茁者葭一發五豝鄭注射義云一發五豝喻得賢者多也○而貫革之射息也者貫穿也革甲鎧也所謂軍射也言軍中不習於容儀及無別物但取甲鎧張之而射唯穿多重爲善謂爲貫革也春秋養由基射七札是也此既習禮射於學故貫革之射止息也○裨冕搢笏而虎賁之士說劒也者裨冕入廟之服也搢笏插笏也虎賁言奔走有力如虎之在軍說劒者既並習文故皆說劒也○祀乎明堂而民知孝者罷武而教民之行孝於明堂明堂是文王之廟也於時

未有明堂而云明堂者文王廟如明堂之制故云明堂也天子於中祀其父也故教民知孝之道矣然不於后稷廟而於文王廟者旣是述父之志故初於中祀也○朝覲然後諸侯知所以臣者六服更朝故諸侯知爲臣之道還國而教也○耕藉然後諸侯知所以敬者王自耕藉田以供粢盛故諸侯見而知其敬亦還國而耕也○五者天下之大教也者郊射一裨冕二祀乎明堂三朝覲四耕藉五此五者大益於天下並使諸侯還其本國而爲教故云大教也○注郊射至田也○正義曰郊射爲射宮於郊者也皇氏云於東郊熊氏云王制篇云殷禮小學在公宮南之左大學在郊武王伐紂之後猶用殷制故小學射貍首大學射騶虞也言爲射宮於郊者據大學也云裨冕衣裨衣而冠冕也者覲禮云侯氏裨冕鄭云裨之爲言埤也天子六服大裘爲上其餘爲埤故此云裨衣衮之屬也衮謂從衮冕之衣以下皆是也言身著衣而首冠冕故云裨冕衣裨衣而冠冕也云文王之廟爲明堂制者以周公攝政六年始朝諸侯於明堂當武王伐紂之時未有明堂今云祀乎明堂故知是文王之廟制耳非正明堂也○天子袒而割牲者謂天子養三老五更之時親袒衣而割牲也執醬而饋者謂天子親執醬而饋之○執爵而酳者謂食訖天子親執爵而酳口也○冕而揔干者謂天子親自着冕手持干盾而親舞也此冕當驚冕享先公以饗射養老之類所以教諸侯之弟也者天子親自養老則諸侯亦然不言教以孝者與上互文○注三老至東膠○正義曰三老五更互言之耳者三老亦五更五更亦三老故云皆老人更知三德五事者也三德謂正直剛柔五事謂貌言視聽思也文王世子注云象三辰五星者義相包矣云周名大學曰東膠者按王制云周人養國老於東膠以養國老故知大學也此經云食三老五更於大學亦謂殷禮周則右射騶虞之處矣

若此則周道四達禮樂交通則夫武之遲久不亦宜乎言武遲久爲重禮樂○夫音扶爲于僞反〔疏〕若此至宜乎○若如也言周德如此之後則是周之道德四方通達禮樂交通無所不備也則夫武之遲久不亦宜乎者凡功小者易就其時速也功大者難成其時久也周之禮樂功大故作此大武之樂遲停而久不亦宜乎者其宜合當然也以其功德盛大故須遲久重慎之也

君子曰禮樂不可斯須去身致樂以治心則易直子諒之心油然生矣易直子諒之心生則樂樂則安安則久久則天天則神天則不言而信神則不怒而威致樂以治心者也致猶深審也子讀如不子之子油然新生好貌也○善心生則寡於利欲寡於利欲則樂矣志明行成不言而見信如天也不怒而見畏如神也樂由中出故治心○易以豉反下及注皆同子同子如字徐將吏反諒音亮油音由行下孟反下同〔疏〕君子至者也○正義曰自此以下至可謂盛矣名爲樂化言樂能化人始至於善故名樂化各隨文解之○此一經明樂以治心記者引君子之言故云君子曰禮樂不可斯須去身者言禮樂是治身之具不可斯須去離於身也○致樂以治心則易直子諒之心油然生矣者致謂深致詳審易謂和易直謂正直子謂子愛諒謂誠信言能深遠詳審此樂以治正其心則和易正直子愛誠信之心油油然從內而生矣言樂能感人使善心生也○易直子諒之心生則樂者四善之心生則令人和樂樂則安者心樂故體安而不躁也○安則久者旣身不躁故性命長久也○久則天者志明行成久而不改則人信之如天○天則神者旣爲人所信如天故又爲人所畏如神也○天則不言而信者謂四時不失○神則不怒而威者言宗廟社稷之中而民自敬是不怒而威也言聖王旣能用樂和心故不言而信似天也不怒而威似神也致樂以治心者也言聖王所以能如此者由詳審於樂以和治民心遂能如此○注致猶至治心○正義曰致猶深審也者言深遠詳審樂之道理能致如此故云致猶深審也云子讀如不子之子者按尚書云啟呱呱而泣予弗子是子愛之義而此經子亦是慈愛故讀如不子之子云油然新生好貌也書傳箕子歌云禾黍之油油潤澤好之貌然善心內生其貌美好油然也云善心生則寡於利欲者凡利欲之發由貪鄙而來心若患利欲則神勞形苦今善心旣生則利欲寡少利欲旣少則情性和樂云志明行成者不貪於利用是志意清明神和性樂是善行得成矣云不言而見信如天也不怒而見畏如神也者以其志明行成之後故人皆信其德行敬其威重不須言見信之如天不須怒而見畏如神也但天之與神其事是一俱不言而信不怒而威天則有形事似稍近神則無體理如幽深故經先云久則天後云天則神也但天者四時不失故云不言而信神是人所畏敬故云不怒而威其實一也所從之異耳云樂由中出故治心者解樂以治心之意也

致禮以治躬則莊敬莊敬則嚴威躬身也禮自外作故治身

心中斯須不和不樂而鄙詐之心入之矣鄙詐是貪多詐僞外貌斯須不莊不敬而易慢之心入之矣易輕易也〔疏〕致禮至之矣○致禮以治躬則莊敬莊敬則嚴威者前經云致樂此經云致禮而治躬詐致禮意以治躬外貌則莊嚴而恭敬若能莊嚴而恭敬則嚴肅威重也言內心莊嚴恭敬則人憚之嚴肅威重○心中斯須不和不樂而鄙詐之心入之矣者前經明致樂治心則向善心生此經明樂治心失則怨心起言不能致樂治心心中斯須不能調和則不能喜樂而有鄙恡詐僞之心入於內矣由貪欲多故鄙詐起也○外貌斯須不莊不敬而慢易之心入之矣者前經致禮以治躬得則莊敬起此經明致禮以治躬失則易慢生故云外貌斯須不莊不敬不能致禮治躬故輕易怠慢之心從外而入內矣故樂也者動於內者也禮也者動於外者也樂極和禮極順內和而外順則民瞻其顏色而弗與爭也望其容貌而民不

生易慢焉故德煇動於內而民莫不承聽理發諸外而民莫不承順德煇顏色潤澤也理容貌之進止也○爭爭鬭之爭煇音輝〔疏〕故樂至承順○此一經言聖人用禮樂以治身內外兼備使德煇動於內而民順於外○故樂也者動於內者也者但樂從心起故感動於內○禮也者動於外者也禮從外生故發動於外也○樂極和者樂能感人心故極益於和也○禮極順者禮以檢貌故極益於順也內和而外順則民瞻其顏色而弗與爭也者由心內和色和於外順之能望其顏色而弗與爭內和色見於外故不爭矣此覆結上內和也○望其容貌而民不生易慢焉者外貌和順故民不生易慢此覆結外順也○故德煇動於內而民莫不承聽者由樂以和心故德煇美發動於內而民莫不承奉聽從也○理發於外而民莫不承順者由禮以治貌故理發見於外而民莫不承奉敬順也○注德煇至止之○正義曰德煇顏色潤澤也由內心和順故和順之德煇然發見於顏色是德煇由動於內而來也云理容貌之進止也者以經云理發諸外凡道理從內心而生今云理發諸外非道理之理止謂容貌進止之理鄭恐有道理之謙故云容貌之進止也故

曰致禮樂之道舉而錯之天下無難矣〔疏〕故曰至難矣○此一經總結致備禮樂之道也言聖人若能詳審極致禮樂之道舉而錯置於天下悉皆敬從無復有難爲之事也樂也者動於內者也禮也者動於外者也故禮主其減樂主其盈禮主於減人所倦也樂主其盈人所歡也○錯本亦作昔同七路反減胡斬反又古斬反注及下同禮減而進以進爲文樂盈而反以反爲文進謂自勉強也反謂自抑止也文猶美也善也○強其丈反又其兩反禮減而不進則銷樂盈而不反則放故禮有報而樂有反放淫聲樂不能止也報讀曰褒褒猶進也○銷音消報依注讀曰褒音保毛反下同禮得其報則樂樂得其反則安得謂曉其義知其吉凶之歸○樂樂上音洛下音岳禮之報樂之反其義一也俱趨立於中不銷不放也〔疏〕樂也

至一也○此一節論樂之禮或減或盈其事各異王者當各依其事而和節之也○故禮主其減者行禮在於困匱主在減損謂人不能行也樂主其盈者作樂人所歡樂言樂主於盈滿人皆欲得聞也○禮減而進以進爲文者禮既減損當須勉勵於前進文謂美善之名若能前進則爲美善也○樂盈而反以反爲文者樂主其盈當須抑退而自反則爲美善也○禮減而不進則銷者覆明前經禮須進之意禮既減損若不勉強自進則禮道銷衰也○樂盈而不反則放者言樂主盈滿若不反自抑損則樂道流放也○故禮有報而樂有反者報讀爲褒褒猶進也以其病害如此故行禮之道須有自進作樂之道須有自退反也○禮得其報則樂者言禮能曉其義理而自進則和樂不至困苦故和樂也○樂得其反則安者言樂能知吉凶之歸而得其反則安靜而不流放也禮之報樂之反其義一也者言禮能自進樂能自反其義於中和之義一也言俱得其中故云一也○注得謂至之歸○正義曰得謂曉其義者言禮樂俱有義理云知其吉凶之歸者謂禮之與樂俱有吉凶行禮得所爲吉失禮則凶爲樂美善則吉爲樂惡則凶今按注意分明兼解禮樂故鄭唯言得謂曉其義是兼解禮得樂得之字則自然吉凶之言解禮樂皇氏之意乃謂曉其義者解禮如其吉凶所歸解樂其義非

也夫樂至此矣從此以下至章末摠明樂之德也夫樂者樂也人情之所不能免也樂必發於聲音形於動靜人之道也聲音動靜性術之變盡於此矣免猶自止也人道人之所為也性術言此出於性也益於此不可過【疏】夫樂至此矣○夫樂者樂也者言樂之為體是人情所歡樂也人情之所不能免也者免猶止退也言喜樂動心是人情之所不能自抑退也樂必發於聲音者言人歡樂之事發見於聲音言內心歡樂聲音發見前嗟嘆之咏歌之是也○形於動靜者形見也內心歡樂發見於外貌動靜則不知手之舞之足之蹈之是也○人之道也者謂內心歡樂發見聲音動靜是人道自然之常○聲音動靜性術之變盡於此矣者術謂道路變謂變動言口為聲音貌為動靜是人性道路之變轉竭盡於此矣而不可過也內心善則變轉出音聲善外貌變轉為動靜此自然情性為變改不過於此度此外不復更有餘事故云盡於此矣故人不耐無樂樂不耐無形形而不為道不耐無亂形聲音動靜也耐古書能字也後世變之此獨存焉古以能為三台字○耐古能字下及注同台吐才反【疏】故人至無亂○此一節明人稟自然之性而有喜樂○故人不耐無樂者言人感五常之性自然之常若見好事內心不能無喜樂也○樂不耐無形者內既歡樂不能無形見於外謂聲音動靜而見於外也○形而不為道不耐無亂者歡樂既形於外而不依道理或歌舞不節俾晝作夜是不依道理既不為道不能無淫亂之事以至於亡國喪家也○注耐古至台字○正義曰言經之耐字是古書能字之義言古書能字皆作耐字云後世變之者言後世以來變耐為能不作耐字也云此獨存焉者言此樂記獨存耐字以為能也云古以能為三台字者言古時以今能字為三台之字是古者之耐字為今之能字能字為三台之字後世以來廢古耐字以三台之能替耐字之變而為能也又更作三台之字是今古變也○先王恥其亂故制雅頌之聲以道之使其聲足樂而不流使其文足論而不息使其曲直繁瘠廉肉節奏足以感動人之善心而已矣不使放心邪氣得接焉是先王立樂之方也流謂淫放也文篇辭也息猶銷也曲直歌之曲折也繁瘠廉肉聲之鴻殺也節奏闋作進止所應也方道也○以道音導瘠在亦反肉如又反注同邪似差反折之設反鴻本亦作洪殺色戒反徐所例反闋苦穴反【疏】先王至方也○此一節論先王恥惡其亂故立正樂以節之使其聲足樂而不流者言先王制其雅頌之聲作之有節使人愛樂不至流逸放蕩也○使其文足論而不息者文謂樂之篇章足可談論義理而不息止也○使其曲直繁瘠廉肉節奏足以感動人之善心而已矣者曲謂聲音迴曲直謂聲音放直繁謂繁多瘠謂省約廉謂廉稜肉謂肥滿節奏謂或作或止作則奏之止則節之言聲音之內或曲或直或繁或瘠或廉或肉或節或奏隨分而作以會其宜但使會其宜足以感動人之善心如此而已○不使放心邪氣得接焉者放心謂放恣之心邪氣謂淫邪之氣既節之以雅頌又調之以律呂貌得其敬心得其和故放心邪氣不得接於情性矣○是先王立樂之方也者方猶道也言此上來之事是先王立樂之道也○注流猶至道也○正義曰流猶淫放也者謂樂聲流動淫邪放逸聲既如此感動人心人若聽之心亦流移淫放也云息猶銷也言樂德深遠論量義理而不可銷盡故云論而不息云曲直歌之曲折也言為歌之體其聲須有曲時有折時故云歌之曲折也云繁瘠廉肉聲之鴻殺也者鴻謂麄大殺謂細小言樂聲須弘大而多則肉與繁聲是也殺謂聲音細小則瘠與廉聲是也言聲音之宜或須繁多肉滿者或須瘠少廉瘦者凡樂器大而弦麄者其聲鴻器小而弦細者其聲殺矣云節奏闋作進止所應也闋謂樂息作謂樂動進則作也止則闋也故云進止所應也○是故樂在宗廟之中君臣上下同聽之則莫不和敬在族長鄉里之中長幼同聽之則莫不和順在閨門之內父子兄弟同聽之則莫不和親故樂者審一以定和比物以飾節節奏合以成文所以合和父子君臣附親萬民也是先王立樂之方也審一審其人聲也比物謂雜金革土匏之屬也以成文五聲八音克諧相應和○長丁丈反閨音圭比毗

惑反注同雜也　飾音式又音勑〔疏〕是故至方也○此一經覆說聖王立樂之事使君臣上下同聽之則莫不和敬者以君臣主敬故君臣上下同聽之則莫不和敬也鄉里主順故云莫不和順父子主親故云莫不和親也○故樂者審一以定和者一謂人聲言作樂者詳審人聲以定調和之音但人聲雖一其感有殊或有哀樂之感或有喜怒之感當須詳審其聲以定調和之曲矣○比物以飾節者物謂金石匏土之屬言須比八音之物以飾音曲之節也○節奏合以成文者謂奏作其樂或節止其樂使音聲和合成其五聲之文也所以合和父子君臣者則上文君臣同聽莫不和敬父子同聽莫不和親是也○附親萬民也者則上文族長鄉里之中長幼同聽莫不和順之屬言親以及疏言近以至遠是親附萬民也

故聽其雅頌之聲志意得廣焉執其干戚習其俛仰詘伸容貌得莊焉行其綴兆要其節奏行列得正焉進退得齊焉故樂者天地之命中和之紀人情之所不能免也綴表也所以表

行列也詩云荷戈與綴兆域也舞者進退所至也要猶會也命教也紀捴要之名也○詘丘勿反要一遥反注要猶會同行戶剛反注同荷本又作何胡可反一音河綴詩作祋同都外反〔疏〕故聽至免也○此一經論先王制樂得天地之和則感動人心使之和善○故聽其雅頌之聲志意得廣焉者雅以施正道頌以贊成功若聽其聲則淫邪不入故志意得廣焉○執其干戚習其俛仰詘伸容貌得莊焉者干戚是威儀之容俯仰詘伸以禮進退動止必以禮故容貌得莊敬焉○行其綴兆要其節奏行列得正焉進退得齊焉者綴表也兆域也言舞者綴表兆域方正得其所矣節謂曲節奏謂動作言作樂或節或奏是依其綴兆故行列得正由隨其節奏故進退得齊焉○故樂者天地之命者命教也言樂者感天地之氣是天地之教命也○中和之紀者紀謂綱紀總要之所言樂和律呂之聲是中和綱紀揔要之所言也○人情之所不能免也者人感天地而生又感陰陽之氣樂既合天地之命協中和之紀感動於人是人情不能自免退言人感樂聲自然敬畏也○注綴表至名也○正義曰引詩云荷戈與綴者證綴為表也今按詩荷戈與祋不同者鄭所見齊魯韓詩本不同也云紀揔要之名也者紀是綱紀衆物之名與衆物為總要言樂者與中和之聲為總要也

夫樂者先王之所以飾喜也軍旅鈇鉞者先王之所以飾怒也故先王之喜怒皆得其儕焉儕猶輩類○鈇方夫反又音甫鉞音越儕仕皆反輩布内反喜則天下和之怒則暴亂者畏之先王之道禮樂可謂盛矣天子之於天下喜怒節之以禮樂則兆民和從而畏敬之禮樂王者所常興則盛矣〔疏〕夫樂至盛矣○此一經覆說樂道之盛○故先王之喜怒皆得其儕焉者言樂以飾喜非喜不樂是喜得其儕類焉鈇鉞飾怒非怒不可橫施鈇鉞是怒得其儕類焉是樂非合喜不喜鈇鉞非合怒不怒也○喜則天下和之者以心內而喜故天下和也○怒則暴亂者畏之者非惡不怒故暴亂者畏之○先王之道禮樂可謂盛矣者上經以來但論樂此兼云禮者以此一章總兼禮樂故於章末總以禮樂結之

○子贛見師乙而問焉曰賜聞聲歌各有宜也如賜者宜何歌也子贛孔子弟子師樂官也乙名聲歌各有宜氣

順性也○贛音貢師乙曰乙賤工也何足以問所宜請誦其所聞而吾子自執焉樂人稱工執猶處也○請七穎反悉音情愛者宜歌商溫良而能斷者宜歌齊夫歌者直己而陳德也動己而天地應焉四時和焉星辰理焉萬物育焉故商者五帝之遺聲也寬而靜柔而正者宜歌頌廣大而靜疏達而信者宜歌大雅恭儉而好禮者宜歌小雅正直而靜廉而謙者宜歌風肆直而慈愛此文換簡失其次寬而靜宜在上愛者宜歌商宜承此下行讀云肆直而慈愛者宜歌商商宋詩也愛或為哀直己而陳德者因其德歌所宜育生也○斷丁亂反下及注同好呼報反換戶亂反行戶剛反商之遺聲也商人識

之故謂之商齊者三代之遺聲也齊人識之故謂之齊云商之遺聲也衍字也又誤上所云故商者五帝之遺聲也當居此衍字處也○處昌慮反明乎商之音者臨事而屢斷明乎齊之音者見利而讓屢數也數斷事以其肆直也見利而讓以其溫良能斷也斷猶決也○屢力住反數色角反下同臨事而屢斷勇也見利而讓義也有勇有義非歌孰能保此保猶安也知也故歌者上如抗下如隊曲如折止如槀木倨中矩句中鉤纍纍乎端如貫珠言歌聲之著動人心之審如有此事○上時掌反抗苦浪反隊直媿反折之設反槀苦老反倨音據中丁仲反句紀具反鉤古侯反纍本又作累力追反故歌之爲言也長言之也說之故言之言之不足故長言之長言之不足故嗟歎之嗟歎之不足故不知手之舞之足之蹈之也長言之引其聲也嗟歎和續之也不知手之舞之足之蹈之歡之至也○說音悅和胡臥反子貢問樂上下同美之也【疏】子貢至問樂○正義曰子貢見師乙依別錄是師乙之章○聞聲歌各有宜也者子貢問師乙言凡聲歌各逐人性所宜者也如賜同者宜何歌也者如賜同之氣性宜作何歌是欲令師乙觀已氣性宜聽何歌也請誦其所聞而吾子自執焉者此師乙荅子貢請爲論述不敢定其所宜故請誦其所聞之詩令子貢自量已性執處所宜之歌但此經倒錯上下失敘今依鄭之所注次而解之所次依史記樂書也○寬而靜柔而正者宜歌頌者寬謂德量寬大靜謂安靜柔謂和柔正謂正直頌成功德澤弘厚若性寬柔靜正者乃能包含故宜歌頌也○廣大而靜疏達而信者宜歌大雅者廣大謂志意宏大而安靜疏達謂疏朗通達而誠信大雅者歌其大正故性廣大疏達宜歌大雅但廣大而不寬疏達而不柔包容未盡故不能歌頌○恭儉而好禮者宜歌小雅者恭謂以禮自持儉謂以約自處若好禮而動不越法也小雅者王者小正性既恭儉好禮而守分不能廣大疏通故宜歌小雅者也○正直而靜廉而謙者宜歌風者正直而不能包容靜退即不知機變廉約自守謙恭卑退不能好禮自處其德狹劣故宜歌諸侯之風未能聽天子之雅矣○肆直而慈愛者宜歌商者謂情性四放質直慈心愛敬者宜歌商商者五帝之遺聲言五帝道大故肆直慈愛者宜歌之以慈愛故也○溫良而能斷者宜歌齊者齊三代之遺聲三代干戚所起裁斷是非故溫良能斷者宜歌齊也○夫歌者直已而陳德也者言夫歌者當直已身而陳論其德謂已有此德而宜此歌亦是正直已身而敷陳其德故云直已而陳德也○動已而天地應焉者言能直已陳德故有四事而來應之○言歌者運動已德而天地應焉○四時和焉者謂陰陽順也○星辰理焉者謂不悖逆也○萬物育焉者謂羣生所得也○故商者五帝之遺聲也者言五帝德既顯盛遺聲在於後代矣其肆直而慈愛者宜聽之耳未能行五帝之德也○商之至之齊商之遺聲也者此五字鄭云衍字者上已有商者五帝遺聲故此云商人識之故云謂之商矣○齊者三代之遺聲者前經云溫良而能斷者宜歌齊故此云齊者三代之遺聲也○齊人識之既識其音曲故謂之齊矣言三王德備五帝道盛但遺聲於後代故溫良而能斷者宜歌之言宜聽歌聲非謂能行三代之德也○明乎商之音者以其肆直而慈愛故臨事屢斷也○明乎齊之音者見利而讓者以其溫良能斷故見利而讓不私於已也○臨事而屢斷勇也者臨危疑之事數能斷割是勇也○見利而讓義也者言見利能讓是有義也○有勇有義非歌孰能保此者保猶安也知也故有勇有義之人不是歌聲辨之誰能知其有勇有義言觀其所宜之歌宜歌商者知其有勇宜歌齊者知其有義○故歌至貫珠此一經論感動人心形狀如此諸事○上如抗者言歌聲上響感動人意使之如似抗舉也○下如隊者言音聲下響感動人意如似隊落之下也○曲如折者言音聲迴曲感動人心如似方折也○止如槀木者言音聲止靜感動人心如似枯槀之木止而不動也○倨中矩者言其音聲雅曲感動人心如中當於矩也○句中鉤者謂大屈也言音聲大屈曲感動人心如中當於鉤也○纍纍乎端如貫珠者言聲之狀纍纍乎感動人心端正其狀如貫於珠言聲音感動於人令人心想形狀如此○故歌至之也上論歌之形狀此論歌之始終相生至於舞蹈○故歌之爲言也長言之也者言歌之爲言引液其聲長遠而言之○說之故言之者此更覆說歌意前境有可說之事來感已情則言之○言之不足故長言之者直言之不足更宜暢已意故引液長言之也長言之不足故嗟歎之者以長言詠歌之意猶不足故嗟歎

之美而和續之。嗟歎之不足故不知手之舞之足之蹈之也者言雖復嗟歎情由未滿故不覺揚手舞之舉足蹈之而手舞其體足蹈其地也之是助句辭也按詩云先嗟歎後云咏歌之此先云長言之後云嗟歎之文先後不同者何也但詩序是屬文之體又略言之故彼云言之不足故嗟歎之嗟歎之不足故永歌之此經委曲說歌之狀其言備具故言之言之不足故長言之長言之不足故後始云嗟歎之矣。注商宋詩也。正義曰以下文商人識之齊人識之皆據其代也故知此商謂宋人所歌之詩宋是商後也。注云商至處也。正義曰此經中商之遺聲也五字言無此五字以上經云商者五帝之遺聲故此經不得更有商之遺聲也故知衍字云商者五帝之遺聲也當居此衍字處也者前云商者五帝之遺聲當居此商之處也

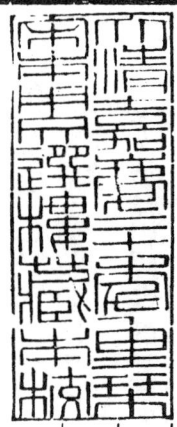

附釋音禮記注疏卷第三十九

江西南昌府學栞

禮記注疏卷三十九挍勘記　阮元撰盧宣旬摘錄

樂記

今夫新樂節

及優侏傷 閩監毛本同岳本同衛氏集說同陳澔集說同惠棟按宋本傷作儒石經宋監本嘉靖本同釋文出傷云音儒

獶雜子女 各本同石經同盧文弨云獶當作獿按釋文亦作獶云依字亦作猱。按依說文當作夒猱卽夒字變聲柔聲古音同部

今夫至發也 惠棟按宋本無此五字

此經明子夏 閩監毛本同惠棟按宋本此經上有正義曰三字

對文侯新樂之禮 惠棟按宋本同閩監毛本禮誤體衛氏集說同

俱曲屈進退而已 閩監毛本同惠棟按宋本曲屈作屈曲

今君之所問者樂也節 惠棟云今君之所問節宋本分文侯曰以下另爲一節

鏗鏘之類 閩監毛本同岳本同嘉靖本同衛氏集說同釋文鏘作鎗

今君至何如 惠棟按宋本無此五字

前兩經 閩監毛本同考文云宋板上有正義曰三字

謂音聲也 考文云宋板作也此本也字闕閩監毛本也作耳

音則心邪聲亂 閩監本同毛本心聲二字互誤

○文侯曰 閩監本同毛本○誤古考文云宋板無古字

子夏對曰夫古者節

當謂樂不失其所 各本同盧文弨云史記集解無樂字。案正義亦無樂字

照臨四方曰明　各本同釋文出炤臨云本亦作照

子夏至謂也　惠棟按宋本無此五字此本○下脱正義曰三字

今君之所好者節

今君至出也　惠棟按宋本無此五字

上既云　閩監毛本同惠棟按宋本上有正義曰三字

子夏對曰鄭音好濫節

齊音敖辟　各本同石經同釋文出傲云字又作敖○按古多假敖爲傲

子夏至用也　惠棟按宋本無此五字

此一節　閩監毛本同惠棟按宋本上有正義曰三字

好濫相偷竊　閩監毛本同衞氏集説同惠棟按宋本濫作比

詩云肅雍和鳴節

肅雍和鳴　閩監毛本同石經同岳本同嘉靖本同衞氏集説雍作雝陳澔集説同石經考文提要云按詩考列之詩異字異義中宋大字本宋本九經南宋巾箱本余仁仲本劉叔剛本並作雍下雍雍和也同

此一節　閩監毛本同惠棟按宋本上有正義曰三字

爲人君者節

此經明子夏　閩監毛本同惠棟按宋本上有正義曰三字

釋言文也　惠棟按宋本此下標禮記正義卷第四十八終記云凡二十七頁

然後聖人作爲節　惠棟按宋本自此節起至子贛見師乙而問焉節止爲第四十九卷卷首題禮記正義卷第四十九

壎篪　閩本同惠棟按宋本宋監本石經岳本衞氏集説釋文同監毛本篪誤箎嘉靖本同注放此疏同

謂祝敔也　各本同釋文出圉云本又作敔○按敔正字圉假借字

或爲簨虡　閩監毛本同岳本衞氏集説同釋文亦作虡嘉靖本虡作簴考文云足利本同○按説文作虡隸省作虡俗從竹

然後鍾磬竽瑟　閩本同嘉靖本同衞氏集説同監毛本鍾作鐘石經同岳本同下鍾磬鏗聽鍾聲並同疏放此

然後至序也　惠棟按宋本無此五字

篪七室塤六孔　閩監本同衞氏集説同惠棟按宋本室作空毛本同塤誤堉盧文弨云空卽孔字

故周語單穆云　惠棟按宋本有公字衞氏集説同此本公字脱閩監毛本同

鍾聲鏗節

鍾聲至武臣　惠棟按宋本無此五字

則其號必充滿於萬物矣　閩監毛本同惠棟按宋本滿作徧

石聲磬節

石聲至之臣　惠棟按宋本無此五字

此一經　閩監毛本同考文云宋板上有正義曰三字下疏皆放此

故讀聲音磬然矣　閩本同監本聲作磬毛本聲作磬

竹聲濫節

君子聽竽笙　各本同毛本竽誤竿

竹聲至之臣　惠棟按宋本無此五字

鼓鼙之聲讙節

鼓鼙至之臣　惠棟挍宋本無此五字

故使人意動作也　閩監本同毛本意動二字倒

君子之聽音節

非聽其鏗鎗而已也　惠棟挍宋本宋監本石經岳本同考文引古本足利本同閩監本也字同鎗作鏘嘉靖本同衛氏集說同毛本鎗作鏘也誤矣釋文亦作鎗石經考文提要云宋大字本宋本九經南宋巾箱本余仁仲本劉叔剛本並作鏗鎗史記樂書同

君子至之合也　惠棟挍宋本無此六字此本○下脫正義曰

非徒聽其音聲鏗鎗而已　惠棟挍宋本同閩監毛本鎗作鏘衛氏集說同

賓牟賈侍坐於孔子節　惠棟云賓牟賈節咏歎之節賓牟賈起節子曰居節宋本合爲一節

賓牟賈　牟字各本並從牛惟此本及閩本從午作牟下經疏並同石經此牟字從干作牟下賓牟賈起又從牛作牟按從牛是

賓牟至衆也　惠棟挍宋本無此五字

此以下王事　惠棟挍宋本閩監毛本王作五

咏歎之節

咏歎之　各本同石經同嘉靖本歎作嘆釋文出咏嘆云音歎

事戎事也　閩監毛本同嘉靖本同衛氏集說同岳本戎作伐考文引足利本同

羌老耄也　各本同釋文耄作旄下同○按依說文當作薹

咏歎至是也　惠棟挍宋本無此五字

此是賓牟賈荅孔子之詞　閩監毛本同惠棟挍宋本詞作辭下此亦賓牟賈對詞此亦孔子問詞並同

象武王伐紂　閩監本同毛本伐誤代

謂非是武樂之音　閩監毛本同惠棟挍宋本音作意

是文王崩後六年伐紂　惠棟挍宋本作是此本是字漶滅閩監毛本是誤時

子男子之美稱　閩監毛本同考文云宋板無下子字

賓牟賈起節

敢問遲之遲　各本同石經遲並作遟釋文同下倣此

是賓牟賈問詞也　閩監毛本同惠棟挍宋本詞作辭

前經是夫子之問　惠棟挍宋本作子此本子字漶滅閩監毛本子誤武

子曰居節

吾語女　惠棟挍宋本作女石經宋監本岳本嘉靖本同衛氏集說同釋文出女云音汝下且女同此本女作汝閩監毛本同按下且女此本及三本並作女則此處女字不當岐出作汝

大公之志也　各本同石經同釋文亦作大毛本大作太

放象其成功者也　惠棟挍宋本同閩監毛本放作倣衛氏集說同

且夫武始而北出節

五成而分周公左　各本同石經同考文云古本分下有陝字孫志祖挍云按史記樂書本家語辨樂解皆有陝字

始奏象觀兵盟津時也　閩監毛本同嘉靖本同岳本盟作孟衛氏集說同釋文出孟津云本亦作盟

且夫至以崇　惠棟挍宋本無此五字

此一經孔子　閩監本同衞氏集說同毛本經作節惠棟按宋本上有正義曰三字

則前云三步以見方見一成也　惠棟按宋本見作是此本誤閩監毛本同衞氏集說無則字是一成也作此是一成也

舞者從北頭第一位却至第二位　惠棟按宋本作北頭第一位衞氏集說同此本一誤二閩本同監毛本一誤二二誤三却字閩本同監毛本作郤衞氏集說同

天子夾振之節　惠棟云天子節分夾而進節宋本合爲一節

天子至國也　惠棟按宋本無此五字

王與大將親自執鐸　惠棟按宋本同衞氏集說同閩監毛本王誤正

具如熊氏之說　惠棟按宋本同閩監毛本具誤俱

分夾而進節

庶民弛政　各本同石經同嘉靖本弛作弛注同

車甲衅而藏之府庫　史記衅作弢

包之以虎皮　史記包作苞

反商當爲及字之誤也　惠棟按宋本無商字岳本同嘉靖本同衞氏集說同考文引足利本同此本反下衍商字閩監毛本同

封紂子武庚於殷墟　各本同釋文出殷虛云音墟。按虛墟古今字

分夾至兵也　惠棟按宋本無此五字

武王既入立於社南　閩監毛本同惠棟按宋本無於字

虎皮武猛之物也　閩監本同毛本武猛二字倒

反當至約也　惠棟按宋本同閩監毛本當誤商

聘于鄭公孫段云請垂橐　閩本同惠棟按宋本同監毛本段誤假

散軍而郊射節　惠棟按云散軍節若此節宋本合爲一節

散軍至弟也　惠棟按宋本無此五字

此一經　惠棟按宋本上有正義曰三字

鄭注射義云一發五豝　閩監毛本同惠棟按宋本一作壹

亦還國而耕也　監毛本同衞氏集說同閩本耕作教惠棟按宋本同

爲射宮於郊者也　閩監毛本同考文引宋板者也作也者

其餘爲埤　閩監毛本同衞氏集說同惠棟按宋本埤作裨按儀禮覲禮注作裨

君子曰禮樂節　惠棟按云君子節治禮以治躬節宋本合爲一節

善心生則寡於利欲　史記集解引上有若字

君子至者也　惠棟按宋本無此五字

云油然新生好貌也　閩監本同毛本也誤此者

書傳箕子歌云　惠棟云箕子當作微子宋本及史記俱作箕子

致禮以治躬節

鄙詐是貪多詐僞　閩監毛本作鄙詐是貪多利僞生惠棟按宋本作鄙詐入之謂利欲生宋監本岳本嘉靖本同考文引古本足利本同衞氏集說作鄙詐入之謂利僞生。按史記集解引謂利欲生四字

致禮至之矣　惠棟按宋本無此五字

而治躬謂致禮意　閩監毛本同惠棟按宋本治躬謂致作聖王詳審衞氏集說同

前經明致樂治心則向善心生　閩監毛本同惠棟按宋本作前經明致樂治心得則善心生

而有鄙慆詐僞之心入於内矣　閩監毛本同衞氏集説同惠棟挍宋本無入字

故樂也者節

而民不生易優焉　各本優作慢石經同此本誤

故樂至承順　惠棟挍宋本無此五字

此一經　惠棟挍宋本上有正義曰三字

故極益於和也　閩監毛本同衞氏集説亦作益惠棟挍宋本益作盡下故極益於順也同

故曰致禮樂節

故曰至難矣　惠棟挍宋本無此五字

此一經　惠棟挍宋本上有正義曰三字

樂也者動於内者也節　惠棟挍云樂也者節夫樂者節故人節宋本合爲一節

放淫聲　惠棟挍宋本宋監本並有於字岳本嘉靖本同衞氏集説同此本於字脫閩監毛本同○按史記集解引有於字

報讀曰褒猶進也　閩監毛本同惠棟挍宋本曰作爲考文引宋板同褒字重作報讀爲褒褒猶進也古本足利本同岳本同嘉靖本同衞氏集説同宋監本亦重褒字

樂也至一也　惠棟挍宋本無此五字

此一節論樂之體　閩本同考文引宋板樂作禮監毛本作此一節論禮樂之體衞氏集説同惠棟挍宋本此上有正義曰三字

夫樂者樂也節

夫樂至此矣　惠棟挍宋本無此五字

前嗟嘆之　閩監毛本同惠棟挍宋本前作則衞氏集説亦作則嗟歎

故人不耐無樂節

故人不耐無樂　各本同石經耐字剜刻釋文出而耐其而字應作不疑傳寫之誤

不能無喜樂也　閩本同惠棟挍宋本同監毛本喜誤善

言經之耐字　閩監本同毛本經誤今

先王恥其亂節

曲直繁瘠　各本同石經瘠字殘闕釋文出繁瘠九經古義云荀子瘠作省按省與眚通眚猶瘠也故字亦作瘠尋文義繁省爲長

先王至方也　惠棟挍宋本無此五字

此一節　惠棟挍宋本上有正義曰三字

邪氣謂淫邪之氣　惠棟挍宋本作淫此本淫誤湍閩監毛本同

是故樂在節

是故至方也　惠棟挍宋本無此五字

此一經　惠棟挍宋本此上有正義曰三字

言近以至親遠　補案親字誤衍

故聽其雅頌之聲節

故聽至免也　惠棟挍宋本無此五字

揔要之所言　閩本同惠棟挍宋本同監毛本言作名衞氏集説同下揔要之所言也同

自然敬畏也　惠棟挍宋本畏作愛此本誤閩監毛本同

紀是綱紀衆物之名　閩監毛本同惠棟挍宋本綱紀衆作細緫束

夫樂者先王節

禮樂王者所常興則盛矣 閩監毛本同衞氏集說同惠棟按宋本矣作也岳本嘉靖本宋
監本並同

夫樂至盛矣 惠棟按宋本無此五字

子贛見師乙而問焉節

子贛 閩監毛本同岳本同嘉靖本同石經贛作贛衞氏集說
同釋文同宋監本作貢 此下經注各本及石經並同惟考文云宋板
而吾子自執焉 自執焉下接寬而靜云云而慈愛下接者宜
歌商云云五帝之遺聲也下接商人識之云云按各本經文
刪去一愛字及商之遺聲也五字又刪去注此文換簡以下
五十七字及云商之遺聲也以下三十字山井鼎云宋本此
經文次序與諸本異注亦有闕略蓋隨注意改其次序併刪去
注文也按陳澔集說本經文自而吾子自執焉以下至商人
識之以上多所倒置蓋依用輿國于氏本亦與宋板合

商宋詩也 按史記集解上有肆正也三字諸本並脫

下如隊 閩監毛本同岳本同嘉靖本同衞氏集說同釋文出
如隊石經隊作墜○按隊墜古今字

上下同美之也 閩監毛本同嘉靖本同衞氏集說同惠棟
按宋本同作目岳本同

子貢至問樂 惠棟按宋本無此五字

各遂人性所宜者也 惠棟按宋本同閩監毛本遂誤遂
衞氏集說同

如賜同者宜何歌也者 閩本同惠棟按宋本同監本空
闕同字毛本同字無

如賜同之氣性宜作何歌 閩本同惠棟按宋本同監本
闕同字毛本同字無氣誤人

大雅者歌其大正 閩監本同毛本正誤雅下王者小正
同

謂性情肆放 惠棟按宋本肆誤四

言能直己陳德 閩監毛本同惠棟按宋本無能字

未能行五帝之德也 閩監毛本同惠棟按宋本帝作常

言聲音感動於人 閩監毛本同惠棟按宋本聲音作音
聲

言雖復嗟歎情猶未滿 惠棟按宋本作猶衞氏集說同
此本猶作由閩監毛本同

按詩云先嗟歎 閩監本同毛本云先作先云

故永歌之 閩監毛本永作咏

附釋音禮記注疏卷第三十九 惠棟按宋本禮記正義卷第
四十九終記云凡二十六頁
宋監本禮記卷第十一經六千四百九十五字注五千五百
字嘉靖本禮記卷第十一經六千四百九十五字注五千五
百三十三字

禮記注疏卷三十九挍勘記

附釋音禮記注疏卷四十

鄭氏注　孔穎達疏

雜記上第二十。陸曰鄭云雜記者以其雜記諸侯及士之喪事〔疏〕正義曰按鄭目録云名曰雜記者以其雜記諸侯以下至士之喪事此於別録屬喪服分爲上下義與曲禮檀弓分別不殊也

諸侯行而死於館則其復如於其國如於道則升其乘車之左轂以其綏復館主國所致舍復招魂復魄也如於其國主國館賓予。使有之得升屋招用褎衣也如於道道上廬宿也升車左轂象升屋東榮綏當爲緌讀如蕤賓之蕤字之誤也緌謂旌旗之旄也去其旒而用之異於生也。乘繩證反下及注同轂工木反綏依注作緌耳佳反下及注同復音伏下同予羊汝反褎本又作褎保毛反後皆同去起呂反下去輤同〔疏〕正義曰自此以下至蒲席以爲裳帷揔明諸侯及大夫士在路而死招魂復魄并明飾館貴賤之等此一經下至廟門外論諸侯之制今各依文解之。諸侯行而死於館者謂五等諸侯朝覲天子及自相朝會之屬而死者謂諸侯於時或在主國死於館者謂主國有司所授館舍也。則其復如於其國者其復謂招魂復魄也雖在他國所授之舍若復魄之禮則與在已本國同故云如於其國也如於道則升其乘車之左轂者如若也道路也謂若諸侯在道路死則復魄與本國異也乘車其所自乘之車也其復魄則俱升其所乘車左邊轂上而復魄也此車以南面爲正則左在東也升車左轂象在家升屋東榮也其五等之復人數各如其命數今轂上狹則不知以幾人崔氏云一人而已。以其綏復者綏旌旗綏也若在國中招魂則衣各用其上服今在路死則招用旌旗之緌是在路則異於在國故云於道用之亦冀魂魄望見識之而還也若王喪於國而復於四郊亦建緌而復禮夏采云以乘車建緌復于四郊是也。注館主至生也。正義曰館主國所致舍者按曾子問云公館與公之所爲曰公館是主國館賓之舍也云與使有之者謂主國與賓此舍使賓專有之故得升屋招魂復用褎衣也褎衣者天子褎賜之衣即下文復用褎衣是也云如於道道上廬宿也者按遺人云凡野鄙之道十里有廬三十里有宿五十里有市故云道上廬宿也云升車左轂象升屋東榮者車轅鄉南左轂在東故象東榮不於廬宿之舍復者廬宿供

待衆賓非死者所專有故復於乘車左轂云綏當爲緌讀如蕤賓之蕤者但經中綏字絲旁著妥其音雖訓爲委。此復之所用者是緌也緌絲旁著委故云綏當爲緌讀此綏字爲蕤賓之蕤者音與蕤賓字聲同也以經作綏故云字之誤也緌謂旌旗之旄也者按夏采云乘車建緌復于四郊乘車王路當建大常今乃建緌無大常也明堂位云有虞氏之緌夏后氏之旂後王文飾故知有虞氏之緌但有旄也云去其旒而用之異於生也者諸侯建交龍之旂今以其緌復是去其旒異於生也

其輤有裧緇布裳帷素錦以爲屋而行輤載柩將殯之車飾也輤取名於櫬與蒨讀如蒨旆之蒨櫬棺也蒨染赤色者也將葬載柩之車飾曰柳裧謂鼈甲邊緣緇布裳帷圍棺者也裳帷用緇則輤用赤矣輤象宮室屋其中小帳襯覆棺者若未大斂其載尸而歸車飾皆如之。輤千見反注與蒨同裧昌占反緇裳帷本或作緇布裳帷殯必刃反本或作賓音同櫬初靳反又楚陣反與蒨絕句一本作輤讀以與字絕句與則音餘蒨旆上千見反下步貝反緣說絹反〔疏〕正義曰此一經明諸侯車飾輤謂載柩之車有裧者謂輤之四旁有物裧垂象鼈甲邊緣。緇布裳帷者輤下棺外用緇色之布以爲裳帷以圍繞棺也素錦以爲屋者於此裳帷之中又用素錦以爲屋小帳以覆棺而行者於死處既設此飾而後行。注輤載至如之。正義曰輤載柩將殯之車飾也者以下經云遂入適所殯是將殯車飾也云輤取名於櫬與蒨者言此車所以名輤凡有二義一者取名於櫬櫬近尸也二取名於蒨蒨草也故云取名於櫬與蒨云讀如蒨旆之蒨者言經中輤字讀如蒨旆之蒨按左傳定四年祝鮀云封康叔以綪茷謂以蒨草染旆爲赤色故讀此蒨與彼同是亦蒨草以染布也云櫬棺也者覆說取名於櫬義也云蒨染赤色者也者說取名於蒨草之義也云將葬載柩之車飾曰柳者證此經中輤非將葬車也云裧謂鼈甲邊緣者覆說輤象鼈甲覆於棺上中央隆高四面漸下裧象邊緣垂於輤之四邊與輤連體則亦赤也若葬車之飾則上用荒不用輤也云裳帷用緇則輤用赤矣者前雖讀輤爲蒨草其色未明今因裳帷用緇故知定輤爲赤色以玄纁相對之物故以赤色對緇也但玄纁天地之色取象不同或上或下非一例也要玄纁是相對之色云若未大斂其載尸而歸車飾皆如之者此經所論謂大斂後也故下云適所殯若未大斂則曾子問云尸入門升自阼階不得云適所殯也知未大斂之前車飾亦然者以載尸柩車飾經唯有此一文故知其飾同也

至於廟門不毀

牆遂入適所殯唯輤爲說於廟門外廟所殯宮牆裳帷也適所殯謂兩楹之間去輤乃入廟門以其入自有宮室也毀或爲徹凡柩自外來者正棺於兩楹之間尸亦侇之於此皆因殯焉異者柩入自闕升自西階尸入自門升自阼階其殯必於兩楹之間者以其死不於室而自外來留之於中不忍遠也○說吐奪反本亦作脫下并注皆同侇音夷隱義云侇之言移也○庾依韻集大兮反息也遠于萬反〔疏〕正義曰此一經明諸侯禮載柩入制也○至於廟門者謂殯宮門也○不毀牆者牆謂裳帷但毀去上輤不毀去牆帷○遂入適所殯者遂入殯宮正柩於兩楹之間而遂殯焉○唯輤爲說於廟門外者者言餘物不說唯輤一物脫於殯宮門外○注廟所至遠也○正義曰廟所殯宮者以殯之所在故謂爲廟云牆裳帷也者鄭恐是宮牆之嫌故云牆裳帷也以飾棺之物稱牆門是入自門也云適所殯在兩楹之間者以死在外來故殯於兩楹間云去輤乃入廟門以其入自有宮室也者解經所以去輤乃入之意輤乃覆棺上象宮室今入之有宮室故云輤也不去裳帷者以裳帷鄭棺未可去也云凡柩自外來者正棺於兩楹之間者按公羊定元年癸亥公之喪至自乾侯正棺於兩楹之間然後即位鄭以是推之則知尸自外來者亦停於兩楹之間故尸亦侇之於此皆因殯焉云異者柩入自闕升自西階尸入自門升自阼階者皆曾子問文云留之於中不忍遠也者以周人殯於客位今殯於兩楹之間是不忍遠之也

○大夫士死於道則升其乘車之左轂以其綏復如於館死則其復如於家綏亦綏也大夫復於家以玄冕士以爵弁服大夫以布爲輤而行至於家而說輤載以輲車入自門至於阼階下而說車舉自阼階升適所殯大夫輤言用布白布不染也言輤者達名也不言裳帷俱用布無所別也至門亦說輤乃入言載以輲車入自門明車不易也輲讀爲輇或作槫許氏說文解字曰有輻曰輪無輻曰輇周禮又有蜃車天子以載柩蜃輇聲相近其制同乎輇崇蓋半乘車之輪諸侯言不毀牆大夫士言不易車互相明也不易者不易以楯也廟中有載柩以輴之禮此不耳○輲依注作輇及槫同市專反又市轉反注及下同別彼列反蜃愼忍反近附近之近楯勑倫反下同一本作輴同〔疏〕大夫

至所殯○正義曰此一經明大夫車飾也○大夫以布爲輤者以白布爲輤不以蒨草染之亦言輤者通名耳是有輤櫬近之義也○載以輲車者大夫初死及至家皆以輲車今至家說輤唯輲車在故云載以輲車○入自門至於阼階下而說車者謂說去其車矣○舉自阼階升適所殯者謂舉自阼階下而升適兩楹之間所殯之處此云升適阼階謂尸矣若柩則升自西階○注大夫至不耳○正義曰云白布不染也者以經云用布故知白布不染下經士輤葦席以爲屋蒲席以爲裳帷以諸侯爲裳帷則知大夫亦有裳帷俱用布耳云言輤者達名也者旣不用蒨草染之而言輤者輤是櫬近之義通達於下是大夫與士皆有櫬近之名也云至門亦說輤乃入言載以輲車入自門明車不易也者鄭以經云至於家而說輤載以輲車恐至家乃載以輴車故云明車不易上云不毀牆遂入不云車不易此云載以輲車明車亦不易云輲讀爲輇或作槫者言經之輲字當讀爲車旁之全或禮記諸本此用輲車作木旁專字者云許氏說文解字曰有輻曰輪無輻曰輇者有輻謂別施木爲輻無輻謂合大木爲之不施輻曰輇云周禮又有蜃車天子以載柩者按周禮遂師職共蜃車之役是天子以載柩也云蜃輇聲相近其制同乎者言天子蜃車與此大夫輇車聲旣相近其制宜同故云其制同乎云輇崇蓋半乘車之輪者此無文證以其蜃類蓋迫地而行其輪宜卑故疑半乘車之輪蓋疑辭矣周禮考工記乘車之輪六尺有六寸今云半之得三尺三寸也云諸侯言不毀牆大夫士言不易車互相明也者諸侯言不毀牆則大夫亦不毀牆大夫士言不易車明諸侯亦不易車云不易者不易以輴也者謂大夫士在路載以輲車至家說載亦載以輲車是不易以輴也若天子諸侯載柩以蜃車至門亦以蜃車其殯時則易之以輴也云廟中有載柩以輴車之禮此不耳者謂天子諸侯殯時用輴又天子諸侯及大夫朝廟之時有用輴車載柩之禮此喪從外來大夫士不合用輴故云此不耳凡在路載柩天子以下至士皆用蜃車與輲車同故周禮遂師共蜃車之役是天子也旣夕云遂匠納車于階間注云車載柩車周禮謂之蜃車雜記謂之團是士用蜃車也雜記云大夫載以輲車輲車則蜃車也是大夫用蜃車則諸侯不言亦可知其蜃車之形鄭注旣夕禮云其車之轝狀如牀中央有轅前後出設前後輅轝上有四周下則前後有軸以輇爲輪許叔重說有輻曰輪無輻曰輇鄭又注周禮遂師云四輪迫地而行有似於蜃因取名焉此是蜃之制也上下通用在路載柩也輲車之制亦與蜃車同但不用輻爲輪天子諸侯殯皆用之故檀弓云天子菆塗龍輴謂畫轅爲龍諸侯殯亦

用輤車不畫藪爲龍故喪大記云君殯用輴注云君諸侯也輴不畫龍大夫殯不用輴故鄭注喪大記大夫之殯廢輴是大夫不用輴士掘肂見衽是亦廢輴也其朝廟大夫以上皆用輴士朝廟用輁軸故既夕禮云遷於祖用軸鄭注云大夫諸侯以上有四周謂之輴天子畫之以龍是也輴與輁軸所以異者輴有四周輁軸則無故鄭注既夕禮云軸狀如轉轔刻兩頭爲軹軹狀如長牀穿程前後著金而關軸焉是也

士輤葦席以爲屋蒲席以爲裳帷言以葦席爲屋則無素錦爲帳。葦于鬼反〔疏〕正義曰此一經明士輤也。葦席以爲屋者謂用葦席屈之以爲輤棺之屋也蒲席以爲裳帷者又以蒲席以爲裳帷圍繞於屋旁也。注言以至爲帳。正義曰言以士云葦席以爲屋屋當帷帳之處故云無素錦爲帳矣然大夫無以他物爲屋之文則是用素錦爲帳矣與諸侯同按諸侯與大夫上有輤旁有裳帷內有素錦屋今士唯云葦席以爲屋蒲席以爲裳帷不云屋上所有之物據文言之葦席爲屋則當覆上輤處將蒲席爲裳帷接屋之四邊以鄭棺或可大夫既有素錦爲帳帳外上有布輤旁有布裳帷則士之葦席屋之外旁有蒲席裳帷則屋上當以蒲席爲輤覆於上但文不備也未知孰是故兩存焉

○**凡訃於其君曰君之臣某死**訃或皆作赴赴至也臣死其子使人至君所告之。訃音赴注及下同　**父母妻長子曰君之臣某之某死**此臣於其家喪所主者。長丁丈反後長子皆同　**君訃於他國之君曰寡君不祿敢告於執事夫人曰寡小君不祿大子之喪曰寡君之適子某死**君夫人不稱薨告他國君謙也。大音泰後大子同適丁歷反下文注適子其適宗適適妻並同〔疏〕凡訃至某死。正義曰此一節摠明遭喪訃告於君及敵者并訃於鄰國稱謂之差各隨文解之。父母妻長子曰君之臣某之某死者上某是生者臣名下某是臣之親屬死者云君之臣姓某甲之父死也曰寡君至執事者以謙故稱寡君若云寡德之君雖復壽考仍以短折言之故云不祿不敢指斥鄰國君身故云敢告於執事也。夫人至某死者皆當云告於執事不言者略之故也。注君夫至謙也。正義曰按下曲禮云諸侯曰薨夫人尊與君同也今夫人與君同不稱薨者以告他國之君及夫人自謙退是不敢從君及夫人之禮也按下曲禮篇云士曰不祿今雖謙退而同士稱者按異義今春秋公羊說諸侯曰薨訃於鄰國亦當稱薨經書諸侯言卒者春秋之文王魯故稱卒以下魯古春秋左氏說諸侯薨赴於鄰國稱名則書名稱卒卒者終也取其終身又以尊不出其國許君謹按士虞禮云尸服卒者之上服不分別尊卑皆同年卒者卒終也是終沒之辭也鄭駁之云按雜記上云君薨訃於他國之君曰寡君不祿曲禮下曰壽考曰卒短折曰不祿今君薨而云不祿者言臣子於君父雖有考終眉壽猶若其短折然若君薨而訃者曰卒卒是壽終矣斯無哀惜之心非臣子之辭鄰國來赴書以卒者言無所老幼皆終成人之志所以相尊敬如異義所論是君稱不祿之意若杜元凱注左氏傳則與此異按隱三年聲子卒傳云不赴故不曰薨杜云鄰國之赴魯史書卒者臣子惡其薨名改赴書也如鄭此云不祿謂赴者口辭矣春秋所云薨謂赴書之策所以不同者言壽考曰卒短折曰不祿杜以爲禮記後人所作不正與春秋同杜所不用也

大夫訃於同國適者曰某不祿訃於士亦曰某不祿訃於他國之君曰君之外臣寡大夫某死訃於適者曰吾子之外私寡大夫某不祿使某實訃於士亦曰吾子之外私寡大夫某不祿使某實適讀爲匹敵之敵謂爵同者也實當爲至此讀周秦之人聲之誤也。適依注音敵大歷反下適者同實依注音至下同〔疏〕正義曰此一經明大夫之卒相訃告之禮也。適者曰某不祿者謂同國大夫位相敵者曰某不祿。訃於至不祿者大夫既尊於士士處亦得稱不祿稱某者或死者之名或死者官號而赴者得稱之。訃於至外臣者大夫不屬他國故云外臣自謙退無德故云寡大夫某矣尊敬他君不敢申辭故云某死。訃於至某實者訃於適者謂大夫死訃於他國大夫相敵體者謂訃告大夫以是別國私有恩好故曰外私以赴大夫其辭得申故云某不祿以身赴告故云使某實。訃於士至某實者謂大夫之喪訃他國之士其辭與訃大夫同此所云大夫者上下皆同曰大夫無以爲異也

士訃於同國大夫曰某死訃於士亦曰某死訃於他國之君曰君之外臣某死訃於大夫

曰吾子之外私某死。訃於士，亦曰吾子之外私某死。〔疏〕正義曰：此一經論士喪相訃告之稱。云某死者，以其士賤，赴大夫及士皆云某死。若訃他國之君及大夫士等，皆云某死，但於他君稱外臣，於大夫士言外私耳。大夫次於公館以終喪，士練而歸。士次於公館。公館，公宮之舍也。練而歸之士，謂邑宰也。練而猶處公館，朝廷之士也。唯大夫三年無歸也。○朝，直遥反，下注同。大夫居廬，士居堊室。謂未練時也。士居堊室，亦謂邑宰也，朝廷之士亦居廬。〔疏〕「大夫至堊室」。○正義曰：此一節明大夫士遭君喪次舍居處及歸還之節。公館，君之舍也。大夫恩深厭重，故爲君喪居廬，終喪畢乃還家也。○士練而歸者，謂邑宰之士也。士卑恩輕，故至小祥而反其所治邑也。○士次於公館者，此謂朝廷之士也。雖輕而無邑事，故亦留次公館三年也。○大夫居廬者，以位尊恩重，故居廬。○士居堊室者，士位卑恩輕，故居堊室也。○注「公館至歸也」。○正義曰：云「練而歸之士謂邑宰也」者，以下文云士次於公館，今云練而歸，明是邑宰。以爲君治邑，若久而不歸，即廢其職事也。若身爲大夫，雖位得采地，亦終喪乃歸也。○注「謂未至居廬」。○正義曰：知此是未練時者，按間傳云：「斬衰之喪，居倚廬；既練，居堊室。」此經若練後，則大夫居堊室。今云大夫居廬，明未練時也。云「士居堊室，亦謂邑宰也」者，士若非邑宰，未練之前當與大夫同居廬。今云居堊室，故知是邑宰也。必知邑宰者，以上文云大夫終喪，士練而歸，言邑宰之士降於大夫。此云士居堊室，亦降於大夫，故知是邑宰之士也。云「朝廷之士亦居廬」者，以臣爲君喪俱服斬衰，故知未練之前士亦居廬也。然周禮宮正注云：「親者、貴者居廬，疏者、賤者居堊室。」引此雜記云「大夫居廬，士居堊室」，則是大夫以上定居廬，士以定居堊室。此云朝廷之士亦居廬，與彼不同者，尋鄭之文意，若與王親者，雖云士賤，亦居廬，則此云朝廷之士亦居廬是也。若與王無親，身又是士，則居堊室，則此經士居堊室是也。故鄭於宮正之注，引此士居堊室證賤者居堊室也。若與王親，雖疏，但是貴者，則亦居廬也。熊氏並爲此說。熊氏或說云：若天子，則大夫居廬，士居堊室，則雜記文是也。若諸侯，則朝廷大夫士皆居廬也，邑宰之士居堊室，宮正之注是也。此義得兩通，故並存焉。

大夫爲其父母兄弟之未爲大夫者之喪，服如士服。士爲其父母兄弟之爲大夫者之喪，服如士服。大夫雖尊，不以其服服父母兄弟，嫌若踰之也。士，謂大夫庶子爲士者也。已卑，又不敢服尊者之服。今大夫喪服禮逸，與士異者未得而備聞也。春秋傳曰：「齊晏桓子卒，晏嬰麤衰斬，苴絰帶，杖，菅屨，食粥，居倚廬，寢苫，枕草。其老曰：『非大夫之禮也。』曰：『唯卿爲大夫。』」此平仲之謙也。言己非大夫，故爲父服士服耳。麤衰斬者，其縷在齊斬之間，謂縷如三升半，而三升不緝也。斬衰以三升爲正，微細焉則屬於麤也。然則士與大夫爲父服異者，有麤衰斬，枕草矣。其爲母五升縷而四升，爲兄弟六升縷而五升乎？惟大夫以上乃能備儀盡飾，士以下則以臣服君之斬衰爲其父，以臣從君而服之齊衰爲其母與兄弟，亦以勉人爲高行也。大功以下，大夫士服同。○大夫爲其，于僞反，下「士爲其」同，注除「爲士」「卿爲」，爲正皆倣此。晏，於諫反。嬰，一盈反。衰，七雷反。苴，七餘反。絰，大結反。菅，古顏反。屨，九具反。粥，之六反。倚，於綺反。苫，始占反。枕，之鴆反，下同。縷，力住反。齊音咨，下「齊衰」皆同。緝，七入反。上，時掌反。行，下孟反。〔疏〕正義曰：此篇雜記喪事也，經次上下無義例科段，今各依文解之。此一經明大夫士爲其父母昆弟之服也。○注「大夫至服同」。○正義曰：「嫌若踰之也」者，大夫之父母兄弟或作士或無官，今大夫爲之，若著大夫之服，是自尊踰越父母兄弟。今不以大夫之服服父母兄弟，是嫌畏踰之也。云「士謂大夫庶子爲士者也」者，此士解經中下文「士爲」之文，知此士是大夫庶子爲士者，若大夫適子，雖未爲士，猶服大夫之服，即下文是也。若其適子爲士，則服大夫服可知。故知此士爲父母之爲大夫者，但服士服，是庶子也。所以不服大夫服者，已卑，不敢服尊者之服。云「今大夫喪禮逸，與士異者未得而備聞也」者，欲見大夫與士喪禮殊異，未甚分明。引春秋傳者，欲證大夫與士之喪服不同。所引傳者，襄十七年左傳文，云「齊晏桓子卒」至「唯卿爲大夫」，皆左傳辭也。齊晏桓子卒者，是晏嬰之父晏弱，謚曰桓子也。云「晏嬰麤衰斬」者，桓子之子晏嬰身服麤衰而斬。云「苴絰帶杖」者，以苴麻爲首絰、要帶，以苴色之竹爲杖。云「菅屨」者，以菅草爲屨。云「食粥，居倚廬，寢苫」者，是喪禮之常。「枕草」者，非喪禮之文。云「其老曰非大夫之禮也」者，老謂晏嬰家臣，見晏嬰服士服，故其老言所服云非大夫之喪禮也。云「曰唯卿爲大夫」者，此晏嬰對家老之言，若身爲卿，得著大夫之服；若身爲大夫，惟得服士服。云「此平仲之謙也」者，言平仲之言非禮也，謙退之辭。云「言已非大夫，故爲父服士服耳」者，若是卿，則得爲父服大夫服，故云非。從此以下，皆鄭君解釋之辭。云「麤衰斬者，其縷在齊斬之間」者，按喪服初章斬衰，次章疏衰疏即麤也今言麤衰斬者是下繐麤上繐兼斬有麤故云麤衰斬者其縷在齊斬之間齊即麤也言其布縷在齊斬之間斬衰三升麤衰四升其布在三升四升之間故云縷如三升半言麤如三升半而計縷唯三升故云縷如三升半而三升不緝也但縷如三升半是麤衰不緝是斬而成布三升爲父之服也云斬衰以三升爲正微細焉則屬於麤也者解晏子實斬衰而兼言麤也云然則士與大夫爲父服異者有麤衰斬枕草矣者鄭既約○左傳晏嬰之事始明大夫與士不同故云然則士與大夫爲父異麤衰枕草矣則大夫以上斬衰枕由士則疏衰枕草按既夕禮士禮而云枕塊者記者廣說非辭也云其爲母五升縷而四升爲兄弟六升縷而五升半者鄭既約士之父服縷細降一等經文有母及兄弟故此約母與兄弟之服也喪服爲母四升此云爲母五升縷謂麤細似五升之縷成布四升喪服爲兄弟五升此云爲兄弟六升縷謂麤細如六升之縷成布五升皆謂縷細成布升數少也云唯大夫以上乃能備儀盡飾者大夫以上則兼天子諸侯德高能備儀服無降殺是盡飾云士以下則以臣服君之斬衰爲其父以臣從君而服之齊衰爲其母與兄弟者以喪服義服皆降正服一等今爲父母兄弟降從義服是卑屈也云以臣從君而服之齊衰爲其母與兄弟者按喪服臣從

君義服齊衰六升今士爲兄弟縷如六升成布五升得與臣爲君義服齊衰同其士爲母父卒縷如五升成布四升與臣爲君義服齊衰全異而云爲其母與臣爲君義服齊衰同者前注所云因麤衰降斬衰一等即連言父卒爲母云縷如五升成布四升據父卒爲母言之也此注以士爲兄弟與臣爲君義服齊衰同則父在爲母與兄弟服亦同縷如六升而成布五升據父在爲母言之爲此前後注異云亦以勉人爲高行也者居喪之禮以服重爲申以服輕爲屈今大夫爲父母兄弟之未爲大夫者服士服是勉勵其父母兄弟使爲高行作大夫之禮士爲其父母兄弟之爲大夫者服士服亦是勉勵士身使爲高行作大夫也云大功以下大夫士服同者以經唯云父母兄弟士與大夫之異不云大功以下有殊是大功以下與大夫同所以然者以重服情深故使士有抑屈使之勉勵大功以下輕服情殺故上下俱申也按聖證論王肅云喪禮自天子以下無等故曾子云哭泣之哀齊斬之情饘粥之食自天子達且大國之卿與天子上士俱三命故曰一也晉士起大國上卿當天子之士也平仲之言唯卿爲大夫謂諸侯之卿當天子之大夫非謙辭也春秋之時尊者尚輕簡喪服禮制遂壞羣卿專政晏子惡之故服麤衰枕草於當時爲重是以平仲云唯卿爲大夫遜辭以辟害也又孟子云諸侯之禮三年之喪齊疏之服飦粥之食自天子達於庶人三代共之又此記云端衰喪車皆無等又家語云孔子曰平仲可爲能遠於害矣不以己之是駮人之非遜辭以辟咎也王肅謂大夫與士異者大夫以上在喪斂時弁絰士冠素委貌馬昭荅王肅曰雜記云大夫爲其父母兄弟之未爲大夫者之喪服如士服是大夫與士喪服不同者而肅云無等則是背經說也鄭與言禮張融評云士與大夫異者皆是亂世尚輕涼非王者之達禮小功輕重不達於禮鄭言謙者不異於遠害融意以王肅與鄭其義略同如融之說是周公制禮之時則上下同當喪制無等至後世以來士與大夫有異故記者載之鄭因而解之禮是鄭學今申鄭義云端衰喪車無等者端正也正爲衰之制度上下無等其服精麤卿與大夫有異也又曾子云齊斬之情據其情爲一等無妨服有殊異耳若王肅之意大夫以上弁絰士唯素冠此亦得施於父母此經云爲昆弟豈亦弁絰素冠之異乎此是肅之不通也杜元凱注左傳說與王肅同服虔注左傳與端衰喪車無等其老之問晏子之荅皆爲非。並與鄭違今所不用也

大夫之適子服大夫之服　仕至大夫賢著而德成適子得服其服亦尊其適象賢。著知慮反

〔疏〕注仕至至象賢○正義曰云仕至大夫賢著而德成適子得服其服者以經云大夫之適子服大夫之服所以然者以其父在仕官身至大夫賢行既著道德又成故其適子雖未仕官得服大夫之服也云亦尊其適象賢者非但尊此大夫之身亦當尊其適子使服大夫之服也能象似其父之賢者皇氏云大夫適子若爲士爲其父唯服士服注云仕至大夫謂此子若仕官至大夫始得服大夫服以其賢德著成如皇氏之意解此仕至大夫爲大夫之子按前經注云士謂大夫庶子爲士者明大夫適子未仕官及爲士皆得服大夫之服皇氏之言違文背注不解鄭意其說非也

○大夫之庶子爲大夫則爲其父母服大夫服其位與未爲大夫者齒　雖庶子得服其服尚德也使齒於士不可不宗適○爲去聲

〔疏〕正義曰此一節明大夫庶子爲大夫則得爲父母服大夫之服其位與未爲大夫者齒大夫庶子雖爲大夫得服大夫之服其行位之處與適子未爲大夫者相齒列○注雖庶至宗適○正義曰云尚德也者言此大夫之子身雖是庶所以得服者以其仕至大夫由身有德行故云尚德也云使齒於士不可不宗適者此庶子雖爲大夫猶齒列於適子之下其年雖長於適子猶在適子之下使適子爲主

若弁少於適子則問在適子之下是不可不宗適也○士之子爲大夫則其父母弗能主也使其子主之無子則爲之置後大夫之子得用大夫之禮而士不得也置猶立也〔疏〕正義曰其父母弗能主也者士子身爲大夫若死則父母不能爲喪主也以身是士故不可爲大夫喪主○使其子主之者謂使此死者之子爲主以其子是大夫適子故得爲大夫之主以其服大夫服故也○無子則爲之置後者若死者無子則爲死者別置其後所置之後卽大夫適子同得行大夫之禮此所置之後謂暫爲喪主假用大夫之禮若其大宗子則直爲之立後自然用大夫禮也○注大夫至得也○正義曰云大夫之子得用大夫之禮者則前云大夫之適子服大夫之服是也解經使其子主之文其子爲適子若無適子則以庶子當適處若無庶子則以族人之子當適子之處皆得用大夫之禮故云大夫之子得用大夫之禮摠結此文云而士不得也者其父是士不得主大夫喪故云而士不得也所以然者父貴可以及子故大夫之子得用大夫之禮子貴不可以及父故其父不得用大夫之禮大夫卜宅與葬日有司麻衣布衰布帶因喪屨緇布冠不蕤占者皮弁有司卜人也麻衣白布深衣而著衰焉及布帶緇布冠此服非純吉亦非純凶也皮弁則純吉之尤者也占者尊於有司卜求吉其服彌吉大夫士朔服皮弁○著丁略反〔疏〕正義曰大夫卜宅與葬日者宅謂葬地大夫尊故得卜宅并葬日○有司至喪屨者有司謂卜人麻衣謂白布深衣布衰謂麤衰也皇氏云以三升半布爲衰長六寸廣四寸綴於衣前當胷上後又有負版長一尺六寸廣四寸布帶以布爲帶因喪屨謂因喪之繩屨○緇布冠不蕤者以緇布爲冠不加緌占者皮弁者謂卜龜之人尊於卜之有司故皮弁純吉也○注有司至皮弁○正義曰云麻衣白布深衣者謂吉服十五升之布與緇布冠皮弁相類故知吉布也云而著衰焉者熊氏云謂以吉布爲衰綴於深衣云及布帶緇布冠此服非純吉亦非純凶也者謂麻衣白布深衣十五升是吉布衰是凶布帶亦凶緇布冠是吉不蕤亦凶故云非純吉亦非純凶然緇布冠古法不蕤今特云緇布冠不蕤者以後代緇布冠有蕤此以凶事故不蕤云皮弁則純吉之尤者也者以上麻衣緇布冠雜有吉禮此皮弁是純吉尤甚者云卜求吉其服彌吉者解用皮弁之意云大夫士朔服皮弁者於諸侯是視朔

之服於天子是視朝之服也如筮則史練冠長衣以筮占者朝服筮者筮宅也謂下大夫若士也筮史筮人也長衣深衣之純以素也長衣練冠純凶服也朝服純吉服也大夫士日朝服以朝也○朝直遥反注及下文皆同純音準又之閏反〔疏〕正義曰如筮者謂下大夫及士不合用卜故知用筮也○則史練冠長衣者此謂無地大夫筮葬禮也唯筮宅卜日耳卜時緇布冠麻衣布衰雜以吉凶之服如筮則練冠長衣以筮輕故用純凶服也○占者朝服者卜重故占者皮弁筮輕故占者朝服○注筮者至朝也○正義曰筮者筮宅也謂下大夫若士也者以士喪禮云筮宅卜日故知此筮謂筮宅也云長衣深衣之純以素也者長衣深衣其制同耳言此經長衣是深衣之純以素者凶時深衣純以布上經麻衣深衣亦純以布此經長衣純以素故云長衣深衣之純以素者也云長衣練冠純凶服也者以長衣則布衣純之以素也故聘禮云主人長衣練冠以受鄭注彼云長衣素純布衣是也練冠是小祥以後以練爲冠都無吉象故云純凶服云大夫士日朝服以朝也者謂緇衣素裳諸侯之朝服每日視朝之服按士喪禮云族長涖卜及宗人吉服鄭注云吉服服玄端也此占者朝服者彼謂士之上禮故占者著玄端此據筮禮故占者朝服按士虞禮注云士之屬吏爲其長弔服如麻此史練冠長衣者此經文含大夫其臣爲大夫以布帶繩屨故史練冠長衣若士之卜史當從弔服不得練冠長衣也大夫之喪既薦馬薦馬者哭踊出乃包奠而讀書嫌與士異記之也既夕禮曰包牲取下體又曰主人之史請讀賵○薦音薦本又作薦賵芳鳳反〔疏〕正義曰此明大夫將葬啟柩朝廟之後欲出之時○既薦馬者按士喪禮下篇云薦馬之節凡有三時一者柩初出至祖廟設奠爲遷祖之奠訖乃薦馬是其一也至日側祖奠之時又薦馬是其二也明日將行設遣奠之時又薦馬是其三也此云既薦馬謂第三薦馬之時也以下則云包奠而讀書於既夕禮當第三薦馬之節○薦馬者哭踊者謂主人見薦馬薦進也進馬至乃哭踊○出乃包奠者出謂馬出乃包奠者取遣奠牲下體包裹之以遣送行也然馬出在包奠之前而必云出乃包奠者明出卽包奠包奠爲出之節故言出也○而讀書者書謂凡送亡者明入椁之物書也讀之者省録之也○注嫌與至讀賵○正義曰嫌與士異者按既夕禮薦馬馬出之後云包牲取下體也又云主人之史請讀賵今此大夫亦薦馬出後包奠讀書與士同記者嫌畏大

夫之尊與士有異，故特記之，明與士同也。故引既夕禮以下者，證包牲讀賵之節。謂主人見薦馬，送行物而哭踊，故云薦馬者哭踊也。所以馬進而主人哭踊者，馬是牽車爲行之物，今見進馬，是行期已至，故孝子感之而哭踊。云既夕禮曰包牲車下禮者，士則羊豕也。鄭注：苞者，象既饗而歸賓俎者也。前脛折取臂臑，後脛折取骼也。臂謂膝上膞下也，臑謂肘後。取骼謂取膞下股骨也。羊豕各三牲，必取下體者，下體能行，亦示將行也。有遣車者，亦先包之也。云又曰主人之史請讀賵者，賵猶送者人名也。

大夫之喪，大宗人相，小宗人命龜，卜人作龜。卜葬及日也。相，相主人禮也。命龜，告以所問事也。作龜，謂楊火灼之以出兆。○相，息亮反，注同。

【疏】正義曰：大夫謂卿也。明卿喪用人及卜之法也。○大宗謂大宗伯也，相佐威儀。○小宗人命龜者，小宗謂小宗伯也。命龜，謂告龜道所卜之辭也。卜人亦有司，作爲用楊火灼之也。並皆有司也。皇氏云：大小二宗並是其君之職，來爲喪事，如司徒旅歸四布是也。故宗伯肆師云凡卿大夫之喪，相其禮。○注卜葬及日也。○正義曰：知卜葬及日者，以文承上大夫卜宅與葬日之下，故知此經是上大夫之卜葬宅及日者也。

內子以鞠衣、褎衣、素沙，下大夫以襢衣，其餘如士。此復所用衣也，當在夫人狄稅素沙下，爛脫失處在此上耳。內子，卿之適妻也。春秋傳曰：晉趙姬請逆叔隗於狄，趙衰以爲內子，而已下之，是也。下大夫，謂下大夫之妻。襢，周禮作展。王后之服六，唯上公夫人亦有禕衣，侯伯夫人自揄狄而下，子男夫人自闕狄而下，卿妻自鞠衣而下，大夫妻自展衣而下，士妻稅衣而已。素沙，若今紗縠之帛也。六服皆袍制，不禪，以素紗裹之，如今袿袍襈重繒矣。褎衣者，始爲命婦見加賜之衣也。其餘如士之妻，則亦用稅衣。○鞠，九六反，又曲六反，注同。襢，張戰反。復音伏。狄稅，他喚反，下文放此。爛，力旦反。脫音奪，下同。隗，五罪反。衰，初危反。下，戶嫁反。展，張戰反，下同。禕音輝。揄音遥，下文并注同。縠，戶木反。袍，步羔反。禪音丹。袿音圭。襈，士眷反。重，直龍反。繒，似陵反。

【疏】正義曰：此一節明卿大夫以下之妻所復之衣。○內子以鞠衣褎衣者，內子謂卿妻。復以鞠衣、褎衣者，始命爲內子，尚所褎賜之衣，復時亦用此衣，故云鞠衣褎衣。褎衣則鞠衣也，但二命時褎賜，故曰褎衣也。○素沙者，言此鞠衣、褎衣亦以素沙爲裹。○下大夫以襢衣者，是下大夫之妻所復襢衣也。對卿妻爲下，故服用襢。周禮作展，王后之服六，唯上公夫人亦有禕衣，侯伯夫人自揄狄而下，子男夫人自闕狄而

下，卿妻自鞠衣而下，大夫妻自展衣而下，士妻稅衣而已。六服皆袍制，不禪，以素紗裹之。袍制謂連衣裳，有表有裹，似袍，故云皆袍制。不禪，漢時有袿袍，其袍下之襈以裹繒爲之。古之服皆以素紗爲裹，似此袿袍襈之裹繒，故注云如今之袿袍襈重繒也。○其餘如士者，謂內子鞠衣、褎衣已見於經，大夫以襢衣亦見於經，唯有褖衣未見，故云其餘如士，謂鞠衣、襢衣之外，其餘褖衣如士之妻。士妻既用褖衣而復，則內子、下大夫妻等亦用褖衣也。○注此復至稅衣。○正義曰：此復所用衣也者，以下復諸侯以褎衣，故知此亦復衣也。云當在夫人狄稅素沙下者，以記者作記，當依尊卑順序，此內子宜承夫人之下，故云當在夫人狄稅素沙下也。引春秋傳曰以下者，僖二十四年左傳文也。初，晉文公在狄，狄人以季隗妻文公，以叔隗妻趙衰，後文公反國，以趙姬妻趙衰，趙姬請趙衰逆叔隗於狄。既逆還，趙姬又請趙衰將叔隗爲內子，趙姬之身卑下之，故云而已下之。引之者，證卿妻爲內子之文也。其王后以下之服，已具於玉藻，故此略而不言。云六服皆袍制不禪以素紗裹之如今袿袍襈重繒矣者，皆袍制，謂連衣裳，有表裹，似袍，故云皆袍制。不禪，漢時有袿袍，其袍下之襈以重繒爲之，故云六服以素紗爲裹，似此袿袍襈重繒矣。云褎衣者始爲命婦見加賜之之衣也者，謂內子初始爲卿妻，加賜之以衣，以褎崇之，故云褎衣。

復，諸侯以褎衣、冕服、爵弁服。復，招魂復魄也。冕服者，上公五，侯伯四，子男三。褎衣亦始命爲諸侯及朝覲見加賜之衣也。褎猶進也。

【疏】正義曰：自此以下至復西上，揔明諸侯以下及夫人命婦招魂所用之衣。但此經爛脫，上下顛倒，如鄭所次，以此諸侯褎衣一經爲首，次以夫人稅衣揄狄之經，然後次內子以鞠衣褎衣之經。今依鄭次，各隨文解之。○復諸侯以褎衣者，謂復時以始命褎賜之衣。○冕服爵弁服者，諸侯既用褎衣，又以冕服、爵弁服而復也。○注冕服至進也。○正義曰：冕服者，上公自衮冕而下，故爲五；侯伯自鷩冕而下，故爲四；子男自毳冕而下，故爲三也。凡服各依其命數，則上公五冕之外更加爵弁服以下皮弁、冠弁之等而滿九，侯伯冕服之外亦加爵弁以下而滿七，子男冕服之外加爵弁、皮弁而滿五。其褎衣，君特所褎賜，則宜在命數之外也。故王制云：三公一命衮，若有加則賜。是褎衣，故不入命數也。此褎衣或是冕之最上者。

夫人稅衣、揄狄，狄稅素沙。言其招魂用稅衣，上至揄狄也。狄稅素沙，言皆以白縠爲裹。○稅，他喚反，下文放此。揄音遥，下文同。縠，戶木反，下注同。

【疏】正義曰：此明婦人復衣也。婦人衣有六也。○夫人稅衣揄

狄者，諸侯夫人復用稅衣上至揄狄，謂諸侯伯夫人也。○狄稅素沙者，言從揄狄以下至於稅衣皆用素沙白縠爲裏。○

復西上。北面而西上，陽長左也。復者多少各如其命之數。○長丁丈反。【疏】正義曰：凡招魂皆北面而招，以西頭爲上。○注「北面至之數」。○正義曰：云「北面而西上，陽長左也」者，以招魂冀生氣之來，生氣爲陽，又北面言之，南方是陽，左在西方，故言陽長左。云「復者多少各如其命之數」者，按士喪禮復者一人，以爵弁服，言諸侯之士一命而用一人，明復者各依命數。其復處不同，故檀弓云「君復於小寢、大寢、庫門、四郊」，而云復西上者，但有兩人以上一處復者則西上也。

大夫不揄絞屬於池下。謂池飾也。揄，揄翟也。采青黃之間曰絞。屬猶繫也。人君之柳，其池繫絞繒於下而畫翟雉焉，名曰振容，又有銅魚在其間。大夫去振容，士去魚。此無人君及士，亦爛脫。○絞，戶交反，注同。屬音燭，注及下條屬并注同。翟音狄。去，起呂反，下同。【疏】正義曰：此一經明大夫葬時車飾。若諸侯以上則畫揄翟於絞，屬於池下，若大夫降下人君，不得畫以揄絞屬於池下，其池上則畫於揄，得有揄絞也，故喪大記士亦有揄絞，與大夫同，但不得屬於池下。○注「人君至爛脫」。○正義曰：按喪大記云「君三池，振容」，是人君之柳有振容。振容者，其

池繫揄繒於下而畫翟雉焉，名曰振容。云「又有銅魚在其間」者，上有池，下有振容，池與振容之間而有魚，故云在其間。云「大夫去振容，士去魚」者，以喪大記大夫不振容，士不云魚躍拂池故也。大夫不振容者，謂不以揄絞屬於池下爲振容。云「此無人君及士，亦爛脫」者，以前經云復，尊卑俱顯明也，此直云大夫，故云亦如前文爛脫君與士也。

大夫附於士，士不附於大夫，附於大夫之昆弟，無昆弟則從其昭穆。雖王父母在，亦然。附讀皆爲祔。大夫祔於士，士不敢以己尊自殊於其祖也。士不祔於大夫，自卑別於尊者也。大夫之昆弟，謂爲士者也。從其昭穆，中一以上，祖又祖而已。祔者，祔於先死者。○附，依注作祔，音同，下並同。昭，常遙反，卷內皆同。別，彼列反。【疏】正義曰：自此以下至「附於公子」，廣明祔祭之義，各依文解之。○「大夫附於士」者，謂祖爲士，孫爲大夫，若死，可以祔祭於祖之爲士者也。○「士不附於大夫」者，謂先祖爲大夫，孫爲士，不可祔祭於大夫，唯得祔於大夫之兄弟爲士者。○「無昆弟則從其昭穆」者，謂祖爲大夫，無昆弟爲士，則從其昭穆，謂祔於高祖爲士者；若高祖爲大夫，則祔於高祖昆弟爲士者。○「雖王父母在亦然」者，謂孫死之後應合祔於

王父，王父見在，無可祔，然猶如是祔也，亦如是祔於高祖也。○注「附讀至而已」。○正義曰：祔者，祔祭於神，當從示旁爲之。云「大夫之昆弟，謂爲士者也」者，鄭恐經云祔於大夫之昆弟，恐大夫之昆弟身作大夫，士亦得祔之，故云大夫昆弟爲士者。若大夫昆弟全無者，其孫雖士，亦得祔之，故前文云大夫祔於士，是孫之尊可以祔祖之卑也。云「從其昭穆，中一以上，祖又祖而已」者，謂父爲昭，子爲穆，中猶間也，謂自祖以上間一世，各當昭穆而祖祔之。若不得祔祖，則間去曾祖一世，祔於高祖；若高祖無可祔，則間高祖之父一世，祔高祖之祖，故云祖又祖而已。是「中一以上」，喪服小記文也。

婦附於其夫之所附之妃，無妃則亦從其昭穆之妃。妾附於妾祖姑，無妾祖姑則亦從其昭穆之妾。夫所附之妃，於婦則祖姑。【疏】正義曰：此一經論婦之所附，義與夫同。「無妃則亦從其昭穆之妃」者，其孫婦祔祖姑，祖姑無妃，謂無祖姑，則亦從其昭穆之妃，謂亦間一以上祔於高祖之妃，高祖無妃，則亦祔於高祖之祖妃。若其祖有昆弟之妃班爵同者，則亦祔之。

男子附於王父則配，女子附

於王母則不配。配謂并祭王母。不配，則不祭王父也。有事於尊者可以及卑，有事於卑者不敢援尊。配與不配，祭饌如一，祝辭異，不言以某妃配某氏耳。女子謂未嫁者也。嫁未三月而死，猶歸葬於女氏之黨。○并，必政反。援音袁。【疏】正義曰：「男子祔於王父則配」者，謂祭王父并祭所配王母。○「女子祔於王母則不配」者，謂在室之女及已嫁未三月而死，祔祭於王母，則不祭所配之王父。○注「配謂至之黨」。○正義曰：云「配謂并祭王母，不配則不祭王父也」者，王父母相配之人，祭王父及王母，是其配；祭王母不祭王父，是不配。云「配與不配，祭饌如一，祝辭異，不言以某妃配某氏耳」者，按特牲禮不云配，少牢禮云「以某妃配」。但士用特牲，大夫用少牢，其餘皆同，是祭饌如一。按少牢云「以某妃配某氏」，鄭注云「某妃，某妻也。某氏，若言姜氏、子氏也」，此是言配也。不言配者，若特牲云「用薦歲事於皇祖某子」，不云以某妃配。特牲雖是常祭，容是禫月吉祭，故不舉配。云「嫁未三月而死，猶歸葬於女氏之黨」者，曾子問文也。

公子附於公子。不敢戚君。【疏】正義曰：公子者，若公子之祖爲君，公子不敢祔之，祔於祖之兄弟爲公子者，不敢戚君故也。

○**君薨，大子號稱子，待猶君也。**謂未踰年也。雖

稱子與諸侯朝會如君矣春秋魯僖公九年夏葵丘之會宋襄公稱子而與諸侯序待或爲侍〔疏〕正義曰君薨謂先君薨也大子號稱子者其本大子君存稱世子今君既薨故稱子不言世子待猶君也者謂與諸侯並列共待之禮猶如正君○注謂未至侯序○正義曰知未踰年者若踰年則稱君此云稱子故知未踰年者引春秋者證未踰年稱子及待猶君之義按僖九年二月宋公禦說卒夏公會宰周云齊侯宋子以下于葵丘是宋襄公稱子序在齊侯之下與尋常宋公同是與諸侯序按公羊傳云君存稱世子君薨稱子某既葬稱子踰年稱公今宋襄公未葬君當宋子某而稱子者鄭用左氏之義未葬已前則稱子既葬已後踰年則稱公故僖九年傳云凡在喪王曰小童公侯曰子是未葬爲在喪之稱也若杜元凱之意未葬以前皆稱子若既葬雖未踰年亦稱公若未葬雖踰年猶稱子其義具在下曲禮疏其與諸侯序列宋襄公在喪稱子自在本班定四年陳懷公稱子進在鄭上僖二十八年陳共公稱子降在鄭下衛侯弟叔武稱子亦序在鄭下此皆春秋之時霸者所次不與此記同也

附釋音禮記注疏卷之四十

江西南昌府學栞

禮記注疏卷四十挍勘記　阮元撰盧宣旬摘錄

附釋音禮記注疏卷第四十　惠棟挍宋本禮記正義卷第五十

雜記上第二十

諸侯行而死於館節

如於道　各本同石經同毛本於誤其

予使有之　閩監毛本同岳本同嘉靖本同惠棟挍宋本予作與宋監本衞氏集說釋文考文引古本並同按正義亦作與

公館與公之所爲　補案曾子問無之字此誤衍也

緌謂旌旗之旄也　惠棟挍宋本同岳本同嘉靖本同衞氏集說亦作緌閩監毛本緌誤綏

綏謂旌旗之旄也者　閩監毛本同惠棟挍宋本綏作緌上有云字

其音雖訓爲委　閩本委作安惠棟挍宋本同此誤委監毛本同

綏旁者著妥　惠棟挍宋本著上無者字此誤衍閩監毛本同

其輤有裧節

輤取名於櫬　惠棟挍宋本作櫬岳本同嘉靖本同釋文同此本櫬誤襯閩監毛本同衞氏集說同下櫬棺櫬襯並同疏放此

定四年祝鮀云　閩監毛本同惠棟挍宋本鮀作佗

至於廟門節

唯輤爲說于廟門外者者　補案下者字誤衍

今入之有宫室故云輤也　閩監毛本同衞氏集說云作去是也

大夫士死於道節

輲讀爲輇或作槫　閩監毛本同岳本同嘉靖本同惠棟挍宋本槫作摶衛氏集說同釋文亦作槫齊召南云按周禮遂師注云蜃禮記或作槫或作輇賈疏引此注曰輲讀爲輇或作輇是賈所見禮記注本異也儀禮旣夕記納車於階閒注云周禮謂之蜃車雜記謂之團或作輇或作槫聲讀皆相附耳未聞孰正是鄭所見本不同也按正義作槫不誤

不易以楯也　閩監毛本同惠棟挍宋本楯作輴岳本同嘉靖本同衛氏集說同釋文出以楯云一本作輴同

是有輤櫬近之義也　閩監毛本櫬作襯下櫬近同山井鼎云有輤疑輤有誤宋本此櫬从木下櫬近與今本同

或作槫者　閩監毛本同惠棟挍宋本槫作摶

旣夕云　閩監毛本同衛氏集說同惠棟挍宋本夕下有禮字

設輅轝輅轝上有四周　閩監毛本同衛氏集說同浦鏜挍輅轝輅改前後輅

以輪爲輪　惠棟挍宋本以輪作以輇衛氏集說同此本輇誤輪閩監毛本輇誤輴

但不用輴爲輪　閩監毛本同段玉裁挍云爲輪下疑脫輴字

士朝廟用輁軸　惠棟挍宋本作輁衛氏集說輁作葦此本輁誤軹閩監毛本同今正

輴與輁軸　閩本同惠棟挍宋本同衛氏集說輁作葦監毛本輁誤軹不輁軸則無輁狀如長牀並同

刻兩頭爲軹　閩監毛本同衛氏集說同惠棟挍宋本軹作軔

士輤葦席節

以爲輤椬之屋也　監本毛本有也字惠棟挍宋本無

言以士云葦席以爲屋　閩監本作云毛本云誤輤

凡訃於其君節

凡訃至某死　惠棟挍宋本無此五字

不分別尊卑皆同年卒者　閩監毛本同浦鏜挍云年當言字誤

杜所不用也　閩監毛本同惠棟挍宋本無也字

大夫訃於同國節

大夫至某實正義曰此一經明大夫之卒　惠棟挍宋本有上五字

士訃於同國節

士訃至某死正義曰　惠棟挍宋本有上五字諸本脫

大夫次於公館節

故居堊室也　閩監毛本同惠棟挍宋無也字

大夫爲其父母節

今大夫喪服禮逸　閩監毛本同岳本同嘉靖本同惠棟挍宋本無服字宋監本衛氏集說同考文引古本足利本同

鄭旣約○左傳　補案約下○誤衍

是大功以下與大夫同　閩監毛本同考文云宋板大夫下有士字

皆爲非禮並與鄭違　惠棟挍宋本有禮字此本禮字脫閩監毛本同

如筮節

則史練冠長衣　各本同石經同考文云古本史上有筮字按注云筮史筮人也則經筮字當有

如筮者謂下大夫及士不合用卜　按如字疑知字之譌

深衣之純以素○者也　補按者上○誤衍

大夫之喪大宗人相節

謂楊火灼之以出兆閩本同監毛本楊作揚岳本同嘉靖本同衛氏集說同考文引宋板亦作楊疏同

內子以鞠衣節坊本此節經文十九字移置狄稅素沙下用與國于氏本

自揄狄而下閩監毛本同岳本同嘉靖本同惠棟挍宋本揄作褕衛氏集說同釋文出自揄與周禮內司服合○按褕正字揄假借字

自鞠衣而下閩本同惠棟挍宋本同各本同監本自誤目毛本自誤曰

尙所褒賜之衣閩監毛本同衛氏集說尙作上

素沙者閩監本同毛本沙作紗下亦以素沙爲裏同

是下大夫之妻所復襢衣也惠棟挍宋本同閩監毛本復作服

以裏繒爲之惠棟挍宋本裏作重衛氏集說同此本誤閩監毛本同

見加賜之之衣也者補案之字誤重

謂內子初始爲卿妻閩監毛本同惠棟挍宋本初下有嫁字

夫人稅衣節

揄狄閩監毛本同石經同岳本同嘉靖本同衛氏集說揄作褕注同釋文上出自揄云下文并注同是釋文本亦作揄也

狄稅素沙各本同石經同毛本沙誤紗注狄稅素沙同

大夫不揄絞節

大夫不揄絞閩監毛本同石經同岳本同嘉靖本同衛氏集說揄作褕釋文同注放此

士不云魚躍拂池故也惠棟挍宋本同閩監本云誤去毛本不云魚誤去魚不

婦附於其夫之所附之妃節

夫所附之妃閩監毛本同惠棟挍宋本附作祔岳本同嘉靖本同衛氏集說同

男子附於王父節

配謂并祭各本同監本并誤拜

君薨大子號稱子節

故知未踰年者閩監毛本同惠棟挍宋本者作也

宰周云齊侯宋子以下于葵邱惠棟挍宋本云作公此本誤閩監毛本同

今宋襄公未葬君當宋子某惠棟挍宋本宋作稱此本稱誤宋閩監毛本同

若未葬雖踰年猶子惠棟挍宋本子上有稱字此本稱字脫閩監毛本同

禮記注疏卷四十挍勘記

附釋音禮記注疏卷第四十一

鄭氏注　孔穎達疏

雜記上

有三年之練冠則以大功之麻易之唯杖屨不易謂既練而遭大功之喪者也練除首經要經葛又不如大功之麻重也言練冠易麻互言之也唯杖屨不易言其餘皆易也屨不易者練與大功俱用繩耳。要一遙反〔疏〕有三至不易。正義曰此一經明先有三年練冠之節今遭大功之麻易之先師解此凡有三義按聖證論云范宣子之意以母喪既練遭降服大功則易衰以母之既練衰八升降服大功衰七升故得易之其餘則否賀瑒之意以三等大功皆得易三年練衰其三等大功衰雖七升八升九升之布有細於三年之練衰以其新喪之重故皆易之皇氏云或不易庾氏之說唯謂降服大功衰得易三年之練其餘七升八升九升之大功則不得易三年之練今依庾說此大功者時據降服大功也故下文云而祔兄弟之殤雖論小功之兄弟而云降服則知此大功之麻易據殤也。有三年之練冠者謂遭三年之喪至練時之冠以首經已除故特云冠。則以大功之麻易之者初死者是降服大功則以此大功之麻易三年之練。唯杖屨不易者言大功無杖無可攻易三年練與大功初喪同是繩屨故杖屨不易。注謂既至繩耳正義曰云練除首經者閒傳文首經既除故著大功麻經云要經葛又不如大功之麻重也者斬衰既練要經與大功初死要經麤細同斬衰是葛大功是麻故云要經葛又不如大功之麻重也云言練冠易麻互言之也者麻謂經帶大功言經帶明三年練亦有經帶三年練云冠明大功亦有冠是大功冠與經帶易三年冠及經帶故云互言之云唯杖屨不易言其餘皆易也者經既言冠言麻以明換易又云杖屨不易則知衰亦在易中故言其餘皆易謂冠也要帶也衰也言悉易也然練之首經除矣無可易也又大功無杖亦無可易也而云易與不易者因其餘有易者連言之

有父母之喪尚功衰而附兄弟之殤則練冠附於殤稱陽童某甫不名神也此兄弟之殤謂大功親以下之殤也斬衰齊衰之喪練皆受以大功之衰此謂之功衰以是時而祔大功親以下之殤大功親以下之殤輕不易服冠而兄爲殤謂同年者也兄十九而死已明年因喪而冠陽童謂庶殤也宗子則曰陰童童未成人之稱也某甫且字也尊神不名爲之造字。衰七雷反冠古亂反稱尺證反〔疏〕有父至神也。正義曰此一經明已有父母之喪既練之後得祔兄弟小功之殤尚功衰者衰謂三年練後之衰升數與大功同故云功衰今已有父母之喪猶尚身著功衰今兄弟有殤在小功者當須祔祭故云而祔兄弟之殤則練冠祔於殤者小功以下既輕不合改練時之服則身著練冠祔祭於殤。稱陽童某甫不名神也者當祔祭此殤之時其祝辭稱此殤曰陽童又稱此殤曰某甫所以不呼其名者尊神之也故爲之造字稱曰某甫且字也。注此兄至造字。正義曰知大功親以下之殤也者若大功正服則變三年之練此著練冠故知大功親以下之殤若成人合服之大功其若長殤小功若成人小功親其長殤則緦麻皆得著此三年練冠爲之祔祭故云大功親以下之殤言以下兼小功也已是祖之適孫若祔大功兄弟長殤得在祖廟若祔小功兄弟長殤則是祖之兄弟之後所以得祔者已是曾祖之適共小功兄弟同曾祖今小功兄弟當祔於從祖之廟其小功兄弟身及父是庶人不合立祖廟則曾祖適孫爲之立壇祔小功兄弟之長殤於從祖立神而祭也皇氏云小功兄弟爲士從祖爲大夫士不可祔於大夫當祔於大功親以下從祖爲士故祔小功兄若長殤於已祖廟義亦得通云大功親以下之殤輕不易服者按服問大功殤長中變三年之葛得易首經要帶不得易服故此祔祭者練冠也此注諸本或誤云大功親之下殤故諸儒等難鄭云既是下殤何得有弟冠范宣子庾蔚等云下殤者傳寫之誤非鄭繆也云冠而兄爲殤謂同年者也此鄭自難云弟冠而兄得爲殤者謂弟與兄同年十九也云兄十九而死已明年因喪而冠者此新死之兄既是小功之服不合變三年之練而得有因喪冠者謂已明年之初用父母喪之練節而加冠以後始祔兄弟也云陽童謂庶殤也宗子則曰陰童童未成人之稱也者曾子問庶子之殤祭於室白故曰陽童宗子殤死祭於室奧則曰陰童云某甫且字也者檀弓云五十以伯仲是正字二十之時曰某甫是且字言且爲之立字云尊神不名爲之造字者以字者冠時所有此兄去年已死未得有字雖云某甫是死後祔時爲之造字必造字者以神道事之可謂名是也

○凡異居始聞兄弟之喪唯以哭對可也惻怛之痛不以辭言爲禮也。怛旦末反其始麻散帶經與母家同也凡喪小斂而麻。

散，悉但反，後散帶皆同。未服麻而奔喪，及主人之未成經也，疏者與主人皆成之，親者終其麻帶絰之日數。疏者謂小功以下也，親者大功以上也。疏者及主人之節則用之，其不及亦自用其日數。〔疏〕凡異至日數○正義曰：此一節明異居聞兄弟喪哭及奔赴之禮。凡異居者，言凡非一之辭，異居別所，而始聞兄弟之喪○唯以哭對可也者，初聞其喪，惻怛情重，不暇問其餘事，唯哭對使者赴於禮可也○其始麻散帶絰者，此謂大功以上兄弟，其初聞喪始服麻之時，散垂要之帶絰，若小功以下服麻則糾垂不散也○未服麻而奔喪者，謂聞喪未及服麻而即奔喪○及主人之未成經也者，謂道路既近，聞喪即來，至在主人小斂之前，故云及主人之未成經也○疏者與主人皆成之者，疏謂小功以下，值主人成服之節，則與主人皆成就之○親者終其麻帶絰之日數者，親謂大功以上，初來奔至，雖值主人成服，未即成之，必終竟其麻帶絰滿依禮日數而後成服也○注與居至而麻○正義曰：按士喪禮小斂襲絰于序東，是凡士喪小斂而麻也。又士喪禮三日絞垂，此云始麻散帶絰，是與居家同○注疏者至日數○正義曰：知疏者謂小功以下者，喪服傳云大功以上同居爲同財，故知疏者謂小功以下。云其不及亦自用其日數者，謂疏者若其及主人之節，則與主人同成服；若其不及主人之節，亦自用其依禮之日數，奔喪之後，至三日而成服也。此未奔喪而散帶絰，按奔喪禮聞喪即襲經絞帶不散者，彼謂有事故未得即奔喪，故不散帶；此謂即欲奔喪，故散麻也。此經奔喪來至猶散麻，按奔喪禮聞喪則襲經，至即絞帶不散麻者，此經即來奔者，故散麻以見尸柩故也；彼謂奔喪來遲，故注云不見尸柩不散帶也。

○主妾之喪，則自祔至於練祥，皆使其子主之，其殯祭不於正室。祔自爲之者，以其祭於祖廟。君不撫僕妾。略於賤也。〔疏〕主妾至僕妾○正義曰：妾既卑賤，得主之者，崔氏云謂女君死攝女君也○則自祔者，以其祔祭於祖姑尊祖，故自祔也。以其祔廟也，妾合祔於妾祖姑，若無妾祖姑，則祔於女君可也○其殯祭不於正室者，雖攝女君，猶不正適，故殯之與祭不得在正室。庾蔚云：妾祖姑無廟，爲壇祭之。鄭云於廟者，崔氏云於廟中爲壇祭之。此謂攝女君，若不攝女君之妾，則不得爲主，則别爲壇，不在祖廟中，而子自主之也。

○女君死，則妾爲女君之黨服；攝女君，則不爲先女君之黨服。妾於女君之親，若其親然。爲，于僞反，下注並同。〔疏〕女君至黨服○正義曰：女君死則妾爲女君之黨服者，賀瑒云雖是徒從，而抑妾，故爲女君黨服，防覬覦也。攝女君則不爲先女君之黨服者，以攝女君差尊，故不爲先女君之黨服也。

聞君弟之喪，大功以上，見喪者之鄉而哭。奔喪節也。適兄弟之送葬者，弗及，遇主人於道，則遂之於墓。言骨肉之親，不待主人也。凡主兄弟之喪，雖疏亦虞之。喪事虞祔乃畢。〔疏〕聞兄至虞之○正義曰：此一節明奔兄弟喪之法○見喪者之鄉而哭者，謂此親兄弟同氣及同堂兄弟也。奔喪禮云齊衰望鄉而哭，大功望門而哭，此云大功以上見喪者之鄉而哭者，盧云謂降服大功者也，鄭無别辭，當同盧也。若如此，則兄弟之名通輕重也○適兄弟之送葬者，此兄弟通緦小功也。適，往也，謂往送五服之親喪，而不及者，謂往送不及，喪柩在家○遇主人於道者，主人是亡者之子，謂孝子葬竟已還，而此往送葬之人與孝子於路相逢值也○則遂之於墓者，雖孝子已還，而此送葬之人不及者，不得隨孝子而歸，仍自獨往於墓也○凡主兄弟之喪雖疏亦虞之者，此疏謂小功緦麻，喪事虞祔乃畢，雖服緦小功之疏，彼既無主，故疏緦小功者亦爲之主虞祔之祭。按小記云大功者主人之喪有三年者，則必爲之再祭，鄭注云小功緦麻爲之練祭可也。與此不同者，彼承大功有三年者，此則緦小功有三年者，故至小祥同於三年，故主虞祔也。今此言疏者亦虞，但虞者謂無服者朋友相爲亦虞祔也，故熊氏云主喪者於死者無服，謂袒免以外之兄弟○注喪事虞祔乃畢○正義曰：經云虞而注連言祔者，以祔與虞相近，故連言之。

○凡喪服未畢，有弔者，則爲位而哭拜踊。客始來，主人不可以殺禮待之。○殺，色界反。〔疏〕凡喪至拜踊○正義曰：凡喪服未畢者，是喪服將終，但未畢了，猶有餘日，未滿其禮，以殺若有人始來弔，當爲位哭踊，不以殺禮而待新弔之賓也。言凡者，五服悉然。

大夫之哭大夫，弁絰；大夫與殯，亦弁絰。弁絰者，大夫錫衰相弔之服也，如爵弁而素加環絰曰弁絰。○與音預。〔疏〕大夫至弁絰○正義曰：大夫之哭大夫弁絰者，此謂成服以後大夫往弔哭大夫身著錫衰首加弁絰。○大夫與殯亦弁絰者，此謂未成服之前，故與殯之時首亦加弁絰，其餘則異身著當時所服之服。故士喪禮注云主人成服之後往則錫衰，主人未成服君亦不錫衰，則著皮弁服也。若此大夫主人未成服之前，身亦皮弁服而弁絰也。若主人未小斂之前，則吉服而往，不弁絰也。○注「弁絰至服也」。○正義曰：按禮主人未成服之前，小斂之後，大夫著弁絰而衣皮弁服。此云弁絰大夫錫衰相弔者，如鄭此意，則經云大夫之哭大夫弁絰，經據主人成服之後，故云大夫錫衰相弔之服，但文在大夫與殯之上，故南北諸儒皆以此大夫之哭大夫弁絰是二斂之間，怪其鄭注云錫衰，所以各爲異說。今謂大夫之哭大夫魔解成服之後，於義無妨，但既成服之後，又卻明與殯之前理亦。既殯

大夫有私喪之葛，則於其兄弟之輕喪則弁絰。私喪，妻子之喪也。輕喪，緦麻也。大夫降焉，弔服而往，不以私喪之末臨兄弟。〈疏〉正義曰：私喪之葛者，謂妻子之喪至卒哭，以葛代麻之後，是私喪之葛。○則於其兄弟之輕喪則弁絰者，於此之時，遭兄弟之輕喪緦麻，亦著弔服弁絰而往，不以私喪之末臨兄弟也。若成服之後，則錫衰。未成服之前，身著素裳而首服弁絰也。○注「私喪至兄弟」。○正義曰：

既言私喪，故知謂妻子之喪也。葛謂卒哭後也。兄弟輕喪謂緦麻也。大夫降一等，雖不服，以骨肉之親，不可以妻子之末服而往哭之，故服弁絰也。○爲長子杖，則其子不以杖即位。辟尊者。○〈疏〉爲長至即位。○正義曰：父爲長子杖，則其子不以杖即位者，其子長子之子，祖在不厭孫，其孫得杖，但與祖同處，不得以杖即位，辟尊者。爲妻，父母在，不杖，不稽顙。尊者在，不敢盡禮於私喪也。○稽，徐音啟。顙，桑黨反。〈疏〉爲妻至稽顙。○正義曰：此謂適子爲妻，父母見存，不敢爲妻杖，又不可爲妻稽顙，故云不杖不稽顙。按喪服云：大夫爲適婦爲喪主，父爲己婦之主，故父在不敢爲婦杖。若父沒母在，不爲適婦之主，所以母在不杖者，以父母尊同，因父而連言母，父沒母存，爲妻雖得杖而不得稽顙。以杖與稽顙文連，不杖屬於父在，不稽顙文屬母在，故云父母在不杖不稽顙。而禮論范宣子申云：有二義，一者生存爲在，二者旁側爲在。此云母在，謂在母之側，爲妻不杖，故問喪云：則父在不敢杖矣，尊者在故也。鄭云：父在不杖謂爲母，按爲母則削杖。而云父在不杖，謂爲母也。是父在謂在側之在。若論語云：君在，踧踖如也，此范氏之釋，其義可通。但父母在之文相連，爲一，而父爲存在之在，母爲在側之在，

又小記云：父在，庶子爲妻以杖即位，然庶子豈得父見在則庶子爲妻得以杖即位乎？是范義未安也。今見具載之。母在，不稽顙，稽顙者其贈也拜。言獨母在，於贈拜得稽顙，則父在贈拜不得稽顙。〈疏〉正義曰：前明父母俱在，故不杖不稽顙；此明父沒母在，爲妻得有稽顙不稽顙二義。母在不稽顙者，謂母在爲妻子尋常拜賓之法也。稽顙者其贈也拜者，但父沒母在，稍降殺於父，故爲妻得有稽顙，稽顙之時，其稽顙者有他人以物來贈己，其恩既重，其謝此贈之人時爲拜得稽顙，故云其贈也拜，於此拜時而得稽顙。違諸侯之大夫不反服，違大夫之諸侯不反服。其君尊卑異也。違猶去也。去諸侯仕諸侯，去大夫仕大夫，乃得爲舊君服。〈疏〉違諸至反服。○正義曰：違，去也。去諸侯謂不便其君及辟仇也；之，往也。已若本是諸侯臣，如去往仕大夫，此是自尊適卑，若舊君死，則此臣不反服也。言不反者，謂今仕卑臣不可反服於前之尊君也。○違大夫之諸侯不反服者，此謂本是大夫臣，今去仕諸侯，此是自卑適尊，若猶服卑君，則爲新君之恥也，故亦不反服舊君也。○注「其君至君服」。○正義曰：鄭以經尊卑不敵，不反服，若所仕敵，則反服舊君服齊衰三月。

喪冠條屬，以別吉凶。三年之練冠亦條屬，右縫。別吉凶者，吉冠不條屬也。條屬者，通屈一條繩若布爲武，垂下爲纓，屬之冠，象大古喪事略也。吉冠則纓武異材焉。右縫者，右辟而縫之。○別，徐彼列反。注同。縫音逢，注同。又扶用反。大古音泰，下大古同。材，才再反，又如字。辟，必亦反。下同。小功以下左。左辟，象吉輕也。緦冠繰纓。繰當爲澡，麻帶絰之澡，聲之誤也，謂有事其布以爲纓。○繰，依注音縿，所銜反。〈疏〉喪冠至繰纓。○正義曰：此一節明喪冠輕重之制，各隨文解之。此言吉冠則纓與武各別，喪冠則纓與武共材也。○條屬者，屬猶著也，謂取一條繩屈之爲武，垂下爲纓，以著冠，故云條屬也。吉凶既異，故云別吉凶也。○三年之練冠亦條屬右縫者，三年練冠，小祥之冠也，雖微入吉，亦猶條屬與凶冠不異也。吉冠則襵上辟縫嚮左，左爲陽，陽吉也。而凶冠縫嚮右爲陰，陰，喪所尚也。過小祥猶條屬，故縫猶嚮右也。○注「別吉至縫之」。○正義曰：云吉冠不條屬也，條屬者通屈一條繩若布爲武，垂下爲纓，屬之冠，象大古喪事略也者，釋喪冠條屬之意。云吉冠則纓武異材焉者，玉藻云縞冠玄武之屬，是異材也。材謂材具。○小功以下左，小功以下輕，故縫同吉嚮左。

也○緦冠繰纓緦衰冠治縷不治布冠文用澡治緦布爲纓
以輕故也○注繰當至爲纓○正義曰經之繰字絲旁爲之
非澡治之義故讀從喪服小記下殤澡麻帶絰之澡云謂有
事其布以爲纓者緦麻既有事其縷就上繰之是又治其布
故云有事其布以爲纓謂縷布俱治**大功以上散帶**小功緦輕初而絞之〔疏〕大功以上散帶○正義曰小斂之後主人拜賓襲絰於序東小功以下皆
絞之大功以上散此帶垂不忍即成之至成服乃絞**朝服十五升去其半而緦加灰錫也**緦精麤與朝服同去其半則六百縷而疏也又無事其布不灰焉○朝直遥反後朝服放此注同去起呂反注同〔疏〕朝服至錫也○正義曰朝服精細全用十五升布爲之○去其半而緦者緦麻於朝服十
五升布之內抽去其半以七升半用爲緦麻服之衰服也鄭
注喪服云去其半而緦加絲是也○加灰錫也者取緦以爲
布又加灰治之則曰錫言錫然滑易也○注又無事其布不
灰焉○正義曰經云去其半而緦始云
加灰錫明此緦衰不加灰不治布故也**諸侯相襚以後路與冕服先路與褒衣不以襚**不以己之正者施於人以彼不以爲正也後路貳車貳車行在後也○襚音遂〔疏〕諸侯至以襚○正義曰諸侯相襚者襚謂以物送死用也○以後路
與冕服者後路爲上路之後次路也冕服謂上冕之後次冕
也○先路與褒衣不以襚者是己之車服之上不可以施遺
於人以彼不以
爲正服所用也**遺車視牢具**言車多少各如所包遺奠牲體之數也然則遺車載所包遺奠而藏之者與遺奠天子大牢包九个諸侯亦大牢包七个大夫亦大牢包五个士少牢包三个大夫以上乃有遺車○遺弃戰反注同不遺車遺奠皆放此與音餘个古賀反下同〔疏〕遺車視牢具○正義曰遺車送葬載牲體
之車也牢具遺奠所包牲牢之體貴賤各有數也一个爲一
具取一車載之也故云視牢具○注言車至遺車○正義曰
言車多少各如所包遺奠牲體之數也者以言視牢具故如
其數云然則遺車載所包遺奠而藏之者與者以遺車所用
無文因此視牢具故云載所包遺奠而藏之者與與疑辭也
云天子大牢包九个以下者以既夕禮遺奠用少牢以上約
之明大夫以上皆大牢包九个者以檀弓云國君七个遺車
七乘則天子九个遺車九乘以下差降義已具於下檀弓疏
云大夫以上乃有遺車者諸侯大夫位尊雖無三命則有車
馬之賜及天子上士三命皆得有遺車諸侯士以下賤故無

遺車也**疏布輤四面有章。置於四隅**輤其蓋也四面皆有章蔽以隱翳牢肉四隅椁中之四隅○章本或作鄣音同注亦同翳於計反〔疏〕疏布至四隅○正義曰此經明載牢肉之時因以物章蔽疏布輤者輤蓋也以麄布爲上蓋而四面有物章之入壙置於椁之四隅**載粻有子曰非禮也**粻米糧也粻陟良反**喪奠脯醢而已**言死者不食糧也遺奠本無黍稷○醢音海〔疏〕載粻至而已○正義曰粻米糧也用遺車載粻遣亡人也而有子譏其爲失也然既夕士
禮有黍稷麥者但遺奠之饌無黍稷故遺車所載遺車之奠
不合載粻既夕士禮者謂遣奠之外別有黍稷麥喪奠脯醢
而已者此亦有子之言也言死者不食糧
故遺奠不用黍稷而牲體是脯醢之義也**祭稱孝子孝孫喪稱哀子哀孫**各以其義稱○義稱昌升反又尺證反〔疏〕祭稱至哀孫○正義曰祭吉祭也謂自卒哭以後之祭也吉則申孝子心故
祝辭云孝也或子或孫應其人也○喪稱哀子哀孫者凶祭
謂自虞以前祭也喪則痛慕未申故稱哀
也故士虞禮稱哀子而卒哭乃稱孝子也**端衰喪車皆無等**喪車惡車也喪者衣衰及所乘之車貴賤同孝子於親一也衣衰言端者玄端吉時常服喪之衣衰當如之○衣衰上於既反下七雷反下同〔疏〕端衰至無等○正義曰端衰謂喪服上衣以其綴六寸之衰於心前故衣
亦曰衰端正也吉時玄端服身與袂同以二尺二寸爲正而
喪衣亦如之而今用縗綴心前故曰端衰也○喪車者孝子
所乘惡車也惡車喪車也等等差也言喪之衣衰及惡車天
子至士制度同無貴賤等差之別也以孝子於其親情如一
也○注喪車至如之○正義曰言喪車惡車也者既夕禮云
主人乘惡車鄭云王喪之木車也按鄭注巾車喪車凡五等
巾車云木車蒲蔽注云木車不漆者以蒲爲蔽始遭喪所乘
也素車棼蔽注云素車以白土堊車蕡麻以爲蔽卒哭所乘
藻車藻蔽注云以蒼土堊車以蒼繒爲蔽也既練所乘駹車
雚蔽注云駹車邊側有漆飾也以細葦席爲蔽大祥所乘漆
車藩蔽注云漆車黑車漆席以爲蔽禫所乘○云衣衰言端
者玄端吉時常服喪之衣衰當如之者按喪服記袂二尺二
寸袪尺二寸其制正服故云
端此云端衰則與玄端同也**大白冠緇布之冠皆不緌委武玄縞而後緌**不緌質無飾也大白冠大古之布冠也春秋傳曰衛文公大布之衣

大白之冠委武冠卷也秦人曰委齊東曰武玄玄冠也縞縞冠也○縞古老反又古報反注同卷苦圓反〔疏〕大白至后蕤○正義曰大白者古之白布冠也緇布冠黑布冠也二冠無飾故皆不蕤此緇布冠謂大夫士之冠故不蕤其諸侯緇布冠則蕤故玉藻云緇布冠繢緌諸侯之冠是也○委武玄縞而后蕤者委武皆冠卷也秦人呼卷爲委齊人呼卷爲武也玄玄冠也縞縞冠也玄縞二冠既有先別卷後乃可蕤故云而后蕤也而大祥縞冠亦有蕤何以知之前既云練冠亦條屬右縫則知縞不條屬既別安卷灼然有蕤也○注不蕤至冠也○正義曰引春秋左傳曰衛文公大布之衣大白之冠者證大白冠是布也閔公二年冬狄入衛衛懿公爲狄人所滅僖二年齊桓公救而封之衛文公以國未道故不充其服自貶損所以大白冠大布衣也

大夫冕而祭於公弁而祭於己士弁而祭於公冠而祭於己弁爵弁也冠玄冠也祭於公助君祭也大夫爵弁而祭於己唯孤爾**士弁而親迎然則士弁而祭於己可也**緣類欲許之也親迎雖亦己之事攝盛服爾非常也○迎魚敬反注同〔疏〕大夫至可也○正義

記疏卷四十一　九

曰此一節明大夫士公私祭服○大夫冕而祭於公者大夫謂孤也冕絺冕也祭於公謂助君祭也○弁而祭於己者弁爵弁也祭於己自祭廟也助祭爲尊故服絺冕自祭爲卑故服爵弁崔云孤不悉絺冕若王者之後及魯之孤則助祭用絺若方伯之孤助祭則玄冕以其君玄冕自祭不可踰之也○士弁而祭於公冠而祭於己者弁謂爵弁也士以爵弁爲上故用助祭也冠玄冠爲卑也自祭不敢同助君之服故用玄冠也士弁而親迎然則士弁而祭於己可也者作記之人雖云士冠而祭於己以己既爵弁親迎親迎輕於祭尚用爵弁則士亦當用爵弁自祭於己廟可也言於禮可用也爵弁是記者緣事類欲許之著爵弁○注弁爵至孤爾○正義曰知弁爵弁也者與士弁連文士弁祭於公爵弁故知大夫弁者亦爵弁也云大夫爵弁而祭於己唯孤爾者以儀禮少牢上大夫自祭用玄冠此亦云弁而祭於己者與少牢異故知是孤知非卿者以少牢禮有卿賓尸下大夫不賓尸明卿亦玄冠不爵弁○注緣類至常也○正義曰以祭親迎事類相似親迎既弁故自祭欲許其著弁其理不可故鄭云親迎雖亦己之事攝盛服爾非常著之服所以親迎攝盛服者以親迎配偶一時之極故許其攝盛服祭祀常所供養故須依其班序

暢臼以椈杵以梧所以擣鬱也椈柏也○擣丁老反**枇以桑長三尺或曰五尺**枇所以載牲體者此謂喪祭也吉祭枇用棘○枇音匕本亦作朼音同注同長直亮反下同**畢用桑長三尺刊其柄與末**畢所以助主人載者刊猶削也○刊苦干反柄兵命反〔疏〕暢臼至與末○正義曰此一節明吉凶暢及枇畢之義各隨文解之暢謂鬱鬯也者○臼以椈杵以梧者謂擣鬯所用也椈柏也梧桐也謂以柏爲臼以桐爲杵擣鬱鬯用柏臼桐杵爲柏香桐絜白於神爲宜○注椈柏也○正義曰椈柏爾雅釋木文○枇以桑長三尺或曰五尺枇者所以載牲體從鑊以枇升入於鼎從鼎以枇載之於俎○注此謂至用棘○正義曰知謂喪祭也者以其用桑故知喪祭也云吉祭枇用棘者特牲記云枇用棘心是也○畢用桑長三尺刊其柄與末主人舉肉之時則以畢助主人舉肉用桑者亦喪祭故也刊其柄與末謂畢末頭亦刊削之畢既如此枇亦當然若吉時亦用棘

○率帶諸侯大夫皆五采士二采此謂襲尸之大帶率繂也繂之不加箴功大夫以上更飾以五采士以朱綠襲事成於帶變之所以異於生○率帶上音律下音帶本亦作帶繂音律箴之金反〔疏〕

記疏卷四十一　十

率帶至二采○正義曰此謂尸襲竟而著此帶也率謂爲帶也但攝帛邊而熨殺之不加箴功異於生也以五采飾之亦異於生也大夫與諸侯同而士二采並異於生而尊者可也然此士天子之士也諸侯之士則緇帶故士喪禮緇帶○注此謂至於生○正義曰知襲尸之大帶者以吉時大帶唯有朱綠玄華無五采此連上枇畢用桑之下則知此亦喪之大帶小斂大斂衣數既多有絞不可加帶故知襲尸之大帶也以其稱率與大帶同故知是大帶也云襲事成於帶變之所以異於生者鄭以襲衣與生同唯帶與生異凡襲事著衣畢加帶乃成故云襲事成於帶變之異於生也

○醴者稻醴也甕甒筲衡實見間而后折入此謂葬時藏物也衡當爲桁所以庪甕甒之屬聲之誤也實見間藏於見外椁內也折承席也○甕於貢反盛醯醢之器甒音武瓦器筲所交反竹器衡依注作桁戶剛反徐戶庚反庪也見音間之間柏衣也注同間如字注同徐古莧反一解云鄭合見間二字共爲覸字音古辯反折之設反注同形如牀無足也庪九委反又九僞反徐居綺反字亦作庋同〔疏〕醴者至折入○正義曰此一經是送葬所藏之物○醴者稻醴也者言此醴是稻米所爲○甕者盛醯醢○甒者盛醴酒○筲

者盛黍稷○衡者以大木爲桁置於地所以庪舉於甕甒之屬○實見間○見謂棺外之飾言實此甕甒筲等於見外椁內二者之間故云實見間○而后折入者折謂椁上承席實物椁內既畢然後以此承席加於椁上○注此謂至席也○正義曰知葬時藏物也者言此甕甒筲衡等葬時所藏之物皇氏云甕甒筲明器也故實此醴與醯醢之屬云實見間藏於見外椁內也者按既夕禮乃窆藏器於旁加見注云器用器役器也見棺飾也先言藏器乃云加見者器在見內也既夕禮又云藏苞筲於旁注云於旁者在見外也不言甕甒餼相次可知知是藏於見外椁內者則見內是用器役器見外是明器也此是士禮略實明器耳大夫以上則兼有人器明器也人器實明器虛云折承席也者按既夕禮注云折猶庪也方鑿連木爲之蓋如牀而縮者三橫者五無簀窆事畢加之壙上以承抗席是也

○重既虞而埋之就所倚處埋之○重直龍反埋亡皆反倚於倚反處昌慮反

疏重既虞而埋之○正義曰按既夕禮初喪朝禰廟重止于門外之西不入重不入者謂將禰祖廟若過之然故不入明日自禰廟隨至祖廟庭厥明將出之時重出自道道左倚之鄭注云道左主人位此注就所倚之處埋之謂於祖廟門外之東也

○凡婦人從其夫之爵位婦人無專制生禮死事以夫爲尊卑

小斂大斂啓皆辯拜嫌當事來者終不拜故明之也此既事皆拜○辯音遍

疏小斂至辯拜○正義曰禮凡當大斂小斂及啓攢之時唯有君來則止事而出拜之若他賓客至則不止事事竟乃即堂下之位悉徧拜故云皆辯拜也○注嫌當至皆拜○正義曰嫌當三事終竟不拜故明竟即拜也云此既事皆拜者皆拜即此云辯拜三事也然若士當事而大夫至則士亦爲大夫出也故雜記下云當袒大夫至雖當踊絕踊而拜之反改成踊乃襲是也

○朝夕哭不帷緣孝子心欲見殯肂也既出則施其屋鬼神尚幽闇也○帷位悲反下同肂以二反埋棺之坎屋字林戶臘反闔也纂文云古闔字玉篇羌據公荅二反皆云闔也

疏朝夕哭不帷○正義曰孝子心欲見殯故當朝夕進入廟門內哭位之時除去殯宮帷也哭竟則帷之○注既出則施其屋○正義曰按士喪禮君使人弔徹帷鄭云徹帷屋之事畢則下之鄭此注會儀禮注也則屋是褰舉之名初哭則褰舉事畢則施下之

無柩者不帷謂既葬也棺柩已去鬼神在室堂無事焉遂去帷○去起呂反

疏無柩者不帷○正義曰無柩謂葬後也神主祔廟還在室則在堂無事故不復用帷也

○君若載而后弔之則主人東面而拜門右北面而踊出待反而后奠主人拜踊於賓位不敢迫君也君即位車東出待不必君留也君反之使奠

疏君若至后奠○正義曰謂君來弔臣之葬臣喪朝廟柩已下堂載在柩車而君弔之故云君若載而后弔之○則主人東面而拜者君既弔位於車東故主人在車西東面而拜○門右北面而踊者門謂祖廟門也右西邊也若門外來則右在東若門內出右在西此據車出家故右在西孝子拜君竟從位立近門內西邊北面而哭踊爲禮也○出待者孝子哭踊畢而先出門待君者君來則出門拜迎君去則出門拜送也今君入臨弔事竟便應去不敢必君之久留故孝子先出待君出反而后奠者反謂君來未去使人命孝子反還喪所也而后奠者凡君來必設奠告○柩知之也或云此謂在廟載柩車時也奠謂反設祖奠也

子羔之襲也繭衣裳與稅衣纁袡爲一素端一皮弁一爵弁一玄冕一曾子曰不襲婦服

繭衣裳者若今大襺也纊爲繭縕爲袍表之以稅衣乃爲一稱爾稅衣若玄端而連衣裳者也大夫而以纁爲之緣非也唯婦人纁袡禮以冠名服此襲其服非襲其冠曾子譏襲婦服而已玄冕又大夫服未聞子羔曷爲襲之玄冕或爲玄冠或爲玄端○繭古典反稅他喚反注同纁許云反袡字又作袡而占反裳下緣也王肅云婦人蔽膝也襺音獨統字又作纊音曠縕于粉反袍薄勞反稱尺證反下放此緣悅絹反

疏子羔至婦服○正義曰此明大夫死者襲衣稱數也○繭衣裳者纊爲繭謂衣裳相連而綿纊著之也○與稅衣者稅謂黑衣也若玄端而連衣裳也玄端多種今衣裳連是玄端玄端玄裳也○纁袡爲一者纁絳也袡裳下緣襈也以絳爲緣故云稅衣纁袡也繭衣既褻故用稅衣表之合爲一稱故云繭衣裳與稅衣纁袡爲一也○素端一者此第二稱也以服既不褻並無復別衣表之也盧云布上素下皮弁服賀瑒云以素爲衣裳也○皮弁一者第三稱也十五升白布爲衣積素爲裳也○爵弁一者第四稱也玄衣纁裳也○玄冕一者第五稱也大夫之上服也○曾子曰不襲婦服者曾子非之纁袡是婦人之服而子羔襲用之故曾子譏之依禮不合襲婦人之服○注繭衣至襲之○正義曰禮以冠名服此襲其服非襲其冠者鄭恐經云皮弁爵弁但云冠不

云服恐襲其冠不襲其服故云以冠名服此襲其服非襲其冠云曾子譏襲婦服而已者鄭意以曾子但譏婦服而已不譏其著玄冕之服是子羔合著玄冕子羔爲大夫無文故注云未聞子羔曷爲襲之○爲君使而死公館復私館不復公館者公宫與公所爲也私館者自卿大夫以下之家也公所爲君所作離宫別館也○爲于僞反又如字使色吏反復音伏館本亦作觀音同○公七踊大夫五踊婦人居間士三踊婦人皆居間公君也始死及小斂大斂而踊君大夫士一也則皆三踊矣君五日而殯大夫三日而殯士二日而殯士小斂之朝不踊君大夫大斂之朝乃不踊婦人居間者踊必拾主人踊婦人踊賓乃踊○拾其劫反下同【疏】公七至居間○正義曰此一經明諸侯至士初死在室殯踊節及明貴賤踊數也公諸侯去死日五日而殯則合死日六日也○七踊者始死一踊明日襲之時又一踊襲明日朝又明日小斂朝一踊爲四也其日晚小斂時又一踊是小斂日再踊就於前三日爲五也小斂明日朝又踊爲六也至明日大斂之朝不踊當大斂時乃踊凡爲七踊也○大夫五者大夫三日殯合死日爲四日始死一明日襲朝一又明日小斂日再小斂明日大斂凡五也○士三者士三日殯合死日數也始死一小斂朝不踊至小斂時一又明日大斂一是凡三也○婦人皆居間者謂婦人與丈夫更踊也男子先踊踊畢而婦人踊踊畢賓乃踊婦人居賓主之中間也又云皆居間者言皆於貴賤婦人悉居賓主間也然親始死及動尸舉柩哭踊無數今云七五三者謂爲禮有節之踊每踊輒三者三爲九而謂爲一也公襲卷衣一玄端一朝服一素積一纁裳一爵弁二玄冕一褒衣一朱綠帶申加大帶於上朱綠帶者襲衣之帶飾之雜以朱綠異於生也此帶亦以素爲之申重也重於革帶也革帶以佩韍必言重於大帶者明雖有變必備此二帶也士襲三稱子羔襲五稱今公襲九稱則尊卑襲數不同矣諸侯七稱天子十二稱與○卷音衮重直龍反又直用反韍音弗稱尺證反【疏】公襲至於上○正義曰此一經明襲用衣稱卷冕之制公襲以上服最在內者公身貴故以上服親身欲尊顯加賜故褒衣最外而細服居中也子羔賤故卑服親身也○玄

端一者賀云燕居之服玄端朱裳也○朝服一者緇衣素裳公日視朝之服也○素積一者皮弁之服公視朔之服也○纁裳一者賀云冕服之裳也亦可鷩毳任取中間一服也○爵弁二者玄衣纁裳二通也此是始命之服示之重本故二通也招魂君亦用爵弁服也玄冕之下又取一也○褒衣一者所加賜之衣最上華君賜也自卷衣至此合爵弁二通合九稱朱綠帶者諸侯襲尸除五采之大帶外又別有此帶以素爲之而朱綠飾之亦異於生時也○申加大帶於上者申重也謂已用此朱綠小帶結束之今重加大帶於革帶之上者象生時大帶也用素爲之士則二采大夫諸侯皆五采飾之故前云率帶諸侯大夫皆五采士二采鄭云此謂襲尸之大帶也鄭既謂前爲襲尸之大帶此重言加大帶是用襲尸如一故知前所言即此大帶也○注朱綠至稱與○正義曰云朱綠帶者襲衣之帶飾之雜以朱綠異於生也者此帶既非革帶又非大帶秖是衣之小帶衣之小帶用素故云亦以素爲之云申重也者釋詁文云重於革帶也者謂於革帶之上重加此大帶知非對小朱綠帶爲重者以朱綠小帶散在於衣非是摠束其身若摠束其身唯有革帶大帶故知對革帶爲重者云必言重加大帶者明雖有變必備此二帶也者解經文申加之字既無革帶又加大帶云申者何以革帶必見革帶與大帶者明雖有變必備此二帶云士襲三稱以下者鄭欲歷明天子諸侯以下襲之數士喪禮襲三稱前文子羔襲五稱此文公襲九稱是尊卑襲數不同唯天子諸七稱天子十二稱與與者疑辭也侯無文故約之云諸侯小斂環絰公大夫士一也環絰者一股所謂纏絰也士素委貌大夫以上素爵弁而加此絰焉散帶○纏直連反【疏】小斂至一也○正義曰環絰一股而纏也親始死孝子去冠至小斂不可無飾士素委貌大夫以上素弁而貴賤悉得加於環絰故云公大夫士一也○注環絰至散帶○正義曰知以一股所謂纏絰者若是兩股相交則謂之絞今云環絰是周迴纏繞之名故知是一股纏絰也又鄭注弁師云環絰者大如緦之麻絰纏而不糾今此所謂彼經注也知士素委貌者武叔投冠括髪諸侯之大夫當天子之士也云大夫以上素爵弁者雜記云大夫與殯亦弁絰以大夫與他殯尚弁絰與他殯尚弁絰則天子弁絰明矣諸侯以上尊固宜弁絰公視大斂公升商祝鋪席乃斂喪大記曰大夫之喪將大斂既鋪絞紟衾乃鋪席則君至爲之改始新之也○鋪普吳反一音升胡反又音敷紟其鴆反絞戶交反爲于僞反【疏】公視至乃斂○正義曰公君也明君臨臣喪大斂禮

也。公升商祝鋪席乃斂者，公升謂君來升堂時，商祝主斂事者也。此臣喪大斂，君來至之前，主人既已鋪席布絞紟衾，聞君將來至，則主人徹去之，此君至升堂而商祝更鋪席待君至乃斂也。所以然者，重榮君來爲新之也，亦示若事由君也。

魯人之贈也，三玄二纁，廣尺，長終幅。言失之也。士喪禮下篇曰：「贈用制幣玄纁束帛。」○廣，古曠反。長，直亮反。幅，方服反。〔疏〕魯人至終幅○正義曰：記魯失也。贈謂以物送亡人於槨中也。贈別用玄纁束帛三玄二纁，故既夕禮曰：「贈用制幣玄纁束。」今魯人雖三玄二纁，而用廣尺長幅，不復丈八尺，則失禮也。

弔者即位于門西，東面，其介在其東南，北面西上，西於門。賓立門外，不當門。○介音界，後皆同。**主孤西面。**立於阼階下。**相者受命曰：「孤某使某請事。」客曰：「寡君使某，如何不淑。」**受命，受主人命以出也。不言擯者，喪無接賓也。淑，善也。如何不善，言君痛之甚。使某弔。○相，悉亮反，下皆同。**相者入告，出曰：「孤某須矣。」**稱其君名者，君薨稱子某，使人知適嗣也。須矣，不出迎也。○適，丁歷反。**弔者入，主人升堂，西面。弔者升自西階，東面致命曰：「寡君聞君之喪，寡君使某，如何不淑。」子拜稽顙。弔者降，反位。**子，孤子也。降反位者，出反門外位。無「出」字，脫。〔疏〕弔者至反位○正義曰：自此以下終於篇末，明諸侯相弔含贈賵之禮，今各隨文解之。從此至反位，明弔禮。○弔者即位於門西者，謂主國大門之西。○其介在其東南北面西上者，以其凶事異於吉，故介在東南北面西上，以使在門西故也。○相者受命者，相者相主人傳命者也。不稱擯而言相者，鄭云喪無接賓，故不言擯，此對例耳。若通而言之，吉事亦云相，故司儀云每門止一相，又大宗伯云朝覲會同則爲上相。凶事亦稱擯，故喪大記云君弔擯者進，又按士喪禮賓有襚擯者出請入告是也。○出曰孤某須矣者，孤謂嗣子也，某爲嗣子之名。必稱嗣子名者，欲使使者知適嗣之名，故鄭引公羊傳云君薨稱子某。但公羊對殯之辭稱子某，此對賓之辭故稱孤某。云須矣者，異於吉禮不出迎，故云須矣。○主人升堂西面者，謂從阼階升也。知者，以弔者升由西階故也。又下文孤降自阼階拜之，明升亦阼階也。曲禮云升降不由阼階者，或大夫士也，或平常無賓時也。○子拜稽顙者，不云孤某而稱子者，客既有事於殯，故稱子以對殯之辭也。以下皆然。若對賓之辭，則稱孤某也。

含者執璧將命曰：「寡君使某含。」相者入告，出曰：「孤某須矣。」含玉爲璧，制其分寸大小未聞。○含，本又作唅，說文作琀，同，胡闇反，下同。**含者入，升堂致命，再拜稽顙。含者坐委于殯東南，有葦席；既葬，蒲席。降出，反位。**言降出反位，則是介也。春秋有既葬歸含賵襚，無譏焉，皆受之於殯宮。○襚音遂。**宰夫朝服，即喪屨，升自西階，西面坐取璧，降自西階以東。**朝服，告鄰國之禮也。即，就也。以東，藏於內也。〔疏〕含者至以東○正義曰：此一經明含禮。○執璧者，含玉爲璧制，鄭云分寸大小未聞。含之所用，已具檀弓疏。○含者坐委於殯東南有葦席既葬蒲席者，謂含者坐委所含之璧於殯之東南席上。未葬之前有葦席承之，既葬以後則以蒲席承之。○注言降至殯宮○正義曰：言降出反位則是介也者，以此經直云降出反位，不知何人反位，前文云弔者降反位，則此謂含者降反位。即弔者既爲上賓，故下文云上客臨，注云上客弔者。既爲上客，明含者是介也。云春秋有既葬歸含賵襚無譏焉皆受之於殯宮者，按左傳隱元年天王使宰咺來歸惠公仲子之賵，歸惠公賵緩也，公羊亦云其言來何，不及事也，是左氏、公羊皆譏其緩。云無譏者，取穀梁之義。故文五年穀梁云王使榮叔歸含且賵，不言來，不周事之用也，明宰咺言來，得周事也。是宰咺歸賵，穀梁不譏，是既葬歸含且賵無譏也。穀梁所以不譏宰咺者，釋廢疾云平王新有幽王之亂，遷于成周，欲崇禮於諸侯，原情免之，若無事而晚者，去來以譏之，榮叔是也。文九年秦人來歸僖公成風之襚，最晚不譏者，釋廢疾云以其殺敗兵無休時，君子原情不責晚也。○宰夫朝服即喪屨者，宰謂上卿也，言夫，衍字。朝服者，吉服也。必用吉服者，以鄰國執王而來，執王不麻，故著朝服。以仍在喪，不可純吉，故即喪屨也。此遣喪已久，故嗣子親受，禮宰著朝服。若新始遣喪，則主人不親受，使大夫受於殯宮，故聘禮云聘遭喪入竟則遂也，鄭云遭喪，主國君薨也。聘禮又云不筵几，鄭云致命不於廟，就尸柩於殯宮。聘禮又云遭喪將命于大夫，主人長衣練冠以受。○注朝服告鄰國之禮○正義曰：鄰國來弔，不敢純凶待之而著朝服，是以吉待鄰國之禮，所以必用吉服以待鄰國者，以已國遭喪，他國是吉，不可以喪禮待於他國，故以吉禮待之。此形者既爲上客，又賵者是上介，則此含者、襚者當是副介、末介，但含、襚於死者爲切，故在先陳之。

襚者曰："寡君使某襚。"相者入告，出曰："孤某須矣。"襚者執冕服，左執領，右執要，入升堂致命曰："寡君使某襚。"子拜稽顙。委衣于殯東。亦於席上所委璧之北，順其上下。○要，一遥反。襚者降，受爵弁服於門内霤，將命，子拜稽顙如初。受皮弁服於中庭，自西階受朝服，自堂受玄端，將命，子拜稽顙，皆如初。襚者降，出反位。授襚者以服者，賈人。○霤，力救反。賈音嫁。宰夫五人舉以東，降自西階，其舉亦西面。亦西面者，亦襚者委衣時。

〔疏〕"襚者"至"西面"。○正義曰：此一節明襚禮。按上文含者稱執璧，下文賵者稱執圭，則此襚者當稱執衣，不云者，文不備也。以下文云"襚者執冕服"，故於此略之。○注"亦於"至"上下"。○正義曰：以璧委於席上，今衣而委於席北，故云"亦於席上所委璧之北"。以經文先含而後襚，則含重而襚輕，所委殯東西面南頭爲上，故云"順其上下"，謂上者在前，下者在後。○注"授襚者以服者，賈人"。○正義曰：按聘禮有賈人，故知授襚者之服是賈人也。○注"亦西"至"衣時"。○正義曰：上云"委衣於殯東"，又云"受爵弁，受皮弁、玄端，皆云如初"，是皆在殯東西面而嚮殯。今云舉者亦西面，是亦如襚者西面也。其服重者使執而入，爵弁受於内霤，皮弁受於中庭，朝服受於西階，玄端受於堂，既受處不同，則陳於璧北，亦重者在南。凡諸侯相襚，衣數無文，據此其服有五，又先路、褎衣，不以襚，以外無文。

上介賵，執圭將命曰："寡君使某賵。"相者入告，反命曰："孤某須矣。"陳乘黃大路於中庭，北輈，執圭將命。客使自下由路西，子拜稽顙，坐委於殯東南隅，宰舉以東。輈，轅也。自，率也。下謂馬也。馬在路之下。覲禮曰"路下四，亞之"。客給使者入設乘黃於大路之西，客入則致命矣。使或爲史。○賵，方鳳反。孤須矣，從此盡篇末皆無某字，有者非。乘，繩證反，注同。輈，竹由反，車轅也。

〔疏〕"上介"至"以東"。○正義曰：此一節明賵禮。○"陳乘黃大路於中庭北輈"者，乘黃謂馬也，大路謂車也，陳四黃之馬於大路之西，於殯宫中庭，北輈者，謂大路輈轅北嚮也。○"客使自下由路西"者，客使謂使客之從者也，爲客所使，故曰客使也。自，率也。下猶馬也。由，在也。路即大路也。陳路北轅既竟，謂客執圭升堂致命，而客之從者率馬設在車之西也。馬云客使設之，則大路亦使設之也。○注"輈轅"至"命矣"。○正義曰："自，率也"者，按爾雅釋詁文。率，自也，展轉相訓，是自得爲率。云"下謂馬也"者，凡陳車馬，馬在車下，故云"下謂馬也"。引覲禮曰"路下四，亞之"者，證馬爲下也。"四，亞之"，謂馬四疋亞次路車也。云"客給使者入設乘黃於大路之西"者，解經中"客使自下由路西"也。但喪禮車馬以屬主人，故路在東，統於主人也。若尋常吉禮，車馬爲賓而設，則路在馬西，故覲禮"路下四，亞之"，注云"亞之，次車而東"，是車在西，統於賓也。按既夕禮車以西爲上者，彼謂死人而設於鬼神之位。凡賵，隱元年公羊傳云："賵者蓋以馬，以乘馬束帛。車馬曰賵，貨財曰賻，衣被曰襚。"穀梁云："乘馬曰賵，衣衾曰襚，貝玉曰含，錢財曰賻。"按既夕禮云"賵馬兩"，無車者，士卑不合有車。何休云"周制謂士無車"，非也。此禮記陳乘黃大路，則周制有車。穀梁直云"乘馬曰賵"，無車者，文不備也。散而言之，車馬亦曰襚，故前文云"諸侯相襚以後路"是也。此無賻，賻是加厚非常故也，故宰夫注云"其間加恩厚則有賻焉"，雖有貨亦有馬，故少儀云"賻馬不入廟門"是也。既夕有贈者，贈施於死，必及葬節，此未必一當葬時賵。既夕有奠，此無奠者，以奠主於親者，故既夕禮云"兄弟賵奠，所知則賵而不奠"，此諸侯相於既疏，故無奠。按釋廢疾云："天子於諸侯，含之賵之；諸侯於卿大夫，如天子於諸侯；諸侯於士，如天子於諸侯臣，襚之賵之；天子於二王之後，含爲先，襚則次之，賵爲後；諸侯相於，如天子於二王後。"鄭知天子於二王後含襚賵者，爲約此雜記兩諸侯相敵，明天子於二王後亦相敵也。知諸侯亦然者，約雜記文。鄭知天子於諸侯含賵者，約文五年"榮叔歸含且賵"，三傳但譏兼禮，不譏其數，是也。鄭知天子於諸侯臣襚之賵之者，約士喪禮諸侯於士有襚有賵，明天子於諸侯臣亦然。鄭知諸侯於卿大夫如天子於諸侯者，更無所尊，明尊此卿大夫，含之賵之也。凡此於其妻亦如其夫，知者，約宰咺來歸惠公仲子之賵，又約魯夫人成風之喪，王使榮叔歸含且賵，以外推此可知。

凡將命，鄉殯將命，子拜稽

顙西面而坐委之宰舉璧與圭宰夫舉襚升自西階西面坐取之降自西階凡者說不見者也鄉殯將命則將命時立於殯之西南宰夫宰之佐也此言宰舉璧與圭則上宰夫朝服衍夫字○鄉許亮反注同見賢遍反〔疏〕凡將至西階○正義曰此一經廣明從上以來弔含襚及賵文不見者於此揔明之○凡將命鄉殯者在殯之西南東北面鄉殯○西面而坐委之者謂將命既畢子拜稽顙之後將命者來就殯東西面而坐委之○宰舉璧與圭者主人上卿坐舉含者之璧與賵者之圭○宰夫舉襚者謂宰之屬官舉此襚者之衣○升自西階西面坐取之者謂宰與宰夫欲舉時升自西階不敢當主孤之位來鄉殯東席之東西鄉坐取之降自西階也○注凡者至夫字○正義曰此一經將命言凡是揔說上文前文所不見者則上宰夫朝服衍夫字者以此經既云宰舉璧與圭宰夫舉襚按上宰夫朝服取璧既云取璧明是宰也非宰夫故知夫爲衍字賵者出反位于門外乃著言門外明禮畢將更有事

上客臨曰寡君有宗廟之事不得承事使一介老某相執綍上客弔者也臨視也言欲入視喪所不足而給助之謙也其實爲哭耳○臨如字徐力鴆反注及下同介音界舊古賀反相息亮反綍音弗爲于僞反相者反命曰孤某須矣臨者入門右介者皆從之立于其左東上入門右不自同於賓客宗人納賓升受命于君降曰孤敢辭吾子之辱請吾子之復位客對曰寡君命某毋敢視賓客敢辭宗人反命曰孤敢固辭吾子之辱請吾子之復位客對曰寡君命某毋敢視賓客敢固辭宗人反命曰孤敢固辭吾子之辱請吾子之復位客對曰寡君命使臣某毋敢視賓客是以敢固辭固辭不

獲命敢不敬從賓三辭而稱使臣爲恭也爲恭者將從其命○寡君命絶句下放此毋音無下同使色吏反注同爲如字舊于僞反下同客立于門西介立于其左東上孤降自阼階拜之升哭與客拾踊三拜客謝其厚意○拾其劫反客出送于門外拜稽顙不迎而送喪無接賓之禮〔疏〕上客至稽顙○正義曰此一節明弔含襚賵既畢上客行臨哭之禮○使一介老某相執綍者某者上客名也相助也謙言使一介老臣某助主人執其葬綍其實爲哭而來謙言助執綍耳一介者言己使來唯有一人爲介謙辭耳其實介數各下其君二等○臨者入門右介者皆從之立于其左東上者不敢自同賓故入門右從臣位○宗人納賓升受命于君者謂主國宗人掌禮欲納此弔賓先受納賓之命於主國嗣君○降曰孤敢辭吾子之辱請吾子之復位者此宗人受嗣君之命後下階請客之辭也復位者欲令在門西客位也○宗人反命者謂反此客之辭命於嗣君○曰孤敢固辭者是宗人受嗣君之命以告客云孤敢固辭前文云孤某須矣此直云孤子云某者以親對客辭客是使臣故不復稱名也按左傳三十年云君之喪士弔大夫會葬文襄之霸君喪大夫弔卿會葬此上客者若於古禮士也若於文襄則大夫也云一介老某者則若曲禮云七十使於四方稱老夫之類前四禮客皆在門西此臨在門東者前者四禮皆是奉君命而行如聘禮聘之與享也此臨是私禮若聘禮私覿故在門東○注不迎至之禮○正義曰上云孤某須矣是不出迎所以不迎者以主人在喪身既悲慼無暇接賓之禮主拜送者謝其勞辱來也○其國有君喪不敢受弔○辟其痛傷己之親如君辟音避下辟之同〔疏〕其國至受弔○正義曰此謂國有君喪而臣又有親喪則不敢受他國賓來弔也以義斷恩哀痛主於君不私於親也○外宗房中南面小臣鋪席商祝鋪絞紟衾士盥于盤北舉遷尸于斂上卒斂宰告子馮之踊夫人東面坐馮之興踊此喪大記脫字重著於是○盥音管斂力劍反下同馮皮冰反本或作憑下同脫音奪重直用反士喪有與天子同者三其終夜燎及乘人專

道而行 乘人謂使人執引也專道人辟之○燎力召反又力弔反乘繩證反注同引以刃反一音餘刃反○

【疏】外宗至輿踊○正義曰此一經是喪大記君喪之節於此重記之但大記云夫人東面亦如之此云夫人東面坐馮輿踊權此四字别義皆同也○士喪至而行○正義曰言士喪與天子三事同也其終夜燎一也及乘人二也專道而行三也終夜燎謂柩遷之夜須光明故竟夜燎也乘人謂人引車不用馬也既夕禮云屬引鄭引古者人引柩專道行謂喪在路不辟人也三事爲重故云與天子同也

附釋音禮記注疏卷第四十一

江西南昌府學栞

禮記注疏卷四十一校勘記　阮元撰盧宣旬摘録

雜記上

有三年之練冠節

有三至不易　惠棟按宋本無此五字

按聖證論云范宣子之意　閩監毛本同齊召南云聖證論是魏時王肅所作以難鄭學者范宣子即東晉范宣在肅之後肅何從得引之後文爲妻父母在不杖不稽顙疏引禮論范宣子申云可知此文聖證論三字係禮論二字之訛也孫志祖云按聖證論云下當有脱文

云練除首絰者間傳文　閩本同惠棟按宋本同監毛本間誤因

有父母之喪節

有父至神也　惠棟按宋本無此五字

得祔兄弟小功之殤　閩本同衛氏集說同監毛本祔作附浦鏜按云當作祔後並同

可謂名是也　惠棟按宋本作不可觸名故也續通解同此本誤閩監毛本作尊其名是也亦誤

凡異居節

其始麻散帶絰　各本同石經同毛本散作撒後同

凡異至日數　惠棟按宋本無此五字

唯哭對使者赴於禮可也　惠棟按宋本作赴衛氏集說同此本赴字闕閩監毛本赴作則

不見尸柩不散帶也　閩監毛本同惠棟按宋本無也字

主妾之喪節

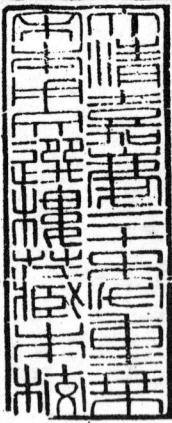

則自祔至於練祥　閩監毛本同嘉靖本同石經祔作附宋監本岳本衛氏集說同石經考文提要云宋

大字本亦作附

女君死節

女君至黨服　惠棟按宋本無此五字

雖是徒從而抑妾故爲女君黨服　閩監毛本如此衞氏集說同此本抑誤服故字闕

先女君之黨服也　惠棟按宋本此下標禮記正義卷第五十終記云凡二十五頁

聞兄弟之喪節　惠棟按宋本自此節起至子游曰既祥節止爲第五十一卷卷首題禮記正義卷第五十一

聞兄至虞之　惠棟按宋本無此五字

謂此親兄弟同氣及同堂兄弟也　閩監毛本同衞氏集說謂此作此謂

凡喪服未畢節

凡喪至拜踊　惠棟按宋本無此五字

其禮以殺　閩監毛本同惠棟按宋本以作已

大夫之哭大夫節

大夫至弁絰　惠棟按宋本無此五字

理亦旣殯　按亦字下當脫兼字

爲妻節

爲妻至稽顙　惠棟按宋本無此五字

則庶子爲妻得以杖即位乎　閩監毛本同浦鏜按云則當側字誤

喪冠條屬節

左辟象吉輕也　惠棟按宋本作左宋監本岳本嘉靖本衞氏集說同考文引古本足利本同此本左誤右閩監毛本同

緦冠繰纓　各本同石經同釋文繰作縿注同

喪冠至繰纓　惠棟按宋本無此五字

其縷就上繰之　惠棟按宋本作縷衞氏集說同此本縷誤繰閩監毛本同今正

諸侯相襚節

諸侯至以襚　惠棟按宋本無此五字

後路爲上路之後次路也　閩監毛本同衞氏集說爲作謂惠棟按宋本同

不可以施遺於人　閩監毛本同惠棟按宋本遺作遣

䟽布輤節

四面有章　各本同石經同釋文出有章云本或作鄣考文云古本章作障

䟽布至四隅　惠棟按宋本無此五字

端衰喪車節

端衰至無等　惠棟按宋本無此五字

而今用縗綴心前　閩監毛本同惠棟按宋本縗作衰○按縗正字衰假借字

駹車雚蔽　惠棟按宋本同閩監毛本雚作萑○按作雚與初刻唐石經周禮合依說文當作雚从艸萑聲

大白冠節

齊東曰武　惠棟按宋本岳本嘉靖本衞氏集說並同閩監毛本東誤人

大白至后羴　惠棟按宋本無此五字

既先有別卷　惠棟挍宋本作先有衞氏集說同此本先有二字誤倒閩監毛本同

大夫冕而祭於公節

弁而祭於己　惠棟挍宋本作己宋監本石經岳本衞氏集說同此本己誤已閩監毛本同嘉靖本同下祭於己及注並同

士弁而親迎　各本同石經同釋文出而迎無親字

大夫至可也　惠棟挍宋本無此五字

暢臼以椈節

暢　各本同石經同釋文出鬯云本亦作暢按鬯暢古通用爾雅注引此文正作鬯

臼以椈　監毛本同石經同釋文同岳本同閩本臼誤臼嘉靖本椈誤掬衞氏集說同注疏放此

所以擣鬱也　各本同釋文出以擣云本亦作擣○按說文云擣手椎也从手𠷎聲

暢臼至與末　惠棟挍宋本無此五字

以枇升入於鼎　惠棟挍宋本及閩毛本同監本鼎誤知

率帶節

率帶　閩監毛本同石經同岳本帶作帶嘉靖本同衞氏集說同考文引古本足利本同釋文出率帶云本亦作帶

率帶至二采　惠棟挍宋本無此五字

醴者稻醴也節

賓見閒　各本同毛本閒誤問

所以庪甕甒之屬　閩監毛本同岳本庪誤庋釋文同衞氏集說同嘉靖本作庋惠棟挍宋本同考文引古本足利本同

醴者至折入　惠棟挍宋本無此五字

以承抗席是也　閩監本同衞氏集說亦作抗毛本抗誤坑

重既虞而埋之節　惠棟挍云重既虞節凡婦人節宋本合爲一節

重既虞而埋之　惠棟挍宋本無此六字

重出自道道左倚之　閩監毛本同衞氏集說道字不重

小斂大斂節

小斂至辯拜　惠棟挍宋本無此五字

及啟攢之時　閩監毛本同衞氏集說同考文云宋板攢作欑

故明竟卽拜也　惠棟挍宋本有事字此本事字脫閩監毛本同

卽此云辯拜三事也　閩本同惠棟挍宋本同監毛本三誤二

君若載而后弔之節

君若至后奠　惠棟挍宋本無此五字

出待者孝子哭踊畢　惠棟挍宋本同衞氏集說同閩監毛本哭誤卒

子羔之襲也節　惠棟挍云子羔節爲君使節宋本合爲一節

纊爲繭　各本同釋文出絖云字又作纊

或爲爲元冠　惠棟挍宋本不重爲字岳本同嘉靖本同衞氏集說同考文引古本足利本同此本誤重閩監毛本作或謂爲元冠亦誤

子羔至婦服　惠棟挍宋本無此五字

爲君使節

公所爲君所作離宮別館也　惠棟挍宋本宋監本無別字

公襲卷衣一節

申加大帶於上　閩監毛本同石經同岳本同嘉靖本同衛氏集說同坊本於誤之石經考文提要云宋大字本宋本九經南宋巾箱本余仁仲本劉叔剛本並作於上

公襲至於上　惠棟挍宋本無此五字

唯天子諸七稱天子十二稱與與者疑辭也侯無文故約之云諸侯　閩監毛本同惠棟挍宋本作唯天子諸侯七稱天子十二稱與與者疑辭也無也下侯字續通解同

小斂環絰節

小斂至一也　惠棟挍宋本無此五字

而貴賤悉得加於環絰　閩監毛本同衛氏集說同續通解於作此

以大夫與他殯尚弁絰　此本夫下與上六字闕閩監毛本同盧文弨云空處宋本作與他殯尚弁絰六字與下複刪去是也

公視大斂節

既鋪絞紟衾乃鋪席　惠棟挍宋本紟衾下有君至此君升五字岳本宋監本嘉靖本衛氏集說同考文引古本足利本同此本五字脫閩監毛本同

公視至乃斂　惠棟挍宋本無此五字

君來至之前　嚴杰云來當作未

則主人散徹去之　惠棟挍宋本無散字衛氏集說同此本誤衍閩監毛本同

賵人之賵也節

賵用制幣元纁束帛　閩監毛本同岳本同嘉靖本同衛氏集說同惠棟挍宋本無帛字按無帛字與儀禮士喪禮合

賵人至終幅　惠棟挍宋本無此五字

而用廣尺長幅　惠棟挍宋本長下有終字衛氏集說同此本終字脫閩監毛本同

弔者即位于門西節

弔者至反位　惠棟挍宋本無此五字

若對賓之辭則稱孤某也　閩監毛本同惠棟挍宋本無也字衛氏集說同

含者執璧節

皆受之於殯宮　閩本同岳本同嘉靖本同衛氏集說同監毛本殯誤賓

含者至以東　惠棟挍宋本無此五字

襚者曰節

而委於席北　閩監本席作璧毛本北誤此

上介賵節　盧文弨云宋本合下二節爲一節

孤某須矣　閩監毛本同石經同岳本同嘉靖本同衛氏集說同坊本無某字釋文出孤須矣云從此盡篇末皆無某字有者非石經考文提要云宋大字本宋本九經南宋巾箱本余仁仲本劉叔剛本並有某字下上客臨節同

上介至以東　惠棟挍宋本無此五字

下猶馬也由在也　閩監毛本同浦鏜按猶疑誚在作左按衛氏集說亦作由左也

則大路亦使設之也　閩監毛本同盧文弨云亦下當有客字

此諸侯相於既疏　閩本同惠棟挍宋本同監毛本於誤與

明尊此卿大夫含之賵之也　閩監本同毛本含誤舍下節疏弔含同

上客臨節

介立于其左　惠棟挍宋本石經岳本嘉靖本宋監本衛氏集說並同閩監毛本其誤門石經考文提要云宋

大字本宋本九經南宋巾箱本余仁仲本劉叔剛本並作其左

上客玉稽顙　惠棟校宋本無此五字

君於古禮士也　惠棟校宋本同閩監毛本古誤吉

主拜送者謝其勞辱來也　閩監毛本同考文引宋板主作去

士喪有與天子同者節

鄭引古者　閩監毛本同浦鏜校引改注

禮記注疏卷四十一校勘記

附釋音禮記注疏卷第四十二

雜記下第二十一

鄭氏注　孔穎達疏

有父之喪如未沒喪而母死其除父之喪也服其除服卒事反喪服沒猶竟也除服謂祥祭之服也卒事既祭反喪服服後死者之服○唯諸父昆弟之喪如當父母之喪其除諸父昆弟之喪也皆服其除喪之服卒事反喪服雖有親之大喪猶爲輕服者除骨肉之恩也唯君之喪不除私服言當者期大功之喪或終始皆在三年之中小功緦麻則不除殤長中乃除○爲于僞反下乃爲同期音基長丁丈反下云長子同如三年之喪則既顈其練祥皆同言今之喪既服顈乃爲前三年者變除而練祥祭也此主謂先有父母之服今又喪長子者其先有長子之服今又喪父母其禮亦然然則言未沒喪者已練祥矣顈草名無葛之鄉去麻則用顈○顈口迥反徐孔穎反沈苦頂反草也注同又喪如字又息浪反下又喪同去起呂反王父死未練祥而孫又死猶是附於王父也未練祥嫌未祫祭序於昭穆爾王父既附則孫可祔焉猶當爲由由用也附皆當作祔○附作祔出注祫音洽

【疏】有父至父也○正義曰此一節明前後兩服之中有變除喪祭之節今各隨文解之此一經明先有父喪而後遭母死爲父變除之節如未沒喪者謂父喪小祥後在大祥之前未竟之時也于時又遭母喪故云而母死也○其除父之喪也服其除服者謂母死既葬後值父應大祥除服以行祥事故云服其除服也○卒事反喪服者卒事謂父祥竟更還服母服也故云卒事反喪服若母喪未葬而值父二祥則不得服其祥服也所以爾者二祥之祭爲吉未葬爲凶故不忍凶時行吉禮也○雖諸至喪服此一經明諸父兄弟之喪當父母服內變除之節○如當者言此諸親自始死至除服皆在父母服內故云如當也○其除諸父昆弟之喪也皆服其除喪之服卒事反喪服者亦爲服除服而除竟亦反先服也此亦謂重喪葬後之時也何以知然既始末在重喪中則其除自然知在重喪之葬後也上文爲父祥尚待母葬後乃除則輕親可知也然但舉此輕足明前之重而在前文云言母喪得爲父變除者庾氏云蓋以變除事大故也○注雖有至乃除○正義曰雖有親之大喪猶爲輕服者除骨肉之恩也者鄭釋所以輕服在大喪之中得爲輕服除者乃輕服是骨肉恩親故得除之若君之大喪不得自除私服者故曾子問曰大夫士有私喪可以除之矣而有君服焉其除之也如之何孔子曰有君喪服於身不敢私服又何除焉是有君服不得除已私服其私謂父母以下及諸父昆弟皆不得除也云小功緦麻則不除者按服問云緦之麻不變小功之葛小功之麻不變大功之葛據此言之是尋常小功緦麻不得易大功以上之服故知有大功以上之服不得爲小功緦麻除服也云殤長中乃除者以服問云殤長中變三年之葛既變三年之葛明在大功以上服中爲殤長中著服而又爲之除也○如三年之喪則既顈其練祥皆行此明前後俱遭三年之喪後喪既受葛之後得爲前喪練祥既顈者謂後喪既虞卒哭合以變麻爲葛無葛之鄉則用顈也後喪既顈之後其前喪須練祭祥祭皆舉行之○注言今至用顈○正義曰云此主謂先有父母之服今又喪長子者以前文皆據先有父喪後有母喪此又先有父母之喪後有諸父昆弟死者皆以重喪在前輕喪在後此亦類上文故云先有父母之服今又喪長子云其先有長子之服今又喪父母其禮亦然者以經不云長子之喪而云三年之喪既顈明三年之文互包父母故知先有長子之喪既顈也依禮父在不爲長子三年今云先有長子之服今又喪父母者庾氏及熊氏並云有父者誤也當應云今又喪母不得并稱父也庾氏又云後喪既顈又前喪練祥皆行若後喪既殯得爲前喪虞祔未知然否自依錄之云未沒喪者已練祥矣者以此經云三年之喪既顈不云未沒喪則知既顈與未沒喪者別也既顈是既虞受服之時明未沒喪是既練之後稱言未沒是將沒之文故知練後也若先有父喪而後母死練祥亦然以前文父死爲母三年也故喪服齊衰三年章云父卒則爲母是也若先有母喪而後父卒母喪雖有期父喪既顈母之練祥亦皆行也王父死未練祥而孫又死猶是祔於王父也猶爲由由用也禮孫死祔祖今此明若祖喪雖未二祥而孫死則孫亦得用是祔禮祔於祖也○注未練至祔焉○正義曰禮祔在練前若祔後未練之前則得祔直云未練足矣兼言祥者按文二年穀梁傳云作主壞廟有時日於練焉壞廟壞廟之道易檐可也改塗可也注云親過高祖則毁其廟以次而遷將納新神故示有所加以此言之則練

時壞祖與高祖之廟改塗易檐未有壞意其以先祖入於太祖之廟其祖傳入高祖廟其新死者入祖廟是練時遷廟也入三年喪畢祫於太祖廟是祥後祫也故云未練祥嫌未祫祭序於昭穆爾兼言祥者恐未祫故也故練祥兼言但祖祔祭之後即得祔新死之孫故云王父既附則孫可祔焉然王父雖祔未練無廟孫得祔於祖其孫就王父所祔祖廟之中而祔祭王父焉○有殯聞外喪哭之他室明所哭者異也哭之爲位入奠卒奠出改服即位如始即位之禮謂後日之哭朝入奠於其殯既乃更即位就他室如始哭之時〔疏〕有殯至之禮○正義曰有殯謂父母喪未葬喪柩在殯宮者也外喪謂兄弟喪在遠者也他室別室也若聞外喪猶哭於殯宮然則嫌是哭殯則於別室哭之明所哭者爲新喪也○入奠者謂明日之朝著已重喪之服入奠殯宮及下室○卒奠出者謂卒終已奠而由○改服即位者謂改已重喪服著新死未成服之服即位謂即昨日他室之位○如始即位之禮者謂今日即哭位之時如昨日始聞喪即位之時○大夫士將與祭於公既視濯而父母死則猶是與祭也次於異宮既祭釋服出公門外哭而歸其它如奔喪之禮如未視濯則使人告告者反而后哭猶亦當爲由次於異宮不可以吉與凶同處也使者反而后哭不敢專已於君命也○與音預下同濯大角反它音他處昌慮反下之處同使色吏反如諸父昆弟姑姊妹之喪則既宿則與祭卒事出公門釋服而后歸其它如奔喪之禮如同宮則次于異宮宿則與祭出門乃解祭服皆爲差緩也○差初賣反又初佳反〔疏〕大夫至異宮○正義曰此一節明大夫士與祭於公而有私喪之禮○則猶是與祭也者既與祭於公祭日前既視濯之後而遭父母之喪則猶是吉禮而與於祭也○次於異宮者其時止次異宮不可以吉與凶同處也○如未視濯則使人告者謂未視濯之前遭父母之喪則使人告君○告者反而后哭者必待告君者反而后哭父母也○既宿則與祭者宿謂祭前三日將致齊之時既受宿戒雖有期喪則與公家

之祭○如同宮則次於異宮者若諸父昆弟姑姊妹等先是同宮而死則既宿之後出次異宮不可以吉凶雜處故也○注宿則至緩也○正義曰按前遭父母之喪既視濯而與祭此遭期喪宿則與祭又前遭父母之喪既祭釋祭服乃出公門此者期喪出門乃解祭服以其期喪緩於父母故云皆爲差緩○曾子問曰卿大夫將爲尸於公受宿矣而有齊衰內喪則如之何孔子曰出舍乎公宮以待事禮也尸重受宿則不得哭內喪同宮也孔子曰尸弁冕而出卿大夫士皆下之尸必式必有前驅冕兼言弁者君之尸或服士大夫之服也諸臣見尸而下車敬也尸式以禮〔疏〕注內喪同宮○正義曰按上文不爲尸之時未視濯之前受宿之後父母喪使人告者反而后哭今此齊衰內喪亦謂諸父昆弟姑姊妹也與前與後祭同但尸尊故出舍公之公館以待君之祭事不在已之異宮耳○父母之喪將祭而昆弟死既殯而祭如同宮則雖臣妾葬而后祭祭主人之升降散等執事者亦散等雖虞附亦然將祭謂練祥也言若同宮則是昆弟異宮也古者昆弟異居同財有東宮有西宮有南宮有北宮有父母之喪當在殯宮而在異宮者疾病或歸者主人適子散等栗階爲新喪略威儀〔疏〕父母至亦然○正義曰將祭謂將行大小祥祭也○而昆弟死既殯而祭者若將祭而有兄弟死則待殯後乃祭也今不待葬後者兄弟輕故始殯後便可行吉事也○如同宮則雖臣妾葬而后祭者兄弟既殯後而行父母之喪謂異宮者耳若同宮雖臣妾之輕卑死猶待葬後乃行父母祭也所以爾者吉凶不相干故喪服傳云有死於宮中者則爲之三月不舉祭庾氏云小祥之祭已涉於吉尸柩至凶故不可以相干其虞祔則得爲之矣若喪柩即去者則亦祭不待於三月可知矣○祭主人之升降散等者祭猶謂二祥祭散栗也等階也吉祭則涉級聚足喪祭則栗階故云散等也如此祥祭宜涉級於時爲有兄弟喪故少威儀作散等也執事者亦散等者助執祭者亦栗階也○雖虞祔亦然者謂主人至昆弟虞附而行父母二祥祭而執事者亦散等○注將祭至威儀○正義曰知將祭謂練祥也者以經云昆弟死既殯而祭故知

非吉祭也。前經云三年之喪既顯其練祥皆行，故知此祭謂練祥也。但前文主論變除，故委曲言練祥，以前文既具，故此經略言祭也。云「言若同宮，則是昆弟異宮也」者，以經云「如同宮則葬而后祭」，明上昆弟既殯而祭者，是異宮也。云「有父母之喪，當在殯宮」者，既遭父母之喪，兄弟悉應同在殯宮，不得有在異宮而死之。所以在異宮死者，以其疾病或有歸者，故得異宮而死。云「散等栗階者，謂升一等而後散，升不連步也」，故燕禮記云「栗階不過二等」，注云「其始升猶聚足連步，趨二等，左右足各一發而升堂」，以此知散等栗階是一也。

○自諸侯達諸士，小祥之祭，主人之酢也嚌之，衆賓兄弟則皆啐之；大祥，主人啐之，衆賓兄弟皆飲之可也。嚌、啐皆嘗也。嚌至齒，啐入口。○酢音胙。嚌，才細反。啐，七內反，徐蒼快反。

【疏】「自諸」至「可也」。○正義曰：此一經明喪祭飲酒之儀。○「主人之酢也嚌之」者，謂正祭之後，主人獻賓長，賓長酢主人，主人受賓長酢則嚌之也。○「衆賓兄弟則皆啐之」者，亦謂衆賓及兄弟祭末受獻之時啐之也，以其差輕故也。○「大祥，主人啐之」者，謂主人受賓酢之時，主人啐之。○「衆賓兄弟皆飲之可也」者，必知此主人之酢非受尸酢者，以士虞禮主人主婦獻尸受酢之時皆卒爵，虞祭比小祥爲重，尚卒爵，今大祥祭主人受尸之酢，何得唯嚌之而已？故知受賓酢也。受尸酢神惠爲重，雖在喪亦卒爵；賓禮爲輕，受賓之酢，但嚌之。知喪祭有受賓酢者，鄭注曾子問云「虞不致爵，小祥不旅酬，大祥無無算爵」，故知小祥之祭旅酬之前皆爲之也。皇氏云主人之酢謂受尸之酢，與士虞禮文違，其義非也。

○凡侍祭喪者，告賓祭薦而不食。薦，脯醢也。言祭，告賓祭薦。賓既祭而食之，喪祭賓不食。

【疏】「凡祭」至「不食」。○正義曰：侍祭喪，謂相於喪祭禮者。薦，謂脯醢也。吉時祭，相者則告賓祭薦，賓祭竟而食之。喪禮既不主飲食，故相者告賓但祭其薦而已，遂不食之也。此亦謂喪之正祭之後，主人獻賓之時，賓受獻，主人設薦，賓祭而不食，謂練祥祭也。其虞祔不獻賓也。

○子貢問喪，子曰：「敬爲上，哀次之，瘠爲下。顏色稱其情，戚容稱其服。」問喪，問居父母之喪也。喪尚哀，言敬爲上者，疾時尚不能敬也。容，威儀也。孝經曰「容止可觀」。○瘠，徐在益反。稱，尺證反，下同。

「請問兄弟之喪。」子曰：「兄弟之喪則存乎書策矣。」言疏者如禮行之，未有加也。齊斬之喪，哀容之體，經不能載矣。君子不奪人之喪，重喪禮也。亦不可奪喪也。不可以輕之於已也。

【疏】「子貢」至「喪也」。○正義曰：此一節明居父母兄弟喪禮。○「君子不奪人之喪」者，謂不奪他人居喪之禮，謂他人居喪，任其行禮，不可抑奪。○「亦不可奪喪也」者，不可自奪已喪，謂已之居喪，當須依禮，不可自奪其喪，使不如法。不奪人喪，恕也；不奪已喪，孝也。○注「言疏」至「載矣」。○正義曰：言疏者如禮行之未有加也者，以疏者禮文具載，故云存其書策。其齊斬之喪，謂父母喪也。父母至親，哀容體狀不可名言，故經不能載。上文云「顏色稱其情」，當須毀瘠也；「戚容稱其服」，當須憔悴也。

孔子曰：「少連、大連善居喪，三日不怠，三月不解，期悲哀，三年憂，東夷之子也。」言其生於夷狄而知禮也。怠，惰也。解，倦也。○少，詩召反。解，佳買反，注同。期音基。惰，徒卧反。倦，其眷反。

【疏】「孔子」至「子也」。○正義曰：此明居喪得禮之事。○「三日不怠」者，親之初喪，三日之內，禮不怠，謂水漿不入口之屬。○「三月不解」者，以其未葬之前，朝奠夕奠，及哀至則哭之屬。○「期悲哀」者，謂練以來常悲哀，朝哭夕哭之屬。○「三年憂」者，以服未除，憔悴憂戚。

○三年之喪，言而不語，對而不問。廬、堊室之中，不與人坐焉。在堊室之中，非時見乎母也，不入門。言，言己事也。爲人說爲語。在堊室之中，以時事見乎母，乃後入門，則居廬時不入門。○堊，烏各反，字亦作惡，同。見，賢遍反，注同。

疏衰皆居堊室，不廬。廬，嚴者也。言廬哀敬之處，非有其實則不居。

【疏】「三年」至「入門」。○正義曰：皇氏云：上云少連大連，及此經云三年之喪，并下疏衰之等，皆是揔結上文敬爲上、哀次之，及顏色稱其情、戚容稱其服。今按：別稱孔子，是時之語，不連子貢之問，此三年之喪以下，自是記者之言，非孔子之語。前文顏色稱其情，謂據父母之喪；此下文疏衰，謂期親以下，何得將此結上顏色稱其情？皇說非也。○「三年之喪，言而不語」者，謂大夫士言而後事行者，故得言已事，不得爲人語說也。○「對而不問」者，謂有問者得對，而不得自問於人。此謂與有服之親者行事之時。若與賓客疏遠者言，則間傳云「斬衰唯而不對，齊衰對而不言」是也。○「廬、堊室之中」

不與人坐者按喪大記云練居堊室不與人居居即坐也與此同○妻視叔父母姑姊妹視兄弟長中下殤視成人視猶比也所比者哀容居處也○長丁丈反〔疏〕妻視至成人○正義曰此一經明此等之親服雖有異其哀戚輕重各視所正之親妻居廬而杖抑之視叔父母姑姊妹出適服輕進之視兄弟長中下殤服輕上從本親視其成人也○親喪外除日月已竟而哀未忘兄弟之喪內除日月未竟而哀已殺○已殺已或作以殺色界反徐所例反〔疏〕親喪至內除○正義曰親喪外除者謂父母之喪外謂服也服猶外隨日月漸除而深心哀未忘○兄弟之喪內除者兄弟謂期服以下及小功緦也內心也服制未釋而心哀先殺由輕故也○視君之母與妻比之兄弟發諸顏色者亦不飲食也言小君服輕亦內除也發於顏色謂釀美酒食使人醉飽○釀女龍反〔疏〕視君至食也○正義曰視君之母與妻者視比也謂比視君之母與君之妻輕重之宜比於已之兄弟○發諸顏色者亦不飲食也者若其酒食不發見於顏色者則得飲食

之若發見於顏色者亦不得飲食也○免喪之外行於道路見似目瞿聞名心瞿弔死而問疾顏色戚容必有以異於人也如此而后可以服三年之喪其餘則直道而行之是也惻隱之心能如是則其餘齊衰以下直道而行盡自得也似謂容貌似其父母也名與親同○瞿九遇反下同〔疏〕免喪至是也○正義曰見似目瞿者謂既除喪之後若見他人形狀似於其親則目瞿然○聞名心瞿者聞他人所稱名與父名同則心中瞿瞿然上云目瞿此應云耳瞿而云心瞿者但耳狀難明因心至重惻隱之慘本瞿於心故直云心瞿○必有以異於人也者謂免喪之後弔死問疾其顏色戚容必有殊異於無喪之人餘行皆應如此獨開弔死問疾者以弔死問疾是哀痛之處身又除喪戚容應甚故舉弔死問疾言也○其餘則直道而行之是也者其餘謂期親以下也則直依喪之道理而行之於義是也父在為母雖期年亦從上三年之內也○祥主人之除也於夕為期朝服祥因其故

服為期為祭期也朝服以期至明日而祥祭亦朝服始即吉正祭服也喪服小記曰除成喪者其祭也朝服縞冠是也祭猶縞冠未純吉也既祭乃服大祥素縞麻衣釋禫之禮云玄衣黃裳則是禫祭玄冠矣黃裳者未大吉也既祭乃服禫服朝服綅冠踰月吉祭乃玄冠朝服既祭玄端而居復平常也○朝直遙反及下武叔朝皆同禫大感反綅息廉反黑經白緯曰綅〔疏〕祥主至故服○正義曰祥主人之除也者言祥謂祥祭之時主人除服之節○於夕為期者謂於祥祭前夕豫告明日祥祭之期○朝服者於此為期之時主人著朝服謂緇衣素裳其冠則縞冠也○祥因其故服者謂明旦祥之時主人因著其前夕故朝服也○注為期至常也○正義曰始即吉正祭服也者以其往前居喪今將除服故云始即吉於練祭之時不著祭服於此祥時正著祭服故云正祭服此朝服謂之正祭服者以諸侯卿大夫朝服而祭故少牢禮云主人朝服是也按上雜記端衰喪車皆無等則祥後并禫服尊卑上下無別皆服此緇衣素裳也此據諸侯卿大夫言之故云正祭服引喪服小記者證此經中朝服是除成喪之服云祭猶縞冠未純吉也者以純吉朝服玄冠今著縞冠故云未純吉云既祭乃服大祥素縞麻衣者間傳文以祥祭奪情故朝服縞冠祥祭雖訖哀情未忘其服稍重故

著縞冠素紕麻衣引釋禫之禮者是變除禮也其禮云玄衣黃裳既著玄衣應著玄冠故云則是禫祭玄冠矣云黃裳者未大吉也者以大吉當玄衣素裳今用黃裳故云未大吉云既祭乃服禫服朝服綅冠者亦變除禮文以祥祭之後乃著大祥素縞麻衣故知禫祭之後亦著禫服朝服綅冠也云踰月吉祭乃玄冠朝服者以少牢吉祭朝服故也若天子諸侯以下各依本官吉祭之服也云既祭玄端而居復平常也者謂既祭之後同平常無事之時故也從祥至吉凡服有六祥祭朝服縞冠一也祥訖素縞麻衣二也禫祭玄冠黃裳三也禫訖朝服綅冠四也踰月吉祭玄冠朝服五也既祭玄端而居六也○子游曰既祥雖不當縞者必縞然後反服謂有以喪事贈賵來者雖不及時猶變服服祥祭之服以受之重其禮也其於此時始弔者則衛將軍文子之為之是矣反服反素縞麻衣也〔疏〕子游至反服○正義曰既祥謂大祥之後有人以喪事來弔者○雖不當縞者謂來弔者既晚不正當祥祭縞冠之時○必縞然後反服者主人必須反著此祥服縞冠受來弔者之禮然後反服大祥素縞麻衣之服○注謂有至麻衣○正義曰知此以喪事贈賵來者若其由未來今始弔者雖禫祭除喪之後猶練冠而受弔則衛

將軍文子之子是也練重於此禫祭之前主人尚吉而受禮明此來者是於前先已來今重至故主人著縞冠輕於練冠也云其於此時始弔者則衞將軍文子之爲之者鄭云此者證其來雖在後其實事不同衞將軍文子之子是除喪服之後始來弔此據於先已來弔之後始來贈賵也云反服反素縞麻衣者鄭恐反服反吉服之服此謂禫祭之前故知反服素縞麻衣也

當袒大夫至雖當踊絶踊而拜之反改成踊乃襲尊大夫來至則拜之不待事已也更成踊者新其事也○袒音但於士既事成踊襲而后拜之不改成踊於士士至也事謂大小斂之屬〔疏〕當袒至成踊○正義曰此一節明士有喪大夫及士來弔之禮○當袒大夫至者謂士有喪當袒之時而大夫來弔也○崔云謂斂竟時也○雖當踊者假令大夫至當主人踊時也○絶踊而拜之者主人則絶止踊而拜此大夫也○反改成踊者反還也改更也拜大夫竟而反還先位更爲踊而始成踊尊大夫之來欲新其事也故云反改成踊按檀弓云大夫弔當事而至則辭焉是當大夫絶踊則士大小斂時主人不出故辭大夫也今此云絶踊而拜之故知是斂已竟當其袒踊時出之也○乃襲者謂更成踊竟乃襲初袒之衣也此云乃襲則知鄉者止踊拜大夫時未襲也○於士既事成踊者既猶畢也若當主人有大小斂諸事而士來弔則主人畢事竟而成踊不即出拜也然士言既事則大夫亦然大夫言絶踊則士固不絶踊也○襲而后拜之者成踊畢而襲襲畢乃拜之也○不改成踊者拜之而止不更爲成踊也

上大夫之虞也少牢卒哭成事附皆大牢下大夫之虞也犆牲卒哭成事附皆少牢卒哭成事附言皆則卒哭成事附與虞異矣下大夫虞以犆牲與士虞禮同與○犆音特同與音餘〔疏〕上大至少牢○正義曰上大夫平常告祭其禮少牢虞依平常禮故用少牢也○卒哭成事附附皆大牢者卒哭謂之成事成事成吉事也故云卒哭成事附附廟也○此二祭皆大並加一等故皆大牢也○下大夫之虞也犆牲者下大夫吉祭用少牢今虞祭降一等用犆牲○卒哭成事附皆少牢者依平常吉祭禮也不云遣奠加者略可知也○注卒哭至異矣○正義曰鄭以士虞禮云三虞卒哭他用剛日先儒以此三虞卒哭同是一事鄭因此經云上大夫虞用少牢卒哭用大牢其牢既別明卒哭與虞不同鄭引此文破先儒之義故云卒哭成事與虞異矣

○祝稱卜葬虞子孫曰哀夫曰乃兄弟曰某卜葬其兄弟曰伯子某祝稱卜葬虞者卜葬卜虞祝稱主人之辭也孫謂爲祖後者稱曰哀孫某卜葬其祖某甫夫曰乃某卜葬其妻某氏兄弟相爲卜稱名而已○祝之六反徐之又反稱昌升反徐尺證反〔疏〕祝稱至子某○正義曰謂卜葬擇日而卜人祝龜所稱主人之辭也而云葬虞者虞用葬日故并言葬虞也○子孫曰哀者若子卜葬父則祝辭稱云哀子某卜葬某父某甫若孫卜葬祖則祝辭稱云哀孫某卜葬某祖某甫○夫曰乃者若夫卜葬其妻則祝辭云乃某卜葬某妻某氏乃者言之助也妻卑故假助句以明夫之尊也○兄弟曰某卜葬其兄弟曰伯子某者若兄弟相爲其弟爲兄則祝辭云某卜葬兄伯子某若兄爲弟則云某卜葬其弟某兄弟稱名則子孫與夫皆稱名故鄭注於子孫通稱可知也

○古者貴賤皆杖叔孫武叔朝見輪人以其杖關轂而輠輪者於是有爵而后杖也記庶人失禮所由始也叔孫武叔魯大夫叔孫州仇也輪人作車輪之官○關轂工木反輠胡罪反又胡瓦反又胡管反迴也仇音求〔疏〕古者至杖也○正義曰此一節記庶人失禮所由以其杖關轂而輠輪者關穿也輠迴也謂作輪之人以扶病之杖關穿車轂中而迴轉其輪○於是有爵而后杖也者以其爵位既尊其杖不歸褻而許用也

○鑿巾以飯公羊賈爲之也記士失禮所由始也士親飯必發其巾大夫以上賓爲飯焉則有鑿巾○鑿在各反飯扶晚反注同〔疏〕鑿巾至之也○正義曰亦記士失禮所由也飯含也大夫以上賓故使賓爲其親含恐尸爲賓所憎穢故設巾覆尸面而當口鑿穿之令含得入口也而士賤不得使賓則子自含其親不得憎穢之故不得鑿巾但露面而含耳於是公羊賈是士自含其親而用鑿巾則是白憎穢其親故爲失禮也

○冒者何也所以揜形也自襲以至小斂不設冒則形是以襲而后設冒也言設冒者爲其形人將惡之也襲而設冒言后衍字耳○冒莫報反下及注同揜於儉反惡烏路反〔疏〕冒者至冒也○正義曰此一經論設冒之事○冒者何也者記人自問何以須冒○所以

揜形也者，記者自答言冒所以揜蓋尸形。自襲以至小斂不設冒則形者，若未襲之前，始死事須沐浴，自既襲以後以至小斂之前，雖已著衣，若不設冒則尸象形見，爲人所惡。是以襲而后設冒也。言后者，衍字也。襲則設冒，至小斂之前則以衣揜覆於冒上。皇氏云大斂脫冒，未之聞也。

○或問於曾子曰：夫既遣而包其餘，猶既食而裹其餘與？君子既食則裹其餘乎？言遣既奠而又包之，是與食於人已而裹其餘將去何異與？君子寧爲是乎？言傷廉也。○遣，弃戰反，注同。裹音果。與音餘，何異與同。曾子曰：吾子不見大饗乎？夫大饗既饗，卷三牲之俎歸于賓館。父母而賓客之，所以爲哀也。子不見大饗乎？既饗，歸賓俎，所以厚之也。言父母家之主，今賓客之，是孝子哀親之去也。○見如字。夫音扶。卷，紀轉反，又厥挩反。歸如字，徐音饋，注同。【疏】或問至饗乎。○正義曰：此一節明或人問曾子喪之遣奠之事。「夫既遣而包其餘，猶既食而裹其餘與」者，或人問曾子云：喪

禮既設遣奠，事畢而包裹遣奠之餘，載車之而去，猶如生人於他家既食訖而裹其餘相似乎？故云與。「君子既食則裹其餘乎」者，或人云君子於他家既食之後，則更裹其餘食去乎？寧有是也。不應如此，既設遣奠，亦不應包餘而去。「曾子曰：吾子不見大饗乎」者，曾子答或人之問。吾，我也。子，男子美稱。儀禮注云「言我子，相親之辭也」。謂或人爲吾子，豈不見大饗賓客之禮乎。「夫大饗既饗，卷三牲之俎歸於賓館」者，謂大饗賓客既畢，主人卷斂三牲俎上之肉，歸於賓館。「父母而賓客之，所以爲哀也」者，已家父母，今日既去，遂同賓客之疏，是孝子所以悲哀也。爲此之故，包遣奠而去。「子不見大饗乎」者，重結前文以語或人也。○非爲人喪問與賜與？此上減脫，未聞其首云何，是言非爲人喪而問之與，人喪而賜之與？問，遺也，久無事曰問。○爲，于僞反，注及下注「爲母」「爲姑姊妹」皆同。問與、賜與並音餘，注皆同。脫音奪，下同。遺，于季反，下文皆同。【疏】非爲至賜與。○正義曰：鄭云「此上減脫，未聞其首云何」，此語接上之辭，與，語助也。豈非爲人有喪而問遺之與？人之有喪而賜與之與？平敵則問，卑下則賜，故云問、賜與。○三年之喪，以其喪拜；非三年之喪，以吉拜。謂受問受賜者也。稽顙而後拜曰喪拜，拜而后稽顙曰吉拜。【疏】三年至吉拜。○正義曰：從上問與賜與以下至遺人可也，皆明在喪受問遺之事。此一經論身有喪拜謝之禮。「三年之喪，以其喪拜」者，謂父母、長子也，其實杖期以上皆爲喪拜。「非三年之喪，以吉拜」者，謂不杖期以下。此義已備在檀弓疏。三年之喪，如或遺之酒肉，則受之必三辭，主人衰絰而受之。受之必正服，明不苟於滋味。○必三如字，又息暫反。【疏】三年至受之。○正義曰：「如或遺之酒肉」至「主人衰絰而受之」者，雖受之猶不得食也。尊者食之乃得食肉，猶不得飲酒。故喪大記云「既葬，若君食之則食之，大夫父之友食之則食之矣，不辟梁肉，若有酒醴則辭」是也。如君命，則不敢辭，受而薦之。薦於廟，貴君之禮。喪者不遺人，人遺之，雖酒肉受也。從父昆弟以下，既卒哭，遺人可也。言齊斬之喪重，志不在施惠於人。○施，始豉反。縣子曰：三年之喪如斬，期之喪如剡。言其痛之惻怛有淺深也。○縣音玄。期音基，下同。剡，徐以漸反。怛，旦末反。

期之喪，十一月而練，十三月而祥，十五月而禫。此謂父在爲母也。當在練則弔上，爛脫在此。○禫，大感反。三年之喪，雖功衰不弔，自諸侯達諸士。如有服而將往哭之，則服其服而往。功衰，既練之服也。諸侯服新死者之服而往哭，謂所不臣也。練則弔。父在爲母，功衰可以弔人者，以父在，故輕於出也。然則凡齊衰十一月皆可以出矣。既葬，大功弔，哭而退，不聽事焉。聽猶待也。事謂襲斂執綍之屬。○綍音弗。期之喪，未葬，弔於鄉人，哭而退，不聽事焉。功衰弔，待事不執事。謂爲姑姊妹無主，殯不在已族者。○功衰弔，本又作大功衰弔，庾云有大字，非。小功緦，執事不與於禮。禮謂饋奠也。○與音預，下文注不與同。○相趨也，出宮而退；相揖也，哀次而退；相問也，既封而

退相見也反哭而退朋友虞附而退此弔者恩薄厚去遲速之節也相趨謂相聞姓名來會喪事也相揖嘗會於他也相問嘗相惠遺也相見嘗執摯相見也附皆當爲祔○封彼驗反又如字摯音至〇弔非從主人也四十者執綍言弔者必助主人之事從猶隨也成人二十以上至四十丁壯時鄉人五十者從反哭四十者待盈坎非鄉人則長少皆反優遜也坎或爲壙○坎口敢反下同長少丁丈反下詩詔反壙苦晃反又音曠

【疏】三年至盈坎○正義曰從此以下至待盈坎明弔喪之節各隨文解之○三年之喪雖功衰不弔者謂重喪小祥後衰與與大功同故曰功衰雖外輕而痛猶內重故不得弔人也○自諸侯達諸士者貴賤同然故云自諸侯達諸士也○如有服而將往哭之則服其服而往者亦貴賤同也如有服謂有五服之親喪功衰雖不弔人若自有五服之親喪則往哭之將往哭則不著已功衰而依彼親之節以服之申於骨肉之情故也故云則服其服而往也但著彼服不著已功衰也賀瑒云若新死者服輕則不爲之制服雖不爲重變而爲之制服往奔喪哭之則襲服所制之

服往彼哭之事畢反服故服也庾氏云將往哭之乃服其服者謂小功以下之親輕也始聞喪不能爲之制服至於往哭弔乃服其服注要記通之已祥皇氏云此文雖在功衰之下而賓通初喪也假令初喪而有五屬之親死則亦蟄服五服之服而往彼哭也上云自諸侯達諸士然諸侯絕期不應有諸親始死服今云服其服而往當是敵體及所不臣者謂始封君不臣諸父昆弟也故鄭明之也○期之喪十一月而練十三月而祥十五月而禫者此禫杖期主謂父在爲母亦備二祥節也文本應在服而往下爛脫故在此○練則弔者謂至十一月小祥後而可出弔人也○注父在至出矣○正義曰此練則弔又承十一月練之下故知是父在爲母以經云練故云功衰也大祥始除衰杖而練得弔人者以父在爲母故輕於出言得出也以母喪至練父在而得出則其餘喪雖無父亦得出也母既可矣諸父灼然○既葬大功者謂身有大功之喪既葬之後往弔他喪○弔哭而退不聽事焉者謂弔哭既畢而即退去不待主人襲斂之事期喪練弔則亦然也○期之喪未葬弔於鄉人哭而退不聽事焉者謂姑姊妹無主爲之服期喪未至於葬往弔於鄉人之喪哭畢則退不聽待主人襲斂之事焉○功衰弔待事不執事者謂此姑姊妹等期喪至既葬受以大功衰謂之功衰至此之後若弔於鄉人其情稍輕於未葬之前得待主人襲斂之事但不親自執事此云功衰他本或云大功衰今按鄭注在此文下云謂爲姑姊妹無主則此功衰還是姑姊妹無主之功衰不得別云大功也皇氏云有大字者誤也○注謂爲姑姊妹無主殯不在已族者○正義曰經直云期喪鄭知是姑姊妹無主者以前云大功既葬始得弔人今此經期喪未葬已得弔人明知此期服輕故知是姑姊妹無主殯不在已族者女未廟見反葬女氏之黨此姑姊妹已於他族成婦日久但夫既蚤死故殯在夫族○小功緦執事不與於禮者執事擯相也禮饋奠也緦小功服輕故未葬便可弔人今不論鄉人之同異也亦爲彼擯相但不得助彼饋奠耳按曾子問云廢喪服可以與於饋奠之事乎○孔子曰說衰與奠非禮也以擯相可也是擯相輕而饋奠重也○相趨至而退此以下明凡弔者恩之厚薄去留遲速之節也○相趨也出宮而退者相趨謂與孝子本不相識但相聞姓名而來會趨喪也情既輕故柩出廟之宮門而遂去○相揖也哀次而退者相揖謂經會他處已相揖者也恩微深故待柩出至大門外之哀次而退去也○相問也既對而退者相問謂曾相餉遺恩轉深故至窆竟而退也○相見也反哭而退者相見謂身輕自執摯相詣往來恩轉厚故至葬竟孝子反哭還至家時而退也○朋友虞

附而退者朋友疇昔情重生死同殷故至主人虞附而退也然與死者相識其禮亦當有弔禮知生者弔知死者傷今注云弔則知是弔生人也○弔非至盈坎此一節論助葬及執事反哭之節言弔喪者本是來助事非爲空隨從主人而已故云非從主人也○四十者執綍者既助主人故使年二十以上至四十強壯者皆執綍也○鄉人五十者從反哭者鄉人同鄉之人也五十始衰故待主人窆竟而孝子反哭故鄉人助葬老者亦從孝子反也○四十者待盈坎者謂窆竟以土盈滿其坎四十強壯不得即反故待土滿坎而反也若非鄉人則無問長少皆從主人歸優饒遠者

〇喪食雖惡必充饑饑而廢事非禮也飽而忘哀亦非禮也視不明聽不聰行不正不知哀君子病之故有疾飲酒食肉五十不致毀六十不毀七十飲酒食肉皆爲疑死病猶憂也疑猶恐也○視如字徐市志反爲于僞反注爲食父爲王父母以爲亦爲不爲並同〇有服人召之食不往

大功以下既葬適人人食之其黨也食之非其黨弗食也往而見食則可食也爲食而往則不可黨猶親也非親而食則是食於人無數也○人食之音嗣注見食同功衰食菜果飲水漿無鹽酪不能食食鹽酪可也功衰齊斬之末也酪酢截○酪音洛食食上如字下音嗣酢七故反截才代反孔子曰身有瘍則浴首有創則沐病則飲酒食肉毀瘠爲病君子弗爲也毀而死君子謂之無子毀而死是不重親○瘍音羊創初良反〔疏〕喪食至無子○注非親而食則是食於人無數也○正義曰解所以非親不食義也夫親族不多食則其食有限若非類而輒食則無復限數必忘哀也○非從柩與反哭無免於堩言喪服出入非此二事皆冠也免所以代冠人於道路不可以無飾堩道路○免音問注同堩古鄧反〔疏〕非從至於堩○正義曰從柩謂孝子送葬從柩去時也與反哭謂葬竟孝子還時也堩道路也道路不可無飾故孝子唯送葬從柩去時及葬竟還反哭時於道得免而行自非此二條則不得免於道路也此謂葬近而反哭者若葬遠反哭在路則著冠至郊則乃反著免故小記云遠葬者比反哭者皆冠及郊而后免是也○凡喪小功以上非虞附練祥無沐浴言不有飾事則不沐浴〔疏〕凡喪至沐浴○正義曰凡居喪之禮自小功以上恩重哀深自宜去飾以沐浴是自飾故不有此數條祭事則不自飾言小功以上則至斬同然各在其服限如此耳練祥不主大功小功也若三年之喪虞祭之時但沐浴不櫛故士虞禮云沐浴不櫛鄭注云唯三年之喪不櫛期以下櫛可也又士虞禮云明日以其班祔沐浴櫛注云彌自飾此雖士禮明大夫以上亦然○疏衰之喪既葬人請見之則見不請見人小功請見人可也大功不以執摯唯父母之喪不辟涕泣而見人言重喪不行求見人爾人來求見已亦可以見之矣不辟涕泣言至哀無飾也○辟音避注同〔疏〕疏衰至見人○正義曰此一節明在喪與人相見之義○小功請見人可也者輕可請見於人然言小功可則大功不可也此小功文承疏衰既葬之下則此小功亦謂既葬也凡言見人者謂與人尋常相見不論執摯之事故云父母之喪不辟涕泣而見人是尋常相見也而皇氏以爲見人謂執摯相見若然父母之喪豈謂執摯見人乎皇氏則非也○三年之喪祥而從政期之喪卒哭而從政九月之喪既葬而從政小功緦之喪既殯而從政以王制言之此謂庶人也從政從爲政者教令謂給繇役○期音基繇音遥本又作傜曾申問於曾子曰哭父母有常聲乎曰中路嬰兒失其母焉何常聲之有嬰猶鷖彌也言其若小兒亡母啼號安得常聲乎所謂哭不偯○鷖於奚反彌五兮反一音迷啼徒奚反本又作謕同號徐本作唬胡刀反偯於豈反下同說文作悠〔疏〕注以王至繇役○正義曰按王制云父母之喪三年不從政齊衰大功三月不從政此云期之喪卒哭而從政九月之喪既葬而從政與王制不同者此庶人依士禮卒哭與既葬同三月故王制省文摠云三月也若大夫士三年之喪期不從政是正禮也卒哭金革之事無辟是權禮也卒哭而諱自此而鬼神事之尊而諱其名王父母兄弟世父叔父姑姊妹子與父同諱父爲其親諱則子不敢不從諱也謂王父母以下之親諱是謂士也天子諸侯諱羣祖母之諱宮中諱妻之諱不舉諸其側與從祖昆弟同名則諱母之所爲其親諱子孫於宮中不言妻之所爲其親諱夫於其側亦不言也孝子聞名心瞿凡不言人諱者亦爲其相感動也子與父同諱則子可盡曽祖之親也從祖昆弟在其中於父輕不爲諱與母妻之親同名重則諱之〔疏〕卒哭而諱至則諱○正義曰此一節論親戚死亡諱辟名之事各隨文解之○卒哭而諱者謂卒哭之前猶以生禮事之卒哭之後去生漸遠以鬼道事之故諱其名○王父母者謂父之王父母於已爲曽祖父母正服小功不合諱也以父爲之諱故子亦自於父而諱之兄弟者是父之兄弟於已爲伯叔正服期父亦爲之期是子與父同是有諱也世父叔父者是父之世父叔父於已是從祖也正服小功不合諱以父爲之

諱故已從父而諱姑者謂父之姑也於已爲從祖姑在家正服小功出嫁緦麻不合諱以父爲之諱故已從父而諱姊妹者謂父之姊妹於已爲姑在家正服期出嫁大功九月是已與父同爲之諱也○子與父同諱者言此等之親子之與父同爲之諱○注父爲至羣祖○正義曰云父爲其親諱則子不敢不從諱也者謂父之王父母世父叔父及姑等於已小功以下不合諱但父爲之諱故子不敢不從諱其父之兄弟及姊妹已爲合諱不假從父而諱鄭此注皆據已不合諱者而言之也云謂王父母以下之親諱是謂士也者此士者謂父母也以父身是士故諱王父若是庶人子不逮事父母則不諱王父母也直云王父母以下足矣復云之親諱者父之世父叔父與姑等皆是王父所生今爲之諱故云王父母以下之親諱也云天子諸侯諱羣祖者以其天子七廟諸侯五廟故知諱羣祖母之諱宮中諱者謂母所爲其親諱其子於一宮之中爲諱而不言也○妻之諱不舉諸其側者謂妻諸親之諱其夫不得稱舉其辭於其妻之側但不得在側言之則於宮中遠處得言之也與從祖昆弟同名則諱者謂母與妻二者之諱與已從祖昆弟同名則爲之諱不但宮中旁側其在餘處皆諱之○注子與至諱之○正義曰云子與父同諱則子可盡曾祖之親也者父爲王父諱於子則爲曾祖父

之伯叔及姑則是子曾祖之親故云子與父同諱則子不盡曾祖之親也前經所云者是也云從祖昆弟在其中者從祖昆弟共同曾祖之親故云在其中云於父輕不爲諱者從祖昆弟於父言之是父之同堂兄弟子也父服小功不爲之諱已又不得從父而諱若與母妻之親同名重則諱之重謂重累謂母妻諱與從祖昆弟名相重累則諱之不但爲母妻而諱若從祖昆弟身死亦爲諱故云於父輕不爲之諱與母妻之親同名重則諱之觀檢注意是爲從祖昆弟諱而生文也

以喪冠者雖三年之喪可也既冠於次入哭踊三者三乃出言雖者明齊衰以下皆可以喪冠也始遭喪以其冠月則喪服因冠矣非其冠月待變除卒哭而冠次廬也雖或爲唯○冠古亂反下及注皆同三息暫反【疏】以喪至乃出○正義曰自此以下明遭喪冠取之節今各隨文解之○以喪冠者雖三年之喪可也者謂將欲加冠而值其喪則當成服之時因喪服加冠非但輕服得冠雖有三年重喪亦可爲因喪服而冠故云可也○既冠於次者此謂加冠於廬次之中若齊衰以下加冠於次舍之處○入哭踊三者三乃出者謂既冠之後入於喪所哭而跳踊謂每哭一節而三踊如此者一凡爲九踊乃出就次所○注言雖至廬也○正義曰經云雖三年之喪可也故知三年以下皆得因喪而冠也云始遭喪以其冠月則喪服因冠矣者知當冠月則喪服因冠者以曾子問云將冠子未及期日而有齊衰大功小功之喪則因喪服而冠言未及期日期及月可知但未及冠之日耳以此言之知冠月則可冠也云非其冠月待變除卒哭而冠者按夏小正二月綏多士女是冠用二月假令正月遭喪則二月不得因喪而冠必待變除受服之節乃可冠矣云次廬也者據重服而言也

大功之末可以冠子可以嫁子父小功之末可以冠子可以嫁子可以取婦已雖小功既卒哭可以冠取妻下殤之小功則不可此皆謂可用吉禮之時父大功卒哭而可以冠子嫁子小功卒哭而可以取婦已大功卒哭而可以冠子小功卒哭而可以取妻必偕祭乃行也下殤小功齊衰之親除喪而後可爲昏禮凡冠者其時當冠則因喪而冠之○取七住反又如字【疏】大功至不可○正義曰大功之末可以冠子可以嫁子者末謂卒哭之後謂已有大功之喪既卒哭可以冠子嫁子也○父小

功之末可以冠子可以嫁子可以取婦者謂父有小功喪末可以冠子可以嫁子可以取婦大功之末云身不云父小功之末云父不以身互而相通是嫁及冠於身大功之末可以冠子嫁子小功之末非但得冠子嫁子復可取婦所以取婦必在小功之末者以取婦有酒食之會集鄉黨僚友涉近歡樂故小功之末乃可得爲也○已雖小功既卒哭可以冠取妻者以前文云父小功之末可以取婦恐已有小功於情爲重不得冠取故云已身雖同有小功既卒哭之後可以冠取此文云既卒哭明上云末者並卒哭後也○下殤之小功則不可者謂其餘小功可以冠取者本服齊衰下殤降在小功者則不可不可者不可冠嫁也以本服是齊衰重故也若其長殤中殤之大功者庾氏注要記云卒哭之後則得與尋常大功同於大功之末可以身自冠嫁所以然者雖本期年但降在大功其服稍伸故得冠嫁也賀氏云小功下殤本是期親以其重故不得冠取推此而言之降在大功理不得冠嫁矣今謂齊衰下殤尚不可冠取而況齊衰長殤中殤降在大功何可冠嫁庾記非也今從賀義○注父大至冠之○正義曰父大功卒哭而可以冠子嫁子小功卒哭而可以取婦者以經文大功據已身小功據其父今鄭同之謂父及已身俱有大功之末小功之末故又注云已大功卒哭而可以冠子

小功卒哭而可以取妻是父子同也云必偕祭乃行也者偕俱也父是大功之末已亦是大功之末乃得行此冠子嫁子父小功之末已亦小功之末可以嫁取必父子俱然乃得行事故云必偕祭乃行知父子俱大功小功者若姑及姊妹出適父子俱爲大功若從祖兄弟父爲之小功已亦爲之小功是父子其服同也若父有齊衰子有大功則不可若父有大功子有小功可以冠嫁末可以取婦必父子俱有小功之末可以取婦若父是小功已在緦麻灼然合取可知又按正本云必偕祭乃行者言爲諸吉禮必待祭訖乃行也云下殤小功齊衰之親除喪而後可爲昏禮者言除訖可爲昏禮則未除喪不可爲昏禮經云小功則不可者唯謂昏也其冠嫁則可也云凡冠者其時當冠則因喪而冠之者鄭以經云大功小功之末可以吉冠則大功小功之初當冠之時則因喪服而冠矣前經云以喪冠者雖三年之喪可也者特據重服喪中可冠恐輕服大功小功者在喪不合冠故鄭於注特明之

附釋音禮記注疏卷第四十二

江西南昌府學栞

禮記注疏卷四十二挍勘記　阮元撰盧宣旬摘錄

雜記下第二十一

有父之喪節

則孫可祔焉　閩監本同嘉靖本同衞氏集說同毛本祔作附岳本同

有變除喪祭之節　閩監毛本同惠棟挍宋本無祭字衞氏集說同

自依錄之　閩監毛本同惠棟挍宋本白作且

其祖傳入高祖廟　閩監毛本同衞氏集說同考文云宋板傳作傳非也

有殯節

有殯至之禮　惠棟挍宋本無此五字

大夫士將與祭於公節　盧文弨云宋本合下曾子問曰卿大夫節爲一節

其它如奔喪之禮　閩監毛本同石經同岳本同嘉靖本同衞氏集說它作他坊本同釋文出其它云音他石經考文提要云宋大字本宋本九經南宋巾箱本余仁仲本劉叔剛本並作它下其它同

告者反而后哭　惠棟挍宋本宋監本石經岳本嘉靖本同閩監毛本后作後衞氏集說同按下釋服而后歸各本並作后惟衞氏仍作後按后假借字

則次于異宮　閩監本岳本嘉靖本衞氏集說同毛本于作於石經于字闕

大夫至異宮　惠棟挍宋本無此五字

以其期喪緩於父母　閩監毛本同惠棟挍宋本緩上有差字

曾子問曰卿大夫節

注內喪同宮也　惠棟挍宋本有也字此本也字脫閩監毛本同

與前與後祭同　閩監毛本同盧文弨云與後疑是則與齊召南云當作與前與祭同後字誤衍

故出舍公之公館　惠棟按宋本如此此本上公誤云下公誤宫閩監毛本同衞氏集説作故出舍公之宫館

父母之喪將祭節

散等栗階　毛本作栗岳本同衞氏集説同此本栗誤粟閩監本同嘉靖本同按各本並作栗不誤

父母至亦然　惠棟按宋本無此五字

云有父母之喪當在殯宫者既遭父母之喪兄弟悉應同在殯宫　閩監毛本同盧文弨云宋本脱當在殯宫者既遭父母之喪十一字

不得有在異宫而死之所以　閩監毛本同盧文弨云之下疑脱一理字孫志祖云之下當脱事字

謂升一等而後散升不遑步也　閩監毛本同惠棟按宋本無散字衞氏集説同

自諸侯達諸士節

自諸至可也　惠棟按宋本無此五字

故知小祥之祭旅酬之前　惠棟按宋本作旅衞氏集説同此本旅誤祥閩監毛本同

凡侍祭喪者節

吉祭告賓祭薦　閩毛本同岳本同嘉靖本同衞氏集説同監本吉作告

凡祭至不食　惠棟按宋本無此五字

三年之喪言而不語節

及此經云三年之喪　閩監毛本同惠棟按宋本無云字

不與人居居廬坐也　惠棟按宋本如此衞氏集説同此本下居誤者閩監毛本同

視君之母節

視君之母與妻　惠棟按宋本石經宋監本岳本嘉靖本同衞氏集説同考文引古本足利本同閩監毛本妻上衍君之二字石經考文提要云宋大字本宋本九經南宋巾箱本余仁仲劉叔剛本並無下君之二字

視君至食也　惠棟按宋本無此五字

免喪之外節

免喪至是也　惠棟按宋本無此五字

必有殊異於無喪之人　惠棟按宋本作喪衞氏集説同此本喪誤便閩監毛本喪誤憂

祥主人之除也節

既祭乃服大祥　閩本惠棟按宋本宋監本岳本嘉靖本同衞氏集説同監毛本祭誤彝

祥主既故服　惠棟按宋本無此五字

則祥後并禫服　閩監毛本同惠棟按宋本禫作禮

故著縞冠素紕麻衣　閩監毛本同惠棟按宋本故作加衞氏集説同

子游曰既祥節

子游至反服　惠棟按宋本無此五字

鄭恐反服夕吉服之服　閩監毛本同浦鏜按云夕疑莫字誤按夕當作反形近致誤

素縞麻衣也　惠棟按宋本此下標禮記正義卷第五十一終記云凡三十二頁

當袒大夫節　惠棟按宋本自此節起至韠長三尺節爲第五十二卷卷首題禮記正義卷第五十二

當袒至成踊　惠棟按宋本無此五字

祝稱卜葬虞節

祝稱至子某　惠棟按宋本無此五字

於子孫通稱名可知也　惠棟挍宋本有名字此本名字脫閩監毛本同

古者貴賤皆杖節

叔孫武叔　各本同監本叔孫誤杈杈

古者至杖也　惠棟挍宋本無此五字

或問於曾子曰夫既遣節

歸于賓館　閩監本同石經同岳本同嘉靖本同毛本于作於衛氏集說同

或問至饗乎　惠棟挍宋本無此五字

載車之而去　閩監毛本同惠棟挍宋本無車字

非爲人喪節

非爲至賜與　惠棟挍宋本無此五字

故云問賜與　惠棟挍宋本問下有與字此本誤脫閩監毛本同

三年之喪以其喪拜節　惠棟挍云三年節三年之喪如或遺之節如君命節宋本合爲一節

三年至吉拜○正義曰從上問與賜與以下　惠棟挍宋本無上九字

三年之喪如或遺之節

三年至受之　惠棟挍宋本無此五字

雖受之猶不得食也　惠棟挍宋本作猶衛氏集說同此本猶誤而閩監毛本同

期之喪節　惠棟挍云期之喪節宋本分弔非從主人以下合喪食雖惡節爲一節

此弔者恩薄厚　閩毛本同岳本同嘉靖本同衛氏集說同監本恩誤思

三年至盈坎　惠棟挍宋本無此五字

小祥後衰與與大功同　毛本如此衛氏集說同此本與字誤重閩本同監本不重空闕一字

此練則弔又承十一月練之下　惠棟挍宋本作又此本又字闕鈌閩監毛本又作文

非從柩節

無免於堩　閩監本同岳本衛氏集說同毛本堩作埴石經同嘉靖本堩誤垍釋文出於堩

非從至於堩　惠棟挍宋本無此五字

疏衰之喪節　惠棟挍云疏衰節三年節宋本合爲一節

言重喪不行求見人爾　閩監毛本同岳本同嘉靖本同衛氏集說同惠棟挍宋本重作至

疏衰至見人　惠棟挍宋本無此五字

三年之喪祥而從政節

三年之喪　各本並同毛本三誤二

卒哭而諱節

謂王父母以下之親諱　閩監毛本同岳本同嘉靖本同段玉裁云謂王父母之謂當作爲去聲

卒哭而諱至則諱　惠棟挍宋本無此七字

是子與父同是有諱也　閩監毛本同惠棟挍宋本無是字

於已爲從祖姑　閩監毛本同考文云宋板無爲字盧文弨挍云宋板脫

是爲從祖昆弟諱而生文也　閩本同惠棟挍宋本同衛氏集說亦作昆監毛本昆

誤兄

六功之末節

此皆謂可用吉禮之時各本同毛本吉誤古

大功至不可惠棟挍宋本無此五字

禮記注疏卷四十二挍勘記

附釋音禮記注疏卷第四十三

雜記下

鄭氏注　孔穎達疏

凡弁經其衰侈袂 侈猶大也弁經服者弔服也其衰錫也緦也疑也袂之小者二尺二寸大者半而益之則侈袂三尺三寸。侈昌氏反袂彌世反 疏凡弁經其衰侈袂。正義曰弁經者謂弔服也其首著弁經身著錫衰緦衰疑衰侈大也其此等三衰大作其袂凡常之袂二尺二寸此等三衰其袂半而益一袂大三尺三寸也若士則其衰不侈也故周禮司服有玄端素端注云變素服言素端者明異制大夫以上侈之明士不侈故稱端

父有服宮中子不與於樂母有服聲聞焉不舉樂妻有服不舉樂於其側 宮中子與父同宮者也禮由命士以上父子異宮不與於樂謂出行見之不得觀也。與音預注同聞音問又如字

大功將至辟琴瑟 亦所以助哀也至來也。辟音避一音婢亦反

小功至不絕樂 疏父有至絕樂。正義曰父有服在於宮中則子不與於樂者謂出行見樂之不得觀也此謂命士以下與父同宮者若異宮則得與樂崔云父有服齊衰以下之服也若重服則期後猶有子姓之冠自當不得與於樂

○姑姊妹其夫死而夫黨無兄弟使夫之族人主喪妻之黨雖親弗主 此謂姑姊妹無子寡而死也夫黨無兄弟無緦之親也其主喪不使妻之親而使夫之族人婦人外成主必宜得夫之姓類

夫若無族矣則前後家東西家無有則里尹主之 喪無無主也里尹閭胥里宰之屬王度記曰百戶爲里里一尹其祿如庶人在官者里或爲士諸侯弔於異國之臣則其君爲主里尹主之亦斯義也

或曰主之而附於夫之黨 妻之黨自主之非也 疏姑姊至之黨。正義曰此一節明姑姊妹在夫家而死無後使外人爲主之事夫既先死而夫之黨又無兄弟今既身死使夫之族人主其喪也。妻之黨雖親弗主者妻黨雖親不得與之爲主明婦人外成於夫不合歸本族也。或曰主之者或人之說云妻黨主之而附祭之時在於夫之黨主之其義非也。注喪無至義也。正義曰云喪無無主也者言死喪之禮無得無人爲之主必須有人爲主也云里尹閭胥里宰之屬也按周禮六卿之內二十五家爲閭閭置一胥中士也六遂之內二十五家爲里里置一宰下士也引王度記者更證里尹之事按別録王度記云似齊宣王時淳于髡等所說也其記云百戶爲里里一尹其祿如庶人在官者則里尹之祿也按撰考云古者七十二家爲里洛誥傳云古者百家爲鄰三鄰爲朋三朋爲里鄭云蓋虞夏時制也其百戶爲里未知何代或云殷制云諸侯弔於異國之臣則其君爲主里尹主之亦斯義也者以已國臣在國而死他國君來弔則君爲主死者雖有至親不得爲主今此婦人死於此里正得里尹主之妻家之親不得爲主故云亦斯義也斯此也亦是此國君爲主之義

○麻者不紳執玉不麻麻不加於采 吉凶不相干也麻謂經也紳大帶也喪以要經代大帶也麻不加於采采衣采者不麻謂弁經者必服弔服是也采玄纁之衣。紳音申要經一遙反下大結反衣於既反又如字纁許云反 疏麻者至於采。正義曰麻者不紳麻謂經紳謂大帶言著要經者而不得復著大帶也故在喪以經代紳。執玉不麻者謂平常手執玉行禮不得服衰麻也按聘禮已國君薨至於主國衰而出注云於是可以凶服將事似行聘享之事執玉得服衰經者彼謂受主君小禮得以凶服若行聘享大事則吉服故鄭云其聘享之事自若吉也謂得著吉服。麻不加於采者謂弁經之麻不得加於玄衣纁裳之采也

○國禁哭則止朝夕之奠即位自因也 禁哭謂大祭祀時雖不哭猶朝夕奠自因自用故事

童子哭不偯不踊不杖不菲不廬 未成人者不能備禮也當室則杖。菲本又作菲扶味反

孔子曰伯母叔母疏衰踊不絕地姑姊妹之大功踊絕於地如知此者由文矣哉由文矣哉 由用也言知此踊絕地不絕地之情者能用禮文哉能用禮文哉美之也伯母叔母義也姑姊妹骨肉也 疏國禁至矣哉。正義曰國禁哭則止者謂有大祭祀禁哭之時則止而不哭。朝夕之奠即位自因也者謂孝子於殯宮朝夕兩奠之時即阼

階下位自因其故事而設奠也○注當室則杖○正義曰按問喪云童子當室則免而杖矣戴德云童子當室謂十五以上若世子生則杖故曾子問云子衰杖成子禮是也皇氏云童子當室則備此經中五事特云杖者舉重言也○世柳之母死相者由左世柳死其徒由右相由右相世柳之徒爲之也亦記失禮所由始也世柳魯穆公時賢人也相相主人之禮○柳良九反相息亮反下及注皆同○天子飯九貝諸侯七大夫五士三此蓋夏時禮也周禮天子飯含用玉○飯扶晚反注同含本又作唅胡闇反下文同士三月而葬是月也卒哭大夫三月而葬五月而卒哭諸侯五月而葬七月而卒哭士三虞大夫五諸侯七尊卑恩之差也天子至士葬即反虞〔疏〕世柳至侯七○正義曰此明相主人之喪禮有失之事○注亦記至之禮○正義曰相主人之禮法相者由左世柳死其徒黨相禮由右故云記失禮所由始

也按孟子云魯穆公時公儀子爲政子柳子思爲臣魯之削也滋甚若是乎賢者之無益於國也彼子柳即此泄柳也故云魯穆公時賢人○注此蓋至用玉○正義曰以非周法故疑夏禮故云蓋也典瑞云大喪共飯玉含玉是周禮天子飯含用玉按禮戴說天子飯以珠含以玉諸侯飯以珠大夫士飯以珠含以貝此等皆非周禮並夏殷之法左傳成十七年子叔聲伯夢食瓊瑰哀十一年齊陳子行命其徒貝含玉此等皆是大夫而以珠玉爲含者以珠玉是所含之物故言之非謂當時實含用珠玉也○注尊卑至反虞○正義曰大夫以上葬與卒哭異月者以其位尊念親哀情於時長遠士職卑位下禮數未申故三月而葬葬罷即卒哭知天子至士葬即反虞者以其不忍一日未有所歸尊卑皆然故知葬即反虞下檀弓云葬日虞弗忍一日離也不顯尊卑是貴賤同然也諸侯使人弔其次含襚賵臨皆同日而畢事者也其次如此也言五者相次同時○臨如字徐力鴆反〔疏〕諸侯至此也○正義曰謂諸侯使人弔鄰國先行弔禮急宣君命人以飲食爲急故含次之食後須衣故襚次之有衣即須車馬故賵次之君事既畢則臣私行己禮故臨禮在後其事雖多而同一日取畢也

卿大夫疾君問之無筭士壹問之君於卿大夫比葬不食肉比卒哭不舉樂爲士比殯不舉樂〔疏〕卿大至舉樂○正義曰按喪大記君於大夫疾三問之此云無筭謂有師保恩舊之親故問之無筭或可喪大記云三問者謂君自行此云無筭謂遣使也○升正柩諸侯執綍五百人四綍皆銜枚司馬執鐸左八人右八人匠人執羽葆御柩大夫之喪其升正柩也執引者三百人執鐸者左右各四人御柩以茅升正柩者謂將葬朝于祖正棺於廟也五百人謂一黨之民諸侯之大夫邑有三百戶之制綍引同耳廟中曰綍在塗曰引互言之御柩者居前道正之大夫士皆二綍○筭悉亂反比必利反下同爲于僞反枚音梅鐸大洛反葆音保引以愼反注同茅亡交反朝于直遙反道音導〔疏〕升正至以茅○正義曰此一經明諸侯大夫送

葬正柩之禮執鐸之差○升正柩者謂將葬朝於祖廟柩升廟之西階於兩楹之間其時柩北首故既夕禮云遷于祖用軸升自西階正柩于兩楹間是也四綍皆銜枚者謂執綍之人口皆銜枚止諠囂也○司馬執鐸左八人右八人者司馬夏官主武故執金鐸率衆左右各八人夾柩以號令於衆也○匠人執羽葆御柩者匠人工人也羽葆者以鳥羽注於柄頭如蓋謂之羽葆葆謂蓋也匠人主宮室故執蓋物御柩謂執羽葆居柩前御行於道示指揮柩於路爲進止之節也然周禮喪祝御柩此云匠人者周禮王禮此諸侯禮也○注五百至二綍○正義曰按周禮注六鄉主六引六遂主六綍經云執綍則應舉六遂而言黨者此是非辨鄉遂之殊正取五百人是一黨之人數耳或是畧舉鄉中之黨則遂之鄙亦可知云諸侯之大夫邑有三百戶之制者謂小國中下大夫也故郭注易訟卦云小國之下大夫采地方一成其定稅三百家故三百戶也其實大國下大夫亦三百戶故論語云管仲奪伯氏騈邑三百注云伯氏齊大夫是齊爲大國下大夫亦三百家也其天子公卿大夫按小司徒職注云百里之國凡四都五十里之國凡四縣二十五里之國凡四甸然則大都公之采地方百里小都卿之采地方五十里家邑大夫采地方二十五里熊氏云以此推之公之大都采地方百里侯

伯大都采地方五十里子男大都采地方二十五里以畿外地濶故公之大都與天子大都同也其中都采地無文其小都則下大夫二百家一成之地也一成所以三百家者一成九百夫宮室塗巷山澤三分去一餘有六百夫地又不易再易通率一家而受二夫之地是定稅三百家也云繂引同耳者其義具在檀弓疏

○孔子曰管仲鏤簋而朱紘旅樹而反坫山節而藻梲賢大夫也而難爲上也言其僭天子諸侯鏤簋刻爲蟲獸也冠有笄者爲紘紘在纓處兩端二屬下不結旅樹門屏也反坫反爵之坫也山節薄櫨刻之爲山梲侏儒柱畫之爲藻文○鏤音陋簋音軌紘音宏坫下念反藻音早梲章悅反笄音雞屬音燭薄音博又反麥反又步博反徐又薄歷反櫨音盧侏音朱晏平仲祀其先人豚肩不揜豆賢大夫也而難爲下也言其偪士庶人也豚俎實豆徑尺言并豚兩肩不能覆豆喻小也○揜於檢反本亦作掩併步頂反君子上不僭上下不偪下○婦人非三年之喪不踰封而弔踰封越竟也或爲越疆○偪音逼本又作揁疆紀良反

疏孔子至而弔○正義曰此一節明奢儉失禮之事○賢大夫也而難爲上也者當時謂管仲是大夫之賢者鏤簋者天子諸侯之制而管仲鏤之朱紘者亦天子之紘而管仲朱之故祭義云天子冕而朱紘諸侯冕而青紘管仲大夫當緇組紘而與士同今僭天子朱紘旅樹而反坫者是諸侯之禮論語云邦君樹塞門邦君爲兩君之好有反坫今管仲爲之山節而藻梲者天子之廟飾而管仲亦爲之是皆僭也故云賢大夫是賢者尚爲此僭上之事是難可爲上者也言他人在管仲之上皆被僭之故云難爲上禮器云君子以爲濫謂盜竊亦僭上之事也○注言其至藻文○正義曰言其僭天子諸侯者朱紘山節藻梲鏤簋是僭天子旅樹反坫者是僭諸侯云鏤簋刻爲蟲獸也者按梓人云小蟲之屬以爲雕琢是刻蟲獸也禮器注云簋天子飾以玉此不云者文不具也其旅樹山節之屬已具於禮器及郊特牲疏故於此不復釋也○晏平至爲下也豚肩不揜豆者依禮豚在於俎今云不揜豆者以豆形既小尚不揜豆明豚小之甚不謂豚在豆也○而難爲下也者平仲賢大夫猶尚偪下是在平仲之下者恒被平仲而偪也是難可爲下

如三年之喪則君夫人歸奔父母喪也夫人其歸也以諸侯之弔禮其待之也若待諸侯然謂夫人行道車服主國致禮夫人至入自闈門升自側階君在阼其他如奔喪禮然女子子不自同於女賓也宮中之門曰闈門爲相通者也側階亦旁階也他謂哭踊髽麻闈門或爲帷門○闈音韋宮中之門劉昌宗音暉髽側瓜反○嫂不撫叔叔不撫嫂遠別也○嫂悉早反

疏如三至禮然○正義曰此一節明諸侯大夫奔父母喪節也○如三年之喪者如若也若遭父母三年之喪則雖曰君之夫人歸往奔喪也若非三年之喪則不歸也女子出適爲父母期而云三年者以本親言也夫人至入自闈門者謂夫人至於父母之國入自旁側闈門不由正門異於女賓也升自側階者謂夫人升自旁側之階不升正階亦異於女賓也○君在阼者謂主國之君待之在阼階之上不降階而迎也○其他如奔喪禮然者他謂哭踊髽麻之屬如似奔喪之禮然嫌諸侯夫人位尊恐與卿大夫之妻奔喪禮異故明之也○注女子至階也○正義曰云不自同於女賓也者按喪大記夫人弔於大夫士主人出迎于門外夫人入升堂即位是女賓入自大門升自正階今此不然是不自同於女賓以女子子是父母之親不可同於女賓之疏也云宮中之門曰闈門者釋宮文也云側階亦旁階也者闈門是旁側之門故云側階亦旁階此謂東旁之旁階故奔喪禮婦人升自東階故知側階謂東面階也

君子有三患未之聞患弗得聞也既聞之患弗得學也既學之患弗能行也君子有五恥居其位無其言君子恥之有其言無其行君子恥之既得之而又失之君子恥之地有餘而民不足君子恥之衆寡均而倍焉君子恥之恥民不足者古者居民量地以制邑度地以居民地邑民居必參相得也衆寡均謂俱有役事人數等也倍焉彼功倍已也○其行下孟反

疏君子至恥之○正義曰此一節明君子有三患五恥之事此君子謂在位之君子未。聞患弗得聞也者言人須多聞多識君未聞知古事恒憂患不得聞也○地有餘而民不足君子恥之者以地邑民居必參相得今不能撫養使民逃散是士地有餘而民不足故君子恥之衆寡均而倍焉君子恥之者言役用民衆彼之與巳民衆寡均等而他人功績倍多於巳由不能勸課督率故君子恥之

○孔子曰：凶年則乘駑馬，祀以下牲。○自貶損亦取易供也駑馬六種最下者下牲少牢若特豕特豚也○駑音奴貶必檢反易供上以豉反下音恭種章勇反

○恤由之喪，哀公使孺悲之孔子學士喪禮，士喪禮於是乎書。時人轉而借上士之喪禮已廢矣孔子以教孺悲國人乃復書而存之○孺而樹反本亦作孺復扶又反

疏孔子至下牲○正義曰此一節明凶荒之年君自貶損也乘駑馬者駑馬六種之最下者也馬有六種一曰種馬天子玉路所乘二曰戎馬兵車所乘三曰齊馬金路所乘四曰道馬象路所乘五曰田馬木路所乘六曰駑馬負重載遠所乘若年歲凶荒則人君自貶故乘駑馬也○祀以下牲者諸侯常祭大牢若凶荒則用少牢大夫士各降一等並用下牲也○注自貶至豚也○正義曰云自貶損者言乘駑馬降牲牢是貶損也云駑馬六種最下者按校人云種馬一物戎馬一物齊馬一物道馬一物田馬一物駑馬一物是六種馬中最下也云下牲少牢若特豕特豚也者天子諸侯及天子大夫常祭用大牢若凶年降用少牢諸侯之卿大夫常祭用少牢降用特豕士常祭用特豕降用特豚如此之屬皆爲下牲也

○子貢觀於蜡。孔子曰：賜也，樂乎？對曰：一國之人皆若狂，賜未知其樂也。蜡也者索也歲十二月合聚萬物而索饗之祭也國索鬼神而祭祀則黨正以禮屬民而飲酒于序以正齒位於是時民無不醉者如狂矣曰未知其樂怪之○蜡仕嫁反樂音洛下及注同索色百反下同屬音燭

子曰：百日之蜡，一日之澤，非爾所知也。蜡之祭主先嗇也大飲烝勞農以休息之言民皆勤稼穡有百日之勞喻久也今一日使之飲酒燕樂是君之恩澤非女所知言其義大○嗇音色烝之承反勞力報反女音汝

疏子貢至知也○正義曰此一節明蜡月鄉飲酒之樂各依文解之○蜡謂王者各於建亥之月報萬物息老休農又各燕會飲酒於黨學中故子貢往觀之也孔子曰賜也樂乎者呼子貢名而問之云汝觀蜡飲燕見此之事是歡樂否乎對曰一國之人皆若狂賜未知燕樂也者子貢以謂禮儀有序乃可是樂今此蜡人恣性酣飲載號載呶大小悉爾故云一國之人皆若狂也既皆如狂則非歡樂故云未知其樂也○注蜡也至怪之○正義曰云蜡也者索也至而索饗之皆郊特牲文言經之蜡者是索饗之祭也云歲十二月者周正建亥之月云國索鬼神而祭祀則黨正以禮屬民而飲酒于序者謂州黨之學云以正齒位者以歲終事畢黨正屬民以正齒位若鄉飲酒義云六十者坐五十者立壹命齒于鄉里之屬云於是時民無不醉者如狂矣者以飲初之時正齒位及飲末醉無不如狂者也○子曰百日之蜡一日之澤非爾所知也者孔子解蜡是樂之義也言此蜡而飲是報民一年勞苦故云百日之蜡也言百日者舉其全數喻久矣實一年之勞苦也今一日歡休故恣其醉如狂此是由於君之恩澤故云一日之澤也其理深遠故曰非爾所知也○注蜡之至義大○正義曰云蜡之祭主先嗇也者謂以先嗇神農爲主云大飲烝勞農以休息之者謂於時天子諸侯有羣臣大飲於學烝升也謂升牲體於俎於此之時慰勞農人使令休息云言民皆勤稼穡有百日之勞喻久也者解經百日之蜡言百日勞苦而有此蜡其實一年而云百日舉其成數以喻其久也云今一日使之飲酒燕樂是君之恩澤者解經一日之澤言一日之中由人君之恩澤

張而不弛，文武弗能也；弛而不張，文武弗爲也。一張一弛，文武之道也。張弛以弓弩喻人也弓弩久張之則絶其力久弛之則失其體○弛尸是反下及注同弩弓乃反

疏張而至道也○正義曰此孔子以弓喻於民也張謂張弦弛謂落弦若弓久張而不落弦則絶其弓力喻民久勞而不息則亦損民之力也○文武弗能也者言若使民如此縱令文武之治不能使人之得所以言其苦故稱其不能弛而不張文武弗爲也者言弓久落弦而不張設則失其弓之往來之體喻民久休息而不勞苦則民有驕逸之志民若如此文武不能爲治也而事之逸樂故稱不爲也一張一弛文武之道也者言弓一時須張一時須弛喻民一時須勞一時須逸勞逸相參若調之以道化之以理張弛以時勞逸以意則文武得其其中道也使可以治文武爲政之道治民如此故云文武之道也

○孟獻子曰：正月日至，可以有事於上帝；七月日至，可以有事於祖。七月而禘，獻子爲之

也記魯失禮所由也孟獻子魯大夫仲孫蔑也魯以周公之故得以正月日至之後郊天亦以始祖后稷配之獻子欲尊其祖以郊天之月對月禘之非也魯之宗廟猶以夏時之孟月爾明堂位曰季夏六月以禘禮祀周公於太廟○太廟音泰〔疏〕孟獻至之也○正義曰此一節明魯之郊禘之事獻子魯大夫仲孫蔑謚曰獻子正月周正月建子之月也日至冬至日也有事謂南郊祭所出之帝也上帝靈威仰也而周以十一月爲正其月日至注云若天子則圜丘魯以周公之故得郊天所以於此月得郊所出之帝靈威仰而已故云正月日至可以有事於上帝也此言是也○七月日至可以有事於祖者七月周七月建午之月也日至夏至日也有事謂禘祭於祖廟故云有事於祖獻子言十一月建子冬既祭上帝故建午夏至亦可禘祖以兩月日至相對故欲祭祖廟與天相對也故云七月日至可以有事於祖也此言非也所以爲非者魯之祭祀宗廟亦猶用夏家之法凡大祭宜用首時應禘於孟月孟月於夏家是四月於周爲六月故明堂位云季夏六月以禘禮祀周公於大廟是夏之孟月也獻子捨此義欲以此二至相當以天對祖乖失禮意○七月而禘獻子爲之也者獻子有此之失故記其失所由也○注記魯至大廟○正義曰云記魯失禮所由者言七月而禘是魯

之失禮時暫爲之非是恒行故春秋獻子之後無七月禘廟之事又此不云自獻子始是不恒行也云孟獻子魯大夫仲孫蔑也者以左傳稱孟獻子經書仲孫蔑也云魯以周公之故得以正月日至之後郊天亦以始祖后稷配之者此是明堂位文故明堂云魯君孟春乘大路祀帝于郊配以后稷是后稷配之也亦者天子正月郊祭以始祖配天魯以十一月郊祭亦以后稷配天故云亦也云魯之宗廟猶以夏時之孟月爾者以明堂位稱季夏六月以禘禮祀周公於大廟周之季夏即夏之孟月建巳之月又春秋宣八年六月辛巳有事于大廟謂禘祭也是用建巳之月按春秋宣八年獻子始見經按僖八年於時未有獻子而七月禘者鄭荅趙商云以僖八年正月公會王人于洮六月應禘以在會未還故至七月乃禘君子原情免之理不合譏而書之者爲致夫人故書七月禘也獻子既七月而禘非時失禮春秋之例非時祭者皆書於經以示譏獻子以後之禘而用七月不書於經而不譏者鄭釋廢疾云宣八年六月有事于大廟禘而云有事者雖爲卿佐卒張本而書有事其實當時有用七月而禘因宣公六月而禘得禮故變文言有事春秋因事變文見其得正也如鄭此言則獻子之時禘皆非正因宣公六月禘爲得正故變文云有事以明餘禘之不正也故餘禘不載於經唯譏於

宣公得正之禘也鄭又一解云禮記之言不可合於春秋書例故鄭荅趙商云禮記之云何必皆在春秋之例是禮記不與春秋合也○夫人之不命於天子自魯昭公始也亦記魯失禮所由也周之制同姓百世昏姻不通吳大伯之後魯同姓昭公取於吳謂之吳孟子不告於天子自此後取者遂不告於天子天子亦不命之〔疏〕夫人至始也○正義曰諸侯夫人亦天子所命或是王后無畿外之事故天子命畿外諸侯夫人此文是也若幾內諸侯及卿大夫之妻則玉藻注云天子諸侯命其臣后夫人亦命其妻是也○外宗爲君夫人猶內宗也皆謂嫁於國中者也爲君服斬夫人齊衰不敢以其親服服至尊也外宗謂姑姊妹之女舅之女及從母皆是也內宗五屬之女也其無服而嫁於諸臣者從爲夫之君嫁於庶人從爲國君○外宗爲于僞反注同下爲夫爲之服下注爲其亦同〔疏〕外宗至宗也○正義曰外宗者謂君之姑姊妹之女及舅之女及從母皆是也內宗謂君五屬內之女君內宗爲君悉服斬衰爲夫人齊衰則君之外宗之女爲君及夫人與內宗同故云猶內宗也亦即是與諸侯爲兄弟者服斬之例也○注皆謂至國君○正義曰知皆謂

嫁於國中者以經云爲君夫人則君夫人者是國人所稱號故知嫁於國中國外當云諸侯云爲君服斬夫人齊衰不敢以其親服服至尊也者按禮族人不敢以其戚戚君則異族者亦不可以戚戚君故不得以其親服服至尊也云外宗謂姑姊妹之女舅之女及從母皆是也者古者大夫不外取故君之姑姊妹嫁於國內大夫爲妻是其正也舅之女及從母皆是者謂君之舅女及君之從母在國中者非正也所以非正者以諸侯不內取故舅女及從母不得在國中諸侯雖曰外取舅及從母元在他國而舅之女及從母不得來嫁與已國卿大夫爲妻以卿大夫不外取知內宗五屬之女者以其稱內故內五屬之女也凡外宗內宗皆據有爵者云其元服而嫁於諸臣者從爲夫之君者總謂外宗內宗之女皆然也云嫁於庶人從爲國君者亦內外宗之女並言之則服齊衰三月此等內宗外宗熊氏云雖嫁在他國皆爲本國諸侯服斬也今依用之若賀循譙周之等云在已國則得爲君服斬夫人齊衰者在他國則不得也今並存焉任賢者擇之此外宗與喪服外宗爲君別也故鄭注彼云外宗是君之外親之婦此外宗唯據君之宗崔氏云兼據夫人外宗其義非也又周禮外宗內宗謂外內之女而崔氏云鄭注特牲云女者女有出適嫌有降理故舉女不言男其義亦非也○廐

焚，孔子拜鄉人爲火來者，拜謝之。拜之，士壹，大夫再，亦相弔之道也。言拜之者，爲其來弔巳。宗伯職曰：以弔禮哀廄焚。【疏】廄焚至道也○正義曰：廄焚，孔子馬廄被火焚也。○孔子拜鄉人爲火來者，謂孔子拜謝鄉人爲火而來慰問孔子者。○拜之士壹大夫再者，言拜此鄉人之時，若士則壹拜之，大夫則再拜之。○亦相弔之道者，此言雖非大禍災，亦是相哀弔之道也。

孔子曰：管仲遇盜，取二人焉，上以爲公臣，曰其所與遊辟也，可人也。言此人可也，但居惡人之中，使之犯法。○上，時掌反。辟，匹亦反。管仲死，桓公使爲之服。宦於大夫者之爲之服也，自管仲始也，有君命焉爾也。亦記失禮所由也。善桓公不忘賢者之舉。官猶仕也。此仕於大夫，更升於公，與遂大夫之諸侯同爾，禮不反服。【疏】孔子至爾也○正義曰：此二節明大夫之臣雖仕於公，反服大夫之服。孔子論說管仲之事，故云孔子曰管仲遇盜取二人焉者，謂管仲逢遇羣盜，於此盜中簡取二人焉。○上以爲公臣者，謂管仲薦上此二人以爲桓公之臣。○曰其所與遊辟也可人也者，此管仲薦此盜人之辭，言此盜人所與交遊是邪辟之人，故犯法爲盜。可人也者，謂其人性行是堪可之人也，可任用之。○管仲死桓公使爲之服者，謂管仲之死，桓公使此二人著服也。○宦於大夫者之爲之服也自管仲始也者，言依禮仕宦於大夫，升爲公臣，不合爲大夫著服。今此二人是仕宦於大夫，升爲公臣者之爲大夫而著服也，從管仲爲始，言自此以後，升爲公臣，皆服宦於大夫之服也。○有君命焉爾也者，言此二人所以爲管仲著服者，有桓公之命使之焉爾。作記之者，亦記失禮所由，又記桓公不忘賢者之舉也。

○過而舉君之諱，則起。舉猶言也。起立者，失言而變自新。與君之諱同，則稱字。謂諸臣之名也。【疏】過而至稱字○正義曰：此一節明辟君之諱也。過謂過誤也。舉猶言也。若過誤言君之諱，則起而改變自新。

○內亂不與焉，外患弗辟也。謂卿大夫也。同寮將爲亂，已力不能討，不與而已。至於鄰國爲寇，則當死之也。春秋魯公子友如陳葬原仲，傳曰：君子辟內難而不辟外難。○與音預，注同。辟音避，注同。僚本又作寮，力雕反。難，乃旦反，下同。【疏】內亂至辟也○正義曰：此一經明卿大夫之禮有內亂力不能討可辟之事。○內亂不與焉者，謂國內有同僚爲亂，則身自畏辟，不干與焉，以其力弱不能討也。雖不與而已，若力能討，則當討之。○外患弗辟也者，外謂在外鄰國爲其寇患，雖力不能討，不得辟之，當盡死於難也。○注春秋至外難○正義曰：引春秋者，莊二十七年公羊傳文。按注云公子友如陳葬原仲，大夫不書葬，此何以書？通乎季子之私行也。又云君子辟內難而不辟外難。內難者何？公子慶父、公子牙通乎夫人以脅公，季子起而治之，則不得與于國政；坐而視之，則親親。何休云：不忍見其如此，故請至于陳而葬原仲。時季友討慶父，爲不與國政，力不能討。至莊三十二年，季子與國政，故逐慶父而酖叔牙也。此注云力不能討，亦謂不與國政。若與國政，力能討之而不討，則責之。故宣二年晉史董狐書趙盾以弒君，云子亡不越竟是也。

○贊大行曰：圭，公九寸，侯伯七寸，子男五寸，博三寸，厚半寸，剡上左右各寸半，玉也。藻三采六等。贊大行者，書說大行人之禮者名也。藻，薦玉者也。三采六等，以朱白蒼畫之再行也。子男執璧，作此贊者失之矣。○厚，戶豆反。剡，以冉反。畫，胡卦反，徐胡麥反。再行，戶剛反。

哀公問子羔曰：子之食奚當？問其先人始仕食祿以何君時。○當，如字，注同，舊才浪反。對曰：文公之下執事也。【疏】贊大至事也○正義曰：此明五等諸侯所執圭玉之制。○贊大行曰者，贊明也。大行謂周禮有大行人篇，掌諸侯五等之禮。舊作記之前，有人說書贊明大行人之事，謂之贊大行。今亦作記者引此舊書，故云贊大行曰，發語端也。○博三寸者，謂圭博三寸也。○厚半寸者，謂圭與璧各厚半寸。○剡上左右各寸半者，謂圭與璧則殺也，殺上左右角各寸半也。○玉也者，言五等諸侯圭璧長短雖異，而俱以玉爲之，故云玉也。○藻三采六等者，藻謂以韋衣板以藉玉者。三采，朱白蒼也。六等，六行也。謂畫上三色，每色爲二行，是三采六等。○注贊大至之矣○正義曰：上云書說大行人之禮者名也者，謂作此記之前，有書論說大行人之禮，其篇名謂之贊大行。云三采六等以朱白蒼畫之再行也者，按聘禮記云：朝天子，圭與繅皆九寸，繅三采六等，朱白蒼。朱白蒼是也。既重云朱白蒼，是一采爲再等，相間而爲六等也。若五等諸侯皆一采爲一就，與瑞云公侯伯皆三采三就，謂一采爲一就，故三采三就，其實采別二就三采則六等也典瑞又云子男皆二采再就二采謂朱緑也二采故二就其實采別二就二采則四等也典瑞又云瑑圭璋璧琮繅皆二采一就以覜聘此謂卿大夫每采唯一等是二采共一就也與諸侯不同其天子則典瑞云繅五采五就亦一采爲一就五采故五就其實采別二就五采則十等也云子男執璧作此贊者失之矣者以此經列公侯伯子男摠云博三寸剡上左右各寸半此謂圭也今摠包子男則子男亦執圭故云作此贊者失之矣○成廟則釁之，其禮：祝、宗人、宰夫、雍人皆爵弁純衣。廟新成必釁之尊而神之也宗人先請於君曰請命以釁某廟君諾之乃行○釁許靳反純側甚反雍人拭羊，宗人視之，宰夫北面于碑南，東上。居上者宰夫也宰夫攝主也拭靜也○拭音式碑彼皮反靚本亦作靜同才性反雍人舉羊升屋自中，中屋南面，封羊，血流于前，乃降。門、夾室皆用雞。先門而後夾室。其衈皆于屋下。割雞，門當門，夾室中室。自由也衈謂將封割牲以釁先滅耳旁毛薦之耳聽聲者告神欲其聽之周禮有刉衈○封苦圭反夾古洽反衈如志反刉古依反又古對反一音其既反珥如志反有司皆鄉室而立，門則有司當門北面。有司宰夫祝宗人○鄉許亮反下同既事，宗人告事畢，乃皆退。告者告宰夫反命于君曰：「釁某廟事畢。」反命于寢，君南鄉于門內朝服。既反命，乃退。君朝服者不至廟也○朝直遥反注同路寢成則考之而不釁。釁屋者，交神明之道也。言路寢者生人所居不釁者不神之也考之者設盛食以落之爾檀弓曰晉獻文子成室諸大夫發焉是也凡宗廟之器，其名者成則釁之以豭豚。宗廟名器謂尊彝之屬○豭音加彝以之反【疏】成廟至豭豚○正義曰此一節論釁廟及考路寢之事○成廟則釁之者謂宗廟初成則殺羊取血以釁之尊而神之也○其禮祝

宗人宰夫雍人皆爵弁純衣者其禮謂釁廟之禮欲釁之時宗人先請於君曰請命以釁某廟君諾之乃行事爵弁者士服也純衣者謂絲衣則玄衣纁裳也○雍人拭羊者雍人是廚宰之官拭羊謂拭靜其羊拭於廟門外按大戴禮釁廟篇云成廟則釁以羊君玄服立於寢門內南鄉祝宗人宰夫雍人皆玄服宗人曰請命以釁某廟君曰諾遂入雍人拭羊乃行入廟門碑南北面雍人舉羊升屋自中中屋南面封羊血流于前乃降此皆大戴禮文既云拭羊乃行入廟門是拭羊在廟門之外但初受命於寢門內之時君與祝宗人宰夫雍人等皆著玄服謂朝服緇衣素裳等其祝宗人宰夫雍人等皆入廟之時則爵弁純衣雍人舉羊升屋者熊氏云謂抗舉其羊升於屋自中者自由也謂升屋之時由屋東西之中謂兩階之間而升也中屋南面者謂當屋棟之上亦東西之中而南面封割其羊使血流于前雍人乃降皇氏云舉羊謂縣羊升屋謂掛羊於屋自中謂在屋之中中屋謂羊在屋棟之下縣之上下處中今謂屋者謂室之在上之覆也前云升屋下云乃降與喪大記復者升屋其文正同何得以升爲縣又中屋爲屋棟去地上下爲中此正得云屋中不得云中屋若室裏縣羊血則當羊而下何得云血流于前又下文其衈皆於屋下明知其釁則在屋上檢勘上下皇氏之說非也○門夾室皆用雞者門廟門也夾室東西廂也其減於廟室故釁不用羊也門與夾室各一雞凡用三雞故云皆也謂釁門夾室用雞之時如上用羊之法亦升屋而割之○先門而後夾室者謂先釁門後釁夾室又畢於門也○其衈皆於屋下者謂未封割羊與雞之時先滅耳旁毛以薦神廟則在廟之屋下門與夾室則在門夾室之屋下故云其衈皆於屋下衈訖然後升屋而釁也○門當門夾室中室者謂衈訖爲釁之時門則當門屋之上中夾室則當夾室上之中以割雞使血流故云門當門夾室中室此釁廟以羊門夾室以雞摠云其衈則毛牲刉羽牲皆謂之衈而鄭注周禮云毛牲曰刉羽牲曰衈者以經有羊有雞無別刉文故摠以衈包之周禮刉衈相對故以此毛牲曰刉羽牲曰衈○有司皆鄉室而立者謂釁夾室之時宰夫祝宗人皆當於夾室而立門則有司當門北面而立○既事宗人告事畢乃皆退者謂釁事既畢宗人告攝主宰夫以事畢宰夫及祝宗人等乃退○反命于寢者謂釁既畢反報君命於路寢○君南鄉于門內朝服者謂君受命之時南鄉于路寢門內南面而立身著朝服即大戴禮云玄衣以不入廟故朝服○路寢成則考之而不釁者路寢是生人所居不用神之故不釁也考之者謂設盛饌以落之如檀弓晉獻

文子成室是也庾蔚云落謂與賓客燕會以酒食澆落之即歡樂之義也釁屋者交神明之道也者釋所以不釁路寢之義言此屋與神明相交故釁之也○凡宗廟之器其名者成則釁之以豭豚者器之名者尊彝之屬也若作名者成則釁之若細者成則不釁名器則殺豭豚血塗之也不及廟故不用羊也○諸侯出夫人夫人比至于其國以夫人之禮行至以夫人入行道以夫人之禮者弃妻致命其家乃義絶不用此爲始○比必利反使者將命曰寡君不敏不能從而事社稷宗廟使使臣某敢告於執事主人對曰寡君固前辭不教矣寡君敢不敬須以俟命前辭不教謂納采時也此辭賓在門外擯者傳焉賓入致命如初主人卒辭曰敢不聽命○使巴吏反有司官陳器皿主人有司亦官受之器皿其本所齎物也律弃妻畀所齎○皿武景反字林又音猛齎子兮反下同畀必利反與也又婢支反償也妻出夫使人致之曰某不敏不能從而共粢盛使某也敢告於侍者主人對曰某之子不肖不敢辟誅敢不敬須以俟命使者退主人拜送之肖似也不似言不如人誅猶罰也○共音恭粢盛上音咨下音成肖音笑辟音避如舅在則稱舅舅没則稱兄無兄則稱夫言弃妻者父兄在則稱之命當由尊者出也唯國君不稱兄主人之辭曰某之子不肖如姑姊妹亦皆稱之姑姊妹見弃亦曰某之姑某之姊若妹不肖〔疏〕諸侯至稱之○正義曰此一節論諸侯出夫人及卿大夫以下出妻之事○諸侯出夫人者謂夫人有罪諸侯出之命歸本國○使者將命者使者謂送夫人歸者將行君命以告夫人之國君寡君不敏不能從而事社稷宗廟者禮尚謙退不能指斥夫人所犯之罪故引過自歸云寡君才知不敏不能隨從夫人共事社稷宗廟故君使臣某敢告在下之執事○寡君敢不敬須以俟命者須待也俟亦待也主人報客云君既有命寡君豈敢不恭敬須待君命○有司官陳器皿者使者既得主人荅命故使從已來有司之官陳夫人嫁時所齎器皿之屬以還主國也○主人有司亦官受之者主國亦使有司官領受之也並云官者明付受悉如法也○妻出者此以下明夫出妻法也○如舅在則稱舅舅没則稱兄者謂凡遣妻必稱尊者之命舅在稱舅者謂妻之被出則應稱夫名使某來告若夫之父在則稱父名使某來告是夫在則稱舅也舅没則稱兄者謂稱夫兄之名使某來告不云舅没則稱母者婦人之名不合外接於人也若有死喪則稱母弔即曾子問云母喪稱母是也○無兄則稱夫者謂夫身無兄則稱夫名使某來告則上文是也夫遣人致命則得云某不敏不能從而共粢盛若夫之父兄遣人致命其致命之辭未聞也○主人之辭曰某之子不肖者前文已具重更發者爲姑姊妹張本故云如姑姊妹亦皆稱之鄭云某之姑某之姊若妹不肖是也孔子曰吾食於少施氏而飽少施氏食我以禮言貴其以禮待已而爲之飽也時人倨慢若季氏則不以禮矣少施氏魯惠公子施父之後○少失召反下及注同食我音嗣爲于僞反下來爲亦爲同倨音據慢武諫反書亦作慢父音甫吾祭作而辭曰疏食不足祭也吾飡作而辭曰疏食也不敢以傷吾子〔疏〕孔子至吾子○正義曰此一節明少施氏以禮而食孔子吾祭者謂孔子祭也○作而辭曰疏食不足祭也者作起也少施氏起而辭謝云疏麤之食不足祭也○吾飡者謂孔子食後而更飡而強飯以荅主人之意○作而辭曰疏食也不敢以傷吾子者少施氏又起而辭謝云疏麤之食不可強飽以致傷害故云不敢以傷吾子納幣一束束五兩兩五尋納幣謂昏禮納徵也十个爲束貴成數兩兩者合其卷是謂五兩八尺曰尋五兩五尋則每卷二丈也合之則四十尺今謂之匹猶匹偶之云與○飡音孫箇古賀反卷音眷徐紀勉反下同與音餘婦見舅姑兄弟姑姊妹皆立于堂下西面北上是見已婦來爲供養也其見主於尊者兄弟以下在位是爲已見不復特見○婦見賢遍反下注同供恭用反養羊尚反復扶又反見諸父各就其寢旁尊也亦爲見時不來女雖未

許嫁年二十而笄禮之婦人執其禮雖未許嫁年二十亦爲成人矣禮之酌以成之言婦人執其禮明非許嫁之笄燕則鬈首既笄之後去之猶若女有鬠紒也○鬈音權又居阮反去起呂反鬠丁果反紒音計字又作髻【疏】納幣至鬈首○正義曰此一節論昬禮婦見舅姑及女求許嫁加笄分別之事納幣一束者謂昬禮納財幣之時其幣一束謂十箇也束五兩者兩个合爲一卷取配偶之義是束五兩也一兩有四十尺八尺曰尋五八四十是兩五尋也今謂之匹由匹偶也○婦見舅姑者謂婦來明日而見舅姑也○兄弟姑姊妹皆立于堂下西面北上者見舅姑之時則夫之兄弟姑姊妹皆立于舅姑之堂下東邊西鄉以北爲上近堂爲尊也○是見已者舅姑在堂上婦自南門而入入則從於夫之兄弟姑姊妹前度以因是即爲相見不復更別詣其室見之故云是見已謂是已見也○見諸父各就其寢者諸父謂夫之伯叔也既是旁尊則婦於明日乃各往其寢而見之不與舅姑同日也○女雖未許嫁年二十而笄禮之者女子十五許嫁而笄若未許嫁至二十而笄以成人禮言之○婦人執其禮者賀瑒云十五許嫁而笄者則主婦及女賓爲笄禮主婦爲之著笄女賓以醴禮之未許嫁而笄者則婦人禮之無主婦女賓不備儀也○燕則鬈首者謂既笄之後尋常在家燕居則去其笄而鬈首謂分髮爲鬠紒也此既未許嫁雖已笄猶爲少者處之○

韠長三尺下廣二尺上廣一尺會去上五寸紕以爵韋六寸不至下五寸純以素紃以五采會謂領上縫也領之所用蓋與紕同在旁曰紕在下曰純素生帛也紕六寸者中執之表裏各三寸也純紕所不至者五寸與會去上同紃施諸縫中若今時條也○韠音必長直諒反廣古曠反下同會古外反注同紕婢支反又方移反注同純之閏反又支允反注同徐方移反紃音巡徐辭均反縫扶用反下同條本又作條同吐刀反【疏】韠長至五采○正義曰韠韍也長三尺與紳齊也下廣上狹象天地數也○會去上五寸者會謂韠之領縫也此縫去韠上畔廣五寸謂會上下廣五寸○紕以爵韋六寸者謂會縫之下韠之兩邊紕以爵韋闊六寸倒攝之兩廂各三寸也○不至下五寸者謂紕韠之兩邊不至韠之下畔闊五寸○純以素者素謂生帛謂紕所不至之處橫純之以生帛此帛上下各闊五寸也○紃以五采者紃條也謂五采之條置於諸縫之中○注會謂至上同○正義曰韠旁緣謂之紕上緣謂之會以其在下揔會之處故謂之爲會此上緣緣韠之上畔其縫廣狹去上畔五寸也云領之所用蓋與紕同者紕既用爵韋會之所用無文會紕同類故知會之所用與紕同也云純紕所不至者五寸者純緣也緣之所施是兩旁之紕不至下五寸之處以素緣之云與會去上同者純之上畔去韠下畔五寸會之下畔去韠之上畔五寸以其俱五寸故云與會去上同如諸儒所說云會者是韠之上畔殘緣而已去上五寸謂與兩旁之紕去韠上畔會縫之下有五寸若如此說何得鄭注與會去上同明知會之闊狹五寸也

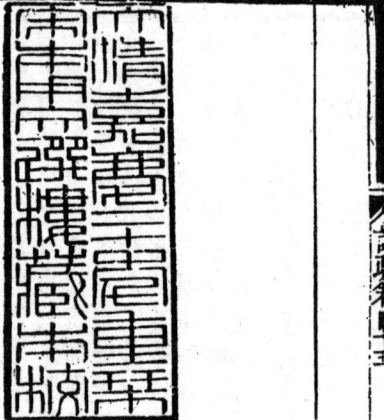

附釋音禮記注疏卷第四十三

江西南昌府學栞

禮記注疏卷四十三挍勘記　阮元撰盧宣旬摘錄

雜記下

凡弁絰節

其袂半而益一　惠棟挍宋本作其此本其誤而閩監毛本同今正

父有服宮中節

父有至絕樂　惠棟挍宋本無此五字

則子不與於樂者　閩監毛本同惠棟挍宋本無子字

姑姊妹其夫死節

姑姊至之黨　惠棟挍宋本無此五字

云里尹閭胥里宰之屬也　閩監本同惠棟挍宋本毛本也作者

二十五家爲閭閭置一胥中士也六遂之內　閩監毛本同考文云宋板此十七字無衛氏集說同

亦是此國君爲主之義　惠棟挍宋本同閩本義字闕監毛本義誤說

麻者不紳節

麻者至於采　惠棟挍宋本無此五字

按聘禮已國君薨　惠棟挍宋本作聘衛氏集說同此本聘誤周閩監毛本同今正

似行聘享之事　惠棟挍宋本作似衛氏集說同此本似誤飯閩監毛本同今正

國禁哭節

謂大祭祀　閩監毛本同岳本同嘉靖本同衛氏集說本同考文云宋板祀作禮

不菲　各本同石經同釋文出不屝云本又作菲○按屝正字菲假借字

不絕地之情者能用禮文哉　惠棟挍宋本作哉宋監本岳本嘉靖本衛氏集說同考文引古本足利本同此本哉誤矣閩監毛本同今正

國禁至矣哉　惠棟挍宋本無此五字

世柳之母死節　惠棟挍云世柳節諸侯使人節宋本合爲一節

世柳之母死　石經同岳本同嘉靖本同釋文出世柳閩監毛本世作泄衛氏集說同下及注並放此疏同

泄柳至侯七　惠棟挍宋本無此五字

諸侯飯以珠　閩監毛本同惠棟挍宋本下有含以璧三字按諸侯飯以珠含以璧禮器文衛氏集說載孔疏云天子飯以珠含以玉諸侯大夫士飯以珠含以貝并於諸侯下刪去飯以珠三字而與大夫士連文其所據本更無含以璧三字可知蓋脫之久矣

卿大夫節

君問之無筭　閩監本同石經同岳本同嘉靖本同毛本筭作算衛氏集說同釋文亦作算○按當作算

卿大至舉樂　惠棟挍宋本無此五字

升正柩節

謂一黨之民　段玉裁云周禮鄉師疏引此注天子千人與五字當在一黨之民下

居前道正之　閩監本同岳本同嘉靖本同衛氏集說同考文引宋板同毛本正誤止

升正至以茅　惠棟挍宋本無此五字

升廟之西階於兩楹之間　閩監毛本同浦鏜挍於字上補正字

謂之羽葆葆謂蓋也　閩監毛本同考文云宋板葆字不重

居柩葆前御行於道　閩監毛本同惠棟挍宋本無葆字衛氏集說同

孔子曰管仲鏤簋節　惠棟挍云孔子節宋本分婦人非三年之下合如三年節爲一

管仲鏤簋　各本同石經同釋文出鏤簋字誤也

刻爲蟲獸也　監毛本作蟲岳本同衛氏集說同此本蟲省作虫閩本同嘉靖本同山井鼎云此注及疏正嘉二本皆作虫宋板萬歷崇禎本注及疏並作蟲

冠有笄者爲紘　各本同考文引足利本爲紘作有紘

豚肩不揜豆　各本同石經同釋文出不弇云本亦作揜

孔子至而弔　惠棟挍宋本無此五字

是難可爲上者也　閩本同惠棟挍宋本同監毛本可作乎下是難可爲下同

君子有三患節

彼功倍已也　閩監毛本同嘉靖本同衛氏集說岳本已並作已是也

君子至恥之　惠棟挍宋本無此五字

未聞患弗得聞也者　閩監毛本同惠棟挍宋本未下有之字

孔子曰凶年節

哀公使孺悲　各本同石經同釋文出孺悲云本亦作孺

孔子至下牲　惠棟挍宋本無此五字

子貢觀於蜡節　惠棟挍云子貢節張而不弛節宋本合爲一節

子貢至知也　惠棟挍宋本無此五字

及飲未醉無不如狂者也　閩監毛本同惠棟挍宋本醉上有而字

張而不弛節

張而至道也〇正義曰此孔子以弓喻於民也　惠棟挍宋本無上八字

喻民一時須勞　閩監毛本同考文云宋板民下有之字

則文武得其其中道也　補案其字誤重

孟獻子曰節

孟獻至之也　惠棟挍宋本無此五字

其月日至注云若天子則圜丘　閩監毛本同惠棟挍宋本注作主衛氏集說無注云二字

外宗爲君夫人節

冬既祭上帝　惠棟挍宋本冬下有至字此本脫閩監毛本同

舅之女及從母皆是也　閩監毛本同岳本同嘉靖本同惠棟挍宋本無及字衛氏集說同

外宗至宗也　惠棟挍宋本無此五字

外宗者謂君之姑姊妹之女　閩監毛本同考文云宋板君作宗

廏焚節

廐焚　閩本同嘉靖本同衛氏集說同監毛本廐作廏岳本同石經作廏釋文同疏放此

廐焚至道也　惠棟挍宋本無此五字

謂孔子拜謝鄉人爲火而來　閩本同考文引宋板同監毛本謝下衍一字

孔子曰管仲遇盜節

官於大夫者之爲之服也　惠棟挍宋本官作宦宋監本石經岳本嘉靖本衛氏集說同此本誤作官閩監毛本同注疏並放此石經考文提要云宋大字本宋本九經南宋巾箱本余仁仲本劉叔剛本並作宦按惠棟挍正義皆作宦

孔子至爾也　惠棟挍宋本無此五字

作記之者　閩監毛本同盧文弨云之衍字

內亂不與焉節

內亂至辟也　惠棟挍宋本無此五字

時季友不討慶父　惠棟挍宋本有不字此本不字脫閩監毛本同

贊大行節

贊大至事也　惠棟挍宋本無此五字

成廟則釁之節

宗人視之　惠棟挍宋本作視石經同岳本同嘉靖本同考文引古本足利本同此本視誤視閩監毛三本同衞氏集說同石經考文提要云宋大字本宋本九經南宋巾箱本余仁仲本九經誤字並作視通典四十八引亦云雍人拭羊宗人視之

居上者宰夫也　閩監毛本同岳本嘉靖本同衞氏集說亦作居上按通典四十八引作東上者宰夫也東字似勝經雍人拭羊宗人視之宰夫北面于碑南東上注正釋經東上二字

拭靜也　各本同釋文出拭靚云本亦作靜通典亦作拭靜

周禮有刉衈　各本同釋文衈作珥

路寢成則考之　各本同石經同毛本考作攷通典亦作考

成廟至豭豚　惠棟挍宋本無此五字

爵弁者士服也　閩本同惠棟挍宋本同監毛本士誤上衞氏集說亦作士

君與視宗人宰夫雍人等皆著元服謂朝服緇衣素裳等其視宗人宰夫雍人等皆入廟之時　惠棟挍宋本同衞氏集說亦同閩監毛本衍著元服謂朝服緇衣素裳等其視宗人宰夫雍人等二十字○案此本亦誤衍

升於屋上自中者　惠棟挍宋本有上字此本上字脫閩監毛本同

諸侯出夫人節

擯者傳焉　各本同釋文出儐者云本又作擯

器皿其本所齎物也律弃妻畀所齎　閩監毛本同岳本同嘉靖本同惠棟挍宋本上齎作賫衞氏集說同釋文出所齊云下同按注二齎字各本並同惟宋本及衞氏本上作賫下作齎正義云陳夫人嫁時所賫器皿之屬各本並作賫則注亦當作賫爲是後人見下律文作齎并改上賫亦作齎疑非其舊

諸侯至稱之　惠棟挍宋本無此五字

命歸本國　閩監毛本同考文云宋板命作令衞氏集說同

不能指斥夫人　閩監毛本同衞氏集說同通解能作欲

故君使臣某　閩監毛本同衞氏集說使臣作使使臣

孔子曰吾食於少施氏節

時人倨慢　各本同釋文出倨慢云本亦作慢

孔子至吾子　惠棟挍宋本無此五字

納幣一束節

十个爲束　岳本同嘉靖本同衞氏集說同閩監毛本个作箇釋文出十个

兩兩者合其卷　閩監毛本同岳本同嘉靖本同衞氏集說同段玉裁挍本云按者字衍兩兩合其卷用史記兩兩相比漢人語也沈彤改者爲卷非召南疏無者字

五兩五尋　閩監毛本同岳本同嘉靖本同衞氏集說同段玉裁挍本云五兩五尋宋監本作一兩五尋召南疏作一兩五尋

猶匹偶之云與　各本同考文云古本猶作由按作由字與正義合

猶若女有髾紒也　各本同釋文出紒云字又作紒通典五十六亦作紒

納幣至鬈首　惠棟挍宋本無此五字

今謂之匹由匹偶也　閩本同惠棟挍宋本同監毛本由作猶

韠長三尺節

會謂領上縫也　閩監毛本同嘉靖本同衛氏集說同惠棟挍宋本領上作上領足利本同岳本同續通解同釋文出領縫盧文弨云通攷作領上縫疏但作領縫似上字衍也

若今時條也　各本同釋文出之條

韠長至五寀　惠棟挍宋本無此五字

倒攝之　惠棟挍宋本同衛氏集說同閩監毛本攝誤襵

此帛上下各濶五寸也　閩監毛本同惠棟挍宋本各作亦衛氏集說同

以其在下總會之處　閩監毛本同惠棟挍宋本下作上

附釋音禮記注疏卷第四十三　惠棟挍宋本禮記正義卷第五十二終記云凡三十四頁宋監本禮記卷第十二經五千八十四字注六千七百十二字嘉靖本禮記卷第十二經五千三十七字注六千七百八十二字

禮記注疏卷四十三挍勘記

附釋音禮記注疏卷第四十四

禮記　鄭氏注　孔穎達疏

喪大記第二十二○陸曰鄭云以其記人君以下始死小斂大斂殯葬之大事故以大記爲名。〔疏〕正義曰案鄭目録云名曰喪大記者以其記人君以下始死小斂大斂殯葬之事此於別録屬喪服喪大記者劉元云記謂之大者言其委曲詳備繁多故云大

疾病外内皆埽爲賓客將來問病也疾困曰病○埽悉報反爲于僞反下爲其爲賓爲之人者同。〔疏〕外内皆埽者爲賓客將來問病者以尋常每日皆埽案內則云雞初鳴咸盥漱灑埽室堂者此是平生無事時每日恒埽今既疾病不應更有華飾故知埽者爲賓客來也。注疾病曰困。正義曰按既夕禮云有疾病者齊乃云疾病內外皆埽是疾困日病此對文耳散則通也檀弓云孔子寢疾七日而沒是也**君大夫徹縣士去琴瑟**聲音動人病者欲靜也凡樂器天子宮縣諸侯軒縣大夫判縣士特縣去琴瑟者不命之士。縣音玄注同去起呂反注及下注同**寢東首於北牖下**謂君來視之時也病者恒居其墉下或爲北墉下。首手又反下注南首同牖音酉舊音容下注牖下放此墉音容**廢牀徹褻衣加新衣體一人**廢去也人始生在地去牀庶其生氣反徹褻衣則所加者新朝服矣互言之也加朝服者明其終於正也體手足也四人持之爲其不能自屈伸也○牀仕良反本或作床字褻息列反新朝直遥反後朝服皆同**男女改服**爲賓客來問病亦朝服也庶人深衣**屬纊以俟絶氣**纊今之新緜易動搖置口鼻之上以爲候○屬音蜀纊音曠一音古曠反易以豉反**男子不死於婦人之手婦人不死於男子之手**君子重終爲其相褻〔疏〕君大至之手○正義曰此明君及大夫等疾困去樂之事君謂諸侯也及大夫等徹縣知不包天子者以此篇所記皆據諸侯以下也○注天子至之事○正義曰案周禮小胥王宮縣諸侯軒縣卿大夫判縣士特縣鄭云宮縣四面象宮室軒縣去其一面判縣又去其一面特縣又去其一面縣於東方或於階閒而已又云凡縣鍾磬半爲堵全爲肆鄭云諸侯之大夫半天子之大夫西縣鍾東縣磬士亦半天子之士縣磬而已案典命子男之卿再命其大夫壹命其士不命此云不命之士謂子男之士○注謂君至墉下○正義曰知謂君來視之時也者案論語鄉黨云疾君視之東首加朝服此云東首故知是君來視之時也以東方生長故東首鄉生氣云病者恒居北牖下者士喪下篇云東首于北牖下是恒在北牖下也若君不視之時則不恒東首隨病者所宜此熊氏所說也今謂病者雖恒在北牖下若君來視之時則暫時移鄉南牖下東首令君得南面而視之○注廢去至伸也○正義曰人始生在地去牀庶其生氣反者釋所以病困而除牀取地義也人初生時在地今病困而反在地冀生氣還反得活如初生時也云徹褻衣則所加者新朝服矣互言之也者上云徹褻衣則知所加者正也下云加新衣則知所徹者褻衣故云互也朝服云衣素裳也云加朝服者明其終於正也者解所以加朝服義也明君子雖卒必以正自處也○注爲賓至服也○正義曰案既夕禮云養者皆齊案文王世子云則世子親齊玄而養至病困易之以朝服故檀弓云親始死羔裘玄冠者易之而已易羔裘玄冠即朝服也**君夫人卒於路寢大夫世婦卒於適寢內子未命則死於下室遷尸于寢士之妻皆死于寢**言死者必皆於正處也寢室通耳其尊者所不燕焉君謂之路寢大夫謂之適寢士或謂之適室此變命婦言世婦者明尊卑同也世婦以君下寢之上爲適寢內子卿之妻也下室其燕處也○適丁歷反注同處昌慮反下同〔疏〕君夫至于寢○正義曰此一經明貴賤死寢不同也君謂諸侯也諸侯三寢一正者曰路寢餘二曰小寢卒歸於正故在路寢也夫人亦有三寢一正二小亦卒正者也○大夫世婦卒於適寢者適寢猶今聽事處也其制異諸侯也大夫死適寢其妻亦死適寢也大夫妻曰命婦而云世婦世婦是諸侯之次婦今既明諸侯世婦尊與命婦敵故互言見義今命婦死於正寢則世婦死女君次寢之上也○內子未命則死於下室遷尸於寢者內子卿妻也若未爲夫人所命則初死在下室至小斂後遷尸乃復還其正寢也○士之妻皆死于寢者亦各死其正室也夫妻俱然故云皆也○注言死至處也○正義曰寢室通耳者案士喪禮云死于適室此云卒於適寢是寢室通也云其尊者所不燕焉者謂尊嚴之處不就而燕息焉云君謂之路寢大夫謂之適寢士或謂之適室者此云士死於寢士喪禮云死于適室故云或也云世婦以君下寢之上爲適寢者皇

氏云君謂女君而世婦以夫人下寢之上爲適寢熊氏云諸侯夫人大夫妻及士之妻卒皆於夫之正寢解此世婦以君下寢之上爲適寢者夫人卒於君之正寢世婦卒於君之下寢之上者與皇氏異雖卒夫寢皆婦人供視之是亦婦人不死男子之手也案服虔注左傳義與皇氏同夫人之卒在於夫人路寢比君路寢爲小寢故僖八年夫人不薨于寢則不殯于廟服虔注云寢謂小寢也皇氏熊氏其說各異未知孰是故兩存焉知死正寢者案春秋成公薨於路寢道也僖公薨於小寢譏即安謂。夫人寢也隱公薨不書地失其所文公薨於臺下襄公薨於楚宫定公薨于高寢皆非禮也案莊公三十二年公羊傳何休注云天子諸侯皆有三寢一曰高寢二曰路寢三曰小寢孫從王父之寢案周禮掌止之六寢之備何休云天子三寢與周禮違不可用

復有林麓則虞人設階無林麓則狄人設階復招魂復魄也階所乘以升屋者虞人主林麓之官也狄人樂吏之賤者階梯也簨虡之類○麓音鹿梯他兮反簨恤尹反虡音巨〔疏〕正義曰自此至復而後行死事明復是招魂之禮也○復有林麓則虞人設階者復謂屋招魂其死者所封內若有林麓則所主林麓虞人設階梯而升屋○無林麓則狄人設階者謂官職卑小不合有林麓無虞人可使狄人是家之樂吏之賤者掌設簨虡簨虡階梯之類故狄人設階也

小臣復復者朝服君以卷夫人以屈狄大夫以玄赬世婦以襢衣士以爵弁士妻以稅衣皆升自東榮中屋履危北面三號捲衣投于前司命受之降自西北榮小臣君之近臣也朝服而復所以事君之衣也用朝服而復之者敬也復用死者之祭服以其求於神也君以卷謂上公也夫人以屈狄互言耳上公以衮則夫人用褘衣而侯伯以鷩其夫人用揄狄子男以毳其夫人乃用屈狄矣赬赤也玄衣赤裳所謂卿大夫自玄冕而下之服也其世婦亦以襢衣榮屋翼升東榮者謂卿大夫士也天子諸侯言東霤危棟上也號若云皋某復也司服以篋待衣於堂前○卷本又作衮同古本反注同屈音闕注同赬勑貞反襢知彥反稅他亂反榮如字屋翼也劉昌宗音管號戶高反注同捲俱勉反徐紀阮反褘音輝鷩必列反揄音遥毳昌銳反霤力又反篋苦牒反

其爲賓則公館復私館不復其在野則升其乘車之左轂而復私館卿大夫之家也不於之復爲主人之惡○乘繩證反轂工木反惡烏路反〔疏〕小臣至而復○正義曰此一節明復時所用之衣及招魂升降之節○小臣復復者朝服者此明諸侯小臣君之近臣既是君之親近者與君爲招魂復魄之時冀君魂神來依之則大夫士以下皆用與君所爲招魂之人皆著朝服奉事君之魂神故朝服○君以近臣也所復之人皆著朝服奉事君之魂神故朝服○君以卷者謂上公以衮冕而下○夫人以屈狄者謂子男之夫人自屈狄而下○大夫以玄赬者玄纁也言大夫招魂用玄冕玄衣纁裳故云玄赬也○世婦以襢衣者世婦大夫妻也言上服唯襢衣故用招魂也言世婦者亦見君之世婦與大夫夫妻同也○士以爵弁者士亦用助祭上服以招魂大夫其以玄冕爵弁則以冠名衣今言爵弁者但用其衣不明冕用其弁也○士妻以稅衣者稅衣六衣之下也上妻得服之故死用以招魂也○皆升自東榮者此復者初上屋時也榮屋翼也天子諸侯四注爲屋而大夫以下不得四注但南北二注而爲直頭頭即屋翼也復者升東翼而上也賀瑒云以其體下於屋故謂上下在屋兩頭似翼故名屋翼也○中屋履危者中屋者當屋東西之中央履危者踐履屋棟上高危

之處而復也○北面三號者復者北面求陰之義也鬼神所尚也三號號呼之聲三徧也必三者一號於上冀神在天而來也一號於下冀神在地而來也一號於中冀神在天地之間而來也號輒云皋某復矣鄭注士喪禮云皋長聲也○捲衣投于前司服受之者三招既竟捲斂所復之衣從屋前投與司服之官司服以篋待衣於堂前也前謂陽生之道復是求生故云從生處來也然如雜記所言則每衣三號也○是降自西北榮者復者投衣畢而卻往西北榮而下也初復是求生故升東榮而上求既不得不忍虛從所求不得之道還故自陰幽而下也不正西而西北者因徹西北厞爲便也必徹西北厞者亦用陰殺之所也故鄭注士喪禮云不由前降不以虛反也降因徹西北厞若云此室凶不可居然也○注小臣至堂前○正義曰君以卷謂上公也夫人以屈狄互言耳者男子舉上公婦人舉子男之妻男子舉上以見下婦人舉下以見上是互言也云升東榮者謂卿大夫士也者以鄉飲酒鄉射是大夫士之禮云設洗當東榮此東榮故知是卿大夫士禮今之兩下屋云天子諸侯言東霤者霤謂東西兩頭爲屋簷霤下案燕禮云設洗當東霤人君殿屋四注燕禮是諸侯禮明天子亦然也

復衣不以衣尸不以斂不以衣尸謂不以襲也復者庶

其生也若以其衣襲斂是用生施死於義相反士喪禮云以衣衣尸浴而去之○衣尸於既反注衣尸同斂力驗反後不出者皆同去起呂反

婦人復不以袡。袡嫁時上服而非事鬼神之衣○袡而廉反婦人嫁時上服

凡復男子稱名婦人稱字。婦人不以名行

唯哭先復復而後行死事。氣絶則哭哭而復復而不蘇可以爲死事

【疏】復衣不以衣至以斂○正義曰復是求生若用復衣而襲斂是用生施死於義爲反故不得將衣襲尸及斂也○婦人復不以袡者袡是嫁時上服乃是婦人之盛服而非是事神之衣故不用招魂也絳褖衣下曰袡○凡復至稱字者自殷以上貴賤復同呼名周則天子稱天子諸侯稱某甫且字矣大夫士稱名而婦人並稱字○唯哭至死事者唯哭先復者氣絶而孝子即哭哭訖乃復故云唯哭先復也復而後行死事者復而後望生若始復而不生故得行於死事謂正尸於牀乃浴襲之屬也

卒主人啼兄弟哭婦人哭踊。悲哀有深淺也若嬰兒中路失母能勿啼乎○啼大兮反

【疏】始卒至人哭踊○正義曰主人孝子男子女子也親始死孝子哀痛鳴咽不能哭如嬰兒失母故啼也○兄弟哭者有聲曰哭兄弟情比主人爲輕故哭有聲也○婦人哭踊者婦人衆婦也宗婦亦啼衆婦人輕則哭也然婦人雀踊而此云踊者遍自上諸侯並踊也

既正尸子坐于東方卿大夫父兄子姓立于東方有司庶士哭于堂下北面夫人坐于西方内命婦姑姊妹子姓立于西方外命婦卒外宗哭于堂上北面。正尸者謂遷尸牖下南首也子姓謂衆子孫也姓之言生也其男子立於主人後女子立於夫人後世婦爲内命婦卿大夫之妻爲外命婦外宗姑姊妹之女

【疏】既正至北面○正義曰此經明人君初喪子及夫人以下哭位也○子坐于東方者子謂世子世子尊故坐于東方謂室内尸東故士喪禮云主人入坐于牀東是也○卿大夫父兄子姓立于東方者案士喪禮衆主人在其後又云親者在室鄭云謂大功以上依唯士禮父兄子姓大功以上正立于室内東方今此經摠云卿大夫父兄子姓立于東方以士禮言之當在室内也諸侯以上位尊不可不正定世子之位故顧命康王之人翼室恤宅宗不宜與卿大夫父兄子姓倶在室内也卿大夫等或當在戸外之東方遥繼主人之後○有司庶士哭于堂下北面者以其卑故在堂下北面不云東方稍近西而當戸以堂下西方無婦人位故也案士喪禮云小功以下衆兄弟堂下北面此經直云有司庶士在堂下則諸父兄子姓等雖小功以下皆在堂上西面也○夫人坐于西方者亦近尸故士喪禮云婦人俠牀東面但士禮畧但言俠牀人君則當以帷鄣之也○内命婦姑姊妹子姓立于西方者内命婦則子婦也姑姊妹謂君姑姊妹也子姓君女孫皆立于西方也○外命婦率外宗哭于堂上北面者外命婦謂卿大夫妻外宗謂姑姊妹之女外命婦外宗等疏於内命婦故在戸外婦人無堂下之位故皆堂上北面○注正尸至之女○正義曰知正尸謂遷尸牖下南首也者既夕禮云設牀第當牖及遷尸是也知南首者按士喪禮將含之時商祝入當牖北面受其奠于尸西鄭注云如商祝之事位則尸南首明矣是也云子姓謂衆子孫也者謂子孫所生也云其男子立於主人後女子立於夫人後者約士喪禮文或諸侯位尊男子等當立于戸外東方已具前說云世婦爲内命婦卿大夫之妻爲外命婦者前文云大夫世婦則世婦與大夫妻相敵此經内命婦與外命婦相當故知内命婦是世婦也案喪服傳云命婦者大夫之妻故云外命婦卿大夫妻又周禮命及於士則其妻亦爲命婦故鄭注内宰云士妻亦爲命婦士妻與女御相對倶褖衣則君之女御内命婦中兼之也云外宗姑姊妹之女者但姑姊妹必嫁於外族其女是異姓所生故稱外宗案周禮外宗外女之有爵者若其有爵則爲外命婦此别云外宗容無爵者女之女亦是異姓所生而不云者則上文所謂子姓是也周禮有内宗内女之有爵者此不言者則前文姑姊妹是也但姑姊妹巳嫁國中則爲命婦别云姑姊妹者各在室女未嫁及嫁於他國或雖嫁國中從本親之位故别云姑姊妹也不云舅之女及從母之女者外宗中兼之畧可知也

大夫之喪主人坐于東方主婦坐于西方其有命夫命婦則坐無則皆立。命夫命婦來哭者同宗父兄子姓姑姊妹子姓也凡此哭者尊者坐卑者立

士之喪主人父兄子姓皆坐于東方主婦姑姊妹子姓皆坐于西方。士賤同宗尊卑皆坐

凡哭尸于室者主人二手承衾而哭。承衾哭者哀慕若欲攀援○扱本又

作擧，普班反，一音班。援音爰，徐于願反。疏大夫至而哭○正義曰此一經明大夫初有喪哭位之禮○其有命夫命婦則坐無則皆立者謂哭位之中有命夫命婦雖有卑於死者以其位尊故坐哭若其無命夫命婦能尊於死者亦皆立哭○注命夫至者立○正義曰知命夫命婦來哭者同宗父兄子姓姑姊妹子姓也者案左氏傳士踰月外姻至今大夫初喪正尸無容即有異姓故知是同宗之親來哭者知非異姓卿大夫來弔者以其與主人等並列哭位故知是爲喪來哭者若有弔者當立哭不得坐也此大夫之喪不顯父兄子姓及姑姊妹哭位者約上文君喪及下文士喪畧可知也云凡此哭者尊者坐卑者立皇氏云凡謂君與大夫其哭者若爵位尊者則坐故上文君喪子及大夫坐大夫之喪主人主婦命夫命婦命夫命婦皆坐是也君之喪卿大夫之喪非命夫命婦者皆立是也此云尊卑非謂對死者爲尊卑也若其今所行之禮與古異也成服之後尊於死者則坐卑於死者則立也○注士賤至皆坐○正義曰君與大夫位尊故坐者殊其貴賤士既位下故坐者等其尊卑無所異也

君之喪，未小斂，爲寄公國賓出。大夫之喪，未小斂，爲君命出。士之喪，

於大夫不當斂而出。父母始死悲哀非所尊不出也出者或至庭或至門國賓聘大夫不當斂其來非斂時○爲寄于僞反下皆同下注爲毋爲其罷倦皆同疏正義曰此一經明君大夫士等未小斂之前主人出迎賓之節○士之喪於大夫不當斂則出者謂士之喪大夫來弔其主人於大夫來弔之時不當小斂之時則出迎大夫○注出者至斂時○正義曰云或至庭者謂世子迎寄公及國賓士出迎大夫士也皆至庭故下文云降自西階又云上於大夫親弔則與之哭不逆於門外是也云或至門者謂大夫於君命故下文云大夫於君命迎于寢門外是也以此言之則世子於天子之命士於君命亦皆然也云不當斂其來非斂時者上君與大夫云未小斂謂未斂之前去小斂遠也士云不當斂謂去小斂近大夫與士至小斂相偪也士於大夫雖與小斂相偪不當斂之時尚爲大夫出若未小斂之前爲大夫出可知也案檀弓云大夫弔當事而至則辭焉注云辭猶告也擯者以主人有事告也主人無事則爲大夫出彼亦謂小斂之事與此同斂訖大夫至即拜之故雜記云當袒大夫至絶踊而拜之反改成踊是也此但云斂不云襲者未襲之前唯士爲君命出其餘則不出故士喪禮未襲之前君使人弔主人迎於寢門外見賓不哭先入門右北面是也君使退主人哭拜送于外門外於時賓有大夫則特拜之因送君使而拜之非謂特出迎賓也此云不當斂則出迎賓雜記云士喪當袒大夫至絶踊而拜之與此違者皇氏云若正當斂時不出若斂後而有大夫至則絶踊而拜之○

凡主人之出也，徒跣，扱衽，拊心，降自西階。君拜寄公國賓于位。大夫於君命，迎于寢門外，使者升堂致命，主人拜于下。士於大夫親弔，則與之哭，不逆於門外。拜寄公國賓於位者於庭鄉其位而拜之此時寄公位在門西國賓位在門東皆北面小斂之後寄公東面國賓門西北面士於大夫親弔謂大夫身來弔士也與之哭既拜之即位西階東面哭大夫特來則北面○跣悉典反扱初洽反衽而審反又而鴆反裳際也拊音撫使色吏反鄉許諒反疏凡主至門外○正義曰前經明出迎賓遠近此經更辨拜迎委曲之儀降自西階者不忍當主位降自西階○君拜寄公國賓于位者寄公謂失位之君也國賓謂鄰國大夫來聘者遇主國君之喪拜于位者於庭鄉其位而拜

之○士於大夫親弔則與之哭不逆於門外者謂士之喪大夫親來弔立于西階下東面主人則降自西階下南面拜之拜訖即位西階下與大夫俱哭不迎大夫於門外○注拜寄至北面○正義曰此時寄公位在門西國賓位在門東皆北面者熊氏云凡賓弔北面是其正故檀弓云曾子北面而弔焉且尸在堂上鄉之可知也知寄公在門西者寄公有賓義故在賓位故知在門西知國賓在門東者賓雖爲君命使或本是吉使而遭主國之喪而行私弔之禮故從主人之位故知在門東云小斂之後寄公東面國賓門西北面者熊氏云小斂之後主人位於阼階下西面寄公稍依吉禮漸就賓位東面鄉主人也國賓亦以小斂後漸吉轉就門西賓位但爵是卿大夫猶北面也又士喪禮云他國之異爵者門西少進是也云既拜之即位西階東面哭者以大夫身來弔士之時在西階之南主人降自西階鄉其位而拜之拜訖主人即位於西階下東面哭之故士喪禮云賓有大夫則特拜之即位于西階下東面不踊鄭注云即位西階下未忍在主人位是據主人也而皇氏云即位西階東面哭謂大夫之位也下云大夫特來則北面皇氏即云是大夫之位與士喪禮違又與鄭注士喪禮不同其義非也云大夫特來則北面者以大夫與士若俱來皆東面故主人即位西階在大夫之北俱東

面而哭，今大夫獨來，不與士相隨，故大夫北面也。必知北面者，以凡特弔皆北面，故檀弓云曾子北面而弔，是特弔也。○

夫人爲寄公夫人出，命婦爲夫人之命出，士妻不當斂則爲命婦出。出拜之於堂上也。此時寄公夫人命婦位在堂上北面，小斂之後尸西東面。〔疏〕正義曰：前經明男子迎賓，此經明婦人迎賓也。○夫人爲寄公夫人出者，出謂出房也。婦人不下堂，但出房而拜於堂上也。婦人尊卑與夫同，故所爲出者亦同也。○命婦爲夫人之命出者，亦同其夫爲君命也，此出亦不下堂耳。○士妻不當斂則爲命婦出者，前經明士於大夫不當斂出，故此士妻於命婦亦不當斂而出也。○注出拜至東面。○正義曰：知拜於堂上者，男子降階拜賓於庭，婦人無外事，故知拜於堂上。云此時寄公夫人命婦位在堂上北面者，以前文云君之喪外命婦率外宗哭於堂上北面，故知此命婦在堂上北面。知寄公夫人亦然者，以士喪禮他國異爵者門西北堂，與己國大夫同，則知寄公夫人亦與命婦同也。云小斂之後尸西東面者，以小斂之後遷尸於堂，故知從婦人之位在尸西東面也。

小斂，主人即位于戶內，主婦東面，乃斂。卒斂，主人馮之踊，主婦亦如之。主人袒，說髦，括髮以麻，婦人髽，帶麻于房中。士既殯說髦，此云小斂，蓋諸侯禮也。士之既殯，諸侯之小斂，於死者俱三日也。婦人之髽帶麻於房中，則西房也。天子諸侯有左右房。○馮，皮冰反，本或作憑，後皆同。袒，大旱反。說髦，本作稅，同他活反，徐他外反，注同。髦音毛。髽，側瓜反。〔疏〕正義曰：此一節明人君大夫士等小斂之節，及拜迎於賓，及奠祭弔者之儀，各隨文解之。○主人即位于戶內者，以初時尸在牖下，主人在尸東，今小斂當戶內，故主人在戶內稍東西面。○主人馮之踊者，斂訖，主人馮尸而踊。○主婦亦如之者，馮尸竟亦踊，與男子同也。○主人袒者，鄉小斂不袒，今方有事，故袒衣也。士喪禮馮尸已竟而云髻髮袒，此未括髮先云袒者，或人君禮也。○說髦者，髦，幼時翦髮爲之，至年長則垂著兩邊，明人子事親恒有孺子之義也。若父死說左髦，母死說右髦，二親並死則並說之，親沒不髦是也。今小斂竟，喪事已成，故說之也。案鄭注士既殯說髦，今小斂而說者，人君禮也。括髮以麻者，以，用也，人君小斂說髦竟而男子括髮，括髮用麻也。士小斂後亦括髮，但未說髦耳。○婦人髽者，婦人髽亦用麻也，對男子括髮也。○帶麻于房中者，帶麻，麻帶也，謂婦人要經也。士喪禮云婦人之帶牡麻結本在房，鄭云婦人亦有苴經，但言帶者，記其異。此齊衰婦人，斬衰婦人亦苴經也。帶，男子帶經于東房，而婦人帶經在西房，既與男子異處，故特記其異也。婦人重帶，故云帶而畧於經也。○于房中者，謂男子說髦括髮在東房，婦人髽帶麻於西房也。○注士既至右房。○正義曰：士之既殯，諸侯之小斂，於死者俱三日也者，謂數往日也。云婦人之髽帶麻於房中則西房也者，案士喪禮主人髻髮袒，衆主人免于房，鄭注云釋髻髮宜於隱者，是主人等括髮在東房。士喪禮又云婦人髽于室，以男子在房，故婦人髽于室。大夫士唯有東房故也。此經兼明諸侯之禮有東西房，男子既括髮於東房，故知婦人髽及帶麻于西房。云天子諸侯有左右房者，欲明經中房是西房也。天子路寢制如明堂，熊氏云左房則東南火室也，右房則西南金室也。諸侯路寢室在於房中，在室之東西也。○

徹帷，男女奉尸夷于堂，降拜。夷之言尸也。於遷尸，主人主婦以下從而奉之，孝敬之心。降拜，拜賓也。○奉，芳勇反，注同。夷于堂，如字，陳也，本或作侇，同，音移。一本作奉尸于堂。從，才用反，又如字。〔疏〕正義曰：此一經明士之喪小斂訖徹帷夷尸之節。○徹帷者，初死恐人惡之，故有帷也。至小斂衣尸畢有飾，故除帷也。此士禮耳，諸侯及大夫賓出乃徹帷，事見於下文。男女奉尸夷于堂者，夷，陳也。小斂竟，相者舉尸將出戶往陳于堂，而孝子男女親屬並而扶捧之至堂，以極孝敬之心也。○降拜者，降，下也。既陳於堂，則適子下堂拜賓也。○

君拜寄公、國賓，大夫士拜卿大夫於位，於士旁三拜；大夫亦拜寄公夫人於堂上，大夫內子、士妻特拜命婦，氾拜衆賓於堂上。衆賓謂士妻也。尊者皆特拜，拜士與其妻皆旅之。○氾，芳劒反。

主人即位，襲帶經踊。即位，阼階之下位也。有襲經乃踊，尊卑相變也。

母之喪，即位而免。記異者，禮斬衰括髮，齊衰免，以至成服而冠。爲母重，初亦括髮，既小斂則免。○免音問，後放此。

乃奠。小斂奠也。

弔者襲裘，加武帶經，與主人拾踊。始死，弔者朝服裼裘如吉時也。小斂則改襲而加武與帶經矣。武，吉冠之卷也。加武者，明不改冠，亦不免也。檀弓曰：主人既小斂，子游趨而出，襲裘帶經而入。○拾，其劫反禓思歷反稽起稽反〇〔疏〕正義曰此一節明君大夫士小斂訖拜賓也〇君拜寄公國賓者君謂嗣君也小斂尸出堂嗣君下堂拜賓也寄公尊故先言之也拜寄公及國賓並就於其位鄉而拜之故鄭注士喪禮云拜賓鄉賓位拜之是也〇大夫士者嗣君又次拜大夫士也大夫士既是先君之臣皆同有斬衰之服而小斂訖出庭列位故嗣君出拜之也〇拜卿大夫於位者此更申明拜卿大夫士之異卿大夫則就其位鄉而拜之也〇於士旁三拜者旁猶面也若拜於士士賤不可人人拜之故毋一面并唯三拜也必三拜者士有三等故三拜之故士喪禮云大夫特拜士旅之隱義云士有三等一等十拜故三下膝也一云旁猶不正也或云衆士都共三拜也〇夫人亦拜寄公夫人於堂上者婦人無下堂位並在堂上故夫人拜寄公妻於堂上也〇大夫內子士妻者夫人亦拜大夫士之妻也卿妻曰內子大夫妻曰命婦此不云命婦者欲見卿妻與命婦同也〇特拜命婦者此更申明拜命婦與士妻之異也特猶獨也謂人人拜之尊故也特拜命婦則內子亦然也〇汜拜衆賓者謂不待也衆賓士妻賤故汜拜之亦旁三拜也〇於堂上者拜命婦及士妻亦並於堂上也此經唯舉君喪拜賓不云大夫士喪拜賓者又不具也其大夫士之喪拜賓亦然也故士喪禮云主人拜賓

大夫特拜士旅之是也按上注小斂之後寄公門西東面國賓門西北面大夫當在門東北面士當在門西國賓之南東面嗣君於阼階之下少南鄉其位而拜之案上注云寄公夫人命婦小斂之後尸西東面其嗣君夫人本位在西房當在西房之外南面拜女賓也若士妻於阼階上西面拜賓也以無西房故也以上皆是皇氏所說熊氏以為大夫士拜卿大夫士者是卿大夫士家自遭喪小斂後拜卿大夫於位士旁三拜大夫內子士妻亦謂大夫士妻家自遭喪小斂後拜命婦及拜士妻之禮大夫士各自遭喪并言之者以其大夫士家喪小斂後拜賓同故也此即君大夫士之喪小斂後拜賓且與上文未小斂時文類其義踰於皇氏矣〇主人即位〇正義曰主人拜賓之後稍近北即阼階下位〇襲帶經踊者拜賓時袒今拜訖襲衣加要帶首經於序東復位乃踊也〇注即位至變也〇正義曰前經注云未小斂主人位在西階下東面位恐此亦然故明之云阼階之下必知然者以士喪禮小斂後衆主人東即位又云主人即位踊襲經于序東復位故知此即位在阼階下也云有襲經乃踊尊卑相變也者案士喪禮先踊乃襲經此先襲經乃踊士為卑此據諸侯為尊故云尊卑相變也〇母之喪即位而免〇正義曰為父喪拜賓竟而即阼階下位又序東帶經猶括髮若為母喪至拜賓竟即位時不復括髮以免代之免以襲經至大斂乃成服也所以異於父也乃奠者奠謂小斂奠也拜賓襲經踊竟後始設小斂之奠也〇弔者至拾踊〇弔者謂小斂之後來弔者揜襲裘之上裼衣若未小斂之前來弔者裘上有裼衣裼衣上有朝服開朝服露裼衣今小斂之後弔者以上朝服揜襲裘上裼衣加武者賀氏云武謂吉冠之卷主人既素冠素弁故弔者加素弁於武〇帶經者帶謂要帶經謂首經緦之經帶以朋友之恩故加帶與經也若無朋友之恩則無帶唯經而已〇與主人拾踊者拾更也謂主人先踊婦人踊弔者踊三者三是與主人更踊〇注始死至而入〇正義曰知始死弔者朝服裼裘者檀弓云子游裼裘而弔是也知朝服者論語云羔裘玄冠不以弔是也小斂之後不用弔則小斂之前可以弔云小斂則改襲而加武與帶經者約子游之弔也云加武者明不改冠亦不免也者凶冠則武與冠連不別有武免亦無武今云加武明不改作凶冠亦不作免弔所以有免以四代袒免親及朋友皆在他邦嫌有免理故云亦不免引檀弓曰以下者證小斂之前裼裘小斂之後襲裘賀氏以為加素弁於吉冠之武解經文似便與鄭注不改冠其義相妨熊氏云加武帶經謂有朋友之恩以經加於武連言帶耳熊氏又云小斂之時君於臣大夫之士士於朋友之恩若兩

大夫不假朋友之恩皆朝服襲裘加經於玄冠之上若大夫士無朋友之恩皆玄冠朝服襲裘而已若士大斂之時有朋友之恩者及兩大夫相為并君於大夫皆皮弁服襲裘加弁經故雜記云大夫與殯亦弁經殯則大斂也君於士大夫士自相於無朋友恩者視大斂則亦皮弁服襲裘無弁經也故士喪禮云君於士視大斂注云皮弁服襲裘無經也故服問云公為卿大夫錫衰若當事則弁經不云士則士雖當事不弁經君於士尚皮弁明君於卿大夫亦皮弁當事弁經與士異也比所云皆謂未成服之前弔服也若成服之後其錫衰緦衰之等已具上檀弓疏然熊氏以武上加經與帶帶文相妨其義未善兩家之說未知孰是故備存焉〇君喪虞人出木角狄人出壺雍人出鼎司馬縣之乃官代哭代更也未殯哭不絕聲為其罷倦既小斂可以為漏刻分時而更哭也木給爨竈角以為斛水斗壺漏水之器也冬漏以火爨鼎沸而後沃之此挈壺氏所掌也屬司馬司馬涖縣其器〇壺音胡縣音玄及下注同更古行反下同罷音皮倦其卷反漏音陋爨七亂反下七官反下爨鼎同斛音俱水斗也隱義云容四升也挈苦結反又音結〇大夫官代哭不

縣壺下君也○下戶嫁反下成君不相下下大夫同士代哭不以官自以親疏哭也君堂上二燭下二燭大夫堂上一燭下一燭士堂上一燭下一燭燭所以照饌也滅燎而設燭○饌仕眷反燎力召反又力弔反

【疏】君喪至一燭○正義曰此一節論君及大夫士小斂後代哭之異○君喪虞人出木角者虞人主山澤之官故出木與角○狄人出壺者狄人樂吏主挈壺漏水之器故出壺雍人出鼎者雍人主亨飪故出鼎也所以用鼎及木者冬月恐水凍則鼎漏遲遲更無準則故取鼎煖水用虞人木爨鼎煑之故取鼎及木也○司馬縣之者司馬夏官卿也其屬有挈壺氏掌知漏事故司馬自臨視縣漏器之時節故挈壺氏云凡喪縣壺以代哭者○乃官代哭者縣漏分時使均其官屬更次相代而哭使聲不絶也○注燭所至設燭○正義曰有喪則於中庭終夜設燎至曉滅燎而日光未明故須燭以照祭饌也

賓出徹帷君與大夫之禮也士卒斂即徹帷徹或爲廢

【疏】正義曰士小斂竟而徹帷此至小斂竟下階拜賓賓出後乃除帷是人君及大夫禮舒也注云士卒斂即徹帷者士喪禮文

哭尸于堂上主人在東方由外來者在西方諸婦南鄉由外來謂奔喪者也無奔喪者婦人猶東面○鄉許亮反

【疏】正義曰此一節通明小斂後尸出在堂時法也○主人在東方者主人之位猶在尸東婦人之位亦猶在尸西如室中也○由外來者在西方者由從也從外來謂新奔喪者若於時有新奔喪從外來者則居尸西方也所以爾者阼階有事故升自西階乃就西方又一通云欲見異于在家者故在西方也若未小斂而奔者則在東方也故奔喪注云其未小斂而至與在家同是也○諸婦南鄉者諸婦主婦以下在家者若無奔喪者則婦人位本在西方東鄉今既有外新奔者故移辟之而近北以鄉南也

婦人迎客送客不下堂下堂不哭男子出寢門見人不哭婦人所有事自堂及房男子所有事自堂及門非其事處而哭猶野哭也出門見人謂迎賓客者也○處昌慮反其無女主則男主拜女賓于寢門內其無男主則女主拜男賓于阼階下子幼

則以衰抱之人爲之拜爲後者不在則有爵者辭無爵者人爲之拜在竟內則俟之在竟外則殯葬可也喪有無後無無主拜者皆拜賓於位也爲後者有爵攝主爲之辭於賓耳不敢當尊者禮也○衰七雷反人爲于僞反下人爲注爲下爲君皆同竟音境下同

【疏】婦人迎客送客不下堂下堂不哭至喪有無後無無主○正義曰此一節明小斂之後男主女主迎送弔賓及拜賓之位又廣明喪主不在之義婦人質故迎客送客不下堂○下堂不哭者敵者不下堂若有君夫人弔則主婦下堂至庭稽顙而不哭也男子出寢門見人不哭者男子遭喪敵者來弔不出門若有君命則出門迎亦不哭也故士喪禮君使人弔徹帷主人迎于寢門外見賓不哭是也○其無女主則男主拜女賓於寢門內者此以下明喪無主而使人攝者禮也若有主則使男主拜男賓女主拜女賓若無女主者則男主拜女賓于寢門內也○其無男主則女主拜男賓于阼階下者若無男主者亦使女主拜男賓於阼階下位也鄭云女有下堂明謂此也男拜女賓于門內少遠階下而猶不出門也○子幼則以衰抱之人爲之拜者若有子雖幼小則以衰抱之爲主而人代之拜賓也○爲後者不在者謂主出行不在而家有喪則有爵者辭者謂不在家之主有官爵其攝主無官爵則辭謝於賓云已無爵不敢拜賓○無爵者人爲之拜者謂不在之主無官爵其攝主之人而爲主拜賓也○在竟內則俟之者若主行近在國竟之內則俟其還乃殯葬也在竟外則殯葬可也者若主行在國外計不可待則殯殯後又不可待則葬可也○喪有無後無無主者釋所以必使人攝及其衰抱幼之義無後已自絶嗣無關於人故可無後也若無主則相對賓有闕故四鄰里尹主之是無得無主也

君之喪三日子夫人杖五日既殯授大夫世婦杖子大夫寢門之外杖寢門之內輯之夫人世婦在其次則杖即位則使人執之子有王命則去杖國君之命則輯杖聽卜有事於尸則去杖大夫於君所則輯杖於大夫所則杖

三日者死之後三日也爲君杖不同日人君禮大可以見親疏也輯斂也斂者謂舉之不以拄地也夫人世婦次於房中即位堂上堂上近尸殯使人執杖不敢自持也子於國君之命輯杖下成君不敢敵之也卜卜葬卜日也凡喪祭虞而有尸大夫於君所輯杖謂與之俱即寢門外位也獨爲則杖君謂子也於大夫所杖俱爲君杖不相下也○輯側立反下同斂也去起吕反後去杖皆同見賢遍反斂力檢反下同柱知主反近附近之近

疏君之至則杖○正義曰此一節廣明君及大夫士三日之後杖之節制各依文解之○子大夫寢門之外杖者子謂嗣適庶及世子也○寢門殯宫門也○子大夫廬在寢門外得持杖柱地行以至寢門也○寢門之內輯之者斂之不柱地殯柩在門內神明所在故入門斂之不敢柱地也若庶子至寢門則去杖不得持入也此大夫與子同者謂大夫特來不與子相隨也若與子相隨則子杖大夫輯子輯則大夫去杖故下文云大夫於君所則輯杖是也夫人世婦在其次則杖者次謂婦人居喪之地在房內則得持杖柱地也○即位則使人執之者婦人之位在堂上則有殯若出房即位則不復自執但使人代執之自隨不柱地也○子有王命則去杖者子亦謂世子也世子若有天子之命則對之則不敢杖故云之以尊王命也○國君之命則輯

杖者國君若鄰國之君使人來弔雖爲敵國而世子自卑未敢比成君故自斂杖以敬彼君命也○聽卜有事於尸則去杖者聽卜謂卜葬卜日也有事於尸謂虞及卒哭祔祭事尸時也敬卜及尸故去杖也○大夫於君所則輯杖者君謂世子也若大夫與世子俱來在門外位大夫則輯杖敬嗣君也○於大夫所則杖者大夫若不與世子俱來而與大夫俱在門外位既同是爲君杖無相敬下故並得執杖柱地也○注三日至下也○正義曰知死後三日者下文云士之喪二日而殯三日之朝主人杖則知君大夫三日者與士同故知死後三日也云爲君杖不同日人君禮大可以見親疏也者以下云大夫之喪既殯主人主婦室老皆杖今君喪親疏杖不同日是人君禮大可以見親疏也熊氏云經云子杖通女子在室者若嫁爲他國夫人則不杖嫁爲卿大夫之妻與大夫同五日杖也喪服四制七日授士杖君之女及內宗外宗之屬嫁爲士妻及君之女御皆十日杖云夫人世婦次於房中者謂西房也故上文云婦人髽帶麻于房中是也云即位堂上者前文云夫人亦拜寄公夫人於堂上是即位堂上也云卜卜葬卜日也者以經文卜在有事於尸之前虞而立尸虞祭之前卜者唯卜葬日耳故知卜謂卜葬日也云凡喪祭虞而有尸者檀弓云虞而立尸又上虞禮有尸是虞有尸也

云大夫於君所輯杖謂與之俱即寢門外位也者以經云子大夫寢門之外杖故知是寢門外位若寢門內位則君亦輯之大夫當去杖也云君謂子也者以經前云子後云君嫌是別人故云君謂子也者於大夫所杖俱爲君杖不相下也者謂大夫於大夫所是兩大夫相對故云俱爲君不相降下也

大夫之喪三日之朝既殯主人主婦室老皆杖大夫有君命則去杖大夫之命則輯杖內子爲夫人之命去杖爲世婦之命授人杖大夫有君命去杖此指大夫之子也而云大夫者通實大夫有父母之喪也授人杖與使人執之同也○爲夫于僞反下及注妾爲君爲人得並同

疏大夫至人杖○正義曰此一節明大夫杖節三日之朝既殯者謂死後三日既殯之後乃杖也○主人主婦室老皆杖者應杖者三日悉杖也大夫有君命則去杖者大夫即大夫嗣子也嗣子而云大夫者鄭云通實大夫有父母之喪也對君命亦然也大夫及嗣子有君命則去杖以敬之也大夫之命則輯人者若嗣子對彼大夫之使則斂杖以自卑下之也若兩大夫自相對則不去杖敵

無所下也○內子爲夫人之命去杖者內子卿妻若卿大夫妻有夫及長子喪君夫人有命弔已者皆爲夫人之命去杖也○爲世婦之命授人杖者若有君之世婦命弔內子敬之則使人執杖以自隨也世婦卑於夫人隨而不去也經云大夫之喪不舉命婦而舉內子卿妻者舉內子則命婦可知也文相互也欲見卿喪與大夫同○注通實至喪也○正義曰經云大夫之喪則其子非大夫也今云大夫有君命是謂子爲大夫經雖以子爲主兼通身實爲大夫有父母喪也

士之喪二日而殯三日而朝主人杖婦人皆杖士二日而殯者下大夫也士之禮死與往日生與來日此二日於死者亦得二日也婦人皆杖謂主婦容妾爲君女子子在室者於君命夫人之命如大夫於大夫世婦之命如大夫子皆杖不以即位子謂凡庶子也不以即位與去杖同大夫士哭殯則杖哭柩則輯杖哭殯謂既塗也哭柩謂啓後也大夫士之子於父父也尊近哭殯可以杖天子諸侯之子於父父也君也尊遠杖不入廟門弃杖者斷而

弃之於隱者以喪至尊爲人得而褻之也○棄本亦作古弃字斷下管反注斷瓜同

【疏】士之至隱者○正義曰此一節明士之杖節○二日而殯者除死日爲二日也○三日之朝者謂殯之明日是也○於君命夫命之命如大夫者謂士之子於君命其妻於夫人之命如大夫人之禮君命夫人之命皆去杖○於大夫世婦之命如大夫者謂士之子於大夫之命其妻於世婦之命如大夫於大夫之禮大夫之命則輯杖世婦之命則投人杖也於大夫世婦之命如大夫○定本如大夫作如夫人二字異義亦通○注士二日至室者○正義曰案前文大夫三日殯此士二日殯是降下大夫也云士之禮死與往日生與來日者殯是爲死者故數往日爲二日杖是爲生者故數來日爲三日云主婦容妾爲君女子子在室者前經大夫之喪云主夫主婦此士之喪直云婦人皆杖婦人是衆羣婦故知容妾爲君及妻子子在室者也以其皆杖故也○子皆杖不以即位○正義曰皇氏云子謂大夫士之庶子也不以杖即位辟適子也所以知此是大夫士庶子者見下有大夫士適子哭殯哭柩推此大夫士適子故知此是大夫士之庶子也然案鄭注此云子謂凡庶子也凡於貴賤則庶子是也容人君適子入門輯杖猶得即位庶子宜在門外之位去之故無即門內之位理也大夫士之適子則得哭殯哭柩如下所說其庶子則宜與人君之庶子同並不得以杖即位也熊氏云此文承注君大夫士之喪下則此謂君大夫士之庶子故注云子謂凡庶子義亦通也○注不以至杖同○正義曰不以杖即位鄭恐人疑庶子雖不得以杖即位猶得輯之人門故明之也言與去杖同凡去杖者不復輯也○夫大夫士哭殯則杖哭柩則輯杖○正義曰大夫士謂大夫士之適子哭殯則杖者既攢塗之後於父父也其尊偪近故哭殯可以杖也哭柩則輯杖者謂將葬既啓之後對柩爲尊則斂去其杖○注哭殯至廟門○正義曰哭柩謂啓後也者啓謂將葬啓殯而出柩也知非未殯之前而哭柩者大夫士之喪未殯之前則未杖也云天子諸侯之子於父父也君也尊遠杖不入廟門者天子諸侯其尊廣遠廟門之內則去杖廟門謂殯宮之門柩之所在故云廟也○棄杖者斷而棄之於隱者○杖是喪至尊之服雖大祥棄之猶恐人褻慢斷之不堪他用棄於幽隱之處使不穢污

君設大盤造冰焉大夫設夷盤造冰焉士併瓦盤無冰設牀襢第有枕含一牀襲一牀遷尸于堂又一牀皆有枕席君大夫士一也此事皆沐浴之後宜承濡濯弃於坎下札爛脫在此耳造猶內也襢第袒簀也謂無席如浴時牀也禮自仲春之後尸既襲既小斂先内冰盤中乃設牀於其上不施席而遷尸焉秋涼而止士不用冰以瓦爲盤併以盛冰耳漢禮大盤廣八尺長丈二深三尺赤中夷盤小焉周禮天子夷盤士喪禮君賜冰亦用夷盤然則其制宜同之○盤本又作槃步于反造七報反下及注皆同併步頂反注同襢之善反單也注同第側里反含胡暗反又奴亂反下文同濯直孝反下文同坎口感反札側八反爛力旦反簀音責盛音成廣古曠反長直亮反深尸鴆反

【疏】君設至一也○正義曰此一節明初死沐浴之節○造冰焉者謂造內其冰於盤中也○大夫設夷盤者小於大盤亦內冰焉○士併瓦盤無冰者瓦盤既小故併盤士卑故無冰○設牀襢第者置冰於下設牀於上去席襢袒第簀○有枕含一牀襲一牀遷尸于堂又一牀者言此三節各自有牀也○皆有枕席者唯含一時暫徹枕使面平故士喪禮云商祝徹枕設巾是也含竟而並有枕也而含襲及堂皆有席故鄭注士喪禮商祝襲衣於牀牀次含牀之東衽如初又注士喪禮設牀第於兩楹之間衽如初有枕云衽寢臥之席也亦下莞上簟是也○君大夫士一也者自設牀襢第至此以下貴賤同然也○注造猶至同之○正義曰造是造詣凡造詣者必人於內故云造猶內也云襢第袒簀也謂無席如浴時牀也者浴時無席爲漏水也設冰無席爲通寒氣也云禮自仲春之後尸既襲既小斂先內冰盤中者若人君仲春則用冰若命夫命婦則火出之後而用冰故昭四年左傳云獻羔而啓之公始用之謂仲春也又云火出而畢賦周禮凌人夏頒冰是卿大夫以下三月以後而得用冰也云既襲既小斂者謂大夫士也既襲謂大夫也既小斂謂士也皆是死之明日若天子諸侯亦三日而設冰也在襲斂之前也云夷盤小焉者謂小於大盤云周禮天子夷盤者案周禮凌人云大喪共夷盤冰是也但天子之夷盤即此之大盤也依尸而言則曰夷盤此云夷盤者據大夫所用對君大盤爲小云士喪禮君賜冰亦用夷盤者案士喪禮云士有冰用夷盤何不言君賜知君賜皆諸侯之士既卑若無君賜何得用冰云其制宜同之者以天子夷盤此大夫云夷盤士喪禮又云夷盤三者俱有夷名是其制宜同但大小稍異也

始死遷尸于牀幠用斂衾去死衣小臣楔齒用角柶綴足用燕几君大夫士一也牀謂所設牀第當牖者也士喪

禮曰士死於適室幠用斂衾去死衣病時所加新衣及復衣
也去之以俟沐浴○幠荒胡反去死起呂反注同楔桑結反
柶音四綴丁劣反又丁衛反下注同適室丁歷反〔疏〕正義曰此一節又明初死沐
浴之節此經論初死之時下
經論死後而沐浴前經論浴後設冰繹文顛倒故鄭注前經
云此事皆沐浴之後宜承濡濯弃於坎下今依鄭次隨文解
之○遷尸于牀者尸初在地冀生氣復而既不生故更遷尸
于牀而離初死處以近南當牖也即前所謂既正已也幠用
斂衾者幠覆也斂衾者將擬大斂之時衾被也既遷尸在牀
而用斂衾覆之也去死衣者既覆之故除去死時衣所加新
衣及復衣爲尸將浴故也小臣楔齒用角柶者楔柱也初以
角爲之長六寸兩頭曲屈爲將含恐口閉急故使小臣以楔
柱張尸齒令開也○綴足用燕几者爲尸應著屨恐足辟戾
亦使小臣用燕几綴拘之令直也案既夕禮云綴足用燕几
校在南御者坐持之鄭注云尸南首几脛在南以拘足如
鄭此言則側几於足今几脚南出以拘尸足兩邊不令足戾
崔氏云燕几今之燕几其形曲仰而拘足與鄭違其義非也
○君大夫士一也者自始死至此貴賤同○注牀謂至者也
○正義曰第牀簀也初廢牀者牀在北壁當戶至復魄後遷
之在牀而當牖南首所以死後必遷當牖南首者以平生寢
卧之處故士昏禮同牢在奧又云御衽于奧媵衽良席在東
北止又曲禮云爲人子者居不主奧是尊者常居之處若晝
日常居則當戶故玉藻云君子之居恒當戶若病時亦當戶
在北牖下取鄉明之義故鄭前注病者恒居北牖下明不病
不恒居北牖下也

管人汲不說繘屈之盡階不升堂授
御者御者入浴小臣四人抗衾御者二人浴
浴水用盆沃水用枓浴用絺巾挋用浴衣如
它日小臣爪足浴餘水弃于坎其母之喪則
内御者抗衾而浴

抗衾者蔽上重形也挋拭也爪足斷足爪也○管人如字掌管籥之
人又古亂反掌舘舍之人也下同汲音急說吐活反繘均必
反汲水綆也抗苦浪反舉也盆蒲奔反沃烏谷反枓音主又
音斗絺勑其反一本作綌去逆反挋音震它音他下同拭音式〔疏〕管人至而浴○正義曰
此一經明浴時也管人
主舘舍者故鄭注士喪禮管人有司主舘舍者汲謂汲水不
說繘屈之者繘汲水瓶索也遽促於事故不說去井索但縈
屈執之於手中○盡階不升堂者以水從西階而升盡不上
堂知西階者以士喪禮云爲垼于西牆下故知從西階而升
也○浴水用盆者用盆盛於浴水也○沃水用枓者用枓酌
盆水沃尸熊氏云用盤於牀下承浴水○浴用絺巾者絺是
細葛除垢爲易故用之也士喪禮云浴巾二皆用綌熊氏云
此蓋人君與大夫禮或可大夫上絺下綌故玉藻云浴用二
巾上絺下綌是也○挋用浴衣者挋拭也用生時浴衣拭尸肉
令燥也賀氏云以布作之生時有此也士喪禮云浴衣於篋
注云浴衣已浴所衣之衣以布爲之其制如今通裁是也○
如它日者它日謂平生尋常之日也○小臣爪足者尸浴竟
而小臣翦尸足之爪也○浴餘水棄于坎者浴盆餘汁棄之
於坎中坎者是甸人所掘於階間取士爲竈之坎甸人主郊
野之官○其母之喪則內御者抗衾而浴者內外宜別故用
內御舉衾也內御婦人亦管人汲事事如前唯浴用人不同
耳

管人汲授御者御者差沐于堂上君沐粱
大夫沐稷士沐粱甸人爲垼于西牆下陶人
出重鬲管人受沐乃煑之甸人取所徹廟之
西北厞薪用爨之管人授御者沐乃沐沐用
瓦盤挋用巾如它日小臣爪手翦須濡濯弃
于坎

差淅也淅飯米取其潘以爲沐也浴沃用枓沐於盤中文相變也士喪禮沐稻此云士沐粱蓋天子之士
也以差率而上之天子沐黍與○差七何反注差淅同沐音
木甸田遍反垼音役鄭注儀禮云塊竈也陶音桃重直龍反
鬲音歷煑諸許反厞扶味反隱也舊作扉音非門扉也爨七
亂反淅先歷反潘方袁反米汁也差初佳反率音律又音類
上時掌反〔疏〕管人至于坎○正義曰此一節明沐也○管人汲
授御者御者差沐于堂上者差謂淅米取其潘汁
也君沐粱大夫沐稷士沐粱者皆謂用其米取其汁而沐也
○甸人爲垼于西牆下者謂將沐之時甸人之官爲垼于西
牆下士垼塹竈甸人具此爲垼竈以煑沐汁○陶人出重鬲
者陶人作瓦器之官也重鬲者謂縣重之罌也是瓦瓶受三
升以沐米爲粥實於瓶以疏布冪口繫以篾縣之覆以葦席
管人受沐乃煑之者淅於堂上管人亦升盡等不上堂而就
御者受淅汁下往西牆於垼竈鬲中煑之也何人取所徹廟
之西北厞薪用爨之者爨然也何人爲竈竟又取復魄人所

黴正寢西北扉以然竈煑沐汁也謂正寢爲廟神之也然舊云扉是屋簷也謂抽取屋西北簷也熊氏云扉謂西北隅扉隱之處徹取屋外當扉隱處薪義亦通也何取此薪而用者示主人已死此堂無復用故取之也○管人授御者沐者煑汁孰而管人又取以升階授堂上御者使沐也○乃沐者御者授汁入爲尸沐也○沐用瓦盤者盤貯沐汁就中沐也○抳用巾者用巾拭髮及面也士喪禮云沐巾一又云抳用巾注云巾晞也清也○如它日者事事亦如平生也○小臣爪手翦須者沐竟而翦手爪又治須象平生也濡濯弃于坎者皇氏云濡謂煩潤其髮濯謂不淨之汁也言所濡濯汁棄於坎中鄭注士喪禮云巾櫛浴衣亦并棄之其坎築既夕禮云掘坎南順廣尺輪二尺深三尺南其壤此沐汁棄於坎則浴汁亦然○注差淅至黍與○正義曰差是差摩故云淅詩云釋之叟叟是釋淅米也云取其潘以爲沐也者士喪禮云受潘煑于垼用重鬲云浴沃用枓沐於盤中文相變也者謂沐與浴俱有枓俱有盤浴云用枓沐云用盤是文相變也云士喪禮沐稻此云士沐粱蓋天子之士也者若士喪禮云是諸侯之士而沐稻今此云士沐粱故疑天子之士也云以差率而上之天子沐黍與者案公食大夫禮黍稷爲正饌稻粱爲加是稻粱卑於黍稷就稻粱之內粱貴而稻賤是稻人所常穜粱是穀中之美故下曲禮云歲凶大夫不食粱故諸侯之士用稻天子之士用粱黍稷相對稷雖爲重其味短故大夫用之黍則味美而貴故特牲少牢爾黍于席以其味美故也詩頌云其饟伊黍鄭注豐年之時雖賤者猶食黍是黍貴也故天子用之無正文故疑而云與也

君之喪子大夫公子衆士皆三日不食子大夫公子食粥納財朝一溢米莫一溢米食之無筭士疏食水飲食之無筭夫人世婦諸妻皆疏食水飲食之無筭納財謂食穀也二十兩曰溢於粟米之法一溢爲米一升二十四分升之一諸妻御妾也同言無筭則是皆一溢米或粥或飯○粥之育反又音育下同溢音逸劉昌宗又音實下同莫音暮疏食音嗣下及下注疏食皆同

〔疏〕君之至無筭○正義曰此一節廣明五服之喪自初死至除服君及大夫士食數之節今各依文解之今此經特明君喪食之禮○納財者財謂穀也謂所食之米也言每日納用之米朝唯一溢米莫唯一溢米也食之無筭者言居喪因病不能頓食饑須則食故云無筭○士疏食水飲者疏麤也食飯也士賤病輕故疏食麤米爲飯亦水爲飲○夫人世婦諸妻皆疏食水飲者婦人質弱恐食粥傷性故言疏食水飲也○注納財謂食穀也二十兩曰溢至是皆一溢米或粥或飯○正義曰財謂穀也故太宰云以九賦斂財賄也注云財謂泉穀是穀爲財但米由穀出經已稱米故鄭云食穀必言納財者以一日之中或粥或飯雖作之無時不過朝夕二溢之米當須豫納其米故云納財也云一溢爲米一升二十四分升之一者案律歷志黃鍾之律其實一籥律歷志合籥爲合則二十四銖合重一兩十合爲一升升重十兩二十兩則米二升與此不同者但古秤有二法說左傳者云百二十斤爲石則一斗十二斤爲兩則一百九十二兩則一升爲十九兩有奇今一兩爲二十四銖則二十兩爲四百八十銖計一十九兩有奇爲一升則總有四百六十銖八參以成四百八十銖唯有十九銖二參在是爲米一升二十四分升之一此大畧而言之云同言無筭則是皆一溢米或粥或飯者粥與疏食俱言無筭是疏食與粥者皆一溢米或粥謂食粥者或飯謂疏食也

大夫之喪主人室老子姓皆食粥衆士疏食水飲妻妾疏食水飲室老其貴臣也衆士所謂衆臣士亦如之如其子食粥妻妾疏食水飲○

〔疏〕大夫至如之○正義曰此經明大夫禮也○室老子姓皆食粥者室老謂貴臣子姓謂孫也不云衆子者主人中兼之○衆士疏食者謂非室老也案喪服傳云卿大夫室老士貴臣其餘皆衆臣鄭注云士邑宰此不云者邑宰雖貴以其遠於君與衆臣同案檀弓主人主婦歠粥此夫人世婦妻皆疏食者熊氏云檀弓云主婦謂女主故食粥也○

既葬主人疏食水飲不食菜果婦人亦如之君大夫士一也練而食菜果祥而食肉果爪桃之屬○

〔疏〕既葬至食肉○正義曰此一節明既葬至練祥君大夫士之食節也主人疏食水飲者熊氏云既葬哀殺可以疏食不復用一溢米也○

食粥於盛不盥食於篹者盥食菜以醯醬始食肉者先食乾肉始飲酒者先飲醴酒盛謂今時杯杅也篹竹筥也歠者不盥手歠者盥篹或作簨○盥古緩反篹本又作匴又作算悉緩反又蘇管反醯呼雞反杅音于筥居呂反歠昌悅反飯扶晚反篹息

刃反徐音撰。【疏】食粥至醴酒。○正義曰：此一節明食之雜禮。○食粥於盛不盥者，以其歠粥不用手，故不盥。食於篹者盥者，篹謂竹筥，飯盛於篹，以手就篹取飯，故盥也。○食菜以醯醬者，謂練而食菜果者，食之時以醯醬也。○始食肉者先食乾肉，始飲酒者先飲醴酒，文承既祥之下，謂祥後也。然閒傳曰「父母之喪，大祥有醯醬，禫而飲醴酒」，二文不同文。庾氏云：蓋記者所聞之異。大祥既鼓琴，亦可食乾肉矣。食菜用醯醬，於情爲安。且既祥食果，則食醯醬無嫌矣。熊氏云：此據病而不能食者，練而食醯醬，祥而飲酒也。○

期之喪，三不食。食疏食水飲，不食菜果。三月既葬，食肉飲酒。期終喪不食肉，不飲酒。父在爲母、爲妻。九月之喪，食飲猶期之喪也。食肉飲酒，不與人樂之。食肉飲酒，亦謂既葬。○期音基，下同。爲母、爲並于僞反，下注「爲其」同。與音預，下同。【疏】期之至樂之。○正義曰：此一節論期與大功喪食之節也。○期之喪三不食者，謂大夫士旁期之喪。三不食者，謂義服也。其正服則二日不食也，故閒傳云「齊衰二日不食」。○九月至喪也者。○謂事同期也。○

五月三月之喪，壹不食，再不食，可也。比葬，食肉飲酒，不與人樂之。叔母、世母、故主、宗子，食肉飲酒。義服恩輕也。故主謂舊君也。言故主者，關大夫及君也。○比，必利反。不能食粥，羹之以菜可也。謂性不能者，可食飯菜羹。有疾，食肉飲酒可也。爲其氣微。五十不成喪。成猶備也。所不能備，謂不致毀、不散送之屬也。【疏】五月至成喪。○正義曰：此一經明五月三月喪食之節。○壹不至可也者，壹不食謂緦麻，再不食謂小功，并言之也。容殤降之緦麻再不食，義服小功壹不食，故揔以壹不食、再不食結之。故閒傳去小功緦麻再不食，殤降者也。○注故主至君也。○正義曰：若是諸侯，當云舊君。主者大夫之經云故主，關大夫君也。○注謂不致毀不散送之屬也。○正義曰：致毀謂致極哀毀。散送謂經帶垂散麻以送葬，故雜記云「五十不致毀」，玉藻云「五十不散送」，注云「送喪不散麻」。○

七十唯衰麻在身。言其餘居處飲食與吉時同也。既葬，若君

食之則食之，大夫、父之友食之則食之矣。不辟粱肉，若有酒醴則辭。尊者之前可以食美也。變於顏色，亦不可。○食音嗣。辟音辟。粱音良。【疏】既葬至則辭。○正義曰：此一經明已有喪，既葬，尊者賜食之禮。葬後情殺，可從尊者奪也。○君食之，謂君食臣也。大夫，謂大夫食士也。父友，謂父同志者也。其人並尊，若命食孝子，則可從之食也。○不辟粱肉者，粱，粱米也。雖以粱米之飯及肉命食，孝子食之。○若有酒醴則辭者，若酒醴飲之，則變見顏色，故辭而不飲也。

小斂於戶內，大斂於阼。君以簟席，大夫以蒲席，士以葦席。簟，細葦席也。三者下皆有莞。○簟，徒點反。葦，于鬼反。莞音官，又音完。【疏】小斂至葦席。○正義曰：此一節明君大夫士小斂大斂所用之席也。士以葦席與君同者，士卑不嫌，故得與君同用簟也。○注三者下皆莞。○正義曰：知下皆有莞者，案士喪禮記云「設牀當牖，下莞上簟」，士喪經云「布席于戶內，下莞上簟」，謂小斂席也。大斂云「布席如初」，注云「亦下莞上簟」。如士始死至大斂，用席皆同也。士尚有莞，則知君及大夫皆有莞也。但此大夫辟君，上席以蒲也。若吉禮祭祀，則蒲在莞下，故司几筵諸侯祭祀席蒲筵繢純，加莞席紛純，與此異也。

小斂，布絞，縮者一，橫者三。君錦衾，大夫縞衾，士緇衾，皆一。衣十有九稱，君陳衣于序東，大夫、士陳衣于房中，皆西領北上。絞紟不在列。絞，既斂所用束堅之者。縮，從也。衣十有九稱，法天地之終數也。士喪禮小斂陳衣於房中，南領西上，與大夫異，今此同，亦蓋天子之士也。絞紟不在列，以其不成稱，不連數也。小斂無紟，因絞不在列見之也。或曰縮者二。○絞，戶交反，後同。縮，所六反。縞，古老反。稱，尺證反。杜預云：衣單複具曰稱。後放此。紟，其鴆反，後皆同。從，足容反。數，色主反。見，賢遍反。○【疏】小斂至在列。○正義曰：此以下至絺綌紵不入，廣明君大夫士小斂大斂及襚所用之衣，并所陳之處，各隨文解之。此一經明小斂之衣。○布絞縮者一橫者三者，以布爲絞，縮，從也，謂從者一幅豎置於尸下，橫者三幅亦在尸下，從者在橫者之上，每幅之末析爲三片，以結束爲便也。○君錦衾大夫縞衾士緇衾皆一者，謂大夫士等各用一衾，故云皆一，舒衾於此絞上。○衣十有九稱者，君大夫士同用

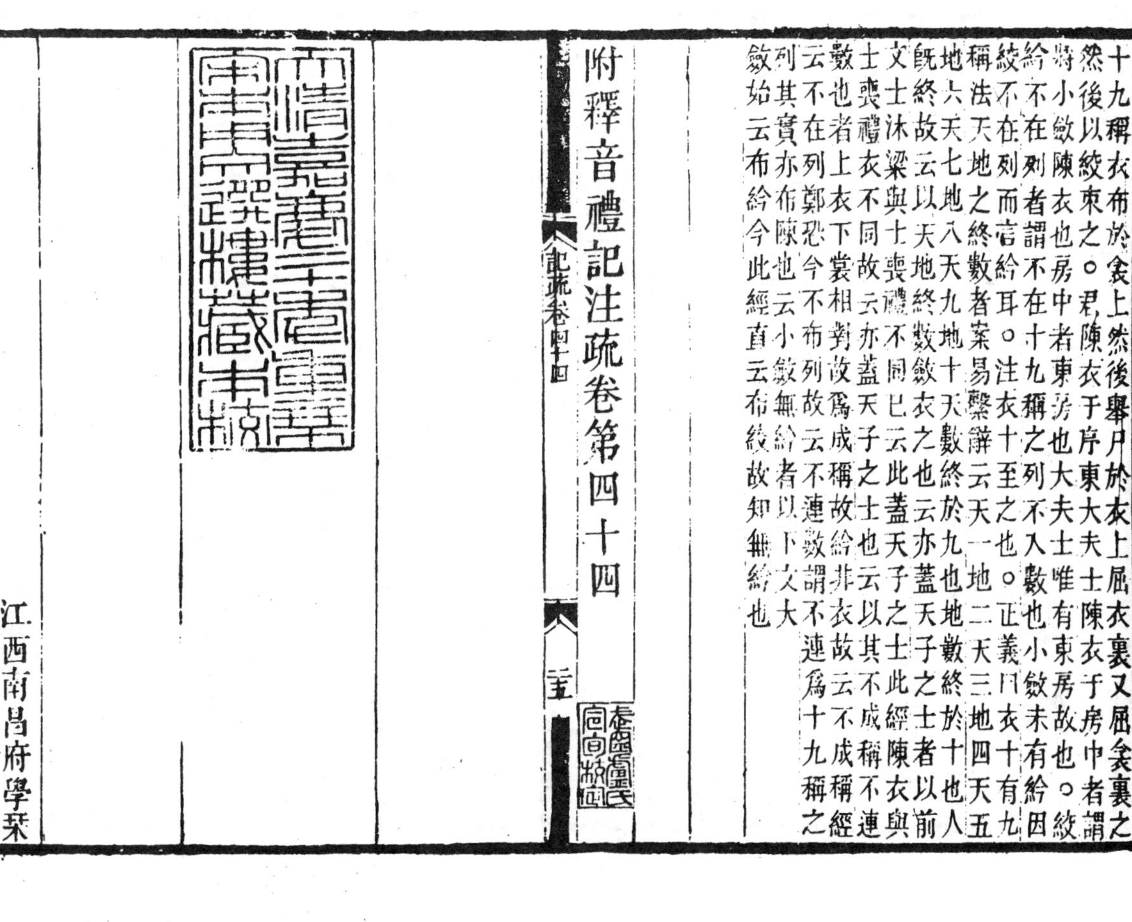

十九稱衣布於衾上然後舉尸於衣上屈衣裹又屈衾裹之然後以絞束之○君陳衣于序東大夫士陳衣于房中者謂特小斂陳衣也房中者東房也大夫士唯有東房故也○絞給不在列者謂不在十九稱之列不入數也小斂未有給因絞不在列而言給耳○注衣十至之也○正義曰衣十有九稱法天地之終數者案易繫辭云天一地二天三地四天五地六天七地八天九地十天數終於九也地數終於十也人旣終故云以天地終數斂衣之也云亦蓋天子之士者以前文士沐梁與士喪禮不同已云此蓋天子之士此經陳衣與士喪禮衣不同故云亦蓋天子之士也云以其不成稱不連數也者上衣下裳相對故爲成稱故給非衣故云不成稱經云不在列鄭恐今不布列故云不連數謂不連爲十九稱之列其實亦布陳也云小斂無給者以下文大斂始云布給今此經直云布絞故知無給也

附釋音禮記注疏卷第四十四

江西南昌府學栞

禮記注疏卷四十四挍勘記　阮元撰盧宣旬摘錄

附釋音禮記注疏卷第四十四　惠棟挍宋本禮記正義卷第五十三

喪大記第二十二

劉元云　閩監毛本同惠棟挍宋本元作先

疾病外內皆埽節

外內皆埽者　閩監毛本同考文云宋板上有正義曰三字

有疾病者齊　閩監毛本同考文云宋板病作疾浦鏜挍亦作有疾疾者齊

君大夫徹縣節

或爲北墉下　閩監毛本同岳本同嘉靖本同惠棟挍宋本無北字衛氏集說同按釋文出爲墉是亦無北字

君大至之手　惠棟挍宋本無此五字

疾困去樂之事　毛本同衛氏集說同閩監本去誤云下特縣又去同

東首于北墉下　閩監本作墉惠棟挍宋本同此本墉誤牖毛本誤壩

則暫時移嚮南墉下　閩監本同惠棟挍宋本墉作牖毛本亦作墉

君夫人卒於路寢節

士之妻　閩監毛本同岳本同嘉靖本同衛氏集說同石經作士士之妻段玉裁挍本云唐石經士士之妻是也各本脫一士字按正義云夫妻俱然故云皆也又云此云士死于寢是正義本經文有兩士字也

君夫至于寢　惠棟挍宋本無此五字

不就而燕息焉　閩監本同衛氏集說同惠棟挍宋本毛本焉並作也

皆婦人供視之　閩監本同毛本供改共

卽安謂夫人寢也　惠棟挍宋本有就字衛氏集說同此本就字脫閩監毛本同

按莊公三十二年　監本作二考文引宋板同此本二誤三閩毛本同公字各本並有考文引宋板獨無

小臣復節

捲衣投于前　閩本同惠棟挍宋本石經宋監本岳本嘉靖本衛氏集說同釋文出捲衣監毛本捲作卷

小臣至而復　惠棟挍宋本無此五字

此一節明復時　閩監毛本同惠棟挍宋本節作經衛氏集說同

捲衣投于前　閩本同惠棟挍宋本同監毛本捲作卷下捲斂同

從屋前投與司服之官　閩監本同毛本與誤于衛氏集說亦作與

故云從生處來也　閩監毛本同考文引宋板云作衣續通解同

而回往西北榮　閩監毛本同惠棟挍宋本回作迴

故自陰幽而下也　閩監毛本同考文云宋板自作就衛氏集說續通解同

此東榮　惠棟挍宋本有云字此本云字脫閩監毛本同

復衣不以衣尸節　惠棟挍云復衣節宋本分婦人復不以袝爲一節凡復至稱字爲一節唯哭至死事爲一節

復衣不以衣至以斂　惠棟挍宋本無此八字

是用生施死　閩監毛本同惠棟挍宋本施下有於字

始卒主人啼節

主人啼　各本同石經同釋文出入諦云本又作啼○按依說文當作嗁从口虒聲假借作諦俗作啼

始卒至哭踊　惠棟挍宋本無此五字

既正尸節

既正至北面　惠棟挍宋本無此五字

依唯士禮　閩監毛本同考文云宋板唯作准續通解同

既夕禮云設牀第當牖及遷尸是也　閩監毛本同浦鏜挍云及當乃字誤按記文遷尸上有袒下莞上簟設枕七字故云乃也

各在室女未嫁　考文云宋板各作容此本作各閩監毛本同

大夫之喪節

大夫至而哭　惠棟挍宋本無此五字

此一經明大夫初有喪哭位之禮　閩監毛本同衛氏集說無一字大大下有士字

君之喪未小斂節

士出迎大夫士也　閩監毛本同惠棟挍宋本無士字

大夫與士至小斂相偪也　惠棟挍宋本如此續通解同此本士至二字倒閩監本同毛本與士至誤於至士

凡主人之出也節

此時寄公位在門西　宋監本閩本同考文云宋板同岳本同嘉靖本同衛氏集說同監毛本時誤特

凡主至門外　惠棟挍宋本無此五字

但爵是卿大夫猶北面也　惠棟挍宋本作卿衛氏集說同此本卿誤卽閩監毛本同

俱與士喪禮違　閩監毛本同考文云宋板俱作但

小斂主人卽位于戶內節　惠棟挍云小斂節徹帷節君拜節宋本合爲一節

鄭云婦人亦有苴絰　閩監毛本同考文云宋板無有字按士喪禮注作亦有考文所引宋板非是

諸侯路寢室在於中房　惠棟挍宋本作中房此本中房二字倒閩監毛本同

君拜寄公節

氾拜衆賓於堂上　各本同石經氾作汜岳本作氾釋文同按釋文音芳劒反當作氾爲是

有襲絰乃踊　閩監毛本同岳本同嘉靖本同衛氏集說同惠棟挍云有當作先

小斂尸出堂　惠棟挍宋本有畢字衛氏集說同此本畢字脫閩監毛本同

此更申明拜命婦與士妻之異也　惠棟挍宋本作與此本與誤於閩監毛本同

及兩大夫相爲弁君於大夫　閩本同惠棟挍宋本同監本弁作弃似拜字毛本遂誤拜

無朋友恩者　閩本作朋惠棟挍宋本同此本朋誤明監毛本朋誤服齊召南云當作無朋友恩者朋服字相近而誤蓋君於士也大夫於大夫也士於士也其用皮弁服襲裘並同所異者有朋友之恩則加弁絰無朋友之恩則無弁絰也

婦人迎客送客不下堂節

男子出寢門見人不哭　惠棟挍宋本石經宋監本岳本嘉靖本衛氏集說同續通解同閩監毛本同下衍外字陳澔集說同石經考文提要云宋大字本宋本九經南宋巾箱本余仁仲本劉叔剛本並無外字按疏述經亦無外字

出門見人謂迎賓也　惠棟挍宋本作謂迎賓也宋監本岳本嘉靖本衛氏集說同續通解同考文引足利本同此本迎賓下衍客者二字閩監毛本同

婦人迎客至無無主　惠棟挍宋本無此八字

則出門迎亦不哭也　閩監毛本同惠棟挍宋本無迎字衛氏集說同

此以下明喪無主　惠棟挍宋本作此以此本此以二字倒閩監毛本同

無後已自絕嗣　閩監毛本同惠棟挍宋本已作則按考文引宋板但云無後下有則字不云已作則疑當作則無後則已自絕嗣

君之喪三日節　惠棟挍云君之喪節大夫節士之喪節宋本合爲一節

不以柱地也　宋監本岳本嘉靖本同釋文出以柱閩監毛本柱作拄衛氏集說同疏倣此

君之至則杖　惠棟挍宋本無此五字

則對之則不敢杖　閩監毛本同惠棟挍宋本無上則字

故並得執杖柱地也　閩監毛本柱作拄考文云宋板無執字衛氏集說同

士之喪二日而殯節

弃杖者斷而弃之於隱者　各本同石經同釋文出棄杖云本亦作古弃字

士之至隱者　惠棟挍宋本無此五字

於君命夫人之命如大夫者　惠棟挍宋本如此毛本同此本於誤若之誤而閩監本同

是降下大夫也　惠棟挍宋本作是此本是誤定閩監毛本同

推此大夫士適子　閩監毛本同惠棟挍宋本推作惟

同並不得以杖卽位也　惠棟挍宋本有故字續通解同此本故字脫閩監毛本同

君設大盤節　惠棟挍云君設節宋本自在管人汲授御者節之後按坊本陳澔集說依用與

國于氏本移置亦如此

宜承濡濯弃於坎下　各本同釋文出濡濯于坎段玉裁挍本云濡當作渜

札爛脫在此耳　閩監毛本作札岳本同嘉靖本同衞氏集說同此本札誤礼考文云宋板足利本札作禮亦誤按釋文出札音側八反知作札不作礼

君設至一也　惠棟挍宋本無此五字

者小於大盤　惠棟挍宋本者上有夷盤二字此本夷盤二字脫閩監毛本同

始死遷尸于牀節

此一節反明初死沐浴之節　惠棟挍宋本同衞氏集說亦作反閩監毛本反作又

故除去死時衣所加新衣及復衣　閩本同考文引宋板同監本時衣誤時之及誤乃毛本亦誤時之及字不誤

兩頭曲屈　惠棟挍宋本同衞氏集說同閩監毛本曲屈二字倒

鄭注云云尸南首　閩監毛本同惠棟挍宋本云字不重

今几腳南出　閩監毛本同考文云宋板今作令衞氏集說同

初殯牀者牀在北壁當戶　閩監毛本同惠棟挍宋本者作時續通解同

膢衽良席在東北正　閩監毛本正作上挍浦鏜作在東北止云止古文趾○按浦鏜云是也說文有止無趾

取鄉明之義　閩監毛本同惠棟挍本義下有也字

管人汲不說繘節

餘水弃于坎　惠棟挍宋本石經宋監本岳本嘉靖本衞氏集說同閩監毛本弃作棄

管人至而浴　惠棟挍宋本無此五字

故不說去此索　監本毛本作此非閩本此處缺惠棟挍宋本作井

生時有此也　惠棟挍宋本作此續通解同此本此誤作閩監毛本同

管人汲授御者節

如它日　惠棟挍宋本石經宋監本岳本嘉靖本同閩監毛本它作他衞氏集說同按釋文上節出如它云音他下同謂此它字也石經考文提要云宋大字本宋本九經南宋巾箱本劉叔剛本並作它

濡濯弃于坎　惠棟挍宋本同石經同岳本同嘉靖本同衞氏集說同閩監毛本弃作棄段玉裁挍云濡當作渜

管人至于坎　惠棟挍宋本無此五字

土埾塹竈　閩本同惠棟挍宋本同監毛本土誤士考文云宋板塹作壍衞氏集說亦作土埾塹竈

以疏布冪口　惠棟挍宋本作冪衞氏集說同此本冪誤幕閩監毛本同

御者授汁　閩監毛本同盧文弨云授當作受

則浴汁亦然　閩監本同毛本亦然誤然也

君之喪子大夫節

子大夫公子食粥　惠棟挍宋本石經宋監本岳本嘉靖本同續通解同閩監毛本公子下衍衆士二字衞氏集說同陳澔集說同錢大昕云下文之士即上文之衆士也衆士不在食粥之列石經考文提要云宋大字本宋本九經南宋巾箱本余仁仲本劉叔剛本並無衆士二字

食之無筭　各本同石經同毛本筭作算衞氏集說同下無筭並同

君之至無筭　惠棟挍宋本無此五字

計一十九兩有奇爲一升　閩監毛本同惠棟挍宋本無上一字衞氏集說同

以成四百八十銖　惠棟挍宋本作八十衞氏集說同此本八十誤六十閩監毛本同

大夫之喪節

大夫至如之　惠棟挍宋本無此五字

卿大夫室老士貴臣　毛本同衛氏集說同閩監本貴臣二字倒考文云宋板亦作貴臣

期之喪三不食節

期之至樂之　惠棟挍宋本無此五字

五月三月之喪節　惠棟挍云五月至成喪疏文四則宋本次在七十唯衰麻在身經注之後

閩大夫及君也　閩監毛本同嘉靖本同衛氏集說同惠棟挍宋本無及字宋監本岳本同考文引古本同

五月至成喪　惠棟挍宋本無此五字

容殤降之　惠棟挍宋本作殤衛氏集說同此本殤誤傷閩監毛本同下殤降者也同

大夫之稱經云故主　惠棟挍宋本如此此本稱字故主二字並脫閩監毛本同衛氏集說亦有稱字

既葬若君食之節

既葬至則辭　惠棟挍宋本無此五字

小斂於戶內節

小斂至葦席　惠棟挍宋本無此五字

注三者下皆莞　閩監毛本同考文云宋板皆下有有字

小斂布絞節

小斂至在列　惠棟挍宋本無此五字

豎置於戶下　惠棟挍宋本作豎衛氏集說同此本豎誤竪閩監毛本同

附釋音禮記注疏卷第四十四終　惠棟挍宋本禮記正義卷第五十三記云凡三十一頁

禮記注疏卷四十四挍勘記

附釋音禮記注疏卷第四十五

禮記　鄭氏注　孔穎達疏

喪服大記

大斂布絞縮者三横者五布紟二衾君大夫士一也君陳衣于庭百稱北領西上大夫陳衣于序東五十稱西領南上士陳衣于序東三十稱西領南上絞紟如朝服絞一幅爲三不辟紟五幅無紞二衾者或覆之或薦之如朝服者謂布精麤朝服十五升小斂之絞也廣終幅析其末以爲堅之强也大斂之絞一幅三析用之以爲堅之急也紞以組類爲之綴之領側若今被識矣生時禪被有識死者去之異於生也士喪禮大斂亦陳衣於房中南領西上與大夫異今此又同亦蓋天子之士紞或爲點○幅本又作逼方服反爲三絕句不辟絕句補麥反又音壁徐扶移反紞丁覽反廣古曠反析思歷反下同强其丈反識式志反又音志又音式下同去起呂反下注同

疏 大斂至無紞○正義曰此一節明大斂之事○大斂布絞縮者三者謂取布一幅分裂之作三片直用之三片即共是一幅也兩頭裂中央不通○横者五者又取布二幅分裂之作六片而用五片横之於縮下也布紟者皇氏云紟禪被也取置絞束之下擬用以舉尸也孝經云衣衾而舉之是也今案經云紟在絞後紟或當在絞上以絞束之且君衣百稱又通小斂與襲之衣非單紟所能舉也又孝經云衾不云紟皇氏之說未善也○二衾者小斂君大夫士各一衾至大斂又各加一衾爲二衾其衾所用與小斂同但此衾一是始死覆尸者故士喪禮云幠用斂衾注大斂所并用之衾一是大斂時復制又注士喪禮云衾二者始死斂衾今又復制士既然則大夫以上亦耳○君陳衣于庭百稱北領西上者衣多故陳在庭爲桒顯案鄭注雜記篇以爲襲禮大夫五諸侯七上公九天子十二稱則此大斂天子當百二十稱上公九十稱侯伯子男七十稱今云君百稱者據上公舉全數而言之餘可知也或大斂襲五等同百稱也北領者謂尸在堂也○西上者由西階取之便也○大夫士陳衣于序東西領南上異於小斂北上者小斂衣少統於尸故北上大斂衣多故南上取之便也絞紟如朝服者言絞之與紟二者皆以布精麤皆如朝服俱十五升也○絞一幅爲三者謂以一幅之布分爲三段○不辟者辟擘也言小斂絞全幅析裂其末爲三而大斂之絞既小不復擘裂其末但古字假借讀辟爲擘也○紟五幅無紞者紟舉尸之禪被也紞謂緣飾爲識所以組類綴邊爲識今無識異於生也○注二衾至之上○正義曰朝服十五升者雜記文云以爲堅之强也者解小斂用全幅布爲絞欲得堅束力强以衣少故用全幅云以爲堅之急也者解大斂一幅分爲三片之意凡物細則束縛牢急以衣多故須急也云紞以組類爲之者組之般類其制多種故云組類云綴之領側若今被識矣者領爲被頭側謂被旁識謂記識言綴此組類於領及側如今被之記識引士喪禮以陳衣於房中與大夫異今此士陳衣與大夫同故云今此又同亦蓋天子之士

小斂之衣祭服不倒○尊祭服也斂者要方散衣有倒倒丁老反注及下同散悉但反君無襚大夫士畢主人之祭服親戚之衣受之不以即陳無襚者不陳不以斂○襚音遂小斂君大夫士皆

用複衣複衾大斂君大夫士祭服無筭君褶衣褶衾大夫士猶小斂也褶袷也君衣尚多去其著也○複音福褶音牒袷古袷反

疏 小斂至斂也○正義曰祭服不倒者祭服謂死者所得用祭服以上者小斂十九稱不悉著之但用裹尸要取其方而衣有倒領在足間者雖祭服尊雖散不著而領不倒在足也○君無襚者國君陳衣及斂悉宜用己衣不得陳用他人見襚送者○大夫士畢主人之祭服者降於君也大夫士小斂則先畢盡用己正服後乃用賓客襚者也盧云畢盡也小斂盡主人衣美者乃用賓客襚衣之美者欲以美之故言祭服也○親戚之衣受之不以即陳者君親屬有衣相送受之而不以即陳列也士喪禮鄭注云大功以上有同財之義襚之不將命自即陳於房中小功以下及同姓皆將命○注無襚至以斂○正義曰如皇氏之意臣有致襚於君之禮故少儀云臣致襚於君但君不陳不以斂熊氏云君無襚大夫士謂小斂之時君不合以衣襚大夫士雖有君襚不陳不以斂故云無襚大夫士至大斂則得用君襚故士喪禮大斂時云君襚祭服不倒其義俱通故兩存焉○祭服無筭正義曰筭數也大斂之時所有祭服皆用之無限數也○注

褶袷至著也。正義曰君衣尚多去其著也者經云大夫士猶小斂則複衣複衾也據主人之衣故用複若褶亦得用袷也故士喪禮云襚以褶是也袍必有表不襌衣必有裳謂之一稱袍褻衣必有以表之乃成稱也雜記曰子羔之襲繭衣裳與稅衣纁袡爲一是也論語曰當暑袗絺綌必表而出之亦爲其褻也。袍步毛反襌音單繭古典反稅吐亂反纁許云反袡而廉反袗之忍反亦爲于僞反下文則爲之同疏袍必至一稱。正義曰袍必有表不襌者袍是褻衣必須在上有衣以表之不使襌露乃成稱也。注袍褻至褻也。正義曰引雜記者證子羔之襲有袍繭衣上加稅衣爲表乃成稱引論語者證衣上加表死則冬夏並用袍上並加表熊氏云褻衣所用尊卑不同士襲而用褻衣故士喪禮陳襲事爵弁服皮弁服褖衣注衣注云褖所以表袍者是襲有袍士喪禮小斂云祭服次散衣次注云褖衣以下袍繭之屬是小斂有袍士喪禮又大斂散衣是亦有袍若大夫襲亦有袍案雜記云子羔之襲繭衣裳是也斂則必用正服不用褻衣故檀弓云季康子之母死陳褻衣注云將以斂敬姜曰將有四方之賓來褻衣何爲陳於斯命徹之若公則襲及大小斂皆不用褻衣知者案雜記云公襲無袍繭襲輕尚無則大小斂無可知也凡陳衣者實之篋取衣者亦以篋升降者自西階取猶受也。篋古協反凡陳衣不詘非列采不入絺綌紵不入不屈謂舒而不卷也別采謂正服之色也絺綌紵者當暑之褻衣也襲尸重形冬夏用袍及斂則用正服。詘丘勿反紵直呂反疏凡陳至不入。正義曰陳衣不詘者謂舒而不卷也。非列采不入者列采謂五方正色之采非列采謂雜色也不入陳之也。絺綌紵不入者絺是細葛綌是麁葛紵是紵布此褻衣故不入陳也。注襲尸至正服。正義曰如熊氏之意此謂大夫以下若公則襲亦不用袍凡斂者袒遷尸者襲袒者於事便也。便婢面反君之喪大胥是斂衆胥佐之大夫之喪大胥侍之衆胥是斂士之喪胥爲侍士是斂胥樂官也不掌喪事胥當爲祝字之誤也侍猶臨也大祝之職大喪贊斂喪祝卿大夫之喪掌斂士喪禮商祝主斂。大胥依注作祝之六反下同胥樂官思餘反疏凡斂至是斂。正義曰此一節明斂之所用之人有袒有襲之法。凡斂者袒者凡斂謂執大小斂事也事多故袒爲便也。遷尸者襲者謂大斂於地乃遷尸入棺之屬事少故襲也。君之喪者此明人君斂用人之法。大胥是斂者大祝是接神者故使之執斂事也是猶執也。衆胥佐之者衆祝喪祝也衆祝賤故副佐於大祝也。大夫之喪大胥侍之者大祝猶君之大祝也侍猶臨也君尊故大祝親執斂大夫卑故大祝臨之。衆胥是斂者衆祝周禮喪祝卑故親執斂也庾云侍者臨檢之也大夫言侍則君亦應有侍者未知何人也。士之喪胥爲侍者胥亦喪祝也士卑故祝臨之。士是斂者士之朋友來助斂也士喪禮云士舉遷尸是也。注胥當至主斂。正義曰知胥當爲祝者以胥是樂官不掌斂事故引大祝大喪贊斂及喪祝卿大夫之喪掌斂并引士喪禮商頌祝主斂明諸祝主斂也故引此文以證之商祝者案士喪禮注云商祝祝習商禮者商人教之以敬於接神宜也。小斂大斂祭服不倒皆左衽結絞不紐左衽衽鄉左反生時也。紐女九反舊而慎反鄉許亮反疏小斂至不紐。正義曰此一節明斂衣之法。小斂大斂祭服不倒者大斂亦不倒前已言小斂不倒此又言小斂者爲下諸事出也。皆左衽者大斂小斂同然故云皆也衽衣襟也生鄉右左手解抽帶便也死則襟鄉左示不復解也。結絞不紐者生時帶並爲屈紐使易抽解若死則無復解義故絞末畢結之不爲紐也斂者既斂必哭士與其執事則斂斂焉則爲之壹不食凡斂者六人斂者必使所與執事者不欲妄人褻之執或爲[illegible]。與音預注同[illegible]音執本亦作執疏斂者至六人。正義曰斂者即謂大祝衆祝之屬也既斂是斂竟也斂竟必皆哭也所以然者以其與亡者或臣舊或有恩今手爲執事專心則增感故哭也。士與其執事則斂者釋前士是斂義也與執事謂平生曾與亡者共執事今與喪所則助斂也所以須生經共執事死乃爲斂也若不經共執事則褻惡之故不使斂也。斂焉則爲之壹不食者生經有恩今又爲之斂爲之廢壹食也。凡斂者六人者凡者貴賤同也兩邊各三人故用六人君錦冒黼殺綴旁七大夫玄冒黼殺綴旁五士緇冒赬殺綴旁三凡冒質長與手齊殺三尺自小斂以往用夷衾夷衾質殺之裁猶冒也冒者既襲所以韜尸重形也殺冒之下帬韜是上行者也小斂又覆以夷衾裁猶制也字或爲材○冒與報反下及注同黼音甫殺色戒反徐所例反下及注同裁才再反注同韜本又作弢吐刀反下同〔疏〕君錦至冒也○正義曰此一經明尊卑冒制○君錦冒黼殺者冒謂韜後小斂前所用以韜尸也冒有質殺者作兩囊每輒横縫合一頭又縫連一邊餘一邊不縫兩囊皆然也正義曰質下者曰殺君質用錦殺用黼故云錦冒黼殺也故鄭注士喪禮云冒韜尸者制如直囊上曰質下曰殺質正也其用之先以殺韜足而上後以質韜首而下綴旁七者不縫之邊上下安七帶綴以結之故云綴旁七也○大夫士冒黼殺綴旁五士緇冒黼殺以此三者尊卑之差也鄭注士喪禮云上玄下纁象天地也以此推之士頳後則君大夫盡殺爲斧文也又鄭云象天地則大夫以上無疑有象也○凡冒者長與手齊者凡謂貴賤冒通名也言冒之質從頭韜來至下長短與手相齊也○殺三尺者殺從足韜上長三尺○自小斂以往用夷衾者往猶後也○小斂前有冒故不用夷衾自小斂以後衣多不可用冒故用夷衾覆之也士喪禮云無用夷衾覆尸柩之衾也○用夷衾質殺之裁猶冒也者裁猶制也言夷衾所

用上齊於手下三尺所用繒色及長短制時如冒之質殺也但不復爲囊及旁綴也熊氏分質字屬下爲句其義非也然始死幠用斂衾是大斂之衾自小斂以前覆尸至小斂時君錦衾大夫縞衾士緇衾用之小斂小斂訖則制夷衾以覆之其小斂以前所用大斂之衾者小斂以後停而不用至將大斂及陳衣又更制一衾主用大斂也所謂大斂二衾者其夷衾至大斂時所用無文當應揔入大斂衣内併斂之也

君將大斂子弁絰即位于序端卿大夫即位于堂廉楹西北面東上父兄堂下北面夫人命婦尸西東面外宗房中南面小臣鋪席商祝鋪絞紟衾衣士盥于盤上士舉遷尸于斂上卒斂宰告子馮之踊夫人東面亦如之子弁絰者未成服弁如爵弁而素大夫之喪子亦弁絰○鋪普吳反又音敷下皆同〔疏〕君將至如之○正義曰此一經明君大斂時節也子弁絰即位于序端者序謂東序端謂序之南頭也卿大夫即位于堂廉楹西者卿大夫謂羣臣也堂廉謂堂基南畔廉陵之上楹謂南近堂廉者子位既在東序端故羣臣列於基上東楹之西也案隱義云堂廉即堂上近高霤爲廉也○北面東上者在基上俱北面東頭爲上也子在東尸在阼階故在基上以東爲上也○父兄堂下北面者謂諸父諸兄不仕者以其賤故在堂下而向北以東爲上也若士則亦在堂下○外宗房中南面者外宗君之姑姊妹之女及姨舅之女也輕故在房中而鄉南也皇氏云當在西房以東爲上也今謂尸在阼夫人命婦在尸西北外宗等當在東房○小臣鋪席者謂下莞上簟敹於阼階上供大斂也士喪禮云布席如初注云亦下莞上簟也鋪於阼階上於堂南北爲少南○商祝鋪絞紟衾衣者商祝亦是周禮喪祝也其鋪絞紟衾衣等致于小臣所鋪席上以待尸○士盥于盤上者士亦喪祝之屬也周禮喪祝上士二人中士四人下士八人是將應舉尸故先盥手於盤上也雜記云士盥于盤北是也○士舉遷尸于斂上者斂上即斂處也○卒斂者大斂衣裝畢也宰告者宰大宰也斂畢大宰告孝子道斂畢也子馮之踊者孝子待得告乃馮尸而起踊○夫人東面亦如之者亦馮尸而踊嚮者夫人命婦俱東鄉於尸西今獨云夫人馮者命婦賤不得馮也馮竟乃斂於棺○注子弁至弁絰○正義

曰成服則著喪冠此云弁絰是未成服此雖以大斂爲文其小斂時子亦弁絰君大夫士之子皆然故雜記云小斂環絰公大夫士一也云弁絰爵弁而素者已具於下檀弓疏云大夫之喪子亦弁絰者案雜記云大夫與殯亦弁絰與他殯事尚弁絰明自爲父母弁絰可知其士則素冠故武叔小斂投冠是諸侯大夫與天子士同

大夫之喪將大斂既鋪絞紟衾衣君至主人迎先入門右巫止于門外君釋菜祝先入升堂君即位于序端卿大夫即位于堂廉楹西北面東上主人房外南面主婦尸西東面遷尸卒斂宰告主人降北面于堂下君撫之主人拜稽顙君降升主人馮之命主婦馮之先入右者入門而右也巫止者君行必與巫巫主辟凶邪也釋菜禮門神也必禮門神者禮君非問疾弔喪不入諸臣之家也主人房外南面大夫之子尊得

升視斂也○巫止本或作巫止門外門外衍字耳辟必赤反邪似嗟反【疏】大夫至馮之○正義曰此一經明大夫大斂節也○主人迎者主人適子也聞君至而出門迎君也○先入門右者右門內東邊也適子出門迎君望見馬首不哭不拜而先還入門右北面以待君至也士喪禮云見馬首不哭還入門右北面注云不哭厭於君不敢伸其私恩也巫止于門外者君臨臣喪巫祝桃茢以辟邪氣今至主人門恐主人惡之故止巫于門外也士喪禮云巫止於廟門外祝代之巫止祝代具在檀弓疏也○君釋桒者鄭云釋桒禮門神也禮君非問疾弔喪不入諸臣之家故禮門神而入也○祝先入升堂者巫止而祝代入故先於君而入門升自阼階也祝以其事接通鬼神者也○君即位于序端者君隨視後而升堂即位於東序之端阼階上之東是適子臨斂處也士喪禮云君升自阼階西鄉○主人房外南面者主人鄉者在門右君升則主人亦升立君之北東房之外面鄉南俱欲視斂也遷尸者鄉鋪絞紟衾衣而君至今列位畢故舉尸于鋪衣上也○宰告者亦告主人道斂畢也○主人降北面于堂下者主人得告斂畢事竟故降西階堂下而鄉北立待君也○君撫之者君臣情重方爲分異故斂竟而君以手撫案尸與之別也主人拜稽顙者主人在堂下鄉北見君撫尸故拜稽顙以禮君之恩○君降者君撫尸畢而下堂也○升主人馮之者君馮之已畢降堂而主人升還馮尸也升主人者君命升之也主人升降皆西階也士喪禮云主人中庭君坐撫當心主人拜稽顙君降西鄉命主人馮尸主人升自西階由足西面馮尸不當君所○命主婦馮之者君亦又命主婦馮尸也○注巫止至斂也○正義曰所以巫止者禮敬主人故不用將巫入對尸柩云君非問疾弔喪不入諸臣之家者禮運文也云大夫之子尊得升視斂也者以士喪禮其子不得升今大夫之子將斂之時在房外南面故云大夫之子尊得升視斂也

士之喪，將大斂，君不在，其餘禮猶大夫也。其餘謂卿大夫及主婦之位【疏】士之至夫也○正義曰此一節明士斂之節士喪卑無恩君不視斂故云君不在也○其餘禮猶大夫也者謂鋪不列位男女之儀事悉如大夫也若有大夫來而君在位則卿大夫位亦在堂廉近西也士喪禮云君升主人主人西楹東北面升公卿大夫繼主人東上案彼意則在主人西也

鋪絞紟踊，鋪衾踊，鋪衣踊，遷尸踊，斂衣踊，斂衾踊，斂絞紟踊。目孝子踊節【疏】鋪絞至紟踊○正義曰此一經明孝子貴賤踊節也

君撫大夫，撫內命婦；大夫撫室老，撫姪娣。撫以手按之也內命婦君之世婦○姪大結反娣大計反

君、大夫馮父母、妻、長子，不馮庶子；士馮父母、妻、長子、庶子。庶子有子，則父母不馮其尸。凡馮尸者，父母先，妻子後。目於其親所馮也馮謂扶持服膺○長丁丈反下同膺於陵反

君於臣撫之，父母於子執之，子於父母馮之，婦於舅姑奉之，舅姑於婦撫之，妻於夫拘之，夫於妻於昆弟執之。此恩之深淺尊卑之儀也馮之類必當心○奉芳勇反拘音俱一音古侯反

馮尸不當君所。不敢與尊者所馮同處○處昌慮反

凡馮尸，興必踊。悲哀○悲哀之至馮尸必坐【疏】君撫至必踊○正義曰此一節明撫尸及馮尸之節○君撫大夫者大夫貴故自撫之撫內命婦者命婦君之世婦撫內命婦則不撫賤者可知也○大夫撫室者撫姪娣者大夫以室老爲貴臣以姪娣爲貴妾死則爲之服故並撫之也既撫姪娣則賤妾不撫也○君大夫馮父母妻長子者君及大夫雖尊而自主此四人喪故同馮之○馮父母妻子而并云馮通言耳不馮庶子者賤故不得也○士馮父母妻長子庶子者士賤故所馮及庶子也○庶子有子則父母不馮其尸者庶子若有子則父母亦不馮前所馮之庶子是無子者也然君大夫之庶子雖無子並不得馮也○凡馮尸者父母先妻子後者凡主人也父母妻子謂尸之父母妻子也父母尊故馮尸在先妻子卑故馮尸在後○君於臣撫之者此以下目恩深淺尊卑馮撫之異也君尊但以手撫案尸心身不服膺也盧云賤者畧也父母於子執之者盧云執當心上衣也○子於父母馮之者謂服膺心上也○婦於舅姑捧之者盧云尊故捧當心上衣也○舅姑於婦撫之者亦手案尸心與君爲臣同也○妻於夫拘之者盧云拘輕於馮重於執也庾云拘者微引心上衣也賀云拘其衣衾領之交也○夫於妻於昆弟執之者爲妻及自爲兄弟但執之盧無別釋而賀云夫於妻執其心上衣也於兄弟亦執心上衣○馮尸不當君所者所猶處也假令君已馮心則餘人馮者不敢當君所馮之處則宜少避之○凡馮尸興

必踊者凡者貴賤同然也馮尸竟則起俱馮必哀殯故起人踊洫之也○注曰於其親所馮也○正義曰曰於其親謂死者之親馮尸也父母先謂死者父母妻子後是死者之妻子故云曰於其親所馮謂題目所馮之人○注此恩至當心○正義曰馮者爲重奉次之拘次之執次之尊者則馮奉卑者則撫執執雖輕於撫而恩深故君於臣撫父母於子執是兼有尊卑深淺云馮之類必當心者士喪禮君坐撫當心此下云馮尸不敢當君所明君不撫得當君所也

父母之喪居倚廬不塗寢苫枕凷非喪事不言君爲廬宮之大夫士襢之宮謂圍障之也襢袒也謂不障○倚於綺反苫如占反枕之鴆反凷苦內反襢章善反注同露也障音章下同【疏】父母至襢之○正義曰自此以下至兄不次於弟明君大夫士遭喪斬衰齊衰大功等居廬及堊室至祥禫以來降殺之節各依文解之○此一經論初遭喪君大夫士居廬之禮○居倚廬者謂於中門之外東牆下倚木爲廬故云居倚廬○不塗者但以草夾障不以泥塗之也○寢苫枕凷者謂孝子居於廬中寢卧於苫頭枕於凷○非喪事不言者志在悲哀若非喪事口不言談君爲廬宮之者謂廬外以帷障之如宮牆大夫士襢之者襢袒也其廬袒露不帷障也案既夕禮注云倚木爲廬在中門外東方北戶定本無枕凷字唯有寢苫二字

既葬柱楣塗廬不於顯者君大夫士皆宮之不於顯者不塗見面○柱張玉反楣音眉見賢遍反【疏】既葬至宮之○正義曰既葬柱楣者既葬謂在墓柱楣梢舉以納日光又以泥塗辟風寒○不於顯者言塗廬不塗廬外顯處○君大夫士皆宮之者以大夫士既葬故得皆宮之

凡非適子者自未葬以於隱者爲廬不欲人屬目故廬於東南角既葬猶然○適丁厤反屬音燭【疏】凡非至爲廬○正義曰凡非適子謂庶子也○自未葬以於隱者爲廬者既非喪主不欲人所屬目故於東南角隱映處爲廬經雖云未葬其實葬竟亦然也

既葬與人立君言王事不言國事大夫士言公事不言家事此常禮也【疏】既葬至家事○正義曰此一經明居喪常禮○既葬與人立者未葬不與人並立既葬後可與人並立也猶不羣耳○君言王事不言國事者君諸侯。王天子也既可並立則諸侯可得言於天子之事而猶不自私言己國事也○大夫士言公事不言家事者尊君也大夫士葬後亦得言君事而未可言私事也○注此常禮也○正義曰庾氏云案曾子問三年之喪練不羣立不旅行此言既葬而與人立得爲常禮者鄭以下經君既葬王政入於國既卒哭而服王事是權禮故以此經不言國事及不言家事大判爲常禮也且曾子問據無事之時故不羣立不旅行凡有事須言故與人立也

君既葬王政入於國既卒哭而服王事大夫士既葬公政入於家既卒哭弁絰帶金革之事無辟也此權禮也弁絰帶者變喪服而弔服輕可以即事也○辟音避下注猶辟同【疏】君既至辟也○正義曰此一經是權禮也若值國家有事孝子不得遵恒禮故從權事故云既葬謂葬竟未卒哭也○王政入於國者謂王政令之事入於已國也○既卒哭而服王事者謂身出爲王服金革之事也庾云謂此言君既葬王政便入國候卒哭乃身服王事前云君言王事謂言荅所訪逮而已王政未入於國也○大夫士既葬公政入於家者亦權事也謂國之政令入大夫家也○既卒哭弁絰帶金革之事無辟也者此謂服國事也弁絰帶者弔服也言卒哭則有弔服今有事不得服已變服而服弔服以從金革之事無所辟也變服重弔服輕故從戎便也此與君互也此言服弁絰則國君亦弁絰國君言服王事則此亦服國事也但君尊不言奪服耳然此言弁絰帶弁絰謂弔服帶謂喪服要絰明雖弔服而有要絰異凡弔也○注此權禮也○正義曰案曾子問云金革之事無辟也者魯公伯禽有爲爲之是權禮也

既練居堊室不與人居君謀國政大夫士謀家事既祥黝堊祥而外無哭者禫而內無哭者樂作矣故也黝堊堊室之節也地謂之黝牆謂之堊外無哭者於門外不哭也內無哭者入門不哭也禫踰月而可作樂作無哭者黝堊或爲要期禫或皆作道○黝於糾反堊烏路反又烏谷反注同禫大感反道音導【疏】既練至故也○正義曰此一經論練及祥禫之節○不與人居者謂在堊室之中猶不與人居也○君謀國政大夫士謀家事者此常禮也練後漸輕故得自謀己國家事也○既祥黝堊者祥大祥也黝黑也平治其地令黑也堊白也新塗堊於牆壁令白稍飾故也○祥而外無哭者祥亦大祥也外中門外即堊室中也祥之

日鼓素琴故中門外不哭也○禫而內無哭者內中門內也禫已縣八音於庭故門內不復哭也○案作矣故也者二處兩時不哭是並有樂作故也隱義云練後三日一哭於次次在中門外謂堊室也至大祥則不復於外若有弔者則入即位哭是外無哭者○注黝堊至哭者○正義曰黝謂治堊室之地堊謂塗堊室之牆云地謂之黝牆謂之堊者釋宮文云禫踰月而可作樂者檀弓云魯人有朝祥而暮歌者孔子曰踰月則其善也是祥踰月而可作樂也云樂作無哭者以其樂作故無哭如鄭此注之意以祥踰月作樂故禫時無哭矣則經云樂作之文但釋禫時無哭之意不釋祥之無哭皇氏以爲祥之日鼓素琴樂作之又釋二處兩時無哭與鄭注違皇說非也定本禫踰月作樂祥字作禫字禫之踰月自然從吉樂作可知恐禫字非也

禫而從御，吉祭而復寢。從御，御婦人也。復寢，不復宿殯宮也。○不復，扶又反。

期居廬，終喪不御於內者，父在爲母爲妻，齊衰期者，大功布衰九月者，皆三月不御於內。婦人不居廬，不寢苫。喪父母，既練而

歸，期九月者，既葬而歸。歸謂歸夫家也。○期音基，下同。爲母爲並于僞反，下爲之賜注爲之則爲並同。

【疏】禫而至而歸○正義曰此一經明釋禫節言禫時從御婦人於內也吉祭而復寢者謂禫祭之後同月之內值吉祭之節祭吉祭訖而後復寢若不當四時吉祭則踰月吉祭乃復寢故士虞記云中月禫是月也吉祭猶未配注云是月是禫月也當四時之祭月則祭也亦不待踰月故熊氏云不當四時祭月則待踰月也案閒傳既祥復寢與此吉祭復寢不同者彼謂不復宿中門外復於殯宮之寢此吉祭後不復宿殯宮復於平常之寢文雖同義別故此注不復宿殯宮也明大祥後宿殯宮也杜預以爲禫而從御謂從政御職事鄭以爲御婦人者下文云期居廬終喪不御於內既言不御於內故知此御是御婦人也喪父母既練而歸期九月者既葬而歸○注云歸謂歸夫家也○正義曰女子出嫁爲祖父母及兄弟爲父後者皆期九月謂不是期而降在大功者案喪服女子爲父母卒哭折笄首玄謂卒哭喪之大事畢可以歸於夫家此是既練歸不同者熊氏云喪服注云卒哭可以歸是可以歸之節其實歸時在練後也

公之喪，大夫俟練，士卒哭而歸。此公，公士大夫有地者也。其大夫士歸者，謂素在君所食都邑之臣。

【疏】公之至而歸○正義曰此一經明公士大夫有地之君喪其臣歸之節○公之喪者臣下呼此有地大夫之君爲公故云公之喪○大夫俟練者此君下之臣大夫待練而歸○注此公至之臣○正義曰知此公是公士大夫有地者以其臣大夫待練士待卒哭故知非正君若正君案雜記大夫次於公館以終喪士練而歸彼謂正君與此殊故知此非正君云其大夫士歸者謂素在君所食都邑之臣者皇氏云素先也君所食都邑謂公士大夫之君采地言公士大夫在朝廷而死此臣先在其君所食之采邑故云素在君所食都邑之臣君喪而來服至小祥而各反故云歸也皇氏所解於文爲便然唯近國中而死若在采邑理則不包也熊氏云素在君之所謂此家臣爲大夫者素先在君所食都邑之臣謂家臣不在君所出外食都邑者今君喪皆在若大夫士練及卒哭後素在君所者歸於家素食都邑者歸於都邑若如熊氏解鄭當云素在君所及食都邑之臣今不云及其義疑也

大夫士父母之喪，既練而歸，朔月忌日，則歸哭于宗室。諸父兄弟之喪，既卒哭而歸。歸謂歸其宮也。忌日，死日也。宗室，宗子之家，謂殯宮也。禮，命士以上，父子異宮。○上，時掌反。

【疏】大夫至而歸○正義曰此經明庶子適子遭喪歸家之節大夫士謂庶子爲大夫士也禮命士以上父子異宮故大夫士有父母之喪至小祥各歸其宮也隱義曰大夫士父母之喪既小祥而歸庶子爲大夫士者也適子終喪在殯宮也朔月忌日則歸哭于宗室者朔月朔望也忌日死日也宗室適子家殯宮也雖練各歸至忌日及朔望而歸殯宮也○諸父兄弟之喪既卒哭而歸者諸父諸兄弟並期爲輕故至卒哭而各歸賀氏云此弟謂適弟則庶兄爲之次云至卒哭乃歸也下云兄不次於弟謂庶弟也

父不次於子，兄不次於弟。謂不就其殯宮爲次而居。

【疏】父不至於弟○正義曰喪既畢故尊者不居其殯宮次也

君於大夫世婦，大斂焉；爲之賜，則小斂焉。爲之賜，謂有恩惠也。

【疏】君於至斂焉○正義曰此經以下至君退必奠明君於大夫及士并夫人於大夫士恩賜弔臨主人迎送之節各隨文解之○此一經論君於大夫世婦之禮此世婦謂內命婦大斂爲常爲之恩賜則小斂而往然則君於大夫大斂是常小斂是恩賜案隱元年公子益師卒公不與小斂故不書日者熊氏云彼

謂卿也卿則小斂焉爲之賜則未襲而往故昭十五年有事于武宮籥入叔弓卒去樂卒事公羊云君聞大夫之喪去樂卒事而往可也故鄭云去樂卒事而往未襲也是卿未襲而往案柳莊非卿衞君即弔急弔賢也於外命婦既加蓋而君至於臣之妻畧也【疏】於外至君至○正義曰外命婦恩輕故既大斂入棺加蓋之後而君至也則知大夫及世婦未加蓋以前君至也於士既殯而往爲之賜大斂焉夫人於世婦大斂焉爲之賜小斂焉於諸妻爲之賜大斂焉於大夫外命婦既殯而往大夫士既殯而君往焉使人戒之主人具殷奠之禮俟于門外見馬首先入門右巫止于門外祝代之先君釋菜于門內祝先升自阼階負墉南面君即位于阼小臣二人執戈立于前二人立于後殷猶大也朝夕小奠至月朔則大奠君將來則具大奠之禮以待之榮君之來也祝負墉南面直君北房戶東也小臣執戈先後君君升而夾階立大夫殯即成服成服則君亦成服錫衰而往弔之○直如字又音值當也先後悉見反下胡豆反一音並如字夾古洽反擯者進當贊主人也始立門東北面主人拜稽顙君稱言視祝而踊主人踊稱言舉所以來之辭也視祝而踊祝相君之禮當節之也○相息亮反下相上並同【疏】於上至人踊○正義曰此一經明君賜及夫人於大夫士及妻妾恩賜之差○又明君弔士大夫之禮○於諸妻爲之賜大斂焉諸妻姪娣及同姓女也同士禮故爲之賜之大斂焉若夫人姪娣尊同世婦當大斂焉爲之賜小斂焉○於大夫外命婦既殯而往者謂夫人於大夫及外命婦既殯而往但有一禮無恩賜差降之事○大夫士既殯而君往焉者君於大夫雖視大斂或有既殯之後而始往與士同也○使人戒之者謂君將往使人豫戒告主人使知之○主人具殷奠之禮者殷大也主人得君之戒告先備具月朔大奠之禮重君之來故也○俟于門外者君來之時主人待於門外○見馬首先入門右

記疏卷四十五　十三

者謂見君馬首先君而入門右謂門東北面○祝先升自阼階者君應升自阼階故祝先道君升阼階負墉南面者墉壁也祝先升阼階在君之北立於房戶之東皆負壁而鄉南也君即位于阼者主人不敢有其室故君位于阼而西鄉也○小臣二人執戈立于前二人立于後者前後小臣各二人執戈辟邪氣也君升而小臣夾階北面俟君也盧云上言即位于序端謂君臨大夫將大斂時禮未成序執事故即位于序端此是大夫士既殯而君往禮已成故即位于阼階也○注祝負至弔之○正義曰直君北者直當也君既在阼階祝立當君北在房戶東而南鄉也云小臣執戈先後君君升而夾階立者顧命云夾階上刃是夾階立也云大夫殯即成服者大夫除死日三日殯與成服同日主人既成服故君錫衰而往弔擯者進擯謂贊於主人禮者擯者始在門東北面今君既升阼則此擯者進於孝子前告孝子使行禮也然喪贊曰相而此云擯者以君之弔禮無嫌擯道之義故得以擯言之也○主人拜稽顙者以君臨視故主人于庭中北面拜而稽顙○君稱言者稱舉也君舉其所來之言謂弔辭也舉言既畢當哭踊祝以相君祝先踊君乃視祝而踊君踊畢主人乃踊大夫則奠可也士則出俟于門外命之反奠乃反奠卒奠主人先俟于門外君退主人送于門外拜稽顙迎不拜拜送者拜迎則爲君之荅已君於大夫疾三問之在殯三往焉士疾壹問之在殯壹往焉所以致殷勤也【疏】大夫至往焉○正義曰此一節明君來弔士與大夫其禮不同○大夫則奠可也者君既在阼主人在庭踊畢則釋此殷奠于殯可也言對人君可爲此奠○士則出俟于門外者士卑不敢留君待奠故先出俟君於門外謂君將去也○命之反奠乃反奠者君使人命反設奠士乃反入設奠也○卒奠者設奠畢也○主人先俟于門外者奠畢主人又先出門待君大夫士同然而君退主人送于門外拜稽顙者出去也主人于門外送之而拜也○注迎不至荅已○正義曰案曲禮凡非弔喪非見國君無不荅拜然則喪法孝子拜賓無荅拜之理今者君出孝子雖拜君無荅理而云拜迎則爲君之荅已者以尋常禮敵孝子雖拜賓無荅理今君來臨臣臣既拜迎尊卑禮隔意恐君之荅已故不敢拜迎案僖二十四年有傳宋先代之後於周爲客有喪拜焉者謂其餘諸侯來弔國喪以其卑王不拜

記疏卷四十五　十四

之若朱來弔王用敵禮拜謝之亦是主人拜賓之義也**君弔則復殯服**復反也反其未殯未成服之服新君事也謂臣喪既殯後君乃始來弔也復或爲服【疏】君弔至殯服○正義曰此謂臣喪大斂與殯之時君有故不得來至殯後主人已成服而君始來弔主人則復殯服者復反也殯服謂殯時未成服之服主人於時反服此服新君之事其服則首絰免布深衣也不散帶故小記云君弔雖不當免時也主人必免不散麻注云爲人君變貶於大斂之前既啓之後也**夫人弔於大夫士主人出迎于門外見馬首先入門右夫人入升堂即位主婦降自西階拜稽顙于下夫人視世子而踊奠如君至之禮夫人退主婦送于門内拜稽顙主人送于大門之外不拜**視世子而踊世子從夫人夫人以爲節也世子之從夫人位如視從君也【疏】夫人至不拜○正義曰此一經明夫人弔臣禮○先入門右者門亦大門也謂孝子迎君之妻禮亦如迎君禮也○夫人入升堂即位者亦升阼階西鄉如君也○主婦降自西階拜稽顙于下者主婦臣妻也既夫人來弔故婦人爲主人當夫人升堂即位時而主婦從西階而下拜稽顙於堂下如男主也○夫人視世子而踊者世子夫人之世子隨夫人來也夫人來弔則世子在前道引其禮如祝道君也○奠如君至之禮者亦先戒乃具殷奠夫人即位哭後主婦拜竟而設奠事如君弔禮者若士則亦主人先出而聽命反奠也○夫人退主婦送于門内拜稽顙者門寢門也婦人迎送不出門故夫人去於路寢門内而拜送之而不拜迎而拜送之義與君同也○主人送于大門之外不拜者亦如送君也而不拜者喪無二主主婦已拜故主人不拜**大夫君不迎于門外入即位于堂下主人北面衆主人南面婦人即位于房中若有君命命夫命婦之命四鄰賓客其君後主人而拜**入即位于下不升堂而立阼階之下西面下正君也衆主人南面於其北婦人即位於房中君雖不升堂猶辟之也後主人而拜者將拜賓使主人陪其後而君前拜不俱拜者主人無

二也○下正戸嫁反【疏】大夫至而拜○正義曰此一節明大夫君之禮不迎于門外者卑於正君謂大夫下臣稱大夫爲君故曰大夫君也入即位于堂下者阼階下也大夫君入寢門不得升堂乃即阼階下位而西鄉也○主人北面者主人適子也○其君既即阼階下位故適子辟之位所以在君之南北面也○衆主人南面婦人即位于房中者婦人之位在堂其君既來故婦人並爲位於東房中也然此言婦人即位房中非止大夫之君亦總正君來禮如此也又不言大夫之君妻來者當同夫人禮也又前君臨大斂云主婦尸西不言辟者大斂哀深故不辟君今既殯後哀殺故辟也亦與前互也○若有君命命夫命婦之命四鄰賓客其君後主人而拜者若當此大夫君來弔時或有其本國之君命或有國中大夫命婦之命或有昔經使四鄰之國卿大夫遣使來弔若或有此諸賓在庭則此大夫之君代主人拜命及拜諸賓也所以爾者喪用尊者拜賓故也君雖代爲主拜而猶不賓故同於國君專代爲主故以主人倍置君之後也主人在君後而拜謂君先拜主人後拜也○注婦人至二也○正義曰以婦人即位于房中者東房中也君雖不升堂猶辟之也者以婦人合在戸西東面君來升堂婦人辟之在房中今大夫君來雖不升堂婦人猶辟之於房中也然案未大斂之前君雖來主婦猶在尸西其既殯已後君來雖不顯婦人之位今此大夫君云婦人即位房中明正君既殯而來婦人亦即位房中也故云猶辟之云而君前拜不俱拜者主人無二也者以經云其君後主人而拜是君在前主人在後又君拜在前主人拜在後是主人立與拜皆在君後不與君同時拜君既爲主當推君在前故云主人無二也**君弔見尸柩而后踊**塗之後雖往不踊也踊或爲哭或爲浴【疏】君弔至后踊○正義曰君弔臣唯見尸柩乃踊者若不見尸柩則不踊案前文既殯君往視祝而踊殯後有踊者皇氏云雖殯未塗則得踊故鄭此注云塗之後雖往不踊也是既殯未塗得有踊也**大夫士若君不戒而往不具殷奠君退必奠**榮君之來【疏】大夫至必奠○正義曰君不先戒故臣不得具殷奠○君退必奠者君來不先戒當時雖不得殷奠而君去後必設奠告殯以榮君來故也**君大棺八寸屬六寸椑四寸上大夫大棺八寸屬六寸下大夫大棺六寸屬四寸士棺六寸**大棺棺之在表

者也檀弓曰天子之棺四重水兕革棺被之其厚三寸杝棺一梓棺二四者皆周此以內說而出也然則大棺及屬用梓椑用杝以是差之上公革棺不被三重也諸侯無革棺再重也大夫無椑一重也士無屬不重也庶人之棺四寸上大夫謂列國之卿也趙簡子云不設屬椑時僭也○屬音燭後皆同椑步麻反重直龍反下同兕詞履反被皮下同厚戶豆反杝以支反差初佳反徐初宜反僭子念反 疏 君大至六寸○正義曰此一節以下至篇末揔論君大夫士等棺椁及飾棺之異并碑綍之殊各依文解之○此一經論君大夫士等棺椁厚薄之制○禮天子之棺四重故檀弓云水兕革棺被之其厚三寸杝棺一注云所謂椑棺梓棺二注云所謂屬與大棺然則天子四重之棺都合厚三尺四寸也若上公棺則去水皮所餘三重合厚二尺一寸也若侯伯子男則又去兕皮但餘三棺爲二重合厚一尺八寸也若上大夫則又去椑所餘屬六寸及大棺八寸爲一重合厚一尺四寸若下大夫亦有屬四寸及大棺六寸但寸數減耳大棺六寸屬四寸合厚一尺也若士則不重唯大棺六寸也○君大棺八寸屬六寸椑四寸者屬六寸椑四寸二者合一尺就大棺八寸爲一尺八寸○上大夫大棺八寸屬六寸去椑四寸所餘二種合爲一尺四寸○下大夫大棺六寸屬四寸者各減二寸合

記疏卷四十五　十七

餘一尺也○士棺六寸者無屬唯大棺六寸也○注大棺至僭也○正義曰以名大棺故知在表云四者皆周者謂水兕革棺杝棺梓棺等皆周於尸惟椁不周此以內說而出也者謂檀弓此文從內而說以次出外而謂近尸有水革次外有兕革次外有椑次外有屬次外有大棺云然則大棺及屬用梓椑用杝者以檀弓云杝棺一梓棺二從內出外而言此先云大棺及屬乃始云椑是從外鄉內而說故知大棺及屬當梓棺也椑當杝棺也云上公革棺不被三重也者以天子四上公三去其一重故知革棺不被但有兕也云諸侯無革棺再重也者以此經但云君大棺屬椑不云革故知無革棺也此君謂侯伯子男也此經上下大夫但云大棺與屬無杝椑是大夫無椑一重也經唯云大棺六寸是士無屬不重也案檀弓孔子爲中都宰制四寸之棺五寸之椁是庶人之棺四寸云趙簡子云不設屬椑時僭也者案哀公二年簡子與鄭師戰于鐵簡子自誓云桐棺三寸不設屬辟下卿之罰也案此大夫依禮無椑趙簡子所云罰始無椑故知當時大夫常禮用椑是時僭也

君裏棺用朱綠，用雜金鐕。大夫裏棺用玄綠，用牛骨鐕。士不綠。鐕所以琢著裏○鐕子南反釘也椓陟角反本又作椓著直畧反 疏 君裏至不綠○正義曰此一經明裏棺之制裏棺謂以繒貼棺裏也朱繒貼四方以綠繒貼四角定本經中綠字皆作琢謂鐕琢朱繒貼著於棺也○用雜金鐕者鐕釘也舊說云用金釘又用象牙釘雜之以琢朱綠著棺也○釋義云朱綠皆繒也雜金鐕尚書曰貢金三品黃白青色○大夫裏棺用玄綠者四面玄四角綠○用牛骨鐕者不用牙金也○士不綠者悉用玄也亦同大夫用牛骨鐕不言從可知也

君蓋用漆，三衽三束。大夫蓋用漆，二衽二束。士蓋不用漆，二衽二束。用漆者塗合牝牡之中也衽小要也○要一遙反下同衽 疏 君蓋至二束○正義曰此一經明衽束之數○君蓋用漆者蓋棺上蓋用漆謂漆其衽合縫處也○三衽三束者衽謂燕尾合棺縫際也束謂以皮束棺也棺兩邊各三衽每當衽上輒以牛皮束之故云三衽三束也○大夫蓋用漆二衽二束者亦漆衽合縫處也大夫士橫衽有束每衽有束故云二衽二束也○士蓋不用漆○二衽二束者士卑故不漆也言二衽二束者與大夫同檀弓云棺束縮二衡三者據君言也若大夫士橫唯二束此文是也故鄭注司士云結披必當棺束於束繫紐天子諸侯載柩

記疏卷四十五　十八

三束大夫士二束喪大記曰君纁披六大夫披四前纁後玄士二披用纁人君禮文欲其數多圍數兩旁言六耳其實旁三是也皇氏不見鄭之此注以爲此經大夫士二衽二束者據披從束而言其橫皆爲三束其義非也

君、大夫鬠爪實于綠中，士埋之。綠當爲角聲之誤也角中謂棺內四隅也鬠亂髮也將實爪髮棺中必爲小囊盛之此綠或爲簍○鬠音舜爪側巧反囊乃剛反徐音託盛音成簍魯口反 疏 君大至埋之○正義曰此一節明鬠爪之異○實于綠中者綠即棺角也其死者亂髮及手足之爪盛于小囊實于棺角之中士埋之者士賤亦有物盛髮爪而埋之○注綠當爲角○正義曰知綠當爲角者上文綠爲色以飾棺裏非藏物之處以綠與角聲相近經云綠中故讀綠爲角

君殯用輴，欑至于上，畢塗屋。大夫殯以幬，欑置于西序，塗不暨于棺。士殯見衽，塗上，帷之。欑猶菆也屋殯上覆如屋者也幬覆也暨及也此記參差以檀弓參之天子之殯居棺以龍輴欑木題湊象椁上四注如屋以覆之盡塗之諸侯輴不畫龍欑不題湊象椁其他亦如之大夫之殯廢輴

置棺西牆下就牆櫕其三面塗之不及棺者言櫕中狹小裁取容棺然則天子諸侯差寬大矣士不櫕掘地下棺見小要耳帷之鬼神尚幽闇也士達於天子皆然幬或作錞或作焞○輴敕倫反櫕才冠反下同幬音道注同暨其器反注同見賢遍反注同菆才工反本亦作叢參初金反差初宜反題音啼湊七豆反注徐之樹反下同差寬初賁反又初佳反掘其越反又其勿反錞徒對反又徒卧反又徒偎反焞依字支允反又支閭反徐都卧反沈都雷反

【疏】君殯至帷之○正義曰此一經明尊卑殯之制度○君殯用輴者君諸侯也殯時置棺於輴內○櫕至于上者以休櫕輴至於棺上畢塗屋者畢盡也此所櫕殯之大有似屋形櫕之既訖盡塗其屋也○大夫殯以幬者幬覆也謂棺衣覆之也大夫言幬覆則王侯並幬覆也謂棺衣覆之言大夫幬即加斧之類是也○櫕置于西序者屋堂西頭壁也大夫不輴又不四面櫕以一面倚西壁而三面櫕之又上不爲屋也○塗不暨於棺者暨及也王侯塗之而櫕廣去棺遠大夫亦塗而櫕狹去棺近裁使塗不及棺故云不暨棺也○士殯見衽塗上帷之者士掘肂見衽其衽之上所出之處亦以木覆上而塗之故謂塗上也士喪禮云乃塗注云以木覆棺上而塗之爲火備也帷之者帷障也貴賤悉然故朝夕哭乃微帷也○注櫕猶至皆然

正義曰云櫕猶菆也者謂菆聚其木周於外也云屋殯上覆如屋者也解經畢塗屋屋是殯上之覆形似於屋故云如屋云此記參差者謂記此大記之文其事參差若君據天子應稱龍輴不得直云殯用輴若君據諸侯不得云櫕至于上畢塗屋其文或似天子或似諸侯故云參差云以檀弓參之檀弓云天子之殯菆塗龍輴以椁故知天子殯居棺以龍輴又云以椁故知櫕木題湊象椁云上四注如屋以覆之者謂上以四注垂而鄉下如似屋形以覆其上云盡塗之者謂四邊及上皆塗之云諸侯輴不畫龍櫕不題湊象椁者以檀弓唯云天子龍輴此經直云君殯用輴不云龍是諸侯不龍也不謂畫輴轅爲龍檀弓唯云天子菆塗龍輴以椁則知諸侯不題湊象椁云其他亦如之者除此龍輴題湊象椁之外其他亦如之其他謂菆木畢塗屋亦如天子也必知天子椁四阿者成二年左傳云宋文公卒椁有四阿是僭天子禮但凡殯之禮天子先以龍輴置於客位殯處然後從阼階舉棺於輴中輴外以木菆輴之四邊木高於棺乃從上加綃黼於棺上然後以木題湊題頭也湊鄉也謂以木頭相湊鄉內也象椁上之四注以覆之如屋形以泥塗之於屋之上又加席三重於殯上其諸侯則君棺以輴亦菆木輴外木高於棺後加布幕於棺上又菆木於塗上不題湊象椁也雖不象椁亦中央高似屋形但不爲四注故經云畢塗屋揔包君也塗上加席三重云大夫之殯廢輴者案下檀弓云三臣廢輴據殯時也是大夫之殯廢輴云櫕中狹小裁取容棺者以經云塗不暨于棺明其狹小畢者既狹則知天子諸侯差寬大矣云士達於天子皆然者謂皆帷之

熬君四種八筐大夫三種六筐士二種四筐加魚腊焉熬者煎穀也將塗設於棺旁所以惑蚍蜉使不至棺也士喪禮曰熬黍稷各二筐又曰設熬旁各一筐大夫三種加以粱君四種加以稻四筐則手足皆一其餘設於左右○熬五羔反種章勇反下及注同筐音匡腊音昔蚍音毗蜉音浮

【疏】熬君至腊焉○正義曰此一經明熬穀之異熬者謂火熬其穀使香欲使蚍蜉聞其香氣食穀不侵尸也○加魚腊焉者魚腊謂乾腊案特牲士腊用兔少牢大夫腊用麋天子諸侯無文當用六獸之屬亦爲惑蚍蜉○注士喪至左右○正義曰此云士二種四筐士喪禮熬黍稷各二筐又與此同故引之又引士喪禮云設熬旁一筐者證設熬之處云大夫三種加以粱者以曲禮云歲凶大夫不食粱明豐年常食粱故知大夫加以粱公食大夫禮黍稷稻粱云君四種加以稻四筐則手足皆一者當以士喪四筐設熬旁各一筐則兩旁有

兩筐首有一筐足有一筐也云其餘設於左右者兩旁在首足以外皆設於左右旁也

飾棺君龍帷三池振容黼荒火三列黼三列素錦褚加僞荒纁紐六齊五采五貝黼翣二黻翣二畫翣二皆戴圭魚躍拂池君纁戴六纁披六大夫畫帷二池不振容畫荒火三列黻三列素錦褚纁紐二玄紐二齊三采三貝黻翣二畫翣二皆戴綏魚躍拂池大夫戴前纁後玄披亦如之士布帷布荒一池揄絞纁紐二緇紐二齊三采一貝畫翣二皆戴綏士戴前纁後緇二披用纁飾棺者以華道路及壙中不欲衆惡其親也荒蒙也在旁曰帷在上曰荒皆所以衣

柳也。士布帷布荒者，白布也。君大夫加文章焉。黼荒緣邊爲黼，又畫荒緣邊爲雲氣，火黻爲列於其中耳。爲當爲帷，或作于，聲之誤也。大夫以上有褚以襯覆棺，乃加帷荒於其上。紐所以結連帷荒者也。池以竹爲之，如小車笭，衣以青布。柳象宮室，縣池於荒之爪端，若承霤然云。君大夫以銅爲魚，縣於池下。揄，揄翟也。青質五色畫之於絞繒而垂之，以爲振容，象水草之動搖，行則又魚上拂池。雜記曰大夫不揄絞屬於池下，是不振容也。士則去魚。齊象車蓋蕤，縫合雜采爲之，形如爪分然，綴貝落其上乃旁。戴之言值也，所以連繫棺束與柳材使相值，因而結前後披也。漢禮器，翣以木爲筐，廣三尺，高二尺四寸，方兩角高，衣以白布，畫者畫雲氣，其餘各如其象，柄長五尺，車行使人持之而從，既窆樹於壙中。檀弓曰周人牆置翣是也。綏當爲緌，讀如冠緌之緌，蓋五采羽注於翣首也。○黻音弗。褚，張吕反，下同。僞，依注讀爲帷，位悲反。齊如字，齊才細反。翣，所甲反。戴，丁代反，下及注同。披，彼義反，彼甫髮反，下同。綏，依注爲緌，音蕤，耳佳反，下同。揄音遙，注同。紐，女九反。縞，側具反。壙，古晃反。惡，烏路反。衣，於既反，下衣以皆同。以上，時掌反，下魚上同。笭音零。縣音玄，下皆同。搖音遙，一音以照反。去，起吕反。車蓋蕤絶句，一讀以蕤向下。爪，古華反。分，扶問反，又皮莧反，又夫云反。壙，古曠反。高，古報反，又如字。長，直諒反，又如字，後放此。從，才用反。

【疏】飾棺至用纁。○正義曰：此一經明葬時尊卑棺飾。○君龍帷者，君，諸侯也。帷，柳車邊障也，以白布爲之，王侯皆畫爲龍，象人君之德，故云龍帷也。○三池者，諸侯禮也。池謂織竹爲籠，衣以青布，挂著於柳上荒邊爪端，象平生宮室有承霤也。天子生有四注屋，四面承霤，柳亦四池象之。諸侯屋亦四注，而柳降一池，闕於後一，故三池也。○振容者，振，動也；容，飾也。謂以絞繒爲之，長丈餘，如幡，畫幡上爲雉，縣於池下爲容飾，車行則幡動，故曰振容。○黼荒者，荒，蒙也，謂柳車上覆，謂鱉甲也。緣荒邊爲白黑斧文，故云黼荒。○火三列者，列，行也，於鱉甲黼文之上荒中央又畫爲火三行也，火形如半環也。○黼三列者，又畫爲兩已相背爲三行也。○素錦褚者，素錦，白錦也。褚，屋也。於荒下又用白錦以爲屋也。葬在路，象宮室也。故雜記云素錦以爲屋而行，即褚是也。○加僞荒者，帷是邊牆，荒是上蓋，褚覆竟而加帷荒，加褚外也。纁紐六者，上蓋與邊牆相離，故又以纁爲紐連之相著，旁各三，凡用六紐，故云纁紐也。○齊五采者，謂鱉甲上當中央，形員如華蓋，高三尺，徑二尺餘，五采謂人君以五采繒衣之，列行相次，故云五采也。○五貝者，又連貝爲五行，交絡齊上也。○黼翣二、黻翣二、畫翣二者，翣形似扇，以木爲之，在路則障車，入椁則障柩也。凡有六枚，二畫爲黼，三畫爲黻，三畫爲雲氣。諸侯六，天子八。禮器云天子八翣，諸侯六，大夫四。鄭注縫人云：漢禮器制度，飾棺天子龍火黼黻皆五列，又有龍翣二，其戴皆加璧也。○皆戴圭者，謂諸侯六翣兩角皆戴圭玉也。○魚躍拂池者，凡池必有魚，故此車池縣絞雉，又縣銅魚於池下，若車行則魚跳躍上拂池也。隱義曰：振容在下，是魚在振容間。○君纁戴六者，事異飾棺，故更言君也。纁戴，謂用纁帛繫棺紐著柳骨也。謂之戴者，戴，值也，使棺堅值。棺橫束有三，亦每一束兩邊輕各屈處爲紐，三束有六紐，今穿纁戴於紐，以繫柳骨，故有六戴也。○纁披六者，謂纁亦用絳帛爲之，以一頭繫所連柳纁戴之中，而出一頭於帷外，人牽之。每戴繫之，故亦有六也。謂之披者，若牽車登高，則引前以防軒車；適下，則引後以防翻車；欹左則引右，欹右則引左，使車不傾覆也。大夫畫帷者，不得爲龍，畫爲雲氣。○二池者，不得三，故二也。庾云兩邊而已，賀云前後各一。不振容者，謂不以揄絞屬於池下爲振容，故云不振容也。爲池上揄絞則有也。○畫荒者，不爲斧而爲雲氣也。○火三列、黼三列、素錦褚者，與君同也。○纁紐二、玄紐二者，不得大，故用四以連四旁也。不并一色，故二爲纁，二爲玄也。○齊三采者，絳黃黑也。○三貝者，又降二也。○黼翣二、畫翣二者，降兩龍也。○皆戴綏者，翣角不圭，但用五采，用作綏注翣兩角也。○魚躍拂池者，無絞雉而有縣銅魚也。○大夫戴前纁後玄者，事異，故更言大夫也。降人君，故不並用纁也。其數與披同用者四也。○披亦如之者，色及數悉與戴同也。○士布帷布荒者，士帷及荒者白布爲之而不畫也。○一池者，唯一池在前也。○揄絞者，亦畫揄雉於絞，在於池上，而池下無振容。知者，大夫既不振容，明士亦不振容於池下。○纁紐二、緇紐二者，降[illegible]縞也，猶用四連四旁。○齊三采者，與大夫同也。○三貝者，又降二行，但一行絡之耳。○畫翣二皆戴綏者[illegible]上翣悉緌，故云皆也。○士戴前纁後緇，二披用纁者[illegible]戴當棺束，每束各在兩邊，前頭二戴[illegible]用[illegible]兩邊爲四戴，舉一邊即兩戴也。○二[illegible]邊前後各一披，故云二披。用纁，若通兩旁，則[illegible]飾棺至首也。○正義曰：以華道路及壙中者[illegible]知餘物堪入壙中者，皆人云荒蒙也者，以爾[illegible]得爲蒙。云皆所以衣柳也者，謂木材有此帷荒在外衣覆之，故云皆所以衣柳。云黼荒緣邊爲黼文，畫荒緣邊爲雲氣者，既云黼荒畫荒，又云火三列、黻三列，火黻既爲三列，其處寬多，宜在荒之中央，則知黼之與畫宜在荒之外。鄭云爲當爲帷，或作于者，爲字與帷聲相近，又諸本爲字作于者，于帷聲又相近，因聲相近而遂誤作僞字，或作于字，故云聲之誤也云紐所以結連帷荒者荒在上帷在旁屬紐以結之與束棺屬披之紐別也故鄭注司士云謂結披必當棺束於束繫紐是披紐與此異也云池以竹爲之如小車笭衣以青布者鄭以漢之制度而知如小車笭者以小車之箱必猶狹長故云如小車笭云縣池於荒之爪端若承霤然云者荒之爪謂荒之材出外若人之指爪而縣此池於荒之爪端其池若宫室之承霤然云語辭也云以銅爲魚縣於池下者以參漢之制度而知也云揄揄翟也青質五色者爾雅釋鳥文經云揄絞故知畫揄於絞繒也經云振容故知垂之以爲振容象水草之揄搖云行則魚躍上拂池者以經云魚躍拂池是鄉上之名非行不動故知行則魚上拂池引雜記曰大夫不揄絞屬於池下是不振容也者此經云不振容雜記云大夫不揄絞屬於池下若屬於池則振容不屬於池下是不振容也云士則去魚者言士同大夫不振容更又去魚故云士則去魚此云士揄絞明大夫亦揄絞但大夫不以揄絞屬於池下爲振容而皇氏不解鄭之此旨謂大夫不揄絞而有銅魚士無銅魚而有揄絞以爲魚隂而絞陽大夫偪君故奪其陽不尋其義一何疏妄之甚云齊象車盖甤者此車盖四面有垂下甤今此齊形象此車蓋及甤謂上象車蓋旁象蓋甤云縫合雜采爲之形如爪分然者言齊形既圓上下縫合雜

采豎有限齵如瓜内之子以穰爲分限然也皇氏云如虎掌之爪皮外其色有部分若然此注唯據瓜事恐不合耳云戴所以連繫棺束與柳材使報值因而結前後披者謂用此戴索連繫棺束之紐與外畔柳材使相當值謂連棺著柳將披一頭以結此戴更垂披頭鄉外使人執之備柩車傾動云以木爲筐者謂以木爲翣之筐若門戶四面筐也云廣三尺高高二尺四寸方兩角高者謂廣方正不圓曲也云緌當爲緌至翣首也者以周禮夏采掌染鳥羽爲夏翟之色故名夏采其職掌復建緌故知緌五采用注翣首謂翣之兩角諸侯則戴以圭

君葬用輴四綍二碑御棺用羽葆大夫葬用輴二綍二碑御棺用茅士葬用國車二綍無碑比出宫御棺用功布

大夫廢輴此言輴非也輴皆當爲載以輇車之輇聲之誤也輇字或作團是以文誤爲團輇車柩車也尊卑之差也在棺曰綍行道曰引至壙將窆又曰綍而設碑是以連言之碑桓楹也御棺居前爲節度也士言比出宫用功布則出宫而止至壙無矣綍或爲率○輴依注音輇市專反下同王勑倫反綍音弗碑彼皮反御棺一本作御柩葆音保用國依注亦作輇市專反王如字云一國所用比必例反注同柩尹九反引音胤率音律

【疏】君葬至功布○正義曰此一經明葬時在路尊卑載柩之車及碑綍之等君葬用輴者諸侯載柩在路而用輴當用輇車用輴非也○四綍二碑者綍有四條條有一所此諸侯也天子則六綍四碑○御棺用羽葆者雜記云諸侯用匠人執羽葆以鳥羽注於柄末如蓋而御者執之居前以指麾爲節度也○大夫葬用輴者言輴非亦當爲用輇也○二綍二碑者碑各一孔樹於壙之前後綍各穿之也○士葬用國車者國亦當爲輇也二綍無碑者手縣下之○此出宫御棺用功布者此出宫謂柩在宫牆内也功布大功布也士用大功布爲御也大夫用茅自廟至墓士卑御自廟至大門牆内而止出路便否至墓不復御也隱義云羽葆功布等其象皆如麾○注大夫至無矣○正義曰鄭引大夫廢輴此經云葬用輴與檀弓違故云此言輴非也云輴皆當爲載以輇車之輇者謂經云君葬用輴大夫葬用輴此二輴皆當爲載以輇車之輇讀從雜記之文謂君及大夫皆載以輇車明不以輴也必知非輴者以此文云士葬用國車國字與團字相似因誤耳團與輇聲相類輇則蜃車也在路載柩尊卑同用蜃車故知經云輴者非也輴國皆當爲輇云尊卑之差也在棺曰綍者皇氏云天子諸侯以下

載柩車同皆用輇也其尊卑之差異在於棺飾耳則前經棺飾是尊卑異也熊氏云尊卑之差謂此經君四綍二碑御於用羽葆大夫二綍二碑御棺用茅士葬用二綍無碑御棺用功布失鄭注意其説非也云行道曰引至壙將窆又曰綍而設碑是以連言之者此一經所論在道之時未論窆時下棺之節既是在塗經當應云引而云綍與碑者其初時在塗後遂窆葬因在塗連言窆時故云是以連言之至窆時下棺天子則更載以龍輴故遂師注云蜃車柩路也行至壙乃設奠復載以龍輴是天子殯用龍輴至壙去蜃車載以龍輴以此約之則諸侯殯以輴葬則用輇明矣若大君雖朝廟用輴殯則不用輴葬時亦無輴也士則殯不用輴朝廟得用輴軸若天子元士葬亦用輴軸與大夫異禮有損之而益之也云碑桓楹也者下檀弓云三家視桓楹是僭也則天子用大木爲碑謂之豐碑諸侯則樹兩大木爲碑謂之桓楹此經言稱二綍二碑故云桓楹也謂每一碑樹兩楹云士言比出宫用功布則出宫而止至壙無矣者以士卑故出宫在路無御柩之物

凡封用綍去碑負引君封以衡大夫士以咸君命毋譁以鼓封大夫命毋哭士哭者相

止也封，周禮作窆，下棺也。此封或皆作斂。檀弓曰：公輸若方小，斂般請以機封，謂此斂也。然則棺之入坎爲斂，與斂尸相似，記時同之耳。咸讀爲緘。比柩車及壙，說載除飾，而屬紼於柩之緘，又樹碑於壙之前後，以紼繞碑間之鹿盧，輓棺而下之。此時棺下窆，使輓者皆繫紼而繞要負引，舒縱之，備失脫也。用此時去碑者，謂縱下之時也。衡，平也。人君之喪，又以木橫貫緘耳，居旁持而平之，又擊鼓爲縱舍之節。大夫、士旁牽緘而已。庶人縣窆，不引紼也。禮唯天子葬有隧。今齊人謂棺束爲緘繩，咸作爲械。○封，依注作窆，彼驗反，下及注機封同。咸，依注讀爲緘，古咸反。戲反。毋音無，下同。譁音華。說，吐活反。輓音晚。繞，而沿反。要，一遙反。縱，子用反，下同。舍音捨。隧音遂，延道也。械，古咸反，一本作緘。

疏凡封至止也○正義曰：此一經論尊卑下棺之制。○凡封用綍去碑負引者，封當爲窆，窆謂下棺。下棺之時，將綍一頭以繫棺緘，又將一頭繞碑間鹿盧，所引之人在碑外，背碑而立，負引者漸漸應鼓聲而下，故云用綍去碑負引也。○君封以衡者，諸侯禮大物多，棺重恐棺不正，下棺之時，別以大木爲衡，貫穿棺束之緘，平持而下，備傾頓也。○大夫士以咸者，大夫士無衡，使人以綍直繫棺束之緘而下於君也。○君命無譁以鼓封者，謂君下棺時，命令衆人無得諠譁，以擊鼓爲窆時縱捨之節，每一鼓漸縱綍也。○大夫命毋哭者，大夫卑，不得擊鼓，直命人使無哭耳。○士哭者相止也者，士又卑，不得施教令，直以哭者自相止。○注封周至緘繩○正義曰：此封或皆作斂者，謂禮記餘本此經中封字皆作斂字者，鄭以窆有斂義，故引檀弓之文斂般請以機窆，故云謂此斂也。云然則棺之入坎爲斂以斂尸相似，記時同之耳者，以下棺與斂尸相似，故作記之時，他本同稱斂，故下棺亦以爲斂也。云屬紼於柩之緘者，至壙說載除飾之後，謂解此蜃車之綍，繫於柩之緘束之繩。云又樹碑於壙之前後，以綍繞碑間之鹿盧，輓棺而下之者，諸侯四綍二碑，前後二綍各繞前後二碑之鹿盧，其餘兩綍於壙之兩旁人輓之而下。其天子則下檀弓注云天子六綍四碑，前後各重鹿盧。如鄭此注，天子紼既有六，碑但有四，故以前碑後碑各鹿盧，每一碑用二綍，前後用四綍，其餘兩綍繫於兩旁之碑。案下檀弓注云諸侯之綍不云前後重鹿盧，則諸侯之碑前後不重鹿盧也。前碑後碑各用一紼，其餘二紼在旁，人持而下棺也。經云綍去碑，謂前後綍耳，其在旁之綍無碑也。故前經士二綍無碑也，是綍有人持之法，不要在碑也。案檀弓注云前後重鹿盧唯深天子，皇氏云諸侯亦有前後重鹿盧，四紼繫於前後二碑，旁邊無紼，既違鄭注，下棺又危，其義恐非也。云禮唯天子葬有隧者，案僖二十五年左傳云：晉侯請隧，弗許，曰：王章也。是隧爲天子典章，諸侯請，故知天子有隧也。杜元凱注左傳：闕地通路曰隧。諸侯皆縣柩而下，路則輴也。故遂師注云：至壙說載，除飾，更復載以龍輴。是載以輴入隧道。皇氏云：棺從而下，遂以納明器。其說兼路也。云今齊人謂棺束爲緘繩者，以今人之語證經緘是束棺之物。

君松椁，大夫柏椁，士雜木椁。椁謂周棺者也。天子柏椁以端長六尺，夫子制於中都，使庶人之椁五寸。五寸謂端方也。此謂尊者用大材，卑者用小材耳。自天子、諸侯、卿、大夫、士、庶人六等，其椁長自六尺而下，其方自五寸而上，未聞其差所定也。抗木之厚，蓋與椁方齊。天子五重，上公四重，諸侯三重，大夫再重，士一重。○而上，時掌反。抗，苦浪反，徐戶剛反。重，直龍反，下同。

疏君松至木椁○正義曰：此一經明所用椁木不同。○君松椁者，君，諸侯也。諸侯用松爲椁材也。盧云：以松黃腸爲椁。盧云：黃腸，松心也。○大夫柏椁者，以柏爲椁，不用黃腸，下天子也。○士雜木椁者，又卑，不得同君，故用雜木也。○注椁謂至一重○正義曰：天子柏椁以端長六尺，夫子制於中都，使庶人之椁五寸，五寸謂端方也者，鄭以椁木長短及厚薄無文，故引柏椁以端長六尺，明椁材每段長六尺也。又庶人厚五寸者，欲明椁材每段厚薄廣狹五寸也。故云謂端方也。端，頭也，謂材頭之方。天子長六尺，謂尊者用大材；庶人方五寸而卑者用小材。云六等，其椁長自六尺而下，其方自五寸而上，未聞其差所定也者，天子既六尺而下，未知諸侯、卿、大夫、士、庶人節級之數；庶人自五寸而上，未知士及大夫、卿與諸侯大子差益之數，故云未聞其差所定。案檀弓柏椁以端長六尺，注云其方蓋一尺，以此差之，諸侯方九寸，卿方八寸，大夫七寸，士六寸，庶人五寸。雖有此約，又無正文可定。云抗木之厚蓋與椁方齊者，以椁繞四旁，抗木在上，俱在於外，故疑厚薄齊等。云天子五重以下者，據抗木之數言之，故禮器天子五重八翣是也。每一重，縮二在下，衡三在上，故既夕注云象天三合地二也。○

棺椁之間，君容柷，大夫容壺，士容甒。間可以藏物，因以爲節。○柷，昌六反。甒音武。

疏棺椁至容甒○正義曰：此一經明棺椁之間廣狹所容也。○君容柷者，柷如漆筩，是諸侯棺椁間所容也。若天子棺椁間則差寬大，故司几筵云柏席用萑。玄謂柏，椁字磨滅之餘。椁席，藏中神坐之席是也。諸侯棺椁間亦容席，故司几筵云柏席，諸侯則紛純，稍狹於天子，故此云容柷。○大夫容壺者，壺是漏水之器，大夫所掌。曰士容甒者，甒盛酒之器，士所用也。

君裏椁虞筐大

夫不裹椁士不虞筐裹椁之物虞筐之文未聞也〔疏〕君裹至虞筐○正義曰盧氏雖有解釋鄭云未聞今畧盧氏不録也

附釋音禮記注疏卷第四十五

南昌盧氏宣旬校栞

皇清嘉慶二十年重栞宋本十三經注疏用文選樓藏本校

江西南昌府學栞

禮記注疏卷四十五挍勘記　阮元撰盧宣旬摘錄

附釋音禮記注疏卷第四十五惠棟挍宋本禮記正義卷第五十四

喪大記

大斂布絞節

大斂至無紞惠棟挍宋本無此五字

至大斂又各加一衾閩監毛本同惠棟挍宋本至上有今字

小斂之衣節

君衣尚多惠棟挍宋本宋監本岳本同嘉靖本同衛氏集說同閩本衣字滅監毛本衣誤不

國君陳衣及斂閩本同考文引宋板同監毛本及誤乃

君親屬有衣相送閩監毛本同考文云宋板君作若衛氏集說同

袍必有表節

袍必至一稱惠棟挍宋本無此五字

爵弁服皮弁服褖衣注衣注云惠棟挍宋本無注衣二字衛氏集說同此本誤衍閩監毛本作褖衣純衣注云並誤

凡斂者袒節

凡斂至是斂惠棟挍宋本無此五字

并引士喪禮商頌祝主斂惠棟挍宋本無頌字此本誤衍閩監毛本同

君錦冒節

君錦至冒也惠棟挍宋本無此五字

熊氏分質字屬下爲句惠棟挍宋本依分質字屬上絕字屬下爲句續通解同此本上

殺字屬四字脫閩監毛本同

君將大斂節

君將至如之　惠棟按宋本無此五字

故在堂下而向北　閩監毛本同惠棟按宋本向作鄉衞氏集說同按下作鄉南此亦當作鄉北

宰告者大宰也　惠棟按宋本同閩監毛本者下有宰字

大夫之喪節

先入門右巫止于門外　各本同石經同山井鼎云古本先入門右無門字巫止于門外無于門外三字與注合按釋文出巫止云本或作巫止門外門外衍字耳

大夫至馮之　惠棟按宋本無此五字

君撫大夫節

撫以手按之也　閩本同惠棟按宋本同岳本同嘉靖本同監毛本按作案衞氏集說同

凡馮尸興必踊　各本同坊本必誤於

悲哀悲哀之至　惠棟按宋本悲哀二字不重宋監本岳本嘉靖本衞氏集說同此本誤衍閩監毛本同

君撫至必踊　惠棟按宋本無此五字

既葬柱楣節

柱楣塗廬　閩本惠棟按宋本宋監本岳本嘉靖本衞氏集說同釋文出柱楣監毛本柱作拄疏放此

既葬至宮之　惠棟按宋本無此五字

既葬與人立節

既葬至家事　惠棟按宋本無此五字

君諸侯王天子也　閩監毛本同惠棟按宋本侯下有也衞氏集說同

既練居堊室節

禫踰月而可作樂作無哭者　禫字各本並同惠棟云禫當作祥段玉裁云孔作祥按正義云是祥踰月而可作樂也又云以祥踰月作樂又謂定本祥字作禫字恐禫字非也是正義本作祥之明證毛本作樂樂岳本同嘉靖本同衞氏集說同此本脫一樂字閩監本同

既練至故也　惠棟按宋本無此五字

云禫踰月而可作樂者　閩監毛本同按禫亦當作祥

定本禫踰月作樂　惠棟按宋本踰月下有而可二字此本誤脫閩監毛本同定本誤定不

禫而從御節

禫而至而歸　惠棟按宋本無此五字

值吉祭之節祭吉祭訖而後復寢　閩監毛本同惠棟按宋本祭吉祭作行吉祭考文云宋板無後字衞氏集說亦作行吉祭訖而復寢

〇注云歸謂歸夫家也　閩監毛本同山井鼎云宋板無圈與上接續注字無所標異爲是

大夫士父母之喪節

至忌日及朔望而歸殯宮也　閩監毛本同惠棟按宋本而作則衞氏集說同續通解同

於士既殯而往節

舉所以來之辭也視祝而踊　毛本作也岳本同嘉靖本同衞氏集說同考文引宋本同此本也誤相閩監本同

於士至人踊　惠棟按宋本無此五字

故爲之賜之大斂焉　閩監毛本同惠棟挍宋本無下之字

君旣在阼階祝立當君北　閩監毛本同惠棟挍宋本階作此

主人拜稽顙者　閩監毛本同惠棟挍宋本上有主人至人踊五字

大夫則僎可也節

士疾壹問之　各本同毛本問誤間

大夫至往焉　惠棟挍宋本無此五字

大夫君不迎於門外節

人卽位于下不升堂而立阼階之下西面　閩監毛本同岳本于作於嘉靖本同衛氏集說同考文引宋板于作於而立作而位

大夫至而拜　惠棟挍宋本無此五字

又不言大夫君之妻來者　惠棟挍宋本作君之衛氏集說同此本君之二字倒閩監毛本同

君大棺八寸節

諸無革棺再重也　補案諸下當有侯字此誤脫也

君大至六寸　惠棟挍宋本無此五字

注云所謂椑棺　閩監毛本同惠棟挍宋本下有也字

君裏棺用朱節

綠用雜金鐕　各本同石經同正義云定本經中綠字皆作琢　惠棟云當依定本作琢

鐕所以琢著裏　閩監毛本同嘉靖本同衛氏集說同岳本琢作椓考文引古本同按釋文出椓云本又作琢

君裏至不綠　惠棟挍宋本無此五字

又用象牙釘雜之　閩監本同毛本雜字闕

君殯用輴節

欑置于西序　惠棟挍宋本同石經同岳本同嘉靖本同衛氏集說同閩監毛本置誤至石經考文提要云宋大字本宋本九經南宋巾箱本余仁仲本劉叔剛本並作置按士喪禮注引此文亦作置字

上四注如屋以覆之　閩監毛本同岳本同嘉靖本同釋文出四注衛氏集說注作柱考文引古本同

君殯至帷之　惠棟挍宋本無此五字

此所欑殯之大有似屋形　閩監毛本同考文引宋板大作木

云屋殯上覆如屋者也　閩監毛本同惠棟挍宋本也下有者字

云以檀弓參之　閩監毛本同惠棟挍宋本之下有者字

是諸侯不龍也謂不畫輴轅爲龍　惠棟挍宋本如此此本不龍誤不當畫輴誤畫目閩監毛本同

象椁上之四注以覆之　閩監毛本同惠棟挍宋本注作柱衛氏集說同下但不爲四注同

塗上加席三重　閩監毛本同惠棟挍宋本三作二

熬君四種八筐節

所以感蚍蜉　閩監毛本同嘉靖本同惠棟挍宋本感作惑岳本同衛氏集說同考文引古本同按儀禮注感字當作惑此本疏中亦作惑

設熬旁各一筐　閩監毛本同岳本同嘉靖本同衛氏集說同惠棟挍宋本無各字浦鏜云各字儀禮

無按疏及續通解并周禮稾人疏引此注皆無各字吳草廬儀禮集說據此注謂爲經文脫非也

熬君至腊焉　惠棟按宋本無此五字

亦爲惑蚍蜉　惠棟按宋本同衛氏集說同閩監毛本惑作感

飾棺節

如小車笿　各本同釋文笿作苓○按笿正字苓假借字

車行使人持之而從既窆樹於壙中　各本同浦鏜云既窆上周禮疏引此有引障二字壙中下有障版二字按聶崇義三禮圖考亦有此四字今脫也孫志祖云孟子疏四卷下引注使人持之而從下有以障二字壙中下有障柩也三字文義較完足

飾棺至用纁　惠棟按宋本無此五字

帷者邊牆　考文引宋板同閩監毛本者作是

故云纁紐也　惠棟按宋本紐下有六字此本脫閩監毛本同

齊三采者降黃黑也　惠棟按宋本作降此本降誤絳閩監毛本同衛氏集說同

後緇者事異　閩監毛本同考文云宋板事作士

以參漢之制度而知也　閩監毛本同惠棟按宋本以作亦

竪有限穪　惠棟按宋本同閩監毛本穪作攝

故知綏五采羽注翣首　惠棟按宋本有於字此本於字脫閩監毛本同

君葬用輴節

君葬至功布　惠棟按宋本無此五字

載柩車同皆用輇也　閩本同惠棟按宋本同監毛本同誤者

凡封用綍節

凡封至止也　惠棟按宋本無此五字

恐棺不正　閩監毛本同惠棟按宋本棺作柩衛氏集說同

直以哭者自相止　閩監毛本同惠棟按宋本止下有也字衛氏集說同

故以前碑後碑各鹿盧　惠棟按宋本各下有重字續通解同此本誤脫閩監毛本同

前碑後碑各用一紼　閩監本同毛本上碑誤後惠棟按宋本無用字衛氏集說同

經云綍去碑　考文引宋板同衛氏集說同閩監毛本綍上有用字

君松椁節

君松至木椁　惠棟按宋本無此五字

是卑者用小材　惠棟按宋本而作是此本誤閩監毛本同

橫三在上　惠棟按宋本同閩監毛本橫作衡

象天二合地二也　惠棟按宋本二作三此本誤閩監毛本三誤一

棺椁之間節

棺椁至容甒　惠棟按宋本無此五字

柷如漆筩　惠棟按宋本同閩監毛本筩作桶衛氏集說同

椁席藏中神坐之席是也　閩監毛本同惠棟按宋本椁作椑

大夫所掌曰士容甒者　惠棟按宋本無曰字此本誤衍閩監毛本同

君裏節

君裏至虞筐　惠棟按宋本無此五字

附釋音禮記注疏卷第四十五終　惠棟按宋本禮記正義卷第五十四終記云凡三十三頁宋監本禮記卷第十三經三千三百九十一字注四千一百三十四字嘉靖本禮記卷第十三經三千三百八十一

字注四千一百二十九字

禮記注疏卷四十五校勘記

附釋音禮記注疏卷第四十六

禮記　鄭氏注　孔穎達疏

祭法第二十三

○陸曰：鄭云以其記有虞氏至周天子以下所制祀羣神之數也

疏 正義曰案鄭目録云名曰祭法者以其記有虞氏至周天子以下所制祀羣神之數此於別録屬祭祀

祭法有虞氏禘黃帝而郊嚳祖顓頊而宗堯夏后氏亦禘黃帝而郊鯀祖顓頊而宗禹殷人禘嚳而郊冥祖契而宗湯周人禘嚳而郊稷祖文王而宗武王禘郊祖宗謂祭祀以配食也此禘謂祭昊天於圜丘也祭上帝於南郊曰郊祭五帝五神於明堂曰祖宗祖宗通言爾下有禘郊祖宗孝經曰宗祀文王於明堂以配上帝明堂月令春曰其帝大昊其神句芒夏曰其帝炎帝其神祝融中央曰黃帝其神后土秋曰其帝少昊其神蓐收冬曰其帝顓頊其神玄冥有虞氏以上尚德禘郊祖宗配用有德者而已自夏已下稍用其姓氏之先後之次有虞氏夏后氏宜郊顓頊殷人宜郊契郊祭一帝而明堂祭五帝小德配寡大德配衆亦禮之殺也○禘大計反嚳口毒反顓音專頊許玉反鯀古本反篇末皆同冥莫經反契息列反下同圜音圓大昊音泰下大廟大祖大昊同昊亦作皞胡老反下放此句古侯反芒音亡夏戶嫁反後夏曰皆同少詩召反下放此蓐音辱本亦作辱以上時掌反下上去以上同殺色界反徐所例反

疏 祭法至武王○正義曰此一經論有虞氏以下四代禘郊祖宗所配之人有虞氏禘黃帝者謂虞氏冬至祭昊天上帝於圜丘大禘之時以黃帝配祭○而郊嚳者謂夏正建寅之月祭感生之帝於南郊以嚳配也○祖顓頊而宗堯者謂祭五天帝五人帝及五人神於明堂以顓頊及堯配之故云祖顓頊而宗堯祖始也言爲道德之初始故云祖也宗尊也以有德可尊故云宗其夏后氏以下禘郊祖宗其義亦然但所配之人當代各別虞氏云有者以虞字文單故以有字配之無義例也夏云后氏者后君也受位於君故稱后殷周稱人以人所歸往故稱人此並熊氏之說也○注禘郊至殺也○正義曰此禘謂祭昊天於圜丘也者但經傳之文稱禘非一其義各殊論語云禘自既灌及春秋禘于大廟謂宗廟之祭也喪服小記云王者禘其祖之所自出也及左傳云禮不王不禘謂祭感生之帝於南郊也以禘文既多故云此禘謂祭昊天上帝於圜丘必知此是圜丘者以禘文在於郊祭之前郊前之祭唯圜丘耳但爾雅釋天云禘大祭以比餘處爲大祭揔得稱禘案聖證論以此禘黃帝是宗廟五年祭之名故小記云王者禘其祖之所自出以其祖配之謂虞氏之祖出自黃帝以祖顓頊配黃帝而祭故云以其祖配之依五帝本紀黃帝爲虞氏九世祖黃帝生昌意昌意生顓頊虞氏七世祖以顓頊配黃帝而祭是禘其祖之所自出以其祖配之也肅又以祖宗爲祖有功宗有德其廟不毀肅又以郊與圜丘是一郊即圜丘故肅難鄭云案易帝出乎震震東方生萬物之初故王者制之初以木德王天下非謂木精之所生五帝皆黃帝之子孫各改號代變而以五行爲次焉何大微之精所生乎又郊祭鄭玄云祭感生之帝唯祭一帝耳郊特牲何得云郊之祭大報天而主日又天唯一而已何得有六又家語云季康子問五帝孔子曰天有五行木火金水及土四分時化育以成萬物其神謂之五帝是五帝之佐也猶三公輔王三公可得稱王輔不得稱天王五帝可得稱天佐不得稱上天而鄭云以五帝爲靈威仰之屬非也玄以圜丘祭昊天最爲首禮周人立后稷廟不立嚳廟是周人尊嚳不若后稷及文武以嚳配至重之天何輕重顛倒之失所郊則圜丘圜丘則郊猶王城之內與京師異名而同處又王肅孔晁云虞夏出黃帝殷周出帝嚳祭法四代禘此二帝上下相證之明文也詩云天命玄鳥履帝武敏歆自是正義非讖緯之妖說此皆王肅難大畧如此而鄭必爲此釋者馬昭申鄭云王者禘其祖之所自出以其祖配之案文自了不待師說則始祖之所自出非五帝而誰河圖云姜原履大人之跡生后稷大姒夢大人死而生文王又中候云姬昌蒼帝子經緯所說明文又孝經云郊祀后稷以配天則周公配蒼帝靈威仰漢氏及魏據此義而各配其行易云帝出乎震自論八卦養萬物於四時不據感生所出也又張融評云若依大戴禮及史記稷契及堯俱帝嚳之子堯有賢弟七十不用須舜舉之此不然明矣漢氏堯之子孫謂劉媼感赤龍而生高祖薄姬亦感而生文帝漢爲堯胤而用火德大魏紹虞同符土行又孔子删書求史記得黃帝玄孫帝魁之書若五帝當身相傳何得有玄孫帝魁融據經典三代之正以爲五帝非黃帝子孫相續次也一則稽之以湯武革命不改稷契之行二則驗之以大魏與漢襲唐虞火土之法三則符之堯舜湯武無同宗祖之言四則驗以帝魁繼黃帝之世是五帝非黃帝之子孫也此是馬昭張融等申義也但張融以禘爲五年

大祭又以圜丘即郊引董仲舒劉向馬融之論皆以爲周禮圜丘則孝經云南郊與王肅同非鄭義也又春秋命厤序炎帝號曰大庭氏傳八世合五百二十歲黄帝一曰帝軒轅傳十世二千五百二十歲次曰帝宣曰少昊一曰金天氏則窮桑氏傳八世五百歲次曰顓頊則高陽氏傳二十世三百五十歲次是帝嚳即高辛氏傳十世四百歲此鄭之所據也其大戴禮少典產軒轅是爲黄帝產玄囂玄囂產喬極喬極產高辛是爲帝嚳帝嚳產放勳是爲帝堯黄帝產昌意昌意產高陽是爲帝顓頊產窮蟬窮蟬產敬康敬康產句芒句芒產蟜牛蟜牛產瞽瞍瞽瞍產重華是爲帝舜及產象敖又顓頊產鯀鯀產文命是爲禹司馬遷爲史記依而用焉皆鄭所不取云祭五帝五神於明堂曰祖宗祖宗通言爾者以明堂月令云春曰其帝大皞其神句芒五時皆有帝及神又月令季秋大享帝故知明堂之祭有五人神及五天帝也又孝經云宗祀文王於明堂以配上帝故知於明堂也以孝經云宗祀文王於明堂此云宗武王又此經云祖文王是文王稱祖故知祖宗通言爾雜問志云春曰其帝大皞其神句芒祭蒼帝靈威仰大皞食焉句芒祭之於庭祭五帝於明堂五德之帝亦食焉又以文武配之祭法祖文王而宗武王此謂合祭於明堂漢以正禮散亡禮戴文殘缺不審周以何月也於月令以季

秋此文武之配皆於明堂上或解云武王配五神於下屈天子之尊而就五神在庭非其理也此祖宗祭五帝郊特牲祭一帝而在祖宗上者以其感生之帝特尊之故鄭注典瑞云所郊亦猶五帝殊言天者尊異之是異也云有虞氏以上尚德禘郊祖宗配用有德者而已者以虞氏禘郊祖宗之人皆非虞氏之親是尚德也云自夏已下稍用其姓代之者而夏之郊用鯀是稍用其姓代之但不盡用己姓故云稍也云先後之次有虞氏夏后氏宜郊顓頊殷人宜郊契者今有虞氏先云郊嚳後云祖顓頊夏后氏先云郊鯀後云祖顓頊殷人先云郊冥後云祖契是在前者居後在後者居前故云宜也云郊祭一帝而明堂祭五帝小德配寡大德配衆亦禮之殺也者郊祭雖尊但祭一帝以嚳與鯀及冥后稷之等配之皆不如所祖宗之人是小德配寡明堂雖卑於郊摠祭五帝而以顓頊契湯文武配之皆優之於所配郊之人是大德配衆禮之殺也

燔柴於泰壇，祭天也。瘞埋於泰折，祭地也。用騂犢。壇折封土爲祭處也壇之言坦也坦明貌也折炤晳也必爲炤明之名尊神也地陰祀用騂牲與天俱用犢連言爾。燔音煩爾雅云祭天曰燔柴壇大丹反下同瘞於滯反埋武皆反爾雅云祭地曰瘞埋折之設反注同舊音逝又音制騂私營反字林云火營反處昌慮反坦吐但反炤本又作昭同章遥反又之召反晳之設反一音制。黝於糾反。【疏】燔柴至騂犢。正義曰此經論祭感生之帝於南郊神州地祇於北郊也。燔柴於泰壇者謂積薪於壇上而取玉及牲置柴上燔之使氣達於天也用騂犢鄭云陰祀用黝牲與天俱用犢連言爾然宜用黑犢今因言以騂犢祭天所用而立其文祭地承祭天之下故連言用騂犢也騂犢之義已具郊特牲疏。瘞埋於泰折祭地也者謂瘞繒埋牲祭神州地祇於北郊也。注壇折至言爾。正義曰案禮器云至敬不壇此云燔柴於泰壇者謂燔柴在壇設饌在地義亦具禮器及郊特牲疏也云地陰祀用黝牲與天俱用犢連言爾者案牧人云陰祀用黝牲毛之鄭康成注云陰祀祭地北郊及社稷也又郊特牲云郊之用犢貴誠也彼文雖主南郊其北郊與天相對故知俱用犢也

埋少牢於泰昭，祭時也。相近於坎壇，祭寒暑也。王宮，祭日也。夜明，祭月也。幽宗，祭星也。雩宗，祭水旱也。四坎壇，祭四方也。山林川谷丘陵，能出雲爲風雨，見怪物，皆曰神。有天下者祭百神。諸侯在其地則祭之，亡其地則不祭。昭明也亦謂壇也時四時也亦謂陰陽之神也埋之者陰陽出入於地中也凡此以下皆祭用少牢相近當爲禳祈聲之誤也禳猶卻也祈求也寒暑不時則或禳之或祈之寒於坎暑於壇王宮日壇王君也日稱君宮壇營域也夜明亦謂月壇也宗皆當爲禜字之誤也幽禜亦謂星壇也星以昏始見禜之言營也雩禜亦謂水旱壇也雩之言吁嗟也春秋傳曰日月星辰之神則雪霜風雨之不時於是乎禜之山川之神則水旱癘疫之不時於是乎禜之四方即謂山林川谷丘陵之神也祭山林丘陵於壇川谷於坎每方各爲坎爲壇怪物雲氣非常見者也有天下謂天子也百者假成數也。相近依注讀爲禳如羊反下音巨依反王肅作祖迎也坎若感反幽宗雩宗並依注讀爲禜禜敬反王如字見賢遍反注同亡如字無也一音無吁許于反疫音役。【疏】埋少至不祭。正義曰此一節摠明四時以下諸神所祭之處及明天子諸侯之禮不同之事也。埋少牢於泰昭祭時也者謂祭四時陰陽之神也泰昭壇名也昭亦取明也春夏爲陽秋冬爲陰若祈陰則埋

牲祈陽則不應埋之今揔云埋者以陰陽之氣俱出入於地中而生萬物故並埋之以享陰陽為義也用少牢者降於天地也自此以下及日月至山林並少牢也先儒並云不薦熟牲殺牲埋之也○相近於坎壇祭寒暑也者相近當為禳祈禳○卻也寒暑之氣應退而不退則祭禳卻之令退也祈求也寒暑之氣應至而不至則祭求之令至也寒則於坎寒陰也暑則於壇暑陽也○王宮祭日也者王君也宮亦壇也營域如宮也日神尊故其壇曰君宮也○夜明祭月也者夜明亦祭月壇名也月明於夜故謂其壇為夜明也○幽宗祭星也者祭星壇名也幽闇也宗當為禜禜壇域也星至夜而出故曰幽也為營域而祭之故曰幽禜也○雩宗祭水旱也者亦壇名也雩吁嗟也水旱為人所吁嗟禜亦營域也為營域而祭之故曰雩禜也○四坎壇祭四方也者謂山林川谷丘陵之神有益於人民者也四方各為一坎一壇壇以祭山林丘陵坎以祭川谷泉澤故言坎壇祭四方也○山林川谷丘陵能出雲為風雨見怪物皆曰神者此明四坎壇所祭之神也怪物慶雲之屬也風雨雲露並益於人故皆曰神而得祭也○有天下者祭百神者有天下謂天子也祭百神者即謂山林川谷在天下而益民者也天子祭天地四方言百神舉全數也○諸侯在其地則祭之者諸侯不得祭天地若山林川澤在其封內而益民者則得祭之如魯之泰山晉之河楚之江漢是也○亡其地則不祭者亡無也謂其境內地無此山川之等則不得祭也○注昭明至數也○正義曰時四時也亦謂陰陽之神也者以天是陽神地為陰神春夏為陽秋冬為陰故云亦謂陰陽之神言亦者亦天地也案周禮大宗伯備列諸祀而不見祭四時寒暑水旱者宗伯所謂依周禮常祀歲時恒祭此經所載謂四時乖序寒暑愆逆水旱失時須有祈禱之禮非關正禮之事故不列於宗伯也是以康成之意謂此諸神為祈禱之禮故康成六宗之義不以此神尊之明非常禮也祭時者謂春夏秋冬四時之氣不和為人害故祭此氣之神也祭寒暑者或寒暑大甚祭以禳之或寒暑頓無祭以祈之祭水旱者水甚祭水旱甚祭旱謂祭此水旱之神若王肅及先儒之意以此為六宗歲之常禮宗伯不見文不具也非鄭義今不取云凡此以下皆祭用少牢者以埋少牢之文在諸祭之首故知以下皆祭用少牢案小司徒小祭祀奉牛牲則王者之祭無不用牛此用少牢者謂祈禱之祭也必知祈禱者以有寒暑水旱非歲時常祀是祈禱所為故鄭皆以為祈禱之祭也故讀相近為禳祈為禱祈之祈讀宗為禜也然案莊四十五年左傳云凡天災有幣無牲此禱祈得用少牢者彼天災者謂日月食之示以戒懼人君初有水旱太災先須修德不當用牲故天災有幣無牲若水旱歷時禱而不止則當用牲故詩雲漢云靡愛斯牲又鄭注大祝云類造禬禜皆有牲故說用幣而已故說以是日月之災又暫時之事且不假用牲故也案何休膏肓引感精符云立推度以正陽日食則鼓用牲於社朱絲營社鳴鼓脅之左氏云用牲非常明左氏說非夫子春秋於義左氏為短鄭箴之曰用牲者不宜用春秋之通例此識說正陽朱絲鳴鼓豈說用牲之義也識用牲於社者取經死句耳如鄭此言是用牲於社非當從左氏義也云宗皆當為禜者以經云幽宗雩宗之字義無所取宗字與禜字相近故並讀為禜也禜之言營者案莊二十五年公羊傳云以朱絲營社或曰脅之或曰為闇恐人犯之故營之是禜有營義故讀為禜云雩之言呼嗟也者案考異郵云雩呼吁嗟哭位[illegible]云雩為吁嗟也引春秋傳曰以下者昭元年左傳文時晉侯有疾卜實沈臺駘為祟子產以此對晉侯言晉侯之疾非由日月星辰及山川之神也鄭引此文者證經中宗為禜禜是除去凶災之祭也云百者假成數也者計天下山川丘陵之神非但百數而已假北成數而言之案聖證論王肅六宗之說用家語之文以此四時也寒暑也日也月也星也水旱也為六宗孔注尚書亦同之伏生與馬融以天地四時為六宗劉歆孔晁以為乾坤之子六為六宗賈逵云天宗三日月星也地宗三河海岱也異義今尚書歐陽夏侯說六宗上及天下及地旁及四方中央恍惚助陰陽變化有益於人者也古尚書說天宗日月北辰地宗岱河海也日月為陰陽宗北辰為星宗河為水宗海為澤宗岱為山宗許君謹案與古尚書同鄭駁之云書云類于上帝禋于六宗望于山川既六宗云禋山川言望則六宗無山川明矣太宗伯云以禋祀祀昊天上帝以實柴祀日月星辰以槱燎祀司中司命飌師雨師凡此所祭皆天神也郊特牲曰郊之祭也大報天而主日也又祭義曰郊之祭大報天而主日配以月則郊天並祭日月可知其餘星也辰也司中也司命也風師也雨師也此之謂六宗亦明矣如鄭此言六宗稱禋則天神也日月也在郊祀之中又類于上帝之內故以其餘為六宗也案禮論六宗司馬彪等各為異說既非鄭義今畧而不論

大凡生於天地之間者皆曰命其萬物死皆曰折人死曰鬼此五代之所不變也生時形體異可同名至死腐為野土異其名嫌同也折弃敗之言也鬼之言歸也五代謂黃帝堯舜禹湯周之禮樂所存法也○大如字徐音泰腐音輔

七代之所

更立者禘郊宗祖其餘不變也七代通數顓頊及嚳也所不變者則數其所法而已變之則通數所不法爲記者之微意也少昊氏修黃帝之法後王無所取焉○更古行反數色主反下同【疏】大凡至變也○正義曰此一節論人死與萬物不同及五代七代變與不變之義各依文解之○大凡生於天地之間者皆曰命者揔包萬物故曰大凡皆受天之賦命而生故云皆曰命也○其萬物死皆曰折人死曰鬼者萬物無知死者皆曰折人爲有識故死曰鬼此五代之所不變也者言此之名號從黃帝正名百物以來至堯舜禹湯及周所不變更也○七代之所更立者禘郊宗祖者前論五代不變此論七代更變者故曰黃帝以下七代之所變易而立者是禘之與郊及宗祖也○其餘不變也者除此禘郊宗祖之外其餘社稷山川五祀之等不改變也上先祖後宗此先宗後祖故鄭上注云祖宗通言爾又引此以證之○注生時至法也○正義曰云生時形體異可同名者以生時形體既異不嫌是同故可名爲命云至死腐爲野土異其名嫌同也者人與萬物死至同爲野土嫌恐人與萬物是同故殊異其名謂萬物死者曰折人死曰鬼嫌其同故也云五代謂黃帝堯舜禹湯周之禮樂所存法也者周有六樂去周言之唯五代

周備其樂是周之禮樂所存法也○注七代至取焉○正義曰此通數顓頊及嚳者以上云禘郊祖宗有顓頊及嚳又易緯及樂緯有五莖六英是顓頊及嚳之樂故數顓頊及嚳也云所不變者則數其所法而已者所不變則上經是也數所法則上經五代是也論不變者必數所法者以五代以來不變至周亦不變法而象之故不變者數所法五代而已云變之則通數所不法者以前七代變易更立至周亦變易法象故數變者通數顓頊帝嚳所不法象者謂之爲七代也云爲記者之微意也者爲作記者之有此微意也所以微意者謂作記之人周法所不變故數前代不變周所變亦數前代變不指斥而言故云微意云少昊氏脩黃帝之法後王無所取焉者以易緯有黃帝及顓頊以下之樂無少昊之樂又易繫辭云神農氏沒黃帝堯舜氏作皆不云少昊故知無取焉月令秋其帝少昊者直以五行在金唯託記之耳皇氏云其餘不變者雖謂生曰命萬物死曰折人死曰鬼若如皇說前經既云不變後經何須重云不變後經既云更立者禘郊宗祖即云其餘明此禘郊宗廟外其餘諸事不更立者皆不變也不可獨據前三事以外揔包之其社稷神祀祭雖是更立非當代之親而禘郊改易也○天下有王分地建國置都立邑設廟祧壇墠而祭之乃爲親疏多少之數是故王立七廟一壇一墠曰考廟曰王考廟曰皇考廟曰顯考廟曰祖考廟皆月祭之遠廟爲祧有二祧享嘗乃止去祧爲壇去壇爲墠壇墠有禱焉祭之無禱乃止去墠曰鬼諸侯立五廟一壇一墠曰考廟曰王考廟曰皇考廟皆月祭之顯考廟祖考廟享嘗乃止去祖爲壇去壇爲墠壇墠有禱焉祭之無禱乃止去墠爲鬼大夫立三廟二壇曰考廟曰王考廟曰皇考廟享嘗乃止顯考祖考無廟有禱

焉爲壇祭之去壇爲鬼適士二廟一壇曰考廟曰王考廟享嘗乃止顯考無廟有禱焉爲壇祭之去壇爲鬼官師一廟曰考廟王考無廟而祭之去王考爲鬼庶士庶人無廟死曰鬼建國封諸侯也置都立邑爲卿大夫之采地及賜士有功者之地廟之言貌也宗廟者先祖之尊貌也祧之言超也超上去意也封土曰壇除地曰墠書曰三壇同墠王皇皆君也顯明也祖始也名先人以君明始者所以尊本之意也天子遷廟之主以昭穆合藏於二祧之中諸侯無祧藏於祖考之廟中聘禮曰不腆先君之祧是謂始祖廟也享嘗謂時之祭天子諸侯爲壇墠所禱謂後遷在祧者也既事則反其主於祧鬼亦在祧顯遠之於無事祫乃祭之爾春秋文二年秋大事於大廟傳曰毀廟之主陳于大祖未毀廟之主皆升合食於大祖是也魯煬公者伯禽之子也至昭公定公久已爲鬼而季氏禱之而立其宮則鬼之主在祧明矣唯天子諸侯有主禘祫大夫有祖考者亦鬼其百世不禘祫無主爾其

無祖考者庶士以下鬼其考王考官師鬼其皇考大夫適士鬼其顯考而已大夫祖考謂別子也凡鬼者薦而不祭王制曰大夫士有田則祭無田則薦適士上士也官師中士下士庶士府史之屬此適士云顯考無廟非也當爲皇考字之誤○廟本亦作庿古字墠音善禱丁老反一音丁報反適丁厤反篇內同顯考無廟顯音皇出注采七代反昭上遙反䐁他典反祫音洽煬餘讓反徐音傷

【疏】天下至曰鬼○正義曰此一經明天子以下尊卑既異上祭祖廟多少不同之事天下有王者謂上天之下有天子之王○分地建國者此既王天下分九州之地建立諸侯之國○置都立邑者天子王畿之內及諸侯國中置此公卿之都立大夫士之邑也○設廟祧壇墠而祭之乃爲親疏多少之數者則以下所云是也○王立七廟者親四始祖一文武不遷合爲七廟也一壇一墠者七廟之外又立壇墠各一也起土爲壇除地曰墠近者起土遠親除地示將去然也○曰考廟者父廟曰考考成也謂父有成德之美也○曰王考廟者祖廟也王君也君考者言祖有古成之德也祖尊於父故加君名也○曰皇考廟者曾祖也皇大也君也曾祖轉尊又加大君之稱也○曰顯考廟者高祖也顯明高祖居四廟最上故以高祖目之○曰祖考廟者祖始也此廟爲王家之始故云祖考也計則祖考

之廟當在二祧壇墠之上應合在後今在此言之者因皇考顯考同皆月祭之故此先言之○皆月祭之者此之五廟則並同日月祭之也○遠廟爲祧者遠廟謂文武廟也文武廟在應遷之例故云遠也廟特爲功德而留故謂爲祧祧之言超也言其超然上去也○有二祧者有文武二廟不遷故云有二祧焉○享嘗乃止者享嘗四時祭祀文武特留故不得月祭但四時祭而已○去祧爲壇者謂高祖之父也若是昭行寄藏武王祧若是穆行即寄藏文王祧不得四時而祭之若有四時之祈禱則出就壇受祭也○去壇爲墠者謂高祖之祖也不得在壇若有祈禱則出就墠受祭也高祖之文既初寄在祧而不得於祧中受祭故曰去祧也高祖之祖經在壇而今不得祭故云去壇也壇墠有禱焉祭之者在壇墠者不得享嘗應有祈禱於壇墠乃祭之也○無禱乃止者若無所祈禱則不得祭也○去墠曰鬼者若又有從壇遷來墠者則此前在墠者遷入石函爲鬼雖有祈禱亦不得及唯禘祫乃出也○諸侯立五廟一壇一墠者降天子故止有五廟壇墠與天子同無功德之祖爲二祧也○曰考廟曰王考廟曰皇考廟皆月祭之者天子月祭五諸侯卑故唯得月祭三也○顯考廟祖考廟享嘗乃止者顯考高祖也祖考大祖也大祖乃不遷而與高祖並不得月祭止預四時又降天子也○去祖爲壇者去祖謂去大祖也即高祖之父諸侯無功德二祧若高祖之父亦遷即寄大祖而不得於大祖廟受時祭唯有祈禱則去大祖而往壇受祭也○大夫立三廟二壇者大夫異於君故立二壇而不墠也○顯考祖考無廟者以其卑故高祖大祖無廟也○有禱焉爲壇祭之者大夫無主故無所寄藏而高大二祖既又無廟若應有祈禱則爲壇祭之二壇之設實爲於此矣然墠輕於壇今二壇無墠者爲大祖雖無廟猶重之故也○去壇爲鬼者謂高祖若遷去於壇則爲鬼不復得祭但薦之於大祖壇而已若大夫有大祖之廟者其義已具在王制疏○適士二廟一壇者上士也天子三等諸侯上士悉二廟一壇也○顯考無廟者顯當爲皇若考曾祖也曾祖無廟也○有禱焉爲壇祭之曾祖既無廟若有祈禱則爲壇祭之一壇之設爲於此也亦無禱乃止○去壇爲鬼者謂曾祖若遷去於壇則爲鬼不復祭也○官師一廟者謂諸侯中士下上也謂爲官師者言爲一官之長也一廟祖禰共之又無壇也○曰考廟者父立之也○王考無廟而祭之者王考祖也雖無廟而猶獲祭也謂在考廟者○去王考爲鬼者謂曾祖則不得祭又無壇若有祈禱則薦之於廟也○庶士庶人無廟者庶士府史之屬庶人平民也賤故無廟也○死曰鬼者既無廟故死則曰鬼鬼亦得薦之於

寢也○王制云庶人祭於寢是也○注建國至之誤○正義曰引書曰三壇同墠者證壇墠之義案金滕武王有疾周公爲之請命爲三壇同墠以告大王王季文王故三壇也云王皇皆君也顯明也祖始也者皆爾雅釋詁文云天子遷廟之主以昭穆合藏於二祧之中者昭之遷主其數雖多揔合藏武王祧中穆之遷主揔合藏文王祧中故鄭注周禮守祧先公遷主藏於后稷之廟先王之遷主藏于文武之廟鄭必知然者案文二年八月丁卯大事于大廟公羊傳云大事者何大祫也毀廟之主陳于太祖是毀廟在大廟祫乃陳之故知不以以下先公遷主藏于后稷之廟也文武二廟既不毀則文武下遷主不可越文武上藏后稷之廟故知藏於文武廟也此遷主所藏曰祧者是對例言之耳若散而通論則凡廟曰祧故昭元年左傳云其敢愛豐氏之祧彼祧遠祖廟也襄九年左傳云君冠必以先君之祧處之服虔注云曾祖之廟曰祧者以魯襄公於時冠於衛成公之廟成公是衛今君之曾祖曰祧也云享嘗謂四時之祭者以四時之祭秋嘗物之備具故持舉享嘗以明四時之祭此經祖禰月祭楚語云日祭祖禰非鄭義故異義駁鄭所不用云鬼亦在祧顧遠之於無事祫乃祭之爾者以壇墠之主祈禱禮畢乃藏之於祧去墠爲鬼主亦如壇墠之主藏在祧故云亦也既俱在祧所以特名

鬼者反顧以其疏遠主在無事唯祫乃祭之故特曰鬼也引春秋文二年傳者證毁廟之主祫祭乃及云魯煬公者自伯禽之子也至昭公定公久已爲鬼而季氏禱之而立其宫則鬼之主在祧明矣者鄭引更證明鬼主恒在春秋定公元年立煬宫依世本煬公伯禽之子定公元年始立煬公宫于時昭公出定公未入之前季氏禱于煬公之鬼明知于煬公鬼主而禱之也云唯天子諸侯有主禘祫者案王制天子諸侯有禘祫故知有主云大夫有祖考者亦鬼其百世者案王制云大夫三廟一昭一穆與大祖而三大祖即是大夫之祖考既有祖考明應遷之祖以制幣招其神而藏焉故云亦鬼其百世大夫若無祖考。祇得立曾祖與祖及父三廟而已則不得鬼百世也云不禘祫無主爾者雖有百世之鬼不得禘祫無主爾案左傳衛大夫孔悝有主者鄭駁異義從公羊説大夫無主許君謹案卿大夫士無昭穆不得有主鄭云孔悝祏主者祭其所出之君爲之主耳宗廟之主所用之木案異義今春秋公羊説祭有主者孝子之主繫心夏后氏以松殷人以柏周人以栗又周禮説虞主用桑練主以栗無夏后氏以松爲主之事許君謹案從周禮説論語所云謂社主也鄭氏無駁從許義也其主之制案漢儀高帝廟主九寸前方後圓圍一尺后主七寸文二年作僖公主何休云主狀正方穿中

央達四方天子長一尺二寸諸侯長一尺此是木主之制也云其無祖考者上既明其有祖考之文此明無祖考者謂庶士以下及官師等并適士等摠舉有祖考之人於前歷説無祖考之人於下云庶士以下鬼其考王考者此即無祖考之一色庶士及庶人無廟故鬼其祖父與於寢中薦之云官師鬼其皇考者此又是無祖考之一色官師一廟祖禰共之曾祖無廟故曰鬼其皇考於祖廟而薦皇考也云適士鬼其顯考者此又是無祖考之一色適士得立祖禰二廟又立曾祖二壇唯高祖爲鬼故云鬼其顯考而已就曾祖之壇而薦顯考諸本或云大夫適士者若大夫鬼其顯考於義不合庾氏云諸侯之大夫云大夫祖考謂別子也者以上云大夫有祖考故鄭明之云大夫祖考謂別子也謂於周之世別子爲卿大夫後世子孫立其廟不毁謂之祖考雖於周之世非別子爲大夫但立父祖及曾祖三廟無祖考廟者則經中三廟是也若夏殷之世雖非別子但始爵者及異姓爲卿大夫者其後世子孫皆立之爲祖考此義已具於王制云凡鬼者薦而不祭者若其薦祭祖爲則鬼與見廟其事何異若都不薦祀何須存鬼薦墊於祭鬼疏於廟故知薦而不祭云此適士云顯考無廟非也者適士二廟祖廟禰廟曾祖先廟故云顯考無廟非也是顯考當爲皇考字之誤也

王爲羣姓立社曰大社王自爲立社曰王社諸侯爲百姓立社曰國社諸侯自爲立社曰侯社大夫以下成羣立社曰置社 羣衆也大夫以下謂下至庶人也大夫不得特立社與民族居百家以上則共立一社今時里社是也郊特牲曰唯爲社事單出里。爲于僞反下皆同注爲社事亦同

[疏]王爲至置社。正義曰此一經明天子以下立社之義。王爲羣姓立社曰大社者羣姓謂百官以下及兆民言羣姓者包百官也大社在庫門之內右故小宗伯云右社稷王自爲立社曰王社者其王社所在書傳無文或云與大社同處王社在大社之西崔氏並云王社在藉田王自所祭以供粢盛今從其説故詩頌云春藉田而祈社稷是也其諸侯國社亦在公宫之右侯社在藉田大夫以下成羣立社曰置社者大夫以下謂包士庶成羣聚而居其羣衆滿百家以上得立社爲衆特置故曰置社。注羣衆至出里。正義曰此云大夫以下謂下至士庶人者謂大夫至庶人等共在一處也云大夫不得特立社與民族居百家以上則共立一社今時里社是也者大夫北面之臣不得自專土地故不得特立社社以

爲民故與民居百家以上則可以立社知百家者詩頌云百室盈止殺時犉牡故曰百家言以上皆不限多少故鄭駁異義引長職曰以歲時祭祀州社是二千五百家爲社也雖云百家以上唯治民大夫乃得立社故鄭駁異義云有國及治民之大夫乃有社稷是也此大夫所主立社稷則田主是也故鄭駁異義引大司徒職云樹之田主各以其野之所宜木遂以名其社與其野注云田主田神后土田正之所依也后土則社神田正則稷神其義已具郊特牲疏

王爲羣姓立七祀曰司命曰中霤曰國門曰國行曰泰厲曰戸曰竈王自爲立七祀諸侯爲國立五祀曰司命曰中霤曰國門曰國行曰公厲諸侯自爲立五祀大夫立三祀曰族厲曰門曰行適士立二祀曰門曰行庶士庶人立一祀或立戸或立竈 此非大神所祈報大事者也小神居人之間司察小過作譴告

者爾樂記曰明則有禮樂幽則有鬼神鬼神謂此與司命主督察三命中霤主堂室居處門戶主出入行主道路行作厲主殺罰竈主飲食之事明堂月令春曰其祀戶祭先脾夏曰其祀竈祭先肺中央曰其祀中霤祭先心秋曰其祀門祭先肝冬曰其祀行祭先腎聘禮曰使者出釋幣於行歸釋幣於門士喪禮曰疾病禱於五祀司命與厲其時不著今時民家或春秋祠司命行神山神門戶竈在旁是必春祠司命秋祠厲也或者合而祠之山即厲也民惡言厲巫祝以厲山爲之謬乎春秋傳曰鬼有所歸乃不爲厲○霤力又反譴棄戰反此與音餘脾婢支反肺芳廢反肝音干腎上忍反使色厲反惡烏路反繆音謬

〔疏〕王爲至或立竈○正義曰此一經明天子以下立七祀五祀之義○正義曰司命者宮中小神熊氏云非天之司命故祭於宮中皇氏云司命者文昌宮星其義非也○曰中霤者主堂室神○曰國門者國門謂城門也○曰國行者謂行神在國門外之西曰泰厲者謂古帝王無後者也此鬼無所依歸好爲民作禍故祀之也○王自爲立七祀者前是爲民所立與衆共之四時常祀及爲羣姓禱祀其自爲立者王自禱祭不知其當同是一神爲是別更立七祀也○諸侯爲國立五祀者減天子戶竈二祀故爲立五祀也○曰公厲者謂古諸侯無後者諸侯稱公其鬼爲厲故曰

公厲○諸侯自爲立五祀者義與天子同○大夫立三祀者減諸侯司命中霤故爲祀也○曰族厲者謂古大夫無後者鬼也族衆也大夫衆多其鬼無後者衆故言族厲○曰門曰行者其大夫無民國故不言國門國行也然鄭注曲禮大夫五祀爲夏殷法注王制大夫五祀是有采地者鄭何以知然曲禮文連於大夫五祀故知非周而玉制立七廟故知是周禮以彼推此大夫三祀則周諸侯之大夫無地者也○注此非至爲厲○正義曰小神居人之間司察小過作譴告者以其非郊廟社稷大神故云小神以其門戶竈等故知居人間也以小神所祈故知司察小過作譴告謂作譴責以告人云幽則有鬼神鬼神謂此與者以禮天神人鬼地祇皆列其名樂記直云幽則有鬼神是幽闇之處有細小之鬼神謂此小祀者與與是疑辭也云司命主督察三命者案援神契云命有三科有受命以保慶有遭命以謫暴有隨命以督行受命謂年壽也遭命謂行善而遇凶也隨命謂隨其善惡而報之云聘禮曰使者出釋幣於行歸釋幣於門者證大夫有門行云士喪禮曰疾病禱於五祀者證祀亦有五祀云司命與厲其時不著者以其餘五祀月令所祀皆著其時唯司命與厲祀時不顯著云今時民家或春秋祠司命行神山神門戶竈在旁者鄭以無文故引今漢時民家或有春秋二時祠司命

行神山神也民或然故云或也其祀此司命行神山神之時門戶竈三神在諸神之旁列位而祭也云是必春祠司命秋祠厲也者漢時既春秋俱祠司命與山神則是周時必應春祠司命司命主長養故祠在春厲主殺害故祠在秋云或者合而祠之者鄭又疑之以見漢時司命與山神春秋合祭故云或者合而祠之云山即厲也者以漢時祭司命行神山神門戶竈等此經亦有司命門行戶竈等漢時有山而無厲此有厲而無山故云山即厲也云民惡言厲巫祝以厲山爲之者鄭解厲稱山之意漢時人民嫌惡厲漢時巫祝之人意以厲神是厲山氏之鬼爲之故云厲山云謬乎者謂巫祝以厲爲厲山之鬼於理謬乎所以爲謬者鬼之無後於是爲厲厲山氏有子曰柱世祀厲山之神。得其鬼爲厲故云謬也引春秋傳者昭七年左傳文於時鄭良霄被殺而死其鬼爲厲子產立良霄之子良止爲後子大叔問其故子產曰鬼有所歸乃不爲厲引之者證厲山氏既有所歸不得爲厲

王下祭殤五適子適孫適曾適玄孫適來孫諸侯下祭二大夫下祭一適士及庶人祭子而止祭適殤者重適也祭適殤於廟之奧謂之

陰厭王子公子祭其適殤於其黨之廟大夫以下庶子祭其適殤於宗子之家皆當室之白謂之陽厭凡庶殤不祭○殤音傷奧烏報反厭於豔反下同

〔疏〕王下至而止○正義曰此明天子以下祭殤之差也○注王子公子祭其適殤於其黨之廟○正義曰王子謂王之庶子公子謂諸侯庶子不得爲先王先公立廟無處可祭適殤故祭於黨之廟謂王子公子但爲卿大夫得自立廟與王子公子同者就其廟而祭之適殤其義已具曾子問

夫聖王之制祭祀也法施於民則祀之以死勤事則祀之以勞定國則祀之能禦大菑則祀之能捍大患則祀之是故厲山氏之有天下也其子曰農能殖百穀夏之衰也周弃繼之故祀以爲稷共工氏之霸九州也其子曰后土能平九州故祀以爲社帝嚳能序星辰以著衆堯

能賞均刑法以義終舜勤衆事而野死鯀鄣鴻水而殛死禹能脩鯀之功黄帝正名百物以明民共財顓頊能脩之契爲司徒而民成冥勤其官而水死湯以寛治民而除其虐文王以文治武王以武功去民之菑此皆有功烈於民者也及夫日月星辰民所瞻仰也山林川谷丘陵民所取財用也非此族也不在祀典此所謂大神也春秋傳曰封爲上公祀爲大神厲山氏炎帝也起於厲山或曰有烈山氏棄后稷名也共工氏無録而王謂之霸在大昊炎帝之間著衆謂使民興事知休作之期也賞賞善謂禪舜封禹稷等也能刑謂去四凶○義終謂既禪二十八載乃死也野死謂征有苗死於蒼梧也殛死謂不能成其功也明民謂使之衣服有章也民成謂知五教之禮也冥契六世之孫也其官玄冥水官也虐菑謂桀紂也烈業也族猶類也祀典謂祭祀也○鄣魚呂反菑音哉下同下文或作災注作裁並同扞胡旦反厲力世反左傳作列山共音恭下及注同鄣音章殛紀力反注同尚書云殛鯀於羽山又云鯀則殛死顓頊能脩之本或作顓頊脩黄帝之功文治直吏反去起呂反夫音扶丠此古丘字王于況反梧音吾〔疏〕夫聖至祀典○正義曰前經明禘郊祖宗及社稷之等所配之人。又論天地日月星辰山谷丘陵之等此經總明其功有益於民得在祀典之事從此至能捍大患則祀之與下諸神爲揔也○法施於民則祀之者若神農及后土帝嚳與堯及黄帝顓頊與契之屬是也○以死勤事則祀之者若舜及鯀冥是也○以勞定國則祀之者若禹是也○能禦大菑及能捍大患則祀之者若湯及文武也其子曰農能殖百穀者農謂厲山氏後世子孫名柱能殖百穀故國語云神農之。名柱作農官因名農是也○夏之衰也周弃繼之者以夏末湯遭大旱七年欲變置社稷故廢農祀棄○故祀以爲稷者謂農及棄皆祀之以配稷之神其子曰后土能平九州故祀以爲社者是共工後世之子孫爲后土之官后君也爲君而掌土能治九州五土之神故祀以爲配社之神○帝嚳能序星辰以著衆者嚳能紀星辰序時候以明著使民

休作有期不失時節故祀之也○堯能賞均刑法以義終者堯以天下位授舜封禹稷官得其人是能賞均平也五刑有宅是能刑有法也禪舜而老二十八載乃殂是義終也○舜能勤衆事而野死者舜征有苗仍巡守陟方而死蒼梧之野是勤衆事而野死○鯀鄣鴻水而殛死者鯀塞水而無功而被堯殛死于羽山亦是有微功於人故得祀之若無微功焉能治水九載又世本云作城郭是有功也鄭荅趙商云鯀非誅死鯀放居東裔至死不得反於朝禹乃其子也以有聖功故堯興之若以爲殺人父用其子而舜禹何以忍乎而尚書云鯀則殛死禹乃嗣興者箕子見武王誅紂今與已言懼其意有慙德爲說父不肖則罪子賢則舉之以滿武王意也○禹能修鯀之功者謂禹能脩父之功故祀之○黄帝正名百物者上雖有百物而未有名黄帝爲物作名正名其體也○以明民者謂垂衣裳使貴賤分明得其所也○共財者謂山澤不鄣教民取百物以自贍也其如上事故得祀之○顓頊能修之者謂能脩黄帝之法○契爲司徒而民成者契爲堯之司徒司徒掌五教故民之五教得成○冥勤其官而水死者冥契六世孫其官玄冥水官也○湯以寛治民而除其虐謂放桀於南巢也文王以文治武王以武功去民之菑者謂伐紂也此皆有功烈於民者也結上厲山以下也所得祀之人有功烈於人故也及夫日月星辰民所瞻仰也者釋上文燔柴於泰壇瘞埋於泰折王宮祭日夜明祭月幽禜祭星之等及上有祭地祭天祭四時祭寒暑祭水旱此不言之者舉日月則天地可知四時寒暑水旱則日月陰陽之氣故舉日月以包之也非此族也不在祀典者合結上事也族類也若非上自厲山以下及日月丘陵之等無益於民者悉不得預於祭祀之典也案上陳宗廟及七祀并通適殤以下此經不覆明之者此經所云謂是外神有功於民故具載之其宗廟與殤以下之親屬七祀之等宮中小神所以此經並皆不載○注春秋及祀也○正義曰引春秋左傳昭二十九年蔡墨辭云厲山氏炎帝也起於厲山者案帝王世紀云神農氏本起於烈山或時稱之神農即炎帝也故云厲山氏炎帝也云或曰有烈山氏者案二十九年傳文也云棄后稷名也者稱。舜與云棄汝后稷是棄爲后稷名也云共工氏無録而王謂之霸在大昊炎帝之間者是漢律麻志文又案月令春其帝大皥夏其帝炎帝不數共工氏是無録以水紀官是無録而王案昭十七年左傳郯子稱黄帝氏以雲紀炎帝以火紀共工氏以水紀大皥氏以龍紀從下逆陳是在炎帝之前大昊之後也云著衆謂使民與事知休作之則也者由序麻星辰敬授明時使民興造其事知休作之期民得顯著云二十八載乃死

也者虞書文也云殛死謂不能成其功也者鯀被殛羽山以至於死所以殛者由不能成其功也云明民謂使之衣服有章者案易繫云黃帝堯舜垂衣裳而天下治蓋取乾坤是也云冥契六世之孫也者案世本契生昭明昭明生相土相土生昌若昌若生曹圉曹圉生根圉根圉生冥是契六世孫也

附釋音禮記注疏卷第四十六

記疏卷四十六　七

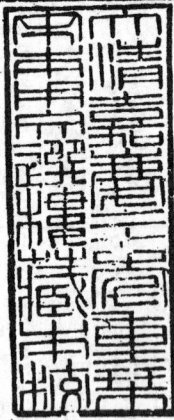

江西南昌府學栞

禮記注疏卷四十六校勘記　阮元撰盧宣旬摘錄

附釋音禮記注疏卷第四十六　惠棟挍宋本禮記正義卷第五十五

祭法第二十三

至周天子以下所制祀羣神之數　惠棟挍宋本同衛氏集說同閩監毛本制誤祭

祭法節

下有禘郊祖宗　閩監毛本同嘉靖本同衛氏集說同惠棟挍宋本祖宗作宗祖岳本宋監本同

其帝大昊　岳本同嘉靖本同衛氏集說同閩監毛本大作太釋文亦作大

稍用其姓氏　惠棟挍宋本氏作代宋監本岳本嘉靖本衛氏集說同正義亦作代此本誤氏閩監毛本同

郊祭一帝　各本同監本一誤二

祭法至武王　惠棟挍宋本無此五字

漢爲堯胤而用火德　惠棟挍宋本作允此本允誤胤閩監毛本同

三則符之堯舜湯武無同宗祖之言　閩監毛本同惠棟挍宋本宗祖作祖宗

帝軒轅傳十世二千五百二十歲　監毛本同閩本二千作一千惠棟挍宋本同

又月令季秋大享帝　惠棟挍宋本作季衛氏集說同此本季誤旣閩監毛本同

又孝經云　閩監毛本同惠棟挍宋本無又字衛氏集說同

埋少牢於泰昭節

相近當爲禳祈 閩監毛本同嘉靖本同惠棟挍宋本禳作攘岳本同衛氏集說同下同按此本疏相近當爲攘祈攘卻也則祭攘卻之及祭以攘之故讀相近爲攘祈五攘字俱從才旁閩監毛本並改從示旁

埋少至不祭 惠棟挍宋本無此五字

攻說用幣而已攻說以是日月之災 惠棟挍宋本亦作攻與周禮大祝注合閩監毛本二攻字並誤故

雩呼吁嗟哭位 閩監本同惠棟挍宋本位作泣毛本吁嗟誤嗟嗟

飄師雨師 惠棟挍宋本同閩監毛本飄作風

日月也在郊祀之中 閩監毛本同惠棟挍宋本祀作祭

大凡生於天地之間者節

禘郊宗祖 惠棟挍宋本石經宋監本岳本嘉靖本衛氏集說同閩監毛本宗祖二字倒陳澔集說同石經考文提要云宋大字本宋本九經南宋巾箱本余仁仲本劉叔剛本並作宗祖

大凡至變也 惠棟挍宋本無此五字

故曰黃帝以下 閩監毛本同惠棟挍宋本曰作云

明此禘郊宗祖外 惠棟挍宋本作祖此本祖作廟閩監毛本同

天下有王節

大夫立三廟二壇 閩本惠棟挍宋本石經岳本嘉靖本衛氏集說同監毛本二誤

顯考無廟 閩監毛本同石經同岳本同嘉靖本同衛氏集說同陳澔集說顯作皇釋文出顯考無廟云顯音皇出注石經考文提要云宋大字本宋本九經南宋巾箱本余仁仲劉叔剛本並作顯考是漢唐宋以來知顯當爲皇而不敢改而陳氏竟改之

爲卿大夫之采地 各本同釋文出大夫采三字無之字

享嘗謂時之祭 補案時上當有四字此誤脫也

天子諸侯爲壇墠所禱 閩監毛本同岳本同嘉靖本同衛氏集說同盧文弨挍云所當作祈

天下至曰鬼 惠棟挍宋本無此五字

故此先言之 閩監毛本同惠棟挍宋本之下有也字

此之五廟則並同日月祭之也 閩本作月月考文引宋板同此本月月誤日月監毛本同衛氏集說亦作五廟皆月月祭之

云曾煬公者自伯禽之子也 惠棟挍宋本無自字此本誤衍閩監毛本同

大夫若無祖考 閩監毛本同惠棟挍宋本考下有者字

天子長一尺二寸 閩監毛本同惠棟挍宋本無一字

故鬼其祖父與於寢中薦之 閩監毛本同衛氏集說父與作與父

王爲羣姓立社節

王爲至置社 惠棟挍宋本無此五字

大社在庫門內之右 惠棟挍宋本作內之衛氏集說同此內之二字倒閩監毛本同

引州長職曰 惠棟挍宋本有州字此本州字脫閩監毛本同

王爲羣姓立七祀節

王爲羣姓立七祀 閩本石經惠棟挍宋本宋監本岳本嘉靖本衛氏集說並同監毛本祀誤祠

門戶竈在旁 惠棟挍宋本有戶字岳本嘉靖本衛氏集說同考文引古本足利本同此本戶字脫閩監毛本同

巫祝以厲山爲之謬乎 各本同釋文謬作繆○按唐人多以繆爲錯謬字

王爲至或立竈 惠棟挍宋本無此六字

而樂記直云惠棟按宋本有而字此本而字脫閩監毛本同

或有春秋二時閩監毛本同考文云宋板二作兩

得其鬼爲厲惠棟按宋本上有何字此本何字脫閩監毛本同衞氏集說亦作何得爲厲也

夫聖王之制祭祀也節

周弃繼之閩監本同石經同岳本同嘉靖本同毛本弃作棄衞氏集說同

禹能脩鯀之功閩監本同石經同岳本同毛本脩作修嘉靖本同衞氏集說同下顓頊能脩之同

此皆有功烈於民者也宋監本脫皆字

山林川谷丘陵各本同石經同釋文出业陵云此古丘字

能刑謂去四凶閩監毛本同岳本同嘉靖本同考文云宋板無此六字足利本同衞氏集說同

夫聖至祀典惠棟按宋本無此五字

及社稷之等所配之人惠棟按宋本作之人衞氏集說同此本之人誤之○閩監毛本之人誤此字

神農之名柱閩監毛本同衞氏集說之下有子字

鯀塞水而無功閩監毛本同惠棟按宋本無而字衞氏集說同

爲說父不肖則罪惠棟按宋本作則續通解同此本則誤其閩監毛本同

及日月丘陵之等閩本同惠棟按宋本同監毛本丘陵誤星辰衞氏集說亦作及日月丘陵等

稱舜典云棄汝后稷閩監毛本同浦鏜云稱當按字誤

禮記注疏卷四十六校勘記

附釋音禮記注疏卷第四十七

禮記　鄭氏注　孔穎達疏

祭義第二十四

○陸曰鄭云名祭義者以其記齋戒薦羞之義〔疏〕正義曰案鄭目錄云名曰祭義者以其記祭祀齋戒薦羞之義也此於別錄屬祭祀

祭不欲數數則煩煩則不敬祭不欲疏疏則怠怠則忘是故君子合諸天道春禘秋嘗忘與不敬違禮莫大焉合於天道因四時之變化孝子感時念親則以此祭之也春禘者夏殷禮也周以禘爲殷祭更名春祭曰祠○數色角反下同怠大改反祠嗣思反霜露既降君子履之必有悽愴之心非其寒之謂也春雨露既濡君子履之必有怵惕之心如將見之非其寒之謂謂悽愴及怵惕皆爲感

時念親也霜露既降禮說在秋此無秋字蓋脫爾○悽音妻愴初亮反濡本亦作濡音儒怵敕律反惕他歷反爲于僞反下文見所爲并注同樂以迎來哀以送往故禘有樂而嘗無樂迎來而樂樂親之將來也送去而哀哀其享否不可知也小言之則爲一祭之間孝子不知鬼神之期推而廣之放其去來於陰陽○放方往反〔疏〕祭不欲數數則煩煩則不敬祭不欲疏疏則怠至無樂○正義曰此一節總論祭祀其事既雜義相附者結爲一節各隨文解之此一節明孝子感時念親所以四時設祭之意○合諸天道者諸於也禘者陽之盛也嘗者陰之盛也陰陽氣盛孝子感而思念其親故君子制禮合於天道○春禘秋嘗者舉春秋冬夏可知非其寒之謂也者言孝子於秋霜露既降有悽愴之心者非是寒之謂有此悽愴者爲感時念親也○如將見之者言孝子於春雨露之時必有怵惕之心焉意想念親如似得見親也春秋二時於文相互上云悽愴下云非其寒之謂此怵惕之心下宜云非其煖之謂今怵惕之心下如將見之則悽愴之心下亦宜云如將見之是其互也但作記以秋是物云寒爲甚故不云如將見之但言寒也春是物來煖輕於寒故云如將見之故不言煖之謂也先秋後春以涼悽愴之甚故先言之○注春禘者夏殷禮也周以禘爲殷祭更名春祭至曰祠○正義曰案王制云春礿夏禘周禮大宗伯春祠夏禴今云春禘故云夏殷禮案王制春曰礿此云春禘爲夏殷禮者郊特牲以注禘當爲礿則此春禘亦當爲礿於郊特牲已注而破之故此不言也○注迎來至陰陽○正義曰云小言之則爲一祭之間孝子不知鬼神之期者解經樂以迎來哀以送往之二句謂一祭之間也一祭比於一年其事爲小故云小言之爲一祭之間既不知鬼神來去期節故祭初似若來故樂祭末似去故哀據孝子之心雖春有樂及鍾鼓送尸孝子之心祭末猶哀也云推而廣之放其去來於陰陽者解經云故禘有樂而嘗無樂二句也言推此一祭而廣論一年放神之去來似於陰陽二氣但陽主生長春夏陽來似神之來故春夏祭之有樂秋冬陰歸神之去故秋冬之祭無樂然周禮四時之祭皆有樂殷則烝嘗之祭亦有樂故那詩云庸鼓有斁萬舞有奕下云顧予烝嘗則殷秋冬亦有樂者熊氏云殷秋冬但有管弦之樂又云烝嘗全無樂其義已具郊特牲

致齊於內散齊於外齊之日思其居處思其笑語思其志意思其所樂思其所嗜齊三日乃見其所爲齊者致齊思此五者也散齊七日不御不樂不弔耳見所爲齊者思之熟也所嗜素所欲飲食也春秋傳曰屈到嗜芰○齊側皆反後不出者同散悉但反注同所樂音岳又五岳反嗜市志反注及下並同屈居勿反屈到楚莫敖芰其寄反〔疏〕致齊至齊者○正義曰此一節明祭前齊日之日○思其居處者謂祭致齊之日也思其居處以下五事謂孝子思念親存之五事也先思其麤漸思其精故居處在前樂嗜居後○齊三日乃見其所爲齊者謂致齊思念其親精意純熟目想之若見其所爲齊之親也○注春秋傳曰屈到嗜芰○正義曰楚語云屈到嗜芰有疾召其宗老而屬之曰祭我必有芰

祭之日入室僾然必有見乎其位周還出戶肅然必有聞乎其容聲出戶而聽愾然必有聞乎其嘆息之聲周還出戶謂薦設時也無尸者闔戶若食閒則有出戶而聽之○僾音愛微見貌還音旋本亦作旋注同愾開代反闔戶獵反〔疏〕祭之至之聲○正義曰此一經明祭之日孝子想念其親入室僾然必有見乎其位者謂祭之

日朝初入廟室時也初入室陰厭時孝子當想象僾僾髣髴見也詩云愛而不見如見親之在神位也故論語云祭如在○周還出戶肅然必有聞乎其容聲者謂薦饌時也孝子薦俎酌獻行步周旋或出戶當此之時必有悚息肅肅然如聞親舉動容止之聲○出戶而聽愾然者謂祭此人爲無尸之時設薦已畢孝子出戶而靜聽愾愾然也必有聞乎其歎息之聲也○注周還至聽之○正義曰出戶謂薦設時也者若特牲少牢主婦設豆及佐食設俎之屬是也云無尸者闔戶若食間則有出戶而聽之者案士虞禮云無尸則禮及薦饌皆如初主人哭出復位祝闔牖戶如食間注云如尸一食九飯之須○彼謂虞祭無孫行爲尸者則吉祭亦當然也此鄭云闔戶若食間見如正祭九飯之間也而皇氏謂尸謖之後陽厭之時又云無尸謂之陰厭尸未入前其義並非也**是故先王之孝也色不忘乎目聲不絕乎耳心志嗜欲不忘乎心致愛則存致慤則著著存不忘乎心夫安得不敬乎**存著則謂其思念也○慤苦角反〔疏〕是故至敬乎○正義曰此一經覆說孝子祭時念親之事

○致愛則存者謂孝子致極愛親之心則若親之存以嗜欲不忘於親故也○致慤則著者謂孝子致其端慤敬親之心則若親之顯著以色不忘於目聲不忘於耳故也○著存不忘乎心者言如親之存在恒想見之不忘於心既思念如此何得不敬乎**君子生則敬養死則敬享思終身弗辱也**享猶祭也鄉也○養羊尚反鄉也許亮反下文鄉也鄉之注鄉並同**君子有終身之喪忌日之謂也忌日不用非不祥也言夫日志有所至而不敢盡其私也**忌日親亡之日忌日者不用舉他事如有時日之禁也祥善也志有所至至於親以此日亡其哀心如喪時○言夫日音扶本或作言夫忌日〔疏〕君子至私也○正義曰此一節明孝子終身念親不忘之事○忌日不用非不祥也者謂忌日不用舉作他事者何非謂此日不善別有禁忌不舉事也○言夫日志有所至而不敢盡其私也者所以不舉者言夫忌日謂孝子志意有所至極思念親不敢盡其私情而營他事故不舉也**唯聖人爲能饗帝孝子爲能饗親**謂祭之能使之饗也帝天也**饗者鄉也鄉之然後能饗焉**言中心鄉之乃能使其祭見饗也上饗或爲相○相息亮反下文同**是故孝子臨尸而不怍君牽牲夫人奠盎君獻尸夫人薦豆卿大夫相君命婦相夫人齊齊乎其敬也愉愉乎其忠也勿勿諸其欲其饗之也**色不和曰怍奠盎設盎齊之奠也此時君牽牲將薦毛血君獻尸而夫人薦豆謂繹日也儐尸主人獻尸主婦自東房薦韭菹醢勿勿猶勉勉也慤愛之貌○怍才各反盎烏浪反齊齊如字舊子禮反愉羊朱反盎齊才細反繹音亦儐音賓〔疏〕唯聖至之也○正義曰此一節明孝子祭祀欲親歆饗之意○唯聖人爲能饗帝者以饗帝爲難故聖人能之饗親不易故孝子能之欲饗親與饗帝同故以饗帝比饗親言饗親難也此本爲饗親而發故下文專論饗親之事○饗者鄉也者言神之所以饗者由孝子之所歸鄉也鄉之故然後能使神靈歆饗焉○是故孝子臨尸而不怍者怍謂顏色不和悅以祭祀須饗

尸故孝子臨對尸前不得顏色不和○君牽牲夫人奠盎者熊氏云此謂繹祭君當牽牲之時夫人奠設盎齊之奠○君獻尸夫人薦豆者繹祭故先獻後薦○齊齊乎其敬也者卿大夫相君命婦相夫人皆齊齊乎其恭敬齊齊謂整齊之貌故玉藻云廟中齊齊○愉愉乎其忠也者愉愉和悅之貌忠謂忠心言孝子顏色愉愉然和悅盡忠心○勿勿諸其欲其饗之也者勿勿猶勉勉也言孝子之心與貌勉勉然欲得親之歆饗也其皆語助○注色不至之貌○正義曰案曲禮云容毋怍怍謂顏色變即不和之意云奠盎設盎齊之奠也者此謂繹祭故牽牲之時夫人預設盎齊之尊假令正祭牽牲時夫人設奠盎之尊至君親制祭夫人酌盎齊以獻尸義無妨也皇氏怪此奠盎在牽牲之時於事大早以奠盎爲洗牲勘諸經傳無洗牲以酒之文皇氏文無所據其義非也云謂繹日也者以其先云君獻尸後云夫人薦豆故知繹日也云儐尸主人獻尸主婦自東房薦韭菹醢若此是有司徹文引之者證儐尸之時先獻後薦上大夫儐尸即天子諸侯之繹也**文王之祭也事死者如事生思死者如不欲生忌日必哀稱諱如見親祀之忠也如見**

親之所愛如欲色然其文王與思死者如不欲生言思親之深也如欲色者以時人於色厚假以喻之。忠如字謂盡中心與音餘詩云明發不寐有懷二人文王之詩也祭之明日明發不寐饗而致之又從而思之祭之日樂與哀半饗之必樂已至必哀明發不寐謂夜至旦也祭之明日謂繹日也言繹之夜不寐也二人謂父母容尸侑也。樂與音洛下同侑音又

［疏］文王至必哀節。正義曰此一節明文王祭思親忠敬之甚。思死者如不欲生者言文王思念死者意欲臨之而死如似不復欲生。稱諱如見親者言文。在廟中上不諱下於祖廟稱親之諱如似見親也。祀之忠者言文王祭祀之盡忠誠也。如見親之所愛如欲色然者解祀之忠敬之事言齊時思念親之平生嗜欲如似真見親所愛在於目前又思念親之所愛之甚如似凡人貪欲女色然也。其文王與者唯文王能如此與與是不執定之辭王肅然解欲色如欲見父母之顏色鄭何得比父母於女色馬昭申云孔子曰吾未見好德如好色者如此亦比色於德張融亦如好色取其甚也於文無妨。文王之詩也者此幽王小雅小宛之篇而云文王詩也者記者引詩斷章取義且詩人陳文王之德以刺幽王王亦得爲文王之詩也。祭之明日明發不寐者謂正祭明日繹祭之時祭旣訖得其夜發夕至明而不寐。饗而致之又從而思之者申明發之意既設繹祭之饗而致於神其夜又從而思之也。饗之必樂已至必哀者孝子想神之歆饗故必樂又想及饗已至之後必分離故必哀也。注祭之至侑也。正義曰知祭之明日謂繹日也者案宣八年六月辛巳有事于大廟仲遂卒于垂壬午猶繹是祭之明日爲繹也云二人謂父母容尸侑也者祭有念親故二人謂父母案有司徹上大夫儐尸別立一人爲侑以助尸似鄉飲禮介介之副賓也繹祭與儐尸同故知二人容尸與侑侑也

仲尼嘗奉薦而進其親也慤其行趨趨以數嘗秋祭也親謂身親執事時也慤與趨趨言少威儀也趨讀如促數之言速也。仲尼嘗絕句嘗秋祭奉薦而進絕句其親也慤絕何趨音促注及下注皆同數色角反徐音速注同已祭子贛問曰子之言祭濟濟漆漆然今子之祭無

濟濟漆漆何也子曰濟濟者容也遠也漆漆者容也自反也容以遠若容以自反也夫何神明之及交夫何濟濟漆漆之有乎漆漆讀如朋友切切自反猶言自脩整也容以遠言非所以接親親也容以自反言非孝子所以事親也及與也此皆非與神明交之道。贛音貢濟子禮反下同漆依注音切下同客也口白反賓客也下客以遠同容也羊凶反儀容也下若容以自反同反饋樂成薦其薦俎序其禮樂備其百官君子致其濟濟漆漆夫何慌惚之有乎天子諸侯之祭或從血腥始至反饋是進孰也薦俎豆與俎也慌惚思念益深之時也言祭事既備使百官助已祭然而見其容而自反是無慌惚之思念。樂成音岳又五教反慌況往反注及下同一音荒惚音忽注及下同本又作忽夫言豈一端而已夫各有所當也豈一端言不可以一槩也禮各有所當行祭宗廟者賓客濟濟漆漆主人慤而趨趨當丁浪反槩古代反

［疏］仲尼至當也。正義曰此一節記仲尼嘗祭之儀。奉薦而進其親也慤者慤謂質慤謂仲尼奉薦進尸之時其身執事其形貌慤質少威儀。其行也趨趨以數者其行步促促速疾少威儀舉足而數也。今子之祭無濟濟漆漆何也者子贛先聞夫子說祭事威儀須濟濟漆漆然也今子之爲祭無濟濟漆漆者何也子曰濟濟者何也遠也夫子爲子贛說濟濟之義言濟濟者是容貌自疏遠漆漆者容也自反也謂容貌自反覆而脩正也。容以遠若容以自反也者覆結上文言孝子若容貌以疏遠若容貌以自脩正此乃賓客之事。去何神明之及交者及與也言孝子若作賓客之容何得神明之與交言不得與神明交也。夫何濟濟漆漆之有乎者更覆結上之云夫孝子何得濟濟漆漆之有乎言不得有也其容也遠也王肅以容爲容皇氏用王肅以客有其容之義其義亦通但於文勢不便至注更具詳。反饋樂成者此天子諸侯之祭血腥而始及至進是設饌進孰合樂成畢定本反饋作及字至注更釋。薦俎者謂薦孰之時薦其饋食之豆并牲體之俎。序其禮樂備其百官者進饋之前與神明而交貴其誠敬進饋之後人事之盛故序其禮樂備其百官君子致其濟濟漆漆者言於此之時君子助祭之人致其濟濟

漆漆賓客之事。夫何慌惚之有乎者此一句覆結前文子貢問之若孝子自濟濟漆漆何得慌惚思念之有乎言無念親之意也。夫言豈一端而已者夫子荅子貢云一端猶一槩也凡言語豈一槩而已言不可以一槩所屬各異。夫各有所當也者謂其言語各有所當若慤而趨當孝子也濟濟漆漆當賓客也。注漆漆至之道。正義曰云漆漆讀如朋友切切者以漆漆非形貌之狀漆音近切朋友切切偲偲語子路文也云自反猶言自修整也者凡脩整之人必自反覆顧省故云自反猶言自修整云容以遠言非所以接親親也者凡接親親不事容貌又相附近今既事容貌又相疏遠故云非所以接親親言親親對孝子之辭或容爲客字則是一義遠何須云容以遠又容以自反與容以遠相對一字爲容一字爲客未之有也又王肅爲客字破鄭義明鄭義容字也。注天子至思念。正義曰天子諸侯之祭或從血腥始者謂以卿大夫從饋孰始故云天子諸侯或從血腥始言或者不盡然故三獻爓一獻孰是不從血腥始云至反饋是進孰也者既以血腥爲始至於反饋之時是進孰也但至與反字於文爲煩定本又爲及字故皇氏云初祭尸入於室後出在堂門尸更反入而設饋故云及饋義當然也

孝子將祭慮事不可以不豫

比時具物不可以不備虛中以治之比時猶先時也虛中言不兼念餘事。比必利反徐甫至反注同先悉薦反又如字〔疏〕孝子至治之。正義曰自此以下至成人之道廣明孝子祭祀之義今各隨文解之。將祭慮事不可以不豫者言孝子慮事不可於祭前不豫思慮之。比時具物不可以不備者比時謂先時言在祭之先以備具於物至於祭時不可以不備具也。虛中以治之者言不可兼念餘事心中實虛唯思此祭而已故云虛中以治之也

宮室既脩牆屋既設百物既備夫婦齊戒沐浴盛服奉承而進之洞洞乎屬屬乎如弗勝如將失之其孝敬之心至也與脩設謂除及黝堊。洞音動下同屬音燭下同弗本亦作不何休云弗者不之深也勝音升與音餘黝於糾反堊烏路反薦其薦俎序其禮樂備其百官奉承而進之百官助主人進之〔疏〕宮室至進之。正義曰洞洞屬屬是嚴敬之貌言孝子之心奉承而進祭之時其心洞洞乎屬屬乎恭敬心甚如舉物之弗勝心所奉持如似將失於物此是孝子心敬之至極也案廣雅洞洞屬屬敬也

於是諭其志意以其慌惚以與神明交庶或饗之庶或饗之孝子之志也諭其志意謂使祝祝饗及侑尸也或猶有也言想見其仿佛來。祝祝上之六反下之又反又並之六反仿芳往反佛芳味反〔疏〕於是至志也。正義曰孝子既薦其俎於是使其祝官啓告鬼神曉諭鬼神以志意。以其慌惚以與神明交庶或饗之者言孝子以其思念情深慌惚似神明交接庶望神明或來歆饗故云庶幾神明饗之者是孝子之志意也言想見其親仿佛而來也

孝子之祭也盡其慤而慤焉盡其信而信焉盡其敬而敬焉盡其禮而不過失焉進退必敬如親聽命則或使之也言當盡已而已如居父母前將受命而使之〔疏〕孝子至之也。正義曰盡其慤而慤焉者盡慤謂心盡其慤也而慤焉謂外亦慤焉其信與敬皆處內內有其

心外著於貌。盡其禮而不過失焉者以其禮包衆事非可極故不得云而盡其禮焉云不過失焉則是禮也。進退必敬如親聽命則或使之也者言孝子祭時進之與退必恒恭敬如似親聽父母之命而父母或使之也

孝子之祭可知也其立之也敬以詘其進之也敬以愉其薦之也敬以欲退而立如將受命已徹而退敬齊之色不絕於面詘充詘形容喜貌也進之謂進血腥也愉顏色和貌也薦之謂進熟也欲婉順貌謂齊莊。詘求勿反注及下并篇末同徐上勿反敬齊如字注及下同王徐側皆反婉憂阮反孝子之祭也立而不詘固也進而不愉疏也薦而不欲不愛也退立而不如受命敖也已徹而退無敬齊之色而忘本也如是而祭失之矣固猶質陋也而忘本而衍字。敖五報反〔疏〕孝子至之矣。正義曰此一節

明孝子之祭觀其貌而知其心故孝子之祭可知也者以下諸事是也○其立之也敬以詘者詘謂充詘形容歡喜之貌言孝子尸前而立形貌恭敬而顏色歡喜○其進之也敬以愉者進謂進血腥愉謂顏色溫和言孝子薦血腥之時容貌恭敬而顏色溫和○其薦之也敬以欲者言孝子薦熟之時容貌恭敬顏色婉順如欲得物然○退而立如將受命者言孝子或有退之時如似前進將受命○已徹而退敬齊之色不絶於面者謂祭畢已徹饌食孝子退者恭敬齊莊之色不離絶於面○立而不詘固也者言其固陋不知禮○進而不愉疏也者言與親疏遠不相親附○薦而不欲不愛也者言不愛親○退立而不如受命敖也者言敖其親不恭敬已徹而退無敬齊之色而忘本也者而衍字忘本謂不思其親○

孝子之有深愛者必有和氣有和氣者必有愉色有愉色者必有婉容和氣謂立而詘孝子如執玉如奉盈洞洞屬屬然如弗勝如將失之嚴威儼恪非所以事親也成人之道也成人既冠者然則孝子不失其孺子之心也○奉芳勇反儼魚檢反恪苦各反冠古亂反孺而樹反【疏】孝子至道也○正義曰如執玉如奉盈言孝子對神容貌敬慎如執持玉之大寶如奉盈滿之物嚴威儼恪非所以事親也者嚴謂嚴肅威謂威重儼謂儼正恪謂恭敬言四者容貌非事親之體事親當和順卑柔也成人之道也者言嚴威儼恪秖是既冠成人之道也

先王之所以治天下者五貴有德貴貴貴老敬長慈幼此五者先王之所以定天下也貴有德何爲也爲其近於道也貴貴爲其近於君也貴老爲其近於親也敬長爲其近於兄也慈幼爲其近於子也言治國有家道○長丁丈反下及下注皆同爲其于僞反下爲其同近附近之近是故至孝近乎王至弟近乎霸至孝近乎王雖天子必有父至弟近乎霸雖諸侯必有兄先王之教因而弗改所以領天下國家也天子有所父事諸侯有所兄事謂若三老五更也天子衰諸侯興故曰霸○乎王于況反弟音悌下同更古衡反下及下更相同【疏】先王至家也○正義曰此一節論貴德及孝弟之事皇氏云此亦承上夫子荅子贛之辭畢廣明孝弟之義今以皇氏說未知然否或是說雜録之辭○貴有德何爲也爲其近於道也者德是在身善行之名道者於物開通之稱以已有德能開通於物故云近於道也凡言近者非是實到附近而已○是故至孝近乎王至弟近乎霸者孝能感物故近乎王弟能親愛故近乎霸雖天子必有父者以聖人之德無加於孝乎故雖天子之尊必有事之如父者謂養三老也○雖諸侯必有兄者以教民禮順莫善於弟故雖諸侯之貴必有事之如兄者謂養五更也○先王之教因而弗改者言先王設教之原因人之心孝弟即以孝弟教人是因而不改從人之所欲故可以領天下國家也○注天子至曰霸○正義曰云天子有所父事諸侯有所兄事者案天子諸侯俱有養老之禮皆事三老五更故文王世子注三老如賓五更如介但天子尊故以父事屬之諸侯卑故以兄事屬之云天子衰諸侯興故曰霸者案中候諸侯曰霸注云霸把也把天子之事也

子曰立愛自親始教民睦也立教自長始教民順也親長父兄也睦和厚也教以慈睦而民貴有親教以敬長而民貴用命尊長出教令者孝以事親順以聽命錯諸天下無所不行【疏】子曰至不行○正義曰此一節明愛敬之道皇氏云因上荅子貢之問別愛敬語更端故別言子曰自此以下皆展轉相因廣明其事今謂記者雜録以事類相接爲次非本相因之辭也○立愛自親始者言人君欲立愛於天下從親爲始言先愛親也○教民睦也者已先愛親人亦愛親是教民睦也○立敬自長始者言起敬於天下從長爲始言先自敬長○教民順也者已能敬長民亦敬長是教民順也○教以慈睦而民貴有親者覆上教民睦也睦則恩慈故云慈睦也民既慈睦各貴所有之親○教以敬長而民貴用命者覆結上文教民順也既教以敬長民心和順不有悖逆故貴用在上之教命○孝以事親順以聽命者孝以事親覆說而民貴有親也順以聽命覆說而民貴用命也以此二者錯置於天下故無所不行言皆行也

郊之祭也喪者不敢哭凶服者不敢入國門敬之至也祭者告禮不欲聞見凶人。錯諸七路反【疏】郊之至至也。○正義曰此一節論祭祀之禮以是吉禮大事故喪與凶服皆辟之祭之日君牽牲穆荅君卿大夫序從祭謂祭宗廟也穆子姓也荅對也序以次第從也序或爲豫。從才用反注同既入廟門麗于碑卿大夫袒而毛牛尚耳鸞刀以封取膟膋乃退爓祭祭腥而退敬之至也麗猶繫也毛牛尚耳以耳毛爲上也膟膋血與腸間脂也爓祭祭腥祭爓肉腥肉也湯肉曰爓爓祭祭腥或爲合祭腥泄腊熟也。碑彼皮反袒徒旦反鸞力端反封苦圭反膟音律膋力彫反爓音尋泄息列反腊直輒反【疏】祭之至至也○正義曰前經郊祭之致敬此一節明祭廟牽牲致敬。穆荅君者穆謂子姓荅對也言祭廟君牽牲之時子姓對君共牽牲。卿大夫序從者卿大夫大夫作幣士奉芻依次第而從君也。既入廟門麗于碑者麗繫也君牽牲入廟門繫著中庭碑也。王肅云

以編貫碑中君從此待之也。卿大夫袒而毛牛尚耳者將殺牲故袒取牛毛薦之故云毛牛也以耳毛爲上故云尚耳耳主聽欲使神聽之○鸞刀以封取膟膋者謂用鸞刀封割牲體以取血及腸間脂血以供薦而膋以供炙肝及爇蕭也○乃退者謂殺牲竟而取卿大夫所封血毛膟膋薦之竟而退也祭有三節此一節竟故退○爓祭祭腥者爓謂爓肉而祭腥謂以腥肉而祭言薦膟膋之後以俎載爓肉腥肉而祭也○而退者謂爓祭祭膟之後祭事既卒而退是恭敬之至極也。○注穆子姓也。○正義曰知穆是子姓者熊氏云父昭子穆姓生也是昭穆所生謂子孫直言穆者文不備○注膟膋至熟也○正義曰案說文及字林云膟血祭膋是牛腸間脂也是膟爲血膋爲腸間脂也云爓祭祭腥祭爓肉腥肉也者既疊出經文爓祭之事祭腥之語然後解云謂祭爓肉也腥肉也祭爓肉即經之爓祭也云腥肉即經之祭腥也其祭腥肉爓肉並當朝踐之節此腥肉則禮運云腥其俎也爓肉即禮運云熟其殺也此先云爓者記者便文耳非先後之次云湯肉曰爓者以鬼神異於生雖曰熟殺但湯肉而已若其生祀則羹肉令熟故郊特牲云一獻熟是爓與熟又別也云爓祭祭腥或云合祭腥泄腊熟也者謂爓祭祭腥四字禮記他本爲合祭腥泄腊熟六字者故云或郊之祭

大報天而主日配以月夏后氏祭其闇殷人祭其陽周人祭日以朝及闇主日者以其光明天之神可見者莫著焉闇昏時也陽讀爲曰雨曰暘之暘謂日中時也朝日出時也夏后氏大事以昏殷人大事以日中周人大事以日出亦謂此郊祭也以朝及闇謂終日有事○神見賢遍反一本作神可見則如字暘音陽【疏】郊之至及闇。○正義曰自此以下至致天下之和論郊祭及日月之義此郊之祭一經止明郊祭之禮○郊之祭者謂夏正郊天○大報天者謂於此郊時大報天之衆神雖是春祈天生養之功大故稱大報故天○天主日配以月者謂天無形體縣象著明不過日月故以日爲百神之主配之以月自日以下皆祭特言月者但月爲重以對日耳蓋天帝獨爲壇其日月及天神等共爲一壇故日得爲衆神之主也○夏后氏祭其闇者以夏后氏尚黑故祭在於昏時○殷人祭其陽者以尚白故祭在日中時○周人祭日以朝及闇者以其尚文祭百神禮多故以朝及闇也故季氏之祭大夫之家禮儀應少而亦以朝及闇故夫子譏之○注陽讀至有事○正義曰案洪範庶徵云曰雨曰暘陽謂亢暘乾燥日中之時亦明日中乾燥異於昏明故讀從

曰雨曰暘之暘也必讀之者恐人以夜爲陰晝爲陽恐終日而祭故謂從暘也云亦謂此郊祭者以檀弓大事非止是喪亦兼謂祭故云大事亦謂此郊祭祭日於壇祭月於坎以別幽明以制上下幽明者謂日照晝月照夜【疏】祭日至上下。○正義曰此經及下經皆據春分朝日秋分夕月。○祭日於壇謂春分也祭月於坎謂秋分也月爲幽日爲明日在壇月在坎是殊別幽明制定上下祭日於東祭月於西以別外內以端其位端正。別彼列反下同【疏】祭日至其位。○正義曰端正也日爲陽在外月爲陰在內今祭日於東用朝旦之時是爲外祭月於西郷夕之時是爲內是以別外內以正其位也而崔氏云祭日於壇祭月於坎還據上文郊祭之時今謂若是郊祭日與月當應同處何得祭日於壇祭月於坎日於東月於西祭不同處則崔氏說非也崔氏云日月有合祭之時謂郊祭天而主日配以月其禮大用牛各祭之時謂春分朝日秋分夕月其禮小故祭法用少牢今謂大司徒云小祭祀奉牛牲鄭注謂玄冕所祭自玄冕皆用牛也何得用少牢今謂祭法日月用少牢鄭云禱祈之祭也崔氏說又非崔氏又云迎春之時

兼日月者今案諸文迎春迎秋無祭日月之文小宗伯云兆五帝於四郊四望四類亦如之謂四望四類之祭亦如五帝在四郊故鄭云兆日於東郊兆月與風師於西郊不謂兆五帝之時即祭日月崔說又非

日出於東月生於西陰陽長短終始相巡以致天下之和巡讀如沿漢之沿謂更相從道○巡依注依音沿悅專反〔疏〕日出至之和○正義曰陰謂夜也陽謂晝也夏則陽長而陰短冬則陽短而陰長是陰陽長短○終始相巡者又月之與日同行黃道其晦朔之時月與日同處自朔之後月與日先後而行至月終日還與月同處亦是終始相巡○以致天下之和者以日月交相依巡是陰陽和會故致天下之和也○注巡讀如沿漢之沿○正義曰案文十年左傳云子西沿漢泝江將入郢是沿爲順流而下故讀從之

天下之禮致反始也致鬼神也致和用也致義也致讓也因祭之義汎說禮也致之言至也使人勤行至於此也至於反始謂報天之屬也至於鬼神謂祭宗廟之屬也至於和用謂治民之事以足用也○汎說芳劒反致反始以厚其

本也致鬼神以尊上也致物用以立民紀也致義則上下不悖逆矣致讓以去爭也合此五者以治天下之禮也雖有奇邪而不治者則微矣物猶事也變和言物互之也微猶少也○悖布內反去起吕反爭爭鬭之爭音紀宜反邪似嗟反治直吏反〔疏〕天下至微矣○正義曰此一節明禮之大用凡有五事若能行之得理則天下治矣○天下之禮者言天下所用之禮所致凡有五事也○致反始也者致之言至也言禮之至極於天反報初始言人始於天反而報之○致鬼神也者言禮之致極至於鬼神謂祭宗廟之等○致和用也者和謂百姓和諧用謂財用豐足言禮之至極治理於民使百姓和諧財用富足也○致義也者義謂斷割得宜治惡討暴言禮之至極於義也○致讓也者讓謂遜相推讓言禮之至極於讓也○致反始以厚其本也者天爲人本今能反始以報於天是厚重其本也上能厚本教下下亦能厚本也○致鬼神以尊上也者謂至於祭祀鬼神是尊嚴其上也以此教民民亦尊上也○致物用以立民紀也者民豐物用則知榮辱禮節故至於物用可以立人紀也○致義則上下不悖逆矣者義能除凶去暴故上下不有悖逆也○致讓以去爭也者以讓故無爭○合此五者以治天下之禮也者言能和合此五者以治理天下之禮○雖有奇邪而不治者則微矣者奇謂奇異邪謂邪惡皆據異行之人言用此五事爲治假令有異行不從治者亦當少也故云則微矣○注物猶至少也○正義曰上文云致和用明和能立事是和用互言之有事用也下文云致物用物謂事也謂事須和也是致事用互致和用也是事必須和和能立事故云互也

宰我曰吾聞鬼神之名不知其所謂子曰氣也者神之盛也魄也者鬼之盛也合鬼與神教之至也氣謂噓吸出入者也耳目之聰明爲魄合鬼神而祭之聖人之教致之也○魄普白反噓音虛吸許及反〔疏〕宰我至至也○正義曰自此以下至以祀先王先公敬之至也此一節明宰我問鬼神之事夫子荅以鬼神魂魄祭祀之禮又廣明天子諸侯耕藉及公桑之事今各隨文解之○不知其所謂者宰我善問孔子吾唯聞鬼神之名不知此鬼神所謂何物爲鬼神○子曰氣也者神之盛

也者此夫子荅宰我以神名言神是人生有之氣氣者是人之盛極也○魄也者鬼之盛也者是夫子荅鬼之事言人形魄者鬼之盛極也○合鬼與神教之至也者言人死神上於天鬼降於地聖王合此鬼之與神以祭之至教之致也是聖王設教致合如此故云教之至也○注氣謂至之也○正義曰氣謂噓吸出入也者謂氣在口噓吸出入此氣之體無性識也但性識依此氣而生有氣則有識無氣則無識則識從氣生性則神出入也故人之精靈而謂之神云耳目之聰明爲魄者魄體也若無耳目形體不得爲聰明故云耳目聰明爲魄云合鬼神而祭之聖人之教致之也者人之死其神與形體分散各別聖人以生存之時神形和合今雖身死聚合鬼神似若生人而祭之是聖人設教與致之令其如此也

衆生必死死必歸土此之謂鬼骨肉斃于下陰爲野土陰讀爲依蔭之蔭言人之骨肉蔭於地中爲土壤○斃本亦作弊婢世反陰依注音蔭於鳩反壤如羊反〔疏〕衆生至野土○正義曰此一經明鬼神之事○衆生必死者言物之羣衆而生必皆有死○死必歸土者言萬物死者皆歸於土此一經因而言物實是本說人也○此之謂鬼者鬼歸也此歸土之形故謂之鬼也○

骨肉斃于下陰爲野土者此覆說歸土之義也言死骨肉斃敗於地下依陰於地爲野澤土壤謂在田野故稱爲野土俗本陰作陰字也 其氣發揚于上爲昭明焄蒿悽愴此百物之精也神之著也 焄謂香臭也蒿謂氣烝出貌也上言衆生此言百物明其與人同也不如人貴爾蒿或爲藨○焄許云反香臭之氣耳蒿許羔反烝之膺反藨表驕反又皮表反 【疏】其氣至著也○正義曰此一經申明神也此利擇人氣爲神言人生賦形體與氣合共爲生其死則形與氣分其氣之精魂發揚升於上爲昭明者言此升上爲神靈光明也○焄蒿悽愴此百物之精也者焄謂香臭也言百物之氣或香或臭蒿謂烝出貌言此香臭烝而上出其氣蒿然也悽愴者謂此等之氣人聞之情有悽有愴百物之精也者人氣揚於上爲昭明百物之精氣爲焄蒿悽愴人與百物共同但情識爲多故特謂之神此經論人亦因人神言百物也○神之也者人氣發揚於上爲昭明是人神之顯著 因物之精制爲之極明命鬼神以爲黔首則百衆以畏萬明以服 明命猶尊名也尊極於鬼神不可復

加也黔首謂民也則法也爲民作法使民亦事其祖禰鬼神民所畏服○黔首其廉反徐又其嚴反黑也黔首謂民也秦謂民爲黔首復扶又反爲民于僞反 【疏】因物至以服○正義曰此一經明聖人設教合鬼與神而祭之欲使人事其祖禰畏敬鬼神○因物之精制爲之極者言聖人因人與物死之精靈遂造制爲之尊極之稱○明命鬼神以爲黔首則者明猶尊也命猶名也黔首謂萬民也則法也故尊名及萬物之精謂之鬼神以爲萬民之法則也○百衆以畏萬民以服者百衆謂百官衆庶萬民謂天下衆民既敬之以鬼神下皆畏敬之故云百衆以畏萬民以服○注明命至畏服○正義曰鬼神本是人與物之魂魄若直名魂魄其名不尊故尊而名之爲鬼神別加畏敬之也云尊極於鬼神不可復加也者解經制爲之極所以明鬼神爲極者言物中尊極莫過鬼神言以外他名不可復加故聖王造制爲之極名鬼神也云黔首謂民也者黔謂黑也凡人以黑巾覆頭故謂之黔首案史記云秦命民曰黔首此紀作在周末秦初故稱黔首此孔子言非當秦世以爲黔首錄記之人在後變改之耳漢家僕隸謂蒼頭以蒼巾爲飾異於民也此經鬼神本爲民神故下文築爲宮室設爲宗祧其實此鬼神亦兼山川五祀百物之屬故禮運云列於鬼神注云謂祖廟山川五祀之屬樂

記云幽則有鬼神注云助天地成物者是百物之鬼謂之鬼對則精靈爲魂形體爲魄故昭七年左傳云人生始化曰魄既生魄陽魂是形爲魄氣爲魂若散而言之魄亦性識識與魄無異故昭二十五年左傳云心之精爽是謂魂魄魂魄去之何以能久又襄二十九年左傳云天奪伯有魄又對而言之天曰神地曰祇人曰鬼散而言之通曰鬼神 聖人以是爲未足也築爲宮室設爲宮祧以別親疎遠邇教民反古復始不忘其所由生也衆之服自此故聽且速也 自由也言人由此服於聖人之教也聽謂順教令也速疾也○邇音爾○ 【疏】聖人至速也○正義曰此一經明聖人爲鬼神立宗廟之事○聖人以是爲未足也者謂以是尊名鬼神爲未足謂未稱其意也○築爲宮室設爲宗祧以別親疏遠邇教民反古復始者古謂先祖追而祭之是反古也始謂初始父母始生於已今追祭祀是復始也○不忘其所由生也者追遠報祭是不忘其所由生也○衆之所服自此者自由也言衆人服從於上由此反古復始而教之也○故聽且速也者聽謂順其教令以此之故在下順

其教令而且疾速也 二端既立報以二禮建設朝事燔燎羶薌見以蕭光以報氣也此教衆反始也薦黍稷羞肝肺首心見間以俠甒加以鬱鬯以報魄也教民相愛上下用情禮之至也 二端既立謂氣也魄也更有尊名云鬼神也二禮謂朝事與薦黍稷也朝事謂薦血腥時也薦黍稷所謂饋食也見及見間皆當爲覵字之誤也羶當爲馨聲之誤也燔燎馨香覵以蕭光取牲祭脂也光猶氣也有虞氏祭首夏后氏祭心殷祭肝周祭肺覵以俠甒謂雜之兩甒醴酒也相愛用情謂此以人道祭之也報氣以氣報魄以實各首其類○燔音煩燎力召反又力弔反羶依注音馨許經反後羶鄉同薌音香見以依注見作覵音間廁之間徐古辯反見間依注合爲覵字音間廁之間俠右洽反甒音武 【疏】二端至至也○正義曰此一節論氣魄既殊明設祭之時二禮亦異○二端既立者謂氣也魄也既見乃更立尊名云鬼神也○報以二禮者謂報此氣魄以二種祭禮報氣謂朝踐之節也報魄謂饋熟之節也○建

設朝事燔燎羶薌見以蕭光以報氣也者此明朝踐報氣之義也朝事謂旦朝祭事燔燎謂取膟膋燎於爐炭羶謂馨香見以蕭光謂見覸覸謂雜也光謂氣也謂燔膟膋兼爇蕭蒿是雜以蕭氣此等三祭是以報氣也○此教衆反始也者言此上之祭氣是古昔尚質之義是故教衆之以反於初始此上反古復始揔包之也○薦黍稷羞肝肺首心見間以俠甒加以鬱鬯以報魄也者薦黍稷者謂饋熟時薦此黍稷羞肝肺首心者羞進也謂薦黍稷之時進肝之與肺及首之與心殷祭以肝周祭以肺虞氏以首夏后氏以心皆謂祭黍稷之時兼此物祭也故郊特牲云祭黍稷加肺謂周法也見間以俠甒者見間讀爲覸覸亦雜也俠甒謂兩甒醴酒言祭黍稷之時雜以兩甒醴酒○加以鬱鬯者謂薦此黍稷加肝肺之薦更加之以鬱鬯然後薦黍稷饋熟報魄之時始云加鬱鬯者言非但薦熟是報魄言祭初所以加鬱鬯亦是報魄也以魄在地下鬱鬯灌地雖是祭初亦是報魄不當薦熟之時故云加也○以報魄也者言薦黍以下皆是報祭形魄之氣○教民相愛上下用情者言此饋熟之時皆以飲食實味徧於燕飲是教民相愛上以恩賜逮下下愛上恩賜故上下用情○禮之至也者至謂至極也謂報氣報魄二禮備足是祀奉上禮之至極也○注二端至其類○正義曰云更有尊名云鬼神也者解經二端既立氣也魄也是二端更有尊名名鬼神是既立謂尊名立也云二禮謂朝事與薦黍稷也者以經云朝事以報氣薦黍稷以報魄也云見及見間皆當爲覸字之誤也者經云見以蕭光但有見字在旁無間間旁無見字此等據意皆是覸雜之理故知誤加以間邊加見凡覸者所見錯雜之義故間旁見也云羶當爲馨以與香連文無取羶義羶馨聲相近故云聲之誤也云取牲祭脂也者案詩生民云取蕭祭脂是取蕭與祭牲之時雜燒之一祭之中再度焫蕭朝踐燔膟膋之時亦有蕭也故郊特牲云取膟膋升首報陽也注云膟膋腸間脂也與蕭合燒之是朝踐焫蕭也郊特牲又云既奠祭後焫蕭合羶薌是饋熟焫蕭也云有虞氏祭首至周祭肺皆明堂位文云兩甒醴酒也者以士喪禮既夕等皆以甒盛醴故知醴酒也此用甒者蓋是天子追享朝踐用大尊此甒即大尊或可子男之禮禮器云君尊瓦甒謂子男也皇氏以爲異代法也云報氣以氣報魄以實各首其類者燔燎馨香蕭光之屬是氣也黍稷肝肺之屬是實物也首本也報氣以氣是虛還以馨香虛氣報之報魄以實還以黍稷實物報之各本其事類故云各首其類也○

附釋音禮記注疏卷第四十七

禮記注疏卷四十七挍勘記　阮元撰盧宣旬摘録

祭義第二十四

祭不欲數節

祭不欲數數則煩煩則不敬祭不欲疏疏則怠至無樂　惠棟挍宋本無此廿一字

春禘者夏殷禮也周以禘爲殷祭更名春祭至曰祠　惠棟挍宋本作春禘至曰祠

致齊於內節

郊特牲以注禘當爲礿　監本如此惠棟挍宋本毛本作以郊特牲注

恩其所嗜　各本同石經同釋文出所者云注及下並同○按嗜正字耆假借字

致齊至齊者　惠棟挍宋本無此五字

此一節明祭前齊日之事　監本毛本如此惠棟挍宋本無日字

祭之日入室節

祭之至之聲　惠棟挍宋本無此五字

孝子當想象僾僾髣髴見也詩云愛而不見　閩監毛本同惠棟挍宋本髣髴作髣髴衛氏集說同段玉裁挍本謂當作孝子當想象僾然說文曰僾仿佛見也詩云僾而不見

祝闔牖戶　閩監本同與士虞禮記合毛本牖誤牗

如尸一食九飯之須　惠棟挍宋本同閩監毛本須作頃衛氏集說同

君子生則敬養節

享猶祭也饗也　閩監毛本同岳本同嘉靖本同衛氏集說同考文引足利本饗作鄉按釋文出鄉也

浦鏜按云鄉誤饗

君子至私也　惠棟按宋本無此五字

唯聖人爲能饗帝節

唯聖至之也　惠棟宋本無此五字

夫人奠設盎齊之奠　閩監毛本同惠棟按宋本奠作尊下文預設盎齊之尊同按注設盎齊之奠各本俱作奠盎注與疏異本浦鏜按則并改注盎齊之奠作盎齊之尊

文王之祭也節

謂夜至旦也　惠棟按宋本有而字宋監本岳本嘉靖本衞氏集說同考文引古本足利本同此本而字脫閩監毛本同

文王至必哀　惠棟宋本無此五字

言文在廟中　閩監毛本同惠棟按宋本文下有王字

如似眞見親所愛　閩監毛本同考文云宋板似作以衞氏集說無似字

王肅然解欲色　閩監毛本同浦鏜按然字當在解欲色下誤倒在上

得其夜發夕至明而不寐　考文引宋板同閩監本得作待毛本得誤侍

故知二人容尸與侑侑也　惠棟按宋本衞氏集說同此本侑字誤重閩監毛本同

仲尼嘗節

濟濟者容也　各本同石經同釋文出濟濟者客也云口白反賓客也下客以遠同按岳氏九經三傳沿革例云石經舊監本蜀大字本及越本注疏並作容諸本間以王肅音爲口白反遂作客非是

夫何慌惚之有乎　閩監毛本同石經同岳本同嘉靖本同衞氏集說同坊本作恍忽按釋文出慌惚云本又作忽石經考文提要云宋大字本宋本九經南宋巾箱本余仁仲本劉叔剛本並作慌惚下以其慌惚同

仲尼至嘗也　惠棟按宋本無此五字

謂容貌自反覆而脩正也　閩監毛本同惠棟按宋本正作整衞氏集說同下以自脩正同

言孝子若作賓客之容　閩監毛本同惠棟按宋本無作字

更覆結上之　惠棟按宋本如此此本之上衍上字閩本同監毛本結之誤結上文

言親親對孝子之辭　閩監毛本同考文云宋板無對字

又容以自反與客以遠相對　閩監毛本同惠棟按宋本容以自反作客以自反按容以自反之容不當作客容以遠之容當作容也

孝子將祭節　惠棟按云孝子節宮室節於是諭其志意節宋本合爲一節

孝子至治之　惠棟按宋本無此五字

宮室既脩節

夫婦齊戒沐浴盛服　閩監毛本同石經同岳本同嘉靖本同衞氏集說同坊本盛服二字無石經考文提要云宋大字本宋本九經南宋巾箱本余仁仲本並有盛服二字

脩設謂除及黝堊　惠棟按宋本除上有埽字岳本嘉靖本宋監本衞氏集說同考文引古本足利本同此本埽字脫閩監毛本同

宮室至進之　閩監毛本同惠棟按宋本作洞洞至也與

於是諭其志意節

言想見其仿佛來　惠棟按宋本宋監本岳本嘉靖本仿作彷佛字同閩監毛本仿佛作彷彿衞氏集說同釋文同疏放此

於是至志也　惠棟按宋本無此五字

孝子之祭也節

孝子至之也　惠棟挍宋本無此五字

以其禮包衆事非可極　惠棟挍宋本非下有一字續通解同衞氏集說同此本一字脫閩監毛本同

孝子之祭可知也節

謂齊莊　惠棟挍宋本上有齊字宋監本岳本嘉靖本衞氏集說同考文引古本足利本同此本脫閩監毛本同

孝子至之矣　惠棟挍宋本無此五字

孝子之有深愛者節

不失其孺子之心也　各本同釋文孺作穤

孝子至道也　惠棟挍宋本無此五字

先王之所以治天下者五節

先王至家也　惠棟挍宋本無此五字

無加於孝乎　閩監毛本同惠棟挍宋本加上有以字衞氏集說同無乎字

言先王設教之原　閩監毛本同惠棟挍宋本原作源

子曰立愛自親始節

錯諸天下　各本同石經錯字摩滅釋文出措諸○按措正字錯假借字

子曰至不行　惠棟挍宋本無此五字

言皆行也　惠棟挍宋本此下標禮記正義卷第五十五終記云凡卅二頁

郊之祭也節　惠棟挍宋本自此節起至建國之神位節止第五十六卷卷首題禮記正義卷第五十六

郊之至至也　惠棟挍宋本無此五字

此一節論祭祀之禮　閩監毛本同衞氏集說祭作郊

祭之日節

祭之至至也　惠棟挍宋本無此五字

君從此待之也　閩監毛本同惠棟挍宋本此作北續通解同

以供炙肝及爇蕭也　惠棟挍宋本如此衞氏集說同此本肝誤肶蕭誤簫爇字闕閩監毛本作以供炙肶及焫簫也並誤

按說文及字林云　惠棟挍宋本同閩監毛本云誤文

郊之祭節

郊之至及闇　惠棟挍宋本無此五字

祭日於東節　惠棟挍云祭日於東節日出節宋本合爲一節

祭日至其位○正義曰端正也　惠棟挍宋本無上九字

天下之禮節

變和言物互之也　閩本同考文引宋板同岳本同嘉靖本同衞氏集說同監毛本之作文

天下至微矣　惠棟挍宋本無此五字

宰我曰吾聞鬼神之名節

宰我至至也　惠棟挍宋本無此五字

氣者是人之盛極也　考文引宋板同閩監毛本人作神

是聖人設教興致之　惠棟挍宋本作與衞氏集說同此本與字闕閩監毛本與作時

衆生必死節

陰讀爲依蔭之蔭　閩本岳本宋監本嘉靖本衛氏集說同監毛本蔭作廕下同

因物之精節

因物至以服　惠棟挍宋本無此五字

所以明鬼神爲極者　閩監毛本同惠棟挍宋本明作名

旣生魄陽曰魂　毛本有曰字衛氏集說同此本曰字脫閩監本同

二端旣立節

二端至至也　惠棟挍宋本無此五字

旣見已與立尊名云鬼神也　惠棟挍宋本同閩監毛本已與誤乃更

謂見覸　閩監毛本同浦鏜挍云疑見當爲覸之誤段玉裁挍本云當是見讀爲覸

虞氏以首　惠棟挍宋本上有有字此本有字脫閩監毛本同

言祭初所以加鬱鬯　閩監毛本同惠棟挍宋本無以字衛氏集說同

下愛上恩賜　閩監毛本同衛氏集說同惠棟挍宋本愛作受

是祀奉上王　閩監毛本上作先惠棟挍宋本祀作禮盧文弨挍云上字非

或可子男之禮　惠棟挍宋本同衛氏集說同閩監毛本可誤曰

禮記注疏卷四十七挍勘記

附釋音注疏禮記卷第四十八

祭義

禮記　鄭氏注　孔穎達疏

君子反古復始不忘其所由生也是以致其敬發其情竭力從事以報其親不敢弗盡也從事謂修薦可以祭者也〔疏〕君子至盡也○正義曰此一節申明反古復始竭力報親之事○是以致其敬發其情者以君子反古復始不忘其所由生是以故致其恭敬發其情性竭力從事以報其親謂竭盡氣力隨從其事以上報其親不敢不極盡也

是故昔者天子為藉千畝冕而朱紘躬秉耒諸侯為藉百畝冕而青紘躬秉耒以事天地山川社稷先古以為醴酪齊盛於是乎取之敬之至也藉藉田也先古先祖○藉在亦反藉田說文作耤紘音宏耒方內反酪音洛齊音咨本亦作齍〔疏〕是故至至也○正義曰以君子報親不敢不盡心以事之故古天子諸侯有藉田以親耕○以事天地山川社稷先古者上雖揔論天子諸侯此言天地者特據天子自外則通先古謂先祖也以為醴酪齊盛於是乎取之者為祭祀諸神須醴酪粢盛之屬於是乎藉田而取之敬之至也○

古者天子諸侯必有養獸之官及歲時齊戒沐浴而躬朝之犧牷祭牲必於是取之敬之至也君召牛納而視之擇其毛而卜之吉然後養之君皮弁素積朔月月半君巡牲所以致力孝之至也歲時齊戒沐浴而躬朝之謂將祭祀卜牲君朔月月半巡視之君召牛納而視之更本擇牲意○朝直遙反注躬朝同牷音全〔疏〕古者至至也○正義曰此一經明孝子報親竭力養牲之事及歲時齊戒沐浴而躬朝之者云歲時謂每歲依時謂朔月月半也躬親也既卜牲吉在牢養之而身朝之言朝者敬辭也○犧牷祭牲必於是取之者犧純色謂天子牲也牷完也謂諸侯牲也犧牷所祭之牲必於是養獸之官受擇取之養獸者若周禮牧人也○君召牛納而視之者此更本擇牲之時君於牧處更命取牛來納之於內而視之○君皮弁素積朔月月半君巡牲者即前言歲時朝之也巡行也皮弁諸侯視朔之服朔月月半君服此衣而巡牲○所以致力孝之至也者是孝道之至極耕藉云敬之至養牲云孝之至互文也

古者天子諸侯必有公桑蠶室近川而為之築宮仞有三尺棘牆而外閉之及大昕之朝君皮弁素積卜三宮之夫人世婦之吉者使入蠶于蠶室奉種浴于川桑于公桑風戾以食之大昕季春朔日之朝也諸侯夫人三宮半王后也風戾之者及早涼脆採之風戾之使露氣燥乃以食蠶蠶性惡濕○近附近之近仞音刃七尺曰仞昕許斤反日欲出蠶才南反奉芳勇反下及注同種章勇反戾力計反燥也食音嗣蚤音早本亦作早脆七歲反燥悉早反惡烏路反

歲既單矣世婦卒蠶奉繭以示于君遂獻繭于夫人夫人曰此所以為君服與遂副褘而受之因少牢以禮之歲單謂三月月盡之後也言歲者蠶歲之大功事畢於此也副褘王后之服而云夫人記者容二王之後與禮之禮奉繭之世婦○單音丹繭古典反與音餘注同褘音暉○

古之獻繭者其率用此與問者之辭○率音類又音律又所律反○

及良日夫人繅三盆手遂布于三宮夫人世婦之吉者使繅遂朱綠之玄黃之以為黼黻文章服既成君服以祀先王先公敬之至也三盆手者三淹也凡繅每淹大揔而手振之以出緒也○繅悉刀反下同說文作繰云抽繭出絲也以此為旒繅字音所咸反盆蒲奔反淹也掩本亦作淹徐於驗反又於斂反〔疏〕古者

至至也。正義曰此一節廣明孝子報親養蠶爲祭服祀先王先公之事。公桑蠶室者謂官家之桑於處而築養蠶之室。近川而爲之者取其浴蠶種便也。築宮仞有三尺棘牆而外閉之者築宮謂築養蠶宮牆七尺曰仞言牆之七尺又有三尺高一丈也傳曰雉有三尺雉字者誤也棘牆者謂牆上置棘外閉謂扇在戶外閉也。大昕之朝爲季春朔日之朝卜三宮之夫人者諸侯之夫人半王后故三宮。世婦之吉者亦諸侯世婦卜取之吉者前雖則摠舉天子諸侯此特舉諸侯互言之。奉種浴于川者言蠶將生之時而又浴之初於仲春已浴之至此更浴之。風戾以食之者戾乾也凌早采桑必帶露而濕蠶性惡濕故乾而食之。歲既單矣者單盡也三月之末四月之初。遂獻繭于夫人者蠶是婦人之事故獻繭于夫人。夫人曰此所以爲君服與者所舉奉處重。遂副禕而受之者既擬于君之祭服故夫人首著副身著禕衣受此所獻之繭。因少牢以禮之接獻繭之世婦。古之獻繭者其率用此與者率法也夫人曰獻繭之法自古如此邪重事之義故問之也。及良日夫人繅者良日謂吉日宜繅之日明繅更擇吉利之日日至而後乃夫人自繅。三盆手者猶三淹也手者每淹以手振出其緒故云三盆手。遂布于三宮夫人世婦之吉者使繅者以夫人親繅三盆以手振出其緒訖遂布與三宮夫人世婦之吉者既據諸侯言之則夫人唯一人世婦之吉者此雜互天子而言之以天子有三夫人就其中取吉者若諸侯唯世婦之吉者養蠶繅非一人而已唯云世婦之吉者擇其吉者以爲主領非唯一人而已。以祀先王先公敬之至也者前云解耕籍男子之事故云以事天地山川社稷兼云先祖養蠶是婦人之事婦人不與外祭故云以祀先王先公其實養蠶爲衣亦事天地山川社稷。注副禕至後與。正義曰案內司服注云唯二王後禕衣與此注同案明堂位魯公夫人亦用禕衣此不言者魯爲特賜非常法此據常者故不言

君子曰禮樂不可斯須去身斯須猶須臾也致樂以治心則易直子諒之心油然生矣易直子諒之心生則樂樂則安安則久久則天天則神天則不言而信神則不怒而威致樂以治心者也子讀如不子之子諒信也油然物始生好美貌。易以豉反下同子如字徐將吏反及下注同諒音亮下同油音由樂樂並音洛下不樂同。致禮以治躬則莊敬莊敬則嚴威躬身也心中斯須不和不樂而鄙詐之心入之矣外貌斯須不莊不敬而慢易之心入之矣故樂也者動於內者也禮也者動於外者也樂極和禮極順內和而外順則民瞻其顏色而不與爭也望其容貌而衆不生慢易焉極至也。爭爭鬭之爭。故德煇動乎內而民莫不承聽理發乎外而衆莫不承順理謂言行也。煇音輝行下孟反下理行而行皆同故曰致禮樂之道而天下塞焉舉而錯之無難矣塞充滿也。而措本又作錯七故反

樂也者動於內者也禮也者動於外者也故禮主其減樂主其盈禮減而進以進爲文樂盈而反以反爲文減猶倦也盈猶溢也樂以統情禮以理行人之情有溢而行有倦。倦而進之以能進者爲文溢而使反以能反者爲文文謂才美。減胡斬反又古斬反下同禮減而不進則銷樂盈而不反則放故禮有報而樂有反報皆當爲褒聲之誤。銷音消報依注音褒保毛反下音同。禮得其報則樂樂得其反則安禮之報樂之反其義一也

【疏】君子至一也。正義曰此一節已具於樂記但記者別人故於此又記之其義已具在樂記故於此不繁文也

曾子曰孝有三大孝尊親其次弗辱其下能養公明儀問於曾子曰夫子可以爲孝乎曾子曰是何言與是何言與君子之所爲孝者先意

承志諭父母於道。參直養者也，安能爲孝乎？公明儀，曾子弟子。○養，羊尚反，後皆同。與音餘。先，悉薦反。參，徐所林反。○曾子曰：「身也者，父母之遺體也。行父母之遺體，敢不敬乎？居處不莊，非孝也；事君不忠，非孝也；涖官不敬，非孝也；朋友不信，非孝也；戰陳無勇，非孝也。五者不遂，烖及於親，敢不敬乎？遂猶成也。○莅音利，又音類，本又作涖。陳，直覲反。烖音災。於親，本又作烖及於身。○亨孰羶薌，嘗而薦之，非孝也，養也。君子之所謂孝也者，國人稱願然曰：『幸哉有子！』如此，所謂孝也已。然猶如也。○亨，普彭反。薦，將見反。○衆之本教曰孝，其行曰養。養可能也，敬爲難；敬可能也，安爲難；安可能也，卒爲難。父母既沒，慎行其身，不遺父母惡名，可謂能終矣。仁者，仁此者也；禮者，履此者也；義者，宜此者也；信者，信此者也；強者，強此者也。樂自順此生，刑自反此作。」曾子曰：「夫孝，置之而塞乎天地，溥之而橫乎四海，施諸後世而無朝夕，推而放諸東海而準，推而放諸西海而準，推而放諸南海而準，推而放諸北海而準。無朝夕，言常行無輟時也。放猶至也。準猶平也。○遺如字，又于季反。樂音岳，皇五孝反。溥本亦作敷，同芳于反。放，甫往反，下同，至也。準，諸尹反，平也。輟，張劣反。詩云：『自西自東，自南自北，無思不服。』此之謂也。」

曾子曰：「樹木以時伐焉，禽獸以時殺焉。夫子曰：『斷一樹，殺一獸，不以其時，非孝也。』夫子，孔子也。曾子述其言以云。○斷，丁管反。○孝有三：小孝用力，中孝用勞，大孝不匱。勞猶功也。○匱，其媿反，下同。○思慈愛忘勞，可謂用力矣；尊仁安義，可謂用勞矣；博施備物，可謂不匱矣。思慈愛忘勞，思父母之慈愛己而自忘己之勞苦。○施，始豉反。父母愛之，嘉而弗忘；父母惡之，懼而無怨；無怨，無怨於父母之心。○惡，烏路反。父母有過，諫而不逆；順而諫之。父母既沒，必求仁者之粟以祀之。此之謂禮終。」喻貧困猶不取惡人物以事亡親。○

〔疏〕「曾子」至「禮終」。○正義曰：此一節以下至「可謂孝矣」，廣明爲孝子之事，今各依文解之。○「孝有三」者，「大孝尊親」，一也，即是下文云「大孝不匱」，聖人爲天子者也。「尊親」，嚴父配天也。○「其次弗辱」，二也，謂賢人爲諸侯及卿大夫士也，各保社稷宗廟祭祀，不使傾危以辱親也，即與下文「中孝用勞」亦爲一也。○「其下能養」，三也，謂庶人也，與下文云「小孝用力」爲一。能養，謂用天分地以養父母也。○「先意承志，諭父母於道」者，先意，謂父母將欲發意，孝子則預前逆知父母之意而爲之，是先意也。承志，謂父母已有志，已當承奉而行之。諭父母於道者，或在父母意前，或在父母意後，皆曉諭父母，將歸於正道也。○「五者不遂，烖及於親，敢不敬乎」者，遂猶成也。若行在上五者事不成，其如是，烖害必及於親，所以爲非孝。然則君子於上五者，豈敢不敬而承之者乎？○「亨熟羶薌，嘗而薦之，非孝也，養也」者，言亨熟羶薌之美，先自口嘗而後薦之父母，此非孝也，唯是供養。○「君子之所謂孝也者，國人稱願然曰：幸哉有子！如此，所謂孝也已」者，言嘗薦美食，但是養也，非論孝。子言若人將爲孝，曰此子百行皆美，一國之人稱揚羨願，然曰「如此」，是羨願之云，此子父母有幸過哉，而有孝子如此，所謂孝也已。謂然而令人羨願如此，乃所謂孝也。○「衆之本教曰孝」者，言孝爲衆行之根本，以此根本而教於下，名之曰孝。孝則孝經云「孝者，德之本」，又云「教民親愛，莫善於孝」，是衆行之根本，以教於民，故謂之孝也。○「其行曰養」者，言不能備孝之德，其唯行奉上之禮，但謂之養也。○

養賢。可能也敬爲難者言供養父母可能爲也但尊敬父母是爲難也。敬可能也安爲難者其敬雖難猶可爲也但使父母安樂爲難也。安可能也卒爲難者卒終也父母在日使之安樂猶可能也但父母沒後終身行孝是爲難也。父母既沒愼行其身不遺父母惡名可謂能終矣者解卒爲難之事其卒者謂父母既沒之後謹愼奉行其身恒在善道不遺與父母惡名孝子如此可謂能卒矣仁者仁此者也此謂孝也言欲行仁者先仁恩於此孝也言欲行仁於外必須行仁恩於父母也故云仁者仁此者也。禮者履此者也履踐履也言欲行禮於外者必須履踐此孝者也。義者宜此者也言欲行義於外者必須得宜於此孝也行孝得宜乃可施義於外。信者信此者也言欲行誠信於外須誠信於孝道言孝道誠信始可誠信於外。強者強此者也言欲強盛於外者必須強盛於孝道言行孝道強盛則能強盛於外。樂自順此生者自由也言身之和樂由順從孝道而生若能順從孝道則身和樂刑自反此作者言身受刑戮由反此孝道而與作若違反孝道則刑戮及身。曾子曰夫孝置之而塞乎天地者自此以前皆曾子之言但此以下事異故更言曾子曰。夫孝置之而塞乎天地者置謂措置也言孝道措置於天地之間塞滿天地言上至天下至地謂感天地神明也

○溥之而行乎四海者溥布也布此孝道而橫被於四海言孝道廣遠也溥字而定本作傅傅溥古字溥著之名義俱通其義如此一也。施諸世。後世而無朝夕者諸於也謂施此孝道於後世而無一朝一夕而不行也終長行之言長久。推而放諸東海而準至北海而準者推謂推排也放至也諸於也言推排孝道至於四海能以爲法準平而法象之無所不從也。詩云自西自東自南自北無思不服者詩大雅文王有聲之詩美武王也言武王之德能如此今孝道亦然四海之内悉以準法而行之與武王同故引以證之。曾子曰樹木以時伐焉者至此之謂禮終亦是曾子之言以語更端故更云曾子。思慈愛忘勞可謂用力矣者以庶人思父母慈愛忘躬耕之勞可謂用力矣。尊仁安義可用勞矣者諸侯卿大夫士尊重於仁安行於義心無勞倦是可謂用勞矣博施備物可謂不匱矣者匱乏也廣博施則德教加於百姓刑于四海是也備物謂四海之内各以其職來助祭如此即是大孝不匱也

○樂正子春下堂而傷其足數月不出猶有憂色門弟子曰夫子之足瘳矣數月不出猶有憂色何也樂正子春曰善如爾之問也善如爾之問也吾聞諸曾子曾子聞諸夫子曰天之所生地之所養無人爲大父母全而生之子全而歸之可謂孝矣不虧其體不辱其身可謂全矣曾子聞諸夫子述曾子所聞於孔子之言○數色主反下同瘳丑留反差也。故君子頃步而弗敢忘孝也今予忘孝之道予是以有憂色也頃當爲跬聲之誤也予我也。頃讀爲跬缺婢反又上弭反一舉足爲跬再舉足爲步。壹舉足而不敢忘父母壹出言而不敢忘父母壹舉足而不敢忘父母是故道而不徑舟而不游不敢以先父母之遺體行殆壹出言而不敢忘

父母是故惡言不出於口忿言不反於身不辱其身不羞其親可謂孝矣徑步邪趨疾也忿言不反於身人不能無忿怒忿怒之言當由其直直則人服不敢以忿言來也。徑古定反邪似嗟反趨七俱反

【疏】樂正至孝矣。正義曰此一節論樂正子春傷其足而憂因明父母遺體不可損傷之事。無人爲大者言天地生養萬物之中無如人最爲大故孝經云天地之性人爲貴是也。不虧其體不辱其身可謂全矣者非直體全又須善名得全若能不虧損形體得全不損辱其身是善名得全也。故君子頃步而弗敢忘孝也者頃跬也謂一舉足君子於一舉足之間不敢忘父母也言忘之恐有傷損。是故道而不徑者謂於正道而行不游邪徑正道平易於身無損傷邪徑險阻或於身有患。舟而不游者言渡水必依舟船不浮游水上乘舟則安浮水則危不敢以先父母之遺體行殆者以其不忘父母之遺體故不敢以先父母遺餘之體而行歷危患處。惡言不出於口者悖逆惡戾之言不出於口爲人所賤也。忿言不反於身者謂已之言必能正直人則服之故他人瞋忿之言不反於身定本反於身作及字。不辱其身不羞其親可謂孝矣者據

結舉足出言二事身及親竝不羞辱可謂孝矣也。○昔者有虞氏貴德而尚齒，夏后氏貴爵而尚齒，殷人貴富而尚齒，周人貴親而尚齒。貴謂燕賜有加於諸臣也。尚謂有事尊之於其黨也。臣能世祿曰富。舜時多仁聖有德，後德則在小官。〔疏〕昔者至尚齒○正義曰：此前經明孝，以下至不敢犯，又兼明孝弟，故下云孝弟發諸朝廷事兼孝弟也，各隨文解之。今此一經論四代悌順尚齒之義。○有虞氏貴德而尚齒者，虞氏帝德弘大，故貴德，德之中年高者在前，是德中尚齒。○夏后氏貴爵而尚齒者，夏后之世漸澆薄，不能貴德而尚功，功高則爵高，既貴其官爵，德雖下而爵高者則貴之，由道劣故也。故貴爵之中年高者在前，故云尚齒。○殷人貴富而尚齒者，殷人又劣於夏，但身有功則與之重爵，殷家累世有功，世爵而富，乃貴之，故云貴富，亦年高者在前，故云尚齒。○周人貴親而尚齒者，周人又劣於殷，敬愛彌狹，殷人疏而富者猶貴之，周人於已有親乃貴之，就此之中亦年高者在前，故云尚齒。○注貴謂至小官○正義曰：鄭恐經云貴者皆班序在上，故名之貴謂燕賜有加於諸臣。凡四代朝位班序皆以官爵爲次，悉皆重爵，而夏后氏貴者，但於爵高者加恩賜。云尚謂有事尊之於其黨也者，謂德爵富親各於其黨類之中而被尊也。云舜時多仁聖有德，後德則在小官者，鄭解虞氏貴德之意，以舜時仁聖者多，人皆有德，其德小先來者已居大官，其德大後來者則在小官，是小官而德尊者，故有虞氏貴之，所以燕賜加於大官。俗本後德多作小得字。○虞夏殷周，天下之盛王也，未有遺年者。年之貴乎天下久矣，次乎事親也。言其先老也。○〔疏〕虞夏至事親也○正義曰：此一經覆述虞夏以來尚年之事。虞夏殷周天下之盛王也，未有遺年者，言虞夏殷周雖是明盛之王也，未有遺棄其年者，悉皆尚齒，更無他善以加之。年之貴乎天下久矣者，從虞夏以來貴年，是久矣。○次乎事親也者，言貴年之次第近於事親之孝，除孝則次第也。○是故朝廷同爵則尚齒，七十杖於朝，君問則席，八十不俟朝，君問則就之，而弟達乎朝廷矣。同爵尚齒，老者在上也。君問則席，爲之布席於堂上而與之言。凡朝位立於庭。魯哀公問於孔子，命席。不

俟朝，君揖之即退，不待朝事畢也。就之，就其家也。老而致仕，君或不許，異其禮而已。○於朝，直遙反，後皆同。弟音悌，下及下注同。爲，于僞反。○〔疏〕是故至廷矣○正義曰：此一經明朝廷之中行於弟也。○是故朝廷同爵則尚齒者，此因前文尚年，以是之故，朝廷之中同爵則尚齒，官爵同者則貴尚於齒，四代皆然。○七十杖於朝，君問則席者，以其尚齒，故七十者許之據杖於朝，若君有問則布席令坐也。○八十不俟朝，君問則就之者，年已八十，不但杖於朝而已，見君揖則退，不待朝事畢也。○若君有事問之，則就其室，是遜弟敬老之道通達於朝廷矣。○注凡朝至而已○正義曰：知朝位立於庭者，案燕禮、大射，君與卿大夫皆立，卿大夫立於庭，君立于阼階之上是也。云魯哀公問於孔子，命席者，儒行文。云不俟朝，君揖之即退者，案燕禮、大射，卿大夫立于庭北面，君降自阼階南鄉爾卿，卿西面，爾大夫，大夫皆少進，皆北面。爾謂揖也。於時老臣君揖則退，不待朝事畢也。則於路寢門外曰視朝，亦揖竟即退，不待朝事畢也。云老而致仕，君或不許，異其禮而已者，案曲禮云大夫七十而致仕，若不得謝，是或不許也。此經中所云是君不許者，故七十杖於朝，君問則席，又八十不俟朝，是異其禮。若其致事君許，則王制云七十不俟朝，八十杖於朝，是君許者，與此異。行，肩而不

併，不錯則隨，見老者則車徒辟，斑白者不以其任行乎道路，而弟達乎道路矣。錯，鴈行也。父黨隨行，兄黨鴈行。車徒辟，乘車步行皆辟老人也。斑白者，髮雜色也。任，所擔持也。不以任，少者代之。○併，步頂反，徐扶頂反。辟音避，注同。行，戶剛反，下同。擔，都甘反。少，詩照反，下同。○居鄉以齒，而老窮不遺，強不犯弱，衆不暴寡，而弟達乎州巷矣。老窮不遺，以鄉人尊而長之，雖貧且無子孫，無弃忘也。一鄉者五州，巷猶閭也。○遺如字，一本作匱，其媿反。長，丁丈反，下文皆同。○〔疏〕行肩至巷矣○正義曰：此一節明弟通達於道路。○行肩而不併者，謂老少並行，言肩臂不得併行，少者差退在後，則朋友肩隨是也。○不錯則隨者，若兄黨爲鴈行之差錯，是父黨則隨從而爲行。○見老者則車徒辟者，謂少者或乘車或徒步，若逢見老者則辟之。○班白者不以其任行乎道路者，任謂擔持，言班白不以所任之物行於道路，少者必代之，是弟通達於道路。○注錯鴈至鴈行○正義曰：錯，參差，假鴈行爲行。父黨隨行，王制文。○古之道，五十不爲

甸徒頒禽隆諸長者而弟達乎獀狩矣四井爲邑，四邑爲丘，四丘爲甸，甸六十四井也。以爲軍田出役之法，五十始衰，不從力役之事也。頒之言分也。隆猶多也。及田者分禽，多其老者。謂竭作未五十者。春獵爲獀，冬獵爲狩。○甸，田見反。頒音班。獀本亦作廋，音蒐，所求反。狩音獸。○軍旅什伍同爵則尚齒而弟達乎軍旅矣什伍，士卒部曲也。少儀曰：軍尚左，卒尚右。○卒，子忽反，下同。

〔疏〕古之至旅矣。○正義曰：此一節明弟道達於獀狩。○古之道者，謂作記之人在於周末，於時力役煩重，卻道周初之事，故云古之道也。○五十不爲甸徒者，謂方八里之甸，徒謂步卒，軍法八里出長轂一乘，步卒七十二人，謂之甸者，以供軍賦及田役之事。五十者氣力始衰，不爲此甸役徒卒。頒禽隆諸長者，謂四十九以下田畢頒禽之時多長者。○注四井至爲狩。○正義曰：四井爲邑至六十四井也，司馬法文。云以爲軍田出役之法者，謂一甸之中出長轂一乘，甲士三人，步卒七十二人，供君田役事，故云以爲軍田出役之法。云五十始衰不從力政之事也者，王制文。云謂竭作未五十者，案小司徒云凡起徒役，毋過家一人，以其餘爲羨，唯田與追胥竭作。若田與追胥竭作之時，此未五十者猶任田役，故頒禽之時多此長者。云春獵爲獀，冬獵爲狩，爾雅釋天文。經云獀狩，夏苗秋獮可知也。○注什伍至部也。○正義曰：五人爲伍，二伍爲什。士謂甲士，卒謂步卒，在軍旅之中時，主帥部領團曲而聚，故云部曲。

○孝弟發諸朝廷，行乎道路，至乎州巷，放乎獀狩，脩乎軍旅，衆以義死之，而弗敢犯也。死之，死此孝弟之禮。○放，方往反。

〔疏〕孝弟至犯也。○正義曰：此一節摠論結上文。○孝弟發諸朝廷者，即上文而弟達乎朝廷是也。在上諸文但云弟，此兼云孝者，以孝故能弟，弟則孝之次也。此經摠結前諸文，故云孝弟也。○衆以義死之而弗敢犯也者，言孝弟之道通於朝廷，行於道路、州巷、獀狩、軍旅，死處不行孝弟以教衆庶也，故衆以道理之義死於孝弟也。言行孝弟雖死不捨，不敢犯此孝弟而不行也。

○祀乎明堂，所以教諸侯之孝也。食三老五更於大學，所以教諸侯之弟也。祀先賢於西學，所以教諸侯之德也。耕藉，所以教諸侯之養也。朝覲，所以教諸侯之臣也。五者，天下之大教也。祀乎明堂，宗祀文王。西學，周小學也。先賢，有道德，王所使教國子者。○食音嗣，下同。更，古衡反，下同。大學音泰，下大學注大下皆同。

〔疏〕祀乎至教也。○正義曰：此一節廣明孝弟之道，養三老五更及齒學之事。○祀乎明堂所以教諸侯之孝也者，於周言之，祀文王也，故樂記云祀文王於明堂是也。○食三老五更於大學所以教諸侯之弟也者，案孝經云雖天子必有父也，注謂養老也，父謂君老也。此食三老而屬弟者，以上文祀文王於明堂爲孝，故以食三老五更爲弟，文有所對也。○祀先賢於西學所以教諸侯之德也，此以先賢有德，故祀之，令諸侯尊敬有德，故云教諸侯之德者。西學，鄭注云周小學，則周之小學在西郊，則王制云養庶老於虞庠，虞庠在國之西郊是也。○注祀乎至子者。○正義曰：云祀乎明堂宗祀文王者，鄭以樂記武王伐紂稱祀乎明堂而民知孝，彼謂文王廟制如明堂，武王伐紂後而祀之，恐此祀乎明堂亦與彼同，故云謂宗祀文王也。實於明堂之中，知者，以此經廣明周法故。五者天下之大教，明不獨論武王，是指周公制禮之後宗祀文王也。云西學周之小學也者，謂虞庠也。以祀先賢明於虞庠小學，故大司樂云凡有道者有德者使教焉，死則以爲樂祖，祭於瞽宗。文王世子又云書在上庠。以此知祭先賢所通之經，各於所習之學。若瞽宗則在國，虞庠爲小學者則在西郊。今祀先賢則於西郊也。

食三老五更於大學，天子袒而割牲，執醬而饋，執爵而酳，冕而摠干，所以教諸侯之弟也。是故鄉里有齒而老窮不遺，彊不犯弱，衆不暴寡，此由大學來者也。割牲，制俎實也。冕而摠干，親在舞位，以樂侑食也。教諸侯之弟，次事親。○酳音胤，又事覲反。天子設四學，當入學而大子齒。四學，謂周四郊之虞庠也。文王世子曰：行一物而三善皆得，唯世子而已，其齒於學之謂也。○

〔疏〕食三至子齒。○正義曰：此一節明養三老五更之禮，而竭其力，下象其德。○天子袒而割牲者，謂牲入之時，天子親割也。○執醬而饋者，謂食之時親執醬而饋也。○執爵而酳者，謂食罷親執爵而酳之也。○冕而摠干者，干，盾也，親在舞位，持盾而舞也。○是故鄉里有齒者以天子敬老鄉里化之故有齒也○老窮不遺者老而被養故在下年老及困窮者皆化上而養之故不見遺棄作記者以老弱被尊養人皆化上故強不犯弱衆不暴寡○此由大學來者也所致此養三老五更於大學故此化而來○天子設四學者謂設四代之學周學也殷學也夏學也虞學也○當入學而大子齒天子設四學以有虞庠爲小學設置於四郊是天子設四學據周言之當入學而大子齒者當入學之時而大子齒於國人故云而大子齒○注四學至庠也○正義曰皇氏云四郊虞庠以爲四郊皆有虞庠○

天子巡守諸侯待于竟天子先見百年者問其國君以百年者所在而往見之○守乎又反本亦作狩竟居領反○八十九十者東行西行者弗敢過西行東行者弗敢過欲言政者君就之可也弗敢過者謂道經之則見之○

〔疏〕天子至可也○正義曰此一節亦明尚齒貴老之義○天子巡守者謂巡行守土諸侯○諸侯待于竟天子先見百年者謂天子問此諸侯之國內有百年之人天子則先往就見百年者八十九十者東行西行者弗敢過者既未滿百歲不可一一就見若天子諸侯因其行次或東行西行至八十九十者或閭里之旁不敢過越而去必往就見之○欲言政者君就之可也者謂八十九十之人雖不當道路左石欲共言論政教君即往就之可也

壹命齒于鄉里再命齒于族三命不齒族有七十者弗敢先此謂鄉射飲酒時也齒者謂以年次立若坐也三命列國之鄉也不復齒席之於賓東不敢先族之七十者謂既一人舉觶乃入也雖非族亦然承齒乎族故言族爾○復扶又反下文注將復入同觶之豉反○七十者不有大故不入朝若有大故而入君必與之揖讓而后及爵者謂致仕在家者其入朝君先與之爲禮而后揖卿大夫士

〔疏〕一命至爵者○正義曰此一節明鄉里之中敬齒之法○一命齒于鄉里者此謂鄉射飲酒之時身有一命官者或立或坐齒與鄉人同○再命齒于族者謂身有再命之官其命既高鄉人疏者雖復年高不與之齒但族親之內計長幼爲班序○三命不齒者謂身在三命官其命轉尊不復齒於親族謂特坐賓東○族有七十者弗敢先者若此飲酒之時族親之內有年七十者令其先入此三命者乃始後入故云不敢先也○注此謂至族爾○正義曰此經云齒于鄉里齒于族未知何時如此故明之云謂鄉射飲酒時鄉射謂鄉人詢衆庶而爲射於時先行飲酒之禮是鄉射有飲酒者也又云飲酒者謂鄉人飲酒及黨正飲酒此注鄉射飲酒兼此三義也今案儀禮鄉飲酒及鄉射無一命齒于鄉里再命齒于族之文此一命再命之云在黨正故鄭注鄉飲酒云此篇無正齒位之事是也雖無正齒位之事其實鄉射飲酒亦有正齒位之禮但文不備也故此云鄉射飲酒以摠正齒位之事也云齒者謂以年次立若坐也者士立於堂下大夫坐於堂上知者鄉射云大夫受獻訖及衆賓皆升就席於時雖立至徹俎即坐鄉射記又云既旅士不入不見士坐之文明立于堂下云三命列國之鄉也者據諸侯言之謂當飲酒之時若天子國黨正飲酒三命不齒謂上士也以天子上士三命故也此經雖據諸侯亦謂黨正飲酒故云三命不齒鄭注三命列國之鄉若其鄉飲酒諸侯之國但爵位爲鄉大夫雖再命一命皆得不齒以鄉飲酒賓賢能其賓必少其得爵爲鄉大夫者必年長於賓故在賓東西面而不齒若黨正飲酒以正齒位其賓必長故天子諸侯之國三命乃不齒知鄉飲酒爲鄉大夫乃不齒者案鄉飲酒云席于賓東公三重大夫再重注云席此二者於賓東尊之不與鄉人齒也天子之國三命者乃不齒於諸侯之國爵爲大夫則不齒是大夫坐於上士立於下者謂諸侯之國若天子黨正飲酒一命下士立於下再命中士齒於父族坐於堂上三命上士席於賓東云不敢先族之七十者謂既一人舉觶乃入也者族七十者初飲酒之時則與賓衆先入此三命者得爲待獻賓獻介獻衆賓之後至一人舉觶之時乃始入也故鄉飲酒鄉射記皆大夫樂作之前一人舉觶之後乃始得入也若然大夫之入依禮自當一人舉觶之時縱令無族人七十者亦當如此又族之七十者及鄉人少者於先已入今特云族有七十者不敢先記人之意以身有三命應合在族人七十者之先欲明敬齒上老故云不敢先爾是以鄭注云雖非族亦然但鄉人長老皆上之既入然後始入此有族有七十者熊氏云謂黨正飲酒故正齒位故有七十若鄉飲酒之禮則無七十者故鄉飲酒明日乃息司正告于先生君子是老者明日及入也○

天子有善讓德於天諸侯有善歸諸天子卿大夫有善薦於諸侯士庶人有善本諸父母存諸長老祿爵慶賞成諸

宗廟所以示順也焉進也成諸宗廟命之祭統有十倫六曰見爵賞之施焉。見賢遍反施始豉反〔疏〕天子至順也。正義曰此一節明有善讓於尊上示以敬順之道不敢專也。昔者聖人建陰陽天地之情立以爲易易抱龜南面天子卷冕北面雖有明知之心必進斷其志焉示不敢專以尊天也善則稱人過則稱已教不伐以尊賢也立以爲易謂作易易抱龜易官名周禮曰大卜大卜主三兆三易三夢之占。卷古本反知音智斷丁亂反。〔疏〕昔者至賢也。正義曰此一節亦明其不敢專輒尊賢之事也。立以爲易者聖人謂伏羲文王之屬興建陰陽天地之情仰觀天文俯察地理立此陰陽以作易即今時易也易抱龜南面天子卷冕北面者立爲占易之官抱龜南面尊其神明故南面天子親執卑道服袞冕北面。必進斷其志焉者言天子雖有顯明哲知之心必進於龜之前命龜斷決其已之所有爲之志示不敢自專以尊敬上天也。教不伐以尊賢也者有善稱人有過稱已教在下不自伐其善以尊敬賢人也。注周禮至之占。正義曰此稱官者於周禮稱大卜三兆者玉瓦原也鄭注云言兆形似玉瓦原之璺罅原田也杜子春云玉兆帝顓頊之兆瓦兆帝堯之兆原兆有周之兆三易者連山歸藏周易杜子春云連山宓戲歸藏黃帝鄭作易讚云夏曰連山殷曰歸藏周曰周易三夢一曰致夢二曰觭夢三曰咸陟。孝子將祭祀必有齊莊之心以慮事以具報物以脩宮室以治百事謂齊之前後也及祭之日顏色必溫行必恐如懼不及愛然如懼不及見其所愛者。恐曲勇反其奠之也容貌必溫身必詘如語焉而未之然奠之謂酌尊酒奠之及酌之屬。如語焉而未之然如有所以語親而未見荅。以語魚據反。宿者皆出其立卑靜以正如將弗見然宿者皆出謂賓助祭者事畢出去也如將弗見然祭事畢而不知親所在思念之深如不見出也。及祭之後陶陶遂遂如將復入然思念既深如覩親將復入也陶陶遂遂相隨行之貌。陶音遙遂本又作燧音遂。是故慤善不違身耳目不違心思慮不違親結諸心形諸色而術省之孝子之志也術當爲述聲之誤也。思息嗣反術義作述。〔疏〕孝子至志也。正義曰此一節明孝子將祭祀之時顏色容貌務在齊莊卑詘思念其親存也以慮事者言孝子先齊其心以謀慮祭事。以具服物者以備具衣服及祭物。以治百事者謂齊前後凡治百衆之事行必恐如懼不及愛然者言孝子色必溫和行必戰恐其形貌如似畏懼不及見親之所愛然止由如是言心貌必溫。身必詘者言孝子設奠及酳之時容貌溫和身形必卑詘。如語焉而未之然者如以語請白於親而未之見報荅者。宿者皆出者謂助祭所宿之賓今祭事已畢並皆出去孝子其立卑柔靜默然後以正定心意以思念其親如似將不復見顏色出然。及祭之後陶陶遂遂如將復入然者孝子思念親深及至祭後想像親來形貌陶陶遂遂如似親將復反更入然。是故慤善不違身者以孝子思念親深爲是之故精慤純善之故行不違離於身言恒慤善也。耳目不違心者言忠心思慮不違於親無時歇也。結諸心者言思念深結積於心。形諸色思念其親形見於色。而術省之者術述省視也言思念其親但徧循述而省視之反覆不忘也此乃孝子思念親之志也。建國之神位右社稷而左宗廟周尚左也〔疏〕建國至宗廟。正義曰此一節明神位所在周人尚左故宗廟在左社稷在右案桓二年取郜大鼎納於大廟何休云質家右宗廟尚親親文家右社稷上尊尊此說與鄭合故鄭云周尚左也。

附釋音注疏禮記卷第四十八

盧宣旬校

江西南昌府學栞

禮記注疏卷四十八校勘記　阮元撰盧宣旬摘録

祭義

君子反節

君子至盡也　惠棟挍宋本無此五字

是故昔者天子節

爲藉千畝　惠棟挍宋本同石經同岳本同嘉靖本同衛氏集說同閩監毛本藉誤籍釋文出爲藉下爲藉同注疏放此

是故至至也　惠棟挍宋本無此五字

古者天子諸侯必有養獸之官節

古者至至也　惠棟挍宋本無此五字

必於是養獸之官　閩監毛本同惠棟挍宋本無於字衛氏集說同

古者天子諸侯必有公桑蠶室節

棘牆而外閉之　惠棟挍宋本作墻石經岳本嘉靖本衛氏集說同此本墻誤牆閩監毛本同今正

使入蠶于蠶室　各本同石經同釋文出使蠶無入字

及早涼脆採之　閩本同嘉靖本同岳本脆作脃釋文同監毛本脆誤胞惠棟挍宋本脆字同採作采衛氏集說同早字各本同釋文出蚤云本亦作早

夫人繅三盆手　各本同石經同釋文出夫人繅云下同說文作繅

服既成　各本同監本成誤戌

三淹也　各本同釋文出三掩云本亦作淹按詩瞻卬疏引作綣

古者至至也　惠棟挍宋本無此五字

傳曰雉有三尺　閩監毛本同惠棟挍宋本曰作云

君子曰禮樂不可斯須去身節

倦而進之　閩監毛本同惠棟挍宋本而作則宋監本岳本嘉靖本衛氏集說同考文引古本足利本同下溢則使反同

君子至一也　惠棟挍宋本無此五字

曾子曰孝有三節

亨孰羶薌　閩監本如此石經同岳本同嘉靖本同衛氏集說同毛本孰作熟釋文出亨孰按各本疏並作熟

嘉而弗忘　閩本惠棟挍宋本宋監本石經岳本嘉靖本同衛氏集說同監毛本嘉作喜陳澔集說同石經考文提要云宋大字本余仁仲本劉叔剛本並作嘉

曾子至禮終　惠棟挍宋本無此五字

謂用天分地以養父母也　考文引宋板同衛氏集說同閩監毛本用作因

而教於下名之曰孝孝　惠棟挍宋本不重孝字衛氏集說同此本複衍孝字閩監本同毛本作名之曰教孝亦誤

言不能備孝之德　閩本同惠棟挍宋本同監毛本備作稱衛氏集說亦作備

養賢可能也　補案賢字誤衍

可用勞矣者　補案可下誤脫謂字

施諸世後世　補案上世字誤衍

廣博施則德教加于百姓　惠棟挍宋本博下有於字閩監毛本並字脫

此即是大孝不匱也　閩監毛本如此惠棟挍宋本無即字

樂正子春節

樂正至孝矣惠棟挍宋本無此五字

言念之恐有傷損考文引宋板念字同閩監毛本念誤忘惠棟挍宋本傷損作損傷

而行不游邪徑惠棟挍宋本同閩監毛本游作由衛氏集說同

可謂孝矣也惠棟挍宋本同閩監毛本矣也二字倒衛氏集說無也字

昔者有虞氏節

昔者至尚齒惠棟挍宋本無此五字

皆班序在上故名之閩監毛本同惠棟挍宋本名作明

是故朝廷節

是故至廷矣惠棟挍宋本無此五字

則於路寢門外曰視朝閩監毛本同考文云宋板曰作日

行肩而不併節

無弃忘也岳本嘉靖本衛氏集說同閩監毛本弃作棄

行肩至巷矣惠棟挍宋本無此五字

古之道節

軍旅什伍閩監本同石經同岳本同嘉靖本同衛氏集說同毛本伍誤五

古之至旅矣惠棟挍宋本無此五字

供君田役事閩監本同毛本君作軍衛氏集說無君字

不從力政之事也者閩本同惠棟挍宋本同監毛本政作役按王制作政

此未五十者猶任田役閩監毛本同考文云宋板任作在衛氏集說同

孝弟發諸朝廷節

脩乎軍旅各本同石經同考文云古本脩作循按家語亦作循

孝弟至犯也惠棟挍宋本無此五字

此一節總論結上文閩監毛本同惠棟挍宋本節作經衛氏集說同

祀乎明堂節惠棟挍云祀乎節食三老節宋本合爲一節

所以教諸侯之孝也各本同毛本教誤敬

祀乎至教也惠棟挍宋本無此五字

實於明堂之中閩監毛本同惠棟挍宋本於作在

故五者天下之大教閩監毛本同惠棟挍宋本故下有云字

食三老五更於大學節

天子袒而割牲各本並作而此本而誤則今訂正

行一物而三善皆得閩監毛本同岳本同嘉靖本同衛氏集說同考文云宋板無皆字

食三至子齒惠棟挍宋本無此五字

以天子敬老鄉里化之閩監毛本同衛氏集說同考文云宋板子作下

壹命齒于鄉里節

一命至爵者惠棟挍宋本無此五字

此一節明鄉里之中閩監毛本同衛氏集說同惠棟挍宋本節作經

一命齒于鄉里者閩監毛本同惠棟挍宋本一作壹下無一命齒于鄉里同

此三命者得爲待獻閩監毛本同惠棟挍宋本無得字衛氏集說同

孝子將祭祀節

及酳之屬閩監毛本同惠棟挍宋本下有也字宋監本岳本嘉靖本衛氏集說同

如將復入然閩監本同石經同岳本同嘉靖本同衞氏集說同考文引宋板同毛本復誤弗

孝子至志也惠棟挍宋本無此五字

然止由如是言心貌必溫閩監毛本同山井鼎云宋板言下闕字心貌必溫屬下句讀盧文弨挍云止由如是言心疑當作其貞之也容

術述省視也閩監毛本同惠棟挍宋本述下有也字衞氏集說同

此乃孝子思念親之志也閩監本同惠棟挍宋本無乃字衞氏集說同毛本親誤其

建國之神位節

建國至宗廟惠棟挍宋本無此五字

何休云閩監本同毛本何誤在

附釋音禮記注疏卷第四十八惠棟挍宋本禮記正義卷第五十六終記云凡二十九頁

禮記注疏卷四十八挍勘記

附釋音禮記注疏卷第四十九

禮記　鄭氏注　孔穎達疏

祭統第二十五。陸曰鄭云統猶本也以其記祭祀之本故名祭統【疏】正義曰案鄭目錄云名曰祭統者以其記祭祀之本也統猶本也此於別錄屬祭祀

凡治人之道莫急於禮禮有五經莫重於祭禮有五經謂吉禮凶禮賓禮軍禮嘉禮也莫重於祭謂以吉禮爲首也大宗伯職曰以吉禮事邦國之鬼神祇。五經吉凶軍賓嘉之五禮祇祈之反夫祭者非物自外至者也自中出生於心也心怵而奉之以禮是故唯賢者能盡祭之義怵感念親之貌也怵或爲述。怵敕律反【疏】凡治至之義。正義曰此一節摠明祭事但祭禮既廣其事又多記者所說各有部分今各隨文解之此一節明祭祀於禮中最重唯賢者能盡祭義凡祭爲

禮之本禮爲人之本將明禮本故先說治人言治人之道於禮最急。禮有五經五經者經者常也言吉凶賓軍嘉禮所當行故云禮有五經五經之中於祭更急上說人之以禮爲急此說禮爲急者案大宗伯吉禮之別十有二凶禮之別五賓禮之別八軍禮之別五嘉禮之別六五禮之別摠三十有六。夫祭者非物自外至者也自中出生於心也者自猶從也言孝子祭親非假他物從外至于身使已爲之但從孝子身中出生於孝子之心也。心怵而奉之以禮者言孝子感時心中怵惕而奉親以祭祀之禮。是故唯賢者能盡祭之義者言非賢者不能怵惕怵惕之義唯必賢人故能盡恭敬祭。

賢者之祭也必受其福非世所謂福也福者備也備者百順之名也無所不順者謂之備言内盡於已而外順於道也忠臣以事其君孝子以事其親其本一也世所謂福者謂受鬼神之祐助也賢者之所謂福者謂受大順之顯名也其本一者言忠孝俱由順出也。祐音又上則順於鬼神外則順於君長内則以孝於親如此之謂備唯賢者能備能備然後能祭是故賢者之祭也致其誠信與其忠敬奉之以物道之以禮安之以樂參之以時明薦之而已矣不求其爲此孝子之心也明猶絜也爲謂福祐爲已之報。長丁丈反下所長同道音導其爲于僞反注爲謂同一音如字祭者所以追養繼孝也孝者畜也順於道不逆於倫是之謂畜畜謂順於德教。養羊尚反下同畜許六反下同【疏】賢者至謂畜。正義曰此一節明祭祀受福是百順之理。非世所謂福也者言世人謂福爲壽考吉祥祐助於身若賢者受福身外萬事皆順於道理故云非世所謂福也福者備也備者百順之名也無所不順者之謂備此是賢者之福謂内盡其心外極其禮内外俱順於祭具也。言内盡於已而外順於道也者釋百順之義也謂心既内盡貌又外順此之

行善無違於道理也。其本一也者言忠臣事君孝子事親其本皆從順而來故云其本一也。上則順於鬼神者廣大順也體尊故云上也。外則順於君長者謂朝廷也出事公卿故云外也。不求其爲者言孝子但内盡孝敬以奉祭祀不求其鬼神福祥爲已之報案少牢嘏辭云皇尸命工祝承致多福無疆于女孝孫使女受祿于天宜稼于田則是祭祀有求所云不求者謂孝子之心無所求也但神自致福故有受祿于天之言若水旱災荒禱祭百神則有求也故大祝有六祈之義大司徒有荒政索鬼神之禮。追養繼孝也者養者是生時養親孝者生時事親親今既沒設禮祭之追生時之養繼生時之孝。孝也者畜也者畜謂畜養謂孝子順于德教不逆於倫理可以畜養其親故釋孝謂畜此據援神契庶人之孝曰畜五孝不同庶人但取畜養而已不能百事皆順援神契又云天子之孝曰就諸侯曰度大夫曰譽士曰究庶人曰畜分之則五摠之曰畜皆是畜養但功有小大耳是故孝子之事親也有三道焉生則養沒則喪喪畢則祭養則觀其順也喪則觀其哀也祭則觀其敬而時也盡

此三道者孝子之行也沒終也。盡徐子忍反下同行下孟反。〔疏〕是故至行也。正義曰此一節明孝子事親有三種之道既內自盡又外求助昏禮是也故國君取夫人之辭曰請君之玉女與寡人共有敝邑事宗廟社稷此求助之本也言玉女者美言之也君子於玉比德焉。取七住切夫祭也者必夫婦親之所以備外內之官也官備則具備具謂所供衆物。共音恭下文以共皆同水草之菹陸產之醢小物備矣三牲之俎八簋之實美物備矣昆蟲之異草木之實陰陽之物備矣水草之菹芹茆之屬陸產之醢蚳蝝之屬天子之祭八簋昆蟲謂溫生寒死之蟲也內則可食之物有蜩范草木之實蔆芡榛栗之屬。芹其斤反茆音卯蚳文之反蝝悅專反蜩音條蔆本亦作菱又

音陵芡音儉榛側巾反。〔疏〕既內至備矣。正義曰此一節以上文孝子事親先能自盡又外求伉儷供粢盛之事。注水草至之屬。正義曰云水草之菹芹茆之屬者案醢人云加豆之實芹菹兔醢朝事之豆茆菹麋臡是芹茆也又有朝事之豆昌本麋臡加豆之實有深蒲醓醢箈菹鴈醢筍菹魚醢其昌本深蒲箈筍是水草故云之屬云陸產之醢蚳蝝之屬者案醢人饋食之豆蠯蚳蝝即蚳之類醢人加豆之實有兔醢又有醓醢皆是陸產故云之屬云天子之祭八簋者明堂位云周之八簋又特牲士兩敦少牢四敦則諸侯六故天子八云內則可食之物有蜩范者蜩蟬也范蜂也昆蟲之屬云草木之實蔆芡榛栗之屬者按籩人加籩之實有蔆芡饋食之籩有棗栗榛實是草木故云之屬凡天之所生地之所長苟可薦者莫不咸在示盡物也外則盡物內則盡志此祭之心也咸皆也。是故天子親耕於南郊以共齊盛王后蠶於北郊以共純服諸侯耕於東郊亦以共齊盛夫人蠶於北郊以共冕服天子諸侯非莫耕也王后夫人非莫蠶也身致其誠信誠信之謂盡盡之謂敬敬盡然後可以事神明此祭之道也純服亦冕服也互言之爾純以見繒色冕以著祭服東郊少陽諸侯象也夫人不蠶於西郊婦人禮少變也齊或爲粢。齊盛本亦作齊與粢同音咨下及注同純側真反注及下純冕同見賢遍反少詩召反。〔疏〕凡天至道也。正義曰此一經揔結上文既內自盡外又求助祭之事。苟可薦者悉在祭用故云示盡物也則上陰陽之物備矣。外則盡物內則盡志此祭之心也者此是孝子祭親之心。是故天子親耕於南郊以共齊盛王后蠶於北郊以共純服者此覆結上文也必夫婦親之及盡物盡志之事祭須盡物志故人君夫人各竭力從事於耕蠶也鄭云王藉田在遠郊故甸師氏掌之內宰云中春詔后帥內外命婦始蠶于北郊注云婦人以純陰爲尊故也純服者亦冕服也純以見繒色冕以著祭服。諸侯耕於東郊亦以共齊盛者天子太陽故南也諸侯少陽故東也然藉田並在東南故王言南

諸侯言東。夫人蠶於北郊以共冕服者后太陰故北夫人少陰故合西郊然亦北者婦人質少變故與后同也。天子諸侯非莫耕也王后夫人非莫蠶也者莫無也王侯豈貧無穀帛而夫婦自耕蠶乎其有以也。身致其誠信誠信之謂盡是所有以其欲致誠信故身自親之。盡之謂敬敬盡然後可以事神明者祭盡敬則乃是盡也此祭之道結上文也。注純服至繒色。正義曰純服亦冕服也者天子云純諸侯言冕冕祭服故知純亦是祭服天子言衣色諸侯亦有衣色是其互也鄭氏之意凡言純者其義有二一絲旁才是古之緇字二是絲旁屯是純字但書文相亂雖是緇字並皆作純鄭氏所注於絲理可知於色不明者即讀爲緇即論語云今也純儉及此純服皆讀爲黑色若衣色見絲文不明者讀純以爲絲也。及時將祭君子乃齊齊之爲言齊也齊不齊以致齊者也是以君子非有大事也非有恭敬也則不齊不齊則於物無防也嗜欲無止也及其將齊也防其邪物訖其嗜欲耳

不聽樂故記曰齊者不樂言不敢散其志也心不苟慮必依於道手足不苟動必依於禮訖猶止也。乃齊側皆反本又作齋下不出者同齊齊也齊不齊並如字下以齊之同耆市志反邪似嗟反訖居乙反。是故君子之齊也專致其精明之德也故散齊七日以定之致齊三日以齊之定之之謂齊齊者精明之至也然後可以交於神明也定者定其志意是故先期旬有一日宮宰宿夫人夫人亦散齊七日致齊三日宮宰守宮官也宿讀爲肅肅猶戒也戒輕肅重也。先悉薦反又如字。君致齊於外夫人致齊於內然後會於大廟君純冕立於阼夫人副禕立於東房君

執圭瓚祼尸大宗執璋瓚亞祼及迎牲君執紖卿大夫從士執芻宗婦執盎從夫人薦涚水君執鸞刀羞嚌夫人薦豆此之謂夫婦親之大廟始祖廟也圭瓚璋瓚祼器也以圭璋爲柄酌鬱鬯曰祼大宗亞祼容夫人有故攝焉紖所以牽牲也周禮作緖芻謂藁也殺牲時用薦之周禮封人祭祀飾牲共其水藁涚盎齊也盎齊涚酌也凡尊有明水因兼云水爾嚌嚌肺祭肺之屬也君以鸞刀制之天子諸侯之祭禮先有祼尸之事乃後迎牲芻或爲穆。大廟音泰下大廟皆同禕音輝瓚才旦反祼古亂反紖直忍反注同徐以忍反從才用反下皆同芻初俱反盎烏浪反注同從夫人絶句一讀以從字絶句涚舒銳反徐音歲嚌本亦作齊才細反注同柄兵命反緖直忍反藁苦老反下同共音恭盎齊才細反下盎齊同【疏】及時至親之。○正義曰此一節明將祭齊戒之義并明君與夫人皆致齊會於大廟夫婦交親行祭之義。及時將祭君子乃齊者謂四時應祭之前未旬時也方將接神先宜齊整身心故齊也。○齊不齊以致齊者也言齊者齊也所以正此

不齊之事。○謂未齊之時心慮散蕩心所嗜欲有不齊正及其齊也正此不齊之事以致極齊戒之道。○君致齊於外夫人致齊於內者外謂君之路寢內謂夫人正寢是致齊並於正寢其實散齊亦然但此文對會於大廟故云君致齊於外夫人致齊於內耳。○然後會於大廟者祭日君與夫人俱至大廟之中廟即始祖廟也。○君純冕立於阼者純亦緇也上文已解故鄭於此略而不論冕皆上玄下纁其服並然故通云緇冕若非二王之後及周公廟即悉用玄冕而祭。○夫人副禕立於東房者副及禕后之上服魯及二王之後夫人得服之侯伯夫人揄狄子男夫人狄而並立東房以俟行事尸既入之後轉就西房故禮器云夫人在房雖不云東西房下云夫人東酌罍尊則知夫人在房謂西房也。○大宗執璋瓚亞祼者大宗主宗廟禮者以亞祼之禮夫人親爲之此不云夫人而云大宗者記者廣言容夫人有故故大宗伯代夫人行禮執璋瓚亞祼之禮。○圭瓚璋瓚並是祼器也以圭璋爲柄酌鬱鬯曰祼也。○君執紖者紖牛鼻繩君自執之入繫於碑。○卿大夫從者謂卿大夫從驅之及役與幣告也皆從於君。○士執芻者芻謂藁也以其殺牲用芻藁藉之。○宗婦執盎從者謂同宗之婦執盎以從夫人。○夫人薦涚水者涚即盎齊由其濁用清酒以涚沸之涚水是明水宗婦執盎齊

從夫人而來饌盎齊於位夫人乃就盎齊之尊酌此涚齊而薦之者因盎齊有明水連言水耳上云夫人副禕此則上公之祭宜有醴齊盎齊但言盎者畧言之亦容侯伯子男之祭但有盎齊无醴齊也故執盎從。○君執鸞刀羞齊者齊肝肺也齊有二時一是朝踐之時取肝以膋貫之入室燎於爐炭出薦之主前二者謂饋熟之時君以鸞刀制制所羞齊肺橫切之使不絶亦貿於俎上尸並嚌之故云羞齊一云羞進也謂君用鸞刀制此嚌肉以進之故云鸞刀羞嚌。○夫人薦豆者於君羞嚌之時夫人薦此饋食之豆。此之謂夫婦親之者君親執紖及鸞刀羞嚌是夫親之也夫人薦涚水及羞豆是婦親之也故云夫婦親之。○注大宗至迎牲。○正義曰大宗亞祼容夫人有故攝焉者解大宗所以亞祼之義案此下云夫人薦涚水及薦豆則是夫人親行而云夫人有故者記者亂陳言大宗亞祼容夫人有故之時下云夫人薦盎薦豆顯夫人親行其事各有所明不可一揆。云盎齊涚酌也者周禮司尊彝文案彼注云盎齊差清和以清酒沸之謂之涚酌鄭引此者解經夫人薦涚是盎齊也。云凡尊有明水因兼云水爾者以經夫人薦涚秖是薦盎不薦明水今經薦涚之下別更言水此謂明水也以盎齊加明水故記者因盎而連言明水爾知盎齊加明水者郊特牲云祭齊加明水是也。云嚌嚌

肺祭肺之屬也者案少牢特牲薦孰之時俎有祭肺及舉肺切之舉肺離而不提心二肺皆嚌之故云嚌肺祭肺之屬云天子諸侯之祭禮先有祼尸之事乃後迎牲者以特牲少牢無此禮今此經祼後有迎牲之文是天子諸侯之事故鄭明之也

及入舞君執干戚就舞位君爲東上冕而摠干率其羣臣以樂皇尸是故天子之祭也與天下樂之諸侯之祭也與竟內樂之冕而摠干率其羣臣以樂皇尸此與竟內樂之之義也君爲東上近主位也皇君也言君尸者尊之○以樂音洛下同竟音境篇內皆同近附近之近〔疏〕及入至義也○正義曰此一經明祭時天子諸侯親在舞位以樂皇尸也

夫祭有三重焉獻之屬莫重於祼聲莫重於升歌舞莫重於武宿夜此周道也武宿夜武曲名也周道猶周之禮○獻之屬莫重於祼一本無之屬二字

凡三道者所以假於外而以增君子之志也故與志進退志輕則亦輕志重則亦重輕其志而求外之重也雖聖人弗能得也是故君子之祭也必身自盡也所以明重也道之以禮以奉三重而薦諸皇尸此聖人之道也〔疏〕夫祭至之道也○正義曰此一節幷明祭祀之禮有三種可重之事○舞莫重於武宿夜者武宿夜是武曲之名是衆舞之中無能重於武宿夜之舞皇氏云師說書傳云武王伐紂至於商郊停止宿夜士卒皆歡樂歌舞以待旦因名焉武宿夜其樂亡也熊氏云此即大武之樂也○凡三道者所以假於外而以增君子之志也者言三種所重之道皆假借外物而以增益君子內志祼則假於鬱鬯歌則假於聲音舞則假於干戚皆是假於外物○故與志進退者此外物增成君子內志故與志同進同退若內心志輕畧則此等亦輕畧內志殷重此等亦殷重

夫祭有餕餕者祭之末也不可不知也是故古之人有言曰善終者如始餕其是已是故古之君子曰尸亦餕鬼神之餘也惠術也可以觀政矣術猶法也爲政尚施惠盡美能知能惠詩云維此惠君民人所瞻○道之音導餕音俊施惠始豉反下文注並同能知音智

是故尸謖君與卿四人餕君起大夫六人餕臣餕君之餘也大夫起士八人餕賤餕貴之餘也士起各執其具以出陳于堂下百官進徹之下餕上之餘也進當爲餕聲之誤也百官謂有事於君祭者也既餕乃徹之而去所謂自卑至賤進徹或俱爲餕○謖所六反起也百官進依注作餕卑如字隱義音必利反

凡餕之道每變以衆所以別貴賤之等而興施惠之象也

是故以四簋黍見其脩於廟中也廟中者竟內之象也鬼神之惠徧廟中如國君之惠徧竟內也○別彼列反下同見賢遍反下同脩於一本脩作偏徧音遍下同

祭者澤之大者也是故上有大澤則惠必及下顧上先下後耳非上積重而下有凍餒之民也是故上有大澤則民夫人待于下流知惠之必將至也由餕見之矣故曰可以觀政矣鬼神有祭不獨饗之使人餕之恩澤之大者也國君有蓄積不獨食之亦以施惠於竟內也○重直龍反下同餒乃罪反夫音扶見如字舊賢遍反畜物六反〔疏〕夫祭至政矣○正義曰此一節明祭末餕餘之禮自求多物恩澤廣被之事○是故古之人有言曰善終者如始餕其是已者引古人之言證餕爲美也夫靡不有初鮮克有終而祭之有餕即是克有終而禮猶盛故云善終者如始餕其是已已語辭也○是故古之君子曰尸亦餕鬼

神之餘也者又引古言證餕義也言亦者亦人餕尸之餘乃是人食尸餘而云尸亦餕鬼神餘者若王侯初薦毛血燔燎是薦於鬼神至薦孰時尸乃食之是尸餕鬼神之餘若大夫士陰厭亦是先薦鬼神而後尸乃食亦尸餕鬼神餘故并云尸亦餕鬼神之餘也○惠術也可以觀政矣者術猶法也尸餕鬼神之餘是施恩惠之術法言爲政之道貴在於惠可以觀省人君之政教能施恩惠者即其政善不能施恩惠者則其政惡故云可以觀政矣○臣餕君之餘也者以君於廟中事尸如君則君爲臣禮君食尸餘是臣食君餘與大夫食君餘相似故云臣餕君之餘也諸侯之國有五大夫此云六者兼有采地助祭也以下漸徧及下示溥恩惠也○士起各執其具以出陳于堂下者士廟中餕訖而起所司各執其饌具以出廟戶陳于堂下百官進徹之者進當爲餕謂有祭事之百官餕訖各徹其器而乃去之○凡餕之道每變以衆所以別貴賤之等者初君四人次大夫六人次士八人是變以衆加之以兩是別貴賤之等○而興施惠之象也者興起也其餕之禮初餕貴而少後餕賤而多皆先上而後下施惠之道亦當然皆先貴後賤故云施惠之象○是故以四簋黍見其脩於廟中也者謂餕之時君與三卿以四簋之黍脩整普徧也所以用四簋多黍而餕者欲見其恩惠脩整徧於廟中諸侯

之祭有六簋今云以四簋者以二簋留爲陽厭之祭故以四簋而餕簋有黍稷特云黍者見其美舉黍稷可知也○廟中者竟內之象也者以四簋而徧廟中如君之恩惠徧於竟內也○顧上先下後耳者言上有大澤惠必及下无不周徧但瞻顧之時尊上者在先卑下者處後耳一云顧故也謂君上先餕臣下後餕示恩則從上起也非上有積重而下有凍餒之民也者言非是在上有財物積重而不以施惠而使在下有凍餒之民言有積重必施散在下不使凍餒○由餕見之矣者言民所以知上有財物恩惠及於下者祇祭祀之餕見其恩逮於下之理故曰可以觀政矣者餕若以禮則能施惠其善政也餕若不以禮則不能施惠其政惡也故云可以觀政矣○

夫祭之爲物大矣其與物備矣順以備者也其教之本與爲物猶爲禮也與物謂薦百品○與音餘下是與同是故君子之教也外則教之以尊其君長內則教之以孝於其親是故明君在上則諸臣服從崇事宗廟社稷則子孫順孝盡其道端其義而教生焉崇猶尊也○長丁丈反下長幼皆同是故君子之事君也必身行之所不安於上則不以使下所惡於下則不以事上非諸人行諸己非教之道也必身行之言恕己乃行之○惡烏路反是故君子之教也必由其本順之至也祭其是與故曰祭者教之本也已教由孝順生也

疏夫祭至也已○正義曰此一節明祭祀禮備具內外俱兼脩之於已然後及物是爲政之本夫祭之爲物大矣者物謂事物大言祭之爲物盛大矣以所行皆依禮故爲大○其與物備矣者謂庶羞之屬言與造庶羞百品皆是故興物備矣○順以備者也其教之本與者祭必依禮是順也百品皆足是備也若能上下和順物皆備具是爲教之本言聖人設教惟以順以備故云其教之本與○是故君子至其親者祭既順備可爲教故人君因爲教焉外教謂郊天內教謂孝於親祭宗廟○是故明君至順孝者由君外教尊君長故諸臣服從內教孝則親故子孫順孝盡其道端其義而教生焉者謂人君身自行之盡其事上之道又端正君臣上下之義則政教由此生焉○所不安於上則不以使下者謂在上所爲之事施之於已已所不安則不得施於下所惡於下則下以事上者在下有不善之事施於已已所憎惡則不得以此事於上上亦憎惡也○非諸人行諸已非教之道也者結上二事諸於也謂他人行此惡事加於已已以爲非是非於人已乃行此惡事而施人是行於已也若如此非政教之道言爲政教必由於已乃能及物故下云必由其本順之至也○

夫祭有十倫焉見事鬼神之道焉見君臣之義焉見父子之倫焉見貴賤之等焉見親疏之殺焉見爵賞之施焉見夫婦之別焉見政事之均焉見長幼之序焉見上下之際焉此之謂十倫倫猶義也○見賢遍反下皆同殺色界反徐所例反下同○

疏夫祭至十倫○正義曰此一節廣明祭有十種倫禮今各隨文解之

從此至此之謂十倫一經揔明十倫之目從上雖云祭其事隱此廣陳祭含十義以顯教之本十倫義也**鋪筵設同几爲依神也詔祝於室而出于祊此交神明之道也**同之言詷也祭者以其妃配亦不特几也詔祝告事於尸也出於祊謂索祭也○鋪普胡反又芳夫反筵羊然反爲于僞反下注爲其皆同祊伯更反詷徒貢反索所伯反○【疏】鋪筵至道也○正義曰此一節明第一倫交鬼神之道○鋪筵設同几者設之曰筵坐之曰席同之言詷詷共也言人生時形體異故夫婦別几死則魂氣同歸于此故夫婦共几鋪席設几使神依之設此夫婦所共之几席亦共之必云同几者筵席既長几則短小恐其各設故特云同几○詔祝於室者詔告也祝祝也謂祝官以言詔告祝請其尸於室求之○而出于祊者謂明日繹祭而出廟門旁廣求神於門外之祊○此交神明之道也者神明難測不可一處求之或門旁不敢定是與神明交接之道鬼神通故云道○注同之至祭也○正義曰同之言詷也者若單作同字是齊同之同非詷共之詷所以物有異類而同時也則同死同生同出同入之類不齊其物異也若詷共之詷則言旁作同故古文字林皆訓詷爲共是漢魏之時

字義如此是以讀同爲詷今則揔爲一字云祭者以爲妃配者儀禮少牢文謂祭夫祝辭云以某妃配云亦不特几也者謂不但不特設辭亦不特設其几謂祝辭與几皆同於夫不特設也故鄭注司几筵云祭於廟同几精氣合也云詔祝告事於尸也者謂灌鬯饋熟酳尸之等祝官以祝辭告事於尸其事廣也以揔論事神故廣言之知非朝踐之時血毛詔於室者以朝踐尸主皆在户外暫時之事非終始事神之道故知非也云出於祊謂索祭也者案郊特牲索祭祝于祊故云謂索祭也**君迎牲而不迎尸別嫌也尸在廟門外則疑於臣在廟中則全於君君在廟門外則疑於君入廟門則全於臣全於子是故不出者明君臣之義也**不迎尸者欲全其尊也尸神象也鬼神之尊在廟中人君之尊出廟門則伸○伸音申○【疏】君迎至義也○正義曰此經明第二倫君臣之義也○君迎牲不迎尸別嫌也者尸體既尊君宜自卑若出迎尸尸道未伸則嫌君猶欲自尊之義也○尸在廟門外則疑於臣者則解別嫌事也尸本是臣而爲尸時則尊在廟中。君若未入廟其尊未伸君若出迎則疑尸有還爲臣之道故云疑於臣也○在廟中則全於君者尸若入廟則君父道全也唯云全君不云全父者此本是明君臣故畧於全父也下既云臣子故知此爲君父也且廟中行禮尸皆荅拜然父無荅子之禮君有荅臣之法故據君言之耳○君在廟門外則疑於君者釋君疑也君道之全全在廟門外若出門外則君道還尊與平常不異故不出門也○入廟門則全於臣全於子者君若入廟則臣子道全無所疑也是故不出者明君臣之義也者結第二倫也君至尊而受屈廟中以臣子自處不敢出廟門恐尸尊不極欲示天下咸知君臣之義也君臣由義而合故云義也**夫祭之道孫爲王父尸所使爲尸者於祭者子行也父北面而事之所以明子事父之道也此父子之倫也**子行猶子列也祭祖則用孫列皆取於同姓之適孫也天子諸侯之祭朝事延尸於户外是以有北面事尸之禮○行户剛反注同徐胡孟反適丁歷反【疏】夫祭至倫也○正義曰此第二倫明父子之理○孫爲王父尸者謂王父之孫行與王父作尸○所使爲尸者於祭者子

行也者謂孝子所使令爲尸者於祭者孝子身爲子之行秩也○父北面而事之者父則祭者之身北面而事子行之尸也○所以明子事父之道也此父子之倫也者主人爲欲孝敬已父不許已尊而北面事子行則凡爲子者豈得不自尊事其父乎是見子事父之道也○注皆取至尊之禮○正義曰天子諸侯之祭朝事延尸於户外者以少牢特牲尸皆在室之奧主人西面事之無北面事尸之禮故知是天子諸侯也知因朝事者以郊特牲詔祝於室坐尸於堂詔祝於室當朝事之節故知坐尸於堂當朝事也**尸飲五君洗玉爵獻卿尸飲七以瑤爵獻大夫尸飲九以散爵獻士及羣有司皆以齒明尊卑之等也**尸飲五謂酳尸五獻也大夫士祭三獻而獻賓○瑤音遙散悉但反差本又作之等酳音胤又仕覲反○【疏】尸飲至等也○正義曰此一節明第四倫尊卑差等○尸飲五君洗玉爵獻卿至皆以齒明尊卑之等者謂獻卿大夫士及有司等其爵雖同皆長者在先故云皆以齒○注尸飲至獻賓○正義曰此據備九獻之禮者至主人酳尸故尸飲五也凡祭二獻祼用鬱鬯尸祭奠而不飲朝踐二獻饋

食二獻及食畢主人酳尸此等皆尸飲之故云尸飲五於此之時以獻卿獻卿之後乃主婦酳尸酳尸畢賓長獻尸是尸飲七也乃瑤爵獻大夫是正九獻禮畢但初二祼不飲故云尸飲七自此以後長賓長兄弟更爲加爵尸又飲二是并前尸飲九主人乃散爵獻士及羣有司也此謂上公九獻故以酳尸之一獻爲尸飲五也若侯伯七獻朝踐饋食時各一獻食訖酳尸但飲三也子男五獻食訖酳尸尸飲一云大夫士祭三獻而獻賓者欲明諸侯獻賓時節與大夫士獻賓不同知大夫士祭三獻而獻賓者特牲禮文下大夫不賓尸與士同亦三獻而獻賓知者有司徹文其上大夫別行賓尸之禮與此異也

夫祭有昭穆昭穆者所以別父子遠近長幼親疏之序而無亂也是故有事於大廟則羣昭羣穆咸在而不失其倫此之謂親疏之殺也昭穆咸在同宗父子皆來。昭上遙反後放此〔疏〕夫祭至殺也。正義曰此一節明第五倫也親疏之殺也昭穆謂尸主行列於廟中所以至无亂者謂父南面子北面親者近疏者遠又各有次序是故有事於大廟則羣昭羣穆咸在者祭大廟之時則衆廟尸主皆來及助祭之人同宗父子皆至則羣昭羣穆咸在若不於大廟餘廟之祭唯有當廟尸主及所出之廟子孫來至不得羣昭羣穆咸在也。而不失其倫者尸主既有昭穆故主人及衆賓亦爲昭穆列在廟不失倫類。此之謂親疏之殺也者殺漸也列昭穆存亡各有遠近示天下親疏有漸也。

古者明君爵有德而祿有功必賜爵祿於大廟示不敢專也故祭之日一獻君降立于阼階之南南鄉所命北面史由君右執策命之再拜稽首受書以歸而舍奠于其廟此爵賞之施也一獻酳尸也舍當爲釋聲之誤也非時而祭曰奠。鄉許亮反舍依注音釋。〔疏〕古者至施也。正義曰此一節明第六倫也爵賞之施焉。爵有德而祿有功者爵表德故云有德祿賞功故云有功也。而舍奠于其廟者謂受策命卿大夫等既受策書歸還而釋奠於家廟告以受君之命似非時而祭故稱奠此爵賞之施也者君尊上爵賞於廟

不自專故民知施必由尊也。注一獻一酳尸也。正義曰經云一獻知非初祼及朝踐饋食之一獻必爲一酳尸者以一酳尸之前皆爲祭事承奉鬼神未暇策命而尸食已畢祭事方了始可以行其爵賞及賜勞臣下此一獻則上尸飲五君獻卿之時也若天子命羣臣則不因常祭之日特假於廟故大宗伯云王命諸侯則儐注云王將出命假祖廟立依前南鄉是也

君卷冕立于阼夫人副褘立于東房夫人薦豆執校執醴授之執鐙尸酢夫人執柄夫人授尸執足夫婦相授受不相襲處酢必易爵明夫婦之別也校豆中央直者也執醴授醴之人授夫人以豆則執鐙鐙豆下跗也。卷古本反校戶教反又戶交反柄也鐙音登又丁鄧反〔疏〕君卷至別也。正義曰此一節明第七倫也。夫人副褘立于東房者此謂上公之夫人故副褘立于東房若其餘夫人則不副褘也。夫人薦豆執校者校謂豆之中央直者夫人薦豆之時手執此校。執醴授之執鐙者鐙謂豆下跗夫人薦豆之時此執醴之人以豆授夫人之時則執豆之下跗夫人授之乃執校也。尸酢夫人執柄者爵爲雀形以尾爲柄夫人獻尸尸酢夫人尸則執雀尾授夫人也。夫人授尸執足者夫人受酢於尸則執爵足也。夫婦相授受不相襲處者謂夫婦交相致爵之時襲因也其執之物不相因故處若夫婦交相致爵不能執故處以明男女有別酢必易爵者謂夫婦交相致爵之時主人授主婦之酢易換其爵故特牲主人受主婦之酢爵更爵酢鄭注云主人更爵自酢男子不承婦人爵即引此文云夫婦相授受不相襲處酢必易爵也皇氏云夫婦猶男女不相襲處則上執校執鐙之屬違鄭注儀禮之文其義非也。注執醴授醴至執鐙。正義曰謂夫人獻尸以醴齊之時此人酌醴以授夫人至夫人薦豆之時此人又執豆以授夫人是獻之與薦皆此人所事故云執醴授醴之人執鐙謂授夫人以豆而執鐙也

凡爲俎者以骨爲主骨有貴賤殷人貴髀周人貴肩凡前貴於後俎者所以明祭之必有惠也是故貴者取貴骨賤者取賤骨貴者不重賤者不虛示均也惠均則

政行政行則事成事成則功立功之所以立者不可不知也俎者所以明惠之必均也善爲政者如此故曰見政事之均焉殷人貴髀爲其厚者周人貴肩爲其顯也凡前貴於後謂脊脅臂臑之屬。髀必氏反又必履反重直龍反臑乃報反肱骨也［疏］凡爲至均焉。正義曰此一經明第八倫也。凡爲俎者以骨爲主者俎爲。助祭者各將物於俎也。殷人貴髀周人貴肩者殷質貴髀之厚賤肩之薄周文貴肩之顯賤髀之隱各隨所貴。凡前貴於後者據周言之以周人之貴肩故也。俎者所以明祭之必有惠也者助祭者故賜之俎也。貴者不重賤者不虛示均也者言貴者不特多而重賤者不虛而無分俎多少隨其貴賤是示均平也。功之所以立者不可不知也者言功立由於分俎其事既重人君不可不知分俎之事也。善爲政者如此者言人君欲善爲政教者必須如此分俎均平。注凡前至之屬。正義曰此脊脅臂臑舉其貴者言之體屬中包其賤者不云肩者以經云周人貴肩故此畧之前體臂臑爲貴後體膊胳爲賤就脊脅之中亦有貴賤正脊在前

爲貴脡脊橫脊在後爲賤脅則正脅在前爲貴短脅爲賤故摠云之屬以包之凡賜爵昭爲一穆爲一昭與昭齒穆與穆齒凡羣有司皆以齒此之謂長幼有序昭穆猶特牲少牢饋食之禮衆兄弟也羣有司猶衆賓下及執事者君賜之爵謂若酬之［疏］凡賜至有序。正義曰此一節明祭之第九倫長幼之序。凡賜爵者爵酒爵也謂祭祀旅酬時賜助祭者酒爵故云賜爵。昭爲一穆爲一者言君衆兄弟子孫等在昭列者則爲一色在穆列者自爲一色各自相旅尊者在前卑者在後若同班列則長者在前少者在後是昭與昭齒穆與穆齒。注君賜之爵謂若酬之。正義曰案特牲饋食禮初有主人獻衆賓兄弟之禮後乃旅酬衆賓兄弟此經直云賜爵知非獻時而特云酬者以獻時不以昭穆爲次者此云昭與昭齒穆與穆齒當旅酬之事故知賜爵爲酬夫祭有畀煇胞翟閽者惠下之道也唯有德之君爲能行此明足以見之仁足以與之畀之爲言與也能以

其餘畀其下者也煇者甲吏之賤者也胞者肉吏之賤者也翟者樂吏之賤者也閽者守門之賤者也古者不使刑人守門此四守者吏之至賤者也尸又至尊以至尊既祭之末而不忘至賤而以其餘畀之是故明君在上則竟內之民無凍餒者矣此之謂上下之際明足以見之見此畀者也仁足以與之與此畀者也煇周禮作韗謂韗磔皮革之官也翟謂教羽舞者也古者不使刑人守門謂夏殷時。畀必利反下及注同與也煇依注作韗同况萬反又音運下同甲吏也胞步交反下同肉吏也翟狄也樂吏也閽音昏守門者也以見賢遍反注皆同此畀如字舊必利反下同磔知宅反［疏］夫祭至之際。正義曰此一節明祭之第十倫也。夫祭有畀煇胞翟閽者惠下之道也者畀與也煇也胞也翟也閽也此四者皆是賤官於祭之

末與此四者以恩賜是惠施之道也。明足以見之者謂有德之君德能昭明足以見其惠下之義。仁足以與之者以君有仁恩足能賜與於下。古者不使刑人守門者此作記之人以見周刑人守門以祭末又何恩賜與刑人故明之云古者夏殷之時不使刑人守門雖是賤人所以得恩賜。此四守者吏之至賤者也。既每言賤明但是各守其職之人能爲四物故云四守也。尸又至尊以至尊既祭之末而不忘至賤而以其餘畀之是故明君在上則竟內之民無凍餒者矣者更廣明貴有餘分與至賤爲恩之深也。人君身尊而尸又更尊故言又也。此之謂上下之際者結十倫也際接也至尊與賤者其道接也。注煇周至殷時。正義曰案周禮考工記韗人爲臯陶鄭云臯陶鼓木也言韗人之官掌作鼓木張皮兩頭鞔之以爲鼓是韗磔皮革之官云翟謂教羽舞者也者羽翟羽故詩邶風云左手執籥右手秉翟翟即狄也古守通用云古者不使刑人守門謂夏殷時者以周禮墨者使守門故知不使刑人守門謂夏殷時也凡祭有四時春祭曰礿夏祭曰禘秋祭曰嘗冬祭曰烝謂夏殷時禮也。礿羊灼反字又作禴夏戶嫁反下注夏者孟夏同礿禘陽義也嘗

烝陰義也禘者陽之盛也嘗者陰之盛也故曰莫重於禘嘗夏者尊卑著而秋萬物成古者於禘也發爵賜服順陽義也於嘗也出田邑發秋政順陰義也言爵命屬陽國地屬陰○故記曰嘗之日發公室示賞也草艾則墨未發秋政則民弗敢草也發公室出賞物也草艾謂艾取草也秋草木成可芟艾給爨亨時則始行小刑也○艾音刈芟所銜反爨七亂反亨普彭反徐普盆反○故曰禘嘗之義大矣治國之本也不可不知也明其義者君也能其事者臣也不明其義君人不全不能其事爲臣不全全猶具也夫義者所以濟志也諸德之發也是故其德盛者其志厚其志厚者其義章其義章者其祭也敬祭敬則竟内之子孫莫敢不敬矣齊成也發謂機發也竟内之子孫萬人爲子孫是故君子之祭也必身親涖之有故則使人可也雖使人也君不失其義者君明其義故也涖臨也君不失其義者言君雖不自親祭禮無闕於君德不損也其德薄者其志輕疑於其義而求祭使之必敬也弗可得已祭而不敬何以爲民父母矣〔疏〕○凡祭至母矣○正義曰此一節明祭祀之重禘嘗之義人君若能明於其義可以爲民父母今各隨文解之○禘者陽之盛也者以禘祭在夏夏爲炎暑故爲陽盛○嘗者陰之盛也者以嘗祭在秋之時陰功成就故爲陰盛冬雖嚴寒以物於秋成故不得以冬烝對夏禘○注言爵至屬陰○正義曰爵命是生養之事故屬陽國地是土地之事故屬陰○故記至草也○以記錄之前先有此記之文故作記者載前記之文所以言記曰也此記云嘗祭之日發出公室貨財以示賞也○草艾則墨者謂初秋草堪艾給炊爨之時則行小刑之墨未發秋政則民不敢艾草也言夏節雖盡人君未發行秋政則民不敢艾草也注發公室出賞物也○正義曰案左傳云賞以春夏刑以秋冬此嘗之日發公室示賞者文各有所對以賞對刑則賞屬春夏刑屬秋冬其實四時之間皆有賞故車服屬夏田邑屬秋出田邑之時亦有物也故覲禮秋時賜侯氏車服及篋服也○夫義者所以濟志也者濟成也言禘嘗之義若人君明之所以成就其志○諸德之發也者發謂機發也諸衆也言義者是人君衆德之發謂諸衆人之德發在於義○是故其德盛者其志厚者謂人君道德顯盛則念親志意而深厚若能念親深厚則事親祭祀其義章明顯著若能事親章明顯著則其祭也恭敬以此化下則竟内民之子孫無敢不恭敬其親矣以化於上故也○雖使人也君不失其義者君明其義故也○言祭祀之時身既有故使人攝之雖使人攝由君能恭敬不喪失於爲君之義所以然者由君自明曉於禘嘗之義故也○其德至得已○言人君道淺義薄則其念親志意不能厚重○疑於其義至民父母矣者謂志意既輕疑惑於祭祀之義皆不能盡心致敬身既危疑而欲求祭使之必敬不可得已已是語辭

夫鼎有銘銘者自名也自名以稱揚其先祖之美而明著之後世者也爲先祖者莫不有美焉莫不有惡焉銘之義稱美而不稱惡此孝子孝孫之心也唯賢者能之銘謂書之刻之以識事者也自名謂稱揚其先祖之德著己名於下○自名如字徐武政反下及注自名同○銘者論譔其先祖之有德善功烈勳勞慶賞聲名列於天下而酌之祭器自成其名焉以祀其先祖者也顯揚先祖所以崇孝也身比焉順也明示後世教也勳業也王功曰勳事功曰勞酌之祭器言斟酌其美傳著於鐘鼎也身比焉謂自著名於下也順也自著名以稱揚先祖之德孝順之行也教也所以教後世○譔音撰比毗志反謂次比也下及注皆

同對之林反傳音附徐音賦一音直專反謂傳述著直畧反徐張慮反行下孟反○夫銘者壹稱而上下皆得焉耳矣是故君子之觀於銘也既美其所稱又美其所爲美其所爲美此人爲此銘爲之者明足以見之仁足以與之知足以利之可謂賢矣賢而勿伐可謂恭矣明足以見之見其先祖之美也仁足以與之與其先祖之銘也非有仁恩君不使與之也知足以利之利已名得此於先祖○見賢遍反注同知音智又同○故衛孔悝之鼎銘曰六月丁亥公假于大廟孔悝衛大夫也公衛莊公蒯聵也得孔悝之立已依禮褒之以靜國人自固也假至也至於太廟謂以夏之孟夏禘祭○悝口回反假加百反注同蒯苦怪反聵五怪反褒保毛反公曰叔舅乃祖莊叔左右成公成公乃命莊叔隨難于漢陽即宮于宗

周奔走無射公曰叔舅者公爲策書尊呼孔悝而命之也乃猶女也莊叔悝七世之祖衛大夫孔達也隨難者謂成公爲晉文公所伐出奔楚命莊叔從焉漢楚之川也即宮於宗周後反得國坐殺弟叔武晉人執而歸之於京師寘之深室也射厭也言莊叔常奔走至勞苦而不厭倦也周既去鎬京猶名王城爲宗周也○左音佐右音又下啓右并注同一讀此左右並如字難乃旦反奔本亦作犇射音亦注同爲策初革反女音汝後皆同從才用反坐坐臥反寘之豉反厭於豔反下同鎬胡老反○啓右獻公獻公乃命成叔纂乃祖服獻公衛侯衎成公曾孫也亦失國得反言莊叔之功流於後世啓右獻公使得反國也成叔莊叔之孫成子烝鉏也右助也纂繼也服事也獻公反國命成子繼女祖莊叔之事欲其忠如孔達也○纂子管反衎苦旦反烝之承反下文注同鉏仕居反○乃考文叔興舊耆欲作率慶士躬恤衛國其勤公家夙夜不解民咸曰休哉文叔者成叔之曾孫文子圉即悝父也作起也率循也慶善也士之言事也言文叔能興行先祖之舊德起而循其善事

○耆欲市志反解古賣反休許虯反圉魚呂反公曰叔舅予女銘若纂乃考服若乃猶女也公命悝予女先祖以銘以尊顯之女繼女父之事欲其忠如文子也成公獻公莊公皆失國得反言孔氏世有功焉寵之也○女羊許反注同○悝拜稽首曰對揚以辟之對遂也辟明也言遂揚君命以明我先祖之德也○辟必亦反又婢尺反注同明也勤大命施于烝彝鼎施猶著也言我將行君之命又刻著於烝祭之彝鼎彝尊也周禮大約劑書於宗彝○施如字彝以支反著張慮反又直畧反下同約如字徐於妙反劑子隨反○此衛孔悝之鼎銘也言銘之類衆多也畧取其一以言之古之君子論譔其先祖之美而明著之後世者也以比其身以重其國家如此如莊公命孔悝之爲也莊公孔悝雖無命德以終其事於禮是行之非○子孫之守宗廟社稷者其先祖無美而稱之是誣也有善

而弗知不明也知而弗傳不仁也此三者君子之所耻也〔疏〕夫鼎至耻也○正義曰以前經明事親致敬此一節明稱揚先祖之美今各依文解之○銘者自名也者言爲先祖之銘者自著己之功名於下○自名以稱揚其先祖之美而名著之後世者也謂自著己名之時先稱揚其先祖之美於上而使昭明顯著於後世銘者論譔其先祖之有德善者論謂論說譔則譔錄言子孫爲銘論說譔錄其先祖道德善事○功烈勳勞慶賞聲名列於天下者此先祖美善之事也烈業也謂有功業勳勞有慶賞聲名著於天下者也○而酌之祭器者酌斟酌也祭器鐘鼎也若有聲名偏普天下者則斟酌列書著於君之鐘鼎也○自成其名焉者先書先祖之德於器上又自成己名於先祖銘下也○以祀其先祖者也者祀祖謂預君祫祭也禮功臣既得銘鼎則得預君大祫令先祖被銘預祫是尊其先祖也○顯揚先祖所以崇孝也者釋所以必銘預也爲崇於孝道故稱揚先祖也○身比焉順也者比次也先稱祖德而已身親自著名次於下是崇孝順之行也○明示後世教也者爲人子孫能得稱揚先祖明示後世使後世斅慕即是教也○注烈業至後世○正義曰烈業也釋詁文王功曰勳事

功曰勞周禮司勳文云傳著於鐘鼎也者傳附也言鐫勒先祖功名附著於鐘鼎或解傳爲傳述於鐘鼎義亦通也云自著名以稱揚先祖之德者解經身比焉云孝順之行也者以解經順也云教也所以教後世者言稱先祖明示後世所以教後世便如先祖之善也故云教也○夫銘至所爲○銘者壹稱謂造銘唯一稱先祖之善○而上下皆得焉耳矣者上謂光揚先祖下謂成已順行又垂教來世也○既美其所稱又美其所爲者釋上下皆得也所稱謂先祖也所爲謂已身行業也君子有德之士觀銘必見此二事之美○爲之至恭矣○爲之者謂爲銘之人也○明足以見之者謂已有顯明之德足以見先祖之美○仁足以與之者謂已有仁恩故君上足以著先祖之銘與之○知足以利之者謂已有知謀足以利益於已得上比先祖也○可謂賢矣者言爲銘之人備此三事所以爲賢○賢而勿伐可謂恭矣者既備三事爲賢又不自伐是爲恭也故云可謂恭矣○注孔悝至禘祭○正義曰云得孔悝之立已者按哀公二年晉趙鞅納蒯聵于成至哀十五年傳云衛孔圉娶蒯聵之姊生悝孔氏之豎渾良夫通於伯姬伯姬使良夫往蒯聵蒯聵與良夫入衛舍孔氏之外圃遂入適伯姬氏伯姬與大子五人迫孔悝於廁強盟之遂劫以登臺於是得國是得孔悝之立已也假至也釋詁文云至於大廟謂以夏之孟夏禘祭者以經云六月是周之六月是夏之孟月禘祭之時以諸侯命臣在於祭日案左傳哀十五年冬蒯聵得國十六年六月衛侯飲孔悝酒而逐之此謂六月命之者蓋命後即逐之故俱在六月公曰至休哉○此一節是孔悝父祖鼎銘之辭○叔舅者孔悝是異姓大夫年幼故稱叔舅○乃祖莊叔者乃女也祖莊叔者謂孔悝之七祖孔達也○左右成公者左右助也輔助衛成公○成公乃命莊叔隨難于漢陽者難謂成公被晉所伐出奔於楚謂成公命孔達隨出逃難而往漢陽即是楚地在漢水之北○即宮于宗周者即就也宮謂宮室成公後得反國又坐殺弟叔武被晉執之歸于京師寘於深室之中是即宮也○奔走無射者言孔達隨難漢陽及即宮于宗周常奔走勞苦無厭倦○啓右獻公獻公乃命成叔纂乃祖服者啓開也右助也言莊叔餘功流於後世能右助獻公獻公雖復出奔乃得反國其時孔達之孫成叔輔佐獻公故獻公乃命成叔纂繼女祖孔達舊所服行之事○乃考文叔者孔圉是孔悝之父故云乃考○興舊嗜欲者言父圉能興行先祖舊德嗜欲所爲○作率慶士躬恤衛國其勤公家夙夜不解民咸曰休哉者作起也率循也慶善也士事也言孔悝能起發依循善事躬憂恤衛國勤勞公家早夜不解倦民皆曰功德休美哉此是孔悝先祖功業鼎銘之辭也○注莊叔至周也○正義曰案世本莊叔達生得閭叔穀穀生成叔烝鉏鉏生頊叔羅羅生昭叔起起生文叔圉圉生悝莊叔是悝七世祖也云成公爲晉文公所伐出奔楚者案僖二十八年左傳稱衛與楚晉文公敗楚於城濮衛侯懼出居於襄牛遂奔楚云坐殺弟叔武晉人執而歸之於京師寘之深室也者亦僖二十八年左傳文晉人歸衛侯入其室弟叔武將沐聞君至喜捉髮走出前驅歂犬射而殺之其大夫元咺出奔晉訟衛侯衛侯不勝執衛侯歸之于京師寘諸深室是其事也案左傳于時無孔達之事而云之者傳文不具或者蒯聵欲褒美孔悝故假其先祖之功而言之也○注獻公至達也○正義曰案衛世家衛成公生穆公穆公生定公定公生獻公是衍爲成公曾孫云亦失國得反者案襄十四年左傳稱衛孫文子甯惠子逐衛侯衛侯出奔齊是亦失國也稱亦者亦成公也其時亦并成叔之功○假言之也云纂繼也服事也釋詁文下注率循也亦釋詁文○公曰叔舅予女銘若纂乃考服○此一節明蒯聵與孔悝銘之言也及勑戒之使繼先祖故云纂乃考服○悝拜至彝鼎○此一節明孔悝拜受君恩言已[illegible]德行君之大命著於彝鼎○對揚以辟之者對遂也揚稱揚也辟明也言已遂稱揚君命以光明我先祖之美○勤大命

施于烝彝鼎者勤行也施著也烝謂烝祭言已勤行君之大命著於烝祭之彝尊及鼎也此衛孔悝之鼎銘也記者錄其銘故以結之但休哉以上是稱其先祖公曰叔舅以下至彝鼎是自著其名於下是以身比焉比先祖也

昔者周公旦有勳勞於天下周公既沒成王康王追念周公之所以勳勞者而欲尊魯故賜之以重祭外祭則郊社是也內祭則大嘗禘是也言此者王室所銘若周公之功○誣音無不傳直專反不本亦作弗夫大嘗禘升歌清廟下而管象朱干玉戚以舞大武八佾以舞大夏此天子之樂也康周公故以賜魯也清廟頌文王之詩也管象吹管而舞武象之樂也朱干赤盾戚斧也此武象之舞所執也佾猶列也大夏禹樂文舞也執羽籥文武之舞皆八列互言之耳康猶褒大也易晉卦曰康侯用錫馬○佾音逸盾食準反又音允籥羊灼反

子孫纂之至于今不廢。所以明周公之德而又以重其國也。不廢，不廢其此禮樂也。重猶尊也。【疏】昔者至國也。○正義曰此一節因上說鼎銘明先祖之善故此明周公之勳子孫纂之特重於餘國亦光揚之事。○外祭則郊社者諸侯常祭唯社稷以下魯之祭社與郊連文則備用天子之禮也。○內祭則大嘗禘者祫祭在秋也大嘗禘祭在夏也是大嘗禘得用天子之禮則升歌清廟及舞大武大夏之屬皆用天子之禮所以爲大嘗禘也餘諸侯則不得大常禘。○升歌清廟者升堂歌清廟清廟頌文王之詩也。○下而管象者堂下吹管而舞武象之樂也。○朱干玉戚以舞大武者朱干赤盾也戚斧也以玉飾其柄此舞象之武所執也。○八佾以舞大夏者大夏禹樂之舞也執羽籥此天子之樂也。○康周公故以賜魯也者升歌清廟以下並是天子之樂故以此結之也。○注武象至錫馬。○正義曰言文武之舞皆八列互言之耳者以經云八佾以舞大夏舞大武不顯佾數則舞大武亦八佾也大武云朱干玉戚其大夏則不用朱干玉戚當用羽籥而云互文者以大夏言舞數則大武亦當有舞數大武言所執舞器則大夏亦有舞器故云互也。○易晉卦康侯用錫馬者證康是褒崇之義案易晉卦坤下離上日出於地爲晉晉進也言明晉也。○子孫至國也者言魯是周公子孫繼周公之後至今不廢此禮樂謂作記之時也所以明周公之有德而又以尊重其魯國也。

附釋音禮記注疏卷第四十九

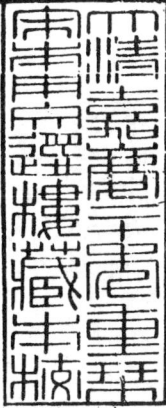

江西南昌府學栞

禮記注疏卷四十九校勘記　阮元撰盧宣旬摘錄

附釋音禮記注疏卷第四十九　惠棟挍宋本禮記正義卷第五十七

祭統第二十五

凡治人之道節

心怵而奉之以禮　惠棟挍宋本同釋文亦作怵閩監毛本怵作怵石經同岳本同嘉靖本同衞氏集說同此本注疏中字並作怵不加點

凡治至之義　惠棟挍宋本無此五字

賢者之祭也節

賢者至謂畜　惠棟挍宋本無此五字

言世人謂福爲壽考吉祥　閩監毛本同衞氏集說同惠棟挍宋本無爲字

承致多福無疆于女孝孫使女受祿于天　閩本同衞氏集說同監本使誤侯毛本于誤子

既內自盡節　惠棟挍云既內自盡節凡天之所生節宋本合爲一節

昬禮是也　各本同石經同毛本昬作昏衞氏集說同○按毛本非也說文昏从日氐省非从民聲也

具謂所供衆物　閩監毛本同惠棟挍宋本同嘉靖本同岳本供作共衞氏集說同釋文出所共

既內至備矣　惠棟挍宋本無此五字

茆菹麋𪇰　閩監毛本同齊召南云麋當作麇

有深蒲醓醢　惠棟挍宋本同閩監毛本醢誤醓下又有醓醢同

深蒲箈筍　毛本同閩監本箈作菭衞氏集說同按周禮作箈

凡天之所生節

齊或爲粢閩監毛本同岳本同嘉靖本同惠棟挍宋本爲作作衛氏集說同宋監本同

凡天至道也惠棟挍宋本無此五字

一絲旁才閩監毛本同衛氏集說同段玉裁挍本絲當作糸下絲旁屯同

若衣色見閩監毛本同衛氏集說見上有可字

及時將祭節

嗜欲無止也惠棟挍宋本石經宋監本衛氏集說同閩監毛本嗜作耆岳本同嘉靖本同釋文出耆欲下訖其嗜欲同

君執鸞刀羞嚌各本同石經同釋文出羞齊云本亦作嚌注同○按嚌正字齊假借字

芻謂藁也各本同釋文出稾也云下同按稾字非也○按依說文當作稾从禾高聲假借作槀俗作藁

及時至親之惠棟挍宋本無此五字

謂四時應祭之前未旬時也閩監毛本同衛氏集說同考文引宋板未作末

俱至大廟之中閩本同惠棟挍宋本同衛氏集說同監毛本至誤在

子男夫人狄惠棟挍宋本作闕狄衛氏集說同此本闕字脫閩監毛本闕作屈

用清酒以涗沛之閩監本同毛本沛誤沸下以清酒沸之同

二者謂饘熟之時考文引宋板同閩監毛本者作是

夫祭有三重焉節

夫祭至之道也惠棟挍宋本無此五字

此一節并明祭祀之禮閩監毛本同惠棟挍宋本節作經衛氏集說同

若內心志輕略閩監毛本同惠棟挍宋本無心字衛氏集說同此本誤衍

此等亦殷重閩監毛本同考文云宋板重下有矣字衛氏集說同

夫祭有餕節

而下有凍餒之民也閩監本同石經同岳本同嘉靖本同衛氏集說同毛本餒誤餕釋文出凍餧盧文弨云按說文餧飢也一曰魚敗曰餧則餧乃餒之本字後人始別作餒也

夫祭至政矣惠棟挍宋本無此五字

以二簋留爲陽厭之祭惠棟挍宋本同閩監毛本陽作陰衛氏集說同

祇祭祀之餕惠棟挍宋本祇下有由字衛氏集說同此本由字脫閩監毛本同

其善政也惠棟挍宋本作政善此本誤倒閩監毛本同

夫祭之爲物大矣節

夫祭至也已惠棟挍宋本無此五字

內教孝則親故子孫順孝惠棟挍宋本則作其衛氏集說同此本其誤則閩監毛本其作於

夫祭有十倫焉節

見親疏之殺焉閩監毛本同石經疏作疎宋監本岳本嘉靖本衛氏集說同按下此之謂親疏之殺也各本並作疏此不宜岐出作疎當作疏爲是

夫祭至十倫惠棟挍宋本無此五字

鋪筵設同几節

鋪筵至道也惠棟挍宋本無此五字

不齊其物興也閩監毛本同惠棟挍宋本齊作廢

君迎牲而不迎尸節

君迎至義也惠棟挍宋本無此五字

則尊在廟中耳　惠棟挍宋本中下有耳字諸本並脱

夫祭之道節

於祭者子行也　各本同石經同考文引古本足利本子上有爲字按通典四十八引亦云於祭者爲子行也

夫祭至倫也　惠棟挍宋本無此五字

尸飲五節

尸飲至等也　惠棟挍宋本無此五字

但飲三也　閩監毛本同惠棟挍宋本但下有尸字衛氏集說同

夫祭有昭穆節

夫祭至殺也　惠棟挍宋本無此五字

故主人及衆賓亦爲昭穆　惠棟挍宋本同閩監毛本衆賓二字倒

列昭穆存亡名有遠近　閩監本同毛本名作各

古者明君爵有德節

古者至施也　惠棟挍宋本無此五字

似非時而祭　閩監毛本同惠棟挍宋本似作以

君尊上爵　閩監毛本同惠棟挍宋本上作尚衛氏集說同

君卷冕立于阼節

夫人薦豆執校　各本同石經同毛本校作挍釋文亦作校注疏放此

夫人授尸執足　惠棟挍宋本授作受正義同石經同岳本同嘉靖本同考文引古本足利本同此本誤授閩監毛本同衛氏集說同按此言尸酢夫人夫人受酢于尸則執爵足是受尸而非授尸明矣疏夫人授尸執足者放此

君卷至別也　惠棟挍宋本無此五字

凡爲俎者節

凡爲至均焉　惠棟挍宋本無此五字

俎爲助祭者各將物於俎也　閩監毛本同考文云宋板爲作謂

凡賜爵節

凡賜至有序　惠棟挍宋本無此五字

以獻時不以昭穆爲次者　閩監毛本同惠棟挍宋本者作也

夫祭有畀煇胞翟閽者節

夫祭至之際　惠棟挍宋本無此五字

此四守者吏之至賤者也　閩監毛本同惠棟挍宋本也下有者字

凡祭有四時節

凡祭至毋矣　惠棟挍宋本無此五字

載前記之文　閩監毛本同惠棟挍宋本前上有此字

夫鼎有銘節

此孝子孝孫之心也　閩監本同石經同岳本同嘉靖本同衛氏集說同考文引宋板同毛本此誤比

傳著於鐘鼎也　閩監毛本同嘉靖本同衛氏集說同惠棟挍宋本傳作傳宋監本岳本同考文引足利本同釋文出傳著按傳是也

衛莊公蒯聵也　閩本同岳本同嘉靖本同衛氏集說同監毛本聵作瞶非

得孔悝之立已　岳本同嘉靖本同考文引古本同惠棟挍宋本無已字衛氏集說無已字得作德閩監毛本得作德已字有

公爲策書各本同釋文策作筴乃俗字

興舊耆欲閩監毛本同岳本同嘉靖本同釋文出耆欲惠棟挍宋本耆作嗜石經宋監本衞氏集説同

略取其一以言之閩監毛本同岳本同嘉靖本同惠棟挍宋本其作此宋監本衞氏集説同考文引足利本同

夫鼎至恥也惠棟挍宋本無此五字

云傳著於鍾鼎也者傳附也毛本同閩監本二傳字並作傅

夫銘至所爲○銘者閩監毛本同惠棟挍宋本無銘至所爲○五字夫字屬下

爲之至恭矣閩監毛本同惠棟挍宋本五字無

云得孔悝之立已者考文引宋板同閩監毛本得作德下是得孔悝之立已也同

謂孔悝之七世祖孔達也惠棟挍宋本如此此本世字脱閩本同監毛本七世祖誤先祖

而云之者傳文不具閩本同惠棟挍宋本同監毛本云之誤云云

昔者周公旦節

不廢其禮樂也閩監毛本同岳本同嘉靖本同浦鏜挍云集説無此字按疏則其字當衍

昔者至國也惠棟挍宋本無此五字

社與郊連文則用天子之禮也惠棟挍宋本如此衞氏集説同此本則字誤重閩監毛本則下衍備字

朱干亦盾也閩監毛本同考文引宋板亦作赤

大夏禹樂之舞也閩監毛本同惠棟挍宋本之作文

附釋音禮記注疏卷第四十九惠棟挍宋本禮記正義卷第五十七終宋監本禮記卷第十四經七千四百六十字注五千五百二十三字嘉靖本禮記卷第十四經七千一百八十二字注五千四百九字

禮記注疏卷四十九挍勘記

附釋音禮記注疏卷第五十

禮記　鄭氏注　孔穎達疏

經解第二十六

○陸曰鄭云經解者以其記六藝政教得失解音佳買反徐胡賣反一音蟹○

【疏】正義曰案鄭目録云名曰經解者以其記六義政教之得失也此於别録屬通論

孔子曰入其國其教可知也觀其風俗則知其所以教其爲人也温柔敦厚詩教也疏通知遠書教也廣博易良樂教也絜静精微易教也恭儉莊敬禮教也屬辭比事春秋教也屬猶合也春秋多記諸侯朝聘會同有相接之辭罪辯之事○易良以豉反下易良同屬音燭注及下同比毗志反下同朝聘直遥反篇内同故詩之失愚書之失誣樂之失奢易之失賊禮之失煩春秋之失亂失謂不能節其教者也詩敦厚近愚書知遠近誣易精微愛惡相攻遠近相取則不能容人近於傷害春秋習戰爭之事近亂○近愚附近之近下除遠近一字並同惡烏路反爭爭鬭之爭下文同

其爲人也温柔敦厚而不愚則深於詩者也疏通知遠而不誣則深於書者也廣博易良而不奢則深於樂者也絜静精微而不賊則深於易者也恭儉莊敬而不煩則深於禮者也屬辭比事而不亂則深於春秋者也言深者既能以教又防其失

【疏】孔子至者也○正義曰經解一篇揔是孔子之言記者録之以爲經解者皇氏云解者分析之名此篇分析六經體教不同故名曰經解也六經其教雖異揔以禮爲本故記者録入於禮○孔子曰入其國其教可知也者言人君以六經之道各隨其民教之民從上教各從六經之性觀民風俗則知其教故云其教可知也○温柔敦厚詩教也者温謂顔色温潤柔謂情性和柔詩依違諷諫不指切事情故云温柔敦厚是詩教也疏通知遠書教也者書録帝王言誥舉其大綱事非繁密是疏通上知帝皇之世是知遠也○廣博易良樂教也者樂以和通爲體無所不用是廣博簡易良善使人從化是易良○絜静精微易教也者易之於人正則獲吉邪則獲凶不爲淫濫是絜静窮理盡性言入秋毫是精微恭儉莊敬禮教也者禮以恭遜節儉齊莊敬慎爲本若人能恭敬節儉是禮之教也○屬辭比事春秋教也者屬合也比近也春秋聚合會同之辭是屬辭比次褒貶之事是比事也凡人君行此等六經之教以化於下在下染習其教還有六經之性故云詩教書教之等○故詩之失愚者詩主敦厚若不節之則失在於愚○書之失誣者書廣知久遠若不節制則失在於誣○樂之失奢者樂主廣博和易若不節制則失在於奢○易之失賊者易主絜静嚴正遠近相取愛惡相攻若不節制則失在於賊害○禮之失煩者禮主文物恭儉莊敬若不能節制則失在於煩苛○春秋之失亂者春秋習戰爭之事若不能節制失在於亂此皆謂人君用之教下不能可否相濟節制合宜所以致失也○其爲人也温柔敦厚而不愚則深於詩者也此一經以詩化民雖用敦厚能以義節之欲使民雖敦厚不至于愚則是在上深達於詩之義理能以詩教民也故

云深於詩者也以下諸經義皆放此○注云易精至之事○正義曰易精微者易理微密相責褊切不能含容云愛惡相攻者謂易卦六爻或陰爻乘陽或陽爻據陰近而不得是愛惡相攻也云遠近相取者謂彼此有應是遠近相取也或遠而無應近而不相得是遠近不相取也云則不能容人近於傷害者若意合則雖遠必相愛若意離雖近必相惡是不能容人不與已同湏被傷害是失於賊害也云春秋習戰爭之事者以春秋記諸侯相侵伐又有鬭爭之辭若僖二十八年晉人執衞侯歸之于京師昭十三年平丘之會子産爭丞之類是也故前注云春秋記罪辯之事也然詩爲樂章詩樂是一而教别者若以聲音干戚以教人是樂教也若以詩辭美刺諷喻以教人是詩教也此爲政以教民故有六經若教國子弟於庠序之内則唯用四術故王制云春秋教以禮樂冬夏教以詩書是也此六經者惟論人君施化能以此教民民得從之未能行之至極也若盛明之君爲民之父母者則能恩惠下極於民則詩有好惡之情禮有政治之體樂有諧和性情皆能與民至極民同上情故孔子間居云志之所至詩亦至焉詩之所至禮亦至焉禮之所至樂亦至焉是也其書易春秋非是恩情相感與民至極者故孔子間居無書易及春秋也

天子者與天地參

故德配天地，兼利萬物，與日月並明，明照四海而不遺微小。其在朝廷，則道仁聖禮義之序；燕處，則聽雅頌之音；行步，則有環佩之聲；升車，則有鸞和之音。居處有禮，進退有度，百官得其宜，萬事得其序。詩云：淑人君子，其儀不忒。其儀不忒，正是四國。此之謂也。道猶言也。環佩，佩環佩玉也，所以爲行節也。玉藻曰：進則揖之，退則揚之，然後玉鏘鳴也。環取其無窮止，玉則比德焉。孔子佩象環五寸，人君之環，其制未聞也。鸞和皆鈴也，所以爲車行節也。韓詩內傳曰：鸞在衡，和在軾前，升車則馬動，馬動則鸞鳴，鸞鳴則和應。居處，朝廷與燕也。進退行步，與升車也。○淑，常六反。忒，吐得反。鏘，七羊反，本又作鏘。鈴音零。軾音式。應，應對之應。

發號出令而民說，謂之和；上下相親，謂之仁；民不求其所欲而得之，謂之信；除去天地之害，謂之義。義與信，和與仁，霸王之器也。有治民之意而無其器，則不成。器謂所操以作事者也。義信和仁，皆存乎禮。○說音悅。去，羌呂反，下同。王，徐于況反。操，七刀反。

〔疏〕天子至不成。○正義曰：此一節盛明天子霸王唯有禮爲霸王之器，言禮之重也。○與天地參者，天覆地載，生養萬物，天子亦能覆載生養之功，與天地相參齊等，故云與天地參。○詩云淑人君子，其儀不忒，其儀不忒，正是四國者，此詩曹風鳲鳩之篇，刺上下不均平之詩。言善人君子用心均平，其威儀不有差忒，以其不差，故能正此四方之國。○此之謂也者，言詩之所云，正當此聖人有禮之謂也。民不求其所欲而得之謂之信者，謂明君在上，賜贍於下，民不須營求所欲之物，自然得之，是在上信實，恩能覆養故也。猶若尚書傳稱民擊壤而歌，鑿井而飲，耕田而食，帝有何力，是不求其所欲也。天不言而四時行，是信若四時，故云謂之信也。○除去天地之害謂之義者，義，宜也。天地無害於物，有宜，故爲義。天地害者，謂水旱之等及疫癘之屬，及天地之內有惡事害人，皆名天地之害也。○

霸王之器者，器謂人所操持以作事物者。欲爲其事，必先利其器。言欲作霸王，必須義信和仁，是霸王之器也。○注云韓詩至軾前。○正義曰：此鸞和所在，謂朝祀所乘之車。若田獵之車，則鸞在鑣也。故詩秦風云：輶車鸞鑣。箋云：置鸞於鑣，異於乘車。是乘車鸞在衡也。然鄭於商頌箋云：在軾曰和，在鑣曰鸞。彼亦乘車鸞在鑣，與秦詩箋不同者，鄭於秦詩已解，故於商頌略而不言。或可以經無正文，鄭爲兩說。

禮之於正國也，猶衡之於輕重也，繩墨之於曲直也，規矩之於方圜也。故衡誠縣，不可欺以輕重；繩墨誠陳，不可欺以曲直；規矩誠設，不可欺以方圜；君子審禮，不可誣以姦詐。衡，稱也。縣謂錘也。陳設謂彈畫也。誠猶審也，或作成。○圜音圓。縣音玄，與注同。稱，尺證反。錘，直僞反。彈，徒丹反。畫，胡麥反。是故隆禮由禮，謂之有方之士；不隆禮、不由禮，謂之無方之民。敬讓之道也。故以奉宗廟則敬，以入朝廷則貴賤有位，以處室家則父子親、兄弟和，以處鄉里則長幼有序。孔子曰：安上治民，莫善於禮。此之謂也。隆禮，謂盛行禮也。方猶道也。春秋傳曰：教之以義方。

〔疏〕禮之於正國也至治民莫善於禮此之謂也。○正義曰：此一節贊明禮事之重、治國之急。故衡誠縣不可欺以輕重者，衡謂稱衡，縣謂稱錘，誠，審也。若稱衡詳審縣錘，則輕重必正，故云不可欺以輕重。○繩墨誠陳不可欺以曲直。○陳謂陳列。若繩墨審能陳列，則曲直必當，故云不可欺以曲直。○規矩誠設不可欺以方圜者，規所以正圜，矩所以正方，設謂置設。若規矩詳審置設，則方圜必得，故云不可欺以方圜。○君子審禮不可誣以姦詐，設譬既畢，故以此言結之。言君子之人若能審詳於禮，則姦詐自露，不可誣罔也。○是故隆禮由禮謂之有方之士者，隆，盛也；由，行也；方，道也。若君子能隆盛行禮，則可謂有道之士也。反此則爲無知之民。民是無知之稱故也。○敬讓之道也者，此言禮之爲用，是敬讓之道也，爲下文而起。○此之謂也者，從篇首孔子曰入其國其教可知也至此長幼有序事相連接皆是孔子之辭記者録之而爲記其理既盡記者乃引孔子所作孝經之辭以結之故云此之謂也言孔子所云者正此經之所謂也○注春秋至義方○正義曰春秋左氏隱三年傳文衛莊公寵公子州吁石碏諫云臣聞愛子教之以義方弗納於邪引之者證方爲道也故朝覲之禮所以明君臣之義也聘問之禮所以使諸侯相尊敬也喪祭之禮所以明臣子之恩也鄉飲酒之禮所以明長幼之序也昏姻之禮所以明男女之别也夫禮禁亂之所由生猶坊止水之所自來也故以舊坊爲無所用而壞之者必有水敗以舊禮爲無所用而去之者必有亂患春見曰朝小聘曰問其篇今亡昏姻謂嫁取也婿曰昏妻曰姻自亦由也○覲其靳反長丁丈反下同姻音因

别彼列反坊音房本又作防下同壞音怪見賢遍反取七住反本亦作娶疏故朝至亂患○正義曰此一經明禮之所用各有所主又明舊禮不可不用之意但自此以下上丞孔子曰此之謂也以後則是記者廣明安上治民之義非復孔子之言也夫禮禁亂之所由生者由從也禮禁亂之所從生亂生之處則豫禁之若深宮固門閽寺守之諸侯夫人父母沒不得歸寧之類是也○猶坊止水之所自來也坊謂堤坊人築堤坊止約水之所從來之處言若有汗下水來之處則豫防障之○故以舊坊爲無所用而壞之者必有水敗者譬言舊禮不可去也坊以止水忽有無知之人謂舊坊爲無所用而壞之坊壞則水必來敗於産業也○以舊禮爲無所用而去之者必有亂患者禮本坊亂忽有愚人謂舊禮爲無所用而壞去之者則必有亂患之事也○注婿曰昏妻曰姻○正義曰案爾雅釋親云婿之父爲姻婦之父爲婚此云婿曰昏妻曰姻者爾雅據男女父母此據男女之身婿則昏時而迎婦則因而隨之故云婿曰昏妻曰姻故昏姻之禮廢則夫婦之道苦而淫辟之罪多矣鄉飲酒之禮廢則長幼之序失而爭鬭之獄繁矣喪祭之禮廢則臣子之恩薄而倍死忘生者衆矣聘覲之禮廢則君臣之位失諸侯之行惡而倍畔侵陵之敗起矣苦謂不至不荅之屬○辟匹亦反倍音佩下同行下孟反疏故昏姻至起矣○正義曰此明禮諸事不可闕廢若其闕廢則禍亂興也○而爭鬭之獄繁矣者以鄉飲酒之禮明上下長幼共相敬讓今若廢而不行則尊卑無序故爭鬭之獄繁多矣○而倍死忘生者衆矣者喪祭之禮所以教勗臣子恩情使死者不見背違生者恒相從念若廢不行故臣子恩薄而死者見背生者被遺忘如此者多故云衆矣○而倍畔侵陵之敗起者倍畔謂據倍天子也侵陵謂侵陵鄰國也○注苦謂至之屬○正義曰不至者謂夫親迎而女不至若詩陳風云昏以爲期明星煌煌注云女留他色不肯時行序云親迎女猶有不至者是也不荅者謂夫不荅耦於婦故邶風云日月衛莊姜傷已不見荅於先君是也此經覆說前經反明上事但前經尊重者在前卑輕者在後故先朝覲後昏姻也又殊别君臣故先朝覲後聘問下經所觚則據人倫切急者在前先昏姻次以鄉飲酒乃

至於聘覲也聘覲合之者以其聘覲禮廢則君臣位失倍畔侵陵其惡相通故合言之也故禮之教化也微其止邪也於未形使人日徙善遠罪而不自知也是以先王隆之也易曰君子慎始差若豪氂繆以千里此之謂也隆謂尊盛之也始謂其微時也○邪似嗟反遠于萬反差初佳反徐初宜反豪戶刀反依字作毫氂李其反徐音來本又作釐繆音謬疏故禮至謂也○正義曰故禮之教化也微者言禮之教人豫前事微之時豫教化之又教化之時依微不甚指斥○其止邪也於未形者謂止人之邪在於事未形著是教化於事微者也○使人至之也又使人日日徙善遠於罪惡而不自覺知是教化依微不甚指斥爲此之故是以先世之王隆尚之也易曰君子慎始差若豪氂繆以千里此之謂也者此易繫辭文也言君子謹慎事之初如差錯若豪氂之小至後廣大錯繆以至千里之大引之者證禮之防人在於未形著之前若初時不防則後致千里之繆故云此之謂也

哀公問第二十七。陸曰魯哀公也鄭云善其問禮著謚以顯之【疏】正義曰案鄭録目云名曰哀公問者善其問禮著謚顯之也此於别録屬通論但此篇哀公所問凡有二事一者問禮二者問政問禮在前問政在後

哀公問於孔子曰大禮何如君子之言禮何其尊也孔子曰丘也小人不足以知禮謙不荅也君曰否吾子言之也孔子曰丘聞之民之所由生禮爲大非禮無以節事天地之神也非禮無以辨君臣上下長幼之位也非禮無以别男女父子兄弟之親昏姻疏數之交也君子以此之爲尊敬然言君子以此故尊禮。長丁丈反别彼列反數色角反然後以其所能教百姓不廢其會節君子以其所能於禮教百姓使其不廢此上事之期節有成事然後治其雕鏤文章黼黻以嗣上事行於民有成功乃後續以治文飾以爲尊卑之差。雕本亦作彫鏤力豆反黼音甫黻音弗其順之然後言其喪筭備其鼎俎設其豕腊脩其宗廟歲時以敬祭祀以序宗族即安其居節醜其衣服卑其宫室車不雕幾器不刻鏤食不貳味以與民同利昔之君子之行禮者如此言語也筭數也即就也醜類也幾附纏之也言君子既尊禮民以爲順乃後語以喪祭之禮就安其居處正其衣服教之節儉與之同利者上下俱足也。筭悉讓反備其鼎俎本亦無此句腊音昔卑如字又音婢幾音祈注同語以魚據反公曰今之君子胡莫行之也孔子曰今之君子好實無厭淫德不倦荒怠敖慢固民是盡午其衆以伐有道求得當欲不以其所昔之用民者由前今之用民者由後今之君子莫爲禮也實猶富也淫放也固猶故也午其衆逆其族類也當猶稱也所猶道也由前用上所言猶後用下所言。好呼報反厭於豔反敖五報反午五故反一音如字注同王肅作迕迕違也當丁浪反注同稱尺證反

【疏】哀公至禮也。正義曰此一節是哀公問禮之事大禮何如者以禮之所用其事廣大包含處廣故云大禮。君子之言禮何其尊也者哀公問夫子云賢人君子言說禮之事重此禮何事可尊問其所尊之事意。君曰否吾子言之也者孔子既辭以不坵足以識知於禮君謂哀公哀公止其謙讓曰否否不也言不得謙退吾子但言說之也。然後以其所能教百姓者人君既知所生由禮故尊而學之學之既能迴持此能以教百姓也。不廢其會節者會由期也期節謂天地君臣男女之期節也。既教百姓故使百姓不廢此三事之期節也。有成事者謂有上三事行於民有成功之事故云有成事則上事天地辨君臣别男女等之事。然後治其雕鏤文章黼黻以嗣者言既有在上諸事然後聖人能治理其雕畫刻鏤文章黼黻以嗣續其事便每事有尊卑上下文彩之異。其順之者謂其民也君既尊敬於禮故民得教而百姓順從之。然後言其喪筭者言猶示語也筭數也民既從順然後示語其喪紀節數以教之也。設其豕腊者謂喪中之奠有豕有腊也前示服數後設喪奠之禮也。脩其宗廟歲時以敬祭祀者謂除服之後又教爲之宗廟以鬼享之。以序宗族者又教祭祀末留同姓燕飲序會宗族也。即安其居者即就也就安其居謂隨其風俗山川溪谷之異而安之不使山者居川渚者居中原是也。節醜其衣服者節正也醜類也又正其民衣服使得其類也衣服異宜器械異制是也。卑其宫室者制使有度不峻宇雕牆也。車不雕幾者幾謂沂鄂也謂不雕鏤使有沂鄂也器不刻鏤者謂常用之器不用采飾。食不貳味者謂不副貳肴膳也。以與民同利者非唯教民如此而君亦不奢飾但與百姓同其利潤也。昔之君子之行禮也如此以哀公問君子尊禮所由故結之云古昔之君子之行禮如此上事刺公今不然。孔子曰今之君子好實無厭者實謂財貨充實言今之君子性行貪婪好此財貨無知厭足。固民是盡者固

故也盡謂竭盡言不恤於下故使人之財力於是盡竭○午其衆以伐有道者午忤也忤違逆也言專意自縱不順衆心是違逆其衆族類也守道者被害是以伐有道也求得當欲不以其所者當稱也所道也言不以道而侵民求其所得必須稱己所欲不用其養民之道○今之君子莫爲禮也者言古之君子用前經所云以化民今之君子用後經所說以害下故今之君子無能爲先世君子之禮也 ○孔子侍坐於哀公哀公曰敢問人道誰爲大孔子愀然作色而對曰君之及此言也百姓之德也固臣敢無辭而對人道政爲大愀然變動貌也作猶變也德猶福也辭讓也○坐才卧反愀七小反舊慈糾反又在由反又音秋又子了反下同 公曰敢問何謂爲政孔子對曰政者正也君爲正則百姓從政矣君之所爲百姓之所從也君所不爲百姓何從言君當務於政 公曰敢問爲政如之何孔子對曰夫婦別父子親君臣嚴三者正則庶物從之矣庶物猶衆事也○別被列反 公曰寡人雖無似也願聞所以行三言之道可得聞乎無似猶言不肖○肖音笑 孔子對曰古之爲政愛人爲大所以治愛人禮爲大所以治禮敬爲大敬之至矣大昏爲大大昏至矣大昏既至冕而親迎親之也親之也者親之也是故君子興敬爲親舍敬是遺親也弗愛不親弗敬不正愛與敬其政之本與大昏國君取禮也至矣言至大也興敬爲親言相敬則親○迎逆敬反下及注同舍音捨不親不正一本不皆作弗與音餘下本與敬與並同 公曰寡人

願有言然冕而親迎不已重乎已猶大也怪親迎乃服祭服○大音泰 孔子愀然作色而對曰合二姓之好以繼先聖之後以爲天地宗廟社稷之主君何謂已重乎先聖周公也○好呼報反 公曰寡人固不固焉得聞此言也寡人欲問不得其辭請少進固不固言吾由鄙固故也請少進欲其爲言以曉己○焉於虔反爲于僞反 孔子曰天地不合萬物不生大昏萬世之嗣也君何謂已重焉孔子遂言曰內以治宗廟之禮足以配天地之神明出以治直言之禮足以立上下之敬物恥足以振之國恥足以興之爲政先禮禮其政之本與宗廟之禮祭宗廟也夫婦配天地有日月之象焉禮器曰君在阼夫人在房大明生於東月生於西此陰陽之分夫婦之位也直猶正也正言謂出政教也政教有夫婦之禮焉昏義曰天子聽外治后聽內職教順成俗外內和順國家理治此之謂盛德物猶事也事恥臣恥也振猶救也國恥君恥也君臣之行有可恥者禮足以救之足以興復之○分扶問反治直吏反下同行下孟反下君之行同 孔子遂言曰昔三代明王之政必敬其妻子也有道妻也者親之主也敢不敬與子也者親之後也敢不敬與君子無不敬也敬身爲大身也者親之枝也敢不敬與不能敬其身是傷其親傷其親是傷其本傷其本枝從而亡三者百姓之象也身以及身子以及子妃以及妃君行此三者則

愾乎天下矣，大王之道也。如此，國家順矣。愾猶至也。大王居豳，爲狄所伐，乃曰：「土地所以養人也，君子不以其所養害所養。」乃去之岐。是言百姓之身猶吾身也，百姓之妻子猶吾妻子也，不忍以土地之故而害之，去之岐而王迹興焉。○妃芳非反。愾許乞反，又許氣反。大音泰，注同。豳彼貧反。

【疏】「孔子」至「順矣」。○正義曰：此一節明哀公問政之事，并問爲政何以必須親迎，孔子對之三事，今各隨文解之。○「孔子侍坐於哀公」者，謂哀公命孔子坐而侍之，因問以爲政之事。自此以下終篇末，皆侍坐時言也。此云侍坐，則以前問者非侍坐時也，當立而與之言也。○「百姓之德也」者，德謂恩德，謂福慶之事。言君今問此人道之大，欲憂恤於下，是百姓愛其福慶。○「公曰：寡人雖無似也」者，無似猶言不肖也，肖亦似也。哀公謙退，言已愚蔽無能似類賢人也。○「願聞所以行三年之道」者，則上經夫婦別、父子親、君臣嚴是也。○「古之爲政，愛人爲大」者，人爲國本，是以爲政之道，愛養民人爲大。○「所以治愛人，禮爲大」者，人有禮則生，所以治理愛人，非禮不可，故禮爲大。○「所以治禮，敬爲大」者，禮以敬爲主，故欲治禮者則先須敬，故敬爲其大也。○「敬之至矣，大昏爲大」者，敬有大小，若敬至極之中，大昏爲大。大昏謂天子諸侯之昏

也。○「大昏至矣」者，美大昏是敬中至極也。○「大昏既至，冕而親迎，親之也」者，上親猶自也，下親親愛也。言大昏既是至敬，故國君雖尊而服其冕服以自迎也。所以自迎者，欲親此婦也，故云「親之也」。○「親之也者，親之也」，謂所以親此婦人，亦親已也。○「是故君子興敬爲親」者，言君子冕而親迎，興起敬心，爲欲相親也。○「舍敬，是遺親也」者，若不冕而親迎，是捨夫敬心，是遺棄相親之道也。○「弗愛不親」者，若夫不愛，不重不自親迎，則夫婦之情不相親愛矣。○「弗敬不正」者，若夫不冕服親迎，是不敬於婦，則室家之道不正矣。○「愛與敬，其政之本與」者，愛謂親愛，則仁也；敬謂尊敬，則義也。是仁義爲政教之本也。○「冕而親迎，不已重乎」者，冕則祭服也，天子則衮冕，諸侯以下各用助祭之服，故士昏禮「主人爵弁服」是也。已猶大也。君身著祭服而親迎，不亦大重乎？○注「怪親迎乃服祭服」。○正義曰：昏禮迎婦，二傳不同。春秋公羊說：自天子至庶人皆親迎。左氏說：天子至尊無敵，故無親迎之禮，諸侯有故若疾病，則使上卿逆，上公臨之。許氏謹案：高祖時，皇太子納妃，叔孫通制禮以爲天子無親迎，從左氏義也。鄭駁之云：「大姒之家在渭之涘，文王親迎於渭，即天子親迎明文也。」引禮記「冕而親迎，繼先聖之後，以爲天地宗廟社稷之主，非天子則誰乎？」如鄭此言，從公羊義也。又詩說云「文王親迎於渭，紂尚南面，文王猶爲西伯耳」，以左氏義爲長，鄭駁未定。○注云「先聖周公也」。○正義曰：以哀公所問，當問已諸侯，唯魯出周公，故解先聖爲周公。又魯得郊天，故云天地宗廟社稷之主。若異義一駁所云，則以先聖及天地據天子，以事含兩義，故彼此各舉一邊。○「公曰」至「本與」。○「固不固」者，上固是彼固，下固故也。言寡人由鄙固之故，所以得聞此言，由其固陋殷重問之，故得聞此言。皇氏用王肅之義，二固皆爲固陋，上固言已之固陋，下固言若不鄙固則不問，不問焉得聞此言哉。○「寡人欲問，不得其辭，請少進」者，寡人更欲問所疑之事，不能得其所問之辭，請孔子少進言，使簡約易了。○「內以治宗廟之禮，足以配天地之神明」者，謂君祼獻，后夫人亞獻之屬，是治宗廟之禮也。天地謂日月也，夫配日，婦配月，注引禮器文是也。○「出以治直言之禮，足以立上下之敬」者，直，正也，若夫婦出在於外，治理政直言教之禮，足以立君臣上下之恭敬也，則注引昏義文是也。「物恥足以振之」者，物，事也；振，救也。謂臣之職事有可恥愧者，其禮足以救之。○「國恥足以興之」者，謂君於治國有可恥愧，其禮足以興起之也。○「爲政先禮，禮其政之本與」者，言欲爲國家之政，先行於禮，禮謂夫婦之道，內則治宗廟、配天地，外則施政教、立上下，故爲政教之本與。○「孔子」至「順矣」。○上經孔子荅哀公以問政之事，遂更廣言三代明

王爲政之道，敬其妻子及敬其身，乃可施政教於天下。言敬其妻子也有道者，謂三代敬其妻子，必有道理，故言有道也。○「妻也者，親之主也」，言妻。所以供粢盛祭祀，與親爲主，故云「親之主也」。○「三者，百姓之象也」者，謂身也、子也、妃也，若愛百姓，先須敬身及子及妃，乃能及百姓，故云「百姓之象也」。○「身以及身，子以及子，妃以及妃」者，此言百姓之象，能愛已身，則以及百姓之身；能愛已子，則以及百姓之子；能愛已妃，則以及百姓之妃。是身與妻子還是百姓身與妻子，故云「百姓之象也」。前汎言故云妻，此論人君治國政，故云妃。○「君行此三者，則愾乎天下矣，大王之道也」者，言人君行此三事，從近而能廣，至於天下矣，唯大王能然，故云「大王之道也」。○「如此，國家順矣」者，既能愛百姓之身及妻子，如似已身及已之妻子也，則天下懷德，無不順從，故云「國家順矣」。○注「愾猶至」「興焉」。○正義曰：愾音近慨，慨爲息，息是至之義，故云「愾猶至也」。云「大王居豳，爲狄所伐」者，毛詩傳文。案詩稱大王居豳，狄人侵之，事之以皮幣，不得免焉；事之以犬馬，不得免焉；事之以珠玉，不得免焉。乃屬其耆老而告之曰：「狄人之所欲，吾土地。吾聞之，土地所以養人，君子不以其所養人而害人。」遂去之，邑於岐山之下。毛傳所引者，皆孟子文。又莊子及呂氏春秋稱大王亶父曰：「與人之兄居而殺其弟，與人之父居而殺其子

吾不忍也且吾聞之不以其所養害所養於是乃策杖而去民相隨而從之遂成國於岐山之下又書傳畧說去事之以裘粟貨財狄人攻而不止遂策杖而去國人束脩奔走而從者三千成止而民成三千戶之邑也此注君子不以其所養害所養取莊子呂氏春秋文也　公曰：敢問何謂敬身？孔子對曰：君子過言則民作辭，過動則民作則。君子言不過辭，動不過則，百姓不命而敬恭，如是則能敬其身；能敬其身，則能成其親矣。則法也民者化君者也君之言雖過民猶稱其辭君之行雖過民猶以爲法

〔疏〕公曰至親矣。○正義曰：以前經對哀公爲政在於敬身，故此經公問敬身之事，孔子對以敬身之理。○君子過言則民作辭者，以君爲民表，下之所從，假令過誤出言，民猶法之，稱作其辭。○過動則民作則者，君子假令過誤舉動，而民作其法則，所以君子出言不得過誤其辭，舉動不得過誤法則。

公曰：敢問何謂成親？孔子對曰：君子也者，人之成名也。百姓歸之名，謂之君子之子，是使其親爲君子也，是爲成其親之名也已。孔子遂言曰：古之爲政，愛人爲大。不能愛人，不能有其身；不能有其身，不能安土；不能安土，不能樂天；不能樂天，不能成其身。有猶保也不能保身者言人將害之也不能安土動移失業也不能樂天不知已過而怨天也○樂天音洛下及注同怨於元反又於願反

〔疏〕公曰至其身。○正義曰：前經對哀公敬身則能成親，故此經明公更問敬身之事何以成親，夫子荅以成親之義，遂廣明成身之理。君子也者，人之成名也者，言凡謂之君子者，人之成就美名。王肅云：「君上位，子下民。」○百姓歸之名，謂之君子之子者，言已若能敬身，則百姓歸己善名，謂已爲君子所生之子，是已之脩身，使其親有君子之名，是脩身成其親也。○不能有其身，不能安土者，既不能汎愛於人，人則害之，故不能保有其身，避其禍害，流移失業，是不能安土。○不能樂天者，身既失業，不知已過所招，乃更怨天，是不能愛樂於天也。○不能成其身者，既不能樂天，不自知其罪，將謂天之濫罰爲是，不能成其身。

公曰：敢問何謂成身？孔子對曰：不過乎物。物猶事也

〔疏〕公曰至乎物。○正義曰：以前經對哀公以成身，故此經明公問成身，夫子荅以成身之事。○不過乎物者，過謂過誤，物，事也，言成身之道，不過誤其事，但萬事得中，不有過誤，則諸行並善，是所以成身也。

公曰：敢問君子何貴乎天道也？孔子對曰：貴其不已，如日月東西相從而不已也，是天道也；不閉其久，是天道也；無爲而物成，是天道也；已成而明，是天道也。已猶止也是天道也者言人君法之當如是也日月相從君臣相朝會也不閉其久通其政教不可以倦無爲而成使民不可以煩也已成而明照察有功○朝直遙反焰音照本亦作照

〔疏〕公曰至道也。○正義曰：以前經孔子對以成身之事，公更無疑，更改問君子何貴乎天道，孔子又荅以貴天道之事。○如日月東西相從而不已也，是天道也者，言天體無形，運行不息，如似日月東西相從而不休已，是天道也。人君設法，當則上天之道，君臣朝會，往來不已也。○不閉其久，是天道也者，言天開生萬物，不使閉塞，其能久長，是天道也。謂人君施政，當則天道，施爲政教，開通萬物，而能長久不懈倦也，故云是天道也。○無爲而物成，是天道也者，言春生夏長，無見天之所爲，而萬物得成，是天道。謂人君當則天道，以德潛化，無所營爲，而天下治理，故云是天道也。○已成而明，是天道也者，言天之生物，已能成就，而功之明著，是天道。人君當則天道，化民治理，而功成大平，故云是天道也。

公曰：寡人惷愚冥煩，子志之心也。志讀爲識識知也冥煩者言不能明理此事子之心所知也欲其要言使易行○惷如容反徐昌容反又湯邦反一音丁絳反字林丑凶反又丑絳反愚也冥莫亭反徐亡定反志依注音識徐音試易以豉反　孔子蹴然辟席而對曰：仁人不過乎物，孝子不過乎物。是故仁人之事親也如事天，事天如事親，是故孝子

成身。蹴然敬貌。物猶事也。事親事天，孝敬同也。孝經曰：事父孝，故事天明。舉無過事，以孝事親，是所以成身。○蹴，子六反，又在育反。辟音避。○〔疏〕公曰至身○正義曰：前經明天道之事，人君當則之無已，公欲孔子要陳所行何事能得如天不已，孔子荅以所行不已之事。寡人惷愚者，是哀公謙退，言已惷然愚蔽，無所了解。○冥煩子志之心也，皇氏云：子志，夫子之志。志是知也。言我之心冥煩，不能明理，此事子心所知也。今謂志是識知也，言孔子識知廣博，故已欲使夫子出要言以示已。○孔子蹴然辟席而對曰者，以公謙退，故蹴然恭敬，辟席而起對。○仁人不過乎物者，物，事也。言仁德之人，不過失於其事，言在事無過失也。○孝子不過乎物者，言孝子事親，亦於事無過也。○是故仁人之事親也如事天者，言仁人事親，以敬如以事天相似，言敬親與敬天同。○事天如事親者，言仁人事天，以孝愛如人事親孝愛相似，言愛親與愛天同。○是故孝子成身者，上稱仁人，則孝子也。據其汎愛則稱仁人，據其事親則稱孝子。內則孝敬於父母，外則孝敬於天地，其間無所不行孝敬，故云孝子成身也。

公曰：寡人既聞此言也，無如後罪何？既聞此言也者，欲勤行之也。無奈後日過於事之罪何，爲謙辭。孔子對

曰：君之及此言也，是臣之福也。善哀公及此言。此言，善言也。○〔疏〕公曰至福也○正義曰：此一節明哀公問事畢，有謙退之辭，孔子荅以君懼後罪，是臣之福也。○無如後罪何者，如，柰也。言寡人以聞子之言，勸力而行，但已之才弱，無柰後日過於其事而有罪戾何，是謙退之辭。

仲尼燕居第二十八○陸曰：鄭云善其不倦，燕居猶使三子侍，言及於禮，著其字，言可法也。退朝而處曰燕居。〔疏〕正義曰：案鄭目録云：名曰仲尼燕居者，善其不倦，燕居猶使三子侍，言及於禮，著其字，言事可法。退朝而處曰燕居。此於别録屬通論。此之一篇，是仲尼燕居，子張、子貢、言游三子侍側，孔子爲説禮事，各依文解之。

仲尼燕居，子張、子貢、言游侍，縱言至於禮。言游，言偃，子游也。縱言，汎説事。○燕，於見反。汎，芳劒反。子曰：居！女三人者，吾語女禮，使女以禮周流無不徧也。居，女三人者，女三人且坐也。使之坐，凡與尊者言，更端則起。○女音汝，後同，本亦作汝。語，魚據反，下及注「語女」皆同。徧音遍。〔疏〕仲尼至徧也○正義曰：此一節論問更端，三子陪侍，夫子欲語以禮之大綱。○縱言至於禮者，縱謂放縱，仲尼與三子等放縱廣言，汎説諸事，遂至於禮。○使女以禮周流無不徧也，周流謂周旋流轉，言我使女等恒以禮周旋流轉，無不徧於天下。子貢越席而對曰：敢問何如？對，應也。子曰：敬而不中禮謂之野，恭而不中禮謂之給，勇而不中禮謂之逆。子曰：給奪慈仁。奪猶亂也。巧言足恭之人，似慈仁，實鮮仁。特言是者，感子貢也。子貢辨近於給。○中，丁仲反，下同。給音急，徐渠急反，又其劫反，下同。足，將注反，又如字。鮮，仙淺反。近，附近之近。〔疏〕子貢至慈仁○正義曰：此一節明子貢問禮，辨而不讓，夫子因感而喻之，言若不中禮，則於事爲失。敬而不中禮謂之野者，野謂鄙野，雖有恭敬而不合禮，是謂鄙野之人，無所知也。恭而不中禮謂之給者，給謂捷給便僻，足恭而不合禮，是謂捷給足恭之貌。勇而不中禮謂之逆，逆謂逆亂，雖有壯勇而不合禮，則爲逆亂。○子曰給奪慈仁者，言捷給之人，貌爲恭

敬，似慈愛寬仁，而實不慈仁，但其貌奪亂真慈仁也。故注云：特言是者，感子貢也。子貢辨近於給。子曰：師，爾過而商也不及。子產猶衆人之母也，能食之，不能教也。過與不及，言敏鈍不同，俱違禮也。衆人之母，言子產慈仁，多不矜莊，又與子張相反。子產嘗以其乘車濟冬涉者，而車梁不成，是慈仁亦違禮。○食音嗣。敏頓徒遜反。乘，繩證反，又如字。〔疏〕子曰至教也正義曰：以上經子貢辨而捷給，不中於禮，故此經因明不中禮之人，亦言子張之過，子夏不及，子產之恩惠不能教也。○子產猶衆人之母也者，言父義母慈，父能教而不能愛，母則能愛而不能教。言子產若衆人之母，但能恩慈食之，不能嚴厲教之。○注過與至違禮○正義曰：敏鈍不同者，師也過，是於事敏疾；商也不及，是於事遲鈍，故言敏鈍不同。云子產嘗以其乘車濟冬涉者而車梁不成者，孟子云：子產聽鄭國之政，以其乘車濟人於溱洧。孟子曰：惠而不知爲政。歲十一月徒杠成，十二月輿梁成，民未病涉也。是鄭約孟子爲注。既言十一月、十二月，明是濟冬涉者。子貢越席而對曰：敢問將何以爲此中者也？子曰：禮

乎禮夫禮所以制中也禮乎禮唯有禮也子貢退言游進曰敢問禮也者領惡而全好者與子曰然領猶治也好善也○與音餘下無相與同然則何如子曰郊社之義所以仁鬼神也嘗禘之禮所以仁昭穆也饋奠之禮所以仁死喪也射鄉之禮所以仁鄉黨也食饗之禮所以仁賓客也仁猶存也凡存此者所以全善之道也郊社嘗禘饋奠存死之善者也射鄉食饗存生之善者也郊有后稷社有句龍○昭穆上遥反穆亦作繆音同食饗音嗣注同句古侯反子曰明乎郊社之義嘗禘之禮治國其如指諸掌而已乎是故以之居處有禮故長幼辨也以之閨門之内有禮故三族和也以之朝廷有禮故官爵序也以之田獵有禮故戎事閑也以之軍旅有禮故武功成也是故宫室得其度量鼎得其象味得其時樂得其節車得其式鬼神得其饗喪紀得其哀辨説得其黨官得其體政事得其施加於身而錯於前凡衆之動得其宜治國指諸掌言易知也郊社嘗禘尊卑之事有治國之象焉辨别也三族父子孫也凡言得者得法於禮也量豆區斗斛也味酸苦之屬也四時有所多及獻所宜也式謂載也所載有尊卑辨禮之説謂禮樂之官教學者黨類也體尊卑異而合同○長丁丈反後皆同量音諒注及下同錯七故反本又作措後同易以豉反别彼列反下其别同區烏侯反子曰禮者何也即事之治也君子有其事必有其治治國而無禮譬

猶瞽之無相與倀倀乎其何之譬如終夜有求於幽室之中非燭何見若無禮則手足無所錯耳目無所加進退揖讓無所制是故以之居處長幼失其别閨門三族失其和朝廷官爵失其序田獵戎事失其策軍旅武功失其制宫室失其度量鼎失其象味失其時樂失其節車失其式鬼神失其饗喪紀失其哀辨説失其黨官失其體政事失其施加於身而錯於前凡衆之動失其宜如此則無以祖洽於衆也凡言失者無禮故也策謀也祖始也洽合也言失禮無以爲衆倡始無以合和衆○治直吏反下其治治國並同瞽音古相息亮反倀勑良反無見貌策初革反爲衆于僞反又如字倡尸亮反

【疏】子貢至衆也○正義曰：此一節明子游問禮，夫子爲説禮之事。凡有三節，各隨文解之。○領惡而全好者與，領，治也，好，善也，與是語辭。子游問禮之爲體，治去惡事而留全善事者與？子曰然，然，如是，夫子荅以禮之爲意如是領惡全善也。○然則何如者，子游既聞夫子稱治惡全好之事，更問夫子治惡全好之事如何。○子曰郊社之義所以仁鬼神也者，仁謂仁恩相存念也。郊社之祭，所以存念鬼神也。○饋奠之禮所以仁死喪也者，謂人之初死，設此饋食之奠，所以存念死喪。此以上皆是存留死事之善者，善事既全，則惡事除去也。○射鄉之禮所以仁鄉黨也，射謂鄉射，鄉謂鄉飲酒也。禮，鄉黨中有鄉射、有鄉飲酒者，存鄉黨故也。然射在鄉上者，欲明鄉射與鄉飲酒别也。此仁鄉黨及下仁賓客，皆是存生之善者也。○注郊有后稷社有句龍○正義曰：注稱此者，解經郊社仁鬼神之義。鬼神謂人之鬼神，故以后稷、句龍言之。此鬼神與昭穆死喪相類，故知非陰陽七八九六之鬼神也。○子曰至其宜○正義曰：前經明郊社等之禮各有所由，故此經更廣明郊社嘗禘明而用之則有功也，又廣明諸禮所用有功之事。○治國其如指諸掌而已乎者，郊社所以祭天地，嘗禘所以祭宗廟皆是事之難者若能明之得理則治之諸事其如指掌中之物言其易了○是故宫室得其度者前經以說明乎郊社嘗禘治國如指物於掌中此以下明治國諸事各得其所宫室得其度者度謂制度高下大小得其依禮之度數凡言得者皆得法於禮也○量鼎得其象者象謂法象言斛斗之量三牲之鼎各得其制依禮之法故易繫辭云以制器者尚其象○味得其時者謂春酸夏苦之屬得其依禮之時○樂得其節者謂樂曲之節○車得其式者式載也言所乘之車各得其所載之尊卑○鬼神得其饗者謂天神人鬼各得其饗食也○喪紀得其哀者謂五服親疏各得其哀情也○辨說得其黨者謂分辨論說詩書禮樂之等各得其黨類不乖事之義理○官得其體者體謂容體謂設官分職各得其尊卑之體○政事得其施者言布政治事各得其所施之處也○加於身而錯於前凡衆之動得其宜者合結用禮之功也錯置也衆謂萬事也以禮加身而錯置行之於前則凡萬事動用皆得其所宜也○注三族至合同○正義曰云三族父子孫也者族屬也從己而言父子孫於己最近唯父子孫耳案昏禮三族之不虞鄭注云三族謂父昆弟己昆弟子昆弟與此不同者彼爲請期恐有期喪廢昏故云三族宜據期喪者故與此不同云量豆區斗斛也者案春秋左氏昭三年傳云

齊舊四量四升爲豆各自其四以登於釜注云四豆爲區四區爲釜又律厤志云十升爲斗十斗爲斛是豆區斗斛云四時有所多及獻所宜也者案周禮食醫春多酸夏多苦秋多辛冬多鹹又獸人云冬獻狼夏獻麋是也云式謂載也者謂車有式以載人故云式猶載也云辨禮之說謂禮樂之官教學者以下別云官得其體政事得其施則此辨說非政事故以爲禮樂之官教學者舉禮樂則詩書可知云黨類也者言教學各以其書之義類故云得其黨云體尊卑異而合同者猶人身之有手足手足異於身而共體猶若長官與屬官亦尊卑異而共掌一事○子曰至衆也○正義曰前經明諸事得禮則有其功此經明諸事失禮則其事有害○即事之治也者夫子更廣明禮事更自設問云禮者何也即事之治理言萬物之治皆由禮○譬猶瞽之無相與倀倀乎其何之者瞽謂無目相謂扶相言治國無禮譬猶瞽者無人扶相倀倀乎何所之適○是故以之居處長幼失其別者此以下皆謂無禮有失也○前經得禮之事也長幼失其別者別即辨也○戎事失其策者前云戎事閑也今云失其策者策謀也若失其謀則不能閑暇也○軍旅武功失其制者前云武功成也此云失其制由不成故失制也○政事失其施者失施若春行夏令之屬也○加於身而錯於前凡衆之動失其宜者以無禮自加而錯於行事故萬事皆失所宜也如此則無以祖洽於衆也者結失禮之惡也祖始也洽合也每事如此則爲君上失德不可爲衆人之倡始而使和合者也

子曰慎聽之女三人者吾語女禮猶有九焉大饗有四焉苟知此矣雖在畎畝之中事之聖人已兩君相見揖讓而入門入門而縣興揖讓而升堂升堂而樂闋下管象武夏籥序興陳其薦俎序其禮樂備其百官如此而后君子知仁焉行中規還中矩和鸞中采齊客出以雍徹以振羽是故君子無物而不在禮矣入門而金作示情也升歌清廟示德也下而管象示事也是故古

之君子不必親相與言也以禮樂相示而已猶有九焉吾所欲語女餘有九也但大饗有四大饗謂饗諸侯來朝者也四者謂金再作升歌清廟下管象也事之謂立置於位也聖人已者是聖人也縣興金作也金再作者獻主君又作也下謂堂下也象武武舞也夏籥文舞也序更也堂下吹管舞文武之樂更起也知仁焉知禮樂所存也采齊雍振羽皆樂章也振羽振鷺及雍金作示情也賓主人各以情相示也金性內明象人情也示德也相示以德也清廟頌文王之德示事也相示以事也武象武王之大事也○眡古犬反縣音玄注同闋苦穴反籥音藥中丁仲反下同還音旋齊本又作齊在細反私二反注同更音庚下同鷺音路

子曰禮也者理也樂也者節也君子無理不動無節不作不能詩於禮繆不能樂於禮素薄於德於禮虛繆誤也素猶質也歌詩所以通禮意也作樂所以同成禮文也崇德所以安禮行也王制曰樂正崇四術立四教順先王詩書禮樂以造士春秋教以禮樂冬夏教以詩書王大子王子羣后之大子卿大夫

元士之適子國之俊選皆造焉則古之人皆知諸侯之禮樂○繆音謬注同行下孟反又如字夏戶嫁反大子音泰下大子下文大平同適丁歷反選宣面反造才早反徐七到反子曰制度在禮文爲在禮行之其在人乎文爲文章所爲子貢越席而對曰敢問夔其窮與見其不達於禮○夔求龜反與音餘子曰古之人與古之人也達於禮而不達於樂謂之素達於樂而不達於禮謂之偏夫夔達於樂而不達於禮是以傳於此名也古之人也素與偏俱不備耳夔達於樂傳世名此賢人也非不能非所謂窮○傳文專反注同

【疏】子曰至人也○正義曰以前經子游問禮孔子特爲說之自此以下孔子揔爲三人說禮之大意但於禮之內大饗爲重故此經特明之今各隨文解之○猶有九焉者言上經所說禮外猶有九事焉今爲汝說之○大饗有四焉者言九事之中兩君相見大饗有四四者謂賓初入門而縣興揖讓而升堂主人獻賓賓飲訖而樂闋是一也賓酢主人金奏作主人飲畢而樂闋是二也至工入升歌清廟是三也歌畢堂下管象武是四也是大饗有四焉苟知此矣雖在畎畝之中事之聖人已者苟誠也謂誠能知此四事其身雖在畎畝之中衆人奉而事之立置於位戴以爲君聖人已者已謂語辭言如此者是聖人也○兩君相見揖讓而入門者諸侯來朝兩君相見揖讓而入門○入門而縣興者謂鍾磬興而動作謂金奏作也揖讓而升堂升堂而樂闋者賓主及階揖讓升堂主人獻賓賓卒爵而樂闋是大饗之一也又於此之後賓酢主君而縣興主君飲畢而樂闋是大饗之二也鄭注所謂金再作是也○下管象武者謂升歌清廟是大饗之三也堂下管中吹象武之曲是大饗之四也但此下管象武之上少升歌清廟之一句下文既詳故於此畧之○夏籥序興者夏籥謂大夏文舞之樂以象武次序更遞而興於是陳列籩俎次序禮樂備具百官從夏籥序興至此重賛揚在上之事○如此而后君子知仁焉者仁猶存也君子見上大饗四焉知禮樂所存在也行中規至徹以振羽者是大饗四禮之外加有此五事揔爲九也但以前四事義廣意深故特明於上此之五事折旋揖讓其理淺露故別於下○行中規者謂曲行配前爲第五○還中矩者謂方行也通爲六也○和鸞中采齊者采齊樂章名言和鸞之聲中采齊之曲謂出門迎賓之時通前爲七也○客出以雍者雍詩樂章名也言客出之時歌雍以送之通前爲八也○徹以振羽者振羽即振鷺詩亦樂章名也言禮畢通徹器之時歌振鷺也通爲九也○是故君子無物而不在禮矣者言无事不在禮萬事皆在於禮也○入門而金作示情也謂賓入門之後至主人飲畢而金鐘之聲再度興作金性內明主人獻賓而金作是主人示賓以恩情賓酢主人而金作是賓示主人以敬情覆上縣興之文也○升歌清廟示德也者清廟頌文王之德故云示德也此覆上文但前文畧而不載也○下而管象示事也者象謂武王伐紂之樂事謂王業之大事故下管象武示王業之事也此釋前文下管象武也○古之君子不必親相與言也以禮樂相示而已者言古之君子相朝會不必親自以事相與丁寧而言但以禮樂微相示語依違而已○注猶存至也○正義曰大饗謂饗諸侯來朝者也經云兩君相見故知是饗諸侯來朝謂鄰國相會也云四者謂金再作升歌清廟下管象也者是數大饗有四之事金再作是二也升歌清廟是三也下管象是四也云事之謂立置於位也者以經先云大饗有四焉乃云事之故鄭注亦先數四事乃解事之也而皇氏以夏籥序興與下管象武合爲一數爲大饗之事四今鄭數四事直云下管象武不數夏籥序興又經云金作示情清廟示德下管示事不論夏籥皇氏通數夏籥其義非也云縣興金作也者解經入門而縣興謂金奏第一作也案大射禮賓乃庭奏肆夏至主人獻賓賓再拜受爵樂闋是金一作也但大射以臣爲賓故及庭始金奏若鄰國君來入門即金奏也云金再作者獻主君又作也者案大射禮主人獻賓之後主人洗象觚獻于公公拜受爵乃奏肆夏公卒爵而樂闋大射禮謂臣爲主而獻君若兩君相見則賓獻主君故獻主君又作也云堂下吹管舞文武之樂更起也者以經云下管象武即云夏籥序興是初時管中吹象武之曲已後與夏籥文舞更遞而作故云舞文武之樂更起也云采齊雍振羽皆樂章也以雍是詩篇名振羽即振鷺故知與采齊之等皆是樂章之名也云武象武王之大事也以此象武與清廟相對清廟是文王之詩故知象武是武王之樂案周頌維清奏象武也注云武王制焉盧解大饗有九者揖讓而入門一也入門而縣興二也揖讓而升堂三也升堂而樂闋四也下管象武五也夏籥序興六也陳其薦俎七也序其禮樂八也備其百官九也王肅以爲大饗九者其下五事與鄭同又以揖讓而入門入門而縣興揖讓而升堂爲一也升堂而樂闋二也下管象武夏籥序興三也陳其薦俎序其禮樂備其百官爲四也添下五事

爲九也○子曰至禮虛○正義曰以前經大饗有禮樂之事
故此經申明禮樂之義理謂道理言禮者使萬事合於道理也
○樂也者節也者節制也言樂者使萬物得其節制○君子
無理不動無節不作者言古之君子若無禮之道理不妄興
動無樂之節制不敢興作○不能詩於禮繆者以詩能通達
情意得則行禮審正若不能習詩則情意隔絶於禮錯繆言
行禮必須詩○不能樂於禮素者素謂質素言樂能有音聲
綴兆干戚文飾於禮若不能習樂則於禮樸素○薄於德於
禮虛者言內心厚於其德則外充實若內心淺薄於德則於
外禮空虛言行禮必須德言此經雖禮樂並陳德是百行之
本樂是禮中之別故明禮須詩樂及德乃爲善也○注王制
至禮樂○正義曰引王制者明上從天子下至國之俊選皆
須禮樂而成證經之君子無理不動無節不作也云皆知諸
侯之禮樂者以前經大饗是兩君相見諸侯禮樂之事此經
申說前經云君子無理不動故知尊卑皆是諸侯之禮樂○經
子曰至人也○正義曰前經明禮爲諸事之本此經明行禮
在人○制度在禮者言國家尊卑上下制度存在於禮○文
爲在禮者人之文章所爲亦在於禮言禮爲制度文章之本
行之其在人乎者言能行其禮全在人乎謂人能行禮也○
子貢至人也○正義曰前經孔子稱唯人能行禮子貢唯聞

夔之善樂不聞夔之達禮意謂夔身全不解禮故越席而對
夫子云敢問此夔於禮其窮困與○子曰古之人與者言今
人解樂則全不知禮夔是古之人與但不曉達於禮耳非全
不知也○古之人也達於禮而不達於樂謂之素者古與今
異古之人也明達於禮而不甚明達於樂者但謂之樸素不
備具耳不得稱於樂爲窮○達於樂而不達於禮謂之偏者
言古之人但明達於樂而不甚明達於禮者謂之偏半而不
備耳非是於禮爲窮○夫夔達於樂而不達於禮是以傳於
此名也言夔禮樂兼有但樂優於禮故特通達於樂不甚通
達於禮是以傳於此賢名流於後世若全不解禮何以傳於
此名也古之人也更重美夔云是古之人與今之人別也若
今人達於樂而不達於禮者則全不知禮也○素與至謂窮
○正義曰素與偏俱不備耳者言素之與偏俱是不具非是
全不知也故稱耳以結之云非不能非所謂窮者言夔非是
不能行禮但不特通達非謂全不知於禮爲窮困也故虞書
舜命伯夷典朕三禮伯夷讓夔是夔知禮也而皇氏以達爲
掌言夔掌樂不掌禮達訓爲掌於義無文又與鄭注意乖其義非也子張問政子曰師
乎前吾語女乎君子明於禮樂舉而錯之而

已言禮樂足以爲政也錯猶施行也○子曰師乎絶句子張復問子曰師爾以
爲必鋪几筵升降酌獻酬酢然後謂之禮乎
爾以爲必行綴兆興羽籥作鍾鼓然後謂之
樂乎言而履之禮也行而樂之樂也君子力
此二者以南面而立夫是以天下大平也諸
侯朝萬物服體而百官莫敢不承事矣禮之
所興衆之所治也禮之所廢衆之所亂也目
巧之室則有奧阼席則有上下車則有左右
行則有隨立則有序古之義也室而無奧阼
則亂於堂室也席而無上下則亂於席上也

車而無左右則亂於車也行而無隨則亂於
塗也立而無序則亂於位也昔聖帝明王諸
侯辨貴賤長幼遠近男女外內莫敢相踰越
皆由此塗出也服體體服也謂萬物之符長皆來爲瑞應也衆之所治衆之所以治也衆之所
亂衆之所以亂也目巧謂但用巧目善意作室不由法度
有奧阼賓主之處也自目巧以下古今常事不可廢改也○
復扶又反鋪普胡反徐音孚樂之音洛又音岳治直吏反注
同奧字又作隩烏報反阼才故反符長丁丈反隱義云符謂
甘露醴泉之屬長謂麟鳳五靈之屬
應應對之應徐於甑反處昌慮反三子者既得聞
此言也於夫子昭然若發矇矣乃曉禮樂不可廢改之意也○
昭章遥反徐之紹反明也矇音蒙矣本亦無矣字【疏】子張至矇矣○正義曰舉而
錯之而已者錯行也言爲政
之道明於禮樂舉而錯行之言爲政在此而已○言而履
之禮也者言爲禮之體不在於几筵升降酬酢乃謂之禮但

在乎出言履踐行之謂之禮也○行而樂之樂也者言樂不在於羽籥鍾鼓乃謂之樂但在乎身之行天下愛樂謂之樂也○君子力此二者力謂勉力也言君子勉力勤行此二者禮樂之事則天下太平○萬物服體者服謂屈服體謂形體言飛走動植之物而皆來爲瑞應也○目巧之室則有奧阼者言但用目準視巧思存意雖不由法度猶有奧阼賓主之處不可不有也○席則有上下者言布席之時不可無上下○車則有左右者言乘車之時不可無左右○行則有隨者謂少者在後相隨○立則有序者謂並立則有次序○古之義也者自古以來禮樂之意○室而無奧阼則亂於堂室也上言得禮則治自此以下言失禮則亂故準上文○皆由此塗出也者由從也塗道也道謂禮樂。言古之聖帝明王所以能使貴賤長幼遠近男女殊别外内莫敢相踰越者皆由此禮樂塗道出其此事也○注服體至改也○正義曰謂萬物之符長者符謂甘露醴泉之屬長謂五方瑞應之長也云奧阼賓主之處也者爾雅云西南隅謂之奧奧之外則有賓位所在東階謂之阼故曰賓主之處云自目巧以下古今常事不可廢改也言經中目巧以上論說禮樂之事或質文沿革隨時變改自目巧以下尊卑上下萬代恒行故云古今常事不可廢改也

附釋音禮記注疏卷第五十

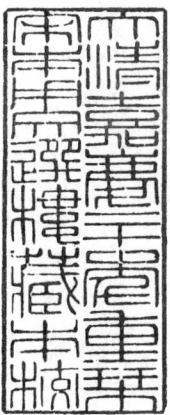

江西南昌府學栞

禮記注疏卷五十挍勘記

阮元撰盧宣旬摘錄

附釋音禮記注疏卷第五十　惠棟挍宋本禮記正義卷第五十八

經解第二十六

孔子曰入其國節

孔子至者也　惠棟挍宋本無此五字

若不節之則失在於愚　閩本同監毛本之作制考文云宋板亦作之無則字

子産爭承之類是也　惠棟挍宋本作承與左傳合此本承作丞閩監毛本同

天子者與天地參節

然後玉鏘鳴也　閩監毛本同岳本同衞氏集說同嘉靖本同釋文出玉鏘云本又作鏘

和在軾前升車則馬動　閩監毛本同岳本同衞氏集說嘉靖本並同續通解前作故非也

故朝覲之禮節

婿曰昏　閩本同監毛本婿作壻岳本同衞氏集說嘉靖本並同疏放此

故朝至亂患　惠棟挍宋本無此五字

則豫防障之說同　閩監毛本同惠棟挍宋本防作坊衞氏集說同

禮本坊亂　閩監毛本同惠棟挍宋本坊作防

故禮之教化也微節

差錯若毫氂之小　閩本同惠棟挍宋本同毛本氂作釐

哀公問第二十七

哀公問於孔子曰節

然後言其喪筭　各本同石經同釋文出喪筭毛本筭作算注同

脩其宗廟 各本同石經同嘉靖本毛本脩作修

求得當欲 各本同毛本得誤德

哀公至禮也 惠棟按本無此五字

孔子侍坐於哀公節

願聞所以行三言之道 閩監本同石經同岳本同嘉靖本同毛本言誤焉疏同

猶吾妻子也 閩監本同岳本同嘉靖本同衛氏集説同考文引宋板同毛本猶誤乃

孔子至順矣 惠棟按宋本無此五字

謂所以親此婦人亦親已也 閩監毛本同考文引宋板亦親上有欲使婦人四字衛氏集説同

則是捨夫敬心 閩監毛本同考文云宋板夫作去衛氏集説同

則使上卿逆 惠棟按宋本同衛氏集説亦作逆閩監毛本逆作迎

不得其辭之請少進者 閩監毛本同惠棟按宋本無之字

振救也 閩監本同毛本救誤敉下其禮足以救之同

言妻所以供粢盛祭祀 閩監毛本同惠棟按宋本妻下有者字

此論人君治國政 閩本同惠棟按宋本同衛氏集説同監毛本君誤臣

愾音近愬愬爲息 閩本同監本愬愬作憩憩毛本作愬愬惠棟按宋本作態態

毛詩傳文 惠棟按宋本同閩監毛本文誤云衛氏集説亦作文

而從者三千成 閩監毛本同惠棟按宋本成作乘按詩緜疏引書傳略説亦作乘字

公曰敢問何謂敬身節

公曰至親矣 惠棟按宋本無此五字

孔子對以敬身之理 閩監本同衛氏集説同毛本理誤禮

公曰寡人惷愚冥煩節

事父孝故事天明 閩監本同岳本同嘉靖本同衛氏集説同考文引宋板同毛本孝誤毋

公曰至成身 惠棟按宋本無此五字

而有罪戾何 閩監毛本同惠棟按宋本戾作失

仲尼燕居第二十八

仲尼燕居者善其不倦 閩監毛本同惠棟按宋本無者字衛氏集説同

子貢越席而對曰敢問何如節

子貢辨近於給 岳本同衛氏集説同閩監毛本辨作辯疏同嘉靖本同

子貢至慈仁 惠棟按宋本無此五字

子曰師爾過節

言敏鈍不同 各本同釋文鈍作頓假借字

而車梁不成 閩監毛本同岳本同嘉靖本同惠棟按宋本車作輿衛氏集説同

子曰至教也 惠棟按宋本無此五字

言子産若衆人之母 閩監毛本同惠棟按宋本若上有猶字

而車梁不成者 閩監毛本同惠棟按宋本車作輿

子貢退節

以之軍旅有禮 各本同石經同毛本軍誤君

官失其體 惠棟按宋本石經宋監本岳本衛氏集説同閩監毛本體誤禮嘉靖本作躰俗字

子貢至衆也 閩監毛本同惠棟按宋本五字無山井鼎云子貢至衆也宋板此上有正義曰前經

明諸事得理止而使和合者也十七字

此一節明子游問禮　閩監本同毛本游作貢

然如是　惠棟按宋本然下有猶字衛氏集說同此本猶字脫閩監毛本同

此以上皆是存留死事之善者　毛本如此此本上皆是三字闕閩監二本闕上皆二字考文云宋板無皆字

射謂鄉射　閩監毛本同惠棟按宋本鄉射下有也字

則治之諸事　惠棟按宋本有國字此本國字脫閩監毛本同

按周禮食醫春多酸　閩本同惠棟按宋本同監毛本醫誤醫

子曰愼聽之節　惠棟按云子曰愼聽之節宋本分以禮樂相示而已矣之上合子貢退節爲一節子曰禮也者至其在人乎另爲一節子貢越席至古之人也另爲一節

縣興金作也金再作者獻主君又作也　閩本同岳本同嘉靖本同衛氏集說同監本與誤與毛本獻誤厭考文云宋板亦作獻

通爲六也　閩監毛本同惠棟按宋本通下有前字衛氏集說同○下通爲九也放此

言禮畢通徹器之時　閩監毛本同考文云惠棟按宋本無通字衛氏集說亦作禮畢徹器

入門而金作示情也　惠棟按宋本如此此本者字脫閩監本同毛本者字有也字脫

大射禮謂臣爲主人而獻君　惠棟按宋本有人字此本人字脫閩監毛本同

下管象武即云夏籥序興　閩監毛本同考文引宋板無云字

君子無理不動　閩監本同毛本理誤禮

子張問政節

作鍾鼓　閩本同嘉靖本同衛氏集說同監毛本鍾作鏞石經同岳本同

室則有奧阼　各本同石經同釋文出奧云字又作隩考文云古本奧作隩下及注同

子張至矇矣　惠棟按宋本無此五字

道謂禮樂　閩監毛本同惠棟按宋本下有也字

長謂五方瑞應之長也　閩監毛本同惠棟按宋本無也字

禮記注疏卷五十挍勘記

附釋音禮記注疏卷第五十一

禮記　鄭氏注　孔穎達疏

孔子閒居第二十九

。陸曰閒音閑鄭云名孔子閒居者善其倦而不褻猶使一子侍爲之説詩著其氏言可法也退燕避人曰閒居【疏】正義曰案鄭目録云名曰孔子閒居者善其無倦而不褻猶使一弟子侍爲之説詩著其氏言可法也退燕避人曰閒居此於別録屬通論

孔子閒居子夏侍子夏曰敢問詩云凱弟君子民之父母何如斯可謂民之父母矣凱弟樂易也。凱本又作愷又作豈丘在反注同弟本又作悌徒禮反注同樂音洛易以豉反孔子曰夫民之父母乎必達於禮樂之原以致五至而行三無以橫於天下四方有敗必先知之此之謂民之父母矣原猶舉也橫充也敗謂禍裁也。裁音災【疏】正義曰但此篇子夏之問大畧有二從此至施于孫子問民之父母之事自三王之德參於天地以下問三王之德何以參於天地以終篇末但上節問民之父母以致五至而行三無子夏覆五至三無之事今各隨文解之。詩云凱弟君子民之父母者此詩大雅泂酌之篇美成王之德凱樂也弟易也謂成王行此樂易之德爲民之父母何如斯可謂民之父母矣者子夏舉此詩義而問夫子欲爲何事得爲民之父母。四方有敗必先知之者以聖人行五至三無通幽達微無所不悉觀其萌兆觀微知著若見其積惡必知久有禍災故云四方有敗必先知之若爲民父母者當須豫知禍害使民免離於禍故爲民之父母然四方有福亦先知之必云四方有敗者此主爲民除害爲本故舉敗言之

子夏曰民之父母既得而聞之矣敢問何謂五至孔子曰志之所至詩亦至焉詩之所至禮亦至焉禮之所至樂亦至焉樂之所至哀亦至焉哀樂相生是故正明目而視之不可得而見也傾耳而聽之不可得而聞也志氣塞乎天地此之謂五至凡言至者至於民也志謂恩意也言君恩意至於民則其詩亦至也詩謂好惡之情也自此以下皆謂民之父母者善推其所有以與民共之人耳不能聞目不能見行之在胷心也塞滿也。哀樂音洛舊音岳傾耳音傾好惡並如字一音上呼報反下烏路反。【疏】敢問至五至。正義曰此經子夏問五至之事孔子爲説五至之理志之所至詩亦至焉者志謂君之恩意之至所至謂恩意至極於民詩者歌詠歡樂也君之恩意既至於民故詩之歡樂亦至極於民。詩之所至禮亦至焉者君既能歡樂至極於民則以禮接下故禮亦至極於民焉。禮之所至樂亦至焉者既禮能至極於民必爲民之所樂故樂亦至極於民焉。樂之所至哀亦至焉者君既與民同其歡樂若民有禍害則能悲哀憂恤至極於下故云哀亦至焉哀樂相生者言哀生於樂故上云樂之所至哀亦至焉凡物先生而後死故先樂而後哀哀極則生於樂是亦樂生於哀故云哀樂相生此言哀之與樂及志與詩禮凡此五者皆與民共之。是故正明目而視之不可得而見也傾耳而聽之不可得而聞也者以此五者君與民上下同有感之在於胷心外無形聲故目不得見耳不得聞。志氣塞乎天地者塞滿也人君既與民五事齊同上下俱有是人君志氣塞滿天地此之謂五至者所以能致如此者由行五至之道故云此之謂五至。注凡言至心也。正義曰云凡言至者謂經中五事至者也云至於民也者君行五事至極於民云志謂恩意也者但志兼善惡此至下極於民故知是恩意也云詩謂好惡之情也者詩者詠歌所好者則美之所惡者則刺之是詩有好惡之情也君之爲民上下共同故經云詩亦至焉云自此以下皆謂民之父母者謂自此志之所至以下五事皆是民之父母所行也云善推其所有以與民共之者謂推其已之所有亦欲民之俱有若已欲恩愛民亦欲恩愛已有好惡民亦有好惡已欲禮樂民亦欲禮樂已欲哀恤民亦欲哀恤是推已所有與民共之也

子夏曰五至既得而聞之矣敢問何謂三無孔子曰無聲之樂無體之禮無服之喪此之謂三無子夏曰三無既得畧而聞之

矣。敢問何詩近之？於意未察，求其類於詩。詩長人情。○近，附近之近。長，丁丈反。孔子曰：「『夙夜其命宥密』，無聲之樂也。『威儀逮逮，不可選也』，無體之禮也。『凡民有喪，匍匐救之』，無服之喪也。詩讀其爲基，聲之誤也。基，謀也。密，靜也。言君夙夜謀爲政教以安民，則民樂之。此非有鍾鼓之聲也。逮逮，安和之貌也。言君之威儀安和逮逮然，則民傚之。此非有升降揖讓之禮也。救之，賙恤之。言君於民有喪，有以賙恤之，則民傚之。此非有衰絰之服。○其命，依注音基。宥音又。逮，大計反，注同。選，宣面反。匍音扶，又音蒲。匐音服，又蒲北反。傚，胡孝反。賙音周。衰，七雷反。絰，大結反。【疏】「敢問」至「喪也」。○正義曰：此一節子夏問三無之事，夫子荅以三無。子夏意猶未曉，更問何詩近之，夫子荅以所近之詩以開子夏之意。○無聲之樂、無體之禮、無服之喪，此三者皆謂行之在心，外無形狀，故稱無也。○孔子曰「夙夜其命宥密，無聲之樂也」者，此詩周頌昊天有成命之篇。其詩云：在上昊天有成就之命，二后受之，謂文武二君承受之。成王不敢康，言文武成此王功，不敢康寧。夙夜基命宥密者，夙，早也。夜，暮也。基，始也。命，信也。宥，寬也。密，靜也。言文武早暮始信順天命，行寬弘仁靜之化。今此言以基爲謀，言早夜謀爲政教於國，民得寬和寧靜，民喜樂之，於是無鍾鼓之聲而民樂，故爲無聲之樂也。○「威儀逮逮，不可選也」者，此詩邶風柏舟之篇，刺衛頃公之詩，言仁人不遇，其威儀逮逮然安和，不可選數。有威可畏，有儀可象，民則傚之，非有升降揖讓之禮，故爲無體之禮也。○「凡民有喪，匍匐救之」者，此詩邶風谷風之篇，婦人怨夫棄薄之辭也。言凡人之家有死喪，鄰里匍匐往救助之。此記謂人君見民有死喪，則匍匐往賙救之，民皆倣傚之，此非有衰絰之服，故云無服之喪也。

子夏曰：「言則大矣，美矣，盛矣！言盡於此而已乎？」孔子曰：「何爲其然也！君子之服之也，猶有五起焉。」言盡於此乎，意以爲說未盡也。服猶習也。君子習讀此詩，起此詩之義，其說有五也。

子夏曰：「何如？」孔子曰：「無聲之樂，氣志不違。無體之禮，威儀遲遲。無服之喪，內恕孔悲。無聲之樂，氣志既得。

無體之禮，威儀翼翼。無服之喪，施及四國。無聲之樂，氣志既從。無體之禮，上下和同。無服之喪，以畜萬邦。無聲之樂，日聞四方。無體之禮，日就月將。無服之喪，純德孔明。無聲之樂，氣志既起。無體之禮，施及四海。無服之喪，施于孫子。」不違者，民不違君之氣志也。孔，甚也。施，易也。從，順也。畜，孝也。使萬邦之民競爲孝也。就，成也。將，大也。使民之傚禮日有所成，至月則大矣。起猶行也。○施及，以豉反，下同。畜，許六反。聞音問，下令聞并注同。施易也，並以豉反。【疏】「子夏」至「孫子」。○正義曰：此一節言子夏既聞三無，意以說義未盡，故孔子更爲說三種之無猶有五種起發之事。孔子曰「何爲其然也」者，子夏既聞孔子之言，猶疑其未盡，故更問夫子，而夫子荅云：何爲其然？然猶如是，言何爲如是盡也，言其義猶未盡。○「君子之服之也，猶有五起焉」者，服，習也。言君子習此三無，猶有五種起發其義，言猶有五種翻覆說其義，興起也。○「無聲之樂，氣志不違」者，此以下五節，從輕以漸至於重。初言不違，民但不違君之志氣；二云志氣既得，言君之志氣得於下；三云既從，民所從也；四云日聞四方，及於遠也；五云既起，是既發起也。是從微至著。威儀遲遲者，初時但舒遲而已；二則威儀翼翼而恭敬；三則上下和同，無不從也；四則日就月將，漸興進也；五則施及四海，所及遠也。內恕孔悲者，初則親族之內悲哀，其處近也；二則施及四國，所被遠也；三則以畜萬邦，皆爲孝也；四則純德孔明，益甚也；五則施于孫子，垂後世也。○注云「孔甚也」「畜孝也」。○正義曰：孔，甚，釋言文。畜，孝，祭統云：孝者，畜也。故畜爲孝也。○

子夏曰：「三王之德，參於天地，敢問何如斯可謂參於天地矣？」孔子曰：「奉三無私以勞天下。」三王謂禹湯文王也。參天地者，其德與天地爲三也。勞，勞來。○勞，力報反，注及下同。來，力代反。

子夏曰：「敢問何謂三無私？」孔子曰：「天無私覆，地無私載，日月無私照。奉斯三者以勞天下，此之謂三

無私其在詩曰帝命不違至于湯齊湯降不遲聖敬日齊昭假遲遲上帝是祗帝命式于九圍是湯之德也

帝天帝也詩讀湯齊爲湯躋躋升也降下也齊莊也昭明也假至也祗敬也式用也九圍九州之界也此詩云殷之先君其爲政不違天之命至於湯升爲君又下天之政教甚疾其聖敬日莊嚴其明道至於民遲遲然安和天是用敬之命之用事於九州謂使王也是湯之德者是湯奉天無私之德也○昭音照本亦作照湯齊依注音躋亦作躋子兮反詩如字日人實反齊側皆反注齊莊同詩作躋子兮反假音格注同遲直私反祗諸夷反使王于況反下王天下王功皆同

【疏】子夏至德也○正義曰自此以德下至大王之德一節子夏問三王之德參於天地夫子荅以行三無私之事并明湯及文武三代大王之德今各隨文解之○其在詩曰帝命不違至于湯齊者此詩商頌長發之篇美成湯之辭言天帝命此殷家世世行之不違至於成湯乃與天心齊也○湯降不遲者降下也言湯降下賢士不遲緩甚能速疾○聖敬日齊者言其聖敬之德日日升進○昭假遲遲者昭明也假暇也言湯以昭明寬

暇天下之士心遲遲然甚舒緩○上帝是祗者上帝天也祗敬也言天於是敬愛之○帝命式于九圍者式用也九圍九州之界也言天命湯之用事於九州爲天子也詩之本注如此今此記注意言殷之先君施其政教奉行天命不敢違也至于湯齊者齊躋也躋升也言至於成湯升爲國君湯降下政教不遲緩其聖敬之德日日齊莊昭明也假至也言湯之明德下至於民遲遲然安和不急疾此與詩注稍殊大畧同○注帝天至德也○正義曰帝天帝者恐有人帝之嫌故曰天帝降下也式用也釋言文假至也祗敬也釋詁文云是湯奉天無私之德也者以上云奉三無私下即引詩論湯之德言湯之明德下降於民遲遲安和是無私之事

天有四時春秋冬夏風雨霜露無非教也地載神氣神氣風霆風霆流形庶物露生無非教也

言天之施化收殺地之載生萬物此非有所私也無非教者皆人君所當奉行以爲政教○神氣風霆音廷絶句風霆流形絶句○

【疏】天有至教也○正義曰前經云奉三無私次論湯德此經論天地無私聖人則之以爲教天有四時春秋冬夏風雨霜露無非教也者言天春生夏長秋殺冬藏以風以雨以霜以露化養於物聖人則之事事倣法以爲教故云無非教也○地載神氣神氣風霆風霆流形庶物露生無非教也者神氣謂神妙之氣風霆雷也神氣風霆流形謂地以神氣風雷之等流布其形庶物露生庶衆也言衆物感此神氣風霆之形露見而生人君法則此地之生物事事奉之以爲教也故云無非教也神氣風霆亦天之所有故春秋云天有六氣此經云天有風雨不偏屬於地今屬於地者其實神氣風霆天地共有春秋冬夏是天之神氣既稱春秋冬夏故於地變言神氣但氣從地出又風著於土雷出於地故神氣風雷偏繫於地

清明在躬氣志如神嗜欲將至有開必先天降時雨山川出雲其在詩曰嵩高惟嶽峻極于天惟嶽降神生甫及申惟申及甫惟周之翰四國于蕃四方于宣此文武之德也

清明在躬氣志如神謂聖人也耆欲將至謂其王天下之期將至也神有以開之必先爲之生賢知之輔佐若天將降時雨山川爲之先出雲矣峻高大也翰幹也言周

道將興五嶽爲之生賢輔佐仲山甫及申伯爲周之幹臣天下之蕃衛宣德於四方以成其王功此文武之德也是文王武王奉天地無私之德也此宣王詩也文武之時其德如此而詩無以言之取類以明之○嗜欲市志反注同嵩息忠反嶽音岳峻私俊反翰胡旦反徐音寒蕃方袁反爲之于僞反下川爲嶽爲皆同賢知音智

【疏】清明至德也○正義曰此一節明周之文武之德○清明在躬者清謂清靜明謂顯著言聖人清靜光明之德在於躬身○氣志如神者氣志變化微妙如神謂文武也○嗜欲將至者嗜欲謂王位也王位是聖人所貪故云嗜欲方欲王天下故云將至有開必先者言聖人欲王天下有神開道必先豫爲生賢知之輔佐○天降時雨山川出雲者此譬其事由如天將降時雨山川先爲之出雲言文武將王之時豫生賢佐但文武之時無此生生賢佐之詩故孔子引周宣王之時生賢佐之詩以證之○其在詩曰嵩高惟嶽峻極于天者此詩大雅嵩高之篇美宣王之詩嵩然而高者惟是五嶽其形高峻至于天○惟嶽降神生甫及申者惟此五嶽降此神靈和氣而生甫侯及申伯也以甫侯申伯先祖伯夷掌嶽神有功故嶽神輔助宣王爲生申甫也○惟周之翰者翰幹也言申伯甫侯爲周之楨幹之臣○四國於蕃四方于宣者言此申甫爲四方之國作蕃

屏，又於四方宣揚王之德化。此文武之德也者，詩之所論，當此文武之德，以文武無私所得賢臣，唯遣爲四方蕃屏，及四方宣揚威德，不私爲己，是文武奉天無私之德也。○注「仲山甫及申伯」○正義曰：案詩嵩高之篇，甫侯及申伯，甫侯謂吕侯也，穆王之時訓夏贖刑，謂吕刑，與申伯俱出伯夷之後，掌四岳之祀。又詩烝民稱仲山甫之賢，與崧高生甫及申全別。此云仲山甫者，案鄭志，注禮在先，未得毛詩傳，然則此注在前，故以甫爲仲山甫。在後箋詩，乃得毛傳，知甫侯申伯同出伯夷之後，故與禮別也。○

三代之王也，必先令聞。詩云：「明明天子，令聞不已。」三代之德也。令，善也。言以名德善聞，天乃命之王也。不已，不倦止也。○【疏】「三代至德也」○正義曰：此一節揔結三代以其無私，故令聞不已。○「三代之王也，必先其令聞」者，所以王天下者，必父祖未王之前先有令聞也。○「詩云明明天子，令聞不已」者，此詩大雅江漢之篇，美宣王之詩。明明天子，謂宣王也。令，善；聲聞不休已。此記之意，明明天子謂三代之王也，言父子及身令聞不休已，故云三代之德也。案上子夏問三王之德參於天地，孔子荅以三王之德奉三無私，此文云三代之王也必先其令聞，所以前文唯云湯與文武

不稱夏者，以夏承禹後，爲天下治水，過門不入，無私事明，但殷周以戰爭而取天下，恐其有私，故特舉湯與文武也。

弛其文德，協此四國，大王之德也。弛，施也。協，和也。大王，文王之祖，周道將興，始有令聞。○弛，徐式氏反，一音式支反，注同。皇作弛。大音泰，注同。弛，施，如字，皇本作施，布也。

子夏蹶然而起，負牆而立曰：「弟子敢不承乎？」承，奉承，不失隊也。起負牆者，所問竟，辟後來者。○蹶，居衛反，徐音厥。隊，直媿反。辟音避。○【疏】「弛其至德也」○正義曰：此亦江漢之詩，接令聞不已之下，詩本文云「矢其文德」，矢，陳也，言宣王陳其文德，和協此四方之國。此云「弛其文德」，弛，施也，言大王施其文德，和此四方之國，則大王居邠，狄人侵之，不忍鬬其民，乃徙居岐山之陽，王業之起，故云大王之德也。

坊記第三十

○陸曰：坊音防，徐扶訪反，經文皆同。鄭云：名坊記者，以其記六藝之義，所以坊人之失也。【疏】正義曰：案鄭目録云：「名坊記者，以其記六藝之義，所以坊人之失者也。此於別録屬通論。」

子言之：「君子之道，辟則坊與？坊民之所不足

者也。民所不足，謂仁義之道也。失道則放辟邪侈也。○辟，匹亦反，注同，舊芳益反，徐又音譬。與音餘。邪，似嗟反。侈，昌氏反，又尺氏反。大爲之坊，民猶踰之。言嚴其禁，尚不能止，況不禁乎？故君子禮以坊德，刑以坊淫，命以坊欲。」命謂教令。【疏】「子言至坊欲」○正義曰：此一節發端起首，揔明所坊之事。但此篇凡三十九章，此下三十八章悉言「子云」，唯此一章稱「子言之」者，以是諸章之首，一篇揔要，故重之，特稱「子言之」也。餘章其意稍輕，故皆言「子云」也。諸書皆稱「子曰」，唯此一篇皆言「子云」，是録記者意異，無義例也。但此篇所坊，體例不一，或數經共論一事，每稱「子云」；以此坊民，或有一經之內，發初言「子云」，唯論一事，下即云「以此勞民」結之；或有一經之內，雖論一事，即稱「民猶犯齒」、「民猶犯貴」、「民猶犯君」；或有每事之下引詩書結之者；或有一事之下不引詩書者。如此之屬，事義相似，體例不同，是記者當時之意，無義例也。今各隨文解之。○「辟則坊與」者，君子之道坊民之過，譬如坊之礙水，故云「辟則坊與」。但言坊字，或土旁爲之，或阜旁爲之，古之通用也。○「坊民之所不足者也」，釋立坊之義也。言設坊坊民者，爲民行仁義不足故也。○「大爲之坊，民猶踰之」者，解不可無坊也。聖人在

上，大設其坊，坊之而人猶尚踰越犯躐，況不坊乎？故「君子禮以坊德」者，由民踰德，故人君設禮以坊民德之失也。○「刑以坊淫」者，制刑以坊民淫邪也。○「命以防欲」者，命，法令也；欲，貪欲也。又設法令以坊民之貪欲也。

子云：「小人貧斯約，富斯驕；約斯盜，驕斯亂。約猶窮也。○喬音驕，本亦作驕，下同。禮者，因人之情而爲之節文，以爲民坊者也。故聖人之制富貴也，使民富不足以驕，貧不至於約，貴不慊於上，故亂益亡。」此節文者，謂農有田里之差，士有爵命之級。慊，恨不滿之貌也。慊或爲嫌。○慊，口簟反。級音給。【疏】「子云至益亡」○正義曰：此一節明小人貧富皆失於道，故聖人制禮而爲之節文，使富不至驕，貧不至約。○「故聖人之制富貴也」者，既其置坊，故聖人制爲富貴貧賤之法也。不云貧賤，畧其文也。○「使民富不足以驕」者，此爲富者制法也。制富者居室丈尺、俎豆衣服之事，須有法度，不足至驕也。○「貧不至於約」者，此爲貧者制法也。制農田百畝，桑麻自贍，比閭相賙，不令至於約也。○「貴不慊於上」者，此爲

貴者制法也。貴謂卿士之屬也。慊恨不滿之貌也。聖君制其祿秩隨功爵而施，則貴臣無復恨君祿爵以薄於已者也。○其故亂益亡者，結上文也。益，漸也。亡，無也。使富而不驕，貧而不益貴，又不恨，故爲亂之道漸無也。不云賤者，亦從可知也。○

子云：「貧而好樂，富而好禮，衆而以寧者，天下其幾矣。」言如此者寡也。寧，安也。大族衆家恒多作亂。○好，呼報反，下同。樂音洛，又音岳。幾，居豈反，又音譏。○《詩》云：「民之貪亂，寧爲荼毒。」言民之貪爲亂者，安其荼毒之行，惡之也。○荼音徒。行，下孟反。惡，烏路反，下猶惡皆同。故制國不過千乘，都城不過百雉，家富不過百乘。以此坊民，諸侯猶有畔者。古者方十里，其中六十四井，出兵車一乘，此兵賦之法也。成國之賦千乘。雉，度名也，高一丈，長三丈爲雉，百雉爲長三百丈，方五百步。子男之城方五里，百雉者，此謂大都三國之一。○乘，繩證反，下注同。高，古報反。長，直亮反，下同。○

〔疏〕「子云」至「畔者」。○正義曰：此一節明上下制度有限，防其僭畔逆之事。○「衆而以寧者，天下其幾矣」者，言家族

衆多，必致禍亂，家族衆而得寧者，普天之下其幾多人矣。言貧而好樂，富而好禮，衆而得寧，如此三者，言天下極少，故云其幾矣。○「詩云民之貪亂，寧爲荼毒」者，此《詩·大雅·桑柔》之篇，刺厲王之詩，言民之惡者，貪爲禍亂，安爲荼毒之行，以害於人。民多如此，故云上三事天下甚少。○「故制國不過千乘，都城不過百雉，家富不過百乘」者，以天下爲惡者多，故爲限節，制諸侯之國不得過千乘之賦，卿大夫都城不得過越百雉，卿大夫之富采地不得過越百乘。「以此坊民，諸侯猶有畔者」，於時卿大夫亦有畔，而獨言諸侯者，舉其重，餘可知也。○注「古者」至「之一」。○正義曰：「古者方十里，其中六十四井，出兵車一乘，此兵賦之法也」，案《司馬法》云「成方十里，出革車一乘」，《司馬法》又云「甸方八里，出長轂一乘」。鄭注《小司徒》云：「若通溝洫之地，則爲十里；若除溝洫之地，則爲八里。」故云六十四井出車一乘。云「成國之賦千乘」者，襄十四年《左傳》「成國不過半天子之軍」，謂滿千乘則爲成國，是公侯之封也。案千乘之賦，地方三百一十六里有畸。案《周禮》公五百里，侯四百里，則是過千乘。云「不過千乘」者，其地雖過，其兵賦爲千乘，故《論語》注云「雖大國之賦亦不是過焉」。其兵賦之法，王畿之内六鄉之法，家出一人，萬二千五百家爲一鄉。大司馬云「五師爲軍」，則萬二千五百家爲一軍，是一鄉出一軍。又云「天子六軍」，是出於六

鄉。凡軍制，《大司馬》云「五人爲伍，五伍爲兩，四兩爲卒，五卒爲旅，五旅爲師，五師爲軍」，此師之制也。凡出軍之法，鄉爲正，遂爲副，則遂之出軍與鄉同，故鄭注《小司徒》云「鄉之田制與遂同」，則知遂之軍法與鄉同。其公邑出軍亦與鄉同，故鄭注《匠人》云「采地制井田，異於鄉遂及公邑」，則知公邑地制與鄉遂同，明公邑出軍亦與鄉同。其公卿大夫采地既爲井田，殊於鄉遂，則出軍亦異於鄉遂地。故鄭注《小司徒》「井十爲通，士一人，徒二人；通十爲成，革車一乘，士十人，徒二十人；十成爲終，革車十乘，士一百人，徒二百人；十終爲同，革車百乘，士千人，徒二千人」。此謂公卿大夫采地出軍之制也。其王畿之外，謂諸侯大國三軍，大國二軍，小國一軍，皆出鄉遂，故《費誓》云「三郊三遂」，是諸侯有遂也。其諸侯計地出軍，則《司馬法》云「九夫爲井，四井爲邑，四邑爲丘，馬一匹，牛三頭，四丘爲甸，出長轂一乘，甲士三人，步卒七十二人，馬四匹，牛十二頭」。故成元年「作丘甲」，杜、服俱引此文以釋之。又《論語》云「道千乘之國」，邭注引《司馬法》「成出革車一乘」，但十里八里不同，於上已釋。此皆謂天子諸侯兵賦也。又《異義》云「天子萬乘，諸侯千乘，大夫百乘」，此大判言之爾，甲相十之義，其間委曲，鄉遂公邑分別不同也。故《魯頌》云「公車千乘」，謂大摠計地出軍也；「公徒三萬」，謂鄉遂兵數也。是國界計地與鄉遂數不同。諸侯城萬一軍，出

賦之時，雖革車一乘，甲士三人，步卒七十二人，其臨敵對戰之時，則同鄉法，五人爲伍，五伍爲兩之屬也。故《左傳》云「鄭之戰，楚廣有一卒，卒偏之兩」，又云「兩之一卒適吳」，是兩軍對陣同鄉法也。《牧誓》云「武王戎車三百兩」，孔注云「一車步卒七十二人」，則出軍法也。經云「千夫長、百夫長」，謂對敵時也。據《司馬法》之文，諸侯車甲牛馬皆計地令民自出。若鄉遂之衆，七十五人，則遣出革車一乘，甲士三人，馬四匹，牛十二頭，恐非力之所能，皆是國家所給。故《周禮·巾車職》「毀折入齎于職幣」。又《周禮·質人》云「凡受馬於有司者，書其齒毛與其賈，馬死則旬之内更」。又《司兵職》云「及授兵，從司馬之法以頒之；及其受兵輸，亦如之」。是國家所給也。云「高一丈，長三丈爲雉」者，《異義》古《春秋左氏》說云「百雉爲長三百丈，方五百步」者，六尺爲步，五六三十，故三百丈爲五百步。云「子男之城方五百里」者，《周禮·典命》云「子男五命，其國家宮室以五爲節」，國家謂城方也，是子男城方五里也。云「百雉者，此謂大都三國之一」者，言子男五里，積千五百步，《左傳》云「大都參分國之一」，子男大都三分國城而居其一，是大都五百步，爲百雉也。但國城之制凡有二義，鄭之此注子男五里，則侯伯七里，公九里，天子十二里。案鄭注《異義》又云「天子城九里，公城七里，侯伯之城五里，子男之城三里」，此云百雉者，謂侯伯之大都。杜預同焉，與鄭此

注異也。經云家富不過百乘者，諸侯之卿采地也。故左傳云唯卿備百邑，地方百里也。直云唯卿百邑，未知天子諸侯公卿大夫采地大小。案鄭注小司徒云百里之國凡四都，五十里之國凡四縣，二十五里之國凡四甸。又云采地食者皆四之一。說者據此以爲公食百里，卿食五十里，大夫食二十五里。其諸侯之卿大夫，傳云卿備百邑，論語云百乘之家，此據諸侯臣之采地，則公之孤、侯伯之卿與天子三公同，俱方百里；公之卿與侯伯之大夫俱方五十里；公之大夫與侯伯之下大夫俱方二十五里。其子男之地唯方二百里，以下其卿之采地不得復方百里。案易訟卦注云小國之下大夫采地方一成，其定稅三百家。唯有此文，其子男中都大都無以言之。案鄭注論語云伯氏駢邑三百家，云齊下大夫之制，似公侯伯下大夫唯三百家者，但春秋之時齊之強臣九多，故伯氏唯食三百家之邑，不與禮同也。此皆皇氏之說。熊氏以爲卿備白邑者，鄭志以爲邑方二里，與百乘別。又以諸侯臣賜地無常，得地者卿百乘，下大夫同十里之成。

子云：夫禮者，所以章疑別微，以爲民坊者也。故貴賤有等，衣服有別，朝廷有位，則民有所讓。位，朝位也。○別，彼列反，下同。朝，直遥反，下皆同。

子云：天無二日，土無二王，家無二主，尊無二上，示民有君臣之別也。春秋不稱楚越之王喪，禮君不稱天，大夫不稱君，恐民之惑也。楚越之君僭號稱王，不稱其喪，謂不書葬也。春秋傳曰：「吳楚之君不書葬，辟其僭號也。」臣者天君，稱天子爲天王，稱諸侯不言天公，辟王也。大夫有臣者，稱之曰主，不言君，辟諸侯也。此者皆爲使民疑惑，不知孰者尊也。周禮曰：「主友之讎，視從父昆弟。」○僭，子念反，下同。辟音避，下同。皆爲，于僞反。詩云：「相彼盍旦，尚猶患之。」盍旦，夜鳴求旦之鳥也。求不可得也，人猶惡其欲反晝夜而亂晦明，況於臣之僭君，求不可得之類，亂上下，惑衆也。○相，息亮反。盍音褐，徐苦盍反，注同。

子云：君不與同姓同車，與異姓同車不同服，示民不嫌也。以此坊民，民猶得同姓以弑其君。同姓者，謂先王先公子孫有繼及之道者也。其非此則無嫌也。僕右恒朝服，君則各以時事，唯在軍同服于。○殺音試，本又作弑。

【疏】子云至慮之。○正義曰：此一節明章疑別嫌，恐尊卑相僭，使人疑惑之事。○章疑者，疑謂是非不決，當用禮以章明之。○別微者，微謂幽隱不著，當用禮以分別之。○春秋不稱楚越之王喪者，言春秋之義，但書其卒，不稱其楚越王喪之事，謂書卒不書葬也。若書葬則當稱葬楚越某王，辟王之名，故不書葬。案春秋越子卒，經傳全無其事，但記者據越稱王之後，追而言之，非當時之事也。○禮君不稱天者，謂諸侯之君，臣子不得稱之曰天公，辟天子也。○大夫不稱君者，謂諸侯之大夫，家臣不得稱之爲君，辟諸侯也。○恐民之惑也者，所以不稱者，恐民之疑惑也。○詩云相彼盍旦，尚猶患之者，鶡旦是求旦之鳥，夜中而鳴，以求旦，且不可得也。言人視彼求旦之鳥，欲反夜作晝，是鳥無識也，求不可得之物，人猶尚惡之，況人上僭於君，求不可得之物，以下亂上，人惡之可知也。○注春秋至昆弟。○正義曰：所引春秋傳者，案宣公十八年楚子旅卒，公羊傳曰：「吳楚之君不書葬，辟其號也。」若書葬，當書葬楚莊王，辟其王之號，故不書葬。云臣者天君者，言臣尊君如天，故云臣者天君。云稱天子爲天王者，則春秋稱天王使南季來聘之屬是也。云稱之曰主，不言君，辟諸侯也。則下引周禮主友之讎，是稱主亦據臣下自稱巳大夫之君，但得言主，不得稱君。若它人汎例言之，大夫有采地者亦得稱君，故喪服云爲其君布帶繩屨，傳言君謂有采地者也。若通而言之，諸侯亦稱主。曲禮云執主器，謂君也。大夫自相命亦稱主也，故左傳晉士匄謂荀偃爲主，云事吳不敢如事主是也。稱大夫之妻亦得曰主者，案魯語云季孫問於公文伯之母曰「主者亦有以御服乎」是也。○注盍旦至衆也。○正義曰：此逸詩也。言夜是闇時，此鳥必欲求明，是求而不可得者也。意欲反夜而爲旦，猶若臣之奢僭，欲反下而爲上也。○注同姓至服爾。○正義曰：云其非此則無嫌也者，謂非此先王先公子孫，不有相承繼之處，則無所嫌疑，得同車也。云僕右恒朝服者，謂僕及車右身衣朝服。○故曲禮云乘路馬必朝服是也。其朝服之內則有虎裘狼裘，故玉藻云君之右虎裘，厥左狼裘是也。云唯在軍同服爾者，案春秋僖五年左傳云「均服振振，取號之旂」，又公主成二年鞌之戰，逢丑父爲齊桓公車右也，衣服與頃公相似，是在軍同服。○詩云至斯亡。○正義曰：所引詩者，小雅角弓之篇，刺幽王之詩。言小人在朝，無良善之行，共相怨恨，各在一方，不相往來，又受爵祿，不肯相讓，行惡至甚，至於滅亡。引之者，證上每事須讓也。

子云：君子辭貴不辭賤，辭富不辭貧，

則亂益亡亡無也。子云自此以下本或作子曰。故君子與其使食浮於人也寧使人浮於食食謂祿也在上曰浮祿勝己則近貪己勝祿則近廉。近附近之近子云觴酒豆肉讓而受惡民猶犯齒衽席之上讓而坐下民猶犯貴朝廷之位讓而就賤民猶犯君犯猶僭也齒年也禮六十以上籩豆有加貴秩異者。觴音傷衽而審反又而鴆反上時掌反詩云民之無良相怨一方受爵不讓至于己斯亡良善也言無善之人善遞相怨貪爵祿好得無讓以至亡己。好呼報反子云君子貴人而賤己先人而後己則民作讓故稱人之君曰君自稱其君曰寡君寡君猶言少德之君言之謙。子云利祿先死者而後生者則民不偝

先亡者而後存者則民可以託言不偷於死亡則於生存信。偝音佩下及注同偷音偷本亦作偷詩云先君之思以畜寡人此衛夫人定姜之詩也定姜無子立庶子衎是爲獻公畜孝也獻公無禮於定姜定姜作詩言獻公當思先君定公以孝於寡人。畜許六反注同毛詩作勖定姜之詩此是魯詩毛詩爲莊姜衎苦旦反以此坊民民猶偝死而號無告死者見偝其家之老弱號呼稱冤無所告無理也。號戶羔反注同冤於苑反

疏子云至無告。正義曰此一節明坊人偝死嚮生之事。利祿先死者而後生者謂財利榮祿之事假令死之與生並合俱得君上先與死者而後生者則民不偝者謂在上以此化民則民皆不偝於死者。先亡者而後存者亡謂身爲國事亡在外存謂存在於國內若君有利祿先與在外亡者而後與國內存者。則民可以託者謂在上以此化民民皆仁厚皆可以大事相付託也。詩云先君之思以畜寡人者此鄁風燕燕之篇衛莊姜送歸妾之詩言歸妾戴嬀思念先君莊公以婦道勗勉寡人寡人莊姜自謂此記引詩以勗爲畜鄭又以爲衛定公大夫定姜之詩定姜無子立庶子衎是爲獻公獻公無禮於定姜欲令獻公當思念先君以畜孝於寡人。民猶偝死而號無告者言民猶尚偝棄死者其生者老弱號呼無所控告。注言不偷於死亡則於生存信。正義曰偷謂苟且言人既不苟且棄偝於死亡則於生存在者不棄薄信著矣。注此衛至寡人。正義曰云此衛夫人定姜之詩獻公無禮於定姜者案襄十四年左傳云衛獻公出奔使告宗廟以無罪夫人定姜曰余以巾櫛事先君而暴妾使余若何無罪是無禮之事與詩注不同者案鄭志荅炅模云注記時執就盧君後得毛傳乃改之凡注與詩不同皆倣此子云有國家者貴人而賤祿則民興讓尚技而賤車則民興藝言人君貴尚賢者能者而不吝於班祿賜車服則讓道興賢者能者人所服也技猶藝也。技其綺反注同吝力刃反又力鎮反故君子約言小人先言言人尚德不尚言也約與先互言爾君子約則小人多矣小人先則君子後矣易曰君子以多識前言往行以畜其德。行下孟反畜勑六反

疏子云至先言。正義曰此一節明尚賢能重言行之事。君子約言者省約其言則小人多言也。小人先言者小人行在於後必先用

其言君子則後言先行其行二者相互也子云上酌民言則下天上施上不酌民言則犯也下不天上施則亂也酌猶取也取衆民之言以爲政教則得民心得民心則恩澤所加民受之如天矣言其尊。施始豉反下同故君子信讓以涖百姓則民之報禮重涖臨也報禮重者猶言能死其難。涖音利又音類難乃旦反詩云先民有言詢于芻蕘先民謂上古之君也詢謀也芻蕘下民之事也言古之人君將有政教必謀之於庶民乃施之。詢音荀芻初俱反蕘如遙反

疏子云至芻蕘。正義曰此一節論上取民心則民報禮重之事。上酌民言則下天上施者酌取也言在上人君取下民之言以爲政教既得民心民皆喜悅則在下之民仰君之德如天敬此在上所施之恩澤言受上恩澤如受之於天尊之也故云下天上施。上不酌民言則犯也者若在上不取民言違戾於下則民人怨怒以犯於上。下不天上施則亂者言在下之民若不仰君如天敬此在上則施之恩澤雖有君恩而在下不領則禍亂之事起也。民之報禮重者以君子

在上用信讓以臨百姓，則民之報上之禮，心意厚重，能死其難。○詩云先民有言，詢于芻蕘者，此詩大雅板之篇，刺厲王之詩也。言厲王不用賢人之言，故詩人刺之云，先民謂先世之君王，將有政教之言，必先詢謀採於芻蕘之賤者。引之者，證上酌民言之事。子云：善則稱人，過則稱己，則民不爭；善則稱人，過則稱己，則怨益亡。詩云：爾卜爾筮，履無咎言。爾，女也。履，禮也。言女卜筮，然後與我爲禮，則無咎惡之言矣。言惡在己，彼過淺。○爭，爭鬭之爭。履如字，毛詩作體。女音汝，下及下文皆同。嚮，許亮反，本亦作鄉。子云：善則稱人，過則稱己，則民讓善。詩云：考卜惟王，度是鎬京，惟龜正之，武王成之。度，謀也。鎬京，鎬宮也。言武王卜而謀居此鎬邑，龜則出吉兆正之，武王築成之。此臣歸美於君。○度，徒洛反，注同，毛詩作宅。鎬，胡老反。子云：善則稱君，過則稱己，則民作忠。君陳曰：爾有嘉謀嘉猷，

入告爾君于內，女乃順之于外，曰此謀此猷，惟我君之德，於乎是惟良顯哉。君陳，蓋周公之子，伯禽弟也，名篇在尚書，今亡。嘉，善也。猷，道也。於乎是惟良顯哉，美君之德。○於音烏，下火吳反，注同。子云：善則稱親，過則稱己，則民作孝。大誓曰：予克紂，非予武，惟朕文考無罪；紂克予，非朕文考有罪，惟予小子無良。大誓，尚書篇名也。克，勝也。非予武，非我武功也。文考，文王也。無罪，則言有德也。無良，無功善也。此武王誓衆以伐紂之辭也。今大誓無此章，則其篇散亡。○大音泰，本亦作泰，注同。【疏】子云至無良。○正義曰：此一節論善則稱人，過則稱己之事。凡有三節：上經論與凡人，次經論臣於君，下經論子於親，各引詩書以結成之。其經首皆言子云。○詩云考卜惟王至武王成之者，此大雅文王有聲之篇，美武王之詩。考卜惟王者，言稽考於龜而卜者，惟是武王。○度是鎬京者，度，謀也，言所以卜者，謂謀居是鎬京。惟龜正之者，謂龜能正其吉兆。○武王成之者，謂築成都邑。○君陳曰爾有嘉謀嘉猷入告爾君于內○女者，嘉，善也。猷，道也。言爾有善謀善道，則入告爾君於內。乃順之於外者，言先告君於內，乃順行之於外。曰此謀此猷惟我君之德者，言此善謀善道，惟是我君之德也。○於乎是惟良顯哉者，既推德於君，又歎美君德云：於乎！是君德惟良善顯明哉。○泰誓曰至予小子無良者，克，勝也。武王云：我之克紂，非我武，惟我文考無罪於天，爲天所佐。若紂克於我，非我文考有罪，惟我小子無良善之德，故致敗也。○注此臣歸美於君。○正義曰：下經始據臣之於君，此經據凡人相於，而云歸美於君者，以歸美於它人，詩無其證，故引此惟龜正之歸美於君以證之。○注君陳蓋周公之子伯禽弟也。○正義曰：知君陳蓋周公子者，以書序云：周公既沒，命君陳分正東郊成周。似若蔡仲之命書序云：蔡叔既卒，王命蔡仲踐諸侯位。相似，皆是父卒命子，故疑周公子。以伯禽周公元子，既封於魯，命君陳令居東郊，故知伯禽弟也。○注今泰誓無此章則其篇散亡。○正義曰：鄭不見古文尚書，漢時別有尚書逸篇，四月太子發上祭於畢以下三篇之事，鄭謂篇中有此經之語，但其事散亡。子云：君子弛其親之過，而敬其美。弛猶棄忘也。孝子不藏識父母之過。○弛，式氏反，注同。論

語曰：三年無改於父之道，可謂孝矣。不以己善駁親之過。○駁，邦角反。高宗云：三年其惟不言，言乃讙。高宗，殷王武丁也，名篇在尚書。三年不言，有父小乙喪之時也。讙當爲歡，聲之誤也。其既言，天下皆歡喜，樂其政教也。○讙依注音歡，火官反。樂音洛。子云：從命不忿，微諫不倦，勞而不怨，可謂孝矣。微諫不倦者，子於父母尚和順，不用鄂鄂。論語曰：事父母幾諫，見志不從，又敬不違。內則曰：父母有過，下氣怡色，柔聲以諫，諫若不入，起敬起孝，說則復諫。此所謂不倦。○鄂，五各反，本又作諤。說音悅。復，扶又反。詩云：孝子不匱。匱，乏也。孝子無乏止之時。○匱，其媿反。子云：睦於父母之黨，可謂孝矣。睦，厚也。黨猶親也。故君子因睦以合族。合族，謂與族人燕，與族人食。詩云：此令兄弟，綽綽有裕；不令兄弟，交相爲瘉。令，善也。綽綽，寬容貌也。交猶更。瘉，病也。○綽，昌灼反。裕，羊樹反。瘉，羊主反。更，古衡反。

子云於父之執可以乘其車不可以衣其衣
君子以廣孝也父之執與父執志同者也可以乘其車車於身差遠也謂今與已位等。衣於
既反差初賣反子云小人皆能養其親君子不敬何以
辨辨別也。養羊尚反子云父子不同位以厚敬也同位尊卑等爲
其相褻。爲于僞反下專爲同褻息列反書云厥辟不辟忝厥祖厥其也辟君也
忝辱也爲君不君與臣子相褻則辱先祖矣君父之道宜尊嚴。厥辟不辟並必亦反注同子云父
母在不稱老言孝不言慈閨門之内戲而不
歎孝上施言慈則嫌下流也戲謂孺子言笑者也孟子曰舜年五十而不失其孺子之心歎謂有憂戚之聲也。
孺而注反君子以此坊民民猶薄於孝而厚於慈
子云長民者朝廷敬老則民作孝長民謂天子諸侯也。長

丁丈反注及下事長同子云祭祀之有尸也宗廟之主也
示民有事也脩宗廟敬祀事教民追孝也有事
有所尊事以此坊民民猶忘其親【疏】子云至其親。正義曰上文承善則
稱親則民作孝故此一節廣明爲孝之道以坊於民民猶有
忘孝之事各依文解之。君子弛其親之過者弛謂棄忘若
親有過失孝子棄忘之不藏記在心也。高宗云者此尚書
說命之篇論高宗之事故言高宗云高宗非書篇之名三年
其惟不言者在父喪三年之内其惟不言政教。言乃讙者
謂三年服畢之後言論政教天下皆歡樂也注高宗殷王武
丁也名篇在尚書。正義曰案其惟不言之文在尚書說命
之篇言乃讙在無逸之篇而鄭云名篇在尚書則是高宗篇
上有此二言與書之文不同者鄭不見古文尚書序有高宗
之訓此經有高宗云謂是高宗之訓篇有此語故云名篇在
尚書。子云至不匱。正義曰詩云孝子不匱者是大雅既
醉之篇美成王之時告大平之詩言孝子行其孝道不有匱
乏之時。子云至爲瘉。正義曰故君子因睦以合族者言
親睦於父母之黨乃得爲孝故君子因此親睦之道以會聚

宗族爲燕食之禮。詩云此令兄弟綽綽有裕者此詩小雅
角弓之篇刺幽王之詩幽王不親宗族故父兄刺之令善也
言此有德之人善於兄弟故綽綽然而有寬裕。不令兄弟
交相爲瘉者瘉病也言無德小人不善兄弟交相爲病害。
注車於至位等。正義曰以父之執友得乘其車不得衣其
衣以衣在身車比衣稍遠故可以乘其車知今與已位等者
若尊卑懸絶假非執友不可傳通車服故知與已位等但是
父之執故不可衣其衣也。書云厥辟不辟忝厥祖。正義
曰此尚書太甲三篇伊尹戒太甲之辭厥其也辟君也忝辱
也言爲君不自尊高而與臣子相褻則辱其先祖也若爲人
父不自尊嚴而與卑下相瀆亦辱累其先祖故鄭注云君父
之道宜尊嚴也此則因君見父耳。子云至其親。正義曰
示民有事也者言所以祭祀有尸宗廟有主者下示於民有
所尊事故也。脩宗廟敬祀事教民追孝也者言人君脩立
宗廟恭敬祀事者下教於民追孝於親也子云敬則用祭器祭器籩豆鉶之屬也有
敬事於賓客則用之謂饗食也盤盂之屬爲燕器。簋音軌鉶音刑食音嗣下文食禮同盤步干反盂音于。故
君子不以菲廢禮不以美沒禮言不可以其薄不及禮而不行

禮亦不可以其美過禮而去禮禮主敬廢滅之是不敬。菲芳鬼反薄也去起呂反故食禮主人
親饋則客祭主人不親饋則客不祭故君子
苟無禮雖美不食焉易曰東鄰殺牛不如西
鄰之禴祭寔受其福東鄰謂紂國中也西鄰謂文王國中也此辭在既濟既濟離下
坎上離爲牛坎爲豕西鄰禴祭則用豕與言殺牛而凶不如殺豕受福喻奢而慢不如儉而敬也春秋傳曰黍稷非馨明
德惟馨信矣。饋其位反禴音藥寔時力反易作實焉音餘。詩云既醉以酒既飽
以德言君子饗燕非專爲酒肴亦以觀威儀講德美。肴戶交反以此示民民猶
爭利而忘義【疏】子云至忘義。正義曰前經坊民以爲孝之道此經教民以爲敬行義之事。
故君子不以菲廢禮者菲薄也言君子不以貧窶菲薄廢禮
不行。不以美沒禮沒過也不可以財物豐多華美其事沒
過於禮也。易曰東鄰殺牛不如西鄰之禴祭寔受其福者東
鄰謂紂西鄰謂文王也紂之國中奢而慢禮雖殺牛以祭不

如西鄰文王國中以爲禴祭但殺豕而已以其祭儉而恭敬故也。寔受其福寔實也言寔爲神所加福祐。詩云既醉以酒既飽以德者此大雅既醉之篇言成王祭祀合於禮儀既盡也言君臣上下盡醉以酒至於祭之末觀十倫之義盡飽以德。注東鄰至信矣。正義曰東鄰謂紂國中也既云東鄰西鄰揔據一國之辭非唯紂文王一身而已故云國中言一國皆然也云此辭在既濟者是既濟九五爻辭也鄭注易九五日互體爲坎也又互體爲離離爲日坎爲月日出東方東鄰象也月出西方西鄰象也此注坎爲豕西鄰禴祭則用豕與此文異又注云離爲牛是東鄰之祭殺牛也則鄭之易注九五一爻有坎有離此注揔論既濟之卦下體爲離上體爲坎與易注不同者但易含萬象俱得明義也此據一國風俗奢儉故舉豕牛以言之不得以天子諸侯俱用大牢爲妨

子云七日戒三日齊戒謂散齊也承猶事也。齊側皆反注同散悉但反承一人焉以爲尸過之者趨走以教敬也醴酒在室醍酒在堂澄酒在下示不淫也淫猶貪也澄酒清酒也三酒尚質不尚味。醍音體尸飲三衆賓飲一示民有上下也上下猶尊卑也主人主婦上賓獻尸乃後主人降洗爵獻賓因其酒肉聚其宗族以教民睦也言祭有酒肉羣昭羣穆皆至而獻酬之咸有薦俎。昭常遙反故堂上觀乎室堂下觀乎上謂祭時肅敬之威儀也。詩云禮儀卒度笑語卒獲卒盡也獲得也言在廟中者不失其禮儀皆歡喜得其節也。度如字法度也徐徒洛反

【疏】子云至卒獲。正義曰此一節明祭祀恭敬之義使禮儀各得其所。七日戒者謂散齊也。三日齊者謂致齊也。承一人焉以爲尸者謂承奉一人焉尊之爲尸也。示民不淫也者淫猶貪也然醴齊醍齊澄酒味薄者在上味厚者在下貴薄賤厚示民不貪淫於味也。尸飲三衆賓飲一示民有上下也者言尊上者得酒多卑下者得酒少是示民有上下也。因其酒肉聚其宗族以教民睦也者謂因其祭祀之酒肉於祭祀之末聚其宗族昭穆相獻酬教民相親睦也。故堂上觀乎室者沈重云祭祀之時在堂上者觀望在室之人以取法。堂下觀乎上者謂在堂下之人觀於堂上之人以爲則言上下內外更相做法。詩云禮

儀卒度笑語卒獲者此小雅楚茨之篇刺幽王之詩言古之祭祀禮儀盡合其法度笑語盡得其節制。注澄酒至尚味。正義曰澄酒清酒也謂澄齊也以其清於醴齊醍齊故云清酒也以此三齊皆云酒故知澄酒惟澄齊也禮運云玄酒在室醴醆在戶粢醍在堂澄酒在下彼陳酒事故鄭分釋澄爲沈齊酒爲三酒也以此云示民不淫故知非三酒以三酒味厚美故也禮運云醴醆在戶此云在室不同者在戶之內則是在室也但禮運有玄酒在室之文故云醴醆在戶爾。注主人至獻賓。正義曰知主人主婦。賓獻尸乃後主人降洗爵獻賓者儀禮特牲文也

子云賓禮每進以讓喪禮每加以遠浴於中霤飯於牖下小斂於戶內大斂於阼殯於客位祖於庭葬於墓所以示遠也遠之所以崇敬也阼或爲堂。霤力救反飯扶晚反牖音酉殷人弔於壙周人弔於家示民不倍也既葬哀而哭踊於是弔之。壙苦晃反子云死民之卒事也吾從周周於送死尤備以此坊民諸侯猶有薨而不葬者

【疏】子云至葬者。正義曰此一節明送喪漸遠弔哭有節示民不倍之事賓禮每進以讓者案鄉飲酒禮主人迎賓至門三辭至階三讓皆主人先入先登是賓禮每進以讓。死民之事也吾從周者上既云殷周弔節不同孔子明言所從之事故更言子云死民之卒事也吾從周言死是民之終卒之事宜須送終備具若殷人弔於壙情猶未盡即壙上而弔於送死大簡周人孝子反哭至家乃後始弔於送死殷勤是情禮備具故云吾從周也

子云升自客階受弔於賓位教民追孝也謂反哭時也既葬矣猶不由阼階不忍即父位也未沒喪不稱君示民不爭也故魯春秋記晉喪曰殺其君之子奚齊及其君卓沒終也春秋傳曰諸侯於其封內三年稱子至其臣子踰年則謂之君矣奚齊與卓子皆獻公之子也獻公卒其年奚齊殺明年而卓子殺矣。爭爭鬭之爭下民爭同殺音試注及下同一音如字卓勑角反注同以此坊民子猶有

弑其父者弑父不子之甚疏子云至父者○正義曰此節明民追孝於親諸侯未終喪之前不得稱君示民不爭之事也○升自客階受弔於賓位者謂既葬反哭之時孝子升自客階受弔於堂上西方賓位之處不敢在東方以即父位示民追孝之心也○未沒喪不稱君者沒終也謂未終三年之喪嗣子不合稱君所以然者示民不令父子相爭也○殺其君之子奚齊及其君卓者案僖九年秋九月晉侯詭諸卒冬晉里克殺其君之子奚齊十年里克弑其君卓子公羊云其年奚齊殺明年卓子弑是踰年稱君○注云謂反哭時也○正義曰知反哭時者以承上文葬於墓又云薨而不葬者即云升自客階承葬文之下故知反哭時又既夕禮云乃反哭入主人升自西階是也○注春秋至君矣○正義曰諸侯於其封內三年稱子者此文九年公羊傳文其臣子踰年則謂之君者此卓子踰年弑而經書弑其君是史之策書臣子稱君也子云孝以事君弟以事長示民不貳也故君子有君不謀仕唯卜之日稱二君不貳不自貳於尊者也自貳謂若鄭叔段者也君子有君謂君之子父在者也不謀仕嫌遲為政也卜之日謂君有故而為之卜也貳當為貳唯卜之時辭得曰君之貳某爾晉惠公獲於秦命其大夫歸擇立君曰其卜貳圉也○弟音悌鄭段徒亂反本亦云鄭叔段也遲直志反而為于偽反圉魚呂反晉惠公太子懷公名喪父三年喪君三年示民不疑也不疑於君之尊也君無骨肉之親不重其服至尊不明父母在不敢有其身不敢私其財示民有上下也身及財皆當統於父母也有猶專也故天子四海之內無客禮莫敢為主焉故君適其臣升自阼階即位於堂示民不敢有其室也臣亦統於君○父母在饋獻不及車馬示民不敢專也車馬家物之重者○饋本又作餽音同以此坊民民猶忘其親而貳其君疏子云至其君○正義曰此一節明事君父之道○孝以事君弟以事長示民不貳也者用孝以事君用弟以事長示民以恭敬之情不敢自副貳於其君謂與尊者相敵若鄭叔段貳君於兄也○故君子有君不謀仕者君子謂國君之子有君在不謀欲仕官若謀仕官似嫌為政之遲故欲速為仕也○唯卜之日稱二君者二當為貳謂副貳也謂君有事故不得親臨卜筮其嗣子為君而卜其辭得稱君之貳某告龜筮也○示民不疑者君無骨肉之親若不為重服民則疑君不尊今喪君三年與喪父同示民不疑於君之尊也○注自貳至圉也○正義曰案隱元年左傳稱鄭莊公弟共叔段封於京邑請西鄙北鄙貳於己段又收貳以為己邑公子呂曰國不堪貳謂除君身之外國中不堪更有副貳之君是段之自貳於君也云卜之日謂君有故而為之卜也者言當卜之日君應須親臨君有事故而適子為君卜也云二當為貳者小二是一二之二大貳是副貳之貳此取副貳之貳不取一二之二故轉二為貳也云惟卜之時辭得曰君之貳某爾者言嗣子於他餘事皆不得自稱君之貳惟代君臨卜之時得稱君之貳某所以然者敬重卜之神靈不敢私顧父子之嫌若不稱君貳無緣代君而卜辭窮不得不稱君二故也此謂世子對君自稱也王肅不曉鄭旨乃引傳云太子之二又云子者身之二又以旁人稱二而難鄭其義非也云晉惠公獲於秦命其大夫歸擇立君曰其卜二圉也者鄭以書傳無世子為君卜稱貳之文故引僖公十五年左傳之文以證君貳之事與此經文不正相當取其一邊耳惠公獲於秦者案僖公十五年傳稱晉惠公被秦伯所納既而背秦秦伯伐之戰於韓被秦所獲命其大夫歸立其子圉為君稱卜副貳之子圉今為君子云禮之先幣帛也欲民之先事而後祿也此禮謂所執之贄以見者也既相見乃奉幣帛以修好也或云禮之先辭而後幣帛○贄音至見賢遍反好呼報反先財而後禮則民利財幣帛也利猶貪也無辭而行情則民爭辭辭讓也情主利欲也○故君子於有饋者弗能見則不視其饋饋遺也不能見謂有疾也不視猶不內也○遺于季反下遺民同內音納又如字○易曰不耕穫不菑畬凶言必先種之乃得穫若先菑乃得畬也安有無事而取利者乎田一歲曰菑二歲曰畬三歲曰新田○穫戶郭反菑側其反畬音餘以此坊民民猶貴祿而賤行行猶事也言務得其祿不務其事○行下孟反注同疏子云至賤行○正義曰此一節明坊民使輕財重禮貴行賤祿之事○禮

之先幣帛也謂相見之禮先於幣帛言先行相見之禮乃後用幣帛欲民之先事而後祿也者先相見是先事而後幣帛是後祿也○先財而後禮則民利者利貪也若先用財而後行禮民則化之貪於財也○無辭而行情則民爭者辭謂辭讓言與人相見無辭讓之禮直行己情則有利欲故民爲爭故君子於有饋者弗能見則不視其饋者饋遺也視納也言君子之人於有他人饋遺己者己若疾病不能見其所饋之人則不納其所饋之物也○易曰不耕穫不菑畬凶此易無妄六二爻辭無妄震下乾上六二既在震卦居中得位宜合仕者謂合事九五被六三所隔不得往仕是道之不行雖食其祿猶不耕穫刈不菑畬田無功得物是其凶引之者證貪財之事○注田一至新田○正義曰案爾雅釋地云田一歲曰菑孫炎云始菑殺其草木二歲曰新田孫炎云新成柔田也三歲曰畬孫炎云畬舒緩周頌傳亦云三歲曰畬此云三歲曰新田者誤也

子云君子不盡利以遺民不與民爭利也詩云彼有遺秉此有不斂穧伊寡婦之利言穫者之遺餘捃拾所以爲利○穧子賜反又才計反捃君運反拾音十故君子仕則不稼田則不漁食時不力珍大夫不坐羊士不坐犬食時謂食四時之膳也力猶務也天子諸侯有秩膳古者殺牲食其肉坐其皮不坐犬羊是不無故殺之詩云采葑采菲無以下體德音莫違及爾同死葑蔓菁也陳宋之間謂之葑菲當類也下體謂其根也采葑菲之菜者采其葉而可食無以其根美則并取之苦則棄之并取之是盡利也此詩故親今疏者言人之交當如采葑采菲取一善而已君子不求備於一人能如此則德美之音不離令名我願與女同死矣論語曰故舊無大故則不棄也○葑芳容反菲芳尾反蔓音萬徐音蠻菁音精又子丁反葍音富又音福并必政反又如字下同离力智反女音汝以此坊民民猶忘義而爭利以亡其身

【疏】子云至其身○正義曰此一節明貴義輕利以坊民之事也○不盡利以遺民者言君子不盡竭其利當以餘利遺與民也○詩云彼有遺秉此有不斂穧伊寡婦之利者此詩小雅大田之篇刺幽王之詩言幽王無道矜寡不能自存故陳明王之時陰陽和調年歲豐稔田稼既多穫刈促遽彼處有遺秉把此處有不斂之穧束與寡婦捃拾以爲利引之者證以利遺民者也○食時不力珍者力務也言人君食四時之膳不更用力務求珍羞○大夫不坐羊士不坐犬者言大夫無故不得殺羊坐其皮士無故不得殺犬坐其皮皆謂不貪其利以厚己也○詩云采葑采菲無以下體者此詩邶風谷風之篇婦人怨夫棄己故以此言恨之言采其葑菲之菜無以下體根莖之惡并棄其葉言取妻之時無以花落色衰并棄其夫婦之禮○德音莫違及爾同死者如此則道德音聲無相乖違則可與汝同至於死詩之文義其理如此今此記者引詩斷章爲義凡有二意一則云采此葑菲之菜但采其葉無得并采其下體之根莖言根莖雖美不可并取則是不盡取其利當遺與於下二則云采其葑菲之菜無以下體之惡并棄其葉據下體有苦惡之時言交友之道無以一處之惡并棄其遺事之善如此則德音莫違與汝同至於死作記者據其根善則無得并取其根無盡利也據其根惡則無得并棄其葉不求備也○注云葑蔓至棄也○正義曰案詩傳云葑須也爾雅釋草云須葑蓯陸機云又謂之蓯吳人謂葑蓯蔓菁幽州人或謂之芥云芥當類者釋草云菲蒠菜郭景純云菲草生下溼地似蕪菁華紫赤色可食云采葑菲之菜者采其葉而可食無以其根美則并取之苦則棄之并取之是盡利也者鄭之此注解此記所引本明無盡利之事則德音莫違及爾同死當解云上無盡利於民則道德之音無有乖違民之及君可同至於死今鄭以下所注更別主一義與記意稍乖云此詩故親今疏者此鄭別解詩義以注記之時未見毛傳不知夫婦相怨謂交友和於所以云故親今疏云采葑采菲取一善而已者此謂根惡但取葉處一善而已不棄其根也云君子不求備於一人者謂一人身上既有善處亦有惡處不可以惡處并棄其善也論語云故舊無大故則不棄也鄭引之者證交友不以小惡而相棄鄭此注前釋正合記文鄭之後釋不知何意如此今所未詳

子云夫禮坊民所淫章民之別使民無嫌以爲民紀者也淫猶貪也章明也嫌嫌疑也故男女無媒不交無幣不相見恐男女之無別也重男女之會所以遠別之於禽獸也有幣者必有媒有媒者不必有幣仲春之月會男女之時不必待幣○媒音梅注同以此坊民民猶有自獻其身獻猶進也詩云伐柯如之何匪斧不克取妻如之何匪媒

不得蓺麻如之何橫從其畝取妻如之何必告父母伐柯代木以爲柯也克能也蓺猶樹也橫從橫行治其田也言取妻之法必有媒如伐柯之必須斧也取妻之道必告父母如樹麻當先易治其田○柯古何反斧柄取七樹反後皆同從子容反注同橫行治其田本亦作遊行治其田易以豉反【疏】子云至父母○正義曰自此以下終於篇末揔坊男女奔淫之事夫婦重愼之義也此節明男女非媒非幣不相交見○夫禮坊民所淫者淫貪也言禮者坊民所貪欲之事知非直是坊民淫泆而云貪者以文云所淫稱所是所貪也若其淫泆則當云坊民淫不須云所也○章民之別者章明也明民之男女令相分別使民無嫌○以爲民紀者也謂使民無色欲之嫌疑以爲民之綱紀也○民猶有自獻其身謂民之女人猶有自進其身以求男者也○詩云伐柯如之何匪斧不克者此詩齊風南山之篇刺齊襄公與妹文姜姦淫之事○蓺麻如之何橫從其畝者蓺種也橫行也言將種麻如之何必須橫行耕治其田然後得麻子云取妻不取同姓以厚別也厚猶遠也○不取如字又七樹反故買妾不知其姓則卜之妾言買者以其賤同之於衆物也士庶之妾恒多凡庸有不知其姓者以此坊民魯春秋猶去夫人之姓曰吳其死曰孟子卒吳大伯之後魯同姓也昭公取焉去姬曰吳而已至其死亦畧云孟子卒不書夫人某氏薨孟子蓋其且字○去起呂反注同大音泰【疏】子云至子卒○正義曰此一節坊民取同姓爲妻之事○買妾不知其姓則卜之者妾既卑賤不可盡知其所生本姓但避其凶害唯卜其姓吉乃取之○魯春秋猶去夫人之姓曰吳者依春秋之例如夫人齊女即云姜氏至自齊以例言之此吳女亦當云夫人姬氏至自吳魯則諱其姬姓而不稱夫人姬氏至自吳是去夫人之姓曰吳也但春秋經文不載其事其春秋簡牘雜記則有之故論語云謂之吳孟子是當時之言有稱吳也○其死曰孟子卒者哀十二年稱孟子卒若其不諱當云夫人姬氏薨以諱取同姓而云孟子卒孟子是夫人之且字沒其氏書其且字又沒其薨而畧言卒而已皆爲同姓諱之鄭與何休皆以諱取同姓而書卒左氏則以不成喪故稱卒與鄭何異也○注孟子至且字○正義曰若既笄而字當云伯叔季若伯姬季姬今云孟子故知且字也子云禮非祭男女不交爵交爵謂相獻酢以此坊民陽侯猶殺繆侯而竊其夫人同姓也以貪夫人之色至殺君而立其國未聞○殺音試注同一音如字繆音穆故大饗廢夫人之禮大饗饗諸侯來朝者也夫人之禮使人攝○朝直遥反【疏】子云至之禮○正義曰此一節坊男女非因祭祀不得相集會也○非祭男女不交爵者言唯祭之時乃得交爵故特牲饋食禮云主婦獻尸尸酢主婦是交爵也○故大饗廢夫人之禮者以大饗之時夫人與君同饗於賓是繆侯及夫人共出饗賓陽侯是繆侯同姓之國見繆侯夫人之美乃殺繆侯而取其夫人反慕其國而自立故大饗廢夫人之祀不使夫人得預其禮也以此言之則陽侯以前大饗夫人出饗鄰國之君得有男女交爵此云非祭男女不交爵者謂侯伯子男及卿大夫士祭及交爵若王於上公及上公相饗時后與夫人亦男女交爵與禮同也故大行人云上公之禮王禮再祼而酢是也○注同姓至未聞○正義曰言同姓者則上文云君不與同姓同車是也云其國未聞者唯有陽侯繆侯是兩君之謚未聞何國君故云未聞又案王饗諸侯及諸侯自相饗同姓則后夫人親獻異姓則使人攝獻則繆侯所饗蓋同姓也且王於同姓雖爲侯伯車服與上公同上公既再祼后與王俱祼則上公相於與王同也其同姓上公則后與夫人親祼獻拜送也若異姓上公使人攝祼故宗伯職云大賓客則攝而載祼謂異姓也內宰職云凡賓客之祼獻瑤爵皆贊注云謂王同姓及二王之後來朝覲王以鬱鬯禮之后以瑤爵亞獻謂同姓也自陽侯殺繆侯後其后夫人獻禮遂廢並使人攝也子云寡婦之子不有見焉則弗友也君子以辟遠也有見謂睹其才藝也同志爲友○見賢遍反注及下同辟音避遠于萬反下遠色同故朋友之交主人不在不有大故則不入其門大故喪病以此坊民民猶以色厚於德子云好德如好色此句似不足論語曰未見好德如好色疾時人厚於色之甚而薄於德也○好呼報反下及注同諸侯不下漁色謂不內取於國中也內取國中爲下漁色昏禮始納采謂采擇其可者也國君而內取象捕魚然中網取之是無所擇○捕蒲布反中網丁仲反○故君子遠

色以爲民紀故男女授受不親不親者不以手相與也内則曰非祭非喪不相授器其相授則女受以篚其無篚則皆坐奠之而後取之○篚音匪御婦人則進左手御者在右前左手則身微背之姑姊妹女子子已嫁而反男子不與同席而坐女子十年而不出也嫁及成人可以出矣猶不與男子共席而坐遠別寡婦不夜哭嫌思人道婦人疾問之不問其疾嫌媚畧之也問增損而已以此坊民民猶淫泆而亂於族亂族犯非妃匹也○泆音逸本又作佚同妃匹音配一音如字〔疏〕子云至於族○正義曰此一節更申明男女相遠又坊人同姓淫泆之事○諸侯不下漁色漁色謂漁人取魚中網者皆取之譬如取美色中意者皆取之若漁人求魚故云漁色諸侯當外取不得下嚮國中取卿大夫士之女若下嚮内取國中似漁人之求魚無所擇故云不下漁色○御婦人則進左手者以御者之禮婦人於車上左廂御者在婦人之右進左手謂左手在前轉身向右微偝婦人○婦人疾問之不問其疾者謂不問其疾所委曲若問其委曲嫌似媚故不丁寧但畧問增損而已子云昏禮壻親迎見於舅姑舅姑承子以授壻恐事之違也舅姑妻之父母也妻之父爲外舅妻之母爲外姑父戒女曰夙夜無違命母戒女曰母違宫事○迎魚敬反○以此坊民婦猶有不至者不至不親夫以孝舅姑也春秋成公九年春二月伯姬歸於宋夏五月季孫行父如宋致女是時宋共公不親迎恐其有違而致之也○父音甫〔疏〕子云至至者○正義曰見於舅姑舅姑承子以授壻者謂親迎之時壻見於舅姑舅姑謂婦之父母也婦之父母承奉女子以付授於壻則昏禮父戒女曰夙夜無違命母戒女曰母違宫事是也恐事之違者謂恐此女人於昏事乖違故親以女授壻也

附釋音禮記注疏卷第五十一

禮記注疏卷五十一校勘記　阮元撰盧宣旬摘録

孔子閒居第二十九

孔子閒居節

子夏覆五至三無之事　閩監毛本同惠棟挍宋本覆下有問字

子夏曰民之父母節　惠棟挍宋本子夏曰民之父母既得而聞之矣合上節爲一節敢問何爲以下合下節子夏曰五至既得而聞之矣十一字爲一節

敢問至五至　惠棟挍宋本無此五字

若民有禍害　閩監本同毛本害誤哀

子夏曰五至既得而聞之矣節

敢問至喪也　惠棟挍宋本無此五字

密靜也　閩監本同毛本密誤寧

子夏曰言則大矣美矣節

威儀遲遲　各本同石經遲遲作遟遲

起猶行也　閩監毛本同岳本同嘉靖本同衞氏集說同惠棟挍宋本行作從考文引古本足利本同

子夏至孫子　惠棟挍宋本無此五字

子夏曰三王之德節

敢問何如斯可謂參於天地矣　閩監毛本同衞氏集說同石經無於字岳本同嘉靖本同考文引古本足利本同石經考文提要云宋大字本宋本九經南宋巾箱本余仁仲本並無於字

日月無私照　各本同石經同釋文出私炤云本亦作照

湯降不遲　各本同石經遲作遟

昭假遲遲 各本同石經遲遲作遅遅釋文亦出遅遅

上帝是祗 閩本石經宋監本岳本嘉靖本並同監毛本祗誤祇衞氏集說同釋文出是祗

子夏至德也 惠棟按宋本無此五字

清明在躬節

嗜欲將至 石經同閩監毛本嗜作耆岳本同衞氏集說同釋文出耆欲按此本注亦作耆嘉靖本初作耆後改嗜

嵩高惟嶽 石經宋監本岳本嘉靖本衞氏集說同閩監毛本惟作維石經考文提要云宋大字本宋本九經南宋巾箱本余仁仲本劉叔剛本並作惟嶽下惟嶽惟申並同

惟周之翰 惠棟按宋本石經宋監本岳本嘉靖本衞氏集說同考文引古本足利本同閩監毛本惟作爲石經考文提要云宋大字本宋本九經南宋巾箱本余仁仲本劉叔剛本並作惟周

四方于宣 各本同石經同毛本方誤國

清明至德也 惠棟按宋本無此五字

無此生生賢佐之詩 惠棟按宋本不重生字是也閩監毛本無此生作無此先生

此詩大雅嵩高之篇 閩監毛本同惠棟按宋本嵩作崧下按詩嵩高之篇同

掌四岳之祀 閩監本同毛本祀誤事惠棟按宋本亦作祀岳作嶽

弛其文德節

弛其至德也 惠棟按宋本無此五字

則大王居邠 閩監毛本同惠棟按宋本邠作豳

天王之後也 惠棟按宋本此下標禮記正義卷第五十八終記云凡三十九頁

坊記第三十 惠棟按宋本禮記正義卷第五十九

子言之君子之道節

命謂教令 閩監本同惠棟按宋本岳本嘉靖本並同衞氏集說同毛本令誤命

子言至坊欲 惠棟按宋本無此五字

子云小人貧斯約節

士有餼命之級 閩監毛本嘉靖本並同惠棟按宋本級下有也字宋監本岳本同衞氏集說同

子云至益亡 惠棟按宋本無此五字

貴謂卿士之屬也 閩監本同毛本謂誤爲

子云貧而好樂節

子云貧而好樂 閩監本同石經同岳本同嘉靖本同衞氏集說同考文云宋板同毛本云誤曰

恒多作亂 閩監毛本同岳本同嘉靖本同惠棟按宋本作作爲宋監本同衞氏集說同考文引古本同

高一丈長二丈爲雉 毛本二作三岳本同嘉靖本同衞氏集說同此本誤閩監本同

革車十乘士一百人 閩監毛本同惠棟按宋本無一字衞氏集說同

云子男之城方五百里者 閩監毛本同惠棟按宋本無百字衞氏集說同

子云夫禮者節 惠棟按云子云夫禮節子云君子節子云觴酒節宋本分民猶犯君之上爲一節

民猶得同姓以弑其君 各本同石經同釋文出以殺云本又作弑

唯在軍同服于 惠棟按宋本于作爾宋監本岳本嘉靖本衞氏集說同考文引足利本同閩監毛本並誤

子云至患之 惠棟按宋本無此五字

云稱之曰主不言君辟諸侯也 閩監本同毛本也下有者字

傳言君謂有采地者也閩監毛本同惠棟按宋本言作云

諸侯亦稱下曲禮云惠棟按宋本有主字此本主字脫閩監毛本脫下字

主者亦有以御服乎惠棟按宋本作主亦有以語肥也此本主下衍者字語肥也誤御服乎閩監毛本同

取號之旅惠棟按宋本同閩本取誤取監毛本取誤助

詩云至斯亡惠棟按宋本無此五字按此節疏文一則此本誤按是在軍同服之後閩監毛本移置詩云民之無良節經注之下是也

子云君子辭貴不辭賤節惠棟按云詩云民之無良以下宋本另爲一節

至于已斯亡閩監本同石經同岳本同嘉靖本同衞氏集說同毛本于誤於

子云利祿節

言不偷於死亡各本同釋文出不愉云本亦作偷。按說文有愉無偷

子云至無告惠棟按宋本無此五字

欲令獻公當思念先君惠棟按宋本同閩監毛本思誤須

按鄭志荅曰炅模云閩監毛本同惠棟按宋本無曰字炅作冕段玉裁按云炅字是也曰字衍盧文弨按云前俱作炅模

注記時孰就盧君惠棟按宋本無孰字是也此本孰字誤衍閩監本同毛本就上衍執字尤誤

子云上酌民言節

民受之如天矣閩監毛本同岳本同嘉靖本同惠棟按宋本受作愛衞氏集說同考文引古本足利本同

故君子信讓以涖百姓各本同石經同釋文涖作莅

子云至芻蕘惠棟按宋本無此五字

子云善則稱人節

言女鄉卜筮各本同釋文出嚮卜云本亦作鄉。按經傳多作鄉嚮俗字

入告爾君于內女乃順之于外閩監本石經岳本嘉靖本衞氏集說同毛本二于並誤於

子云至無良惠棟按宋本無此五字

凡有三節上經論與凡人次經論臣於君閩監本同毛本三誤二次誤此

泰誓曰至予小子無良者閩監毛本同惠棟按宋本泰作大

無罪於天爲天所佐閩監本同毛本爲誤惟佐誤助

此經據凡人相於閩本同惠棟按宋本同監毛本於誤與

以歸美於它人閩監本同毛本它作他惠棟按宋本無於字

子云君子弛其親之過節惠棟按云子云君子節宋本分從命不忿至孝子不匱爲一節睦於父母至交相爲瘉爲一節於父之執至廣孝也爲一節小人皆能養至黍厥祖爲一節父母在至教民追孝也爲一節以此坊民二句合下敬則用祭器爲一節

弛猶棄忘也閩監毛本同岳本棄作弃衞氏集說同

孝子不藏識父母之過惠棟按宋本宋監本岳本嘉靖本衞氏集說同閩監毛本識作記考文引古本足利本作識

微諫不倦者閩監毛本嘉靖本岳本同考文引宋板者作君衞氏集說同

綽綽寬容貌也閩監本嘉靖本岳本衞氏集說同毛本容誤裕

交猶更　閩監毛本同岳本同惠棟挍宋本更下有也字嘉靖本衛氏集說同考文引古本足利本同

謂今與已位等　閩監毛本同岳本同嘉靖本同衛氏集說同考文引宋板無今字

戲謂𢟍子言笑者也　各本同釋文出𢟍子

民猶薄於孝而厚於慈　閩監毛本同石經猶下有有字考文引宋板古本足利本同岳本嘉靖本衛氏集說並同石經考文提要云宋大字本宋本九經南宋巾箱本余仁仲本並有有字

脩宗廟　閩監本石經岳本嘉靖本並同毛本脩作修衛氏集說同

有事有所尊事　閩監毛本岳本嘉靖本並同惠棟挍宋本尊事作事也衛氏集說同

子云至其親　惠棟挍宋本無此五字

各依文解之　閩本同惠棟挍宋本同監毛本依作隨

子云敬則用祭器節

盤盂之屬爲燕器　閩監本同岳本同嘉靖本同衛氏集說同毛本盂誤于釋文出盂云音于

子云至忘義　惠棟挍宋本無此五字

子云七日戒節

示不淫也　惠棟挍宋本示下有民字石經宋監本岳本嘉靖本衛氏集說同考文引古本足利本同此本脫民字閩監毛本同石經考文提要云宋大字本宋本九經南宋巾箱本余仁仲本劉叔剛本並有民字

而獻酬之　岳本嘉靖本衛氏集說同閩監毛本酬作醻考文云宋板醻作酬疏放此

子云至卒獲　惠棟挍宋本無此五字

知主人主婦賓獻尸　閩監本同毛本賓上有上字

子云賓禮每進以讓節

同於送死尤備　閩監本同岳本同嘉靖本同衛氏集說同毛本尤誤猶

子云至葬者　惠棟挍宋本無此五字

子云升自客階節

子云至父者　惠棟挍宋本無此五字

注云謂反哭時也　閩監毛本同惠棟挍宋本無云字

子云孝以事君節

子云至其君　惠棟挍宋本無此五字

謂國君之有君在　惠棟挍宋本有上有子字閩監毛本脫有字

子云禮之先幣帛也節

欲民之先事而後祿也　閩監本石經岳本嘉靖本同衛氏集說同考文引宋板同毛本祿誤樂疏而後祿也者放此

謂所執之贄　閩監毛本同岳本贄作摯嘉靖本衛氏集說同釋文出之贄

子云至賤行　惠棟挍宋本無此五字

故民爲爭　閩監毛本同惠棟挍宋本無爲字衛氏集說亦作故民爭也

此易無妄六二爻辭無妄　閩監本同毛本二無字並作无

猶不耕穫刈　惠棟挍宋本同閩監毛本刈誤割

無功得物　閩監本同毛本得誤德

子云君子不盡利以遺民節

子云君子　各本同石經同毛本云誤曰

是不無故殺之　閩監毛本岳本嘉靖本同惠棟挍宋本不無故作無故不衛氏集說同

非蓄類也　閩監毛本同岳本同嘉靖本同衛氏集說同釋文蓄作畜惠棟挍正義同

苦則棄之 閩監毛本同岳本棄作弃宋監本嘉靖本衛氏集說同下則不棄也同

子云至其身 惠棟按宋本無此五字

陸機云又謂之蓷 閩監本同毛本機誤璣

與記意稍乖 閩監本同惠棟按宋本同毛本記誤已

子云禮非祭節

子云至之禮 惠棟按宋本無此五字

而取其夫人反襲其國 閩監毛本同衛氏集說同惠棟按宋本反作又是也

其后夫人獻禮遂廢 閩監本同毛本后作後

子云寡婦之子節

大故喪病 閩監毛本岳本嘉靖本同惠棟按宋本病作疾宋監本衛氏集說同

疾時人厚於色之甚 閩監本岳本嘉靖本衛氏集說同毛本於誤與考文引宋板亦作於

象捕魚然 各本同釋文出猶捕

御者在右前左手則身微背之 岳本嘉靖本同毛本背誤偝衛氏集說背作備考文引宋板同閩監本十二字闕

女子十年而不出也 各本同毛本不字誤倒在十年上

嫌思人道 毛本岳本嘉靖本衛氏集說同閩監本四字闕

問增損而已 毛本岳本嘉靖本衛氏集說同考文引宋板同閩監本闕而已二字按二字當二空闕閩監本誤四空闕

民猶淫泆 閩監本石經岳本嘉靖本同毛本泆作佚衛氏集說同釋文出淫泆云本又作佚○按泆佚字古多通用

諸侯不下漁色漁色謂漁人取魚 惠棟按宋本同閩本監本侯不下漁色漁色謂八字闕毛本侯字有七字闕閩監毛本漁人並誤魚人

譬如取美色中意者皆取之若漁人求魚 惠棟按宋本同閩監毛本中意者皆取之若漁人九字闕

不得下鄉國中取卿大夫士之女 惠棟按宋本同閩監毛本鄉國中取卿大夫士八字闕閩監本得字同毛本得誤當

似漁人之求魚無所擇故云不下漁色 惠棟按宋本同閩監毛本無所擇故云不下漁八字闕求魚誤求漁

以御者之禮婦人在車上左廂御者 惠棟按宋本同閩監毛本婦人在車上左廂御八字闕

謂左手在前轉身向右微偝婦人○婦人 惠棟按宋本同閩監毛本身向右微偝婦人○八字闕

謂不問其疾所委曲若問其委曲嫌似媚故不丁寧但略問增損而已 惠棟按宋本同略問作問其考文引宋板亦作略問閩監毛三本所委曲若問其委曲故不丁寧但問其增十六字並闕按毛本空闕廿八字誤也

子云昏禮節

妻之父爲外舅妻之母爲外姑父戒女曰夙夜無違命母戒女曰毋違宮事 毛本同惠棟按宋本同無作毋岳本嘉靖本衛氏集說同閩監本之父爲外舅妻之母無違命毋戒女曰毋十六字闕

季孫行父如宋致女是時宋共公不親迎恐其有違而致

之也毛本同岳本同惠棟按宋本同嘉靖本同閩監本父如宋致女是時恐其有違而致之十四字闕

見於舅姑舅姑承子以授壻者謂親迎之時惠棟按宋本同閩監毛本子以授壻者謂親七字闕考文引宋板舅姑二字不重

婦之父母承奉女子以付授於壻惠棟按宋本同衞氏集說同閩監毛本婦之父母承奉女七字闕

夙夜無違命母戒女曰毋違宮事惠棟按宋本同閩監毛本違命母戒女曰毋七字闕

恐事之違者謂恐此女人於昏事乖違惠棟按宋本同閩監毛本謂恐此女人於昏乖八字闕按毛本有空闕九字誤也

附釋音禮記注疏卷第五十一惠棟按宋本禮記正義卷第五十九終記云凡二十五頁

宋監本禮記卷第十五經五千五百八十三字注四千七百五十四字嘉靖本禮記卷第十五經五千五百三十二字注四千六百六字

禮記注疏卷五十一校勘記

附釋音禮記注疏卷第五十二

禮記　鄭氏注　孔穎達疏

中庸第三十一○陸曰鄭云以其記中和之爲用也庸用也孔子之孫子思作之以昭明聖祖之德也○疏正義曰案鄭目錄云名曰中庸者以其記中和之爲用也庸用也孔子之孫子思伋作之以昭明聖祖之德此於別錄屬通論

天命之謂性率性之謂道修道之謂教天命謂天所命生人者也是謂性命木神則仁金神則義火神則禮水神則信土神則知孝經說曰性者生之質命人所稟受度也率循也循性行之是謂道修治也治而廣之人放傚之是曰教○率所律反知音智下知者大知皆同放方往反傚胡教反○道也者不可須臾離也可離非道也道猶道路也出入動作由之離之惡乎從也○離力智反下及注同惡音烏○是故君子戒慎乎其所不睹恐懼乎其所不聞小人閒居爲不善無所不至也君子則不然雖視之無人聽之無聲猶戒慎恐懼自脩正是其不須臾離道○睹丁古反恐匡勇反注同閒音閑下同○莫見乎隱莫顯乎微故君子慎其獨也慎獨者慎其閒居之所爲小人於隱者動作言語自以爲不見睹不見聞則必肆盡其情也若有佔聽之者是爲顯見甚於衆人之中爲之○見賢遍反注顯見同一音如字佔勑廉反喜怒哀樂之未發謂之中發而皆中節謂之和中也者天下之大本也和也者天下之達道也中爲大本者以其含喜怒哀樂禮之所由生政教自此出也○樂音洛注同中丁仲反下注爲之中同○致中和天地位焉萬物育焉致行之至也位猶正也育生也長也○長丁丈反○疏天命至育焉○正義曰此節明中庸之德必脩道而行謂子思欲明中庸先本於道○天命之謂性者天本無體亦無言語之命但人感自然而生有賢愚吉凶若天之付命遣使之然故云天命老子

云道本無名強名之曰道但人自然感生有剛柔好惡或仁或義或禮或知或信是天性自然故云謂之性○率性之謂道率循也道者通物之名言依循性之所感而行不令違越是之曰道感仁行仁感義行義之屬不失其常合於道理使得通達是率性之謂道○脩道之謂教謂人君在上脩行此道以教於下是脩道之謂教也○注天命至曰教○正義曰云天命謂天所命生人者也是謂性命案易乾彖云乾道變化各正性命是也云木神則仁者皇氏云東方春春主施生仁亦主施生云金神則義者秋爲金金主嚴殺義亦果敢斷決也云火神則禮者夏爲火火主照物而有分別禮亦主分別云水神則信冬主閉藏充實不虛水有內明不欺於物信亦不虛詐也云土神則知者金木水火土無所不載土所含義者多知亦所含者衆故云土神則知云孝經說曰性者生之質命人所稟受度也不云命者鄭以通解性命爲一故不復言命但性情之義說者不通亦略言之賀瑒云性之與情猶波之與水靜時是水動則是波靜時是性動則是情案左傳云天有六氣降而生五行至於含生之類皆感五行生矣唯人獨稟秀氣故禮運云人者五行之秀氣被色而生既有五常仁義禮智信因五常而有六情則性之與情似金與鐶印鐶印之用非金亦因金而有鐶印情之所用非性亦因性而有情則性者靜情者動故樂記云人生而靜天之性也感於物而動性之欲也故詩序云情動於中是也但感五行在人爲五常得其清氣備者則爲聖人得其濁氣簡者則爲愚人降聖以下愚人以上所稟或多或少不可言一故分爲九等孔子云唯上智與下愚不移二者之外逐物移矣故論語云性相近習相遠也亦據中人七等也道也者不可須臾離也者此謂聖人脩行仁義禮知信以爲教化道猶道路也道者開通性命猶如道路開通於人人行於道路不可須臾離也若離道則礙難不通猶善道須與離棄則身有患害而生也可離非道也者若荒梗塞澀之處是可離棄以非道路之所由猶如凶惡邪辟之行是可離棄以亦非善道之行故云可離非道也○是故君子戒慎乎其所不睹者言君子行道先慮其微若微能先慮之則必合於道故君子恒常戒於其不睹之處人雖目不睹之處猶戒慎況其惡事睹見而肯犯乎故君子恒常戒慎之○恐懼乎其所不聞者言君子恒恐迫畏懼於所不聞之處言雖耳所不聞恒懷恐懼之不睹不聞猶須恐懼況睹聞之處恐懼可知也○莫見乎隱莫顯乎微者莫無也言凡在衆人之中猶知所畏及至幽隱之處謂人不見便即恣情人皆佔聽察見罪狀甚於衆人之中所以恒須慎懼如此以罪過愆失無見於幽隱之處無顯露於細

微之所也。故君子慎其獨也者，以其隱微之處恐其罪惡彰顯，故君子之人恒慎其獨居，言雖曰獨居，能謹慎守道也。喜怒哀樂之未發謂之中者，言喜怒哀樂緣事而生，未發之時，澹然虛靜，心無所慮而當於理，故謂之中。發而皆中節謂之和者，不能寂靜而有喜怒哀樂之情，雖復動發，皆中節限，猶如鹽梅相得，性行和諧，故云謂之和。中也者天下之大本也者，言情欲未發，是人性初本，故曰天下之大本也。和也者天下之達道也者，言情欲雖發而能和合，道理可通達流行，故曰天下之達道也。致中和天地位焉萬物育焉者，致，至也；位，正也；育，生長也。言人君所能至極中和，使陰陽不錯，則天地得其正位焉；生成得理，故萬物其養育焉。

仲尼曰：君子中庸，小人反中庸。君子之中庸也，君子而時中；小人之中庸也，小人而無忌憚也。庸，常也。用中爲常道也。反中庸者，所行非中庸，然亦自以爲中庸也。君子而時中者，其容貌君子而又時節其中也。小人而無忌憚，其容貌小人又以無畏難爲常行，是其反中庸也。小人之中庸也，王肅本作小人之反中庸也。忌憚，徒旦反。忌，畏也。憚，難也。難，乃旦反。行，下孟反。

子曰：中庸其至矣乎！民鮮能久矣。鮮，罕也。言中庸爲道至美，顧人罕能久行。中庸其至矣夫，一本作中庸之爲德其至矣乎。鮮，息淺反，下及注同。罕，胡坦反，希也，少也。

子曰：道之不行也，我知之矣，知者過之，愚者不及也。道之不明也，我知之矣，賢者過之，不肖者不及也。人莫不飲食也，鮮能知味也。罕知其味，謂愚者所以不及也。過與不及，使道不行，唯禮能爲之中。知音智，下文大知也、予知，注有知皆同。肖音笑，下同。

子曰：道其不行矣夫！閔無明君教之。夫音扶。

〔疏〕「仲尼」至「矣夫」。○正義曰：此一節是子思引仲尼之言，廣明中庸之行，賢者過之，不肖者不及也。中庸之道，鮮能行之。○君子中庸者，庸，常也，君子之人用中以爲常，故云君子中庸。○小人反中庸者，小人則不用中爲常，是反中庸也。○君子之中庸也，君子而時中者，此覆說君子中庸之事，言君子之爲中庸，容貌爲君子，心行而時節其中，謂喜怒不過節也，故云君子而時中。○小人之中庸也，小人而無忌憚也者，此覆說小人反中庸之事，言小人爲中庸，形貌爲小人，而心行無所忌憚，故云小人而無忌憚也。小人將此以爲常，亦以爲中庸，故云小人之中庸也。○子曰中庸其至矣乎，前既言君子小人不同，此又歎中庸之美，人寡能久行，其中庸之德至極美乎。○民鮮能久矣者，但寡能長久而行，鮮，罕也，言中庸爲至美，故人罕能久行之。○子曰道之不行也我知之矣者，此覆說人寡能行中庸之事。道之所以不行者，言我知道之不行所由，故云我知之矣。○知者過之，愚者不及也，以輕於道，故過之；以遠於道，故不及。○道之不明也我知之矣者，言道之所以不顯明，我亦知其所由也。○賢者過之，不肖者不及也，言道之不行爲易，故知者過之，愚者不及，道之不明爲難，故云賢者過之，不肖者不及，是以變知稱賢，變愚稱不肖。是賢勝於智，不肖勝於愚也。○人莫不飲食也，鮮能知味也者，言飲食易也，知味難也，猶言人莫不行中庸，但鮮能久行之。言知之者易，行之者難，所謂愚者不能及中庸也。案異義云，張華辨鮓，師曠別薪，符朗爲青州刺史，善能知味，食雞知棲半露，食鵝知其黑白，此皆晉書文也。○子曰道其不行矣夫者，夫子既傷道之不行，又哀閔傷之，云時無明君，其道不復行也。○注「反中」至「庸也」。○正義曰：反中庸者，所行非中庸者，言用非中以爲常，是反中庸，故云所行非中庸。云亦自以爲中庸也，解經小人之中庸，雖行惡事，亦自謂爲中庸。云其容貌君子而又時節其中也，解經君子而時中。云其容貌小人又以無畏難爲常行者，解經小人而無忌憚，既無忌憚，則不時節其中庸也。

子曰：舜其大知也與！舜好問而好察邇言，隱惡而揚善，執其兩端，用其中於民，其斯以爲舜乎！邇，近也。近言而善，易以進人，察而行之也。兩端，過與不及也。用其中於民，賢與不肖皆能行之也。斯，此也。其德如此，乃號爲舜。舜之言充也。與音餘，下強與皆同。好，呼報反，下同。易，以豉反。

〔疏〕「子曰」至「舜乎」。○正義曰：此一經明舜能行中庸之行，先察近言而後至於中庸也。○舜其大知也與者，既能包於大道，又能察於近言，即是大知也。○執其兩端，用其中於民者，端謂頭緒，謂知者過之，愚者不及，言舜能執持愚知兩端，用其中道於民，使愚知俱能行之。○其斯以爲舜乎者，斯，此也，以其德化如此，故號之爲舜。○注「舜之言充也」。○正義曰：案謚法云「受禪成功曰舜」，又云「仁義盛明曰舜」，皆是道德充滿之意，故言舜爲充也。

子曰：人皆曰予知，驅而納諸罟擭陷阱

之中而莫之知辟也。人皆曰予知，擇乎中庸而不能期月守也。予，我也。言凡人自謂有知，人使之入罟，不知辟也。自謂擇中庸而爲之，亦不能久行，言其實愚又無恒。○罟音古，罔之揔名。擭，胡化反，尚書傳云「捕獸機檻」。陷，陷沒之陷。阱，才性反，本或作穽，同。阱，穿地陷獸也。說文云穽或爲阱字也。辟音避，注「知辟」、「辟害」皆同。期音基。〔疏〕「子曰」至「守也」。○正義曰：此一經明無知之人行中庸之事。「予」，我也。世之愚人皆自謂言我有知。「驅而納諸罟擭陷阱之中而莫之知辟也」者，此謂無知之人設譬也。罟，網也。擭謂柞樗也。陷阱，謂坑也，穿地爲坎，豎鋒刃於中以陷獸也。言禽獸被人所驅，納於罟網擭陷阱之中，而不知避辟，似無知之人爲嗜欲所驅，罪禍之中而不知辟，即下文是也。「擇乎中庸而不能期月守也」者，鄭云「自謂擇中庸而爲之，亦不能久行，言其實愚又無恒也」。小人自謂選擇中庸，而心行亦非中庸，假令偶有中庸，亦不能期帀一月而守之，如入陷阱也。

子曰：「回之爲人也，擇乎中庸，得一善，則拳拳服膺而弗失之矣。」拳拳，奉持之貌。○拳音權，又起阮反，徐羌權反。膺，徐音應，又於陵反。奉，芳勇反。

子曰：「天下國家可均也，爵祿可辭也，白刃可蹈也，中庸不可能也。」言中庸難爲之難。○蹈音悼，又徒報反。〔疏〕「子曰」至「能也」。○正義曰：此一節是夫子明顏回能行中庸，言中庸之難也。「得一善則拳拳服膺而弗失之矣」者，言顏回選擇中庸而行，得一善事，則形貌拳拳然奉持之。膺，謂胷膺，言奉持守於善道，弗敢棄失。「子曰天下國家可均也」，天下謂天子，國謂諸侯，家謂卿大夫也。○「白刃可蹈也」者，言白刃雖利，尚可履蹈而行之。○「中庸不可能也」，言在上諸事雖難，猶可爲之，唯中庸之道不可能也。爲知者過之，愚者不及，言中庸難爲之難也。

子路問强。强，勇者所好也。○强，其良反，下同。好，呼報反。子曰：「南方之强與？北方之强與？抑而强與？言三者所以爲强者異也。抑，辭也。「而」之言「女」也，謂中國也。○女音汝，下「抑女」同。寬柔以教，不報無道，南方之强也，君子居之。南方以舒緩爲强。「不報無道」，謂犯而不校也。○校，交孝反，報也。衽金革，死而不

厭，北方之强也，而强者居之。衽，猶席也。北方以剛猛爲强。○衽，而忍反，又而鴆反。厭，於豔反。故君子和而不流，强哉矯！中立而不倚，强哉矯！國有道，不變塞焉，强哉矯！國無道，至死不變，强哉矯！」此抑女之强也。流，猶移也。塞，猶實也。國有道不變，以趨時；國無道不變，以辟害。有道無道一也。矯，强貌。塞或爲色。○矯，居表反，下同。倚，依彼反，徐其蟻反。〔疏〕「子路」至「哉矯」。○正義曰：此一節明中庸之道亦兼中國之强。子路聞孔子美顏回能擇中庸，言已有强，故問之。問强中亦兼有中庸否？庾氏云「問强中之中庸者」。然此問之，亦如論語云「子謂顏淵曰：用之則行，舍之則藏，唯我與爾有是夫。子路曰：子行三軍，則誰與」之類是也。○「子曰南方之强與？北方之强與？抑而强與」者，抑，語助也。「而」之言「女」也，女，子路也。夫子將荅子路之問，且先反問子路，言强有多種，女今所問，何者之强？爲南方，爲北方，爲中國，女所能之强也？子路之强，行中國之强也。○「寬柔以教，不報無道，南方之强也，君子居之」者，反問既竟，夫子遂爲歷解之。南方謂荆陽之南，其地多陽，陽氣舒散，人情寬緩和柔，假令人有無道加已，已亦不報，和柔爲君子之道，故云「君子居之」。○「衽金革，死而不厭，北方之强也，而强者居之」者，衽，臥席也。金革，謂軍戎器械也。北方沙漠之地，其地多陰，陰氣褊急，故人生剛猛，恒好鬬爭，故以甲鎧爲席，寢宿於中，至死不厭，非君子所處，而强梁者居之。然唯云南北，不云東西者，鄭沖云「是必南北互舉，蓋與東西俗同，故不言也」。○「故君子和而不流，强哉矯」，此以下皆述中國之强也。流，移也。矯，亦强貌也。不爲南北之强，故性行和合而不流移，心行强哉，形貌矯然。○「中立而不倚，强哉矯」者，中正獨立而不偏倚，志意强哉，形貌矯然。○「國有道，不變塞焉，强哉矯」者，若國有道，守直不變，德行充實，志意强哉，形貌矯然。○「國無道，至死不變，强哉矯」者，若國之無道，守善至死，性不改變，志意强哉，形貌矯然。○注「此抑」至「强貌」。○正義曰：此抑女之强也，何以知之？上文既説三種之强，又見南方之强，又見北方之强，唯抑而之强未見，故知此經所云者是抑女之强也。云「流，移也」者，以其性和同，必流移隨物，合和而不移，亦中庸之德也。云「國有道不變，以趨時」者，國雖有道，不能隨逐物以求榮利，今不改變已志，以以趨會於時也。云「矯，强貌」者，矯是壯大之形，故云「强貌」也。

子曰：「素隱行怪，後世有述焉，吾弗爲之矣。素讀如攻城攻

其所傃之傃傃猶鄉也言方鄉辟害隱身而行詭譎以作後世名也弗爲之矣恥之也○傃音素鄉本又作嚮許亮反下皆同佹久委反下同譎音決君子遵道而行半塗而廢吾弗能已矣廢猶罷止也弗能已矣汲汲行道而爲時人之隱行○汲音急隱行下孟反○君子依乎中庸遯世不見知而不悔唯聖者能之言隱者當如此也唯舜爲能如此○遯本又作遁同徒頓反○君子之道費而隱言可隱之節也費猶佹也道不費則仕○費本又作拂同扶弗反徐音弗注同夫婦之愚可以與知焉及其至也雖聖人亦有所不知焉夫婦之不肖可以能行焉及其至也雖聖人亦有所不能焉與讀爲贊者皆與之與言匹夫匹婦愚耳亦可以其與有所知可以其能有所行者以其知行之極也聖人有不能如此舜好察邇言由此故與○以與音預注皆與之與以其與同好呼報反故與音餘天地

之大也人猶有所憾憾恨也天地至大無不覆載人尚有所恨焉况於聖人能盡備之乎○憾本又作感胡暗反注同故君子語大天下莫能載焉語小天下莫能破焉語猶說也所說大事謂先王之道也所說小事謂若愚不肖夫婦之知行也聖人盡兼行詩云鳶飛戾天魚躍于淵言其上下察也察猶著也言聖人之德至於天則鳶飛戾天至於地則魚躍于淵是其著明於天地也○鳶悅專反字又作鳶戾力計呂結二反躍羊灼反著張慮反下同君子之道造端乎夫婦及其至也察乎天地夫婦謂匹夫匹婦之所知所行○造在老反

【疏】子曰至天地○正義曰此一節論夫子雖隱遯之世亦行中庸又明中庸之道初則起於匹夫匹婦終則徧於天地○素隱行怪後世有述焉者素鄉也謂無道之世身鄉幽隱之處應須靜默若行怪異之事求立功名使後世有所述焉○吾弗爲之矣者恥之也如此之事我不能爲之以其身雖隱遯而名欲彰也○注素讀如攻城攻其所傃之傃○正義曰司馬法文言身隱而行佹譎以作後世之名若許由洗耳之屬是也○君子遵道而行半塗而廢者言君子之人初既遵循道德而行當須行之終竟今不能終竟猶如人行於道路半塗而自休廢廢猶罷止也○吾弗能已矣已猶止也吾弗能如時人半塗而休止言汲汲行道無休已也○注不爲時人之隱行○正義曰謂作佹譎求名是也君子以隱終始行道不能止也○君子至能之○言君子依行中庸之德若値時無道隱遯於世雖有才德不爲時人所知而無悔恨之心如此者非凡人所能唯聖者能然若不能依行中庸者雖隱遯於世不爲人所知則有悔恨之心也○注唯舜爲能如此○正義曰知者史記云舜耕於歷山漁於雷澤陶於河濱是不見知而不悔○君子之道費而隱注云言可隱之節費猶佹也言君子之人遭値亂世道德違費則隱而不仕若道之不費則當仕也○夫婦之愚可以與知焉○言天下之事千端萬緒或細小之事雖夫婦之愚偶然與知其善惡若蒭蕘之言有可聽用故云與知○及其至也雖聖人亦有所不知焉者言道之至極如造化之理雖聖人不知其所由故云及其至也雖聖人亦有所不知焉○夫婦之不肖可以能行焉以行之至極故也前文據其知此文據其行以其知行有異故別起其文但知之易行之難故上文云夫婦之愚行之難故此經

云夫婦之不肖不肖勝於愚也○及其至也雖聖人亦有所不能焉者○知之與行之皆是至極既是至極故聖人有不能也○注與讀爲贊者皆與之與○正義曰士冠禮云其饗冠者贊者皆與謂于與也云舜好察邇言由此故與者即愚夫愚婦有所識知故也與語助也天地之大也人猶有所憾者憾恨也言天地至大無物不養無物不覆載於冬寒夏暑人猶有怨恨之猶如聖人之德無善不包人猶怨之是不可備也中庸之道於理爲難大小兼包始可以備也○故君子語大天下莫能載焉者語說也大謂先王之道言君子語說先王之道其事既大天下之人無能勝載之者○語小天下莫能破焉者○若說細碎小事謂愚不肖事既纖細天下之人無能分破之者言事似秋毫不可分破也○注聖人盡兼行○正義曰謂兼行大小之事小事則愚夫愚婦所知行大事則先王之道前文云雖聖人有所不知不能此云大事聖人兼行之者前云有所不知不能謂於小事不勝匹夫匹婦耳非謂大事不能也故此云盡兼行之○詩云鳶飛戾天魚躍于淵言其上下察也者詩大雅旱麓之篇美文王之詩引之者言聖人之德上至於天則鳶飛戾天是翱翔得所聖人之德下至於地則魚躍于淵是游泳得所言聖人之德上下明察詩本文云鳶飛戾天喻惡人遠去魚躍于淵喻善人得

所此引斷章故與詩義有異也。君子之道造端乎夫婦者，言君子行道初始造立端緒起於匹夫匹婦之所知所行者。及其至也察乎天地者，言雖起於匹夫匹婦所知所行，及其至極之時，明察於上下天地也。子曰：道不遠人。人之爲道而遠人，不可以爲道。言道即不遠於人，人不能行也。詩云：伐柯伐柯，其則不遠。執柯以伐柯，睨而視之，猶以爲遠。則，法也。言持柯以伐木，將以爲柯近，以柯爲尺寸之法，此法不遠人，人尚遠之，明爲道不可以遠。○柯，古何反。睨，徐音詣，睥睨也。故君子以人治人，改而止。言人有罪過，君子以人道治之，其人改則止赦之，不責以人所不能。忠恕違道不遠，施諸己而不願，亦勿施於人。違猶去也。君子之道四，丘未能一焉：所求乎子以事父，未能也；所求乎臣以事君，未能也；所求乎弟以事兄，

未能也；所求乎朋友先施之，未能也。聖人而曰我未能，明人當勉之無已。庸德之行，庸言之謹，有所不足，不敢不勉，有餘不敢盡。言顧行，行顧言，庸猶常也。言德常行也，言常謹也。聖人之行實過於人，有餘不敢盡，常爲人法，從禮也。○行，行皆下孟反，注聖人之行同，或一讀皆如字。君子胡不慥慥爾！君子謂衆賢也。慥慥，守實言行相應之貌。○慥，七到反。行，下孟反。應，於陵反，舊音應對之應。君子素其位而行，不願乎其外。素富貴，行乎富貴；素貧賤，行乎貧賤；素夷狄，行乎夷狄；素患難，行乎患難。君子無入而不自得焉。傃皆讀爲傃。不願乎其外，謂思不出其位也。自得，謂所鄉不失其道。○難，乃旦反，下同。在上位不陵下，在下位不援上。援謂牽持之也。○援音園，注同。正己而不求於

人，則無怨。上不怨天，下不尤人。無怨，人無怨之者也。論語曰：君子求諸己，小人求諸人。○己音紀。怨，於願反，又於元反，下及注並同。故君子居易以俟命，易猶平安也。俟命，聽天任命也。險謂傾危之道。○易，以豉反，注同。徼，古堯反。小人行險以徼幸。

【疏】「子曰」至「徼幸」。○正義曰：此一節明中庸之道去人不遠，但行於己，則外能及物。「道不遠人」者，言中庸之道不遠離於人身，但人能行之於己，則是中庸也。「人之爲道而遠人，不可以爲道」，言人爲中庸之道，當附近於人，謂人所能行，則己所行可以爲道；若違理離遠，則不可施於己，又不可行於人，則非道也。故云「人之爲道而遠人，不可以爲道」也。○「詩云：伐柯伐柯，其則不遠。執柯以伐柯，睨而視之，猶以爲遠」，此豳風伐柯之篇，美周公之詩。柯，斧柄也。周禮云「柯長三尺，博三寸」。則，法也。言伐柯，斫也。柯柄長短，其法不遠也，但執柯睨而視之，猶以爲遠。言欲行其道於人，其法亦不遠，但近取法於身，何異持柯以伐柯？人猶以爲遠，明爲道之法亦不可以遠。即所不願於上，無以交於下；所不願於下，無以事上。況是在身外，於他人之處，欲以爲道，何可得乎？明行道在於身而求道也。○「故君子以人治人，改而止」者，以道去人不遠，言

人有過，君子當以人道治此有過之人，改而止。若人自改而休止，不須更責不能之事。若人所不能，則己亦不能，是行道在於己身也。○「忠恕違道不遠」也，忠者，内盡於心；恕者，外不欺物。恕，忖也。忖度其義於人。違，去也。言身行忠恕，則去道不遠也。○「施諸己而不願，亦勿施於人」者，諸，於也。他人有一不善之事施之於己，己所不願，亦勿施於人，人亦不願故也。「所求乎子以事父，未能也」，言此四者，欲明求之於他人，必先行之於己。欲求其子以孝道事己，己須以孝道事父母，故云「所求乎子以事父，未能也」。恐人未能行之。夫子，聖人，聖人猶曰我未能行，凡人當勉之無已。○「所求乎臣以事君，未能也」，譬如己是諸侯，欲求於臣以忠事己，己當先行忠於天子及廟中事尸，是全臣道也。「所求乎朋友先施之，未能也」，欲求朋友以恩惠施己，則己當先施恩惠於朋友也。「庸德之行，庸言之謹」，庸，常也。謂自修己身，常以德而行，常以言而謹也。○「有所不足，不敢不勉」，謂己之才行有所不足之處，不敢不勉而行之。○「有餘不敢盡」，謂己之才行有餘於人，常持謙退，不敢盡其才以過於人。○「言顧行」者，使言不過行，恒顧視於行。○「行顧言」者，使行副於言，謂恒顧視於言也。○「君子胡不慥慥爾」，慥慥，守實言行相應之貌。胡猶何也。既顧言行相副，君子何得不慥慥然守實言行相應之道也。○「君子素其位而行

不願乎其外至行乎患難素鄉也鄉其所居之位而行其所行之事不願行在位外之事論語云君子思不出其位也鄉富貴之中行道於富貴謂不驕不淫也鄉貧賤之中則行道於貧賤謂不諂不懾也鄉夷狄之中行道於夷狄夷狄雖陋雖隨其俗而守道不改鄉難患之中行道於患難而臨危不傾守死於善道也○君子無入而不自得焉者言君子所入之處皆守善道在上位不陵下此素富貴行富貴也若身處富貴依我常正之性不使富貴以陵人若以富貴陵人是不行富貴之道○在下位不援上者此素貧賤行貧賤也援牽持也若身處貧賤則安之宜令自樂不得援牽富貴若以援牽富貴是不行貧賤之道○正己而不求於人則無怨此素夷狄行夷狄也若身入夷狄夷狄無禮義當自正己而行不得求於彼人則彼人無怨己者論語云言忠信行篤敬雖之夷狄不可棄○上不怨天下不尤人此素患難行患難也尤過也責也苟皆應之患難則亦甘爲不得上怨天下尤人故論語云不怨天不尤人是也○故君子居易以俟命者易謂平安也言君子以道自處恒居平安之中以聽待天命也○小人行險以徼幸小人以惡自居恒行險難傾危之事以徼求榮幸之道論語曰不仁者不可以久處約是也○

子曰射有似乎君子失諸正鵠反求諸其身 反求於其身不以怨人畫曰正棲皮曰鵠○正音征注同鵠古毒反注同正鵠皆鳥名也一曰正正也鵠直也大射則張皮侯而棲鵠賓射張布侯而設正也棲細兮反 君子之道辟如行遠必自邇辟如登高必自卑 自從也邇近也行之以近者卑者始以漸致之高遠○辟音譬下同邇音爾卑音婢又如字注同○ 詩曰妻子好合如鼓瑟琴兄弟既翕和樂且耽宜爾室家樂爾妻帑 琴瑟聲相應和也翕合也耽亦樂也古者謂子孫曰帑此詩言和室家之道自近者始○好呼報反翕許急反樂音洛下及注同耽丁南反帑音奴子孫也本又作孥同尚書傳毛詩箋並云子也杜預注左傳云妻子也應應對之應和胡臥反 子曰父母其順矣乎 謂其教令行使室家順○

【疏】子曰至妻帑○正義曰以上雖行道在於己身故此一節覆明行道在身之事以射譬之○射有似乎君子者言凡人之射有似乎君子之道○失諸正鵠反求諸其身者諸於也求責也正謂賓射之侯鵠謂大射之侯言射者失於正鵠謂矢不中正鵠不責他人反鄉自責其身言君子之人失道於外亦反自責於己君子之道譬如行遠必自邇譬如登高必自卑者自從也邇近也卑下也行之以遠者近之始升之以高者卑之始言以漸至高遠不云近者遠始卑者高始但勤行其道於身然後能被於物而可謂之高遠耳○詩云妻子好合如鼓瑟琴兄弟既翕和樂且耽此小雅常棣之篇美文王之詩記人引此者言行道之法自近始猶如詩人之所云欲和遠人先和其妻子兄弟故云妻子好合情意相得如似鼓彈瑟與琴音聲相和也兄弟盡皆翕合情意和樂且復耽之耽之者是相好之甚也宜爾室家樂爾妻帑者宜善爾之室家愛樂爾之妻帑帑子也古者謂子孫爲帑故甘誓云予則帑戮汝於人則妻子爲帑於鳥則鳥尾爲帑左傳云以害鳥帑是也○子曰父母其順矣乎者○正義曰因上和於遠人先和室家故此一經次之父母其順矣乎謂父母能以教令行乎室家其和順矣乎言中庸之道先使室家和順乃能和順於外即上云道不遠施諸己□

子曰鬼神之爲德其盛矣乎視之而弗見聽之而弗聞體物而不可遺 體猶生也可猶所也不有所遺言萬物無不以鬼神之氣生也 使天下之人齊明盛服以承祭祀洋洋乎如在其上如在其左右 明猶潔也洋洋人想思其傍僾之貌○齊側皆反本亦作齋洋音羊傍皇薄剛反謂左右也徐方岡反僾徐於愷反又音愛○ 詩曰神之格思不可度思矧可射思 格來也矧況也射厭也思皆聲之助言神之來其形象不可億度而知事之盡敬而已況可厭倦乎○格古百反度待洛反注同矧詩忍反注同射音亦厭於豔反字又作厭下同盡子忍反 夫微之顯誠之不可揜如此夫 言神無形而著不言而誠○揜音掩於檢反此夫音扶著張慮反○

【疏】子曰至此夫○正義曰此一節明鬼神之道無形而能顯著誠信中庸之道與鬼神之道相似亦從微至著不言而自誠也○體物而不可遺者體猶生也可猶所也言萬物生而有形體故云體物而不可遺者言鬼神之道生養萬物無不周徧而不有所遺言萬物無不以鬼神之氣生也○使天下之人齊明盛服以承祭祀者明猶潔也言鬼神能生養萬物故天下之人齊戒明潔盛飾餘服以承祭祀○洋洋乎如在其上如在其左右者言鬼

神之形狀人想像之如在人之上如在人之左右想見其形也。詩曰神之格思不可度思矧可射思者格來也思辭也矧況也射厭也此大雅抑之篇刺厲王之詩詩人刺時人祭祀懈倦故云神之來至以其無形不可度知恒須恭敬況於祭祀之末可厭倦之乎言不可厭倦也記者引詩明鬼神之所尊敬也。夫微之顯者言鬼神之狀微昧不見而精靈與人爲吉凶是從微之顯也。誠之不可揜者言鬼神誠信不可揜蔽善者必降之以福惡者必降之以禍如此夫者此詩人所云何可厭倦夫語助也此鬼神即與易繫辭云是故知鬼神之情狀與天地相似以能生萬物也案彼注木火之神生物金水之鬼終物彼以春夏對秋冬故以春夏生物秋冬終物其實鬼神皆能生物終物也故此云體物而不可遺此雖說陰陽鬼神人之鬼神亦附陰陽之鬼神故此云齊明盛服以承祭祀是兼人之鬼神也。

子曰舜其大孝也與德爲聖人尊爲天子富有四海之內宗廟饗之子孫保之保安也。與音餘故大德必得其位必得其祿必得其名必得其壽名令聞也。令聞音問下令聞同故天之生物必因其材而篤焉材謂其質性也篤厚也言善者天厚其福惡者天厚其毒皆由其本而爲之。故栽者培之傾者覆之栽讀如文王初載之載栽猶殖也培益也今時人名草木之殖曰栽築牆立板亦曰栽栽或爲茲覆敗也。栽依注音災將才反注同植也培蒲回反覆芳伏反載之載並音災本或作哉同詩曰嘉樂君子憲憲令德宜民宜人受祿于天保佑命之自天申之故大德者必受命憲憲興盛之貌保安也佑助也。嘉戶嫁反詩本作假音同假嘉也皇音加善也憲音顯注同一音如字佑音祐下注同

〔疏〕子曰至受命。正義曰此一節明中庸之德故能富有天下受天之命也。子孫保之者師說云舜禪與禹何言保者此子孫承保祭祀故云保周時陳國是舜之後。故大德必得其位者以其德大能覆養天下故必得其位如孔子有大德而無其位以不應王錄雖有大德而無其位也案援神契云丘爲制法上黑綠不代蒼黃言孔子黑龍之精不合代周家木德之蒼也孔演圖又云聖人不空生必有所

制以顯天心丘爲木鐸制天下法是也必得其壽者據舜言之而夫子不長壽以勤憂故也。故天之生物必因其材而篤焉材謂質性也篤厚也言天之所生隨物質性而厚之善者因厚其福舜禹是也惡者因厚其毒桀紂是也故四凶黜而舜受禪也。故栽者培之傾者覆之栽殖也培益也言道德自能豐殖則天因而培益之。傾者覆之者若無德自取傾危者天亦因而覆敗之也。注栽讀至曰栽。正義曰栽讀如文王初載之載者案詩大明云文王初載天作之合彼注云載識也言文王生適有所識天爲之生配謂生大姒此載爲栽殖者載容兩義亦得爲識亦得爲殖此對傾者覆之故以爲栽殖云築牆立板亦曰栽者案莊二十九年左傳云水昏正而栽謂立板築也。詩曰嘉樂君子憲憲令德。此大雅嘉樂之篇美成王之詩嘉善也憲憲興盛之貌詩人言善樂君子此成王憲憲然有令善之德案詩本文憲憲爲顯顯與此不同者齊魯韓詩與毛詩不同故也。宜民宜人受祿於天保佑命之自天申之故大德者必受命者宜民謂宜養萬民宜人謂宜官人其德如此故受福於天佑助也保安也天乃保安佑助命之爲天子又申重福之作記者引證大德必受命之義則舜之爲也

子曰無憂者其唯文王乎以王季爲父以武王爲子父作之子述之聖人以立法度爲大事子能述成之則何憂乎堯舜之父子則有凶頑禹湯之父子則寡令聞父子相成唯有文王武王纘大王王季文王之緒壹戎衣而有天下身不失天下之顯名尊爲天子富有四海之內宗廟饗之子孫保之纘繼也緒業也戎兵也衣讀如殷聲之誤也齊人言殷聲如衣虞夏商周氏者多矣今姓有衣者殷之胄與壹戎殷者壹用兵伐殷也。纘徐音纂哉管反大音泰下及注大王皆同壹戎衣依注衣作殷於巾反謂一用兵伐殷也尚書依字讀謂一著戎衣而天下大定胄與直救反下音餘武王末受命周公成文武之德追王大王王季上祀先公以天子之禮斯禮也達乎諸侯大夫及士庶人父爲大夫子爲士葬以大夫祭以士父

爲士，子爲大夫，葬以士，祭以大夫。期之喪達乎大夫，三年之喪達乎天子，父母之喪無貴賤一也。末猶老也。追王大王、王季者，以王迹起焉。先公組紺以上至后稷也。斯禮達於諸侯、大夫、士、庶人者，謂葬之從死者之爵，祭之用生者之祿也。言大夫葬以大夫，士葬以士，則追王者改葬之矣。期之喪達於大夫者，謂旁親所降在大功者，其正統之期，天子諸侯猶不降也。大夫所降，天子諸侯絶之不爲服，所不臣乃服之也。承葬祭說期三年之喪者，明子事父以孝，不用其尊卑變。○末亡遏反。追王于況反，注追王同。期音基，注同。組音祖。紺古闇反。組紺，大王之父也，亦曰諸盩，盩音置留反。以上時掌反。不爲服于僞反。【疏】子曰至一也○正義曰：此一節明夫子論文王、武王聖德相承，王有天下，上能追尊大王、王季，因明天子以下及士庶人葬祭祀之禮，各隨文解之。○以王季爲父，以武王爲子，父作之，子述之者，言文王以王季爲父，則王季能制作禮樂，文王奉而行之；文王以武王爲子，武王又能述成文王之道，故無憂也。○武王纘大王、王季、文王之緒者，纘，繼也；緒，業也。言武王能纘繼父祖之業，以王天下也。○壹戎衣而有天下者，戎，兵也。言一用兵伐殷而勝之也。○注衣讀爲殷○正義曰：案尚書武成云「一戎衣」，謂一著戎衣而滅殷。此云一者，以經武王繼大王、王季、文王三人之業，一用滅殷，對三人之業爲一耳。由三人之業，故一身滅之。鄭必以衣爲殷者，以十一年觀兵于孟津，十三年滅紂，是再著戎服，不得稱一戎衣，故以衣爲殷。故注云「齊人言殷聲如衣」。○武王末受命，此美周公之德也。末，猶老也。謂武王年老而受命，平定天下也。斯禮也達乎諸侯、大夫及士、庶人者，斯，此也。言周公尊崇先公之禮，非直天子所行，乃下達於諸侯、大夫、士、庶人等，無問尊卑，皆得上尊祖父，以已之祿祭其先人，猶若周公以成王天子之禮祀其先公也。○父爲大夫，子爲士，葬以大夫，祭以士者，謂父既爲大夫，祭以士禮，貶其先人，而云尊之者，欲明以已之祿祀其先人也。○期之喪達乎大夫者，欲見大夫之尊猶有期喪，謂旁親所降在大功者，得爲期喪，還著大功之服，故云達乎大夫。若天子諸侯旁期之喪，則不爲服也。◉三年之喪達乎天子者，謂正統在三年之喪，父母及適子并妻也。達乎天子者，言天子皆服之。不云父母而云三年者，包適子也。天子爲后服期，以三年包之者，以后卒必待三年然後娶，所以達子之志，故通在三年之中。是以昭十五年左傳云穆后崩，大子壽卒，叔向云「王一歲而有三年之喪二焉」，是包后爲三年也。直云達乎天子，不云諸侯者，諸侯旁親尊同則不降，故喪服大功章云「諸侯爲姑姊妹嫁於國君者」是也。○父母之喪無貴賤一也，唯父母之喪，無問天子及士庶人，其服並同，故云無貴賤一也。○注末猶至卑變○正義曰：末猶老也者，謂文王受命十一年，武王觀兵於孟津，白魚入王舟，是老而受命。受命後七年而崩，故鄭注洛誥「文王受赤雀，武王俯取白魚，皆七年」是也。云追王大王、王季者，以王迹起焉，案詩頌閟宮云「大王居岐之陽，實始翦商」，是王迹起也。云先公組紺以上至后稷也者，組紺，太王之父，一名諸盩。周本紀云「亞圉卒，子太公叔穎立；太公卒，子古公亶父立」。又世本云「亞圉雲生太公組紺諸盩」，則叔穎、組紺、諸盩是一人也。此文云追王太王、王季，上祀先公，則先公之中包后稷也，故云組紺以上至后稷也。案司服云「享先王則衮冕，享先公則鷩冕」，以稷爲周之始祖，祫祭於廟，當同先王用衮，則先公無后稷也。故鄭注司服云「先公，不窋至諸盩」。若四時常祀，唯后稷及大王、王季之等，不得廣及先公，故天保云「禴祠蒸嘗，于公先王」，是四時常祀但有后稷，諸盩以下。故鄭注天保云「先公謂后稷至諸盩」。此皆盡望經上下釋義，故不同，或有至字誤也。云追王者改葬之矣者，以太王、王季身爲諸侯，葬從死者之爵，則大王、王季祇得爲諸侯葬禮，不得言追王從天子法，故知追王之時而更改葬，用天子禮。案大傳云「武王追王太王亶父、王季歷」，此云周公追王不同者，武王既伐紂，追王布告天下，周公追而改葬，故不同也。云期之喪達於大夫者，謂旁親所降在大功者，熊氏云：「此對天子諸侯，故云期之喪達乎大夫，其實大夫爲大功之喪得降小功，小功之喪得降緦麻，是大功、小功皆達乎大夫。」熊氏又云：「天子爲正統之喪，適婦大功，適孫之婦小功。」義或然，但無正文耳。云所不臣乃服之也者，喪服傳云「始封之君不臣諸父昆弟，封君之子不臣諸父而臣昆弟」，但不臣者，皆以本服服也。○子曰：武王、周公，其達孝矣乎！夫孝者，善繼人之志，善述人之事者也。春秋脩其祖廟，陳其宗器，設其裳衣，薦其時食。脩謂埽糞也。宗器，祭器也。裳衣，先祖之遺衣服也，設之當以授尸也。時食，四時祭也。○埽悉報反。糞弗運反，本亦作撲，亦作拚，同。宗廟之禮，所以序昭穆也。序爵，所以辨貴賤也。序事，所以辨賢也。旅酬下爲上，所以逮賤也燕毛所以序齒也序猶次也爵謂公卿大夫士也事謂薦羞也以辨賢者以其事別所能也若司徒羞牛宗伯共雞牲矣文王世子曰宗廟之中以爵爲位崇德也宗人授事以官尊賢也旅酬下爲上者謂若特牲饋食之禮賓弟子兄弟之子各舉觶於其長也逮賤者宗廟之中以有事爲榮也燕謂既祭而燕也燕以髮色爲坐祭時尊尊也至燕親親也齒亦年也○昭穆常遥反穆又作繆音同逮本又作逮同音代燕於見反注並同別彼列反共音恭饋其位反觶音至長丁丈反下謂長同○踐其位行其禮奏其樂敬其所尊愛其所親事死如事生事亡如事存孝之至也踐猶升也其者其先祖也踐或爲纘郊社之禮所以事上帝也宗廟之禮所以祀乎其先也社祭地神不言后土者省文○省色領反明乎郊社之禮禘嘗之義治國其如示諸掌乎示讀如寘諸河干之寘寘置也物而在掌中易爲知力者也序爵辨賢尊尊親親治國之要○示依注音寘之豉反易以豉反知力音智本亦無力字治之要也治直吏反一本作治國之要治則如字【疏】子曰至掌乎○正義曰以前經論文王武王聖德相承此論武王周公上成先祖脩其宗廟行郊社之禮所以能治國如置物掌中也各隨文解之○夫孝者善繼人之志者人謂先人若文王有志伐紂武王能繼而承之尚書武成曰予小子其承厥志是善繼人之志也○善述人之事者也言文王有文德爲王基而周公制禮以贊述之故洛誥云考朕昭子刑乃單文祖德是善述人之事也此是武王周公繼孝之事○宗廟之禮所以序昭穆也者若昭與昭齒穆與穆齒是也○序爵所以辨貴賤也者序謂次序爵謂公卿大夫士也謂祭祀之時公卿大夫各以其爵位齒列而助祭祀是辨貴賤也故文王世子云宗廟之中以爵爲位崇德也宗人授事以官尊賢也是也○序事所以辨賢也者序謂薦羞也序謂次序所共祭祀之事若司徒奉牛司馬奉羊宗伯供雞是分別賢能堪任其官也○旅酬下爲上所以逮賤也者旅衆也逮及也○謂祭末飲酒之時使一人舉觶之後至旅酬之時使卑者二人各舉觶於其長者卑下者先飲是下者爲上賤人在先是恩意先及於賤者故云所以逮賤也案特牲饋食之禮注入洗爵獻長兄弟獻衆兄弟之後衆賓弟子于西階兄弟弟子于東階各舉觶於其長也弟子等皆是下賤而得舉觶是有事於宗廟之中是其榮也又制受爵是逮賤也○燕毛所以序齒也者言祭末燕時以毛髮爲次序是所以序年齒也故注云燕謂既祭而燕也燕以髮色爲坐祭時尊尊也至燕親親也○踐其位行其禮者踐升也謂孝子升其先祖之位行祭祀之禮也○治國其如示諸掌乎注云示讀如寘諸河干之寘寘置也者若能明此序爵辨賢尊親則治理其國其事爲易猶如置物於掌中也

哀公問政子曰文武之政布在方策其人存則其政舉其人亡則其政息方板也策簡也息猶滅也○方策初革反版音板本亦作板○人道敏政地道敏樹敏猶勉也樹謂殖草木也人之無政若地無草木矣敏或爲謀夫政也者蒲盧也蒲盧蜾蠃謂土蜂也詩曰螟蛉有子蜾蠃負之螟蛉桑蟲也蒲盧取桑蟲之子去而變化之以成爲己子政之於百姓若蒲盧之於桑蟲然○蒲盧並如字爾雅云蜾蠃蒲盧即今之細腰蜂也一名蠮螉蜾音果蠃力果反本亦作蠃音同蜂芳封反字亦作蠭同螟莫瓶反蛉音零己音紀○故爲政在人在於得賢人也取人以身脩身以道脩道以仁取人以身言明君乃能得人仁者人也親親爲大義者宜也尊賢爲大親親之殺尊賢之等禮所生也人也讀如相人偶之人以人意相存問之言○殺色界反徐所例反在下位不獲乎上民不可得而治矣此句其屬在下著脫誤重在此○治直吏反一音如字脫音奪重直用反故君子不可以不脩身思脩身不可以不事親思事親不可以不知人思知人不可以不知天言修身乃知孝知孝乃知人知人乃知賢不肖知賢不肖乃知天命所保佑天下之達道五所以行之者三曰君臣也父子也夫婦也昆弟也朋友之交也五者天下之達道也

知仁勇三者天下之達德也所以行之者一
也達者常行百王所不變也。知音智下近乎知注言有知皆同或生而知之或學
而知之或困而知之及其知之一也困而知之謂長而見
禮義之事已臨之而有不足乃始學而知之此達道也。長丁丈反已音紀或安而行之或
利而行之或勉強而行之及其成功一也利謂貪榮
名也勉強恥不若人。強其兩反注同。疏哀公至一也。正義曰此一節明哀公問政於孔子孔子答以為政
之道在於取人脩身亦明達道有五行之者三今各隨文解
之。文武之政布在方策者言文王武王為政之道皆布列
在於方牘簡策。其人存則其政舉者雖在方策其事久遠此
廣陳為政之道其人謂賢人舉猶行也存謂道德存在也若
得其人道德存在則能興行政教故云舉也。其人亡則其
政息者息滅也其人若亡謂道德滅亡不能興舉於政教若
位無賢臣政所以滅絕也。人道敏政者敏勉也言為人君
當勉力行政。地道敏樹者樹殖草木也言為地之道亦勉

力生殖也人之無政若地無草木地既無心云勉力者以地
之生物無倦似若人勉力行政然也。夫政也者蒲盧也蒲
盧取桑蟲之子以為已子善為政者化養他民以為已民若
蒲盧然也。故為政在人言君行善政則民從之故欲為善
政者在於得賢人也。取人以身明君欲取賢人先以脩正
已身則賢人至也。脩身以道言欲脩正其身先須行於道
德也。脩道以仁者言欲脩道德必須先脩仁義。仁者人
也親親為大者仁謂仁愛相親偶也言行仁之法在於親偶
欲親偶疏人先親已親然後比親及疏故云親親為大。義
者宜也尊賢為大宜謂於事得宜即是其義故云義者宜也
若欲於事得宜莫過尊賢故云尊賢為大。親親之殺尊賢
之等禮所生也者五服之節降殺不同是親親之衰殺公卿
大夫其爵各異是尊賢之等禮者所以辨明此上諸事故云
禮所生也。在下位不獲乎上者鄭謂此句應在下章著脫
誤重在此耳。故君子不可以不脩身思脩身不可以不事
親言思念脩身之道必先以孝為本故云不可以不事親。
思事親不可以不知人既思事親不可不先擇友取人也。
思知人不可以不知天欲思擇人必先知天時所佑助也謂
人作善降之百祥作不善降之百殃當捨惡脩善也。五者天
下之達道也五者謂君臣父子夫婦昆弟朋友之交皆是人

問常行道理事得開通故云達道也。知仁勇三者天下之
達德也。言知仁勇人所常行在身為德故云天下之達德也
。言百王用此三德以行五道五事為本故云道三者為末
故云德若行五道必須三德無知不能識其理無仁不能安
其事無勇不能果其行故必須三德也。所以行之者一也
。言百王以來行此五道三德其義一也古今不變也。或
生而知之謂天生自知也。或學而知之謂因學而知之或
困而知之謂臨事有困由學乃知。及其知之一也言初知
之時其事雖別既知之後並皆是知故云及其知之一也。
或安而行之謂無所求為安靜而行之。或利而行之謂貪
其利益而行之行此五事得其榮名於已無害則利而行之
也故論語云知者利仁是也。或勉強而行之或畏懼罪惡
勉力自強而行之及其成功一也雖行之有異及其所行成
功是一也言皆得成功矣皇氏云所知所行謂上五道三德
今謂百行皆然非唯三五而已也。子曰好學近乎知力行近乎仁
知恥近乎勇知斯三者則知所以脩身知所
以脩身則知所以治人知所以治人則知所

以治天下國家矣言有知有仁有勇乃知脩身則身以此三者為基。好呼報反近附近之近下同行皇如字徐下孟反凡為天下國家有九經曰脩身
也尊賢也親親也敬大臣也體羣臣也子庶
民也來百工也柔遠人也懷諸侯也體猶接納也子猶愛也遠人蕃國之諸侯也。子如字徐將吏反下句放此蕃方元反。脩身則道立尊賢
則不惑親親則諸父昆弟不怨敬大臣則不
眩體羣臣則士之報禮重子庶民則百姓勸
來百工則財用足柔遠人則四方歸之懷諸
侯則天下畏之不惑謀者良也不眩所任明也。眩玄遍反疏子曰至家矣。正義
曰前文夫子荅哀公為政須修身知人行五道三德之事此
以下夫子更為哀公廣說修身治天下之道有九種常行之

事又明修身在於至誠若能至誠所以贊天地動蓍龜也博厚配地高明配天各隨文解之此一節覆明上生而知之學而知之困而知之○好學近乎知者覆前文或學而知之并能好學無事不知故云近乎知也○力行近乎仁者此則前文或利而行之以其勉力行善故近乎仁也○知恥近乎勇者覆前文困而知之及勉強而行之以其知自羞恥勤行善事不避危難故近乎勇也前經生而知之不覆說者以其生知自然合聖故不須覆說也○凡爲天下國家有九經者此夫子爲哀公說治天下國家之道有九種常行之事論九經之次目也○體羣臣也者體謂接納言接納羣臣與之同體也○子庶民也者謂子愛庶民也○來百工也者謂招來百工也○脩身則道立者此一經覆說行九經則致其功用也脩身則道立者謂脩正其身不爲邪惡則道德興立也○尊賢則不惑者以賢人輔弼故臨事不惑所謀者善也○敬大臣則不眩者亦惑也以恭敬大臣任使分明故於事不惑前文不惑謀國家大事此云不眩謂謀國家衆事但所謀之事大小有殊所以異其文○體羣臣則士之報禮重者羣臣雖賤而君厚接納之則臣感君恩故爲君死於患難是報禮重也○子庶民則百姓勸子愛也言愛民如子則百姓勸勉以事上也○來百工則財用足百工興財用也君若賞賚招來之則百工皆自至故國家財用豐足○柔遠人則四方歸之遠謂蕃國之諸侯四方則蕃國也懷諸侯則天下畏之懷安撫也君若安撫懷之則諸侯服從兵強土廣故天下畏之

齊明盛服非禮不動所以脩身也去讒遠色賤貨而貴德所以勸賢也尊其位重其祿同其好惡所以勸親親也官盛任使所以勸大臣也忠信重祿所以勸士也時使薄斂所以勸百姓也日省月試既廩稱事所以勸百工也送往迎來嘉善而矜不能所以柔遠人也繼絕世舉廢國治亂持危朝聘以時厚往而薄來所以懷諸侯也

同其好惡不特有所好惡於同姓雖恩不同義必同也尊重其祿位所以貴之不必授以官守天官不可私也官盛任使大臣皆有屬官所任使不親小事也忠信重祿有忠信者重其祿也時使使之以時日省月試考校其成功也既讀爲餼餼廩稍食也槀人職曰乘其事考其弓弩以下上其食○齊側皆反去起呂反遠于萬反好惡呼報反下烏路反又並如字注同斂力驗反既依注音餼許氣反廩彼錦反一本又力錦反稱尺證反朝直遙反槀苦報反一音古老反上時掌反

【疏】齊明至侯也○正義曰此一節說行九經之法○齊明盛服者齊謂整齊明謂嚴明盛服謂正其衣冠是脩身之體也此等非禮不動是所以勸脩身○尊其位重其祿同其好惡所以勸親親也者尊其位謂授以大位重其祿謂重多其祿位崇重而已不可任以職事同其好惡謂慶賞好惡謂誅罰言於同姓既有親疏恩親雖不同義必須等故不特有所好惡○勸親親也者尊位重祿以勉之同其好惡以勵之是勸親親也○官盛任使所以勸大臣也官盛謂官之盛大有屬臣者當令任使屬臣不可以小事專勞大臣大臣懷德故云所以勸大臣也日省月試既廩稱事所以勸百工也既廩謂飲食糧廩也言在上每日省視百工功程每月試其所作之事又飲食糧廩稱當其事功多則廩厚功小則餼薄是所以勸百工也○治亂持危者○諸侯國內有亂則治討之危弱則扶持之○厚往而薄來所以懷諸侯也厚往謂諸侯還國王者以其材賄厚重往報之薄來謂諸侯貢獻使輕薄而來如此則諸侯歸服故所以懷諸侯也○注尊重至其食○正義曰尊重其祿位者言同姓之親既非賢才但尊重其祿位榮貴之而已不必授以官守也云大臣皆有屬官所任使不親小事也者若周禮六卿其下各有屬官其細碎小事皆屬官爲之是不親小事也云既讀爲餼餼廩稍食也者以既與廩連文又與餼字聲同故讀既爲餼稍食者謂稍給之故周禮月終均其稍食是也引槀人職者證其餼廩稱事案周禮夏官槀人掌弓矢之材其職云乘其事乘謂計筭其所爲之事考其弓弩謂考校弓弩之善惡多少以下上其食下謂貶退上謂增益善者則增其食惡者則減其食故也○

凡爲天下國家有九經所以行之者一也凡事豫則立不豫則廢言前定則不跲事前定則不困行前定則不疚道前定則不窮

一謂當豫也跲躓也疚病也人不能病之○跲其劫反皇音給行下孟反疚音救躓徐音致○

【疏】凡爲至不窮○正義曰此一節明前九經之法唯在豫前謀之故云所以行之者一

也一謂豫也。言前定則不跲者案字林云跲躓也躓謂行倒蹶也將欲發言能豫前思定然後出口則言得流行不有躓蹶也。事前定則不困者困乏也言欲爲事之時先須豫前思定則臨事不困。行前定則不疚者疚病也言欲爲行之時豫前思定則行不疚病。道前定則不窮者言欲行道之時豫前謀定則道無窮也。注人不能病之。正義曰解經行前定則不疚人若行不豫前先定人或不信病害之既前定而後行故人不能病害也

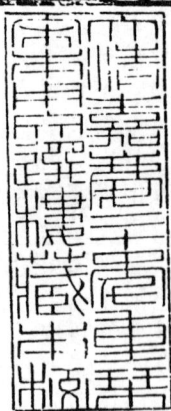

附釋音禮記注疏卷第五十二

江西南昌府學栞

禮記注疏卷五十二挍勘記　阮元撰盧宣旬摘錄

附釋音禮記注疏卷第五十二　惠棟挍宋本禮記正義卷第六十

中庸第三十一

天命之謂性節

脩道之謂教　閩監本同石經同岳本同嘉靖本同衞氏集說同毛本脩作修卷內脩字並同

循性行之是謂道　閩監毛本同岳本同嘉靖本同衞氏集說同惠棟挍宋本是作之

若有佔聽之者　閩監毛本岳本嘉靖本同惠棟挍宋本佔作覘衞氏集說同釋文出有佔

天命至育焉　惠棟挍宋本無此五字

故云之謂性　惠棟挍宋本作之謂此本之謂二字倒閩監毛本同

孔子云唯上智與下愚不移　閩監本同考文引宋板智作知毛本智誤行

以非道路之所由猶如凶惡　閩監毛本作由猶此本由猶二字倒

言言雖曰獨居　閩監毛本不重言字此本誤重

萬物育焉致至也　閩監毛本同惠棟挍宋本焉下有者字

言人君所能至極中和　閩監本同毛本至作致

故萬物其養育焉　閩監毛本同衞氏集說其上有得字

仲尼曰君子中庸節

仲尼至矣夫　惠棟挍宋本無此五字

符朗爲青州刺史　衞氏集說亦作符朗閩監本朗誤郎毛本朗字不誤符作苻

既無忌憚則不時節其中庸也　閩監毛本同惠棟挍宋本無既無忌憚四字

子曰舜其大知也與節

子曰至舜乎　惠棟挍宋本無此五字

舜其大知也與者既能包於大道　閩監本同毛本與誤愚於誤容

子曰人皆曰予知節

子曰至守也　惠棟挍宋本無此五字

此謂無知之人設譬也　閩監毛本同盧文弨挍云謂疑作爲

穿地爲坎　閩監本同衞氏集說同毛本坎誤坑

爲嗜欲所驅罪禍之中　閩監本惠棟挍宋本罪上有入字禍字同衞氏集說同毛本入字亦脫禍誤陷

子路問强節

謂犯而不校也　各本同毛本校作挍

塞猶實也　毛本岳本嘉靖本衞氏集說同閩監本實字闕

子路至哉矯　惠棟挍宋本無此五字

陰氣堅急　惠棟挍宋本同衞氏集說同閩監毛本堅作褊

以其性和同必流移隨物　惠棟挍宋本同閩本必字闕監毛本必誤不

今不改變已志　惠棟挍宋本同閩監毛本改誤解

子曰素隱行怪節

素讀如攻城攻其所傃之傃　惠棟挍宋本岳本嘉靖本同考文引古本足利本同閩監毛本如作爲衞氏集說亦作讀如疏放此○按敬齊古今黈引作如此傃鄭易素作傃乃讀爲之例也

恥之也　惠棟挍宋本作恥宋監本嘉靖本衞氏集說同考文引古本足利本同此本恥誤取閩監毛本同疏放此

與讀爲贊者皆與之與　閩監毛本岳本嘉靖本同衞氏集說爲作如

子曰至天地　惠棟挍宋本無此五字

但知之易行之難故上文云　惠棟挍宋本行之難下更有知之易三字此本三字脫閩監毛本同

士冠禮云其饗冠者　閩監毛本同惠棟挍宋本云誤文

起於匹夫匹婦之所知所行者　閩監毛本同惠棟挍宋本者作也

子曰道不遠人節

所求乎子　各本同毛本子誤于

傃皆讀爲素　惠棟挍宋本作素讀皆爲傃宋監本岳本嘉靖本同考文引古本同此本誤倒閩監毛本同

子曰至徼幸　閩監本同毛本作子曰道不遠人人之爲道至險以徼幸惠棟挍宋本無此五字

忠恕違道不遠也　閩監本同毛本也作者

夷狄雖陋雖隨其俗　閩監本同衞氏集說同惠棟挍宋本下雖作亦毛本同

子曰射有似乎君子節

畫曰正　岳本同惠棟挍宋本同嘉靖本同足利本同閩監毛本畫下有布字衞氏集說同岳本攷證云按正鳥名周禮射人賓射之儀畫布爲正是也原本無布字者以凡侯皆布爲之彩畫三分之一不必復言布耳乃省文非脫簡也

辟如行遠　閩監毛本岳本嘉靖本同惠棟挍宋本辟作譬宋監本石經同南宋石經同衞氏集說同下辟如同釋文出辟如云音譬下同○按譬正字辟假借字

子曰至妻帑　惠棟挍宋本無此五字

以上雖行道在於已身閩監毛本同浦鏜挍云雖疑言字誤

此小雅常棣之篇閩本同惠棟挍宋本同監毛本常誤棠衞氏集說亦作常

子曰鬼神之爲德節

視之而弗見各本同毛本視誤祝

子曰至此夫惠棟挍宋本無此五字

金水之鬼終物閩監本同衞氏集說同毛本鬼誤神

子曰舜其大孝也與節

今時人名草木之殖曰栽岳本嘉靖本同考文引宋板同閩監毛本殖作植

栽或爲兹閩監毛本同岳本同惠棟挍宋本宋監本嘉靖本兹竝作菑考文引古本足利本同

受禄于天閩監本同石經同南宋石經同岳本同嘉靖本同衞氏集說同毛本于誤於

子曰至受命惠棟挍宋本無此五字

以不應王録惠棟挍宋本同閩監毛本王作土

子曰無憂者節

子曰至一也惠棟挍宋本無此五字

是再著戎服閩監本同毛本服作衣

一名諸盩惠棟挍宋本盩作盭閩本作盩監毛本作盩衞氏集說同下諸盩竝同按當作盩

云期之喪達於大夫者閩本同惠棟挍宋本同監毛本於作乎

子曰武王周公節

脩其祖廟閩監本同石經同南宋石經同岳本同嘉靖本同衞氏集說同毛本祖誤宗

脩謂掃糞也閩監毛本嘉靖本同岳本掃作埽衞氏集說同釋文亦作埽

先祖之遺衣服也閩監本岳本嘉靖本同毛本遺誤衣

所以逮賤也各本同石經同釋文出以遝云本又作逮按隶眔古音同十五部

若司徒羞牛惠棟挍宋本宋監本岳本嘉靖本衞氏集說同閩監毛本羞作奉

子曰至掌乎惠棟挍宋本無此五字

哀公問政節

布在方策閩監毛本同石經同南宋石經同岳本同嘉靖本同衞氏集說同釋文策作筴

蒲盧蜾蠃各本同釋文出蜾螺云本亦作蠃

乃知天命所保佑惠棟挍宋本宋監本岳本同考文引古本足利本同閩監毛本保誤府嘉靖本佑作祐

哀公至一也惠棟挍宋本無此五字

必先知天時所佑助也閩監毛本同惠棟挍宋本佑作祐

子曰好學近乎知節惠棟挍云子曰好學節宋本分凡爲天下國家之下另爲一節

子曰至家矣惠棟挍宋本無此五字

所以贊天地動蓍龜也惠棟挍宋本同閩本蓍龜也三字闕監毛本蓍龜作鬼神

覆前文或學而知之惠棟挍宋本作覆此本覆誤則閩監毛本同下此覆前文或利而行之同

若能好學惠棟挍宋本同閩監毛本若作蓋

以其知自羞恥勤行善事惠棟挍宋本同閩監毛本行善誤勉遇

凡爲天下國家有九經者惠棟挍宋本上有正義曰三字

體羣臣也者體謂接納閩監毛本同惠棟挍宋本無體羣臣也者五字山井鼎云宋板

此五字脱

前文不惑謀國家大事　閩監毛本同，惠棟挍宋本謀上有謂字。

百工興財用也　閩監毛本同，考文引宋板興作典。

齊明盛服節

既稟稱事　閩監毛本同，石經同，南宋石經同，岳本同，嘉靖本同，衛氏集説同，釋文稟作禀，不誤。

齊明至侯也　惠棟挍宋本無此五字。

謂官之盛大有屬臣者　閩本同，惠棟挍宋本同，監毛本臣作官，下任使屬臣同。

故讀既爲餼　閩監本同，毛本餼字闕。

禮記注疏卷五十二校勘記

附釋音禮記注疏卷第五十三

禮記　鄭氏注　孔穎達疏

中庸

在下位不獲乎上民不可得而治矣獲得也言臣不得於君則不得居位治民獲乎上有道不信乎朋友不獲乎上矣信乎朋友有道不順乎親不信乎朋友矣順乎親有道反諸身不誠不順乎親矣誠身有道不明乎善不誠乎身矣言知善之爲善乃能行誠〔疏〕在下至身矣。正義曰此明爲臣爲人皆須誠信於身然後可得之事。在下位不獲乎上者獲得也言人臣處在下位不得於君上之意則不得居位以治民故云民不可得而治矣。獲乎上有道不信乎朋友不獲乎上矣者言臣欲得君上之意先須有道德信著朋友若道德無信著乎朋友則不得君上之意矣言欲得上意先須信乎朋友也。信乎朋友有道不順乎親則不信乎朋友矣者言欲行信著於朋友先須有道順乎其親若不順乎其親則不信乎朋友矣。順乎親有道反諸身不誠不順乎親矣者言欲順乎親必須有道反於已身使有至誠若身不能至誠則不能順乎親矣。誠身有道不明乎善不誠乎身矣者言欲行至誠於身先須有道明乎善行若不明乎善行則不能至誠乎身矣言明乎善行始能至誠乎身能至誠乎身始能順乎親順乎親始能信乎朋友信乎朋友始能得君上之意得乎君上之意始得居位治民也誠者天之道也誠之者人之道也誠者不勉而中不思而得從容中道聖人也誠之者擇善而固執之者也言誠者天性也誠之者學而誠之者也因誠身說有大至誠。中丁仲反又如字下中道同從七容反。〔疏〕誠者至者也。正義曰前經欲明事君者須身有至誠此經明至誠之道天之性也則人當學其至誠之性是上天之道不爲而誠不思而得若天之性有。殺信著四時是天之道誠之者人之道也者言人能勉力學此至誠是人之道也不學則不得故云人之道。誠者不勉而中不思而得從容中道聖人也者此覆說上文誠者天之道也唯聖人能然謂不勉勵而自中當於善不思慮而自得於善從容閒暇而自中乎道以聖人性合於天道自然故云聖人也。誠之者擇善而固執之者也此覆說上文誠之者人之道也謂由學而致此至誠謂賢人也言選擇善事而堅固執之行之不已遂致至誠也。注因誠身說有大至誠。正義曰以前經云欲事親事君先須修身有大至誠故此說有大至誠大至至。誠則經云誠者天之道也聖人是矣博學之審問之慎思之明辨之篤行之有弗學學之弗能弗措也有弗問問之弗知弗措也有弗思思之弗得弗措也有弗辨辨之弗明弗措也有弗行行之弗篤弗措也人一能之已百之人十能之已千之果能此道矣雖愚必明雖柔必強此勸人學誠其身也果猶決也。措七路反下及注皆同置也強其良反〔疏〕博學至必強。正義曰此一經申明上經誠之者擇善而固執之事。有弗學學之弗能弗措也者謂身有事不能常學習當須勤力學之措置也言學不至於能不措置休廢必待能之乃已也以下諸事皆然此一句覆上博學之也。有弗問問之弗知弗措也覆上審問之也有弗思思之弗得弗措也覆上慎思之有弗辨辨之弗明弗措也覆上明辨之也有弗行行之弗篤弗措也覆上篤行之也。人一能之已百之人十能之已千之謂他人性識聰敏一學則能知之已當百倍用功而學使能知之言已加心精勤之多恒百倍於他人也。果能此道矣雖愚必明雖柔必強果謂果决也若决能爲此百倍用功之道識慮雖復愚弱而必至明強此勸人學誠其身也自誠明謂之性自明誠謂之教誠則明矣明則誠矣自由也由至誠而有明德是聖人之性者也由明德而有至誠是賢人學以知之也〔疏〕自誠至誠矣。正義曰此一經顯天性至誠或學而能兩者雖異功用則相通。自誠明謂之性者此說天性自誠者自由也言由天性至誠而身有明德此乃自然天性如此故謂之性自明誠謂之教者此說學而至誠由身聰明勉力學習而致至誠非由天性教習使然故云謂之教然則自誠明謂之性聖人之德也自明誠謂之教賢人之德也○誠則明矣者言聖人天性至誠則能有明德由至誠而致明也○明則誠矣者謂賢人由身聰明習學乃致至誠故云明則誠矣是誠則能明明則能誠優劣雖異二者皆通有至誠也

唯天下至誠爲能盡其性能盡其性則能盡人之性能盡人之性則能盡物之性能盡物之性則可以贊天地之化育可以贊天地之化育則可以與天地參矣

盡性者謂順理之使不失其所也贊助也育生也助天地之化生謂聖人受命在王位致大平○大音泰[疏]唯天至參矣○正義曰此明天性至誠聖人之道也唯天下至誠者謂一天下之內至極誠信爲聖人也○爲能盡其性者以其至極誠信與天地合故能盡其性既盡其性則能盡其人與萬物之性是以下云能盡人之性既能盡人性則能盡萬物之性故能贊助天

地之化育功與天地相參上云誠者天之道此兼云地者上說至誠之理由神妙而來故特云天之道此據化育生物故并云地也

其次致曲曲能有誠誠則形形則著著則明明則動動則變變則化唯天下至誠爲能化

其次謂自明誠者也致至也曲猶小小之事也不能盡性而有至誠於有義焉而已形謂人見其功也盡性之誠人不能見也著形之大者也明著之顯者也動動人心也變改惡爲善也變之久則化而性善也[疏]其次至能化○正義曰此一經明賢人習學而致至誠故云其次致曲曲謂細小之事言其賢人致行細小之事不能盡性於細小之事能有至誠也○誠則形形則著者謂不能自然至誠由學而來故誠則人見其功是誠則形也初有小形後乃大而明著故云形則著也若天性至誠之人不能見則不形不著也○著則明明則動者由著故顯明由明能感動於衆○動則變變則化者既感動人心漸變惡爲善變而既久遂至於化言惡人全化爲善人無復爲惡也○唯天下至誠爲能化言唯天下學致至誠之人爲能化惡爲善改移舊俗不如前經天生至誠能盡其次性與天地參矣○注其至善也○正義曰以前經云自明誠謂之教是由明而致誠是賢人次於聖人故云其次謂自明誠也云不能盡性而有至誠於有義焉而已者言此次誠不能如至誠盡物之性但能有至誠於細小物焉而已云形謂人見其功也者由次誠彰露人皆見其功也云盡性之誠人不能見也者言天性至誠神妙無體人不見也云著形之大者也解經形則著初有微形後則大而形著云變之久則化而性善也者解經變則化初漸謂之變變時新舊兩體俱有變盡舊體而有新體謂之爲化如月令鳩化爲鷹是爲鷹之時非復鳩也猶如善人無復有惡也

至誠之道可以前知國家將興必有禎祥國家將亡必有妖孽見乎蓍龜動乎四體禍福將至善必先知之不善必先知之故至誠如神

可以前知者言天不欺至誠者也前亦先○知禎祥妖孽蓍龜之占雖其時有小人愚主皆爲至誠能知者出也四體謂龜之四足春占後左夏占前左秋占前右冬占後右○禎音貞妖於驕反左傳云地反物爲妖說文作祅云衣服歌謠草木之怪謂之祅孽魚列反說文作蠥云禽獸

蟲蝗之怪謂之蠥一本乎作於蓍音尸爲于僞反[疏]至誠至如神○正義曰至誠之道可以前知者此由身有至誠可以豫知前事此至誠之內是天生至誠亦通學而至誠故前經云自明誠謂之教是賢人至誠同聖人也言聖人賢人俱有至誠之行天所不欺可知前事國家將興必有禎祥者禎祥吉之萌兆祥善也言國家之將興必先有嘉慶善祥也文說禎祥者言人有至誠天地不能隱如文王有至誠招赤雀之瑞也國本有今異曰禎本無今有曰祥何爲本有今異者何胤云國本有雀今有赤雀來是禎也國本無鳳今有鳳來是祥也尚書祥桑穀共生于朝是惡此經云善何得入國者以吉凶先見者皆曰祥別無義也國家將亡必有妖孽者妖孽謂凶惡之萌兆也妖猶傷也傷甚曰孽謂惡物來爲妖傷之徵若魯國鸜鵒來巢以爲國之傷徵案左傳云地反物爲妖說文云衣服歌謠草木之怪爲妖禽獸蟲蝗之怪爲孽○見乎蓍龜動乎四體者所以先知禎祥妖孽見乎蓍龜卦兆發動於龜之四體也○禍福將至者○禍謂妖孽福謂禎祥萌兆豫來是禍福將至○善必先知之者善謂福也○不善必先知之者不善謂禍也○故至誠如神者言至誠之道先知前事如神之微妙故云至誠如神也注云雖其時有小人愚主皆爲至誠能知者出也○正義曰鄭以聖人君子將

興之時或聖人有至誠或賢人有至誠則國之將興禎祥可知而小人愚主之世無至誠又時無賢人亦無至誠所以得知國家之將亡而有妖孽者雖小人愚主由至誠之人生在亂世猶有至誠之使此妖孽爲有至誠能知者出也案周語云幽王二年三川皆震伯陽父曰周將亡矣昔伊洛竭而夏亡河竭而商亡時三川皆震爲周之惡瑞是伯陽父有至誠能知周亡也又周惠王十五年有神降于莘莘虢國地名周惠王問內史過史過對曰夏之興也祝融降于崇山其亡也回祿信于聆隧商之興也檮杌次於丕山其亡也夷羊在牧周之興也鸑鷟鳴於岐山其衰也杜伯射宣王於鎬今虢多涼德虢必亡也又內史過有至誠之德神爲之出是愚主之世以妖孽爲至誠能知者出也○誠者自成也而道自道也者言人能有至誠之德則自成就其身故云誠者自成也若人有道藝則能自道達於已故云而道自道也○誠者物之終始不誠無物者言人有至誠則能與萬物爲終始若無至誠則不能成其功若大人無至誠則不能生萬物若小人無至誠則不能成其物物猶事也小人無誠則不能成事誠者自成也而道自道也言人能至誠所以自成也有道藝所以自道達○自道音導注自道同誠者物之終始不誠無物物萬物也亦事也大人無誠萬物不生小人無誠則事不成是故君子誠之爲貴言貴至誠誠者非自成已而已也所以成物也成已仁也成物知也性之德也合外內之道也以至誠成已則仁道立以至誠成物則知彌博此五性之所以爲德也外內所須而合也外內猶上下○知音智注同故時措之宜也時措言得其時而用也故至誠無息不息則久久則徵徵則悠遠悠遠則博厚博厚則高明徵猶效驗也此言至誠之德既著於四方其高厚日以廣大也徵或爲徹博厚所以載物也高明所以覆物也悠久所以成物也博厚配地高明配天悠久無疆後言悠久者言至誠之德既至博厚高明配乎天地又欲其長久行之○疆居良反如此者不見

而章不動而變無爲而成天地之道可壹言而盡也言其德化與天地相似可一言而盡要在至誠其爲物不貳則其生物不測言至誠無貳乃能生萬物多無數也○不貳本亦作貳音二天地之道博也厚也高也明也悠也久也此言其著見成功也〔疏〕誠者至久也○此經明已有至誠能成就物也誠者非自成已而已也所以成物也者言人有至誠非但自成就已身而已又能成就外物○成已仁也成物知也者若能成就已身則仁道興立故云成已仁也若能成就外物則知力廣遠故云成物知也○性之德也者言誠者是人五性之德則仁義禮知信皆猶至誠而爲德故云性之德也○合外內之道也者言至誠之行合於外內之道無問外內皆須至誠於人事言之有外有內於萬物言之外內猶上下上謂天下謂地○天體高明故爲外地體博厚閉藏故爲內也是至誠合天地之道也○故時措之宜也措猶用也言至誠者成萬物之性合天地之道故得時而用之則無往而不宜故注云時措言得其時而用也○故至誠無息○言至誠之德所用皆宜無有止息故能久遠博厚高明以配天地也○不息則久者以其不息故能長久也○久則徵徵驗也以其久行故有徵驗○徵則悠遠者悠長也若事有徵驗則可行長遠也○悠遠則博厚以其德既長遠無所不周故博厚也養物博厚則功業顯著故博厚則高明也○博厚所以載物也以其德博厚所以負載於物○高明所以覆物也以其功業高明所以覆蓋於萬物也○悠久所以成物也以行之長久能成就於物此謂至誠之德也○博厚配地言聖人之德博厚配偶於地與地同功能載物也○高明配天言聖人功業高明配偶於天與天同功能覆物也○悠久無疆疆窮也言聖人之德既能覆載又能長久行之所以無窮悠久則上經悠遠悠久在博厚高明之上此經悠久在博厚高明之下者上經欲明積漸先悠久後能博厚高明此經既能博厚高明又須行之悠久故反覆言之○如此者不見而章不動而變無爲而成者言聖人之德如此博厚高明悠久不見所爲而功業章顯不見動作而萬物改變無所施爲而道德成就○天地之道可壹言而盡也者言聖人之德能同於天地之道欲尋求所由可一句之言而能盡其事理正由於至誠是壹言而盡也○其爲物不貳則其生物不測者○言聖人行至誠接待於物不有差貳以此之故能生殖衆物不可測量故鄭云言多無

斂也　今夫天斯昭昭之多及其無窮也日月星辰繫焉萬物覆焉今夫地一撮土之多及其廣大。載華嶽而不重振河海而不洩萬物載焉今夫山一拳石之多及其廣大草木生之禽獸居之寶藏興焉今夫水一勺之多及其不測黿鼉蛟龍魚鼈生焉貨財殖焉此言天之高明本生昭昭地之博厚本由撮土山之廣大本起卷石水之不測本由一勺言天地山川積小致大爲至誠者以如此乎昭昭猶耿耿小明也振猶收也卷猶區也。夫音扶下同昭章遥反注同本亦作炤同撮七活反華岳戶化戶瓜二反本亦作山嶽洩息列反卷李音權又羌權反范羌阮反注同藏才浪反勺徐市若反黿音元鼉徒河反一音直丹反鮫音交本又作蛟鼈必列反耿公逈反又公頂反舊音孔頂反區羌俱反

詩曰惟天之命於穆不已蓋曰天之所以爲天也於乎不顯文王之德之純蓋曰文王之所以爲文也純亦不已天所以爲天文王所以爲文皆由行之無已爲之不止如天地山川之云也易曰君子以順德積小以成高大是與。於穆上音烏下於乎亦同乎呼奴反愼如字一本又作順與音餘

疏今夫至不已。正義曰此一節明至誠不已則能從微至著從小至大。今夫天斯昭昭之多者斯此也昭昭狹小之貌言天初時唯有此昭昭之多小貌爾故云昭昭之多。今夫地一撮土之多者言土之初時唯一撮土之多言多少唯一撮土。振河海而不泄者振收也言地之廣大載五岳而不重振收河海而不漏泄。今夫山一卷石之多言山之初時唯一卷石之多多少唯一卷石耳故鄭注云卷猶區也。今夫水一勺之多言水初時多少唯一勺耳此以下皆言爲之不已從小至大然天之與地造化之初清濁二氣爲天地分而成二體元初作盤薄穹隆非是以小至大今云昭昭與撮土卷石與勺水者何但山或壘石爲高水或衆流而成大是從微至著因說聖人至誠之功亦是從小至大以今天地體大假言由小而來以譬至誠非實論也。詩曰惟天之命於穆不已。此經以上文至誠不已已能從小至大故此經引詩明不已之事所引詩者周頌維天之命文也詩稱維天之命謂四時運行所爲教命穆美也於穆不已者美之不休已也此詩之本文也。蓋曰天之所以爲天也此是孔子之言記者載之此詩所論蓋說天之所以爲天在乎不已。於乎不顯文王之德之純此亦周頌文王之詩純謂不雜顯謂光明詩人歎之云於乎不光明乎言光明矣文王之德之純謂不已也言文王德教不有休已與天同功。蓋曰文王之所以爲文也此亦孔子之言解詩之文也。純亦不已者言文王之德之純亦如天之不休已故云純亦不已。注易曰君子愼德積小以高大。正義曰此易升卦之象辭案升卦巽下坤上木生於地中升進之義故爲升也。

大哉聖人之道洋洋乎發育萬物峻極于天育生也峻高大也。洋音羊峻思潤反優優大哉禮儀三百威儀三千待其人然後行故曰苟不至德至道不凝焉言爲政在人政由禮也凝猶成也。優於求反倡優也凝本又作疑魚澄反

疏大哉至凝焉。正義曰此一節明聖人之道高大苟非至德其道不成洋洋謂道德充滿之貌天

下洋洋育生也峻高也言聖人之道高大與山相似上極于天。優優大哉優優寬裕之貌聖人優優然寬裕其道禮儀三百者周禮有三百六十官言三百者舉其成數耳。威儀三千者即儀禮行事之威儀儀禮雖十七篇其中事有三千。待其人然後行者言三百三千之禮必待賢人然後施行其事。故曰苟不至德至道不凝焉凝成也古語先有其文今夫子既言三百三千待其賢人始行故引古語證之苟誠也不非也苟誠非至德之人則聖人至極之道不可成也俗本不作非也。故君子尊德性而道問學致廣大而盡精微極高明而道中庸溫故而知新敦厚以崇禮德性謂性至誠者道猶由也問學學誠者也廣大猶博厚也溫讀如燖溫之溫謂故學之孰矣後時習之謂之溫。燖音尋。

疏故君至崇禮。正義曰此一經明君子欲行聖人之道當須勤學前經明聖人性之至誠此經明賢人學而至誠也。君子尊德性者謂君子賢人尊敬此聖人道德之性自然至誠也。而道問學者言賢人行道由於問學謂勤學乃致至誠也。致廣大而盡精微者

廣大謂地也言賢人由學能致廣大如地之生養之德也而盡精微謂致其生養之德既能致於廣大盡育物之精微言無微不盡也○極高明而道中庸者高明謂天也言賢人由學極盡天之高明之德道通也又能通達於中庸之理也○溫故而知新者○言賢人由學既能溫尋故事又能知新事也○敦厚以崇禮者言以敦厚重行於學故以尊崇三百三千之禮也○注溫讀如燖溫之溫○正義曰案左傳哀十二年公會吳于橐皋大宰嚭請尋盟子貢對曰盟若可尋也亦可寒也賈逵注云尋溫也又有司徹云乃爇尸俎是燖爲溫也云謂故學之孰矣後時習之謂之溫者謂賢人舊學已精熟在後更習之猶若溫尋故食也

是故居上不驕爲下不倍國有道其言足以興國無道其默足以容興謂起在位也○驕本亦作喬音嬌倍音佩默亡北反詩曰既明且哲以保其身其此之謂與保安也○哲涉列反徐本作知音智與音餘

【疏】是故至謂與○正義曰此一節明賢人學至誠之道中庸之行若國有道之時盡竭知謀其言足以興成其國興謂發謀出慮○國無道其默足以容若無道之時

則韜光潛默足以自容其身免於禍害○詩云既明且哲以保其身此大雅烝民之篇美宣王之詩言宣王任用仲山甫能顯明其事任且又哲知保安全其己身言中庸之人亦能如此故云其此之謂與

子曰愚而好自用賤而好自專生乎今之世反古之道如此者裁及其身者也反古之道謂曉一孔之人不知今王之新政可從○好呼報反下同裁音災非天子不議禮不制度不考文此天下所共行天子乃能一之也禮謂人所服行也度國家宮室及車輿也文書名也今天下車同軌書同文行同倫今孔子謂其時○行下孟反雖有其位苟無其德不敢作禮樂焉雖有其德苟無其位亦不敢作禮樂焉言作禮樂者必聖人在天子之位

【疏】子曰至樂焉○正義曰上經論賢人學至誠商量國之有道無道能或語或默以保其身若不能中庸者皆不能量事制宜必及禍患又因明己以此之故不敢專輒制作禮樂也○生乎今之世反古之道如此者裁及其身者也此謂尋常之人不知大道若賢人君子雖生今時能持古法故儒行云今人與居古人與稽是也俗本反下有行字又無如此者三字非也○非天子不議禮○此論禮由天子所行既非天子不得論議禮之是非○不制度謂不敢制造法度及國家宮室大小高下及車輿也○不考文亦不得考成文章書籍之名也○今天下車同軌者今謂孔子時車同軌覆上不制度書同文覆上不考文行同倫倫道也言人所行之行皆同道理覆上不議禮當孔子時禮壞樂崩家殊國異而云此者欲明己雖有德身無其位不敢造作禮樂故極行而虛己先說以自謙也○注反古之道謂曉一孔之人○正義曰孔謂孔穴孔穴所出事有多塗今唯曉知一孔之人不知餘孔通達唯守此一處故云曉一孔之人

子曰吾說夏禮杞不足徵也吾學殷禮有宋存焉吾學周禮今用之吾從周徵猶明也吾能說夏禮顧杞之君不足與明之也吾從周行今之道○杞音起王天下有三重焉其寡過矣乎三重三王之禮○王于況反又如字上焉

者雖善無徵無徵不信不信民弗從下焉者雖善不尊不尊不信不信民弗從上謂君也君雖善善無明徵則其善不信也下謂臣也臣雖善善而不尊君則其善亦不信也徵或爲登故君子之道本諸身徵諸庶民考諸三王而不繆建諸天地而不悖質諸鬼神而無疑百世以俟聖人而不惑質諸鬼神而無疑知天也百世以俟聖人而不惑知人也知天知人謂知其道也鬼神從天地者也易曰故知鬼神之情狀與天地相似聖人則之百世同道徵或爲登○繆音謬悖布內反後同是故君子動而世爲天下道行而世爲天下法言而世爲天下則遠之則有望近之則不厭用其法度想思若其將來也○遠如字又于萬

反近如字又附近之近厭於豔反後皆同**詩曰在彼無惡在此無射庶幾夙夜以永終譽君子未有不如此而蚤有譽於天下者也**射厭也永長也○射音亦注同蚤音早〔疏〕子曰至者也○正義曰以上文孔子身無其位不敢制作二代之禮夏殷不足可從所以獨從周禮之意因明君子行道須本於身達諸天地質諸鬼神使動則爲天下之道行則爲後世之法故能早有名譽於天下蓋孔子微自明已之意○子曰吾說夏禮杞不足徵也徵成也明也孔子言我欲明說夏代之禮須行夏禮之國贊而成之杞雖行夏禮其君暗弱不足贊而成之○吾學殷禮有宋存焉者宋行殷禮故云有宋存焉但宋君暗弱欲其贊明殷禮亦不足可成故論語云宋不足徵也此云杞不足徵即宋亦不足徵此云有宋存焉則杞亦存焉互文見義○吾學周禮今用之吾從周者既杞宋二國不足明已當不復行前代之禮故云吾從周案趙商問孔子稱吾學周禮今用之吾從周檀弓云今丘也殷人也兩楹奠殯哭師之處皆所法於殷禮未必由周而云吾從周者何也鄭荅曰今用之者魯與諸侯皆用周之禮法非專自施於已在宋冠章甫

之冠在魯衣逢掖之衣何必純用之吾從周者言周禮法最備其爲殷周事豈一也如鄭此言諸侯禮法則從周身之所行雜用殷禮也○**王天下有三重焉其寡過矣乎**○言爲君王有天下者有三種之重焉謂夏殷周三王之禮其事尊重若能行之寡少於過矣○**上焉者雖善無徵無徵不信不信民弗從**○上謂君也言爲君雖有善行無分明徵驗則不信著於下既不信著則民不從**下焉者雖善不尊不信不信民弗從**下謂臣也言臣所行之事雖有善行而不尊不尊敬於君則善不信著於下既不信著則民不從故下云徵諸庶民謂行善須有徵驗於庶民也皇氏云無徵謂無符應之徵其義非也○故君子之道者○言君臣爲善須有徵驗民乃順從故明之也○本諸身者言君子行道先從身起是本諸身也○徵諸庶民者徵驗也諸於也謂立身行善使有徵驗於庶民若晉文公出定襄王示民尊上也伐原示民以信之類也○考諸三王而不繆者繆亂也謂已所行之事考校與三王合同不有錯繆也○建諸天地而不悖者悖逆也言已所行道建達於天地而不有悖逆謂與天地合也○質諸鬼神而無疑知天也者○質正也謂已所行之行正諸鬼神不有疑惑是識知天道也此鬼神是陰陽七八九六之鬼神生成萬物者此是天地所爲既能質正陰陽不有疑惑是識知天道也

○百世以俟聖人而不惑知人也者以聖人身有聖人之德垂法於後雖在後百世亦堪俟待後世之聖人其道不異故云知人也○注知天至同道○正義曰以經云知天知人故鄭引經總結之云知其道者以天地陰陽生成萬物今能正諸陰陽鬼神而不有疑惑是知天道也以聖人之道雖相去百世其歸一揆今能百世以待聖人而不有疑惑是知聖人之道也云鬼神從天地者也解所以質諸鬼神之德知天道之意引易曰故知鬼神之情狀與天地相似者證鬼神從天地之意案易繫辭云精氣爲物游魂爲變鄭云木火之神生物金水之鬼成物以七八之神生物九六之鬼成物是鬼神以生成爲功天地亦以生成爲務是鬼神之狀與天地相似云聖人則之百世同道解經知人之道以前世聖人既能垂法以俟待後世聖人是識知聖人之道百世不殊故聖人則之百世同道也○遠之則有望近之則不厭者言聖人之道爲世法則若遠離之則有企望思慕之深也若附近之則不厭倦言人愛之無已○詩云在彼無惡在此無射庶幾夙夜以永終譽此引周頌振鷺之篇言微子來朝身有美德在彼宋國之內民無惡之在此來朝人無厭倦故庶幾夙夜以長永終竟美善聲譽言君子之德亦能如此故引詩以結成之○君子未有不如此而蚤有譽於天下者也言欲蚤有名

譽會須如此未嘗有不行如此而蚤得有聲譽者也**仲尼祖述堯舜憲章文武上律天時下襲水土**此以春秋之義說孔子之德孔子曰吾志在春秋行在孝經二經固足以明之孔子所述堯舜之道而制春秋而斷以文王武王之法度春秋傳曰君子曷爲爲春秋撥亂世反諸正莫近諸春秋其諸君子樂道堯舜之道與末不亦樂乎堯舜之知君子也又曰是子也繼文王之體守文王之法度文王之法無求而求故譏之也又曰王者孰謂謂文王也此孔子兼包堯舜文武之盛德而著之春秋以俟後聖者也律述也述天時謂編年四時具也襲因也因水土謂記諸夏之事山川之異○行下孟反斷丁亂反曷爲于僞反以如字撥生末反近附近之近又如字與音餘編必縣反又甫連反**辟如天地之無不持載無不覆幬辟如四時之錯行如日月之代明萬物並育而不相害道並行而不相悖小德川流大德敦化此天地之所以爲大也**聖人制作其德

配天地如此唯五始可以當焉幬亦覆也小德川流浸潤萌芽喻諸侯也大德敦化厚生萬物喻天子也幬或作燾。辟音譬下同幬徒報反錯七各反當丁浪反又下郎反浸子鴆反燾徒報反唯天下至聖爲能聰明睿知足以有臨也寬裕溫柔足以有容也發強剛毅足以有執也齊莊中正足以有敬也文理密察足以有別也言德不如此不可以君天下也蓋傷孔子有其德而無其命。齊音齋知音智下聖知同齊側皆反別彼列反溥博淵泉而時出之言其臨下普徧思慮深重非得其時不出政教。溥音普徧音遍思息嗣反又如字溥博如天淵泉如淵見而民莫不敬言而民莫不信行而民莫不說是以聲名洋溢乎中國施及蠻貊舟車所至人力所通天之所覆地之所

載日月所照霜露所隊凡有血氣者莫不尊親故曰配天如天取其運照不已也如淵取其清深不測也尊親尊而親之。見賢遍反說音悅施以豉反貊本又作貃武伯反說文云北方人也隊直類反唯天下至誠爲能經綸天下之大經立天下之大本知天地之化育至誠性至誠謂孔子也大經謂六藝而指春秋也大本孝經也。論本又作綸同音倫夫焉有所倚肫肫其仁淵淵其淵浩浩其天安無所倚言無所偏倚也故人人自以被德尤厚似偏頗者肫肫讀如誨爾忳忳之忳忳忳懇誠貌也肫肫或爲純純。焉於虔反倚依綺於寄二反注同肫依注音之淳反浩胡老反被皮義反頗破河反懇苦很反純音淳又之淳反苟不固聰明聖知達天德者其孰能知之言唯聖人乃能知聖人也春秋傳曰末不亦樂乎堯舜之知君子明凡人不知詩曰衣錦尚絅惡其文

之著也故君子之道闇然而日章小人之道的然而日亡言君子深遠難知小人淺近易知人所以不知孔子以其深遠禪爲絅錦衣之美而君子以絅表之爲其文章露見似小人也。絅本又作潁詩作褧同口迥反徐口定反一音口潁反惡烏路反著張慮反闇於感反又如字日而一反下同的丁歷反易以豉反下易槩同禪爲音丹爲其于僞反見賢遍反君子之道淡而不厭簡而文溫而理知遠之近知風之自知微之顯可與入德矣淡其味似薄也簡而文溫而理猶簡而辨直而溫也自謂所從來也三知者皆言其睹末察本探端知緒也入德入聖人之德。淡徒暫反又大敢反下注同厭於豔反睹音覩探音貪詩云潛雖伏矣亦孔之昭故君子內省不疚無惡於志孔甚也昭明也言聖人雖隱居其德亦甚明矣疚病也君子自省身無愆病雖不遇世亦無損害於已志。昭本又作炤同之召反又章遙反疚九又反遯大困反本又作遁字亦同愆起虔反君

子之所不可及者其唯人之所不見乎詩云相在爾室尚不愧于屋漏言君子雖隱居不失其君子之容德也相視也室西北隅謂之屋漏視女在室獨居者猶不愧于屋漏屋漏非有人也況有人乎。相息亮反注同愧本又作媿同九位反女音汝故君子不動而敬不言而信詩曰奏假無言時靡有爭假大也此頌也言奏大樂於宗廟之中人皆肅敬金聲玉色無有言者以時太平和合無所爭也。奏如字詩作鬷子公反假古雅反爭爭鬭之爭注同大平音泰是故君子不賞而民勸不怒而民威於鈇鉞詩曰不顯惟德百辟其刑之不顯言顯也辟君也此頌也言不顯乎文王之德百君盡刑之諸侯法之也。鈇方于反又音斧鉞音越辟音壁注同是故君子篤恭而天下平詩曰予懷明德不大聲以色予我也懷歸也言我歸有明德者以其不大聲爲嚴厲之

色以威我也。疏仲尼至以色。正義曰此一節明子思申明夫子之德與天地相似堪以配天地而育萬物傷有聖德無其位也今各隨文解之。仲尼祖述堯舜者祖始也言仲尼祖述始行堯舜之道也。憲章文武者。憲法也章明也言夫子發明文武之德。上律天時者律述也言夫子上則述行天時以與言陰陽時候也。下襲水土者襲因也下則因襲諸侯之事水土所在此言子思贊揚聖祖之德以仲尼修春秋而有此等之事也。注吾志至之異。正義曰吾志在春秋行在孝經者孝經緯文言褒貶諸侯善惡志在於春秋人倫尊卑之行在於孝經云二經固足以明之者此是鄭語言春秋孝經足以顯明先祖述憲章之事云孔子祖述堯舜之道而制春秋者則下文所引公羊傳云君子樂道堯舜之道與是也云斷以文王武王之法度者則下文引公羊云王者孰謂謂文王是也云春秋傳曰至堯舜之知君子也哀十四年公羊傳文引之者謂祖述堯舜之事君子曷爲爲春秋曷何也君子謂孔子傳曰孔子何爲作春秋云撥亂世反諸正莫近諸春秋者此傳之文荅孔子爲春秋之意何休云撥猶治也言欲治於亂世使反歸正道莫近莫過也言餘書莫過於春秋言治亂世者春秋最近之也云其諸君子樂道堯舜之道與者上道論道下道謂道德與語辭言君

子孔子也言孔子樂欲論道堯舜之道與也云末不亦樂乎堯舜之知君子也者末謂終末謂孔子末聖漢之初豈不亦愛樂堯舜之知君子也案何休云得麟之後天下血書魯端門曰趨作法孔聖沒周姬亡彗東出秦政起胡破術書記散孔不絕子夏明日往視之血書飛爲赤烏化爲白書漢當秦大亂之後故作撥亂之法是其事也云又曰是子也繼文王之體守文王之法度文王之法無求而求故譏之也者此文九年公羊傳文八年天王崩謂周襄王也九年春毛伯來求金傳云是子繼文王之體守文王之法度文王之法無求而求故譏之是子謂嗣位之王在喪未合稱王故稱是子嗣位之王守文王之法度文王之法度無所求也謂三分有二以服事殷謂在喪之內無合求金之法度今遣毛伯來求金是無求而求也故書以譏之彼傳云是子俗本云子是者誤也云又曰王者孰謂謂文王也此隱元年公羊傳文案傳云元年春王正月王者孰謂謂文王也武王道同譽文王可知也云著之春秋以俟後聖者也哀十四年公羊傳云制春秋之義以俟後聖何休云待聖漢之王以爲法也云述天時謂編年四時具也案合成圖云皇帝立五始制以天道元命包云諸侯不上奉王之正則不得即位正不由王出不得爲正王不承於天以制號令則無法天不得正其元則不能成其化

也。五始者元年一也春二也王三也正月四也公即位五也此春秋元年即當堯典欽若昊天也春秋四時即當堯典日中星鳥日永星火宵中星虛日短星昴之類是也春秋獲麟則當益稷百獸率舞鳳皇來儀是也此皆祖述堯舜之事言春秋四時皆具桓四年及七年不書秋七月冬十月成十年不書冬十月桓十七年直云五月不云夏昭十年直云十二月不云冬如此不具者賈服之義若登臺而不視朔則書時不書月若視朔而不登臺則書月不書時若雖無事視朔登臺則空書時月若杜元凱之意凡時月不具者皆史闕文其公羊穀梁之義各爲曲說今畧而不取也云襲因也因水土謂記諸夏之事山川之異者諸夏之事謂諸侯征伐會盟所在之地山川之異若僖十四年沙鹿崩成五年梁山崩之屬是也。譬如至大也。此明孔子之德與天地日月相似與天子諸侯德化無異。小德川流大德敦化者言孔子所作春秋若以諸侯小德言之如川水之流浸潤萌芽若以天子大德言之則仁愛敦厚化生萬物也。此天地之所以爲大也言夫子之德比並天地所以爲大不可測也。唯天至別也。此又申明夫子之德聰明寬裕足以容養天下傷其有聖德而無位也。寛裕溫柔足以有容也。言夫子寛弘性善溫克和柔足以包容也。發強剛毅足以有執也發起

也執猶斷也言孔子發起志意堅強剛毅足以斷決事物也。溥博至配天。此節更申明夫子蘊蓄聖德俟時而出日月所照之處無不尊仰。溥博淵泉者溥謂無不周徧博謂所及廣遠以其浸潤之澤如似淵泉溥大也既心慮深重非得其時不出政教必以俟時而出。溥博如天者言似天無不覆幬。淵泉如淵言潤澤深厚如川水之流。夫焉有所倚至浩浩其天以前經贊明夫子之德此又云夫子無所偏倚而仁德自然盛大也倚謂偏有所倚近言夫子之德普被於人何有獨倚近於一人言不特有偏頗也。肫肫其仁肫肫懇誠之貌仁謂施惠仁厚言又能肫肫然懇誠行此仁厚爾。淵淵其淵淵淵水深之貌也言夫子之德淵淵然若水之深也。浩浩其天言夫子之德浩浩盛大其若如天也。注肫肫讀如誨爾忳忳之忳。正義曰此大雅抑之篇刺厲王之詩言詩人誨爾厲王忳忳然懇誠不已厲王聽我藐藐然而不入也苟不固聰明聖知達天德者其孰能知之者上經論夫子之德大如天此經論唯至聖乃知夫子之德苟誠也固堅固也言帝誠不堅固聰明睿聖通知曉達天德者其誰能識知夫子之德故注引公羊傳云堯舜之知君子者言有堯舜之德乃知夫子明凡人不知也。詩曰衣錦尚褧惡其文之著也以前經論夫子之德難知故此經因明君子小人

隱顯不同之事此詩衛風碩人之篇美莊姜之詩言莊姜初嫁在塗衣著錦衣爲其文之大著尚著襌絅加於錦衣之上絅襌也以單縠爲衣尚以覆錦衣也案詩本文云衣錦褧衣此云尚絅者斷截詩文也又俗本云衣錦褧裳又與定本不同者記人欲明君子謙退惡其文之彰著故引詩以結之。故君子之道闇然而日章者章明也言君子以其道德深遠謙退初視未見故曰闇然其後明著故曰日章明也。小人之道的然而日亡者若小人好自矜大故初視時的然以其才藝淺近後無所取故曰日益亡。君子至德矣。此一經明君子之道察微知著故能入德。淡而不厭者言不媚悅於人初似淡薄久而愈敬無惡可厭也。簡而文者性無嗜慾故簡靜才藝明辨故有文也。溫而理者氣性和潤故溫也正直不違故修理也。之遠之近。言欲知遠處必先之適於近乃後及遠知風之自自謂所從來處言見目前之風則知之適所從來處故鄭注云睹末察本遠是近之末風是所原空缺五字從來之末也知微之顯此初時所微之事久乃適於顯明微是初端顯是縱緒故鄭注云探端知緒。可與入德矣。言君子或探末以知本或睹本而知末察微知著終始皆知故可以入聖人之德矣。詩曰潛雖伏矣亦孔之昭此明君子其身雖隱其德昭著所引者小雅正月之篇刺幽王之詩詩之本文以幽王無道喻賢人君子雖隱其身德亦甚明著不能免禍害猶如魚伏於水亦甚著見被人採捕記者斷章取義言賢人君子身雖藏隱猶如魚伏於水其道德亦甚彰矣。故君子內省不疚無惡於志者疚病也言君子雖不遇世內自省身不有愆病則亦不損害於己志言守志彌堅固也。注孔甚也。正義曰爾雅釋言文。君子至屋漏。此明君子之閒居獨處不敢爲非故云君子所不可及者其唯人之所不見乎。詩云相在爾室尚不愧于屋漏此大雅抑之篇刺厲王之詩詩人意稱王朝小人不敬鬼神瞻視女在廟堂之中猶尚不愧畏於屋漏之神記者引之斷章取義言君子之人在室之中屋漏雖無人之處不敢爲非猶愧懼于屋漏之神況有人之處君子愧懼可知也言君子雖獨居常能恭敬。注言君至人乎。正義曰言君子雖隱居不失其君子之容德也者隱居謂在室獨居猶不愧畏無人之處又常能恭敬是不失其君子之容德也云西北隅謂之屋漏者爾雅釋宮文以戶明漏照其處故稱屋漏屋漏非有人者言人之所居多近於戶屋漏深邃之處非人所居故云無有人也云況有人乎者言無人之處尚不愧之況有人之處不愧之可知也言君子無問有人無人恒能畏懼也。故君子不動而敬不言而信者以君子敬懼如是故不動而民敬之不言而民信之。詩曰奏假無言時靡有爭此商頌烈祖之篇美成湯之詩詩本文云鬷假無言此云奏假者與詩反異也假大也言祭成湯之時奏此大樂於宗廟之中人皆肅敬無有諠譁之言所以然者時既太平無有爭訟之事故無言也引證君子不言而民信。注假大也。正義曰爾雅釋詁文。詩曰不顯惟德百辟其刑之。此周頌烈文之篇美文王之德不顯乎文王之德言其顯矣以道德顯著故天下百辟諸侯皆刑法之引之者證君子之德猶若文王其德顯明在外明衆人皆刑法之。注辟君也。正義曰爾雅釋詁文。詩云予懷明德不大聲以色。此大雅皇矣之篇美文王之詩予我也懷歸也言天謂文王曰我歸就爾之明德所以歸之者以文王不大作音聲以爲嚴厲之色故歸之記者引之證君子亦不作大音聲以爲嚴厲之色與文王同也

子曰聲色之於以化民末也詩曰德輶如毛輶輕也言化民常以德德之易舉而用其輕如毛耳。末下葛反輶音酉一音由注同易以豉反毛猶有倫上天之載無聲無臭至矣倫猶比也載讀曰栽謂生物也言毛雖輕尚有所比有所比則有重上天之造生萬物人無聞其聲音亦無知其臭氣者化民之德清明如神淵淵浩浩然後善。載依注讀曰栽音災生也詩音再比必覆反下同或音毗志反又必利反皆非也重直勇反又直容反

【疏】子曰至至矣。正義曰此一節是夫子之言子思既說君子之德不大聲以色引夫子舊語聲色之事以接之言化民之法當以德爲本不用聲色以化民也若用聲色化民是其末事故云化民末也。詩曰德輶如毛者此大雅烝民之篇美宣王之詩輶輕也言用德化民舉行甚易其輕如毛也。毛猶有倫倫比也既引詩文德輶如毛又言德之至極本自無體何直如毛毛雖細物猶有形體可比並故云毛猶有倫也。上天之載無聲無臭至矣載生也言天之生物無音聲無臭氣寂然無象而物自生言聖人用德化民亦無音聲亦無臭氣而人自化是聖人之德至極與天地同此二句是大雅文王之詩美文王之德不言詩云者孔子略而不言直取詩之文爾此亦斷章取義。注載讀至後善。正義曰案文以載爲事此讀爲栽者言其生物故讀載爲栽也云毛雖輕尚有所比則有重言毛雖輕物尚有形體以他物來比有可比之形則是有重毛在虛中猶得墜下是有重也云化民之德清明如神淵淵浩浩則上文淵淵其淵浩浩其天是也

禮記注疏卷第五十三

禮記注疏卷五十三挍勘記　阮元撰盧宣旬摘録

中庸

在下位不獲乎上節

在下至身矣　惠棟挍宋本無此五字

不順乎親則不信乎朋友矣者　閩監本同毛本則字脫

誠者天之道也節

誠者至者也　惠棟挍宋本無此五字

若天之性有殺信著四時　惠棟挍宋本作有生殺此本生字脫作有殺閩監毛本有殺作自然

大至至誠　補案至字誤重

自誠明謂之性節

自誠至誠矣　惠棟挍宋本無此五字

此說學而至誠　惠棟挍宋本作說學此本說學二字闕閩監毛本說學誤自明

教習使然故云謂之教　惠棟挍宋本作使然此本使然二字闕閩監毛本使然誤而致

則能有明德　惠棟挍宋本作有明此本有明二字闕閩監毛本有明誤明其

由身聰明習學　惠棟挍宋本作習此本習字闕閩監毛本習誤勉

其次致曲節

其次至能化　惠棟挍宋本無此五字

能盡其次性　補案次字疑衍

由次誠彰露　閩監本同毛本次誤此

至誠之道可以前知節

必有妖孽　閩本同石經同南宋石經同嘉靖本同衛氏集說同釋文亦作孽惠棟挍宋本孽作孼宋監本岳本同監本誤作蘖注疏放此

前亦先知　補明監本作前亦先也不誤

至誠至如神　惠棟挍宋本無此五字

文說禎祥者　閩監本同毛本文誤又

案周語云幽王二年　閩監毛本同浦鏜挍本二改三

誠者自成也節　惠棟挍云誠者節宋本分誠者物之終始至誠之爲貴爲一節誠者非自成已至外內之道也爲一節故時措之宜至高明爲一節博厚至生物不測爲一節天地之道合下今夫天節爲一節

有道藝所以自道達　閩本惠棟挍宋本宋監本岳本嘉靖本同監毛本上道誤造

可壹言而盡也　惠棟挍宋本石經同南宋石經宋監本岳本同嘉靖本閩監毛本壹作一衛氏集說同石經考文提要云宋大字本宋本九經南宋巾箱本余仁仲本劉叔剛本並作壹

誠者至久也　惠棟挍宋本無此五字

則仁義禮知信　惠棟挍宋本同閩監毛本知作智

皆猶至誠而爲德　閩監毛本同浦鏜云猶當由字誤

又須行之長久　惠棟挍宋本作長衛氏集說同此本長作悠閩監毛本同

可壹言而盡也者　惠棟挍宋本壹字同閩監毛本壹作一宋本有者字此本者誤○閩監毛本同

今夫天節

一撮土之多及其廣厚惠棟挍宋本宋監本石經南宋石經岳本嘉靖本衞氏集說考文引古本足利本並同閩監毛本厚誤大

振河海而不洩各本同石經同釋文洩作泄

黿鼉鮫龍魚鼈生焉石經南宋石經岳本宋監本同閩監毛本鮫作蛟嘉靖本衞氏集說同惠棟挍宋本亦作鮫釋文出鮫龍云本又作蛟毛本鼈誤鱉

本由撮土惠棟挍宋本岳本嘉靖本衞氏集說同閩監毛本由作起

本從一勺皆合少成多自小致大惠棟挍宋本宋監本岳本嘉靖本衞氏集說同閩監毛本從誤由皆合少成多自誤言天地山川積孫志祖挍云困學紀聞合少成多出中庸注閻若璩云無此語蓋未見宋本也

爲至誠者以如此乎閩監毛本同惠棟挍宋本以作亦宋監本岳本嘉靖本衞氏集說同

昭昭猶耿耿小明也振猶收也惠棟挍宋本宋監本岳本嘉靖本同閩監本耿耿小明也振猶收也九字闕

惟天之命惠棟挍宋本石經南宋石經宋監本岳本同嘉靖本閩監毛本惟作維衞氏集說同按詩考列之詩異字石經考文提要云宋大字本宋本九經南宋巾箱本余仁仲本並作惟天疏並放此

天所以爲天惠棟挍宋本宋監本毛本岳本嘉靖本同閩監本五字闕

如天地山川之云也惠棟挍宋本宋監本毛本岳本嘉靖本衞氏集說同閩監本地山川之云也六字闕

易曰君子以順德積小以成高大閩監毛本同惠棟挍宋本順作慎嘉靖本同考文云宋板無成字岳本亦無成字順字同考文引古本足利本亦作慎釋文出慎德云一本又作順孫志祖按云按易升卦巽下坤上順德坤德也作順則於卦義不切詩應侯順德鄭箋亦引易曰君子以順德可證康成本作順矣積小以成高大今易本無成字

今夫至不已惠棟挍宋本無此五字

明至誠不已則能從微至著從小至大惠棟挍宋本同閩監毛本能從微至著誤聖人至誠亦

昭昭狹小之貌惠棟挍宋本同閩監毛本狹小之貌四字闕

故云昭昭之多○惠棟挍宋本同閩監毛本之多二字作三空闕

言土之初時閩監毛本同惠棟挍宋本土作地

言多少唯一撮土惠棟挍宋本同閩監毛本多少唯一四字闕

載五岳不爲重惠棟挍宋本同閩監毛本作載華嶽而不重

此以下皆言爲之不已惠棟挍宋本同閩監毛本爲之誤至誠

清濁二氣爲天地分而成二體惠棟挍宋本同閩監毛本天地分而四字闕

水或衆流而成大是從微至著惠棟挍宋本同閩監毛本成大是從誤聚爲深自

○注易曰君子慎德毛本同閩監本注字闕

大哉聖人之道節

育生也峻高大也毛本岳本衞氏集說宋監本惠棟挍宋本嘉靖本同閩監本也峻高大也五字闕

待其人然後行石經南宋石經岳本宋監本嘉靖本衞氏集說同閩監毛本然作而石經考文提要云按禮記集說曲禮篇引呂大臨說仲尼燕居篇引方慤說此篇引楊時譚維寅晏光說俱作然後行宋大字本宋本九經南宋巾箱本余仁仲本劉叔剛本並作然後

言爲政在人政由禮也凝猶成也惠棟挍宋本毛本岳本嘉靖本同閩監本言爲成也四字存餘九字並闕

此一節明聖人之道高大苟非至德其道不成惠棟挍宋本同閩監本闕人之道高大苟非至德其十字誤衍十二空闕毛本人字有衍十一空闕

天下洋洋然育生也峻高也言聖人之道惠棟挍宋本如此此本然字脫監毛本闕下洋洋然有生也峻高也言聖十二字止空十一闕閩本聖字有空十闕

上極于天○優優大哉優優寬裕之貌惠棟挍宋本同閩監本闕天○優優大哉優優寬裕十字衍十一空闕毛本天字有空十闕

禮儀三百者周禮有三百六十官言三百者惠棟挍宋本同閩監毛本闕三百者周禮有三百六十官十一字

威儀三千者卽儀禮行事之威儀儀禮惠棟挍宋本同閩監毛本闕千者卽儀禮行事之威儀九字衍十空闕

○待其人然後行者言三百三千之禮惠棟挍宋本同閩監毛本闕待其人然後行者言三百十字

然後施行其事○故曰苟不至德至道不凝焉惠棟挍宋本同閩監毛本闕事○故曰苟不至德至道十字衍十一空闕

今夫子既言三百三千待其賢人惠棟挍宋本同閩監毛本闕夫子既言三百三千待其賢十一字

苟誠也不非也苟誠非至德之人則聖人至極之道不可成也俗本不作非也惠棟挍宋本同閩監毛本闕廿一字○又惠棟挍宋本此下標

禮記正義卷第六十終記云凡三十七頁

故君子尊德性節惠棟挍宋本自此節起至表記子言之君子之所謂義者節止爲第六十一卷卷首題禮記正義卷第六十一

學誠者也廣大猶博厚也毛本同岳本同嘉靖本同衞氏集說同閩監毛本也廣大猶博厚也七字闕

故君至崇禮惠棟挍宋本無此五字

此一經明君子欲行聖人之道惠棟挍宋本同閩監毛本經明君子欲行聖人之九字闕

前經明聖人性之至誠此經明賢人學而至誠也惠棟挍宋本同閩監毛本前字空闕又闕誠此經明賢人學而至誠十字

賢人尊敬此聖人道德之性自然至誠也惠棟挍宋本同閩監毛本尊敬此聖人道德之性自十一字闕

言賢人行道由於問學謂勤學乃致至誠也惠棟挍宋本同閩監毛本行道由於問學謂勤學乃十字闕

言無微不盡也惠棟挍宋本同閩監毛本無微二字闕

言賢人由學極盡惠棟挍宋本同閩監毛本學極二字闕

子曰吾說夏禮節

子曰至者也惠棟挍宋本無此五字

雖善不尊不信閩本明監本毛本不信上重不尊二字此本誤脫

雖有善行而不尊不尊敬於君惠棟挍宋本同閩監毛本脫下不尊二字

伐原示民以信之類也 閩監毛本同惠棟按宋本類下有是字

亦堪俟待後世世之聖人 閩監毛本同考文引宋板世字不重

云聖人則之百世同道 閩監毛本同惠棟按宋本下有者字

未常有不行如此 惠棟按宋本同閩監毛本常作嘗

仲尼祖述堯舜節

辟如天地之無不持載 閩監毛本岳本嘉靖本衛氏集說同惠棟按宋本辟作譬石經同南宋石經下辟如同

爲能聰明睿知 閩監毛本嘉靖本衛氏集說同石經睿作叡南宋石經同岳本同釋文出明叡

施及蠻貊 各本同石經同釋文出蠻貃云本又作貊○按貃正字貊俗字

爲能經綸天下之大經 各本同石經亦作綸釋文出能經論云本又作綸

安有所倚 惠棟按宋本如此宋監本岳本嘉靖本衛氏集說同考文引古本足利本同此本誤作安無所以閩監毛本倚字同有誤無

故人人自以被德尤厚 閩監毛本同惠棟按宋本無故字宋監本嘉靖本同岳本故作而

讀如誨爾忳忳之忳忳忳懇誠貌也 閩監毛本同岳本嘉靖本同衛氏集說同考文引宋板古本忳字不重段玉裁云如當作爲宋監本少一忳字非也

可與入德矣 閩監本同石經南宋石經岳本嘉靖本同衛氏集說同毛本與誤以考文引宋板亦作與

言聖人雖隱居 閩監毛本同惠棟按宋本居作遁嘉靖本同宋監本岳本作遯考文引足利本同釋文出隱遯云本又作遁

君子所不可及者 石經南宋石經岳本嘉靖本同閩監毛本所上有之字衛氏集說同石經考文提要云宋大字本宋本九經南宋巾箱本余仁仲本劉叔剛本並無之字

視女在室獨居者 閩監毛本同衛氏集說同岳本嘉靖本者作耳考文引宋板古本足利本同

此頌也 閩監毛本同岳本嘉靖本同衛氏集說同考文引宋板頌作顯恐非

謂諸侯法之也 惠棟按宋本有謂字宋監本岳本嘉靖本同考文引古本足利本同此本謂字脫閩監毛本同

詩云予懷明德 惠棟按宋本作云石經同南宋石經同岳本同衛氏集說同此本云作曰嘉靖本同閩監毛本同

仲尼至以色 惠棟按宋本無此五字

言夫子法明文武之德 考文引宋板同閩監毛本法作發按此承上憲法也章明也憲章猶法明故此言法明文武之德三本改法爲發失其義也

譽文王可知也 閩監毛本同惠棟按宋本譽作舉

上經論夫子之德大如天 閩監毛本同惠棟按宋本大上有深字

詩曰衣錦尚褧 閩監毛本同惠棟按宋本褧作絅

風是所從來之末也 此本所下空闕五字閩監毛本同考文引宋板空處補從來之末也五字按五字複衍各本刪去是也

子曰聲色之於以化民節

被人採捕 閩監毛本同惠棟按宋本採作探

人無聞其聲音亦無知其臭氣者 閩監毛本同惠棟按宋本亦作者岳本嘉靖本同

子曰至至矣 惠棟按宋本無此五字

尚有所比則有重 惠棟按宋本重有所比三字此本脫閩監毛本同

毛在虛中猶得隊下　惠棟校宋本同閩監毛本隊作墜

附釋音禮記注疏卷第五十三　宋監本禮記卷第十六經三千五百九十三字注三千七百三十一字嘉靖本同

禮記注疏卷五十三校勘記

附釋音禮記注疏卷第五十四

表記第三十二

〇陸曰鄭云以其記君子之德見於儀表者也〔疏〕正義曰按鄭目錄云名曰表記者以其記君子之德見於儀表此於別錄屬通論

子言之歸乎君子隱而顯不矜而莊不厲而威不言而信

此孔子行應聘諸侯莫能用已心厭倦之辭也矜謂自尊大也厲謂嚴顏色〇矜居陵反應應對之應已音紀厭於豔反〔疏〕子言至而信〇正義曰此一篇摠論君子及小人爲行之本并論虞夏殷周質文之異又論爲臣事君之道各依文解之稱子言之凡有八所皇氏云皆是發端起義事之頭首記者詳之故稱子言之若於子言之下更廣開其事或曲說其理則直稱子曰今檢上下體例或如皇氏之言今依用之此一節是孔子明聘諸國莫能用已心有厭倦而爲此辭託之君子所以自明其德〇歸乎者於時孔子身在他國不被任用故稱歸乎〇君子隱而顯者君子身雖幽隱而道德潛通聲名顯著故云隱而顯也〇不矜而莊者矜謂自尊大莊敬也言不自尊大而人尊敬也〇不厲而威者常行仁義道德不自嚴厲而人威服也不言而信者不須出言而人體信以其積德感通故所致如此此皆夫子自道已德而然但假諸君子〇注此孔至辭也〇正義曰知此是應聘諸侯莫能用已心厭倦之辭者以發首云歸乎是從他國欲歸於魯猶若論語云子在陳稱歸與歸與吾黨之小子云是其不用而辭歸也

子曰君子不失足於人不失色於人不失口於人是故君子貌足畏也色足憚也言足信也

失謂失其容止之節也玉藻曰足容重色容莊口容止〇憚大旦反

甫刑曰敬忌而罔有擇言在躬

甫刑尚書篇名忌之言戒也言已外敬而心戒愼則無有可擇之言加於身也〔疏〕子曰至在躬〇正義曰此一經廣明君子之德亦夫子竊自言也不失足於人者足容重不失此足之容儀而作夸毗進退於衆人也〇不失色於人者色容須矜莊不失此色之容儀而作籧篨戚施於衆人也〇不失口於人者口容須安止不失此口之容儀而作諂私曲媚於衆人也〇是故至足信也此皆覆結上文〇甫刑曰敬忌而罔有擇言在躬者甫刑尚書篇名呂刑也甫侯爲穆王說刑故稱甫刑忌戒也罔無也言已外貌恭敬心能戒忌而無有可擇去之言在於躬也今君子之德亦能如此故引甫刑以結之證君子無可擇去之言則上云言足信是也然則敬之與忌則是君子貌足畏色足憚也

子曰裼襲之不相因也欲民之毋相瀆也

不相因者以其或以裼爲敬或以襲爲敬禮盛者以襲爲敬執玉龜之屬也禮不盛者以裼爲敬受享是也〇裼思歷反下音習毋音無下同瀆大木反

子曰祭極敬不繼之以樂朝極辨不繼之以倦

極猶盡也辨分別政事也祭義曰祭之日樂與哀半饗之必樂已至必哀〇樂音洛注同又音岳朝直遥反下注朝聘同辨本又作辦其眷反別彼列反已音以〔疏〕子曰至以倦〇正義曰以前經云君子貌足畏色足憚故此經云毋相瀆卽是可憚之事也裼襲之不相因也者行禮之時禮不盛者則露見裼衣禮盛之時則重襲上服是行禮初盛則襲衣禮不盛則裼衣是裼襲不相因也若始末恒裼襲是相因也其行禮之時或初襲而後裼或初裼而後襲所以然者欲使人民無相褻瀆使禮相變革也〇注禮盛至是也〇正義曰案聘禮賓初行聘時則襲故聘禮云賓襲執圭是也至聘訖受享之時賓裼奉束帛加璧行享聘爲禮盛故襲享爲禮不盛故裼聘時有玉故云執玉也玉藻曰執玉龜襲故云之屬也案行享執璧璧亦是玉於時裼衣而云以襲執玉龜者但享時雖執璧以璧致享比聘時執玉爲輕故享雖有璧而裼也又賓介自相授玉之時介禮輕裼而執圭以受賓賓禮重則襲而後受圭是賓之與介亦裼襲不相因故聘禮云上介不襲執圭屈繅授賓賓襲執圭是也〇子曰祭極敬不繼之以樂朝極辨不繼之以倦〇正義曰以前經毋相瀆故此經明行敬之時不可以倦也極盡也言祭祀極盡於敬不可以終末繼之以樂朝極盡於分別政事不可以終末繼之以解惓而不敬言朝禮極盡於分別也〇注祭義至必哀〇正義曰引之者證明此經不可繼之以樂之事也

子曰君子愼以辟禍篤以不揜恭以遠恥

篤厚也揜猶困迫也〇辟音避揜於檢反遠于萬反〔疏〕子曰至遠恥〇正義曰愼以辟禍者言君子恒須謹愼以辟禍患也篤以不揜者篤厚也揜謂困迫也言君子篤厚行於善道不使揜而而被困迫也言恭以遠恥者又能恭敬而遠恥辱也

子曰君子莊敬日強安肆日偷

肆猶放恣

也偷苟且也肆或爲褻○日強上人實反下同下其艮反肆音四偷他侯反注同恣咨嗣反君子不以
一日使其躬儳焉如不終日儳焉可輕賤之貌也如不終日言人而無
禮死無時○儳徐在鑑反又仕鑑反子曰齊戒以事鬼神擇日月以
見君恐民之不敬也擇日月以見君謂臣在邑竟者○齊側皆反見賢遍反注同竟
音境子曰狎侮死焉而不畏也怢於無敬心也○狎下甲反習也侮亡甫反怢
時世反又時設反[疏]子曰至畏也○正義曰此經又廣明恭敬之事言君子之人恒能莊敬故德業日強○安
肆日偷者肆謂放恣偷謂苟且言小人安樂放恣則其情性
日爲苟且經不云小人文不具也○君子不以一日使其躬
儳焉如不終日者儳可輕賤之貌言君子則常行善道不以
一日之間使其身儳焉可輕賤如小人不能終竟一日也言
不得長久也若小人恒爲無禮使其身可輕賤死期促近不
能終竟一日也○注擇日月以見君謂臣在邑竟者○正義
曰知者以其經云擇日月以見君若朝廷之臣則每日朝君
何得云擇日月據此故知邑竟或擇日出使在外或食邑別
都見君之時須擇日月也○子曰狎侮死焉而不畏也○正
義曰前經明君子恒能行恭敬此明小人唯好狎侮言小人
遞相輕狎侮慢相侵雖有死焉禍害而不知畏懼也以其怢
於無敬心故也言數爲無恭敬之心好相狎侮故至於死焉
而不知畏懼也子曰無辭不相接也無禮不相見也欲
民之毋相褻也辭所以通情也禮謂摯也春秋傳曰古者諸侯有朝聘之事號辭必稱先
君以相接也○褻息列反摯音至本亦作贄易曰初筮告再三瀆瀆則
不告瀆之言褻也○筮市制反三息暫反又如字[疏]子曰至不告○正義曰前明小人狎侮至於死
亡此明君子無相褻瀆○無辭不相接者言朝聘會聚之時
必有言辭以通情意若無言辭則不得相交接也○無禮不
相見者禮謂贄幣也贄幣所以示已情若無贄幣之禮不得
相見所以然者欲民之無相褻瀆也○易曰初筮告再三瀆
瀆則不告者此易蒙卦辭○蒙卦坎下艮上艮爲山坎爲水山
下出泉是物之蒙昧童蒙之象也筮問也言童蒙初來問師
師則告之若再三來問是爲褻瀆問既褻瀆師則不復告之引者證無相褻瀆之義也子言之仁

者天下之表也義者天下之制也報者天下
之利也報謂禮也禮尚往來子曰以德報德則民有所勸
以怨報怨則民有所懲懲謂創艾○懲直陵反創初亮反又初良反乂或又作艾
魚廢反皇魚蓋反詩曰無言不讎無德不報○讎猶答也讎音酬大
甲曰民非后無能胥以寧后非民無以辟四
方大甲湯孫也書以名篇胥相也民非君不能以相安○大音泰下注同無能胥以寧尚書作罔克胥匡以生辟音璧
君也子曰以德報怨則寬身之仁也以怨報德
則刑戮之民也寬猶愛也愛身以息怨非禮之正也仁亦當言民聲之誤○戮音六本又或作
僇音同子曰無欲而好仁者無畏而惡不仁者
天下一人而已矣是故君子議道自己而置
法以民一人而已喻少也自己自盡己所能行○好乎報反惡烏路反子曰仁有三
與仁同功而異情三謂安仁也利仁也強仁也利仁強仁功雖與安仁者同本情則異
○強其兩反下文同與仁同功其仁未可知也與仁同過
然後其仁可知也仁者安仁知者利仁畏罪
者強仁功者人所貪也過者人所辟也在過之中非其本情者或有悔者焉○知者音智辟音避仁
者右也道者左也仁者人也道者義也右也左也
言相須而成也人也謂施以人恩也義也謂斷以事宜也春秋傳曰執未有言舍之者此其言舍之何人也○斷丁亂反
厚於仁者薄於義親而不尊厚於義者薄於
仁尊而不親言仁義並行者也仁多則人親之義多則人尊之道有至義
有考至道以王義道以霸考道以爲無失此讀

當言道有至有義有攷字脱一有耳有至謂兼仁義者有義則無仁矣有攷攷成也能取仁義之一成之以不失於人非性也。道有至義依注讀爲道有至有義王于況反脱音奪【疏】子言至無失。正義曰此一節摠明仁義之事各隨文解之以其與上别端故更稱子言之。仁者天下之表也表謂儀表言仁恩是行之盛極故爲天下之儀表也。義者天下之制也義宜也制謂裁斷既使物各得其宜是能裁斷於事也。報者天下之利也者報謂禮也禮尚往來相反報物得其利故云天下之利也。詩曰無言不讎無德不報者此詩大雅抑之篇刺厲王之詩引之者證經相報之義。大甲曰民非后無能胥以寧后非民無以辟四方者此尚書大甲之篇大甲湯孫大丁之子湯崩大甲立伊尹作書訓之故云大甲后君也胥相也伊尹言民若無君無能相匡正以自安居也君若無民無以君領四方引之者證君之與臣上下各以其事相報是相報荅之義也故引以結之。子曰以德報怨則寛身之仁也言予曰者廣明以禮相報之義寛身之仁者若以直報怨是禮之當也今以德報怨但是寛愛己身之民欲苟息禍患非禮之正也。以怨報德則刑戮之民也者禮當以德報德今以怨報德其人凶惡是合刑戮之民也。子曰無欲而好仁者自此以下廣明仁道凡仁道有

三一是安仁二是利仁三是强仁此明安仁之事安仁者無所畏惡而自安仁道凡人好仁皆有所欲今無有所求欲而自好仁道。無畏而惡不仁者凡人憎惡不仁皆有所畏始惡不仁今無有所畏而能惡不仁者。天下一人而已矣者言無欲好仁無畏惡不仁雖天下之人廣能行此者但有一人而已喻其少也。是故君子議道自己者好仁之法須恩惠及人當恕己而行故君子謀議道理先自己而始。置法以民者已所能行乃施於人故云置法以民言從已而始乃可以施置法度於它人。子曰仁有三與仁同功而異情此明仁道有三其功雖同其情則異以終能汎愛其功同也一則無所求爲而安静行仁一則規求其利而行仁一則畏懼於罪而行仁是異情也。與仁同功其仁未可知也者此一經申明同功異情之事三者之仁其功俱是汎施博愛各有一種是未可知也。與仁同過然後其仁可知也者過謂利之與害若遭遇利害之事其行仁之情則可知也。仁者安仁者此明三者可知之事若天性仁者非關利害而安仁也。知者利仁者若有知謀者貪利而行仁有利則行無利則止非本情也。畏罪者强仁者若畏懼於罪者自强行仁望免離於罪若無所畏則不能行仁也。仁者右也道者左也此經明仁義相須若手之左右仁恩者若人之右手右手是用之便也仁恩亦行之急也。道者左也道是履蹈而行比仁恩稍劣故爲左也。仁者人也言仁恩之道以人情相愛偶也。道者義也義宜也凡可履蹈而行者必斷割得宜然可履蹈故云道者義也。注人也至人也。正義曰人也謂施以人恩也解經中仁者人也仁謂施以人恩言施人以恩正謂意相愛偶人也云義也謂斷以事宜也謂裁斷其理使合事宜故可履蹈而行是道者義也引春秋傳者此成十六年公羊傳文案彼稱晉人執季孫行父舍之于招巳傳云執未有言舍之者此其言舍之何人也傳稱春秋諸侯執大夫經不書舍此執行父言舍之招巳何欲人愛此行父故特言舍之引之者證人是人偶相存愛之義也。道有至義有攷者如注所云當云道有至有義有攷義上脱一有字言道之所用有至也至謂兼行仁義行之至極故云有至有義二也謂仁義之中唯有義無仁故云有義有攷三也攷成也謂於仁義之中或取仁或取義之一事勉力成之非本性也至道以王者既能兼行仁義至極可以王有天下故云至道以王。義道以霸者直能斷決若齊桓晉文以甲兵斷割可以霸於諸侯故云義道以霸也。攷道以爲無失者既於仁義之中隨取其一而成之以道不違於理故云攷道以爲無失也。注有至至性也。正義曰知有至謂兼仁義者此經

云至道以王故穀梁傳云仁義歸往曰王是王有仁義也又案前經道者義也是唯義與道此經云道有至有義有攷是一道之内兼有三種與前經不同者但道之爲義取開通履蹈而行兼包大小精麁若大而言之則天道造化自然之理謂之爲道則老子云道可道非常道則自然造化虛無之謂也若小而言之凡人才藝亦謂之爲道是道無定分隨大小異言皆是開通於物其身履蹈而行也云攷成也爾雅釋詁文也云能取仁義之一成之以不失於人者以攷道劣於至道又劣於義但能於仁義之中隨其一能成就之不失於人謂於人不失也云非性也者言攷道勉强而行以成就之非是天性自然所稟者然則至道義道天性有之也

子言之仁有數義有長短小大中心憯怛愛人之仁也率法而强之資仁者也資取也數與長短小大互言之耳性仁義者其數長大取仁義者其數短小。數所住反憯七感反怛丹葛反

詩云豐水有芑武王豈不仕詒厥孫謀以燕翼子武王烝哉數世之人也芑枸檵也仕之言事也詒遺也燕安

也烝君也言武王豈不念天下之事乎如豐水之有芑矣乃遺其後世之子孫以善謀以安翼其子也君哉武王美之也。○農芳弓反芑音起詒以之反烝之承反數色主反枸本亦作苟欟音計遺于季反下同 國風曰我今不閱皇恤我後終身之仁也 閱猶容也皇暇也恤憂也言我今尚恐不能自容何暇憂我後之人乎。我今毛詩作我躬閱音悅

【疏】子言至仁也。正義曰自此以下至不稱其服更廣明仁義之道又顯中心外貌內外相稱故更稱子言之。○仁有數者行仁之道有度數多少也。○義有長短小大者言義之爲體有長有短有小有大言仁有數則義亦有數義言長短小大則仁亦有長短小大互言之也若天性仁義者則其數長而大若强取仁義而行者則其數短而小長謂國祚久遠大謂覆養廣多短謂世位淺促小謂所施狹近也。○中心憯怛愛人之仁也此明性有仁者以天性自仁故中心憯怛傷怛憐愛於人故云愛人之仁也。○率法而强之資仁者也此明取仁者率循也資取也率循善法自强行之非是天性直取仁道行之者也。○詩云豐水有芑武王豈不仕者證天性之仁其數長所引詩者大雅文王有聲之篇美武王之德言豐水自然有芑喻武王之身自然有天下之事故云

武王豈不仕仕之言事也言武王豈不念天下之事乎猶如豐水豈無此芑乎。○詒厥孫謀者詒遺也厥其也孫謂子孫謀謂善謀言武王能遺其子孫以美善之謀謂伐紂定天下以王業遺於子孫。○以燕翼子者燕安也翼助也言武王能安助其子孫也。○武王烝哉者烝君也言武王有爲君之德哉。○數世之仁者以武王行仁遺及子孫是仁之所及其數長也。○國風曰我今不閱皇恤我後此引國風者明取仁義者其數短也所引詩者是邶風谷風之篇婦人被夫棄絕初憂子孫困苦還自悔之云我今不閱閱容也言我今尚不能自容被夫放棄。○皇恤我後者皇暇也恤憂也言我有何閒暇能憂我後世子孫之人乎引之者證取仁而行者唯在我當身之主何暇能憂及後世是終身之仁也唯望終竟一身是其數短也前文云仁有數義有長短小大仁義並言此獨說仁者以仁事爲重故舉仁言之則其義可知也。○注芑枸至之也。○正義曰芑枸欟爾雅釋木文孫炎云則今枸芑也云乃遺其後世之子孫以善謀者孫謂子孫也云以安翼其子也者翼助也謂以王業保安翼助其子孫案詩箋以詒爲傳以孫爲順以翼爲敬言傳其所順天下之謀以安其敬事之子孫謂使其長行之也與此乖者引詩斷章此經云數世之仁故以爲子孫而翼成之也

子曰仁之爲器重其爲道遠舉者莫能勝也行者莫能致也取數多者仁也夫勉於仁者不亦難乎 取數多言計天下之道仁居其多。○勝音升數色住反 是故君子以義度人則難爲人以人望人則賢者可知已矣 言以先王成法儗度人則難中也當以時人相比方耳。○度待洛反注同儗魚起反中丁仲反 子曰中心安仁者天下一人而已矣大雅曰德輶如毛民鮮克舉之我儀圖之惟仲山甫舉之愛莫助之 輶輕也鮮罕也儀匹也圖謀也愛猶惜也言德之輕如毛耳人皆以爲重罕能舉行之者作此詩者周宣王之大臣也言我之匹謀之仲山甫則能舉行之美之也惜乎時人無能助之者言賢者少。○輶音酉一音由鮮息淺反注及下並同 小雅曰高山仰止景行行止 仰高勤行者仁之次也景

明也有明行者謂古賢聖也。○仰止本或作仰之景行下孟反注明行同行止詩作行之 子曰詩之好仁如此鄉道而行中道而廢忘身之老也不知年數之不足俛焉日有孳孳斃而后已 廢喻力極罷頓不能復行則止也俛焉勤勞之貌斃仆也。○好呼報反下同鄉許亮反數色住反强其兩反一本作俛音勉本或作僶非也孳音茲斃音幣仆也本又作幣已音以罷音皮頓如字又徒困反復扶又反仆蒲北反又音赴 子曰仁之難成久矣人人失其所好 言仁道不成人所由不得其志 故仁者之過易辭也 辭猶解說也仁者恭儉雖有過不爲甚矣唯聖人無過。○易以豉反下同解古買反徐又音蟹 子曰恭近禮儉近仁信近情敬讓以行此雖有過其不甚矣夫恭寡過情可信儉易容也以此失之者不亦鮮乎 言罕以此失之。○近

附近之近下同詩曰溫溫恭人惟德之基子曰仁之難
成久矣惟君子能之言能成仁道者少也是故君子不以
其所能者病人不以人之所不能者愧人病愧
謂罪咎之。咎其九反是故聖人之制行也不制以己使
民有所勸勉愧恥以行其言以中人爲制則賢者勸勉不及者愧恥聖
人之言乃行也。甫行下孟反巳音紀禮以節之信以結之容貌以
文之衣服以移之朋友以極之欲民之有壹
也移讀如禾氾移之移移猶廣大也極致也壹謂專心於善。移昌氏反注氾移之移移猶大也同徐又怡者反
一音以元反氾芳劒反小雅曰不愧于人不畏于天言人有所行當
慙怖於天人也。怖普故反是故君子服其服則文以君子

之容有其容則文以君子之辭遂其辭則實
以君子之德遂猶成也是故君子恥服其服而無
其容恥有其容而無其辭恥有其辭而無其德
恥有其德而無其行無其行謂不行其德是故君子衰絰
則有哀色端冕則有敬色甲冑則有不可辱
之色言色稱其服也。衰七雷反絰田節反冑直又反詩云惟鵜在梁不
濡其翼彼記之子不稱其服鵜鵜胡污澤也污澤善居泥水之中在魚
原以不濡污其翼爲才如君子以稱其服爲有德。鵜音啼
鵜鵜胡音徒兮反一名淘河濡而朱反記徐紀吏反污澤一
音烏下又作洿一音化故反濡污污辱之污【疏】子曰至其服。此一節廣明仁
故言子曰。仁之爲器重者仁
是愛養非賢聖不能行故言爲器重。其爲道遠者以廣博
覆物是爲道廣遠也。舉者莫能勝也行者莫能致也據凡

肅於仁不能勝致也。取數多者仁也言於萬種善事之中
論利益於物取數最多者是仁也言仁恩於善事之中利益
最多也。夫勉於仁者不亦難乎言仁爲愛養行之不易故
勉力行仁者不亦難乎言其難也。是故君子以義度人則
難爲人者義宜也言在上君子以先王之義儗度於人欲使
人必行先王成法則難可爲人言人難中於古法也。以人
望人則賢者可知已矣者望比也言以今世人道比望於古
人能合於今世事者則是賢人也若不能合於今世事者則
非賢人也故云則賢者可知已矣語助也此明仁道不
可以古義責人當以時事儗人是仁恩之心。子曰中心安
仁者天下一人而已矣言中心安靜行仁是天性仁者天下
之間唯一人而已矣言少也。大雅曰德輶如毛民鮮克舉之
我儀圖之引詩大雅烝民之篇以明行仁者少也德輶如毛民鮮
克舉之者此詩美宣王之大臣仲山甫也輶輕也鮮罕也克能
也言德之輕易舉如毛然民尚以爲重罕能舉而行之也我
儀圖之者儀匹也圖謀也詩人言我與倫匹共圖謀能舉行
之也。唯仲山甫舉之愛莫助之者愛惜也言唯有仲山甫
能舉行其德可惜乎無人能助行之者記人引此者證中心
安仁者少亦無人能行之言賢者少也。注輶輕也圖謀也
。正義曰輶輕也爾雅釋言文圖謀也釋詁文。小雅曰高

山仰止景行行止者此小雅刺幽王之詩車舝之篇言幽王
若能脩德如高山則天下之人瞻仰之若幽王有景明之行
則天下之人仰慕行之引之者證古昔賢聖能行仁道則後世
之人瞻仰慕行也。子曰詩之好仁如此者言高山景行瞻
仰慕行是好愛仁德如此之甚也。鄉道而行中道而廢者
言好仁之甚鄉仁道而行在於中道力之罷極而始休廢
也。忘身之老也不知年數之不足也言行仁勤急忘己身
之衰老不自覺知年數之不足言已雖年老謂爲數淺少不
復盈足猶行仁不止。俛焉日有孳孳斃而后巳者言形貌
俛俛焉勤勞行仁每日恒有孳孳唯力之斃仆而后巳止而
行仁之道深也熊氏云俛焉謂前僶焉可輕賤以爲字同而
注異熊氏之說非也。子曰仁之難成久矣言仁道難成非
始今日其來久矣。人人失其所好者人人謂天下衆人由
仁道不成天下衆人皆失其所愛好之事若有仁道人皆得
其所愛好之事所愛好者是吉慶福祥也。注言仁至其志
。正義曰言仁道不成解仁之難成久矣云人所由不得其
志解經人人失其所好由仁道不成無所依恃民人由此不
得其志意之所好多有禍害若仁道成人皆得所願也故仁
者之過易辭也者以仁是善行故仁者有過其惡不甚易可
以言辭解說也此謂取仁行者故有過耳其聖人天性仁者

全無過也。子曰恭近禮，禮主於敬，恭近於禮○儉近仁者，以儉不費用，無害於物，故近仁也○信近情者，信謂言語信實，故近情也○夫恭寡過者，恒能恭敬，故寡少於過也○情可信者，以情示人，故可信也○儉易容也者，以儉則寡求，故易容也○詩云溫溫恭人惟德之基者，此大雅抑之篇刺厲王之詩，言顔色溫溫和柔恭敬之人，惟能爲德之基也。引之者，結上文恭近其過寡少，是爲德之基也○是故君子不以其所能者病人者，謂不以己之所能使他人必能，若他人不能則爲困病，是不以所能之事病困於人也○不以人之所不能者愧人者，謂他人力所不能，必欲使之能行，若他人之所不能則以爲愧恥，故不以人之所不能恥愧困苦於人。若能如此，亦仁者之行也○是故聖人之制行也不制以己者，言聖人之制法立行，不造制○以己之所能，謂不將己之所能以爲制法，恐凡人不能行也○使民有所勸勉愧恥以行其言者，既不制以己之所能，但制以中人之行，使得可行，則民有所自勸勉，不能者自懷愧恥，如此則民得以行其聖人之言也○衣服以移之者，言聖人用中禮而作法，故制以禮信容貌，又用衣服移大之，使之尊嚴也○朋友以極之者，謂朋友相勸勵以極致於道也○欲民之有壹也者，壹謂專壹於善道，所以爲此教化者，欲使民人專心壹意於善道也○小雅曰不愧于人不畏于天者，此詩何人斯之篇，是蘇公刺責暴公，暴公讒譖於己，是不愧慙於人，不畏懼於天。引之者，言人之行當須愧於人，畏於天也○遂其辭則實以君子之德者，遂猶成也，實猶充也，言君子既成其文辭，則當充實之以君子之德也○恥有其德而無其行者，德在於內，行接於外，內既有德，當須以德行之於外，以接於人民。若有德無行，是君子所恥，故云恥有其德而無其行也○詩云惟鵜在梁不濡其翼者，此詩曹風候人之篇，刺曹共公之詩。鵜是污澤也，言鵜在魚梁之上，能不濡濕其翼，以其爲善，猶如君子在朝，能稱可其服，亦爲善。彼記之子不稱其服者，記是語辭，言彼曹朝小人之子，內無其德，不能稱可其在外之服。引之者，以前經言君子內外皆須相稱，故引此詩結之○注鵜鵜至有德○正義曰：鵜污澤，爾雅釋鳥文。郭景純云：今之鵜鶘也，好羣飛沈於水食魚，故名污澤，俗呼之爲淘河也。云以不濡污其翼爲才者，言凡鳥居水中必濡濕其翼，今鵜鶘在水中獨能不濡其翼，故爲才。案詩注云鵜鳥在梁，可謂不濡其翼乎，言必濡其翼也，猶如小人在位必辱其職，與此乖者，注禮在前，注詩在後，故所注不同也。

子言之：君子之所謂義者，貴賤皆有事於天下。天子親耕，粢盛秬鬯以事上帝，故諸侯勤以輔事於天子。言無事而居位食祿，是不義而富且貴○粢盛音咨，杜預云黍稷曰粢，在器曰盛。秬音巨，黑黍。鬯勑亮反，香酒也。

子曰：下之事上也，雖有庇民之大德，不敢有君民之心，仁之厚也。庇覆也，無君民之心，是思不出其位○庇必利反，徐方至反，又音秘。是故君子恭儉以求役仁，信讓以求役禮，不自尚其事，不自尊其身，儉於位而寡於欲，讓於賢，卑己而尊人，小心而畏義，求以事君，役之言爲也，求以事君者，欲成其忠臣之名也。得之自是，不得自是，以聽天命。言不易道徼祿利也○易音亦，徼古堯反。詩云：莫莫葛藟，施于條枚，凱弟君子，求福不回。凱樂也，弟易也，言樂易之君子，其求福修德以俟之，不爲回邪之行。要之如葛藟之延蔓於條枚，是其性也○藟音誄，力水反。施以豉反。條枚亡回反，毛詩傳云枝曰條，幹曰枚。凱本亦作愷，又作豈，同開待反，後放此。弟如字，本又作悌，音同，注及下皆同。樂音洛，下同。易以豉反，下同。邪似嗟反，曲也。行下孟反，下至下文行之浮於名也及注皆同。要一遙反。蔓音萬。其舜、禹、文王、周公之謂與，有君民之大德，有事君之小心。言此德當不回也○與音餘。詩云：惟此文王，小心翼翼，昭事上帝，聿懷多福，厥德不回，以受方國。昭明也，上帝天也，聿述也，懷至也，言述行上帝德以至於多福也。方四方也，受四方之國，謂王天下○聿尹必反，謂王于況反。

子曰：先王謚以尊名，節以壹惠，恥名之浮於行也。謚者行之迹也，名者謂聲譽也，言先王謚行以爲謚，以尊名者，使聲譽可得而尊信也。壹讀爲一，惠猶善也，言聲譽雖有衆多者，即以其行一大善者爲謚耳。在上曰浮，君子勤行成功，聲譽踰行，是所恥○謚音示。是故君子不自大其事，不自尙其功，以求處情；過行弗率，以求處厚；彰人之善而美人之功，以求下賢。率循也。行過不復循行，猶不二過。○下戶嫁反，復扶又反。是故君子雖自卑而民敬尊之。言謙者所以成行立德。子曰：后稷天下之爲烈也，豈一手一足哉！烈業也。言后稷造稼穡，天下世以爲業，豈一手一足，喻用之者多，無數也。唯欲行之浮於名也，故自謂便人。亦言其謙也，辟仁聖之名，云自便習於此事之人耳。○行下孟反，便婢面反，又婢緜反，注同。辟音避。

【疏】子言至便人。○正義曰：此一節明天子以下各有其事，又明舜禹文王周公之德，皆能上事天帝，下庇四方，事異於上，故記者詳之，又稱子言之也。○天子親耕粢盛秬鬯以事上帝者，天子事上帝，諸侯事天子，是貴賤皆有事於天子。案小宰注云：天地大神，至尊不祼。此祭上帝有秬鬯者，凡鬯有二：若和之以鬱，謂之鬱鬯，鬱人所掌是也，祭宗廟而灌也；若不和鬱，謂之秬鬯，鬯人所掌是也，謂五齊之酒以秬

鬯爲之，以芬芳調暢，故言秬鬯，故得以事上帝。大宗伯云涖玉鬯者，謂享大鬼也。棫樸詩云奉璋峨峨者，謂據祭宗廟也，故與此不同也。○是故君子恭儉以求役仁，君子有仁德至誠之君子，言君子既有庇民大德，又自謙退，不敢有君民之心，是仁愛深厚，以此之故，君子恭敬節儉，以求施爲仁道也。役爲也，言以此求施爲仁道也。○信讓以求役禮者，謂信實退讓，以求施爲於禮也。○得之自是，不得自是者，得之謂得利祿也。言雖得利祿，自行其爲是之道；若不得利祿，亦自行其爲是之道。言不問得之與失，恒行其是而不行非也。○以聽天命者，言不苟易其道也。○詩云莫莫葛藟，施于條枚者，此詩大雅旱麓之篇，美文王之詩。言文王之興，依約先祖，莫莫然如葛藟之蔓草延施于條枚之木，猶如子孫之興，亦由先祖而德盛也。○凱弟君子，求福不回者，凱樂也，弟易也。言大王王季樂易之君子，求福不爲回邪之行。引之者，證君子以聽天命，雖求福祿，不爲邪僻之行。今以爲葛藟施於條枚，是其性也；君子求福不爲回邪，亦是其性。引斷章取義，故與詩文不同也。其舜禹文王周公之謂與者，此是凱弟君子求福不回邪之謂與，以其雖有庇民之大德，恒有事君之小心，常能畏懼，是不回也。○詩云惟此文王，小心翼翼，昭事上帝，聿懷多福者，此詩大雅大明之篇，美文王之詩。言文王小心翼翼，以昭明道德，尊事上帝。聿述也，懷至也，言文王述行上帝之德，以受衆多之福。○厥德不回，以受方國者，其德不有回邪，故受四方衆國，爲天子也。引之者，證上求福不回也。○子曰先王謚以尊名。○以前經論君子求福不回，此一節廣明君子名行相副，卑已尊人之義。○謚以尊名者，謚謂謚號，名謂聲譽，言人身死之後，累列生時之行跡，作謚號者，以尊敬生前之聲名，可得傳於後世。○節以一惠者，言爲謚之時，善行雖多，但限節以一箇善惠以爲謚也。○恥名之浮於行也者，所以善行既多，但取一事爲謚者，恥善名之多，浮過於行，忠行不副於名，所以減衆善之名，但取一事之善爲謚也。○是故君子不自大其事，不自尙其功，以求處情者，大謂誇大，既不欲行過於名，故不自誇大其所爲之事，不自加尙其所爲之功名，所以不大尙者，以求處情實，不欲虛爲矯節也。○過行弗率，以求處厚者，率循也，若有過失之行，不復循而行之，卽脩改以求處其仁厚之道，過失卽改，以求處其厚也。○注壹讀爲一，惠猶善也，言聲譽雖有至踰行所恥。○正義曰：上一是齊一，下一是數之一二也。今經文爲大一之字，鄭恐是均同之理，故讀爲小一，取一个善名而爲謚耳。○云在上曰浮者，言物在水上稱浮，如浮雲。云君子勤行成功，聲譽踰行是所恥者，言君子之人唯寢默勤行，成功不自彰伐，若

使聲譽踰越於行，是君子所恥也。○子曰后稷天下之爲烈也，豈一手一足哉。○以上經君子取名浮於行，故此經名后稷，證名不可過行也。言后稷雖有大業，不自謂聖人而稱便人。后稷天下之爲烈者，言后稷周之始祖，有播殖之功烈，業也。言天下之人並將爲業，豈一手一足哉者，言后稷之功，豈止一人之手、一人之足而用之哉，言用之者多，天下皆是也。○唯欲行之浮於名也，故自謂便人者，言后稷唯欲得實行過於虛名，故自謂便於稼穡之人，不自謂已之仁聖也。

子言之：君子之所謂仁者，其難乎！詩云：凱弟君子，民之父母。凱以强教之，弟以說安之。樂而毋荒，有禮而親，威莊而安，孝慈而敬。使民有父之尊，有母之親，如此而后可以爲民父母矣，非至德其孰能如此乎？有父之尊，有母之親，謂其尊親已如父母。○强其良反，徐其兩反。說音悅。毋荒音無。

【疏】子言至此乎。○正義曰：此以下至不勝其文，更廣明仁道，又顯尊親之異

并論虞夏商周質文不等今各隨文解之。仁者其難乎言行仁之道其甚難乎爲之不易。詩云凱弟君子民之父母者言仁道爲難若有仁行可以爲民之父母此詩大雅泂酌之篇戒成王之詩也凱樂也弟易也言使民樂易之君子則得爲民之父母言不易也。凱以强教之弟以說安之孔子既引詩又釋凱弟之義凱樂也言君子初以仁政化下使人樂仰自强不息是凱以强教之弟謂遜弟言以遜弟之道下化於民民皆說豫而康安是弟以說安之也。樂而毋荒有禮而親者樂失於荒禮失於疏言明君教下爲樂而毋荒有禮而相親也威莊而安孝慈而敬者凡矜莊者失在危懼孝慈者失在慢易今明君臨下威嚴矜莊而民安也孝順慈愛而民敬也。使民有父之尊有母之親者以有威莊故有父之尊言尊之如父以有孝慈故有母之親言親之如母也。非至德其孰能如此乎者言若非至德之君其誰能使民如此言仁道難也

今父之親子也親賢而下無能母之親子也賢則親之無能則憐之母親而不尊父尊而不親水之於民也親而不尊火尊而不親土之於民也親而不尊天尊而不親命之於民也親而不尊鬼尊而不親或見尊或見親以其嚴與恩所尚異也命謂四時政令所以教民勤事也鬼謂四時祭祀所以訓民事君也。憐力田反〔疏〕今父至不尊親之異父母不同今父之親子也親賢而下無能者言父之於子若見賢者則親愛之若見無能者則下賤之以父立於義分別善惡也。母之親子也賢則親之無能則憐之者言母之於子見賢則親愛之見其子無能則憐愛之母以恩愛不能分別善惡故也。水之於民也親而不尊者水沐浴人多用故親而不尊。火尊而不親者火須離之近則傷害人不須輕近故尊而不親。土之於民也親而不尊者土能生物載養於人是親也於人爲近人所居處遂不尊也。天尊而不親者天有雷霆日月震耀殺戮是尊也而體高遠是不親也。命之於民也親而不尊者謂人君教命隨四時以教於人欲人生厚是親也附近於民使民勤事是不尊。鬼尊而不親者鬼謂鬼神神道嚴敬降人禍福是尊也人神道隔無形可見是不親也

子曰夏道尊命事鬼敬神而遠之近人而忠焉先祿而後威先賞而後罰親而不尊遠鬼神近人謂外宗廟內朝廷。遠于萬反注及下同近附近之近注及下同朝直遥反下同其民之敝惷而愚喬而野朴而不文以本不困於刑罰少詐讒也敝謂政教衰失之時也。惷傷容反徐昌容反范陽江反又丁絳反字林音丑降反丑凶反喬音驕朴普角反讒況表反詐也忘之也〔疏〕子曰至不文。正義曰此一節明夏道親而不尊之義。夏道尊命言夏之爲政之道尊重四時政教之命使人勸事樂功也。事鬼敬神而遠之近人而忠焉者宗廟在外是遠鬼神也朝廷在內是近人也以忠恕養於民是忠焉也所爲如此是親而不尊也。其民之敝惷而愚者敝謂其後世政教衰敗時夏家後世政教敗時民皆惷愚所以然者昔時恒先祿後罰則民皆承寬裕無譊譊也情既不譊譊至於衰末猶不知避嚴刑峻法如惷愚也。喬而野者亦因昔時寬裕忠恕至末世民猶驕野如淳朴之時也。朴而不文者淳時民皆質朴不競文華至亂時猶承奉之亦然也。注以本不困於刑罰少詐讒也。正義曰以夏尚仁恩其民不困苦於刑罰及其衰末猶有先世遺風少有詐僞讒妄

爾雅。訓云蔆讒忘也則忘字亡下著心今與詐相對則讒是許之義當亡下著女也

殷人尊神率民以事神先鬼而後禮先罰而後賞尊而不親先鬼後禮謂內宗廟外朝廷也禮者君臣朝會凡以摯交接相施予。以摯音至相施始至反下文同其民之敝蕩而不靜勝而無恥以本忕於鬼神虛無之事令其心放蕩無所定困於刑罰苟勝免而無恥也月令曰無作淫巧以蕩上心。勝而始證反忕音誓與上忕於同令其力呈反巧若教反又如字〔疏〕殷人至無恥。此一節明殷代尊而不親之事尚虛無之事故率民以事神。先罰而後賞者案襄二十六年左傳云賞以春夏罰以秋冬又月令云春行夏賞秋冬行刑與此違者彼謂王者大體一歲之中法天道生殺故春夏賞秋冬刑此記所云謂賞罰同時所行夏則先賞後罰殷則先罰後賞其民之敝蕩而不靜者以其本尚虛無之尊敬鬼神至其末世敝失其民放蕩不能安靜也。勝而無恥者由本困於刑罰但得苟勝無以慙恥。注云先鬼而後禮謂內宗廟外朝廷也。正義曰以夏周人敬鬼神而遠之近人而忠焉外宗廟內朝廷以此反之則殷人先鬼後禮是內

宗廟外朝廷也○注以本忕於鬼神虛無之事令其心放蕩無所定○正義曰忕串也習也貴尚習鬼神鬼神無體故云虛無之事以爲事不在實故心放蕩無所定也周人尊禮尚施事鬼敬神而遠之近人而忠焉其賞罰用爵列親而不尊賞罰用爵列以尊卑爲差其民之敝利而巧文而不慙賊而蔽以本數交接以言辭尊卑多獄訟○蔽畢世反又音弊數色角反〔疏〕周人至而敝○此一明周代親而不尊之事也○尊禮尚施者謂尊重禮之往來之法貴尚施惠之事也○其賞罰用爵列者既不先賞後罰亦不先罰後賞唯用爵列尊卑或賞或罰也○其民之敝利而巧文而無慙者以其尚禮本數交接往來故使利機巧多文辭而無慙愧之心也○賊而蔽者以本爲治之時上下有序至其敝末尊卑錯失爲饒獄訟共相賊害而困蔽以其禮失於煩故然也夏道尊命至殷人尊神周人尊禮三代所尊不同者案元命包云三王有失故立三教以相變夏人之立教以忠其失野故救野莫若敬殷人之立教以敬其失鬼救鬼莫若文周人之立教以文其失蕩故救蕩莫若忠如此循環周則

復始窮則相承此亦三王之道故三代不同也子曰夏道未瀆辭不求備不大望於民民未厭其親殷人未瀆禮而求備於民周人強民未瀆神而賞爵刑罰窮矣未瀆辭者謂時王不尚辭民不褻爲也不求備不大望言其政寬貢稅輕也強民言承殷難變之敝也賞爵刑罰窮矣言其繁文備設○厭於豔反強其兩反注同稅申銳反〔疏〕子曰至窮矣○上明三代親尊有異此經更明三代治民有異之事○未瀆辭者瀆謂褻瀆辭謂言辭夏時爲政之道未褻瀆於言辭也○君既不尚辭民亦不爲故言未瀆辭夏言未瀆辭則殷瀆辭也○不求備不大望於民者求備謂每事徵求皆令備足大望謂賦稅既重大所責望於民夏代不然故云不求備不大望於民也○民未厭其親者以上不求備不大望於民民無困苦故未厭其上下相親之心也○殷人未瀆禮而求備於民者以殷承夏後雖已褻瀆言辭仍未褻瀆於禮言君臣上下於禮事簡略不褻瀆也殷言未瀆禮則周瀆禮矣○而求備於民者言殷不如夏寬每事求備於民亦大望於民也○周人強民以周承殷後遭紂衰亂風俗頑凶故周人設教強勸人以禮義亦比夏殷多此一句也○未瀆神者言周治太平之時雖已瀆於禮猶未褻瀆鬼神祭天地宗廟諸神尚有限未褻瀆也則周衰之後而瀆神也○而賞爵刑罰窮矣者以周人貴禮禮尚往來交接故賞爵刑罰之事窮極煩多子曰虞夏之道寡怨於民殷周之道不勝其敝勝猶任也言殷周極文民無恥而巧利後世之敝難復○勝音升注同敝音弊任如金反復音伏子曰虞夏之質殷周之文至矣言後有王者其作質文不能易之○易音亦虞夏之文不勝其質殷周之質不勝其文言王者相變質文各有所多○勝世證反又音升子言之曰後世雖有作者虞帝弗可及也已矣君天下生無私死不厚其子子民如父母有憯怛之愛有忠利之教親而尊安而敬威而愛富而有禮惠而

能散其君子尊仁畏義恥費輕實忠而不犯義而順文而靜寬而有辨死不厚其子言既不傳位又無以豐饒於諸臣也恥費不爲辭費出空言也實謂財貨也辨別也猶寬而栗也靜或爲情○憯七感反怛旦達反費芳貴反注同傳文專反別彼列反下不別同甫刑曰德威惟威德明惟明非虞帝其孰能如此乎德所威則人皆畏之言服罪也德所明則人皆尊寵之言得人也○曰音越威如字威畏也讀者亦依尚書音畏也〔疏〕子曰至此乎○此一節摠明虞夏商周四代質文之異○虞夏之道寡怨於民者以其政寬故寡怨於民言民怨尚少殷周之道不勝其敝者以殷周文煩失在苛碎故其民不堪勝敝敗也不言無怨而言寡怨於民者天地之大猶有所憾如冬寒夏雨民猶怨之如聖人之德無善不包人猶怨之是不備也如舜寡怨於民也○子曰虞夏之質殷周之文至矣者至謂至極也言虞夏爲質殷周爲文並已至極矣縱令後王爲質不能過於虞夏後王爲文亦不能過於殷周是至極矣○虞夏之文不勝其質者言虞夏之時雖有其文但文少而質多故文不

勝於質殷周之質不勝其文者言殷周雖有其質亦質少而文多故不勝其文然案三正記文云質再而後始則虞質夏文殷質周文而云虞夏之質殷周之文者夏家雖文比殷家之文猶質殷家雖質比夏家之質猶文於夏故夏雖有文同虞之質殷雖有質同周之文○子言之曰後世雖有作者虞帝不可及也○正義曰以上經論虞夏商周此特明虞帝之美已矣者言後世之君雖有作其善政者而比於虞帝不可齊及之也○君天下生無私者明虞帝之德後世雖作不可及言舜為天下序爵必以德而不用私也○死不厚其子者厚謂豐厚既不傳位又不以財物豐厚於其子故云不厚其子予謂商均也○子民如父母者子謂子愛於民如父母愛子也○有憯怛之愛者言愛民之志有悽憯惻怛言舜天性自仁故憐愛於人有忠利之教者言有忠恕利益之教也○親而尊者有母之親有父之尊○安而敬者體安而能敬敬即前威莊而安也○威而愛者有威而又有愛也○富而有禮者富有四海而不驕是有禮也○惠而能散者施惠得所為能散也○其君子尊仁畏義者其君子謂虞朝之臣也君聖臣賢是由舜而得然也若民有仁者則尊之有義者則畏之○恥費輕實者費辭費也言而不行謂之辭費也言必履而行之是恥於辭費也輕實者實財貨也貴人而賤禄是輕

財也○忠而不犯者盡心於君是其忠也無違政教是不犯也○義而順者至極君臣之義而不悖德是義而順也○文而靜者臣皆有文章而又清淨寬而有辨者辨別也言舜之寬容治政不慢而有分別也○甫刑曰德威惟威德明惟明引之者所以結舜德也下威訓畏下明訓尊言舜之道德欲威懼於人則在下之民惟畏懼之故云德威惟威德明惟明者謂舜以德標明善人惟能得善人惟天下之人皆所以尊重之○非虞帝其孰能如此乎者如上之事不是虞帝其誰人能得如此乎案今尚書之篇以明堯德而云虞帝者言虞帝亦能如是且記者斷章而為義也

子言之事君先資其言拜自獻其身以成其信資謀也獻猶進也言臣事君必先謀定其言乃後親進為君言也是故君有責於其臣臣有死於其言故其受禄不誣其受罪益寡死其言者竭力於其所言之事死而不負於事不信曰誣○誣音無

〔疏〕子言至益寡○正義曰此一節至辭欲巧廣明君子事君之道又明君子為行須內外相副今各隨文解之○事君先資其言者言臣欲見君必須先謀度其言言定然後見也○拜自獻其身者獻進也為謀既定乃拜見自進其身也以成其信者謂先謀後見成其言之信實○是故君有責於臣臣有死於其言者以其先謀乃可見君故君有責於其臣臣當竭力守節死於其所言也○故其受禄不誣其受罪益寡者以其言善乃受禄是受禄不誣罔也順死其言以竭臣力是受罪益寡少也

子曰事君大言入則望大利小言入則望小利大言可以立大事也小言可以立小事也入為君受之利禄賞也入或為人○為君于偽反故君子不以小言受大禄不以大言受小禄言臣受禄各用其德能也易曰不家食吉此大畜彖辭也彖曰不家食吉養賢也言君有大畜積不與家食之而已必以禄賢者賢者有大小禄有多少○畜勑六反下同彖吐亂反

〔疏〕子曰至食吉○此一節廣事君之道依言大小而受禄○大言入則望大利者入猶受也利禄也大言謂立大事之言進入於君君所受納如此乃望大禄○小言入則望小利者小言謂立小事之言小言進入受於君則唯望小利也○故君子不以小言受大禄不以大言受小禄言臣禄各以其德能相

稱若小言受大禄則臣濫若大言受小禄則君重財而薄德也○易曰不家食吉此大畜卦辭也案易大畜利貞不家食吉利涉大川不家食吉者言君有大畜積不唯與家人食之而已當與賢人食之故得吉此大畜乾下艮上之卦注云自九三至上九有頤象居外是不家食吉而養賢引之者證君有禄而養賢賢有大小故禄亦有多少

子曰事君不下達不尚辭非其人弗自不下達不以私事自通於君也不尚辭不多出浮華之言也弗自不身與相親小雅曰靖共爾位正直是與神之聽之式穀以女靖治也爾女也式用也穀禄也言敬治女位之職事正直之人乃與為倫友神聽女之所為用禄與女○共音恭本亦作恭同女音汝注同

〔疏〕子曰至以女○此一節廣明臣之事君當以正直之道不下達者不以在下細碎小事通達於君○不尚辭者不貴尚浮華之言辭非其人弗自者非其好人不身自與之相親○小雅曰靖共爾位正直是與○此詩小雅小明之篇刺幽王之詩大夫悔仕亂世戒其未仕者云靖共爾位靖謀也共具也言明君靖謀共具爾之爵位有正直之德者於是與也○神之聽之式穀以女者式用也穀

善也以用也言神明聽聆女德君若用其善人則當用女也詩之本文如此今記者斷章取義證明非善人不德與之相親靖治也爾女也言爲女之道治理恭敬女之職位若見正直善人於是與之爲朋友如此則神明聽聆女之所爲穀祿也用此福祿以與女也

子曰：事君遠而諫則讇也，近而不諫則尸利也。尸謂不知人事無辭讓也。讇本亦作諂敕撿反

子曰：邇臣守和，宰正百官，大臣慮四方。邇近也和謂調和君事者也齊景公曰唯據與我和宰冢宰也冢宰主治百官

子曰：事君欲諫不欲陳。陳謂言其過於外也

詩云：「心乎愛矣，瑕不謂矣。中心藏之，何日忘之。」瑕之言胡也謂猶告也。藏如字鄭解詩作藏云善也

【疏】子曰至忘之。○此一節明臣事君諫諍之道。遠而諫則讇也者若與君疏遠強欲諫諍則是讇佞之人望欲自達也。○近而不諫則尸利也者若親近於君而不諫則似如尸之受利祿也祭祀之尸無言辭而受享祭時猶似近臣不諫不知人事無辭讓之心如尸之受利然也。○子曰邇臣守和者邇近也和謂調和言親近之臣獻可替否毗輔贊助於君守其調和之事也。○宰正百官者宰謂冢宰正治百官。○大臣慮四方者。謂二伯州牧之等謀慮四方此大臣亦兼冢宰但冢宰居於中故言正百官耳。○詩云心乎愛矣瑕不謂矣此小雅隰桑之篇刺幽王之詩君子在野詩人念之云心乎愛此君子矣瑕遠也謂勤也言念此君子遠離此不勤乎言近於勤矣終當念之。○中心藏之何日忘之者藏善也言中心善此君子何日忘此君子矣詩之本文如此今記人所引此云心乎愛此君子矣瑕之言胡胡何也謂猶告也言何不以事告諫於君矣中心藏之與詩文同王肅以爲藏善鄭亦然也皇氏以爲人臣中心包藏君惡不欲嚮人陳之非其義也凡諫者若常諫之時天子諍臣七人諸侯五人大夫三人唯大臣得諫若歲初則貴賤皆得諫也故襄十四年左傳師曠對晉侯云自王以下各有父兄子弟以補察其政史爲書瞽爲詩工誦箴諫大夫規誨士傳言庶人謗商旅于市百工獻藝國語又云天子聽政公卿至於列士獻詩瞽獻典史獻書師箴瞍賦矇誦百工諫庶人傳語近臣盡規此皆孟春之月上下皆諫故傳引夏書曰每歲孟春遒人以木鐸狥於路是也

子曰：事君難進而易退，則位有序；易進而難退，則亂也。亂謂賢否不別。○易以豉反下及注易絕同故君子三揖而進，一辭而退，以遠亂也。進難者爲主人之擇已也退速者爲君子之倦也。○遠于萬反爲主人于爲反下同

子曰：事君三違而不出竟，則利祿也。人雖曰不要，吾弗信也。違猶去也利祿言爲貪祿留也臣以道去君至於三而不遂去是貪祿必以其強與君要也。○竟音境要於遙反注同言爲于僞反強其良反舊其兩反

子曰：事君愼始而敬終。輕交易絕君子所恥

子曰：事君可貴可賤，可富可貧，可生可殺，而不可使爲亂。亂謂違廢事君之禮

【疏】子曰至爲亂。○此明臣事君亦當使賢與不賢分別之事。○難進謂君擇已易退謂君厭已。○則位有序者謂賢愚別也。○則亂者謂賢愚不別也。○子曰事君愼始而敬終者愼謂謹愼以盡忠是愼始也終謂終竟擇善爲朋友。○子曰事君可貴可賤者言事君可使之貴可使之賤可使之富可使之貧可使之生可使之死但不可使爲亂也亂謂廢事君之禮也熊氏以爲可殺者謂臣可殺君引春秋殺君稱君君無道此非辭也

子曰：事君軍旅不辟難，朝廷不辭賤。言尚忠且謙也。○辟音避難乃旦反朝直遙反處其位而不履其事，則亂也。履猶行也故君使其臣得志，則愼慮而從之；否，則孰慮而從之。終事而退，臣之厚也。使謂使之聘問師役之屬也愼慮而從之者此已志也欲其心有成也否謂非已志也孰慮而從之又計於已利害也終事而退非已志者事成則去也事或爲身。○愼字本亦作古昚字

易曰：「不事王侯，高尚其事。」言臣致仕而去不復事君也君猶高尚其所爲之事言尊大其成功也。○復扶又反

【疏】子曰至其事。○此廣明爲臣事君之禮。○軍旅不辟難者謂使之在軍旅之中不辟危亡之難也。○朝廷不辭賤者謂在朝廷之中不得辭其卑賤之所也。○處其位而不履其事則亂也履行也謂臣處其位而不行其事則近亂也。○故君使其臣得志則愼慮而從之者既必無辟故有此以下事也使之謂聘問師

役之事得志謂君使臣當已才雖當已才猶宜謹慎思慮從君之命而行之必使成功也○否則孰慮而從之者否謂君所使之事非已本才也雖非已本才而君命無擇則彌孰思慮而從行之○終事而退者終事謂事畢也既本非已才而幸得終竟竟即辭而退也○臣之厚也者得志及不得志並從而無違是臣行之篤厚也○易曰不事王侯高尚其事者此易蠱卦上九爻辭案易蠱卦巽下艮上上九艮爻艮爲山辰在戌得乾氣父老之象是臣之致事也故不事王侯是不得事君君猶高尚其所爲之事引之者證臣之事君終事而退是臣之厚重也○注使謂至去也○正義曰知使謂聘問師役者以經云慎慮而從之又云孰慮而從之謂隨從其事故知出使在外也云慎慮而從之又云孰志也欲其必有成也者所以謹慎思慮而從就此事者是已之思慮所及欲其必有成功故須慎慮也云否謂非已志也孰慮而從之又計於已利害也者謂此事非本已志當孰須思慮計謀此事於我已身利之與害若於已爲利當勤力爲之若於已害亦須爲之不得辭也云終事而退非已志者事成則去也者若元是已志其事雖成猶須爲之不可即退若此事元非已志爲君暫使已事成之後則當退也

子曰唯天子受命于天士受命于君言皆有所受不敢專也唯當爲雖字之誤也○唯天子唯音雖出注故君命順則臣有順命君命逆則臣有逆命言臣受順則行順受逆則行逆如其所受於君則爲君不易矣○易以豉反詩曰鵲之姜姜鶉之賁賁人之無良我以爲君姜姜賁賁爭鬬惡貌也良善也言我以惡人爲君亦使我惡如大鳥姜姜於上小鳥賁賁於下○鵲字林作鵲說文作鵲音七畧反姜居良反鶉士倫反賁音奔注同〔疏〕子曰至爲君○此節明臣事君不敢專輒又明君之出命不可不慎爲與上更端故言子曰○唯天子受命於天者唯當爲雖雖天子之尊不敢自專猶須受命於天然後行也○詩曰鵲之姜姜者此詩鄘風鶉之奔奔篇刺宣姜之詩其詩之意以宣姜通於公子頑毋與子淫鶉鵲之不若故刺之云鵲自匹偶姜姜然鶉自匹偶賁賁然各當有匹今宣姜與公子頑私通不如鶉鵲也○人之無良我以爲君者人謂宣姜無良善之行我君惠公反以此爲小君此經引詩斷章言君有逆命似大鳥姜姜爭鬬於上小鳥賁賁亦爭鬬於下謂君無良善我等萬民以惡人爲君也

子曰君子不以辭盡人不見人之言語則以爲善言其餘行或時惡也○行下孟反下文并注同故天下有道則行有枝葉天下無道則辭有枝葉行有枝葉所以益德也言有枝葉是衆虛華也枝葉依幹而生言行亦由禮出是故君子於有喪者之側不能賻焉則不問其所費於有病者之側不能饋焉則不問其所欲有客不能館則不問其所舍皆辟有言而無其實○賻音附費芳貴反饋其位反辟音避故君子之接如水小人之接如醴君子淡以成小人甘以壞水相得合而已酒醴相得則敗淡無酸酢少味也接或爲交○醴徐音禮淡大敢反又大暫反徐徒闞反注同酸悉官反酢七故反小雅曰盜言孔甘亂是用餤盜賊也孔甚也餤進也○餤音談徐本作監以占反〔疏〕子曰至用餤○前明事君之道此明君子之行不可虛用其辭以事殊於上故言子曰○君子不以辭盡人者皆君子與人之交必須驗行不得以其言辭之善則謂行之盡善或發言善而行惡也○故天下有道則行有枝葉者言有道之世則依禮所行外餘有美好猶如樹幹之外更有枝葉也○天下無道則辭有枝葉者無道之世人皆無禮行不誠實但言辭虛美如樹幹之外而更有枝葉也○是故君子於有喪者之側不能賻焉則不問其所費者此經皆有言無實形其不得虛言也○君子之接如水者言君子相接不用虛言如兩水相交尋合而已○小人之接如醴者小人以虛辭相飾如似酒醴相合必致敗壞○君子淡以成小人甘以壞者水相合爲江河酒醴相合而久乃敗壞也○小雅曰盜言孔甘亂是用餤者此巧言之篇刺幽王之詩孔甚也餤進也言盜賊小人其言甚美幽王信之禍亂用是進益引之者證小人甘以壞

子曰君子不以口譽人則民作忠譽繩也○譽音餘注同繩市升反左傳以繩爲譽○故君子問人之寒則衣之問人之飢則食之稱人之美則爵之皆爲有言不可以無實○衣於既反食音嗣爲于僞反國風曰心之憂矣

於我歸說欲歸其所說忠信之人也○說音悅又始銳反注同〔疏〕子曰至歸說所以前經君子不用虛言故此經明言當以實其事稍殊故言子曰○注譬繩也○正義曰言繩可以度量於物凡口譬於人先須付度亦量之於心故以譬爲繩也案莊十四年左傳云蔡侯繩息嬀以語楚子杜注云繩譽也繩既訓爲譽譽亦訓繩鄭注以爲此解○國風曰心之憂矣於我歸說者此曹風蜉蝣之篇刺曹君之詩言曹君好絜其衣服不修政事國將滅亡故賢臣之心憂矣說舍也國既滅亡於我之身何所歸舍此則引詩斷章故義不與詩相當言虛華之人心憂矣我今歸此所說忠信之人引之者證疾其虛言也子曰口惠而實不至怨菑及其身善言而無信人所惡也○菑音災惡烏路反是故君子與其有諾責也寧有已怨已謂不許也言諾而不與其怨大於不許○已音以國風曰言笑晏晏信誓旦旦不思其反反是不思亦已焉哉此皆相與爲昏禮而不終也言始合會言笑和說要誓甚信今不思其本恩之反覆反覆之不思亦已焉哉無如此人何怨之深也○晏於諫反信誓本亦作矢誓旦如字字林作思亦已音以說音悅覆反覆並芳服反〔疏〕子曰至焉哉○正義曰前經明其言當實此明言若不實則怨及身口惠而實不至者言口施恩惠於人而實行不至人則怨之故言怨菑及其身也○是故君子與其有諾責也者諾謂許人之物責謂許而不與而被責若其有物許人不與被責也○寧有已怨者已謂休已寧可有發初休已不許而被怨許而不與其責大發初不與其責小○國風曰言笑晏晏信誓旦旦者衛風氓之篇也婦人被男子所誘在後色衰見棄追恨男子云初時與我言笑晏晏然和悅也信其言誓旦旦然相思懇誠也○不思其反者謂今男子不思念其本恩之反覆是男子不思之事如此則無如之何亦已焉哉言恨之甚也引者證許而不與被人所怨也子曰君子不以色親人情疏而貌親在小人則穿窬之盜也與子曰情欲信辭欲巧巧謂順而說也○穿音川窬范羊朱反徐音且與音餘說音悅〔疏〕子曰至欲巧○此明更申以情行相副故稱子曰○君子不以色親人者謂不以虛僞善色詐親於人也○在小人則穿窬之盜也與言

情疏貌親而心不慤實恒畏於人譬之於細小人則穿窬之盜也許慎說文云穿窬者外貌爲好而內懷姦盜似此情疏貌親之人外內乖異故云穿窬之盜也與○子曰情欲信辭欲巧者既稱情疏而貌親故更明情貌信實所以重言之也○辭欲巧者言君子情貌欲得信實言辭欲得和順美巧不違逆於理與巧言令色者異也子言之昔三代明王皆事天地之神明無非卜筮之用不敢以其私褻事上帝言動任卜筮也神明謂羣神也是故不犯日月不違卜筮日月謂冬夏至正月及四時也所不違者日與牲尸也○夏戶嫁反卜筮不相襲也襲因也大事則卜小事則筮大事有時日大事有事於大神有常時常日也小事無時日有筮有事於小神無常時常日有筮臨有事筮之外事用剛日內事用柔日順陰陽也陽爲外陰爲內事之外內別乎四郊○別彼列反不違龜筮子曰牲牷禮樂齊盛是以無害乎鬼神無怨乎百姓牷猶純也○牷音全絕色也本亦作全注同齊音粢本亦作齋〔疏〕子言至百姓○正義曰此以下至於篇末揔明卜筮之用各隨文解之○昔三代明王者謂夏殷周○皆事天地之神明者謂祭事天地及諸神明也無非卜筮之用者言皆須卜筮唯九月大享帝於明堂不用卜也故曲禮下篇云大饗不問卜鄭云莫適卜也以其揔饗五帝不知主何帝而卜之故不卜矣所以必須卜者不敢以其私褻奉事上帝故皆卜之也○子曰牲牷禮樂齊盛是以無害乎鬼神無怨乎百姓者以其事上帝神明不敢自專皆依卜筮動合於禮故夫子揔更結之牲牷之等禮樂之僃粢盛之實皆不違龜筮是以此等所用無虧害於鬼神無見怨於百姓以其無非卜筮之用動順於禮故也○注日月至尸也○正義曰冬至謂祭圜丘夏至謂祭方澤正月謂祭感生之帝及四時迎氣用四時之吉日也知冬夏及四時皆卜者案大宰云祀五帝帥執事而卜日鄭注云五帝謂四郊及明堂是四郊有卜也大宰又云祀大神祭大示亦如之大神則冬至祭圜丘大示則夏至祭方澤案公羊穀梁魯郊傳云卜三正則知天子郊用夏正亦卜之故知冬夏至正月及四時皆卜日也然明堂不問卜而注大宰祀五帝卜日云四郊及

明堂者廣解五帝所在其實祀明堂不卜也案周禮祀宗廟亦卜日注不言宗廟者以經云事上帝故唯解祭天之時云不違龜日與牲尸者案僖三十一年左傳云禮不卜常祀而卜其牲日是有其牲日也案特牲少牢云大夫士筮尸則天子諸侯有卜尸也。注大事則卜小事則筮。正義曰此解經卜筮不相襲之事既大事卜小事筮是二者不相因襲也此大事謂征伐出師及巡守也其實是中事對小事爲大耳小事則筮者若周禮簭人有九簭筮更筮咸之屬是也此與曲禮文同而注異者各隨文勢也。注大事有事於大神有常時常日也。正義曰既有常時常日而用卜者亦不敢專也故曲禮篇云日而行事則必踐之又祭統云雖有明知之心必進斷其志是雖有常日猶用卜也。注有事於小神無常時常日有筮臨有事筮之。正義曰此經皆論祭祀之事故解小事云有小事於小神其實周禮小事非唯小祀而已既云小事用筮而大卜云凡小事蒞卜者彼謂大事中之小事非此之小事也。注事之外內別乎四郊。正義曰先師以爲四祭天而用辛雖外用柔日祭社用甲雖內用剛日殊別於四郊之祭言用剛柔之日不可與四郊同其餘他事今謂事之外內別乎四郊者謂四郊之外爲外事若甲午祠兵吉日庚午既差我馬之屬是也四郊之內爲內事若郊之用辛及宗

廟少牢用丁亥之屬是也故言別於四郊外內別用限別以四郊爲限

子曰后稷之祀易富也其辭恭其欲儉其祿及子孫富之言備也以傳世之祿恭儉者之祭易備也。易以豉反注同傳丈專反下同共音恭詩曰后稷兆祀庶無罪悔以迄于今兆四郊之祭處也迄至也言祀后稷於郊以配天庶幾其無罪悔乎福祿傳世乃至於今。迄許訖反處昌慮反下建國之處同

【疏】子曰至于今。以前經明不違卜筮動合神明故此經明后稷祭祀福流後世以證成其義。后稷之事易富也者富備也后稷乃帝嚳之子世有祿位后稷又祭祀恭儉以世祿之饒供儉薄之祭故易豐備也。其祿及子孫者以后稷祭祀其辭恭敬其欲節儉神之降福故祿及子孫。詩曰后稷兆祀者是大雅生民之篇美成王尊祖配天所以尊后稷配天者以后稷生存之時於四郊之兆域祭祀於天而事皆合禮庶幾無罪過悔恨故迄至於今文武之時而王有天下

子曰大人之器威敬言其用之尊嚴天子無筮謂征伐出師若巡守也天子至尊大率皆用卜也春秋傳曰先王卜征五年歲襲其祥。守手又反諸侯有守筮守筮守國之筮國有事則用之天子道以筮始將出卜之道有小事則用筮諸侯非其國不以筮卜宅寢室人他國則不筮不敢問吉凶於人之國也諸侯受封乎天子因國而國唯宮室欲改易者得卜之耳天子不卜處大廟卜可建國之處吉則宮廟吉可知。大音泰子曰君子敬則用祭器謂朝聘待賓客崇敬不敢用燕器也。朝直遥反是以不廢日月不違龜筮以敬事其君長用龜筮問所貢獻也。長丁丈反是以上不瀆於民下不褻於上言上之於下以直則下應之以正不褻慢也。應應對之應慢字又作慢武諫反

【疏】子曰至於上。以上經明在國內事上帝神明及國內諸事無非卜筮之用此一節更明天子諸侯用卜筮有出行之義。大人之器威敬者大人謂天子所王之器當威嚴敬重不可私褻於小事雜用也饗時則用燕則不用也。天子無筮天子既尊重於征伐出師若巡守之大事皆用卜無用筮也。諸侯

有守筮者諸侯卑於天子有守國之筮謂在國居守有事而用筮。天子道以筮者天子在國既皆用卜若出行於道路之上臨時有小事之時則唯用筮也。諸侯非其國不以筮者諸侯降於天子若出行於外非其國境不用筮也以其不敢問吉凶於人之國筮尚不用卜不用可知也卜宅寢室者謂諸侯既受天子所封不敢卜其所建之國以否但建國已後宅及寢室須欲改易者得卜之故曰卜宅寢室。天子不卜處大廟者以建國之時揔卜其吉不特更卜處大廟所在以其吉可知。子曰君子敬則用祭器者猶事稍異於上故更稱子曰敬則用祭器者言慎重其大事心有恭敬則用祭器言。慎重其事也。是以不廢日月者揔明朝聘之時依其日月。不違龜筮者謂貢獻之物必先卜筮而來。以敬事其君長者所以朝聘之時必須如此者以恭敬事其君長不敢褻瀆故也君謂天子言長者兼諸侯相朝小國之於大國也。是以上不瀆於民其上爲此相敬不不褻瀆於民言以直道接民。○下不褻於上者謂以正事上不褻慢也。注謂征至其祥。正義曰知征伐出師及巡守者以前云外事用剛日內事用柔日據在國諸事今此云無筮又云天子道以筮又云諸侯非其國不以筮皆據將欲出行及在道之事故知此節以下不與上同是將出行下云天子道以筮此云無筮

是未在道也故知征伐出師若巡守欲發時也云天子至尊大事皆用卜也者謂不徒用筮而已兼用卜也此云無筮無徒筮耳不謂全無筮也筮人云國之大事先筮而後卜出師巡守皆大事者也所引春秋傳者襄十三年左傳文案襄十一年鄭先屬於楚今楚弱鄭又被晉收屬於晉鄭使良霄石㚟告絕於楚楚人執之故謂楚人云先王卜征五年謂將欲巡守預先五年每歲卜之云歲襲其祥者襲重也謂歲歲恒吉重其吉祥而後始行若不吉則更增脩其德欲令楚脩德引者證巡守須卜也。注守筮守國之筮。正義曰此諸侯守國筮者非寢室改易之屬則唯用筮也若寢室亦用卜故下云卜宅寢室然此節皆明將行及守國之義而云守筮及卜宅寢室及不卜處大廟皆言國史之寧者此舉國中以明在外外內相明也。注諸侯受封乎天子曰國而國。正義曰此諸侯初受封之時不卜者以天子因先王舊國而今封諸侯不須卜也若天子初建國則卜之故下注云卜可建國之處是不因先王舊國也。注謂朝聘若賓客崇敬不敢用燕器也。正義曰但此章據出行朝聘之事故以朝聘解之則上文非其國不以筮是出外行也其實朝冠亦不用燕器也用祭器也故左傳稱魯襄公冠季武子云君冠必以祼享之禮行之以金石之樂節之是用祭器也。注用龜筮問所貢獻也。正義曰鄭以天子無筮以下論出行在外之事故解此不違龜筮謂所問貢獻之物也前章云不違龜筮謂在國所卜諸事也

附釋音禮記注疏卷第五十四

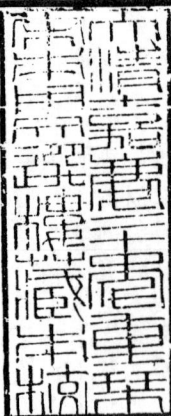

江西南昌府學栞

禮記注疏卷五十四挍勘記　阮元撰盧宣旬摘錄

表記第三十二

子言之歸乎節

子言至而信　惠棟挍宋本無此五字

皇氏云皆是發端起義　閩監本同毛本皆誤若

子曰君子不失足於人節

而無有可擇去之言在於躬也　閩監毛本同考文引宋板也作身

子曰裼襲之不相因也節　惠棟云子曰裼襲節宋本分祭極敬以下另為一節

禮盛者以襲為敬　閩監本岳本嘉靖本衛氏集說同考文引宋板同毛本禮誤不

子曰至以倦　惠棟挍宋本無此五字

引之者證明此經不可繼之以樂之事也　惠棟挍宋本如此此本證明此經不五字闕閩監毛本明此經誤祭極敬

子曰君子慎以辟禍節

子曰至遠恥　惠棟挍宋本無此五字

篤厚也捔謂困迫也　惠棟挍宋本作捔閩監毛本捔作被此本捔闕

言恭以遠恥者　閩監毛本同惠棟挍宋本無言字

子曰君子莊敬日強節　惠棟挍云子曰君子節宋本分子曰狎侮以下為一節

肆猶放恣也　惠棟挍宋本如此岳本嘉靖本毛本衛氏集說並同此本肆猶放恣四字誤闕監本四字闕

子曰至畏也　惠棟挍宋本無此五字

注擇日月以兒君謂臣在邑竟者惠棟按宋本作注擇日至竟者

或擇日出使在外惠棟按宋本同閩本同監本在誤有毛本在作於

子曰無辭不相接也節

瀆之言褻也閩監毛本同衛氏集說同岳本嘉靖本也作之考文引宋板足利本同古本也上有之字

子曰至不告惠棟按宋本無此五字

此易蒙卦辭〇惠棟按宋本〇作也此本也誤〇閩監本同毛本也字脫

言童蒙初來問師師則告之惠棟按宋本如此此本上師字闕閩監毛本上師誤者

子言之仁者天下之表也節

無言不讎各本同石經同毛本讎作讐

利仁強仁閩監本岳本嘉靖本衛氏集說同毛本利字闕

此其言舍之何人也閩監毛本岳本嘉靖本同考文引古本也上有之字足利本人作仁惠棟按云何休公羊作仁之也與康成所引不同盧文弨按云足利古本作仁之也與本書合

道有至義有考各本並如此陳澔集說義上有有字考文引古本足利本同蓋依注讀增

有義有攷閩監毛本同岳本攷作考惠棟按宋本宋監本嘉靖本考文引古本足利本同下有攷攷成並同

子曰至無失惠棟按宋本無此五字

其事一種惠棟按宋本作其事此本其事二字闕閩監毛本其事作各有衛氏集說亦作各有一種

非關利害而安仁也惠棟按宋本作也此本也字闕閩監毛本也誤道

望兒離於罪惠棟按宋本作望此本望字闕閩監毛本望作求

右手是用之使也惠棟按宋本作是此本是字闕閩監毛本是作使

然可履蹈閩監毛本同浦鏜按云然下當脫後字

仁謂施以人恩閩監毛本同惠棟按宋本人作仁

傳稱諸侯春秋執大夫閩監毛本同齊召南按云當云傳稱春秋諸侯執大夫各本誤倒諸侯二字在春秋上

是唯義與道惠棟按宋本與作爲閩監毛本同

子言之仁有數節

武王烝哉閩監毛本石經岳本嘉靖本衛氏集說同坊本此四字脫石經考文提要云宋大字本宋本九經南宋巾箱本余仁仲本劉叔剛本並有此句

子言至仁也惠棟按宋本無此五字

唯在我當身之士閩監毛本同惠棟按宋本士作上

言傳其所順天下之謀閩監本同毛本所順天下作天下所順

子曰仁之爲器重節

取數多閩監毛本岳本嘉靖本同惠棟按宋本多下有者字衛氏集說同考文引古本同

言以先王成法儗度人惠棟按宋本作度岳本同衛氏集說同考文引古本足利本同此本度誤庶嘉靖本閩監毛本同釋文出儗度宋本儗作擬是也

謂古賢聖也惠棟按宋本岳本嘉靖本衛氏集說同考文引古本足利本同閩監毛本賢聖二字倒

雖有過不爲甚矣嘉靖本閩監毛本同衛氏集說同惠棟按宋本無爲字宋監本岳本同考文引足利本同

詩云溫溫恭人惠棟按宋本作云宋監本石經岳本嘉靖本衛氏集說同此本云誤曰閩監毛本同石經

考文提要云宋大字本宋本九經南宋巾箱本余仁仲本並作詩云

言能成人道者少也　閩監毛本同岳本同衛氏集說同惠棟挍宋本嘉靖本考文引古本足利本人作仁

移讀如禾汜移之移　惠棟挍宋本作禾岳本宋監本考文引古本足利本同此本禾誤水閩監毛本嘉靖本並同按困學紀聞引亦作禾汜移與麥秀鋌對舉

惟鵜在梁　石經岳本嘉靖本衛氏集說同考文引古本足利本同閩監毛本惟作維釋文出惟鵜

彼記之子　閩本毛本石經惠棟挍宋本宋監本岳本嘉靖本同衛氏集說同監本記作其詩考列之詩異字異義中釋文出彼記云本又作己石經考文提要云宋大字本宋本九經南宋巾箱本余仁仲本劉叔剛本並作彼記

鵜鶘胡　閩監毛本岳本嘉靖本衛氏集說同惠棟挍宋本胡作鶘

子曰至其服　惠棟挍宋本無此五字

言幽王若能脩德如高山　閩監本同毛本如高誤有仲衛氏集說亦作脩德如高山

恭近於禮　惠棟挍宋本上有故字此本脫閩監毛本同衛氏集說作故恭近禮

記是語辭　閩本同衛氏集說監毛本記並作其

子言之君子之所謂義者節

故諸侯勤以輔事於天子　各本同毛本諸誤者

不爲回邪之行要之　閩監毛本同岳本嘉靖本要上有以字衛氏集說同惠棟挍宋本宋監本考文引古本足利本同

言述行上帝德　惠棟挍宋本有之字宋監本岳本嘉靖本衛氏集說同此本之字脫閩監毛本同

使聲譽可得而尊言也　惠棟挍宋本宋監本岳本嘉靖本衛氏集說同考文引古本足利本同閩監毛本言作信

卽以其行一大善者爲諡耳　閩監毛本岳本嘉靖本同考文引古本足利本卽作節衛氏集說惠棟挍宋本宋監本並同

行過不復循行猶不二過　閩監毛本同惠棟挍宋本行過作過行二作貳衛氏集說同考文引古本同岳本亦作過行嘉靖本足利本同宋監本二亦作貳

云自便習於此事之人耳　閩監毛本嘉靖本同惠棟挍宋本自作吾宋監本岳本衛氏集說同

子言至便人　惠棟挍宋本無此五字

言以此求施爲仁道也　閩監毛本同惠棟挍宋本爲下有於字

以昭明道德尊事上帝　閩本同惠棟挍宋本同監毛二本尊誤厚

過失卽改以求處其厚也　閩監毛本同考文云宋板以上有是字

壹讀爲一惠猶善也言聲譽雖有至踰行所恥　惠棟挍宋本作壹讀至所恥

言物在水上稱浮如浮雲　閩監本同毛本稱作輕

故此經名后稷　閩監毛本同惠棟挍宋本名作明衛氏集說亦作明后稷

不自謂已之仁聖也　惠棟挍宋本此下標禮記正義卷第六十一終記云凡三十一頁

子言之君子之所謂仁者節　惠棟挍云子言之節今父之親子節宋本合爲一節○惠棟挍宋本自此節起至子曰政之不行也節止爲第六十二卷卷首題禮記正義卷第六十二

凱弟君子　各本同石經同考文引古本凱弟作愷悌下放此按釋文出凱云本亦作愷出弟云本又作悌

子言至此乎　惠棟挍宋本無此五字

子曰夏道尊命節

惷而愚　監本作惷石經同岳本同衛氏集說同此本惷誤惷嘉靖本閩毛本同釋文出惷而音傷容反疏放此

子曰至不及　惠棟挍宋本無此五字

爾雅訓云萲諼忘也　閩監毛本同孫志祖挍云此爾雅釋訓文訓上當有釋字

殷人尊神節

凡以摯交接相施予　閩監毛本岳本嘉靖本同釋文摯作贄考文引古本同

殷人至無恥　惠棟挍宋本無此五字

罰以秋冬　閩監毛本同惠棟挍宋本罰作刑與左傳合

注云先鬼而後禮　閩監毛本同惠棟挍宋本無云字

子曰夏道未瀆辭節

周人強民　閩監毛本石經岳本嘉靖本衛氏集說同釋文出強民云注同山井鼎云宋板強作彊注及疏同

子曰至窮矣　惠棟挍宋本無此五字

尙有限未褻瀆也　閩監毛本同惠棟挍宋本限上有時字

子曰虞夏之道節　惠棟挍云子曰虞夏節宋本分子言之曰後世以下另爲一節

恥費輕實　閩監本石經岳本嘉靖本衛氏集說同考文引宋板同毛本輕誤强

子曰至此乎　惠棟挍宋本無此五字

文質再而復始　閩監毛本同山井鼎云宋本再作載

比殷家之文猶質　閩本同惠棟挍宋本同監毛本家誤周

此特明虞帝之美　閩本同惠棟挍宋本同監毛本特誤時衛氏集說亦作特

臣之傚舜之寬容　閩監毛本同惠棟挍宋本臣之作臣下

子曰事君大言入節

入爲君受之　閩監毛本岳本嘉靖本同惠棟挍宋本爲作詔宋監本衛氏集說同考文引古本足利本同釋文出爲君

子曰至食吉　惠棟挍宋本無此五字

此一節廣明事君之道　閩監毛本同惠棟挍宋本廣下有明字衛氏集說同

子曰事君不下達節

靖共爾位　閩監本石經岳本嘉靖本衛氏集說同毛本共作恭釋文出靖共云本亦作恭

子曰至以女　惠棟挍宋本無此五字

言爲女之道　閩監毛本同惠棟挍宋本女作臣

子曰事君遠而諫節

子曰至忘之　惠棟挍宋本無此五字

瞽獻曲　惠棟挍宋本同閩監毛本曲誤典浦鏜挍云典當作曲國語韋昭注云公以下至士各獻諷諫之詩瞽陳樂曲獻之於王見左傳襄十四年疏

子曰事君難進而易退節

事君愼始而敬終　閩監本石經岳本嘉靖本衛氏集說同考文引宋板同毛本終誤忠疏放此

子曰至爲亂　惠棟挍宋本無此五字

子曰事君軍旅不辟難節

愼慮而從之者此已志也　閩監毛本岳本嘉靖本衛氏集說同山井鼎云古本者作有宋板同非

子曰至其事　惠棟挍宋本無此五字

子曰君子不以辭盡人節

則不問其所費　閩監毛本岳本嘉靖本衞氏集說同釋文出所費石經問其所三字剜刻無所字

子曰至用餤　惠棟挍宋本無此五字

如似兩醴相合　惠棟挍宋本同閩監毛本兩作酒

子曰君子不以口譽人節

稱人之美則爵之　閩監毛本石經岳本嘉靖本衞氏集說同坊本美作善石經考文提要云宋大字本宋本九經南宋巾箱本余仁仲本劉叔剛本並作美

子曰至歸說〇所以前經君子不用虛言　惠棟挍宋本無子曰至歸說〇所七字

子曰口惠而實不至節

今不思其本恩之反覆　閩毛本同岳本嘉靖本同衞氏集說恩誤思監本本恩誤不思䟽放此

子曰至焉哉　惠棟挍宋本無此五字

子言之昔三代明王節

子言至百姓　惠棟挍宋本無此五字

謂祭事天地及諸神明也　閩監本同毛本事誤祀地誤帝

是有其牲日也　閩監毛本同考文引宋板其作卜衞氏集說亦作是卜牲日也

言用剛柔之日　閩監毛本同考文引宋板言上有以字續通解同

外內別用限別以四郊爲限　閩監毛本同考文引宋板用作謂

子曰后稷之祀易富也節

后稷之祀易富也　閩監本石經岳本嘉靖本衞氏集說同毛本祀誤事䟽並同

恭儉者之祭易備也　閩監毛本嘉靖本同惠棟挍宋本恭作共岳本同衞氏集說同考文引古本足利本同釋文出共儉云音恭

子曰至于今　惠棟挍宋本無此五字

子曰大人之器威敬節

以上經明在國內事上帝神明　閩毛本同監本經明二字倒

出師巡守皆大事者也　閩監毛本同惠棟挍宋本無者字

預先五年　閩監毛本同惠棟挍宋本先作前

謂在國所卜諸事也　閩本同惠棟挍宋本同監本也字闕毛本諸事誤之處

禮記注疏卷五十四挍勘記

附釋音禮記注疏卷第五十五

禮記　鄭氏注　孔穎達疏

緇衣第三十三

○陸曰鄭云善其好賢者之厚故述其所稱之詩以爲其名也緇衣鄭詩美武公也劉獻云公孫尼子所作也〔疏〕正義曰案鄭目錄云名曰緇衣者善其好賢者厚也緇衣鄭詩也其詩曰緇衣之宜兮敝予又改爲兮適子之館兮還予授子之粲兮粲餐也設餐以授之愛之欲飲食之言緇衣之賢者居朝廷宜其服也我欲就爲改制其衣反欲與之新衣厚之而無已此於別錄屬通論

子言之曰爲上易事也爲下易知也則刑不煩矣言君不苛虐臣無姦心則刑可以措○子言之曰此篇二十四章唯此一子言之後皆作子曰易以豉反下同苛音何錯七故反本亦作措同〔疏〕子言至煩矣○正義曰此篇凡二十四章唯此云子言之曰餘二十三章皆云子曰以篇首宜異故也○爲上易事者爲上謂君君上以正理御物則臣事之易也○爲下易知也者爲下謂臣臣

下無姦詐則君知其情易也○則刑不煩矣者君易事臣易知故刑辟息止不煩動矣然此篇題緇衣而入文不先云緇衣者欲見君明臣賢如此後乃可服緇衣也○子曰好賢如緇衣惡惡如巷伯則爵不瀆而民作愿刑不試而民咸服緇衣巷伯皆詩篇名也緇衣首章曰緇衣之宜兮敝予又改爲兮適子之館兮還予授子之粲兮言此衣緇衣者賢者也宜長爲國君其衣敝我願改制授之以新衣是其好賢欲其貴之甚也巷伯六章曰取彼譖人投畀豺虎豺虎不食投畀有北有北不受投畀有昊此其惡惡欲其死亡之甚也爵不瀆者不輕爵人也試用也咸皆也○好呼報反注同緇側其反惡惡上烏路反下如字注同巷戶降反巷伯小雅篇名愿音願還音旋粲七旦反衣緇衣上於既反下如字譖人本又依詩作譖人投畀必利反下同豺仕皆反昊胡老反本或作皓同○大雅曰儀刑文王萬國作孚刑法也孚信也儀法文王之德而行之則天下無不爲信者也文王爲政克明德愼罰○

〔疏〕子曰至作孚○正義曰此一節明好賢惡惡賞罰得中則爲民下所信○好賢如緇衣者緇衣朝服也諸侯視朝之服緇衣素裳鄭武公桓公父子並爲周司徒善於其職鄭人善之願君久留鄭國服此緇衣衣服敗破則又作新衣以授之故以歌此詩是好賢之詩也詩人以緇衣爲鄭風之首故云好賢如緇衣也○惡惡如巷伯者巷伯亦詩篇名也巷伯是奄人爲王后宮巷官之長故爲巷伯也幽王信讒寺人傷讒而懼讒及已故作詩以疾讒也其詩云取彼讒人投畀豺虎豺虎不食投畀有北有北不受投畀有昊是惡讒人之甚故云惡惡如巷伯也○則爵不瀆而民作愿者此解好賢也瀆濫也愿愨也君若好賢如緇衣則爵不濫而民皆謹愨也○刑不試而民咸服者此解惡惡也試用也言君惡惡如巷伯則刑措而不用民皆服從○大雅云儀刑文王萬國作孚者此大雅文王之篇諫成王之辭儀象也刑法也孚信也言成王但象法文王之德而行之則天下萬國無不爲信也言皆信敬之故云萬國作孚猶文王明德愼罰爲民所敬信引之者證上爵不瀆刑不試也○注緇衣至甚也○正義曰緇衣者詩鄭風美鄭桓公武公詩也巷伯刺幽王之詩也故云皆詩篇名云緇衣之宜兮者言桓公武公並皆有德堪爲國君國人願之言德宜著此緇衣破敝我又欲改更爲新衣云適子之館兮者鄭人云桓公武公既爲卿士適子之館舍兮謂卿士治事館舍云還予授子之粲兮者從館舍迴

還來還本國我即授予以粲餐兮也鄭人愛桓公武公之甚矣是好賢也緇衣者諸侯朝服故論語云緇衣羔裘注云諸侯之朝服其服緇布衣而素裳緇帶素韠故士冠禮云主人玄冠朝服緇帶素韠注云朝服者十五升布衣而素裳也衣不言色者衣與冠同也知朝服十五升者雜記文知用布者雜記云朝服十五升去其半而緦故知布也知素裳者以冠禮云素韠韠從裳色故知裳亦素也若士之助祭者則韠用緇不與裳同色熊氏云玄冠用黑繒爲之其義未甚明也○

子曰夫民教之以德齊之以禮則民有格心教之以政齊之以刑則民有遯心格本也遯逃也○格古伯反遯徒遜反亦作遁故君民者子以愛之則民親之信以結之則民不倍恭以涖之則民有孫心涖臨也孫順也○倍音佩下注同涖音利又音類孫音遜注同甫刑曰苗民匪用命制以刑惟作五虐之刑曰法是以民有惡德而遂

絕其世也 甫刑尚書篇名匪非也命謂政令也高辛氏之末諸侯有三苗者作亂其治民不用政令專制御之以嚴刑乃作五虐蚩尤之刑以是爲法於是民皆爲惡起倍畔也三苗由此見滅無後世由不任德○蚩尺之反畔本或作叛俗字非也任而鴆反

【疏】子曰至世也○正義曰此一節明教民以德不以刑也○則民有格心者格來也君若教民以德整民以禮則民有歸上之心故論語云有恥且格○甫刑曰苗民匪用命者此尚書呂刑之篇也甫侯爲穆王說刑故稱甫刑匪非也言苗民匪用命者命謂政令言苗民爲君非用政令以教於下○制以刑者言制御於下以嚴刑○唯作五虐之刑曰法者言唯作蚩尤五種虐刑自謂爲法○是以民有惡德者以此之故民皆有怨惡之德起倍叛之心而遂絕其世也者言三苗不任德遂被誅而絕其世也○注甫刑至任德○正義曰此甫刑尚書呂刑也而行甫刑者案孝經序云春秋有呂國而無甫侯但孝經序未知是鄭作以不案春秋實無甫侯國語云申呂雖衰齊許猶在又云齊許申呂皆由大姜然則呂即甫也案孔注尚書呂侯後爲甫侯故穆王時謂之呂侯周宣王及平王之時爲甫侯故詩嵩高云生甫及申謂宣王時也揚之水不與我戍甫謂平王時也則孔氏義爲是鄭或同之云高辛氏之末諸侯有三苗者作亂案鄭注呂刑云苗民謂九黎之君也九黎之君於少昊氏衰而棄善道上效蚩尤重刑必變九黎言苗民者有苗九黎之後顓頊代少昊誅九黎分流其子孫爲居於西裔者三苗至高辛之衰又復九黎之君惡堯興又誅之堯末又在朝舜時又竄之後王深惡此族三生凶惡故著其氏而謂之民民者冥也言未見仁道以此言之三苗是九黎之後九黎於少昊之末而爲亂三苗於高辛氏之末又爲亂故此注云高辛以呂刑於此苗民之下云皇帝清問下民又云乃命三后三后謂伯夷之等故以皇帝爲帝堯又以苗民爲高辛氏之末也鄭以九黎爲苗民先祖但上學蚩尤之惡非蚩尤子孫孔注尚書以爲九黎即蚩尤也三苗則非九黎之子孫與鄭異○

子曰下之事上也不從其所令從其所行 言民化行不拘於言○行下孟反注同又如字拘音俱○ 上好是物下必有甚者矣 甚者甚於君也○好呼報反下皆同 故上之所好惡不可不慎也是民之表也 言民之從君如影逐表○惡烏路反景如字一音英領反

子曰禹立三年百姓以仁遂焉豈必盡仁 言百姓勸禹爲仁非本性能仁遂猶達也○勸胡孝反 詩云赫赫師尹民具爾瞻甫刑曰一人有慶兆民賴之大雅曰成王之孚下土之式 皆言化君也孚信也式法也○赫許百反王如字徐于況反○

【疏】子曰至之式○正義曰此一節申明上文以善則下賴之○百姓以仁遂焉者遂達也言禹立三年百姓悉行仁道達於外內故云百姓以仁遂焉豈必盡仁者言禹之百姓豈必本性盡行仁道秖由禹之所化故此禹立三年則百姓盡行仁道論語稱如有王者必世而後仁者禹承堯舜禪代之後其民易化論語所稱者謂承離之後故必世乃後仁是以注論語云周道至美武王伐紂至成王乃致太平由承殷紂敝化之後故也○詩云赫赫師尹民具爾瞻者此小雅節南山之篇刺幽王之詩言幽王之時尹氏爲大師爲政不平故詩人刺之云赫赫然顯盛之師尹者民具爾瞻視上之所爲引者證民之法則於上○甫刑曰一人有慶兆民賴之者慶善也一人謂天子也天子有善行民皆蒙賴之引者證上有善行賴及于下大雅曰成王之孚下土之式者是大雅下武之篇美武王之詩孚信也言武王成就王道之信者故爲下土法引之者證君有善與爲法式也○

子曰上好仁則下之爲仁爭先人故長民者章志貞教尊仁以子愛百姓民致行己以說其上矣 章明也貞正也民致行己者民之行皆盡己心○長丁丈反說音悅 詩云有梏德行四國順之 梏大也直也○梏音角詩作覺行下孟反

【疏】子曰至順之○正義曰此一節贊結上經在上行仁之事○則天下之爲仁爭先人者言上若好仁則下皆爲仁爭欲先他人○故長民者章志貞教尊仁以子愛百姓者章明也貞正也言尊長於人爲君者當須章明己志爲貞正之教尊敬仁道以子愛百姓也○民致行己以說其上矣者言上能化下如此則在下之人致盡行己之意以說樂其上矣○詩云有梏德行四國順之此詩大雅抑之篇刺厲王之詩也梏大也言賢者有大德行四國從之引者証上有其德下所從也

子曰王言如絲其出如綸王言如綸其出如綍 言言出彌大也綸今

有秩嗇夫所佩也。紼，引棺索也。○綸音倫，又古頑反。綬也。如紼，音弗，大索。嗇音色。索，悉洛反。故大人不倡游言。游猶浮也。不可用之言也。○倡，昌尚反。可言也不可行，君子弗言也；可行也不可言，君子弗行也。則民言不危行，而行不危言矣。危猶高也。言不高於行，行不高於言，言行相應也。○行而行，皆下孟反，注及下皆同。應，應對之應。詩云：淑慎爾止，不倍于儀。淑，善也。倍，過也。言善慎女之容止，不可過於禮之威儀也。○倍，起虔反。女音汝。

【疏】子曰至于儀。○正義曰：此一節明王者出言，下所傚之，其事漸大，不可不慎，意與前經同也。○王言如絲，其出如綸者，王言初出，微細如絲，及其出，行於外，言更漸大，如似綸也，言綸麤於絲。○王言如綸，其出如綍者，亦言漸大，出如綍也，綍又大於綸。○故大人不倡游言者，游言謂浮游虛漫之言，不可依用，出言則民皆師法，故尊大之人不倡道此游言，恐人依象之。○可言也不可行，君子弗言也，謂口可言說，力不能行，則君子不言也。若有客不能館，則不問其所舍之類是也。可行也不可言，君子弗

行也，熊氏云：可行，謂君子賢人可行此事，但不可言說，爲凡人作法。如此之事，則君子不當行。若曾子有母之喪，水漿不入於口七日，不可言說以爲法，故子思非之，是君子不行也。○則民言不危行，而行不危言矣者，危，高也。如此化民，則民言行相應，言不高於行，行不高於言。○詩云淑慎爾止，不倍于儀者，此大雅抑之篇，刺厲王之詩。淑，善也。倍，過也。言爲君之法，當善謹慎女之容止，不倍過於禮之容儀，言當守道以自居。引者，證言行不可過也。○注綸今有秩嗇夫所佩也。○正義曰：案漢書百官公卿大夫表云：十里一亭，十亭一鄉，鄉有三老、有秩、嗇夫、有遊徼。三老掌教化，嗇夫掌獄訟，遊徼掌禁盜賊。故漢書云張敞以鄉有秩補大守卒史。又云朱邑爲桐鄉嗇夫。又續漢書百官表云：鄉置有秩、三老、遊徼。有秩，郡所置，秩百戶。其鄉小者，縣所置嗇夫。案此則有秩、嗇夫職同，但隨鄉大小，故名異耳。名雖異，其所佩則同。張華云：綸如宛轉繩。

子曰：君子道人以言，而禁人以行。禁猶謹也。○道音導。故言必慮其所終，而行必稽其所敝，則民謹於言而慎於行。稽猶考也，議也。○稽，古兮反。詩云：慎爾出話，敬爾威儀。話，善言也。○話，胡快反。大雅曰：穆穆文王，於緝熙敬止。緝熙，皆明也。言於明明乎敬其容止。○於音烏，注同。緝，七入反。熙，許其反。毛詩傳云：緝熙，光明也。

【疏】子曰至敬止。○正義曰：此一節亦贊明前經言行之事。○道人以言者，在上君子誘道在下，以善言使有信也。○而禁人以行者，禁猶謹也，言禁約謹慎人以行，使行顧言也。○故言必慮其所終者，謂初出言之時，必思慮其此言得終末可恒行以否。○而行必稽其所敝者，稽，考也，言欲行之時，必須先考校此行至終敝之時無損壞以否。○詩云慎爾出話，敬爾威儀者，此大雅抑之篇，刺厲王也。話，善言也。爾，汝也。謹慎爾之所出之善言，以爲政教，故恭敬爾之威儀，言必爲人所法則。引證言慮其所終。大雅云穆穆文王，於緝熙敬止者，此大雅文王之篇，美文王之詩，言穆穆然美者，乃是文王，於謂嗚呼，緝熙皆光明也，言文王之德，嗚呼光明乎，又敬其容止。引者，證在上當敬其言行也。

子曰：長民者衣服不貳，從容有常，以齊其民，則民德壹。貳，不壹也。○長，丁丈反，下君長同。貳本或作弍，同音二，下同。從，七凶反。詩云：彼都人

士，狐裘黃黃，其容不改，出言有章，行歸于周，萬民所望。黃衣則狐裘，大蜡之服也。詩人見而說焉。章，文章也。忠信爲周。此詩毛氏有之，三家則亡。○黃，徐本作橫，音黃。蜡，仕嫁反。說音悅。

【疏】子曰至所望。○正義曰：從容有常者，從容謂舉動有其常度。○則民德壹者，壹謂齊一，則萬人之德皆齊一不參差。○詩云彼都人士者，此小雅都人士之篇，刺幽王之詩。幽王之時，君臣衣服無常，故詩人引彼明王之時，都邑之人有士行者，服此狐裘黃黃然。行歸于周，萬民所望者，周謂忠信，言都人之士行歸忠信，萬民所以瞻望，以法則之。○注黃衣則狐裘大蜡之服也。○正義曰：郊特牲云黃衣黃冠而祭，息田夫也。此云黃衣，故云大蜡之服。論語云黃衣狐裘，故狐裘則黃衣也。案詩注云狐裘取溫裕而已，不云大蜡。此云蜡者，以正衣解之。詩謂燕人有士行，非關蜡祭之事，故爲溫裕也。

子曰：爲上可望而知也，爲下可述而志也，則君不疑於其臣，而臣不惑於其君矣。志猶知也。尹吉曰：惟尹躬及湯咸有壹德。

吉當爲告告古文誥字之誤也尹告伊尹之誥也書序以爲咸有壹德今亡咸皆也君臣皆有壹德不貳則無疑惑也。爲吉依注爲告音誥羔報反詩云淑人君子其儀不忒〔疏〕子曰至不忒。正義曰爲上可望而知也者謂貌不藏情可望見其貌則知其情。爲下可述而志也志知也爲臣下率誠奉上其行可述敘而知。尹吉曰惟尹躬及湯咸有一德者吉當爲告是伊尹誥大甲故稱尹誥則咸有一德篇是也言惟尹躬身與成湯皆有純一之德引者證上君臣不相疑惑。詩云淑人君子其儀不忒者此詩曹風鳲鳩之篇刺曹君之詩言善人君子其儀不有差忒引者證一德之義。子曰有國者章善癉惡以示民厚則民情不貳章明也癉病也。忒他得反本或作貳音二章義如字尚書作善皇云義善也癉丁但反詩云靖共爾位好是正直〔疏〕子曰至正直。正義曰章善癉惡者章明也癉病也言爲國者有善以賞章明之有惡則以刑癉病之也。詩云靖共爾位好是正直者此詩小雅小明之篇刺幽王之詩也言大夫悔仕亂世告語未仕之人言更待明君靖謀共其爾之祿位愛好正直

之人然後事之也引之者證上民情不二爲正直之行。子曰上人疑則百姓惑下難知則君長勞難知有姦心也。共音恭本亦作恭好乎報反故君民者章好以示民俗慎惡以御民之淫則民不惑矣淫貪侈也孝經曰示之以好惡而民知禁。好如字又呼報反注同惡如字又烏路反注同侈昌氏反又式氏反。臣儀行不重辭不援其所不及不煩其所不知則君不勞矣儀當爲義聲之誤也言臣義事君則行也重猶尚也援猶引也引君所不及謂必使其君所行如堯舜也不煩以其所不知謂必使其知慮如聖人也凡告喻人當隨其才以誘之。行如字援音袁注同知慮音智詩云上帝板板下民卒癉上帝喻君也板板辟也卒盡也癉病也此君使民惑之詩。版布綰反注同癉丁但反本亦作癉辟匹亦反字亦作僻同小雅曰匪其止共惟王之邛匪非也邛勞也言臣不止於恭敬其職惟使王之勞此臣使君勞之詩也。共音恭皇本作躬云躬恭也邛其恭反〔疏〕子曰至之邛。正義曰此一節申明上經君臣各以情相示則君之與臣各得其所。上人疑者謂在上之君多有疑二則在下百姓有疑惑也。下難知則君長勞者若在下之人心懷欺詐難知其心則在上君長治之勞苦。故君民者章好以示民俗慎惡以御民之淫則民不惑矣覆上百姓惑淫貪也言如此則民不惑矣。臣儀行不重辭不援其所不及不煩其所不知則君不勞矣者覆上君長勞如此則君不勞臣儀行者儀當爲義謂臣有義事則奉行之不重辭者重尚也爲臣之法不尚虛華之辭不援其所不及者謂君才行所不能及臣下不須援引其君行所不能及之事謂必使其君所行如堯舜也不煩其所不知者謂君有所不知其臣不得煩亂君所不知之事令必行之臣能如此則君不勞苦。詩云上帝板板下民卒癉者上帝君也板板辟也卒盡也癉病也言君上邪辟下民盡皆困病引之者證君使民惑之事此詩大雅板之篇刺厲王之詩。小雅曰匪其止共惟王之邛者小雅巧言之篇刺幽王之詩也言小人在朝不止息於恭敬惟爲姦惡使王之邛勞引之者證臣使君勞也。子曰政之不行也教之不成也爵祿不足勸

也刑罰不足恥也故上不可以褻刑而輕爵言政教所以明賞罰。褻息列反。康誥曰敬明乃罰甫刑曰播刑之不迪康康叔也作誥尚書篇名也播猶施也不衍字耳迪道也言施刑之道。播徐補餓反迪音狄衍延善反〔疏〕子曰至不迪。正義曰此一節明慎賞罰之事。政之不行也教之不成也者皇氏云言在上政令所以不行教化所以不成者秖由君上爵祿加於小人不足勸人爲善也由刑罰加於無罪之人不足恥其爲惡由賞罰失所故致政之不行教之不成也。故上不可以褻刑而輕爵者刑爵不中則懲勸失所故君上不可輕褻之。康誥曰敬明乃罰者證刑罰不可褻也周公作康誥誥康叔云女所施刑罰必敬而明之也。甫刑曰播刑之不迪不爲衍字迪道也此穆王戒羣臣云今爾何監非是伯夷布刑之道言所爲監鏡者皆是伯夷布刑之道引之者證重刑之義也。子曰大臣不親百姓不寧則忠敬不足而富貴已過也大臣不治而邇臣比矣忠敬不足謂臣不忠於君君不敬其

臣邇近也言近以見遠言大以見小互言之比私相親也○治心值比毗志反注同親也見賢遍反下同故大臣不可不敬也是民之表也邇臣不可不愼也是民之道也民之道言民循從也君毋以小謀大毋以遠言近毋以內圖外圖以謀也言先謀之當各於其黨於其黨知其過審也大臣柄權於外小臣執命於內或時交爭轉相陷害○毋音無下同柄音秉兵永反爭爭鬬之爭則大臣不怨邇臣不疾而遠臣不蔽矣疾猶非也蔽必世反○葉公之顧命曰毋以小謀敗大作毋以嬖御人疾莊后毋以嬖御士疾莊士大夫卿士葉公楚縣公葉公子高也臨死遺書曰顧命小謀小臣之謀也大作大臣之所爲也嬖御人愛妾也疾亦非也莊后適夫人齊莊得禮者嬖御士愛臣也莊士亦謂士之齊莊得禮者今爲大夫卿士○葉舒涉反注同葉公楚大夫沈諸梁也字子高爲葉縣尹僭稱

公也敗補邁反嬖必惠反徐甫詣反又補弟反字林萬豉反賤而得幸曰嬖云便嬖愛妾莊后側艮反齊莊也下及注同適丁歷反齊莊側皆反下同○子曰大人不親其所賢而信其所賤民是以親失而教是以煩親失失其所當親也教煩由信賤也賤者無一德也○詩云彼求我則如不我得執我仇仇亦不我力言君始求我如恐不得我既得我持我仇仇然不堅固亦不力用我是不親信我也○仇音求爾雅云讎也○君陳曰未見聖若已弗克見既見聖亦不克由聖克能也由用也○陳本亦作古陳字若已弗克見音紀尚書無已字【疏】子曰至由聖○正義曰此一節明在下羣臣無問大小皆須恭敬謹慎又君無以小臣而謀大事也○大臣不親百姓不寧則忠敬不足富貴已過也者沈氏云謂大臣離二不與上相親政教煩苛故百姓不寧若其如此臣不忠於君君不敬於臣是忠敬不足所以致然也由君與臣富貴已過極也○大臣不治而邇臣比矣者大臣不肯爲君理治職事由邇近之臣與上相親比故

也○邇臣不可不愼也是民之道也者邇近也言親近之臣不可不愼擇其人道猶道路言邇臣是民之道路邇臣好則人從之好邇臣惡則人從之惡也○君毋以小謀大者言君無得與小臣而謀大臣之事也○毋以遠言近者無得以遠臣共言近臣之事也○毋以內圖外者無得以內臣共圖謀外臣之事所以然者小大之臣意殊遠近之臣不同恐各爲朋黨彼此交爭轉相陷害故不圖謀也則大臣不怨邇臣不疾而遠臣不蔽矣者若能如此則外內情通小大意合大臣不怨恨於君也疾猶非也近臣不爲人所非毁而遠臣不被障蔽故也葉公之顧命曰毋以小謀敗大作者此葉公顧命之書無用小臣之謀敗損大臣之作○毋以嬖御人疾莊后者莊后謂齊莊之后是適夫人也無得以嬖御賤人之爲非毁於適夫人○毋以嬖御士疾莊士者言毋得以嬖御之士非毁齊莊之士○大夫卿士者覆說言莊士即大夫卿之典事者士事也注言近以見遠言大以見小互言之○正義曰言近以見遠謂言近臣親比則遠臣不親比云言大以見小謂大臣不治小臣治也故云互言之也○注大臣至陷害○正義曰由大臣執權於外小臣執命於內或大臣忌小臣或小臣忌大臣所以內外交爭若共圖謀轉相陷害故所謀之事各於其黨與大臣謀大臣與小臣謀小臣是各於其黨中

知其過失審悉也○注葉公楚縣公葉公子高也○正義曰知葉公子高者左傳云世本文云臨死遺書曰顧命者約尚書顧命之篇○子曰至由聖○正義曰此節明君不信用臣也不親其所賢而信其所賤者謂在上親任其所賢有德之人而信用其所賤無德者民是以親失者言以此化民民效於上失其所當親惟親愛羣小也○而教是以煩者言羣小被親既無一德政教所以煩亂也○詩云彼求我則如不我得此詩小雅正月之篇刺幽王之詩言彼幽王初求我賢人如不得於我言禮命煩多也○執我仇仇亦不我力者既得賢人執留我仇仇然不堅固亦不於我上以力而用我引之者証不親其所賢也○君陳曰未見聖若已弗克見既見聖亦不克由聖者此尚書君陳篇成王戒君陳之辭也言凡人未見聖道之時如似已不能見既見聖道亦不能用之也子曰小人溺於水君子溺於口大人溺於民皆在其所褻也言人不溺於所敬者溺謂覆没不能自理出也○溺乃歷反覆芳服反○夫水近於人而溺人德易狎而難親也易以溺人言水人所沐浴自潔清者至於深淵洪波所當畏愼也由

近人之故或泳之游之褻慢而無戒心以取溺焉有德者亦如水矣初時學其近者小者以從人事自以爲可則侮狎之至於先王大道性與天命則遂扞格不入迷惑無聞如溺於大水矣難親親之當肅敬如臨深淵。近附近之近注由近人同易以豉反下同狎徐戶甲反濡如字又才性反洪本又作瀉泳音詠潛行爲泳游音由侮亡甫反捍胡旦反格戶白反。**口費而煩易出難悔易以溺人**費猶惠也言口多空言且煩數也過言一出駟馬不能及不可得悔也口舌所覆亦如溺矣費或爲哱或爲悖。費芳貴反注同數色角反覆芳服反又芳又反哱或爲悖並布內反。**夫民閉於人而有鄙心可敬不可慢易以溺人**言民不通於人道而心鄙詐難卒告諭人君敬慎以臨之則可若陵虐而慢之分崩怨畔君無所尊亦如溺矣。慢本又作漫音武諫反卒寸忽反**故君子不可以不慎也**慎所可褻乃不溺矣**太甲曰毋越厥命以自覆也若虞機張往省括于厥度則釋**越之言蹷也厥其也覆敗也言無自顛蹷女之政教以自毀敗虞主田獵之地者也機弩牙也度謂所擬射也虞人之射禽弩已張從機間視括與所射參相得乃後釋弦發矢爲政亦當以已必參於羣臣及萬民可乃後施也。大音泰覆芳服反注同括古活反于厥度如字又大各反注同尚書無厥字蹷其厥反又紀衞反一音厥女音汝擬魚起反本亦作儗射食亦反下同。**兌命曰惟口起羞惟甲胄起兵惟衣裳在笥惟干戈省厥躬**兌當爲說謂殷高宗之臣傳說也作書以命高宗尚書篇名也羞猶辱也衣裳朝祭之服也惟口起辱當慎言語也惟甲胄起兵當慎軍旅之事也惟衣裳在笥當服以爲禮也惟干戈省厥躬當恕已不尙害人也。兌依注作說本亦作說兵尚書作戎笥司吏反爲說音悅下傳說同朝直遙反**太甲曰天作孽可違也自作孽不可以逭**違猶辟也逭逃也。孽魚列反下同尙書作天作孽猶可違也不可以踰本又作逭乎亂反尙書作弗可逭無以字辟音避。**尹吉曰惟尹躬天見于西邑夏自周有終相亦惟終**尹吉亦尹誥也天當爲先

字之誤忠信爲周相助也謂臣也伊尹言尹之先祖見夏之先君臣皆忠信以自終今天絕桀者以其自作孽伊尹始仕於夏此時就湯矣夏之邑在亳西見或爲敗邑或爲予。吉音誥出注羔報反天依注作先西田反相息亮反亳步各反

【疏】子曰至惟終。正義曰此一節戒慎言之事。小人溺於水者謂卑賤小人居近川澤者愛翫於水溺覆没也多爲水所覆。故云小人溺於水。君子溺於口者言卿大夫之君子以口傷人而致怨恨遂被覆没亦如溺於水不能自治也。大人溺於民者大人謂人君也由君在上陵虐下民則人衆離叛君無所尊故溺於民也皆在其所褻也者言小人君子大人等所以被没溺者皆在於褻慢而不能敬慎故致溺也。夫水近於人而溺人者釋上三事所以致溺也此説水溺所由也水若遠於民則人不没溺但由水近人則人得用之沐浴而日日狎習不復畏懼或泳之或游之無有誡忌至於洪波浪起亦猶習以爲常故致覆溺也。德易狎而難親也易以溺人者德者言有德之人初時學其近者可淺者謂言可得是易可親狎至大者遠者莫測其理是難可親也初時易狎是易也終則難親是溺人也故云易以溺人也。口費而煩易出難悔易以溺人者説德既竟此還釋溺口所由費惠也口虛出言而無實從之是口惠也口惠不難失在煩數故云而煩也無以實言是易出也一出言駟馬追之不及是難悔必爲物所憾所以有禍口費易出難悔被害是溺人也。夫民閉於人而有鄙心者此釋溺民所由也言下民之情常自閉塞不通人道故云閉於人也而用心鄙詐故云有鄙心可敬不可慢易以溺人者既閉塞人道而有鄙詐卒難告喻故人君當敬以臨之庶其漸染若又陵慢則必怨畔則國無民君道便喪溺也民處卑下易可褻慢終致怨畔是溺人也。太甲曰毋越厥命以自覆也者伊尹戒太甲辭言無得顛越其教命以自覆敗也。若虞機張者虞謂虞人機謂弩牙言爲政之道如虞人射獸先弩牙以張也。往省括于厥度則釋者謂已心往機間省視箭括當於所射之度乃釋弦而發矢故云則釋言爲政之道政教已陳當以已心省此所施政教合於羣下然後乃施之也。兌命曰惟口起羞惟甲胄起兵者此尚書篇名傳説戒高宗之辭口爲榮辱之主若出言不當則被人所賤故起羞辱也甲胄罰罪之器若所罰不當反被兵戎所害故甲胄起兵也。惟衣裳在笥惟干戈省厥躬者衣裳在篋笥當服之以行禮不可妄與於人惟所施干戈之事當自省己身不可妄加無罪浪以害人。太甲曰天作孽可違也者若水旱災荒自然而有非由人失所致故云天作孽亦可從移辟災是可違也。自作孽

不可以逭者已自作禍物皆怨恨所在而致禍害故不可逃也。尹吉曰惟尹躬天見于西邑夏者吉當爲告天當爲先言伊尹告大甲云伊尹身之先祖見西方夏邑之君謂禹也夏都在亳西故云西邑也自周有終相亦惟終者周謂忠信言夏之先君有能忠信得自有其終其輔相之臣亦如先君亦得終久也引者証人君若脩德行善則能終。注難親至深淵。正義曰言德易狎而難親若其終始易親則全無溺人之事由其初則易狎後則難親當恒肅敬如臨深淵水若不肅敬則致陷害故云溺人也。注兌當爲說。正義曰尚書序云高宗夢得說使百工營求諸野得諸傅岩作說命三篇是高宗之臣傅說也說作書以戒高宗也。注尹吉至亳西。正義曰云尹吉者上經已解尹吉爲尹告故此云亦誥也云天當爲先者以天字與先字相似故爲先也云忠信爲周者國語文也云伊尹言尹之先祖者鄭君不見古文尚書故云伊尹之先祖據尚書是大甲之篇言尹之往先見夏之先君是身之往先見非謂尹之先祖也云伊尹始仕於夏此時就湯矣者書序云伊尹去亳適夏既醜有夏復歸于亳是始仕於夏也經云先見西邑夏故知爲誥之時就湯矣以鄭不見古文謂言尹誥是伊尹告成湯故云此時就湯矣與尚書同云夏之邑在亳西者案世本及汲冢古文並云禹都咸陽正當亳西也及後乃徙安邑鄭以爲湯都偃師爲亳邑則是安邑亦在亳西也。子曰民以君爲心君以民爲體心莊則體舒心肅則容敬心好之身必安之君好之民必欲之心以體全亦以體傷君以民存亦以民亡莊齊莊也。好呼報反齊側皆反。詩云昔吾有先正其言明且清國家以寧都邑以成庶民以生誰能秉國成不自爲正卒勞百姓先正先君長也誰能秉國成傷今無此人也成邦之八成也誰能秉行之不自以所爲者正盡勞來百姓憂念之者與疾時大臣專功爭美。昔吾有先正從此至庶民以生揔五句今詩皆無此語餘在小雅節南山篇或皆逸詩也清舊才性反一云此詩協韻宜如字上先正當音征誰能秉國成毛詩無能字勞力報反注勞來同詩依字讀長丁丈反來力再反與音餘。君雅曰夏日暑雨小民惟曰怨資冬祁寒小民亦惟曰怨雅書序作牙假借字也君雅周穆王司徒作尚書篇名也資當爲至齊魯之語聲之誤也祁之言是也齊西偏之語也夏日暑雨小民怨天至冬是寒小民又怨天言民恒多怨爲其君難。雅音牙注同尚書作牙夏日戶嫁反注同尚書無日字資依注音至尚書作咨連上句云怨咨祁巨依反徐巨尸反字林上尸反。【疏】子曰至曰怨。正義曰此論君人相須言養人之道不可不慎也。詩云昔吾有先正其言明且清者此逸詩也正長也詩人稱昔吾之有先君正長其教令之言分明且清絜國家所以安也都邑所以成也庶人所以生也。誰能秉國成不自爲正卒勞百姓者卒盡也言詩人傷今無復有先正之賢故云今日誰能執國之八成又當謙退之不自爲正者得其正道能用仁恩盡勞來百姓言今無復有如此之人疾時大臣惟專功爭美各自爲是也君雅曰夏日暑雨小民惟曰怨者此穆王命君牙之辭也言民心難稱所怨恒多夏日暑熱及雨天之常道細小之人惟曰怨資也。資冬祈寒小民亦惟曰怨者至於冬日是大寒之時小人亦惟曰怨猶言君政雖曰得當人怨之不已是治民難也。注成邦之八成也。正義曰案周禮小宰職云掌以官府之八成經邦治一曰聽政役以比居二曰聽師田以簡稽三曰聽閭里以版圖四曰聽稱責以傳別五曰聽祿位以禮命六曰聽取予以書契七曰聽賣買以質劑八曰聽出入以要會皆成事品式以聽治於人。注雅書至字也。正義曰言古牙字假雅字以爲牙故尚書以爲君牙此爲君雅案尚書云小民惟曰怨咨今此本作資字。鄭又讀資當爲至以鄭不見古文尚書故也。子曰下之事上也身不正言不信則義不壹行無類也類謂比式。行下孟反下行有格同比式如字比方法式子曰言有物而行有格也是以生則不可奪志死則不可奪名物謂事驗也格舊法也。是故一本作以故君子多聞質而守之多志質而親之精知略而行之質猶少也多志謂博交汎愛人也精知孰慮於衆也精或爲清。知如字一音智注同汎音泛。君陳曰出入自爾師虞庶言同自由也師庶皆衆也虞度也言出內政教當由女衆之所謀度衆言同乃行之政教當由一也。度

待洛反下同 詩云淑人君子其儀一也 疏 子曰至一也○正義曰此一節明下之事上當守其一○則義不一行無類也者若身之不正言之不信則於義事不能齊一行無有比類言行之無恒不可比類也○言有物而行有格也物謂事之徵驗格謂舊有法式言必須有徵驗行必須有舊法式既言行不妄守死善道故生則不可奪志死則不可奪名言名志俱善欲奪不可也故君子多聞質而守之者雖多聞前事當簡質而守之○多志質而親之者謂多以志意博交汎愛亦質少而親之○精知略而行之者謂精細而知孰慮於衆要略而行之此皆謂聞見雖多執守簡要也君陳曰出入自爾師虞庶言同者自由也師衆也虞度也庶衆也成王戒君陳云言出入政教當由女衆人共知謀度若衆言皆同乃行之言政教當由一也○詩云淑人君子其儀一也者此曹風鳲鳩之篇刺曹公不均平也言善人君子其威儀齊一也引之者證爲政之道須齊一也 子曰唯君子能好其正小人毒其正 正當爲匹字之誤也匹謂知識朋友○好呼報反下皆同正音匹出注下同 故君子之朋友有鄉其惡有方 鄉方喻輩類也小人徼利其交無常也○鄉許亮反又音香注同輩布內反徼古堯反下同 是故邇者不惑而遠者不疑也 言其可望而知邇近也 詩云君子好仇 仇匹也○ 疏 子曰至好仇○正義曰此一節明其朋匹之事君子能好其正者匹匹偶言君子能愛好其朋友匹偶以下云君子好仇故知此正爲匹也○故君子之朋友有鄉其惡有方者言鄉方皆猶輩類也言君子所親朋友及所惡之人皆有輩類言君子善者則爲朋友也既好惡不同故君子之交可者與之不以榮枯爲異是朋友不善者則可憎惡之言有常也若小人唯利是求所善所惡無恒定也○是故邇者不惑而遠者不疑也由好惡有定可望貌而知故近者不惑遠者不疑也○詩云君子好仇者此周南關雎之篇詩意云窈窕淑女君子好仇此則斷章云君子之人以好人爲匹也 子曰輕絕貧賤而重絕富貴則好賢不堅而惡惡不著也人雖曰不利吾不信也 言此近徼利也○惡惡上烏路反下如字著張慮反近附近之近 詩云朋友攸攝攝以威儀

攸所也言朋友以禮義相攝正不以貧富貴賤之利也○ 疏 子曰至威儀○正義曰此一節明交友之道唯善是仇以威儀相攝佐也○則好賢不堅而惡惡不著也者以賢而貧賤則輕絕之是好賢不堅也而富貴則重絕之則惡惡不著也如此者是貪利之人故云雖曰不利吾不信也○詩云朋友攸攝攝以威儀者此大雅既醉之篇美成王之時大平之詩於時朋友羣臣所以禮義相攝佐之以威儀也言不以富貴貧賤而求利者○ 子曰私惠不歸德君子不自留焉 私惠謂不以公禮相慶賀時以小物相問遺也言其物不可以爲德則君子不以身留此人也相惠以褻瀆邪辟之物是爲不歸於德歸或爲懷○遺于季反邪似嗟反徐以車反辟匹亦反 詩云人之好我示我周行 行道也言示我以忠信之道○行戶剛反又如字○ 疏 子曰至周行○正義曰此一節明君子唯以德是與○私惠不歸德者言人以私小恩惠相問遺不歸依道德如此者君子之人不用留意於此等之人言不受其惠也○詩云人之好我示我周行者此小雅鹿鳴之篇言文王燕飲羣臣愛好於我示我以忠信之道也周行道也惟以忠信正道以示我不以褻瀆邪辟之物而相遺也○ 子曰苟有車必見其軾苟有衣必見其敝人苟或言之必聞其聲苟或行之必見其成 言凡人舉事必有後驗也見其軾謂載也敝敗衣也衣或在內新時不見○軾音式敝婢世反敗也庾必世反隱蔽也人苟或言之一本無人字不見如字又賢遍反 葛覃曰服之無射 射厭也言已願采葛以爲君子之衣令君子服之無厭言不虛也○覃徒南反射音亦注同厭於豔反後皆同令力呈反 疏 子曰至無射○正義曰此明人言行必慎其所終也將欲明之故先以二事爲譬喻也○苟有其車必見其軾者言人苟稱家有車必見其車有載於物不可虛也言有車無不載也○苟有其衣必見其敝者言人苟稱家有衣必見其所著之衣有終敝破也不虛稱有衣而無敝也○人苟或言之必聞其聲者既稱有言必聞其聲不可有言而無聲也○苟或行之必見其成者人苟稱有行此事必須見其成驗不可虛稱有行而無成驗也葛覃曰服之無射者此周南葛覃之篇美后妃之德也詩之本意言后妃習絺綌之事而無厭倦之心此則斷章云采葛爲君子之衣君子得而服之無厭倦也言

君子貨得其服而不虛也引之者証人之所行終須有效也○注衣或在內新時不見○正義曰以經云苟有其車必見其軾苟有其衣當言必見其著今乃云必見其㡀以求初新著時或在內裏人不見也其㡀破棄時乃始見故云必見其㡀○子曰言從而行之則言不可飾也行從而言之則行不可飾也從猶隨也○行從下孟反下則行下注以行同故君子寡言而行以成其信則民不得大其美而小其惡以行爲驗虛言無益於善也寡當爲顧聲之誤也○寡音顧出注○詩云白圭之玷尚可磨也斯言之玷不可爲也玷缺也言圭之缺尚可磨而平之言之缺無如之何○玷丁簟反又丁念反下及注同摩莫何反○小雅曰允也君子展也大成允信也展誠也君奭曰昔在上帝周田觀文王之德其集大命于厥躬奭召公名也作尚書篇名也古文周田觀文王之德爲割申勸寧王之德今博士讀爲厥亂勸寧王之德三者皆異古文似近之割之言蓋也言文王有誠信之德天蓋申勸之集大命於其身謂命之使王天下也○奭音釋周田觀文依注讀爲割申勸寧召尚照反本亦作卲近附近之近王于況反〔疏〕子曰至厥躬○正義曰此一節明重言行之事○言從而行之則言不可飾也者從隨也謂言在於先而後隨以行之言當須實不可虛飾也○行從而言之則行不可飾也者謂行在於前言隨於後論說於行則行當須先實不可虛飾也○故君子寡言而行以成其信者以其言行相副之故君子當顧言而行以成其信也○則民不得大其美而小其惡者必須以行爲驗不用虛辭爲此之故則人不得虛增大其美事而減小其惡事由美惡大小皆驗於行也○詩云白圭之玷尚可磨也此大雅抑之篇刺厲王之詩也白圭之玉玷缺尚可磨而平之此言語玷缺不可爲而改之是無如之何也○小雅曰允也君子展也大成者此詩小雅車攻之篇美宣王之詩也允信也言信實矣君子謂宣王展誠也誠實矣而大成大平也引之者証言信爲本○君奭曰昔在上帝者此周公告君奭之辭也上帝天也言往昔之時在上天也○周田觀文王之德周當爲割田當爲申觀當爲勸言文王有誠信之德故上天蓋申重獎勸文王之

德○其集大命于厥躬者以文王誠信故天命之引之者証言當誠信也○注奭召至下也○正義曰案周書序云召公爲保周公爲師召公不說周公作君奭君奭經云公曰君奭是奭爲召公名也謂周公既致政仍留爲大師召公謂其貪於寵祿故不說也周公以善告之名篇爲君奭故云尚書篇名也云古文周田觀文王之德爲割申勸寧王之德者以伏生所傳歐陽夏侯所注者爲今文尚書以衞賈馬所注者元從壁中所出之古文即鄭注尚書是也此周字古文爲割此田字古文作申此觀字古文爲勸皆字體相涉今古錯亂此文尚書爲寧王亦義相涉也云今博士讀爲厥亂勸寧王之德者謂今文尚書讀此周田觀文王之德爲厥亂勸寧王之德也云三者皆異古文似近之者三者謂此禮記及古文尚書并今博士讀者三者其文各異而古文周田爲割申其字近於義理故云古文似近之云割之言蓋也割蓋聲相近故割讀爲蓋謂天蓋申勸之禮尚書猶爲割謂割制其義與此不同○子曰南人有言曰人而無恆不可以爲卜筮古之遺言與龜筮猶不能知也而況於人乎恆常也不可爲卜筮言卦兆不能見其情定其吉凶也○與音餘詩云我龜既厭不我告猶猶道也言褻而用之龜厭之不告以吉凶之道也兊命曰爵無及惡德民立而正事純而祭祀是爲不敬事煩則亂事神則難惡德無恆之德純猶皆也言君祭祀賜諸臣爵毋與惡德之人也民將立以爲正言放傚之疾事皆如是而以祭祀是不敬鬼神也惡德之人使事煩事煩則亂使事鬼神又難以得福也純或爲煩○兊音悅毋音無放方往反傚戶教反易曰不恆其德或承之羞恆其德偵婦人吉夫子凶羞猶辱也偵問也問正爲偵婦人從人者也以問正爲常德則吉男子當專行幹事而以問正爲常德是亦無恆之人也○偵音貞周易作貞幹古半反〔疏〕子曰至子凶○正義曰此一節明爲人臣之法當有恆也○人而無恆不可以爲卜筮者南人殷掌卜之人有遺餘之言稱云人而性行無恆不可爲卜筮古之遺言與龜筮猶不能得知無恆之人而況於凡人乎○詩云我龜既厭不我告猶者小雅小旻之篇刺幽王之詩言幽王性行無恆數誣卜筮故云我龜既

厭倦於卜不於我身告其吉凶之道也引之者証無恒之人不可以爲卜筮也○兑命曰爵無及惡德者此尚書傳說告高宗之辭云祭祀之末爵人之時無復及此惡德之人惡德無恒者也○民立而正事純而祭祀者純皆也言若爵此惡德之人則立之以爲正事在下必學之若每事皆爵此惡德之人而以祭祀是不敬鬼神也言無恒之人不可祭祀也○事煩則亂者言若使無恒惡德之人主掌祭祀其事則○煩事煩則致亂也○事神則難者若使惡德之人事其鬼神則難得其福○易曰不恒其德或承之羞者恒卦九三爻辭言人若不恒常其德故承之羞辱引之者証人而無恒其行惡也○恒其德偵婦人吉夫子凶者此恒卦六五爻辭偵正也言恒常其德問正於人婦人吉也以婦人不自專常須問正於人故得吉夫子男子也當須自專權幹於事若問正於人失男子之道故爲凶引之者証男子之無恒德其行惡也○注純猶至福也○正義曰言君祭祀賜諸臣爵無與惡德之人也者此經直云爵無及惡德必知因祭祀賜諸臣爵者以下云事純而祭祀是爲不敬故知因祭祀也云事皆如是而以祭祀是不敬鬼神也者言於祭祀之末不可爵此惡德人也○注羞猶至人也○正義曰此不恒其德或承之羞者是易恒卦巽下震上九三爻辭得正互體爲乾乾有剛健之德

體在巽巽爲進退是不恒其德也又互體爲兑兑爲毀折是將有羞辱也云問正爲偵者此恒其德偵恒卦六五爻辭以陰爻而處尊位是天子之女又互體兑兑爲和說至尊主家之女以和悅幹其家事問正於人故爲吉也應在九二又男子之象體在巽巽爲進退是無所定而婦言是從故云夫子凶也

附釋音禮記注疏卷第五十五

江西南昌府學栞

禮記注疏卷五十五挍勘記　阮元撰盧宣旬摘錄

緇衣第三十三

子言之曰爲上易事也節

則刑可以措　閩監毛本岳本嘉靖本衞氏集說同釋文出以錯云本亦作措。按措正字經傳多假錯爲之

子言至煩矣　惠棟挍宋本無此五字

爲上易事者　閩監本同毛本者上衍○。惠棟挍宋本○作也是也

子曰好賢如緇衣節

子曰至作乎　惠棟挍宋本無此五字

爲王后宮巷官之長　閩本作官考文引宋板同此本官誤宮監本同毛本官誤伯

子曰夫民節

子曰至世也　惠棟挍宋本無此五字

但孝經序未知是鄭作以不　閩監毛本同惠棟挍宋本不作否

子曰下之事上也節

如影逐表　閩監毛本岳本嘉靖本同惠棟挍宋本影作景衞氏集說同釋文同○按景影古今字

言百姓傚禹爲仁非本性能仁　惠棟挍宋本下有也字宋監本岳本嘉靖本衞氏集說同考文云古本足利本同此本也字闕閩監毛本脫傚字岳本作傚衞氏集說釋文同宋監本作效嘉靖本作効○按效正字傚乃效字之或體廣韻云効俗效字此又因効而誤作傚

甫刑曰　惠棟挍宋本作曰石經宋監本衞氏集說同此本曰誤云閩監毛本同岳本嘉靖本同

子曰至之式　惠棟挍宋本無此五字

豈必本性盡行仁道 閩監毛本同考文引宋板行作有衛氏集說同

謂承離之後 惠棟校宋本有亂字此本亂字脫閩監毛本同

證民之法則於上 惠棟校宋本作之此本之誤具閩監毛本同衛氏集說亦作之

證君有善與爲法式也 閩監毛本同惠棟校宋本爲上有下字衛氏集說同

子曰上好仁節

子曰至順之 惠棟校宋本無此五字

則天下之爲仁爭先人者 閩監毛本同惠棟校宋本無天字是也

子曰王言如絲節

其出如綍 閩監毛本石經岳本嘉靖本衛氏集說同釋文綍作紼

子曰至于儀 惠棟校宋本無此五字

不僭過於禮之容儀 惠棟校宋本同閩監毛本容儀二字倒

百官表 惠棟云續漢書有百官志無百官表東觀漢紀有百官表然文係司馬書作表者誤也

子曰君子道人以言節

子曰至敬止 惠棟校宋本無此五字

誘道在下以善言使有信也 閩監毛本同惠棟校宋本使下有言字

子曰長民者節

子曰至所望 惠棟校宋本無此五字

則民德一者一謂齊一 閩監毛本同惠棟校宋本上一者一謂二一字作壹山井鼎云宋板一作壹下皆同

子曰爲上可望而知也節

子曰至不忒 惠棟校宋本無此五字

咸有一德者 閩監毛本同惠棟校宋本一作壹下一德純一一德並同

子曰有國者節

有國者 石經岳本嘉靖本考文引宋板古本足利本同閩監毛本國下衍家字衛氏集說同陳澔集說同石經考文提要云宋大字本宋本九經南宋巾箱本余仁仲本至善堂九經本並無家字

章善癉惡 閩監毛本嘉靖本衛氏集說陳澔集說同宋監本岳本善作義石經初刻作善剜刻作義釋文出章義云尚書作善皇云義善也石經考文提要云宋大字本宋本九經南宋巾箱本余仁仲本劉叔剛本並作章義○按義字是也

子曰至正道 惠棟校宋本無此五字

靖共爾位好是正直者 惠棟校宋本同閩監毛本共作恭○按詩鄭箋共訓具則非恭字可知

靖謀共其爾之祿位 閩監毛本同考文引宋板其作具

證上民情不二 閩監毛本同惠棟校宋本二作貳

子曰上人疑節

臣儀行 閩監本石經岳本嘉靖本衛氏集說同釋文出臣儀行毛本行誤刑

言臣義事君則行也 閩監毛本同惠棟校宋本事下無君字宋監本岳本嘉靖本衛氏集說同

上帝板板 各本同石經同釋文出版版云注同○按版版古今字

下民卒癉 閩監本石經岳本嘉靖本衛氏集說同毛本卒誤作釋文出卒亶云本亦作癉

惟王之邛 各本同坊本惟作維

子曰政之不行也節

敬明乃罰各本同毛本明誤民疏敬明乃罰者同

子曰至不迪惠棟挍宋本無此五字

誣重刑之義也惠棟挍宋本此下標禮記正義卷第六十二終記云凡二十九頁

子曰大臣不親節惠棟云子曰大臣節子曰小人溺於水節宋本合爲一節○惠棟挍宋本自此節起至子曰南人有言曰止爲第六十三卷卷首題禮記正義卷第六十三

圖以謀也閩監本同毛本以作亦岳本嘉靖本衞氏集說同惠棟挍宋本宋監本同

賤者無一德也閩監毛本同惠棟挍宋本一作壹宋監本岳本嘉靖本衞氏集說同考文引足利本同

若已弗克見惠棟挍宋本作已石經同釋文同岳本同衞氏集說同此本已誤巳閩監毛本嘉靖本同

子曰至由聖惠棟挍宋本無此五字

與上相親比故也惠棟挍宋本作故此本故誤政閩監毛本同衞氏集說故字無

子曰小人溺於水節

言水人所沐浴自潔清者嘉靖本閩監毛本同岳本自上有而字釋文潔作絜○按絜潔正俗字

則遂扞格不入閩監毛本岳本嘉靖本衞氏集說同考文引古本扞作捍釋文出捍格○按說文有扞無捍

難卒告諭閩監毛本岳本嘉靖本同釋文出難卒衞氏集說難卒作卒難案疏亦作卒難

太甲曰毋越厥命閩監毛本嘉靖本衞氏集說同石經太作大岳本同釋文同下太甲同

往省括于厥度則釋閩監毛本岳本嘉靖本衞氏集說同石經闕石經考文提要云坊本無厥字案釋文出于厥度云尚書無厥字則此有厥字可證宋大字本宋九經南宋巾箱本余仁仲本劉叔剛本並有厥字

天作孽閩本嘉靖本石經釋文衞氏集說同毛本孽作孼岳本同監本誤蘗下自作孽同

不可以逭各本同石經同釋文出不可以踏云本又作逭○按逭正字踏俗字

惟尹躬天見于西邑夏各本並同坊本天作先依注改

多爲水所覆閩監毛本同惠棟挍宋本覆下有沒字

伊尹戒大甲辭閩監毛本同惠棟挍宋本辭上有之字

亦可從移辟災閩監毛本同考文引宋板從作徙

若脩德行善則能終閩監毛本同惠棟挍宋本終下有也字

得諸傳岩閩監毛本同惠棟挍宋本岩作巖

以天字與先者補按六字誤衍

並云禹都咸陽正當亳西也閩監毛本同齊召南云咸陽當作陽城後漢書郡國志注引汲冢書曰禹都陽城是也陽城對偃師言則亦爲西矣

子曰民以君爲心節

身必安之閩監本石經岳本嘉靖本衞氏集說同毛本必誤心

君雅曰節

資冬祁寒惠棟挍宋本作祁宋監本石經岳本同此本祁誤祈嘉靖本閩監毛本同釋文出祁寒石經考文提要云宋大字本南宋巾箱本並作祁注祁寒放此疏同

子曰至曰怨惠棟挍宋本無此五字

此論君人相須閩監毛本同衞氏集說人作民

今此本作資字閩監毛本同惠棟挍宋本無字字

子曰下之事上也節

政教當由一也閩監毛本嘉靖本衞氏集說同惠棟按宋本一作壹宋監本岳本同疏則義不一行當由一也放此

子曰至一也惠棟按宋本無此五字

亦質少而親之閩監本同惠棟按宋本少作守毛本同

其威儀齊一也閩監毛本同考文引宋板一作壹下齊一同

子曰唯君子能好其正節

子曰至好仇惠棟按宋本無此五字

子曰輕絕貧賤節

子曰至威儀惠棟按宋本無此五字

是好賢不堅惡而富貴閩本同衞氏集說同惠棟按宋本同監毛本惡誤也

子曰苟有車節

葛覃曰各本同石經同釋文覃作蕈

服之無射各本同石經同釋文無作毋

令君子服之無厭閩監本嘉靖本同毛本令誤今岳本同釋文出令君子云力呈反

子曰至無射惠棟按宋本無此五字

證人之所行終須有效也閩本同惠棟按宋本同監毛本行誤以

子曰言從而行之節

尚可磨也各本同石經同釋文磨作摩○按摩正字磨俗字

昔在上帝惠棟按宋本宋監本石經岳本嘉靖本同考文引古本足利本同閩監毛本昔在二字倒衞氏集說同石經考文提要云宋大字本宋本九經南宋巾箱本余仁仲本劉叔剛本並作昔在

今博士讀爲厥亂勸寧王之德閩監毛本岳本嘉靖本同段玉裁校云宋監本無之字

子曰至厥躬惠棟按宋本無此五字

三者謂此禮記及古文尚書閩監毛本同惠棟按宋本三者謂三字作元謂二字

禮尚書猶爲割閩監毛本作禮浦鏜按云禮當孔字之誤案此本禮作礼與孔字形相近

子曰南人有言曰節

毋與惡德之人也閩監毛本嘉靖本同惠棟按宋本宋監本毋作無岳本同衞氏集說同釋文出毋予云音無

問正爲偵惠棟按宋本作正岳本嘉靖本同考文引古本足利本同此本正誤不閩監毛本同衞氏集說作問正於人爲偵

子曰至子凶惠棟按宋本無此五字

此尚書傳說告高宗之辭閩監本同毛本傳誤傳

其事則○煩事煩則致亂也按閩監本衞氏集說此本事則下○衍毛本事則下空闕亦非也

附釋音禮記注疏卷第五十五宋監本禮記卷第十七經四千一百一十六字注四千六百十一字嘉靖本禮記卷第十七經四千一百一十八字注四千六百四字

禮記注疏卷五十五校勘記

附釋音禮記注疏卷第五十六

奔喪第三十四○陸曰鄭云奔喪者居於他邦聞喪奔歸之禮實曲禮之正篇也〔疏〕正義曰案鄭目録云名曰奔喪者以其居他國聞喪奔歸之禮此於別録屬喪服之禮矣實逸曲禮之正篇也漢興後得古文而禮家又貪其說因合於禮記耳奔喪禮篇因禮也鄭云逸禮者漢書藝文志云漢興始於魯淹中得古禮五十七篇其十七篇與今儀禮正同其餘四十篇藏在祕府謂之逸禮其投壺禮亦此類也又六藝論云漢興高堂生得禮十七篇後孔子壁中得古文禮五十七篇其十七篇與前同而字多異以此言之則此奔喪禮十七篇外既謂之逸何以下文鄭注又引逸奔喪禮似此奔喪禮外更有逸禮者但此奔喪禮對十七篇爲逸禮内録入於記其不入於記者又此此爲逸也故二逸不同其實祇是一篇也此奔喪一篇兼天子諸侯然以士爲主故鄭下文注云未成服者素委貌是士之所服故知以士爲主也

禮記　鄭氏注　孔穎達疏

奔喪之禮始聞親喪以哭荅使者盡哀問故又哭盡哀親父母也以哭荅使者驚怛之哀無辭也問故問親喪所由也雖非父母聞喪而哭其禮亦然也○奔喪此正字也說文云從哭亡亡亦聲也哭空木反使色吏反注同怛都達反〔疏〕奔喪至盡哀○正義曰此一篇揔明奔五服之喪也從始聞至於喪所成服之節今各隨文解之此一節論初聞之節五服皆然故鄭注云雖非父母聞喪而哭其禮亦然鄭必知五服皆然者以下文云日行百里不以夜行唯父母之喪見星而行別云唯父母則知以前兼五服也遂行日行百里不以夜行雖有哀戚猶辟害也晝夜之分別於昏明哭則遂行者不爲位○辟音避分扶問反又方云反別彼列反唯父母之喪見星而行見星而舍侵晨冒昏彌益促也言唯著異也○冒亡北反又亡報反著張慮反若未得行則成服而后行謂以君命有爲者也成喪服得行則行○爲于僞反一音如字過國至竟哭盡哀而止感此念親○竟音境下同哭辟市朝爲驚衆也○辟音避朝直遥反爲于僞反望其國竟哭斬衰者也自是哭且遂行○衰七雷反後皆同〔疏〕遂行至竟哭○正義曰此一節論奔喪在路至其國竟奔赴之節○若未得行則成服而后行者此奉君命而使使事未了不可以已私喪廢於公事故成服以俟君命則人代已也○注成喪服得行則行○正義曰鄭云此者恐成服之後即便得行故明之云若成服已後得行則可行若未得行即不可行○注感此念親○正義曰案聘禮云行至他國竟上而誓衆使次介假道是國竟行禮之處去時親在今返親亡故哭盡哀戚感此念親也凡聞喪若聞父母之喪其哭之不離聞喪之處不得爲位即奔之也若有君命未得奔喪者雖父母之喪既聞喪而哭又爲位更哭也○注斬衰者也自是哭且遂行○正義曰以下云齊衰望鄉而哭大功望門而哭則知斬衰望其國竟而哭且遂行雖云斬衰其實母之齊衰亦然也至於家入門左升自西階殯東西面坐哭盡哀括髮袒括髮袒者去飾也未成服者素委貌深衣已成服者固自喪服矣○括古活反袒徒旱反去羌呂反降堂東即位西鄉哭成踴已殯者位在下○鄉許亮反下西鄉同襲絰于序東絞帶反位拜賓成踴襲服衣也不於又哭乃絰者發喪已踰日節於是可也其未小斂而至與在家同耳不散帶者不見尸柩凡拜賓者就其位既拜反位哭踴○絞古卯反下同徐戶交反成踴音勇散悉但反送賓反位有賓後至者則拜之成踴送賓皆如初衆主人兄弟皆出門出門哭止闔門相者告就次次倚廬也○闔戶臘反相息亮反下相者皆同倚於綺反於又哭括髮袒成踴於三哭猶括髮袒成踴又哭至明日朝也三哭又其明日朝也皆升堂括髮袒如始至必又哭三哭者象小斂大斂時也雜記曰士三踊其夕哭從朝夕哭不括髮不袒不踊不以爲數○不以數也色主反本亦作不以爲數數色具反三日成服拜賓送賓皆如初三日三哭之明日也既哭成其服喪服杖於序東〔疏〕至於至如初○正義曰此一節明父母之喪奔至於家哭及袒踊成服之

節明父母之喪奔入中門之左也○升自西階者曲禮云爲人子者升降不由阼階今父母新死未忍異於生故不忍當阼階也故升自西也括髮袒者喪已經日不笄纚故即括髮袒也若尋常在家親始喪則笄纚至明日小斂畢乃括髮此所奔者謂主人也故下云奔喪者非主人則主人爲之拜賓此既親拜賓故知主人也此謂奔父之喪若母之喪又哭則免此下文云又哭括髮袒故知爲父也此謂未成服也故下云三日成服○襲絰于序東者謂在堂下當序牆之東非謂堂上之序東也○送賓皆如初者謂前送賓畢而反位後送賓亦畢而反位故云皆如初也於又哭括髮袒成踊於三哭猶括髮袒成踊者括髮袒皆在堂上殯東西面成踊則在堂下之東西面位也○三日成服拜賓送賓皆如初者謂於堂下之東拜賓成踊送賓反位故云皆如初也○注未成服者素委貌深衣○正義曰知素委貌深衣者案曾子問篇云壻親迎女在塗遭喪女改服布深衣縞總女人之縞總似男子之素冠故知布深衣素冠又小記云遠葬者比反哭者皆冠及郊而後免明知在路皆冠也此素委貌謂士庶人若大夫已上則素弁也○注云已殯者位在下○正義曰案士喪禮小斂訖降自西階即位故知殯畢位在下小斂之後未殯之前雖降在堂下仍更升堂至既殯之後則長在阼階之下故云既殯位在

下也○注襲服至哭踊○正義曰云不於又哭乃絰者案士喪禮小斂訖奉尸俠于堂降成踊乃絰於序東在家小斂當奔之禮又哭既小斂著絰則合又哭乃絰故云不於又哭乃絰者發喪已踰日節於是可也云其未小斂而至與在家同耳者謂威儀節度與在家同其帶絰等自用其奔喪日數也云不散帶者不見尸柩者以士喪禮云既小斂帶絰散麻三日乃絞垂今奔喪初至則絞帶與在家異故云不散麻者不見尸柩也知此絞帶非象革帶之絞帶而必以爲絰之散垂而絞之者以雜記云親者終其麻帶絰之日數彼帶絰謂絰之垂者是主人成絰之後明知此絞帶亦謂絰之散垂而絞之故不以爲象革帶之絞帶也且要帶爲重象革帶之絞帶爲輕此絞當舉重者不應舉輕之絞帶故以爲絞絰之垂者注又哭至爲數○正義曰知又哭三哭皆升堂括髮袒者約士喪禮小斂大斂主人皆升堂故知此皆升堂也引雜記云士三踊其夕哭從朝夕哭不括髮不袒不踊者彼云三踊夕無踊唯稱三踊此云三哭而不踊故知夕雖哭而不踊故數夕哭但云三哭不袒者以小記篇云三日五哭三袒既云三袒故知夕不袒也○注既哭成其喪服杖於序東○正義曰知在序東者約士喪禮文○**奔喪者非主人則主人爲之拜賓**

送賓奔喪者自齊衰以下入門左中庭北面哭盡哀免麻于序東即位袒與主人哭成踊不升堂哭者非父母之喪統於主人也麻亦絰帶也於此言麻者明所奔喪雖有輕者不至喪所無改服也凡袒者於位襲於序東袒襲不相因位此麻乃袒變於爲父母也○爲于僞反注變於爲父下注爲母皆同齊音咨下同免音問下及注皆同**於又哭三哭皆免袒有賓則主人拜賓送賓**又哭三哭亦入門左中庭北面如始至時也**丈夫婦人之待之也皆如朝夕哭位無變也**待奔喪者無變嫌賓客之也於賓客以哀變爲敬此骨肉哀則自哀矣於此乃言待之明奔喪者至三哭猶不以序入也【疏】奔喪至變也○正義曰此一節明奔齊衰以下之喪○注不升至母也○正義曰不升堂哭者非父母之喪統於主人者解前文奔喪升自西階此云中庭北面故云不升堂哭者非父母之喪統屬於主人以主人待奔之人但在東階之下不升堂故奔喪者在中庭北面繼統於主人

也主人雖饋奠有事之時乃升堂若尋常無事恒在堂下也下文云奔母之喪則前經升自西階者是奔父之喪此云奔母之喪者其實奔父母喪亦升自西階故下經奔母之喪直云西面哭不云升從上文也云於此言麻者明所奔喪雖有輕者不至喪所無改服也者熊氏及沈氏以父母之喪來至喪所乃改服襲絰帶若齊衰以下之喪亦至喪所乃免麻而改服也今此齊衰來至喪所若不稱麻恐是輕喪在路之上已改服著麻故於此至家乃稱麻欲明所奔之喪雖有輕喪不來至喪所無道路之上改服著麻故云明所奔喪雖有輕者不至喪所無改服也皇氏以爲謂奔齊衰之喪不至喪所謂不升堂全不解注意其義非也此麻則帶絰變文耳云凡袒者於位襲於序東袒襲不相因位者此奔齊衰之喪經云免麻于序東即位袒是袒在於位也免麻于序東麻即襲也序東在位北隱映於序是袒襲不相因位也云此麻乃袒變於爲父母也者以此經先云免麻乃云即位袒案上文父母之喪先云括髮袒乃云襲絰于序東是與父母異也故云此麻乃袒變於爲父母也○注又哭至時也○正義曰鄭知又哭三哭如始至時者以上奔父之喪又哭三哭皆括髮袒成踊如初至則知齊衰以下之喪又哭三哭皆如初至時○注待奔至入也○正義曰待奔喪者無變嫌賓客之者釋所云

不變義也禮以變爲敬若有客則拜賓與之成踊示敬賓故
變也今此奔者是骨肉之恩哀則哀矣則不須爲變則不如
賓客也云於此乃言待之明奔喪者至三哭猶不以序入也
者言主人男女待此奔者應就初哭成踊下而言之今方於
三哭以後言之者若平常五屬入哭則與主人爲次重者前
輕者後今奔喪者急哀但獨入哭不俟主人爲次序非唯初
至如此至主人又哭三哭皆然故於三哭之下明其待之無
變明悉如初至三哭猶不以常禮次序以入此謂男子奔喪
故待之無變若婦人奔喪則待異於男子與賓客同故下文
婦人奔喪東髽即位與主人拾踊注云拾更也主人與之更
踊賓客之是待婦人爲賓客禮以婦人外成適他族故也雖
以賓客待之亦爲異於賓客之禮故雜記云婦人奔喪入自
闈門升自側階注入自闈門升自側階異於女賓若女賓則
喪大記篇云寄公夫人入自大門今此入闈門是異於女賓
以婦人雖是外成以奔夫〇
屬不得全同女賓故也
奔母之喪西面哭盡哀
括髮袒降堂東即位西鄉哭成踊襲免絰于
序東拜賓送賓皆如奔父之禮於又哭不

括髮爲母於又哭而免輕於父也其他則同〇而免本或作而不免者非【疏】奔母至括髮〇正義曰此一
經論奔母之喪節也此謂適子故經云拜賓送賓皆如奔父
之禮若庶子則亦主人爲之拜賓送賓〇注爲母於又哭而
免輕於爲父也〇正義曰此文又哭不括髮與喪服小記篇
云又哭而免其理雖同其日則異於喪服小記據在家小斂
之後又哭之時不括髮而免也此則
從外奔喪至內乃不括髮而免也
〇婦人奔喪升自
東階殯東西面坐哭盡哀東髽即位與主人
拾踊婦人謂姑姊妹女子子也東階東面階也婦人入者
由闈門東髽髽於東序不髽於房變於在室者也去
纚大紒曰髽拾更也主人與之更踊賓客之〇髽側瓜反拾
其劫反注同闈音違舊音暉去起呂反纚色買所綺二反紒
音計更音
庚下同【疏】婦人至拾踊〇正義曰此婦人奔喪之禮也
注婦人至客之〇正義曰婦人入者由闈門
知入自闈門者雜記篇云以諸侯夫人奔喪入自闈門明卿
大夫以下婦人皆從闈門入也闈門謂東邊之門云髽於東
序者以男子之免在東序故知婦人亦髽於東序既掩映之
處在堂上也男子則堂下也經云升自東階者謂東面之階

故雜記云升自側階云不髽於房變於在室者熊氏云亦未
殯之前婦人髽於室故士喪禮云婦人髽於室若既殯之後
室中是神之所處婦人在堂當髽於東房今此婦人始來奔
喪故髽於東序耳此文據天子諸侯之禮案大記云婦人髽
帶麻于房中〇注云天子諸侯之禮房中則西房也云去纚
大紒曰髽者鄭注士喪禮云髽之異於髻髮者既去纚而以
髮爲大紒如今婦
人露紒其象也
奔喪者不及殯先之墓北面坐
哭盡哀主人之待之也即位於墓左婦人墓
右成踊盡哀括髮東即主人位絰絞帶哭
成踊拜賓反位成踊相者告事畢主人之待之謂在家者也
哭於墓爲父母則袒告事畢者於此後
無事也〇相息亮反下同爲于僞反
遂冠歸入門左
北面哭盡哀括髮袒成踊東即位拜賓成踊
賓出主人拜送有賓後至者則拜之成踊送

賓如初衆主人兄弟皆出門出門哭止相者
告就次於又哭括髮成踊於三哭猶括髮成
踊三日成服於五哭相者告事畢又哭三哭不袒者哀戚已
久殺之也逸奔喪禮說不及殯日於又哭猶括髮即位不袒
告事畢者五哭而不復哭也成服之朝爲四哭此謂既期乃
後歸至者也其未期猶朝夕哭不止於五哭〇冠音官
袒音但殺色界反下哀殺同復扶又反期音基下同
爲
母所以異於父者壹括髮其餘免以終事他
如奔父之禮壹括髮謂歸入門哭時也於此乃言爲母
異於父者明及殯不及殯其異者同〇爲
于僞反注及
下爲父同【疏】奔喪至之禮〇正義曰此一節論既葬之
後奔父母之喪禮〇主人之待之也即位
於墓左婦人墓右者主人謂先在家者非謂適子也此奔喪
者自是適子故經云拜賓反位成踊若非適子則不得拜賓
也〇三日成服於五哭相者告事畢者三日成服謂來奔喪
日後三日通奔日則爲四日於此日成服則五哭矣相者告

事畢謂成服之日爲四哭成服明日之朝爲五哭此謂既葬已後而來歸故唯五哭相者告事畢不復哭也○注主人至事也○正義曰鄭注嫌經云主人是適子故云主人謂在家者必知然者以奔喪者親自拜賓是奔喪者身爲主人不得待者爲主人故云謂在家者也云哭於墓爲父母則祖者以下文云除喪而后歸則之墓哭成踊東括髮袒除喪畢尚括髮袒明葬後歸爲父母祖可知也云告事畢者於此後无事也釋所以墓所初哭成踊則告事畢者以墓所既括髮絰絞帶拜賓之後於此墓所更無事也○注又哭至五哭○正義曰又哭三哭不袒者哀戚已久殺之也今經云又哭三哭但云括髮不云袒者既葬已後哀情稍殺故也云成服之朝爲四哭者以初至象始死爲一哭明日象小斂爲二哭又明日象大斂爲三哭又明日成服之日爲四哭又明日爲五哭皆數朝哭不數夕哭故爲五也云此謂既期乃後歸至者也若其未期之前在家者猶朝夕哭則知奔喪者亦朝夕哭今云五哭相者告事畢明是既期已後朔望朝哭而已故鄭云其未期猶朝夕哭不止於五哭也○注壹括至者同○正義曰壹括髮謂婦入門哭時者鄭恐壹括髮是墓所括髮入門則不括髮故明之云壹括髮謂入門哭時者謂以筵几在堂不應入門遂不括髮故云謂入門時也云於此乃言爲母異於

父者明及殯不及殯其異者同釋爲母異於父應從上文及殯奔母之喪而言之今乃於不及殯後始言爲母異於父之意若及殯則言異於父恐不包不及殯若不及殯處而言之則及殯之處灼然可知是舉後揔明前也故云明及殯不及殯其異者同謂及殯壹括髮不及殯亦壹括髮是異於父者其事同也

齊衰以下不及殯先之墓西面哭盡哀不北面者亦統於主人免麻于東方即位與主人哭成踊襲有賓則主人拜賓送賓賓有後至者拜之如初相者告事畢不言祖言襲者容齊衰親者或袒可遂冠歸入門左北面哭盡哀免袒成踊東即位拜賓成踊賓出主人拜送於又哭免袒成踊於三哭猶免袒成踊三日成服於五哭相者告事畢爲父於又哭括髮而不袒此又哭三哭皆言袒袒衍字也

【疏】齊衰至事畢○正義曰此一節明既葬之後奔齊衰以下喪禮但齊衰以下有大功小功緦麻日月多少不同若奔在葬後而三月之外大功以上則有免麻東方三日成服若小功緦麻之喪則不得有三日成服小功以下不稅死追服之理若葬後適葬前未滿五月小功則亦三日成服其緦麻之喪止臨喪節而來亦得三日成服也東即位拜賓成踊者東即位謂奔喪者於東方就哭位拜賓謂主人代之拜賓成踊謂奔喪者於主人拜賓之時而成踊凡言成踊每一節有三踊凡三節九踊乃謂之成也○注不言祖言襲者容齊衰親者或袒可○正義曰今案經文直言免麻于東方即位不稱袒而下云成踊襲下既稱襲則有袒理經若言袒恐齊衰以下皆袒故不得揔言袒也經稱襲者容有齊衰重爲之得襲故言襲○注爲父至字也○正義曰知爲父於又哭括髮而不袒者案上文爲父不及殯婦入門左北面哭盡哀括髮袒下文云相者告就次於又哭括髮成踊不言袒是爲父於又哭括髮而不袒也云又哭三哭皆言袒袒衍字也者今齊衰以下之喪經文於又哭三哭乃更言袒輕喪而袒非其宜故知經之袒衍餘之字也

聞喪不得奔喪哭盡哀問故又哭盡哀乃爲位括

髮袒成踊襲絰絞帶即位聞父母喪而不得奔謂以君命有事不然者不得爲位位有鄰列之處如於家朝夕哭位矣不於又哭乃絰者喪至此踰日節於是可也○鄭子短反處昌慮反下之處同拜賓反位成踊賓出主人拜送于門外反位若有賓後至者拜之成踊送賓如初於又哭括髮袒成踊於三哭猶括髮袒成踊三日成服於五哭拜賓送賓如初不言就次者當從其事不可以喪服廢公職也其在官亦告就次言五哭者以迫公事五日哀殺亦可以止

【疏】聞喪至如初○正義曰此一節明聞喪不得奔於所聞之處發喪成服之禮○聞喪不得奔者謂以君命有事其事未了故不得奔喪也乃爲位者謂以君命使故得爲位如朝夕哭位矣○襲絰絞帶即位者於此聞喪之日覆哭踊畢襲所袒之衣著首絰絞帶之垂即東方之位○三日成服於五哭拜賓送賓如初者三日成服通數聞喪爲四日五哭謂成服之明日哭也於此哭時有賓來即拜而迎之

去即送之，皆如初。於五哭訖，亦可以止者也。不云相者告事畢，禮文略也。注聞父至可也。正義曰：知聞父母喪而不得奔，謂以君命有事者，若非君命有事，則不得爲位，當須速奔。今乃爲位，故知以君命有事也。云不於又哭乃絰者，喪至此踰日節，於是可也者，不於又哭，謂不於明日之又哭。此經云又哭，謂當日之中對初聞喪之哭，乃爲又哭，於此哭後乃絰，絞帶與明日又哭別也。初聞喪象始死，明日又哭象小斂時也。士喪禮云小斂乃絰，則此亦當又哭乃絰。今於聞喪之日即絰帶者，以喪至此赴者至，踰其日節，故於是聞喪之日可加絰帶也。注其在至以止。正義曰：在官謂在官府館舍，館舍是賓之所專有，由館舍之中而作廬，故知禮畢亦告就次。云言五哭者，以迫公事，五日哀殺，亦可以止者，此經唯云五哭，不云哀止，知可以止者，若成服之後恒常有哭，何須特云五哭之文？明五哭之後不復朝夕有哭，故以五哭斷之。

若除喪而后歸，則之墓，哭成踊，東括髮袒絰，拜賓成踊，送賓反位，又哭盡哀，遂除，於家不哭。東，東即主人位。如不及殯者也。遂除，除於墓而歸。主人之待之也，無變於服，與之哭，不踊。無變於服，自若時服也。亦即位于墓左，婦人墓右。

疏「若除」至「不踊」。正義曰：此一節明除服之後奔父母喪節。則之墓哭成踊者，亦謂主人適子初在墓南北面哭成踊，乃來就主人之位括髮袒也。主人之待之也無變於服者，主人亦謂在家者，無變於服，謂著平常之吉服。不踊者，以在家者其服已除，哀情已殺，故不踊也。注東東至而歸。正義曰：以東方是主人之位，經云東，故云即主人之位。云如不及殯者也，以上文奔父母之喪不及殯，先之墓北面哭，下文東即主人之位，除喪之後奔其位，如不及殯之時。云遂除於墓而歸者，以經云遂除於家不哭，鄭恐來至家始除服，故明之，云遂除謂墓所遂除服，至於家不復哭也。

自齊衰以下，所以異者，免麻。

疏「自齊」至「免麻」。正義曰：此一節明齊衰以下除服之後奔喪之節，唯著免麻，不括髮，墓所哭罷即除此免麻者，當謂至緦麻也。

凡爲位，非親喪，齊衰以下，皆即位，哭盡哀，而東免絰，即位，袒，成踊，謂無君事，又無故，可得奔喪，而以己私未奔者也。父母之喪則不爲位，其哭之不離聞喪之處。齊衰以下更爲位而哭，皆可行乃行。離，力智反。襲，拜賓，反位，哭成踊，送賓，反位，相者告就次。三日五哭，卒，主人出送賓，衆主人兄弟皆出門，哭止，相者告事畢。成服，拜賓。卒，猶止也。三日五哭者，始聞喪訖，夕爲位，乃出就次，一哭也；與明日、又明日之朝夕而五哭。不五朝哭而數朝夕，備五哭而止，亦爲急奔喪，己私事當畢，亦明日乃成服。凡云五哭者，其後有賓，亦與之哭而拜之。之朝，朝且也，下同。數，色主反。爲，于僞反。若所爲位家遠，則成服而往。謂所當奔者，外喪也。外喪緩而道遠，成服乃行，容待齎也。齎，子西反，資糧也，一音咨。

疏「凡爲」至「而往」。正義曰：此一節明齊衰以下不得往奔，則於所聞之處爲位及免絰成服之禮。三日五哭者，謂初聞喪爲一哭，明日朝夕二哭，又明日朝夕二哭，揔爲五哭。所以三日爲五哭者，爲急欲奔喪，以己之私事須營早了，故三日而五哭止也。注謂無至乃行。正義曰：己聞齊衰以下之喪，既不銜君事，又無私事，故可得早奔，唯以己之私事未得奔者。必知無君事者，若銜君命，於事爲重，唯父母之喪乃敢顯然爲鄰列之位，今若銜君使命，聞齊衰以下輕喪，不敢以私害公，不敢顯然爲位。此言爲位，故知無君命，自以私事未得奔者。云齊衰以下更爲位而哭，皆可行乃行者，齊衰以下於聞喪之處已哭，哭罷更爲位而哭，可行即行，以齊衰以下皆然，故云皆也。注數朝至拜之。正義曰：前云三日成服，於五哭皆數朝哭，五日而五哭，唯三日數夕哭爲五哭者，前文三日五哭成服之後乃云五哭，故數成服後日之哭乃爲五。此三日五哭，是三日之内爲五哭，故數夕哭爲五哭。經文不同，故鄭注亦異。云亦明日乃成服者，鄭恐二日爲五哭，恐數聞喪三日亦成服，故云明日乃成服，以成服必除初聞喪爲三日也。云凡云五哭者，其後有賓，亦與之哭而拜之者，從上以來四處有五哭之文，上兩處於五哭之下無拜賓送賓之事，下兩處五哭之文雖有拜賓送賓，恐與上有異，故鄭揔明之，云凡云五哭者，其後有賓，亦與之哭而拜之，揔結於上也。注外喪緩而道遠成服乃行容待齎也。正義曰：以外喪恩輕，故哀情緩也；道路又遠，容待齎持賵贈之物，故成服乃去也。

齊衰望鄉而哭，大功望門而哭，小功至門而哭，緦麻即位而哭。奔喪哭親疏遠近之差也。差，初佳反，又初宜反下同〔疏〕奔喪至而哭○正義曰此一節明奔喪所至之處哭泣之禮案雜記云大功望鄉而哭此云望門而哭者雜記所云者謂本齊衰喪者降服大功

哭父之黨於廟母妻之黨於寢師於廟門外朋友於寢門外所識於野張帷此因五服聞喪而哭列人恩諸所當哭者也黨謂族類無服者也逸奔喪禮曰哭父族與母黨於廟妻之黨於寢朋友於寢門外壹哭而已不踊言壹哭而已則不爲位矣凡爲位不奠以其精神不在乎是哭天子九諸侯七卿大夫五士三此臣聞君喪而未奔爲位而哭尊卑日數之差也士亦有屬吏賤不得君臣之名大夫哭諸侯不敢拜賓謂哭其舊君不敢拜賓辟爲主○辟音避諸臣在他國爲位而哭不敢拜賓謂大夫士使於列國○使色吏反與諸侯爲兄弟亦爲位而哭族親昏姻在異國者凡爲位者壹袒謂於禮正可爲位而哭也始聞喪哭而袒其明日則否父母之喪自若三袒也〔疏〕哭父至壹袒○正義曰此一節明無服之親聞喪所哭之處案檀弓云師吾哭諸寢與此異兄弟吾哭諸廟與此同朋友哭諸寢門外與此同其不同者熊氏云檀弓所云殷禮也此所云周法也此哭父黨於廟而檀弓云有殯聞遠兄弟之喪哭於側室若無殯則在寢與此不同者異代禮也此母黨在寢過奔喪禮母黨在廟者皇氏云母存則哭於寢母亡則哭於廟熊氏云哭於廟者是親母黨哭於寢者蓋慈母繼母之黨未知孰是故兩存之沈氏云事由父者哭之廟事由己者則哭之寢此師於廟門外者是父之友與爲師同故哭之廟義亦通也○注壹哭而已則不爲位矣○正義曰此明諸哭者本是无服故但哭不爲位案檀弓云申祥之哭言思與哭嫂同爲位者熊氏云異代禮也此文朋友喪將欲奔故先作一哭若朋友已久雖聞喪則不復哭故檀弓云朋友之墓有宿草而不哭是也○注謂哭其舊君不敢拜賓辟爲主○正義曰知哭舊君者以下文云諸臣在他國爲位而哭是於他國爲位而哭見事之君則知此是哭諸舊君也○注族親婚姻在異國者○正義曰此謂與諸侯異姓之昏姻又在他國不與諸侯爲臣身又無服故暫爲位而哭若與諸侯同姓是五服之內皆服斬也故小記云與諸侯爲兄弟者服

斬是也若君之姑姊妹之女來嫁於國中者則有服故雜記云諸侯之外宗猶內宗是有服也○注謂於至袒也○正義曰此謂斬衰以下之喪初聞喪應爲位者初哭一袒而已又哭三哭則不袒爲父母之喪則又哭三哭皆袒前文所云者是也

所識者弔先哭于家而後之墓皆爲之成踊從主人北面而踊從主人而踊拾踊也北面自外來便也主人墓左西面○爲于僞反下注各爲同拾其劫反便婢面反〔疏〕所識者至而踊○正義曰此一節論哭所識者也所識謂與死者相識今弔其家後乃往墓統於主人故也皆爲之成踊者雖相識輕亦爲之成踊也皆賓主治之○從主人北面而踊者主人在墓左西鄉賓從外來而北面踊便也主人先踊賓從之故云從主人北面而踊也

凡喪父在父爲主與賓客爲禮宜使尊者父沒兄弟同居各主其喪各爲其妻子之喪爲主也祔則宗子主之○祔音附親同長者主之父母沒如昆弟之喪宗子主之○長丁丈反如君也不同親者主之從父昆弟之後〔疏〕凡喪至主之○正義曰此一節論同居主喪之事○凡喪父在父爲主者言子有妻子喪則其父爲主案服問云君所主夫人妻大子適婦不云主庶婦若此所言則亦主庶婦是與婦問違者服問所言通其命士以上父子異宮則庶子各自主其私喪今此言是同宮者也○父沒兄弟同居各主其喪者謂各爲其妻子爲喪主也此言父沒同居各主之當知父在同居則父主之○親同長者主之者親同謂同三年朞同父母者若同父母喪者則推長子爲主若昆弟喪亦推長者爲主也○不同親者主之者不同謂從父昆弟親近自主之也

聞遠兄弟之喪既除喪而后聞喪免袒成踊拜賓則尚左手小功緦麻不稅者也雖不服猶免袒尚左手吉拜也○逸奔喪禮曰凡拜吉喪皆尚左手○稅吐外反〔疏〕聞遠至左手○正義曰此一經論小功以下之喪既除喪之後而始聞喪之節○免袒成踊者小功以下應除之後服雖不稅而初聞喪亦免袒而成其踊也以本是五服之親爲之變也○拜賓則尚左手者於時有賓來弔拜賓之時尚其左拜謂左手在尚從吉拜也無服而爲位者唯嫂叔及婦人降而無服者麻雖無服猶弔服

加麻祖免爲位哭也正言嫂叔尊嫂也兄公於弟之妻則不能也婦人降而無服族姑姊妹嫁者也逸奔喪禮曰無服祖免爲位者唯嫂與叔凡爲其男子服其婦人降而無服者麻。嫂悉早反凡爲于僞反下注同〔疏〕無服至者麻。正義曰此經論哭無服而爲位及弔服加麻也。及婦人降而無服者麻哭嫂與叔爲位并及族姑姊妹女子出嫁於人元是緦麻今降而無服亦當爲位哭之加弔服之麻不爲之祖免故云無服者麻也。注雖無至者麻。正義曰以經云無服者麻既無服又云麻故知弔服加麻也麻謂緦之經也云兄公於弟之妻則不能也者兄公謂夫之兄也於弟之妻則不能爲位哭之然則弟婦於夫兄亦不能也兄公於弟妻不服者卑遠之也弟妻於兄公不服者尊絕之也爾雅釋親云婦人謂夫之兄爲兄公郭景純云今俗呼兄鍾語之轉耳今此記俗本皆女旁置公轉誤也皇氏並云婦人稱夫之兄爲公者須公平尊稱也云凡爲其男子服其婦人降而無服者麻者此是逸奔喪禮文言凡爲其男子服其婦人降而無服者麻男子謂族伯叔族兄弟之等爲其族姑及姊妹既降無服其族姑□□□□□□其族姑姊爲族伯叔兄弟亦無服加麻是男之於女女之於男皆無服而加麻故云凡爲其男子服其婦人降而無服者麻也

凡奔喪有大夫至祖拜之成踊而后襲於士襲而后拜之主人袒降哭而大夫至因拜之不敢成己禮乃禮尊者或曰大夫後至者袒拜之爲之成踊〔疏〕凡奔至拜之。正義曰此經論奔喪大夫士來弔待之節。士大夫至袒拜之成踊而后襲者謂大夫來至弔此奔喪之士其奔喪者先袒拜之成踊之後然後襲衣尊大夫故先拜而後襲於士襲而後拜之者謂士來弔此奔喪之人其奔喪者初亦袒襲衣之後乃始拜之士卑故先襲而後拜也。注主人至成踊。正義曰此主人謂奔喪者身是士初來奔喪主人括髮於堂上乃降堂而哭於此時大夫至因拜之於東階下不敢成己踊及襲經帶之事待拜後始成踊襲經帶也若士來弔則降堂先成已禮踊襲經帶之後乃拜之士謂兩士相敵然則與兩大夫相敵則亦襲後乃拜之云或曰大夫後至者袒拜之爲之成踊者以此經袒云袒拜之成踊其餘經本云大夫後至袒拜之爲之成踊與此經文字多少不同故云或曰。

問喪第三十五

。陸曰鄭云問喪者善其問以知居喪之禮所由也〔疏〕正義曰案鄭目錄云名曰問喪者以其記善問居喪之禮所由也此於別錄屬喪服也

鄭氏注　孔穎達疏

親始死雞斯徒跣扱上衽交手哭惻怛之心痛疾之意傷腎乾肝焦肺水漿不入口三日不舉火故鄰里爲之糜粥以飲食之親父母也雞斯當爲笄纚聲之誤也親始死去冠二日乃去笄纚括髮也今時始喪者邪巾貊頭笄纚之存象也徒猶空也上衽深衣之裳前五藏者腎在下肝在中肺在上舉三者之焦傷而心腓在其中矣五家爲鄰五鄰爲里。雞斯依注爲笄纚笄音古兮反纚色買反徙所綺反跣悉典反扱初洽反衽而鴆反又而甚反注同怛都達反腎市軫反乾肝並音干肺芳廢反漿本亦作槳子羊反糜武皮反本亦作糜同粥之六反字林與六反云淖糜也飲音蔭食音嗣去冠起呂反耶似嗟反亦作邪袹亡聘反本或作貊藏才浪反脾婢支反夫悲哀在中故形變於外也

痛疾在心故口不甘味身不安美也言人情之中外相應。夫音扶應應對之應三日而斂在牀曰尸在棺曰柩動尸舉柩哭踊無數惻怛之心痛疾之意悲哀志懣氣盛故袒而踊之所以動體安心下氣也婦人不宜袒故發胷擊心爵踊殷殷田田如壞牆然悲哀痛疾之至也故曰辟踊哭泣哀以送之送形而往迎精而反也故袒而踊之言聖人制法故使之然也爵踊足不絕地辟拊心也哀以送之謂葬時也迎其精神而反謂反哭及日中而虞也。斂力驗反下同柩其又反懣亡本反又音滿范音悶下同殷殷並音隱壞音怪字林作敷音同辟婢尺反徐扶亦反注及下皆同拊芳甫反其往送也望望然汲汲然如有追而弗及也

其反哭也，皇皇然若有求而弗得也。故其往送也如慕，其反也如疑。望望，瞻望之貌也。慕者，以其親之在前。疑者，不知神之來否。○汲音急。求而無所得之也，入門而弗見也，上堂又弗見也，入室又弗見也。亡矣喪矣，不可復見已矣。故哭泣辟踊，盡哀而止矣。說反哭之義也。○上，時掌反。復，扶又反，下「復反」、「復生」皆同。心悵焉愴焉惚焉愾焉，心絕志悲而已矣。祭之宗廟，以鬼饗之，徼幸復反也。說虞之義。○悵，勑亮反。愴，初亮反。惚音忽。愾，徐音慨，苦代反。徼，古堯反。成壙而歸，不敢入處室，居於倚廬，哀親之在外也；寢苫枕塊，哀親之在土也。言親在外在土，孝子不忍反室自安也。入處室，或爲「入宮」。○壙，古晃反。倚，於綺反。苫，始占反，草也。枕，之鴆反。塊，苦對反，又苦怪反，土也。故哭泣無時，服勤三年，思慕之心，孝子之志也，人情之實也。勤謂憂勞。或問曰：「死三日而后斂者，何也？」怪其遲也。曰：孝子親死，悲哀志懣，故匍匐而哭之，若將復生然，安可得奪而斂之也。故曰三日而后斂者，以俟其生也。三日而不生，亦不生矣，孝子之心亦益衰矣；家室之計，衣服之具，亦可以成矣；親戚之遠者，亦可以至矣。是故聖人爲之斷決以三日，爲之禮制也。匍匐猶顛蹷，或作「扶服」。○匍音蒲，又音扶。匐，蒲北反，又音服。衰，色追反。爲，于僞反，下注「相爲」、「爲衰」同。斷決，丁段反，卜古穴反。猶傎，丁年反。蹷，求月反，又音九月反。或問曰：

「冠者不肉袒，何也？」怪衣冠本之相爲也。○冠音官。曰：冠，至尊也，不居肉袒之體也，故爲之免以代之也。言身無飾者不敢冠，冠爲褻尊服。肉袒則著免，免狀如冠而廣一寸。○免音問，注及下皆同。褻，息列反。著，張慮反，又張略反。廣，古曠反。然則禿者不免，傴者不袒，跛者不踊，非不悲也，身有錮疾，不可以備禮也。故曰：喪禮唯哀爲主矣。女子哭泣悲哀，擊胸傷心；男子哭泣悲哀，稽顙觸地無容，哀之至也。將踊先袒，將袒先免，此三疾俱不踊不袒不免，顧其所以否者各爲一耳。擊胸傷心、稽顙觸地不踊者，若此而可。或曰「男女哭踊」。○禿，吐祿反，無髮也。傴，於縷反，一音紆矩反，背曲也。跛，補禍反，又彼我反，足廢也。錮音故。稽音啓，注同。顙，桑朗反，下注同。或問曰：「免者以何爲也？」怪本所爲施也。○何爲，于僞反，盡篇末文注皆同。曰：不冠者之所服也。禮曰：「童子不緦，唯當室緦。」緦者其免也，當室則免而杖矣。不冠者，猶未冠也。當室，謂無父兄而主家者也。童子不杖，不杖者不免，當室則杖而免。免，冠之細別，以次成人也。緦者其免也，言免乃有緦服也。○緦音思。冠，古亂反。或問曰：「杖者何也？」怪其義各異。曰：竹、桐一也。故爲父苴杖，苴杖，竹也；爲母削杖，削杖，桐也。言所以杖者義一也，顧所用異耳。○苴，七餘反。削，悉若反。或問曰：「杖者以何爲也？」怪所爲施。曰：孝子喪親，哭泣無數，服勤三年，身病體羸，以杖扶病也。言得杖乃能起也。數或爲「時」。○羸，力垂反，劣也，疲也。則父在不敢杖矣，尊者在故也；堂上不杖，辟尊者之處也；堂上不趨，示不遽也。此孝子之志也，人情之實也。

禮義之經也非從天降也非從地出也人情而已矣父在不杖謂爲母喪也尊者在不杖辟尊者之處不杖有事不趨皆爲其感動使之憂戚也○辟音避處昌慮反下同遽其慮反

【疏】親始至實也○正義曰此一節明初死三日以來居喪哭踊悲哀疾痛之意也○雞斯者笄謂骨笄纚謂縚髮之繒言親始死孝子先去冠唯留笄纚也徒跣者徒空也無屨而空跣也○扱上衽者上衽謂深衣前衽扱之於帶以號踊履踐爲妨故扱之○交手哭者謂交手拊心而爲哭也○傷腎乾肝焦肺者言肺在上性近於燥故云焦肝近肺故云乾腎近下故云傷言近下性多潤而爲傷矣舉此三者五藏俱傷可知也○不舉火者哀痛之甚情不在食故不舉火也言旁親以下食不可廢故鄰里爲之糜粥以飲食之糜厚而粥薄薄者以飲之厚者以食之○注親父至爲里○正義曰凡云親者包之五服也以此經悲哀之甚故知父母也云雞斯當爲笄纚者以經雞斯二字不當始死者之義聲與笄纚相涉故云笄纚也云親始死去冠者檀弓云始死羔裘玄冠者易之是去冠也云二日乃去笄纚者以士喪禮云小斂髻髮是死二日故云乃去笄纚也云上衽深衣之裳前者言既始死朝服易之故知著深衣案深衣篇云續衽鉤邊故知此衽深衣之衽案深衣衽當旁此云深衣之裳前者既扱之恐履踐爲妨故解爲裳前也其實衽象小要屬裳處皆狹旁與在前俱得衽名但所扱之處當衽也案公羊傳云昭公以衽受於齊之唁禮亦謂裳當前者也○注爵踊足不絕地辟拊心也○正義曰爵踊似爵之跳也其足不離於地也殷殷田田如壞牆然者言將欲崩倒也云辟拊心者爾雅釋訓文○望望然者瞻望之意也○汲汲然者促急之情也○皇皇然者意彷徨也○其往送也如慕者如孺子啼慕於母也○其反也如疑者不知神之來否如人之有疑也○亡矣喪矣者喪亦亡也重言之者丁寧之也若似人之逃不復來也○故哭泣辟踊盡哀而止矣者以其不可復見故反哭之時哭泣辟踊盡哀而休止也心悵焉愴焉者此明反哭之後虞祭之時也○祭之宗廟以鬼享之者謂虞祭於殯宮神之所在故稱宗廟以鬼享之尊而禮之冀其魂神復反也成壙而歸者此明葬之後猶居廬枕塊不敢入於室處也○故哭泣無時者此明終喪思慕之心也服勤者言服處憂勞勤苦也○人情之實也者言非詐僞假爲之是人情悲慕之實也○或問曰死三日而后斂者何也此記者假設問三日而后斂之意也三日斂者以士言之則大斂也明大夫以上言之則小斂也此經凡言亦者亦以俟其生制云日者俟其生也若三日不生於後亦不生矣也非但不生孝子之心亦益衰矣衣服之具亦可以成矣親戚之遠者亦可以至矣○或問曰冠者不肉袒何也者此解冠必不袒袒必不冠之意也又明孝子身有病闕其居喪所以禮矣此冠不居肉袒者謂心既悲哀肉袒形褻故不可褻其尊服而冠也若有吉事而內心肅敬則雖袒而著冠也故郊特牲云君袒而割牲是也○或問曰免者以何爲也者此怪成人以袒之時須著免今非成人肉袒亦有著免故問之云免者以何所爲○曰不冠者之所服也○此荅問之辭也不冠謂未冠童子所服以未冠故著免也○禮曰童子不緦者此喪服正經之文記者引之故稱禮曰童子不緦者言不爲族人著緦服也○唯當室緦者謂童子無父兄當室主於家事唯此當室之童乃爲族人著緦服○緦者其免也者作記者云所以此童子爲族人得著緦者以其無父兄當室之時即著免也以其無父兄而可依理故得爲族人著緦服也○當室則免而杖矣者又明童子得免所由以其孤兒當室則得免而杖爲族人得著緦也若童子不當室則不得免及杖也○注云免冠之細別以次成人也○正義曰解當室所著之意也言免是冠之流例也童子當室亞次成人故得著免也云緦者其免也者疊出經文也言免乃有緦服也鄭出緦其免之意言內爲父母著免乃有族人緦服言緦服由於著免是所以緦者由有免故也○或問曰杖者何也者此明問居喪有杖爲父母乃異何意如此故問之○竹桐一也言爲父竹爲母桐孝子之意其義一也言孝子奉親用心是一但取義有異故竹桐而殊也○故爲父苴杖苴杖竹也者父是尊極故爲之苴杖言苴惡之物以爲杖自然苴惡之色唯有竹也故云苴杖竹也爲母削杖削杖桐也言爲母屈於父不同自然苴惡之色也故用削杖其杖雖削情同於父故云削杖桐也桐爲是同父之義故不用餘木也或解云竹節在外外陽之象故爲父矣桐節在內內陰之類也故爲母也○或問曰杖者以何爲也者此問孝子居喪何以須杖之意也○父在不敢杖矣尊者在故也者爲母親對父之時不敢據杖以尊者在故不敢也○堂上不杖辟尊者之處也者所以爲母堂上不敢杖者堂上是父之所在辟尊者之處所以爲母堂上故不杖也○堂上不趨示不遽也者言孝子爲母所以堂上不爲喪趨者示父以間暇不促遽也若堂上而趨則感動父情使父憂戚故不杖不趨冀不悲哀於父也此孝子之志意人情之實事

附釋音禮記注疏卷第五十六

禮記注疏卷五十六挍勘記　阮元撰盧宣旬摘錄

奔喪第三十四

奔喪之禮節

奔喪之禮　各本同石經同釋文作奔䘮云此正字也說文云從哭亡亡亦聲也

奔喪至盡哀　惠棟挍宋本無此五字

遂行日行百里節

遂行至竟哭　惠棟挍宋本無此五字

若未得行則成服而后行者　惠棟挍宋本同閩監毛本后作後

至於家入門左節

不以爲數　閩監毛本岳本嘉靖本衛氏集說同釋文出不以數也云本亦作不以爲數

既哭成其服喪服杖於序東　惠棟挍宋本其下無服字宋監本岳本衛氏集說同考文引足利本同此本誤衍閩監毛本嘉靖本同○案疏亦無其下服字

至於至如初　惠棟挍宋本無此五字

故云既殯位在下也　閩監本同毛本位在下誤倒作在下位

發喪已踰日節於是可也　閩監本同毛本節誤即

奔喪者非主人節

奔喪至變也　惠棟挍宋本無此五字

故奔喪者在庭中北面　惠棟挍宋本同閩監毛本庭中二字倒衛氏集說同

入自闈門升自側階　閩監本同毛本側誤作下升自側階同

以奔夫屬　閩監毛本同衛氏集說同惠棟挍宋本奔大作本天

奔喪者不及殯節

逸奔喪禮說不及殯日　閩監毛本嘉靖本衛氏集說同岳本日作曰考文引足利本同

以下文云除喪而后歸　惠棟挍宋本同閩監毛本后作後

若除喪而后歸節

若除至不踊　惠棟挍宋本無此五字

下文東即主人之位　閩監毛本同惠棟挍宋本文作云

自齊衰以下節

自齊至免麻　惠棟挍宋本無此五字

當謂至緦麻也　閩監本作緦此本緦字闕毛本誤絲

凡爲位節

父母之喪　惠棟挍宋本上有唯字宋監本岳本衛氏集說同此本誤脫閩監毛本嘉靖本同

凡爲至而往　惠棟挍宋本無此五字

下兩處五哭之文　閩監本同毛本五哭之文誤倒作之文五哭

哭父之黨節

以其精神不在乎是　閩監毛本同岳本同衛氏集說同考文引宋板在作存宋監本嘉靖本同

始聞喪哭而袒　各本同監本聞字闕

故先作一哭　惠棟挍宋本同閩監毛本一作壹

所識者弔節

所識者至而踊　惠棟挍宋本無此六字

主人在墓左西鄉　閩監毛本同惠棟挍宋本無西字

聞遠兄弟之喪節

既除喪而后聞喪　惠棟挍宋本同石經同岳本同衛氏集說同閩監毛本后作後嘉靖本同

聞遠至左手　惠棟挍宋本無此五字

無服而爲位者節

無服至者麻　惠棟挍宋本無此五字

既降無服其族姑□□□□□□□其族姑姊爲族伯叔兄弟亦無服加麻　閩監本同惠棟挍宋本同毛本上其族姑三字亦闕共闕十字考文補闕作其族姑姊爲族伯叔兄弟山井鼎云補此十字卻係衍文當刪去也案衛氏集說作既降無服其族姑姊爲族伯叔兄弟亦無服中間並無闕字是也

凡奔喪有大夫至節

凡奔至拜之　惠棟挍宋本無此五字

成踊而后襲者　惠棟挍宋本同閩監毛本后作後下然后襲衣同

故云或曰　惠棟挍宋本此下標禮記正義卷第六十三終記云凡三十頁

問喪第三十五　惠棟挍宋本禮記正義卷第六十四

親始死雞斯節

二日乃去笄纚括髮也　閩監毛本岳本嘉靖本衛氏集說同惠棟挍宋本二作三

故曰辟踊哭泣　各本同石經同釋文出辟踴○按依說文當作⿺走甬从走甬聲

以鬼饗之　惠棟挍宋本石經宋監本岳本嘉靖本同閩監毛本饗作享衛氏集說同石經考文提要云宋大字本宋本九經南宋巾箱本余仁仲本劉叔剛本並作饗

稽顙觸地無容　閩監本石經岳本嘉靖本衛氏集說同考文引古本足利本同毛本觸誤拜

親始至實也　惠棟挍宋本無此五字

薄者以飲之　閩本同惠棟挍宋本同衛氏集說同監毛本飲誤歛

祭之宗廟以鬼饗之者　惠棟挍宋本作饗閩監毛本饗作享下以鬼饗之同

猶居倚廬枕塊　惠棟挍宋本有倚字閩監毛本倚字脫

不敢據杖以尊者在　考文引宋板同閩監毛本據誤遽

禮記注疏卷五十六挍勘記

附釋音禮記注疏卷第五十七

服問第三十六

○陸曰鄭云服問者善其問以知有服而遭喪所變易之節也

疏正義曰案鄭目錄云名曰服問者以其善問以知有服而遭喪所變易之節此於別錄屬喪服也

禮記　鄭氏注　孔穎達疏

傳曰有從輕而重公子之妻爲其皇姑皇君也諸侯妾子之妻爲其君姑齊衰與爲小君同舅不厭婦也○傳此引大傳文也從如字范才用反爲其于僞反注及下皆同齊衰上音咨下七雷反後放此厭於涉反下同有從重而輕爲妻之父母妻齊衰而夫從緦麻不降此等當非服差○差初佳反又初宜反下同有從無服而有服公子之妻爲公子之外兄弟謂爲公子之外祖父母從母緦麻○有從有服而無服公子爲其妻之父母凡公子厭於君降其

私親女君之子不降也○傳曰母出則爲繼母之黨服母死則爲其母之黨服爲其母之黨服則不爲繼母之黨服雖外親亦無二統○三年之喪既練矣有期之喪既葬矣則帶其故葛帶經期之經服其功衰帶其故葛帶者三年既練期既葬差相似也經期之葛經三年既練首經除矣爲父既練首經除矣爲父既練衰七升母既葬衰八升凡齊衰既葬衰或八升或九升服其功衰服麤衰○期音基下及注皆同○有大功之喪亦如之大功之麻變三年之練葛期既葬之葛帶小於練之葛帶又當有經亦反服其故葛帶經期之經差之宜也此雖變麻服葛大小同耳亦服其功衰凡三年之喪既練始遺齊衰大功之喪經帶皆麻○小功無變也無所變於大功齊衰之服不用輕累重也○累劣彼反又劣僞反○麻之有本者變三年之葛有本謂大功以上也小功以下澡麻斷本○上時掌反澡音早斷下管反下文同○既練遇麻斷本者於免經之既免去經每可以經必經既經則去之雖無變緣練無首經於有事則免經如其倫免無不經經有不免其無事則自若練服也○免音問下及注不免者皆同去起呂反下同小功不易喪之練冠如免則經其緦小功之經因其初葛帶緦之麻不變小功之葛小功之麻不變大功之葛以有本爲稅稅亦變易也小功以下之麻雖與上葛同猶不變也此要其麻有本者乃變之耳雜記曰有三年之練冠則以大功之麻易之唯杖屨不易也○爲稅上如字下吐外反注及下皆同要一遥反殤長中變三年之葛終殤之月筭而反三年之葛是非重麻爲其無卒哭之稅下殤則否謂大功之親爲殤在緦小功者也所以變三年之葛正親親也三年之葛大功變既練麻衰變既虞卒哭

凡喪卒哭受麻以葛殤以麻終喪之月數非重之而不變爲殤未成人文不縟耳下殤則否言賤也男子爲大功之殤中從上服小功婦人爲之中從下服緦麻○長丁丈反筭徐音蒜悉亂反重直勇反徐治龍反注同爲于僞反注除爲殤在緦皆同縟音辱繁飾也君爲天子三年夫人如外宗之爲君也外宗君外親之婦也其夫與諸侯爲兄弟服斬妻從服期諸侯爲天子服斬夫人亦從服期喪大記曰外宗房中南面○君爲于僞反後音皆同注諸侯爲天子下注亦爲此三人士爲國君同世子不爲天子服遠嫌也不服與畿外之民同也○遠于萬反畿音祈君所主夫人妻大子適婦言妻見大夫以下亦爲此三人爲喪主也○大子音泰下及注同適丁歷反下同見賢遍反大夫之適子爲君夫人大子如士服大夫不世子不嫌也士爲國君斬小君期大子君服斬臣從服期君之母非夫人則羣臣無服唯近臣及僕驂乘從服唯君所服服也

妾先君所不服也。禮，庶子爲後，爲其母緦，言唯君所服，伸君也。春秋之義，有以小君服之者，時若小君在，則益不可。○辟，七南反。乘音剩。爲，于僞反，下「爲其母」同。伸音申。公爲卿大夫錫衰以居，出亦如之；當事則弁經。大夫相爲亦然。爲其妻往則服之，出則否。弁經如爵弁而素，加經也。不當事則皮弁。出，謂以他事不至喪所。○錫，思歷反。凡見人無免經，雖朝於君無免經，唯公門有稅齊衰。傳曰：「君子不奪人之喪，亦不可奪喪也。」見人謂行求見人也。無免經，經重也。稅猶免也。古者說或作稅。有免齊衰，謂不杖齊衰也。於公門有免齊衰，則大功有免經也。○免經音勉，去也，下「無免經」幷注皆同。徐並音問，恐非。朝，直遥反。稅，吐活反，注同。說，吐活反，又始銳反。傳曰：「罪多而刑五，喪多而服五，上附下附列也。」列等比也。○罪本或作辠，正字也，秦始皇以其似皇字，改爲罪也。上，時掌反。列，徐音例，注同，本亦作例。比，必利反。

〔疏〕「傳曰」至「列也」。○正義曰：此四條明從服輕重之異也。○「傳曰」，皇氏云：此傳曰者，即前大傳之篇。則服術有六，不指其人，今各以其人明之。或可傳曰者，是舊有成傳，記者引之，則非前大傳篇也。故下文「罪多而刑五，喪多而服五」，記者皆引此舊傳而記之。○「有從輕而重，公子之妻爲其皇姑」者，公子，謂諸侯之妾子也。皇姑，即公子之母也。諸侯在，尊厭妾子，使爲母練冠；諸侯沒，妾子得爲母大功，而妾子妻不辨諸侯存沒，爲夫之母期也。其夫練冠，是輕也，而妻爲期，是重，故云有從輕而重也。而謂之皇姑者，皇，君也。此妾既賤，若惟云姑，則有嫡女君之嫌，今加皇字，自明非女君，而此婦所尊，與女君同，故云君姑也。○「有從無服而有服，公子之妻爲公子之外兄弟」者，謂公子之外祖父母也。公子被厭不服，已母之外家，是無服也。妻猶從公子而服公子外祖父母從母緦麻，是從無服而有服也。○「有從有服而無服，公子爲其妻之父母」者，雖爲公子之妻，猶爲父母期，是有服也。公子被厭，不從妻服父母，是從有服而無服也。○注「謂爲公子之外祖父母從母緦麻」。○正義曰：經唯云公子外兄弟，知非公子姑之子者，以喪服小記云「夫之所爲兄弟服，妻皆降一等」，夫爲姑之子緦麻，妻則無服。今公子之妻爲之有服，故知公子之外祖父母從母也。此等皆小功之服，凡小功者謂爲

兄弟，若同宗直稱兄弟，以外族，故稱外兄弟也。○「傳曰母出則爲繼母之黨服」者，此明繼母之黨亦是舊傳之辭，事異於上，故更稱傳曰也。○「三年之喪既練矣，有期之喪既葬矣」者，謂三年之喪練祭之後，又當期喪既葬之節也。○「則帶其故葛帶」者，故葛帶，謂三年練葛帶也。今期喪既葬，男子則應著葛帶，與三年之葛帶麤細正同，以父葛爲重，故帶其故葛帶。「經期之經」者，謂三年練後首經既除，故經期之葛經。若婦人練後麻帶除矣，則經其故葛經，帶期之麻帶，以其婦人不葛帶故也。○「服其功衰」者，功衰，謂服父之練之功衰也。○注「帶其」至「麤衰」。○正義曰：「三年既練，期既葬，差相似也」者，三年既練要帶四寸百二十五分寸之七十六，期之既葬，其帶亦然，故云差相似。但父帶爲重，故帶其故葛帶也。云「經期之葛經，三年既練，首經除矣」者，以三年既練，男子除於首，是男子首經除矣，其首空，故經期之葛經。此文主於男子也。若婦人則首經練之故葛經，練後麻帶已除，則要經期之麻帶也。云「爲父既練衰七升」者，以間傳稱斬衰三升，既虞卒哭受以成布六升，則知既練衰七升也。云「母既葬衰八升」者，此言八升者誤，當云七升，故間傳云爲母疏衰四升，受以成布七升，是既葬受時爲母衰七升也。云「凡齊衰既葬衰或八升或九升」者，以父之既練、母之既葬衰皆七升，其齊衰仍有八升九升，故更言之，八升者是正服齊衰也，云或有九升者是義服齊衰也。云「服其功衰，服麤衰」者，功即麤也。言齊衰既有八升九升服也，其麤者謂七升父之衰也。經不云服其父衰而云功衰者，經稱三年之衰，則父爲長子，及父卒爲母，皆是三年。今期喪既葬反服其服，若言功衰，總道三人，故不得特言服父衰也。母喪既練，雖衰八升，與正服既葬齊衰同，以母服爲重，亦服母之齊衰也。皇氏云：謂三年既練之後，初遭期喪，今謂此經亦三年未練之前，初有期喪，未葬爲前三年之衰爲練祭，至期既葬，乃帶其故葛帶，經期之葛經也。必知其期喪未葬已前得爲三年練祭者，雜記篇云「三年之喪既穎，其練祥皆行」。彼謂後喪亦三年，既穎之後，得行前三年之練祭，則知後喪期年未穎之前，得爲三年之喪而行練也。熊氏云爲母既葬衰八升，言父在爲母也，今鄭注云爲父既練衰七升，爲母既葬衰八升矣，又經云三年之喪既練，皆爲父卒爲母，今熊氏云父在爲母，其義非也。○「有大功之喪亦如之」者，此明三年之喪練後有大功之喪也。大功之喪者，爲大功喪既葬以前，經云期之喪既葬，則此大功之喪亦既葬，不云既葬者，從上省文也。「亦如之」者，言亦帶其故葛帶，經期之葛經也，故云亦如之。○注「大功」至「皆麻」。○正義曰：言大功初死之麻變三年練後之葛，首要皆麻矣，故間傳謂之重麻也。云「期既葬之葛帶

者謂大功既葬葛帶以次差之三寸有餘三年練之葛帶以次差之則四寸有餘大功既葬葛帶小於練之葛帶故反服練之故葛帶也又大功既葬者首經四寸有餘若要服練之葛帶首服大功既葬之葛經既麤細相似不得為五分去一為帶之差故首經與期之經五寸有餘進與期之既葬同也故云經期之經是差次之宜也此注亦主於男子矣其婦人之服於下間傳篇具釋也云此雖變麻服葛大小同耳者大功初喪服麻之時首經五寸餘要帶四寸餘大功既葬之後首經應合四寸餘要帶本合三寸餘既服練之要帶四寸餘則其首經合五分加一成五寸餘也是大功初死之麻齊衰既葬之葛與初死之麻大小同故云此雖變麻服葛大小同耳云亦服其功衰者亦上文也服其功衰謂服父之練衰也以大功初喪者衰七升八升九升既葬之後則有十升然服父七升也云凡三年之喪既練始遭齊衰大功之喪經帶皆麻者間傳篇云斬衰既練遭大功之喪既重麻則知斬衰既練遭齊衰灼然重麻故云經帶皆麻也此熊氏皇氏之說檢勘鄭意其義然也崔氏云此經大功之喪承前經之下既有三年之練又有期喪既葬合大功既葬之後故帶其練之故葛帶經期之葛經於此經文其義得通然於間傳之文於義不合案間傳斬衰既虞卒哭遭齊衰之喪又云既練遭大功

之喪文各別則此經文大功唯據三年練後不合期喪既葬也注云男子經期之葛經婦人帶期之葛帶其誤者為期經期帶謂其大功之經大功之帶然於鄭注其義稍乖也當以熊皇為正也○小功無變也謂凡常小功無變於大功以上之服言先有大功以上喪服今遭小功之喪無變於前服不以輕服減累於重也○麻之有本者變三年之葛者謂大功以上為帶者麻之根本并留之合糾為帶如此者得變三年之練葛若麻之無本謂小功以下其經澡麻斷本是麻之無本不得變三年之葛也言變三年葛與其重者其實期之葛有本者亦得變之矣○既練遇麻斷本者此明斬衰既練之後遭小功之喪雖不變服得為之加經也既練之後遭遇麻之斷本小功之喪○於免經之者以練無首經於小功喪有事於免之時則為之加小功之經也○既免去經者謂小功以下之喪斂殯事竟既免之後則脫去其經也○每可以經者謂於小功以下之喪當斂殯之節每可以經之時必為之加麻也○既經則去之者謂不應經之時則去其經自若練服也○注雖無至服也○正義曰有事則免經如其倫者倫謂倫類雖為之不變服其應免經之時如平常有服之倫類也云免無不經者解經於免經之於是免之時必著經則大斂小斂之節衆主人必加經也云經有不免者解經每可以

經必經也云經謂不免但云經者謂既葬之後虞及卒哭之節但著經不有免以服成故也是經有不免者也○小功不易喪之練冠者言小功以下之喪不合變易三年喪之練冠其期之練冠亦不得易也○如免則經其總小功之經者謂如當總小功著免之節則首經其總與小功之經所以為後喪總經者以前喪練冠首經已除故也上經云小功不易明總不易下經云總小功之經兼言總者恐免經不及總故也前經已云於免經之此經又云如免則經者前經但云經不云練冠恐小功以下不得改前喪練冠故重言之也因其初葛帶者言小功以下之喪要中所著仍因其初喪練葛帶上文云期喪既葬則帶練之故葛帶此小功以下之喪亦著練之初葛帶不云故而云初者以期初喪之時變練之葛帶為麻期既葬之後還反服練之故葛帶故言故也謂其小功以下之喪不變練之葛帶故云初葛帶也○總之麻不變小功之葛小功之麻不變大功之葛者謂以輕喪之麻本服既輕雖初喪之麻不變前重喪之葛也○以有本為稅者稅謂變易也所以總之麻不變小功者以其總與小功麻經既無本不合稅變前喪唯大功以上麻經有本者得稅變前喪也○注稅亦至易也○正義曰云稅亦變易者以一經之內有變有稅兩文故言稅亦變易也云此要其麻有本者乃變上耳

者麻有本謂大功以上麻經有本為重下服乃變上服大功得變期期得變三年也云雜記曰有三年之練冠則以大功之麻易之者所以引此者欲明大功之麻非但得易期喪之葛亦得易三年練冠之葛也○殤長中變三年之葛者此論成人小功緦麻不得易前喪之葛又論殤在小功緦麻得易三年葛也殤長中者謂本服大功之喪今乃降在長中殤男子則為之小功婦人為長殤小功中殤則緦麻如此者得變三年之葛也○終殤之月筭者謂著此殤喪服之麻終竟此殤之月筭數如小功則五月緦麻則三月○而反三年之葛者此著麻月滿還反服三年之葛也○是非重麻為其無卒哭之稅者言服殤長中之麻不改又變三年之葛是非重此麻也所以服不改又變前喪葛者以殤服質略初死服麻已後無卒哭之時稅麻服葛之法以其質略其文不縟故也下殤則否者以大功以下殤謂男子婦人俱為之緦麻其情既輕則不得變三年之葛也案上文麻之有本得變三年之葛則齊衰下殤雖是小功亦是麻之有本故喪服小記云下殤小功帶澡麻不絕本然齊衰下殤乃變三年之葛今大功長殤麻既無本得變三年之葛者以其殤服質畧無虞卒哭之稅故特得變之若成人小功緦麻麻既無本故不得變也○注謂大至服緦○正義曰知大功之親為殤在緦小功者以

前文云緦小功不得變上服則此得變三年之葛亦是緦麻小功也殤長中在小功緦者本大功之親耳云正親親者以大功之親其殤所以得變三年之葛者以大功是正親親故重其殤也云三年之葛大功變既練者則雜記篇云三年之練冠則以大功之麻易之是也云齊衰變既虞卒哭者齊衰初喪得變三年既虞卒哭則下閒傳篇云斬衰之喪既虞卒哭遭齊衰之喪輕者包重者特是也云爲殤未成人文不縟耳者縟謂數也謂禮文繁數若成人以上則禮繁數故變麻服葛今殤是未成人唯在質略無文飾之繁數故不變麻服葛也云男子爲大功之殤中從上服小功婦人爲之中從下服緦者喪服傳文○君爲天子三年者謂列國諸侯之君爲天子三年也○夫人如外宗之爲君也者言諸侯夫人爲天子如諸侯外宗之婦爲君也諸侯外宗之婦爲君期則夫人爲天子亦期也故云如外宗之爲君諸侯爲天子服斬衰喪服正文此記載之者謂以夫人如外宗之爲君起文以君與夫人故知將欲明諸侯夫人爲天子故載君爲文之首也○注外宗至南面○正義曰外宗君外親之婦也者其夫既是君之外姓其婦即是外宗也云其夫與諸侯爲兄弟服斬妻從服期者謂夫與諸侯爲兄弟之親在於他國諸侯既死來爲之服當尊諸侯不繼本服之親故皆服斬其妻從服期也云諸侯爲天子服斬故夫人亦從服期是爲夫之君如外宗也熊氏云凡外宗有三案周禮外宗之女有爵通卿大夫之妻一也雜記云外宗爲君夫人猶內宗是君之姑姊妹之女舅之女從母之女皆爲諸侯服斬爲夫人服期是二也此文外宗是諸侯外宗之婦也若君姑之子婦從母子婦其夫是君之外親爲君服斬其婦亦名外宗爲君服期是三也內有二者案周禮云內女之有爵謂其同姓之女悉是一也雜記云內宗者是君之五屬之內女是二也引喪大記曰外宗房中南面者證外宗之義也○世子不爲天子服者此明諸侯世子有繼世之道所以遠嫌不爲天子服也○君所主夫人妻大子適婦者此三人既正雖國君之尊猶主其喪也非此則不主也言妻欲見大夫以下亦爲妻及適子適婦爲主也○大夫之適子爲君夫人大子如士服者此明大夫適子爲君夫人大子之服是大夫無繼世之道其子無嫌得爲君與夫人及君之大子著服如士服也○君之母非夫人則羣臣無服者若君母是嫡夫人則羣臣爲服期今君母非夫人君爲之服緦則羣臣爲之無服也○唯近臣及僕驂乘從服者近臣謂閽寺之屬僕御車者也驂車右也君之母非夫人貴臣乃不服而此諸臣賤者隨君之服也故云從服○唯君所服服也者君服緦則此等之人亦服緦故云唯君所服也○注妾先至不可○正義曰妾先君所不服也者天子諸侯爲妾無服唯大夫爲貴妾服緦故知妾先君所不服云禮庶子爲後爲其母緦者案喪服緦麻章云庶子爲父後者爲其母是也云言唯君所服伸君也者若其不爲後則爲母無服故喪服記云公子爲其母練冠麻衣縓緣今以爲君得著緦麻服是伸君之尊也若既服緦是近臣得從君服也此謂禮之正法云春秋之義有以小君服之者鄭既以正禮言之又引春秋之時不依正禮者有以爲小君之服服其妾母者是文公四年夫人風氏薨是僖公之母成風也又昭十一年夫人歸氏薨是昭公之母齊歸也皆亂世之法非正禮也案異義云妾子立爲君得尊其母立以爲夫人否今春秋公羊說妾子立爲君母得稱夫人故上堂稱妾屈於適也下堂稱夫人尊於國也云子不得爵命父妾子爲君得爵命其母者以妾在奉授於尊者有所因緣故也穀梁傳曰魯僖公立妾母成風爲夫人是子爵於母以妾爲妻非禮也故春秋左氏說成風妾得立爲夫人母以子貴禮也許君謹案舜爲天子瞽瞍爲士起於士庶者子不得爵父母也至於魯僖公得尊母成風爲小君經無譏文從公羊左氏之說鄭則從穀梁之說故異義駮云父爲長子三年爲衆子期明無二適也女君卒繼攝其事耳不得復立爲夫人如鄭駮之言則此云春秋小君服之者是約然非禮也云時若小君在則益不可者其小君無而以夫人服之已爲不可今小君既在而以夫人服妾母彌益不可故云益不可也○公爲卿大夫錫衰以居者此明君爲卿大夫之喪成服之後著錫衰以居也○出亦如之者出謂以他事而出不至喪所亦著錫衰其首則服皮弁○當事則弁絰者君行往弔卿大夫當大斂及殯并將葬啓殯當如此之事則首著弁絰身衣錫衰若於士雖當事首服皮弁故士喪禮云君視大斂注云皮弁服襲裘是也○大夫相爲亦然者亦如君於卿大夫也不當事則皮弁當事則弁絰故雜記云大夫與殯亦弁絰是也大夫於士雖當事亦皮弁也○爲其妻往則服之出則否者謂公於卿大夫之妻及卿大夫相爲其妻往臨其喪則服錫衰不恒著之以居若餘事之出則不服也言居亦不服其當殯斂之事亦弁絰也○凡見人無免絰者謂已有齊衰之喪無免去絰重故也○雖朝於君無免絰者以絰重往朝君亦無免稅於絰也○唯公門有稅齊衰者謂已有不杖齊衰之喪至公門稅去其衰絰猶不去也若杖齊衰及斬衰雖入公門衰亦不稅也其大功非但稅衰又免去絰也○傳曰君子不奪人之喪亦不可奪喪也解朝君無免絰之意引舊記以明之言君所以許臣不免絰而入朝以君子之人以已恕物不可奪人喪禮使之

免絰故許著絰也亦不可奪喪也非但不奪人喪亦不可自奪喪所以已有重喪猶絰以見君申已喪禮也。注有免至絰也。正義曰謂不杖齊衰者案下曲禮篇云苞屨不入公門𪋫屨杖齊衰之屨既不得入也此云稅齊衰明不杖齊衰也云於公門有免齊衰則大功有免絰也者鄭以絰重於齊衰不杖齊衰雖脫亦不免絰以差次約之則大功非但脫衰又免去其絰也。罪多至列也者列等也言罪之與喪其數雖多其限同五其等列相似故云列也

間傳第三十七

陸曰鄭云名間傳者以其記喪服之間輕重所宜也。

【疏】正義曰案鄭目錄云名曰間傳者以其記喪服之間輕重所宜此於別錄屬喪服

鄭氏注　孔穎達疏

斬衰何以服苴苴惡貌也所以首其內而見諸外也斬衰貌若苴齊衰貌若枲大功貌若止小功緦麻容貌可也此哀之發於容體者也。有大憂者面必深黑止謂不動於喜樂之事枲或為似苴七余反見賢遍反齊音咨下同枲思里反樂音洛

斬衰之哭若往而不反齊衰之哭若往而反大功之哭三曲而偯小功緦麻哀容可也此哀之發於聲音者也三曲一舉聲而三折也偯聲餘從容也。偯於起反說文作㤞云痛聲折之設反從七容反。斬衰唯而不對齊衰對而不言大功言而不議小功緦麻議而不及樂此哀之發於言語者也議謂陳說非時事也。唯于癸反徐以水反。斬衰三日不食齊衰二日不食大功三不食小功緦麻再不食士與斂焉則壹不食故父母之喪既殯食粥朝一溢米莫一溢米齊衰之喪疏食水飲不食菜果大功之喪不食醯醬小功緦麻不飲醴酒此哀之發於飲食者也父母之喪既虞卒哭疏食水飲不食菜果期而小祥食菜果又期而大祥有醯醬中月而禫禫而飲醴酒始飲酒者先飲醴酒始食肉者先食乾肉先飲醴酒食乾肉者不忍發御厚味。與音預斂力驗反粥之六反溢音逸劉音實二十兩也莫音暮疏食音嗣下疏食同醯本亦作醯呼兮反下同醴音禮期音基下及注皆同中如字徐丁仲反禫大感反。父母之喪居倚廬寢苫枕塊不說絰帶齊衰之喪居堊室苄翦不納大功之喪寢有席小功緦麻牀可也此哀之發於居處者也父母之喪

既虞卒哭柱楣翦屏苄翦不納期而小祥居堊室寢有席又期而大祥居復寢中月而禫禫而牀苄今之蒲苹也。倚於綺反寢本亦作寑七審反苫始占反枕之鴆反塊苦對反又苦怪反說吐活反苄戶嫁反翦子賤反牀仕良反柱知矩反一音張炷反楣音眉復音伏。斬衰三升齊衰四升五升六升大功七升八升九升小功十升十一升十二升緦麻十五升去其半有事其縷無事其布曰緦此哀之發於衣服者也此齊衰多二等大功小功多一等服主於受是極列衣服之差也。去起呂反下去麻同縷力主反差初佳反後放此。斬衰三升既虞卒哭受以成布六升冠七升為母疏衰四升受以成布七升冠八升去麻

服葛葛帶三重期而小祥練冠縓緣要絰不除男子除乎首婦人除乎帶男子何爲除乎首也婦人何爲除乎帶也男子重首婦人重帶除服者先重者易服者易輕者又期而大祥素縞麻衣中月而禫禫而纖無所不佩葛帶三重謂男子也五分去一而四糾之帶旣變因爲飾也婦人葛絰不葛帶舊說云三糾之練而帶去一股去一股則小於小功之絰似非也易服謂爲後喪所變也婦人重帶帶在下體之上婦人重之辟男子也其爲帶猶五分絰去一耳喪服小記曰除成喪者其祭也朝服縞冠此素縞者玉藻所云縞冠素紕旣祥之冠麻衣十五升布亦深衣也謂之麻者純用布無采飾也大祥除衰杖黑經白緯曰纖舊說纖冠者采纓也無所不佩紛帨之屬如平常也纖或作綅○爲母于僞反下注爲後同重直龍反注三重同縓七戀反緣徐音掾悅絹反要一遥反縞古老反又古報反注同纖息廉反注同去起呂反下同糾居黝反下同股音古辟音避朝直遥反紕婢反反又音綼綼音謂紛芳云反帨始銳反綅徐息廉反又音侵易服者何爲易輕者也因上說而問之斬衰之喪旣虞卒哭遭齊衰之喪輕者包重者特說所以易輕者之義也旣虞卒哭謂齊衰可易斬服之節也輕者可施於卑服齊衰之麻以包斬衰之葛謂男子帶婦人絰也重者宜主於尊謂男子之絰婦人之帶特其葛不變之也此言包特者明於卑可以兩施而尊者不可貳旣練遭大功之喪麻葛重此言大功可易斬服之節也斬衰已練男子除絰而帶獨存婦人除帶而絰獨存謂之單單獨也遭大功之喪男子有麻絰婦人有麻帶又皆易其輕者以麻謂之重麻旣虞卒哭男子帶其故葛帶絰期之葛絰婦人絰其故葛絰帶期之葛帶謂之重葛○重直龍反注及下不言重言重者同○【疏】斬衰至者也○正義曰此一節明居喪外貌輕重之異○苴惡貌也者苴是黎黑色故爲惡貌也○大功貌若止者止平停不動也○大功轉輕心無斬刺故貌不爲之變又不爲之傾故貌若止於二者之間哀因鍛布帶屨亦輕其絰色用枲同者自別表義耳○

○斬衰之哭若往而不反者若如也言斬衰之哭一舉而乃氣絕如似氣往而不却反聲也○哀容可也者言小功緦麻其情既輕哀聲從容於理可也○斬衰唯而不對者但唯於人不以言辭而對也皇氏以爲親始死但唯而已不以言對案雜記云三年之喪對而不問爲在喪稍久故對也○大功言而不議者大功稍輕得言他事而不議論時事之是非雜記云齊衰之喪言而不語彼謂言已事故鄭彼注云言言已事也爲人說爲語與此言異也○斬衰三日不食者謂三日之內孝經云三日而食者謂三日之外乃食也○齊衰二日不食者皇氏云謂正服齊衰也喪大記云三不食者當是義服齊衰小功緦麻再不食者喪大記云壹不食再不食則是壹不食謂緦麻再不食謂小功也與此不同者熊氏云異人之說故其義別也○父母之喪旣虞卒哭者此明父母終喪以來所食之節也○又期而大祥有醯醬者謂至大祥之節食醯醬則小祥食菜果之時但用鹽酪也若不能食者小祥食菜果之時得用醯醬也故喪大記云小祥食菜果以醯醬○中月而禫禫而飲醴酒又云食肉者先食乾肉喪大記云祥而食肉者異人之說故不同也○注先飲至厚味○正義曰以醴酒味薄乾肉又澀所以先食之者以喪服除孝子不忍發初御醇厚之味故飲醴酒食乾肉也○父母之喪居倚廬者此明初遭五服之喪居處之異也○苫蒻不納者苫爲蒲苹爲席蒻頭爲之不編納其頭而藏於內也○父母之喪旣虞卒哭者此明遭父母之喪至終服以來所居改變之節卽斬衰居倚廬齊衰居堊室論其正耳亦有斬衰不居倚廬者則雜記云大夫居廬士居堊室是士服斬衰而居堊室也亦有齊衰之喪不居堊室者喪服小記云父不爲衆子次於外注云自若居寢是也○斬衰三升者此明五服精麤之異○有事其縷無事其布曰緦者以三月之喪治其麻縷其細如緦故云緦麻以朝服十五升抽去其半縷細而疏也有事其縷事謂鍛治其布纑縷也無事其布謂織布旣成不鍛治其布以哀在外故也○注此齊至差也○正義曰此齊衰多二等者案喪服記云齊衰四升此經云齊衰四升五升六升多於喪服篇之二等故云多二等也云大功小功多一等者案喪服記云大功八升若九升此云大功七升八升九升是多於喪服一等也喪服記又云小功十升若十一升此云小功十升十一升十二升是多於喪服一等也故云大功小功多一等也云服主於受者以喪服之經理主於受服者而言以大功之殤無受服不列大功七升以喪服父母爲主欲其文相值故畧而不言故云服主於受也云是極列衣服之差也者以喪服旣畧故記者於是經極列衣服之差所以齊衰

多二等大功小功多一等也○斬衰三升者此明父母之喪初死至練冠衰升數之變并明練後除脫之差也受以成布六升者以言三升四升五升之布其縷既麤疏未爲成布也六升以下其縷漸細與吉布相參故稱成布也○葛帶三重者謂男子也既虞卒哭受服之節要中之帶以葛代麻帶又差小於前以五分去一唯有四分見在三重謂作四股糾之積而相重四股則三重未受服之前麻帶爲兩股相合也此直云葛帶三重則首絰雖葛不三重也猶兩股糾之也○期而小祥練冠縓緣者父沒爲母與父同也至小祥又以卒哭後冠受其衰而用練易其冠也又練爲中衣以縓爲領緣也○又期而大祥素縞麻衣者謂二十五月大祥祭此日除脫則首服素冠以縞紕之身著朝服而爲大祥之祭祭訖之後而哀情未除更反服微凶之服首著縞冠以素紕之身著十五升麻深衣未有采緣故云大祥素縞麻衣也○中月而禫者中間也大祥之後更間一月而爲禫禫祭二十五月大祥二十七月而禫○禫而纖者禫祭之時玄冠朝服禫祭既訖而首著纖冠身著素端黃裳以至吉祭○無所不佩者吉祭之時身尋常吉服平常所服之物無不佩也○注葛帶至常也正義曰葛帶三重謂男子也以經之直云葛帶三重不辨男女之異故明之云謂男子也云五分去一而四糾之者以喪

服傳云五服經帶相差皆五分去一故知受服之時以葛代麻亦五分去一既五分去一唯有四分見在分爲四股而糾之故云四糾之云帶輕既變因爲飾也者男子重首而輕帶既變麻用葛四股糾之以爲飾也則知男子首絰婦人要帶不三重爲飾也云婦人葛絰不葛帶者案少儀云婦人葛絰而麻帶又上檀弓云婦人不葛帶謂齊斬之婦人也故士虞禮曰婦人既練說首絰不說帶也注云不脫帶齊斬婦人帶不變也婦人少變而重帶帶下體之上也其大功以下婦人亦葛帶也故喪服大功章男女並陳及其變服三月受以小功衰即葛九月是男女共爲即知大功婦人亦受葛也云舊說云三糾之練而帶去一股者舊說云所至練之時又三分去一此既葬葛帶三重去其一股以爲練之帶也云去一股則小於小功之絰似非也者斬衰既葬與齊衰之麻同斬衰既練與大功之麻同大功之帶即與小功首絰同所云同者皆五分去一今乃三分斬衰既葬三重之葛帶去其一股以爲練帶則是三年練帶小於小功首絰非五服之差次故云似非也云易服謂爲後喪所變也者以身先有前喪重今更遭後喪輕服欲變易前喪故云爲後喪所變也云其爲帶猶五分經去一耳者以婦人斬衰不變帶以其重要故也婦人既重其要恐要帶與首絰麤細相似同故云其爲帶猶須五

分首絰去一分耳以首尊於要但婦人避男子而重要帶耳云喪服小記曰除成喪者其祭也朝服縞冠者證當祥祭之時所著之服非是素縞麻衣也云此素縞者玉藻所云縞冠素紕既祥之冠者引之者證此經大祥素縞麻衣是大祥之後所服之服也云麻衣十五升布深衣也者案雜記篇云朝服十五升此大祥之祭既著朝服則大祥之後麻衣麤細當與朝服同者故知十五升布深衣也云謂之麻者純用布無采飾也者若有采飾則謂之深衣深衣篇所云者是也若緣以素則曰長衣聘禮長衣是也若緣之以布則曰麻衣此云麻衣是也云大祥除衰杖者以下三年問篇云三年之喪二十五月而畢既稱終畢是除衰杖可知也云黑經白緯曰纖者戴德變除禮文矣云舊說纖冠者采纓也者以無正文故以舊說而言之云無所不佩紛帨之屬如平常也者此謂禫祭既畢吉祭以後始得無所不佩若吉祭之前禫祭雖竟未得無所不佩以其禫後尚纖冠玄端黃裳故知吉祭以後始從吉也若吉祭在禫祭既畢以後始從吉也若吉祭在禫月猶未純吉士虞記云是月也吉祭而猶未配注云是月是禫月也當四時之祭月則祭而猶未以某妃配則禫之後月乃得復平常○易服者何爲易輕者也以前文云易服者先易輕者故記者於此經更自釋易輕之意故云何爲易輕者也

言有何所爲得易輕者故下文釋云既有前喪今又遭後喪得以後喪易換前喪輕者也○斬衰之喪既虞卒哭者謂士及庶人也故卒哭與虞並言之矣若大夫以上則虞受服故喪服注云天子諸侯卿大夫既虞士卒哭而受服輕者包言斬衰受服之時而遭齊衰初喪男子所輕要者得著齊衰要帶而兼包斬衰之帶也若婦人輕者得著齊衰首絰而包斬衰之絰故云輕者包也○重者特者男子重首特留斬衰之絰婦人重要特留斬衰要帶是重者特也○注說所至可貳正義曰此言包特者謂於此斬衰既虞卒哭遭齊衰之喪或云包或云特者斬衰齊衰既是重服舉此言包特則知齊衰大功亦包特也單謂男子單要婦人單首欲明單者可以兩施兩施謂施於齊衰又得兼斬衰以其輕單之故得可以兩施云而尊者不可貳者尊謂男子尊首婦人尊要故事尊正得尊於重服不可差貳兼服輕也○既練遭大功之喪麻葛兼者斬衰既練男子除首絰婦人除要絰男子唯有要帶婦人唯有首絰是其單也今遭大功之喪男子首空著大功麻絰婦人要空著大功麻帶男子又以大功麻帶易練之葛帶婦人又以大功麻絰易練之葛絰是重麻也至大功既虞卒哭男子帶以練之故葛帶首著期之葛絰婦人絰其練之故葛絰著期之葛帶是謂之重葛也○注此言至之重葛○正

義曰：謂大功既虞卒哭之後，大功葛帶輕於練之葛帶，故男子反帶其練之故葛帶也。云「絰期之葛絰」者，以男子練時首絰既除，今經大功又既葬，其首則有絰大功之葛絰，今云期之葛絰，以大功葛絰既與練之葛帶麤細相似，非上下之差，故大功葛絰但麤細與期之絰同，故云絰期之葛絰。但麤細與期同，其實大功葛絰，前於服問篇已釋也。云「婦人絰其故葛絰，帶期之葛帶」者，大功既葬之後，大功首絰輕於練之葛絰，故反服其練之故葛絰。帶謂婦人練後要帶已除，今大功已葬，其要則帶大功葛帶也，謂之期葛帶者，麤細與期同，其實是大功葛帶也。

齊衰之喪，既虞卒哭，遭大功之喪，麻葛兼服之。此言大功可易齊衰期服之節也。兼猶兩也。不言包特而兩言者，包特著其義，兼者明有絰有帶耳。不言重者，三年之喪既練，或無絰，或無帶，言重者以明今皆有，期以下固皆有矣。兩者有麻有葛耳，葛者亦特其重，麻者亦包其輕。○著，張慮反。

疏「齊衰」至「服之」。○正義曰：此明齊衰既虞卒哭，遭大功之喪，以後服易前服之義也。○「麻葛兼服之」者，即前文輕者包，重者特之義。今齊衰既虞卒哭，遭大功之喪，易換輕者，男子則大功麻帶易齊衰之葛帶，其首猶服齊衰葛絰，是首有葛，要有麻，故云麻葛兼服之。兼服之文，據男子也。婦人則首服大功之麻絰，要服齊衰之麻帶，上下俱麻，不得云麻葛兼服之也。○注「此言」至「其輕」。○正義曰：「包特著其義，兼者明有絰有帶耳」者，以單者可包，尊須特，著其尊卑之義，故於斬衰重服言之。兼者不取其義，直云絰帶麻葛兼有，故於齊衰輕服言之，於男子而論，其實同也。云「不言重者，三年之喪既練，或無絰，或無帶，言重者以明今皆有」者，鄭以既遭大功之喪，麻葛重，此文承「麻葛重」下，所以不稱麻葛重者，以三年之喪既練之後，男子除首絰，是或無絰也；婦人除要帶，是或無帶也。所以稱重，以於先既單，今首絰皆有，故須稱重。云「期以下固皆有矣」者，言男子首之與要，固當皆有絰帶矣，婦人亦然也。既不似既練之單，所以不得稱重也。

斬衰之葛與齊衰之麻同，齊衰之葛與大功之麻同，大功之葛與小功之麻同，小功之葛與緦之麻同，麻同則兼服之。此竟言有上服既虞卒哭，遭下服之差也。唯大功有變三年既練之服，小功以下則於上皆無易焉。此言大功之葛與小功之麻同，小功之葛與緦之麻同，上爲大功之殤長中言之。○爲，于僞反。長，丁丈反。

兼服之服重者，則易輕者也。服重者，謂特之也。則者，則男子與婦人也。凡下服，虞卒哭，男子反其故葛帶，婦人反其故葛絰，其上服除，則固自受以下服之受矣。

疏「斬衰」至「服之」。○正義曰：此明五服葛之與麻麤細相同者，與後兼前服也。○「麻同則兼服之」者，以後服之麻與前服之葛麤細同，則得兼服。後麻兼前服葛也。案服問篇小功緦不得變大功以上，此小功之麻得變大功之葛，緦之麻得變小功之葛，謂成人大功之殤在長中，服問已釋也。○「兼服之服重者」，則前文重者特是也。○「則易輕者也」，謂男子婦人則易換輕者，前文輕者包是也。○注「服重」至「受矣」。○正義曰：云「則者，則男子與婦人也」者，以前文麻葛兼服之，但施於男子，不包婦人，今此易輕，故云者，男子則易於要，婦人則易於首，男子婦人俱得易輕，故云「則者，則男子與婦人也」。云「凡下服，虞卒哭，男子反其故葛帶，婦人反其故葛絰」者，此明遭後服初喪，男子婦人雖易前服之輕，至後服既葬之後，還須反服其前喪，故云男子反服其故葛帶，婦人反服其故葛絰。但經文據其後喪初死，得易前喪之輕，注意明也，後既易以滿，還反服前喪輕服，故文注稱異也。

附釋音禮記注疏卷第五十七

江西南昌府學栞

禮記注疏卷五十七挍勘記　阮元撰盧宣旬摘録

服問第三十六

傳曰有從輕而重節

三年既練首經除矣爲父既練首經除矣爲父既練衰七升嘉靖本閩監毛本同惠棟挍宋本宋監本首經除矣爲父既練下無首經除矣爲父既練八字是也岳本同考文引古本足利本同

變三年之練葛期既葬之葛帶閩監毛本岳本嘉靖本衞氏集說同戴震云期既葬之葛帶期字衍宜刪疏內同

傳曰至列也惠棟挍宋本無此五字

今各以其人明之或可閩監毛本同山井鼎云宋板明之或作今各以不可解疑有脫誤

故下文罪多而刑五閩監毛本同惠棟挍宋本文作云

若婦人則首經練之閩監毛本同惠棟挍宋本若下有其字

或有九升者是義服齊衰也閩監毛本同惠棟挍宋本無有字

故首經與期之經五寸有餘閩監毛本同戴震云故首經下衍一與字

則其首經合五分加一成五寸餘也惠棟挍宋本閩毛本同監本加字空闕

每可以經者謂於小功以下之喪惠棟挍宋本以經下有必經二字此本脫閩監本同

得變三年既虞卒哭閩監毛本同惠棟挍宋本得作則

若姑之子婦從母子婦閩監毛本同惠棟挍宋本從母下有之字衞氏集說同

又引春秋之時不依正禮者閩監毛本同惠棟挍宋本引作別衞氏集說同

今春秋公羊既說妾子立爲君閩監毛本同盧文弨云通典家禮載此無既字

云子不得爵命父妾閩監毛本同通典無云字

以妾在奉授於尊者閩監毛本同通典作以妾本接事尊者

故春秋左氏論成風閩監毛本同通典故春秋作古春秋

女君卒繼攝其事耳閩監毛本同盧文弨云繼下當有室字

閒傳第三十七

斬衰何以服苴節惠棟云斬衰節齊衰之喪節斬衰節宋本合爲一節

莫一溢米各本同毛本莫誤莫釋文出莫一

居倚廬閩監本石經岳本嘉靖本衞氏集說同毛本盧誤閭

苄翦不納閩監本石經岳本嘉靖本衞氏集說同毛本苄誤芐下芐翦同釋文出苄

柱楣翦屏閩本石經岳本嘉靖本衞氏集說同監毛本柱作拄釋文亦作柱

斬衰至者也惠棟挍宋本無此五字

今經大功又既葬閩本同惠棟挍宋本同監毛本今作本

齊衰之喪節

不言包特而兩言者閩監毛本岳本嘉靖本衞氏集說同惠棟挍宋本兩言作言兩考文引古本同

正義曰此明齊衰既虞卒哭惠棟挍宋本無正義曰三字

斬衰之葛節

此竟言有上服既虞卒哭　閩監毛本岳本嘉靖本衛氏集說同續通解竟作章考文引古本同

正義曰此明五服　惠棟校宋本無正義曰三字

附釋音禮記注疏卷第五十七　惠棟校宋本禮記正義卷第六十四終記云凡二十六頁

禮記注疏卷五十七校勘記

附釋音禮記注疏卷第五十八

三年問第三十八

○陸曰鄭云名三年問者善其以知喪服年月所由也〔疏〕正義曰案鄭目錄云名曰三年問者善其問以知喪服年月所由此於別錄屬喪服

禮記　　鄭氏注　　孔穎達疏

三年之喪何也曰稱情而立文因以飾羣別親疏貴賤之節而不可損益也故曰無易之道也稱情而立文稱人之情輕重而制其禮也羣謂親之黨也無易猶不易也○稱尺證反注及下皆同別彼列反易音亦注同創鉅者其日久痛甚者其愈遲三年者稱情而立文所以為至痛極也斬衰苴杖居倚廬食粥寢苫枕塊所以為至痛飾也飾情之章表也○創音瘡初良反鉅音巨大也愈徐音庾差也遲徐直移反倚於綺反枕之鴆反

三年之喪二十五月而畢哀痛未盡思慕未忘然而服以是斷之者豈不送死有已復生有節也哉復生除喪反生者之事也○思如字一音息吏反斷丁亂反復音伏〔疏〕三年至也哉○正義曰此一節問喪三年所由解釋所以三年之意○三年之喪何也者記者欲釋三年之義故假設其問云三年喪者意有何義理謂稱人之情而立禮之節文○因以飾羣者飾謂章表也羣謂五服之親也因此三年之喪差降各表其親黨○別親疏貴賤之節而弗可損益也者親謂大功以上疏謂小功以下貴謂天子諸侯絕期卿大夫降期以下賤謂士庶人服族其節分明使不可損益也○故曰無易之道也者引舊語成文也無不也並有差品其道不可改易○創鉅者其日久者以釋重喪所以三年也其事既大故為譬也鉅大也夫創小則易差創大則難愈故云創鉅其日久也痛甚者其愈遲者愈差也賢者喪親傷腎乾肝斬斫之痛其痛既甚故其差亦遲也○三年者稱情而立文所以為至痛極也者既痛甚差遲故稱其痛情而立三年之文以表是至痛極者也○哀痛未盡思慕未忘者言賢人君子於此二十五月之時悲哀摧痛猶未能盡憂思哀慕猶未能忘故心之哀慕於時未盡而外貌喪服以是斷割者豈不送死有已復生有節也哉者若不斷以二十五月則孝子送死之情何時得已復吉常之禮何有限節故聖人裁斷止限二十五月豈不是送死須有已止反復生禮須有限節也哉

凡生天地之間者有血氣之屬必有知有知之屬莫不知愛其類今是大鳥獸則失喪其羣匹越月踰時焉則必反巡過其故鄉翔回焉鳴號焉蹢躅焉踟蹰焉然後乃能去之小者至於燕雀猶有啁噍之頃焉然後乃能去之故有血氣之屬者莫知於人故人於其親也至死不窮匹偶也言燕雀之恩不如大鳥獸大鳥獸不如人含血氣之類人最有知而恩深也於其五服之親念之至死無已○屬音蜀喪息浪反又如字巡徐詞均反過徐音戈一音古臥反號音豪戶羔反蹢本又作躑直亦反徐治革反躅直錄反徐治六反蹢躅不行也踟徐音馳字或作踟蹰音厨燕於見反雀本又作爵啁張留反噍子流反啁噍聲頃苦潁反知音智〔疏〕凡生至不窮○正義曰此一經明天地之間血氣之類皆有所知至於鳥獸大小各能思其種類況在於人何有窮已也

將由夫患邪淫之人與則彼朝死而夕忘之然而從之則是曾鳥獸之不若也夫焉能相與羣居而不亂乎言惡人薄於恩死則忘之其相與聚處必失禮也○由夫音扶下皆同邪似嗟反人與音餘下君子與同曾則能反焉於虔反〔疏〕將由至亂乎○正義曰此一經明小人之人曾鳥獸之不若若不以禮飾之安能羣居而不亂

將由夫脩飾之君子與則三年之喪二十五月而畢若駟之過隙然而遂之則是無窮也駟之過隙喻疾也遂之謂不時

除也。駟音四馬也過古臥反徐音戈隙本又作郤去逆反空隙之地也〔疏〕將由至窮也。正義曰此一經明賢人君子於三年之喪若駟之過隙若不以禮制節之則哀痛何時窮已駟之過隙者駟謂駟馬隙謂空隙駟馬駿疾空隙狹小以駿疾而過狹小言急速之甚**故先王焉爲之立中制節壹使足以成文理則釋之矣**立中制節謂服之年月也釋猶除也去也。爲于僞反下注爲母同中如字又丁仲反注同去起呂反〔疏〕故先至之矣。正義曰此一經明小人君子其意不同故先王爲之立中人之制節。故先王焉者焉是語辭立中制節者言先王爲之立中人之制以爲年月限節。壹使足以成文理者壹謂齊同言君子小人皆齊同使足以成文章義理。則釋之矣者釋猶除去既成義理則除去其服所以成三年文理者以三年一閏天道小成又子生三年然後免於父母之懷故服以三年成文章義理**然則何以至期也**言三年之義如此則何以有降至於期也期者謂爲人後者父在爲母也。期音基注及下同**曰至親以期斷**言服之正雖至親皆期而除也。斷丁亂反下注同**是何也**問服斷於期之義也**曰天地則已易矣四時則已變矣其在天地之中者莫不更始焉以是象之也**法此變易可以期也

〔疏〕然則至之也。正義曰上節既稱爲父母三年何故有父母止有期者此一節釋爲期之義然則何以至期也者言爲父母本應三年何故爲人後者爲本生父母及父在爲母而止於期曰至親以期斷者記者釋之爲至親本以期斷故雖爲他後及父在爲母但以期也。是何也者記者又起問云有何義故以期矣。四時則已變矣者荅期斷之義也言期是一年之周匝而天氣換矣前時已畢今時又來是變改矣其在天地之中者莫不更始焉者言天地之中動植之物無不於前事之終更爲今事之始也。以是象之也者聖人以是之故以人事法象天地故期年也。注言三至母也。正義曰鄭意以三年之喪何以有降至於期者故云爲人後者爲本生之父母及父在爲母期事故抑屈應降至九月十月何以必至於期以其本至親不可降期以下故雖降屈猶至於期今檢尋經意父母本意三年何以至期者但問其一期應除之義故荅曰至親以期斷是明一期可除之節故禮期而練男子除絰婦人除帶下文云加降故至三年是經意不據爲人後及父在爲母期鄭之此釋恐未盡經意但既祖鄭學今因而釋之**然則何以三年也**言法此變易可以期何以乃三年爲**曰加隆焉爾也焉使倍之故再期也**言於父母加隆其恩使倍期也下焉猶然。加隆焉爾一本作加隆爲爾焉徐如字一音於虔反焉猶然也一云發聲也注及下同倍步罪反注同〔疏〕然則至期也。正義曰此一節釋因期及三年之義故設問云然則何以三年也曰加隆焉爾也本實應期但子加恩隆重故三年焉爾也語助之辭也。然使倍之故再期也者焉猶然也子既加隆於父母故然使倍之然猶如是倍之言倍一期故至再期也**由九月以下何也曰焉使弗及也**言使其恩不若父母**故三年以爲隆緦小功以爲殺期九月以爲間上取象於天下取法於地中取則於人人之所以羣居和壹之理盡矣**取象於天地謂法其變易也自三年以至緦皆歲時之數也言既象天地又兄以盡人聚居純厚之恩也。殺色界反徐所例反

故三年之喪人道之至文者也夫是之謂至隆言三年之喪喪禮之最盛也**是百王之所同古今之所壹也未有知其所由來者也**不知其所由來喻此三年之喪前世行之久矣**孔子曰子生三年然後免於父母之懷夫三年之喪天下之達喪也**達謂自天子至於庶人〔疏〕由九至盡矣。正義曰上節既稱期斷何故有九月以下故此經釋之。由九月以下何也者由從也記者既稱期斷假設問之何故有從九月以下。曰焉使弗及也者焉亦然也然使恩隆不及於期也則五月不及九月三月不及五月轉相不及也。故三年以爲隆者謂恩愛隆重。緦小功以爲殺者謂情理殺薄。朞九月以爲間者是隆殺之間也。上取象於天下取法於地者天地之氣三年一閏是三年者取象於一閏天地一期物終是一期者取象於一周九月者以象陽之數又象三時而物成也五月以象於五行三月者取象天地一時而氣變言五服

之節皆取法於天也○中取則於人者則法也天地之中取則於人若子生三年然後免於父母之懷故服三年人之一歲情意變改故服一期九月五月三月之屬亦逐人情而減殺是中則於人○所以羣居和壹之理盡矣者旣取法天地與人三才並備故能調和羣衆聚居和諧專壹義理盡備矣○故三年至喪也○正義曰此一節重明三年之義三年之喪人道之至文者也言三年喪禮於人道之中至極文理之盛者則朞以下非其至極也夫是之謂至隆者言三年之喪人恩之至極隆厚也○未有知其所由來者也言三年之喪行之自遠未有能識知所從來也言不知所從何代而來引孔子者論語之文證此三年之喪也○注知至久矣○正義曰案易繫辭云古之葬者厚衣之以薪葬之中野不封不樹喪期無數尚書云百姓如喪考妣三載此云不知所由來者但上古云喪期無數謂無葬練祥之數其喪父母之哀猶三年也故堯崩云如喪考妣三載則知堯以前喪考妣已三年但不知定在何時其喪服所起則黃帝堯舜之時雖有衣裳仍未有喪服也但唐虞已前喪服與吉服同皆以白布爲之故郊特牲云大古冠布齊則緇之若不齊則皆用白布也鄭注喪服其冠衰之異從三代以下由唐虞以上曰大古吉凶皆用白布則知三代吉凶異也

深衣第三十九

○陸曰鄭云以其記深衣之制也名曰深衣者謂連衣裳而純之以采也有表則謂之中衣以素純則曰長衣也

〔疏〕正義曰案鄭目録云名曰深衣者以其記深衣之制也深衣連衣裳而純之以采者素純曰長衣有表則謂之中衣大夫以上祭服之中衣用素詩云素衣朱襮玉藻曰以帛裏布非禮也士祭以朝服中衣以布明矣此於別錄屬制度鄭云大夫以上祭服中衣用素者謂天子大夫以其四命與公之孤同爵弁自祭故中衣用素云士祭以朝服中衣以布者亦謂天子之士與諸侯大夫同案少牢諸侯大夫祭以朝服故天子之士亦祭以朝服朝服用布故中衣以布其諸侯之士自祭以玄端玄端則朝服之衣但其裳異耳中衣亦用布也案詩云素衣朱襮晉人欲薦桓叔桓叔大夫得用素衣者國人以國君之禮待之故欲薦素衣也其長衣中衣及深衣其制度同玉藻云長中繼揜尺若深衣則緣而已下云緣廣寸半凡深衣皆用諸侯大夫士夕時所著之服故玉藻云朝玄端夕深衣庶人吉服亦深衣皆著之在表也其中衣在朝服祭服喪服之下知喪服亦有中衣者檀弓云練衣黃裏注云練中衣以黃爲内是也但喪服中衣不得繼揜尺也故喪服儀云帶緣各視其冠注云緣如深衣之緣是喪服中衣用深衣則深衣緣之以采故下云具父母大父母衣純以繢以青之屬也唯孤子深衣純以素但以緣而已不與長衣同其吉服中衣亦以采緣其諸侯得綃黼爲領丹朱爲緣郊特牲云綃黼丹朱中衣大夫之僭禮則知大夫士不用綃黼丹朱但用采純而已矣無文以明之其長衣以素緣知者若以采緣則與吉服中衣同故知以素緣也若以布緣則曰麻衣知用布緣者以其稱麻衣故知也其喪服之中衣其純用布視冠布之麤細至葬可以用素緣也練則用縓也其詩之麻衣則以此別彼謂吉服之衣也所以此稱深衣者以餘服則上衣下裳不相連此深衣衣裳相連被體深邃故謂之深衣

古者深衣蓋有制度以應規矩繩權衡言聖人制事必有法度○應於證反短毋見膚衣取蔽形○毋音無下同見賢遍反長毋被土爲汙辱也○被彼義反爲于僞反汙汙辱之汙一音烏臥反續衽鉤邊續猶屬也衽在裳旁者也屬連之不殊裳前後也鉤讀如鳥喙必鉤之鉤鉤邊若今曲裾也續或爲裕○衽而審反又如鴆反鉤古侯反屬音燭下皆同喙許穢反裕以樹反要縫半下三分要中減一以益下下宜寬也要或爲優○要一遙反注同縫扶用反下注同

袼之高下可以運肘肘不能不出入袼衣袂當掖之縫也○袼本又作胳音各掖也肘竹九反又張柳反掖本又作腋音亦袂之長短反詘之及肘袂屬幅於衣詘而至肘當臂中爲節臂骨上下各尺二寸則袂肘以前尺二寸肘或爲腕○袂彌世反袪末曰袂詘丘勿反腕烏亂反帶下毋厭髀上毋厭脅當無骨者當骨緩急難爲中也○厭於甲反徐於涉反下同髀畢婢反徐亡婢反一音步啓反脅許劫反當丁浪反注同又丁郎反中丁仲反又如字制十有二幅以應十有二月裳六幅幅分之以爲上下之殺○應應對之應下同殺色界反徐所例反袂圜以應規謂胡下也○圜音圓胡下下垂曰胡曲袷如矩以應方袷交領也古者方領如今小兒衣領○袷音劫下注同負繩及踝以應直繩謂裻與後幅相當之縫也踝跟也○踝胡瓦反裻音督跟音根下齊如權衡以應平齊緝○齊音咨亦作齎下同緝古入反故規者行舉

手以爲容行舉手謂揖讓負繩抱方者以直其政方其義也故易曰坤六二之動直以方也言深衣之直方應易之文也政或爲正下齊如權衡者以安志而平心也心平志安行乃正或低或仰則心有異志者與○行下孟反又如字卬音仰本又作仰一音五郎反與音餘○五法已施故聖人服之言非法不服也故規矩取其無私繩取其直權衡取其平故先王貴之貴此衣也故可以爲文可以爲武可以擯相可以治軍旅完且弗費善衣之次也完且弗費言可苦衣而易有也深衣者用十五升布鍛濯灰治純之以采善衣朝祭之服也自士以上深衣爲之次庶人吉服深衣而已○相息亮反完音丸費芳貴反又孚沸反注同苦衣於既反易以豉反鍛丁亂反濯音濁純之允反又之閏反後皆同朝直遥反上時掌反○具父

母大父母衣純以繢具父母衣純以青如孤子衣純以素尊者存以多飾爲孝繢畫文也三十以下無父稱孤○大父母音泰大父母祖父母也繢胡對反○純袂緣純邊廣各寸半純謂緣之也緣袂謂其口也緣緆也緣邊衣裳之側廣各寸半則表裏共三寸矣唯袷廣二寸○緣悅絹反注同廣古曠反注同緆徐音以豉反皇音錫案鄭注既夕禮云飾衣領袂口曰純裳邊側曰綼下曰緆也

【疏】古者至篇末○正義曰此一篇從此至末皆論深衣之制今各隨文解之○古者深衣蓋有制度者以作記之人爲記之時深衣無復制度故稱古者深衣蓋有制度言蓋者疑辭也○以應規矩繩權衡者此則制度之事所應者備在下文○短毋見膚者深衣所取覆形體縱令稍短不得見其膚肉若見膚肉則褻也○長毋被土者其衣縱長無覆被於土爲汙辱也○續衽鉤邊者衽謂深衣之裳以下闊上狹謂之爲衽接續此衽而鉤其旁邊即今之朝服有曲裾而在旁者是也○注續猶至裾也○正義曰衽當旁者凡深衣之裳上二幅皆寬頭在下狹頭在上皆似小要之衽是前後左右皆有衽也今云衽當旁者謂所續之衽當身之一旁非爲餘衽悉當旁也云屬連之不殊裳前後也若其喪服其裳前三幅後四幅各自爲之不相連也今深衣裳一旁則連之相著一旁則有曲裾掩之與相連無異故云屬連之不殊裳前後也云鉤讀如鳥喙必鉤之鉤者案援神契云象鼻必卷長鳥喙必鉤鄭據此讀之也云若今曲裾也鄭以後漢之時裳有曲裾故以續衽鉤邊似漢時曲裾今時朱衣朝服從後漢明帝所爲則鄭云今曲裾者是今朝服之曲裾也其深衣之衽已於玉藻釋之故今不得言也○要縫半下○要縫謂要中之縫尺寸闊狹半下畔之闊下畔一丈四尺四寸則要縫半之七尺二寸○注三分至寬也○正義曰此據裳之一幅分爲二幅凡布廣二尺二寸四寸爲縫一尺八寸在三分之一分爲六寸減此六寸以益於下是下一幅有二尺四寸上二幅有一尺二寸故云三分要中減一以益下下容舉足而行故宜寬也○袼之高下可以運肘○袼謂當臂之處袂中高下宜稍寬大可以運動其肘袂二尺二寸肘尺二寸是容運肘也○袂之長短反詘之及肘者袂長二尺二寸并緣寸半爲二尺三寸半除去其縫之所殺各一寸餘有二尺一寸半在從肩至手二尺四寸今二尺一寸半之袂得反詘及肘以袂屬於衣幅闊二尺二寸身脊至肩但尺一寸也從肩覆臂又尺一寸是衣幅之畔覆臂將盡今又屬袂於衣又二尺二

寸半故反詘其袂得及於肘也○當無骨者帶若當骨則緩急難中故當無骨之處此深衣帶下於朝祭服之帶也朝祭之帶則近上故玉藻云三分帶下紳居二焉是自帶以下四尺五寸也○制十有二幅以應十有二月者深衣其幅有六每幅交解爲二是十二幅也○注古者方領○正義曰鄭以漢時領皆衺下交垂故云古者方領似今擁咽故云若今小兒衣領但方折之也○負繩及踝以應直○正義曰衣之背縫及裳之背縫上下相當如繩之正故云負繩非謂實負繩也○故規者行舉手以爲容者所以袂圜中規者欲使行者舉手揖讓以爲容儀如規也○負繩抱方者以直其政方其義也負繩背之縫也抱方領之方也以直其政解負繩以方其義解抱方也○言欲使人直其政教欲使政教直方其義使義事方正也○故易曰坤六二之動直以方也記者既明方直之義故引坤卦之六二直方以證之案鄭注坤之六二云自也方也地之性此爻得中氣而在地上自然之性廣生萬物故生動直而且方○下齊如權衡者以安志而平心也者言裳下之齊如權衡之低仰平也欲以安其志意而平均其心也○注完且至而已○正義曰可苦衣而易有也以其完牢乃可於苦事衣著故庶人服之以完牢故也而易有者以白布爲之不須黼黻錦繡之屬是易有也云深衣者用十

五升布鍛濯灰治者案雜記云朝服十五升此深衣與朝服相類故用十五升布鍛濯謂打洗鍛濯用灰治理使和熟也然則喪服麻衣雖似深衣之制不必鍛濯灰治以其雜凶故也云自士以上深衣爲之次者案玉藻諸侯夕深衣祭牢肉又大夫士朝玄端夕深衣是深衣爲朝祭之次服也云庶人吉服深衣者深衣是諸侯之下自深衣以後更無餘服故知是庶人之吉服喪服有衰裳包貴賤上下無差亦明庶人吉服乃深衣也。具父母大父母衣純以繢者所尊俱在故衣純以繢言具父母則父母俱在也大父母則亦然也若其不具一在一亡不必純以繢也。具父母衣純以青者唯有父母而無祖父母者以爲吉不具故節少而深衣純以青純降於繢也若父母無唯祖父母在亦當純以青。純袂縁純邊廣各寸半者純袂者純縁也謂純其袂縁則袂口也又云縁讀爲緆謂深衣之下純也純邊者謂深衣之旁側也廣各寸半者言純袂口及裳下之緆并純旁邊其廣各寸半言表裏合爲三寸。注純謂至二寸。正義曰純謂縁之者解經文二箇純字一是純袂二是純邊皆謂縁之也云縁袂謂其口也經言純袂恐口外更縁故云純袂則是縁其袂口也非是口外更有縁也故分明言之云縁緆也解經縁字讀爲緆謂深衣下畔也故既夕禮云明衣縓綼緆鄭注云在幅曰綼在下曰緆今經云此緆則深衣之下縁也云縁邊衣裳之側解經純邊也深衣外衿之邊有縁也裳雖前後相連然外邊曲裾掩處其側亦有縁也

投壺第四十

陸曰鄭云投壺者主人與客燕飲講論才藝之禮也別錄屬吉禮亦實曲禮之正篇也皇云與射爲類宜屬嘉禮或云宜屬賓禮也。〔疏〕正義曰案鄭目錄云名曰投壺者以其記主人與客燕飲講論才藝之禮此於別錄屬吉禮亦實曲禮之正篇是投壺與射爲類此於五禮皆屬嘉禮也或云宜屬賓禮

鄭氏注　孔穎達疏

投壺之禮主人奉矢司射奉中使人執壺 矢所以投者也中士則鹿中也射人案之者投壺射之類也其奉之西階上北面。投壺壺器名以矢投其中射之類奉音捧芳勇反下及注皆同徐音如字下奉中同 主人請曰某有枉矢哨壺請以樂賓賓曰子有旨酒嘉肴某既賜矣又重以樂敢辭 燕飲酒既脫屨升堂主人乃請投壺也否則或射所謂燕射也枉哨不正貌爲謙辭。枉紆往反哨七笑反徐又以救反枉哨不正貌王肅云枉不直哨不正也樂賓音洛下同一讀上以樂音岳言投壺以案肴戶交反重直用反下及注同稅本亦作脫吐活反請七井反下文同 主人曰枉矢哨壺不足辭也敢固以請。賓曰某既賜矣又重以樂敢固辭 固之言如故也言如故辭者重辭也 主人曰枉矢哨壺不足辭也敢固以請賓曰某固辭不得命敢不敬從 不得命不以命見許

〔疏〕投壺至敬從。正義曰此一節論燕禮脫屨升堂之後主人請投壺於賓賓辭及許之事。○主人奉矢者謂於阼階之上西面奉持其矢知西面者以賓在西故知西面對賓也。○司奉中者中謂受筭之器投壺亦射之類故司射於西堦上奉中北面也。○使人執壺者謂主人使人執所投之壺於司射之西而北面也所以皆在西階上者欲就賓處也唯云使人不言官者以賤略之也。○某有枉矢哨壺者枉謂曲而不直也哨謂哨峻不正是主人謙遜之辭。○某既賜矣又重以樂敢辭者賓稱主人設酒肴以待己是某既受主人之賜矣主人又請投壺樂己是重以樂也。○注士則至北面。○正義曰士則鹿中案鄉射記云大夫兕中士鹿中此篇投壺是大夫士之禮故云士則鹿中不云兕中者略之也知此投壺是大夫士禮者以經云主人請賓是下敵之辭與鄉飲酒鄉射同故知是大夫士也若諸侯則燕禮大射每事云請於公不得云主人請賓也此既非諸侯之禮而經云奏貍首者別取燕飲之義非謂尊卑之詩其諸侯相燕亦有投壺故左傳云晉侯與齊侯燕投壺然則天子亦有之但古禮亡無以知也其中之形刻木爲之狀如兕鹿而伏背上立圓圈以盛筭云奉之西堦上北面者案鄉射禮將射之時司射升自西階階上北面告於賓故知此司射奉中在西階上北面其執壺之人賤於司射故在司射之西以凡行禮統於主人雖俱在西堦而嘗尊東故燕禮大射宰夫代公爲主人與賓俱升西階而主人在東也。○注燕飲至射也。○正義曰知既脫屨升堂主人乃請投壺也者案燕禮取俎以出卿大夫皆降賓反入及卿大夫皆脫屨升就席羞庶羞之後乃云若射則大射正爲司射則知此亦在脫屨升堂之後若鄉射之禮則在飲酒未旅之前爲射以其詢衆庶禮重故早射異於燕射也

賓再

拜受主人般還曰辟賓再拜受拜受矢也主人既辟進授矢兩楹之間也○般步干反下同還音旋下同辟音避徐扶亦反注及下同主人阼階上拜送賓盤還曰辟拜送送矢也辟亦於其階上○〔疏〕賓再至曰辟○正義曰此一經論賓與主人受矢送矢之節○賓再拜受者賓既許主人投壺賓乃於西階上北面再拜遥受矢也主人般還曰辟者主人見賓之拜乃般曲折還謂賓曰今辟而不敢受言此者欲止賓之拜也於是賓及主人各來兩楹之間相就俱南面主人在東授矢與賓○主人阼階上拜送者主人既授矢之後歸還阼階上北面拜送矢也○賓般還曰辟者賓授矢之後歸於西階上見主人之拜賓為般還而告主人曰今辟而不敢受之言此者亦止主人拜知皆北面者案鄉飲酒鄉射拜受爵送爵皆北面故知亦當北面熊氏云以拜時還辟或可東西面相拜又以曰辟者是贊者來辭告主人及賓言曰辟義亦通也已拜受矢進即兩楹間退反位揖賓就筵主人既拜送矢又自受矢進即兩楹間者言將有事於此也退乃揖賓即席欲與階進明為偶也賓席主人席皆南鄉間相去如射物○鄉許亮反

〔疏〕已拜至就筵○正義曰此一經明賓主受矢之後就投壺之筵○已拜受矢者謂主人拜送矢之後主人贊者持矢授主人主人於阼階上受矢也○退即兩楹間退反位者主人受矢之後乃獨來就兩楹間者言將有事於此也看投壺處所乃却退反阼階之位○揖賓就筵者主人於阼階之上西面揖賓今就投壺之筵於是賓主各來就筵○注退乃至射物○正義曰云退乃揖賓者解經退反位揖賓也所以揖之者欲與賓俱即席相對為偶而共投壺云賓席主人席皆南鄉間相去如射物者以壺在於南故知投壺南鄉也投壺是射之類故知席相去如射物也物謂射者所立之處物長三尺隔一尺三寸兩物東西相去容一弓故鄉射記云物長如笴其間容弓距隨長武注云笴長三尺距隨者物橫畫也司射進度壺間以二矢半反位設中東面執八筭興度壺度其辨設之處也壺去坐二矢半則堂上去賓席主人席邪行各七尺也反位西階上位也設中東面既設中亦實八筭於中橫委其餘於中西執筭而立以請賓俟投○度徒洛反注同以二矢半一本無此四字依注則有筭悉亂反下皆同處昌許反坐才臥反又如字下同邪似嗟反○〔疏〕司射至筭興○正義曰前經賓主既就筵此經明進度壺并筭之節○司射進度壺者司射於西階之上於執壺之人處受壺乃東鄉來賓主筵前進所量度其壺置於賓主筵南○間以二矢半者投壺有三處室中堂中及庭中也日中則於室日晚則於堂太晚則於庭是各隨光明處也矢有長短亦隨地廣狹室中矢長五扶狹堂上稍廣矢長七扶庭中大廣矢長九扶四指曰扶扶廣四寸五扶者則二尺也七扶者則二尺八寸也九扶者則三尺六寸也雖矢有長短而度壺皆使去賓主之席各二矢半也室中去席五尺堂上則去席七尺庭中則去席九尺○反位者司射度壺既畢反還西階上位○設中者司射西階上取中稍進東面而設中也○東面執八筭興者既設中之後於中西東面手執八筭而興起其中裏亦實八筭○注亦實八筭於中橫委其餘於中西○正義曰此約鄉射文實八筭於中今此投壺射之類故云亦實八筭於中亦者亦鄉射也○請賓曰順投為入比投不釋勝飲不勝者正爵既行請為勝者立馬一馬從二馬三馬既立請慶多馬請主人亦如之請猶告也順投矢本入也比投不拾也勝

飲不勝言以能養不能也正爵所以正禮之爵也或以罰或以慶馬勝筭也謂之馬者若云技藝如此任為將帥乘馬也射投壺皆所以習武因為樂○比毗志反頻也徐扶質反注同勝飲上尺證反下於鴆反注及下同為于偽反勝者立馬俗本或此句下有一馬從二馬五字誤拾其劫反下文及注皆同技其綺反任音而林反將子匠反帥色類反樂音洛○〔疏〕請賓至如之○正義曰此一經明司射告賓主以投壺之法○順投為入者司射執八筭起而告賓黨為投壺之法也順本也言矢有本末投矢於壺以矢本入則為之釋筭也若矢以末入則不名為入亦不為之釋筭也○比投不釋者比頻也又賓主投壺法要更遞而投不得以前既入喜悅不待後人投之而已頻投頻投雖入亦不為之釋筭也○勝飲不勝者又告云若投勝者則酌酒飲於不勝者也正爵既行者又說飲法也正爵謂勝飲不勝之爵也以其正禮故謂為正爵既行謂行爵竟也○請為勝者立馬者此謂行正爵畢而為勝者立馬者則反取筭以為馬表於勝數也必謂筭為馬者馬是威武之用為將帥所乘今投壺及射亦是習武而勝者同表堪為將帥故云馬也○一馬從二馬者每一勝輒立一馬禮以三馬為成若專三馬則為一成但勝偶未必專頻得三若勝偶得二劣偶得一一既劣於

二故致取劣偶之一以足勝偶之二爲三故云一馬從二馬然定本無此一句○三馬既立請慶多馬者若頻得三成或取彼足爲三馬是其勝已成又酌酒慶賀於多馬之偶也○請主人亦如之者司射請賓之黨爲每事並應曰諾竟而司射又請主人事事亦如賓而主人皆亦曰諾如賓也案鄉射司射請賓於西階上請主人於阼階上則此請賓請主人皆亦就賓主之前也○注正爵至爲樂○正義曰此經正爵謂罰爵故下別云三馬既備請慶多馬今鄭注或以罰或以慶則慶馬勝筭亦爲正爵者鄭通而解之罰慶俱是正爵故下文云正爵既行請徹馬彼謂慶爵亦稱正爵也案鄉射禮三耦先射賓主乃射以射禮重也此投壺不立三耦以投壺禮輕故也

命弦者曰請奏貍首間若一大師曰諾弦鼓瑟者也貍首詩篇名也今逸射義所云詩曰曾孫侯氏是也間若一者投壺當以爲志取節焉○貍吏持反間間廁之間注同大音泰○【疏】命弦至曰諾○正義曰此一經明司射命工作樂節投壺之儀○命弦者曰請奏貍首者謂司射命遣鼓瑟之弦者請奏貍首之篇○間若一者謂前後樂節中間疏數如似一也○大師曰諾者大師應此司射曰諾諾承領之辭也○注弦鼓至節焉○正義曰知鼓瑟者鄭約鄉射禮用瑟也案下有魯鼓薛鼓節亦有鼓以弦爲重故特云命弦者云貍首詩篇名也者以與射義騶虞采蘋相類故知詩篇名也既非諸侯投壺而奏貍首者義取燕飲之儀猶如鄉射奏騶虞不計人之尊卑云投壺當以爲志取節焉者解所以間若一投壺者當聽之以爲志取投合於樂節故須中間若一也案鄉射三番初一番耦射不釋筭第二番釋筭未作樂第三番乃用樂此投壺發初則用樂者以投壺禮輕主於歡樂故也

左右告矢具請拾投有入者則司射坐而釋一筭焉賓黨於右主黨於左拾更也告矢具請更投者司射也司射東面立釋筭則坐以南爲右北爲左也已投者退各反其位○更古衡反下同○【疏】左右至於左○正義曰此一經論投壺之事中者釋筭之儀○左右告矢具者左謂主人右謂賓客司射告主與賓以矢具也○請拾投者拾更也司射又請賓主更遞而投於是乃投壺也○有入者則司射坐而設一筭焉者若矢入壺者則司射乃坐釋一筭於地也○賓黨於右者右謂司射之前稍南也○主黨於左者左謂司射之前稍北也○注已投者退各反其位○正義曰約鄉射禮射畢則各反其位則知投壺者畢亦各反其位虛後來也反位謂主黨於東賓黨於西○

卒投司射執筭曰左右卒投請數二筭爲純一純以取一筭爲奇遂以奇筭告曰某賢於某若干純奇則曰奇均則曰左右鈞卒已也賓主之黨畢已投司射又請數其所釋左右筭如數射筭一純以取實於左手十純則縮而委之每委異之有餘則橫諸純下一筭爲奇奇則縮諸純下兼斂左筭實於左手一純以委十則異之其他如右獲畢則司射執奇筭以告於賓與主人也若告云某賢於某者未斥主黨勝與賓黨勝與以勝爲賢尚技藝也鈞猶等也等則左右手各執一筭以告○數色主反注同爲純音全下及注同鄭注儀禮如字云純全也奇紀宜反下同遂以奇筭告一本此句上更有勝者司射五字誤鈞居旬反縮色六反直也其它音他勝與音餘下勝與同技其綺反【疏】卒投至右鈞○正義曰此一經明投壺筭數之儀○卒投者謂投壺卒也○司射執筭曰左右卒投請數者司射於壺西東面執筭請曰賓主之黨卒竟投請數筭二筭爲純一純以取者純全也二筭合爲一全地上取筭之時一純則別而取之○一筭爲奇者。一筭謂不全純者奇隻也故云一筭爲奇○遂以奇筭告者奇餘也謂左右數鈞等之餘筭手執而告曰某賢於某若干純者或左或右不定故稱某賢賢謂勝者也勝者若有雙數則云若干純假令十數則云五純也○奇則曰奇者若有奇數則曰奇假令九筭則曰九奇也○鈞則曰左右鈞者鈞猶等也等則左右各執一筭以告○注卒已至以告○正義曰云如數射筭者以投壺射之類故知此數投壺之筭如數射筭云一純以取至其地如右獲此皆鄉射之禮文也一純以取實於左手謂就地上之筭以右手每十一純別而取實於左手云十純則縮而委之每委異之者滿十純則從而委之於地司射東面則東西爲縮每十雙則東西縮爲一委每有十雙更別委之故云每委異之云有餘則橫諸純下者有餘謂不滿十雙或八雙九雙以下則橫於純下謂橫在十純之西南北置之云一筭爲奇奇則縮諸純下者若唯有一筭則縮之零純之下在零純之西東西置之此謂數右筭之法若數左筭則異於右筭謂揔斂地之筭實於左手之中每一純取以委地滿十則異之謂滿十純揔爲一委云其他如右獲者謂所縱所橫如右獲也

命酌曰請行觴酌者曰諾司射又請於賓與主人以行正爵酌者勝黨之弟子○觴失羊

反。本或作酗，同。當飲者皆跪奉觴曰賜灌，勝者跪曰敬養。酌者亦酌奠於豐上，不勝者坐取，乃退而跪飲之。灌猶飲也。言賜灌者，服而爲尊敬辭也。周禮曰以灌賓客。賜灌、敬養，各與其偶於西階上，如飲射爵。○跪，其委反。奉，芳勇反，下注奉觴同。灌，古亂反。養，羊尚反，注同。飲，於鴆反，下飲不勝同。〔疏〕命酌至敬養○正義曰：此一節明飲不勝之儀。命酌曰請行觴者，謂司射命此酌酒者曰：敬以請賓與主人行觴，謂罰爵之事，賓主已許，汝當酌之。○酌者曰諾者，謂勝黨之弟子曰諾，受領許酌，乃於西階上南面設豐，洗觶升酌，坐奠於豐上也。○當飲者皆跪奉觴曰賜灌者，謂勝者與不勝者俱升西階，勝者在東，不勝者跪取豐上之爵，手奉其觴曰：蒙賜灌。灌猶飲也。○勝者跪曰敬養者，勝者跪執之曰：敬以此觴而養不能。○注酌者勝黨之弟子○正義曰：此鄉射禮文也。案彼文云弟子奉豐升，設于西楹之西，勝者之弟子洗觶升酌，南面坐奠于豐上，是也。○注周禮至射爵○正義曰：此周禮典瑞文，引之者，證灌爲飲也。云賜灌敬養各與其偶於西階上如飲射爵者，以投壺射類，故約鄉射而知也。

正爵既行，請立馬。馬各直其筭，一馬從二馬，以慶。慶禮曰：三馬既備，請慶多馬。賓主皆曰：諾。飲不勝者畢，司射又請爲勝者立馬，當其所釋筭之前。三立馬者，投壺如射，亦三而止也。三者一黨不必三勝，其一勝者并其馬於再勝者，以慶之，明一勝不得慶也。飲慶爵者，偶親酌，不使弟子，無豐。○直，如字，又持吏反。爲，于僞反。〔疏〕正爵至徹馬○正義曰：此一經論飲不勝者畢，司射請爲勝者立馬，以表顯賢能之事。○正爵既行者，謂正禮罰酒之爵既行飲畢之後，司射乃請賓主，請爲勝者樹標立其馬也。○馬各直其筭者，直，當也，謂所立之馬各當其初釋筭之前所釋之筭東中之西也。○一馬從二馬者，投壺與射禮同，亦三番而止，每番勝者則立一馬。假令賓黨三番俱勝，則立三馬；或賓黨兩勝而立二馬，主黨一勝但立一馬，即以主黨從就賓黨二馬，以少足益於多，以助勝者爲榮。○以慶者，一馬從二馬之後，乃以慶賀多馬，故云以慶。但此經上云請立馬者，是司射請辭；馬各直其筭，一馬從二馬以慶，是禮家陳事之言也。慶禮曰三馬既備請慶多馬者，以還是司射請辭，言爲慶之禮，勝者三馬既已備具，請酌酒慶賀於多馬

者。賓主皆曰諾者，無問勝與不勝，皆稱曰諾。○注飲不至無豐○正義曰：云投壺如射亦三而止也者，以投壺射之類，故知亦三番而止。案鄉射禮，初番三耦射，但唱獲而已，未視筭，亦未飲不勝者；第二番耦射畢，賓主之黨皆射畢，乃數筭，飲不勝者；第三番三耦及賓主等皆射，中鼓節乃釋筭，飲罰爵。今投壺初則不立三耦，唯賓主三番而止。云三者一黨不必三勝者，解一馬從二馬之意，言或賓或主之黨，黨中不必三番得勝，故以一勝之馬并其馬於再勝者，以慶之，明一勝者不得慶也。云飲慶爵者偶親酌不使弟子無豐者，以飲不勝者之時賤其無能，故偶不親酌，使弟子酌奠於豐上，則鄉射禮所云者是也。今既尊賢，當須親酌，手自授之，故知不使其弟子，無豐也。皇氏以爲三番而止者，謂三耦投壺而止。案鄉射禮每番皆三耦而止，今云三耦投壺而止，非其義也。○正爵既行請徹馬○正義曰：此明飲慶爵之後，司射請徹去其馬，以投壺禮畢，無筭爵之事行。

筭多少視其坐。筭用當視坐投壺者之衆寡爲數也。投壺者人四矢，亦人四筭。○坐，如字，又才臥反，注同。籌，室中五扶，堂上七扶，庭中九扶。籌，矢也。鋪四指曰扶，一指案寸。春秋傳曰：膚寸而合。投壺者或於室，或於堂，或於庭，其禮褻隨晏早之宜，無常處。○籌，直由反。扶，方于反，下及注同。鋪，普烏反，又芳夫反。褻，息列反。處，昌慮反。筭長尺二寸。其節三扶可也。或曰筭長尺有握。握，素也。○長，直亮反，注同。壺頸脩七寸，腹脩五寸，口徑二寸半，容斗五升。壺中實小豆焉，爲其矢之躍而出也。壺去席二矢半。脩，長也。腹容斗五升，三分益一，則爲二斗，得圜囷之象，積三百二十四寸也。以腹脩五寸約之，所得求其圜周，圜周二尺七寸有奇，是爲腹徑九寸有餘也。實以小豆，取其滑且堅。○頸，吉井反，又九領反，徐其聲反。爲，于僞反。躍，羊略反。圜，音圓。囷，去倫反。奇，紀宜反。滑，乎八反。矢以柘若棘，毋去其皮。取其堅且重也。舊說云矢大七分，或言去其皮節。○柘，止夜反，木名。去，上聲，下皆同，又起呂反，注同。〔疏〕筭多至其皮○正義曰：此一節明筭及矢長短之數，又明壺之大小及矢之所用。以儀禮準之，此亦正篇之後記者之言也。今錄記者既陳正禮於上，又以此諸事繼之於下。筭多少視其坐者，言筭之多少視其所坐之人，每人四矢，人別四筭也。○籌室中五扶堂上七扶庭中九扶者，籌，矢

也室中最狹故五扶堂上差寬故七扶庭中彌寬故九扶○注投壺者人四矢○正義曰案鄉射及大射人皆乘矢故知四矢也○注籌矢至常處○正義曰云春秋傳曰膚寸而合者此僖三十一年公羊傳文彼云觸石而出膚寸而合不崇朝而徧雨乎天下唯泰山爾引之者證彼膚與此扶同也○注脩長至餘也○正義曰腹容斗五升三分益一則爲二斗者既稱腹容斗五升又云三分益一者以斗五升其數難計故加三分益一爲二斗從整數計之云得圜囷之象積三百二十四寸也者以筭法方一寸高中六尺二分爲一升則一斗之積方一寸高一百六十二寸也二斗之積爲三百二十四寸也於此壺之圜囷之中凡有三百二十四寸也云以腹脩五寸約之所得者腹之上下高五寸共有三百二十四寸今且以壺底一寸約之即於三百二十四寸之中五分之一得六十四寸八分也是腹脩五寸約之所得之數也云求其圜曰圜周二尺七寸有奇者壺底一重既有六十四寸八分以圜求方須三分加一六十四寸八分分爲三分則一分有二十一寸六分并前六十六寸八分得八十六寸八分也即是壺底一重方積之數也今將八十六寸開方積之九九八十一則爲方九寸強也一面有九寸強四面凡有三十六寸強今以方求圜四分去一有二十七寸強是壺圜周二尺七

寸有強故云圜周二尺七寸有奇也鄭之此計據一斗之數必知然者壺徑九寸以圜求方以方九寸計之凡九九八十一壺底一重有八十一寸五重則有五箇八十一寸總爲四百五寸今以方求圜四分去一去其一百一寸四分寸之一餘三百三寸四分寸之三於二斗之積三百二十四寸之內但容三百二寸四分寸之三餘有二十寸四分寸之一不盡故云圜周二十七寸有奇乃得盡也若以斗五升計之計一十五升之積有二百四十三寸則壺之所徑唯八寸餘也得容此數必知然者凡方八寸開方計之八八六十四得六十四寸壺高五重則五箇六十四寸總爲三百二十寸以方求圜四分去一去八十寸餘有二百四十寸於一斗五升之積餘有三寸不盡是壺徑八寸有餘乃得盡也今檢鄭之文注之意以二十整數計之不取經文斗五升之義故云圜周二尺七寸有奇今筭者以其二尺七寸之圜必受斗五升之物數不相會也云壺體腹之上下各漸減殺苟欲望合恐非鄭意

魯令弟子辭曰毋幠。毋敖毋偝立毋踰言偝立踰言有常爵薛令弟子辭曰毋幠毋敖毋偝立毋踰言若是者浮

弟子賓黨主黨年稱者也爲其立堂下相褻慢司射戒令之記魯薛者禮衰乖異不知孰是也幠敖慢也偝者不正鄉前也踰言遠談語也常爵常所以罰人之爵也浮亦謂是也晏子春秋曰酌者奉觴而進曰君令浮晏子時以罰梁丘據浮或作匏或作符踰或爲遥○幠好吾反下同敖也敖五報反又五羔反下同敖慢也偝音佩徐符代反舊又薛敗反浮音縛謀反罰也稱音直吏反爲音于僞反鄉許亮反據本又作處同音据匏薄交反

疏　魯令弟子辭曰至若是者浮○正義曰此一篇是周公正經而有魯薛之事者錄記之人以周衰之後魯之與薛有當時投壺號令弟子之異未知孰是故因以記之也○毋幠毋敖者幠亦敖也號令弟子云毋得幠而敖慢也○毋偝立毋踰言偝立踰言有常爵者毋偝立謂不正面前毋得踰言謂遠相談話若偝立踰言有常刑之罰爵也若是者浮浮亦罰也薛令弟子辭曰若如是偝立踰言者則有浮罰之爵薛令弟子異於魯者其魯令弟子則稱偝立踰言有常爵薛令弟子則總稱若是者浮浮亦罰也其言辭詳略雖異其意則同○注晏子至丘據○正義曰引晏子春秋者證浮是罰爵之義故小爾雅云浮罰也

鼓。○□○○□□○□○○□半。○□○□○○○□

□○□○魯鼓○□○○□□○□○○□○□○

○□□○半○□○○○。□□○薛鼓　此魯薛擊鼓之節也圜者擊鼙方者擊鼓古者舉事鼓各有節聞其節則知其事矣○圜音圓鼙薄迷反鄭呼爲鼙也其聲下其音榻榻然榻音吐臘反□方鼓鄭呼爲鼓也其聲高其音鏜鏜然鏜音吐郎反

取半以下爲投壺禮盡用之爲射禮　投壺之鼓半射節者投壺射之細也射謂燕射　司射庭長及冠士立者皆屬賓黨樂人及使者童子皆屬主黨　庭長司正也使者主人所使薦羞者樂人國子能爲樂者此皆與於投壺○長丁丈反注同冠古亂反與音預

魯鼓○□○○□□○○半○□○○。□○○○□

○□○薛鼓○□○○○□○□○□○○○□○□

○○□○半○□○□○○○○□○　此二者記兩家之異故兼列之

疏

魯鼓薛鼓○註云此魯薛擊鼓之節也圜者擊鼙方者擊鼓○正義曰以鼓節有圜點有方點故以爲圜者擊鼙方者擊鼓若頻有圜點則頻擊鼙聲每一圜點則一擊鼙聲若頻有方點則頻擊鼓聲也但記者因魯薛擊鼓之異圖而記之但年代久遠無以知其得失○注射謂燕射○正義曰以此射與投壺相對用半鼓節爲投壺用全鼓節爲射禮又投壺在室在堂是燕樂之事故知此射亦謂燕射非大射及鄉射也○注庭長至投壺○正義曰經云司射庭長案鄉飲酒將旅之時使相爲司正在庭中立于觶南北面察飲酒不如儀者故知庭長司正也冠士者謂外人來觀投壺成人加冠之士尊之故令屬賓黨若童子賤則屬主黨也云樂人國子能爲樂者以國子習樂故云國子能爲樂者欲明此樂人非瞽矇視瞭之徒以其能與主人之黨而觀禮故知非作樂瞽人也案國子是王子公卿大夫元士之子今來觀樂士大夫投壺者以國之俊選皆在學習樂共士子來觀投壺非謂一皆是王子及公卿大夫之子也云此皆與於投壺者鄭恐但來觀其禮不觀投壺經既云屬賓黨主黨則是入賓主之朋故云與於投壺也

附釋音禮記注疏卷第五十八

江西南昌府學栞

禮記注疏卷五十八挍勘記　阮元撰盧宣旬摘錄

附釋音禮記注疏卷第五十八 惠棟挍宋本禮記正義卷第六十五

三年問第三十八

三年之喪何也節 惠棟挍宋本無此五字

三年至也哉 惠棟挍宋本無此五字

故稱其痛情而立三年之文 閩監本同毛本痛作病

則孝子送死之情何時得巳 閩監本同毛本送誤道

凡生天地之閒者節

蹢躅焉踟躕焉 各本同石經闕釋文躅作蹋踟作踶云字或作踟嘉靖本誤作踟蹰

凡生至不窮 惠棟挍宋本無此五字

將由夫脩飾之君子與節

將由夫脩飾之君子與 閩監本石經岳本嘉靖本同毛本脩作修衛氏集說同

然則何以至期也節

將由至窮也 惠棟挍宋本無此五字

雖至親皆期而除也 閩監毛本岳本嘉靖本衛氏集說同惠棟挍宋本至作在段玉裁云荀子注引亦作至

然則至之也 惠棟挍宋本無此五字

及父在爲母但以期也 閩監毛本同惠棟挍宋本以作一

由九月以下節 惠棟云由九月節宋本分故三年之喪以下另爲一節

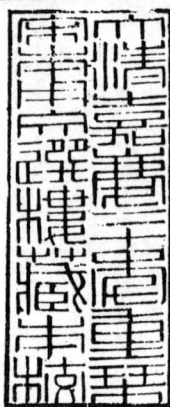

前世行之久矣 惠棟挍宋本作之岳本嘉靖本衛氏集說同考文引古本足利本同此本之誤良閩

監毛本同宋監本亦作之矣作也

由九至盡矣　惠棟挍宋本無此五字

既法天地與人　惠棟挍宋本同閩監毛本法上衍取字

深衣第三十九

故喪服儀云也　閩監毛本同衞氏集說同浦鏜儀改傳是

古者深衣節

鉤讀如鳥喙必鉤之鉤　閩監本岳本嘉靖本同毛本鳥誤烏衞氏集說喙誤啄釋文出烏喙

齊緝　閩監毛本岳本嘉靖本同考文引古本緝下有也字衞氏集說同釋文出緝也

或低或仰　閩本岳本嘉靖本衞氏集說同考文引古本監毛本仰作卬惠棟挍宋本或仰作若仰宋監本同六經正誤下或亦作若釋文出若卬云本又作仰○按卬與仰音同義近故古多互用

三十以下無父稱孤　閩監毛本岳本嘉靖本衞氏集說同惠棟挍宋本以作已考文引古本同

古者至篇末　惠棟挍宋本無此五字

又袂之長短反詘之及肘者　閩監毛本同惠棟挍宋本無又字衞氏集說同

經言純袂恐口外更緣　閩監毛本同惠棟挍宋本無恐字。案自奔喪第三十四盡此篇宋監本禮記卷第十八經三千六百三十八字注三千四百八十八字嘉靖本禮記卷第十八經三千六百三十四字注三千七百五字

投壺第四十

投壺之禮節

既脫屨升堂主人乃請投壺也　衞氏集說同閩監毛本嘉靖本堂作坐岳本同

敢固以請賓曰某既賜矣　閩監毛本石經岳本嘉靖本衞氏集說同盧文弨云大戴無固字是

觀注則此處亦不當有

投壺至敬從　惠棟挍宋本無此五字

西面奉持其矢　惠棟挍宋本作持衞氏集說同此本持誤柱閩監毛本持誤拄各本面字同山井鼎云宋板面作南案南字非也下云知西面者以賓在西故知西面對賓也是無南字義也

知既脫屨升堂主人乃請投壺也者　閩監毛本堂作坐下亦在脫屨升堂之後同衞氏集說亦作脫屨升堂

司射進節

執八筭興　閩監本石經岳本嘉靖本同毛本筭作算下並同衞氏集說唯此筭作算下並作筭釋文出八筭云下皆同，按筭籌字與算數字有別說文云从竹从弄言常弄乃不誤也

司射至筭興　惠棟挍宋本無此五字

是各隨光明處也　閩監毛本同惠棟挍宋本處作故衞氏集說同

反還西階上位　惠棟挍宋本作反衞氏集說同此本反誤更閩監毛本同

請賓曰順投爲入節

請爲勝者立馬一馬從二馬　各本同石經同釋文出勝者立馬云俗本或此句下有一馬從二馬五字誤正義云定本無此一句今大戴記亦無此一馬從二馬五字孫志祖云鄭注一馬從二馬之義在下文疑此處無此五字也

請賓至如之　惠棟挍宋本無此五字

卒投節

卒投至右鈞　惠棟挍宋本無此五字

則別而取之〇一筭爲奇者一筭　閩監本同毛本。誤倒在一筭爲奇者下

謂揔斂地之筭　閩監毛本同衞氏集說同惠棟校宋本斂作歛

命酌曰節

請行觴　惠棟校宋本石經岳本嘉靖本同閩監毛本觴作觴衞氏集說同釋文出行觴云字或作觴此本下奉觴又作觴岐出惠棟校宋本石經岳本並作奉觴三本及集說並作奉觴。按觴觴正俗字

酌者亦酌貧於豐上　閩監毛本岳本嘉靖本同衞氏集說亦酌作升酌

命酌至敬養　惠棟校宋本無此五字

正爵既行節　惠棟云正爵節宋本分正爵既行請徹馬爲一節

當其所釋筭之前三立馬者　惠棟校宋本岳本嘉靖本衞氏集說同閩監毛本之前誤時也

一黨不必三勝　惠棟校宋本岳本嘉靖本衞氏集說同閩監毛本必誤得

正爵至徹馬　惠棟校宋本無此五字

以投壺射之類故知亦三番而止　惠棟校宋本同閩監毛本之類故誤禮觀之

乃數筭飲不勝者　惠棟校宋本同閩監毛本數誤釋衞氏集說同

乃釋筭飲罰爵　惠棟校宋本同衞氏集說同閩監毛本罰爵誤卒觶

云三者一黨不必三勝者　惠棟校宋本同閩監毛本必誤得

黨中不必三番得勝　惠棟校宋本同閩監毛本必誤能

謂三耦投壺而止　閩監毛本同惠棟校宋本耦作偶下同。按作偶非也

筭多少視其坐節

壺去席二矢半　閩監本石經岳本嘉靖本衞氏集說同考文引古本足利本同毛本矢誤尺

得圜囷之象積三百二十四寸也　閩監毛本岳本嘉靖本衞氏集說同宋本三作七惠棟云宋本七字誤

或言去其皮節　惠棟校宋本宋監本岳本嘉靖本衞氏集說同考文引古本同閩監毛本言去其皮誤以棘取無

筭多至其皮　惠棟校宋本無此五字

明筭及矢長短之數又明壺之大小　惠棟校宋本同衞氏集說同閩監毛本之數又明誤多少并言

此亦正篇之後記者之言也　惠棟校宋本同衞氏集說同閩監毛本後記者之誤意彼以正

繼之於下筭多少視其坐者　惠棟校宋本同閩監毛本於下筭誤。筭之

每人四矢人別四筭也　惠棟校宋本同閩監毛本人別誤亦人

從整數計　閩監本同毛本計誤記

鄭之此計據一斗之數　閩監毛本同惠棟校宋本一作二衞氏集說同

四分寸之三於二斗之積　閩監本同衞氏集說同毛本三作二

故云圜周二十七寸有奇　閩監毛本同衞氏集說同惠棟校宋本十作尺

魯令弟子辭曰節

毋幠　閩監毛本石經岳本衞氏集說同釋文幠作幠嘉靖本同案字當從巾作幠從心作憮者誤也下毋幠同

毋偝立　各本同石經同毛本立誤力

記魯薛者　惠棟校宋本作記宋監本岳本嘉靖本同考文引古本同此本記誤謂閩監毛本同衞氏集說誤詞

魯令弟子辭曰至若是者浮　惠棟校宋本無此十一字

毋得踰言謂遠相談話　閩監毛本同惠棟校宋本無得字

鼓節

皷　閩監本作鼓石經岳本嘉靖本衞氏集說同毛本作鼔下鼔字並同。按鼔从𡿪凡从支从皮从攴皆俗誤也段玉裁云說文弓部弢下云从弓从𡿪𡿪垂飾與鼔同意則鼔之从𡿪憭然矣毛本注疏凡鼔字並從𡿪甚是

薛皷　薛字各本並同毛本作辥下同

此魯薛擊鼓之節也　閩監本岳本嘉靖本衞氏集說亦作節毛本節誤辥

半○□○○○□　閩監毛本同石經無第四○作半○□○□岳本同衞氏集說同通解同考文引足利本同石經考文提要引南宋巾箱本同

魯皷薛皷○注云此魯薛擊鼓之節也圜者擊鼙方者

擊鼓　閩監毛本同惠棟校宋本無此廿三字

但年代久遠　閩監本同惠棟校宋久作大

又投壺在室在堂是燕樂之事　閩本同惠棟校宋本同衞氏集說同監毛本燕樂誤樂禮

非謂一皆是王子及公卿大夫之子也　閩監本同毛本下子誤士

附釋音禮記注疏卷第五十八　惠棟校宋本禮記正義卷第六十五終記凡二十二頁

禮記注疏卷五十八校勘記

附釋音禮記注疏卷第五十九

儒行第四十一

○陸曰行音下孟反鄭云以其記有道德之所行儒之言優也和也言能安人能服人也此注云儒行之作蓋孔子自衞初反魯之時也【疏】正義曰案鄭目録云名曰儒行者以其記有道德者所行也儒之言優也柔也能安人能服人又儒者濡也以先王之道能濡其身此於別録屬通論案下文云儒有過失可微辨而不可面數搏猛引重不程勇力此皆剛猛得爲儒者但儒行不同或以遜讓爲儒或以剛爲儒其與人交接常能優柔故以儒表名

鄭氏注　孔穎達疏

魯哀公問於孔子曰夫子之服其儒服與哀公館孔子見其服與士大夫異又與庶人不同疑爲儒服而問之○服與音餘

孔子對曰丘少居魯衣逢掖之衣長居宋冠章甫之冠丘聞之也君子之學也博其服也鄉丘不知儒服逢猶大也大掖之衣大袂禪衣也此君子有道藝者所衣也孔子生魯長而之宋而冠焉宋其祖所出也衣少所居之服冠長所居之冠是之謂鄉言不知儒服非哀公意不在於儒乃今問其服庶人禪衣袂二尺二寸袪尺二寸○少詩照反注同衣於既反注所衣也衣少所居同逢掖上如字下音亦長丁丈反注同冠章古亂反注而冠長所居同章甫殷冠也單衣本亦作禪音丹袪去居反

哀公曰敢問儒行孔子對曰遽數之不能終其物悉數之乃留更僕未可終也遽猶卒也物猶事也留久也僕大僕也君燕朝則正位掌擯相更之者爲久將倦使之相代○行下孟反下力行同遽其據反急也數色主反下同更古衡反代也注同一音加孟反卒七忽反大音泰朝直遥反擯必慎反相息亮反爲于僞反下爲孔子同

哀公命席爲孔子布席於堂與之坐也君適其臣升自阼階所在如主

孔子侍曰儒有席上之珍以待聘夙夜強學以待問懷忠信以待舉力行以待取其自立有如此者席猶鋪陳也鋪陳往古堯舜之善道以待見問也大問曰聘舉見舉用也取進取位也○強居兩反又如字下同

儒有衣冠中動作慎其大讓如慢小讓如僞大則如威小則如愧其難進而易退也粥粥若無能也其容貌有如此者中中間謂不嚴厲也如慢如僞言之不愊怛也如威如愧如有所畏○慢音優易以豉反下險易同粥徐本作鬻章六反卑謙貌一音羊六反愊普力反一音逼謂愊怛也怛丹達反驚怛也本或作恨者非

儒有居處齊難其坐起恭敬言必先信行必中正道塗不爭險易之利冬夏不爭陰陽之和愛其死以有待也養其身以有爲也其備豫有如此者齊難齊莊可畏難也行不爭道止不選處所以遠鬬訟○齊側皆反注同難乃旦反注同行皇如字舊下孟反夏戶嫁反爲于僞反處昌慮反遠于萬反

儒有不寶金玉而忠信以爲寶不祈土地立義以爲土地不祈多積多文以爲富難得而易祿也易祿而難畜也非時不見不亦難得乎非義不合不亦難畜乎先勞而後祿不亦易祿乎其近人有如此者祈猶求也立義以爲土地以義自居也難畜難以非義久留也勞猶事也積或爲貨○積子賜反又如字易以豉反又如字畜許六反見賢遍反近附近之近下可近同

儒有委之以貨財淹之以樂好見利不虧其義劫之以衆沮之以兵見死不更其守鷙蟲攫搏不程勇者引重鼎不程其力往者不悔來者不豫過言不再流言不極不斷

其威不習其謀其特立有如此者。

淹謂浸漬之。劫劫脅也沮謂恐怖之也鷙蟲猛鳥猛獸也字從鳥鷙省聲也程猶量也重鼎大鼎也搏猛引重不量勇力堪之與否當之則往也雖有負者後不悔也其所未見亦不豫備平行自若也不再猶不更也不極不問所從出也不斷其威常可畏也不習其謀口及則言不豫其說而順也斷或爲繼。淹於廉反樂五孝反又音岳好呼報反劫居業反沮在呂反注同鷙與摯同音至攫俱縛反一音九碧反搏音博程音呈斷音短直卿反絕也又下亂反注同浸子鴆反漬才賜反脅許劫反恐曲勇反怖普路反省所景反量音亮又音良下同更居孟反

【疏】魯哀公問於孔子者言夫子自衛反魯哀公館於孔子問以儒行之事記者錄之以爲儒行之篇孔子說儒凡十七條其從上以來至下十五條皆明賢人之儒其第十六條明聖人之儒包上十五條賢人儒也其十七條之儒是夫子自謂也今此一節明哀公至孔子之家見孔子衣服之異疑其儒服遂問儒行爲孔子命席方說儒行之事也。君子之學也博者言徧知今古之事也。其服也鄉者其冠服須依所居之鄉也。丘不知儒服者不知猶不識也言我所服但依其鄉之服不知儒服言此者譏哀公意不在儒欲侮笑其服故以此言非之。注逢猶至二寸。正義曰謂逢猶盛大之貌詩云維柞之枝其葉蓬蓬是蓬爲盛大之貌也云大掖之衣大袂禪衣也者掖謂肘掖之所寬大故云大袂禪衣也禮大夫以上其服侈袂鄭注司服云侈之者半而益一袂三尺三寸袂尺八寸朝祭之服必表裏不禪也孔子若依尋常侈袂服則哀公無由怪之以其大袂禪衣異於士大夫常服故問之云非哀公意不在於儒者今若在儒孔子新來則應問以儒行今乃問其服是意欲侮戲夫子故下文云不敢以儒爲戲明此時意以爲戲也云庶人禪衣袂二尺二寸者庶人無朝祭之事故知禪衣袂二尺二寸云袂尺二寸者玉藻文言深衣之制如此今夫子著禪衣與庶人同其袂大與庶人異故謂衣爲逢掖也則此大袂深衣也長居宋冠章甫之冠言夫子生於魯長於宋魯有大袂禪衣宋有章甫之冠故知大袂之衣是少所居之服也章甫之冠是長所居之冠案曲禮云去國三世唯興之日從新國之法孔子曾祖防叔防叔生木金木金生伯夏伯夏生良紇良紇生孔子防叔奔魯至孔子五世應從魯冠而猶著殷章甫冠者以立爲制法之主故有異於人所行之事多用殷禮不與尋常同也且曲禮從新國之法祇謂禮儀法用未必衣服盡從也禮臣朝於君應著朝服而著常服者時孔子自衛新還哀公館之非是常朝服

衣冠異也遽數之不能終其物者遽卒也數說也終盡也物事也孔子荅言儒行深遠非可造次若急而說則不能盡事也。悉數之乃留更僕未可終也者留久也若欲細悉說之則乃大久也更僕者更代也僕大僕也君燕朝則大僕正位掌擯相也言若委細悉說之則大久僕侍疲倦宜更代之未可終也若不更僕則事未可盡也。哀公命席者哀公既聞孔子所荅稱儒行不敢造次而盡故命掌筵者爲夫子布席也故注云爲孔子布席於堂與之坐也君適其臣升自阼階所在如主。孔子侍者此一經明孔子侍坐於哀公說儒行修立已身終始之事。儒有席上之珍以待聘者席猶鋪陳也珍謂美善之道言儒能鋪陳上古堯舜美善之道以待君上聘召也盧云儒是侍坐席之珍可重也此經論儒者自學修飾立身之事不應直云席上之珍可重故鄭不從也。力行以待取者言已修身勵力行之擬待進取榮位也其自立有如此者謂自修立已身有如此行在上之諸事也。儒有衣冠中者此明儒者容貌之事儒有衣冠中者中間言儒者所服衣冠在尋常人之中間不嚴厲自異也動作慎者謂舉動與作恒謹慎也。其大讓如慢謂有人以大物與已已之讓此大物之時辭貌寬緩如傲慢然。小讓如僞者言讓其小物如似詐僞亦謂寬緩不急切也言儒不以利動也。大則如威者言有大事之時形貌則如似有所畏懼也。小則如愧者言行小事之時則如似有所慙愧如威如愧皆謂重慎自貶損。粥粥若無能也者粥粥是柔弱專愚之貌言形貌粥粥然如無所能也。注中中至所畏。正義曰中中間者言儒者衣冠在常人中間則孔子逢掖之衣是也云如慢如僞言之不愊怛也者愊怛謂急促之意言語之時不愊怛切急如似慢怠如似僞然庾氏云讓大物不受拒於人急如似傲慢讓小物之時初讓後受如似僞然與注意不合非鄭旨也。儒有居處齊難者此明儒者先以善道豫防備患難之事。居處齊難者凡所居處容貌齊莊可畏難也貌既如此人則無由慢之也。道塗不爭險易之利者塗路也君子行道路不與人爭平易之地而避險阻以利已也。冬夏不爭陰陽之和者冬溫夏涼是陰陽之和處冬日暖處則暄夏日陰處則涼此並爲山人所競唯儒者讓而不爭也故注云行不爭道止不避處所以遠闕訟也。愛其死以有待也者此解不爭也言愛死以待明時養其身以有爲也者言養身爲行道德也。其豫備有如此者言儒者先行善道豫防患害有如此在諸事上也儒有不寶金玉而忠信以爲寶者此解經明儒者懷忠信仁義之事也。儒有不寶金玉而忠信以爲寶者言儒懷忠信仁義以與人交不貪金玉利祿以與人

競人則親而近之○不祈土地立義以爲土地者言儒者祈土之福以義自居故云以爲土地○不祈多積多文以爲富者積積聚財物也儒以多學文章技藝爲富不求財積以利其身也○難得而易祿也儒以道之世則仕是難得也先事後食是易祿也○易祿而難畜也者無義則去是難畜也○非時不見不亦難得乎者非時謂非明時則不見是不亦難得乎○非義不合不亦難畜乎者君有義而與之合無義則去是難畜也○其近人有如此者言儒者親近於人有如此在上之諸事也○儒有委之以貨財者此明儒者之行有異於衆挺特而立不與同羣之事○儒有委之以貨財淹之以樂好者言儒者之行人或委聚之以貨財謂多以貨財委之淹之以樂好謂他人淹漬之以愛樂華好之事言以愛樂玩好浸漬之也○見利不虧其義者謂儒者執持操行雖見貨財樂好之利不虧損己之義事苟且而愛也劫之以衆沮之以兵者謂他人劫脅以軍衆沮恐之以兵刃也○見死不更其守者言儒者雖見劫見沮以致於死終不更改其所守之志而苟從之免死也○鷙蟲攫搏不程勇者言儒者若逢鷙猛之蟲則身自攫搏不程量武勇堪當以否遇即行也○引重鼎不程其力者言引重鼎不豫備商量已力堪引以否言見則引之此攫搏引鼎喻艱難之事言儒者見艱難之事遇

則行之不豫度量也此實暴虎之事而得爲儒者孔子此言雖託儒爲事其實自述也若春秋夾谷之會孔子欲斬齊之優儒是也案定十年公與齊侯會於夾谷之地於時孔子爲都禮之事齊人欲劫辱魯君孔子使人拒之而又齊人之樂俳優及侏儒者於魯幕下弄魯君孔子命誅之斷其手足異門而出齊侯不敢輕魯還汶陽之田及所侵之地並歸於魯是夫子之功儒者亦有勇不避艱難引之者言儒者有勇○往者不悔者言儒者有往過之事雖有敗負不如其意亦不追悔也○來者不豫者謂將來之事其所未見亦不豫前防備言已往及未來平行自若也○過言不再者再更也言儒者有愆過之言不再爲之○流言不極者極謂窮極若聞流傳之言不窮其根本所從出處也言儒者識慮深遠聞之則解故不窮極其所出也○不斷其威者斷絶也言儒者不暫絶其威嚴容止常可畏也○不習其謀者逢事則謀不豫習也○其特立有如此者言餘人不能唯儒者獨行特立有如此之行也○注淹謂至順也○正義曰淹謂浸漬之也言樂好之事民之所嗜易以溺人云淹之樂好故知淹爲浸漬也云沮謂恐怖之也以沮謂敗壞於人是恐怖之也俗本沮或爲阻字謂阻難之事云鷙蟲猛鳥猛獸也者蟲是鳥獸通名故爲猛鳥猛獸云字從蟲鷙省聲也者言鷙蟲既是猛鳥猛獸但獸摯從執下著手鳥鷙從執下著鳥今鷙包兩義以獸鷙從鳥故云省也執下著鳥執下著手俱是鷙聲故云聲也但以脚取之謂之攫以翼擊之謂之搏云雖有負者亦不悔也者身行往過之事雖有負敗不追悔也云平行自若者若如也言雖有負敗及未見之事不恥愧憂慮但平常而行志意自如也云不習其謀口及則言不豫其說而順也者口及則言謂口及其事則言論謀度之不豫前備其言說而順從所謀之也

儒有可親而不可劫也可近而不可迫也可殺而不可辱也其居處不淫其飲食不溽其過失可徵辨而不可面數也其剛毅有如此者淫謂傾邪也恣滋味爲溽溽之言欲也○溽音辱數所具反毅魚既反邪似嗟反

疏　儒有至此者○此明儒有剛毅之事居處不淫者淫謂傾邪也言儒者性既剛毅故居處不傾邪也○飲食不溽者溽之言欲也即濃厚也言儒性既剛毅故飲食常質不濃厚也○其剛毅有如此者言儒者其剛強嚴毅有如此諸事

儒有忠信以爲甲胄禮義以爲干櫓戴仁而行抱義而處雖有暴政不更其所其自立有如此者甲鎧胄兜鍪也干櫓小楯大楯也○胄直又反櫓音魯戴音戴本亦作戴鎧開代反兜丁侯反鍪莫侯反小楯時準反又音允徐辭尹反

疏　儒有忠信至此者○此明儒者自立之事也○忠信以爲甲胄注云甲鎧胄兜鍪也干櫓小盾也大盾也甲胄干櫓所以禦其患難儒者以忠信禮義亦禦其患難謂有忠信禮義則人不敢侵侮也○戴仁而行仁之盛○抱義而處義不離身○雖有暴政不更其所者更改也不改其志操迥然自成立也○雖與前自立文同其意異於上也其自立有如此者初第一儒言自立者謂強學力行而自修立也此經自立者謂獨懷仁義忠信也

儒有一畝之宮環堵之室篳門圭窬蓬戶甕牖易衣而出并日而食上荅之不敢以疑上不荅不敢以諂其仕有如此者言貧窮屈道仕爲小官也宮爲牆垣也環堵面一堵也五版爲堵五堵爲雉篳門荆竹織

門也圭窬門旁窬也穿牆爲之如圭矣并日而食二日用一日食也上荅之謂君應用其言。堵音覩方丈爲堵篳徐音畢杜預云柴門也圭窬徐音豆說文云穿木戶也郭璞三蒼解詁云門旁小窬也音豆左傳作竇杜預云圭竇小戶也上鋭下方狀如圭形也蓬步紅反蓬戶以蓬爲戶也甕烏貢反牖音酉以甕爲牖并必政反注同日而一反諂本又作讇勑檢反穿音川應應對之應【疏】儒有一畝之宮至此者。此明儒者仕宦能自執其操也。儒有一畝之宮者一畝謂徑一步長百步爲畝若折而方之則東西南北各十步爲宅也牆方六丈故云一畝之宮宮謂牆垣也環堵之室者環謂周迴也東西南北唯一堵。篳門圭窬篳門謂以荆竹織門也杜氏云柴門也圭窬門旁窬也穿牆爲之如圭矣故云圭窬說文云穿木爲戶左傳作竇謂門旁小戶也上鋭下方狀如圭也。蓬戶甕牖者蓬戶謂編蓬爲戶又以蓬塞門謂之蓬戶甕牖者謂牖窻圓如甕口也又云以敗甕口爲牖。易衣而出者王云更相衣而後可以出如王之意是合家共一衣故言出更著之也。并日而食者謂不日日得食或三日二日并得一日之食故注云二日用一日食也。上荅之不敢以疑者上君也荅之謂已有言語君應荅而用之不敢以疑謂已決竭心力不敢疑貳於君也亦謂雖被信任用不敢

猜疑於君上也言儒者仕宦盡忠。上不荅不敢以諂者已有言語而君不用及不見使則已宜靜默不敢諂媚來進也。注貧窮至爲雉。正義曰貧窮屈道仕爲小官也者以經云其仕有如此者是仕官之人今乃篳門圭窬仕爲小官儒有大德而仕小官故知貧窮屈道也云五版爲堵五堵爲雉者定十二年公羊傳文引之者證堵之大小高一丈長三丈爲雉

儒有今人與居古人與稽今世行之後世以爲楷適弗逢世上弗援下弗推讒諂之民有比黨而危之者身可危也而志不可奪也雖危起居竟信其志猶將不忘百姓之病也其憂思有如此者稽猶合也古人與合則不合於今人也援猶引也取也推猶進也舉也危欲毀害之也起居猶舉事動作信讀如屈伸之伸假借字也猶圖也信或爲身。稽古奚反注同楷苦駭反法式也援音袁注下同推昌誰反注同讒仕咸反比毗志反徐扶至反信依注爲伸音申思息嗣反【疏】儒有今人至此者。此明儒者雖身不居明代猶能憂思愛及於人之事也。今人與居古人與稽者言儒與今世小人共居住與古人之君子意合同也今世行之後世以爲楷者楷法式也言儒者行事以爲後世楷模法式。適弗逢世者適之也謂已之生於澆薄之時不逢明世也。上弗援者援引也取也既不逢明時又不爲君上之所引取也。下弗推者下謂民人也謂進舉也言身在下不遇之時又不爲民下所薦舉也。讒諂之民有比黨而危之者危謂毀害也既不爲君所引又不爲民所薦唯有讒諂之民其羣黨連比共危亡已者也身可危也而志不可奪也者言身乃可危而心志不可變奪也故論語云守死善道是也。雖危起居竟信其志者起居猶舉動也竟終也信讀爲伸雖比黨之民共危已而行事舉動猶能終伸我已之志操不變易也。猶將不忘百姓之病也者猶圖也身雖不遇其世所圖謀不忘百姓之所憂病也言常念之也其憂思有如此謂儒者身雖不遇猶能憂思於人有如在上之事也。注信讀如屈伸之伸假借字也。正義曰此是信字義當如舒伸之伸但古之字皆假借此信字以爲屈伸之伸也

儒有博學而不窮篤行而不倦幽居而不淫上通而不困禮之以和爲貴忠信之美優游之法舉賢而容衆毀方而瓦合其寬裕有如此者不窮不止也幽居謂獨處時也上通謂仕道達於君也既仕則不困於道德不足也忠信之美美忠信者也優游之法法和柔者也毀方而瓦合去已之大圭角下與衆人小合也必瓦合者亦君子爲道不遠人。行下孟反上時掌反又如字注同裕羊樹反去起呂反遠于萬反又如字【疏】儒有博學至此者。此明儒有寬裕之事。博學而不窮者謂廣博學問而不窮止。篤行而不倦者篤猶純也又有純壹之行而行之不疲倦也。幽居而不淫者幽居謂未仕獨處也淫謂傾邪也君子雖復隱處常自脩整不傾邪也。上通而不困者上通謂身得通達於君有道德被用也不困謂既在其位必行其正使德位相稱不爲困弊不足也以儒德之備也。禮之以和爲貴者禮以體別爲理人用之嘗患於貴賤有隔尊卑不親儒者用之則貴賤有禮而無間隔故云以和爲貴也。忠信之美者見人有忠信則已美之。優游之法者優柔者和柔也見人和軟則已法之。慕賢而容衆者以見賢思齊是慕賢也汎愛一切是容衆也。毀方而瓦合者方謂物之方正有圭角

鋒鍔也。瓦合謂瓦器破而相合也。言儒者身雖方正，毁屈已之方正，下同瓦，經如破去圭角與瓦器相合也。○注「不窮」至「遠人」。○正義曰：「不窮，不止也」者，若爲困窮，故云不止，謂不窮已。云「幽居謂獨處時也」者，既未仕，對已仕者爲獨處也。云「去已之大圭角，下與衆人小合也」者，圭角謂圭之鋒鍔有楞角，言儒者身恒方正，若物有圭角，不欲異衆過甚，去其大圭角，言猶有小圭角也。下與衆人小合，儒者不與衆人合。○合亦於細碎小事而相合也，則大義之事不皆合也。云必瓦合者，亦君子爲道不遠人者，言儒者必須瓦合，爲屈已同凡，亦是君子爲道不遠離於人，與常人小合，若破圭角與瓦之相合，故云不遠人也。皇氏云毁已之圭角與瓦礫而相合，義亦通也。

儒有內稱不辟親，外舉不辟怨，程功積事，推賢而進達之，不望其報，君得其志，苟利國家，不求富貴。其舉賢援能有如此者。

君得其志者，君所欲爲，賢臣成之。○辟音避，下同。怨，於元反，又於願反。推賢而進達之，舊至此絶句，皇以達之連下爲句。

疏　「儒有內稱」至「此者」。○此明儒者舉賢能之事。○「儒有內稱不避親」者，稱，舉也。不辟親，舉人以理者，祁奚舉子祁午，是不辟親。○外舉不辟怨者，若祁奚舉讎人解狐也。按襄三年左傳云：祁奚請老致仕，晉侯問嗣焉，稱解狐，其讎也，將立之而卒。又問焉，對曰：午也可。稱其讎不爲諂，立其子不爲比，但審知其賢，故不辟也。○程功積事，推賢而進達之，舊至此絶句，皇氏以達之連下爲句。言儒者欲舉人之時，必程效其功，積累其事，知其事堪可，乃推而進達之，不妄舉人也。○不望其報者，言雖進達賢人於君，不求望其報也。○君得其志，苟利國家，不求富貴者，君得其志者，謂君任此儒者，輔助其君，使君得其志意所欲，皆成此儒者，推賢達士，無所求爲，唯苟在利益國家，不於身上自求富貴也。○其舉賢援能有如此者，言儒者進達引能有如此在上諸事也。

儒有聞善以相告也，見善以相示也，爵位相先也，患難相死也，久相待也，遠相致也。其任舉有如此者。

相先猶相讓也。久相待，謂其友久在下位不升，已則待之乃進也。遠相致者，謂已得明君而仕，友在小國不得志，則相致遠也。○難，乃旦反。舉如字，徐音據。

疏　「儒有聞善」至「此者」。○此明儒者舉任同類之屬。前經舉賢援能，謂疏遠者，此經任舉，謂親近者也。○「爵位相先也」者，相先謂相讓，言儒者見爵位之事，必先相推讓於朋友也。○「患難相死也」，儒者有患難，相爲致死也。「久相待也」者，謂朋友久在下位不升，已則待之而乃進也。○「遠相致也」者，謂已得明君而仕，朋友在小國不同得志，則遠相招致，其仕明君也。○「其任舉有如此者」，謂朋友更相委任舉薦，有如此在上諸事。

儒有澡身而浴德，陳言而伏，靜而正之，上弗知也，麤而翹之，又不急爲也。不臨深而爲高，不加少而爲多，世治不輕，世亂不沮，同弗與，異弗非也。其特立獨行有如此者。

麤猶疏也，微也。君不知已有善言正行，則觀色緣事而微翹發其意，使知之，又必舒而脫脫焉，已爲之疾，則君納之速，君納之速，怪妬所由生也。不臨深而爲高，臨衆不以已位尊自振貴也。不加少而爲多，謀事不以已小勝自矜大也。世治不輕，不以賢者並衆不自重愛也。世亂不沮，不以道衰廢壞已志也。○澡音早。靜如字，徐本作諍，音爭。麤本又作麤，七奴反。翹，祁饒反。治，直吏反，注同。沮，徐在呂反，注同。行，下孟反，注及下注同，又如字。脫並吐外反。妬，丁路反。壞，乎怪反，又音怪。

疏　「儒有澡身」至「此者」。○此明儒者殊異於人，特立獨行之事。○「澡身而浴德」者，澡身謂能澡絜其身，不染濁也。浴德謂沐浴於德，以德自清也。○「陳言而伏」者，謂陳設其言而伏聽君命也。○「靜而正之」者，謂靜退自居，而尋常守正，不傾躁也。「上弗知也」，謂已有善言正行，君上所不知。○「麤而翹」者，麤，疏也；翹，起發也。言儒者事君，已有善言正行，君上既不知，當伺候君上顏色，因緣有事，微疏而起發之，令君上得知也。○「又不急爲也」者，謂起發之時，不急速而爲之也。○「不臨深而爲高」者，地既高矣，不臨此衆人深下之處更增高大，猶言不臨此衆人卑賤處而自尊顯也。又臨衆人，不以已位高尊而自振貴，言儒者卑以自牧。「不加少而爲多」者，謂已有謀事少勝，不加增少勝，自以爲多以矜大也。「世治不輕」者，世治之時，雖與羣賢並處，不自輕也，言常自重愛也。「世亂不沮」者，沮猶廢壞也，言世亂之時，道雖不行，亦不沮壞已之本志也。○「同弗與」者，言儒之仕，彼位雖與齊同者，行不是善，則不與之相親合也。○「異弗非也」，謂彼人與已之疏異，所爲是善，則不非毁之也。○「其特立獨行有如此者」，言獨能特立，獨有此行，如此所云之事也。前第五儒既明特立，此又云特立獨行者，前云特立，但明一身勇武，不論行之所爲，此經所云非但身所特立又獨有此行爲獨行故更言特立也○注𪊑猶至志也○正義曰𪊑猶疏也微也君不知已有善言正行者釋經文上不知也云則覲色緣事而微翹發其意使知之者釋經𪊑而翹之也云又必舒而脫脫焉已爲之疾則君納之速君納之速怪妬所由生也者釋經又不急爲也若納已言速疾則被衆人所怪妬所由生也云世治不輕不以賢者並衆不自重愛也者言凡人之情見衆人無知已之獨賢則盡心用力若衆人皆賢或自替廢儒者不以如此恒自重愛也

儒有上不臣天子下不事諸侯慎靜而尚寬強毅以與人博學以知服近文章砥厲廉隅雖分國如錙銖不臣不仕其規爲有如此者強毅以與人彼來辨言行而不正不苟屈以順之也博學以知服不用已之知勝於先世賢知之所言也雖分國如錙銖言君分國以祿之視之輕如錙銖矣八兩曰錙○近附近之近砥音脂又音旨厲力世反分如字錙側其反說文云六銖銖音殊說文云權分十黍之重賢知音智

疏儒有上不臣天子至此者○此明儒者志操規爲之事○上不臣天子伯夷叔齊是也下不事諸侯長沮桀溺是也○其靜而寬者既慎而靜所尚寬緩也強毅以與人者若有人與已辨言行而彼人道不正則已不苟屈從之是用剛毅以與人也○博學以知服者謂廣博學問猶知服畏先代賢人言不以已之博學淩夸前賢也○近文章砥厲廉隅者言儒者習近文章以自磨厲使成已廉隅也○雖分國如錙銖者言君雖分國以祿之視之輕如錙銖不貴重也不臣不仕者謂不與人爲臣不求仕官但自規度所爲之事而行故云其規爲有如此者也○注強毅至曰錙○正義曰強毅以與人彼來辨言行而不正不苟屈以順之也者解經強毅以與人之事謂彼人來至與已辨爭言行而彼人爲道不正已則不苟且屈撓以順從之云不用已之知勝於先世賢知之所言也者解經博學以知服謂不用已之所知勝於先世賢知者之所言服從之也云八兩曰錙者案筭法十黍爲參十參爲銖二十四銖爲兩八兩爲錙

儒有合志同方營道同術並立則樂相下不厭久不相見聞流言不信其行本方立義同而進不同而退其交友有如此

者同方同術等志行也聞流言不信不信其友所行如毀謗也○並如字又步頂反本亦作竝樂音洛又音岳下立嫁反厭於豔反行皇音衡又下孟反本方絶句立義絶句志行下孟反下注儒行同謗補浪反

疏儒有合志至此者○此明儒者與人交友之事○合志同方者方猶法也言儒者與交友合齊志意而同於法則也○營道同術者謂經營道藝同齊於術同術則同方也但合志同方據所懷志意也營道同術據所習道藝也○並立則樂者謂與知友並齊而立俱同仕官則歡樂也○相下不厭者謂遞相卑下不厭賤也久不相見聞流言不信者雖有朋友久不相見聞流謗之言欲譖毀朋友則已不信其言也○其行本方立義者庾氏言其行所本必方正所立必存義也○同而進不同而退者謂朋友所爲與已同則進而從之若不與已同則退而避之其交友有如此者言其結交爲朋友有如此在上諸事也自此以上凡有十五儒所陳之事亦有前後乖異者此上經云不臣不仕第一儒云席上之珍以待聘夙夜強學以待問懷忠信以待舉力行以待取則有仕官之志也第十儒云寬裕第六儒云剛毅與寬裕亦別也第三儒云愛其死養其身備豫禍患第五儒云劫之以衆沮之以兵見死不更其守亦不同也如此儒之乖違上下不一略舉一二言也所以如此不同者言儒包百行事非一揆量事制宜隨機而發當其剛毅之節則守死不移論其營養之道則寬而容衆逢有道之世則進而事君遇無道之時則退而不仕且賢有優爲儒有大小大儒則理包百行小儒則或偏守一邊所以尚書皐陶九德不一德多則爲天子諸侯德少則爲大夫卿士苟達於此儒行亦然雖或不同無所怪也

溫良者仁之本也敬慎者仁之地也寬裕者仁之作也孫接者仁之能也禮節者仁之貌也言談者仁之文也歌樂者仁之和也分散者仁之施也儒皆兼此而有之猶且不敢言仁也其尊讓有如此者此兼上十有五儒蓋聖人之儒行也孔子嫌若斥已假仁以爲說仁聖之次也○孫音遜接似轍反又如字分方云反徐扶問反施始致反斥音尺

疏溫良者仁之本至此者○此明聖人之儒兼上十五儒之行亦是孔子嫌其斥已假言仁者之儒以說之○溫良者仁之本也者言溫良之性是仁之儒行之

本言仁者之儒先從溫良而起故云仁之本也。敬慎者仁之地也者亦言仁者之儒以敬慎爲地地所以居止萬物仁者之儒亦居止敬慎故云仁之地。寬裕者仁之作也者言儒者之動作必以寬裕故云仁之作也。孫接者仁之能也言孫辭接物是仁儒之技能。禮節者仁之貌也言禮儀撙節是仁儒之外貌。言談者仁之文也言語談說是仁儒之文章也歌樂者仁之和也言歌舞喜樂是仁儒之和悅也。分散者仁之施也言分散蓄積而振貧窮是仁儒之恩施也。儒皆兼此而有之猶且不敢言仁也言儒者既兼有此行猶尙孫讓不敢自謂已仁也。其尊讓有如此者尊謂恭敬讓謂卑謙謂尊敬於物卑讓於人有此之行也此謂聖人之儒但聖人理極不可爲名言仁亞於聖故假仁以論聖人之儒也

儒有不隕穫於貧賤不充詘於富貴不慁君王不累長上不閔有司故曰儒隕穫困迫失志之貌也充詘喜失節之貌慁猶辱也累猶係也閔病也言不爲天子諸侯卿大夫羣吏所困迫而違道孔子自謂也充或爲統閔或爲文。隕于敏反穫本又作獲同戶郭反注同詘求勿反注同徐音丘勿反慁胡困反注同累力僞反注同一音力追反長丁丈反閔本亦作愍武謹反不爲于僞反

今衆人之命儒也妄常以儒相詬病妄之言無也言今世名儒無有常人遭人名爲儒而以儒靳故相戲此哀公輕儒之所由也詬病猶恥辱也。命儒命名也妄鄭音亡亡無也王音忘尙反虛妄也詬徐音遘又呼候反靳居覲反杜預云戲而相媿爲靳也

孔子至舍哀公館之聞此言也言加信行加義終沒吾世不敢以儒爲戲儒行之作蓋孔子自衛初反魯時也孔子歸至其舍哀公就而禮館之問儒服而遂問儒行乃始覺焉言沒世不敢以儒爲戲當時服。行加下孟反注同

【疏】儒有至曰儒。此明孔子自言已之儒所行如此故繫於諸儒之末也。不隕穫於貧賤者隕穫是困迫失志之貌言已雖遇貧賤不隕穫失志也。不充詘於富貴者充詘是歡喜失節之貌言雖得富貴不歡喜失節。不慁君王者慁辱也言不見恩辱於君王而違道也。不累長上者累猶係也長上謂卿大夫言不以累係於長上而失志也。不閔有司者閔病也有司謂羣吏言儒者不以困病於有司而失常謂不以羣吏所困迫。注閔病至自謂。正義曰閔病也釋詁文云不爲天子諸侯卿大夫羣吏所困迫而違道者言天子諸侯解經君王也云卿大夫解經長上也羣吏解經有司也案史記孔子世家云在魯哀公不用在齊犂鉏所毀入楚子西所譖適晉趙鞅欲害伐樹於宋削跡於衛畏匡厄陳則身被辱累多矣鄭以其如此故釋云不以恩累閔病而違道云孔子自謂也鄭知者以此一儒在衆儒之末聖人儒後特更說此一條事與孔子相會故知孔子自謂也今衆人之命儒也妄常者此一節明孔子說儒既畢遂言今世賤儒以譏哀公也命名也妄無也言今世衆人名之爲儒者無復常人遭人則謂之爲儒以儒相詬病者詬病猶恥辱也言今世以命之爲儒是相恥辱時世如此故哀公輕儒也。注以儒靳故相戲。正義曰左魯莊公十一年宋人戰於乘丘長萬爲魯所獲宋人請之魯人歸之宋公靳之長萬宋大夫也曰始吾敬子今子魯囚也吾不敬子矣長萬病之後弒閔公杜云戲而相愧曰靳。孔子至舍哀公館之聞此言也。此經明孔子自衛反魯歸至其家哀公就而館之聞此孔子之言遂敬於儒也。言加信行加義者是記所錄也。終没吾世不敢以儒爲戲者是哀公之言記者述而錄之。注儒行至時服。正義曰儒行之作蓋孔子自衛初反魯時也案左傳哀十一年冬衛孔文子之將攻大叔也訪於仲尼仲尼曰胡簋之事則常學之矣甲兵之事未之聞也退命駕而行文子遽止之將止魯人以幣名之孔子乃歸以傳文無館事故鄭稱蓋以疑之也云不敢以儒爲戲當時服者以哀公終竟不能用孔子故孔子卒哀公誄之傳云生不能用死而誄之非禮也是終竟輕儒此云不敢以儒爲戲是當時暫服非久也

附釋音禮記注疏卷第五十九卷

江西南昌府學栞

禮記注疏卷五十九挍勘記　阮元撰盧宣旬摘錄

附釋音禮記注疏卷第五十九惠棟挍宋本禮記正義卷第六十六

儒行第四十一

魯哀公問於孔子曰節惠棟云魯哀公節哀公節哀公命席節儒有衣冠節居處節不寶金玉節宋本合爲一節案宋本與此本同閩監毛本乃各節提行而疏仍共爲一節

席猶鋪陳也鋪陳往古堯舜之善道以待見問也大問曰聘舉見舉用也取進取位也惠棟挍宋本如此宋監本岳本嘉靖本衞氏集說同考文引古本同此本多闕閩監毛本意補多誤猶鋪二字脫陳也下衍珍善也三字見問也大問曰聘舉八字誤聘召懷忠信之德以待九字

儒有居處齊難閩監毛本石經岳本嘉靖本衞氏集說同考文云宋板居處上有其字

沮之以兵各本同石經同釋文出沮之正義云俗本沮或爲阻字考文云古本沮作阻

字從鳥鷙省聲也閩監毛本岳本嘉靖本衞氏集說同案鷙字有誤郭忠恕佩觿云鄭注儒行鷙從鳥摯省聲據此鷙當作摯盧文弨云似當作摯省足利古本鷙下有摯字

孔子若依尋常侈袂服閩監毛本同惠棟挍宋本服上有之字衞氏集說同

以立爲制法之主閩監毛本同惠棟挍宋本立作丘

故有異於人所行之事惠棟挍宋本作有異此本有異二字闕閩監毛本有異誤孔子

此明儒者先以善道閩監毛本同惠棟挍宋本者作行

豫防患害惠棟挍宋本作害此本害誤中閩監本害作難毛本同豫誤後

此解經明儒者懷忠信仁義之事也閩監毛本同惠棟挍宋本解作一山井鼎云宋板無作字衞氏集說作此明儒者懷忠信與義之事

〇儒有不寶金玉而忠信以爲寶者閩監毛本同惠棟挍宋本無此十三字

言儒者祈土之富惠棟挍宋本作不祈土地之富此本不地二字脫富誤福閩監毛本同

君有義而與之合閩監毛本同考文引宋板而作則

於時孔子爲都禮之事閩監本同毛本時誤是齊召南云都禮當爲相禮

而又齊人之樂併優及侏儒者惠棟挍宋本併作作此本誤併閩監毛本作俳

儒有忠信以爲甲冑節

儒有忠信至此者惠棟挍宋本無此七字

干櫓小楯也大楯也閩監毛本同惠棟挍宋本無上也字

儒有一畝之宮節

宮爲牆垣也惠棟挍宋本爲作謂岳本同衞氏集說同考文引古本同此本誤爲閩監毛本嘉靖本同

定十二年公羊傳文引之者閩本同惠棟挍宋本同監本引字殘闕毛本引誤攷

儒有今人與居節

儒有今人至此者惠棟挍宋本無此七字

下謂民人也謂進舉也惠棟挍宋本人也下有推字此本推字脫閩監毛本同

猶能終伸我己之志操不變易也閩監毛本同惠棟挍宋本操作謀衞氏集說同

儒有博學而不窮節

儒有博學至此者惠棟挍宋本無此七字

又有純壹之行閩監本同毛本有作以

必行其正使德位相稱　閩監本同毛本正作政

人用之當患於貴賤有隔　閩本同考文引宋板同監毛本當作嘗

下民瓦經如破去圭角　惠棟挍宋本民經作民細閩本民字同經字闕監毛本民經作凡衆案經字誤細字是下所謂細碎小事而相合也○案凡衆是也此釋注文下與衆人小合也

言猶有小圭角也　閩監毛本同惠棟挍宋本猶作獨

儒者不與衆人之合　閩本同惠棟挍宋本同監毛本之作大合誤

儒有聞善以相告也節

則相致遠也　閩監毛本同岳本遠作達宋監本嘉靖本衛氏集說同考文引古本亦作達

儒有聞善至此者　惠棟挍宋本無此七字

儒有澡身而浴德節

怪妬所由生也　閩監本岳本嘉靖本同釋文出怪妬毛本妬作妒下疏並同

儒有澡身至此者　惠棟挍宋本無此七字

者行不是善　閩監毛本同惠棟挍宋本者作若

又獨有此行爲獨行　閩監毛本同惠棟挍宋本有作行

儒有上不臣天子節

愼靜而尚寬　閩監毛本岳本嘉靖本衛氏集說同石經無而字山井鼎云宋板無尚字疏放此

儒有上不臣天子至此者　惠棟挍宋本無此十字

淩夸前賢也　閩監毛本同考文引宋板夸作跨衛氏集說同

十黍爲參十參爲銖　閩監毛本同段玉裁挍本參改絫

儒有合志同方節

並立則樂　閩監本石經嘉靖本衛氏集說同考文引古本足利本同毛本並作竝岳本同釋文出並立云本亦作竝

儒有合志至此者　惠棟挍宋本無此七字

且賢有優爲儒有大小劣　閩本同監本爲誤劣毛本爲作

温良者節

儒皆兼此而有之　閩本石經惠棟挍宋本宋監本岳本嘉靖本同監毛本皆誤者衛氏集說同

此兼上十有五儒　閩監毛本岳本嘉靖本衛氏集說同惠棟挍宋本無有字宋監本同

温良至此者　惠棟挍宋本無此五字

是仁之儒行之本　閩監毛本同惠棟挍宋本仁下有者字

讓謂卑謙　惠棟挍宋本讓作謙此本謙誤讓閩監毛本同

儒有不隕穫於貧賤節

充詘喜失節之貌　閩本惠棟挍宋本岳本嘉靖本同監毛本喜上有歡字衛氏集說宋監本同與正義合

累猶係也　岳本嘉靖本衛氏集說同閩監毛本係作繫山井鼎云宋板繫作係疏同

哀公就而禮館之　閩監毛本岳本嘉靖本同惠棟挍宋本而下有以字宋監本衛氏集說同考文引古本同

儒有至曰儒　惠棟挍宋本無此五字

儒行至時服　惠棟挍宋本無時字

案左傳哀十一年冬衛孔文之將攻大叔也　閩監毛本同惠棟挍宋本哀下有公字文下有子字

止

附釋音禮記注疏卷第六十

大學 第四十二 ○陸曰鄭云大學者以其記博學可以爲政也〔疏〕正義曰案鄭目録云名曰大學者以其記博學可以爲政也此於別録屬通論此大學之篇論學成之事能治其國章明其德於天下却本明德所由先從誠意爲始○ 禮記 鄭氏注 孔穎達疏

大學之道在明明德在親民在止於至善知止而后有定定而后能靜靜而后能安安而后能慮慮而后能得物有本末事有終始知所先後則近道矣 明明德謂顯明其至德也止猶自處也得謂得事之宜也○大舊音泰劉直帶反近附近之近 古之欲明明德於天下者先治其國欲治其國者先齊其家欲齊其家者先脩其身欲脩其身者先正其心欲正其心者先誠其意欲誠其意者先致其知 知謂知善惡吉凶之所終始也○其知如字徐音智下致知同 致知在格物 格來也物猶事也其知於善深則來善物其知於惡深則來惡物言事緣人所好來也此致或爲至○格古百反好呼報反○ 物格而后知至知至而后意誠意誠而后心正心正而后身脩身脩而后家齊家齊而后國治國治而后天下平自天子以至於庶人壹是皆以脩身爲本其本亂而末治者否矣其所厚者薄而其所薄者厚未之有也此謂知本此謂知之至也 壹是專行是也○治國治並直吏反下同 所謂誠其意者毋自欺也如惡惡臭如好好色此之謂自謙故君子必慎其獨也小人閒居爲不善無所不至見君子而后厭然揜其不善而著其善人之視已如見其肺肝然則何益矣此謂誠於中形於外故君子必慎其獨也 謙讀爲慊慊之言厭也厭讀爲黶黶閉藏貌也○毋音無惡惡上烏路反下如字臭昌救反好好上呼報反下如字謙依注讀爲慊徐苦簟反閒音閑厭讀爲黶烏斬反又烏簟反揜於檢反著張慮反注同肺芳廢反肝音干言厭於琰反一音於步反○ 曾子曰十目所視十手所指其嚴乎富潤屋德潤身心廣體胖故君子必誠其意 嚴乎言可畏敬也胖猶大也三者言有實於內顯見於外○胖步丹反注及下同見賢遍反○ 詩云瞻彼淇澳菉竹猗猗有斐君子如切如磋如琢如磨瑟兮僩兮赫兮喧兮有斐君子終不可諠兮如切如磋者道學也如琢如磨者自脩也瑟兮僩兮者恂慄也赫兮喧兮者威儀也有斐君子終不可諠兮者道盛德至善民之不能忘也 此心廣體胖之詩也澳隈崖也菉竹猗猗喻美盛斐有文章貌也諠忘也道猶言也恂字或作峻讀如嚴峻之峻言其容貌嚴栗也民不能忘以其意誠而德著也○淇音其澳本亦作奧於六反本又作隩一音烏報反菉音綠猗於宜反斐芳尾反一音匪文章貌磋七何反琢丁角反摩本亦作磨末何反爾雅云骨曰切象曰磋玉曰琢石曰磨僩下板反又胡板反赫許百反喧本亦作咺況晚反諠許袁反詩作諼或作喧音同恂依注音峻思俊反一音思旬反慄利悉反澳於六反隈烏回反 詩云於戲前王不忘君子賢其賢而親其親小人樂

其樂而利其利此以沒世不忘也聖人既有親賢之德其政又有樂利於民君子小人各有以思之。於音烏下於緝熙同戲好胡反徐范音羲樂其樂並音岳又音洛注同。康誥曰克明德太甲曰顧諟天之明命帝典曰克明峻德皆自明也皆自明明德也克能也顧念也諟猶正也帝典堯典亦尚書篇名也峻大也諟或爲題。誥古報反大音泰顧諟上音故本又作頋同下音是峻徐音俊又弘俊反題徐徒兮反。湯之盤銘曰苟日新日日新又日新康誥曰作新民詩曰周雖舊邦其命惟新是故君子無所不用其極盤銘刻戒於盤也極猶盡也君子曰新其德常盡心力不有餘也。盤步干反銘徐音冥亡丁反。詩云邦畿千里惟民所止詩云緡蠻黃鳥止于丘隅子曰於止知其所止可以人而不如鳥乎於止於鳥之所止也就而觀之知其所止知鳥擇岑蔚安閒而止處之耳言人亦當擇禮義樂土而自止處也論語曰里仁爲美擇不處仁焉得知。畿音祈又作幾音同緡蠻音縣一音亡取反毛詩作緜傳云緜蠻小鳥貌。詩云穆穆文王於緝熙敬止爲人君止於仁爲人臣止於敬爲人子止於孝爲人父止於慈與國人交止於信緝熙光明也此美文王之德光明敬其所以自止處。緝七入反熙許其反。

〔疏〕大學至道矣。正義曰此經大學之道在於明明德在於親民在止於至善積德而行則近於道也。在明明德者言大學之道在於章明己之光明之德謂身有明德而更章顯之此其一也。在親民者言大學之道在於親愛於民是其二也。在止於至善者言大學之道在止處於至善之行此其三也言大學之道在於此三事矣。知止而后有定者更覆說止於至善之事既知止於至善而后心能有定不有差貳也。定而后能靜者心定無欲故能靜不躁求也。靜而后能安者以靜故情性安和也。安而后能慮者情既安和能思慮於事也。慮而后能得者既能

思慮然後於事得安也。物有本末事有終始者若於事得宜而天下萬物有本有末經營百事有終有始也。知所先後者既能如此天下百事萬物皆識知其先後也。則近道矣者若能行此諸事則附近於大道矣。古之欲明明德於天下者前章言大學之道在明德親民止善覆說止善之事既畢故此經明明德之理。先治其國者此以積學能爲明德盛極之事以漸到今本其初故言欲章明己之明德使徧於天下者先須能治其國。欲治其國者先齊其家也欲齊其家者先脩其身言若欲齊家先須脩身也。欲脩其身者先正其心言若欲脩身必先正其心也。欲正其心者先誠其意者揔包萬慮謂之爲心情所意念謂之意若欲正其心使無傾邪必須先至誠在於憶念也若能誠實其意則心不傾邪也。欲誠其意者先致其知者言欲精誠其己意先須招致其所知之事言初始必須學習然後乃能有所知曉其成敗故云先致其知也。致知在格物此經明初以致知積漸而大至明德前經從盛以本初此經從初以至盛上下相結也致知在格物者言若能學習招致所知格來也己有所知則能在於來物若知善深則來善物知惡深則來惡物言善事隨人行善而來應之惡事隨人行惡亦來應之言善惡之來緣人所好也。物格而后知至者物既來則知其善惡所至善事來則知其至於善若惡事來則知其至於惡既能知至則行善不行惡也。知至而后意誠既能知至則意念精誠也。意誠而后心正者意能精誠故能心正也。國治而后天下平者則上明明德於天下是以自天子至庶人皆然也。壹是皆以脩身爲本者言上從天子下至庶人貴賤雖異所行此者專一以脩身爲本上言誠意正心齊家治國今此獨云脩身爲本者細別雖異其大略皆是脩身也。其本亂而末治者否矣本亂謂身不脩也末治謂國家治也。言己身既不脩而望家國治者否矣否不也言不有此事也。其所厚者薄而其所薄者厚未之有也此覆說本亂而末治否矣之事也。譬若與人交接應須敦厚以加於人今所厚之處乃以輕薄謂以輕薄待彼人也其所薄者厚謂己既與彼輕薄欲望所薄之處以厚重報己未有此事也言己以厚施人人亦厚以報己也若己輕薄施人人亦輕薄報己言事厚之與薄皆以身爲本也。此謂知本此謂知之至也者本謂身也既以身爲本若能自知其身是知本也是知之至極也。所謂誠其意者自此以下至此謂知本廣明誠意之事此一節明誠意之本先須慎其獨也。毋自欺也言欲精誠其意無自欺誑於身言於身必須誠實也。如惡惡臭者謂臭穢之氣謂見此惡事人嫌惡之如人嫌臭穢之氣心實

嫌之口不可道矣○如好好色者謂見此善事而愛好之如以人好色心實好之口不可道矣言誠其意者見彼好事惡事當須實好惡之不言而自見不可外貌詐作好惡而內心實不好惡也皆須誠實矣○此之謂自謙者謙讀如慊慊然安靜之貌心雖好惡而口不言應自然安靜也見君子而后厭然揜其不善而著其善者謂小人獨居無所不爲見君子而後乃厭然閉藏其不善之事宜著所行善事也○人之視已如見其肺肝然則何益矣者言小人爲惡外人視之昭然明察矣如見肺肝然則何益矣者言小人爲惡外人視之昭然明察矣如見肺肝雖鑒時揜藏言何益矣○此謂誠於中形於外者言此小人既懷誠實惡事於中心必形見於外不可揜藏○注謙讀爲慊○正義曰以經義之理言作謙退之字既無謙退之事故讀爲慊慊不滿之貌故又讀爲厭厭自安靜也云厭讀爲黶黶爲黑色如爲閉藏貌也○曾子曰十目所視者此經明君子脩身外人所視不可不誠其意作記之人引曾子之言以證之十目所視十手所指者言所指視者衆也十目謂十人之目十手謂十人之手也○其嚴乎者既視者及指者皆衆其所畏敬可嚴憚乎○富潤屋德潤身者此言二句爲喻也言家若富則能潤其屋有金玉又華飾見於外也○德潤身者謂德能霑潤其身使身有光榮見於

外也○心廣體胖者言內心寬廣則外體胖大言爲之於中必形見於外也故君子必誠其意者以有內見於外必須精誠其意在內心不可虛也○詩云瞻彼淇澳者此一經廣明誠意之事故引詩言學問自新顏色威儀之事以證誠意之道也○瞻彼淇澳菉竹猗猗者此詩衛風淇澳之篇衛人美武公之德也澳隈也菉王芻也竹萹竹也視彼淇水之隈曲之內生此菉之與竹猗猗然而茂盛以淇水浸潤故也言視彼衛朝之內上有武公之身道德茂盛亦蒙康叔之餘烈故也引之者證誠意之道○有斐君子者有斐然文章之君子學問之益矣○如切如磋者如骨之切如象之磋又能自脩也○如琢如磨者如玉之琢如石之磨也○瑟兮僩兮赫兮喧兮有斐君子終不可諠兮者又瑟兮顏色矜莊僩然性行寬大赫然顏色盛美喧然威儀宣美斐然文章之君子民皆愛念之終久不可忘也諠忘也自此以上詩之本文也自此以下記者引爾雅而釋之如切如磋者道學也者論道其學矣○如琢如磨者自脩也者謂自脩飾矣言初習謂之學重習謂之脩亦謂詩本文互而相通也○瑟兮僩兮者恂慄也者恂讀爲峻言顏色嚴峻戰慄也○道盛德至善民之不能忘也謂善稱也有斐君子終不可諠兮論道武王盛德至極美善人之愛念不能忘也○注此心至著也○正義曰諠忘

也釋訓文也云道猶言也謂經中道盛德至善恐爲道德之道故云道猶言也云恂字或作峻讀如嚴峻之峻者以經之恂字他本或作峻字故讀爲嚴峻之峻詩箋云還爲恂也此記爲赫兮喧兮詩經云赫兮喧兮本不同也云以其意誠而德著也以武公用意精誠德著於人人不忘也以經廣明誠意之事故鄭云意誠而德著也詩云於戲前王不忘者此一經廣明誠意之事此周頌烈文之篇也美武王之詩於戲猶言嗚呼矣以文王武王意誠於天下故詩人歎美之云此前世之王其德不可忘也○君子賢其賢而親其親者言後世貴重之言君子皆美此前王能賢其賢人而親其族親也○小人樂其樂而利其利者言後世卑賤小人美此前王能愛樂其所樂謂民之所樂者前王亦愛樂之利其利者能利益其人之所利民爲利者前王亦利益之言前王施爲政教下順人情不奪人之所樂利之事故云小人樂其樂而利其利也○此以沒世不忘也由前王意能精誠垂於後世故君子小人皆所美念以此之故終沒於世其德不忘也○康誥曰克明德者此一經廣明意誠則能明己之德周公封康叔而作康誥戒康叔能明用有德此記之意言周公戒康叔以自明其德與尚書異也○大甲曰顧諟天之明命者顧念也諟正也伊尹戒大甲云爾爲君當顧念奉正天之顯明之命不

邪僻也○帝典曰克明峻德者帝典謂堯典之篇峻大也尚書之意言堯能明用賢峻之德此記之意言堯能自明大德也皆自明也此經所云康誥大甲帝典等之文皆是人君自明其德也故云皆自明也○注皆自明明德也○正義曰明明德必先誠其意此經誠意之章由初誠意也故人先能明已之明德也○湯之盤銘此一經廣明誠意之事湯之盤銘者湯沐浴之盤而刻銘爲戒必於沐浴之者戒之甚也○苟日新者此盤銘辭也非唯洗沐自新苟誠也誠使道德日益新也○日日新者言非唯一日之新當使日日益新○又日新者言非唯日日益新又須常恒日新皆是丁寧之辭也此謂精誠其意脩德無已也○康誥曰作新民者成王既伐管叔蔡叔以殷餘民封康叔誥言殷人化紂惡俗使之變改爲新人此記之意自念其德爲新民也○詩曰周雖舊邦其命惟新者此大雅文王之篇其詩之本意言周雖舊是諸侯之邦其受天之命唯爲天子而更新也此記之意其所施教命唯能念德而自新也是故君子無所不用其極者極盡也言君子欲日新其德無處不用其心盡力也言自新之道唯在盡其心力更無餘行也○詩云邦畿千里惟民所止此一經廣明誠意之事言誠意在於所止故上云大學之道在於至善此商頌玄鳥之篇言殷之邦畿方千里爲人所居止此記

斷章喻其民人而擇所止言人君賢則來也。詩云緜蠻黄鳥止于丘隅者此詩小雅緜蠻之篇刺幽王之詩言緜蠻然
微小之黄鳥止在於岑蔚丘隅之處得其所止以言微小之臣依託大臣亦得其所也。子曰於止知其所止者孔子見
其詩文而論之云是觀於鳥之所止則人亦知其所止鳥之知在岑蔚安閒之處則知人亦擇禮義樂土之處而居止也
。可以人而不如鳥乎者豈可以人不擇止處不如鳥乎言不可不如鳥也故論語云里仁爲美擇不處仁焉得知是也
。詩云穆穆文王於緝熙敬止者此大雅文王之篇美文王之詩緝熙謂光明也止辭也詩之本意云文王見此光明之
人則恭敬之此記之意於緝熙言鳴呼文王之德緝熙光明又能敬其所止以自居處也。注鳥擇至止處。正義曰岑
謂巖險蔚謂草木蓊蔚言鳥之所止必擇静密之處也。子曰聽訟吾猶人也必
也使無訟乎無情者不得盡其辭大畏民志
情猶實也無實者多虛誕之辭聖人之聽訟與人同耳必使民無實者不敢盡其辭大畏其心志使誠其意不敢訟。吾
聽訟似用反猶人也論語作聽訟吾猶人也毋訟音無誕音但此謂知本本謂誠其意也所

謂脩身在正其心者身有所忿懥則不得其
正有所恐懼則不得其正有所好樂則不得
其正有所憂患則不得其正心不在焉視而
不見聽而不聞食而不知其味此謂脩身在
正其心懥怒貌也或作懫或爲疐。忿弗粉反懥勑值反范音稚徐丁四反又音勤恐丘勇反好呼報反下
故好而知同樂徐五孝反一音岳懫音致疐音致又得計反。所謂齊其家在脩其
身者人之其所親愛而辟焉之其所賤惡而
辟焉之其所畏敬而辟焉之其所哀矜而辟
焉之其所敖惰而辟焉故好而知其惡惡而
知其美者天下鮮矣故諺有之曰人莫知其

子之惡莫知其苗之碩此謂身不脩不可以
齊其家之適也譬猶喻也言適彼而以心度之曰吾何以親愛此人非以其有德美與吾何以敖惰此人非
以其志行薄與反以喻己則身脩與否可自知也鮮罕也人莫知其子之惡猶愛而不察碩大也。辟音譬下及注同謂
譬喻也賤惡烏路反下惡而知同敖五報反惰徒臥反其惡惡上如字下烏路反鮮仙善反注同諺魚變反俗語也度徒
洛反與音余下藻與同行下孟反。所謂治國必先齊其家者其家
不可教而能教人者無之故君子不出家而
成教於國孝者所以事君也弟者所以事長
也慈者所以使衆也康誥曰如保赤子心誠
求之雖不中不遠矣未有學養子而後嫁者
也養子者推心爲之而中於赤子之嗜欲也。弟音悌長丁丈反下長長幷注同中丁仲反注同嗜欲時志反。

一家仁一國興仁一家讓一國興讓一人貪
戾一國作亂其機如此此謂一言僨事一人
定國一家一人謂人君也戾之言利也機發動所由也僨猶覆敗也春秋傳曰登戾之又曰鄭伯之車僨於濟
戾或爲吝僨或爲犇。戾力計反賁徐音奮本又作僨注同覆芳福反濟子禮反犇音奔堯舜率天
下以仁而民從之桀紂率天下以暴而民從
之其所令反其所好而民不從言民化君行也君若好貨而禁
民淫於財利不能正也。好呼報反注同行下孟反或如字。是故君子有諸己而
后求諸人無諸己而后非諸人所藏乎身不
恕而能喻諸人者未之有也故治國在齊其
家有於己謂有仁讓也無於己謂無貪戾也詩云桃之夭夭其葉蓁

蓁之子于歸宜其家人宜其家人而后可以教國人詩云宜兄宜弟宜兄宜弟而后可以教國人詩云其儀不忒正是四國其爲父子兄弟足法而后民法之也此謂治國在齊其家夭夭蓁蓁美盛貌之子者是子也○夭於驕反蓁音臻忒他得反○所謂平天下在治其國者上老老而民興孝上長長而民興弟上恤孤而民不倍是以君子有絜矩之道也老老長長謂尊老敬長也恤憂也民不倍不相倍棄也絜猶結也挈也矩法也君子有挈法之道謂當執而行之動作不失之倍或作偝矩或作巨○弟音悌倍音佩注同絜音結拒之音矩本亦作矩偝棄音佩本亦作倍下同挈也苦結反巨音拒本亦作矩其呂反○所惡於上毋以使下所惡於下毋以事上所惡於前毋以先後所惡於後毋以從前所惡於右毋以交於左所惡於左毋以交於右此之謂絜矩之道絜矩之道善持其所有以恕於人耳治國之要盡於此○惡烏路反下皆同毋音無下同詩云樂只君子民之父母民之所好好之民之所惡惡之此之謂民之父母言治民之道無他取於己而已○只音紙好好皆呼報反詩云節彼南山維石巖巖赫赫師尹民具爾瞻有國者不可以不慎辟則爲天下僇矣巖巖喻師尹之高嚴也師尹天子之大臣爲政者也言民皆視其所行而則之可不慎其德乎邪辟失道則有大刑○節前切反又音如字巖五銜反辟四亦反又必益反與僻同僇力竹反與戮同注同詩云殷之未喪師克配上帝

儀監于殷峻命不易道得衆則得國失衆則失國是故君子先慎乎德有德此有人有人此有土有土此有財有財此有用德者本也財者末也外本內末爭民施奪是故財聚則民散財散則民聚是故言悖而出者亦悖而入貨悖而入者亦悖而出師衆也克能也峻大也言殷王帝乙以上未失其民之時德亦有能配天者謂天享其祭祀也及紂爲惡而民怨神怒以失天下監視殷時之事天之大命得之誠不易也道猶言也用謂國用也施奪施其劫奪之情也悖猶逆也言君有逆命則民有逆辭也上貪於利則下人侵畔老子曰多藏必厚亡○喪息浪反峻恤俊反易以豉反注同爭爭鬬之爭施如字悖布內反下同上時掌反藏才浪反康誥曰惟命不于常道善則得之不善則失之矣于於也天命不於常言不專祐一家也○專信文楚書曰楚國無以爲寶惟善以爲寶楚書楚昭王時書也言以善人爲寶時謂觀射父昭奚恤也○射父食亦反又食夜反父音甫舅犯曰亡人無以爲寶仁親以爲寶舅犯晉文公之舅狐偃也亡人謂文公也時辟驪姬之讒亡在翟而獻公薨秦穆公使子顯弔因勸之復國舅犯爲之對此辭也仁親猶言親愛仁道也明不因喪規利也○辟音避驪力宜反本內作麗亦作孋同翟音狄顯許遍反爲之于僞反○秦誓曰若有一个臣斷斷兮無他技其心休休焉其如有容焉人之有技若己有之人之彥聖其心好之不啻若自其口出寔能容之以能保我子孫黎民尚亦有利哉人之有技媢嫉以惡之人之彥聖而違之俾不通寔

不能容以不能保我子孫黎民亦曰殆哉秦誓尚書篇名也秦穆公伐鄭爲晉所敗於殽還誓其羣臣而作此篇也斷斷誠一之貌也他技異端之技也有技才藝之技也若已有之不啻若自其口出皆樂人有善之甚也美士爲彥黎衆也尚庶幾也媢妬也違猶戾也俾使也佛戾賢人所爲使功不通於君也殆危也彥或作盤。一个古賀反尚書作介音界臣此所引與尚書文小異斷丁亂反無它音他技其綺反下及注同休休許虯反尚書傳曰樂善也鄭注休休云寛容貌何休注公羊云美大之貌好呼報反啻音試詩洛反媢莫報反尚書作冒音同謂覆蔽也惡烏路反下能惡人同俾本又作卑必爾反敗必邁反殽戶交反樂音岳又音洛妬丁路反佛戾上扶弗反下力計反唯仁人放流之迸諸四夷不與同中國此謂唯仁人爲能愛人能惡人放去惡人媢嫉之類者獨仁人能之如舜放四罪而天下咸服。迸比孟反又逼諍反諍音爭闘之爭皇云迸猶屏也去丘呂反。見賢而不能舉舉而不能先命也見善而不能退退而不能遠過也命讀爲慢聲之誤也舉賢而不能使君以先已是輕慢於舉人也。命依注音慢武諫反遠于萬反好人之所惡惡人之所好是謂拂人之性菑必逮夫身拂猶佹也逮及也。好呼報反下皆同惡烏路反下同拂扶弗反注同菑音哉下同逮音代一音大計反夫音扶佹九委反是故君子有大道必忠信以得之驕泰以失之道行所由生財有大道生之者衆食之者寡爲之者疾用之者舒則財恆足矣是不務祿不肖而勉民以農也。肖音笑仁者以財發身不仁者以身發財發起也言仁人有財則務於施與以起身成其令名不仁之人有身貪於聚斂以起財務成富。施始豉反子由汝反未有上好仁而下不好義者也未有好義其事不終者也未有府庫

財非其財者也言君行仁道則其臣必義以義舉事無不成者其爲誠然如已府庫之財爲已有也孟獻子曰畜馬乘不察於雞豚伐冰之家不畜牛羊百乘之家不畜聚斂之臣與其有聚斂之臣寧有盜臣此謂國不以利爲利以義爲利也孟獻子魯大夫仲孫蔑也畜馬乘謂以士初試爲大夫也伐冰之家卿大夫以上喪祭用冰百乘之家有采地者也雞豚牛羊民之所畜養以爲財利者也國家利義不利財盜臣損財耳聚斂之臣乃損義論語曰季氏富於周公而求也爲之聚斂非吾徒也小子鳴鼓而攻之可也。畜許六反下同乘繩證反下及注同蔑莫結反以上時掌反采七代反本亦作菜爲之于僞反。長國家而務財用者必自小人矣言務聚財爲已用者必忘義是小人所爲也。長丁丈反彼爲善之小人之使爲國家菑害並至雖有善者亦無如之何矣彼君也君將欲以仁義善其政而使小人治其國家之事患難猥至雖云有善不能救之以其惡之已著也。難乃旦反猥烏罪反捄音救本亦作救著張慮反。此謂國不以利爲利以義爲利也

【疏】子曰至利也。正義曰此一經廣明誠意之事言聖人不惟自誠已意亦服民使誠意也孔子稱斷獄猶如常人無以異也言吾與常人同也。必也使無訟乎者必也使無理之人不敢爭訟也。無情者不得盡其辭者情猶實也言無實情虛誕之人無道理者不得盡竭其虛僞之辭也。大畏民志者大能畏脅民人之志言人有虛誕之志者皆畏懼不敢訟言民亦誠實其意也聽訟吾猶人也必也使無訟乎是夫子之辭無情者不得盡其辭大畏民志是記者釋夫子無訟之事然能使無訟則是異於人也而云吾猶人者謂聽訟之時備兩造吾聽與人無殊故云吾猶人也但能用意精誠求其情僞所以使無訟也。此謂知本者此從上所謂誠意以下言此大畏民志以上皆是誠意之事意爲行本既精誠其意是曉知其本故云此謂知本也。所謂脩身者此覆說前脩身正心之事。身有所忿懥則不得其正者懥謂怒也身若有所怒則不得其正言因怒而違於正也所以然者若遇忿怒則違

於理則失於正也○有所恐懼則不得其正者言因恐懼而違於正也○心不在焉視而不見聽而不聞食而不知其味者此言脩身之本必在正心若心之不正身亦不脩若心之不在視聽與食不覺知也是心爲身本脩身必在於正心也○所謂齊其家在脩其身者此經重明前經齊家脩身之事○人之其所親愛而辟焉者之猶適也此言脩身之譬也設我適彼人見彼有德則爲我所親愛當反自譬喻於我也以彼有德故爲我所親愛則我若自脩身有德必然亦能使衆人親愛於我也○之其所賤惡而辟焉者又言我往之彼而賤惡彼人者必是彼人無德故也亦當迴以譬我我若無德則人亦賤惡我也○之其所畏敬而譬焉者又我往之彼而畏敬彼人必是彼人莊嚴故也亦迴其譬我我亦當莊敬則人亦必畏敬我○之其所哀矜而辟焉者又我往之彼而哀矜彼人必是彼人有慈善柔弱之德故也亦迴譬我我有慈善而或柔弱則亦爲人所哀矜也○之其所敖惰而辟焉者又我往之彼而敖惰彼人必是彼人邪僻故也亦迴譬我我若邪僻則人亦敖惰於我也故好而知其惡惡而知其美者天下鮮矣者知識也鮮少也人心多偏若心愛好之而多不知其惡若嫌惡之而多不知其美今雖愛好知彼有惡事雖惜惡知彼有美善天下之內如此者少矣○故諺有之曰人

記疏卷六十　十三

眞知其子之惡莫知其苗之碩者碩猶大也言人之愛子其意至甚子雖有惡不自覺知猶好而不知其惡也農夫種田恒欲其盛苗雖碩大猶嫌其惡以貪心過甚故不知其苗之碩若能以己子而方他子己苗而匹他苗則好惡可知皆以己而待他物也○此謂身不脩不可以齊其家者此不知子惡不知苗碩之人不脩其身身既不脩不能以己譬人故不可以齊整其家○注知適至大也○正義曰之適也釋詁文云反以喻己者謂見他人所親愛被賤惡以人類己他人之事反來自譬己身也云則脩身與否可自知也者謂彼人不脩則被賤惡敖惰己若不以脩身事亦然也若彼脩身則被親愛敬畏己若脩身亦當然也故云脩身與否可自知也云碩大也釋詁文○此謂至其家此一節覆明前經治國齊家之事○康誥曰如保赤子者此成王命康叔之辭赤子謂心所愛之子言治民之時如保愛赤子愛之甚也○心誠求之雖不中不遠矣者言愛此赤子內心精誠求赤子之嗜欲雖不能正中其所欲去其所嗜欲其不甚遠言近其赤子之嗜欲爲治人之道亦當如此也○未有學養子而后嫁者言母之養子自然而愛中當赤子之嗜欲非由學習而來故云未有學養子而后嫁者此皆本心而爲之言皆喻人君也○一家仁一國興仁一家讓一國興讓者言人君行善於家則

外人化之故一家一國皆仁讓也○一人貪戾一國作亂者謂人君一人貪戾惡事則一國學之作亂○其機如此者機謂關機也動於近成於遠善惡之事亦發於身而及於一國也○此謂一言僨事一人定國者僨猶覆敗也謂人君一言覆敗其事謂惡言也一人定國謂由人君一人能定其國謂善政也古有此言今記者引所爲之事以結之上云一人貪戾一國作亂是一言僨事也又云一家仁讓則一國仁讓是知一人定國也一家則一人也皆謂人君是一人之身先治一家乃後治一國其所令反其所好而民不從者令謂君所號令之事若各隨其行之所好則人從之其所好者是惡所令者是善則所令之事反其所好雖欲以令禁人人不從也是故君子有諸己而后求諸人者諸於也謂君子有善行於己而后可以求於人使行善行也謂於己有仁讓而后可求於人之仁讓也無諸己而后非諸人者謂無惡行於己而后可以非責於人爲惡行也謂無貪利之事於己而後非責於人也○所藏乎身不恕而能喻諸人者未之有也者謂所藏積於身既不恕實而能曉喻於人使從己者未之有也言無善行於身欲曉喻於人爲善行不可得也○詩云桃之夭夭其葉蓁蓁者此周南桃夭之篇論昏姻及時之事言桃之夭夭少壯其葉蓁蓁茂盛喻婦人形體少壯顏色茂盛之時似

記疏卷六十　十四

桃之夭夭也○之子于歸宜其家人者之子者是子也歸嫁也宜可以爲夫家之人引之者取宜其家人之事○宜其家人而後可以教國人者言人既家得宜則可以教國人也○詩云宜兄宜弟者此小雅蓼蕭之篇美成王之詩詩之本文言成王有德宜爲人兄宜爲人弟此記之意宜兄宜弟謂自與兄弟相善相宜也既爲兄弟相宜而可兄弟之意而後可以教國人也○詩云其儀不忒正是四國者此曹風鳲鳩之篇忒差也正長也言在位之君子威儀不有差忒可以正長是四方之國言可法則也○其爲父子兄弟足法而后民法之也者此謂治國在齊其家謂其脩身於家在室家之內使父子兄弟足可方法而後民皆法之也是先齊其家而後能治其國也○注一家至於齊○正義曰一家一人謂人君也者以經言治家故知是人君也若文王刑于寡妻至于兄弟以御于家邦是也云春秋傳曰登戾之者此隱五年公羊傳文案彼傳文公觀魚于棠何以書譏何譏爾遠也公曷爲遠而觀魚登來之也彼注意謂以思得而來之齊人語謂登來爲得來也聲有緩急得爲登謂隱公觀魚於棠得此百金之魚而來觀之公羊傳爲登來鄭所引公羊本爲登戾之以來爲戾與公羊本不同也鄭意以戾爲貪戾故引以證經之貪戾也云又曰鄭伯之車僨於濟者隱三年左傳文○所謂平天下

在治其國者正義曰自此以下至終篇覆明上文平天下在治其國之事但欲平天下先須治國治國事多天下理廣非一義可了故廣而明之言欲平天下先須脩身然後及物自近至遠自內至外故初明絜矩之道次明散財於人之事次明用善人遠惡人此皆治國治天下之綱故揔而詳說也今各隨文解之○上恤孤而民不倍者孤弱之人人所遺棄是上君長若能憂恤孤弱不遺則下民學之不相棄倍此人是以君子有絜矩之道也者絜猶結也矩法也言君子有執結持矩法之道動而無失以此加物物皆從之也○所惡於上毋以使下者此以下皆是絜矩之道也譬諸侯有天子在於上上有不善之事加已已惡之則不可迴持此惡事使已下者爲之也○所惡於下毋以事上者言臣下不善事已已所有惡則已不可持此惡事迴以事已之君上也○所惡於前毋以先後者前謂在已之前不以善事施已已所憎惡則無以持此惡事施於後人也所惡於後毋以從前者後謂在已之後不以善事施已已則無以惡事施於前行之人也○所惡於右毋以交於左者謂與已平敵或在已右或在已左以惡加已已所憎惡則無以此惡事施於左人擧此一隅餘可知也○此之謂絜矩之道者上經云君子有絜矩之道也其絜矩之義未明故此經中說能持其所有以待於人恕已接物卽絜矩之道也○詩云樂只君子民之父母此記者引之又申明絜矩之道若能以已化從民所欲則可謂民之父母此小雅南山有臺之篇美成王之詩也只辭也言能以已化民從民所欲則可爲民父母矣○民之所好好之者謂善政恩惠是民之願好已亦好之以施於民若發倉廩賜貧窮賑乏絕是也○民之所惡惡之者謂苛政重賦是人之所惡已亦惡之而不行也○詩云節彼南山者上經說恕已待民此經明已須戒愼也詩云節彼南山維石巖巖此小雅節南山之篇刺幽王之詩言幽王所任大臣非其賢人也節然高峻者是彼南山維積累其石巖巖然高大喻幽王大臣師尹之尊嚴○赫赫師尹民具爾瞻者赫赫顯盛貌是太師與人爲則者具俱也爾汝也在下之民俱於汝而瞻視之言皆視師尹而爲法此記之意以喻人君在上民皆則之不可不愼○有國者不可以不愼者有國謂天子諸侯言民皆視上所行而則之不可不愼其德乎宜愼之也○辟則爲天下僇矣者僇謂刑僇也君若邪辟則爲天下之民共所誅討若桀紂是也○詩云殷之未喪師克配上帝此一經明治國之道在貴德賤財此大雅文王之篇美文王之詩因以戒成王也克能也師衆也言殷自紂父帝乙之前未喪師衆之時所行政教皆能配上天而行也○儀監于殷峻命不易者儀宜也監視也

記疏卷六十　十五

今成王宜監視于殷之存亡峻大也奉此天之大命誠爲不易言其難也○道得衆則得國失衆則失國者道猶言也詩所云者言帝乙以上得衆則得國言殷紂失衆則失國也○有德此有人者有德之人人之所附從故有德此有人也有人此有土者有人則境土寬大故有土也○有土此有財言有土則生植萬物故有財也○有財此有用者爲國用有財豐以此而有供國用也○德者本也財者末也者德能致財財由德有故德爲本財爲末也○外本內末爭民施奪者外疏也內親也施奪謂施其劫奪之情也君若親財而疏德則爭利之人皆施劫奪之情也○是故財聚則民散財散則民聚者事不兩興財由民立君若重財而輕民則民散也若散財而賙恤於民則民咸歸聚也○是故言悖而出者亦悖而入者悖逆也若人君政教之言悖逆人心而出行者則民悖逆君上而入以報答也謂拒違君命也○貨悖而入者亦悖而出者若人君厚斂財貨悖逆民心而入積聚者不能久如財人畔於上財亦悖逆君心而散出也言衆畔親離財散非君有也○注師衆至厚亡○正義曰師衆也峻大也皆釋詁文爾雅峻字馬旁爲之與此同也克能也釋言文也云君有逆命則民有逆辭也者君有逆命解經言悖而出也民有逆辭解經亦悖而入謂人有逆命之辭以拒君也云老子曰多藏必厚亡者言積聚藏之旣多必厚重而散亡也引之者證貨悖而入亦悖而出○康誥曰惟命不于常者謂天之命不於是常住在一家也道善則得之不善則失之矣書之本意言道爲善則得之不善則失之是不常在一家也○舅犯曰亡人無以爲寶仁親以爲寶者此舅犯勸重耳之辭於時重耳逃亡在翟秦穆公欲納之反國而勸重耳不受秦命對秦使云奔亡之人無以貨財爲寶唯親愛仁道以爲寶也○注楚書至奚恤正義曰鄭知是楚昭王時書者案楚語云楚昭王使王孫圉聘於晉定公饗之趙簡子鳴玉以相問於王孫圉曰楚之白珩猶在乎其爲寶幾何矣王孫圉對曰未嘗爲寶楚之所寶者曰觀射父能作訓辭以行事於諸侯使無以寡君爲口實又新序云秦欲伐楚使者觀楚之寶器楚王召昭奚恤而問焉對曰寶器在賢臣王遂使昭奚恤應之昭奚恤發精兵三百人陳於西門之內爲東面之壇一南面之壇四西面之壇一秦使者至昭奚恤曰君客也請就上居東面之壇令尹子西南面太宗子敉次之葉公子高次之司馬子發次之昭奚恤自居西面之壇稱曰客欲觀楚之寶器乎楚之所寶者卽賢臣也唯大國之所觀秦使無以對也使歸告秦王曰楚多賢臣無可以圖之何知有觀射父昭奚恤者案戰國義云楚王築壇昭奚恤等立於壇上楚王指之謂秦使

記疏卷六十　十六

曰此寡人之寶故知有昭奚恤等也謂賢爲寶者案史記云理百姓實府庫使黎甿得所者有令尹子西而能也執法令奉圭璋使諸侯不怨兵車不起者有大宗子牧能也守封疆固城郭使鄰國不侵亦不侵鄰國者有葉公子高能也整師旅治兵戈使蹈白刃赴湯蹈火萬死不顧一生者有司馬子發能也坐籌帷幄之中決勝千里之外懷霸王之業撥理亂之風有大夫昭奚恤能也是皆爲寶也引之者證爲君長能保愛善人爲寶也○注舅犯至利也○正義曰舅犯晉文公之舅狐偃者左傳文也云時避驪姬之讒亡在翟而獻公薨秦穆公使子顯弔之因勸之復國舅犯爲之對此辭也檀弓篇文○秦誓曰者此一經明君臣進賢詘惡之事秦誓尚書篇名秦穆公伐鄭爲晉敗於殽還歸誓羣臣而作此篇是秦穆公悔過自誓之辭記者引之以明好賢去惡也○若有一介臣斷斷兮者此秦穆公誓辭云羣臣若有一耿介之臣斷斷然誠實專一謹慤兮是語辭古文尚書兮爲猗言有一介之臣其心斷斷猗猗然專一與此本異○無他技其心休休爲其如有容焉者言此專一之臣無他奇異之技惟其心休休然寬容形貌似有包容如此之人我當任用也○人之有技若已有之者謂見人有技藝欲得親愛之如已自有也○人之彥聖其心好之不啻若自其口出者謂見人有才彥美

通聖其心中愛樂不啻如自其口出心愛此彥聖之美多於口說言其愛樂之甚也○實能容之以能保我子孫黎民尚亦有利哉者實是也若能好賢如此是能有所包容則我國家得安保我後世子孫黎衆也尚庶幾也非直子孫安其下衆人皆庶幾亦望有利益哉也○人之有技媢疾以惡之者上明進賢之善此論蔽賢之惡也媢妒也見人有技藝則掩藏媢妒疾以憎惡之也○人之彥聖而違之俾不通者見他人之彥聖而違戾抑退之俾使也使其善功不通達於君尚書通爲達字也○實不能容以不能保我子孫黎民亦曰殆哉者若此蔽賢之人是不能容納家國將亡不能保我子孫非唯如此衆人亦曰殆危哉○注秦誓至危也○正義曰秦穆公伐鄭爲晉所敗於殽還誓其羣臣而作此篇也者案尚書序秦穆公伐鄭晉襄公帥師敗諸殽還歸作秦誓又左傳僖三十二年秦穆公與師伐鄭蹇叔等諫之公不從爲晉人與姜戎要而擊之敗諸殽是其事也云美士爲彥者爾雅釋訓文黎衆也俾使也皆釋詁文尚庶幾者釋言文爾雅庶幾尚也是尚爲庶幾矣云媢妒也者說文云媢夫妒婦是媢爲妒也○唯仁人放流之迸諸四夷不與同中國者言唯仁人之君能放流此蔽善之人使迸遠在四夷不與同在中國若舜流四凶而天下咸服是也○此謂唯仁人爲能愛人能惡

人者既放此蔽賢之人遠在四夷是仁人能愛善人惡不善之人○見賢而不能舉舉而不能先命也者此謂凡庸小人見此賢人而不能舉進於君假設舉之又不能使在其已之先是爲慢也謂輕慢於舉人也○見不善而不能退退而不能遠過也者此謂小人見不善之人而不能抑退之假令抑退之而不能使遠退之過者言是愆過之人也○好人之所惡者又謂君子所惡者凶惡之事今乃愛好凶惡是好人之所惡也○惡人之所好者君子所好仁義善道今乃惡此仁義善道是惡人之所好也○是謂拂人之性者○若如此者是謂拂戾善人之性○菑必逮夫身者逮及也如此菑必及夫身矣○是故君子有大道者大道謂所由行孝悌仁義之大道也○必忠信以得之驕泰以失之者言此孝悌仁義必由行忠信以得之由身驕泰以失之也○生財有大道者此一經明人君當先行仁義愛省國用以豐足財物上文大道謂孝悌仁義之道此言人君生殖其財有大道之理則下之所云者是也○生之者衆者謂爲農桑多也○食之者寡者謂減省無用之費也○爲之者疾者謂百姓急營農桑事業也○用之者舒者謂君上緩於營造費用也○則財恒足矣者言人君能如此則國用恒足○仁者以財發身者謂仁德之君以財散施發起身之令名也○不仁者以身發財

者言不仁之人唯在吝嗇務於積聚勞役其身發起其財此在治家治國天下之科皆謂人君也○未有上好仁而下不好義者也言在上人君好以仁道接下其下感君仁恩無有不愛好於義使事皆得其宜也○未有好義其事不終者也言臣下悉皆好義百事盡能終成故云未有好義其事不終者言皆能終成也○未有府庫財非其財者也又爲人君作譬也君若行仁民必報義義必終事譬如人君有府庫之財必還爲所用也故云未有府庫財非其財者也○注其爲至有也○正義曰言君行仁道則臣必爲義臣既行義事必終成以至誠相感必有實報如已有府庫之財爲已所有也其爲誠實而然言不虛也○孟獻子曰畜馬乘不察於雞豚者此一經明治國家不可務於積財若務於積財卽是小人之行非君上之道言察於雞豚之所利爲畜養馬乘士初試爲大夫不關察於雞豚之小利○伐冰之家不畜牛羊者謂卿大夫喪祭用冰從固陰之處伐擊其冰以供喪祭故云伐冰也謂卿大夫爲伐冰之家不畜牛羊爲財利以食祿不與人爭利也○百乘之家不畜聚斂之臣者百乘謂卿大夫有采地者也以地方百里故云百乘之家言卿大夫之家不畜聚斂之臣使賦稅什一之外徵求采邑之物也故論語云百乘之家是也○與其有聚斂之臣寧有盜臣者覆解不畜聚斂之

臣意若其有聚斂之臣寧可有盜竊之臣以盜臣但害財聚斂之臣則害義也。此謂國不以利爲利以義爲利也者言若能如上所言是國家之利但以義事爲國家利也。長國家而務財用者必自小人矣者言爲人君長於國家而務積聚財以爲己財者必自爲小人之行也。注孟獻至可也。正義曰孟獻子魯大夫仲孫蔑者此據左傳文也畜馬乘者以士初試爲大夫者案書傳士飾車駢馬詩云四牡騑騑大夫以上乃得乘四馬今下云伐冰之家百乘之家是卿大夫今別去畜馬乘者不察雞豚故知士初試爲大夫者也伐冰之家卿大夫者案昭四年左傳云大夫命婦喪浴用冰喪大記注云士不用冰故知卿大夫也士若恩賜及食而得用亦有冰也但非其常故士喪禮賜冰則夷槃可也左傳又云食肉之祿冰皆與焉是也云百乘之家有采地者也此謂卿也故論語云百乘之家鄭云采地一同之廣輪是也。彼爲至利也。前經明遠財重義是不以利爲利以義爲利此經明爲君治國棄遠小人亦是不以利爲利以義爲利也。彼爲善之彼謂君也君欲爲仁義之道善其政教之語辭故云彼爲善之小人之使爲國家菑害並至者言君欲爲善反令小人使爲治國家之事毒害於下故菑害患難則並皆來至。雖有善者亦無如之何矣者既使小人治國其君雖有善政之亦無能奈此患難之何言不能止之以其惡之已著故也

附釋音禮記注疏卷第六十

江西南昌府學栞

禮記注疏卷六十校勘記　阮元撰盧宣旬摘錄

大學第四十二

大學之道節

先脩其身　閩監本石經岳本嘉靖本衛氏集說同毛本脩作修下並同

如切如磋如琢如磨　各本同石經同釋文磋作瑳出如摩云本亦作磨

終不可諠兮者　惠棟挍宋本石經宋監本岳本嘉靖本衛氏集說同閩本諠字殘闕監毛本諠作諼

緡蠻黃鳥　石經同閩監毛本緡作緍岳本嘉靖本衛氏集說同釋文同○今訂作緡

於止於鳥之所止也　惠棟挍宋本作於鳥宋監本岳本嘉靖本同考文引古本同此本於鳥誤公鳥閩監毛本作言鳥亦誤

大學至道矣　惠棟挍宋本無此五字

揔包萬慮謂之爲心　閩本同惠棟挍宋本同監毛本爲心二字倒

情所意念謂之意　閩監毛本同惠棟挍宋本上意作億下意念同案此本下在於憶念也作心旁意三本作意念

言初始必須習學　惠棟挍宋本作學書

細則雖異　考文引宋板同閩監毛本則作別

見君子而後乃厭然　閩本同惠棟挍宋本同監毛本厭誤揜

如見肺肝雖蹔時揜藏　惠棟挍宋本同閩監毛本蹔時揜誤鋗沮閉

既懷誠實惡事於中心　惠棟挍宋本同閩監毛本誠誤詐

黶爲黑色如爲閉藏貌也　閩監毛本同段玉裁挍如改知

菉王芻也　惠棟挍宋本同閩監毛本王誤玉

竹箭竹也考文引宋板同是也閩監本箭作篇非毛本箭作篇
亦蒙康叔之餘烈故也惠棟按宋本同閩監毛本蒙作本
有斐然文章之君子學問之盈矣閩本同考文引宋板同監毛本盈作盛
如骨之切如象之磋考文引宋板同閩監毛本象作角
喧然威儀宜美閩監毛本喧作諠衞氏集說亦作喧美作著
自此以上詩之本文也閩本同惠棟按宋本同監毛本上誤下
詩經云赫兮喧兮本不同也閩毛本同監本喧作諠
言後世貴重之閩監毛本同惠棟按宋本無言字
必於沐浴之者戒之甚也惠棟按宋本者上有盤字衞氏集說同此本盤字脫閩監毛本同

當使日日益新閩監本同衞氏集說同毛本當誤堂
故止云大學之道在於至善閩監毛本同惠棟按宋本止作上在下有止字是也
靜密之處也惠棟按宋本此下標禮記正義卷第六十六終記云凡二十五頁
子曰聽訟節惠棟按宋本自此節起至此篇末爲第六十七卷卷首題禮記正義卷第六十七
聽訟吾猶人也各本同石經同釋文出吾聽訟猶人也云論語作聽訟吾猶人也
必也使無訟乎各本同石經同釋文出毋訟云音無
或作憤閩監毛本作憤岳本嘉靖本衞氏集說同釋文同此本憤誤質
或爲寠閩本惠棟按宋本宋監本岳本嘉靖本同監毛本爲作作衞氏集說同釋文出作寠
人之其所親愛而辟焉閩監毛本岳本衞氏集說同惠棟按宋本辟作譬宋監本石經嘉靖本考文引古本同下四而辟焉並同釋文出而辟云音譬下及注同今各本注譬猶喻也並作譬猶衞氏集說作辟○按譬正字辟假借字

一言僨事各本同石經同釋文出賁事云本又作僨注同○按賁假借字
不能正也閩監毛本同惠棟按宋本宋監本岳本嘉靖本正作止衞氏集說同考文引古本同
不相倍棄也閩監毛本作棄岳本棄作弃嘉靖本衞氏集說同此本棄誤𢁾各本倍字同釋文出偝棄云本亦作倍○按偝乃倍之或體
矩或作巨各本同釋文作作爲
爲政者也言民皆視其所行而則之惠棟按宋本如此宋監本岳本嘉靖本衞氏集說同考文引古本同此本者也言民皆視其七字闕閩監毛本誤者在下之民俱
邪辟失道則有大刑惠棟按宋本作有大刑宋監本岳本嘉靖本同衞氏集說同考文引古本同此本有大刑三字闕閩監毛本有大刑三字誤作天下共誅之矣六字

若有一介臣惠棟按宋本宋監本並作介石經岳本同此本介作个嘉靖本閩監毛本同衞氏集說同釋文出若有一个云一讀作介石經考文提要云宋大字本作一介案正義說一介爲一耿介則當以作介者爲是釋文作个與正義本異
寔能容之閩監本石經岳本嘉靖本衞氏集說同毛本寔作實下寔不能容同䟽放此按當作寔
秦誓尚書篇名也惠棟按宋本如此宋監本岳本嘉靖本同衞氏集說同考文引古本同此本秦誓二字空闕閩監毛本補秦誓又衍周書二字
而作此篇也岳本嘉靖本同閩監毛本而誤故惠棟按宋本宋監本亦作而無也字衞氏集說同考文引古本同
才藝之技也惠棟按宋本宋監本岳本嘉靖本衞氏集說同閩監毛本技誤士
美士爲彥惠棟按宋本宋監本岳本嘉靖本衞氏集說同考文引古本同閩監本爲作㠯毛本爲誤也

佛戾賢人所爲惠棟挍宋本宋監本岳本同考文引古本同閩監毛本佛作拂嘉靖本衞氏集說同釋文出佛戾

言聖人不惟自誠己意惠棟挍宋本同閩本聖人二字同不字闕監毛本聖人不誤聽訟者

猶如常人無以異也惠棟挍宋本同閩本以字空闕監毛本以字脫

言無實情虛誕之人惠棟挍宋本同閩本情字空闕監毛本情字脫

皆畏懼不敢訟惠棟挍宋本同閩本訟字空闕監毛本訟字脫

必也使無訟乎是夫子之辭惠棟挍宋本同閩本是夫子三字空闕監毛本是夫子誤者聽訟

大畏民志是記者釋夫子無訟之事惠棟挍宋本同閩本者釋夫子無訟之七字闕監毛本是記者釋夫子無訟之事誤作者能自誠而使民誠意自

謂聽訟之時備兩造惠棟挍宋本同閩監毛本謂聽訟之時誤斷獄者俱

但能用意精誠求其情僞惠棟挍宋本同閩本意精誠求其情僞七字闕監毛本作能服民使誠意不敢爭訟也

此謂知本者此從上所謂誠意以下言此大畏民志以上皆是誠意之事意爲行本既精誠其意是曉知其本故云此謂知本也〇所謂脩身者此覆說前脩身正心之事〇身有所忿懥則不得其正者懥謂怒也身若有所怒則不得其正言因怒而違於正也所以然者若遇忿怒則違於理則失於正也惠棟挍宋本皆是誠意之事無是字所謂脩身下有在正其心四字餘並同閩本多闕監毛本補闕多誤

脩身必在於正心也〇所謂閩監本同毛本〇誤之惠棟挍宋本亦作〇於正作正於

人之其所親愛而譬焉者閩監本同惠棟挍宋本同毛本譬作辟下而譬焉自譬己並同監本下畏敬而譬哀矜而譬敖惰而譬以己譬人四譬字亦作辟亦迴以譬我亦迴譬我亦迴譬我二譬字毛本作譬監本作辟

亦迴其譬我閩本同考文引宋板同監毛本其作以

雖增惡知彼有美善閩監毛本同考文引宋板增作憎是也

爲治人之道亦當如此也閩監毛本同惠棟挍宋本爲作謂

足可方法而後民皆法之也閩監本同毛本可下衍以字民下脫皆字考文引宋板有皆字

此隱五年公羊傳文案彼傳惠棟挍宋本同閩監毛本公羊傳文案五字闕

齊人語謂登來爲得來也惠棟挍宋本同閩監毛本謂登來爲得五字闕

得此百金之魚而來觀之惠棟挍宋本同閩監毛本百金之魚而五字闕

爲登戾之以來爲戾與公羊本不同也惠棟挍宋本同閩監毛本之以來爲戾五字闕

故引以證經之貪戾也云惠棟挍宋本同閩監毛本經之貪戾也五字闕

所謂平天下在治其國者惠棟挍宋本同閩監毛本所謂平天下五字闕

覆明上文平天下在治其國之事閩監毛本在作先惠棟挍宋本文作經在字同

治國事多天下理廣惠棟挍宋本同閩監毛本理廣二字脫天下上衍於乎二字

先須脩身然後及物自惠棟挍宋本同閩本後及物三字闕自作由監毛本然後及物自誤脩身之事由

次明散財於人之事惠棟挍宋本同閩監毛本人之事誤民其又

故揔而詳說也今各隨文解之考文引宋板同惠棟挍宋本說作之閩本詳說也三字闕監毛本揔而詳說也誤特詳悉畢舉

人所遺棄在上君長惠棟挍宋本同閩本遺誤易在字闕監毛本遺誤易在誤是

言君子有執結持矩法之道惠棟挍宋本同閩本執結二字闕監毛本有執結誤於天下

譬諸侯有天子在於閩監毛本同惠棟挍宋本在於作爲上

或在己左以惡加己閩監本同毛本以惡上有若右二字

若能以己化從民所欲閩監本同毛本化下有民字

峻大也皆釋詁文閩本同監毛本峻誤竣下爾雅峻字同

楚王命昭奚恤而問焉惠棟挍宋本同閩監毛本命作召

遂使昭奚恤應之惠棟挍宋本同閩監毛本之誤焉

太宗子牧之閩本同監本太作大毛本牧作敖

司馬子發之惠棟挍宋本同閩監毛本司馬子三字闕

唯大國之所觀秦使無以對也使歸告秦王曰楚多賢

臣無可以圖之何知有觀射父昭奚恤者案戰國義云

楚王築壇昭奚恤等立於壇上楚王指之謂秦使曰此

寡人之寶故知有昭奚恤等也謂賢爲寶者案史記云

理百姓實府庫使黎甿得所者有令尹子西而能也執

法令奉圭璋使諸侯不怨兵車不起者有大宗子牧能

也守封疆固城郭使鄰國不侵亦不侵鄰國者有葉公

子高能也整師旅治兵戈使蹈白刃赴湯蹈火萬死不

顧一生者有司馬子發能也坐籌帷幄之中決勝千里

之外懷霸王之業撥理亂之風有大夫昭奚恤能也是

皆爲寶也引之者證爲君長能保愛善人爲寶也○注

舅犯至利也○正義曰舅犯晉文公之舅狐偃者左傳

文也云時避驪姬之讒亡在翟而獻公薨秦穆公使子

顯弔之因勸之復國舅犯爲之對此辭也檀弓篇文○

秦誓曰者此一經明君臣進賢詘惡之事秦誓尚書篇

名秦穆公伐鄭爲晉敗於殽還歸誓羣臣而作此篇是

秦穆公悔過自誓之辭記者引之以明好賢去惡也○

若有一介臣斷斷兮者此秦穆公誓辭云羣臣若有一

耿介之臣斷斷然誠實專一謹慤兮是語辭古文尚書

兮爲猗言有一介之臣其心斷斷猗猗然專一與此本

異○無他技其心休休焉其如有容焉者言此專一之

臣無他奇異之技惟其心休休然寬容形貌似有包容

如此之人我當任用也○人之有技若已有之者謂見

人有技藝欲得親愛之如已自有也惠棟按宋本同閩監毛本多闕字考文載宋板惟案戰國義上有乎字與此異餘並同

其中心愛好惠棟按宋本同閩監毛本好作樂

寔是也惠棟按宋本同衛氏集說同閩監本是字空闕毛本同寔作實

得安保我後世子孫黎衆也惠棟按宋本同閩監本世字空闕毛本世誤之

亦望有利益哉也惠棟按宋本同閩本望字空闕監毛本望字脫

媢妬也閩監本同毛本妬作妒下並同

以憎惡之也毛本同閩監本惡字空闕

而違戾抑退之惠棟按宋本同閩本戾字空闕監毛本戾字脫

爲晉所敗於殽閩本同惠棟按宋本同監毛本殽作崤

媢夫妬婦閩監本同毛本夫妬誤大妒

此一經明人君當先行仁義閩本同監本人字模糊毛本人誤夫

謂仁德之君以財散施閩監毛本作君此本君字闕考文引宋板君作者

此在治家治國天下之科惠棟按宋本同閩監毛本在字空闕

未有上好仁而下不好義者也閩監毛本同惠棟按宋本也下有者字下非其財者也同

無有不愛好於義毛本同閩監本不字空闕

未有好義其事不終者也言臣下悉皆好義考文引宋板同閩本言字空闕監毛本言作者

其事不終也言皆能終成也考文引宋板同閩本也字闕監毛本也作者

又爲人君作譬也惠棟按宋本同閩監毛本也字空闕按宋本又上有首字屬上句

必還爲所用也惠棟按宋本同閩監毛本還字空闕

以至誠相感惠棟按宋本同閩監毛本以字空闕

其爲誠實而然惠棟按宋本同閩監毛本誠字空闕

孟獻子曰畜馬乘不察於雞豚者此一經明治國家不可務於積財若務於積財則是小人之行非君上之道言察於雞豚之所利爲畜養馬乘士初試爲大夫不闚察於雞豚之小利○伐冰之家不畜牛羊者謂卿大夫喪祭用冰從固陰之處伐擊其冰以供喪祭故云伐冰也謂卿大夫爲伐冰之家不畜牛羊爲財利以食祿不與人爭利也○百乘之家不畜聚斂之臣者百乘謂卿大夫有采地者也以地方百里故云百乘之家言卿大夫之家不畜聚斂之臣使賦稅什一之外徵求采邑之物也故論語云百乘之家是也○與其有聚斂之臣寧有盜臣者覆解不畜聚斂之臣意若其有聚斂之臣寧可有盜竊之臣以盜臣但害財聚斂之臣則害義也○此謂國不以利爲利以義爲利也者言若能如上所言是國家之利但以義事爲國家利也○長國家而務財用者必自小人矣者言爲人君長於國家而務積聚財以爲已用者必自爲小人之行也○注孟獻至可也惠棟

挍宋本同閩監毛本多闕字衍字誤字

百乘之家家是卿大夫　惠棟挍宋本家字不重是卿二字同閩監毛本是卿誤至爲

故知士初試爲大夫也　惠棟挍宋本同衞氏集説同閩監毛本夫下衍者字

士若恩賜及食而得用亦有冰也　惠棟挍宋本同閩監毛本士誤上而得用三字空闕

左傳又云食肉之祿冰皆與爲　惠棟挍宋本同閩監毛本左誤全傳又云之祿五字空闕

有采地者也此謂卿也故論語云　惠棟挍宋本同閩監毛本此謂論語四字空闕

一同之廣輪是也　惠棟挍宋本同衞氏集説同閩監毛本廣誤度

彼爲善之彼謂君也　惠棟挍宋本同閩監毛本下彼誤者

善其政教之語辭故云彼爲善之　惠棟挍宋本同閩監毛本辭故云三字空闕

言君欲爲善反令小人　惠棟挍宋本同閩監毛本善反二字空闕

故菑害患難則並皆來至　惠棟挍宋本同閩監毛本則並誤財利皆來二字空闕

既使小人治國其君雖有善政亦無能奈此患難之何

言不能止之以其惡之已著故也　惠棟挍宋本同閩監毛本其君雖有四字空闕善政下衍之字能奈下衍二空闕以其下衍三空闕

附釋音禮記注疏卷第六十　惠棟挍宋本禮記正義卷第六十七終記云凡十六頁宋監本禮記卷第十九經三千四百三十二字注三千五百一十三字嘉靖本同

止

附釋音禮記注疏卷第六十一

冠義第四十三

○陸曰：冠音古亂反。鄭云名冠義者，以其記冠禮成人之義。〔疏〕冠義曰：案鄭目録云：名曰冠義者，以其記冠禮成人之義。此於別録屬吉事。但冠禮起早晚，書傳既無正文。案略說稱周公對成王云「古人冒而句領」，注云：「古人，謂三皇時，以冒覆頭，句領繞頸。至黃帝時，則有冕也。」故世本云：「黃帝造火食，旒冕。」是冕起於黃帝也。但黃帝以前，則以羽皮爲之冠；黃帝以後，乃用布帛。其冠之年，即天子諸侯十二而冠。故襄九年左傳云：「國君十五而生子，冠而生子，禮也。」又云：「一星終也。」是十二年歲星一終。案文王十五而生武王，尚有兄伯邑考。金縢云：「王與大夫盡弁。」時成王十五而著弁，則成王已冠矣，是天子十二而冠，與諸侯同。又祭法云：「王下祭殤五。」若不早冠，何因下祭五等之殤？大夫冠之年，幾無文。案喪服大夫爲昆弟之長殤，大夫既爲昆弟長殤，則不二十始冠也。其士則二十而冠也。曲禮云「二十曰弱冠」是也。其天子之子亦早冠，所以祭殤有五。其諸侯之子皆二十冠也。故下檀弓云：「君之適長殤，及大夫之適長殤」是也。

禮記　鄭氏注　孔穎達疏

凡人之所以爲人者，禮義也。禮義之始，在於正容體、齊顏色、順辭令。言人爲禮，以此三者爲始。容體正，顏色齊，辭令順，而后禮義備。以正君臣、親父子、和長幼。言三始既備，乃可求以三行也。○長，丁丈反，下同。行，下孟反。君臣正，父子親，長幼和，而后禮義立。立，猶成也。故冠而后服備，服備而后容體正，顏色齊，辭令順。言服未備者，未可求以三始也。童子之服，采衣紒。○冠，古亂反，除下文「玄冠」及注「緇布冠」「玄冠」以外並同。紒音計。故曰：冠者，禮之始也。是故古者聖王重冠。古者冠禮筮日筮賓，所以敬冠事。敬冠事所以重禮，重禮所以爲國本也。國以禮爲本。○筮，市至反。蓍曰筮。重，直用反，後同。故冠於阼，以著代也。醮於客位，三加彌尊，加有成也。阼謂主人之北也。適子冠於阼，若不醴，則醮用酒於客位，敬而成之也。戶西爲客位。庶子冠於房戶外，又因醮焉，不代父也。冠者初加緇布冠，次加皮弁，次加爵弁，每加益尊，所以益成也。○阼，才故反。著，張慮反。醮，子笑反。彌音弥。適音嫡。醴音禮。已冠而字之，成人之道也。字所以相尊也。見於母，母拜之；見於兄弟，兄弟拜之；成人而與爲禮也。玄冠玄端，奠摯於君，遂以摯見於鄉大夫、鄉先生，以成人見也。鄉先生，同鄉老而致仕者。服玄冠玄端，異於朝也。○見，賢遍反，下皆同。摯，本亦作贄，同，音至。鄉大夫、鄉先生並音香，注同。朝，直遥反。成人之者，將責成人禮焉也。責成人禮焉者，將責爲人子、爲人弟、爲人臣、爲人少者之禮行焉。將責四者之行於人，其禮可不重與？言責人以大禮者，已接之不可以苟。○少，詩照反。之行，下孟反，下同。與音餘。故孝弟忠順之行立，而后可以爲人；可以爲人，而后可以治人也。故聖王重禮。故曰：冠者，禮之始也，嘉事之重者也。是故古者重冠，重冠故行之於廟。行之於廟者，所以尊重事。尊重事而不敢擅重事，不敢擅重事，所以自卑而尊先祖也。嘉事，嘉禮也。宗伯掌五禮，有吉禮，有凶禮，有賓禮，有軍禮，有嘉禮，而冠屬嘉禮。周禮曰：「以昏冠之禮，親成男女也。」○弟音悌。治，直吏反。擅，市戰反。

〔疏〕「凡人」至「祖也」。○正義曰：此一節明人之所以相敬加冠之事，從始至終，各隨文解之。○「凡人之所以爲人者，禮義也」者，言人之所以得異於禽獸者，以其行禮義也。禮義之事，終身行之。○「禮義之始，在於正容體、齊顏色、順辭令」者，言欲一世行禮之始，先須正容體、齊顏色、順辭令爲先。

也然後可以正君臣親父子和長幼○古者冠禮者此明將冠之時筮日筮賓重冠禮之事又明冠禮三加其冠以漸成人之禮○故冠於阼以著代也者言適子必加冠於阼阼是主人接賓之處今適子冠於阼階所以著明代父之義也○醮於客位三加彌尊加有成也者若依周禮適子醴於客位今云醮者或因先代夏殷之禮醮之用酒於客位室戶外之西必在賓客位者尊以成人若賓客待之三加初加緇布冠次加皮弁冠三加爵弁冠彌漸而尊故云三加彌尊加有成也謂加益有成人之事矣○注阼位至成也○正義曰阼謂主人之北也知者案士冠禮文也云若不醴則醮用酒者亦士冠禮文以周禮之法適子則以醴禮之庶子則以酒醮之若先代之禮雖適子皆以酒醮之其於周時或有舊俗行先代之禮雖適子亦用酒醮則因而行不必改也故鄭注士冠禮云若不醴謂國有舊俗可行聖人用焉不改也是也醮者醮盡之義故鄭注士冠禮云酌而無酬酢曰醮是也云庶子冠於房戶外又因醮焉者皆士冠禮文也但此記之作是記儀禮士冠禮之事士禮故三加也若大夫亦同士冠禮云無大夫冠禮古者五十而后爵何大夫冠禮之有是大夫雖冠用士禮若諸侯則有冠禮故左傳云公冠用裸享之禮行之金石之樂節之其加則四加而有玄冕也故大戴禮公冠四加

也諸侯尚四加則天子亦當五加袞冕也已冠而字之者此明冠畢加字見母父兄弟及見君之節以其成人而見人也未冠之前以其名別之既冠之後又改以字且人二十有爲父之道不可復言其名故冠而加字之成人之道也○見於母母拜之故不拜也今唐禮母見子但起立不拜也案儀禮廟中冠子以酒脯奠廟訖子持所奠酒脯以見於母母拜其酒脯重從尊者處來故拜之非拜子也○玄冠玄端奠摯於君者此玄冠玄端則異於朝服之衣但玄端上士則玄裳中士則黃裳下士則雜裳以其初成人故著玄端異於朝服也若朝服則素裳奠摯之於君也○遂以摯見於鄉大夫鄉先生者以摯謂以雉也故士相見禮冬用雉夏用腒○見於大夫謂在朝之卿大夫也鄉先生謂鄉老而致仕也○成人之者此明加冠成人之義必成人者將責成人禮焉冠責以成人之事若成人事立可以治人也是冠者爲治之本故先王重之行之於廟士行之於禰廟故士冠禮注廟謂禰廟既在禰廟此云尊先祖者尊禰即尊先祖之義且下士祖禰共廟其諸侯則冠於太祖之廟故左傳云先君之祧以處之聘禮不腆先君之祧鄭注以爲始祖之廟則天子當冠於始祖廟也服虔注左傳先君之祧處之以爲曾祖廟者以左傳魯襄公冠於衛成公之廟衛成公則當今衛君獻公曾祖服虔望時解之故以祧爲曾祖非鄭義也

昏義第四十四

○陸曰鄭云昏義者以其記娶妻之義内教之所由成也【疏】正義曰案鄭目録云名曰昏義者以其記娶妻之義内教之所由成也此於別録屬吉事也謂之昏者案鄭昏禮目録云娶妻之禮以昏爲期因名焉必以昏者取其陰來陽往之義日入後二刻半爲昏以定稱之壻曰昏妻曰姻故經解注云壻曰昏妻曰姻是也謂壻以昏時而來妻則因之而去也若壻之與妻之屬名壻之親屬名之曰姻女之親屬名之爲昏故鄭注昏禮云女氏稱昏壻氏稱姻爾雅壻之父爲姻婦之父爲婚又云壻之黨爲姻兄弟婦之黨爲婚兄弟是也其天地初分之後遂皇之時則有夫婦故通卦驗云遂皇始出握機矩是法北斗七星而立七政禮緯斗威儀之篇七政則君臣父子夫婦及政等既稱夫婦是始自遂皇也譙周云太昊制嫁娶儷皮爲禮是儷皮起於太昊也其媒官之義具於月令疏孟子云舜不告而娶是娶告父母亦起於五帝也其五帝以前爲昏不限同姓異姓三王以來文家異姓爲昏質家同姓爲昏其昏之年幾案異義大戴說男三十女二十有昏娶合爲五十應大衍之數自天子達於庶人同一也故春秋左氏說國

君十五而生子禮也二十而嫁三十而娶庶人禮也禮夫爲婦之長殤長殤十九至十六知夫年十四十五見士昏禮也許君謹案舜三十不娶謂之鰥文王十五而生武王尚有兄伯邑考知人君早昏娶不可以年三十非重昏嗣也若鄭意依正禮士及大夫皆三十而後娶及禮云夫爲婦長殤者關異代也或有早娶者非正法矣天子諸侯昏禮則早矣如左氏所釋毛詩所用家語之說以男二十而冠女十五而笄自此以後可以嫁娶至男三十女二十是正昏姻之時與家語異也

昏禮者將合二姓之好上以事宗廟而下以繼後世也故君子重之是以昏禮納采問名納吉納徵請期皆主人筵几於廟而拜迎於門外入揖讓而升聽命於廟所以敬慎重正昏禮也聽命謂主人聽使者所傳壻家之命○昏者一本作婚禮者婚禮用昏故經典多止作昏字合如字徐音閤好呼報反采七在反采擇也期徐音情又如字筵音延使色吏反傳直傳反【疏】昏禮至禮也○正義曰此

一節總明昏禮之義而拜迎於門外揖讓而升自從始至終也。納采者謂采擇之禮故昏禮云下達納采用鴈也必用鴈者白虎通云鴈取其隨時而南北不失節也又是隨陽之鳥妻從夫之義也問名者問其女之所生母之姓名故昏禮云謂誰氏言母之女何姓氏也此二禮一使而兼行之。納吉者謂男家既卜得吉與女氏也。納徵者納聘財也徵成也先納聘財而后昏成春秋則謂之納幣其庶人則緇帛五兩卿大夫則玄纁玄三纁二加以儷皮及諸侯加以大璋天子加以穀圭皆具於周禮經注也請期者謂男家使人請女家以昏時之期由男家告於女家何必請者男家不敢自專執謙敬之辭故云請也女氏終聽男家之命乃告之納吉納徵請期每一事則使者二人行納徵無鴈以有幣故其餘皆用鴈。主人筵几於廟者謂行此等之禮主人謂女父母設筵几於禰廟此等皆據士昏禮而知之也。聽命於廟者謂女之父母聽受壻之使者之命於廟堂之上兩楹之間也

父親醮子而命之迎男先於女也子承命以迎主人筵几於廟而拜迎于門外壻執鴈入揖讓升堂再拜奠鴈

蓋親受之於父母也降出御婦車而壻授綏御輪三周先俟于門外婦至壻揖婦以入共牢而食合巹而酳所以合體同尊卑以親之也

酌而無酬酢曰醮醮之禮如冠醮與其異者於寢耳壻御婦車輪三周御者代之壻自乘其車先道之歸也共牢而食合巹而酳成婦之義。醮子妙反迎魚敬反下以迎同先悉薦反子承命本或作子承父命誤壻或又作聟悉計反女之夫也依字從士從胥俗從知下作耳莫大見反綏音雖合徐音閤又如字巹徐音謹破瓢爲卮也說文作蠢云蠡包字林几敏反以此巹爲警身有所承說文云讀若赤舄几酳徐音胤又仕覲反酢音昨如冠古亂反下又始於冠同與音餘道音導 疏 父親至之也。正義曰此一節明親迎之時父之醮子明夫婦之節。父親醮子而命之迎者謂壻父身親以酒醮子而命之親迎也。男先於女也者釋命親迎之意所以必命迎者欲使男往迎之女則從男迎來也是男子先迎女從後至是男先於女也若男子不迎女自來至是女自先來不得爲男先於女也。主人筵几於廟而拜迎于門外者主人女之父以壻來親迎故拜迎於門外以敵禮待之。壻執鴈入揖讓升堂再拜奠鴈者主人就東階初入門將曲揖當階北面揖當碑揖至階三讓主人升自阼階揖壻升自西階北面奠鴈再拜蓋親受之於父母也於時女房中南面母在房戶外之西南面壻既拜訖旋降出女出房南面立於母左父西面誡之女乃西行母南面誡之是壻親受之於父母但親受之非是分明手有親受示有親受之義故云蓋以疑之。降出御婦車者謂壻降西階而出親御婦車也。而壻授綏者謂婦升車之時而壻授之以綏。御輪三周者謂壻御婦車之輪三匝然後御者代壻御之。婦至壻揖婦以入者謂婦至壻之寢門壻揖以婦入則稍西避之故魏詩云宛然左辟謂此時也。共牢而食者在夫之寢壻東面婦西面共一牲牢而同食不異牲。合巹而酳者酳演也謂食畢飲酒演安其氣巹謂半瓢以一瓢分爲兩瓢謂之巹壻之與婦各執一片以酳故云合巹而酳。所以合體同尊卑以親之者也同尊卑謂共牢也所以合體同尊卑者欲使壻之親婦婦亦親壻所以體同爲一不使尊卑有殊也。注酌而至歸也。正義曰以鄉飲酒禮燕禮之屬皆爲賓主相酬酢故不稱其醮則但受爵者飲而盡之又不反相酬酢直醮盡而已故稱醮也然醴亦無酬酢不云醮者以醴尚

質不爲飲也故不稱醮但禮敬之而已云醮之禮如冠醮與其異者於寢耳者以父之醮子令其親迎與醮子冠而成人其事相似故云如冠醮與但冠禮醮子在廟此醮子在寢故云其異者在寢耳

敬慎重正而后親之禮之大體而所以成男女之別而立夫婦之義也男女有別而后夫婦有義夫婦有義而后父子有親父子有親而后君臣有正故曰昏禮者禮之本也

言子受氣性純則孝孝則忠也。別彼列反下同 疏 敬慎至本也。正義曰前經明共牢合巹使之相親此經論謹慎重正禮之根本各隨文解之。敬慎重正者言行昏禮之時必須恭敬謹慎尊重正禮而後男女相親若不敬慎重正則夫婦久必離異不相親也。昏禮者禮之本也者夫婦昏姻之禮是諸禮之本所以昏禮爲禮本者昏姻得所則受氣純和生子必孝事君必忠孝則父子親忠則朝廷正故孝經云喪則致其哀祭則致其嚴是昏禮爲諸禮之本也

夫禮始於冠本於昏重

於喪祭，尊於朝聘，和於射鄉，此禮之大體也。始猶根也，本猶幹也。鄉，鄉飲酒。○朝，直遥反，下匹正反。〔疏〕「夫禮」至「體也」。○正義曰：此經因昏禮爲諸侯之本，遂廣明禮之始終，始則在於冠昏，終則重於喪祭，其間有朝聘鄉射，是禮之大體之事也。

夙興，婦沐浴以俟見。質明，贊見婦於舅姑，執笲、棗、栗、段脩以見。贊醴婦，婦祭脯醢，祭醴，成婦禮也。成其爲婦之禮也。贊醴婦，當作禮，聲之誤也。○沐音木。浴音欲。見，賢遍反，下及注同。笲音煩，一音皮彥反，器名，以葦若竹爲之，其形如筥，衣之以青繒，以盛棗栗腶脩之屬。棗音早，爾雅云：棘實謂之棗，俗作棗，誤。段脩，丁亂反，本又作腶，或作鍛，同。脩，脯也，加薑桂曰腶脩，何休云：婦執腶脩者，取其斷斷自脩飾也。贊醴，依注作禮。醢音海。舅姑入室，婦以特豚饋，明婦順也。以饋明婦順者，供養之禮主於孝順。○婦以特豚饋，其位反，一本無婦字。供，俱用反。養，羊尚反。厥明，舅姑共饗婦以一獻之禮，

奠酬，舅姑先降自西階，婦降自阼階，以著代也。言既獻之而授之以室事也。降者，各還其燕寢。婦見及饋享於適寢。昏禮不言厥明，此言之者，容大夫以上禮多或異耳。○適，丁歷反。上，時掌反。〔疏〕「夙興」至「代也」。○正義曰：此論昏禮明日婦見舅姑，舅姑醴婦，又舅姑入室，婦饋特豚，又明日舅姑饗婦之節。此即士昏禮也，故有特豚饋於舅姑。若大夫以上，非惟特豚而已。雖以士爲主，亦兼明大夫，故有厥明舅姑共饗婦。若士，婦見舅姑之日，即舅姑享婦，故士昏禮舅姑醴婦，醴婦既訖，則享之，不待厥明也。○「婦執笲、棗、栗、段脩以見」者，案士昏禮：舅坐於阼階西面，姑坐于房外南面。婦執笲棗栗，進東面拜，奠于舅席，訖，婦又執腶脩，升進北面拜，奠于姑席，是也。○「贊醴婦，婦祭脯醢，祭醴」者，案士昏禮：婦席于戶牖間，贊者酌醴，置於席前北面，婦於席西東面拜受，贊者西階上北面拜送，又拜，薦脯醢，婦升席，左執觶，右祭脯醢，訖，以柶祭醴三，是祭脯醢、祭醴也。○「成婦禮也」者，言所以見舅姑及醴之者，成其爲婦之禮也。○「舅姑入室，婦以特豚饋」者，案士昏禮：舅姑入于室，婦盥饋，特豚，合升，側載，無魚腊，無稷，並南上，其他如取女禮。鄭注云：側載者，右胖載之舅俎，左胖載之姑俎，異尊卑，並南上者，舅姑共席于奧，其饌各以南爲上，是特豚饋也。○「明婦順也」者，言所以特豚饋者，顯明其爲婦之孝順也。○「厥明，舅姑共饗婦以一獻之禮，奠酬」者，案士昏禮云既言舅姑薦俎醢，以鄉飲酒之禮約之，席在室外戶之西，舅酌酒於阼階獻婦，婦西階上拜受，即席祭薦祭酒，畢，於西階上北面卒爵，婦酢舅，舅於阼階上受酢飲，畢，乃酬婦，先酌自飲，畢，更酌酒以酬姑，姑受爵奠於薦左，不舉爵，正禮畢也。○「以著代也」者，言所以舅姑降自西階，婦降自阼階，是舅姑所升之處，今婦由阼階而降，是著明代舅姑之事也。○注「降者」至「異日」。○正義曰：各還其燕寢者，舅姑還舅姑之燕寢，婦還婦之燕寢也。云「婦見及饋饗於適寢」者，謂舅姑之適寢。云「昏禮不言厥明，此言之者，容大夫以上禮多或異耳」，以此云厥明，與士昏禮異也。

成婦禮，明婦順，又申之以著代，所以重責婦順焉也。婦順者，順於舅姑，和於室人，而后當於夫，以成絲麻布帛之事，以審守委積蓋藏。室人，謂女妐、女叔、諸婦也。當，猶稱也。後言稱夫者，不順舅姑，不和室人，雖有善者，猶不爲稱大也。○當，丁浪反，一音于郎反，下注和當亦同。委，於僞反。積，子賜反。藏，才浪反。猶稱，尺證反，下同。

是故婦順備而后內和理，內和理而后家可長久也，故聖王重之。順備者，行和當事成審也。○行，下孟反。〔疏〕「成婦」至「重之」。○正義曰：此經明上經成婦禮、明婦順之事。若婦順既成，則室家長久，故聖王所重也。○「成婦禮」者，則上經婦祭脯醢、祭醴之等，是成婦禮也。○「明婦順」者，則上經舅姑入室，以特豚饋，是明婦順也。○「又申之以著代」者，則上經婦降自阼階以著代是也。申，重也。既明婦禮順，又重加之以著代之義也。○「所以重責婦順焉也」者，言成婦禮、明婦順，則重著代，所以厚重責婦人之孝順焉。分之則婦禮、婦順、著代三者別文，皆揔歸於婦順，故自此以下唯申明婦順也。○「以審守委積蓋藏」者，言既當夫氏，又成婦事，以此詳審保守家之所有委積掩蓋藏聚之物也。○注「室人」謂女妐、女叔、諸婦也」。○正義曰：經既言順於舅姑，乃和於室人，是在室之人，非男子也。女妐謂壻之姊也，女叔謂壻之妹，諸婦謂娣姒之屬。○注云「備順者，行和當事成審也」。○正義曰：行是順於舅姑，和謂和於室人，當謂當於夫，則前經所說是也。云「事成審」者，則前經「以成絲麻布帛之事，以審守委積蓋藏」，是事成審也。是

以古者婦人先嫁三月祖禰未毁教于公宫祖禰既毁教于宗室教以婦德婦言婦容婦功教成祭之牲用魚芼之以蘋藻所以成婦順也

謂與天子諸侯同姓者也嫁女者必就尊者教成之教成之者女師也祖廟女所出之祖也公君也宗室宗子之家也婦德貞順也婦言辭令也婦容婉娩也婦功絲麻也祭之祭其所出之祖也魚蘋藻皆水物陰類也魚爲俎實蘋藻爲羹菜祭無牲牢告事耳非正祭也其齊盛用黍云君使有司告之宗子之家若其祖廟已毁則爲壇而告焉○先悉薦反芼莫報反蘋音頻藻音早毛詩于以采蘋于以采藻詩箋云蘋之言賓藻之言早婉紆免反娩貞貌詩箋云婉娩貞順貌又音挽齊音咨壇徒丹反

【疏】是以至順也○正義曰此經更發明前經成婦順之事所以能成婦德者以未嫁之前先教以四德故此經明嫁所教之事○祖禰未毁教于公宫者此謂與君爲骨肉親廟有四高祖之廟未毁除此欲嫁之女教于公宫也祖廟既毁教於宗室者謂與君四從以外同高祖之父以上其廟既遷是祖廟既毁此女則教於大宗子之室○教成祭之者謂三月教之其教已成祭女所出祖廟告以教成也○所以成婦順也者以爲未嫁之前先教四德又祭而告但成其爲婦之順欲使嫁而爲婦舉遵此教而成和順○注謂與至告焉○正義曰此云教於公宫故知是天子諸侯同姓也天子當言王宫今經云公宫如兼天子者此云公宫謂公之宫也若天子公邑官家之宫爾非謂諸侯公宫也此昏義雖記士昏禮之事自此以下廣明天子以下教女及夫婦之義故此經教女舉貴者言云嫁女者必就尊者教成之者按内則女子十年不出使姆教成之明已前恆教但嫁前三月特就公宫之教欲尊之也云教之者女師也者即詩周南云言告師氏則昏禮注云姆婦人五十無子出者也云祖廟女所出之祖也者謂女父與君所分出之祖或與君共高祖而分出以下皆然與諸侯共高祖廟未毁所出之女皆自公宫教之天子雖七廟親廟上自高祖以下也云公君也者鄭恐唯謂諸侯之公故解公爲君天子諸侯皆稱君云宗室宗子之家也者鄭注不云大宗小宗則大宗小宗之家悉得教之與大宗近者於大宗教之與大宗遠者於小宗教之此記謂君之同姓若君之異姓異姓始祖在者其後亦有大宗小宗其族人嫁女各於其家也云祭之祭其所出之祖也者此女出於君之高祖則祭高祖廟出於

君之曾祖則祭曾祖以下皆然女親行祭詩云誰其尸之有齊季女是也云祭無牲牢告事耳非正祭也者以祭君之廟應用牲牢今其俎唯魚故云告事耳非正祭也云其齊盛用黍者以其教祭不用正牲則無稻粱既以蘋藻爲羹則當有齊盛此士祭特牲黍稷故知此亦用黍也云君使有司告之者約雜記釁廟使有司行之故知此告成之祭亦使有司也若有卿大夫以下則女主之宗子掌其禮也云若其祖廟已毁則爲壇而告焉者此謂與宗子或同曾祖假令宗子爲士只有父祖廟曾祖高祖無廟則爲壇於宗子之家而告焉若與宗子同曾祖則爲壇告曾祖焉若與宗子同高祖則爲壇告高祖焉此注或有作墠者誤也所以知者以祭法篇適士二廟一壇則曾祖爲壇也大夫三廟二壇則高祖及高祖之父爲壇或可宗子爲中士下士但有二廟無壇則爲墠而告之也

○古者天子后立六宫三夫人九嬪二十七世婦八十一御妻以聽天下之内治以明章婦順故天下内和而家理天子立六官三公九卿二十七大夫八十一元士以聽天下之外治以明章天下之男教故外和而國治故曰天子聽男教后聽女順天子理陽道后治陰德天子聽外治后聽内職教順成俗外内和順國家理治此之謂盛德

天子六寢而六宫在後六官在前所以承副施外内之政也三夫人以下百二十人周制也三公以下百二十人似夏時也合而言之取其相應有象大數也内治婦學之法也陰德謂主陰事陰令也○嬪毗人反治直吏反下及注除后治陰德皆同應如字音應對之應

【疏】古者至盛德○正義曰此一經因上夫婦昏禮之事故此明天子與后各立其官掌内外之事法陰陽所爲但后之所立六官周之法也天子所爲立六官夏之制也欲見其數相當故以夏周相對爲内外也○注天子至令也○正義曰按宫人云掌王之六寢之修注路寢一小寢五是天子六寢也云六宫在後者后之六宫在王之六寢之後亦大寢一小寢五其九嬪以下亦分居之其三夫人雖不分居六宫亦分主

六宮之事或二宮則一人也或猶如三公分主六卿之類也云六官在前者六卿之官在王六寢之前其三孤亦分主六官之職摠謂之九卿故考工記云外有九室九卿朝焉是也云三公以下百二十人者周三百此百二十人延於百數故云似夏時以無正文故稱似也云内治婦學之法也者案九嬪職云掌婦學之法故知内治是婦學也云陰德謂主陰事陰令也者案内宰掌王之陰事陰令注云陰事謂羣妃御見之事陰令爲王所求爲於北宫也

是故男教不脩陽事不得適見於天日爲之食婦順不脩陰事不得適見於天月爲之食是故日食則天子素服而脩六官之職蕩天下之陽事月食則后素服而脩六宫之職蕩天下之陰事故天子之與后猶日之與月陰之與陽相須而后成者也適之言責也食者見道有虧傷也蕩蕩滌去穢惡也○適直革反下注同見賢遍反下及注同日爲于僞反下文皆同蕩徒浪反滌直歷反又杜亦反去起呂反穢紆廢反

天子脩男教父道也后脩女順母道也故曰天子之與后猶父之與母也故爲天王服斬衰服父之義也爲后服資衰服母之義也父母者施教令於婦子者也故其服同資當爲齊聲之誤也○衰七雷反下同資依注作齊音咨注又作齋者同

疏　是故至義也○正義曰此以下説男女之教若其不得日月爲之適食又明天子與后是父之與母之義○是故日食則天子素服而脩六官之職蕩天下之陽事者謂救日之食者素服蕩除天下之陽事有穢惡者案左傳昭三十一年十二月辛亥朔日有食之庚午之日始有讁讁謂日之將食之氣氣見於上所以責人君也故詩云十月之交朔月辛卯日有食之亦孔之醜又云此日而食于何不臧是君之不善而日食凡日食若壬午朔日有食之左傳云公問於梓慎禍福何爲對曰二至二分日有食之不爲災也日月之行也分同道也至相過也其他月則爲災陽不克也故常爲水也然詩之十月則夏之八月秋分日食而爲災者以辛卯之日卯往侵辛木反克金故爲災昭七年夏四月甲辰朔日有食之而大咎衛君上卿四月夏之二月爲災者以其甲辰之日甲爲木辰爲土卯當克土今日食土反克木故爲災也昭二十一年秋七月壬午朔而日食壬爲水午爲火水應克火而日食火反克水不爲災者以秋七月夏之五月是壬午之時得有克壬之理故不得爲災杜預以爲假日食之異以戒懼人君其言若信若不信不可定以爲驗也

鄉飲酒義第四十五

○陸曰鄭云鄉飲酒義者以其記鄉大夫飲賓於庠序之禮尊賢養老之義也此於別録屬吉禮

疏　正義曰案鄭目録云名曰鄉飲酒義者以其記鄉大夫飲賓于庠序之禮尊賢養老之義此於別録屬吉事儀禮有其事此記釋其義也但此篇前後凡有四事一則三年賓賢能二則卿大夫飲國中賢者三則州長習射飲酒也四則黨正蜡祭飲酒摠而言之皆謂之鄉飲酒知此篇合有四事者以鄭注鄉人鄉大夫又云士州長黨正鄭又云飲國中賢者亦用此禮也鄭必知此篇鄉大夫賓賢能及飲國中賢者并州長黨正者以此經云鄉人即鄉大夫士則州長黨正又云君子謂卿大夫飲國中賢者下又云六十者坐五十者立侍亦是黨正飲酒之事下又云合諸鄉射是亦州長習射之禮鄭以此參之故知此篇兼有四事鄉則三年一飲射則一年再飲黨則一年一飲也所以然者天子六鄉諸侯三鄉卿二鄉大夫一鄉各有鄉大夫而鄉有鄉學取致仕在鄉之中大夫爲父師致仕之士爲少師在於學中名爲鄉先生教於鄉中之人謂鄉學每年入學三年業成必升於君若天子鄉則升學士於天子若諸侯之鄉則升學士於諸侯凡升之必用正月也將用升之先爲飲酒之禮鄉大夫與鄉先生謀事學生最賢使爲賓次者爲介又次者爲衆賓此鄉大夫爲主人與之飲酒而後升之故周禮鄉大夫職云三年則大比攷其德行道藝而興賢者能者鄉老及鄉大夫帥其吏與其衆寡以禮禮賓之鄭云賢者有德行者能者有道藝者故鄭云古者年七十而致仕老於鄉里大夫名曰父師士名少師而教學焉恒知鄉人之賢者是以大夫就而謀之賢者以爲賓其次以爲介又其次爲衆賓而與之飲酒是亦將獻之以禮禮賓之也若州一年再飲者是春秋習射因而飲之以州長爲主人也若黨一年一飲者是歲十二月國於大蜡祭而黨中於學飲酒子貢觀蜡是也亦黨正爲主人也此鄉飲酒之義説儀禮鄉飲酒也但儀禮所據是諸侯之鄉大夫三年賓賢能之禮故鄭儀禮鄉飲酒目録云諸侯之鄉大夫三年將獻賢者於君以禮賓與之飲

飲酒是也鄭必知諸侯鄉大夫者以鄉飲酒禮云磬階間縮霤注云大夫而特縣方賓鄉人之賢者從士禮也若天子之大夫特縣則鍾磬並有今唯云磬故知諸侯之鄉大夫也若諸侯之州長則士也故儀禮鄉射是諸侯州長經稱鹿中記云士則鹿中明非諸侯之鄉大夫爲之也

鄉飲酒之義主人拜迎賓于庠門之外入三揖而后至階三讓而后升所以致尊讓也庠鄉學也州黨曰序。庠音詳學記云古之教者家有塾黨有庠術有序國有學盥洗揚觶所以致絜也揚舉也今禮皆作騰。盥音管觶之豉反說文云鄉飲酒角也字林音支絜音結下同一本作致絜敬也拜至拜洗拜受拜送拜既所以致敬也拜至謂始升時拜拜賓至尊讓絜敬也者君子之所以相接也君子尊讓則不爭絜敬則不慢不慢不爭則遠於鬭辨矣不鬭辨則無暴亂之禍矣斯君子。所以免於人禍也故聖人制之以道道謂此禮。爭爭鬭之爭下同遠于萬反辨如字徐甫免反下同

【疏】鄉飲至以道。正義曰此一節發明鄉飲酒之禮拜迎至拜洗相尊敬之事故聖人制之以道也。鄉飲酒之義主人拜迎賓于庠門之外者謂鄉大夫故迎賓于庠門外若州長黨正則於序門之外也。盥洗揚觶者謂主人將獻賓以水盥手而洗爵揚觶謂既獻之後舉觶酬賓之時亦盥洗也必盥洗者所以致其絜敬之意也。拜至者謂賓與主人升堂之後主人於阼階之上北面再拜是拜至也。拜洗者謂主人拜至訖洗爵而升賓於西階上北面再拜拜主人洗也。拜受者賓於西階上拜受爵也。拜送者主人於阼階上拜送爵也。拜既者既盡也賓飲酒既盡而拜也。所以致敬也者言賓主相拜致其恭敬之心。尊讓絜敬也者言入門而三揖三讓是尊讓盥洗揚觶是絜也拜至拜洗之等是致敬也故摠結之云尊讓絜敬也者君子之所以相接也。注庠鄉學也州黨曰序。正義曰案州長職云春秋射于州序黨正云屬民飲酒于序是州黨曰序有室謂之庠無室謂之序鄉學爲庠州黨爲序學記云黨有庠者謂鄉人在州黨但於鄉之庠學不別立也則州黨曰序必是無室今案鄉射云豫則鉤楹內堂則由楹外故鄭注云庠之制有堂有室也豫讀如成周宣謝災之謝凡屋無室曰謝今文豫爲序序乃夏后氏之學亦非也以此言之則州黨爲序其義非也今云州黨曰序者但州黨之序雖並皆無室今鄉射則鉤楹內是內之深無室事顯正得讀豫爲謝是無室故也不得讀豫爲序以序非無室之名故云非也以有楹內楹外之言故鄭特云序非也謂正鄉射文非非是餘處序字皆非也餘處之序並皆無室也但有虞氏之庠周以爲鄉學夏后氏之序周以爲州黨之學明夏時之序則有室也周時州黨之序則無室也序名雖同其制則別故鄉射注云序乃夏后氏之學非謂州黨之學也以鄉射爲豫已非今文爲序又非故云亦非鄉學雖爲序云亦有東西牆謂之序故鄉飲酒或云序東西州學雖爲序據其序內亦有堂稱故鄉射或云堂東堂西也

鄉人士君子尊於房中之間賓主共之也尊有玄酒貴其質也鄉人鄉大夫也士州長黨正也君子謂鄉大夫士也鄉大夫士飲國中賢者亦用此禮也共尊者人臣卑不敢專大惠。鄉人士君子

周禮天子六鄉鄭司農云百里內爲六鄉外爲六遂司徒職云五家爲比五比爲閭四閭爲族五族爲黨五黨爲州五州爲鄉鄉大夫每鄉卿一人州長每州中大夫一人黨正每黨下大夫一人族師每族上士一人閭胥每閭中士一人比長五家下士一人諸侯則三鄉長丁丈反篇內皆同謂鄉去京反注同飲於鴆反羞出自東房主人共之也。羞燕私可以自專也羞音脩共音恭洗當東榮主人之所以自絜而以事賓也絜猶清也。榮如字屋翼也劉音營清如字皇才性反

【疏】鄉人至賓也。正義曰此一節明設尊及玄酒貴其質素又羞出東房及東榮設洗主人事賓之義也鄉人謂鄉大夫也士謂州長黨正也君子者謂卿大夫也。尊於房戶之間賓主共之也者以鄉大夫等唯有東房故設酒尊於東房之西室戶之東在賓主之間示賓主之共有此酒也酒雖主人之設賓亦以酢主人故云賓主共之也。尊有玄酒貴其質也者北面設尊玄酒在左謂在酒尊之西也所以設玄酒在西者地道尊右貴其質素故也。羞出自東房主人共之也者謂供於賓也。洗當東榮榮屋翼也設洗於庭當屋翼也必在東者示主人所以自絜以事賓從冠義以來皆

記者疊出儀禮經文每於一事之下釋明儀禮經義每義皆舉經文於上陳其義於下以釋之也他皆倣此也賓主象天地也介僎象陰陽也三賓象三光也讓之三也象月之三日而成魄也四面之坐象四時也陰陽助天氣養成萬物之氣也三賓象天三光者繫於天也古文禮僎皆作遵○介音戒下倣此輔賓者僎音遵輔主人者魄普百反說文作霸云月始生魄然也坐才臥反又如字天地嚴凝之氣始於西南而盛於西北此天地之尊嚴氣也此天地之義氣也天地溫厚之氣始於東北而盛於東南此天地之盛德氣也此天地之仁氣也莧酒成也○凝魚矜反主人者尊賓故坐賓於西北而坐介於西南以輔賓賓者接人以義者也故坐於西北賓者接人以義言賓故以成主人之惠主人者接人以德厚者也故坐於東南而坐僎於東北以輔主人也以僎輔主人以其仕在官也仁義接賓主有事俎豆有數曰聖聖立而將之以敬曰禮禮以體長幼曰德聖通也所以通賓主之意也將猶奉也德也者得於身也故曰古之學術道者將以得身也是故聖人務焉術猶藝也得身者謂成已令名免於刑罰也言學術道則此說賓賢能之禮

【疏】賓主至務焉○正義曰此一節明賓主介僎坐位之義也賓主象天地也介僎象陰陽也者天地則陰陽著成爲天地故賓在西北天地嚴凝之氣著主在東南天地溫厚之氣著介坐在西南象陰之微氣僎在東北象陽之微氣○三賓象三光者謂衆賓也○四面之坐象四時也者主人東南象夏始賓西北象冬始僎東北象春始介西南象秋始其四時不離天地陰陽之內而坐即是賓主介僎之所象也○曰聖者聖通也謂上諸事並是通賓主之意也聖立而將之以敬曰禮者謂通賓主之事其道已立能將行之以恭敬乃謂之禮也○禮以體長幼曰德德者得也既能有禮以體我長幼以事得宜故曰德也○德也者得於身也重釋稱德之義是得善行於其身謂身之所行者得於理也○古之學術道者將以得身也者術者藝也言古之人學此才藝之道也將以得身也謂使身得成也此謂賓賢之人有術道今以賓敬接待之事其尊敬學習術道身得成就而有令名○是故聖人務焉者以上賓主德義之事於禮最重故聖人務行焉

祭薦祭酒敬禮也嚌肺嘗禮也啐酒成禮也於席末言是席之正非專爲飲食也爲行禮也此所以貴禮而賤財也卒觶致實於西階上言是席之上非專爲飲食也此先禮而後財之義也先禮而後財則民作敬讓而不爭矣非專爲飲食言主於相敬以禮也致實謂盡酒也酒爲觴實祭薦祭酒嚌肺於席中唯啐酒於席末也○祭薦本亦作薦同嚌才細反肺芳廢反啐七內反專爲于爲反下及注專爲同

【疏】祭薦至爭矣○正義曰此一節明飲酒之禮祭薦祭酒相尊敬之心貴禮賤財之義○祭薦者主人獻賓賓即席祭所薦脯醢也○祭酒者賓既祭薦又祭酒也○敬禮也者言賓既祭薦又祭酒是賓敬重主人之禮也○嚌肺者禮也賓既祭酒之後興取俎上之肺嚌齒之所以嘗主人之禮也○啐酒成禮也於席末者啐謂飲主人酒而入口成主人之禮於席末謂席西頭也案鄉飲酒禮祭薦祭酒嚌肺皆在席之中唯啐酒在席之末又鄉飲酒禮云祭脯醢奠爵右取肺卻左手右絕末以祭尚左手嚌之興加于俎坐捝手遂祭酒嚌肺在前祭酒在後此先云祭酒者嚌是嘗嚌之名祭酒是未飲之稱故祭酒與祭薦相連表其敬禮之事○言是席之正非專爲飲食也者若此席專爲飲食應於席中啐酒今乃席末啐酒此席之設本不爲飲食是主人敬重於賓故設席耳祭薦祭酒嚌肺在席中者敬主人之物故在席中啐酒入於已故在席末也○此所以貴禮而賤財也者於席上祭薦祭酒是貴禮席末啐酒是賤財也○卒觶致實於西階上言是席之上非專爲飲食也者卒觶主人酬賓賓卒立以兵觶也致實謂致

盡其所實之酒於西階上不就席卒觶者言此席之上非專爲飲食也故不於席所而卒觶啐纔始入口猶在席末也卒觶則盡爵故遠在西階上前文方論設席之禮故言是席之正此覆說前席故變文言是席之上上亦正也此先禮而後財之義也者先禮則貴後財則賤則亦上下互而相通也。注致實至末也。正義曰以經卒觶致實既云卒觶論其將欲卒觶之時舉其事者致實論其盡酒之體故更言致實也云酒爲觴實者以盡酒稱致實之意酒爲觴中之實今致盡此實也云祭薦祭酒嚌肺於席中唯啐酒於席末也者皆鄉飲酒禮文

鄉飲酒之禮六十者坐五十者立侍以聽政役所以明尊長也六十者三豆七十者四豆八十者五豆九十者六豆所以明養老也民知尊長養老而后乃能入孝弟民入孝弟出尊長養老而后成教成教而後國可安也君子之所謂孝者非家至而日見之也合諸鄉射教之鄉飲酒之禮而孝弟之行立矣此說鄉飲酒謂黨正國索鬼神而祭祀則以禮屬民而飲酒于序以正齒位之禮也其鄉射則州長春秋以禮會民而射于州序之禮也謂之鄉者州黨鄉之屬也或則鄉之所居州黨鄉大夫親爲主人焉如今郡國下令長於鄉射飲酒從大守相臨之禮也。弟音悌下同行下孟反索色百反屬音燭大守音泰下手又反相悉亮反漢制郡有大守國有相或息羊反則以連下句

疏○鄉飲至立矣○正義曰此明黨正飲酒正齒位之事六十者坐五十者立侍者按鄉飲酒禮賓賢能則用處士爲賓其次爲介其次爲衆賓皆以年少者爲爲之此正齒位之禮其賓介等皆用年老者爲之其餘爲衆賓賓內年六十以上於堂上於賓席之西南面坐若不盡則於介席之北東面北上其五十者則立於西階下東面北上示有陪侍之義非即在六十者傍同南面立也○以聽政役者所以立於階下示其聽受六十以上政事役使也所以明尊長也者言欲明尊敬六十之長老故立而聽政役以六十者三豆至九十者六豆者以其每十年加一豆非正禮故不得爲籩豆偶也其五十者亦有豆也但二豆而已則鄉飲酒禮衆賓立於堂下者皆二豆其賓介之豆無正文當依衆賓之年而加之也。所以明養老也豆是供養之物所以明養老立侍是陪侍之儀故云明尊長也。而后乃能入孝弟者人若知尊長養老則能入孝弟之行也民入孝弟謂入門而能行孝弟。出尊長養老者謂出門而能尊長養老也。合諸鄉射教之鄉飲酒之禮而孝弟之行立矣者諸於也謂春秋二時聚合其民於州長鄉射之禮以教之鄉飲酒之禮謂十月黨正飲酒是教之鄉飲酒之禮既州長教射黨正教飲酒則民知尊長養老故孝弟之行以此而成立也。注此說至禮也。正義曰鄭知此經所說是黨正正齒位者以儀禮鄉飲酒之篇無正齒位之禮今此云六十者坐五十者立侍故知是黨正正齒位之禮此謂初飲酒之時正齒位及其禮末皆以醉爲度雜記去一國之人皆若狂是也云其鄉射則州長春秋以禮會民而射于州序之禮也者此則州長職文引之者證經中之鄉射也云謂之鄉者州黨鄉之屬也者既是州長黨正射飲而並謂之鄉者以州黨屬鄉故云鄉之屬也云或則鄉之所居州黨者鄭更云別解此州黨謂之鄉鄉之所居此州黨行飲酒射之禮鄉大夫則代此州長黨正爲主人故得稱鄉射鄉飲酒也若鄉之州黨鄉所不居則鄉大夫不得爲主人亦不得稱鄉射鄉飲酒但謂之州射黨正飲酒可也云如今郡國下令長於鄉射飲酒者謂郡治之下及王侯有國治之下滿萬戶以上之令不滿萬戶之長於巳縣或射或飲酒則從郡之大守及王國之相來自行禮相監臨之儀不用令長禮也令長射而飲酒似州長黨正也太守與相來監臨似鄉大夫監臨也故引以相證也

孔子曰吾觀於鄉而知王道之易易也鄉鄉飲酒也易易謂教化之本尊賢尚齒而已。易易皆以豉反注及下易易同

疏孔子至易也。正義曰謂孔子先觀鄉飲酒之禮而稱知王道之易易故記者引之結成鄉飲酒之義。吾觀於鄉者鄉謂鄉飲酒言我觀看鄉飲酒之禮有尊賢尚齒之法則知王者教化之道其事甚易以尊賢尚齒爲教化之本故也不直云易而云易易者取其簡易之義故重言易易猶若尚書王道蕩蕩王道平平皆重言取其語順故也

主人親速賓及介而衆賓自從之至于門外主人拜賓及介而衆賓自入貴賤之義別矣速謂即家召之別猶明也。別彼列反注及下注同

疏主人至別矣。正義曰此一經明鄉飲酒之禮主人待賓之異

明貴賤之別也。衆賓自從之者，主人親自速賓，并往速介，而衆賓不須往速，自從賓介而來也。而衆賓自入者，謂賓介至門，主人拜賓及介，而衆賓不須拜，自入門，是賓介貴於衆賓，貴賤之義別矣。

三揖至于階，三讓以賓升，拜至，獻酬辭讓之節繁，及介省矣。至于衆賓，升受，坐祭，立飲，不酢而降，隆殺之義別矣。

繁猶盛也。小減曰省。辨猶別也。尊者禮隆，卑者禮殺，尊卑別也。○省，所領反，徐疏辛反，注同。酢音昨。殺，色戒反，注及下同。

〔疏〕三揖至辨也。○正義曰：此明主人於賓介禮隆殺分別也。拜至獻酬辭讓之節繁者，主人於賓三揖三讓，拜其來至，又酌酒獻賓，賓酢主人，主人又酌而自飲以酬賓，是辭讓之節其數繁多也。及介省矣者，案鄉飲酒，介酢主人，則止主人，不酢介也，是及介省矣。至于衆賓升受，坐祭，立飲，不酢而降者，案鄉飲酒之禮，主人獻衆賓于西階上，受爵，坐祭，立飲，不酢主人而降西階東面也。隆殺之義辨矣者，於賓禮隆，衆賓禮殺，是隆殺之義別也。

工入，升歌三終，主人獻之；笙入三終，主人獻之；間歌三終，合樂三終。工告樂備，遂出。一人揚觶，乃立司正焉。知其能和樂而不流也。

工謂樂正也。樂正既告備而降，言遂出者，自此至去，不復升也。流猶失禮也。立司正以正禮，則禮不失可知。一人或爲二人。○笙音生。間，間厠之間。合如字，徐音閤。復，扶又反。

〔疏〕工入至流也。○正義曰：此一節論鄉飲酒設樂樂賓，罷則一以禮正之，不至流邪之事也。工入升歌三終者，謂升堂歌鹿鳴、四牡、皇皇者華，每一篇而一終也。主人獻之。笙入三終者，謂吹笙之人入於堂下，奏南陔、白華、華黍，每一篇一終也。主人獻之者，謂獻笙入也。間歌三終者，間，代也，謂笙歌已竟，而堂上與堂下更代而作也。堂上人先歌魚麗，則堂下笙由庚，此爲一終；又堂上歌南有嘉魚，則堂下笙崇丘，此爲二終也；又堂上歌南山有臺，則堂下笙由儀，此爲三終也。此皆鄉飲酒之文，故鄭注鄉飲酒云"間，代也，謂一歌則一吹"也。魚麗言大平年豐物多也，此采其物多酒旨，所以優賓也。南有嘉魚言大平君子有酒，樂與賢者共之也，此采其能以禮下賢者，賢者纍蔓而歸之，與之燕樂也。南山有臺言大平之治以賢者爲本，此采其愛友賢者，爲邦家之基，民之父母，既欲其身之壽考，又欲其名德之長也。由庚、崇丘、由儀，今亡，其義未聞也。合樂三終者，謂堂上下歌瑟及笙並作也。若工歌關雎，則笙吹鵲巢合之；若工歌葛覃，則笙吹采蘩合之；若工歌卷耳，則笙吹采蘋合之。所以知然者，則鄉飲酒云"乃合樂周南關雎、葛覃、卷耳，召南鵲巢、采蘩、采蘋"。鄭云："合樂，謂歌與衆聲俱作。周南、召南，國風篇也。王后、國君夫人房中之樂歌也。關雎言后妃之德，葛覃言后妃之職，卷耳言后妃之志，鵲巢言國君夫人之德，采蘩言國君夫人不失職，采蘋言卿大夫之妻能脩其法度也。"工告樂備遂出者，工謂樂正，工先告樂正，樂正告賓以樂備而遂下堂也。言遂出者，樂正自此至去，不復升堂也。鄉飲酒云"工告于樂正，樂正告于賓，乃降"，注云："樂正降者，以正歌備，無事也。降立西階東北面。"一人揚觶，乃立司正焉者，一人謂主人之吏也。一人舉觶之後，乃立司正，樂既備，將留賓旅酬，爲有懈惰，故主人使相禮者一人爲司正以監之也。舉觶，示將行旅酬也。鄉飲酒云"作相爲司正"，又云"司正洗觶，升自西階，阼階上北面受命于主人，主人曰：'請安于賓。'司正告于賓，賓禮辭，許"，注云："爲賓欲去，留之，告賓於西階。"又云"司正既舉觶而薦諸其位"，注云："司正，主人之屬也。無獻，因其舉觶而薦之。"知其能和樂而不流也者，結之也。流，失禮也。工升歌後立司正以正之，故知鄉飲酒能和樂不流邪失禮也。

賓酬主人，主人酬介，介酬衆賓，少長以齒，終於沃洗者焉。知其能弟長而無遺矣。

遺猶脫也，忘也。○少，詩召反。沃，於木反。弟音悌，下弟長同。脫，徒活反，又音奪。

〔疏〕賓酬至遺矣。○正義曰：此經明旅酬之時，賓主少長皆得酬酒，長幼無被遺棄之事。○少長以齒，終於沃洗者，言旅酬之時，賓主人之黨各以少長爲齒，以次相旅，至於執掌罍洗之人以水沃盥洗爵者，皆預酬酒之限。此經主人酬介，介酬衆賓，雖據旅酬之時，其少長以齒，終於沃洗，是無筭爵之節也。但因其旅酬，遂連言無筭爵，見無不周徧，弟長而無遺。而知終沃洗是其無筭爵，案鄉飲酒記"主人之贊者，西面北上，不與無筭爵，然後與"是也。○知其能弟長而無遺矣者，弟，少也，言少之與長皆被恩澤而無遺棄也，故云知其能弟長而無遺也。

降，說屨，升坐，脩爵無數。飲酒之節，朝不廢朝，莫不廢夕。賓出，主人拜送，節文終遂焉。知其能安燕而不亂也。

朝夕，朝莫聽事也。不

廢之者旣朝乃飲先夕則罷其正也終遂猶充備也○廢朝直遥反注朝夕旣朝同莫音暮下同先悉薦反〔疏〕降說至亂也○正義曰此一經明飲酒之禮雖爵行無數猶能飾文自終不至於亂也○降說屨升坐者此謂無筭爵之初也以前皆立而行禮未徹俎故未說屨至此徹俎之後乃說屨升堂坐也○脩爵無數者謂無筭爵也熊氏云謂行爵無數矣○朝不廢朝者朝後乃行飲酒之禮是朝不廢朝也○莫不廢夕者謂飲酒禮畢乃治私家之事是莫不廢夕也謂鄉飲酒之禮若黨正飲酒一國若狂無不醉也○節文終遂焉也者終謂終竟也遂謂申也言雖至飲畢主人備禮拜而送賓節制文章終竟申遂不有闕少故鄭云終遂猶充備也知其能安燕而不亂也謂安在於燕樂而不至亂也

貴賤明隆殺辨和樂而不流弟長而無遺安燕而不亂此五行者足以正身安國矣彼國安而天下安故曰吾觀於鄉而知王道之易易也〔疏〕貴賤至易也○正義曰此一節總結上經明上五種之事又覆說前文孔子所以知王道之易易也○如此五行者足以正身安國矣者五行謂上第一云貴賤之義別第二云隆殺之義辨第三云和樂而不流第四云弟長而無遺第五云安燕而不亂是五種之行也○彼國安而天下安者以鄉飲酒於此將天下諸侯爲彼國故云彼國安而天下安也

鄉飲酒之義立賓以象天立主以象地設介僎以象日月立三賓以象三光古之制禮也經之以天地紀之以日月參之以三光政教之本也 日出於東僎所在也月生於西介所在也三光三大辰也天之政教出於大辰焉○行下孟反〔疏〕鄉飲至本也○正義曰此記者更覆說鄉飲酒之義有所法象之事前文雖備故此更詳也○立賓以象天立主以象地者前文天地共言故云賓主象天地此則析言之賓以象天主以象地賓者主之所尊敬故以賓象天主供物以養賓故以主象地也○設介僎以象日月者則前經陰陽也但陰陽據其氣日月言其體僎在東北象日出也介在西南象月出也○注三光三大辰也○正義曰案昭十七年有星孛于大辰公羊云大辰者何大火也火爲大辰

北辰亦爲大辰故爾雅云大辰房心尾也大火謂之大辰北極謂之北辰是三大辰也何休云大火與伐天所以示民時早晚天下取以爲正故謂之大辰辰時也是天之政教出於大辰

亨狗於東方祖陽氣之發於東方也 祖猶法也狗所以養賓陽氣主養萬物○亨普萌反 洗之在阼其水在洗東祖天地之左海也 海水之委也○阼才路反委於僞反 尊有玄酒教民不忘本也 大古無酒用水而已○大音泰〔疏〕亨狗至本也○正義曰此一節覆明上立主象地以下諸文之意也○亨狗於東方祖陽氣之發於東方也者此覆說前文羞出自東方也○洗之在阼其水在洗東祖天地之左海也者此覆說前經洗當東榮因說水在洗東法天地左海也○尊有玄酒教民不忘本也者此覆說上文尊有玄酒貴其質也

賓必南鄉東方者春春之爲言蠢也產萬物者聖也南方者夏夏之爲言假也養之長之假之仁也西方者秋秋之爲言愁也愁之以時察守義者也北方者冬冬之爲言中也中者藏也是以天子之立也左聖鄉仁右義偝藏也 春猶蠢也蠢動生之貌也聖之言生也假大也愁讀爲揫揫斂也察猶察察嚴殺之貌也南鄉鄉仁貴長大萬物也察或爲殺○鄉許亮反下及注鄉仁南鄉東鄉皆同蠢尺允反蠢動生之貌夏戶嫁反下同假古雅反下同愁依注讀爲揫子留反下同爾雅云揫聚也藏如字下同你才浪反偝音佩殺如字又色戒反 介必東鄉介賓主也 獻酬之禮主人將西賓將南介覸其間也○覸音間廁之間 主人必居東方東方者春春之爲言蠢也產萬物者也主人者造之產萬物者也 言禮之所共由主人出也○共音恭 月者三日則成魄三月則成時是以禮有三讓建國必立三卿三

賓者政教之本禮之大參也言禮者陰也大數取法於月也○成魄音伯反參七南反〔疏〕賓必至參也○正義曰此一節更摠明鄉飲酒禮坐位所在并明三揖三讓每事皆三之義○產萬物者聖也者聖之言生也東方產育萬物故為聖也○養之長之假之仁也者假大也謂養育萬物長之使大仁恩也五行春為仁夏為禮今春為聖夏為仁者春夏皆生養萬物俱有仁恩之義故此夏亦仁也聖既生物以生物言之則謂之聖故東方為聖也各以義言之理亦通也○中者藏也者言北方主智亦為信也若以五行言之則為信若以萬物歸藏言之則為藏也○介必東鄉介賓主也者主獻賓將西行就賓賓又南行將就主人介在西階之上以介覸隔賓主之間也○主人者造之產萬物也者釋所以主人居東方之意東方產育萬物主人共客所須故主人造為產萬物之象也○月者三日則成魄者謂月盡之後三日乃成魄魄謂明生傍有微光也此謂月明盡之後而生魄非必月三日也若以前月大則月二日生魄前月小則三日乃生魄○三賓者政教之本者凡建國既立三卿助君治國今鄉飲酒立三賓象國之立三卿故云政教之本也○注言禮者陰也大數取法於月也○正義曰樂既為陽故禮為陰月是陰精故禮之數取法於月也

附釋音禮記注疏卷六十一

江西南昌府學栞

禮記注疏卷六十一挍勘記　阮元撰盧宣旬摘錄

附釋音禮記注疏卷六十一　惠棟挍宋本禮記正義卷第六十八

冠義第四十三

凡人之所以為人者節

言三始既備乃可求以三行也　毛本作備岳本嘉靖本衛氏集說同考文引古本同此本備字闕閩監本同

同鄉老而致仕者　惠棟挍宋本岳本嘉靖本考文引古本同閩監毛本同誤謂衛氏集說同

阼謂主人之北也知者　閩本同惠棟挍宋本同監毛本知字脫

或有舊俗行先代之禮　閩監本同毛本先代二字倒

未冠之前以其名別之　閩監毛本同惠棟挍宋本以其作則以

但元端上士則元裳　閩本同惠棟挍宋本同監毛本元端誤衣冠

見於鄉大夫謂在朝之鄉大夫也　閩監毛本同劉台拱挍二鄉字並改卿衛氏集說作鄉大夫在朝之卿大夫

聘禮不腆先君之祧　閩監毛本同惠棟挍宋本禮下有云字衛氏集說同

以左傳魯襄公冠於衛成公之廟　惠棟挍宋本作襄此本襄字闕閩監毛本襄誤成

昬義第四十四　案昬字毛本及衛氏集說與此本同各本並作昏與石經同後放此釋文亦作昬各本義字同毛本義誤禮○按作昏是也說文云从日氏省

是娶告父母　閩監毛本同惠棟挍宋本娶下有妻字

舜三十不娶謂之鰥　閩監毛本同考文引宋板舜下有年字衛氏集說同

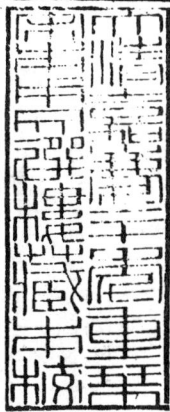

昏禮者節　惠棟云昏禮節父親醮子節宋本合爲一節

昏禮者　各本同石經同釋文出昏者云一本作昏禮者

昏禮至禮也　惠棟校宋本無此五字

故昏禮云謂誰氏　閩監毛本同考文引宋板云謂作去爲案作爲是作去非衛氏集說亦作云爲

父親醮子節

合巹而酳　石經岳本嘉靖本同閩監毛本巹作卺衛氏集說同○按依說文當作𧯠从豆蒸省聲卺假借字巹卺皆𧯠字之譌

敬慎重正節

敬慎至本也　惠棟校宋本無此五宋

夫禮始於冠節

和於射鄉　閩本石經岳本嘉靖本同考文引宋板古本足利本同監毛本射鄉二字倒衛氏集說同石經考文提要云宋大字本宋本九經南宋巾箱本余仁仲本劉叔剛本並作射鄉

夫禮至體也　惠棟校宋本無此五字

夙興節

段脩　石經作段岳本同釋文同此本段誤段嘉靖本閩監毛本段誤段衛氏集說同

夙興至代也　惠棟校宋本無此五字

成婦禮節

室人謂女妐女叔諸婦也　閩監本同岳本同考文引古本足利本同毛本妐誤姑衛氏集說嘉靖本同

成婦至重之　惠棟校宋本無此五字

女妐謂壻之姊也　閩監本同毛本妐誤姑衛氏集說同

是以古者節

教成之者女師也　嘉靖本閩監毛本同惠棟校宋本無成字宋監本衛氏集說同岳本教成之作其教之

古者天子節

若天子公邑官家之官爾　閩監毛本同惠棟校宋本爾作耳衛氏集說同

后聽內職　惠棟校宋本作職石經宋監本岳本嘉靖本同此本職誤治閩監毛本同衛氏集說同石經考文提要云案禮記集說引吕大臨禮記解云凡天子所聽皆外治后所聽皆內職馬晞孟禮記解云治者職之摠職者治之别故曰天子聽外治后聽內職宋大字本宋本九經南宋巾箱本余仁仲本至善堂九經本並作職

所以承副施外內之政也　閩本同惠棟校宋本宋監本嘉靖本岳本同衛氏集說同監毛本副誤嗣

取其相應有象大數也　閩監毛本作象大此本象大二字闕岳本大作天嘉靖本衛氏集說同

古者至盛德　惠棟校宋本無此五字

此一經因上夫婦昏禮之事　閩監本同毛本因上二字倒

注路寢一小寢五　惠棟校宋本注下有云字衛氏集說同此本云字脫閩監毛本同

爲王所求爲於北宮也　惠棟校宋本同閩監毛本北誤此衛氏集說亦作北上爲作謂

是故男教不脩節

爲后服資衰　閩監毛本石經岳本嘉靖本衛氏集說同坊本資作齊依注改釋文出資衰云依注作齊○按

依說文當作齌从衣齊聲經傳多假齊爲之資亦假借字古音次聲齊聲同部也

是故至義也　惠棟挍宋本無此五字

卯往侵辛由反克金　考文引宋板同閩監毛本由作木

鄉飲酒義第四十五

二則卿大夫飲國中賢者　此本卿字不誤閩監毛本卿誤鄉衞氏集說同

又云君子謂卿大夫飲國中賢者　此本卿字不誤閩本同監毛本卿誤鄉

學生最賢使爲賓　閩本同考文引宋板同監本生字殘闕毛本生作士

此鄉大夫爲主人與之飲酒　衞氏集說同閩監毛本此誤比

鄉飲酒之義節

斯君子之所以免於人禍也　惠棟挍宋本有之字石經本監本岳本嘉靖本同衞氏集說之字空闕此本之字脫閩監毛本同通典七十三亦有之字

鄉人士君子節

君子謂卿大夫士也　閩監本作卿嘉靖本卿誤鄉有士字此本同毛本同岳本亦作卿無士字衞氏集說同考文引宋板古本亦無士字段玉裁挍云案下文卿大夫士飲國中賢者即承此君子謂卿大夫士而釋之也宋監本無士字非

卿大夫士飲國中賢者　閩監本同岳本同衞氏集說同考文引宋板同嘉靖本毛本卿誤鄉段玉裁云鄉飲酒禮疏引此卿大夫士飲國中賢者

不敢專大惠　此本注止此句閩監毛本岳本嘉靖本衞氏集說同山井鼎云釋文鄉人士君子至諸侯則三鄉百八字宋板與注不敢專大惠連接爲注古本無但後人依宋板誤補入之案山井鼎所據宋板即惠棟所挍宋本惠棟於此處無明言但於釋文周禮下添注一云字似亦從宋本挍者此宋本在未附釋音之前何由羼入釋文疑百八字爲鄭氏注文所本有釋文云鄭云鄉人鄉大夫士州長黨正也君子謂卿大夫士也周禮天子六鄉鄭司農云百里內爲六鄉外爲六遂司徒職云五家爲比五比爲閭四閭爲族五族爲黨五黨爲州五州爲鄉鄉大夫每鄉卿一人州長每州中大夫一人黨正每黨下大夫一人族師每族上士一人閭胥每閭中士一人比長五家下士一人諸侯則三鄉自周禮天子六鄉至諸侯則三鄉百三字統承上鄭云之下未見謂卿大夫士也以上爲鄭云周禮天子以下必不爲鄭云也

鄉人至賓也　惠棟挍宋本無此五字

以卿大夫等唯有東房　閩監毛本卿作鄉衞氏集說同考文引宋板同

地道尊右　閩監毛本同衞氏集說同考文引宋板右作左

賓主象天地也節

賓主至務焉　惠棟挍宋本無此五字

德也者得於身也　閩監毛本同考文引宋板也下有者字

祭薦祭酒節

主人酬賓賓卒立以兵觶也　惠棟挍宋本兵作立閩本兵字闕監毛本兵作據案皆誤盧文弨鍾山札記云本當云左人酬賓賓立以卒觶也

不就席卒觶者言此席之上　閩監本同毛本此作是

鄉飲酒之禮六十者坐節

鄉飲至立矣　惠棟挍宋本無此五字

及王國之相來自行禮相監臨之儀　閩監毛本王作主衞氏集說同齊召南云主國當作王國段玉裁挍云下相字衍文

工入升歌節

工入至流也惠棟挍宋本無此五字

則鄉飲酒云乃合樂周南召南關雎閩監毛本同惠棟挍宋本無召南二字衞氏集說同

合樂謂歌與衆聲俱作閩監毛本同惠棟挍宋本歌下有樂字按有樂字與鄉飲酒禮注合

賓禮辭許注云閩監毛本同惠棟挍宋本無許字○按宋本非也

降說屨節

降說至亂也惠棟挍宋本無此五字

猶能節文自終不至於亂也惠棟挍宋本同閩監毛本文自誤立自

知其能安燕而不亂也閩監毛本同惠棟挍宋本也下有者

貴賤明節

貴賤至易也惠棟挍宋本無此五字

如此五行者閩監毛本同考文引宋板無如字

賓必南鄉節

察猶察察嚴之貌也閩監毛本嚴下有殺字岳本嘉靖本同此本殺字脫衞氏集說殺誤穀釋文出嚴殺

言禮之所共由主人出也閩監毛本岳本嘉靖本衞氏集說同惠棟挍宋本共作在案在字非也釋文出所共音恭正義亦云主人共客所須

大數取法於月也惠棟挍宋本如此宋監本岳本嘉靖本衞氏集說同閩監毛本法上衍象字此本空闕

賓必至參也惠棟挍宋本無此五字

更揔明鄉飲酒禮坐位惠棟挍宋本無禮字閩監毛本明作言酒下亦衍禮字衞氏集說亦作明

每事皆三之義惠棟挍宋本作之義衞氏集說同閩監毛本之義二字誤以成禮三字此本空闕

聖之言生也閩監本作生此本生誤主毛本誤升

東方產有萬物故爲聖也惠棟挍宋本如此衞氏集說同閩監毛本爲聖上衍爲春二字也字脫

長之使大仁恩也惠棟挍宋本如此衞氏集說同閩監毛本仁恩也誤亦爲仁此本空闕

於五行春爲仁閩監毛本有於字惠棟挍宋本無此本空闕

春夏皆生養萬物俱有仁恩之義考文引宋板如此閩監毛本生養萬物四字誤是生育長養五字此本空闕

以生物言之則謂之聖考文引宋板如此閩監毛本言之則謂四字誤於春如通明五字此本空闕

藏也者此言北方主智閩監毛本有此字惠棟挍宋本此字無此本空闕

主人獻賓將西行就賓惠棟挍宋本如此衞氏集說同閩監毛本賓將西三字誤酬之禮既四字此本空闕

賓又南行將就主人閩監毛本如此衞氏集說同考文引宋板無賓字

以介覸隔賓主之間也惠棟挍宋本如此衞氏集說同閩監毛本隔字誤在於二字此本空闕

釋所以主人居東方之意　惠棟挍宋本如此衛氏集說同監毛本意上衍義字此本空闕閩本同

主人共客所須　閩監毛本同考文引宋板共作供衛氏集說同

故主人造爲産萬物之象者也　閩監毛本如此衛氏集說象下無者字考文引宋板象者二字作事字此本空闕

魄謂明生　惠棟挍宋本如此衛氏集說同閩監毛本明字誤月輪二字此本空闕

若初以前月大　閩監毛本如此衛氏集說初上無若字考文引宋板若初二字作所字此本空闕

三賓者政教之本者　惠棟挍宋本如此閩監毛本政上衍爲字此本空闕

象國之立三卿　考文引宋板同閩監毛本象上衍亦字

大數取法於月也　閩監毛本法上衍象字

故禮之數取法於月也　考文引宋板同衛氏集說同閩監毛本數上衍大字

附釋音禮記注疏卷第六十一　惠棟挍宋本禮記正義卷第六十八終記云凡二十九頁

禮記注疏卷六十一挍勘記

附釋音禮記注疏卷第六十二

射義第四十六。陸曰鄭云射義者以其記燕射大射之禮觀德行取其士之義也別錄屬吉禮。疏正義曰案鄭目錄云名曰射義者以其記燕射大射之禮觀德行取於士之義此於別錄屬吉事案此篇中有鄉射又云不失正鵠正則賓射然則鄉射賓射俱有之矣今目錄唯云燕射大射者但此篇廣說天子諸侯大射燕射之義不專於鄉射賓射故鄭目錄特舉大射燕射其射之所起起自黃帝故易繫辭黃帝以下九事章云古者弦木爲弧剡木爲矢弧矢之利以威天下又世本云揮作弓夷牟作矢注云揮夷牟黃帝臣是弓矢起於黃帝矣虞書云侯以明之是射侯見於堯舜夏殷無文周則具矣

禮記　鄭氏注　孔穎達疏

古者諸侯之射也必先行燕禮卿大夫士之射也必先行鄉飲酒之禮故燕禮者所以明

君臣之義也鄉飲酒之禮者所以明長幼之序也言別尊卑老穉然後射以觀德行也。長丁丈反別彼列反穉音值行下孟反下文注德行皆同。疏古者至序也。正義曰此一篇之義廣說射禮明天子以下射之樂章上下之差又明天子諸侯選士與祭之法因明孔子矍相之圃簡賢選士誓衆之事又明君臣父子正鵠之義是男子有事於射故男子初生設桑弧蓬矢之義又明志正射中之義飲酒養老之事今各隨文解之此經明將射之時天子諸侯先行燕禮所以明君臣之義卿大夫將射先行鄉飲酒之禮所以明長幼之序也。古者諸侯之射也必先行燕禮者案儀禮大射在未旅之前燕初似饗即是先行饗禮而云先行燕禮者燕初似饗正謂其行禮似饗其餘則燕故禮其牲狗及設折俎行一獻此等皆燕之法也故云先行燕禮也。燕禮者所以明君臣之義也者謂臣於堂下再拜稽首升成拜君荅拜似若臣盡竭其力致敬於君君施惠以報之也。鄉飲酒之禮者所以明長幼之序者此鄉飲酒謂黨正飲酒以鄉統名則前篇云六十者坐五十者立侍是也。

故射者進退周還必中禮內志正外體直然後持弓矢審固持弓矢審固然後可以言中此可以觀德行矣內正外直習於禮樂有德行者也正鵠之名出自此也。中丁仲反下同正音征鵠古毒反徐又如字疏故射至行矣。正義曰此一經明射者之禮言內志審正則射能中故見其外射則可以觀其內德故云可以觀德行矣。注正鵠之名出自此也。正義曰以賓射之的謂之正正者正也欲明射者內志須正也鄭注大射云正者正也亦鳥名齊魯之間名題肩爲正是也以大射之質謂之鵠鵠者直也欲使射者外體之直是正鵠之名出自射者。而來故云正鵠之名出自此也

其節天子以騶虞爲節諸侯以貍首爲節卿大夫以采蘋爲節士以采繁爲節騶虞者樂官備也貍首者樂會時也采蘋者樂循法也采繁者樂不失職也是故天子以備官爲節諸侯以時會天子

爲節卿大夫以循法爲節士以不失職爲節故明乎其節之志以不失其事則功成而德行立德行立則無暴亂之禍矣功成則國安故曰射者所以觀盛德也騶虞采蘋采繁毛詩篇名貍首逸下云曾孫侯氏是也樂官備者謂騶虞曰壹發五豝喻得賢者多也于嗟乎騶虞歎仁人也樂會時者謂貍首曰小大莫處御于君所樂循法者謂采蘋曰于以采蘋南澗之濱循澗以采蘋喻循法度以成君事也樂不失職者謂采繁曰被之僮僮夙夜在公。騶側尤反徐側侯反貍力之反貍之言不來也首先也此逸詩也鄭以下所引曾孫侯氏爲貍首之詩也蘋音頻繁音煩循徐辭均反豝百麻反獸一歲曰豝詩傳云豕牝曰豝澗音諫山夾水曰澗濱音賓涯也被皮義反徐扶義反僮音童本亦作童毛詩傳云竦敬也疏其節至德也。正義曰此節明天子以下射禮樂章之異。天子以騶虞爲節者謂歌騶虞之詩射人云騶虞九節。諸侯以貍首爲節者謂歌貍首也射人云貍首七節。卿大夫以采蘋爲節士以采

蘩爲節者射人云皆五節案鄉射注云五節歌五終四節四拾其一節先以聽也若然則九節者五節先以聽七節者三節先以聽皆以四節應乘矢拾發也○騶虞者樂官備也者謂射一發而得五豝喻得賢人多賢人多則官備也○貍首者樂會時也者諸侯不來朝射其首是樂會及盟也○采蘋者樂循法也于以采蘋南澗之濱循澗以采蘋喻循法度以成君事○采蘩者樂不失職也謂采蘩曰被之僮僮夙夜在公是其不失職也○是故天子以備官爲節謂騶虞也○諸侯以時會天子爲節謂歌貍首也○卿大夫以循法爲節謂歌采蘋也○士以不失職爲節謂歌采蘩也○明乎其節之志以不失其事者其節之志謂天子以備官爲志諸侯以時會爲志卿大夫以循法度爲志士以不失職爲志是各明達其樂節之志故能不失其所爲之事也○德行立則無暴亂之禍矣功成則國安者是覆說上文功成德行立先覆說德行然後却覆說功成也以先由德行乃功成也○故曰射者可以觀盛德也盛德無暴亂之禍國安射者各明其志能致盛德故云所以觀盛德也○注騶虞至仁人○正義曰案詩義云君射一發則驅五豝獸以軍戰之禮待禽獸之命不忍特驅其一此云喻得賢者多則以豝喻賢也謂一發而得五豝猶若君一求而得五賢與詩文異者斷章爲義云于嗟乎騶虞歎仁人也與詩義同也以騶虞不食生物故云于嗟乎其仁人騶虞既爲天子樂章而儀禮鄉射用之者鄭注鄉射云此天子之射節也而用之者方有樂賢之志取其宜也曾孫之詩謂之貍首者貍首篇名曾孫者其章頭也儀禮大射奏貍首間若一鄭注云貍之言不來也其詩有射諸侯首不朝者之言因以名篇故謂之貍首也

是故古者天子以射選諸侯卿大夫士射者男子之事也因而飾之以禮樂也故事之盡禮樂而可數爲以立德行者莫若射故聖王務焉選士者先考德行乃後決之於射男子生而有射事長學禮樂以飾之○數色角反下同長丁丈反

疏是故至務焉○正義曰此一節明天子以射禮簡選諸侯以下德行能否故聖王所以務以射選諸侯卿大夫者諸侯雖繼世而立卿大夫有功乃升非專以射而選但既爲諸侯卿大夫又考其德行更以射辨其才藝高下非謂直以射選補始用之也○射者男子之事也因而飾之以禮樂也者男子生有縣弧之義故云射者男子之事因此射事更華飾以禮樂則容體比於禮其節比於樂是也○故事之盡禮樂而可數爲以立德行者莫若射者謂諸事之中能窮盡禮而可數數爲之以與立人之德行諸事之中無如於射唯射能如此故聖王務重焉也○注男子至飾之○正義曰男子生而有射事者案內則篇云男子生設弧於門左是也云長學禮樂以飾之者案內則篇云十有三年學樂誦詩舞勺成童舞象二十舞大夏是長學禮樂以華飾射事也

是故古者天子之制諸侯歲獻貢士於天子天子試之於射宮其容體比於禮其節比於樂而中多者得與於祭其容體不比於禮其節不比於樂而中少者不得與於祭數與於祭而君有慶數不與於祭而君有讓數有慶而益地數有讓而削地故曰射者射爲諸侯也歲獻獻國事之書及計偕物也三歲而貢士舊說云大國三人次國二人小國一人

○比毗志反下同親合也中丁仲反下同得與音預下皆同削胥略反偕音皆俱也

是以諸侯君臣盡志於射以習禮樂夫君臣習禮樂而以流亡者未之有也流猶放也書曰流共工于幽州○共音恭

疏是故至有也○正義曰此一節明射爲諸侯之事又明諸侯君臣盡志於射以習禮樂無流亡之患○諸侯歲獻者謂諸侯每歲獻國事之書及獻計偕之物於天子也○貢士於天子者諸侯三年一貢士於天子也○天子試之於射宮者言天子者試此所貢之士於射宮之中○而中多者得與於祭者此謂大射也○注歲獻至一人○正義曰以經云歲獻貢士於天子恐歲獻之文只是貢獻於士故云歲獻獻國事之書云及計偕物也者漢時謂郡國送文書之使謂之爲計吏其貢獻之物與計吏俱來故謂之計偕物也偕俱也非但獻國事之書又俱獻貢物故云及計偕物知歲獻國事之書者小行人云令諸侯春入貢秋獻功注云貢六服所貢也功考績之功也秋獻之若今計文書斷於九月其舊法也云三歲而貢士者以經貢士之文繫歲獻之下恐每歲貢士故云三歲而貢士也又知三歲者案書傳云古者諸侯之於天子也三年一貢士一適

謂之好德再適謂之賢賢三適謂之有功有功者天子賜以衣服弓矢再賜以秬鬯三賜以虎賁百人號曰命諸侯不云益地者文不具矣書傳又云貢士一不適謂之過注云謂三年時也再不適謂之放注云謂六年時也三不適謂之誣注云謂九年時也一紬以爵再紬以地三紬而地畢注云凡十五年鄭以此故知三歲而貢士也故詩曰曾孫侯氏四正具舉大夫君子凡以庶士小大莫處御于君所以燕以射則燕則譽言君臣相與盡志於射以習禮樂則安則譽也是以天子制之而諸侯務焉此天子之所以養諸侯而兵不用諸侯自爲正之具也此曾孫之詩諸侯之射節也四正正爵四行也四行者獻賓獻公獻卿獻大夫乃後樂作而射也莫處無安居其官次者也御猶侍也以燕以射先行燕禮乃射也則燕則譽言國安則有名譽譽或爲與○【疏】故詩曰曾孫侯氏四正具舉大夫君子凡以庶士小大莫處御于君所具也○正義曰上經說諸侯君臣之射此明諸侯之射所歌樂章節者此貍首之詩也所以論燕射則燕則譽故君臣相與盡志於射也此詩名貍首而發首云曾孫侯氏者但此篇之中有貍首之字在於篇中撮取貍首之字以爲篇首之目謂若騶虞之詩其字雖在篇内而名騶虞矣曾孫侯氏者謂諸侯也此諸侯出於王是王之曾孫也故云曾孫侯氏矣若左傳云曾孫則蒯聵之類是也○四正具舉者將射之時先行燕禮其燕之時四度正爵悉皆舉徧謂獻賓獻君獻卿獻大夫四獻既畢乃後射故云具舉○大夫君子凡以庶士者言爲燕之時大夫君子及庶衆士等○小大莫處御于君所者言大夫士等小之與大無有處於職司而不來者皆御侍于君之處所也○以燕以射者謂先行燕禮而後射也○則燕則譽者燕安也既君臣歡樂用是燕安而有聲譽也○諸侯自爲正之具也正謂脩正言射者是諸侯自爲脩正之具言脩正得安由於射也故前文云内志正謂此也○注此曾至名譽○正義曰以諸侯射以貍首之篇謂今詩文無貍首之篇今射義有載曾孫之詩故知是貍首也云正爵四行獻賓獻公獻卿獻大夫者大射禮文云乃後樂作而射也者案大射禮獻大夫之後乃後工入樂作而後射此謂大射也若燕射則說屨升堂坐之後乃射矣故燕禮說

屨升堂獻士畢若射則大射正爲司射如卿射之禮是也孔子射於矍相之圃蓋觀者如堵牆矍相地名也樹菜蔬曰圃○矍俱縛反注同相息亮反矍相地名圃音補徐音布觀如字又古亂反堵丁古反疏一本作疏所魚反射至於司馬使子路執弓矢出延射曰賁軍之將亡國之大夫與爲人後者不入其餘皆入蓋去者半入者半先行飲酒禮將射乃以司正爲司馬子路執弓矢出延射則爲司射也延進也出進觀者欲射者也賁讀爲僨僨猶覆敗也亡國亡君之國者也與猶奇也後人者一人而已既有爲者而往奇之是貪財也子路陳此三者而觀者畏其義則或去也延或爲誓○賁依注讀爲僨音奮覆敗也將子匠反與音預注同不入一本作不得入者非也賁讀音奔覆方卜反奇居宜反下同後如字又音侯又使公罔之裘序點揚觶而語公罔之○裘揚觶而語曰幼壯孝弟耆耋好禮不從流俗脩身以俟死者不在此位也蓋去者半處者半序點又揚觶而語曰好學不倦好禮不變旄期稱道不亂者不在此位也蓋廑有存者之發聲也射畢又使此二人舉觶者古者於旅也語語謂說義理也三十曰壯耆耋皆老也流俗失俗也處猶留也八十九十曰旄百年曰期頤稱猶言也○行也者不言有此行不可以在此賓位也序點或爲徐點壯或爲將旄期或爲旄勤今禮揚皆作騰○公罔人姓也又作罔之裘裘名也之語助序點多簟反序姓點名也觶之豉反弟音悌耆音祁巨支反六十曰耆耋大結反七十曰耋一云八十曰耋好呼報反下同脩身以俟死絕句者不此二字一句下及注皆同旄本又作耄莫報反八十九十曰耄期本又作旗音其如字百年曰期頤頤養也稱如字不亂絕句本或作而不亂廑音勤又音勤少也期頤以支反鄭注曲禮云期要也頤養也言有此行不絕句行音下孟反【疏】孔子至存者○正義曰從篇首以來釋天子以下射樂之節又說大射之禮并顯諸侯貍首之義故此一節載孔子射於矍相之圃選賢誓衆

之禮也。射至於司馬者，欲射之前先行鄉飲酒之禮獻賓及介獻衆賓之後未旅之前作相爲司正至於將射轉司正爲司馬故云射至於司馬也。使子路執弓矢出延射者謂立司馬之時孔子使子路爲司射之官出門而延進觀者及欲射之人曰賁軍之將者賁謂覆敗也敗軍之將言無勇也。亡國之大夫者謂亡君之國言不忠且無智也。與爲人後者與猶奇也謂有人無後既立後訖此人復往奇之是其貪財也。不入其餘皆入者言有此以前三惡則不得入若其餘無此三惡者皆得入也。又使公罔之裘序點揚觶而語者。公罔爲氏也裘名也序氏也點名也揚舉也至將旅之時使一。人俱舉觶誓衆而說所誓之事此舉其目故總舉二人於是公罔之裘先言序點後言矣。幼壯孝弟者謂二十之幼三十之壯能於幼壯以來能行孝弟也。耆耋好禮者謂六十之耆七十之耋老而不倦愛好於禮。不從流俗者身行獨行不從流移之俗也。修身以俟死者謂脩潔其身以俟於死者不在此位也者者。不問此衆人之中有此上諸行不若有則可在此賓位矣。好學不倦好禮不變者此之所誓彌精於前前則雖云孝弟好禮未能不倦不變。旄期稱道不亂者。旄謂八十九十曰旄期謂百年曰期頤年雖其老行道不亂亦喻前文者耆耋好禮是後者彌精也但此記

所陳唯約鄉射禮也。子路出延射者是將射之前按鄉射司射比衆耦於堂西此出延者但觀者既多庭中不容故出延之入乃比耦以初門外未入觀者既多未有賓主之禮故誓惡者令其不入以鄉飲酒禮差之射禮畢旅酬之時乃使二人舉觶故鄉射禮畢司馬反爲司正樂正升堂復位賓取俎西之觶酬主人主人酬大夫自相旅畢君使二人舉觶於賓與大夫則當此公罔之裘序點二人舉觶之節也但衆賓射事既了衆賓皆在賓位主人以禮接之不復斥言其惡於此但簡其善公罔簡而尚疏序點簡而轉詳旄期之老不復能射得云在位者此極老之人本來觀禮雖不能射與在賓中故知旅酬之時其人尤在也。注先行至去也。正義曰知先行飲酒禮者按儀禮鄉射先行飲酒之禮此射矍相之圃謂賓射故鄭注鄉侯二正是用賓射之正又鄉大夫職云以鄉射之禮五物詢衆庶鄭引此孔子射於矍相之事故知與此鄉射同也云賁讀爲僨者若春秋鄭伯之車僨於濟說文云僨僵也是僨爲覆敗也云與猶奇也者謂他人無後既有人後之相爲合配今已更往後之是配合之外更有奇隻故云後人者一人而已既有爲者而往奇之。注之發至位也。正義曰按經下云公罔裘上云之裘故知之是發聲也即裘爲名矣云射畢又使此二人舉觶者古者於旅也語者

鄭釋其公罔之裘序點揚觶而語之事古者於旅也語者鄉射記文鄭注云禮成樂備乃可以言語先王禮樂之道也云耆耋皆老也者按曲禮云六十曰耆服虔注僖九年傳云七十曰耋大耋言之七十八十謂年餘七十也又毛詩傳云八十曰耋大耋言之七十八十皆謂之耋也云者不言有行不可以在此賓位者謂射畢旅酬之時衆賓之位矣

射之爲言者繹也，或曰舍也。繹者，各繹己之志也。故心平體正，持弓矢審固；持弓矢審固，則射中矣。故曰：爲人父者，以爲父鵠；爲人子者，以爲子鵠；爲人君者，以爲君鵠；爲人臣者，以爲臣鵠。故射者各射己之鵠。故天子之大射，謂之射侯；射侯者，射爲諸侯也。射中則得爲諸侯，射不中則不得爲諸侯。大射將祭擇士之射也以爲某鵠者將射

還視侯中之時意曰此鵠乃爲某之鵠吾中之則成人不中之則不成人也得爲諸侯謂有慶也不得爲諸侯謂有讓也○繹音亦徐音釋舍如字舊音捨中丁仲反下及注皆同鵠古毒反徐如字注同射食亦反下射天地四方同

疏

射之至諸侯。正義曰此一經釋射之名及鵠之與侯之文。射之爲言繹也者此記者訓釋射之名射者是繹者繹陳也言陳已之志。或曰舍也者是記者又解射名故云射者舍也舍中也謂心平體正持弓矢審固則能中也繹者各繹己之志也者言君臣父子各舒陳己之志意則下云爲人父者以爲父鵠是也。持弓矢審固則射中矣者此覆說釋上或曰舍也舍中也。爲人父者以爲父鵠者凡射者大射則皮侯賓射則正侯燕射則獸侯唯大射有鵠此據大射而知然鵠則上下俱同無復君臣父子之別而言以爲父鵠者謂升射之時既身爲人父則念之云所射之鵠是爲人父之鵠中則任爲人父不中則不任爲人父故爲人之父者以爲父鵠以下放此。故射者各射己之鵠者謂衆射之人雖共射一鵠各射己之所主之鵠也。故天子之大射謂之射侯者言天子所射之物謂之射侯言射之中能服諸侯也舉大射言之其實賓射燕射皆謂之射侯也。射中則得爲諸侯者謂數有慶賜堪得久爲諸侯也。射不中則不得爲諸侯

者數被貢讓不堪入爲諸侯也非爲射中封爲諸侯不中不得爲諸侯也○注大射至讓也○正義曰大射將祭擇士之射者即下文云天子將祭必先習射於澤所以擇士是也云將射還視侯中之時意曰此鵠乃爲某之鵠者案大射禮云耦升自西階並而東皆當其物北面揖及物揖皆左足履物還視侯中謂於此之時南面迴還視侯中也中謂身謂視侯中身也射者意云此鵠乃爲某之鵠謂父之鵠子之鵠不定一故稱某也云吾中之則成人不中之則不成人也者中之則能成其父子君臣若不中則不能成其父子君臣故知父鵠子鵠也云得爲諸侯謂有慶也不得爲諸侯謂有讓也者鄭恐得爲諸侯始封以土不得爲諸侯則奪其國故明之也凡天子諸侯及卿大夫禮射有三一爲大射是將祭擇士之射二爲賓射諸侯來朝天子入而與之射也或諸侯相朝而與之射也三爲燕射謂息燕而與之射其天子諸侯大夫三射皆具其士無大射故司裘職云大射唯明王及諸侯卿大夫不及於士故鄭注云士不大射士無臣祭無所擇是也其賓射燕射士皆有之故射人云士射豻侯二正是士有賓射也又鄉射記云士布侯畫以鹿豕是士有燕射矣其侯天子大射則射皮侯故考工記云張皮侯而棲鵠則春以功又司裘職云王大射則共虎侯熊侯豹侯設其鵠鄭注考工記皮侯謂此侯也畿內諸侯大射則張熊侯豹侯故司裘職云諸侯則共熊侯豹侯設其鵠是也唯畿外諸侯大射亦張三侯鄭注云遠尊得伸故亦張三侯一曰大侯鄭注云則天子熊侯謂以熊皮飾之二曰糝侯鄭注云糝雜也豹鵠而麋飾三曰豻侯鄭注云豻胡犬皮飾侯若畿內卿大夫射麋侯故司裘云卿大夫則共麋侯是也其畿內卿大夫射侯無文於諸侯既得三侯其卿大夫蓋降君一等則糝侯豻侯其大射之侯皆有鵠也其鵠則三分侯中而居其一故考工記云梓人爲侯廣與崇方參分其廣而鵠居一焉凡皮侯者各以其飾侯之側又方制其皮以爲鵠故鄭注司裘云以虎熊豹麋之皮飾其側又方制之以爲亭謂之鵠謂之鵠者取名於鳱鵠鴻鵠小鳥而難中是以中之爲雋亦取鵠之言較較者直也射所以直已志則是但取其名非是實鳥也此侯道鄭注司裘云虎九十弓熊七十弓豹麋五十弓列國之諸侯大射大侯亦九十參七十干五十遠尊得伸可同耳其天子以下賓射則射人云王射三侯五正諸侯射二侯三正卿大夫射一侯二正士射豻侯二正鄭云謂五正三正二正之侯五正者中朱次白次蒼次黃玄居外三正損玄黃二正畫以朱綠鄭又云二侯者三正二正之侯也一侯者一正而已此皆與賓射於朝之禮也考工記梓人職云張五采之侯則遠國屬凡賓射之侯謂之正鄭注大射云正者正也亦鳥名齊魯之間名題肩爲正然則天子賓射用五正三正二正之侯畿內諸侯賓射用三正之侯卿大夫用二正之侯士亦用二正之侯又飾以豻畿外諸侯以下賓射其侯無文約大射諸侯既同天子張三侯則賓射亦同天子用五正三正二正之侯其卿大夫射亦三正二正之侯士射二正之侯若五正者同虎侯九十弓三正者同熊侯七十弓二正者同豹侯五十弓凡中央之赤皆方二尺以外之色皆分布之其外又畫以雲氣天子以下燕射則尊卑皆用一侯故鄉射記云天子熊侯白質諸侯麋侯赤質大夫布侯畫以虎豹士布侯畫以鹿豕鄭注云白質赤質皆謂采其地其地不采者白布也熊麋虎豹鹿豕皆正面畫其頭象於正鵠之處耳君畫一臣畫二陽奇陰偶之數也燕射熊虎豹不忘上下相犯射麋鹿豕志在君臣相養也梓人云張獸侯則王以息燕謂此射也鄉射記既不列畿內畿外之異則諸侯以下外內同也鄉射記列天子以下各一侯下文云侯道五十弓弓二寸以爲侯中則天子以下皆五十弓侯中同方一丈也降尊以就卑言燕主歡心故也而皇氏沈氏乃云天子熊侯或云九十弓或云七十弓乃同三侯上下之差文無準據其義非也其侯用布之數案鄉射記鄉侯五十弓則侯道五十步也以弓之下制長六尺以射用弓故稱弓一弓取二寸以爲中則侯中方一丈也鄉射記又云倍中以爲躬注云躬身也謂中之上下幅也用布各二丈鄉射記又云倍躬以爲左右舌舌謂躬之上下橫一幅布張於躬外左右而出謂之舌考工記謂舌爲个躬既二丈上舌倍躬則用布四丈也鄉射記又云下舌半上舌注云半者半其出於躬者也上舌出躬各一丈則下舌出躬各五尺然則下舌用布三丈揔而計之侯中方一丈凡五幅用布五丈上下二躬用布四丈上舌復用布四丈下舌用布三丈故鄭注鄉射記云鄉射侯用布十六丈也以此計之侯道七十弓則侯中方丈四凡七幅幅別丈四是用布九丈八尺上下二躬各倍中用布五丈六尺上舌倍躬亦用布五丈六尺上舌出躬各丈四尺下舌半上舌則左右各減七尺則下舌用布四丈二尺故鄭注鄉射記云七十步之侯用布二十五丈二尺其九十弓之侯則侯中方丈八尺凡九幅幅別一丈八尺侯中用布十六丈二尺上下二躬各倍中用布七丈二尺上舌倍躬長七丈二尺其舌出躬各丈八尺下舌半上舌出躬者則左右各減九尺下舌長五丈四尺故鄭注鄉射記云九十步之侯用布三十六丈其張三侯之躬同道位之近者最下遠者漸高故大射云大侯之崇見鵠於參參見鵠於干干不及地武以此計之豻侯下畔去地尺二寸豻侯之體上

下躬及舌揔有四幅凡廣八尺侯中方一丈是豻侯揔高一丈九尺二寸此豻侯上畔去地一丈九尺二寸以此豻侯上畔則是糝侯之鵠去地之數也其糝侯下舌及躬凡有四尺糝侯之中鵠下有三分之一糝侯中方丈四其三分之一得四尺六寸三分寸之二是糝侯自鵠以下凡有八尺六寸三分寸之二皆爲豻侯所掩豻侯上畔去地一丈九尺二寸去其八尺六寸三分寸之二是糝侯下畔去地一丈五寸三分寸之一故鄭注大射云糝侯去地一丈五寸少半也云少半寸則三分寸之一也豻侯旣去地一丈九尺二寸更加糝侯之中三分之二九尺三寸三分寸之一又加糝侯上躬與个四尺則糝侯上畔去地三丈二尺五寸三分寸之一則是大侯鵠下之數也其大侯下舌及躬并侯中三分之一揔一丈爲糝侯所掩於三丈二尺五寸三分寸之一減其一丈則是大侯下畔去地之數故鄭注大射云大侯去地二丈二尺五寸少半寸也其耦射人云王以六耦諸侯以四耦卿大夫士以三耦又射人云諸侯以下謂畿內也若畿外諸侯以下則皆三耦故大射及鄉射并左傳襄二十九年晉士鞅來聘射皆三耦是也其射宮所在天子大射必先習於澤宮而後射於射宮則此射義文也其射宮天子則在廟也故司服云享先公饗射則鷩冕司几筵云大朝覲大饗射依前南鄉是也其服鷩冕天子賓射則在朝故射人云諸侯在朝則皆北面是也其服皮弁服矣天子燕射則在寢以諸侯燕於小寢天子路寢之朝謂之燕朝者故知天子諸侯燕射在寢故鄉射記云君國中射則皮樹中鄭注云謂燕射也其服則玄冕緇衣素裳也諸侯以爲朝服燕禮云燕朝服於寢是其諸侯大射不顯畿內畿外之異案儀禮大射云公入鷩射畢而云入謂從郊入國也謂射在郊學也故鄉射記云於郊則閭中鄭注云大射於大學儀禮所陳多據畿外諸侯即畿內諸侯或亦然也其服無文故用皮弁以射在學宮學記云皮弁祭菜故也其諸侯賓射若在國則亦在朝與天子同若在國外相會則在竟故鄉射記云於竟則虎中鄭注云謂與鄰國君射也其服亦皮弁服也以聘禮君受聘皮弁故也其卿大夫以下射之所在及所服之衣無明文也此三射之外又有鄉射謂鄉大夫貢賢能之後行鄉射之禮而詢衆庶故鄉大夫職云獻賢能之書于王退而以鄉射之禮五物詢衆庶是也又有州長射於州序之禮其侯並同賓射之法故鄭注云鄉侯二正又有主皮之射凡主皮之射有二一是卿大夫從君田獵班餘獲而射書傳云凡祭取餘獲陳於澤然後卿大夫相與射也鄭注鄉射云主皮者無侯張獸皮而射之主於獲也二是庶人亦主皮之射故鄭注周禮云庶人無侯張皮而

射之是也又有習武之射故司弓矢云弧弓以授射甲革椹質者是也○**天子將祭必先習射於澤澤者所以擇士也已射於澤而后射於射宮射中者得與於祭不中者不得與於祭不得與於祭者有讓削以地得與於祭者有慶益以地進爵絀地是也**澤宮名也士謂諸侯朝者諸臣及所貢士也皆先令習射於澤已乃射於射宮課中否也諸侯有慶者先進爵有讓者先削地○與音預下皆同絀勑律反朝直遥反令力呈反已音以課口臥反【疏】天子將祭必先習射至是也○正義曰前經已言數與於祭而君有慶數不與於祭而君有讓此經又重言者前經明諸侯貢士之制故賞罰所貢之君此經論人君將祭擇士賞罰其士之身故於此又重言也又前經貢士云容體合禮其節比樂此直云射中與不中不云容體及射節者文不具也○天子將祭必先習射於澤澤者所以擇士也者澤是宮名於此宮中射而擇士故謂此宮爲澤澤所在無文蓋於寬閑之處近水澤而爲之也非唯祭而擇士餘射亦在其中故書傳論主皮射云嚮之取也於囿中勇力之取也今之取也於澤宮揖讓之取也是主皮之射亦近於澤也選士於澤不射侯也但試武而已故司弓矢云澤共射椹質之弓矢鄭司農引此射義之文以釋之是知於澤中射椹質而已又鄭注司弓矢云樹椹以爲射正射甲與椹試弓習武也其主皮之射則張皮亦揖讓也有讓削以地有慶益以地者謂諸侯也○注澤宮至削地○正義曰士謂諸侯朝者諸臣及所貢士也者以其助祭故知是此等之人前經論貢士與祭故知此經之士含貢士也云諸侯有慶者先進爵有讓者先削地者此解經進爵絀地之文以經之上文有讓削以地有慶益以地更揔云進爵絀地據有慶者先進爵有讓者先絀地進則爵輕於地故先進爵而後益以地也退則地輕於爵故先削地而後絀爵也○**故男子生桑弧蓬矢六以射天地四方天地四方者男子之所有事也故必先有志於其所有事然後敢用穀也飯食之謂也**男子生則設弧於門左三日負之人爲之射乃卜食子也○桑弧音胡以桑木

爲弓蓬步工反飯扶晩反食音嗣注同爲于僞反〔疏〕故男至謂也。正義曰此一經明男子重射之義以男子生三日射人以桑弧蓬矢者則有爲射之志故長大重之桑弧蓬矢者取其質也所以用六者射天地四方也所以禮射唯四矢者示事有不用也四矢者象禦四方之亂。故必先有志於其所有事者言子始生三日用桑弧蓬矢六者欲使此子先有志意於其所有事之處謂於天地四方也。然後敢用穀也者三日射罷之後然後敢用穀以食其子也。飯食之謂也者至射畢用穀猶若事畢設飯食故云飯食之謂也。

射者仁之道也射求正諸己己正而後發發而不中則不怨勝己者反求諸己而已矣諸猶於也孔子曰君子無所爭必也射乎揖讓而升下而飲其爭也君子必也射乎言君子至於射則有爭也下降也飲射爵者亦揖讓而升降勝者袒決遂執張弓不勝者襲說決拾卻左手右加弛弓於其上而升飲君子恥之是以射則爭中。爭爭鬭之爭下及注有爭皆同揖讓而升下絕句而飲一句袒音但決古穴反說吐活反拾音十卻丘逆反又光略反弛式氏反又始氏反中丁仲反下文注同〔疏〕射者至君子。正義曰此一經明射是仁恩之道唯內求諸已不病害於物既求諸已恥其不勝乃有爭心矣。揖讓而升下而飲者下猶降也言將飲射爵之時揖讓而升堂又揖讓而升下而飲此罰爵既以禮升降其事可慼故也。其爭也君子者言雖君子因射亦有爭也。注必也至爭中。正義曰此飲射爵者亦揖讓而升降者此解經揖讓而升下經稱揖讓謂飲射爵時揖讓非射時揖讓也故云飲射爵者亦揖讓而升降亦者亦如射時揖讓飲今亦揖讓故儀禮大射云耦進上射在左並行當階北面揖及階揖升堂揖皆當其物北面揖及物揖射畢北面揖揖而升射是射時升降揖讓也大射又云飲射爵之時勝者皆袒決遂執張弓不勝者皆襲說決拾卻左手右加弛弓于其上遂以執弣揖如始升射及階勝者先升升堂少右不勝者進北面坐取豐上之觶立卒觶坐奠於豐下興揖不勝者先降是飲射爵之時揖讓升降也

孔子曰射者何以射何以聽循聲而發發而不失正鵠者其唯賢者乎若夫不肖之人則彼將

安能以中何以言其難也聲謂樂節也畫曰正棲皮曰鵠正之言正也鵠之言梏也梏直也言人正直乃能中也發或爲射。正音征注同夫音扶肖音笑棲音西鵠音角下同詩云發彼有的以祈爾爵祈求也求中以辭爵也酒者所以養老也所以養病也求中以辭爵者辭養也發猶射也的謂所射之識也言射的必欲中之者以求不飲女爵也辭養讓見養也爾或爲有。的丁歷反養如字徐羊尚反識音式一音志女音汝〔疏〕孔子至養也。正義曰前經論射求諸已乃有爭心故此明射中之難以中爲貴。射者何以射者言爲射之人何以能使射中與樂節相應也。何以聽者言何以能聽此樂節使以射中相合言射中樂節兩相應會至極難矣。循聲而發發而不失正鵠者其唯賢者乎者此論射中與樂節相會爲難之事循聲若謂射者依循樂聲而發矢不失正鵠言其中矣如此者其由賢者乃能然是難也若夫不肖之人則彼將安能以中者不肖謂小人也言小人則不能循聲而發又不能持弓矢審固彼既如此則何能以中也詩云發彼有的以祈爾爵者此小雅賓之初筵之篇刺幽王之詩陳古之明王大射之禮發矢之時射彼所祈之的祈求也以求祈中辭爾所罰之酒爵也。求中以辭爵者辭養也者酒既養老又以養病今射者非病非老故求射中以辭讓此爵者辭讓見養老也不敢當其養禮也。注何以至中也。正義曰何以言其難者言此事難作何法以爲之者言不可爲也故云言其難也云聲謂樂節也者騶虞九節之屬也云畫曰正則賓射也棲皮曰鵠則大射也。注發猶至養也。正義曰云發猶射者解上發彼有的也云的謂所射之識也識猶記識之處即正鵠之中也云辭養讓見養也若已有老病而可受養今已爲射不中而受爵是無功受養不敢當之故讓矣

燕義第四十七

陸曰鄭云名燕義者以記君與臣燕飲之禮上下相報之義也〔疏〕正義曰案鄭目錄云名曰燕義者以其記君臣燕飲之禮上下相尊之義此於別錄屬吉事案儀禮目錄云諸侯無事若卿大夫有勤勞之功與羣臣燕飲以樂之勤勞謂征伐聘問詩曰吉甫燕喜是也臣有王事之勞亦燕之故燕禮記云若有王事是也

古者周天子之官有庶子官庶子官職諸侯卿大夫士之庶子之卒掌其戒令與其教治別其等正其位職主也庶子猶諸子也周禮諸子之官司馬之屬也卒讀皆爲倅諸子副代父者也戒令致於大子之事教治脩德學道位朝位也○卒依注音倅七對反又菩忽反副也治直吏反注及下同別彼列反大子音泰後大子學同朝音直遥反國有大事則率國子而致於大子唯所用之若有甲兵之事則授之以車甲合其卒伍置其有司以軍法治之司馬弗正國子諸子也軍法百人爲卒五人爲伍弗不也國子屬大子司馬雖有軍事不賦也○合如字徐音閤卒伍子忽反注同伍音五正音征凡國之政事國子存游卒使之脩德學道春合諸學秋合諸射以考其藝而進退之游卒未仕者也學大學也射射官也燕禮有庶子官是以義載此以爲説○卒七内反注同○

【疏】古者至退之○正義曰此一節明諸侯與庶子燕飲之禮從篇首至末皆明燕飲之義但燕飲之禮有庶子官故方説燕禮之初先陳庶子之事各隨文解之周天子之官有庶子官者○此明庶子之義也謂作記之人在於周末追述周初之事故云古者言周之天子其下立官有庶子之官天子謂之諸子諸侯謂之庶子其所職掌諸子庶子同也故此記雖明諸侯庶子職掌其所載之事皆諸子職文也○庶子官職諸侯卿大夫士之庶子之卒者言此官職主諸侯及卿大夫士衆庶之子副倅於父之事所以官名庶子○掌其戒令者此等衆子須有戒法政令而庶子官掌之○與其教治者與猶及也教謂教學治謂治身言非但掌戒令而已及其教治亦皆掌之○別其等者謂分別其貴賤之等○正其位者正其朝廷所立之位也此記云諸侯卿大夫士之庶子之卒周禮諸子職則云掌國子之倅唯此爲別但諸子職摠謂之國子此云諸侯卿大夫士之庶子者是其適子也謂之庶者庶衆也以其適子衆多故摠謂之庶子非適子庶弟而稱庶子也必知適子者以其云倅是副貳於父之言故鄭注諸子職云國子者是公卿大夫士之副貳又引王制云王大子王子羣后之大子卿大夫元士之適子是也○注職主至位也○正義曰云周禮諸子之官司馬之屬也者案周禮諸子下大夫屬司馬云卒讀皆爲倅者以經云庶子之卒下文云國子存游卒以卒字非一故云卒皆爲倅若旁置人者是副倅之倅若不置人者則百人爲卒之卒故讀卒從倅也云諸子副代父者也此諸適子皆副代於父與父爲倅故稱倅也云戒令致於大子之事者則下文云國有大事則率國子而致於大子其事非一故云戒令致於大子之事云位朝位也者此等諸子雖未爲官皆從父尊卑以爲等級故有別其等正其位也唯所用之者若國有大事之時而進致諸子於大子唯任大子隨時所用也○合其卒伍置其有司者言若國有甲兵之事則庶子之官付授以車甲合會之以卒伍置立之以有司謂立其主將使統領之用軍旅之法治理之○司馬弗正者弗不也正役也以此等諸子既統屬大子隨大子徵發王家之事司馬不得征役之也○凡國之政事國子存游卒者前經云國有大事謂祭祀或宿衞又云甲兵之事此經別云國之政事則非大事與甲兵也是國之尋常小小之政事謂力役土功胥徒之屬不與于國子唯民庶所爲國子存游卒未仕者之中不干其事也○使之脩德學道者既不與國子之尋常政事但使之脩行其德學習道藝也○春合諸學者謂仲春之時合此諸子在於大學○秋合諸射者謂仲秋之時合其諸子在於射官使之脩德學道或容習射也○以考其藝而進退之者是庶子之官考挍其藝之高下而進退其能否能者進之否者退之○注游卒至爲説○正義曰游卒未仕者也案師氏職云凡國之貴游子弟學焉鄭注云貴游子弟王公之子弟游無官司者則此游卒是游逸以爲副倅故云未仕者云學大學也者以大胥云春釋菜合舞文王世子云春夏學干戈秋冬學羽籥皆於東序初教在東序至合時則在周之大學故云學大學也云射射官也擇士習射之宫也又周禮大胥云秋頒學合聲其合聲之時則亦在大學文王世子云凡大合樂必遂養老鄭云春合舞秋合聲是養老在東序也故知大合樂在東序云燕禮有庶子官是以義載此以爲説者案燕禮云主人升自西階獻庶子于阼階上又云庶子執燭是燕禮有庶子官也以庶子於燕有事是以燕義於此説庶子職掌故云載此以爲説也

諸侯燕禮之義君立阼階之東南南鄉爾卿大夫皆少進定位也君席阼階之上居主位也君獨升立席上西面特立

莫敢適之義也。定位者爲其始入蹴踖揖而安定也。鄉許亮反適音敵大歷反本亦作敵爲于僞反下文爲疑同蹴本亦作蹵于六反踖子昔反又積亦反〔疏〕諸侯至義也。正義曰此經說燕禮之初君獨升立於阼階之上明君尊莫敢敵之義也皆引燕禮正經記者以義說之。卿大夫皆少進定位也者案燕禮卿大夫皆入門右北面君南鄉爾卿卿西面北上爾大夫大夫皆少進皆北面所以然者定羣臣之位也定位之語是記者之辭也。君席阼階之上居主位也者居主位之語亦記者辭也君獨升立席上西面特立莫敢適之義也者莫敢適言臣下莫敢與君敵匹而爲禮亦是記者之言也

設賓主飲酒之禮也使宰夫爲獻主臣莫敢與君亢禮也不以公卿爲賓而以大夫爲賓爲疑也明嫌之義也賓入中庭君降一等而揖之禮之也設賓主者飲酒致歡也宰夫主膳食之官也天子使膳宰爲主人公孤也疑自下上至之辭也公卿尊矣復以爲賓則尊與君大相近。亢苦浪反使宰夫本

亦作使膳夫上時掌反復扶又反大音泰舊他佐反近附近之近。〔疏〕設賓至之也。正義曰此經明燕禮臣莫敢亢君君又屈而禮之也。而以大夫爲賓爲疑也者公卿朝臣之尊賓又敵主之義若以公卿爲賓疑其敵君之義爲其嫌疑故所以使大夫爲賓明其遠嫌之義也。君降一等而揖之禮之也賓既至庭君降階一等而揖之是以禮待於賓也故云禮之也禮之亦記者辭也。注設賓至相近。正義曰云天子使膳宰爲主人者文王世子文云公孤也者此諸侯燕臣子之禮而稱公故知是上公得置孤孤止一人而燕禮云諸公者○鄭注彼云諸公者容牧有三監也云疑自下上至之辭也疑擬也是在下比擬於上故云自下上至之辭也云尊與君大相近言公卿在朝位與君相近今若使爲賓被君所敬則其尊與君大相逼近故經云以大夫爲賓爲其疑故也

君舉旅於賓及君所賜爵皆降再拜稽首升成拜明臣禮也君荅拜之禮無不荅明君上之禮也臣下竭力盡能以立功於國君必報之以爵祿故臣下皆務竭力盡能以立功是以國安而君寧禮無不荅言上之不虛取於下也上必明正道以道民民道之而有功然後取其什一故上用足而下不匱也是以上下和親而不相怨也和寧禮之用也此君臣上下之大義也故曰燕禮者所以明君臣之義也言聖人制禮因事以託政臣再拜稽首是其竭力也君荅拜之是其報以祿惠也。稽徐本作䭫音啓以道音導下同什音十匱求位反〔疏〕君舉至義也。正義曰此一經明燕禮臣盡禮於下君荅之於上上下交歡而不相怨明君臣之義也。君舉禮於賓者謂舉旅酬之酒以酬賓。及君所賜爵者特賜臣下之爵。皆降再拜稽首升成拜者謂賓受君之酬及臣受君賜爵皆降自西階再拜稽首以受君恩又升堂更再拜稽首以成拜也故燕禮云公酬賓賓降西階下再拜稽首公命小臣辭賓升成拜鄭

云升成拜復再拜稽首也至禮殺之後賓下堂是欲拜君則辭之賓未拜也賓乃升堂再拜稽首鄭注云不言成拜者以其下堂未拜故也燕禮云公卒觶賓下拜小臣辭賓升再拜稽首鄭注云不言成拜者爲拜故下賓未拜也下不敢輒拜禮殺也。臣下竭力盡能以立功於國者案燕禮君賜爵之時再拜稽首示竭力盡能立功於國也。君必報之以爵祿者以燕禮臣拜君皆荅之者示君報之以爵祿也。禮無不荅言上之不虛取於下也者以燕禮凡臣之拜君無不荅拜之示爲上之道不虛取於下也上必須報之也。上必明正道以道民民道之而有功者上下必須相報故在上明正教以教道於民民亦依君訓道有功報上也。然後取其什一者。前明君臣相報此明君民上下相報君既薄斂於上民亦什一而稅於下故國家用足而下不匱乏是上下和平親睦而不相怨恨也。和寧禮之用也者上下和親是和也而不相怨是安寧也和之與寧禮之所用以結成上文也。

席小卿次上卿大夫次小卿士庶子以次就位於下獻君君舉旅行酬而后獻卿卿舉旅行酬而后獻大夫大夫

舉旅行酬而后獻士士舉旅行酬而后獻庶子俎豆牲體薦羞皆有等差所以明貴賤也

牲體俎實也薦謂脯醢也羞庶羞也○差初佳反又初宜反醢音海

【疏】席小至賤也○正義曰此明尊卑上下席位之所受獻旅酬之差貴賤先後之義○席小卿次上卿者案燕禮上卿在賓席之東小卿在賓席之西隔越於賓席而云次上卿者以俱南面東上遥相次耳○大夫次小卿者案燕禮大夫在小卿之西故燕禮云辯獻大夫遂薦之繼賓以西東上○士庶子以次就位於下者燕禮於西階上獻士既受獻者立於阼階下西面北上獻庶子於阼階上既獻立於阼階下故云士庶子以次就位於下也○獻君君舉旅行酬者案燕禮宰夫爲主人酌以獻賓賓飲畢酌以酢主人主人飲畢酌以獻君君飲畢酌以酢主人更爵以受酢于阼階下飲卒爵主人又洗觚酬主人先飲卒爵酌以酬賓賓受觚坐奠于薦東訖小臣請媵爵者二人媵爵阼階下皆北面媵爵于公媵爵者先自飲畢媵爵者洗象觶酌奠于公席之前公坐取所媵之觶以酬賓賓於時下再拜稽首公命小臣辭賓升成拜公立卒觶賓乃受公虛爵酌之酬大夫于西階上衆

大夫相酬畢奠虛觶于篚此是獻君君舉旅行酬也○而后獻卿卿舉旅行酬者案燕禮主人洗升實散獻卿于西階上獻卿畢小臣又請媵爵者公使二人媵爵奠于公前公又行一爵若賓若長唯公所酬以旅于西階上大夫辯而止此是爲卿旅酬也燕禮直云卿不云小卿大卿之異則小卿大卿俱同獻也○而后獻大夫大夫舉旅行酬者案燕禮主人洗獻大夫于西階上大夫辯受獻乃納工獻衆工畢公又舉奠觶唯公所賜以旅于西階上此是獻大夫爲大夫而旅酬也○而后獻士士舉旅行酬者案燕禮說屨升堂坐之後主人獻士于西階上獻士辯又獻旅食賓媵觚于公公坐取賓所媵觶與唯公所賜乃就席坐行之終於大夫終受者與以酬士士舉旅于西階上此是獻士爲旅酬也○而后獻庶子者庶子畢不爲之舉旅但無算爵之節執爵者酌而旅之○俎豆牲體薦羞皆有等差者公及卿大夫士等牲體薦羞之節皆有等差但燕禮不載無以言也

附釋音禮記注疏卷第六十二

禮記注疏卷六十二挍勘記　阮元撰盧宣旬摘錄

附釋音禮記注疏卷第六十二　惠棟挍宋本禮記正義卷第六十九

射義第四十六

古者諸侯之射也節

然後射以觀德行也　閩監毛本嘉靖本衞氏集說同惠棟挍宋本然作乃岳本同考文引古本同

正謂立行禮似饗　閩本同惠棟挍宋本同監毛本立作其

所以明長幼之序者　閩監毛本同考文引宋板者上有也字

故射者進退周還必中禮節

言內志審正則射能中　閩監毛本同衞氏集說同考文引宋板無射字

出自射者而來　閩監毛本同惠棟挍宋本自下有此字

其節天子以騶虞爲節節

士以采繁爲節　石經嘉靖本同閩監毛本繁作蘩岳本同衞氏集說同下同釋文亦作蘩

壹發五豝　閩本岳本嘉靖本衞氏集說同監毛本豝誤貑釋文出五豝通典七十一作一發五豝亦誤

被之僮僮　衞氏集說同閩監毛本作童童岳本嘉靖本同釋文出僮僮云本亦作童童通典作僮僮

其節至德也　惠棟挍宋本無此五字

是故古者天子以射節

男子生有縣弧之義　閩本同監毛本縣作懸衞氏集說同○按縣正字懸俗字

能窮盡禮　【補】案禮下當有樂字此本誤脫

是故古者天子之制節

數有讓而削地　閩監毛本石經岳本嘉靖本衛氏集說同釋文出而削坊本而誤則石經考文提要云宋大字本宋本九經南宋巾箱本余仁仲本劉叔剛本並作而削

是故至有也　惠棟按宋本無此五字

其貢獻之功與計吏俱來　閩本同惠棟按宋本同監毛本功作物衛氏集說同

故詩曰節

故詩曰曾孫侯氏四正具舉大夫君子凡以庶士小大莫處御于君所具也　閩監毛本同惠棟按宋本無此二十九字

諸侯自爲正之具也　閩監毛本同惠棟按宋本也下有者字

孔子射於矍相之圃節

公罔之裘揚觶而語曰　閩監毛本岳本嘉靖本衛氏集說同石經亦有之字正義云案經下云公罔裘上云之裘故知之是發聲也是正義本此句無之字

稱猶言也行也　嘉靖本閩監毛本衛氏集說同惠棟按宋本作稱猶言也道猶行也言行也多五字岳本同盧文弨按云岳云越建本有此五字監興余本皆無案道猶二字當有言行也三字衍文段玉裁云依宋監本則言行也三字贅

使一人俱舉觶誓衆　閩監毛本同考文引宋板一作二衛氏集說亦作使二人俱舉觶以誓衆按二字是

者不問此衆人之中　毛本者不二字作謂字

樂正升堂復位　閩監毛本同衛氏集說同考文引宋板正作工

君使二人舉觶於賓與大夫　惠棟按宋本作於衛氏集說同閩監本於作于此本於字闕毛本同

但衆賓射事既了　惠棟按宋本作賓衛氏集說同閩監毛本賓作耦此本空闕

不復斥言其惡於此　惠棟按宋本作於此本於字闕閩監毛本於作故

旄期之老不復能射　惠棟按宋本作復衛氏集說同此本復字空闕閩監毛本復誤是

雖不能射與在賓中　惠棟按宋本作賓衛氏集說同此本賓字闕閩監毛本賓作射

又鄉大夫職云以鄉射之禮　惠棟按宋本作云此本云字闕閩監毛本云作退涉本文而誤衍也

是配合之外更有奇隻　惠棟按宋本作隻此本隻字闕閩監毛本隻作也

故知之是發聲也即褏爲名矣　惠棟按宋本作也閩監毛本也作而此本空闕　毛本矣字不誤此本矣誤失閩監本同

舉觶者古者於旅也語者　閩本如此惠棟按宋本同此本惟語下者字空闕監毛本古者於旅也語者七字並空闕

先王禮樂之道也云者耋皆老也　惠棟按宋本如此閩監毛本道也云誤義理也此本空闕

僖九年傳云七十曰耋大畧言之七十八十謂年餘七十也　閩監毛本大畧言之七十八十作又鄭注易大耋之嗟

又毛詩傳云八十曰耋　惠棟按宋本作傳是也閩監毛本傳作箋此本空闕

云者不言有　閩監本同惠棟按宋本云下有言行也三字毛本云下有行也二字

射之爲言者繹也節

射之至諸侯　惠棟按宋本無此五字

耦升自西階並而東皆當其物　惠棟按宋本同閩監毛本而作行衛氏集說同

各本皆字同山井鼎云宋板皆作階非也

又方制之以爲亭 閩監毛本同衞氏集說同惠棟挍宋本亭作𩫖山井鼎云周禮司裘注作𩫖字書作𩫖宋板近是

卿大夫射一侯三正 閩監毛本同惠棟挍宋本三作二

凡賓射之侯謂之正 惠棟挍宋本作凡衞氏集說同閩監毛本凡賓誤賓賓此本空闕

畿内諸侯賓射 惠棟挍宋本作畿内衞氏集說同閩監毛本畿内誤設鵠此本空闕

約大射諸侯既同天子 惠棟挍宋本如此衞氏集說同閩監毛本諸侯既同誤禮文之意此本空闕

亦同天子用五正三正二正之侯其卿大夫射 惠棟挍宋本如此衞氏集說同閩監本之侯其卿誤若諸侯用毛本同又三正字並誤作子此本空闕

凡中央之赤 惠棟挍宋本作凡閩監毛本凡作其

其外又畫以雲氣 惠棟挍宋本如此閩監毛本畫以雲氣誤作有白布若此本空闕

下舌半上舌出躬者 閩本同惠棟挍宋本同監毛本躬誤倍

其糝侯下舌及躬凡有四尺 閩監本同毛本躬誤射

是糝侯下畔去地一丈五寸三分寸之一 考文引宋板同閩監毛本五寸誤作五尺

天子將祭節

而后射於射宮 閩監本同惠棟挍宋本同石經同岳本同衞氏集說同毛本后誤侯

是知於澤中射椹質而已 惠棟挍宋本作知此本知誤故閩監毛本同衞氏集說作以是知於澤中射椹質而已今正

故男子生節

故男至謂也 惠棟挍宋本無此五字

猶若事畢設飯食 閩監毛本同考文引宋板食下有者字

射求正諸己 閩監毛本石經岳本嘉靖本衞氏集說同坊本無射字石經考文提要云宋大字本宋本九經南宋巾箱本余仁仲本劉叔剛本並有射字

反求諸己而已矣 惠棟挍宋本作求反石經同此本求反二字倒閩監毛本同岳本同衞氏集說同嘉靖本同

孔子曰射者何以射節

畫曰正 閩本嘉靖本同考文引宋板同岳本同監毛本畫下衍布字衞氏集說同

循聲若謂射者依循樂聲 閩監毛本同考文引宋板若作者

陳古之明王大射之禮 閩毛本同監本大誤夫○惠棟挍宋本此節疏後標禮記正義卷六十九終記云凡十八頁

燕義第四十七 惠棟挍宋本禮記正義卷第七十

古者周天子之官節

古者至退之 惠棟挍宋本無此五字

不與干國子 閩本同考文引宋板同監毛本干誤于衞氏集說同下不干其事也同

設賓主節

鄭注彼云諸公者容牧有三監也 閩監毛本同考文引宋板無公字衞氏集說同○按依燕禮注當作言諸者

云疑自下上至之辭也 閩監毛本同惠棟挍宋本也下有者字

云尊與君大相近字閩監毛本同惠棟校宋本近下有也

君舉旅於賓節

言聖人制禮之閩監本岳本嘉靖本衞氏集説同毛本制誤

禮記注疏卷六十二挍勘記

附釋音禮記注疏卷六十三

聘義第四十八

○陸曰：鄭云名聘義者，以其記諸侯之國交相聘問重禮輕財之義。【疏】正義曰：案鄭目録云：名曰聘義者，以其記諸侯之國交相聘問之禮，重禮輕財之義也。此於別録屬吉事。此聘義釋儀禮聘禮之義，但儀禮聘禮者，謂大聘使卿，故經云「及竟張旜」。旜是孤卿所建也。聘禮謂侯伯之卿，故經云「上介奉束錦，士介四人皆奉玉錦」，介凡五人，故知侯伯之卿。此聘義所釋包五等之卿，故此經云上公七介，侯伯五介，子男三介，皆謂其卿也。

禮記　鄭氏注　孔穎達疏

聘禮：上公七介，侯伯五介，子男三介，所以明貴賤也。此皆使卿出聘之介數也。大行人職曰：凡諸侯之卿，其禮各下其君二等。○介音界，下及注同。下，戶嫁反。【疏】「聘禮」至「賤也」。○正義曰：此篇揔明聘義，各顯聘禮之經於上，以義釋之於下。從首至末，又明聘所執玉，又因明有諸德之義，今各依文解之。今此一經以介數不同，明貴賤有異，皆謂使卿出聘之介數也。○上公七介者，若上公親行則九介，其卿降二等，故七介，侯伯子男以次差之，義可知也。

介紹而傳命，君子於其所尊弗敢質，敬之至也。質謂正自相當。○傳，丈專反，下同。【疏】「介紹」至「至也」。○正義曰：此一節明聘禮之有介，傳達賓主之命，敬之至極也。

三讓而后傳命，三讓而后入廟門，三揖而后至階，三讓而后升，所以致尊讓也。此揖讓三，謂賓也。三讓而後傳命，賓至廟門，主人請事時也。賓見主人陳擯，以大客禮當已，則三讓之，不得命，乃傳其君之聘命也。三讓而後入廟門，讓主人廟受也。小行人職曰：凡四方之使者，大客則擯，小客則受其幣，聽其辭。○擯，必刃反，本又作儐，下文及注皆同。說文云：擯或儐字。使，所吏反。【疏】「三讓」至「讓也」。○正義曰：上經明設介傳命致敬之義，此經明欲傳命之時，先須三讓，又傳命之後入廟門及升階揖讓之節，明賓所以尊讓主人。○三讓而后傳命者，謂賓在大門外見主人陳擯，以大客之禮待已，已不敢當，三度辭讓，主人不許，乃後傳聘君之命。○三讓而后入廟門者，謂賓既傳命之後，主君延賓而入，至廟，將欲廟受，賓不敢當之，故三讓而后入廟門。主君在東，賓差退在西，相鄉三讓，乃入廟門也。○三揖而后至階者，初入廟門一揖也，當門北面又揖，二揖也，當碑又揖，三揖也。○三讓而后升者，謂主君揖賓至階，主君讓賓升，賓讓主君，如此者三，主君乃先升，賓乃升也。○所以致尊讓也，言如此者，是賓致其尊敬讓主人之心也。○注「此揖」至「其辭」。○正義曰：知此揖讓主謂賓者，以三讓而后傳命及三讓而后入廟門，皆賓先讓也。三揖至階，三讓而后升，雖主人爲首，皆賓讓而後至於主人。若賓不讓，則不至於三，是揖讓之事皆賓爲主，故云此揖讓主謂賓也。云「三讓而後傳命，賓至廟門，主人請事時也」者，鄭解三讓而後傳命之節，正當賓至主人大門，主人請事之時。案聘禮賓至大門，主人陳介而請事，此云廟門者，有廟字者誤也。案鄭注鄉飲酒云：事同曰讓，事異曰辭。此主人以大客禮賓，賓不敢當大客之禮，乃是事異，應云三辭，而云三讓者，但鄭於儀禮自上下爲例，此云三讓，記者之言，辭之與讓，其義亦通也。云「乃傳其君之聘命也」，解經傳命之言。案聘禮注云：賓至末介，上擯至末擯，亦相去三丈六尺，賓乃傳聘君之命於上擯也，故云傳其君之聘命也。案司儀職：兩君相見則交擯，若臣聘於君則旅擯。交擯傳命者，聘禮注云：其傳云各鄉本受命，反面傳而下，及末則鄉受之，反面傳而上，又受命傳而下。其旅擯之時，不上下相傳，直賓及上擯相對而語。交擯與旅擯雖別，揔而言之，皆是傳命，故注聘禮引此「介紹而傳命」，謂時交擯而傳命也。今此聘義「介紹傳命」，論相聘也，及三讓而后傳命，皆聘之旅擯，亦是傳命也。熊氏、皇氏皆以此介紹傳命爲朝之交擯，今此聘義不釋朝，乃於聘義之中而記朝之傳命，理爲不可。又鄭此注「傳其聘君之命」，其義分明，熊氏、皇氏之說未可善也。云「三讓而後入廟門」者，案聘禮入廟門之時，無三讓之文，不備也。云「讓主人廟受也」者，解入廟門三讓之意，主人於廟受賓之禮，言賓不敢當其廟受，故云讓主人之廟受也。引小行人職者，證大客來，主人有擯迎之法。

君使士迎于竟，大夫郊勞，君親拜迎于大門之內而廟受，北面拜貺，拜君命之辱，所以致敬也。貺，賜也。賓致命，公當楣再拜，聘君之恩惠辱命來聘者也。○竟音境。勞，力報反。拜況，本亦作貺，音同。楣音眉。【疏】「君使」至「敬也」。○正義曰：前經明賓致尊讓於主君，故此經明主君尊敬聘客，所以致敬於彼君之命也。○君使士迎於竟，謂主君使士迎客於竟，故聘禮「賓及竟，張旜，君使士請事，遂以入」是也。○大夫郊勞。○聘禮云：賓至於近郊，君使下大夫請行君又使卿朝服用束帛勞此大夫郊勞者即卿也○君親拜迎于大門之内而廟受案聘禮賓入門左公再拜是君拜迎於大門之内聘禮又云及廟門公揖入納賓賓入門左賓升西楹西東面是廟受也北面拜貺者君於阼階之上北面再拜拜聘君之貺貺謂惠賜也聘禮云公當楣再拜是也○拜君命之辱者釋此北面拜貺之義也言主君所以北面拜貺者拜聘君之命來屈辱也○所以致敬也言主君致敬於聘君**敬讓也者君子之所以相接也故諸侯相接以敬讓則不相侵陵**君子之相接賓讓而主人敬也〔疏〕敬讓至侵陵○正義曰此一經摠結上賓致尊讓於主君主君又致敬於聘君故賓主交相敬讓者是君子所以相接待也敬讓則不相侵陵者以主人致敬賓致讓同心以禮相接故不相侵陵**卿爲上擯大夫爲承擯士爲紹擯君親禮賓賓私面私覿致饔餼還圭璋賄贈饗食燕所以明賓客君臣之義也**設大禮則賓客之也或不親而使臣則爲君臣也○覿大歷反見也雍字又作饔音同餼許既反還音旋下及注同璋音章賄呼罪反字林音悔享許兩反本又作饗食音嗣下同〔疏〕卿爲至義也○正義曰主國之卿爲上擯接迎於賓○大夫爲承擯者承副上擯也○士爲紹擯者紹繼也謂繼續承擯案聘禮注其位相承繼又聘禮注云主君公也則擯者五人侯伯也則擯者四人子男也則擯者三人其待聘客及朝賓其擯數皆然故大行人云上公擯者五人侯伯四人子男三人謂迎朝賓也若擯者五人則士爲紹擯者三人若擯者四人則士爲紹擯者二人若擯者三人則士爲紹擯一人○君親禮賓者謂行聘已訖君親執醴以禮賓故聘禮賓行聘訖宰夫徹几改筵公出迎賓以入公側受醴賓受醴公拜送醴是也○賓私面私覿者私面謂私以己禮面見主國之卿大夫也私覿者私以己禮覿主國之君以其非公聘正禮故謂之私案聘禮私面在後此先云私面者記者便文無義例也面亦見也以其於臣禮質故以面言之故聘禮注云面亦見也其謂之面威儀質也此於臣謂之面而司儀云諸公之臣相爲國客私面私獻注云私面私覿也又以私面爲私覿者以司儀之文但云私面私獻不云私覿故以私面爲私覿也昭六年左傳楚公子棄疾見鄭伯以其乘馬八匹私面於君而稱面者因行過鄭而面鄭伯非正禮故雖君亦稱面也○

致饔餼者謂行禮之日主君使卿致饔餼之禮於賓館案聘禮君使卿韋弁歸饔餼五牢注云牲殺曰饔生曰餼又曰餼一牢鼎九設於西階前腥二牢鼎二七設于阼階前餼二牢陳于門西北面東上是也案聘禮餼既爲生而左傳僖三十三年云餼牽竭矣服虔云死曰餼者以餼與牽相對牽既爲生餼則爲死故詩匏葉篇云牲牢饔餼鄭注云腥曰餼者以牲牢饔餼相對以牲牢既爲生饔又爲熟故以餼爲腥也○還圭璋者謂賓將去時君使卿就賓館還其所聘之圭璋故聘禮云君使卿皮弁還玉于館是也賄贈者因其還玉之時主人之卿并以賄而往還玉既畢以賄贈之故聘禮還圭璋畢大夫賄用束紡是也○饗食燕者謂主君設大禮以饗賓設食禮以食賓皆在朝也又設燕以燕之燕在寢也故聘禮云公於賓壹食再饗燕與羞俶獻無常數是也所以明賓客君臣之義也謂君親禮賓賓用私覿及致饔餼饗食之屬或主人敬賓或賓荅主人或君親接賓或使臣致之是顯明賓客君臣之義也○注設大至臣也○正義曰鄭解賓客君臣之義也設大禮謂饗食之屬則以賓客禮待之使人延賓於館則主君親待之是賓各其使人也云或不親而使臣則爲君臣也者謂主君或不親饗則使人致禮於賓若致饔餼致饗致食及還圭贈賄之屬皆主君不親使臣致禮於客客則臣故使臣獻之是君臣之義也**故天子制諸侯比年小聘三年大聘相厲以禮使者聘而誤主君弗親饗食也所以愧厲之也諸侯相厲以禮則外不相侵內不相陵此天子之所以養諸侯兵不用而諸侯自爲正之具也**比年小聘所謂歲相問也三年大聘所謂殷相聘也○比必履反使色吏反媿本又作愧音同〔疏〕故天至具也○正義曰此經明諸侯交相聘問相厲以禮則內崇敬讓外不相侵陵是自爲正之具○天子制諸侯比年小聘三年大聘者謂天子立制使諸侯相於比年使大夫小聘三歲使卿大聘○使者聘而誤主君弗親饗食也謂來聘使者行聘之時禮有錯誤則主國之君不親自饗食以接賓所以使賓恥愧自勉勸厲○此天子之所以養諸侯兵不用者謂天子制此禮使諸侯自相親是存養諸侯無兵革之患○而諸侯自爲正之具也正謂國無患難國家得正由其外親諸侯所以如此是自爲正之具也○注比年至聘也○正義曰案

大行人云諸侯之邦交歲相問也案聘禮記云小聘曰問故知此比年小聘是歲相問也大行人又云殷相聘也殷中也謂三年之時中而無事故云殷也案昭元年左氏傳云孟僖子如齊殷聘禮也服虔注云自襄二十年叔老聘於齊至今積二十年故脩盛聘之禮鄭引之以解大行人殷相聘也鄭以殷爲中惟取殷聘之文以解殷相聘之義正取殷文是同其年數則異故以此三年之聘爲殷聘也此經所云謂諸侯自相聘也而王制云諸侯之於天子比年一小聘三年一大聘五年一朝與此不同者此經諸侯相聘是周公制禮之正法王制所云謂文襄之法故不同也

以圭璋聘重禮也已聘而還圭璋此輕財而重禮之義也諸侯相厲以輕財重禮則民作讓矣

圭瑞也尊圭璋之類也用之還之皆爲重禮禮必親之不可以已之有還復之也財謂璧琮享幣也受之爲輕財者財可還復重賄反幣是也○皆爲于僞反琮才工反

疏　以圭至讓矣○正義曰此一經明既聘還圭璋輕財重禮教民廉讓之意○以圭璋聘重禮也者玉以比德故以圭璋而聘貴重其禮也言其禮可貴與玉相似○已聘而還圭璋此輕財而重禮之義也謂既聘之後賓將歸時致此圭璋付與聘使而還其聘君也凡行聘禮之後享君用璧享夫人用琮圭璋玉之質惟玉而已璧琮則重其華美加於束帛聘使既了還以圭璋之玉重其禮故還之留其璧琮之財是輕其財故留之重者難可報覆故用本物還之輕者易可酬償故更以他物賄之此是輕財重禮之義也○則民作讓矣者言諸侯既能相厲以輕財重禮之義君既行之於上人則效之於下故民皆作其廉讓矣○注圭瑞至是也○正義曰云圭瑞者以器言之謂之圭執以行禮謂之瑞瑞信也謂與人爲尊卑之信驗也云尊圭璋之類也用之還之皆爲重禮者言尊敬此璋同於圭則璋是圭之等類用之以聘聘訖又還皆爲尊重此禮以圭璋所以行禮故重之也云禮必親之不可以已之有還復之也者言行禮之義必親自爲之若已親往彼國則可以已國之有執往行禮今主國之君既不親往彼國則不以已國所有寶玉還復償他國所來圭璋故還歸之也故云不可以已之有還復之也復償也云財謂璧琮享幣也受之爲輕財者案聘禮享君以璧享夫人以琮享獻也謂享獻之幣主人受而不還是謂輕財也云財可還復者解受璧琮之意璧琮是財輕可得以已物還而復償於彼國貲來者已得受之但聘禮圭璋與璧琮相對故圭璋爲聘璧琮爲享若諸侯

之朝天子圭璋與璧琮皆爲享也皆爲財故小行人合六幣圭以馬璋以皮二王之後享天子用圭享后用璋則雖圭璋亦受之不歸也云重賄反幣是也者案聘禮云無行則重賄反幣注云無行謂獨來復無所之也

主國待客出入三積餼客於舍五牢之具陳於內米三十車禾三十車芻薪倍禾皆陳於外乘禽日五雙羣介皆有餼牢壹食再饗燕與時賜無數所以厚重禮也

厚重禮厚此聘禮也○積子賜反芻初俱反倍步罪反乘繩證反一食一又作壹食音嗣

疏　主國至禮也○正義曰此一經明待賓之厚所以尊重聘禮之義主國待客出入三積者此謂上公之臣故出入三積若侯伯以下之臣則不致積也故司儀云諸公之臣相爲國客則三積注云侯伯之臣不致積知者謂聘禮是侯伯之臣故文無致積也此出入三積者謂入三積出亦三積故司儀云遂行如入之積是去之積如來時積也○餼客於舍五牢之具陳於內者案聘禮致客有饔有餼今直云餼客者略言之於舍謂於賓館也五牢之具謂飪一牢在賓館西階也腥二牢在賓館東階也餼二牢在賓館門外之西是皆陳於內也米三十車禾三十車芻薪倍禾皆陳於外者案聘禮米二十車設于門東東陳禾三十車設於門西西陳薪芻倍禾也鄭注薪從米芻從禾○乘禽日五雙者謂乘行羣匹之禽鴈鶩之屬聘禮則每日致五雙也羣介皆有餼牢者鄭注掌客云爵卿也則飧二牢饔餼五牢爵大夫也則飧大牢饔餼三牢爵士也則飧少牢饔餼大牢也○壹食再饗燕與時賜無數者此謂聘卿也一爲之設食再爲之設饗其歡燕與當時之賜無常數也○所以厚重禮也○言備設待賓之物所以豐厚尊重行聘之禮其天子待諸侯之禮及諸侯相待之法賓主玉帛之節饔餼飧積之差米禾薪芻多少饔食牲牢隆殺皆文具掌客義見聘禮可以尋文取實故於此略而不言也

古之用財者不能均如此然而用財如此其厚者言盡之於禮也盡之於禮則內君臣不相陵而外不相侵故天子制之而諸侯務焉爾

不能均如此言無則從其實也言盡之於禮欲令富者不得過也

疏

古之至焉爾○正義曰此一經明聘禮用財之厚務行禮讓則君臣內外不相侵陵所以諸侯務焉○古之用財不能均如此者言古之費用其財不能悉皆均平常能如此之厚言厚則從其豐無則從其實○然而用財如此其厚者言盡之於禮也者言古之用財既有隆有殺而相聘之事費用其財如此豐厚者言用財盡極於禮言以禮則止雖有富者不得過也○盡之於禮則內君臣不相陵而外不相侵者言若能豐厚用財在於禮謂以禮自制不得過則於國內上下和睦君臣不相陵也謂四鄰歸懷外不相侵也○故天子制之諸侯務焉爾者言行禮使君臣內外不相侵陵故天子制此聘禮而諸侯務而行焉○注不能至過也○正義曰言無則從其實也者言國若豐厚則盡其財以行禮國若乏無則從其當時之實猶如國新殺禮凶荒殺禮計財而行禮故云從其實云欲令富者不得過也者謂豐財以行禮盡禮而用財雖有其財唯盡極於禮不可禮外更多用其財使貧而及禮富者不得奢此上下得宜內外無怨也

聘射之禮至大禮也質明而始行事日幾中而后禮成非強有力者弗能行也故強有力者將以行禮也禮成禮畢也或曰行成○幾徐音畿又音基行成下孟反酒清人渴而不敢飲也肉乾人飢而不敢食也日莫人倦齊莊正齊而不敢解惰以成禮節以正君臣以親父子以和長幼此衆人之所難而君子行之故謂之有行有行之謂有義有義之謂勇敢故所貴於勇敢者貴其能以立義也所貴於立義者貴其有行也所貴於有行者貴其行禮也故所貴於勇敢者貴其敢行禮義也故勇敢強有力者天下無事則用之於禮義天下有事則用之於戰勝用之於戰勝則無

敵用之於禮義則順治外無敵內順治此之謂盛德故聖王之貴勇敢強有力如此也勇敢強有力而不用之於禮義戰勝而用之於爭鬬則謂之亂人刑罰行於國所誅者亂人也如此則民順治而國安也勝克敵也或爲陳○渴苦葛反乾音干莫音暮齊側皆反解佳買反惰徒臥反長丁丈反有行有行並下孟反下有行同治直吏反陳直靳反

【疏】聘射至安也○正義曰以前經說聘禮既畢此一節又申明行聘之時禮儀既大日晚始罷故記者引唯勇敢之人能成禮事故於此明之此是聘義兼云射者以強有餘力之士非但聘而行禮又能射爲武事故此摠明之也○聘射之禮至大禮也者言此聘之與射至極繁大之禮非如冠昏之屬暫時即畢○日幾中而后禮成者幾近也日近在於中而後禮成畢○非強有力者弗能成也故強有力者將以行禮也言非強有德力而行禮則禮事不成也○酒清人渴不敢飲也者此謂射禮也言欲射之時先行燕禮唯以禮獻酬不敢恣意醉飽但行禮而已非謂全不得飲之聘禮行聘之時但酌醴禮賓無酒肴之事故知此唯據射也○肉乾人飢而不敢食也亦言不敢全食而令飽也○日莫人倦齊莊正齊者謂日暮晚人斯懈倦猶齊莊而自整齊也○而不敢懈惰以成禮節者所以日莫猶自整齊者以不敢懈倦成就禮之節制此亦謂射禮也故此以下即云以正君臣以親父子以和長幼皆謂射也前文云日幾中而後禮成聘射摠陳特謂聘也故日幾中而禮成此云日莫者謂射禮也酒清肴乾特據於射故曰莫而成禮節也○以正君臣者謂射前行燕禮謂君在阼賓升成拜稽首之屬及受君賜再拜稽首之等是以正君臣也○以親父子以和長幼者此謂鄉射之前行鄉飲酒之禮有齒於父族之事故云以親父子以和長幼但此節摠結聘射則前篇射義在其中也故射義云諸侯之射必先行燕禮卿大夫士之射必先行鄉飲之禮故燕禮所以明君臣之義也鄉飲酒之禮所以明長幼之序也故此經總結之也故酒清肴乾之屬燕禮與鄉飲酒禮初行之時事同於饗皆有此也至說屨升坐之後乃盡歡飲食也此衆人之所難而君子行之者言以上之事凡衆人所難行君子之人特能行之○故謂之有行者以君子有能行故謂此君子爲有行之士身既有

行則事得宜故云有行之謂有義有義則臨敵果斷故云有義之謂勇敢此揔覆說聘之與射也。故勇敢強有力者勇敢明射之所須強有力明聘之所須故前文論聘止稱強有力者此經論射則云勇敢故知然也天下無事則用之於禮義者無事謂兵革休息故用之於聘射之禮義。天下有事則用之於戰勝者有事謂軍旅數起故用之於戰鬬必得勝也。勇敢強有力而不用之於禮義戰勝而用之於爭鬬則謂之亂人者戰勝謂公義而戰勝則前經戰勝是謂以戰而勝也此云用之於爭鬬者謂私爭忿鬬與前經不同也故云不用之禮義戰勝而用之於爭鬬

子貢問於孔子曰敢問君子貴玉而賤碈者何也為玉之寡而碈之多與碈石似玉或作玫也。碈武巾反字亦作瑉似玉之石爲于僞反下同與音餘玫武巾反又音救孔子曰非為碈之多故賤之也玉之寡故貴之也夫昔者君子比德於玉焉溫潤而澤仁也色柔溫潤似仁也潤或為濡。濡音儒縝密以栗知也縝緻也栗堅貌。縝音軫一音真知音智致直置反本亦作緻廉而不劌義也劌傷也義者不苟傷人也。劌音九衞反字林云利傷也又音已芮反垂之如隊禮也禮尚謙卑。隊直位反又音遂叩之其聲清越以長其終詘然樂也樂作則有聲止則無也越猶揚也詘絕止貌也樂記曰止如槀木。叩音口詘其勿反槀木苦老反亦作槁瑕不揜瑜瑜不揜瑕忠也瑕玉之病也瑜其中間美者玉之性善惡不相揜似忠也。瑕音遐揜音掩瑜羊朱反玉中美孚尹旁達信也孚讀為浮尹讀如竹箭之筠浮筠謂玉采色也采色旁達不有隱翳似信也孚或作姇或為扶。孚依注音浮尹依注音筍又作筠于貧反翳於計反姇音孚徐方附反氣如白虹天也精神見于山川地也精神亦謂精氣也虹天氣也山川地所以通氣也。虹音紅見賢遍反圭璋特達德也特達謂以朝聘也璧琮則有幣惟有德者無所不達不有須而成也。朝直遙反天下莫不貴者道也道者人無不由之詩云言念君子溫其如玉故君子貴之也言我也貴之者以其似君子也

【疏】子貢至之也。正義曰以聘用玉因論玉有諸德而結成聘義之篇也。為玉之寡而碈之多與者子貢之意所以貴玉者豈不為玉之寡少故貴之碈之多故賤之與疑辭也。孔子曰至玉焉。言貴玉由其有德非為少故貴之謂昔者君子之人於玉以比道德所以貴玉者為其有德君子之人比德堪敬重如玉故貴之有德即下云溫潤而澤仁等是也。溫潤而澤仁也者言玉色溫和柔潤而光澤仁者亦溫和潤澤故云仁也。縝密以栗知也者縝緻也栗謂堅剛言玉體密緻而堅剛人有知者性亦密緻堅剛故云知也。廉而不劌義也廉稜也劌傷也言玉體雖有廉稜而不傷割於物人有義者亦能斷割而不傷物故云義也。垂之如隊禮也玉體垂之而下墜人有禮者亦謙恭而卑下故言禮也。叩之其聲清越以長其終詘然樂也者越揚也詘謂止絕也言玉體以物叩擊其聲清泠發越以長遠而聞其擊之終音聲則詘然而止不如鍾聲擊罷猶有餘音也其為樂之法初作聲而發揚樂罷則止如槁木言玉體亦然故云樂也。瑕不揜瑜瑜不揜瑕忠也瑕謂玉之病瑜謂玉中美處言玉之病處不揜映美處玉之美處不揜映病處皆以忠實見外如人之忠者亦以忠心見外故云忠也。孚尹旁達信也孚浮也浮者在外之名尹讀如筠筠者若竹箭之筠筠亦潤色在外者旁者四面之謂也達者通達之名也信者內不欺隱者也玉采色彰達著見於外無隱掩如人有信者亦著見於外故云信也。氣如白虹天也白虹謂天之白氣言玉之白氣似天白氣故云天也。精神見於山川地也精神謂玉之精氣微見於山川謂玉在山川之中精氣微見於外地氣含藏於內亦微見於外與地同故云地也。圭璋特達德也行聘之時唯執圭璋特得通達不加餘幣言人之有德亦無事不通不須假他物而成言圭璋之特同人之有德故云德也。天下莫不貴者道也道者通也言萬物無不由道而通故天下無不貴之玉者亦天下貴之與道相似故云道也。詩云言念君子溫其如玉此詩秦風小戎之篇美秦襄公之詩也言襄公出兵征伐西戎婦人思念其夫言我念此君子顏色溫然如玉引之者證玉以比德之事言貴玉者以其似君子故云君子貴之也。注碈石似玉。正義曰案呂諶字林云碈美石以其石之美者故云似玉也。注栗堅貌。正義曰案詩大雅云實穎實栗栗是禾之堅熟故云栗堅貌也。注樂記曰止如槀木。正義曰引之者證樂聲之止似擊枯槀

之木無餘聲也。言玉擊止之時其聲即絕，與樂相似也。注瑕玉至忠也。正義曰：瑕，玉之病也。呂諶字林云：瑕，玉小赤，而云病者，以瑕與瘢瘕義同，故云玉之病也。云瑜其中間美者，案字林云：瑜，美玉。是瑕之中間美善者。注孚讀至信也。正義曰：案字林：孚，玉別名。玉旁孚也。此讀爲浮者，取浮見於外。非字林孚玉之名也。注有德者無所不達不有須而成也。正義曰：德者，得也。萬物皆得，故無所不通達，不更須待外物而自成也。以聘享之禮有圭璋璧琮，璧琮則有束帛加之，乃得達。圭璋則不用束帛，故云特達。然璧琮亦玉，所以琮則加於他物，圭璋得特達者，但玉既比德，於禮重處則特達，於禮輕處則加物，以玉可重可輕，美其重處言之，故云特達。

喪服四制第四十九

陸曰：鄭云以其記喪服之制，取其仁義禮智四者也。別錄屬喪禮〔疏〕正義曰：案鄭目錄云：名曰喪服四制者，以其記喪服之制，取於仁義禮知也。此於別錄屬喪服。鄭云屬喪服，舊說案別錄無喪服四制之文，唯舊說稱此喪服之篇屬喪服。然以上諸篇每篇言義，此不云喪義而云喪服四制者，但以上諸篇皆記儀禮當篇之義，故每篇言義也。此則記者別記喪服之四制，非記儀禮喪服之篇，故不云喪服之義也。

禮記　鄭氏注　孔穎達疏

凡禮之大體，體天地，法四時，則陰陽，順人情，故謂之禮。訾之者，是不知禮之所由生也。禮之言體也。故謂之禮，言本有法則而生也。口毀曰訾。訾，徐音紫，毀也。一音才斯反。〔疏〕凡禮至生也。正義曰：此一篇揔論喪之大體有四種之制：初明恩制，次明理制，次明節制，次明權制。既明四制事畢，又明三年喪自古而行之，故引高宗之事。又明斬衰以下節制之差，結成仁義之事，各隨文解之。○體天地者，言禮之大綱之體體於天地之間所生之物，言所生之物皆禮以體定之。○法四時者，則下文云喪有四制，變而從宜，取之四時是也。○則陰陽者，下文云吉凶異道，不得相干，取之陰陽是也。○順人情者，下文云有恩有理，有節有權，取之人情是也。○故謂之禮者，以其無物不體，故謂之爲禮。故注云：禮之言體也。○訾之者是不知禮之所由生也者，言若訾毀不信禮之體天地法四時則陰陽順人情，如此之人，是不識知禮之所由生也。言不知禮之有法則也。

夫禮吉凶異道，不得相干，取之陰陽也。吉禮凶禮異道，謂衣服容貌及器物也。喪有四制，變而從宜，取之四時也。有恩有理，有節有權，取之人情也。恩者仁也，理者義也，節者禮也，權者知也。仁義禮智，人道具矣。取之四時，謂其數也。取之人情，謂其制也。○知音智，下同。〔疏〕夫禮至具矣。○正義曰：此一節覆說前文禮法四時則陰陽順人情之事，不覆說體天地者，天地包此四時陰陽人情，無物不揔，故不覆說體天地之事。○吉凶異道者，言吉凶各異其道，及衣服容貌器物不同也。喪有四制變而從宜者，言門內主恩，若於門外則變而行義，尊卑有定，禮制有恆，以節爲限，或有事故不能備禮則變而行權，是皆變而從宜取人情也。○恩者仁也，理者義也，節者禮也，恩屬於仁，理屬於義，節屬於禮，故云節者禮也。○權者智也，量事權宜，非知不可，故云權者知也。○仁義禮知人道具矣者，此揔結四制之義，仁屬東方，義屬西方，禮屬南方，知屬北方，四時並備，是人道具矣。五常五行四時無信者，知中兼之，故北方水爲知又爲信，是取法四時，故不并數信也。

其恩厚者其服重，故爲父斬衰三年，以恩制者也。服莫重斬衰也。○爲，于僞反，下及注同。衰，七回反，注及下同。〔疏〕其恩至者也。正義曰：此一經明四制之中恩制也。以父最深恩，故特舉父而言之。其實門內諸親爲之著服，皆是恩制也。門內之治恩揜義，門外之治義斷恩。資於事父以事君而敬同，貴貴尊尊，義之大者也。故爲君亦斬衰三年，以義制者也。資猶操也。貴貴謂爲大夫君子，尊尊謂爲天子諸侯也。○治，直吏反，下同。揜，於檢反。斷，丁亂反。操，七刀反。皇云：特也。〔疏〕門內至者也。○正義曰：此一經明門外之治，四制之中義制也。門內之治恩揜義者，以門內之親恩情既多，揜藏公義，言得行私恩，不行公義，若公羊傳云有三年之喪，君不呼其門是也。○門外之治義斷恩者，門外謂朝廷之間，既仕公朝，當以公義斷絕私恩，若曾子問父母之喪既卒哭，金革之事無辟是也。○資於事父以事君而敬同者，言操持事父之道以事於君，則敬君之禮與父同。○貴貴者，貴謂大夫之臣事大夫爲君者也大夫始入尊境則是貴也此臣盡敬此君故云貴貴也○尊尊者尊尊謂天子諸侯之臣事天子諸侯爲君者也天子諸侯同爲南面則是尊也此臣極敬此君故曰尊尊也○義之大者也以義斷恩内外如一雖復大夫與王侯有異而其臣敬不殊故並云義之大者也○故爲君亦斬衰三年以義制者也言亦謂亦同於父也

三日而食三月而沐期而練毁不滅性不以死傷生也喪不過三年苴衰不補墳墓不培祥之日鼓素琴告民有終也以節制者也資於事父以事母而愛同天無二日土無二王國無二君家無二尊以一治之也故父在爲母齊衰期者見無二尊也

食食粥也沐謂將虞祭時也補培猶治也鼓素琴始存樂也三年不爲樂樂必崩○期音基下同苴七餘反墳扶云反培步回反徐扶來反爲于僞反下注爲君同齊音咨見賢遍反粥之六反○

【疏】一日至尊也○正義曰此一節明四制之中節制不培者培益也一成上陵之後不培益其土○祥之日鼓素琴者大祥之日得鼓素琴○告民有終也者言所以爲此上事告教其民使哀有終極也○以節制者也以情實未已仍以禮節爲限制抑其情也自此以上皆節制之事從此以下更申明節制欲尊歸其一故更明無二尊之理○資於事父以事母而愛同者言操持事父之道以事於母而恩愛同恩愛雖同而服乃有異以不敢二尊故也故以天無二日乃家無二尊之等明皆歸於尊一以治理之也天無二日至二尊也此總結無二尊之理也○注食食粥至必崩○正義曰沐謂將虞祭時也士虞記曰沐而不櫛故知沐謂將虞祭時虞後有事得沐浴也故雜記云非虞附練祥無沐浴云鼓素琴始存樂也於此祥日而鼓素琴始存省此樂縣而作樂在既禫之後○

杖者何也爵也三日授子杖五日授大夫杖七日授士杖或曰擔主或曰輔病婦人童子不杖不能病也百官備百物具不言而事行者扶而起言而后事行者杖而起身自執事而后行者面垢而已秃者不髽傴者不袒跛者不踊老病不止酒肉凡此八者以權制者也

五日七日授杖謂爲君喪也扶而起謂天子諸侯也杖而起謂大夫士也面垢而已謂庶民也髽婦人也男子免而婦人髽髽或爲免○擔是艷反又食艷反又餘塹反不言而事行者扶而起一本作扶而後起扶或作杖非垢音苟秃吐木反髽側瓜反傴紆主反袒節旱反跛彼我反免音問下同○

【疏】義曰此一經明四制之中權制也○杖者何也爵也者權制之中所以先明杖者以下有不應杖而杖又有應杖而不杖皆是權宜故先舉正杖於上言爵也者杖之所設本爲扶病而以爵者有德其恩必深其病必重故杖爲爵者而設故云爵也○三日授子杖五日授大夫杖七日授士杖者上云杖者爵也遂歷敘其有爵之人故云三日授子杖五日授大夫杖七日授士杖○或曰擔主者解無爵而亦杖故記者稱或曰擔主喪服傳云杖者何爵也無爵而杖者何擔主也鄭注云擔假也尊其爲主假之以杖○或曰輔病者喪服傳云非主而杖者何輔病也謂庶子以下雖非適子皆杖爲其輔病故也○婦人童子不杖不能病也者杖既扶病何婦人童子所以不杖爲其不能病也婦人謂未成人之婦人童子謂幼少之男子○百官備百物具不言而事行者杖而起者此謂王侯也喪具觸事委任百官不假自言而事得行故許子病深雖有扶病之杖亦不能起故又須人扶乃起也○言而后事行者杖而起者此謂大夫士既無百官百物須已言而後喪事乃行故不許極病所以杖而起不用扶也身自執事而後行者面垢而已者此謂庶人也卑無人可使但身自執事不可許病故有杖不得用但使面有塵垢之容而已也子於父母貴賤情同而病不得一故爲權制○秃者不髽髽者是婦人之大紒重喪辮纚繞髮秃者無髮故不髽也女秃不髽故男子秃亦不髽也○傴者不袒袒者露膊傴者可憎故不露也○跛者不踊踊是跳踊跛人腳蹇故不跳踊也○老病不止酒肉者孝子悲哀非病不食滋味若老及病身已羸瘠又使備禮必致滅性非制所許故酒肉養之○凡此八者以權制者也此記者結前權數也大喪禮宜備今有此八條不可以強逼故聖人權宜制也所謂八者謂應杖不杖不應杖而杖一也扶而起二也杖而起三也面垢四也秃者五也傴者六也跛者七也老

病者八也庾蔚云父存爲母一也不數杖與不杖之科皇氏熊氏並取以爲說今案經文爲母期乃屬前經鄭於期下揔注三日而食三月而沐之事是爲母期之文乃在節制之中不得下屬此經權制之例又此經權制之例乃載杖與不杖之條此經末又揔云八者是揔此經之八事今乃不數此經杖條便是杖文虛設庾氏之說恐未爲善聽賢者擇焉○注五日至人髮○正義曰云五日七日授杖謂爲君喪也者案喪大記大夫與士之喪皆云三日授子杖同主爲其親也今云五日七日故知爲君也始死三日不怠三月不解期悲哀三年憂恩之殺也聖人因殺以制節不怠哭不絕聲也不解不解衣而居不倦息也○解佳買反期音基之殺色戒反解衣古買反此喪之所以三年賢者不得過不肖者不得不及此喪之中庸也王者之所常行也書曰高宗諒闇三年不言善之也諒古作梁楣謂之梁闇讀如鶉鵪之鵪闇謂廬也廬有梁者所謂柱楣也○肖音笑

諒闇依注諒讀爲梁鵪烏南反下同徐又並如字案徐後音是依杜預義鄭謂卒哭之後翦屏柱楣故曰諒闇闇即廬也孔安國諒爲諒陰諒信也陰默也楣音眉鶉音淳柱知主反○王者莫不行此禮何以獨善之也曰高宗者武丁武丁者殷之賢王也繼世即位而慈良於喪當此之時殷衰而復興禮廢而復起故善之善之故載之書中而高之故謂之高宗三年之喪君不言書云高宗諒闇三年不言此之謂也然而曰言不文者謂臣下也言不文者謂喪事辨不所當共也孝經說曰言不文者指士民也○衰色官反復扶又反下文同文如字徐音問辨本又作辯同皮莧反共音恭禮斬衰之喪唯而不對齊衰之喪對而不言大功之喪言而不議緦小功之喪議而不及樂此謂與賓客也唯應耳言謂先發口也○唯余癸反徐以水反注同齊音咨本又作齊侑音又爲于僞反應應對之應父母之喪衰冠繩纓菅屨三日而食粥三月而沐期十三月而練冠三年而祥〔疏〕始死至而祥○正義曰此一節覆明前經四制之中節制之事以禮之大體喪之三年爲限節之事故重明之○三日不怠者謂哭不休息○三月不解者謂不解衣而居○期悲哀者謂期之間朝夕恆哭○三年憂者謂不復朝夕哭但憂慼而已○恩之殺也者自初以降是恩漸減殺也○聖人因殺以制節者言聖人因其孝子情有減殺制爲限節此喪之中庸也者庸常也言三年之喪賢者不得過不肖者不得不及是喪之中平常行之節也○故王者之所常行也書曰高宗諒闇三年不言善之也引書者明古來王者皆三年喪諒讀曰梁闇讀曰鶉謂廬也謂旣虞之後施梁而柱楣故云諒闇之中三年不言政事善之者言是古人載之於書美善之故也○王者莫不行此禮何以獨善之也記者自設問古人獨善之意曰高宗者武丁者記者還自

釋獨善高宗之意○武丁者殷之賢王也者中興殷世故曰賢王也○故載之書中者言以古人善此高宗載於書中又尊高其行故謂之高宗○三年之喪君不言者是記者引古禮三年之喪君則不言國事○書云高宗諒闇三年不言此之謂也者此記者引書高宗所行中節是君不言之事故云此之謂也○然而曰言不文者謂臣下也者是記者既稱古禮君不言故又云言不文故記者復解云言不文者謂臣下也○禮斬衰之喪唯而不對者謂與賓客言也但稱唯而已不對其所問之事侑者爲之對不旁及也○齊衰之喪對而不言者但對其所問之事不餘言也○大功之喪言而不議者但言說他事不與人論議相問荅也○緦小功之喪議而不及樂者得議他事但不能聽及於樂也○三年而祥者此章從上以來至此皆明三年之喪制節之事○比終茲三節者仁者可以觀其愛焉知者可以觀其理焉强者可以觀其志焉禮以治之義以正之孝子弟弟貞婦皆可得而察焉仁有恩者也理義也察猶知也○衰七回反菅音姦屨徐紀具反粥之六反期

音基比必利反知音智本或作智弟弟上音悌下如字○【疏】此終至察焉○正義曰此一節更覆結居父母之喪能終此三節可以知其德行三節者自初喪至沐一也十三月練二也三年祥三也能終此三節者仁者可以觀其愛知者可以觀其理强者可以觀其志也言此自初遭喪至於喪畢有三者之節○仁者可以觀其愛焉者孝子居喪性有仁恩則居喪思慕可以觀其知愛親也若不愛親則非仁恩也○知者可以觀其理焉者若孝子有知則居喪合於道理若不合於道理則非知也○强者可以觀其志焉若孝子堅强其居喪則能守其志節若無志節則非堅强○禮以治之者言用禮以治居喪之事義以正之者謂用義以正居喪之禮孝子者謂孝順之子○弟弟者謂遜弟之弟○貞婦者謂貞節之婦皆可得而察焉者若能依禮合義有仁可觀其愛有理可觀其知有志可見其强則是孝子弟弟貞婦也若無此事則非孝子弟弟貞婦也故云可得而察焉也

附釋音禮記注疏卷第六十三

江西南昌府學栞

禮記注疏卷六十三挍勘記　阮元撰盧宣旬摘錄

聘義第四十八

三讓而后傳命節

上經明設介傳命致敬之義　閩監本同毛本設誤說

入廟門及升階揖讓之節　閩監本同毛本及誤皆

賓差退在西相嚮三讓　閩監本同衛氏集說同毛本嚮誤下

當階北面又揖二揖也　閩毛本同衛氏集說同監本北誤比

若賓不讓則不至於三　惠棟挍宋本同衛氏集說同閩監毛本三誤主

案聘禮賓至大門主人陳介而請事　閩監毛本同盧文弨挍云介當作擯

案司儀職兩君相見則交擯　閩監毛本同惠棟挍宋本擯下有注字

及末則鄉受之反面傳而上　閩監本同毛本面作而

直賓及上擯相對而語　閩監本同毛本擯誤賓

君使士迎于竟節

北面拜貺　各本同石經同釋文出拜況云本亦作貺○按說文有況無貺

公當楣再拜聘君之恩惠　閩監毛本同岳本嘉靖本再拜下又有拜字考文引古本同案正義拜字當重

大夫郊勞○聘禮云　閩本同監本○闕毛本○作者

北面再拜拜聘君之貺　閩監本同衛氏集說同毛本拜拜誤升拜

卿爲上擯節

致饔餼　各本同石經同釋文出𩞄云字又作饔

賄贈饗食燕　閩監毛本岳本嘉靖本衛氏集說同石經饗字空闕釋文出享云本又作饗

主國之卿爲上擯　閩本同考文引宋板同監毛本國之二字倒

公側受醴　閩監毛本同衛氏集說同考文引宋板受作授○按聘禮作受鄭注云將以飲賓考文非也

燕與羞淑獻無常數是也　閩監毛本同考文引宋板淑作俶衛氏集說同○按聘禮正作俶即記云禽羞俶獻是也鄭彼注云古文俶作淑

故天子制諸侯節

所以愧厲之也　各本同石經同釋文出以媿云本又作愧

而諸侯自爲正之具也　閩監毛本同惠棟挍宋本也下有者字

案昭元年左氏傳云孟僖子　閩監毛本同惠棟挍宋本元作九此本誤

言此禮可貴與玉相似　閩監本作此毛本作其此本空闕

重者難可報覆　閩監毛本同衛氏集說作重者難以報復

主國待客節

注云侯伯之臣不致積知者　閩本同惠棟挍宋本同監毛本知誤也○按知是衍文鄭注周禮但作不致積

所以厚重禮也　閩監毛本同惠棟挍宋本也下有者字

聘射之禮節

日莫人倦　各本同石經同毛本莫誤莫

將以行禮也　閩監毛本同惠棟挍宋本也下有者字

子貢問於孔子曰節

縝緻也　各本同釋文出致云本亦作緻○按致緻古今字

垂之如隊　閩監毛本岳本嘉靖本衛氏集說同釋文出如隊石經隊作墜○按說文有隊無墜

不有隱翳　閩監本岳本嘉靖本衛氏集說同毛本有誤相

廉而不劌義也　閩監毛本同考文引宋板也下有者字下如隊禮也瑜不揜瑕忠也孚尹旁達信也氣如白虹天也精神見於山川地也圭璋特達德也並同

其聲之終音聲則詘然而止　閩監毛本同考文引宋板音作竟衛氏集說同

所以琮則加於他物　閩監毛本同惠棟挍宋本琮上有璧字此本誤脫

喪服四制第四十九

三日而食節

故更明無二尊之理　閩本同惠棟挍宋本同監毛本尊誤事

云鼓素琴始存樂也　閩本同惠棟挍宋本同監毛本始誤好

杖者何也節

或曰擔主　閩監毛本作擔石經岳本嘉靖本衛氏集說同釋文同此本擔誤檐○按依說文當作儋从人詹聲檐假借字擔俗字

又使備禮必致滅性　閩監本同衛氏集說同毛本必誤不考文引宋板不作以

不數杖與不杖之利　惠棟挍宋本利作科此本科誤利閩本科字闕監毛本科作例下又此經權制之科同

始死三日不怠節

故王者之所常行也　閩監毛本同惠棟挍宋本無故字

比終茲三節者節

皆可得而察焉　閩監本石經岳本嘉靖本衛氏集說同考文引宋板同毛本皆可誤可以

若孝子有知　閩監毛本同惠棟挍宋本無若字

强者可以觀其志焉若　閩監毛本同惠棟挍宋本若作者是也

有志可見其强　閩本同監毛本志誤知惠棟挍宋本亦作志見作觀是也

附釋音禮記注疏卷六十三　惠棟挍宋本禮記正義卷第七十終宋監本禮記卷第二十終經五千三百三十二字注二千九百八十一字凡二十萬一千九百九十二字經九萬七千七百五十九字注一十萬四千二百三十三字

禮記注疏卷六十三挍勘記